清末民初文獻叢刊

五洲地理志略

（第一册）

［清］王先謙 撰

朝華出版社
BLOSSOM PRESS

圖書在版編目（CIP）數據

五洲地理志略 ： 全4册 / （清）王先謙撰. -- 北京 ：
朝華出版社，2018.6
（清末民初文獻叢刊）
ISBN 978-7-5054-4188-0

Ⅰ. ①五… Ⅱ. ①王… Ⅲ. ①地理志－世界 Ⅳ.
①K916

中國版本圖書館CIP數據核字(2017)第320227號

審圖號：GS（2018）2088號

五洲地理志略（全四册）

作　　者　[清]王先謙

選題策劃　楊麗麗　尚論聰
責任編輯　劉小磊
特約編輯　齊　芳
責任印制　張文東　陸競贏
封面設計　劉敬偉

出版發行　朝華出版社
社　　址　北京市西城區百萬莊大街24號　**郵政編碼**　100037
訂購電話　（010）68996618　68996050
傳　　真　（010）88415258（發行部）
聯系版權　j-yn@163.com
網　　址　http://zhcb.cipg.org.cn
印　　刷　藝堂印刷（天津）有限公司
經　　銷　全國新華書店
開　　本　880mm×1230mm　1/32　**字　　數**　1205千字
印　　張　62.75
版　　次　2018年6月第1版　2018年6月第1次印刷
裝　　别　精
書　　號　ISBN 978-7-5054-4188-0
定　　價　438.00元（全四册）

出版前言

中國自一八四〇年鴉片戰爭以來，傳統的農業文明在西方的堅船利炮轟擊之下徹底被顛覆，有擔當的知識分子苦苦追尋，思索社會改革的途徑。從最初的『師夷長技以制夷』到『民主制度，天下之公理』（梁啓超語），他們發現要『强國富民』，首先要『開啓民智』，衹有民衆擁有了獨立思想和批判精神，國家纔能實現真正的强大。在此後一百年的時間裏（一八四〇—一九四九），思想者們從社會變革深入到國民性的改造，用每一部作品見證着中國近代化的遞變歷程。這是一個極其重要的時代，《清末民初文獻叢刊》正是收録了這一時期的作品，大部分書籍都是早期版本，有着極高的文獻研究價值。

清末的中國經歷了『三千年來未有之大變局』（李鴻章語），大清王朝面對西方列强的艦炮，表現得驚慌失措。尤其是鴉片戰爭，使『天朝帝國萬世長存的迷信受到了致命的打擊，野蠻的、閉關自守的、與文明世界隔絶的狀態被打破了』（《馬克思恩格斯選集》）。一批士大夫知識分子，尤其是在歐美諸國擔任使臣或者游歷的知識分子最先覺醒，着眼于對西方國家的考察，進而反省本國政治制度的劣勢，可以視作『啓蒙』的端倪。如曾擔任駐英公使（兼任駐法公使）的郭嵩燾在《使西紀程》中以日記的形式記録了自己對歐西諸國的觀感，他在考察了英國的政治制度之後，發現英國政府官員收入超過三百磅者與普通老百姓一樣同等納税，他說：『此法誠善，然非民主之國，則勢有所不行。西洋所以享國長久，君民兼主國政故也。』他明確提出了『民主』，在國家的管理問題上，人民也有參與的權利。他在該書中所披露的西方政治、經濟、文化等領域優于大清帝國這一事實觸動了保守派的神經，立刻遭到保守派群起而攻之，進士何金壽彈劾他『有二心于英國，欲中國臣事之』，他家鄉湖南的民衆對他更是痛加詆毁，以至于滿城揭帖，誣蔑他『溝通洋人』，在這種群情洶洶的情況下，朝廷最後下旨將《使西紀程》毁版，從而使該書成了禁書。然而，書雖被毁版，却不能堵死民衆的傳播與閱讀的途徑，上海的《萬國公報》依舊連載該書，張佩綸曾說：『朝廷禁其書，而新聞紙接續刊刻，中外傳播如故也。』從某種意義上來説，啓蒙是時代的需要，盡管清政府發諭旨禁了該書，民衆乃至一些朝廷大員却依舊在私下閱讀，以便瞭解外部的世界。進步的社會是開放性的，任何企圖『閉關鎖國』的努力都意味着歷史的倒退，衹有開放，與整個世界文明保持同等的步伐，纔能實現真正的强國之夢。當大批知識分子走出閉鎖的國門，親歷了文明的洗禮之後，也就把啓蒙的智識帶回了中華大地。容閎的《西學東漸記》，梁啓超的《新大陸游記》，崔國因的《出使美日秘日記》等一大批作品介紹了海外諸國的政治、經濟、軍事、外交、文化。雖然這些作品在認識上仍然帶有時代的局限性，然而却是那時最爲珍貴的聲音。

另一方面，在學術上，中國文化母體内『經世致用』思想與資産階級思想相結合，也喚起了變革，以康有爲、梁啓超爲首的改良派試圖通過自上而下的革新以實現變革。康有爲的《新學僞經考》《孔子改制考》就是借經學之表論資産階級學説之裏的著作，康有爲的弟子梁啓超更是通過《新民説》一書提出國民性改造。與早期啓蒙者『師夷長技』的器物文明引進不同，梁啓超上升到形而上的精神領域，從文化心理上更加徹底地進行變革。梁氏是清朝末年到民國初年一個橋梁式的人物，被譽爲『輿論之驕子，天縱之文豪』，其影響力不但在學術領域，同時還在文學領域，他所倡導的『詩界革命』得到了譚嗣同、黄遵憲、丘逢甲等人的響應，黄遵憲的《日本雜事詩》，丘逢甲的《嶺雲海日樓詩鈔》都體現了這種主張。這一主張要求反映新的時代和新的思想，用『我手寫我口』（黄遵憲語）的方式直抒胸臆，對長期占詩壇主流的擬古主義、形式主義產生了巨大的衝擊，解放了寫作者的心靈和頭腦。

與社會變革同步的是早期對西方思想著作的翻譯，這裏面影響最大的是嚴復，他翻譯的《天演論》《社會通詮》等書直接孕育了民國一代的知識階層。魯迅、胡適等人在文章中都曾提到《天演論》對他們思想所產生的震撼。與嚴復略有不同的另一位翻譯家是林紓，他的譯作雖然參差不齊，但却在更細膩的心靈層次對讀者產生影響，許壽裳曾回憶，他和魯迅都熱衷于林譯的小說，如《巴黎茶花女遺事》《黑奴籲天録》《迦茵小傳》等作品。

辛亥革命之後，進步社會思潮成爲主流，比之清末思想啓蒙者『求存』的追求，民國以來的知識階層深入到了更加細微的肌理，一方面呼唤社會變革，另一方面進行點滴的建設，革命并不能使所有的一切一蹴而就，在更加深廣的領域，事物的改變是由微觀而宏觀。通俗地說，比之于革命，建設的意義更大。如《中國商業史》《中國教育史》《中國倫理學史》《中國哲學史大綱》《中國小説史略》等一大批作品都是進行系統的梳理與建設的理論作品。其中，以胡適和魯迅二人的影響最大，他們的作品一紙風靡，從而成爲新文化運動的主力人物。

《清末民初文獻叢刊》收録的文獻大致上可以分爲三個階段，其中龔自珍、張之洞、魏源、郭嵩燾、薛福成等人的作品可視爲『早期啓蒙』，康有爲、梁啓超、黄遵憲、嚴復、林紓等人的作品可視爲『中期啓蒙』，胡適、魯迅、蔡元培等人的作品可視爲『晚期啓蒙』。當然，這種劃分并非嚴格意義上的，大部分啓蒙思想者隨着時代的變化，其思想在不斷進步。縱觀整個近現代史，可以發現，要求變革不是在某一個領域，由某一類人發起和完成的，而是全社會的要求。變革，已經成爲全社會的共識。

從清末民初的文獻中，我們能够發現一種豐富性。這些作品涉及政治、經濟、軍事、教育、外交、宗教、心理、情感等方方面面，從内而外地净化着中國兩千年以來的封建積習。它不衹是對社會的改造，更是對人心靈的重塑；它首重國家社會之建設，同時亦重靈魂心智之唤醒；它是宏大的，也是微觀的；它是嚴肅莊重的，也是活潑靈動的；這些作品結構精巧，思想內容深刻，擁有濃厚的人文主義色彩，對推動社會主義建設，實現中國夢有重大意義，是近現代中國一百年來最宏富的智識與情感的寶藏。因此，整理這些文獻作品，無論是出于資料保存的目的，還是爲圖書館提供資料副本，都有不可估量的意義。

特定時代下的文獻，當它一旦形成（既指草擬，創作的完成，也指其成爲一個載體），就不可再複製了，也就意味着它將面對消亡。對于文獻資料而言，越接近歷史事件發生的時代記録，越具有研究價值。文獻本身具有不可再生性，它衹會消亡，而不會增多。盡管文獻本身的文字可以保留下來，并進行傳播，却失去了當時的時代氣息。當時的作品可能在技巧上，文字的成熟度上不及當代，但它所負載的信息，創作者的情感都反映了當時的歷史，也就是説，它具有不可替代的歷史意義。

影印的版本有三個特點，第一是擁有文獻的『原始性』；第二個特點是『未經改動的』；第三個特點是『歷史的原貌』。所謂『原始性』，也就是説，它是第一手資料，而非轉述的，回憶形成的；『未經改動的』，是指未被篡改、删節、挖補的；『歷史的原貌』是指在影印製作過程中，完全依照文獻的原來模樣……這樣製作出版的作品，無异延續了文獻的壽命。

近現代思想史上的一個最重大的思潮就是『開放』，從林則徐的『開眼看世界』到蔡元培的『兼容并包』，都是在倡導一種開放式的胸襟。而《清末民初文獻叢刊》最有魅力的部分就是『開放』這一主題，衹有融入到世界文明發展的進程中，中華文明纔能歷久彌新。

《清末民初文獻叢刊》編委會

二〇一七年四月十四日

凡例

一、《清末民初文獻叢刊》（以下簡稱『叢刊』）爲影印本，舉凡所用之底本，均爲該書之早期版本。有清末刊本，亦有民國印本。

二、《叢刊》均依底本影印，未予删改，僅代表作者個人觀點，不代表官方立場；原刊本有誤，不予校改，以保留文獻之原貌。

三、《叢刊》所用之底本，因時日久遠存在漫漶的情況，均進行了修復；底本闕文、印刷不清，均保留原貌。

四、爲讀者閱讀之便，《叢刊》中之舊底本目録未標記頁碼者，編了目次；原底本有頁碼和目録，未予重複編目。

五、爲保持文獻的原始風貌，影印本保留了原書書影（原書爲多册，則保留第一册書影）、扉頁等信息。所用底本無相應信息者，則不予妄添，以免錯訛。

目録

第三册

五洲地理志略

宣統二年夏六月
湖南學務公所刊

序

五洲環列人蝨其中飲食衣服男女同也其異者亞洲喜土著而畏遠游惟無俚者不然歐人則行商徙居莫不意輕數萬里是故世無歐人必無美非澳三洲無三洲則地球不通故歐人者今世界之樞紐也亞洲禮義之邦中華最古數千年來聖君賢佐汲汲孜孜惟以養民爲務至於　本朝統一胡漢先衣裳而後兵革過寇虐而亟安懷上下一體中外一視歐人則所趨在利所尚在氣奪人地夷人國以殖吾民而彼民之生計有無弗問也明明滅人國美其名曰保護但斬我武之揚雖窮兵如拿破侖伏尸百萬流血千里而民無怨毒其上之心其異趣也若此人之生也莫不願似續我人笑語我室而去不返顧視死如歸者豈天之降才固殊哉蓋西人爲學以象數爲體工商爲用軍旅爲輔其於文字歷史

近之矣百家雜出各以術鳴而道之大原或未之知也見有君上也俄焉非其君上也見有子孫也俄焉若無子孫也倫紀之愛薄故鄉土之念輕仁讓之意微故爭競之情熾非詩書不能和柔其血氣非道德無以澡雪其性天此葢俟之千百年後者矣臣生五洲大通之世年力衰謝不能周歷山川開拓胸臆滋用爲媿汎覽諸志敘述歧分譯音互殊難可推究爰綜厥綱領彙爲一編欲以祛紐弄之迷惑資方隅之考求於所不知義從葢闕後之君子幸無執其方聞笑此穴見也宣統元年己酉孟夏臣王先謙謹撰

例略

中國地理載籍極博不煩覼縷茲編遠根漢志上溯禹貢主名近因明史兼包元世路制省綱先後依光緒會典道里遠近及附郭書法依　欽定明史地理沿革依一統志新改郡縣亦皆參列遞

來鐵道電綫敷設未周礦產般闐采掘尚視爲末務海岸曲折軍港半領於外人爲國者所宜長慮矣其已見它志者因仍編載弗敢闕焉

外國地理考證之書日出不窮已蒐采者玭爲論說臚舉於左

內府圖

理藩院則例

南懷仁坤輿圖說

利瑪竇萬國圖

艾儒略職方外紀

英國蘭德士俄屬游記

莊廷旉地圖

圖理琛異域錄

林則徐譯俄羅斯國總記

方式濟龍沙紀略

西清黑龍江外記

以上何秋濤引

泰西新史

西洋史要

大圓球圖

漢文圖

平方圖

俄羅斯史

佛蘭西志

英吉利志

以上杜宗預引

矢津昌永高等地理

野口保興中外大地志

以上王達引

伊東祐穀萬國年鑑

坂本健一地名人名辭典

以上曹典球引

五臺徐繼畬瀛環志略道光二十八年刊稱徐志

英國衣丁堡雷文斯頓萬國新地志光緒二十九年刊稱雷志

英國慕維廉地理全志稱慕志

西士初通圖記茫昧徐氏本美國人雅裨理所論述輯爲志略一書同時作者莫能抗手斯舌人之力也迄今相距七十年大

勢遞有變遷而尋檢源流俱堪覆按雖有微纇無傷全體昔中國志地肇端班史五洲志地託始徐書先河之功實堪並美雷志綱領完密英倫尤詳凡志地後出爲主故進雷大字取徐作注孔門設科夏居游後愈見聖教之大不以爲嫌也綜此二書使方輿之顯晦名稱之沿革形勢之遷貿稽合前後一覽可悉元文間從刪易要義不敢闕遺慕志文詞頗襲徐氏今人不甚重之而沿革時有可採地球之說諸書備矣無取複陳

五洲列國地圖稱列國圖

輿地學會中外全圖稱學會圖光緒三十四年再版

初涉五洲究心羅刹取校二圖覺列國優於學會意頗右之考覽既竟知其無甚出入既以駢列特共明之向來說地諸家圖志不能兼備學者病焉今於志後坿圖一卷以便考覈作志時

據學會再版爲說後五版仍有訛誤斯撰著之難也仍依再版繪圖庶志說不至無著並參列周世棠孫海環二十世紀中亞細亞瑞西二圖日本所刊朝鮮分圖曹典球用英文圖對勘英吉利分圖劉鉅校勘日本府縣圖用資參訂王達云近出世界新輿圖（宣統元年出版）略加繙閱印度阿富汗非洲界綫比它圖較新澳洲及南洋羣島有比它圖較詳者皆可採　大清一統圖亞洲圖並以湘水源出廣西平樂府似誤甘肅山水河源出固原此圖以爲源出涇州且青海與黃河通尤誤伊洛瓦里江源出西藏拉里城西北名薄藏布河胡惟德新譯西藏全圖卽已如是此圖猶沿舊誤怒江源出布喀池宜改正松花江上源自新設撫松安圖二縣後有一段劃歸奉天界內亦未改繪先謙案論五洲地圖於今日猶是山林初啟之時自非博采新圖難期

美備曾欲將百科全書中英文地圖集人翻譯卒以費絀而止
它日幸有願力者成之

土耳基斯丹志

印度志　新志

開浦殖民地志　新志

阿達曼羣島志　新志

以上學部圖書館印本

日本樋田保熙世界地理志 光緒二十八年刊 稱樋志

番禺周起鳳萬國地理志 光緒二十八年刊 稱周志

以上並譯日本中村五六纂本

桐城吳啟孫世界地理學 光緒二十八年刊 稱吳志

出洋學生編萬國地志 光緒二十八年刊 稱矢志

以上並譯日本矢津昌永著本

山陰謝洪賚瀛寰全志 光緒二十九年刊 稱謝志

餘姚王亨統地理問答光緒二十九年刊稱問答

二譯相近

日本辻武雄五大洲志光緒二十八年刊稱辻志

日本吉田晉漢譯世界大地圖光緒三十一年刊稱世界圖

二譯相近

日本岸田吟香萬國輿地分圖

奉化周世棠等世界現勢圖光緒三十一年刊稱現勢圖

日本依田雄甫萬國形勢指掌圖光緒三十年刊稱依圖

湖北兩湖書院課程稱課程

仁和孫灝海國圖志徵實光緒二十八年刊稱孫志

上海許彬五洲圖考光緒二十八年刊彬編美非澳三洲龔柴編歐洲徐勱編亞洲統稱許考

松滋杜宗預瀛寰譯音異名記光緒三十年刊稱異名記

日本堀田璋左右外國地理講義光緒三十三年刊稱講義
英國馬禮遜外國史略稱馬略
英國麥丁力富歲計政要稱政要
謝衞樓萬國通鑑稱謝鑑
蔡鈞出洋瑣記稱蔡記
黎特鐵甲叢談稱黎叢
江甯龔柴彈丸小記稱彈丸小記
金匱鄒弢萬國風俗考稱鄒考
長沙王達中外地理教科書光緒三十二年刊稱王書
善化譚紹衮普通地理講義光緒三十四年刊稱譚義
長沙辜天祐韓遊日記光緒三十四年刊稱辜記
江陰繆祐孫俄遊彙編光緒十四年刊稱繆編

日本下村修介加藤稚雄西比利亞大地志稱西志

光澤何秋濤朔方備乘稱備乘

吳縣洪鈞元史譯文證補稱證補

新化鄒代鈞使西紀程稱紀程

上高黃楙材西輶日記稱黃記

黃楙材遊歷芻言

黃楙材印度劄記

無錫薛福成四國日記稱薛記

王韜重訂法國志略稱王志

十一國遊記

新大陸遊記

江甯李圭東行日記稱李記

元和顧厚焜美國地理兵要述略稱顧略

茂名陳蘭彬使美記略稱陳記

日本岡本監輔墨西哥記稱岡記

顧厚焜巴西政治考稱顧考

順德譚乾初古巴雜記稱譚記

無名氏秘魯形勢錄

英國艾約瑟冰洋事蹟述略稱艾略

右引用書目

釋洲雜采諸志故不出書名釋海同

亞細亞洲　北盡北冰海東盡太平洋南盡印度海西北以烏拉嶺烏拉河裏海高加索山近又以馬尼納河谷爲歐亞自然之界黑海地中海與歐洲爲界東南以巽他婆羅洲西里百諸島與大洋洲分界雷徐二志皆同

或以爲始於近來非也亞細亞或云安息聲轉也古安息國初居裏海東南臨阿母河後强大拓地至裏海西南抵波斯海灣鄰羅馬東界故當時羅馬人惟知安息不知極東更有秦漢遂相沿稱此洲爲安息安息亦稱阿薩古時希臘人呼阿息阿亞息細音尤相近收音之亞猶英吉利斯意大利亞之例耳或云亞細亞東方及太陽之義猶言東大陸日出處或云亞細亞東土耳其城名相沿被之全洲

歐羅巴洲　亞細亞極西北之一隅地形與海水相吞齧比亞細亞不過四分之一部落甚多大者十餘國中國所謂大西洋者皆此土人也北臨北冰洋南枕地中海黑海高加索山與非亞二洲分界西濱大西洋遥與北美洲相對東以烏拉嶺烏拉河裏海連合亞洲歐羅巴或云希臘人稱其國西地之名也其始不過一地

之稱後遂被之全洲或云古腓尼西人稱其國西諸國曰伊列比伊列比者日沒又西之義也歐羅巴與伊列比西字音讀相近後人相仍轉變遂成今名

阿非利加洲　在亞細亞西南其東西南三面皆大海北面兩內海界隔（紅海地中海）僅一綫與亞細亞相連地得亞細亞之半天時炎酷人類混沌在諸洲中爲最劣阿非利加古迦太基國（即今突尼斯地）一小郡之名西紀前百四十六年（漢景帝十一年）羅馬滅迦太基收爲郡縣統名曰阿非利加省遂沿爲全洲之稱

亞美利加洲　在地球之西半與諸洲不相屬地分南北兩土中有細腰相連北岸抵北冰海西北一角與亞細亞東北一角相近中隔海港數十里東南與歐羅巴隔大西洋海遙對西面大洋海直抵亞細亞之東方見畔岸南界近南冰海兩土合計與亞細亞

袤延相埒歐人於前明中葉探得之亞美利加以人名爲洲名也當千四百九十二年（明孝宗宏治五年）哥倫布發見新地後有意大利人亞美利加者於千五百一年（宏治十四年）受葡萄牙政府之命往探南亞美利加海岸歸而著地勢風土記附以己名其書大行自是新大陸稱亞美利加（地理家因自然地勢分爲南北二部巴拿馬地頸以北爲北亞美利加南爲南亞美利加自危地馬拉至巴拿馬一段長千二百英里或稱爲中央亞美利加）

大洋洲　乃澳大利亞大陸及太平洋中無數大小島嶼相合而成又稱太平洋洲或呼海洋洲又稱澳洲亦稱阿西亞尼亞一作阿塞亞尼亞一作阿削尼亞一作俄西亞尼嘎或作俄西洋尼又作亞欣尼亞皆一音之轉譯卽大洋洲之意

釋海

土之外皆海也一水汪洋誰爲界畫就各土審曲面勢強分爲五

曰太平洋海曰大西洋海曰印度海曰北氷海曰南氷海徐志作海今皆稱洋

太平洋海由亞洲之東抵南北美洲之西徐志云郎中國之東洋大海西人因其風浪恬平謂之太平海今皆稱太平洋矣 洋面廣闊以此爲最葢環繞地球之半

大西洋海由歐非二洲之西至南北美洲之東遠者萬餘里近者不足萬里

雷又云大西洋界於新舊二世界之間爲海底高源分爲東西兩半火成島如阿科斯聖保爾阿升純剔離斯坦帶鏗哈皆起於此高原之上大西洋連地中海及他內海計算面積三千四百三十萬一千四百英方里極深之處爲四千五百六十一尋按英六尺爲一尋在佛爾勒羣島之北世名之萬國深泉大西洋諸泉流始皆由風而生貿易風自東北及東南吹至赤道遂生北赤

道流與南赤道流偏轉至新世界（即美洲）之海岸後分爲數派一派折回至畿內亞灣即名畿內亞流一派沿巴西海岸而南一派入加釐賓海及墨西哥灣於此遂生灣流以灣流之暖水能使西歐洲有溫和氣候不至困於冰山有寒流出拔芬灣南流沿北美洲之海岸又有寒流從南冰洋而來沿南美洲之東岸非洲之西岸遂調和而生相配較低之熱度

大西洋諸島

雷又云冰島（丹屬）面積四萬四百五千八英方里人口七萬九百二十七（一千八百九十年）島內多高原上有冰石結成之山名遂嗒爾斯有火山二十九座最高之峯曰亞累富逐嗒爾六千四百三十英尺樹木稀少能居人民之處不過一萬六千二百英方里而已氣候較溫和平勻在累加維克熱度中數三十八度二月

二十七度七月五十四度雨雪三英寸人多牧羊捕魚爲業出口貨以乾魚羊毛鯨油牛油海鴨絨小馬等爲大宗會城郎累加維克居民二千五百人曹典球譯野口保興內外地志云冰島郎挨斯蘭島爲歐洲第二大島位北緯六十三度二十三分至六十六度三十三分西經十三度二十二分至二十四度十五分面積十萬四千七百方籽海岸西北及東部甚屈曲內部爲火山質臺地高達六百米突冰田最大者爲瓦特納一約庫爾大七千七百七十方籽溫泉到處皆是河流雖多然能航行者甚少湖沼亦多氣候在南部似蘇格蘭之北部北部則乾燥而寒冷格林蘭之流冰有時或來或否氣溫因以升降天產甚少有伊德爾鮭鰈礦硫黃等此島於西紀八百年爲愛爾蘭及蘇格蘭人所發見迄八百二十四年爲那威人殖民地千二百六十二年至六十四年屬那威千三百八十八年屬丹麥千八百七十四年値此島發見千年紀念之日乃隸於特別憲法之下居民惟在四萬二千六十八方籽之地總計不滿八萬首府雷克雅未克先謙按學會列國二圖同亦見丹麥

雷又云般摩特斯英屬此珊瑚羣島在北大西洋面積十九英方里人口一萬六千九十八內有六千一百八十四爲白人入口

貨每年值三十一萬一千磅出口貨每年值十一萬六千八百磅出口貨以葱頭芋薯爲大宗消於美國及坎拿大等處入口商船噸數英人居百分之八十八曹云學會圖作百爾慕他野志云百爾慕他諸島爲三百珊瑚礁所成面積五十方粁居民不滿一萬八千氣候溫和最宜冬季以在紐芬蘭西印度合衆國東海岸中閒故爲兵事上之要地有知事管理千九百三年貿易輸入五十四萬磅弱輸出十三萬五千餘磅强海底電綫通於哈勒法牙買加等地首邑哈毋爾敦人口二千二百四十六先謙按列國同亦見北美洲

雷又云阿科斯乃火山所成之羣島在北大西洋內多山嶺最高之畢科峯七千七百十英尺面積九百二十二英方里人口二十五萬五千五百十一大半皆葡人多崇奉天主教出口貨以橙酒五穀爲大宗阿科斯羣島幾全爲葡國之屬會城磅太特爾加多在聖密加爾島居民萬七千人曹云學會圖作阿索勒斯野志云阿索勒斯諸島距蒲國海岸千四百粁距馬克勒浦岬[illegible]千五百五十粁爲三羣九島所成北西羣有科爾福島佛羅勒斯島中羣

有特爾塞拉島薩吉爾吉島（案學會圖不載此島）不利島格拉肖薩島法
雅爾島東南羣有三大馬利亞島森米圭爾島地積合計二千
三百八十八方粁土地火山質最高處有海面上二千三百二
十米突氣溫年平均十七八度降雨甚多宜葡萄柑類人口二
十五萬六千餘居民多葡人外有摩爾人黑色人等行政直隸
葡國分爲三區首邑安格拉在特爾塞拉島商業主要地逢大
得爾加達在森米圭爾島先
謙案列國同亦見葡萄牙

雷又云美特拉（葡屬）此島亦火山所成中多山嶺最高者六千一
百英尺氣候均勻故可作避暑之所在芬揩耳熱度中數六十
六度正月六十一度八月七十三度雨水七十九日二十七英
寸雪惟山上有之面積三百十四英方里人口十三萬四千六
百二十三以葡人爲多進口船隻噸數英居百分之六十二入
口貨値十五萬六千磅出口貨（糖酒）値二十三萬磅與英國貿易
約居百分之五十二曹云學會圖作馬得拉島野志云馬得拉
島合其屬島巴特散多等面積八百十五
方粁人口十五萬餘氣溫年平均十八度土地火山質適於栽
培加非甘蔗居民多葡人間有摩爾人黑色人猶太人行政直

隸葡國為一區首邑芳柴爾人口近二萬先謙案列國同亦見葡萄牙

雷又云坎耐廉羣島亦火山所成近非洲之岸多山嶺在對尼拉夫島之畢科對推山高萬二千百九十英尺在對尼拉夫熱度中數七十一度正月六十四度八月七十八度雨水八英寸面積二千八百二十英方里人口二十九萬千六百二十五人口貨值六十萬二千磅出口貨值三十五萬四千磅以菜蔬芭蕉呀嘓米為大宗各島幾全為西班牙之屬曹云學會圖作加那列斯羣島野志加云加那列斯羣島距非洲岸凡百籽合七大島六小島而成排列二羣西羣有德內黎非島哥墨拉島巴爾麻島東羣有蘭塞羅德島非爾德賓多拉島案卽在蘭塞羅德之西南格蘭喀拉里亞島地積七千二百七十三方籽各島皆火山質山岳甚多最高者曰對推山在德內黎非島案德內黎非卽雷之對尼拉夫島高三千七百十五米突以富於風景植物著名地味均佳氣溫炎熱降雨不足居民三十六萬人皆西班牙人與土人克安西相合而成者行政為一州直隸西班牙產巴拉拉砂糖哥的尼爾馬鈴薯等首府三克魯士人口三萬八千四百十九外有拉斯巴爾馬斯人口四萬四千五百十七佛羅島卽鐵烏為本初子午綫之地有名此島

距格林威池西經十七度三十九分四十六杪先謙案列國同亦見西班牙

佛狄角羣島見四十七章 曹云學會圖作佛得角諸島又名開普威得又名綠岬諸島佛得譯義爲綠野志云佛得角諸島與佛得岬相對距離三百六十五粁合火山質之約哥島法哥島巴拿維斯大島尼俄老島安道島等十四島所成法哥島有活火山地積達三千八百二十二方粁地大乾燥居民凡十四萬七千餘人黑人近四萬九千白人不過一四千全島屬葡管理派有知事千九百四年五年收入凡四十一萬美勒斯支出三十六萬美勒斯主產物爲加非蜜糖輸入不及百七十七萬美勒斯輸出凡二十八萬美勒斯巴脫普拉雅在約哥島爲此地首府巴脫格蘭得在維森特島乃屯煤之所先謙案列國同亦見非洲葡屬

雷又云聖保爾爲火山所成之小島多山巖近赤道之下無居民 曹云英文圖在亞森森島之東學會圖無先謙案列國無

雷又云夫能杜對腦隆哈島多山巴西遷居罪人之地在赤道南三度五十分 曹云矢津昌永南美洲高等地理云夫能杜對腦隆哈島距巴西東北海上三百四十英里行政屬伯爾能不各州現爲監禁罪囚之所學會圖無先謙案列國無

雷又云剔離尼旦（巴西屬）甚小其面積止二千二百英尺在赤道南三度三十一分無居民（曹云英文原名與學會圖所載之特尼答英文原名相同詞典載特尼答島有二一在北緯十度三分至十度五十分西經六十度五十五分至六十二度屬英一在南緯二十度十五分西經二十九度三十分位南大西洋中爲英領一小島曾屬巴西西紀一千八百九十五年讓與英英國雷云剔離尼旦在南緯三度三十一分徧考各英文圖止南緯二十度十五分有此島載屬巴西南緯三度三十一分不載其名存攷先謙案此雷志之誤列國同亦見西印度）

雷又云阿升純（英屬）亦火山所成高二千七百四十英尺面積三十四英方里人口四百三十爲避暑添煤之所產鼈最著名（曹云學會圖作亞森森野志云亞森森島千五百一年爲葡人所發見地積八十八方籽在森赫勒拿西北千百二十籽當非洲大陸椰子岬千六百籽爲火山巖所成最高處約八百六十米突氣候最佳產海龜兔山羊等居民凡四百五十人本島屬英國水師提督管理守兵置於東北岸之吉爾吉敦有屯煤場當南大西洋航行要區先謙案列國同亦見非洲英屬）

雷又云三厄里那（英國）亦火山所成高二千七百英尺面積四十

七英方里人口四千一百十六一千八百九十一年入口貨值三萬三千磅出口貨值九千九百八十磅曹云學會圖作森赫勒拿野志云森赫勒拿島千五百二年爲葡人所發見千六百五十一年歸英領距亞森森島千二百九十粁距非洲大陸千九百三十粁地積百二十二方粁沿岸險峻爲火山質的亞拉崖高八百二十三米突聳於中心谿谷頗肥沃氣候屬海洋性氣溫年平均十六度居民五千二百人屬知事所管轄千九百三年收入萬三千餘鎊支出二萬一千餘鎊貿易額合計七萬餘鎊電綫長百二十九粁電話七十七粁海底電綫通開普墩查母士敦在本島西北岸首邑也屯煤場在焉隆可多距查母士敦四千八百米突拿破侖一世居此著名先謙案列國同亦見非洲英屬

雷又云剔離斯坦帶鏗哈羣島英屬在南大西洋面積四十五英方里人口五十三曹云學會圖作提利斯當岡哈羣島野志云提利斯當岡哈在南緯三十七度六分西經十二度一分距好望角三千粁提利斯當岡哈之外有果島英阿克西普爾島來丁格爾島地積百十六方粁人口七十六產馬鈴薯魚類亦多諸島爲火山質屬英先謙案列國同

印度海北至亞洲東至澳洲西至非洲由適中之印度一土而南

望故西人以此稱之卽中國之南洋及所傳稱之小西洋

北冰海者亞歐美三土之北境環而拱之近岸千百里霜雪凝結堅冰不解海有大魚能吞舟

雷又云北冰洋儼如地中海蓋亦一通大洋之內海也惟其海底較淺耳

艾略云光緒元年有英國官艦二涉險往冰洋溯前千五百八十年有英船二適俄國北冰海內探一通中國印度之路至彼見冰聚爲山峭立千仞冰塊百尺凝積過厚難施穿鑿故未能通至東洋迨千五百九十六年荷蘭國復有船適彼至嚴冬幸有一海島可容船停畱耐冬不至損壞島名挪法鮮巴拉俟至冬盡設法由冰中脫出駕駛回國然其地九閱月爲一冬至冰消凍解時已中國端陽月矣伊等曾以木板排造爲屋日夜居處至二百七十八年卽中國同治間有挪威國船適其島見有古板屋在卽而視之知爲荷蘭人所搆屋也懸於壁者乃荷蘭國鐘鍋勺鑪竈遺於牆下日用所需器皿俱備並有殺牲之刀盆等件蓋荷蘭人去時不能乘大舟惟駕小艇故將所用器具遺棄島中歷二百七十八載挪威人得之裝於巨艦帶出冰洋仍售與荷蘭大爵荷蘭人獲此古物於哈戈城博物院中依島中式造一板屋將各物遵循舊序列於屋中不忘前人冒險尋奇之功也後千六百七年有英國倫敦十人呼得孫氏名恒利者曾適哥連蘭得海島卽綠地島也亦率十人

二人駕舟北往至北緯八十度又二十三分之處即哥連蘭得島東北角也至是不能復行惟有撥棹還歸歸時云通東洋之海路雖無得已獲一財源利藪見其地多海龍成羣而戲巨魚結隊而舞此魚無名西人呼曰囘利即油魚凡言油魚者倣此海龍爲蓋世奇珍漁油乃北戶所需貨艇往來增一裕國便民款項至今二百餘載獲利甚鉅囘利魚長六丈得油實多然從未越北緯八十度四十八分雖有人由北返戲言曰吾已造北極之巔其地無冰四時氣候溫和智者固知其爲欺人語決不信也而實有記錄之船亦僅至八十二度十六分千八百七十一年波拉里斯船即至是度數七十六年即光緒二年船行至八十二度二十七分狗拉冰車云冰亦可牀行至八十三度二十分再北冰塊壁立滑澾躐趨不敢復前矣○當中國乾隆時英國議政院議有定章有能乘船遠涉距赤道八十三度者餽履險創路銀三千兩以酬其勞倡首至八十五度者勞銀六千兩至八十九度者贈銀萬五千兩自懸賞後屢有人駕船適北美尋覓在船諸工嘗慣嚴冷之苦無衣不至號寒及英法有事雨雪載塗曠日持久英之所以終勝法者半緣弄船工人久涉冰洋能耐寒也是役後弄船工人俱擢升顯位可知國人履冰涉險非無益也況自有此舉於格致學有助增人識見平千八百七十五年西五月念九日英倫二艘北行按出洋覓新疆之次第計之三十一次矣二船起行後遇颶風任船所之幸距哥連蘭得島西南角非遙二船至彼相聚整理復行遵海而北於大尼國埠頭停泊商藉犬數頭備拉冰車之用大尼人許之載犬後艙更有伊昔吉莫旅中數人識犬性曉冰中馳驅之道同延入舟二船人心大慰毅然直

往至去赤道七十七度區見大冰一具順流南下柁工視之懼甚急尋避所幸有海灣在側勢雖狹隘能容二舟急避獲免於此少憩見立於岸者有伊昔吉莫族之茅廬帳棚殆彼族人處土恆莅此也至西歷八月六日二船復欲出海灣北行抛錨處冰結五尺多方穿鑿始脫去前進三里許有冰山一座衝天壁立寬約十丈長約二十丈出水面約四丈凝神睇視知直注我船來勢迅疾船工卽理諸器停輪機活關鍵卽輪船中螺轉旋轉處將器物收安防意外變二船俱橫槊持篙立船頭若迎敵狀瞬息之際漂泊而至較船幸少偏擁擠力小微一挨舟舟卽止舟中人施其撐撥之能遂脫此險舟身稍損適時復轉輪機向北日繼一日晝夜潮汐猶無變遷每逢大汛中汛常汛水之或漲或落時冰裂有聲中分爲巨壑深谷船亦遵冰開之路迆邐北行一日至一海灣冰深不過六尺可以無櫂惟朝暮鑿冰俾船身不聯爲一體如是三日北嚮僅六十里柁櫂緣冰擊損壞大半惟尋風靜冰淺之所易備用之柁水夫登岸瞻驗地勢見玉立冰清雪堆數處欲得野味悅口鎗擊香牛三昇歸縛於後桅二船人喜得肉食○西歷九月朔見冰離海濱數丈宛然一道巨河放輪前駛和風習習船行迅速北行至午後冰開河道亦隨而變易故轉輪向西行未幾冰闢之路直注西北船亦西北行由是一往直前至不能復前之地而後止此處之冰出水一面二三四丈不等南風已息天氣寒甚舟子遂早設備見海濱一空隙料其水勢必淺卽移舟南行入海灣正值行時見冰結海面進裂凸出宛似山巖船卽泊此耐守嚴冬以待春融統計百四十二日中人乘冰車出舟巡察分爲二路一北巡一西巡初人未履

慣此險心多恐懼雖無墜陷之虞尚多傾跌止於附近區巡閱迨步履既熟凍餒外無他慮遂將大尼國之狗數頭駕冰車伊昔吉莫族人爲僕御大衆蜂擁齊驅適彼朔方有高山阻路共尋路陟山以瞻望焉四圍冰雪爵然浩無津涯極目北視無數山頭環繞北海爲來年北行預計能及彼處方佳由寄迹處計之相距三百里此大衆出門所探路也九月二十五日將來歲可用之飲食半藏於約斯恆利海角內一船泊此海角一船北行防有不測北行船上諸人可望此船逃生同心願向北行者二十五人水手官長共二十八人登彼舟遁邐北行冰上積雪輕浮衆人或推或挽於冰上雪中破路北行驗測寒暑表一日下降一日至十月十四日不能復前此處距赤道八十二度二十七分有人腳迹被冰凍壞者三二船相去已數十里矣仍駕冰車北行闢路水夫皆此足方舉彼足已陷冰雪擁至腰間深約二尺半許十日內塗體冰雪中行英里僅三十許（約中國九十里）離赤道八十三度二十分至此無計可施復還本船時水澤腹堅祇在板屋苟延時日自十月十二日與日色一別難期復覩雖屢有黃昏之象餘輝亦漸次減少水手無聊於山澤間覓草木野花搆爲茅廬作測量星辰氣候之所積雪爲山矗立船傍居處賴以微暖由是日暗一日黃昏之象全無景色嚴寒幸有鐘表計時每日在船遵循規矩照常禮拜駕言出遊俱排列行伍舉步方行循途守轍冰面往來有狗熊至以兵器退卻恆見銀漢在天月印冰面光芒潔白心緒豁然諸人於平常午後（此地久不見日色當午即以尋常自晝之十二點鐘後爲午時後也）或讀書或習算或講行船之理長幼尊卑不能過拘各逞技能吹彈謳歌歡心悅志按日輪流不

驗章程十月至冬至月如是即中國之九月至十月也○赤道北之冬至日正太陽南過赤道二十三度二十八分候也其日爲北冰洋百四十二晝夜一永夜之正子時星光滿天雪色偏地以長盈寸之文字映雪隨星讀之目力克辨按鐘表而計當午時每有亮光呈露於南方地平面上惟至此時用目力於南方尋覓不見有光芒透露難測日行何處鐘表之有差無差矣船之東西南北以馬口鐵匣罐布置冰面恐離船遊行不識歸路果肉入腹其鐵罐鐵匣適堪爲此不費之惠每値月明星稀舟子甚覺歡娛一夜月明如晝統領出洋之官長出舟行四里許即同船事在冬月英俗救主降生日互相酬答饋贈船挂旗旛是日船上諸客取友人餽送物開盒臚陳玩物俱備鮮花交加玩賞慶賀測驗之家各有所司製房三座各操其業測電氣房測得十分一動測度數者仰觀天星雖寒甚房不能覆頂測潮水長落有器測光景增減有器以及測各等學問俱有器冬至後過冬之半亦即過長夜之半於是召工人率作興事冰車宜急告成水手每日工課亦有定時早六點鐘四十五分更夫叫號軍長吹笛大衆聞聲急起整理懸牀盥濯櫛沐掃淨船板衆即席而食九點鐘須點名每名賜以所事管船官長艙內外依次徧察恐有不潔也十點時復齊集聽點凡出行冰面者尊卑悉飲酸果汁以防痛患於是圖聚拜主領首者展讀聖書領衆祈禱禱畢於船外工作一點鐘時復點名擦艙中地板撣拂棹椅用中飯飯後日由南方射出光芒可履冰面作冰上活計至五點鐘工止用晚飯後上晚學官長爲師九點鐘散官長親莅各處細心察驗十點鐘水手燈火熄十一點鐘官長燈火熄

如是者歷數月欲測寒暑有酒表人以海龍帽覆頂外紮布巾身著海龍長袿手套腳套俱數重韈底加厚以樹皮熬汁塗抹身體頻頻移動慮其凍僵惟鼻頻無物可覆屢以雙手捫之得保無虞徧覓野獸不見蹤迹雪面多見兔鼠足印卻未見兔鼠數日僅獲二隻後乃無一遇矣○次年即光緒二年西歷三月初二日晝十二點鐘紅日惠然肯來不數分頃即暮自我不見百四十二日矣與低斯哥縛利船睽違已逾半載冰面行車之能操練極熟餱糧器具久備聲發款乃步行彳亍離阿里爾得船向低斯哥縛利船日光照臨不久即逝大尼國充繙譯者身體凍傷數處同行者將伊送還本船嗣後竭蹶而行不數日冰車乃遞彼船二船之客可常來往伊等日駕冰車仍四外尋覓後尋得一島與哥連蘭得可通中隔海灣寬約數十里有大冰一具幾滿此數十里之峽其地呼此等冰日佛路履此佛路冰即能達哥連蘭得惟於距兩濱不遠區有若許零星佛路冰車起伏難行西歷四月初三日備冰車七驅車者五十三人同行百二十里遂分二路一半西行一半北行每車七人服役冰車過厚下入雪內甚深早起行二時始停車食中飯至此不能如在船舒適乏酒禦寒每以茶代所食者豬肉火炙之饅首滾水烹茶熬費工夫寒暑表降於凍冰點下七十度辛苦可知七車外復有二扁舟為涉水作備推挽二舟費力尤甚一舟七夫不能移動必有二舟人合力拖行一舟再行一舟如是者二月至六月初八日有官長一踏雪而行通信於停船所歷十一時始至備述病狀且云多莫能興去人濟助方妙於是即先備狗車載藥餌速往且告以可放寬心濟助人接踵即至狗車果捷於

人先至其所令病者一一服藥罔效者僅一人餘俱愈矣及助者至眾皆歡豫復挽冰車北行冰面積雪數尺先以鐵器闢路方可挪移挽二車之人力合挽一車挽過一輛再挽一輛車於冰面行一里人於冰面已行三里至北去赤道八十三度二十三分之區冰山壁立寸步難移遵道旋返其西行之冰車較北行者去路遠以其傍海濱循行凡車中所載歸路之飲食隨時掩於地下故去時輕便回亦迅速也低斯哥縛利船之四面亦曾有人尋察將地形繪圖其北去亦有佛西利石中所長者有花草之形卽蕭之[illegible]酉[illegible]鱗介珊瑚與絕佳之煤西歷七月二十日已爲其地長畫之下午蓋其地赤有百四十二日之久不暮冰凍稍解船可南行船主人已將合船姓名勒於一石卽立於石堆下爲後至之記誌鑿冰穿凌漸漸南向至八月十一日抵低斯哥縛利船所週憶分離十二月矣於是並駕南行或日行十數里或日行數十里二船相對杳嗟不識今歲旋歸否九月初九日船脫結冰所設遲數日其地水澤又及腹堅二船必於彼復歷一歲矣於是放輪南駛客船各檢點物件知移於石堆下者甚多友人書信託轉達者亦皆大半失去惟有俟來日復往始可帶同及船至英界急由電報發信至各城各埠云此二船已歸合國聞者無不仰天祝謝全賴上帝默佑船中工人俱賜假一月回家休息仍與口分國人至船觀水車器具者絡繹不絕除禮拜日外無虛日其下者得獎上者加官

北冰洋通太平洋與大西洋有三口一爲狹且淺之白令峽一爲大闞峽一在那威與格林蘭之間灣流之暖水由此

入極圈使那威海至那岱野隨力周年不冰暖流至西伯利亞岸力已薄弱使依岸斜轉遂沒入於相反之冷流此冷流過格林蘭及臘勃拉多之東岸挾大冰塊以入大西洋北冰洋所灌溉之地甚廣歐亞美三大陸合計五百七十七萬二千英方里大河流入北冰洋者爲俄比河也尼塞河馬懇西河杜維納河北冰洋之島據現今所探得者共計百二十三萬三千英方里今敘其重要者如下

雷又云格林蘭丹屬面積八十三萬八千英方里內七十一萬七千英方里在北寒帶圈內中有高原其嶺積雪不散常有冰河流入於海可居人民之處止三萬四千英方里人口萬五百十六樹木惟短柳樺木極南之處間有球尼磻樹一種短樹其子之油可釀酒人民以漁獵爲業出口貨爲鯨油鱁肝油海狗皮會城爲高大

曹云野志云格陵蘭爲西紀千年時挨斯蘭漁者所發見名

勃爲幾地嗣後殖民不繁然無可攷至千七百二十三年丹麥人來住挨斯蘭人僅留遺跡又云地在北美東北積二百十七萬方粁爲世界第一大島極南法勒威爾岬當北緯六十度極北之地不甚明確而東岸北緯八十三度以內經數次採檢港灣頗多爲冰山流冰所閉塞航行甚難惟捕鯨船往來而已西岸達維斯峽𨘢(?)譮(?)𨙍(?)臨巴非英灣狹灣甚多結冰障害稍少歐人居北緯七十四度以內地攸斯幾摩人居北緯八十度以內地其內部若爲臺地平均高度海拔六百五十來突沿岸山脈中北東部有高峰高四千五百米突氣溫甚低永世不滅之冰雪蔽地甚廣約當日本國之三倍白熊海獸海鳥並苔蘚類惟生於西南岸地內部生物極稀然冰雪中時發見喬木根榦又有若枝葉狀者然則太古時格陵蘭眞爲綠地耶夏季沿海冰解之地狹而長面積九萬方粁居民萬一千九百人東岸約千人西岸約萬人又云攸斯幾摩人卽英諾伊多人軀短肉肥頭大肢小性不知潔食料粗雜不畏飢渴身纏獸皮居帳幕及冰屋中以獵獸捕魚爲業最長操舟此族原居美洲北帶地今漸衰息惟限於圜極之地矣又云屬丹麥分南北二管理區高大勃嚳(?)噲(?)啚(?)咋(?)及狄斯可爲此地首邑裕利安斯哈白在南端居民約二千先謙案列國同亦見丹麥

雷又云美洲之北冰洋羣島面積五十萬二千四百四十英方里內四十一萬六千英方里在北寒帶圈內人口約最多一千

其餘在北極圈內之諸島均無居民

雷又云司丕士般勤面積二萬七千六十英方里爲多山之羣島惟其西岸周年可到地產馴鹿冰熊狐捕鯨捕海狗者常至此地惟無長居之民曹云坂本健一外國地名人名詞典云司丕士般勤在北緯七十八度三十分東經十五度爲那威北方北冰洋中羣島距那威四百英里爲冰所蓋海鳥白熊等棲息焉面積二萬千五百十方英里學會圖大地平方圖作新疋次爾根先謙案列國同

雷又云那坌野隨力一名牛蘭俄屬面積三萬五千英方里爲賽摩野種人捕魚之地自注按賽摩野種居歐亞極北之野蠻曹云詞典云那坌野隨力在北緯七十四度東經五十五度橫北極洋中爲狹而且長之二島在喀拉海與巴林得海之間屬俄羅斯住民甚稀沿海有漁業之利學會圖作諸氏則穆列先謙案列國同

雷又云法郎西約瑟蘭面積已探得者爲二千英方里地無居民人跡難到曹云詞典云法郎西約瑟蘭爲散布北冰洋中羣島之名爲西歷千八百七十三年及千八百七十

四年時所發見

雷又云安逐羣島俄屬面積萬二千英方里在西伯利亞之北內有新西伯利地無居民曹云學會圖作西伯利亞羣島先謙案列國同

雷又云郎介蘭俄屬面積千八百英方里無居民曹云學會圖作威蘭喀拉島在西伯利亞之北先謙案列國同

南冰海在南極之下氣候與北冰海同

海岸內通者曰汊曰港長而曲者曰灣豅入既深自成爲海謂之支海亦曰內海也

勃海　在遼東山東兩半島以內

右太平洋支海

多島海　在諾敦塞爾特島東當新西伯利亞羣島之南亦謂之保耳灣其中小島甚多

白海　在喀甯可拉兩半島南或稱威得海面積四萬五千英方里海底雖深每歲十月至五月凍結惟見冰雪皚皚故呼白海此海惟依土味拿河端河窩瓦河間之運河以通於黑海及裏海

右北冰洋支海

地中海　在依伯利安半島東小亞細亞半島南古稱固列斯海譯即大海之義東西長二千四百英里南北出入於八十英里至一千英里之間面積百萬方英里天下入地最深之水無如此海者故以地中爲名世界最大之內海也航行最便西人稱墨力特爾勒尼安海一作美的德拉虐海自蘇彝士河開通此海遂爲東西二洋共由之路於交通最爲重要且本洲治化皆始於此海之四周於歷史尤有絕大之關係也

波羅的海　或作保勒第海一稱東海一名洲中海亦名威廉喀

海拉丁語呼帶曰波羅地亞斯此海彎長似帶形故以爲名面積十八萬英方里海底最淺且變化不定每歲必測量標識以警航者冬期卽凍航路阻絕春秋又多煙霧且時起暴風天然障礙之多莫此海若也

須德海　北海南入北荷蘭東而有此名或作賽德或作隨達郎南海之意或稱哈爾林海其地初爲湖澤第三世紀末海嘯地坼平陸成海今灣口有小島排列斷續出沒於海面蓋沿岸高處之未崩者

右大西洋支海

亞得利亞海　在亞平甯半島東巴爾堪半島西或作阿地阿替海一作愛得力唵狄克海

愛琴海　在希臘東小亞細亞西一名多島海一稱希利尼海一

名伊直安海西史亦稱伊眞海

黑海　在愛琴海東北其形如蟹南則大腹蟠然北則兩螯聳峙古稱尢葛仁海或名育喀若盈海土耳其人稱喀拉顛尼昔海譯卽黑色之義歐洲諸國稱布剌克海中國稱黑海東西約七百英里南北約四百英里面積約十六萬英方里往往驟起暴風又常濃霧迷漫航行最險

亞速海　黑海彎入克利米亞半島東得此名或作阿速夫一稱阿索富元時亞速國在其東因名古稱速噶忒海一名麻阿提斯湖海底甚淺冬常結冰

右地中海支海

亞美利加地中海　卽墨西哥海灣在佛羅里達于加敦兩半島西東西一千英里南北六百英里面積八十萬英方里此灣有著

名之暖流通過所謂墨西哥灣流也

加勒比海　在墨西哥灣東南或作安的爾海亦稱加力皮安海東西千八百英里南北一千英里海多暗礁時起颶風航行甚險

右北美洲支海

海之爲物與地終始部分滋夥主名遂殊

其在亞洲者

東海　在西朝鮮灣以南琉球臺灣以西環中國海岸如半規形日本謂之西海西人謂之東支那海

黃海　在山東半島南揚子江北中國朝鮮之間有此海名朝鮮以黃海名其道此海本包於東海內日本地理書自北緯二十四度至北緯六十度之海統稱東洋花彩內海

南海　在臺灣南印度半島東西人呼中國海或稱支那海多颶

風

日本海　在日本國西或稱雅平斯闊業海

鄂霍次克海　在岡札德加及千島西日本呼北海或作歐候之克海一稱鄂和達海一稱大拉該海

堪察次克海　在岡札德加半島東亦稱岡札德加海其附近北美沿岸部稱臘虎海以其中多臘虎也

白令海　在亞美二洲之間或作白林嘎海亦作墨領海亦稱柏

倫噶窩海

郭爾噶海　亦稱阿納底爾灣

瓜哇海　在瓜哇島北

西里百海　在西里百島北

蘇祿海　在蘇祿羣島北以在瑞多羅島南亦稱瑞多羅海

佛理嶼海　在佛羅理島北
巽他海　在巽他羣島北
的摩爾海　在的摩爾島南或作胎墨爾海
班達海　在安邦羣島南一作板大海一名摩鹿加海
亞拉佛拉海　在亞痕半島北或作阿爾富勒海
馬來海　在亞洲東南至澳洲西北馬來羣島部海之總名亦稱東印度多島海或以其界於亞澳兩大陸閒謂之亞澳地中海

右太平洋隨地異名之海

孟加拉海　在印度孟加拉南多颶風
擺古海　在緬甸擺古南一作北古海或稱緬甸海
阿剌伯海　在印度阿剌伯之間多颶風
阿勒富海　在阿曼灣西北卽波斯灣漢甘英往通大秦抵條支

臨海欲渡卽此海

紅海　在亞丁灣西北長三千九百里寬處至四百五十里西人名勒爾西海

右印度洋隨地異名之海

喀拉海　在雅馬利半島西

諾敦塞爾特海　在台麥爾半島東諾登塞爾特爲瑞典博物家好航海探險常往來於北極洋此海爲所發見故以其名名之

多島海　在諾敦塞爾特島東當新西伯利亞羣島之南

其在歐洲者

不連敦海　在喀甯可拉兩半島北不連登或作巴黎士荷蘭人北極探險家

右北冰洋隨地異名之海

北海　在求德蘭半島西不列顛東一稱日爾曼海面積二十四萬四千英方里海底頗淺英與荷蘭間有無數灘瀨其淺尤甚又時有暴風雨航行亦最危險

阿爾蘭海　在不列顛島西阿爾蘭島東或作阿爾什海海底甚深雖便於航行而猛烈之暴風雨最多

右大西洋隨地異名之海

伊奧尼亞海　在亞得利亞海南伊奧尼亞羣島西或作約尼亞海

馬摩拉海　在黑海多島海之間或作馬爾馬拉郎文石之義海岸產文石甚多故有是名西史或稱珀羅滂鐵斯海

干地亞海　在干地亞島南

西西里海　在西西里島南

第勒尼安海　在意大利半島西南
撒丁海　在撒丁島西
加里舍海　在法蘭西哥爾塞牙島西
利高里設斯海　在意大利利高里亞南
右地中海隨地異名之海
其在澳洲者
科剌連海　在約克半島東或作哥拉勒海卽珊瑚海也澳大利亞之東北岸有約克半島而南岸皆斷崖絕壁其近海一帶有珊瑚堡礁斷續不絕約千二百英里謂之大巴利亞利礁或稱大牆礁最寬處約達一百英里航行最險然礁與海岸距離約自十英里至百五十英里其閒波濤平靜航路又甚佳
哥羅海　在非幾羣島中哥羅島之旁

南海　澳大利亞灣之南有此稱

右大洋洲隨地異名之海

水之瀦者曰湖曰澤大者亦曰海

蒲昌海　見漢書卽今羅布淖爾一名泑澤一名鹽澤又名輔日海

卑禾羌海　見漢書卽今靑海一名鮮水一名仙海蒙古稱庫庫諾爾

私渠北鞮海　見後漢書卽今貝加爾湖一稱拜喀勒湖或稱哈見湖或稱柏海一稱白海一稱聖海一稱富海一稱幸海卽蘇武所遷之北海元劉好禮脫走之菊海

鹹海　在裏海之東西人稱阿拉尒海長約六百三十里寬約五百四里面積二十二萬百九十方里爲近數百年渟蓄而成古所

無也西域稱達里岡阿泊

死海　在土耳其西里亞境長四十五英里闊十二英里鹹湖也鹽分極强魚類不能生息其水面比地中海在千三百尺以下其北方有根內薩勒畨海又名厄利勒在地中海水面六百八十尺以下

右亞洲

裏海　在波斯北卽古雷翥海突厥稱答剌汗海元史稱寬田吉思海或稱開斯濱海一作嘎斯卡海亦作加斯比約海或稱騰吉思湖一作騰吉思鄂模西人稱喀斯比安義謂亞歐兩地中間之海也南北約長千七百三十五里東西廣約七百八十里面積百三十一萬千六十方里據地質學家言古代裏海北至北冰洋西至黑海皆其海盤故地今默捏起河谷其遺迹也無潮汐漲落然

西部高加索山脈橫貫伸入海底故暴風所激常有怒濤其水量北部最淺南部漸深至四千英尺

右跨亞歐二洲

五洲地理志略目錄

意領梭曼利蘭　摩洛哥國　班領潑雷西騎
法領阿蘭欺里亞　法領土尼斯國　土領的黎玻里國

卷十七　非洲二

英領岡比　英領西歐拉艮　英領金岸　英領拉高斯　梭科拖國　根多國　巴奴國　奴不國　法領塞內加　法領纖內亞與富皆太郎　法領蘇丹及替白土等　法領象牙岸與康法領打呵摩　葡領纖內亞　葡領佛狄角羣島　葡領聖道摩與聖潑陵西　班領覆能多波　班領恩腦保　班領高里斯科
班領三仲恩角　德領纖內亞　力比里亞國　德領坎滿倫司
比領康哥國　法領康哥　韋對國　彼日迷國　坎耐國
葡領恩哥喇　德領西南非洲

卷十八　非洲三

英領桑給巴　英領東非洲　葡領東非洲　德領東非洲　英領梭曼利蘭　英領梭科脫剌　法領馬達葛士加島　法領哥摩羅羣島　英領毛里削斯島　英領塞舌勒羣島　英領羅得給島　英領采哥羣島　英領喀格多斯島　英領亞密蘭羣島

英領愛耳打巴拉島　法領路尼恩島　法領聖保爾島　法領牛阿摩司叚德島　法領叚貴倫羣島　英領岌科侖尼　英領耐脫爾　英領若盧蘭　英領湯格蘭　英領巴什多蘭　英領彼春那蘭　英領湄推比里蘭與曼雙那蘭　英領中非洲

英領脫郎斯窩耳　奧淩賚河領地

卷十九　美洲一

英領那佛司科西亞　依德華島　牛不倫瑞　牛芬蘭島　臘不拉多　貴北　安大利痾　馬宜多巴　哥倫比亞　諸屬地

總名坎拿大

法領米貴倫與聖庇爾

卷二十上　美洲二上　卷二二三總爲美利堅合眾國

緬國　牛罕什爾國　洼望國　麻薩朱色國　羅德島國　干納底克國　牛約克國　牛日西國　賓西洼尼國　特拉華國　馬理蘭國　哥倫比亞都城　勿吉尼國　北加羅里那國　南加羅里那國　喬治亞國　佛落里達國

卷二十下　美洲二下

地理兵要述略上

卷二十一上　美洲三上

西勿吉尼國　根特機國　倭海阿國　音的阿那國　伊里內國　密執安國　韋司康沁部　明耐梭塔部　羅華部　彌梭

西班牙國　葡萄牙國

五洲地理志略一　　亞洲一

賜進士出身 特賞內閣學士銜前國子監祭酒翰林院編修加三級臣王先謙謹撰

大清國

一寰徐志云坤輿以中國爲主疆域之界畫山川之形勢人人知之不煩覼縷我 國家龍興艮維奠基遼瀋吉林一省東盡赫哲費雅諸國黑龍江一省北跨外興安嶺周回萬餘里皆古重譯不到之地至若旃裘毳幕碁布北庭（內外蒙古諸部）雪嶺天山蟠回西域（新疆回疆）襄平箕子之遺封（朝鮮）烏斯吐蕃之舊部（青海西藏）昔限異方今歸典屬輶車往復幾識赤無殊且又 內府圖志攷據綦詳諸子百家論述尤夥非片言之所能盡亦非外史之所宜言其說蹖矣但今通志五洲中外自宜並載且礦產興盛路電交通皆前此所無不可無述故仍以中國居首依省敘列焉雷志無取

直隸省

禹貢冀兗二州漢志幽州部上谷漁陽右北平遼西勃海涿六郡廣陽一國冀州部魏鉅鹿常山淸河四郡趙廣平正定信都中山河閒六國兗州部東郡

疆域

北跨長城以外（承德朝陽二府）西山西西南河南南山東東臨海東北盛京北與內蒙古各旗部相錯（如朝陽錯在土默特閒建昌錯在喀喇沁閒赤峰錯在翁牛特閒豐甯西北界察哈爾各旗是）東西千二百二十八里南北千六百二十八里

面積合口外計之百十七萬九千九百九十四方里人二千九十三萬口現領府十二直隸州六廳四州十七縣百二十五

物產豆麥棉桃梨棗栗葡萄蘋果等及牛羊諸畜蘛紬氊毯煤（開平外唐山房山二縣煤產俱旺）鹽（長蘆八場陽地自山海關至山東樂陵縣界袤延八百餘里）

地勢王書云西北多山陰山在察哈爾右翼所分南迤之支蟠亘山西境內分迤於桑乾滹沱二水間之支延入直隸境內者爲恆山分迤於滹沱漳河二水間之支延入直隸境內者爲井陘山爲太行山直隸西境山勢遂南北相聯斷續不絕其自陰山東迤之支入直隸口外分迤於灤河東西者西爲五郎海山爲五龍山東南入邊東爲蝦蟆嶺爲黃海嶺爲活爾活克嶺爲奴魯兒虎嶺東入盛京境東南皆平原闊野膏腴數百里而東而南

水道王書云灤河源出獨石口外北流俗名上都河折而東而南左合庫兒奇勒河宜孫河（宜孫河右合驛馬圖河）熱河瀑河（一作豹河）南入邊左合青龍河分數派入海又薊運河源出龍井關西南流右合平谷水（卽泃水）鮑邱河左合還鄉河又南有引河一自七里海來一自塌河淀來入之又東逕南北礮臺之間至北塘海口入海又白河有二源皆出塞外東北曰潮河西北曰沽河合而南流右合沙河通惠河（卽元運河元郭守敬鑿）又南至天津合諸大水折東曲曲流入海此河自天津以下泥沙厚積近各國集貲濬深航路以便通巨艦又桑乾河源出山西朔州合諸水東北入境右受壺流河左有東西南三洋河合拜察河來會又東南左受嬀水入邊行山中至石景山下始出山又南出蘆溝橋曰永定河又東南左受自南苑來之鳳河右合大清河水東與白河會此河元明以來塡淤

衡決遷徙不常康雍時永定河隄成水患稍息然現時河底較平地猶高亦時聞決口之警又大淸河總集七十二河之委匯入東西兩淀其大者一曰白溝河上流爲拒馬河右受北中二易水左分一支受琉璃河一曰雹河卽南易水一曰唐河上流爲滱河下流有府河右納方順河左納徐河來會一曰沙河下流爲豬龍河有滋河自西南來會又滹沱河源出山西泰戲山西流折而南而東入邊右受治河（有二源北曰桃水南曰沽水）又東分爲北中南三支復合而東流與滏陽河會滏陽河源出磁州東北流分一支名劉累河入大陸澤正支又東北流大陸澤合洺河涉河牛尾小馬諸河來會又北入甯晉縣東南界甯晉泊合泜沛槐洨諸河來會又東北至獻縣西北與滹沱河會滹沱既會滏陽河東北流曰子牙河至天津城北與白河會此河自藁城以下紛歧迭出現行之道則同治七年所改決光緒七年挽復子牙故道者也又運河在山東境名會通河至臨淸州有衛河合漳河來會又北流入境至天津合白河東岸有數減河分途入海此河輪艦可通昔時漕舟至天津卽溯白河至通州以達京師故白河亦謂之北運河又境內諸水行於平原多便舟運惟冬季約三閱月結冰人馬皆往來冰上夏秋水漲又患遷徙多堤工

交通王書云航路自天津東南通之罘上海東北通營口東通朝鮮仁川及日本長崎如塘沽如秦皇島皆爲沿岸停泊之埠又鐵路已成者凡五一京津路（自天津北經楊村黃村至京凡二百四十里）一津榆路（自天津東達塘沽又東北經蘆臺開平欒州昌黎山海關與關外鐵路接長七百里）一京漢路（自京師西南行過蘆溝橋經良鄉涿州定興安肅保定望都定州新樂正定又南經元氏高邑臨城內邱順德沙河邯鄲至磁州南與河南彰德路接長約千一百里）一正太路（自正定西經獲鹿井陘出故關與山西平定州路接約二百三十里）一京張路（自京師西北出居庸關經懷來宣化至張家口）擬修者有二一津保路（自天

（津西經信安鎮霸州雄縣至保定凡三百二十里）一津鎮路（自天津南經靜海滄州南皮東光與山東德州路接此路撥改為津浦路）又自京師往各省之孔道一東出山海關達盛京綏中（中經通州三河玉田豐潤盧龍撫寧臨榆）一西出紫荊關達山西靈邱（中自涿州分路西經淶水易州廣昌）一南涉平原達山東德州（中自涿州分路南經新城雄縣渡白洋淀經任邱河閒獻縣阜城景州）一北出古北口達熱河（中經順義密雲灤平）皆驛路也又電綫由京師西北通庫倫（懷來宣化張家口皆電局所在之地下同）南通濟南（通州天津滄州由通州分古北口承德平泉建昌朝陽）西南通太原（蘆溝橋保定定州正定獲鹿山獲鹿分順德磁州以達陝甘又由順德分廣平大名）由天津東北通奉天（大沽塘沽北塘盧臺灤州山海關山山海關分秦皇島）海綫則自大沽東通之罘電話綫北京天津已設之近並增設無綫電

海岸講義云東北自山海關起與盛京接西南至老黃河口止與山東接延長凡八百五十里山海關西爲渝河入海口口之西爲淺角又西爲溪角有石崖在溪角上名青峰島又名秦皇島溪角與淺角相距約二十五六里其閒爲沙澳水深廣便於停泊雖隆冬不冰溪角之西有小溪入海口自此迤西南有洋河口上通撫甯者有蒲河口上通昌黎者有灤河口上通盧龍灤州者惟灤河口稍深闊可泊巨艦其西則爲青河口青河實小溪也直隸灣者爲渤海內二大海灣之一口門東向灣之西北爲大沽口滹沱河漳河衛河白羊淀各水桑乾河白河諸大水會流入海之口也黃河以北長城以南以此爲最大海口口內百六七十里爲天津府其地爲眾水合流處南北運河亦經此故爲衝要繁盛之區大沽口外有淺沙橫亘自西北而東南長約八九里（名攔江沙）火輪巨艦非藉高潮之力不能渡過大沽口北爲北塘河口河上通遵化薊州世所謂薊運河者口外多淺沙大沽北塘之間爲廣大泥灘北塘之東北有陵河口河上通豐潤西人名曰蠶河口之西有澗河村西人名爲蠶口村

陵河口之東有素河口河上通閘平西人名爲海崖溪又曰海若子素河之東有長閘口海曲也西人名爲蠶沙口又東則青河口與遼東灣西岸接自陵河以東地皆荒蕪寒瘠傍岸均淺灘輪船亦不能近岸青河口之西南長閘口之南偏東有小島曰沙嵒汀島双錐名曹妃殿作沙壘甸居沙灘之外界島北無外道可行島南爲峭岸島西盡處有停泊善處若遇東北風泊此最佳此直隸灣之北岸也自大沽口而南至岐口其地灣而淺距岸二十餘里皆淺沙岐口上承運河通滄州南皮口內水味仍鹹蓋無長源流水以刷海潮耳岐口之南偏東爲老黃河口上通鹽山慶雲海豐各縣直隸山東交界處也西人名爲大山河瀕海一帶常有蜃氣成倒影樓臺

順天府 明洪武元年改元大都路爲北平府永樂元年升北京改順天府國朝因建爲京師府尹治之漢志廣陽國勃海漁陽上谷右北平涿五郡地

領州五縣十九

大興 明縣因倚治府東偏漢薊縣

宛平 明縣因倚治府西偏漢陰鄉縣

良鄉 明縣因府西南七十里漢廣陽縣陽鄉侯國

固安 明縣因府南百二十里駐永定河道漢方城縣臨鄉侯國

永清 明縣因府南百四十里漢益昌縣地

東安 明縣因府東南百四十里漢安次縣

香河 明縣因府東南百二十里漢雍奴縣地

通州 明領縣來屬國朝無府東四十里駐通永道近築鐵道至京漢路縣

三河 明縣屬通國朝來屬府東百十里

武清 明縣屬通國朝來屬府東南百二十里漢雍奴泉州二縣

寶坻 明縣屬通國朝來屬府東少南百八十里漢泉州雍奴二縣地

甯河 明梁

城千戶所國朝升縣府東南三百里漢雍奴縣地

昌平州 明領縣來屬國朝無府北九十里駐分巡霸昌道府北少西七十五里有三溝嶺煤鑛有居庸關漢軍都昌平二縣

順義 明縣屬昌平國朝來屬府東北六十里漢狐奴安樂二縣

密雲 明縣屬昌平國朝來屬府東北百三十里駐直隸提督密雲副都統有西屏山煤鑛東北有古北口漢漁陽郡治漁陽縣及獷平厗奚二縣

懷柔 明縣屬昌平國朝來屬府東北百里漢漁陽縣地

涿州 明領縣來屬國朝無府西南百四十里古涿鹿黃帝都漢涿郡治涿縣及西鄉侯國

房山 明縣屬涿國朝來屬府西南九十里有松林山煤鑛漢良鄉縣

霸州 明領縣來屬國朝無府南百八十里漢益昌縣

文安 明縣屬霸國朝來屬府南二百四十里漢縣二

大城 明縣屬霸國朝來屬府南少東百九十里漢東平舒縣

保定 明縣屬霸國朝來屬府南二百里漢易州地

薊州 明領縣來屬國朝無府東百八十里漢無終縣

平谷 明縣屬薊國朝來屬府東北百八十里漢縣

遵化直隸州 明縣屬薊國朝升直隸州有銀銅煤各鑛漢徐無俊靡二縣 **東北距京師三百里領縣二**

玉田 明縣屬薊國朝來屬州東北七十里漢無終縣地

豐潤 明縣屬薊國朝來屬州西北七十里縣東南開平煤鑛最有名鑛夫約萬人西人測其鑛脈爲數十二厚者至二百尺脈之長約六十里現採者五六脈歲

至二百五十萬噸西南有唐山機器製造局專造汽車工匠千餘人漢土垠縣

保定府明洪武元年改元保定路爲府國朝因省會駐直隸總督諸欽令駐天津移布政司提法司交涉司分巡清河道漢志中山國鉅鹿信都涿三郡地東北距京師三百五十里領州二縣十四

清苑明縣因倚漢樊輿廣望二侯國

滿城明縣因府西北四十里漢北平縣

安肅明縣因府北少東五十里漢北新城縣

定興明縣因府北少東百二十里漢范陽縣

新城明縣因府東北百五十里

唐明縣因府西少南百二十里漢縣

博野明縣因府南九十里漢蠡吾縣

望都明慶都國朝乾隆十一年改府西南九十里漢縣

容城明縣因府東北九十里漢縣

完明縣因府西七十里漢曲逆縣

蠡明縣因府南少東九十里漢陸城縣

雄明縣因府東北百二十里漢易縣

祁州明領縣來屬國朝無府南少西百二十里漢安國縣

東鹿明縣屬祁國朝來屬府南少西二百五十五里漢鄡貰安定三縣樂信西梁二侯國濁漳水注禹貢衡漳水自冀州來逕西梁今縣南下入衡水又自衡水來逕鄚縣今縣東下入深州

安州明領縣來屬國朝無府東少北六十里漢高陽縣地

高陽明縣屬安國朝來屬府東南六十里漢縣

易州直隸州明領縣屬保定國朝升直隸州駐泰甯鎮總兵州西有紫荊關郎太行蒲陰陘漢故安縣

東

北距京師二百二十里領縣二 涞水明縣因州東北四十里漢遒縣 廣昌明縣屬山西蔚州國朝來屬州西百八十里在邊牆外縣南七十里有倒馬關縣北有飛狐口漢縣

承德府明興州衛廢入朵顏衛復併於察哈爾國朝來歸康熙四十二年建避暑山莊於熱河歲巡幸焉雍正元年設熱河廳十一年設承德州乾隆七年罷州仍廳四十三年爲今府駐熱河都統分巡口外熱河兵備道本匈奴左地漢武時爲塞地後入烏桓在漁陽郡邊外 西南距京師四百二十里領廳一州一縣四 圍場廳府西北三百二十里 灤平以喀喇河屯廳地置府西南四十里當宜孫河南入灤河處之南岸 平泉州以八溝廳南境地置府東北八十里 豐寧以四旗廳地置府二百四十里灤河東岸縣境牛圈子溝有銀鑛鉛鑛爲法人某所發見 赤峰以八溝廳北境地置府東北五百四十里英金河南岸有紅花溝金鑛 隆化新設以張三營子地方增置在府北

朝陽府光緒三十[redacted]年因開墾地方成熟者多以塔子溝廳東境地所置朝陽縣改府大凌河北岸 西南距京師千六百里領縣三 建昌以塔子溝廳西境地置故屬承德府新改屬府西南二百六十里大凌河上游 建平以新邱地方增置在府北 阜新以鄂爾土板地方增置在府東北

永平府明洪武二年改元永平路為平灤府四年更名國朝因駐馬蘭鎮總兵山海關副都統漢志遼西右北平二郡地**西距京師五百五十里領州一縣六**

盧龍明縣因倚漢肥如縣

遷安明縣因府西北四十里有夾壁山鐵煤鑛縣西北有喜峰口漢令支縣

撫寧明縣因府東七十五里漢陽樂縣

昌黎明縣因府東南七十里漢絫縣漢志驪成云大當作[illegible]揭石山在縣西南絫縣云有揭石水揭當作碣說文碣下云特立之石東海有碣石山地說家失驪成所在武紀文穎注碣石在絫縣續漢魏隋志皆從之輿地廣記云石城故驪成唐志寰宇記皆云石城縣有碣石山驪成約在今撫寧絫縣在今昌黎今昌黎東南有石如甬道撫寧之西絕壁萬仞頂石為天橋柱人罕能至與河水注合是碣石當以在今昌黎北及撫寧西南為正

灤州明領縣來屬國朝無府西南四十里漢海陽新安平昌城夕陽四縣

樂亭明縣屬灤國朝來屬府南百二十里漢驪成縣

臨榆明山海衛國朝為縣府東百七十里縣東有山海關古榆關也西北五十五里有秦皇島入海一里四面皆水冬月不凍便於泊舟光緒二十五年開為通商埠出入口貨歲值銀四百五十萬兩漢陽樂海陽二縣地

河間府明洪武元年改元河間路為府國朝因漢志河間國涿勃海平原三郡地**北距京師四百十里領州一縣十**

河間明縣因倚漢武垣州鄉東州三縣

獻明縣因府南六十里漢河間國

治樂成縣及中水阿武二縣濁漳水注禹貢衡漳自阜城來逕樂成今縣東南下入交河

皐城 明縣因府南百四十里漢阜成蒲領弓高三縣濁漳水注禹貢衡漳自武邑來逕弓高今縣東南又逕阜城今縣東下入獻縣

肅寧 明縣因府西四十里漢武垣縣地

任邱 明縣因府北七十里漢鄚阿陵二縣

交河 明縣因府東南百十里漢建城成平景城三縣漢志成平下云虖池河民蝠作曰徒駭河許商曰徒駭在成平今縣東王鳴盛云以許說推之太史馬頰覆釜三河當在成平之南東光之北簡潔鉤般三河當在東光之南鬲縣之北濁漳水注禹貢衡漳自阜城東逕建成今縣東又逕成平今縣東北下入南皮

鹽津 明縣因府東南二百三十一里漢東光縣胡蘇亭及重平臨樂二縣

景州 明領縣來屬　國朝無府東南百九十里漢脩脩市龍額三縣河水注禹貢河水王莽河故瀆自德州來逕脩縣今州南下入吳橋

吳橋 明縣屬景　國朝來屬府東南二百四十里漢安縣河水注禹貢河水王莽河故瀆自景州來逕安縣今縣西南下入東光

東光 明縣屬景　國朝來屬府東南百六十里漢東光候井二縣河水注禹貢河水王莽河故瀆自吳橋來逕東光今縣東北合漳水漢志東光云有胡蘇亭許商曰胡蘇在東光于欽齊乘以滄州大連淀當之案胡蘇及交河之徒駭山東德州之鬲津書所云又北播爲九河也河水注沇州九河既道謂徒駭太史馬頰覆釜胡蘇簡潔句盤鬲津也及齊桓霸世廣塞田居同爲一河濁漳水注云九河既播八枝代絕遺迹故稱往往時存故鬲般列於東北徒駭瀆聯漳降同逆之狀初分陂障之會猶在胡渭云以意度之徒駭大

勢北行迤東八枝太史最北宜最短向南則漸加長鬲津最南最長首受大河當在南宮縣界先謙案所謂播者分殺大河水勢猶後世減河也北短南長今形勢猶然胡說甚塙惟九河在漢已云既滅難明所存故目三四當以漢人所指爲斷今輿圖載徒駭馬頰諸名未可依據也河水下入南皮

故城 明縣屬景國朝來屬府南二百八十里漢廣川縣地及麻縣

天津府 明永樂初置天津衛屬河間府國朝雍正二年改州九年升府咸豐十年英法換約定爲通商埠鐵路四達商賈輻湊出口貨豆餅豆油棗皮毯草帽緶羊毛爲大宗入口貨洋藥絲布洋油糖鋼海物爲大宗歲値銀九千餘萬兩駐直隸總督提學司長蘆鹽運司津海關道巡警道勸業道河間道天津鎮總兵通永鎮總兵府城當運河入白河之南庚子夷爲平地漢志漁陽勃海二郡地

北距京師二百五十里領州一縣六

天津 倚漢章武泉州二縣

青 明縣屬河間國朝來屬府西南百六十里漢參戶縣

靜海 明縣屬河間國朝來屬府西南七十里漢章武東平二縣地

滄州 明領縣屬河間國朝無來屬府南少西百三十里漢浮陽參戶千童章武中邑五縣及高城縣地濁漳水注禹貢衡漳自南皮來逕浮陽今州東南又逕章武今州東北入海漢志信都云故章河故虖池皆在東北入海者也

南皮 明縣屬滄國朝來屬府西南二百五十里漢南皮高樂二縣河水注禹貢河水自東光來逕南皮今縣東班志勃海郡莽曰迎河郡南皮莽曰迎河亭逆河作迎河莽用今文也河水下入鹽山濁漳水注禹貢衡漳自交河來逕南皮下入滄州

鹽山 明縣屬滄國朝來屬府南二百六十里漢柳高城二縣河水注禹貢河水自南皮來逕縣入海書所云同爲逆河入於海也王鳴盛云漢志云河至章武入海章武屬勃海郡治浮陽卽今滄州但九河故道在德棣滄景間此處已迫海口似無地可著逆河者溝洫志引王橫曰往者天嘗連雨東北風海水溢西南出寖數百里九𨗻作河之地已爲海所漸矣蓋海西南岸所漸者漢漯沃琅槐廣饒鉅定壽光平壽界今爲霑化利津蒲臺樂安壽光濰縣其所溢出南北殆三百餘里則古之逆河當北起天津靜海滄州鹽山海豐及霑化北界而止至其入海則禹河與漢河同也先謙案九河以散水勢大河卽居其一八枝可塞徒駭獨存瀆連漳絳知爲正流近儒獻疑非也九河至章武卽今滄州高城柳縣卽今鹽山而南皮爲河所必經是莽名迎河不誤禹河與漢河正同王說允矣

慶雲 明縣屬滄國朝來屬府南少東三百二十里漢陽信縣地

正定府 明洪武元年改元眞定路爲眞定府國朝雍正初諱嫌名改正定駐正定鎭總兵漢志眞定中山二國常山鉅鹿二郡地 **東北距京師六百十里領州一縣十三**

正定 明眞定縣因倚漢縣及樂陽侯國

獲鹿 明縣因府西南六十里漢緜蔓石邑二縣

井陘 明縣因府西南百三十里縣東北有井陘關西南有上固關漢縣

元氏 明縣因府西南九十里漢縣

靈壽 明縣因府西北五十里漢縣禹貢衞水出東北良同村至曲陽入恆水

藁城 明縣因府東南六十里漢藁城肥纍九門三縣新市侯國濁漳水注禹貢絳水自南

宮與衡漳水分流其故瀆逕九門今縣西北下入南宮禹貢衡漳自新河來逕九門下入冀州

欒城 明縣因府南六十里漢關縣

無極 明縣因府東少北七十里漢毋極苦陘二縣

平山 明縣因府西少北七十里漢蒲吾縣桑中侯國

阜平 明縣因府西北二百十里縣西北有龍泉關漢靈壽南行唐二縣地

行唐 明縣因府北七十里漢南行唐縣

晉州 明領縣來屬國朝無府東少南九十里漢下曲陽臨平安鄉三縣

新樂 明縣屬定州國朝來屬府東北九十里漢新市縣

贊皇 明縣屬趙州國朝來屬府西南百二十里漢房子縣地

冀州直隸州 明州領縣屬眞定國朝升直隸漢信都國治信都縣及扶柳昌城辟陽三縣地濁漳水注禹貢絳水故瀆自南宮來逕辟陽今州東南又逕信都今縣治下入棗強禹貢衡漳水自藁城來逕扶柳今州西南又逕昌城今州西北下入東鹿

東北距京師六百三十三里領縣五

南宮 明縣因州西南六十里漢南宮繚二縣濁漳水注禹貢衡漳故瀆自新河來逕南宮今縣西北有長蘆涇水之名絳水之稱今漳水既斷絳水非復纏絡矣又北絳瀆出焉今無水衡漳故瀆下仍入新河絳水故瀆下入藁城又自藁城來逕南宮城北又逕繚縣今縣東南下入冀州

新河 明縣因州西少南六十里漢堂陽經縣濁漳水注禹貢衡漳故瀆自平鄉來逕經今縣西下入南宮又自南宮來逕堂陽爲長蘆水下入藁城

棗強 明縣因州東少南二十五里漢縣及復陽高隄平隄廣川四縣濁漳水注禹貢絳水故瀆自冀州來

逕廣川今縣東與張甲河左瀆枧（注河）合流歸海漢志信都云禹貢絳水亦入海者也

武邑明縣因州東北九十里漢縣及觀津東昌二縣濁漳水注禹貢衡漳自武强來逕武邑今縣治又逕東昌今縣東北合滹沱故瀆漢志沾云大要山清漳水所出東北至阜（詅邑本）成入大河者也下入阜城

衡水明縣屬深州國朝來屬州東北四十里漢桃縣地濁漳水注禹貢衡漳水自東鹿來逕桃縣今縣北下仍入東鹿

趙州直隸州明州領縣屬眞定　國朝升直隸漢平棘封斯宋子三縣

東北距京師七百四十里領縣五

柏鄉明縣因州南六十里漢柏鄉鄗二縣

隆平明縣因州南九十里漢廣阿象氏二縣

高邑明縣因州西南五十里漢房子縣

臨城明縣因州西南九十里漢房子縣地

甯晉明縣因州東南四十里漢楊氏廮陶二縣

深州直隸州明州領縣屬眞定　國朝升直隸漢下博樂鄉二縣濁漳水注禹貢衡漳水自東鹿來逕下博今州南又逕樂鄉今州東南下入武邑

東北距京師六百十二里領縣三

武强明縣屬晉州　國朝來屬州東五十里漢武隧縣濁漳水注衡漳自深州來逕武隧在今縣東北下入武邑

饒陽明縣屬晉州　國朝來屬州東北六十里漢縣

安平明縣屬晉州　國朝來屬州北五十里漢縣及穀邱縣

定州直隸州明州領縣屬眞定國朝升直隸漢中山國治盧奴縣及安險新處二縣東北距京師五百里領縣二

曲陽明縣因州西北六十里漢上曲陽縣漢志上曲陽云恆山北岳訡谷在北滱水注恆水出縣西滱水東南流過縣合恆水下入滹沱書所謂恆衛既從也胡渭云滱即職方漚夷衛即職方滹沱

深澤明縣屬祁州國朝來屬州東南九十里漢深澤南深澤二縣

順德府明洪武元年改元順德路爲府國朝因漢志鉅鹿常山二郡趙廣平二國地東北距京師千里領縣九

邢臺明縣因倚漢襄國縣

沙河明縣因府南三十五里漢襄國縣地

南和明縣因府東南四十里漢縣

平鄉明縣因府東八十里漢鉅鹿郡治鉅鹿縣及平鄉縣濁漳水注禹貢衡漳故瀆自曲周來遷鉅鹿今縣治下入新河漢志鉅鹿云禹貢大陸澤在北與山東任縣趙州隆平接界俗稱寗晉北泊古廣阿澤也

鉅鹿明縣因府東北百二十里漢南䜌縣

廣宗明縣因府東百二十里漢經縣

唐山明縣因府東北八十五里漢柏人縣柏鄉侯國

內邱明縣因府北六十里漢中邱縣

任明縣因府東北三十五里漢任張廣鄉三縣

廣平府明洪武元年改元廣平路爲府國朝因漢志廣平趙二國及清河鉅鹿二郡地東北距京師九百五十里領州一縣九

永年明縣因倚縣西有臨洺關漢曲梁侯國廣年易陽二縣

曲周明縣因府東北四十里漢曲周斥章二縣濁漳水注漳水自肥鄉來逕斥章今縣東南曹魏鑿渠引漳水東入清洹以通河漕漳津故瀆水斷舊溪東北出尚書所謂覃懷底績至于衡漳者也衡橫也言漳水橫流也下入山東邱縣衡漳故瀆又自邱縣來逕曲周今縣東北下入平鄉**肥鄉**明縣因府東南三十五里漢列人縣邯溝卽裴二侯國濁漳水注漳水自成安來逕卽裴今縣南又逕列人今縣東北下入曲周**雞澤**明縣因府東北六十里漢廣平國治廣平縣**廣平**明縣因府東南六十里漢魏縣地**邯鄲**明縣因府西南五十里漢趙國都邯鄲縣及武始縣**成安**明縣因府東六十里漢斥邱縣濁漳水注漳水自磁州來逕斥邱今縣東東南下入肥鄉**威**明縣因府東北百十里漢鉅鹿郡地**清河**明縣因府東北百八十里漢清陽信成二縣**磁州**明州屬河南彰德府國朝來屬府西南百二十里漢武安縣地及梁期縣濁漳水注漳水自河南臨漳來逕梁期今州東下入成安

大名府明洪武元年改元大名路爲府國朝因駐分巡大順廣兵備道大順廣鎮總兵漢志魏東陳畱三郡地**東北距京師千百二十里領州一縣六**

大名明縣因倚治府西偏漢元城縣地及魏縣

元城明縣因倚治府東偏漢縣河水注禹貢河水王莽河故瀆自南樂來逕元城今縣東下入山東堂邑周定王時河徙不從此行故漢志鄴云故大河在北入海也河自滑濬內黃諸縣至清豐南樂元城南臨漳縣之南而出其東已在漳絳合流之後

絳降同字今古文兩作書所云北過降水也衡漳亦逕鉅鹿大陸澤在今平鄉書所云至於大陸也至者但遙過之

南樂 明縣因府東南五十里漢樂昌縣河水注禹貢河水王莽河故瀆自清豐來逕樂昌今縣西北下入元城

清豐 明縣因府南九十里漢頓丘陰安二縣河水注禹貢河水王莽河故瀆自河南內黃來逕陰安今縣北下入南樂

開州 明領縣來屬　國朝無府南百二十里漢東郡治濮陽縣

東明 明縣屬開　國朝來屬府南二百二十里漢離狐縣

長垣 明縣屬開　國朝來屬府西南二百五十里漢長垣平邱二縣長羅侯國濟水注北濟自河南祥符來逕平丘在今縣西南下入河南蘭儀

宣化府 明洪武二十八年改元順寧府為宣府衛置總兵稱宣府鎮　國朝康熙二十二年改今府駐分巡口北兵備道宣化鎮總兵察哈爾都統副都統漢志上谷代二郡地

東南距京師三百四十里領州三縣七

宣化 明宣府衛　國朝為縣倚漢廣寧且居寧茹四縣

赤城 明赤城堡　國朝為縣府東北百七十里漢上谷郡地

萬全 明萬全衛　國朝為縣府西北八十里漢寧縣地

龍門 明龍門衛　國朝為縣府東少北百十里漢女祁縣

懷來 明懷來衛　國朝為縣府東南百五十里漢上谷郡治沮陽縣

蔚州 明州屬山西大同府領縣　國朝來屬府西南二百三十里漢代國都代縣代郡治桑乾縣及東安陽當城雊瞀三縣

西寧 明順聖川

東西二城國朝爲縣府西南二百里漢陽原縣及桑乾縣地

懷安 明懷安衛國朝爲縣府西少南百二十里漢下落縣地

延慶州 明州因府東南二百里漢居庸夷輿二縣

保安州 明州因府南少東六十里漢下落涿鹿潘三縣

張家口廳 萬全縣東二十里雍正三年設廳十年與俄定恰克圖通商之約此爲陸路往來要道光緒二十八年中俄新約第六款張家口劃地五百方尺歸俄國專管爲租界出口貨磚茶爲大宗駝牛馬羊皮則來自蒙古羊毛尤爲大宗每歲約四十兆擔以外冬日未封河之前由張家口至天津之駝每日計一萬頭在京師西北四百二十里口西北二百三十里查喜爾圖插漢地有禮部牧廠東西四十六里南北六十五里明天成衛邊外地口東北百四十里喀喇尼墩并有太僕寺左翼牧廠東西百三十里南北五十里元爲雲州及興和路東境明宣德後爲宣府邊外口西北三百里齊齊爾漢河有太僕寺右翼牧廠東西百五十里南北六十五里漢雁門郡彊陰縣地明爲大同府邊外口北百里控果羅鄂博岡有鑲黃等四旗牧廠東西百四十里南北百五十里唐新州地金撫州治柔遠縣元興和路明興和守禦千戶所後廢口西北二百里諾莫渾博羅山有正黃等四旗牧廠東西百三十里西北二百五十里金撫州集甯縣地元集甯路明天成衛邊外

獨石口廳 赤城縣東北百里雍正十二年設廳在京師北四百五十里口東北百四十五里博羅城有御馬廠隸上駟院東西百三十里南北百九十七里金桓州元開平府號上都明開平衛後廢

多倫諾爾廳 京師北七百四十里以上三廳隸口北道

盛京省唐堯時靑州虞舜分營州漢志幽州部遼東郡

疆域　東南朝鮮東北吉林北科爾沁左翼中旗西直隸柳邊及長城西南臨渤海黃海東西五千一百餘里南北五千八百三十餘里面積三十五萬九千五百餘方里人約六百萬口戰國燕地秦置遼東遼西二郡漢武拓朝鮮地增置眞番臨屯元菟樂浪四郡昭帝時省眞番臨屯入元菟樂浪此爲遼東遼西元菟三郡地又東爲高句麗北爲夫餘挹婁諸國漢末爲公孫度所據魏克之置東夷校尉治襄平晉爲高句麗所略尋復之改遼東國慕容廆據之尋屬苻堅又屬後燕尋沒於高句麗魏及隋遼河以東屬高句麗遼河以西爲營州東界唐太宗征高麗置蓋遼巖三州後平高麗置都督府九又置安東都護以統之先天中封大氏爲渤海郡王後置五京十五府六十二州於黑水靺鞨之南及高麗舊境

遼初於遼陽故城建東平郡後升爲南京尋改東京又於東京西北置上中二京金仍建東京而以混同江以東爲上京江以西爲咸平路改遼中京爲北京元置東京總管府後改遼陽等處行中書省明洪武初置定遼都衛永樂中置安樂自在二州外衛百八十四所二十以山海關內隸之燕京　國朝　太祖皇帝建東京於遼陽十年自東京遷瀋陽後尊爲盛京甲午之役遼東半島割於日本自鴨綠江口西北至營口以南之地嗣以俄法德三國力阻公斷以三千萬兩贖之戊戌俄租旅大約期二十五年及與日戰敗旅大接租與日現領府八直隸廳五廳四州六縣三十三氣候物產王書云寒暑均酷冬季二閱月地面全掩雪河水結冰深至數尺室內均設火坑以御寒遼東海岸又多溼風又境內富於山嶽東部松林最多鑛產金臨江之東北通化之東鳳凰廳之東北岫巖之西南皆已發見銀通化之東南鐵鳳凰廳之東北遼陽之東尤有名煤鐵嶺之南遼陽之北復州之南以及錦州府屬最富惜久封禁徒令外人開採農產豆麥高粱最著各色豆每年出口至六百餘萬兩豆餅至五百餘萬兩豆油至六十餘萬兩燒酎亦有名遼陽又有稻米　地勢王書云東西山岳

盤亘蓋自陰山而東分支迤於遼河南北在南者蟠亘於大凌河以西爲松嶺此山脈距海岸不遠處處爲溪壑之地以東爲醫巫閭其高度四千尺至五千尺名山也爲法庫山東盡於遼河西岸在北者爲盛京吉林之界爲薩哈亮山爲吉林哈達嶺爲戈爾敏朱墩嶺分爲二一東爲伊爾哈雅範山一西南迤於佟佳江渾河之間茂樹密林幕天翳日土人所謂納綠窩集也又西南爲摩天嶺爲千山奇峯聳峙峭壁嵯峨又西南爲遼東半島之脊盡於老鐵山其渾河以北之天柱山隆業山皆此分支也兩大山脈之間有狹而長之平原在焉即遼河流域也高粱豆麥爾望數百里是爲盛京最要之地

水道王書云遼河有東西二源西遼河最遠上流稱西喇木倫河又名潢水東會老哈河至遼源州東南與東遼河會（東遼河上源又名赫爾蘇河）又南左受招蘇大河（舊圖無此水）至通江口遼河舟楫之利通於此又南入柳邊土人名巨流河左受葉赫河鐵嶺河范河右受養息牧河柳河新開河鴿鷹河諸水又西南與小遼河會小遼河即渾河源出戈爾敏朱墩嶺西流至遼陽州西與自東來之太子河會又西會遼河大小遼河既會西南曲折入海下流水勢尤急其速力一時間凡六海里故河口多擁泥沙潮汐高低之差平均約十六尺以其差之大巨艦常乘潮出入惟自十二月初至正月底河水結冰舟楫不通又鴨綠江即古馬訾水源出長白山南麓西流右會佟佳江蒲石河靉河入海此河兩岸多山森林最富以水勢急常有木筏順流而下近口處江面頗狹水淺船舶乘潮汐可達安東

交通王書云航路自營口西南通天津南通之罘及朝鮮仁川自清泥窪南通之罘東南通仁川又鐵道屬我國者爲榆營路（自山海關東北經綏中寗遠高橋驛錦州溝幫子田莊台至營口其枝綫自高橋驛

南達天橋廠自溝邦子東北經鎮安至新民府屬日本者即俄人所築東清鐵道之枝路自吉林入境傍柳邊經開原鐵嶺奉天烟臺遼陽海城大石橋蓋平熊岳城金州大方身驛南關嶺至旅順其枝綫自烟臺東達張台子自大石橋西達營口自大方身驛南達大連灣自南關嶺東南達青泥窪其自奉天東南出高麗門渡鴨綠江至朝鮮義州中經遼陽鳳凰九連城則前朝鮮入貢之孔道也此路多溪谷頗狹隘兩旁山嶽頗高又電綫由奉天西通天津新民錦州西南通旅順營口金州東南通鳳凰安東東北通吉林鐵嶺又電話綫奉天己設之　海岸講義云渤海內有二大海灣在北者曰遼東灣在南者曰直隸灣遼東灣口門西南向灣之東北爲遼河入海之口口內四十餘里有通商埠曰營口又稱爲牛莊城在營口北入九十里非通商處也因營口爲牛莊司所轄之地故名營口爲牛莊自遼河口遼東而南至老鐵山觜爲遼東灣東岸沿海山勢崇峭傍岸時見島嶼故多著名灣澳遼河口之東南有蓋州澳在蓋平縣之西蓋州河入海處也蓋州澳西南爲復州澳在復州之西南復州河入海處也復州澳口之南角即長興島西名景杭島之西角西名四高居船長興島之南爲葫蘆山澳又東南爲董家口會灣北之佳港也會灣在金州之西遼東灣東岸最大灣也灣之中有羣小島東西互列分會灣爲二南曰金州澳北曰亞當司港金州澳之東與大連灣之西中間陸地僅五六里會灣之南即老鐵山觜也凡此數灣均便停泊而會灣內佳處尤多自遼河口迤西而南至直隸樂亭縣南之青河口爲遼東灣之西岸沿海鮮高峻之山多低平淺沙遼河口之西爲廣大平原有沙灘鋪入海中幾二十里其西爲大凌河河口口外亦淺沙綿亘與遼河口西之沙灘接大凌河爲醫無閭山南大水而口門無停泊處故無鎮埠大凌河口之西南爲錦州澳在錦州府南約七十里傍澳山勢環繞甚可避風惜澳內水淺不能容巨艦錦州澳之東南有桃花

島在寧遠海岸之東南約二十里島之南與西有數小島寧遠海岸爲淤泥淺灘船不能近岸寄泊者多在桃花島西南小島間桃花島之東南爲菊花島即明末祖大壽所駐之覺華島也南距瓦倫角海岸約七八里島西爲淺澳帆船可以避風瓦倫角之西南爲沙角沙角之北爲夾河入海處沙角之西南爲大淺灘泥沙鋪入海中幾三十里又西南爲山海關長城臨海處入關則爲直隸境矣又云黃海者在山東江蘇之東盛京之南朝鮮之西海東岸爲朝鮮在本國者惟北岸與西岸北岸東自鴨綠江口始口外成海灣口門西南向西北岸多高山可避北風此江爲盛京吉林與朝鮮之界上通長白山西岸多森林前爲俄人奪之以材木供東三省鐵路之用入口江面頗狹水淺僅能行平底帆船口門西岸有市埠曰大東溝近日中國允日美英之請自行開埠通商鴨綠江口以西皆平岸百三十餘里爲大洋河口河流不長摩天嶺以南之水也口內四十里西岸有大孤山故又名大孤山港大孤山麓有市鎮居民二三萬商業通朝鮮及揚子江貨以豆餅材木爲大宗亦牛莊之次也口內水淺僅能行小船口外十餘里有二島東西列東曰大鹿西曰小鹿大鹿島之東偏南水深容寄椗凡載貨巨艦均泊大鹿山下以小艇轉運達大孤大洋河口迤西南傍海皆山岸凡二百四五十里至營頭澳（東一名鹽大澳遼東地觜北界處）其間水口稍著者大河口之西爲小洋河口又西南爲沙河口（或曰小沙河）又西南爲狗兒河口（似即西人所名之榮馬河）又西南爲大莊河口又西南爲畢利河口又西南爲大沙河口惟畢利之流稍長其源出於岫巖西北而畢利口之西南大沙口之東北有海港曰貔子窩即明季毛文龍所據之皮島其上流爲小溪似即清水河也此港右岸環抱如

半規口門東南向惟嫌水淺耳甲午之役日本人犯我旅順其陸軍即由貔子窩登岸大沙河口之西南即營頭澳也澳門東向澳內多小島礁石澳上承水口曰五湖門即澄沙河之口也自大洋河口至營頭澳二百餘里海岸之南有數羣島其在大洋河口之西南當狗兒河口外者爲波爾邪爾列島一名皮希爾邪爾西人所命之名也以地望準之似即胡圖之石城等島紀要有石城島爲毛文龍所轄地大小約七八島至大者不過方二海里在列島最南者名無產島山峯高於海面千尺山頂分兩峯無產島之東約十二海里有小島曰將軍石似即石城島之名居列島之最東波爾邪爾列島之南偏東約四十五海里有海洋島南北約五海里東西幾與相等由漸而峭島之巔高於海面千三百二十尺島南岸爲破碎峭石崖其北角有沙頸相聯之小島曰家地詡島高三百五十尺家地詡東北約一海里有橋洞石島其洞東西穿透海洋島之東南約一海里有白西島雖小而三峯東西平列海洋島內羣巖叢複望之欲迷其西有大港曰遜塘灣一作豸登港灣環深入口門西向內泊巨艦甚妥灣之東南有二小溪可取淡水溪傍有小村皆中國人居之雞豚蔬果之屬略備夏季常有內地牛羊運至島爲牧地據云此島屬朝鮮又名荷葉山按明季毛文龍所鎮之皮島當即此島紀要云皮島在金州衞之東七百餘里地形廣衍有險可恃今海洋島在金州廳之東約二百餘里在金州廳以東各島中爲最距遠雖與七百餘里不合而金州之東實無七百里海疆必符其數當在朝鮮之陸矣蓋當時海程未經實測但一望邊花而約署言之耳明史言皮島在東萊大海中綿亘八十里遠南岸近北岸北岸海西八十里抵 大清界其東北海則朝鮮迤以此地望準之亦與海洋島合或疑皮島爲今朝鮮灣之身彌島按身彌島即毛文龍所言之西彌島北對朝鮮之鐵山城文龍當由西彌島渡鐵山達義州渡鴨綠江犯 大清鎮江堡盛京通志言鎮江堡在鳳凰城東南百二十里與朝鮮分界處紀要言義州與鎮江相對三十四里鎮江去遼陽三百六十里審此鎮江似即近今新設之安東縣城要之毛文龍鎮皮島謀規復遼東每犯邊均由朝鮮進兵皮島必近朝鮮無疑維海洋以西各島鄉長山巨山光麻與遼東半島中之金州旅順各城及金州西之長行各

鷄（均爲文龍節制若驟節偏在西則於西方各島有鞭長不及之勢故斷其爲海洋要區能東西並顧也）海洋島之西北約十四海里有五馬島（一名洋島）島峯爲圓錐形高於海面六百尺五馬之北與東北相距約一二海里有四小石島皆低而峭五馬之西南約十三海里爲外長山羣島大小凡五島以長子島爲最大居羣島之極西南西距大連灣口約四十五六海里島有二峯高八百尺島之東北與西均有澳水深闊底爲泥質均可停泊惟不能避風長子島之東約三海里爲大鶴子島大鶴子之東約一海里爲小鶴子島兩島大小略等均不過方二海里小鶴子居羣島之最東東距海洋島約十二海里大小鶴子島間爲穩便水道小鶴子之西有澳尤便停泊大鶴子之北約一海里爲搭連小島搭連之西約半海里爲多沙小島二小島居羣島之北東西列相距甚近二島間多石行不能通行惟搭連之南水深處可停泊以搭連能避北風也外長山羣島中居民稀少雞豚蔬菜之屬雖可得而不多惟溪谷中尚有淡水耳外長山之西北爲裏長山羣島（裏者對外之稱）西人名厄雷特羣島有名之島凡三外尚有數小島其最東爲八岔島在搭連島之北八九海里八岔之西有數小島小島之西爲大長山島於羣島中爲最大（東西五海里南北稍短）毛文龍言從長山島可入復州即大長山也島之西南有深澳澳口多石大長山之西五六海里爲林島一名樹島言上有森林也林島西北二三海里有五石角爲高大之長石自東北而西南零落相接如脈絡起伏然五石角之北有礮臺石（作女牆石）北偏東有雙山皆小島也此羣島東西亘海面凡十五海里惟八岔南便於停泊裏長山羣島之西偏南爲光祿島東西長五六海里其南角高九百尺東南距長子島凡十八海里島中多淡水有牧牛羊者毛文龍所

言之廣鹿島郎此光祿之西岸可停泊島之南與東環小石島其東北有數小島略同礁石若斷若續勢與五石角接光祿之東為淪泊島一名圖島小島也又東則為營頭澳口南之尾角此皆黃海北岸傍近之聲島也尾角東北有三小島高約二百尺島之西南可停泊惟不能避東南風尾角之西南為石角或作標角石角西為川流澳一名司奕埋某澳川流之西南為溪澳口澳一作克爾澳溪澳南背為鮎魚尾鮎魚尾北對石背為川流溪澳總口門中有驛馬山向東伸之黃背子分澳為二北川流南溪澳溪澳較川流為大澳內有避風停泊所鮎魚尾郎大連灣口之北岸也大連灣為遠東半島東岸第一大澳東西長八海里南北略等灣首分三小澳南曰得勝澳一名加多里亞澳西曰華船澳北曰手澳其北岸之南背成一口門西向之小澳曰阿丁澳一名白石潞此四澳均便停泊聚數澳於大澳故以大連名其鮎魚尾西南相對之背為口門南岸者曰大鵬背一名西口角口門有數小島南北列北曰北三山中曰中三山南曰南三山毛文龍使曾有功駐三山島郎此數島也中南兩島相距甚近中有低石頸相連自東西望之兩高峯並峙儼若二島其實一島也故又名兩三山島兩三山與大鵬背間為南水道口門南向兩三山與北三山間為中水道北三山與北岸間為北水道兩口門均東向皆可通行惜南道最廣中道頗狹耳自大鵬背以西海岸曲折向西南有數低小島傍岸環島有石行又西為干布力焉澳一作康布林郎離門甲澳口南向口外有島口內可停泊澳西為帽島或名老鼻兒高四百尺北距岸四五海里其北海岸皆峭壁石崖又西有石背南伸入海名小平島實瀕海之崖也又名此顧崖小平東西一帶海岸皆低山多成小澳小平之東有五小島島與岸間可停泊又西則為旅順口一名阿爾陀爾港又名亞鋪港

黃海北岸一最要軍港也港口南向港門二山交抱如蟹之二螯西螯長而東螯短山內之澳亦然港口廣僅三百餘里澳內東西長凡三海里西澳約居四分之三以酌東澳僅得其一南北廣約三分海里之一船塢在東澳水深浪闊四山環繞爲能多泊兵船之佳埠

奉天府 明改元瀋陽路爲瀋陽衛 國朝天命十年自遼陽遷都於此後升盛京順治十五年設今府在渾河北岸東北以柳邊界海龍吉林二府東南界興京鳳凰二廳西北界昌圖新民錦州三府餘界海光緒二十九年中美新約十二款中國自開商埠府屬柴河堡平石門轉心湖牧養正八家子康家東溝齊寡婦溝上萬河雞爪山英窩牌樓屯舊金廠東金廠西金廠杜家堡有金鑛小柳家鄭家大溝有銅鑛關門山有鉛鑛關家屯有硝石鑛打虎莊大台山撫順千金寨牛心台木溪湖紅綾溝磨臍山黃堡尾明山茨兒山大楡溝紅窰溝張家溝大窰華嚴寺五湖背炸了窰二十里廠有煤鑛駐奉天總督兼將軍民政司提法司交涉司度支司鹽運司勸業道盛京副都統漢世東南遼東元菟樂浪三郡及朝鮮地東北挹婁北扶餘南沃沮 **西距京師千四百七十餘里領州二廳一縣八**

承德 倚漢挹婁國地

撫順 興仁縣移改府東八里千金寨饒煤鑛現歸日人開採

遼陽州 明改元遼陽路爲定遼衛自在州亦治焉 國朝爲今州府南二百二十里近允開商埠小舟可達日俄遼陽之役俄兵死傷約三萬一千爲古今大戰場州東北八里有東京城 國朝天命十

年建名曰東京州東北五十里爲煙台地勢稍高鐵道著名之停車場也中日新約十六埠之一漢遼東郡襄平居就遼陽三縣

海城 明海州衞國朝爲今縣府西南百二十里牛莊在縣西北四十里析木城在縣東南漢元菟郡地後改屬樂浪都尉

蓋平 明改元蓋州爲蓋州衞國朝爲今縣府西南二百四十里縣西南蓋州河口有便利之埠貿易漸暢有製鹽場委官榷稅漢西蓋馬縣

復州 明復州衞國朝爲州府南四百二十里多石炭漢元菟郡地

金州廳 明金州衞國朝爲廳府南六百里駐金州副都統東北有貔子窩滿潮之時海水直通市街貨物輻輳次於營口及大孤山之港也廳現在日本租界內原約金州城允設華官然現在副都統由盛京副都統兼攝同知亦無任可到漢元菟郡地及遼東安市縣

鐵嶺 明鐵嶺衞國朝爲縣府東北百三十里中日新約十六埠之一昔時舟車會集貨物聚散甚盛今半爲通江口所奪漢挹婁國地

開原 明改元開元路爲三萬衞國朝爲今縣府北二百里當哈達河與贍河合爲葉赫河處縣東有威遠堡門通吉林之要衝也西有法庫門當南北之衝近允開爲通商埠漢夫餘國地漢高句驪故城在焉

本溪 新設府南七十里前遼陽州本溪湖地產煤

遼中 新設省西南二百里

法庫直隸廳 南距省百五十里卽前法庫門地方當往來黑龍江衝要出口多豆油豆餅中日新約十六埠之一

莊河直隸廳 北距省五百八十里卽前岫巖州屬莊河地方濱海要區鹿島亦在轄境石城島設巡檢一防莠民句結

營口直隸廳省西南三百四十里駐錦新營口道咸豐十年與英法立約定爲各國通商埠在遼河左岸當奉天咽喉距海口四十里租界在東部曰東營子有各國領事署輪船鐵路四達商業最盛惟冬季河冰貿易幾絕俗稱牛莊實非牛莊城所在之地人約二十萬口出口貨爲豆類豆餅豆油毛皮人蔘等入口貨爲棉織物鐵器砂糖石油等共值四十萬兩出入略同

錦州府明改元錦州爲廣寧中衛國朝爲今府北以柳邊界直隸朝陽府西南以長城界直隸永平府東界新民奉天二府南界海在小凌河之北城外設壕以防溢水沿河築隄巨賈甚多百貨輻輳府屬夾山有金鑛高力井北太平缸窰溝小窰大窰二佛廟秋皮港沙鍋屯黑魚溝白楊木溝頭道溝偏道子有煤鑛漢遼東遼西二郡地**東距省四百九十里領廳二州二縣三**

錦倚漢徒河縣

寧遠州明寧遠衛國朝爲州府西南百十里明時海運商船皆於此處登岸今頗寂寞漢徒河地

義州明義州衛國朝爲州府北少東九十里北臨大凌河四境多殖高粱故穀物之行商最多西北有九關台門爲自義州達朝陽之孔道漢無慮地

廣寧明廣寧衛國朝爲縣府東北百六十里西北倚醫巫閭幽州鎮北有白土廠門清河門達蒙古之要道南境遼河西岸爲田莊台水陸舟車會集之所人凡二萬五千口漢無慮望平險瀆房四縣縣北二百十里彰武臺邊門外有養息牧牧廠東西百五十里南北二百五十里遼金元懿州地

明廣寧後屯衛後廢乾隆中牧廠移大淩河　**綏中**新設府西南百九十里即前中後所地爲山海關鐵道之停車場

錦西廳新設府西三十里　**盤山廳**新設距省五百里

新民府新設東南界奉天府西界錦州府及直隸朝陽府北跨柳邊以外界蒙古東北界昌圖府　**東距省百二十里**內蒙古貨物皆由此集散中日新約十六埠之一東有巨流河城明時爲重地南爲後寬泡子帆檣如鯽上下於遼河者率停泊於此　**領縣二**　**鎮安**新設府西南百三十里即小黑山站　**彰武**新設府北百二十里彰武台門外養息牧地方

洮南府即雙流鎮光緒三十年因札薩克圖王旗荒地放墾而設四至未詳　**西北距省五百六十里領縣五**　**靖安**府東北距省五百八十里即白城子　**開通**府東南距省四百八十里即七井子　**安廣**新設府東九十里　**醴泉**新設府東北百八十里醴泉鎮　**鎮東**新設府東又千撓地方

昌圖府本蒙古地東界長春府東南與吉林府界柳邊南界奉天府西界新民府北界蒙古　**西南距省二百四十里**一曰楡城府西遼河左岸爲通江口多豆鹽輸運之船如鯽實東三省貨物聚散處也中日新約十六埠之一府東北八十里有八面城較昌圖府尤繁盛　**領州一縣三**　**奉化**府東北百四十里一曰買賣街人二萬五

干口貨物多自吉江運來

懷德 府東北三百二十里一曰八家旗

康平 府西百二十里

遼源州 新設府北二百里駐洮昌兵備道

同江廳 卽分江口地方駐分防同知

興京府 府北界海龍府東界吉林府南以鴨綠江界朝鮮西界奉天府及鳳凰廳屬五道溝瀑都泉大廟溝報馬川通大溝二道溝樟木火洛南夾河夾皮溝八寶溝木魯孟子有金鑛小廟溝大小東溝有銀鑛小不遠大不遠有銅鑛老營溝有鉛鑛羅圈溝大小東溝有鐵鑛半截河仙人溝紅旗桿溝六道溝三道溝四道溝三岔山五大河大梨樹溝蜂蜜溝董木匠溝高力溝搭連嵴子石門寨馬架子山大小東溝八寶溝上漏河有煤鑛

西距省四百八十里 府治所在南夾河北岸南卽新兵堡產木甚多皆由水道運至奉天西四十里河之南岸爲故興京城古赫圖阿喇之地一曰老城爲 國朝 太祖所建周三里餘駐副都統西北啟運山老松鬱鬱有 永陵爲 肇興 景 顯四祖陵寢再西有薩爾滸城撫順城皆爲古戰場

領縣四

通化 府東二百七十里佟佳江上游附近鑛山最富高梁豆類木材亦多貨物轉運俟冬季結冰時始能行之西北有朝陽鎭在柳溝河北岸東北經柳河達吉林有舟楫之便西南經舞鳳樓達興京人約萬口商業以穀類獸皮木材爲主

懷仁 府東南百八十里佟佳江東岸近時新開一道南逾嶺至岔溝渡江至朝鮮楚山府

臨江 距省五百二十里在通化之東臨鴨綠江駐臨長海兵備道轄海龍全屬及臨江輯安通化三縣縣北帽兒山金鑛最富

輯安 新設距省

四百二十里在通化南

鳳凰直隸廳明成化中築鳳凰城置兵戍守國朝爲直隸廳西北界奉天府東北界興京東南界朝鮮南界海漢元菟郡地廳屬香爐溝弟兄山有金鑛圍甸有銀鑛佛爺嶺銅鑛嶺有銅鑛大城竭有鉛鑛石灰窰有鐵鑛浦石河五道河賽馬鷹觜子大偏山小煤嶺西上坡有煤鑛**北距省四百八十里**廳治所跨金家河商業定期開市中日新約十六埠之一東北有賽馬集爲一小都會**領州一縣二**

安東廳東南百五十里駐興鳳道縣南臨鴨綠江貿易木材爲盛西南有大東溝光緒二十九年中美新約十二款中國自開商埠

寬甸廳東少北二百八十里境內山峯聳立降雨時泥濘難行東有二龍渡南有長甸城皆爲小都會

岫巖州廳西百八十里州西南濱海有金鑛多玉石製作煙管食器等出售東南爲大孤山帆檣林立人約三萬口多齊晉商人木材出口最盛大豆高粱及鹽魚次之其繁盛亞於營口且爲防禦要地

長白府畫臨江縣榮生堡以東三堡及長白山後吉林境地治十八九道溝之塔甸地方**領縣二**

安圖新設紅旗河西南岸

撫松新設下兩江東岸之雙甸子

海龍府新設東與北均界吉林南界興京廳西界奉天府在輝發河上游北岸府屬安子河有鐵鑛杉松遼河源小梨樹溝

呼蘭元雙橋子有煤鑛

西距省四百二十里領縣四

西安新設府北三百二十里東臨太平河

東平新設府西百七十里沙河上游

西豐新設府西百四十里哈達河北岸

柳河新設柳溝河東岸府西南七十里

輝南直隸廳海龍府東北九十里謝家店地方東北爲赴磐石衝衢西南爲赴柳河大路正東係蒙江要途西北通海龍府治

吉林省

疆域　西北以松花江界蒙古西界盛京東界俄領東海濱省南以長白山圖們江鴨綠江界朝鮮東界自咸豐十年北京條約定自烏蘇里江口而南以烏蘇里江松阿察河興凱湖白棱河及穆棱河東南之黃窩集山與大瑚布圖河長嶺界俄屬東海濱省東北以黑龍江界俄屬阿穆爾部東北以松花江界黑龍江省東西三千五百餘里南北千九百餘里面積百十二萬八千七百四方里八百二十萬口古肅愼氏地漢挹婁北朝勿吉隋靺鞨唐燕州尋爲渤海所據遼寗江州金肇州信州及率賓等路地元海蘭府明分設各衞所　國朝甯古塔城爲發祥之地設將軍鎭之咸豐八年愛琿城立約由額爾古納河循黑龍江至混同江口入海以江爲界江北歸俄中國失地最廣然在吉林省所失僅東北一隅

自十年定約後烏蘇里江以東以南之地又失數千里各海口俄得以屯練水師而吉省無復有江口入海爲我轄境者北則混同江濱之依蘭府南則圖們江東北境之延吉府皆爲重地防務最急現領府十一直隸州一直隸廳一廳四州二縣十九氣候王書云緯度與歐洲法蘭西意大利同而寒暖大異八月卽有大雪九月河冰十月地裂至開春凍始解然山間溪谷首夏猶存堅冰物產王書云境內多未開墾農產惟松花江平原產粟麥南境之樹木茂密晝猶暗夜巨木蔽地如老龍橫臥虎狼羆熊狐狸貂獺之屬棲息其間故古來民多務獸獵有打牲部落之稱又產人薓敦化縣有官設之人薓國鑛產以金爲最如倭坑河上游北田皮溝觀南日太平溝琿春河上游名三道溝四道溝鑛綏芬河上游布爾哈圖河上游吉林之南各處金鑛最爲著名地勢王書云南倚高山北臨大江中多荒蕪之地沿江一帶皆爲平原蓋自伊爾雅範山而東爲費德里山爲長白山其高峯達萬二千尺山巔一潭五峯環繞四周百泉奔注爲諸大水之源卽古不咸山也其自長白山北迤者爲黑山爲平頂山分二支西支西北迤爲你歹巒哈達山爲色齊窩集老幹百尺白晝爲昏爲張廣才嶺爲拉林山爲小白山巖岫嶮巇冰雪至夏不消東支東北迤爲哈爾巴嶺爲老松嶺至綏芬河發源處分爲二一東迤於與凱湖之南東北盡於俄領之東海濱省一東北迤爲察庫蘭嶺爲哈達嶺爲阿爾哈山又分爲二一東爲那丹哈達

拉嶺一北爲鄂爾和拉山盡於完達山近江岸處巉巖危立兩大山脈皆爲老林松樹千里無際最茂密者爲長白山小白山一帶兩大山脈之間爲牡丹江流域未墾之地居多其西北境爲一大平原即松花江流域也豆麥到處豐饒是爲吉林最要之地水道王書云松花江有兩大源東源古名混同江上流合富爾哈河泥牙册泥牙庫河西源古名松花江上流合額赫諾因河固諾固河陽河諾木三皆出長白山合而北流土名松嘎里烏喇左受輝發河一名土門河土名難林烏喇右受拉法河又西北有伊通河一曰義屯河合伊勒門河一曰衣兒門河來會又西北左會嫩江折東流右受拉林河右會莫勒恩河阿什河斐克圖河瑪延河左受呼蘭河河又東北有牡丹江自南來會牡丹江有兩源西曰勒福善河東曰蘇蛙木克河合而東北流匯爲巨澤曰必爾滕湖形狹而長長約七十里寬約二十里中多小山即古鏡泊又北左受海蘭河漸入峽中兩岸荊榛殆無人迹至三姓南境右受烏斯渾河即五思呼河北入松花江松花江既會牡丹江東北流右受倭坑河即窩吉河曲曲東北流與黑龍江會其間兩岸多荒蕪之地黑龍江既會松花江東北流河中洲嶼甚多至哈巴羅甫喀有烏蘇里江自南來會烏蘇里即古胡里改江上源曰刀畢河即瑚野河源出昔霍塔山北流左有松阿察河自興凱湖來會興凱湖南北約百六十里東西約百二十里冬夏不涸輪舶可達北有小興凱湖即瑚圖達巴庫瀨又北左受穆倫河諾羅河右受瓦喀河畢肯河諸水北分二派入江松花江自三姓至哈爾濱俄人用小汽輪四十噸以上百噸以下吃水四尺往來無阻最小汽船可達吉林惜冬季多爲冰結者又圖們江源出長白山東北流左有噶哈里河俗謂嘎牙河合布爾哈圖河海蘭河來會又折東南流左受琿春河東南入海交通王書云鐵路屬俄者爲東清路之東段自哈爾賓東南經阿勒楚喀一面城穆林入俄境經斯可列咨甫分一路東北至哈巴羅甫喀幹路則南至海參崴屬日本者爲南滿路自長春南至盛京省中日合辦者爲吉

長路由長春達吉林宣統元年中韓界務條約由吉林至韓國會甯鐵路援照吉長協約由日本借款一半已畫押奉旨督吉撫爭之不能得因復開清津艤路復以鐵軌聯貫會甯也驛路自吉林西通盛京開原中經伊通州此路多邱陵商客往來多由長春昌圖以達通江口北達齊齊哈爾中經烏拉伯都訥東南達琿春中經鄂穆赫站分二路一東至甯古塔一東南達琿春此路多山岳松林蔽天車馬橫過數十里不見天日又電綫由吉林東通海參崴琿春甯古塔薩奇庫站北通齊齊哈爾伯都訥西南通奉天伊通州分長春又

吉林府北界長春府㯉樹廳西界伊通州盛京海龍府南界盛京長白興京二府東界五常延吉二府駐吉林巡撫民政司度支司提學司提法司交涉司勸業道中日新約十六埠之一有順治十八年所建之船廠故此府又有船廠之名隔江南岸有機器局製造小銃彈藥北七十里有打牲烏拉城內務府所派之總管駐此掌採珠之事　西距京師二千三百里領州一縣五

磐石府西南四百里北倚庫勒嶺　敦化府東南五百里即鄂多理城發祥世紀謂　始祖居長白山東俄莫惠之野鄂多理城是也縣東南有金鑛　樺甸府東南三百三十里即樺皮甸子地方爲頭二道江及古銅河大沙河流域　舒蘭新設府北舒蘭河站　雙陽新設即雙陽河地方　濛江州府南五百四十里

伊通直隸州在伊通河西岸北界長春府東界吉林府南界盛京海龍府西以柳邊界盛京昌圖府東北距省二百八十里

長春府南界吉林府北界新城府及榆樹廳西北界蒙古西南界盛京昌圖府在伊通河左岸俗名寛城子客商雲集東北有朱家城形勝地也駐西南路兵備道轄吉長二府伊通一州中日新約十六埠之一東距省二百四十里領縣三

農安府北百四十里城南多沼澤雨時水深處可沒腰

長嶺府西北即長嶺子地方爲長春洮南二府要道適中之地

德惠新設即沐德懷惠兩鄉地方

新城府東界榆樹廳南界長春府北界雙城府西北界蒙古即伯都訥城舊有副都統今裁在松花江左岸南門外船舶輻輳南距省四百八十里

榆樹直隸廳故縣改升東界五常府南界吉林府西界新城府北界雙城府在吉林北柳邊特法哈門外即前孤榆樹屯南距省三百里

雙城府故廳改升北界賓州府及黑龍江呼蘭府東南界五常府西南界榆樹廳西北界蒙古南距省五百里在松花江平原之中東南有拉林城爲一大市場領廳一

濱江廳府北九十里即哈爾賓光緒二十二年中俄立約准東省鐵路公司建造鐵路在該地方畫定總車站地界即俄人刱建最大之新都會也據大平原之中心有鐵路郵電各局西方大街市地設有寺院學校病院南方大街又設公園北二十里松花江南岸又刱一小都會以便水運駐有哥薩

克兵五十近尚極力經營人目爲俄羅斯東京駐西北路道轄新城雙城賓州五常四府楡樹一廳中日新約十六埠之一

賓州府故直隸廳改升南界雙城五常二府北界黑龍江呼蘭府東界依蘭綏芬二府西南距省六百三十里在松花江南爲山東工人麕集處領縣二長壽府東南螞蜒河左岸阿城新設府西南百三十里即阿勒楚喀城土名阿什河在阿勒楚喀河左岸產蚌珠有名典商首飾店最多舊有副都統今裁

五常府故直隸廳改升西界楡樹廳及吉林府北界雙城賓州二府東界綏芬府東南界延吉府西南距省三百六十里在拉林河上游東南蘭彩橋小都會也領縣一額穆府東南鄂穆赫索一作站通吉林琿春甯古塔之要衝

依蘭府西界賓州府南界綏芬府東界臨江蜜山二府北界黑龍江駐東北路兵備道轄依臨密三府舊名三姓城凡上下松花江之船皆以此爲發航地舊副都統今裁中日新約十六埠之一西南距省九百四十里領縣三方正府西方正泡地方在松花江南岸樺川府東南樺皮川地方勃利新設即古勃利州地西南距省

臨江府故州改升即拉哈蘇蘇東界俄屬東海濱省西北界黑龍江西界依蘭府南界蜜山府千三百八十里在松花江右岸領州一縣一富錦府西南綏遠

州府東烏蘇里江附近

密山府東南界俄屬東海濱省北界臨江府西界依蘭府在穆倫河南岸即蜂蜜山地方西南距省千四百里領縣一廳一

饒河新設府東北饒河南

虎林廳新設在七虎林河之北呢瑪口地方此外尚有奏准添設之寶清州臨湖縣未開設

寧安府故寧古塔廳改升北界依蘭府西界賓州五常吉林三府南界延吉府東界俄屬東海濱省西南距省六百三十五里即寧古塔城也其北六十里為掖河一曰牡丹江當鐵道經過之地亦俄人經營之新市中日新約十六埠之一領廳一縣一

東寧廳在府東南綏芬河上游即前廳治

穆棱府東北

延吉府故廳改升北界寧安府西北界五常府西界吉林府南界朝鮮咸鏡道北境東界俄屬東海濱省西北距省八百里在海蘭河支流土門河北岸即局子街地方日本人稱府境曰間島宣統元年七月圖們江中韓界務條款其第二款云開放龍井村[illegible]局子街頭道溝[illegible]百草溝[illegible]四處准各國人居住貿易領縣二廳一

和龍府南和龍峪

汪清府東北

琿春廳府東琿春河北岸駐東南路兵備道轄甯安延吉二府舊轄今劃[illegible]東通海參崴南通慶興北通依蘭實東方要衝旗人最多中日新約十六埠之一已籌畫開埠氣候在本省

各城中較温和與俄國陸路貿易稍繁盛輸出品以牛豚麥粉馬糧爲主輸入多雜貨由海參崴運來境內朝鮮人多越江耕種城東北琿春河上游一帶有金鑛

黑龍江省

疆域　南吉林奉天西及西南外蒙古車臣汗部西北俄屬薩拜喀勒省以額爾古訥河為界東北俄屬阿穆爾部以黑龍江為界東西二千二百五十里南北一千四百里近出地理學課云此本近書自棄地後已非一統志東西三千三百餘里南北四千里之舊今各道府廳縣界限尚未畫定戶口亦少古肅慎地漢晉挹婁國北魏黑水部為勿吉國七部之一隋曰黑水靺鞨唐時黑水又分十六部南接渤海西接室韋今西北境皆唐世室韋地開元中以其地為黑水州尋又置黑水府後渤海咸皆役屬之遼平渤海黑水復擅其地為蒲興路及肇州之北境元隸開原路明設都司統理之　國朝天聰時有居額爾古訥河及精奇里江地之索倫達呼哩二部內附繼因羅剎築城雅克薩侵擾索倫達呼哩崇德四年移駐嫩江後羅剎復來侵康熙二十二年設將軍副都統於黑龍江築城

鎮守二十五年發兵進勦羅刹克其城二十八年遣大臣於吉爾巴齊河旁立石爲界自額爾古訥河口轉西循吉爾巴齊河而上東北循外興安嶺爲界凡嶺南一帶流入黑龍江之溪河盡屬中國嶺北一帶之溪河屬俄外興安嶺爲北徼大分水嶺職方外紀作東金山龍沙紀略作新安嶺據地圖金山阿林自外興安嶺西北連峯不斷直抵東北海隅與諾斯哈達相連則知山脈長遠幾及萬里允爲東北巨鎮咸豐八年內地寇訌英人擾粵俄人以防英船行駛黑龍江爲言欲割我黑龍江北地將軍奕山貿然允之且以從權酌辦免啟邊釁奏朝廷亦不暇顧問於是自額爾古訥河石勒喀河合流處以東傍黑龍江爲界俱入於俄索倫部遠在江北葢地已全沒甲午之役俄以索還遼東責報於我於是俄西伯利亞鐵道經我黑龍江庚子之役俄又以保路爲名占據黑省雖允交還撤兵而鑛權已失大半矣現領府七直隸廳七廳三州一縣五氣候王書云地居北緯四十六度至五十三度故氣候嚴寒隆冬時百度

表降至冰點下三十度自十月迄翌年三月堅冰不解夏季暑氣亦盛但朔風一起雨必隨之其冷復與初冬同地理學課云案會典省垣北極出地四十八度而弱順天中纔偏東七度而強位置在吉林西北氣候純大陸性春冬嚴寒夏暑井底尚有薄冰農時首尾不盈六月四月草青八月即已降雪

物產王書云樹木最盛尤多楊榆富野獸民務獵金鑛尤有名光緒初俄人發見漠河金鑛越境偸採至七千餘人之多竟無知者又札伊河岸有太平溝砂金埸爲東三省之冠嫩江產魚亦多以鹽漬之輸於通江口及法庫門松花江畔稍有農產

地勢王書云內興安嶺盤亘境內蓋自索岳爾濟山人境爲哈瑪爾山爲室韋山爲雅克山爲西興安嶺爲伊勒呼里山分一支西北迤爲治吉察山正支又東北爲嫩江之源又東南爲庫穆爾山爲東興安嶺西出一支爲和羅爾山又西稱烏爾和爾冬吉康熙時有名之噴火山也正支又轉東迤爲小興安嶺又分一支東北爲老爺嶺正支東盡於佛思亨山此山脈如海波奔馳其高峯五千尺至六千尺無尖銳秀拔者樹木茂密野獸繁殖多爲獵場中爲嫩江流域青草離離南部已墾之地僅千六七百方里約當全面積九百八十分之一地理學課云地勢三面多山惟中央連於南部擴爲一大平原縱橫五六百里又云省境之山皆發自車臣汗部之肯特山黑龍江額爾克魯江源出此分支南行當庫倫之東起巴彥集魯克山自此漸沿克魯倫河而東抵喀爾喀河之南入省境起特爾根山喀爾喀河出此折而東而南緜亘嫩江黑龍江之間無不以興安嶺統之至混同江黑龍江將會處乃起佛思亨山

水道課程云黑龍江上源曰敖嫩河出車臣汗部內肯特山東麓東北流約四百里入俄屬薩巴喀爾斯開雅

五洲地理志略卷一

部界又東北約五六百里左有音果達河自赤塔城來會之又東北名石勒喀河逕尼布楚南城又東北至斯特列田斯克俄人大市鎮也輪船鐵路俱通又東偏北約五百里入黑龍江界有額爾古訥河自西南來會之額爾古訥河上源名克魯倫河出肯特山東麓南流約三百里折東北流約六百里逕把拉斯城南車臣汗盟所也又東北入黑龍江界注呼倫湖（王書云湖之東端有烏爾順河上源曰喀爾喀河西北流左合貝爾湖來會）又自湖北溢出右有海拉爾河自呼倫貝爾來會之（王書云又會旱河哈喇爾河諸水）又東北爲額爾古訥河西岸爲俄界約八九百里左有喀吉米爾河會之又東北石勒喀河入之河口北岸有康熙二十九年界牌額爾古訥河又東流名黑龍江北界爲俄屬阿穆爾部界又東逕雅喀薩城南又東南流至海蘭泡俄人重鎮也有精奇里江自東北來會大水也（王書云又東南右受雙顯河科爾芬河札伊河左受牛滿河與松花江會）又南逕愛琿城東城舊在東岸咸豐八年始移西岸又東南流左有努滿河入之又入吉林境至徐爾固南亦俄人重鎮也有松花江自西南來會之松花江上源曰富爾哈江出吉林長白山北麓西北流逕吉林城東又西北逕伯都訥城西又北有嫩江西北自墨爾根齊齊哈爾來會之（王書云嫩江源出伊勒呼里山南流右合喇都里河多布庫爾河甘河諾敏河阿倫河雅爾河綽爾河陶爾河左合諾魯爾河納穆爾河南與松花江會舟楫可上通至墨爾根地理學課云伊勒呼里山志作伊拉舌爾山即興安嶺支峯析稱嫩江亦作嫩泥江亦曰臨溫江即古難水）折東偏北流逕阿勒楚喀城北呼蘭城南左有呼蘭河自北來入之（王書云呼蘭河源出小興安嶺西南流右合克肯河通肯河左合漳河來入之又東北有屯河一曰吞河右合札里河來入之）又東偏北逕三姓城西南有呼爾哈河南自寧古塔來會之又東北與黑龍江會謂之黑河口（王書云黑龍江輪船可通至石勒喀河北岸斯特列田斯克惟周歲不過五月且春秋約三月以流冰故交通全絕冬期約四月間全以橇車駕馬行冰上）黑龍江旣會松花江東偏北流又有混同江之

名至伯利城西南伯利城俄新置東海濱部會城也有烏蘇里江西合興凱湖北流來會之興凱湖以南烏蘇里江以東爲俄屬東海濱部界（俄新修之鐵路自海參崴東北沿烏蘇里江而上至伯利城轉而沿黑龍江至石勒喀河北岸西直接伊國都城綫亘一萬餘里）混同江又東北流全入俄境左受阿穆混河又逕廟爾之南廟爾據黑龍江口門之險俄視爲重地然地氣極寒每年霜前後冰凍立夏時始開船半年爲其所阻故俄之經營亦不如海參崴云又東入於海（王書云其南境又有塲裕爾淖爾南瀦爲沼澤）地理學課云湖泊如呼倫池周可五六百里交通王書云鐵道屬俄者爲東清路之北段（自吉林哈爾賓東北經蒙古入境經齊齊哈爾之南傍雅河東北岸窮內興安嶺傍海拉爾河南岸經呼倫貝爾東與西伯利大鐵路翁多格接松花江橋長二百六十七丈興安嶺隧道八百零一丈爲全路第一難工）其東北逾興安嶺達海蘭泡（中經布特哈墨爾根黑龍江城）則驛路也又電綫由齊齊哈東北通海蘭泡（墨爾根愛琿）南通吉林地理學課云鐵路屬我國者曰齊昂路由齊齊哈爾至昂昂溪几四十里

龍江府先名齊齊哈爾俗曰卜魁在嫩江東岸故黑水廳改設無首縣駐巡撫（將軍改）民政司提學司提法司城分內外種人雜居言語各異著名之工業惟馬鞍有江石似瑪瑙以造煙管甚爲此地特產物獸皮甚多呼倫貝爾之馬必經此輸於南方中日新約十六埠之一 **西北距京師三千三百七十七里領縣一廳三**

林甸（新設府東南大林家甸地方） **大賚廳**（府西南五百里本札賚特旗牧地莫勒紅岡子地方） **安達廳**（府東南三百里安達車站地方本杜爾伯特旗境） **肇州廳**（府東南二百七十里肇州古城地方本郭爾羅斯後旗境）

嚴保誠云大賚安達肇州三廳均直隸司道非直隸廳而有直隸廳之性質者

呼蘭府在呼蘭河東岸故呼蘭廳改升移此舟楫可達附近土地膏腴產穀類甚多設七十二官倉貯之以輸運各城河中多由小舟輸出穀類及酒近議開商埠　**西北距省六百五十餘里領州一縣二**

巴彥州府東距省七百五十里即前呼蘭廳治俗名白彥蘇蘇市場最盛附近產穀甚多有水運之便多輸出俄領東海濱省

蘭西府西北雙廟子地方距省五百八十里　**木蘭**府東即大小木蘭蓉地方距省八百八十里

綏化府　**西北距省五百八十餘里領縣四**　**餘慶**府東六百四十里即前餘慶街庫站

鐵驪府東即鐵山包地方　**湯原**在松花江北岸即吞河地方　**大通**在松花江北岸即崇古爾

海龍府故直隸廳改升即通肯地方蒙古土語爲瑪達呼舊有副都統轄　**西距省四百九十里領縣二**

青岡府南偏西距省四百里　**拜泉**府西即巴拜泉地方距省三百里

嫩江府先名墨爾根城在嫩江東岸布哈爾城東徑對百餘里舊副都統轄舟楫可達水陸咽喉然官民僅賴陸運不思水運之便故貿易未盛冬季俄人有來此密販牲畜者東北百八十里有興安廢城光緒八年因總理俄倫春槍隊而設然此輩多耐寒惡

熱往往伏而不出建城以後歲饑積存幾無人領遂廢　南距省四百三十五里

布西直隸廳　即西布特哈地方　西南距省三百五十餘里

甘南直隸廳　即富拉爾基地方包括甘井　南距省百餘里

訥河直隸廳　即東布特哈新設駐訥謨爾河東杭吉山西控嫩江土脈膏腴地勢衝要光緒三十二三年奏請丈放設巡防局由東布特哈總管就近管理今裁總管及巡防局設廳

武興直隸廳　即多耐站濱臨嫩江　北距省二百餘里擬設

黑河府　即大黑河屯在黑龍江南岸　西南距省九百二十里與俄屬布喇郭威什臣斯克[illegible]隔江相對中俄互市處也其南有舊愛琿城華人甚多庚子之役俄人砲擊市街驅華人七千餘渡江溺斃之鳧水脫者僅百餘人慘虐如此

呼瑪直隸廳　駐西希根卡倫濱黑龍江爲愛琿衝要擬設

漠河直隸廳　即漠河北界俄　南距省三千六百餘里擬設

愛琿直隸廳　先名黑龍江城在黑河東岸與墨爾根布特哈二城東北徑對約三百餘里咸豐八年始移西岸七十里

舊爲省治後移龍江府駐愛琿兵備道副都統改輸出品雜穀獸畜入品金沙中日新約十六埠之一　西南距省八百七十里以上愛琿道轄

臚濱府故滿洲里廳改升中日新約十六埠之一　東南距省千二百餘里全境西門鐵路首站

呼倫直隸廳先名呼倫貝爾俗名海喇爾一作海蘭克當伊敏河左會輝河北入海喇爾河處之左岸地勢東北高峻西南拓爲大平原當貝爾池之北有壽甯寺俗呼趕集廟每歲五月遠近禮佛因而互市列帳百里駐呼倫兵備道舊有副都統裁本游牧部落有索倫巴爾虎額魯特各部中日新約十六埠之一　東南距省七百六十里

室韋直隸廳即吉拉林東北漠河西南呼倫鑛產特豐　東距省六百餘里

舒都直隸廳即舒都站有兎渡河　東距省五百餘里擬設以上呼倫道轄

蘿北直隸廳在托羅山北全省東門駐興東兵備道　西距省千餘里　鶴岡駐鶴立岡在廳北擬設

佛山府即觀音山當布倫山陰北愛琿東黑龍江　西距省千一百餘里擬設

烏雲直隸廳駐烏雲河一曰嘉蔭河　西南距省一千里擬設

車陸直隸廳駐車陸北愛琿廳當芬河遜河之間擬設

春源直隸廳駐伊春呼蘭二河之源居興安嶺脊西距省九百餘里擬設○此外有奏准添設之延東諾敏通北三縣尚未開設

江蘇省（禹貢揚徐二州漢志揚州部丹陽會稽二郡徐州部楚梁廣陵泗水四國東海臨淮二郡）

疆域

北山東西安徽南浙江西北河南東界海東西九百五十里南北千百三十里面積三十七萬二千五十四方里人二千三百九十八萬口現領府八直隸州三直隸廳一州三廳四縣六十二物產米麥絲棉香稉米楊梅梨菱栗佛手柑橘枇杷藥材魚蝦銅鐵鹽磁石太湖石茅山石紗羅綾綃土紬三梭布葛布花毯繡貨紙扇玉器竹器

地勢王書云承江淮委流諸湖支港縱橫交會沃野千里實爲內地冠間有山陵亦如孤阜並無脈絡可言如鍾山（在上元縣東北朝陽門外）攝山（在上元縣東北五十五里卽棲霞）北固山（在丹徒縣北）金山（一名氐父山在丹徒縣西北七里）焦山（在丹徒縣東九里大江中）狼山（在通州南八十里）福山（在常熟縣北三十七里）虎邱山（在元和縣北）靈巖山（在吳縣西）或濱江岸或在江心或居湖畔是也

水道王書云江水自安徽入境東北流右受秦淮河左受自安徽境來之滁河折而東貫運河又兩岸受無數小港分二道入海江中多沙洲（最大者爲崇明爲太平洲三洲碧新洲八卦洲次之）長江口最要處爲吳淞口（寶山縣城南之南石塘北之獅子林及吳淞口分設三礮臺控南北洋來路爲出海入江第一重門戶并設水旱雷營二哨）江面最狹處爲江陰（南北岸分設礮臺南臺依山北臺傍堤中隔江面三里不獨防吳淞來路若敵艦由崇明縣北循白茅沙駛奔狼福北適當其衝爲下游扼要鑾口附駐水旱雷一營）鎮江次之（分設礮臺五處一圖山關一東生洲皆據鎮江下游堵截江陰來路由圖山關上駛南岸象山北岸都天廟中流焦山分設三臺極稱扼要）鎮江而上稱扼要者烏龍山也（西距江甯四十餘里雄踞南岸分設五臺）又淮水匯爲洪澤湖適當江蘇安徽之界其自東北溢出者正流也自東南分注寶應

諸湖者支流也正流舊經淮安府北安東縣南東入海金明昌以後黃河南徙自清口合淮入海咸豐五年河又北徙清口以東水道淤塞淮注運河後遂分爲無數支港入海近來淮水正流實自淮安而東經阜甯之射陽河云又運河自東南流入境左會自山東境來之西伽河東伽河武河沂河右會微山湖水又東南左分二支均爲鹽河東北入淮又南入海淮南運河自清河縣分淮水南流經寶應高郵邵伯諸湖之東至揚州府城南分二派一西南經儀徵入江一東南至瓜州鎮入江江南運河自京口分江水南流至丹陽縣城南有南運河自溧陽來會又東南至常州府城右受西蠡河左分山塘河至江陰入江又東南貫太湖溢出諸津南入浙江界又境內川港縱橫脈絡四達大江以北運河以東之水上承諸湖或東入海或南入江其貫通南北者有二東爲串場河北自鹽城北境之上岡司南經東臺如皋東南至呂四場是也西爲西塘河又南爲大縱湖又南經興化泰州泰興是也大江以南運河以東之水上承太湖（湖周六百餘里湖中之山以東西洞庭馬蹟爲大湖西上源曰荊溪上承溧陽胥河及金壇之長蕩湖滆湖諸水湖西南上源即浙江湖州之東西苕溪也）皆東入江其經流有三一爲劉家河（即婁河自太湖流出東經蘇州受陽城巴城二湖水經崑山太倉入海此河淺狹僅通小舟）一爲吳淞江（自太湖流出東經吳江澱山湖又東北合五浦水至上海與黃浦合此河小輪可行）一爲黃浦江（一曰春申滬其上源即浙江嘉興秀州塘水與蘇州澱山湖水東流受諸小水又北合吳淞入海此江可通杭州交通最盛）是也交通王書云航路則有長江輪船沿江口岸如狼山（地名蘆涇港）如江陰如鎮江如南京皆停泊之埠內河小輪自鎮江北可達清江浦南可達蘇杭通州海門皆有小輪上海小輪通蘇杭江甯小輪通揚淮又鐵路已成者惟江滬一路（計長三十里）現在英人承修者一即滬甯路（自上海經蘇州常州至江甯長七百餘里）中國自造者二自江以南由上海經

松江以達於浙自江以北由海州經徐州以達於豫其自鎮江北
達天津之一路則自英德二國贖回者也又驛路自蘇州西北渡
江至山東郯城（中經無錫武進丹陽丹徒瓜洲鎮江都高郵寶應山陽清江浦宿遷）自江甯西北渡
江至安徽滁州（中經浦口江浦）又電綫由上海北通京師（蘇州無錫常州鎮江揚州界首
清江浦宿遷窯灣至山東韓莊又南分徐州由上海分吳淞劉河滸浦口福山江陰又由劉河分崇明由蘇州分常熟由鎮江分象
山圌山關都天廟瓜州由揚州東分仙女鎮泰州如皐通州西分十二圩由清江浦分板浦海州青口）由鎮江西通
下關蕪湖（由下關分江甯）又海綫東通長崎北通之罘大沽南通廈門香
港又電話綫上海江甯已設之　海岸講義云山東日照與贛榆
交界處爲荻水口鎮（在贛榆東北七十里明初通海運置巡司本朝移駐青口）荻水口之東
南海中有小島曰虞游山荻水迤南經鹽倉城（鹽倉城漢贛榆故縣城也）東又
南經贛榆縣東海岸有數水口皆小水也又南爲小沙河口源出
山東莒州東南流經贛榆縣南至青口鎮東入海（青口鎮在贛榆縣東南十里爲
水陸衝要乾隆中移荻水巡檢駐此）水口利舟楫通商賈小沙河口之南爲大沙河
口源出山東郯城縣東南流入贛榆縣境經大沙河鎮南又東至
海州北會碩項湖青伊湖諸水（兩湖上受沭水）又東北至海州東北入海
乾隆中屢濬此口似即舊圖之臨洪口也海岸轉而東迤爲雲台
山即鬱林山一名郁州在海州東北約六七十里海中周百餘里
地甚膏沃（南北朝魏爲重地嘗僑置州郡於此島隋以島地置東海縣唐宋沿之元始併縣入朐山仍置東海巡司戍守
明嘉靖中移巡司於新壩鎮雍正二年設東海營守備乾嘉中改設都司）南至岸或十里或七八里島
居淺沙之上火輪巨艦不能傍近故西人略視之雲台山迤東南
有數小水口皆西通沭水之支港也又東爲開山小島塞北潮河
之口北潮河之上北通沭水南達淮水似即漣水口也北潮河以
南爲安東縣地又南爲舊黃河口本淮水入海之口也自明以來
黃河屢南徙漸奪淮水正流濁河淸淮遂爲一口咸豐五年河決

銅瓦箱黃河由大清河入海而此口遂淤（淮水自洪澤湖出注運河自運河以東則爲無數支入海港）舊黃河口以南爲北洋口水上達五港鎮至五新鎮合射陽河北洋口之南爲射陽河口水上通阜甯縣又西達山陽承運河實爲近來淮水正流射陽之南爲新陽港水上通鹽城縣新陽港之南爲鬬竜港口水西達鹽城縣南之伍佑場鬬竜口之南爲東川港口水西通東臺縣城東川之南爲呂四場口水西通海門通州又南則爲長江口自荻水鎮以南一帶海岸皆平沙鋪入海中亦間有峭處大船可以近岸然行之甚難自開山以南爲大沙灘長三百餘里直至長江口北航海者均由大沙之東至沙尾山（卽佘山）始轉而入長江之北口東海岸長江之北岸爲海門東南之蔘角嘴（一作料角嘴）南岸爲南匯北之九團墩江口廣幾二百里崇明居中陁塞分江口爲南北二水道（唐武德中吳郡城東三百餘里江面忽涌二淵謂之東西二沙漸積高廣爲樵者依之遂成田廬五代時謂之顧後沙楊溥改爲崇明鎮宋天聖中續涌一沙與東沙接民多徙居之而姚劉二姓爲盛因名姚劉沙建中靖國初又補一沙於西北相距五十餘里以三交壘漲故又謂之三沙嘉定十五年改崇明鎮爲天賜場屬海門縣元至元十四年置崇明州屬揚州府明洪武中降爲縣屬蘇州府宏治中改屬太倉州　國朝因之）崇明與蔘角間爲北水道而崇明蔘角之東皆沙互相屬殆無隙地可以阻北水道之口口內亦皆平淺沙灘深處纔十餘尺故惟帆船可行火輪巨艦無過其地者崇明與九團間爲南水道晚近於南水道中又涌新沙自西北至東南互百餘里略與崇明爲平行勢亦名東沙同治初東沙上又成數小島而東沙之東迤邐皆淺沙直接佘山之南（佘山卽沙尾山一統志名爲茶山云在上海縣東大海中）西人名爲大揚子灘於是東沙與大揚子灘又分南水道爲南北二水道輪船自北來者至佘山卽傍大揚子灘北西入北道口經東沙北至崇寶沙西北尾與南道會（崇寶沙在崇明寶山之間南對寶山縣城實東沙之西北尾西人名爲矮樹島）輪船自南來者由

南道入口而口內頗多淺沙僅中通一綫廣不過三四里傍東沙南而上西北過崇寶沙始出東沙險與北道會九團之東南南匯東岸有大淺灘南北約二十海里東西約十四海里名之東南淺灘大約以南匯縣東南約四十里之揚子角爲此淺灘之南界揚子角之東偏南約十七海里中有小島曰大戢山西名鷗詞拉夫島大戢山之北偏東約三十八海里卽佘山佘山之南偏東約十六海里有露石一簇曰雞骨礁此二島一礁實爲入長江之標識入北道者南行至佘山卽西行進口入南道者北行過大戢望見佘山卽西北行進口尤不可行近雞骨礁近雞骨則入大揚子灘之險矣而大戢山下揚子角下皆停泊安處大戢山西畔有電報局其電西通吳淞東通長崎南通廈門大戢山之西南入海里半爲小戢山一貊鷗雞殘島乃三小島及矗立水中之叢石或現或隱自小戢山西北至揚子角約十四海里自揚子角西南爲奉賢縣城卽明之青村千戶所奉賢之西南爲柘林鎮在華亭縣東南七十二里柘林之西爲金山巡司江蘇浙江海岸分界處也明洪武中置金山衛城南瀕海與海中金山對峙又置青村南匯觜南千戶所屬金山衛於是金山西連乍浦東接青村南匯東北長吳淞控引海岸幾三百里又松江一帶海岸舊有捍海塘相傳唐開元初創築其後相繼修治東北自大倉之寶山而南西南至浙江海鹽澉浦之西至三百三十里以禦海潮害稼高郊城垣內外皆有塘濤植夾在內者曰鹽運河又曰橫港在外者曰塹濠又曰護塘溝明初藩以備侵其後漸次圮壞蕩卽古之捍海堰也金山衛南海中有西西山列島凡三小島卽舊志之大小金山相傳爲周康王築城處後淪入海上有蜻不列島間爲停泊安處西西山之東偏南十海里爲中西山列島凡八小島舊志所謂許山竹嶼山達岸山當在此羣島內中西山之東南六海里爲東西山列島中島稍大亦小島環之此兩羣島中均可寄碇避風而金山許山實爲明代防海者會哨之地東西山之東偏北約十二海里爲崎嶇列島列一作亂形鼂大小島羅列海

而東西長約十一二海里南北約五六海里其最大者名大用山（大用爲大羊之轉音因其北有三角島曰小羊山故名此爲大羊山）卽舊志之羊山也（方輿紀要羊山在金山衞東海中山高大周七八十里四圍環抱有十八澳中如大湖可容數百艘澳口向北山有淡泉又言南自定海北至吳淞皆以羊山爲會哨之所蓋道里均適且禁賊於海洋可得上策也按顧氏所言形勢實就羣島言之非止大羊一島也）雙峯並峙均皆六百餘尺民居頗多村落相望大用之西有小島南爲海寇灣大用之北爲三角島卽小羊山也大用之東南澳小羊山之西南海中及海寇灣均停泊最佳處列島之西西南角島與西北角島間亦可泊船避風（英兵船常停泊此處）小羊山之北四海里卽小戢山此皆江蘇浙江交界處之羣島也海岸延長約千二百餘里自江口以北爲黃海以南爲東海

江寧府明太祖丙申年改元集慶路爲應天府洪武元年建都曰南京十一年曰京師永樂元年仍曰南京國朝更名駐兩江總督（轄江蘇安徽江西三省）江寧布政司（轄江寧揚州淮安徐州四府海通二州）提學司江安糧道江南鹽道巡警道勸業道江寧將軍江寧副都統光緒廿一年馬關約四埠之一每歲出入口貨值銀七百萬兩漢志丹陽臨淮二郡地**北距京師二千四百四十五里領縣七**

上元（明縣因倚治東北偏漢秣陵縣地及湖熟縣）

江寧（明縣因倚治西南偏漢秣陵縣）

句容（明縣因府東九十里有龍潭鎮煤鑛漢句容江乘二縣）

溧水（明縣因府東南百四十里漢溧陽縣地）

高淳（明縣因府東南二百四十里漢溧陽縣地禹貢中江自安徽蕪湖來又東左入丹陽湖湖東卽高淳縣治中江又東南入固城湖下入溧陽）

江浦（明縣因府西北四十里漢堂邑全椒二縣地）

六合（明縣因府

北百二十里漢堂邑縣

蘇州府 明太祖吳元年改元平江路爲蘇州府 國朝因駐江蘇巡撫江蘇布政司轄蘇州松江常州鎭江四府太倉州一海門一廳四 提學司提法司蘇松常鎭太糧道巡警道勸業道馬關約四埠之一租界在城南青陽漢志會稽郡地 **北距京師二千七百二十里領廳二縣九**

太湖廳 府西南九十八里太湖中洞庭東山 **靖湖廳** 新設在太湖中洞庭西山 **吳** 明縣因倚治西南偏漢會稽郡治吳縣江水注禹貢南江自安徽廣德來東注于具區謂之五湖口尚書謂之震澤南江與中江同注書所云北會于匯也班志吳云具區澤在西古文以爲震澤山水澤地篇震澤在吳縣南五十里志又云南江在南東入海案禹貢南江承太湖東南出下入吳江禹貢中江自宜興來又東出沙港而入太湖書所謂三江既入震澤底定也中江下入崑山其在北者爲北江下入江陰 **長洲** 明縣因倚治東北偏縣西北有滸墅關委官榷稅漢吳縣地 **元和** 國朝雍正二年析長洲置倚治東南偏 **崑山** 明縣因府東少南七十里漢婁縣禹貢中江自長洲婁門外承太湖東流逕縣下入太倉 **新陽** 雍正二年析崑山置同城 **常熟** 明縣因府北九十里漢吳毗陵二縣地 **昭文** 雍正二年析常熟置同城 **吳江** 明縣因府東南四十里漢吳縣地禹貢南江自吳來逕縣下入浙江嘉善 **震澤** 雍正二年析吳江置同城

太倉直隸州 明宏治十年置領縣屬蘇州 國朝升直隸漢婁縣地禹貢中江自崑山來逕州入海是爲婁江卽劉河口書所云東爲中江入于海也古今水道不同漢世中江入海之道衆說紛紜無能臆定以方隅言劉河口近之婁者劉也

西北距江甯府五百六十里西南距蘇州府百二十里領縣四

鎭洋 明移鎭海衞於太倉衞城 國朝改縣更名倚婁縣地 **崇明** 明縣因州東北百三十里駐蘇松鎭總兵

嘉定 明縣屬蘇州 國朝來屬州南三十六里 **寶山** 明寶山廳 國朝降縣州東南九十里

松江府 明因元府 國朝因駐江南提督漢志會稽郡地 **西北距江甯府六百二十里**

蘇州府百六十里領廳一縣七 **華亭** 明縣因倚治東偏漢由拳婁海鹽三縣地 **婁** 國朝順治十三年析置倚治西偏漢由拳婁海鹽地 **奉賢** 明青村所 國朝改今縣府東九十里 **金山** 明金山衞 國朝改縣府南七十二里 **上海** 明縣因府東北九十里道光二十三年與英立約五口通商之一地當吳淞江黃浦江合流處商務繁盛租界在縣城東北人五十萬口有各國領事署稅關郵政局製造局紡紗織布局出口貨絲綢炭糖陶器毛皮爲大宗入口貨煤炭石油錦織物毛織物銅鐵海物爲大宗統計近年通商出入銀二億四百十二萬九千兩吳淞在縣東北四十五里光緒二十四年自開爲通商埠可泊巨艦外國航船多以此地爲貨物積卸場駐蘇松太倉兵備道漢海鹽婁二縣

地　**南匯**明南匯守禦所國朝改縣府東百二十里　**青浦**明縣因府西北五十里漢婁縣地　**川沙廳**府東北二百四十里

常州府明太祖丁酉年改元常州路爲長春府己丑復故名國朝因漢志會稽郡地　西北距江甯府二百七十里東南距蘇州府二百八十里領縣八　**武進**明縣因倚漢毗陵縣及丹徒句曲二縣地　**陽湖**倚國朝雍正二年分武進地置　**無錫**明縣因府東南九十里漢縣　**金匱**雍正二年分無錫地置　**宜興**明縣因府南百二十里漢陽羨縣禹貢中江自溧陽來東會滆湖又東爲西沈又東爲東沈東沈南岸今宜興縣城也中江下入吳阮元云班志詳於南江北江而中江僅云至陽羨入海者廣陵國江都以東有臨淮郡之海陵志云有江海會祠言江至此而會海也會稽郡吳毗陵陵無錫之陽羨丹徒婁爲今鎮江蘇常地婁在今崑山而太倉松江及江北之海州海門皆不置縣然則太湖以東至漢猶荒斥爲海潮所往來故敍北江止毗陵敍中江止陽羨且云南江在吳南北江在毗陵北則中江在毗陵之南吳之北可知北江以曲而南江以折而詳中江必自陽羨直貫太湖由婁縣之地入海又可知此班志之不詳而詳者也　**荊溪**雍正二年分宜興地置　**江陰**明縣因府東七十里漢毗陵縣地漢志毗陵云北江在北東入海山水澤地篇北江在毗陵北界入海郎今大江由鎮江常州一帶入海書所云東爲北江入于海也

靖江明縣因府東北百五十里漢海陵縣地

鎮江府明太祖丙申年改元鎮江路爲江淮府尋改今名國朝因駐京口副都統常鎮通海兵備道咸豐十年與英法立約長江三口之一一祖界在丹徒縣二里銀山輪船上下長江者必泊此有各國領事署出口貨多米穀豆油綢段瓜子花生金鍼菜牛羊皮入口貨多布糖鹼檀香火柴煤油煙葉等每年通商出入約值銀三千一十萬餘兩漢志會稽丹陽二郡地

西距江甯府百八十里東南距蘇州府三百七十里領廳一縣四

丹徒明縣因倚漢縣

丹陽明縣因府東南七十里漢曲阿縣

金壇明縣因府南百六十里漢曲阿縣地

溧陽明縣因府西南二百四十里漢縣禹貢中江自高淳來又東逕東壩又東爲胥溪又東北逕溧陽縣北下入宜興阮元云中江者江水由高淳過五壩至宜興入海自楊行密築五堰其流始絕永樂時築三壩陸行十八里矣宋傳寅云銀林之港鄧步之湖止隔陸路十八里故老相傳大江此港本入震澤知班志所說中江古蓋有之紀要引建康府志云銀林堰長十二里稍東曰分水堰長十五里又東五里曰苦李堰長八里又五里曰何家堰長九里又五里曰余家堰長十里所謂五堰也蕪湖縣河東達黃池入三湖三湖者丹陽固城石臼也至銀林而止所謂中江東至陽羨郎此蘇常承此下流常病漂沒故築銀林五堰以窒之自是中江不復東

太平廳新設在府東江中太平洲上

淮安府 明太祖丙午年改元淮安路爲府　國朝因駐江淮揚海兵備道漢志臨淮東海二郡泗水國地 **南距江寧府五百里東南距蘇州府七百五十里領縣六**

山陽 明縣因倚漢射陽縣

安東 明縣因府東北六十里漢襄賁淮浦二縣淮水注禹貢淮水自宿遷來遷淮浦在今縣西入海書所云東入于海班志平氏下云禹貢桐柏大復山在東南淮水所出東南至淮浦誤作陵入海者也

鹽城 明縣因府東南二百四十里漢鹽瀆縣

清河 明縣因府西北三十里駐江北提督故漕督治縣北隔運河即清江浦漢淮陰縣濟水注禹貢菏水自安徽泗州來遷淮陰在今縣東南與泗同注淮漢志乘氏云菏水東南至淮陰本誤陵入淮者也泗水注禹貢泗水自桃源來遷縣入淮孫星衍云故道自徐州以南悉爲黃河所經尚書淮會于泗之文不可考矣淮水注禹貢淮水自盱眙來遷淮陰合泗水在泗沂合流後書所云東會于泗沂也下入宿遷

桃源 明縣因府西百二十里漢泗陽縣泗水注禹貢泗水自宿遷來遷泗陽今縣下入清河

阜寧 國朝雍正九年分山陽鹽城二縣地置府東北百六十里漢射陽鹽瀆二縣地

海州直隸州 明州領縣屬淮安　國朝升直隸漢朐海西曲陽三縣 **西南距江甯府八百二十里南距蘇州府千百三十里領縣二**

贛榆 明縣因州西北八十里漢贛榆祝其利成三縣漢志祝其云禹貢羽山在南鯀殛死於此

沭陽 明縣屬淮安　國朝來屬州西南百二十里漢厚邱縣建

陵陰平二侯國

揚州府明太祖丙午年改元揚州路爲府 國朝因駐兩淮鹽運使長江瓜州鎮總兵漢志廣陵國臨淮郡地 東距江寧府二百里東南距蘇州府四百四十五里領州二縣六

江都明縣因倚治東偏漢廣陵江都輿三縣 甘泉倚治西偏 國朝雍正九年分江都地置 儀徵明儀眞縣國朝雍正初諱嫌名改府西南七十里漢廣陵江都二縣地 高郵州明州領縣來屬 國朝無府北少東百二十里漢縣 寶應明縣屬高郵 國朝來屬府北二百四十里漢平安縣 興化明縣屬高郵國朝來屬府東北六十五里漢海陵縣地 泰州明州領縣來屬 國朝無府東百二十里漢海陵縣 東臺國朝乾隆三十三年析泰州置府東二百四十里

海門直隸廳明縣屬通州 國朝升直隸廳漢海陵縣地 西距江寧府五百七十里西南距蘇州府百五十里

通州直隸州明州領縣屬揚州 國朝升直隸駐狼山鎮總兵近開爲通商埠實業如紗油麪各廠頗有名漢海陵縣地 西距江寧府五百三十里南距蘇州府二百里領縣二 如

皋明縣屬泰州國朝來屬府西四十五里漢廣陵海陵二縣　泰興明縣屬揚州國朝來屬州西二百四十里漢海陵縣地

徐州府明洪武十四年升元徐州為直隸國朝升府駐徐州兵備道徐宿鎮總兵漢志楚梁二國泗水東海臨淮三郡地

東南距江甯府七百三十里蘇州府千二百里領州一縣七

銅山倚國朝雍正十一年置宋彭城楚項羽都漢彭城呂二縣濟水注禹貢菏水自沛來逕彭城今縣治下入安徽泗州泗水注禹貢泗水自沛來逕彭城又逕呂縣今縣北下入邳州　蕭明縣因府西五十里漢蕭縣及扶陽侯國　碭山明縣因府西北百六十里漢下邑碭杼秋三縣　豐明縣因府西北百五十里漢縣　沛明縣因府西北百十里漢沛畱二縣及廣戚侯國泗水注禹貢泗水自山東魚臺來逕沛縣今縣東又逕廣戚今縣東又逕畱縣今縣東南下入銅山濟水注禹貢菏水入泗後自魚臺來逕沛縣在今縣東泗與濟亂故濟納互稱矣菏水又出逕畱縣在今縣東南下入銅山　邳州明州領縣屬淮安國朝來屬府東北百五十里漢下邳武原二縣城侯國泗水注禹貢泗水自銅山來逕下邳今縣東合沂水下入宿遷沂水注禹貢沂水自山東郯城來逕良城今縣北又逕下邳入泗漢志蓋云沂水南至下邳入泗者也　宿遷縣明屬邳國朝來屬府東百里漢厹猶下相司吾淩四縣地泗水注禹貢泗水自邳州來逕下相今縣西又逕厹猶今縣東南又逕淩

縣今縣東南下入桃源淮水注禹貢淮水自淸河來逕凌縣在今縣東南下入安東百二十里漢雎陵取慮二縣

雎寧明縣屬邳國朝來屬府東南

安徽省（禹貢揚徐豫三州漢志揚州部丹陽廬江九江三郡六安國豫州部沛汝南二郡徐州部臨淮郡）

疆域 東北江蘇東南浙江南江西西南湖北西北河南東西七百三十五里南北六百六十六里面積四十萬五千百七十一方里人二千三百六十七萬口領府八直隸州五州四縣五十一

物產

徽州產絲棉硯墨宣城產煤有名諸地產米麥蠟茶薑藥材桐油鯿魚蓴菜筍銅鐵煤水晶紵麻布絹鐵器竹木漆器簟紙等

地勢王書云居江淮流域多平原沃野惟西境與東南境山嶽重疊蕃江北淮南大支自桐柏而東蟠亘於河南湖北界上東入安徽境者爲霍山（在霍山縣西）又東北迤於鳳陽廬州之間盡於洪澤湖南岸其廬州府東之王山又東爲大峴小峴兩山對峙爲廬壽渡江往來要道即古昭關道皆其支隴也江以南幹山自仙霞嶺而北蟠亘於浙江江西界上北入安徽境者爲黃山（在歙縣西北六十里古黟山也）其西北之支爲石柱嶺（在建德縣東北）北出之支爲九華山（在青陽縣南四十里）陵陽山（在石埭縣北五里）東北出之支爲敬亭山（在宣城縣北）皆名山也

水道

王書云江水自江西入境東北流左受泊湖（泊湖西與大官湖龍宮湖通）武昌湖（北與章湖通）皖水（右合潛水長河）樅陽河（上流爲菜子湖入湖之水以沙河爲大）巢湖（中有三山東北曰鞋山中曰姥山西曰孤山入湖之水西有大界河前河南港河北有店埠水白湖東溢出爲濡須水分無數支入江最西一支右合西河及所承之黃陂湖水）右受前河後河李陽河白羊水梅根水石硊河青弋水水陽江（二河轂長青弋下流分一支左合石硊河水陽下游右合南漪湖固城湖石臼湖水分數支入江）東北入江蘇境江中多洲最大者爲福臨洲下游最要處爲東西梁

山分設礮臺兩山對峙中隔江面五六壘為入皖第一重門戶中流最要處為攔江磯西岸設礮臺為前江口在攔江磯上游十餘里東岸設上下兩臺又淮水自河南入境東流右受西湖東湖淠河芍陂塘水肥河洛河濠水花園湖水池水左受汝河谷河潤河潁河右合渦河左受茨水焦剛湖水西肥河清油湖水渦河北肥河澮河左分一支為花河天井湖水東匯為洪澤湖巨泊也湖之北岸睢河來入之睢河中流匯為土山湖合自西來之巴溝河又境內諸水均便舟楫大江尤輪艦通行交通王書云航路東達江蘇西達江西湖北輪艦往來如織如安慶如大通如蕪湖皆沿岸停泊之埠由蕪湖至廬州亦通小輪又驛道自安慶北逾北峽關渡淮達江蘇徐州中經桐城舒城合肥定遠總心驛至鳳橋集渡淮經宿州至徐州自紅心驛東南出清流關達江蘇江浦中經磨盤嶺滁州自桐城西南達湖北黃梅中經潛山太湖又鐵道擬設者有蕪甯路自蕪湖至江甯計百八十里又由裕溪口經合含廬鳳蒙亳以期與蘆漢鐵路相接是為江北路綫計五百餘里由蕪湖經宣城旌德徽州至江西景德鎮以期與將來贛路相接計七百餘里又由宣城廣德州至毗連浙界之廣安止以期與將來浙路相接計二百餘里是為江南路綫又電綫由蕪湖東通下關太平西通九江大通殷家匯由安慶東南通殷家匯北通廬州鳳陽由鳳陽分壽州正陽關

安慶府明太祖辛丑年改元安慶路為甯江府壬寅年更名國朝因駐安徽巡撫布政司提學司提法司巡警道勸業道光緒二十八年與英重議商約增開五埠之一漢志廬江郡地北距京師二千七百八十里領縣六

懷甯明縣因倚漢皖縣地

桐城明縣因府東北百二十里縣北有北峽山吳魏相爭之峽石隘道也

漢樅陽縣　潛山明縣因府西北百二十里漢皖縣　太湖明縣因府西北二百二十里漢皖縣地　望
江明縣因府西南百二十里漢皖縣地　宿松明縣因府西南二百六十里漢松茲侯國
徽州府明改元徽州路爲興安府尋更名國朝因漢志丹陽郡地　西北距省五百七十里
領縣六　歙明縣因倚漢歙縣　休寧明縣因府西六十里漢歙縣地　婺源明縣因府西南二百四十里漢歙縣地　黟明縣因府西百二十里漢黟縣　祁門明縣因府西百八十里產白土運景德鎮造細甆器十年前歲售銀百二十萬餘兩　績溪明縣因府東北六十里有叢山關漢黟縣地
寧國府明太祖丁酉年改元寧國路爲府國朝因漢志丹陽郡地　西距省四百三十里領
縣六　宣城明縣因倚產煤有倭商合本開採漢宛陵縣　寧國明縣因府東南九十里東南有豪塹關通於潛南有馬嶺關通昌化漢宛陵縣地江水注禹貢南江自涇來東合旋溪水南江之北郎宛陵縣界也南江又東逕寧國縣南晉立在今縣南合水陽江下入廣德　涇明縣因府西南百里漢涇縣江水注禹貢南江自蕪湖來又東合涇水今名賞溪水南江又東逕安吳縣晉立在今縣西南號曰安吳溪下入寧國　太平明縣因府西南二百二十里漢涇縣地　旌德明縣因府南二百二十里漢涇縣地　南陵明縣因府西九十里漢春穀宣城二縣

池州府

明太祖辛丑年改元池州路爲九華府尋更名 國朝因漢志丹陽郡地

西距省百二十里

領縣六

貴池 明縣因倚漢石城縣禹貢江水自廬江來鄭元尚書注東迤者爲南江合之中江北江爲禹貢三江

江水注引地理志云江水自石城東出迤吳國南爲南江此合吳石城二文爲一約舉以立說也班志石城下云分江水首受江東至餘姚入海卽南江也阮元云說文迤衰行也夏書東迤北會于匯江自石城分爲南江正東迤也南江北會具區所謂北會于匯蓋由今池州寧國二府合太湖過吳江石門出仁和臨平半山之西南今塘棲折而東而北由餘姚北入海今吳江石門仁和數百里皆爲沃土惟一綫清流自北新關通漕達於吳江猶是南江故道所當以鄭注說文一正諸家之誤先謙案南江之說阮氏允矣至分江水自來無人道及江水注江水自石城東入爲貴口東逕石城縣北東合大溪南江又東與貴長池水合阮云大溪今清溪河貴長池今玉鏡潭余案今有上池口下池口上池口在洲內下池口入大江疑古貴池更在上池口之上故分江入爲貴口而池水得注南江以輿圖核之分江水首受江當自李陽河而分也一統志李陽河在貴池縣西六十里源引大江以江流之消長爲盈縮西五里曰新河自河口出江中有石槎栘橫突爲攔江羅剎二磯南唐役三十萬夫作支流以避其險是河水受江遺迹猶在證一宋史河渠志宣和六年前太平判官盧宗元言池州大江東岸皆暗石多至二十餘處西岸沙洲廣二百餘里諺云折船灣言船至此必毀折也今東岸有車軸河口沙地四百餘里若開通入杜塢使舟經平水徑出池口可避二百里風濤之險從之案杜塢在貴

口殷家匯之下游故貴池水一名杜塢河是沙地通舟古今不易證二今新河車軸河遺址湮廢李陽河之名猶存竊意江岸洲渚連綿今自李陽河以下入古夾洲烏落洲裕生洲泥洲相屬爲一其下卽下池口貴池水合清溪水由此入江疑當日卽分江水道受此兩水又下爲鐵板諸洲及銅陵之荷葉洲新洲老洲頭復興洲楊陵洲東屈而入丁家洲以至涇縣皆卽分江中流其外洲岸聯屬自爲一水時代閱久洲岸流移分江水道半合大江猶幸江流別派沙地通河端緒尚存足爲左驗耳南江下入青陽

青陽 明縣因府東八十里漢陵陽涇二縣地江水注禹貢南江自貴池來又東逕宣城之臨城縣南晉宋之臨城今青陽也臨城河卽大通河江水又東逕荷葉洲北合大通河水又出章家洲丁家洲之間又東逕紫沙洲下入繁昌

銅陵 明縣因府東北百二十里漢陵陽春穀二縣地

石埭 明縣因府東南百六十里漢陵陽縣

建德 明縣因府西南百八十里漢石城縣地

東流 明縣因府西百八十里馬當山在縣西南七十里縣有煤礦漢彭澤縣地

太平府 明太祖乙未年改元太平路爲府國朝因當水陽江入江處漢志丹陽郡地 **西南距省四百九十里領縣三**

當塗 明縣因倚縣北二十里有牛渚一名采石重鎭也漢丹陽縣

蕪湖 明縣因駐分守徽寗池太廣兵備道皖南鎭總兵府西南六十里光緒二年煙臺與英立約五口之一有稅關各國領事署出口貨多米棉茶麻絲牛皮入口貨多洋布絨呢糖海味等每年出入値海關銀千九百萬兩漢縣班志蕪湖云中江在西南東至陽羨入海

案禹貢中江經此爲蕪湖縣河宋傅寅謂之蕪湖斷港東北絕黃池入唐溝河下入江蘇高淳禹貢南江自繁昌來右入蕪湖縣境又東入魯港下入涇

繁昌 明縣因府西南百三十里漢春穀縣禹貢南江自青陽來又東屆新洲右入繁昌縣合荻港水又東北逕黑沙洲入蘆席夾逕虎檻洲出三山夾下入蕪湖

廬州府 明太祖甲辰年改元廬州路爲府　國朝因漢志初爲淮南國地後爲九江廬江二郡地南北朝合肥爲重鎮

南距省四百六十里領州一縣四

合肥 明縣因倚漢合肥逡遒二縣

廬江 明縣因府南百六十里漢廬江郡治廬江縣及舒縣禹貢東陵在此書所云至于東陵也江自江西湖口合鄱陽湖後右逕安徽東流漢彭澤地貴池二縣與舒縣相對漢志廬江郡云金蘭西北有東陵鄉山水澤地篇東陵地在金蘭縣西北而志無此縣決水注灌水導源金蘭縣西北東陵鄉大蘇山據此大蘇山即東陵也在河南商城縣東南五十里江水注利水出廬江郡之東陵鄉江夏有西陵縣故此言東尙書云江水過九江至于東陵者也雖未言金蘭縣然與決水注符合則知鄉隸金蘭不誤阮元云金蘭附注郡下當在郡治葢後改爲舒縣續志舒縣劉注鵲岸在縣通典宣城郡南陵有鵲州即鵲岸是漢舒縣地直達大江洲渚尙書至于東陵東池實指至此東池爲南江也江南岸正丹陽郡石城縣與漢志石城分江水合下見貴池

舒城 明縣因府西南百二十里漢龍舒縣

無爲州 明州領縣來屬　國朝無府東南二百八十里漢襄安臨湖二縣

巢 明縣屬無爲

國朝來屬府東南百八十里縣東南四十里濡
須水所經也峻險便控禦漢居巢橐皋二縣

鳳陽府 明太祖吳元年升元濠州爲臨濠府洪武二年建中都置
留守司六年改中立府七年更名 國朝因駐廬潁六泗
兵備道漢志九
江沛二郡地 **南距省六百七十里領州二縣五** **鳳陽** 明縣
因倚
漢鍾離縣淮水注禹貢淮水自懷
州 **懷遠** 明縣因府西北七十里
遠來逕鍾離在今縣東下入泗
漢當塗向龍亢三縣平
阿義成二侯國淮水注禹貢淮水自定遠來逕當塗在縣
東南又逕平阿在縣西南又逕義成在縣東北下入鳳陽 **定遠**
明縣因府南九十里漢東城陰陵二縣淮水注禹 **壽州** 明州領
貢淮水自鳳臺來逕陰陵在今縣西北下入懷遠 縣來屬
國朝無府西百八十里駐壽春鎮總兵漢九江郡治壽春縣及
成德縣淮水注禹貢淮水自霍邱來逕壽春郎今州治下入鳳臺

鳳臺 明省壽春縣入州 國朝置縣更名舊圖壽州同城新圖
移淮水北岸漢下蔡縣曲陽侯國淮水注禹貢淮水自壽
州來逕下蔡在今縣西北又逕
曲陽在今縣東北下入定遠 **宿州** 明州領縣來屬 國朝無
府西四百四十里漢苻離
竹蘄銍四縣及 **靈璧** 明縣屬宿 國朝來屬府北百八十里縣
沛郡治相縣 南五十里垓下聚項羽敗處漢穀陽縣洨
侯國

潁州府 元州屬汝寧府明改屬鳳陽領縣 國朝
升府漢志汝南沛九江三郡及六安國地 **東南距省八**

百四十里領州一縣六　**阜陽**國朝置倚漢汝陰富波二縣原鹿侯國淮水注禹貢淮水自河南固始來逕汝陰今縣治下入霍邱　**潁上**明縣因府東南百二十里漢愼縣　**太和**明縣因府西北八十里漢新郪細陽新陽二縣　**亳州**明州屬鳳陽國朝來屬府北百八十里漢譙城父二縣建成思善二侯國　**霍邱**明縣屬壽州國朝來屬府東南百九十里漢安風陽泉二縣博鄉侯國淮水注禹貢淮水自阜陽來逕安風今縣西南下入壽州

蒙城明縣屬壽州國朝來屬府東北百八十里漢山桑縣　**渦陽**國朝光緒初以蒙城之雉河集設縣元魏舊名也府東北百七十里

廣德直隸州明太祖丙申年改元廣德路爲廣興府洪武四年爲州更名國朝因漢故鄣縣江水注禹貢南江自甯國來又東逕故鄣縣南紀要故鄣在廣德州東南九十里南江又東北爲長瀆歷湖口南江又東與桐水合案此條依地望移訂於此左哀十五年杜注宣城廣德縣有桐水西北入丹陽湖以達大江南江下入江蘇吳　**西距省六百二十五里領縣一**　**建平**明縣因州西北九十里漢故鄣縣地

滁州直隸州明因元州洪武中升直隸國朝因漢建陽縣　**西南距省六百五十里領縣二**　**全椒**明縣因州南五十里漢全椒阜陵二縣　**來安**明縣因州東北四十里漢建陽全椒二縣地

和州直隸州明因元州洪武中升直隸　國朝因州漢歷陽縣及東城縣地項羽死此　西南距省四百六十里領縣一　含山明縣因州西六十里漢歷陽縣地

六安直隸州明州領縣屬廬州　國朝升直隸漢六縣　東南距省四百四十里領縣二　英山明縣因州西南三百六十里漢蘄春縣地　霍山明縣因州西南九十里漢潛縣

泗州直隸州明州領縣屬鳳陽　國朝升直隸漢夏邱縣臨淮郡治徐縣及僮縣高平侯國濟水注禹貢菏水自江蘇銅山來逕徐縣在今州東南下入江蘇清河淮水注禹貢淮水自鳳陽來逕夏邱今州治又逕徐縣在州東南下入盱眙　西南距省八百八十里領縣二　盱眙明縣因州東南百八十里漢盱眙淮陵二縣淮水注禹貢淮水自泗州來逕盱眙在今縣東北下入江蘇清河　天長明縣因州東南三百二十里漢東陽縣　五河明縣屬鳳陽　國朝來屬州南五十里漢虹縣

賜進士出身　特賞內閣學士銜前國子監祭酒翰林院編修加三級臣王先謙謹撰

大清國二

山西省禹貢冀州漢志幷州部太原上黨西河雲中定襄雁門六郡司隸部河東郡幽州部代郡

疆域　東直隸西陝西南河南北與察哈爾各旗相錯東西八百八十里南北二千百五十里面積四十七萬四百四十四方里人千二百二十萬口現領府九直隸州十州六廳十二縣八十五產物平蒲諸屬產木棉潞澤諸屬產草帽辮絲繭歸化諸屬產絨毛澤州產鐵解州產鹽有三場晉陝豫食鹽多仰此平定產甆器鑛產尤盛煤鑛之厚西人以爲足供世界二千年之用近年英意兩國設福公司開采澤潞平陽平定鑛據平定調查數云每年出鐵約二千餘萬斤煤約一萬萬斤　地勢王書云北高而多山陰山在察哈爾右翼所分南迤之支至寧遠廳入邊轉爲洪濤山在朔州北爲管涔山在寧武府西南分三支西支迤於汾河之西爲岢嵐山在岢嵐州東北管涔山西南麓爲呂梁山在臨縣東南西南盡於龍門南支迤於汾河之東爲石嶺關在陽曲東北其勢險固爲南北要衝至平定州西南又分爲二一東南迤於漳河南北者爲太行山一西南迤爲霍山即太岳在岳陽縣西北爲王屋山盡於

中條山（即雷首一名首陽山在蒲州府東南又有蒲山歷山陑山之名舜耕歷山湯升自陑即此）北支東迤於桑乾河之南爲句注山（在代州西北一名西陘山亦曰雁門）爲恆山（在渾源州東南）南迤於濘沱河源之東者五臺山也（在五臺縣東北）水道王書云山西東境之水入海餘均入河然多行於山谷中或係各水上源故水運之利亦少汾河源出管涔山西南流右合嵐河文水左合石谷水洞渦水沙河中都水滲水滴水澮水西入河所會之水小而短故流域甚狹脥壤不多又入河之水次於汾者有二一涑水（即絳水）源出絳縣北山西流左會夏縣水爲五姓湖（新圖無此灘岸洒）又西入河一沁水源出綿山合數小水南流至河南境入河（西入河之水有圖爾根河烏蘭木倫兩闢河六潤河朱家川嵐漪河蔚汾水湫水離石水仙芝河斯川清水河羅洛水皆小水也）又桑乾河上源有二最遠之南源曰灰河出管涔山東北流與出洪濤山之桑乾泉會北源也（桑乾者言其色黑也）又東北右會渾河左有御河自奇爾沿南流合十里河來會又東入直隸境又濘沱河源出秦戲山西流折而南而東右受雲中河牧馬河左受清水河又東南右受秀水河入直隸境又漳河有二源北源曰清漳左合清河南流南源曰濁漳又有二源南源出長子縣北源出沁州合而東流左合楡社水東入河南境與清漳會

交通王書云鐵路已成者爲正太鐵路（自直隸井陘西出故關入境經平定榆次達太原係華俄銀行擬承辦近聞俄人已售之於法計價四千萬佛郎）修者有同蒲路（自大同至蒲州又分三綫一自大同至張家口與京張路接一自蒲州渡河至潼關與西潼路接一自平陽至澤州與道澤路接）其自太原西南傍汾水行達陝西潼關（中經徐溝祁縣平遙介休靈石逾韓侯嶺經霍州趙城洪洞平陽曲沃聞喜猗氏永濟至風陵司渡黃河達潼關此路擬修鐵道自徐溝分道南經太谷逾嶺經武鄉沁州屯畱長子高平鳳臺出天井關達懷慶又自平遙分道西經汾陽永甯達陝西綏德州）自太原東北出平刑關至京（中經石嶺關忻州崞縣代州繁峙出平刑關經靈邱達直隸廣昌一自代州分岐西北出雁門關經山陰懷仁達大同）自直隸宣化西出殺虎口達蒙古（中經懷安西入境經天鎮陽高大同左雲右玉殺虎口和林格爾歸化城）

皆驛道也又電綫由太原東北通京師忻定州西南通西安平遙平陽絳騷驛

太原府明洪武元年改元冀寧路為太原府國朝因駐山西巡撫布政提學提法三司巡警勸業冀寧三道禹貢大原漢志太原郡地詩唐譜疏引鄭云於地理志太原今以為郡名東北距京師千二百里領州一縣十

陽曲明縣因倚漢汾陽狼孟孟二縣及晉陽縣地

太原明縣因府西南四十里有艮泉數處萬斛泉源噴薄而出旁居數千戶藉水力鼓機器造紙漢晉陽縣

榆次明縣因府東南六十里漢縣

太谷明縣因府東南百二十里東南有馬嶺關漢陽邑縣

祁明縣因府南少西百四十里漢縣

徐溝明縣因府南八十里漢榆次縣地

交城明縣因府西南百二十里漢晉陽縣地

文水明縣因府西南百六十里漢大陵平陶二縣地

岢嵐州明領縣來屬國朝無府西北三百二十里漢汾陽縣地

嵐明縣屬岢嵐國朝來屬府西北二百六十里漢汾陽縣地

興明縣屬岢嵐國朝來屬府西北四百十里漢汾陽縣地

平定直隸州明州領縣國朝升直隸漢沾上艾二縣煤鐵最旺歸英意公司開採藝器有名清漳水注清漳水出沾縣東北今州南下入河南涉西北距省二百七十里領縣二

盂明縣屬太原國朝來屬州西北百里漢上艾縣地

壽陽明縣屬太原國朝來屬州西百里漢榆次縣地

忻州直隸州明州領縣屬太原國朝升直隸漢陽曲縣地南距省百四十里領縣二

定襄明縣因州東少北五十里漢陽曲縣靜樂明縣屬太原國朝來屬州西百八十里漢汾陽縣地

代州直隸州明州領縣屬太原國朝升直隸駐分守雁平道西北有雁門關漢廣武陰館二縣西南距省三百二十里領縣三五臺明縣因州東南百四十里漢慮虒縣崞明縣因州西南八十里漢原平雲中二縣繁峙明縣因州東六十里東有平刑關漢葰人鹵城二縣

保德直隸州明仍元保德州國朝升直隸漢太原郡地東南距省四百六十里領縣一河曲明縣屬太原國朝來屬州東北百三十里漢太原郡地

平陽府明洪武元年改元晉寧路爲平陽府國朝因駐太原鎮總兵帝堯舊都漢志河東郡地東北距省六百里領州一縣十臨汾明縣因倚漢平陽縣襄陵明縣因府西南三十里酒最有名漢縣洪洞明縣因府東北五十五里漢楊縣浮山明縣因府東南八十里漢襄陵縣地太平明縣因府西南九十里漢臨汾縣地岳陽明縣因府東北百二十里漢穀遠縣地及猗氏縣曲沃明縣因府南百二十里北有蒙坑爲晉絳之險今蒙城驛晉爲新田漢絳縣翼城明縣因府東南百二十里晉考侯改絳曰翼漢絳縣地

汾西明縣因府西北百八十里漢蠡縣地　吉州明領縣來屬國朝無府西北七十里漢北屈縣漢志北屈云禹貢壺口山在東南河水注河水自陝西膚施來又逕北屈在州東北下入河津　鄉寧明縣屬吉國朝來屬府西南二百二十里漢騏縣及臨汾縣地

霍州直隸州明仍元霍州屬平陽國朝升直隸漢彘縣漢志彘云霍太山在東即太岳也續志改名永安山水澤地篇太嶽山在永安縣今州東南接趙城洪洞二縣周二百餘里謂之中鎮書所云至于岳陽者也東北距省五百里領縣二　趙城明縣屬平陽國朝來屬州南二十五里漢彘縣地　靈石明縣屬平陽國朝來屬州北五十里漢介休縣地

蒲州府明洪武二年改元河中府爲蒲州領縣國朝升府城西有蒲津關一名臨晉關爲江河之巨防駐分守河東道漢志河東郡地東北距省千百里領縣六　永濟明省州治河東縣入州國朝復故更名倚郭蒲反縣及河北縣地漢志蒲反云禹貢雷首山在南河水注河水自陝西郃陽來南逕蒲阪今縣東南下入陝西華陰　臨晉明縣因府東北七十里漢解縣　虞鄉明承元省入臨晉國朝爲今縣府東六十里漢解縣地　滎河明縣因府北少東百二十里漢汾陰縣河水注禹貢河水自陝西韓城來逕汾陰在今縣北下入陝西郃陽　萬泉明縣

因府東北百六十里漢汾陰縣地 猗氏明縣因府東北百十里漢縣

解州直隸州明仍元解州領縣屬平陽 國朝升直隸鹽池在州東三里漢解縣地 東北距省九百五十里領縣四 安邑明縣因州東北五十五里夏禹都漢安邑縣地 夏明縣因州東北百里漢安邑縣 平陸明縣因州東南九十里漢大陽縣山在太陽縣東河水注禹貢河水自河南陝州來逕大陽縣過砥柱山水澤地篇砥柱山間書所云東至于底柱也河水下入河南孟津 芮城明縣因州西南七十里漢河北縣

絳州直隸州明仍元絳州領縣屬平陽 國朝升直隸漢臨汾長修二縣 東北距省七百十里領縣五 稷山明縣因州西五十里漢聞喜縣地 絳明縣因州東南八十里漢聞喜縣地 垣曲明縣因州東南二百十里漢垣縣漢志垣云禹貢王屋山在東北水經注濟水篇濟水出王屋山爲沇水注引山海經曰王屋之山聯水出焉郭注聯沇聲相近書所云道沇水也下入河南濟源 聞喜明縣屬解州 國朝來屬州西南七十里漢聞喜左邑二縣 河津明縣屬蒲州 國朝來屬州西百里漢皮氏縣河水注禹貢河水自吉州來逕皮氏在今縣西下入陝西韓城

隰州直隸州明改元隰州屬平陽 國朝升直隸漢蒲子縣 東北距省五百五十里領

縣三　大寧明縣因州西南九十里漢北屈縣地　永和明縣因州西九十里漢狐讘縣　蒲明縣屬平陽國朝來屬州東南百十里漢蒲子縣地

潞安府明嘉靖八年升元潞州爲潞安府國朝因潞酒有名漢志上黨郡地　西北距省四百五十里領縣七

長治明縣因倚漢壺關縣濁漳水注濁漳水自屯留來逕壺關今縣東南下入襄垣　長子明縣因府西少南五十里漢縣漢志長子云鹿谷山濁漳水所出東至鄴入清訡[illegible]漳濁漳水注濁漳水出縣西發鳩山鹿谷與發鳩連麓而在南山在今縣西五十餘里濁漳水下入屯留　屯留明縣因府西北六十里漢縣及余吾縣濁漳水注濁漳水自長子來逕屯留今縣南合絳水下入長治絳水自沁源來逕屯留入濁漳漢志屯留云桑欽言絳水出西南東入漳訡[illegible]先謙案此下漳絳互稱絳一作降故禹貢或言衡漳或言降水酈注又云地理志絳水發源屯留下亂漳津斯爲精審矣　襄垣明縣因府北少西九十里漢縣濁漳水注濁漳水自長治來逕襄垣今縣北下入潞城　潞城明縣因府東北四十里漢潞縣濁漳水注濁漳水自襄垣來逕潞縣今縣東北下入河南武安　壺關明縣因府東南三十里漢壺關縣地　黎城明縣因府東北百十里漢潞縣地

汾州府明萬厤二十三年升元汾州爲府國朝因汾酒有名漢志太原郡地　東北距省二百二

十里領州一縣七 汾陽明縣因倚漢茲氏縣地 孝義明縣因府南少東三十五里漢茲氏縣地 平遙明縣因府東八十里漢京陵中都二縣 介休明縣因府東南七十里縣南四十里有緜山介子推隱處漢介休鄔平周三縣 石樓明縣因府西少南二百五十里漢土軍縣河水注禹貢河水自寗鄉來逕縣下入陝西膚施 臨明縣因府西北三百二十里漢離石縣地 永寗州明州領縣來屬國朝無府西北百七十里漢離石藺皋狼隰城四縣河水注禹貢河水自陝西神木來又逕離石隰成今州境地河水下入寗鄉 寗鄉明縣屬永寗國朝來屬府西百四十里漢中陽縣及離石縣地河水注禹貢河水自永寗來又逕中陽在今縣西下入石樓

沁州直隸州明升元沁州爲直隸國朝因漢銅鞮縣 北距省三百十里領縣二 沁源明縣因州西少南百二十里漢穀遠縣濁漳水注絳水西出穀遠縣東發鳩谷下入屯留 武鄉明縣因州東北六十里漢涅縣

澤州府明升元澤州爲直隸國朝升府福公司由此修鐵路至河南道口鎮以運煤鐵漢志上黨河內河東郡地 西北距省六百二十里領縣五 鳳臺明省州治晉城縣入州國朝置縣更名倚南有天井關其南爲羊腸坂道漢高都陽阿二縣 高平明縣因府北少東八十五里漢泫氏縣 陽城明縣因府西八十里

漢濩澤縣漢志濩澤云禹貢析城山在西南西北百七十里漢端氏縣及沁水縣地

陵川明縣因府東北百二十里漢泫氏縣地

沁水明縣因府

遼州直隸州明升元遼州爲直隸國朝因漢涅縣**西北距省三百四十里領縣二**

榆社明縣因州西九十里漢涅縣地

和順明縣因州北九十里漢沾涅二縣

大同府明洪武二年改元大同路爲府國朝因駐大同鎮總兵匈奴圍漢高白登在此漢志雁門郡東部都尉及代雲中二郡地**南距省六百二十里領州二縣七**

大同明縣因倚漢平城班氏二縣河水注禹貢河水自內蒙古鄂爾多斯來逕漢臨沃縣在九原城東今大同縣西北大河外又逕稒陽縣在九原城東北近雲中郡河水下入托克托城

懷仁明縣因府西南七十里漢沙南縣地

渾源州明縣因府東南百二十里漢崞縣

應州明州領縣來屬國朝無府南百二十里漢劇陽縣地

山陰明縣屬應國朝來屬府西南百四十里漢陰館縣地及湼陶縣地

陽高明陽和衞國朝爲縣府東北百二十里漢高柳縣

天鎮明天成鎮遠二衞國朝爲縣府東北百八十里漢東部都尉地

廣靈明縣屬直隸蔚州國朝來屬府東南二百四十里漢平舒犿氏二縣

靈邱明縣屬直隸蔚州國朝來屬府東南二百七十里漢縣

寧武府明立寧武關國朝為府漢志雁門郡地**東南距省三百四十里領縣四**

寧武明寧化所屬關國朝為縣倚漢崞縣地**神池**明神池堡屬太原府國朝為縣來屬府北三十里漢樓煩馬邑二縣地**五寨**明五寨堡屬太原府國朝為縣來屬府西百里漢樓煩縣地**偏關**明承元偏頭關國朝為縣府西北百八十里其地東仰西覆故名偏關漢武州縣地

朔平府明洪武中置左右二衞屬大同府國朝為今府漢志雲中定襄雁門三郡地**南距省六百七十里領州一縣三**

右玉明右玉林衞國朝為縣倚北有殺虎口漢楨陵縣地河水注禹貢河水自鄂爾多斯來逕漢桐過縣今右玉縣東北塞外歸化城西南濱河河水下入陝西神木**左雲**明左雲川衞國朝為縣府東南七十五里漢陶林縣地**平魯**明平魯衞國朝為縣府西南百十五里漢武州縣地**朔州**明州屬大同國朝來屬府南二百四十里漢馬邑縣

歸綏道屬廳十一南界寧武朔平大同三府餘與蒙古各部旗界相錯**歸化城廳**殺虎口邊城外二百里蒙古石庫庫河屯元後小王子近支名俺荅者於明嘉靖間築城豐州灘以居是為西土默特隆慶間封俺荅順義王名所居城曰歸化國初大軍征察哈爾駐歸化城土默特悉降分為二旗設左右都統領之後改歸綏遠城將軍轄雍正元年於歸化

城設撫民同知駐歸化城副都統城南有黑河向西流市街分旗人僧侶商賈三區僧人二萬物產以家畜氊毯為大宗

綏遠城廳 歸化城東北五里乾隆四年置駐分巡歸綏兵備道理事同知綏遠城將軍

托克托城廳 歸化城西南百四十里乾隆二十五年置漢雲中故城地唐為受降城河水注禹貢河水自大同來逕漢雲中郡咸陽今托克托城地又逕楨陵縣今托克托城西南河水下入鄂爾多斯

清水河廳 歸化城西南百二十里乾隆二十五年置即前明互市清水營之地

薩拉齊廳 歸化城西百二十里乾隆二十五年置有蘇爾哲河經其地

和林格爾廳 歸化城東南百八十里乾隆二十八年置南近邊牆

寍遠廳 新設和林格爾廳治東光緒二十九年因口外墾地甚廣改撫民同知駐此

興和廳 新設豐鎮廳治東百八十里即二道河

五原廳 新設薩拉齊廳治西三百六十里即大佘太

武川廳 新設歸化廳治北二百十里即翁滚城

陶林廳 新設寍遠廳治東三百六十里即科布爾

豐鎮廳 故屬大同府近改屬南即得勝口

東勝廳 新設即板素壕明為東勝城又近以歸化綏遠合稱一廳

山東省

禹貢青徐兗豫四州青州爲濟南青州登州萊州四府及泰安府東阿平陰之北境徐州爲兗州府及曹州府之鉅野泰安府之東平州及新泰萊蕪之南境兗州爲東昌府及兗州府之陽穀壽張曹州府之鄆城與濟南青州二府之西北境豫州爲今曹州府地漢志青州部平原千乘濟南齊北海東萊六郡甾川膠東高密三國兗州部東山陽濟陰泰山四郡城陽東平二國徐州部瑯邪東海二郡及魯國

疆域 南江蘇西北直隸西南河南東北東南臨海東西千六百四十里南北八百里面積五十四萬四千三百十九方里人三千八百二十四萬口現領府十直隸州三州八縣九十六

物產米粟梨棗藥材黃花菜海物鐵錫煤（近德人考驗全省皆有煤礦以爲輪舟火車盛行時足供五洲萬國二百年之用）煤油鹽硯石陽起石陶器絲絹繭綢（綫人尤好繭綢用作夏粗衣及纖料）繡貨漆器草帽辮等

地勢王書云中央多山蓋嵩山由河南分支東迤蟠亘山東境內者爲泰山（在泰安府北山周百六十里高四十里丈人峯在山頂特出羣峯之表）又東爲原山（在萊蕪東北）爲鰲山（在博山東南一曰東泰山）分一支西南迤於沂泗之間爲陪尾山（在泗水縣東）爲尼山（在曲阜東南）爲蒙山正支又東爲大峴山（上有穆陵關一名破車峴）爲沂山（在沂水縣北）爲瑯邪山（在諸城東南）又東北爲登萊半島之脊盡於成山角山（在文登北或謂秦山山脈自長白山來今但就天然地勢言之）諸山之南北原野之大開田疇相望惟北境濱海斥鹵不利種植水道王書云境內河患最急自咸豐五年銅瓦箱之決河改由大清河道入海水內

含沙小輪喫水過深不便行駛且游沙停滯時虞衝決兩岸皆隄歲加修治其工卽以沿河州縣兼管之又運河以汶水爲上源汶水出原山西南流右合洋河左合小汶河又東至戴村壩分一支津北合蘆灰諸泉入河此本汶水入濟故道自戴村築壩正流遂西南入運又西南至南旺分流南北北流者貫黃河西會衞河凡十九閘又順流而北入直隸境南流者貫蜀山湖中左受泗水源出陪尾山西南流分二派西流者爲府河入運西南流者左合雩河白馬河又西入運又南行獨山湖中兩岸皆堤堤西南曰昭陽湖又東經微山湖北又南入江蘇境右受微山湖水微山湖上通昭陽湖昭陽湖受水甚多如西境牛頭河所合之趙王河北渠河萬福河白花河皆入湖左受泇河沂河沂河源出沂山西麓南流右會東汶河又南受祊河涑水入運皆源出境內者也又小清河今上通濟南源係濼水東流右會孝婦河又東清水泊合淄水北洋河來會又東北入海山東行船河道除運河黃河外以此爲最又濰河源出莒州北境東流折而北左會東汶河入海又百脈湖周六十餘里南受膠河西受五龍河又北北溢出北流者爲北膠河至海倉口入海南流者名南膠河左會北沙河大小沽河至麻灣口入海膠河本不相通元至正間萊人姚演獻議自膠州東北溝通大沽河西至百脈湖北入膠水欲使海運南自麻灣北達海倉可免成山之險旋以水淺阻行於是膠河有南北之名又沭水源出沂山南入江蘇境折東入海

交通　王書云航路自之罘西通天津北通營口東通朝鮮仁川及日本長崎南通青島上海又鐵路已成者卽德所修之青濟鐵路自青島北繞膠州灣西經膠州高密濰縣昌樂青州金嶺鎮周村龍山鎮至濟南約七百四十里歷時十四點鐘擬設者有四一自膠州西南至沂州中經諸城莒州一自濰縣東北至之罘尚未勘定自濟南一北至德州中經齊河禹城平原德州北與直隸東光路接一南達沂州中經泰安新泰蒙陰其自德州南渡黃河至江蘇徐州則驛路也中經恩縣高唐茌平東阿東平汶上兗州鄒縣滕縣又電綫北通京師德州東通青島周村青州濰縣昌邑沙河膠州由沙河分黃縣登州之罘威海由膠州分高密西南通

開封濟寍曹縣南通泰安又由德州南通清江浦臨清阿城濟寍韓莊臺莊由韓莊南分江蘇徐州由臺莊東北分沂州又海綫自之罘一通大沽一通旅順一通威海青島一通上海海岸講義云老黃河口之東南有淺沙傍岸東南亘九十餘里至大清河口名攔門沙大清河即今黃河也口外沙亘交橫即帆船大者亦須在亘外卸貨口外亦不能行駛大船故西人謂黃河為全球中最無用之大水適足為中國之憂此直隸灣西岸也黃河口之東南沿岸皆低并有沙灘鋪入海中二百里至萊州灣在萊州之北此二百里中有小清河口淄水會小清河入海處也上通臨淄樂安一帶有瀰河口上通青州府城其正當萊州灣海口者以濰河口膠萊河口為大濰口上通昌邑安邱膠萊河上通平度高密並南達膠州灣即元代溝通膠萊新河以通海運者南自膠州北達萊州故名膠萊新河萊州灣東嵛為硬沙灘沙灘之西南有小島曰芙蓉島近島處水較深萊州東嵛與黃縣北之姆磯半島西人名赤馬鵠山嵛地與大地接不得謂之島相對中成海灣西人名蘭口澳姆磯半島之東為桑島桑島之東即登州頭與旅順口隔海相望此直隸灣東岸也過此則為黃海西岸矣北岸見盛京下登州頭者西岸之極北也其西與勃海直隸灣之東岸接自登州頭迤東南多低沙岸約百里為福山縣東北之之罘山在福山縣東北二十五里秦皇漢武所登之之罘即此東北伸入海中之半島也與大地相接處為沙質地頸山據半島之東北頭自西北至東南長亘十五六里勢頗嵯峨高於海面近千尺地頸低而小遠望如海中孤島其斜迤入海之狀略如靈芝形山東頭名之罘東角角南對煙臺為口門口內即之罘江一名鎮澳可停泊惟不能避東北風煙臺即明代奇山所為伸入海中之小阜三面環海阜上有西式屋蓋通商之市鎮也似即讀史方輿紀要海洋山後海口一統志言海洋山在福山縣東北二十八里北枕海濱

南抵大推與三面環海之形畧近之罘港之東有崆峒羣島係數小島與數石散布海面約七海里羣島中以崆峒島爲最大故以名羣島之最北爲北石此石在之罘東角之東偏北約七海里又二分海里之一高百餘尺北石之西南二海里又半爲雙石高近二百尺雙石之南偏西二海里爲東南島東南島之西偏北約一海里又四分海里之一即崆峒島也最高處距水面二百三十四尺上有燈塔崆峒島北約半海里有指石言其形狀象指形崆峒島之西南有低沙角伸出島約四分海里之三名東沙觜觜西極便停泊崆峒島之西皆淺沙綿亘約一海里沙之西又有數小島名羣西島羣西島之北界爲挺石一作柱石南界爲西沙觜西界爲小山島島西偏北距之罘東角約二海里咸同之間英吉利海軍以小山島爲屯煤所於是輪船入煙臺者凡二口門小山西北對之罘東角爲一口門東北向東沙觜西南對紐角爲一口門東南向紐角一名調角有高山在燕臺東南約十里東沙觜距紐角約二海里餘讀史方輿紀要言寧海州北海中有崆峒島其相近者又有姥姥浮山相連東清西清竹島苫島鹿島黃島之屬當卽崆峒羣島也自紐角迤東南爲低沙岸約二十餘里爲龍門港養馬島與大地相距而成港也一統志養馬島在寧海州北十里養馬島狹而長自東北而西南長約二十三里其東北盡處爲白石角西南盡處爲大山角大山角之東南盡處爲島之極南曰廟角即龍門港西北岸也廟角西南大山角東南甚便停泊港內水淺僅能行小船水落時或無水自白石角以東沿海皆低平岸間有岡巒出入亦不甚高約百二三十里至威海衛有港爲劉公島與大地斗岸相距而成威海明之舊衛有城爲漢之東牟縣故城在文登縣北九十里一統志劉公島在文城縣北九十里海中東西長二十里島中有田可耕威海衛形勢三面負山前臨黃海劉公島橫其前實扼海天險甲午之役爲日本兵所屯駐後又讓之於英英遂强借之威海城之北有小阜東北伸入海其地角名穀角一作靜子頭城之東南亦有伸入海中之觜名營角兩角間成

一大澳城踞澳之西岸劉公島踞澳口西對威海衛城約十里許自測量島西距岸二海里半分澳口爲二水道東水道廣於西水道而西水道深東水道淺凡重載大船須從西道進口劉公島之西盡處有淺沙相連之小島名測量島之南偏東劉公島西角之西南甚便停泊名曰西澳澳內有泉可得淡水吾華舊存開平煤於此島下建鐵埠甚長今已爲他人物矣東水道口門東向口中有小島名水道島即舊圖之衣島也西水道口門東北向東口門北有數小島島間有小水道即舊圖之雙島口也劉公島迤東有雞鳴島在榮成縣西北十五里海中太平寰宇記雞鳴島在不夜城北蓋不夜故城在今榮成之西雞鳴之東爲山東角即成山東角也一名成山頭在今榮成縣東始皇所窮之成山即此封禪書之成山斗入海在齊東北隅秦皇石刻有曰天盡頭曰秦東門者是也自榮成縣東有地嘴東伸入海南北廣約六七里或十里東西長約二十里爲登萊半島之極東北處成山踞地嘴上故名成山頭成山頭盡處之西北約三四海里有小島矗立海上高三百餘尺名小成山南距陸地一海里許西人名爲亞老司士特島或以爲即舊圖之海驢島一統志言島產海驢航海者恆以小成山爲標準自小成山至燈臺海程六十海里自小成山至威海海程二十三海里自成山角迤西南至榮成縣之東爲榮成澳即舊圖之養魚池口成山角與大陸相接處爲一地頸澳居地頸之南水深可泊船能避東北風甲午之役日本人以船載陸軍自成山登岸取威海案其登岸處當在榮成澳傳者言自龍鬚島登岸獨攷中外名地圖無龍鬚島或傳聞異名歟始識之以待知者榮成澳之南爲裏島澳即裏島口也有小鎮埠在澳北頗通商貨華船集焉澳東有二小島可禦風惟澳內水淺耳裏島之南曰厄林澳即倭島口也厄林之南爲桑溝澳桑溝之南爲東南頭島即鏌鋣島乃登萊半島東南之盡處也自裏島以南至此約百餘里皆榮成之東海岸其水深處均便停泊自東南頭島迤西南爲石

島澳即石島口澳口東南向澳東岸有市鎮商貨通上海船體不甚大者可於澳內停泊澳口之西水深處大船可暫下椗以避北風（石島西北岸爲斥山爾雅所謂斥山文皮北距榮成縣城百二十里）石島澳之西南爲朱家圈（亦名王家澳）有小澳口南向有二小島橫列口門西岸有小市鎮小島下可停泊朱家圈之西爲蘇門島（西人或名息都塘島一統志蘇門島在文登縣南百六十里海中相傳與姑蘇遙對故名島中出泉甘冽）島北陸岸爲靖海衛明故衛也自石島以來海岸皆長山緜亙蓋斥山西聯鐵槎山岡巒連絡不絕（一統志鐵槎山在文登縣南百里東連斥山甚奇秀相傳山有九頂南瞰大海西人航海者亦言山有五峯最高者高於海面千八百餘尺常爲航海之標識）靖海衛之西北爲靖海灣灣口南向廣七海里灣內水淺僅能行小船惟灣口近東岸處水稍深船體不甚大者可於此避東風靖海灣之岸爲一帶低沙灣北有港北達文登縣之東南靖海灣之西爲郭家河水口水東北通文登縣（一作岜山口）口外皆沙灘沙灘外有紅島琵琶島琵琶島之西爲暖浪河水口小水也暖浪水口之西南有澳名暖浪口澳長五海里口門有二小島橫列在東者名五里島暖浪口之西南有島觜頭海陽東北寧海之南羣山萬壑奔赴海涯島觜頭其最南盡處也有低頭北連陸地航海者恆視此觜爲登萊半島南岸各澳東西之界島觜頭之西北爲大河口即乳山口也其北爲乳山河水入海口水出寧海州南分水嶺南流經乳山寨入海（乳山寨在寧海州南百四十里宋史地志牟平有乳山寨即此明以來爲海口要地置巡司）水口外有澳澳口有數小島島北可停泊乳山河爲羣山所束水流甚急能與海潮相敵其澳岸亦羣峯矗立乳山口之西南有沙岸澳名朱山口水淺不能容大舶朱山口之西岸名低角低角亦名老龍頭西對草島觜成低石岸大澳名海陽澳澳口廣七海里海陽縣城踞草島觜上故草島觜又名海陽角海陽角下多石行

或出水上或伏水中縣亘二三海里而近低角處亦淺礁羅列故無寄椗者海陽角之西南爲丁字港有大澳東西橫列澳口東向廣約三海里澳北岸之中北受五龍河水口水上源名西大河出棲霞縣西北艾山南流至萊陽縣南會縣河陶漳河昌河九里河經五龍山下名五龍河南入澳（水自北而南澳東西亘形略似丁字故名丁字港）澳內淺深未經探明惟澳口近北岸有小島（西人名爲河小島）島下爲停泊妥處澳北岸有行村寨大山所南岸有雄崖所皆明代戍守處（行村大山屬萊陽雄崖屬卽墨行村寨今仍置巡司）丁字港口外羣島羅列其有名者爲門門島古蘆島（似卽西圖之亘島）適南有外島石行島長島外島之西北石行島之東南水深處便於泊船以避西南風（舊圖近長島外有田橫島或以爲田橫所居）長島西南爲額金司頭嶗山（西人名鼇爾題山）南盡之山嘴也卽墨縣之東南五六十里灝海有大小勞山勞山之北爲石城山轉而東北爲四舍山又東爲嶗山纓絡海涯聯爲一帶山東所臨之海卽勞山澳也（或作羅山澳又作牛山澳因音近而異耳）額金司頭卽勞山澳之東北角南對亞島角爲澳口門長十七海里澳內小島羅列澳西岸有山嘴東伸入海名中頭中頭上有市埠卽鼇山衛明故衛也（在卽墨縣正東四十里）澳內多石島不便下碇惟額金司頭之西偏南有小島曰冒島（卽舊圖之女島）冒島之西北有星石島（似卽舊圖之鼇島）而冒島之正西星石島之東南可停泊以避東北風亞島角（一名鴨頭角）望之若島實爲勞山東南分支東向盡處其角爲巖高於海面三百尺西有低頸與岸山相接亞島角下可停泊以避北風海岸至此轉而西迤爲勞山港（一作羅山港）蓋勞山南麓臨海處也澳口南向口內多淺沙惟近東角有水道島（一作福頭島）島與角閭尚可避風勞山港之西爲琴頭澳卽青島口也（琴頭澳又名登窑口舊圖無名青島者且其地非島當是近日譯音以琴頭作青島耳今德國總督駐之口中能泊巨艦）

然西南風起則波高不能安輪勞山南出之支蜿蜒於勞山港與膠州澳之間其南盡處卽琴頭澳澳口南向無護風處澳內水淺有數小島華船集焉澳外尚可停泊北風自岸來雖猛無礙惟不能避東南二方風澳岸有市埠貨物通上海以鹽豬白棻爲多棉花蘆蔴次之琴頭澳之西爲浮山所明廢千戶所也浮山西南地脊外有草島曰游內山南對黃島東北角西名挨勿林頭爲灣口黃島非島也乃靈山衛東北一地脊一統志黃島在膠州東南六十里廣一海里又四分海里之三口內成大灣卽膠州灣也光緒二十三年德國强租之以九十九年爲期舊圖名麻灣海口大沽水源出黃縣南蹲犬山南流至平度州東南會小沽水又南會膠萊河又南入此灣水口卽麻灣口在灣西北隅灣之東北隅亦有小水口名女姑口其水東北通卽墨縣舊圖之墨水也女姑口之西南麻灣口之東南有島曰陰島或作著島或作寶頤游內灣之西約二海里餘挨勿林角之西北約三海里餘有齊伯島北偏東距陰島約八海里陰島之南齊伯之北水深浪闊水底又有硬泥質東方最廣大之佳埠也麻灣口西至膠州城約二三十里女姑口東北至卽墨城約四五十里故二口皆商賈所聚華船集焉案麻灣海口自元明至　國初皆經營及之幷非荒廢之區因膠水出膠州西南北流注百脈湖又西北經平度昌邑至掖縣之海倉口入勃海海倉口一名溝河口元至正十七年萊人姚演獻議自膠州東北溝通大沽河西至百脈湖北入膠水欲使海運南自麻灣北達海倉可免成山嘴之險遠於是自百脈以南名膠萊南河百脈以北名膠萊北河通名膠萊新河旋以水淺阻行明正統嘉靖萬歷均議濬此河　國朝雍正三年吏部尙書朱軾復奏請行　詔允之後爲地方大吏所阻膠州灣口外小島頗多其最著者爲大公島小公島二島北値勞山澳西値膠澳口常爲出入各澳之標識登萊半島之西界北爲膠河口南爲膠州澳海岸至此轉而南迤矣黃島之南有唐島在膠州南百里內有飲馬池宋將李寶常擊敗金兵於此島唐島西岸山卽靈山衛明故衛也在膠州東南九

十里明時築城依山環海最爲險要唐島東北有數島舊志所謂陳家薛家竹岔等島是也唐島之南有靈山島在膠州東南百二十里海中靈山衛南三百里靈山島西北岸上爲夏河寨明廢千戶所也靈山島之西南爲琅邪臺即琅邪山紀要言在諸城縣東南百二十里其山三面皆没於海惟西南通陸越王句踐滅吳欲霸中原徙都琅邪作臺於山上以望東海始有琅邪臺之名秦皇漢武所登之琅邪即此越故都即漢縣城或以爲即琅邪臺西北十里之夏河城向東伸出海中之山嵤也嵤東海中有島名琅邪島疑即紀要之齋堂島島北名龍旺口島與山嵤閒水道之北口也水道廣約三海里琅邪臺之西南有澳名琅邪臺澳澳口南向澳內有深處底爲泥質可泊以避東北風遇南風則不佳華口船集焉澳岸有市埠商貨通上海甯波貨以鹽豬棉花白菜蘆菔爲多琅邪臺之西有木官島島北岸上爲信陽巡司在諸城縣南百二十里信陽司之西爲安家口上承潮河小水也水口南有市埠名兩城集口內外華船泊焉安家口之南爲石臼所明舊千戶所在日照縣東二十里宋乾道初李寶自石臼破金兵西人名爲塔角石臼之南爲夾倉口上承傳疃河水出日照西北故之高柘山東南流經日照縣南夾倉鎭北至口入海夾倉鎭在日照縣東南二十五里明置巡司今仍之夾倉鎭之南爲濤洛鎭海濱產鹽處也濤洛之南爲張雒口上承小水口西通安東衛明廢衛在日照縣南九十里迤南則入江蘇贛榆縣境矣延長凡二千四百里自信陽以來海岸皆低平傍岸多淺礁

濟南府 明太祖吳元年改元濟南路爲府 國朝因駐山東巡撫布政提學提法鹽運四司濟東泰武臨巡警勸業三道近開各國商埠漢志濟南齊千乘泰山平原淸河六郡地 **北距京師八百里領州一縣十五**

歷城 明縣因倚漢歷陵東平陽臺三縣濟水注禹貢濟水自長清來逕歷城今縣治又逕臺縣在今縣東北下入章邱

章邱 明縣因府東北十里漢陽邱菅朝陽猇四縣濟水注禹貢濟水自歷城來逕菅縣在今縣西北下入鄒平河水注禹貢漯水自濟陽來逕朝陽今縣西北下入鄒平

鄒平 明縣因府北百六十里漢鄒平梁鄒二縣濟水注禹貢濟水自章邱來逕梁鄒今縣治下入高苑河水注禹貢漯水自章邱來逕鄒平今縣北下入青城

淄川 明縣因府東二百二十里漢般陽土鼓昌國萊蕪四縣禹貢汶水淄水俱出此水經注汶水篇汶水出萊蕪縣原山萊蕪故縣在今縣東南下入萊蕪淄水篇淄水出原山下入臨淄

長山 明縣因府東百九十里縣南周村光緒三十年開為商埠絹織物最佳毛織物次之漢於陵縣

新城 明縣因府東北三百二十里漢高苑縣延鄉平安二侯國濟水注禹貢濟水自高苑來逕平安在今縣東北下入博興

齊河 明縣因府西五十里漢祝阿縣地

齊東 明縣因府東北百五十里漢朝陽鄒平二縣地

濟陽 明縣因府東北九十里漢著縣河水注禹貢漯水自臨邑來逕著縣今縣西南下入章邱

禹城 明縣因府西北百里漢高唐阿陽瑗三縣河水注禹貢漯水自博平來逕高唐今縣西入河又自河再出為源河逕瑗縣今縣南下入臨邑漢志高唐云桑欽言漯水所出者也

臨邑 明縣因府北百四十里漢漯陰縣河水注禹貢漯水自禹城來逕漯陰今縣南下入濟陽

長清 明縣因府西南七十里漢濟北國治盧縣及荏祝阿二縣濟水注禹貢濟水自東阿來逕盧縣在今縣南下入歷城

德州
明領縣來屬國朝無府西北二百六十里駐督糧道有北洋機器局漢鬲縣河水注禹貢河水王莽河故瀆自平原來逕鬲縣今州北下入直隸景州漢志鬲云平當以爲鬲津許商云鬲津在鬲縣界中自鬲以北至徒駭相去二百里

德平
明縣屬德國朝來屬府北二百里漢平昌般二縣般在縣東北爾雅郭注九河鉤般水曲如鉤流般桓也班志般下顏注引之

平原
明縣因府西北百八十里漢平原鄃繹幕三縣河水注禹貢河水王莽河故瀆自恩來逕鄃今縣西南又逕平原今縣東又逕繹幕今縣西北下入德州

陵
明縣因府西北二百里漢安德縣

泰安府
明洪武初以元泰安州領縣屬濟南府國朝升府漢志泰山東二郡及東平國地

北距省百八十里領州一縣六

泰安
明省元州治奉符縣國朝復故更名倚漢博柴奉高鉅平梁父五縣漢志博云岱山在西北汶水注禹貢汶水自萊蕪來逕奉高今縣東又逕博縣今縣東南又逕鉅平今縣西南下入寍陽

肥城
明縣屬濟南國朝來屬府西七十里漢肥城蛇邱二縣汶水注禹貢汶水自寍陽來逕蛇邱今縣南下仍入寍陽縣

新泰
明縣因府東南百五十里漢東平陽縣

萊蕪
明縣因府東百二十里漢嬴牟二縣汶水注禹貢汶水自淄川來逕嬴縣今縣西北下入泰安

東平州
明改元東平路爲府尋降州領縣國朝來屬府西北四十里漢東平國治無鹽縣及章須昌壽良三縣禹貢東原在此鄭元云今東平郡後漢爲郡卽東原王鳴盛云州及泰安縣西南境皆古東原地在岱之西南濟之東汶

之北汶水注禹貢汶水自寍陽來逕章縣今州東下入汶上其二汶水逕無鹽今州東又逕壽良今州西南又逕須昌今縣西北又入濟漢志萊蕪云禹貢汶水出西南入泲者也濟水注禹貢濟水故瀆出鉅野澤東北過壽良合汶水謂之清口清卽濟也書所云又東北會于汶也又北過州西北自下通得清水之目下入東阿孫星衍云東平州安山鎮古浮汶達濟之道

東阿 明縣屬東平國朝來屬府西北二百十里漢臨邑縣濟水注禹貢濟水自東平來逕臨邑在今縣北下入長清

平陰 明縣屬東平國朝來屬府西北百九十里漢肥城盧二縣地

武定府 明洪武六年以元廢棣州改樂安州宣德元年改武定國朝爲府漢志平原千乘勃海三郡地 西南距省二百里領州一縣九

惠民 明廢元州治厭次縣國朝復故更名倚漢富平侯國

青城 明縣屬濟南國朝來屬府東南九十里漢東鄒縣河水注禹貢漯水自鄒平來逕東鄒今縣境下入高苑

陽信 明縣因府東四十里漢陽信縣地

海豐 明縣因府東六十里漢陽信縣

樂陵 明縣因府西北九十里漢樂陵重合二縣

商河 明縣因府西南九十里漢朸縣

濱州 明領縣國朝無府東九十里漢濕沃縣地

利津 明縣屬濱國朝來屬府東百五十里漢濕沃縣地

霑化 明縣屬濱國朝來屬府東北七十里漢重邱縣及濕沃縣地

蒲臺 明縣屬濱國朝來屬府東百二十里漢濕沃縣

兗州府 明洪武十八年升元兗州爲府國朝因駐分巡兗沂曹濟兵備道兗州鎮總兵漢志山陽泰山東海沛東五郡東平魯楚三國地 **北距省三百二十里領縣十**

滋陽 明縣因倚漢利邱樊瑕邱三縣乘邱侯國泗水注禹貢泗水自曲阜來逕瑕邱在今縣西下入鄒

曲阜 明縣因府東三十里漢魯國治魯縣泗水注禹貢泗水自泗水縣來逕魯縣合洙水又合沂水下入魚臺

甯陽 明縣因府北五十里漢甯陽侯國及剛汶陽二縣汶水注禹貢汶水自泰安來逕汶陽今縣東北下入肥城又自肥城來逕剛縣今縣北下入東平

鄒 明縣因府東五十里漢騶橐南平陽三縣泗水注禹貢泗水自滋陽來逕南平陽今縣治又逕橐今縣西南下入魚臺

泗水 明縣因府東九十里漢卞縣部鄉侯國泗水注禹貢泗水出魯卞縣北下入曲阜

嶧 明縣因府東南二百六十里有中興煤鑛煤質佳厚日出三百噸爲東省冠漢丞繒蘭陵博陽四縣建陽陰平二侯國

滕 明縣因府東南百四十里漢蕃薛戚合鄉四縣公邱昌慮桃山三侯國

陽穀 明縣屬東平國朝來屬府西北三百里漢東阿縣

壽張 明縣屬東平國朝來屬府西北三百四十里漢范縣地

汶上 明縣屬東平國朝來屬府西北九十里漢東平陸縣桃鄉侯國汶水注禹貢汶水自東平來逕桃鄉今縣東北水自桃鄉四分其派別之處謂之四汶口其二汶水又逕東平陸今縣北下仍入東平

濟甯直隸州 明太祖吳元年改元濟甯路爲府尋降州領縣屬兗州國朝升直隸漢任城亢父二縣 **北距**

省四百九十里領縣三　**嘉祥**明縣因州西南百里漢任城鉅野二縣地　**金鄉**明縣屬兗國朝來屬州東南百六里漢山陽郡治昌邑縣及東緡縣濟水注禹貢菏水自鉅野來逕昌邑今縣治又逕東緡今縣東北下入魚臺　**魚臺**明縣屬兗國朝來屬州西南百五十里漢方與湖陵二縣濟水注禹貢荷水自金鄉來逕方與今縣北又逕湖陵今縣南入泗書云浮于淮泗達于菏言菏泗通也泗水注禹貢泗水自鄒來逕方與與菏水合漢志卞云泗水西南至方與入沛渠者也今本沛誤沛又奪渠字又逕湖陵與菏水下入江蘇沛

沂州府明洪武十八年以元沂州領縣屬兗州府國朝升府漢志琅邪泰山東海三郡及城陽國地　**西北距省六百六十里領州一縣六**　**蘭山**明省州治臨沂縣國朝復故更名倚漢臨沂開陽郎邱利城襄賁魏其六縣沂水注禹貢沂水自沂水來逕臨沂開陽俱今縣北又逕襄賁今縣西南下入郯城　**郯城**明縣因府東南百二十里漢東海郡治郯縣沂水注禹貢沂水自蘭山來逕郯縣今縣西下入江蘇邳州　**費**明縣因府西北九十里漢費華南城南武陽四縣　**蒙陰**明縣屬青州國朝來屬府西北二百里漢縣漢志蒙陰云禹貢蒙山在西南　**莒州**明領縣屬青州國朝無來屬府東北九十里漢城陽國治莒縣及禆箕虞門三縣高廣高鄉二侯國禹貢濰水出此水經注濰水篇濰水出箕縣濰山今州東北下入諸城　**沂水**明縣屬莒國朝來屬府北百二十里漢東莞陽都東安盧葢五縣

沂水注禹貢沂水出蓋縣沂山蓋在今縣西北又逕東莞今縣治又逕東安今縣西又逕陽都今縣南下入蘭山

日照 明縣屬莒國朝來屬府東二百四十里漢海曲縣

曹州府 明正統十一年置州領縣國朝爲府駐曹州鎮總兵漢志濟陽山陽東三郡及梁國地 **東北距省五百八十里領州一縣十**

荷澤 國朝置倚古荷菏兩作見五經文字漢冤句句陽葭密呂都都關五縣濟水注北濟自河南蘭儀來逕冤句呂都俱今縣西南下入定陶南濟自蘭儀來逕冤句下入定陶

曹 明縣因府東南百里漢定陶縣地及己氏薄二縣

定陶 明縣因府東南四十里漢縣濟陰國治濟水注南濟自菏澤來逕定陶在縣西北下入鉅野北濟自菏澤來逕定陶合菏水下入鉅野菏水自蘭儀來逕定陶爲菏澤下入鉅野漢志定陶云禹貢陶邱在西南濟陰郡云菏澤在定陶東書云濟水東出于陶邱北又東至于菏即此菏澤也

濮州 明領縣來屬國朝無府北百二十里漢鄄城成陽二縣漢志成陽云禹貢雷夏澤在西北自州東南接菏澤縣界禹貢雍沮二水在州境元和志云雍沮二源俱出縣西北平地中志縣西十里王鳴盛云五代後河流經此蕩滅無存

范 明縣屬濮國朝來屬府北百六十里漢范廩邱二縣

觀城 明縣屬濮國朝來屬府南百五十里漢單父縣平樂侯國河水注禹貢河水王莽河故瀆自河南滑縣來逕衛縣戚城今縣西下入河南內黃

城武 明縣屬兗州國朝來屬府東南百十里漢成武郜成秺三縣

鉅

鉅野 明縣屬濟寗國朝來屬府東百四十里漢鉅野乘氏二縣漢志鉅壄云禹貢大野澤在北王鳴盛云是澤自漢元光石晉開運宋咸平天禧熙寗金明昌元至正河皆決入及河益南徙澤爲決溢所不及又澤本汶泲所鍾明永樂九年開會運河過汶泲入運澤乾涸無存濟水注菏水南濟北濟俱自定陶來逕鉅野縣合流又合濮水入鉅野澤濟水下入東平菏水復出逕乘氏下入金鄉

鄆城 明縣屬濟寗國朝來屬府東北百二十里漢壽良縣地及黎縣

單 明縣屬兗州國朝來屬府東南百五十里漢單父縣

朝城 明縣屬東昌國朝來屬府北二百十里漢東武陽縣河水注禹貢漯水上承河水於河南滑縣逕東武陽今縣西下入莘班志東武陽云禹貢今本訛沇漯水東北至千乘入海者也

東昌府

明洪武初改元東昌路爲府國朝因漢志東魏清河三郡地

東距省二百四十里領州一縣九

聊城 明縣因倚漢縣河水注漯水自堂邑來逕聊城今縣西北下入博平

堂邑 明縣因府西四十里漢清發干二縣河水注禹貢河水王莽河故瀆自直隸元城來逕發干今縣西南下入清平禹貢漯水自莘來逕清縣今縣東南下入聊城

博平 明縣因府東四十里漢縣河水注漯水自聊城來逕博平今縣西北下入禹城

清平 明縣因府北七十里漢貝邱縣河水注禹貢河水王莽河故瀆自堂邑來逕貝邱今縣西南又逕厝今縣南下入恩

莘 明縣因府西百里漢陽平縣河水注禹貢漯水自朝城來逕陽平今縣治下入堂邑

冠 明縣因府西百里漢館陶貝邱二縣地

館陶明縣屬臨清　國朝來屬府西北百二十里漢縣　**高唐州**明因元州領縣　國朝無府東北百十里漢東陽縣　**恩**明縣屬高唐　國朝來屬府東北百八十里漢靈縣河水注禹貢河水王莽河故瀆自清平來逕靈縣今縣西南下入平原　**茌平**明縣因府東北七十里漢縣

臨清直隸州明宏治二年升元臨清縣爲州領縣屬東昌　國朝升直隸漢清淵縣　**東距省二百八十里領縣三**　**邱**明縣因州西四十里漢平恩侯國南曲縣濁漳水注衡漳水自直隸曲周來逕平恩今縣西又逕南曲今縣北下仍入曲周　**夏津**明縣屬高唐　國朝來屬州南百里漢信鄉侯國　**武城**明縣屬高唐　國朝來屬州西百里漢東武城復陽二縣

青州府明太祖吳元年改元益都路爲青州府　國朝因駐青州副都統漢志齊北海千乘琅邪四郡地　**西距省三百五十里領縣十一**　**益都**明縣因倚漢廣縣柳泉侯國　**臨淄**明縣因府西北五十里漢臨淄西安東安平三縣淄水注禹貢淄水自淄川來逕臨淄今縣北又逕東安平今縣東下入樂安　**博興**明縣因府西北百十里漢博昌樂安高昌利四縣濟水注禹貢濟水自新城來逕高昌今縣西南又逕樂安今縣北又逕博昌今縣南又逕利縣今縣東下入樂安　**高苑**明縣因府西北百五十里漢千乘郡治千乘縣及狄建信二縣被陽侯國濟水注禹貢濟

水自鄒平來逕狄縣今縣西北又逕狄陽今縣治下入新城河水注禹貢漯水自青城來逕建信今縣西北又逕千乘今縣北入海地理風俗記云漯水東北至千乘入海河盛則通津委海水耗則微涓絕流王鳴盛云宋時河決滑濬東之商胡朝城流絕舊迹不可復見

樂安

明縣因府北九十里漢廣饒鉅定琅槐三縣淄水注禹貢淄水自臨淄來逕鉅定今縣北又逕廣饒今縣東北又逕琅槐今縣東合沛水入海漢志萊蕪云原山淄水所出東至博昌入沛王鳴盛云水經言入海者乃魏以後語與漢志不合何況禹貢禹貢甾水當自利縣東至博昌入沛而止此所謂其道也水經注所言東安平以下與禹貢無涉河渠書於齊通淄沛之閒故淄得由博昌入沛入沛之後復由馬車瀆以下至琅槐與沛同入海耳濟水注禹貢濟水自博興來逕琅槐入海書所云又北東入于海漢志垣云軼出滎陽北地中又東至琅槐入海者也

壽光

明縣因府東北七十里漢壽光劇益三縣平望樂望二侯國

昌樂

明縣因府東七十里漢營陵縣劇魁劇二侯國

臨朐

明縣因府南四十里漢縣及朱虛餅臨原三侯國

安邱

明縣因府東南百六十里漢安邱昌安平昌郚城湻于五縣及成鄉侯國濰水注禹貢濰水自諸城來逕平昌今縣南下入高密又自高密來逕昌安今縣治又逕湻于今縣東北下入昌邑

諸城

明縣因府東南百八十里漢琅邪郡治東武縣及諸姑幕琅邪昌石泉五縣昆山折泉茲鄉三侯國濰水注禹貢濰水自莒州來逕諸縣今縣西南又逕東武今縣治又逕石泉今縣東北下入安邱

博山

國朝雍正十二年置縣府西南百八十里煤鑛最有名有玻璃窯數百

座爲新興工業

漢萊蕪縣地

萊州府 明洪武元年升元萊州爲府 國朝因漢志東萊北海琅邪三郡膠東高密二國禹貢萊夷在此 **西南距省六百八十里領州一縣三**

掖 明縣因倚漢縣東萊郡治及曲成當利陽石陽樂平度臨朐六縣

平度州 明領縣來屬 國朝無府南百里漢膠東國治卽墨縣及郁秩盧鄉二縣

濰 明縣屬平度 國朝來屬府西南二百五十里光緒三十年奏開爲商埠租界在東圩門外距火車站五六里南二十里之坊子莊日出煤三百噸大塊百分中含炭氣七十餘分華德公司開采供青島各汽機之用漢平壽斟桑犢三縣

昌邑 明縣屬平度 國朝來屬府西百十里漢都昌下密二縣密鄉平城二侯國濰水注禹貢濰水自安邱來逕平城今縣東又逕密鄉又逕下密俱今縣東南又逕都昌今縣西入海書所云濰淄其道漢志箕云禹貢維水北至都昌今本訛昌都入海者也

膠州直隸州 明因元膠州領縣屬萊州府 國朝升直隸州漢黔陬計斤郱祓四縣 **南距省九百里領縣二**

高密 明縣因府西南百六十里漢縣高密國治及夷安膠陽稻三縣濰水注禹貢濰水自安邱來逕高密下仍入安邱

卽墨 明縣因府東南二百二十里漢不其壯武二縣及皇虞侯國

登州府 明洪武九年升元登州爲府 國朝因駐分守登萊青膠兵備道登萊鎭總兵漢志東萊郡地 **西南距**

省九百二十里領州一縣九

蓬萊明縣因倚漢黃縣地

黃明縣因府西南六十里漢黃腄徐鄉三縣

福山明縣因府東百三十里咸豐八年與英法立約以縣東北之罘灣南岸地煙臺劃定爲通商埠水深不凍輪舟出入勃海者必先泊此有各國領事署稅關郵政局觀象臺沿岸築礮臺與灣東崆峒島礮臺對峙實爲勃海咽喉商業頗盛出口貨豆餅豆油草帽緶野蠶繭紬爲大宗入口貨以洋藥棉布絨布洋油海物銅煤爲大宗每歲值銀三千八百四十餘萬兩漢牟平育黎二縣

棲霞明縣因府東南百五十里漢腄縣地

招遠明縣因府西南百四十里漢曲成縣地

萊陽明縣因府西南二百五十里漢昌陽觀陽長廣挺四縣

寧海州明領縣來屬國朝無府東二百十里漢東平縣

文登明縣屬寧海國朝來屬府東南三百三十里漢不夜腄二縣

榮成明成山衛國朝爲縣府東四百八十里漢不夜縣地

海陽明大嵩衛國朝爲縣府東南百二十里漢昌陽縣地

河南省

禹貢豫開封歸德河南南陽汝寧陳州六府許汝陝三州揚光州冀懷慶衛輝彰德三州漢志司隸部河內河南宏農豫州部潁川汝南梁國冀州部魏郡兗州部陳留郡淮陽國荊州部南陽郡

疆域　東江蘇西陝西南湖北西北山西北直隸東北山東東南安徽東西千百二十里南北千二百九十里面積五十四萬四千三百十九方里人三千五百三十一萬口領府九直隸州四直隸廳一州六縣九十六

物產麰麥麻豆梨柿棗出永城者佳石榴羊桃靛漆藥材絹紬伏牛山一帶多槲葉可飼野蠶居人多恃此爲生業紙葛布瓷器銅鐵錫磁石塊煤彰德懷慶禹州密縣新安鞏縣登封宜陽澠池等處近年河以北多種棉花河以南多種鴉片產贏甚多

地勢王書云東境平野相連西境則多山秦嶺自陝西境內分支東北迤於黃河之南洛河之北者爲三崤山在永寧縣北六十里有盤崤石崤千崤三山亦謂之東西二崤爲北邙山東迤於洛河南漢水北者爲熊耳山在盧氏縣南爲伏牛山在嵩縣西南又分二支北支東北迤爲轘轅山在偃師縣東南爲嵩山在登封縣北爲敖山在滎澤縣西北南支南迤爲魯陽關有奇道北達汝州南達南陽即三鴉路也爲方城山爲桐柏山在桐柏縣西又東爲河南湖北之界爲平靖關有大小石門爲武勝關爲九里關即所謂義陽三關也魏晉以後三關之險隘爲南北重鎭又東爲穆陵關爲黃土關爲險門關爲銅羅關爲青苔關東南入安徽境其在黃河之北蟠亘於彰德衛輝懷慶三府之西北者爲太行山則自陰山所分南迤之支也述征記太行首始河內北至幽州凡百嶺連亘十三州之界有八陘第一軹關陘在濟源縣西

北第二太行陘在河內縣北第三白陘在輝縣西第四滏口陘在武安縣東南第五井陘在直隸獲鹿縣西第六飛狐陘在直隸廣昌縣北第七蒲陰陘在直隸易州西即紫荊關第八軍都陘方輿紀要謂即直隸昌平州西北之居庸關水道王書云黃河自陝西潼關北東流為山西河南之界右受弘農乾頭苪龍諸小水東出三門過底柱山又東流北岸亦入河南界左受湨河廣濟河沁水右會洛河汜水又東行於大平原中兩岸皆隄河底較平地尤高故河勢最危又東北入直隸境河自孟津以上多循山麓行至孟津地平土疏河勢漸漲潰溢之患自孟津始又淮水源出桐柏山東流左受明港河右會獅河小黃河右會竹竿河又東分而復合右受寨河左受青水港又東北左受澗河右受小漢河右會白露河左與南汝水會南汝水源出遂平縣西東流折而南右會小沙河石滾河又東與自西北來之洪河會接洪河即元以前之汝水又東右受曲河史河入安徽境與沙河會沙河即古溠水出魯山縣西境之堯山東流與自西北來之汝水會又東南右會澧河又東與潁河滎陽水會汝水自會沙河以上皆仍古道元人堨斷故汝使東歸潁水遏其南由舞陽以達西平之路致汝寧府所名之汝水非古之出天息山者沙本入汝又得澧河自西南來會而東於全南北汝遂判然不相涉是又潁水出少室山又東南分二派流二百三十里復合又東南右會諸河南會沙河新圖諸河即潁水西所分之二支已斷流發又遷徙又滎陽水上源曰索河右合京須諸河東流至中牟縣北新圖滎陽水至此分一支通惠濟河東南流左合橫河舊黃河津與渦河會折南流俗曰賈魯河右會自西北來之雙洎河南與沙河會三水既會東南流左合蔡河至安徽境右合自西北來之渦河渦河本沙河分出之西支右合汾河入沙後於商水縣東南斷其流復從上蔡縣東分洪河之流東經項城縣南至沈邱縣西入渦新圖謂之泥河東南入淮又西南入漢之水最大者為白河丹河白河源出伏牛山南麓東南流出山至南陽府城東分二派東派曰溧河有唐河三源合而來會北源曰趙河東源曰泌河東南源曰盧家河接新圖溧河不會唐河疑有遷徙正派右會潦河趙河湍河刁河復與東派合南入漢又丹河自陝西東南入境左會淇河老鸛河右會滔

河南入漢自淅川以上灘險數十為漢唐運道之一又衛河源出輝縣城西北蘇門山麓南流有自大丹河分出之小丹河來會又折東北流左會淇河湯河洹水經直隸至山東境與自西來之漳河會其境內諸水行於平原頗便舟楫惟冬季不免結冰交通

王書云鐵路已成者有三即京漢路（境內經彰德湯陰淇縣衛輝新鄉滎澤鄭州新鄭許州臨潁郾城西平遂平駐馬店確山信陽州出武勝關與湖北路接黃河橋工用螺絲鋼柱造法南起滎澤縣屬廣武山麓北起武陟縣屬號期營下溝共長九百九十餘丈橋凡百二墩為鐵道工事中第一巨工）開鄭路（自開封西經中牟至鄭州）道澤路（自道口鎮西經衛輝新鄉獲嘉修武清化鎮達山西澤州）擬修者有二一自鄭州至洛陽（尚未勘定長約百七十里）一自郾城至周家口（長百二十里）其自新鄭西南逾方城山達湖北襄陽（中經禹州襄城葉縣裕州南陽新野）自滎澤渡河西北達山西澤州（中經武陟河內）西出虎牢關達陝西潼關（中經汜水鞏縣偃師洛陽新安澠池陝州靈寶閿鄉自新安西至潼關隘四百里連巒疊阜連綿不絕終日走峽中無方軌列騎處通稱為函谷又曰桃林之塞實天險也）自開封東南達安徽宿州（中經陳留杞縣睢州寧陵商邱永城）則驛路也又電綫由開封東北通濟南（東明）北通京師（衛輝彰德內衛輝西分清化鎮懷慶河南東分道口鎮）西通西安（鄭州河南陝州由鄭州南分郾城駐馬店信陽州達漢口又由郾城分周家口）

開封府（明洪武元年改元汴梁路為開封府國朝因駐河南巡撫布政司提學司提法司鹽法道分巡開歸陳許兵備道巡警道勸業道漢志陳留河南潁川三郡淮陽國地）**北距京師千五百四十里領州一縣十一**

祥符（明縣因倚西南有朱仙鎮為水陸會集之所漢浚儀開封二縣濟水注北濟自封丘來逕浚儀在今漢縣西北下入直隸長垣南濟自封丘來逕浚儀下入陳留）

陳留（明縣因府東少南五十里漢縣陳留郡治及小黃縣濟水注南

濟自祥符來逕小黃在今縣東北下入蘭儀

杞 明縣因府東南百里漢雍丘外黃圉三縣

通許 明縣因府東南九十里漢陳畱扶溝二縣地

尉氏 明縣因府南少西九十里漢縣

洧川 明縣因府西南百五十里漢尉氏長社苑陵三縣地

鄢陵 明縣因府南百六十里漢縣

中牟 明縣因府西七十里漢縣

蘭儀 先爲蘭陽儀封二縣　國朝某年併儀封入蘭陽更名府東北九十里漢濟陽東昏二縣　濟水注南濟自陳畱來逕東昏在今縣東北又逕濟陽在今縣北又東北菏水東出焉菏水於縣東爲五丈溝水下入山東定陶南濟下入山東菏澤北濟自直隸長垣來逕濟陽下入菏澤

禹州 明因元均州萬麻三年改禹州府西南三百二十里漢潁川郡治陽翟縣

密 明縣屬禹國朝來屬府西南二百二十里漢縣

新鄭 明縣因府西南二百六十里漢新鄭苑陵二縣

鄭州直隸州 明州領縣屬開封　國朝升直隸漢中牟縣地及故市縣

東距省百四十里領縣三

滎陽 明縣因州西南七十里漢京縣

滎澤 明縣因州北少西五十里漢滎陽縣滎澤禹貢所云滎波旣豬說文波作潘史記作播鄭元云今塞爲平地滎陽人猶謂其處爲滎播濟水注滎瀆首受河水有石門謂之滎口石門地形殊卑蓋故滎播所道自此始也滎瀆東南入濟今無水濟水自汜水縣來逕滎陽在今縣西南又逕滎澤北故滎水所都也濟水合滎瀆後至滎陽東二里自澤東出是爲北濟濟水又東南至滎陽東四十里右合黃水爲南濟北濟自滎澤中北流至衡雍城西與南

濟會蓋滎播河濟往復逕通南濟即蒗蕩渠（又曰陰溝水）上源也又有濟隧水絶焉世謂之十字溝北濟下入原武南濟下入陽武河水注禹貢河水自汜水來逕滎陽下入原武

汜水 明縣因州西百十里虎牢關在縣西五里漢成皋縣河水注禹貢河水自武陟來逕成皋今縣西北大伾山下有故成皋城縈帶伾阜絶岸峻周高四十許丈城翕張不平書所云至于大伾也下入滎澤濟水篇禹貢濟水自溫來與河合流逕成皋縣北在今縣西北與河鬭南泆爲滎澤書所云泆爲滎也又合滎瀆下入滎澤

陳州府 明州領縣屬開封國朝爲府漢志淮陽國汝南郡地 **西北距省三百里領縣七**

淮寧 明省州治宛邱縣入州國朝復設更名倚漢陳縣淮陽國治及固始新平宜祿三縣

商水 明縣因府西南七十里潁水北岸有永寧集河東岸爲周家口集漢汝陽博陽二縣

西華 明縣因府西北八十里漢西華長平二縣

項城 明縣因府南百十里漢項南頓二縣

沈邱 明縣因府東南百五十里漢寢縣

太康 明縣屬開封國朝改屬府北五十里漢陽夏縣扶樂侯國

扶溝 明縣屬開封國朝來屬府西北百二十里漢扶溝新汲二縣

許州直隸州 明州領縣屬開封國朝升直隸漢潁陰許潁陽三縣 **東北距省二百五十里領縣四**

臨潁 明縣因州南少東六十里漢臨潁濦强二縣

襄城 明縣因州西南九十里漢縣

郾城 明縣因州南百二十里漢郾召陵二縣

長葛 明縣因州北四十里漢長社縣

歸德府 明降元府爲州嘉靖二十四年升府國朝因駐歸德鎮總兵商亳都周宋國漢志梁陳沛三國濟陰淮陽陳留三郡地 **西距省二百八十里領州一縣八**

商邱 明縣因倚漢睢陽穀熟蒙薄四縣禹貢孟豬澤在東北接虞城縣界元時爲河水所衝決今無聞 **寧陵** 明縣因府西六十里漢縣 **鹿邑** 明縣因府南百二十里漢苦武平寧平三縣 **夏邑** 明縣因府東百二十里漢栗祁鄉二縣 **永城** 明縣因府東南百八十里漢芒酇鄲敬邱四縣建成建平二侯國 **虞城** 明縣因府東北七十里漢虞縣 **睢州** 明州領縣國朝無府西百十里漢襄邑縣 **考城** 明縣屬睢國朝來屬府西北百二十里漢甾成安二縣 **柘城** 明縣屬睢國朝來屬府西南九十里漢柘傿二縣

彰德府 明洪武元年改元彰德路爲府國朝因漢志魏河內二郡地 **南距省三百六十里領縣七**

安陽 明縣因倚漢蕩陰內黃二縣地邯會侯國 **湯陰** 明縣因府南四十五里漢蕩陰縣 **臨漳** 明縣因府東北七十里漢魏郡治鄴縣濁漳水注漳水自武安來逕鄴縣今縣西漢志長子云濁漳水東至鄴入清漳峴下入直隸磁州 **林** 明縣因府西南百二十里漢隆慮縣 **武安** 明縣屬直隸磁州國朝來屬府西北百六十里漢縣清漳水注清漳水自涉來逕武安入濁漳縣武酸安赫今濁漳水注濁漳水自山西潞城來逕武安合清漳水謂之交漳口下入臨漳漢志

武安云又有寖水東北至東昌入虖池河説文寖水出武安東北入呼沱水水經注無之錢坫云今武安縣東三十里下流合滏水滏水所行皆寖水也東北逕磁州南邯鄲縣東南廣平府東南肥鄉縣北曲周縣東南平鄉縣東鉅鹿縣西下流入北泊先謙案寖水卽濁漳也班未著水所出似尚未審諦濁漳寖水之爲一水亦由圖記不明名稱歧出致斯舛漏耳 **涉** 明縣屬直隸磁州 國朝來屬府西北二百二十里漢涉縣清漳水注清漳水自山西平定州來逕沙縣今縣西北下入武安 **內黃** 明縣屬直隸大名 國朝來屬府東百二十里高隄鎮在縣西爲津途要隘河南糧運皆經此漢內黃繁陽二縣河水注禹貢河水王莽河故瀆自山東觀城來逕繁陽今縣東下入直隸清豐

衛輝府 明洪武元年改元衛輝路爲府 國朝因漢志河內陳留東魏四郡地 **東南距省百六十里領縣九** **汲** 明縣因倚漢縣 **新鄉** 明縣因府西南五十里漢獲嘉縣 **獲嘉** 明縣因府西南九十里漢修武縣 **淇** 明縣因府北五十里漢朝歌縣 **輝** 明縣因府西六十里漢共縣 **延津** 明縣屬開封 國朝來屬府南七十里漢酸棗南燕二縣河水注禹貢河水自武陟來逕酸棗今縣北又逕南燕今縣東又東合淇水下入滑濟水注北濟自陽武來逕酸棗下入封丘 **封丘** 明縣屬開封 國朝來屬府東南百里漢縣濟水注北濟自延津來逕封邱今縣治濮渠水出焉北濟下入祥符南濟自陽武來逕封丘下入祥符 **濬** 明縣屬直隸大名 國朝來屬府東北百十里

縣南二十里有道口鎮爲商販舟運必由之路煤鐵藥材爲大宗漢黎陽縣河水注禹貢河水自滑來逕黎陽今縣東北下仍入滑

滑 明縣屬直隸大名　國朝來屬府東北九十里漢白馬縣河水注禹貢河水自延津來逕滑臺城今縣西下入濬又自濬來逕白馬今縣東別爲白馬瀆入濮水其正流東北爲長壽津漢書溝洫志曰故導河自積石歷龍門釃二渠以引河一則漯川一則北瀆王莽時空俗名王莽河王莽河故瀆下入山東觀城漯水下入山東朝城

懷慶府 明洪武元年改元懷慶路爲府　國朝因駐河北鎮總兵漢志河內河南潁川三郡地 **東南距省三百里領縣八**

河內 明縣因倚駐分守河北兵備道東北有清化鎮漢野王州二縣漢志壄王云禹貢太行山在西北

濟源 明縣因府西七十里西有箕關西北有軹關漢軹波沁水三縣濟水注禹貢沇水自山西垣曲來潛行地下至共山南重源出軹縣西北平地在今縣南下入溫

修武 明縣因府東北百二十里漢修武縣地及山陽縣

武陟 明縣因府東百里漢河內郡治懷縣及武德河陽二縣河水注禹貢河水自溫來逕懷縣今縣西南下入汜水又自原武來逕武德今縣東南下入延津

孟 明縣因府南五十里漢平縣及河陽縣地河水注禹貢河水自雒陽來逕河陽今縣西又逕平縣今縣東北東有津在縣南十八里書所云東至于孟津也下入鞏

溫 明縣因府東南五十里漢溫平臯二縣河水注禹貢河水自鞏來逕平臯今縣東下入武陟濟水注禹貢沇水自濟源來逕溫縣西北爲濟水與故瀆分又南入河書所云東

流為濟入于河也其故瀆於溫城西北東南出當王莽世川瀆枯竭後水流逕通津渠勢改合奉溝水入河下入氾水

原武 明縣屬開封　國朝來屬府東百八十里漢卷縣河水注禹貢河水自滎澤來逕卷縣今縣西北下入武陟濟水注北濟自滎澤來逕卷縣在今縣西北下入陽武

陽武 明縣屬開封　國朝來屬府東二百里漢陽武原武二縣濟水注北濟自卷縣來逕原武今縣治又逕陽武在今縣東南下入延津南濟自滎澤來逕陽武蒗蕩渠出焉南濟下入封邱

河南府 明洪武元年改元河南路為府　國朝因漢志河南潁川宏農三郡地 **東距省三百八十里領縣十**

洛陽 明縣因倚漢雒陽河南新城穀城四縣河水注禹貢河水自孟津來逕雒陽今縣東北下入孟雒水注禹貢雒水自宜陽來逕雒陽與澗水瀍水合書所云東北會于澗瀍也又與伊水合書所云又東會于伊也下入偃師瀍水注穀城縣北有替亭瀍水出其北梓澤中東南流逕雒陽於千金渠合穀水下入偃師伊水注禹貢伊水自嵩縣來逕新成又逕雒陽北入伊闕東北流入雒漢志盧氏云熊耳山在東伊水出東北入雒者也

偃師 明縣因府東少北七十里當伊洛合流處縣東南五十里有轘轅關在轘轅山上漢偃師緱氏二縣雒水注禹貢雒水自雒陽來逕偃師今縣治又逕緱氏今縣南下入鞏瀍水注瀍水自洛陽來逕偃師入雒漢志穀成云禹貢瀍水出替亭北東南入雒者也

鞏 明縣因府東北百二十里漢縣河水注禹貢河水自孟來逕縣西南合雒水書所云東過洛汭下入溫雒水注禹貢雒水自偃師來逕鞏縣入河謂之雒汭書所云

又東北入于河漢志上雒云禹貢雒水出冢領山東北至鞏入河者也

孟津 明縣因府東北四十五里漢平陰平二縣河水注禹貢河水自山西平陸來東逕平陰今縣東下入雒陽

宜陽 明縣因府西南七十里漢縣雒水注禹貢雒水自盧氏來逕宜陽今縣西下入洛陽

永寧 明縣因府西南百九十里漢澠池宜陽盧氏三縣地

新安 明縣因府西七十里漢新安縣地

澠池 明縣因府西百六十里漢澠池新安二縣水經注澗水篇澗水出新安縣南白石山新安在今縣東漢志新安云禹貢澗水在東句南入雒又黽池云穀水出穀陽谷東北至穀城雒陽縣西北入雒據穀水注水出黽池逕新安合澗水又逕河南郡穀城河南縣王城西北水右有一石磧南出爲死穀北出爲湖溝又東逕乾祭門北入千金渠又分一支東注天淵池逕雒陽南一爲陽渠水逕偃師東入雒此張純所穿禹逮自是死穀當時由彼入洛後爲周靈王所壅閻若璩云澗穀二水一東流一東北流折而會於新安縣東自是澗遂兼穀之稱故洛誥澗水東瀍水西周語穀洛鬭穀卽澗也

登封 明縣因府東南百二十里漢崈高陽城輪氏三縣漢志崈高云古文以崈高爲外方山是爲中岳

嵩 明縣因府西南百六十里漢陸渾縣伊水注禹貢伊水自盧氏來逕陸渾今縣東北下入洛陽

陝州直隸州

明州領縣屬南陽 國朝升直隸駐分巡河陝汝道漢陝縣及宜陽縣地河水注禹貢河水自閿鄉來逕陝縣今州治下入山西平陸

東距省六百八十里領縣三

靈寶 明縣因州西六十里

西南有秦函谷關漢宏農縣宏農郡治

閿鄉 明縣因州西南百二十里漢湖縣河水注禹貢河水自陝西華陰來逕湖縣今縣東下入陝州

盧氏 明縣屬河南府國朝來屬州西南百四十里漢縣雒水注禹貢雒水自陝西商州來逕盧氏今縣治下入宜陽伊水注禹貢伊水出盧氏熊耳山下入嵩

南陽府 明因元府國朝因駐南陽鎮總兵漢志南陽潁川二郡地 **東北距省六百十里領州二縣十**

南陽 明縣因倚漢南陽郡宛縣及杜衍博望雉西鄂四縣

鎮平 明縣因府西七十里漢涅陽安眾二縣

唐 明縣因府東百二十里漢湖陽縣及棘陽縣地

泌陽 明縣因府東二百里產晶石有水晶墨晶茶晶可製眼鏡極潔無綿漢舞陰縣及比陽縣地

桐柏 明縣因府東南三百里漢平氏復陽二縣因淮水注禹貢淮水出平氏胎簪山東北平氏在今縣西潛流三十里東出桐柏山之大復山南書所云道淮自桐柏也山在今縣西南三十里又逕復陽縣在今縣東下入信陽

南召 明縣因府北百里漢清陽縣及西鄂雉縣地

鄧州 明州領縣國朝來屬府南百二十里漢新野棘陽二縣新都侯國

裕州 明州領縣國朝無府東北百二十里漢堵陽縣淯水注禹貢漢水自湖北鄖西來逕堵陽在今府東下入湖北均州

舞陽 明縣屬裕國朝來屬府東北二百七十里漢舞陽定陵紅陽三縣

葉 明縣屬裕國朝來屬府東北二百三十里漢昆陽葉二縣

淅川直隸廳明縣屬南陽國朝升廳漢博山南鄉丹水三縣及淅縣地 **在省西南七百三十里**

汝寧府明因元府國朝因漢志汝南江夏二郡地 **北距省四百六十里領州一縣八**

汝陽明縣因倚漢汝南郡治平輿縣及宜春安成二縣 **正陽**明眞陽縣國朝諱嫌名改正陽府南百二十里漢愼陽安陽二縣淮水注禹貢淮水自信陽來逕安陽在今縣西南下入息 **上蔡**明縣因府北七十里漢縣

新蔡明縣因府東南百四十里漢新蔡鮦陽二縣 **西平**明縣因府西北百二十里漢縣 **遂平**明縣因府西北九十里漢吳房灈陽二縣 **確山**明縣因府西南九十里漢朗陵陽安二縣 **信陽州**明州領縣國朝無府西南二百七十里駐分巡南汝光道漢平春鄳鍾武城陽四縣淮水注禹貢淮水自桐柏來逕成陽在今州東北下入正陽

羅山明縣屬信陽國朝來屬府南二百三十里漢鄳縣地

光州直隸州明州領縣屬汝寧國朝升直隸漢弋陽縣 **北距省八百里領縣四**

光山明縣因州西南四十里漢西陽軑二縣及鄳縣地 **固始**明縣因州東北四十里漢蓼安豐期思三縣漢志禹貢大別山在西南沈堯云志就山東北一面言之至其西南則直至漢水入江處故商城西南麻城黃陂之山古今皆目爲大別也

淮水注禹貢淮水自息縣來逕期思在今縣西北下入安徽阜陽

息明縣因州西北九十里漢新息褒信二縣淮水注禹貢淮水自正陽來逕新息在今縣東下入固始

商城明縣因州東南百二十里漢雩婁縣

汝州直隸州明升元州爲直隸　國朝因以棉花著名漢梁縣及周承休安成二侯國**東北距省四百九十里領縣四**

魯山明縣因州西南百二十里漢魯陽犨二縣

郟明縣因州東南九十里漢縣

寶豐明縣因州東南九十里漢父城縣及魯陽郟二縣地

伊陽明縣因州西南九十里野繭貿易最盛漢陸渾新城梁魯陽四縣地

陝西省

禹貢雍梁二州漢中興安二府屬梁餘屬雍漢志司隸部京兆馮翊扶風幷州部朔方上郡西河益州部漢中等郡、

疆域　東山西河南東南湖北南四川西甘肅北蒙古鄂爾多斯各旗東西九百三十五里南北千四百二十五里面積五十六萬四千八百六十五方里人八百四十五萬口現領府七直隸州五廳八州五縣七十三

物產麥豆駝馬牛羊鹿茸麝香大黃紅花紗絹氈皮革龍須席蠟燭玉石銅鐵煤硫黃等延安一帶發見煤油流入河則水不能飲近已開採並修北山車路轉運

地勢王書云中央山嶽盤亙蓋自甘肅嶓冢山東入境綿亙八百里山深谷密皆為終南即秦嶺也在西安府南其自秦嶺之東分一支北出為太華山高於地平約萬一千尺西嶽也在華陰縣南十里自秦嶺之西分一支南出為漢水之源為牢固關又東迤於漢水之南為米倉山有路北通南鄭南達南江即古米倉道為巴山在南鄭縣東南百九十里東入湖北境其延亙於洛河之東西者西為金鎖關東為橫山在懷遠縣南宋神宗謂橫山延袤千里多馬宜稼有鹽鐵之利夏人恃以為生即此且為壺梯山為梁山則自甘肅境分亙於渭水北之支也境內有狹長之平原二北為渭水流域南為漢水流域羣山之麓大水之濱稱腴壤焉

水道王書云渭水自甘肅入境東經龍盤山麓左受金陵水汧水右受斜河又東左有漳水石臼水武亭河合而來會又東右受黑水澇水豐水澧水灞水左與自甘肅來之涇水會又東左合滄化河及所合之漆沮水東入渭曰渭口又洛水源出白於山東南流左會周水河又

南流右受華池河沮水自水左受聿津河大峪河又東合渭入河
他如東入黃河之屈野河沙河無定河有二源南曰額圖渾河北曰海雷圖河皆出自邊外
合而東南流左受榆林河右受大理河入河秀延水延水左會吉子河汾川水一名仕望河盤水
河洽水皆小水又漢水源出寧羌州北東流右合玉帶河左會沮水
水又東左會褒水一曰黑龍江唐人議鑿此河上通斜水藉以通運不果右受黃官嶺水又
東左受壻水西水又東南左受子午河池河右受牧馬河任河又
東右受嵐河黃洋河巴河一作貝河左受洵河右會乾祐河金井河全入湖
北境自城固上至沮口淺瀨磷磷冬春水涸揭裳可過民間架木
橋數十處霜降橋成立夏後折之夏秋水漲畏浮沙自城固下至
湖北均州石灘林立頗妨舟楫交通王書云自西安通各省之
驛道有四一東逾灞橋出潼關達河南閿鄉山西蒲州中經臨潼渭南華州
華陰一東南逾秦嶺出武關達河南淅川中經藍田牧護關商州龍駒寨武關商南自藍田通
東南登七盤嶺歷十二纏唐李西華所闢謂之偏路一西北渡渭達甘肅涇州中經咸陽醴泉乾州永壽
邠州長武沿路多陶復陶穴之風猶有古俗一西出散關南行棧道達四川廣元自咸陽分
岐西經興平武功扶風岐山鳳翔寶雞南渡渭經鳳縣留霸廳褒城沔縣五丁關寧羌州牢固關自鳳縣東北之草涼驛始入棧道
至沔縣東之黃沙驛始出棧道今謂之北棧凡五百里按漢王燒絕棧道之後及還定三秦其南仍傍褒水行自武關驛以北乃開
關西路從故道縣北出逾散關以襲陳倉即所謂陳倉道也而褒水上游及斜水之棧道遂廢武帝時復治之曹操謂出斜谷要漢運諸
葛由斜谷取郿皆此道五代以後斜谷道又廢至今多以散關爲南北之衡矣鐵路現修者有西潼路自西
安至潼關又電綫自西安東通開封潼關東北通太
原西北通蘭州東南通漢口龍駒寨達河南紫荊關

西安府

明洪武二年改元奉元路爲西安府國朝因駐陝西巡撫布政司提學司提法司鹽法巡警勸業三道西安提督將軍副都統漢志京兆馮翊扶風三郡地

東北距京師二千六百五十里領州一廳

二縣十五

長安 明縣因倚漢長安奉明二縣渭水注禹貢渭水自咸陽來逕長安在今縣西北下入咸寧

咸寧 明縣因倚漢杜陵霸陵南陵三縣渭水注禹貢渭水自長安來逕霸陵今縣東下入高陵

咸陽 明縣因府西少北五十里漢渭城長安陵安陵陽陵平陵五縣渭水注禹貢渭水自興平來逕渭城今縣東入下長安

興平 明縣因府西百里漢槐里茂陵二縣渭水注禹貢渭水自鳳翔來逕槐里今縣東南與豐水合書所云東會于灃也下入咸陽

臨潼 明縣因府東少北六十里漢新豐櫟陽萬年三縣渭水注禹貢渭水自高陵來逕新豐今縣東北下入渭南

涇陽 明縣因府西北七十里漢池陽縣

渭南 明縣因府東少北百四十里漢新豐縣地及下邽蓮勺二縣渭水注禹貢渭水自臨潼來逕下邽今縣東北下入華州

藍田 明縣因府東南九十里漢縣漢嶢關在縣南

鄠 明縣因府西南七十里漢縣

盩厔 明縣因府西南百六十里漢縣

高陵 明縣因府東北七十里漢縣爲涇渭二水之會書所云涇屬渭汭也渭水注禹貢渭水自咸寧來逕高陵今縣西南與涇水合書所云又東會于涇也下入臨潼

富平 明縣因府東北百二十里漢褱德頻陽二縣渭水注禹貢渭水自華陰來逕褱德今縣西南與洛水合洛亦蒙漆沮之名書所云又東過漆沮也下仍下華陰

三原 明縣因府北九十里漢池陽縣地

醴泉 明縣因府西北百二十里漢谷口縣

耀州 明州領縣屬西安　國朝無府北百三十里漢祋祤縣

同官 明縣屬耀　國朝來屬府北八十里漢祋祤縣地

孝義廳府南少東北百二十里北出石門關可達長安 **寧陝廳**府南少西三百七十里北出高關可達長安當卽漢魏時子午道

商州直隸州明因元州領縣屬西安 國朝升直隸古武關在州東百八十里牧護關在州西北百二十里有龍駒寨水行趨襄漢要道漢上洛商二縣雒水注禹貢雒水自雒南來東逕熊耳山書所謂道雒自熊耳也下入河南盧氏漢志上雒云熊耳獲輿山在東北山海經云讙舉之山洛水出焉讙獲舉輿音形相近傳寫積譌也熊耳獲輿連麓異名言熊耳必兼獲輿者以明近獲輿之熊耳爲禹貢道雒之山不與盧氏宜陽兩熊耳溷也 **西北距省三百里領縣四** **商南**明縣因州東少南二百五十里漢商縣地 **雒南**明縣因州北少東九十里漢上洛縣地雒水注禹貢雒水出冢領山東流門水出焉爾雅所謂雒別爲波也山在今縣西卽秦嶺也雒水下入商州 **山陽**明縣因州南少東百二十里漢商縣地 **鎭安**明縣因州西三百四十里漢旬陽縣地

同州府明州領縣屬西安 國朝升府漢志京兆馮翊二郡地 **西南距省二百六十里領州一廳一縣八** **大荔** 國朝雍正十三年置倚漢臨晉縣 **朝邑**明縣因府東三十里縣東有大慶關卽古蒲津關漢襃德縣及臨晉縣地爲河渭二水之會書所云會于渭汭也漢志襃德云禹貢北條荊山在南下有彊梁原王

鳴盛云漢裏德縣當在此其富平之懷德故城寰宇記云後漢末及三國時因漢舊名於此立縣晉移富平來治後徙去有故城存焉與西漢舊縣無涉隋志列荆山於富平縣唐宋仍其誤

郃陽 明縣因府東北百十里漢縣河水注禹貢河水自山西榮河來逕縣東下入山西永濟

韓城 明縣因府東北二百二十里漢夏陽縣漢志夏陽云禹貢梁山在西北河水注河水自山西河津來逕夏陽在今縣南三十里出龍門口書所謂至于龍門也河水下入山西榮河

澄城 明縣因府北百里漢徵縣

白水 明縣因府西北百三十里漢粟邑縣

華州 明州領縣屬西安 國朝無來屬府南百八十里漢鄭武城沈陽三縣渭水注禹貢渭水自渭南來逕鄭縣今州北下入華陰

華陰 明縣屬華 國朝來屬府南百六十里漢華陰船司空二縣漢志華陰云太華山在南河水注禹貢河水自山西永濟來逕華陰今縣東南書所云南至于華陰也下入河南閿鄉渭水注禹貢渭水自華州來逕華陰下入富平又自富平來逕船司空入河今縣東北書所云入于河漢志首陽下云禹貢鳥鼠同穴山在西南渭水所出東至船司空入河者也

蒲城 明縣屬華 國朝來屬府西八十里漢重泉縣

潼關廳 府東北九十里駐分巡同商道漢塞國後漢建安中始置潼關唐天授中移函谷關北臨河郎此

乾州直隸州

明州領縣屬西安 國朝升直隸漢好時縣 **東南距省百六十里領縣二**

武功 明縣因州西南六十五里漢斄美陽二縣漢志美陽云禹貢岐山在西北渭水注禹貢渭水自郿來逕斄縣今

縣西南下入鳳翔

永壽明縣因州北九十里漢漆縣地

邠州直隸州明因元州領縣屬西安國朝升直隸漢漆縣**東南距省三百二十里領縣三**

淳化明縣因州東少南百四十里漢雲陽雲陵二縣　**三水**明縣因州東北六十五里漢栒邑縣

長武明縣因州西北八十里漢鶉觚縣地及淺水陰槃二縣

鳳翔府明因元府國朝因駐分巡鳳邠道漢志扶風郡地**東距省三百六十里領州一縣七**

鳳翔明縣因倚漢雍縣渭水注禹貢渭水自武功來逕雍縣今縣南下入興平　**岐山**明縣因府東五十里岐山在縣東北漢雍美陽二縣地

寶雞明縣因府西南九十里縣南有陳倉山縣西南五十餘里有大散關漢陳倉虢二縣渭水注禹貢渭水自隴州來逕陳倉今縣東下仍入隴州

扶風明縣因府東百十里漢美陽縣

郿明縣因府東南百十里斜谷在縣西南漢郿武功二縣漢志郿云太壹山古文以爲終南垂山古文以爲惇物皆在縣東案終南今曰太白山惇物今曰武功山俗名鼇山渭水注禹貢渭水自隴州來逕郿縣今縣東北又逕武功今縣東下入武功

麟遊明縣因府東北百二十里漢杜陽縣

汧陽明縣因府西少北七十里漢隃麋縣

隴州明州因府西少北百五十里漢汧郁夷二縣漢志汧云吳山在西古文以爲汧山渭水注禹貢渭水自秦州來逕汧縣今州南下入寶雞又自寶雞來逕郁夷今州

西下入鄖

漢中府 明洪武三年改元興元路爲漢中府國朝因駐分巡陝安兵備道漢中鎮總兵漢志漢中武都二郡地 **東**

南距省千七十里領州一廳三縣八

南鄭 明縣因倚漢縣漢中郡治沔水注禹貢漢水自襃城來逕南鄭今縣東下入城固

襃城 明縣因府西北四十里自縣北襃谷傍襃水逾倚嶺傍斜水抵郿卽古襃斜道漢高祖燒絕棧道卽此漢襃中縣沔水注禹貢漢水自沔來逕襃中今縣東南下入南鄭

城固 明縣因府東少北七十里漢成固安陽二縣沔水注禹貢漢水自南鄭來逕安陽今縣東又逕成固今縣西北下入安康

洋 明縣因府東南百二十里縣東百六十里有子午谷爲漢魏舊道縣東三十里有梁將軍別開乾路縣北有儻谷又有駱谷漢成固縣地

西鄉 明縣因府東南二百四十里漢成固縣地

鳳 明縣因府西北三百八十里漢故道縣

沔 明縣因府西百十里漢沔陽縣沔水注禹貢漢水自略陽來逕沔陽今縣東南下入襃城

寧羌州 明州領縣來屬國朝無府西南二百八十里漢葭萌縣地

略陽 明縣屬寧羌國朝來屬府西北二百九十里漢沮縣及修城道漢志沮云沮水出東狼谷南至沙羨南入江沔水注云沔水一名沮水東南逕沮水戍注漢曰沮口尙書嶓冢道漾東流爲漢山海經所謂漢出鮒隅山也東北流合沮口同爲漢水之源下入沔縣

佛坪廳 府東北四百里

定遠廳 府東南四百里

畱壩廳 府北

少西百九十里

興安府明萬麻十一年改元金州名興安州升直隸國朝升府駐陝安鎮總兵漢志漢中郡地**北距省六百八十里領廳二縣六**

安康國朝置倚漢西城縣沔水注禹貢漢水自城固來逕西城今縣西北下入洵陽

平利明縣因府南少東九十里漢西城縣地

石泉明縣因府西北二百七十里漢安陽縣地

洵陽明縣因府東百二十里漢旬陽縣沔水注禹貢漢水自安康來逕旬陽今縣北下入白河

白河明縣因府東四百里漢錫縣沔水注禹貢漢水自洵陽來逕錫縣今縣東下入湖北鄖縣

紫陽明縣因府西南二百二十里漢西城縣地

漢陰廳明縣因後爲廳府西少北百八十里漢安陽縣地

甎坪廳府西南百二十里

延安府明洪武二年改元延安路爲府國朝因漢志上郡地**南距省七百四十里領縣十**

膚施明縣因倚漢高奴縣河水注禹貢河水自山西石樓來逕高奴在今縣東下入山西吉州

安塞明縣因府北少西四十里漢高奴縣地

甘泉明縣因府南少西九十里漢雕陰縣地

安定明縣因府北少東百八十里漢陽周縣

保安明縣因府西北二百二十里漢高奴縣地

宜川明縣因府東南二百六十里漢定陽縣

延川明縣因府東少北百九十里漢高奴膚施二縣地

延長明縣因府東百五十里漢高奴縣地

定邊國朝雍正九年置屬榆林乾隆元年改屬府西北三百五十里北據邊牆西北有鹽池漢馬領縣地 靖邊國朝雍正九年置屬榆林乾隆元年改屬府西北三百里北據邊牆

鄜州直隸州明州領縣屬延安國朝升直隸漢雕陰縣南距省五百五十里領縣三

洛川明縣因州東南六十里漢鄜縣 中部明縣因州南少西百四十里漢翟道直路二縣 宜君明縣因州南二百十里漢殺𥝩縣地

綏德直隸州明因元州領縣屬延安國朝升直隸漢膚施縣西南距省千百里領縣三

米脂明縣因州北八十里漢膚施龜茲二縣地 吳堡明縣屬葭州國朝來屬州東北百二十里漢膚施縣地 清澗明史作青澗屬延安國朝來屬州西南百四十里漢膚施縣地

榆林府明榆林衛國朝升府駐分巡延榆綏兵備道延榆綏鎮總兵漢志上郡西河郡地南距省千三百五十里領州一縣四

榆林倚漢龜茲縣 葭州明州領縣屬延安國朝無來屬府東南百七十里漢圁陰縣地 神木明縣屬葭國朝來屬府西北二百四十里漢圁陽圁陰二縣河水注禹貢河水自山西托克托城來逕圁陽縣在今縣東下入山西永寧 府谷明縣屬葭國朝來屬府西北二百里漢西河郡地

懷遠府西南百六十里漢奢延縣

甘肅省（禹貢雍州漢志改涼州部）

疆域 東陝西南四川西南青海北跨長城界阿拉善額濟拉（一作納）二旗西北遠出塞外居於蒙古新疆青海之閒東西二千百二十里南北二千四百十里面積七十二萬五千八百三十六方里人千三十八萬口現領府八直隸州六直隸廳一州六廳八縣四十七

物產青稞麥白麥煙葉梨櫻桃沙棗藥材絹麻布氈毯羊皮龍須蓆黑瓷器涼帽纓鹽煤金銀鐵等羊毛由德人以木筏載之沿河下保德州至天津出口

地勢王書云中央爲黃河流域南北境則山岳盤亘葢崑崙中大支自青海境內蜿蜒於黃河之南又東爲岷山又東入甘肅境爲班哈山（在岷州東）迤於渭河之南爲嶓冢山（在秦州西南）又東入陝西境其自岷山以西分一支西北迤者爲西傾山自班哈山分一支北迤者爲鳥鼠山又東北迤於渭河之北爲須彌山（在固原州西北）爲六盤山（在固原州南）又分二支南支爲崆峒山（在平涼縣西）迤於涇渭之閒爲陝甘界之隴坻（即隴山亦曰隴坂在淸水縣東六十里爲陝甘分隴之山）北支爲花馬山（在固原州東北）又北入陝西境黃河以北之山即崑崙北大支自青海甘肅界之阿穆尼厄庫山東入甘肅境爲祁連山（在肅州甘州府之南山甚高大本名天山匈奴呼天爲祁連也）爲天梯山又東北爲賀蘭山（在寧夏府西其山盤踞數百里上多靑白草遙望如駿馬北人呼駿馬爲賀蘭也）迤於河套之北境內磽瘠特甚稍稱肥沃者在沿河兩岸及東南高原一帶故南部可

耕之地較多

水道王書云黃河自青海東入境右受哈克河清水河（右合隆務河）大夏河洮河左有大通河上游曰烏蘭木倫河合湟水自西北來會又東左受莊浪河右受祖厲河又北循長城出而復入又東右受清水河復北分二派東派右受平遠縣水出長城又合而北入蒙古境又渭河源出鳥鼠山東南流至寧遠縣西北出桃花峽兩岸皆山又東左受華川水羅玉河牛頭河右受秦州河東入陝西境又涇水源出平涼府西北境笄頭山兩源并發東流右受洧水左受洪河薄河（當郎胡圖之楊晉水）又東南左有馬連河合諸水來會又南入陝西境右有盤口河合達溪河來會又白水江源出四川北境東南流左合白龍江右受毛溝河入四川境有西漢水自北來會（新圖以文縣之毛溝河作白水江而以白水江作白龍江未知孰是）西漢水源出嶓冢山西南流曰漾水右合岷峨江折東南流與嘉陵江會嘉陵江源出陝西鳳縣東北之嘉陵谷西南流右合諸水與西漢水會嘉陵江又南入四川境與白水江會又塞外諸水則有疏勒河黨河西北瀦為哈拉洎山丹河滔賴河合為坤都倫河北瀦為居延海沙河東北瀦為魚海諸水皆乏舟楫之便惟黃河稍便水運冬季河冰人馬皆蹈冰而過

交通王書云自蘭州通各省之孔道一東南逾六盤山達陝西長武（中經金縣安定會寧靜寧隆德逾六盤山經平涼涇州自會寧以東沿岸皆山涇水彎環流轉處處涉過俗稱七十二道腳不乾者此也又自平涼西北九十里之瓦亭驛分道北經固原海城北渡黃河達寧夏府又自安定分道南渡渭經鞏昌寧遠禮縣西和出白馬關達陝西略陽又自隴西分道西南行經岷州又南轉沿白水江北岸經階州至文縣）一西北渡黃河出嘉峪關達新疆哈密（中經平番古浪涼州永昌山丹甘州高台肅州出關經玉門安西途中綠楊夾道自平番分道西經碾伯西寧丹噶爾達青海）又電綫由蘭州西北通迪化（涼州甘州肅州安西州）東南通西安（固原平涼涇州由固原分寧夏）又

蘭州府 明因元州領縣屬臨洮國朝升府駐陝甘總督兼巡撫布政提學提法三司巡警勸業蘭州三道漢志金城隴西武威安定四郡地 **東北距京師四千四十里領州二縣四**

皋蘭 乾隆三年置縣倚漢金城允吾媼圍三縣河水注禹貢河水自河州來又東逕允吾金城皆縣境也河水下入金

金 明縣因府東五十里漢榆中勇士二縣河水注禹貢河水自皋蘭來東逕榆中勇士皆縣境河水下入靖遠

狄道州 明縣臨洮府倚國朝升州來屬府南二百十里漢隴西郡治狄道縣及安故縣地

渭源 明縣屬臨洮國朝來屬府南少東二百六十里漢首陽縣渭水注禹貢渭水出首陽縣首陽山首陽今縣東北山在鳥鼠山西北書所云道渭自鳥鼠同穴者也鄭元云鳥鼠之山有鳥鼠與鼠飛行而處之又有止而同穴之山是二山也渭水下入隴西

靖遠 明靖虜衛國朝改靖遠衛雍正八年置縣府東北二百三十里漢祖厲縣河水注禹貢河水自金縣來東逕祖厲在今縣西南下入中衛

河州 明州屬臨洮國朝來屬府西南二百二十里駐河州鎮總兵漢枹罕大夏白石河關四縣河水注禹貢河水自貴德廳來東逕沙州北漢河關縣境也州西北七十里有積石山山西北百二十里有積石關世謂之小積石章懷後漢書注以此當禹貢積石誤也河水下入循化又自巴燕戎格來東逕鳳林北枹罕境也河水下入皋蘭

平涼府 明因元府國朝因駐分巡平慶涇固化鹽法兵備道漢志安定天水二郡地 **西距省七百六**

十里領州一縣三　平涼（明縣因倚漢涇陽朝那烏氏三縣古笄頭山在西北涇水所出）　華亭（明縣因府南少西七十里漢涇陽縣地古汭水出縣西隴山）　隆德（明縣因府西百四十里漢涇陽縣地）　靜寧州（明因元州領縣來屬國朝無府西二百三十里漢河陽縣）

固原直隸州（明州屬平涼國朝升直隸漢安定郡治高平縣及三水廉二縣漢蕭關在東北）西北距省七百六十里領縣二　平遠（州北二百四十里）　海城（州西北二百十里）

化坪直隸廳（光緒中安置降附回民於此華亭縣西北百七十餘里）西北距省千七十里

涇州直隸州（明因元涇州領縣屬平涼國朝升直隸漢安定爰得二縣）西距省九百六十里領縣三　靈臺（明縣因州東南九十里漢鶉孤陰密二縣商密須侯國在縣西五十里）　崇信（明縣屬平涼國朝來屬州西南六十里漢涇陽縣地）　鎮原（明縣屬平涼國朝來屬州東北百里漢臨涇彭陽安武撫夷四縣）

鞏昌府（明因元府國朝因漢志隴西天水安定三郡地）西北距省四百二十里領州一廳一縣七　隴西（明縣因倚漢襄武獂道二縣渭水注禹貢渭水自渭源來逕襄武今縣東又逕獂道今縣

東北下入伏羌

安定明縣因府北百六十里漢勇士縣地

會寧明縣因府東北二百十里漢祖厲縣地

通渭明縣因府東北二百里漢天水郡治平襄縣

寧遠明縣因府東南九十里漢襄武縣地

伏羌明縣因府東南百九十里漢漢陽冀二縣漢志冀云禹貢朱圉山在縣南梧中聚渭水注禹貢渭水自隴西來逕冀縣今縣南下入秦州

西和明縣因府東南三百十里祁山在縣西北漢西縣及武都縣地

岷州明岷州衛國朝爲州府西南二百四十里漢臨洮縣禹貢西傾山在州西南四百餘里番名羅插普喇山綿亘千里

洮州廳明洮州衛國朝乾隆十三年改廳府西南二百六十里漢臨洮縣地

階州直隸州明因元州領縣屬鞏昌國朝升直隸州漢羌道平樂二縣**西北距省千七十里**

領縣二

文明縣因州東南二百里漢陰平道南踰青塘嶺達四川江油號左擔路魏鄧艾明傅友德入蜀皆由此

成明縣屬鞏昌國朝來屬州東北二百八十里漢武都上祿二縣及下辨道漢志武都云漾水受氐道水一名沔過江夏謂之夏水入江氐道水亦沔水之源又沮縣云沮水出東狼谷南至沙羨南入江陳澧云漢水已不受氐道水故更以沮水爲其源也下見陝西畧陽

秦州直隸州明因元州領縣屬鞏昌國朝升直隸駐分巡鞏秦階道漢上邽西望垣三縣及綿諸道氐道漢志氐道

云禹貢養養一作瀁一作漾三家緣文異字水所出東至武都爲漢山水澤地篇嶓冢山在氐道縣南氐道今州西漢志西縣云禹貢嶓冢山西漢所出西縣今州南沈垚云西縣在西氐道在東二縣相聯嶓冢綿亘二縣之南山東南漢水所出山西南西漢水所出班志本極分明後世因氐道至武都漾水故瀆不可見於是專以沮水爲漢水又別名一山曰嶓冢而眞嶓冢之在西與氐道者轉付之茫昧矣互見成縣渭水注禹貢渭水自伏羌來逕上邽今州西南又逕綿諸道今州東下入陝西隴州古嶓冢山州西南六十里木門谷州西南九十里

西北距省七百三十里領縣五

秦安明縣因州北八十里漢成紀街泉二縣略陽戎邑二道及顯親侯國

清水明縣因州東百二十里漢清水隴二縣古隴坻在東接鳳翔府隴州鄭元謂之桓是禹貢所謂織皮西傾因桓是來也

禮明縣因州西南二百里漢嘉陵道

徽明州領縣屬鞏昌國朝無來屬州南少東二百八十里漢河池縣

兩當明縣屬徽國朝來屬州東南二百七十里漢故道縣地

慶陽府明因元府國朝因漢志北地郡地

西距省千百八十里領州一縣四

安化明縣因倚漢郁郅歸德二縣古洛水出東北白於山

合水明縣因府東七十里漢略畔道有橋山一曰子午山宋人稱橫山之險其北垂也

環明縣因府西北百八十里漢北地郡治馬領縣

正寧明眞寧國朝因雍正初改名府東南二百四十里漢泥陽縣地

寧州明州因府南少東百五十里漢泥陽大要二縣及義渠道

寧夏府 明洪武三年改元寧夏路總管府爲府尋改衛 國朝雍正二年改府駐分巡寧夏兵備道寧夏將軍寧夏副都統寧夏鎮總兵漢志北地安定二郡地 **西南距省九百四十里領州一廳一縣四**

寧夏 明寧夏前衛 國朝爲縣倚漢廉縣 **寧朔** 明寧夏右屯衛 國朝雍正二年爲縣倚賀蘭山在西北漢靈武縣

中衛 明寧夏中衛 國朝爲縣府西南三百八十里漢眴卷縣河水注禹貢河水自靖遠來東逕眴卷在今縣東下入靈州

靈州 明升元州直隸 國朝來屬府東南九十里花馬鹽池在東境漢富平靈州朐衍三縣唐靈武郡肅宗即位處河水注禹貢河水自中衛來東逕富平在州西南下入內蒙古鄂爾多斯 **寧靈廳** 光緒初以金積堡置府南少東百數十里

平羅 明平虜守禦千戶所 國朝爲縣府北少東百三十里漢方渠縣

西寧府 明改元西寧州爲衛 國朝爲府駐分巡西寧兵備道青海辦事大臣漢志金城郡地 **東南距省六百二十里領廳四縣三** **西寧** 雍正二年置倚漢臨羌安夷二縣 **碾伯** 明碾伯守禦千戶所 國朝爲縣府東百三十里漢破羌浩亹二縣 **大通** 明西番地 國朝雍正二年以番族歸附置衛駐大通城乾隆二十六年改縣府西北百十里漢臨羌縣北塞 **巴燕戎格廳** 府東南河水注禹貢河水自循化來又東逕邸川城南今廳境也下仍入河州 **循化廳** 巴燕戎格廳南河水注禹貢河水自河州來又東逕廣違城北今循化貴德二

開也河水下入巴燕戎格

貴德廳府西南河水注禹貢河水自青海西海郡來歷大榆谷小榆谷北在今廳西下入河州

丹噶爾廳府西爲蒙番出入門戶番族採辦糧茶皆在此故貿易頗盛

涼州府明改元西涼州爲涼州衛國朝爲府駐分守甘涼兵備道涼州鎮總兵漢志武威金城二郡地 東南距省五百六十里領廳一縣五

武威明涼州衛國朝爲縣倚漢武威郡治姑臧縣及張掖鸞鳥二縣

鎮番明鎮番衛國朝爲縣來屬府東北二百里北倚邊牆漢武威宣威二縣漢志武威云休屠澤在東北古文以爲豬野澤陳澧云今縣東北邊外大池

永昌明永昌衛國朝爲縣府西北百六十里漢番和顯美驪軒三縣

古浪明古浪守禦千戶所國朝爲縣府東南百三十里漢蒼松揟次樸劇二縣

平番明莊浪衛國朝降所雍正二年置縣府東南二百三十里漢枝陽令居允街三縣

莊浪廳明縣屬靜寧州國朝爲廳來屬府南若千里

甘州府明改元甘肅等處行中書省治甘州路爲陝西行都指揮使司國朝爲府漢志張掖郡地 東南距省千五百里領廳一縣二

張掖明甘州五衛國朝爲今縣倚漢張掖郡治觻得縣及昭武縣漢志觻得云羌谷水出羌中東北至居延入澤括地志羌谷水一名合黎水一名張掖河案此水出張掖縣西爲張掖河至會水縣

合弱水則爲合黎水也自合黎山至居延海行千五百里溯源則二千餘里矣又張掖郡居延今甘州衛西北千二百里云居延澤在東北古文以爲流沙山水澤地篇與志合注云澤在縣故城東北尚書所謂流沙者也形如月生五日弱水入流沙沙與水流行也陳澧云今蒙古額濟納舊土爾扈特索博鄂模河水注禹貢河水自肅州來東北歷漢張掖郡南下入青海以上三郡皆歷其境距郡遠祁連山西南三百里

山丹 明改元山丹州爲衛 國朝爲縣府東百二十里縣北有鹽池漢刪丹日勒屋蘭氏池四縣漢志刪丹云桑欽以爲道弱水自此西至酒泉合黎說文弱作溺引桑說同淮南子弱水出窮石山括地志云在刪丹縣西南七里

撫彝廳 在府西北

肅州直隸州 明改元肅州總管府爲衛 國朝改直隸州駐肅州鎮總兵分巡安肅兵備道漢酒泉郡治祿福縣及綏彌縣河水注禹貢河水自敦煌來東北歷漢酒泉郡南下入張掖嘉峪關在西七十里 **東南距省千四百七十里領縣一**

高臺 明高臺守禦千戶所 國朝爲縣來屬州南二百七十里漢表是樂涫會水三縣山水澤地篇合離山在會水縣東北注云合黎山也括地志云合黎一名窮石山此山自甘州綿延而西直接高臺鎮夷界

安西直隸州 明改元河州爲沙州衛後廢 國朝雍正元年置沙州所四年升衛乾隆二十七年置安西府尋降直隸州漢冥安廣至淵泉三縣 **東南距省二千百四十里領縣二**

敦煌 乾隆二十五年

置州西南二百七十里漢敦煌郡治敦煌縣及效穀龍勒二縣山
水澤地篇三危三危山在燉煌縣南注云山廣圓百里書所謂竄三苗
於三危也漢志敦煌云杜林以爲古瓜州地今安西州玉門關在
西百五十里河水注禹貢河水自青海大積石來東北歷漢敦煌
郡南下　國朝乾隆二十四年置縣州西六百
入酒泉　**玉門**　九十里漢玉門延壽池頭乾齊四縣

新疆省

疆域　東札薩克圖汗部東北科布多東南甘肅南青海西藏西南英領印度之克什米爾西北俄領之費爾干及斜米勒精二省東西七千餘里南北三千餘里面積四百八十五萬八千七百十方里人約三百萬口自漢武帝通西域自天山以南爲城郭三十六國設都護治所於烏壘城統轄之自天山以北東爲匈奴右部西爲烏孫國後漢時山北如故山南分五十餘國旋絕旋通設都護及長史治所以統之三國及晉北爲烏孫及鮮卑西部地南仍爲于闐龜茲諸國地北魏時北爲蠕蠕悅般高車烏孫地後周爲突厥鐵勒地南爲鄯善服屬諸國隋時北爲突厥西突厥鐵勒地南爲于闐龜茲諸國唐時北爲突厥西突厥沙陀回鶻諸部設各都督府置北庭大都護府於西州後庭縣以統之其南諸國置安

西大都護府於龜茲部並統諸都督府復列于闐疏勒碎葉焉耆爲四鎮中葉以後爲吐蕃所有五代時盡入於吐蕃回鶻宋時爲烏孫回鶻于闐龜茲諸國盡入於遼元時北爲阿爾穆爾（舊音阿力麻里）及回鶻五城地諸王海都行營統軍之所山南爲巴什伯里（舊音別失八里）諸國地置宣慰司元帥府以統之明時山北爲衛拉特（舊音瓦剌）元臣脫歡之後四衛拉特世居之山南爲巴什伯里葉爾羌土魯番諸國　國朝乾隆中平準噶爾收伊犂剿滅叛回布拉尼敦霍集占兄弟收南八城光緒初年定回亂復故土始建行省惟西界疆土日蹙考乾嘉舊界齊桑泊阿拉克圖古勒泊伊犂河下游及特穆爾圖泊納林河上游之地按之舊圖均我屬土同治三年塔城之約巳在界外不知何時爲俄所有光緒八九年修改之界則阿克喀巴河以西霍爾果斯河以西及札什罕河上游地又皆爲俄

割矣現領府六直隸州二直隸廳八州一縣二十一東部漢族俗與內地同西北蒙古族奉喇嘛教事遊牧西南回族務畜牧營商業信回教

氣候王書云祁寒酷暑為大陸氣候常有大風拔木揚沙降雨甚稀歲或不雨惟資水灌田故不患無田而患無水水所不至皆棄地也

物產王書云人民之務牧畜或業耕耘所產多粟麥瓜果藥材皮張等他如吐魯番之棉花和闐之玉庫車之金銅鉛鐵亦頗有名尤多各種石料溫宿之喀什噶爾等處攻玉鏤金之精巧稱為第一伊犂河多魚類皆無鱗而皮厚塔里木河多玉石

地勢王志云沙漠多於平原而西境則山脈盤亘即蔥嶺也其高峯約萬八千尺蔥嶺之南有喀喇科隴山接喜馬拉雅山之正幹也其東南分一大支東迤於新疆之南西藏之北名托古茲達板即崑崙山脈也其高峯約萬八千五百尺蔥嶺之北分一大支東迤於納林河伊犂河之南塔里木河之北為天山山脈其間為廓克沙里嶺一名貢古魯特山為汗騰格里山天山最高巔也譯言汗王騰格里天也猶言天山王高二萬一千八百尺為那喇特嶺為烏克克山為博格多山而東盡於沙陀其自崆吉斯河發源處分一支西北迤於伊犂河之北者為博羅霍洛山準語山峯聳崒周抱如牆故名其分迤於塔城境內者則鄂爾霍楚克山也準語山峯高聳之謂二大山脈之間多原野皆係沙磧石灘鹹湖土地磽薄惟山麓及濱河一帶頗稱肥沃有土著農民

水道王書云大水有二在天山南者曰塔里穆河有二源一為喀什噶爾河上源又曰烏蘭烏蘇河出蔥嶺中之阿賴嶺東流右會瑪爾堪蘇河一為葉爾羌河上源又曰澤普勒善河出喀喇科隴山西北流左會克敦巴什河二大水合而東流左會自西北來之廓克沙里河左會札那爾特河阿克蘇河右會自西

南來之和闐河左會喀喇哈什河又東左受自西北來之木咱喇特河海都河海都河上源曰裕勒都斯河東南入博斯騰泊又自泊之西南溢出又東南入之又南注喀喇布朗湖湖又受自西南來之車爾城河上源曰烏魯克河東溢出復入羅布泊又在天山北者曰伊犂河有二源西南源曰特克斯河右受阿圭雅斯河庫克烏蘇河諸水東南源曰崆吉斯河合而西流右受哈什河霍爾果斯河出界右受奎屯河左受察林河西北入巴勒哈什湖東西長八百餘里南北廣處二百餘里中有三島冬季爲冰所結又此外湖泊之大者北有喀喇搭拉額西柯泊東有奎屯河合額布圖河南有精河西有薩爾巴克屬河注之有阿雅爾泊東有洛克倫河合呼圖璧河南有瑪納斯河合烏蘭烏蘇河注之有鄂爾泊西北有達爾達木河來入之舊圖無此泊有阿拉克圖古勒泊在界外有額米爾河自境內西流入之有齋桑泊在界外有額爾齊斯河有二源東曰華額爾齊斯河西曰喀喇額爾齊斯河皆出阿爾泰山合而西流右會奇蘭河博爾集河哈拉哈巴河畢利結克河阿拉克別克河出界右受廓勒濟爾河西入湖南有巴巴庫爾泊當郎沙哈里克草湖西北有密爾特彥河來入之此河原入渭干河有瑪巴赫薩爾泊一什斯爾里克墨洗湖有阿勒乖河達板山河合而東入之湖舊圖無此湖

交通王書云大道有二一爲天山北路自甘肅安西州西北出猩猩峽至哈密凡九百十里自哈密北過沙漠逾嶺經鎮西又西經奇台古城孚遠阜康至迪化又西北經昌吉綏來庫爾喀喇烏蘇分二路一北達塔城一西經精河至伊犂又西達俄之伊犂斯克一爲天山南路自哈密西經鄯善吐魯番分二路一西北逾博克達板山至迪化一西經焉耆過華橋經輪台庫車拜城溫宿又西南過喀什噶爾河經巴楚州分二路一西至疏勒一西南至莎車又分二路一西北行經英吉沙爾至蒲犂一東南經葉城皮山至和闐又電綫由迪化東南通蘭州吐魯番哈密由吐魯番分喀喇沙爾庫車阿克蘇瑪喇巴什喀什噶爾由阿克蘇又分烏什廳西通伊犂綏來庫爾喀喇烏蘇由此分塔爾巴哈台

迪化府

漢蒲類國唐後庭縣國朝迪化州升即烏魯木齊駐新疆巡撫布政提學二司巡警勸業鎮迪兼提法使銜三道光緒七年俄約開埠東距京師八千六百八十九里領縣六

迪化明屬衛拉特國朝

置縣倚城西沙岡產煤頗旺東南博克達板三峯冰雪常凝漢蒲類前國

昌吉 明屬衛拉特國朝置縣府西北九十里漢蒲類後國

阜康 明屬衛拉特國朝置縣府東北百三十里漢烏貪訾離國單桓國

綏來 明屬衛拉特國朝置縣府西三百四十里東臨瑪納斯河漢烏孫國地

孚遠 府東北卽前濟木薩地方

奇台 明屬衛拉特本朝乾隆二十四年設奇臺堡四十一年改縣府東五百五十里西北有古城光緒七年與俄定爲商埠有路北通蒙古由張家口到京者分道於此口外茶商多由歸化城運至此銷售易米麪各物以濟烏里雅蘇台等處其茶又由此運至回疆南路八城多獲厚利漢車師後王國

焉耆府 漢焉耆國本喀喇沙爾直隸廳卽喀喇沙爾城當開都河入博斯騰泊口 **東北距省千九十里領縣四**

新平 府西

輪台 新平西布古爾巡檢改升東南有葦湖蘆葦茂密僅有土橋一往來西域者必渡此所謂葦橋之險也

婼羌 府南卡克里克縣丞改升

鄯善 府西闢展巡檢改設

疏勒府 漢疏勒國本揚格薩爾城西北界俄國費爾干省駐喀什噶爾道新疆提督爲通西域要津多糧果人口約五萬知養蠶有盪段盪綢 **東北距省四千五十一里領縣二**

疏附 府西二十五里卽喀什噶爾城咸豐元年與俄定爲商埠

伽師 府東里

莎車府漢莎車國本莎車州卽葉爾羌城南界印度克什米爾西界帕米爾以產玉著名人口約六萬　**東北距省四千百十三里領州一縣二**　**葉城**府南百九十里　**皮山**府東南四百十里

巴楚州府東北卽瑪爾巴什廳先屬疏勒府後來屬

温宿府漢温宿國卽阿克蘇城南跨札什罕河西北界俄領斜米勒精省駐阿克蘇道製玉器最有名繡鹿革鞍韉爲各城冠　**東北距省二千七百九十里領縣二**　**温宿**倚舊城巡檢改升　**拜城**府東四百五十里

庫車直隸州漢龜茲國卽庫車城在木咱喇特河左岸　**東北距省二千四十里領縣一**　**沙雅**州南附近多葦湖入夏苦蝨日晡尤甚

和闐直隸州漢于闐國卽和闐城據和闐河上游以產玉著名亦多蠶繭織綢段甚佳人口約四萬有路東南通西藏西南通印度坦克昔　**東北距省四千九百六十三里領縣二**　**于闐**州東四百五十三里西臨克里雅河　**洛浦**州東　里

英吉沙爾直隸廳卽英吉沙爾城當罕伊拉克河與特爾格奇克河會流處之北岸駐領隊大臣回民居城南官

兵居城北　東距省四千三百三十一里

烏什直隸廳北據廓克沙里河界俄之斜米勒精省　東距省二千九百九十里

庫爾喀喇烏蘇直隸廳在庫爾喀喇烏蘇河上游駐辦事領隊大臣專管游牧屯田事　東距省六百七十里

鎮西直隸廳即巴里坤以西北巴里坤湖而名湖即漢蒲類海　西距省千二百七十里

吐魯番直隸廳漢車師前王庭北迪化西焉耆於此分道回部郡王台吉皆駐此光緒七年與俄定爲商埠　西北距省五百三十里

哈密直隸廳漢樓蘭國在廳西南爲關外第一要衝以產瓜及白蘑菇著名城西五里餘有回城一其親王轄回城六光緒七年與俄定爲商埠　西距省千六百二十里

伊犁府即伊犁城在伊犁河北西界俄領斜米勒精省駐伊犁將軍副都統諸領隊大臣有路南通溫宿西通伊犁斯克有皮毛公司出口貨以大小甎茶紅茶爲大宗有湖茶晉茶之目咸豐元年與俄立約定爲商埠　東距省千五百四十五里領縣二　綏定倚　寧遠府東南百二十里駐伊塔道

精河直隸廳西臨精河河北入喀喇塔拉額西柯泊西北界俄領斜米勒精省東距省千二十五里

塔爾巴哈台直隸廳即塔爾巴哈台城在額米爾河北西北界俄領斜米勒精省咸豐元年與俄立約定爲通商埠其地南通庫爾喀喇烏蘇西北達俄之斜爾吉鄂波里東南距省千四百五十八里

附舊土爾扈特部十旗伊犂將軍屬舊土爾扈特始祖翁罕七傳至貝果鄂爾勒克其長子卓立甘鄂爾勒克郎徙牧俄羅斯一支之祖也居俄羅斯數傳至渥巴錫於乾隆三十六年東趨伊犂請內附　賜牧新疆號舊土爾扈特分爲東西南北四路南路本中右左四旗焉耆府西北天山南珠勒都斯河繞牧地四旗同牧珠勒都斯河即開都河上游也北路本右左三旗塔爾巴哈台東境當金山西南霍博克河北三旗同牧東路右左二旗庫爾喀喇烏蘇廳西南跨濟爾噶朗河二旗同牧西路一旗伊犂東境精河西岸以上自爲一盟曰烏訥恩素珠克圖盟

附中路和碩特部三旗伊犂將軍屬和碩特本四衞拉特之一元太祖弟哈布圖哈薩爾十八世孫哈尼諾顏洪果爾生子昆都倫烏巴什即青海顧實汗兄也昆都倫烏巴什第三子多爾濟之裔未詳何時徙牧俄境乾隆三十六年多爾

濟元孫恭格從渥巴錫內附　賜牧珠勒都斯河在南路舊土爾扈特西以上自爲一盟曰巴啟色勒

啟勒圖盟

賜進士出身　特賞內閣學士銜前國子監祭酒翰林院編修加三級臣　王先謙謹撰

大清國三

浙江省禹貢揚州東境漢志揚州部會稽丹揚二郡

疆域　東至海南福建北江蘇西北安徽西南江西東西八百八十里南北千二百九十里面積三十二萬八千一百方里人千百五十八萬口　物產棉茶魚鹽茯苓果物煤鐵錫石器紙扇綾綢緞羅紗等　地勢王書云東瀕東海土地膏腴北境與江蘇毗連之處尤爲平原沃土西與南境則多山蓋自仙霞嶺在江山縣南分支東迤於甌江之南北在南者爲浙江福建界山在北者爲桃花嶺在縉雲縣西爲大盆山在東陽縣東南亘於椒江南北爲括倉山在台州府西南四十里爲天台山在天台縣西北其寧波府西之四明山紹興府南之會稽山金華府北之金華山皆其支阜也其正幹自仙霞嶺北迤爲浙江江西之界爲馬金嶺在開化縣西北又西北入安徽境又東盡於浙江境之天目山在臨安縣西北　水道王書云浙水有南北二源北源曰徽港亦曰新安江出安徽歙縣西北黃山合諸水東南入境左受雲源溪進賢溪右受武强溪艾溪東與南源會南源有二西曰衢河源出馬金嶺南流折而東右會文溪柘上溪桃溪羅豚溪與東

源會。東曰婺港。源出大盆山。西流。左會畫溪。梅溪。白沙溪。西與西源會。二源既合。北流與北源會。又東北。經富春山麓曰富春江。左受桐溪。右受浦陽江。又東名錢塘江。經龕山赭山間入海。口門有蠡子山。自塔山。均當海口。潮流甚急。頗呈奇觀。水淺多沙。難行巨艦。又甌江一曰永嘉江。源出龍泉縣西南小梅嶺。東北流。左合松陽溪。葵溪好溪。右合外卸溪。又東。左受南溪港水。東入海。河口有溫州島。橫塞口門。島北為深水道。島南僅能行華船。又曹娥江。源出天台山。西北流。左會西港。右受後港。北流曰剡溪。至三江口入海。又甬江即鄞江。北源曰姚江。出餘姚縣西南八十里太平山。西北流至上虞縣南。折東流至餘姚。東分為二。北曰後江。南曰前江。流數十里復合。有剡溪自西南來會。又東入海。又靈江亦曰椒江。又曰澄江。有二源。南曰永安溪。北曰始豐溪。合而東南。右受靈溪。分一枝名橫河。東北至桃渚港入海。正支出前所海門二城之間。東入海。此河雖流急。然中等輪船。乘潮渡淺。可達台州。又北入太湖之水。則有苕溪。餘不溪。苕溪出天目山。兩源並發。北流至河平鎮北。分一支。西北會南溪。至新塘港入湖。正支東流至湖州。合餘不溪水。折西北至蔡浦港入湖。餘不溪即東苕水。亦曰雲溪。源出天目山南。東流至餘杭。折而北。至湖州。分為二。一與苕溪合。一東北至大錢衖口入湖。又諸水之外。錢塘江以南。貫通曹娥浦陽諸水。錢塘江以北。貫通西湖秀州塘水者。則運河也。杭嘉湖一帶。川澤流通。最便舟楫。

交通　王書云。以東濱海之故。有沿海航路。如杭州。如甯波。如溫州。往返皆有定期。嘉湖一帶。則借運河之便。小輪往來如織。其中如平望震澤南潯。均可停輪。又驛路著名者。惟自杭州西南達福建之仙霞嶺路。中經富陽。桐廬。建德。蘭溪。龍游。西安。江山。此路自江山縣南之浙閩[illegible]入山連延曲折至浦城始出山中間二三百餘里皆謂之仙霞嶺路中多高峯夾路東西對峙復旁臨絕澗其險處僅容一馬至仙霞設闗處尤爲斗峻惟念八都地方最爲平曠民居甚衆可屯萬騎閩人至杭向逾仙霞嶺至清湖鎮雇船至杭今多由海道又自嚴州分歧西傍新安江北岸行經淳安可達徽州又自衢州分歧西徑常山出曹會闗西南可達江西廣信又鐵路擬設者約分爲東西兩大幹西幹綫自省城北接蘇州西南接江西玉山共長千里有奇將來分出枝綫南道江山以通閩西道湖州長興以通皖東幹綫自省城越錢塘江南達溫州中經蕭山紹興上虞寧波奉化寧海台州黃巖樂清等處亦長千餘里又電綫由杭州東北通嘉興上海由嘉興西分南潯湖州東分平湖作浦東南通寧波紹興餘姚由寧波又分鎮海台州西南通福州蘭溪衢州由南溪分金華縉雲溫州東海岸講義云自金山衛進西入浙江嘉興府境爲白沙灣在平湖縣東五十七里明洪武中自廣陳鎮移駐巡司於此嘉靖中築城爲戍守處今仍設巡司白沙之西爲作浦鎮在平湖縣東南三十六里明洪武中自故邑城徙巡司於此後築城建千戶所增置水寨爲海道三闗之一隆慶中廢海口澉浦二闗畱作浦一闗轄水寨十四本朝廳治中廢所置巡司及守備雍正中增設水師營遊擊又移杭州副都統及滿兵駐此旋設游擊設參將爲海中重鎮作浦西南爲海鹽縣城明初置海寧衛於海鹽縣城內作浦澉浦兩千戶所均屬海寧衛海鹽之南爲澉浦鎮在海鹽縣南三十六里唐五代宋元明皆爲重鎮兼置榷務明洪武中置千戶所轄木寨十三宋常棠澉水志即志此地進西入杭州府境爲錢塘江北岸自白沙灣以來爲錢塘江口外杭州灣之北岸西人名爲作浦灣錢塘江口皆淺沙輪船出入惟作浦可以停船故作浦爲浙杭鎮埠海寧州西南五十里瀨錢塘江岸有山土石皆赤名曰赭山與紹興府蕭山縣東北五十里之龕山南北對峙爲錢塘江入海口門口門之中有鼈子山橫塞故口門稱爲鼈子門明代防倭於赭山龕山均設寨戍守今仍置赭山巡司鼈子山西人名爲怒又名曰鐵囪其橫塞江口激動海潮其勢如鐵海潮囪而成怒故有是名也鼈子山東與海鹽之白塔山遙接自鼈子門進東南海岸皆新淤沙地又南至三江口舊記言錢塘錢清曹娥三水所會之海口也錢塘江經杭州東流至鼈子門入海口外即名杭州海灣其北岸嘉興府境也南岸紹興府境也而錢

清之源爲浦陽江自金華府浦江縣北流傍會稽山西麓經諸暨蕭山山陰等縣至錢清鎭入海曹娥之上源爲剡溪自嵊縣北流傍會稽山東麓經山陰縣至三江口入海三江口實杭州海灣南岸水口雖名爲三江而杭州海灣所受之水究以錢塘爲正流錢清曹娥入海灣之小水也何能三江並稱（三江口在山陰縣東北五十里明洪武中置三江所築城爲戍守處又名爲三江閘蓋觀爲防海險要）三江口之東北爲瀝海所踞三江口外海港南岸（在會稽東北七十里明洪武中置所築城戍守）北與瀲浦城遙對瀝海所迤東一帶爲上虞餘姚慈谿海岸皆海塘外泥灘也餘姚縣北三山鎭廟山鎭慈谿縣北觀海衞前代置防海戍所今皆在海塘之內去海岸稍遠矣（紹興府志永樂初海潮漸卻沙壖塡起因於舊海塘北增築新塘以衞斥地旣而沙壖廣十餘里成化中稍爲風濤盪決復於海口築塘曰薪禦塘以斥地給竈民爲鹽課今餘姚北之海塘西自瀝海東連龍山名新圩塘蓋卽新禦之轉音也）泥灘又迤而東南爲龍山所城城北十里有伏龍山屹臨海際當卽西人海圖之大龍島高九百二十尺者（三山所在餘姚縣東北四十里滸山下明洪武中置亦名滸山所今裁置把總又三山巡司與三山所相近蓋以蔡山金山破山三山並峙而名明置巡司今仍之廣山鎭在餘姚東北舊臨山衞也今仍置巡司觀海衞在慈谿縣西北六十里明置衞領龍山所今裁置千總龍山所在鎭海縣北七十里伏龍山南明置所今駐千總）大龍山之北九海里海中有七姊妹羣島小島也然其間可避北風七姊妹羣島之東二海里有小島曰西霍島卽紀要之西霍山也西霍之東偏南三四海里爲南霍山南霍山之北偏東不及一海里爲東霍山三島以南霍爲大有居民近島處可避風然不便停泊南霍之東偏北約十一海里爲火山羣島（一作嶼山列島一名福而該奴列島）大小共十二島而以魚山爲大魚山土人名大芝山在羣島之極東南北長約三海里東西廣處一海里中有居人魚山之西爲五齊山五齊之西爲嶼心臟乃黑石也借以表羣島之西界此其著者（凡羣島但舉著者從[illegible][illegible]）魚山之東約六海里爲岱山列島

岱山東西長八海里南北廣五海里田約數千畝而鹽田倍之居民多煮海為鹽島北有市埠曰東沙角島南有市埠曰高定均頗繁盛四五月間魚船集者約萬艘明代置岱山鹽巡司備倭本朝設外委駐東沙角近年以其地魚鹽利溥遂移舟山西岸岑港巡司駐此島其地屬定海直隸廳其附近岱山諸島東角有蒲島一作褒島大蒲馬一什褒的土名蔔門山耶蒲馬一名褒諸惟大蒲馬有居民百餘戶東有大竹嶼即榛嶼西人名安素島小竹嶼西人名馬士母厄爾島北有考門山燕窩山鐵墩山即西人所謂嘸臺石西北有東墾山西墾山西人名休列島西有首島一作即都塘土人名兩頭洞有居民數十戶離鐵墩山之西南一二海里當岱山與東西墾山之間有停泊妥處而首島之西南北三面均可停泊本島北岸之東沙角南岸之高定均有下椗處岱山之東約二海里為長塗島長塗分為二島東曰大長塗西曰小長塗大長塗東西長七海里半廣不及一海里小長塗東西長三海里餘廣處至二海里四面皆高山而小長塗之峯尤高至千尺中間海港自東北至西南斜貫約長二海里半廣不及一海里兩岸有田千餘畝民舍聚焉兩口微狹勢頗收東港內為避大風極佳處可容二三十輪船聚泊水深處足容輿水深二十四尺之舩舊未設官僅有汛兵二名為定海水師鎮標左營管轄然島民自舉其秀者為董事亦井然有條闡光緒甲午海防戒嚴其居民抽丁團練竟得七百餘名以自衛民咸樂業無為盜賊者附近島之著者有多子山西名峯島黃南有大懸山西名草島應龍山西名引郎假西南有穿鼻山西名耶山奢白山曼都山而應龍之東北傍大長塗南岸有停泊善處長塗以東羣小島相望總名曰中街山其著者在東長塗東岸之東約一海里曰櫻連山一作小水洋頭山西人名步安島又東約一海里為小西寨西名偉列島一名欽島小西寨之東約一海里為西寨山西名阿勒島又名堂島此島略大有居民數十戶島之西南岸有澳可避東風北風水深能下椗西寨之東約三海里為東寨山西名米丟撒島自櫻連至

東寨西圖名堂島羣島約稍大之島十二小島無數東寨山之東約二海里
爲活治山西圖名休騆偈羣島又東約二海里爲小板山西圖名司梯泊又名崎島其東
三海里爲黃星島西圖名漁人島又東約二海里爲廟子沽一作廟子湖西圖名
中漁人島西南岸有澳可暫寄泊居民至百餘戶廟子沽之東約一二
海里爲青濱山西圖名東漁人島有居民百餘戶青濱之南偏東不及一
海里爲西福山西圖名南漁人島自黃星至西福總名慈浪湖山又曰漁
人羣島西福山之西北可避東風及東南風惟地小僅容泊一二
輪船西福山之東南約二海里爲東福山西圖名非地由島或作東霍又作外東霍紀要
言東霍爲徐市駐舟處即此此島居中街山之最東足爲舟山以北羣島東界
之標識自西北至東南長一海里又十分海里之六廣一海里中
峯高於海面千餘尺東島西北隅及島北岸均有小澳澳岸均有小
村島上居民約共數十戶島之北及島之西南傍岸處均爲停泊
佳處惟島北不能避北風不如西南之妥西北自火山羣島之嶼
心腦東南至東福島嶼礁石綿亘如練延長五十海里實爲舟山
北之屏蔽其間水道南北相通者如耶都塘門東爲首島與岱山
間一道西爲首島與火山間一道而東道深闊較勝於西如岱山
水道在岱山長塗間南北口均有小島礁石駛行宜慎而輪船多
由之因可繞入長塗港避風也如休爲得水道在堂羣島與休爲
得羣島之間如削島門在削島與漁人羣島之間輪船往來多出
削門島鮮出堂島間者東福之東偏北五海里有四石謂之四姊
妹土名裏用山東福之東偏北九海里有二石謂之二兄弟土名外用山是
又羣島東界外之可爲標識者而二兄弟石之傍近處水深可拋
錨小泊當岱山之東北五海里又半長塗之北七海里又半有衢
山島又名大衢山又名欽山亦大島也自西偏北至東偏南長九海里廣處

至三海里半東段多高山至一千四尺五西段多平壤有田數千畝種植繁盛居民櫛比島西村落尤多其著者名倒斗澳（舊設外委一員兵四名駐倒斗澳光緒四年移升科委巡檢一員與外委同駐倒斗澳一年一更）一島民多開通喜交英人又大衢四圖多澳澳內皆泥灘不能爲泊船之港然離岸稍遠之處隨地可停泊大衢之西北約二海里爲小衢山（西圖名巴色特島）有居民百餘戶大衢之北約二海里半爲黃澤山（西圖名疙瘩島）有居民百餘戶黃澤之西小衢之東有紅山橫拉山二小島（西圖名治匡列島）黃澤小衢紅山橫拉之南有八九小島散布（名嵊枝山島據山麥倉山弓山鑰題山上搭轉山搭轉山嶼東瓜山）西圖總名爲道遂羣島黃澤之南大衢之北爲停泊大輪船妥處道遂之西南大衢之西北亦甚便停泊西圖通名爲督糧路黃澤之東南與大衢之北背相近處（西圖名洛溪角庫）有上海山下海山（西圖名星伯遂列島）上下海之東南大衢東背之東有大小鼠浪湖山共六小島（西圖名婆爾和兒列島）大鼠浪湖居民滿二百戶島之東南西南均停泊佳處南澳有大村魚季小舟聚泊至千二百餘艘小鼠浪湖之東南亦可停泊婆爾和兒列島之東北爲三星山凡三小島（名上三星中三星下三星西圖名荷光遂列島）三星與大小鼠浪湖之間輪船甚便行駛三星山之東二十海里有浪岡列小島（西圖名衛根島）爲羣島極東界無居民頗有漁人茅屋蓋漁業休聚之所也（大衢之西北約十四五海里郵時灘列島）大衢之北約六七海里爲八格列島計稍大者二十五島其小嶼礁石不與焉其最大者名泗礁（西圖名拉夫斯島）又名泗洲山或謂之獅山東西長約六海里廣約半海里最闊處在島之西偏其處山巒甚多島之高峯在焉（七百餘尺）居民千餘戶種山芋爲業亦略有稻田島北有青沙茱園兩澳居民最盛處也島南北均有澳可停泊泗礁北背之東北有島名金雞山（西圖名哥泥島）者約方一海里有居民百餘戶泗礁之

東南有二島，名大小黃龍山。大黃龍山（西圖名先娓司島）居東南，北長約二海里餘，東西廣不足二海里，居民約三百戶。小黃龍山（西圖名蒲盧土）居西，居民僅五六戶。二黃龍之間為避風停泊佳處。大黃龍南岸有港口，東南向，遇西北風，中小輪船泊此極妥（定海營汛練軍三十名駐此島）。小黃龍之西南為南鼎新島（西圖名薄盧克）。南鼎新之西為柴山（西圖名襄母萊島），為半邊山（西圖名恰土犄）。半邊山之西為白磧山列島（西圖名奔臺列島），小島三四，而礁石尤多。白磧山有燈塔、霧礮。白磧東南有停泊善處。白磧之西為上川山、下川山列島（西圖名兒非司），西五小島，礁石不可數計。白磧與上下川之間為白磧門，大輪往來閩滬者多由此。上下川之西北為徐公山列島（西圖名馬利臣），大小四五島，居民二十戶（徐公山西望崎嶇列島之東角，凡八海里）。白磧山之北為馬積山（西圖名那必爾）。馬磧之北為中柱山。中柱距泗礁西南隅僅半海里，而馬積與中柱間為馬積門，中柱與泗礁間為霸王門，皆要道也。泗礁之西北為北鼎新列島（西圖名以里亞特），大小凡五島。北鼎新與泗礁西北隅相距約二海里，中有停泊佳處（自北鼎新西偏北望大戢山，凡十三海里）。凡此皆八格列島之著者。泗礁之東北約六七海里為馬鞍列島，大小約二十五島，小嶼與礁石無數。枸杞山在羣島之南（西圖名南馬鞍島），東北至西南長二海里半，廣二海里，居民二百戶，有山溪灌溉田疇，能種稻，上多尖峯（最高至六百五十餘尺。山中有五里牌者，為一孤峯，氣勢雄拔，上勒「山海奇觀」四大字，字徑四尺，下署小字數行，推明萬歷庚寅春都督八字，餘十餘字則雨蝕苔封，不可復識，當為明代防倭將官所題）。島之東南、西南均有澳，皆可停泊。枸杞山之東不及一海里為陳錢山（西圖名東馬鞍島），亦名嵊山，自西北至東南長二海里餘，廣一海里餘，居民二百戶，漁業多至千戶。島南為王環澳，大輪船停泊最妥處，東北風、西北風皆可避。蓋枸杞、陳錢間水道之南口也。島之西北為箱子澳，兩山環抱，中間一港，中小輪船泊此儼同內港惟近年來澳內灘淺輪船多停泊澳口所派練軍三十名駐箱子澳岸天后宮此島屬江蘇兩島民皆浙人故由定海營管轄陳錢之北偏西枸杞之正北約三里爲壁下山西圖名假馬鞍山乃二小島也中間水道可行小艇北島高於南島兩島皆有居民約二三十戶北島西岸爲停泊善地或以壁下爲東西綠華誤壁下之西北五海里爲花鳥山在羣島之北西圖名北馬鞍島東西長約二海里廣處約一海里居民百餘戶漁業至二三百戶島北岸有澳可下碇惟不能避北風西北嶴上有燈塔霧礮定海營派練軍二十名駐南澳花鳥之西南約二海里爲東西綠華西圖名邊馬鞍島或作倒騎馬鞍誤凡二小島西島較東島稍大中閒小港小艇可通二島居民共百餘戶東島之西在小港北口外西島之南均爲停泊妥處西島西北望崇明東南角僅一百八十七里東西綠華之南三海里有六小島羅列西圖名爲馬鐙列島其北馬鐙凡三島即東庫山一作東浦山在北柏子山在中遲遲山在南也中馬鐙凡二小島即三橫山也在遲遲山西南一海里南馬一鐙島即台南山也在遲遲山南約一海里餘此又馬鞍列島之著者紀要云昌國東北海中有東庫壁下馬蹟陳錢兩頭渦漁山徐公東西霍大小衢洋山等山倭夷入犯皆汎守所有事也今按東庫壁下陳錢均在馬鞍列島中馬蹟徐公在八絡列島中南頭渦即首列島在岱山之西漁山在火山列島中洋山在畸嶇列島中東西霍在火山列島之西大小衢在岱山之北海岸自龍山城遶東南爲澥浦一作蟹浦在鎮海縣西北六十里宋代於此置戍舊爲慈谿縣界之鳳浦湖沈害湖白沙湖靈緒湖西湖入海水口今湖與口皆淤塞又東南爲鎮海縣城自杭州灣南岸西南至鎮海瀕海皆淺沙入海甚遠惟澥浦之海較深離岸一二里外水深至二十餘尺若由此登岸從海塘大道僅三十里即達鎮海故守鎮海北恒以澥浦爲北路要扼鎮海即明代之定海縣城踞甬江入海口北岸東北倚招寶山甬江即鄞江源出四明諸山匯溪澗諸水東北流會奉化江慈谿江等水至鄞縣城北水勢始盛又東始名大浹江凡四十里至鎮海城下又東至

招寶山下入海其口又名浹口中等火輪艦入口上泝直達甯波城東門外北岸停泊故甯波今爲通商埠（道光二十二年五口通商之一）小火輪可由甯波達餘姚慈谿（慈谿江上游卽姚江名前江可行小火輪）又帆船西北達慈谿西南達奉化招寶山西北環海東南臨甬口西南俯瞰鎭海城與南岸金雞山屹然對峙極爲海口衝要（招寶山本名候潮山明代以諸番入貢停泊於此遂名招寶明嘉靖中築威遠城山上以扼截海口與縣城相脣齒）金雞山之東北爲望海山一名笠山北與西均臨海自望海望招寶爲西偏南自招寶望金雞爲東南三山相對略成三角形以跨甬口（光緒三年以來於招寶山築礮臺三所金雞山築礮臺二所望海山築礮臺一所安克虜伯後膛礮數尊均）海岸至望海山復西南迤望海山東麓有小水入海口當卽小浹江口也小浹江口之東爲鉗口門鉗口門之東爲三山浦三山浦之東爲穿山所穿山所之東爲崎頭角皆鎭海東路之重要地也崎頭角所臨爲崎頭洋穿山所所臨爲黃崎港明代倭犯定海（卽今鎭海）常由崎頭黃崎登岸自崎頭至穿山所僅三十餘里穿山所至鎭海五十餘里三山至鎭海四十里鉗口尤近在咫尺道光二十一年英兵船於虎蹲山外攻鎭海口門復分兵自鉗口登岸鈔金雞山後山上之兵腹背受敵遂至不守鎭海口外各島之有關繫者招寶東北半海里爲虎蹲山虎蹲山之東北約三分海里之二爲小游山小游之東北約三四十丈爲大游山（總名游列島）自招寶至大游約一海里有餘三島之間又沙道淺礁相屬實爲甬江口北之蔽護故輪船進口必由大小游之南而大游南對望海山約十分海里之三儼若口門口門中又有游山淺礁故水道甚狹游列島之東南約三海里爲黃蟒山（一作黃貓山西圖作嶼人島）羣島大小四五島以黃蟒爲大黃蟒西有中門柱島卽蛟門山也昔人言蛟門虎蹲天設之險言兩山東西對望爲口外設

險地黃蟒南至海岸僅半海里爲戈門水道潮流甚急故輪船往來均由黃蟒羣島之北（英人登岸之鐵口門當在戈門水道之南）大游之北偏東一海里又十分海里之三爲七里嶼亦小島爲口外標識者虎蹲山七里嶼二處均有燈塔霧鐘七里嶼之東四海里黃蟒山之東北一海里又十分海里之七爲金塘山西南隅之河角金塘山爲鎮海與舟山間大島南北長七海里東西廣五海里四面皆山（其最高者爲雙峯爲馬鞍峯均高一千四百餘尺均近在島之東岸雙峯在北馬鞍在南）中開沃壤爲可耕之地居民多至六七千戶耕地所產每歲僅供三月之食賴漁業以補之居民富者擁貲三四萬餘多赤貧風氣尙安靖地處海中有諳水之性熟海道者在甬滬一帶爲舵工而讀書識字者甚少島之東岸爲山峭崖不可泊船島之西岸北段有瀝港小市鎮也（或作歷山鎭）瀝港之西北爲太平山約方二海里之島也（太平山即一統志之烈表山太平金塘間水道即烈港也按瀝港即烈港之轉音）居民約五百戶太平山與金塘西北隅間水道約十分海里之三四水淺能行帆船故民船多泊瀝港者太平山之南約一海里爲搗杵山（俗又名棗子山）西圖大澳子島東與金塘水成水道廣約半海里名大澳子港水深可避風爲大輪船停泊妥處光緒十年法人以兵輪犯鎮海即聚泊大澳口以圖進攻金塘之北與西北（即太平山北）有數小島曰甘嶼（西名塔磯島在西）曰大髻果（西名淹江島在甘嶼東北）曰魚龍山（西名網綱島在大髻果之東）曰榮花山（西名方希島在魚龍北）曰橫擋山（西名量島在魚龍山東南）此數小島間甚便泊船金塘之南爲金塘水道大輪船暢行之路也自金塘南鱷魚角南至三山島僅二海里爲水道最狹處三山島南即三山浦也黃蟒山與河角間爲金塘水道西口最金塘東南角之黃狗山（西名翰支連角）山南距大謝山之北角約三海里又十分海里之三則金塘水道之東口也大謝山約方三海里半

中有高原四圍有海塘居民七八百戶耕種爲業島中產米頗多島南與內地間爲黃岐港東西長約二海里廣四分海里之一港之南卽穿山所也港內可避風水深處泊中小輪船極安進甬口往寧波之船恆泊此候潮大謝之東南及黃岐港內有數小島其著者爲大謝東之小謝小謝東之東穿鼻及港內之長腰山西名尖島皆略有居民自大謝山之北鬻西圖名島角東北四海里自金塘山東南角之黃狗山東四海里又十分海里之口爲舟山西南之洋螺角舟山爲江浙海面最大之島自西北角在馬目山西北至東南角在沈家門之東長二十三海里餘南北廣處約十海里又半島周約五十二海里山之最高者在東北瀨海高至一千六百七十尺島中山多田少居民約六七萬所產之稻歲僅足三月之食全賴山產藷芋及海中漁利以補之而舟山附近各島每歲漁利合計不下數百萬民皆馴良惟台州人頗桀驁置定海直隸廳於舟山島上廳署在島南岸舟山卽春秋時之甬東唐開元中始於島上置翁山縣宋熙寧中改置昌國縣高宗爲金人所追曾航海至此元爲州明復爲縣旋改縣爲昌國衛後又改名定海衛 國朝爲定海縣嘉慶後又改爲直隸廳南距海僅二里許臨海之埠名曰道頭明初瀨海郡縣屢被倭患信國公湯和巡海道以昌國孤懸海島易生寇盜乃爲清野之計徙民以墟其地嘉靖中遂屢爲倭據爲患尤在肘腋故唐順之謂信國此舉爲非 國初明遺臣張明振張煌言奉魯王據舟山卒不能守故當時有舟山乃 本朝棄地守亦無用之說而英吉利於康熙三十七年卽築室於道頭名曰紅毛館蓋其窺伺之心甚早乾隆二十七年驅英人廢紅毛館道光二十年英人在廣東戰不利卽以兵船犯舟山陷之旋去之明年又來犯又陷之又明年江寧議和各處解嚴惟舟山所泊之英兵船延至二十五年始去咸豐十年英法兵船犯天津歸

過舟山復入據之尋自去光緒二十四年有英兵弁登岸借地操槍其心實未嘗須臾忘我舟山也道頭所臨之澳水深浪闊澳外羣島環列可避四方之風爲東海中極好船埠澳之西爲洋螺角東爲竟畱角兩角東西對爲口門口外島嶼極多其大者洋螺角之東南爲西蟹嶼（卽馬秦山又名鐏島）西蟹嶼之東爲盤嶼山盤嶼之東南爲大東嶼山（卽大渠山）大嶼之西北盤嶼之東北有二小島在東北者曰大五奎一（一作大吳一作大烏）在西角者曰小五奎一（一作外騾一作微烏）大嶼則北値竟畱角矣大嶼東南爲小嶼山（一名南鏤又名鹿島）大嶼東北爲東海嶼東海嶼之東爲嚳山（一名鼇山一名樹山）東海之東鼇山西北有無數小島錯列卽所謂十六門言小島水道之多也凡此皆道頭澳外北排之島也西蟹嶼之南爲螺頭山（一名大貓山又名塔山島）螺頭南角南距小謝東之島穿鼻島約一之海里又十分海里之四螺頭之東爲摘箬山（一名象島）摘箬之東爲白龍山白龍北値嚳山西北値小嶼西南距崎頭北角約二海里又十分海里之七凡此皆道頭澳外南排之島也由此而自南入道頭之水道可得而言矣南來之水道當以白龍山與崎頭北角間爲總口入總口後向西行者從摘箬之南又從螺頭穿鼻間爲螺頭水道轉而北行經螺頭之西又東北經馬秦螺頭間爲馬秦水道又北經馬秦盤嶼間又轉而東經盤嶼北（盤嶼北距舟山岸約十分海里之七）至大小五奎之西北卽爲停泊處矣此爲最闊水道大輪船出入均由此入總口後向北行者爲墨而佛禮水道經摘箬白龍之間又北經大嶼之西盤嶼之東亦至大小五奎之西北而停泊墨而佛禮水道分支東北行經大嶼小嶼之間者名小嶼水道又北從東蟹之西大嶼之北西北與墨而佛禮水道會大小嶼間雖甚狹然可避大嶼西北之隱礁故行者稱便凡此皆崎頭角

以北之水道也崎頭角以南象山港口北各島迤邐向東北斷續相屬直與舟山東各島相接實爲舟山南之外蔽其最西者最近崎頭岸之梅山梅山之東南爲佛肚山佛肚之東爲六横山舟山南列島中之最大島也自西北至東南長約十海里闊處約六海里地廣博稻田連畛平原沃野郪落彌望居民近萬戶六横之東南爲鑼鼓山西圖名北克島鑼鼓之東北爲蝦岐山西圖名佛倫島島頗大居民千餘戶蝦岐之東北爲桃花島島又大於蝦岐西北至東南長約七海里廣約三海里島西多高山東北低平多稻田居民約三千戶桃花島之北爲登步島一作燈埠島小於桃花南北皆山中開沃野居民六百餘戶桃花之東偏北登步之東偏南即南朱家島爲舟山東列島之南界矣列島中大水道可得而言者凡四在西南爲牛鼻水道東北爲鑼鼓水道即比克水道又東北爲佛能水道即蝦岐水道又東北爲撒拉格里水道牛鼻水道爲六横山西南對象山縣錢倉嵛而成因水道南近錢倉嵛處有牛鼻山島故名此水道西達象山港西圖名甯母拉搦港東北通舟山通舟山者又分爲數小水道在崎頭岸與梅山間者爲華船通行之水道狹而淺輪船不能度梅山與佛肚山之間有數小島名中列島中列島之西北爲洛自司水道一作六入大水道中列島之東南爲各夫水道二水道既會於中列島之東北始名佛肚水道佛肚山與六横山間爲得非而得水道頗深廣北亦會佛肚水道此數小水道南既以牛鼻爲總北又以佛肚爲總故言大水道者往往僅舉牛鼻六横山與鑼鼓山間甚爲淺狹鑼鼓山與蝦岐山間爲鑼鼓水道又名斗箐門又名掃帚門蝦岐與桃花山間爲佛能水道二水道均極妥善往來舟山者多由之桃花山與南朱家島間爲撒拉格里水道即所謂烏沙門也係水道東近

南朱家島處有烏沙小島故名桃花與登步間潮流甚急不便駛行行此水道者務北出登步之東又轉登步之北而行於大敢白龍之南故較鑼鼓蝦岐爲繞遠也凡此皆舟山南之水道在崎頭角外者也舟山之東各島以朱家島爲最大南北長約七海里廣三海里在北曰北朱家島在南曰南朱家島（即與桃花山相對爲島沙門水道者）其中間最高之峯曰朱家峯（亦名朱家尖）約高千二百餘尺島東西岸均多澳而以東岸南段之狠灣（一作臥爾佛澳）爲著停泊於此可避東北風且多淡水（道光二十二年英兵船咸集於此）北岸之月澳亦可下碇島中稻田居全境三分之一皆普陀山僧產也居民約數千戶近日島西山觜有西教堂蓋島民有入西教者朱家島之北爲普陀山南北長約四海里廣半之僧寺八十餘所僧數千人無他居民曲徑通幽擅林木之盛西人嘗藉以避暑島南有淡水井可停泊島東沙澳內有淡水溪普陀之東北爲葫蘆山（西圖名也司莫西島又名塢縣島）普陀之東南北朱家島之東爲洛伽山洛伽之南爲白沙又南稍東爲拉加又南稍東爲雞籠山皆小島也而均有居民洛伽有燈塔葫蘆山與普陀間洛伽等四島與普陀朱家間均爲深安水道普陀之西北觜西對東舟山之東觜（名黃島）約一海里又十分海里之八中間名蓮花洋北朱家之西爲金河島（西圖作經何）金河西北對舟山之東南觜約十分海里之七金河之西爲盧家嶼（一作陸家島一作洛甲）盧家之西爲帽子島（一作馬輿）帽子之西爲大敢島（一作大坎）大敢之西爲殿家島（一作英夏）殿家之西北爲鼇山（鄖皋岙山）西南爲白龍山輪船自東北來經普陀與洛伽間又西經普陀與朱家間又西北經蓮花洋以達舟山東北之蘭秀灣而舟山之東普陀之西皆有淺灘鋪入海中故蓮花洋水道不甚闊北朱家與金河之間淺亘相屬不能通行自蓮花

洋西南經金河盧家間南接撒拉格里水道惟小輪可行因金河與舟山東南觜間甚淺狹耳其盧家島北距舟山岸僅九百尺即沈家門也港北小有市鎮中小輪船可通行停泊極妥自沈家門西至道頭澳約十一二海里經帽子大敢殷家鰲山各島北距舟山岸所成之水道惟中小輪可行再自鰲山西北入十六門故其水道名爲十六水道凡此皆舟山東之各島及水道也舟山之東北海爲蘭秀灣灣東無列島爲舟山之藏自舟山東觜黃島西北迤至舟山東北觜橄欖角凡十一海里爲東北瀨蘭秀灣之岸其間略分爲三段至黃島西北約四海里至展澳角爲一段皆倚山爲岸段適中去岸約一海里有大展島（一作大村島）乃低島也展粵角正北約一海里有菜島菜島之北及東北有數小島自展纍角西北約三海里又十分海里之七至船角爲一段皆平陂岸船角北有特安登小島距岸甚近自船角西偏北約三海里至橄欖角爲一段此兩角間成大澳潮退時爲大泥灘不易近岸此舟山東北守在本島者若藉他島之接應則在長塗以東一帶列島矣橄欖角之北爲蘭秀山蘭山秀山本係二島二島間甚淺土人築隄捍水遂連二島爲一故名蘭秀南北長約四海里闊約二海里半有居民千七百餘戶蘭秀之北爲關山（一作九山島）有居民二百戶關山北即岱山也岱山與關山間水道爲高定門（一作阿鎮門）關山與蘭秀間水道爲虬山門蘭秀與橄欖角間水道爲龜水道此三水道在舟山北所以通東西者惟高定門易於驅駛若虬山與龜水道均潮流湍激帆輪皆視爲畏途（龜水道中間有青山小島西圖名爲艫島青島與橄欖角間名曰灌門十人有老大好作灌門老大難過之蓋浙俗稱舟工曰老大耳）舟山西北有大沙澳澳外有島曰長白山其大略等蘭秀居民數百戶島與大沙澳間爲長白水道停

泊佳處也。長白之四周均有下椗處。舟山西岸有岑港，舊設巡司，近移駐岱山。其地頗闊淺，尙有漁船聚集。岑港之西有小島曰裏釣山（西圖名利的孔），裏釣之西南爲中釣山（西圖名臨島），中釣之南爲外釣山（西圖名哇得），裏釣之西北爲菰茨山（西圖名慈谿島）。此四島之西爲冊子島，頗大，南北長約三海里，廣約二海里半，居民約八九百戶。冊子之西卽金塘之北段也。金塘、冊子間爲金塘水道，冊子四島間爲慈谿水道，雖爲往來甬滬要道，而在門戶之內，所守不在此矣。蓋冊子、金塘之西北雖一望無際，然皆淺海，且自岱山東北至火山列島實爲舟山西北之外蔽（舟山孤懸海面，形似散漫難守，然約而計之，亦見形勝。如崎頭南之四水道，崎頭北之三水道，東面則普陀與朱家尖水道、蓮花洋水道，北面則岱山擻攬閩之三水道，又北則西北自璜心隔東南至東福綿亘各列島，均應築堅臺，屯重兵，以四環之列島爲舟山之城郭，而道頭澳則置船塢，屯兵聯營，中堅則舟山守矣。蓋舟山不守，則甬口、錢塘江口、長江口均不能守，實爲南洋最重要之地，復不可忽視）。海岸自崎頭角適南爲崎頭南角，卽旗山也。至此後西南適至福山島之北爲霩衢所（在鎮海縣南百二十里，宋置霩衢寨，明洪武二十年置千戶所。國初廢所，有千總分防）。又西爲象山港之北岸，又西入鄞縣境，至大嵩所之東南有小水口，西北達大嵩所，又北與東錢湖通（大嵩所在鄞縣東南九十里，元置巡司，明洪武中改置千戶所。國朝廢所，設遊擊守備駐防，雍正中以海防同知駐此）。自大嵩水口適西南入奉化縣境爲湖頭渡（在奉化縣東百二十里，東接大嵩，西接塔山，明設戍守，今駐千總），爲塔山城（塔山巡司在奉化縣東百里，元置由下塞設巡司，明初改爲塔山，洪熙中廢巡司。本朝仍置）。又西爲應村，又西至河隄灣，轉而南適入寍海縣境，有浮溪水入海口。浮溪小水也，源出寍海西北之橫溪嶺，自浮溪口又轉而東適有北河入海水口。北河亦小水，上達寍海縣城。自北河口適東爲象山港之南岸，入象山縣境爲西周村，又東有海汊，東南匯近象山縣城，又東爲岑莊，又東爲珠溪，又東爲錢倉所。錢倉所之東北獵戶角爲象山港南岸盡處（錢倉所在象山縣東北二十里，明洪武二十年建所，其地四面國山東臨大海朝廢所設兵防守本錢倉東對牛鼻山牛鼻山土人名東柱山其西北有小島曰耕夫土人名西柱山西圖名爲布老門列島東柱西柱舊圖又作東嶼西嶼蓋柱嶼音近耳即紀要之雙嶼也爲牛鼻水道之西水道廣約二海里水深能行巨輪象山港西圖名甯母拉特港東西長約三十海里南北廣約三四海里不等港口水深二十餘尺港內深至五六十尺港源無大水道係海水所成之汊港內小島頗多能容泊無窮巨艦港北岸之大嵩港小輪可乘潮而入且隨處可以登岸自大嵩湖頭一帶直趨甯郡僅數十百里耳故象山港又爲甬防後路要地海岸自錢倉所遮南皆倚山爲岸港汊頗多至爵溪所在象山東南二十五里明洪武三十一年置千戶所本朝廢所設兵防守有城西北負山東南臨海澳澳口東向頗寬而澳內均係淺沙澳外有羊背山西圖名母路兒摩羊背之東爲春門山二山雖可障東風及東北風而二道之水道及羊背與大陸間之水道均極淺惟漁船多至數百停泊於羊背山下自爵溪所遮南仍爲山岸遇孫塘山背一作掩安登峯又南去岸約二海里有大目島西圖名熊島大目之東海中約九海里有韭山列島小島礁石不能計稍大之島凡九皆青葱崒嵂有宮船澳雙山牛靴山上竹山中竹山下竹山大青山蚊蟲山積穀山等名其最大島名韭山有居民漁戶頗多其南與東南可泊大輪船漁船則聚於西北紀要韭山在象山縣東南百里海中山多熊形巍峩島嶼深遠勢島中淡水極佳海岸又南爲山岸傍岸多淺沙經昌石營昌國衛而至石浦昌石有水師營隸象山協昌國衛在象山縣南八十里明洪武十七年置昌國衛於舟山島上二十年徙於象山南之東門山後復徙此國朝裁衛設都司石浦所在昌國衛西南十餘里明置巡司又置千戶所國初廢所道光中移甯波府同知駐此後又移昌石之都司駐焉岸自石浦西適入台州府甯波縣境有大湖口茶院港皆北匯之汊也又西至白嶠港口爲白溪大溪合流入海口也白溪出天台縣之天台山東流入甯海境大溪出甯海西北橫溪嶺南麓西南流至甯波縣城南會白溪

東注海。海岸自白嶠港口轉而西南迤至東嶴，清溪入海口也。溪即海游河，出天台縣東山，東流至東嶴入海。自東嶴南爲亭旁溪，與楢溪會流入海口。口之南即寶嶴也。自寶嶴轉而東迤至桃頭角，又轉而南迤至健跳所（在寧海縣東南百十里，明洪武二十年置千戶所，國朝裁所，駐兵有遊擊守備等官）。東南臨大橫渡水入海口，東北對石浦城約七十里，爲甯海灣口門。海灣內有羣小島東西列，最著爲田灣島（西距桃頭角約一海里又半，西圖名天頭島）。田灣之東爲滿山（西圖名生佐治島，即紀要之台明墺）。滿山之東爲大佛頭山。大佛頭之東北爲魚塘山（西圖名尖洋島）。魚塘之東爲大南田山（西圖名牛頭山），又名小魚山，地面頗廣。光緒初年派開墾委員駐島上，石浦同知亦有行署，以時往來。此數島分海灣口門爲二：島北爲石浦港，島南爲三門灣。而石浦港口有東門島（一作南輝山），對面山（西圖名陰島，又作島）與橫塞對面，南對大南田，其間爲下灣港。東門對面間爲東門港。東門島之西北爲石浦廳城。石浦城之東有山南伸入海，西南與東門島對峙如門然，其間水道即銅瓦門也。東門、下灣二港均狹而多礁，輪船無敢試行。銅瓦門雖可行大船，惟水道曲隘，流漩而疾，必待潮平方便出入。石浦城下甚便停泊，故石浦市肆頗稱繁盛（道光二十二年英人犯石浦，由銅瓦門入。光緒甲申法蘭西遊擊擾台灣船，其艦遂沈港內）。偏南約五六海里有壇頭山，韭山以南海面大島也。島之西南輪船可下椗（明之倭寇嘗望此山收泊，嘉靖設兵戍守），實爲石浦口外屏蔽。三門灣因灣口有三門列小島而名。其島北與大佛頭山相值，灣內水深浪闊，停泊處頗多。如滿山之南爲停泊最佳處，大佛頭之東北與魚塘山間名珠門港，水深至六七十尺，甚便泊船。遇東北風則在大南田西南停泊亦安，故己亥、庚子之間，意大利人欲索三門灣爲租地也。海岸自健跳所迤南爲坡壩水入海口。坡壩水西出臨海東北觀斗山南麓小溪也伋即紀要所言之邑舉港坡壩口之南為洄淋驛驛東南有小水入海口又南為有殿角南對白梳角土名蠣門清為桃渚港入海口門又名橫河靈江之分支也靈江流至家子之北前所城之西分支東北流經前所城北桃渚城南又東至舊城驛北入海前所城在臨海縣東南九十里明洪武中建千戶所隸海門衛國朝改設汛司守備駐防今裁置巡司城南臨椒江與海門僅隔一水桃渚城在臨海縣東百里明洪武中建千戶所隸海門衛國朝廢所設守備駐防家子一名葭芷有市鎮頗繁富在臨海縣東南九十里驛有同知口門之東有數小島羅列其著者為金門島在東北高島在東南九曩島在西金門島與高島間為無產港可停泊避風自白梳角迤南為平沙岸至白沙山一名泥鬍為台州灣口北岸台州灣椒江口門外之海灣也椒江一名澄江又名靈江凡天台赤城以南括蒼韋羌以北大盆婁以東之水皆匯此江自白沙山迤西仍為淺沙岸約四十里至前所城南渡椒江為海門城兩城南北相對為椒江口門自海門東南迤仍為淺沙岸約五十里至琅璣山一名大陣山為台州灣口南岸北對白沙山約十一二海里海門衛在臨海縣東南九十里明洪武中建衛國初廢設遊擊駐防光緒二年又移黃巖總兵駐海門灣內水深僅七八尺而椒江口內水深或至一二十尺惟兩岸既東遂成奔流中等輪船可乘潮渡淺礁入口泝流而上過葭芷西北可至臨海城下西南則至黃巖灣口外羣島羅列其著者為竹嶼土名頭門山在泥島東偏南約七海里竹嶼圖峯下淡水甚佳四周均可暫泊竹嶼之東北約二三海里郎高島也島東南澳可停泊高島之東偏南約二三海里為東箕山山南可暫避風竹嶼之南偏東約六海里為風暴島凡二小島在南名南江山北名北江山兩島中間可泊民船風暴之東約二海里為百筴山[illegible]名花籃鳥[illegible]在箕山東北約二十海里為黑山羣島凡五六小島其著者為南魚山北魚山白礁皆有居民多者二十

餘戶少者四五戶均閩人以捕魚爲業頗馴良而西人謂黑山羣島爲盜藪或偶有所遇遂概言之北魚山(西名沙洞島)上有燈塔其西北可暫下椗此諸島均在台州灣北岸之外而南岸外羣島西距淺沙岸不甚遠南北相屬如練直接松門如北前島(土名東鄉山)在琅璣之東北約二海里北前之南曰擱機山(土名日果山)又南曰金星門(土名黃蕉山)島西可泊民船金星門之南曰盤馬砦(土名龍王堂)金星與盤馬間爲淺水灣灣內有無名小島數處盤馬西南距松門城不及一海里南望松門山約二海里其東澳可泊小輪盤馬之東約二三海里爲駝背島(土名沙鑊山)島西可泊民船駝背之東約二海里有半爲積穀山積穀山之東北約十里爲台州羣島其大而著者爲上大陳山(一名上台)在北下大陳山(一名下台)在南兩大陳中間相距約二海里爲最好停泊處上大陳居民約三百餘戶山上淡水甚佳下大陳居民至千餘戶市肆頗盛(海門鎭標千總一員兵十二名駐之兼管鹽務曰鳳尾汛)兩大陳外羣小島環峙大小凡十二島此又台州灣口南至松門一帶淺沙岸外之羣小島也(松門衞在太平縣東南五十里明洪武中置衞國朝裁衞置巡司復設守備駐守)松門衞城北臨松門港港口漸淤僅容小艇口外三里許有松門山(一名石塘山)南北長二十五里廣五里居民千戶(島南有臺卡弁汛兵)松門山之東爲牛山(西人名石塘)島牛山之東爲蘇丹島松門之東南爲三蒜島此小島之著者而牛島之西松門之東水道中有二小島東西幷列其在東者名隔海山山之西可泊小輪海岸自松門衞以南郎轉而西迤又南迤至隘頑所松門隘頑之間成大海灣名隘頑灣(隘頑灣在太平縣南三十里明洪武中建千戶所屬松門衞國朝改爲寨設把總防守)灣內皆淺沙灣南有小島名糖塔島(土名針山)糖塔島之南爲福來爾島(土名小揹山)福來爾東南爲披山惟披山稍大有居民島南北均可暫泊自隘頑所來

西南迺入溫州府境略爲山岸從大隩山至木杓山又轉西北迺至楚門所（在太平西南六十里明洪武中建千戶所屬松門衛國朝裁所）爲台溫交界地又西北迺至大荊營（在樂清東北百里雍正中設游擊駐此）有小水入海口又轉而西南迺至鏵鍬埠（在樂清縣東二十八里駐外委）有白龍河入海口又西南經蒲岐寨（在樂清縣東三十里明洪武中置千戶所屬盤石衛國朝廢所駐把總）至樂清縣城南爲甌江口門自木杓山至甌江口成大海灣名樂清灣灣內島嶼羅列其大者爲玉環山（在樂清縣東南舊有城明洪武中徙棄國朝雍正中築城設參將守備駐防兼設同知及巡司）山據樂清口南北約三十里東西約二十里其西極爲西清渡西對鏵鍬約十餘里東南隅爲坎門坎門東嵴爲基忙角東北對木杓山之南嵴亦十餘里東北隅爲楚門渡東對楚門所僅數十步爲玉環與大地相距最狹處中小輪船停泊坎門最宜惟南風則浪大耳大輪船可由島之西直入島西水深處停泊而鏵鍬埠北亦停泊大輪佳處楚門港雖可避風然水淺惟民船可繫纜玉環四周小島頗多其著者北有大青小青東門西門西有大小橫牀毛埏毛坦南有南盤橫址東南有雞冠山大鹿島小鹿島均有居民雞冠山人煙尤密有官鹽局並市肆雞冠山之東與大小鹿島之閒均便停泊樂清灣之南卽溫州灣甌江口外海灣也甌江卽永嘉江又名永甯江仙霞東南山脈（如泉山孝義山大橫坑山小梅山一帶是也）以東各水源龍泉遂昌松陽麗水北山脈（如下方山貴義嶺倚雲嶺下田山石義山東交嶺欽山大陽山靈山又南接括蒼一帶是也）以南各水源慶元泰順一帶山脈（如青草勁山杏山金屏山青亭臨山石佛山石牌山石梆嶺一帶是也）以北各水源均匯此江東流至永嘉城北其流始大中小輪船可泊城下又東經盤石衛南凡百里至黃華關入海（盤石衛在樂清縣西南五十里明洪武中設衛國朝廢置游擊守備駐防後又設都司）黃華關（西圖名溫州角）在永嘉江入海口北岸嵴上（黃華關明代設水寨今廢在盤石東三十里東拔大海汛撫港口）口門

南岸皆平泥灘漫無約束故守永嘉者以盤石南對狀元橋爲門戶口外羣島羅列其要者如口門中塞之溫島即臺崑島島北爲深水道島南僅能行華船北岸黃華關之東南爲黃大嶴島西圖作虎頭山黃大嶴之東爲鹿棲山又名東山西圖以此爲黃大嶴南岸平泥灘之西南爲霓嶼西圖名硤嵊山自溫州島西南接霓嶼中間平泥灘幾相屬霓嶼之東北爲狀元嶴島於是黃大嶴之南霓嶼與狀元嶴之北爲最深之大水道大輪船出入甌江必由此黃大嶴之南嶴尤便停泊輪船進口者恆泊此候潮水道中有河建島分水道爲二島北水道尤妥狀元嶴之南爲三盤山三盤之南爲洞頭山西圖名鳳凰山洞頭之南爲半屏山卽半邊山半屏山之南爲北策東策南策等島洞頭之西南爲大瞿小瞿等島於是狀元嶴之南三盤山之北及霓嶼之南洞頭之西均爲下椗佳處而洞頭之南半屏及南北策之西大小瞿之東成一最好船澳三面環山水深浪闊僅南通一港名曰牛港停泊處且有淡水洞頭山之北有小市三盤汎兵駐此相傳此山凡七十二澳各島均有居民以黃大嶴與洞頭爲最大而霓嶼與鹿棲次之自甌江口南岸迤南入瑞安縣境爲梅頭城在瑞安縣東北五十里明置巡司爲戍守要地又南爲海安所在瑞安縣東三十里所屬溫州衞明置千戶國朝裁又南爲飛雲江口飛雲江一名瑞安江又名羅陽江源出泰順縣西北山中倚朝天馬嶺風門山大周山牙齒嶺牛皮嶺一帶山脈之北麓東流而石佛石牌石梯一帶山脈以南之水皆入焉至瑞安縣城南轉東南流入海口門江面廣三四里水深六七尺中小輪船可乘潮至瑞安城下自飛雲江口迤南入平陽縣境經宋埠驛至鰲江口卽橫陽江也源出平陽縣西境南源爲莒溪北源爲繞陽江東至錢倉鎮南合流名錢倉江錢倉鎮在平陽縣南二十里又東流入海自鰲江口迤南爲琵琶山有直浹河

小水入海口又南經金鄉衛之東金鄉衛在平陽縣南六十里明初置衛國朝裁置都司又南爲大漁口卽大濩海口也非長源水口係海水灣入地中以成港港口東向口門有官山島中塞分南北水道均深十餘尺港內水深六七尺中小輪船可停泊以避西北風唯東南風浪甚大漁口之南卽鎮下關也在平陽縣東南百四十里亦曰鎮下門關明置水寨駐舟師今設兵防衛爲浙江福建分界處

杭州府明太祖丙午年改元杭州路爲府國朝因駐浙江巡撫布政提學提法鹽運交涉五司督糧巡警勸業杭嘉湖四道光緒二十一年與日本立約定爲通商埠租界在城南武林門外漢志會稽丹陽二郡地**北距京師四千二百里領州一縣八**

錢塘明縣因倚治西偏漢錢唐縣禹貢南江自仁和來逕縣又絕武林水漸江水而東流下入蕭山

仁和明縣因倚治東北偏漢錢唐縣地禹貢南江自石門來西南流逕縣東北五十里之塘棲鎮東又屈而東南流逕臨平鎮北自此而南行宋時下塘運河其故道矣下入錢塘

海寧州明縣國朝爲州府東少北百七里有捍海塘接仁和界歷代增修漢海鹽縣之鹽官

富陽明縣因府西南九十里漢富春縣

餘杭明縣因府西北七十里縣西北有獨松嶺關漢縣

臨安明縣因府西北百里漢餘杭縣地

於潛明縣因府西北百七十里漢縣

新城明縣因府西南百二十里漢富春縣地

昌化明縣因府西二百十里縣西有昱嶺關漢於潛縣地

嘉興府 明 太祖丙午年改元嘉興路爲府 國朝因漢志會稽郡地 **西南距省百八十里領縣七** **嘉興** 明縣因倚治東南偏漢由拳縣禹貢南江自江蘇吳江來逕縣下入秀水 **秀水** 明縣因倚治西北偏漢由拳縣地禹貢南江自嘉興來逕縣下入桐鄉 **嘉善** 明縣因府東三十六里漢由拳縣地 **海鹽** 明縣因府東南八十里有捍海塘接金山海鹽界歷代增修漢海鹽縣地 **桐鄉** 明縣因府西南五十五里漢由拳縣地禹貢南江自秀水來逕縣下入石門 **石門** 明崇德縣 國朝更名府西南八十里漢由拳縣地禹貢南江自桐鄉來逕縣下入仁和 **平湖** 明縣因府東南五十四里漢海鹽縣

湖州府 明 太祖丙午年改元湖州爲府 國朝因漢志會稽丹陽二郡地 **南距省八十里領縣七** **烏程** 明縣因倚治府西南偏漢縣 **歸安** 明縣因倚治府東北偏漢烏程縣地 **長興** 明縣因府西少北六十里漢烏程故鄣二縣地 **德清** 明縣因府南少東九十里漢烏程縣地 **武康** 明縣因府南少西百十里縣西北有莫干山西人多築室避暑境產黏土浙右陶器多出此漢烏程縣地 **安吉** 明州領縣屬湖州 國朝降縣府西南百二十里漢故鄣縣 **孝豐** 明縣屬安吉 國朝來屬府西南九十里漢故鄣縣地

寧波府 明 太祖吳元年改元慶元路爲明州府洪武十四年改今名 國朝因駐分巡寧紹合兵備道浙江提督定海鎮總

兵道光二十三年與英立約五口通商之一租界在甬江東岸與府城相對泝江約三十八里可達舟楫最便出口貨棉絲蓆扇海物等入口貨石油洋布糖等全年共值銀千九百萬兩漢志會稽郡地西北距省四百八十里領廳一縣五鄞明縣因倚漢鄮縣慈谿明縣因府西北五十里漢句章縣奉化明縣因府西南八十里漢鄞縣象山明縣因府東南二百七十里漢鄞回浦二縣地鎮海府東北六十里漢鄮縣地石浦廳府南二百里南田廳近改駐南田島

定海直隸廳明縣屬寧波　國朝升直隸廳漢句章縣地西距省六百里四面皆海惟西與寧波隔一海峽

紹興府明太祖丙午年改元紹興路爲府　國朝因漢志會稽郡地西北距省百三十八里領縣八　山陰明縣因倚治西偏漢縣禹貢南江自蕭山來逕縣下入上虞許愼晉灼皆云江水至山陰爲浙江江自太湖出大勢南流絕錢唐江復折而東其形方折故曰浙江會稽明縣因倚治東偏漢山陰縣地蕭山明縣因府西北百十一里漢餘暨縣禹貢南江自錢唐來逕縣絕錢清江而東流錢清卽班志潘水也下入山陰諸暨明縣因府西南百十里東瀨浦陽江有五金各鑛漢縣·餘姚明縣因府東北百八十里漢縣禹貢南江自上虞來逕縣入海

班志吳下云南江東入海石城下云分江水東至餘姚入海者也詳具余所著尚書孔傳參正及漢書地理志補注

上虞 明縣因府東百二十里漢縣禹貢南江自山陰來絕曹娥江而東曹娥即班志柯水也下入餘姚

嵊 明縣因府東南百八十里漢剡縣

新昌 明縣因府東南二百二十里漢剡縣地

台州府 明洪武初改元台州路為府 國朝因漢志會稽郡地 **西北距省五百七十七里**

領縣六

臨海 明縣因倚漢回浦縣

黃巖 明縣因駐黃巖鎮總兵府東南六十里漢回浦縣地

天台 明縣因府西北九十里漢回浦縣地

仙居 明縣因府西少南九十里漢回浦縣地

寍海 明縣因府東北百八十里

太平 明縣因府東南百四十里漢回浦縣地

金華府 明太祖戊戌年改元婺州路為寍越府庚子年更名 國朝因漢志會稽郡地 **東北距省四百五十里領縣八**

金華 明縣因倚漢烏傷縣地

蘭谿 明縣因府西北五十里漢烏傷縣地

東陽 明縣因府東少北百三十里漢烏傷諸暨二縣地

義烏 明縣因府東北百里漢烏傷縣

永康 明縣因府東南百十里漢烏傷縣地

武義 明縣因府南少東七十五里漢烏傷縣地

浦江 明縣因府東北百十里漢烏傷諸暨二縣地

湯溪 明縣因府西南五十里漢烏傷太末二縣地

衢州府 明太祖己亥年改元衢州路爲龍游府丙午年更名國朝因駐分巡金衢嚴道衢州鎮總兵漢志會稽郡地**東北距省五百六十里領縣五** **西安** 明縣因倚漢太末縣地 **龍游** 明縣因府東七十里漢太末縣地 **江山** 明縣因府西南七十五里漢太末縣地 **常山** 明縣因府西八十里漢太末縣地 **開化** 明縣因府西北百六十里漢太末縣地

嚴州府 明太祖戊戌年改元建德路爲建安府尋曰建德府壬寅年更名國朝因漢志會稽丹陽二郡地**東北距省二百七十里領縣六** **建德** 明縣因倚漢富春縣地 **淳安** 明縣因府西百六十五里漢歙縣地 **桐廬** 明縣因府東北九十五里漢富春縣地 **遂安** 明縣因府西少南百八十里漢歙縣地 **壽昌** 明縣因府西南九十里漢富春縣地 **分水** 明縣因府西北百二十里漢富春縣地

溫州府 元溫州路明洪武初爲府國朝因駐分巡溫處兵備道溫州鎮總兵光緒二十六年煙臺條約增開五口之一租界在甌江南岸接府城溯江約五十八里可達出口貨茶礬蜜糖牛皮等入口貨布銅鐵洋油等全年約值銀數萬兩漢志會稽郡地**西北距省八百九十里領廳一縣五** **永嘉** 明縣因倚漢回浦縣地 **瑞安** 明縣因府南八十里漢回浦縣地 **平陽** 明縣因府西南百三十里漢回浦縣地 **樂清** 明縣因府

東北八十里漢同浦縣地　泰順明縣因府西南三百七十里漢同浦縣地　玉環廳明洪武中因倭寇來犯徙民內地　國朝雍正四年設官駐防府東北二百里海中

處州府明太祖己亥年改元處州路爲安南府尋更名　國朝因駐處州鎮總兵漢志會稽郡地　北距省千九十八里領縣十　麗水明縣因倚漢同浦縣地　青田明縣因府東南百五十里漢同浦縣地　縉雲明縣因府東北九十里漢同浦縣地　松陽明縣因府西百二十里漢同浦縣地　遂昌明縣因府西少北百八十里漢太末縣地　龍泉明縣因府西南二百四十里漢同浦縣地　慶元明縣因府西南四百里漢同浦縣地　雲和明縣因府西南百十里漢同浦縣地　宣平明縣因府西北百二十里漢同浦縣地　景寧明縣因府南百四十里漢同浦縣地

江西省（禹貢揚州漢志揚州部）

疆域　東浙江東北安徽東南福建西南廣東西湖南西北湖北東西九百二十里南北千八百里面積六十萬三千四百四十七里人約二千六百五十三萬口領府十三直隸州一廳三州一縣七十五

物產米竹木茶紙磁器夏布土靛等礦產亦旺

地勢王書云北臨大江饒水利東西南三面皆山環繞自騎田嶺而東分支北迤為江西湖南之界為羅霄山（在袁州西）為幕阜山（在江西湖北湖南界上）又轉東迤為江西湖北之界為大湖山（在義寧州北）為九宮山（在武寧西北）東止於廬山（在南康府西北二十里西人於牯牛嶺建屋避暑漸成街市郵電皆通）其正支東迤為大庾嶺（在南安府西南二十五里五嶺之最東嶺）又南而東為江西廣東之界為十二排山（在龍南縣南）又東北為江西福建之界為馬戰崠山為寮嶺（在石城縣東）為蟬夾隘（在廣昌東）為杉關（在上龍縣南百二十里為江閩關道）又東北為江西浙江之界為懷玉山（在玉山縣北百四十里界衢饒信三府當吳楚閩越之交為東南望鎮）又北入安徽境諸山以內原野大開田疇相望

水道　王書云江水自湖北入境東流右會鄱陽湖水東入安徽境下流最要處為馬當磯（由皖達贛門戶水路極狹南岸分設五礮臺正對骨牌洲）中流最要處為湖口（礮臺在縣城北門外石鐘山側地當鄱湖口門東岸武曲港西岸梅家洲分設二臺）上流最要處為金雞坡（在九江府城東十里東西北三臺設南岸）為岳師門（在九江府東門外分上下兩臺沿岸建築與金雞坡銜接一氣）入湖之水四一贛江上源有二東源曰貢水出福建長汀縣西流入境左受雁門水梅林江右有琴水梅江合而來會又西右受徽江水左受桃

江水與西源會。西源曰章水，有二源，南曰池江，北曰上猶江，皆出聶都山，東流合，而與東源會。章貢既會，北流曰贛江，多險灘，古稱贛灘三百里是也。右受遂江、禾水、瀘江、袁江（一名秀水）、錦江（一名蜀水）、修水（右合潦水），右受孤江水、烏江水、盱江支津，北分數道入湖。自貢源至此，長千九百里。水長時，輪船可達南昌，以上大帆船可抵贛州，小帆船本支各流均通。一盱江，又曰汝江，有東西二源，合而北流，左有臨水合宜黃河來會，又北分一支西入贛江，正支北流曰武陽水，入湖，長千三百里。一上饒江，又曰信江，出懷玉山，西流，左合涡河、雲際水、須溪水、白塔河，右受葛源水，西流分而復合入湖，長八百里。一鄱江，有二源，北曰昌江，出安徽祁門縣，南曰婺河，即樂安江，流出安徽婺源縣，西南流至饒州府城南，合而西入湖。湖匯諸大水為巨浸，周四百五十里，形如葫蘆，中為細腰。湖中洲之大者為康山，明太祖戰陳友諒處也。湖又北與大江會。

交通　王書云：北境水路交通頗便，如九江為江輪停泊之埠，吳城、南昌、豐城、樟樹鎮、吉安等處，小輪船亦可往來，但八月以後，吳城以上水涸難行。又自南昌通各省之驛道有四：一北渡江達湖北黃梅（中經建昌、德安、德化，渡江至小池口，北達黃梅）；一東南逾杉關達福建光澤（中經進賢、臨川、南城）；一東逾懷玉山達浙江常山（中經進賢、東鄉、安仁、貴溪、弋陽、興安、上饒、玉山）；一南逾大庾嶺達廣東南雄（自建昌南經安義、奉新、高安、清江、新淦、峽江、吉水、廬陵、泰和、萬安、贛縣、南康、大庾。按唐以前古路在今梅嶺西偏北二十五里，今名馬遊仙遷者，上有橫浦關，趙佗移檄告橫浦諸關是也。唐衢此路荒廢，開元中張九齡始別開一路，即今梅嶺關路是）；一西出插嶺關達湖南醴陵（中經豐城、清江、新喻、分宜、宜春、萍鄉）。又鐵路擬築者，從九江以達省城，名曰南潯鐵路，為幹路第一段；次則由省城以達吉安，為幹路第二段；由吉安以達贛南，預備接續廣東鐵路，為幹路第三段。此外道瑞袁以通湘，道撫建以通閩，道廣信以通浙，為三

文路文電綫由南昌北通九江南通廣州樟樹興州鮚菝嶺由九江東通蕪湖嘶西通漢口

南昌府明太祖壬寅年改元龍興路爲洪都府癸卯更名國朝因駐江西巡撫布政司提學司提法司督糧道巡警道勸業道鹽法道瀨江鄉務兼兵備漢豫章郡地　**東北距京都四千八百五十里領州一縣七**

南昌明縣因倚治東南偏漢縣　**新建**明縣因倚治西北偏漢南昌縣地　**豐城**明縣因府南少西百二十里漢南昌縣地　**進賢**明縣因府東南百十里漢南昌縣地　**奉新**明縣因府西百二十里漢海昏縣地　**靖安**明縣因府西北百六十里漢海昏縣地　**武寧**明縣因府西北三百八十里漢海昏縣地　**義寧州**明寧州國朝因嘉慶中以守城禦寇功加義字府西北三百五十里漢艾縣漢志艾云修水東北至彭澤入湖漢禹貢九江之三

饒州府明太祖辛丑年改元饒州路爲鄱陽府尋更名國朝因漢漢志豫章郡地　**西南距省三百里**

領縣七

鄱陽明縣因倚漢漢縣漢志鄱陽云鄱水西入湖漢禹貢九江之一　**餘干**明縣因府南少西百二十里漢餘汗縣漢志餘干云餘水在北至鄱陽入湖漢𥟢案餘誰禹貢九江之二　**樂平**明縣因府東百二十里有牛頭山煤鑛漢餘汗縣地　**浮梁**明縣因府東北百八十里縣西南三十里景德鎮以製磁器名業陶者千戶窯五百餘座漢鄱陽縣地　**德興**明縣因府東二百四十里漢餘汗縣地　**安仁**明縣因府南少東二百十里漢餘汗縣地　**萬**

年明縣因府東南百二十里漢鄱陽餘汗二縣地

廣信府明太祖庚子年更元信州路爲廣信府國朝因漢志豫章會稽二郡地西北距省六百里領縣七上饒明縣因倚漢餘汗縣地玉山明縣因府東北百里漢太末縣地弋陽明縣因府西百二十里漢餘汗縣地貴溪明縣因府西百九十里漢餘汗縣地鉛山明縣因府西南八十里有佛母嶺爍鑛漢餘汗縣地興安明縣因府西北八十里漢餘汗縣地廣豐明永豐國朝雍正九年更名府東南四十五里漢餘汗縣地

南康府明太祖辛丑年改元南康路爲西寧府壬寅更名國朝因漢志豫章郡地南距省二百四十里領縣四星子明縣因倚漢柴桑縣地都昌明縣因府東八十里漢彭澤鄱陽二縣地建昌明縣因府西南百二十里漢海昏縣地安義明縣因府西南二百里漢海昏縣地

九江府明太祖辛丑年改元江州路爲九江府國朝因駐分巡廣饒九南道咸豐十年天津約長江三口之一租界在城西俄人設製茶廠三所出口貨紙茶麻煙草甆器等入口貨棉布絨布海味等全年共值銀千九百萬兩漢志豫章盧江二郡地南距省三百二十里領縣五德化明縣因倚有馬祖山爍鑛漢柴桑尋陽二縣地禹貢江水

自湖北黃梅來逕柴桑在今縣境下入湖口

德安 明縣因府西南百二十里漢歷陵縣漢志歷陵云傅陽山古文以爲傅淺原隸傳敷今古文之異山水澤地篇敷淺原在歷陵縣西成蓉鏡云當在今鄱陽縣城

瑞昌 明縣因府西九十里漢柴桑縣地

湖口 明縣因府西六十里漢彭澤縣禹貢江水自德化來逕彭澤在今縣境又東逕梅家洲與鄱陽湖水合湖漢九水入之書所云過九江也九江者一鄱水二餘水三修水四盱水五蜀水六南水七彭水八湖漢水九豫章水二分見諸縣下漢志尋陽云禹貢九江在南皆東合爲大江又彭澤云禹貢彭蠡澤在西今鄱陽也沔水注禹貢漢水自德化來東過彭蠡澤書所云東匯澤爲彭蠡也鄭元云匯回也漢與江鬭轉東成其澤矣此下闕文餘見安徽廬江

彭澤 明縣因府東少北百四十里漢彭澤縣地

建昌府

明太祖壬寅年改元建昌路爲肇慶府尋更名 國朝因漢志豫章郡地

西北距省四百里

領縣五

南城 明縣因倚漢縣漢志南城云盱水西北至南昌入湖漢禹貢九江之四

南豐 明縣因府南少西百二十里漢南城縣地

新城 明縣因府東南九十里漢南城縣地

廣昌 明縣因府西南二百四十里漢南城縣地

瀘溪 明縣因府東南百五十里漢南城縣地

撫州府

明太祖壬寅年改元撫州路爲臨川府尋更名 國朝因漢志豫章郡地

北距省二百里領

縣六　臨川明縣因倚漢南城縣地　崇仁明縣因府西百里漢南城縣地　金谿明縣因府東南八十里漢南城縣地　宜黃明縣因府西南百二十里漢南城縣地　樂安明縣因府西南二百四十里漢南城縣地　東鄉明縣因府東八十里漢南城餘汗二縣地

臨江府明太祖癸卯年改元臨江路爲府國朝因漢志豫章郡地東北距省二百二十里

領縣四　清江明縣因倚縣東樟樹鎮商務頗盛漢新淦縣　新淦明縣因府東南六十里漢新淦縣地　新喻明縣因府西南百二十里漢宜春縣地　峽江明縣因府南百三十里漢新淦縣

瑞州府明洪武二年改元瑞州路爲府國朝因漢志豫章郡地東北距省百二十里領縣三　高安明縣因倚漢建成縣漢志建成云蜀水東至南昌入湖漢禹貢九江之六　上高明縣因府西南百里漢建成縣地　新昌明縣因府西百二十里漢建成縣地

袁州府明太祖庚子年改元袁州路爲府國朝因漢志豫章郡地東北距省四百八十里

領縣四　宜春明縣因倚漢縣漢志宜春云南水東至新淦入湖漢禹貢九江之五　分宜明縣因府東八十里漢宜春縣地　萍鄉明縣因府西百四十里縣境安源產煤極旺與英國上等焦炭等漢宜春縣地　萬載

明縣因府北九十里漢建成縣地

吉安府明太祖壬寅年改元吉安路爲府國朝因漢志豫章長沙二郡地北距省五百二十里

領廳一縣九

廬陵明縣因倚漢縣

泰和明縣因府南少西八十里漢廬陵縣地

吉水明縣因府東北四十五里漢新淦廬陵二縣地

安福明縣因府西少北百二十里漢安平安成二縣

龍泉明縣因府西南二百五十里漢廬陵縣地

萬安明縣因府西百八十里漢廬陵縣地

永豐明縣因府東百三十里漢廬陵縣地

永新明縣因府西南二百二十里漢廬陵縣地

永寧明縣因府西南二百八十里漢廬陵縣地

蓮花廳明爲安福永新二縣地國朝乾隆八年析置府西南二百五十里漢安平廬陵二縣地

贛州府明太祖乙巳年改元贛州路爲府國朝因駐吉南贛寧兵備道漢志豫章郡地東距省千二百里

領廳二縣八

贛明縣因倚縣南六十里崆峒山多材木果實有壠下洞銅鑛漢縣漢志贛云豫章水出西南北入大江湖漢豫章二支並行禹貢九江之九

雩都明縣因府東百五十里漢縣漢志雩都云湖漢水東至彭澤入江禹貢九江之八

信豐明縣因府東南百七十里漢南豐縣地

興國明縣因府東北百六十里漢贛縣

會昌明縣因府東少南三百里漢雩都縣地

安遠明縣因府東南三百四十里漢雩都縣地

長

寍明縣因府東南四百六十里漢雩都縣地 龍南明縣因府南三百二十里漢南壄縣地 定南廳明縣國朝因乾隆三十八年改廳府南四百里漢南壄縣地 虔南廳新設在龍南縣西觀音閣地方漢南壄縣地

寍都直隸州明縣屬贛州國朝升直隸州漢雩都縣地 北距省千五百六十里領縣二 瑞金明縣屬贛州國朝來屬州南百三十里漢雩都縣地 石城明縣屬贛州國朝來屬州東百里漢雩都縣地

南安府明太祖乙巳年改元南安路爲府國朝因漢志豫章郡地 東北距省千二百二十里領縣四 大庾明縣因倚漢南壄縣地 南康明縣因府東北百三十里漢南壄縣漢志南壄云彭水東入湖漢禹貢九江之七 上猶明縣因府東北百八十里漢南壄縣地 崇義明縣因府西北百二十里漢南壄縣地

湖北省（禹貢荊州漢志荊州部）

疆域　東安徽東南江西南湖南西四川西北陝西北河南東西二千四百四十里南北六百八十里面積五十八萬九千百十六方里人三千五百二十八萬口現領府十直隸州一直隸廳一廳一州六縣六十

物産米麥豆茶麻棉花苧布藥材錫石膏等鶴峯之銅大冶之鐵漢水之金沙頗有名

地勢　王書云北境山岳連亘蓋自中大幹東西分爲二支其在東者自河南之桐柏山東迤分爲二一南爲大洪山一東爲湖北河南之界爲平靖關（在應山縣北河南信陽州西南）爲武勝關（在應山縣東北信陽州南）爲九里關（在孝感縣東北河南羅山縣西南）卽左傳之冥阨直轅大隧楚之北塞也又東入安徽境其在西者自四川陝西界山東迤爲雞心嶺（在川陝鄂三省交界處）又東南爲湖北四川之界又東入湖北境爲五道峽（在保康縣西南）爲八疊山（在南漳縣南卽古柤山）又東南分爲二一東盡於章山（在鍾祥縣西漢水西岸）一南盡於紀山（在江陵縣北）其襄陽西之荊山均州南之武當山皆其分支也湖北西南境東南境之山則南大幹所分之支無北境峭拔之勢境之中央平野廣闊爲大川流域土脈膏腴

水道　王書云江水自四川入境行山峽中兩岸受數小水東南出峽左受清江左受沮漳二水又東南曲折流南岸分三口入洞庭（一虎渡口曰虎渡河一藕池口曰涌水一調弦口曰調弦河）至荊河口右受洞庭湖水又東北南岸受黃蓋湖陸溪西良湖黃塘湖魯湖（三湖相通）東湖北岸受新灘口水（上受荊州府以東諸湖及沔陽

以南之洪湖大同湖大沙湖諸水）沌口水（上承漢水支流及分諸湖水）與漢水會又東北折而東南左受灄水武湖水張渡湖水（上承倒水當即龍河）岐亭河巴河浠水右受梁子湖湯家湖保安湖（三湖相連）湋源湖富水東入江西境江之下流最狹處爲田家鎮（設有礮臺分中南北三臺中曰吳王廟南曰半壁山北曰馬家山）上流最險處爲荊門虎牙二山爲巴東三峽（自夔州府東出爲瞿塘峽爲三峽上流之門峽口江中有灩澦堆爲江流最險處又東經巫山南麓曰巫峽入湖北境爲黃牛峽至宜昌府城西曰西陵峽三峽長七百里兩岸連山絕無闕處自非亭午夜分不見日月）又漢水自陝西入境東南流右受陸河南河蠻河（本彝水恆溢改）左受丹河白河至潛江縣北有支津西南流西接荊州南通監利東南通沔陽湖港縱橫交會即古江北之雲夢澤也正流折北又分支津通沔陽又東分二派北派受松湖支津南派至仙桃鎮又分一支南流兩派既合東北流左受松湖支津潰水瀼水東南入江此河自均州以下沙洋以上最畏淺沙沙洋以下江闊水平始無沙患故小輪上駛僅達沙洋大帆船可達老河口按江自夷陵而下漢自襄樊而下並無大山連延資隄爲保障者幾二千里自宋政和以後江湖圍田盛於東南而荊襄屯兵又益廣圩田於是昔之湖澤所餘無幾下流壅而上流易淤江則穴口盡堙漢則支河半廢迄今水高於平田隄亘如城郭矣

交通王書云擅大江之利江輪往來如織自漢口以下如黃州黃石港蘄州武穴漢口以上如金口寶塔洲新隄城陵磯（屬湖南）沙市宜昌皆爲江輪停泊之埠又鐵路已成者京漢路之南段（自漢口大智門北經孝感出武勝關達河南信陽州）現在修造者粵漢路之北段（中經江夏咸甯蒲圻）川漢路之東段（路未商定）其自武昌西北渡江漢達河南淅川（中經漢陽漢川應城京山鍾祥宜城襄陽樊城老河口光化）自襄陽南渡江達湖南澧州（中經宜城荊門荊州沙市公安此爲頓直雲貴之通道）則驛馬路也又電綫漢口東通九江（黃州蘭溪鎮武穴由蘭溪鎮分大冶）西通成都（漢陽仙桃鎮浩

子口沙市·荆州·宜昌·歸州·巴東·由仙桃鎮分新隄·由沿子口分沙洋·由荆州分荆門·襄陽·老河口·分達鄖陽·河南紫荆關·又由荆門分安陸·由宜昌分長陽·宜都·由出山東分野山關·施南·來鳳·利川南通長沙武昌蒲圻·羊樓峒·北通鄭州孝感德安·廣水·又電話綫武昌漢口已設之

武昌府明太祖甲辰年改元武昌路爲府國朝因駐湖廣總督兼巡撫布政提學提法交涉四司鹽法巡警勸業三道漢江夏郡地東北距京師三千百五十里領州一縣九

江夏明縣因倚漢沙羡縣江水注禹貢江水自湖南安鄉來逕沙羡今縣治又逕魯山南古翼際山也岭龜而左與漢水合下入黃岡

武昌明縣因府東北八十里漢鄂縣江水注禹貢江水自黃岡來逕鄂縣今縣治下入蘄水

嘉魚明縣因府西南百五十里縣東北江濱有赤壁山周瑜破曹操處漢沙羡縣地

蒲圻明縣因府西南三百六十里漢沙羡縣地

咸寧明縣因府東南二百四十里漢沙羡縣地

崇陽明縣因府西三百六十里漢沙羡縣地

通城明縣因府西南五十里漢下雋縣

興國州明州領縣來屬國朝無府東南三百八十里漢鄂縣地

大冶明縣屬興國國朝來屬府東南百五十里鐵鑛甚旺有鐵路東通道士洑漢鄂下雉二縣江水注禹貢江水自蘄州來逕下雉今縣治下入黃梅

通山明縣屬興國國朝來屬府南百八十里漢下雉縣地

漢陽府明洪武九年降元漢陽府爲州十三年復故國朝因駐分巡漢黃德道長江漢陽鎮總兵府東北倚魯山山下有

鐵政局專製鐵板鐵軌船具漢志江夏南二郡地　**西北距省十里領州一廳一縣四**

漢陽明縣因倚漢沙羨縣地禹貢漢水自沔陽來逕漢川漢陽嘉魚咸寗蒲圻崇陽皆沙羨地也沔水注引地記云古漢水東行觸大別山之阪南與江合書所云至于大別南入于江也下入江西彭澤王鳴盛云今人以漢口西岸山為大別則南字為贅疣矣沈垚云大別山在光州西南黃州西北漢陽東北霍邱西南皆是互詳河南固始下

漢川明縣因府西北百二十里漢沙羨安陸二縣地

黃陂明縣屬黃州國朝來屬府北百二十里漢西陵安陸二縣地

沔陽州明州領縣屬承天國朝無來屬府南二百四十里漢雲杜州陵二縣沔水注禹貢漢水自當陽來逕雲杜今州西北合夏水下入漢陽入江

孝感明縣屬德安國朝來屬府北百四十里漢安陸縣地

夏口廳新設在府北漢入江處左岸夏口即漢口也咸豐六年天津約長江三口之一出口貨茶米較多豆麻絲煙葉桐油藥材牛皮猪鬉漚麻白蠟次之有俄人所設製茶甎廠四五所工役二千餘人光緒三十年出入共值銀一億七百五十萬兩徵銀三百七十五萬兩華商有火柴玻瓈兩公司將來粵漢鐵路成後貿易之盛當駕上海而上之

安陸府明降元安陸府為州嘉靖十年升承天府國朝復故名漢志江夏南二郡地　**東南距省五百三十五里領縣四**

鍾祥明縣因倚漢竟陵縣地禹貢內方山在東北一名章山沔水注禹貢漢水自宜

城來逕竟陵今縣西南下入當陽 京山明縣因府東百五十里漢竟陵縣地及南新市侯國 潛江明縣因府南二百二十里漢竟陵江陵二縣地 天門府東南二百二十里漢竟陵縣

荊門直隸州明以元荊門州領縣屬承天 國朝升直隸漢編縣 東南距省六百二十五里領縣二 當陽明縣因州西少南二百里有無煙煤鑛漢當陽臨沮二縣班志禹貢南條荊山在此沔水注禹貢漢水自鍾祥來逕當陽今縣治下入沔陽 遠安明縣屬夷陵州 國朝來屬州西二百里漢臨沮縣地

襄陽府明太祖甲辰年改元襄陽路爲府 國朝因駐分守安襄鄖荊兵備道湖北提督漢志南陽南二郡地 東南距省六百八十里領州一縣六 襄陽明縣因倚漢襄陽鄧山都三縣沔水注禹貢漢水自穀城來逕山都今縣西北又逕襄陽今縣治又逕中廬今縣西南下入宜城 宜城明縣因府東南百二十里漢邔鄀宜城三縣沔水注禹貢漢水自襄陽來逕邔縣今縣東北又逕宜城今縣南又逕鄀縣今縣東南下入鍾祥山水澤地篇三澨地在邔縣北沱書所云過三澨也班志宛云縣南有北筮山當爲聚又育陽云有南筮聚在東北與清水注南澨北澨合宛今南陽縣育陽在南陽南三澨地蓋在邔宛育陽相錯界內 南漳明縣因府西南百二十里漢中廬縣及臨沮縣地 棗陽明縣因府東北百四十里漢蔡陽縣 穀城明縣因府西北百四十里漢筑陽縣沔水注禹貢漢水自光化來逕筑陽今縣

東下入襄陽 **光化** 明縣因府西北百八十里南郎老河口舟車會集近移駐漢酇陰二縣沔水注禹貢漢水自均州來
逕酇縣今縣北又逕陰縣今縣北下入穀城 **均州** 明州因府西北三百九十里漢武當縣沔水注禹貢漢水自河南裕
州來逕武當今州北又云西北四十里水中有洲名滄浪洲尙書東流爲漢又東爲滄浪之水不言過而言爲者明非他水決入也
蓋漢沔水自下有滄浪通稱耳下入光化史記索隱馬鄭皆以滄浪爲夏水似不可從

鄖陽府 明成化十二年置 國朝因駐鄖陽鎭總兵漢志漢中郡地 **東南距省千二百五十**
里領縣六 **鄖** 明縣因倚漢長利縣地 **房** 明縣因府西南三百十里漢房陵縣 **竹山** 明縣因府
西南三百六十里漢上庸縣 **竹谿** 明縣因府西南五百九十里漢武陵縣 **鄖西** 明縣因府西百三十里漢
長利縣沔水注禹貢漢水自陝西白河來逕長利今縣東下入河南裕州 **保康** 明縣因府東南三百四十里漢房陵縣地

德安府 明降元德安府爲州尋復故 國朝因漢志江夏南陽二郡地 **東南距省三百二十里**
領州一縣四 **安陸** 明縣因倚漢縣 **應城** 明縣因府南八十里漢安陸縣地 **隨州** 明州
領縣來屬 國朝無府西北百三十里漢隨縣 **應山** 明縣屬隨 國朝來屬府北九十里漢隨縣地 **雲夢** 明縣
因府東南六十里漢安陸縣地

黃州府 明太祖甲辰年改元黃州路爲府國朝因漢志江夏廬江二郡地 **西南距省百八十里**

領州一縣七

黃岡 明縣因倚衡山王吳芮都漢邾西陽二縣江水注禹貢江水自漢陽來逕邾縣今縣治又逕西陽今縣東下入武昌

麻城 明縣因府東北百八十里縣北百里有穆陵關漢西陽縣地

黃安 明縣因府北二百四十里漢西陽縣地

蘄水 明縣因府東南百十里漢軑西陵二縣地江水注禹貢江水自武昌來逕軑縣今縣西又逕西陵今縣西南下入蘄州

羅田 明縣因府東百六十里漢蘄春縣地

蘄州 明州領縣來屬國朝無府東百八十里漢蘄春縣江水注禹貢江水自蘄水來逕蘄春今州西北下入大冶

廣濟 明縣屬蘄國朝來屬府東二百五十里漢蘄春尋陽二縣

黃梅 明縣屬蘄國朝來屬府東三百五十里漢尋陽縣江水注禹貢汩水自大冶來逕尋陽今縣境以下闕文以地望推之下入江西德化

荊州府 明太祖甲辰年改元中興路爲荊州府國朝因駐分巡荊宜兵備道荊州將軍荊州左右副都統府南十五里有沙市光緒二十一年日本馬關之約定爲通商埠出口貨棉麻花生雞卵漆煙草毛皮入口貨棉布棉絲毛布銅海物共值銀百五十萬兩漢志南武陵二郡地 **東距省八百里領縣七**

江陵 明縣因倚漢縣南郡治及郢縣江水注禹貢江水自枝江來逕江陵今縣治又逕郢縣今縣東南下入監利

公安 明縣因府南百二十里漢孱陵縣地

石首明縣因府東南百八十里漢華容縣地　**監利**明縣因府東二百四十里漢華容縣地漢志禹貢雲夢澤在此江水注禹貢江水自江陵來逕華容今縣西北下入湖南安鄉　**松滋**明縣因府西南百二十里漢高成縣　**枝江**明縣因府西百八十里漢縣江水注禹貢江水自宜都來逕枝江今縣東下入江陵漢志枝江下云江沱出西東入江謂禹貢荊州沱水也鄭元云枝江沱水尾出江首不於江出華容有夏水首出江尾入沔所謂沱也考夏水自江陵縣東南首受大江東北流逕監利沔陽與潛江分界又東北至京山縣東注於漢鄭說是也　**宜都**明縣屬夷陵州　國朝來屬府西北百八十里漢夷道縣江水注禹貢江水自東湖來逕夷道今縣西北下入枝江

宜昌府明　太祖甲辰年改元峽州路爲府尋降夷陵州領縣屬荊州　國朝升府更名駐宜昌鎮總兵光緒二年煙臺定約增開五口之一租界在府南門外出口貨棉麻絹布藥材白蠟入口貨棉布棉絲毛布人薓海味等全年出入値銀二千五百十餘萬兩漢志南郡地　**東距省千八十里領州一縣五**　**東湖**明以州治夷陵縣省入　國朝復故更名倚漢夷陵縣江水注禹貢江水自歸州來逕夷陵今縣治下入宜都　**長陽**明縣屬夷陵　國朝改屬府西南七十里漢佷山縣地　**歸州**明州領縣屬荊州　國朝無來屬府西北三百五里漢秭歸縣江水注禹貢江水自四川巫山來逕秭歸今州治下入東湖　**興山**明縣屬歸　國朝來屬府西北三百十里縣東北百二十里簝葉塢爲出鄖襄

間道漢秭歸縣地 **巴東**明縣屬歸 國朝來屬府西四百二十里漢巫縣地 **長樂**明五峯石寶長官司 國朝置縣府南百九十里

鶴峯直隸廳明容美宣撫司 國朝建州屬宜昌光緒中因苗疆險遠動釀教案升直隸銅鑛甚旺 **東距省千五百五十里**

施南府明洪武二十三年省元施州置施州衞 國朝建施南府駐分巡施鶴兵備道漢志南郡地 **東距省千九百八十里領縣六**

恩施倚 國朝立縣漢巫縣地 **宣恩**明施南宣撫司 國朝置縣府東南八十里 **來鳳**明散毛宣撫司 國朝置縣府南二百七十里 **咸豐**明大田軍民千戶所 國朝置縣府西南二百二十五里漢巫縣地 **利川**明官渡壩屬施州衞 國朝置縣府西北七十八里 **建始**明縣屬夔州府 國朝來屬府東北百二十里漢巫縣地

湖南省禹貢荊州漢志荊州部

疆域　東江西東南廣東西南廣西西貴州西北四川北湖北東自西經二度二十三分平江極東之紋車嶺至七度五十分晃州廳西南南自北緯二十四度四十分江華極南之萌渚嶺至三十度三分石門極北之蘆黃山東西千四百二十里南北千百五十里面積六十二萬一千八百五十三方里人二千二百十六萬口現領府九直隸廳五直隸州四州三縣六十四

物產王書云鑛類最多五金俱有沅水兩岸尤爲金鑛薈萃之所東岸金砂兼含銀質每砂萬分含金二十六分至三十八分銀七分至十二分西岸金銀器多最著成效者以銻爲最每年出口近二萬噸黑鉛次之黑鉛內含銀質每噸可提銀二十五六兩衡永寶所產之煤每年運漢不下四百萬石農產以米茶爲大宗出口亦最多主要之產物也他如耒陽之葛瀏陽之麻洞庭之橘柚桂陽之桐柏亦有名辰沅澧靖所產洪秀桐菜各油每年運銷長江一帶約百餘萬簍竹木亦多出口餘錫器竹器木器夏布葛布多爲有名之工業

地勢王書云南倚五嶺北跨洞庭湖故南高而北低地質亦南瘠而北肥蓋邱陵之國山岳到處起伏其山脈正幹自貴州黎平府蜿蜒東迤爲湖南廣西界山爲佛子隘爲古田山分一大支迤於資沅之間爲巫山爲黄家山爲雞籠山爲龍口坳爲冷溪山爲聖人山爲崆峒巖又東爲九龍

山盡於洞庭湖西岸正幹又南入廣西境爲金紫山又分一支迤於湘資之閒爲四望山爲羅漢寺山爲石馬山分爲二一東迤爲九峯山爲衡山衡山最高峯曰祝融高於地平約四千十尺南嶽也一北迤爲龍山爲司徒嶺又分二支北支爲巚山爲獅山東支爲羅仙砦盡於嶽麓山正幹又南爲越城嶺爲湘灘源之海陽山又東入境爲古澤峯爲萌渚嶺（一曰臨賀嶺五嶺之一）爲都龐嶺分一支北迤爲九疑山爲春陵山正幹又東北迤爲騎田嶺（一曰黄岑山五嶺之一）爲白雲山爲東山嶺又東爲贛粵界正幹至此分一大支北迤於湘贛之界爲屏水山爲武功山貫江西西境爲鐵山爲幕阜山東入江西境而止其澧沅閒大支則自四川湖北入境東南迤爲萬笏山爲雲朝山爲五雷山爲太浮山東盡於湖西岸各大支如海波奔馳到處起伏各大支之閒爲澧沅資湘流域爲平原要地

水道王書云湘江源出廣西興安縣南海陽山北流分二派西南流者灘水也東北流者即湘水至陰坪嶺入境左受太陽江右受馬子江至永州府城北有瀟水自南來會（瀟水古曰營水亦稱泥江出九疑山北流右合瀑水都溪水左會花水所合之萌諸水掩水北流入湘）又東北左受應水（即蘆洪水）祈水右受白水宜水至茭源河口春水自東南來會（春水一名芰源河出春陵山東南流有鍾水南自南風岣北流右合毛俊水來會春水折而北流入湘）又北左受蒸水右有耒水自南來會（耒水出白雲山北流匯江水自都廖山西南流來會又西北左受蹤木右受資興水又北左受郴江湖屯水北流入湘）又北右會洣水（一名茶陵江出屏小山西北流左會春江水又北右受泥湖水沔水茶水汝水左會永樂江西北入湘）渌江（出江西萍鄉安陵山西入境右會南川水左會老闢水鐵江水入湘）皆巨川也又北而曲曲流左受消水漣水（漣水出龍山東流左會藍田水古會瀏水入湖）靳水（一名鎮江）至長沙府城北右會瀏水（一名瀏湄水有二源北曰大溪南曰小溪）澇塘河（右會擺林港）左受瀉水（入瀉之水南有烏江）至喬口與洮水支津會又北分支西出爲濠河又會濠河北流右受汨

水出幕阜山西流右會昌水羅水西分二支南支至白魚坼入湘北支至磊石山之南入湘北入湖長凡二千餘里水長時輪船可達湘潭帆船本支各流均通往來如鯽又資水有三源北源出楓門嶺中源出黃家山南源出茅坪坳合而東北流左受蓼溪平溪辰溪右受龍江東與夫夷水會夫夷水一名羅江出廣西興安縣金紫山東北入境左受新嵜水右受龍涉水北與資水會實資水之別一源也又北經寶慶府城北右受邵水出龍山南流左受楠江檀江水折而北入資左受高平水下流又名石馬江雲溪右合大洋溪汝溪諸水又北右受油溪左受渠江出冷溪山又折東流右受伊溪出鏊字岩北流左會溜溪入資至益陽縣東分為數派或東與泚水會或北入湖長凡千八百里又沅水有兩大源北曰諸梁江出貴州平越州西北大山南曰馬尾河出貴州都勻府合而東流入境左受羅巖江右會渠江有二源東源右會長坪水西源左會恭水四鄉水合而北流左會吉朗溪入沅又東左會潕水一曰無水一曰舞水出貴州平越州右受巫水即洪江古稱蓮水一曰竹舟江出巫山西流左會平水界背水折北流右受治溪左受蒔竹水北入沅折北流右受潊水一稱雙龍江出金字山南流折而北流右合進馬江宣陽江西入沅左受辰水一曰錦江今稱麻陽江出貴州銅仁縣西北之梵淨山東入境左受樂濠溪太平溪入沅武水即瀘溪出武山東流左合高巖河右合沱江入沅折東流左會酉水今稱北河有三源北出湖北宣恩縣南流左合果利河南合中源及所會之邑梅河水折東入境左合洗車河又南流南源自貴州松桃廳來右合蠟耳堡河來會又東左合猛洞河及所會之牛路河又南左受明溪右受小酉水南入沅右受夷望溪一曰三渡水又東北左受白洋河一名龍澧河至常德府城東分二大支歧為數派北支會漸水出太浮山下流分二大支南支入沅北支入湖均入湖長二千三百餘里兩岸多山水急灘多舟楫之利遜於湘水焉又澧水有三源南源出萬筎山曰馬頭河中源出魚潛洞曰烏鴉河北源出三台山曰源河合而東南流左會漊水渫水至澧州左合澹水支津右受道水源出五雷山東北流左受白洋溪入澧又東左受涔水涔來古合澹水左受東港水後小江一名虎渡水自湖北江陵縣分江水南流長河自湖北公安縣虎渡河分支南流窯頭廟河自湖北石首縣藕池口分江水南流後江又名錦港自石首縣分支西南流諸水下流分

數支入湖又此外入湖之水東有新牆河（即古微水源出圖山西流右會游港水入湖）南有泚水（源出含清坳名泉交河東匯爲灡泥湖西北流有鳳皇湖水來注之又東溢出岐爲二一東爲喬江至喬口入湖一北流左會賁水支津又岐爲二一東出臨泚口會濠河一北出爲涔金河爲蛐蛛江出柴蜂湖入洞庭湖）北有涌水（由湖北石首縣藕池口南分二道入湖）招商河（由湖北石首縣調弦口南分二道入湖）亦巨流也湖中洲之大者曰柁桿洲山之有名者曰君山扁山石城山沿岸小灣甚多湖亦隨地異名如東南隅之青草湖柴蜂湖西南隅之後江湖天心湖東北隅之采桑湖么姑湖皆其著者也湖西匯諸大水東北至蓮花塘與大江會按洞庭湖古稱廣八百里近世濵蜀山林日闢江水上流益濁挾其泥沙湍急東下倒灌入湖遂以淤墊濵湖障垸浸入湖心水涸時東西徑百七十里南北徑百四十里西湖尤多膠淺不任舟楫流沙推移中洪靡定漁師長年莫之能知再更百年當爲大陸矣交通王書云航路自長沙南達湘潭北達漢口中如靖港湘陰蘆林潭岳州城陵磯皆爲停泊之埠但城陵磯以上八九月後水落難行（長沙常德小輪亦閒往來）又驛路自長沙北達湖北蒲圻（中經橋頭驛湘陰歸義驛大荊驛青岡驛巴陵雲溪驛長安驛至羊樓凡五百四十里）東南出插嶺關達江西萍鄉（中經南山站雙牌驛醴陵凡二百一十里或自長沙東經永安市劉陽出鐵樹關達江西義寧或自長沙東北經金井市珠砂坳平江長壽司土龍鋪三百五十五里出江西義寧又自醴陵分岐南經攸縣茶陵安仁酃縣凡五百四十里東出竹子瀰達江西龍泉）南達廣西全州（中經湘潭黃茅驛衡山衡陽排山驛祁陽零陵至棗木堡凡七百五十里又自湘潭分岐西經湘鄉永豐驛鄉湘鋪邵陽凡七百七十里至武岡州分二路一南經城步出廣西龍勝凡二百五十里一西行百六十五里至綏寧又分岐一西經靖州出貴州開泰凡百九十里一南經臨口汎甘溪塘出廣西懷遠凡百六十五里又自衡陽分岐一南經常寧桂陽州凡三百九十里達臨武一東南經耒陽凡二百五十五里至永興又分岐一東南經興寧桂陽凡三百五里出廣東仁化一南經郴州宜章凡二百三十里出廣東樂昌又自零陵分一路南行百六十里至道州又分岐一南經江華逾嶺凡二百四十五里出廣西賀縣一西南經永明凡百五十里出龍虎關達廣西恭城）西達貴州玉屏（中經甯鄉益陽龍陽武陵桃源鄭家店驛新店驛辰龍關界亭驛芙蓉關馬底驛辰陽驛船溪驛辰谿懷化驛羅舊驛芷江便水驛晃州

驛至坳榜塘凡千二百二十五里又自武陵分岐北經大龍驛清化驛澧州順林驛至關山塘凡三百三十里出湖北公安又自辰陽驛分岐北經烏宿站凡百八十里至王村司分二路一北經永順龍山凡三百十里出湖北來鳳界一西經保靖永綏廳凡百七十里至茶洞堡西達四川秀山又自辰谿分岐西經高村巖門鎮筸鎮鳳凰營凡二百二十里出貴州銅仁又鐵路現在修造者爲粵漢路之中段支路已成者卽萍株路也自萍鄉之安源西經醴陵至株洲外有擬修者自長沙西北達常德由此分支一西達黔一西北達川又電綫由長沙北通漢口岳州城陵磯南通桂林湘潭衡州永州西通洪江常德辰州東通安源醴陵又電話綫長沙已設之

長沙府明太祖甲辰年改元天臨路爲潭州府洪武五年更名國朝因駐湖南巡撫布政提學提法三司鹽法巡警勸業三道光緒二十八年重訂商約增開五埠之一漢長沙國地**東北距京師四千五百五十里**

領州一縣十一

長沙明縣因倚治西北漢臨湘縣**善化**明縣因倚治東南漢臨湘縣地

湘陰明縣因府北百二十里漢羅縣**湘鄉**明縣因府西南二百十里漢縣**湘潭**明縣因府西南百里光緒三十一年奏開爲通商埠漢湘南縣禹貢衡山在東南漢臨湘縣境

瀏陽明縣因府東百里夏布紙有名東有鐵樹關通江西要道

醴陵明縣因府東南二百六十里縣東有插嶺關漢縣後廢見侯表**寧鄉**明縣因府西百里漢益陽縣地

益陽明縣因府西北二百里漢縣南有梅山接新化界宋章惇所開梅山道也漢益陽縣地

安化明縣因府西二百六十里有滑板溪銻鑛產茶有名縣西**攸**明縣因府南二百八十里縣東北有鳳嶺通江西蓮花廳漢縣

茶陵州 明縣因府東南四百八十里漢縣

岳州府 明太祖甲辰年改元岳州路爲府國朝因駐長江岳州鎮總兵光緒二十三年奏開爲通商埠設稅關商務未盛漢志長沙國地 **西南距省三百三十里領縣四**

巴陵 明縣因倚白鶴山有銀銅礦漢下雋縣地

臨湘 明縣因府東北九十里縣東有黃蓋湖周百餘里漢下雋縣地

華容 明縣因府西北百八十里漢孱陵縣地

平江 明縣因府東南二百四十里黃金洞金礦有名漢羅縣地

澧州直隸州 明州領縣屬岳州國朝升直隸州東有津市米穀棉花貿易甚盛乾花機約萬餘架漢孱陵零陽二縣地禹貢沱潛既道荊州潛水出此潛涔古通作水經注澧水左入涔水涔水出天門郡界吳分武陵立東南入澧屈原楚詞望涔陽兮極浦郎此潛矣 **東南距省六百二十里領縣五**

安鄉 明縣因州東南六十里號澤國近種棉花獲利甚巨漢孱陵縣地江水注禹貢江水自華容來逕下雋一統志云計其地當在澧州安鄉縣葢安鄉亦有下雋地江水右合洞庭諸水書所云又東至于澧也葢水道古今變異古時涔澧爲大故禹貢舉澧以包洞庭諸水澧水注云澧水出充縣東逕零陽孱陵下雋西北會沅水入湖班志充云歷山澧水所出東至下雋入沅者也江水下入湖北江夏

石門 明縣因州西九十里漢零陽縣地

慈利 明縣因州西百六十里有界牌峪雄黃鑛漢零陽縣

安福 明九谿衞國朝爲

縣州南六十里漢充縣

永定 明永定衛國朝爲縣州西三百四十里漢充縣

寶慶府 明洪武元年改元寶慶路爲府國朝因漢志長沙零陵二郡地 **東北距省四百八十里領州一縣四**

邵陽 明縣因倚漢昭陵縣昭陽侯國

新化 明縣因府北百八十里有錫坑山銻鑛甚旺漢益陽縣地

城步 明縣因府西南四百二十里西南橫嶺洞苗出入要地長安營據其堂奧漢都梁縣地

武岡州 明州領縣來屬國朝無府西南二百八十里漢都梁侯國

新甯 明縣屬武岡國朝來屬府西南三百十里城北三里有摩訶嶺俯瞰城中南有八十里山通廣西全州漢夫夷侯國

衡州府 明太祖甲辰年改元衡州路爲府國朝因駐分守衡永郴桂兵備道漢志長沙桂陽二郡地 **北距省三百六十里領縣七**

衡陽 明縣因倚漢酃縣

清泉 乾隆二十一年分衡陽置倚漢承陽鍾武二縣

衡山 明縣因府北百里漢湘南縣地

耒陽 明縣因府東南百五十里漢縣

常甯 明縣因府西南百二十里水口山龍王山鉛鑛有名漢耒陽縣地

安仁 明縣因府東百五十里漢湘南縣地

酃 明縣因府東二百里有黃煙堡通江西永甯漢茶陵縣地

桂陽直隸州 明州領縣屬衡州國朝升直隸山多田少多產玉蜀黍紅藷菽豆之類漢郴州地 **西北距**

省六百三十里領縣三 臨武明縣因州南百四十里漢縣 藍山明縣因州西南百五十里有大橋堡外捍連州內控猺峝漢南平縣 嘉禾明縣因州西南百十里漢臨武縣地

常德府明太祖甲辰年改元常德路爲府國朝因駐分巡岳常澧道湖南提督光緒三十一年奏開爲通商埠漢志長沙武陵郡地 東南距省四百十五里領縣四 武陵明縣因倚漢武陵郡治臨沅縣及索縣後漢索改名漢壽故關侯亦稱關索 桃源明縣因府西八十里漢臨沅縣地 龍陽明縣因府東南八十里漢索縣地 沅江明縣因府東南二百七十里漢益陽縣地

辰州府明太祖甲辰年改元辰州路爲府國朝因漢志武陵郡地 東距省八百五里領縣四 沅陵明縣因倚漢縣 瀘明史作盧溪明縣因府南百十里漢沅陵縣地 辰谿明史作溪明縣因府南百七十里漢辰陽縣 漵浦明縣因府南二百七十里漢武陵郡治義陵縣

鳳凰直隸廳明紅苗地國朝雍正四年設廳轄苗百五寨駐分巡辰沅永靖兵備道鎮筸鎮總兵漢五溪蠻地 東南距省千五十里

永綏直隸廳明紅苗地雍正八年設廳轄苗二百二十八寨駐綏靖鎮總兵漢五溪蠻地 東南距省

千百五百六十五里

晃州直隸廳 在潕水北岸溪山阻絕爲辰沅西門 東北距省千二百五十五里

沅州府 明太祖甲辰年改元沅州路爲府尋降州領縣屬辰州國朝升府漢武陵郡地 東距省千二百二十里領縣三 芷江 明以州治盧陽縣省入國朝復設更名倚漢無陽縣 黔陽 明縣因府南五十里漢鐔成縣 麻陽 明縣因府北百二十里漢沅陵辰陽二縣地

永州府 明洪武元年改元永州路爲府國朝因駐永州鎮總兵漢志零陵蒼梧二縣地 東北距省六百六十里領州一縣七 零陵 明縣因倚漢泉陵侯國 祁陽 明縣因府東北百里漢泉陵侯國地 東安 明縣因府西九十里漢零陵郡地 道州 明州則縣來屬國朝無府南百五十里縣西有營樂鄉宋周子故里漢營浦縣 寧遠 明縣屬道國朝來屬府東南百八十里漢泠道營道二縣 江華 明縣屬道國朝來屬府南二百二十里縣東南有江藍廳理猺同知漢馮乘縣 永明 明縣屬道國朝來屬府西南二百二十里漢謝沐縣 新田 明縣屬道國朝來屬府東南二百八十里漢泠道縣

靖州直隸州 明改元靖州路爲直隸州國朝因漢鐔成縣 東北距省千二百里領縣

三

會同明縣因州北九十里縣東北有洪江巫水入沅處貿易甚盛漢鐔成縣地

通道明縣因州西南九十里牙屯堡通粵西懷遠漢鐔成縣地

綏寧明縣因州東百二十里漢都梁鐔成二縣地

郴州直隸州明改元郴州路爲直隸州國朝因漢桂陽郡治郴縣 西北距省六百八十里領縣五

永興明縣因州北八十里漢便縣

宜章明縣因州南九十里漢郴縣地

興寧明縣因州東八十里漢郴縣地

桂陽明縣因州東南百六十里漢郴縣地

桂東明縣因州東二百七十里漢郴縣地

永順府明永順軍民宣慰使司國朝升府南有古丈坪撫民同知漢志武陵郡地 東南距省千八十五里領縣四

永順明宣慰司治國朝爲縣倚漢沅陵零陽二縣地

龍山明白崖峒長官司國朝爲縣府西北二百十里漢沅陵零陽二縣地

保靖明保靖軍民宣慰使司國朝爲縣府西南百三十里漢遷陵縣

桑植明桑植安撫司國朝爲縣府北百八十里漢充縣地

南洲直隸廳國朝光緒中置故九都市也在洞庭湖北岸自藕池口潰淤成大洲耕者如鶩故設廳治 東南距省六百里

四川省 禹貢梁州漢志改益州部

疆域 東湖北東南湖南貴州西南雲南西西藏東北陝西北甘肅東西三千里南北三千二百十里面積百三十九萬七千九百十七方里人六千八百七十二萬口現領府十二直隸州八直隸廳五州十一廳八縣百十三

物產 王書云無所不有礦類則有金銀鉑錫紅銅等鹽井有鹽井之地約四十餘州縣以資州爲最多其井有深至數千尺或千丈以外者歲値銀至千九百萬兩氣井此氣名石油氣大槪氣井皆近鹽井用以製鹽甚便現有此井二十餘尚多未掘出者此氣爲用甚廣與煤油等尤爲特產農產則有五穀以米爲第一絲綢茶葉煙葉蔗糖藥材土藥桐油白蠟漆皆爲大宗貨物銷路甚廣

地勢 王書云境內山嶽險峻谿谷幽邃東北境與西北境山嶽尤高東北境之山郎自嶓冢所分蜿蜒於川陝交界之巴山也西北境則自岷山西南分二支南迤於大金川之東西在東者爲青城山爲蒙山爲峩眉山大峩中峩小峩三山相連在西者爲噶察克拉崗嶺爲折多山皆名山也其延亘於鴉龍江以西者爲碩古里山山勢尤峻拔則自青海境內市巴顏喀喇山所分之支也其自岷山東南迤者爲摩天嶺爲劍門山境內亦多狹長平野其大川流域尤爲膏腴古稱沃野千里

水道 王書云江水自青海南流入境曰布壘楚河又南入雲南境始曰金沙江又東左受無量河與自北來之鴉龍江會源出青海南流左會套楚河安寧河入江或謂安寧河多瘴癘疑即武侯所渡之瀘水又東爲川滇之界又北而東復入四川境右受橫江左與白北

來之岷江會（岷江源出岷山兩源並發南流右受黑水河雜谷河至灌口分二派支渠縱橫其東南流合諸支津左會綿陽諸河陞楢河泗木河右受榮溪至瀘州復合者沱江也正流又南會支津又有大渡河上流曰大金川左合梭磨河小金川青衣江右合爐河越雋河來會正流又東南與金沙江會）兩江既會江流愈盛又東右受宋江安寍河清水河左與沱江會又東北右受赤水河綦江左有嘉陵江合渠江涪江來會（嘉陵江源出陝西境西南流合西漢水入境右會白水江又南右受西河左與渠江會渠江即古巴渠二水之合也巴水出陝西西鄉縣西南大巴山南流入境右受南江左與渠水會又西南合嘉陵江涪江源出松潘東北東南流右受右密溪羅江河郪江安居河雙石河左受梓潼河與渠江會三水既合南流入江）又東北右會烏江左受梅溪龍溪河開江大寍河東入湖北境又境內諸水在西境者兩岸均山高流急不便行舟在東境者甚便舟楫沿江兩岸風景亦佳　交通王書云航路東境稍便自夔州至敘州大江帆船往來如鯽輪舟阻於宜昌夔州之山峽不便行駛近年小火輪常往來於重慶夔州等處又鐵路現在修造者有川漢路（自成都東南經簡州資陽資州內江隆昌榮昌永川巴縣長壽涪州忠州萬縣雲陽奉節巫山達湖北歸州此路即前驛路自隆昌分岐南經瀘州納溪敘永南達貴州畢節則通雲貴之驛路也）其自成都東北逾劍閣行棧道達陝西沔縣（中經新都漢州德陽羅江綿州梓潼劍州昭化廣元度朝天關至沔縣凡八百七十里自劍關至沔縣即古之金牛道世傳五丁所闢者今又謂之南棧）西度瀘定橋逾大雪山達西藏江卡（中經雙流新津邛州雅安榮經清溪瀘定橋打箭爐逾折多山渡鴉龍江逾大雪山經裏塘巴塘渡金沙江西南經拉東折北達江卡凡二千三百里鴉龍江夏秋以船渡冬春則列船爲浮橋蠻人則以牛皮船渡逐浪上下望之如水中鳧祗載一人）則驛路也然皆艱險不易行又電綫由成都東通漢口（資州重慶墊江梁山萬縣雲陽夔州巫山由重慶分永川由資州分瀘州永瀘達貴州畢節由瀘州西分敘州）西通打箭爐（雅州近擴適至拉薩）

成都府（明洪武四年改元成都路爲府　國朝因駐四川總督兼巡撫布政提學提法三司鹽茶巡警勸業成綿潼龍茂四道成都將軍副都統四川提督漢志蜀郡地）東北距京師五千七百十里領州三縣

十三

成都 明縣因倚在府治北漢縣蜀郡治及廣都縣江水注禹貢江水自郫來逕成都今縣治下入華陽

華陽 明縣因倚在府治西漢成都縣地江水注禹貢江水自成都來逕廣都今縣東南下入彭山

雙流 明縣因府西南四十里漢廣都縣地

郫 明縣因府西四十五里產黃煙最佳用作鼻煙漢縣江水注禹貢江水自崇慶來逕郫縣今縣北下入成都漢志郫云禹貢江沱在西東入大江書所云東別爲沱也今案沱水於今灌縣西首受大江東逕崇寧縣南郫縣北新繁縣南新都縣南漢州北入湔水以合江水山水澤地篇益州沱水在汶江縣西南其一在郫縣西南皆還入江而酈注奪之

温江 明縣因府西少南五十里漢郫江原二縣地

新繁 明縣因府西北五十六里漢繁縣地

新都 明縣因府北五十里漢縣

彭 明縣因府西北九十里漢繁縣地

崇寧 明縣因府西北八十里漢郫縣地

灌 明縣因府西北百二十五里縣西一里有離堆秦李冰所鑿以分江流近擬築鐵道至成都以運炭木茶石漢郫江原綿虒三縣地

金堂 明縣因府東北七十里漢新都牛鞞二縣地

簡州 明州領縣來屬國朝無府東南百五十里漢牛鞞縣

崇慶州 明州領縣來屬國朝無府西南百十里漢江原縣江水注禹貢江水自邛州來逕江原今州東下入郫

新津 明縣屬崇慶國朝來屬府西南九十里漢武陽縣地

漢州 明州領縣來屬國朝無府北少東九十里漢雒縣地

什邡 明縣屬漢國朝來屬府北百三十里漢縣

資州直隸州明玉珍州明洪武初降縣　國朝升直隸州鹽井利冠全蜀漢資中縣地**西北距省三百四十里領縣四**

仁壽明縣屬成都　國朝來屬州西二百里漢武陽縣地

資陽明縣屬簡　國朝來屬州西北百三十里漢資中縣

井研明縣屬成都　國朝來屬州西南二百四十里漢武陽縣地

內江明縣屬成都　國朝來屬州東南九十里漢資中縣地

綿州直隸州明因元州　國朝升直隸漢涪縣**西南距省二百七十里領縣五**

羅江明縣因州西南六十里漢涪縣地

綿竹明縣屬漢　國朝來屬州西七十里漢綿竹縣地

德陽明縣屬漢　國朝來屬州西南五十五里縣北三十里鹿頭關東西川要道漢綿竹縣

安明縣屬成都　國朝來屬州西少北九十里漢涪縣地

梓潼明縣屬劍州　國朝來屬州東北百三十里漢縣

茂州直隸州明因元州　國朝升直隸漢汶山郡治汶江縣江水注禹貢江水自松潘來逕汶江今州北下入汶川班志汶江云江沱在西南東入江江水注云江水又東別爲沱開明之所鑿也陳澧云蓋即今理番廳孟董溝水東南入江其自江水分出之處已湮**南距省四百十里領縣一**

汶川明縣因州西南百二十里漢綿虒縣江水注禹貢江水自茂州來逕綿虒今縣境下入綿州

理番直隸廳在雜谷河南岸東茂邛二州西雅州府番地生番南懋功廳北松潘廳及所屬夷地管理番民十數萬戶

東南距省五百三十里

懋功直隸廳東界邛州南界雅州府北界理番廳西界番地

東距省若千里

寧遠府明洪武十五年改元建昌路總管府爲建昌府又置建昌衛後廢府改衛爲軍民指揮使司 國朝初設衛置總兵雍正六年罷衛置今府駐建昌鎮總兵產蠟蟲有名漢志越巂郡地

東北距省千二百三十里領州一廳一縣三

西昌倚 國朝雍正六年改建昌衛爲今縣漢越巂郡治邛都縣及蘇示縣

冕寧明寧番衛 國朝改置府北少西百八十里縣西南瓜別司金鑛最旺漢臺登大筰二縣地

鹽源明鹽井衛 國朝改置府西南三百十里漢定筰遂久二縣

會理州明會川衛 國朝改置府南四百里漢會無三絳卑水三縣州西南瀘水會金沙江漢諸葛亮五月渡此

越巂廳明越巂衛 國朝改廳府北少東二百八十里漢蘭縣

保寧府明因元府 國朝因駐分巡川北兵備道川北鎮總兵漢志巴廣漢二郡地

西南距省六百二十里領州二縣七

閬中明縣因倚漢縣

蒼溪明縣因府西北四十里漢閬中縣地

廣元明縣因府北二百八十里縣東北有朝天關又北有諸葛亮籌筆驛

南部明縣因府南少東七十里漢充國縣

今曰神宣驛漢葭明縣地禹貢梁州潛水出此一名西漢水

昭化 明縣因府北少西二百八十里漢葭明白水二縣

巴州 明州領縣來屬國朝無府東北三百五十里漢宕渠縣地

通江 明縣屬巴國朝來屬府東北五百五十里漢宕渠縣地

南江 明縣屬巴國朝來屬府東北四百七十里縣北八十里有米倉山卽古米倉道漢宕渠縣地

劍州 明州領縣來屬國朝無府西北二百二十里劍關在州北二十五里漢梓潼縣地

順慶府 明府洪武中改元順慶路爲府國朝因漢志巴郡地 **西南距省六百二十里領州二縣六**

南充 明縣因倚漢安漢縣

西充 明縣因府西北八十里漢安漢縣地

蓬州 明州領縣來屬國朝無府東北百里漢安漢縣地

營山 明縣屬蓬國朝來屬府東北百八十里漢宕渠縣地

儀隴 明縣屬蓬國朝來屬府東北二百三十里漢閬中縣地

廣安州 明州領縣來屬國朝無府東南百七十里漢宕渠安漢墊江三縣地

岳池 明縣屬廣安國朝來屬府東南百二十里漢安漢縣地

鄰水 明縣屬廣安國朝來屬府東南二百七十里漢宕渠縣地

敘州府 明洪武六年改元敘州路爲府國朝因駐分巡川南道漢志犍爲郡地 **西北距省七百九十里領廳一縣十一**

宜賓 明縣因倚漢犍爲郡治僰道縣及郁鄢縣江水注禹貢江水自夾江來逕

僰道今縣治下入瀘州地

慶符 明縣因倚南少東百二十里漢漢陽縣

南溪 明縣因府東百十里漢僰道縣

富順 明縣因府東北百八十里漢江陽縣地

長寧 明縣因府南少東百二十里漢漢陽江陽二縣地

興文 明縣因府東南百九十里漢漢陽縣地

隆昌 明縣因府東北百七十里漢江陽縣地

高 明因元州領縣來屬 國朝爲縣府南少西百五十里漢南廣縣地

筠連 明縣屬高 國朝來屬府西南二百二十五里漢南廣縣地

珙 明縣屬高國朝來屬府南二百里漢南廣縣

屏山 明縣馬湖府治 國朝雍正五年廢府來屬府西少南百二十里漢僰道朱提二縣地

馬邊廳 明馬湖府地 國朝爲馬邊營乾隆二十九年改廳府西北三百里漢僰道朱提二縣地

雷波廳 明雷波鄉隸屏山縣 國朝康熙初馬湖蠻歸降置長官司雍正六年置雷波衛乾隆二十六年改廳府西南五百七十里漢越嶲郡地

敘永直隸廳 明改元永寧路爲永寧宣撫司尋廢天啟三年置同知屬敘州府 國朝雍正八年爲直隸廳漢犍爲郡地

西北距省九百九十里領縣一

永寧 康熙二十六年改永寧衛爲縣雍正五年屬敘州府八年領於敘永同知倚漢犍爲郡地

重慶府 明洪武中改元重慶路爲府 國朝因駐分巡川東兵備道重慶鎮總兵光緒二年煙臺條約長江增開三口之一

十六年定議以華船運貨出口貨藥材紅花絲綢白蠟糖等入口貨棉布毛布洋紗海物每年約值銀二千四百萬兩漢志巴郡地

西北距省千二百里領州二廳一縣十一

巴明縣因倚漢江州縣巴郡治江水注禹貢江水自合江來遷江州今縣西下入涪州

江津明縣因府西南百三十里漢江州縣地

壁山明縣因府西少北百里漢江州縣地

永川明縣因府西少南百八十里漢江州縣地

榮昌明縣因府西少南二百六十里漢資中江陽墊江三縣地

大足明縣因府西三百十里漢墊江縣地

綦江明縣因府南少東二百里漢江州縣地

南川明縣因府東南二百五十里漢枳縣地

長壽明縣因府東北二百三十里漢枳縣地

合州明州領縣來屬國朝無府北少西二百五十里漢墊江縣地

銅梁明縣屬合國朝來屬府西少北二百里漢墊江縣地

定遠明縣屬合國朝來屬府北少西二百九十五里漢墊江縣地

涪州明州領縣國朝無府東少北三百十里漢枳縣江水注禹貢江水自巴縣來遷枳縣今州西下入彭水

江北廳在府北與府城隔江相對境內饒煤鑛

酉陽直隸州明改元酉陽州爲酉陽宣慰司國朝升直隸州漢涪陵遷陵二縣地西距省千七百四十里領縣三

彭水明縣屬涪國朝來屬州西北二百里漢涪陵縣江水注禹貢江水自涪州來

遷涪陵今縣治下入忠州

黔江 明屬重慶府國朝雍正中爲黔彭廳治乾隆元年廳廢來屬州北二百二十里漢涪陵縣地

秀山 明酉陽宣慰司地國朝雍正末置縣屬黔彭廳乾隆元年廳廢來屬州東南二百二十里漢涪陵遷陵二縣地

忠州直隸州 明因元州領縣屬重慶國朝升直隸漢臨江縣江水注禹貢江水自彭水來遷臨江今州治下入雲陽

西距省千五百里領縣三

酆都 明縣因州西南百十里漢枳縣地

墊江 明縣因州西百三十里漢臨江縣地

梁山 明縣屬夔州國朝來屬州西北百里漢朐忍縣地

夔州府 明洪武四年改元夔州路爲府國朝因古庸國地漢志巴郡地

西距省千六百八十里領縣六

奉節 明縣因倚漢魚復縣江水注禹貢江水自雲陽來遷魚復今縣東北下入巫山

巫山 明縣因府東百三十里漢巫縣江水注禹貢江水自奉節來遷巫縣今縣東下入湖北歸州

雲陽 明縣因府西百四十里漢朐忍縣江水注禹貢江水自忠州來遷朐忍今縣西下入奉節

大寧 明縣因府北百八十里漢魚復縣地

萬 明縣因府西少南二百八十里光緒二十八年與英重議商約增開五埠之一漢朐忍縣地

開 明縣因府西少北二百二十里漢朐忍縣地

石砫直隸廳明改元石砫軍民宣撫司爲宣慰司　國朝乾隆二十七年升直隸廳漢臨江縣南境　西距省千二百里

綏定府明達州[redacted]國朝雍正四年升直隸領東鄉太平新寧三縣年置府日綏定以大竹渠來屬漢志巴郡宕渠縣東境　東距省千二百里領廳一縣六　達明洪武九年省通川縣入達州領縣屬夔州　國朝降達縣倚漢宕渠縣地　東鄉明縣屬達　國朝來屬府東少北九十里漢宕渠縣地　太平明縣屬達　國朝來屬府東北三百六十里丙穴出魚在縣東北漢宕渠縣地　新寧明縣屬夔州　國朝來屬府東少南百十里漢宕渠縣地　渠明縣屬廣安州　國朝來屬府西南二百二十里漢宕渠縣　大竹明縣屬廣安州　國朝來屬府西南二百里漢宕渠縣地　城口廳東南陝西瓢平廳西北陝西紫陽廳府東北二百里

龍安府明嘉靖二十五年改元龍州爲龍安府　國朝因漢志廣漢郡地　南距省六百五十里

領縣四　平武明縣因倚漢剛氏道　江油明縣因府東南二百六十里漢剛氏道地　石泉明縣因府西南三百二十里漢汶江道地　彰明明縣屬緜　國朝來屬府南三百二十里漢涪縣地

松潘直隸廳明改元松州爲松潘衛　國朝改直隸廳漢湔氏道蠶陵縣駐松潘鎮總兵漢志湔氏道云禹貢嶓山在

西徼外江水所出東南至江都入海書所云岷山道江也江水注云江源始發羊膊嶺下東逕汶關而歷湔氐道今廳北西番界又逕蠶陵今壘溪營西其上源見青海下入茂州

潼川府 明降元府爲州國朝復故漢志廣漢郡地 **南距省七百二十里**

三臺 明以州治郪縣省入國朝復設更名倚漢郪涪二縣 **西南距省三百二十里領縣八**

射洪 明縣因府東南六十里漢郪廣漢二縣地

鹽亭 明縣因府東少北百里漢廣漢縣地 **中江** 明縣因府西百二十里漢郪縣地 **遂寧** 明縣因府東南百八十里漢廣漢縣

蓬溪 明縣因府東南百五十里漢廣漢縣地 **安岳** 明縣因府南三百八十里漢資中牛鞞二縣地

樂至 明縣因府南少西二百三十里漢資中牛鞞二縣地

眉州直隸州 明升元州爲直隸國朝因漢武陽縣地 **北距省百九十里領縣三**

彭山 明縣因州百四十里漢武陽縣江水注禹貢江水自華陽來逕武陽今縣東下入夾江 **丹稜** 明縣因州西六十里漢南安縣地

青神 明縣因州南六十里漢南安縣地

嘉定府 明改元嘉定路爲府尋降直隸州國朝升府產白蠟有名蠟蟲子皆購自寧遠漢志犍爲郡地 **北距省三百九十里領廳一縣七**

樂山 明以州治龍遊縣省入國朝復設更名倚漢南安縣地

峨眉明縣因府西六十里漢南安縣地　夾江明縣因府西北八十里漢南安縣江水注禹貢江水自彭山來逕南安今縣西北下入宜賓　洪雅明縣因府西北百三十里漢南安縣地　犍為明縣因府東南百里漢南安縣地　榮明縣因府東百五十里漢南安江陽二縣地　威遠明縣因府東北二百七十里漢資中縣地

峨邊廳府西南二百七十里

邛州直隸州明升元州為直隸　國朝因漢臨邛縣江水注禹貢江水自汶川來逕臨邛今州治下入崇慶　東北距省百八十里領縣二　大邑明縣因州北少東四十里漢江原縣地　蒲江明縣因州東南六十里漢臨邛縣地

瀘州直隸州明升元州為直隸　國朝因駐分巡川南永寧道漢江陽縣江水注禹貢江水自宜賓來逕江陽今州治下入合江　西北距省七百五十里領縣四　納溪明縣因州西南四十里漢江陽縣地　合江明縣因州東百二十里漢符縣江水注禹貢江水自瀘州來逕符縣今縣西下入巴　江安明縣因州西少南百十里漢江陽縣地　瀘衞明九姓長官司屬瀘州　國朝順治四年土官任宗學歸附授原職後設州同近改縣州西南二百里

雅州府明升元州爲直隸國朝升府駐分巡建昌上南兵備道漢志蜀郡地**東北距省三百三十里領州一廳一縣五**

雅安明以州治嚴道縣省入國朝復設更名倚漢嚴道縣禹貢蔡蒙山在此跨名山蘆山界

名山明縣因府東北四十里漢青衣縣

榮經明縣因府西南九十里邛崍坂在縣西八十里漢嚴道縣地

蘆山明縣因府西北七十里境有銀銅礦漢靈關道關在西北六十里

天全州明天全六番招討司國朝爲州府西少北百二十里境饒錫礦漢州徙縣

清溪明黎州千戶所國朝雍正八年置縣府西南百六十里漢定西夷以莋都爲沈黎縣兼置旄牛道後省沈黎以旄牛屬蜀郡爲西部都尉治

靖西關廳在西藏境有亞東關光緒二十年開爲通商埠近設廳其地在咱利嶺麓哲孟雄之北其溪谷一帶廣地藏人名雀摩亞英人名春碑以原野中有一小村名春碑爲哲孟雄之別墅所在故卽以是名之凡西藏各要地與印哲互市者大率以亞東爲出入要路

康定府明長河西魚通甯遠宣慰司國朝康熙初西番歸附三十九年以番衆侵擾討平之雍正七年爲打箭爐直隸廳光緒三十四年升府漢旄牛徙二縣徼外地**西距省九百二十里領廳一縣二**

裏化廳卽裏塘地方

河口卽中渡地方

稻成卽稻壩地方

巴安府光緒三十四年以巴塘改升駐按察使銜鑪安兵備兼分巡道**西距省九百二十里領**

廳一縣二　三壩廳即三壩地方　鹽井即鹽井地方　定鄉即鄉城地方以上二府歸邊務大臣轄

福建省（禹貢揚州南境漢志揚州部會稽郡）

疆域 東北浙江西北江西西南廣東東南至海東西九百五十里南北九百八十里面積四十七萬八千三百四十方里人二千二百八十七萬口（物產米鹽煙草茶葉糖麻布鐵等武夷山茶尤著　地勢王書云多山嶽而少平野蓋自五嶺而東又東北爲福建江西之界爲銅頭山爲窰嶺（在寧化縣北）爲黃土關（在邵武西南）爲杉關（在光澤縣西）爲武夷山（在崇安縣西緜亘百二十里有三十六峯三十七巖）爲楓嶺關爲仙霞嶺其分支蜿蜒於福建之南境者一南爲博平嶺（在永定縣東）爲大峯山（在平和縣東）爲梁山（在漳浦縣西高千仞亙百里有九十九峯盤）爲一東爲馬山（在寧洋北）爲大旗山（在德化縣西）蜿蜒於北境者東南盡於天姥山（在福寧府東北其山千峯林立秀拔）　水道王書云閩江有三源北源曰南浦溪出浦城縣北南流右會崇溪左會松溪又南曰劍津亦曰延津與二源會西北源曰富屯溪出光澤縣南黃土關東南流右會金溪東與西南源會西南源曰沙溪出寧化縣東北流右受文川溪左受安定溪東北與富屯溪會又東與北源會三源既會水勢大盛又東南右受尤溪左受古田溪又東南分二派北派曰南臺江南派曰陶江右受雙溪二派流數十里復合又東北江中有羅星塔泊船處也又東北入海此江自水口以上舟行石鏬灘高流急諸灘以三百計江左右居民積石壅水爲灌溉及水碓之利淫潦時波濤洶湧旬日不雨石脊磷磷褰裳可涉水口以下奔流浩瀚然巨艦僅達馬尾小輪僅達水口又九龍江有二源北曰九鵬溪出寧洋

縣南曰雁石溪出龍巖州合而南流右會龍溪東南入海此江上流大石林立船每失事近擬募貲轟炬大石以便運道

交通王書云沿海航路四達如厦門福州三都澳皆有輪船往來厦門尤為東洋南洋發航地又驛路有二一北逾仙霞嶺達浙江江山（中經水口驛延平建甯浦城共七百八十里又自延平分道西北經順昌邵武光澤度杉關達江西建昌又自順昌分道西南經將樂歸化清流長汀上杭達廣東潮州）一西南達廣東黃岡（中經興化惠安泉州同安漳州漳浦詔安共九百里）又電綫由福州北通杭州（水口延平建甯浦城）西南通廣州（涵江泉州廈門漳州雲霄）東通馬尾川石山東北通三都澳又海綫由川石山東通臺灣淡水由厦門東北通上海西南通香港

海岸講義云自甌江口南至鎮下關一段海岸之東島嶼礁石不能數計其有關係者飛雲江口之東約二十五海里有北岐山（一作北計山）羣小島也其間雖有灣港停泊惟礁險甚多無敢寄椗者北岐之西南約九海里為南岐山（一作南計山）羣島環立其東南有佳港名南岐港停泊甚安且饒淡水鎮下關之東南海中有島曰南關山即鎮關島其北約二海里為北關山而北北關與南關間名北關港可寄泊大輪以避東北風北關山有淡水有一峯甚奇而高足為航路之標的海岸自南關澳迤西為南關港即福建福鼎縣東南之沙埕港也港內窄而深內廣三四里深六七十尺不等長約六七十里可泊大輪數十號出入不須候潮為閩浙洋錨地之最港灣入至福鼎城南受小水數道以福鼎城東之馬溪水為稍大自沙埕港內迤南經南鎮驛又轉而西南至黃岐山南有小港口西北灣入約二十里港首受大姥山各溪水港西岸為秦嶼鎮（卽秦嶼鎮明置大篔簹鎮今為秦嶼巡檢司）西圖有晴川澳即此港也又迤南經峽門驛又南為楊家溪入海口其水口成一澳名烏崎港（西圖作甕山澳）港內多淡水可停泊大輪自烏崎港口

迤南爲三沙鎮（在霞浦縣東六十里明置烽火門水寨今有市鎮）又西迤爲福寧灣北岸又西爲赤岸溪入海口又西北迤近福寧府城始轉南至漁洋驛北又東南迤至武岐山背爲福寧灣口南岸灣內有小島名烽火列島多淺沙及礁不便收泊自武岐迤南爲大金山（明置大金山千戶所屬福寧衛今廢）又南爲羅浮山是爲三沙灣外口門北岸（二沙灣一名官井洋即三都澳也今其地我國自開爲通商埠建設海關）自羅浮西迤至葉山之西南地小如頸又南爲北壁又南至東沖口三沙灣內口門北岸也東沖口之西成大海港西人名爲三沙內灣港汊迴環連跨數州縣其最東北之港抵福寧府城之南與福寧灣南岸僅隔二十里許港東岸即武岐羅浮等山以間大海其最北之港則至霞浦縣西鹽田廢司其西北之港則至福安縣南白石關巡司最西北之港則至寧德縣北之河西驛最西南則至寧德縣城東其最東南則入福州羅源縣北境至鑑江堡東對東沖口爲口門是爲三沙灣內口門南岸也鑑江堡對東沖口爲三沙灣內口門口門廣僅五六里凡壽寧北之青草隘青田隘一帶山脈以南之水福鼎霞浦西之南洋山望海山一帶山脈以西之水屏南西之石門隘洞宮山一帶山脈以東之水寧德南之寶勝山羅源東之碧岳山一帶山脈以北之水均入此灣然均非長流巨川實係海水灌入以成此浸灣內島嶼錯列潮流迅疾不易駛行惟水深處停泊甚安耳海岸自鑑江堡迤南經碧岳山東麓至濂澳海水復西北匯成一港港長約五六十里至羅源縣東北受數小水即松崎港也濂澳南對帽山爲港口門廣約三四里自帽山東迤爲東伸入海中之狹地其東頭有北茭鎮（在連江縣東北一百里三面環海有巡司宋元時均駐水軍于此）海名北茭背東北對羅浮山背爲口門是爲三沙灣外口門南岸也灣內島嶼頗多其著者爲雙

峯島島之西則有最善停泊處自北茭觜轉西迤爲狹地之南岸至安海南有小澳名王家澳可泊民船又西過小埕寨之南（明時置水寨于此）又西至澳頭南對東岱鎮（東岱鎮在連江縣東舊駐北茭巡司今裁）爲岱江入海口門岱江出連江縣東北雷公山東南流百餘里過連江縣城南又東至東岱北入海自東東北岱迤南至五虎司南爲閩江口口外淺沙橫亘北以連江之東岱南對長樂縣東北之黑角爲外口門口門中有熨斗尖峯二島橫列（尖峯島一名芭蕉島島上有歐洲人房室設立東方辦事所澳洲及中國電報公司亦在島上）熨斗與尖峯間復有一島曰五虎島水道傍五虎島之南而行稱五虎水道又曰五虎門中間仍有淺沙橫亘大輪須候潮而入五虎門之西有大島曰黃岐島島北面有地觜曰金牌角亦稱金牌門北對陸岸之長門爲閩江內口門（金牌長門均建設砲臺以資防禦）其間水道名金牌水道潮流迅急亦有淺亘自海口上溯凡七十二三里始抵羅星塔泊船處羅星係江心一小島上有塔小而高立於島西南盡處塔尖特聳足爲標的故稱羅星塔凡船至其下必停泊焉羅星塔之北偏西陸岸爲馬尾觜船政局在觜之左岸上船塢在局之南自馬尾又西西北溯二十六七里始抵福州商埠閩江口外各島在北者爲高登島北唐島中唐島南唐島在南者爲東沙島北犬島南犬島三島總名爲白犬羣島白犬與南唐南北相距約十海里爲閩江門戶自南唐以北諸島皆勢相聯屬而高登島對北茭角亦關鍵天然故此各島實閩江之外蔽也南唐島北有澳能停泊多船名曰馬祖澳甲申之役法蘭西犯我馬尾其兵輪進口之先出口之後均寄泊此澳海岸自黑角迤南爲一帶高山岸傍岸皆淺沙南經御國山入福清縣境轉西迤經海口城南（在福清縣東二十里元明以來置巡海口務于此並置河泊所）又西至福清城東有小水入

海口又轉而南經三山之東又東經高山市之北又南經大馬山之東又西至蓮盤鎮自御國山至此爲海壇夾海岸海壇夾者海壇島與陸岸間之海也海壇島南北長約百里而强舊記言周迴三百里蓋南北長而東西狹也（海壇島亦名東嵐山在福清縣東少南七十里海中唐時爲牧馬地宋初置牧監尋罷皇祐中許民耕種淳熙中有三千餘戶元時民戶滿四萬多以漁爲業明初徙民墟其地隆慶初復設海壇遊兵萬歷中增置水寨國初置平潭海防同知駐島上）四周多淺沙無深港大澳惟東南之海壇澳（在海壇角之北）尚可避風海壇夾南北口均小島羅列甚有關鍵夾內亦廣闊但淺深相間水道不甚暢通耳其匯入海口城及福清城下之灣皆淺沙灘即舊記之琵琶洋也自蓮盤鎮西北迤經大馬山及東圍之南又爲興化灣東北岸興化灣舊記謂之黃竿支海海岸幾出入頗多故港汊不一自東圍西迤至仙嶺市有北自孔雀亭來一小水口又南轉西北至江口鎮爲荻蘆溪會杉溪入海口又南爲迎仙寨（在莆田縣東北四十里有沿海巡司）又西南至涵江鎮（一作函頭鎮舊記言函頭鎮在莆田縣東二十里濱海長三里許路通永福尤溪民居稠密商賈輻輳元明爲鹽務重地今置巡司）有自莆田城北東南流入海小水口又迤南至三江口爲木蘭溪入海口木蘭溪源出德化南永春北之虎豹關山中東流名古瀨溪會大目溪蔣埠溪安吉溪等水過莆田縣城南入海又東過美南鎮之北又東爲海道灣又東南過青山鎮（在莆田縣東南八十里其地三面阻海明時倭寇多由此出入舊置巡司今裁）又東爲五虎嶼西之地背西圖名砲台山東北與蓮盤鎮遙對爲興化灣口門興化灣內外小島頗多以南日嶼爲最要（南日嶼舊名南隱山明初設寨於此後徙寨於內地此仍爲水軍會哨之所今駐縣丞）南日西與砲台山間爲南日水道南日東與蓮盤鎮間爲興化水道興化水道之南近南日嶼處有小島錯峙名十八列島南日嶼之東澳及南日水道中均爲停泊佳處興化灣內近北岸處亦可下椗海岸自砲台山迤

西南爲平海衛舊城（在莆田縣東南九十里舊名南嘯明置衛城以備倭國朝裁今駐縣丞）城南海中水深二三十尺可停泊平海之西爲赤岐鎮在高山下（赤岐鎮舊名崎頭鎮明初置巡司後廢嘉靖時曾爲倭所據）海水至此又北匯爲港名平海灣其北岸與海道灣之南岸相距僅里許其西面爲三面環水之狹地狹地北端爲芹山北與美南相接東南端爲廢莆禧所（在莆田縣南九十里明置千戶所屬興化衛）東北與平海相對爲平海灣口門口內自南至北積漸而淺芹山狹地之西又成一港名湄洲灣其北岸抵浮山鎮（在莆田縣南四）對其西北隅又匯爲小港至楓亭司（在仙遊縣東南五十里明以來置巡司）西南名赤湖西岸又南逝經蕭厝至蜂尾市（在惠安縣東北四十里）又南爲峯奇港港西爲惠安南之洛陽港首西南通洛陽江口以達泉州港之水道也自峯奇港逝東南爲黃奇鎮又南爲小岞市小岞東北對莆禧所爲湄洲灣口門有湄州嶼南北亘寨口門中間上有田園居民湄洲嶼之南及黃奇鎮之北均可停泊湄洲灣中分爲興化泉州之界（灣東北爲興化西南爲泉州）小岞之西南海水西匯成小澳名小岞澳澳西岸爲門頭市澳口門南觜名大岞角與小岞南北對澳內亦可停泊輕載船大岞角之西爲崇武廢所（宋置小兜巡司明初移巡司於小岞置千戶所於此屬永寧衛國朝裁）海水又西北匯入爲泉州港港北岸地頗出入多港汊其西北岸有鷓鴣鎮（在晉江縣東十餘里有巡司）鎮東爲洛陽江與洛陽港入海口鎮西爲晉江入海口洛陽江源出惠安縣西北大尖山南偏東流會洛陽港入海晉江一名金溪又名安溪出安溪縣西北古格嶺東南流會羣水東過晉江縣南入海晉江口逝南有晉江支港入海口又南爲浦邊鎮又南爲蚶江鎮轉東爲東埔東北對崇武所爲泉州港口門港內有大墜小墜二島近北岸崇武所之西有獺窟島舊置巡司（島北去岸約四五里宋開禧中有僧道詢者連石塡海成橋七百七十間使岸與島）

（擱至艇之）今港內淺沙縱橫輪船不能深入自東埔西南迤至永寧廢衛（在晉江縣南六十里宋以來置水澳寨明初置衛國朝裁）海水又西匯至洛陽鎮東為深滬灣（洛陽鎮在晉江縣南八十里駐巡司）灣口北角為永寧角南角為深滬角自深滬角迤西南為烏桑市又西南為圍頭鎮（在晉江縣南五里宋置寶蓋寨明置巡司今裁）鎮踞地背上為金廈海灣外口東岸自圍頭西北迤為石菌為白沙又西迤為晉江分支南流港口口西為石井鎮（在南安縣南七十五里舊置巡司今裁）又西至劉五店司又西北至石尋鎮（在同安縣東南十里舊駐巡司今移駐廈門）海港至此名石尋港又北至同安縣城南城東西各有一小水入港自同安城南迤為下店為尋尾有小水西北自安民鎮來入又西有小水西北自灌口司來入岸至此轉南入漳州府海澄縣境為嵩嶼為海門鎮有九龍江入海口（海門鎮在海澄縣東二十里九龍江口門中駐巡司）九龍江源出連城縣南之將軍山自將軍山東迤為寧洋縣北之芙蓉山馬山至大田縣西南之大素山一帶山脈以南之水自將軍山南迤入龍巖州西為紫金山至平和縣東之大協關山一帶山脈迤東之水自大協關東迤為漳浦縣北之小溪嶺至大武山一帶山脈以北之水均匯入九龍江蓋閩江外一大水也海岸又東南為大武山山之東南為鎮海城（在漳浦縣東北百里明置衛國朝裁）城之東背為鎮海角東北對圍頭角為金廈海灣口門圍頭鎮海兩角相距約百里灣內有金門廈門二大島金門在東南廈門在西北金門舊曰浯洲嶼明初築城為千戶所廈門舊曰嘉禾嶼明初築城置中左千戶所天啟中荷蘭犯廈門總兵徐一鳴卻之崇禎八年英人曾一通商廈門旋去國初鄭成功據金廈為巢穴縱橫閩浙海中康熙十九年康親王督師入閩鄭經始棄金廈歸台灣朝廷於是駐同知於廈門駐縣丞於金門道光二十二年金陵條約

開廈門爲通商埠，駐分巡兵備道。光緒甲午後，復移水師提督駐焉。廈門居民約九萬六千，爲繁盛庶之地。廈門南與陸岸間名廈門外港，西人謂爲中國濱海最易入之港。廈門西與聽城相對處有鼓浪嶼，鼓浪與廈門間名廈門內港，郎商埠停泊處也。廈門、金門兩島相距約二十餘里，金廈之間有烈嶼，烈嶼東面及金門南面均便停泊。自鎮海角西迤，海水又北匯爲澳，名鎮海澳。又西南迤至井尾鎮（在漳浦縣東百里，舊置巡司，今裁），鎮東爲黃如江入海口，名井尾港。自井尾迤南，經佛曇鎮東，又南成一地觜，西圖名考克角。海水至此西匯爲將軍澳，澳內可停泊以避東北風。澳之西南角爲虎頭山，三面環海。虎頭山西海水又北匯爲浮頭港，虎頭山北爲六鰲廢所（在漳浦縣東南七十里，明置千戶所，屬鎮海衛，國初裁），實居浮頭港東北岸。六鰲之西爲金泥鎮，金泥之西爲香山鎮，金泥、香山之間爲李澳川入海口，郎浮頭港首也。李澳川源出平和縣之大協關東南山中，東南流入海。自香山鎮西南迤爲古雷城，東北對虎頭山，爲浮頭港口門。古雷城（古雷城在漳浦縣南五十里古雷山下，舊駐巡司，今裁）古雷城之西爲銅山港，漳江入海之港也。漳江源出平和縣之大協關山，東南流名河頭溪，又東南經雲霄廳東，又東東南入海。港口西岸爲漸山，漸山南迤小港爲八尺門。八尺門之東爲漳潮鎮（駐有巡司，即舊志之金石鎮），鎮東爲銅山城（在詔安縣東八十里，其地舊名東山，爲民間牧藪，明初置千戶所，屬鎮海衛，國朝廢所，改爲銅山營，駐游擊）。潮漳之西南爲南浦，又西南爲官前，臨海之觜也。漸山與八尺門中間之小港，本係沙頭相連，惟潮漲則海水東西通，小船可由此達詔安灣。故舊記言銅山營爲三面環水之地。海岸自漸山西南迤爲梅嶺，又南伸入海爲懸鐘廢所（在詔安縣東南四十里，明初置千戶所，屬鎮海衛，國朝裁）。於是銅山城東北對古雷城，爲銅山港口門；官前西北對懸鐘城，爲詔安灣口。

門銅山港乃沿岸一停泊最穩便處其銅山城之東古雷城之東南海中羣島羅列西人名爲禮是列島卽舊志所謂石城嶼言海中亂石叢雜望若城壁者今羣島間水道西人呼爲禮是門言羣山環繞如門也禮是列島不生植物惟有漁舍數區其中水深處西船亦嘗寄泊詔安灣口當南澳之東北及官前之南有小澳均不可暫時寄椗惟詔安灣口不能避東北風官前小澳[illegible]附能避西南風懸鐘之西爲徐坑溪入海口成一小澳名東澳民船避風處也徐坑溪出平和縣天馬山東南流至詔安縣城東南入海東澳之西爲三礁

與廣東潮州交界

福州府 明太祖吳元年改元福州路爲府 國朝因駐閩浙總督兼巡撫布政提學提法交涉四司鹽糧巡警勸業四道福州將軍副都統道光二十三年與英訂約五口通商之一租界在閩江北岸日南臺與府城對出口貨茶紙竹木煙草入口貨洋藥土布煤油海物全年出入共值銀千六百九十餘萬兩府屬漢志冶縣地 **北距京師六千百三十三里領縣十**

閩 明縣因倚治東偏　**侯官** 明縣因倚治西偏　**長樂** 明縣因府東南百里

福清 明縣因府南少東百三十五里　**連江** 明縣因府東北九十五里　**羅源** 明縣因府東北百五十里

古田 明縣因府西北二百七十里　**閩清** 明縣因府西北百二十里　**永福** 明縣因府西南百九十里

屏南 府西北三百二十里

泉州府明洪武元年改元泉州路為府國朝因駐福建陸路提督府屬漢志治縣地東北距省四百十里領廳二縣五　晉江明縣因倚　南安明縣因府西少北四十五里　同安明縣因府西南百三十里　惠安明縣因府東北五十里　安溪明縣因府西百五里　廈門廳府西南百六十里海島上駐分守興泉永兵備道道光二十三年與英訂約五口之一洋商居廈門島領事署在島西南之鼓浪嶼出口貨糖茶紙夏布入口貨米土藥絨呢等全年出入共值銀二千百四十餘兩　馬家港廳府西南百八十里

建寧府明洪武元年改元建寧路為府國朝因駐福寍鎮總兵府屬漢志治縣地東南距省四百八十里領縣七　建安明縣因倚治東南偏　甌寧明縣因倚治西北偏　建陽明縣因府東百二十里　崇安明縣因府西北二百四十里　浦城明縣因府東北二百七十里　松溪明縣因府東百六十里　政和明縣因府東百四十里

延平府明洪武元年改元延平路為府國朝因駐分巡延建邵道府屬漢志治縣地東距省三百六十里領縣六　南平明縣因倚　順昌明縣因府西少北百二十里　將樂明縣因府西二百二十里　沙明縣因府西南百二十里　尤溪明縣因府南百六十里　永安明縣因府西南三百里

汀州府明洪武元年改元汀州路爲府國朝因駐汀建邵鎮總兵府屬漢志治縣地東距省九百七十五里領縣八長汀明縣因倚寍化明縣因府東北百六十里清流明縣因府東北二百里上杭明縣因府南百八十里武平明縣因府西南百五十里連城明縣因府東南百六十里歸化明縣因府東北二百九十里永定明縣因府南三百里

興化府明洪武元年改元興化路爲府國朝因府屬漢志治縣地北距省二百四十里領縣二莆田明縣因倚仙遊明縣因府西七十里

邵武府明太祖吳元年改元邵武路爲府國朝因府屬漢志治縣地東南距省六百七十里領縣四邵武明縣因倚光澤明縣因府西北八十里建寍明縣因府西南二百十里泰寍明縣因府西南百四十里

漳州府明洪武元年改元漳州路爲府國朝因駐分巡汀漳龍海防兵備道漳州鎮總兵附近饒煤鑛產糖煙窯貨果品水仙花有名漢志會稽南海二郡地東北距省六百八十里領廳一縣七龍溪明縣因倚漢治縣地漳浦明縣因府南百二十里漢治揭陽二縣地南靖明縣因府西四十里漢治縣地

長泰明縣因府東北四十里漢治縣地 平和明縣因府西南二百五里漢治縣地 詔安明縣因府西南二百五十里漢揭陽縣地 海澄明縣因府東南五十里漢治縣地 雲霄廳府西南二百里

福寧府明因元州升直隸國朝為府駐福寧鎮總兵有三都澳在府西南三沙灣中島周二十里灣口水深便停泊近開為通商埠全年出入口貨共值銀百五十餘萬兩府屬漢志治縣地 西南距省五百四十五里領縣五 霞浦國朝雍正十二年置倚 福鼎府東北二百里 福安明縣因府西北百十里 寧德明縣因府西南百十里 壽寧明縣屬建寧國朝來屬府西北百六十里

永春直隸州明縣屬泉州國朝升直隸州州屬漢志治縣地 東北距省四百一十里領縣二 德化明縣屬泉州國朝來屬州北少西三十里 大田明縣屬延平國朝來屬州西北二百六十五里

龍巖直隸州明縣屬漳州國朝升直隸州州屬漢志治縣地 東北距省九百里領縣二 漳平明縣屬漳州國朝來屬州東七十里 寧洋明縣屬漳州國朝來屬州東北七十里

賜進士出身　特賞內閣學士銜前國子監祭酒翰林院編修加三級臣王先謙謹撰
大清國四
廣東省禹貢荊揚二州南裔漢志交阯部南海蒼梧二郡荊州部桂陽郡揚州部豫章郡
疆域　東福建西廣西及安南北江西湖南南臨南海東西二千五百里南北千八十里面積六十六萬五千九百五方里人三千百八十六萬口領府九直隸州六直隸廳五廳一州六縣七十九
物產王書云饒五金廣肇高各屬煤鑛尤有名沿海鹽場亦多又產米與甘蔗出口貨著名者如絲綢每歲輸出占全額百分之七十茶葉歲值銀二百二十萬兩蔗糖歲值銀七百餘萬兩芭蕉扇運往紐約者歲約五百萬柄竹布蕉布草蓆花爆等果物如荔枝波羅蜜橘橙香蕉尤有名民亦工於製造與商業較之各省最有文明之智識　地勢王書云北境山岳連亘蓋北據五嶺越城臨賀都龐騎田大庾是為五嶺越城臨賀在湖南廣西界上都龐騎田則廣東與湖南分險大庾廣東與江西分險北境山脈皆為五嶺分支如東江北岸之羅浮山在博羅縣西北山高三百六十丈周三百二十七里為宇內名山東粵望鎮南岸之黃嶺山在東莞縣東南為嶺南名山之一其最著也南境一支如西江南之雲浮山君子山則自廣西句漏山東迤之支也其大川流域及沿海一帶皆平野相連水利極便

道王書云西江自廣西入境東流左受賀江右受瀧水江羅銀水分二派一東會北江曰珠江至廣州府城東南會東江入海一東南分流入海此江下流最深巨艦往來無阻以船為家者尤多又北江古湞水源出南雄州東北西南流右受錦江武水涯水左受翁江南過峽山至胥江司西分二派一南流右合綏江與西江支津會一東南流左受溪水入珠江又東江有二源合於江西定南廳曰定南水又東南左合尋都江折西南流又受利溪新豐江增江左受秋香江淮水至廣州城東南入珠江又汀江自福建入境南流右有梅江合石窟溪來會又南曰韓江分流入海

交通

王書云沿海航路四達珠江輪船西達廣西梧州又鐵路現在修造者粵漢鐵路之南段（自廣州北經三水清遠英德曲江樂昌達湖南宜章凡九百五十餘里）與潮汕路（自汕頭至潮州凡百里）擬修者有自九龍西北達廣州之路自澳門北達廣州之路自廣州灣東北達廣州之路皆英葡法諸國之所經營也又驛道有三一東達福建詔安（中經東莞博羅歸善海豐陸豐惠來潮陽海陽黃岡）一北達江西南安（中經三水清遠英德曲江始興南雄州）一西達廣西梧州（自三水分道西經高要德慶封川）又電綫東通福州（深水埔新塘石龍惠州海豐汕頭潮州又由新塘分虎門由石龍分新安香港）西通梧州（佛山三水肇慶悅城德慶）北通九江（由三水分英德韶州南雄梅嶺）由瓊州北通廣西橫州（徐聞雷州安鋪廉州由廉州南分北海西分欽州防城東興與安南蒙開綫接又由安鋪東分高州）又海綫由香港西南通海防新加坡東北通廈門上海南通馬尼喇

海岸

講義云自三礁入潮州境西南迤有柘林澳澳口南向澳北有黃岡溪入海口黃岡溪出饒平縣北玉屏山南過饒平縣東又南過柘林司西入海澳之西岸有韓江支港口澳內有數小島島間水深處可停泊澳口東面有南澳島跨潮漳海界東西長四十里東段廣西段狹廣處近二十里東北角北距大地岸約十五六里

爲南澳夾東口西角西距大地岸約三十餘里爲南澳夾西口島周二百餘里有三澳在北岸者東曰南澳灣西曰龍門澳在南岸者曰後隄澳南澳灣與後隄澳均可停泊惟龍門澳爲淺沙耳最西之嶺名長山尾其北小澳亦可下椗南澳島舊多居民田地沃饒約四五萬畝耕種足供島民之食明初徙民入內地嘉靖中爲倭夷所據其後海寇吳平許朝光等又窟穴其中萬歷中始屯重兵　國朝駐總兵及同知巡司等官城在北岸北臨南澳灣柘林澳西岸有北港口北港口迤西南爲南港口皆韓江支港自澄海縣東南流入海者南港口之西爲韓江正流入海口韓江卽汀江出福建長汀縣北之溪子口隘山南流入廣東大埔縣境會梅江小靖溪靖遠河等水又南流過潮州府城東又南過澄海縣西入海海岸自韓江口又西爲汕頭商埠也汕頭南臨馬嶼港港南有達濠島國初設副將駐島上名達濠營又移招寧巡司駐達濠城內今改副將爲守備外國租地島北岸北對汕頭處在達濠島之西爲海門島兩島中間一港島之南角有海門舊城明海門千戶所　國朝廢所設汛參將屬南澳鎮而達濠島之東南角與海門之南角東西對爲澳名企望澳海門角西對大地爲澳名海門灣企望澳與海門灣各北承港口其港均北與潮州內港通潮州內港者舊記謂之牛田洋自汕頭西海水西北匯成此港港面頗闊大東連馬嶼港汕頭埠南臨馬嶼港入輪船內港處東南通企望澳南通海門灣惟馬嶼爲輪船出入水道企望海門二港均係淺沙潮州內港東岸有數水口皆韓江支港自澄海縣西南流入海者其西北承水口爲玉窖溪入海口玉窖溪有南北二源北源出豐順縣西南東南流經揭陽縣北南源出普寧縣西北南流經揭陽縣南至揭陽城東南合流入海潮州內港不能通輪船航路至汕頭止故汕頭爲通商埠潮州內港西岸迤南至潮陽縣東南有自普寧縣來之練江入海口口外卽海門灣北之港也自練江口南爲河北汛迤

南至靖海港（其地本廢靖海千戶所故名）有小水入海口轉西迤為赤山澳（赤山在惠來縣東南五十里土赤色平地突起之山也）赤山澳之西有神泉港為龍江入海口龍江源出普寧縣西南陽山東南流至惠來縣城南會數小水入海港東岸為神泉巡司港內可泊船以避東北風自港口西南迤入惠州府境為甲子甲子角西為甲子港係海水東北灣入成港港西岸為甲子廢所（在海豐縣東南百里明置千戶所屬碣石衛國初廢設巡司）港口有大石壁立名甲子門石上下各有六十甲子字故名甲子門迤西為湖東汛汛西有小港係海水北匯所成又西迤為淺澳角西對白沙角（在白沙汛之東亦名石衛頭觜）約三十餘里為碣石灣口門灣內東岸有碣石衛城（在陸豐縣東南三十里明初設衛國初廢衛置總兵）北岸有河入海兩水口稍西有熱水入海口灣口水深十餘尺至二三十尺不等海底為輭泥可暫寄碇自白沙角迤南為遮浪角又轉而西為捷勝所（在海豐縣東南八十里明設千戶所屬碣石衛國初廢所置遊擊）捷勝所之西為捷勝角西南對大星表（一作富克角）為紅海灣口門闊約百里灣之中央有江牡嶼嶼北有東北灣入之港郎舊記所言之麗江浦港東北承黃姜水口郎長沙港麗江浦之東南為汕尾港港口西向郎扁湧湖也港口北岸有圓山墩下寨在山上駐有守備山南麓有汕尾埠為市船聚集之所麗江浦之西有小澳港口舊記謂之鮎門港紅海港內風浪頗大大船無寄泊者自大星表迤西北為平海灣（一名琴阮港）灣東北岸為平海所城（明千戶所國初裁所改設參將遊擊又駐巡司）平海所西為平海角平海灣內輪船便於停泊平海角之西北為墩頭港（一名霞浦灣）港東岸為巽寮汛東北隅海水復匯成一港名範和港郎宋文信國駐軍之涌船澳也港岸有稔山汛西北隅有上角汛西岸有地背為惠州廣州交界處背南北皆有澳南澳西北岸為大鵬所（在新安縣東百二十

里大鵬嶺南明初置千戶所屬於南海衛國初改設守備後移駐副將並駐縣丞迤而南爲東涌鎮卽東山村也東涌鎮東南臨海之角曰躋蹊角東北對平海角爲墩頭港口門港內島嶼羅列而不礙舟行故停泊之處頗多東涌鎮西南臨海之角曰大鵬角角之西北爲大鵬海灣海灣之東北岸卽大鵬所東岸與大鵬所所臨之海澳僅間一地頸西南岸爲大鵬協所駐之九龍司並駐巡司灣內四山環繞水深岸峭爲停泊勝地西岸又有瀝源港在塔門島之西西圖名花羅港口門甚狹口內水深至八十尺廣闊能容萬艘瀝源港口之東南爲長短嶼東北對大鵬角約十七八里爲大鵬灣口門口門中間小島羅列鎖鑰天然灣內水深浪靜可修絕大船塢若營作軍港其形勝不亞於舟山膠州等澳也長短嶼之西爲一海澳澳內小島東西綿亘分澳爲二在北者曰石頭港口門曰小欽門在南者曰避風港口門曰大欽門二港內均便輪船停泊大小欽門之南爲佛堂門香港與大地間之水道也又西北爲九龍港九龍司南臨之海港也港西卽尖沙嘴道光十九年鴉片之役林文忠公督海防事英兵船屢犯虎門爲我師所擊卻乃退泊尖沙嘴爲負嵎計公復遣兵進勦始倉皇遁去公以尖沙嘴及嘴北之官涌均要地乃奏置礮臺屯兵守禦南對香港埠香港係九龍南一小島原爲紅爐汛駐地道光二十二年英索香港遂與之又西北迤爲急水門屯門汛南大地與大嶼山間之水道也大嶼山一作大漁山在新安縣西南海中爲大鵬協右營汛地自急水門迤西爲廣州海口北迤爲內零丁洋又北經新安縣城西又北經福永司西又北爲永平河口東江支港也又西北爲虎門東莞縣西南五十里初置水師今駐提督又北經缺口司西又北經東莞縣西又西渡西江口西江入海支港甚多此處爲西江正口經沙灣司東轉而南經順德縣東此處多支港沙嘴蓋海灘也又南經黃圍司東又南經三角汎東又南經香山縣東又南爲淇澳司在香山縣南淇澳堡傍岸小島也又南爲前山寨又南爲澳門前山寨卽濠鏡澳關在香山縣南濠鏡山北三里明萬歷

（二年設關官守之以防澳夷今駐同知關門南爲三面環海之狹地惟北與大地連不絕如頸卽設關處也澳地上有山卽濠鏡山所臨之海爲濠鏡澳今呼其地爲澳門西人謂之阿媽港澳門自前明嘉靖時卽經葡萄牙人佔居歲輸稅課迨至　國初改稅課爲地租總令年輸銀五百由香山縣徵收道光二十九年以後海疆多事並地租銀亦未交納光緒十二年當事以葡人代收洋藥稅竟割澳門與葡）廣州口外島嶼甚多以老萬山（卽大萬山）爲著老萬山以南爲外洋北爲內洋而香港澳門東西對峙實爲廣州口門口內水深大輪船抵廣州城下中等商輪又上溯西江而至廣西梧州澳門南有橫琴島島之東卽停泊處澳門西爲寬水道亦名黑水洋西江入海之支港也港口內島嶼頗多又西爲黃梁都與大地相離之島也（黃梁都屬香山縣駐有巡司）黃梁都之西爲洲子門亦西江入海支港洲子門之西北爲厓山島踞西江支港水中（厓山在新會縣南八十里宋末張世傑奉帝昺居此厓山東港曰虎跳門西港曰厓門卽張世傑與張宏範戰處也）此支港北達新會城下輪船可以通行故新會北之江門鎮（駐有縣丞）近今開爲通商埠自厓門港口南迤經都斛汛又南有牛角水入海口牛角水出新甯縣西南南安山東流過赤溪廳北入海海岸又南經赤溪廳城之東（赤溪直隸廳近年新設本新甯縣地）轉西爲銅鼓汛又西爲廣海寨（本明廣海衞地故名）又西經尖峯頂南轉南經海晏汛東又南經上川司東（上川鹽巡檢屬新會縣舊駐新甯縣南之上川山近移駐此）上川司之東觜東對銅鼓山（在銅鼓汛西）中成淺泥灘海灣上川司之東海灣內有雞籠山明代於山上置望高巡司今其地爲望頭村灣口外有上下川二島上川居東下川居西二島均產香木下川島之南岸有澳名南船灣澳內可避風爲停泊善處上川司之西海水北匯爲長港西經陡門汛東北至旁鶴汛港首北承小水口港內水深於口外自港口西迤經大澳鎮南（大澳鎮駐有縣丞）爲大澳觜自大澳觜迤西至坡尾河口成一海澳名曰深港港北岸有水口名西港口爲那龍河與漠陽江入海口那龍河出

陽江廳北那龍汛南流經陽江廳城東入港漠陽江出陽春縣北石腳岩南流會衆小水經陽春縣城西又南會西來之雙龍水南經陽江廳城西入港西港口東有小水口西有坡尾河口亦小水也深港澳口東有大小鑊羣小島澳口西有海陵山自坡尾河口遶南至雙魚所之東（雙魚本明之千戶所屬神電衛國朝裁所駐縣丞）爲閘坡港卽海陵山西對大地間之夾也夾內可泊船（海陵山一名羅洲又曰羅島居民頗緐張世傑旣敗于厓山將西趨占城復謀入廣回舟艤此颶風作取焚香祝天赴海處也明置巡司今仍之）自閘坡港口西南遶至雙魚角角西有小水北自雙魚所來入海口名泥門港又西過書村汛又西爲儒峒河口入高州府電白縣境儒峒河出陽春西南那黃山南流來入小水也自儒峒河口遶西南爲電白縣南之西礜（一名小河角皆西圖名）西礜本由電白城東向西南伸入海中之沙脊也西對南海礉臺角爲淺澳澳內有長沙橫亘沙上有桃花汛長沙與西礜開爲電白港港內爲鹽船聚集之所電白產鹽常集數百艘載鹽運往廣州大輪船遇風亦可於港口暫泊口外有大小放雞山等小島自南海礉臺角遶西西有小水口又西爲赤水鎮（在茂名縣南百十里明以來置巡司今仍之）自赤水鎮遶西南至吳川縣城城西南爲利劍門卽舊記所言之限門寨合江鑑江會流入海口也口門中有沙卽舊記之芷芓沙也合江上源爲陵水出信宜縣西北廣西陸川縣界山中西南流會羅水浮山水經化州城東又南會鑑江鑑江上源名望夫水出陽春縣界那黃山西南流會合江至吳川縣西南來入利劍門之南有數沙洲排列最東之洲名麻練沙沙南對海中東海島之東北角（名獨樹頭）爲廣州灣口門白利劍門遶西經麻科礉臺之南又西爲海頭港口港北經海頭汛之東又北經石門汛之東又北西受遂溪縣一小水又北止於化州之永安鎮西

港內水深岸闊無長流大水來入益海水灌入而成者自海頭港口迤西入遂溪縣境有城月水入海口轉南迤爲海康縣境受海康縣南之南渡水有南北二水口又轉東南迤爲淡水港又東南爲斯禮嶺（一名畤禮山在海康縣東南八十里）嶺北對東海島之東南角（名後海角）爲廣州灣南口門南口門水道均淺沙輪船不能通行東海島一名蔚嵂嶺橫亘廣州灣內東西長七十里南北廣四十里居民甚繁以漁鹽爲業地屬遂溪縣島西頭駐有湛川巡司島北岸海中有東頭山亦屬遂溪（海頭港口在東頭山之北偏東）島東南海中有硇州島（一作硇州西圖作那州）吳川縣屬島也有巡司駐島上硇州與後海角中間之港名調鷄門硇州西北岸有小澳甚便下碇廣州灣內海頭港口尤停泊妥處光緒戊戌法蘭西人索我廣州灣當時政府允以吳川縣屬之麻科汛予之法兵輪至察其地係沙土無物產且不便停泊遂任意駛入內港至遂溪縣屬之海頭汛登岸樹旗且掠人民及牛馬民怒甚將築壩以阻其出路法人始釋所掠之人然法人要索不已後政府竟允以海頭港口爲其商埠海岸自斯禮嶺迤南爲錦囊港口又轉西南爲瓊州海夾北岸過寧海司之南又西至海安所南爲海安澳澳北承小水郎博漲港也澳內可泊中等輪船（海安所在徐聞縣東二十里明初置千戶所　國朝改設千總近又駐同知）又西過徐聞縣城南又西爲雷州角至此離瓊州夾北轉爲東場港口有小水自東場司北西流入海自東場港口北迤爲青銅澳東受一小水郎潭淚水也又北爲清道司又北經白霧山西又北至樂民墟（在遂溪縣西南一百六十里本明千戶所　國初改設千總）北臨小水入海口又北過楊柑墟西北臨小水口又北爲暗鋪港亦小水口也又北爲高州府境有石角水入海口水出廣西陸川縣南南流過石城縣西會青溶水西南流來入自

吳川縣至此爲雷州半島海岸吳川至錦囊港東岸也錦囊港至雷州角南岸也雷州角至石角海岸水口西岸也自石角水口西迤有洗米河自永安所東來入海口洗米河口之西爲廉州府境有海水北匯爲澳澳東岸爲永安所（駐有千總及巡司）北岸爲白沙汛澳西岸爲調埠汛自調埠迤西經珠場司南又西爲白龍寨又西爲北海寨通商埠也北臨三汊港海灣南臨大海北海雖爲商埠惟中等輪船可入埠大輪船均泊十餘里外海中北海之北爲三汊港廉江入海口也廉江上游爲南流江出廣西容縣西南山中西南流入合浦縣境名合浦江又名羅城江會數小水至合浦城北分爲二支入海三汊港之西爲大觀港平銀江丹竹江會流入海之口也二水皆出欽州東北山中港口爲廉欽分界處大觀港之西爲急水門欽江入海之口也欽江出靈山縣東北洪牙山西南流經靈山城南欽州城東南會魚洪江大道江等水來入海海口小島頗多大輪船可泊口內急水門之西角名天堂角又西名石龜頭其西爲阿成河入海口卽白龍尾港也港內水深大輪船可入阿成河出防城縣西北山中東南流入海又西爲洪河口口外有澳澳口有島口西有江平司屬防城縣巡檢所駐又西爲那良河北侖河會流入海口口東爲東興鎮防城縣丞駐所也二水皆小水而會流以下爲中越之界中國海岸止於此矣

道路王書云鐵路現在修造者自廣州西行經三水又北傍北江行經清遠英德至曲江又北至樂昌與湖南興甯路接此卽所謂粵漢鐵路之南段也擬修者有自九龍西北達廣州之路（中經新安東莞）自澳門北達廣州之路（中經香山順德）自廣州灣東北達廣州之路（路未勘定）皆英葡法諸國之所經營也其東達福建之孔道則自廣州東行經博羅渡東

江至惠州又東沿海岸行經海豐陸豐惠來又東北經揭陽至潮州東北與福建雲霄路接其西達廣西之孔道則自廣州西行經三水渡北江傍西江北岸行經肇慶德慶西北至封川與廣西梧州路接

廣州府 明洪武元年改元廣州路爲府　國朝因駐兩廣總督兼廣東巡撫布政提學提法鹽運四司巡警勸業二道廣東將軍滿洲漢軍副都統廣東水師提督道光二十三年與英立約五口通商之一租界曰沙基在府城南出口貨線紬段糖果桂爆竹席茶煙葉銅琥珀瑪瑙等入口貨洋布洋藥等全年共值海關銀一億一千餘萬兩漢志南海郡地 **東北距京師五千四百九十四里領縣十四**

南海 明縣因倚治西偏漢南海郡治番禺縣地

番禺 明縣因倚治東偏漢番禺縣地

順德 明縣因府西南百里漢番禺縣地

東莞 明縣因府東南百八十里漢博羅縣地

增城 明縣因府東百六十里漢番禺縣地

新安 明縣因府東南二百六十里縣南有九龍稅關漢博羅縣地

三水 明縣因府北二百里光緒二十二年與英定緬約二埠之一全年出口貨麻袋團扇席紙爆竹等入口貨煤油棉絲火柴等共值銀二百十餘萬兩漢番禺四會二縣地

龍門 明縣因府東二百十里漢番禺縣地

香山 明縣因府南二百二十里縣北有拱北稅關漢番禺縣地

新會 明縣因府西南二百三十里縣東北江門光緒二十八年與英重議商約增開五埠之一漢四會縣地

新寧 明縣因府西南三百六十里南海蒼梧二縣之界

從化明縣因府東北百三十里漢番禺縣地　清遠明縣因府北三百四十里漢中宿縣　花國朝康熙二十四年析番禺南海二縣置府北九十里漢番禺縣地

連州直隸州明州領縣屬廣州國朝升直隸漢桂陽縣　南距省七百六十里領縣

一　陽山明縣因州東南二百里漢陽山陰山二縣地

連山直隸廳明縣屬廣州國朝雍正五年改屬連州後升直隸廳漢桂陽縣地　東南距省千二百三十二里

韶州府明洪武元年改元韶州路為府國朝因駐分巡南韶連兵備道南韶連鎮總兵漢志桂陽郡地　南距省千里領縣六　曲江明縣因倚漢曲江縣　樂昌明縣因府西北八十里漢曲江縣地　英德明縣因府西南二百二十里漢湞陽含洭二縣　仁化明縣因府東北百里漢曲江縣地　乳源明縣因府西少南九十里漢曲江縣地　翁源明縣因府東南百八十里漢湞陽縣地

南雄直隸州明改元南雄路為府國朝降直隸州漢南壄縣地　南距省千三百里領縣

一　始興明縣因州西百里漢南壄縣地

惠州府 明洪武元年改元惠州路為府 國朝因駐分巡惠潮嘉兵備道廣東陸路提督碣石鎮總兵光緒二十八年與英重議商約增開五埠之一漢志南海郡地 **西北距省三百六十里領州一廳一縣九**

歸善 明縣因倚漢博羅縣地

博羅 明縣因府西北三十里漢博羅縣

長寧 明縣因府西四百里漢博羅縣地

永安 明縣因府東北二百里漢博羅龍川二縣地

海豐 明縣因府東三百里漢龍川縣地

龍川 明縣因府東北四百二十里漢龍川縣

陸豐 府東三百五十里漢龍川縣地

佛岡廳 新設

連平州 明州領縣屬惠州 國朝無府北四百里漢龍川縣地

河源 明縣屬連平 國朝來屬府北百五十里漢龍川縣地

和平 明縣屬連平 國朝來屬府東北四百二十里漢龍川縣地

潮州府 明洪武二年改元潮州路為府 國朝因駐潮州鎮總兵漢志南海郡地 **西距省千百九十里領廳一縣九**

海陽 明縣因倚漢揭陽縣地

潮陽 明縣因府南百四十里漢揭陽縣地

揭陽 明縣因府西八十里縣西北房山產鐵漢縣

饒平 明縣因府東北百五十里漢揭陽縣地

惠來 明縣因府西南二百七十里漢揭陽縣地

大埔 明縣因府東百六十里漢揭陽縣地

普寧 明縣因府西南百二十里漢揭陽縣地

澄海 明縣因府東南六十里縣西南汕頭咸豐八年與英約開五口之一租界在達濠島北岸出口

貨糖煙草海物等入口貨棉布棉絲米豆洋藥等全年共值銀四千五百餘萬兩漢揭陽縣地　豐順明程鄉縣國朝更名府西北九十里漢揭陽縣地　黃岡廳新設在府東　南澳廳四面界海與潮州隔一海峽駐南澳鎮總兵

嘉應直隸州明洪武二年降元海州爲程鄉縣國朝雍正十一年升今直隸州漢揭陽縣地　西距省七百里領縣四　興寧明縣屬惠州國朝來屬州西少南七十里漢龍川縣地　長樂明縣屬惠州國朝來屬州西百十里漢龍川縣地　平遠明縣屬潮州國朝來屬州西北八十里漢揭陽縣地　鎮平明縣屬潮州國朝來屬州北六十里漢揭陽縣地

肇慶府明洪武元年改元肇慶路爲府國朝因駐分巡肇陽羅道北海鎮總兵有端溪石可製硯草蓆每年值銀百餘萬漢志蒼梧南海合浦三郡地　南距省二百三十里領州一縣十一　高要明縣因倚漢縣　四會明縣因府北百三十里漢縣　高明明縣因府東南七十里漢高要縣地　新興明縣因府南百三十里漢臨允縣　開平明縣因府南百六十里漢臨允縣地　廣寧明縣因府西北二百九十里漢四會縣地　德慶州明州領縣來屬國朝無府西二百十里漢端溪縣　封川明縣屬德慶國朝來屬府西

三百三十里漢廣信縣地**開建**明縣屬德慶國朝來屬府西北四百十里縣北埇流山石金最旺漢封陽縣地**鶴山**國朝雍正九年析新會開平二縣地置府南少東百七十里

陽江直隸州明縣屬肇慶國朝升直隸廳近改直隸州漢高涼縣**東北距省七百三十里領縣二**　**陽春**明縣因府南三百二十里漢高涼縣地**恩平**明縣因府南二百七十里漢高涼縣地

高州府明洪武元年改元高州路爲府國朝因駐分巡高雷陽兵備道高州鎮總兵漢志合浦蒼梧二郡地**東南距省千十里領州一縣五**　**茂名**明縣因倚漢高涼縣地**電白**明縣因州東百六十里漢高涼縣地**信宜**明縣因府北八十里漢端溪縣地**化州**明州領縣來屬國朝無府西北九十里**吳川**明縣屬化國朝來屬府南百三十里漢高涼縣地**石城**明縣屬化國朝來屬府西南百九十里漢合浦縣地

廉州府明洪武元年改元廉州路爲府國朝因漢合浦縣地**東距省千四百九十里領縣二**　**合浦**明縣因倚光緒二年煙臺條約開縣西南北海爲商埠據廉江口冠頭山東北岸前臨東京灣水深闊無

暗礁之險出口貨錫糖藍桂皮牛皮豬等入口貨棉布棉紗羅紗等全年共值銀三百八十餘萬兩漢縣

靈山 明縣屬欽州　國朝來屬府西北百八十里漢合浦縣地

欽州直隸州 明州領縣屬廉州　國朝升直隸　**東距省千九百八十里領縣一**

防城 新設州西南百里

雷州府 明洪武元年改元雷州路爲府　國朝因漢志合浦郡地　**東距省千四百二十里領縣三**

海康 明縣因倚漢徐聞縣

遂溪 明縣因府北百八十里漢徐聞縣地

徐聞 明縣因府南百六十里漢徐聞縣地

瓊州府 明洪武元年改元乾寧安撫司爲瓊州府　國朝因駐新設瓊崖兵備道瓊州鎮總兵咸豐八年與英法約開五口之一租界在府城東十里光緒二年開港出口貨糖卵豬龍眼肉錫等入口貨麪粉米棉紗煤油等全年共值銀五百五十餘萬兩海口頗淺時患颶風漢志初爲珠崖儋耳二郡後罷爲合浦郡地　**東北距省千七百五十里領州一縣七** 講義云瓊州海夾之南有海南島瓊州全府地也自徐聞縣海安所南度約十海里至瓊州府城北海口所爲南北津要海口所在瓊山縣北十里明置千戶所　國初裁所改設參將駐同知近今立稅關爲通商埠南渡江入海之口也南渡江上游名建江一名新安江出五指山北麓北

流折而東過臨高澄邁定安境又北流過瓊山東入海海岸自南渡江口東南迤爲三江水口小水也海水東南匯成港港東岸爲鋪前鎮故名鋪前港港口水頗深大輪船可到口外自鋪前迤東轉東南爲加定角又南爲淇水港轉西爲南山港至青藍港口平昌溪白石溪白芒溪合流入海口也港內水深大輪船可寄椗自青藍港口迤南經會同縣境小水口頗多又南至樂會縣東博鼇港爲萬全河入海口萬全河出五指山東麓東流會衆小水經樂會縣北東入海自博鼇港南迤過龍滾鎮之東有西出鷓鴣山之水分爲數支港入海口又南經萬州城東轉西南有蹋容河石龜河入海口又西南經數小水口入陵水縣境至陵水角其西成一海港名桐棲港港北岸承青水塘水港口寬深惟潮流甚急輪船不便出入僅可泊口外又迤西經數小水口至永甯鎮南屬崖州驛有迤司有藤橋水口又南迤轉西迤至榆林港口港北承多銀小水港口東嶺爲榆林角羣山簇抱口門甚險口內深廣可泊大輪船十餘艘中小輪船二三十艘法蘭西人窺伺已久自榆林港口迤西北至崖州城南有甯遠水分流入海二口東口名大蜑港西口名保平港口內水淺口外無蔽不便停泊自保平港迤西北爲酸梅角又西北經小水口至鶯哥嶺轉北迤經二小水口至感恩縣城西北爲感恩水入海口又北爲南龍江入海口又北至昌化縣西南爲昌江入海口昌江一名樂安江出五指山西麓西南流經樂安縣南西北流至昌化縣西南入海海岸又東北迤經安海江口又東北至觀音角角東爲沙溝江口沙溝江口東北爲洋鋪港係海水東北匯成港東至儋州城下有新昌江出五指山西北麓北流至儋州城西入港有北門江與建江同源東北流者爲建江西

北流者卽北門江，經儋州城東，至城北入港。港口寬深，大輪船可寄椗。港口北有小石島，曰大墥。自大墥東北遶，經兵馬山北，又東經小水口，至臨高縣東北石牌汎，爲文瀾水入海口，建江分支也。又東遶爲石礧港口，港南受稍陽水、沙地水。港內多泊華船。又東至海口所。此瓊州全府之海岸也。

瓊山 明縣。因。倚。漢朱崖郡治潭都縣，後改朱盧縣，屬合浦郡。

澄邁 明縣。因。府西六十里。漢珠崖郡地。

臨高 明縣。因。府西百八十里。漢珠崖、儋耳二郡地。

定安 明縣。因。府南八十里。漢珠崖郡地。

文昌 明縣。因。府東百六十里。漢珠崖郡地。

會同 明縣。因。府南二百九十里。漢珠崖郡地。

樂會 明縣。因。府東南三百二十里。漢珠崖郡地。

儋州 明州，領縣來屬。國朝無。府西南二百里。漢儋耳郡，後廢入珠崖。

感恩 明縣，屬崖。國朝屬瓊，近改屬州。西北二百三十里。漢儋耳郡地。

崖州直隸州 明州，領縣，屬瓊州。國朝因，近升直隸。在瓊州南，中隔黎峒。東至府八百七十里，西至府九百六十里，距海岸頗近。州東南榆林港，日俄之戰，爲俄波羅的海艦隊東來寄泊處。漢珠崖郡地。**東北距省二千六百里。領縣四。**

昌化 明縣，屬儋州。國朝屬瓊，近改屬州。北偏西五百六十里。漢儋耳郡地。

萬 明州，屬瓊。國朝因，近改縣來屬。州東北四百三十里。漢珠崖郡地。

陵水 明縣，屬萬州。國朝屬瓊，近改屬州。東三百里。漢珠崖郡地。

赤溪直隸廳新設東西南三面界海北界廣州府　東北距省四百十里

羅定直隸州明萬歷五年升元之龍水縣爲羅定州領縣國朝升直隸多產桂皮桂枝漢蒼梧郡地　東距省六百五十里領縣二　東安明縣因州東百六十里漢端溪高涼二縣地　西寧縣明因州西百二十里漢端溪縣地

廣西省禹貢荊州南徼漢志荊州部零陵郡交阯部蒼梧鬱林二郡

疆域　東南廣東東北湖南西雲南西北貴州西南安南東西二千八百十里南北二千九百六十五里面積六十五萬五千七百九十七方里人五百十四萬口現領府十一直隸州二直隸廳二州十六廳二縣四十九土州二十一土縣二

物產王書云鑛物蘊藏頗富南龍等處以銅錫著植物有麻葛甘蔗柳慶各屬尤多木材農產物有米茶工業物如土布藤器竹器草蓆最著山貨如桂皮八角油艾片亦有名動物有鷓鴣兕牛箭豬等

地勢王書云居大川流域多山岳少平野蓋南大支自貴州境內東迤盤亘於廣西湖南界上爲越城嶺五嶺之一在興安縣北與湖南城步分險又南爲海陽山在興安縣南又東爲臨賀嶺五嶺之一在賀縣北又東北爲廣東湖南之界其分亘於柳江左右者左爲青山在柳桂交界之區蟠區二百餘里其陽四十八洞其陰三十六洞向爲盜匪窟穴爲猺山在柳平潯三府界上約六百里山西南卽大藤峽峽北巖洞以百計險絕者亦十數處右爲鳳凰嶺在宜山縣南其自雲南所分延亘於鬱江南北者爲領方山在賓州西南三十五里爲龍山墟在貴縣北爲大容山在桂平縣南廣闔數百里爲句漏山在北流縣東北十五里石峯千百皆矗立奇起其巖穴句曲穿漏因名皆其最著者也

水道王書云南北盤江會於廣西貴州界上曰紅水江一曰右江又東南流兩岸多山又東左受刁江右受清水江東與柳江會柳江或曰右江出貴州境曰都江又東南入境曰福祿江又南至融縣口融江西與龍江會實南源也又東南左受洛清江南入西江又東南經大藤峽曰黔江右與鬱江會鬱江

即左江有二源北曰西洋江出雲南廣南府東入境左受馱門江甲江澄碧水隆溪南流江右受淥濟江諸水東南與南源會南源曰麗江又有二源均在安南境北源東南流南源西北流東入境而合右受明江左受歸順州水又東北與西洋江會南源旣會又東北曲折流與黔江會又東曰潯江右受白沙江劍江左受濛江東與桂江會桂江即灕水源出海陽山北流分二派北流者湘水也南流者即灕水又南右受相思江脩江左受平樂江思勤江富郡江南與西江會此江自桂林而下兩岸皆山間有亂石沙渟雖水深一二丈淸澈無翳平樂而下山勢劈削林箐深密諸灘鱗次奇險可畏又東入廣東境此江自潯州以上兩岸連山中多灘險商輪多往來於梧州南甯之間藤縣一帶水淺上下均用輪船此間則用民船小輪可達至百色

交通王書云鐵路已成者有自龍州南出鎮南關達安南諒山之路法人承修又驛路有三一東北踰越城嶠達湖南永州中經靈川興安全州此道後漢建初八年鄭宏奏闢所謂零陵桂陽嶠道也一西南逾崑崙關達龍州中經永福雒容馬平來賓遷江崑崙關宣化新甯崇善龍州又由馬平分道北經柳城融縣懷遠達貴州永從又由宣化分道西北經隆安果化恩隆奉議恩陽百色西達雲南剝隘一東南達廣東封川中經陽朔平樂賀縣蒼梧又電綫東北通長沙興安東南通廣州平樂昭平勒竹梧州由梧州分白馬塘潯州貴縣橫州永淳南甯馱盧塘龍州憑祥鎮南關達安南河內又由橫州分廣東廉州由南甯分隆安平馬百色以達雲南西通慶遠永福柳州

桂林府

明洪武元年改元靜江路為桂林府 國朝因駐廣西巡撫布政提學提法三司鹽法巡警勸業三道漢志零陵郡地

東北距京師七千四百六十里領州二廳一縣七

臨桂 明縣因倚漢始安縣

靈川 明縣因府北五十里漢始安縣地

興安 明縣因府北百三十里縣西南有嚴關湘粵要道漢始安縣地秦史祿鑿靈渠在縣北

陽朔 明縣因府南少東百五十里漢始安縣地

全州 明州領縣屬桂林 國朝無府東北二百五十里漢零陵郡治零陵縣及陽朔縣

灌陽 明縣屬全 國朝來屬府東三百二十里漢零陵縣

地　**永寧州**明州領縣屬桂林　國朝無府西百四十里漢始安潭中二縣地　**永福**明縣屬永寧　國朝來屬府西南百里漢始安縣地　**義寧**明縣屬永寧　國朝來屬府西北八十里漢始安縣地　**龍勝廳**新設府西北百六十里駐理苗通判

柳州府明洪武元年改元柳州路為府　國朝因駐分巡右江兵備道柳慶鎮總兵漢志鬱林郡地　**東北距省三百七十里領州一縣七**　**馬平**明縣因倚漢潭中縣　**雒**明史作洛**容**明縣因府東北六十里漢潭中縣地　**羅城**明縣因府西北百九十里漢潭中縣地　**懷遠**明縣因府北三百十里漢潭中北境牂牁蠻地　**來賓**明縣因府南百八十里漢潭中縣地　**融**明縣因府西北二百五十里漢潭中縣地　**象州**明州領縣屬柳州　國朝無府東南百三十里漢中溜縣地　**柳城**明縣因府西北八十里漢潭中縣地

慶遠府明洪武元年改元慶遠路為府　國朝因產銅鐵朱砂有名府屬漢志鬱林郡南百粵蠻地唐貞觀四年始開設

東北距省五百七十里領州二縣三土州二土縣一　**宜山**明縣因倚唐粵州治龍水縣　**天河**明縣因府北少東百十里唐縣　**河池州**明州領縣屬慶遠　國朝無府西二百五十里唐羈縻智州地　**東蘭州**明州因府西南四百二十里　**忻城土縣**明縣因府南九十里唐縣

南丹土州明州因府西二百四十里唐羈縻邊地　那地土州明州因府西南二百四十里唐那州

思恩府明改元思恩州爲軍民府國朝改府漢志鬱林郡地　東北距省千百五十里領州一縣三　武緣明縣因府南七十里漢領方縣地　上林明縣因府東百八十里漢領方縣地

賓州明州領縣屬柳州國朝無來屬府東南百五十里漢領方縣　遷江明縣屬賓國朝來屬府東少北二百八十里漢領方縣地

百色直隸廳　東北距省千八百餘里領分州一縣一　恩隆廳東南百五十里　恩陽分州新設駐理苗州判廳南五十里

泗城府明升元泗城州爲直隸國朝升府駐右江鎮總兵府屬古百粵蠻地　北距省二千四十里領州一縣二　凌雲國朝乾隆五十年置府北五十里　西林國朝康熙五年置府西北四百三十里　西隆州國朝康熙五年置府西五百七十里

平樂府明因元置國朝因漢志蒼梧郡地　北距省百八十里領州一縣七　平樂明縣因倚漢荔浦富川二縣地　恭城明縣因府東北六十里漢富川縣地　富川明縣因府東少北二百六

十里漢富川馮乘二縣　**賀**明縣因府東南三百七十里漢臨賀封陽二縣萌渚嶺在縣東北百里　**荔浦**明縣因府西少南七十里漢荔浦縣　**修仁**明縣因府西少南百二十里漢荔浦縣地　**昭平**明縣因府南百二十里漢臨賀縣地　**永安州**明州因府西南百八十里漢荔浦縣地

梧州府明洪武元年改元梧州路爲府　國朝因光緒二十二年與英定緬約開二埠之一其地爲廣西諸水合流要區出口貨米茶肉桂絲糖等入口貨洋布棉紗鋼鐵火柴等値銀六百六十餘萬兩漢志蒼梧郡地　**西北距省八百里領縣五**　**蒼梧**明縣因倚漢蒼梧郡治廣信縣及猛陵縣　**藤**明縣因府西六十里漢猛陵縣地　**容**明縣因府西南三百二十里漢合浦縣地　**岑溪**明縣因府西南百八十里漢猛陵縣地　**懷集**明縣因府東三百六十里漢四會封陽二縣地

鬱林直隸州明因元州領縣屬梧州　國朝升直隸漢鬱林合浦二郡地　**東北距省九百七十里領縣四**　**博白**明縣因州西南九十里漢合浦縣地　**北流**明縣因州東四十里漢合浦縣地馬援伐林邑蠻經此立碑石龜尚存　**陸川**明縣因州南七十里漢合浦縣地　**興業**明縣因州西六十里漢布山地

潯州府明洪武元年改元潯州路爲府國朝因漢志鬱林郡地東北距省九百五十里領縣四

桂平明縣因倚漢布山阿林二縣地大藤峽在縣西北六十里　平南明縣因府東百里漢猛陵縣地

貴明縣因府西南百四十里漢鬱林郡治布山縣　武宣明縣屬象州國朝來屬府西北二百里漢中溜縣

南寧府明洪武元年改元南寧路爲府國朝因駐分巡左江兵備道左江鎮總兵產金銀象馬孔雀檳榔等漢志鬱林郡地東北距省千七百六十里領州二縣三土州三

宣化明縣因倚漢領方縣地崑崙關在縣東北百二十里　隆安明縣因府西北二百四十里漢鬱林郡地　橫州明州領縣屬南寧國朝無府東南二百二十里漢鬱林合浦二郡地　永淳明縣屬橫國朝來屬府東二百里漢領方縣地

新寧州明州因府西七十里漢鬱林郡地　歸德土州明州因府東北二百五十里漢鬱林郡地　果化土州明州因府西北三百二十里漢鬱林郡地　忠州土州明州因府西南四百餘里漢鬱林郡地

太平府明洪武二年改元太平路爲府國朝因府屬漢志鬱林郡臨塵雍雞等縣地東北距省二千五十里領州四縣一廳一土縣一土州十三

崇善明縣因倚　龍州廳明直隸州國朝爲廳府西二百四十里駐分巡太平思順兵備道光緒十年天津與法定約開陸路二埠之一其地爲安南

往來要道全年出入共値銀十三萬餘兩近法人擬築鐵道由安南之河內北達龍州又東經南寧潯州直達梧州

左州明州因府東北百里 養利州明州因府北百五十里 永康州明州因府東北百八十五里 寧明州明思明州國朝雍正十一年更名府西南百二十里 羅陽土縣明縣因府東北二百里 萬承土州明州因府東北五十里 思陵土州明州因府西南二百十里 憑祥土州明州因府西南二百三十里 太平土州明州因府西北百十里 安平土州明州因府西北百三十七里 茗盈土州明州因府東北六十里 結安土州明州因府東北二百二十里 信倫土州明州因府東北三百三十里 龍英土州明州因府北二百十里 都結土州明州因府東北三百三十里 江州土州明直隸州領縣國朝來屬府東南二十五里 思州土州明思明府國朝雍正九年降州府南百三十里 上下凍土州明州因府西二百二十里

上思直隸廳明因元州屬南寧國朝升直隸漢鬱林合浦二郡地 東北距省千二百里

歸順直隸州明直隸州國朝因古百粵蠻地 東北距省千七百六十里領縣一

鎮邊州西北二百里

鎮安府明洪武二年改元鎮安路爲府無屬國朝因府屬古百粵蠻地東北距省二千二百里領縣一州一土州三

天保明徙府於廢凍州卽今縣也國朝乾隆四年置倚

奉議州明州屬思恩國朝來屬府東北二百里

下雷土州明州屬南寧國朝來屬府南少東百六十里

向武土州明直隸州國朝來屬府東南百六十里

都康土州明直隸州國朝來屬府東南百九十里

雲南省 禹貢梁州南境漢志益州部益州牂柯越嶲犍爲四郡

疆域 東貴州廣西北四川西北西藏南法領安南西南英領緬甸 王書云騰越順甯之西南與野人山及緬暹毗連從前曾紀澤與英劃定界綫又向英索八莫之地以復我太平江以南漢龍天馬虎踞鐵壁四關舊壤議未定而歸薛福成繼之力申前議騰越西境以伊洛瓦底江源流爲界江東野人山地概歸中國尚可由大盈江之新街入伊洛瓦底江經阿瓦至仰光海口任便行輪又向英索回滇南舊壤二千餘里所有科干及甌脫地均歸中國及中東事起俄法德居間調停後贈法以紅江甌脫地孟阿全地及南孟阿北孟阿兩村落英遂藉口翻改薛約割去科干山地復許以滇緬鐵路利權且訂紅江左右不擅議給他國之約而邊事日亟矣 東西二千五百十里南北千百五十里面積九十萬四千六百六十方里人千二百三十二萬口現領府十四直隸州三直隸廳五州二十六廳十二縣三十九 物產王書云跬步皆山有田之處嚮田間有種稻而雜糧苞穀爲多若中甸等處僅產青稞東昭等處僅產洋芋最著名者惟土藥井鹽若普洱之茶大理之石亦著名礦產饒五金白銅尤有名然用土法開採未能獲利 地勢王書云境內山岳盤亘擅湖沼之勝蓋崑崙南大支自西藏境內西

南迤於金沙江瀾滄江之間為白那山為大雪山（在麗江縣西北二十里即玉龍山山頂積雪經夏不消壁立萬仞千里望之若在咫尺）又東南迤於入金沙江各水源之南入安南境各水源之北為梁王山（在雲南縣北）南為紫溪山（在楚雄縣西）為廟兒山（在昆陽州西）又東北為花山（即南盤江之源）東北入貴州境其自西藏境分一支南迤於瀾滄江怒江之間者為怒山（在維西縣西）為哀牢山（在保山縣東）南入緬甸境自梁王山分一支南迤於把邊江之西岸者為無量山（在景東廳東北）為波弄山（在普洱府北）南入安南境自廟兒山分一支東南迤於盤江之南者為五爪山（在建水縣西）為阿吉山（在廣南府南）東入廣西境即西江南之大支也境內地土瘠薄不便耕種惟近河湖者頗沃衍　水道王書云金沙江自西北入境至東北出境湍急不便舟楫所入之水北岸有五郎河（上流即無量河）南岸有一泡江（源出青龍海）大姚河龍川江普渡河（源出滇池一曰昆明池有灌溉之利）牛欄江（源出嘉利澤）酒魚河（源出龍海入）等又南盤江出花山南匯為中延澤又西折南流右會楊宗海水星雲湖撫仙湖水曲江瀘江左受瀑布河文東北流右受馬別河左受九龍江入廣西境為紅水江又河底江出梁王山東南流分二派一派北流名一泡江一派東南流右受陽江左受馬龍河麻哈江龜樞河南溪河入安南境曰富良江東南流有把邊江左合阿墨江西北自雲南境來會又東南入海此河下流經法人開鑿頗便舟楫又瀾滄江自西藏入境南流行於兩山之間又分二支東南流者名漾濞江（左會劍湖洱海水）即瀾滄東別之沱江也正支南流左受洮水與漾濞江會又南受數小水出境至安南西貢入海又怒江自西藏入境南流行於兩山間左受南甸河入緬甸境左受自雲南境來之南丁江又南入海又西南入伊洛瓦底江之水北有大盈江（於鐵壁關出邊）南有隴川江均為滇緬通路英人輪

船早達八莫城下交通王書云鐵路已成者有滇越路自安南河內西北傍富良江至河口入境傍南溪河達蒙自又北經阿迷彌勒路南宜良至昆明係法人承辦部發百萬兩但備購地之用又驛路有四一東達貴州普安中經馬龍霑益平彝此道秦莊蹻所創明初闢之又自霑益分道東北經宣威州北經貴州威甯達畢節又北達四川瀘州此道元人始開一東南達廣西百色中經宜良路南彌勒邱北普廳塘剝隘凡千四百里一西達緬甸八莫中經碧雞關安甯祿豐廣通鎮南雲南趙州永平永濟橋哀牢山保山鐵鎮橋騰越盞達蠻允凡千七百里此路英人擬築鐵道名曰滇緬鐵道一西南達緬甸景東中經呈貢晉甯鐵爐關新興嶍峨元江他郎普洱思茅車里宣慰土司境內步步皆山旅行頗艱常有行程經日不見村落田園途無旅舍相聚露宿謂之打野其荒涼如此又電綫東北通重慶河口馬龍宣威達貴州威甯西通八莫楚雄大理永昌騰越蠻允東南通南甯通海臨安蒙自開化廣南普廳塘剝隘由臨安分他郎普洱思茅蠻耗由蒙自分河內

雲南府明洪武十五年改元中慶路為雲南府　國朝因駐雲貴總督兼雲南巡撫布政提學提法交涉四司糧鹽巡警勸業迤東五道漢志益州郡地東北距京師八千二百里領州四縣七

昆明明縣因倚漢建伶穀昌二縣

富民明縣因府西北七十里漢秦臧縣

宜良明縣因府東百二十里漢滇池縣地

羅次明縣因府西北百三十里漢益州郡地

晉甯州明州領縣屬雲南　國朝無府西北九十里漢滇池縣

呈貢明縣屬晉甯　國朝來屬府南四十里漢滇池縣地

安甯州明州領縣屬雲南　國朝無府西七十里漢連然縣

祿豐明縣屬安甯　國朝來屬府東南二百十里漢益州郡地

昆陽州明州領縣屬雲南　國朝無府南百二十里漢益州郡地

易門明縣屬昆陽　國朝來屬府西南二百五十里漢益州郡地

嵩

明州明州因府東北百三十里漢益州郡地

大理府明洪武十五年改元大理路爲府　國朝因駐分巡迤西兵備道雲南提督漢志益州郡地東南距省八百九十里領州四縣三

太和明縣因倚漢葉楡縣

趙州明州領縣來屬　國朝無府南六十里漢葉楡雲南二縣地

雲南明縣屬趙　國朝來屬府東南百四十里漢縣

鄧川州明州領縣來屬　國朝無府北九十里漢葉楡縣地

浪穹明縣屬鄧川　國朝來屬府北百十里漢葉楡縣地

賓川州明州因府東百二十里漢葉楡縣地

雲龍州明州因府西五百里漢益州郡地

臨安府明洪武十五年改元臨安路爲府　國朝因漢志益州牂牁二郡地西北距省四百三十里領州三縣五

建水明州　國朝改縣倚漢賁古縣地

石屏州明州因府西七十里漢益州郡地

阿迷州明州因府東南百二十里漢益州郡地

寧州明州因府東北三百五十里漢益州郡地

通海明縣因府東北百五十里漢句町縣地

河西明縣因府西北百八十里漢益州郡地

嶍峨明縣因府西二百六十里漢益州郡地

蒙自明縣因駐分巡臨安開廣關務道臨元鎭總兵府東南百五十里光緒十年天津條約開陸路通商二埠之一其地爲安南東京往雲南必由之路全年出入口貨値銀七百三十餘萬兩縣東麒麟山縣西

象鼻山相接産銀錫諸礦漢益州郡地

楚雄府明洪武十五年改元威楚開南路爲楚雄府國朝因漢志益州郡地東距省六百里領州三縣四楚雄明縣因倚漢益州郡地廣通明縣因府東七十里漢益州郡地定遠明縣因府西北百二十里寶泉鄉有黑鹽井琅鹽井設直隸兩提舉漢益州郡地南安州明州因府東南五十里漢益州郡地鎮南州明州因府西北七十里漢益州郡地姚州明州爲姚安軍民府倚國朝來屬府西北二百四十二里漢梇棟縣大姚明縣屬姚安軍民府國朝來屬府北三百二里西北有白鹽井設直隸提舉漢靑蛉縣地

澂江府明洪武十五年改元澂江路爲府國朝因漢志益州郡地西北距省百二十里領州二縣二河陽明縣因倚漢俞元縣江川明縣因府西南九十里漢益州郡地新興州明州因府西百二十里漢益州郡地路南州明州因府東百三十里漢益州郡地

景東直隸廳明洪武中升元開南州爲景東府國朝乾隆三十五年改直隸廳漢益州郡徼外地東北距省千百八十里

廣南府明洪武十五年改元廣南西路宣撫司爲廣南府國朝因漢牂牁郡地西北距省八百五十里領縣一寶寧國朝乾隆元年置倚

廣西直隸州明洪武十五年改元廣西路爲府國朝改直隸州漢益州牂牁二郡地西北距省三百十里領縣三師宗明州國朝爲縣州東北八十里漢牂牁郡地彌勒明州國朝爲縣州西南九十里漢益州郡地邱北明維摩州地國朝康熙二十八年裁州雍正九年設州同駐此乾隆三十五年改駐縣丞後爲縣州東南二百九十里

順寧府明萬歷二十五年改元順寧土府爲流官國朝因光緒二十三年與英訂約許駐領事府屬漢益州郡徼外地東北距省千百五十里領州一廳一縣一順寧國朝乾隆三十五年置倚雲州明州因府東三十里緬寧廳明猛緬長官司國朝乾隆十三年改廳府南三百里

曲靖府明洪武十五年改元曲靖路爲府國朝因漢益州牂牁二郡地西南距省三百里領州六縣二南寧明縣因倚漢味縣地霑益州明州因府北二十三里漢宛溫縣地陸涼州明州因府南百二十里漢平夷縣地馬龍州明州因府西南五十里漢律高縣地羅平州明州因府

東南二百七十里漢漏臥宛溫二縣地　尋甸州明府　國朝降州府西百三十里漢益州郡地　宣威州府東北二百三十里漢牂牁郡地　平彝府東北九十里漢平夷縣

武定直隸州明萬歷中改元武定路爲府　國朝降直隸州漢越嶲益州二郡東北境屬犍爲郡　東北距省二百四十里領縣二　元謀明縣因州西百九十里漢益州郡地　祿勸明縣因州東北二十里漢益州郡地

麗江府明洪武十五年改元麗江路宣撫司爲府尋改軍民府　國朝仍爲府漢志越嶲郡西徼地　東南距省千二百四十里領州二廳二縣一　麗江明通安州　國朝改今縣倚漢越嶲郡西徼地　鶴慶州明鶴慶軍民府　國朝爲州來屬駐鶴麗鎮總兵府南少西二百里漢益州郡地　劍川州明州屬鶴慶　國朝來屬府西南二百四十里漢益州郡地　中甸廳明麗江府地　國朝雍正五年設廳府北五十五里　維西廳明麗江府地　國朝雍正五年設廳府西北五十七里

元江直隸州明洪武十五年改元元江路爲府尋改軍民府　國朝改直隸州漢益州郡徼外地　東北距省七百九十里領縣一　新平明縣屬臨安　國朝雍正十年來屬州北二百里

普洱府古產里地倭泥貂黨諸蠻居之元伐交趾經所部降之置軍民總管府領六甸明置車里宣慰司後爲那嵬所據國朝順治中平雲南隸元江府雍正七年分車里所轄江內六版納地置今府駐分巡迤南兵備道普洱鎮總兵**東北距省千二百三十里領縣一廳三**

寧洱國朝雍正十三年裁攸樂通判置縣倚有二鹽井

思茅廳本思茅村國朝雍正七年設廳府南百三十里產茶甚佳光緒二十一年開爲通商埠全年出入口貨約值銀十入萬餘兩

威遠廳明威遠土州國朝雍正十三年改廳府西三百四十里漢益州郡徼外地

他郎廳明他郎寨國朝雍正十年設廳府東北百六十里

蒙化直隸廳明正統十三年升元蒙化州爲府國朝乾隆三十五年改直隸廳漢益州郡地**東距省八百二十里**

永昌府明嘉靖元年改元永昌府爲軍民府國朝復故漢志益州郡地**東距省千二百里領廳二縣二**

保山明縣因倚漢不韋縣

永平明縣因府東北百七十里漢益州郡地續志博南縣

騰越廳明州國朝爲廳駐騰越鎮總兵府西南二百七十五里光緒二十三年與英訂滇緬條約爲通商埠廳西有盞達卽緬甸通商處出口貨玉器棉花綢緞薑黃蜜糖金葉紙鐵器等入口貨象牙犀角燕窩等共値銀六十六萬餘兩漢益州郡地

龍陵廳府西南案一統志府屬尚有潞江西南百十五里三猛卯西南六百里芒市南三百二十里三安撫司灣甸東南二百二十里鎮康南三百八十里二土州隴川西南五百里南甸西南三百九十里干崖西南四百八十里三宣撫司遮放西南四百里盞達西南五百里二副宣撫司孟定土府東南八百七十里孟璉長官司東南千五百六十里

永北直隸廳明洪武十五年改元北勝府爲州　國朝乾隆三十五年改直隸廳漢益州郡地　東南距省千三百五十里

開化府漢句町國地唐初屬越嶲郡後沒於南詔爲強現牛車敎化三郡宋爲段氏所據元爲強現三部隸臨安宣慰司明改長官司　國朝康熙六年以敎化安南土土弄三長官司地置今府駐開化鎮總兵　西北距省七百十里

領廳一縣一　文山國朝雍正八年置倚　安平廳在府南

東川府明改元東川路爲東川軍民府屬四川　國朝雍正四年爲府來屬漢志犍爲郡地　南距省五百三十里領廳一縣一　會澤國朝雍正六年置倚漢堂琅縣　巧家廳府北六十里

鎮沅直隸廳明以元葉板寨爲鎮沅州永樂四年升府　國朝改直隸州尋改廳　東北距省千二百里

昭通府明洪武中改元烏撒烏蒙宣慰司爲烏蒙府屬四川國朝雍正五年來屬九年改今名駐昭通鎮總兵府屬漢志牂牁郡地東南距省千百六十里領廳二縣二恩安國朝雍正六年置倚永善國朝雍正六年平米貼寨酉置縣府西北二百三十里大關廳烏蒙府地雍正六年設廳來屬府北百八十里魯甸廳烏蒙府地雍正九年設廳來屬府西南四十里鎮雄直隸州明鎮雄軍民府屬四川國朝雍正六年降州屬昭通新改東距省千五百里鎮邊撫彝直隸廳新設東威遠東南思茅南孟連土司西南緬甸西㹐狠野山西北猛猛土司山深箐密爲極邊險阻煙瘴之區與緬甸偪處東北距省千百里

貴州省（禹貢荊梁二州徼外漢志荊州部武陵郡益州部牂牁郡）

疆域　東湖南西雲南南廣西西北四川東西千九十里南北七百七十里面積五十四萬九百六十二方里人七百六十五萬口現領府十二直隸州一直隸廳三州十三廳五縣三十三

物產王書云礦物最富以銻爲夥黑鉛銀銅次之（惟銅鑛半含硫質惜未開採）外有米麥煙葉茶葉等山中多竹木杉栴之屬肉桂尤有名（有名藩桂者其品甚高）並有野蠶繭可織綢又多麞鹿出麝香然以土瘠產薄歲入常不敷出地勢王書云跬步皆山爲一大高原南境尤高北入大江南入西江之水於此分界蓋崑崙南大支自雲南境東北之花山北入貴州境分一支東北迤於烏江之北爲赤水河之源爲白雲山（在仁懷縣南）爲樓山關（在桐梓縣南）北入四川境正支東迤爲郎山（在威寧州東南）爲白巖山（在鎮寧州北）爲沙子關（在廣順州南）爲雲霧山（在貴定縣南）又東爲古州一帶苗山入湖南境其自雲霧山分一支東北迤者延亙烏江之東爲香爐山爲大頂山（在銅仁西）又東北入四川境境內山箐阻深地味甚瘠

水道王書云境內諸水多係上源不便舟楫最大者爲烏江有二源北曰六廣河出草海東北流伏流者再南曰三岔河一曰鴨池河出花魚洞東流伏而復出兩源既會東北流左受湘江右受清水河東北入四川境左受自貴州境來之洪渡河渡頭河北入江此江雖大然灘險石峻阻以苗猺殊少水運之利思南以下沿河尚多汛舟又苦船小灑急又清水江有二源北曰重安江南曰

馬尾河合而東北流右受九股河清水江左受六洞河入湖南境左與自貴州境來之潕江會實沅江之上源也潕江自鎮遠以下始通舟楫餘皆阻礙難行又北盤江上源曰可渡河東南流右受革香河木冬河岔河樂頫河左受白水河與自雲南來之南盤江會又東曰紅水江左有巴盤江合諸水來會又東南入廣西境左有都江下流爲融江永長溪下流爲龍江自貴州來合爲柳江來會又赤水河出四川敘永廳南東北流爲川黔之界右受馬路河北至四川境入江

交通王書云自貴陽通各省之驛道有三一東出鎮雄關達湖南晃州中經黎兒關龍里銀頂關貴定清平黃平施秉鎮雄關鎮遠清溪玉屏共六百三十二里由鎮遠分道東南經清江關秦永從達廣西懷遠一西逾關索嶺達雲南平彝中經清鎮安平普定鎮寧關索嶺永寧安南普安及普安廳凡五百六十里一西北渡六廣河達四川永寧中經修文黔西大定畢節凡五百九十里又電綫北通重慶畢節又由畢節分威寧達雲南

貴陽府 明成化十二年分貴州宣撫司置程番府隆慶二年移省城爲貴陽府 國朝因之爲省治駐貴州巡撫布政司提學司提法司清軍糧儲兵備道巡警道勸業道漢志牂牁郡地

東北距京師四千七百四十里

領州三廳一縣四

貴筑 明貴筑長官司萬厤中廢置新貴縣 國朝置貴筑縣與新貴同爲負郭康熙二十六年省新貴入焉漢故且蘭縣

龍里 明龍里衛 國朝爲縣府東五十里漢牂牁郡地

貴定 明縣因府東百十里漢故且蘭縣地

開州 明州因府東百二十里產水銀有名漢牂牁郡地

定番州 明州因府南百里漢牂牁郡地

廣順州 明州因府西南百十里漢牂牁郡地

修文 明置敷勇衛及修文等守禦所 國朝改

修文縣衛所併入府北五十里龍場驛在縣治漢牂牁郡地 長寨廳府西二百里

思州府明洪武五年分元思州軍民安撫司置宣慰司永樂十一年爲府 國朝因漢志武陵郡酉陽縣地 西距省五百十里領縣二 玉屏明平溪衛 國朝雍正五年置縣府南百里漢武陵郡地 青溪明清浪衛 國朝雍正五年改縣府東九十里漢武陵郡地

思南府明永樂十一年改元思南宣慰司爲府 國朝因漢志武陵郡地 西南距省六百里領縣三 安化明縣因倚漢酉陽縣地 婺川明縣因府西四百里漢酉陽縣地 印江明縣因元思邛江等處長官司後譌邛爲印府南四十里漢酉陽縣地

鎮遠府明降元府爲州永樂十一年仍爲府 國朝因駐鎮遠鎮總兵漢志武陵郡西境地 西距省五百三十里領州一廳二縣三 鎮遠明縣因倚城西南有明偏橋衛漢無陽縣地 施秉明縣因府西南六十里漢無陽縣地 天柱明縣屬湖南靖州 國朝雍正五年來屬府東南百八十里漢鐔成縣地 黃平州明州屬平越 國朝來屬府西南百二十里漢故且蘭縣地 台拱廳府南百里 清江廳府東南百三十里

銅仁府明永樂十一年改思州宣慰司爲府國朝因漢志武陵郡地西南距省六百六十里領縣一銅仁明萬厯二十六年以銅仁長官司土官李氏不法改置縣國朝因倚漢辰陽縣地

松桃直隸廳國朝雍正八年平松桃紅苗置廳西南距省八百二十里

黎平府明永樂十一年改元上黎平長官司爲黎平新化二府後省新化入之國朝因府屬漢志武陵郡地西距省千里領廳二縣二開泰明五開衞國朝雍正五年置縣倚永從明縣因府南六十里古州廳明古州長官司國朝改廳府西北八十里駐分巡貴東兵備道古州鎮總兵下江廳在古州東南

安順府明萬厯三十年升元安順路爲安順軍民府國朝爲府駐安義鎮總兵府屬漢志牂牁郡地東距省百八十里領州二廳二縣三普定明普定衞屬四川後來屬國朝改縣倚鎮寧州明州因府西南五十五里關索嶺在西三十里明太祖云關索嶺路也永寧州明州因府西百四十里安平明平壩衞國朝改縣府東北六十里清鎮明鎮西衞及赫聲威武二守禦所國朝改縣衞所併入府東百二十里郎岱廳府西百八十五里歸化廳在府南少東

興義府 明安籠守禦所 國朝康熙二十五年改南籠廳雍正五年升府後改興義漢志牂牁郡地 **東北距省五百四十里領州一廳一縣三**

興義 倚

普安 明新城新興二所 國朝順治十八年屬安順省二所入之尋來屬府東南二百四十里漢牂牁郡地

安南 明安南衛 國朝康熙二十六年改縣屬安順尋來屬府北百九十里漢牂牁郡地

貞豐州 國朝雍正五年分廣西泗城府西隆州屬紅江以北地設永豐州來屬後改貞豐府北九十里漢交阯郡地古百粵地

盤川廳 明普安州屬安順府 國朝雍正五年改屬興義後升直隸廳新改屬漢牂牁郡宛温縣

都匀府 明改元都匀軍民府爲衛宏治七年爲府 國朝因漢牂牁郡地 **西北距省三百里領州二廳三縣三**

都匀 國朝康熙十年置縣倚漢牂牁郡地

麻哈州 明州因府北五十里漢牂牁郡地

獨山州 明州領縣來屬 國朝無府南百五十里漢牂牁郡地

清平 明縣屬獨山 國朝來屬府東北百十里漢故且蘭縣地

荔波 明縣屬廣西河池州 國朝來屬府東南二百里漢牂牁郡地

八寨廳 府東九十里

都江廳 府東南百三十里

丹江廳 府東百里

平越直隸州 明改元平月長官司爲平越衛自四川來屬萬厤二十九年置平越軍民府 國朝爲府尋降直隸州漢

故且蘭縣牂牁郡地西距省百七十里領縣三湄潭明縣因州北二百二十里漢牂牁郡地甕安明縣因州北六十里漢故且蘭縣地餘慶明縣因州東北百四十里漢牂牁郡地

石阡府明永樂十一年以元思州宣慰司地置府國朝因漢志牂牁郡地西南距省四百八十里領縣一龍泉明縣因府西二百五十里

大定府國朝康熙三年以明順元宣慰司爲土知府與安坤通逆討平之置府尋降州雍正七年復爲府漢志牂牁郡地東南距省三百三十里領州三廳一縣一畢節明畢節衛國朝康熙三十六年改縣府北六十里漢鄨縣平遠州地名比喇壩康熙三年平水西安氏爲平遠府二十二年降州府南八十里漢牂牁郡地黔西州康熙三年平水西安氏爲黔西府二十二年降州府東南百四十里漢牂牁郡地威寍州明烏撒府尋改屬國朝康熙三年改威寍府尋降州府西二百九十里駐威寍鎮總兵水城廳府西

遵義府明改元播州宣撫司爲遵義府屬四川國朝來屬產土綢有名漢牂牁犍爲二郡地東北距省二百五十里領州一廳一縣四遵義明縣因倚漢鄨縣地桐梓明縣因府北百二十里漢牂牁郡地正安州明眞安州領縣來屬國朝無雍正初改正安府東北三百六十里錫鑛最佳綏

陽明縣屬眞安　國朝來屬府東百里漢牂牁郡地

仁懷明縣屬眞安　國朝來屬府西北二百八十里漢犍爲郡地

赤水廳明仁懷縣地　國朝析置仁懷直隸廳新改屬漢犍爲郡符縣地

內蒙古亦稱舊藩蒙古

疆域　東吉林黑龍江西厄魯特南盛京直隸山西陝西甘肅五省以長城爲界北外蒙古袤延萬餘里面積百四十八萬千七百六十方里人口未詳古雍冀幽幷營五州北境周世爲獫狁山戎秦漢北邊外匈奴盡有其地漢末烏桓鮮卑雜處其間元魏時蠕蠕及庫莫奚爲大隋唐屬突厥後入於回紇薛延陀遼金以來建都邑城郭與內地無異元先爲蒙古起西北極邊一統天下明初阿裕實哩達喇遁歸朔漠復其故號遺種繁衍諸部時擁衆侵邊迄明世北陲不靖　國朝龍興蒙古科爾沁部率先歸附既滅察哈爾諸部相繼來降於是正其疆界悉遵約束有大征伐並帥師以從定鼎後爵祿世及歲時朝貢設理藩院統之凡部落二十五爲旗五十一

風俗王書云最信黃教慓悍種族爲之一變有農民游牧民二種農民多在東南境其生業牧養家畜兼

務耕作近於土著不常遷移游牧民則隨水草遷徙張幕席地而居風氣剛勁不見紛華異物而遷牧惟地接內地漢蒙互結婚姻稍變化其風俗云氣候王書云寒暑均酷空氣極燥雨甚少草木之發育極遲較之內地約遲兩閱月且終歲多風捲沙撲人行旅甚苦每晴和日早曠沙漠中遙望有一種雲氣如城郭宮室臺立半空其理與海市蜃樓正同古書所崑崙之山有五城十二樓卽此氣也物產王書云以地瘠之故除遼河沿岸稍有農產外餘以大黃黃耆磨菇爲最著名人民專業畜牧居無室廬故其物產亦以家畜爲大宗馬牛羊橐駝最多驘驢次之逢人先問家畜之安否而後敍寒溫其壁可知又各部分三班以時朝貢其貢物札薩克用羊一隻乳酒一瓶台吉則用羊一雙羊毛橐駝毛爲輸出重要品製造則有各色絨氈察哈爾毛氈較內地所製堅厚耐久最有名喀喇沁部金鑛尤旺近各國有覬覦之者東南諸部鹼亦最多地勢王書云北倚大漠南則山岳連亘高於海面自三千尺至四千尺之高地也蓋自甘肅北境之賀蘭山東北迤爲陰山俗名大青山西自河套北烏喇特西境東至歸化城東北東西千餘里草木茂盛多禽獸昔冒頓單于依阻其中治作弓矢來出爲寇漢武斥奪此地列亭障設戍守匈奴失陰山之後過之未嘗不哭也爲興安嶺在察哈爾東北境爲喀喇山卽黑山在巴林西北境爲蘇克蘇魯山在札魯特西境爲索岳爾濟山著名之高峯也在烏珠穆沁北境又東北盡於內興安嶺境內雖大半高原然以有河流灌漑之便地土肥潤以牧草繁茂耕牧可以兼施水道王書云以山爲界畫山南之水以黃河西遼河爲大黃河自甘肅出邊北流入境又折東流經包頭村南包頭村烏喇特鄂爾多斯阿拉善各旗之貿易場也又東折而南流再入邊爲山西陝西之界自出邊至再入邊其間河流成一灣曲形故稱其內爲河套卽秦將蒙恬所開之新秦中赫連勃勃及西夏所據地也套內土地肥潤適於耕作處處有引水之故道雖年久淤塞然其形迹尚存亦足見往昔農事之盛云又西遼

河一名潢河發源於克什克騰部東流左受喀喇木倫河右會老哈河（老哈河左會英金河）又東左會東遼河折而南入邊爲大遼河至營口入河此河冬季堅冰數尺車馬馳驅河上冰底水流常不絕云又外有東入沙之淘爾河霍勒河及哈爾齊察勒二河合而東入之太布蘇圖泊又山北之水因氣候乾燥皆爲細流或豬爲湖澤或涸爲沙渚如愛布哈河錫林河呼魯呼兒河英吉漢河鄂爾虎河是也

科爾沁部六旗在喜峯口東北八百七十里東西八百七十里南北二千一百里東界札賚特西界札魯特南界盛京邊牆北界索倫秦漢遼東郡北境後漢爲扶餘鮮卑地隋唐爲契丹靺鞨地遼爲上京東境東京北境金分屬上京北京及咸平路元開元路北境明置三衞自黃泥窪踰鐵嶺至開原曰福餘衞以元後烏梁海酋領爲都指揮後自立國號曰科爾沁 國初以接壤聯姻其後台吉奧巴爲察哈爾所侵率其兄弟先諸蒙古來降 太祖賜以土謝圖汗之號後封親王二郡王三鎭國公一掌旗世襲

右翼中旗本靺鞨地遼爲黃龍府北境金屬上京路元廢其牧地當哈古勒河阿魯坤都倫河合流之北岸札薩克駐巴音和碩之南曰塔克禪（在喜峯口東北千二百里）

左翼中旗本契丹地遼置信州彰聖軍領武昌武定二縣（俱在今鐵嶺縣東北）屬東京金省武定入武昌以州屬上京元廢牧地當吉林赫爾蘇邊門外昌圖廳界跨東西二遼河札薩克駐

西遼河之北伊
克唐噶里克坡

右翼前旗本鞥鞨地金置肇州隸會甯府海陵改屬濟州承安三年升爲鎮元爲遼
王乃顏分地牧地當索岳爾濟山之南陀喇河歸剌里河於
此合流注嫩江札薩克駐錫喇布爾哈蘇在喜峯口東北千二百五十里

左翼前旗本契丹地遼置長春州金降爲縣隸泰州元廢牧地當法庫邊門外養息牧牧場之東札薩克駐伊克岳里泊

左翼後旗本契丹地遼置鳳州金廢牧地當法庫邊門外東西二遼河於此合流札薩克駐雙和爾山

右翼後旗本鞥鞨地遼置衍州安廣軍領宜豐一縣金州廢元爲乃顏分地牧地跨陀喇河札薩克駐額木圖坡在喜峯口東北千四百五十里

札賚一作賴特部一旗屬科爾沁右翼在喜峯口外東北千六百里東西六十里南北四百里東距杜爾伯特西
距科爾沁南距郭爾羅斯北界索倫本契丹地遼長春州金泰州
北境元爲遼王分地明爲科爾沁所據後分與其弟阿敏是爲札
賚特

天命間台吉蒙衮來降後封貝勒世襲掌旗牧地在齊哈爾城西南札薩
克駐圖小
紳察汗坡

以上統盟於哲里木在右翼中旗境內

杜爾伯特部一旗屬科爾沁右翼在喜峯口千六百四十里東西百七十里南北二百四十里東距黑龍江西距
札賚特南距郭爾羅斯北距索倫本契丹地遼長春州金泰州北
境元爲遼王分地明爲科爾沁所據後分與其弟愛納噶是爲杜
爾伯
特

天聰間台吉阿都齊來降後封其子塞冷貝子世襲掌旗

牧地當嫩江東岸齊齊哈爾城城東南呼蘭城西札薩克駐多克多爾城

郭爾羅斯部二旗屬科爾沁左翼在喜峯口東北千四百八十七里東西四百五十里南北六百六十里東界盛京永吉州西北界科爾沁南界盛京邊牆本契丹地遼置泰州昌德軍屬上京金大定中廢後移州於長春縣以故地為金安縣駐之元為遼王分地明為科爾沁所據後分與其弟烏巴什是為郭爾羅斯

天聰七年台吉古木及布木巴來降後封古木弟桑阿爾寨輔國公世襲掌前旗布木巴鎮國公世襲掌後旗

前旗牧地當嫩江與松花江合流之西岸在吉林伊通邊門外長春廳之西札薩克駐古爾板插漢

後旗牧地當混同江北岸嫩江東岸札薩克駐榛子嶺

喀喇沁部三旗在喜峯口東北三百五十里承德府建昌縣平泉州境東西五百里南北四百五十里東界土默特敖漢西界正藍旗熱河南界邊牆北界翁牛特秦漢遼西郡境唐饒樂都督府後入契丹隋置中京大定府金為北京元大寧路明洪武中以封子權為寧王永樂初以大寧地賜朵顏泰寧福餘三衛朵顏時陰附韃靼為邊患後為察哈爾所滅以地予其塔布囊是為喀喇沁

天聰間部長蘇布地率昆弟塞冷等來降後封蘇布地之子古魯思起布為貝子主右翼塞冷為鎮國公主左翼並世襲

康熙中增設一旗授喀嚀阿一等他布囊加公銜襲封　右翼旗牧地在今承德府平泉州東北境跨老哈河札薩克駐錫伯河莊一作西白河北　左翼旗牧地在今承德府建昌縣南境當傲不倫河源札薩克駐巴顏珠爾克　增設一旗曰中旗牧地當老哈河源札薩克駐珠布格朗圖巴彥喀喇山

土默特部二旗在喜峯口外東北五百九十里東西四百六十里南北三百十里東界養息牧牧場西界喀喇沁右翼南界盛京邊牆北界喀爾喀左翼及敖漢古孤竹國漢遼西郡治柳城縣地慕容皝建都為龍城縣元魏為營州治隋復置柳城縣唐為營州都督府治遼置興中府元大寧路興中州明以內附部長為三衛自錦義歷廣寧至遼河曰泰寧衛後為蒙古土默特所據　天聰三年台吉鄂木布塔木囊善巴來降後封善巴貝勒主左翼鄂木布貝子主右翼世襲　左翼旗牧地當今承德府朝陽縣東北札薩克駐哈特哈山亦名旱龍潭山　右翼旗牧地在今朝陽縣西南九關臺新臺邊門外跨鄂木倫河札薩克駐巴顏和碩亦名大華山

附喀爾喀部一旗附土默特左翼牧地在錫呼圖庫倫喇嘛游牧之西初喀爾喀台吉巴勒

布沐圖康熙元年自杭愛山率屬來歸詔附左翼四年封多羅貝勒 以上統盟於卓索圖在土默特右翼境案此部一統志不載從蒙古游牧記錄入

敖漢部一旗在喜峯口東北六百里東西百六十里南北二百八十里東距柰曼西距喀喇沁南距土默特北距翁牛特古鮮卑地隋為契丹地唐屬營州都督府遼金為興中府北境後元為遼王分地明為喀爾喀所據後分與其弟號曰敖漢役屬於察哈爾 天聰元年貝勒塞臣卓禮克圖舉部來降後封郡王世襲牧地跨老哈河札薩克駐固爾班圖勒噶山漢名鼎足山

柰曼部一旗在喜峯口東北七百里東西九十五里南北二百二十里東距喀爾喀左翼西距敖漢南距土默特北距翁牛特古鮮卑地隋為契丹地唐屬營州都督府遼金為興中府北境明為喀爾喀所據分與親弟號曰柰曼 天聰元年酋長袞楚克巴魯圖為察哈爾所侵來降後封郡王世襲牧地當漢河老哈河合流之南岸札薩克駐章武臺

巴林部二旗在古北口東北七百二十里東西二百五十一里南北二百三十三里東距阿魯科爾沁西至克什克騰南距翁牛特北距烏珠穆沁遼上京臨潢府金大定後併屬北京路元屬全寧路為魯王分地明初為全寧衛後屬烏梁海北境後

為順義王諳達五子巴林台吉所據役屬於察哈爾與喀爾喀為兄弟行天命十一年以巴林叛盟征之戮其貝勒收其畜產天聰二年為察哈爾所破貝勒塞特哩台吉滿朱習禮來歸改封塞特哩之子塞布騰郡王主右翼滿朱習禮為貝子主左翼襲封　右翼旗牧地當漢河北岸札薩克駐托鉢山　左翼旗牧地同上札薩克駐阿察圖陀羅海

札魯特部二旗在喜峯口東北千百里東西百二十五里南北四百六十里東界科爾沁南界喀爾喀左翼西界阿魯科爾沁北界烏珠穆沁漢遼東郡北境唐屬營州都督府遼為上京道地金屬北京路元屬上都路明為蒙古札魯特所據後屬喀爾喀　初札魯特內齊汗與國朝結姻後貝勒色本引兵助明太祖擊擒之旋釋歸後聲罪致討盡俘其人民牲畜而還天聰二年色本等為察哈爾所侵奔科爾沁無以自存與內齊舉部來降封內齊貝勒主左翼色本貝勒主右翼世襲　左翼旗牧地當哈古勒河阿魯坤都倫河之源達布蘇魯河於此流入於沙札薩克駐齊齊靈花陀羅海山北　右翼旗牧地同上札薩克駐

圖爾山南

阿魯一作嚕一作祿科爾沁部一旗在古北口東北千百里東西百三十里南北四百二十里東距札魯特西距巴林南距喀爾喀左翼北距烏珠穆沁遼臨潢府地金大定府北境元爲遼王分地明初於烏梁海地置衛爲外藩後自號阿魯科爾沁 天聰六年部長達賴爲察哈爾所侵率其子穆章來降後封穆章貝勒世襲掌旗牧地哈奇爾阿傲木倫河於此合流爲達布蘇圖河札薩克駐坤圖爾山東托果木台

翁牛特部二旗在古北口東北五百二十里東西三百里南北百六十里東界阿魯科爾沁西界承德府熱河南界喀喇沁及敖漢北界巴林及克什克騰唐饒樂都督府地遼置饒州匡義軍節度屬上京道金爲北京路地元爲魯王分地明初以烏梁海置衛爲外藩後自稱翁牛特 本服屬於阿魯科爾沁天聰七年濟農索音貝勒東率所部來歸後封索音郡王主右翼東貝勒主左翼並襲封 左翼旗牧地介潢河老哈河之間札薩克駐札喇峯西綽克溫都爾 右翼旗牧地在熱河圍場東北老哈河南岸札薩克駐哈齊特呼朗

克什一作西克騰部一旗在古北口東北五百七十里東西三百三十四里南北三百五十七里東南距翁牛特西距浩齊特及正藍旗察哈爾北距烏珠穆沁遼上京道地金屬北京路元屬上都路及應昌路地明爲蒙古所據天聰八年滅察哈爾克西克騰索諾木戴青來歸授掌旗一等台吉世襲牧地在圖揚北當潢河之源札薩克駐吉拉巴斯崖

喀爾喀左翼部一旗在喜峯口東北八百四十里東西百二十五里南北二百三十里東距科爾沁西距柰曼南距土默特北距札魯特及翁牛特古鮮卑地唐屬營州都督府遼爲上京道南境金屬北京路明爲喀爾喀所據役屬於西路札薩克圖汗元太祖十六世孫格埒森札居杭愛山始號喀爾喀其孫巴延達喇爲西路札薩克圖汗之祖卽今外蒙古四部之一

國初酋長古木布伊爾登一作袞布伊勒登與札薩克圖汗來降後封貝勒世襲主左翼牧地當養息牧河源札薩克駐察罕和碩圖先是土謝圖汗部台吉本塔爾內附駐牧張家口外亦喀爾喀裔至是與袞布伊勒登所駐地分東西故此號左翼本塔爾所部號右翼 國初以來喀爾喀相繼歸附名凡三曰舊喀爾喀內向最早編入八旗隸牧察哈爾界內曰內喀爾喀卽此左右二翼及附土默特之一旗曰外喀爾喀今外蒙古四部

以上統盟於昭烏達在翁牛特左翼境內

烏珠穆沁一作烏朱穆秦部二旗在古北口東北九百二十三里東西三百六十里南北四百二十五里東界索倫西界蒿齊忒南界巴林北至瀚海遼上京道北境金屬北京路元屬上都路明爲蒙古所據自號烏珠穆沁察哈爾汗族也林丹汗暴虐貝勒多爾濟偕塞楞往依喀爾喀天聰八年來降封多爾濟親王主右翼塞楞貝勒主左翼並襲封 左翼旗牧地當索岳爾濟山之西有鄂爾虎河繞其游牧匯於和里圖諾爾札薩克駐鄂爾虎河之側奎蘇陀羅海 右翼旗牧地有音札哈河流入於沙有胡盧古爾河瀦於阿達克諾爾札薩克駐巴克蘇爾哈台山

浩齊特一作蒿齊忒部二旗在獨石口東北六百八十五里東西百七十里南北三百七十五里東北距烏珠穆沁西距阿巴噶南距克什克騰遼上京道西境金屬北京路元屬上都路明爲蒙古所據察哈爾汗族也林丹汗暴虐其貝勒博羅特台吉噶爾瑪往依喀爾喀天聰八年來降以博羅特主左翼噶爾瑪主右翼並郡王襲封 左翼旗牧地濱大小吉里河札薩克駐特古力克呼圖克湖欽 右翼旗牧地當錫林河下游北瀦爲達毋鄂模札薩克駐烏默黑塞里

蘇尼特部二旗在張家口北五百五十里東西四百六里南北五百八十里東距阿霸陔西距四子部落南距察哈

爾北距瀚海漢上谷代二郡北境後漢烏桓鮮卑地隋唐爲突厥地遼置撫州金因之屬西京路元爲興和路地明爲蘇尼特所據

察哈爾汗族也天聰九年其濟農叟塞貝勒滕吉思來朝後封叟塞郡王主右翼滕吉思弟滕吉泰郡王主左翼襲封　左翼旗牧地有固爾班烏斯克河札薩克駐和林圖察柏台岡　右翼旗牧地東至額爾蘇霍吉爾南至烏科爾齊老西至特莫格圖北至吉魯格札薩克駐薩敏西勒山　以上統盟於昭烏達在翁牛特左翼境內

阿巴噶一作阿霸垓部二旗在張家口東北五百九十里東北三百里南北三百十里東界阿霸哈納爾西界蘇尼特南界正藍旗察哈爾北至瀚海漢上谷郡北境晉屬元魏隋唐爲突厥地遼爲上京道西境金屬北京路元屬上都路明爲蒙古所據號所部曰阿巴噶　本役屬於察哈爾林丹汗暴虐濟農都思勒爾貝勒多爾濟往依喀爾喀天聰九年來降後以多爾濟主左翼都思勒爾主右翼並封郡王世襲　左翼旗牧地環錫林河札薩克駐巴顏額倫　右翼旗牧地有庫爾察罕諾爾爲固爾班烏斯克河所瀦札薩克駐科布爾泉

阿巴一作霸哈納爾部二旗在張家口東北六百四十里東西百八十里南北四百三十六里東距浩齊特

西距阿巴噶右翼南距正藍旗察哈爾北距瀚海漢上谷郡北境晉屬元魏隋唐爲突厥地遼爲上京道西境金爲北京路西北境元屬上都路明爲蒙古所據號所部曰阿巴哈納爾 本役屬於喀爾喀車臣汗崇德間台吉塞冷董夷思拉布來降後封董夷思拉布貝子主左翼塞冷貝勒主右翼並襲封 左翼旗牧地有達爾泊札薩克駐烏爾呼拖羅海山 右翼旗牧地同上札薩克駐永安山 以上統盟於錫林郭勒在阿巴噶左翼阿巴哈納爾左翼兩旗界內

四子部落一旗在張家口西北五百五十里東西二百三十五里南北二百四十里東北距蘇尼特西距歸化城土默特南距鑲紅旗察哈爾漢雁門定襄二郡北境晉屬元魏唐爲振武軍地遼爲豐州地屬西京道金屬西京路元屬大同路明爲阿祿喀爾喀所據分與四子號四子部落牧地有錫喇察漢諾爾錫喇木倫河瀦之札薩克駐烏蘭額爾濟坡 天聰八年貝勒鄂青布來朝後敘功封郡王襲封

茂明安部一旗一作毛在張家口西北八百里東西百里南北百九十里東距喀爾喀西距烏喇忒南距歸化城土默特北距瀚海漢五原郡地元魏懷朔鎮地唐振武軍地遼東勝州地屬西京道金因之元屬大同路明初設衛戍守後蒙古據之號曰茂明安牧地當愛布哈河源札薩克駐徹特塞里 天聰八年舉部來降康熙三年授

僧格掌旗一等台吉襲封

烏喇特一作忒部三旗在歸化城西三百六十里東西二百十五里南北三百里東距茂明安西南距鄂爾多斯北距喀爾喀右翼漢五原郡元魏懷朔鎮唐中西受降城地遼置雲內州屬西京道金因之元爲大同路明爲斡𤮊作喇所據牧地當河套北岸噶札爾山之南河水注禹貢河水自鄂爾多斯來又逕漢五原郡河目縣故九原城西今烏喇特旗東南境又逕西安陽縣在九原城西又逕成宜縣今烏喇特旗南又逕宜梁縣在九原城西河水下入鄂爾多斯又自鄂爾多斯來逕九原縣今烏喇特旗東南又逕五原縣今烏喇特旗東近茂明安旗界河水下入山西大同天聰七年斡喇台吉鄂板達爾漢來朝率圖巴額爾赫及塞冷伊爾登二旗歸附並封爵世襲前中後三旗同牧駐殺虎口外西北哈達馬爾

喀爾喀右翼部一旗在張家口西北七百十里東西百二十里南北百三十里東距四子部西距茂明安南距歸化城土默特北距瀚海漢定襄雲中二郡北境唐振武軍地遼爲豐州地屬西京道金因之元屬大同路明爲喀爾喀所據牧地有愛布哈河塔爾渾河合流瀦爲阿勒坦托輝諾爾札薩克駐塔爾渾河台吉本塔爾一作本達爾伊爲喀爾喀土謝圖汗親屬世爲台吉順治間與土謝圖汗有隙來歸封

親王主右翼　以上統盟於烏蘭察布在四子部落境內一統志距歸化城南百二十里有五藍又拍山卽此

鄂爾多斯部七旗在歸化城西二百八十五里河套內東界歸化城土默特西界喀爾喀南界陝西長城北界烏喇特東西北三面距河自山西偏頭關至陝西寧夏衛延長二千里有奇本秦新秦中漢朔方郡地晉前後趙前後秦赫連夏地元魏爲夏州北境隋於其地東置勝州西置豐州後改榆林五原二郡唐復置州復改郡五代宋金屬西夏元立西夏中興等路後廢屬東勝雲內二州延安寧夏等路明初立東勝等州立屯戍耕牧其中　明天順間蒙古酋長阿勒綽爾與瑪古里海始入河套嘉勒斯賚復糾合們都爾倚爲巢穴宏治中和實復入其中嘉靖中套西吉納舊作吉囊部落擊破和實居此是爲鄂爾多斯　國朝天聰九年額林臣來歸賜濟農之號順治六年封郡王等爵有差　正中近東爲左翼中旗隋唐勝州地牧地有納瑪帶泊札薩克駐敖西喜峯　正西近南爲右翼中旗漢朔方郡南境牧地當騰格里泊卽漢屠申澤也札薩克駐錫喇布里多諾爾　東南爲左翼前旗古榆林塞隋榆林郡唐勝州河濱縣明榆林左衞地牧地東至

湖灘河朔札薩克駐札拉谷 **東北爲左翼後旗** 漢沙南縣地隋唐勝州榆林郡治牧地東至黃河冒帶津札薩克駐巴爾哈遜湖河水注禹貢河水自山西托克托城來又逕沙南縣下入山西右玉 **西南爲右翼前旗** 隋唐夏勝二州地牧地東至察罕額爾吉札薩克駐巴哈諾爾 **西北爲右翼後旗** 漢朔方郡地隋唐爲豐州九原郡治牧地東距兔毛河南至喀喇札喇克西距噶札爾山北距塞特赫墨奕札薩克距鄂爾吉虎諾爾河水注禹貢河水自甘肅靈州來逕漢三封縣今鄂爾多斯後旗正西河外又逕臨戎縣故朔方城西大河北流之東岸又逕沃野縣在套外河水北流一曲之西又逕窳渾縣在套外西北河北流折東之處又逕臨河縣在榆林邊外河套內河水下入烏喇特又自烏喇特來逕河陰縣今鄂爾多斯左翼後旗 **右翼前末旗** 雍正元年三等台吉界內河水下仍入烏喇特 定咱拉錫以擊敗準噶爾功封掌旗一等台 **自爲一盟於伊克昭與上五盟同列內** 吉與右翼前旗同牧

札薩克

歸化城土默特二旗 在喜峯口北二百里東西四百三里南北三百七十里東距四子部落西距鄂爾多斯左翼前旗南距山西邊城北距喀爾喀右翼元屬大同路明宣德初築玉林雲州等城駐兵戍守後爲蒙古所據嘉靖間諳達築城於豐州灘採木架屋以居謂之拜牲漢言屋也是爲西土默特隆慶間封諳達爲順義王名其城曰歸化漢定襄雲中二郡地

天聰七年　太宗征察哈爾駐蹕歸化城土默特部落悉降九年

大軍滅察哈爾以貝勒岳託駐守歸化城崇德元年酋長古祿格毛圖來朝編二旗以古祿格爲左翼都統杭高爲右翼都統設佐領協領並駐城中其官制同內地後歸綏遠城將軍轄

察哈爾八旗東界克西克騰西界歸化城土默特南界太僕寺左右翼鑲黃旗正黃旗各牧廠及山西大同府朔平府北界蘇尼特四子部落袤延千餘里　察哈爾明曰插漢元之嫡裔大宗居漠北和林世號小王子嘉靖中布希舊作卜赤駐牧察哈爾之地因以名部後徙幕遼東邊外四傳至林丹汗侵暴蒙古諸部　國朝天聰間

大軍征察哈爾林丹死其子孔果爾額哲來降卽其部編旗駐義州康熙十四年布爾呢兄弟叛討誅之徙其衆駐大同宣化邊外有前鋒佐領等員管轄空其故地爲牧廠後從征噶爾丹有功復以來降之喀爾喀厄魯特編爲佐領隸焉　四旗駐張家口外鑲黃

旗駐蘇門峯明萬全右衛邊外漢上谷郡北境正黃旗駐木孫忒克山明天成衛邊外漢且如縣地正紅旗駐古爾板拖羅海山鑲紅旗駐布林泉並明大同府邊外漢雁門郡北境

三旗駐獨石口外正白旗駐布爾噶台明龍門衛邊外漢上谷郡北境鑲白旗駐布雅阿海蘇默明開平衛西北邊漢上谷郡北境正藍旗駐札哈蘇台泊明開平衛北境金桓州地

一旗駐殺虎口外鑲藍旗駐阿巴漢喀喇山明大同府西北邊外漢雁門郡沃陽縣地

外蒙古附阿拉善額濟拉二旗亦稱新藩蒙古

疆域　東黑龍江西新疆南瀚海與內蒙古北俄羅斯東西五千里南北三千里面積未詳人約七十萬口古漠北地秦漢時匈奴所居漢初冒頓強盛併有漠南武帝時累歲征伐匈奴徙居於此後漢爲北匈奴地元魏初蠕蠕據之蠕蠕滅而突厥起盡有西北之地唐貞觀初李靖擊滅突厥回紇薛延陀並起稱強李勣滅薛延陀回紇遂併有其地貞觀四年來朝以其地爲瀚海燕然金微幽陵龜林盧山六部號都督府又置皐蘭高闕雞田榆溪雞鹿蹛林寘顏等七州以部長爲都督刺史長史司馬皆隸燕然都護府其後并有九姓諸部盡得匈奴地五代至宋回紇始衰與室韋嫗厥律諸部散居其地羈屬於遼金時蒙古諸部始盛元太祖十五年定諸部建都於此名和林前後五朝都焉據張德輝塞北紀行歐陽元高昌偰氏家

傳謂和林實在烏格湻爾之西鄂爾坤塔米爾二河之間三水合流處南三十里世祖遷都大興於和林置都元帥府大德十一年立和林等處行中書省統和林總管府皇慶元年改嶺北等處行中書省改和林路爲和寧路明初順帝子阿裕實哩達喇依王保保於此後部落號喀爾喀順帝太子後裔有達延車臣汗於太祖爲十五世孫其子曰圖魯博羅特則敖漢奈曼烏珠穆沁浩齊特蘇尼特五部之祖曰阿爾楚博羅特則巴林扎魯特二部之祖曰鄂齊爾博羅特則克什克騰部之祖曰巴爾蘇博羅特則鄂爾多斯部及兩土默特察哈爾之祖其季子曰格埒森札獨畱漠北號所部曰喀爾喀共七部有三汗中曰土謝圖汗東曰車臣汗西曰札薩克圖汗　本朝崇德三年三汗遣使朝貢康熙二十八年噶爾丹攻破喀爾喀七部舉族奔潰款塞來附噶爾丹既併其地遂沿克魯倫河南牧窺邊三十五年　親征至克魯倫河殲其衆明年噶爾丹竄死漠北悉平諸部始歸故地其從征有功者晉封爵爲旗五十有五又有善巴自爲一部曰賽音諾顏部雍正九年固

倫額駙策淩以奮擊準噶爾功　詔授爲大札薩克共四部爲旗八十有四　風俗王書云奉黃教一教之中必一人爲僧侶故僧額頗多性質勇悍耐勞鮮猜疑之念有質樸之風專事畜牧昔從元太祖蹂躪中央亞細亞者皆此種人也烏梁海一帶之土人多以獵貂鼠爲專業亦間有畜牧耕作者　氣候王書云寒暑均酷空氣極燥降雨之日甚少冬令緜長寒不可耐因平原廣漠易於散熱也夏暑時雖短然酷熱如爇且氣候倏忽變化春季之日半日間相差至九十度　又旋風時起捲沙迷目終歲無平靜之日與內蒙古同爲大陸性　物產王書云以橐駝馬牛羊最多{各部分六班以時朝貢各札薩克貢物羊馬刀械等無定額皆年班時進入喇嘛亦如是惟哲布尊丹巴呼圖克圖及車臣汗土謝圖汗二部貢用白駝一白馬八謂之九白之貢云}故各種皮張以及駝牛毛絨輸出亦最夥他如磨菇黃耆鹿茸亦爲此地大宗物產其近西伯利亞處林木極暢茂松屬爲最多土拉鄂爾坤色楞格諸河產鯉鯽等魚鑛產以阿爾泰山一帶爲最庫蘇古爾泊附近多砂金俄人曾發明表著之謂此湖之域若爲俄所有利益甚大云　地勢王書云南倚大沙漠中央則山岳盤亘葢自新疆之天山度漠西北迤於科布多河與烏倫古河額爾齊斯河之間爲阿爾泰山最高峯達八千尺又東北爲賽留格木嶺中俄分界之山也又東分迤烏布薩泊之南北在南者名烏蘭叩馬山在北者爲唐努山又分一支東北迤爲烏蘭臺戛山又轉繞烏魯克穆河之北爲薩彥嶺{國語白色一作薩揚}與俄分界之山也正支又東南盤亘於色楞格河鄂爾坤河之南爲杭愛山最高峯約八千二百尺{即古燕然山漢車騎將軍竇憲勒銘燕然山即此}又東北爲汗山爲肯特山又東北爲外興安嶺入俄羅斯境　水道王書

云色楞格河上源曰伊第爾河發於杭愛山北麓東流左會德勒格爾河額赫河（上源爲庫蘇古爾泊在高出海面五千六百七十尺之高地爲蒙古第一大湖又南溢出爲額赫河又東南左會烏哩河來入之）右會齊老圖河哈綏河鄂爾坤河（鄂爾坤河右會集爾瑪臺河所合之烏格濟爾水左會塔米爾河東北流右有土拉河左合哈爾哈丹霍達森河右合哈拉河來會又東北右受伊羅河北入色楞格河）北入俄境左受眞達河右受赤奎河北入薩拜喀勒湖即柏海兒湖亦即貝加爾湖也此河兩岸榆柳叢生下流河幅最闊有運輪之便然如蒸汽船則惟於水盛時駛行過其時則上流河心每有沙洲阻礙舟行甚難又烏魯克穆河上源爲阿喇賽河出巴音烏拉山北流分爲二東流者入庫蘇古爾泊西流者入陶托泊又自泊溢出西流爲烏魯克穆河右會自東北來之貝克穆河左會自西南來之克穆池克河北出界入俄領葉尼塞斯克部爲葉尼塞河又北流右會自薩拜喀勒湖溢出之昂可拉河北入北冰洋又克魯倫河源出肯特山南麓南流又折東流兩岸多沙漠又東至黑龍江境入呼倫池又自湖溢出爲額爾古納河與自肯特山東北麓來之敖嫩河會克魯倫河水盛時有舟楫之便然僅通桴筏小舟能順流而下而不能溯流而上河中多魚俄人越境來漁得利頗巨云又札布噶河有二源皆出三音諾顏部杭愛山西南麓合而西南流又西北左合特里烏蘇河右合烏里雅蘇臺河又西北入札薩克圖汗部左有科布多河匯伊克阿拉克泊水來會（泊一名哈喇烏蘇湖又名慈母湖相傳康熙時大軍討準噶爾其酋噶爾丹敗遁於此居湖畔經年其所部常捕湖魚以爲食故名按此湖據圖與札布噶河通流）又北右受空歸河北入奇勒稽思湖（一作奇爾吉滋淖爾）此河流域全屬荒蕪之地葭蘆叢生伊克阿拉克泊附近則多楊柳又特斯河源出唐努山南麓西流入烏布薩泊泊受小水甚多次於特斯河者以那林果勒河爲最故水勢甚盛有舟楫之利（康熙中大

將軍耶里德常浮舟烏布薩泊以運屯田之糧以濟軍食外入沙之大水在車臣汗部則有烏爾帀河東北流至俄境入湖在土謝圖汗部則有翁金河東南流豬爲胡爾哈鄂倫泊在三音諾顏部則有拜塔里克河南豬爲察罕泊有推河南豬爲鄂羅克泊有塔楚河南豬爲錫拉布里都泊在札薩克圖汗部則有桑金達賴泊在科布多則有烏倫古河西入赫薩爾巴什泊有額爾齊斯河西入齋桑泊由泊溢出即爲鄂畢河交通王志云驛道自張家口西北行經察哈爾內蒙古逾大漠至土謝圖汗部薩伊爾烏蘇分二路一北經庫倫至恰克圖與俄屬薩拜喀勒省上烏丁斯克路接此路自庫倫以北道路甚狹僅足通車馬且川流縱橫橋梁俱少往往有泥濘張溢之憂一入俄界道路平坦有池塘河流舟艇往來其間景色甚佳自庫倫以南雖逾大漠然處處有井泉旅行亦不甚苦今由恰克圖至京師共約三千餘里其旅行之法有三一郵便旅行即旅人乘馬車或橐駝借郵便遞送夫同行約十四日可達一隊商旅行即乘車或橐駝列隊而行但駕車概用橐駝騾不甚苦然行期約需一月一特別旅行係因中俄兩國之公務者其準備用馬車九晝夜至十晝夜可達一西北經三音諾顏部至烏里雅蘇臺又西經札薩克圖汗部至科布多所謂阿爾泰軍臺也此路綫經過多沙漠磽磧之地旅行最難元太祖嘗謂我即位後有四善政以蒙古設置驛站爲善政之一其交通之不便可知阿爾泰軍臺之設始　聖祖親征準噶爾時　高宗征討伊犁復修理之至置定邊左副將軍時始每驛置官吏使管理驛遞事務謂爲臺員謂之軍臺者主在軍事百里設一站每站徵蒙兵若干供軍臺之役使故沿軍臺之部落必各出丁又供軍臺需用之牲畜云又電綫設於光緒十五年其綫路自恰克圖經庫倫張家口而達北京俄人亦許依此電綫通信近並由庫倫接至烏里雅蘇臺

喀爾喀後路土謝圖汗部二十旗　元太祖十六世孫格埒森札之孫曰阿巴岱赴唐古特謁達賴喇嘛請經典歸爲衆所服始稱

汗康熙三十年詔留汗號乾隆四十六年詔世襲罔替本旗牧地在杭愛山東喀里雅爾山南額爾德尼招東北跨鄂爾坤喀魯哈二河

右翼左旗牧地跨色楞格河土喇河於此合於鄂爾坤河

中右旗牧地當土喇河自東北向西南流轉而向西北流處

左翼中旗牧地當阿爾泰軍臺所經在瀚海大漠中東南接四子部北緯四十四度二十分西經七度五十分處

中旗牧地在肯特山西南當土喇河源曲處

左翼後旗牧地當阿爾泰軍臺所經翁金河至此匯於胡爾哈鄂倫泊東

中右末旗牧地跨土喇河在中右旗東北

左翼左中末旗牧地在喀魯哈河源

右翼右旗牧地在翁金河北

左翼前旗牧地在霍達森河在土謝圖汗旗東北

右翼右末旗牧地當阿爾泰軍臺東達庫倫之驛於此分道在瀚海大漠中左翼後旗東北

左翼末旗牧地當阿爾泰軍臺東在瀚海大漠中左翼右末旗東南

左翼中左旗牧地當阿爾泰軍臺西在瀚海大漠中左翼右末旗西南

中次旗在瀚海大漠中左翼中旗東北實於左翼中旗內圈出一小游牧

右翼右末次旗牧地跨鄂爾坤河色楞格河在右翼左旗北

右翼左後旗牧地土喇河喀魯哈河於此合流在左翼前旗北

中左翼末旗牧地當鄂爾坤河色楞格河合流處

右翼左末旗牧地有溫泉哈拉河伊遜河上游

以上統盟於汗阿林 蒙古謂山曰阿林汗山在庫倫南

喀爾喀東路車臣汗部二十三旗 北界俄國薩拜喀勒省 格埒森札之孫謨羅貝瑪駐牧克魯倫河其裔號車臣汗雍正六年 賜印文曰格根車臣汗乾隆四十六年 詔世襲罔替

本旗 牧地跨克魯倫河自北來折而東北處之北僧庫爾河之東

左翼中旗 牧地在科勒蘇河之東跨喀魯倫河

中右旗 牧地喀爾喀河於此瀦於貝爾諾爾

右翼中旗 牧地在西境西經八度處西南與土謝圖汗左翼右末旗接

中末旗 牧地在克魯倫河上游南岸車臣汗本旗南

中左旗 跨克魯倫河當北緯四十七度五十分西經三度四十分處

中後旗 牧地跨敖嫩河北肯特山東北麓

左翼前旗 牧地當索岳爾濟山北瀕喀爾喀河

右翼中右旗 牧地在右翼中旗東中末旗西

左翼後旗 牧地在克魯倫河南中左旗東

左翼後末旗 牧地在左翼後旗東南

右翼後旗 牧地在左翼後末旗南

中末右旗 牧地在克魯倫河南中左旗東

右翼中左旗 牧地在僧庫爾河東北南接車臣汗本旗

右翼前旗 牧地在左翼中旗西北

右翼左旗 牧地在本旗東北右翼中左旗東

中末次旗 牧地在阿勒蘇河西右翼

前旗東北　左翼右旗牧地跨魯克倫河右翼左旗東　中右後旗牧地在肯特山東當克魯倫敖嫩二
河源　左翼左旗牧地當北緯四十八度西經二度處跨克魯倫河瀕河有巴拉斯城漠北僅有之城也　中
左前旗牧地南跨克魯倫河在左翼左旗東北　中前旗牧地跨克魯倫河克魯倫河於東境注呼倫泊
右翼中前旗牧地當克魯倫河曲處僧庫爾河西
以上統盟於巴爾和屯即巴拉斯城
三音諾顏部二十四旗　格埒森札之孫圖蒙肯護持黃教唐古
特達賴喇嘛賢之授三音諾顏號唐古特語三音好也蒙古語諾顏官長也康熙中其
孫善巴來歸旋以善巴從弟策淩亦圖蒙肯孫從征有功始自爲一部
乾隆中以善巴曾孫諾爾布札布襲三音諾顏號世襲罔替與三
汗同　本旗牧地當鄂爾坤河源在北緯四十七度西經十四度五十分處　中左末旗策淩牧地當塔
米爾哈綏齊老圖三河源西經十六度處　右翼右後旗牧地當拜塔里克河源　中右旗牧地當推
河源本旗西南　中前旗牧地跨濟爾瑪臺河鄂爾畖河翁金河　中左旗牧地有特爾克河伊第爾河合

於齊老圖河爲色楞格河 中末旗牧地哈綏河至此合色楞格河 右翼中左旗牧地當翁金河源南 左翼末旗牧地墨特河至此合於拜塔里克河 右翼前旗牧地胡努伊河至此合於哈綏河 中後旗牧地當烏里雅蘇臺河源有布爾噶蘇臺河合於札布噶河 左翼左旗牧地當札布噶河源中後旗東南 左翼中旗牧地跨哈綏河中左旗東少南 左翼右旗牧地在瀚海大漠中當北緯四十二度西經十二度處 左翼左末旗牧地跨塔米爾河胡努伊河 右翼中末旗牧地拜塔里克河東支至此瀦爲察罕泊 右翼左末旗牧地跨翁金河上游中前旗西 右末旗當伊第爾河源中後旗東北 右翼中右旗牧地當集爾瑪臺河源在本旗東北 右翼後旗牧地當哈綏河北岸色楞格南岸中左末旗東南 中後末旗牧地跨齊老圖河在右翼前旗西 中右翼末旗牧地當塔米爾河南岸 附厄魯特旗準噶爾噶爾丹之弟丹濟拉康熙三十六年來降乾隆二十六年定牧於此隸三音諾顏部牧地跨濟爾瑪臺河鄂爾坤河在右翼中右旗東北 又厄魯特前旗噶爾丹同祖弟丹津之孫號丹津阿喇布坦康熙四十一年來降乾隆二十六年定牧於此隸三

音諾顏部牧地當塔米爾河入鄂爾坤河之北岸

以上統盟於齊齊爾里克不知所在大約近塔米爾河

喀爾喀西路札薩克圖汗部十九旗　格埒森札元孫素巴第始號札薩克圖汗康熙中來歸　詔仍襲汗號乾隆四十六年　詔世襲罔替　本旗兼管右翼左旗在北緯四十五度二十分西經十九度五十分處牧地有博格爾諾爾　中左翼左旗牧地在桑錦達賚泊北當特斯河源　左翼中旗　右翼後旗兩旗同牧當北緯四十六度四十分西經二十二度二十分處　左翼右旗當北緯四十七度四十分西經二十二度三十分處在都爾根諾爾之南　左翼前旗　左翼後末旗兩旗同牧在奇勒稽思諾爾之東　右翼右末旗牧地當德勒格爾河西岸桑錦達賚泊東　中左翼右旗牧地在桑錦達賚泊南　右翼右旗牧地在札薩克圖汗本旗東南　左翼後旗牧地在北緯四十三度半西經二十度一帶　中右翼末旗牧地濟爾哈河至此瀦為察罕泊　右翼後末旗牧地在阿拉克泊東中右翼末旗之南　中右翼左旗牧地在齊齊克泊南左翼右旗西南　右翼前旗牧地在右翼後末旗東南　左翼左

旗牧地在奇勒稽思諾爾愛拉克諾爾之南跨空歸河 中右翼末次旗牧地有特們諾爾委袞諾爾

中左翼末旗牧地當德勒格爾河東岸 附 輝特旗 輝特姓伊克明安舊隸杜爾伯特當土爾扈特西徙俄地時輝特牧其故地遂繼為四厄魯特之一 有羅卜藏者為準噶爾台吉 大軍定伊犁其子噶爾丹達爾札卒族迎降授札薩克牧地在濟爾哈河東岸

以上統盟於札克畢賴色欽畢都爾諾爾不知所在

喀爾喀四部八十六旗統稱外札薩克 自雍正中用兵準噶爾即於烏里雅蘇台築城駐兵城以木為之中實以土高丈六尺厚一丈在烏里雅蘇台河北岸光緒七年收還伊犁改訂條約許俄人在烏里雅蘇台通商俟商務興旺再設領事 定邊左副將軍治之總統四部兵案內蒙古各部兵統於各部札薩克蓋內札薩克多從龍功臣而游牧之地悉附近盛京直隸山西陝西一帶與外札薩克之後來歸附遠在漠北者有別 兼理札薩克圖汗三音諾顏兩部事乾隆中又設庫倫辦事大臣庫倫在土剌河上游西岸人三萬山喇嘛敎徒甚眾其胡土克圖殿宇嚴壯蒙民每夏從

諸部來頂禮者道路不絕**理俄羅斯邊事**康熙六十年與俄立約定爲陸路通商埠各遣官監視乾隆二年並停京師貿易統歸恰克圖辦理總其權於庫倫大臣互市處在恰克圖南買賣城有路南通庫倫北達上烏丁斯克與新修鐵路接有俄國領事署茶之貿易最盛**車臣汗土謝圖汗兩部事亦歸兼理**

唐努烏梁海部烏梁海即明之兀良哈爲蒙古別種素隸於蒙古居極北

定邊左副將軍屬烏梁海二十五佐領

二在德勒格爾河東岸　**二**在庫蘇古爾泊東北　**四**當貝克穆河源　**三**當貝克穆河入烏魯克穆河處之南　**四**在克穆池克河之北　**十**跨哈屯河及阿穆哈河案新圖自克穆池克河以北凡北流之水俱屬俄國同治三年塔城之約即已早在界外不知何時爲俄所有烏梁海十佐領當屬之俄矣

札薩克圖汗屬烏梁海五佐領

一在庫蘇古爾泊西南　**一**在德勒格爾河西岸　**一**跨烏魯克穆河貝克穆河會流處　**一**在克穆池堯河入烏魯克穆河處之南　**一**在烏魯克穆河南唐努山北麓

三音諾顏部屬烏梁海十三佐領當貝克穆河口處之西

哲布尊丹巴胡土克圖門徒屬烏梁海三佐領在庫蘇古爾泊西北

科布多屬杜爾伯特與內札薩克杜爾伯特名同族異新土爾扈特新和碩特等部光緒七年收還伊犁改定條約許俄人於科布多通商俟商務興旺再設領事

杜爾伯特部十六旗　元臣孛罕裔姓綽羅斯六傳至額森即明史之也先生二子長博羅納哈勒為杜爾伯特部祖次額斯墨特達爾諾顏為準噶爾部祖杜爾伯特本分牧額爾齊斯河乾隆十八年內附定牧科布多之東烏蘭固木地在北緯五十度偏西二十四度二十五分處科布多烏蘭固米地腴可耕康雍以來常於二處屯田杜爾伯特人本遊牧兼曉耕種故定牧於此右翼三旗左翼十一旗附輝特二旗　左翼三旗前旗　前右旗　中右旗　附輝特下後旗俱在烏布薩泊南杜東輝西　左翼十一旗本旗　中旗　中左旗　中前旗　中後旗　中上旗　中下旗　中前左旗　中前右旗　中後左旗　中後右旗　附輝特下前旗俱在科布多河上

新土爾扈特部二旗　始祖翁罕七傳至貝果鄂爾勒克其長子

卓立甘鄂爾勒克即徙牧俄國一支之祖數傳至渥巴錫來款賜牧新疆號舊土爾扈特其次子衛衮察布察齊一支依準噶爾傳至舍棱者爲準噶爾台吉　大軍平準部舍稜抗不降率族走俄依卓立甘族乾隆三十六年偕渥巴錫來降赦罪　賜牧號新土爾扈特二旗曰新右旗曰新左旗（牧地在科布多城西南當金山南烏隆古河之東）自爲一盟曰青色特啟勒圖

新和碩特部一旗（源流詳後）　中路和碩特屬伊犁其台吉巴雅爾拉瑚之族蒙衮（巴雅爾拉瑚顧實汗兄昆都倫烏巴什第三子多爾濟之裔蒙衮世系不詳）　乾隆三十七年來歸　詔給札薩克印（牧地當金山東南之哈彌察克跨布爾干河西及青吉里河不設盟長）

阿爾泰烏梁海七旗（在額爾齊斯河北阿爾泰山一帶）　阿爾泰諾爾烏梁海二旗（在阿爾泰泊西南一帶）　明阿特部旗（南跨科布多河及伊克阿拉克泊）　札哈沁旗（在科布多城南新和碩特旗東）　額魯特旗（在科布多河南岸）　以上俱隸科布多大臣歸

定邊左副將軍節制案新圖自額爾齊斯河以北阿爾泰山西垂東北循山嶺爲界嶺北之水俱屬俄國則阿爾泰烏梁海七旗阿爾泰諾爾烏梁海二旗當徙而南矣

阿拉善額魯特部　顧實汗第四子巴延阿布該阿玉什之裔也與青海和碩特部所領東上支同支巴延阿布該阿玉什之長子曰和羅理康熙三十年授札薩克牧地在甘肅甘州涼州寧夏口外當賀蘭山西龍首山北阿拉善即賀蘭山譯音之變也山在張掖山丹永昌武威西縣北即山爲邊牆　駐定遠城城北有吉蘭泰鹽池產鹽多且佳名曰吉鹽歸阿拉善王管轄自爲部不設盟額魯特舊分四部曰和碩特姓博爾濟吉特曰準噶爾曰杜爾伯特皆姓綽羅斯曰土爾扈特姓不著部自爲長號四衛拉特統稱額魯特明史所謂瓦剌者也

額濟拉舊土爾扈特部　本蒙古別族世爲元裔所役屬舊居雅爾郎塔爾巴哈台也明季爲準噶爾所偪徙居俄境之額濟拉河其地在裏海之北烏拉河之西窩爾吉河之東額濟拉郎窩爾吉譯音之變土爾扈特居俄既久向化心切常遣使入貢康熙中其

汗阿玉奇之嫂攜其子阿刺布珠爾入藏禮佛準噶爾阻其歸路阿刺布珠爾款塞內附圖理琛出使即爲阿刺布珠爾阻於準夷而行也詔封爲貝子賜牧甘肅邊外阿拉善西之色布騰海跨居延海左右懼準夷掠乞內徙陝西總督查郎阿令攜戚屬游牧阿拉克山阿勒坦特卜什等處尋定牧額濟內河以來歸在先故亦稱舊土爾扈特不設盟長

青海

疆域　東北甘肅東南四川南西藏西新疆東西千餘里南北千餘里面積二百四十萬方里人十五萬口夏殷周屬西羌漢爲張掖武威金城隴西四郡之西塞外蜀郡之北徼外屬先零燒當諸羌地王莽時置西海郡河水注禹貢河水自甘肅張掖來又東逕西海郡南王莽置河水下入甘肅貴德歷後漢魏晉皆諸羌所居東晉後吐谷渾據之隋平吐谷渾置西海河源等郡隋末吐谷渾復據之唐龍朔三年吐番滅吐谷渾盡有其地宋爲吐番地元爲貴德州及吐番朵甘思等處屬吐蕃等處宣慰司明爲西番地正德四年蒙古部酋據之名爲海寇　國初有厄魯特顧實汗自西北侵有其地遣使入貢後自分其地爲左右二境部落散處謂之西海諸台吉爲四厄魯特之一康熙三十六年既平噶爾丹諸部悉衆內附封爵世襲雍正元年台吉札

什巴圖爾之子羅卜藏丹津誘眾犯邊　大軍討平之不從逆者皆仍封爵三年一貢分三班九年一周置互市於西甯日月山開拓新邊增設安西鎮於布隆吉爾地千餘里青海部與安西隔山爲界三年初編青海各部落旗分佐領爲旗二十有九氣候王書云寒氣凜烈冬日最長　物產王書云恃游牧爲生與蒙古同有犛牛長尾能運物肉乳毛皆有用猞猁猻橐駝騾羊無鱗魚亦多農產則間有小麥青稞麥等又青海西鹽池產青鹽軍民番回皆取給焉其互市地在甘肅西甯及四川口外納剌薩剌地方常以鹽及家畜毛皮等物互易茶類　地勢王書云境內爲一大高原山嶽尤峻其橫貫中央者爲巴顏喀喇山綿亘千餘哩其東端即噶達素齊老山蒙古謂富爲巴顏黑爲喀喇言山石黑爾所產甚富也唐劉元鼎所謂紫山即此爲拉瑪托羅海山爲市巴顏喀喇山即崑崙之中支也盤亘北境者爲阿穆尼厄庫山爲祁連山又名南山即崑崙之北支也蜿蜒南境者爲勒科爾烏蘭達布遜山山與巴顏喀喇山相接甚高大石多黑色爾崖產紫色鹽爲巴薩通拉木山爲阿克達木山爲格爾吉山又東南爲雲嶺山脈即崑崙之南支也壤地雖瘠薄然便於牧畜　大水王書云境內多爲各大水之源不便舟楫且冬季均冰金沙江上源曰木魯烏蘇河出巴薩通拉木山東北流右會阿克達木河金沙江之南源市百輝河左會喀齊烏蘭木倫河托克托乃烏蘭木倫河那木齊圖烏蘭木倫河東南流入四川境即揚子江之上源也又黃河出噶達素齊老山東流名阿克達河會諸泉水東注於札陵海又自海流出東注

於鄂陵海又自海東北流出曰喀屯河繞大雪山南麓曲曲流東入甘肅境又布喀河源出英額池東南流右會沙爾池水又東南入青海此河夏月水量增加甚深不可徒涉青海蒙人名曰庫庫諾爾周七百五十里大湖也峯巒重疊蟠亘於四圍水光山色鳳景絕隹且水色青綠冬不涸夏不溢然水含鹽味不能供歆湖中有二小島東曰魁孫陀羅海島西曰察罕哈達島島中有寺觀往番僧甚多每年俟湖水結冰番僧始出而求食以爲蓄居一年之準備云又柴達木河出札遜池西北流左會阿拉克池水右受格德爾古河注於哈拉池北河沿岸有沙磧平原名曰柴達木平原或謂此平原往時甚沮洳其沼澤流通於青海及羅布泊之間其後水之匯聚者由散漫而乾涸漸至無一湖水僅存河流數條云又達爾遜池即鹽湖也其水通柴集河即鹽河也產青鹽甚富土人從事製鹽之業者甚眾

青海和碩特部二十一旗在甘肅西寧府邊外禹貢積石今大雪山在西寧邊外西南五百三十餘里黃河北岸綿亘三百餘里上有九嶂爲青海諸山冠河流其南至山之東乃折而北司馬彪云禹貢析支西濱河首今大雪山東南黃河旋繞之處俗名山外河套即古析支河曲也漢志河關縣下云積石山在西南羌中河水注云河水重源又發於西塞之外出於積石之山今星宿海之泉本多伏流故昔人以爲潛行地下至大雪山南始會成河由下流望之若源於此故謂之河首後人以爲大積石河水下入甘肅敦煌元太祖弟哈布圖哈薩爾七傳至阿克薩噶勒泰生子十二長阿魯克特魯爾今內札薩克科爾沁杜爾伯特郭爾羅斯札賚特阿魯科爾沁四子部落茂明安烏喇特

八部之祖也次烏魯克特穆爾十傳至哈尼諾顏洪果爾生六子其第四子圖魯拜琥號顧實汗後裔繁衍游牧青海者十九旗又有游牧西套之阿拉善旗游牧察哈爾之和碩特旗顧實汗長兄哈納克土謝圖其裔為青海和碩特部所屬之西右翼中旗顧實汗季弟色棱哈坦巴圖爾其裔為青海和碩特部所屬之西右翼後旗此二旗合顧實汗裔為二十一旗顧實汗第三兄昆都倫烏巴什其裔為游牧珠勒都斯之中路和碩特旗游牧科布多之新和碩特旗　西前旗牧地在布喀河南岸察薩果勒河北　前頭旗牧地南當黃河之西有小哈柳圖河入於河　前左翼頭旗牧地在大通河南岸　西後旗牧地跨柴集河其水北注鹽池　北右翼旗牧地在青海北岸前左翼頭旗之南少西　北左翼旗牧地在沙爾池西　南左翼後旗牧地在西後旗西北　北前旗牧地在青海西岸當布喀河入青海處南　南右翼後旗牧地在青海東岸北右旗東南　西右翼中旗牧地跨柴達木河　西右翼前旗牧地在大通河北岸前左翼頭旗北　南右翼

中旗牧地在西傾山西北當黃河曲處　南左翼中旗牧地西瀕黃河在南右翼中旗南有哈克圖河東自圖爾根河西流入河　北左末旗牧地在沙爾池南東與北前旗界　北右末旗牧地在布喀河源沙爾池西　東上旗牧地在青海東北岸北右翼旗東　南左翼次旗牧地有鹽池在西後旗東　南左翼末旗牧地當博羅充克克河源東上旗東北　南右翼末旗牧地在貴德廳西北黃河北岸有錫尼諾爾　西右翼後旗牧地跨柴達木河西右翼中旗東　西左翼後旗牧地在西右翼後旗東

青海綽羅斯部二旗　故準噶爾族也避噶爾丹之亂徙牧青海從和碩特內附號青海綽羅斯　南右翼頭旗牧地當青海東南岸東接丹噶爾　北中旗牧地在青海西北岸布喀河入青海處北岸

青海土爾扈特部四旗　貝果鄂爾勒克第三子保蘭阿噶勒琥第四子莽海始游牧青海與和碩特錯居順治八年始通貢號青海土爾扈特台吉　南中旗牧地當恰克圖河入黃河處　西旗牧地在阿屯齊老圖有阿

勒綽爾泊北緯三十六度西經十八度處　南前旗牧地有大哈綳圖河入黃河和碩特前頭旗西北　南後旗牧地在南中旗西北

青海輝特部一旗　姓伊克明安有卓哩克圖和碩齊者生子第巴號青諾顏始游牧青海　南旗牧地當巴彥諾爾之南貴德廳西北黃河北岸

青海喀爾喀部一旗　格埒森札之後有徙牧青海者號青海喀爾喀　南右旗牧地在青海南岸

以上各部共二十九旗及察罕諾們罕爲一盟不設盟長歸西寗辦事大臣統轄奉喇嘛教所居無常與蒙古同惟西南境有西藏種好羣居常以數幕或數十幕相接不似蒙古獨幕而居　又青海西南爲玉樹等土司凡三十九族納賦於西寗辦事大臣

西藏

疆域　東四川東南雲南及野人山境東北青海西北踰大戈壁至新疆西克什米爾南印度尼泊爾布丹東西三千六百六十里南北千四百餘里面積五百九萬三千方里人百五十萬口古西南徼外諸羌戎地兩漢魏晉種落無聞自吐蕃據其地歷後周及隋猶未通中國唐貞觀八年有吐蕃弄贊始遣使來朝十五年妻以宗女文成公主嗣滅吐谷渾盡臣羊同党項諸羌幅員萬餘里唐末衰弱宋時亦號吐蕃朝貢不絕元憲宗始於河州置吐蕃宣慰司都元帥府又於四川徼外置碉門魚通黎雅長河西寧等處宣撫司世祖時復置烏斯藏郡縣其地以吐蕃僧八思巴爲大寶法王帝師領之嗣者數世明初以攝帝師納木嘉勒藏傳舊作喃加巴藏卜爲熾盛佛寶國師給玉印置烏思藏朵甘二指揮司及宣慰司

招討司萬戶所千戶所以元國公納木喀斯丹拜嘉勒藏（舊作南哥思丹八亦監藏）等領之永樂中復封番僧爲大寶法王大乘法王大慈法王闡教王闡化王輔教王贊善王護教王凡八王並給印誥比歲或間歲朝貢宣德成化間又累加封號其地有僧號達賴喇嘛居拉薩之布達拉廟號爲前藏有班禪喇嘛居日喀則城之札什倫布廟號爲後藏番俗崇奉又在諸番王之上　本朝崇德七年遣使歸誠順治九年來朝　賜以金冊金印授爲西天大善自在佛領天下釋教普通瓦赤喇怛喇達賴喇嘛後貢獻不絕其俗稱國曰圖伯特又曰唐古忒代喇嘛理事者曰第巴又有汗則蒙古部長爲之（其俗相傳有宗喀巴者居喇薩始興黃帽之敎後世曰根敦佳木左立第巴以治國事索諾木佳木左始稱達賴喇嘛又傳雲旦佳木左時藏之藏巴汗威虐部下毀棄佛教第巴乞師於厄魯特顧實汗擊滅藏巴汗遂留其長子達賴爲汗及孫拉藏亦爲汗云）康熙二十二年封第巴爲圖伯特國王賜金印時達賴喇嘛

示寂第巴匿不以聞與噶爾丹相爲表裏及召喇嘛班禪庫圖克圖來京第巴又阻之不至四十四年達賴汗拉藏誅第巴以聞
聖祖嘉之賜金印封爲輔教恭順汗遣侍郎赫壽等安撫其地又允拉藏所請封阿王伊西爲達賴喇嘛後策妄阿喇布坦興師侵藏害拉藏汗焚毀寺廟迫逐僧衆達賴喇嘛移住西寧塔兒寺五十三年　大軍進藏討平之復護送喇嘛歸布達拉廟掌興法教番衆向化雍正初徹囘官兵以貝子康濟鼐總理其地仍特簡大臣駐藏管轄五年西藏噶隆阿爾布巴等叛殺康濟鼐後藏辦理噶隆事務之札薩克台吉頗羅鼐走避以聞遣兵進勦六年頗羅鼐率衆入藏阿爾布巴等伏誅安輯如故封頗羅鼐貝子九年晉封貝勒辦理衛藏噶隆事務乾隆四年晉封郡王給印轄衛藏等處十二年頗羅鼐死以其次子珠爾默特納穆札爾嗣封十五年

恣肆謀叛傳清拉布敦誅之二人亦死是後改派大臣駐藏凡藏中官缺與達賴會同選授且商定喇嘛銀錢出入之額春秋巡查鄂博之制其他內政一任自治無論僧俗受治於達賴班禪政教一致如歐洲古時之羅馬教皇其都府所在之寺院彼語謂之珠克特亨以僧爲官於其中判斷民事如中國官署駐藏大臣三年一代有主持之權向例用旗員充使從前受委遣者有不學無術之人各營私利不知遠謀其自愛者以清靜無事爲宗旨身處絕域索然寡歡渴望瓜代一切苟簡近因藏民不遵光緒十六年與英所定條約辱其邊務大臣致英兵入拉薩要挾西藏立約十條主權盡失光緒三十一年特派員至印度與英協商其新改條約如左一西藏路鑛電綫由中英兩國妥議辦理他國不得干預二西藏用人權概歸英員與駐藏大臣會議辦理三西藏有亂中政

府須與英協商後派兵彈壓四西藏增設商埠由中英兩國會同辦理五西藏土地非得中英兩國承辦不得租借轉賣據條約觀之西藏蓋爲兩屬之國矣境內分四部曰衛曰康曰藏曰阿里乾隆時以康屬衛總稱前藏而喀齊阿里二部又總稱後藏

風俗王書云大半以游牧爲業性嗜茶仰給於四川互市在打箭爐（每年入藏之數值銀百二十三萬兩）俗多一婦數夫或兄弟數人娶一婦（所生子女呼其母之眾夫以次稱曰第幾父）宗教有紅黃二派境內寺院甚多僧多於民其衣服之費皆由官給達賴班禪其教主也人死有水葬火葬鳥葬之風

氣候王書云因地甚高且在大陸內部故寒氣最酷山峯積雪四時不消入夏微雨而酷熱但熱時甚短雨澤絕少惟七八月之交微見涓滴然自札什倫布西至阿里入夏四山冰雪融化下流隨地皆水風有陸海之名秋冬水涸風高則又砂礫飛揚障蔽天日

物產王書云以地極寒植物甚少居民以黑麰爲常食品獸類頗富有山羊（甚美麗繁殖於極寒之山中）犛牛（此牛生長毛與佳乳西藏人以馱裝牛尾標示官位中國人附帽以爲飾）驘馬等澤中多魚以殺生有禁莫敢烹鮮鑛產惑於宗教之說不許開採工業最有名者爲藏香（其法廣收香木研末爲膏攙入金沙麝香爇之奇香）又以金銀香木作佛像佛具

地勢王書云爲世界第一高原其高度自一萬尺至一萬七千尺平均一萬五千尺蓋南倚喜馬拉雅山北倚崑崙山二山於西北境相連故西北境尤高爲一大草原毫無樹木其分亘於雅魯藏布江之北者爲隆布岡里山爲卦闌山爲桑建桑鍾山分亘於薄藏布河之西者爲布碩松山爲色隆拉

嶺分亙於怒江之西者爲曼日木山爲察拉岡里山分亙於瀾滄江之西者爲喇貢山爲多爾集結噶爾山皆名山也境內適於農業之地頗少稍低之處卽印度河及雅魯藏布江怒江數河之谷也水道王書云雅魯藏布江蓋本名雅魯因其經過吐番酋長贊普都城邏些之南故加以藏布之稱譯華言御河也有二源南源出達木殊喀巴普山北源出瑪爾裕穆嶺合而東流左受薩噶藏布河多克楚河拉薩河右受薩爾喀楚河年楚河隆阡河折東南流經不丹入阿薩密境左受布拉瑪普拉特河又折而西南流名布拉瑪普拉特河右會恆河入孟加拉海又薄藏布河上源曰桑楚河出拉里城之西北東南流左受雅隆布河又南出境曰伊洛瓦底江至仰光入海又怒江上源曰喀喇烏蘇河出布喀池北流匯爲額爾吉根池又東北溢出匯爲吉達池又東南匯爲喀噶池又東左受沙克河索克河又東南曰衞楚河左受鄂宜楚河南流入雲南境又南出境曰薩爾溫河至馬爾達班入海又瀾滄江上源曰雜楚河出青海境格爾吉山東南入境右受鄂穆楚河子楚河左受楚楚河南入雲南境至安南入海又印度河出阿里境僧格喀巴布山西北流左會象泉河又西北出境折西南流有薩特里日河卽浪楚河源出郎噶池自阿里境來會又西南入阿剌伯海又湖泊之大者爲騰格里海猶言天河也產鹽甚多入海之水以達爾古河爲最爲牙木魯克海一作羊卓雍錯形如玦周可五百里猶缺其西其缺處衞一小池水深不測中有桑里山爲查爾古湖爲加林湖爲唐格拉攸木湖爲達魯克池有隆布河納鞫河入之爲伊克池巴哈池二池相通爲馬品水達賴池又境內諸水多係上源冬時堅冰不解少水運之便藏語謂山曰拉謂川曰楚謂湖曰錯交通王書云入藏之大道有二一自四川巴塘西渡金沙江至拉薩自巴塘南渡金沙江至雲南之莽里又北入喀木境經江卡洛加宗札雅過四川橋至察木多又西南經拉貢過嘉裕橋經洛隆宗碩般多巴

里郎拉子達隆宗又西入衛境經拉里轉南行逾卓剌山經江達又西逾鹿馬嶺經墨竹工卡底巴達克布薩德慶至喇薩此駐藏大臣往來之驛路亦即唐時吐蕃入寇茂嶲諸州之路也此路甚艱苦途中尤有爽巴之患爽巴猶言賊也一自甘肅西寧西南經青海至喇薩自西寧西之丹噶爾廳西南入青海境經扎陵海鄂陵海之間又西逾苦若賽爾橋又南逾唐噶拉山入境涉喀喇烏蘇河經旁多城至喇薩此今日藏番入貢之道亦即唐時吐蕃入寇甘涼之路及順治間蒙古顧實汗由青海入藏康熙時準噶爾將策淩敦多布由伊犁青海入藏之路也其自喇薩西達印度西南達尼泊爾之路中經扎什逾朱力橋白地浪噶子西入藏境經江孜巴浪扎什倫布至尼拉山口分爲二一西南經撒迦脅噶爾又分爲二一西南經定日聶拉木逾喜馬拉雅山至加德滿都即乾隆五十五年廓爾喀部侵藏之路也一西北經阿里宗宗喀西北傍雅魯藏布江南岸行逾達木殊喀巴普山與前所分之一路接其自尼拉山口所分之西北路西經扎什岡鵬錯嶺傍雅魯藏布江北岸行經拉子章阿布林薩噶大屯西逾瑪爾裕穆嶺入阿里境至噶爾渡又分爲二一西南經托林循薩特里日河入北印度之塞克及旁遮普部即古時馬基頓王亞力山大東征時自波斯欲取此道將士不顧行而折回者亦即吐蕃與唐使王元策擊破中天竺之路也一西北經羅多克墟又分爲二一東北經諾和至新疆之波魯達于闐一西北行至克什米爾部之迦克昔又分二道一北逾帕米爾高原至新疆之和闐即近年俄羅斯探險兵隊入藏之路亦即唐時吐蕃陷疏勒之路也又一道自亞克昔循印度河以達阿富汗及波斯印度焉其自江孜南經章木錯帕里宗春碑亞東關南逾沿利山經不丹以達英領加爾各塔者乃英藏條約之通商路亦即光緒三十年英兵隊入藏之路也皆大道也

衛一曰前藏東界喀木西界後藏南界不丹北界青海及新疆首城曰喇薩在四川打箭爐西北三千四百八十里駐藏大臣及達賴喇嘛居此有著名寶殿高三十六丈內供黃銅大佛冠以金冠上嵌寶石殿側有樓房萬餘間僧徒甚多每歲禮拜二次一次爲達賴喇嘛一次爲中國皇帝故人皆尊爲聖城每歲由外藩來瞻仰者不絕於道城北五里有布達拉山上建巨刹爲僧王避暑行宮札什在喇薩西南七里漢兵所居旁有演武場德慶在喇薩東南三十八里底巴達克布薩城在德慶之東北喇薩河北岸墨竹

工卡在底巴達克布薩之東江達在墨竹工卡之東偏北尼洋楚河上游隆宗在江達之北拉里在隆宗之東伊令宗在德慶之南偏東柰布東城在伊令宗之南澤當在柰布東之東札噶爾總在澤當之北吹夾坡郎城在澤當之南章羅占中在吹夾坡郎之南桑里城在札噶爾總之東恰噶爾城在桑里之南鄂噶達克薩城在桑里之東北埜爾古城在恰噶爾之東南達克拉布楚城在埜爾古之東南裕佳郎雜城在埜爾古之南偏東袞拉納穆佳城在裕佳郎佳之東達克布東順城在袞拉納穆佳之東雜里在達克布東順之西南達穆宗在袞拉納穆雜之南居木宗在袞拉納穆佳之北公布拉所可城在居木宗之東北江達之東南公布什噶城在公布拉所可之東南公布竹母城在公布什噶之南底穆宗城在公布竹母之東公布澤布拉岡城在底穆宗之南乃宗在公布澤布拉岡之南宰城在乃宗之東南哲達城在章羅占中之南狄溝錯之東捫楚納在哲達之南偏東塔汪在捫楚納之南新日宗在塔汪之東南提郎宗在新日宗之東南塔克郎宗在提郎宗之南貢喀在喇薩之西南白地在貢喀之西偏南淈噶子在白地之南仁蚼宗在白地之西偏北拉普汛在貢喀之南偏東森額總城在拉普汛之南

多宗城在森額總之西　東黨汛在森額總之東　拉岡汛在東黨汛之南偏西　淩布汛在喇薩汛之北

倫布汛在淩布汛之東北　旁多城在倫布汛之北　羊八井在喇薩之西北

康一曰喀木東界四川東南界雲南南界猺㺄境及英屬阿薩密西界衛地北界青海　要寨曰察木多據雜楚河郭穆楚河之間有大橋二一通雲南一通四川滇民在此貿易者甚多　拉貢在察木多之西　洛隆宗在拉貢之西南產陶器出售遠方其地有嘉裕橋爲進藏要隘　碩般多在洛隆宗之西　巴里郎在碩般多之西　拉子在巴里郎之西　邊垻一曰達隆宗在拉子之西　類多齊在察木多之西北係由草地進藏徑道　迴布廷金在類多齊之西南　那魯在迴布廷金之西南　塞爾松多在拉子之北類多齊之西　索克宗城在塞爾松多之西北　札雅廟在察木多之東南　江卡在札雅之東南爲入藏門戶　大子勒在江卡之西南　門工在大子勒之南怒江西岸　力馬在門工之西　沙美在力馬之西南　桑阿吹宗城在力馬之北偏東　巴克領特在桑阿吹宗之北札雅廟之西南　蘇穆宗在巴克領特之西　薄宗在蘇穆宗之西　刷宗城在薄宗之西南　蘇爾冬城在刷宗之西北　牛博爾宗城在蘇爾冬之西北

藏一曰喀齊南界尼泊爾東界衛地西界阿里北界新疆　大寺曰札什倫布班禪喇嘛居此

札什倫布華言吉祥山也 **巴浪**在札什倫布之東偏南 **江孜**在巴浪之東南又南有噶大克西濱噶拉楚湖均光緒三十年英人要求之商埠 **堆琼**在江孜之西南 **帕里宗**在堆琼之南 **亞東關**在帕里宗之南光緒二十年開爲通商埠近設靖西廳屬四川雅州府其溪谷一帶廣地藏人名曰雀摩亞英人名春碑以原野中有一小村名春碑爲哲孟雄之別墅所在故郎以是名之凡西藏各要地與印哲互市者率以亞東爲出入必經之要路其出口貨以羊毛麝香金銀爲大宗入口貨以米綿織物毛織物綢段火柴水果菸葉瓷器珊瑚爲大宗惟中英相約禁軍械出入又鹽茶亦在禁止之例 **千壩**在堆琼之西南 **定結**在千壩之西 **色足**在千壩之北 **撒迦**在定結之北 **脇噶爾**在撒迦之西偏東 **隆邁**在脅噶爾之南 **定日**在脅噶爾之西 **聶拉木**在定日之西南 **濟隆**在聶拉木之西 **阿里宗**在濟隆之西北 **薩噶**在阿里宗之北 **宗喀**在阿里宗之西 **羅和**在宗喀之西 **大屯**在羅和之東北 **當多汛**在札什倫布之東北 **那母陵汛**在當多汛之北 **桑札宗**在那母陵汛之北 **塔克東**在桑札宗之西 **翁波**在塔克東之西北 **塘宗**在翁波之北 **都拉克巴**在翁波之西偏北 **得爾敦廟**在札什倫布之西北 **札什岡**在札什倫布之西 **朋錯嶺**在札什岡之西北 **拉孜**在朋錯嶺之西南 **章阿布林城**在拉孜之西

阿里東界藏地南界尼泊爾及英屬印度西北部西界英屬克什米爾及旁遮普部都會曰噶爾渡　達克喇在噶爾渡之東南　魯穆布巴城在噶爾渡之西南　托林在魯穆布巴之西偏北　札倫在噶爾渡之東北　札錫岡城在噶爾渡之西北　羅多克城在札錫岡之北諾和在羅多克之北

又達木蒙古蒙古種五百三十八戶與羌種之納克書等三十九姓土司夾喀喇烏蘇左右岸游牧皆受達賴喇嘛之直接管轄駐藏大臣兵事上有調遣之權

賜進士出身　特賞內閣學士銜前國子監祭酒翰林院編修加三級　臣　王先謙謹撰

朝鮮國

朝鮮先謙案朝鮮舊屬中華視同內地徐志不載今爲大韓帝國講義云朝鮮爲亞洲東北一大半島自北緯三十四度跨四十三度東經百二十四度亘百三十一度北以鴨綠江長白山脈圖門江與滿洲西伯利亞爲界西隔黃海與中國相對南以朝鮮海峽與日本九洲相隔東臨日本海與日本山陰北陸相對謝志云北起北緯四十二度二十五分南抵北緯三十四度東起東經百三十度五十分西抵東經百二十四度三十五分課程云地在盛京吉林之南斜突出海中東日本海西黃海南爲朝鮮與日本間海夾三面環海西北以鴨綠江爲我盛京吉林之界東北以圖們江爲我吉林及俄屬巖杵河等地之界南北千二百五十里東西千二百十七里南半廣五百五十里雷志云專制君主國久爲中華保護國矢志云朝鮮古分馬韓弁韓辰韓三部後爲新羅高麗百濟三國五百年以前李成桂起於咸鏡道代王氏統一全國改號朝鮮徙都漢陽西歷千三百九十二年也其國自古與中國交通甚爲親密二十餘年之前始開通商口岸與日本及英美俄德諸國訂立條約及全羅道東學黨起中日搆衅遂有甲午之役而朝鮮之政治亦因此而改革焉千八百九十五年中國與日

本訂約准其自主

謝志云甲午中日戰後馬關立約認爲獨立自稱大韓帝國主日皇帝後略仿日本之制改官秩分內部外部度支部軍部法部學部農工商部而內閣總其成七部長官曰大臣次曰協辦各道觀察使駐首府掌全道政務按廉使察守令賢否郡守理一郡之事廣州開城江華仁川東萊德源慶興七府無郡守而有府尹品秩略崇曹典球云朝鮮因一千九百五年日俄波子謀條約并日英新協約而成爲日本保護國辜記云光緒元年日本雲陽兵艦至朝鮮西海岸測量水道漢江口永宗島砲臺發砲擊之兵艦攻破砲臺殺韓兵三十餘虜其軍械而去二年春日遣參議黑田清隆議官井上馨赴韓請問並議締結條約韓王派大臣申櫶等與議約十二條其第一條有朝鮮爲自主之邦與日本國有平等之權等語三年韓國以天主教事與法國有違言請駐釜山日本領事官將意書稱我爲上國日本大詰責韓王上其事我　朝　諭旨命朝鮮酌覆（諭云朝鮮久隸中國而政令均自理其爲中國所屬天下共知其爲自主之國亦天下所共知應由朝鮮國自答覆）韓廷遂以自主之名答日其後美英法三國皆由我國介紹與韓訂盟自開港通商韓廷諸臣遂分開化守舊二派隱相排擠開化黨昵日擅權舊黨失職多怏怏八年韓廷改革軍政用日中尉掘本禮造爲教官又厚饗日官來游者於是大院君及其黨徒等大怒（朝鮮國王李熙由旁支入繼其本生父李昰應號大院君柄國頑拒外交及王年長親國事王妃閔氏族稱强宗遂擅國權大院君失權閒居常忿閔氏及是遂破殺機）會韓廷頒給兵士祿米倉吏雜以砂礫且短解量兵士忿怒殺倉吏數人時閔鎌鎬爲都提調捕主謀者數人誅之兵士大譁大院君乘機使殺執政逐外人暴徒雲集景從六月亂兵入閔鎌鎬第鎌鎬逃入宮亂兵追殺之並殺大小官員三百餘人暴徒等攻日使

館日使花房義質以下二十七人力戰眾寡不敵突圍走暴徒焚使館掘本禮造死之花房公使走回長崎日政府派海陸軍護衛公使渡韓問罪七月初四至仁川有兵艦七艘並渡陸軍登岸分駐濟物浦仁川花房公使率師入王京韓廷大恐命其大臣款師先是我 國聞韓亂署直隸總督張樹聲奏派海軍提督丁汝昌率北洋艦隊七艘提督吳長慶道員馬建忠率三千人東援便宜行事初七日我軍入南陽灣（牙山口外之灣）陸軍登岸十二日我軍薄王京十三日長慶汝昌建忠往拜大院君候其報謁執之以輪船載歸（安置保定府十一年釋歸）進討亂黨平之韓廷派李裕元為全權大臣金宏集副之與花房義質盟於濟物浦訂約六款其目為償金五十萬元開揚華鎮市埠推廣元山釜山仁川埠行程地（四方五十里一年後百里）循兵王京約成長慶畱鎮之壬午亂後韓廷以濮詠孝金玉均等為使臣赴日謝罪濮金等游歷慕其文物之盛慨然思變革國政歸後奏聘日人為顧問官將改制度於是韓廷又分日本派中國派兩黨中國派者閔台鎬閔詠穆閔詠翊金炳始金炳國等也日本派者金玉均洪英植濮詠孝申箕善徐光範徐載弼等也更有隨兩黨勢力為依歸從中鼓弄者於是殺機復萌甲申年中國以安南故與法國戰於馬江敗績法軍壞船政局占臺灣基隆警報至韓日本黨欣動以為宜乘此機脱中國羈絆殺中國黨而代之執政時朝鮮剏辦郵政洪英植為局長開局日設宴郵署延我國商務總辦各國公使及朝臣十數宴飲眾賓咸集日使竹添進一稱病以書記官代酒數行火起諸國賓倉皇退散亂兵殺禁衛大臣閔詠翊及朝官數人於座金玉均濮詠孝入王宮謬告韓王以我國兵至王出殿則宮城前門為火藥爆毀益驚恐遂速日使入衛

竹添進一率兵入宮次日更政政府英植右參政玉均戶曹參判詠孝前後營使光範左右營使載爲前營正領官移王居昌德宮時吳長慶進兵甫及闕日兵要於普通門傷斃我兵數十戰於宮門外日使命洪英植沈相薰護王至後北關廟暫避我軍士覘知之告營官某遂以王歸擒英植及其徒七人殺之餘黨逃逸日使乘夜遁歸館我兵攻之日使下旗囘國使館亦燬朝民仇日者道遇日人投之以石叢毆至斃而焚之死者甚眾日政府派井上譽率兵艦六艘步兵二大隊至仁川要韓廷五款一日修書謝罪二捕治兇徒三償款十一萬四修復公使館五駐兵王京韓廷聽命然自是中國勢壓韓廷有天使一言盈廷慴伏之概十五年朝鮮饑其咸鏡道觀察使趙秉稷禁糶日本元山埠米商折本銀十餘萬元日政府要索賠償韓廷倚我國勢又陰結俄援日三易公使爭辯三年始得六萬元以解二十年東學黨徒倡亂於全羅遂有我國與日甲午開戰之事自是日勢勃興井上伯爲駐韓大使請韓王改革內政並貸予改革費用三百萬圓召還伯甲申亂黨以新內閣濮詠孝徐光範等仍執政各省顧問多聘日人軍隊訓練亦改日式未幾中國議和俄法德干涉還遼井上伯去任駐韓俄使威巴因之激動韓國宮廷謀脫日羈昔日倚賴中國之黨變爲俄國派內倚王妃閔氏之權閔妃爲閔致祿女美姿容通書史性果斷有權略王信任之外假俄國之力遂捕濮詠孝濮亡命既而井上伯復任復以日本黨內閣金宏集爲相然態度一變不似從前威嚴韓人以爲日懼俄之證傾心倚俄俄公使勢焰益熾未幾井上伯復歸三浦梧棲子爵繼任閔氏之黨謀排斥日黨而代之連日罷斥數人於是金宏集以下與日公使及在韓之日人密議擁大院君入清君側明治二十八

年光緒二十一年十月八日大院君率其教練隊二大隊此係日式訓練之兵其將多親詠考黨日人從之殺隊長洪啟薰於宮門而入挾國王議政革復以日黨政府金宏集俞吉濬金允植魚允中等當國紛擾之際失王妃所在蓋爲日人殺而棄之也警報達日政府駭愕遂逮治三浦公使別遣使慰問韓王俄公使連謁韓王俄黨李範晉李允用李完用等謀爲王妃復仇十二月九日俄兵五百入京十一日國王世子及妃嬪以下數十人行幸貞洞俄使館王居俄館約年餘後遂於貞洞營新宮居之其舊居之景福宮現爲外人游覽之地捕日黨金宏集以下數十人殺而臯之路衢亂民爭投石踐踏其殘骨須臾而盡由是政教號令自俄使館出財政監督聘用俄人軍隊改用俄式京城設立俄之學校西伯利電信延長至京咸鏡道礦山立約開採日人所得利權掃地以盡日政府乃命小村公使與俄使威巴開始交涉所謂日俄協商是也爾後俄因膠州之釁割我旅順大連因拳匪之亂駐兵滿洲不撤俄日交涉益繁屢次協議不決蓋自干涉還遼後日本全國已萌敵愾其政府則擴張海陸兩軍其敎育則提倡對俄主義臥薪嘗膽又歷十年遂有乙巳日俄戰爭之事蓋朝鮮夙以事大立國倚中倚俄羣臣釀爲朋黨廿載紛更卒以亡國影響所及累中國使憊激日本使興拉俄羅斯使踏概由於朝鮮國是之不定微乎微乎有國者所當引爲深鑒也

爲多山之半島最高之峯八千英尺

先謙案最高峯即白頭山也講義云長白山脈中之白頭山高八千一百餘尺大關嶺初南走起白雲山劍山在北緯四十一度附近轉而東南於元山與平壤之間爲馬息嶺在咸鏡南道江源道之境爲鐵嶺入江源道爲金剛山五台山太白山至三十七度向西南走在慶尚道爲鳥嶺

秋風嶺至全羅南道之智異山取峪馬而盡其支脈之分派者甚多起伏於幹脈之東西京城北有碧蹄嶺小早川隆景敗明兵處釜山東北有蔚山爲加藤清正築籠城處最有名又濟州島之羅漢山爲第二高峯謝志云全國地勢多山陵或比之池水爲風吹皺善於形容其大關山脈自北而南貫通全國北起濱海迤南則漸趨於西成一曲折爲全土股之分水脊北方高七八千尺南方低爲五六千尺所有山巒皆支脈也北界橫障長白山最高峯約九千尺課程云長白山分支西南迤至白頭山入咸鏡道境山之東圖們一作豆滿江源出焉西則鴨綠江源出焉鴨綠江行千里王書云支津最大者南岸有長津江禿魯江其南爲清川江行三百餘里又南大同江案即古浿水行五百里又南漢江行五百里王書云支流最大者曰臨津江又南錦江行三百四五十里皆入黃海其入朝鮮海爽者爲洛東江行六百里圖志作黃芚江王書云支流最大者曰南江入日本海者爲圖們江行七百里白頭山西地廣山東地狹故大水多出山西面山東止一圖們江餘皆小水西也

氣候冬寒夏暑謝志云三面皆海故比同緯度之大陸較爲冬暖夏涼然冬時北方江河冰堅可行人馬南方近海河流不至封凍然積雪頗厚夏令酷熱北部亦盛

雨水東岸六十二英寸西岸三十二英寸謝志云東岸多雨西岸少雨北岸更稀夏令海風挾水氣而至大雨時行海上常煙霧迷濛舟人有戒心焉

面積八萬四千四百英方里課程云面積六十六萬九千百八方里謝志云八十四萬九千方里

人七百五十萬口東京人十九萬二千口謝志云人約一千萬口每英里約有七百八十五人西部人稱

東部稀少北界更荒寂矣人分四大部兩班中人常人奴隷是也兩班貴族常任文武職官中人爲末族常人不入仕奴隷則犯重罪者沒入之家屬也近稍改革**農爲其國最要之業常植者爲稻稷煙草等**謝志云農產米麥珠粟大麥煙葉棉花粗麻蕓咸鏡多米黃海慶尙多大豆江原多蕓廣種荷蘭薯以救飢果品俱備惟天氣過溼味稍減西瓜甚美國無茶蔗以蜜代糖蜜水代茶林木不盛**礦產金銀銅鐵煤**謝志云國號多礦川中有金沙咸鏡江原爲最然金礦禁開銀礦開亦旋閉銅鑛經理無法反運用日本銅料煤僅供本地之用並不外輸**入口貨值九十五萬八千八百四十磅出口貨值八十五萬三千七百磅米值五十二萬九千四百磅蕓值六萬二百三十磅豆值十六萬二千八百七十磅止與支那日本貿易**謝志云入口貨紙煙火柴洋布絨呢煤油煤炭綢布爲大宗出口貨棉花煙葉米豆牛皮紙海草人蕓爲大宗家畜牛最多民食其肉售其皮角馬小力强豕不多有羊則王家專畜以供祭祀野獸有虎身小熊野猪甚多近海水族充牣而漁業不講工業粗拙惟紙綢二項各處產之民服麻布故織之者多有扇蓆簾諸物以竹絲織冠工細絕倫○辜記云明治三十八年日韓協約成伊藤博文爲韓國統監於是十年號稱獨立之韓國降爲日本保護國外交事件由東京外務大臣監督指揮內政機關由統監經理三年來綱舉目張洪纖畢備大要如左一干涉內政自官制始京朝官甲

午改革後已倣日本組織內閣今惟廢外務大臣改爲外事局至各部大臣則日人韓人參用韓人入政府必日本黨統監府置屬分曹一如韓國政府韓政府曰議政大臣曰內務大臣曰度支部大臣曰軍部大臣曰法部大臣曰學部大臣曰農商工部大臣統監府屬吏曰總務長官曰警務總長曰農商工務總長曰通信官署曰陸海軍武官曰勸業模範場曰鐵道管理局曰法務院其地方制度韓國十三道道置觀察使猶中國督撫惟轄地大小不同觀察使專治一方下有府尹郡守牧使等屬之統監府亦分韓地爲十理事廳並設支廳理事官十二分見下職任一方如地方官吏之監督其權力可以移牒請兵干涉地方行政一掌握財政韓國歲入曰宮內省曰度支部曰關稅宮內省五六百萬元度支部九百萬元關稅百二十萬元自設統監整理財政以目賀田爲韓國政府財政顧問官分置屬員於各道約爲整理貨幣開辦銀行約束紙幣裁汰冗員增給官俸豫算國用諸款三年中諸務就緒度支部所入超過於前此中以改幣制設銀行爲要其改幣制廢韓國舊式錢而新鑄之與日本貨幣同式一錢爲銅貨同巾圓銅元一枚二錢五及五錢爲白銅貨十錢二十錢五十錢爲銀貨一元以上爲紙幣與日本貨幣並行於韓境其設銀行澁以澤男爵爲第一銀行總辦並執行韓國金庫事務有發行紙幣之權由日政府敕命承認而監督之由是韓廷出納財貨流通皆在日人之手一掌握交通曰京府鐵道全長二百七十四英里其最要車站自京城西大門南大門而南爲龍山鷺梁津永登浦水原太田金泉永同倭館大邱密陽三浪津釜山鎭草梁釜山等日景仁鐵道全長二十六英里其最要車站自南大門至永登浦分支經梧柳洞素砂高

平牛角洞柮峴至仁川曰京義鐵道全長三百英里其最要車站自南大門至龍山分支渡臨津江爲開成平山瑞興黃州中和平壤順安肅川定州龍川新義州抵鴨綠江畔渡江卽安東縣南滿洲鐵道之起點曰清津鐵道全長約七十英里自咸鏡道之清津起北行經富甯至會甯府與我國延吉廳圖們江沿稽查處隔江相望此乃軍用鐵道其築路之目的則爲爭間島之後路也以上四綫貫串全國惟京元一綫尚未開通耳余由日至韓觀車站辦事車中管理皆有條理櫃房買票用婦人車上管理皆學生待客勤懇每有詢問必詳示不通語言必筆談務達而後已車站周圍不許閒民瀾入卽小貿亦有取締無藍縷不堪之傭人旅客手荷物在車站過磅卽交一券或鋼牌爲據到站持票取物不謀車站皆有電綫電話取價甚廉中途有名山古寺温泉歷史勝蹟必標示明白地稍繁盛卽可隨意下車旅客不知並有一備質問之室蓋法度詳審所以便行人者至矣惟一至中國之境則車站擁擠車上不潔買票過遲用錢彼此不一（在滿洲日本車用老頭票用國車用羌帖此二處若用中國銀元每元貼水三角或五角至天津用北洋老鷹北京用站人在河南用河南洋元至湖北用湖北洋元如係誤用必須貼水河南尤爲頑固乃至旅店亦然）外人強橫洋奴怙勢客商屢受虐待過站停車乞丐麕至呼號之聲慘不可聞蓋路歸外人承辦彼惟知牟利計較錙銖至規模氣象關乎國體者彼絕不過問矣吾意中國辦理路事當倣照日本管理法內外職事人等皆用學生供職不可假事權於外人用洋奴爲翻譯車站規模必須整肅卽小貿當先領牌照有一定之衣式照料客商尤宜周到庶不背利國便民之旨而爲中國自主鐵道之型一沿海帆業韓國沿海沿江各地日本船隻可以任意帆行沿海要港如釜山馬山木浦羣山仁川鎭南浦

元山城津清津各處皆有定期汽船往來日本船隻占十之九各國居十之一帆業社會如日本郵船公司大阪商船公司大家汽船社會大川運輸株式社會東清鐵道社會等又鴨淥江大同江漢江錦江洛東江之下流及沿岸貿易則有小蒸汽船之商社其數甚多帆業全在日人之手即帆船轉運亦與韓民競爭獨占優勢一郵便電信韓國郵便於三十八年歸日經理電信亦有合同概歸日人承辦一壟斷實業利權首農業韓國農產米為第一歲輸出四百萬圓米豆多輸入日本人薓則輸入中國棉花煙草麻藍蔬果等地質相宜出產亦富日人謀闢其土地移本國人民使與韓民雜居卽於各理事廳附近開墾凡改良農具選擇種子除草施肥去蟲排水等事皆立會研求其京城陳列所陳設各道物產詳細標示出處性質栽培法保存及銷售法以勸誘其國人韓國田地舊冊載存民田總數共二百九十萬五千九百三十一結（每一結等於周尺一萬方尺）而光武八年（光緒二十九年）韓政府所收結稅總數實止百萬四千六十六結失去一百九十萬一千二百六十五結因水利不講土地荒蕪官吏侵蝕隱匿不報故日人為之整頓此極大之遺利將來皆日人有也次漁業韓國沿海五千里魚類最多日俄爭戰時漁民紛至其沿海者數達二萬餘漁艇四千艘歲漁獲二百萬金之巨額於是政府日謀擴張為之設種種保護如海濱住宅郵便貯金兌換等事雖遐陬僻壤皆為設備故來者益眾產額日高次礦業韓半島最富金礦現時一年所產價值四百五十萬元惟最好礦山先為英美兩國所得如平安道雲山金礦權歸美人殷山金礦權歸英人日本僅得稷山金礦近日外務省調查全國產金之區尚有百六十處繪圖帖說詳細研求訂立法規頒

布國中此後壟斷獨登無分利者矣近日韓京新立一會名曰韓共進會資本銀一千萬兩注意在興辦各種實業資本饒足工商藝業日見擴張韓京繁盛意中事也一駐兵鎮壓駐韓兵隊京城最多其次平壤大邱元山仁川及鐵道綫左右約兩師團而裁韓國之兵僅存數百人剪髮日裝編爲近衞隊宿衞王宮其舊式之兵被裁失業者近頗相聚爲亂殺掠日人然警察捕治兵隊彈壓無能爲也以上皆韓國近日實情彼韓王者其日本之魂礧平國不幸而至於斯亦無可如何之勢矣

仁川釜山元山以上通商埠

謝志云通商埠岸七處釜山馬山浦仁川元川城津木浦羣山浦其漢城平壤義州則陸路市場也先謙案通商埠詳下又云全國古分八道曰京畿曰黃海曰平安曰咸鏡曰江源曰忠清曰全羅曰慶尙後分十三道曰京畿忠清全羅慶尙咸鏡平安各分南北道矢志云全國分四大部京畿道爲中央部忠淸全羅慶尙在京畿以南故總稱三南忠淸全羅郎古百濟國慶尙則新羅地京畿之西北境有青石關其西北之平安黃海二道爲朝鮮開國地咸鏡江原二道在山脈東北故有關北關東之稱曹譯野志云十三道置觀察使各道細分爲郡郡置守間有每道郡府并設者廣州開城江華仁川東萊德源慶興三和務安九府是也府之長官稱府尹濟州島特置牧使而牧使府尹郡守均統率於觀察使間接而隸於內部惟漢陽府之判尹直隸內部各開港場掌行政者則爲外務大臣所監督又有自治國體三種曰洞曰里大不過七八百戶或五六百戶曰面大二干餘戶或五六十戶不等如日本之市町村焉

京畿道據列國學會二圖北咸鏡南道東北江原道東南忠清北道南忠清南道西中國海西北黃海道𠦝記云日駐理事官課程云京都所在曰漢陽一曰漢城在漢江北岸西北距海口百三四十里道境在朝鮮中央西偏南北二百六十里東西百五十里地勢東高西卑邸陵多於平地漢江亘其中（漢北古朝鮮地漢南古百濟地）領三州十七府五郡十四縣講義云古高麗本地也地味雖不豐饒而對西方一帶海岸有仁川良港京城與仁川以漢江相聯絡商業繁盛人口十九萬六千八百九十八王城全長五里城門八王宮稱景福宮在市西北日有領事館公使館駐守備兵二中隊又有干六百餘人住泥峴之居畱地西大門外向義州通衢八九町有獨立門龍山及麻浦沿漢江之貨物集散地也曹譯野志云京城在北緯三十七度三十分東經一百二十七度四分人曰二十萬韓記云景福宮者朝鮮太祖李成桂所掤建自開城遷都於此當漢水之陽後倚白岳東西連嶺迴環拱衛中建王城百八十餘藏明萬歷朝豐臣秀吉征韓八道盡喪王京亦淪倭將浮田秀家置大本營於宮中退兵時付之一炬近代韓王皆居昌德宮及大院君柄政慨然欲發皇天下耳目下令八道選材徵石再營宮室誅求苛酷掤徵結頭稅以足之（結頭稅者韓俗娶妻則結髮自此須納關稅）四方疾怨大院君不以介意忽一夜光化門材倉火大木灰燼人民私慶以爲工事可止矣大院君更強命臣民報效謂之願納錢其先墓樹木亦納充宮材羣臣切諫不聽歷七八年光化門勤政殿康甯殿慶會樓成韓王移蹕新宮豈知不四十年大亂三作宮廷興戎后妃流血一夜潛逃託庇客館吁可慨也○廣州府課程云在漢城東南四十二里漢江南岸城踞高山上外峻絕內坦夷古百濟王溫祚

故都○水原府幸記云日駐副理事官課程云在漢城南八十里京南三道八都要衝也矢志云近傍金水山有金坑講義云觀察使治所至全羅忠清陸路經此幸記云觀察使駐京畿疑誤書譯野志云水原一名華城府○開城府課程云在漢城西北九十五里松岳山下高麗王氏四百年前故都也故一名松都繁盛為國中第一講義云當義州要衝市街結構繁華商業亦盛人口五萬日人發行人蔆在此王書云此地人蔆最有名○江華府課程云在漢江西北百二十里踞江華島東北隅北臨漢江之北支東臨漢江之南支工商輻湊曹譯野志云江華島東西四十餘籽西北二十籽○仁川府幸記云日駐理事官課程云在漢城西南五十里府屬通商之處有仁川港為朝鮮三港之一臨京畿道西海岸仁川之西有地突出海中即北臨濟物浦之地觜也南陽之西有地突出海中即北臨馬山浦之地觜也二觜南北相距約三十里其內擁成大灣可泊巨艦仁川港在灣內北岸有大阜小阜各島以蔽其南有汞崇島巴島以蔽其西灣外小島相望如此港之屏障仁川港西北一帶有礅臺六講義云仁川埠頭曰濟物浦潮水乾滿差違甚激前面橫有月尾島港內無風浪船舶輻湊距京城陸路十二里水路二十五里自此至京城有鐵道為日本京仁鐵道會社所築明治十六年二月開港貿易額歲達千萬圓米牛皮為大宗有日本專管之居留地日人四千有領事館有第一第十第五十八等銀行之支店有日本郵船大阪商船兩會社之支店

黃海道据二圖北平安南道東江原道東南京畿道西南黃海課程云東西三百七十餘里南北二百餘里地勢東境有山南北亘

又自東北至西南峯巒連綿不絕分道境爲山南山北南北地俱稍低領一州五府八郡十縣講義云地味豐饒○海州課程云在漢城西北二百里踞首陽山南麓南臨黃海四十餘里辜記云觀察使治所日駐副理事官○黃州府課程云在海州北偏西百四十里北臨大同江西帶月唐江東對正方山西距大同江海口百里地產大豆輸入日本講義云當京城平壤間要路市場繁盛○延安府課程云在海州東偏南四十里南臨黃海二十里海水彎環成陂塘直達城下其南近海之龍媒梁及海中龍媒島當漢江口門外皆停泊佳處○長淵府課程云在海州西偏北百里西瀕阿郎浦海水浸入陸地匯爲港阿郎浦在港南岸停泊亦艮又有新串爲大同江口南岸之埠江口門外有椒島其東南水深闊可停巨艦新串西與椒島相望矢志云海中有大清小清二島元順帝曾竄居於此

平安南道據二圖北平安北道南黃海道東咸鏡南道西黃海課程云南北二道南北六百里東西三百七十里地勢東北高於西南山嶺蟠結有三長河北鴨綠南大同皆界水也惟清江橫流中央分道境爲清南清北清北苦寒物產甚少民亦安於愚情清南民俗頗事耕桑領一州十七府十三郡十一縣○平壤府辜記云觀察使治所日駐理事官課程云箕子故都也即王險城在漢城西北四百里南憑大同江西帶普通江東北邱陵環繞形勢要害城西南沿大同江至普通江江有地方里圓坦如盤中有箕子宮殿遺址旁有井田式縱橫經緯溝洫修明相傳爲箕子遺制城內戶口繁盛亞於慶尙道之大邱府關西一大都會也講義云海陸運

輸甚便第一形勝地也牡丹臺乙密臺屹立北方巍然於大同江畔人口十萬峯記云自明至 國朝屢與日本搆兵於此萬歷朝李如松之師大勝旋敗於碧蹄館中日之戰馬玉崑既戰勝於江岸而元武門不守甲午之役牡丹臺下左寶貴力戰陣亡中國兵萬五千人亦胥潰矣○鎭南浦峯記云日駐理事官講義云明治三十年十月開港在大同江口北岸除冬冰外大船出入無阻艮港也自此地開港而平壤商權全移於此有日領事館及居畱地日人三百餘○曹譯野志云鎭南浦一作甑南浦俗稱南浦領事館在甑南山麓○成川府課程云古松讓國都也在平壤東北百里東倚劍鶴山西帶沸流江地產煙草絹絲城內多富商矣志云府有降仙樓壯大爲八道第一○安州府課程云在平壤北偏西百二十里南據邱陵北帶清川江案平安道舊有節度使二一鎭平壤一駐安州蓋今裁

平安北道据二圖西北中國盛京吉林東咸鏡南道南平安南道西北黃海○甯邊府峯記云觀察使治所日駐副領事官講義云定州爲北道首都王書同與峯記不合蓋今移○義州府課程云在平壤西北三百餘里踞鴨綠江南岸爲北通中國要路戶口繁富有大市場與中國貿易又有新義州野志云新義州瀕鴨綠江爲京義鐵道之終點與安東縣相對峯記云新義州日駐副理事官○昌城府課程云在平壤北偏西三百里北臨鴨綠江市船往來不絕○江界府課程云在平壤北偏東三百六十里居四山之中西臨禿魯江產人蔘春秋許民采取納賦於官府東南百五十里有劍山山中有高句麗故都丸都城

咸鏡南道據二圖北中國吉林南江原道西平安南北道東北咸鏡北道東日本海課程云南北二道自西南至東北長約千里廣約四百里地勢高山多於平地蓋白頭山在道境之北其山脈向南偏東迤二百餘里即分爲二支東支東北迤盡於羅端山西支爲白頭山正脈西南迤至豆流山始盡道境西南自豆流山東北至羅端爲長山綿亘千餘里道屬之府縣城鎭在山東山南者均傍近海之大路以一路達無數城邑如貫珠然其在山西山北居白頭山東者多傍圖們江之南岸其居於白頭山西者則傍入鴨綠江之水蓋中間皆崇山兩傍近海近水爲稍平耳領一州二十府二郡二縣戶九萬三千五百餘口四十九萬九千二百餘○咸興府辜記云觀察使治所日本駐副領事官課程云在漢城之北偏東四百七八十里北倚山南與東距海僅十餘里西臨加乙獻川城南一帶原野接滄海氣象頗稱雄闊朝鮮太祖李旦微時故宅在府之近郊（明洪武二十五年李旦繼王氏王朝鮮徙都漢城至今朝鮮王爲旦後故稱旦太祖）○永興府課程云在咸興西南約百二十里南倚山北臨江東距河里仇非海灣三十里府西之山險崖絕壁爲要害之處府西北有國泰山萬峯重疊谿谷之間產金甚富有著名金礦十七所○德原府在咸興之南偏西約二百里城西皆峻嶺分二支東迤抱府城南北最爲形勝元山津在府北三十餘里臨德源海灣朝鮮東岸一大灣也南岸有兩地嵴突出海中東西相對爲口門廣十五六里口內東爲葛麻浦西爲元山津可停泊巨艦光緒二年朝鮮與日本訂約開仁川元山爲通商埠越三年英法德美各國相繼與朝鮮通商而元山遂爲互市三埠之一葛麻浦之南爲古龍津亦著名佳埠元山津北對牧東應串德源灣北岸南伸入海之地嵴也嵴

西郎河里仇非永興東之海灣也南通德源灣故德源灣又名永興灣辜記云元山日駐理事官講義云元山在永興灣南岸距馬關三百八十海里距平壤陸路四十六里東岸第一良港也明治三十二年貿易總額五百九十一萬六千圓朝鮮人四萬日本居留人千四百餘有領事官有守備軍隊○安邊府課程云在咸興之南約二百二十里距鐵嶺北麓府東亦山勢環繞西北川原交錯其水北流至古龍津入海商業頗盛

咸鏡北道據二圖西北中國吉林及俄屬岩杵河等地東南日本海西南咸鏡南道○鏡城府辜記云觀察使治所日駐副理事官王書云南爲城津近開爲商港講義云城津在元山北百二十海里距浦鹽斯德西南百二十海里明治二十二年五月與羣山馬山浦同許爲開港場辜記云日駐副理事官○慶興府課程云在咸興東北約八百里東臨圖們江南近遠山浦北陲防俄要地講義云與俄國通陸上貿易○慶源府課程云在慶興之北約七十里慶源之北偏西約五十里爲穩城府穩城之西西南約八九十里爲鐘城府鐘城之西南約五六十里爲會甯府會甯之西南約百餘里爲茂山府蓋泝圖們江而上沿江之重鎮也

江原道據二圖東日本海北咸鏡南道西黃海道京畿道南忠清道慶尚道○欠志云沿岸海波如鏡有碧海之名課程云南北五百餘里東西二百餘里地勢白頭山正脈自豆流山東南迤爲江原咸鏡兩道界至鐵山郎南迤入江原道境南至大白山爲江原忠清慶尚三道於是自鐵嶺至大白緜亘之嶺遂分江原道境爲東西二段嶺西雖多名山然地形局促無平原廣野嶺東勢連東海

林光水氣並臻明秀景物之佳國中第一領一州六府七郡十二縣戶七萬五千九百餘口三十一萬三百餘○原州課程云在漢城之東偏南約百二三十里居道境之西南隅西南距湘江二十餘里西與京畿道之砥平縣相接東倚赤岳山坿郭之地原野平闊數十里外四周皆山谷錯出西望漢江一水可通故商賈輻湊○春川府宰記云觀察使治所日駐副理事官王書講義云稍府在原州再考課程云在原州北約八九十里西臨合串江東倚清平山穢貊故都也府北有牛頭郿郎漢時所通之牛頭王書云居漢江上流舟楫可達京都材木仰給於此○鐵原府課程云在原州之北偏西約二百里西近京畿道新羅王子所封之邑也○三陟府課程云在原州之東偏南二百餘里西倚大白山東臨滄海爲停泊水軍巨鎭○江陵府課程云在原州之東偏北約二百里西踞普賢山麓東至海僅二三十里海濱有鏡浦臺勝地也○襄陽府課程云在原州之東北約三百里襄陽之北偏西約八九十里有杆城府杆城之西北約八九十里有通川府通川之西偏北約四五十里有歙谷府皆有嶺東濱海名勝之區也

忠清南道据二圖東忠清北道北京畿道南全羅北道西中國海課程云南北二道地勢東北均高山環繞山多赭禿少樹木南境平野地稍膏腴田圃頗拓西枕黃海島嶼羅列爲海岸屏蔽故傍岸多停泊艮港國之水軍駐焉領四州十一郡三十九縣戶二十二萬九千八百餘口九十八萬八千八百餘矢志云忠清道又稱湖西○公州宰記云觀察使治所日駐副理事官課程云在漢城之南偏東二百四五十里唐平百濟所置熊津都督府郎此城北臨錦江東南西山勢環繞頗稱形勝錦江舟楫轉輸甚便人煙稠

密商賈四集城北有小邱盤結江上形如公字故以名州講義云以產棉著名春秋二季開大市頗殷盛○清州課程云在公州之北偏東約七八十里東據巨大嶺西臨東津江（南流入錦江之水錦江北源也）城南之地低於水面故每患橫溢其地南達慶尚之釜山北通京畿之漢陽實爲南北往來之衝駐兵馬節度使以統全道陸軍○洪州課程云在公州之西北約百里東北山勢環繞南臨廣野西接海疆國中互市地也洪州西南四五十里爲保寍鎭西臨淺水海灣與安民島相對置水師營駐水軍節度有沔川郡在公州西北二百餘里南倚山麓西北均距海十餘里東距素沙河入海之口約二十里素沙河口東岸爲牙山縣近海口要地也（輿志云素沙河下流有成歡驛其河口爲牙山縣牙山灣之屯浦全道賦稅之運於京城者皆由此而過又名貢稅漕）沔川西北約十餘里爲唐津縣北臨唐津浦西人呼爲低菲音灣口門北向西岸山勢緜亘西北伸入海中之地觜也觜上有平薪孟津兩郵故名爲孟津觜吾華使人入朝鮮者多由唐津浦登岸故以唐津名孟津觜西南與波知島相對又成一海灣口門西北同西人呼爲確令灣確令灣之南有地如頸東西亘係波知島與大陸相連處也波知島西南隅爲泰安府又東南與安民島接波知安民兩島間僅隔廣二三里之港兩島之東地頸之南爲淺水海灣口門南向其灣雖大然多石礁不良於停泊唐津浦確令灣則下椗佳處也有舒川郡在公州西南約百二十里南臨錦江西數里爲錦江注海之灣名舒川浦（西人呼爲派其路灣）口門北向東岸爲舒川郡之長巖鎭西岸爲全羅道之羣山鎭兩鎭相望扼口門之要自公州至舒川順流而下舟楫甚夥故舒川爲衝繁之區舒川之北爲馬梁鎭馬梁之北爲所斤浦皆道境瀕海停泊佳埠案二圖波知島作立波島

安民島作安眠島牙山中日戰爭時有名

忠清北道据二圖東北江原道東慶尚北道南全羅北道西北京畿道西忠清南道○忠州𡨥記云觀察使治所日駐副理事官課程云在公州東北百四五十里南倚山麓西臨達川（北流入湘江之水）地勢西北低下頗患卑溼達川南通槐山北入湘江轉輸尚便其間多亭閣爲衣冠聚會之區慶尚道入都之路有二北道逾竹嶺南道逾鳥嶺皆過忠州境故商賈輻湊人煙稠密國內有事必爭之地也

全羅北道据二圖北忠清南北道東慶尚南北道南全羅南道西中國海臨海有羣山鎮𡨥記云日駐理事官講義云羣山在仁川與木浦之間錦江末流南岸明治三十三年五月開港地爲忠清道貿易港將來必暢旺課程云南北二道南北三百餘里東西二百餘里道之東北境連山重嶺絕少平地山勢綿延蟠屈城內自東北而西南直達海隅內地多良田沃野水道長流甚便灌溉雖天旱不爲患惟瀕海之地昔時築長隄蓄水以資灌溉新羅亡後堤防屢壞今殆盡廢故不免旱災幸魚鹽之利頗饒小民不至窮困西南海中島嶼星羅但島中多無居人領五州五府十一郡三十三縣戶三十二萬一千餘口百十一萬餘○全州𡨥記云觀察使治所日駐副理事官課程云在漢城之南偏東約四百里南倚高德山東乾止山西風頭山環護兩旁如八字形北橫萬頃江形勝利便之地也爲後百濟王甄萱舊都州西北有慶照殿甄氏遺址也通舟楫饒魚鹽商賈雲集百貨委積講義云棉產地市場有

李太祖墓其西南古阜郡以東學黨之巢窟著名○南原府課程云在全州南偏東百餘里南對鳳城山東西北皆山勢環繞中開廣野北通全州南通康津東通慶尙道西通靈光（康津靈光灘海要地）皆四達之區也

全羅南道据二圖北全羅北道東北慶尙南道東南西三面臨海○羅州課程云在全州西南約二百里北倚錦城山南臨榮山江田野開拓土壤沃饒括西南江海之利廛市甚形富庶○光州幸記云觀察使治所日駐理事官課程云在全州南偏西約二百里西接羅州據榮山江之上游人煙稠密亦大都會也其西南有木浦幸記云日駐理事官講義云木浦在南道之西端榮山江之河口在羣山釜山之間明治三十年一月開港將來必興之地也有領事館有大阪商船會社支店有居留日人八百九十餘在此運米○順天府課程云在全州南偏東二百餘里據曹溪山南麓南臨海二三十里置左道水營蓋本道海左要衝也○海南縣課程云在全州西南約三百里其西置右道水營據山背腹中東北負岡陵西南瀕海與珍島相對其處水深可泊汽船○康津縣課程云在海南之東三四十里南臨海灣康津江入海處也海灣口門東西兩山相對口外島嶼羅列口內可泊巨艦置兵馬節度使營地居左右水營之間遇有緩急東西應援海防垂鎭也自康津渡海南至濟州島約六十海里島東西約百四十里南北約七十里狀如橢圓形漢羅山東西起伏緜亘全島朝鮮最高山爲白頭山而漢羅爻之兩山蓋爲全國境之首尾島東北瀨海之地土壤膏腴濟州在島北境環城多小川細流市屋連簷人煙稠密設兵馬水軍兩節制蓋陸海巨鎭也潮流迅急海岸因而變換不便停泊

惟島之東有小島曰牛島其閒海夾可以寄椗自海南西渡海十四五海里爲珍島楅員雖小於濟州島亦要地也康津口東南三十海里有小島曰巨文係兩島東西並列中成長夾灣環屏蔽水深岸崚甚便海輪停泊光緒十二三年英據此以扼俄人海參崴之出路旋復歸於朝鮮蓋巨文雖小實與日本之對馬同爲朝鮮海峽之要害二圖云濟州古耽羅

慶尙北道据二圖北江原道西北忠清北道西南全羅北道南慶尙南道東日本海課程云南北二道南北四百餘里東西二百六七十里地勢大白山居道境極北分爲二支東支東南迤入道境又南至東萊府薄於海西支西南迤爲道之西界亦南至河東縣薄於海城中兩長山南北亘兩山之間原野相望中有洛東江自北而南長流彌境氣象壯闊於是又分內地爲江東江西洛東江入海處爲金海府實全國水陸富利要區也領四州十三府十二郡四十二縣戶四十萬五千四百餘口百七十八萬八千七百餘○大邱府辜記云觀察使治所課程云在漢城東南四百二三十里高山四塞中開大野有琴湖江横流大野中西入洛東府城在琴湖南城壁雄峻水陸之運甚宜工商業頗盛本道物產先聚於此然後轉輸四方故商賈羣集人煙繁富大白山嶺南一大都會也觀察使及兵營均駐此講義云春秋二季開大市日人行商於此○慶州府在大邱之東約百里古雞林國也（欠志云朝鮮亦稱雞林慶尙道有雞林野）新羅三姓享國千年均都於此今猶稱東京置府尹治之地踞大白山所分東支之中東倚雲梯山西接無谷山南北廣野數百里東北距興海灣三四十里亦商務繁盛之區興海灣本道東岸一大灣也口門東北向南岸突出海中之地爲望海山其最東之

背曰冬乙靑串與海縣據灣之西北隅北岸之背爲靑串

灣內廣深可泊巨艦惟江外無障蔽東北風起則不利

慶尙南道據二圖北慶尙北道西全羅南北道東南日本海。蔚山府課程云在大邱東南百二十里據險臨崖城郭壯闊置陸軍營駐節度督江左十三鎭兵事（洛東江）東距海岸二三十里有甘浦鹽浦西生浦均臨海停泊處各駐水軍萬戶。東萊府課程云在大邱東南百四五十里西北東皆山勢蜿蜒實城之屛蔽南臨平地直達海濱僅十四五里即釜山港也釜山爲朝鮮三埠之一港口東南向口門兩山對峙相距十餘里中有絕影島橫塞遂分口門爲二水道島西水道甚淺僅通帆船若汽輪兵艦均由島東水道出入港內深廣高山四環停泊者絕無風濤淺礁之虞港北岸爲釜山鎭水軍巨領也駐有僉節制南至日本對馬島十七海里天氣晴爽炊煙相望釜山東萊閭檐比櫛人家稠密蓋通商極繁盛之地亦國南門戶也講義云此地與日本貿易不知起自何時而對馬島之宗氏實累世營業於此千八百七十六年始立通商約市街人口三萬日本專營居畱地占十萬坪日本六千五百餘人居之有領事館附屬警察署等有郵便電信局有憲兵第一區首部駐紮守備隊一中隊有第一第十八第五十八銀行各支店有汽船會社支店明治三十四年貿易總額七百七萬圓此地爲韓國三南貿易出入之中心商權概在日人之手韋記云釜山日駐理事官其地依阻邱陵環以石壁引海爲濠周二十餘里以爲軍港日人興辦各種如商會水產會病院學堂水道電話電燈寺院等工設備完密自日渡韓實爲第一關鍵其經營締造匪朝伊夕矣又云在馬關車站觀日韓連絡交通章程凡旅客由東京

新橋汽車站可遞買至韓國各地之券至關釜海峽有壹岐丸薩摩
丸等汽船連絡不必加費船上供給周到若旅客借行二十人以
上其價九折乃至五折察其用意全係殖民政策廣輸本國之民
移殖於朝鮮又其本國關門海峽青森海峽及關釜峽皆同一連
絡使全國血脈貫通利國便民之至矣○金海府課程云釜山港
之西約二十里爲洛東江入海之口口門兩島平列甚爲扼要口
內洛東江西岸卽金海府亦百貨輻輳之區昔時駕洛國都此洛
東江口之西約四十里爲馬山浦海水灣環向北闖入灣內水深
山嶺環繞停泊甚便近時與榮山江口之木浦（全羅道）錦江口之羣
山浦（全羅道卽舒川滿）大同江口之鎮南浦（平安道卽椒島之東）鏡城府南之城津
浦（咸鏡道）均開港爲外國通商埠此在互市三埠之外者也馬山浦
口外約二海里爲巨濟島南北長約七十里東西廣處約四十里
西岸中央有突出之地西岸南北兩端均闖入爲灣耳島中有巨
濟府亦爲重鎮馬山浦北岸則昌原府也講義云馬山浦加德巨
濟二島掩其前在內城爲大灣人口五千明治三十二年五月開
港因近於釜山頗奪其商業日人常與俄爭專管居留地卽此地
也日人二十餘戶辜記云馬山日駐理事官地當鎮海灣頭爲米
豆金砂牛皮輸出地昔俄人强租爲海軍貯炭所藉以聯絡烏港
及旅順大連因此日人定爲軍港○晉州府曹譯野志云晉州跨
晉江爲慶尚南道之首府辜記云觀察使治所日駐副理事官課
程云在大邱之西南百五十里南臨南水（東流入洛東江之）人煙繁密物
產豐盛爲道中著名都會晉州之西南約六十里爲河東縣蟾津
江入海處也蟾津江口南約五海里爲南海島幅員小於巨濟上
置南海縣有尙州在大邱西北縣百二十里西倚白華山東臨洛

東江北接鳥嶺〈國中第三大邱入都〉之路必由此水陸並通故百貨委積

賜進士出身特賞內閣學士銜前國子監祭酒翰林院編修加三級臣王先謙謹撰

日本國

先謙案徐志云日本琉球東洋二國今琉球滅於日本已併爲一國矣

日本 謝志云日本大山二支一西南至東北曰崑崙山脈自中國北至西南曰庫頁山脈北自庫頁入北海道西南入本道最高峯八千二百尺更有火山三支橫截中南北三部南部曰霧島山在九州高四千五百尺中部曰富士山高萬二千尺冬夏積雪北部曰千島火山高五千尺四周皆海總計海岸長四萬五千里北海道之北爲宗谷角以宗谷海腰與庫頁分界向東海岸多直東有根室灣根室海口在焉南有噴火灣西有石狩灣南與本道夾津輕海腰本道沿太平洋岸出入甚多北端爲陸奥灣東有松島灣仙臺口岸在焉迤南爲東京灣東京即在其西北岸橫濱橫須賀二口岸亦在其間更西爲相模灣駿河灣夾伊豆土股再西有伊勢灣紀伊土股南突其形三角北折過紀伊海腰入內海內海之東北有大灣曰大阪神戶大坂俱沿灣岸西有淡路島過廣島灣至下關爲內海之西端出下關海腰折向東北直抵陸奥灣屈曲甚少惟中間有能登土股北突海內其東爲富山灣迤北止新潟秋田二口岸新潟與佐渡島相對其餘四國九州二島海岸亦多曲折

雷志云千八百八十九年後改爲立憲國有上下二議院 謝志云明

治三十一年頒定憲法改爲立憲政體皇位世襲分立法行政司法三大部立法部分貴族院及衆議院每年一次開會於東京時約三月有大事則開臨時會貴族院議員皇族華族稍爵及敕選議員任之衆議院員十三萬人舉一人約三百八十人行政分中央地方二部中央政府有內閣十省及樞密院十省者曰宮內掌宮中一切曰內務曰外務曰大藏猶中國之戶部曰陸軍曰海軍曰司法掌刑律曰文部掌教育曰農商務曰遞信掌內外驛務各省有大臣次官書記官局長等員除宮內省外諸省大臣合爲內閣其上有內閣總理大臣督其成樞密院爲國皇諮詢要務之處有議長顧問等官地方行政各府有知事北海道有長官掌一道之政府縣又分爲郡北海道沖繩縣並設區有郡長區長區郡又分市町村置戶長管之每市町村有議會察議市町村之政事司法部各區有區裁判所凡三百餘處爲訟獄之始不服者上控地方裁判所凡四十六處郎每縣一所仍不服上控控訴院凡七處仍不服上控大審院凡關皇室國事者歸高等法院

裁判監獄仿西制各處設警察以詰奸宄禁非違

其地自堪察加南角至臺灣南角止延長二千七百英里包有千島面積五千八百七十二英方里本島面積八萬五千三百四十五英方里及諸島共面積十五萬九千九百九十英方里謝志云日本在亞洲東北太平洋西北有五大島及二千小島北起北緯五十度四十分南抵北緯二十一度四十五分東起東經百五十六度三十八分西抵東經百十九

度二十分北則千島鞨鄂點利與千乍德嘎土股相連察加唧又循宗谷海腰與俄屬庫頁島相對西北則日本海西隔朝鮮海腰與朝鮮相望西南界臺灣海岔與中國對南界南海東界太平洋遙與干阿達坟韋美國相望最廣處三百六十里長約七千五百里面積百六十萬英方里人四千二百二十七萬六百五十口謝志云人約四千五百七十萬口

東京熱度中數五十六度正月三十六度八月七十八度雨水六十一英寸東京有大學一所有強迫入學之制千八百九十五年有學童三百萬八十一人謝志云明治三十五年小學校二萬七千一百五十四所學生五百十三萬五千九百八十七人農爲首業紡織局廠發達甚速謝志云互市而後工藝改觀磁漆器精巧絕倫西人爭購產絲出口之外織紬絹及棉絲交織之布曰絲布曰綿布大半輸入中國製紙織席銅器玩貨銷行亦暢善鑄刀劍犀利無比仿造洋織手巾等物價廉可用製造局工藝所船塢分設要處火柴玻璃紡織等廠無處無之而以大坂爲總匯物產米大麥各種小麥豆茶甘蔗絲謝志云民多務農一年二熟餘地栽粟蔬豆麥棉花靛煙葉蠟樹茶桑無不畢植有馬百五十三萬牛百十三萬五千謝志云馬牛俱小而力強羊不能育以其草不中飼也樹林占地七萬五百二十英方里謝志云全國森林山鄉更甚有松杉樅櫸

櫻楓竹橘柚蘋果榛梅柿桃李葡萄之屬北海道產水松蝦夷松桂椵白楊石楠有櫻花爲其國特產國人愛之花時游讌甚盛

業漁者二百五十萬八千三百六十一人採魚及海菜謝志云海濱多魚北海道最盛太平洋沿岸次之多鯖鱒大蟹龍蝦赤黑鯉江河之內魚蝦尤蕃東京灣等處產蠣乾魚海味爲出口貨大宗

礦產金九萬四千磅銀銅鐵鉛煤煤五百三十七萬噸謝志云礦產金銀鐵銅煤與各種石鉛錫水銀次之金多出佐渡但馬薩摩銀多出秋田福島岐阜鐵多出島根巖手島取而磁鐵尤富銅多出秋田岡田等處煤盛產於福岡長崎北海道等處全國多石宕採水晶灰石花剛石瑪瑙等

入口貨值千七百六十五萬五千磅出口貨值千三百九十萬五千磅謝志云明治三十五年進口貨共值二萬七千八百三十萬圓鐵棉花煤油蔗糖爲大宗出口貨共值二萬四百萬圓絲茶火柴海味爲大宗多與中國香港美英法貿易謝志云明治三十五年卽光緒二十八年歲入總計二萬七千七百二十九萬七千零零三圓其來源分地租關稅煙酒稅營業稅郵稅鐵路官產等項歲出總數二萬七千五百八十八萬七千四百二十四圓錢幣以金爲本位輔以銀銅鎳錢紙幣全國一例官私銀行大者約三十餘所

國債四千一百三萬三千磅謝志云國債五萬一千零十八萬九千七百七十八圓

鐵路二千五百五英里謝志云已成者三千七百英里未成者二千二百英里官設者爲東海道鐵路餘皆公司私設

西式商船七百三十四華式商船萬八千百九十三謝志云國內江河大者行輪船小者通平底船及木筏外國航路自橫濱東達美之舊金山加拿大之凡古斐及檀香山西至朝鮮之釜山仁川中國之煙臺上海過香港印度出紅海地中海至歐洲南達斐利賓及澳洲北達西比利亞之海參崴輪船公司以日本郵船會社大阪商船會社爲巨擘全國汽船共千一百艘西式帆船三千百三艘兵制依德國式平時二十六萬九千七百四十八人後備軍九萬一千百九十人國內戍兵萬六千八十八人謝志云陸軍省掌一切軍政有參謀本部掌運籌畫策男子及歲律當入營練習從德制也常備軍十二萬人戰時可得三十二萬人養馬十一萬匹每歲兵費二千三百萬圓分近衛戍兵二種近衛兵捍衛皇室戍兵分十二師團分駐各鎮陸軍中將統之戰艦百十七內鐵甲三十三謝志云海軍有戰艦九十五水師二萬八千餘人分泊橫須賀佐世保舞鶴室蘭吳五軍港設鎮守府司出入製造修理等事海軍省掌其成每年經費約四千萬圓製造軍器有礮兵工廠及海軍造兵廠一切出自本國不用外國之貨東京　大坂　京都　神戶　橫濱　長崎　以上要區徐志東洋二國云東洋浩瀚一水直抵亞墨利加之西界數萬里別無大土附近中國者止有日本琉球二國蓋神州左翊也日本古稱倭奴國在東海中平列三大島北日對馬島與高麗南境相直一夜可達明季關白爲亂者是

也中日長崎土較大與浙海普陀山相直內地商船互市於此南日薩峒馬與浙之溫台相直人强健刀最利兼產馬明嘉靖年間擾閩浙之倭寇薩峒馬也三島之外小島甚多王居長崎之東北地名彌耶穀譯曰京官皆世祿仍漢制稱刺史二千石文字同中國讀以倭音國事柄於上將軍王不干預僅食厚糈受方物上將軍有時展覲而已歷代以來不爭王而爭上將軍故上將軍第宅時更新主而王無易姓以寬永爲年號歷世不改立法嚴人少鬬爭犯法者輒走山谷自殺呼僮僕鳴掌則應竟日不聞人聲好佛敬祖先得香花佳果必供佛或走獻祖墳俗尚潔街衢時時埽滌男女皆大領闊袖女加長以曳地繪染花卉褌裏帛幅著短襪曳絲履男髡鬢而薙頂額留鬢髮至腦後闊寸餘綰爲髻髮長者翦之女多美髮日洗滌薰以楠沈前後挽髻插玳瑁簪其男女眉目肌理髣髴華土信東方秀氣之所鍾也長崎與普陀東西對峙水程四十更六十里爲一更橫洋翦渡風汛極險廈門至長崎水程七十二更由臺灣雞籠山之北渡米糠洋香蕈洋北風從五島門進南風從天堂門進前明中葉大西洋之葡萄牙嘗欲據其海口又以天主教誘其土人日本與之戰荷蘭以兵船助日本葡萄牙遁去故其國與通商者中國與荷蘭而已所產者紅銅硫磺海菜之類節採海國聞見錄又云琉球在薩峒馬之南東洋小國也周環三十六島皆海中拳石其國都之島較大南北四百餘里東西不足百里舊分山南山北中山三國後併入中山爲一故稱中山王王尚姓自紀載以來一姓相傳無改步國小而貧偪近日本屬役亘苦自前明世修貢職　本朝體恤尤至其貢舟三年一至　許販鬻中土之貨免其關稅舉國賴此爲生王薨則世子遣使請　命例遣文臣二

人爲正副使　賜一品服持節航海冊世子爲中山王故其國風土多能言之者由福州之五虎門放洋用卯鍼約四十餘更至孤米山其國之大島也再東即至其國分三路曰首里曰久米曰那霸由內地往收泊必於東那霸其地商賈萃集爲大都會王居首里山之脊也國與中國同文官之最尊者爲金紫大夫歲得俸米百石以次遞殺守土之官曰按司一按司所轄約六七里土磽瘠產米絕少以地瓜爲食鄙番非官與耆老不食米地無麻枲以蕉爲布類織蒲負戴者圍下體餘皆裸露海風最烈屋瓦常飛故以構屋甚卑簷與肩齊王居與使館較軒昂以大繩繫柱而釘於地防海風也其土大夫以黃帛爲冠似浮屠氏之冠大領博袖繫帶又云周海山尙書使琉球著中山志言隋時有海船望見始知有其地因島嶼紆蟠如虯龍流動之形故稱流虯後改爲琉球字唐宋以後漸通中土明初入貢太祖賜以閩人善操舟者三十六姓修貢職甚謹封舟頻往後爲日本所滅王虜不通音信者數十年已而遣使來言王被執不屈倭送還復國由是修職貢如常期云案琉球受役於倭貧弱不能自存惟賴貢舟販鬻得餘貲以餬口資本皆貸於日本販回之貨運往日本九國人貧甚不能買也其國比之於南澳差大而不及臺灣之半特滄海之一粟耳先謙案黃遵憲日本國志云自神武天皇起日向都大倭之樞原賜功臣以椎根津彥等以地名曰國造至成務朝隔山河而分國縣隨阡陌以定邑里以東西爲日縱南北爲日橫凡爲國百四十四推古以降兼置國司及孝德朝各州徧設國司郡司諸吏多以國造任之時漸省國爲郡文武帝大寶中又因山海形勢分六十六國內稱畿內外分七道國司限年遷任治所稱爲國府至嵯峨

朝大國十三上國三十五中國十一下國九凡四等共六十八國於是古制一變而爲郡縣昇平日久藤原氏世專國權國司多在京以吏代治公卿之莊園皆以家人爲地頭徧於七道治國體漸變及源賴朝開府鎌倉執兵馬之權裂地以授家臣文治元年奏請置守護地頭往往世襲國司復不赴任於是封建之勢漸成建武中興命以功臣爲守護使就國司治所至足利氏分國郡封家臣稱爲守護三管四職以下皆以地傳之子孫正平四年置關東管領以鎮鎌倉統八州及奧羽於是形勢一變而爲封建應仁以降天下大亂羣雄割據諸道互相吞滅織田氏興略定東海東山畿內山陰諸地豐臣氏繼之海內盪平羣雄服從其大者六姓（德川島津毛利上杉前田佐竹）次三十餘家慶長五年關原役畢德川氏統率諸氏分封子弟功臣其後加削增減頗易舊封慶應中凡二百七十一藩王政革新更建藩十四既而分奧羽爲七國改蝦夷稱北海道分十一國明治七年廢藩置縣復爲郡縣之治凡五畿七道七十三國二京三府六鎮三十六縣移都東京設開拓使以經理北海道封琉球爲藩王此古今沿革大略也先謙案日本開國迄今事實詳見余源流攷一書自設府縣析併不常惟古來所分國郡雖羣雄連跨數州舉沿用舊名未有更易茲本黃志先依國分敘焉

畿內

一畿內黃志云山城國（桓武帝遷此）東近江西丹波攝津南伊賀太和河內北丹波東西六里南北十五里有嵐山（以櫻花得名）愛宕山北叡山如意嶽賀茂川木津川淀川郡八曰葛野曰愛宕曰乙訓曰紀伊曰宇治曰久世曰綴喜曰相樂又太和國東伊賀伊勢西河內南紀伊北山城東西十餘里南北二十五里有月瀨山（以梅花著名梅林三十四）三國山（跨伊賀伊勢）三畝山（東南亘伊勢）金平山鷹鞭山多武峯葛城

山二上山（並跨河內）吉野山（一名金峯山多櫻花）彌山七面山釋迦山大臺原山（東南跨伊勢紀伊）山上嶽稻村嶽高見山太和川吉野川丹生川十津川北山川郡十五曰添上曰添下曰平羣曰山邊曰宇陀曰城上曰城下曰十市曰廣瀨曰高市曰葛下曰忍海曰葛上（柏原村即橿原神武帝都）曰宇智曰吉野（最大居全州之半）又河內國東太和西攝津和泉南紀伊北山城東西四里南北十三里有金剛山葛城山淀川太和川郡十六曰交野曰讚良曰茨田曰若江曰河內曰高安曰大縣曰安宿曰志紀曰澀川曰丹北曰丹南曰八上曰古市曰石川曰錦部又和泉國東紀伊河內南紀伊北攝津西至海東西四里十四町南北六里有槇尾山七越嶺石津川土宜五穀有魚鹽之利郡四曰大鳥曰和泉曰泉南曰日根又攝津國東河內西播磨南和泉及海北山城丹波東西十二里餘南北九里古名浪速國有箕面山（多紅葉）武庫山（一名六甲山）淀川大和川猪名川（一名池田川）武庫川郡十二曰東成（高津小橋即高津宮仁德帝都）曰西成（長柄村即長柄豐崎宮孝德帝都）曰住吉曰島下曰島上曰豐島曰能勢曰河邊曰武庫曰菟原曰八部曰有馬謝志云畿內在本國中央面積二千七百英方里人二百七十萬口地勢多山府二縣二西京在琵琶湖西爲國舊都人約三十萬口大阪在大阪灣東北端爲外國通商場有陸軍製造廠造糖廠造幣局造船所紡績公所造火柴廠商業之盛推爲西南第一出人口貨歲值約七百萬圓居民二十萬神戶在大阪西據大阪灣西北岸久爲通商口岸鐵路四通汽船不絕出入口貨歲值約二萬萬圓出口多米茶樟腦煤炭入口多煤油木棉洋布蔗糖先謙案府二京都大阪縣二柰良河內

二東海道黃志云伊賀國東伊勢南太和西太和山城北近江東西七里南北九里有大山嶽

一名首嶽兼跲伊勢高旗山布引山伊賀川名張川一名梁瀨川民業薪炭郡四
曰阿拜曰山田曰伊賀曰名張又伊勢國東南皆海西近江伊賀
太和東南志摩西南紀伊北美濃尾張東西十二里狹處四里南
北二十七里有鎌嶽御在所嶽堀坂山局嶽白猪山木曾川雲出
川宮川郡十三曰桑名曰員辨曰朝明曰三重曰河曲曰鈴鹿曰
奄藝曰安濃曰一志曰飯高曰飯野曰多氣曰度會又志摩國西
北伊勢東南北三面臨海東西三里南北七里有日和山淺間山
郡二曰答志曰英虞又尾張國東三河西北美濃西南伊勢南至
海東西八里南北十九里有木曾川玉野川郡八曰愛智曰知多
曰春日井曰丹羽曰葉栗曰中島曰海東曰海西又三河國東遠
江西尾張北美濃信濃南至海東西十六里南北十七里有猿投
山本宮山矢作川豐川德川家康剏業地也郡八曰碧海曰額田
曰賀茂曰幡豆曰寶飯曰設樂曰八名曰渥美又遠江國東駿河
西三河北信濃南至海東西十八里南北二十里有粟嶽黑法師
嶽朝日嶽大井川天龍川大田川民業茶楮郡十二曰濱名曰敷
智曰引佐曰麁玉曰長上曰豐田曰盤田曰山名曰周智曰佐野
曰城東曰榛原又駿河國東相模伊豆西遠江北甲斐信濃南至
海東西十八里南北十二里有富士山七峯安倍川土宜茶麥有
魚鹽之利郡七曰志太曰益津曰有渡曰安倍曰庵原曰富士曰
駿東又甲斐國東相模武藏南駿河西信濃北信濃武藏東西二
十五里南北二十五里有奧仙丈山金峯山駒嶽白峯笛吹川釜
無川富士川調志云發源入駿河流最遠桂川多美田富材木蠶桑郡四曰都
留曰山梨曰八代曰巨摩又伊豆國北駿河相模東西南至海東
西七里南北十四里有箱根山天城山烏帽子山一名御嶽又名

山淺間狩野川土地磽瘠民以薪炭漁獵爲業郡四曰君澤曰田方曰那賀曰賀茂其島嶼曰大島曰八丈島八丈島之南爲小笠原羣島大小島八十九父母二島最大餘兄弟姊妹羣島若環列者氣候恆燠蕃殖草木無居人文祿中小笠原貞賴尋得故名後英人爭不得今改隸東京府有旭山八瀨川又相模國東北武藏西甲斐駿河南伊豆及海東西十四里南北十一里有箱根山相模川蘆湖橫須賀港西南饒米穀魚介西北業採薪養蠶源賴朝陪臣北條氏執權廢立將軍者六世然歷世自稱相模守郎此州守也郡九曰足柄下曰足柄上曰淘綾曰大住曰愛甲曰津久井曰高座曰鎌倉源賴朝開府於此曰三浦又武藏國東下總西信濃甲斐南相模北上野東北下野東南至海東西二十六里南北二十五里東南隅郎東京皆古武藏野地也初江戶屬扇谷氏後北條氏滅之北條氏亡德川氏居之先是德川家康起三河豐臣秀吉語之曰江戶霸氣所鍾子宜築城爲根本地家康既徙居築石爲城高之壘深濠如大坂任將軍統列藩者十五世及德川氏還政大久保利通以山城地狹請遷都明治元年遂因幕府爲宮殿有三峯山慈光山荒川中川入間川多摩川有五穀魚鹽蠶桑之利郡二十二曰豐島曰葛飾曰足立曰埼玉曰新座曰茬原曰入間曰高麗曰比企曰橫見曰大里曰男衾曰幡羅曰榛澤曰兒玉曰賀一作加美曰那珂一作賀曰秩父曰多摩曰橘樹曰都筑一作築曰久良岐又安房國北上總東西南至海東西十里南北七里民業農漁鍥工郡四曰平羣曰安房曰長狹曰朝夷又上總國南安房北下總東西至海東西十四里南北同有夷隅川宮川養老川小櫃川其港灣有九十九里濱盛漁業郡九曰天羽曰周准曰望陀曰市原

曰夷隅曰埴生曰長柄曰山邊曰武射又下總國東至海西武藏上野南上總及海北常陸下野東西二十二里南北十七里有利根川江戸川鬼怒川蠶養川土宜五穀郡十二曰千葉曰葛飾曰猿島曰結城曰豐田曰岡田曰相馬曰印旛曰埴生曰香取曰匝（一作匝）瑳曰海上又常陸國西下野下總南下總北盤城東至海東西十一里十八町南北三十里十町有筑波嶽蠶養川那珂川久慈川霞浦湖（謝志云霞浦湖在東京東北周二百餘里入利根川產魚鹽多）宜桑楮富魚鹽郡十一曰筑波曰河內曰信大曰新治曰行方曰鹿島曰眞壁曰茨城曰那珂曰久慈曰多賀謝志云東海道濱太平洋面積萬六千英方里民人十萬府一縣八東京在東京灣北岸爲日本新京人百三十萬口皇城居中央旁有政府公署各國使館近衞旅團各等學校大小報社鐵道四通貨物屯積東亞一大都會也距海口橫濱五十餘里橫濱據東京灣西南久爲通商口岸居民二十萬東西洋輪船要道出入貨歲値二萬萬圓出口絲茶絹布生銅爲大宗入口棉紗糖煤油爲大宗名古屋在本道西南據伊勢灣西北東通京師西連四日市大阪神戸居民三十萬橫須賀在橫濱之南爲第一海軍區有鎭守府先謙案府一東京縣八神柰川琦玉千葉茨城三重愛知靜岡山梨俱今見

三 東山道

黃志云近江國東伊勢美濃西山城丹波南伊賀北若狹越前東西十二里南北十九里有比叡山比良峯石山御池嶽橫田川琵琶湖（一名淡海又名鳰海周七十三里爲中國中第一大湖謝志云長百五里廣趙六十里中路狹止四里中有二島）地控畿內當三道要衝民頗長於商賈郡十二曰滋賀曰高島曰栗大曰甲賀曰野洲曰蒲生曰神崎曰愛知曰犬上曰坂田曰淺田曰伊香又美濃國東信濃飛驒西近江伊勢南尾張三河北越前飛驒東西二十

六里南北十九里有惠那嶽（一名覆舟山在信濃名維縣野山）木曾川長良川揖斐
川地宜五穀郡二十一曰石津曰多藝曰不破曰池田曰大野曰
安八曰海西曰中島曰羽栗曰厚見曰本巢曰席田曰方縣曰山
縣曰各務曰武儀曰郡上曰加茂曰可兒曰土岐曰惠那又飛驒
國東信濃西加賀南美濃北越中東西一十七里南北二十里有
乘鞍嶽槍嶽益田川宮川白川產良材多工匠兼業蠶郡三曰益
田曰大野曰吉越又信濃國東甲斐武藏上野西美濃飛驒南駿
河遠江三河北越中越後東西二十三里南北四十里有茶磨嶽
穗高嶽己阿山（入上野曰吾妻山）淺間山（噴火山）木曾川（謝志云發源入伊勢灣長四百里）
天龍川千曲川（謝志云發源至新潟東入日本海長約六百里）犀川諏訪湖（一名鵝湖）民業蠶
富物產郡十曰筑摩曰伊那曰安曇曰諏訪曰更級曰水內曰高
井曰埴科曰小縣曰佐久又上野國東下野西信濃南武藏北越
後岩代東西二十三里南北二十五里有妙義山御荷鋒山利根
川（謝志云利根川日本河最大者發源流至關宿支流曰江戶川入東京灣正流入太平洋長四百五十里）片品川神
流川土地繁富勤商賈蠶織郡十四曰吾妻曰碓冰曰羣馬曰甘
樂曰片岡曰多湖曰綠野曰利根曰勢多曰山田曰那波曰佐位
曰新田曰邑樂又下野國東常陸西上野南上野武藏下總北岩
代磐城東西十九里南北二十五里有日光山（最高曰黑髮德川氏營廟於此極壯
麗）茶臼嶽（噴火山）鬼怒川那珂川渡瀨川民多植苧麻製紙漆布帛
郡九曰安蘇曰足利曰梁田曰都賀曰寒川曰河內曰芳賀曰鹽
谷曰那須又磐城國東至海西岩代羽前南下野常陸北陸前羽
前東西二十二里狹者五里餘南北三十三里餘有旭嶽阿武隈
川有魚鹽之利港灣淺小不便漕運郡十四曰白河曰白川曰石
川曰菊多（一作河）曰磐前曰磐城曰田村曰楢葉曰標葉曰行方曰

宇多曰亘理曰伊具曰刈田又岩代國東磐城西越後南上野下
野北羽前東西二十里餘南北二十一里餘有燧嶽駒嶽朝日嶽
朝草嶺猩猩森山荒貝嶽七森嶽背炙嶽御神樂嶽盤梯山飯豐
山赤崩山高陽山高曾根山東吾妻山安達大郎山鬼面山朽人
山日橋川鶴沼川只見川阿武隈川謝志云發源入海之口逝松島灣行三百餘里松川
猪苗代湖謝志云周一百里便漕運宜蠶桑郡九曰會津曰大沼曰河沼
曰耶麻曰岩瀨曰安積曰安達曰信夫曰伊達又陸前國東至海
西羽前羽後南磐城北陸中東西二十五里狹者二里南北四十
里狹者十九里有太白山日和山鳴瀨山江合川迫川北上川其
島嶼有松島屬宮城郡南至千賀浦北至磯崎小島數百散布海上悉生青松與丹後丹橋立安藝嚴島名日本三勝
地便運輸頗饒穀產郡十四曰柴田曰名取曰宮城曰黑川曰加
美曰玉造曰栗原曰志田曰遠田曰桃生曰牡鹿曰登米曰本吉
曰氣仙又陸中國東至海西羽後南陸前北陸奧東西三十七里
南北三十三里廣處五十里有酢川嶽八幡平大國平北上川謝志
云發源入松島灣流四百五十里能代川馬淵川地多磽确江面稍沃瀨海有魚
鹽利郡十曰磐井曰膽澤曰江刺曰和賀曰稗貫曰紫波曰閉伊
曰岩手曰九戶曰鹿角又陸奧國南陸中羽後東西北至海東西
三十九里南北四十餘里有八甲田嶽赤倉嶽戶來嶽岩木川馬
淵川能代川地多不毛西壤稍肥民勤耕種習獵漁郡四曰津輕
曰北曰三戶曰二戶又羽前國東磐城陸前南岩代越後北羽後
西至海東西二十二里南北三十五里有吾妻山五所山月山最
上川謝志云發源入日本海行三百二十里地肥磽相半民業蠶桑郡四曰置賜曰
村山曰最上曰田川又羽後國東陸前陸中南羽前北陸奧西至
海東西二十五里狹處十九里南北四十九里有鳥海山御駒山

阿彌陀嶽朝日嶽御物川玉川子吉川能代川大阿仁川地磽薄不宜果穀郡八曰飽海曰由利曰雄勝曰平鹿曰仙北曰河邊曰秋田曰山本謝志云東山道東臨太平洋西盡日本海面積四萬千英方里人九百萬口地勢多山少海口縣十一宇都宮在本道南端鐵路四達製絲最盛有大銅鑛居民約四萬仙臺在本道中央据松島灣之西岸地勢雄壯爲東北第一鐵道中貫貿易興盛人八萬口先謙案十一縣青森秋田山形岩手福島宮城羣馬橡木長野岐阜滋賀俱今見

四北陸道黃志云若狹國東越前近江南近江丹波西丹後北至海東西十二里南北四里土質磽瘠民力耕漁郡三曰三方曰遠敷曰大飯又越前國東北加賀東南美濃南近江西若狹西北至海東西十九里南北十七里有越智山日野川足羽川九頭龍川土宜五穀民業耕織工商郡八曰敦賀曰南條曰今立曰丹生曰足羽曰吉田曰坂井曰大野又加賀國西南越前東飛驒越中北能登西北至海東西十里南北十八里有白山釋迦嶽妙法山手取川大聖寺川物產殊之郡四曰江沼曰能美曰石川曰河北又能登國南越中加賀餘至海東西十一里南北十八里島嶼有能登島土壤瘠薄郡四曰羽咋曰鹿島曰鳳至曰珠洲又越中國東越後信濃南飛驒北加賀西北能登北至海東西二十一里餘南北十九里餘有立山劍嶽鷲羽嶽夫婦山射水川神通川常願寺川黑部川物產饒水族郡四曰新川曰婦負曰礪波曰射水又越後國西越中西南信濃南上野東岩代東北羽前西北至海東西六十二里南北十七里有富山飯豐山風倉山大日嶽御神樂嶽蓮峯山朝日嶽信濃川魚沼川阿賀川三面川荒川土廣產饒民巧於機織郡七曰岩船曰蒲原曰三

島曰古志曰刈羽曰魚沼曰頸城又佐渡國在越後新瀉之西少
北越海十一里餘至其地大島也周囘五十三里十町五十二間
半東西七里餘南北十一里南北横拓中央窄縮土產金銀爲一
國最有金北山其民力作兼業鑿鑛郡三曰雜太曰羽茂曰加茂
謌志云北陸道北臨日本海面積一萬英方里人口四百萬東南
多山西北濱海多平地縣四新瀉在本道西北有鐵路通各大城
惟港口不佳貿易不盛出入口貨歲値百萬元居民約五萬金澤
在本道西南人八萬口街市繁盛爲本道第一大城先謙案四縣
金澤新瀉富山福井也新瀉今見餘改併　五山陰道黃志云丹
波國東北山城東近江西但馬西南播磨西北丹後南攝津北若
狹東西十四里十八町南北十二里有保津川和知川地肥瘠不
一民業耕樵郡六曰桑田曰船井曰何鹿曰多紀曰冰上曰天田
又丹後國東若狹西但馬南丹波北至海東西十三里餘南北十
一里餘有由良嶽由良川其港灣有天橋立別名子日岬加佐郡江尻村之沙洲也東
南橫出二十七町四十間幅三十二間南端與文殊村相對蒼松鬱蔚如畫與松島岩島共稱三勝地味磽薄民業
耕織郡五曰加佐曰與佐曰中曰竹野曰熊野又但馬國東丹波
丹後西因幡南播磨北至海東西十五里餘南北十二里有三關
山朝來川民農商各半郡八曰城崎曰出石曰美含曰二方曰氣
多曰七味曰養父曰朝來又因幡國東但馬西伯耆南播磨美作
北至海東西十二里餘南北十二里十八町餘土性磽瘠郡八曰
岩井曰法美曰邑美曰八東曰高草曰氣多曰八上曰智頭又伯
耆國東因幡西出雲南備後備中美作北至海東西十七里南北
八里有大山曰野川土瘠沃各半郡六曰會見曰日野曰汗入曰
八橋曰久米曰河村又出雲國東伯耆西石見南備後北至海東

西十七里餘南北十五里有嵩山船通山彌山佛經山朝日山簸
川神門川中海（謝志云周九十里）湖山勝地風俗柔靡郡十曰島根曰能
義曰意宇曰秋鹿曰楯縫曰出雲曰仁多曰大原曰神門曰飯石
又石見國東出雲東南備後南安藝周防西長門西北至海東西
十一里南北十三里自東北亘西南凡三十里有江川民業紙麻
製鐵郡六曰安濃曰邇摩曰邑智曰那賀曰美濃曰鹿足又隱岐
國知夫島在出雲國島根郡加賀浦正北相距十一里三十町周
同六里三十一町十九間東西一里十五町南北二十五町西島
隔東北一峽與知夫島相對周同二十里二十六町五十六間半
東西三里二十町南北二里中島在西島東相距十二町周同十
六里二十一町十一間東西一里三十町南北一里二十四町以
上三島名曰島前島後一島在中島東北相距三里餘周同三十
里十七町五十四間半東西四里南北四里三十町自島前海士
郡知井村至島後穩地郡都萬村海上直徑四里三町當出雲正
北合四島爲一州島前則三小島鼎立島後爲一大島民業農漁
郡四曰知夫曰海士曰周吉曰穩地謝志云山陰道北臨日本海
南方多山北方海地平坦面積六千五百英方里人約三百萬口
屬府一縣二鳥取松江爲本道大邑先謙案府一京都縣二鳥取
松江

六山陽道黃志云播磨國東攝津西備前美作北因幡但
馬東北丹波南至海東西二十里南北十四里有笠形山揖保川
山陽要津田疇大闢有魚鹽之利郡十六曰明石曰加古曰印南
曰飾東曰飾西曰美囊曰加東曰加西曰多可曰神東曰神西曰
宍粟曰揖東曰揖西曰赤穗曰佐用又美作國東播磨西備中伯
者南備前北伯耆因幡東西十四里南北十一里有那岐山津山

川高田川南腴北脊郡十二日吉野日英田日勝南日勝北日東北條日東南條日西北條日西西條日久米南條日久米北條日大庭日眞島又備前國東播磨西備中北美作南至海東西十二里南北十一里有東大川西大川北少平地南稍衍扶郡八日和氣日邑久日上道日御野日礬梨日赤坂日津高日兒島又備中國東備前西備後北伯耆美作南至海對讚岐東西十一里南北十七里餘地形至北漸縮有大川礦利頗饒郡十一日小田日淺口日下道日窪屋日都宇日賀陽日上房日阿賀日哲多日川上日後月又備後國東備中西安藝北伯耆出雲西北石見南至海羣島相連直接伊豫東西十三里南北十九里有三次川檻前川東南有魚鹽漕運之利西北業礦產郡十四日深津日安那日神石日沼隈日品治日蘆田日御調日世羅日甲奴日三谿日三上日奴可日恵蘇日三次又安藝國東備後西周防北石見南至海東西二十里南北十六里有野呂山一名鍋蓋山大田川吉田川其島嶼有巖島在佐伯郡大野村東周一里三十一町五十九間有彌山七浦山重雲杳懷秀拖麗爲日本三勝之一土脊不宜播種港灣商業頗盛郡八日豐田日賀茂日安藝日高宮日高田日山縣日沼田日佐伯又周防國東安藝及海西長門北長門石見南至海東西二十里餘南北十二里餘有錦川饒鹽利山民多製紙郡六日吉敷日佐波日都濃日熊毛日玖珂日大島又長門國東周防石見南周防及海西北至海東西十九里餘南北十三里有阿武川山陽要害土宜播種東北磽确沍寒郡六日阿武日大津日美禰日厚狹日豐浦日見島謝志云山陽道在山陰道之南南臨內海面積九千英方里人四百三十萬口北境多山南境瀨海地平坦縣四廣島在本道之南濱內海鐵路東西連

接南爲廣島灣口岸甚佳輪船聚泊商務極盛人十二萬口南島之上有吳城爲水師重鎮設鎮守府先謙案四縣葢併兵庫數之及岡山廣島山口也吳城列國學會二圖作吳港　七南海道黃志云紀伊國北和泉河內太和伊勢東西南至海東西二十七里狹處八里南北三十里狹處七里有葛城山龍門山高野山大塔峯紀伊川在田川日高川富田川安宅川古座川大田川熊野川東北土沃地闊西北富魚介柑橙郡七曰名草曰海部曰那賀曰伊都曰在（有一作）田曰日高曰牟婁又淡路國四至皆海北對播磨東南對紀伊西南對阿波幅員三十六方里周三十八里二十五町東十四間東西五里二十一町南北十二里二十八町魚稻之鄉郡二曰津名曰三原又阿波國東至海西伊豫西南土佐北讚岐東西十八里三十三町南北十六里六町有劒山雲邊寺山吉野川那賀川土沃民富郡十曰板野曰名東曰名西曰阿波曰麻殖曰美馬曰三好曰勝浦曰那賀曰海部又讚岐國東南阿波西伊豫北至海東南十八里十二町南北十里狹處二里二十八町有五劒山飯山平夷肥沃有魚鹽利郡十一曰大內曰寒川曰三木曰山田曰香川曰阿野曰鵜足曰那珂曰多度曰三野曰豐田附島三曰小豆曰直島曰鹽飽又伊豫國東讚岐東南阿波南土佐西北至海東西三十五里南北十五里狹處五里餘有石鎚山米麥豐饒郡十四曰宇摩曰新居曰周敷曰桑村曰越智曰野間曰風早曰和氣曰溫泉曰久米曰伊豫曰浮穴曰喜多曰宇和又土佐國西北伊豫東北阿波南至海東西三十五里南北十八里有三榜示山箕峯三瀧山手筥山物部川仁淀川渡川山谷林叢居其三分之一土壤不宜種藝海濱力於漁業郡七曰安藝曰香美曰

長岡曰土佐曰吾川曰高岡曰幡多謝志云南海道包四國島及畿內之南面積一萬英方里人四百萬口中央山嶺橫貫北臨內海岸多曲折島嶼無數淡路爲最大縣五鐵路不長輪舟往來各口不絕先謙案四國讚岐阿波伊豫土佐

八西海道黃志云筑前國東豐前南豐後筑後肥前西肥前及海北至海東西十八里南北十七里有浮嶽千年川土宜富贍紡織頗工郡十五曰志摩曰怡土曰早良曰那珂曰席田曰御笠曰糟屋曰穗波曰夜須曰下座曰上座曰嘉麻曰宗像曰鞍手曰遠賀又筑後國東豐後西肥前南肥後北筑前西南至海東西十一里南北八里有御前嶽筑後川矢部川地便運輸民產頗富郡十一曰三瀦曰御井曰御原曰山本曰竹野曰生葉曰上妻曰下妻曰山門曰三池又豐前國東南豐後西筑前東北至海東西十六里南北十五里有戶上山地味豐腴郡八曰企救曰田川曰京都曰仲（一作中）津曰築城曰上毛曰下毛曰宇佐又豐後國東北至海南日向西肥後筑後筑前北豐前東西二十三里南北二十七里有黑嶽大船嶽九重山祖母嶽桑原嶽大野川三隈川地肥瘠不一郡八曰國東曰速見曰大分曰玖珠曰日田曰直入曰大野曰海部又肥前國東筑後北筑前及海西南至海東西二十一里南北二十五里有多良嶽八郎嶽國見嶽安滿嶽千年川上川武雄川土沃冠九州郡十一曰基肄曰養父曰三根曰神崎曰佐賀曰小城曰杵島曰藤津曰高來曰彼杵曰松浦又肥後國東豐後日向南薩摩北筑後豐後西至海東西十九里南北二十八里有木葉山阿蘇嶽國見嶽月見嶽鶴挂嶽菊池川白川綠川球摩川土沃民繁嘉穀之產鄰州仰給郡十五曰玉名曰飽田曰山鹿曰菊池曰阿蘇曰合志曰

山本曰託麻曰上益城曰下益城曰宇土曰八代曰葦北曰球摩曰天草又曰向國東南臨海西肥後大隅薩摩北肥後豐後東西十七里南北四十里有霧島山小松山五箇瀨水美美津川大丸川一瀨川大淀川地奥民樸郡五曰臼杵曰兒湯曰諸縣曰宮崎曰那珂又大隅國東日向西薩摩北日向薩摩南至海東西十里南北二十八里有國見山櫻島嶽噴火八重嶽淵壑深阻郡八曰菱刈曰桑原曰姶羅曰贈於曰肝付曰大隅曰熊毛曰馭謨又薩摩國東大隅日向及海北肥後西南至海東西十里南北二十七里有開聞嶽野間嶽長屋山川內川沃野甚乏郡十三曰鹿兒島曰谷山曰給黎曰揖宿曰穎娃曰州邊曰阿多曰日置曰薩摩曰高城曰伊佐曰出水曰甑島又二島曰壹岐島在肥前西北周三十五里十五町五十九間東西三里十二町南北四里六町民俗柔和兼業農漁郡二曰石田曰壹岐艅觀曰對馬島在壹岐西北分兩島南曰上島周五十里十四町二十一間東西二里二十八町南北五里二十町北曰下島周百三十五里三十一町十九間東西四里六町或二里二十八町南北九里二十六町有三嶽白嶽明山矢射立山龍良山土地薄瘠不宜播殖民仰食內地惟多採海利與朝鮮互市艅觀謝志云西海道本一名九州島面積連對馬壹岐種子琉球諸島約萬六千英方里人約七百萬口屬縣入其大城曰福岡佐賀長崎熊本大分富崎鹿兒小倉佐世保長崎在九州島之西隅久爲商埠港深可泊巨艦航路通中國朝鮮西伯利亞等處出入口貨約歲値二千七百萬圓人約八萬口郵船會社設船塢於其地佐世保在長崎之北有鐵路相通爲海軍重鎭鎭守府在焉

九北海道黃志云東至千島州對得撫島北

隔北見州宗谷海峽而對樺太南隔渡島州津輕海峽而對東山道陸奥東西百六十六里南百二十里幅員五千五十六方里七八周五百八十三里三三屬島十五幅員五十方里九二渡島南向陸奥其狀如伸頸張頤宛折趨東北爲瞻振後志當石狩負脊之要天鹽北見日高十勝排於南北爲左右翼釧路爲其臂根室之地岬角左右相望爲其股千島曳尾其後石狩十勝之二高山對峙全道之中央支脈四布諸大川率發源於此衆水分流西爲石狩川西北爲天鹽川北爲常呂川南爲大津川石狩十勝等處原野曠漠雖土壤肥沃而產業未開土人言語衣服皆異內地古蝦夷地陸奥出羽之北境夷種雜居其渡島以北之夷總稱蝦夷叛服不常齊明帝時命將北伐設治於後方羊蹄及一條帝蝦夷作亂陸奥人安倍國東伐定之源賴朝之征陸奥以安倍氏後裔安藤季信爲津輕守護俾世管蝦夷至亨德中武田信廣航至松前島夷咸服永正中其孫義廣徙居松前後降豐臣氏慶長中以福山城爲治所稱松前氏寬政末德川氏遣吏經理東夷收松前氏所領東部猶命管西部享和初置箱館奉行文化四年徙松前氏於陸奥並收其西部置松前奉行管理全島明治二年八月稱全島爲北海道分十一州設開拓使以治之（謝志云本道北境濱海有厚曰猿見與海連周百餘里產蠣最多）渡島州南隔海對陸奥北後志膽振東西至海東西二十一里二十町南北二十三里十八町有惠山大川嶽（皆噴火山）古部嶽熊泊嶽駒嶽濁川嶽橫津嶽三森嶽烏嶽知內嶽千軒嶽遊樂部嶽郡七曰茅部曰龜田曰上磯曰福島曰津輕曰檜山曰爾志又後志州東膽振石狩南渡島膽振西北至海東西十六里南北三十二里三十一町有八內山雷電山積丹嶽後志川利別川

郡十七曰久遠曰太櫓曰瀨棚曰島牧曰壽都曰歌棄曰磯谷曰岩內曰古宇曰積丹曰美國曰古平曰余市曰忍路曰高島曰小樽曰奥尻又膽振州東日高西後志南渡島及海北後志石狩東西四十四里二十五町南北十四里三町有昆保嶽有珠嶽噴火山白老山紋別嶽漁山遊樂部川長流別川鵡川郡八曰山越曰虻田曰有珠曰室蘭在札幌南二百八十里西臨石蘭港各國通商埠駐第五海軍區鎮守府曰幌別曰白老曰勇拂曰千歲又石狩州東釧路北北見南膽振十勝西後志及海北天鹽東西四十三里二十二町南北二十五里三十町有斜芳嶽石狩川謝志云發源中央入日本海長千里郡九曰札幌曰石狩曰厚田曰濱溢曰樺戶曰夕張曰空知曰上川曰雨龍又天鹽州東北北見南石狩西至海東西三十里南北三十九里二十七町有辨花片山天鹽川謝志云發源入日本海約行四百里郡六曰增毛曰留萌曰苫前曰天鹽曰中川曰上川又日高州東北十勝西膽振南至海東西二十九里十四町南北二十一里二十一町有厚別川新冠川染退川郡七曰沙留曰新冠曰靜內曰三石曰浦河曰樣似曰幌泉又十勝州東釧路北石狩西日高南至海東西三十里二十二町南北四十七里十八町有神威嶽大津川郡七曰廣尾曰當緣曰十勝曰中川曰河西曰河東曰上川又釧路州東根室北北見西十勝石狩南至海東西四十七里二十一町南北二十九里七町有久壽里川郡七曰白糠曰釧路案在札幌東南七百六十里釧路川入海口各國通商處曰厚岸曰阿寒曰上川曰網尻曰足寄又根室州西南釧路西北北見東至海南北兩角斗出而對千島東西十九里十入町南北二十九里二十七町有西別川標津川郡五曰花笑曰根室案在札幌東南九百九十五里臨根室灣駐第七師團分營曰野付曰標津曰目梨又北見州西天鹽南釧

路東西根室西北至海隔宗谷海峽近與樺太相對東西七十八里南北十七里七町有富別川常呂川郡八曰宗谷曰枝幸曰紋別曰常呂曰網走曰斜里曰利尻曰禮文又千島州在根室州東北羣島合稱千島幅員五百七十二方里大者二島東擇捉西國後皆地形狹長國後幅員百四方里周七十一里西南至東北三十里東西廣處八里與根室野付岬相距五里擇捉幅員四百六十八方里七六周百五十三里自西南至東北五十里東北廣處十里在國後東北三里餘此島東北與得撫羣島相連直接俄之堪察加島郡五曰國後曰擇捉曰振別曰紗那曰蘂取謝志云北海道一名頁蘇面積三萬七千英方里人五十六萬口城之大者札幌函館室蘭根室小樽函館航路通橫濱產海味最多出入口貨歲計二百七萬圓人七萬五千口課程云千島舊本荒蕪明和中（乾隆時）俄人始自堪察加南侵據得撫島後屢寇蝦夷千島遂盡為俄有樺太島者在混同江口海中古肅慎地（樺太即庫頁一名薩哈連案薩肅聲哈連急讀為慎）我　朝天命元年（明萬曆四十四年）征東海薩哈連路（庫頁以西大陸混同江南北兩岸地皆是亦古肅慎地）其島居負險者刳小舟二百往盡取之是庫頁於明萬曆時入我　朝版圖（卽赫哲費雅喀鄂倫春等所居）日本人紀載言慶安二年（順治六年）俄人始至樺太德川氏以來蝦夷人移住樺太營漁業者漸多俄人自北而南日人自南而北於是兩國雜居一島大約以北緯五十度為界故日人於樺太有北蝦夷之稱（明和以來卽有此名時分蝦夷島為東西南故以樺太為北）我　朝征服庫頁不編佐領不列八旗致外人竊有其地數十百年無過問者日本維新之初屢與俄論樺太界不決明治八年（光緒元年）榎本武揚使俄定議日以樺太全島與俄俄以千島羣島與日疆域始定先謙案日人戰勝後庫頁一島仍

日俄各据其半。又琉球國課程云琉球大小五十五島在九州島西南海中自東北斜迤西南斷續相望南自北緯二十四度六分盡二十七度三分西自順天偏東六度十九分盡十二度四分面積八千三百七十七方里人四十四萬八百八十九口在東北者曰沖繩羣島在西南者曰八重山羣島其最大之島曰沖繩島在北緯二十六七度間距薩摩國開聞岬西南約千里北垂望大隅國與論島僅二十餘里周五百四十里東北至西南長二百八十里廣處六十餘里曰宮古島在沖繩西南四百八十餘里周八十里東西二十六七里南北三十三四里曰石垣島在宮古西偏南九十里周百二十里東西約四十三里南北約三十里曰西表島在石垣西四十里周百十里東西約四十七八里南北約四十里上三島均屬八重山其羣島皆在北緯二十四五度間西表至臺灣雞籠四百五六十里沖繩縣治在那霸區在沖繩島西南境西臨那霸港各國通商埠明治五年置縣人三萬四千餘口產棉布酒首里區在那霸區東北十里中山國王舊都繁盛同那霸駐第六師團分營案隋大業中命朱寬入海始到琉球後遣陳稜率兵浮海征之取其人民而還元世祖遣使招撫不至明洪武初中山王遣子弟來肄業知其國分為三有中山山南山北三王皆以尚為姓自是三王嗣封皆請於明未幾山南山北為中山所併終明世至 國朝封貢不絕琉球人紀載言古名宇畱間島其疆域本自大隅國南二度起（大隅極南角當北緯三十一度琉球北部諸島實應自北緯二十九度起）南盡北緯二十四度國分為三北總稱大島南總稱先島（即八重山羣島）中總稱沖繩島（其分中山山南山北又在沖繩一島上）相傳古國王稱天孫氏（殆即隋書之歡斯氏）傳二十五世至宋淳熙中為逆臣利勇所滅先是有日本人源為朝者保元之亂竄伊豆島旋至琉球娶大理按司之妹生尊敦爲浦添按司起兵誅利勇諸按司遂推尊敦爲君號舜天王傳三世而絕天孫氏裔英宗代之又數傳察度氏代之號巴志王始受明太祖賜永樂中又賜姓尚氏（此說不同未知孰是）後代王或天孫氏後或非天孫氏後要非日本人裔也明萬歷中豐臣秀吉徵糧於琉球不應諭其王尚甯入朝又不往於是德川氏命薩摩藩島津家久伐琉球克之虜尚甯以歸允歲輸米八千石於薩摩割北部羣島請和尚甯始復國（萬歷三十七年日本慶長十四年）故至今大島羣島屬大隅國轄於鹿兒島縣也嗣是琉球爲兩屬之國同治十年有琉球船遇颶飄至臺灣生番劫殺五十四人明年小田縣（卽今高山縣明治初曾置小田縣）民四人亦漂到遇害時副島種臣爲換約使居北京詢臺地事總署荅以琉球臺番皆我屬土其人相殺裁決在我與貴國無涉副使柳原前光因力爭琉球屬日又具證小田縣民遇害狀總署以生番化外未便窮治拒之同治十一年日人遂遣西鄉從道谷干城等率兵赴臺　朝命沈葆楨渡臺籌防日人踞牡丹社番地冀誘惑各番爲用我招撫各番多內附日人勢窮陰託英使請和　朝廷允之光緒元年琉球欲入貢並修賀　登極典禮日人阻之五年春日人以兵入琉球遷其世子大臣於東京遂縣其地　朝爭之不得旋有以南部歸我之議（卽八重山列島）以其荒遠卻之其地卒盡爲日本有謝志云產有鐵煤硫礦穀靛山薯火酒鹽漆器草席土布蕉布糖果居民約二十萬平民賴薯爲生不得食米婦人負物皆頂於首文字與中國同別有土字形式奇古今又通用日本字

臺灣

課程云臺灣在琉球西南自福建泉州東渡臺北之竹塹社約四百里臺灣之西爲澎湖自福建廈門東南渡澎湖之馬公港亦四百里臺灣大小各島共面積十二萬千二百十五方里人二百四十五萬五千三百五十三口地勢山脈南北長亘玉山（今名新高山案謝志作岡崍）居中央爲島最高處山西沿海多平壤田野大闢熟番所居山東萬峯叢雜生番之窟穴近年沿海一帶亦稍稍經營矣隋開皇中遣虎賁陳稜略澎湖地元末置澎湖巡司明初廢之萬歷中復設兵守澎湖爲重地天啟後沒入荷蘭臺灣自古不通中國宋史謂澎湖東有毗舍那國或言即臺灣明稱東番又名北港嘉靖中海賊林道乾踞其地旋琉球人逐之天啟中日本取之於琉球荷蘭經略南洋羣島又取之日本　國初鄭成功復取之荷蘭康熙二十二年澎湖臺灣收入版圖設府縣同治十一年日人以琉球故犯臺灣光緒十一年法人以越南故犯臺灣俱以議款罷兵

朝廷遂設巡撫於臺灣移總兵於澎湖以示控制甲午之役卒割臺灣澎湖予日本日人置總督府於臺灣領臺北新竹臺中嘉義臺南鳳山六縣宜蘭臺東澎湖三廳　臺北縣舊臺北府也未置府前爲淡水廳在島北境北緯二十五度二分總督府治此有法院日本語學校鐵路達基隆新竹基隆在縣東偏北五十里北臨海港又產佳煤爲各國通商港淡（先謙案唐書有雞籠國即遊人攷爲基隆轉失其實此）淡水（一名滬尾）在縣北偏西三十里西臨淡水河入海處亦通商港人五萬一千口　新竹縣舊縣也在臺北縣西南百十里西至瀨海竹塹港十餘里　臺中縣居島之中部在舊彰化縣東四十四里臺北縣西南二百八十里北臨大壯溪西距鹿港（大壯溪入海處）六十里有

法院日本語學校縣當南北之衝東倚山麓與生番接亦要地也
人三萬餘口縣北百三十里後瀧港後瀧溪入海口也近開為各
國通商處　嘉義縣舊縣也在臺中縣南百十里臺南縣舊臺
灣府也在嘉義南偏西百二十里西北距安平港二十里有法院
日本語學校人四萬五千口安平港即舊所謂鹿耳門土人名國
姓港近亦開港通商　鳳山縣舊縣也在臺南縣南偏東七十里
西南至連喜頭七八里連喜頭西瀕海港其東南二十里曰打狗
港港西有打狗市三面環水為各國通商埠東港在縣東南四十
五里臨淡水溪入海口亦通商港風港在舊恒春縣之西北數里
便停泊　臺東廳在山東生番境內其東南三十里有青港海口
也可停泊　宜蘭廳舊縣也未置縣前為蘭馬噶廳在山東北段
基隆南百十里其東南十五里為蘇澳東臨海港為各國通商埠
　澎湖羣島當臺中之西南臺南之西北其極東島岸距臺灣西
岸九十里馬公港在澎湖大島西南隅海水灣入成大澳便停泊
外有漁翁島障其西白沙島蔽其北又成長港馬公市在澳之北
嶲為各國通商埠澳之南嶲即華蓋山也謝志云天氣溼熱冬無
雪多瘴礦產煤硫煤油北方淡水雞籠等處煤田甚廣由雞籠出
口質鬆易然中外輪舟多用之歲出約三萬噸植木多熱帶樹木
有芭瑪樹蘆薈花卉奇美果樹亦多田植米茶靛蔗花生苧麻山
中有藤皆出口貨大宗畜有牛犬無馬獸有鹿熊猿豹山羊野猪
野猫飛狐禽有鳧雉天鵝竹雞蟲有無毒青蛇江海多魚介其俗
夫婦相暱出入必俱雖富無婢妾以耕漁樵獵為業耕田歲易一
地故豐收無鐮刀以手摘穗舂以木臼脫粟即煮食之〇矢志云
日本舊為五畿八道八十五國今為三府四十三縣分之為五百

三十一郡五十二市更分之爲町及村北海道爲道廳先謙案黃
志國與府縣分紀兼臚改併惜體例未晰閱之迷惑矢志以府縣
管國幾市幾郡課程以府縣轄國全境半境而皆不列古郡之名
今特參酌近出諸志專詳今縣備列市郡俾後之稽古者有所考
覽焉
畿內
京都府 京都市府廳治跨葛野愛宕二郡加茂川流其中人三十五萬三千口明治四年廢藩置府又名西京
有舊皇宮大學堂及各學校至東京三百二十九英里產染物名鴨川染織物名西陣織 山城國郡八 葛
野 愛宕 乙訓 紀伊 宇治 久世 綴喜 相樂 丹波
國郡四北半境 何鹿 船井 桑田 天田 丹後國郡五 加
佐 與佐 中 竹野 熊野
大阪府 大阪市府廳治跨東成西成二郡淀川下流臨大阪灣人八十二萬一千口置第八師團控訴院造幣
局造船所產棉布煙管 攝津國郡七東小半境 住吉 東成 西成 島上
島下 豐島 能勢 河內國郡十六 交野 讚良 茨田
若江 河內 高安 大縣 安宿 志紀 澀川 丹北
丹南 八上 古市 石川 錦部 和泉國郡四 大鳥 和
泉 泉南 日根
柰良縣 柰良市縣廳治在添上郡人三萬一千口產葛粉及漬物 太和國郡十五
添上 添下 平羣 山邊 宇陀 城上 城下 十市 廣
瀨 高市 葛下 忍海 葛上 宇智 吉野
兵庫縣 神戶市縣廳治在八部郡湊川貫其中北名神戶南名兵庫人二十一萬二千口產紙及食牛各國通
商埠 姬路市酒井伯舊城在神戶西三十四英里人三萬五千口置第十師團 攝津國郡五西大
半境 河邊 武庫 菟原 八部 有馬 丹波國郡二南半境
多紀 冰上 播磨國郡十六 明石 加古 印南 飾東

飾西美囊加東加西多可神東神西宍粟揖
東揖西赤穗佐用淡路國郡二津名三原但馬
國郡八城崎出石美含二方氣多七味養父
朝來
東海道
東京府
東京市今首都府廳治在武藏東南境臨東京灣初曰江戶跨隅田川兩岸東西四陸里南北四陸里
半人百六十二萬口市分十五區產織物自來火錦綸鱉甲細工淺草海苔等武藏國郡五西偏之南小半境東
偏之中境荏原豐島葛飾與埼玉分地多摩與神奈川分地足立與埼玉分
地伊豆七島大人五千口利人三百五十餘口新人二千五百餘口神津
人千七百餘口三宅人三千餘口御藏人三百口八丈人八千五百餘口小笠原
羣島人共千餘口知耳島羣父島羣母島羣火山羣自北而南
神奈川縣橫濱市縣廳治在久良岐人十九萬口本牧岬南出扼港口貿易居全國第一有銀行稅關距東
京十八英里有橫須賀港在三浦人二萬五千口有造船廠爲第一海軍區駐鎮守府武藏國郡四東南境
久良岐橘樹都築多摩與東京府分地相模國郡九足柄
上足柄下淘綾大住愛甲津久井高座鎌倉源賴
朝關霸府於此三浦
埼玉縣浦和町縣廳治在足立郡東京西北四十里人六千口產棉布武藏國郡十五
北太半境埼玉橫見入間秩父大里榛澤加一作賀美
幡羅比企新座那珂一作賀兒玉高麗男衾足
立與東京分地葛飾與東京分地
千葉縣千葉町縣廳治在千葉郡人二萬七千餘口東京東南七十里西臨東京灣東百四十里臨太平洋東北
臨利根海口有銚港下總國郡十八東南太半境千葉印旛匝一作匝瑳
相馬與茨城分地埴生香取海上葛飾與茨城分地上總國
郡九天羽周淮望陀市原夷隅埴生長柄山

邊 武射 安房國郡四 平羣 安房 長狹 朝夷
茨城縣 水戶市縣廳治在茨城郡人三萬二千餘口北臨那珂川東京東北二百二十里 常陸國
郡十一 筑波 河內 信大 新治 行方 鹿島 眞壁
茨城 那珂 久慈 多賀 下總國郡六西北小半境 豐田 岡
田 猿島 結城 相馬與千葉分地 葛飾與千葉分地
愛知縣 名古屋市縣廳治在愛知郡本德川侯舊城人二十五萬口東海道第一要市有第三師團有控訴
院東京西七百里產七寶燒陶器織物絲酒 尾張國郡八 愛智 知多有武豐各國通商埠
春日井 丹羽 葉栗 中島 海東 海西 三河國郡八
碧海 額田 賀茂 幡豆 寶飯 設樂 八名 渥美
靜岡縣 靜岡市縣廳治跨安倍有渡二郡人四萬三千口東京西南三百五十里本德川幕府直轄稱府中或
曰駿府當東海道要路市衢繁盛有竹漆巧工有第三師團分營 駿河國郡七 志太 益津
有渡有清水各國通商埠有三保埼海口 安倍 庵原 富士 駿東 遠江國
郡十二 濱名 敷智 引佐 麁玉 長上 豐田 盤田
山名 周智 佐野 城東 榛原 伊豆國郡四 君澤 田
方 那賀 賀茂
山梨縣 甲府市縣廳治在山梨郡人三萬八千口東京西二百三十里繁盛都會市中有舞鶴城址產葡萄水
晶 甲斐國郡四 都畱 山梨 八代 巨摩
三重縣 津市縣廳治在安濃郡人二萬一千口藤堂伯舊城臨伊勢海東京西南八百五十里 四日
市在三重郡各國通商埠人二萬五千口 伊勢國郡十三 桑名 員辨 朝明
三重 河曲 鈴鹿 奄藝 安濃 一志 飯高 飯野
多氣 度會 伊賀國郡四 阿拜 山田 伊賀 名張 志
摩國郡二 答志 英虞 紀伊國郡一 牟婁紀伊東北隅與和歌山分地
東山道
滋賀縣 大津市縣廳治在滋賀郡人三萬四千口東京西八百九十里西距京都十八里有第四師團分營

近江國郡十二 滋賀 高島 栗太 甲賀 野洲 蒲生
神崎 愛知 犬上 坂田 淺田 伊香
岐阜縣｜岐阜市 縣廳治在厚見郡人三萬三千口臨長良川東京西偏北七百七十里產紙｜美濃
國郡二十一 石津 多藝 不破 池田 大野 安八 海
西 中島 羽栗 厚見 本巢 席田 方縣 山縣 各務
武儀 郡上 加茂 可兒 土岐 惠那 飛驒國郡三
益田 大野 吉城
長野縣 長野町 縣廳治在水內郡人三萬三千餘口東京西北四百里蠶業最盛西南有松本町亦業蠶東西
有上田町能繖絲爲綿 信濃國郡十 筑摩 伊那 安曇 諏訪 更
級 水內 高井 埴科 小縣 佐久
羣馬縣 前橋市 縣廳治在羣馬郡人三萬四千口東京西北二百里臨利根川機械業甚盛東有桐生俱產蠶
高岐市 人三萬一千口在前橋西南二十餘里其西南曰富岡俱有製絲場紡績場 上野國郡十
四 吾妻 碓冰 羣馬 甘樂 片岡 多湖 綠野 利根
勢多 山田 那波 佐位 新田 邑樂
橡木縣 橡或作栃又作栃 宇都宮市 縣廳治在河內郡人三萬六千餘口在東京東北二百六里產絲其
西足尾有錫山人萬九千口 下野國郡九 安蘇 足利 梁田 都賀
寒川 河內 芳賀 鹽谷 那須
福島縣 福島市 縣廳治在信夫郡臨阿武隈川人二萬一千口東京東北五百十里產絲西南有白河町
岩代國郡九 會津 大沼 河沼 耶麻 岩瀨 安積 安
達 信夫 伊達 磐城國郡十二 南太半境 白河 白川 石川
菊多 一作田 磐前 磐城 田村 楢葉 標葉 行方 宇
多 越後國郡一 蒲原 與新潟分地
宮城縣 仙臺市 縣廳治在宮城郡人八萬三千口東京東北六百五十里有廣瀨川有第二師團控訴院產精
巧纖物錫器細木工東北有石卷町臨石卷海灣其南海中有小島八百八點名松島羣島上生老松風景甚美 磐城

縣郡三北小半境亘里　伊具　刈田　陸前國郡十三南太半境柴
田　名取　宮城　黑川　加美　玉造　栗原　志田　遠田
桃生　牡鹿　登米　本吉
岩手縣　盛岡市縣廳治在岩手郡人三萬三千口東京北偏東千里北上川便水運　陸中國郡
九東南太半境　磐井　膽澤　江刺　和賀　稗貫　紫波　閉伊
岩手　九戶　陸前國郡一東北一隅　氣仙　陸奥國郡一東南一隅
二戶
青森縣　青森市縣廳治在津輕郡人二萬八千口東京北千三百七十里臨青森海灣渡北海道要津產漆器
宏前市人三萬五千口置第八師團分營　陸奥國郡三北太半境　津輕　北
三戶
秋田縣　秋田市縣廳治在秋田郡御物川東岸人二萬九千口置第八師團分營產織物　羽後國
郡七北太半境　由利　雄勝　平鹿　仙北　河邊　秋田　山本
陸中國郡一西北一隅　鹿角
山形縣　山形市縣廳治在村山郡人三萬五千口東京北六百四十五里舊日最上臨最上川西北有酒田町
羽前後要津　米澤市在山形市南盛機織產絹　羽前國郡四　置賜　村山
最上　田川　羽後國郡一西南一隅　飽海
北陸道
新潟縣　新潟市縣廳治在蒲原郡信濃河口右岸人五萬三千口東京北六百六十里有第二師團分營產金
越後國郡七　岩船　三島　古志　刈羽　魚沼　頸城
蒲原與編分地島　佐渡國郡三　雜太　羽茂　加茂
富山縣　富山市縣廳治在新川郡神通川右岸人五萬八千口東京西北七百里產藥物金銀銅器　高
岡市人三萬一千口工業甚盛產漆器綿織　越中國郡四　新川　婦負　礪波
射水
石川縣　金澤市縣廳治跨石川河北二郡東京西北八百三十里人八萬六千口北邊第一都會有第九師團

產絹布紬象牙陶器有小松町大聖寺町七尾町

加賀國郡四　江沼　能美　石川

河北　能登國郡四　羽咋　鹿島　鳳至　珠洲

福井縣　福井市縣廳治在足羽郡人四萬四千餘口東京西偏北九百五十里昔稱北莊有柴田勝家城北有

敦賀港產絹布　越前國郡八　敦賀　南條　今立　丹生　足羽

吉田　坂井　大野　若狹國郡三　三方　遠敷　大飯

山陰道

鳥取縣　鳥取市縣廳治在因幡北境人二萬八千餘口東京西偏南千三百二十里有第十師團分營有米子

町　因幡國郡八　岩井　法美　邑美　八東　高草　氣多

八上　智頭　伯耆國郡六　會見　日野　汗入　八橋　久

來　河村

島根縣　松江市縣廳治在出雲東北境人三萬四千餘口東京西偏南千五百二十里產細工瑪瑙鱸鰻等魚

有杵築町濱田町有第五師團分營　出雲國郡十　島根　能義　意宇　秋鹿

楯縫　出雲　大原　仁多　神門　飯石　石見國郡六

安濃　邇摩　邑智　那賀　美濃　鹿足　隱岐國郡四杉材

知夫　海士　周吉　穩地

山陽道

岡山縣　岡山市縣廳治在御野郡跨西大川上人五萬七千餘口東京西偏南千三百里有津山町有窪屋

備前國郡八　和氣　邑久　上道　御野　磐梨　赤坂

津高　兒島　備中國郡十　小田　淺口　下道　窪屋　都

宇　賀陽　上房　阿賀　哲多　川上　後月　美作國郡十

二　吉野　英田　勝南　勝北　東北條　東南條　西北條

西西條　久米南條　久米北條　大庭　眞島

廣島縣　廣島市縣廳治在沼田郡臨廣島灣人十萬七千餘口東京西南千五百八十五里有第五師團控訴

院產深縫敷帳纖蓉有品宇埠有嚴島有吳鎮有隱戶海峽爲第二海軍區鎮守府駐地有忠海鎮有福山町　安藝國

郡八　豐田　賀茂　安藝　高宮　高田　山縣　沼田　佐伯

備後國郡十四　深津　安那　神石　沼隈　品治　蘆田　御調　世羅　甲奴　三谿　三上　奴可　惠蘇　三次

山口縣　山口町　縣廳治在吉敷郡人萬三千七百餘口東京西南千七百九十里有第五師團分營有三田尻村有萩町有赤間關市一名馬關上海長崎商船必由此港關西第一要隘

周防國郡六　吉敷　佐波　都濃　熊毛　玖珂　大島

長門國郡六　阿武　大津　美禰　厚狹　豐浦　見島

南海道

和歌山縣　和歌山市　縣廳治在紀伊西北隅人六萬三千口東京西南千一百里產棉布細絲織物

紀伊國郡七　西太半境　名草　海部　那賀　伊都　在田　日高　牟婁　與三重分地

德島縣　德島市　縣廳治在阿波東北隅臨紀伊海人六萬一千餘口東京西南千二百里產鹽有撫養港

阿波國郡十　板野　有土御門故宮址　名東　名西　阿波　麻殖　美馬　三好　勝浦　那賀　海部

香川縣　高松市　縣廳治北臨內海人三萬四千餘口東京西南約千三百二十五里有丸龜駐第十一師團有志度崇仁天皇故宮在焉有屋島古戰場源賴朝敗平宗盛處

讚岐國郡十一　大內　寒川　三木　山田　香川　阿野　鵜足　那珂　多度　三野　豐田

附島三　小豆　直　鹽飽

愛媛縣　松山市　縣廳治在溫泉郡重信川北人三萬四千餘口東京西南千六百二十五里有第十一師團分營有今治町宇和島町

伊豫國郡十四　宇摩　新居　周敷　桑村　越智　野間　風早　和氣　溫泉　久米　伊豫　浮穴　喜多　宇和

高知縣　高知市　縣廳治在國南境臨土佐灣人三萬五千餘口東京西南千五百里有第十一師團分營產紙及鰹節似蠟書

土佐國郡七　安藝　香美　長岡　土佐　吾川

高岡 幡多

西海道

福岡縣 福岡市 縣廳治在早良郡東臨那珂川北臨福岡灣川東岸爲博多町共人六萬二千餘人東京西南二千七十里有第十二師團分營產織物有玄界島即元史竹島范文虎覆師處有久留米市產木棉有小倉町產織物有門司港各國通商埠

筑前國郡十五 志摩 怡土 早良 那珂 席田 御笠 糟屋 穗波 夜須 下座 上座 嘉麻 宗像 鞍手 遠賀

筑後國郡十 三潴 御井 御原 山本 竹野 生葉 上妻 下妻 山門 三池

豐前國郡六 西北半境 企救 田川 京都 中津 一作仲津 築城 上毛

佐賀縣 佐賀市 縣廳治在佐賀郡筑後川北岸人二萬九千餘口有唐津各國通商港

肥前國郡六 東半境 佐賀 小城 神崎 三根 養父 基肄

長崎縣 長崎市 縣廳治在西彼杵半島南臨長崎港人七萬二千餘口有控訴院有佐世保灣爲第三海軍鎮守府有島原町有口津各國通商埠

肥前國郡五 西半境平戶島在內 杵島 藤津 高來 彼杵 松浦

對馬島郡二 上縣 下縣

壹岐島郡二 石田 壹岐

熊本縣 熊本市 縣廳治在飽田郡白川北岸人五萬六千八百餘口產棉作草帽郭鮮餘駐第六師團有八代町有三角浦各國通商港

肥後國郡十五 玉名 飽田 山鹿 菊池 阿蘇 合志 山本 託麻 上益城 下益城 宇土 八代 葦北 球摩 天草

大分縣 大分町 縣廳治在大分郡大分河西岸臨別府灣人一萬三千餘口產織物細工繪物有佐賀關有中津町與福岡分界有杵日町

豐後國郡八 國東 速見 大分 玖珠 日田 直入 大野 海部

豐前國郡二 東南半境 下毛 宇佐

宮崎縣 宮崎町 縣廳治在宮崎郡跨大淀川兩岸人約八千五百餘口有高千穗宮址

日向國郡五 臼杵 兒湯 諸縣 宮崎 那珂

鹿兒島縣

鹿兒島市縣廳治在鹿兒島郡臨海灣九州第一都會人五萬三千八百餘口產棉布陶器煙草鰹節有大濱輪船南此菸洋有枕崎 薩摩國郡十三 鹿兒島 谷山 給黎

揖宿 穎娃 川邊 阿多 日置 薩摩 高城 伊佐

出水 甑島 大隅國郡八 菱刈 桑原 始羅 贈於 肝

付 大隅 熊毛 馭謨

北海道

札幌區北海道廳總轄治此在石狩國西南境札幌郡東京東北二千十五里人三萬七千口產石炭有第七師團北海大都會

小樽區在後志國東北札幌西七十里人五萬七千口臨小樽灣各國通商埠

函館區一名箱館在渡島國南境札幌南偏西四百二十四里人七萬八千口函館灣爲各國通商埠置北海道支廳有第七師團分營有控訴院產米

續又得善化劉君鉅所撰日本府縣志本其國明治四十三年地

記當我國宣統二年紀載特詳時尤切近亟並登之以貽學者

日本府縣志

日本疆域東極占守島南極臺灣七星巖西極澎湖花嶼北極阿

賴度島經起順天迤東二度五十二分盡四十度六分緯北自二

十一度四十八分盡五十度五十六分面積等我國一百三十五

萬四千二百五十六方里七八人民四千八百三十二萬一千一

百九十五其國以府縣統郡而又以郡隸國有一國分屬府縣者

如武藏之於東京琦玉丹波之於京都兵庫攝津之於大阪兵庫

是也有一國分屬二縣者如下總之於千葉茨城磐城之於福島

宮城陸奧之於岩手青森是也北州有以一國分屬兩支廳者如

北見之於宗谷網走千島之於根室紗那是也且有分屬三四支

廳者如膽振之於函館室蘭札幌後志之於小樽巖內壽都檜山

是也自藩王既削國司亦罷政出府縣而分國未改師團鎮守地
不以府縣而以國猶是昔日封建之餘風耳府縣置府知事縣知
事郡置郡長島嶼或不置郡長者則置島司知事廳治皆在市埼
玉千葉大分宮崎山口則在町其曰市曰町曰村非律有所限也
人口二萬五千以下恆用町村制若超越之恆用市制其初由內
務大臣布示爲市者凡幾近則府縣請定焉市町村皆有長有市
町村會以自治其地方而皆統轄於府縣知事及郡長北海廳長
官其廳治在區支廳長分理之其下有區長町村長未立町村者
置戶長是故其職分則其政易舉其情通則其令易行我國司市
黨正里宰比長鄰長諸職久廢而猶見市町村之起行而收效可
知周官之制未嘗不可行於今日也且其民以兵爲榮年及冠者
皆服役法制兵曰常備曰後備曰補統曰國民凡四等庶幾小司
徒伍兩卒旅羨兵餘子之遺意管子作內政寄軍令雖變周制其
尙足以取威行霸者與今志日本府縣以見其治民治軍之區畫
山川品物亦詳著於篇以我觀人粗得大略已

畿內國五 山城 大和 河內 和泉 攝津

東海道國十五 伊賀 伊勢 志摩 尾張 三河 遠江
駿河 甲斐 伊豆 相模 武藏 安房 上總 下總
常陸

東山道國十三 近江 美濃 飛驒 信濃 上野 下野
磐城 巖代 陸前 陸中 陸奥 羽前 羽後

北陸道國七 若狹 越前 加賀 能登 越中 越後
佐渡

山陰道國八 丹波 丹後 但馬 因幡 伯耆 出雲

石見　隱岐

山陽道　國八　播磨　美作　備前　備中　備後　安藝

周防　長門

南海道　國六　紀伊　淡路　阿波　讚岐　伊豫　土佐

西海道　國十二　筑前　筑後　豐前　豐後　肥前　肥後

日向　大隅　薩摩　壹岐　對馬　琉球

北海道　國十一　渡島　後志　石狩　天鹽　北見　膽振

日高　十勝　釧路　根室　千島

右一畿八道舊制也畿內山城大和河內和泉攝津五國東海道伊賀伊勢志摩三國東山道近江一國山陰道丹波丹後但馬三國山陽道播摩一國南海道紀伊淡路二國凡十五國今日近畿地方東海道相模武藏安房上總下總常陸六國東山道上野下野二國凡八國今日關東地方東山道磐城巖代陸前陸中陸奧羽前羽後凡七國今曰奧羽地方東海道尾張三河遠江駿河甲斐伊豆六國東山道美濃飛驒信濃三國北陸道若狹越前加賀能登越中越後佐渡七國凡十六國今日本州中部地方山陰道因幡伯耆出雲石見隱岐五國山陽道美作備前備中備後安藝周防長門七國凡十二國今曰中國地方南海道阿波讚岐伊豫土作凡四國今日四國地方西海道筑前筑後豐前豐後肥前肥後日向大隅薩摩臺岐對馬琉球凡十二國今曰九州地方北海道凡十一國今仍之日人紀理理詳沿革故志亦先畿道後府縣云

關東地方

東南瀕太平洋西接本州中部北連奧羽地方本州中央第一

大平原土地肥沃氣候温和

東京府　東臨東京灣西接山梨南俛神柰川北倚琦玉面積一百三十八日方里人口二百五十萬九千二百五十五第一大都會宮城在焉（物產有綿絲及紙）武藏國（中部隸東京南隸神柰川北隸琦玉第一師團轄地）

市一　東京（置府廳軍司令部并駐近衛軍市屬北豐島郡瀕隅田川人口一萬三千五百八十四產海苔有大林區有控訴院東京橫濱千葉水戶宇都宮浦和前橋靜岡甲府長野新瀉地方裁判所皆屬焉）

郡八　荏原　北豐島　南足立　南葛飾　豐多摩　西多摩　南多摩　北多摩　伊豆七島（東南海中）　利　新　神津　三宅　御藏　大（有火山）　八丈　小笠原島

町　八王子（人口二萬五千六百七十九）　品川（人口一萬五千三百六）　千住（人口一萬四千四百五十二）　大森（人口一萬二千一百一十八）　青梅（人口五千七百五十六）

山川（國凡六玉川武藏之調布近江之野路山城之井手紀伊之高野攝津之三島陸奧之野田）　三原山（活火山在伊豆）　江戶川　隅田川　多摩川（源出西多摩雲取山延長一十八里水清洲）

島　海峽　海灣　濤島　式根島　和島　硫黃島　東京灣

神柰川縣　東瀕東京灣西界靜岡山梨南相模灣北東京府面積一百五十方里人口一百四萬二千　武藏國（分隸東京琦玉）　市一　橫濱（置縣廳屬久良岐人口三十二萬四千七百七十五產漆器）　郡三　久良岐　橘樹　都築　相模國（第一師團轄地產菸）　市一　橫須賀市（人口三萬一千九百五十七）　郡八　三浦　鐮倉　高座　中　足柄上　足柄下（陶器有太田燒眞葛燒）　津久井　愛甲

町（凡町醫繫都後若府縣有二三豐者不枝國分聯鐵）　鎌倉（人口八千）　小田原（人口一萬八千一百七十二）　島（人口一萬六千九百一十六）　浦賀（人口一萬五千八百八十三）　國府津（人口二千五百二）

山川　丹澤山　大山（四千一百三十尺凡山言尺者出海高度也）　箱根山（四千六百四十尺遊覽勝地）　馬入川　多摩川　酒匂川　崎　島　海峽　海灣（有橫濱貿易港）

眞鶴岬觀音崎江島城島三浦半島相模灘風光明媚

海水宜浴東京灣橫須賀港堅第一海軍鎮守府其管區西自羽後陸奧國界止於東海岸又至

南海岸紀伊國南牟婁東牟婁郡又小笠原島并北海道樺太海岸海面沿

琦玉縣東茨城千葉西山梨南東京北羣馬面積二百四十九

方里人口一百二十三萬八千九百四十八產蠶武藏國分隸東京

神奈川郡九北足立入間比企秩父產織物兒玉

大里北琦玉南琦玉北葛飾町浦和置縣廳屬足立人口七千

二百四十三川越人口二萬五千八百四十二產絹熊谷人口一萬四千五百二十七大

宮人口七千四百六山川秩父山四千三百尺雲取山六千六百五十尺

三峰山武甲山武甲信岳十文字山山跨武藏信濃七千尺利

根川經上野武藏下總常陸七十一里凡川計里者延長尺度也江戶川荒川三十二里

千葉縣東南臨太平洋西瀕東京灣北界茨城面積三百二十

五方里人口一百三十萬八千五百三十九產米豆關棘魚一下總

國分隸茨城郡六千葉東葛飾印旛香取匝瑳海

上安房國第一師團轄地郡一安房上總國第一師團轄地郡五

君津夷隅市原長生山武町千葉置縣廳人口二萬七

千九百四十四銚子人口一萬八千七百二十三佐原人口一萬三千六百二十船橋人口

一萬二千九百一十三木更津人口七千八百一佐倉人口七千三百三十二館山

人口四千三百一十七山川清澄山鹿野山鋸山利根川棋

宜鷹江戶川夷隅川小系川小櫃川崎島海峽

海灣富津洲犬吠崎野島崎九十九里濱房總

半島

羣馬縣東栃木西長野南琦玉北新瀉面積三百九十四方里

人口九十萬一千一百三十一產蠶最盛上野國第十四師團轄地市

二前橋置縣廳屬羣馬人口四萬四百八十八高崎人口三萬三千五百三十七郡十
一羣馬 多野 北甘樂 勢多 吾妻 利根 山田
雄冰 邑樂 佐波 新田 町 桐生人口三萬二十二富岡人口
九千八百七十二伊勢崎人口九千一百四產銘仙山川 金勢嶺跨上野下野六千八
百二十尺四隅山 鳥居山跨上野信濃六千四百六十尺庚申山 白根山
七千七十尺消火山榛名山四千八百一十尺消火山赤城山六千八尺消火山淺間
山八千一百八十尺吾妻山七千百尺 妙義山二千八百五十尺消火山利根
川 吾妻川 渡良瀨川
栃木縣東南茨城西羣馬北福島面積四百二十六方里人口
九十一萬一千四百四十九產麥大麻菸草織物下野國第十四師團轄地產木綿
市一 宇都宮置縣廳軍司令部屬河內人口三萬五千二百二十七郡八 足利
安蘇 上都賀 下都賀 河內 芳賀 鹽谷 那須
町 足尾人口三萬一千七十七產銅栃木人口二萬五千八百二足利人口二萬五千
二百六十四日光人口一萬一百二十七山川 赤雉山七千一百尺白根
山 庚申山四千六百尺那須山六千三百一十尺消火山高原山 男體
山八千一百八十尺帝釋山 鬼怒川二十四里經下野常陸那賀川二十三里
經下野常陸渡良瀨川
茨城縣東臨鹿島灣西栃木南千葉北福島面積三百九十八
方里人口一百一十九萬二百五產米麥藍常陸國第十四師團轄地
市一 水戶置縣廳屬東茨城人口三萬五千九百六十八產菸郡十一 東茨城
西茨城 那珂 久慈 多賀 鹿島 行方 新治 筑波
稻敷 眞壁 下總國分隸千葉郡三 結城 猿島 北
相馬 町 港人口一萬二千八百六十二結城人口一萬一千九百二十七太田
人口七千一百五十二石岡人口一萬三千六百六十二古河人口一萬八百四十三山

川筑波山二千九百尺在常陸八溝山跨磐城常陸二千四百六十尺利根川
筑波川一十三尺在討陸那賀川鬼怒川小貝川久慈川
崎灘大洗崎鹿島灘
右關東地方凡一府六縣七國
奧羽地方
東瞰太平洋西環日本海南鄰關東地方北倚津輕海峽直達
北海道爲本州東北部
福島縣東瀕海西界新潟南枥木北宮城山形面積八百九十
五方里人口一十七萬四千二十四產米馬蠶[illegible]炭絹織漆器巖代國第二
師團轄地市二福島置縣廳屬信夫人口萬七千二百三十三二若松人口三萬二千三百
七十八郡十信夫伊達安達安積巖瀨南會津
產陶器北會津耶摩河沼太沼磐城國分隸宮城第二師團轄地
郡七東白川西白川石川田村石城雙葉
相馬產陶器町白河人口一萬六千八百七十郡山人口一萬四千三百九十一
須賀川人口一萬二千六百八十一平人口一萬一千五百六十五中村人口六千七百
山川赤安山六千四百二十尺磐梯山六千四百八十尺活火山安達太郎
山吾妻山并跨羽前六千四百二十尺活火山那須山燧岳六千五百三十尺消火山
駒岳七千三三十尺鶴沼川二十二里在巖代只見川一十八里在巖代
崎浦鵜尾岬網取岬松川浦
宮城縣東臨海西界山形南福島北巖手面積四百八十三方
里人口八十九萬九千二百七十九產馬[illegible]陸前國分隸巖手第二師團
轄地市一仙臺置縣廳師司令部屬宮城人口九萬三千七百七十三產平袴有大林區署郡十
三宮城有控訴院青森盛岡仙臺福島山形秋田地方栽判所皆屬焉柴田名取遠
田栗原登米桃生牡鹿本吉墨川加美志

田 玉造 磐城國（分隸福島）郡三 刈田 伊具 亘理 町
石卷（人口一萬九千一百九十一） 白石（人口八千八百五十一） 鹽竈（人口七千一百二十）
五 荻濱（人口三千七百七十一） 山川 金華山 栗駒岳 藏王山
（跨磐城陸前羽後六千四百八十尺） 北上川（七十六里陸前陸中經） 名取川（一十二里在陸前）
迫川（一十七里在陸前） 玉造川（二十三里在陸前） 鳴瀨川（一十八里在陸前）
阿武隈川（三十五里磐城巖代經） 白石川（一十八里在磐城） 崎 島 海灣
唐桑崎 歌津崎 網地島 松島 牡鹿半島 石卷灣
松島灣

巖手縣 東臨海 西接秋田 南宮城 北青森 面積一千三十九方
里 人口七十四萬八千二百九十四（產鐵琉黃馬） 陸中國（分隸秋田第八
師團轄地產鐵器） 市一 盛岡（置縣廳屬巖手人口三萬一千八百六十一） 郡十一
巖手 紫波 稗貫 和賀 江刺 西磐井 東磐井 膽
澤 上閉伊 下閉伊 九戶 陸前國（分隸宮城）郡一 氣仙
陸奧國（分隸青森第八師團轄地產漆器） 郡一 二戶 町 水澤（人口九千
一百一十一 一關（人口七千二百九十四） 釜石（人口六千一百六） 宮古（人口五千七百
六十六 山川 巖手山（在陸中六千八百三十尺） 姬神山 早池峰（在陸
千二百七十尺 駒岳 酢岳（五千一百七十尺在陸中） 北上川 宮古川（二十三里）
在陸中 米代川（二十六里在陸中） 和賀川 崎 三崎 閉伊崎
小槐崎 尾崎 首崎 綾里崎

青森縣 東西臨海 北瀕陸奧灣津輕海峽 南巖手秋田 面積六
百三十六方里 人口六十五萬九千五百八十七（產馬） 陸奧國
（分隸巖手第八師團轄地） 市二 青森（置縣廳屬東津輕人口二萬四千八百五十三有大林區署） 弘
前（置第八師團司令部屬中津輕） 郡八 東津輕 西津輕 中津輕 南
津輕 北津輕 上北 下北 三戶 町 八戶（人口一萬五千一百

五十五野邊地人口七千八百三十田名部人口五千三百一十一山川巖
山山十五尺千活二一八十山四赤倉山八甲田山五千一百八十尺恐山活火
山巖木川馬淵川對五相坂川崎半島海
峽海灣有青森貿易港尻矢岬大間岬龍飛岬艫作崎
下北半島津輕半島津輕海峽平館海峽陸奧灣
秋
田縣東巖手西日本海南山形北青森面積七百三十四方
里人口八十三萬五千四百六產金銀銅稻米松柏羽後國分隸山形
轄縣市亠秋田置縣千二屬麗百九南屬十四秋田產人路口有三大萬林二區郡第分八隸八南
秋田北秋田山本河邊由利仙北平鹿雄勝
陸中國分隸巖手郡一鹿角町能代人口一萬五千七百五十六千
横手三人百口六一十萬六三千土崎千人一山百一二萬十三院內千人七口十萬百一六五一萬十一
大館百人入口十八七千五山川大平山三百大尺千九寒風山
鳥海山在消後山栗駒山森吉山百五尺千三百能代川雄物
川在三十後五里羽御物川阿仁川子吉川崎半島入
崎男鹿半島
山
形縣東界宮城西界迤北臨海迤南鄰新瀉南界福島北界
秋田面積五百九十七方里人口八十七萬七千一百四產米蠶
羽前國第二師團轄地市二山形置縣廳屬南村山人口三萬八千一百六十產稻米
澤人口三萬二千八百三十郡十南村山北村山東村山西村
山最上東田川西田川東置賜西置賜南置賜
羽後國分隸秋田郡一飽海町酒田人口二萬七千六百二十八千
新莊人口五千一百一十鶴岡人口三萬二千八百四山川葉山四百七千二十九
尺鳥海山七千十一尺羽黑山三千十尺九月山在羽前火山六千一百
湯殿山中吾妻山跨羽前六千七十尺巖代飯豐山跨羽後巖代六千一百七

十尺　朝日岳　葉山四千九百七十尺在羽前　藏王山　最上川五十四里經羽前羽後　島　飛島

右奥羽地方凡六縣七國

本州中部地方

東接關東奥羽西連近畿南臨太平洋北瀕日本海亦本州中央也

靜岡縣　東瀕相模灣南瀕駿河灣遠江灘西界三河北界山梨面積四百九十五方里人口一百二十九萬八百七十六產茶紙漆器銅器鱗介品　及

駿河國第十五師團轄地　市一　靜岡置縣廳屬安倍人口四萬六千四百二十六　郡五　駿東　富士　庵原　安倍　志太

伊豆國第十五師團轄地　郡二　賀茂　田方

遠江國第十五師團轄地　郡六　榛原　小笠　周志　磐田　濱名　引佐

町　濱松人口二萬三千一百一十　沿津人口一萬三千一百一十　三島人口一萬八百二　燒津人口一萬七百七十八　清水人口七千二百二十四　下田人口五千三百二十三

山川　富士山活火山跨駿河甲斐二國爲日本最高峯一萬二千四百七十尺　愛鷹山　寶永山八千二百三十尺在駿河　天城山四千五百七十尺在伊豆　赤石山　大無間山七千六百九十尺跨駿河遠江　久能山　黑法師山七千七十尺在遠江　秋葉山三千尺在遠江　三原山活火山在伊豆　天龍川　大井川二十五里在駿河　富士川二十九里經駿河甲斐　安倍川

崎　三保崎　御前崎

島　神子元島　伊豆半島

海灣有清水港貿易　駿河灣　石廊崎

山梨縣　東神奈川東北東京西北長野南靜岡面積二百九十七方里人口五十四萬八十七產蠶絲絹織葡萄水晶　甲斐國第十五師團轄地　市一　甲府置縣廳屬中巨摩人口四萬三千六百一十六　郡九　東山梨　西山梨　東八代　西八代　南巨摩　中巨摩　北巨摩

南都留 北都留

町 鰍澤人口五千四百一十二 菲崎人口三千四十七 勝沼人口二千四

山川 富士山跨駿河甲斐 身延山 地藏嶽八千八百六十尺 雁阪峠六千八百七十尺 笹子峠 大菩薩峠六千三百九十尺 金峰山八千五百五十尺 駒岳八千九百一十尺 白根山一萬二百一十尺 國師岳跨甲斐信濃八千五百五十尺 八岳九千六百八十尺 富士川 笛吹川 釜無川 桂川

愛知縣東靜岡西近江南伊勢海北岐阜面積三百一十九方里人口一百七十五萬二千産米麥蠶綿

尾張國第三師團轄地産七寶燒鳴海

市一 名古屋置縣廳并置第三師團司令部屬愛知人口三十四萬三千四百六十八有控訴院名古屋安濃津岐阜福井石川富山地方裁判所皆屬焉

郡九 愛知 東春日井 西春日井 丹羽 葉栗 中島 海東 海西 知多

三河國第十五師團轄地

市一 豐橋置第十五師團司令部人口二萬六千六百三十五

郡十 碧海 幡豆 額田 東加茂 西加茂 南設樂 北設樂 寶飯 渥美 八名

町 岡崎人口一萬九千二百九十五 一宮人口一萬六千一百二十二 瀨戶人口一萬一千一百一十産陶器

山川 室來寺山 猿投山 豐川一十七里在三河 矢作川二十一里經信濃三河 天刈川 木曾川 大平川 莊內川

崎 島 半島 灘 海灣 [illegible] 師崎 伊良湖崎 佐久島 渥美半島 知多半島 三河灣 遠江灘 伊勢海

岐阜縣東長野西福井石川南愛知北富山面積七百六十方里人口一百一萬九千九百七十産銀蠶絲縮紙陶器

美濃國第三師團轄地

市一 岐阜置縣廳屬羽島人口三萬九千四百

郡十五 稻葉 羽島 養老 海津 不破 安八 揖斐 本巢 武儀 山縣 郡上 加茂 可兒 土岐 惠那

飛驒國第九師團轄地本州最高原

郡三　大野　益田　吉城　町　大垣人口一萬九千四百二　高山人口一萬六千一百一十二　多治見人口七千八百一十七　中津人口六千五百八十四　土妓津人口二千九百六　山川　惠那岳在美濃七千四百尺　養老山在美濃三千四百二十尺　乘鞍岳跨飛驒信濃一萬五百尺　御岳　高原川　宮川　木曾川　長良川一十七里　飛驒川　揖斐川　板取川

長野縣　東羣馬西富山岐阜南靜岡愛知北新潟面積八百七十九方里人口一百三十四萬七千一百五十一產蠶絲硫黃　信濃國第十三圖轄地師　市二　長野置縣廳屬上水內人口三萬六千五百二十九有大林區　松本人口三萬三千二百八十　郡十六　上水內　下水內　南佐久　北佐久　小縣　諏訪　上伊那　下伊那　西筑摩　南筑摩　南安曇　北安曇　更級　埴科　上高井　下高井　町　上田人口二萬三千三百四十九　飯田人口一萬五千四百一十　小諸人口九千五十八　山川　戶隱山八千尺　乘鞍山　黑姬山六千九百一十尺　御岳一萬五百尺　駒岳七千七百九十尺　赤石山一萬二百一十尺　八岳　雨乞岳六千五百五十尺　淡間山活火山八千一百十尺　小子山七千二百六十尺　前岳九千一百一十尺　四阿山八千九百一十尺　立科山八千三百五十尺　橫手山七千九百五十尺　巖管山七千五百七十尺　烏帽子岳七千八百五十尺　笠岳七千九十尺　經峰六千六百六十尺　懷山六千二百七十尺　錫杖岳九千二百四十尺　鎗岳　木曾山　白根山跨甲斐　信濃川一百里本州第一長流　千曲川　犀川二十里　天龍川七十四里經信濃遠江　木曾川五十五里經信濃美濃尾張伊勢

新潟縣　東福島南羣馬長野西富山西北濱海面積八百二十八方里人口一百七十七萬五千九百二十產米金石油　越後國第十三圖轄地師　市二　新潟置縣廳屬西蒲原人口五萬八千八百二十一　長岡人口二萬

一千七百七十 郡十五 東蒲原 西蒲原 中蒲原 南蒲原 北蒲原 三島 古志 北漁沼 中漁沼 南漁沼 刈羽 巖船 東頸城 中頸城 南頸城

佐渡國 第十三師團轄地 郡一 佐渡

町 高田 置軍司令部屬中頸城人口一萬九千五百五十七 新發田 人口一萬六千七百九十 直江津 人口一萬一千七百七十七

山川 苗揚山 在越後七千一百一十尺 在 妙高山 在越後八千一百尺 割引山 在越後六千三百六十尺 燒山 消火山在越後 飯豐山 春日山 米山 三千二百二十尺在越後 朝日山 六千一百尺在越後 入道山 六千二十尺在越後 大鳥帽子山 六千四百六十尺在越後 御月山 七千一百一十尺在越後 金北山 三千八百四十尺在佐渡消火山 柄澤山 六千三百五十尺在越後 荒川 信濃川 阿賀川

崎 島 浦 海灣 有新瀉貿易港 姬崎 彈崎 鳥首崎 粟生島 海府蒲 眞野灣

富山縣

東長野 西石川 南岐阜 北富山灣 面積二百五十九方里 人口七十七萬六千五百二十一

越中國 第九師團轄地 市二 富山 置縣廳屬上新川人口五萬六千二百七十五 高岡 人口三萬一千一百一十 郡八 上新川 中新川 下新川 婦負 射水 冰見 東礪波 西礪波

山川 別山 八千三百五十尺 大蓮華山 跨越中信濃九千六百八十尺 立山 消火山九千六百九十尺谷稱七十二峯雄山最高 藥師山 橫平山 射水川 五十八里 黑部川 常願寺川 神通川 五十二里飛彈越中經 莊川

海灣 有伏木貿易港 富山灣

石川縣

東南富山岐阜 南福井 東北西北臨海 面積二百七十二方里 人口七十六萬二千三百七十

加賀國 第九師團轄地 市一 金澤 置縣廳軍司令部屬河北人口九萬七千五百四十八 郡四 江沼 能美 石川 河北

能登國 第九師團轄地 郡四 鳳至 珠洲 羽咋 鹿島

町 小松 人口一萬三千八百七十九 七尾 人口一萬一千一百六十六

輪島（人口一萬七百四十四） 大聖寺（人口八千五百五十九） 山川 寶立山 白山（八千七百一十尺在加賀消火山） 大日岳（五千八百尺在加賀） 安宅川（一十二里在加賀） 手取川 大聖寺川 犀川崎 島 海灣（有七尾貿易港）

珠洲岬 緣剛崎 能登島 觚倉島 能登半島

福井縣 東岐阜西若狹灣南京都近江北石川面積二百五十七方里人口六十三萬二千二百七十五（產織物） 越前國（第九師團轄地） 市一 福井（置縣廳屬足羽人口四萬九千八百七十三） 郡八 足羽 吉田 坂井 大野 南條 今立 丹生 敦賀 若狹國（第十六師團轄地） 郡三 三方 遠敷 大飯 町 敦賀（人口一萬六千五百六十八） 武生（人口一萬六千四百九） 小濱（人口八千九百七十八） 山川 荒山（四千二百尺在越前） 有乳山 大日岳 九頭龍川（二十四里） 日野川 足羽川 崎 海灣（有敦賀貿易港） 越前崎 立石崎 常神崎 若狹灣 敦賀灣 小濱灣

右本州中部地方凡九縣十六國

近畿地方

東南突出太平洋西南亦濱海東鄰本州中部地方西接中國地方北負日本海舊畿內五國更析東海南海東山山陽山陰諸國郡稱曰近畿謂近王畿也

滋賀縣

東南岐阜三重西南京都奈良北福井面積二百二十六方里人口七十一萬四千一百四十八（產米麻織物） 近江國（第十六師團轄地） 市一 大津（置縣廳屬滋賀人口三萬七千九百五十六） 郡十二 滋賀 栗太 野洲 甲賀 蒲生 犬上 神崎 愛知 阪田 東淺井 南島 伊香 町 彥根（人口二萬四百一十八） 長濱（人口一萬一千四百九十八產縮緬） 八幡（人口七千三百一十二） 草津（人口五千四百五十七）

日野人口六千八百八十三山川田賀山四千九百七十尺伊吹山四千五百
二十尺賤山、勢田川野洲川安曇川愛知川琵琶
湖周五十九里面積八十方里其國最大湖其地有近江八景曰比良暮雪曰堅田落雁曰唐崎夜雨曰三井晚鐘曰栗津
晴嵐曰瀨田夕照曰石山寺秋月曰矢橋歸帆日人艷稱之以比瀟湘云姉川 島沖島竹
生島多景島奥島

京都府東滋賀西大阪兵庫南奈良北日本海此故都也今稱
西京面積二百九十二方里人口一百四十萬七千二百七十產漆
器器繡山城國第十六師團轄地市一京都置府廳幷置第十六師團司令部屬愛宕
人口三十七萬九千四百九產清水燒西陣織郡八愛宕葛野紀伊乙訓
宇治產茶久世綴喜相樂丹波國分隸兵庫第十師團轄地產桑蠶
郡五南桑田北桑田船井天田何鹿丹後國
第十師團轄地郡五加佐與謝中竹野熊野町伏
見人口一萬九千五百三十八舞鶴人口九千六百三十二宮津人口九千四百三十一龜
岡人口七千二百八十二福知山人口七千四十二峰山人口三千一百二十六山
川北叡山鞍馬山愛宕山二千九百尺在山城笠置山四千六百五十
尺在山城木津川一十五里經大和伊賀山城桂川二十六里經山城丹波保津川
賀茂川由良川一十六里經丹波丹後淀川守治川 崎 島
海灣有宮津貿易港經岬沖島冠島宮津灣舞鶴港地極
險要駐第四海軍鎮守府其管區自長門國大津豐浦郡界沿西海岸至羽後陸奧國界並隱岐佐渡海岸海面

奈良縣東南三重西南大阪和歌山北京都面積二百五十八
方里人口五十五萬七千六百九十一產松柏檜杉大和國第十六師
團轄地市一奈良置縣廳屬添上人口三萬三千一百三十產墨郡十添上
生駒山邊宇陀磯城高市北葛城宇智吉野
產漆葛纖町村郡山人口一萬四千二百二十四五條人口七千七百八十二高

田人口七千六十六櫻井人口五千三十二十津川村人口一萬一千九百二十九
山川 大臺原山五千五百六十尺 彌山 葛城山三千七百尺山上
岳五千七百五十尺 金峯山 笠置山 十津川 吉野川 大和
川一十五里經大和河內和泉 北上川二十一里經大和紀伊 新宮川三十七里經大和紀
伊 紀川三十二里經大和紀伊

三重縣東伊勢灣南大平洋熊野灘東北岐阜西北近江西奈
良面積三百五十一方里人口一百四萬三千四百一十七產糖
葉藍綿絲茶繩 伊勢國第三師團轄地 市三 津置縣廳屬安濃人口三萬五千九百一
四日市人口三萬一百四十 宇治山田人口三萬二千三百八十九 郡十一 桑
名 員辨 三重 鈴鹿 河藝 安濃 一志 飯南 多
氣 度會 志摩國第三師團轄地 郡一 志摩 伊賀國第十六師團轄
地 郡二 阿山 名賀 紀伊國分隸和歌山 郡二 南牟婁
北牟婁 町 桑名人口二萬八百一十五 上野人口一萬五千四十三 松
阪人口一萬三千九百四 鳥羽人口五千七百一十 山川 大洞山三千尺在伊賀
白倉山四千尺在伊勢 大臺原山并跨大和 冷鹿山 朝熊山 揖斐
川 雲出川一十五里在伊勢 櫛田川二十二里在伊勢 宮川一十五里 熊
野川 古座川二十七里在紀伊 北山川 崎 島 海灣有四日市貿易 熊
港 大王崎 御座崎 答志島 志摩半島 伊勢海 熊
野灘

和歌山縣東南西南皆臨海東北三重北奈良大阪面積二百
九十二方里人口六十九萬六千七百七十八產織物漆器柑橘紀
伊國分隸三重第四師團轄地 市一 和歌山置縣廳在海草人口六萬七千九百八 郡
七 海草 那賀 伊都 有田 日高 西牟婁 東牟婁
町 新宮人口一萬一千二百九十一 湯淺人口九千八百四十七 田邊人口八千

四百三十黑江人口七千八百二十二加太人口四千九百三十四山川高野

山三千六百二十尺大塔峰大雲取山三千尺那智山熊野川

日置川日高川三十一里有田川二十七里紀川崎加太

岬比井崎潮岬

大阪府東北京都奈良南和歌山西岳庫西南臨大阪灣地多

平野肥沃宜農且亦工商要區也面積一百二十方里人口一

百八十一萬五千三百產木綿蠶絲皮革織物攝津國分隸兵庫第四師團轄地

市一大阪置府廳軍司令部市跨東成西成二郡人口一百四萬一千八百二十九有大林區有控訴院大津

京都大阪奈良神戶和歌山地方裁判所皆屬焉郡四西成東成三島豐

能河內國第四師團轄地郡三南河內中河內北河內

和泉國第四師團轄地市一堺人口五萬三千六百二十九郡二泉北

泉南町岸和田人口一萬一千一百九十池田人口六千七百八十九山川

牛瀧山金剛山四千八十尺在河內葛城山淀川一十五里經山城河內攝

津大和川崎海灣有大阪貿易港觀音崎黑崎大阪灣

兵庫縣東京都大阪西鳥取岡山南臨播磨灘自明石海峽直

達淡路北瀕日本海面積五百三十六方里人口一百八十二

萬六千一百六十七產米綿食鹽紙革攝津國分隸大阪第四師團轄地市一

神戶置縣廳屬武庫人口二十八萬三千八百三十九郡三武庫川邊有

馬丹波國分隸京都第十師團轄地郡二多紀冰上播摩國第十

師團轄地市一姬路置第十師團司令部屬飾磨人口三萬二千一百一十九郡十三

明石美囊加東加西加古多可印南飾磨

神崎揖保赤穗佐用宍粟但馬國第十師團轄地郡五

出石城崎養父朝來美方淡路國第四師團轄地郡

二津名三原町明石人口三萬三千三百二十一尼崎人口一萬八千

六 西宮人口一萬五千九百二十六產酒 生野人口九千一百八十七 洲本人口八千七百四十六

山川 雪彥山三千二百尺在播磨 摩耶山三千五百尺在攝津 三國山 六甲山三千六十尺在攝津 書寫山 武庫山十三里在攝津 圓山川一十五里在但馬 加古川二十里經丹波播磨 朝來川十二里在但馬 島 海峽

海灣有神戸貿易港 男鹿島 家島 西島 明石海峽 由良海峽 大阪灣 播磨灣

右近畿地方凡二府五縣十五國

中國地方

東連近畿南拱瀨戸內海與四國島相望西北瀕日本海爲本州西部號日中國并非其國之中央

岡山縣

東兵庫西廣島北鳥取南接兒島臨瀨戸內海面積四百四十五方里人口一百一十八萬七千一百三產米麥牛綿絲 備前國第十七師團轄地 市一 岡山置縣廳并置第十七師團司令部屬御津人口八萬一百四十 郡六 御津 赤磐 上道 邑久 和氣 兒島 備中國第十七師團轄地 郡八 都窪 後月 小田 吉備 川上 淺口 阿哲 上房 美作國第十師團轄地 郡五 眞庭 苫田 勝田 久米 英田 町 玉島人口二萬二百五十二 津山人口一萬八千二百五十九 笠岡人口一萬四百三十三 倉敷人口九千三百七十二 山川 郡岐山 三國山 大佐山 吉井山二十五里經美作備前 旭川二十三里經美作備前 高梁川二十里 島 灣 北木島 神島 鹿久居島 長島 兒島半島 兒島灣 水島灣

廣島縣

東岡山西北島根山口南瀕內海面積五百四十六方里人口一百四十九萬六千四百二十八產麻麥棉藍 安藝國第五師團轄地 市二 廣島置縣廳并置第五師團司令部市屬安佐人口一十一萬三千五百四十五有大時

區有控訴院鳥取松江山口廣島岡山德島高松高知松山地方裁判所皆屬焉吳人口六萬二千八百二十五郡七安藝佐伯安佐山縣高田賀茂豐田備後國第十七師團轄地市一尾道人口三萬二百五十郡九御調世羅深安沼隈蘆品神石甲奴雙三比婆產鐵町福山人口一萬六千九百七十六鞆人口九千九百九十四府中人口六千一百一十二莊原人口四千四百二山川御神山美古登山天神岳苅尾山鬼城山太田川二十里在安藝鄉川二十三里經安藝石見備後蘆田川三次川島海灣有糸崎貿易港嚴島江田島能美島倉橋島蒲苅島因島隱戶瀨戶廣島灣產牡蠣吳港駐第二海軍鎮守府其管區自紀伊國南牟婁東牟婁郡界至長門國大津豐浦郡界又自九州筑前國遠賀宗像郡界沿東海岸至日向大隅國界又東四國海岸海面外內海

山口縣東北鄰廣島島根東南臨廣島灣周防灘西臨響灘北臨日本海面積三百九十方里人口一百一萬九百一十六產米鹽石炭牛紙周防國第五師團轄地郡六大島玖珂熊毛都濃佐波吉敷長門國第五師團轄地市一下關人口四萬四千七百三十四郡五厚狹豐浦美禰大津阿武町山口置縣廳屬吉敷人口一萬八千二百二十九防府人口二萬三千四百三十六萩人口一萬八千一百一十四德山人口一萬二千七百二十九巖國人口七千四百六十一山川寂地山四千四百五十尺在周防德佐峯權現山下岳阿武川一十五里在長門錦川一十五里在周防吉田川厚東川巖國川佐渡川崎島海峽海灣有下關貿易港川尻崎平羣島大島上關島笠戶島青海島下關海峽周防灘響灘

鳥取縣東兵庫西島根南岡山北臨海面積二百二十九方里

人口四十三萬三千九百二十一產綿鐵因幡國第十師團轄地市
一鳥取置縣廳屬巖美人口三萬一千二十三郡三巖美八頭氣高
伯耆國第十七師團轄地郡三東伯西伯日野町米
子人口一萬五千七百九十一倉吉人口九千一百七十七境人口五千九百四十御來
屋人口二千七十五山川三國山六千一百二十尺在因幡扇山菅野山
大山六千一百七十尺在伯耆船上山那岐山五千七百六十尺千代山
千代川一十二里在因幡天神川日野川島海灣有境港貿易港
青谷鼻向磯鼻鳥島夜見濱
島根縣東鳥取西山口南廣島西北日本海面積四百三十七
方里人口七十二萬八千八百七產五金陶器出雲國第十七師團轄地
市一松江置縣廳屬八束人口三萬四千六百四郡六八束能義
簸川仁多大原飯石石見國第十七師團轄地郡六邇
摩安濃邑智那賀美濃出紙鹿足隱岐國第十七師團轄
地郡四周吉穩知海士知夫町濱田人口一萬二千
五百九十今市人口六千一百七十津和野人口五千一百五十二杵築人口四千五百
三十六山川鳥上山五千尺在出雲三國山船通山三瓶山
四千五十尺在石見三石山雲月山青野山斐伊川二十一里在出雲
神門川江川高津川一十九里崎島海灣有濱田貿易港
多吉鼻手結崎日御崎中島西島知夫里島島
根半島中海
右中國地方凡五縣十三國其東爲近畿又東爲本州中部
又東爲關東又東北爲奧羽皆本州島也面積一萬四千四
百九十二方里二一等我國六十六萬九千三百三十四方
里五四其屬島一百九十三方里八二等我國八千九百五

十一方里七三綜計一萬四千四百九十二方里二一等我國六十七萬八千二百八十六方里二七關東小笠原羣島不與焉羣島面積四方里五等我國二百七方里八四云

四國地方

四面環海東鳴門海峽與兵庫對崎西豐豫海峽近接大分北瀨戶內海爲中國四國之襟帶南拱海若弧島畫四國故名

德島縣東南瀕海西愛媛高知北香川面積二百六十九方里人口七十萬六千八百三十二產葉藍製藍

阿波國第十一師團轄地

市一　德島置縣廳屬名東人口六萬二千九百九十八

郡十　名東　名西　板野　阿波　麻植　美馬　三好　勝浦　那賀　海部

町村　撫養人口一萬七千七百八十二　脇人口六千八百三十五　小松島村人口一萬二千八百六十五　半田村人口七千一百七十二　富岡村人口六千七百三十二　池田村人口五千六百二十五

山　川　劍山七千四百尺四國島最高峯　祖谷山　三傍示山　大川岳　吉野川三十七里經土佐阿波四國島最大川流　那賀川一十七里

崎　島　蒲生田崎　大島　伊島　鳴門海峽

香川縣東西北瀕內海南界德島面積一百一十一方里人口七十萬五千四百四十產糖鹽最盛

讚岐國第十一師團轄地

市二　高松置縣廳屬木田人口三萬七千四百三十　丸龜人口二萬六千七百二十八

郡七　木田　香川　小豆　大川　綾歌　仲多度　三豐

町　善通寺置軍司令部屬綾歌人口一萬一千四百四十　琴平人口七千五百　多度津人口七千四百九十一

山　川　白峯　五劍山　象頭山　雲邊寺山　香東川長九里　財田川

崎　島　三崎　觀音岬　小豆島　屋島

播磨灘　燧灘

愛媛縣東南連德島高知北臨內海西臨豐豫海峽面積三百

六十二方里人口一百三萬二千二百三十四(產銅甘藷生蠟和紙)伊
豫國(第五師團轄地)市一松山(置縣廳屬溫泉人口三萬六千九百四十)郡十二
宇摩新居周桑越智喜多溫泉伊豫上浮穴
東宇和西宇和南宇和北宇和町今治(人口一萬六千)
(九十二)宇和島(人口一萬二千六百二十八)三津濱(人口八千八百七十九)道後
(人口一千四百九十一)山川石鎚山(六千九百二十尺)高繩山篠篠峯
(三千二百尺)鬼城山(三千二尺)重信川(十里)肱川崎島佐田
岬由良岬大島大三島忽那島中島日振島
興居島豐豫海峽白浦灣宇和島灣
高知縣北背愛媛德島南面土佐海灣東直和歌山西指大分
面積四百八十五方里人口六十四萬三千五百二十四(產紙有蒲)
(柳潘濾諸品)土佐國(第十一師團轄地)市一高知(置縣廳屬土佐人口三萬四千七百)
(五十三大林區)有郡七土佐安藝香美長岡吾川高
岡幡多町高岡(人口七千六百六十六)須崎(人口六千六百一十八)安
藝(人口六千三百六十九)中村(人口五千二百一十三)山川御在所山矢
筈山渡川(三十七里)四萬十川仁淀川(一十七里經伊豫土佐)物部
川(二十五里)崎島海灣室戶岬足摺岬蹉跎岬沖
島土佐灣(產珊瑚鯨鯢)浦戶灣
右四國地方凡四縣四國面積一千一百五十一方里二四
等我國五萬三千七百方里九六其屬島二十九方里四三
等我國一千三百五十九方里二五綜計一千一百五十一
方里二四等我國五萬四千五百三十方里二一

九州地方

東北豐前門司市與長門下關市相直西北對馬島與朝鮮釜

山相直東豐豫海峽近接四國地方西長崎五島遙望我國東海南并琉球極於波照間島又西與那國島達臺灣四百里

福岡縣東大分西北東北日本海南佐賀熊本西南有明海灣面積三百二十四方里人口一百五十五萬九千二百一十八產米石炭木蠟絹其織物有博多織筑前國第十二師團轄地市一福岡置縣廳屬早良人口七萬一千七郡九糟屋宗像遠賀鞍手嘉穗朝倉筑紫系島早良筑後國第十八師團轄地市一久留米置第十八師團司令部居三并產絣郡六浮羽八女三井三潴山門三池豐前國分隸大分第十二師團轄地市一門司人口三萬八千六十五郡四企救田川京都築上町大牟田人口二萬九千八五若松人口一萬八千九百六十八其對岸有枝光製鐵所大川人口一萬一千四百三十山川英彥山四千一百一十尺在豐前寶滿山高良山福智山筑後川二十七里經豐後筑後遠賀川一十五里崎島海灣有門司若松博多三貿易港大島立界島鐘崎元海灘有明海產牡蠣

大分縣東豐豫海峽北周防灘西福岡南宮崎面積四百一十八方里人口八十五萬四千二百八十一產硫黃生蠟豐後國第十二師團轄地郡十大分西國東東國東速見北海部南海部大野直入玖珠日田豐前國分隸福岡第十二師團轄地郡二下毛宇佐町大分置縣廳屬本郡人口一萬一千三百三十四中津人口一萬四千八百六十二臼杵人口一萬三千三百一佐伯人口八千四佐賀關人口八千四百七別府人口六千四百九十四宇佐人口三千七百山川黑岳六千七百尺在豐後鶴見岳祖母岳英彥山御前岳由布岳山國川

王洲此琅志田名六一十三里在豐前大野川一十八里在豐後崎島海峽海灣地藏崎鶴見崎姬島國東半島豐豫海峽別府灣

佐賀縣東福岡東南有明海西南長崎東北福島西北與壹岐對馬相望面積一百五十七方里人口六十五萬三千八百五十三唐津石炭有田陶器最著肥前國分隸長崎第十八師團轄地市一佐賀置縣廳屬本郡人口三萬四千四百一十九郡八佐賀神埼三養基小城杵島藤津東松浦西松浦町唐津人口一萬一千九百八十一武雄人口七千八百七有田人口五千八百二十三伊萬里人口四千六百五山川背振山領巾振山雷山天岳筑後川松浦川島海灣有唐津貿易港加唐島有明海松浦瀉唐津灣伊萬里灣

長崎縣東連佐賀瀕有明海南崎勢杈枒西北島嶼星布面積二百五十四方里人口九十九萬四千二百八十六產石炭甘諸肥前國分隸佐賀第十八師團轄地市二長崎置縣廳屬西彼杵人口一十五萬一千七百二十七產於有控訴院長崎佐賀福岡大分熊本鹿兒島宮崎那霸地方裁判所皆屬焉佐世保人口五萬二千六百七郡六西彼杵東彼杵北高來南高來北松浦南松浦壹岐國第十八師團轄地郡一壹岐對馬國第十八師團轄地產鯆郡二上縣下縣町嚴原人口一萬六百三十島原人口五千六十七平戶人口三千一百九十九大村人口二千六百三十山川溫泉岳四千九百一十尺在肥前爲火山吾妻山多良岳虛空藏山相神浦川佐川波佐見川有家川崎島海峽海灣有長崎嚴原佐須奈鹿見四貿易港野母崎鷹島平戶生月島五島產鯆島原半島彼杵半島對馬海峽朝鮮海峽大村灣佐世保港爲第三海軍鎮守府其管區自筑前國遠賀宗像郡界至九州西南海岸日向

大隅國界并壹岐對馬沖繩諸島及於澎湖

熊本縣東宮崎西有明海八代海南鹿兒島北福岡大分面積四百八十四方里人口一百一十八萬四千一百九十二產米及馬肥後國第六師團轄地市一熊本置縣廳屬飽託人口五萬五千二百七十有大林區郡十二飽託鹿本菊池宇土玉名阿蘇上益城下益城八代葦北球磨天草町八代人口一萬二千一百一十隈府人口五千七百八十七人吉人口五千三百六十三角人口四千八十山川阿蘇山五千五百八十尺活火山白髮山市房山六千尺在肥後菊池川白川球磨川二十里綠川島海灣有三角唐津二貿易港天草島宇土半島有明海八代海天草灘

宮崎縣東瀕日向灘西鄰熊本南鹿兒島北大分面積五百五方里人口五十萬一千產大麻椎茸及馬日向國第十二師團轄地郡八宮崎南那珂北諸縣西諸縣東諸縣兒湯東臼杵西臼杵町村宮崎置縣廳屬本郡人口一萬一千一百四都城人口一萬四千七百一十六細島人口三千九百六十九延岡人口三千六百三十四油津人口三千一百六高千穗村人口六千八百八十五山川小松山四千尺祖母山市房山霧島山五千八百一十尺活火山五箇瀨川高鍋川崎島都井崎大島日向灘

鹿兒島縣東北熊本宮崎西南瀕海面積五百九十二方里人口一百一十八萬一千八百九十七產金錫甘藷菸草葉藍牛馬薩摩國第十六師團轄地產絣市一鹿兒島置縣廳屬本郡人口五萬八千三百八十四有大林區郡七鹿兒島伊佐揖宿川邊日置薩摩出水大隅國第六師團轄地郡五始良囎唹肝屬熊毛大島村谷山人口二萬六千八百二十一揖宿人口一萬七千六百九十二加治

木人口一萬二千九百一十八　國分人口一萬六百四十三　三 山川　八重山六千三百
五十尺在大隅　霧島山　御嶽三千六二十尺　高隈山　開聞岳三千六百
三十尺消火山　紫尾山四千八百尺在薩摩　川內川一十八里經日向薩摩　肝付川
崎　島　海峽　佐多岬　野間岬　種子島　屋久島
喜界島　大島　德島　甑島　櫻島有活火山　與論島　大隈
海峽　鹿兒島灣

沖繩縣　北曰伊平屋島近接大隅國與論島南曰八重山西表
島斜指臺灣雞籠東望大平洋西臨東海大小五十五島拳石
磊錯斷續相銜蜿蜒若蚓面積一百四十四方里人口四十七
萬五千九百三十二產蔗藷芭蕉　琉球國第六師團轄地　｜區二｜　那霸
置縣廳屬島尻人口四萬二千八百四十五　首里人口二萬三千八百二十七　｜郡五｜　島尻
中頭　國頭　宮古　八重山　山川　名護嶽　於茂登
嶽　崎　海灣　喜屋武岬　先原岬　邊戶岬　平窪岬
中城灣　名護灣

右九州地方凡七縣十一國面積二萬三千一百一十方里
八六等我國一十萬六千七百七十五方里一四其屬島三
百五十九方里等我國一萬六千五百八十二方里又九綜
計二千六百七十方里等我國一十二萬三千三百五十七
方里二三沖繩一縣一國面積一百五十六方里等我國七
千二百四十七方里又一

北海道
東北千島星羅珠貫直逼俄疆堪察加西北海峽近連樺太東
外海西內海南通陸奧灣古蝦夷也
北海道廳　東北占守島西北禮文島北宗谷海峽西奧尻島東

南太平洋西南津輕海峽面積五千六十一方里人口一百七萬七千二百八十產大豆石炭硫黃

石狩國道凡十一國皆第七師團轄地 區一 札幌屬本郡置道廳人口五萬五千 札幌支廳駐本區 郡四 札幌 石狩 厚田 濱益 空知支廳駐空知郡巖見澤村 郡四 空知大部 夕張 雨龍 樺戶 上川支廳駐上川郡旭川町兼轄天鹽二郡 郡二 上川 空知一部

後志國 區一 小樽人口七萬九千三百六十一 小樽支廳駐小樽郡小樽區 郡七 小樽 高島 忍路 余市 古平 美國 積丹 巖內支廳駐巖內郡巖內町 郡二 巖內 古宇 壽都支廳駐壽都郡壽都町 郡四 壽都 島牧 歌棄 磯谷 檜山支廳駐久遠郡久遠町 郡四 久遠 奧尻 太櫓 瀨栅

渡島國 區一 函館人口八萬四千七百四十六有控訴院函館札幌根室地方裁判所皆屬焉 函館支廳駐龜田郡函館區兼轄膽振一郡 郡三 龜田 上磯 茅部 檜山支廳駐檜山郡江差町 郡二 檜山 爾志 松前支廳駐松前郡福山町 郡一 松前

膽振國 函館支廳駐渡島國 郡一 山越 室蘭支廳駐室蘭郡室蘭町 郡六 室蘭 有珠 虻田 幌別 勇拂 白老 札幌支廳駐石狩國 郡一 千歲

天鹽國 上川支廳駐石狩國 郡二 上川 中川 增毛支廳駐增毛郡增毛町 郡四 增毛 留萌 苫前 天鹽

北見國 宗谷支廳駐宗谷郡稚內町 郡四 宗谷 枝幸 利尻 禮文 網走支廳駐網走郡網走町 郡四 網走 斜里 常呂 紋別

日高國 浦河支廳駐浦河郡浦河町 郡七 浦河 沙流 新冠 靜內 三石 樣似 幌泉

十勝國 河西支廳駐河西郡帶廣町 郡七 河西 河東 上川 中川 十勝 常緣 廣尾

釧路國 釧路支廳駐釧路郡釧路町 郡六 釧路 白糠

足寄　阿寒　川上　厚岸　根室國　根室支廳駐根室郡根室町兼

轄千島五郡　郡五　根室　花咲　野付　標津　目梨　千島

國　根室支廳轄根國　郡五　國後　色丹　得撫　新知

占守　紗羅支廳駐紗羅郡紗羅町　郡四　紗羅　振別　擇捉

藥取　町　旭川人口一萬七千九百二十六　江差人口一萬七千八百三　巖內

人口一萬五千二百六十六　釧路人口一萬二千　根室人口一萬一千九百一二　增毛人口

一萬一千四百一十三　余市人口一萬九百七十三　稚內人口八千百三十七　壽都

人口八千一百七十二　福山人口七千八百六十三　室蘭人口七千四百九十一　厚岸

人口七千一百七十九　石狩人口六千二百二十一　古平人口六千一百二十八　美國

人口五千一百九十　綱走人口四千五十一　帶廣人口二千七百六十七　浦河人口三千

七百四十三　山川　大雪山八千尺在石狩　音更山六千六百一十尺在十勝　宗

谷岳　天鹽岳　石狩岳　夕張岳七千三百一十尺　芽室岳　神

威岳五千四百尺在日高　駒岳三千六百三十尺在渡島活火山　渡島富士　積丹

山五千三百尺在後志　十勝岳七千二十尺　雌阿寒岳　雄阿寒岳四千九百

五十尺在釧路活火山　樽前山在膽振活火山　斜里山　良牛山五千四百尺在根室

硫黃山活火山在釧路　惠山活火山在渡島　爺岳活火山在千島　石狩川一百

六十七里　空知川三十又五里　天鹽川七十四里　湧別川　常呂川二十

六里在北見　釧路川　阿寒川三十里在釧路　十勝川五十三里　新冠川

四別川二十九里在根室　鵡川二十五里在膽振　雨龍川三十里在石狩　沙

流川　尻別川　崎　島　海峽　海灣有那霸小樽釧路室蘭函館五貿易港

惠山岬　白神崎　宗谷岬　知床岬　納沙布岬　襟裳

岬　奧尻島　利尻島　禮文島　鹽津島　渡島半島　積

丹半島　津輕半島　宗谷海峽　根室海峽　函館灣　石

狩灣　壽都灣　斜里灣　根室灣　內浦灣

右北海道凡十一國十八支廳面積五千五十六方里七六等我國二十三萬三千五百五十一方里五一其屬島五方里一一等我國二百三十六方里一綜計五千六十一方里九等我國二十三萬三千七百八十七方里五二千島列島面積一千三十三方里四六等我國四萬七千七百三十一方里一九

樺太

樺太廳　東頫海遙指千島西臨間宮海峽近接黑龍江南宗谷海峽直達北海道緯度五十以北俄人領之產石炭石油少麥燕麥稞麥

大泊支廳民政署對大泊　豐原支廳　眞岡支廳　敷香支廳　名好支廳五廳皆在町

町　大泊　豐原　眞岡　敷香　名好　名寄

山川　樺太山　畱多加岳　東岸山　鈴谷山　幌內川　內淵川　鈴谷川　畱多加川　多來加湖　富內湖　崎島

海峽　海灣　海馬島　海豹島　宗谷海峽　間宮海峽

多來加灣　九春古丹在東伏見灣離島中良港　亞庭灣　千歲灣

右樺太島即庫頁島也緯五十度以南面積二千二百六十方里等我國一十萬四千三百七十九方里九四

清末民初文獻叢刊

五洲地理志略

（第二册）

［清］王先謙 撰

朝華出版社
BLOSSOM PRESS

賜進士出身　特賞內閣學士銜前國子監祭酒翰林院編修加三級臣　王先謙謹撰

遠印度半島先謙案郎徐志南洋濱海各國也志云亞細亞大地由中國西南斜伸入海迤邐漸削至彭亨息力而盡東爲中國之南洋西爲小西洋中間大國三曰越南曰暹羅曰緬甸小國一曰南掌四國內附多年南掌彈丸地不濱海今記南洋諸國連類及之

遠印度雷志云爲支那與印度之間一大半島南以馬來半島爲界河之大者曰伊拉瓦第江先謙案矢志作伊臘滑德櫃志作依拉瓦的世界圖作伊拉瓦的列國中外二圖作伊洛瓦底萬國圖作額拉瓦第周志作歐拉渭特世界地學作意蘭瓦其地誌作依拉瓦諦外國地理作依拉華敵**湄江**先謙案萬國圖又作眉公江地誌又名西貢河一名默南君河一名柬埔寨河**湄南河**先謙案世界地誌作麥那毋外國地理作咩難**均自北南流中有羣山以間隔之其在北部者甚高遠印度半島大半在熱帶之內且時有大風**先謙案遠印度一名印度支那講義云亞細亞大陸之東南部有大半島曰印度支那全面積約八十二萬一千英方里此半島擁孟加拉灣與中

國南海向南突出其端馬來半島與蘇門答臘島對峙中間有麻拉加海峽爲世界交通要路海岸幾極長東有東京灣南有暹羅灣西有馬爾達班灣皆深深灣入陸則有喜馬拉耶山支脈數條蜿蜒南北其最有名者曰絨麻山脈暹羅山脈限緬甸北界者曰巴得科伊連山有三大平原曰白古平原（白古案郎羅古慕志作北古圖球圖作丕果平方圖作作丕古邏志作必幹矢志作柏克萬國地志作拔及或作不果）曰暹羅平原曰東京平原又有四大河悉由南渡曰伊洛瓦底河行千二百英里曰薩爾溫河行七百五十英里曰湄南河行九百英里曰湄公河行千六百英里此半島除中央暹羅國外餘皆英法二國分領英治其西部法治其東部謝志云印度支那爲亞洲東南土股或名後印度又曰恆河外之印度地西緬甸東暹羅東安南其南端伸入海中者曰麻喇甲士股

英領緬甸省

緬甸 慕志云緯幾自赤道北十六度至二十七度經幾自中國順天偏西十六度至二十三度東界中國暹羅西連印度南距孟加拉海灣北界亞桑長三千里廣六百里總計八十萬方里謝志云北緯十度三分至二十八度三十分東經九十二度三十分至百三度北温帶過其國之中央面積約二百八十八萬方里課程云在亞洲極南地觜之西偏北當藏地喀木南境東北界雲南之騰越龍陵邊東界暹羅及老撾西北各部東南界馬來西北界印度之阿薩密孟加拉邊西南與南瀕孟加拉海灣而喀木之南騰越之西阿薩密之東緬甸之北爲野人山境暹羅之西緬甸之東爲擺人地野人擺人俱無所屬然英得緬後極力經營擺境

四九〇

終必爲所有野人亦必隨之茲以攆人野人地併入緬甸計之南
自赤道北十度北盡北二十七度東自順天西十五度西盡西二
十四度南北三千三百里東西千九百
里面積十三萬九千九百三十一方里雷志云英省包有亞劣肯
與推耐塞里摩西至湄江上流爲界先謙案課程云山澤之地多
於平原山自岡底斯山分東
支入藏地至騰額里海分支由怒江源之南雅魯藏布江之北東
南迤經喀木境至野人境北之蘭開山伊洛瓦底東源發處江分二支西支
西南迤於更的宛江伊洛瓦底江之西源之西經阿薩密境又南經曼尼坡
境自土小土部先謙知志作麥尼蒲兒案拉歇部境阿臘干部境南盡於海西人統
名此山脈爲偉斯登爾崙嶇斯譯言西山嶺也高峯自五千尺至
七千餘尺東支南迤於伊洛瓦底江之東怒江之西東南入雲南
永昌府西境南出邊經木邦境爲抹能江發源處又西南迤於怒
江之西抹能江之南至錫箔西南一西當江發源處又分二大支一
支南迤於怒江之西西當江之東一支南迤於西當江之西伊洛
瓦底江之東俱南盡於擺古境其山在北統名攆人遥嵋山在南
統名擺古遥嵋山最高峯至九千尺兩山之間大有伊拉瓦第江
水之瀕往往沃野數百里近海尤平衍稱腴壤
以灌溉之謝志云與中國印度接壤處連山成帶故地向南斜中
央低地多池沼大河二西西曰伊拉瓦第江出西藏西南
流三千六百里入孟加拉灣河口有大三角洲計十七萬方里輪
舟上溯可行二千四百里東曰怒江入緬甸界南流二千四百里
入瑪達班海股灌溉甚便土地肥沃課程云大水三東怒江西伊
洛瓦底江中間流不甚長者曰西當江怒江詳暹羅伊洛瓦底江

二大源在西名更的宛江又名坦拉瓦底江在東為正源亦有二東源曰恩梅開江出薩騰野人境在咯木東南野人山交界處南偏西流至赤道北二十五度四十分處古拖渡口之南與西源會西源曰邁立開江出野人山境坎底北界咯木之南開山約在赤道北二十七度四十分南流入開嶔斯野人山部落名境經郎奎一作冷臘藹東又東南流經邁羅薩叨東至古拖渡口南與東源會又南流經美特基納東又南經允冒西又南經憂鳩西北又南流雲龍江即檳榔江西圖作太平江東自雲南來會之又過八莫即新街西又西過瑞姑北又西南流龍川江東自雲南來會之又南過大公城西又南過鑾得勒西又西南過阿瓦北又西南流與更的宛江會更的宛江出阿薩密北境柏脫可山南偏西流至曼尼坡東孟拱西約在北緯二十四度五十分處會東北孟拱諸水又南流會曼尼坡諸水又南會伊洛瓦底江又南過蒲甘西又南過普羅美西又南流分為數十支約在北緯十七度五十餘分其最西支西南流經巴森之西入海最東支東南流經仰光之西南入海江深廣冠西南諸水火輪巨艦通行故瀨江多巨鎮英船早至八莫近更上溯及允冒矣華人舊稱大金沙江蓋誤為雅魯藏布江之下游雅魯藏布下游實印度之之布喇瑪普拉河也西當江出鑾得勒東南錫箔西南揮人遙嵋山中上游曰白龍江南流經洞吾東又南流經歇衞陸西又南入海行千餘里甚便舟楫異名記云當即世界地誌之霞典爾普江

面積十七萬千四百三十英方里人七百六十萬五千五百六十口

謝志云低地炎熱五月至十月多西南風大雨十一月至四月多東北風少雨物產五穀芝麻檳榔靛青椰子棉花甘蔗煙葉竹烏木紅木松香鐵金砂紅綠寶石虎犀象牙蜂蜜麝香燕窩俗奉佛以

白象為佛前身臥以絲席食以金盌向之膜拜工藝善鍍金鑄鐘慕志云藏書甚富專以講論神明為主許考云地又產琥珀銅鉛錫石油等石油出深井初汲出色青厚然之出黑煙蒸未濾清故盛產堅木梗楠之類謝矢志云麻栗木西人稱德克講義作題克樋志作梯克上海名楢木造舟楫累世不朽多輸入歐洲其在英屬邊境為散司拉塞坎與等種人所居之地不在以上所言之數約計面積十一萬英方里人百四十二萬口

滿大來先謙案課程作蠻得勒世界圖作滿大類樋志作曼得來地理問答作曼德來又作曼大雷矢志作孟達來謝志作滿德雷周志作曼特來漢文圖作滿大列圓球圖作曼豆拉世界地學作門達列外國地理作孟特力括地畧作孟作罷平方圖作曼得拉在上緬甸每歲雨水二十七英寸人十八萬八千八百十五口

郞昆先謙案謝志作郞棍世界圖作蘭貢印度札記作濛貢萬國地志作倫供矢志作蘭奉樋志作冷宮課程作仰光世界地學作南貢漢文圖作拉奴孤翁圖球圖作拉哈果恩魏志作蘭雲熱度中數七十九度極寒七十五度極暑八十五度雨水九十九英寸人十八萬三百二十四口

木爾們先謙案課程作穆爾亹異名記作穆爾門萬國圖作木耳門人五萬五千七百八十五口徐志云緬甸一名阿瓦種人之名蠻部大國也北界野夷東北界雲南南掌東界暹羅西南距印度

海西北連東印度山曰小豹水曰怒江一名潞江又稱大金沙江
此稍誤說見前發源前藏歷雲南入緬界闊五里緬人恃以爲險其俗剽
悍性多詐有室廬以居象馬以耕舟筏以濟其文字進上者用金
葉次用紙次用檳榔葉謂之緬書男子善浮水綰髻頂前用青白
布纏之婦人綰髻頂後事佛敬僧有大事則抱佛說誓質之僧然
後決國有五城以木爲之曰江頭曰太公曰馬來曰安正國案即阿馬
拉譜剌城曰蒲甘緬王城王所居也其王稱達喇瓦底向由雲南入貢
先是英國蠶食東印度諸部將及緬界道光四年緬王率兵擊之
英師敗績已而英人以兵船入內港即怒江口緬人奮力搏戰爲礮火
所轟而潰英師將逼都城王不得已議和讓海濱曠土爲英埔頭
其西南曰馬爾達般曰達歪其西北曰阿喀喇緬人時懷報復之
志英有蕃關之地曰阿薩密在緬甸西北本土夷地英從東印度跨割有之詳印度圖說又云南掌一作纜掌即老
撾北界雲南東界暹羅西南界緬甸地甚褊小本緬甸別部 國
朝內附貢馴象案互見暹羅又云郡國利病書言緬人古朱波也漢通
西南夷後謂之撣唐謂之驃宋元謂之緬自永昌西南山川延邈
道里修阻因名之曰緬也漢和帝永元五年撣國王雍繇調重譯
奉珍寶賜以印綬安帝永寧元年遣使朝賀獻樂及幻人唐德宗
十八年驃國王雍羌遣其弟悉利移來朝獻國樂其曲皆梵音經
論憲宗元和元年懿宗太和六年皆遣使來貢宋徽宗崇寧四年
緬甸貢白象五年蒲甘入貢高宗紹興間俱來貢元世祖至元中
由吐番三討之後於蒲甘緬王城置邦牙等處宣慰使司明洪武
間歸附永樂間遣翰林張洪使其地正統間宣慰莽次劄縶麓川
叛夷思任思機來獻益以地嘉靖初孟養思倫猛密思眞連兵侵
緬殺莽紀歲緬訴於朝委官往勘不聽嘉靖中紀歲支子瑞體起

洞吾復有其地東破纜掌(即南掌)南取土啞(暹羅地)攻景邁服車里四思個陷罕拔號召三宣爲西南雄瑞體死應裏繼之萬歷十三年其族弟莽灼來歸應裏怒攻之灼奔騰越自是屢爲邊患滇南爲之騷然後爲暹羅所攻乃不暇內犯云余按滇南諸蠻部即漢之徼外西南夷種類甚繁明初置緬甸等六宣慰使司後又增而爲十此外則孟定孟艮威遠灣甸鎮康置土府州南甸千崖隴川耿馬孟密蠻莫潞江置宣撫司芒市孟璉茶山里麻鈕兀置長官司後諸蠻蠢動屢煩征討麓川之役二思授首勞費半天下緬甸則莽氏創霸後頻歲窺邊蠻人好反其性固然我　朝自鄂爾泰建改土歸流之議草薙禽獮經八九年而後定由是諸蠻部盡入版圖其南荒列外藩者僅有南掌緬甸兩國南掌弱小不足言緬甸則依山負海疆土遼闊我　朝定鼎之初助明孽首先效順乾隆中崛強犯邊旋仍賓服先謙案課程云明洪武二十七年置緬甸軍民宣慰使司以授其酋普剌浪與車里(在普洱府西南邊瀾滄江西岸)老撾(在安南西暹羅東夾瀾滄江而居)八百大甸(在車里南暹羅北瀾滄江西怒江東)木邦(在八百大甸西伊洛瓦底江東遮放副宣府及孟董長官孟艮土府與龍川江之南抹龍江之北)孟養(在伊洛瓦底江西更的宛江東孟拱孟坑南緬甸北)等五宣慰司稱六慰嘉靖初孟養木邦破緬甸瓜分其地三十三年莽瑞體計奪古剌復緬舊疆又北併木邦所分之孟密宣撫司(在木邦西境)進掠孟養東侵木邦八百車里老撾之境隆慶中木邦附於緬孟密所分之蠻莫宣撫司亦附焉萬歷七年緬盡據孟養地十一年復據木邦之地漸侵雲南邊內土司爲劉綎陳用賓所敗古剌者永樂初內附之夷部也又名擺古置大古剌宣慰司與緬甸底馬撒(即地那悉林)靖定(不勒麻在)平緬(今騰越西南隴川宣撫司境內)木邦孟養八百車里老撾稱西南十慰後爲緬蠶食惟古剌世爲勁敵嘉靖中

殲於莽瑞體不久復自立康熙三十九年古剌以荷蘭兵攻緬甸下之緬人起兵復國乾隆十九年緬酋莽氏復爲錫箔諸夷（在木邦南怒江西北瀕株龍江蓋撣人也）所滅有雍籍牙者木梳部（亦撣部落）頭人也起兵復緬舊疆而王之遂南併古剌於是緬境南包洞吾古剌北有孟養孟拱孟密東據木邦孟艮及撣人各部西極於西山麓遂犯普洱邊乾隆三十二年三十四年大兵兩次征之緬甸始請款（先謙案明瑞敗死傅恆病卒上命阿桂用兵襲擊旋以其出兵遲延黜之改命溫福襲擊非有兩次征緬也緬亦無請款之事後因金川叛命溫福移師征之金川滅緬酋懼而請款課程所紀全誤）三十六年古剌叛緬緬克之遂滅暹羅四十三年暹羅遺臣鄭昭復國緬酋乃款關乞封五十三年封緬甸國王十年一貢道光四年覬覦英屬印度以兵侵孟加拉不克英人以兵船入伊洛瓦底江聲言直取阿瓦（先謙案瓦志作阿法）緬懼而求成割沿海底馬撒及古剌西北之地與英咸豐三年英取古剌乃名所得南緬地爲英吉利緬甸名緬甸舊疆爲北緬分南緬爲三部曰擺古古剌舊疆也曰地那悉林底馬撒舊疆也曰阿剌干古剌西北地也西隸於印度總督自是緬人無南出之海口國窮蹙日甚益虐待其民光緒九年法取安南英慮其自北圻西侵北緬也又乘緬民之怨其上於光緒十一年以兵力奪緬全境流緬王於印度海瀕緬之宗祀遂絕英復取撣人地析擺古部置伊洛瓦底部於是南緬部四曰擺古部伊洛瓦底部地那悉林部阿剌干部北緬部六曰北部中部拉歇山嶺部南部東部喀倫尼山嶺部置巡撫統治十部仍隸印度

南緬四部

擺古部（異名見譯）明大古剌宣慰司地在緬甸南境東地那悉林西北

阿刺干西南伊洛瓦底南馬爾達般海灣孟加拉海灣內之小海灣名先謙案徐志作達馬爾達般世界圖作茂爾地班圖球圖作麻場班問荅作瑪達班北界伊洛瓦底所屬之泰匡模遙伊洛瓦底西當二江俱在部南入海土地平沃長二百五六十里惟低窪不免水患領小部四曰亨塔瓦諦案中外圖作亨查達在擺古南境首城名仰光異名見前在赤道北十六度四十七分順天西二十度十三分英置巡撫駐此爲全緬十部之會城城南臨伊洛瓦底江東支南距海口七十里商務繁盛英屬印度列第三有八家塔緬人稱周簡王元年刱建明史地志有八家塔長官司在西南極邊仰光此塔足當之產五穀佳樹西南境產鹽製磁器曰擺古在亨塔瓦諦之北首城同名在仰光北百七十里赤道北十七度三十三分順天西二十度十一分西臨擺古水南流至仰光西南入伊洛瓦底江當鐵路東南北往來要處明志大古刺軍民宣慰司治此城部境西北倚山東接西當江產楢木五穀曰薩潦瓦諦案學會圖作薩潦瓦在亨塔瓦諦西北普羅美東南有薩潦瓦諦水南流入伊洛瓦底江有支流曰來內水又東南達仰光部境居薩潦瓦諦伊洛瓦諦二水間地平坦產麥無大城有薩潦瓦諦鎭約居伊洛瓦底江東岸爲仰光至普羅美鐵路必經處米商大車多於此寄卸曰普羅美在薩潦瓦諦西北首城同名在仰光西北三百里赤道北十八度四十八分順天西二十一度二十四分西瀕伊洛瓦底江爲南北緬衢要商業以米煙葉水果爲盛○伊洛瓦底部明大古剌宣慰司地在緬甸南境以居伊洛瓦底江入海處故名東北擺古西北阿刺干西南瀕海惟泰匡模遙一小部懸隔在北境東界地那悉林南界擺古西界阿刺干北界北緬之南南部伊洛瓦底江自部之北境分無數支派南入海其最東支東南流最西支西南流

兩支間地上斂上侈形略如三角中間港汊交灌爲海隅沃壤惟西境瀕海有阿剌干遥嵋山自北而南長亘如牆泰厓模遥境内亦東西兩山遥夾瀕水處稍平衍領小部四曰巴森（先謙案世界圖作拔森）在本部西境首城同名魏志作巴心西瀕巴森江即伊洛瓦底江西支也南距海口二百里爲伊洛瓦底全部會城赤道北十六度四十八分順天西二十一度三十九分饒水利產米魚鹽磁器曰通加匯在巴森東仰光西首城同名（一作陽漸）北瀕支港赤道北十六度四十二分順天西二十度五十一分部境支津交貫地段宛如羣島水漲泛溢恆數十百里產米曰亭石埭在巴森通加匯之北首城同名東北瀕伊洛瓦底江東支西北距分支處三四十里上游米船每由此分注仰光巴森赤道北十七度四十分順天西二十度八分地居兩支江間西北有山縣亘故肥饒而無水患西境產佳木曰泰厓模遥在擺古所屬普羅美之北約百里首城同名東瀕伊洛瓦底江赤道北十九度十六分順天西二十一度二十九分居南緬北緬之間昔英之未取北緬也恆視此爲險要設有兵房礮臺蓋緬甸與大古剌舊界亦在此其設險已久兩岸皆童山無草木產五穀棉花煙葉虎豹象

○阿剌干部（先謙案括地圖作阿臘干一作阿拉根萬國圖作阿剌根萬國地志作阿霅根樞志作阿剌棍平方圖作阿剌喀圓球圖作奄來琍）似即後漢書之敦忍乙國（敦忍乙在永昌都徼外紀要謂在緬甸西境）唐會要之彌臣國（云驃國之西別有彌臣國）在緬甸西境北界印度孟加拉東北界北緬之拉歇山嶺部東之北段界北緬中部南部東之南段界南緬擺古部伊洛瓦底部南界伊洛瓦底部西瀕孟加拉海灣東倚西山嶺西臨海南北長亘千四五百里實緬甸西山外之別一區海中羣島亦屬部境瀕海沃衍傍山多林木產礦及石油低處產茶煙棉果竹領小四部曰厄

開培（案學會圖叙作亞爾雅布）在本部中央首城同名在仰光西北千餘里東臨阿剌干水入海之口爲阿剌干全部會城道光六年英人圖緬首踞此城商業頗盛赤道北二十度九分順天西二十三度三十三分厄開培城之東百五六十里有阿剌干城亦名城也曰勢他加乃阿剌干北山地在厄開培之西北舊屬印度孟加拉英得北緬後始割屬阿剌干首城名勢他加在厄開培西北約六百里南臨勢他加水入海之口口南成艮港華商頗多明史榜葛剌傳自蘇門荅剌海行至浙地港更小舟即此港也陸路西北通加爾各搭赤道北二十二度二十一分順天西二十四度三十四分部境北接大貝剌赫爾土部與野人近萬山叢雜材木饒足俗與緬異不通婚嫁英使南屬欲其漸相習洽也產棉花製布疋竹器曰遙克非西在厄開培之東南首城同名在藍木利島北鬻東瀕海汉東對安吉水口北對里木魯水口約六七十里商業蔗糖爲大宗糖坊多至千九百餘所水埠長近十里爲緬西最富之區赤道北十九度二十四分順天西二十二度五十二分部境爲海疆與羣島合成島最大者爲藍木利及其西南之徹達巴（案學會圖林識水衛諸散冽國圖徹不誤）瀕海多叢林產網布靛青蔗煙葉芝麻徹達巴島有火山有石油井曰散多威林在遙克非西東南首城同名北瀕散多威水西北距海口三十餘里地多清曠居人宜於衛生赤道北十八度二十六分順天西二十一度五十八分部境東倚山林西瀕海平衍產布米及蕉葉草蓋○地那悉林部（先謙案邇志作田納薩林萬國地志作得那斯來）在緬東南海隅明底馬撒宣慰司地東界暹羅東北界北緬之喀倫尼山嶺部北界北緬東部西界伊洛瓦底部之泰厓模遙及擺古部西南瀕海南界馬來隅地形環長沿海一帶長二百五六十里

南境有孳島附焉部內山峰稠疊在北者爲擺古遙帽山在南者爲怒江以東湄南江以西自暹羅南來之山脈產穀竹楢木多礦饒畜牧擅漁利領六小部曰阿模黑士脫圓球圖作愛謀耳斯特在本部中央首城名穆爾亹在仰光東偏南三百里赤道北十六度二十九分順天西十八度四十七分西臨怒江入海之口當怒江口穆爾亹西南海中有華路占島南北長而東西狹分怒江入海處爲二支北支自島北西流入海南支自島東南流入海穆爾亹値島之東北岸遇西南風極宜停泊市埠頗盛設有船塢華歐人多居之有市鎭二一馬爾達般在穆爾亹北十里許東臨怒江口兩處隔江南北相望一阿模黑士脫在穆爾亹南八十里西北臨海北對華路占島南岸三十里亦繁鎭也部境東倚山西瀨江海有石灰山溫泉產楢木鐵木陸以象運出山水由怒江順流下故木商極盛近海產蔗曰洞吾滇紀作洞武在地那悉林北境土酉據之明嘉靖中爲莽瑞體所併首城同名在穆爾亹之西北六百餘里欏古之北三百餘里赤道北十八度五十七分順天西二十度二分東瀨西當江北境多山產文石杉木平原宜稻山民業蠶曰歇衞陘在阿模黑士脫西北洞吾東南擺古東北首城同名赤道北十八度四分順天西十九度四十分居西當江東岸距鳩克基水入江處十里東西山巒夾峙南境有別林江西北流入西當江永兩岸叢林中多牧象草地產五金礦民業造磁器綢布煮鹽西境爲仰光至蠻得勒鐵路所經曰撒爾溫(先謙案一作薩爾溫)在阿模黑土駁之北歟衞陘之東南居怒江之濱怒江一名撒爾溫故以名部(案學會圖有薩爾溫河爾無薩爾溫)東與暹羅接壤峰巒叢雜榛莽荒蕪山谷淤泥甚厚宜稻產檳榔戶口未淸無首城有什威格溫鎭在穆爾

暹北百六七十里赤道北十七度十分順天西十八度五十分曰
達歪在阿模黑土脫之南首城同名魏志作達阿依赤道北十四
度五分順天西十八度十六分南距海港三十里部境東倚山與
暹羅接西臨海島嶼羅列山產礦極盛多堅木曰墨爾階在達歪
南首城同名魏志作麻爾古赤道北十二度三十分順天西十七
度四十六分西南臨地那悉林水入海口口外羣島環列停泊極
便有地那悉林鎮在墨爾階城東南百里北瀕地那悉林水地那
悉林部因此而名魏志作底尼色領部境爲長狹海岸與羣島所
合大小百餘島東倚山深林二百里不斷產五金礦極盛多華人開採獸多
虎豹犀象瀕湖產燕窩魚翅商路南通麻刺甲○北部在北緬東
北境明爲緬甸宣慰司孟養宣慰司孟密宣撫司蠻莫宣撫司地
跨伊洛瓦底江兩岸東北界雲南永昌府邊東南界撣人各部南
界中部之皎澤織耿西界中部之下更的苑尤胡上更的宛北界
野人山領五小部曰蠻得勒在北部南境元爲邦牙宣慰司地明
爲緬甸宣慰司地北界瑠玭邁匿斯東界北撣之錫箔部南界皎
澤西南界織耿西界肅衢巴首城同名　聖武記作蠻得郎紀要
之馬來城緬王於咸豐十年自阿馬拉普刺遷此爲新都英得北
緬以此爲北部會城赤道北二十一度五十九分順天西二十度
十四分西瀕伊洛瓦底江城之東北有高山曰蠻得勒因以名城
城內宮殿街衢頗壯麗佛塔尤宏廓有古塔內懸大鐘高近二丈
聲震全城西人稱地球第二大鐘案第一大鐘在俄國墨斯科城商業金箔爲大
宗以飾佛像有阿馬拉普刺城案即徐志之安正圖城在蠻得勒城南三十
四里西瀕伊洛瓦底江緬王舊都乾隆四十八年建自阿瓦徙都
之城內多佛寺滇商居此者三千家部境東多山瀕江沃衍宜五

七

穀曰璢玭邁匿斯譯言紅寶石礦二圖無此部名案在北部東境元及明初爲木邦地成化後爲孟密地咸同間英人以其地產寶石與緬立約開採遣兵鎮之既得北緬始割孟密西南產寶之區置此部南界蠻得勒東南界錫箔東界北撣之湯平及孟密東北界八莫西北界格沙卽砌麻西界肅衛巴首城名摩谷在蠻得勒城北偏東百七十餘里赤道北二十二度五十五分順天西一十九度四十八分寶石礦爲地球第一本屬木邦明以天順中宣慰司罕㮬使其壻思歪領孟密思歪因寶井之利遂據以叛爭戰不息成化初思氏以寶石賂朝貴因得奏設安撫司朝廷亦每遣中使采辦摩谷居萬山中周圍產寶之區約千五百方里英人先用印度石工鎚鑿運往倫敦加以琢磨重至二兩者値銀八萬兩有勃納模遙鎮在摩谷西北三十四五里英與緬立約駐兵於此以監開採又有大公城在摩谷西北西瀨伊洛瓦底江赤道北二十三度三十分順天西二十度二十二分元史至元十九年緒王相苔吾兒拔大公城卽此部境東之南插入孟密錫箔間蓋產寶地也北境獶長俱西瀨伊洛瓦底江北盡龍川江曰肅衛巴在北部中央明緬甸宣慰司地及孟養南境東之南界蠻得勒東之北界璢玭邁匿斯北界格沙西界尢胡西南界下更的宛南界繖耿首城同名赤道北二十二度三十五分順天西十二度四十二分似卽紀要之速送城英人鐵路近已自阿瓦渡江北經肅衛巴以達格沙有密堵城案孛會圖睿誤渚在肅衛巴西北百四十里西瀨繆江紀要言密堵速送二城俱在孟養司南十餘程爲[illegible]部所居是也部境居伊洛瓦底江之西繆江之東繆江北出孟[illegible][illegible]卽山中南流至阿瓦西六七十里入伊洛瓦底江卽紀要之阿氐河所謂緬甸司境北面之險也北

有山南皆平壤曰格沙或作麻碉但麻碉城在伊洛瓦底江東南岸瑞玭邁匿斯境內今依野人山圖作格沙在北部北境舊爲孟養宣慰司地南界肅衛巴東南界瑠玭邁匿斯東北界八莫西界上更的宛西南界尤胡首城同名赤道北二十四度十分順天西二十度三分東瀨伊洛瓦底江紀要有曼撒城在孟養之南爲南出緬甸險要即此城也英人修鐵路自此北達孟拱城有地名孟養在格沙北百六七十里赤道北二十四度四十七分順天西二十度木養宣慰司故治元雲遠路是也西瀨孟養江其水東北流有孟拱江自西北來會東南流入伊洛瓦底江部境東瀨江多平地西北山峯叢壘曰八莫先謙案謝志作巴摩在北部最東北境舊爲孟養宣慰司及蠻莫安撫司地明成化十九年析木邦置孟密宣撫司萬歷十三年析孟密置蠻莫安撫司東界雲南騰越邊東南界撣人之北省賦南界撣人之孟密及瑠玭邁匿斯西南界格沙約二百里西界上更的宛北接野人山首城同名赤道北二十四度十五分順天西十九度十一分西瀨伊洛瓦底江北距雲南龍江入伊洛瓦底江口僅五里凡雲南商貨均由雲龍江順流運下聚集於此中有滇商所居之新街故此城又名新街蠻得勒之象牙寶石孟加拉之鴉片及各洋貨則自下游而上孟拱之寶石樹膠則自上游而下蓋東通雲南則有雲龍江西北通孟拱則有孟拱江北達允冒蔓鳩南達仰光巴森則有伊洛瓦底江北緬第一商埠也英人於此築礮臺駐重兵元緒王相苔吾兒所拔之江頭城卽此乾隆中副將趙宏榜敗死於此有蠻莫在八莫東約八十里爲野人山西麓北瀨雲龍江有漢人街二三十家騰越眾商屯貨之所也當卽蠻莫宣撫司故治有藏波能勾在八莫北約五六里踞雲龍江口北岸爲古撣國都城有孟拱在八莫西北約二百四十里赤道北二十五度

十八分順天西十九度二十八分東臨孟拱河與孟養河合流處舊爲孟養別部產寶石碧玉琥珀及犀象紀要作孟鞏又作孟坑有允冒在八莫北偏東約三百二十里赤道北二十五度二十二分順天西十八度五十八分西瀕伊洛瓦底江江面至此漸闊多櫞樹膠厰野人山南出要埠也又爲滇西各土司門戶乾隆三十四年經略傳恆從孟拱孟養南攜阿瓦蓋由此渡江有戛鳩在允冒西南約十里北瀕伊洛瓦底江有米紀納在允冒北約十二三里西瀕伊洛瓦底江部境東西均大山惟瀕江一帶爲廣衍沃壤英人鐵路擬自格沙達孟拱再由部西北境經曼尼坡山道直通印度

○中部在北緬西北境及中央舊爲孟養緬甸兩宣慰司地跨更的宛河南境越伊洛瓦底江以包蠻得勒之南地勢自西北斜趨東南略如初月形東界撣人各部及北部之蠻得勒肅衛巴格沙北界野人山西北界曼尼坡西界拉歐山嶺部西南界阿刺干北山地及南部之派考克南界南部之緬洚及東部之美克剔拉及撣人各部領五小部曰織耿在中部南境明緬甸宣慰司地北之東界肅衛巴北之西界下更的宛西界派考克南界緬洚東界皎澤東北界蠻得勒首城名阿瓦在蠻得勒西南約五六十里赤道北二十一度五十二分順天西二十度二十五分歷代緬王舊都也北濱伊洛瓦底江東臨抹能江支流入伊洛瓦底江處城周十五六里居民二萬五千人王宮巨麗傜寺尤金碧相映街衢廣闊商販雲集鐵路南通仰光北達八莫商務之盛當未有艾對岸有城曰織耿南瀕伊洛瓦底江西南與阿瓦城相對百貨所萃同於阿瓦臨江水埠環長里許山後有佛塔極爲炫燿然阿瓦織耿之旁故宮廢苑績垣裒草令人生麥秀黍離之感紀要有者梗

即織耿也謂者梗在阿瓦河北與阿瓦城甚近其阿瓦河蓋伊洛瓦底江也部境南北跨伊洛瓦底江地皆平壤為全緬肥沃之區曰皎澤在中部東南境明緬甸宣慰司地西界織耿西南界緬漨及美克剔拉南界撣人之薩模厓勒勃部東界撣人之盧克騷克部東北界撣人之錫箔部北界蠻得勒杪野九首城同名赤道北二十一度三十五分順天西二十度十五分為仰光達蠻得勒鐵路所經部境居抹能江南蟄蒙江東東倚山麓西偏皆平壤以產穀著曰尤胡在中部中境舊為孟養宣慰司地南界下更的宛東界肅衛巴北界格沙西界上更的宛首城同名在蠻得勒西北約三百里赤道北二十二度四十七分順天西二十度五十八分東瀕繆江舟楫順江而下再泝伊洛瓦底江而上可達阿瓦織耿部境褊小西倚山東偏瀕繆江一帶稍平衍曰下更的宛在中部西南舊為孟養宣慰司地南之東界織耿南之西與西均界派考克北之西界上更的宛北之東界尤胡東界肅衛巴首城名蒙尼瓦在蠻得勒之西偏北二百四五十里赤道北二十二度七分順天西二十一度十五分西瀕更的宛江更的宛江上游所產之米盡萃於此部境跨更的宛江下游更的宛江自西北流來江旁地居兩山之間長七百餘里闊三十里至六十里不等名為科巴為全緬產穀上壤部居科巴山谷南口故產米甚富曰上更的宛在中部西北境南之西界派考克南之東界下更的宛東之南界尤胡東之北界格沙東北界八莫北界野人山西北界曼尼坡西界拉歐山嶺西南界阿剌干部之厄開培首城名更達特在蒙尼瓦之西北五百餘里赤道北二十三度四十三分順天西二十一度五十八分西瀕更的宛江地居上游北山之琥珀礦江旁之米多集

於此有地為開爾灣在更達特之南百四五十里西瀨更的宛江對岸為抹薩江入更的宛江之口水景絕佳為上游要埠曰喀里模遥在開爾灣之西約四五十里南瀨抹薩江抹薩江西南出阿刺干北地界山東北流入更的宛江之水也喀里模遥為抹薩江旁大鎮居民多茅舍力稼為業紀要有戛里在孟養司西南為孟養別部卽此模遥譯言城鎮也部境廣袞中包科巴山谷全地故產米極富更的宛河上源與野人山接壤處產琥珀土人采之用為牟尼珠兼以飾項○拉歇山嶺部在北緬最西北舊為孟養西邊外地東界上更的宛北界曼尼坡西北界印度之亞薩密西界印度之大貝刺赫爾土部南界阿刺干北山地部境萬峰刺天荒陋未闢為北緬極高之地其最高峯高於海面入千三百餘尺山中眾水發源水北流者入亞薩密之蘇爾馬水西南流入雅魯藏布江水南流者為勢他加水西南流至勢他加入孟加刺海民皆野番無城邑市鎮可紀○南部在北緬西南境明緬甸宣慰司地東西際山伊洛瓦底江南北貫流南界伊洛瓦底部之泰厓模遥西界阿刺于部之厄開培北界中部之上下更的宛部東界中部之織耿皎澤東部之美克剔拉厓模昇品麥南領四小部曰緬洚在南部東北境北界織耿西界派考克西南界明濮南界木威東界美克剔拉東北界皎澤首城同名在蠻得勒之西南二白四五十里赤道北二十一度二十七分順天西二十一度西瀨伊洛瓦底江氣候最佳宜於衞生其重鎮有蒲甘城在緬洚之西南百二十里赤道北二十一度十分順天西二十一度三十一分西瀨伊洛瓦底江緬甸國舊都也紀要作蒲甘緬城元置邦牙宣慰司於此又名倍南奧斯譯言聖城也近城四五十里內寺塔之基彌望可

見當年佞佛之盛有色列在蒲甘之西南約八十里西瀕伊洛瓦底江居民製造漆器部境西傍伊洛瓦底江東倚遙嵋山麓東北一帶產鐵礦頗盛曰木威在南部東南境北界緬浲西界明濮南界泰厓模遙東界厓模昇及品麥南東北界美克剔拉首城同名在蒲甘之南偏東二百三四十里赤道北二十度九分順天西二十一度二十七分西瀕伊洛瓦底江其重鎮有葉南陽在木威之北偏西七十里西瀕伊洛瓦底江北距葉南水入伊洛瓦底江處僅十餘里產石油最佳與米利堅所產之開路升石油相等附近地有油井五百餘處士人或呼葉南陽爲油城部境東北倚山西南依水中苞原隰曰明濮在南部西南境南界泰厓模遙東之南界木威約許對東之北界緬浲北界派考克西界厄開培首城同名赤道北二十度十一分順天西二十一度三十分東瀕伊洛瓦底江部境西倚山麓東偏瀕水一帶多平衍曰派考克在南部西北境南界明濮東界緬浲東北界織耿北界下更的宛西北界上更的宛西界厄開培首城同名在蒲甘東北五六十里赤道北二十一度二十分順天西二十一度十八分南瀕伊洛瓦底江東北距更的宛江入伊洛瓦底江處約四十里部境西北萬山叢雜惟東偏近更的宛伊洛瓦底二水旁皆沃壤

○東部在北緬東南境明緬甸宣慰司地部境東西均長山南北亘東山爲怒江與西當江中闕之山西山爲西當江與伊洛瓦底江中闕之山當北緯二十度至二十一度之間有山橫連與東西山接蓋卽蘭闕山所分之東支至此又分支爲二之處也橫山發源之水南流者均入西當江南入海北流者均入蟄蒙江會抹能江入伊洛瓦底江故部內水道甚利而鐵路南自仰光達洞吾循西當江而上踰橫山又傍蟄蒙江而下以達阿瓦蠻得勒故部內陸運亦甚便東界南撣

各部北界中部之皎澤西北界南部之緬洚西界南部之木威南界地那悉林部之洞吾領三小部曰美克剔拉在東部最北境東北界皎澤西北與西均界緬洚西南界木威南界厓模昇東夯南揮之薩模厓勒脫首城同名在鑾得勒之南偏西約二百四十里赤道北二十度五十三分順天西二十度三十一分東距洞吾達鑾得勒鐵路僅三十餘里有短鐵路相接其大鎮有美侖在美克剔拉之西北四十五里有宛得溫在美克剔拉之東北七十里當南北鐵路往來處部境皆平衍膏腴曰厓模昇在東部中境北界美克剔拉⿰扌納⿰黑白西界木威南界品麥南東界南揮之薩模厓勒脫首城同名赤道北二十度二十一分順天西二十度十七分當南北鐵路之衡部境跨橫嶺之脊高原平壤相間曰品麥南在東部南境北界厓模昇⿰扌納⿰黑白三西界木威東界南揮之薩模厓勒脫南界洞吾首城同名赤道北十九度四十六分順天西二十度十三分當南北鐵路之衡部境東西皆山中間跨西當江處多平衍

○喀倫尼山嶺部當北緬之東南隅南緬之東北隅跨怒江東西兩岸西界地那悉林之洞吾南界地那悉林之歐衞陘東界暹羅西北境北界南揮各部部境萬山叢雜地面高於海面三千尺至四十尺舊境僅有怒江以西地英人慮暹羅之西侵也遂爭怒江東岸而有之民皆紅種居深山俗尚耕種信佛教近西士多入其境設教堂學舍弁置田產以濟貧人故土人亦漸有從西教者榛莽未闢無城郭市鎮可紀

北揮五部　南揮十七部

揮人卽漢代之揮至今西人尚以舊名稱之其居怒江西者舊屬

緬甸在怒江東者舊與暹羅八百媳婦老撾等錯處自英據緬後凡撣人之在怒江西者英爲之經營區畫其地北界雲南騰越邊東界怒江東南界暹羅西南界喀倫尼山嶺部西界南部之品麥南厓模昇美克剔拉中部之皎澤北部之鑾得勒瑠玼邁匿斯西北界北部之八莫因其故部分爲北撣五部南撣十七部其北撣諸部一曰孟密居北撣最西北境明孟密宣撫司地在八莫之南瑠玼邁匿斯之東首城同名在摩谷北偏東約五十里赤道北二十三度七分順天西十九度四十二分明孟密宣撫司故治西瀕孟密水孟密水又名南美潔江北流入龍川江之水也部境舊有寶礦英劃其地置瑠玼邁匿斯部今境內產茶樹水果二曰湯平明木邦宣慰司地或以爲卽將軍明瑞所至之大山土司大山木邦境內之別部也在孟密之東南約里百其西境與瑠玼邁匿斯之摩谷接首城名那模散赤道北二十二度五十分順天西十九度十七分居萬山中其地高於海面三百九十一尺部境有銀礦卽波龍銀廠也在那模散之北三四十里明永明王入緬甸爲緬所劫隨從諸人畱者歷百餘年生聚日衆自偁曰貴家據波龍廠采銀甚富强有新廠老廠基地徑數里廠丁多至十萬乾隆中有宮裏鴈據廠得衆心尤善戰鬭爲緬夷所畏西南得保無事永昌知府楊重穀誘宮裏鴈殺之以邀功波龍廠遂爲夷有木邦降緬擾邊西南之戰事亟矣三曰北省賦明木邦宣慰司地在孟密之東湯平之東北其北與騰越南邊之宛頂遮放各土司接東傍怒江首城名省賦在那模散東北二百餘里赤道北二十三度十八分順天西十八度二十五分部境爲抹能江發源處山地多於平壤頗膏腴產五穀按元史至元二十七年以蒙憐甸爲蒙憐路紀

要云蒙憐路在木邦宣慰司北按蒙憐抹能實音近或蒙憐即在
抹能江之旁四日南省賦明木邦宣慰司地在北省賦之南東傍
怒江西接錫箔境內水分東西流東南流者入怒江西流者入抹
能江無首城有大鎮曰孟匿在省賦城之南偏東約二百里赤道
北二十二度二十六分順天西十八度二十一分五日錫箔在北
省賦之西南南省賦之西孟密之南其西南與蠻得勒皎澤接爲
中國入緬甸路所必經抹能江貫流境內自東北而西南故有錫
箔江之名境內水利灌溉甚廣首城同名在蠻得勒之東北三百
餘里赤道北二十二度三十一分順天西十九度九分南臨抹能
江繁盛爲諸撣之冠有要鎮曰孟籠在錫箔之西北約二百里赤
道北二十二度四十八分順天西十九度四十六分地居寶石礦
山之陽山北即摩谷明瑞聞猛籠有糧且近孟密因往就糧者即
此地也部境產煙葉又多鹽井其南撣諸部一曰馬克模居南撣
最南境在喀倫尼山嶺部之東北南傍怒江境內有南鏗水自東
北向西南流入怒江首城同名或譯作芒買在赤道北二十度十
四分順天西十八度三十九分居民闡溢爲南撣大鎮馬克模之
東有孟班部南與東均界怒江首城同名在赤道北二十度九分
順天西十八度一分馬克模之東南在怒江東南岸闌入暹羅境
者有孟摩部[illegible]孟摩闡北界怒江與馬克模接西南界喀倫尼山嶺
部首城同名在赤道北十九度四十四分順天西十八度二十四
分有美薩公部北傍怒江西北接馬克模東北接孟班西接孟摩
首城同名在赤道北十九度五十六分順天西十八度二十一分
有孟達部北傍怒江與孟班接東界美薩公首城同名在赤道北
十九度五十六分順天西十七度四十九分有孟階特部西北傍

怒江與孟班接東接孟達首城同名在赤道北十九度五十六分順天西十七度四十九分有孟亨部在孟赤階特之東其東北與暹羅北境之景東接首城同名在赤道北二十度五分順天西十七度二十六分自孟班以下均在南撣十七部外據野人山圖補以其與馬克模近或屬馬克摸別部故附之(後凡附見各部後者倣此)二曰芒安在馬克模之北首城同名在赤道北二十度三十一分順天西十八度三十二分東瀕南鏗江舊爲名城芒安東有鏗東部南與孟班接壤東傍怒江首城同名在赤道北二十度四十五分順天西十八度五分或謂芒安屬地跨怒江東岸鏗東尚在怒江之西其爲芒安屬地可知其怒東之地本屬景東乃英人割隸芒安者芒安西有孟錫特部南接馬克模之西北境首城同名在赤道北二十度三十八分順天西十八度四十八分三日律茄在芒安北首城同名在赤道北二十一度十六分順天西十八度四十四分四日孟囊在律茄東北首城同名在赤道北二十一度十九分順天西十八度十七分五曰木梳在孟囊東北首城同名在赤道北二十一度五十五分順天西十七度五十八分雍籍牙故部也木梳西北有開斯曼散部南接孟囊東北界孟隆及南省賦與木梳本部賨爲懸隔而屬於木梳首城同名在赤道北二十二度五十六分順天西十八度三十四分六日孟金在孟囊西其南接律茄北界錫箬首城同名在赤道北二十一度三十九分順天西十八度五十一分東瀨南鏗江上游七曰孟派在孟金西南律茄西孟榜西北首城同名或譯作孟平在赤道北二十一度八分順天西十九度十四分西瀨那泥江上游那泥江北流入抹能江之水也八日盧格騷克或作厓次克南境東接孟派北境東接孟金東北界

錫箔西北界皎澤首城同名在赤道北二十一度十五分順天西
十九度三十一分九日通基又名奈恩喬在盧格騷克之南東北
隅與孟派接壤部境有奈恩喬湖耳一湖名囂眾水所瀦湖水南出流
入怒江首城名榮隈似卽囂耳之轉音在赤道北二十度四十分
順天西十九度二十七分南距奈恩喬湖十里許十曰孟榜在律
茄西南孟派東南其東南與孟錫特接壤首城同名在赤道北二
十度四十九分順天西十九度五十六分十一曰荷濱部南內擇無十名七
之三一小部在孟派南通基東孟榜西首城同名在赤道北二十度四
十八分順天西十三分十二曰南和部無之名二三小在荷濱南
通基東孟榜西首城同名在赤道北二十三度十九分順天西十
九度十分十三曰宛陰部無之名三三小在南和南通基東孟榜西南首
城同名在赤道北二十度二十八分順天西十九度十分十四曰
賽當在宛陰南馬克模西境內有南丹巴克水東南流入怒江壤
地褊小在羣小部中地較腴潤首城不知何在十五曰薩加在通
基南賽當西首城同名在赤道北十九度五十四分順天西十九
度二十一分薩加之北偏西約六十里有山喀小部與薩加連壤
疑卽泰勃脫十六曰派控在薩加南喀倫尼山嶺部北不考見之此於地圖
駱外惟有薩猛加拜之小南部喀或倫卽尼派山控嶺之部別之名西北猛拜首城同名在赤道北
十九度四十五分順天西十九度十六分十七曰薩模厓勒脫南
揮之一大部也在皎澤南其西與美克剔拉厓模昇品麥南接壤
東與盧格騷克通基連界南鄰薩加猛拜西當
江發源部境境內大鎮頗多惟不知何爲首城
又怒東揮人七部
瀾滄江之西怒江之東當中國雲南極南邊有著名大土司至今

爲我藩屬者曰車里宣慰司在普洱之南曰耿馬宣撫司孟連宣撫司在順寧之南曰孟定土府在永昌之南車里居最東南瀕瀾滄江孟定居最西北在南丁江之西怒江之東南丁江西南流入怒江之水也耿馬孟連居中而孟連又在最南耿馬西與孟定略相値孟連東與車里略相値此數部之南有景東土部者疆域頗廣東盡瀾滄與景坎界西極怒江與芒安界南界暹羅所屬之景邁各部卽明代之孟艮禦夷府也紀要云孟艮東界車里南界八百西界木邦北界孟連準今地望與景東甚合西人亦云然　本朝亦嘗羈縻及之乾隆三十一年設孟艮土指揮使隸普洱府後屬於緬英之倂緬也凡屬於緬者均收爲屬部於是景東隸於英卽怒東七撣之一也首城亦名景東一作康東一作克綫當在赤道北二十一度十九分順天西十六度四十一分城居山嶺間跨嶺築堞以甎爲之環以溝池周圍約二十餘里居民六七百戶城內有人煙處僅四分之一寺廟多至二十餘處部內小部凡三十二稱爲三十二孟或作猛譯言邑也景東酋置官治之酋取於民者無常征有常備兵三萬人部境居兩江閒爲兩江閒最高處山峻聳水奔流景東之東有景坎部或作江壄景東之屬部也部酋爲景東酋之弟景東屬英景坎亦類及之故列怒東七撣之二其疆域東逾瀾滄江與安南之北圻接北接車里宣慰司車里首城在赤道北二十一度五十八分順天西十五度三十六分西瀨瀾滄江一名江洪首城名孟攸在赤道北二十一度二十二分順天西十五度五十二分城近南雷河後倚岡巒部境產寶石及五金礦景東之西北有芒浦部怒東七撣之三西界怒江與木梳接首城同名在赤道北二十一度五十一分順天西十七度五十一分

芒浦之北有孟隆部怒東七撣之四疆域跨怒江東西故分偁東西孟隆西境接南省賦東境接孟連宣撫司孟連首城在赤道北二十度二十分順天西十六度五十一分首城在怒江西同名在赤道北二十二度三十分順天西十七度四十九分孟隆之北有麻塔部怒東七撣之五疆域略跨怒江之西西與南省賦接東接孟連宣撫司無首城可紀麻塔之東北有卡瓦部或作猍狋怒東七撣之六疆域西界瑣麥東南接孟連宣撫司東北接耿馬宣撫司（耿馬首城在赤道北二十三度二十六分順天西十六度五十九分）無首城可紀卡瓦之西北有瑣麥部卽舊所偁葫蘆國也怒東七撣之七疆域西界怒江與北省賦聯東北接耿馬宣撫北界孟定土府（孟定城在赤道北二十三度三十二分順天西十七度三十一分）首城名葫蘆大約在赤道北二十三度十餘分西瀕怒江處乾隆十一年石屏州民吳尚賢者家貧走徼外葫蘆國酋長狂之與開茂隆銀廠廠大贏聚衆至數十萬尚賢部勒之有警輒率衆出戰所向無敵遂西與貴家宮裏鴈並雄徼外羣夷憚之後尚賢思得　朝旨爲葫蘆國王因貢京師卒不得怏怏西行大府忽追戹餓死之尚賢死而廠徒散羣夷自是輕漢人矣滇人每言吳尚賢宮裏鴈若在豈有邊患故至今惜之以上七部舊屬緬今均屬英雲南徼外怒江兩岸均係石壁急湍驚瀧舟行甚險因之兩岸至絶居人至景東芒安以下水道始暢隨處有木商佳埠故英於芒安以北怒東各撣部收爲屬地者不過仍緬甸之舊芒安以南怒江之東舊均屬暹羅英人因怒江之暢行也遂爭怒東地而有之如喀倫尼山嶺部疆域跨及怒東馬克模之東南在怒江東南岸者有孟摩美薩公孟達孟階特孟亭等部皆是也蓋兩國以水爲界者水道之利兩國共之英人不欲與暹羅共利必爭得

兩岸之地而後已其用心誠險其既得香港又奪九龍用心亦猶是也

野人山地

騰越維西之西亞薩密之東喀木桑阿吹鐘城之南北緬之北有曠地名野人境卽一統志及和寍西藏賦所言之羅喀布占國瀛寰志略謂爲貉貐野人明代有茶山麻里兩長官司卽今野人境師範云茶山麻里前明設有兩長官司明季時爲野人所驅奔入內地爲齊民其地閉不通久矣西人俑其種爲格古斯人藏呼其人爲老卡止格古與卡斯與止皆一聲之轉實一名耳赤髮黃睛樹皮爲衣夜宿樹上醜惡兇悍逢人卽殺無酋長約束藏人犯死罪者解赴此間羣老卡止分而喋之其疆域大約南起大盈江兩岸西麓爲新街東北六七十里之蠻隴東麓爲盞達西南三四十里之蠻允卽騰越西南邊也自此北迤於怒江與伊洛瓦底江之間山東爲雲南邊之古勇箋西山西爲瀬伊洛瓦底江之允昌戛鳩西人名此種人爲拉開伯陽麥崙頗通人性蓋半化之熟番也再北傍恩梅開江卽伊洛瓦底江東源而居者爲薩騰種其地當在老窩六庫兩土千總邊外卽內地所稱狱夷其人能築磵堡以禦外患隱藏密箐中過客悍之薩騰種之西傍邁立開江卽伊洛瓦底江西源而居者爲格古斯種人類蔓延北及喀木西及更的宛江與亞薩密接此種最野略具人形而已卽藏人所謂老卡止分喋人肉者其北有地日坎坻產椽樹甚著其南有邁羅薩套村在邁立開江西畔聚居華民百餘人皆自古勇箋西遷去者代椽樹皮煮鹽淘金爲業其椽樹檕運至允冒新街利市三倍近邁立開江更的宛江發源處均產琥珀礦形狹而圓長至三寸亦奇珍也先謙案野人衞藏

圖志稱爲戳㮚
烏魯爾兎族

緬甸地近熱帶氣候常炎熱西南臨海尙溫潤而不乾燥北境深林密箐水土之惡劣略與暹羅等然土地肥沃礦產豐饒有伊洛瓦底江之洪流以資轉運識者謂暫雖榛莽久必開通民口七百五十五萬四千四百十人性情怠惰乏忍耐通國崇信佛教者約十之八其回教及天理天性教居十之一印度教與耶穌教居十之一舊雖爲亞洲王國然聚羣土司爲治政教未嘗畫一其境內計四千六百餘土司世守尺寸之地各自偁雄強則臣服弱則相角朘民脂膏恣其暴虐緬王復昏庸多忌自殘其動舊親戚以覆本根以區區數千里之土地供數千虎狼之蹂躪雖欲不亡得乎自屬英後英人設官治之而北部土司之大者仍未鋤滅但部勒之使僅衣食租稅而已蓋欲以治印度者治緬甸也其地歸印度長官統轄所築鐵路於十年前計千七八百里近年增修已抵八莫及孟拱加長殆千餘里物產有稻米材木棉花煙葉野茶櫞樹膠獸類以象爲最多人家畜之等於牛馬使之引重致遠惟白象國人均尊異之奉之如神明其他虎豹犀熊均有水族饒魚鼈尤多鱷魚礦產以金銀寶石琥珀爲珍貴商埠之大者在南爲仰光爲巴森爲穆爾疊爲厄開培在北爲八莫爲蠻得勒爲阿馬拉普剌爲阿瓦爲織耿商民分二等一爲行貨之商一爲居貨之賈華人旅其地者甚多人皆忠信謹愿又習其風土故緬人最信賴之

恩丹們羣島

恩丹們羣島雷志云山嶺重疊最高者二千七百三十英尺樹林茂盛面積二千五百英方里人二萬五千口　勃雷耳埠遷居罪人之地先謙案雷志恩丹們列國學會二圖作阿達曼有北阿達曼中阿達曼南阿達曼利特阿達曼諸島世界圖作安達滿在孟加拉灣問答作安達瑪平方圖作安答曼紀程作安達門云分南北中三島在尼科巴羣北約二百七十里城曰巴特布來英隸於印度管轄值孟加拉海東緬甸地那悉林部西

尼科巴羣島

尼科巴羣島雷志云在恩丹們之南面積六百二十四英方里人六千九百口地產椰子先謙案雷志尼科巴列國學會二圖作呢古巴拉有喀爾呢古巴拉喀摩爾塔小呢古巴拉大呢古巴拉拉諸島問答作尼哥巴平方圖作尼古巴士地值緬甸地那悉林部西小島盡處去麻喇甲蘇門答臘不遠世界圖作尼口巴在孟加拉灣英人於此立州辻志數印度十二州其一爲安達滿州及尼口巴卽此

賜進士出身　特賞內閣學士銜前國子監祭酒翰林院編修加三級臣　王先謙謹撰

暹羅國　坿馬來諸州

暹羅國

徐志云暹羅南洋大國也北界雲南東界越南南臨大海西南連所屬各番部西界緬甸西北一隅界南掌其地古分兩國北曰暹南曰羅斛後合爲一國有大水二一曰瀾滄江（西征紀程云瀾滄江西人呼爲湄公河）發源青海歷雲南入暹羅之東北境至東埔寨入海一曰湄南河發源雲南之李仙把邊等河至暹北境會諸水成大河至羅斛南境入海海口曰竹嶼由竹嶼入內港至曼谷（一作萬國）都城長千數百里水深闊容洋艘出入大城皆在河濱一最著者曰湛地門曰萬巴曬故都曰猶地亞在湄南河上游沿河一帶居民皆架屋水中華人構瓦屋樓閣相望土人所居皆蘆蓆湄南河勢緩而散田疇藉以肥沃農時掉舟耕種插秧畢而河水至苗隨水長不煩薅溉水退而稻熟矣米極賤每石值銀三星時載往粵東售賣王衣文彩佛像體貼飛金用金皿乘象輦以閩粵人爲官屬理國政掌財賦俗崇佛僧沿門募食各施精飯食餘則餉鳥雀蘭若無舉火者又信番僧符呪一種人善呪法刀刃不能傷名爲共人王養以爲兵衞犯事應刑令番僧以呪解之方與施刑西界有大城曰馬耳大萬耽（謙案馬耳大萬卽馬達般地屬緬甸徐誤）南界有大城曰剌郡（案剌郡見下）皆著名富庶之地國之西南有斜仔六坤宋卡大哖吉連丹丁噶奴諸番部皆其屬國所產者銀鉛錫沈香速香降香象牙

犀角烏木蘇木冰片翠毛牛角鹿筋藤席佳紋席藤黃大楓子豆蔻海參燕窩海菜其入貢由海道抵粵東又云郡國利病書言暹與羅斛二國地古赤土及波羅剎也（案赤土非暹羅斛見下）暹國土瘠不宜耕藝羅斛平衍而多稼暹人歲仰給之隋大業三年屯田主事常駿等自南海郡乘舟使赤土至今訛傳爲赤眉遺種元元貞初暹人常遣使入貢至正間暹始降於羅斛而合爲一國明洪武初遣使朝貢進金葉表七年九年二十年皆入貢二十八年遣內臣趙達宋福等使暹羅祭故王賜其嗣王文綺永樂元年遣使賀即位自是入貢不絕十七年遣使諭其國王俾與滿剌加（即麻六甲）平十九年遣使貢方物謝侵滿剌加之罪自正統至嘉靖間入貢如常期按暹羅自我　朝定鼎後修貢職尤恭謹乾隆中國爲緬甸所滅旋恢復故王無後推立大酋鄭昭爲長（即中國人）子華嗣立　詔封爲暹羅國王相傳至今焉暹羅爲蠻方大國隔以安南緬甸與中國地界相接者僅滇省邊徼之一隅故自古無擾邊之事而恪修貢職自元明迄我　朝五六百年無改易慕志云緯綫自赤道北四度至二十二度經綫自順天偏西十一度至十八度長四千里廣千五百里總計百八十萬方里謝志云地居印度支那土股之中間在北緯四度至二十一度東經九十六度至百九十度面積二百二十萬方里政體由王專制位世襲王侯貴族干預政權王弟太子尤甚稱爲亞王各部大臣分司庶政國分四十一省各有守令即爲議員助王擬定律法昔年政頗苛虐近來西法改革頗有可觀東北爲南掌地有老撾族各分部落有酋長治理陸軍有常備兵民兵男子二十一歲入營練習惟納免役稅者則否聘歐人爲兵官新軍約二萬人兵械堅利宮中侍衛有女兵海軍有大巡

洋艦二礮船五小兵船十水師數萬武員多任英人講義云與日本親密時聘日本人爲各省顧問官許考云國舊制縣隸於府府隸於大庫司略似中國布政使矢志云國人自稱曰摸安舍伊（識志作大伊）蓋自由王國之義課程云暹羅在亞洲極南地觜之中段北當中國雲南南徼外東界越南西界緬甸東南界柬埔寨西南界緬甸馬來隅南臨暹羅海灣而暹羅之北雲南之南瀾滄江之西怒江之東有景東（在最北當車里之西南）景邁（在景東之南偏西）景線（在景東之南偏東景邁之東北）蘭邦（在景邁之南）南貢（在蘭邦之東南）猛波勒（在南貢之東偏南）猛奈（在景邁之正東猛波勒之東北）等七土部即明代之大小八百媳婦也大約南自北緯十八度北盡於雲南之邊暹羅之東越南之西夾瀾滄江而居者則有老撾土部老撾爲種人之偁蓋古哀牢夷種延徧於西南徼外者明史土司傳作老撾　皇朝通典一統志作南掌（或作覽掌）又或呼爲撾家其首部曰隆勃剌邦（在瀾滄江東岸北當龍谷河入瀾滄江之口思茅廳東南約六百里赤道北十九度五十四分順天偏西十四度二十分先謙案平方圖作瑯普拉旁圓球圖作薩恩塔普拉）又有農蓋（在隆勃剌邦之東南瀾滄江南岸）邦塞（在農蓋之東北瀾滄江南岸）薩亞布利（在農蓋之東南瀾滄江西岸）幾麻剌（在薩亞布利之南偏東瀾滄江西南岸）等部皆老撾之屬也暹羅之西緬甸之東夾怒江而居者則有撣人即漢代之撣明代六宣慰中之木邦及木邦所分之孟密宣撫司地也大約南自北緯二十度北盡騰越邊外東南入怒江各水旁地及抹能江（入伊洛瓦底江之水）旁地皆是暹羅以北之七部西人又以景東爲撣人餘六部爲老撾種故老撾與撣之北壤實爲相錯撣人本屬緬甸自緬爲英有而撣反無所屬（近閒有屬暹羅）老撾本自立自越南爲法有暹羅慮老撾之或爲法侵奪乃遺官駐治以保護之茲以暹羅北之七部及老撾各部坿入暹羅畺域計之南自北緯四度北盡北緯二十度東自順天偏西九度

西盡順天偏西十八度南北長約三千里東西廣約千六七百里面積二百三十五萬千九百三十二方里　雷志云有**湄南河灌漑之近因東部爲法人所占其國境不能過湄江以東面積二十三萬二千英方里**講義云自西境外多爲獨立土人所占國境不能明畫加以歐洲諸國乘隙拓地侵其國土千八百九十三年法人奪其湄公河左岸一帶地千八百九十五年英在馬來半島南部又取得管轄之權此其最著者也又云領土面積不明略舉其數本土十六萬英方里所領馬來諸州三萬八千英方里湄公河出西藏經雲南由撣人諸州入境至東埔寨交趾支那入海其流域皆膏腴湄南河出北方山中流八百英里下派貫磐谷屈曲注暹羅灣辻志云面積約二百八十八萬方里分暹羅國及馬來半島二部西北山嶽綿亘高峻中原土地平坦媚公河案媚係湄之字誤公則江之音變東流安南之交界湄南河流於國中行千五百里地入熱帶故四時炎熱多雨課程云地勢北高而南低蓋江以南幹山自瀾滄江發源之格爾吉山分支南迤於瀾滄江與怒江之間經喀木境入雲南境至景邁北分爲二大支西支南迤於怒江與湄南江之間而南盡於馬來隅南背東支南迤於瀾滄江與湄南之間而南盡於東埔寨當景邁之北層峰疊巘羣山所宮迆南分支漸多地勢亦隨之而漸低瀕湄南江左右之地長千里廣四百餘里均爲平壤沃土瀕海一帶則變爲卑溼矣西人測地者謂景邁各部地高於海面千尺至三千尺至曼谷僅高於海面二十二尺故湄南江上游水流亦甚湍激國大水凡三在東者爲瀾滄江在西者爲怒江二江之間源流稍

短而貫流國中者爲湄南江瀾滄江詳安南篇怒江源出衛地前藏喇薩之北偏西七百餘里布喀池池在平野中其野西圖大山中有巨澤廣袤二百餘里向北流出名哈喇烏蘇東流入喀木境轉而東南流入怒夷界始名怒江又南流入雲南麗江府西邊又南入永昌府境經高黎貢山之東至龍陵廳之南出邊經景東等部之西木邦等部之東郎撣地也又南爲暹羅緬甸之界名薩爾溫河又南入緬甸境至馬爾達般之南入海湄南江凡二大源西源曰湄濱江出景邁之北山中南流經景邁之東蘭邦之西至阿賴亨暹羅舊都見後之北約五六十里會東北自南貢流來之湄南溫河又南流過阿賴亨之西東南流至拿公薩王之北與東源會東源曰湄南河出猛波利之北山中南流經猛波利之西又南偏西流經雙加羅克之西又南流至北緯十六度處會東北自猛奈及比則奴羅克流來之東大源此源名克定河上遊又名南尼河又東南流與西源會又南流分爲二大支南流入暹羅海灣東支最大經曼谷之西入海湄南上游急流如駛在景邁之南阿賴亨之北有三十二小水交匯貫注兩岸之地頗廣過此則愈下愈大水之勢亦漸緩土脈甚肥湄南江四時皆可行船惟口外十四里處有攔沙潮落時水深僅五尺自江口至曼谷城外水深約二十尺至三十五尺上至拿公薩王城外又淺至三尺有奇又上至阿賴亨城外則沙灘不斷湍急難行矣又云地近赤道氣候常炎熱寒暑表所測極暑至三十六度法表極寒十四度常時二十三度至二十八度近海地時有涼風可以解慍內地多山出雲成雨亦可解暑延爽究竟蒸溼多瘴易生疫病若山中各土部尤爲林箐深密水土惡劣非人所居國中每歲自三月起爲西南恆風多雨其風恆暴自八月起爲東北恆風則旱而燥蓋西南爲海畺東北皆山地耳國制人盡爲兵惟可給假及入貲免役共計陸軍約

八萬人經泰西人訓練者約五萬人海軍有兵輪二十餘艘國之民口共計六百萬南稱而北疏性慈善而勤愼奉佛教近頗知講求泰西各有用學歲入約英金二百萬磅（每英金一磅約合華銀六七兩間有增減）歲出浮於歲入鐵路自曼谷北至猶地亞又東北至沙賴布脫又東至哥賴脫共長四百九十里有奇其通外邦者自曼谷東南經南旺達西西貢西北逾嶺經地那悉林達仰光電綫自曼谷東南達西貢西北達仰光北達景邁計五千餘里民業農湄南江兩岸之地最肥沃宜稻江水每歲四月盛漲乃棹舟播種九月水退收穫凡稼之長茂視潦之淺深有播植無耘耔泛濫所及即爲膏腴遇水漲君率其臣民作樂迎之水退送之所以重農也**人千萬口**过志云人約五百萬口講義云約有九百萬人佛教最盛全國寺院五千餘僧侶六萬餘敎育僧侶主之許考云男子十二三皆出家貴冑不免居廟宇學梵典梵字受僧師服役如奴僕七八九年不等始還俗各從所業故其言曰人生不可不出家不可久出家不出家不知規矩久出家虛度光陰究其所學依然愚魯僧師之無心教誨可知人民喜野味啖蛇蟲食檳榔以黑齒爲美性柔順多游惰居無牀几以藤席竹簟鋪地而坐食無箸以指代死皆火葬課程云人身短小面黃髮黑鼻平脣厚男子翦髮留頂椎髻纏布女子以金銀爲首飾紅草染指甲黑粉塗齒以爲美觀

出口貨值三百十二萬二千七百五十磅米居百分之七十四鹽魚柑胡椒爲大宗多與新加坡香港貿易过志云工業不振每歲交易約四億一千萬元

入口貨值二百二十九萬五千磅

通商實權歸外人掌握謝志云歲入不下二千萬圓出數如之商貨興盛就都城計之歲貨値總額可六千萬圓講義云北部諸州產提克木許考云有羅斛香味淸遠似沈香以地得名課程云物產有鐵錫香木漆茶葉煙葉藤黃藍棉麻橡膠米薯芋蔗糖罌粟椰子胡椒瓜果竹各物尤多大木其質甚堅如楢木烏木文木鐵木松柏之類可造巨艦又有黃木蘇木可供染料獸則多象人家皆畜之調馴供驅使他如虎豹犀熊狼狐猿鹿牛羊灰鼠之屬皆具又多羽毛文采之鳥如孔雀金雞之類是也通國商務盡萃於湄南江上曼谷附近之處有修造輪船廠電氣公司機器碾米鋸木廠各十餘處貨幣有金錢銅三品銀錢名體格每體格約値墨西哥銀錢六角金錢輕重等於銀錢而價十六倍之

鐵路百七十八英里辻志云鐵路起盤谷府南至佩克那磨東達口拉特及巴克鐘電信各地相通全長四千二百餘里謝志云鐵路已成者四百里電綫五千里郵政與萬國聯盟

邦哥都城人二十萬口課程云其地唐以前爲扶南國明四夷考謂即赤土國非也西征紀程云隋書赤土國扶南別種在南海中又云北距大海凡南徼之地北距大海者非海島不可是赤土實島國非暹羅也以常駿王君政所經地望準之赤土當在南洋羣島中殆即今之婆羅洲杜佑通典崖州直南水行便風十餘日到赤土國今婆羅洲正直崖州之南命爲赤土或不大謬吳黃武中始遣使通吳唐貞觀後并於眞臘宋元間暹人羅斛人皆種人名各立國於扶南故地後暹降於羅斛爲暹羅斛國明永樂中始曰暹羅羅斛之未并暹也嘗都阿賴亨比則奴羅克岡本拿公薩王大率自北而南也至是始都猶地亞遂割柬埔寨侵緬甸并麻剌甲且及於瓜哇島矣偁雄海上閱百六十餘年緬甸擺古相繼起屢伐猶地亞明嘉靖中爲緬甸所破隆慶元年國王褔賴拿雷脫率衆復國至 國朝乾隆

中復為緬甸所滅其遺臣鄭昭旋復國始自獨地亞遷都曼谷及昭子華嗣立頗有雄略喜事西人紀載傳鄭昭為羅賴甫底沙魯抗鄭華為法耶沙基利侵略老撾撣人等部咸豐初其王性敏好學通華英語言文字精於天文算學始與歐美各國立約通商同治以來復效法泰西變舊制開利源居然為自立之國矣國有正副二王正居曼谷副居猶地亞爵位體制略相等議政國權副當請命於正惟與各國交涉事則副王掌之分其地為四大部曰京部曰北部曰西南部曰南部均設長官治之各主所轄之政事刑名職略視中國督撫惟幅員甚小設一部之地或不及中國之一府一縣○京部治曼谷先謙案列國學會二圖同卽雷志邦哥世界圖矣志作盤谷湖志作邦華華亦作濱角角作班喀萬國圖作邦國漢文圖譜義纜志作磐谷外國地理作崩曲古圖球圖作班考克又名緬城卽國都也城居湄南江中小島市屢跨江之兩岸當赤道北十三度四十六分順天西十五度五十六分南距湄南江入海口五十三里城內外港汊交貫往來舟楫甚便宮殿街衢頗壯麗商務繁盛貨物以米為大宗他如鐵蔗糖棉花胡椒香料及松楢各木均夥居民土人約十二萬華人約二十萬老撾人約二萬五千擺古人約萬五千馬來隅人約萬五千越南人約萬二千緬甸人約三千泰西人約四千先謙案地在國之南境臨海其外卽暹羅灣以安南柬埔寨在東馬來半島在西夾抱成灣也○北部地居湄南江兩岸轄四小部曰正北部所屬有阿賴亨城古國都在曼谷西北六百七十三里西臨湄濱江北距湄濱江湄南溫江相會處四五十里赤道北十六度五十四分順天西十七度十七分城中居民二萬餘口土沃民富物產饒足比則奴羅克城古撣人國都案撣人當卽暹人在曼谷北六百十里西臨克定江湄南斐江支派赤道北十六度五十分順天西十六度十五分岡木城古國都在曼谷北偏西五百七十四里西臨湄濱江赤

道北十六度三十分順天西十六度五十六分雙加羅克城在阿賴亭之東北比則奴羅克之西北西臨湄南溫江赤道北十七度十九分順天西十六度三十六分比支特城或作比散義在比則奴羅克之南偏東約百里西臨克定江曰北偏東部所屬有沙賴布利城在曼谷東北百八十里北臨奈薩克江西南流入湄南河之水赤道北十四度三十五分順天偏西十五度三十四分居民四千人暹人擬修曼谷至哥賴特鐵路當經此蓋老撾商務所集矣志云東北皆老撾民族昔時爲獨立國今爲暹羅附庸每三年貢獻一次巴舍崩城在沙賴布利之北西臨奈薩克江赤道北十六度十分順天西十五度二十八分布瓦苟城在沙賴布利之北偏東巴舍崩之南偏東西臨奈薩克江赤道北十五度十五分順天西十五度十四分嘎板城在曼谷之東偏北南臨邦巴公河上游赤道北十四度順天西十四度四十三分貝得畱城在曼谷之東偏南西臨邦巴公河西南至海口約百里赤道北十三度四十三分順天偏西十五度十分哥賴脫城平方圖作科拉特在曼谷東北北臨南猛河上游東流入瀾滄江之水赤道北十四度五十八分順天西十四度二十二分爲東埔寨老撾等處陸路通商要地光緒十七年暹人議修鐵路由曼谷經沙賴布利達此案講義云自磐谷經猶地亞至哥賴脫鐵道通凡百六十五英里曰北偏西部所屬有阿剌則布利城在曼谷西百四十七里西臨湄格隆江源西北出地那悉林界山中東南流約五百餘里入暹羅海灣東南距海口約六七十里赤道北十三度三十三分順天西十六度四十一分城西多山有錫礦惟虎狼出林莽間不易開采產桄榔用以製糖蘇木樟木可製染料埘城有礮臺岡布利城在曼谷西北阿剌則布利之北偏西南臨湄格隆江赤道北十四度一分順天西十六度五十六分曰北中部所屬有拿公薩王城古國都在曼谷北四

百十一里西臨湄南江赤道北十五度四十四分順天西十六度二十四分城西瀕水東倚山山上多佛塔居民千二百人蓋昔盛今衰猶地亞一作尤提又名各倫高（圖球圖作阿愛即阿世界地學作阿由加）在曼谷北百十六里居湄南江分支合流之間四面環水赤道北十四度二十分順天西十五度五十一分自明永樂間暹人建都此城近四百年始遷曼谷（纂失志云百三十年以前與緬甸爭戰爲所破壞故遷都盤谷）爲老撾商貨所集居民五萬人多以船爲家以陸居多瘴易病故耳城外有樹林蘆葦周繞畜牧之場頗廣大麻拿羅摩城在猶地亞之北偏西拿公薩王之南偏東西瀕湄南江赤道北十五度二十五分順天西十六度二十九分賓巴坦城在猶地亞東北東瀕奈薩克江赤道北十五度二分順天西十五度二十一分哀達布利城在猶地亞之北偏西麻拿羅摩之南偏東東瀕湄南江東分支赤道北十五度三分順天西十六度八分波羅美城在猶地亞之北偏西哀達布利之南偏東東瀕湄南江東分支赤道北十四度五十二分順天西十六度二分羅佛布利城在猶地亞北波羅美東南西瀕湄南江東分支赤道北十四度四十八分順天西十五度四十八分岡布賴亨城在羅佛布利之東偏北東瀕奈薩克江赤道北十四度五十一分順天西十五度二十二分○西南部在曼谷之北與西所屬曰勃賴都摩大尼城在曼谷北七十五里猶地亞南五十六里赤道北十四度八分順天西十五度五十三分曰貝則布利城在曼谷西南百六十一里東臨湄南貝則布利江（源西出地那悉林界山東流入海）東北距海口三十餘里赤道北十三度七分順天偏西十六度三十三分城西倚山東臨水城仿西式新造城外有王宮亦仿英國溫則宮之制曰古夷城在貝則布利之南馬來隅之北東距暹

羅海灣十餘里赤道北十二度四分順天西十六度三十六分曰博賴痕城在貝則布利之南古柬之北東距海約十里赤道北十二度二十三分順天西十六度三十二分曰邦打平城在古柬之南東南臨海赤道北十一度十二分順天西十六度五十六分。南部在暹羅海灣東西兩岸瀕海要地也所屬曰巴格囊城在曼谷南偏東四十四里案蕭義云自盤谷至巴格囊有鐵道十四英里西臨湄南江南距海口十五六里赤道北十三度三十五分順天西十五度五十六分其地設海關以稽出入貨物江中有島置礮臺扼守居民七千人多擺古人種饒稻米多園圃曰萬巴曬城在曼谷東南百二十五里西北臨邦巴公河入暹羅海灣之口赤道北十三度二十一分順天西十五度二十七分居民三千五百人以華人為多曰湛地門城在曼谷東南六百三十七里瀕暹羅海灣東岸小水南距海口三十餘里赤道北十二度三十七分順天西十四度二十分居民五六千人多華人及越南人商務頗盛華人以華產布匹諸物往售運回者為象牙牛皮木料香品胡椒蔗糖白蠟煙葉鹹魚之屬產紅藍寶石及碧玉緬人居其地開寶石礦十餘年矣居民耕種之暇以打獵捕魚為業案萬巴曬湛地門瀕海大城與餘合皆曰湄格隆城在曼谷西南百八十里南臨湄格隆江入暹羅海灣之口赤道北十三度二十二分順天西十六度二十八分地踞衝要有大礮臺居民皆中國商賈或以煮鹽捕魚為業境內有大鹽池國中取給焉土沃產饒有檳榔煙葉椒葱瓜之屬曰格賴脫城在湛地門之南偏東居暹羅海灣東岸之地嵩上地嵩向南伸出城居嵩北東西均近海赤道北十二度十二分順天西十三度五十六分先謙案矢志云離湄南河口三百五十英里有秦麥府輪船可以直達謝志云水行三百五十海里而達晉美府秦麥晉美皆景邁之音變也據課程所述暹羅輿地有景邁土部云即明代之大小八百媳婦又緬甸下記怒東撣人云一曰景東疆域東盡瀾滄西極怒江南界暹羅所屬之景邁各部即明代之孟艮禦夷府也案景邁以土部而服屬於暹羅蓋亦撣人之屬矣其南境曰克剌地峽(見緬甸疑即徐志所稱剌部)南出延長如帶曰馬來諸州(學會圖作馬來半島西征紀程云西人稱為班南蘇拉峽三面皆薄中有連山如脊世界地學以為喜馬拉雅山餘脈)講義云諸州在馬來半島之北部面積約三萬八千英方里人約五六十萬口所列各邦一吉德二巴大尼(案西征紀程作巴旦尼)三吉連丹四丁噶奴五六坤六森哥剌皆諸土人領先謙案据二圖克剌以南當為一斜仔二六坤濱海有六坤灣三宋卡即森哥剌四巴大尼即巴大年有巴大尼河東北入海五吉連丹有吉連丹河東北入海六丁噶奴地勢由北斜屈而東南以上六國在半島東北面講義不列斜仔又南則彭亨歸英屬地其半島之背有吉德距英屬海峽檳榔嶼不遠有鐵路通山前宋仔自西南而出東北徐志南洋各島云由七洲洋過昆侖越眞臘之爛泥尾趨暹羅內海之西岸地形如股由西北伸於東南中有連山如脊其東小國七極北界暹羅曰斜仔南為六坤再南為宋卡再南為大哖再南為吉連丹再南為丁噶奴皆暹羅屬國極南為彭亨俱由小眞嶼向西分往皆馬來番族倮體挾刀下圍幅幔所產者黃金鉛錫翠毛燕窩海參藤條冰片貿易難容多艘闖廣販洋之船時有至者又云通考四裔門言𡋯仔(即斜仔案西征紀程作赤仔)在西南海中男子服短衣布幔跣足持刀女子穿花色衣被絲幔曳淺拖鞵土產燕窩番錫象牙棉花距廈門水程百八十更六崑(即六坤)與𡋯仔接壤風俗物產相同謝清高海錄言宋卡(一作宋腳)

（闞音譖羅爲讀如克上聲）卡或作宋腒勝在暹羅南陸路十七八日水路東南順風五六日可到疆域數百里土番名巫來由俗不食猪與回回同鬚止畱下頷出入懷短刀自衛男多贅於女家俗以生女爲喜可以贅壻養老也分資財男女各半死無棺椰葬椰樹下不墓不祭王傳位必以嫡子庶子不得立君臣之分甚嚴王雖無道無敢覬覦者婦人窮衣褌男子唯窮短褌裸其上有事則用寬幅布縫兩端襲於右肩名沙郎民見王及官長俯而進至前蹲踞合掌於額立而言平等相見唯合掌於額山多古木產孔雀翡翠瑇瑁象歹胡椒檳榔椰子銀鐵沈降速伽南諸香海參魚翅歲貢於暹羅大呢（即大哖）在宋卡東南陸路五六日水路順風一日夜可到連山相屬疆域亦數百里風俗土產與宋卡略同海艘所泊處謂之淡水港其山多金產金處名阿羅帥中華人多往淘金國屬暹羅歲貢金三十斤吉蘭丹（即吉連丹）在大呢東南由大呢沿海順風約日餘可到疆域風俗土產略同大呢亦無來由種類爲暹羅屬國王居在埔頭洋船灣泊處也種竻竹爲城加以木板僅一門居民環竹外王及官長俱席地而坐裸體跣足無異居民出則有勇壯數十擁護而行各持標鎗見者咸蹲身合掌王過然後起王日坐堂酋長咸入朝環坐有爭訟者皆持燭一對俯捧而進王見燭則問何事訟者陳訴命傳所訟者進質王決以片言無敢不遵者如是非難辨則令沒水（令兩造出外遇道路童子各執一人至水傍暹番僧誦呪以一竹竿令兩童各執一端同沒水中先浮起者爲曲）又有採油鍋法（盛熱油滿鍋取一鐵塊投鍋中番僧誦呪令兩造探而出之曲者手爛直者手不傷）居民皆奉佛甚虔土番居埔頭者多操小舟捕魚早出暮歸居山中者或耕種或樵採唯刹大樹皮圍其下體無屋宇穴居巢處土番俱善標鎗能擲殺人於數十步外爭訟有不能決者常自請於

王願互用標鎗死無悔王亦聽之但酌令理直者先標不中則聽彼反標顧鮮有不中者凡獻餽食物皆以銅盤盛之戴於首而進飲食不進箸以右手搏取重右輕左若以左手取食物相遺則怒爲大不敬云其地有雙戈呀喇頂等處皆產金中國每歲至此者數百人閩人多居埔頭販賣貨物種植胡椒粵人多居山頂淘取金沙納稅按船大小大者洋銀五六百枚小者二三百枚謂之覔頭金其釀酒販鴉片開賭場稅亦特重賭帳追比最力各國多如此食鴉片則吉蘭丹爲甚其土產爲檳榔胡椒爲多以金三十斤爲暹羅歲貢（此言巫來由土俗最詳錄之以例其餘）丁加羅（即丁噶奴）在吉蘭丹東南由吉蘭丹沿海約日餘可到疆域風俗與上數國略同而富強過之各國俱喜養象丁加羅尤甚聞山中有象先以木柵圍之由遠而近俟其饑困然後用馴象勾致之土產胡椒檳榔椰子沙藤冰片燕窩海參油魚鮑魚帶子（蚌類似江瑤柱）紫菜孔雀翡翠速降伽南諸香胡椒最佳甲於諸番歲貢暹羅安南及據噶羅巴之荷蘭彭亨見下徐志又云沙剌我西北曰吉德（一作計達）後山與宋卡毘連土產相類（詳後海峽屬地下）

英領馬來諸國

潘劣克　沙剌我　聖皆烏藏　尼格里諸小國　彭亨　朝霍

爾雷志云馬來諸國歸英保護者面積三萬三千二百八十英方里人六十二萬口多在新加坡貿易出口貨錫（先謙案講義馬來諸州云馬來半島

之地山嶽彙集山脈有聳至八千尺以上者至南漸次低下物產以錫為大宗世界之錫此供其半又產金鐵良材米岡比亞胡椒等動物有虎豹象犀蛇鱷魚半島南部諸土人所領即為英保護馬來諸州面積三萬五千英方里人八十萬口或云百萬一潘劣克在最北部土人領地沿岸甚低平內地則山脈連亘錫為本州之富源首府太平英國官吏駐之鐵道已成者八十英里面積一萬英方里人二十一萬五千口二沙剌我（圜琳圖作薩拉恩果杜宗頴云一作石蘭峩古石闍耶）在潘劣克之南首府夸剌隆普爾鐵道已成者七十英里面積三千英方里人十六萬口三尼格里色米蘭聯邦聖皆烏藏土人領者勤普土人領勤母波土人領丹平土人領其最重要者也全面積二千六百六十英方里人八萬餘口四彭亨在半島之東側首府彭坑面積一萬英方里人七萬口五柔佛在半島之南端產鐵最多錫次之首府新柔佛對新加坡面積九千英方里人二十餘萬口案雷志無柔佛講義無朝霍爾是朝霍爾即柔佛也列國學會二圖有沙剌我彭亨柔佛及沙剌我之首府夸剌隆普爾餘漏載世界圖彭亨作旁恒徐志又云（與上引丁噶奴刻樓）彭亨在丁加羅南由丁加羅陸路約二日可到疆域風俗民情均與上數國同亦產金而麻姑所產為最土產胡椒冰片沙穀米由彭亨東南行約日餘復轉西入白石口順東南風約日餘則到舊柔佛又薄海番域錄言彭亨一名彭坑土沃候溫宜稼饒蔬果俗尚佛殺人血祭明洪武中貢方物余按明初入貢諸國有彭亨之名而丁噶奴以北六國無聞或因風事暹羅荒服附庸不能自達於中朝耳眞臘盛時常并有鳩密富那迦羅諸國當即斜仔至彭亨一帶其人僳體與眞臘同俗蓋皆狼䐨僳國之種類也徐志又云沙剌我亦馬來

番國山中皆黎人裸體跣足不與馬來爲婚舊柔佛在彭亨後疆域亦數百里風俗與彭亨同並詳海峽屬地下

英領海峽屬地講義云海峽屬地者馬來半島極南之新加坡西岸麻剌甲威司爾西方檳榔嶼等地之總稱先謙案與上暹羅所屬六坤諸州英屬潘劣克諸國同一半島地雷志置緬甸暹羅之間今移此

檳榔嶼　麻喇甲　新加坡辻志云海峽殖民地在馬來半島南端北接暹羅西南隔馬剌加海峽以對馬來羣島之蘇門答臘東隔南海與婆羅洲相望面積約九千方里分馬剌加案即麻喇甲新加坡彼南島案即檳榔嶼三部而馬剌加接壤大陸新加彼南皆海中小島其地勢狹長邱陵縱貫其中不甚高峻湖河無大者氣候炎熱夏雨屢至可減酷暑英國命官駐新嘉坡統轄政務有參事院參與行政歲收額千四十萬元支額千十二萬元土產米糖胡椒藍金香料林木繁茂電綫通各處口岸

雷志云英屬地包有鄰近諸境全面積千五百四十三英方里人五十一萬二千三百四十二口入口貨值千九百六十六萬六千磅出口貨值千七百十三萬七千三百六十磅錫香料染料樹膠卽檳榔膏也本名甘瀝可入藥爲大宗貨物入口隨卽出口爲轉輸所經之地而巳多與英本國印度荷屬東印度羣島馬來半島貿易入款四十

一萬千四百五十磅國債無

徐志南洋各島云過昆侖入白石口轉而西北卽彭亨至斜仔一山之背地形如帶與蘇門答臘相對彭亨之南當地盡處一谽谺成內港有地曰息力（一作息辣一作實力英人名爲新加坡一作生嘉坡又作新奇坡又作星隰伯克）嘉慶二十三年英人取之免稅以聚商船東西商貨畢萃爲南洋西畔第一埔頭每年交易之貨價數千餘萬圓英人築樓館以居戶口無多閩廣流寓萬餘人馬來土人蕪吉客氏居海濱由新加坡循海岸而西北三百餘里曰麻喇甲（卽滿剌加一作麻六甲）本暹羅屬國前明時葡萄牙據之又爲荷蘭所奪嘉慶間地歸英立爲埔頭繁盛不如新加坡其西西北海中有島曰檳榔嶼（案萬國圖作庇能島世界地學作卑南港外國地理作偏難島）英稱新埠山水清勝居民五萬四千英有大酋駐新加坡總理三埠貿易之事由麻喇甲西北過紅毛淺有沙刺我國亦馬來一番部山中皆黎人裸體跣足不與馬來爲婚沙刺我西北曰吉德（一作計噠）後山與宋卡毗連土產相類閩粵商船間有至兩國貿易者過此則緬甸南界接連印度諸部稱爲小西洋內地舟楫不能往矣又云明史柔佛近彭亨一名烏丁礁林萬歷間其酋好搆兵鄰國丁機宜彭亨被其患華人販他國者其人多就之貿易時或邀至其國國中覆茅爲屋列木爲城環以池無事通商於外有警召募爲兵稱強國焉字用茭蔁葉以刀削之見星方食歲序以四月爲首死者皆火葬產犀象玳瑁片腦沒藥血竭之類又謝清高海錄言舊柔佛在彭亨之後陸路約四五日可到疆域亦數百里風俗與彭亨等國略同爲巫來由種類本柔佛舊都後柔佛土番徙於別島故名舊柔佛嘉慶年間英人墾闢土地招集商民薄其賦稅數年來海船輻輳樓閣連亘遂爲勝地番人稱其地爲息辣閩粵人謂

之新州府亦或作新加坡土產胡椒檳榔膏沙藤紫菜余按息力舊本荒僻小番部無足輕重自英設埔頭遂爲東西扼要之地英船東來至息力如歸故土行旅之困乏或取辦於此近年中國盛傳新奇坡意其爲廣土衆民洋洋大國不知固海濱一壓也又云郡國利病書言滿剌加國古哥羅富沙也漢時常通中國後爲頓遜所羈屬其國傍海山孤人少受役屬於暹羅每歲輸金爲稅明永樂三年遣使入貢十年命太監鄭和等統官兵二萬七千餘人駕海舶四十八艘往諸番島開讀賞賜封酉利八兒達剌爲國王九年七月嗣王拜里迷蘇剌率其妻子陪臣九百四十人來朝京師厚加賞賜歸後嗣朝貢不絕按滿剌加麻剌甲也先謙案講義新加坡島云隔俄爾託海峽接半島之南端中間相距一英里島長二十英里廣四十英里（杜宗顛云英人購自義火可擺土番爲屬地）產鳳梨岡比亞胡椒甚盛島南新加坡港爲世界大商業中心地自中國日本澳洲來之商品與歐洲印度西來之貨物於此互換明治三十四年輸入額二萬萬五千四百十二萬八千三百十五弗輸出額二萬萬一千十萬八千八百二十六弗入口貨錫米煙草木棉織物香料石炭檳榔膏糖出口貨錫米加達貝爾的香料岡比亞藤魚類曬木棉糖物其大宗也自日本輸入者石炭燐寸漆器布絹人力車洋纖銅等物歲値七百六十六萬千七百三十八圓輸往日本者錫米皮藍生綿等物歲値百四十六萬四千九百十九圓新加坡與香港俱未設稅關繁華相埒千八百二十六年與麻六甲檳榔嶼同爲海峽殖民地又麻六甲云此島最古之殖民地也千五百十一年葡人阿爾普克爾克始占領之後爲荷奪千八百二十五年歸英昔時貿易甚盛自新加坡開闢稍衰退矣又威爾

士云千八百〇〇年歸英領區域甚小然地味豐饒產米胡椒曹典球云野誌言威爾士在檳榔島對岸長七十二籵廣六籵或十七籵面積六百九十方里又檳榔嶼云千七百八十六年屬英距新加坡西北三百六十英里隔半島止二英里本良港貿易雖爲新加坡所奪地方商業實盛又丁丁諸島云千八百七十四年合併在檳榔嶼南七十英里謝志云新嘉坡一名星嘎波長八十里廣二十里面積二千方里居民約二十萬首府同名在島東南殖民地總督駐此麻喇甲首府同名產米糖樹膠居民九萬檳榔嶼面積一千方里居民二十四萬首府曰卓支盾

英領坎林羣島　克力司墨司羣島

坎林羣島雷志云面積八英方里人六百十一口克力司墨司羣島雷志云面積三十九英方里人二十二口案人下有脫文均在印度洋內賴英保護地產椰子先謙案講義云坎林羣島又名科科司島在瓜哇之南五百英里海中合二十餘珊瑚島而成千六百九年爲船長坎林所發見克力司墨司島在瓜哇之南二百英里森林密深千八百八十九年併入英領

法領安南國

安南國徐志云越南卽安南古之交阯秦後唐前皆隸中國南界之林邑漢末卽自立爲國後稱占城國安南至後五代時

乃列外藩後併占城爲一國復兼眞臘北境爲安南故地南境爲占城眞臘故地稱曰廣南北界中國廣東廣西雲南西界暹羅東南面大海都城曰順化在富良江南岸衣冠仍唐宋之制坐則席地貴人乃施短榻取土用策論詩賦設鄉會科士大夫皆好吟詠國分四十餘省一省所轄止數縣文武官名略同內地總督皆阮姓王族也鴉片之禁甚嚴犯者立寘重典東南臨海有都會曰祿奈（或作蔴懶一作龍奈一作農酬）占城之故都也南境臨海有都會曰東埔寨眞臘之故都也閩廣商船每歲往來貿易別國商船入港譏防甚嚴權稅亦重諸國惡其煩苛故市舶罕有至者土產番木沈楠諸香鉛錫桂皮象皮燕窩魚翅之類又云郡國利病書言安南秦隸象郡漢武帝置交阯九眞日南三部建安中改爲交州前五代並因之唐初改安南都護府安南之名始此五季梁貞明中爲士豪曲成美所據自是迭相爭奪有丁部領平之宋乾德初內附詔以爲安南郡王部領傳子璉及璿大校黎桓篡之至子龍廷爲李公蘊所篡傳八世至昊昰無子女昭盛立避位於夫陳日照詔封日照爲安南國王明洪武間陳煒爲其臣黎季犛所弒季犛子蒼更名胡奃國號大虞永樂二年老撾送故王陳日烜孫天平至命奃迎還故主奃陽奉命天平至伏兵殺之命朱能張輔沐晟討之擒黎季犛及蒼復安南爲郡縣立都布按三司分十五府五州後中官馬騏貪黷土官黎利乘之爲亂宣德元年王通柳升討之升敗死通棄地與利盟而退宣宗遂棄安南命利權署國事嘉靖元年黎譓爲其臣莫登庸所篡命仇鸞毛伯温討之登庸面縛降以爲安南都統使案莫氏之後復爲黎氏所奪併占城爲一國稱占城爲廣南以大酉阮氏世守之漸成尾大

本朝乾隆末黎維祁爲廣

南大酋阮光平所逼棄國來奔大兵征之光平尋乞降入　朝受封傳子光纘爲黎氏之甥阮福暎所滅福暎請更國名改封越南國王又云郡國利病書言占城古越裳氏地在交州之南秦爲象郡林邑縣漢末大亂功曹子區連殺縣令自號爲王謂之林邑國數世後其王無嗣甥范熊代立傳子逸晉咸康二年逸死夷奴范交篡立都典衝侵擾交州進寇九德傳子佛孫胡達屢寇日南九眞交州遂至虛弱至胡達孫文敵爲扶南所殺大臣范諸農平其亂自立爲王傳子陽邁孫咄宋元嘉二十年使宗慤檀和之討之乃遣使朝貢隋初未賓服遣劉方甯長眞伐之其王梵志遣使謝罪於是朝貢不絕唐貞觀中王頭黎死子鎮龍被弑立頭黎女爲王國人不服更立頭黎姑之子諸葛地爲王妻以女國乃定周顯德五年王釋利因德漫遣使朝貢始自稱占城國有宋一代屢入貢時時與交州搆兵乾道四年占城以舟師襲眞臘入其國都慶元五年眞臘大舉伐占城殺戮殆盡俘其王以歸國遂亡其地悉歸眞臘因名占臘云其後國王或云眞臘人或云占城恢復無可據者元世祖至元十五年遣使貢方物奉表降十九年以其國王孛由補刺者吾既內屬即其地立省而其子補的負固不服遣晙都征之自廣州航海至占城港分遣陳仲達等由瓊州三道攻之入其國其王逃入山遣使求歸順復潛殺使臣晙都轉戰至木城下阻隘不得進遂引還後雖歸款終無順志明洪武元年遣使入貢二年遣行人吳用賜以璽書自是常修貢職迄嘉靖年閒朝貢不絕余按占城自漢末自立爲國相傳千有餘年後爲安南所併名其地爲廣南今王安南之新阮舊阮皆由廣南藩封得國蓋江黃不祀久矣又云郡國利病書言眞臘一名甘孛智一作甘莫惹又作澉浦只

又作干波底阿俗稱柬埔寨本扶南屬國隋時始通中國唐貞觀初幷扶南而有之唐人虯髯客傳疑是寓言扶南卽狼朧倮國其先女子爲王號曰葉柳柳音聊其南有徼國人名混浩來化葉柳遂以爲妻惡其倮教著貫頭國內效之男子下體著橫幅曰水幔其後天竺僧憍陳如有其國教國人事天神每旦誦經呪故易世既久眞臘重僧云唐永徽初幷有鳩密富那伽乍武令僧高等國神龍以後國分爲二其南近海號水眞臘其北多山阜號陸眞臘後復合而爲一及滅占城號爲占臘役屬參半眞里登流明蒲甘蒲甘卽緬甸等國各領聚落大城者十餘地方七千餘里元元貞中遣使招諭之乃始臣服明洪武永樂年間累次朝貢眞臘城周二十里戶口二萬餘石濠廣二十餘丈屬城三十各數千戶王宮及官舍皆面東城門上有石佛頭五飾其中者以金當國中有金墖金橋王宮正室瓦用鉛歲時相會則羅列王猿孔雀白象犀牛於前飲食用金盤金盌故俗稱富貴眞臘云又海國聞見錄言柬埔寨介居兩大國之間東貢安南西貢暹羅稍有不遜水陸各得幷進而征之余按據顧書則眞臘在明初尚稱富盛據陳錄則眞臘在　國初尚存小國今則爲越南之嘉定省不知何時夷滅蓋安南雖累世通貢而蠻觸相呑向不入告故占城眞臘之亡於何時未有能言之者課程云　國朝康熙中黎氏爲安南國王既而權歸鄭阮二氏阮據順化號廣南王鄭執國柄乾隆中阮幷鄭氏遂滅黎氏而有其國黎氏甥阮福映者舊封農耐今順平號舊阮別順化之阮爲新阮嘉慶中以暹羅兵取順化滅新阮遣使陳復仇狀　詔封越南國王以農耐爲古越裳地其南境之林邑國歷魏晉以來區氏范氏有其地隋唐之間置爲羈縻州後復立諸葛氏號占城國宋元常入貢明末爲安南黎氏所滅

卽新阮所據地占城西南有眞臘國卽今東埔寨及法蘭西所領交阯地也隋時始通中國唐時又名吉篾國後以南近海之地爲水眞臘北倚山之地爲陸眞臘宋元明常入貢明代始名甘孛智卽東埔寨轉音也乾隆中東埔寨南境爲新阮所併於是占城與水眞臘均入於越南咸豐七年法兵犯越南圍西貢城（在水眞臘）數年不解同治二年越人始割水眞臘地請和六年法人復以東埔寨爲屬國光緒九年法越交兵越不敵全國遂爲法有法分其地爲四區曰東京曰中國曰交阯曰東埔寨曰法蘭西交阯東京與法蘭西交阯均由法人設長官主政務中國交阯仍立阮氏王與東埔寨同爲法人保護國地居熱帶之中氣候四時炎熱夏季爲西南候風風所挾之溼氣皆爲安南山所遮故東境少雨至冬季東南風起能輪送中國南海之溼氣故雨澤頗多土人業農商軀幹短小顏色黝黑椎髻不翦髮衣寬博結茅爲矮屋以居鐵路在法蘭西交阯境內者三百六十三里東京尚在鋪設西貢海防常有汽船往來香港新嘉坡以便郵政電綫在國境者凡五千三百七十三里貨幣度量衡均同法

雷志云交阯在湄江下流面積二萬三千百七十英方里人二百四十萬口（課程云）

法蘭西交阯在安南之最南境東北界中國交阯北界東埔寨西臨暹羅海灣南與東瀕中國南海古水眞臘地也乾隆中爲阮氏所有於其地置六道北合占城地之四道稱爲南圻十道同治二年爲法人所奪始有法蘭西交阯之名其地自東北至西南長六百餘里廣約半之瀾滄江自北而南入海貫流其中瀕江地饒沃（瀾滄江自入東埔寨境兩岸之地遇夏初水漲泛濫所至禾遂大熟土人呼其地爲穀倉）地皆平坦近海多陂澤人百

九十一萬六千四百二十九口安南人土人白人雜居法置總督駐西貢城城東臨西貢河（西貢城一名柴棍卽南圻十道之嘉定元周達觀眞臘風土記言屬郡九十餘中有雖棍當卽此）南距海口約百四五十里爲各國通商繁富之地法兵船駐此常駐法兵千八百三十人土兵二千八百人海口礮臺堅固法人視爲守護安南重地歲入三千三十二萬七千三十三佛郎歲出等於歲入產米棉煙草甘蔗牛材木

東京在紅河面積十一萬九千七百英方里人千二百萬口

課程云東京在最北北接中國之雲南廣西南界中國交阯東臨東京海灣西鄰老撾漢交阯合浦九眞等郡地阮氏之北圻十六道也其地大約居北緯十七度三十九分以北（北盡中國界）南北長約千餘里東西北廣南狹廣處約八九百里狹處僅二三百里西北多山東南平坦中有富良江亘流人約千二百萬口多中國人種土人則怠惰不任事近有白人居之土人奉佛教白人奉基督教法設長官治之（辻志所謂安南總督）駐河內（一曰東京新阮以前國都漢爲交阯郡治唐爲交州治又爲安南都護府所駐又曰安南府明永樂中爲交州府治先謙案講義云越南以交阯爲東京廣南爲西京故河內省有東京之名謂之唐外又謂之北圻）東臨富良江（案富良江自雲南蒙化元江流入越南覽諸志謂之東京河謝志云卽盤龍李仙梨花三江合成注入東京海殷講義謂之紅河一名梭加阿）東南至富良江口約三百里通貿易街市繁盛常駐法蘭西兵萬一千四百七十五人土兵六千五百人歲入約千七百三十二萬一千佛郎（二十五佛郎合英金一磅每英磅合中銀或六七八兩不等）歲出約千七百三萬四千六百二十佛郎物產有石炭銅鐵米甘藷緜煙草胡椒椰油生絲東京之東偏南約三百里有地名海防臨東京海灣市埠也（案講義云苙山有海防爲重要貿易港辻志云賽濱河口有海防口岸）爲各國通商處其地不居富良江口有港汊可通河內能行小汽船

東埔寨諸保護

國面積四萬五百四十英方里人百五十萬口課程云東埔寨在中國交阯之西南東界中國交阯北之東界老撾北之西界暹羅西臨暹羅海灣南界法蘭西交阯古眞臘國地唐以後名陸眞臘宋時又爲占臘地明史稱爲甘孛智後或稱甘破蔗萬歷後始有東埔寨之名近人所譯或作干波底亞皆一聲之轉耳唐宋以來入貢不絕同治中始屬法其地東西長約千里南北廣約五百里東境有瀾滄江貫流西北瀕湖西南臨海皆膏腴也人約百五十萬安南人土人雜居奉佛教有土酋爲法保護常駐法兵三百人酋都南旺酋名普洛母本東臨東埔寨河入瀾滄江之口街市淸潔南旺之北有攸東東臨東埔寨河貿易頗盛歲入約三百二十七萬五千佛郎歲出約三百五萬九千二百佛郎物產有米蔗糖藍椰樹竹棉

安南

面積八萬八千八百英方里人五百萬口課程云中國交阯北接東京東南臨中國海西界老撾東埔寨及法蘭西交阯漢爲九眞日南郡地漢以後南段爲林邑占城地阮氏國都及左右圻四道南圻之北四道也南北長約千三百里東西廣處近二百里西倚山麓東臨海爲平坦膏腴人約五百萬一千口中國人土人馬來隅人英法人雜居阮氏王自治之而屬於法王都順化一曰西京一曰南京承天府西人名爲呼艾漢爲九眞郡地唐爲武莪州地明永樂中爲順化府宣德後爲順化承政司東臨海船舶往來海防西貢不絕貿易頗盛宮殿街衢頗壯麗法人於城之四周築堅固礮臺置大礮以制之常駐法兵萬千四百人土兵萬千八百三十人國權全爲法人所有財賦盡輸於東京故歲之出入併入東京數內王與羣臣衣食租稅而已物產有穀肉桂皮緜蔗糖茶加非煙草藍豆蔻竹

總計面積二十七萬二千英方里（辻志云百六十萬八千一百方里謝志云北緯九度至十二度）東經百度至百七度東京南掌面積約九十三萬方里安南約百二十三萬方里下安南約二十三萬方里東埔寨約二十九萬方里共二百七十八萬方里慕志云緯幾赤道北九度至二十三度經幾自順天偏西七度至四十度東南距南洋西至暹羅北界中國長三千里廣六百里總計七百萬方里藪澤相間原隰曠遠其濱海之區間有颶風暴雨課程云安南在亞洲極南地背之東偏（極南地與日本人稱爲後印度半島）當中國西南邊外北境西段界雲南之普洱臨安開化廣南等府而普洱府南之思茅廳臨安府東南之蒙自縣尤近邊近爲安南陸路通商處（新設臨安開廣道駐蒙自管通商事）北境東段界廣西之歸順直隸州及太平府而太平府西之龍州廳亦近邊近亦爲安南陸路通商地（新設太平歸順道駐龍州管通商事）西界暹羅（安南之西暹羅之東有老撾土部惟老撾有土地無政教不得爲國）東與南均臨大海（北段東臨東京海灣乃東京以東雷州瓊州以西廉州欽州以南之海灣名也南段所臨者爲中國南海）疆域六略南自北緯九度北盡北緯二十三度東自偏西七度西盡偏西十五度面積百二十二萬六千二百方里又云地勢南北長而東西狹江以南幹山自雲南大理府雲南縣之北梁王山分支南迤於瀾滄江與李仙江之間（李仙江爲富良江之西源）入安南境南北亘名安南山多五千尺以上高峰其山分安南地爲山東山西山之西爲老撾境人跡罕到山之東則平野千里漢唐郡縣之區也國之大水凡二在北者爲富良江（一名紅河）在南者爲瀾滄江（一名湄公江）富良江上游有二大源東源爲河底江出雲南大理府雲南縣北之梁王山南流數十里分爲二水東流者爲一泡江東北流三百餘里入金沙江南流者即河底江（此水一源分流與廣

西之湄灘相類東南流經蒙化景東境曰大厥河又南經哀牢山東曰禮社江又南經元江州境曰元江曰河底江又東南至蒙自自南境出邊入安南境西源爲李仙江又名景東河出蒙化南景東北山中東南流經景東境又南經鎮沅境曰把邊河又東南南至他郎南境出邊入安南境二源均東南流李仙江之南爲老撾境至安南之興化府境始合流或以李仙江不合河底江自東南流至順化之北入海然法人所作圖實與河底合又東南流經河內之東又東南分數支入東京灣瀾滄江古蘭蒼水也源出西藏之格爾吉山山在衞之東界喀木之西北界郎吐番嶐和甸之鹿石山東南流入喀木境經察穆多廟札雅廟屈蟲帝鮢廟等處至雲南維西廳之西入雲南境南經麗江大理永昌順寧普洱各府地至思茅廳之西南出邊入老撾境又東南流爲暹羅老撾之界暹羅在江之西老撾在江之東老撾居安南山之西瀾滄江之東李仙江之南柬埔寨之北至今無所臣屬又南入老撾境又南入柬埔寨境又南至西貢南入海人二千九十萬口馬來人不在其內辻志云二千二百七十萬入口貨値三百三十九萬五千磅出口貨値四百十三萬磅米爲大宗鐵路百十三英里有議會以治屬地及屬國之事兵額四萬六千四百十人內歐人二萬五千二百八十辻志云鐵路通柴棍及美蘇間長百二十五里電綫通各地又有海底綫起柴棍北通香港南達新嘉坡兵備駐東京安南二處以備緩急又派艦隊於近海以爲防衛

西貢

人萬七千二百三十口先謙案許考云省會俗名柴棍外人稱西貢即嘉定舊府也世界圖作柴楨謝志云

西貢又曰西岸故入湄公河之西貢河亦稱西岸河

農本在東埔寨先謙案元作東蒲諸志多作柬蒲据慕志作干浦則作柬者是也今改正農本郎南旺課程云西名普洛母本洛農雙聲普母音餘过志作巴嫩笨謝志作伯嫩本許考云實名金塔南角西向曰柬埔寨角案郎徐志爛泥尾**人三萬口**

呼艾在安南人二萬口先謙案卽順化今爲中國交阯西人謂之呼艾見課程矢志云順化王都歐美人謂之芙英謝志謂之寅春慕志云唐中又名呼艾

給卓在東京人十五萬口一名漢南先謙案給卓係交阯音轉漢南乃安南音譌慕志首府給卓乃　都城也

以上要區先謙案講義云自千七百八十○年與法交通千八百五十八年失和爲法所敗時阮福暎之孫宏智在位割交阯支那三州卽中國交阯及康道耳島與法法人由是得根據之地明年得保護柬埔寨權千八百八十五年越南引劉永福黑旗兵與法鬭永福敗法兵陷順化遂割東京與法而舉國受法保護千八百九十三年取湄公河左岸地千八百九十六年得昂高爾及巴塔繃州又云老撾地方在湄公河北千八百九十三年暹法戰後暹讓與法地皆連山無農業惟產獸皮樹脂絹織物河道與湄公河下流通陸路與暹羅東京通人民謂之老撾司性樸勤服命令首府曰薄老文人三萬口控湄公河法官吏駐焉有老撾故王宮殿寺院外有湄公河左岸一帶地亦暹所讓受湄公河之灌漑多產米許考云光緒十九年法人遽將南掌南境盡行割據將迤北一區讓與英人以塞其口於是暹羅之幅員頻去大半案卽上所云取湄公河左岸地事也又案講義云柬埔寨

昔爲王國後屬越南及法據交阯支那遂於千八百六十三年爲法保護國地居湄公河下流在大湖與三角洲之間首府曰南旺臨湄公河有坎圃特港不便碇泊此上所云得保護柬埔寨權也据列國學會二圖南旺卽攀龍瀕亦卽百囊奔在柬埔寨河口此河下合湄公河故亦通稱湄公河南旺上有大湖曰喀曼台湖湖之北曰昂高爾湖之西曰巴塔綳卽千八百九十六年法所奪得者也湄公河口南有康道耳羣島千八百六十一年與交阯支那同割與法者也其以順化爲中國交阯者因中法諒山之戰中國爲保全越南藩屬出兵故立此名謝志俩下安南許考俩南圻皆對北部言之世界圖以柬埔寨爲下交趾支那而以順化爲上交趾支那誤也

賜進士出身　特賞內閣學士銜前國子監祭酒翰林院編修加三級　臣　王先謙謹撰

馬來羣島徐志南洋各島云坤輿四大土皆周回數萬里惟中國之南洋萬島環列或斷或續大者數千里小者數百里或數十里野番生聚其間自爲部落其種人統名巫來由一作無來由又有稱爲繞阿郎亞爪武吃一作無吉者漢時始通貢獻唐以後市舶麕集粵東明初遣太監鄭和招致來者益衆中葉以後歐人東來據各島口岸建立埔頭流通百貨於是諸島物產充溢中華閩廣之民造舟涉海趨之如鶩或買田娶婦留而不歸如呂宋噶羅巴諸島流寓殆數十萬人則南洋者亦七鯤珠崖之餘壤而歐羅巴之東道主也先謙案徐志各島惟巴布亞別見大洋洲馬來半島別見遠印度譚紹袞云東印度羣島一云馬來西亞羣島野口氏世界大地誌區馬來西亞爲三彙非立賓蘇祿等曰支那馬來婆羅洲大巽他等曰印度馬來摩鹿加西里百小巽他等曰南方馬來近地志家多以三彙屬阿西亞尼亞洲山上氏大地誌則以支那馬來印度馬來屬亞洲南方馬來屬阿洲而以巴里海峽馬加撒海峽西里百海峽爲阿亞二洲之界畫

馬來羣島雷志云東羣島或馬來羣島爲亞洲與澳洲之樞紐辻志云在亞洲東南其東北臨太平洋西北控巴細海峽及南海與臺灣安南相對西南濱印度洋東南因謝列倍斯海馬喀

撒兒海峽倫薄克海峽與大洋洲諸島相接大島五小島無數大半皆山嶺重疊間有未熄之火山大者爲婆羅洲面積二十八萬千九百八十六英方里內坎尼拜路山高萬三千七百英尺蘇門答臘面積十六萬五千六百八十二英方里內因特拉普剌山高萬二千二百六十英尺先謙案謝志云當赤道下之高峯曰阿斐耳高萬二千尺據此因特拉普剌即阿斐耳也西里庇面積六萬八千六百四十六英方里最高之地一萬英尺瓜哇面積四萬八千八百二十二英方里內西母路山高萬二千十英尺呂宋面積四萬八百九十六英方里羣島總面積七十七萬千二百六英里沚志云總計三百九十六萬方里牛畿內亞不在此數之內羣島全在熱帶之內氣候暑溼大雨時行隨暴風俱至物產香料樟腦檳榔子紫蘇麪包果及熱地諸果沚志云此羣島四面環海內海沿岸土地平低外洋沿岸皆斷崖絕壁非利賓羣島沿岸出入頗多婆羅洲蘇門答臘頗乏之彎曲其交通航路由馬尼剌及巴他非

亞新加坡或香港輪船定期出入鐵路則呂宋島長二百九十五里荷領長二千四百六十里電綫通各都府閒海底綫由巴他非亞或婆羅洲達新加坡由馬尼喇至香港一瞬之中聲息可通

荷領東印度羣島

東印度羣島雷志云瓜哇及其旁諸藩國瓜哇人二千四百九十八萬六千口合荷屬牛畿內亞計之七十二萬八千八百三十英方里人三十三兆六十二萬五千口入口貨值千三百七十四萬二千磅出口貨值千七百六十九萬六千七百磅以加非煙葉糖錫爲大宗與荷蘭及英屬印度貿易鐵路千一百十二英里商船千八百九十三入款千一百六十一萬七十七百四十磅兵額四萬千六百六十一內歐人萬六千六十六戰艦二十五鐵甲一以上所言諸數皆單指屬地與其本國不相干　巴他維亞人十一萬四千八百六十四口熱度中數七十九度極寒七十七度極暑

八十度雨水七十七英寸　蘇剌喀他人十萬一千九百二十八口　蘇拉巴雅人十四萬五千六百九十口以上要區先謙案瓜哇即噶羅巴及其旁諸藩國甚多分見於下以清眉目

噶羅巴

徐志云由厦門過七洲洋用未鍼指西南過昆侖越茶盤歷水程二百八十更而抵噶羅巴或作噶剌巴又稱咬嚁吧又稱嗎瓦甌瓜哇國案此地理問答作加拉巴漢文圖作查法又作查哇咬嚁岸郎舊港地爲西國東來必由之路其國東西橫亘約千餘里背負南海以火燄山爲屏障左曰萬丹古闍婆也右曰井裏汶其北兩山夾峙如巷曰狹內狹南諸嶼羅列有王嶼夾板嶼鼎馬嶼白嶼草嶼等名謂之嶼城歷嶼城抵其國門戶重疊形勢甚壯本繞阿番部或稱爪亞又作爪鴉皆繞阿之轉音元史稱過哇明史稱爪哇哇郎亞之轉音過爪又爪之轉音也其王稱巡欄居山中地名覽內各部之渠稱史丹王官有雙柄伽頭山海美色葛內外淡板公杯突公勃壠諸名目史丹官屬有把智淡板公把低等名目古爲南洋名國附近諸番半歸統轄明中葉荷蘭兵船避風入巴地至萬丹卑詞厚幣借海岸片土修船又以設立木柵蔽內外爲請繞阿貪利從之遂襲破萬丹取巴地與巴王約歲納租銀沿海一帶歸荷統轄巴王震慴權命是從王死王子非荷命不得立除授官職亦聽命焉荷鎮以六酋建城市於海口閩廣之海船大小西洋之夾板每歲往來以千百計遂爲南洋第一都會地當赤道之南隆冬如內地初夏花木四時相續春雨秋旱歲止一

收而土田肥沃米價極賤閩廣民流寓者以數萬計荷擇賢能者為甲必丹（如中國州縣）專理華人詞訟近因華人把持行市禁新到唐人畱住其部落井裏汶東南為北膠浪北膠浪東北有大埔頭曰三寶壠商船萃集富盛不亞巴城再東為竭力石又極東臨海為其士里莫東北臨海為外南旺巴城西之萬丹古稱闍婆國荷據其濱海地立埔頭繁盛亞三寶壠巴地所產者米穀白糖加非燕窩近年學種閩茶味頗不惡但不甚多附近諸番島以噶羅巴為總匯之地貨物畢萃又云郡國利病書言瓜哇國（卽噶羅巴）古訶陵也一曰闍婆又名莆家龍在眞臘之南海中一洲上有文字知星歷宋元嘉九年始通中國後絶至唐貞觀二十一年與墮和羅墮婆登皆遣使入貢天寶中自闍婆遷於婆露伽斯城宋淳化五年入貢元時始稱瓜哇世祖大舉兵征之不克後命將史弼破其國擒酋長以歸尋放還明洪武二年遣行人吳用錫以璽書隨入貢封其王昔里八達剌為國王三佛齊（卽舊港）其屬國也八年二月令三佛齊瓜哇山川之神附祭於廣東山川之次後分為東西二國永樂年閒並遣使朝貢東王尋為西王所滅天順四年復入貢自是不可考云按噶羅巴西包三佛齊東括數十番部儼然海外雄藩一旦為荷蘭所給門庭戶牖悉滋他族其年月不可考大約在明中葉自是粵海無瓜哇片帆矣又海島逸志言噶剌巴四季皆如夏候炎風暴厲觸之生疾河水甘涼浴之卻病人愚蠢柔怯畏和蘭聞其名則合掌主僕之分最嚴見主人必屈膝合掌名曰占巴春雨後田水平滿拋種於田不煩耘鉏自然暢茂其米粒長而嫩內地不及也家計生產皆婦人主之生女為貴贅婿於室生男則出贅於人室如亭四面開窗無椅榻席地而坐地皆鋪席施帷幄男

女盤膝雜坐見客以握手爲禮俗種檳榔客至則捧以爲敬食不設箸以手掬之啖牛肉不食猪犬女子不施脂粉不簪花衣無領裙而不袴男子則衣有領鬢簪花身有袴百花四季不凋果味美於閩廣蔬菜價倍於雞鶩綠米價賤人不肯竭力灌園也巴國以風爲鬼以水爲藥凡感冒風熱浴於河則愈產婦及小兒出痘皆浴於河雖盛暑不敢露體扇風臥必密室施帷幔少冒風則病立作所以窗戶皆用玻璃取不透風而光亮也以上皆言木亞土俗自明初迄今四百餘載閩廣流寓者生齒日繁富商大賈獲利無窮因納賄和蘭求其推舉爲甲必丹華人口角鬭毆皆質之甲必丹長揖不跪自稱晚生是非曲直無不立斷至犯大罪并嫁娶生死皆申報和蘭水旱來往皆給文憑不得濫出入人命惟重見證見證必斬雞發誓方敢花押定案所以殺人往往無償無敢作見證故也巴城地勢平坦人居稠密出鑿光城市也皆爲園地而和蘭園林相接聯絡數十里其中樓閣亭臺橋梁花樹曲盡精巧禮拜日不理事入圖林遊賞盡歡云此言荷蘭制度風俗又言三寶壠一作三巴郎巴國屬區百貨所聚賈帆湊集甲於東南諸洲北膠浪脊森其左右冀也嘮呐咩其倉廩也堤塒二胞修其門戶也所轄上下數百里土田肥沃人民殷富爲諸邦冠天氣淸涼人少疾病遠勝巴國米價尤賤市無饑者風俗質樸道不拾遺夜不閉戶荷蘭有官駐守職名鵝蠻律又有杯突大寫財副新蟯咻嗹等屬分司各事巴中甲必丹權分而利不專三寶壠甲必丹則利權獨擅煮海爲鹽丈田爲租皆甲必丹有膺其職者富逾百萬禮拜寺有高樓鐘聲四達丑未之初爲一點鐘至十二點而止未正丑正爲二點鐘則家家閉戶而臥路無行人是一日如兩日一世如兩世矣北與呂宋同俗或泰西本有此俗也又

言北膠浪巴國東南之區面山背海列屋而居南北限以柵華人萃處其中俗呼爲八芝蘭（番言街衢）厦屋連延危樓高聳西向者爲甲必丹第有園數畝樹木亭沼幽雅特絕迤北有澤海眞人祠柵門外爲泊面（番言稅館）徵往來之税隨河而北約半里爲外泊面稽查偷漏又四五里達於海口有聖墓極靈舟楫往來必具香楮拜禱浪中有和蘭官杯突駐守有城有兵城與八芝蘭隔一河城南園林深邃傑閣巍峩杯突居焉浪中爲巴國山僻地景色天然夕陽漁唱似楚江音節河水不深不淺菱芡縱橫彷彿蘇杭景象又言萬丹古稱闍婆國在巴國西爪亞所居地方寬廣土田肥沃貨物繁多人皆富裕所產佳紋席幼席爲南洋最荷蘭據海邊招集諸夷往來交易納其税租史丹（爪亞之語）處山中居第壯麗外築小城荷蘭官十二人兵百人居之名曰護衛史丹實鈴禁之史丹沒其子非荷蘭命不得立也爪亞四處散處雖有國主惟知畏荷蘭而已又言噶羅巴漳泉人最多語番語衣番衣食番食讀番書不屑爲爪亞自號曰息坔（甫字去聲）其寄居未久及時往來者服食言語仍華俗荷蘭專設甲必丹以理華民爲甲必丹者皆漳泉人或以此致富則滿載歸來不復往漳人陳瞻代其堂兄映爲三寶壠甲必丹番官淡板公往候之隊馬數百整肅而來至柵門外則下馬入門膝行而前嚦危坐俟其至乃少欠身爪亞之敬畏荷蘭如此（王大海客噶羅巴十年館於甲必丹某之家巴境遊歷殆徧言巴事最詳錄數則於此）又云按荷蘭取噶羅巴遂致寖强明季甲板四出侵擾閩浙倚巴地爲巢穴也後漸以掊克爲事華人販鬻其地者許置貨不許攜銀貨產別島不能時至華船守候過時歸途多遭颱颶咸懷怨咨嘉慶閒荷王爲法王拿破崙所偪走死荒野國爲法併英人恐法兼巴地嘉慶十四年秋以舟

師逼巴城荷酋堅守不下逾年復往攻荷酋遁地爲英有除荷苛法商旅便之一時傳荷爲英所滅即此事也後拿破侖敗荷王請於英英以巴地還之然英船視巴地爲東道主荷不敢迕也又於噶羅巴迤東諸島接連由東南而東北士禮莫之東曰洛莫（一作淪泑）洛莫東曰麻里（一作吧哩又作貓蘆又作蘇黎）洛莫差大麻里次之兩島腴土產稻最多麻里東曰松墨窪（一作遜巴瓦）島形槎牙港澳環曲地差大於洛莫松墨窪東南曰薩爾溫（一名檀香嶼）地形如松墨窪之半薩爾溫東北曰佛里嶼（一作弗羅力土）東西狹長地倍於薩爾溫佛理嶼之東有六小島相接六小島南有大島曰池問（一作都汶又作地門又名貽墨爾）池問譯言東也地倍於佛理嶼東畔有葡萄牙埔頭西畔有荷蘭埔頭曰古邦以上諸島與噶羅巴東西平列纍纍相望由池問而北隔海數百里曰武羅（一作木魯）係荷蘭埔頭地如池問三之一人戶甚稀亦無物產武羅東曰西蘭（一作西爾郎莫）地倍武羅野番不解耕作食沙穀米（番島有此種樹非穀也伐其枝條搗碎浸水中樹汁凝水底成白粉曬乾為細末噴水滾成小珠形如粟米煮粥味淡而滑似倉中陳粟米南洋島番多以此為糧）武羅西蘭之直北有大島曰摩鹿加（一作上羅洛又作蘇洛又作美洛居又作馬洛古）荷蘭所屬其地形如人臂股與西里百相似物產頗豐摩鹿加之西南曰安門（一作安汶）荷酋所駐統轄諸島海口設礮臺東北曰萬他有火山多地震摩鹿加之西有小嶼曰德拿其地天時和煦園林極佳惟火山一發徧地灰燼西蘭東南有吉甯暴暴諸島摩鹿加西南有亞羅地門律兩島皆野番所居不屬荷蘭大抵洛莫至池問舊皆噶羅巴屬島迤北諸島亦有歸其統屬者自噶羅巴制於荷蘭諸島半屬荷蘭埔頭其人皆馬來種亦有野番野番面黑或毛髮螺拳醜惡如夜叉或深目高準口闊至耳男女皆穿耳而大其孔瑱以杙所產者胡椒燕窩海參魚翅海菜上

果藤條蘇木玳瑁鶴頂紅龍涎香丁香木香豆蔻血竭之類又云考泰西人書諸島外尙有提讀義羅羅巴治安等名大略皆噶羅巴舊屬明隆慶閒葡萄牙船抵摩鹿加之德拿嶼西班牙船相值爭此羣島互相攻擊至泰昌閒荷蘭以兵船逐兩國專擅摩鹿加羣島之利然所售丁香豆蔻等物不足補防守之費又禁他國貨船入口故獲利甚微羣島亦終古荒僻也先謙案徐志噶羅巴即雷志之瓜哇也謝志作加拉巴其下有蘇門答臘西里伯及小桑達列島即雷所云其旁諸藩國也據列國學會二圖自噶羅巴以北海境謂之瓜哇海其與蘇門答臘相隔處曰巽他海峽世界圖作桑達海峽巽他桑達一音之轉圓球圖作森答矢志作孫達括地略作孫大一作生特樋志作森多謝志作森達云森達諸島即蘇門答臘加拉巴附近諸島之總稱也瓜哇之南世界圖有克力斯抹斯島徐志所云背負南海以火燄山爲屏障者也其西面北有城二圖曰巴塔菲亞世界圖作巴他非亞即雷之巴他維亞巴他又瓜哇之音變許考作巴達未亞萬國圖作巴他維阿平方圖作巴塔斐亞圓球圖作巴台斐外國地理作瓜他比亞吳志作巴達比亞周志作白他維亞矢志作罷太維亞云在瓜哇西北海岸椰子檳椰樹環繞街市一望蒼然風景淸佳謝志作巴達斐亞云舊名噶羅巴荷人改稱之辻志云荷蘭總督駐此總轄列島政務有官署學堂議院病院兵營運河貫通街市繁盛其前曰挨丹郎徐之萬丹圓球圖作班屯又北有桃森羣島邦浦熱羣島即徐之嶼城也其東曰徹里濱異名記作琛里奔即徐之井裏汶又東曰北膠浪干即徐之北膠浪又東曰三馬隴即徐之三寶壠平方圖作三馬龍慕志作撒馬郎圓球圖作薩麻拉恩其東南曰蘇拉克

挨搭郎雷之蘇拉喀他又東曰蘇拉巴雅與雷合謝志作撒拉巴
亞矢志作斯拉罷野異名記作蘇拉巴阿以地望推之郎徐之竭
力石又極東南曰班周灣吉郎徐之士禮莫世界圖仍作士禮莫
土禮莫之北別一島曰馬都拉世界圖作媽茲喇圓球圖作麻杜
拉外國地理作斯馬駝拉以地望推之郎徐之外南旺而今昔異
名土禮莫之東有島相接曰巴里中爲巴里峽世界圖作巴理郎
徐之麻里一統志作合猫里又名猫里務巴里之東曰瑱波克其
中爲瑱波克峽世界圖作倫薄克郎徐之淪泊亦作洛莫世界地
誌作戕伯克萬國圖作隆博圓球圖作瑱保克案麻里在東淪泊
在西徐先淪泊而後麻里誤也又東曰松巴窪世界圖作松巴瓦
郎徐之松墨窪慕志作三寶瓦括地略作逨巴瓦漢文圖作蘇保
幹矢志作孫拔哇云全島火山有四十五座謝志作三巴瓦云島
長五百里居民八萬有大火山曰盾波羅嘉慶二十一年崩裂聲
聞三十里近海灰爐厚積二尺船船不通全島半毀人死四萬盾
波羅許考作當步羅又東南曰珍達拿一名松巴郎三多爾烏得
萬國圖作檀香嶼漢文圖作薩敷圓球圖作散答五得又名巴瓦
以地望推之郎徐之薩爾溫其東北曰英德一名佛羅理一名佛
里世界地誌作非列士漢文圖作大老來斯世界圖作布羅力斯
郎徐之弗羅力士其北謂之佛理嶼海其東爲佛羅理峽又東有
數島曰薩布老曰索羅爾曰蘭布連曰平塔曰亞羅爾曰汪巴耳
郎徐所云六島相接也其南有大島曰約摩爾世界圖作地木郎
徐之地問許考云迤東較大者在西曰孫巴瓦在東曰地木爾謂
此島也長七百餘里廣百七十里民三十萬土腴物茂圓球圖作
搭毛耳又作胎墨耳萬國圖作提摩謝志作第摩耳西畔有埔頭

曰古邦與徐合圓球圖作庫盼世界圖作庫胖其東畔歸葡埔曰
德里謝志作的里許考作點里平方圖作委塔圓球圖作緋透自
蘇門答臘至士禮莫世界圖謂之大桑達列島自倫薄克至地木
世界圖謂之小桑達列島譚細裒云巽他海峽界於蘇門答臘瓜哇之間故或稱爾島爲大巽他其餘爲
小巽他見悚南海島圖經三小桑達謝志作小森達云諸島天氣宜人土脈肥沃產
燕窩玉桂檀香蘇木椰子油等土番性兇很半皆盜賊的摩爾之
北海境謂之異他海由的摩爾而東有南西羣島又東迤北有南
東羣島其中大島曰的摩企老特郎徐之吉甯圓球圖作塔毛耳
老特萬國圖作提歷勞特一作第麻耳平方圖作帖甯貝爾有埔
頭屬荷又東迤北有阿盧羣島與澳洲之巴布亞島南北相直異
名記作阿魯杜宗預云其下一島徐稱暴暴亦曰波波値西蘭東
南屬荷埔頭也先謙案阿盧羣島南有啞啞北有多波而無波波
之名存考阿盧之西有法義羣島法義之西迤北有瓦土貝剌羣
島瓦土貝剌之西有班達羣島一作邦達共島十餘中有火山此
海境總謂之班達海世界圖作板大班達海之北有安邦羣島其
在西者曰布魯世界圖作末羅萬國圖作補盧漢文圖作布羅樋
志作補羅許考作木魯郎徐之武羅武羅東曰西蘭與徐合漢文
圖作賽隆母萬國圖作沙浪許考作錫蘭與布魯總爲安邦羣武
羅西南曰布屯圓球圖作布唐異名記作補唐近西伯百東支荷
之大酋駐焉西蘭直北有大島曰摩鹿加與徐合並其四旁諸島
總曰摩鹿加羣島世界圖作馬剌加譚細裒云摩鹿加爲南洋中最多且碎之羣島大小百二
十有奇東巴布亞西西里百西北呂宋羣島東南澳大利亞自北緯二度西十三分摩羅丹島起至南緯八度二十三分貽墨爾勞
島自灑天東七度五十四分得利亞島起至灑天東十八度三十二分阿魯羣島總凡七萬八千六百七十五法方里見東南海島
圖經樋志云摩鹿加諸島合補羅西蘭及三四小島而成因輸出丁

香荳蔻甚多故有香料島之稱都府曰奄波以那在荷屬中爲次
於巴達維亞之都府許考云麻鹿加羣島內士羅落最大郞本島見上
錫蘭次之木魯又次之多火山常地震物產富裕明正德閒葡人
始抵其境班人踵至與葡爭地嘉靖八年二國盟於撒拉課斯城
班人得二十八萬金讓島於葡萬曆三十七年爲荷所奪與徐記
徵異謝志作謀勒嘎云當北緯三四度之閒共數十島大者五曰
希羅羅居北曰希蘭安波那德那德居中曰班達居南一名荳蔻島共
四十三萬方里班達島周百里爲一荳蔻樹林安達波那多丁香
荷設官駐之統轄諸島人口三十餘萬案希蘭郞西蘭安波那二
圖作安波拿德那德作塔魯諾希羅羅作濟羅羅郞哈耳馬黑拉
一作士羅羅洛吳志作計路路一曰香料羣島西人書作義羅羅矢
志作及羅羅西曰巴珍郞徐之安門圓球圖作戈乞恩東北曰摩
羅台郞徐之萬他圓球圖作來提摩鹿加之西南有克蘇剌羣島
中最大者曰滿古拉曰大來波當郞徐之亞羅地門律諸島摩鹿
加與西里伯相接處爲摩鹿加海峽自
此以西至蘇門答臘總爲馬來西亞

蘇門答臘

徐志云息力之南噶羅巴之西有大島橫亘西南曰蘇門答臘一名
亞齊長約二千餘里中有大山綿亘曰萬古屢迤東窪下海潮侵漲
林莽穢雜道路難通迤西平坦有大河縈帶地產沙穀米沙藤胡
椒檳榔血竭冰片安息香金銅鐵硫磺金沙龍涎香獸多水馬狒
狒熊虎木多椰子處處成林部落之大者曰大亞齊在此島北面
之西界西洋人稱爲亞珍唐宋以來朝貢中國封蘇門答臘王者
卽此國也大亞齊之東曰錫里再東曰雷里與息力隔海相對大

亞齊西盡海轉而至島之南面曰小亞齊小亞齊迤東曰蘇蘇再東曰叭噹再東曰茫古魯（或作南勃利）茫古魯之東盡海轉而北入峽口峽之兩岸曰舊港本名三佛齊王居一峽西乃東界部落之大者出峽口而西北又至島之北面海中別一嶼曰岡甲（一名機宜丁）產鉛錫最多荷蘭設官榷稅再西北別一嶼曰龍牙龍牙之西郎新柔佛與靁里相望諸部皆馬來番族荷英分據海口各立埔頭近年英以此島埔頭易麻喇甲遂全歸荷大埔頭在南界者曰巴唐（即叭噹）在東北界者曰巴鄰旁郎舊港之西岸東為噶羅巴之西界巽他峽口闊止數十里歐人東來必取道於此是為南洋之總門戶若由麻喇甲息力轉折而來則閒道也巴唐西南小島曰呢土（一作呢是）亦產鉛錫大亞齊之西北海中有孤島曰尼古巴拉野番所居以椰子魚為糧不穀食又云郡國利病書言蘇門答臘（或爾須文達那）宋初與占城通貢南唐遂達於宋洎化四年舶主蒲希密獻方物後與賓童龍國來朝自是入貢不絕尋分部領勿斯離（疑即鏺里）弼琶羅巴跋布（疑即巴唐）那姑兒（疑即茫古魯）等國洪武開蘇門答臘入貢永樂三年酋長宰奴里阿必丁隨中官尹慶朝貢封蘇門答臘國王宣德六年復來貢十八年請封其子為王初太監鄭和奉使至蘇門答臘偽王蘇幹剌方謀奪王位怨使臣賜不及已邀擊官軍和擊敗之追至南勃利國（即茫古魯）併其妻子俘之以歸永樂十三年斬於行在蘇門答臘西去一晝夜程有龍涎嶼每至春閒羣龍交戲於上遺涎則國人駕獨木舟採之以為香一斤值其國金錢百九十二枚嘉靖閒奉旨採辦每斤給銀干二百兩又言三佛齊國古干陀利也居眞臘爪哇之閒其王號詹卑其人多姓蒲梁天監元年入貢後絕唐天祐初始通中國宋建隆初遣使朝貢洎化閒為閣

婆所侵役即噶羅巴之萬丹南渡後入貢不絕明洪武二年遣行人趙述
使其國隨入貢封三佛齊王後爲瓜哇即噶羅巴所廢以其地爲舊港
仍立頭目司市易永樂三年遣行人譚勝受千戶楊信等往舊港
招撫廣州逃民梁道明五年九月太監鄭和使西洋諸國還至舊
港遇海賊陳祖義等與戰殺其黨五千餘人擒祖義械送京師斬
於市是年舊港頭目施進卿遣使入貢詔以進卿爲舊港宣慰使
自是朝貢不絕又謝淸高海錄言三佛齊及蘇門答臘島在新柔
佛島對渡舊柔佛爲西人所據其土番徙新島在息加南周圍數百里西南海中別峙一大洲
九國環之曰靄里曰錫里曰大亞齊曰小亞齊曰蘇蘇曰叭嗒曰
芘古魯曰舊港曰龍与大小亞齊及蘇蘇皆蘇門答臘故地舊港
則三佛齊故地也靄里在柔佛西南由柔佛渡海而南約日餘可
到疆域數百里風俗土產與柔佛同潮州人多貿易於此錫里在
靄里西北疆域風俗與靄里同由靄里買小舟沿海行約四日可
到海東與麻刺甲相對土產魚肚冰片椰子胡椒大亞齊在錫里
西北疆域稍大由紅毛淺外海西北行日餘郎到由國都西北陸
行五六日則至山盡處俱屬大亞齊地風俗與巫來由各國同山
盡處與新埠即檳榔嶼斜對土產金冰片沙籐椰子香木海菜由大亞
齊山盡處北行少西順風約十一二日至尼古巴拉海中小島也
土番皆野人性情淳良日食椰子熟魚不食五穀案此島去蘇門答臘甚遠不在
九國之中小亞齊一名孫支在大亞齊西由大亞齊西北行經山盡處
轉東南行約日餘可到疆域亦數百里與大亞齊同土產金胡椒
椰子冰片沙籐蘇蘇在小亞齊南水路順風約二日可到疆域風
俗土產與小亞齊同叭嗒在蘇蘇東南水路順風亦二日可到疆
域風土與上略同叭嗒之西有島峙海中曰呢士即亞尼又名哇德

民似中國而小常相擄掠販賣出入持標鎗不食五穀惟以沙穀米合香蕉煎食其地產鉛錫（案此亦與蘇門答臘一土不連）茫古魯在叭噹東水路順風約五六日可到沿海都邑近為英奪國王移居內山（案英近年以蘇門答臘所得地易麻剌甲於荷蘭即此錄所云茫古魯與舊港也）土產海參丁香荳蔻胡椒椰子檳榔舊港即三佛齊也在茫古魯東疆域稍大由茫古魯東南行約三四日轉北入葛剌巴峽口（即巽他峽口）順風行半日方出峽峽東西皆舊港疆土峽西迤北大山名綱甲（即崗甲）別峙海中產鉛錫山麓有文都上盧寮下盧寮新港等處文都有英人鎮守權錫稅（近已歸荷）國王所都在峽西由文都對海入小港西行四五日方至兩岸居民俱臨水起屋頗富庶土產金錫沙藤速香降香胡椒椰子檳榔水鹿龍与在舊港北由峽口水路到此約三日由此北行日餘則至柔佛西北行日餘則至霤里龍与多木大者數十圍中華洋船至此多換桅柁凡霤里錫里皆巫來由種類惟大小亞齊及蘇蘇民稍淳良餘俱兇悍以盜劫為生余按蘇門答臘一土古名婆利洲為西南洋大島此島部落尚有層檀黎伐之屬時代變更譯音轉易莫得而稽近惟謝氏海錄最詳確西界雖分數部而以大亞齊為綱領獨擅全島之名稱蘇門答臘國固南洋大部也東界之三佛齊為自古朝貢之國自瓜哇廢其國為舊港漸以式微明中葉後荷人據沿海要口營立埔頭諸番族為所鈐制不復能自列於王會矣又云薄海番域錄言丁機宜地近柔佛屢為所侵始通姻好幅員最狹酋眾千餘以木為城王居列鍾鼓樓與華人舟中互市歲首十月蓋奉瓜哇正朔按海國聞見錄謂丁機宜在呂宋羣島之南與萬老高芒佳虱同居巳方頃余在廈門唔老舵師陳姓往來西南洋最熟曾屢至丁機宜詢其方向則云過昆侖

用未鍼與噶羅巴相近所言與海國聞見錄異甚以爲疑近閱薄海番域錄云丁機宜地近柔佛乃知卽蘇門答臘東境之崗甲嶼老舵師之言信不誣矣其地產錫故廈門販洋之船時往貿易又云西人萬國地理書言南洋諸島沿海土人皆巫來由番族黑面長髮頭纏布赤足履圍花紋布窮襯插短刀多駕船捕魚或爲海盜皆奉回回教內地有黑面土番居山穴樹林如中國苗猓之類中國流寓甚衆廣州嘉應人爲農泉漳人爲商多獲利閩粵游手謀生無策往往自投絕域不復首邱或娶番婦生子女遂化爲異族又云南洋萬島環生補巽維之空缺漢平南越諸番稍通貢獻唐宋爾朝番舶聚於粵東明成祖好勤遠略特遣詔使徧歷各番島開讀於是諸番島喁喁內嚮效共球者數十族如呂宋瓜哇婆羅洲蘇門答臘之類幅員差廣可稱爲國亦有蕞爾洲島戶不盈千仰慕威靈攜挐求覲遂至漁獠蜑戶概錫王封雖云盛事未免夸濫矣中葉以後歐人東來蓄謀襲奪番族愚懦不能與校於是呂宋犖島爲西班牙所據而蘇門答臘以東大小數十島處處有荷蘭埔頭萬歷後諸番國朝貢之舟無復抵香山礐者以爲遠人日久寖疏而不知其地爲他國有也自泰西據南洋諸島城池堅壯樓閣華好市廛繁富舟楫精良與前此番族之荒陋氣象固殊而中土之多事亦遂萌牙於此英吉利諸埔頭在息力以西南洋諸島非其有也然國勢既强西班牙荷蘭非其匹敵莫敢迕視其視南洋諸島若己有之修船炮備糗糧諸島皆奉承唯謹不必涉息力以西而後能辦應也昔之南洋爲侏儒之窟宅今之南洋乃歐羅之逆旅事勢積漸蓋三百餘年於茲矣又云郡國利病書言漢時朱崖之南有都元諶離夫甘都盧黃支等國近者十餘日遠

至四五月程前後遣使入貢多異物武帝時遣應募人與其使俱入海市明珠璧琉璃奇石異物齎黃金雜繒而往所至國皆稟食為耦蠻夷賈船轉送致之夷珍貨流入中國始此桓帝時扶南之西天竺（即五印度）大秦（即羅馬）等國皆出南海重譯貢獻而賈胡自此充斥揚粵其貢玳瑁象齒古貝（樹名可以作布）沈水香琥珀獸則馴象元犀猩猩之屬不可殫紀吳孫權遣宣化從事朱應中郎康泰使諸番國其所經及傳聞有數百國康立傳說謂之扶南土國曰蒲蘆中曰優（空）曰橫跌曰諸簿曰北擄曰濱那專曰烏叉曰斯調曰林陽曰馬五洲曰薄歎洲曰躭蘭洲曰巨延洲晉武帝平吳後入貢者林邑扶南之外曰牟羅曰橫蘆曰未利曰卑離曰滿都曰纏余曰沙樓曰蒲林皆昔所未聞者也劉宋蕭齊時入貢者有師子毗加梨（即孟加拉）干陀利（即三佛齊）閣蒲（即噶羅巴）婆黃阿羅陀（即麻剌甲）阿羅單婆使狠牙修（即錫蘭）盤盤頓遜等十餘國梁武帝時通貢者有婆利（即蘇門答臘）丹丹（即萬丹）毗騫（即噶羅巴）等國隋時入貢者益多有投和邊斗之屬其貢大抵金寶香藥等物亦有獻佛牙舍利者皆奉婆羅門教故也余按以上諸番國歷代異名重譯之餘展轉淆訛莫可究詰其為今何國何島有可考有不可考大約近者為南洋諸番遠者至五印度而止海外諸番之通貢實萌芽於兩漢歐羅巴諸國市舶之來粵則始於前明今南洋印度諸島國皆變為歐羅巴諸國埔頭地則猶是而主者非其舊矣又云郡國利病書言置嶺南市舶使始於唐以嶺南帥臣監領之設市區令蠻夷來貢者為市稍收利入官貞觀十七年詔三路舶司番商販到龍腦沈香丁香白荳蔻四色並抽解一分武后時都統路元叡冒取番酋貨物酋不勝忿殺之後於廣州設結好使每番舶至則審事宜以聞貞元間嶺南

奏請移番市於安南陸贄在中書奏議駁之宋開寶四年置市舶司於廣州以知州兼使通判兼判官湻化二年始互抽解二分凡諸番之在南海者並通貨以金錫緡錢易其犀象珊瑚琥珀珠琲鑌鐵鼊皮玳瑁瑪瑙水晶番布烏樠蘇木香藥等物太宗立榷務於京師詔諸番貨至廣州非出官庫不得私相貿易其後又詔非珍奇物皆聽市後又詔他物之良者亦聽市其半大抵海舶至徵其什一而給其餘價值歲入以數十巨萬計縣官經費有助焉熙甯中廣州市舶歲課虧折或以爲市易司擾之故令提舉究詰以閩於是務官呂邈以闌取番物劾免後以言者罷杭州市舶諸司皆隸廣州元豐三年中書言廣舶已修定約條宜選官推行詔廣東以轉運使孫迥罷帥臣兼領大觀元年復置廣浙福建三路市舶提舉司三年詔番商欲往他郡者從舶司給券毋雜禁物其防船兵仗給之建炎二年詔市舶多以無用之物枉費國用取稅榷自今以後篤耨香指環瑪瑙貓兒眼睛之類博買前來及有虧番商者重治其罪惟賜臣寮象笏犀帶可者量令輸送紹興二十七年詔廣南經略市舶司察番商假託入貢隆興中臣寮以象齒珠犀比他貨最重請十分抽一罷博買乾道初臣寮又言福建廣南貨有市舶宜置官提舉湻熙二年詔廣州市舶除榷貨物他物之良者止市其半宋自南渡後經費用乏一切倚辦海舶歲入固不少然金銀銅錫錢幣亦用是漏泄外境而錢之泄尤甚法禁雖嚴奸巧愈密元世祖嘗立提舉司尋罷至英宗治平六年遣使榷廣東番貨乃復立之聽海商貿易歸徵其稅順帝元統六年罷廣東提舉二司至正二年復立廣東提舉司申嚴市舶之禁三年聽海商貿易歸徵其稅明制諸番例三年一貢世見來王准互市立市

舶提舉司以主諸番入貢應入貢番先給以符簿及至三司與合符覈其表文方物無僞乃送入京若國王王妃及陪臣等附至貨物抽其十分之五其餘官給之直暹羅瓜哇二國免抽其番商私齎貨物入爲市易者悉封籍之抽其十二乃聽貿易然閩廣奸民往往有椎髻耳鬟效番衣服聲音入其舶中導之爲奸因緣鈔掠傍海甚苦之初洪武三年頒科舉詔於安南占城以其通中國文字也海外諸番自是朝貢不絕永樂改元遣行人聞良輔內臣侯顯鄭和等招諭西南諸番暹羅瓜哇以至西洋古里諸國諸番貢獻畢至奇貨重寶前所未有乃命內臣監鎮市而設公館於城南水濱後戉建於郡西仙湖永樂四年置懷遠驛於廣州城蜆子步挪房百二十間以居番人隸舶市所提舉司然內官總貨提舉官吏惟領簿而已成化宏治之世貢獻至者日盛有司惟容其番使入見餘皆停留於驛往來設宴管待方許入城衣服詭異亦有帽金珠衣朝霞者老稚咸競觀之椒木銅鼓戒指寶石溢於庫市番貨甚賤貧民承令博買多致富正德十二年西海夷人佛郎機亦稱朝貢突入東莞縣火銃迅烈震駭遠近殘掠甚至炙食小兒詳佛郎機國說海道奉命誅逐乃出境自是海舶悉行禁止例應入貢諸番亦鮮有至者貢舶乃往漳泉廣城市貿蕭然非舊制矣於是兩廣巡撫都御史林富稽祖訓會典奏上得允番舶復通焉嘉靖中諸夷市舶抵粵內臣乘船至澳遣知縣廉幹者往船盤抽提舉司官吏亦無與焉余按南海諸番之通中國自漢始而嶺南之権番稅自唐始唐以前之通番不過求珍異之貨誇王享之儀其重在貢而唐以後則権其貨稅以益國用其重在市由唐至明中葉閩廣之所謂番舶者不過南洋小西洋諸島國非今日歐羅巴之番舶

亦無所謂鴉片毒物也然南宋時已有錢幣漏泄之憂前明時已有奸民假冒之弊殆所謂勢有必至理有固然者歟古聖人不貴異物不寶遠物豈惟謹節制度杜侈汰之萌而防患未然之意亦可謂深切著明矣顧炎武海外諸番貢市一篇頗爲詳核故採錄之以資考鏡焉又云海國聞見錄言南洋爲閩粵商船數至之地海道有數險舟師皆謹識之最險者爲南澳氣古稱落漈在南澳之東南隔水程七更嶼小而平四面挂腳皆亂石生水草長丈餘氣吸四面之流船不可到到則隨流吸閣不能返氣之北浮沈皆沙垠約長二百里盡北處有兩山名曰東獅象與臺灣沙馬崎對峙隔洋面水程四更名沙馬崎頭門氣之南續沙垠至粵海爲長沙頭南隔斷一洋名曰長沙門又從南首復生沙垠至瓊海萬州曰萬里長沙沙之南又生亂石至七洲洋曰千里石塘皆南洋極險之地海舶遭風或舟師迷誤犯此數險鮮不敗者長沙一門西北與南澳西南與平海之大星適成鼎足之勢門南北約闊五更粵之番舶商艘往東南洋呂宋文萊蘇祿數國貿易者皆從長沙門出北風以南澳爲準南風以大星爲準惟江浙閩三省往東南洋者從臺灣沙馬崎頭門過而至呂宋諸國西洋夾板從昆侖七洲洋之東萬里長沙外過沙馬崎頭門而至浙閩日本以取弓弦直洋中國往南洋者以萬里長沙之外渺茫無所取準皆從沙內粵洋而至七洲洋汪洋一水之中生此界限亦溟渤之戶閾也又七洲洋之南有大小二山屹立澎湃稱爲昆侖賊蚱南洋必由之路山產佳果幽寂無人蹟神龍所宅昔荷蘭失臺灣歸途過昆侖欲建立爲埔頭龍與爲患荷蘭以大礮與龍鬭久之多發狂病斃乃揚帆去至噶羅巴而舟覆康熙四十五六年荷蘭又圖昆侖就

海濱營埔頭夜輒爲鱷魚所吞又爲廣南海盜所劫殺乃仍虛其地凡中國洋艘過昆侖天時極晴霽瞥見黑雲一點蜿蜒搖曳狂風立至頃刻而止俗呼鼠尾龍雲雲白者風尤烈日兩三作或四五作舟人焚雞毛爨殼使龍觸穢氣而遠避過昆侖卽無此事由昆侖而西南有小島曰茶盤爲西南洋分路之地往息力者西行往噶羅巴者南行先謙案雷志蘇門答臘與徐同列國學會平方三圖作蘇門答剌圓球圖作蘇麻特拉世界圖作蘇馬特臘周志作斯馬得拉東南接瓜哇島西南接印度海東北與馬來半島相對謂之麻剌甲海峽北面西界二圖標大名曰亞珍卽徐之大亞齊漢文圖作阿丁地理問答作阿眞圓球圖作愛恩下標曰亞齊極西北端亦標亞丁謝錄云山盡處俱大亞齊地與檳榔嶼斜對許考云都城因國名亦曰亞珍築於西濱離海十里許城中茅屋萬家大率簟門圭竇編篛爲蓋削竹爲棟建於三尺高之欑栿恐潮漲也有小河環繞舟船絡繹其間王居築於高阜闤以巨礮防衞甚嚴王出坐象車圖以幕凡百餘乘令人不知王之所在其西北有呢古巴拉羣島謝錄作尼古巴拉與徐合圓球圖作逆科巴卽尼科巴也由島西北端轉而南曰拔的又南曰利甲斯又南曰亞納剌布當卽徐之小亞齊地謝錄云由大亞齊西北行經山盡處轉東南行日餘可到此爲近之又南曰已土又南曰坦悄寄又南曰特魯蒙又南曰新怯爾又南曰巴拉斯當卽徐之蘇蘇境謝錄云蘇蘇在小亞齊南水路順風二日可到此爲近之又南有西波加又南有葩當又南有納大耳又南有葩薩民又南有浦拉民又南有巴唐卽徐之叭噹括地略作巴當謝志作巴登圓球圖作帕塔恩屬邁南喀東北與雷里等隔山相對西北與呢士島相

值謝錄云叭嚐在蘇蘇東南水路順風亦二日可到巴唐西北有島曰呢士徐作西南誤圓球圖作呢阿斯西征紀程以爲卽古龍涎嶼其西南乃民大威羣島也民大威羣島在南曰南葩格其北曰北葩格總爲拿騷羣島又北有西卜路民峽又西北曰雪必路圓球圖作賽比魯又西北曰雪必路峽又西北曰巴剌曰馬薩曰平吉總爲巴士羣島又西北曰格羅色爾峽峽之北卽呢士也呢土之北曰北峽峽之北曰巴尼亞克羣島漢文圖作三馬兒諸島其西北最遠者卽呢古巴拉矣自巴唐而南曰排南又南曰莫科又南曰亦浦又南曰來斯又南曰班庫蘭圓球圖作本庫楞謝志作奔古倫平方圖作邦古連又南曰色路馬又南曰芒納三地相距不遠以方位推之卽徐之茫古魯也茫古魯之東有德羅克貝當卽三佛齊其西南濱海曰卡威爾曰克羅希曰納拉斯曰佛剌支轉而東北入巽他海峽其南卽瓜哇西端謝錄所謂東西皆舊港疆土者也出峽轉而北行直北有大島曰邦加卽綱甲地理問峇作班嘎萬國圖作邦喀世界地學作班加卽徐之崗甲嶼崗甲東南曰巴當卽比利敦萬國圖作比力頓圓球圖作必來唐一作比里東謝志作比利登云島產鐵木居民三萬四千旁島甚多總爲沙佛基耳羣島與邦加相距處曰加斯巴峽邦加之西北端有蒙多克卽謝錄所稱山麓之文都也蒙文多都一音之轉謝志作孟托克云以錫鑛著華人在彼采取者千餘荷設官駐邦加之西隔峽相對者曰巴鄰旁徐所云荷蘭埔頭在東北界者也圓球圖作拉母傍地理問荅作巴連旁萬國圖作怕廉邦一作巴郎旁謝志作巴達那蒙多克西北有島曰竜加卽徐之龍牙圓球圖作凌噧平方圖作龍加卽古龍牙門謝錄所謂峽口水路到此約三日

由此北行日餘則至柔佛西北行日餘則至霤里也又西北曰色邦卡曰利俄卽徐之新柔佛一佛二圖以新加坡爲柔佛則徐所云佛舊都也自利俄至竜加一帶其西南與蘇門荅臘島相距謂之柔布拉哈剌峽更西行至卡里門卽徐之紅毛淺矣卡里門之西有錫亞克卽徐之霤里謝錄云霤里在柔佛西南由柔佛渡海而西南日餘可到圓球圖作西阿克許考云錫亞克在島中央立國有年古盛今衰再西爲的里卽徐之錫里郡志之勿斯離平方圖作德里一作日裏謝錄云錫里東與麻剌甲相對由霤里買小舟沿海行四日可到二里皆在古大亞齊境謝志云地當赤道長三千五百里最廣處九百里面積百六十萬方里大山直貫境內火山十六或噴或熄東土低窪道途險阻而涼爽宜人西土平原水多土沃而氣候炎熱時多疫癘地震頻仍物產尤著者爲胡桃奇花曰辣夫力西亞爲藤本寄生無幹葉花徑三尺有半五瓣有三百五十萬皆瑪雷人內地有勃達司嗜食人肉和以鹽椒而生啖之先屬英後歸荷時與土酋爭戰迄今未全平許考云山產金銅鐵硫磺河產金沙生馬身小而健捷椰子樹隨在成林矢志云此島亞盆山與弗爾山高萬二三千尺彭嘎島亭列頓島有錫鑛拍淡乃要港

西里百

徐志云由呂宋正南視之有大島踞於巳方曰西里百一作失勒密士又作細利窪島分四支如人臂股汊港尤爲奧曲北一支曰馬拿多一作茫皇陀東向二支曰多羅曰摩尼南向一支曰馬加撒一作芒佳虱又作望加錫又作茫加薩荷蘭於南北兩支各立埔頭建礮臺戍以兵馬加撒土番在馬來中別一種稱曰蕪吉或作武吃氏其人武猛技擊最精男女童時

習之一人持短刀可敵數十人每揚帆海上海賊望而引避其種人散布諸島人皆重之獲利則歸養其親本噶羅巴屬國魁處一馬甲撒山中自稱胥喏如爪亞之稱巡欄與荷蘭盟不受約束又一種番名武敦剛猛類蕪吉居馬甲撒南諸島物產與呂宋略同幼布海參最艮先謙案卽雷志之西里庇也列國學會二圖作西里伯許考作西里白矢志作西列伯萬國地志作西來勃外國地理作西里卑斯世界地學作設列布大地誌作賽拜斯世界圖作謝列倍斯其北爲謝列倍斯海謝列倍郎西里百之音變也北一支曰馬拿多與徐合世界圖作美拿多謝志作瑪那多東與摩鹿加相對東向第一支曰蒙多諾卽徐之多羅球圖作拖羅與北一支相距中爲宅尼灣世界圖作特米爾灣東向第二支曰拖克亞外有島曰窩窩尼圓球圖作波尼卽徐之摩尼南向一支曰馬加撒與徐合平方圖作馬葛薩一作馬嘎撒漢文圖作馬喀撒耳圓球圖作麻喀耳世界圖作喀撒兒其西與婆羅洲相距爲喀撒兒海峽謝志云在波羅之東中隔曼加錫海腰曼加錫卽馬加撒地形爲四土股中有深灣如人四肢產米與燕窩最多居民約百萬土人較他處馬來族爲有禮儀土酋退處山中荷人鎮守海岸荷設巡撫駐內地弗拉的俺城許考云南北約千三百里東西約四百里穀果俱豐木多佳品產杭稻棉花蜜蠟樟腦丁香加非燕窩玳瑁珍珠檀香烏木犀牛艮馬自設酋長者有瓦入波尼爐呼馬加撒曼達爾諸部明正德七年葡人採佔此島國朝順治未爲荷所奪莞𨊠二百餘載樋志云西里百幅員與愛爾蘭相伯仲

婆羅洲

徐志云由呂宋西南視之有大島居午位曰婆羅洲一作浡泥作蟠泥阿又

周回數千里大山亘其中曰息力由東北至於西南山之西畔極北曰文萊(一作文來)極南曰吉里問(一作吉里門又作吉里地悶又作蕩里悶)山之東畔極南曰馬神(一作馬辰)與吉里問接壤馬神之北曰新當再北曰卸敖再北曰戴燕再北曰萬喇(一作萬瀾又作萬郎又稱萬老高)再北曰崑甸再北曰巴薩極北曰古達由古達逾山而西北卽文萊界矣自古達至新當舊皆馬神所屬故諸書統稱馬神而諸部名不著山西廣莫荒涼海濤壯猛多礁石舟楫不能近岸故吉里問文萊兩國土番貧甚多爲盜餘皆人迹不到之穢墟山東戶口殷盛物產豐盈又產黃金銓石攻礦之工所萃諸番皆馬來種沿溪簪屋爲居身不離刃精於標鎗見血卽斃性喜銅鈕器皿皆用銅上衣曰沙郎下衣曰水幔貧者以布富者用雜色絲綢裂條縫集爲文采俗從回敎山中別有獠人性凶頑喜殺然不敢出山肆擾諸部多噶羅巴屬國荷蘭船初入馬神內港番畏礮火避入深山以毒草漬水上流荷人受毒狠狷去後卒於海濱立埔頭四曰八三(卽巴薩)曰本田(卽崑甸)曰萬郎(卽萬喇)曰馬生(卽馬神)繁盛遜噶羅巴海盜時鈔掠貿易益微息力山產金甚王別有銓山產銓石(卽金鋼鑽石有五色金黑紅者爲貴歐人寶之大如碁子者值數萬金細碎者釘磁之工用之)鉛錫冰片荳蔻胡椒海參燕窩玳瑁翠羽烏木檀香籐條近嘉應州人往開鑛者娶黎婦(馬來女不嫁唐人)成土著有數萬由厦門往文萊者取道呂宋往馬神吉里問者取道七洲洋由茶盤轉而東向又云薄海番域錄言婆羅一名文萊負山面海俗素食念佛禁食猪肉犯者論死有東西二王永樂四年各遣使來朝相傳國王閩人隨鄭和往因留鎮焉王府旁有漢字碑番人嫁娶請王金印印背印篆文獸形云是永樂間賜王髡髮裹金繡巾腰插雙劍步行親屬稱班奇蘭嚴重亞於王國有木石二城因長

腰嶼築岸禦潮拆石城以爲塘止存木城云又言吉里地悶鄭點滿山皆旃檀至伐爲薪田肥宜穀氣候苦熱午必俛首向水坐差可避瘴男女斷髮短衫一以立爲尊不知年歲無文字以石片記事滿千石則總於繩爲俗結訟者兩造各牽羊曲者沒之蓋猶有結繩東矢之風焉又明史淳泥於古無考此淳泥當是馬神宋太宗時始通中國洪武三年遣使自泉州往閱半年始抵其國時其國爲蘇祿所侵頗衰耗又素屬閣婆即噶羅巴閣婆人間之其王意頗中阻使者諭以閣婆久臣服中國爾畏閣婆反不畏中國耶乃遣使奉表進貢洪武八年命其國山川附祭福建山川之次永樂三年入貢封爲國王賜印敕其王率妃及子女弟妹陪臣泛海來朝十月王卒於館舍賜祭葬諡恭順其子襲封定爲三年一貢又乞封其國之後山即息力大山敕封爲常甯鎮國之山御製碑文勒其上洪熙後貢使遯稀云又謝淸高海錄言古達息力大山西北一國也王居埔頭有荷蘭人鎮守由埔頭買小舟沿西北海順風約一日到山狗王地名爲粵人貿易耕種之所由此登陸東南行一日到三晝又名打喇鹿其山多金內山或名喇喇或名息邦或名烏落或名新泥黎皆產金而息邦產爲佳巴薩在古達南沿海順風約日餘可到地不產金華人居此者惟事耕種所轄松柏港產沙藤極佳亦有荷人鎮守崑甸在巴薩南沿海順風約日餘可到海口有荷人鎮守買小舟入內港行五里許分爲南北二河國王都其中由此河東北行約一日至萬喇港口萬喇水自東南來會之又行一日至東萬力其東北數十里爲沙喇蠻皆華人淘金之所萬喇在崑甸東山中由崑甸北河入萬喇港口舟行八九日可至山多鑽石亦有荷人鎮守戴燕在崑甸南由崑甸南河溯流而上約七八日

至雙文肚郎戴燕境又行數日至國都乾隆末粵人吳元盛刺殺番酋國人奉以爲主元盛死子幼妻襲其位卸敖在戴燕南由戴燕逆流而上約七八日可至新當在卸敖南由內河行約五六日程馬神在極南由崑甸沿海順風行五六日可至疆域較大產鑽石金藤席香木豆蔻海參佳紋席猩猩有荷人鎮守蔣里悶(卽吉里悶)在馬神西順風約二日可到疆域稍狹土產與鄰國同文來(卽文萊)在極北界幅員甚長中多亂山絕無居人土番亦無來由種類喜中國布帛土產燕窩冰片沙藤胡椒余按婆羅洲爲南洋第一大島西洋人稱爲蟠尼阿卽浡泥之轉音唐高宗總章二年入貢謂之婆羅國宋太宗太平興國間入貢謂之浡泥國明初入貢又分吉里地悶文萊浡泥等國蓋浡泥爲此島總名宋明之稱浡泥者乃馬神疆域較大力能駕諸部之上故以全島之名名爲國名猶大亞齊之獨稱蘇門答臘耳海國聞見錄謂息力大山據其中外吉里問文萊朱葛焦喇馬神蘇祿五國環而居今考蘇祿在馬神東北乃海中三小島與此土不連朱葛焦喇別書不見其名惟王大海海島逸志言荷蘭所推甲必丹(見噶羅吧說)有大雷珍蘭武直迷朱葛焦諸稱呼似陳錄所云誤以官名爲國名又陳錄謂吉里問在文萊之北與諸書皆不合自是舛誤(海島逸志云出噶羅巴往馬神道經吉里門日視電光閃而不誠條噶羅巴在馬神西南往馬神而路經吉里門其在馬神西可知)謝清高海錄紀此洲最詳惟歷數諸國俱云某國在某國東南揆之西洋圖地形方向尙有舛誤今據圖更正之荷人於南洋各島徧設埔頭諸番皆奉命惟謹馬神獨能毒流退師然卒爲西人所制番族固無遠謀也先謙案婆羅洲今爲英荷二國分轄南歸荷曰婆羅北歸英曰北婆羅世界圖作薄紐萬國地志作濮納圓球圖作保尼俄世界地學作布

爾涅寫西洋史要作淳泥澳地理問荅作拉婆安外國地理作波
路尼阿据列國學會二圖荷領婆羅之西有埠曰旁提安挨克極
南有埠曰班邅邁森漢文圖作班查邁星地理問荅作笨卡瑪莘
異名記作本埶馬星括地略作巴薩馬神樋志作班若馬新云著
名都府謝志云荷屬大埠曰馬升在南方巴力托河口東岸巴力
托郎圖中之巴里托河馬升馬新邁森一地以徐圖證之郎山東
畔極南之馬神矣古國除馬神外餘無可考以二國參證徐圖貝
魯當古之崑甸國境馬哈罕河東西地當古之萬喇國境巴豪民
大刺特滿卡狄浦約略當古之戴燕卸敖新當三國境更南郎馬
神其息力大山脈西偏南向歧分處北自普蘭邦干南至蘇卡布
密當古之吉里問國境西畔正中地郎旁提安挨克圖球圖作旁
提阿那克異名記作邦吉亞納繁盛地也謝志云波羅一名般烏
（二圖般鳥作）當赤道下爲世界第三大島南北二千五百餘里東西三
千里面積二百八十萬方里中有息刀山（息力之誤）自西北向東南內
多火山橫列海瀨礁石甚多舟楫不易近岸天酷熱幸有海風解
之林中有大猴曰鳥拉蕩能疊石而居人民二百萬內地土番性
情嗜殺項下懸頭顱骨爲飾少年不能殺人獻首於女郎則不得
妻許考云土番名達亞克矢志云婆羅洲植物最奇者曰拉弗來
西亞（藤蘿寄生於樹根開花玨鐵其花甚大直徑在三尺以上者）曰奈奔德斯（葉端懸一囊其形似甑中可貯
水有蓋覆其上）又金剛石頗著名先謙案婆羅洲西海中二圖有納土納
羣島分南北大三納土納圖球圖作那吐那異名記作那敦納西
征紀程作那突拿云大那突拿郎徐之茶盤島納土納之西南二
圖育亞南巴羣島圖球圖作阿能巴異名記作
安楠巴與納土納俱隸荷設之蘇門荅剌長官

英領婆羅洲

北婆羅洲雷志云面積三萬一千英方里人十七萬五千口以一公司管理其地入款四萬千五百三十磅入口貨值二十八萬二百磅出口貨值十七萬九千七百六十磅煙葉爲大宗　散德肯會城人六千三百二十口　先謙案雷志英領婆羅洲列國學會二圖作北婆羅謝志云西北三部曰色巴曰波羅曰撒拉瓦現由土酋讓與英人設婆羅洲招墾公司廣招華人往墾近有閩省黃姓謀諸土酋領土若干畝招鄉人往彼開墾著有成效號其地曰新福州色巴首府曰山達根總督駐之大埠曰可達在極北海角波羅撒拉瓦之首府俱同邦名商務皆盛案二圖撒拉瓦作薩拉瓦克[illegible]色巴作薩巴婆羅作婆羅乃圖東北有山打根灣知薩巴首城在其地山打根即山達根世界圖作桑達幹即雷之散德肯也婆羅乃杜宗預云地居山西畔極北即徐之文萊西北有角曰古達即謝志之可達

雷布恩雷志云面積三十英方里人五千八百五十三口入口貨值八萬磅出口貨值六萬二千磅地產煤　維多利亞會城人千五百口　先謙案列國學會二圖北婆羅之西側有來比恩小島標英字來比恩即雷志之雷布恩也謝志作拉波安圓球圖

作拉布恩異名記作剌蒲恩萬國地志作雷盆

勃路尼國雷志云馬來國歸英保護面積三千一百英方里人二萬一千口先謙案列國學會二圖北婆羅內山有地名普鹿蓋卽雷志之勃路尼普勃鹿路音轉變字

沙拉華克雷志云管理其地者覓得此地人勃路克君之姪面積四萬一千英方里人三十萬口地產金銀煤等入口貨值三十五萬二千五百十磅出口貨值三十三萬八千七百九十七磅入款四萬八千四百五十磅 古金會城先謙案列國學會二圖北婆羅西半部曰薩拉瓦克郎雷志之沙拉華克也異名記作沙拉薩矢志作撒拉滑克謝志許考作撒拉瓦極西有庫琛郎雷之古古金許考云島之西北境有國名浡泥道光二十年以迤西撒拉瓦地讓於英人英人掰規模捕海盜風氣爲之一淸攟志云數十年前有英人逐海賊於婆羅洲西北據其地都薩拉瓦克及其姪嗣立奉疆土於英政府政府僅受拉布安然今已總屬於英國管轄矣

美領非律賓羣島

非律賓羣島雷志云島以千數呂宋及明多拿爲最大面積十一

萬四千三百六十八英方里人七百萬口馬來人六百十六萬地皆膏腴出煙葉糖麻呂宋煙礦產金鐵煤等入口貨值三百八十三萬六千磅出口貨值百八十三萬四千磅鐵路百二十英里千八百九十八年併入美國譚紹袞云東南海島圖經云非力賓羣島南爲民荅那島西爲巴拉灣島西南爲蘇祿羣島伊東氏世界年鑑載此羣島數大小千七百二十五面積凡十二萬二千英方里

曼尼拉會城人十四萬五千口徐志云呂宋在臺灣鳳山縣沙馬崎之東南由廈門往水程七十二更北境高山望若鋸齒名宰牛坑地形似魚振尾南北震約二千餘里東西狹西濱海多腴壤東山林錯雜有火峯常地馬山南野番黑面拳毛結茅寮衣樹皮與臺灣內山生番相似本土來番國明隆慶中西班牙遣其臣咪牙蘭東來行抵呂宋相見其廣而腴潛謀襲奪萬曆間以數巨艦載兵僞爲貨船餽番王黃金請地如牛皮大陳貨物王許之因翦牛皮相續爲四圍求地稱是月納稅銀番王已許之不復校遂築城立營猝以炮火攻呂宋殺番王滅其國鎮以大酋徙人實之其國負東面西有內中外三湖各廣三百餘里西人建城於外湖之西海之濱名曰韞豆其地即馬尼喇一作哩蠟鑾也又作礮臺於城左之庚逸嶼人稱之曰小呂宋而以西班牙本國爲大呂宋云西班牙據此島在萬曆中而洪武七年此島入貢其圖郎名呂宋知西班牙之籍大呂宋客襲主名也或云西班牙本名呂宋誤矣馬尼喇貿易之盛甲於諸洋物產稻

米糖麻棉花煙草加非訶子金珠玳瑁冰片燕窩海參烏木紅木其澁南大小十餘島閩人稱之曰利仔友曰甘馬力曰班愛曰惡黨曰宿霧曰貓霧煙曰網巾礁腦（又作網巾礁老一名蚊仔低）泰西人稱之曰撒馬曰馬鄰得驪加曰把拉灣（卽班愛）曰泥鄂巴（卽惡黨）曰尼末巴地曰西武（卽宿霧）曰馬逝（卽貓霧煙）曰邦閔曰多羅來地曰民答那峩（卽網巾礁老）土皆馬來族類又云邵大緯薄海番域錄言明洪武七年呂宋同琑里諸國貢方物萬歷四年助討遁賊有功尋入貢取道福建先是華人販呂宋既夥畱居澗內名壓冬積至數萬人萬歷三十年有妄男子張嶷稱呂宋機易山生金豆時礦務方殷詔遣漳州郡丞王時和借嶷往勘是時呂宋已爲西班牙所據守土者乃西酋時和至酋陳兵問山各有主何得越採且金豆生何樹時和不能答酋自是疑華人以兵圍而坑之死者二萬餘僅餘三百人華船遂絕迹臺官奏劾嶷坐誅時和悸死三十三年遺商船論呂宋無生事西酋亦悔前事復厚遇華人估帆稍稍復集其後畱者復成聚云又云近年諸番來粵東者多聚於馬尼剌米佛通市其船皆會集於此蓋其地爲七洲洋之東岸轉柁北行卽入長沙頭門而抵粵東諸番倚爲東道之逆旅薪水糗糧皆取辦於此故近來小呂宋之繁盛爲南洋諸島之最先謙案徐志呂宋卽雷志之非律賓羣島也列國學會二圖作菲力賓萬國圖作斐力批漢文圖作斐律平括地略作非利賓世界地學作非律賓矢志作斐律賓櫃志作斐利濱近史作腓列賓卽摩拉格加士或作飛獵濱美人近改爲麥荊來据二圖南距西里伯海西南距蘇祿海西北距中國南海北對臺灣東距密克羅內西亞島極北爲呂宋會城曰馬尼喇卽雷之曼尼喇徐之馬塈也平方圖作瑪尼剌呂圓球岡作摩里

刺萬國圖作曼尼刺西洋史要作馬尼拉漢文圖作麻尼刺外國地理作馬三拉世界地學作馬里拉其西北有林加煙灣謝志云有鐵路北達林羊海口林羊即林煙也馬尼喇之南曰璃多羅世界圖作民多羅圓球圖作明朵羅異名記作眠多羅矢志作明度洛云有蟹爾肯八千八百六十八尺爲島中最高峯其中火山之脈甚多馬容山向有煙噴出謝志作珉多羅西人稱曰多羅郎徐之多羅惟徐不當與來地並稱耳璃多羅之東曰馬鄰得圭平方圖作馬斯貝特圓球圖作麻斯巴台郎徐之馬鄰得馬鄰得圭之南曰班艾郎徐之班愛謝志作巴乃矢志作巴奈世界地學作巴賴漢文圖作怕那萬國圖作扳賴班艾之東南曰泥各羅郎徐之泥鄂巴圓球圖作乃格羅斯尼各羅之東曰塞布郎徐之宿霧世界地學作設布漢文圖作西布巴乃塞布二島皆西美苦戰處塞布之東南曰波荷爾圓球圖作波浩耳尼各羅之極西南曰巴拉瓜郎巴拉灣世界圖同郎徐之把拉彎萬國圖作巴拉撓圓球圖作帕拉瓦恩漢文圖作帕拉底恩謝志作巴拉完矢志作巴拉漢馬尼喇之東南曰甘馬力甘馬力之東南曰撒馬並與徐合漢文圖作薩麻世界地學作薩爾馬世界圖作撒馬耳謝志作撒瑪耳矢志作查馬爾撒馬之西南曰來提世界圖同圓球圖作來伊台西人稱曰來地與多羅本二島徐誤台爲一來提之極南曰民答那襄與徐合萬國圖作民丹腦世界圖作民答撓矢志作民太腦萬國地志作密達諾世界地學作龜丹諾外國地理作眠特拿阿謝志作民答那我漢文圖作民答邦我一名悉狠郎島灣其海曰民多羅海樋志云島民苦西班歹虐政謀自立志士阿圭拿度率眾起建獨立國徽時美國與班戰勝告斐利濱亟逐西人嘗助其獨

立既而背約千八百九十九年斐利濱與美戰敗美遂取島地囚阿圭拿度於馬尼剌以兵力殘脅其民華人被殺失業者多中國不敢過問也千九百二年美釋阿圭拿度及同發難者然島民鬱獨立思想畱學生在美國學校多至百人尤有聲譽他時未可量也謝志云在波羅洲東北當北緯五度至十九度北隔臺灣七百餘里中爲巴西海腰共千二百島大者三十餘面積百十萬方里地多邱陵帶山南北縱列最高者九千尺又有大山往往地震河雖多而淤淺天氣炎熱四月至九月多雨餘乾旱田土肥美物產蔗糖紅木肉桂珍珠矢志云煙草最盛稱曰呂宋煙每歲輸出額不下三百十六萬弗其麻曰馬尼剌麻許考云島分十五郡首郡日敦多

蘇祿

徐志又云呂宋羣島之西南婆羅洲之東北有小國曰蘇祿接連三島地小丁多本馬來番族悍勇善鬭西班牙欲以爲屬國攻之反爲所敗土產明珠玳瑁蘇木荳蔻降香藤條鸚鵡食不足羅於別島由厦門至蘇祿水程百二十更又云薄海番域錄言蘇祿分東西峒有三王明永樂十五年東王巴都葛巴叭答剌西王麻哈剌吒葛剌麻丁峒王巴都葛巴剌卜並率其屬三百餘人來貢方物各給印誥封爲王東王歸次德州卒命葬以王禮令其子都麻舍還國畱次妃葛本甯次子安都祿等守墓歲支米七十五石萬歷中裁其五世孫安守奏復之我　朝雍正六年遣使至閩貢方物求內附以其險遠未之許也先謙案蘇祿謝志作蘇魯云在斐利賓之南凡大島三東北曰巴西蘭中曰蘇魯西南曰達維達維各周三百里人共約十萬口人性剛強田土肥沃物產多珠寶木

香据列國學會二圖諸島總曰蘇祿羣島東距菲力賓羣島西距北婆羅南距西里伯海北曰蘇祿海中標蘇祿二字其西南曰達維羣島卽謝之達維達維也東南曰達怕羣島卽謝之巴西蘭也諸書不言何屬蓋仍爲自主國

賜進士出身　特賞內閣學士銜前國子監祭酒翰林院編修加三級臣王先謙謹撰

英領印度國　一

印度謝志云印度大半已歸英領故或稱之曰英屬印度或以安南暹羅緬甸等地爲後印度稱之曰前印度又稱信都斯坦即古天竺國也居北緯八度四分至三十六度東經六十六度至九十七度中緯百二十度中經東七十五度面積約千四百十萬方里慕志云印度在亞細亞之南緯綫自赤道北八度至三十四度經綫自順天偏西二十四度至四十九度東連緬甸孟加拉海灣西接阿富汗俾路芝阿剌伯海南至印度洋北界西藏**雷志云**長六千里廣或五千里或數百里總計約六百萬方里

印度半島天然獨立之國也过志云東因山脈以接暹羅安南西因薩利滿山脈以界阿富汗俾路芝南瀕印度洋北因喜馬拉亞山脈及佩密爾高原以界中國之西藏新疆及俄領中亞細亞土耳其斯坦其沿海平低無彎曲東半濱辦軋爾灣東隅有茂爾他班灣西半濱亞剌比亞海有庫氣坎倍二灣其南端一岬斗出曰口茂林岬而錫蘭島橫在其前徐志云緬甸之西兩藏之西西南有廣土突入南海形如箕舌即印度也漢書謂之身毒又稱天竺六朝以後釋典皆曰印度今稱溫都斯坦一作痕都又作忻都又作興都身毒天竺印度溫都痕都忻都興都本一音以華文譯之遂人人殊外國地名皆類此印度有五地形入海之處爲中南兩印度東印度東界緬甸北連後藏北印度雪山拱抱東爲後藏之邊徼

西爲西域之札布(即布哈爾東南部落)西印度跨印度河與阿富汗俾路芝接壤東西約五千餘里南北約七千餘里境內名水二東曰安額河發源西北東南流至孟加拉雅魯藏布江從東北來會之入海印度人稱爲聖水佛書所謂恆河者也西曰印度河發源後藏之阿里西行繞雪山之背至西北印度之西北界轉而南行北印度諸水會之至信地入海此外西有逆埔他答地諸河南有莪他惟利吉那加惟利諸江北境倚雪山南境沿海有連山環繞中間數千里皆平土西北界有沙磧餘皆沃壤迤北寒暑適平迤南近赤道炎歊特甚土產五穀棉花鶯粟花金剛鑽黃玉寶石青精瑪瑙明珠珊瑚藥材香木海味獅子馴象大鳥(辻志有麻藍榕樹墨檀竹藤漆炭鐵金銀牛羊馬驢)橐駝虎豹鸚鵡孔雀)人多黑面青唇(迤北稍晳迤南黑甚)以白布裹頭故粵東呼小白頭國地本雕題種類貴人額塗日光花卉或以粉點面如星庶人頭額刺紋胸臂蒡格卦畫形皆雕題遺俗也男裸下體耳挂環下著圍裙女加上衣穿耳鼻挂金銀環臂脛俱帶釧鐲人習技巧金漆雕鏤皆精絕所製玉器薄如蟬翼其地爲佛教所從出故自古著名自後漢通中國唐時屢入貢趙宋時爲回部所侵割元起北方括地西南太祖征服西北印度世所傳遇角端而回兵者憲宗朝復征服中印度以宗王駙馬分王其地東南諸部皆聽役屬由是五印度爲蒙古別部元末駙馬帖木耳王撒馬兒罕威行西域印度諸部皆臣服明嘉靖間其別部莫臥爾攻取中印度地立國力尚回教黜佛教(蒙古在蔥嶺西者至元中皆入回教)諸部皆納貢爲藩屬久而陵夷時時搆兵紀程云西人紀載言虞舜時印度始興婆羅門教而造梵字周定王時婆羅門教衰而佛教行周景王時波斯盛強印度西境爲波斯有顯王時馬基頓王亞歷山德有今希臘士耳其埃及

阿剌伯波斯阿富汗俾路支等國東北至塔什干囘部東逾印度
河而印度遂屬馬基頓亞歷山德死國分其雄長東方者有西里
亞巴爾的拔克德里諸國考西人地圖西里亞今土耳其之安提
阿等城西瀕地中海巴爾的今波斯地即漢書之安息拔克德里
今阿富汗巴達克山布哈爾即漢書之大夏西史言印度於周末
嘗屬西里亞漢初又屬拔克德里（張騫言在大夏見邛竹杖蜀布云市之身毒是印度嘗通大夏
西史云屬之可信）及大夏為大月氏所滅印度屬月氏數百年（據後漢書魏書至元
魏皆屬月氏後月氏為厭達吐火羅等國印度不知何屬）唐武德中天竺王尸羅逸多（卽大唐西域記
之戒日王）討四天竺皆北面臣之尸羅逸多死其臣那伏帝阿羅那順
自立發兵距唐使王元策元策號召吐蕃泥婆羅兵攻其國都
茶鎛和羅城（卽西域記之曲女城一名羯若鞠闍）破之執阿羅那順獻闕下自是朝
貢不絕元宗復詔賜南天竺名懷德軍中葉後西域各國盡役屬
於大食五季至宋大食浸衰有西突厥遺種建國於伽寺尼（卽哈斯那
今屬阿富汗）號土耳其復稱雄西域宋咸平三年其王馬毛多伐印度
血戰二十五年印地多為所據天聖三年印度人費沙拉據地稱
王明年馬毛多死費沙拉遂復舊疆其後國分日尋干戈紹熙五
年阿富汗君長高黎取印度立國於特里（卽德列今屬旁遮普）時伽寺尼國
已為土耳其別酋達路別克所併撫有波斯阿富汗俾路芝等地
號土耳其色舒格朝高黎其別部也開禧二年高黎為其下所殺
土耳其人甲丟伯復入特里為王嘉定十六年（元太祖十六年癸未）元太祖
取波斯明年駐兵鐵門（在今布哈爾境內撒馬兒罕城南數百里南臨阿母河）欲征北印度
不果純祐十二年（元憲宗二年壬子）元憲宗命禿兒花撒邱征身毒明年
命塔塔帶撒里土魯番等征欣都斯怯（卽身毒）失迷兒（郭侃傳作乞石迷卽今之
克什米爾）等國旋降失迷兒而特里仍自為國未嘗役屬於元也元至

元二十六年甲丟伯裔日阿老丁與元兵戰破之至和初特里漸衰明建文初元舊藩撒馬兒罕帖木兒始征服印度屠殺十萬衆以印度爲別部然未幾即去永樂十二年特里故王裔奢一精復爲特里王嘉靖五年撒馬兒罕帖木兒五世孫巴卑爾（或作[illegible]爾）立國於阿富汗之開布爾（即哈布爾今爲阿富汗國都）大舉入印度取特里併其地印度爲土耳其人所據凡三百餘年至是爲蒙古有巴卑爾仍都特里東取孟加拉爲附庸（即明史榜葛剌國）四十四年特里王亞格巴爾城阿格拉（即亞加拉今屬西北部）都之萬歷十三年又遷於勒和（即勞爾今屬旁遮普）勝兵六十萬國日強二十二年分國爲十二部　國朝順治四年特里國王復都特里乾隆初特里漸衰土豪各據地相雄長於是有麻剌多（跨有今剌日不德中印度犛土部及中部孟加拉部所屬之痾黎薩）買索（今爲買索爾土部）烏德（今爲西北部所屬之盧各賠雷巴勒里非薩巴爾治大波爾等四部）等部十四年阿富汗侵特里特里拒之不克求援於麻剌多阿富汗人敗走麻剌多遂據特里閱五年始去而特里國勢愈微（餘見下）

與亞洲大陸相隔爲希馬拉雅山

先謙案即佛書之須彌山也喜馬須彌一音之轉謝志云希馬拉山平均高度二萬三千英尺最高峯曰愛佛雷斯特矢志作愛佛勒斯德过志作依委列斯特出海面二萬九千英尺長千五百英里廣約二百英里山足有熱帶樹木自七千至萬二千英尺之間無喬木再上至萬五千英尺則止苔蘚再上則四時冰雪故號雪山

及他山均甚崇峻踰越頗難

謝志云西界司拉以曼山與阿弗干分界最高峯曰所羅們寶位高萬千三百英尺與備魯支分界處有帶山曰哈拉代干高原之東西各有軋齒嶺西軋齒嶺距海岸三四十英里突起干霄高度約三千英尺連綿不絕直抵

革摩林角東軋齒嶺距海較遠高度稍遜中多間斷案阿弗干卽阿富汗備魯支卽俾路支革摩林列國學會二圖作科馬林紀程云北隣西藏希瑪納雅山爲界西接阿富汗俾路支以蘇米曼山爲界東連緬甸以巴亞給布山爲界

諸山之內坡可分爲五區北大野自阿剌伯海起至孟加拉灣首止中間有印度河及恆河又向東至勃拉曼普脫拉入亞塞爲一區案此由西北最高地勢順恆河流斜橫趨東南海灣亞塞卽阿薩密有布拉馬普得拉江蓋因地立名布拉馬普得拉卽勃拉曼普脫拉也周志作勃拉味拍脫利世界地理作勃拉馬波特拉

沿北大野南之山及高原爲一區德肯之高地爲一區案德肯謝志作代干矢志作臺庚課程作德干周志作提根过志作兒坎講義作迭康依圖作鐵康吳志作鐵幹云印度大平原之高度平均不過六百尺此低地以南半島地再起爲高臺東西格次山之兩脈擁護鐵幹臺地

沿海之低野爲一區矢志云海岸地在嘉志嶺以外地雖狹而肥美東曰谷爾孟德海岸西曰馬拉巴海岸而谷爾孟德頗多繁盛之所吳志云海岸漸低東曰可盧門鐵海岸西曰馬蘭班海岸若印度洋之水準增高六百尺周志東海岸作各羅們對西海岸曰埋拉排爾

後有加脫山以致甚狹爲一區謝志云全國天然分四大部曰希瑪拉山部曰恆河灌域曰印度河灌域曰南方代干高原合緬甸爲五大部地爲三大角形其面凸凹不一大半中央爲高原分南北二部南曰代干

高原出海面二千尺向東而斜北曰麻耳窪向北而斜北部東西二大原東為恆河灌域土地肥美向東南而斜上流炎熱多雨禽獸充牣人不可居中流以下廣漠無垠皆良田也西為印度河沙地向南而斜全土股東西沿海各有二條低原在代干高原之外東曰哥羅曼代海岸西曰馬拉海岸案哥羅曼代卽谷爾孟德可羅門鐵各羅們封一音之轉馬拉卽馬拉巴馬蘭班望拉排爾也皆多巨都大邑海岸長四千英里少有出入西岸二大灣曰甘備曰甲克小灣曰孟買南有馬那耳海腰與西倫共之東岸無一佳海口西方稍多課程云地勢北倚喜馬拉雅山自山南麓南邁至赤道北二十二三度間為印度大平原此平原為印度北半大陸地其南界東自孟加拉海灣之恆河口西訖阿剌伯之印度河口中間東西橫亘者則溫特哈山也在那爾巴達河北溫特哈山邁南為印度南半三面環海之地名為德干高原其東西海岸有東西高止山原環抱如屏蔽兩山外瀕海皆峻削壁立山內聯為高原高率中數約高於海面二千尺蓋喜馬拉雅山西北抵印度河東南抵雅魯藏布江蜿蜒五千餘里最高峯名埃佛勒斯高於海面二萬九千又二尺為世界內第一高峯山之最低處尚高於海面萬二三千尺其山自薩特里日河發源處分支西邁於薩特里日河之南恆河諸源之北又西南落大平原南邁過剌日不德拿為阿拉勿利山山東為恆河平原山西為印度河低地及大沙漠是此山脈又分印度大平原為二也山又東南邁至那爾巴達河之北轉東邁曰溫特哈山溫特哈之北阿拉勿利之東其地頗高曰馬盧薇高原是恆河平原內又有小高原也山至那爾巴達河發源處轉而西南邁至哥達惟利河發源處轉南邁傍海岸緜亘二千餘里不絕曰東高止山直南盡於科馬林角此自

喜馬拉雅山南分一大支蟠亙於恆河與印度河之間者此大支山自那爾巴達河發源處西南迤以來復分無數小支東南迤於馬呼努的河哥達惟利河奇斯得那河本瑙河加惟利河諸水之間均東至海濱復隆起南北相望遂成東高止長山與西高止並峙二高止中間接續之脈亦聯而爲德干高原过志云分喜馬拉亞地方垷印度平原兒坎高原合緬甸地方爲四部印度平原在幹節司案一作乾吉思即恆河印度二河間平原萬里茫茫無際兒坎高原在其南隅山脈相連土地高峻緬甸地方位其東隅土地平坦案以上與雷志分區不同今備載之樋志云印度大河三曰干基司一作甘幾士一作梗其斯即恆河出希馬拉亞山中南流千五百英里經阿哈拉巴比那利司即班拏勒斯巴德那即德鈀三大市府與雅魯藏布河合注孟加拉灣其支流最大者爲朱納河一作渠那一作朱木拏一作救母那一作閭那曰雅魯藏布即布剌馬浦特剌出希馬拉亞山峽入印度東北隅阿薩密地西流至孟加拉會干基斯河入海曰印度河出西藏經希馬拉亞山峽入克什米爾南流入阿拉伯海其合於印度河支流之大者在右岸爲喀布爾河一作加嘈爾一作嘎希勒自阿富汗之喀布爾流出至丕沙瓦一作亞德各與印度河會其左岸支流爲本若河陳炳澳云本若上二大流一爲薩特哩日即撒特列齒一爲枷納布合入印度河此三大河外有西流入阿拉伯海者那布達一作尼爾巴達塔布的一作塔普德二河皆自馬爾窪德干二高原間流出注喀比灣一作康木拜灣東流入孟加拉灣者馬哈那第一作馬呼努的戈達斐利一作哥達維利一作古特佛立克立什那一作奇斯得哪一作棄斯德那靠福黎一作加惟利四河皆出西郭芝山郭芝一作嘉志一作格交一作軋蔄一作高止一作角路灌科羅滿待耳沿岸田地而入海黃記云印度凡三大水西印度河東蒲蘭蒲達江而橫河貫其中自西北而東南支派甚多番名安治士河一作安額

或作殑伽佛經凡言恒河皆指此水中土人稱印度河爲西恒河安治士爲東恒河實則恒者安之譯音也印度河或譯作新頭河一作信地河無恒河之名水經注及康泰扶南傳於二水源流往往混亂葢皆得之僧流傳聞異詞展轉繙譯莫道其詳海國圖考誤以安治士河與印度河同源至中印度以下乃分二流不知印度河有五大源皆西南流匯而入海安治士河有三大源流皆東南流匯而入海中隔千餘里沙磧尚有數小水自北而南伏流兩無所歸者且沙磧地高水勢滲泄安治土河之水何緣飛越與印度河同流其誤一也又謂安治土河之下流與大金沙江會而入海是以亞桑之蒲蘭蒲達江爲緬甸之大金沙江豈知大金沙江之上源即西藏之雅魯藏布江東南流入緬境經阿瓦都城再南流數千里分數派至漾黃跋散等處而入海距孟加拉五六千里中隔孟養阿拉干一帶山嶺大金沙江何緣飛越而過與安治土河會流其誤二也又言懸度在巴達克山西境愛烏罕東境恒河貫二境而南經克什米爾之東不知懸度乃由于闐往北印度之道在蔥嶺之東南法顯惠生同出一途由于闐而南踰蔥嶺以達北印度是以道里遠近所經國名略同所記竭叉卽渴盤陀於麾郎朱駒波又烏萇烏場一也準以地望葢在克什米爾之東境傍梯卽偏橋棧道懸度卽灑筒鐵索三藏之地及滇蜀徼外所在多有至元奘之使西域邱長春之詣雪山行在皆由伊犂西行繞出西嶺外經鐵門過縛芻河折南踰大雪山達北印度故未經懸度葢程途有東西道之别津渡有上下流之分魏晉以前往罽賓者多由東道出于闐必經懸度傍梯之險唐宋而後至天竺者多由西道出疏勒亦有鐵門石峽之奇魏氏東西易置上下乖舛移印度

於巴達克山之西其誤三也又法顯記順恆水東下十八由延南
岸有瞻波大國從此東行近五十由延到多摩梨軒國卽是海口
其說甚明自酈注別引大秦一名梨軒之文致後人迷惑魏氏因
移梨軒於印度河口附會於條支瀕西海之地尤謬甚矣且謂印
度縛芻同發源葱嶺脊上大龍池西行六七百里分為二縛芻河
北流經圖斯泊印度河西流經伊西洱泊直至包社始轉而南印
度河豈有如是之迂遠哉其誤四也五印度東至亞桑阿拉干西
至阿富汗俾路支南際大海北抵雪山為界元奘記敘述最詳其
遼印度河至狠揭羅國則曰西北至波剌斯拂懍西女等國皆非
印度之境也魏氏併波斯天方安息條支諸國迄地中海概目為
西印度其遙北一帶巴達克山布哈爾機窪哈薩克諸部概指為
北印度故為夸大是誠何心余觀西人地圖凡繪印度全境者西
至阿富汗俾路支北大雪山而止梁書所云從月氏高附以西南
至西海東至盤越列國數十皆身毒也漢書諸史及釋氏西域記
凡言西海皆指印度洋非地中海故印度河歸西海恆河歸東海
水經注所謂二水所注兩海所納自為東西是也月氏卽今阿富汗高附與印布譯音招迩蓋顯印度河而下西南至科曼海爲西海也若以地中海爲西海則當云從月氏安息至西海不當云從月氏高附以西南然則月氏安息之非印度明矣

其國大半在溫帶之內

先摩拉高於海面七千四十八英尺熱度中數五十五度極寒四
十一度極暑六十七度每年雨水中數常隨印度洋之中數為轉
移中數四十二英寸東岸及山間為最多辻志云北境氣候清爽可人南屬熱帶炎熱如

綴六月九月霖雨連旬多水患**面積百八十五萬二千三百三十九英方里**辻志云千八十萬方里**人二億九千七十九萬千二百六十三口**謝志云阿利安人為最盛族貴賤之別綦嚴上等曰百拉滿人案即婆羅門如華人僧侶二曰武士即貴族掌國權三曰農商族無入仕之望四曰奴役則僕隸而已其間又分若干等級各不相交際實為文明進步之大阻礙性情節儉善待親屬然多飲酒怠惰游丐成羣夫死寡婦不得再嫁或焚以殉今英官已禁此俗課程云其教婆羅門最盛佛回次之基督又次之又有靈性教其徒亦繁有塞哥斯教婆羅門之別也有專恆司教合婆羅門佛教為一者也波斯火教猶太教俱行於境內鄉考云印度適中之地有比烈山山下居民曰比烈族所事之神甚多如瘟神龍神痘神各有其名祭祀多在高山壘石為臺旁設泥馬石馬各一泥馬特空其身糞門極大以為人死之後人必行入糞門然後上升天堂別有種人曰蓋衣族祭神之禮懸小錢一於深林中向錢膜拜又木打拉加郎拉孟之南以巨木刻極大神像旁有小男像五為巨神弟小女像一為巨神姊俱能致人病使速死又女神名加利司痘證建大廟設像祀之祭必殺人以為神牲喜生人血道光初英人禁之無效又有敬牛之俗每族公選神牛一居廟中牛之糞溺以器受之若仙丹然分之民戶良辰令節各以牛糞染額入廟叩拜家祭亦供牛糞遇吉事必用之誠為異俗也

西北邊界諸國面積十六萬千七百三十九英方里人三百六十五萬九千三百三十五口封建

諸國面積七十七萬六千六十英方里人六千七百三十八萬六千四百六十九口總計人三億二百四十五萬口

徐又云先是明宏治八年葡萄牙航海至印度西南界之孟買開鑿海港建立城邑市舶通行以此致富荷蘭忌之以兵船相攻亦攘其地立埔頭設公班衙擅印度海之利權者數十年迨英人東來驅除兩國而有其地亦於東印度之東界立埔頭康熙七年英人在東印度之孟加拉買地建館築礮臺造屋七十所帆檣雲集百貨流通埔頭日益富盛乾隆十七年孟加拉酋長毀其居因其人英人以大兵攻之遂滅孟加拉乘勝兼南中兩部諸部合縱禦之皆不濟紛紛潰散有為英所滅者有聽其置吏僅擁空名者有受役屬為藩屬者由是五印度全土歸英轄者十之七僅餘西北數部未服英人於沿海立藩部三曰孟加拉曰麻打拉薩曰孟買內地立藩部一曰亞加拉紀程云明宏治十一年歐人始至印度十七年葡人立商埠於南印度之哥陳即柯陳明史稱枝國今屬麻打拉薩之馬拉巴爾部馬拉巴爾又即元史之馬八兒國漸蔓延西邊瀕海地嘉靖十四年英人至孟加拉通商萬歷二十八年英人設東印度公司於孟加拉駐水師於加爾各搭保護之三十年荷人踵為公司三十七年英人入中印度泰昌元年復立埠於南印度之麻打拉薩先是葡人建南印度西邊之埠曰孟買漸富盛英之東印度公司又甲一時天啟中荷人兩攻之不克法人亦在孟加拉立商埠乾隆二十一年英奪之明年與孟加拉酋戰大破之二十五年復與特里戰特里割地請和孟加拉始盡為英有三十四年英與麻剌多合兵侵買索旋議和四十四年法人陰激買索酋

長連麻剌多及他土部攻取英之軍儲器械英商人哈斯丁士以計散其謀厚賂麻剌多他部乃不致發五十年麻剌多侵特里特里請援於英英師不至麻剌多遂滅特里嘉慶四年英人復連麻剌多滅買索分其地八年英始用兵於麻剌多取特里立蒙古人亞楮巴爾爲王歲給王祿二十二年英人滅麻剌多當康熙初葡人嫁女於英以孟買送女至是東南中三印度皆爲英據道光二十二年取西印度之信地二十五年攻北印度之塞哥塞人請和二十八年塞人叛英英擊滅之塞哥克什米爾之別部也塞哥既滅克什米爾亦隨之稱藩信地（卽西域記之信度）塞哥（卽西域記之磔加）克什米爾（卽西域記之伽濕彌羅）皆唐以來古國一旦俱滅印度全土無復抗英者然其地本英之公司所取公司商會權力不足駁遠咸豐七年孟加拉民叛據特里擁蒙古後裔稱尊號屠英人十餘萬明年公司募大兵次第削平之自以平民不能守此廣土乃歸其地於英政府馬略云萬歷二十六年英在印度斯立公班衙與各國貿易得利甚徽三十八年在印度蘇拉開埠順治十年始於馬答拉貿易康熙二年葡人以網買島讓英數年後蒙古王起衅商人有見殺者三十八年英法相攻前則英失後則法奔於是鄰邦或助英或從法戰爭不已歐洲公使爲爾國議平乾隆二十年法官慫恿蒙古駐旁甲拉之兵帥將所轄英國商弁禁錮斃其大半英調傾國之師駛入恆額河與其士酋盟自逐其蒙古主法乘隙復率荷蘭師船入內河力拒英人英有能人加里威會眾集議與蒙古土君背城一戰大勝之於是東印度君長皆以其地讓旁甲拉爲英藩屬其南方地或買或和得之英調兵帥代理其地六十年蒙古土酋招法人相助與英戰英人盡力攻守嘉慶四年土酋父子悉降

地大半歸英十年盡驅法駐印度之兵而據其地又在南方占荷蘭所據之丏瓦等島既而蒙古國微外部盡背叛自立於是英人入其都蒙古王得希反賴英人賙濟之十六年五印度土君皆服惟耶加之族越境侵擾英人討之西北有新起教門其首領係西刻人甚勇猛土君惴惴求英保護而納貢焉英敗緬甸入其都滅之於是各國畏英强印度賴以少安忽俄與甲布盟合白西國攻黑臘城道光十八年英克甲布復立其舊主二十一年甲布復畔英敗之仍復前王之位時西刻之君來侵英擊滅之以莽拉昇王其國於是加治彌耳地亦歸英五印度皆安堵矣

行法之權在議會與政府議會分五部由英國命之更有立法議會會員半爲英廷所命半爲人民公舉自十至六十不等地方大半自主有自治市府七百六十一印度本土諸國服屬於中央政府者命一大臣駐之以主其事慕志云印度本屬地共四百六十餘部謝志云英京有印度部大臣專理印事在印總理事務者有總督有機務局員六人參議庶政外務財政農政內務軍務工務國中分六大部各有庶廳各省有府縣官立法權歸立法局卽事務局有六人與議員十人或十六人任之紀程云英之議院置掌印度事大臣於倫敦置參議十五人佐之十五人者八人爲政府所辟七人爲同僚所舉皆以洞悉印度情形者充之又置大兵官於印度總全境事駐加爾各搭分置屬曹略同其國王有內曹外曹稅曹嚴曹戶曹商曹又有掌兵掌工掌教掌

刑各官分其地爲八大部有長官各治其部事以聽命於大長官土部大小以數百各有君長略如中國土司有直隸大長官者如宣慰司之直隸於布政司有分隸於各部者如宣撫司之隸於府州也土部事皆大長官遣官監治之君長衣租食稅而已英本西海數島土地褊小僅擁王號不敢妄自帝也自有印度日富强光緒三年國人以女主維多利亞賢議尊爲英吉利女王兼印度帝后於是英與印度雖懸隔數萬里亦合而爲一矣千八百九十七年有學校十五萬二千二十五所業農者居百分之六十有收穫之地八十三萬九千八百英方里尚在開墾之地三十六萬四千八百英方里宜耕種之地十七萬六千英方里植林木之地九萬九千九百五十英方里常種者穀十萬三千四百九十一英方里小麥二萬五千二百八十七英方里別種食物十二萬二千二百四十六英方里萆麻子萬六千四百五十七英方里棉花萬四千七百七十九英方里用人力灌漑之地四萬六千五百十英方里謝志云孟加拉及沿岸種稻中部多雜穀北方多麥各處多甘蔗香料荷蘭薯香蕉芒果與各果品棉花鴉片靛青苧麻爲大宗鴉片產中央高原靛青苧麻出孟加拉希馬拉山

麓植茶西軋齒嶺種加非山中多柚木麻栗木竹林水旁多榕木近年試種雞哪樹亦佳居民三分之一務農善講水利恆河旁濬支河長二千里以灌田其工推爲天下無雙**礦產煤每歲四百六萬三千噸鐵石腦油每歲千五百萬格倫金每歲出三十九萬兩**郎恩司**紅寶石出緬甸**謝志云鐵最多孟加拉省及中部產煤烹齋榛鄯產石鹽沿海製鹵爲鹽硝隨處有之金剛石鑛著名最大日谷衣奈意謂光山也產各達瓦里河畔今嵌英君主冠中又產紅綠寶石歲出額約三十萬四千噸以燒料缺乏故鐵利不興**千八百九十七年有汽機織布局百九十一所用工人二十四萬八千人大織機五萬六百三十四座機錠四百二十五萬三千枚**謝志云自古以織細布紬絹圍巾著名各處俱有織機孟買等處有大紡紗廠百四十餘所錘數三百六十五萬爲亞洲第一銅器陶器隨地造之製鞁靑煙草氈呢等物亦興盛**鐵路二萬一千百五十七英里**辻志云起卡爾客塔經亞剌哈拜德對兒海拉荷阿至倍霞窪路爲幹綫其支綫由對兒海分過孟買至馬德辣斯又起緬甸之蘭貢至滿大類其外長短鐵路貫通各地全長約六萬千四百六十餘里電綫長三十三萬六千里海底綫東經馬獨辣斯通亞洲諸處西過孟買達阿剌伯及亞洲諸國課程云鐵路徧境內其幹路可紀者自加爾各荅發軔有北達西金南達荅吉陵之路西北達西北部阿拉哈巴之路自阿拉哈巴又分二大

幹一西北過特里瑚德拉合爾鄺勞達阿富汗界之白沙瓦一西南達孟買自特里有西南達亞日迷爾之路自拉合爾有西南自蘇庫爾渡印度河達信地部喀喇嵩之路自孟買有西北達北部巴特里之路有東南達麻打拉薩之路此其大幹也其地名埠要區均有支路相通光緒二十三年通計境內爲六萬一千餘里入口貨值四千六百三萬七千八百磅出口貨值六千百二萬五百磅棉花二十五萬二千四百十五噸值八百三十四萬二千磅米百六十萬千一百三十五噸值八百五萬六千二百磅種子值六百九十一萬四千四百磅鴉片值五百八十四萬九千磅黃記云鴉片爲印度大宗公家之地募民裁種給以工貲四季不斷所收鴉片概入公司隔年售之點滴歸公不能走私孟加拉所產者爲公班大土孟買等處所產者爲白皮小土印度人名爲波畢初但知生啖之近亦效華人吸煙且多酷好者數十年後必漸盛行鴉片一物始自印度流中華吸煙之法復由中華傳印度此中循環之理有非人力所能爲矣紀程云鴉片禁民間私種種者皆受地於官故鴉片之利民間不與謝錄云鴉片二種一爲公班皮色黑最上一名叭第咕喇皮色赤稍次皆華人所云烏土也出孟加拉屬邑地名八拿其出麻打拉薩者亦有二種一名金花紅爲上一名油紅次之出馬拉他及盎肌哩者名鴨屎紅皆華人所云紅皮也出孟買及嘟肚者則爲白皮小麥八十二萬六

千六百六十八噸值五百八十萬五千二百磅及麤布茶等爲大宗多與英國屬地及中國法國貿易黃記云銀錢曰路畀重三錢二分小者四分之一或八分之一藏地通行路畀至打箭爐而止銅錢二種大者曰哈夫安那每路畀值三十二文小者曰拜士每路畀值六十四文四拜士爲一安另有公班衙銀票交易通用其數自路畀十枚至數百數千不等金銀錢入口值千二百七十八萬一千六百磅出口值四百四十六萬七千磅陸地入口貨值二百九十七萬四千磅出口貨值二百八十五萬磅每年入款通計五千五百五十五萬三千磅千八百九十七年印度國債七千七百十五萬一千磅英省國債七千百十七萬七千七百七十磅千八百九十八年歐洲兵七萬四千六百二十人土兵十四萬五千五百六十五人巡警兵萬六千六百十八人爲本土諸國所養遊歷芻言云每歲冬春二季英酋駐孟加拉夏秋二季駐巴勒里額設英軍三萬土軍十八萬二千有奇或輪調駐防或派充工役其人半係釋教或係回教分門別戶彼此如仇互相牽制免致同心謀叛黃記云卡呢格達東南隅曰亞力坡有苑囿廣數里豢養

禽獸四虎二豹四獅各雌雄相配獅身長八尺黃質黑章雄者鬛毛修鬈鉤爪齦齶與內地所畫無異雌者名狻猊吼聲雷震百獸聞之觳觫圈內置大鐵毬終日撫弄不輟犀牛尤鉅鼻端一角渾身皮厚如堅甲惡象與馬見必觸而殺之性善近水故獨居一塘熊似豬豺似犬巨狠鬣似驢猙猫可畏羚羊挂角而睡鼫鼠豎尾而飛有獸名庚格盧產於澳洲身短頭小足高七八尺頸長尋丈鹿有多種若牛若馬有角無角易以馴擾北方民用以挽車號使鹿國猴類最繁或大如人或小如鼠有尾曰猨無尾曰猱或繞項多鬚或徧體長毛嘯聚悲吟聲音悽楚有一種體大聲洪終日不休或云猨中之王攫其同類爲糧殆所謂猳也猩猩多智西人測其腦六十度幾與非洲黑人相等大屋兩楹爲鳥籠四旁網以鐵絲中植樹木百鳥飛翔名難悉數其善鳴小鳥別爲一院徧置盆景目迷五色妙香撲鼻鳥語萬種如管絃絲竹應接不暇靈鷲類鶴而喙長及尺性良而好靜惟棲公署及廟宇上民敬如神來則飼以肉聞其喙可值數十金能解百毒英官嚴禁戕害犯者受重罰他如鸚鵡孔雀仙鶴錦雉白鷺青鶖鴛鴦鳧雁畫眉綬帶鶺鴒鸜鵒之類與華產無別巨蟒大龜鱗介蚌蛤水陸百怪不可殫述又云博物院曰印丹妙孫譯言印度所出土產也玉石珠寶五金之礦儲以玻璃匣不下數千萬種有多種禽獸骨從土中穵出年久變石其形狀非今世所有可知造化生物亦隨時變遷也金礦有生成大塊重十餘斤者

葡領印度 附

哥亞德曼 **條島**雷志云葡領面積千四百十英方里千八百八十七年人五十七萬二千二百九十口徐志孟買云北日不爾之南濱海有地名痾礁一作俄亞俗稱小西洋長百二十里闊六十里明正德五年葡人取之建城設險役屬鄰番自葡萄牙衰其地貿易亦微先謙案俄亞即雷志之哥亞也亦即徐所云痾礁謝志與雷同樋志作果愛周志作角亞世界地學作哥亞萬國地理作野利臥亞黃記作峨亞亦作科礁云東南界加那拉西界海長二百五十里廣百二十里領三郡首城曰邦靖其北有新開之地長三百里廣百餘里內分十郡列國學會二圖葡屬痾礁海口有地名般日本課程云葡人以商務日衰復建斯城於北即般日本也一名新痾礁在舊城北十餘里北臨海港亦便停泊礮臺密布葡官駐此萬國圖作般申徐又云五印度別國埔頭尙有數處屬葡萄牙者痾礁之外曰達蒙在古塞拉德部內曰的玉曰奔達曰加那哥納曰比這靈曰薩達利曰比爾凝曰阿斯德拉加爾曰巴黎曰英巴爾巴升曰順達拉瓦的曰加哥剌皆海濱小聚落案黃記云達蒙在開拜榔糠海灣之旁幅員四十里圓球圖作達莽慕志作大謀尼二圖作達馬溫即雷之德曼課程云其地在孟買北面積三千二百十方里人六萬三千二百八十四口黃又云的玉在信地國內地方狹小然便於泊舟慕志作底污圓球圖作低伍二圖作低畝課程云低畝島在古直拉德一作俢的亞甑徐志作日瓜海岸之南海中面積四百三十五方里島有礮城人萬二千五百七十八口案即雷之條島也低條雙聲王達云高等地理言葡領印度大抵以鹽爲富源痾礁製鹽場五百十一達

馬溫十一低猷島五痾

穢輪出又有穀類豆類

法領印度 附

磅底呆里　喀里各爾也農　呆打那格近加耳喀他　雷志云法領面積百九十六英方里人二十八萬六千九百十三口入口貨值十八萬二千四百磅出口貨值七十五萬二千磅徐志云麻打拉薩之南有本地治里城（又作笨支里一作奔的支黎）為佛郎西埔頭未能闢土止據一城而已先謙案郎雷志之磅底呆里也外國地理作邦治謝錄作笨支里一作房低者里萬國圖作崩第舍黎樋志作奔第舍黎馬略作本得識里周志作滂特溪利括地略作本第治利一作本地西利西洋史要作朋地杞利黃記作本得支黎云在加爾那得部內幅員三十里列國學會二圖與徐同課程云在東海岸麻打拉薩之南偏西面積千二百五十四方里首城同名東臨海昔有礮臺嘉慶中與英戰被毀後立約不許法築臺屯兵為通商大埠然無海口近年商務漸衰人十七萬二千九百四十一口徐又云五印度別國埔頭尚有數處屬佛郎西者本地治里之外曰加黎架爾（在加爾那的部內）曰亨那安（在北西爾加爾部內）曰商德爾那哥爾（在孟加拉部內）曰馬黑爾（在馬拉巴爾部內）屬嚏國者曰西林不爾（在孟加拉部內）曰達郎給巴爾（在加爾那的部內）大約不過一城一邑或海濱一廛藉以寓商居貨并裂其壤土而有之亦不足著錄矣先謙案加黎架爾郎雷之喀里

各爾黃記作加黎兒萬國圖作卡里密阿圓球圖作喀里考耳二圖作開利開爾課程云開利開爾在本地治里之南東海岸加惟利河入海處面積四百四十三方里人七萬五百二十六口牙那安卽雷之也農二圖作雅瑙王課程作雅瑙汪云在麻打拉薩之東北東海岸哥達惟利河入海處面積四十三方里人五千三百二十七口商德爾那哥耳黃記無耳字卽雷之采打那格慕志作山德那哥二圖作珊德納哥課程云珊德納哥在加爾各達之北約五十里呼格里河卽恆河爲支西岸面積三十三方里人二萬四千三百八十一口馬黑慕志作瑪喜二圖作馬赫海錄作馬英課程云馬赫在西海岸拜普爾之西北馬拉巴爾境內西瀕海面積二百十七方里人九千九百七十八口西林不爾二圖作西加普爾黃記作西稜普爾在賀格黎河之左二圖賀格黎作呼格里達郎給巴爾二圖作特蘭圭巴爾大尼屬地從徐附錄

印度北部

孟加拉省

孟加拉雷志云英省以巡撫管理芻言云英人治孟加拉有地稅房稅招牌稅牲畜稅水火稅百稅工技藝皆有捐一牛一馬必納課名目不勝枚舉而民無怨言者葢昔之土官誅求無厭視英尤過之英人以所入之財仍爲本地之用除官俸兵餉外如修理道路橋樑輪船火車電綫煤燈學堂醫院之類民多便之是以人心亦頗相安面積十五

萬七千四十三英方里合森他奔計之人七千百三十四萬六千九百八十七口　加耳喀他熱度中數七十八度極寒六十五度極暑八十五度人七十四萬千一百四十四口其南郊人八十一萬七百八十六口　板那人十六萬五千百九十二口　呵拉人十一萬六千六百六口　德哈人八萬三百八十二口　格雅人八萬三百八十三口　大亨加人七萬三千五百六十一口　巴格耳派人六萬九千一百六口　呆潑拉人五萬七千三百五十二口　蒙格人五萬七千七十七口以上要區徐志孟加拉或作榜葛剌又作孟加臘又作孟加拉云

印度極東之地其會城曰加爾各塔一作甲谷他在安額支河之濱城內館舍閎敞逵衢矢直高樓對起皎如白雪城外萬艘鱗集百貨所萃富盛爲五印度之最英有大酋統轄印度全土駐於此城額兵英軍三萬土軍二十三萬謂之敍跛兵文職皆幼年從英國來學習土語職以洊升祿甚厚加爾各塔之東有城曰勢他加織工所萃布帛山積昔爲孟加拉大酋駐紮之地轄三部西北曰巴哈爾一作八拿米圖作麥哈爾案今在土部西南曰岡都亞那米圖作工涯納西南濱海曰痾黎薩一作八拿力米圖作阿力色案今在土部巴哈爾戶口繁密人多造硝種鶯粟靑

靛玫瑰酴醾造香露痾黎薩佛教最盛之地也黃記云東方之省孟加拉部即東印度英語稱曰羅威兒博羅運司譯曰東方之省也廣袤千五百里轄十八郡會城曰卡呢格達北極出地二十二度三十三分北四十餘里為麻力普爾屯軍之所東北二百餘里曰姑斯替城臨安治士河商賈繁盛疑即明史古里瑣里國蘇坽部又東三百里曰達喀亦大埠也俱有鐵路通行火車會城南港口曰固支黎黎郎滬吱有製造廠此外曰磨耳士利得巴丹妙兒塔曰布利亞曰地勒支普爾皆名邑先謙案列國學會二圖作孟加拉與雷徐志同明史作榜葛剌西藏志作不爾拉海錄作明呀喇馬略作旁甲拉泰西新史作孟本刺又作孟本利又作本加利異名記作東加拉圓球圖作本告爾外國地理作兵壓路周志作孟加臘據二圖北界不丹尼泊爾東界阿薩密南臨孟加拉灣西南界麻打拉薩西界興都斯坦首府曰加爾各荅即雷之加耳喀他徐之加爾各搭黃記作卡呢格達萬國圖作卡爾咳搭世界圖作卡爾喀塔謝志作嘎勒革達矢志作加爾谷塔吳志作卡爾卡達周志作哥爾喝得世界地理作坎耳加塔東遊記作加爾格達外國地志作加路加他泰西新史作喀爾科塔漢文圖作甲谷他或作喀克他辻志云有兵營造幣局大學堂謝志云在印度東北恆河雅魯藏布江下流之域城建恆河西濱在三角洲中距海口八十英里印度總督駐此統轄全土海口有礮臺曰當力樋志云恆河合雅魯藏布江後距河口二百五十英里之處歧分為勃特瑪河訶革來河案二圖東為干吉斯河口西有呼格里河口乃恆河支流呼格里即訶革來也馬略作胡義利恆河呼格里兩河中地謂之松達班當加爾各達之下游即雷之森他奔也孟加拉灣一

作辨軋爾灣故孟加拉省迋志作辨軋爾州講義云大河內可逆泊二千五百噸以下之汽船人九十六萬口貿易驟盛曹典球云野志云呵拉隔呼格里河與加爾各荅相對人十六萬口與雷合加爾各荅之西北有地名達喀與黃合卽雷之德哈達喀之正偏北當呼格里河之上游有地曰謨書帶擺德平方圖作謨書帶罷脫異名記作摩世達巴黃記作摩耳士剌得巴講義云達喀及謨書帶擺等皆著名都會也謨書帶擺得之西北曰巴駕爾普爾卽雷之巴格爾派巴駕爾普爾之西曰蒙赫爾卽雷之蒙格蒙赫爾之西北曰都爾奔加卽雷之大亨加都爾奔加之西南曰抽普剌卽雷之采潑拉抽普剌之東南曰巴德拏謝志作巴德那周志作配得奈萬國圖作巴納外國地理作罷駱拏世界地理作怕特奈卽雷之板那黃記作帕特那亦作入旦拏東臨恆水印度人所稱聖城古巴連佛邑法顯元奘常住此寫經所產鴉片多聚於此講義云人十七萬口其南偏西城曰加雅卽雷之格雅世界地理作革亞外國地理作壓也謝志作嘎那講義云佛陀伽耶爲佛誕生之地卽是處也加雅之東南曰岡都亞那與徐合其會城名拉登不爾黃記作俄巴耳布又二圖有勢他加卽浙地港繪入緬甸卽徐之勢他加葢英酋曾駐此萬國圖浙地港作嵓塔港恆河考云上見下西北諸者及痾獄自五河合口東行一由延至帕旦那城案卽帕特那阿育王所治也從古名區水陸輻湊東南百餘里爲拜哈城阿闍世王從上茆宮遷居於此所稱王舍新城是也如來遺跡如五指山雞足峰者闍屈皆在其南正覺山金剛座迦耶城皆在其西自是以下爲東印度境法顯記云自此東行近五十由延到多摩犂帝卽是海口元奘記中所述東印度諸國名今無可考葢英人於此部多所變革語言文字風俗

敎化一變而爲泰西矣恆水自帕旦那東流左右受數十支河經
罷救兒城折東北與哥薩河會哥薩河出廓爾喀陽布城東北域丹支普爾與丹亞郎河忝西河合
東南流經布利亞城入恆水又東流至夕力告里有麻哈拉得河東北來入之
折南流而東南歷妙兒塔那吒斜利磨耳士利等郡至沙達有火
輪渡船爲通大寺嶺之鐵路又南流河中有大洲廣四十里又南
經姑穌替亦大市埠又東南流蒲蘭蒲達江自東北來會之昔人
以爲大金沙江非也又東南經達喀與未吉剌河會自此以下江
海之水混而爲一從徹地缸以西沿海千餘里港口數十皆恆水
所洩是爲孟加拉海灣其卡呢格達之港口曰固支黎一曰賀給
黎從磨耳士利郡分一支西南流經法國所屬市埠曰商得爾那
哥又南經丹國所屬市埠曰色林坡皆在河西岸其東岸有麻利
坡城爲英國屯軍之所又有吸水機器引至卡呢格達四十餘里
供城內數十萬家之用跨河建鐵橋長六十丈通火車往來河濱
有霍廠廉礮臺圍周三里形若蓮瓣四面皆人字壘重濠疊塹內
有鑄礮局河水折西南三百里至固支黎海口康泰扶南傳從迦
那調洲西南入大灣可七八百里乃到支扈黎大江口支扈黎乃
扈枝黎之訛郎恆水矣紀程云西域記之吠舍離佛國記作毗舍
離今孟加拉部摩蘇佛普爾之西稍南七十里摩蘇佛普爾在赤
道北二十六度五分順天偏西二十一度二分又摩揭陀一作摩
伽陀佛國記作摩竭提疆域頗廣今孟加拉乾吉思河南跨桑河
兩岸地又波吒釐子摩提陀國都也一作拘蘇摩補羅唐言香花
宮城佛國記作巴連弗今孟加拉之巴德拏在赤道北二十五度
三十三分順天偏西三十一度五分又伽那今巴德拏之南五百
七十里有伽那城在赤道北二十四度四十八分順天偏西三十

一度三十九分又喝羅闍姑利泗佛國記作王舍城今孟加拉巴哈爾之西南五十里巴哈爾在赤道北二十五度十分順天偏西三十度五十五分又矩奢揭補羅一作上茅宮城新唐書作拘闍揭羅布羅在王舍城之南稍西約十一里又伊爛拏鉢伐多今孟加拉之蒙赫爾城在赤道北二十五度二十二分順天偏西二十九度五十六分又瞻波新唐書作瞻博今孟加拉之科爾岡城在赤道北二十五度十六分順天偏西二十九度十一分又羯朱嗢祇羅今孟加拉科喀普爾以東之地科喀普爾在赤道北二十四度三十八分順天偏西二十八度三十八分又奔那伐彈那今孟加拉之普布拏城在赤道北二十四度一分順天偏西二十七度十九分又迦摩縷波新唐書作迦沒路今孟加拉之庫治具哈在赤道北二十六度十六分順天偏西二十七度一分又三摩呾吒今孟加拉之加爾各塔以東巴利索爾以西之地加爾各塔在赤道北二十二度三十七分順天偏西二十八度三分巴利索爾在赤道北二十一度四十三分順天偏西二十六度六分又耽摩粟底佛國記作多摩梨帝又多摩梨軒郎後漢書之東離國今孟加拉之耽摩魯克城在赤道北二十二度二十分順天偏西二十八度三十二分又羯羅拏蘇伐剌那今孟加拉之蘭木格城在赤道北二十三度四十四分順天偏西三十度五十八分又有巴徹特城在蘭木格之東南亦其地又烏茶今孟加拉庫台克之東北百七八十里庫台克在赤道北二十度二十八分順天偏西三十度三十三分

附

毗連孟加拉本土國雷志云面積三萬五千八百三十四英方

里人三百二十九萬六千三百七十九口課程云印度域內有直轄部藩部之分直轄部者孟加拉孟買麻打拉薩緬甸四大部所領地每部設長官以治其民而統轄於總督（略同中國之有行省）藩部者皆印度舊國各有酋長世守其人民土地政務則歸英官控制（略同中國之有蒙古等部）而藩部又分為二有散布於直轄各部之內者有獨處於直轄各部之外者散布部內者政教號令悉聽命於本部長官（略同宣撫司安撫司之隸於各府州）獨處部外者由印督遣官監治其政務一官往往監數十藩部故以一監為一區（略同喀爾喀各旗部分隸於定邊將軍及庫倫大臣）總印地計之直轄部約得三分之二藩部約得三分之一

亞連薩雷志云面積萬四千三百八十七英方里人百四十一萬百八十三口先謙案雷志亞連薩即徐志之痾黎薩境列國學會二圖作俄里薩在孟加拉西南端世界圖作婆羅所爾圓球圖作俄力薩講義孟加拉領藩部土人地有俄里薩曹典球云學會圖繪入麻打拉薩非是據英文圖實在巴拉索爾以南支爾開灣以北也王達云亞連薩二十世紀大地圖作痾里薩野氏世界大地志云痾里薩凡十七公國面積四萬方粁人百六十二萬五千口占馬呼努的河布拉不尼河諸谿谷有鐵木農產畜產等學會圖繪入麻打拉薩部內之奇帕來州地方大誤先謙案二圖有庫台克俄里薩之屬城也黃記作科塌克萬國圖作咳德克異名記作和塌克俄里薩乃佛教最盛之地㭊規猛

朝他耐派雷志云面積萬六千五十四英方里人八十八萬三千

三百五十九口先謙案講義孟加拉領藩部土人地有朝達拿哥波爾卽雷志之朝他耐派也列國學會二圖作朝大拿哥波爾在孟加拉之西王達云野志的阿他及拿哥波爾之七邦面積四萬方粁人四十四萬二千口在孫河及馬呼努的河之間土肥沃富農產

希耳剔不拉雷志云面積四千八十六英方里人十三萬七千四百四十二口王達云希耳剔不拉卽學會圖之大貝刺土部詳縣鮮圖縣闕圖野志云面積十五方粁人九千五百口首邑曰亞喀爾他拉二十世紀圖載入孟加拉部內較學會圖爲明晰又案野志孟加拉土部凡五曰西金曰庫什貝哈曰大貝刺曰朝大拿哥波爾曰俄里薩雷志僅舉四部先謙案大貝刺樋志作地爬拉又講義孟加拉領藩部土人地有巴哈郞徐之巴哈爾墺萬國圖作比哈黃記作拜哈云東界孟加拉西界尼納拜哈南界工窪納北界尼泡爾長千里廣八百餘里轄六部如來御世五十載居此國最久遺迹甚夥城臨但刺河阿堵世王所建王舍新城也西北百餘里卽帕特那王達云野志無巴哈明文疑在的阿他及拿哥波爾之七邦內又庫什貝哈黃記之姑斯替也野志云面積三千三百八十五方粁人五十三萬二千五百口富於河流土地肥沃異名記作固世比哈

細徑雷志云英藩國卽哲孟雄在希馬拉雅山面積二千六百英

方里人三萬四百五十九口　塔朗會城　三男脫里河　大識林以上要區　徐志云哲孟雄一作木雄者在東印度北境介尼泊爾布魯克巴之間北連前藏壤地最狹人戶止五六千降於英為屬國先謙案雷志細徑一列國學會二圖作西金一音之轉樋志作錫金黃記云哲孟雄部一名西金幅員百里民五六千戶南界獨吉嶺後藏人來此通商其北境有白木戎即朱巴爾柞木郎諸小部落毗連後藏定結定日二汛之地又云大吉嶺幅員百餘里三垂高山天氣涼爽西界廓爾喀北界哲孟雄東界布魯克巴為入藏孔道土酋降伏於英居民數百家語言風俗似唐古忒英人築堡駐兵設領事一曰夕格里得拉孟加拉副帥每歲夏秋亦移駐於此富商大賈多建別墅以避暑新造鐵路又令閩廣之人住居其地無非垂涎藏地通商而已藏地稱英人曰披楞稱孟加拉曰甲瑙爾薛記云哲孟雄六十餘年前為廓爾喀所滅英伐廓大敗之廓人求和以哲地復封其部長以後哲廓有事聽英主持歸英保護仍許其有自主之權後英向哲借一地造兵房使戍兵養病哲捐大吉嶺與之本荒地也既而建造漸多貿易頗盛閱三十年英人游歷者其二為哲官拘禁英人連擊破之遂割哲南之地附益於大吉嶺設副總督治之英官於其地覓得野茶甚佳遂購種採製商販傭工日眾竟成重鎮哲酋索還大吉嶺英許歲給租費數百金今已增至數千金矣案大吉嶺即獨吉嶺二圖作苔吉陵即雷之大纖林也王達云野志面積六千五百八十九方籽人五十萬口案口數未詳饒櫧栗胡桃等首府曰塔朗與雷同曹典球云坂本健一地名人名辭典云西金面積二千六百方英里人口七千

尼怕爾先謙案元在般拉迷梭爾之後何育杰云案此與雷志云不丹宜置於北部尼怕爾卽廓爾喀也今從之

自主國在希馬拉雅山南坡千七百九十一年後朝貢於中國面積五萬九千四百六十英方里慕志云緯綫自赤道北二十六度至三十一度經綫自順天偏西二十八度至三十六度長千五百里廣三百五十里課程云東西千四百八十里南北廣處三千餘里面積四十五萬千四百四十方里人三百萬口自印度入口貨值六萬五千四百磅出口貨值八萬千一百磅課程云商業與西藏印度貿易出口家畜獸皮鴉片藥材樹膠染料橡米豆麥油雜糧香料煙草材木硝石等歲值二千四百七十四萬七千五百四十一羅布入口羊鹽香料糖煙草藥材染料銅鐵繩綫絲絹毛織物等歲值千五百三十七萬三千二百四十五羅布

喀孟都都城英有大員駐其地徐志廓爾喀一作庫爾卡泰西新史作古兒卡又作戈二卡云本名尼泊爾一作尼巴爾又作尼愽拉又稱巴勒布一作巴爾布或稱白布其別部城名廓爾喀當孔道而貿易繁故其名獨著猶西域浩罕之稱安集延也在東印度北境東西南皆界英人孟加拉亞加拉屬部東界哲孟雄北連後藏東西千六百里南北約四百里舊分一葉楞布顏庫庫木三部雍正九年各以金葉表文貢方物後併爲一國乾隆五十六年侵擾後藏陷札什倫布大掠而去命福康安率師征之累戰克捷偪其都城先是英人滅孟加拉東印度諸部皆降獨廓爾喀血戰保疆未遭蠶食且數攻英屬部至是英人聞

中國進兵亦興兵擾其邊廓夷震恐赴大軍乞降獻還所掠並獻
首禍沙馬爾巴之屍　詔許內附五年一貢其北境連雪山土肥
沃產二麥黍稷各豆甘蔗棉花丹參荳蔻其人短身強很多力戶
口約百餘萬嘉慶二十年與英人交訌搆兵累年近相攻互有勝
貿稱英人屬部爲披楞又稱爲里底其國亦雕題種類彩衣塗額與印度諸部同
面色尙不甚黑俗崇佛教紅黃喇嘛趾相錯惟不能操大權國分
九部曰尼泊爾都城曰加德滿都一作甲曼土又作陽布曰念四汗首城名
廓爾喀曰念三汗首城名齊伊利曰馬各王不爾首城名同曰識
拉德斯數酋分據首城非一曰加當首城名希當曰札言不爾首
城名同曰薩巴帶首城名那剌加利曰麼隆首城名那剌加利爾
又云西藏志附錄白木戎管九部稱小西天半月至大西天沿番
僧夸大之稱地名亦多恢詭不足據也先謙案徐志尼泊爾即雷
志之尼怕爾也列國學會二圖作尼伯爾一巽志作涅巴爾外國地
理作泥罷路萬國地志作乃拍爾課程云一作尼報里據二圖東
界西金南界孟加拉北界中國西藏西界德列東北境有城曰加
德滿都與徐合郎雷之喀孟都黃記作尼泊爾云藏中稱爲畢棒
子都城曰加德曼都一曰陽布其屬地在南曰那力巴丹曰摩岡
普爾曰哈和哈普爾在東曰喀當曰札言普爾曰域丹支在西曰
馬各得曰廓爾喀曰巴爾巴曰卡薩皆通商繁盛之區迤北則連
山數千里統謂之希模黎雅大雪山入藏之路四曰濟隴曰聶拉
木曰絨轄曰喀達乾隆時所定隘口建立鄂博置兵戍守英兵入
印度時廓爾喀獨能自保前此其大臣藏克巴都以善戰名有拉
克弄小部爲英所偪乞援於廓藏克巴都乘機遂併其地唐書貞
觀二十三年長史王元第征天竺檄召土兵泥婆羅以七千騎來

進戰荼鑄和羅城今爲鷗三日破之明史洪武十七年命僧智光齎詔往尼八剌國並使其鄰境地湧塔國各遣使隨入貢泥婆羅尼八剌卽尼泊爾也此外不見於史案那力巴丹二圖作剌利利大巴坦喀當卽徐之加當卡薩二圖作喀西講義云居喜馬拉雅山高原千八百十四年與英戰明年結平和條約能自保其權力英公使以印度兵一隊駐其都城不能干預內政常備兵三萬五千課程云地分八部曰尼泊爾曰廓爾喀曰邁勒邦曰開治曰模克瓦內曰加當曰札言不爾曰麽隆都城曰加德滿都在山南公都克河東源之東南當印度西北部之巴德拿紀程云西域記之佛栗恃今在廓爾喀國馬各王不爾城東南二百里馬各王不爾在赤道北二十七度二十六分順天偏西三十一度十二分尼婆羅西域記作尼波羅今爲廓爾喀國西圖仍名尼婆爾其國都在赤道北二十八度五十二分順天偏西三十一度六分

不丹 何育杰云案卽布魯克巴從上條移置課程云西人地圖附見五印度不列五印度諸國中其地勢偏東不在五印度界內附錄於此 **雷志云自主國在東希馬拉雅山以喇嘛爲君其實尙武豪族政體也** 課程云國政略類西藏主權者分爲二一岱孚賴家專理政事其人舊由貴族選舉近爲勢家擁立一多唵摩賴家卽紅教喇嘛專主教務以聯絡國人之心其人爲祖師化身卽喇嘛轉世由童時選立 **面積萬三千百三千英方里** 慕志云緯綫自赤道北二十六度至二十八度經綫自順天偏西二十四度至二十八度長千里廣三百里課

程云東西四百八十餘里南北廣處二百六十餘里面積十四萬四百四十八方里人二十萬口自印度入口貨值萬五千六百磅出口貨值萬二千六百二十磅課程云工業能以樹皮造紙製寶劍繩銃出口米穀煙草糖絹銅鐵金類歲值萬九千二百十五羅布入口馬蠟果實乳油雜品歲值萬九千五百八十羅布

奔那喀都城

徐志布魯克巴一作不丹云在前藏之正南其北境與前藏帕爾接壤東南界英人新闢之阿薩密西南界孟加拉西界孟加拉哲孟雄東西約千五六百里南北七八百里爲紅教喇嘛總持之地與兩藏之奉黃教同舊分布魯克噶畢兩族雍正年間兩族相仇殺先後赴藏投誠貝勒頗羅鼐爲和解之各遣使奉表貢方物後噶畢合於布魯克國其地時爲序和平類中國遠勝兩藏土田肥沃湖河交貫穀蔬瓜果皆宜戶口極繁產棉花大黃黑金紋石地分二部曰德白拉乍郎布魯克巴曰比斯尼泰西新史作甑大離郎噶畢都城在德白拉曰達西蘇敦西藏志作札什曲宗乃國王避暑地距札什曲宗二百里名坪湯國王所居西藏喇嘛往來曰五印度皆取道於此先謙案列國學會二圖作不丹與雷同慕志作布難馬略作布但課程作不但矢志作孛丹吳志作布丹萬國地志作婆頓外國地理作布歎謝志作布炭黃記云不丹一名布屯北界西藏西界哲孟雄東界貉貊野人南界亞山爲藏商往來孔道西南距獨吉嶺二日程東北踰嶺三日程至帕克里又三日程至江孜汛俗重紅教喇嘛有唐時賜印篆曰唐師國寶之印其北境尚有數路通前藏及工布等處慕志云地分三土北則嶄巖參差河流如箭橋梁繩索奇異賴以攀援而過中則漫坡闊谷沃土勤種穀果

皆宜南則削巖深峽長林荒草野獸充牣瘴癘侵人南熱北冷惟中央和人民技藝商賈皆屬平庸講義云爲英政府所侵略現今印度總督掌握其統轄權課程云國都曰塔思蘇丹在山南麓西距西金不遠繁盛都會也其大鎮曰普奈楷在塔思蘇丹之東山南麓或云國都在此未知孰是曰塔斯岡在國東境東臨摩納巴斯河案塔思蘇丹二圖同黃記作塔西蘇頓圖球圖作塔西蘇敦即徐之達西蘇敦萬國圖作塔西蘇登慕志作大西蘇澄即札什曲宗也普奈楷即雷之奔那喀是雷徐所記國都互異王達云胡惟德所譯西藏圖札什曲宗在來塔克河上游其東有布那喀在鑾楚河上游即奈普楷也野志云塔思蘇丹海拔二千米突爲夏季首府普奈楷爲冬季首府即坪湯

亞塞省

亞塞雷志云英省以大臣管理面積四萬九千四英方里人五百四十七萬六千八百三十三口　希郎省治人二千百八十五口　加海地人十萬八千十七口　雪爾海忒人萬四千二十七口

以上要區　徐志阿薩密一作阿三又作亞桑又作徽地缸云在孟加拉之東北緬甸之西北前藏之東南距雲南邊徼不遠西北與布魯克巴相連東西約千一百里南北約五百里北面高山綿亘迤南平衍膏腴雅魯藏布江由兩藏來折而南下經此土西行入孟加

拉地本土夷部落俗崇佛教英人既取孟加拉溯藏江漸拓而東遂據其地立爲別部會城曰若爾合德其土宜茶近年英人試種每歲得二十餘萬斤性寒劣飲之多泄先謙案即雷志之亞塞也列國學會二圖與徐同杜志世界圖作阿煞母漢文圖作愛賽母世界地誌作阿撒穆課程作亞薩密周志作阿薩麻據二圖西南隅有城曰西里特即雷之雪爾海忒密之若爾合德也北境有哥海德即雷之加海地據講義云希郎省治與雷同是今日會城已自雪爾海忒移之希郎矣曹典球云希郎在海面上二千三十米突地準英文圖在西黑德北方少西學會圖未著講義又云阿薩密州合布拉馬普得拉流域及加西亞邱拉加邱所成產米產茶日盛謝志云亞桑爲印度東北部伊拉瓦第江穹流過之首府曰溝哈底在雅魯藏布江濱溝哈底即加海地也云省治在此蓋誤黃記云亞山部一曰阿賽密在孟加拉之東北四境多山長千五百里廣三四百里不等惟蒲南布達江南岸平壤沃饒居民由中國遷往者皆老撾羅夷之族性行樸實勤力耕作英人開闢其地種茶栽桑日臻富庶首城曰若爾合得商貨雲集輪船往來南有路通緬甸孟拱孟養以達騰越徼外約二十日程然山險難行又東北有路歷怒夷傈夷至江卡而達四川徼外之巴塘尤爲人迹罕到其里數無可考蓋東北二面皆貉貐野人衛藏圖志所謂戳倮烏魯爾兔族是也又名老卡止脣剺數缺塗以五色穴居巢處生啖蛇蟲英人以利誘之亦漸馴服亞山之西部有數小部曰固止必哈爾曰箇押兒巴那曰路亞幅員一二百里不等其南有數小部曰格路時曰各士亞曰的北亞曰正得耳曰孟奈普爾界連緬甸山嶺周遭民俗勇悍土酋公轄附庸於英羈縻而已課程云

以哥海德之西雅魯藏布江南岸哥爾巴拉爲市埠

附**本土國**

曼尼派雷志云面積八千三百下有脫文人二十五萬口先謙案雷志曼尼派列國學會二圖作曼尼坡在阿薩密之東南緬甸之西北樋志獨立諸州作麥尼蒲兒王達云野志曼尼坡部省城同名爲臺地頗乏農產

賜進士出身　特賞內閣學士銜前國子監祭酒翰林院編修加三級臣　王先謙謹撰

英領印度國二

西北諸省及痾狄

西北諸省及痾狄雷志云英領以巡撫管理面積十萬七千五百三英方里人四千六百九十萬五千八十五口　拉克拿人二十七萬三千二十八口　比男爾人二十二萬九千四百六十七口　康巴爾人十八萬八千七百十二口　阿拉漢板人十七萬五千二百四十六口　愛格拉人十六萬八千六百六十二口　北來里人十二萬千三十九口　迷拉脫人十一萬九千三百九十口　滿隨派人八萬四千百三十口　非隨板人七萬八千九百二十一口以上要區此外居民過五萬之處尚有九所徐志云亞加拉侎蹓

爾格拉又名額納特珂克在五印度東西適中之地元時蒙古初據印度全土
以此爲都城所謂中印度也殿閣宏整官署畢具城內有塔陛其
項可周視九十里城北有蒙古故王家亦作塔形周圍數十丈工
作極奇麗城四面築礮臺俱扼形勝民皆回族不崇佛敎舊時本
大都會自蒙古衰廢荒殘久矣近年生聚漸繁貿易復盛道光十
三年英人於其地立藩部稱爲地內省轄四部東南曰阿拉哈巴
米圖作阿拉哈極特迤北曰德列米圖作聶鄰極北曰古爾瓦勒米圖作厥鷗迤西曰
亞日迷爾一作亞北得緬亞日迷爾本回回大部明嘉靖五年撒馬兒罕
蒙古別部部莫臥爾取其地立國歷二百三十餘年當其盛時印度諸
國皆入貢後權臣專政四鄰內侵國王孱弱不能自立乾隆二十
五年求援於英英師末至王已爲敵虜曜其目英人破敵從此地
歸英轄王僅居宮殿食俸糈足養宗族而已先謙桼雷志西北諸
省及痾狄辻志作西北諸州及奧德謝志作西北諸省及河德云
在孟加拉之西當恆河中流之域地平土沃亞於孟加拉面積十
一萬英方里慕志云西北諸省與烏德合而爲一痾狄奧德河德
烏德皆字音之變轉也黃記云西北之省痕都司丹溫都士坦忻都土丹古
稱中印度厄納特國爲四方適中之地東恆河五大源交匯於此
民物殷富前明時蒙古王建立國都傳二百餘年嘉慶後併於英
築亞加拉城戍以重兵鎮以巨帥稱爲將威博羅運司譯言西北
之省也轄六郡据列國學會二圖孟加拉省之西曰興都斯坦卽
痕都斯丹也○黃記云阿拉哈巴部東界拜哈西界亞加拉南界
馬爾窪工窪納二部北界烏德國長千餘里廣五百里轄六部首
城曰阿拉哈巴得一作厄納特珂克在閤那河安額河交會處有
大軍局其東三百里有丕那勒城南臨恆水卽古之波羅奈東北

亞心格爾歌鹿普爾兩郡濱於岡噶江毘連廓爾喀講義云阿拉哈巴人十八萬口汽船往來甚繁有本州政廳副總督駐此又爲回教靈地之一案二圖有阿拉哈巴與徐黃合卽雷之阿拉漢板圓球圖作阿拉哈巴得吳志作阿蘭哈巴德矢志作亞爾哈勃德辻志作亞剌哈拜德泰西新史作耶喇哈叭云英將哈飛綠自此出師以平烏德之亂東抵巴哈爾卽拜哈西抵亞加拉南抵馬盧襪卽馬爾窪岡都亞卽工窪納北抵烏德閣那河作朱木拿河謝志作救母那河云印度人以爲於此浴身大有功德丕那勒二圖作班拿勒斯卽雷之比男爾圓球圖作本那耳斯萬國圖作便阿列士異名記作俾拿離士吳志作別拉列講義云人二十二萬餘口有織物及鴉片製造所本婆羅門教之靈地寺院殿堂極壯麗又爲釋迦出山後始行唱導佛法之所謝志作笨阿勒斯云在恆河濱爲本部最大城廟宇多至千餘所慕志作伯利那斯云人民繁滋商旅輻輳爲印度文學薈萃之所其東北有亞薩姆格爾卽亞心格爾又北曰哥爾克波爾卽歌鹿普爾恆河考云（上見下德列部）恆水又東南流經康普爾元奘記之曲女城也又作揭若鞠闍卽新唐書之茶鏄和羅城（紀程云今西北部科尼普爾之西北百四十里東北臨乾吉思河科尼普爾在赤道北百二十六度二十八分順天偏西三十六度七分）今河左爲烏德國河右爲厄納特國恆水又東南流與延那河會兩河之交有亞拉巴城（案卽阿拉哈巴）卽厄納特舊都也與亞加拉抹得拉德希稱印度四聖城四方來此拜佛延那河一曰遙奴（見西域記）法顯記曰捕那（法顯記云又經捕那河到摩頭羅國卽其得那城地）元奘記曰閣牟那皆一音之轉也出布那土沙山谷中南流二百餘里新拉河自西北來會之又西南流經德列國西境折南流入厄納特國界至德希城左右各受一水城卽蒙古王國都也延那河又

南經秫得拉（元奘記作秫菟羅）亞加拉二城折而東下右受兵達河水又屈曲東南流與幹普河會幹普河出馬盧襪北流經新的亞賀兒加等部至和塔城轉東北流右受牛者河巴得河左受半剌土河又東北徑吉勞里而東又轉而東南與延那河會延那河又折而南受新地河水又東南至候末普爾有尼散河北哇河合而西來入之又東南流有朗河自西北來康河自西南來入之又東南受六小水至亞拉哈巴城與恆河會恆河又右納敦沙河水曲折東流至馬思普爾折而東北至丕那勒士古波羅奈城也城東北十里有鹿野苑精舍佛轉法輪處恆水又東北流幹得河水注之幹得河一名高翁河出烏得國北境南流經盧恰路城又東南與色河會而入於恆水恆水又東北折而北經迦尸普爾又東北琬伽河水入之○黃記云亞加拉部東界阿拉哈巴及烏德國西界亞日迷南界馬爾窪北界德列長九百里廣六百里轄五郡亞加拉城東北臨閭那河蒙古王所建甚堅固有宮殿古蹟又北四百餘里有得希城壹駱蒙古王之故都其後裔猶居此英人給以歲祿講義云亞加拉人十七萬口在朱木拿河上流爲謨家爾帝國首府之一案二圖有亞加拉與徐合郎雷之愛格拉也辻志作亞救美雅巴矢志作臘克勒萬國圖作阿格拉謝志作阿革拉一作亞爾各拉据二圖東抵阿拉哈巴烏德西抵剌日不德郎亞日迷南抵馬盧襪郎馬爾窪北抵特里郎德列北有德希拉郎得希城○黃記云德列部東界烏德國西界亞日迷南界亞加拉北界古爾瓦勒廣袤六百里轄六郡其德列城被勒眉城慕那得巴城皆繁盛名區東北屬境曰古摩雲距後藏阿里甚近山深林密居民無多東南有城曰巴勒里嘉慶十九年爲廓爾喀所據後讓於英案

二圖有特里郎徐黃之德列其東北有摩拉達巴的郎慕那得巴其東南有巴勒里恆河考云恆河者安治士河也恆與安乃華梵譯音之異恆河無正幹來有衆派去復歧汊就最大之源論之凡有五水北源三曰安治士曰延那曰殑伽南源二曰幹普曰申河安治士亦有三源正中曰薩罕出後藏阿里大雪山之陽西南流入北印度爲威聯郎古爾瓦勒德列二國之分界至好兒空折南流入中印度轉東南至勿鹿亞巴約千餘里與左右二源合左源曰薩利出米鹿南流少東經孟波利又東南流來會右源曰冷庚伽出德列國北境南流經慕那得巴又東南與楞普爾巴勒里被勒摩即東女國居大山中畧連西藏元奘記作婆羅吸摩補羅案部黃之被勒眉諸城之水合而來會三水既合乃名安治士河元奘以殑伽爲恆河之通稱而於上流之安治士概冒以殑伽之名焉下見阿哈巴部拉又古爾瓦勒見下文與阿拉哈巴亞加拉德列諸部同隸於孟加拉大師所謂西北諸省

○徐志云烏德米圖作烏詠西藏稱盜烏子案西域記圖錄云即粹素僻在東印度北境與尼泊爾爲鄰力不敵英降爲屬國都城曰盧各腦所屬通商之地曰非薩巴爾曰幾拉巴曰巴來文曰丹達案烏德異名記作武德黃記云烏德國澳地烏紬古揚摩羅國舍衛城即波斯匿王所治也東界拜哈西界德列南界阿拉哈巴北界廓爾喀長九百里廣五百里都城名盧甬腦建於幹得江岸其烏德城北臨殑伽河衰廢已久西南五十里有費薩巴城元奘記作室羅伐歷底居民繁盛此外曰幾那巴曰畢索亞曰巴來支曰丹達等城皆商賈薈萃之區土君世襲英國遣兵帥鎮守並遣大臣司其會計據二圖烏德部東抵巴哈爾即拜哈西抵特里郎德列南抵阿拉哈巴北抵尼泊爾郎廓爾喀都城盧各腦德即徐之盧各腦雷之拉克挐慕志作盧克腦謝志作勒

華瑙云人二十四萬口屋宇美麗東有河德城盧各腦德之東曰非薩巴得即徐之非薩巴爾雷之非隨板黃之費薩巴平方圖作菲薩巴爾非薩巴得之北曰巴來支巴來支之西曰幾拉巴與徐合盧各腦德之南曰班達即丹達紀程云烏德所屬盧各腦雷巴勒里非薩巴爾治大巴爾四部學會圖有雷巴勒里治大巴爾作西大普爾列國圖無曹典球云雷之康巴爾學會圖作科尼普爾北來里作巴勒里迷拉脫作彌彎特滿隨派作默察普爾恆河考云(上見阿拉哈巴部)殑伽河一名圖那河又名阿噶江出後藏阿里郎噶池東南曰馬伯家喀巴珀譯言孔雀口也爲阿耨達四水之一南流經達克拉俗名麻楚河西南流與郎楚河合始名岡噶江(一統志狼楚河出岡底斯山西流折北繞古格札什城仍轉而南又西流至桑納蘇木多之地與拉楚河會又南流經畢底城之西折東流至達馬拉斯木多北部與麻楚河會三水既合始名岡噶江又東南經馬木巴柞木郎部落至厄納特國入南海今按拉楚河西南流入印度河不入岡噶江狼楚河亦不經桑納畢底城等處)又南流入烏得國境又東南至烏得城城內人民稀曠南門外有祇洹精舍佛住此最久說法度人經行坐處有塔表之岡噶江自舍衛城雙流並趨而下有決列河列低河西北來入之列低河出廓爾喀西境東南流經哥鹿普爾古迦羅衛國即白淨王故宮也法顯記云從舍衛東南行十二由延到迦羅衛城釋伽太子出家修行還家見父處故迹具存有塔表之岡噶江又東南受小康托河水又東南會恆水又東至五河合口五河者中爲恆水右爲申河左爲大康托河所分出之三支(大康托河出廓爾喀北境雪山大小十餘水會合爲一入沙洽境又東南析爲三支同注於恆)五水並匯於此案法顯記所稱希連河當即今之康托河(法顯記從迦羅衛城東行十七由延到拘夷那竭城城北雙樹間希連河邊爲世尊般涅盤處從此東行到五河合口世尊自般涅盤於河中央分身作二身各在一岸俾兩國王各得半身舍利起塔)元奘記所稱尼連禪河當即今之申河元太祖征痕都司丹

遺將追可佛又算端及於申河而止即此水也申河出索哈支南山西北流經邊托格有畱底河西來入之折而東流千餘里合古必河列限河孤伊河諸水皆南境支流之大者轉東北經社哈巴的部內又東合於恆水紀程又云西域記之秣底補羅今西北部之彌魯特城在赤道北二十九度順天偏西三十八度四十五分又摩蘇佛奴格城在彌魯特之北蘇哈隆普爾城在彌魯特西北皆抹底補羅地又婆羅吸摩補羅今西北部之庫馬汪在赤道北三十度順天偏西三十七度六分又瞿眦霜那今西北部屬之蘭木普爾國在赤道北三十一度二十六分順天偏西三十八度四十八分又亞醯掣咀羅今西北部之巴勒里城在赤道北二十八度二十一分順天偏西三十六度五十二分又眦羅剛孶今西北部之埃杜城在赤道北二十七度三十三分順天偏西三十七度四十七分又劫比他一作僧伽舍佛國記作僧伽施今西北部之璛普里城在赤道北二十七度十三分順天偏西三十七度二十五分又鉢羅耶伽今西北部之阿拉哈巴城在赤道北二十五度二十五分順天偏西三十四度三十五分又殑伽河一作恆河唐書作乾陀衛江又作伽毗黎河郎今乾吉思河又闍牟那河今仍舊名乾吉思別源自西北流來至阿拉哈巴之南與乾吉思河合又憍賞彌今阿拉哈巴之南稍西六七十里南臨闍牟那河又迦奢布羅今西北部之蘇爾咀波爾城在赤道北三十一度五十三分順天偏西三十九度二十分又鞾索伽郎今西北部之烏德城在赤道北二十六度四十八分順天偏西三十四度十八分又室那伐悉底郎佛國記拘薩羅之舍衛城今西北部巴來支之東六七十里巴來支在赤道北二十七度三十三分順天偏西三十四

度五十分又劫比羅伐窣堵一作伽毗羅衛佛國記作那毗伽今西北部烏德之東百里又藍摩佛國記作藍莫今西北部亞薩姆格爾之北五十里南臨哥伽離河亞薩姆格爾在赤道北二十六度四分順天偏西三十三度十一分又大窣堵波一作比巴拉伐那今西北部哥魯克波爾之東南百三十里南臨拉普的河入哥伽離河處又拘尸那揭羅佛國記作拘彝羅竭今在哥魯克波爾之東百里哥魯克波爾在赤道北二十六度四十四分順天偏西三十三度三分又阿特多伐底河佛國記作希連河今名哥伽離河在西北部東南流入乾吉思河又婆羅痆斯一作波羅奈佛國記作波羅捺今西北部之班拿勒斯城在赤道北二十五度二十分在順天偏西三十三度二十六分又秣菟羅今西北部之馬特刺城在赤道北二十七度二十八分順天偏西二十八度四十五分

附本土國

蘭派雷志云面積九百四十五英方里人五十五萬千二百四十九口先謙案列國學會二圖西北部內有蘭木普爾郎雷之蘭派也王達云野志首城與國同名人七萬九千口爲生毛之一大市場

加華爾雷志云面積四千百六十一英方里人二十四萬千二百十二口先謙案黃記云古爾瓦勒部東北界後藏阿里南界德列西界新拉原轄三郡長五百里廣三百里首城名西里那

都土酉所治其東二郡劃隸於德列新拉在德列之西北四境高山風景幽雅孟加拉大帥建築行館夏秋二季移駐於此其富紳豪賈亦多置別墅爲消夏之會或登山射獵遊目騁懷焉案列國學會二圖有加瓦爾卽雷之加華爾黃之古爾瓦勒圖球圖作勾耳氏西里那都二圖作西里奴戈爾土酉治所新拉原据黃氏西輶日記在中印度德列部內二圖作森姆拉王達云野志面積萬八百二十六方杆人二十五萬口在恆河及朱木拿之水源地首邑日的里似卽黃之西里那都

奔者勃省

奔者勃雷志云英省以巡撫管理面積十一萬六百六十七英方里人二千八十六萬六千八百四十七口　特爾希人十九萬二千五百七十九口　雷霍耳熱度中數七十五度極寒五十四度極暑九十三度雨水二十二英寸人十七萬六千八百五十五口　愛摩力叉人十三萬六千七百六十六口　板沙華人八萬四千百九十一口　愛摩巴拉人七萬九千二百九十四口　麥爾坦人七萬四千五百六十二口　勞來耳賓底人七萬三千七百

九十五口　皆倫德人六萬六千二百二口　配西亞拉人五萬五千八百五十六口　西阿爾考脫人五萬五千八百八十七口　飛勞司派人五萬四百三十七口以上要區

徐志云西林德在北印度隆德勒至河之左本塞哥國左部降於英爲屬國地分四部各有酋長曰巴的亞拉曰達內薩爾曰拉的亞納曰翁巴拉徐志塞哥下又云國分九部曰本若都城建於拉維河岸曰勞爾一作剌合圖作勒懷米貿易繁盛爲通國大都會曰固宜斯丹首城名拉德如爾曰克什迷爾首城同名案克什迷爾別見下曰著這首城名亞德各曰亞薩勒曰北朗威爾曰幾爾加爾不耳曰不耳丹曰勒亞曰德勒義斯馬伊爾汗曰德拉合西汗曰巴合瓦爾不耳首城皆同名黃記云本若一名西林德昔屬塞哥國一作西刻後割隸於英東界德列西界阿富汗國南界剌日布得北界克什米耳廣袤三千里首城曰勞爾一名哈爾那塞哥王倫亞昇之故都也案倫亞昇即徐之林日星臨拉維河之陽附河兩岸市埠如林西北隅有亞叨克城俾石哇城西南隅有慕兒丹城皆修建鐵路通行火車先謙案即雷之奔者勃也列國學會二圖講義作旁遮普萬國圖作奔扎比圓球圖作噴查白过志作盤蛟布周志作噴基勃謝志作烹齋云當印度施河之流域在印度北部一稱五江省地爲五河流灌面積十一萬英方里人二千一百萬口慕志作本若比云在西北沙磧居多內有五河其流俱與印度河相匯本分三部乾隆間酋長林日星兼併爲一鄰邦惕服英取孟加拉後[illegible]之止戈修好後嗣聽讒信佞國勢浸衰英遂連年大舉蠶食其地道

光三十年屬於孟加拉據二圖西南隅有城曰特里雷之特爾希也講義旁遮普下云特里莫臥爾帝國舊都在此當時居民二百餘萬慕志本若比下云德立古王京都亂時爲土兵動擾英兵勝後宮室園亭備極美麗謝志亨齋下云東南有德利城在救母那河岸爲蒙古朝京都尚存遺宮有大禮拜堂及大學校居民二十萬城周二十里有砲臺此雷謝講義皆以特里屬旁遮普紀程亦云特里即志略之德列今屬旁加普部案徐志德列屬亞加拉黃記德列自爲部亦不屬本若省俱見前引王達云高等地理野志特里俱屬旁遮普二十世紀現勢圖作德列亦屬旁遮普野志云特里亦云德列哈八二十萬口瀕朱木拿河海拔二百十五米突曹典球云依田雄甫世界讀史地圖特里本獨自爲部千八百二年英國毛尼吞任總督時隸英又坂本健一世界史千八百四十九年塞哥族戰敗旁遮普始歸英領據此則特里隸英在前旁遮普隸英在後英得旁遮普乃與特里合併爲一係近今事故講義等志與黃徐不合特里之北曰翁巴拉翁巴拉之西曰巴的亞拉巴的亞拉之北曰西林德並與徐合其西北曰綠的亞拉即徐之拉的亞納拉的亞納之西北曰拉合爾即雷之雷霍耳徐之勞耳圓球圖作辣合兒黃記稱爲瀨河辣達克部講義云副總督駐此又爲鐵道之中心謝志作拉賀即拉合也云在西北境近印度施河之支流拉來河設有大學居民十八萬慕志云勞爾首城同名建拉維河濱貨財轉輸技藝精巧拉維即拉來二圖作拉微紀程作勒和即米圖之勒懷拉合爾之西北曰拉烏爾奔的即雷之勞來耳賓底拉烏爾奔的之西北曰亞得各與徐合即黃之亞叨克亞德各之西曰白沙瓦即黃之俾石哇雷之板沙華徐之北朝威爾也

講義作白沙威爾云在哈伊威爾峠之口乃北邊要地白沙瓦之南曰德勒義斯馬伊爾汗此印度河西偏北分部又南曰勒亞又南曰德拉合西汗此印度河西偏南分部並與徐合德拉合西汗之東曰穆里坦郎雷之麥爾坦黃之慕兒丹萬國圖作摹耳坦穆里坦之東南曰布哈烏爾普爾郎徐之巴合瓦爾不耳布哈烏爾普爾之東北曰菲羅斯普爾郎雷之飛勞司派菲羅斯普爾之北曰阿木剌昔爾講義同云人十三萬六千口以織物商業著名阿木剌昔爾郎雷之愛摩力又曹典球云据學會圖雷之愛摩巴拉郎翁摩拉皆倫德郎遮蘭達配西亞拉郎巴的亞拉西阿爾考脫郎西哥特課程云旁遮普居恆河上流跨印度河流域治特里或云治拉合爾西徼水道考云仕粯龣新頭河水自克什米爾入本若境西南流至雅叨克乃一大市埠英人造火車鐵路西抵俾石哇東達孟加拉有甲布河自西來會甲布者古高附國也屬大月氏今爲阿富汗國都其水從西南山谷中流出繞甲布城南東流至折剌那巴有庫那河注之庫那河水二源俱出喀非利境南流入甲布河甲布河水又東流至俾石哇爲英所轄有邊達河注之邊達河二源出喀非利東境黑嶺西南流入甲布河疑西域記之達厲羅川也甲布河又東至亞叨克入新頭河自發源至此約千餘里兩岸多高山水流湍急舟楫難通新頭河又流至亞叨克以下水勢深廣可駛輪船又西南流右則生河注之河出好斜那西南流入新頭河左則幹丕河注之河出冏冷山中東南流經本路從葛篤妙礏兩山峽之間流出入新頭河又索丕河注之河出阿富汗南境東北流五百餘里有哥末河北來注之又東流入新頭河新頭河水又西南斯來曼山麓諸小溪兩旁汊港甚多忽分忽

合不出十里之外東境有勒亞沙磧廣袤三百餘里復西南流與四源相會是爲最遠之一源也四源者一薩拉楚河亦出後藏阿里境內有山曰郎干喀巴珀譯言象口也山上有二池曰馬品木達賴淖爾曰郎噶淖爾二池水從西北流出左右山泉數十道同注之西北流千餘里至桑納出阿里境折西南入印度界歷幹那乞布士沙賀社普爾等部落至好利加有丕士河東北來會又西南至占普爾合新頭河迦南有大沙磧廣圖數千里然沿河兩岸皆平衍膏腴人戶稠密二拉維河出辣爾普北境山谷中西南流至勞爾城一名那哈爾昔塞哥王割本若隸英幅員二千里跨印度河五大源南以薩拉楚河爲界英人自勞爾城沿拉維河南新修鐵路以達於信地三占勞河出好那爾部中北流經克什米爾東南境折西南至慕兒丹合於拉維河四志林河出克什米爾東南山麓北流經色冷那格城西合東北一水流入一泊中闊泊名復自泊西南流出南受凹里河北受吉善更格河至麻撒花那折南流轉西南合於占勞河五源旣合下流入信地爲信地河新下猊紀程云西域記之跋膚沙城佛國記作佛格沙城郎今旁遮普之白斯哈瓦城在赤道北三十三度五十九分順天偏西四十四度又五十六分又烏釋迦漢茶城在今白斯哈瓦之北二三十里又咀又始羅今旁遮普之拉烏爾奔的城在赤道北三十三度三十六分順天偏西四十四度二十三分又僧訶捕羅今旁遮普之哲蘭穆城在赤道北三十二度五十六分順天偏西四十二度四十五分又礫伽卽塞哥今旁遮普勞爾之西北勞爾在赤道北三十一度三十二分順天偏西四十二度十分又毗播奢河今曰比斯河出克什米爾南境西南流過勞爾北又西南流入印度河又闊爛達

羅今旁遮普之遮蘭達城在赤道北三十一度十九分順天偏西四十度五十八分又屈露多今旁遮普之庫爾魯在赤道北三十一度順天偏西三十九度二十六分又設多圖盧今旁遮普之翁巴拉城在赤道北三十度二十四分順天偏西三十九度四十四分又森姆拉城在翁巴拉東北西林德城在翁巴拉西北皆其地也又薩他泥濕伐羅今旁遮普之達內薩爾城在赤道北二十九度五十六分順天偏西三十九度三十七分又窣祿勤那今旁遮普之耶階爾里在赤道北三十度十分順天偏西三十九度五分又茂羅三部盧國今旁遮普之木耳丹城在赤道北三十度十四分順天偏西四十四度五十六分鉢伐多今旁遮普之舍阿特城在赤道北三十度五十二分順天偏西四十四度二十一分

附本土國雷志云面積三萬八千三百九十九英方里人四百二十六萬三千二百八十口著名之國列下

酡西亞拉雷志云面積五千九百五十一英方里人百五十八萬三千五百二十一口先謙案講義旁遮普領藩部土人地有巴西亞拉卽雷志之酡西亞拉列國學會二圖作巴約亞拉

巴哈華爾派雷志云本土最大國面積萬七千二百八十五英方

里人六十五萬四十二口先謙案雷志巴哈華爾派列國學會二圖作布哈烏爾普爾又講義旁遮普頷藩部土人地有塞克等列國學會二圖亦作塞克蓋加等字以包巴哈華爾派諸國也

克什米爾

克什米爾雷志云英藩國在西希馬拉雅印度河之上流合譏耳譏脫甸社支脫蘭耳計之面積九萬四千九百英方里人二百七十九萬四千口　雪林男加都城人十一萬八千九百六十口徐志云塞哥一作悉國一作酉刻北印度大國西域稱爲克什米爾一作加治彌爾又作加支迷爾一作夾氏米里乃其別部之名其部自古以此部爲國名新唐書曰箇失密又曰迦溼迷羅宋史曰迦溼迷勒元人曰乞石迷耳皆克什米爾之轉音也猶尼泊爾之稱廓爾喀浩罕之稱安集延也東北雪山環抱與後藏西徼毘連西北隅接西域之札布西界阿富汗俾路芝西南界信地東西約千里南北約二千五百里其地時序和平山水明秀沙磧雖多而土田極沃農功甚勤戶口約三百萬商賈善於行遠西域回疆後藏處處有之國舊分左右部以隆德勒至河爲界河左之西林德部已降英爲屬國餘諸部皆在河右各有酋長不相統屬乾隆末勞爾郃剌酋長林日星兼併河右諸部又逾印度河割阿富汗數城纔立之王尤雄武以歐人爲將戰勝攻取四鄰畏服道光十九年王卒宗孫嗣立信任讒佞大柄旁落國勢頓衰先是英人滅孟加拉乘勝脅降諸部值塞哥

兩世得賢主國治兵强故英人止戈修好至是昏庸在位閒隙可乘遂連年大舉深入侵割其疆土過半所失何部不得其詳國分九部都覩省前下奔先謙案列國學會二圖克什米爾與雷徐志同辻志作噶什密雅吳志作加西米爾講義云中以喜馬拉耶山脈橫隔印度印度河上流之山脈邱陵地也樋云印度志在印度西北隅之山間地多湖沼黃記云克什米爾在北印度昔屬塞哥國倫亞昇王所轄後將本若一部割隸於英僅餘克什米爾其幅員尚一千餘里東界後藏阿里西界阿富汗國南界本若省北界蔥嶺都城曰色令那加建於谷內四山環繞形勢險要高於海面六百丈最高峰千七百丈民物繁庶自古稱爲大國新頭河卽印度河上源曲抱其三面瀨河有屬部曰辣達克懸渡在其境內東北至和闐東南至阿里俱爾月餘程王達云野志蕀達克面積七萬三千百五十八方粁人二萬口占印度河上流谿谷寒暑皆激有畜類農產首府日勒城綿羊山羊之生毛集散於此胡惟德譯西藏圖作雷城二十世紀現勢圖作列城有大道東通阿里之羅克多城東北通新疆之和闐先謙案與勞爾亦當是一地其人奉回教修髯偉貌遠遊服賈南路八城及三藏之地處處有之藏中稱纏頭回子案色令那加卽雷之雪林男加課程引外國史略云地多鹽可爲藥材每年所掘約八百萬石南地多鹵不產物北方豐盛因官吏勒迫民甚貧乏勞爾有回回廟其酋常至此縱樂又有雲勒悉城爲王藏府庫處有莫恒城爲造絲段處所屬之谷曰加治彌耳高於海面五百六十丈最高山峰千七百丈自割地與英後長僅七百六十里廣百三十里西徼水道考云印度河安治土河經流西北二印度中土所稱東西兩恒河也鄺道元康泰於二水源流多所混亂沸經凡言恒河者皆指安治土河而不言印度河梁書云天竺國臨大江名新陶源出崑崙分爲五江總名恒水實則五水合一非一源分

五又東恆河亦有五河合口尤易相混衞藏志及諸家輿圖移阿里之拉楚河合於岡噶江皆傳聞之譌也中土僧人多沿恆河至中印度而西北地境親歷者少惟唐元奘自北而中而東而南而西再渡此河上流則稱新頭河下流則稱信地河頗得其實與恆河絕不相蒙蓋新頭爲上流之一源五源既合之後從信地河以入海始名信地河統稱則曰印度河也所謂五大源者一曰新頭河出後藏阿里僧格喀巴珀譯言獅口也流泉二十餘道通合爲一西北流至札錫岡受心克賀河又西北流千餘里至辣達克古嚈達國也西爲罽賓南爲烏萇北爲渴盤陀今皆併於克什米爾（先謙案罽賓不在北印度內當以徐志爲正）考懸度在嚈達東南烏萇西北法顯記云由于闐進向子合國南上蔥嶺有毒龍池昔盤陀王以婆羅門呪呪之龍乃徙去（毒龍池在阿里魯多克城西北袤長五百餘里今名邊京地）順嶺西南行十五日崖岸險絕石壁千仞下爲新頭河昔人鑿石通路及度七百傍梯已躡懸絙過沙河兩岸相去八十步渡河便到烏萇國北魏惠生所述亦同是爲和闐入印度之東道至元奘乃由大宛西道繞出蔥嶺外踰鐵門渡縛芻河過興都哥士大雪山至迦畢試國盻（喀非利司丹在甲布之東北）又東至烏鐸迦漢茶城南渡新頭河入迦濕彌羅國（卽克什米爾）蓋程途有東西道之分津渡有上下游之別相距三千餘里他如元邸長春之詣雪山行宮僅至巴達克山尚未入北印度境無緣得涉新頭更無緣得至懸度乃魏氏源移懸度於巴達克山之西反以長春所經石梁在其上流東西易位上下乖舛尤失之遠矣新頭河自辣達克西北流有善旣兒河林格底河合流自南注之又西北至札來士有洒威河自東注之洒威河出毒龍池北南流自辣達克山外折向西北至札來士入於新頭河新頭

河又西北至夕卡陀北受畢兒底司丹之水又西北至本楚折而西南流有基節河自西北來注之基節河有二源右源出於亨沙左源出於葉心至基節合流東南入新頭河新頭河水又西南流經邊努哥亞東境亞士多爾西境左右受數小水自此以上皆克什米爾屬境兩岸皆崇山峻嶺急湍奔瀧自此以下入本若部境（旁遮普下）紀程云西域記之鉢露羅佛國記作陀歷今爲巴勒提回部近年亦滅併入克什米爾以地望準之當即斯喀多城伽濕彌羅郎克什米爾亦其會城在赤道北三十四度六分順天偏西四十三度三十一分先謙又案徐志巴勒提（一作巴爾替作哈拉替艮）又云在博羅爾南重山複嶺之中人戶寡弱不足六七千有屬邑曰哈普倫稱其酋曰比俗遵回教不蓄髮不食猪肉衣帽語言與安集延同以游牧爲業冬日嚴寒覓山坳溫處以蘆荻結寮人畜共處其中十月雪已盈丈三月雪消始出地產獨峯之駝因紀程所載附見於此

西北邊疆

西北邊疆雷志云俾路芝之邊地面積十四萬九千英方里人九十七萬二千七百口阿富汗邊地及開巴路司華德開覆里司担共面積二萬六千九百英方里人八十萬口先謙案講義藩部土人領地有俾路芝斯坦耶借西注云卽俾路芝保護地雷志所云俾路芝之邊地卽此當與俾路芝之下參看王達云野志作西北國境州高等地理作西北邊疆

州野志又云千九百零一年置殆有哈薩拉地方全部及旁遮普之外印度地方如白沙瓦科哈得德勒義斯馬伊爾等並包蘇瓦特赤哈爾等雷之司華德郎蘇瓦特開覆里斯坦郎加非哩斯坦學會圖俱繪入阿富汗境蓋此州新置相沿未改之故新譯世界現勢全地圖有此州界限甚明

愛米爾與美華拉

愛米爾與美華拉雷志云並直隸印度政府面積二千七百十一英方里人五十四萬二千二百五十八口　愛米爾人六萬八千八百四十三口

徐志云刺日不德米圖作爾勒土布他拉又名澳地案澳地郎雷志之痾拔非剌日不德也徐誤在西印度幅員遼闊西境沙磧居多東境土田最沃江河足資灌溉舊本大國夙稱富饒以力不敵而降英地分九部曰日宜不爾曰哥達曰奔的曰痾代不爾曰入德不爾曰當克曰薩爾迷耳曰比加尼爾曰巴的黃記云刺日布德部一名亞日迷爾東界亞加拉西界信地南界古支拉德北界本若長千五百里廣七百餘里北境沙磧曠渺南境土地腴饒所屬九郡惟亞日迷爾割隸於英其餘諸部土酋分治先謙案刺日布德即刺日不德列國學會二圖與徐同緬志作拉日布德萬國圖作拉札土丹又名拉者布丹納漢文圖作拉止普塔那周志作拉球拍他奈稱爲英屬印度河東沙地亞加拉之西曰日宜不爾圖球圖作魯阿頗阿日宜不爾之南曰當克當克之南曰奔的

與徐合奔的之東南曰科大郎徐之哥達科大之西南曰痾代不爾與徐合萬國圖作烏帶婆阿圓球圖作烏德普爾痾代不爾之北曰巴里郎徐之巴的巴里之西北曰入德不爾圓球圖作昭德普耳入德不爾之西北曰日薩爾迷爾日薩爾迷爾之東北曰比加尼爾並與徐合比加尼東圓球圖作比喀尼耳案黃云刺日布德一名亞日迷爾又云亞日迷爾割隸於英則是全部隸屬矣語末甚晰据二圖諸部內有亞日迷爾部英惟割此一部也亞日迷爾萬國圖作阿這密阿圓球圖作唵斯米耳郎雷之愛米爾曹典球云雷之美華拉郎西南山地王達云亞日迷爾在海拔六百米突內外之臺地富風景首府同名人七萬四千口在他拉喀爾巨之麓回教徒稱爲靈地其美華拉則據阿拉勿祖山脈有肥沃之谿谷首府比瓦爾紀程云西域記之瞿折羅今刺日不德羣國中之波爾壘城在赤道北二十五度四十八分順天偏西四十五度十五分波理夜咀羅今刺日不德羣國中烏爾瓦國西北之科德城在赤道北二十七度四十四分順天偏西四十度十三分

附**本土國**

蘭皆普推那雷志云二十一本土國所合而成大半爲蘭皆普武族所管轄而蘭皆普武族不過居人民百分之五面積十三萬二百六十八英方里人千二百二十二萬三百四十三口 **皆派人**

十五萬八千九百五口　巴蘭派人六萬八千三十三口　朝派在馬華人六萬千八百四十九口　比開暖人五萬六千二百五十二口　亞爾華人五萬二千三百九十八口　阿對派在迷華人四萬六千六百九十三口以上要區先謙案辻志印度英國藩屬有喇吉浦他那郎雷之蘭皆普推那也講義藩部土人領地有刺日不德拿亦郎蘭皆普推那課程作刺日不得拿云在旁遮普之南西北部之西印度河之東計土國十八英督遣一官監之其較大者痾代不爾在南境亞日迷爾城之西南阿拉勿利山東南麓日薩爾迷爾在西境亞日迷爾城之西偏北人德不爾在亞日迷爾城之西日薩爾迷爾之東偏南阿拉勿利山西盧尼河之北岸日宜不爾在亞日迷爾城之東北云鐵路經過處多爾普爾在東境日宜不爾之東尊不耳河北岸比加宜爾在北境涉漠中亞日迷爾城之西北案多爾普爾据二圖在亞加拉之南課程與上徐志大同諸部中英惟割亞日迷爾其餘皆土部可知曹典球云雷之阿對派學會圖作痾代不爾朝派作入德不爾比開暖作比加宜爾皆派作遮日不爾巴蘭派作巴德普爾亞爾華作亞盧爾迷華作馬盧襪

中印度

中印度雷志云包有八十二本土國面積七萬七千八百八英方里人二千三百十一萬八千八百十二口其稍著名之國列下

瓜里爾面積七萬九千六十七英方里人三百五十二萬五千二百三十三口　蘭斯喀都城

徐志云新的亞（一作新地亞）在中印度地形曲折回環與英人屬部屬藩交錯素以剽掠爲俗飛騎出沒屢與英人搆兵地分三部各有酋長不相統屬曰亞加拉（亞加拉舊都記爲英屬此蓋其西南部落）首城名瓜利爾即王都也曰干德宜至首城名不郎不爾曰馬盧襪（米圖作馬爾窪一作馬剌他其都城已爲英屬）（此蓋其東北部落）首城名痾日音馬盧襪爲鴉片總集之地每年運出二萬餘箱徐又云邦德爾干波保爾曷爾加那皆中西印度小國與新的亞犬牙相錯孱弱不能自立降附於英黃記云腹內之省英語稱爲仙得剌博羅運司譯曰腹內之省也半置郡縣半隸土酋而新的亞部一名哈那歐替在印度之中央地形散裂不相聯屬也與賀架爾折那哇爾諸部犬牙交錯先謙案即雷志之中印度也列國學會二圖作瓜利爾與徐合即雷之瓜里爾世界圖作瓜略爾萬國圖作果利阿圓球圖作果阿里奧周志作喝嚐利爾州据二圖新的亞在中印度之北其首城新的亞反在馬盧襪之南所謂地形散裂也黃又云賀兒架爾部（一作曷爾加耳）與新的亞麻爾哇諸部參錯相間土番分轄案賀兒架爾即徐之曷爾加那二圖作何申加巴得又云麻爾哇部在新的亞之南轄員約五六百里首城曰英朵耳案二圖麻爾哇作馬盧襪萬國圖作麻耳瓦圓球圖作毛耳瓦周志作麥爾渭高原英朵爾即印度爾在馬盧襪西南境乃印度爾首城非麻耳哇首城也黃誤又云本的勒看部（一名邦德爾干）在新的亞之東長六百里廣五百里轄五郡首城名札德普爾案二圖作邦德爾即徐之邦德爾干在中印度之東北札德普爾作

赫德彌爾普爾又云岡都亞那部一名工窪納東界俄力薩西界刊代施南界尼桑北界阿拉哈巴長千五百里廣千八百里爲英國兼攝者止東北二方餘皆土酋分治酋城曰倭巴耳布案二圖俄力薩郎俄里薩刊代施郎根的士岡都亞那西距根的土中隔那哥不爾北距阿拉哈巴中隔勒隈二圖似未甚台又云以上孟加拉痕都司丹烏德本若中印度五大部落統歸孟加拉大帥所轄自西北而東南長六千餘里廣三千餘里約得印度之大半課程云中印度羣土國在西北部之西南刺日不得拿之東南溫特哈山北麓郎馬盧磯高原地計土國七十一英督遣一官監之其較大者印度爾波保爾（隈下見）瓜利爾（在北境近轉不爾河南岸）勒隈（在東境擴入恆河之南中之北部）二圖同萬國圖作利哇圓球圖作來瓦王達云野志中央印度分二部其西部由馬盧磯波保爾瓜利爾而成瓜利爾有舊街新街商街三市可想見往日之盛附近之摩拉爾則英屯營地也其東部分邦德爾勒隈二區紀程云西域記之鄔闍衍那今中印度羣國中瓜利爾國之痾日音城在赤道北二十三度十二分順天偏西四十度四十三分又擲枳陀今中印度羣國之賓內西北五十里賓內在赤道北二十四度四十一分順天偏西二十六度十二分又摩臘婆郎馬盧磯今中印度羣國中之印度爾德哈等地印度爾在赤道北二十二度四十一分順天偏西四十度三十七分德哈在印度爾西南又摩濕伐羅補羅今中部蒙德剌之北六十里蒙德剌在赤道北二十二度三十四分順天偏西三十五度五十六分西域記以擲枳佗屬南印度摩濕伐羅屬中印度是擲在南而摩在北今据英人所作元奘游蹟圖則二圖之南北倒置以形勢觀之二國均應在中印度西域記本容有傳寫之誤

因獨爾雷志云面積八千四百二英方里人一百九萬四千五百十口　因獨爾都城人九萬二千三百二十九口先謙案列國學會二圖岡都亞那之西根的土之東南有印度爾卽雷之因獨爾也圜球圖作英朶耳穟志作印多阿周志作英特亞稱爲德干高原支部地處馬剌他高原中印度羣土國之一課程云印度爾在西南境首城在溫特哈山北麓當鐵路經過處中印度一區俱在溫特哈山之北惟印度爾疆域跨山而南並逾那爾巴達河南岸地膏沃產布棉花煙葉鴉片野志云印度爾首府曰印度爾人八萬七十口在馬盧磯地方內棉罌粟集散之地餘互見上

波卜爾雷志云面積六千八百七十四英方里人九十五萬二千四百八十六口　波卜爾都城人七萬七百七十八口先謙案波卜爾卽徐志之波保爾也垷黃記云波保爾部在闌爾拔達江之陰幅員三百里山深林密民俗剛勇据列國學會二圖波保爾在馬盧磯之南課程云波保爾在南境溫特哈山北麓印度爾城之正東野志云波保爾人七萬七千口爲回教國之首府當交通之衝餘互見上

孟買省

孟買雷志云英省以總督管理除新狄與亞丁外面積七萬七千二百七十五英方里人千五百九十八萬五千三百二口　孟買熱度中數八十度極寒七十四度極暑八十五度雨水七十四英寸人八十二萬千七百六十四口　普那人十六萬千三百九十口　阿美對板人十四萬八千四百十二口　蘇蘭脫人十萬九千二百二十四口　曉雷派人六萬一千九百十五口以上要區

徐志孟買（一作網買粵東稱港腳）云在印度西界沿山傍海地形狹長其民勤於生計供太陽火神死者不葬以飽烏鳶明初葡萄牙初開海港建設埠頭康熙初年爲英人所奪土產棉花胡椒椰子珊瑚之類海船甚巨有載二萬二千五百擔者粵東最大之洋艘皆從港腳來也部名曰痾隆加巴（一作亞麥大巴）舊有同部大城居民逾十萬遭地震而殘毀故以孟買爲會城轄三部東北曰根的士（米圖作甘勒士）西北曰古塞拉德南曰北日不爾孟買之北海濱有蘇疎城昔爲商賈雲集之地城內有禽獸院養犬牛之老邁者自市船移於孟買此城日益蕭索根的士界內有埔拿城本馬剌他之都城（米圖作馬爾窪一作馬盧圖徽）嘉慶間英人滅之其地產鴉片最多先謙案孟買列國學會二圖與雷徐同外國地理作邦羅又作邦卑徐志亞麥大巴郎雷之阿美對板二圖作痾隆加巴黃記作凹隆加巴云東界德干

西界海南界伯日普爾北界刊代施廣袤六百餘里領十部其會
城曰孟買三面瀕海英人得自葡萄牙遂建大鎮駐重兵爲輪船
往來所必經居民殷富商販遠方有大船廠以二圖證之南抵北
日不爾北抵根的士東抵比德爾西至海有孟買港即會城也講
義云港在印度西岸孤島之陰海水常靜穩世界中最良港貨物
之多冠於印度蘇彝士河開通之效也貿易額歲至五億二千萬
圖謝志云島今與大陸連合爲海口第一大城居民八十二萬餘
海底電綫連歐洲東西郵船必於此灣泊馬略云初不服水土今
已天氣清爽迠志云有造幣局大學堂多出棉花繁華爲印度第
一慕志云附近有古建寶刹裝塑雕飾皆假山石而成形狀奇異
孟買之南曰北日不爾二圖與徐合黃記作伯日普爾云東界德
干西界康肯南界賣索爾北界凹隆加巴長千三百里廣七百餘
里轄五部慕志云北日不爾昔時宮殿礮臺園亭宏整美麗至今
遺跡猶存北日不爾之西二圖有公根萬國圖作孔坎慕志作岡
色爾黃記作康肯云在孟買之南一名鹿那乍里郎謝清高海錄
之盎几里東界高山西濱大海長五百里廣數十里首城曰勒剌
志里其東南山後有固那普爾稍它耳二部二圖勒剌志里作治
周里固那普爾作庫拉普爾稍它耳作薩瓦奴爾又有痾禨覼皆
葡所轄痾隆加巴之北二圖有根的士與徐合黃記作根地士一
作刊代施云東界百剌爾西界古支拉得南界凹隆加巴北界麻
爾哇長六百五十里廣五百里領三郡首城曰高爾那二圖百剌
爾作比拉爾高爾那作高耳拿根的士之北有拉日皮普剌郎雷
之普那徐之埔拿萬國圖作婆納世界地學作別拿列府根的士
之北二圖有古直拉德郎徐之古塞拉德圖球圖作勾蒐拉得慕

志云有古拉支至要海口周志作求垂拉得云此州從半島印度之地頭突出於阿剌海黄記作古支拉得云東界麻爾哇西界海港南界刊代施北界亞日迷長千四百里廣六百餘里領四郡首城日蘇拉特杜宗預云以蘇拉特係古支拉得首城似未諦其海口通商之埠日開拜郎科曼之轉音自此以西統謂之科曼海灣也海港西北有亞米特巴部民多劫盜英人征服之設兵戍守境內多佛氏遺蹟案二圖蘇拉特在海濱馬略作蘇拉周志作羣特郎徐之蘇疎雷之穌蘭脫開拜作康木拜其西海灣作康木拜灣亞米特巴作亞麥達巴特萬國圖作阿密達巴圓球圖作阿綿代巴得此部在巴羅達城西北巴羅達見新狄部本土國下課程云孟買加稔那所治領分部三一北部在康木拜灣之北與東跨那爾巴達河塔普提河南北治孟買在西高止山西麓西海岸孟買小島上有蘇拉特城北濱塔普提河西臨康木拜灣商務繁盛處也一南部在孟買東南西臨阿剌伯海東跨西高止山治埔拿一信地郎新狄紀程云西域記之摩訶剌陀今孟買部之加來尼城在赤道北十九度十三分順天偏西四十三度十六分又跂蒜羯婆今孟買布羅亞治西北七十里西臨堪伯爾海灣布羅亞治在赤道北二十一度四十四分順天偏西四十三度二十九分又阿吒釐今孟買所屬馬希千達羣國中之埃達城在赤道北二十三度五十分順天偏西四十三度二十七分又契吒今孟買之克拉城在赤道北二十二度四十六分順天偏西四十三度四十九分又伐臘毗今孟買所屬客的亞瓦羣國之苞拿加城在赤道北二十一度五十七分順天偏西四十四度十七分又蘇剌陀今喀的亞瓦羣國之桑拏特城在赤道北二十一度五十二分順天偏西四十六度六分又徐志云

薩達拉英之屬國在德干之西南都城同國名所屬通商之地曰馬合比里昔爾曰美黎至曰般德爾不耳曰合達尼案二圖薩達拉北界痾隆加巴東界北日不爾西界公根南界痾穠有般德爾不爾即徐之般德爾不耳有米魯治即徐之美黎至而雷志不載」

附本土國雷志云面積五萬六千八百二十七英方里人七百七十九萬五千四百二十四口著名之國列下

開前亞華雷志云面積二萬五百五十九英方里人二百七十五萬二千四百四口先謙案講義孟買藩部領土人地有加西亞華郇雷志之開前亞華王達云野志開前亞華諸邦面積五萬七千方籽人二百五十萬口占古直拉德半島北部低卑南部多起伏首府曰拉第哥德在半島之中央外有臨康木拜灣之港曰巴瓦那那喀爾人三萬六千口臨開治灣之港曰那瓦喀爾人三萬五千口學會圖地名多漏鮮可合者

喀區雷志云面積六千五百英方里人五十五萬八千四百十五口黃記云叩齒一名加支古治在日瓜爾之西北信地之東南四面海水環之長四百里廣百餘里土磽民貧往往地震有英軍一駐此先謙案叩齒即雷之喀區音變字也列國學會二圖作開治名布支在孟買信地之間南北海灣名開治灣一作叩齒灣講義孟買領藩部土人地有開治

新狄部

新狄雷志云孟買之一部面積四萬七千七百三十九英方里人二百八十七萬千七百四十四口　喀拉欠人十萬五千百九口

漢大累板人五萬八千四十八口以上要區徐志云信地係阿圖信布爾在西印度極西南隅北界塞哥西界俾路芝南臨印度海印度河由此入海南北約千里東西約五百里都城曰海德拉巴其國未歸英轄先謙案郎雷志之新狄也新信狄地一音之轉列國學會二圖與徐同萬國圖作辛得漢文圖作星得泰西新史作沁得都城作海得拉巴郎雷之漢大累板萬國圖作海德拉板圓球圖作哈愛豆辣巴得世界圖作海德兒拉巴德矢志作海德拉勃德泰西新史作醢笛喇叭黃記云其國東界沙漠南界叩繭灣西界俾路芝北界阿富汗國及本若省長千里廣六百里領六郡此外商埠曰塔塔曰格勞齊曰勞社那曰戒易坡俱繁盛名區印度河經國中分多派入海藉資灌溉五穀豐饒昔時土君甚富貨賄山積藏於塔塔城道光二十三年爲英所滅印度惟此部人號爲勁勇兼狎習風濤二圖塔塔作大達勞社那作瑙舍拉講義云千八百十四年併於孟買州地勢當與沙漠分離之處海岸一帶酷熱溼潤地味甚瘠西有商埠曰喀喇蚩郎雷之喀拉欠黃之格勞齊講義云此印度河口附近之港人十萬五千餘口印度西北大貿易場也海得拉巴陸路貿易繁盛課程云海得拉巴在印度河中小島上鐵路東

北達拉合爾人二萬口有礮臺及製造軍械廠喀喇蚩在海得拉巴西南南臨海灣爲停泊絕佳處有海電綫達蘇彝士河西徼水道考云上見旁遮普信地河西南流至路得分一支南流經恝易普爾至洛麻加入叩齒澤中其正幹則西流折南經海地拉巴爲信地都城又西南至塔塔杜宗預以學會圖之喀塔當之案此云由海地拉巴西南至塔塔分爲數派則是大達非喀喀也復分爲數派入科曼海灣卽印度洋或稱小西洋梁書所云從月氏高附以西南至於西海蓋指此也紀程云西域記之信度今孟買所屬之信地部元奘所到處爲今信地所屬之克爾普爾國在赤道北二十七度二十七分順天偏西四十七度三十四分又狠揭羅今信地部之喀剌直城案卽喀喇蚩在赤道北二十四度五十三分順天偏西西四十九度二十九分又阿點婆翅羅今信地部所屬開治國之西北境開治在赤道北二十三度二十分順天偏西四十七度六分

附本土國

開爾派雷志云面積六千一百九英方里人十三萬千九百三十七口先謙案開爾派列國學會二圖作克爾普爾在信地部內

巴羅答雷志云面積八千二百二十六英方里人二百四十一萬五千四百十三口　**巴羅答**都城人十一萬六千四百二十口徐志

云曰瓜爾又名古宜加瓦爾在西印度西南隅三面懸海素以寇掠爲俗印度人稱爲賊渠爲强敵所迫降於英都城曰巴羅達作一㤜巴羅先謙案卽雷志之巴羅答也列國學會二圖與徐同紀程作喀的亞瓦萬國圖作喀第瓦黃記云曰瓜爾部一名佳得低哇東北界亞米特巴部餘三面濱海中央岡巒絡繹廣袤五百餘里首城名包來丹那土君所轄沿海市埠亦夥案部地與古塞拉德相錯

印度南部

中部諸省

中部諸省雷志云英領以大臣管理面積八萬六千五百一英方里人千七十八萬四千二百九十四口　耐派人十一萬七千十四口　皆勃耳派人八萬四千四百八十一口以上要區徐志云那哥不爾不一作邦納在德干之東北幅員半之素以盜劫爲俗飛騎四出剽掠諸鄰英人力征降之今爲屬國其都城亦名那哥不爾所屬通商之地曰罷架爾曰郎德各曰昭布爾曰拉登不爾曰馬合罷曰列不爾曰古達曰威拉合爾先謙案卽雷志之中部諸省也泩志作中央諸州列國學會二圖作中部慕志云中土諸省其都城曰如伯卜乃鐵路可通之所故其貿易特興盛又有那哥不爾其俗

素稱強悍以劫奪爲能剽掠四鄰課程云中部居德干高原東北隅治那哥不爾在不蘭赫塔河上游西岸其河水南流入哥達惟利河講義云中央州占尼爾巴達及馬呼努的兩岸上流之地並有邱陵地方那哥不爾人千二萬口乃中央印度工業之中心謝志云中央諸省在一代干高原之北部繞以本地屬部面積約八萬六千英方里人千一百萬口首府那哥不爾有鐵路與孟買連絡黃記云來格普爾部作那哥布爾東界俄力薩西界麻爾哇南界伯西耳加北界阿拉喀巴長千五百里廣九百里首城名來格普爾爲通商大埠樋志云中央州占德干高原一部產棉花及煤鐵周志德干高原作提根高原世界圖那哥不爾作那那格鋪爾萬國圖作那頗阿漢文圖作那孤波爾圓球圖作那格普瓦据二圖那哥不爾東北有昭布爾東有拉登不爾列不爾東南有威拉合爾並與徐合那哥不爾即雷之耐派昭布爾即雷之皆勃耳派又二圖有馬呼爾平方不圖作馬赫即徐之馬合罷有虎塔即徐之古達紀程云西域記之嶠薩羅一作拘薩羅今中部之琛達城在赤道北十九度五十五分順天偏西三十七度八分杜宗預云有比拉爾庫爾格兩部與那哥不爾部地相錯

附**本土國**雷志云面積二萬九千四百三十五英方里人二百十六萬五百十一口最要之國列下

勃司泰面積萬三千六十二英方里人三十一萬八百八十四口

先謙案勃司泰列國學會二圖作布斯塔在那哥不爾之東南

馬德拉斯省

馬德拉斯雷志云英省以總督管理面積十四萬千一百八十九英方里人三千五百六十三萬四百四十口　蘭坎替夫羣島面積二十一英方里人萬四千口　馬德拉斯熱度中數八十度極寒七十六度極暑八十八度人四十五萬二千五百十八口　㫰里金拿坡梨人九萬六百九口　馬鳩拉人八萬七千四百二十八口　塞雷摩人六萬七千七百十口　加里喀人六萬六千七十八口　板拉里人五萬九千四百六十七口　尼格配坦人五萬九千三百九十口以上要區徐志麻打拉薩一作曼達喇薩一作馬塔剌又假駐作達拉斯大拉云在孟加拉之西南城建海濱沙坡之上波潮衝激登岸最險英人設會城於此專爲控扼南方其人面多純黑肢體便捷工百戲部名曰加爾那的米圖作噶納的轄五部迤北曰北西爾加耳一作牙巴西坦合迤西曰巴拉加一作剌利北西南曰哥英巳都爾一作牙樂坡再西曰馬拉巴爾一作他巴骨再西濱海曰加

五洲地理志略　卷九中　七

那拉（一作骨他羅利）北西爾加耳本印度大國嘗募兵欲逐英人英人進
攻割其國三分之一嘉慶三年再搆兵爲英所滅巴拉加城建山
頂路惟蜿蜒一綫一夫可以當關哥英巴都爾礮臺堅固街衢方
廣內有故王之宮英所滅也屬邑曰撒林民多織布造硝馬拉巴
爾山嶺崎嶇爲流從罪人之地加拉那沿海一綫其城內萬厦整
潔頗稱饒裕先謙案麻打拉薩郎雷之馬德拉斯列國學曾二圖
與徐同世界圖作馬獨辣斯泰西新史作馬特拉司云英昔與法
戰處課程一作麻得拉士外國地理作馬篤拉斯撒林郎雷之塞
雷摩講義云此州爲自俄里薩延長至科馬林岬一帶地方東北
及西南地方沿岸甚豐沃野錄云在半島南部面孟加拉阿勒伯
兩海東岸北至北緯二十度十八分止西岸北至北緯十四度止
謝志作瑪德拉斯云三面臨海面積十四萬英方里樋志作麻德
拉斯云此洲沿印度南部東海岸郎科羅滿待耳回轉哥摩林岬
而包括西洋岸之一部尼爾葢利山地方多英人加非園麻德拉
斯爲其首府謝志云南部最大之城地瀕孟加拉灣內有大學校
講義云此港人四十五萬口輸出貨棉花菜種糖米藍加非等輸
入貨織物類鐵器等世界地理云糾基可林在州之南部與錫蘭
島相對二圖糾基可林作士的可倫黃記云加爾那得部東南界
海西界達來番科耳及賣索耳北界尼桑長二千六百里廣千三
百里領十郡其會城曰曼打拉薩南印度兵帥駐此雖瀕海而無
泊處沙泥梗阻船難到岸天氣炎熱文武員弁清晨治事畢各歸
山莊避暑其內地有旁牙羅城英軍戍守二圖加爾那得作加爾
那的與徐合課程作卡那的圓球圖作喀訥剔克泰西新史作家
拏梯○黃記云西令歹巴坦昔爲土君都城地形險要嘉慶初英

與血戰連年滅之南方海濱有補落伽山卽釋氏所稱普陀巖也高千五百丈谷內酷暑難堪而山頂積雪若由趾及巔覺四時之氣備於一山矣二圖西令牙巴坦作西林加巴坦卽徐之北西爾加耳許考作西爾加爾○黃記云巴剌加部東界加爾那得西界加都拉南界薩林北界尼桑長七百里廣五百里首城名北那里爲火車鐵路四達通衢二圖北那里作巴剌里卽徐之北剌利雷之板拉里○黃記云哥英巴都爾部東界加爾那得西界馬勒巴爾南界馬都拉北界薩林長五百里廣三百里領二郡二圖哥英巴都爾同亦與徐合○黃記云馬勒巴爾部東界哥英巴都爾西界海南界科青北界加那拉長七百里廣二百里海濱有市埠曰卡里古得曰丹那曰邦那里二圖馬勒巴爾作馬拉巴爾與徐合科青卽可陳卡里古得作科利庫特丹那作堪南那爾邦那里作特黎內里講義云科利庫特在馬拉巴爾海濱以重要港有名卽雷之加里喀○黃記云南加那拉部東界賣索爾西界海南界馬勒巴爾北界是摩加長五百餘里廣二百里領五郡首城曰蒙加羅耳瀨於海岸又有北加那拉部歸孟買轄二圖加那拉與徐合是摩加作什摩加蒙加羅耳作莽哥那爾○黃記云伯爾西加部一名薩卡司東界孟加拉西南界加爾那得北界峨力薩南界海長千五百里廣二三百里不等東有齊家湖西有詞林湖領四郡曰憨沙曰諳底曰斐薩乾曰那咤面二圖伯爾西加作錫加爾斯圓球圖作喀蔥斯此部南臨孟加拉海西南距哥達惟利河屬城有維薩哥巴坦圓球圖作斐薩軋帕塔萬國圖作維薩噶拍採異名記作維薩加巴丹○黃記云以上諸部爲南印度境所謂地形如箕舌斗入南洋者也或有土君世傳其位或部民公立酋長治

之山內民仍舊俗奉釋教而皆降附於英歸曼打拉薩兵帥統轄課程云加稔那所治在孟加拉西南沿海一帶南至科馬林角無分部有小部二十與孟加拉孟買各分部所領之小部同等故但列其數而不記其名麻打拉薩在東高止山東麓東臨孟加拉海其地雖爲大部首城然無停泊海口上下客貨至用浮船近築石爲長橋如海口形下椗始便境內大城有馬斯利巴耳木在麻打拉薩之北偏東東臨孟加拉灣奇斯特拿河分支入海處出印花布多運往波斯漢文圖作麻斯利波打莫有貪昭爾在麻打拉薩西南不瀨海鐵路四達萬國圖作坦佐阿有德里支那波勒在貪昭爾之西亦鐵路四達以造珠寶金銀各物著名萬國圖作剔利親諾坡利有丁那威勒在德里支那波勒之南偏西有哥英巴都爾在德里支那波勒之西尼爾吉里山南麓西當西高止山斷缺處故東西海岸中通之鐵路經此產棉花甚盛有拜普爾在哥英巴都爾之西西臨海岸有鐵路東通麻打拉薩多大鐵廠案德里支那波勒卽雷之剔里金拿拔梨也曹典球云雷之馬鳩拉學會圖作馬都剌尼格配坦作那加巴特南木紀程云西域記之恭御陀今麻打拉薩部之根遮木城在赤道北十九度二十四分順天偏西三十一度十九分又羯餕伽今麻打拉薩之羯餕伽巴特在赤道北十八度十八分順天偏西三十二度十七分又馱那羯磔迦一作大案達羅今麻打拉薩之公士爾城在赤道北十六度十五分順天偏西三十五度五十九分又珠利那今麻打拉薩之克奴爾城在赤道北十五度四十七分順天偏西三十八度二十一分又達羅毗荼今麻打拉薩之琛加爾普特城在赤道北十二度四十一分順天偏西三十六度二十七分又枳秣羅今麻打拉薩

之瑪都剌城在赤道北九度五十六分順天偏西三十八度十九分

附

本土國雷志云面積九千六百九英方里人三百七十萬六百二十六口著名之國列下

脫郎佛科爾雷志云面積六千七百三十英方里人二百五十五萬七千七百三十六口徐志云達拉王哥爾亦英屬國在南印度極西南海角都城曰的里彎德稜所屬通商之地曰達拉王哥爾曰波爾架曰固蘭曰安任加此外中西印度尚有數小部皆屬於英先謙案達拉王哥爾即雷志之脫郎佛科爾也列國學會二圖講義與徐同謝志作打冷莽柯樋志作特拉萬科科阿周志作得拉維夸爾圖球圖作特來番科耳黃記作達來番科科耳云東界丁利肥里北界科青西南界海長五百里廣二百里城名特來番得郎土酋所轄海濱商埠曰波爾架曰魁琨南方有地形斗入海中所謂哥摩林角是也海船至此轉柁風濤甚猛內地有米璵邑山水秀麗果木尤佳土酋前爲荷蘭所逐居民亦多遷徙今隸於英案特來番得郎即徐之的里彎德稜萬國圖作剔利萬特隆圖球圖作特里發恩得婁二圖與徐同丁利肥里作丁那威勒波爾架安任加並同固蘭與徐同卽黃之魁琨哥摩林作科馬林

科輕雷志云面積千三百六十二英方里人七十二萬二千九百

六口徐志云荷蘭有城在海濱曰可陳（一作圖貝）近年亦爲英人所取先謙案郎雷志之科輕也列國學會二圖與徐合萬國圖作哥親異名記作哥陳紀程云郎明史柯枝國半島之西南端黃記作科青云又曰可陳幅員百餘里在達來番科耳西北

枯爾

枯爾雷志云英領縣直隸印度政府面積千五百八十五英方里人十七萬三千五十五口黃記云庫爾格在賣索爾土部之西西高止山東麓治美爾喀拉在西高止山中先謙案庫爾格郎雷志之枯爾也

漢大累板

漢大累板雷志云英最重要之藩國在德肯高原面積八萬二千六百九十八英方里人千百五十三萬七千四十口**黑打蘭板**人四十一萬五千三十九口**亞倫格板**人三萬三千八百八十七口以上要區徐志云五印度中東南諸國大半爲英所夷滅分隸四部尚有十餘國納款稱藩僅存故號英派大酋駐之代理國政德干一名尼桑（一作尼散米圖作海特爾拉蠻）在南印度腹地幅員廣闊爲中南諸部之最國無政而好戰民多怨畔四鄰並侵

英人助以兵力乃免於亡遂降英爲屬國其地天氣炎熱物產豐
饒風俗邪淫最甚地分五部曰海德拉巴其都城也曰比德爾曰
比拉爾（米圖作滿勒爾）曰亞瓦郎加巴曰北乍不爾先謙案海特爾拉蠻
郎雷之漢大累板也講義印度諸藩部云海得拉巴居海迭康高原
之中心東部有大炭坑首府海得拉巴人口四十餘萬亦大都會
也案海得拉巴郎徐之海德拉巴雷之黑打蘭板樋志云海德拉
巴州在德干高原之中央其地出海面二千尺州中產棉甚廣
部長之爵名曰尼薩密陳炳煥云在哥達惟利河之南奇斯德那
河之北矢志作海得拉勃德吳志作海達巴德周志作哈台蘭特
辻志作海德兒拉巴德許考作海德拉漢文圖作日特拉拔得圓
球圖作哈愛豆辣巴得黃記云德干部一名尼桑東北界來格普
爾西界伯日普爾南界加爾那德長二千里廣千三百里轄五部
首城曰海德拉巴（一作系答巴）英軍萬二千屯之境丙多高原產艮麥
土酋世襲脧削平民嘉慶中屢與英搆釁英乃決計取之雖鎮以
重兵猶常反側不安所記與徐略異德干迭康郎雷之德肯世界
圖作兒坎周志作提根地學作鐵幹外國地理作敵更二圖作尼
桑與徐同徐之亞瓦郎加巴郎雷之安琅加巴得課程云尼桑土
國在盂買之東麻打拉之西比拉爾之南哥達惟利河奇斯得那
河二水之間英督遣官監之國都海得拉巴在奇斯得那支源南
岸有鐵路西達幹路二圖比德爾與徐同萬國圖作必達北乍不
爾作比咤婆阿亞瓦郎加巴作澳冷葛巴平方圖作安琅加巴得
圓球圖作俄倫勾巴得紀程云西域記之案達羅今尼桑國之空
蒙麥特城在赤道北十七度十三分順天偏西三十六度十七分
又恭那補羅今尼桑國模德古爾城之東南百里模德古爾在赤

道北十六度二三分
順天偏西四四十度

般拉省

般拉雷志云英省直隸印度政府面積萬七千七百十八英方里人二百八十九萬七千四百九十一口　愛里區派人三萬六千二百四十口　愛摩勞替人三萬三千六百五十五口以上要區

王達云學會圖有比拉爾郎雷志之般拉省也在尼桑土部之北稍特不拉山之南課程云本尼桑土部地割以償英債者學會圖有伊里治布爾郎雷之愛里區派有鄂木老烏的郎雷之愛摩勞替野志云境內地味肥沃產棉花又云比拉爾西端有布爾塔那國首邑曰模爾克普爾先謙案列國圖同課程云在塔普提河北岸人二萬六千餘口爲孟加拉所領八分部之一案此地歸英後併入孟加拉也迁志作伯兒拉州般伯一聲之轉

迷梭爾

迷梭爾雷志云英藩國面積二萬七千九百三十六英方里人四百九十四萬三千六百四口　迷梭爾人七萬四千四百四十八口

奔加勞八十八萬三百六十八口以上要區徐志云賣索爾一作賣索又作邁蘇爾米圖作買若爾在南印度南界素稱强國地多沃土農功甚力其王好戰侵伐四鄰連年不息英人力戰取其國散其兵乃降爲屬國都城與國同名所屬通商之地曰邦加羅爾曰幾那巴登曰幾德爾德拉克曰賽拉日哥剌爾先謙案郎雷志之迷梭爾也列國學會二圖與徐同世界圖作邁叟萬國圖作買瑣阿圓球圖作麻梭耳樋志作買索爾周志作寐蘇亞泰西新史作梅鎮西洋史要作墨所講義印度諸藩部云横迭康高原之中全土多旱黃記云東界加爾那得西界加那拉南界哥英巴都北界伯日普爾長八百里廣六百里領十郡有土王居賣索爾城其商埠曰邦加那耳曰色林甲巴丹曰故剌日幾得拉皆繁盛之區案邦加羅郎雷之奔加勞二圖作邦加洛爾此郡在國之東北色林甲巴丹郎徐之幾那巴登萬國圖作西冷葛巴耽圓球圖作蒐凌軋帕坦故剌郎徐之哥剌爾幾得拉郎徐之幾德爾德拉克此郡在國之西北課程云賣索爾大土國在德干高原南境四面環麻打拉薩境土惟西北一隅與孟買接壤英督遣一官監之國都買索爾在南境加惟利河上游南岸南倚尼吉里山西接庫爾格倚西高止山又西林加巴坦在買索爾之北加惟利河上游北岸其舊都也

案西林加巴坦郎黃之色林甲巴丹

英領錫蘭島

錫蘭島慕志云在印度東南緯綫自赤道北六度至十度經綫自順天偏西三十四度至三十六度長九百里廣五百里總

計九萬方里謝志云西倫一名錫蘭地在北緯六度至十度東經七十九度至八十一度面積二十四萬八千方里黃記云東西六百餘里南北千餘里產獅子樋志云南北二百五十英里東西百五十英里與其附近小島共成一殖民地屬英國殖民事務大臣統轄泰西新史作新錫藍課程云即佛國記梁書新唐書之師子國西域記之僧伽羅國明史稱錫蘭山土人謂高山爲錫蘭島有高山故名雷志云與印度相隔爲巴克峽吳志作巴爾庫世界地理作泊卡謝志作馬那耳海腰由海岸至內地漸高其最高者八千二百九十六英尺矢志云最高峯曰亞德密斯高八千二百八十尺樋志作亞當黃記作亞坦吳志作阿達姆謝志云河之大者曰瑪哈韋力長四百里小川尚多面積二萬五千三百六十五英方里課程云分八部曰北部曰北中部曰中部曰西北部曰西部曰東部曰烏瓦部曰南部人三百三十九萬千四百四十三口謝志云官私學校約五千所業農者居百分之二十八耕種地三千百六十六英方里草場千四百二十英方里土產椰子加非金雞納肉桂椰樹等矢志有棉茶煙草有玉桂可造船礦產石墨謝志有金剛石寶石石鹽沿岸產珠千八百九十七年牛二百十八萬九千五百三十六綿羊八萬六千六百二十七入口貨

值六百十二萬六千七百二十磅出口貨值五百三十一萬八千七百磅謝志云每歲輸出貨約四千萬圓入口貨四千三百萬圓多與英國印度貿易鐵路二百九十七英里謝志云鐵路六百里電綫四千五百里課程云已成者八百五十八里巳測量未造者六百二十餘里入款百五十萬四百十磅國債三百六十九萬九千八百十七磅謝志云歲入可千萬圓歲出之數如之公債三千七百萬圓

葛倫巴熱度中數八十一度極寒七十九度極暑八十三度雨水八十七英寸又尼華拉愛里雅熱度中數五十九度極寒五十七度極暑六十一度雨水九十九英寸人十二萬六千九百二十六口

皆夫那人四萬三千四十二口

肯田人二萬二百五十二口以上要區

徐志錫蘭錫倫西崙僧伽剌楞伽山寶渚則意蘭則意拉云在南印度之東南海中大島也周迴千餘里中有崇山高阜近海窪下地多雨多迅雷山川靈秀花木繁綺禽聲歡樂林內多象土人用之如牛馬居民皆崇佛教云佛生此土生齒繁多穀不足仰食印度山出寶石海濱出明珠產桂皮最良勝於粵西前明中葉葡人據錫蘭海口立埔頭尋爲荷蘭所奪嘉慶元年英人驅逐荷人盡有海濱之地時錫蘭酋殘虐失民心其都城名

可倫破濱海英人進攻內潰而亡全島爲英有鎮以大酋海船屯
集之地名停可馬里又云郡國利病書言錫蘭山國古狼牙脩也
貨物多聚亞於瓜哇中有高山土産鴉鶻寶石每遇大雨衝流山
下從沙中拾取之隋常駿至林邑極西望見焉番語謂錫蘭出爲
高山因名相傳釋迦從迦藍嶼來登此山猶存足迹山下有寺中
貯釋迦涅槃眞身及舍利子明永樂六年遣太監鄭和等詔諭其
王亞烈若奈兒齎供器寶旛布施佛事建石碑賞國王頭目有差
其王負固不服擒之以歸擇其支屬亞巴乃那立之十四年正統
十年天順三年皆入貢又云印度爲佛敎所從出諸佛菩薩羅漢
繪塑之象多裸上體或耳帶環脛東釧乃印度本俗至今未改所
衣袈裟卽印度人外著之沙郎僧人爲禮合掌膜拜皆印度土俗
也佛法自後漢入中國至南北朝而達摩航海東來演敎外別傳
繼流遂布滿中國紅衣喇嘛敎起於烏斯藏其地本毗連印度至
前明中葉宗喀巴別唱宗風演爲黃敎內外蒙古暨瓦剌各部靡
然從風其敎可謂盛矣然自回敎興於唐初由天方漸傳東北不
特玉門以西多花門種類而佛法最盛之五印度亦大半舍牟尼
而拜派罕元起北方最崇佛敎太祖憲宗取印度建爲外藩乃其
地已半從回敎蓋自宋元以後印度佛敎已不如回敎之多至今
日印度各國備歐洲之東藩又參以耶穌敎而佛敎愈微矣先謙案
列國學會二圖作錫蘭與雷徐同與印度相接處作保克海峽卽
雷之巴克也世界圖作羅克其西岸有城曰可倫坡卽雷志之葛
倫巴徐之可倫破世界圖作哥龍波萬國圖作科隆跋紀程作科
隆坡漢文圖作考老母外國地理作蓋蘭波出使英法日記作格
侖坡世界地學作哥倫波周志作角龍勃樋志作科倫布許考矣

志作葛蘭巴黃記云明初爲回人所據土君與葡聯盟逐回人遂爲葡所據崇禎中又招荷以逐葡人而荷又據其市埠嘉慶元年英人襲取之全島遂歸於英以可倫坡爲會城於海濱築礮臺護之本土庚低之人居山內四圍海濱皆印度遷來者其北境谷內路徑不通土酋酷虐近由庚低開路直達東北海隅復由庚低建火車鐵路二百餘里至可倫坡歲收賦稅二百萬慕志云分南北東西中五部各有英官駐紮英大臣駐葛倫巴謝志云哥倫波人二萬口東西洋郵船必寄泊於此南有高勒爲南洋輪舟灣泊處人三萬六千口中央有城曰干第爲土酋舊京人二萬口据二圖中央有堪的卽雷之肯田黃之庚低謝之干第萬國圖作坎地紀程作刊的世界地學作甘幾南有加里卽謝之高勒雷之皆夫那課程作拋因脫甘里東北有亭可馬里卽徐之停可馬里漢文圖作刊火日日本新地球圖作地利外國地理作駝蓮薹馬利謝志云亞當峯頂有天生灰石痕愚人以爲佛足迹案諸志多以錫蘭爲釋迦生地非也巴德那二圖作巴德拿嗄那作加雖

曼爾底甫羣島

曼爾底甫雷志云羣珊瑚島居民約三萬口先謙案雷志曼爾底甫列國學會二圖作麻代父羣島萬國圖作麻耳代夫圓球圖作麻答愛夫謝志作瑪勒代弗云產椰子魚介民皆回人有蘇丹治之仰英國保護課程云在錫蘭西約五百海里爲珊瑚所成島酋世守其地歲致貢於錫蘭長官王達云野志又稱千島由十七羣之珊瑚礁而成產棉

米蜀黍等本島屬錫蘭一六四五年以來島官住馬利島二圖又有辣喀代父羣島圓球圖作拉克荅愛夫謝志作拉嘎代弗云多出椰子均距南印度西岸百五十英里阿剌伯海中王達云野志辣喀代父羣島分爲二羣北羣由亞密的之五島而成直隸於南加那拉區案濱馬拉巴爾海岸南羣由加瓦拉亞德羅得等而成屬加那諾爾之拉第亞受英人支配地味不良土產科亞西居民萬五千口紀程云印度西南海中北羣小島曰來加的甫南北相屬約千里東距印度西岸約五百里南羣小島曰邁爾的甫南北相屬約千五百里東西距錫蘭約千二三百里兩羣島南北相距約六百里爲東西往來水道有彌尼科伊島適當水道之東北至西南亘長約三十三四里廣不過五里地勢平衍南背有燈塔舟行望之以爲表兩羣島石質皆珊瑚結成西國地學家謂珊瑚爲水中小蟲所造之窩蟲小不能辨視其體柔輭石之久沈水底銷化爲灰者蟲藉之作窩中留小孔自容從孔伸出吸取食物生長甚繁新窩從舊窩加長新蟲生舊蟲死生生不已成珊瑚如樹形愈長愈大久之爲泥沙塡漬則爲島出水卽不加高以蟲離水則死也或低於水面百七八十尺處其蟲亦死於是水中礁石亦有珊瑚所成其島狀或正圓或橢圓或周他島之四外如圈然澳洲東北太平洋中有珊瑚羣島連屬三千餘里爲最廣次則來加的甫邁爾的甫兩羣耳西人謂石分兩大類一曰水層石一曰火山石水層石中有生物形迹者爲殭石珊瑚島蓋亦洋中殭石之類明史云溜山自錫蘭山南去順風七晝夜可至以地望準之似卽今之邁爾的甫羣島其所謂三石門並可通舟山下八港各以溜名者蓋羣島中之港汊也近島海中產貝黃白文者有之白黃文者有之博

而頳大而險小而橢者亦有之非洲迤北瀕地中海各部落多於此采貝以爲錢幣案邁爾的甫郎曼爾的甫來加的甫郎辣喀代父也

賜進士出身　特賞內閣學士銜前國子監祭酒翰林院編修加三級臣王先謙謹撰

英領印度國三

新印度志略云婆羅門教刱自阿利安種人其人初居印度河左右地次則東趨朱木拿及恆河上游之區生齒日繁所占境界西起旁遮普東至烏德及亞拉赫巴得北依喜馬拉山南界文得亞山皆入其範圍經營多世成爲國體統屬中央之政府垂立四級之族制而强有力之教僧操其王權兼爲祭司董督重要祀典祈禱歌詩修飾神壇改正儀注每以力取之地分賜同族其兵士所得則役使降服之番族爲之耕刈故積日既久獨成一部專任護備酋長備豫戰事無與農功迨後阿利安種定地甚廣名曰中地遂成强國干戈既息有解甲歸農及專事太平職業者初時農田接連敵壤既相距寫遠別需常備兵士而舊日王之衞士與新募有膽略者合爲一級如是則區爲三級第一級僧卽婆羅門第二級兵士與王之護衞第三級農人以後漸分門戶勿通婚嫁且各守祖傳職業惟逢國家大祀典與會拜神第四級曰蘇得拉斯卽被虜番族役爲奴隸永不除籍祀典宴會概不與聞勞苦賤事俱令操作迨後婆羅門尊其特權以杜爭競乃言彼之等級由上帝所賜古初已然以固族制而保權利後有高提麥伯哈氏卽今所稱佛於紀元前六百年間刱立佛教其卒葬於拉日格列哈左近弟子來會者五百人裒集遺言別爲三類一誡言（專誡弟子者）二教

法三教理此爲佛門弟子初次聚會百年後再會於維稅里來者七百人平同門爭端定悔罪條款十則自是佛弟子分爲兩黨後又分爲十八派佛歿後二百年間傳徧印度之北前二百四十四年麥加特哈（巴哈爾古名）王亞蘇咖氏（王旁遮普巴哈爾烏德一帶爲紀臘王國）深信佛教極力讚揚廣建廟宇養僧六萬四千其所主地今猶稱僧寺國以佛爲國教是年復會佛弟子於巴德拿到者千人立公署派大員以傳教爲專職分遣教士開導番族雖貴如婆羅門賤如乞丐無不以善言相誘勸蓋德化感人至深也佛歿四百餘年康尼蘇喀氏（王印度西北克什米爾列干特古康亞加拉信地一帶）開第四次大會輯佛經三冊後成立藏經（或稱北經）半本於此（此會關北方及西藏之信徒猶亞氏會關南方及錫蘭也）自巴德拿開會次年亞氏子馬森都率教士攜新輯佛經至錫蘭宣講未幾其女弟牲嘉密泰亦領女僧隨往四百十年至四百三十二年間復將佛經譯成巴里方言（南方佛徒以巴里爲神聖方言）四百五十年間教士自錫蘭至緬甸六百三十八年暹羅奉之五百年至七百年間瓜哇奉之蘇門答拉與波利又自瓜哇輸入（波利在瓜哇東）旁遮普及其左右地方曾屬格里科白克脫王國沙什亞族亦接王其地佛教皆盛薈自康氏一會而佛教勢力愈振西藏中亞細亞南部及中國一帶已成北佛教傳道之路三百七十二年傳入高麗五百五十二年延及日本此佛教徧被東方之大略也西方則爲格弗斯族所傳布遠至裏海而止自佛降生至今二千四百餘年信從者已達五百兆之多占世界人民三分之一有奇然當日於婆羅門教絕不相惡並立垂千餘年祠廟同建一方徒衆皆爲人尊崇此得之遊歷實驗者其後有興都教化合二者而成又有監穎教自佛教出信奉者亦多

初前三百二十七年馬基頓王亞歷山大由波斯

入印度渡亞德各以上之印度河越丹稅爾（城在印度熱倫二河間最富庶）至熱倫河旁遮普酋長葆拉斯禦之於距芝里瓦拉十四邁地方敗績亞歷山大建二城於此一在熱倫河西曰卜斯福里亞一在河東曰那希亞卽今莽格也又向東南進行次阿木利昔爾復折而西敗加希阿族於散格拉抵皮阿斯河（河在拉合爾東南五十邁與薩特里日河相連）駐兵蘇孛拉倭（距拉合爾東南四十五邁）相近地方欲徑至恆河而土族蜂起部卒怨憤遂退至熱倫城具船下駛餘兵循河岸前進至穆里坦與麻里族血戰據其城次旁遮普五河匯流處建一城曰亞歷山特里今之烏則也四鄰降附日多畱兵將鎮撫搠立舟師率以南行經信地循印度河抵大海河口建一城曰巴德拉今之赫得拉巴也分其兵之半令尼客氏統之進至波斯灣自率餘衆經俾路芝波斯於前三百二十五年抵蘇薩其於信地旁遮普二地用兵二年惟與酋長聯盟建城駐兵而已所得土地以與酋長及聯盟部落之附己者故每一小朝廷必有希臘政黨自阿富汗邊境至皮阿斯河又自喜馬拉雅山麓至信地河口皆駐軍以固歸路丹稅爾北旁遮普之那希亞南旁遮普之亞歷山特里信地之巴德拉及它經過地皆置營汛選希臘兵或聯軍守之而以大隊駐白克脫里亞

前三百二十三年亞歷山大歿其國分裂前三百十二年白克脫部將希路客尼開多搠立敘利亞王國（自地中海東起至育勿雷特河與阿剌伯沙漠又自埃及北至緯綫三十六度止）據有其地時有康特拉加撻者印度人起微賤率亡命於前三百十六年攻取麥加特哈（卽巴哈爾為那帶王朝地）進破巴得利布脫拉都城（卽巴德拿）印度西北部諸酋奉為主希氏既克貝孛倫（在育勿雷特河旁北緯三十二度三十分英天文臺東經四十四度三十分）遣將取旁遮普康氏馳至逐其將境外於是結約罷兵希氏割讓希臘人居畱旁遮普一部之

地及加普爾流域一帶以報康氏贈象五百之惠又以女妻康遺使臣駐北印度自此遂爲友邦自前三百五十六年至二百九十二年康氏王東方經營二十餘年而國立又數十年而亞蘇咖出以闡揚佛教爲事北印度宗教一變西方崇重希臘而興都學術工藝一變蓋風氣所趨也前百八十一年至百六十一年間有白克脫里亞卽格里科克白臘王尤克雷太特希臘人取巴德拉城及開治古直拉德二地又有明奈德爾王於印度西北諸部曾得其錢幣於加普爾蓋當時曾都馬特拉一帶馬特拉臨朱木拿河北緯二十七度三十分英天文臺東經七十七度四十五分地百二十六年白克脫里亞朝爲韃靼族所驅除其旁遮普境內格里科白克脫之居雷地亦爲杜濟族所覆及沙什亞族入主印度傳至康尼蘇喀於西歷四十年開四次大會以昌明佛教時與爲敵者有育監國王活克蘭梅狄替亞七十八年有南印度王薩列韋哈那七十年至二百三十五年有蘇拉蘇特拉之薩斯朝三百十九年有西北部岡腦吉之加捷斯朝都婆羅門之中地轄北印度及西南巴羅達一帶四百七十年爲西北新入之白亨斯族所滅繼之者有威拉孛希斯朝自四百八十年至七百二十二年轄開治孟買之西北部及馬盧襪一帶八百年間爲攻克信地之阿剌伯人所滅又有非阿利安種人者早居印度爲阿利安族驅之山林及阿利安生齒日繁拓地日廣屢行此法然非阿利安族亦拶立最強王國如那帶王巴哈爾卽蘇得拉斯也第四級後滅於康特拉加捷亦有謂康氏爲那帶出者其聯入印度國法佛教之力爲多其族居北印度善地烏德及西北部多有城邑堡壘迨穆罕默德入印度時其族尚據有郡縣後乃漸失今在英屬境內者尚千八百萬人又有加喀爾斯族者行同生番一婦多夫一千八年穆罕默德都

各什尼（在阿富汗境內北緯三十三度三十四分英天文臺東經六十八度十四分）時曾爲所困回族人印度其族仍堅守故地千二百五年殺同族首領哥烈於帳中焚掠旁遮普拉合爾相持甚久千五百二十五年蒙古王許以土地始歸順焉自是居旁遮普爲藩服極效忠誠勢力日重千七百六十五年敗於稅克斯族棄其平原退守猛剌山間千八百三十年滅於稅克斯見在此族人數僅萬百五十三人英官頗貴其種族稱爲內剛勁而外儒雅云又有巴爾斯族者巴勒里一部當千年前亞爾斯族自北入壁爾自南入巴爾斯族自西入阿利安爲三族所驅除當佛教陵替時巴爾斯據有恆河北地國境包烏德省其在西部之權力千四百年間爲遮翁普爾之夏爾企朝所傾覆（遮翁普爾在西北部北緯二十五度四十分英天文臺東經八十二度四十分）又孟加拉之北干姆拉不地方屬阿利安族王國千四百八十九年孟加拉之阿富汗王滅之有庫什族者建國於干姆不拉名故里曰庫什貝哈（干姆不拉在北緯二十六度十五分英天文臺東經八十九度二十分庫什貝哈在北緯二十六度三十分英天文臺東經九十一度）今其族猶占鄰邑人民多數東至阿薩密境有阿姆斯族千三百五十年自東南入主其地從興都教千八百二十年爲緬甸所破治權遂失國中教侶有十七萬九千人恆河之南邦德爾一部有民族曰邦德爾斯久居於此故地以族名半番族裔孫再南至印度中央高原爲非阿利安族聚居地如高烈斯如那加斯如剛特斯亞爾斯等族相繼握治權於稍特不拉之平原孟加拉南部非阿利安族種人尤多至印度南境居民幾全爲非阿利安族成特拉佛田之方言今習其語者約四十六兆人

穆罕默德者阿剌伯人挪伊斯蘭新教六百三十二年歿於麥的拿城後三十二年教徒犯印度掠旁遮普七百十一年回族開興征服信地之興都人七

百五十年興都人叛逐之土耳其人薩北撻金再犯印度取科拉薩（北界亞俄東界阿富汗）及阿富汗地都各什尼稱各什尼王九百七十七年敗拉合爾之興都酋長吉貝爾以旁遮普爲藩屬責納貢賦九百九十七年薩北撻金卒子麻摩嗣在位三十三年拓地甚廣東起波斯西至恆河一千一年敗吉貝爾俘而囚之其子亞那特貝爾聯刺日不的與麻摩戰於白沙瓦以報前怨麻摩得土耳其騎兵之助又勝之嗣是旁遮普爲其郡縣千二十四年擊古直拉德避信地沙漠取道亞日迷爾興都人聞之扼沙木那斯之隘力戰二日敗潰婆羅門僧徒退保所奉薩瓦神廟麻摩追入僧徒求勿毀神獻金以贖麻摩不聽棍擊神像寶石迸落蓋神廟素富也傳世十四歷百餘年與阿富汗各爾朝王亞拉額亭相爭千百五十二年王巴爾蘭木爲阿王所覆各什尼城剷爲平地巴爾蘭木子格司路逃至拉合爾復建穆罕默德朝傳其子亦名格司路千百八十六年仍爲阿王摩哈默哥烈所滅格司路爲俘虜焉

各爾朝剏業者曰伊石亭赫森亞拉額亭也亞拉有二姪一嘉丏司額亭一麥尼什額亭又名亘哈孛額亭父而史稱摩哈默哥烈千百七十六年麥尼什取穆里坦烏則諸地千百八十七年再克拉合爾千百九十一年擊特里時興都斯坦分二剌日不的王國一都剛腦吉一都特里麥尼什戰不利以計離間二王使相猜忌從而圖之戰勝攻取千百九十三年國境遠至班拿勒斯其潰敗之剌日不的羣從山鄉沙漠之區今之剌日不的拿是也千百九十九年麥尼什裨將拔克鐵亞兒率兵入孟加拉逐奴底亞之興都酋長於境外故北境自印度河起至布拉馬普得拉河咸歸轄治惟麥尼什喜居各什尼舊都印度政事皆由愛奴柯撻伯亭董理麥

尼什遥制而已千二百六年麥尼什駐印度河岸夜寢帳中爲加喀爾斯族人剌殺麥尼什既歿都城移於特里柯揵伯亭自號特里王世所稱奴隸朝也亭國百年覆於法羅寺氏今故都雖圯當時所立得勝柱巍然獨存上鐫柯揵氏名字尚顯見傳言柯達氏武略政事皆頗可觀後王無所表見故史不詳其事蹟　千二百九十四年法羅寺之姪亞拉額亭開列吉弒其叔自立亞拉額亭曾將兵入印度南部掠中印度之壁爾薩廟（佛廟此爲最盛）復南行抵台干之狄烏格里侵麻哈拉德都城既篡立欲併吞全國分道經略亞拉夫汗一軍入古直拉德逐安納爾瓦（又曰班丹）之剌日不的王攻取其地麻里哈福爾一軍入印度南部之馬都剌逐特拉佛田族搜各寺廟積儲財寶無幸免者自將一軍入剌日不得拿台干古直拉德來附千三百十六年歿子孫繼王者三人同時執權甫五年而有杜科拉克之變杜土耳其人爲旁遮普首領千三百二十一年叛王印度北部號杜科拉克朝遷都特里東四邁之地名曰杜科拉克巴德千三百二十五年卒子摩哈默杜科拉克嗣弊政繁興遷都台干強特里人民徙居相距七百邁之狄烏格里及督拉揵巴德故興都斯坦一方尤被其虐千三百三十六年孟加拉之阿富汗王叛而自立千三百四十七年亞拉額直（別一人）自立於台干是爲巴曼尼朝千三百五十一年摩哈默杜科拉克卒從兄法羅寺嗣又別建都於特里以南數里之地以已名名之千三百九十一年古直拉德首領柴發爾汗自立爲亞麥達巴德王相繼叛者數人千三百九十八年帖木兒入印度杜科拉克王摩穆拒戰於特里敗竄古直拉德帖木兒殘殺其民仍返撒馬爾罕都城（北緯三十九度四十分英天文臺東經六十七度）摩穆仍回特里其後稅伊得朝代之據

特里及周圍數邁地歷四十年阿富汗之洛狄族貝羅利滅之其子孫遷都亞加拉千五百二十五年帖木兒第五代嗣王巴貝爾伐印度與洛狄王伊伯拉希木戰於班尼伯的（北距特里五十六哩）勝之巴貝爾遂號印度皇帝

初印度極南一部分爲四國曰開爾拉曰班特瓦曰科拉曰其爾拉四者統一曰特拉佛田四國中班特瓦最強都馬都剌科拉都康貝康納木後遷貪昭爾其爾拉都賣索爾之托喀特（城基爲加雅利灣沙漠所遷）班特瓦第一朝傳七十三王第二朝傳至四十三王巴拉克拉麥爲穆罕默德教徒麻里哈福爾所滅時千三百二十四年也回族素未樹權於印度極南故興都族人相繼治馬都剌直至千八百年間乃已其爾拉國相繼五十王科拉六十六王小國畫地自治者尚多十二世紀至十六世紀則興都佛日秧那加爾（叙哈日那）治理印南全境都巴剌里之通加不得拉河右岸其時與台干王屢戰未挫王南印約三百年之久　亞拉額亭之槲巴曼尼朝也在千三百四十七年及千三百五十七年間初都古爾巴各後遷比德爾千四百年間巴曼尼朝亡裂爲五國一亞狄爾宣赫朝都北日不爾千四百八十九年倭托曼王亞墨拉斯所槲乃土耳其支族二古塔宣赫朝都哥爾康達千五百十二年土科曼族人所槲亦土耳其種三尼桑宣赫朝都挨彌得奴格爾千四百九十年一婆羅門背佛日秧那加爾而自立者四比拉爾之伊梅特宣赫朝都伊烈克普爾千四百八十四年一興都族人背佛日秧那加爾而自主者五巴烈特宣赫朝都比德爾千四百九十二年或言槲主爲士耳其人亦有謂佐治安之奴者千五百六十五年五國之師其擊興都王佛日秧那加爾戰於托律科捷興都王敗死其國遂滅敵兵陷城後亦未南進時封建

之諸侯有訥克斯者聞君亡國滅守地自主今南印度之巴里加爾之斯及賣索爾之土酋皆訥克斯所傳也又有一王族逃至昌特拉吉利自立千六百三十九年其子孫以麻打薩拉部讓英仍保舊日主權者又有王裔於佛日秩那加爾左近自立延至今日所稱亞那監的（即尼桑赫得那巴之封邑）王者是也時惟台干薩爾丹（土耳其皇號）之主權尚盛十七世紀後半棋始爲蒙古所滅奧蘭格什孛同朝王亞麥達巴得一帶自千三百九十一年至千五百七十三年垂二百年爲亞克巴爾所覆同時孟加拉之阿富汗王都皋爾自千三百三十六年至千五百七十三年亦自主二百餘年

蒙古巴貝爾稱印度皇帝時聲勢之盛無異帖木兒惟帖木兒克特里後即還舊都巴貝爾則圖新國久居與都斯坦平原時吉都爾之剌日不的謀取亞加拉之稅克利巴貝爾擊敗之千五百三十年巴貝爾卒子哈麻呷嗣有蘇沙爾者孟加拉土人率阿富汗人突起據與都斯坦哈麻呷被逐至波斯道經信地至脊麻各德堡其妻生子亞克巴爾蘇沙爾旋攻開林加爾之石堡戰死哈麻呷備嘗艱苦復自立於拉合爾與特里之間千五百五十六年哈麻呷卒子亞克巴爾嗣年十四師事貝蘭木汗（博達克宣人多謀善戰博達克宣在中亞細亞北緯自三十六至三十八度英天文臺東經自六十九至七十二度）擊阿富汗之叛者先定旁遮普亞加拉一帶千五百六十八年攻吉都爾之剌日不的城克亞日迷爾千五百七十年取烏德及格瓦律倭爾（北緯二十五度英天文臺東經七十二度）二省千五百七十二年親率兵至古直拉德敗亞麥達巴得之自主薩爾丹改其地爲蒙古省治遣將馳阿富汗人於孟加拉境外以恆河下游之地劃歸與都斯坦千五百七十八年其將軍托達麥爾取俄里薩千五百八十一年降加普爾千五百八十六年取克

什米爾于五百九十二年降信地千五百九十四年降康達哈爾阿富汗屬地首邑亦名康達哈爾北緯三十一度四十二分英天文臺東經六十五度三十一分伐台于取比拉爾部自特里遷都亞加拉定地賦三分取一之制前此印度通國地賦徵英金千六百五十萬鎊亞克巴爾所王土地面積與今英屬者較則亞克巴爾能得千五百五十萬鎊者今英政府僅得千三百五十萬鎊是所取較英多矣軍制如封建法凡附庸納貢之土王必監以蒙古之公卿又𠛬立新教本自然神學專論上包括他教之最善者自為教堂首領晨興必禱太陽以神靈發光於世界萬物得以生活太陽乃其代表故崇拜之而國內愚民又崇拜亞克巴爾如神靈焉千六百五年亞克巴爾卒子監漢吉嗣自亞加拉遷都拉合爾英人之營業於蘇拉特及遣使蒙古朝自監漢吉始千六百二十七年卒子夏甲汗立建特里城營宮殿為其妻造陵用工人二萬廿年畢工千六百五十八年卒在時四子爭儲相殺奧蘭格什孛以計覆諸兄弟遂即位仍都特里其先為台干北半部酋長既立首克台干之薩爾丹威行南部自佛日秩那加爾亡後北日不爾哥爾康達二部已自立為王有沙韋嘉者時為北日不爾外藩守高止石壘乘機奮起遂為麻哈拉德聯邦之主千六百八十年歿子薩北赫甲繼業未久為奧蘭格什孛所殺麻哈拉德權勢少挫蒙古兵力得以經營台干東部千六百八十六年取北日不爾明年降哥爾康達南印度悉定其永不歸附者巴里加爾斯訥爾斯等而已千七百七年奧蘭格什孛卒台干烏德孟加拉三部之那瓦孛印度副酋之稱各以其地自主子伯哈德爾宣嗣在位五年卒三子相繼嗣王合計五年千七百三十九年波斯王訥狄爾宣侵興都斯坦掠特里城麻哈拉德之將相等乘其瓦解之

勢自建新國據西部全境及印度中央之半蒙古六君雖相繼御世擁虛名而已其新國至近年始爲英所併又有慶科里克汗者土科曼族人亦名亞蘇夫甲又稱尼桑阿爾麥爾克千七百十二年建國於台干之赫德拉巴有薩塔亞里汗者波斯人千七百二十年爲烏德之薩孛亞特爾（印度大官）後據烏德省不納貢賦其孟加拉省自千七百四年謨希科利汗以世襲那瓦孛統治之其特里爲麻哈拉德所偪危困日甚千七百六十一年亞麥特宣都蘭尼於班尼伯的一役戰勝麻哈拉德聯邦蒙古阿拉木宣於特里嗣王位政歸其臣馬哈撻吉卒亞克巴爾第二立特英人保護之卒伯哈德爾宣立千八百五十七年以謀叛流於緬甸蒙古遂亡歷三百三十年　回教徒之攻略印度也皆自西北入而後來者非由海道則進自南方自亞歷山大至韋斯科德加麻（葡萄牙著名航海家）千餘年來歐人與東方交通絕少遊歷者自東方歸極言國富民強惟陸有間阻水無輪舟商務雖不盡絕然止地中海沿岸之意大利諸城邑及薈萃於利萬德（意大利以東地直至育勿特雷河）一帶而已千四百九十二年哥侖布航行大西洋以覓印度舟懸西班牙國徽攜與韃靼里王書五年後韋斯科德加麻自葡國力士奔行繞好望角抵加利客的千四百九十八年也時王特里者爲阿富汗之洛狄朝而王孟加拉者亦一阿富汗餘如古直拉德之亞麥達巴德台干之古爾巴各北日不爾挨彌得奴格爾伊烈克普爾皆爲回部自主王國之都城佛日秧那加爾之與都王則王南印度全境爲當時強國韋居馬拉巴爾與其與都酋長往來六閱月歸以什墨爾林（馬拉巴爾與都酋長之稱）手書呈葡王其書云貴邦大夫韋某惠臨敝國欣幸何如肉桂丁香椒薑及寶石諸物土產甚富而予所求於貴

邦者則金銀與珊瑚耳韋歸舉國歡迎千五百年葡王命水師提督開卜雷爾統師船十三艘兵千二百人往諭以宣教爲事不成則繼以兵力既至加利客的遂於其地及可陳二埠設局廠雖土人力抗不顧也千五百二年葡王奉教皇亞歷山大第六敕命凡伊什倭比亞（在埃及南）阿剌伯波斯印度四國其航業商業征伐之事悉歸專主是歲韋斯科德加麻復率師船二十駛至東方與可陳及康詠洛爾（在馬拉巴爾境內北緯十一度五十一分英天文臺東經七十五度二十二分極要海口）之酋長聯盟攻加利客的之什墨爾林更以巨礮轟其宮殿千五百三年阿爾伯奎克率師至印度又二年遣亞爾米達統舟師二十二艘兵千五百人往旋授爲印度總督此葡國設官之始千五百九年阿爾伯奎克繼之開拓土地大張權勢攻加利客的未下乃取般木日爲葡屬都城又以舟師繞錫蘭襲取馬拉哈遂與遲羅及斯北司羣島通商蓋馬拉哈爲印度羣島航路之鎖鑰也更西行入波斯灣紅海而後返般木日自此至千六百年葡人獨享東方商業之利權約百年之久然未預籌振興之方及防守維持之策略獨阿爾伯奎克公允仁恕撫綏土人交歡鄰國千五百十五年歿於般日本即葬其地興都人追念舊情常修葺其墓以表敬而後蘇雷什希奎爾拉米尼稅斯韋斯科德加麻等虐遇土人故鋋而走險千五百六十七年遂有西印度諸王聯合拒葡之舉未幾亞慶王亦入同盟惟印度烏合不足抵節制之師馬拉哈一戰葡人以精兵三百敗敵萬五千人千五百七十八年亞慶王攻馬拉哈葡人又以少勝眾亞慶兵傷亡萬人千六百十五年及千六百二十八年亞慶迭圍馬拉哈城勝負相埆然士人伺隙以乘葡人疲於防守雖增兵繼至而財力民力俱難堪矣千五百八十年葡王稅

貝斯宜卒葡國與西班牙合一統於斐律伯第二由是葡國商權又爲一蹶雖葡人致敗不止一端而最甚者則因葡國在亞洲之利益不敵歐人在西班牙之利益也千六百四十年葡國復獨立時荷蘭英國已游弋東海尚未與葡爭而葡之商業屬地已日卽零落自千五百九十年至千六百十年此二十年間葡之商務最稱發達然其政權已漸歸荷人當日葡人商船自般日本往康木拜或蘇拉特者多至二百五十艘少亦百五十艘今自力士奔至般日本者歲僅一艘屬地存者般日本丹曼狄路三區而已合計面積千八十六方英里戶口四十萬七千七百十二人　歐人奪葡國東方商權者荷蘭爲首當十六世紀時孛路吉斯安脫瓦不及亞姆斯特丹三地相繼爲商埠凡印度土產爲葡所運入者必由此分往日爾曼英吉利諸國初荷人效英欲以舟師繞歐亞之北海岸闊新航路往印度統之者曰威廉巴倫斯試行三次殁於中途其繞好望角以往者曰高尼利阿千五百九十六年行抵蘇門答臘與班丹木瓜哇是後荷人在本國鄉設私家公司與東方交易處甚多千六百二年聯合爲一名曰荷蘭東印度公司隸於議法院數年間於印度錫蘭蘇門答臘波斯灣及紅海等處建設局廠經營商業墨勒喀斯島卽斯北司島亦歸荷國初以亞波伊那島墨勒喀斯羣島之一爲東方屬邑之行政地本葡人所定千六百五年荷取之在南緯三度四十一分英天文臺東經一百二十八度十分之間千六百十八年於瓜哇築巴塔維亞城移政府其地同時覓得墺大里亞海岸又建新城於北美洲名曰斯亞姆斯特丹又名曼漢丹今之紐約是也當十七世紀間海權之强盛無若荷人者千六百二十三年亞波伊那之亂英之東印度公司遂乘機自東海移至印度大陸荷英之水師鏖戰海上者久之千

六百八十九年奧倫吉之藩王威廉合王兩國始各罷兵荷人執東方霸權取葡屬地殆盡千六百三十五年占化墨薩即台灣荷千六百四十年取馬拉哈千六百五十一年於好望角開埠殖民爲往來中途停泊地千六百五十八年克錫蘭之日夫耶巴丹木亦葡屬堅城也千六百六十四年馬拉巴爾海岸一帶產椒之地葡人曾寄寓經商者荷皆併之此葡屬隸荷之大略也然其敗尤速蓋其貿易政策毫無遠見印度地居熱帶辛香物品最富荷人操專賣之權而國家始終不爲籌畫雜居交往之土人又不能使之進化千七百五十八年英人克里夫將兵擊慶蘇爾拉北距加爾各答二十四英里在呼格里河口千六百五十六年荷人取之攻圍甚急千八百二十四年荷讓慶蘇爾拉與英是後荷之霸權日弱自千七百八十一年至千八百十一年法國戰爭之際英人悉併荷之屬地惟瓜哇於千八百十六年仍歸荷而蘇門答臘則於千八百二十四年始易馬拉哈今印度大陸無荷人旗幟惟屋宇溝渠之在慶蘇爾拉那加巴特南木日夫那巴丹木及在加爾那的馬拉巴爾兩岸者存焉千八百七十二年查荷人居印度者七十人耳

初英人欲由西北航路至印度千四百九十六年英王顯理第七始令開卜覓路予以文憑開卜以舟二艘攜三子同行其子稅貝斯宣覓得北美之牛芳蘭島又沿美洲海岸自拉孛拉特爾在牛芳蘭島南駛達佛吉尼亞而已而印度航路終弗得千五百五十三年蘇佛洛伯欲循歐亞二洲北以往東方中道而殂其副常綏羅爾駕舟抵白海口即今阿昌吉爾也自此登陸深入內地至墨斯科即俄舊京菜公爵之署議梛俄國公司經辦印度波斯波加哈刺與墨斯科由陸路交通之商務自千五百七十六年至千六百十六年四十年間屢覓西北航路而夫

洛孛希亞塔佛斯赫特杉貝弗四地亦此時發見者千五百七十七年夫蘭塞司特雷克環歷地球歸途抵墨勒喀斯羣島之斗那替島島酋願以其地所產丁香盡貢英國而印度亦始終未到千五百七十九年尚馬斯替弗首履印地五百八十三年有英商三人曰利持曰拉爾夫弗曲曰佶姆斯紐伯里自陸路至印度冒危險以闘商務葡人見英商至深忌之禁錮於奧麥士獄又四之於般木日後佶姆斯紐伯里郎於般木日爲商利持入爲蒙古差事拉爾夫弗曲遊歷錫蘭孟加拉擺古暹羅馬拉哈及宅東印度城邑考察甚久而後返國千五百八十八年英人擊敗亞麻帶蝍哂時葡班聯合英人乘銳氣以圖海權千五百九十六年荷國高尼利阿繞好望角以達印度東西交通愈便千五百九十九年在印度荷商撞胡椒價以制英人每磅三六八先零不等倫敦英人遂議設商會與印度直接交易英后伊里什貝斯遣米爾登霍爾至印度蒙古朝要求設立公司昇以憑照千六百年十二月英之東印度公司成立集商股百二十五母本英金七萬鎊千六百十二年已增至四十萬鎊矣千六百三十五年寇丹椰設麻塔加斯哈商會名亞稅達商局彼此爭競千六百五十年歸併公司千六百九十八年又有一英公司存母本二百萬金鎊與倫敦公司爲敵千七百九年始合爲一名曰英國與印度經商之合眾公司集債三百十九萬金鎊長年每百三釐行息自好望角至麥格蘭海峽各地方均有經商特權千六百年至千六百十二年東印度公司分班營商孟班十二凡商貨運輸一次次簽名者各自出費其贏利全歸出費之人十二年間除第四次外無不獲利且多息逾百成千六百十二年後始代以公共母本云初葡人反抗英人與待荷

人無異千六百二年佶姆蘭開斯德始與亞慶王約通商於蘇門荅臘之孛里亞曼及墨勒喀斯羣島次年更於班丹木設商會千六百四年二次經商統之者爲顯理默特里敦推廣商務於班帶與亞波伊那島時私家商人見公司利益溥廣欲其分商業千六百六年佶姆斯第一以憑照予愛德華米吉爾坡及宅商人令營商於加薩在亞洲之東中國之北中國日本高麗及康木拜亞諸處乃愛德華等效葡人所爲專於印度羣島中劫掠土商損英人聲譽班丹木公司亦緣是大生阻礙千六百八年默特里敦統率商船航行第五次爲荷人所阻未達班帶僅於蒲羅韋運載貨物是歲霍金乘尼林管帶第三次出航之船銜東印度公司使命自蘇拉特往蒙古朝蒙王監漢吉歡迎故霍金番亞加拉三年千六百九年夏比伊第四次航海得亞丁埠自由貿易之准許又在孛里亞曼載運胡椒甚多是歲公司建船隝於英之德化特始增置巨船千六百十一年顯理默特里敦於第六次航行抵康木拜灣葡人阻之顯理攻擊葡人又獲土酋要地後有希滂管帶第七次船隻達馬斯利巴丹木及暹羅與馬來島之巴丹尼埠均設分公司又立製造廠於彼的坡里千六百十四年貝斯的統商船爲第十次航行於斯瓦里蘇拉特海口在嗒普提河口爲葡國重兵所擊連戰四次葡人潰敗英設總商廠於蘇拉特設分廠於哥格剌康木拜亞麥達巴得亞日迷爾又與波斯灣交通商貨次年尚馬斯爾羅至蒙古朝約定公司於蒙屬境內經商自是商務日增總廠卽爲政府管理印度西部軒六百八十五防至孟買千六百十八年於墨冊阿剌伯海口岸立廠千六百十九年又建廠堡於波斯灣之加斯克是歲英荷定互相保護之約以免兩國公司爭競時英公司於印度除蘭托爾島又名大㗴噠外

無一屬地班帶蒲羅爾路魯森金諸小島麥喀薩爾（南緯五度八分英天文臺東經百十九度二十四分）亞慶等處或派經理或設廠局均歸班丹木轄千六百二十年荷人敗約將蒲羅爾路蘭托爾班丹木之英商驅之島外乃議於蒲里夾馬斯利巴丹木立定基址終爲荷人所梗明年葡人擊英舟師英之統帶官希林吉一戰破敵葡人喪亡甚衆英始於亞加拉巴特拿二邑分設支廠千六百二十二年英人連結波斯人擊葡人克取奧麥士又請於波王亞伯斯宣獲戈木孛路之海隘（波斯海口岸與奧麥士相對在北緯二十七度十二分英天文臺東經五十六度二十分）復設馬斯利巴丹木行廠千六百二十三年二月十七日英商遭亞波伊那之慘殺（案此語前後俱未明晰）荷人遂爲蘭托爾及鄰島之主而印度羣島之商務歸其掌握千七百九十三年英敗荷舟師克復島嶼荷勢始衰當千六百二十四年間荷人權力方張故馬來暹羅日本及印度羣島英人已設商廠幾至全撤惟尚有數商同至杉達海峽（卽分蘇門答臘與瓜哇之海道）雷剛帝島嗣以水土不宜棄去千六百二十五六年英設商廠於加爾那的之亞梅哥仍屬馬斯利巴丹木千六百二十八年以馬斯利巴丹木土官苛刻棄去專經營亞梅哥明年又設班丹木廠千六百三十二年以奉哥爾康達王敕書銘詔再設馬斯利巴丹木廠千六百三十四年得蒙古朝敕書許英商於孟加拉省貿易自由別無限制惟商船僅能聚泊俄里薩之璧璧利一隅而已是年葡人被逐出孟加拉千六百三十四年班丹木作爲自主故立商局於所屬之塔撻千六百三十七年蔻丹商會分派經理八往般木日貝鐵科拉卡瓦爾亞慶拉日普爾等處其商船在蘇拉特及俄猷島劫奪土船頗辱公司名譽故蘇拉特之商務損害而荷人益興盛千六百三十八年以亞梅哥不宜商

務棄之明年移霍陝佐治初屬班丹木旋列爲伯里璽德希凡屬邑可轄之大地當稱此名如孟加拉孟買麻打拉薩爲此稱千六百四十年設支商於布蘇爾拉距波斯灣五十五邁立商廠於卡瓦爾商務日益擴充德化特船隖過少不足造多船於孛拉克瓦爾購地建隖後成一船名皇家佐治可容千二百噸千六百四十二年設商廠於巴拉索爾與呼格里千六百四十五年英外科醫士卜洛敦爲夏甲汗王愈病明年爲孟加拉酋長愈病俱酬謝公司故兩地商廠益形鞏固千六百五十八年立一廠於凱森巴塞爾千六百六十一年葡人以孟買畀英國爲加塞爾林葡人爲英配妝奩之助名雖讓英實葡守之千六百六十五年始行交割千六百六十八年移交東印度公司千六百八十三年霍陝佐治列爲伯里璽德希千六百八十四年莊恰爾特爲印度水陸軍提督莊韋卜羸爲副水師提督署孟買巡撫千六百八十五年以孟買爲伯里璽德希之首地千六百八十六年孟加拉巡撫屢苛朘呼格里之商廠而公私商務又以蒙古與麻哈拉德之戰事常被其害故英王以莊恰爾特爲總督畀以全權或和或戰命其準酌辦理千六百八十九年維薩哥巴坦馬斯利巴丹木商廠爲穆罕默德所據佔廠中商人均遭屠戮於是公司欲行疆域主權俾與蒙古麻哈拉德交涉得以自秉政柄故議定以下主見爲地方自治之先導一增益賦稅爲最要稅之多寡視商業之盛衰一養兵以保商務一吾輩在印度必當作爲一國否則不過英王憑照所准之私商一羣僅能經商於無人爭攘之地故荷人書約法十章論政事武備之策及增益賦稅講求戰事俱預爲計畫論商務者僅一章此吾輩所應行也

初東方商務葡人以爲其國家專利未立公司於印度故歐洲之有公司自千六百年英人始越二年荷

八繼之然荷人在印度所得地方以爲國家殖民地非私家產業也六百四年法人立第一印度公司至千七百十九年第二三四五六公司以次成立其應享之特別權利千七百六十九年奉法王命暫停千七百九十六年法國會竟將公司除撤丹人之東印度公司立於千六百十二年千六百十六年以希爾蘭普爾及特蘭奎巴爾二邑爲居留地千六百七十年又設一公司於印度千八百四十五年售與英人此外如馬拉巴爾沿岸之卜拖羅烏愛持巴瓦及霍爾吉利均丹屬地千七百三十三年西班牙王所聯設於斐律賓島之公司與印度絕少交涉千七百二十三年奧國立烏斯登公司甚爲重要但奧國海權薄弱維也納政府見偪於強國於千七百二十七年暫停商業千七百八十四年公司廝槼難償慾歸消滅瑞典國顯理康尼利用烏斯登經商失業之人於千八百六年復行設立今據千八百七十一年所報外國人數在英屬印度之歐商約八千人確知其國籍者不過二千六百餘人而已

英人最先有之屬地爲霍陝佐治在麻打拉薩之中周圍面積長約五邁寬一邁許千六百三十九年尚馬斯狄瞞自昌特拉吉利之土酋千六百七十二年加爾那的東岸下百英里有本地治里法人闢爲殖民地時奧蘭格什孛已併印度南部英人歲輸蒙古租金五百鎊且二次被圍以巨款賄統將使解圍去千七百七年奧蘭格什孛歿南印度遂離特里自主而尼桑阿爾麥爾克乘機建國於台千以赫得拉巴爲都統治南印度全境然擁虛名而已蓋其時治加那鐵克者爲尼桑之官卽亞科特之那瓦孛也謀世據其政權再南則德里支那波勒爲興都酋長之都城而貪昭爾亦興都之屬國王其地者沙韋嘉之子孫也賣索爾亦

漸爲興都所有而各地土頭目稱爲納克斯及巴里加爾斯據有山堡城郭爲半自主者又不勝枚舉焉英法比鄰貿易日不相能千七百四十五年愈形決裂時本地治里長官爲邱必烈克斯英人克里夫尚年少在麻打薩拉爲書記英國舟師至加爾那的海岸邱必烈克斯說亞科特之那瓦孛居間調停明年法水師抵東統將拉波敦納斯尚未攻擊而麻打薩拉已降所留與英人者僅台格那巴丹木一地在本地治里之南相距數里克里夫避匿於此那瓦孛挈兵萬人往逐法人於境外法以兵四百礮二尊大破那瓦孛千七百四十八年英提督卜司開文率水師至圍攻本地治里洛爾倫斯以陸兵助擊法人拒守甚力擊退英兵嗣亞什斯拉吉貝爾（在布魯士國北緯五十度四十六分英天文臺東經五度六分）和約成兩國還兵法人仍以麻打薩拉交英千七百四十八年也邱必烈克斯見法兵成功之速欲倚回王權力爲法國建一外藩於印度無機可乘適赫德拉巴及亞科特以嗣位相爭邱必烈克斯喜急以己名代表二王位未幾執南部最大之裁判權時麻打薩拉之英人亟圖自保亦扶持一人置於亞科特之王位與法爲敵其人曰穆曷特阿里（亦稱瓦畱扎）英法各挾其聯盟之土酋突起戎兵千七百五十一年英人克里夫先勝於伯拉希（北距加爾各的八十餘英里）又大勝於亞科特於是英人聲勢徧加那鐵克全境其代表穆曼特阿里亦堅守亞科特之地位時台干之法人尚握大權取沿海岸之北塞加爾斯（北緯十六度至二十度地方）爲屬地至千七百六十年英將科鐵（以兵起家官至提督一名伊爾野）敗法將雷利於萬特瓦蘇（在亞科特左近）乘勝圍本地治里千七百六十一年本地治里糧盡降英越數日金吉之山堡亦降印度無復有法人國旗矣

英人經營孟加拉始經商於俄里薩之璧甓利（地旁）

河道後水涸成澤國當時聚居地方今不可知較麻打薩拉早六年千六百四十二年設
廠於巴拉索爾及呼格里千六百八十一年孟加拉改為伯里壘
德希然仍隸麻打薩拉千六百八十六年呼格里頭目蔡諾克為
蒙王奧蘭格什孛之官所逐徙居河對岸蒙王許以三村之地曰
蘇丹納鐵曰各賓特普爾曰加爾各答千六百九十六年蔡諾克
築砲臺於加爾各答名霍的威連千七百七年奧蘭格什孛歿時
孟加拉之那瓦孛曰謨書特科里汗歐洲史記稱嘉發爾汗先為婆羅門既
長至汝斯為奴背本教孟加拉省城在達喀乃移至謨書帶攊得
其地鄰凱森巴寨爾為恆河商務之要口英法荷各設商場惟英
以加爾各答為巴寨爾商業總處法以昌答爾那加荷以慶蘇爾拉此三
城俱臨呼格里河邊暢行大舟故於商場為宜謨書特科里治孟
加拉二十一年極稱興旺歿後遺其權位於孫及壻千七百四十
年阿利瓦狄汗代為孟加拉之那瓦孛千七百五十六年卒孫蘇
拉日多拉瓦繼之年十八性情放縱與其親屬某迕某懼而遁率
兵追至加爾各答英人見勢洶洶匿舟下馳其未及逃逸之英商
與蘇兵略一抵抗即降於蘇待以俘虜百四十六人四置霍的威
連監牢其屋十八方尺僅二小窗圍以鐵欄呼曰黑穴時值盛暑
次日存者二十三人餘俱死矣時克里夫在麻打薩拉商之水師
提督華德生調集兵士駛至恆河口克陸一戰而克加爾各答蘇
拉日多拉願悉復公司利權賠償所失產業適值英法宣戰故克
里夫移兵擊昌答爾那加下之時蘇拉日多拉以英侵中立之地
遂聯法敵英克里夫乃效邱必烈克斯別置一人於王位以為代
表自率歐兵一千土兵二千一百大砲九尊馳抵伯拉希時敵人
有回兵五萬馬兵萬八千大砲五十尊交綏數次蘇拉日多拉敗

暹千七百五十七年六月二十三日也英之史記以是日爲東方藩國建立之始歲設會以致慶賀焉穆爾甲發者前那瓦孛阿利瓦狄汗之妹壻也在敵營爲英間諜克里夫請於蒙古朝得一授職敕書令穆爾甲發爲謨書帶攜得之酋又向索巨金爲報戰後公司開所失產業加爾各答寓居各國人償金水陸二軍及參議將佐等所索各款合英金二百六十九萬七千七百五十鎊後知庫藏空虛僅償其半同時那瓦孛又以環繞加爾各答之地許公司有什明達爾之權利其地今所稱爲廿四巴格那斯之邑者是也計其面積約八百八十二英方里應付常租英金二萬三千鎊初公司收租稅英金五萬三千鎊十年之間增至十四萬六千鎊然公司受地之始不過有什明達爾之權利已耳而收正租之主人仍爲那瓦孛惟那瓦孛於特里王僅存統屬虛名故特里王於千七百五十九年將此權利悉與克里夫而克里夫遂爲主人矣時克里夫已爲蒙古朝貴卿統步兵六千馬隊五千產業甚富後克里夫歿始歸公司故公司什明達爾之職一變而握地主之業矣千七百五十八年英以克里夫爲孟加拉巡撫轄公司所有地界時西有藩王阿拉木宣率阿富汗麻哈拉德之聯兵又有烏德之那瓦孛相助謀取孟加拉之地南則法人雷利與卜希二將頻擾麻打薩拉之英商克里夫從容鎮定不憚艱危阿拉木宣圍巴德拿時穆爾甲發欲行賂退師克里夫率歐兵四百五十印兵二千五百赴援未交綏而蒙兵潰散又遣守備福特取法之馬斯利巴丹木軍勢大振移兵擊荷人一戰而荷之水陸皆敗自此慶蘇爾拉之殖民地受制於英千七百六十一年英人去穆爾甲發之那瓦孛以其壻穆爾凱森木代之除私餽外又得貝爾德溫漸地

港彌德拿普爾三邑計歲出租稅英金五十萬鎊穆爾凱森木爲那瓦孛後卽思自主自謨書帶擺得馳往蒙赫爾（地臨恆河扼東西交通之路）練兵一切營制器械師法歐洲又密與烏德之那瓦孛結援未幾遂與英起衅先是東印度公司之執事要求在孟加拉私營商務之利權並免一切稅釐那瓦孛告加爾各答商會以爲如此則彼之治權墮地會中議員不聽那瓦孛之將士突用砲擊英船孟加拉人亦蜂起爲亂英之印度土兵二千在巴德拿被殺英商散在各省者二百人亦爲回教徒所戮迨英兵搦戰穆爾凱森木與亞丹密激戰一敗於吉利阿再敗於額特那拉乃逃往烏德時阿拉木宣已繼其父爲帝約烏德那瓦孛蘇日倭多拉欲以聯兵攻巴德拿（時已爲英克復）而英營印兵謀叛者衆少將孟羅偵得爲首滋事者二十四人以砲轟之事遂定千七百六十四年孟羅與聯軍戰於巴格賽爾勝之克烏德虜蒙古帝回營明年克里夫男爵再爲孟加拉巡撫條上二策一用蒙帝之勢力得土地實權一清公司之執業禁非理婪取自加爾各答馳至阿拉哈巴德以烏德還之那瓦孛取兵費英金五十萬鎊而阿拉哈巴德科拉二省成德伯大部者（介恆河朱木拿河中間縱爲德伯長五百英里）則還之阿拉木宣以孟加拉巴哈爾俄里薩之財政權北塞加爾斯之政治權許公司爲報惟謨書帶擺得尚存那瓦孛歲受金五十萬鎊以其半與阿拉木宣作爲孟加拉省貢賦故孟加拉成二政府之制租稅歸英官徵收以養軍隊守邊界訟獄庶務那瓦孛掌之自印度文字言公司爲狄萬那瓦孛乃尼桑也（狄萬彷彿酋輔尼桑則國君）然英人雖管稅務經理徵收之權操之土官時公司文武官役習染已深歲俸甚薄獨許私營商業收受餽遺克里夫全行禁革於專賣食鹽內撥款增俸

故論英人印度國基始於克里夫伯拉希之戰勝印度治權始於克里夫孟加拉之再任然整理公司繼任之官未有能實行者千七百六十七年克里夫去印度千七百七十二年瓦蘭海斯汀爲孟加拉巡撫商會議自爲狄萬將整理徵收之權概歸執掌瓦蘭海斯汀欲實行之移謨書帶攏得之財政部於加爾各答簡歐人爲徵稅官監察其事康瓦烈斯公爵繼任乃卒成之

當千六百八十年奥蘭格什孛尚在帝位而沙韋嘉方殁其族人或爲麻哈拉德聯邦之領袖都於薩達拉或爲康拉普爾及貪昭爾之酋長尚相繼勿絕徒擁虛名其權歸婆羅門大臣某氏於十八世紀初自建朝廷於捕拿有麻哈拉德將軍數人雖認某氏爲君仍各建國於印度諸部其首領卽古直拉德新的亞馬盧磯之苛爾加及比拉爾那哥不爾諸酋是也聯邦勢力方強幾將北印度之囘王驅諸境外乃千七百六十一年班尼伯的一戰阿富汗人大勝而特里之朝廷安然無事由此聯邦之勢稍澳英人自千六百六十一年得孟買島千七百七十五年始與麻哈拉德開衅初孟買政府效孟加拉麻打薩拉二省故事欲置一私人於酋長之位爲補拿朝廷樹立威勢之計其事成於千七百七十五年蘇拉特條約中載明洛格亭那羅（卽酋長）以已復位捕拿故願割稅爾稅的及巴森二地畀英時瓦蘭海斯汀任總督不以蘇拉特之約爲然且要求管轄孟買政府事未就緒而干戈隨之瓦蘭海斯汀以孟加拉全軍決戰部將哥答特自海道往取古直拉德兵不血刃而得其地部將波漢木攻破格瓦律倭爾砲臺（地勢險固爲興都斯坦之屏障英人有此二據可雪千七百七十九年華各姆條約之辱）千七百八十二年稅爾伯和議成罷兵各如舊境並返古直拉德惟稅爾稅的及宅數小島歸英而洛格亭那羅

亦勿任捕拿酋位事乃定時麻打薩拉政府頗不措意於政治賣索爾之赫特亞里與台干之尼桑並起戎心二酋爲印度强有力者之麥稅爾曼欲結連麻哈拉德同拒英人瓦蘭海斯汀說尼桑與那哥不爾之麻哈拉德酋長棄赫歸己然赫兵力尙盛突攻加那鐵克之英屬英守備隊覆於坡律洛爾賣索爾騎兵直抵麻打薩拉城一無阻抗英將科鐵奉命由海道往救兩軍相遇激戰甚厲未能取勝千七百八十二年赫特亞里卒又二年英與其子鐵布議和各返所得土地瓦蘭海斯汀任總督十三年時英失美洲屬地幸印度聲威大振尙足相抵千七百八十六年康瓦烈斯公爵繼任總督其治印度之事功如刑獄裁判權之託於歐人設刑署於加爾各答分刑官之責任後得麻打拉薩孟買土地權卽以孟加拉所定政制施之尤以定孟加拉之地賦爲最善從前徵收賦稅多蒙朝舊制什明達爾之職任幾成世襲顧其稅無常額而徵收之數歲各不同康據舊日所交勒爲常額初擬十年一更謂之十年稅自千七百九十三年布告國民永著爲額計盧比二千六百八十萬九百八十九合英金二百七十五萬鎊千七百九十年賣索爾酋長鐵布又與英啟衅台干之尼桑麻哈拉德之聯邦同盟助英康瓦烈斯戰勝率兵環薄都城鐵布乃降願割土地之半分畀同盟諸國又允英金三百萬鎊以償兵費乃罷兵千七百九十八年毛尼吞爲總督（世稱韋里斯里侯）抵印度謀拓疆土欲土酋僅擁統治之名而實權則歸之於英英至英后維多利亞嗣位所定方略竟如願而償時法人勢力方張拿破侖駐兵埃及其侵略印度事在意中故毛尼吞籠絡土酋以爲之敵蓋法兵在赫得拉巴威嚇尼桑而新的亞之兵稱爲麻哈拉德聯邦之冠亦由法人教

練統率鐵布與法密通信函且許以於其境內自由行動墨利帖及卜爾榜二島在印度洋為法人密謀國事聚合師旅之地毛尼吞首注意尼桑適值赫得拉巴之法兵解散遂與尼桑訂約若非英政府允許凡屬歐人概勿任用自是英與土酋訂約皆列此條以限制外權也尼桑既定乃專力鐵布鐵布自受懲創時懷舊怨英仍欲與和好鐵布不從毛尼吞馳抵麻打薩拉勒兵進賣索爾以尼桑軍為助一由西岸夾擊鐵布不敵退往西林加巴坦英兵進薄都城鐵布戰死一事聞英晉毛尼吞阿爾蘭侯爵乃區畫鐵布國土賣索爾中部歸一輿都酋長之代表某氏曾為赫特亞里所廢者其餘土地歸尼桑麻哈拉德及英人均分又以亞科特那瓦孛所轄加那鐵克省及貪昭爾等處畫歸英人故麻打薩拉遂成為伯里璽德希今日界域與往時無異焉　英之用兵賣索爾也麻哈拉德名為英同盟然未實力助英時麻哈拉德有五邦共認捕拿酋為首領治理西高止山一帶即其種族發源之地也古直拉德素號膏腴印度中央則有格瓦律倭爾之新的亞一朝代名與印度之苛爾加麻哈拉德之家族名二酋輪握大權至印度東方自比拉爾至俄里薩一帶為那哥不爾之波斯拉土酋所統轄波斯拉土酋與沙韋嘉同種此麻哈拉德聯邦之大略也千八百二年捕拿之白蘇瓦即土酋名號為苛爾加所敗逃入英之屬地勢處維谷遂訂巴森之約除英國外無論歐人土酋不得與之交往且讓地與英以養輔軍英人得此乃大擴其勢力然麻哈拉德戰事亦因此而起蓋新的亞與那哥不爾二酋以白蘇瓦自棄麻哈拉德主權情不能忍遂以兵戎相見英國決策籌餉皆毛尼吞任之統將阿寨韋里斯里後封威靈吞公爵經營台干一路數月間一勝於亞稅赫德拉巴一村再勝於亞格姆進取挨彌得奴格

爾統將雷克（後亦封公）規畫與都斯坦於亞來格爾（在北緯二十八度英天文臺東經七十八度）拉司瓦利（距特里七十八英里）二役以少勝眾又克亞加拉及特里二城而新的亞之法兵亦相將散去雷克入蒙古都城保護蒙地干八百三年新的亞與波斯拉酋俱求和罷兵新的亞朝割朱木拿河北地畀英阿拉木宣自此歸依英人波斯拉酋以俄里薩畀英尼桑亦得比拉爾部自尼桑附英甚爲殷勤從征立功必有所得時三酋既服其二獨哥爾加未降其部兵日以劫略馬盧礮及剌日不得拿爲生英人辦理經年激戰數次迄未就緒裨將孟松撤兵時經中央印度失利敵圍巴得普爾雷克奮力擊退之毛尼吞之政策願望既奢用兵多時猶未能息故英國秉政諸人不復忍待千八百四年康瓦烈斯再任印度總督以哥爾加未服命其相機議和勿拘成見康瓦烈斯未幾卒佐治巴羅繼之減少英國疆域之面積棄剌日不的之首領歸於哥爾加及新的亞二酋顯違定約麻打薩拉土兵潰叛於維洛里雖撲滅迅速然通國震動幾致不可收拾千八百七年至千八百十三年明都公爵任總督舉毛尼吞所征得地聯爲一氣以固根本又自將奪取墨利帖瓜哇二島惟印度中央仍未平靜明都設法禁遏不假兵刃之力粗已就緒印度英政府遣派使臣與外邦交往自明都任總督始梅加富往拉合爾之蘭日的森朝馬爾科墨往波斯愛爾斐斯敦在白沙瓦見阿富汗王皆使不辱命千八百十四年明都去任穆爾拉（擯海斯汀侯）爲印度總督時尼泊爾之戈喀司族（本居剌日不德拿爲回族所逐近尼泊爾之地後遂入據國權）遂與尼泊爾之土人合（土人名曰尼瓦爲鐵貝坦種鐵貝坦即西藏）千七百六十七年遂王尼泊爾初據加德滿都後徧尼泊爾山鄉之地東至西金西及古曼南入恆河流域英民被害者甚多千八百十四

年與戰不利葢地險瘴惡未交綏而氣已餒士兵雖不畏險然數戰數敗戈喀司人多奮勇兵器又重且利故印兵難抵禦也千八百十五年將軍敖克忒蘭自將出薩特里日河猛攻山間砲臺節節進取尼泊爾來營求和今喜馬拉雅山間猶有山堡遺存已歸旁遮普政府統轄矣明年敖自巴德拿至希高里（距加德滿都數里）訂約而歸英尼交往至今戈喀司亦撤西金及西喜馬拉雅山下守隊而適於體氣之森姆拉拿尼達摩蘇爾里皆讓與英時印度中央有匪黨曰品特赫列斯印度散族及亂民皆入其中總營在馬盧襪人或數百或數千策騎出劫遠及馬拉巴爾及加爾那的海岸為首者名亞迷爾汗部下有節制兵多營巨砲數尊二頭目曰吉都曰加律穆每次納新的亞贖金至英金十萬鎊千八百十七年穆爾拉選精兵十二萬先威劫新爾亞而後及亞迷爾汗解散其部兵亞迷爾既平餘被攻擊或降或潰加律穆投誠吉都逃入山林為虎所殺其年十一月捕拿那哥不爾及印度爾三聯邦叛英而白蘇瓦之貝吉羅以巴森捕拿二次條約久懷忿怒時愛爾斐斯敦駐節白蘇瓦觀其舉動知有發難之意乃馳抵口爾吉部勒歐兵而白蘇瓦之師即於次日火愛居室進至口爾吉圍攻甚密愛守禦有方卒擊退之白蘇瓦知事不成遁去那哥不爾亦然幸印度土兵捍衛稅達貝爾狄山奮勇破敵而哥爾加軍隊十二月米希特普爾一戰大敗諸路悉定惟追索逃亡辦理善後而已是二役馬爾科墨功獨多白蘇瓦降英其疆域盡歸孟買而令居之科尼普爾相近之比鐵赫爾歲給恩餉英金八萬磅別覓沙韋嘉之首裔孫置於薩達拉王位以代表白蘇瓦且為麻哈拉德聯邦之首領焉哥爾加與那哥不爾二部各置一幼童為酋長歸英人保護

時刺日不德拿亦有數處同認英爲上國自居藩封之位穆爾拉所區畫之印度疆界至達爾霍希時尚無變易拯數千萬生民於麻哈拉德及品特赫列斯暴君之手而登之衽席可謂有功矣

穆爾拉去任亞丹權理數月千八百二十三年亞茂司底繼爲印度總督印度東北邊境有緬甸國地接孟加拉灣循伊洛瓦底河其民種曰鐵貝土支那（鐵貝土郎西藏支那郎中國先謙案土一作迎見前）其族自名德倫又稱德梛古崇信佛敎南暹羅北山戎頻相侵入據地守土殘虐其民當十五世紀間歐人遊歷擺古及地那悉林二部者稱其貿易之盛後葡人雄長東方阿刺干部爲歐人冒險聚集之地其土人得歐人之助漸擴其權力於內地強踞浙地港當時恆河口一帶無不畏之千七百五十年阿爾洛費亞（敘名阿洛孛拉）挪建新朝廷以阿瓦爲都城自後繼位者多喜功既服緬甸全境及阿薩密一省乃漸侵占英之屬地亞茂司底遂於千八百二十四年宣戰以煙瘴之地用兵匪易分三路進兵一派砲艦自布拉馬普得江上駛至阿薩密一由陸路經浙地港抵阿刺干因孟加拉土兵不願由海道往也而別選精兵自麻打薩拉航海至伊洛瓦底河口（郎薩潦瓦）滯兵連禍結相持二年之久喪軍人二萬費軍需千四百萬金鎊緬王始允於楊德布議和立約讓出阿薩密並割阿刺干地那悉林二部時英人已據其地也自伊洛瓦底河流域下至仰光仍歸緬王自主 千八百二十七年康貝米爾攻拔印度中央之巴得普爾城足雪千八百五年正月雷克敗於此城之恨時巴得普爾以繼位事自相爭競英人得乘機圖之然城垣堅大純以泥築砲失其用後穴地道城崩始攻入之 千八百二十八年亞茂司底去任威廉貝汀克爲印度總督當維洛里兵閱之前已任麻打薩

拉巡撫二十年在任秉政仁惠自緬甸軍興財政頗困貝汀克減少歲出常費英金一兆半鎊增入避匿之地賦及馬盧襪之煙土稅互相損益以均其數又許土人有學問者執事公司印度土俗焚嫠婦殉葬亞克巴爾帝禁止無效千八百十七年孟加拉一省焚嫠多至七百餘人貝汀克於千八百二十九年頒示禁止凡慫恿焚殉者科以殺人之罪又有陰殺黨結徒奉加利女神神以殘殺飲人血著自千八百二十六年至千八百三十五年英屬印度捕得千五百餘人或殺或流盡法懲治黨以除滅千八百三十三年派員修訂律法千八百三十四年以庫爾格土酋失政遽啟兵端爲時雖暫戰事甚厲土酋既敗英許其退居班拏勒斯而其山鄉驕悍之民則自議歸公司轄自千八百年取賣索爾隸英千八百八十一年仍歸土酋貝汀克後查理梅加富繼之是時印度之輿論與英國秉政之意以續行貝汀克之政惟梅加富爲能然其事非倉卒可就必一任總督期內從容辦理乃黨事甚急遂簡奧克蘭特代之自此兵連禍結垂二十年之久奧克蘭特抵任欲自炫才能擬將蘇日宣置於加普爾之王位而辦理不善致布置該城之守備隊爲敵殲滅無遺自阿富汗之變起英人即以兵力取信地旋有旁遮普緬甸之戰事而軍士鬨亂一案亦隨之而起　阿富汗王亞麥特宣都蘭尼（阿富汗志作沙駭碩愛默特）於千七百四十七年開拓疆土勢如風捲蓋自各什尼及各爾之薩爾丹以來未有如是之盛者也因波斯王訥狄宣爾歿後國事紛擾故亞麥特宣都蘭尼乘間而起千七百七十三年已克服地方甚廣自希爾拉得（阿波交界地在北緯三十四度二十二分英天文臺東經六十二度九分）至白沙瓦又自克什米爾至信地統隸阿富汗矣千七百六十一年千顏班尼伯的一役大敗麻哈

拉德聯邦更置蒙古帝於特里而自往來於其舊都加普爾及康達哈爾之間多子嗣歿後因繼位故互相爭殺千八百二十六年巴雷克瑞族之首領德斯摩曼特阿志作特司德穆罕默特自爲加普爾王案加普爾即喀布爾都蘭尼之子蘇爾宣阿志作鞫吉及弟二人逃居旁遮普之路特愛哈那邊境歸英人保護乃免自毛尼吞總督印度以來英政府頗注意阿富汗之事時什曼宣方王拉合爾故毛尼吞恐其效訥狄爾宣所爲侵略興都斯坦迫後拉日鐵森朝取名蘭的森之稅克王國日益強盛然後未來之恐怖消滅無形千八百九年法人攻印度明都乃遣愛爾斐斯敦往約蘇日宣其任保守之貢時蘇日宣已被逐它徙其第三弟摩穆宣繼位千八百三十七年英人始干預阿富汗時僭位加普爾之德斯摩曼特勢力已固欲自稅克手中得白沙瓦奧克蘭特遣亞歷山大卜尼至其都約與通商德斯摩曼特云若能得白沙瓦無不允許時俄人經營中亞細亞又助波斯攻希爾拉特俄使適與卜尼同抵加普爾故卜尼於白沙瓦之事不能滿德斯摩曼特之求商議無成遂返印度至是奧克蘭特欲別置能輔助者一人於加普爾之王位用強硬手段助成其事時旁遮普信地俱自主王國而信地較弱故英軍護衛蘇爾宣經信地出卜蘭山徑以入阿富汗降康達哈爾克各什尼德斯摩曼特由興都庫什遁去千八百三十九年八月蘇日宣入加普爾之巴拉希薩爾城英軍駐阿富汗二年千八百四十一年十一月猝遭事變卜尼在加普爾被刺卒案卜尼當即阿志之白恩納斯時將軍愛爾斐斯敦此又一人案阿志作愛兒斯通爲阿人所殺與此異賓統帶戍兵年已老邁威廉馬克訥汀阿志作麥克納吞爲政務參謀員因見阿酋德斯摩曼特之子亞克巴爾汗阿志作愛克巴遂爲人所誘殺英軍又畱戍兩月正值隆冬越

嶺踰山遄歸印度起行時有戰士四千隨營雜役萬二千人迨行抵稅爾所守之扎拉拉巴得僅存伯拉敦一人餘衆經扣特加普爾及扎格德拉克等處或死於火槍或死於寒凍尚有職官爲虜俘者皆被虐待蓋亞克巴爾汗之命令也警報至加爾各答未兩月政府卽命愛倫葆拉富代奧克蘭特爲總督時葆洛克（阿志作普洛克）方出旁遮普救稅爾中途奉政府命令其直入加普爾而瑙特（阿志作德臘）亦自康達哈爾撤兵還經加普爾二軍且戰且行於千八百四十二年九月遇於加普爾境內火其市街收回被虜之人事畢同返印度任聽德斯摩曼特重蒞王位愛倫葆拉富令將各什尼王麻摩之墓門攜囘印度以作報復沙木那斯之記念頗於告示誇大其事千八百四十三年信地之囘族酋長本自主王國不願歸降遂爲英將查理奈比爾所滅信地之海得拉巴有一村落曰麻亞尼英兵三千與俾路芝人二萬戰於此大勝是年格瓦律倭爾以爭繼立故致起兵亂此滋事兵卽許新的亞朝所練之陸軍也自麻哈拉吉普爾（在亞加拉南五十一邁英將戈富敗麻哈拉德於此愛倫葆拉富親往督率）及班尼阿迭獲勝仗亂兵潰敗地方平定千八百四十四年英政府召囘愛倫葆拉富以顯理赫亭吉代之其人曾從長島之戰（千八百八年至千八百十四年英葡班聯軍大戰法人逐出班葡二國之境編爲長島戰事）林尼一役（林尼亦在歐洲）折一手臂時人皆以英人與稅克戰端近在眉睫矣稅克者其教曰稅克斯雖非邦國然同教之人以軍法部勒合從固結與一國民羣無異其教原於那那克氏十五世紀間生於拉合爾左近時蒙葡未至印度也其教以革除貴賤等級之制（卽印度四級民族）統一於上帝引人潔身自修爲宗旨弟子授受相傳者千人至千七百八年戈文森而止雖頻受囘教摧殘而堅忍自保未嘗稍有餒怠迨蒙古朝

去印度後稅克教始握有疆土之權其支族各舉一人為薩帶爾如一軍之總統自立聯邦制度環居於薩特日爾河左右岸一帶擲立稅克王國之拉日鐵森生於千七百八十年方二十歲時奉阿富汗王命任拉合爾巡撫即藉稅克之教自建一專制政體凡教中之人部勒成軍統以歐洲武員軍人堅學難憤之志自康木威爾之鐵軍外英人康威爾於千六百四十二年招募教中人練成一軍謂之模範隊氣甚勇人勿能奪故稱之曰鐵軍無其匹敵也開拓土地自其都拉合爾起南取穆里坦西克白沙瓦北定克什米爾東至薩特里日河而止蓋河東岸早為英人勢力範圍之地也千八百九年與梅加富訂約謹守千八百三十九年拉日鐵森卒子幼拉合爾大亂強有力之將軍大臣及王后分裂其地最強者為凱爾薩軍即稅克教所部勒之兵自阿富汗事變後欲與英軍角力時法國統將二人辭去別舉稅克教人分握兵權千八百四十五年稅克軍六萬人攜砲百五十尊渡河侵英英將戈富與印督聞警馳赴邊境二十日中血戰四次一在麥特企距拉合爾六十七英里在東南向一在斐羅什宣在旁遮普一在亞律瓦爾薩特里日河邊之村落北緯三十度五十五分英天文臺東經七十度七十分一在蘇孛拉倭在拉合爾東南四十五英里英兵每戰傷亡甚多最後一戰大勝之稅克兵蹤河而遁拉合爾亦降英英人至拉合爾議定和約一公認拉日鐵森之幼子杜律伯森為土王二遮蘭達德孛介拉微及薩特里日二河之間地割歸英屬三限制稅克兵數不得多練四英簡洛爾倫斯駐守拉合爾五英軍戍守旁遮普以八年為期千八百四十八年赫亭吉回英賜上爵達爾霍希又名厥蘇蘭代之未六月稅克亂先是二英官在穆里坦為人刺殺時顯理格爾倫斯回英養病惟副將愛德華後稱希爾孛爾在印度暑月軍人休息未備戰守倉卒赴敵不能有濟凱爾薩軍聯為一氣初戰勝負尚相

當迨智利安瓦拉（地近熱倫河在北緯三十二度四十五分英天文臺東經七十三度三十五分）一役英軍損失將士二千四百名砲四尊及三營旗幟英政府聞警派査理奈比爾馳援未抵境而戈富已於古直拉德大破稅克殺戮無遺時穆里坦已下德斯摩曼特所統阿富汗騎兵爲英軍所逐遁入土山頗爲慚愧蓋阿富汗騎兵與稅克宿嫌今以惡英故乃捐舊怨也英廢土酋杜律阿伯森爲庶人命居英之腦夫克歲給英金五萬鎊以資用度以旁遮普爲行省使達爾霍希及二洛爾倫斯改革政制及辦理善後事宜首繳器械次訂地賦境內村落逐一估定薄取於民去稅克遠甚次頒刑律法制寬簡措施公允令羅孛奈比爾（後又稱麥格達拉公爵因千八百六十八年攻克非洲麥格達拉城故封此爵其地在北緯十一度二十二分英天文臺東經三十九度二十五分）修造道路溝渠自此英人權力漸及邊遠地方亦綏靖鞏固千八百五十七年印度兵變事起西北諸部歸英五十餘年猶乘勢離叛而旁遮普隸英八年固結勿貳豈非有官守者十布政宣德撫循得法有以致之與

千八百五十二年與緬甸第二次開戰緬王薄待歐商又無禮於遣往之艦長以致啟釁兵端既開數月間自仰光至普羅美一帶流域悉爲英師所據旋因議和不果始以其地併入阿剌干地那悉林二部名曰擺古自歸英屬後仰光之居民驟增十倍

印度封建之酋長國頗多達爾霍希以爲若土酋國中積年失政或土酋已死下無儲子者皆不應容留考與都私律蜞蛉之子與己所出者無異此私家爲然若國君則事之輕重相去甚遠用之不慎是以億兆民人付之不知誰何之微賤人豈不殆哉且立君既以利民則英之惠政被於生民豈不較安假之土酋更爲遠大乎故印度藩邦之因此而併入英國者爲薩達拉（千八百十八年麻哈拉德酋目伯蘇瓦順覆後薩達拉再建國）爲代表沙章

嘉千八百四十八年代表者崩無子雖有繼子不得立為西占千八百三十三年為那哥不爾其波斯拉朝某氏崩於千八百五十三年為加那鐵克那瓦孛為貪昭爾為貝吉羅前任白蘇瓦者千八百五十三年崩後始已是年海得拉巴之尼桑惑於人言以比拉爾地方讓與英人以擔保未清之欠款至是英之政權遂及於比拉爾數邑

烏德省自千七百六十五年克里夫給還那瓦孛蘇日倭多拉後雖為自主國而外敵內訌惟英是賴故其後人以己無責任相沿成習政事荒怠百弊叢生千八百十九年後稱王有史家愛爾文著印度園圊一書稱烏德為印度園圊詳言其窳敗歷任總督聽其破壞雖誥誡亦若勿聞達爾霍希知那瓦孛終不悛改民生困苦若再因循保護是助紂為虐同一罪戾始決取之英政府又力贊其成千八百五十六年令駐雷各腦德烏德都城之將軍倭德爾蘭卽收烏德政權烏德王韋吉特阿里被廢後往訴英國事勿就歸居加爾各答郭外之加丁里曲村歲受恩俸英金十二萬鎊英人乃以烏德為郡縣不別置酋長達爾霍希在任八年專以化成風俗增進實業為心設工程局以治道塗建鐵路以通商貨電綫郵政同時興舉其開監吉士渠卽恆河渠利賴尤宏遠焉千八百五十六年達爾霍希以疾辭職年甫四十四後五年卒代之者為嵌尼格次年卽有孟加拉土兵之亂

土兵之叛也以達爾霍希興舉要政兼併地方為全吞印度之肇端流言四布各懷貳心而被廢之酋長與儲子寡妻不知凡幾莫不乘此危機以圖報復且聞克蘭米亞之戰俄英仇隙甚深土兵又富於財帛急欲賄買土眾同舉義旗以清外敵孟加拉之營汛譌言蠭起謂所用之子彈火藥必塗獸膏與都回眾同蒙汗穢此言一出土軍鼓噪無可解說千八百五十七年五月彌魯特土軍先叛破獄釋犯奔入營汛遇歐人卽殺旋至特

里城慫恿戍兵罪犯聯成一氣尊蒙古廢帝爲首領大舉起事彌魯特本陸軍雄鎮歐兵甚多器械充實足以撲滅叛軍而英官游移毫無意識警電傳至特里其夜一無所事迨次晨特里同人同聲起叛歐人所能爲者惟轟燬火藥倉而已叛兵既據特里已得地勢倏忽之間徧及西北部烏德以至孟加拉南部凡歐人及耶穌教徒悉遭殺戮婦孺不免羣集特里隱若敵國獨旁遮普省洛爾倫斯及副將愛德華尼科爾孫二人預爲布置繳軍械嚴約束得以無事麻打薩拉及孟買土兵尚無變動中央酋長從叛者多惟各有遲早獨赫得拉巴之回國其忠順一如往日此首輔薩拉爾吉之功也叛軍戰事科尼普爾雷各瑙德特里三城最甚科尼普爾一邑戍防土兵最多其鄰地比得赫爾則丹圖班斯宮室所在故聚集尤眾丹圖班斯又名那那薩希孛即前白蘇瓦已廢之儲子也初於英頗忠順及叛軍事起遂爲首領且自立爲麻哈拉德之白蘇瓦時科尼普爾之歐人婦孺居多戰士甚少築濠壘固守夏六月被圍相持十九日丹圖班斯允保護至阿拉哈巴不加傷害歐人始降共四百五十人趁舟自恆河下駛忽土兵麕集悉罹於難惟四人生還詳述其事時海瓦洛克之援軍方將抵境也凡烏德總管顯理洛爾倫斯居雷各腦德知禍亂將至建壘儲糧凡歐人寓本省者均令入城甫就緒而叛軍圍之後二日洛爾倫斯受重傷英兵愈奮九月海瓦洛克及奧特蘭木以援軍至甫入城叛黨益兵圍之幸科林康貝爾（後稱克雷特公爵）於十一月率兵抵雷各腦德破圍而入闔城得全叛黨踞特里帀月英將圍之時英兵八千叛軍三萬餘八月中尼科爾孫自旁遮普率兵至親閱戰地九月十四日大舉攻城血戰六日而城破尼科爾孫陣歿騎將霍德

森虜蒙古帝伯哈德爾宣手刃其子英軍既克特里老巢雖各處用兵至年餘始平而大局已定矣 烏德及羅希爾干德之民因烏德之公主巴勒里之那瓦孛及那那薩希孛三人至激於公憤遂連結叛徒同抗英軍此數部亂者民也非兵也科林康貝爾自任烏德勦撫之事而尼泊爾之監貝哈吉爾亦統戈喀司軍援助經營二年之久始將城邑碉堡遂一克復千八百五十九年正月叛黨渠魁逃往邊界事遂粗定富戈羅斯（後稱司徒斯那爾頓公）別統一軍自孟買抵印度中央戰勝攻克敵人如占西廢后某氏及丹希亞托比皆以勇悍稱廢后自率所部奮戰多日於千八百五十八年歿於陣丹希亞托比於千八百五十九年被獲 土兵之亂雖二年百五十餘年之東印度公司亦受其殃初千六百年英后伊里什貝斯准𠜂立公司千七百七十三年瑙斯公爵諸政員議定憲章始握政權及𠜂立印度政府孟加拉巡撫亦於是年改印度總督增設參議員四爲隸屬督署之議院凡修訂法律章程及制度之大權皆歸主持而麻打薩拉及孟買二部關和戰重事亦由總督管轄設至高之裁判署於加爾各答其問刑官由英王簡派至千七百八十四年以壁鐵之印度條議始設立專部掌印度事務孟加拉亦增統治宅部伯里璽德希之權惟公司經營商務之專權遵定律革除（在千八百三十三年）又議准增設議員勿限定公司執事中選充於修訂章程時至院與議宅不過問又選派修律員並予孟加拉總督以管轄宅省政治武備之權自是英國管理印度之議政會員人數較減而公司選派官吏之權亦同時革除 千八百五十八年爲欲修明印度政治以公司政權全歸英主新章一出管理印度之議政員及議院黨抗辯數四而後定局議定治權統於

英主一切政事由政務參謀部辦理卽國務大臣設議員十五隸參謀部以資襄助公司之歐兵將士二萬四千人歸併國家裁印度水師千八百六十一年總督轄下及麻打薩拉孟買之議院卽樞密院增設議員歐人土著皆可選充僅與議立法事不與宅務又於無上之裁判署外分設高等裁判署數所千八百五十八年十一月阿拉哈巴大會宣布英后統治印度之諭稱爲印度人民之馬加拿吉泰瑪加拿吉泰卽千二百十年諭英民自由之文告諭言英后甚願政尙寬平許以信教自由除殺害英民兇犯外餘悉赦免明年冬嵌尼格往北部孜察地方迎曾效忠義之親王首領擔認隸英之權利印度自平兵亂後驟增國債四十兆金鎊而變易營制亦歲增餉金十兆庫藏空虛英主派吉姆斯佛爾森爲財政官重訂關稅制度辦入款稅牌照捐行用國家鈔票　千八百六十二年嵌尼格解任回英一月病卒嵌尼格當兵亂時鎭靜堅定惟處事公嚴致毀譽互見愛爾吉代爲印度總督次年十一月以勞歿於喜馬拉雅之丹馬稅拉在北緯三十度英天文臺東經七十六度間莊穎洛爾倫斯代之以救全旁遮普著稱莅任後遇不丹用兵反俄里薩凶荒二事千八百六十九年梅兪代之翁巴拉在旁遮普當鐵路孔道之會同認希爾阿利爲阿富汗之亞米爾千八百七十二年巡察邊境至阿達曼羣島爲刺客所殺洛斯孛路克爲印度總督千八百七十四年孟加拉南部歲大凶設局賑撫興工程役用災民雖所費甚巨救全實多千八百七十五年以巴羅達土酋政治儆敗不能忠順廢之仍以其族子嗣其冬威爾斯親王遊歷印度明年賴敦繼爲總督千八百七十七年正月朔英后維多利亞尊爲印度皇后開大會於特里二年來雨澤愆期地方荒歉初止台干至科馬林角浸及北境自英人治理

以來災區之廣以此爲最振撫之款費至十一兆金鎊然死於饑困疾疫之數無慮五百二十五萬人其死率約得百之四十可謂慘矣

千八百七十八年秋阿富汗主希爾阿利（阿志作謝爾愛里）密結俄人謀英英使至堅拒勿納俄使至以禮郊迎英不能忍遂宣戰分三路進兵一由加泊一由古蘭一由卜蘭皆入阿富汗山徑暢行無阻希爾阿利逃往土耳其斯坦未幾死英人與其子牙古柏汗（阿志作約庫白）定約於干特麥克（加普爾東一村落）允許英之邊境以山徑裏口爲界加普爾城亦允英遣官駐紮約成英遣路易凱瓦訥里（阿志作喀縱里）之居加普爾數月爲阿人殺害護衛兵丁同及於難事聞於英乃再用兵英師至阿富汗據加普爾放牙古柏汗於印度而以都蘭尼王室之阿富汗酋位置於康達哈爾政府號爲瓦里（猶酋長之稱）時英國適行選舉賴敦與守舊政黨同時辭職千八百八十年律滂代爲總督未幾亞育孛汗（希爾阿利之子）率希爾拉的兵擊敗英軍於康達哈爾與格里縣得河之間將軍夫里特律克洛卜鐵聞信自加普爾悉師往救馳抵康達哈爾是年九月一戰而殲亞育孛汗之軍而代表德斯摩曼特之子阿孛斗拉曼汗（阿志作愛白杜拉曼）自此遂認爲加普爾之亞米爾（後事詳阿志）

賜進士出身　特賞內閣學士銜前國子監祭酒翰林院編修加三級臣　王先謙謹撰

伊倫雷志云伊倫高原自阿米尼亞（案即亞美尼亞）與歐勿拉的河底格里司河之低野起向東至印度之野其北有印度喀虛山愛爾般士山（內蒂美文山高萬八千五百英尺）向裏海與土耳其斯坦形勢縣低伊倫地多沙漠分為波斯阿富汗俾路芝三國（謝志云波斯阿弗干備魯支三國之地合為義蘭高原先謙案義蘭伊倫音之變轉課程作伊蘭徐志所稱印度以西回部四國三國與阿剌伯也）

波斯國

波斯（徐志波斯（白西包社北耳西亞巴社高奢巴爾齊亞百爾設伯爾西亞法耳西伊蘭）（哈烈魯密塞克黑）云回部大國粵呼大白頭呼印度為小白頭兩地皆有白布纏頭之俗因以為名也東北連沙漠界布哈爾東界阿富汗俾路芝西接東土耳其北抱裏海與俄國接壤南抵阿勒富海（船稱東紅海）與阿剌伯毘連一隅長約四千餘里廣約三千餘里雄富多寶貨與中國貿易最早所謂碧眼波斯胡也立國在有夏之初迨羅馬既興猶太以西囊括無遺獨波斯未入版圖漢時稱安息唐初為阿剌伯所奪遂為回回大部稱大食波斯唐宋屢貢方

物元末駙馬帖木兒據撒馬兒罕今蔥嶺以西東海以東諸回部皆撒馬兒罕所屬遺其子沙魯哈據波斯稱哈烈國明代入貢後爲土耳其部人所奪傳二百餘年而衰亂尋爲阿富汗所併康熙間其後裔達馬斯恢復故土其大將那的爾沙弑達馬斯滅阿富汗乾隆間阿富汗復與據其東境波斯保有西境王最尊嚴刑賞任意土地肥沃節候多暖少雨產良馬紅棗白鹽銅鐵金銀琉璃珊瑚琥珀珍珠翠羽獅子其民強健男女多美姿容風俗繁華好修服飾國尚武功交戰殺敵必割耳爲信嘉慶十八年與俄人搆兵敗績割北境之日爾日部道光初年波斯欲窺印度度磧闌札布即布哈爾之希辣城英人拒之乃引還謝志云獨立國居北緯二十六至二十九度東經四十四至六十三度君主專制稱王曰沙治國律例悉遵可蘭經大臣十曰內務曰外務曰財政曰司法曰學校兼商務曰郵政曰技術曰印刷曰兵器全國總督七人守令由總督簡任司法事務由總督及教士掌之政要云其國王名號謂之哨因哨猶言王上王也若太西稱安伯拉之意矢志云通於呵曼灣之海峽名曰阿爾密士峽東北與西韃靼接境西北與俄羅斯接境曹典球譯野口保興志云波斯一名馬木利克馬尒塞蘭占高原之西部北依亞特勒克河裏海阿拉斯河與俄領土爲界東阿富汗俾路支南濱阿拉伯海阿曼海波斯灣西接亞細亞土耳其長二千二百粁廣千四百粁面積約百六十五萬方粁古有美的亞國自西紀前六百四十年至五百五十八年至居魯士滅之建波斯國自西紀前五百五十八年至三百三十年領土自痾克蘇河印度河之間以迄地中海嗣後爲亞歷山大王等所管轄復建薩遜朝之波斯帝國自西紀前二百二十六年至西紀六百四十一年旋服屬於薩拉生塞尒齊克土耳基花辣子模蒙古帖木兒等後爲斯夫王朝

自西紀千四百四十九年至千七百三十六年所君臨國亂而拉的尒沙作波斯王嗣喀齊尒王朝興從千七百九十五年起繼續至於今日十九世紀時阿拉美尼亞爲俄所占千八百五十六年至五十七年與英交戰戰畢言和改革國政然俄人勢力日增國都附近地大蒙俄人之化云

雷志云面積六十三萬五千百五十英方里

慕志云緯綫自赤道北二十五度至四十度經綫自順天偏西五十四度至七十二度長四千二百里廣三千里總計二百三十萬方里辻志云三百七十八萬方里北有伊爾婆兒士山脈連綿高聳南亦有山脈土地高燥大半沙漠沿岸一帶平直無彎曲川流惟客龍河之卽野志之喀隆其氣候寒暑皆烈降雨不多而天氣爽朗他處無比謝志云縱五千里橫四千里面積六百三十萬方里內地爲高平原環以帶山高二千至四千英尺東方及中央部大率鹵地沙磧西北二部及南部濱海土地肥美江河稀少而小鹹湖甚多北界愛爾盤山與高嘎西亞共之西北有大湖曰烏羅米亞高出海面四萬三千尺其水極鹹樋志云北部愛爾勃司山脈頗高最高曰特馬溫特高二萬尺西北隅包有阿爾美尼亞之一部西教史所謂亞刺臘山亦在焉高萬六千尺先謙案伊爾婆兒士卽愛爾勃司亦卽愛爾盤也雷上作愛爾般士特馬溫特特列國學會二圖作德馬溫德課程云通國湖澤三十有餘最大者曰烏述亞水味甚鹹不宜酌飲民甚苦之矢志云河水甚少惟流於波斯灣之數小河曹譯野志云海岸綫北部五百籽南部二千籽岬角港灣甚少有拉拉克島案在奇什木島之東和尒木島奇什木島辛莊島吉伊斯島水支亞布舍伊木島主要之山脈北有厄耳巴尒山西有查克洛斯山等內地高原多至九百米

突以上之地有大薩耳特沙漠河流注裏海者有亞特勒克河奇介金河郇在闞斯特拔巴爾之北奇悉耳烏孫河阿拉斯河注印度洋者有蒙普勒斯塔佛河一名蒙得河喀隆河惟喀隆河最關重要注入閉塞地者有喀拉蘇河等湖沼西部最大者有務魯木湖溫度平均不過十四五度天氣常快晴行星之光不生陰影電氣甚大夜間裂紙可發電光氣溫變化激烈一時可由七度升至六十二度云動物產獅子虎豹狼等野獸國內不毛荒地甚多野生之植物肥沃之地產米麥烟草寶綿等及桃櫻葡萄柑類鐵銅鉛石炭硫黃等

人九百萬口曹譯野志云教育有兵學理學語學等專門學校普通教育亦具居民大半從事於可蘭經典有高等議會合十二貴族爲之地方分以拉亞日迷介哥剌森馬散地蘭義蘭亞塞介拜然吉西斯丹諾利斯丹案在晢什綈山之東阿拉比斯丹法介斯西斯丹剌里斯坦美克蘭等三十三州各設總督與副總督波斯稱哈吉母州內遊牧之民有酋長稱伊介哈尼等名鄒考云素奉火教因古人飲血衣毛不知取火苟得一火以爲天降用薪然之置火之處另有一廟廟有塔爇火其上司廟者曰火司民間有事入廟叩禱然後取火歸火偶息則以爲天降奇禍滅火以去令其人再三叩禱悔過遷善乃得再舉貧戶之火取自廟中富家自有置火之宮潔淨掃除罔敢或褻人欲自置家火多備祭禮獻之火司方舉以歸則戚友互相慶賀

入口貨值五百七十八萬一千磅出口貨珠絲鴉片地氈棉花烟葉等值四百三十七萬六千磅辻志云棉布毛布糖茶玻璃加非藥材爲大宗樋志云少道路商人聯爲隊伍乘駝攜水旅行於沙

漢政要云通用銀錢有二曰鷄蘭合英銀十一本士又二五曰託曼合英銀九喜林三本士又五亦用淨金錢一曰金託曼合十鷄蘭數一曰五鷄蘭一曰二鷄蘭謝志云陸兵額數十五萬常備二萬五千人實能應調者不過總額之半操演用歐西新法火器亦有精巧者海軍止小軍艦二全國歲入款千三百萬圓出千五百萬圓國債五十萬圓每歲出入口貨約共七千五百萬圓辻志云波斯灣沿岸一部已歸英領輪船通客龍河下流三百里鐵路十餘里電綫長萬六千八百里起鐵黑蘭西北經高加索至歐俄之歐鐵殺東南達印度之孟買曹譯野志云兵備有陸軍十萬五千五百人稱常備軍者不過二萬四千五百人海軍僅艦船二千八百八十八年財政歲入約五千四百四十八萬餘克蘭一克蘭値日本銀十八錢歲出五千十萬克蘭歲入百分之八十二出自町村徵稅百分之十五出自關稅餘額出自郵政電信漁業鑛山等稅沙所得者七百三十萬克蘭國債三千二百五十萬盧布國土多不毛耕地不過五十分之一民多從事農牧農業大麥小麥棗葡萄無花果瞿粟藍烟草綿等茶亦頗盛牧業養馬贏槖駝等物生毛出哥剌森地方最良歲値三十五萬圓產眞珠歲約三百萬盧布工業產生絲多出於裏海之西南地方義蘭產額約四百萬圓綿布毛氈兵器等物商業要地爲太不里士德黑蘭伊斯巴亨主要港在波斯灣有本特介拔斯令吉布什介在裏海有延西利美西得伊薩介在巴介彿魯什之北賓得介伊克斯在阿斯特拉巴得之西貿易約値四億五千萬克蘭與俄英通商最繁魚類綿乾葡萄鴉片綢布米席子等爲出口大宗由德黑蘭以至庫木道路長一百四十六籽由德黑蘭以至羅什得道路長三百五十四籽由延西利以至喀山由喀山以至德黑蘭路均頗良好

山岳乘贏平原御橐駝以運貨物鐵道長不過十三秆商船汽船
帆船各止一隻郵便百六局電信條長萬三千三百九秆聯絡國
內主要都會一方依高加索之架高線一方
依波斯灣之水底線與歐羅巴印度相通　**歎希倫人二十萬**
口　歎辟里士人十八萬口　壹斯翻恩人八萬口　曼虛黑人
五萬口　巴爾勿拉虛人五萬口以上要區　徐又云地分十一部中地之部曰以辣亞
曰迷爾（一作辣地）多山阜都城曰德黑蘭建於北境之平原北方三
部極西北曰義蘭（一作伊蘭）稍東曰馬郎德蘭（一作馬蘭）兩部皆背
負裏海前阻連山膴原衍沃河流灌漑耕牧皆宜義蘭在西域最
有名昔有大城極富庶今廢東南曰達巴利斯丹建有大城商賈
所萃西方三部極北曰亞塞耳拜然迤南曰古爾利斯丹（一作古爾的斯丹巴爾三）
再東南曰古西斯丹三部土甚沃水利亦溥惟西鄰土耳其
時被寇鈔民恒苦飢南方二部曰法爾斯在以辣之南山水清勝
其東曰給爾滿（一作克爾曼）地方沙磧有草場羊馬孳息土人以羊毛
造氈帕極精緻法爾斯之東南臨海曰剌郡（又名法敵）地褊狹多沙惟
產紅棗東方二部北曰哥利森北界布哈爾東界阿富汗土甚沃
而北方游牧者時侵掠之居民不得安業迤南曰古義斯丹與阿
富汗俾路支爲鄰法爾斯之西南有海口曰亞不支爾爲通國大
埔頭東南隅有惡未嶼者古時海船互市於此今已荒廢先謙案
列國學會二圖作波斯與雷徐同樋志云八州慕志云二十省謝
志云二十七省辻志云三十州與野志云三十三州異然三十三
州之名野亦未能徧舉也據二圖中部有以辣亞曰迷爾與徐野

同圓球圖作伊拉克阿齋米慕謝志作伊拉阿日末首府德黑蘭在其北境與徐合郎雷志之數希倫政要作脫蘭謝志作德蘭世界地學作帖蘭外國地理作爹蘭漢文圖作丁蘭圓球圖作德希蘭括地略作氏赫令周志作稀海倫樋志作特黑蘭辻志云在伊爾婆兒士山南麓宮殿華麗街市不潔樋志云人二十一萬口矣志云地居西北部高原夏熱如燔民皆避暑裏海之濱課程云郎唐書疾陵城謝志云有鐵道六英里通近郊回教之瞻拜地曹譯野志云德黑蘭人口二十八萬當北緯三十五度四十一分東經五十一度二十五分乃王國首府在海面上千一百三十二米突之高地爲交通要區風景甚佳仙猛在首府東位海面上千百六十米突之高地乃道路之交叉點兵事要區也南境有伊斯巴亨舊首府郎雷之壹斯翻恩俄史作意斯百海政要作壹矢不亨圓球圖作乙斯帕罕外國地理作伊斯罷亨世界地學作伊斯巴汗周志作衣斯拍亨謝志作伊斯巴罕辻志作以斯巴漢樋志作乙士帕罕云人六萬口慕志作以斯巴罕云建於沃谷之中殿堂園亭橋梁驛市猶存故址曹譯野志云伊斯巴亨人口七萬亦稱伊斯夫亨沿森多爾多河位海面上千五百八十五米突之高地大阿巴斯舊都在焉伊斯特人口四萬五千在伊斯巴亨之南偏東位海面上千二百三十三米突之高地產絹布綿布極西北曰義蘭與徐野合慕志作幾蘭圓球圖作基蘭俄史作奇蘭又作噶蘭云曾欲波以此省爲質瀕海有地曰羅什特稍東曰馬散地蘭與野合郎徐之馬郎德蘭慕志作馬散德蘭圓球圖作麻散直蘭周志作買山大勒異名記作馬撒地蘭云曾畀俄後仍還波瀕海有地曰巴爾佛魯什曹譯野志云巴爾佛魯什爲交通要區郎雷之

巴爾勿拉虛世界圖作哈爾夫喇西二部北臨裏海案野志上云
巴爾佛魯什之北有美西得伊薩爾與延西利皆裏海主要港又
東南有大貝勒斯坦即徐之達巴利斯丹圓球圖作楚拉散慕志
作拉喇斯灘許考云達巴利百貨流通商賈駢集有城曰阿斯特
拉巴得曹譯野志云阿斯特拉巴得在裏海斜面外港稱分得力
斯克圓球圖作愛斯特窠巴特世界圖作阿斯特剌巴萬國圖作
阿士特拉巴俄史作阿斯特拉勒云曾畀俄後仍還波案野志上
云阿斯特拉巴得之西有賓得介伊克斯亦裏海主要港又西北
有亞塞爾拜然與徐野同慕志作亞塞比然圓球圖作阿蒐巴查
恩課程作亞德爾拜然古阿爾美尼亞國在其境內有地曰太不
里士即雷之歎辟里士曹譯野志云太不里士人口二十萬在亞
塞爾拜然地方濱務魯木湖東岸位海面上千五百米突之高地
當交通要路商業甚盛又云務魯木在湖西岸人口三萬位海面
上千三百八十米突之高地乃商業地又賀伊要塞地也產生毛
迖志世界圖太不里士作他布列士政要作塔不里司異名記作
塔白里斯矢志作韃勃利士外國地理作他布利儲樋志作塔勃
里士云當黑拉特阿士拉特巴之衝人十八萬口謝志作達伯利
斯云全國商務最盛之邑通歐洲陸路貿易皆出此城居民約十
二萬遒南曰亞爾的蘭慕志作亞的蘭曹云野志無此州名世界
年鑑云波斯官制總督兼轄數州之地知事僅轄一州野所舉爲
知事轄地徐所舉則總督轄地也又南曰魯利斯丹郎野之諾利
斯丹徐之古爾利斯丹括地略作古爾的斯丹巴爾三圓球圖作
魯力斯坦俄史作胡沽利斯丹云曾與波在此立約值國西方半
屬東土耳其半屬波斯曹譯野志云克滿沙人口三萬二千一名

基爾滿西塞在諾利斯丹地方當起耳哈河上流產祚席兵器附近有地名比斯敦有釘狀文字彫刻之岩石爲達柳司時代遺迹比爾古得佳良牧地也氈類毛布集散於此又東南曰吉西斯丹與野合徐作古誤異名記云波分部與土鄰圓球圖作楚昔斯坦又南曰阿拉比斯丹與野合蓋吉西斯丹之屬州也以辣亞日迷爾之南曰法爾西斯丹與野合圓球圖作發西異名記作法爾斯謝志云據波斯海股之首爲古京都慕志云多宮殿古迹有一祠高廣華麗今已蕭條外海口曰普侈爾爲往來衝要據二圖法爾西西南瀕海曰德什斯丹其海口布什爾普侈布什一音之轉卽徐之亞不支爾也曹譯野志云布什爾乃波斯海上貿易要區輸出葡萄酒烟草鴉片等萬國圖作蒲什阿圓球圖作布希耳世界地學作布夏港外國地理作布特世界圖作布西亞辻志云在國南端瀕波斯灣爲外國通商口岸之最現歸英謝志作布些云在波斯海股北岸人二萬口多輸出鴉片果實細絹又樋志云海岸之施拉士府往時以葡萄酒著名又產烟草香水等今不過一小市二圖作失羅子曹譯野志云失羅子在法爾西斯地方人口五萬位海面上千五百五十米突之高地乃波斯極樂地之一近日商業頗發達伊斯塔哈爾在失羅子北偏東五十籽白爾塞波利斯舊迹在焉異名記作什拉白矢志作希拉土圓球圖作希拉斯元史郭侃傳作石羅子西人紀載作色立齒法爾西之東曰給爾滿與徐合曹譯野志云給爾滿在伊斯特之南偏東人口六萬產祚席矢志作給爾曼括地略作克爾曼圓球圖作拉曼異名記作卡買瀕海有地曰本德爾拔斯世界圖作本德爾鴨拔斯曹譯野志云本德爾拔斯爲沿喀拉林斯海峽之一港令吉近拉斯可伊

德拉岬商港也案此上所云本特爾拔斯令吉布什爾乃波斯灣三主要港也法爾西之東南臨海曰剌甲斯坦圓球圖作剌力斯坦卽野之剌郅斯坦慕志作拉喇斯灘有城曰剌郎徐之剌郡世界圖作拉爾其東南有海島曰大威拉葢徐之惡末嶼紀程作阿爾謨斯一作呼爾謨斯明史爲國慕志云古海船互市之地日久陵夷盡成瓦礫人多沒海求珠歲得數百萬金以拉亞日迷爾之東曰哥剌森與徐野合課程作哥剌桑紀程云卽西史之可拉生會合阿侯勒特地以立國有都市曰馬什得曹譯野志云馬什得人口六萬在阿剌森地方位海面上九百三十米突之高地有伊鑾勒扎墓參謁者甚多樋志作麥什特異名記作謀晒得云西與阿士特拉巴相接阿剌森之北曰庫善曹譯野志云庫善人口三萬在海面上千二百七十九米突之高地商業地也絹布米果物等集散於此馬什得迤南曰庫黑斯坦郎徐之古義斯丹與阿富汗俾路芝鄰課程云二省俱斥鹵地地上鹽厚寸餘無他產惟草場頗廣馬羊孳息羊毛造氈毯精緻耐用又曹譯野志云哈馬丹人口三萬在喀拉蘇河上流位海面上三千二百七十米突之高地美的亞舊都在此庫木沿喀拉蘇河爲伊蘭人之聖地產土器加珊在庫木南偏東位海面上千一百三十米突之高地製織物銅器著名又云的斯夫耳在喀隆河支流阿耳布伊的斯河畔人口二萬五千波斯帝國舊都斯薩砧地在此地之西南摩哈麥拉在喀隆河與馬夫拉達河相會處商業不盛又美克蘭在波斯南部與俾路支交界處

阿富汗國

阿富汗

徐志阿富汗阿富汗尼士丹烏罕阿富顏尼愛云回部大國也北界布哈爾東界印度南界俾路芝西界波斯東西二千餘里南北千餘里乾隆二十四年因拔達克山內附屢貢良馬其國本波斯東境明正德初有巴卑爾者取喀布爾一作喀奔堪達哈爾濟斯尼三城自立為國傳二百餘年至康熙中波斯衰亂阿富汗乘勢兼併得其全土越十七載波斯復興滅阿富汗其後阿富汗王子亞美里沙收復故土仍與波斯並立乾隆五十四年王塞曼沙為弟馬慕所篡國大亂者十餘年北印度之塞哥與阿富汗為鄰阿富汗盛時嘗渡河取塞哥邊地俗傳愛烏罕滅溫都斯坦即此事西域聞見錄以阿富汗為敖罕乃誤烏罕轉音之淆訛致與安集延之敖罕都城相混至是塞哥之勞爾部塞哥都城一作勒懷酋長林日星收復河東地並渡河割數城阿富汗由是不振近年與英屬印度西部搆兵數年講和而罷其國界印度波斯之間天氣酷熱多雨西界有沙磧餘皆沃壤俗事耕種無游牧城池壯麗戶口殷繁勝兵數萬軍器用鳥槍長矛腰刀不習弓矢風俗與波斯同土產鐵錫礬鹽硇砂硫磺烟葉棉花阿魏青黛丹參甘蔗地毯謝志云國王曰阿密兒全境分四省國政自賦稅之外皆不整理近年仰英國保護俄屢窺之黃記云俄嗾阿富汗與英搆難前後數十年爭戰不息俄遣使駐甲布城英使至拒而不納復啟釁始因天寒地險英軍屢挫既而大勝直擣甲布阿王走避俄境留其子阿古柏監國未幾阿王病殂阿古柏嗣不得已割地償餉立約罷兵而民心不服戕英大員古柏之弟因民心起而爭位古柏以位讓其弟蔥嶺迤西回部如霍罕布哈爾基發等盡為俄有與印度止隔興都哥士一山英力非不足滅阿富汗留之為藩籬藉蔽西印度一面耳曹譯野志云阿富汗斯坦即威拉雅的沿革未詳前屬喀

疾甯家格利家後爲查母林克所征服至其子孫爲喀布尒波斯堪達哈尒所領嗣後之摩加尒帝保護喀布尒波斯取佉勒特堪達哈尒時屬德里或屬波斯迨波斯拉的尒被刺阿富汗乃獨立東合旁遮普克什米尒北達痾克蘇後爲英所干涉以至交戰千八百八十年英兵退至基達行成蓋阿富汗當印度與中央亞細亞之通路由土耳基斯坦瘠地出印度之豐野必假道此處自古阿富汗被人侵略無不因此至今俄人必欲求此出路以達氣候風地方獨爲英人鎖其咽喉斷其通道兩國委員於千八百八十七年議定阿國北方界約至今如故云

雷志云居伊倫高原之東北經過印度喀虛山至土耳其斯坦及上惡克薩司之低野謝志云全國如一高臺以次斜向東南東北爲印度古施山高二萬丈東界爲司拉以曼山西南大沙漠曰雷斯坦大河一曰嘎布勒河爲印度施河之支流曰布爾門河西南流入雷斯坦沙漠內之敘拉澤印度古施郎雷之印度喀虛也課程作輿都庫什云此山自蔥嶺穆斯塔格山分大支西迤於阿母河南印度河北入阿富汗境者西連波斯爲高原郎伊蘭高地也東西長亘爲亞洲西南地脊波斯據此脊之西阿富汗據其東故阿富汗境以此山爲中央最高處漸南漸北各就低平曹譯野志云興都庫什山包有巴羅基尒山口薩多尒斯多蘭山口采拉采米尒山口衆郎擘會圖之多拉山口哈威克山口巴的克山口等處蘇北部山卹甚多不詳其蹬正與巴巴山相連又有西非得山脈橫亘其中阿母河木尒加布河橫西北國境又有喀布尒河東流與印度河會格里綿得河哈什河華拉河哈魯得河均終於閉塞之地湖沼則有阿布斯塔

達湖哈蒙湖（索在鹹達里酉）空氣乾燥哈蒙湖北之華拉地方温度極高可熟雞卵喀布介夏季温度三十二度或至三十七度以地勢高故也冬季堅冰冷冽河流可通行槖駝野獸有豹狼海拉熊安的羅威家畜有槖駝羊馬

面積二十二萬九千英方里慕志云阿富汗在中亞西亞緯綫自赤道北二十九度至三十六度經綫自順天偏西四十六度至五十六度長三千里闊二千里總計九十萬方里謝志云國在義蘭高原之東部居北緯三十三度至三十八度二十分東經六十度三十分至七十四度三十分北界俄屬中亞西亞東界印度[illegible]最南界備魯支西界波斯面積二百三十九萬方里課程云東西千七百三十餘里南北千四百四十餘里面積百八十萬七百四十四方里其東南初無定界光緒十九年與英官畫定今界又云以經緯度核之三千字疑誤辻志云百四十四萬方里

人四百萬口入口貨值九十三萬八千磅出口貨值七十二萬七千磅謝志云夏熱冬寒雨水稀少沙漠山石之間多有肥地各種果品極佳民畜馬牛羊甚夥以羊毛織地氈及袈裟布運貨專恃駝馬自印度至波斯以此國爲要道歲入可七百二十萬圜課程云地居溫帶南北僅千餘里然高低不齊忽山嶺忽深谷忽高原忽沙漠百里內外地狀屢變氣候因而迴異一日之中山巔則巖寒低地則盛暑行者自朝至暮葛裘屢更產大麥豌豆大豆米粟草麻油茜根阿魏蘋果梨梅香櫞桃李石榴葡萄無花果桑椹尤繁國人以果爲常食北境產銅其多甲於全球又有金銻鉛鐵寶石青金石尤著名辻志云鐵路起坎達哈兒府越峻嶺通印度曹譯野志云政治由

君主專制君主稱愛米尒其實權在英手如英屬地愛米尒每年由印度政府支送十八萬羅比交通要地均英人占居地方分喀布尒侯勒特堪達哈尒土耳其斯坦即喀什噶尒干等地巴達克山合瓦罕屬地等州州置知事兵備有兵卒五六萬砲二百餘門分駐於侯勒特馬撒尒案在北部庫什塔尒干之西北堪達哈尒扎拉拉巴得案在喀布尒河之南喀布尒亞斯馬爾案在東部赤提拉尒東岸六處國多山岳沙漠居民類從事遊牧侯勒特及喀布尒河谷堪達哈尒等均爲沃地歲穫二次居民食物以果物爲主如林檎梨巴達杏桃榲桲梅西里石榴葡萄無花果桑椹等物皆食物也乾果爲出口大宗絹布氈等產於堪達哈尒製造羊皮波斯丁裘皮類爲生業之一貿易詳况難知印度輸入阿富汗者歲約四百八十五萬盧比阿富汗輸出印度者歲約三百五十五萬盧比輸出大宗爲馬果物穀類藥品生毛香料等輸入大宗爲綿布染料砂糖茶等布哈拉輸入阿富汗歲約四百萬魯布尒貨幣之名道路均極險惡克伊巴尒道波蘭道稍良好喀布尒堪達哈尒可通車行運輸商品多用駝馬其主要商路由堪達哈尒南至比升鐵道北至波蘭山口以達印度爲一道由喀斯那至庫馬尒山口以達印度爲一道喀布尒有三大道一由克伊巴尒山口至印度一由哈威克山口至中國一由法尒母至波尒克以達布哈尒侯勒特有二大道一由木尒加布學會圖有木尒加布河至謀夫以達布哈尒一由侯利尒得案在古尒揚之北以達波斯之馬什得

坎勃耳肯德哈海蘭脫要區

徐又云其地分九部首部曰喀布爾都城也地處平原烟戶湊密景象繁華曰堪達哈爾在國之東北隅四面皆山亦大都會曰哈斯那與上二部皆商賈輻湊之地曰羅各曼曰日剌拉巴曰維西曰

發來曰都扎克曰伊隆達爾先謙案謝志作阿弗干亦作阿富汗課程作亞加業坦漢文圖作阿富汗斯坦列國學會二圖作阿富汗與雷徐同都城在東境曰喀布爾與徐合即雷之坎勃耳課程作加不黃記作甲布紀程作開布爾圓球圖作考布耳外國地理作加布路世界圖辻志作噶布爾慕志作客布爾謝志作嘎布勒云在東北部山麓地臨嘎布勒河高出海面六千四百尺風景絕佳居民六萬其地與印度白沙瓦相距喀布爾之北曰昆都斯異名記作渾都斯圓球圖作庫恩杜施云阿國別部其東即巴達克山故國也巴達克山之東北爲帕米爾天下第一高原與中國葉爾羌連接近爲英俄二國占領王達云千八百九十四年英俄協約與都庫什山以北噴赤河以南巴達克山以東長約千英里廣不及十英里一綫之地屬阿富汗紀程云自此旁喀布爾河東行經扎拉拉巴得同二圖或作日拉剌巴得案即徐日剌拉巴也圓球圖作齋拉拉巴平方圖作納西拉巴得世界圖作熱拉拉巴異名記作日拉喇巴北有帕沙特即徐之都扎克異名記作杜沙克又云由扎拉拉巴得至折穆魯得入印度界抵白沙瓦與鐵路接漢罽賓國即此地喀罽一聲之轉布爾急讀爲賓或以罽賓在克什米爾然縣度在克什米爾之北印度河上烏秅在懸度西北加非利斯坦境內二圖作加非哩斯坦名記作克裴力斯坦異罽賓更在烏秅之西其爲喀布爾無疑漢元朔中大夏爲大月氏所滅大夏塞王南君罽賓即此其先大夏國即今阿富汗屬部波爾克在國北境同二圖亦即周世之拔克德里國也由喀布爾西南得克斯那案即徐之哈斯那二圖作喀斯那紀程云即西人紀載之伽寺尼杜宗預云以地望準之徐之濟斯尼爲莫臥爾所取者即哈斯那不分二地一作幾

八

斯尼圜球圖作勾斯尼又西南傍土耳那克至堪達喀爾郎徐之堪達哈雷之肯德哈也謝志作干達哈圜球圖作刊答哈胡圖作看達哈爾慕志作刊達哈爾辻志作坎達哈兒異名記云在國東南接連印度鐵道綫明時蒙古莫卧爾曾取此地並喀布爾濟斯尼二城均阿分部曹諱野志云喀布尒人口七萬五千爲阿富汗首府在海面上千七百六十二米突之地交通要路貿易繁盛喀斯那在海面上二千三百五十六米突之地兵事要區曾爲馬摩得帝國首都扎拉拉巴得濱喀布爾河堪達哈尒人口三萬古名亞歷山大利阿在喀斯那西南位海面上千五十五米突商業交通要地也吉里什克爲城塞地監覘黑里縣得山口侯勒特人口三萬古爲希臘人之亞利亞名曰亞歷山大利阿位黑利尒得河之北在海面上八百十米突當亞要商路亦軍事要區古尒揚在侯勒特西約七十粁位黑利尒得河右岸有城寨拉什在華拉河北岸有城寨與卓乖尼相對同以防禦西斯丹者也瓦罕國在阿富汗土耳基斯坦之最東部包有痾克蘇河上流之谷介於中國英俄領土之間國土形狀狹而且長巴達克山國（地積二萬方粁人口十五萬）在痾克蘇河支流可札河之谿谷地肥沃山岳亦多低地谿谷可耕種主要之邑一法撒巴得一結巴克昆都斯汗國（地積二萬八千方粁人口四十萬）一名喀塔干國在巴達克山西方北至痾克蘇河南限興都庫什山痾克蘇支流昆都斯河河谷肥沃不甚宜人首邑昆都斯貼力勘在首邑之東徵南舊都在此法尒母汗國在昆都斯西地高而磽确河谷肥沃首府塔什庫尒千人口三萬在海面上四百五十四米突巴尒噴赤汗國卽往古巴克脫利亞（案卽大夏）地在巴尒噴赤河（學會圖奪巴字）流域首邑巴尒噴赤外有亞克查撒里普尒什貝

介昆安庫伊邁美奈五小汗國亦隸屬阿富汗課程云漢世大夏餘衆或南踰興都庫什山立高附國即此地後漢書言高附所屬無常天竺罽賓安息三國強則得之弱則失之而未嘗屬月氏及大月氏破安息始得高附以此觀之高附與月氏必不連壤故三國能屬高附月氏必破安息始得高附求可與三國連壤之地當在天竺之西罽賓之南安息之東南故決其爲堪達哈爾部地也堪達喀爾之西曰吉里什克圓球圖作基力克施外國地理作希拉異名記作希喇云即徐之維西部西北隅曰侯勒特即格喇特亦即雷之海蘭脫胡圖作喀拉特世界圖作樋志作黑拉特世界地學作赫蘭德周志作喜蘭得謝矢志作赫拉特異名記作黑拉德云地望居西值日拉喇巴之北介阿波間亦阿毋河南切要之部許考云赫拉特本稱哈烈與統部迭經沿革近已專隸土酋管轄不使受制於人惟其地久屬阿部有臣主之義故今之論職方者皆與阿目爲一國無分畛域也課程云東漢之世月氏貴霜王侵安息取高附罽賓是其時高附罽賓屬月氏晉法顯魏宋雲均至罽賓之東所言提陀衞即乾陀羅那竭國羅彝國俱在阿富汗東境薩利曼山中後魏時山北爲大月氏及吐呼羅地山南爲罽賓及小月氏地隋世罽賓改稱漕國至唐仍曰罽賓而大月氏爲嚈噠吐火羅所併於是山北地爲吐火羅二十七國山南地爲罽賓唐置脩鮮都督府西域記譯作迦畢試其雪山中梵衍羅國似即今巴曼迦畢試以東之濫波那揭即那竭醯羅健駝羅即犍駝羅等國均役屬於迦畢試仍爲今阿富汗東境乾元以後罽賓不見於史蓋爲大食所併貞元中大食疆域東盡印度河西盡地中海紅海北盡北海裏海南盡阿刺伯海阿富汗地實爲大食有唐末波斯割大食東境立國阿富汗

又爲波斯有宋初突厥種人有式白克代肯者據伽寺尼（即今哈斯那）立國盡有阿富汗地仁宗天聖中伽寺尼衰僅守興都庫什山南地山北河南復爲不花剌（即今布哈爾）之色爾地尤克家所奪色爾地尤克亦突厥種人也據不花剌立國後漸強破伽寺尼盡有中亞細亞波斯等地建都於哥剌查部者內之尼沙不爾哲宗天佑中色爾地尤克氏衰有奴希由代肯者亦突厥種也爲色爾地尤克兵馬指揮官據花剌子模地（今鹹海南基發）高宗紹興中色爾地尤克氏爲耶律大石所敗花剌子模乘機立國漸強盛遂滅色爾地尤克家時光宗紹熙中也先是紹興二十二年阿富汗人夏哈普巫丁據高盧立國代伽寺尼（高盧今名離爾尼在喀布爾西南）復拓地於印度境內寍宗開禧中高盧始衰嘉定八年花剌子模南侵奪高盧所轄阿富汗地於是阿富汗全境盡爲花剌子模有元太祖西征滅花剌子模憲宗復遣旭烈兀平西域諸國以阿母河西南裏海黑海之南地中海以東波斯海以北薩利曼山以西之地封旭烈兀西史所謂伊兒汗國也元史謂之不賽因位下阿富汗地遂屬於伊兒汗其在薩利曼山中及巴達克山各地則屬於察合台汗國明初有蒙古疏族帖木兒奪察合台汗國所屬中亞細亞都於撒馬兒罕寖強盛遂南奪伊兒汗地阿富汗復爲撒馬兒罕有帖木兒死其子沙魯哈（西史作削六加）據侯勒特稱哥拉森王（即明史之哈烈與侯勒特一聲）世宗嘉靖五年帖木兒五世孫巴卑爾復立國於喀布爾既而東據印度之特里號特里王阿富汗復屬於特里　國朝康熙五十四年巴卑爾別裔每安夫大拉（或作摩益爾）在喀布爾自稱阿富汗國王乾隆初爲波斯所滅十四年阿富汗王子美沙（或作亞馬德）起兵復國道光四年國內亂分爲三喀布爾王自治之地其西南爲堪達喀爾西北

爲侯勒特強則兩部服之弱則各王其地道光十一年以來常與英搆兵光緒六年與英連和今王頗能光復舊業新出阿富汗志與略（與印度志參看）云地當英天文臺東經六十二度至七十度北緯三十度至三十五度之間各部名悉更改阿里埃今名侯勒特郎格喇特堀林根納今名塞伊斯坦帕落帕密賽提今名喀布爾阿拉庫西埃今名堪達喀爾根大斯列鐵斯今分二部一名白沙威爾一名幼蘇弗碩（白沙威爾今屬英領）北沿突古曼沙漠包有安庫伊及靠吉薩勒之地以痾爾蘇河源（一名阿穆達爾）爲界東以東蘇里曼山西麓與印度分界（白沙威爾省以北以印度河爲兩國界過此則阿富汗與大特種入之間其界幾不能明斷）南與俾路支爲界（南之東爲自主族阿俾境難分析惟東經六十七度之驗兒屬俾之克勒特南之西以洛喇河之山谷及格里綿得河爲限西終於北緯三十度之塞伊斯坦湖依此計算俾之疆域自此至海約五度之地其地總年少兩樸旱異常）西自北緯三十度格里綿得河起至哈里拉特城更展至三十六度爲界東西六百英里南北同河之最要者曰喀布爾河（在喀布爾城東二十英里舊名庫弗斯河入印度河長三百七十英里）曰格里綿得河（長六百餘英里）曰阿爾干達布河（長百九十七英里）曰法拉河曰堪孽庫夫河曰哈里魯特河曰庫倫河曰哥模爾河（二河入印度河）全國分五省曰喀布爾曰土耳其斯坦曰格刺特曰堪達喀爾曰巴達克山每省各一納布郎一區之行政長官也又有志云阿富汗東境諸部曰昆都斯曰庫爾模（一名塔什庫爾干）曰波爾克曰亞克查西境諸部曰撒里普爾曰什貝爾昆曰安庫伊曰邁美奈此外興都庫什及支山以北地黑碩拉人居之東起巴達克山西迄木耳加布河上游北界痾克蘇河東至英天文臺東經六十九度半巴達克山河合流之所西至六十五度庫吉薩里渡口界綫去河而沿突古曼沙漠止於木耳加布流出之所南全以高山爲界昆都斯以南爲興都庫什山發脈處庫爾模波爾克以南

則其庫伊罷罷支山也內地皆受治於阿人所設總督巴曼西干
及諸高山谷則屬專轄黑碩拉種人之官　昆都斯部東巴達克
山西庫爾模北痾克蘇南興都庫什　昆都斯　首縣　喀斯勒
特伊曼　在痾克蘇平原　巴格蘭丨哥里　在蘇克亞布山谷
中　杜歌　全上　喀列蓋與懇疆　音得爾阿巴　羅馬王亞
烈山大時史家所稱阿握拉普薩也城在吐兒與哈瓦克爾山徑
間踰徑郎越興都庫什山十世紀時波斯及土耳其斯丹王薩曼
尼特因其地近巴養銀鑛在此鑄錢　庫斯德　拿林與伊什克
密什　法罕與卡兒　塔列干　當巴達克山都城孔道昆都斯
王麥拉特敗格於此設政府巴達克山亦隸屬焉　堪納巴得　
昆都斯低原酉長避署離宮　庫爾模部　塔什庫爾干　首城
舊在痾克蘇平原屢被厄斯敗克人僥擾乃遷於此當山徑口去
舊城四英里人萬五千口　赫巴克　舊名薩曼干古城之一　
庫倫沙敗　波爾克部　引水河十八道沿波爾克愛布河岸有
三百六十村　敗克缺拉　千八百五十八年穆罕默德愛弗碩
兒汗代其父特司德穆罕默德莞土耳其斯坦時移其居民治所
於塔克塔普爾設兵備焉其地東去舊城約八英里今爲痾克蘇
首都　馬沙里沙列夫　穆罕默德堉阿里墓產玫瑰色香特異
人多來此進香其城在山間者略之　亞克查部　距波爾克西
四五十英里灌溉極便居民繁盛本厄斯敗克部阿富汗占領之
　撒里普爾部　在邁美奈東波爾克西南人萬八千口三之二
爲厄司敗克人餘黑碩拉人歲貢其奴於愛米爾女之喪夫者靦
爲官有之物估價售之田園繁盛　什貝爾昆部　在亞克西二
十英里本厄司敗克人小部落居民萬二千口爲厄司敗克及帕

雪旺種農業極盛灌溉仰給撒里普爾而撒里普爾人則壅水以囷之故常爭鬨即馬哥普羅遊記中之薩泊爾干　安庫伊部　距什貝爾昆西北二十英里乃沙漠有水之處藉撒里普爾邁美奈聯合諸河以資灌溉昔有居人五萬口千八百四十年爲格刺特王雅穆罕默得所毀迄今未能恢復　邁美奈部　距波爾克百五英里西南距安庫伊五十英里居民十萬口物產工藝商業稱盛厄司敗克人勇敢多爲兵其酋專販奴以上所志與前不符備錄之　物產金鐵銅鉛錫鉾硫磺煤硝小大麥珍珠米棉蔗蘿蔔瓜類丹參番紅花革麻子淡巴菰紫花荳類桑甚果品葡萄虎豹猿狠野狗水獺獴鼠野豬野驢野羊印度鹿印度狐熊象犀牛田鼠蝙蝠松鼠兔駝馬牛胡羊獵狗蜜蠟珠蠶絲　西歷紀元前五百年爲波斯愛且門甯行省長官韓地其名薩倫勤斯今之塞伊斯坦也阿林今格刺特也薩塔勾廷斯今上格里綿得高原喀斯那高原也根大里今下喀布爾也帕克梯司今近印度河地也達迭細即塔吉克人也阿帕累梯即薩弗特庫山族也亞歷山大東征所至之阿塔庫紈爲阿里挨京城或以爲即格刺特地也後至作倫其即塞伊斯坦也又至勞愛透朔特爾河之歐其梯變透捫特爾河即格里綿得河也又過阿拉庫西埃而至一積雪不毛之地有印度人居之蓋即喀蘇那與喀布爾之高原也由武復至高加索山麓居鄱落柏密賽提以度冬嘗築城名亞歷山大列埃在今小亞細亞境內然後自敗克缺拉拆岡由喀布爾之北而入印度前二百五十年希臘人於敗克缺拉建一王朝傳襲數世其版圖曾拓至喀布爾流域及今阿富汗全境一作拓至錫爾達里亞河濱及印度開治海灣後諸國興於此者不一中國名爲月氏魁歐旺藥殺吐火羅等而西部亞歐諸國知爲庫山司哈阿賽拉愛非哈力替或白轟司與上卡里而已耶穌降生時堪尼什噶王朝亦名堆緬克司最著權力遠及疴克蘇河流域白沙威爾克什米爾印度諸地佛教中流傳尤甚嗣是

有波斯印度二朝興於喀布爾流域相繼爲王者數百年回教既興攻喀布爾不得入取塞伊斯坦阿拉庫西埃兩地十世紀末印度王朝爲土耳其人賽敗克泰勤所覆而遷都於喀斯那賽敗克泰勤卒子穆罕默德嗣傳位數世十二世紀中阿富汗人格爾酋長阿拉廷攻毀喀斯那城而自立卒婭轄哈白廷穆罕默德立卒其臣各擁地自立後有喀拉庫穆王札拉路廷來轄此地力抗成吉思汗西侵之師爲世所稱其侵入印度代有特里王朝者干二百八十二年後爲克列吉司人千三百二十一年後爲搭拉克司人千四百五十年後爲帕生一作新人其後蒙古人轄治阿富汗者百餘年十四紀中有克爾忒人崛起西部取格爾格刺特逐蒙古人而有其地自鐵木耳據阿富汗全境後它地次第失去喀布爾尚爲子孫世守千五百四年索丹巴布爾滅之蒙古族裔阿爾干世有堪達喀爾千五百二十二年巴白爾取之干五百二十六年又取興都斯坦亦建特里帝國千七百三十八年喀布爾爲納迭爾所攻取堪達喀爾常與蒙古波斯互爭得失不定千六百四十二年後堪達喀爾爲波斯所有千七百年後波斯虎興王在位基爾賽人苦其官吏暴虐奉密爾瓦斯爲首而逐波斯人密爾瓦斯遂王堪達哈爾波斯攻之屢敗千七百十五年密爾瓦斯死子穆罕默德嗣能繼父志大敗波斯千七百二十二年虎興王卒其從官獻冕及佩刀以降後二年穆罕默德死遂失管理波斯之權干七百三十七年納迭爾取堪達哈爾其將沙駝碩愛默特於干七百四十七年弒之而自立其人愛白代里種也上尊號曰特里特倫言珍珠時代也遂以特倫尼名其種是爲阿富汗人有國之始在位二十六年強勇善戰闢地甚廣西至闢斯瀕海岸東屢勝印度千七

百六十一年與禡拉人戰於班孽拍忒大敗之千七百七十三年死子鐵木耳嗣時國境倂有旁遮普克什米爾信地俾魯支哥剌森北至土耳其斯坦以痾克蘇河爲界鐵木耳自堪達喀爾遷都喀布爾在位二十年死子碩曼密碩立兄弟爭位千八百十八年弟轄吉代立殺其權臣法塔可汗轄吉沙駝碩族法塔可汗巴拉克碩族也善戰長於治民既死巴拉克碩族逐轄吉轄吉遁於旁遮普特司德穆罕默特爲阿王旁遮普王倫吉德信因阿國內亂攻取其克什木爾自沙威爾印度河右岸地千八百三十三年倫吉德信允助轄吉英印度總督本汀克又唆使圖復位其事未成然自是英謀阿之策爲俄人所知俄駐波斯公使嗾波攻格剌特英公使阻之波王不聽卒圍格剌特英遣軍來援波始撤兵去印度總督遣白恩納斯往喀布爾說特司德以合縱之策特司德不聽英人遂思復轄吉位於是印度政府與倫吉德信及轄吉訂約倫吉德信允與英合謀不許英兵假道千八百三十八年英將約翰肯率駐上信地之印度河軍隊二萬餘人冒險自布蘭山徑進無抵禦者時堪達喀爾之庫罕迭兒汗已逃往波斯千八百三十九年四月英人據其城使轄吉就其祖父所建禮拜寺而加冕焉七月英兵至喀斯那工程隊以礮洞其城門猛撲而入特司德遜興都庫什山遁八月轄吉入於喀斯那戰事既畢約翰肯畱兵八千使麥克納吞畱駐其地白恩納斯副之遂整旅歸印度英廷嘉其功授以子爵時英軍偵探隊直至痾克蘇流域之賽岡及賽伊斯坦平原之摩拉罕特司德降英人送至印度善待之然自轄吉復辟後國人皆有仇視異種之心內亂屢起新政府未爲之備千八百四十一年十一月民黨暴發於喀布爾圍王宮及英軍殺白

恩納斯及大將愛兒賓斯通時特司德子愛克巴為民兵長十二月麥克納吞與商救亂之策愛克巴於就會時手刺殺之明年英軍自喀布爾退回扎拉拉巴得途中復被攻襲全軍盡覆幸扎拉拉巴得悉力死守大將腦德亦固守堪達喀爾四月大將普洛克自印度率師蹤克巴爾山徑救扎拉拉巴得七月軍進九月破喀布爾韃吉為民黨所殺英盡撤駐兵仍以特司德為王千八百五十一年波斯來攻取格剌特英遣兵救之次波斯灣明年英人老倫司會特司德於自沙威爾約助械餉禦波斯復遣將倫斯騰至堪達喀爾為助自千八百四十九年後旁遮普屬英英領土與阿直接俄人沿痾爾蘇河拓其領土日益相近英人不欲兩强相接故於阿之屏薇尤所注意千八百六十三年特司德克復格剌特六月卒子歇爾愛里嗣弟姪爭位次年平定時布哈爾已為俄有千八百六十九年英伯爵麥遙代老倫司任與歇爾愛里會於翁巴拉初老倫司允助阿以英金十二萬磅媵以軍械未滿其數代者亦少給之故歇爾愛里雖歡迎而情不甚洽時阿國全境巴達克山亦為屬土千八百七十二年英俄講解之後俄允撤去在阿勢力以自痾克蘇河源之雪列高爾湖起至波爾克西境為阿邊界千八百七十三年俄占基窪漸及阿之北境歇爾愛里乞援於英英又未明以兵餉相助歇爾愛里疏英塔什干之俄人知之遂乘間餂以利與訂俄阿協約歇爾愛里接受俄之公使歇爾愛里忻然允之千八百七十七年印督奉英主命與歇爾愛里訂聯盟之約歇爾愛里不納且阻使人於界外印督遂與阿宣戰董納兒司泰瓦德一軍自布蘭山徑道俾魯支趨堪達喀爾一軍自喀巴山徑得扎拉拉巴得通喀布爾之道弗勒特列克樂白忒一軍蹤高山徑經

庫倫入阿內地在白瓦里山口敗阿兵又得轄他噶騰山徑可經落加山谷直入喀布爾於是歇爾愛里逃之北省干八百七十九年死於馬撤爾此後六閱月土人與英軍搏戰屢敗因是英軍勢力亦不能及遠且慮軍行日久退兵愈難欲擇歇爾愛里諸子能守土而願聯英者立之時歇爾愛里之子約庫白以在喀布爾即位來告英軍少佐喀乏納里於是英人與訂干七百八十九年五月之約認約庫白爲阿王阿之境外地屬英人一切外交由英主之英駐使喀布爾許阿以永不受他國侵蝕之利益事定九月喀乏納里與其屬僚及衞兵在喀布爾爲阿人所殺英弗勒特列克樂白忒新軍隊道轄他噶騰山徑伐之敗阿人於近喀布爾之察拉西埃十月入其都城約庫白降歸之印度英兵駐喀布爾之近地十二月民亂復起時英軍駐阿者勢極危險印度消息中斷英軍迭戰平之董納兒司泰瓦德自堪達喀爾至喀布爾沿途擊散亂民甚多然民情擾亂不已全國無主愛白杜拉曼者歇爾愛里之兄子也嘗以爭位與歇爾愛里戰不勝被逐踰痾克蘇河居俄境者十年干八百八十年五月復渡痾克蘇河而歸人主阿富汗北境印督閒之亟遣駐喀布爾之使臣往說之與訂聯英之約不允時愛白杜拉曼已主阿政矣英人乃首認爲阿王而不許其與他國交涉凡事須承命於英政府苟遵約者則英人願永遠擔任保護之責而不許受他國之侵伐又割堪達喀爾省立巴拉克碩族人錫打歇爾爰里如一自主國而服屬於英歇爾爰里少子愛育白自歇爾爰里之死郎堅守格剌特間英之立錫打歇爾爰里發兵攻堪達喀爾英兵禦之於默旺鬥骼納而敗弗勒特列克自喀布爾率萬人馳至堪達喀爾擊破愛育白軍愛育白逃歸格拉

特英議撤兵歸錫打歇爾爰里知勢孤遜於印度愛白杜拉曼嗣領其地千八百八十一年愛育白復破堪達喀爾愛白杜拉曼與戰大破之愛育白亡於波斯千八百四十四年俄人逐阿屬班夾台守兵而有其地是歲英俄修訂阿富汗北界之約以痾克蘇河爲界俄阿二國不得蹤越愛育白自波斯復入愛白杜拉曼之族弟叛皆討平之千八百九十五年討加非哩斯坦阿之東北方悉野人窟宅自來加兵鮮不失敗師至皆服時阿之北境沿痾克蘇河屈折而東與中國接壤由英俄兩國公定東連印度則英阿定約阿得補助鉅資及軍械於英又許其自購英械由印度輪入故得擴充兵力以制亂民出貲募常備軍練西式隊軍約五萬人立造兵工廠於喀布爾日得彈子二萬枚來福槍十五桿每七日得砲二尊此外猶購之它國以充軍實財政雖不富厚卽以土地所入供人民之用亦斷不至不足若能善籌補救以近二十年太平無事卽商稅一項卽可將所負國債償還其歲入約可得英金百萬鎊印度政府歲給補助銀千二百萬羅比千八百九十三年訂界後增至百八十萬羅比云阿之舊制王分地賜酋長酋長出部民衞王室故兵權散而王室卑自兵由王募以稅充餉於是權歸政府王室始張其素所疑忌誅戮屏斥除土酋專橫之弊而行旅亦安益自愛白杜拉曼時而國勢一大變然征稅重商業衰矣千九百一年卒子哈畢布拉嗣今見阿之轄境界俄印波斯問東界自主部落凶暴好鬬不可教化北起赤特拉爾部之南沿印度西北境而南至俾路支界自印通阿諸山徑咸在甌脫內此族自古居山谷邊界有衅則種人與焉英阿事起亦嘗助阿攻印甚著功效千八百四十九年後英迭與戰僅乃勝之阿王以其難剿自願

捐割與英英募土人爲警衛兵駐其界內又以衛制馭之自地歸
英管後印度西北界外軍政民事無難於治理此山族者紀程云
西域記之迦畢試在阿富汗境今其國都喀布爾界即迦畢試展
轉移易之音在赤道北三十四度五十三分順天偏西四十七度
二十六分元奘所度大雪山即喀布爾北之海給伽山又健馱羅
佛國記作乾陀衛今喀布爾之東南有乾陀彌城在赤道北三十
四度十六分順天偏西四十六度二十四分又布路沙布羅城健
馱羅國都也今乾陀彌之東北二十四里有布路巴城又漕矩吒
似即佛國記之羅彝其國都曰鶴悉那今喀布爾西南有哈斯那
城實鶴悉那一音之轉在赤道北三十三度三十四分順天偏西
四十八度九分又昏馱多達摩悉鐵帝國都也今阿富汗別部有
昆都斯蓋即其故城在赤道北三十六度四十八分順天偏西四
十七度三十六分又烏伏那一作烏仗那佛國記作烏萇在今阿
富汗別部加非利斯坦境內唐書以烏萇爲南印度之烏茶誤甚
又瞢揭釐城烏伏那國都也今加非利斯坦之瞢哥拉城在赤道
北三十四度五十六分順天偏西四十四度三分又蘇婆伐窣堵
河今加非利斯坦之斯瓦特河西南流入喀布爾河又徐志巴達
克山云蔥嶺西南城郭回國也扼蔥嶺之右距葉爾羌千有餘里
北部有城曰窩罕（一作斡罕又作瓦漢）其地扼羣山環繞田土膏腴築室以居
耕田而食亦兼牧獵之利戶口十餘萬頭目戴紅氊小帽束以錦
帕衣錦氈衣腰繫白絲縧足躡黑革鞮女則披髮雙垂餘與男子
同民人帽頂似葫蘆邊飾以皮衣黃褐束白絲縧乾隆二十四年
回酋布拉尼敦霍集占爲王師所敗奔巴達克山縱兵肆掠其酋
素爾坦沙禽二人囚之王師壓境檄索乃縊殺之而獻其尸率所

部及鄰境博羅爾俱納款受封賞甚厚先謙案巴達克山元地理志西北地附錄及經世大典作巴達哈傷元祕史作巴惕克薛

英領俾路芝國

俾路芝徐志俾路芝密羅覘忽魯謨斯北羅喆思布云在阿富汗之南亦回部也東接西印度西接波斯南臨印度海東西約千七八百里南北約六七百里岡阜重疊砂磧廣莫田土甚瘠僅敷耕食時序和平物產與阿富汗略同又云俾路芝之立國不知所自始明初鄭和等使西洋乃有忽魯謨斯國名泰西人舊地圖阿富汗俾路芝皆歸入波斯不列爲國蓋阿富汗本波斯東北境則俾路芝自是波斯東南境回族分爭偶然割據遂別成部落耳四裔考謂愛烏罕之南有思布部落過思布亦海也忽魯謨斯思布皆指俾路芝之慕志云緯綫自赤道北二十五度至三十度經綫自順天偏西四十八度至五十八度長二千里廣千里總計四十一萬方里先謙案洪鈞元史譯文證補云西人言俾路芝之國名甚古蓋卽後漢書之排持音譯切當雷志云包有諸同盟國皆服屬於基蘭王王爲英國所封案基蘭見下面積九萬七千英方里人三十萬口其英屬俾路芝之面積四萬二千二百六十英方里人五十七萬口包有貴泰及阿富汗俾路芝二國所讓之地辻志云其土地磽确物產無多惟有米及果實等其交易多用橐駝案英屬以下英領印度部中所云西北邊疆也自貴泰至印度之鐵

路已造至肯德哈

徐又云國無王分六部曰薩拉彎曰加支干達瓦曰倭拉彎曰盧斯曰美加蘭曰古義斯丹六部各有酋長國小而强習於攻戰與英屬印度西部時時搆兵互有勝負先謙案列國學會二圖作俾路支漢文圖作比魯乞斯坦謝志作備魯支周志作俾耳芝斯坦辻志作俾路芝斯坦課程一作皮路直坦一作卑魯其炭據二圖薩拉彎在國北境與徐合世界圖作薩拉煩圖球圖作薩拉瓦思平方圖作薩剌彎杜宗預云即元史乞里有城曰克勒特課程云六部各有會城京都革拉德一作刻拉特亦作哈特在薩拉灣築於山頂最高處建有部酋行宮重樓矗峙礮臺鱗接以資保障商賈薈萃革拉德即克勒特也括地略作改拉脫圓球圖作啟拉特世界地學作克蘭得漢文圖作開辣託西洋史要作開拉脫外國地理作其拉駝周志作概來得一作哈拉一作基拉謝志云國分多部各有酋長管理居革拉德城之汗最有權力千八百七十六年與英約仰其保護印度總督遣員監理要政其東北全爲英之藩屬歲入約四十萬圓丙有英助金十五萬樋志云君長在首府刻拉特掌全國之制人口凡三十五萬許考云立國之始不可考後以國小勢微首爲蒙古外部嗣爲波斯東境旋爲印度西藩卒爲阿富汗南屬哈拉酋受封於阿王統轄諸部屬酋按時納貢轉獻阿王阿既衰諸酋崛起自强哈拉酋雖號盟長權久旁落惟疑難大事關全境安危者諸部尚聽其召集會議盟約近英人借保護之名奪其政權不啻隸爲藩屬慕志六部作七省其一名基拉云部落甚多皆服基拉可汗基拉即克勒特也雷云同盟國皆服屬於英封之基蘭王基蘭郎基拉也謝志云東北部全爲英藩屬據二圖即基達悉畢達都爾

等地基達亦基拉之音變謝又云闊塔在巴蘭山路之首今屬英
人印度鐵道過巴蘭山路經革拉德闊塔而至干達哈案干達哈
郎阿富汗之堪達喀爾雷之肯德哈也闊塔郎雷之貴泰貴泰闊
塔一音之轉雷云貴泰鐵路造至肯德哈謝云經闊塔至干達哈
其意同也許考云倭拉彎會城曰古達爾加支干達瓦會城曰干
達瓦盧斯會城曰俾拉美加蘭會城曰哈日古義斯丹會城曰布
拉倭拉彎二圖作札拉灣圓球圖作查拉萬異名記作慈拉加支
干達瓦二圖作滾達瓦圓球圖作根達發異名記作闊達盧斯二
圖同異名記作魯斯美加蘭二圖作美克蘭異名記作邁克蘭古
義斯丹二圖作塞伊斯坦異名記作科希斯坦課程云東北加支
干達瓦部地較沃然亦塞燠不齊河道淤淺盧斯在國東南隅與
印度信地爲鄰俾拉作百喇美加蘭在國西南隅布拉作布魯在
西北謝云東南海口曰松米尼二圖作松彌安尼樋志云其地勢
氣候動植物殆同阿富汗居民分二種曰俾路芝斯曰勃拉訶斯
皆鑾族宗回教其俗勇悍好戰以游牧爲業上衫下褲中東大帶
男女皆同冬則長吏加棉袍一平民加羊皮袍一以禦寒別無常
服婦女出門以細巾掩面五穀不登民生艱用較印度有天淵之
別新俾路芝志略云俾路芝起北緯二十四度五十分至三十度
二十分英天文臺東經六十一度十分至六十八度三十八分長
五百英里廣三百七十英里約面積十萬六千五百方英里都城
曰克勒特其薩拉彎省城曰模斯通扎拉彎省城曰科斯達爾百
喇省城曰百喇美克蘭省城曰怯折開治滾達瓦省城曰巴格其
達都爾滾達瓦又開治滾達瓦之屬邑也又有盧斯部有庫黑斯
坦部其地山嶺萃集亦曰多山部河之著名者曰德什特河曰摩

爾安尼河氣候諸省互異土地磽确惟開治滾達瓦獨擅膏腴若施種合法所獲供全部有餘金銀鉛鐵錫銻硝磺鑛在瑙斗城附近距克勒特西南百五十英里鹽所在多有穀類果品印度所產各省皆植之並富有園蔬木棉靛靚孟加拉更佳美克蘭尤多種棗家畜惟無鵝鴨獸則虎豹狼野狗狐兔蒙鼠羚羊麋紅大鹿野驢其先西歷紀元二百年前有寬波者受印度某君之命剿平山賊自爲部長四傳至阿不度拉與信地之拿威伯戰死子海及摩訶墨嗣苛暴失衆心次子諾西爾弒之而自立諾西爾本從波斯王奈低爾征印度特里有功爲所信任遂命統俾路芝全部時千七百三十九年也奈低爾王卒諾西爾又屬於喀布爾之阿曼阿不度拉王千七百五十八年諾西爾有貳心阿曼王遣兵攻之諾西爾大敗阿富汗之衆阿王增兵圍克勒特不能克遂講和千七百九十五年卒子摩慕特嗣爲人柔闇羣下離叛轄地多失千八百三十九年英軍經波蘭關向阿富汗進取俾路芝之彌勒勃汗要擊英軍英將威爾解爾分軍千[illegible][illegible][illegible]攻克勒特破之彌勒勃汗死明年英設官治之守衛甚弱[illegible][illegible][illegible]所乘至歲終英人復占其地千八百四十一年英置彌勒勃汗之幼子諾西爾爲汗而去千八百五十四年英將軍約翰耶哥伯與諾西爾汗議立條約一凡與英政府爲敵者諾西爾汗及嗣子並繼統之君必極力反對無論何所設施俱當與英政府合力共作而服屬之如不得英政府允許不得與它國締約克勒特轄境內無論何地或有必須設英國軍隊者該軍隊卽可占據其地總期合於英將領視爲得宜一凡俾路芝人民在英國境內或其鄰境者俾路芝酋長當禁止其民不得有侵掠情事一凡商旅過境止能照附載入約之所訂

條約征取關稅其酋長必加保護以上各節如能以誠信盡其責則酋長每年從英政府收回補助費五萬盧比（即五千英磅）千八百五十六年諾西爾汗死弟墨爾賀達達汗嗣年十二諸酋以賞不饜欲思立其從弟解爾地而千八百五十七年印度亂勢方熾英簡派佐領韓雷格林與汗同駐克勒特助其轄治亂黨千八百六十三年叛酋誘賀達達汗輕騎出爲解爾地而擊傷創重逃至英領地叛酋立解爾地而爲汗明年弑之復推賀達達爲汗賀達達既無才力以治悍民英政府復漠然不相顧恤所定約款亦多破壞於是英與克勒特通好之使絕於千八百七十四年之終曹譯野志云北緯二十五度五十四分至北緯三十二度四分東經六十度五十四分至東經七十度十五分北與阿富汗斯坦及西國境州爲界東與信地旁遮普相接南面阿拉伯海西鄰波斯東西相距八百八十五籽南北相距七百二十四籽面積三十四萬二千七百方籽北有羅喀尼山脈東有蘇里曼山脈奇爾達爾山脈南有塔諾伊山脈塔來伊山脈內部山脈亦多河流注克達尒灣除德什特河外水運甚少多流失於內部湖沼有哈猛洛特馬什克哈猛在西北部沙漠地方土地大都童山沙漠及磽确之地氣候寒暑皆酷烈高地雖冬亦熱低地冬季有數月見雪海岸地方在三月溫度五十度零五分產野羊山羊鹿類熊豹象駝馬牛驢等礦物未詳產鐵石炭則甚著沿革古事無攷據口碑相傳最舊之民爲塞來次爲塞巴西紀第十五世紀有普拉非人甚顯第十六世紀東部地屬德利之皇帝阿苦巴尒十八世紀克勒特君主拉西尒汗合米克拉斯其勢大振尒來四分五裂西部爲波斯所侵獨克勒特稍强而基達地方已爲印度帝國直轄以外概爲帝國

附庸而屬英矣分英管轄地與土邦及半獨立部三區英管轄地面積十一萬八千六百三十二方粁人口三十萬八千二百四十六稱不利的西俾路支斯坦在俾路支東北部總督代理管領分行政區五所即基達與比升奪耳與昨提亞里托巴波蘭峠曾云即在基達南學會圖不著地基達位海面上千六百八十米突之高地占波蘭要隘土邦一曰克勒特面積十八萬九千百三十五方粁人口六十三萬七千百二十七以克勒特汗爲主合薩拉彎扎拉彎科介瓦班扎介等土邦聯合爲國重要事件必受英總督忠告每歲由印度政府支送汗十六萬四千盧比兵力僅七百五十人首府克勒特在海而士二千五十七米突之高地一曰盧斯百喇面積萬六千四百六十五方粁人口五萬六千一百九其君主名濟母舊屬克勒特汗近日兩者關係蔣絕屬南俾路支駐官所轄官駐喀轄云首邑百喇濱普拉里河肥沃之地也半獨立部面積萬八千四百六十四方粁人口三萬八千九百十九爲馬介里波克的領地受制於奪耳昨提亞里之官員瓜德介在瓜德介小半島地峽有商港爲印歐中驛紀程云西域記臂多勢羅今爲俾路支之國地不屬印度其國都克勒特在赤道北二十八度五十四分順天偏西四十九度五十四分

阿剌伯國

先謙案雷志在非洲埃及之後何育杰易置於此今從之

阿剌伯

徐志阿剌伯亞拉彼亞亞拉鼻亞阿爾拉密阿阿辣波亞阿黎米也阿丹阿蘭天方天堂云回教初興之國也北界東土耳其東界波斯及阿

勒富海南距印度海西抵勒爾西海（俗稱紅海）長四千餘里廣三千餘里其地西南濱海一帶有腴壤中央皆戈壁商旅結隊以行否則虞盜劫且慮風沙埋沒物產惟棗最多人畜皆食之產名馬牧者愛養如兒子能一日行五六百里駝尤良負重行遠皆賴之又產加非香料沒藥之類其地古爲土夷散部恆役屬於波斯陳宣帝大建元年有摩哈麥（亦作摩哈默又作瑪哈穆特）生於麥加（一作默加又作美加）少年爲商往來西國娶富商之寡遂至大富不識字而性聰敏以佛教拜偶像爲非而泰西諸國耶蘇教已大行思別樹教門以自高異入山讀書數年著書曰可蘭宣言於眾謂獨一眞主上帝命聖者教化世人初命摩西次命耶蘇兩人之教雖行然不能偏及也復命摩哈麥立教以補其缺入其教者焚香禮拜念經禁食豬肉唐高祖武德四年逃難於麥地拿（一作默德那又作美的納）土人靡然從教即以是年爲紀元後徒黨日眾不入教者率眾攻之兵敗徒散收合復起遂滅大敵據阿剌伯全土布教四鄰鄰國畏而從之回教遂蔓延西土當其盛時嘗翦滅波斯薦食羅馬（猶太買諾諸部）據阿非之北境（紅海地中海南岸諸部）裂歐羅之西垂（西班牙葡萄牙）幾於無敵後爲土耳其所攻屬藩盡失日就衰微卒納貢於土耳其稱藩國焉麥加麥地拿皆在紅海之濱摩哈麥生於麥加其地有黑石上作大殿周一里許葬於麥地拿斂以鐵棺每歲諸回人來兩地禮拜南洋西域泰西非洲近者數千里遠者數萬里接踵膜拜以數萬計慕志云緯綫自赤道北十二度至三十度經綫自順天偏西五十七度至八十四度東接波斯海灣北至紅海南距亞拉比亞海北界土耳其長五千里廣四千里總計四百三十萬方里謝志云北自北緯三十四度南至南緯十二度四十八分東自東經六十度西至東經三十

二度面積千三百萬方里自主者約九百七十萬方里　雷志云地球上最大之半島面積百萬英方里講義云百二十三萬英方里迂志云七百二十萬方里爲歐亞二洲之樞紐沿海山嶺崇峻沿紅海有替哈麥山向東漸低向東北而復高起亞德山高九千九百英尺雨水稀少不時全國大半皆沙漠謝志云沿海有窄平原一條廣五十里至百三十里其內爲大高原名曰內遮德中央多山陵西南二方沿海處亦各有帶山高原之中多肥田惟北方有敘利亞沙漠南方有阿嘎弗沙漠皆甚廣大通國無大江河惟霖雨之後積水爲澤而已東西南三面沿海其岸甚直西北有西乃土股突出東南二土角曰哈撒勒哈曰伊梭勒講義云亞拉比亞爲一高原至南方高原漸增西及西南海岸限以山脈分爲中央高原及沙漠與海岸山脈　土產加非乳香各種香草馬橐駝綿羊迂志有棗象皮綫布果實眞珠謝志云沿海產粗穀曰佗拉與棗同爲國人日用要需西南產加非爲天下第一產良馬日可行七百里駝負重行遠較馬尤勝又多樹膠靛青藥材銅鐵鉛煤寶石野驢羚羊豹駝鳥講義云旃那產於鐵海馬巴撒母熘䌷產於麥加附近又有椰子胡椒甘蕉自印度移殖已繁茂　阿剌伯可分爲二大種在北者爲以虛美列在南者爲約推尼講義云人八百五十萬口居民係塞米種族之亞拉比亞人分爲倫古達那提及伊修米來提二族鄉考

云阿剌伯本土風俗凡遇喪事死者巳殯舁赴墓上墓前百餘步預鑿一河上駕飛橋死者至橋停歇橋前設喪棚有律師三十二人預宿棚中柩停棚內時戚友俱來送喪如死者生前有曖昧欺心之行任人向律師控訴三日內無控者則謂德望巳孚可入墓安葬葬時俱來祭奠葬後亦有祭奠之人具祭奠法取連根花草樹木植於墓前久而暢茂甚美觀也倘有控者律師憑公審斷果素行有虧停葬若干日任人向棺辱駡方許安葬葬時不許衆人弔送

俄曼阿剌伯東南部爲回人王國面積七萬五千英方里人百萬口入口貨值十七萬五千磅出口貨值三十四萬七千磅大半與印度貿易　**麥司坎脫**會城人六萬口○**耐狄**阿剌伯內部產馬最良爲韋比哈教徒聚集之所千八百十八年韋比哈爲以勃拉希王所壓權力遂衰人四十萬口　**里雅**會城　**沙馬**人十一萬口　**漢爾**會城　**漢特拉麻脫**南部地甚膏腴○**土耳其屬阿剌伯**包有愛爾希者士以省及愛爾希士摩面積九萬六千五百英方里人三十萬口　**以門**在紅海岸面積七萬七千英方里人七十五萬口　**愛爾哈賽**在

波斯灣面積三萬千一百英方里人十五萬口　曼底那　麥加回敎聖地　䥫大埠與呵蒂大埠以上要區○英領阿剌伯　亞丁及其四旁地　般里島在紅海口與亞丁地方共面積八千八十英方里人十七萬二千口入口貨値二百九十三萬八千磅出口貨値二百四十九萬九千磅　喀馬蘭島在紅海面積六十英方里人五百口　款艮滿艮羣島傍阿剌伯之南岸多鳥糞面積二十七英方里　巴倫羣島在波斯灣歸英國保護以產珠名面積二百三十英方里人六萬八千口入口貨値四十九萬一千磅出口貨値四十七萬六千磅徐又云阿剌伯地分六部首部曰黑德倭斯都城曰麥加建山谷中夏屋雲連街衢洞直海口甚大出運之貨以加非爲主販行歐羅巴各國次曰也門曰亞達拉毛曰呵曼曰剌沙曰內德惹其海口在西方者曰熱他富商所萃在東方者曰木甲與英米定約通商以兵船巡海護之紅海口門外有亞丁小島現爲英人所據先謙案列國學會二圖作阿剌伯與雷徐同世界圖作亞剌比亞萬國圖作阿拉比阿圓球圖作歐來比歐矢樋志作阿拉伯異名記作阿喇

伯謝志作亞拉伯野志云阿拉伯分獨立部及屬領部據二圖東部有阿曼卽雷之俄曼徐之呵曼西倚沙漠東北臨阿曼灣慕志作痾幔世界地學作窩鑾圖球圖作俄莽世界圖作歐曼外國地理作阿孟謝志云歐曼名爲蘇丹自治實則英國保護講義云阿曼王國占亞拉比亞東南隅沿岸地方面積八萬二千英方里人百五十萬口十九世紀初阿曼王勢力甚大後次第衰頹今歸英保護重要輸出品爲波斯棗木棉米珍珠等歲値二百七十餘萬圓輸入品爲米加非糖雜品等歲値六百七十萬圓自阿曼迤而西南爲蘇卜汗山其東有城曰木甲與徐合爲歐印米貿易港有地名馬斯開特列國圖開作加卽雷之麥司坎脫圓球圖作謀斯刻特周志作麥斯克得謝志作末斯嘎德慕志作訥芝伊得世界地學作謨斯加多外國地理作馬斯加稱爲阿孟首府矢志作謨斯客德云夏甚炎熱樹木不生無避暑之地世人稱爲地獄樋志作馬士喀特云云產棗过志云有王宮曹譯野志云阿曼在阿剌伯東南岸獨立國也面積十九萬方籽人口百萬千七百四十一年時阿米大得賓薩得卽位子孫君臨其土十九世紀時勢力及於阿剌伯大部波斯灣諸島及波斯海岸幷有瓜達夫伊岬在阿非利加與印度政府交通最盛馬斯開特英領事駐焉君主歲入二十五萬多尓貿易輸入武器雜貨糖穀絲珈琲等約値三百八十八萬多尓輸出珠果物魚等約値二百五十萬多尓商船來往每年五百四十二隻首府馬斯開特人口四萬乃波尓多喀尓人所辦建要塞地也有良港其南有角東北向曰厄耳哈特角世界圖作剌塞耳曷得角迤而南有地曰哈拉又西南傍蘇卜汗山曰墨爾巴特皆英保護地阿曼西北曰達歇拉北出爲半島形有角曰墨散丁角又西

曰貝尼雅斯又西北曰喀塔耳亦在英保護內北出爲半島形其西有巴林島旁有數小島卽雷之巴倫羣島在波斯灣者也曹譯野志云巴林諸島在波斯灣距尼尒哈薩海岸三十二杆合摩哈勒克島島在巴林島北巴林島等六島所成面積六百方杆人口六萬八千千八百六十七年爲英保護以採珠名產良驢帆布蘆席等出口八十九萬磅人口七十四萬磅摩哈勒克政廳在摩哈勒克島美拉馬在巴林島商業之首府也又西卽尼爾哈薩硯又北與東土耳其接其西曰內惹德卽雷之耐狄謝志作內遮德徐作內德惹誤倒日本新地球圖作尼爾雷夫胡夫此部地望居中阿刺伯自治謝又云居民曰瓦哈比人爲囘教別派守道最清正瓦哈比卽雷之韋比哈也南有首府曰利亞得謝志作利阿德卽雷之里雅會城圓球圖作里阿得萬國圖作力亞得曹譯野志云瓦哈碧田在喀什木南占阿阿勒得高地首府利亞得人口三萬又西曰沙卡卽雷之沙馬曹譯野志作禪廟云在內惹德君主稱耶米尒其勢力及於克非泉地在亞得灣北南至喀什木地方首府海尒人口萬五千在亞札山東位海面上千六十七米突之高地係近代挪設頗繁盛其北曰海爾卽雷之漢爾會城謝志作海耳云北區日伯所麥之首府講義云中央亞拉比亞北自西里亞沙漠起南至哈達拉毛止包有內地高原及沙漠全部古來爲阿拉比亞人游牧地飼羊馬橐駝轉徙各原地利亞得及海爾人二萬口海爾爲自白格達至麥加巡禮者之中途驛站南境曰哈達拉毛卽雷之漢特拉麻脫徐之亞達拉毛萬國圖作哈得拉毛特慕志作哈達啦毛圓球圖作哈得拉毛吳特異名記作亞達毛拉亞達海口有馬科爾拉圓球圖作麻喀拉漢文圖作麻加剌異名記作馬喀拉

講義云沿阿拉比亞南岸橫二百英里昔爲商販乳香沒藥之中
心首府什班在內地此爲阿拉比亞獨立之游牧民所占領受英
國保護案什班二圖同諸圖志未言英護惟講義云然葢近歲事
自哈達拉毛迤而東爲馬拉樋志作阿拉腓立克斯又東與英保
護之哈拉接自哈達拉毛迤西爲亞丁灣與雷合乃半島徐云小
島誤圖球圖作愛登俄史作愛亨慕志作亞甸謝志作阿典或云
卽明史鄭和所使阿丹國講義云亞丁在亞拉比亞最南端面積
凡七十萬方里人三萬餘口東洋航路上最要屯煤場貿易甚盛
千八百三十九年歸英領屬孟買兼轄辻志云英建礟臺於此海
底電綫東通孟買北達蘇彝士亞丁之西學會圖有丕林島附屬
亞丁最爲重要設有燈臺千七百九十九年英法戰爭曾倂入英
領近因蘇彝士運河船舶增加欲航行紅海者免受危險故再領
之胄譯野志云亞丁屬英在阿剌伯西南岸爲火山質半島距巴
布厄佘曼德峽之東百六十粁合小亞丁半島大陸部及拔林島
面積共百九十四方粁人口四萬千二百二十二軍隊司令官駐
焉庫里亞摩里亞諸島索哥德拉島均亞丁所屬爲貿易轉輸地
出口貨珈琲橡皮皮革雜貨烟草四干百八十三萬盧比入口貨
綿絲雜貨穀物皮革烟草五千六萬盧比拔林島當巴布厄佘曼
得海峽千八百五十七年爲要塞地庫里亞摩里亞島在阿剌伯
半島東南有五小島千八百五十四年馬斯開特王讓與英屬庫
里亞摩里亞郎雷之款艮滿艮羣島也又世界圖紅海內有英領
喀馬蘭島在衣門西南與雷合二圖漏載曹譯野志云格馬蘭諸
島紅海小島也當北緯十五度便於碇泊千八百五十八年屬英
亞丁之西北歸土耳其領首曰也門與徐合郎雷之以門世界圖

作衣門日本地球圖作耶門圓球圖作匡孟講義云也門今爲州
名占半島之西南隅合鐵海馬及其後山嶽地方皆土屬地產加
非小麥果實等首府薩那人三萬五千口貿易場曰俄的達輪出
加非皮革等案薩那俄的達二圖同曹譯野志云土耳其屬地波
斯灣沿岸之厄介哈薩紅海岸之黑德倭斯及也門皆是也又西
柰半島面積五萬九千方軒人口二萬四千五百屬埃及謝志云
也門首府曰撒那其海口曰和代達近巴備滿德海腰有海口曰
馬加古時多運出加非今荒涼矣撒那即薩那紀程云在摩加東
北六七百里和代達即俄的達亦即雷之呵大蒂也巴備滿德海
腰二圖作巴布厄爾曼得海峽馬加即摩加圓球圖作摩察萬國
圖作摩喀自也門迤而西北曰亞西爾又西北曰黑德倭斯曹云
黑德倭斯即雷之愛爾希者土以省其愛爾希土摩準英文圖在
黑德倭斯東北當貝尼亞台之地世界圖黑德倭斯作黑甲土萬
國圖作黑札斯圓球圖作海查斯講義云今爲州名在亞達比亞
西岸山脈地方自美底安延至也門廣六十英里或百五十五英
里不等其南境曰麥加麥加之西海口曰熱他並與徐合麥加
聖武記作墨克世界地學作蔑加又作滿開外國地理作覓加周
志作梅喀圓球圖作邁刻異名記云即元史之密昔兒其北曰麥
地那即雷之曼底那徐之麥地拿謝志云黑沙省之首府美嘎一
作麥加其海口曰吉大黑沙即黑德倭斯吉大即熱他亦即雷之
識大也又云美第那回教聖域每年朝此者十餘萬人美第那即
麥地那也萬國圖作麥丁納漢文圖作安地拿圓球圖作謀氏那
外國地理作咩始拿世界地學作蔑器拿周志作黑丁奈 聖武
記作墨德那唐書之俱紛摩地那明史之默德那麥加人六萬口

在黑德倭斯南端謨罕麥德生於此距熱他港五十英里多回教寺院麥地那人四萬八千口有謨罕麥德墓自烟波港上陸參詣者不絕又北則西里亞大沙漠謝志云西方西乃山高九千尺山附近地歸埃及轄東部之厄爾漠哈薩亦土耳其轄即雷之愛爾哈賽圓球圖作愛爾哈薩世界圖作衣爾哈撒講義云即格拉那也自波斯灣頭至亞拉比亞東岸沿岸地方皆是有喀耶託港謝志作哈薩課程云刺沙偪臨波斯海灣在國東境是哈薩又作刺沙與徐合慕志作拉沙徐又云阿刺伯古條支也回教既興乃有天方天堂等名皆花門誇耀之稱比其國於天上其實本無此名其國在波斯西南明代累朝貢由西域陸路來鄭和由海道使西洋至天方而止稱爲西洋盡處蓋由印度海路駛入紅海謂海盡於此不知小西洋外尚有大西洋也又云考西人地圖及所著書五印度之西土耳其東土之東土耳其東土即西里亞細亞在大秦東境正波斯國阿富汗俾路芝皆波斯分割非古建國稽前後漢書出莎車南道踰葱嶺爲大月氏安息諸國毘連者爲罽賓烏弋山離條支諸國證以西人地圖波斯西南之阿剌伯東界阿勒富海俗名紅海東南界印度海西界勒必西海西北惟一面通陸路與漢書條支傳云條支水曲環其南及東北三面路絕惟西北隅通陸道者胳合是條支爲阿剌伯無疑又前漢安息傳北與康居東與烏弋山離西與條支接國臨嬀水商賈車船行旁國後漢大秦傳欲通使於漢而安息欲以漢繒綵與交市遮遏不得自達考波斯東北界有砂磧隴阿母河卽古嬀水西接土耳其東土正大秦東境由大秦通漢舍此別無道路是波斯爲安息亦無疑也惟大月氏罽賓烏弋爲今何地迄無定論或謂愛烏罕爲大月氏北印度爲罽賓中印度爲

烏弋山離殊未確大月氏本湟中行國爲匈奴所破西擊大夏而臣之都嬀水北爲王庭今考嬀水卽阿母河源分十數支皆在雪山之北葱嶺之西匯流之後西北行約二千餘里又北折行約千里而入於鹹海在裏海之東大月氏王庭既在嬀水之北則其部曲自在嬀水左右乃今布哈爾境土愛烏罕在嬀水之南距嬀水尚遠以地勢殘之仍卽古之屬賓其地與印度之克什米爾接壤風土物產亦相類以屬賓爲北印度始於唐釋元奘證之新唐書殊爲未合新唐書曰天竺居葱嶺南幅員三萬里分東西南北中五天竺南天竺濱海北天竺距雪山圍抱如璧東天竺際海與扶南林邑接西天竺與屬賓波斯接指畫地界確鑿分明證以泰西人地圖亦絲毫不爽屬賓爲天竺接界之國則其不在天竺界內不待辨而明矣既在天竺之西則其爲今之愛烏罕又不待辨而明矣如舉北印度而屬之屬賓則天竺有東西南中而無北何以謂之五天竺不曰北印度卽屬賓而曰與屬賓接是二非一彰彰明甚烏弋山離國前漢書稱東與屬賓北與撲挑西與黎靬條支接後漢書稱自皮山西南經烏秅涉懸度歷屬賓六十餘日行至烏弋山離國又西南馬行百餘里至條支是其國在屬賓之西南條支之東北乃今俾路芝及波斯極南境黎靬卽黎韃大秦國之别名其東境正接波斯條支卽阿剌伯其西北隅亦接波斯波斯卽漢之安息若謂烏弋卽中印度則中隔數千里之安息何由得與黎韃條支接耶五印度西界有印度河河西山岡連屬是卽天竺與迤西諸國天然界限若謂屬賓爲北印度烏弋爲中印度西印度亦必包於兩國之中是所謂天竺者將專指東南兩印度乎且漢書明列屬賓烏弋天竺爲三國今乃割天竺之大半屬之屬

賓烏弋而令天竺本國轉無位置之處恐班范無此紕繆文法也又天竺傳稱從月氏高附國以西南至西海東至磐起國皆身毒之地身毒有別城數百城置長別國數十國置王雖各小國而俱以身毒爲名磐起不知爲何地高附別有傳云在大月氏西南本屬安息及月氏破安息乃得高附度其地總在附近印度河一帶曷嘗云西至罽賓烏弋皆身毒之地俱以身毒爲名乎又天竺傳稱天竺在月氏之東南數千里曷嘗曰在罽賓之南烏弋之東乎諸胡弱肉强食一彼一此數十年卽有變更而大地山河萬古不易按圖而稽固歷歷可攷耳又云後漢書和帝永元九年西域都護班超遣掾甘英往通大秦抵條支臨海欲渡安息西界船人告以海水廣大往來須齎三歲糧英疑憚而止大秦屢欲遣使於漢爲安息遮遏不得通桓帝延熹九年其王安敦遣使自日南徼外獻象牙犀角瑇瑁始得一通考泰西人地圖安息卽今之波斯條支卽今之阿剌伯東漢時大秦（卽意大里之羅馬）正當全盛未分東西（詳意大里圖說）其國都在意大里之羅馬東境至西里亞猶太（卽唐書之拂菻國）與安息接壤若由安息往大秦渡嫣水入安息境爲三千餘里（卽今波斯）卽已入大秦東境（今土耳其東土美索不達迷亞部之巴索拉地）再西北行約三千餘里（今土耳其東土中土）渡海峽（卽君士但丁黑海峽口）歷希臘之北境（今土耳其西土）約二千里至意大里之東北境（今奧地利亞地）又西南行千餘里卽至大秦都城（卽今羅馬）計陸路萬里而近自西里亞以西皆大秦地漢書所云從安息陸路繞海北行出海西至大秦人庶連屬十里一亭三十里一置從無盜賊寇警者的確不誣又云道多猛虎獅子遮害行旅不百餘人齎兵器輒爲所食按西里亞以西皆大秦名都大邑四達通衢安得有猛獸遮害行旅蓋安息貪縉絲交市之利必不欲大秦

之通漢故為此誕說以阻漢使之西行所謂遮遏不得通者此也蓋由條支從海道往則阿非利加之大浪山一路自明以前未通舟楫（即今歐羅巴諸國貨船往來之路明宏治間葡萄牙始創行之）歐羅巴東來海道率取道於地中海紅海條支都城在麥加乃紅海北岸（漢書云條支城在山上周迴四十餘里正今之麥加城也）而其東境又臨阿勒富海甘英所臨之海未知其為阿勒富海抑即紅海若為阿勒富海則須繞條支三面之海計水程六七千里至紅海之尾而海盡行陸路百七十里（地名蘇爾士麥西國地）至地中海之東南隅再登舟西駛約六千餘里而抵大秦都城（即羅馬）計水程約萬三千餘里若所臨係條支都城之紅海則西北駛千餘里已至紅海之尾計水程不足萬里中間隔陸路百七十里不能一帆直達（明以前歐羅巴大船不能直抵中國即因此阻隔海國聞見錄所謂慨不用刀截斷者也近年因用火輪船遞送文報皆由此路地中海另有火輪船接遞）然舍此別無道路計其水程遠則四五十日暹亦不過爾三月半載儘可往返何至須齎三歲糧蓋安息不欲大秦之通漢故使西界船人（麥加距安息已遠甘英所臨之海當係阿勒富海也）設此詞以難之甘英憚於浮海遂中止耳至安敦之入貢由日南徼外即今越南南境之占城一帶乃出紅海駛入印度海東南行至蘇門苔臘噶羅巴之巽地海峽轉而北行入南洋抵越南之南境今歐羅巴諸國來粵東繞阿非利加至印度海後亦由此路若從陸路須由日南歷暹羅緬甸抵東印度越中印度至西印度無論中間歷數十番部使幣難通而西印度以西仍須經遮遏之安息方達大秦東境故知其必由海道無疑也又云大秦國之北方亦有陸路可通中國須從塞地利亞東北行歷俄羅斯南境至裏海之北岸轉而東行歷西域游牧城郭諸部可抵玉關此則不入安息境無從遮遏之矣然爾漢時大秦北境至日耳曼而止塞地利亞以

東以北皆匈奴別部時俄羅斯尚未立國時擾大秦邊境斷無可通之理故通中國惟安息一路既為所遮遏不得不由海道也洪鈞西域古地安息條支攷云徐氏志略言安息即今之波斯條支即今之阿剌伯案漢書有安息無波斯魏書有安息有波斯唐書有波斯無安息魏書安息國在蔥嶺西都蔚搜城北與康居西與波斯相接去代二萬一千五百里波斯國都宿利城在忸密西古條支國也去代二萬四千二百二十八里詳述里至明是兩國西書無安息國名志略譯自西人不應有此臆說考西書之紀波斯始於中國成周中葉君其地者為柯勒施朝志略之居魯士大流士皆柯勒施朝人也周顯王時希臘王阿來三得志略作亞勒散得敗波斯攘其地顯王三十三年阿來三得滅柯勒施朝撫有波斯十年而卒諸將裂土自王互攻奪嗣為其將賽魯克斯所併為賽魯克斯朝時在周赧王初年後數十年波斯東北境帕而特國起其王自謂波斯族裔曰阿而薩克秦王政十八年為帕而特建國始年謂之阿薩朝亦曰阿息聞波斯使臣云古時希臘人稱為阿息居裏海東南臨阿母河傳國七世益強大拓地至裏海西南抵於波斯海灣與羅馬東界為鄰漢獻帝初平年間遂滅賽魯克斯後建安五年波斯故王之裔薩山復自立國為薩山朝時帕而特國與羅馬搆兵垂百年晉時羅馬敗之薩山朝乘其敝恢復波斯故壤晉武帝時帕而特國亡波斯薩山朝至唐時為阿剌比人所滅其王卑路斯逃入中國唐書所載相符案阿薩阿息皆與安息音類阿薩都城先曰帕而杜瓦為帕而特國號所本他國人稱之曰帕而討尼薩前漢書安息治番都城蘇林註番音盤番兜即帕而杜瓦帕而特之轉音繼西徙都城曰喝克湯白洛斯上三字義為百下三字義為門後漢書安息居和櫝城和櫝

即喝克湯之轉音（爾城已頹圯無存）漢書烏弋山離北與撲桃接烏弋山離東漢時改名排持即今俾路芝安息正當其北撲桃亦帕而特等稱之異譯阿母河即嫣水所謂臨嫣水商賈車船行旁國者是也安息之即阿薩殆無疑義志略以安息當波斯論疆域誠非異地然與魏書不合且漢末波斯仍自立國西晉時帕而特為波斯所滅則不得以安息為波斯也明矣西書繪帕而特錢圖面男像背女像與漢書鑄銀為錢文獨為王面幕為夫人面語合其地多產苜馬故漢使至界以二萬騎往迎後書其東界木鹿城號曰小安息去洛陽二萬里此即元史之馬魯為西域衝途大郡新唐書大食傳呼羅珊木鹿人亦即此木鹿帕而特新舊都城皆在木鹿之西中西古籍互證益明惟西書云晉武帝時帕而特國亡而魏書太延年間安息尚存疑其紀年有誤然西書又載帕而特亡後仍有一小國在裏海南山中阿剌比人先滅波斯乃滅此國是亦魏書之一證甘英所臨之海必非紅海而為阿勒富海亦名波斯海灣由此登舟繞阿剌比三面以入紅海之尾紅海地中海之間陸路百七十里古時阿蘇彝士河未開但有溪河可通小舟以入地中海而不能容巨船紅海之中水程最滯無風逆風皆不得行往返程期或二三載安息人所謂海水廣大往來者逢善風三月可得度若遇遲風亦有二歲者故入海人皆齎三歲糧乃係實情並非誑語裴松之注三國志引魏略云大秦國在安息條支西大海之西從安息界安谷城乘船直截海西遇風利二月到風遲或一歲無風或三歲語極詳明可為安息船人左證至云海中善使人思土戀慕數有死亡夫長年涉風濤起居失調旅況淒寂憂能損人理有固然非危詞恐喝也古時羅馬所屬之西里亞迤東帕而

特所屬之美索卜塔尼亞等地皆有師子遮害行旅非結隊持械不敢行載在羅馬猶太古書匪爲誕說特往來商侶無歲無之俟伴偕行何難刻期而至一經沮抑便憚遠征遂致華夏軺車既徂西而忽輟犁鞬名國而欲通漢而無由誠憾事已又云李光廷漢西域圖考謂條支國城在今俄羅斯國極南之擣里達部地黑海之所環也後書云城在山上周四十里臨西海海水曲環其南及東北三面路絕惟西北一隅通陸路考之西人所繪俄羅斯圖確在此地其云轉北而東又馬行六十日至安息蓋其國當時兼得俄羅斯高加索五部地東界裏海而南通安息甘英之使大秦臨海欲渡蓋即臨黑海之東岸而由安息以抵條支故安息人得阻之也漢時大秦國都在意大里亞之羅馬拓土而與安息鄰經其國行程及萬里故由海往徐氏以天方當之不知海水之環指城而言天方闢境數千何止四十且西北所通亦非一隅其臨海句多解不去艮由未審地形耳案黑海北境古屬希臘通舟楫利商賈名其地曰撒吉剌詳釋地後爲羅馬所併希臘史確然可徵固無條支之名亦非安息波斯所轄成周中葉波斯極盛之時西界至地中海北界至高喀斯山皆在黑海南而未有其北漢時安息繼興西界未至黑海安息爲阿息之轉音詳安息考黑海中片壤古時通陸之路極狹常沒水中厥後沙土繼長增高近經西人闢治遂成衢路車馬暢行遐稽漢時必非立國建都之所且西向北轉東復轉南再轉東乃達安息程途方向亦未盡符後漢書言安息南與烏弋山離接又於德若國下言自皮山西南經烏秏涉懸度歷罽賓六十餘日行至烏弋山離地方數千里時改名排持此即今之俾路芝地望圖合復據西人云俾路芝之名甚古則必是也復西南馬行百餘日至條支若條支在黑海北濱

當云西北行不能西南行說亦不符自來志西域者肇於漢書詳於魏書魏書曰波斯都宿利城在忸密西忸密見康居奄蔡考古條支國也城方十里河經其城中南流杜佑通典亦云波斯即條支故地則必知波斯故都之所在乃可得條支之所在波斯全境多山多沙漠無南流大河惟西境體格力斯河哀甫拉特河並發源西北導流東南源遠流長匯合而入波斯海灣西書紀周赧王時希臘王阿來三得之將塞魯克斯據有波斯其後建城於體格力斯河西名之曰塞魯齊亞遂爲都城或云漢初始建河東舊有城曰特昔芬於是國都有東南二城近時西人考後漢書自安息西行三千四百里至阿蠻從阿蠻西行三千六百里至斯賓國斯賓昔芬之轉音從斯賓西行渡河必是體格力斯河或哀甫拉特河也漢書所云里數合於古羅馬千步爲一里之數皆可徵實東漢末波斯故王後裔薩山恢復舊業亦都於此唐時阿剌比人西來城始被毀肅宗寶應元年天方教主阿蒲札非爾於故城西北建八格達城即西使記之報達其後遷都於此亦跨河爲東西二城復於故城之地建離宮博考西書後漢波斯都城在體格力斯河殆無疑義跨河爲東西城故魏書謂河經城中南流唐書亦謂波斯王居東西二城魏書言宿利城後周書言蘇利隋書言蘇藺似皆塞魯之異譯新唐書既列波斯傳復於康國下云很揭羅西北即波剌斯傳言廣萬里王治蘇剌薩儻那城似是兩國案波斯本應作波爾斯蘇剌亦即蘇利蘇藺之異譯薩儻那三字當是彼處方言謂城唐書下云謝䫻北有佛栗特薩儻那可以此例哀甫拉特河迤西波斯海灣西岸皆與阿剌比接壤西書又載古時阿剌比人東至體格力斯哀甫拉特兩河之間聚族而居爲附庸小國波斯等地稱阿剌比人曰塔赤克塔赤正與條支音叶又有大抑大希之稱爲唐書大食所本今西人多稱波斯爲塔齊克族類而不知由於阿剌比也據是以考體格力斯河古爲塔赤克人居地其後乃被攘逐漢時此河上游當已無此種人而下游近海之處或尚爲其部地故

漢書謂抵條支臨海欲渡（聞波斯使臣云兩河下游西境今尚有其墝者古之阿剌比人不率教化類乎野番種爲乃免納）今體格力斯哀甫拉特兩河間地統名之曰義拉克阿剌伯由古時阿剌比人居此故蒙是稱合中西書籍以互證二千年之疑案可明近世西人考此輿地者謂哀甫拉特河西古有大湖亦流入波斯海灣巨泊迴環與漢書所云海水曲環其南及東北三面路絶惟西北一隅通陸之形相合或者漢時條支故城在此今沙磧壅塞滄海桑田而沮洳遺跡地猶可考是說也亦足爲漢書條支城之一證徐氏謂條支即阿剌比其說未可厚非特於族類之遷移名稱之繇起考之猶未盡耳又天方教歷考云梅文鼎回教主辭世年月考言據西域齋期（江甯鞓鴻堂刻單）以康熙二十七年庚午五月初三日起是彼中第九月一日謂之勒墨藏一名阿咱而月也至六月初三日開齋是彼中第十月一日謂之紹哇勒一名荅亦月是爲大節再過一百日至九月十三日爲彼中第一月第十日謂之穆哈蘭一名法而幹而丁月其日爲阿叔喇濟貧之期謂之小節鼎嘗以回回歷法推本年白羊一日入第六月之第八日與此正合又據齋期云本年庚午聖人辭世其計一千零九十六年（此太陽年）考本單開聖人生死在本年十一月十四日在彼爲第三月謂之勒必歐勒赦勿勒又名虎而達查西域阿剌必年是開皇己未（約案阿剌必即阿剌比）距今康熙爲一千零九十二算減一爲一千零九十一乃開皇己未春分至今康熙庚午春分之積年又查己未年春分在彼爲太陰年之第十二月初五日以距算一千零九十一年減聖人辭世千零九十六相差五年逆推之得開皇十四年甲寅爲聖人辭世之年約計甲寅至己未此五年之中節氣與月分差閏五十五日則甲寅春分當在彼中第十月之初聖人辭世

既是第三月則在春分前七箇月爲處暑月卽今七月也自開皇甲寅七月十四日聖人辭世至今康熙庚午七月十四日正得一千零九十六年故曰共計一千零九十六年也據此則開皇十四年甲寅是彼中聖人辭世之年薛儀甫謂回回歷蓋以此而誤又案教主以第三月辭世而其年春分則在第十月今彼以十月一日爲大節蓋爲此也徐松西域水道記瑪木特玉素布之遷喀什噶爾也土人麗雅瑪獻所居地爲寺死卽葬焉墓在回城東北十里許回人卽墓爲祠堂曰瑪咱爾門外刻石柱記年一年一畫以派噶木巴爾初生爲元年派噶木巴爾於四月初十日成道生六十三歲而卒嘉慶二十四年六月初二日爲彼中第一千二百三十三年之終按回回術有太陽年(彼中謂之宮分)有太陰年(彼中謂之月分)齋期以太陰年爲準數至第十二月則齋齋滿日相慶爲元旦(齋月卽彼中十二月)所謂月一日者又不在朔以見新月爲準歷十二月爲一歲有閏日無閏月故歲首無定月大率每間二年遞早一月(如元年在十月三年則在九月五年則在八月之類)今以初二日爲歲除是用太陰法見新月爲歲首也明史曰三百五十四日爲一周周十二月月有閏日凡三十年閏十一日言太陰年也準此論之計三十年應有一萬六百三十一日則一千二百三十三年積四十三萬六千九百三十四日又十分日之一以回回歲實三百六十五日一百二十八分之三十一約之得一千一百九十六年又一百四日半弱從嘉慶二十四年六月初二日逆數之當托始於唐高祖武德六年三月初三日也自來考天方歷者詳核得實無逾徐氏然徵諸西書訪諸西人則是武德五年爲西歷六百二十二年而非六年且其紀始非教主初生之年辭世之年而爲避難出奔之年名曰黑蚩拉節西國

坊間有鶯西歷天方歷紀年通表者購而譯之起於西歷六百二十二年七月十六日其法亦以西歷天方歷現在之年月日合而逆推惟逐年逐月排比編次特爲詳盡無可致疑證以他西書則年分起數確乎不易月日起數容有異詞然終無逾是表之詳盡著此表者德人或于斯敦非耳特表成於同治年間續之者奥人馬勒爾預推至西歷二千餘年而止光緒十六年庚寅正月元旦爲西歷一千八百九十年正月二十一日天方歷一千三百七年五月二十九日而徐氏所謂一千二百三十三年終應是西一千八百十八年十月三十日爲嘉慶二十三年二分二至中西歷同故月分相差至多不過四五十日則其年終當在九月初所謂六月初二日之說亦不相符豈喀什噶爾之敎人數典忘祖歟抑東方之敎於其敎主有異說歟考彼敎齋期西書備載穆哈蘭月十日猶華言正月初十日謂之阿叔喇節期齋一日勒墨藏月猶華之九月致齋一日終日不飲不食不浴不唾屏退婦女謝絕世務甚或緘默竟日至暮乃飲食居處復故次晨又如之疾病老幼得免然病痊仍必補齋且多施捨以消罪孽相傳是月上帝以可蘭經授謨罕默德故定此齋期至嚴極重梅氏之言足徵確鑿踰此而至第十二月謂之都勒哈察月其第十日謂之自拉歷節爲阿刺比人本有之節相傳其始生之祖將殺子祀天天帝降言已鑒汝誠勿戕汝子汝有一羊可宰以代故此節爲宴樂之節而不致齋十二月內並無齋期徐氏謂第十二月則齋齋滿日相慶爲元旦必是勒墨藏月之誤此月齋滿固相慶也鈞案六月初爲彼敎九月底則年終便與西表相符又西書云彼敎元旦爲黑蚩拉節日爲敎主避難出奔之日須朔之令在敎主避難後十七年鈞案明史云囘囘歷法西域默狄納國王馬哈麻所作係誤讀

(罕默德並未作歷)先時阿剌比人參仿猶太歷置閏月以合日躔每十九年閏七月略於中國歷法惟猶太正月起於秋分閏月必在六月是爲歧異勒墨藏齋月本在炎天故此三宇譯義爲熱長贏盛暑而日斷飲食人恆苦之謨罕默德之後教主倭馬爾始廢閏月使一月之齋流行四時歲無定日其正朔亦然當日變法之年黑蚩拉節當在第三月一日而卽以歲首一日應之亦由於此梅氏謂教主以第三月辭世語意正合特非辭世耳至謂其年春分在第十月故彼以十月一日爲大節天方教歷不論節氣不問日躔此言殆誤光緒十六年春分在二月三十日入夜子時則已交閏二月初一日躔度昏曉西遲於東故西國春分在一千八百九十年三月二十一日合之中歷爲閏二月初一日而天方教歷通表則爲一千三百七年拉札潑月二十八日猶云七月曾以詢波斯使臣果無差謬且云是日春分爲波斯太陽年元旦之日因是而知西域宮分歷以春分爲歲首明史但言節氣首春分猶未盡也西書又云六百三十二年(唐貞觀六年)波斯王伊嗣俟(欽案見新唐書西書作伊嗣的术爾試其子名卑路斯瞞與唐書同)頒行新歷以三百六十五日爲一周略如西國歷法其後天方呑併波斯而民間耕穫賦納究以太陽年爲便故波斯之地有宮分月分二歷非皆出於阿剌比又明史謂三十年閏十一日以十二月爲動月徵諸西書則三十年內以二五七十十三十六十八二十一二十四二十六二十九年爲置閏之年皆在十二月說較明史尤詳乃知數起開皇誤由明史梅氏專門歷算特沿明史之訛徐氏似爲得之然如彼教齋期知猶未審則紀年積數安必無訛疇人之術夙未嘗學述所見聞以質中土之治歷者彼教月名附以備考第一月曰穆哈蘭月(西音同)第二月曰薩法

勒月第三月曰勒必拉費勒月拉費勒義謂第一梅氏作勒必歐勒敖勿勒所謂敖勿勒卽拉費勒也阿剌比語常有阿而二字寫語助詞讀宜輕帶如人名末有丁字則必是阿而丁歐勒卽阿而故徐讀之有歐勒二音若急讀省文便成勒必拉費勒矣第四月曰勒必拉喝勒月拉喝勒義爲第二第五月曰祝馬達拉費勒月第六月曰祝馬達拉喝勒月第七月曰拉札潑月第八月曰沙班月第九月曰勒墨藏月西音微異當以梅氏爲準第十月曰紹哇勒月西音同第十一月曰楚而喀答月或云西而喀答第十二月曰都而哈察月或云而喝栖又舊唐書大食傳考證云大食國本在波斯之西案釋地明晰勝於新唐書大業中有波斯胡人牧駝於俱紛摩地那之山忽有獅子人語謂之曰此山西有三穴穴中大有兵器汝可取之穴中並有黑石白文讀之便作王位胡人依言果見穴中有石及稍刃甚多上有文教其反叛案此皆彼教中人附會之詞非眞有是事於是糾合亡命渡恆曷水劫奪商旅其衆漸盛遂割據波斯西境自立爲王波斯拂菻各遣兵討之皆爲所敗永徽二年始遣使朝貢其姓大食氏名噉密莫末膩自云有國已三十四年歷三主矣案大食爲阿剌比人古時阿剌比人游牧於西里亞者西里亞人稱之若曰大抑波斯人稱之若曰大希繼而阿味尼亞人突而基斯單人稱之若曰塔起克大抑大希塔起皆與大食音近故中國有大食之稱非姓也永徽二年時大食主奧自鑾爲謨罕默德後三代故云王三世惟云有國三十四年則當起於武德元年不合噉密莫末膩據西人云當是阿剌比語哀密耳阿而莫末甯之譯言信從者之君也奧自鑾之先倭馬爾首應此號又阿剌比語噉密莫未甯言信從者之類其國男兒色黑多鬚鼻大而長似婆羅門案阿剌比人膚理黝然僅不如阿非利喀黑人之甚今尙如是鼻大而長狀貌皆合婦人白晳亦有文字出駝馬大如諸國兵刃勁利其俗勇於戰鬪好事天神土多沙石不堪耕種惟食駝馬等肉案謨罕默德之教專主事天無所謂神土多沙石不堪耕種確合阿剌比地形俱紛摩地那山在國之西南鄰於大海其王移穴中黑石寘之於國案此卽麥喀之黑石殿也彼土傳爲天降西人謂卽落星石當不謬謨罕默德之先已供於殿並非其王移置龍朔初擊破波斯又破拂菻案拂菻傳云大食強盛漸陵諸國乃遣大將摩拽伐其都城因約爲和好請每歲輸之金帛遂

臣屬大食馬拂菻非即漢之大秦而爲大秦屬地在黑海南後歸東羅馬後漢書云從安息陸道繞海北行出海西至大秦人庶連屬十里一亭三十里一置終無盜賊寇警而道多猛虎獅子遮害行旅所謂人庶連屬十里一亭皆指拂菻而言宋元豐年間塞而柱克朝人自波斯地來奪羅其地始不屬東羅馬別爲羅姆國見西域補傳下元史愛薛西域弗林人弗林即拂菻是元時猶有此名明時屬土耳其自此田野汙萊生聚蕭索非復昔時繁富矣始有米麵之屬又將兵南侵婆羅門此指印度呑併諸胡國此指印度河西及阿母河南北諸國勝兵四十餘萬長安中遣使獻貢馬景雲二年又獻方物開元初遣使來朝進馬及寶鈿帶等方物案西人譯西域人餽擴里書紀哈里發蘇勒滿事云西七百十六七年時大食將庫選拔自費爾干據今喀什噶爾之地遣使薩貝拉饒馬並餽物於中國皇帝令來臣服謂否則我己立誓必踐中國土地中國皇帝令取土一包與之謂可踐踏以應其誓語近兒戲唐書無之而考其年分則在開元四五年其占喀什噶爾亦非無據錄之以誌異說其使謁見惟平立不拜憲司欲糾之中書令張說奏曰大食殊俗慕義遠來不可寘罪上特許之尋又遣使朝獻自云在本國惟拜天神雖見王亦無致拜之法所司屢詰責之其使遂請依漢法致拜其時西域康國石國之類皆臣屬之其境東西萬里東與突厥施相接焉一云隋開皇中大食族中有孤列種代爲酋長孤列種中又有兩姓一號盆泥溪深一號盆泥末換案孤列即報達補傳中之柯勒也奚深即奚施也或云謨罕默德本族爲哈深派哈深奚深音亦類似其俗謂子曰本統子孫則曰本泥盆泥字音以取多數末換亦見補傳謂其奚深後有摩訶末者案此即摩罕默德勇健多智眾立之爲主東西征伐開地三千里兼克夏臘案夏臘當即敘拉在哀甫拉特河西南濱見西北地附錄苦法釋地一名釤城釤音所鑒反摩訶末後十四代至末換殺其兄伊疾而自立案即補傳中末而換第二遂伊孛拉希姆奪據其位之事或云逐柏濟特第三柏濟特或作野息特尤與伊疾音合復殘忍其下怨之有呼羅珊木麤人並波悉林舉義兵應者悉令著黑衣案呼羅珊即呼拉商見西域補傳木麤新唐書作木鹿木鹿城見漢書安息傳蓋即元史之馬魯爲呼拉商部內一省並波悉林當是人名當時阿拔斯族黨有名阿布墨斯林者爲將領或即此人旬月間眾盈數萬鼓行而西生擒末換殺之遂求得奚深種阿蒲羅拔立之末換以前謂之白衣大食自阿蒲羅

拔後改為黑衣大食（案阿蒲羅拔即阿蒲而阿拔斯白衣改黑衣皆見補傳）阿蒲羅拔卒立其弟阿蒲恭拂（案即補傳之阿蒲札非而西人考唐書疑恭字為茶字之誤）至德初遣使朝貢代宗時為元帥亦用其國兵以收兩都寶應大歷中頻遣使來恭拂卒子迷地立（案迷地即愛而每諦）迷地卒子卒栖立（案傳作哈而突以謨薩）卒栖卒弟訶論立（案即傳之哈而倫惟唐書作弟為異文）貞元中與吐蕃為勍敵蕃軍大半西禦大食故鮮為邊患其力不足也十四年詔以黑衣大食使含嗟焉雜沙北三人進為中郎將各放還蕃又元史報達補傳云報達城名直波斯海灣西北據體格力斯大河天方教主哈里發之所都也天方教搦始於謨罕默德陳宣帝太建三年生於阿剌比麥喀之地或謂太建二年（西書有二說一五百七十一年四月二十日為太建三年一五百七十年八月二十日為太建二年海國圖志作太元年西書無此說也）其族曰柯勒奚施（或曰同族分數派一曰哈深人多貧一曰倭馬亞人多富謨罕默德出哈深派）其父曰阿白塔拉其母曰阿米那其本名曰阿蒲而喀生本阿白塔拉猶言阿蒲而喀生為阿白塔拉之子本謂子嗣謨罕默德乃阿剌比人贊美之詞非其名幼時親喪家貧給事於富商二十五娶其寡居主婦曰哈的札以是雄於財先時阿剌比人禮拜星日造偶像以祀神無所謂教也猶太教天主教亦有至麥喀者耶穌在世時曾謂門徒我死後當更出一人闡揚至教古時猶太教人亦有此語無稽傳述歷千百年謨罕默德四十歲時僻居寂處默思冥索欲搦新教以應斯言幼時有昏仆之疾（如今羊頭風痛之類）至是復發謂天帝宣召親承眞誥其妻女與其婿阿里（阿里為謨罕默德同族兄弟其父阿卜他立自為一族之長）其友阿部倍克耳皆篤信之鄰近愚民聞其議論亦多從者而族眾以為狂麥喀有殿中置黑石相傳天所降也（西人謂即落星石當不謬）殿亦設土木偶像遠近之人瞻拜祈福者歲時不絕而謨罕默德專主崇奉上帝力闢偶像之非族

衆嫉之謀加害幸其叔伯哈姆札其族長阿卜他立白救護之得免其壻倭脫蠻亦曰奧自蠻偕徒黨咸渡紅海從居西岸以避禍地名阿比西呢亞紅海西岸南未幾倭馬亞族人曰倭馬爾來從教讀罕默德遂與阿部倍壳耳倭馬爾為新教首領歲五十西六百二十年婦哈的札死娶新入教之女曰騷達又娶阿部倍壳耳女曰阿夷舍歲益廣置妻室倭馬爾之女亦奉巾櫛屢夢登天寤則以上帝所謂告門徒書之是為可蘭經西域水道記作庫魯安不如可蘭麥哈北牙脫里之來禮拜黑石者聞其異亦來從是時阿卜他立白死阿布拉哈里貝為族長與讀罕默德不協禍益亟唐高祖武德五年西六百二十二年讀罕默德自麥喀避難往牙脫里是為天方教紀歷之始年為黑蚩拉大節日黑蚩拉譯義謂逃奔也詳天方教歷考改牙脫里為麥地拿義為城如言教師之城明史天方古筠沖地又曰默伽復云默德那回回祖國地近天方案默伽即麥喀默德那即麥地拿同在阿剌比境內而明史區之為二謬矣造禮拜堂為天方教第二聖殿首則麥喀之黑石殿遠近歸附黨與日盛憤柯勒奚施族人之仇思強以入教遣人掠其商旅武德七年攻敗麥喀人殺其仇人阿不札耳戰時不親臨陣惟在室祈禱戰既勝羣謂祈禱得天祐次年麥喀人三千來攻讀罕默德惟千人戰敗己亦受傷又二年麥喀人來困麥地拿城議和而去猶太教人為敵助敵退猶太教人七百欲赴黑石殿禮拜拒之與約十年不相犯乃允其往又二年麥喀人與阿剌比族相仇殺讀罕默德與之友議助力其時徒黨已有萬人麥喀人懼不敵亦入教乃盡毀黑石殿內偶像敗麥喀東南各族類阿剌比全境舉宗其教教示諭門徒若天主教若猶太教不從我者厚取其稅斂而不必強制以其同奉上帝同一根本也此外之教必脅之伐之滅之而後已指火教釋教太宗貞觀六年往麥喀禮拜令此後異教人不容入

殿瞻禮招東羅馬人入教不從議用兵而病作是年卒於麥地拿（西六百三十二年六月初八日）就死所建墓就墓所建禮拜堂謨罕默德無子惟生數女有女曰法梯昧所嫁阿里為婦死時惟法梯昧尚在謨罕默德居麥地拿時凡他適必命一人代司教事名之曰哈里發義謂代天治事此哈里發之稱所由起也病時未定所傳卒後公議立阿部倍壳耳為哈里發時波斯與東羅馬累歲搆兵國是日衰替阿部倍壳耳出二軍一至西里亞一入波斯乘其微以斥境在位二年卒於報達之地（西六百三十四年或云為猶太人毒死其時報達城尚未建）臨沒定以倭馬爾嗣位倭馬爾能兵憑倚武力數敗波斯蠶食其地以東至於印度西侵西里亞及阿非利喀北岸之脫里潑利（今義大利國之對岸隔地中海）東羅馬王海拉克里育斯兵敗於西里亞之北西里亞全境被幷一將曰阿拔謨薩奪美索卜塔米亞（先謙案即美索不達迷亞今屬土耳其）庫昔斯單（報達東南屬部其首城為呼思特拉見洪鈞元史西域補傳注中）二地（西六百三十八年至四十年）一將曰阿謨爾自西里亞入埃及以占地倭馬爾亦講求文治於體格力斯河哀甫拉特河會流入海之處建巴索拉城（西六百三十五年）哀甫拉特河西建苦法城（西六百三十八年苦法城在波斯海灣西北哀甫拉特河西與歇拉城相近西人謂後漢志之于羅國即歇拉）皆造禮拜堂設書院以黑蚩拉節日為元旦貞觀十八年（西六百四十四年）為人所害謨罕默德之壻奧自蠻嗣其將阿拔搭拉占波斯疆宇益廣奧自蠻自率師船由西里亞出地中海侵掠日斯巴尼亞國海濱地而歸奧自蠻用人以愛憎為去取眾不平高宗顯慶元年（西六百五十六年）為阿部倍壳耳之子所殺其僚壻阿里嗣時諸大酋自相爭鬭玩視教主阿里在位四載阿孛堵阿滿害之（西六百六十年）阿里長子哈山嗣未一載以部眾思亂畏而遜位（後八年哈山為婦毒死）哈山有弟曰忽辛應嗣為哈里發而丹馬斯克大酋謨阿賚歹

來奪其位西六百六十一年讓阿費彑為倭馬亞族人自稱讓阿費彑第一阿剌比西里亞埃及波斯人皆奉令惟謹國勢復合為一先時哈里發居麥地拿至是遷於丹馬斯克在西里亞境內定議哈里發之位必屬倭馬人毋許他族僭奪故稱為倭馬亞朝據地中海各島海舟常東至羅馬鹵掠海拉克里育斯以水師來爭而讓阿費彑已有兵船千七百艘軍勢甚盛敗東羅馬水師困康斯灘丁諾白爾都城七載不能下乃罷東取昔義斯單句喀不爾見西域上傳先謙案即阿富汗都城喀布爾元史西北地附錄作可不里西取俺體育克見西域下傳案在云近地中海小阿味尼亞之古名事在西六百六十三四兩年繼又侵突而基斯單西六百七十二年案唐書西域傳永徽中石國為大食所破永徽元年西六百五十年則其兵鋒遠被可知又令其子栖濟特為將下撒馬爾干西六百七十六年又往占地中海西岸為東羅馬所敗遂建城於土匿斯以駐兵今為法國所屬小邦高宗永隆元年卒西六百八十年子栢濟特第一嗣阿里子忽辛既失位其徒黨以為憤聚眾至十四萬奉以為主至哀甫拉特河為苦法守酋戰敗忽辛隕於陣高宗宏道元年西六百八十三年平阿剌比人之為亂者是年栢濟特第一卒子讓阿費彑第二嗣四十日即辭位旋卒時各大酋皆懷覬覦麥地拿酋末而換第一入據其位於是波斯之呼拉商部自立為國巴索拉酋亦自稱哈里發而為末而換部將所敗位遂定令屬地鑄錢用阿剌比文臣下咸習阿剌比語攘阿昧尼亞之地在位二十二年卒西七百五年子威利特第一嗣東收阿母河錫爾河及裏海各部族併西印度之信地西收阿非利喀北境渡海以攻日斯巴尼亞國在位十一年卒西七百十六年弟蘇勒滿嗣圍東羅馬康思灘丁都城一載請成而退在位一年卒西七百十七年倭馬爾第二嗣不知是孫是弟不好兵在位三年遇害西七百二十年末而換第一之子栢濟特第二嗣在位三年

卒（西七百二十三年）弟希沙姆嗣在位十九年卒（西七百四十二年）臨沒之年有忽辛四世孫宰特爭位來戰希沙姆殺之在日斯巴尼亞之兵為佛郎國所敗（阿剌伯等地稱法國曰佛郎國西人曰佛郎人）自是日斯巴尼亞北境得安次年栢濟特第二子威利特第二嗣好色不理事在位二年為其下所殺（西七百四十四年）威利特第一之子栢濟特第三嗣是年即卒弟伊孛拉希姆嗣旋為末而換第二逐而據位（西七百四十五年）或謂被逐者即栢濟特第三栢濟特別作野息特兩歲之中四易其主倭馬亞朝哈里發素薄待其下阿剌比人猶未忘謨罕默德教澤而為別派攘竊益疾視倭馬亞人謨罕默德叔伯之裔曰阿拔斯其後人衣尚黑（倭馬亞朝人白衣阿里之後人綠衣）稱謨斯阿費達（即黑衣之謂）唐書所謂黑衣大食是也阿拔斯之孫謨罕默德轄呼拉商部自以教主本族義得纘承統緒沒時以屬其子依白喇希姆相時而動勉成父志呼拉商人遂奉依白喇希姆為哈里發往麥喀禮拜中途為倭馬亞人所獲置諸獄其弟阿蒲而阿拔斯繼立天寶八年（西七百四十九年）即哈里發位於苦法遠近響應攻敗末而換第二逃入埃及次年追獲殺之倭馬亞人麕集於丹馬斯克阿蒲而阿拔斯之叔伯阿白搭喇盡殲其族惟阿孛都拉鑾一人逸入日斯巴尼亞自立為哈里發阿蒲而阿拔斯即位之四年（西七百五十四年）遷都於盎拔耳城（哀甫拉特河東底格力斯河西）是為阿拔斯朝又二年卒（西七百五十四年）弟阿蒲札非而嗣治國事甚有條理國人頌之曰阿而曼蘇而（為得勝之義）阿里後裔之在阿剌比者自立為哈里發攻以兵敗死肅宗寶應元年（西七百六十二年）始建城於報達在位二十一年卒（西七百七十五年）子愛而每諦謨罕默德嗣十年卒（西七百八十五年）子哈里突以謨薩嗣德宗貞元二年（西七百八十六年）始遷都報達是年卒子阿蒲謨罕默德哈而侖嗣興

學施治頌聲載道常稱美之曰哈而侖阿而阿釋鄰近之國亦聞風傾慕在位十九年卒(西八百五年)卒後三子分其國長子阿敏轄報達西里亞埃及阿非利喀阿剌比等地次子麻謨訥轄波斯東至於突而基斯單三子謨阿塔遜轄小亞細亞(黑海南爲小亞細亞)阿昧尼亞北至於黑海鼎足而峙爭端以起阿敏攻謨阿塔邏爲其將他海爾所敗奪報達殺阿敏立麻謨訥爲哈里發阿里之黨亦奉阿里後人阿里治而利達爲哈里發麻謨訥不與爭且娶其女改黑衣爲綠衣以悅阿里之黨(見前注)國人見其所行不合廢之議立其叔伯伊白拉希姆哀而謨哈立克未幾阿里治而利達死之事遂解麻謨訥仍爲哈里發穆宗長慶三年(西八百二十三年)往攻東羅馬大風覆其師船復以衆往布而噶爾部人助東羅馬與戰敗衂而歸阿拔斯朝自此衰茶大將他海爾轄呼拉商部自立爲國(爲他海爾朝所由起卽唐書之呼羅珊志略作哥剌森海國圖志作可拉散哥拉撒)文宗大和七年(西八百三十三年)麻謨訥卒弟謨阿塔遜嗣慮各部酋背叛本國之兵不足恃收買突厥人爲奴僕(西書作突哥克)訓練成親軍建城於報達北百里曰薩米而阿居焉在位九年卒(西八百四十二年)子瓦體克壁拉嗣旋卒子幼親軍擁立其弟謨塔瓦起而壁拉爲哈里發其子與親軍通使殺其父而立己親軍從之遂立其子木司灘錫爾壁拉懿宗咸通三年(西八百六十二年)親軍立其孫木司敦壁拉是時阿里後人曰哈散曰牙亞本倭馬爾復來爭位木司敦壁拉得他海爾之助殺牙亞本倭馬爾哈散逃入達拔而斯單(在馬三德蘭境內唐書波斯傳陀拔斯單卽此)在位四年(西八百六十六年)親軍作亂殺之謨塔瓦起而次子謨阿塔茲壁拉嗣僅三載(西八百六十九年)親軍脅令遜位瓦體克壁拉之子謨台諦壁拉嗣殺親軍首領仍爲首領之子所殺在位一年謨阿塔米忒嗣(西八百七十一年)以計收

親軍之權仍還歸報達在位二十二年西八百九十二年謨阿塔梯式壁拉嗣十年西九百二年謨克塔非壁拉嗣七年西九百九年謨克塔的而壁拉嗣位時年十三眾廢之立阿白塔拉又殺之仍立謨克塔的而壁拉既而其弟喀海而壁拉嗣位親軍復擅權被廢西九百三十四年哀而哈諦壁拉嗣位定親軍大將之稱曰哀密耳阿而渥姆阿義軍將領中之首領政由其出哈里發惟主教而已七年卒西九百四十一年謨塔奇壁拉嗣三年西九百四十四年親軍廢之以鐵烙其目成瞽木司塔克非嗣兩年謨梯亦壁拉嗣二十八年西九百七十四年台亦壁拉嗣十七年西九百九十一年喀諦而壁拉嗣四十年西一千三十一年喀津姆貝阿謨爾亦拉嗣四十四年西一千七十五年埃及人攻報達闔城乞援於塞而桂克王闔始解遂授塞而桂克王哀密耳阿而渥姆阿之職謨克塔諦貝阿謨而亦拉嗣二十年西千九十五年木司灘舍而壁拉嗣二十三年西千百十八年木司塔而舍壁拉嗣十七年西千百三十五年拉施特壁拉嗣一年謨克塔非貝俺木而亦拉嗣二十四年西千百六十年木司灘朮忒壁拉嗣十年西千百七十年木司塔諦貝俺木而亦拉嗣十年西千百八十年那昔爾纍丁亦拉嗣四十五年西千二百二十五年蒙古平西域哈里發東方屬國餘者無幾哀脫塔海而壁拉嗣一年木司丹錫爾壁拉嗣十六年西千二百四十二年蒙古兵屢侵其境國勢益危木司塔辛壁拉嗣十五年西二千二百五十七年以上所云壁拉譯義為侍天阿剌比語旭烈兀既滅木剌夷謀攻報達木司塔辛無才喜聽樂觀劇西使記謂哈里法患頭痛醫人作新琵琶七十二絃聽之立解亦一證也國事皆決於下附近屬國若羅姆若法而斯若克兒漫皆降服蒙古若哀而陛耳若毛夕耳等部猶依違未定埃及亦大部而道遠且懼蒙古不敢來援低瓦荅兒者報達之官名也郭侃傳有紂荅兒或即此惟傳言將此言相傳為名出為官名人職視宰相正副各一人其大將曰素黎曼沙其鑿

賦財官曰謨牙代丁皆用事報達城有十葉教人聚居一處（阿里後人一派曰十葉教阿拔斯後人一派曰素尼教今土耳其爲素尼教波斯爲十葉教）木司塔辛縱兵劫掠謨牙代丁亦奉十葉教怨哈里發殘其同類不惟不懲治部兵反謂盡滅十葉教人庶不生事遂輸誠於旭烈兀願爲蒙古臣僕旭烈兀懲貝住之喪師疑報達不易下處挾詐責以要約實據謨牙代丁復具書悉以國事相告勸進兵並勸哈里發裁兵額以節饟糈有警則徵調屬國之兵爲衛木司塔辛吝於財從其言低瓦苔兒之副曰哀倍克與哈里發不協謀廢立謨牙代丁知其謀以告哀倍克知其通蒙古亦以告木司塔辛皆不究旭烈兀使至書云我征木剌夷令汝助兵非有他意欲締好也而兵不至汝席祖業迪前光但日入之後月始照耀日出則月沒矣我蒙古自我祖西征滅貨勒自彌服塞而柱克（羅姆爲塞而柱克分國故云）平低楞（即西北地附錄之低篆木剌夷堡在低楞者居多當即指滅木剌夷）收撫諸阿塔畢凡此諸國逃人入汝境者汝開門延之我蒙古人至則稱兵以拒今我自至汝如見機毀平城壘親來納降或先遣將相大臣來議汝位得保我兵不入如欲戰則速集衆以待屆時飛走路窮汝無後悔木司塔辛覆以書曰汝少年偶然得志便覬覦天下自西自東凡信上帝崇正教者皆我管屬我一震怒則義而闔之人皆羣起而逐汝蒙古以歸上而安（義而闔即波斯亳之古稱義翊古國由其地故高老土南安即突西其斯單之國本古稱）特我不願衆庶罹鋒鏑故相容耳汝安得令我平毀城壘哉蒙古使者出城百姓努目覩幾欲加刃謨牙代丁以兵護送未被害旭烈兀得書議進兵木司塔辛問計於謨牙代丁則勸以納賂行成而哀倍克不允議久之始令素黎曼沙集兵謨牙代丁不迅籌饟踰五月兵始集饟仍遷延不發木司塔辛復遣二使往說自來列邦攻報達者無不受天

譴歷引塞而桂克貨勒自彌等國故事爲證旭烈兀斥其妄報達
東界有山爲義拉克阿鄭 句 義拉克阿拉伯兩部分界山有得而
屯刻堡守將曰忽珊姆哀丁以事怨哈里發旭烈兀知其情招致
之果來見令占奪旁堡爲大軍前驅忽珊姆哀丁先允繼歸而悔
旭烈兀聞其中變令怯的不花往誘出堡擒之使招堡中人悉出
毀其堡殺其兵忽珊姆哀丁亦見殺旭烈兀將自進征憲宗遣星
者霍殺哀丁至軍前（元史云憲宗酷信巫覡卜筮之術凡行事必謹叩之殆無虛日此亦一訛）詢以攻
報達之事而星者奉教曰如攻報達日不出雨不降士馬亡年歲
荒風霾地震國有大喪詢之奉佛人及將士皆曰吉詢之納昔兒
哀丁則素仇哈里發（納昔兒哀丁徒思人奉阿里發先在苦喝以斯單木剌夷大酋處爲從官作詩以獻木司
贊辛報達之相以書告木剌夷大酋謂其交通哈里發屬其謹防乃拘置阿剌樓忒堡中木剌夷之主復釋而用之）力言無
此六殃引昔時哈里發爲人致死之事以折霍殺哀丁（霍殺哀丁云如無此
災殃則驗長追報達平其言不驗遂殺驗毀）遂決入計深入令貝住爲右翼發羅姆涉毛
夕耳自報達西北進不花帖木兒 句 蘇孩察克 句 偕朮赤孫三人
曰布而嘎曰土拉爾曰庫理將別隊佐之令怯的不花 句 庫圖遜
爲左翼自報達東南羅耳之境進旭烈兀將中軍自報達東境進
郭侃 句 伊而喀（西人曾見元史者謂當卽郭侃推伊而喀字不審何義今作爲兩人見旭烈兀傳注二）鄂勒
克圖 句 阿而哀阿喀（他書多以爲卽行尙書省事之阿兒渾）喀而拉克筆帖齊（筆帖齊官
名卽元史之必闍赤）賽甫曷丁 句 科者納昔兒哀丁 句 阿拉哀丁阿塔瑪里
克志費尼皆從法而斯之阿塔畢遣其姪謨罕默德沙率兵以助
憲宗七年冬大軍躪乞里茫沙杭城（城名見元史西北地附錄德人哈木耳云西平二百五十
八年開月初自哈馬丹起程正月十三日殘破乞茫沙杭合之中歷應在憲宗七年十一十二月闊里）召右翼貝住
等將東渡體格力斯河上游來議軍情以羊胛骨卜之吉（蒙古以羊胛卜
卦見耶律楚材傳）旭烈兀進至呼耳汪河等仍西渡體格力斯促師進發

其時報達遣低瓦苔兒哀倍克及將費度曷丁句喀拉辛酷耳駐守體格力斯河東之牙庫拔句八奇賽哩（皆城名）聞貝住等軍已在河西行瀕近乃亦引兵西渡遇前鋒將蘇衮察克於盎拔耳城（報達西北不及百里）蒙古軍敗退費度曷丁老於戎行持重不輕進哀倍克不從追及於堵者耳河（體格力斯哀甫拉脫爾河中之橫河昔人開此河以便運道）蒙古軍背水為陣戰竟日無勝負入夜兩軍皆駐營報達營地低下蒙古軍夜決河隄淹其營次日進攻覆其眾（西千二百五十八年正月十八日）二將死之哀倍克逃歸報達（郭侃傳云其將紂苔兒遁去侃追之夜暴雨明日水深數尺情節微有側處）貝住等至報達西城外據其街市（西正月二十二日）怯的不花既平羅耳（先曾來降附故曰既平）兵亦近城而旭烈兀中軍已駐報達城東（西正月十八日已至）城圍遂合城跨體格力斯大河分東西二城西城外環市廛內有子城東城壁壘峻厚牆上築敵臺百六十三座（昔見西人所繪報達城圖坐東南向西北東城有牆西城無之劉郁西使記云城有東西城中有大河西城無壁壘東城圍之以甓甚合而又見他書專考天方敎人在東方之事則云西城亦有牆寬廣尺寸咸備並云先建西城後建東城異說紛紜殊難審定）中軍營於阿鄭門（通義拉克阿鄭之路故以此名其門）郭侃句伊而喀句怯的不花營於開而拔提門布而嘎句士拉爾句庫理句希拉們（綽兒馬罕之子勇冠三軍蒙古人呼為金柱）鄂勒克圖營於速克蘇而灘此河東軍也西則不花帖木兒貝住蘇衮察克等軍體格力斯河上下游皆泊舟置礮以防其逸築牆掘濠一晝夜工畢近城無石運於遠山撤民居屋毀為礮臺攻具畢備遂進攻哈里發懼遣謨牙代丁等出乞如前議納降旭烈兀曰此我在哈馬丹時之議今我在報達城下矣速令素黎曼沙低瓦苔兒來見遲日別遣官紳出拒不見下令亟攻毀阿鄭門敵臺責布而嘎等不督兵力攻軍遂登城據其臺（西二月初）低瓦苔兒具舟以遁為守兵所扼仍回城（郭侃傳所謂合里法登舟以遁有浮梁扼之乃自縛詣軍前降是也）哈里發先後遣長子

次子出見，拒之如前（西二月初五初六日）。旭烈兀遣人召低瓦苔見及其大將出城，哈里發來否聽之（西初七日）。哀倍克素黎曼沙不得已乃出謁，次日悉伏誅。越日，哈里發挈其三子暨親族官紳三千人出降（西二月初十日當巳在憲宗八年正月）。令諭民棄器械勿再抗拒，以哈里發父子等置怯的不花營。軍入城（西二月十三日），大殺掠，惟天主教人（謫可托爾教）及他國人居屋不入。凡七日，民求免，乃下令停刃，被殺者已八十萬人。角兒只兵從征尤盡力屠戮。旭烈兀自入城（西二月十五日），至哈里發之宮，令畢獻庫儲，復詰窖藏，目於井而出之，黃金珍異充牣其中。搜宮中，得婦女七百人，內監千人。旭烈兀以城中伏尸積穢，移駐於鄉（西二月二十日），遣使招諭庫昔斯單（報達東南部落）。事定，欲殺哈里發木司塔辛，自知不免，請沐浴而後就死。同死者長子及內監十五人，皆裹以氈，置衢路，驅戰騎蹴踏而斃。木司塔辛四十六，在位十六載（西書則止十五年，蓋必滿一歲乃爲一年也。西一千二百五十八年二月二十一日見殺，合中歷在憲宗八年正月）。報達阿拔斯朝第三十七代至此國亡。次日，復殺其次子及親族等，幼子謨拔來克沙以倭而采哈屯乞免得不死（後娶蒙古女，生二子）。自謨罕默德剙立新教，從者風靡，招徠之窮濟以威，方闢地萬里，驅策諸侯王，類首帽伏莫敢異趨。雖其後嗣寖衰，徒擁虛號，然有國者非受其冊封，即無以自立於臣民之上。冊封之禮，哈里發遣使錫以纏首巾一方、約指一枚、刀一柄、驘一騎，韉轡具備，飾以瓌寶。使者至國，官僚郊迎，國主迎於國門之內，以口嘬使者手背，如卑幼見尊長（西書謁以叹嘬贏跪飲平言之過甚欸西書圖鑾鑾言之）。使者宣命，首以衞護其教爲國主聽受惟謹，蓋歷六百餘載，而哈里發之位始絕，亦可謂悠久矣。當報達城破時，哀脫塔海而壁拉之子阿卜而喀辛阿黑脉脫逃入阿剌比，旋至西里亞。世祖中統二年（西千二百六十一年），埃及王比拔而斯迎以至國立爲哈里發受其冊封爲蘇而灘謀復報達以騎兵二千及阿剌比兵衞以東行旣踰哀甫拉特河過其族人哀而哈勤率衆七百來合破歇拉城蒙古將喀拉布哈報達守將阿里巴圖皆以兵至戰於盎拔耳城中伏軍敗阿卜而喀辛無下落是年西十一月二十九日惟哀而哈勤得逸入埃及嗣爲哈里發竊號一隅寄託籬下蓋不足舉數云明時土耳其國滅之自此不聞有哈里發矣此傳所紀謨罕默德事賓世系皆由他西書譯出若旭烈兀滅報達則本多桑書也報達應作八格達劉郁西使記始見報達之稱元史無之惟憲宗紀三年六月命旭烈兒征西域哈里發八哈塔等國八哈塔郭報達哈里發爲教主之稱云等國者旭烈兀所征非止報達史文不明遂若兩國今審字音以八哈塔爲逝而報達之稱已屢見於諸儒著作正史之八哈塔反不甚著故舍正史而從西使記作報達云八格達亦作八格達脫元祕史之巴黑塔惕字音最合先議案[illegible]氏於波斯安息之疑案阿剌伯教歷始末辨析隘詳故備錄之惟於甘英臨海之方至鉤稽末明實緣一時誤會辨見余所撰後漢書西域傳集解

五洲地理志略十一　亞洲十四

賜進士出身　特賞內閣學士銜前國子監祭酒翰林院編修加三級臣王先謙謹撰

亞細亞土耳其

亞細亞土耳其譯義云土耳其領土之在亞洲者較在歐洲之本國尤大東起波斯灣西盡愛琴海北起黑海沿岸南盡巴布爾曼得海峽阿多曼朝分此領土爲州州更細別之爲縣爲郡爲村爲邑各州有總督行政官及州會爲之輔佐謝志云地屬蘇丹耶其聘人稱管轄分一十餘省每省設一巴沙其聘人總督事權獨掌多施虐政雷志云一包有小亞細亞半島近出小亞西亞志云亞洲極西有凸出大陸之地界黑海及地中海東偏流域之間其西北與歐洲逼近有極窄海峽一名博斯破魯斯一名他大尼里者以隔之南北界北緯三十六度至四十二度間東西界東經二十六度及四十度內北黑海西愛琴海南地中海東界與亞美尼亞及美索不達米亞等地未能顯分試自司肯得隆灣起懸擬畫一界綫至薩母撒塔及馬拉替葉兩城中間之阿付拉底河濱自此以河爲界至近厄爾斯美則界綫轉而南向再懸擬一綫至達拉布松稍東之黑海濱是爲東界自達拉布松迤東至巴統之地雖隸亞洲土耳其然以地勢言宜屬亞美尼亞不屬小亞細亞也初羅馬時代以希臘古國貝加摩舊地爲亞西亞郡五世紀中有侯魯西斯名此地爲小亞西亞十世紀中希臘人名之曰亞那多里亞譯卽日出意又名曰利梵德

譯即東方意上古時有白西里亞人叙跙珈巴爲最大民族强盛時都蒲加斯庫伊當日雕刻器及文書爲狀至奇士麥拿及阿付拉底河間古城中皆有之又有愛林人自歐洲遷來在勿里其亞省立國今尚有石墳壘堡等遺跡紀元前八九世紀時爲亞美尼亞之昔默利亞人所滅迨昔默利亞衰而後立地亞國始起至西北兩岸不知何時爲希臘人所有後自羅得島至達拉布松濱海地及屬島皆爲其殖民地立地亞國都於薩迭斯昔默利亞來攻幾覆其國前六百十七年立地亞王阿里亞德斯大敗之盡逐其人前五百六十年末代王克利失斯立大擴疆土至於奇耳伊爾馬克又盡得希臘殖民地前五百四十六年爲波斯王沙勒斯所滅分爲四省前三百三十四年希臘亞立山大滅波斯小亞西亞爲行省置郡縣今土耳其尚仍舊稱亞立山大死其將塞柳格斯據之兼得西里亞爲西里亞王前二百八十年有希臘人起於貝加摩人爲獨立國羅得島立爲民主國前二百七十八年有歐洲之高盧渡博斯波魯斯海峽立一國於小亞細亞中央部前二百三十二年貝加摩王阿塔勒斯第一限高盧人於薩克利亞河及奇耳伊爾馬克河之間不令他往前百八十九年曼烈斯第一滅高盧前百九十年羅馬破塞柳格斯後裔安地倭格斯第三於馬尼薩遂取其地羅馬兵退仍爲貝加摩國所有前百三十年貝加摩王阿塔勒斯第三卒羅馬收爲行省名曰亞西亞以將軍潘比轄之尚有別西尼亞及烹武斯西里西亞三國前六十三年皆爲羅馬小亞西紀元後二百九十七年羅馬帝達倭克里尋規改制度裁小行省亞舊日武人治事之權合數省爲一後基督教大盛小亞西亞之人幾盡從新教從此畛域悉除語言宗教混合爲一當東羅馬時

回族二次攻君士但丁小亞西亞未被其害千七十一年色耳及克（又作色敵澂克）突厥人得之移民來居於是舊有民族日見蕭條千九十七年第一次十字軍來攻奪其京都尼斯（去君士但丁百英里）又敗之於道列思恩突厥退至安地倭格城而止後遷都伊孔尼厄姆僻在內地從此不振各酋分地自王不相統壹後為倭斯曼立之突厥人所併合為一大國千四百年索丹貝葉西德第一領有全小亞西亞凡阿付拉底河迤西地亦悉為所得千四百二年貝葉西德第一為蒙古鐵木爾所敗其勝兵直至愛琴海濱鐵木耳死倭斯曼立之勢復振至摩哈默德第二又取喀拉馬尼亞達拉布松十三四世紀中意大利人所設商埠盡行捨去其地悉入土耳其矣

內有極大高原東向入款狄司坦（先謙案即古爾的斯丹辻志作客的斯坦）**阿米尼亞高地**（內阿耳蘭脫山高萬六千九百二十英尺）**二敘里亞狹高地**（內歐蒙山高九千百五十英尺）**三歐勿拉的河及底格里司河兩岸之低野**（先謙案歐勿拉的河辻志作幼夫列次云出阿米尼亞山中東南流合提格里斯行四千三百餘里列國學會二圖作阿付腊底斯吳志作由夫列得慕志作幼發啦的世界地理作幼發拉的斯欐志作幼發臘底斯謝志作弗拉德底格里司河辻志作提格里斯云出客的斯坦山中南流經巴格籌特府又南合幼夫列次為霞鐵爾阿辣伯河入彼斯灣行四千里二圖作底格里慕志作低格里欐志作底格里士吳志作器固利士世界地理作鐵固利斯謝志作第格利斯霞鐵爾阿辣伯河二圖作沙特厄耳亞拉布河世界地理作霞典辣布河）**四阿剌伯西**

部之高地近出土耳其志云其在亞拉伯之領土有濱波斯灣之厄耳哈薩低窪酷暑之地哈馬山嶺錯雜之也門及黑夾斯此諸省皆位於紅海之東海濱中有麥加及麥地那兩聖城土常戍以兵其歲費不貲賦稅所入不足以償亞拉伯民亦極不滿於土故非兵力不足守之以其爲回教王發祥之所土必欲占其地也面積六十八萬九千一百英方里人千五百四十三萬口辻志云在亞洲西端東接波斯西臨地中海南臨亞次比亞北濱黑海東北界俄領高加索西北隔瑪茂喇海及達達尼爾斯海峽薄斯東波拉斯海峽與歐洲土耳其相對西南隅達蘇彝士東南隅濱波斯灣面積約三百九十六萬方里小志云自地理上分界言之有亞那多里亞高原部古爾的司丹高原部美索不達迷亞低原部亞美尼亞高原部西里亞及巴勒士丁多山部及亞拉伯東北及西面之濱海部自千八百七十八年俄土戰後土以東界之庫土爾小部割讓波斯以東北界之卡司及巴統讓俄以塞普洛斯島讓英東界與俄波斯毘連西南包亞拉伯之西北東北諸境在埃及之界線則自亞喀巴城西北向至濱地中海之厄耳阿里什小海埠爲止至政治上約分二十省然時有更變不能一定其在小亞細亞之省名曰自魯薩及彼葛與乙司密德曰愛定及士麥拿曰加斯塔木尼曰安哥拉曰庫尼曰安達納曰西伐斯及雅尼克曰戒來別宋在亞美尼亞及古爾的斯丹之省名曰厄耳實龍及樊曰地亞倍格爾及阿西時在美索不達迷亞之省名曰巴格達曰巴斯拉及厄耳哈薩在西里亞及巴勒士丁之省名曰亞勒布曰大馬士革及黎巴嫩與耶路撒冷在亞拉伯之省名曰黑夾斯

及也門　司滿那人二十二萬五千口　擔馬司喀司人十五萬口
愛米坡人十一萬口　巴担人十萬口　般拉脫人十萬五千
口　歐善拉摩人六萬口　勃拉沙人七萬五千口　摩什爾人
五萬七千口　曼尼沙人五萬二千口　坎沙里亞人五萬口
大愛般人四萬七千口　剔里比祟人四萬五千口以上要區徐志

云土耳其中土曰買諾亞洲極西之地黑海地中海環其三面縱約千里橫約二千餘里（南北曰縱東西曰橫）南北峻嶺嵯峨中多腴壤土耳其起於此土韃靼種人散布雜居故土雖中衰尚無分裂所產者穀麥五金之礦蠶絲乾葡萄南果酒油蜜香料藥材地分六部一曰亞那多里亞（一作士麥拿）又名小亞細亞三面界海與西土土耳其之羅美里隔一海峽會城居民十萬勤於貿遷西國商賈雲集每年出入貨價不下數百萬金城內街衢汙穢每瘟疫盛行傳染殆徧所屬大城曰補撒居民六萬大邑曰加士他曰牟尼多囘囘廟宇一曰加拉馬尼亞在亞那多里亞之東土耳其人初來時寄居於此會城曰可尼土之舊都也一曰亞達那（一作安巖剌）在加拉馬尼亞之西南跨山臨海其山之羊毛細如絲用以織布極溫輭一曰西威斯（一作西瓦）在加拉馬尼亞之東南臨海山出銅礦居民善造銅器一曰馬拉士（一作古地亞又作路爾阿）東接東土之亞爾美尼亞西連加拉馬尼亞亞那多里亞兩部北距黑海一曰德勒比孫達（一作德比孫）在

馬拉士之東北隅南界亞爾美尼亞北距黑海其埔頭爲士俄通商之地先謙案參之西史小亞細亞之得名以地形與亞細亞相似也講義作亞拉多里亞云一曰拉多利亞亦曰黎溫得士耳其人呼爲亞拉得利其境界北臨黑海西面馬爾摸拉海愛琴海等地南接地中海與西里亞東界阿拉美尼亞古爾的斯丹其地勢爲一大高原至東高度漸增北有波丁克山脈沿黑海岸而走南有奪魯山脈沿地中海岸而走又有安提奪魯山脈自東北而西南横斷亞拉多里亞之東邊奪魯山脈中有阿直什山高萬三千一百英尺河流注黑海者有奇悉爾伊爾馬克河(即喀利斯河)薩克里亞河入愛琴海者有几的士河民德勒河入地中海者有息順河日順河等其州名曰何達溫的格雅曰亞伊丁曰加士他牟尼曰昂哥拉曰可尼曰亞達那曰西威斯曰達拉布松謝志云小亞細亞地乃一大土股横臥黑海與地中海之間中爲高平原北界叢山横列黑海之濱南界有達魯斯山(案即奪魯謝志作達魯斯樋志作討勒司杜記作頭魯)河之長者曰紅河(謝志作克治耳衣爾瑪河圖作奇彩耳伊爾馬克河)二曰撒加利亞河(案即薩克里亞)皆入黑海更有數小河入希利尼海內地多小鹽湖天氣溫和物產穀果蔗糖棉花中央高原無樹木皆草地土谷曼人牧牛羊無數北坡向黑海而斜多產木材安哥拉產細毛山羊可織上品圜巾商賈多歐人爲之居民九百四十萬○據列國學會二圖小亞細亞西北隅爲亞那多里亞部與徐合郎亞拉多里亞也俄史作阿那多尼亞圓球圖作愛謳他力嗹極北曰加士他牟尼其西南曰何達溫的格雅又西南曰亞伊丁與講義合今皆爲州名亞那多里亞其大名也加士他牟尼徐云二邑今併爲一與腓尼基之土羅西頓同此古今之別也加士他牟尼杜記作加士達彌

尼萬國圖作卡士塔門匿加士他牟尼之西曰伊斯密得講義云
郎古名尼科美提亞者是也世界圖作伊斯密斗又西有地突出
西向曰斯庫台里與土都君士坦丁相對樋志作師壳他利中爲
博斯破魯斯峽世界圖作簿斯否拉斯講義云昔波斯王大流士
挈兵侵入歐洲嘗駕船橋渡此過峽而西則爲馬爾馬拉海吳志
作馬爾莫拉世界圖作馬默拉刻本誤點默樋志作瑪摩拉加士他牟
尼之西南有何達温的格雅部杜記作科達文的刻阿今爲州名
內地有布魯撒郎徐之補撒雷之勃拉沙紀程作白魯薩謝志作
孛路撒云土耳其人古京樋志作勃魯薩世界圖作不路薩講義
云布魯撒人七萬六千餘口在俄林普斯山麓有温泉有製絹廠
有回回禮拜堂有土耳其帝王陵寢杜宗預云酋長阿斯曼建國
處郎俄史之果尼阿稱爲君士但丁門戶者又迤而西北曰黑勒
斯奔峽又西南出口曰他大尼里峽世界圖作達爾達尼爾斯講
義云自西南延於東北長四十英里闊一英里或四英里峽中常
有向西南之急流兩岸礮臺城寨甚多千八百五十四年英法爲
保護土耳其與俄爭戰定議俄國軍艦不得自此峽出地中海之
南其南郎愛琴海世界圖謂之多島海直兩峽之口曰比加比加
之南有亞得剌密他灣又南有馬尼薩郎雷之曼尼沙又南濱海
曰士麥拿與徐合郎雷之司滿那也今在亞伊丁部內其灣曰士
麥拿灣汁志云首府在小亞細亞西端歐洲貿易要衝商業甚盛
矢志作斯密爾那周志作斯麥奈世界地理作士米那現勢圖作
斯曼納世界圖作斯摩那樋志作士美拿謝志作士每拿泰西新
史作思梅那圓球圖作斯謀訥法志作士列密外國地理作斯味
路拿世界地理作士密爾拿講義云天然良港汽船隊商會合於

此輸出入總額歲逾六千七百萬圓紀元前六百八十八年伊亞尼奧人居之羅馬時最盛後迭遭殘壞土耳其時乃復舊觀又南有民得里亞灣又南轉而東有可斯灣○亞那多里亞之東曰加拉馬尼亞部課程作卡拉綿尼阿圓球圖作喀拉麻尼阿世界地學作阿爾箆尼亞中央有城曰可尼與徐合萬國圖作可尼阿圓球圖作科遊唵今爲州名講義云人四萬四千口曾爲塞耳齊克土耳其人後裔之首府西南曰亞達里亞圓球圖作阿荅里阿萬國圖作阿迭利阿世界圖作阿他利亞其南有㕘魯山蔽之郎講義之奪魯南岸有亞達利亞灣甚廣闊灣曲甚深東方一帶絕壁峭立○山東南曰亞達那部徐云西南蓋誤據講義今爲州名云人四萬五千口在國東南當隊商之通路○加拉馬尼亞之北曰昂哥拉依圖作安果剌圓球圖作安固簍據講義今爲州名云哥爾人舊都產果實毛織物甚盛有喀伊撒里人七萬二千口在安地奪魯山西麓自昔爲陸路貿易之中心點曹典球云喀伊撒里郎雷之坎沙里亞○昂哥拉之東曰西威斯部與徐合今仍爲州名徐所志地今惟馬拉士末顯亞勒伯部內有馬拉士疑非杜宗預云學會圖以西威斯當馬拉士末知其審○西威斯東北有達拉布松今爲州名郎徐之德勒比孫達雷之剔里比崇也世界圖作特勒比遜樋志作他拉比順括地略作德勒比遜圓球圖作特來比章得外國地理作駝來卑莊慕志作德比孫講義云達拉布松在黑海岸重要之港曾爲達拉布松帝國之故都人三萬五千口其西方有昔奴魄港北岸斷巖峭立惟此爲安全泊舟之所二圖昔奴魄同世界圖昔奴魄作昔諾珀萬國圖作信諾魄俄史作西那卑云俄曾以水師襲取口內土兵謝志云小亞細亞東南有

城曰大數爲教徒保羅之本土亞力山大嘗在此浴於江內幾遭滅頂之凶又以弗所哥羅西等皆境內著名古城講義云此外有多羅雅美勒多斯愛佛索斯皆往古大都會在西岸諸地名二圖不著○徐志又云土耳其東土在買諾之東亦亞細亞地北枕黑海東北隣接俄羅斯東界波斯南連亞剌伯麥西西抵地中海縱約二千餘里橫約千餘里東北一帶多大山最高者曰阿臘曰黎巴嫩阿付臘底斯河一（作阿倫得作入河）發源西北底格里士河（一作地額河）發源正北相對東南流至巴索拉合流入海西南隅有大澤曰死海本土號邑遭異災地陷爲湖其水鹹惡四圍皆瘦嶺枯山死海之北有湖曰加利利其地爲泰西諸國赫建之祖大國名都代興者凡十數自爲回部所據其民種類各殊在海岸海島者皆額力西種（卽希臘）謂之上等人居西里亞美索不達迷亞各部者半阿丹種（卽阿剌伯）美髯善騎長於經商多素封居於東北山中者爲戈達曼種游牧爲生健勇好鬪好虜掠土俗類韃韃里（謂西域遊牧各部）居於黎巴纖山中者曰馬羅奈底士曰特魯西土曰黑爾西諸種皆回回民馬羅奈底士爲天主教師馬倫所化因以得名阿丹以兵力脅入回教戶口繁多其俗儉嗇特魯西果敢輕生戰不長平陸而長山險鳥槍從高擊下發無不中黑爾西戰最勇以少敵眾從未敗衄土與俄戰倚兩種爲勁旅諸部地界遼闊距王都遠自土勢中衰守土之酋多擁地自擅不供賦役百餘年來羈縻勿絕而已物產與中土同地分五部一曰西里亞（一作纖里亞唐書之西女國卽西里之譌華人傅會種皆女子拂菻遺男子往配之說荒唐可笑）在地中海東岸東北距阿付臘底斯河南跨阿剌伯與麥西接壤黎巴纖山在其北境邈邏入於中土其地大勢分爾域邈北曰西里亞古之名國有海口曰地破里居民二萬五

千海濱舊有兩大城一爲土羅西頓一時商賈萃集富者埒王侯今成廢墟一爲大馬士革其地山川秀澈田園開爽花卉尤繁十里外芳馥襲人遙南曰猶太猶太舊分三部曰猶太曰撒馬利亞曰加利利秦漢以前爲名國都城曰耶路撒冷（唐書稱拂箖）極廣大本羅馬屬國爲羅馬所屠後再立國卒爲土耳其所取因其爲天主耶穌生長之地至今猶豔稱之道光十六年麥西酋叛土以兵取西里亞美索不達迷亞二部二十年英人助土將興兵麥西乃還其地一曰美索不達迷亞（一作磨俗鄰部巴必羅尼亞）在西里亞之東北倚黎巴嫩山兩河迴繞（阿付臘底斯河底格里士河）爲東土中原唐虞時有諾威者居此爲泰西諸國之始祖其地半河半澤農力勤苦境內有八塔者昔爲回部都城（阿剌伯據東土時藩屬）今成廢墟又巴庇倫者（一作巴必鸞又作巴必羅尼亞）古大國都城廢滅已二千餘年瓦礫猶積成岡阜一曰古爾的斯丹（一作科爾加土丹）又名野哈馬在美索不達迷亞之東地多山瘠陋難耕部民多游牧於韃韃里會城曰亞勒破居民逾十萬道光二年毀於地震不遺一椽由此餓莩徧野一曰亞爾美尼亞（一作亞麥尼）在古爾的斯丹美索不達迷亞兩部之北阿臘山在其境內峯巒險峻洞峽幽深水漲則巨舟泊於峯當雲擾時其地被兵絕少故戶口較他部獨繁其民半奉耶穌教勤於商賈家有恆產會城曰黑爾斯倫（一作葉西倫）地氣寒甚七月中即見雪巴牙息在山腳居民之學館也平地近河曰地里北客城與鄰國通商山內古爾得族建堡於洞巒之間素爲盜巢一曰巴索拉（一作巴所剌）在古爾的斯丹美索不達迷亞之東南阿付臘底斯底格里士兩河至此部之東南隅合流入阿勒富海爲東南大埔頭五印度商船輻輳其城屋漏衢狹而貿易極盛先謙案徐志西里亞即雷敘里亞狹高地

也二圖與徐同萬國圖作賽利阿漢文圖作西爾撒列莫世界地理作西利亞外國地理作市利亞地理問答作安提阿法志作安杓沙講義云西里亞土耳其語稱索利斯坦亞拉比拉語稱耶斯寫摩泛言敘利亞則包有巴勒斯坦在內其境界北以奪魯山脈接小亞細亞東北接美索不達迷亞東鄰西里亞沙漠南與埃及爲界西瀕地中海其沿岸無艮港惟有伊斯肯得隆剌底奇耶地力破里貝魯特哈伊法雅法等小港其地勢北部之西有黎巴嫩山北部之東有安地黎巴嫩山其間擁抱溪谷稱曰耶爾貝克南部之西有撒馬利亞山猶太山南部之東有巴新山稽利得山摩亞布山耶曼山等東西兩山之間則者丹河溪谷在焉地中海斜面北方甚荻南方有廣大沃野曰西倫阿利斯丁亞即巴勒士登也西里亞沙漠斜面地勢緩降而延長者丹河出希爾曼山之西合美羅湖根內勒湖諸水入死海俄倫特斯河難特斯河出兩黎巴嫩山間入地中海阿巴拉河東流注於內地曹典球云阿巴拉河即巴拉達河下流之名中經大馬士革入內地湖沼昔爲亞西里亞巴比倫兩帝國之一部復屬波斯再屬亞力山大紀元六百三十六年阿剌伯人侵入焉千七十八年塞爾齊克土耳其領有此土歐洲至耶路撒冷巡禮者受其虐遇因起十字軍曾建耶路撒冷王國終不成千五百十七年爲阿多曼人所併至於今日中間曾爲埃及代王謨罕默德利亞所略取千八百四十○年以歐洲諸國公議復爲土耳其所領其州名曰亞拉伯曰蘇爾曰西里亞曰巴勒特曰黎巴嫩曰巴勒士登○敘里亞北部曰亞勒伯講義云人十二萬七千餘口自古爲兵商重要都會世界圖辻志作亞類波郎雷之愛米坡謝志作阿勒巴云在弗拉德河迆中海中間爲敘利亞北部首府千八百三十

二年地震城半圮廢然至今貿易猶盛其海口曰亞力山大雷德爲亞力山大帝所開闢安提阿城瀕地中海古爲通商大埠今尚未衰案泰西新史作安梯二凹亦作安提阿杜宗預云葢因部而命名也此部南郎古猶太國二圖亞力山大雷德作亞力山德勒達其西爲伊斯肯德隆灣爲北方最要之海港南部總曰西里亞據講義別有西里亞州二圖不著其在東曰巴勒特州與講義合又南曰蘇威得郎講義之蘇爾州中部有黎巴嫩山及安地黎巴嫩山其間曰巴爾貝克郎徐之耶爾貝克矣講義黎巴嫩山當在此其南曰大馬士革與徐合郎雷之但馬司喀司古撒馬利亞也世界圖作大馬士科斯矢志作達馬斯克斯吳志作達馬斯加周志作旦瑪斯克斯泰西新史作大馬軾萬國圖作達馬士喀士外國地理作帶馬斯古斯圓球圖作荅邁斯扣斯云作一郎代薰斯固斯講義云大馬士革人十四萬五百口爲西里亞第一大都會在安地黎巴嫩山麓居沙漠之西端都人以製造刀劍鳴謝志作大馬色云在猶太東北平原滋潤爲世界最古之邑三千年來並不衰敗物產玫瑰寶劍細絹著名其海口曰倍魯德爲敍利亞海口巨擘案二圖倍魯德作貝魯特世界圖作拜魯特外國地理作俾路駝巴勒士登別見板雷司呑下西瀕地中海曰刺底奇耶又南曰地力破里郎徐之地破里紀程作加利波里圓球圖作特力坡里地理問荅作加利利言以加利利湖而名其南有腓尼基古之大商國也海口有城曰西頓郎徐之士羅西頓士是土之誤據西史腓尼基建國於此有十城其二曰土羅一作峻嶸曰西頓一作西敦後人遂合爲一謝志云瀕海之埠北有西頓其南有推羅爲古名城今則漁村耳土峻推一音之轉西頓之南曰雅法惟哈伊法二圖不著

講義云貝魯特至大馬士革道路最良又此二處及耶路撒冷至雅法等處設有鐵道。亞勒伯之東二圖曰美索不達迷亞與徐合亦作奧熱息拉吳志作蔑棱波達米亞課程作美索波塔米阿周志作麻叔波太密世界地理作美數波塔米亞外國地理作迷畔所波他味亞一作阿耶西拉世界圖作美蘇波他米法志作迷疏波多美謝志作米所波大米講義云美索不達迷亞本出希臘語之美索斯及不達毋斯取義爲中河亞拉比亞語呼爲阿爾則濟勒指河付臘底及底格里斯兩河間之區域也亞西里亞巴庇倫兩帝國曾建於此其地勢自的里克至波斯灣自西里亞沙漠之東端至波斯國境阿付臘底及底格里斯二河水灌地屬之全土爲一大平原北部阿付臘底河與喀布爾中間聖書稱耶拉母那哈勒毋昔日耕農甚盛人口稠密今已一望荒蕪又有地在摩蘇爾以東介底格里斯河加查爾河間者亞西里亞帝國根據地也南部平原則巴比倫帝國之本土地味豐沃今耕作就荒亦非昔比二大河出亞拉美尼亞高原東南流至庫爾那合而成沙特尼耳亞拉布河入波斯灣其河中成三角洲歲增七十二尺白格達雖有汽船往來時有河水汜濫之患兩河水域之南部是謂加耳特亞居此之阿加特亞人上古時以文學建築著稱有西摩派之加爾特亞人自南來征服之采用其文化建加爾特亞國於巴比倫尼亞至紀元前二千二百八十六年東北之耶拉摩啞興建耶拉摩朝巴比倫尼亞極繁榮後有屬部亞西里亞（案卽西理亞述一作亞西亞）叛之而獨立都尼尼微巴比倫尼亞族爲所征服至紀元前六百二十五年再致獨立建新巴比倫尼亞（案卽迦勒底）紀元前三百三十八年爲波斯所滅後屬希臘復屬波斯旋屬土耳其至今其州名曰摩蘇爾曰白格達曰巴索拉案尼尼微紀程作尼尼威杜記作尼尼位日本新地球圖云古名比肩城在巴庇倫北約八百里西洋史要作尼尼維云古亞西利亞都城亞西利亞在西里亞東謝志云米所波大米今名亞日西拉在亞述利亞之南地勢平坦首府日馬色勒臨第革利斯河以細布名又云迦勒底今名以喇拉比卽古巴比倫國夾於弗拉德第革利斯二河下流之中南臨波斯海股巴革達德城臨第革利斯河古爲京都今商隊往來兩河猶爲貿易要地南有巴比倫古城遺址近弗拉德河爲上古東方大城周百八十里共百門內有空際花園爲古今奇觀〇案二圖底格里河之西有摩蘇爾美索不達迷亞會城與講義合今爲州名卽雷之摩什爾謝志作馬色勒萬國圖作穆蘇耳圓球圖作摹蒐世界圖作摩耳速其東北與古爾的斯丹以底格里斯河爲界摩蘇爾之南二圖有白格達今爲州卽徐之八塔雷之巴担樋志作八達吳志作巴固達周志作培喝特平方圖作白報達紀程作帕古達世界地志作慱得多世界圖作巴格載特圓球圖作八格代得矢志作拔克達德謝志作巴革達德杜宗預云卽唐書黑衣大食樋志云在底格底士河畔人十八萬口與印度孟買府有汽船定期航行講義云昔薩拉生帝國哈倫主時有人二百萬口爲第一大都會講義又云有開爾普拉在阿付拉的之西距巴比倫遺址數英里又有阿里有哈三之壙墓在焉白格達之東南二圖有阿拉伯卽土屬阿拉伯也謝志云全部天然分六段西北曰小亞西亞南曰敍利亞東曰阿米尼亞曰古爾迪斯但中央曰米所波大米東南曰迦勒底曰土屬亞拉伯不言白格達巴索拉蓋二地包在阿拉伯界內矣亦曰義拉亞拉伯課程云義拉亞拉伯

一作伊剌克阿拉比圖球圖作伊拉克阿來比地理問答作西革達德外國地理作伊拉革拉比即古之迦拉底在第革利斯河弗拉德河下流為東南大埔頭其言巴庇倫即巴必鸞者在部西臨河又東南二圖有巴索拉今為州名講義云臨涉特厄耳亞拉布河海洋航船之停泊所也樋志云人六萬口又南左與阿拉伯國接右入波斯海灣徐所謂阿勒富海也美索不達迷亞之東北二圖有古爾的斯丹亞美尼亞與徐合古爾的斯丹即雷之款狄司坦阿米尼亞高地也講義云屬土領者為一大高原北界俄領東接波斯南界美索不達迷亞及西里亞西接亞拉多里亞有數條山脈自東北連亘於西南其間溪谷甚多高原平均高六千英尺或七千英尺國境之阿拉拉得山高萬七千餘尺阿付臘底河底格里斯河發源於此有溫尼湖面積二千英方里氣候寒暑均酷不生樹木民多事畜牧其州名曰挨爾斯倫曰馬模列託耶爾曰的里比克日比特利斯曰溫尼曹典球云馬模列託耶爾州在的里比克西北比特利斯州在挨爾斯倫州南溫尼州西英文圖有此學會圖未著蓋近日所析置也○古爾的斯丹諜程作苦阿的士丹括攏略作古爾提士丹萬國圖作苦阿的士坦圖球圖作庫耳狄斯坦外國地理作古路之斯坦世界地誌作科基斯坦講義云古屬亞西里亞後屬亞力山大為西里亞王國之一部旋併於波斯今歸土耳其謝志云亞述利亞（蘇鄂亞西里亞）今名古爾迪斯但（鰈）（古爾的斯州）在第革利斯河之北東北方多山西南平坦居民曰古爾人遊牧為生多事劫掠有尼尼微古城遺址偏近第革利斯河岸長約百里好古者掘得宮牆遺址字如尖頭博士藉以考知古史事迹其會城曰地里北克二圖同今為州名（壯蹤頭云餘又於嗣美尼亞下出此城蓋）

顯銘郎雷之大愛般徐之亞勒破萬國圖作第阿比克阿圓球圖作氏阿比啟耳講義作的里比克正北日溫尼今爲州名講義云臨溫尼湖之沿岸杜記作萬省云圓球圖作潘省平方圖作溫尼偵萬湖東南波斯烏魯米厓湖西首城同名徐志不載據此萬省郎溫尼萬湖烏魯米厓郎務魯木湖二圖可證徐作志時尚無此州也○亞美尼亞郎徐之亞爾美尼亞萬國圖作阿綿尼阿吳志作阿爾蔑尼亞周志作阿眉尼亞俄史作阿迷尼亞泰西新史作東羅美連杜記作阿爾美尼阿云後漢書作阿蠻國郎東羅美利亞也講義作阿拉美尼亞云古屬亞西里亞後獨立抗亞力山大爲所征服後建阿拉美尼亞王國爲波斯所征服後歸土耳其謝志云在黑海東南東部屬俄地勢多高原帶山中爲谷地東有亞喇拉山爲土俄波斯三國界山頂長年積雪東界內有凡湖其水鹹高出海面五千百英尺案凡湖郎溫尼湖古爾的斯丹與亞美尼亞蓋以此分界會城曰挨爾斯倫今爲州名萬國圖作額士冷杜記作厄薩冷曹典球云以西文證合圖志郎雷之歐善拉摩講義云阿拉美尼亞一大都會人三萬九千口有城寨甚堅樋志作葉爾斯倫云人六萬口謝志作耳資倫云古名城東南近凡湖今貿易尚盛拉馬司喀司般拉脫見下

板雷司吞 先謙案雷志以耶穌行道之所特詳之舊在居比路後與上文不屬移置於此

板雷司吞 雷志云耶穌行道之地也古時之界限自旦起至皮爾希巴止長百五十英里面積約萬二千英方里若連般拉脫之里

窩司及担馬司喀司蝦倫計之則二萬二千英方里其地形包四
長區皆與地中海平行沿海之野北狹漸南漸闊至喀曼爾山之
南止地極膏腴為一區稍內一帶為山嶺與高原北有里彼農山
高萬七十英尺南有格里里山與鳩底亞山為一區再內為一迤
長之低野包有上里推尼之勃卡在里彼農山與沙坎山內恩替里板納
司高八千七百二十四英尺及希克山內歐蒙山高九千百五十英尺之間與曲爾至死海止
低於海面千二百九十二英尺為一區再內高原在者担之東上
有鐵勃爾蝦倫火山高五千九百十英尺地漸荒瘠為一區其物
產板雷司呑產穀葡萄橄欖油膏腴之地產小麥山羊綿羊近般
拉脫與三德產煤近三德產琥珀近黑斯比雅產石灰獅兕已絕
迹有鹿羚羊狐狼鼠狗野狗野猪豹兔駝鳥鱷魚商埠著名者曰
般拉脫曰三德曰愛款曰漢發曰朝派自朝派至耶路撒冷有鐵

路般拉脫經担馬司喀司至蝦倫亦有鐵路里彼農山之美耶尼司脫以耶穌教會著　**担馬司喀司**與般拉克共爲一自主縣人二十五萬五千口　**般拉脫**熱度中數六十九度五月五十五度八月八十二度雨水三十六英寸人十萬五千口　**耶路撒冷**與**里彼農**共爲一自主縣耶路撒冷高於海面二千四百四十英尺熱度中數六十三度二月四十七度八月七十六度雨水二十二英寸人四萬千三百三十五口歐蒙山之雪常數月不消自十月底至五月初雨水最多千八百六十一年後里彼農總督必從耶穌教者　**朝派**人二萬口皆要區　先謙案雷志板雷司呑諸圖志皆作巴勒士登亦作巴勒斯坦講義云巴勒士登稱迦南又稱以色列又稱猶太在西里亞州之西南自北緯三十一度三十一分至北緯三十三度三十分東經三十四度三十分至東經三十六度南北百四十英里東西八十英里面積八千餘方英里地兼者丹之谿谷及非利士丁亞與西亞倫沿岸之平原人三十三萬餘口古撒羅門在耶路撒冷爲王國至其子分裂北部爲以色列王國南部爲猶太王國後屬亞西

里亞與巴比倫尼亞再屬波斯此地爲猶太基督二教發源之地自歸土耳其虐遇基督教之巡禮者歐人連合起十字軍喋血數十年耶路撒冷在內地高邱之上比地中海高二千尺四方繚以城壁城壁長二英里半高二十尺或五十尺耶穌墓在此謨罕默德升天之處亦在此彼鐵列希母在耶路撒冷之南五英里耶穌誕生之地也有人三千口巡禮者不絕案二圖耶路撒冷與雷同課程作日路撒冷圓球圖作耶羅撒冷周志作求路撒冷米母外國地理作嗟利沙龍杜記云猶太會城名古稱郇城者丹河在巴勒土登東郇雷之者担也謝志云耶路撒冷在死海北端西北數里有聖殿拜上帝建郇山上遺址尚在城南十五里一小邑曰伯利恆耶穌降生地再南曰希伯崙亦古名城耶路撒冷東北有耶利哥城一名棗城（案近約但河）其海口曰乍法古約帕也有鐵路抵耶路撒冷其西南迦薩地方當埃及要路貿易頗盛希伯崙二圖作希伯蘭杜記作加百農問答作迦百農乍法二圖作雅法迦薩作加利謝又云猶太地界屢有變更上古猶太人分十二支派當耶穌時分三省北曰加利利中曰撒馬利亞南曰猶太約但河之東別爲一省曰彼哩亞當時屬羅馬設官分理之駐海該撒利亞城今總名不利斯低尼上國簡一巴沙（則人稱其總督）治之其南北長約四百里東西約二百里北接利巴嫩山其瀕地中海突出者曰迦密山其東曰大泊山近耶路撒冷有橄欖山皆小山著名者也約但河出北方米倫湖流過加利利海南入死海死海較洋面低千三百英尺水較鹹八倍人入不沉魚介不生環海山林皆乏生氣迦密山東有拿撒勒乃耶穌生長之地近加利利海近有提比利亞城案二圖皮爾希巴作比爾舍巴死海作底得利海有者丹無約

但疑約但即者丹亦即雷志之旦有大馬土革即雷之担馬司喀司有貝魯特即雷之般拉脫有黎巴嫩即雷之里彼農也講義云死海長四十五英里闊十二英里其北方有根內薩勒崙海又名厄利勒在地中海水面六十八英尺以下課程云東土耳其六分之一拂爲西里亞西里亞三分之一爲如德亞即猶太也唐後中國謂之拂菻都城名日路撒冷其東迫近死海南十六里有下邑日白冷東門外有山洞一長三丈七尺闊丈餘高九尺云即耶穌產生之地東晉以來多建殿宇於其旁四方來祀者踵趾相錯別有納市勒城西近大博爾山在日路撒冷北約二百里亦名勝城築於高阜四面環山形勝似日路撒冷此耶穌家居之處道光十七年地大震城屋半坍約市勒東有底白利亞湖亦作加利勒亞海縱四十六里橫十餘里此耶穌湖濱招集徒衆之處後加在位者非之合羅馬守軍釘死十字架其地爲加爾瓦略山一作加爾墨祿山在西婉山西北當日路撒冷之北案白冷即伯利恆亦即講義之彼鐵列希母納市勒二圖作那剎勒崙杜記作拿撒勒土志云自小亞細亞起至西奈山土股長可四百英里部之中央有黎巴嫩及安的黎巴嫩二山高自萬尺至萬一千尺不等中有膏腴山谷日倍加又有巴爾貝克大城遺址在山谷最高處水北流者曰厄耳亞息南流者里大尼河皆入地中海居黎巴嫩之基督教民以得法人保護有自治之權其奉回教之世仇特魯司人遷往好蘭山部不再擾之矣

賽冒司國 坿

先謙案雷志在板雷司吞前今移於此

賽冒司雷志云面積百八十英方里人四萬八千口以希臘之侯理其國事朝貢於土入口貨值十六萬六千二十磅出口貨值十五萬九千八百二十磅以葡萄酒乾葡萄革油為大宗先謙案列國學會二圖有薩摩斯島謝志作撒摩云歷來著名在小亞細亞之西慕志作撒摩斯樋志作沙茂司卽雷志之賽冒司也講義云薩摩斯島希臘時代大哲比達哥拉斯出於此又安多尼及固勒俄巴多蘭曾住此地今有良港地味豐沃千八百三十二年屬土耳其

居比路島坿

居比路雷志云為地中海之一島現為英國所轄與土國約定每年酬土國金九萬二千八百磅面積三千五百八十英方里人二十萬九千二百八十六口入口貨值二十六萬磅出口貨值二十七萬七千磅以卡拉不樹此樹常年不凋產歐洲南部穀葡萄酒棉花蠶繭為大宗多與英國貿易千八百九十七千八百九十八二年入款十九萬三百二十五磅　尼可西亞會城人萬二千五百十五口徐志

云買諾附近有數島曰居伯羅島其土膏腴所產葡萄酒南果最艮居民饒裕女人美姿色舊稱樂土近困於土耳其苛政凋敝甚矣先謙案郎雷志之居比路也列國學會二圖作塞普洛斯島標英字樋志作塞勃拉斯世界地誌作塞浦洛斯泰西新史作雪補螺螄西洋史要作賽朴洛士漢文圖作薩愛魄斯一作徐卜洛斯謝志云居比路島在小亞細亞南六十英里敘利亞西四十一英里爲地中海第三大島廣百四十八英里長四十英里本土屬千八百七十八年歸英設官治之首府曰尼哥亞在島中央大海口曰拉那嘎古以產銅著名又產葡萄据二圖有尼哥悉亞一作內得可悉亞郎雷之尼可西亞謝之尼哥亞也拉那嘎作剌那喀慕志云四周山嶺中原腴壤許考云俄人之役英脅請此島於土土不能卻遂爲英有徐又云羅得島水土平艮勤於農作舊本自立爲小國後爲土耳其所兼曰治阿島地極富庶居民十五萬不服土耳其政教道光四年土以水師攻之屠爲赤地曰米地鄰島產油酒案羅得二圖同在小亞細亞之西南慕志作羅德斯萬國圖作魯特士謝志作羅底許考云居民三萬時患地震古有銅人巨像置海口高十丈有奇右手持燈夜然以照船舶造後二十六年地震像毀今存一陳迹而已講義云歷史上甚有名首府曰羅治在島北岸○爲上古最大都府之一港口立羅咨肖像鑄以青銅千四百八十年屬土今僅爲耕作之地治阿二圖同在小亞細亞之西謝志作基阿治阿之北曰米地鄰南曰帕特摩斯島慕志作拔的摩斯謝志作拔摩云耶穌使徒約翰著默示錄之地又羅得島西南二圖有卡葩托斯島紀程作斯加班多萬國圖作士卡扳拖杜記作斯嗒怕恩拖三島均臨地中海

歐羅巴土耳其詳歐洲

賜進士出身　特賞內閣學士銜前國子監祭酒翰林院編修加三級臣王先謙謹撰

亞細亞俄羅斯　一

俄領西比里亞

西比里亞

徐志西伯利部一作西卑里亞又作悉比釐云西伯利部亞細亞北境也西起烏拉嶺朔方備乘云案異域錄載赫林諾付亦屬西畢爾斯科轄則又跨烏拉嶺而西矣以此嶺爲東西之界恐未確東距大洋海北距北冰海南抵外興安嶺界黑龍江索倫喀爾喀烏梁海蒙古哈薩克回部長約萬三千里寬約五千餘里地處極北限以峻嶺崇山自古軺車之所未至歷代行國之所不居備乘云西伯利全土在漢有丁零堅昆等國在魏有烏洛侯室韋等國在唐有骨利幹黠戛斯駮馬流鬼等國不得謂歷代行國所不居也漢蘇武魏李陵等皆嘗銜命至彼不得謂自古軺車所未至也此二語誤其地氣候極寒迺南猶見草木迺北句萌罕茁僅有矮松白楊一年中冰雪凝結者九閱月其人種類各殊戶口甚稀游牧者或偶至焉寒冽不可久畱故庭幕不傳於紀載備乘云案歷代滑華庭幕在此地者甚多不得謂不傳於紀載也元代有漠北藩王嘗探悉其地欲跨嶺割據之以險遠而止備乘云西伯利全土在元代皆入版圖設州者二謙州益蘭州是也爲部者三吉利吉思部烏斯部撼合納部是也以上合爲嶺北五部而海都篤娃昔里吉諸王分封其間中間叛亂不常屢煩撻伐地理形勢元史可考乃謂元代藩王欲跨嶺割據爾未能詳矣前明中葉俄羅斯既興有商船於冰消時駛至西伯利海岸以洋貨易皮貨日漸狎熟盛誇俄之富强其頭人有率戶口至俄者覿其國都市廛宮殿之莊麗傾

心歸向各部競相傳播咸貢方物爲藩屬俄建礮臺於烏彌河口〔備乘云烏彌河口當即烏格里達色楞格入北海處海鄉名集於此爲〕扼險要以控制之漸徙罪人供力役築城戍於是西伯利西方諸部不費兵力咸爲俄有尋復展轉東略阻於冰雪獨薩拉德夫之兵能躡冰前進遂征服東方諸部東達於東海之隅〔俄與我爭雅克薩城即此時事〕至加他鄰后時遣其臣墨領向東北探尋〔備乘云墨領向東北尋納係康熙五十餘年事詳見四洲志時女主乃加特臘因非加他鄰〕知亞墨二洲不連中隔海峽數十里遂名其峽曰墨領峽〔先謙察卽白令峽〕因跨海據亞墨利加之一隅綜西伯利亞全土東部所產惟皮貨狐狸兔貂鼠獺之類皆備專售中國西部兼產金銀銅鐵各鑛鐵尤多每歲得百餘萬擔〔備乘云案萬國地理全圖集云西北利所出鋼五十一萬二千五百石鐵九十九石金銀百有餘萬石〕泰西諸國皆仰給焉地分八部曰德波爾斯科曰多木斯科曰也尼塞斯科曰痾慕斯科曰義爾古德斯科曰亞古德斯科曰痾哥德斯科曰岡札德加備乘云西伯利即錫伯其名出自鮮卑漢書匈奴傳黃金犀毗一顏注犀毗帶鉤也亦曰鮮卑語有輕重耳據此知鮮卑音近錫伯今黑龍江境有錫伯一種一作席北亦作席伯既非索倫又非蒙古即鮮卑遺民也又云西伯利亞當漢晉間爲堅昆丁零〔一作高車〕烏揭諸種族匈奴北疆也後漢時堅昆居俄比額爾齊斯兩河間丁零據義爾古德斯克地烏揭居色楞格河左右〔案色楞格河唐書回鶻傳作仙俄河元史作薛靈哥水元秘史作薛涼格河歐陽元集偰氏家傳作偰輦傑河明鄰大部四裔考作昔合哥河漢北水入北海者此爲最大〕皆稱鮮卑由西北徙據什耳喀額爾古納兩河間領有也尼賽河域晉時在貝加爾湖齊桑湖之間北魏曰蠕蠕起於也尼賽河水源曰突厥亦據阿爾泰山數犯中國唐初分散至西方者蟠據裏海黑海間徙西北者在阿斯特拉干奧

棱堡等地。唐伐突厥，數大舉遠征，西降蔥嶺以南諸種，東伐興安嶺以南諸國，北領西北利亞各地，於後貝加爾地方置幽陵都督府，勒那河、也尼賽河之間置燕然都督府，又於色棱格河、也尼河水域設仙萼、元闞等州，羈縻諸民族。遼金時，黠戛斯及乃鑾、克烈、蒙古諸族最盛。黠戛斯據俄比河、色楞格河間，爲奇爾稽思部。乃鑾部初居也尼賽河水域，後漸開拓，自庫蘇古爾洎之旁至烏隴古河，東接克烈部，南接黑契丹。克烈部初居也尼賽河水域，其勢漸盛，達阿爾泰山，後南移土拉河，與蒙古部相接。成吉思汗興於蒙古，滅二部，漸攻略西伯利亞、滿洲、中亞細亞、欽察、歐俄諸地，後分四大國：一以滿洲、西伯利亞、高麗、蒙古及天山爲一部，稱元，太宗窩闊台統之，都和林；一自奇爾稽思部之地，東得額爾齊斯河、俄比河源，以至天山，南至喜馬拉山，合喀什噶爾、葉爾羌、和闐諸府及浩罕、布哈爾、基華之地，至興都克士山，以察合台統之，都托克默克今賽密勒延斯克州托克默府吹河岸；一自花剌散、亞富汗斯坦、波斯，沿印度河、興都克士山，至高加索山，達尤甫列河，以拖雷之子旭列突統之，都忽里模子，其後地名不賽一因；奇爾稽思部西至裏海、西海及西爾河下流半，今屬歐俄。高加索山、亞速海、黑海及多惱河下流之地，以赤朮之子拔都統之，都窩爾噶河岸之薩來，名金黨汗國。世祖忽必烈都北京，後設嶺北行中書省於和林，統沙漠以北西伯利亞之地：奇爾稽思部也尼賽河昂噶拉河會流以上之地、昂噶拉部額爾齊斯河下流之地、烏斯部伊哩穆河水域、撼合納部今雅古德斯克地、益蘭州今也尼賽斯克省南部、謙州今唐努烏梁海地等，皆置斷事官掌之。四大國皆成吉思汗後裔，然無世襲之權，選立汗位由元廷大臣決議，故秉朝政者勢力强盛，有牽制各汗之權勢各汗亦互相傾軋多僭立謀叛前後封西伯利亞諸地者有蔑里海都別兒哥脫脫土哇等海都及土哇屢叛元跋扈阿爾泰山南北者五十餘年明時爲蒙古及韃靼所阻不通中國據利瑪竇地圖有黑文元登都國門臥爾羅荒野亞馬是理等名艾儒略之職方外紀圖有登都其里目西韃靼務得諸名南懷仁之坤輿圖有等都達賴爾猛護爾單護得伯爾韃亞尼比加爾里巴兒護那穫加福那母都喜加棘諸名皆在西伯利亞境內其事蹟不詳史冊疆域亦茫無可考蓋元衰土人紛起割據一方各統部衆及俄人侵入遂占領全部沿革大略如此吳志云地形分高地平原之二大部高地東南接於蒙古由阿爾泰山連結亞不若內山脈（吳志作耶勃鹿諾）及斯塔納晦山脈（吳作斯丹瑙蓬）至白零海峽高地之中央有是加爾湖堪察加半（吳作干德戔）火山甚多其火山脈連日本千島列島平原占西北之大部烏拉爾山以東一望無際微斜向北冰洋北流有名三大河曰列拿（吳作里那講義作勒那瀛志作勒納）曰耶設（吳作岜尼塞講義作葉尼賽）曰窩比或曰窩布（吳作烏彌講義作鄂畢瀛志作儀比）三大河流域最平坦河口常冰其用甚少水溢四近遂爲冰野夏期僅融有水澤中流地曰吞多蘭森林密茂氣候一年三分之二皆爲冰雪所埋列拿河畔畢克顏士之地（吳作阜克女斯科）終年平均在溫度零下四十度稱世界之最寒地迂志云北從北緯七十八度二十分南訖北緯四十六度東從西經一十度西訖東經六十度其境北臨北冰洋西有烏魯山（案即烏拉嶺）以界歐洲俄羅斯東隔白令海峽對美洲之阿拉斯加又臨歐候之克海日本海與日本相對南因圖們江以接朝鮮因興凱湖烏蘇里江黑龍江額爾古納河以接滿洲西

有阿爾泰山脈以接蒙古又與俄領中亞細亞相接面積二千
九百十六萬方里二面濱海北有北冰洋其西端一岬斗出曰
鴨爾茂爾半島島東歐壁恩尼西二灣互相深入更東則特伊
摩爾半島突出海中再東南則有訶那灣新西比里亞羣島横
出於前自是以東無甚彎曲灕達邱苦氣半島即臨白令海峽
處也轉至太平洋即邱苦氣半島之南有亞那得兒灣更南海
則有堪卡加半島與日本千島羣島相望其西即歐候之克於
進而西南則黑龍江口有尼口來烏斯克口岸薩哈連島横海
前更南則有彼得大帝灣其灣頭則有海蔘崴口岸山脈大者
有五日烏魯山脈綿亘西境長約三千六百里最高處約六千
餘尺曰阿爾泰山脈蟠屈貝加湖西最高處約六萬六千餘尺
更東曰牙布鹿耦以山脈斯佗耦服伊山脈綿綿相連勢頗高
峻斯他耦服伊山脈歧爲二派其一入黑龍江地方最高處約
五千餘尺一爲堪卡加山脈直貫堪卡加半島最高峯曰苦羅
氣山約萬六千餘尺山頂四時噴火其烏魯山以東中部一帶
地方則平原曠野一望無際有大河四曰歐壁河高泰北郎出阿爾
泰山北流逕透薄兒斯克府會諸水逕透路以斯克府入歐壁
灣長約八千四百里漁利甚多曰恩尼西河耶泰設郎出蒙古中北
流逕恩尼西斯克府更北合諸水入恩尼西灣長約八千四百
里爲世界第五長流曰立那河列泰孛郎出貝加爾湖側深谷東北
流逕訶庫斯克府與亞爾丹河合又北分七派入於海長約七
千二百里曰黑龍江出蒙古中東逕滿洲界又與松花江鳥蘇
里江合又東北逕尼口來烏斯克府入於海長約七千二百里
小輪船可湖行上游五千里大湖二曰貝加爾湖一名聖海在

諾庫斯克府東諾庫斯克省貝加爾州交界亞洲淡水湖此爲最大長約九百六十里廣四十八里至百二十六里面積七萬九千二百方里湖水五月即凍結曰興凱湖在沿海州與滿洲交界即烏蘇里江水源也長約百二十里廣九十里鱗族甚富往往觸輪船死大者長丈五尺其氣候北部嚴寒冬雪深鎖凍地至百六十尺訶那河畔委爾口宴斯克尤爲世界最寒之地熱度中數三十度正月六十四度七月五十七度南部亦寒氣極烈北洋沿岸以外地炎暑稍強海嵾歲冬寒凍結不通汽船惟薩哈連島西南部氣候稍溫和焉大別爲東部西比里亞西部西比里亞黑龍江地方三部農產麥麻爲大宗德波斯克西南部恩尼西河上游美奴信斯克府饒麥邱門府傍近多芧麻歐摩河諾直矢河歐壁支流黑龍江貝加爾湖饒水族阿爾泰山多金銀烏魯山多白金黑龍江畔多金沙工業未甚振興諾庫斯克多木斯克尼口來烏斯克貿易最盛出入口貨歲值洋銀一億四千五百九十五萬元鐵路起西境德波斯克省之米亞斯克府東經歐磨斯克府趨歐壁河經多木斯克苦拉士耦耶斯克諾庫斯克三府過貝加爾湖南岸又沿黑龍江左岸經氣特列府斯特列聽斯克府布拉苟委士錢斯克府加巴羅烏斯克府過烏蘇里江右岸達於海參崴其米亞斯克以西則遙達於俄都彼得堡長約萬六千二百餘里又從斯特列聽斯克出支路經滿洲齊齊哈爾達海參崴又旅順口此路成自旅順至俄都十五六日可達案日本攻奪旅順大局一變黑龍江諾庫斯克二軍二萬四千九百九十三名歐磨斯克陸軍一萬八百名戰艦六巡洋艦十七及礮艦水雷艇西伯利亞海兵團繆祐孫俄游彙編云爾後

繆編西伯利或稱錫伯利細審之惟悉畢爾三字較準俄學者雖
德琳云悉畢爾卽鮮卑兒三字音轉以後漢書考之其言非妄
其全境自北極出地三十四度以南赤道北五十六度內始宜
穀麥餘多窩集泥淖杉樺松栝密植叢生間以岡巒由西而東
約闊二千餘里金銀鑛多於銅鐵鉛皆採自烏拉山阿爾泰山
達烏爾山薩彥山聶爾琛山列納河歲可得金鑛二千五百鋪
特每鋪特合中國二十八斤銀鑛一千鋪特金沙出支河者聽民淘取黑白
狐來自吞得拉近南多灰鼠歲可得千萬貂往歲可得四萬
近則二萬餘林捕熊獐山獵麋鹿業獵者集倭別河伊爾推什
河拜喀爾湖宰桑湖及瀨東海諸港東海之魚汛大時積壓
涌入溢於沙岸阿穆爾河魚大者至四百餘斤拜噶爾湖有魚
名郭倮綿嘎極鼇美碎不易捕浪激於岸急收之遲則融矣北
人二種一本國一他族本國回民土著他族曰伊諾囉特莢其
中有游食四方者有定居窩掘金鑛爲生者冬入林部樹林中百姓夏
徙之吞得拉曰卧古纍倭斯噶幾善用水麻織布曰薩莫咽得
卽喀木尼堪黑龍江外紀云索倫族類至繁有散喇都爾布喇穆等姓布特哈呼倫貝爾皆有之在齊齊哈爾墨
爾根黑龍江者參寥亦有流寓俄羅斯者其國謂之喀穆尼漢又哥之通古斯蓋羅剎作亂劫去者是以喀木尼堪與東姑師
爲一類非也善剞木爲小舠以上三者在也尼賽之西北東姑師古
匈奴種族或訛曰通古斯儻俄斯善服鹿用如牛馬雅古特善
養健馬種馬毛長不畏風雪雖奇寒放諸野又善熟皮張鍊匕箸
彫牛骨器曰科裏耶咭曰攸噶嘰爾皆奈瑪爾之族其性馴而
質曰杵克遐兒橫難犁曰剛槎纍流鬼遺孳以上六者在也尼
塞之東北所謂食肉而飲酪其人密埋鳥獸毳毛其性能寒者
也凡北方之人入城貿遷以貨物納稅近南則游牧蒙古亦分

三種其近拖波爾司克之南者曰哈薩克近阿爾泰山者曰喀爾梅幾即喀勒瑪克乃準噶爾種類近拜喀爾湖後者曰布獵特即布哩雅特與喀爾喀相似此三種皆以豢養牲畜為業馬小而瘠然絕有力能超山越澗。國人往者或自願行商開鑛縶治田畝或充馬隊之喀撒克由國派駐及執槍為城守兵為卡倫兵予以地使耕而食如中國屯兵制其以罪遠謫者亦予以地限滿留屯罪重者充鑛役兼職雜賤工多以瘠死而國收其利計歲遣諸囚至八九千人葉適云有民必使之鬭地則增稅故其居可以為役出可以為兵俄殆知此意乎又譯俄人自記取悉畢爾始末云悉畢爾古稱廣莫其北沮洳其南高爽連山若濤為之域坂埡波衍於其中有大水三西曰倭別河東曰楚尼塞河又東曰唎納河皆入北海唎納距楚尼塞千六百餘里（臨中國墅）楚尼塞距倭別六百餘里地奇寒盛夏始和煦產皮毳民種類非一北惟游牧性懦南部居黠而強俄歷千五百七十八年（明萬歷五年）俄人始有至者以獵為生與土人不協時交鬨其汗伊萬第四遂欲以兵襲取之俄人之始至也結小村落既而拓地廣築堡砦強土人輸皮毳千六百年（萬歷十七年）有葉爾嗎克者緣避罪遁之悉畢爾始至托波爾次得撒爾彌裘冕蘇爾姑特及伊爾推什河左右地在拉類穆築一砲臺歸告其汗獻所掠地汗善之千六百二十年（明泰昌元年）築託穆司克枯士聶慈因乞爾嘰子侵擾築二城以備之也（乞爾嘰子即哈薩克元史土土哈傳還至和林有詔進取乞里吉思師次欠河亦行數日始至其境盡收五部之眾案此即張稱乞爾嘰子所自防也）旋至楚尼塞河收其地服圖魯汗人及滿噶塞人千六百四十年（明崇禎十四年）圖魯汗人北徙東姑師或往槎拏維雷楚尼塞人亦漸南徙至克拉斯諾雅爾司克（舊書党項羌傳有野利越詩野利龍兒野利厥律兒或即此種）時乞爾噧子方與俄搆衅俄聞二族分道遁分兵躡其後遇則勒索皮毳至咧訥河會二路俄兵自相爭事旋解築城而居曰雅古特又分兵為二路一向阿爾丹河一向北冰海沿牙拏河岸收攸嘎噧爾人別一軍往南收倭烈克明司克後遂由拜噶爾湖南收烏金司克千六百六十年（大清順治十六年）一軍循倭烈特河一軍循阿爾丹河至阿穆爾會略地迄海涯（備乘言俄人自雅庫進兵略地於崇德四年直抵東洋荷葛斯海岸由是收郭列穆斯科地即謂此事而時之先後乖謬斯時俄亦未全收東海濱地也）由烏蹦亞河歸築阿勒巴達城（即雅克薩）阿穆爾（即黑龍江）以北地悉為俄有於是築伊爾古荽克城築聶爾琛斯克城（即尼布楚）千六百八十年（康熙十八年）得喀米槎德瀕海地（即堪察加）枯爾伊利羣島（即古利羣島）千六百八十九年（康熙二十八年）中國索阿穆爾地毀阿勒巴廛城遂與中國立約定界還阿勒巴廛聶爾琛二城千七百二十七年（雍正五年）與中國在布領司克（近恰克圖俄昔有守令）立約初俄之紀綱未立至千七百八年（康熙四十六年）大彼得始將全俄地分省以悉畢爾地為一省千七百三十一年（雍正八年）於東海瀕哦霍特茨克城設總管頭目千七百七十五年（乾隆三十九年）女主葉喀帖林又分悉畢爾為三大省一為伊爾古茨克一為喀里灣一為託波爾時規模粗挪條理未密民多不受約束千八百二十二年（道光二年）乃分東西兩境以埜尼塞省之別諾雅爾地為界西則託波爾司克倭穆司克為大省駐託波爾之格格聶拉勒固畢爾納脫兼理界務東則伊爾古慈克為大省其格格聶拉勒固畢爾納脫主交涉事千八百五十四年（咸豐四年）於西邊仙米帕拉停司克設一官次於格聶拉勒固畢爾納脫因守土者誅求乞爾噧子無厭距託波爾遠無所控訴故

也其地本屬哈薩何時得之未詳克千八百五十八年咸豐八年與中國在愛琿立約自此築城於阿穆爾曰布拉郭悅式廑司克類省而其制不備設固必爾納脫一員謂中國以此地相讓也瀕東海又築卜哩模爾司克尼顆拉耶務司克即廟爾尼顆拉尤要設固必爾納脫一員千八百六十年咸豐十年在中國北京定約將烏蘇哩河東至海地盡讓於俄建城曰務拉的倭斯脫克即海參崴千八百七十五年光緒元年與日本定約以海為界以枯爾伊利羣島易薩哈鄰島即庫頁島千八百八十二年光緒八年以阿克模林司克仙米帕拉停司克仙米烈成司克三地歸併此數省即上所稱伊爾推什河左右地仙米烈即七河省俄語七日仙米河日烈喀設一格聶拉勒固畢爾納脫轄之駐倭穆司克撤去託波爾之格聶拉勒固必爾拉脫而以固畢爾納脫易之託穆司克亦然千八百八十四年光緒七年以雜拜噶爾及阿穆爾皆歸卜哩摸爾之格聶拉勒固畢爾納脫統轄旋移駐哈巴羅夫城即伯力以其地居水陸之衝兼顧江海之險也案格聶拉勒固畢爾納脫執兵權兼轄數省其制實做中國之總督固畢爾納脫專管地方實做中國之巡撫然一省之地有不足當中國一郡者細校之正如中國之總兵官及知府

西西比里亞雷志云自款鐵士野與阿爾泰山內卑路喀山高萬一千英尺起至北冰洋止北部皆為低澤其地高下如浪紋樹林茂盛北部多落葉松南部多樅河之大者為俄比出阿爾泰山農業頗利植穀其北至赤道北六十一度可種植之地約二十七萬二

千英方里鐵路現方修築本地兵額萬一千三百五十人戰時三萬二千二百十一人

德波斯克省

德波斯克徐志德波爾斯科云與海東部之亞爾干日痾勒內白爾摩等部相連以烏拉嶺爲界地氣寒甚產金銀銅鐵礦西比利亞大地志役稱西志德波斯克省云東至也尼賽斯克省多木斯克省南至賽密坡拉廷斯克州阿古母棱斯克州北臨北冰洋西界烏剌爾山以接歐俄爲府十曰德波利斯克曰拜來埽夫曰蘇爾克特曰伊錫穆曰庫爾干曰喀林斯克曰塔喇曰都凌斯克曰朱緬曰雅爾拖羅斯克歸內務省直轄管區繆編拖波爾司克云大省北北冰海南土爾該司克阿克模林司克東託穆司克野尼塞司克距比得堡二千九百九十三里有烏拉爾山倭別河伊爾推什河拕波爾河入伊爾推什河伊什穆河益攝提河他勿達河吐拉河喀西穆河先謙案即雷志之德波斯克也二漢三國晉堅昆國地北魏西突厥地唐都播國一作都波五代遼轄戛斯國地金乃蠻部地元蒙古諸王封地明爲都莫斯細密里也國都後併於俄一統志諸書作古托波爾理藩院則例作托博勒異域錄作托波兒總記作都莫斯一作都莫司備考作德波爾斯各鎮龍沙紀略作脫博斯奇以上觽乘見胡圖作脫博耳和屯萬國圖作託博耳士克漢文圖作拖保爾斯克世界地學作脫毋鉢士外國地理作駝末斯古辻志作透薄兒斯克吳志作脫鉢士周志作脫簿爾斯克謝志

作多波勒斯革又備乘云新唐書引賈耽所記由中受降城至回鶻另帳又正北如東過雪山至骨利幹又西十三日行至都播部落又云骨利幹都播二部北有小海冰堅時馬行八日可渡海北多大山其民狀貌甚偉風俗類骨利幹晝長而夜短診察方隅是都播在骨利幹之西處小海之南與托波爾疆域符合辻雷志云志世界圖作透薄兒斯克列國學會二圖作托波兒斯克

面積五十三萬九千六百六十英方里辻志云三百二十六萬三千百八十方里西志云面積百四十七萬千七百四十五平吉米突繆又云在經度八十五度五十三分緯度赤道北五十八度十二分方二萬六千二十一密律人百四十三萬八千四百八十四口辻志云百四十一萬千四百七十五口德

波斯克會城熱度中數三十二度正月負二度七月六十六度雨水十九英寸皮商聚集之所人二萬四百二十七口繆又云會城同省名在拕波爾河伊爾推什河合流處案伊爾推什即厄爾齊斯元秘史作額兒的石木松漠草詩注作諤爾起斯駐步隊守兵一營平日為一巴塔里淵戰時增為坡爾克乃有三千五百人屬城十曰裘晃在省西南二百五十七里吐拉河上悉畢爾之孔道百貨咸萃有熟細毛皮廠吉貝由土爾迄斯丹來分售哈薩克蒙回各種人皆至此交易產牲畜油粗麻布此地即圖斂亦作都闊又作都們又作土鄰近譯者咸作居由門壘由門丟們皆由英語出實不能切合曰別略作甫在省北千六十五里產皮張魚鹽松子曰伊什穆在省南四百五里伊什穆河上曰枯

爾干司克在省西南二百七十里拖波爾河上曰他拉在省東南五百七十五里伊爾推什河上曰土林司克在省北四百一十二里吐拉河上產馬口鐵其民多習綸事曰雅管安羅復司克在省西南二百三十九里曰獵雷木在省東北五百一十里曰蘇爾姑特在省東北八百六十四里倭別河上曰西畢爾在省東北三百九十四里西志五德波利斯克府在北韓五十八度十一分東經六十八度十五分德波爾河額爾齊斯河會流處爲航行必由之地人萬八千四百七十五口市街之河岸分上下街有男女中學校公園等貿易魚爲大宗毛皮次之有釀葡萄酒麥酒廠有汽船會社合股銀行婦女拔栗鼠皮之脂提伊爾比都府年市唐時曰都波距今府地三吉米突有韃靼部酋宮殿庫程汗妃居之耶爾麻攻西伯利亞時始爲哈薩克兵所毀千五百八十七年俄將朱爾古建德波利斯克寨陎陫蔓於德波爾河口千五百九十年爲西伯利亞首府千六百九十六年統轄西伯利亞全地千七百八年並轄白耳穆省烏雅特喀省後以河流漫縊移今地千七百八十一年設西伯利亞總督府千八百一十四年總督移河慕斯克府此府不如昔盛千八百七十年屬內部落六百八十五村大部落曰得密楊村○拜來埽夫府在北韓六十三度五十六分東經六十五度五分索斯瓦河左岸之窩根爾喀河口附近地勢高燥市街人千七百餘口有倉庫小學校病院獄舍等有商店貯蓄倉庫貿易毛皮第一巨象骨油乾魚鹽魚次之每年一月期居西伯利亞最北地氣候極寒家畜生育亦難土人以漁獵爲生夏季居此冬季南移千五百九十三年俄人爲徵收毛皮稅特設此府於俄斯札庫部落之蘇模克特窩西左近人民專以牧畜漁獵爲生

千八百六十七年前所轄部落百三十村蘇爾克特府亦屬之近
則商務日衰且無製造場部落中有一都會曰奧伯道耳斯克府
在北緯六十六度三十一分東經六十六度三十五分九秒波累
河右岸人二百餘口爲德波斯克省北部貿易場年市十二月二
十七日至二月六日俄斯札庫人瑞涼人各以物產與俄商交易
○蘇爾克特府在北緯六十一度十五分東經七十三度三十分
俄比河右岸市街殘敗人千二百口昔有俄斯札庫酋長巴爾達
克居此千五百九十五年俄將票土爾取之改造城池以俄比河
支流蘇爾克特之名名之先是哈薩克兵據此地進略向北冰洋
岸至揭的河畔征服俄斯札庫及薩墨額土人徵其毛皮稅後疏
於經營此府日郎頽敗千八百六十七年始屬德波斯克省部落
百三十村○伊錫穆府在北緯五十六度六分東經六十九度二
十七分九秒伊錫穆河左岸河流環其三面人六千口有寺院養
育院病院獄舍倉庫等工商皆盛昔本一村名古爾奇那千七百
八十二年改伊錫穆府年市在十一月一日至二十日來會十萬
餘人沃地麥場所在皆是河流沼澤散布然沼澤水淺不產魚類
部落四百九十七村○庫爾干府在北緯五十五度二十六分東
經六十六度二十三分九秒德波爾河左岸高地市街人六千餘
口有寺院病院獄舍公闈學校等製造場二十八年市三所由此
府上溯德波河有土壘溝渠遺址相傳韃靼汗城此後爲庫程汗
所破此堡塞未設伊錫穆哨綫前屢爲奇爾稽思野人擾亂後哨
綫南進始免兵革千七百八十二年來屬部落四百十四村民業
耕牧皆有餘裕穀類家畜爲本地輸出品兼造獸脂木箱○朱喀
林斯克府在北緯五十五度五十二分東經七十二度十四分九

秒伊錫穆河左岸之朱喀拉河口旁近市街人千五百口有寺院郵政局年市在十月十二月每日曜日卽禮拜一開市場部落三百二十六村人口最多者曰祿比古村農業西北爲盛家畜四季放牧其利頗大魚類爲本地輸出品○塔喇府在北緯五十六度五十四分五十二秒東經七十四度二十三分四十六秒亞哈爾喀河額爾齊斯河會流處人七千餘口有寺院男女學校郵政局獄舍等有市場商店渡場有獸脂獸脂蠟石鹼卽皁洋麥粉諸製造場酒精釀造場鍛冶場木匠鍛工靴工最多貿易皆在年市歲二次一四月一日至六月一日一十二月六日至一月一日凡由此輸出伊爾比都府之貨物皆冬季年市購齊橇運此府爲自德波斯克府至多木斯克府軍驛要害土腴食足工商業盛大都會也千五百九十四年斯俄主比俄爾命建塔喇寨於塔喇河口以進討奇爾稽思千六百六十九年以水患移今地後改爲府部落四百十一村○都凌斯克府在北緯五十八度三分東經六十三度二十分登拉河右岸其西部爲西伯利亞航行輻輳之所市街人四千口有寺院學校監獄等有商店有製造場專製革油陶器煉瓦鐵銅木漆器等年市在二月六日至二十一日每土曜日卽禮拜六有小市此府距白爾穆省爲近距伊爾都比城僅六十四吉米突俄人未略此地以前已有韃靼酋長都城以爲成吉思汗所建稱成吉思汗城千六百年俄將里哈勤於此築寨改名都淩斯克初俄時那爾麻至登拉河岸大敗韃靼兵於此後以此府當白耳穆通西伯利亞要衝俄主加鄰第二命由下諾哥羅都府至烏剌爾山一帶沿途植樺至此府止自是人口驟增成爲都會嗣俄疆日擴西伯利亞改南由朱緬府行此地大衰部落三百七

十四村內自縲穆城在塔夫達左岸地勢高峻昔沿國道貿易甚盛近亦衰息○朱緬府在北緯五十七度十分東經六十七度三十三分登拉河兩岸右岸卑低有水患左岸街市繁華人萬五千二百餘口有學校養育院病院兵營銀行旅館有商埠商店有石鹼麻索陶器呼鐘馬車木燧魚膠獸脂煉瓦諸製造場有製革製鎗製油諸場其造船場木料取自登拉山爲西伯利亞最佳品有菩提樹製造家具木箱車橇等商務甚盛凡歐俄輸出貨物皆由此水運往西伯利亞諸地以金曜禮拜五土曜禮拜六開市場二次物產皮革彩氈爲大宗每歲一月十三日開年市一月茶葉及各貨至百萬羅布以上有汽船會社船業亦盛府城爲俄人攻略西伯利亞時所建千五百八十六年俄將蘇欽及密雅斯諾設市街於青吉都拉移民居之郎今地也部落七十二村○雅爾拖羅斯克府在北緯五十六度三十九分東經六十六度二十分德波爾河左岸伊克乞河口市街人六千餘口有男女學校寺院病院等有市場商店逢土曜日開市有製革場有石鹼煉瓦諸製造場有耕地湖水之利馬市頗盛舊有韃靼人雜烏爾特爾城遺跡千六百三十九年俄人特設雅爾多羅斯克塞於此防嗒爾瑪克人今爲府部落三百九十二村珠拉弗列窩村尤盛民業耕牧案据二圖

拖波爾司克西北有貝里索郎西志之拜來埽夫繆之別略作甫世界圖作百勒索夫其正西有圖林斯克學會圖繪郎西志之都凌斯克世界圖與西志同曹典球云都凌斯克在登拉河右岸英文圖著其名音叶而經緯度亦合野口保與地誌云都凌斯克在狄穆滇上流爲鑛業地又鄒譯亞洲北段圖土拉河中流右岸北緯五十八度三分京師西五十二度五十分有圖林斯克郎都凌斯克

也又西南有狄穆演卽西志之朱緬繆之裘晃備乘所稱底穆彥斯歸和屯也講義云狄穆演臨託波兒河中流（曹典球云當云雅託波兒支流圖喇河中流）有各種製造所及造船所產物以革皮毛氈為最此府當貿易交通要路歐俄貨物自此裝入船隻由俄比河水路運輸各處人口三萬又西南有雅魯托魯甫斯克卽西志之雅爾拖羅斯克繆之雅魯安羅復司克世界圖作呀郎特路斯克又西南有庫爾干與西志合卽繆之枯爾干世界圖作庫耳干其南有伊什穆與繆合卽西志之伊錫穆又南有求喀林斯克卽西志之朱喀林斯克托波兒斯克之東南隅有土拉卽西志之塔喇繆之他拉世界圖作塔魯又東北有蘇爾古特卽西志之蘇爾克特繆之蘇爾姑特世界圖與二圖同又徐志云多木斯科（一作多欘）在德波爾西南與東海部之白爾摩疴倫不爾厄等部接壤其南與西域之哈薩克同部毗連游牧者時來侵掠雖有防兵不能禁也嵗有大酋駐此總理東方兼督鑛務先謙案備乘云多木斯科部二漢三國晉堅昆國地北魏西突厥地五代遼轄戛斯國地金乃蠻部地元蒙古諸王封地明細密里也國地後併於俄內府圖作都栖南圖作都悶異域錄作圖敏海國圖志作土鄰邑北徼考諸書作多木斯科與徐合今西志繆編及雷志皆無此省自是省併備乘又載異域錄略云自托波兒起程由厄爾齊斯河向西南入托波兒河溯流越九宿至圖敏自此西北由土拉河溯流五百餘里抵鳴班沁捨舟陸行蓋多木斯科地居托波兒河土拉河間在托波爾城西南亦一都會也先謙案土拉二圖作圖拉與西志登拉皆一音之轉亞洲北段圖作圖喇其托坡兒圖喇二河間又有塔甫達河托穆斯克（卽徐志多木斯科）在塔甫達河左岸北緯五十八度五十分京師西五

十二度五分据二圖托波兒斯克省西托穆斯克其東南爲托穆斯克省證之備乘康熙間俄圖托波兒西圖敏東南托穆斯科乾隆初俄圖托博爾西都們乾隆末俄圖作都莫斯其二未詳東南托穆斯歸嘉慶間俄圖德波爾斯科西多木斯科東南痾慕斯科道光初俄圖德波爾斯各西多木斯各東南痾慕斯各道光末俄圖德波斯科西多木斯科東南痾慕斯托波托博德波一也東南之托穆痾慕自當爲多木斯克省俔其西之圖敏都們都莫多木稽合方位卽托穆斯克無疑而西志諸書不言蓋衰息久矣又講義託波兒所克省下有痾慕斯克云爲西部西伯利亞首都位厄爾齊斯河上流人口三萬八千乃大鐵道中央停車場農產饒多牧畜亦盛云首都者謂總督駐地與上西志德波利下總督移痾慕斯克府語合二圖亦有痾慕斯克在托波兒斯克之南與講義合徐志多木斯科有大酋總理東方一語又誤以痾慕事移之多木也惟西志後無一語及此府情形繆編亦無殊不可曉再考

多木斯克

先謙案雷志多木斯克惟西志相同繆作託穆司克徐作痾慕斯科又誤東爲西以致錯亂今一以圖志正之

多木斯克

徐志云痾慕斯科一作東餘在也尼塞之東地頗豐饒善釀酒人多沈湎南境抵外興安嶺與烏梁海各部接壤先謙案東是西之誤西志多木斯克省云東至也尼賽斯克省南界科布多西南至賽密坡拉廷斯克州西北至德波利斯克省爲府六曰多木斯克曰巴爾那馬耳曰比斯克曰喀尹斯克曰庫斯乃貲克曰麻林斯克歸內務省直隸管區繆編託穆司克云大省西北挖波爾司克東北野尼塞司克南仙米帕拉停司克東南中國科布多布倫託海諸邊境距比得堡四千百八十五里此與上爲

西悉畢爾有阿爾泰山倭別河託穆河備乘云託穆河西流入額爾齊斯河誤額爾齊斯部伊爾推什自西來會倭別託穆自東來會倭別其閭相距二千餘里何蓋誤以拕波爾河為訖穆河比牙河入倭別喀吞河拕迷河入倭別楮林河入倭別克乞河入倭別河拖拉河入伊爾推什長湖切烈慈湖比牙河發源先謙案即雷志之多木斯克也二漢三國堅昆呼偈二國地北魏契骨國隋結骨國屬西突厥唐黠戞斯國貞觀二十二年內附設堅昆都督府五代轄戞斯國金吉利吉思部元吉利吉思烏斯等部地國朝崇德間隸俄四裔考諸書作托穆斯科內府圖作托穆斯歸總記作科利弗備考作痾慕斯各全志作痾慕斯科與徐合以上見備乘異名記作拖木士克慕志作痾穆斯克辻志作通母斯克周志作拖母斯克吳志作脫姆士漢文圖作叨母司克胡圖作託穆斯歸和屯謙志作盾斯革列國學會二圖作托穆斯克雷志云面積三十三萬千百六十英方里辻志云二百萬二千四百方里西志又云面積八十五萬二千五百二十三平吉米突繆又云經度百二度三十六分緯度赤道北五十六度三十分方萬五千四百七十六密律人百九十二萬九千九十二口辻志云百四十三萬二千六百八十一口礦產在阿爾泰山有金銀銅鉛鋅鉑煤等世謂之金山

多木斯克案脫會城二字人五萬二千四百三十口

巴拿爾熱度中數三十一度正月負三度七月六十七度雨水十英寸八二萬九千口繆編云會城同省名在託穆河上云有大學館一區產熟皮張駐步隊守兵一營屬

城八日可雷灣在省西南二百十五里倭別河上山城頗得勢民工琢玉供國徵求日巴爾納烏勒在省西南五十七里倭別河上凡官物民物皆運集於此其有司爲之董理蓋此邑爲阿爾泰山之衙要其官郎各邑之領袖所有阿爾泰山之金銀鑛必先經其核檢而後前進防侵蝕備疏虞也有各種作厰自咩伊諾郭耳厰鑛工萬人此厰百年內得銀五萬鋪特金一千鋪特曰畢司克在省南四百三十五里比歹河上日喀迎司克在省西五百二十三里倭米河上日枯自聶茨在省東南三百五十四里託木河上日馬理迎司克在省東南二百里曰槎內什曰自蔑羅過拉類穆在省西北三百六十里倭別河上西志又云多木斯克府在北緯五十六度三十分東經八十四度五十八分九秒多木河岸市街人二萬五千六百餘口有省廳學校監獄兵營病院養育院盲兒院戲場商會商店等有皮革獸脂石鹼蠟燭蜂蜜煙草船網煉瓦油陶器木燧貨車等製造場共七十六此府近多木河當西伯利亞國道之衝歐俄西伯利亞貿易品輻輳於此年市十二月二十七日至正月二十七日千六百四年韃靼太陽汗降俄俄建多木斯克寨以鎮撫韃靼及奇爾稽思人奇爾稽思人反覆無定者百餘年此寨雖爲西伯利亞第一要害然自也尼賽斯克府庫拉斯諾雅爾斯克府建立後此府不甚關涉兵事而人口益盛北部重漁獵南部重耕牧千七百九十七年屬德波利斯克省千八百四年來屬爲首府部落六百八十五村那里穆府哥騾瓦府波古魯土村九著那里穆府在北緯五十八度五十四分東經八十一度五十分俄比河東卑低多樹林市街人二千口千五百九十六年爲鎮撫俄斯札庫人建那里穆寨由德波利斯克將軍統轄千七百

八年屬西伯利亞省後來屬哥驛瓦府在北緯五十度二十一分
東經八十二度四十六分九杪查烏斯河岸人三千四百餘口有
寺院倉庫市場商店工作場麥粉製造場千七百十三年特建哥
驛瓦寨以防奇爾稽思人千八百二十二年因多木斯克爲省首
府其寨遂廢波古魯土村在府西北俄比河岸人千四百餘口○
巴爾那烏耳府在北緯五十三度二十分東經八十三度五十分
俄比河巴爾那烏耳河交會處市街人三千五百三十口商店九
十餘有酒庫鹽倉演劇場有寺院獄舍鑛山學校地質鑛物人種
學博物館氣象臺圖書館金銀鎔解場等本府職工傭役鑛山局
者多自營生理者少有獸皮獸脂石鹼獸脂蠟麥粉油諸製造場
千七百三十年俄人的米土爲鑛業開鬪此地旋以阿爾秦鑛山
區事務所移置於此各部落俄人居多土人不及百分之一地方
耕牧皆盛○比斯克府在北緯五十三度二十分東經八十三度
五十分比雅河右岸市街人六千三百餘口有寺院有製造場民
業耕牧商養煙草千七百九年俄人始建比斯克塞以鎮撫本地
千八百六年爲府昔牧畜極盛自俄商紛紛而來先以貨幣貸於
土人或賒賣貨物逾期不償即奪其家畜爲抵由此畜牧式微商
業亦衰區域內有由朱雅河谷地通科布多道部落千二百三十
村○喀尹斯克府在北緯五十五度二十七分東經七十八度十
八分疴慕河岸市街人五千三百餘口有商館病院監獄寺院養
育院學校等有獸脂石鹼蠟燭皮革煉瓦諸製造場土地膏腴民
業耕牧運輸捕魚製皮千七百二十二年俄建喀尹斯克塞以防
喀爾瑪克奇爾稽思人侵掠千七百八十二年移今地爲府○庫
斯乃資克府在北緯五十三度四十六分東經八十七度十四分

多木河右岸地勢高燥風景甚美市街人三十三百餘口有商店有獄舍學校商館寺院等有石鹼獸脂蠟製造場韃靼人游收各部落者三萬人飼養牛馬羊豚千六百十七年俄官哈拉模等設韃庫斯乃資克塞於多木河左岸其地本屬韃靼時哈薩克兵以今靼人鍛冶之巧稱爲庫斯乃資(卽鍛之義)工後爲準噶爾侵掠遂移韃靼地初屬西伯利亞省又屬德波利斯克省千八百四年來屬○麻喀爾瑪克未降俄以前此府爲兵事必爭之地今鑛業頗盛市林斯克府在北緯五十六度十分東經八十八度奇雅河左岸沙街人五千口有石鹼皮革煉瓦製造場地當西伯利亞國道居十金場中央鑛夫羣集惜物產不王昔爲麻林斯克村千八百五獵年爲府部落近西伯利亞國道者業農牧運輸南部業採金漁案元祕史卷六所稱脫忽木地面李文田以爲卽托穆斯科託穆與脫木正對音也据列國圖托穆斯克府西南有科里斯文卽繆之可雷灣西志之哥羅瓦(學會圖繪)又南有巴爾瑙爾(學會講義)圖及卽雷之巴拿爾繆之巴爾勒烏勒西志之巴爾那烏爾世界圖與西志同又南日布斯克卽繆之畢斯克西志之比斯克世界圖作畢乙斯克(學會圖繪)托穆斯克之南有木旻特斯克卽繆之烏理迦斯克西志之麻林斯克世界圖與西志同(學會圖繪)又東南有庫茲捏次克學會圖同卽繆之姑自聶茨西志之庫斯乃資克世界圖作庫貟乃資克托穆斯克之西有肯斯克學會圖同卽繆之喀迎斯克西志之喀尹斯克世界圖與西志同

東西比里亞雷志云西比里亞東部地形之異較西部爲尤甚

有塞盈山也勃羅拿山司担拿復山及他山以間隔北極斜坡
與蒙古之野黑龍江之低地痾河次克海河之大者爲也尼塞
河流經貝加爾湖利那河黑龍江北部皆低澤然全部樹林茂
盛北部產落葉松中部產樅海濱產樺黑龍江之低地產柏櫟
滿洲產山毛櫸礦產金銀鉛鐵筆鉛煤氣候寒冽沿太平洋之
處冬亦嚴寒其佛克呵痕司克世界最寒之處熱度中數三度
正月負六十四度七月五十七度（先謙案雷志在土耳其斯坦後今移前全球說作東悉畢）
（爾云與恰克圖接境）
歐喀次克省雷志云面積二百八十萬七千六百五十英方里
八百三十二萬八千百五十口（先謙案此總下文歐喀次克也尼塞司克雅喀次克言蓋俄國）
（最初之制下黑龍江省同）
歐喀次克

歐喀次克

徐志云義爾古德斯科耳（一作谷）在河慕之東地極廣大出銀鉛礦兼產皮貨每年所得鉛與皮甚多足助國用其人名美丰姿頗講文學南境抵外興安嶺與喀爾喀蒙古土謝圖汗車臣汗兩部接壤南界有甲他城即內地所稱恰克圖中國與峩人互市於此庫倫辦事大臣司其事彼以皮來我以茶往先謙案甲他見後脫倫司貝加爾下西志義爾古德斯克云北至雖克德斯克州東至後貝加爾州南界唐努烏梁海西至也尼賽斯克省爲府五曰義爾古德斯克曰巴拉崗斯克曰下烏廷斯克曰上聯斯克曰吉連斯克歸東部西伯利亞總督管區繆編伊爾古特慈克云大省東北雅古特司克西北野尼塞司克東雜拜噶爾斯克南中國所屬蒙古境庫蘇古爾噶湖薩彥山距比得堡五千七百四十五里有薩彥山拜噶爾嶺拜噶爾湖（西半）一安噶拉河（入也尼塞）伊亞河（入倭喀）倭喀河（入安噶拉）烏達河（入安噶拉）伊里穆河（入安噶拉）烈納河（出拜噶爾山）唯吉木河（入安噶拉）尼日里東姑師河（發源於此下東姑師即）先謙案即雷志之歐喀次克也二漢三國丁零國北魏高車柔然二國北境隋突厥北境唐鞠國又爲木馬突厥屬點戛斯五代爲黑車子遼黠戛斯屬地元昂可剌東境明加大閣辣東南境　國朝崇德闢隸俄內府圖作伊爾古斯歸綏服紀略諸書作額爾口（繆云以額爾口河得名額爾口河即伊理木河經伊理木城故以水名爲城名蓋其屬地也此省舊爲蒙古布烈特種族所居今其人循眾語言與外蒙古近庫倫官郎以蒙古人作譯布烈特因以額爾口名之或）異域錄作尼爾口一作厄爾庫又作額爾庫海國圖作額爾古克全球說作阿爾古克龍沙紀略作尼爾若斯備考作義爾古德斯各全志作義古斯科（以上備乘）見胡圖作伊爾古斯歸和屯平方圖作伊爾庫次克吳志作以路庫慕志作義庫次克圜球圖作歐庫貢克周志作歐哥孜克廿志作諾庫斯

克謝志作耳古資列國學會二圖作伊庫次克雷志云面積二十八萬七千六十英方里西志又云面積八十萬千九十八平吉米突繆又云在經度百二十一度五十六分緯度赤道北五十二度十六分方萬四千五百四十二密律人五十萬六千五百十七口　歐喀次克要區熱度中數三十二度正月負五度七月六十六度雨水十六英寸人五萬千四百三十四口繆又云會城同省名在安噶拉河上東悉畢爾極繁劇之城有稅關鑄金廠凡東悉畢爾各屬所產金皆交納此廠鎔鑄成錠解赴此得堡有玻璃廠有帖里珉廠專造哈喇紙布蠟凡中國茶葉絲紬及境內皮張皆萃於此駐步隊守兵一營悉畢爾哈薩克馬兵百名有提督官兼轄雅古特司克野尼塞司克砲臺三屬城五曰巴拉干司克在省北百九十里安噶拉河上曰日爾霍連司克在省東北二百七十三里烈納河上曰吉連司克在省東北千二百八十里曰尼日里烏金司克在省西北五百三十五里烏達河上曰伊里穆在省北五百二十里伊里穆河上西志云義爾古德斯克府在北緯五十二度十六分東經百四度十六分九秒昂噶刺河右岸爲西伯利亞大都會東北即西伯利亞總督駐紮地自昔貿易繁盛及東洋之海運開而恰克圖之貿易敗尋劃後貝加爾黑龍江沿海三州設置新政區頓復昔時之盛市街人三萬三千餘口凡旅行於西伯利亞東部者至此若別有天地有府廳寺院學校陸軍倉庫病院藥局兵營沙金鎔解場博物館氣象臺育兒院等千六百五十二年俄人宜萬

建冬居場於昂噶喇河一島曰義爾古德斯克徵土人毛皮稅千六百六十一年築塞於昂噶喇河右岸仍其名以備土人千六百八十六年改爲府千六百九十五年爲布哩雅特人所襲毀千七百六十五年初置知事千七百九十一年學校特設支那滿洲日本語學科千八百二十二年建砲臺以防禦昂噶剌河千八百六十一年設關徵恰克圖輸入貨稅人民在昂噶剌河岸地者多業農在義爾古德河岸地者牧畜爲盛工業日進各部落有製鹽場製鐵場大呢製造場尤善製酒精○巴拉崗斯克府在北緯五十三度四十三分東經百三度十九分義爾古德斯克府西北十九吉米突之處市街枕昂噶拉河左岸人九百餘曰有寺院協同商館等屬內耕牧皆盛農產爲輪出品大宗○下烏廷斯克府在北緯五十四度五十五分東經九十九度二分九杪烏達朱那河右岸市街環山風景頗美人三千三百餘口有寺院學校病院商店等貿易不盛千六百六十四年因徵布哩雅特人毛皮稅建下烏廷斯克塞千八百二十二年爲府民居多在西伯利亞國道附近昂噶剌河沿岸尤多西南爲土人游牧地農商不王自採金業盛獵獸之利亦微○上聯斯克府在北緯五十四度東經百五度三十分勒那河右岸與克聯格河口相對市街人千口民業耕作貿易不盛千六百三十一年哈薩克兵瓦西里建上聯斯克塞以備土人後布哩雅特人屢攻不克千七百七十五年始爲府來屬部落在勒那河貝加爾湖岸居多民業牧畜貝加爾湖之布哩雅特人漁業稍盛○吉連斯克府在北緯五十七度四十七分東經百八度三分勒那河右岸市街人八百餘口有寺院學校商會商店等年市一次貿易頗盛千六百五十五年建吉連斯克塞越二十

年爲府境內多山惟伊里穆河谷地間有農業畜牧不足漁獵稍盛天然鹽爲本地大利每年採掘至二萬普度水運諸村由喀朱噶埠運貨至雅克德斯克府案据世界圖諾庫斯克之北有巴拉岡斯克與西志合卽繆之巴拉干司克（二圖無）又東北列國圖有威沙連斯克卽西志之上聯斯克繆之日爾霍連斯克（學會圖無）世界圖與西志同又東北二圖有克連斯克卽西志繆編之吉連斯克世界圖與西志繆編同伊庫次克之西二圖有下烏丁斯克卽西志之下烏廷斯克繆之尼日爾金司克世界圖作下烏誧斯克又西北列國圖有伊里穆斯克卽繆之伊里穆（學會圖無）

也尼塞斯克

也尼塞斯克

徐志云也尼塞斯科（一云云益拉）在德波爾之南多木之東有草場出各鑛南境與哈薩克毘連駐兵四千以防侵擾西志也尼賽斯克省云北臨北冰洋東至雅爾德斯克州義爾克德斯克省南界科布多西至多木斯克省德波利斯克省爲府六曰庫拉斯諾雅爾斯克曰也尼賽斯克曰堪斯克曰阿青斯克曰密努新斯克曰土爾于斯克歸東部西伯利亞總督管區繆編埜尼塞司克云大省北北冰海南薩彥山外蒙古科瑣甘烏布薩兩湖之間西拖波爾司克託穆司克東雅古特斯克伊爾古特斯克距比得堡四千七百三十八里有薩彥山（蒙古名塞益山由野尼塞河主）河（濮楞格河皆是）馬利弗嶺野尼塞河初訥河東姑師河喀拉河（入尼塞也）他字河霍攤噶河叶塔河怕希訥河（四冰皆入北海）北海產鯨鱘大者千餘斤先謙案卽雷志之也尼塞斯克也西距以西志繆編爲是徐志德

波爾南多木東者誤二漢三國丁零地北魏高車北境隋骨利幹國唐元闊州後更名余吾州五代葫蘆河及牛蹏突厥元昂可剌明加大閣辣爲喀木尼堪部所居地國朝崇德間隸俄一統志諸書作伊聶謝柏興內府圖作惹尼色斯歸北徼考作伊聶謝斯科備考作也尼塞斯各全志作也尼斯科以上見備乘胡圖作惹尼塞斯歸和屯吳志作耶尼設士州萬國圖作煙尼塞士克过志作恩尼西斯克周志作哀尼哀雨孜克謝志作延伊巴斯革漢文圖作匡尼賽司克又名克拉斯那也平方圖作耶呢色斯克列國學會二圖作葉斯塞司克雷志云面積六十八萬七千百九十英方里西志又云面積二百五十七萬二千四百八十六平吉米突繆又云在經度百九度四十六分緯度赤道北五十八度二十七分方四萬六千六百九十九密律人五十五萬九千九百二口

也尼塞斯克要區人六千九百口繆又云會城曰克拉斯諾雅爾司克在野尼塞河上駐步隊守兵一營悉畢爾喀薩克馬兵百人砲臺一屬城五曰野尼塞小城在省北三百四十里野尼塞河上儲蓄頗裕產白狐青狐水獺曰米奴新司克在省南四百九十里阿巴甘曠野田土肥饒一歲之入足供悉畢爾全境之食產鹿茸麝香曰阿陳司克在省西百六十五里孔道曰滿嘎則在省北九百六十里曰堪司克在省東二百十六里喀拉河上孔道曰吐魯汗司克在省北千四百十五里產白狐青狐水獺西志又云庫拉斯諾雅爾斯克府在北緯五十六度一分東經九十二度五十五分也尼賽河喀札河交會處河中有紅巖石故稱庫拉斯諾雅爾斯克郎紅巖意也市街

人萬三千餘口有養育院病院監獄商會等有製革煉瓦石鹼獸蠟車油陶器諸製造場商店九十九自野尼塞斯克府金沙發見居民繁盛每日曜開市二次舊爲喀札部韃靼人游牧地千六百二十八年俄將得孟斯機取之築庫拉斯諾雅爾斯克塞原屬西伯利亞省屬德波利斯克省又屬多木斯克省千八百二十二年置也尼賽斯克省爲首府部落百三十村民業耕牧漁獵運輸

○也尼賽斯克府在北緯五十八度二十五分東經九十一度四十六分也尼賽河左岸有水患市街人七千二百口有學校寺院市場商館等有石鹼皮革船網煉瓦鐵器諸製造場年市以鐵類毛皮爲大宗舊爲俄斯札庫人游牧地千六百十八年俄主亞歷山命其臣彼得建築壘塞名曰也尼賽斯克千六百七十八年改爲府屬德波利斯克省千八百二十二年來屬上通古斯河中通古斯河水域產沙金

○堪斯克府在北緯五十六度十分東經九十五度四十九分堪河塔來河會流處市街人二千五百餘口有商店有寺院學校病院監獄商館等有石鹼獸脂製造場千六百二十八年駐庫拉斯諾雅爾斯克府俄將得孟斯幾在堪河岸擇建塞柵征游牧此地之古特人千六百四十年移今地民業耕獵

○阿靑斯克府在北緯五十六度東經九十度三十分朱累模河右岸市街人三千七百餘口有府廳寺院盲兒院學校獄舍等製造煉瓦爲重千六百四十二年俄將土哥聶夫斯幾建塞於由斯河岸千六百八十二年火災移今地千八百二十二年爲府來屬農業最盛兼牧畜漁獵採金

○窰努新斯克府在北緯五十三度四十二分東經九十一度四十四分窰努新河岸市街人四千三百餘口有兵營病院養育院寺院等有商店有獸脂獸皮製造場

民多業耕牧部落三百七十五村農產家畜極盛有鹽池○吐爾干斯克府在北緯六十五度五十五分東經八十七度二十九分距吐爾干河二千一百米突距也尼賽河八千五百米突地據高巨上周圍皆平闊澤地一望無際惟也尼賽河岸下通古斯河岸有鍼葉樹林叢生而已市街人三百口有寺院學校病院獄舍等有商店冬季土凍乏水夏季泥溼難行六月十四至二十四日太陽不收入地平綫以下夜中惟二時間收入半體失其光綫而已每年六月開年市土人以毛皮交換日用品先是本地爲冬居場千六百六十一年始爲府部落甚少土人歸希臘教者免租稅三年民以漁獵養鹿爲事間有俄人在南部耕作居也尼賽河下流者歲定期往北冰洋以探求象骨爲業案据列國圖克拉斯那也斯克即西志之庫拉斯諾雅爾斯克繆之克拉斯諾雅爾斯克吳志作庫蘭士納又學會圖作克拉斯那也爾斯克世界圖作苦拉士耕那斯克其北有葉尼塞斯克學會圖同即西志之也尼賽斯克繆之野尼塞司克雷所云要區也世界圖作恩尼西斯克又北有土魯琛斯克即西志之吐爾干斯克繆之吐魯汗斯克世界圖與西志同圖學無會克拉斯那也斯克之東有干斯克即西志繆編之堪斯克圖學無會世界圖同克拉斯那也斯克之西有阿臣斯克圖學同會即西志之阿青斯克繆之阿陳司克世界圖與西志同克拉斯那也斯克之南有米奴森斯克即西志之密努新斯克繆之米奴新司克圖學無會世界圖與西志同

雅喀次克

雅喀次克

徐志亞古德斯科一作斯谷云在義爾古德之東南境抵外興安嶺與黑龍江接壤康熙年間議定疆界立有界牌其地寒甚冰雪消融者每歲止三四月人戶稀少射獵之外無生計俄人取其所得之皮以當賦稅西志雅克德斯克州云北臨北冰洋東至沿海州南至黑龍江州後貝加爾州西至義爾古德斯克省也尼賽斯克省為府五曰雅爾德斯克曰俄來克明斯克曰惟綠伊斯克曰上延斯克曰郭列穆斯克歸東部西伯利亞總督管區繆編雅古特慈克云小省北北冰海南伊爾古特慈克襍拜噶爾阿穆爾司克東卜里摸爾司克距比得堡八千五百六十三里有雅布倫山轄其北司他納隈嶺轄其西可帖里尼島法節島新悉畢爾島愛元島熊島烈霍甫島皆在北海烈納河出伊爾古特斯克省內拜噶爾山唯吉木河其西岸在襍拜噶爾伊爾古特斯克省倭烈克馬河出雅布倫山阿爾丹河出雅布倫山入烈納河維雷河槎拏河与拏河阿木噶河皆出雅布倫山入阿爾丹河馬与河出司他那隈嶺下東姑師河發源科雷馬河因的寄爾喀河倭烈涅克河塔巴拉河入与拏河先謙案郎雷志之雅喀次克也二漢匈奴東北境三國鮮卑地隋突厥地唐鞠國北境五代為韃劫子明加大閣棘東境 國朝崇德間隸俄 聖訓作雅庫內府圖作惹鞠斯歸莊廷旉地圖作惹綢總記作雅古薩備考作亞古德斯各全志作亞古斯科以上見備乘慕志作雅荷次克过志世界圖作諳庫斯克一作与庫斯多謝志作亞古資吳志作亞庫周志作野哥改克西洋史要作雅固咨克萬國圖作雅庫特士克列國學會二圖作雅庫次克

雷志云面積百五十三萬三千四百英方里

西志又云面積三百九十三萬八百十平吉米突繆又云在經度百四十七度二十四分緯度赤道北六

十二度一分方七萬千三百五十八密律人二十六萬千七百三十一口

雅喀犮克

要區人六千五百口繆又云會城同省名在烈納河上屬城四曰唯爾何浩司克在省北八百六十里孚挐河上曰維雷司克在省西七百一十里維雷河上曰倭烈克明司克在省南六百五十七里倭烈克馬河入烈納河處曰上下科雷木司克在省東北千四百六十里岢播馬河上西志又云雅克德斯克府在北緯六十二度東經百三十度勒那河谷地東部為西伯利亞大都會市街人五千八百餘口有寺院學校養育院病院監獄協同商館各自陳列其商品之處諸府多有未備載市場商店等市民貿易外業耕牧漁職工甚少雅古德人住帳幕製象骨器具有名貨物輻輳毛皮獸脂魚類巨象骨海馬齒鹿皮為大宗又歐俄及中華貨物先輪人於此遞運諸地年市六月二十二日至八月十三日十二月二十二日至正月二十日夏季尤盛千六百三十二年俄人彼得白給土至勒那河征服雅克一作古德人建雅克德斯克塞徵毛皮稅後十年移今地屬也尼賽斯克將軍轄千六百四十年特置將軍一時將軍皆虐待人或強令移居希圖私利千七百八十三年以要塞司令官代之積弊依然是年改為義爾古德斯克首府千八百二十一年分西伯利亞為東西兩部東部為州首府轄府五千八百四十九年以鄂和達斯克地方隸本府轄○俄來克明斯克府在北緯六十度二十分東經百二十一度勒那河左岸人四百口有寺院學校協同商館等俄人雅克德人通古斯人雜居俄人住房屋土人住帳幕俄商來克麻河產金有名民多營礦業耕牧利徵年市六月十三日至七月四月千六百三十五年也

尼賽斯克府哈薩克兵遠征俄來克麻河於河口對岸建俄來克
明斯克塞徵毛皮稅且為征黑龍江屯兵處後移今地為府○推
綠伊斯克府在北緯六十三度四十五分東經百二十度三十五
分市街居戶沿岸散處人三百八十口此地商人與雅克德斯克
俄來克明斯克商人每歲定期交易茶糖煙草皆由雅克德斯克
輪入村民業牧獵鑄造相貿易人數寥寥○上烏廷斯克府在北
緯六十七度三十四分東經百三十三度五十一分雅那河岸市
街人三百口氣候寒冷無耕作民業牧畜漁獵南部雪少富牛馬
芻牧中部北部養馴鹿如薩西威爾斯克村西下斯克村奄倫村
皆部落稍大者○郭列穆斯克府在北緯六十七度十分東經百
五十四度五十分九杪郭列穆河左岸市街人四百餘口有寺院
其地用犬曳橇故犬為家畜之一近因漁獵減少犬糧不繼以馬
代之氣候極寒積雪成山稍一不慎落指凍體至瀕於死貿易品
雜貨煙草狐獺黃鼠皮黑貂皮案据列國圖雅庫次克在省中央
偏南其西南有俄列克米斯克郎西志之俄來克明斯克繆之倭
列克明司克學會圖無世界圖作鄂勒克民斯克雅庫斯克之西有威
呂斯克郎西志之惟綠伊斯克繆之惟雷司克學會圖同世界圖
作惟里烏伊斯克雅庫斯克之北世界圖有委爾口宴斯克郎繆
之唯爾何沿司克亦郎西志之上延斯克二圖無西志雅那河繆
作牙挈世界圖作訥那二圖作雅挈此地在雅拿河上惟二圖隈
超占斯克方位證合蓋唯爾河沿司克異名也雜庫斯克之東北
列國圖有上中下科里木在科里馬河上郎西志之鄂列穆斯克
繆之上下科雷木司克學會圖止有下
科里木斯克世界圖作可禮穆斯克

黑龍江省雷志云面積百十五萬五千四十英方里人百十四萬九千九百三十四口先謙案此亦總下文言之

脫倫司貝加爾

脫倫司貝加爾西志云後貝加爾州北至雅克德斯克州東接黑龍江州及滿洲南界外蒙古西至義爾古德斯克省為府五曰乞塔曰尼布楚曰上烏廷斯克曰色楞格斯克曰巴爾固靜歸沿黑龍江總督管區繆編穆拜噶爾司克云小省西北伊爾古特慈克北雅古特司克東北阿穆爾東南中國興安嶺額爾古納河正南車臣汗境距比得堡六千六百九十八里有達烏爾山東南界中國曰肯特山在什爾喀河阿爾琿河之間南聶爾㮇山又西哈馬爾達班嶺近拜噶湖東南曰拜噶爾嶺陰葛達河鄂倫河即徹嫩河二水合流爲什爾喀河什爾喀河會額爾古納河入黑龍江洩楞格河俄音又曰叶連嘎烏達河出聶爾琛入洩楞格巴爾古情河入拜噶爾湖唯吉木河出聶琿聶爾槎河出雅布倫山入什爾喀拜噶爾湖東先謙案即雷志之脫倫司貝加爾也吳志作薩貝加謝志作脫蘭司巴伊革利亞萬國圖作特蘭士拜喀爾漢文圖作特蘭斯拜開爾辻志世界圖作外貝加爾周志作貝加爾外州列國學會二圖作薩拜喀勒雷志云面積二十三萬六千八百七十英方里西志又云面積六十二萬三千八百五十二平吉米突繆又云在經度百三十一度十分緯度赤道北五十二度二分方萬一千三百二十五密律人六十六萬四千七十一口繆又云會城曰赤塔在陰葛達河上有此

德羅甫鐵作廠造輪船放入拜噶爾湖什爾喀河產金沙銀礦皮張駐散隊步兵一隊八百七十五人本省喀撒克馬兵一營步兵二隊砲隊馬兵一隊砲臺一屬城八曰聶爾琛司克在省東三百里聶爾槎河入什爾喀河處郎尼布楚城有金銀廠曰土洛伊自科薩勿司克在省西南四百九十五里恰克圖河上距恰克圖八里駐散隊步兵一隊曰恰克圖中俄互市卡在省西南五百十二里曰唯爾赫涅烏金司克在省西四百四十一里烏達河入洩楞河處郎上烏金也有會場每年二月開三十日駐本省喀撒克砲隊馬兵一隊曰洩楞庚司克在省西南五百六十七里洩楞格河上曰巴爾古情在省西北三百二十五里巴爾古情河上曰喀黎斯幾普傈梅司克在省南三十八里駐本省喀撒克步兵一隊曰施特烈厘司克在省東北三百五十九里什爾喀河上有輪船駐步隊戰兵一隊西志又云乞塔府北緯五十二度二分東經百十三度三十分乞塔河岸沙巨上市街周圍低凹梛樺繁櫃千八百五十一年前有哈薩克兵木寨及一小村凡運送上烏廷斯克及尼布楚貨物以此為裴卸埠頭自設後貝加爾州遂爲首府市街人四千七百餘口有寺院學校養育院病院戲園公所公園鍛工場等有麥粉石鹼蠟燭麥酒鐵器煉瓦諸製造場在後貝加爾州中央當黑龍江州沿海州置郵孔道爲貿易重要之地物產毛皮獸革及布哩雅特所製油年市二月十七日至三月四日○尼布楚府在北緯五十一度五十八分東經百十六度三十六分二十杪尼布楚河左岸低地東負高陵西對河中島嶼市街人四千餘口俄商布成以採金致富巨萬有住宅內設博物館列萬國珍奇為西北利亞建築第一千六百五十四年俄將軍巴西古命部下

白給土距府四吉米突上流處建設壘塞曰尼布楚塞以備布哩雅特土人千六百八十九年俄國全權大臣兀老尹與中國全權大臣索額圖締約於此千八百五年屬義爾古德斯克省千八百十二年避水患移今地千八百五十一年來屬部落惟蘇都勒甸斯克驛著名人千二百餘口黑龍江汽船往來泊此案備乘云尼布楚亦作尼布湖尼布柚尼布緯又作泥模處又作泥撲處又作你不赭皆譯文之異康熙三十九年　上諭云尼布楚等處原係布拉武烏梁海諸部落地後皆林居以捕貂爲業人稱之曰樹中人後俄羅斯强大遂併吞之已五六十年矣又云尼布楚三國鮮卑屬墬晉鮮卑拓跋氏地北隸烏洛侯國與俄羅斯音合唐爲烏羅護亦作烏羅褲其北墬在隋爲白霫唐爲眞額州元爲林木中百姓朮赤征服之見元祕史明爲蒙古茂明安游牧處烏梁海布拉武等採摘於此講義云濱石勒喀河之支流以產沙金及銀有名爲西伯利鐵道之停車場○上烏廷斯克府在北緯五十一度五十分東經百七度四十五分烏德河色楞格河會流處西南河水環繞東則矮松繁茂平地廣闊風景頗勝有府廳會計局地方裁判所寺院等年市二月七日至十八日居民四千口有石鹼蠟燭玻璃諸製造場毛皮貿易頗盛居義爾古德斯克恰克圖之中運茶者四時不絕屬內有恰克圖村臨恰克圖河岸爲中國與俄貿易處茶葉輸入最盛處千六百四十九年築木寨以備布哩雅特人爲所攻破千六百八十八年建新寨於烏德河岸高地壁壘精嚴今存遺跡○巴爾固靜府在北緯五十三度三十六分東經百九度四十八分九杪巴爾固靜河右岸有寺院市街人七百餘口民多業漁通古斯人貿易頗盛千六百四十八年俄人宜萬建巴爾固靜塞徵土人毛皮稅千七百八十三年屬義爾古德斯克省千八百五十一年來屬○色楞格斯克府在北緯五十一度六分東經百六度五十三分九杪色楞格河左岸市街人千餘口民業耕漁畜牧地當恰克圖道路要衝貨物皆由此經過本地布哩雅特人勤於耕牧頗饒裕千六百六十六年俄於色楞格

河右岸建色楞格斯克寨以備土人旋修造市街千六百八十八年布哩雅特人來攻兀老尹率狙擊兵五百名與戰降之屯兵鎮歷千八百四十年因水患移今地案据列國圖赤塔城即西志之乞塔府學會圖同即徐之甲他吳志作契塔王志作治台世界圖作乞塔與西志同講義云自東清鐵道開通以來日益繁榮其西有上烏丁斯克即西志之上烏廷斯克繆之唯爾赫得烏金司克世界圖作上烏請斯克其西有特羅伊次闊薩甫斯克即繆之上洛伊自科薩勿司克（學會圖無）又西南有恰克圖與繆合學會圖世界圖同又西南有色楞格河而無色楞格司克其西有巴爾古精即西志之巴爾固靜繆之巴爾古情（學會圖無）世界圖作罷固晉講義云在拜喀勒湖之東地方物產之聚集地其東有尼布楚即捏爾臣斯克與西志合即繆之聶爾琛（學會圖無）又東北有斯特列田斯克學會圖同即繆之施特列厘斯克講義又云在石勒喀之南岸有人三千口黑龍江定期汽船至此爲最上流停泊之所

黑龍江

西志黑龍江州云北至雅爾德斯克州東至沿海州南界黑龍江滿洲西至後貝加爾州首府曰伯拉照夫琛斯克歸黑龍江總督管區繆編阿穆爾云小省北雅古特慈克西襪拜噶爾司克東北卜哩摸爾司克南中國黑龍江西近達來諾爾湖東近愛琿城中近內興安嶺距比得堡八千百五十九里此省半係咸豐十一年定愛琿約時所讓有雅布倫山（山南其半在雅古特）阿穆爾河（北岸即黑龍江）節歹河（出雅布倫山即綠衣里江又曰精奇里江）卜理歹河（出雅布倫山）先謙案黑龍江州不載於徐志其時未爲俄人有也吳志作阿姆爾世界圖作阿

模爾萬國圖作阿模阿列國學會二圖作阿穆爾異名記云俄人呼爲暗木衆即黑龍江也雷志云面積十七萬二千八百五十英方里西志又云面積四十四萬七千八百四十四平吉米突繆又云在經度百四十五度十八分緯度赤道北四十九度二十二分方八千百六十密律人十一萬八千五百七十口

勃羅哥佛盧輕斯克要區繆又云會城曰布拉郭悅式屢司克郎海南泡在節另河入阿穆爾河處與中國愛琿城僅隔一河產金駐散隊步兵八百七十五名本省喀撒克馬兵一營六百人砲臺一傍黑龍江屬城二曰阿穆爾在省東南六百五十里阿穆爾河上曰阿勒巴屢在省西北五百二十里即雅克薩西志又云伯拉照夫琛斯克府在北緯五十度十五分東經百二十七度三十八分二十八杪黑龍江精奇里河會流處人六千口市街沿黑龍江左岸對岸即滿洲之哈薩連烏喇村江狹至一吉米突餘有官廨寺院學校等商店櫛比富商惟日耳曼爲最移住黑龍江最早掌握商權已成壟斷俄人深忌之千八百五十六年東部西伯利亞總督木喇福岳福略取黑龍江置哈薩克兵於此以充警備千八百五十八年愛琿條約既定明年即設此府人口日增農商業盛滿洲物產每年總額近五十萬羅布部落以阿爾巴靑城爲最中國稱雅克薩在此府與蘇都勒甸斯克驛之中中俄古戰場也密海羅色苗村在卓倫奇河岸地味豐饒爲第一殖民地先謙案外國學會二圖云海蘭泡即布拉郭威什臣斯克雷之勃羅哥佛盧輕繆之布拉各悅式屢西志之伯拉照夫琛也吳志作布拉哥比琴伯利探路記作不拉好爲十親四克

世界圖作布拉苟委土錢斯克迂志同云在加巴羅烏斯克府西濱黑龍江北岸地當黑龍江航路之中心西伯利亞鐵路之線路其西北曰阿勒巴金郎繆之阿勒巴釐世界圖作阿爾巴晉謝志云德人多於此貿易

沿海部與亞納德

沿海部與亞納德徐志痾哥德斯科一作阿谷云在亞古德東北地盡亞細亞之東北隅寒冽過於亞古德土人亦以獵獸爲生俄設官以賦其皮城建海濱與海東各島通商以收皮貨西志沿海州云北臨北冰洋西北沿雅克德斯克州東沿白令海鄂和達海及日本海至滿洲爲限爲府十曰烏拉地俄斯德曰哈巴羅夫喀吳志作哈巴惹布卡王志作喀巴羅佛斯喀迂志作加巴羅烏斯克謝志作哈巴魯弗克曰尼古來斯克王志作尼科來伊甫斯克曰索匪斯克曰彼得巴布羅斯克王志作百特羅波甫羅甫斯克曰提督島曰鄂和達斯克曰吉希噶斯克曰阿納底爾曰烏底斯克爲部二曰北烏蘇里部曰南烏蘇里部因爲日尚淺未設府治歸沿黑龍江總督管區繆編云卜里模爾斯克大省北北冰海東南朝鮮西雅古特司克阿穆爾斯克西南中國三姓琿春松花綏芬河東東海距比得堡九千三十四里有雅布侖那倭耶嶺斯他那倭耶嶺喀米槎特嶺希霍達嶺沿日本海岸薩哈霖島即庫頁島迤日俄之達尼多至此督闊石岩科門多爾羣島在闊槎犄之外欲訥島在哦霍茨克海喀拉新島在大東洋阿穆爾河烏蘇里河東岸阿木肱河即恆滾河入阿穆爾阿拉堆爾河出斯他那倭耶嶺入東海喀米槎特河入東海韓喀湖即興凱湖產貂狐海虎水獺諸皮駐散隊步兵一隊八百七十五名砲隊戰兵一營提督官兼轄襍拜噶爾阿穆爾砲臺四先謙案卽雷志之沿海部與亞納德也今

爲東海濱省亞納德舊爲一部故別言之蓋當日分疆舊制也唐爲駿馬夜叉二國五代爲狗國國朝崇德間隸俄內府圖作郭列穆斯歸北徼表作郭列穆斯科海國圖作獨惡砥族備考作痾哥德斯各全志作痾哥斯科備以剌上見周樋志作海岸州萬國圖作俄何特士克西洋史要作俄科資克圓球圖作俄考斯克列國學會二圖作鄂霍次克

雷志云面積七十四萬五千三百二十英方里西志又云面積百八十五萬五千八百一平吉米突繆又云在經度百五十二度四十六分緯度赤道北四十八度二十八分方三萬四千三百六十六密律人三十六萬七千二百九十三口此部包括薩哈林島面積二萬九千三百四十英方里備乘云甘查甲東之少南即日本所屬薩哥連島熱斯棱島王志云光緒三十一年日俄戰後割北緯五十度以南地與日僅存北部中多湖沼大半爲苔所蔽物產魚類石炭爲主長官駐亞勒基薩得羅甫人三千口有海電綫通對岸之特加斯得里港案唐書言流鬼南去莫設鞢鞨船行十五日莫設鞢鞨即今庫頁島與甘查甲隔海南北相望國朝康熙三十九年隸俄

與堪察加半島要區徐又云岡札德加一作堪察加在痾哥德之東東界斜伸入海形如大刀頭其地終年寒冽草木稀疏海鳥翔集如蠅蚋居民捕魚爲業穴地而居東省所謂魚皮韃子俄人設口收皮朝臣有重罪者流竄於此先謙案即堪察加半島也備乘云甘查甲東境唐流鬼國康熙三十九年屬俄其西境唐驅度寐國附近北海地有鬼國內府圖作噶穆薩特喀三面皆抵大海惟西北一面與郭

穆斯科相接唐書言流鬼在北海之北北至夜叉國三面皆抵大海是其地也俄於康熙三十九年始取此部屯兵甚衆河道迂遠或行數日無人煙以產豐利厚故商旅爭騖有火山十座吐燄不息地常震動案北徼考諸書作甘查甲備考作岡札德加與徐合本別爲一部

琿春爲屯海軍之所案中國有琿春副都統與俄國屯軍之所隔江相望人萬三千口繆又云會城曰哈巴羅夫所謂東海濱省城即伯利在烏蘇里河入黑龍江處以上東悉畢爾也屬城二十四曰務(一作烏)拉的倭司(一作思)託(一作颭)克在省西南千八百八十一里即海蔘威俄人稱爲行兵通商要道大船埠其海口寬三俄里內口寬四俄里長三丈餘兩岸有礮臺軍械庫船廠駐散步隊兵一隊八百七十五名砲隊戰兵一營曰尼顆拉耶務司克在省東北二千百五十里即廟爾在黑龍江北岸有倉儲軍械庫曰阿燀海口在省北千四十里臨哦霍茨克海曰哦霍茨克在省東北二千里哦霍茨克海上曰上下喀米楂得即岡楂特在省東北千九百五十里產石炭曰撇得羅把勿諾斯克在省東北千八百里喀米楂特河上曰波力尒在省東北二百四十八里喀米楂特河上曰朔非亞在省北二千七百里曰吉任司克在省南六百十六里哦霍茨克海上曰泥顆立司克在省西南百五十里即雙城子之東城廓米薩爾所住駐步隊戰兵善槍手二隊千六百人曰米海洛西斯苗克在省南六百七十里即徐爾固當溫麻河松該里河入阿穆爾河處爲南北要津南岸近三姓屬地西南四十餘里有拉喀穌其東三十餘里有額圖什納皆憑江據險防守之要地駐喀薩克步兵半隊四百三十七八烏蘇里東岸守卡倫喀薩克步兵半隊四百

三十七人曰綏芬司克在省南六百八十五里曰斯拉文噶在省南五百五十里郎蝦蟆塘係綏芬海口門戶駐散隊步兵一隊曰拉茨節一作奪理勒耶村駐散隊步兵一隊曰烏拉的密爾村在省東南六百二十里曰亞塔馬綹甫斯果耶駐散隊馬兵一隊百五十人曰琿春村在省南六百里近朝鮮界駐馬隊散兵一隊曰阿烈克三德村在省東南六百五十里海口曰喀綿宜雷波洛甫在省南五百二十里興凱湖上駐喀薩克步兵半隊曰阿魯赴倮喏倭織一作幾耶甫在省南六百四十里郎巖杵河駐散隊步兵一隊曰布叶在省南三百七十里亦名布司曰喏甫果倮特司幾駐散隊步兵一隊步隊善槍手一隊曰把拉巴什即蒙古街駐散隊步兵一隊砲隊戰兵一隊西志又云烏拉地俄斯德府郎綏之務拉的倭司訖克也王志作剌氐倭斯訖克郎海參崴一曰滿鹽司德臨阿穆爾灣彼得大帝灣之一支也瀛志云西名傳拉底伏斯多克在北緯四十三度六分五十一杪東經百三十一度五十四分二十一杪穆拉威夫亞模爾斯奇半島之南金角港之西北西臨亞模爾灣南隔東波斯和爾海與俄人島相對在南烏蘇里部中為最大都會地據巨陵開鑿溝渠以通港灣修繕道路橋梁隄防粲然具備府分四區各置警察區長人萬三千六百口有府廳兵營海軍俱樂部海陸軍病院學校等貿易日進有皮革製造場煉瓦場麥酒場千八百五十六年英船初發見此港名曰米伊港千八百五十九年俄船泊港內時海岸各部落止滿洲人居住千八百六十年北京條約既定俄國領有烏蘇里地方即駐兵充警備嗣後設烏拉地俄斯德及波西二鎮兵營寺院相繼而起千八百六十二年改烏拉地俄斯德鎮為鎮守府烏拉地俄斯德俄語領有東方之義蓋俄人欲以此地為根據鎮壓東洋故云千八百六十四年設管理廳嗣復為西伯利亞艦隊造綏

芬風帆船一艘又以尼古來斯克府軍艦移此人口驟增千八百七十六年實施市制越四年爲府初俄人以船舶損壞必送長崎橫須賀修補故於此地經營船塢不遺餘力千八百九十一年本港有西伯利亞艦隊十二東洋分巡艦隊五義勇艦隊十集揭成者平時揭艦隊之旗運貨營利有事則揭軍艦旗以阻害敵國商務故各船人員用海軍軍人歸海軍大臣轄以義勇艦隊人艦隊耐會統理事務近擬掘塢深三十尺口寬九十尺身長六百二十尺地占西伯利亞門戶爲太平洋極北第一大港將來鐵道通行加以美國尼喝喇噶運河開設其進步尤未可量云○哈巴羅夫喀府在北緯四十八度二十八分東經百三十五度四十分黑龍江右岸爲沿海州大都會沿黑龍江總督府廳在焉一年平均溫度十七度半冬寒頗酷雪風驟起降至冰點下三十五度市街地勢高燥俯瞰江岸人四千七百餘口有學校寺院等每家有庭園如本地公園凡烏蘇里江所產草木搜羅畢集構造天然內有將軍木喇福岳福鑄像有麥粉製造場一黑龍江汽船會社及建築部鋸工場二凡義爾古德斯克府乞塔府本府商人五六月開收買黑貂皮於華商輸出於下諾哥羅都年市又華商自赴烏蘇里江松花江諸村落賣買貨物俱爲輸入品陸路由義爾德斯克上烏廷斯克輸入海路由尼古來斯克輸入再由此府輸出於烏蘇里江沿岸兵村論行政及商務實爲樞要之地千八百五十八年東部西伯利亞護疆兵大隊參謀官某首闢此地建官舍以備攻略黑龍江卽取俄人哈巴羅之名名之十餘年有居民千商戶十五後遂年增殖千八百八十年遂爲沿海州首府○尼古來斯克府在北緯五十三度八分東經百四十度四十七分黑龍江口左岸

當水道咽喉且爲內外貿易埠頭有合立商社夏季入港船舶極盛土產鮭魚最美俄人每食必備鱘魚鰊魚次之舊有鎮守府人民頗繁庶今遠不加前戶數千餘十室九空寂寥萬狀將來烏蘇里鐵道開設後必益衰敗矣○索匪斯克府在北緯五十一度二十五分東經百四十度四十六分黑龍江右岸屋傍山麓人六百餘口有兵營電信由本地通的喀斯土里灣遙北有亞歷山鎮在北緯五十一度東經百四十度九分十五杪黑龍江上下貨物避韃靼海峽繞行者皆由陸送此府及的喀斯土里灣諸處○彼得巴布羅斯克府在北緯五十三度東經百五十八度四十四分九杪阿克察灣東岸管理堪察加半島府廳駐此在西克那爾半島與沙洲間有港可碇泊船船港內沿岸巨陵起伏斜通市街房屋寥寥人約五百餘口舊本一村千七百四十年政爲海港千八百五十四年俄與英法土戰以九百餘兵駐此爲英法聯軍所破次年俄移此港於黑龍江口及占領烏蘇里又以阿倆斯喀半島讓與美國此地遂無關繫王志云爲漁船會集之地每年自十一月下旬至次年五月上旬結冰○提督島府千八百八十八年分白令島銅島海狸島特設提督島府當十七世紀末俄人移住堪察加並殖民於堪察加河底吉利河保里晒雁河之下流諸處後設保里晒來斯克村下堪察加村克留奇村移勒那河居民寶之今諸村設毛皮徵稅場駐哈薩克兵衛之千七百七十三年俄人自穆奬勸農業耕作豐盛千八百二十五年後農業大衰居民從事漁獵○鄂和達斯克府在北緯五十九度二十一分東經百四十三度四十五分鄂和達河克夫土伊河會流處二河出斯塔諾威山駢行而下至海岸相會入海二河產魚極多居民以漁爲糧兩岸樺白楊落葉松等蔚爲森林屬內多通古斯人專事游

牧土民部落四十三村皆在二河及海岸諸處牧場散而不聚冬
季雪多不能飼養牛馬養馴鹿者多至六萬二千餘頭無草時即
以魚飼鹿貿易以毛皮魚類交換鹽糖煙草火藥等○吉希噶斯
克府在吉希噶灣北吉希噶河口左岸人四百餘口有府廳兵營
火藥庫穀庫等舊置吉希噶寨以鎮撫固哩雅克人千七百七十
五年屬雅克德斯克州後屬義爾古德斯克省又屬鄂和達斯克
府千八百五十六年設沿海州時改爲府有阿洋港人二百餘口
○阿納底爾府在北緯六十四度四十五分東經百七十一度阿
納底爾河右岸府治本吉希噶之麻爾古村千八百八十八年分
盼精河遙北地設此府民業游牧漁獵養鹿野鹿春渡河而北冬
渡河而南土人乘此獵之居北冰洋海岸者以獵海馬海獅爲業
土造槍刀鄰府亦好之鹿皮衣襪歲輸出沿海州諸地輸入品煙
草銅鐵器小銃○烏底斯克府在北緯五十四度三十分烏底河
左岸人百六十一口氣候寒冷不宜耕作民業牧畜漁獵有穀庫
通古斯人居此設之以備乏食平糶○北烏蘇里部北由黑龍江
岸古爾薩哥村沿費資伊爾山出哈細河水源又沿哈細河至格
魯色威乞灣東臨韃靼海峽及日本海南由烏拉的米爾灣沿阿
瓦克莫喀河及烏拉河至烏蘇里江西以烏蘇里江爲界面積十
四萬二千八百十二平吉米突地宜耕作牧畜俄人分二十五兵
村又分爲二兵區設兵區公署於喀薩給威知村喀斯魯村土人
分二種土著蠻子人瓦爾喀人游牧鄂倫春人居此之中國人能
任事相扶助瓦爾喀鄂倫春二族尊之如主從其命令俄人深
忌之其地交通爲難夏通汽船於烏蘇里江冬冰後由哈巴羅夫
喀府至松阿禪河口皆以驛馬行冰上○南烏蘇里部北至烏拉

河阿瓦克莫喀河東瀕海南自彼得大帝灣至圖們江西界滿洲面積八萬六千五百二十五平吉米突分波西綏芬與凱蘇城俄里噶上烏蘇里六部地方廳設於尼古里斯克城距烏拉地俄斯德府百二十吉米突距綏芬河二吉米突半地勢平坦有寺院學校公園府廳警察署等商會二凡烏拉地俄斯德貨物無不畢具○尼古里斯克城莞本地農業之樞要地價甚賤水禽野獸蔬菜極多價廉食美○拉斯道里鎮在綏芬河岸距尼古里斯克城三十八吉米突民皆業農有穀庫郵政局○喀門綠巴羅鎮在興凱湖西岸爲滿洲與哈巴羅夫喀府交通重要之處有寺院警察署等哈薩克騎兵中隊參謀部駐之○波拉巴西鎮在山間平地與烏拉地俄斯德通運極便爲生計家必爭之地步兵大隊哈薩克騎兵中隊分營駐之本鎮模都該河岸有噶克列瓦驛降至三吉米突卽達模都該河綏芬河會流處○蘇羅烏延喀鎮自新基富鎮步兵分營郵便局電信局倉庫商店外無居住者○波西港郎波西灣有北諾威克（艦名）汽船每二星期開往烏拉地俄斯德府三次又有貝加爾（艦名）及其他往來日本與烏拉地俄斯德船舶亦寄航於此故交通最便本港有游泳場凡居烏拉地俄斯德者夏季來此游泳灣內有半島跨諾哥羅都澳遠征澳之間設有諾哥羅都鎮惟步兵一大隊喈𦧲及會計局郵便局華俄商人數名而已居民俄二朝鮮八西南一帶朝鮮十村生計稍裕俄官頗寬待之惟有事之日其茅舍作爲軍隊營舍且須充當苦工著爲定律○新基富鎮在波西灣岸山間平地無海上濃霧氣候差勝波西港食物極賤爲南部烏蘇里中最美之地有警察署寺院郵政電信局等第二狙擊兵旅團及部兵二大隊本營在焉○烏拉地來羅

喀鎮有蘇城廳在蘇城河左岸距河口埠頭二十一吉米突居民當千八百六十六年由尼古來斯克移此專務農業有二道至烏拉地俄斯德府一郵路一海路有諾威克船名航海月三五次○乞模費村在乞模費河畔居民二百五十口業農漁獵有事由村長裁判大事訟官○聖俄里噶鎮在聖俄里噶灣內安靜港地形與金角港同風景頗美禽獸最多獵狩盛行航海汽船有時期年內交通無阻凡七閱月据列國圖西與阿穆爾接壤處烏蘇里江瀨有哈巴羅夫喀學會圖同沿黑龍江總督駐此繆以爲省會今依之世界圖作加巴羅烏斯克其南世界圖有尼哥里斯克即西志之尼古來斯克繆之泥顆立司克即雙城子無二圖又南有布色即繆之布什又西南有烏拉地俄斯德即海參威與繆合學會圖止列海參威西志之務拉的倭司託克也哈巴羅夫喀之東北有索甫斯克學會圖同即西志之索匪斯克繆之朔非亞世界圖與西志同又東北世界圖有阿力三德魯夫斯克即繆之阿烈克三德無二圖又東北有尼科來伊勿斯克即廟爾學會圖同即繆之尼顆拉耶務司克世界圖作尼口來烏斯克又西有烏得斯開在烏得河口即西志之烏底斯克世界圖作烏得斯可伊無二圖又東北有鄂霍次克即痾哥德斯科學會圖同即西志之鄂和達斯克繆之哦霍次克世界圖作歐候之斯克其海日鄂霍次克海世界圖作歐候之克海又東北有土伊斯克學會圖同世界圖作叨因斯克又東北有雅木斯克學會圖同世界圖作雅穆斯克又東北有吉支干斯克學會圖同世界圖作吉希噶斯克與西志合又東北有平甲斯克學會圖同世界圖作邊甲斯克又東北有俄柳打斯克學會圖同世界圖作俄畱安斯克又北通堪察加山有阿那的爾

五洲地理志略卷十二

嚴寒降至冰點下九度十月下旬降雪二月下旬解凍五月全解
有衙署寺院病院倉庫兵營等氣候酷暑昇至列氏表二十七度
暗礁排列不宜碇泊人千八百餘口村落二十四農民千六百口
環繞船舶入港以俄達參山爲標準港口甚狹海岸多巖石水底
爲一都府其地背山面水北爲蘇斯雅嶽東南爲俄達參山三面
哥爾薩港府在阿尼華灣中央北緯四十六度五十三分十五杪
十七平吉米突爲府三曰哥爾薩港府曰圖伊米府曰亞歷山府
本之北海道西以韃靼海峽對於沿海州面積七萬五千九百九
志云薩哈連島北枕鄂和連海東向太平洋南以宗谷海峽界日
府下云將來烏羅里鐵道開設後此地必益形衰敗亦其證也西
城當即尼古來斯克府城惟世界圖形勢可資印合尼古來斯克
在海參威之西此兩部界畫也南烏蘇里置政廳之尼古里斯克
南出東傍海西抵老翁山脈繞至海參威之東南烏蘇里地方皆
蘇里近烏蘇里江此南烏蘇里部之可歿者蓋北烏蘇里自海峽
同圖們江學會圖世界圖同綏芬近綏芬河興凱近與凱湖上烏
可歿者二圖大彼得爾灣即西志之彼得大帝灣世界圖與西志
南有伍拉底米爾灣即西志之烏拉的米爾灣此北烏蘇里部之
圖韃韃爾海峽間有格羅斜威察灣即西志之格魯色威乞灣其
諾司克世界圖作彼得泡洛夫斯克南北烏蘇里部繆編無据二
百特羅波甫羅甫即西志之彼得巴布羅斯克繆之撇待羅把勿
甘查加一也半島之南面東有貝特羅波甫羅甫斯克學會圖作
下堪察次克學會圖同繆之喀槎特即岡槎特岡札岡槎堪察加
古即西志之阿納底爾府也堪察加山脈直貫堪察加半島有上
河河岸有瑪特里克學繪世界圖作阿那底爾河河西南作麻爾

道瀉河濁徙步爲艱苦無飲水嚴寒時髯髭含潤成冰若握鐵器手指固結不開强放則指皮爲脫就寢呼吸過重被衾亦凍刺劇身體碗盛暖飯轉瞬凍合貯藏生肉多日不腐凍後剖割必用斧鋸居民必服毛皮惟蝦夷人費与喀人止著短外套無防寒具貧者並無皮衣夏季多蠅蚊晝在幗中辦事入夜苦壁虱虱生壁內螫則紅腫癢痛不已變爲瘋疽因而膿潰惟阿莫尼亞療之兼有風土病患者咽喉或四肢膨脹死由冬受嚴寒春季病發不治地味枯瘠玉荼馬鈴薯非八月不成熟物產石炭貂獺羆木鼠等海產海帶鯡鱘鮭鱒魚等距哥爾薩港四千三百米突之海岸有漁場歲收鯡魚萬石本港俄人一歲食糧以一網所獲充之運輸用馬檣犬檣各分乘檣貨檣又分蝦夷檣俄國檣形式相仿俄檣稍大○乞比薩尼村在哥爾薩港東南八吉米突臨阿尼華灣大船不便碇泊有乞比薩尼河水甚淺人百數十口○麻烏喀港在哥爾薩港西七十吉米突背負巨陵面韃靼海峽便碇泊避西北風收入帝灣或的喀斯土里灣人二百餘口冬較哥爾薩港溫和而積雪稍多地味膏腴宜園藝惜止英商甸比伊茱園土人坐失地利以魚獸爲食物又貿易品物產魚類海帶海獺水豹海獸漁業爲日本人所占漁場稱土窯那伊地跨二百十三吉米突○圖伊米府在薩哈連島中央圖伊米河岸亞歷山哥爾薩港兩府先有地方廳兵營寺院病院監獄署職工場然後邸宅商店因之而起乃成市街且於附近便宜之地爲滿期四徒關一新部落其繁庶固宜圖伊米府不屬內概係荒蕪惟土人及滿期四徒部落而已先是俄人密都利以圖伊米河岸及其支流沿岸可爲將來一大殖民地言於俄國政府千八百八十四年遂設此府在亞歷山府哥爾港中間平原四面環山不

通海運設府以來塹路架橋始得交通之利今殖民愈多田野益闢

○亞歷山府在亞歷山港內北緯五十度五十三分東經百四十二度七分三十秒此港在薩哈連島北向係貧村千八百八十年設地方廳以來地闢人多千八百八十四年改府廳都額港爲全島長官陸軍少將駐地背山面韃靼海峽海岸分跨小都額岬與重奇也拉岬開海灣風波險惡陰晴倏變風雨驟來人二千五百餘口物產石炭革類土人夏漁河海所獲充一年之食冬獵山野以所獲獸皮製衣服或爲貿易品與沿海州通信甚便凡航行東海之汽船石炭皆取資焉先謙案即雷志之薩哈林島也二圖作庫頁島學會圖云即撒加棱乃薩哈林之音變北有鄂霍茨克即西志之鄂和達海南有拉佩路斯海峽即西志之宗谷海峽宗谷日本北海道地名也東南端有科爾薩科南斯奇即西志之科爾薩府世界圖作哥爾薩哥布斯克當阿尼窪灣即阿尼華灣世界圖作阿尼瓦圖伊米府列國圖不載島中央有特密河向東流即西志之圖伊米河也亞歷山府列國圖不載島北有瑪利雅山即亞歷山有坡那畢即西志之波固必以上學會圖無

○徐志又云自亞細亞極東北至美洲海中各島稱亞歷羣島邁南接日本各島稱古利羣島皆產皮俄人往來收皮齎於中國先謙案亞律羣島二圖作科曼多爾斯奇業羣島世界圖作亞歷森羣島岡札德加之南日本千島羣島之北庫頁島之東列國圖有伯刺穆什爾等島蓋即古利羣島也備乘云古里利羣島一作古里利亞斯爲島二十五在甘查甲南隔海相望備考云諸島皆在痾各度斯各海即堪察加海也地多火山爲日俄互市之地土產狐貂兔獺之類珍寶繁衍五金之鑛甚多又云新錫伯利一作新西卑里又

名列哥畐乃北洋中巨島俄取其地名之曰新錫伯
利三島相連在雅庫所屬列訥河入海處東北海中

五洲地理志略十三　　亞洲十六

賜進士出身　特賞內閣學士銜前國子監祭酒翰林院編修加三級　臣　王先謙謹撰

亞細亞俄羅斯二

俄屬中亞細亞 先謙案雷志於西比里亞下標與俄屬中亞細亞七字不加分別今據諸圖志分爲中亞細亞列於東西比里亞之後高加索斯之前○繆編譯俄人自記取中亞細亞始末云中亞細亞分西北爲一境東南爲一境西北兼沙漠舄鹵東南多大山有白彌爾山（即葱嶺）直接天山以判中俄之界有希爾達利邪河介其東（即納林河）阿母達利邪河界其西（即阿母河）阿母河二水皆入鹹海（亦曰阿拉爾斯科邪摸烈）有湖曰巴爾哈什（即伊里湖）爲伊里河所歸亦在西千七百年（康熙三十八年）希洼國主山尼亞士爲布哈爾所陵入貢輸款於俄（布哈爾即兀時木乃兮或曰木剌溪）大彼得許之千七百三年山尼死其嗣阿蘭馬蔑特又致書投降彼得納其降聽兩國民通商因聞其地產金千七百十四年（康熙五十二年）遣武臣布果利司取道西伯利亞徑指葉爾羌循阿母河求金布果利司道死託波爾之總管代領其眾進至濯爾嗒伊爾推什失道止遣使還報命班師即於所過築城三日倭穆司克日仙米拍拉停司克日烏思奇哈苹諾果爾司克千七百十六年（康熙五十四年）遣王爵撒科韋特車爾嚐司克領兵由阿母河希爾河往臨希洼布哈爾責其貢獻軍距希洼百八十里希人覺率所部拒之俄兵敗王沒案地勢俄與希洼中亘乞爾嘰子諸部希洼

五洲地理志略 卷十三

又與之暱道路之梗塞軍食之不濟皆乞爾嘰子爲之也（於咸見哈藏克右中略部當日甚强儲畏而忌之）大彼得於是志收乞爾嘰子先遣使通好許其通商不納稅以利誘之千七百三十四年（雍正十一年）大彼得卒宜萬立乞爾嘰子使命至且納貢然俄民經其境者猶輒受陵侮遂築礮臺於倭連布爾克及倭木司克以逼之乞爾嘰子不懼陵侮如故又於界外甌脫建兵房四道西曰烏拉爾司克北曰薩馬拉東曰烏伊東北曰薩克馬爾千八百十年（嘉慶十四年前此七十餘年未敢大起兵南向者我兵方平青海定新疆諸回部大半內附彼聞聲威而斂戢耳）得荒地於力爾顯克伊烈克之間曰嗎列呵爾木曰中嗎列呵爾木千八百二十二年（道光二年）以嗎列呵爾木之乞爾嘰子皆屬倭連布轄其地統名倭納達割半隸西伯利亞千八百二十四年（道光四年）至千八百三十四年（道光十三年）始大開墾建兩礮臺於土爾迄司丹屬地曰亞立克山曰新亞立克山千八百三十五年（道光十四年）於烏拉爾烏伊兩河間得地約寬六百餘里周圍四千里歸倭連布轄又建礮臺五曰英劈拉脫爾曰拉思烈曰寬思垣廳曰尼果列曰米海洛（今名烏遵阿達在裏海之濱）千八百四十五年（道光二十四年）於倭連布屬之土爾該建礮臺一烏拉爾屬之伊爾咭建礮臺一千八百四十六年喀拉塔勒河之南近伊犂邊所居乞爾嘰子入俄貢獻千八百四十七年（道光二十六年）於喀拉塔勒河東乞爾嘰子地建闊拔勒城將治其民也又建唯爾訥城其地直抵伊里河界當是時中亞細亞地自北至東皆爲俄有餘西南一角與希洼布哈爾及散處之乞爾嘰子鄰三族時出鈔掠俄主決志取之千八百五十二年（咸豐三年）俄遣兵自倭連布遵希爾達利郭河步步爲堡建撒羅爾斯礮臺千八百六十二年（咸豐十一年）又從東遣

一軍由西伯利亞進奪霍罕三城曰比時別克曰託客馬克曰蔑兒克千八百六十四年（同治二年）霍罕人因哈薩克受俄役使攻之俄合二軍伐霍罕迭勝降其眾（道光二十二年布哈爾滅霍罕虜其酋長頭目遣使告捷於卡倫乃不旋踵而爲俄所奪矣）千八百六十五年（同治三年）二軍又奪塔什干千八百六十六年得霍占千八百六十七年（同治五年）破布哈爾礟臺雅尼苦爾干設土爾迄斯丹總管官格聶拉勒固必爾納脫塔爾巴哈台以北塔什干以東並霍罕地皆屬俄總管駐塔什干城（考中國西陲鄰境葉爾羌距阿富汗四十驛距克什米爾五十驛皆爲蔥嶺枝幹橫阻惟霍罕安集延一路稍少隘塞途徑較多今諸回部皆隸於俄且內地教回多在此誠可慮也）千八百六十八年（同治六年）南取布哈爾城曰薩馬爾干（此城所居內地叛回約數百人）曰烏爾姑特曰偏擦干特布哈爾益不支求與俄和俄軍東南抵天山西南抵幾薩爾山定界時僅畱霍罕一城給與布哈爾民以居布哈爾民潛通希洼圖恢復千八百七十三年（同治十一年）俄兵一由倭連布一由克拉司吶倭得司克一由塔什干三路攻之希洼兵敗乞盟定約以阿母河爲界河左屬希右皆屬俄又在鹹海裏海間得地分爲二一曰滿嘰什拉克一曰克拉斯吶倭得司克千八百七十五年（光緒元年）霍罕人常叛亂俄滅之取其全地名曰費爾干省時希洼布哈爾之南有土爾克綿尼人未服恒出劫掠千八百七十六年（光緒二年）遣將司科別列甫往征之其人驍勇善戰不畏礟銀兜鍪白甲裳黑夜使人見俄名將也至阿爾特克其地四圍沙磧中有水草村落俄名曰呵爪斯收阿思哈巴特（即哈薩克巴什東布魯特部）及嘰倭鐵撒二地歸裏海鹹海間號曰雜喀思丕斯省土爾克綿尼之地盡入於俄其小部落蔑爾甫猶存（亦呵爪斯）千八百八十四年（光緒九年）亦降（案土爾克綿尼即布魯特蔑爾甫益厄魯特之別部也）又云中亞細

亞居蔥嶺西古康居大宛月氏故壤近赤道氣候溫和物產饒裕仙米烈費爾干諸境杭稻勝吳下長腰米吉貝果實之類尤佳俄建設城邑平治驛路所出費浮於所入三倍光緒十三年以後俄已不及一倍又云俄自獲西伯利諸鑛以致富遂有志於軍突希洼布哈爾蓋鹽其地亦產金也然阻裏海鹹海復間以沙漠勞師於遠屢歲無功後步步爲營壘以偪哈薩克之眾次第侵蝕自康熙三十餘年至今猶齗齗也嘉慶間欲與英人爭印度屯兵中亞細亞之地以助阿富汗嗣以阿爲英誘又與搆難雖未大逞而中亞細亞之地蓋十得八九希洼舊疆方五萬八千啟羅邁當（德里名北俄里略小）今不及其半布哈爾方二十三萬九千啟羅邁當今亦不及半俯首帖耳甘心臣妾乃俄志必獮薙而後快今建鐵路已貫布哈爾將抵塔什干窮力南趨我之伊犂喀什噶爾葉爾羌塔爾巴哈台皆與接壤近更欲窺我衞藏阿里得不熟籌而豫計哉講義云中央亞細亞境界北有奇爾基思曠野沿北緯五十一度之低山脈而連於西伯利亞東以帕米爾高原（謝志作波米爾界圖作佩密爾世）及天山與阿爾泰山與中國新疆蒙古相接南以波斯阿富汗及帕米爾與印度爲界西以裏海烏拉河烏拉山與歐洲爲界全土約百五十四萬八千餘方里除溪谷泉地外人民極稀此地非曠野即沙漠惟帕米爾爲世界最高之原而裏海濱則降於海面下八十呎地勢不同如此斯帖布諾伊總督管區曰烏納爾斯克曰土耳階曰亞克摩倫斯克曰塞彌巴拉敦斯克过志云中亞細亞北接西部西伯利亞南界波斯阿富汗又隔佩密爾高原鄰英領印度東界中國西因烏魯山烏魯河裏海接歐洲俄羅斯面積九百三十六萬

方里（此內裏海百萬八千方里阿辣爾海十六萬二千方里）分為三部一曠原即北半部地勢
一土耳其斯坦即南半部一特蘭斯喀司倫郎裏海東部地
中原曠野惟東南大山及印度庫失山脈綿亘裏海沿岸土地
深陷低於海面八十四尺又處處有沙漠大河三曰亞慕達利
亞河出佩密爾高原西北流入阿辣爾海（謝志作阿拉海郎臧海）下流七
百二十里可通舟楫曰琵爾達利亞河出天山中西流過曠野
入阿辣爾海行三千六百里舟楫頗便灌溉甚大曰伊犂河出
中國天山北西流入巴爾喀失湖行二千二百二十里有舟楫
之利湖之大者曰裏海在西面積百萬八千方里阿辣爾海在
中部面積十六萬二千方里巴爾喀失湖在東面積五萬七千
六百方里皆鹹水此外沼澤頗多氣候温和冬則嚴寒夏不甚
熱雨稀旱多有總督統轄土耳其斯坦總督駐他斯堅得府轄
南部歐磨斯克總督駐歐磨斯克府轄北部又各有酋長統治
部落北部曠原產牛馬羊橐駝南部河濱多穀果棉花有敷布
婦人所製頗美麗特蘭司喀司偏鐵路起裏海東岸烏總夫
克經莫兒烏及渤克哈喇達於薩瑪爾幹長二千二百里

款纖土野

款纖土野雷志云轄地八十八萬一千英方里人三百四十五
萬千三百八十五口其地非盡原野樹林茂盛中有伊悉克湖
湖之至大者為貝加爾（王達云款纖士野包下文烏拉爾斯克及賽迷雷輕司克而言猶土耳其斯坦）

包酸打里亞各部而言也其轄地與各部面積統合之數甚合一作其爾吉斯曠野在北緯四十四度以北一帶之地先謙案講義云奇爾基思全部草野茫茫不見樹木奇爾稽思鞬靼人飼羊及駱駝者漂泊於此間吳志作幾爾克士雷作款識士皆即奇爾基思之音變也樋志中亞細亞下云一曠原即北半部一士耳其斯坦即南半部曠原即款識士野也

烏拉爾斯克

烏拉爾斯克 繆編烏拉爾斯克云小省北倭連布爾克薩馬拉南雜喀斯丕斯西南裏海西阿思達勒汗東南鹹海東土爾該距比得堡二千二百六十七里有烏拉爾山醎穆喀察爾嶺烏拉之斑烏連該嶺固別爾林嶺鹹海九分之一烏拉爾河恩拔河[illegible]醎薩木湖阿思滿台湖先謙案講義同云斯帖布諾伊總督管區世界圖作烏魯斯克學會圖作烏拉省列國圖作烏拉部北歐洲俄羅斯南薩喀斯比斯克省西北高加索東土爾該省 雷志云面積十三萬九千百七十英方里 繆又云在經度六十九度二分緯度赤道北三十一度十二分方三千六百五十四密律 人六十四萬四千一口

烏拉爾斯克會城 人三萬六千六百口 繆又云會城同省名在烏拉河上其民即烏拉爾馬兵餘多游牧哈薩克貿易收裏海魚鹽之利磯臺四屬城四日菰蘆掖甫在省南四百八十四里烏拉爾河入裏海處曰喀勒梅果甫司克在省南二百五十三里烏拉爾河上曰曰爾赫恩頻司克在省東南五百二十四里恩拔河上曰尼日里恩

頻司克在省南五百里案講義云烏拉爾斯克城臨烏拉爾河又云烏司託烏爾託高原之意在阿拉爾海與裏海之間磽确之高原也據二圖南有喀勒梅科爾即繆之喀勒梅果甫司克又西南有古利佛即繆之菰蘆掖甫世界圖作孤厲夫

鍛格安

鍛格安繆編土爾該司克云大省北倭連布爾克南鹹海希爾達利耶西烏拉爾司克東阿克模林司克距比得堡三千三十三里有烏拉爾山穆喀察爾嶺雞翅山阿克崆山伊爾幾子河札蘭尺克河土爾該河喀拉土爾該河郎土爾該發源處拕波爾河發源鹹海五分之一先謙案即雷志之鍛格安也列國學會二圖作土耳階世界圖作都爾該課程作土耳該講義云土耳階位阿拉海之北斯帖布諾伊總督管區有土耳階而無鍛格安雷志有鍛格安而無土耳階知鍛格安即土爾階矣雷志云面積十七萬六千二百二十英方里繆又云在經度八十一度十五分緯度赤道北四十九度三十八分方八千二百九十三密律人四十五萬三千百二十三口

喀司推男

喀司推男人二萬口繆又云會城同省名在土爾該河上其民什九哈薩克游牧駐本省喀薩克馬兵一營六百五十人礮臺三屬城一曰伊爾幾子在城西南二百十里伊爾幾子河上先謙案喀司推男二圖作庫斯塔奈在托波兒河上游左岸伊爾幾子二圖作伊爾吉自課程作乞爾幾子亦即乞里吉思又作其爾吉思俱見上文

亞克摩林斯克

亞克摩林斯克繆編阿克摸林司克云大省北掩波爾司克南希爾達利亞西土爾該東仙米帕拉停司克距比得堡三千五百八十一里有五鹿陶在沙漠中同諾呼山日陶伊實木河鶩拉河入顯吉子湖撒裏酥河入歸馬爾湖阿特巴撒河入伊實木河儲河轄其北岸其南屬希爾達利耶所謂惡沙漠其地極瘠苦顛吉子湖二區先謙案郎雷志之亞克摩林司克也講義云位伊什穆河上流斯帖布諾伊總督管區世界圖作阿克克磨鄰斯克萬國圖作阿克磨林士克課程作阿克模林司克列國圖作亞克摩倫斯克學會圖與雷同雷志云面積二十二萬九千六百英方里繆又云在經度四十五度五十八分緯度赤道北五十一度九分方九千九百三密律人六十七萬八千九百五十七口

亞克摩林斯克人五千四百五十口

痾穆斯克人三萬七千四百七十口繆又云會城同省名在伊實穆河上大集場凡中亞細亞諸產皆聚於此其民多哈薩克部居西北境屬城四曰倭木斯克在省東北四百五十里伊爾推什河土湖志伊爾推什作耶第施推什河土駐步隊守兵一營有武備學堂距比得堡三千五百八十一里曰撒特羅把勿洛司克在省西二百五十里伊實穆河上有買賣城與哈薩克土爾迄司丹人貿易其貨皮張牲畜油吉貝乾果曰阿特巴撒爾在省西北二百二十里阿特巴撒爾河上曰郭克赤達甫案據二圖西土爾該斯克東塞彌巴拉敦斯克北托波兒斯克

南土耳其斯坦亞克摩林斯克會城東北有痾慕斯克（學會圖誤繙入托波兒斯克）郎雷之痾穆斯克繆之倭木斯克世界圖作歐磨斯克謝志作恩斯革講義云痾慕斯克爲本管區總督駐紮之地又爲奇爾基思曠野商業之中心點重要都會也

塞迷板雷汀斯克

繆編仙米帕拉停司克云小省正北東北託穆斯克南仙米列屢司克西阿克模林司克東中國阿爾泰山塔爾巴哈台嶺之間距比得堡四千三十五里有阿爾泰山（其東南在中國）塔爾巴哈台嶺（其東南在中國）阿爾陶（卽杭海山其東南在中國）成吉斯陶喀爾賓嶺（在伊爾推什河之南）伊爾推什河（出宰桑湖又有東爾泥伊爾推什出中國南阿爾泰山來入此湖再出卽爲此木）宰桑湖巴爾哈什湖（屬北岸一半）先謙案郎雷志之塞迷板雷汀斯克也講義作塞彌巴拉敦斯克云斯帖布諾伊總督管區世界圖作賽密坡拉廷斯克列國學會二圖作塞彌巴拉敦斯克東北托穆斯克西亞克摩倫斯克南賽迷雷輕斯克雷志云面積十八萬四千六百三十英方里繆又云在經度九十七度五十六分緯度赤道北五十度二十四分方八千八百五十六密律人六十八萬五千百九十七口

塞迷板雷汀斯克會城人二萬六千四百五十三口繆又云會城同省名在伊爾推什河上傍伊爾推什河居者皆俄人其近伊犂湖北岸沙漠地皆哈薩克游牧人駐步隊守兵一隊礮臺五屬城六曰喀拉喀林司克在省西南六百六十八里曰把勿咯達爾在省西北三百三十七里伊爾推

什河上曰烏私奇喀綿諾果爾司克在省東南二百二里伊爾推什河上駐西悉畢爾礮隊馬兵一隊曰柯克別克堆在省東南三百五十七里曰宰桑在省東南五百里距宰桑湖五十餘里（卡倫駐西悉畢爾喀撒克馬兵一營散隊步兵八百五十五人）曰巴煙儆爾在省西北三百五十里案據二圖東有塞彌巴拉敦斯克會城卽雷之塞迷板雷汀斯克王達云俄屬游記塞迷巴拉敦斯克譯言古廟喀爾木種人（卽厄魯特人）祀神之所偶像僅存屋宇傾斜居民數經遷徙一因河流漫溢一因沙丘日逼之故案講義云人二萬九千口臨額爾齊斯河之上流其北有波羅達爾卽繆之巴勿洛達爾世界圖作巴普勒大爾其西有喀爾喀喇林斯克卽繆之喀拉喀林司克世界圖作加爾哥拉鄰斯克其東南有烏斯其喀綿諾郭爾斯克卽繆之烏私奇喀綿諾果爾司克（學會圖誤繪入托穆斯克）

賽迷雷輕斯克

賽迷雷輕斯克

繆編仙米烈屢（一作程）司克云小省北仙米帕拉停司克西希爾達利耶費爾干西北阿克模林司克東中國阿克蘇烏梁海之閒南阿克蘇喀什噶爾之閒距比得堡四千五百六十八里有天山迺塔爾巴哈台嶺迺巴達克山恭吉阿拉陶（在伊西庫爾湖北岸）乞爾嘰子阿拉陶阿烈克山德嶺巴爾哈什湖（三分之一）阿拉枯力湖薩錫枯力湖伊西庫爾湖阿勒馬塔河（入伊犁河）伊犁河（出天山入伊犁湖）喀拉塔勒河（出中俄界上阿拉陶）列菩薩河（出中俄界上阿拉陶入伊犁湖）阿牙古自河（出俄境塔爾巴哈台山入伊犁湖）儲河（出恭吉阿拉陶）納林河（出中俄界上天山至土爾克斯丹境入希爾達利亞河）藹米力河（出中國塔爾巴哈台山入阿拉枯力湖）先謙案卽雷志之賽迷雷輕也課程云屢亦作程講義作斜米勒廷斯克云土耳其

總督管區講義與雷異者惟此一省列國學會二圖作七河省案康熙間平定羅刹方略有致書七河巡撫之語則省設已久矣

雷志云有河七道皆伊犁河之支流面積十五萬二千二百九十英方里繆又云在經度九十四度三十三分緯度赤道北四十三度十六分方七千三百四密律人九十九萬百七口其南部有山多樹林

佛爾尼會城人二萬二千九百八十二口繆又云郎七河省會城曰曰爾壘在阿勒馬塔河上其民什之七八游牧哈薩克又有喀撒克兵籍其土腴俄人多開墾產秔稻棉花屬城十二曰寫爾吉波力在省東北百七十九里阿雅枯河上近中國界曰闊跋勒在省東北三百二十里近中國界亦作郭把爾駐散隊步兵八百七十五人曰脫克馬克在省西百九十里儲河上曰喀拉科爾在省東南百五十里近中國界駐散隊步兵八百七十五人曰列卜新司在省東北四百二十里近中國界曰比失別克在省西二百里儲河上元史郭寶玉傳收別失八里別失蘭等城次忽章河別失八里當郎比失別克忽章河當郎儲河歐陽元高昌傑氏家傳北庭者今之別失八里城蓋以唐李德裕所槳北庭都護府當之非也曰波羅呼雜爾在省東北二百七十里曰穆札爾特在省東南三百二十里近中國界白烏爾札爾巴赫堆曰阿呵特尼次柯耶曰槎爾干特在省東北三百五十里駐散隊步兵八百七十五人悉畢爾喀撒克馬兵二營日朔棐司克駐散隊步兵八百七十五人講義作斜米勒廷斯克在土耳其斯坦管區內其地在土耳其斯坦東北形勢偪近疑雷

志誤案據二圖有威爾尼即雷之佛爾尼繆之日爾壘也王達云
俄屬游記威爾尼薩瓜甚大有重三十六磅者又有馬頭套繩皮
袋二物甚奇列國圖其東北有闊伯勒郎繆之闊跋勒又東北曰
烏爾札爾與繆合東南隅曰列普幸郎繆之列卜新司其西有托
克瑪克卽繆之脫克馬克又案徐志云哈薩克四部之大者也東
北界科布多所轄之烏梁海遹南界塔爾巴哈台東南界伊犂北
界俄羅斯西南界塔什干浩罕布魯特諸界地分三部左部曰鄂
爾圖玉斯在伊犂之西北右部二亦稱中部西部中部曰齊齊玉
斯西部曰烏拉玉斯兩部在伊犂之正西乾隆二十年準部底定
阿睦爾薩納叛逃左部誘其汗阿布賫合兵拒戰我軍擊破之左
部遂降中西二部亦納款皆授王公台吉世爵歲一市以馬羊易
緞布而稅其百一三年一貢左部自古爲行國逐亦草游牧與蒙
古同俗而從回教右二部則有城郭右二部之北別有部日北哈
薩克以寇鈔爲俗時侵掠俄邊境俄設兵防之又徐志云布魯特
分東西部東部五在天山北準部之西南舊游牧於特穆圖泊左
右部長稱鄂拓克後爲準部所偏西遷安集延王師定伊犂乃復
故地乾隆二十三年率戶口歸附散處新疆回疆卡外西部十有
五在蔥嶺之西與哈薩克浩罕拔達克山毘連每部所轄多者千
餘戶少者二百餘戶共二十餘萬戶以額爾德納部爲之長二十
四年歸附各授其頭目品官凡二品至七品貢市如哈薩克之例
兩布魯特皆游牧行國而奉回教與哈薩克左部同俗性
標悍喜擄掠先謙案以上各國未知今何所屬姑附於此

俄領土耳其斯坦

土耳其斯坦雷志云俄領因覆爾亞那酸打里亞二地及其鄰邦昔皆土耳其種人所居遂得此名全面積四十九萬六千三百七十英方里人四百二十七萬三百口內阿士板克土耳其種百二十萬人土產綿絲酒煤鐵鉛惟酸河與阿毋河之流域稍膏腴二河均流入鹹海鹹海面積二萬六千百七十英方里氣候夏暑冬寒雨水稀少 徐志云西域各回部兩漢以來諸部以數千百計元起北方先開西土歷代史籍所稱西域諸部幾於囊括無遺元氏既衰諸部紛紛割據內多蒙古苗裔亦有回回種族我 朝定鼎後準噶爾侵擾喀爾喀蒙古部落 聖祖親統六師肅清漠北其後策妄阿拉布坦復據伊犂鄰部咸被侵噬高宗命將西征拓地萬里其後阿睦爾撒納霍集占相繼畔亂應時戡定於是天山以北之準部天山以南之回部徧列屯戍凡漢志所云西域諸國隸版圖者十六七俄國當元之衰崛起西北其國都在歐洲之波羅的海隅漸拓地東南至亞洲黑海之東岸再拓而東南至亞洲裏海之北之西泰西人所刻地圖新疆回疆後藏之西俄羅斯之南之東波斯阿富汗印度之北統名之曰達爾哈斯丹又謂之韃韃里（韃或作韃靼之韃達韃爾音[illegible]）韃韃里者游牧行國無城郭室廬歐人罕涉其地故不詳其部

落之名綜其大勢東起葱嶺西抵裏海不過四五千里南起波斯阿富汗印度北抵俄羅斯界亦不過三四千里其間部落之大者不過六七東北多行國西南多城郭國先謙案達爾給斯丹即雷志之土耳其斯坦也世界圖作土爾啟斯坦繆編作土耳迄斯丹覘謝志作土耳其斯炭此在中亞細亞之內仍別爲一地如雷志下所列皆是樋志云近人稱爲西土耳其斯坦而稱阿富汗及中國新疆等處爲東土耳其斯坦又稱此地爲西韃靼又稱土耳其馮尼亞皆地理學家所立名稱非其立國之號也

酸打里亞

酸打里亞繆編云希爾達利亞小省北土爾該阿克摸林東南費爾干南礏拉夫山布哈爾西南阿母達利耶西鹹海東仙米烈程司克距比得堡四千五十二里有阿烈克三德嶺喀拉陶槎特喀爾山阿克賽山希爾達利亞河出天山入鹹海尺爾尺河阿雷斯克河出喀拉陶入希爾達利耶河枯苑達利耶河希爾達利亞之旁支槎明達利耶河希爾達利亞入海處盧列塔河儲河與阿克摸林交界鹹海五分之一喀拉枯湖埽馬爾湖先謙案郎雷之酸打里亞也列國圖作色爾達里雅學會圖作錫馬利利亞世界圖不載有瑟爾達利亞河瑟達利亞郎酸打里亞也其河即希爾達利亞河矣講義作錫爾河及阿穆河地方云土耳其總督管區

雷志云面積十九萬四千八百五十英方里繆又云在經度八十六度五十七分緯度赤道北四十一度十八分方七千七百八密律

人百四十七萬九千八百四十八口　脫虛肯脫熱度中數五十六度正月二十九度七月八十度雨水十二英寸人十五萬六千四百十四口　科勤脫人三萬七十六口繆又云會城日塔什干在尺爾尺克河上地氣熱至四十餘一度夏開冰廠用機器造冰以售於市產吉貝花步隊戰兵善槍手一營散隊步兵二隊倭連布喀撒克馬兵一營礮隊戰兵一營又倭連布喀撒克礮隊馬兵一隊治地工兵一隊提督官兼轄雜拉夫山阿母達利耶費爾干初名土爾迄斯干總管礮臺十一屬城九曰霍占在省南百十五里希爾達利亞河上曰土爾迄斯丹在省北二百六十六里產絲織棉織各物頗精氊罽亦美曰車木堪特在省東北百里曰傲利耶達在省東北二百五十里曰喀薩林里曰別羅甫斯克在省西北五百里希爾達利耶河上曰志司克在省西北八百五十里曰熾雜克在省西南百七十里曰二那茨在省西南五十里尺爾尺克河上曰烏拉求別在省西南二百里與中國雪山近案塔什干會城在省南亦作塔什干特𥳑礮憧珞𡸣卽雷之脫虛肯脫也王達云俄屬游記塔什干譯言石城見分新舊二城俄人居新城街衢甚闊有天文臺博物院書樓戲館等舊城亞洲人居之街狹不堪車行有氈頗佳吳志作塔休鏗周志作得修堪辻志作他斯堅得謝志作達施干案會城在此卽塔什干國其屬地與雜拉夫山毗連又分爲雜拉夫山矣互見後什馬肯下講義云總督駐此且爲土耳其斯坦商業之中心點臨錫爾河支流之波斯河當自北方至布哈拉之通路又爲加斯比

鐵道一端列國圖塔什干南有霍占與繆合卽雷之科勤脫⿰口學⿰無會西南有折撒克卽繆之織雜克學會圖同又西南有烏拉的求比卽繆之烏拉求別⿰山誤⿰省繪⿰學入⿰會壁⿰口拉⿰無佛塔什干東北有琛姆罕特卽繆之車木堪特⿰口學⿰無會又東北學會圖有奧列阿塔卽繆之儌利耶達世界圖作歐黎他⿰口列⿰無圖又北二圖有土爾其斯坦卽繆之土爾迄斯丹又西北二圖有白羅佛斯克卽繆之別羅甫斯克又西北二圖有加薩蘭斯克卽繆之喀薩林司克又講義云後加斯比鐵道俄國於千八百七十四年自裏海沿岸之烏曾阿達接波斯境東南經謀夫至布哈拉撒馬兒罕其幹綫達塔什干其支線達安集延又一方自謀夫南向阿富汗迄侯勒特千八百九十八年完工俄若以大軍隊直指阿富汗及印度境瞬息可達將來可與英國軍用鐵道合而爲一軍用鐵道者自印度過俾路芝越阿富汗境之巴拉山峽向侯勒特直進者也曹典球云高等地理言千九百四年日俄交戰俄人不以敗軍爲意竟於是年十月開通痾倫不爾厄至塔什干之鐵道凡千二百英里自俄國幹綫之薩麻拉驛向東南分歧至痾倫不爾厄經鄂爾斯克達鹹海東畔之錫爾河畔之加薩蘭斯克沿錫爾河右岸至塔什干與後裏海綫相連絡往來自歐俄出阿富汗必由高加索綫至巴庫越裏海循後裏海綫路頗迂迴此綫經歐俄與阿富汗相直接中亞勢力益擴張矣

覆爾亞那

覆爾亞那 繆編費爾干云小省北希爾達利耶南布哈爾西襍拉夫山東中國喀什噶爾葉爾羌之間北達天山南近雪

山距比得堡四千四百六十五里有榩特喀爾山阿來嶺雜阿來嶺白彌爾山（在中國界帕蔥嶺）喀拉枯力湖希爾達利耶河（出天山蔥嶺之間）納林河（入希爾達利耶）注合什河（出兩阿來嶺之間）先謙案講義同云土耳其斯坦總督管區即雷之覆爾亞那也世界圖作渤克哈剌學會圖作佛爾哈納列國圖與繆同　雷志云面積三萬五千六百五十英方里（繆又云在經度八十二度緯度赤道北四十度二十七分方千五百密律）人百五十六萬四百十一口　**科肯人**八萬二千五百十七口　**南曼根人**六萬千九百六口帕米爾及亞克薩司河（即阿母河）右岸諸縣近亦附於此面積二萬五千英方里居民二萬五千人（徐志浩罕亦作敖罕亦作豪罕又作霍罕）云俗稱安集延回部城郭之國也地在蔥嶺之西有四大城俱當平陸最東爲安集延與布魯特毗連其人長於心計好賈遠游南北各城處處有之故西域盛稱安集延今遂爲浩罕種人之名從安集延西百八十里爲瑪爾噶朗城又西八十里爲納米干城（一名奈曼）又西八十里爲浩罕城其汗居之四城皆在那林河岸又所屬城三曰西窩什在東南曰霍占在西南曰科拉普在西北近年塔什干亦附之故浩罕又稱八城云元人所置撒馬兒罕城在浩罕城西今成廢墟浩罕西南與布哈爾毗連世爲勍敵乾隆二十四年其酋額爾德尼奉表貢馬繆又云會城曰諾威馬爾格蘭地三分之一水三分之一人三分之一偶居三分之二游牧其國千八百七十五年即我光緒元年與回人戰勝次年遂有榩特喀白米爾二山間

希爾達利耶河南岸之地始建此省駐倭連布喀撒克馬兵一營
步隊一戰兵四隊步隊礮兵一隊步隊散兵二隊土爾迄斯丹礮隊
馬兵一隊礮臺三屬城八曰霍罕在省西六十五里又曰浩罕蒿
罕俄語若曰可堪昔同人都會元史郭寶玉傳尋思干城即今霍
罕地駐步隊散兵一隊曰斯他立馬爾格蘭在省西二十里駐步
隊散兵一隊曰安集延在省東北六十五里駐步隊散兵一隊曰
納馬干在省北六十里希爾達利耶河上曰峨什在省東百七十
里駐步隊散兵一隊八百七十五人曰烏自兼在省東二百二十
里希爾達利耶河上曰洼的里在省南三十里曰儲思奇在省西
北七十二里案二圖西有諾威瑪爾戛蘭即徐之瑪爾噶朗繆之
斯他立馬爾格蘭又西有浩罕與徐合即雷之科肯繆之霍罕其
東學會圖有烏茲根根即繆之烏自兼又東列國圖有安集延與徐
繆合南曼根徐之納木干繆之納馬干其南二圖
有帕米爾高原與雷合世界圖作佩密爾高原

什馬肯

繆編䃼拉夫山云小省北希爾達利耶西南布哈爾東費
什馬肯爾干距比得堡四千三百二十四里有奴拉陶屬其南面其北面爲
吉薩爾山雜拉夫山河在奴拉陶吉薩爾之閒水出境內流入布哈爾先謙案雜拉
夫山學會圖作塞拉佛山列國圖作塞爾佛山講義作撒馬兒罕
云土耳其斯坦總督管區亦即雷之什馬肯也繆又作薩馬爾干
硯世界圖作薩馬爾幹列國學會二圖於上二譯外又別出撒馬
兒罕因譯音歧出不悟其即一地也元太祖紀作薛迷思干元史
西北地附錄作撒麻耳干哈散納傳作薛迷則干元祕史十一卷

作撒里黑崑十四卷作溯斡兒合西遊記作邪米思干西使記作撏思干案太祖紀有尋思干薛迷思干二名朱一新因據經世大典明西域傳以尋思干爲今塔什干薛迷思干爲今霍罕又據耶律文正西游錄河中府亦曰尋思干而謂以薛迷思干爲河中府之非沈惟賢云長春眞人西遊記言至邪米思干大城移剌國公郊迎其城有算端氏新宮詩注云邪迷思干大城大石有國時名爲河中府大石郎西遼而其未至長松嶺時言西南至尋思干城萬里外回紇最佳處契丹都焉歷七帝云云可證尋思干卽邪迷思干後算端據以叛復攻之元史先後異稱致斯歧誤耳

雷志云面積二萬六千六百三十英方里繆又云在經度八十四度三十九分緯度赤道北三十九度三十九分方九百二十四密律人八十五萬七千八百四十七口在社蘭甫三之沃野

什馬肯會城人五萬四千九百口爲裏海鐵路盡處繆又云會城曰薩馬爾干在雜拉夫山河土產稻米麥粉中亞細亞之地惟此田畝肥腴每歲種麥一粒得百粒種稻一粒得二百五百年前屬成吉思汗其後四百年前爲回酋西塔蔑爾蘭之都回語稱提穆爾達嘎中國語曰鐵跛子駐烏拉爾喀撒克馬兵一營步隊散兵一營礮臺三屬城五曰烏爾古特在省東南四十五里曰偏察干特曰雅宜庫爾干在省北八十里曰顆特庫爾干在省西北六十里駐步隊戰兵一隊曰克什都特案講義云撒馬兒罕爲查拉夫西溪谷之大都會號爲曠野之花園人文發達甚早十四世紀末爲帖木兒首都宮殿猶存且有大回回教院帖木兒墳墓在焉

課程云與布哈爾壤接最近疆域視各省爲最小紀程云西域記之颯秣建即唐書之康國元史之薛迷思干又作尋思干明史作撒馬兒罕皆一音之轉也在赤道北三十九度四十九分順天偏西四十九度八分王達云俄屬游記云其地有不息燈據土人云經數百年未滅有居夫墓昔日工程浩大需肉甚多皆此人供給土人至今奉爲神如此之類土人奉爲神者約二百人

脫倫司坎司庇亞

脫倫司坎司庇亞 繆編襍喀思披一作丕斯云小省正北東北烏拉爾斯克南波斯阿富汗西鹹海裏海東希洼距比得堡三千八百五里有喀撒特山在波斯界阿富汗支山由阿富汗來穆爾噶卜河阿特烈克河在波斯界北屬俄南屬波喀拉布噶自海汊包爾汗海汊在米海洛夫司克德眞河先謙案即雷志之脫倫司坎司庇亞也講義作後加斯比地方云土耳其斯坦總督管區世界圖作特蘭司喀司偏樋志同云裏海之東部列國學會二圖作薩喀斯比斯雷志克東北正北烏拉省東阿穆達林西裏海南波斯阿富汗云面積二十一萬四千二百四十英方里繆又云在經度七十五度五十九分緯度赤道北三十七度四十五分方五千九百三十九密律人七萬二千百九十三口爲突科曼司人所居之村裏海鐵路經過此處**愛斯開板**人萬一千口**滿爭**人萬一千口繆又云會城日阿思喀巴特在鹹海裏海之間民多土爾克綿宜游牧人其境包大戈壁駐步隊戰

兵善槍手四隊枯班喀撒克馬隊戰兵一營裏海東岸喀合喀駐
喀撒克礮隊馬兵一隊布哈爾所屬車爾錐駐步隊戰兵一隊建
修鐵路工兵一隊喀爾幾駐步隊戰兵一隊布哈爾薩馬干之間
鐵路棧駐步隊戰兵三隊礮臺十二屬城六曰克拉思諾倭爾斯
特在省西北五百二十里曰米海洛夫司克一名烏遵阿達在省
西北四百里濱裏海曰蔥爾甫在省東南三百五十里穆爾噶卜
河上駐步隊善槍手二隊治地工兵一隊一百二十人曰克吉拉
爾洼特在省西北二百五十里駐建修鐵路工兵一隊曰巴密在
省西北二百里曰槎特在省西北三百九十里波斯界案據二圖
其南有阿斯哈巴得卽雷之愛斯開板繆之阿思哈巴特其東南
有謀夫郎雷之滿孚繆之蔑爾甫謝志作美耳弗世界圖作莫兒
烏王達云俄屬游記言謀夫譯言大堡在木爾加布河岸地頗肥
潤產黍麥米棉芝麻甜瓜葡萄桑樹有一種瘟風經過之處草木
凋落講義云謀夫本土耳其城寨俄兵曾苦戰於此千八百八十
四年昭之今於軍事最爲重要其西北列國圖有瑪海洛甫斯闊
業卽繆之米海洛夫司克又西北列國圖有克喇斯諾俄得斯克
卽繆之克諾斯諾倭爾斯特世
界圖作庫拉斯諾伊德斯克

譏窩

譏窩雷志云千八百七十三年始服屬於俄面積二萬三千百七十英方里人七十萬口出口貨棉絲　譏窩會城人五千口（講義云基）

發土耳其斯坦總督管區東臨俄克斯河西南界後加斯比北接阿拉爾海面積二萬二千方哩人八十萬口物產棉花生絲果實等此國於千八百七十三年為俄國屬地今其名尚為可汗管轄首府曰基發人三萬口繆編阿母達利耶丮一作云小省北鹹海東希爾達利耶東南布哈爾西希洼在經度七十七度四十二分緯度赤道北四十一度二十三分方千八百八密律距比得堡四千五十二里有布堪山鹹海之五一分阿母河駐倭連布喀薩克馬兵一營步隊戰兵三隊皦臺三會城曰撇得羅阿烈克三德在阿母河上屬城二曰成拜在省北百五十里曰諸威烏爾兼飭在省南十五里課程云阿母達利耶小省偪近希注同國先謙窯基發希洼郎雷志之幾窩也本屬布哈拉後自為國見保哈喇下世界圖作基華徐志作機窪覩列國學會二圖與講義同阿母達利耶作阿穆達林其北有琛姆貝郎繆之成拜謝志作基法云國在波嘎拉之西北面積二萬三千英方里人民七十五萬千八百七十三年以後屬俄首府曰基法近阿木河居民萬三千向有賣奴之大市集今已禁止其或稱希注或否者蓋俄得此地新為其省府名而人多稱其故國也王達云俄屬游記言基發國地平坦沙土間鹽基發市之南沙紅色而鬆愈北愈堅而成塊有紋國無五金鑛產止供本國之用產瓜最多每地一畝產萬枚至萬四千枚既熟懸於陰處經年不爛叉徐志博羅爾云在巴達克山之東城郭同部也四面皆山西北有河人戶三萬有奇乾隆二十四年與巴達克山同時內附其人別一種族築屋而居有村落無文字與諸同部言語不通惟衣帽與安集延相做人皆深目高鼻隆髭繞喙男多女少恆兄弟四五人共娶一妻生子女次第分認無兄弟者與戚

里共之土半沙鹵故其人苦貧地多桑取甚曝乾爲糧飲山羊之乳以馬湩爲酒稱其酋曰比以人口爲賦稅生子女納其半賣於各回城爲奴婢值頗昂每口以五六十金八九十金爲率又徐志乾竺特或作擺攏特退云別一種族在葉爾羌南地與後藏相接無城郭宮室鑿山爲穴以居種米麥以食亦有以游牧爲生者人蓄辮髮耳綴金環其俗敬火每晨以柴燒火向之禮拜地斥鹵富者僅自給貧者多傭工他國稱其酋曰汗汗亦貧甚惟取所部子女鬻於各處取其值以自贍與博羅爾相似先謙案觀徐志始知賣奴市集所由來故以博羅爾乾竺特附載於此

保哈喇

保哈喇

徐志布哈爾布噶爾布哈拉札布笨札布甲木哈臘黑拉德不云同部大國也東接拔達克山諸部東南連北印度之克什米爾南界阿富汗西南界波斯北境與浩罕接壤包浩罕西界抱鹹海而達裏海幅員之恢闊諸回部殆無與比東境多山嶺西界有大戈壁有城郭而兼游牧戶口不繁部落甚多屬城有鄂勒推帕醱鄉之閫覸平錄濟雜克拜爾哈噶斯呢等名市阿母河兩岸皆布哈爾境土元人所置行省者也其地氣候頗炎冬無大雪產五穀瓜果骨重羊俗長騎射與浩罕常構兵鄂勒推帕部山徑斗絕人強悍尤浩罕所忌也乾隆二十九年因巴達克山請內附道光十九年俄欲窺印度密差頭人至布哈爾使與英之印度屬國搆兵英人率兵入險講和而罷先謙案郎雷志之保哈喇也講義作布哈拉云土耳其斯坦總督管區吳志作薄加拉周志作簿布拉課程云希

洼布哈爾向推回部大邦皆已爲俄臣妾郎此餘詳上俄人自記取中亞細亞始末又案元太祖紀作卜哈兒又作蒲華喀散訥傳作不花剌元祕史作不合兒別書一作花兒或又作蒲花羅元遺山集作普花皆布哈拉異名

雷志云面積七萬九千百五十英方里人二百五十萬口出口貨絲棉爲大宗

保哈喇會城人十萬口先謙案保哈喇世界圖作不花剌列國學會二圖作布哈爾謝志作波嘎拉云國在全部之南面積九萬英方里人二百五十萬口千八百六十八年以後屬俄首府曰波嘎拉近阿木河城周九英里環以土垣嘎斯卡外大鐵道穿過之居民十萬人城中多回教寺又云基法波嘎拉二國各有可汗受西域總督節制講義布哈拉云東界帕米爾南臨阿富汗西南接後加斯比北速土耳其斯坦全面積九萬二千一方里人二百五十萬口產穀果煙草絹絲葡萄酒等每歲生絲額一千噸綿額三萬三千噸鑛物金硫黃石炭明礬鹽等多駝馬貿易行於俄羅斯波斯阿富汗印度輸入額二千五百萬圓輸出額二千三百五十餘萬圓自千八百六十八年俄人略取撒馬兒罕以來此國卽歸俄保護首府布哈拉在薩拉佛爽河之灌域曹典球云高等地理言布哈拉酋長阿米爾千八百九十三年爲俄國所廢囚於克里米亞故布哈拉名爲酋長領土實則俄領之一州也近出布哈爾志云布哈爾爲土爾其斯坦中韃韃里自主部落北緯三十七度至四十一度英天文臺東經六十二度至六十九度北見奪於俄南見侵於阿富汗如波爾克安庫伊邁美奈諸城已悉入於阿南約以痾克蘇河爲界西與俄屬之基窪及喀拉庫穆

沙漠接界東連昆都斯部與浩罕為界面積約十萬英方里河流最要者為阿母河（卽疴克蘇河在境內者僅中間一部分水自東南而向西北河身之廣自三百碼至八百碼河中產金沙）加爾支河（出撒馬爾罕東南山中經查里亦名歐爾塞布司與加爾支雨地而止於沙漠中）碩拉佛山河（出撒馬爾罕以東高地流經撒馬爾罕布哈爾兩城北至哈拉庫爾省匯為湖長二十五英里河源距湖凡三百四十英里水量較阿母河為少然兩岸民居農業勝阿母河遠甚）物產有蠶桑甚盛果獲利十倍於穀葡萄無花果櫻桃梅李梨蘋婆木瓜棉花淡巴菰零陵香糖蘿蔔荷蘭豆蔥黃瓜蠶豆扁豆西瓜冬瓜大小麥稻米高粱蕎粟等蕎粟此地要品以價廉貧人恆藉以生也馬驢甚多橐駝轉運貨物蓄者極多毛柔澤如馬至夏毛蛻織為布稠密著水不溼山羊毛細質次於克什米爾所產胡羊豢養極謹阿拉伯人喜之布哈爾之哈拉庫爾有特產羊毛黑而拳價甚昂牛小不美觀痕克蘇產小虎野猪野驢羚羊鹿羣遊平原中狐狼野狗似豹之獸間一產之蝎子極多地居歐亞之間陸地商業孔道設關征稅道路惡劣以迷信宗教故非奉回教之商人鮮能安然過此近則行旅稍安有俄人保護者悉可自便與俄貿易以駝馬轉運其從出之道一自基窪至開斯瀕海岸（卽裏海）或渡開斯瀕海至阿斯達拉干或至疴倫不爾厄往還六十日一自基窪之疴倫吉至土布爾斯克之式老伊子喀道鹽海東往還四十九日一至彼得魯拍夫斯克（亦鄂）（克頓兒遠伽）往還九十日運物之駝歲五六千頭出口至俄者棉花果乾生絲染綢靛青絲帶青鹽寶石細羊毛氈皮等自俄入口者洋布洋紗印花布大布絲料花緞生牛皮金類鐵其與基窪貿易用駝歲千頭或千五百頭入口皆俄國貨物基窪市中有餘則運銷布哈爾至波斯馬什得商人歲來三四次貨物棉花絲料洋布印花布洋紗地毯細羊毛青藍寶石鴉片等歸則運羊皮棉花米等

以去自格刺特克什米爾取道喀布爾入口者爲大宗細羊毛與印度產物英國製造品浩罕塔什干喀什噶爾葉爾羌亦微有貿易商業中心點在布哈爾加爾支二城餘地亦各有市期布哈爾自製物爲棉花織物紬緞地毯熟牛皮鐵器珠寶等生絲所造紙頗有名刀劍之屬則赫撒爾加爾支所造其國舊名索格迭愛納都城在北部碩拉佛山河左岸去河六七英里當北緯三十九度四十八分東經六十四度二十六分周八英里內城曰特爾羅尼外城曰白爾羅尼街道穢惡家屋狹小河水汙濁人七萬口鐵木耳所建克倫禮拜寺較宏大愛白杜拉汗及俄后喀什林各建一學堂較華美其城爲波斯人愛弗拉錫愛白所造傳聞八百五十六年約克平里司以同教信徒爲布哈爾王後二十年伊斯美兒勝而代之是爲撒遜朝子孫嗣立至波斯塞兒夾克朝第三嗣王默拉克沙滅之十一世紀末波斯王略有其疴克蘇河色爾達里雅河亦名札克沙爾忒斯兩流域之地千二百十六年穆罕默德沙喀勤時姆復取之千二百二十年爲成吉思汗所蹂躪愛波罕默德之子阿克塔仁慈寬惠稍復元氣有國數世千四百年併於鐵木耳子孫世守其地千五百年厄司敗克韃靼種人愛波兒克赫爾汗取之是爲西本尼朝其族人愛白杜拉汗勝巴達克山格拉得馬什得大闢疆土興工作以惠民人此世紀末有克爾格時攻入王朝毀滅居民幾盡又爭位大擾千五百九十八年鐵木耳族人巴克穆罕默德汗由阿斯達拉干來王此土是爲阿斯達拉干朝與波斯王愛巴斯大戰於波爾克近地威名大著千六百五年巴克卒弟物利穆罕默德嗣民不服公戴其姪伊默庫利爲王國以甯謐後以位讓其弟納碩爾穆罕默德其子爭立納碩爾死爭乃已基

窪向屬布而布王愛白杜兒蓋錫巴罕得爾汗使爲自主部落千
六百八十年塞白罕庫利立國權日損千七百二年塞白罕庫利
卒年八十其二子爭位而戰厄司敗克有二族不睦二子各挾一
以自助五年而痾俾杜拉勝郎位後其相李赫姆畢阿塔列克專
權痾俾杜拉尸位而已後納迭爾沙來侵國大困𢷬千七百四十
年孱王愛波兒費斯朝於納迭爾沙歸而其相篡立傳至阿什塔
干尼地司暗弱放恣以致失國曼噶忒族密爾抹撒姆取之伐阿
富汗千七百八十一年克復痾克蘇河南地千八百二年卒子賽
特立卒千八百二十六年納司魯拉巴虎特爾立暴虐無人理時
英俄有違言各遣使求助巴虎特待之甚倨於是俄人侵入當俄
據浩罕時冒碩弗勒廷嗣立遺書俄將契爾納野夫令速退兵出
境不者當率全國人攻之千八百六十八年俄軍攻其本部五月
二十日戰於伊爾得加（在色爾達里雅河左岸）布軍大敗求和俄偪使戰千
八百六十八年五月十四日俄軍入撒馬爾罕布主降俄徐又云
道光二十年粵東譯出英人新聞紙云五月十四日接印度來信
言我英國之印度兵攻取興都哥士山（即雪山）南邊各部落而俄國
邊境在此山之北三年前尚有回部四五國亘隔今止隔一大山
而已（因布哈爾已附俄故云止隔一大山）俄近日直攻至韃韃里之機窪（韃韃里即游牧回部）
（機窪一作基瓦又作其襪當在鹹海之西裏海之東）皆因我等攻取阿付顏尼部（即阿富汗）故俄
亦攻至荷薩士河（即阿母河）已約木哈臘（即布哈爾）同取阿付顏尼部以攻
印度爲我兵頭沙阿力山及馬約里治堵禦故計不行俄前在希
臘（即喀哩吐歐洲小國）與包社人（即波斯）立約欲收阿付顏尼以攻印度亦因
我兵頭律勿蘭所拒後詭稱收回逃散奴僕攻取機窪及木哈臘
人皆謂俄得此二地當必退兵乃又使人日日學習印度事務又

與木哈臘人立約同取阿付顏尼不知俄人要到何地方肯住手
俄人曾以兵威自黃海（卽波羅的海）攻至黑海（卽勒必西海）一帶地方以擴
其國境所以今日必要防其荷薩士河駐紮之兵云云又英人所
著萬國地理書云道光十九年俄私差奸人至甲不（卽布哈爾）兜攬事
情偏滋事端卽此事也又云西域聞見錄所稱大西洋諸國大半
影響惟西域之博羅爾退擺特（卽乾竺特）哈拉替見（卽巴勒提）三部言其土
俗頗詳餘則不足深考矣新疆識略及西域水道記所載諸部落
之名距回疆較近者曰滾曰綽禪曰差特拉勒（一作克拉沙）曰赫斯圖
濟曰羅善曰克什南（卽西域聞見錄所云沙隔記也）曰達爾瓦斯距葉爾羌十三
站至十八站不等皆𧝝先小回部錯處於布魯特浩罕之間稍遠
者曰依色克曰差普雅曰渾堵斯曰塔爾罕（以上四部俱是布哈爾屬部）皆距
回疆二十餘站至三十餘站不等至若瓦罕爲巴達克山之屬城
哈普隆爲巴勒提之屬城窩什霍占科拉普爲浩罕之屬城鄂勒
推帕濟𧝝克科爾哈噶斯呢爲布哈爾之屬城堪達哈爾爲愛烏
罕之屬城賈人往來喀葉諸城多稱其城邑之名而不記其國土
遂致茫昧紛紜不可辨識其地形方向諸書或同或不同不敢意
爲位置也王達云聖武記言布噶爾距葉爾羌四十驛道光二十
二年布噶爾滅敖罕虜其酋長頭目遣使告捷於卡倫此國爲自
古中華聲教兵力所不至乾隆以來惟通市不列朝貢俄屬游記
言附近有巴哈仂丹墓布哈爾人尊之若聖與摩哈默特等紀程
云西域記之羯霜那卽唐書之史國明史作渴石國今布哈爾境
內有喀什城在赤道北三十八度四十八分順天偏西五十度三
十八分又縛芻河郎今阿母河有二源均出今窩罕相距甚近北
源曰阿格蘇河南源曰平查河均西流至瓦馬城而合始名阿母

北源之北二百餘里有湖名哈喇庫爾西域記所謂山中有大龍池者是也又北百餘里有考佛璘山高於海面二萬二千餘尺山東北有兩河分東西流西流曰基西爾蘇河西域記所謂西派一大流西至達摩悉鐵帝國東界與縛芻河合者是也東流曰喀什噶爾河西域記所謂東派一大流東至佉沙國界與徙多河合者是也又波謎羅卽今之博羅爾蔥嶺閒大平原也案西圖譯音博羅爾當作博彌爾與波謎羅之聲尤合其地在赤道北三十八度順天偏西四十三度又案今圖凡蔥嶺閒之河與湖皆有博羅爾之名故西域記亦言波謎羅洪鈞元史西北地附錄釋地不花刺云圖在撒麻耳干西偏南其爲布哈爾無疑元史皆作卜哈兒亦作蒲華刺字收音僅此一見案西國輿圖布哈爾都城稱布哈拉與此正同元史人名不花者皆應作布哈義謂牡牛也西域人云最古之城唐中宗時（西七百年後）屬於阿刺比（卽唐書之大食）唐昭宗後（西九百年後）西域之薩蠻朝（見西域補傳上）建都於此案唐書西域傳安者一曰布豁又曰捕喝西瀕烏滸河布豁捕喝皆布哈之異譯阿母河源出蔥嶺曰鄂克疏河又曰瓦汗河亦曰烏汗河唐書烏滸當是烏汗轉音元奘西域記作縛芻河或是鄂克疏轉音代遠千年音經重譯誠難吻合而烏滸縛芻之卽阿母河可無疑義布哈爾在唐時其名已見謂非最古城哉（前六十年英人游歷著書云阿母河古稱希臘繪稱鄂克蘇斯後稱阿母達里雅）又那黑沙不城在布哈爾之東今爲布哈爾屬地名那克拾迫卽魏書之那識波國唐稱那色波唐書曰那色波亦曰小史蓋爲史所役屬居吐火羅故地東阸蔥嶺西接波刺斯（卽波斯）南雪山西人考波斯史云波斯薩山朝（漢建安五年波斯滅而復興王名薩山故曰薩山朝）奴失而宛王在位時（西五百二十一年至五百七十九年爲中國梁武帝中大通三年至陳宣帝太建十一年）中國可汗

兵至兩河之間（卽錫爾河阿母河）近那克捨迫之地敗海脫勒汗（考撰繼序必係）（魏周之兵備魏書周書無考）元英宗至治元年後（西一千三百二十一年）蒙古稱其地曰喀而什因察合台第五代孫葛貝克汗（篤來帖木兒前二代王與篤來帖木兒同父兄弟）曾於其地建立宮殿蒙古稱宮殿曰喀而什故亦名城爲喀而什（明茅元儀武備志卷二百二十七韃靼方言稱殿爲哈而什各兒當卽此喀而什哈喀二音通用）又察赤云卽今之塔什干唐之石國錫爾河東濱塔什干爲名城元史紀傳皆不載惟成宗大德元年有薛迷思干塔剌斯塔失元三年民賦等語塔失元卽塔什干明孝宗宏治年間撒馬爾干王帖木兒後人巴卑爾立國於喀不爾（巴卑爾見志略波斯志中喀不爾作噶布而志略云武宗正德年閒立國說不相合案明宏治十三年爲西一千五百年巴卑爾敗於諾斯伯人豈默後姑立國於蔑不爾莫諾斯伯朮赤後人爲元代分封西北著名之汗其所部人後遷於東卽此諾斯伯名其部族詳上）著書釋地謂塔什干爲俗稱著作家不云塔什干多云柘折或云察赤　國朝康熙四十二年（西一千七百二年）英人莫邇游歷著書稱塔什干爲察赤先於莫邇游歷者謂塔什之義爲石干爲城國案唐書西域傳石或曰柘支曰柘折曰赭時漢大宛北鄙也去京師九千里南五百里康也右涯素葉河王姓石治柘折城故康居小王窳匿城地西南有藥殺水入中國謂之眞珠河亦曰質河唐元奘西域記亦云赭時國唐石國也西臨葉河柘支柘折赭時皆與察赤音近其謂塔什干爲唐石國確無疑義唐書之素葉河元奘作葉河無素字西人考古謂錫爾河古稱藥克殺藥克殺當卽唐書之藥殺葉河當卽藥字轉音錫爾河匯合眾流最遠之源則爲納林卽唐之那密水唐書分析言之未能融會遂成異派各有主名天山蔥嶺西北之水皆出中國無入中國者必是唐書之誤又花剌子模云鹹海西南裏海以東阿母河下游以西皆是地名最古中國周初波斯之火教書已見此地名

春秋時波斯以箭頭字鐫石亦見此名字形多如箭頭作个字西人名爲箭頭字波斯語解謂地低平唐書西域傳有貨利習彌國即花剌子模之異譯審定字音當日貨勒自彌初作西域補傳所譯西書都作柯拉色姆繼譯西北地乃語即花拉子模復詢波斯人考正其音則爲貨勒自彌知唐書譯音尤勝元史今俄地圖爾海裏海間地字音如貨勒自彌又知東方輿地俄圖勝於他圖元奘西域記作貨利習彌迦多迦字唐書謂居烏滸河陽烏滸即阿母河古時阿母河入裏海河自布哈爾東南徑西北行距鹹海三百餘里分支西行花剌子模在其南故云居水之陽惟西域記云捕喝國又西四百餘里至伐地國又西南五百餘里至貨利習彌迦國捕喝即布哈爾方位不能相合若改西南爲西北庶幾近似元奘書例書行者親游踐也書至者傳聞紀也未履其地但憑傳說所以致誤其部都城本在喀忒即西北地之柯提其後遷於烏爾韃赤多桑云當作忽爾坎赤蒙古人稱爲烏爾根赤阿剌比人又訛爲郭而占尼牙明洪武二十一年帖木兒毀其城後重建非舊址今烏爾根赤在機窪城北數十里古城在西北彼時阿母河西入裏海城跨河爲南北二城

高加索斯

見第二十九章先謙案雷志分章云然高加索在歐洲此後高加索也繆編云山之南別曰襍喀復喀斯襍之爲言後也过志作後高加索講義作外高加索王書作特蘭斯高加索謝志作南高嘎西亞

後高加索

繆編梯富麗斯以下襍喀復喀斯一作梯夫加斯云大省北節爾斯喀鄂南喀兒斯挨裏灣耶里薩唯託波力西枯榍伊斯東達咕司丹在經度六十二度二十八分緯度赤道北四十一度四十二分方七百三十一密律距比得堡二千六百三十里有喀復喀斯山在離省梯富麗斯山環城哇克唐山梯富麗斯乃喀復喀斯向南之支此山又梯富麗斯所分枯拉河又有引水河由枯拉而南至沙漠止阿拉隔哇河入枯拉阿拉簪河入枯拉約

拉河拉人枯會城曰梯富麗斯在枯拉河上有俄主離宮有西完斯
克教堂昔曾分藩今罷地爲新藩之劇產鏤銀器皿白紬花紬果
實以梨橙西瓜葡萄爲最繁產銅歲約六七萬鋪特駐步隊戰兵
一營喀薩克馬兵一隊喀薩克步隊善槍手二隊步隊守兵一隊
平原馬礮兵一隊然達拉馬兵一營喀復喀斯工兵四隊安修電
錢二隊看守官物一隊治地兵一隊提督官轄禡喀復喀斯礮臺
九屬城九曰末茨寫特在省北二十里阿拉隔哇河入枯拉河處
格魯吉拉部之舊都曰阿哈爾積赫在省西百八十九里有軍器
廠駐步隊戰兵一營礮隊戰兵一營曰果黎在省西北七十里枯
拉河上駐喀薩克步隊善鎗手一隊曰杜舌特在省北五十里里
日西隔拉合在省東百十八里曰節拉弗在省東北百六十二里
阿拉瞀河上曰阿哈爾喀拉吉在省西百五十七里駐喀撒克礮
隊馬兵一隊曰波爾若木在省西百四里昔俄主之叔米海伊爾
每夏日過此避暑曰擦爾司幾喀囉特慈邪邪一[illegible]在省東南百五
十六里駐喀復喀斯馬隊戰兵一營先謙案梯富麗斯備乘作特
付里斯講義作第佛利斯吳志作器夫利士樋志作剔夫力士慕
志作斐利斯世界圖作替夫列斯列國學會二圖作第佛利斯郎
雷之替夫里斯覞[illegible]會城同省名西庫台伊斯東達格斯敦北倭
拉的喀甫喀斯南喀斯挨里溫熱利薩貝特波爾其西有亞喀耳
喀剌亢郎繆之阿哈爾喀拉吉又西有亞喀爾悉克郎繆之阿哈
爾積赫其西北有哥里郎繆之果梨其北有竺舍特郎繆之枯舌
特其東北有特剌勿郎繆之節拉弗其東有息格那克郎繆之西
隔拉合講義云第佛利斯人十五萬口高加索總督駐此市街瀨
庫爾河西與波的東與巴庫皆以鐵道相通由達利耶爾畔與倭

拉的喀甫喀相連絡工業商業居高加索第一與波斯貿易特盛
附近多硫黃泉涌出故又呼熱市○繆又云耶哩薩唯托波力大
省北梯富麗斯達咭斯丹西南挨裏灣南波斯國東八枯在經度
六十四度一分緯度赤道北四十度四十一分方八百一密律距
比得堡二千二百十二里有喀復喀斯山在省北小喀復喀斯山在北
南枯拉河剛熱河入枯拉約拉河入枯拉阿拉簪河入枯拉以上水皆發源境內
會城同省名在剛熱河入枯班河處產果實繭絲礮臺一又近波
斯界小礮營十四屬城六曰舒薩在省南百三十三里曰鰲哈在
省東北百二十六里土宜蠶桑民善纅絲曰往克在省西南三十
九里駐枯班喀薩克馬隊戰兵一營曰罕庚的在省南百九十二
里駐喀撒克礮隊馬兵二隊曰的里染在省東南百四十二里駐
喀復喀斯治地工兵一隊曰野蓮朵爾馥在省東南三百十七里
果園極多駐喀撒克馬隊戰兵一營先謙案耶哩薩唯托波力萬
國圖作伊里薩別掩朴耳異名記云在高加索山之陽本波地俄
攻之西接挨爾灣亦日爾日部分置講義作挨利薩貝特波爾列
國圖同學會圖作熱利薩貝特波爾東巴庫北第佛利斯達格斯
敦西南埃里溫南波斯國其東北有地曰奴喀郎繆之鰲哈其南
有守沙郎繆之舒薩○繆又云八枯大省北達咭斯丹南波斯國
西耶哩薩唯託波力東裏海在經度六十七度三十分緯度赤道
北四十度二十二分方七百三十五密律距比得堡二千二百十
二里有喀復喀斯山在省北枯拉河阿拉克斯河咭窖爾阿嘎飭海
汉道光八年俄與波斯立約讓地七郡歸俄當郎八枯及耶哩薩
唯托波力二省諸城也會城同省名在裏海西面最好船埠城東
北十里巴拉酣產石油歲出五千萬鋪特又十八里蘇拉酣火山

有鍊石油廠地多山桑民飼蠶繅絲產紬如中國蜀紬而光澤不
逮產吉貝絨罽酒紅花（名煞復蘭）丹參（名馬烈綸云可染藍非藥中丹參）其貨物半由
裏海運波斯出售波稅亦重若再運出必至折閱故至波而止駐
巡邊馬兵一營近波斯界有小壘二十二屬城五日連珂蘭在省
西南二百十四里裏海口近薩拉島有薩連村駐枯班喀薩克馬
隊戰兵一營日余馬哈在省西百十三里有絲作廠駐枯班喀薩
克馬隊戰兵一營日箇格釵司克在省西百七十五里日枯拔在
省西北百五十六里駐步隊戰兵一營日古薩勒駐步隊戰兵一
營先謙案八枯備乘作巴沽謝志作巴古列國學會二圖作巴庫
卽雷志之巴枯其西南有棱科蘭卽繆之連珂蘭其西有舍馬喀
卽繆之余馬哈其西北有庫巴卽繆之枯拔講義云巴庫省人十
一萬二千口裏海艦隊以此爲根據地設有礮臺石油井散布市
之附近達七百餘所（謝志云日產萬一千桶）又有拜火教之殿堂甚有名○
繆又云挨裏灣大省北梯富麗斯南土耳其波斯國西喀兒斯東
北耶哩薩唯託波立在經度六十二度十分緯度赤道北四十度
十分方四百三十九密律距比得堡二千八百八十一里道光九
年俄土立約將多臘河中各烏專屬俄東土耳其之阿爾米尼數
處地方讓歸俄當卽此省地阿爾米尼卽阿爾綿宜也有小喀復
喀斯山阿拉拉特山阿拉皆自山（銳峰絕高）阿拉克司河果克差湖會
城同省名本阿爾綿尼部介俄土波三國厥後分剖但存部長虛
號住此城所屬之唉暹彌阿金產石鹽駐步隊善鎗手一隊枯班
喀薩克馬隊戰兵一營礮臺三又近波斯士耳其界有小礮營五
十一屬城六日納西暹灣在省東南百四十九里卽阿綿宜之舊
都日阿烈克山德羅波立在省西北百九十七里駐步隊戰兵一

營步隊守兵一隊曰諾威巴牙窄特在省東北百十二里果克差
湖上曰阿爾拉里合耶曰唉暹彌阿金在省西百八十里有枯里
卜村曰阿馬拉特先謙案挨裏灣備考全志作是爾灣與徐同列
國學會二圖作挨裏溫北第佛利斯東挨利薩貝特波爾南波斯
土耳其國西喀斯其西位有亞歷山得波爾卽繆之阿烈克山德
羅波立講義云挨利溫亞阿拉拉特山麓俄領阿拉美尼亞之首
府亞歷山大得波爾顗開拉斯河設有礮臺備乘云二漢三國安
息地北魏西域兩海之爲地唐五代遼波斯地屢爲大食所奪金
波斯地元報達國地後慶蒙古諸王封地明波斯地後隸土耳其
旋復隸波斯　國朝嘉慶閒隸俄北微考諸書皆作是爾彎○繆
又云枯楫伊斯大省北節爾斯喀南拔禿木西黑海西北蘇烘木
東南梯富麗斯在經度二十六度北八分緯度赤道北六十度二
十二分方三百七十五密律距比得堡二千二百九十三里有喀
復喀斯山墟省安札爾山醯省洼合唐山轅省黎淵溪會城祠省
名在黎淵溪上禨喀復喀斯最古之城境內田畝豐沃麥種一斗
得三十倍粟菽更旺有水田秔稻饒裕有種植學館產白紬如蜀
紬花紬如甌紬匏器鏤花銀器牛角杯果賨以橙橋香櫟榛李葡
蓟爲最有木名馬斯里拉榷之取油駐步隊戰兵一營枯班喀薩
克馬隊戰兵一營巡邊馬兵一營礮臺一屬城三曰波蹟在省西
百二十四里黎淵溪入海處黑海船埠貿遷極暢曰倭足兒接特
在省西南八十里駐喀薩克步隊善鎗手一隊曰獵都特克烈在
省西百五里黑海埠先謙案異名記云枯楫依斯備乘作古泰西
稱爲義米勒多首郡之名平方圖作庫台依斯萬國圖作孤泰士
列國學會二圖同南巴統東南第佛利斯西北蘇克亨其西有勒

都特開里即繆之獵都特克烈又東南有波的即繆之波蹟世界
圖作波地講義云爲鐵道之一端黑海岸之要港又東南有俄素
爾几地即繆之倭足兒接特○繆又云拔圖模一作拔秃几木小省北祜
榍伊斯南土耳其國西黑海東喀兒斯在經度二十七度十八分
緯度赤道北五十九度十八分方百三十一密律距比得堡二千
三百九十七里有喀復喀斯支山安札爾山翟羅克河儸洛一礮臺
一會城同省名在黑海東岸船埠屬城一曰阿爾特法在省東南
七十七里翟羅克河上駐步隊守兵一隊先謙案拔圖模圖球圖
作巴土母異名記作拔秃木云柏林定約俄收自土又西即土屬
之德勒比孫達也世界圖作拔丹列國學會二圖作巴統北庫台
伊斯東喀斯西南同會城同省名其西南有阿特支即繆之阿爾
特云繆作東南未知孰是講義云巴統人二萬四千口位黑海之
東南岸設有礮臺○繆又云喀兒斯小省北梯富麗斯南土耳其
國西拔圖模東挨裏灣在經度二十七度七十八分緯度赤道北
六十度四十四分方三百三十七密律距比得堡二千九百四十
七里有小喀復喀斯山阿拉拉特山枯拉河灦倭爾達河羅八河翟阿
拉克斯河乾隆五十六年俄土立約將弟尼斯河以東一地讓於
俄蓋即此及拔圖模二省會城同省名駐步隊戰兵二營礮臺六
屬城四曰阿爾達干在省西北七十六里枯拉河上前屬土耳其
時曾築大礮臺駐步隊戰兵一營曰倭爾堆在省西百七十一里
倭爾達河上駐節爾斯喀薩克馬兵一營曰喀奎什瞞在省南七
十一里駐巡邊稽稅馬兵一營日薩纍喀梅斯在省西南五十五
里駐步隊戰兵一營先謙案喀兒斯俄史作喀爾斯一作卡爾斯
一作加科斯異名記云光緒四年柏林定約俄取自土萬國圖作

喀士講義作喀斯列國學會二圖同會城同省名北第佛利斯東
挨里溫南土耳其西巴統其西北有亞爾打汗郎繆之阿爾達千
其東北有耶爾斗郎繆之倭爾堆其南有喀吉斯曼郎繆之喀金
什瞞講義云原屬土耳其爲防俄城塞之一苦戰後卒以千八百
七十八年訂伯林條約歸於俄國誠要地也○繆又云蘇烘木小
省北喀復喀斯山南黑海西車兒喏嘆斯克東枯榻伊斯在經度
五十八度四十分緯度赤道北四十二度五十九分方百五十二
密律距比得堡二千三百八十一里有喀復喀斯山會城曰蘇烘
克烈地本狹小因濱黑海東岸爲防海要區故不屬他省駐防守
兵一營六百人礮臺一屬城一曰喀格立在省東南三十里先謙
案蘇烘木列國學會二圖作蘇克亨南北同東庫台伊斯西布萊
米西西南瀕海會城日蘇克亨克拉郎繆之蘇烘克烈其西北曰
加格里郎繆之喀格立異名記云蘇烘木一作蘇芬穆郎備乘古
里利地案古里利二漢三國安息國海東地北魏西域兩海之間
地金阿速地元朮赤封地明阿速地後隸土耳其　國朝嘉慶間
隸俄北徵考諸書作亞巴西亞全志作古里利○繆又云車兒喏
十斯克大省北枯班西南瀕黑海東蘇烘木在經度五十五度二
嘆七分緯度赤道北四十四度四十三分方百三十二密律距比
得堡二干四十四里以上二省郎備乘所稱義米勒多地有喀復
喀斯山會城日諾倭羅西司克緊要海口在黑海東北岸產石油
駐步隊守兵一隊枯班喀薩克馬隊戰兵一營礮臺二屬城一曰
阿納巴大城在省西南三十二里喀復喀斯山極西黑海要口先
謙案異名記作車爾諾羅斯科諾倭羅西圓球圖作阿納巴西列
國學會二圖作布萊米西不出省名西南同北庫班東蘇克亨其

極西有安納巴郎繆之阿
納巴世界圖作阿那波

未

賜進士出身　特賞內閣學士銜前國子監祭酒翰林院編修加三級　臣　王先謙謹撰

大洋洲

徐志大洋海羣島云自澳大利亞迤東迤北抵南北美洲之西界謂之大洋海水程數萬里島嶼甚稀間數千里乃一遇其島四圍多磐石亦生珊瑚海船近輒閣淺故不能偏及大洋海風浪最平泰西人稱為太平洋天氣晴和水土平淑產椰子芋薯果實足供採食土人織草為衣以薇形性馴而慧異於迤西島番之悍獷近年耶穌教徒遊其地而誘進之多有信從易俗者島名不能盡悉英人因教事而命以名一日會羣島引覲駿賨依替羣島下一日友羣島引覲湯格羣島下一日賊羣島引覲瑪羣島稱阿那下此外小島甚多名不盡著土產惟椰子人戶甚少未與他國往來先謙案據徐志西班牙曾闢多島今班人所據無一存者矣矢志云西自亞細亞及印度洋起其東布滿於太平洋及南北美洲之開幕志以澳大利亞及太平洋羣島統之許考云

經綫自順天偏西十二度至偏東三十八度

緯綫自赤道北三十五度至赤道南五十六度

雷志云包有澳大利亞大陸及太平洋羣島玻利尼西亞南海羣島案澳大利亞大陸一也太平洋羣島二也南海羣島三也玻利尼西亞統於太平洋羣島中五字當衍諸志稱澳大利亞兼新西蘭塔斯亞呢亞在內雷以新西蘭入玻利尼西亞太平洋羣島中以牛畿內亞為最大法國地學

家則併馬來羣島在內案謝迂矢樋志許考皆如此太平洋當作南洋否則不可通其南海羣島案南海二字當作太平洋又可依人種分米克郎尼西亞喀羅林羣島與馬利阿那羣島案列國學會二圖作密克羅內西亞矢志作彌克羅奈西亞云赤道綫以北在拜蒲島亞趺或志作新拜綫藺內及小笠原島之閒有無數小島總稱曰彌克羅奈西亞謝志作賁叩尼西亞吳志作米庫勒西亞依圖作彌克那內西大地誌作美伊哥洛西亞屬島並與雷合馬來尼西亞自牛識內亞島至非識羣島俱爲暗色人種所居案馬來尼西亞世界地理作馬奈伊西亞謝志作瑪雷西亞曹典球云米克郎尼西亞人皮膚褐色玻利尼西亞人皮膚淡銅褐色馬來尼西亞卽墨蘭尼西亞人皮膚黑色郎黑人種此條譯志者不應譯作馬來以與馬來羣島相混乃譯音不正志不誤也謝志云美拉內西亞譯郎黑人諸島也地在赤道之南或以之屬奧斯達拉西亞包括巴布阿及其東南諸島娭峼卽士地肥美民皆內革羅種之巴布阿族及與馬來族混合之種諸島多爲火山搆成列國學會二圖同講義作墨蘭尼西亞吳志作蔑拉捏西阿世界地理作米拉奈西亞玻利尼西亞自新西蘭二島至檀香山羣島案據雷自注以南北言列國學會二圖自低羣島至挨里西總爲玻里內西亞以東西言謝志作波利尼西亞譯言多島指東經百七十五度以東散布南太平洋之無數小島也分火山島珊瑚島二種斐支弗連德利梭賽伊第撒摩阿等火山島餘爲珊瑚島天氣終歲如春土肥草茂椰子大芋甘薯太羅根

鮓香蕉加非甘蔗棉花爲物產大宗先有豕鼠而無牛馬居民剝取樹皮擊之使輭以爲衣矢志作波里奈西亞云謂澳大利亞東之小島又云火山島較大於珊瑚島山嶽高聳形如圓錐航泊者以爲標識珊瑚島分三種一曰緣邊礁於陸地緣邊或爲淺水峽或爲小池成珊瑚礁一曰牆⿰山屏礁繞火山島而成如澳洲大陸東北沿岸之珊瑚礁是一曰環礁隆起海面作環狀或全圓或半圓其幅員甚狹至廣不過千尺有奇地甚低環內可容潮水航海者以爲避風之地火山島峯巒特多土肥樹茂珊瑚島地低乏水天旱則植物受害世界圖辻志作庖來尼西亞吳志作頗勒西亞周志作濮來尼西樋志作波里尼西亞云火山島由噴火之熱力而發生即散得維支羣島斐濟羣島及橫於奧大利亞旁近諸大島是也珊瑚島在赤道地方爲海蟲合力所搆造島成圓形中包海水名阿多爾多利嘉羅連諸島中然此諸島亦非悉珊瑚島如蘇賽第弗連德實諸島亦純火山島也地方多天生麪包果終歲常青著花結雖收穫頗多土人取以充食一家植十株足充一歲之糧各島作不見胎生獸現由外輸入大豕兕等物頗能生息世界地理大伯里奈西亞云本邦由米拉奈西亞及米克爾奈西亞而成西地誌云玻利尼西亞係希臘語多島之義分三部一美拉尼西亞（黑人島之義）一美伊哥洛西亞（小島之義）一玻利尼西亞本部其西北除三毛亞外皆爲歐洲强國之領土案此二書以米克郎尼西亞美拉尼西亞併入玻利尼西亞其區畫又不同

三　地

案玻利尼西亞諸島一非織二湯格三尼那富四尼華五塞佛支六哈維七安里斯八非尼克斯九猶尼恩十曼尼希基十一買諾十二沙摩

亞十三華利十四梭賽依替十五巴馬多十六奧斯脫蘭耳十七馬基塞十八夏威夷十九士退拉馬奴亞美拉內西亞諸島一沙羅門二三太克拉士三牛希伯利四畢士馬克五牛坎雷多尼亞密克羅內西亞諸島一其爾般二馬什爾三喀羅林四馬利阿那五瓜摩三地之外爲澳斯大剌拉西亞一澳斯太利亞（即澳洲大陸）二牛畿內亞三新西蘭（島怯馬爾得）四達斯馬尼矢志云澳大利亞澳洲大陸及其附屬新西蘭等羣島也頗勒西亞澳洲東邊羅列之小羣島也米庫勒西亞赤道北之小羣島也雷所分三地與諸圖志略有異同大抵各據所聞見書之不能畫一今並列焉

總面積三百四十五萬二百三十三英方里人五百九十九萬九千口英屬面積三百十九萬千九十四英方里德屬面積九萬二百八十九英方里荷屬面積十四萬七千五百四十八英方里法屬面積九千三百五十一英方里美屬面積六千八百四十四英方里英法保護國面積五千一百七英方里

英領非畿羣島

非畿羣島雷志云英領一名維替羣島大島四小島無數皆火山

所成有珊瑚礁環之最高之地四千英尺氣候有熱帶性萊扶熱度中數七十八度正月八十二度八月七十四度雨水九十四英寸面積連羅土馬在內八千四十五英方里辻志云四萬八千二百七十方里問荅云八萬方里人十二萬二千七百十二口耕種地三萬七千七百十英畝產椰子甘蔗甘蕉煙葉茶入口貨值二十四萬四千三百四十磅出口貨值三十九萬九千八百磅糖居百分之六十九科潑拉居百分之十二幾全與澳大利亞貿易入款七萬四千四百九十二磅國債二十一萬三千二百六十磅　蘇佛會城在維替萊扶之南岸先謙案雷志非織列國學會二圖作斐濟辻志世界圖作夫伊計慕志作非支謝志問荅作斐支矢志作非其世界地理作費幾周志作富淇講義作菲濟據二圖東有挨斯普羅林羣島西有雜薩瓦羣島南有俄諾羣島北有洛圖馬羣島矢志作洛都馬卽雷之羅土馬也中有哥羅島其海曰哥羅小海世界圖有會城名素伐卽雷之蘇佛問荅作蘇德矢志作斯哇講義作斯巴世界地理作斯維亞大地誌作司無亞樋志云英國以千八百七十四年獲南太平洋之斐濟諸島及其附屬之土羅瑪島島凡二百

中有居民者八十島多火山地味肥沃鄙考作飛旗云郎非幾島
在大西洋中閒云大洋譯酋錯出紛羅合大小百五十餘處成爲一境
有人者約八十萬其人與人相食漫無倫理失事之船飄至彼處
必爲土人所食無敢往者夫死則妻爲親族所殺以爲殺之所以
愛之俾同赴冥間偕老也家主死則殺奴僕以殉其婚嫁及造船
建屋皆爲大事必殺奴僕爲禮人分六等一總酋長及本族酋長
二祭司三酋長處司事之人四兵卒五平氏六奴僕數戶爲一社
數社爲一村數村爲一族每社每村各有酋長一名每族有本族
酋長一名酋長於以酋長之下遇喪事或絕粒一二日或滅食一
二月且薙髮一周總伸哀慕夫婦之喪剮小指一父母之喪亦間
有行之者或隸皆由村社各戶公舉不世及奴僕極賤稍拂意郎
治以極刑酋煮以爲食得仇敵則爭食以示勇敢及耶穌教人入
彼處勸化風氣一新矣講義云在新希布力兒斯東合二大島及
諸小島所成跨南緯十五度與二十二度之間當東經百八十度
附近二大島曰非的曰芬奴亞火山質森林繁茂產椰子巴拉拉
鳳梨甘蔗居民屬玻里尼西亞之夫夫濟安族今其數大減千六
百四十三年始爲他斯蠻所亞見後歸英轄與英國及澳大利亞
有汽船往來自加拿大至澳洲汽船兩月一次泊於斯巴港在非
的南王達云大地誌言英知事駐司無亞兼轄西部英領諸島在
太平洋諸島中央艮港甚多今悉尼頓瓦三毛亞等處有汽船定
期航行又內地諸島間時有小汽船往來案二圖非的作非的司
無亞作大無亞大字譯音不合葢誤謝志云大島二北曰維紐里
島南曰維的里島英設巡撫治之立法權在議會內地有土酋分
治首府曰蘇哇在南島南岸巡撫駐焉大埠曰勒維克在南北兩

島間一小島上爲哈歪伊與新金山航路之中心案維紐里卽芬奴亞維的里卽菲的亦卽雷之維替蘇哇卽蘇佛在南島南岸與雷合二圖大無亞皆在北岸葢誤勒維克卽二圖之納微烏島此玻里內西亞之一

英領湯格羣島

湯格羣島雷志云英領一名親友羣島在南太平洋面積三百八十五英方里迂志云二千二百四十四方里人萬七千五百口入口貨值八萬二千七百二十八磅出口貨值七萬九千六百二十四磅科潑拉椰子實一作可布一拉居百分之八十四與英國貿易居百分之七十一徐志大洋海羣島云友羣島言與耶穌教爲友也土人形貌端正有心計耶穌敎之徒時遊其地誘化之先謙案卽雷志之湯格一名親友羣島者也列國學會二圖云頓瓦卽佛林得里亦卽友羣島標云自主迂志云通牙島乃獨立國酋長統治之世界圖通牙羣島一名友愛島許考云東南有小島百區總名東佳一作羣友島依圖作董噶標名友愛島謝志云一名吞加羣島居赤道南二十度面積三千七百方里人二萬口輸入以關稅爲大宗土民多製網爲業出口貨爲果品魚類風俗純厚善遇外人故稱友島首府曰奴克阿洛法講義云英人呼此島曰科克土人稱曰丹加慕志云當加又名友島矢志云主島曰登格與湯格合知湯格爲友羣之領島吞加

東佳當加丹加通牙董噶頓瓦皆語音之變轉友島友羣島友愛島親友島本即一地羣友島乃誤倒也平方圖作董噶塔布標名友島問荅作盾嘎達布據二圖羣島內別有東加大布島非即東加島也平方問荅葢誤樋志作弗連德利云即友島弗連德利即友誼之意矢志作弗倫德列云或作遜嘎弗倫德列者譯言親厚也首府日奴怪洛發吳志作弗磷德利周志作福倫特來圖球圖作夫蘭得力講義又云佛林得里諸島散布於菲濟之東合南緯二度附近諸島皆是千六百四十三年他斯蠻始發見之雖各有酋長究爲丹加王國其王住最大島居民屬玻里尼西亞族羣島歸英保護問荅云係君民共主其南有和爾尼羣島北有海倍羣島王達云北係南之譎南係西北之譎先謙案和爾尼相距太遠問荅疏謬此玻里內西亞之二

英領尼那富

尼那富雷志云英領在沙摩亞之西南面積六英方里人千二百口王達云雷志尼那富即學會圖之牛亞佛島一日和批方位在三毛亞之西南先謙案王說是列國圖同此玻里內西亞之三

英領尼華羣島

尼華羣島雷志云英領在沙摩亞及湯格之間面積八英方里人千口王先慎云列國學會二圖三毛亞之南弗林得里之北有尼危島三毛亞即沙摩亞弗林得里即湯格與雷志方位證合

是尼華卽尼危也此玻里內西亞之四

英領塞佛支羣島

塞佛支羣島雷志云英領在湯格之東北面積三十六萬英方里人五千六百口先謙案雷志塞佛支矢志作薩佛治曹典球譯野志云尼危島一名塞佛支島住民四千〇七十九在丹加與三毛亞之間又英文圖亦云尼危亦作塞佛支蓋英人行政管理分爲二部雷志據此立說於圖蓋在一處或以當基斯貝維利基塞菲爾等島當之均未合當基斯等島從音譯玫英文圖皆各別爲羣不能與塞佛支爲一也此玻里內西亞之五

英領哈維羣島

哈維羣島雷志云英領在西太平洋內拉拉湯瓜爲火山所成餘皆珊瑚島面積百四十二英方里人八千四百口王達云雷志哈維羣島卽學會圖之科克羣島拉拉湯瓜卽學會圖之拉羅敦加大地誌云在三毛亞之東南發見者爲科克氏故名面積人口與雷志同英有監督官駐拉羅敦加先謙案列國圖同謝志有古格羣島云一名黑維在弗連德利羣島之東居赤道南二十度九珊瑚島及數火山島合成居民萬口最大島曰拉羅當另居民三千案黑維卽哈維拉羅當另亦卽拉拉湯瓜也矢志云又有赫佛羣島其最大有曰

拉洛通嘎赫佛卽哈維拉洛通嘎卽拉拉湯瓜也此玻里內西亞之六

英領沙羅門羣島

沙羅門羣島雷志云英領面積萬六千九百四十七英方里人十七萬六千口先謙案雷志沙羅門列國學會二圖慕志作撒羅蒙列國圖標德領世界圖作叟羅蒙亦標德領而雷志作英領者據辻志云叟羅蒙之東南部英領西北部德領十萬六千二百方里人十六萬九千口矢志作沙爾曼云英德訂約以來東部屬英西部屬德吳志作索路門云西部獨領東部英領謝志作所羅門云在巴布阿東千五百里大島九爲火山所構成土人性兇殘殺人以食西北三島屬德南六島屬英大地誌云千五百六十八年西班牙人米塔那氏發見以昔時曾得撒羅蒙王之金故命以是名英領面積八千七百英方里以新吉俄爾甲島瓜亞爾喀那島二圖作達亞馬來大島克力斯他瓦爾島爲主人口末詳然不止十萬德領面積九千英方里人口八萬九千以新保加痕維爾島可亦休爾島伊撒貝爾島爲主雷與列國世界二圖互異以此樋志作索羅蒙云不附他邦而獨立誤也漢文圖作埽羅們世界地理作蘇羅門異名記作棱羅門一作素羅蒙周志作砂落蒙講義云合二大島及諸小島所成在三塔克魯斯與畢士麻克諸島之間亘六百里保加痕維爾島有山高萬尺羣島森林密深地味肥沃産不勒多非爾得巴拉拉薯藷居民爲墨蘭尼西亞族內地有黑人種名不修明以販奴爲業氣候多雨千六百五十七年

美坦來始發見此地案美坦來卽米塔那也保加痕維爾學會圖作新保加痕維耳圓球圖作新昭濟唵此美拉尼西亞之一

英領三太克拉士羣島

三太克拉士羣島雷志云英領三嶺重疊林木茂密丁那古拉島有火山未熄面積連土科庇亞三百八十七英方里人五千六百五十口先謙案雷志三太克拉士列國學會二圖作三塔克魯斯講義同云在新希布力兒斯之北位南緯十度處當撒羅蒙島之東千五百九十五年美坦來始發見此地踰二世紀加得勒得再採其地名曰昆加得勒得全島乃火山巖及珊瑚礁所成宜農漁業居民爲玻里奈西亞墨蘭尼西亞混合之種王達云丁那古拉卽學會圖之第一那庫拉在三塔克魯斯之北土科庇亞卽學會圖之土可丕亞大地誌云此羣島中之瓦尼可羅島爲法國採檢者拉普諾茲氏終焉之地是以有名謝志作散丹克魯士云在所羅門羣島東南牛亥伯利第之北三百里地小而土肥今屬英矢志作山太格魯士此美拉尼西亞之二據列國學會二圖

英領其爾般羣島

其爾般羣島雷志云英領珊瑚島六十一產面積百六十六英方里人三萬五千二百口產科潑拉先謙案雷志其爾般列國學會二圖作吉爾貝特亦曰斯加爾

巴老羣島標英字在三塔克魯斯北世界圖作吉爾帕特謝志作基爾伯德云一名京斯密耳正當赤道界東經百七十二度至百七十七度之間凡十六島共千五百方里人三萬七千口千七百八十八年始發見於世千八百九十二年屬英辻志作吉爾伯特云九百九十六方里人三萬五千口矢志云吉爾孛脫羣島中有十六島嶼係德國屬地吉爾孛脫亦即吉爾伯特也德屬無此名葢英屬之誤此密克羅內西亞之一（據矢志依列國學會二圖屬波里內西亞）

英領安里斯羣島

安里斯羣島雷志云英領珊瑚島九座面積十四英方里人二千五百口產科潑拉（王達云雷志安里斯似即學會圖之埃里西先諸島吉爾貝特謙案王說是也講義云埃里西諸島吉爾貝特諸島峴在三毛亞之西北由南緯五度至十一度皆是亘三百六十里埃里西諸島居民爲玻里尼西亞族戴酋長而歸英國保護地不豐沃此玻里尼西亞之七（據講義）

英領非尼克斯羣島

非尼克斯羣島雷志云英領珊瑚礁十處人六十口居恩特勃雷地多鳥糞（先謙案雷志非尼克斯列國學會二圖作費匿克斯標英字有英斗爾不力·費匿克斯·比爾乃伊·委爾怯斯等）

名在猶尼恩羣島北此玻里尼西亞之八

英領猶尼恩羣島

猶尼恩羣島雷志云英領面積七英方里人千五十口多鳥糞先謙案雷志猶尼恩列國學會二圖作由尼恩標英字在三毛亞北吳志作由利文此玻利尼西亞之九

英領曼尼希基羣島

曼尼希基羣島雷志云英領包有哈弗雷島本林島及其餘三島面積十二英方里人千口王達云雷志曼尼希基似卽依圖之馬那比紀在會島之北學會圖作馬尼希基哈弗雷疑卽學會圖之橫非里大地誌面積人口與雷同云在由尼恩之東先謙案本林卽學會圖之夫林特列國圖同此玻里尼西亞之十

英領買諾羣島

買諾羣島雷志云英領面積三百英方里人五百口包克拉司脫麥斯島面積二百三十四英方里人約百口馬登面積三十五英

方里人百七十口翻盌面積十五英方里人百五十口先謙案依圖費匿克斯之東北有英屬杷賣剌島賣剌郎雷志之買諾也列國學會二圖平方圖作巴爾彌納杷賣剌之東南有翻盌島二圖作芬盌平方圖盌誤蘭翻盌之東南有克力斯特抹斯島郎雷之克拉司脫麥斯平方圖作克力斯特莫斯二圖作克力斯特克力斯特抹斯之東南有馬耳敦島二圖作馬耳墩郎雷之馬登此玻里內西亞之十一

英領牛希伯利羣島

牛希伯利羣島雷志云英領島多山有火山三座歸英法二國保護二國皆不得占據面積五千一百七英方里人五萬八千口先謙案雷志牛希伯利列國學會二圖作新希不力兒斯在斐濟羣島西世界圖作希伯利的問荅作伯勒慕志作新希伯利的世界地理作新哈布利斯矢志作紐海孛立的斯樋志作新希勃力第士講義作新希布力克兒斯云並班克斯諸島自西北散布於東南由南緯十三度至二十度半皆是此羣島爲珊瑚礁及火山巖所成產不來得非爾得椰子甘蔗等業漁及采珠貝者頗盛居民墨蘭尼西亞族波利尼西亞族各居其半新希布力兒斯千六百六年已爲古羅斯所發見千七百七十四年古克再探其地今屬法吳志作紐赫布鐵周志作紐海勃來特謝志作牛亥伯利第云在所羅門羣島之東當南緯十二度至二十一度凡火山島三十內

二十島有土番兇殘食人近歸英法二國同轄王達云大地誌言分南北二部南部人民較馴良北部人民野蠻西人强土人往昆士蘭開墾又輸入傳染病土人遂次第減少案雷云火山三座輿謝志三十座多少懸殊案曹典球譯野志云有火山三一曰阿母普利一曰羅比雅索一曰巴內阿拉巴則雷志是也在撒羅蒙東南講義止言屬法誤此美拉尼西亞之三據列國學會圖

德領牛幾內亞

牛幾內亞雷志云德領一名君主維廉地面積七萬百四十英方里人十一萬口產科潑拉地可種植先謙案已見牛幾內亞島條內詳此重出

德領畢士馬克羣島

畢士馬克羣島雷志云德領面積萬八千百九十英方里人十八萬八千口先謙案雷志畢士馬克列國學會二圖作畢思馬克在牛幾內亞西南世界圖过志作俾斯麥克依圖作畢士麥克吳志作畢士麻克謝志作畢司麥克云指牛伯利盾牛哀爾蘭阿特米拉德及附近諸小島之總稱為火山搆成居民十八萬矢志作俾思麥克云係新貌列顛新愛蘭亞德邁拉爾的及附近各小島之總稱亞德邁拉爾的即阿特米拉德也講義云合新布里代痕新爾蘭及各小島所成附屬德領牛幾內亞案新布里代痕二圖同即牛伯利盾也圖球圖作紐白力登平方圖作新旁美

尼萬國地誌作新勃列顛过志云十二萬方里此美利尼西亞之四

德領馬什爾羣島

馬什爾羣島雷志云德領珊瑚羣島面積連樂島百六十英方里人萬六千口先謙案雷志馬什爾列國學會二圖平方圖講義世界地理作麻紹耳萬國圖作麻熱耳外國地理作馬路沙路世界圖过志作馬細爾周志作馬西耳吳志作馬夏爾慕志作瑪沙勒云在嘎羅林東凡四十六珊瑚島當北緯四度至十五度之間輸出高卑拉壽蛇最多島曰約澄德派官駐其地謝云跨北緯九度東方十五島曰耶普約潑耶普一也講義島高海面不過數尺土地不宜植物氣候暑溼正月盛暑七月甚寒居民屬墨克羅尼西亞族过志云九百方里人萬口此密克羅內西亞之二據矢志列國學會圖

德領沙摩亞羣島

沙摩亞羣島雷志云德領一名航人羣島亦火山所成最高者六千英尺屬德國之三維及烏玻路面積九百九十英方里人三萬口入口貨值六萬三千三百八十磅出口貨值六萬三千三百八

十磅多與英葡德貿易先謙案雷志沙摩亞列國學會二圖作三毛亞郎納維加他斯北距由尼恩南距佛林得里西與洛圖馬相望東與會羣島相望世界圖辻志作撒茂亞平方圖作薩摩阿周志作薩嗎亞吳志作薩莫阿云屋頗爾島之阿比阿港通汽船往來矢志作山穆亞云十四火山島聚合而成首府曰亞比亞在烏朴羅島中講義云三毛亞散布於南緯十四度西經百七十二度交錯處要港曰亞皮亞首府爲烏玻路其政治王擁虛位實權在英德美領事之手謝志作撒摩阿云一名那位加託居赤道十二度以南面積萬七千方里人三十六萬口內歐人僅三百有大島東曰烏卜路西曰殺瓦依京城曰阿比阿在東島北岸樋志作蒙摩安云一名那維蓋多當澳美兩洲開航路之衝往來汽船皆休泊焉又云索羅安索羅蒙弗連德利皆土人所領不附他邦而獨立辻志作撒茂亞云大半屬德領其一部屬美領王達云大地誌言面積千七百又一英方里人三萬四千口今爲獨立之王國大部爲德領而美領其殘餘貿易之權爲德所握千百九十七年貿易額至十一萬磅千七百六十八年法國有探檢家布古氏始發見此島見當時土人長於操舟之術故有航人羣島之名據此王國尚存特伏於德美之下耳案辻志亦云萬二百六方里人二萬四千口謝志三十六萬誤也烏朴羅烏卜路屋頗爾郎雷之烏玻路二國作鄂普路殺瓦依二圖作薩歪伊郎雷之三維納維加他斯與那位加託那維蓋多並音轉字變此玻里內西亞之十二

德領喀羅林羣島

喀羅林羣島雷志云德領面積五百六十英方里包有巴勞或比**流羣島與其東之珊瑚羣島出產銅爲大宗**徐志大洋海羣島云有加羅林者屬島最多內有一族頗通藝術商船偶過其地亦停泊貿易先謙案郎雷志之喀羅林也列國學會二圖平方圖與徐同標德字在麻紹耳羣島之西畢斯馬克羣島之北辻志云三千三百六十方里周志作克魯倫世界地誌作堪拉因世界地理作加洛林世界地學作加若林外國地理作加盧拉燕樋志作嘉羅連謝志作嘎羅林云在拉德倫羣島南東西橫列六千里當赤道北三度至十一度東經百四十度至百六十度間爲珊瑚圈島時有風災湖內多魚蝦土肥林茂居民三萬六千最大島曰亞生升在赤道北七度一分許考云西班牙加羅第二時西人名之曰加羅利納四周多暗砂舟行最易閣淺極東之島曰瓦郎便泊舟田土肥沃風景淸佳居民三萬皆秀慧勤耕植精鳧水慕志作加羅黎那云共五十島矢志作加洛令奈云在馬立安那羣島南凡隔六百英方里此島有石壁古蹟頗著名不知何人種擲築講義云加羅林諸小島並帛琉島連亘東西散布於赤道與北緯十度之間合二十五小島而成植物繁茂居民屬墨克羅尼西亞族各有酋長千五百二十六年葡人始發見之千六百八十六年屬西班牙千八百九十九年與拉諦羅尼並賣與德案帛琉即雷之比流二圖與講義同謝志作比雷云在嘎羅林西南凡二十八小島在北緯二度至九度之間瓦郎二圖作瓦蘭此密克羅內西亞之三謝志作賣叩尼西亞云太平洋中赤道以北諸小島本包括於波利尼西亞內今分之曰

賁叩尼西亞譯卽小島部也或爲火山島或爲珊瑚島天氣物產與波利尼西亞相似

德領馬利阿那羣島

馬利阿那羣島雷志云德領除瓜摩島外面積二百四十英方里人千六百口北部諸島有火山六座徐志大洋海羣島云賊羣島言其非善類也各島多西班牙所據西人以天主教誘勸之土人不肯從遂至互相攻擊交鬬不已先謙案卽雷志之馬利阿那也列國學會二圖世界圖平方圖作馬利亞納標德字在美領瓜木島之北瓜木卽雷之瓜摩也現世界地理作麥利亞那圖球圖作辣得隆一名麻里恩外國地理作馬里亞拿稱爲味古盧尼西周志作馬利亞奈云一名賴度麥斯講義作馬利阿拉云自北緯十三度至二十一度沿東經百四十五度皆是北有十島係火山南有五島係珊瑚島氣候多雨時有颶風地震千五百二十一年麻善蘭始發見之名曰拉蒂羅尼千六百八十八年屬西班牙領有喀馬島諸島中最大者今屬美領餘屬德矢志作馬立安那云在日本小笠原羣島南凡隔五百英方里一名蘭德龍大小島嶼十五最大島曰環姆有亞伯拉港屬西班牙吳志作馬利阿拏云一名蘭脫倫由富士山蒂連結十五火山島最大曰固阿姆多慕志云共二十島大者一名瓜囊周二百七十里內有亞古那爲首城樋志云拉得隆羣島一名馬利亞那在北太平洋散於南北四百五十英里之間島數凡二十有居人者止五島耳地土肥沃樹木叢生島民初有十萬自歐人侵

入滅至萬餘謝志云拉德倫羣島譯即賊島一名馬利亞納南北縱列共二十島爲火山所成千五百二十一年船主馬遮倫探得以土人喜竊故名之共十萬方里地勢平坦水利交通最大島名古哇周二百七十里產橙橘芭蕉木棉靛靑蔗糖本屬西班牙與美交戰後古哇屬美餘皆售於德許考作馬利哥洛云呂宋東有島十七區名賊羣島明正德末麥折倫始探其地嘉靖四十四年班人取之其王斐理伯第四之后名瑪利亞納國人取以易一島名王達云瓜木即學會圖之關島云馬利亞羣島中關島最大一作加馬島舊屬西班牙光緒二十四年美西戰後此島與菲利賓羣島同歸於美而馬利亞納及加羅林巴拉烏各羣島德人乘利西班牙之敗誘而取之前年美設太平洋海底電綫實經此島已見報紙先謙案拉諦羅蘭德龍蘭脫倫揀得隆拉得隆拉德倫一也瓜囊亦即瓜摩喀馬即加馬馬遮倫麥折倫即麻善蘭过志云人九千口此密克羅內西亞之四

法領牛坎雷多尼亞

牛坎雷多尼亞雷志云法領多山之島最高者五千四百十三英尺島之周圍均有暗礁礦產金銅鎳煤甚富面積連勞塞耳替羣島七千六百五十四英方里人六萬三千口入口貨值三十三萬七千四百磅出口貨值二十五萬六千磅以鎳爲大宗多與法國

貿易先謙案雷志牛坎雷多尼亞列國學會二圖作新喀里多尼亞在澳大利亞昆士蘭之東世界圖作喀列寶尼亞其海總日珊瑚海吳志作紐格多尼阿世界地理作新卡特尼亞周志作紐克里獨尼亞平方圖作新喀里呢亞講義作新喀里多尼亞云在澳大利亞東九百里新西蘭西北九百六十里狀似長橢圓島中山岳甚多沿北海岸珊瑚礁林立連延百五十里都會曰羅美亞汽船定期與法國馬爾塞相往來每月一次海底電綫與澳大利亞相聯絡謝志作牛嘎利多尼亞云美拉尼西亞最南島在奧斯達利亞東二千四百里牛西蘭北三千里長七百里廣百餘里面積共七萬方里果品最盛輸出銛鎳咖啡最多與東南之羅耶而的島同屬法矢志作紐加來唐尼亞云東南延長有面積六十方英里人六萬五千口此地氣候不甚炎熱白銅鑛觸處皆是招各國人開之加非甚佳附近之活野爾底島屬法樋志作新克里多尼亞云千七百七十四年英人苦克氏始尋得之千八百五十三年遂爲法有其屬島太者曰羅雅爾第案活野爾底羅雅爾第羅耶而的卽雷之勞塞爾栫也二圖作羅雅耳特講義作羅維耳特云珊瑚礁所成人係墨蘭尼西亞族近來玻利尼西亞族有增加之勢大地誌云法國置罷人於此故未甚就緒过志云三萬六千方里銅鑛頗有名此美拉尼西亞之五

法領猶衣或華利羣島

猶衣或華利羣島雷志云法領爲火山所成外有暗礁面積三十

七英方里人三千五百口王達云大地誌言頼瓦之北有華里斯羣島千八百八十七年以來爲法國之保護地華利卽華里也在和爾尼羣島之東此玻里內西亞之十三

法領霍痕羣島

霍痕羣島雷志云法領爲二火山島人二千五百口先謙案諸圖志無

法領梭賽依替羣島

梭賽依替羣島雷志云法領在東太平洋爲火山所成外有暗礁面積六百三十七英方里人萬六千三百七十口入口貨值十二萬八千三百磅出口貨值十五萬九千三百三十磅以科潑拉貝母爲大宗徐志大洋海羣島云會羣島言其入耶穌之會也島之大者曰阿他害地附近羣島甚多以此島爲綱領其地山水秀淑風景宜人士人篤信耶穌教廣設學館先謙案卽雷志之梭賽依替也列國學會二圖作索晒伊的卽會羣島標法字世界圖依圖作社會羣島平方圖作會島講義云諸島散布於南緯十二度與十一度西經百五十度與百三十度之閒千八百四十二年後屬法全島悉火山質珊瑚礁繞之居民屬玻里尼西亞種首府曰拉比多慕志云公會羣島共十座大者曰他希的周四百

六十里樋志云蘇賽第羣島郎會羣島亦英人若克氏所發見大者曰他希底民因宣敎師之力傾向耶穌教者甚多謝志云梭賽伊第在古革羣島東北居赤道南十五至十七度凡十島面積四千五百方里最大曰大希地在極東周三百餘里天氣和平土肥物豐會城曰巴比特法總督駐之問荅云大島曰達希第有阿羅里那高山都城曰帕耳特矢志作沙殺惕云四百六十二英方里最大島曰太喜帝稱曰南洋之樂園首府曰拍譬帝吳志作瑣色其云主島達希其大地誌云索晒伊的號爲太平洋公園以倫敦皇立學會索晒伊的之名名之案沙殺惕瑣色其色一作瑣並蘇賽第之音變字他希的他希底達希第太喜帝達希其一也二圖作大赫的誤讀入巴比特拉比多帕耳特拍譬帝亦一譯繙地此玻里內西亞之十四

法領巴馬多羣島

巴馬多羣島雷志云法領珊瑚羣島面積連匹坎與東羣島三百五十六英方里人五千二百五十口東羣島及沙拉雅哥曼面積四十七英方里人百五十口屬智利王達云巴馬多郎學會圖之低羣島其分圖又作保摩突郎巴馬多一音之轉大地誌云島均低平故名低島面積四百方英里人五千餘口爲法領地低羣島內有比特根島面積三英方里人口百餘爲英領地比特根之東有伊斯他島據大地誌屬智利距本國二千五百海里比特根及本島有先史人類之遺跡本

島石製偶像尤有名高者十五英尺至三十七英尺其數有二百餘先謙案王說是也列國圖亦作羅亞基布拉哥卽低島或保摩突或圖亞摩突比特根卽雷之匹坎曹典球云面積三方里歸英領謝志云梭賽低第東有低島亦名陸島當南緯十六度西經百四十三度講義云在索晒伊的諸島之東跨南緯十四度與二十四度之閒有珊瑚島八十餘居民屬玻里尼西亞族此玻里尼西亞之十五

法領奧斯脫蘭耳羣島

奧斯脫蘭耳羣島雷志云法領多山之島拉巴高二千百二十七英尺面積百十一英方里人千八百八十口先謙案列國學會二圖低羣島之西科克羣島之東土布亞世界國作吐布要云法領尼爾生等總爲澳大耳羣島標法字卽雷志奧斯脫蘭耳也吳志作澳大利謝志作奧斯達勒云在梭賽伊第羣島南一名土布衣奧斯達勒卽奧斯脫蘭耳土布衣亦土布亞之音變字大地誌云諸島中最大者爲土布亞講義云科克及土布亞諸島在南緯十八度與二十八度之閒科克諸島位於西北土布亞諸島位於東南土地俱豐饒科克諸島千八百八十八年後屬英保護土布亞諸島今屬法此玻里尼西亞之十六

法領馬基塞羣島

馬基塞羣島雷志云法領十二島皆火山所成面積四百九十二英方里人四千四百五十口徐志大洋海羣島云道光二十二年法國新開馬耳其殺羣島風土未詳

先謙案馬耳其殺即雷志之馬基塞也吳志作馬爾克沙慕志作馬其薩云共有十三島山高土潤爲法所開地世界圖多島海中有法領馬爾克以撒斯羣島即此依圖云加羅林東方有馬爾啟土諸島屬法矢志作馬開薩斯謝志作馬革撒斯云在低島之北凡十二火山島面積四千六百方里華人多往彼開墾種棉列國學會二二圖作馬貴斯課程作馬規薩士皆譯音之增減轉變大地詩云會城在奴喀希法島上多堡礁講義云馬貴斯千八百四十二年屬法以此爲諸羣島之一其二森多拉爾克羅普在索晒伊的與布哇島之間歸英保護三匪難得士在南緯三十四度與西經七十九度交錯處歸智利領四加拉巴哥斯諸島在赤道上當西經九十度曹典球云屬南美厄瓜多爾國五比特根在保摩突諸島東六伊斯他諸島中最大島也屬智利五六兩條與巴馬多條參看此玻里內西亞之十七

法領克里般敦島

克里般敦島雷志云法領在東太平洋面積二英方里無居民先謙案諸圖志無

美領夏威夷

夏威夷雷志云美領卽檀香山一名三威治羣島在北太平洋多山馬奴亞基爲已熄之火山高萬三千九百五十英尺基勞依爲未熄之火山高三千九百七十英尺面積六千五百六十七英方里人十萬九千二十口十年增百分之三十入口貨値百四十八萬九千磅出口貨值二百七十三萬一千磅糖居百分之九十六千八百九十八年始入美國版圖　呵拿盧盧會城熱度中數七十五度八月七十九度正月七十一度雨水三十一英寸人二萬九千九百二十口　徐志大洋海羣島云有阿歪希者亦大島屬島繁其王頗諳武備常有師船巡海先謙案卽雷志之夏威夷也阿歪希夏威夷一音之變轉列國學會二圖作散得維齒羣島卽檀香山自東南而西北橫列海中其東南端曰海威爾一名阿歪希其西北曰馬于馬于之西曰喀呼拉于曰拉奈又西北曰摩洛開又西北曰阿湖又西北曰開奥伊其西曰女好又西北曰比爾得或摩都馬奴共八島謝志阿歪希作哈歪伊馬于作馬尾拉奈作

刺內阿湖作奧烏摩洛開作木羅楷開奧伊作快哀共六島矢志喀呼拉于作加虎洛拉奈作拉那阿湖作奧虎摩洛開作摩羅加馬于作馬烏伊又曰布哇曰加烏愛曰泥蟹共八島樋志阿湖作俄和过志作阿亞夫許考作瓦呼世界圖作瓦哈案諸圖志阿歪希爲最大島諸志又云布哇最大郎檀香山而圖無布哇之名然則布哇郎阿歪希之異名矣謝志云三德桅支大小十二島當北緯十八度至二十三度西經百五十五度至百六十一度許考云三德桅枝十一島乾隆四十三年英人高克探獲其地英提督名三德桅枝遂以名之二圖散得維齒音之變轉郎雷之三威治过志作三底伊克樋志作散得維支周志作生渭西吳志作桑多維其謝云哈歪伊有著名火山日基老伊其口周九里皆爲石汁終年沸流基老伊郎雷之其勞依樋志云布哇有著名火山毛那羅阿峯出海面萬三千七百五十六尺二圖作冒納羅亞山在阿歪希島郎雷之馬奴亞也謝云首府賀挪魯魯在奧烏島上爲美至澳航路中心太平洋內第一大埠郎雷之呵拿盧盧二圖作和諾魯魯世界圖过志作候奴魯魯樋志作火奴魯魯周志作霍諾露慕志作合諸魯路矢志作漢挪路路云艮港也面南凹入陸地凡二英里可泊百艘終歲無風波之險港口燈臺可照九英里許全國在熱帶以內然不似他熱帶國之炎熱物產甘蔗最盛他國歲穫一亥此地成熟每月不等故其幹甚大糖廠約數百處輸入各國其先島中有大蕨樹灌木苔蘇之類幾無隙地動物惟黑鼠鼹鼠長鼻黑豕千七百九十三年南美輸入家畜大爲繁殖贏馬牛羊用之有餘輸往舊金山固有之果實芭蕉野蓬藁蘋果後由他處輸入多種木之可貴者有羔樹或曰洛樹可製器及樂器檀香

木甚多故中國人稱檀香山今此樹甚少他木以濫伐故亦日漸減少問荅云凡行太平洋者必經此島增備物件过志云鐵路長三百四十六里電綫六百十五里曹典球云布哇土人於西紀五百餘年自三毛亞之薩歪伊島移來西紀十一二世紀時玻里尼西亞種殖民於此加美哈馬（作美哈喀美）者布哇土人也千七百九十五年定阿湖島爲君主國千八百十數年又得土開奧伊及女好二島屬之首府在阿湖島之和諾魯魯加美哈馬一世死子加美哈馬二世嗣死千八百二十四年弟魯魯加美哈馬三世與英法諸國外交每生齟齬千八百四十二年美國首先承認其時王國獨立英法隨之千八百三十九年布立憲政體三世死加美哈馬四世嗣死加美哈馬五世嗣死後統絕立王魯拉利諾立死無嗣王加拉加立千八百七十五年始與美國定約通商加拉加死妹柳柳俄加拉尼立與大臣不合國亂千八百九十三年美遣兵登陸以保護美人生命財產爲言布哇卒與美定約以主權讓美千八百九十八年全爲美國所兼併此玻里尼西亞之十八（據列國學會圖依謝志入頁耶尼西亞）

美領瓜摩島

瓜摩島雷志云美領馬利阿那羣島內之大島面積二百英方里人八千六百口（先謙案雷志瓜摩島世界圖作美領瓜木島在德領馬利阿那羣島南列國學會二圖作關島此寄克那內西亞之五）

美領士退拉　馬奴亞

士退拉　馬奴亞雷志云美領在沙摩亞羣島內面積七十七英方里人五千口先謙案雷志士退拉列國學會二圖作圖推拉一名吧果吧果及馬奴亞俱在三毛亞羣島內此坡里尼西亞之十九

賜進士出身　特賞內閣學士銜前國子監祭酒翰林院編修加三級　臣　王先謙謹撰

澳斯太利亞 亦在大洋洲內澳洲以此立名徐志作澳大利亞亦日南亞細亞周志作奧西尼亞許考作澳削尼亞括地略作奧旋尼加全圖作俄西亞尼嘎泰西新史作澳斯鐵里亞問答作奧斯達拉西亞世界圖作濠斯太剌利西亞世界地理作澳斯脫拉西亞列國學會二圖作澳斯大剌拉西亞

澳斯太利亞 徐志東南洋各島云澳大利亞一名新荷蘭在亞細亞東南洋巴布亞島之南週迴約萬餘里由此島泛大洋海東行郎抵南北亞墨利加之西界其地亘古窮荒未通別土前明時西班牙王遣使臣墨瓦蘭由亞墨利加之南西駛再尋新地舟行數月忽見大地以爲別一乾坤地荒穢無人迹入夜燐火亂飛命名曰火地又以使臣之名名之曰墨瓦蠟尼加西班牙人以此侈航海之能亦未嘗經營其地也後荷蘭人東來建置南洋諸島展轉略地遂抵此土於海濱建設埔頭名之曰澳大利亞又稱新荷蘭旋爲佛郎西所奪佛人尋棄去最後英吉利得之魏志云千七百六十八年英人苦克氏測量海岸以爲英國屬地而公告焉因其土地之廣堅意墾闢先流徙罪人於此爲屯田計本國無業貧民願往謀食者亦載以來他國之民願受一廛者聽之地在赤道之南天氣炎燥海濱多平土山嶺高者不過三十丈江河絕少雜樹荒草灌莽無垠鳥獸形狀詭譎與別土異土番黑面

披髮裸體食草根山果結巢於樹下予之酒一飲卽醉臥泥中如豕負塗男役女若畜怒輒殺之英人流寓者墾海濱溼土種麥與粟草肥茂牧羊孳乳甚速毛毳細輭可織呢絨現居民不足十萬每年運出之羊毛値銀二百餘萬兩百物未備日用之需皆從別土運往英人於東境海口建會城曰悉尼居民二萬捕鯨之船時時收泊貿易頗盛而流徙之戶本莠民飲博蕩侈相習成風流寓良民亦頗染其俗南境濱大南海英人新徙人戶已成聚落西境亦𠡠置一廛在江河之濱北境近赤道天氣酷熱產海參海菜燕窩英人派陸兵駐守以防侵奪計澳大利亞一土英人四境所耕牧僅海濱片土不過百之一二其腹地則奥草叢林深昧不測土番如獸老死無往來不特風土無從探訪卽山川形勢亦無由乘軺歷覽英人謂此土雖荒曠而百餘年後當成大國南海諸番島當聽役屬如附庸也近命名曰南亞細亞又云按澳大利亞卽泰西人職方外紀所云天下第五大洲陳倫炯海國聞見錄繪四海總圖東南隅有片土署曰人迹不到處卽此土也地之廣莫爲東南洋諸島之冠野番獸處亘古昏蒙西班牙旣探得亞墨利加兩土侈心不已展轉西尋忽見此土以爲搜奇天外而不知地球圜轉已至亞細亞之東南洋也荷佛爲鷸蚌之爭旋以窮荒棄之英吉利惜其廣土極意經營欲收效於數十百年之後亦可謂好勤遠略哉

雷志云爲世界最小之大陸最大之島慕志云緯綫自赤道南十度至三十九度經綫自順天偏西三度至三十八度过志云在阿洲西部西北隔謝列倍斯海馬喀撒兒海峽及巴理倫薄克間海峽接亞洲之馬來羣

島南臨大海東濱太平洋西面印度洋分爲澳洲大陸新吉尼
亞他斯滿尼亞新吉蘭四部其沿海澳洲大陸平直少彎曲北
有客噴他利亞海灣南有澳洲大灣新吉尼亞
他斯滿尼亞新吉蘭三島出入甚多灣港不少英國屬地分七
區各任政府管轄現議併七區爲一面積二百九十三萬四千
五百十五英方里東西二千五百六十英里南北千九百七十
英里慕志云長九千里闊七千里四周二萬六千里總計千一百萬方里海岸綫長九千六百二
十英里通計每三百五方里有海岸綫一里面積連達斯馬尼
島與新西蘭計之共三百七萬六千八十英方里沿岸大半荒
磧無居民天然之港及海口多在東部東南部及西北部其東
岸之北部有珊瑚礁沿之約長千四百英里地之高者有格雷
蒂佛丁山在東岸澳斯太利亞阿耳魄士山矢志作阿爾布又作挨爾潑謝志作
哀勒伯樋志作阿爾比斯高七千三百三十六英尺謝志云哀勒伯山長五千一百餘里各地名稱
不一日澳洲比勒尼斯山革蘭賓山藍山利斐波勒山金銀花
山實一山脈也平均高度千五百尺有二三高峯自五千尺至

七千尺不等最高曰可斯休斯可峯四時積雪樋志云東畔連
山南起巴士海峽在維多利亞境內者名澳大利亞阿爾比斯
山在新南威爾士者名藍山北至約克岬而止其最高峯在維
多利亞高七千五百尺西偏連山自千尺至二千尺偶有高峯
至五千尺其維多利亞至南澳大利亞
近海岸處有山脈一帶中多熄滅火山其內地有高原或荒磧
或可爲牧場其大平原爲滿雷河及歐爾湖之流域大約尙低
於海平面河之大者曰滿雷河謝志作末雷周志作買來矢志作謨列慕志作墨來樋志作麻
里講義作木爾來領地二十七萬五千英方里爲洲內重要之河而航
駛之期每歲不過一時謝志云末雷河出哀勒伯山西北流爲斐多利亞及牛偉勒斯之界綫又與達
令河會折而南入海合支河灌域約五百萬方里大船可上溯
五千里遇旱輒淤淺達令河亦出哀勒伯山西南流會末雷河
此外西方天鵝河北方斐多利亞河皆通舟楫有轉輸之利樋
志云麻里河至阿德來得附近入海其內地河流多匯瀦於湖
沼而不注海大地誌云新南威爾士之波克伯里長五百三十
英里時或由平地高至九十三英尺又有多數之河平常無水
雨季則生濁流因之河岸堆積豐
饒之泥土與非洲尼羅河相似北部熱帶氣候南部溫帶氣
候每年雨水中數在東南部北部及西南部之一小邑過二十

五英寸其在內地大半少於十英寸迋志云北部炎熱如焚南部溫和多雨中部寒暑甚異降雨殆稀新吉尼亞炎暑重瘴他斯滿尼亞新吉蘭則溫和而多雨動物無翻嚼之獸其肉食之獸惟丁哥澳洲所產犬袋鼠鸚哥鴯鶓鴕鳥之類矢志云有王八德係有袋之獸形略如狸有達克比爾形略如鴨其鳥皆食花美而不能鳴囀最奇曰火喰雞謝志云獸食肉者有猔狪丁案哥譜狀如狐如狼又如犬每傷羊羣有袋之獸獨多剛葛鹿最大幽頌飛頌夊之更有箭猪食蟻獸鴨觜獺首如鴨而四足卵生又似鳥禽有五色鸚鵡安樂園黑天鵝鷹鵂鸜食火雞幾奴等蛇小而無毒蜈蚣蝎甚繁蜘蛛大而能噬人植物亦多異產如草樹膠樹鐵皮樹荆球花等樋志有椰子竹巴那那丁案名香蕉呉志有加里樹或稱澳洲橡皮高二百五十尺圍二十尺以上有金合歡有炤樹遠望渥丹如林中大火樋志云樹木之狀不同他洲葉硬如角豎綴枝上最茂林者鳳尾草及膠樹高二十五丈周二丈餘樹林盛於多雨水之處樋志云林木不密木葉不上仰而斜俯內地多草場及不毛之地間有樹林千八百九十八年人四百四十三萬二千口此數與以下諸數合新西蘭併計樋志云土人身矮性頑爲極劣人種自白人移殖此土一切權力悉歸掌握土人拙陋爲所服役貧生之具不完歲歲消滅今存六萬餘人不久將漸絕矣白種惟英人獨操權

勢數三百餘萬採礦耕種畜牧爲要業礦產金銅錫耕種地萬五千七百英方里矢志云略產小麥玉蜀黍葡萄棉花甘蔗等麥尤多輸至英國有馬百九十六萬五千九百二十六牛千二百十四萬三千二十綿羊一億四千九百五十一萬二千豬百萬八千除英國諸屬地商務外每歲入口貨值三千五百八十一萬六千磅由英國輸入者居百分之七十四出口貨值四千四百十一萬二千磅消於英國者居百分之七十七消於美國者居百分之八鐵路萬四千五百五十七英里樋志云全洲合他斯馬尼亞計分畫六州州守爲英君所敕選以民選議會輔之然英民喜政治自由以遠聽於本國形勢隔膜于九百一年遂爲聯邦自治之政府一切政事不受本國干涉矢志云此地距歐洲遠故其民勤苦從事製造不欲仰給他處其大廠在墨爾本倫悉德尼亞特來特諸處製有農具機器蠟燭肥皂絨呢糖等又有罐肉輸入歐洲惟玻璃貨布疋金類尚須取給英國參謝志

英領新南韋而司

新韋南而司雷志云英國在澳斯大利亞最早之屬地欑志云曩為英國放流罪人之處講義云初占其東半部設知事其統轄權遠及太平洋諸島今境自南緯二十八度至三十七度半東經百四十一度至百五十三度皆屬焉又云其沿岸在十六世紀中已為西班牙所發見至新西蘭對照之海岸則至千七百七十年古克航海始知之因名東岸一帶曰新南威爾士千七百八十八年一月知事菲律普率第一艦隊達波他尼灣開殖民地發達至於今日矢志云恰潑吞古格至此遊歷見山川形勢與英之威爾斯無異故名曰新南威爾斯又云當十六世紀為葡萄牙人所發見然不著名千六百六年始至加本太立亞灣東岸其後至千六百四十二年荷蘭人常至各海岸探索英人乃首得此地云案古格即古克一作庫克一作若克一作苦庫一作哥孜克命一總督治之上議院議員至少二十一人由英國所派下議院議員百二十五人由民間公舉地全在溫帶之中蒂佛丁山經其全地遂為沿海地與內地高原及平原之分沿海樹林茂盛並可耕種內地有滿雷河灌溉之草場甚佳矢志云東部碧山蜿蜒甚長支脈黎佛浦山走其東西墨來河及支流流其內地牧場為世界第一講義云藍山西側高地煤礦觸處皆是謝志云藍山在其東自北面南距海岸百餘里支脈黎斐波勒山橫亘東西內地有末勒河暨支流灌注案藍山郎碧山蒂佛丁是其別名黎佛

浦郎黎斐波勒蒞列國學會二圖之抹利河也滿雷墨來未勒一也諸水流出碧山滙爲一河經全地下入維克多利亞而南入海

面積三十萬八千五百六十英方里人百十三萬二千二百三十四口千年增百分之四十九謝志云面積三百十萬方里人口百三十六萬二千華人八萬耕種地二千八百四十六英方里牧場萬四千三百五十一英方里樹林八千五百七十六英方里產小麥珍珠米雀麥糖葡萄橙辻志云有煙草甘蔗棉花礦產金自千八百五十一年至千八百九十七年出四千四百四十八萬八千三百七十一磅銀與銀鉛千八百九十七年值二千五百七十八萬九千八百十三磅銅錫煤歲出四百三十八萬三千噸辻志云澳洲大陸東南岸有分界山脈或曰山脈碧最高峰七千三百三十六尺西岸脈綿亘不甚高峻內地則沙漠草野相交錯金產東部山中爲世界四大產金地之一北美合衆國特蘭斯哇兒澳大利亞俄羅斯爲四產金地綿羊四千三百九十五萬二千八百九十七牛二百八萬五千九十六馬四十九萬八千三十四豬二十萬七千七百三十八入口貨值千九百四十三

萬三千磅出口貨值二千二百八十九萬二千磅多與英美及澳大利亞他處貿易入款九百四十八萬二千百三十五磅謝志云歲入一萬萬圓貿易總額約四萬五千萬圓出口貨大宗羊毛皮革肉脂煤國債六千一百七萬四千四百九十八磅鐵路二千七百七十五英里謝志云鐵路八千里電綫八萬里　商船九百七十一兵額九千五百十六人水雷船五　雪尼熱度中數六十三度正月七十一度七月五十二度雨水四十九英寸有大學堂官立私立學校共三千七百三十八人十萬五千八百九十口其四郊人四十一萬七千二百五十口辻志云首府在大陸東南端總督署在焉其地面海負山街衢清麗貿易甚旺繁華亞於眉爾薄倫　又登尼連坤在內地熱度中數六十二度正月七十六度七月四十六度雨水十四英寸案十上有脫丈　斷山有銀礦人二萬七百九十口　牛坎司耳有煤礦人萬五千百五十口　古耳勃人萬七百口　巴拉馬打人萬三千五百口　美蘭

人萬五百口　巴司人萬口以上要區　諾覆爾克島爲邦替叛人後裔居所面積十英方里人七百五十口　勞可面積六英方里人五十五口俱在達士曼海　匹坎面積二英方里人百二十六口　都西面積一英方里俱在太平洋以上屬地

先謙案雷志新南韋而司列國學會二圖作新南威爾士在澳洲東北界昆士蘭南界維克多利亞西界南澳大利亞東距太平洋世界圖矢志辻志作新南威爾斯謝志作牛偉勒斯許考作新加勒其東境會城二圖作悉尼與徐合郎雷志之雪尼也世界圖慕志辻志作悉德尼矢志作西多尼謝志世界地理作西德尼周志作裒特尼樋志作雪梨謝云華人謂之雪梨金山講義云臨嗄克孫灣大地誌云臨波的借克孫灣水深便停泊爲澳洲艦隊之根據地礮臺堅固占澳洲炭田之中心商業甚盛歐亞汽船定期航行爲此洲最古都會因故殖民大臣子爵悉得尼之名名之其北有巴拉馬塔世界圖同郎雷之巴拉馬打又北有紐喀斯郎雷之牛坎司耳謝志作牛加司耳世界圖作紐喀斯耳大地誌作紐克斯云鐵路七十五英里臨哈他河口石炭羊毛出口最多此河上流地方出穀極盛悉尼之西南有吉爾伯尼吉爾伯郎雷之古耳勃悉尼之西北有緬多蘭郎雷之美蘭又世界圖悉德尼之西有米南吉或以爲郎美蘭非是

英領維多利亞

維多利亞雷志云英領命一總督治之立法之權在上下二議院矢志云千八百三十六年始建此州講義云千八百五十一年於新南威爾士分出八百五十五年設見今政體面積八萬八千四百五十一英方里謝志云面積約八十七萬方里講義云此本洲最南殖民地自南緯三十四度至三十九度東經百四十一度至百五十度皆是當新南威爾士三分之一蒂佛丁山隔斷南部平原及向滿雷河之廣大草場有波剛山高六千五百英尺南部平原有水利林木茂盛草場雨水稀少須人力灌溉氣候宜於生物人百十四萬四百五口矢志云在澳洲最小人口最密十年增百分之三十二有強偪入學之制除一大學與二十六工藝學校外有學校二千八百七千八百九十七年耕種地大半小麥五千九十四英方里草地百十六英方里果園葡萄園百十三英方里有馬四十六萬三千九百三牛百八十一萬七千二百九十一綿羊千三百九萬八千七

百二十五講義云爲世界最良之羊毛　豬三十二萬八千百六十二礦產金錫

銅錫謝志云產金最盛歲入約七千四百萬圓　製造廠二千八百五十五所用工人五

萬七百五十四入口貨值千五百萬四千磅出口貨值千五百四

十六萬九千磅多與英及澳大利亞他處貿易謝志云出口貨金羊毛麪粉乾酪貿

易總額三萬五千萬圓　國債四千七百五十五萬八千磅鐵路三千百三十

英里謝志云鐵路萬里電綫二萬里　防兵五千二百八十人常備兵五百三十七

人戰船十五內鐵甲一水雷船七　梅爾堡熱度中數五十七度

正月六十六度七月四十九度雨水二十六英寸人四十四萬四

千八百三十二口　巴拉蘭脫人四萬四千七百六十六口　本

的哥人四萬九百三十六口　其郎人二萬四千三百十五口

坎司耳美人六千八百九十二口　華難布爾人六千六百口

司泰韋耳人五千三百二十口以上要區先謙案雷志維多利亞列國學會二圖作維克

多利亞在澳洲東南隅北界新南威爾士西界南澳大利亞東南
濱海世界圖作威多利亞謝志作斐多利亞據二圖西南濱海有
城日巴特蘭謝志波得蘭云西方大埠也世界圖作波爾特蘭
又東有瓦南波爾郎雷之華難布爾又東有吉琅郎雷之其郎王
達云大地誌言鐵路四十五英里羊毛出口甚易人二萬四千口
吉琅之西北日斯大威爾郎雷之司泰韋耳吉琅之北日波拉剌
德郎雷之巴拉蘭脫矢志作薄拉勒德講義作玻剌拉得在墨爾
鉢恩西北七十五英里爲世界產金最富之地王達云大地誌言
鐵路百英里波拉剌德之北日山得赫斯特郎雷之本的哥講義
云本的哥舊名山得赫斯特亦產金地波拉剌得之東南日墨爾
鉢恩標日新金山王達云大地誌言因英國總理大臣子爵墨爾
鉢恩名之世界圖作眉爾薄倫辻志云總督駐此有大學堂藏書
樓大地誌云藏書五十萬卷講義云地臨芬里普灣港內水深八千嚬之汽船
可達市街中央埠頭人口四十六萬餘爲南半球中第一都會在
英國亦居第七矢志云千八百五十一年始發見大金礦許考云
東有碧山長四千餘里緯幾自三十度至三十八度千四百餘里
與東西八九百里間金礦最富咸豐元年開採至今與美國加利
福尼相若俗稱加利福尼爲舊金山碧山爲新金山講義云金產
額不如前一年約千五百萬弗眉爾薄郎雷之梅爾堡也慕志作
麥普尼矢志作墨爾盆云有斐律潑港頭謝志作美勒笨云建於
腓立比小灣上斐律潑腓立比郎芬里普也吳志作蔑爾賁世界
地理作密伯昂周志作密爾罷痕樋志作美利賓云世稱日南方
女王蓋謂南半球之都市無與此競盛者其東南端有
二角日厚角斑角南向海斗出一角日維爾孫地觜

英領坤司蘭

坤司蘭雷志云英領命一總督治之立法之權在上下二議院講義云千七百七十餘年古克發見後經五十年設罪囚收治所於布里斯伯千八百四十二年爲殖民地千八百五十九年於新南威爾士分出見行自治政體曹典球云千九百一年一月加盟入聯邦面積六十六萬八千二百五十七英方里講義云南北長千三百里東西寬九百里面積六十八萬八千方里包有斗入珊瑚海之狹地繞卡不推里亞灣之平原及內部之高地其山無過五千英尺者樋志云藍山脈遠來至此漸低矌而成高原高者最宜畜牧低者宜加非木棉其東海上有珊瑚海珊瑚礁頗多其地半爲天生樹林南部近熱帶氣候北部熱帶氣候少滿塞在他雷司海峽熱度中數七十九度極寒七十六度極暑八十二度雨水八十八英寸人三十九萬三千七百十八口有學校九百八十耕種地三十八萬六千二百六十英畝常種甘蔗珍珠米礦產金銅錫鉛煤千八百五十八年至千八百九十七年出金四千百七

十四萬九千六百六磅煤歳出三十五萬八千噸他雷司海峽可採珠入口貨值五百四十三萬千三百磅出口貨值九百十二萬八千磅多與英及澳大利亞他處貿易入款千八百九十七八兩年三百七十六萬八千百五十二磅國債三千三百四十九萬八千磅鐵路二千六百九萬里曹典球云千九百一年統計鐵路二千八百一英里電綫萬二千百四十六英里防兵二千八百人戰艦五　辟力士本熱度中數六十八度極寒五十六度極暑七十七度雨水五十二英寸人四萬八千七百三十八口講義云九萬五千口　勞克哈敦人萬三千三百八十口　馬利般羅人九千七百口　統司維耳人八千五百六十四口　吉不人八千四百四十九口　以潑司威治人七千六百二十五口以上要區先謙案雷志坤司蘭列國學會二圖作昆士蘭在澳洲東北隅西界北澳大利亞南界新南威爾斯東北瀕海北隔多勒斯海峽與巴布亞相對現勢圖作苦因士蘭世界圖作苦印斯蘭謝志作棍斯蘭樋志作坤士蘭矢志作昆斯蘭周志作坤司

倫許考作袞郎吳志作昆士蘭得據二圖東境有布里斯伯內會城王達云大地誌言因新南威爾總督布里斯伯內氏而命名人十萬五千口入水二十一英尺之船可達郎雷之辟力士本也世界圖迖志作布利斯賫圓球圖作隗力斯班外國地理作布離士兵講義作布里斯伯矢志作孛士斯盆吳志作弗林士賓世界地理作布勒士賓周志作勃利斯盆依圖作不力斯辨樋志作勃力士邊謝志作伯利斯笨迖志云在大陸東端市街跨辟力士本湖南岸總督駐之其稍西內地有伊普斯威治郎雷之以潑司威治迤而北有京鄙郎雷之吉丕又迤北有馬來波羅郎雷之馬利般羅異名記作馬利鉢羅王達云大地誌言在馬來河口二十五英里之處多金銅石炭杜宗頊云有鐵路自界上經瓦威克界達新南威爾士訖於維多利亞之雞籠波蘭又迤西北日威斯烏德萬國圖作威士武德又迤北有羅克威普敦郎雷之勞克哈敦王達云大地誌言在布里斯伯內北四百二十英里羊毛金產出最多謝志作羅鉛籍敦異名記作駱含頓矢志作落克嘁姆登云冬至幾橫過此地爲州內第二都邑其西爲礦產薈萃之地又迤西北日內波萬國圖作尼薄又北臨海有多尼斯維勒郎雷之統司維耳異名記作卡威耳依圖作唐斯委爾平方圖作加得委爾世界地理作通斯威爾又西北地形向北斗出如半島其西與北澳大利亞相距中爲卡噴塔利灣世界圖作客噴他利亞灣半島之東北面爲大隈暗礁極北有角日約克角講義云約克崎西北海中三十英里有木曜島英國貯炭所在此商船泊焉此島以采珠得名角西爲圖爾斯戴島轉而南向郎客噴他利亞灣矣杜宗頊云此省爲藍山低處復起高原

英領南澳斯太利亞

南澳斯太利亞雷志云英領命一總督治之立法之權在上下二議院上議院議員三年一任講義云北海岸古爲馬來人往復之地十六世紀中葡人航行至此十七世紀荷人時往採焉十九世紀始有英國軍艦測量其沿岸波達爾文此時所發見也南岸澳大利亞灣千六百二十七年荷蘭公使披得嚭斯赴日本經過此地命名曰嚭斯蘭得以後沿岸內地次第發見千八百三十六年設殖民地千八百四十三年發見鋿礦千八百五十六年立見今政體面積九十萬四千百三十三英方里謝志云面積九百萬方里講義云南澳大利亞南緯二十六度至三十八度東經百二十九度至百四十一度皆是橫貫大陸居民聚處於司本塞灣之東一小邑山嶺連續最高者三千百八十英尺雨水充足宜耕種內部多未開墾極北有美草場產金甚富亞達斯司匹林在大陸正中雨水不能過十一英寸波達爾文雨水六十三英寸熱度中數八十三度十一月八十七度六月七十七度人三十二萬三千五百六十五口學校八百八十八耕種地四千

七十英方里產小麥葡萄橄欖北部有熱帶諸果馬十七萬九千七百九十二牛五十四萬百四十九綿羊五百九萬二千七十八礦產金屬地在北銀銅鐵鉛入口貨值六百六十二萬五千磅出口貨值七百二十三萬三千磅羊毛小麥銅爲大宗講義云產物小麥爲主銅次之千八百四十五年以後採掘每逹一億佛製葡萄酒近亦盛旺多與英及澳大利亞他處貿易謝志云歲入二千七百萬圓貿易總額萬五千萬圓北屬地面積五十二萬二千五百三十一英方里講義云北地方自南緯二十六度以北至印度洋阿拉佛拉海卡噴塔利灣間之地面積五十二萬三千方里人四千八百九十五口入口貨值萬一千九百磅出口貨值十六萬五千三百磅內金十七萬千三百磅國債二千四百四十萬八千磅鐵路千八百七十英里電綫五千八百六十二英里謝志云鐵路五千里電綫四萬里商船三百二十六防兵二千二百人巡船一

亞德雷奪熱度中數六十三度正月七十四度七月五十一度雨水二十一英寸有大學

校人七萬八千六百二十二口　波亞德雷奪人萬二千百六十四口　波拔廉人四千六口　格里納耳人三千六百五十口以上要區　先謙案雷志南澳斯太利亞列國學會二圖樋周志作南澳大利亞北抵亞拉拉佛拉海依圖作阿拉扶拉海世界圖作亞拉夫拉海東界昆士蘭新南威爾士維克多利亞西界西澳大利亞南抵印度洋凹入處謂之大澳大利亞灣謝志云占中央大地包北部新疆南北俱界海樋志云北半之地宜稱北澳大利亞蓋本洲無州郡之區畫故也今自大灣頭跋涉內地以出卡本達里亞灣鰷鯽𧿹灘者殆少故無由知其內部情狀周志云南澳大利亞與北方之北澳大利亞二區之疆域無有一定講義云北地方於千八百六十三年合入南澳大利亞之行政區併此兩地自南至北凡千八百里世界圖作南濠洲吳矢志作南澳洲謝志作南奧斯達利亞據二圖東南端省城曰亞得來得會城講義云在文森特灣東岸高地卽雷之亞德雷奪萬國圖作阿特獵特圖球圖作愛得蘭得世界圖作亞的來獨世界地誌作阿顛勒特漢文圖作安的來得外國地理作亞爹離多問荅作阿第雷德樋志作阿德來得慕志作亞的來矢志作亞德來吳志作阿鐵梨依圖作遏的雷特周志作亞地里特迂志云總督駐之王達云大地誌言市街分南北二部與悉尼墨爾鉢恩布里斯伯內鐵道相連人十四萬六千口文森特灣之西有角南出曰斯噴色爾角角西有灣世界圖謂之斯噴色灣由灣東入盡處有城曰奧古斯大萬國圖作波特澳嗄士塔灣西有角曰喀塔特羅甫角角之西則大澳

大利亞灣也謝志云南部土地肥沃多湖沼據二圖內地東有佛羅美湖西有呀㖖斯湖北有挨爾湖世界圖作亞歷山湖辻志云水以亞歷山湖爲最大又北大名曰阿勒散得拉蘭世界圖作亞歷山得拉蘭中央山嶺環繞北境斗出臨亞拉佛拉海曰亞爾痕汗地東爲卡噴塔利亞灣東北隅有角曰亞爾痕汗角又東北曰維西爾角西北曰巴豆松角又西北曰達温嵛中央西北出臨海有城曰維克多利亞向西凹入處曰得民灣其外島嶼甚多

英領西澳斯太利亞

西澳斯太利亞雷志云英領命一總督治之有上下二議院上議院議員三年一任講義云千八百二十九年巴爾米利亞船移民上陸是爲英國殖民地之始初設於斯烏河附近至千八百九十九年內地各屬發見金田於千八百九十年八月定見今政治面積九十七萬五千八百二十四英方里講義云自東經百二十九以西之地皆是面積九十七萬六千英方里謝志云面積九百十六萬方里爲全島三分之一包有高平原之大半惟回歸綫北及極西南部有樹矢志云有谷林閭樹嘎拉樹內地有沙漠餘爲草場講義云達利古山脈起於西南隅沿海岸蜿蜒而走於北凡三百里其高峰無過千五百尺者西岸有高原其北有京巴勒高地內地一帶廣漠不見有山惟沙邱到處起伏而已北有

大沙漠成一高原南有維多利亞大沙漠小邱起伏其中阿加西亞甚繁茂西岸河流雖多其重要者僅一斯烏河人十六萬一千口耕種地十三萬三千八百三十三英畝常種小麥有牛二十四萬四千九百七十一綿羊二百二十一萬七百四十二礦產銀銅鉛鐵煤千八百九十七年出金二百五十六萬四千九百七十七磅金礦四曰古耳格底曰義爾庚曰滿欠伸曰庇耳巴拉與荆伯雷入口貨值五百五十六萬二千磅出口貨值二百三十萬八千磅多與英國及澳大利亞他處貿易謝志云歲入三千六百萬圓貿易總額萬二千萬圓出口貨金珠貝皮革羊毛木料國債七百六十萬八千四百八十磅鐵路千四百五十九英里謝志云鐵路三千里電綫萬六千里防兵七百六十五人　般司濱鴻河爲會城熱度中數六十五度正月七十六度七月五十六度雨水二十六英寸人三萬七千九百二十九口　弗里曼脫爾人萬七千口　亞爾彼尼在喬治海峽人三千五百口以上要區

先謙案雷志西澳斯太利亞列國學會二圖作西澳大利亞東界
南澳大利亞北臨的麾爾海西南臨印度洋矢志作西澳洲世界
圖作西濠洲謝志作西奧斯達利亞樋志云土乏金作礦故進步後
於他洲現惟蘇完河邊有居民餘地大率蕪閼河濱有黑鵠爲他
處所無牧場最艮案據雷所載金礦則樋志非後來情實二圖南
端有城曰亞爾班尼卽雷之亞耳彼尼圓球圖作奧耳八逆萬國
圖作阿耳班尼漢文圖作阿爾巴尼新刻地球圖作倭而班尼世
界圖作俄爾白儞矢志作亞爾拜尼慕志作亞巴尼謝志作奧樂
巴尼云鐵路通伯德航路達阿典臻卿印度講義云今爲英國海
軍貯炭所西端有角曰畱温角世界圖作畱音角其上有城日奧
古斯大世界圖作歐孤斯他漢文圖作奧果斯塔其北有佛利曼
特勒卽雷之弗里曼脫爾圓球圖作之里曼特耳慕志作非里曼
德講義云與首府有鐵道汽船相交通又北有伯斯會城講義云
距斯烏河口十英里卽雷之般司萬國屬作帕扶外國地理作帕
斯圓球圖作剖耳資世界圖作珀爾貼慕志作比爾惕依圖作珀
爾特呉志作培爾士矢志作波塞云在斯潢河畔樋志作帕特云
蘇完河口周志作配恥云在斯混河邊謝志作伯德云近天鵝河
雷云鴻河乃譯蘇完之義天鵝卽鴻也斯烏斯潢斯混皆譯音又
北濱海日諾斯安普敦有抹齒孫河西入海又西北有沙克斯灣
有噶斯可引河西入海又北有角曰西北角又斜轉而東北有亞
什布爾敦河北入海又東北有德格雷河北入海又東北有勒委
克角有非子洛河北入海又東北有倫敦德黎角又東爲爾布里
得吉灣有俄塔河北入海
其地與小桑達列烏遙對

牛畿內亞島先謙案原本在南澳斯大利亞之前則澳洲大陸成爲兩橛今移於此

牛畿內亞大地誌云此島十六世紀始發見以其似非洲之畿內亞海岸故有新畿內亞之名許考云澳大利亞北有島日新畿內地球第一大島也長三千八百七十里廣千餘里自明正德至國朝道光間先後三百年歐人遊其地未嘗收入版圖後荷人收其西土名曰巴布亞數年來英人往墾植者益衆東南境保爾木來斯比爲其商埠謝志云橫四千里中央縱十餘里東西兩端甚狹面積三百二十萬方里爲世間第四大島天氣炎熱不宜衞生半年多雨爲淫季山峰積雪長年不消多火山時地震人二百五十萬口土人兇猛嗜殺不可理喻華人多居西北方采取金沙珊瑚玳瑁先謙案許云第一大島非也謝云第四而講義云第二證以雷志蓋講義是雷志云世界之大島次於格林蘭面積三十一萬千九百六十英方里中部北部山嶺重疊阿文司担里山之維多利亞峰高萬三千百二十英尺謝志云東南奧奔史旦利帶山沿海蜿蜒高峰至萬三千尺奧奔史旦利卽雷之阿文司担里也南部有大平原樹林占全島之大半產樟腦沙穀米椰子謝志有白米香蕉芋頭煙葉木料燕窩珍珠動物與北澳大利亞及麻喇甲同謝志有風鳥鸚鵡海鼠高卑拉毒蛇礦產金氣候暑溼波馬雷司比熱度中數七十

八度雨水自七月至九月七十二英寸德屬牛畿內亞雨水甚多九十七英寸至百四十二英寸土人色黑髮捲棲樹而居尚有食人之俗今島分屬英德荷三國徐志東南洋各島云東南洋番島甚多西人就其形似隨意命名有新危尼新耳蘭新撒羅門希伯等名或有酋長成部落或野番散處野番皆黑面矮身與獸無別或有別土人登岸則攫而食之[illegible]柅𨛜巴先謙案即雷志之牛畿內亞也列國學會二圖作巴布亞南距澳洲大陸東北距畢斯馬克羣島西距小森達列島北距加羅林羣島世界圖作新吉尼亞世界地理作紐革尼亞謝志作巴布阿云譯即鬈髮因土人髮卷也一名新基尼與奧斯達利亞中隔多勒斯海峽講義作圭尼亞徐說詳下新耳蘭即新阿爾蘭見下新撒羅門即沙羅門見前希伯再考此美拉尼西亞之六

英領牛畿內亞雷志云面積八萬八千四百六十英方里人三十五萬口入口貨值四萬七千磅出口貨值五萬磅以金珠海參科潑拉檀香爲大宗辻志云在東南部面積五十四萬三千二百四十方里講義云山勢隆起東南端蜿蜒連亘於西方儼一中央綫名奧斯他淩其最高峰曰維多利亞高萬三千二百英尺王達云近西人測算中央大山脈有墨耳姑兒斯峰高三萬二千七百八十六英尺爲全球第一高山比亞洲之埃佛勒斯峰尚高三千七百八十四英尺講義

又云西方一帶低平西南爲夫蘭伊河流域距河口五百英里間可通汽船森林蔽全土氣候宜牧羊及栽熱帶植物米玉蜀黍等動物不生猛獸有食火雞極樂鳥貿易歲額至百萬圓土人三十五萬歐人不過五百首府波馬雷斯比良港也有定期汽船與悉得尼往來千八百八十八年合併於英英領殖民地之王達云大地誌言特列喀斯丟克斯及盧伊亞斯得二羣島屬之謝志云內地荒遠猶未探悉近年英屬日見興盛有木刀斯海口先謙案據二圖北界德領西界荷領東南臨海成半島形如人斜伸一足南面凹入成灣世界圖曰巴布亞灣西南端與坤司蘭之約克角相對中爲比列斯海峽

德領牛畿內亞雷志云一名君主維廉地面積七萬百四十英方里人十一萬口过志云在東北部面積四十二萬方里講義云郎喀塞爾威廉斯蘭得有珊瑚礁其間亦有良港加齊利奧古斯他河汽船可通行百八十里氣候甚熱雨多晴少森林密深而難取極樂鳥最佳畢士麻克羣島合新布里代痕新爾蘭及各小島所成附屬在此謝志云東北部曰新偉力大帝之地屬德先謙案據二圖南界英領西界荷領東北臨海與畢斯馬克羣島相接新爾蘭二圖作新阿爾蘭偉力郎維廉

荷領牛畿內亞雷志云面積十五萬三千三百六十英方里人二十四萬口徐志南洋各島云摩鹿加之東南有大島曰巴布亞敀路那形如昂頭之龜幅員亞於婆羅洲其地

自古未通別土草木蒙翳深昧不測野番從林中跳出黑面拳毛見人則攫而裂之爭啖其肉別一種似馬來者稍通人性道光十三年荷蘭人初開港道調兵防守商船偶有至者物產未詳又云巴希亞爲東南洋極大之島荒穢與澳大利亞鳳蔚蘭新荷蘭既失澳大利亞又復經營此島蓋亦不得已而思其次也講義云較英德所領合併之數尤大北有基爾維克灣彎入中央殖民地分東西二部東部未探見之地頗多動物以有袋獸著名先謙案巴布亞徐志列之南洋諸島又於東南洋諸島別出新危尼島而云即巴布亞𡈼蓋兩收而未貫通也那吉尼新吉尼豈有二乎據二圖東界德領英領西南北三面臨海其西狹長直出向西北斗起擬以龜之昂首最爲神似其首昂起處世界圖有城日特黎頸伸處成灣日茲兒維克灣南有駉盧諸島與濠洲大陸相距之間日亞拉夫拉海过志云面積九十萬方里德領荷領地亦各有總督統轄

英領新西蘭島

新西蘭雷志云英領命一總督治之有上下議院上議院議員英國所命七年一任下議院議員由民間公舉講義云其先玻利西亞人種之馬俄族散布各地千六百四十二年荷人他斯蠻叙作他斯驋志作太斯矢始發見此島名日斯他丁蘭得千七百六十九年古克曾經此地後有英國殖民協會之新西蘭會社始請政府移民於威爾倫敦千八百五十六年始行議事政體面積十萬三千六百

五十七英方里包有二大島一小島東北至西南長九百餘里慕志
云長二千七百里闊或八百里或二十里周回約三千五百里过
志云六十二萬千九百六十方里問荅云九十四萬方里講義二云
距澳大利亞東南約千三百里緯度自南緯三十四度合南北二
大島及斯特瓦得島面積十萬四千四百七十英方里謝志云眾
島當南緯三十四度三十分至四十七度三十分東經百六
十六度三十六分至百七十八度三十六分面積百萬方里南島
有南阿耳魄士山下見其嶺積雪終年不消內庫克峰下見高萬二千
三百五十英尺北島有火山名盧厄庇呼下見有他波湖氣候與英
國略同謝志云天氣溫和雨澤滋潤
歐人患肺病者多來此養生平原熱度中數五十一度至
五十六度正月五十八度至六十八度七月四十三度至五十二
度雨水二十六英寸至百二十六英寸東岸三十六英寸西岸八
十英寸人六十六萬八千六百五十一口樋志云千七百六十九
年苦克氏初來此島居
此者爲馬來人種之馬俄利族人數二十萬至千八百六十一年
頓減至五萬以權利見奪資生不足故也今居民六十萬人中馬
俄利族又減至四萬不久將滅矣馬俄利人長身而英敏爲馬來
人種之冠然智識不足與白人競又性猛戾不脫食人肉惡習今

南島中已不見彼族之跡十年增百分之八學校千九百六十一耕種地居全面積百分之十七有馬二十五萬二千八百三十四牛百二十萬九千百六十五綿羊千九百六十八萬七千九百五十四豬十八萬六千二十七樋志云全島面積三分之二爲田畝及牧塲礦產金歲出百三萬四千六十噸煤歲出八十一萬六千七百八十噸銀錫等樋志云金石炭隨處產之銅鑛最多交連樹膠歲出值四十一萬四千六百六十七磅入口貨值七百八十四萬一千磅出口貨值九百九十五萬四千磅羊毛爲大宗值四百十六萬六千磅多與英美澳斯太利亞貿易謝志云貿易總額二萬萬圓出口貨羊毛肉糖乾酪霍布花等入款五百七萬九千二百三十磅國債四千四百九十六萬三千磅鐵路二千三百八十五英里謝志云歲入四千七百萬圓鐵路六千五百里電綫四萬二千里義勇兵七千六百九十四人常備國民兵二百六十八人水雷船四謝志云海口各設礮臺水雷民兵七千惠靈吞會城人三萬千二十一口奧克蘭

人二萬八千六百十二口　都尼丁人三萬二千三百七十六口

克拉司脫鳩區人萬六千二百二十三口以上要區　采特摩羣島面積三百七十五英方里人三百十一口　款梅的克羣島面積十三英方里人十九口　邦替恩替波的士　奧克蘭及克摩板爾面積共四百二十五英方里無居民　庫克或哈維羣島面積百四十二英方里人八千四百口以上屬地　徐志東南洋各島云捫日倫敦

兩島一名新西蘭在班地曼蘭之東幅員倍之有高山插霄漢頂上終年積雪燦白如銀雪水消融由澗壑分流而下可以灌溉土番黑醜略知人事有酋長凶頑好殺獲仇則臠食其內藏其頭以示武其土極腴宜麻穀蔬菜英人買其土徙戶口墾之漸以耶穌教化其土人捕鯨之船時至以鳥槍羢氊易食物土番健有力鯨船問僱爲水手然不過數人多則恐其生變常有鯨船顧土番數十駛海中土番忽羣起盡殺船戶炙其肉而啖之兩島別有佛郎西割據之土先謙案列國學會二圖作新西蘭與雷徐同西對塔斯馬尼亞北對英領斐濟羣島世界圖作新吉蘭謝志作牛西蘭周志作紐裁倫卽新西蘭士據二圖分南北二島北島直豎南島斜横其孰爲捫日孰爲倫敦不可考今北島有威爾倫敦則捫日蓋南島也威爾倫敦在北島之南端卽雷志之惠靈吞世界圖作

威林頓吳志作威靈吞慕志作挖另登謝志作偉令盾問荅作威
令盾迤而東有葩里色爾角轉而東北有土爾納根角又北曰那
波爾又東北有馬希亞觜又北曰給斯巴內又東北有角曰東角
轉而西有普林地灣灣之西曰格拉汗斯屯又北出曰喀旁甲其
西為吳拉基灣灣之東有巴爾略島灣之西曰奧克蘭與雷合講
義云奧克蘭臨北島之喀蘭吉灣商業最要之港喀蘭吉郎吳拉
基也王達云大地誌言奧克蘭昔為首府今尚為全島第一都會
有大學及圖書館因印度總督奧克蘭之名名之問荅作奧革蘭
矢志作奧克蘭德周志作啞克倫由奧克蘭西北突出成半島形
有地曰和江甲又西北出有角曰北角北角之東北有英領怯爾
馬得羣島亦屬島也講義云重要附屬島距北方五百里有怯爾
馬得克現勢圖同郎雷之款梅的克羣島矣謝志作革瑪德云在
斐支羣島之南居赤道南二十八度至三十三度共二百方里由
奧克蘭而東南有歪加多河西流入海又東南內地有魯亞帛呼
火山活火山也郎雷之盧厄庇呼世界圖作頓科里勒樋志作同
嘎利窩矢志作通嘎利伏高六千二百尺又西瀕海曰新普勒穆
斯又西南端曰挨格蒙特角又為火山熄火山也世界圖作挨克
蒙矢志作愛格們德樋志作搋蒙特高九千六百尺轉而東南有
地曰温加奴伊又南與南島相距中為科克海峽問荅作古革南
島之首東北向其尾西南向東北端有地曰布林與木與威爾倫
敦相望迤而西南有佩加索斯灣又南曰直利斯徹池講義作古
利斯徹池云在干得爾布里平原樋志作克力士尺治云南島最
大都府人四萬八千口其東與察他穆諸島相對察他穆郎雷之
柔特摩也講義云重要附屬島距東方五百里有察他穆尤其明

證又東南曰班克斯又西南曰的馬魯又西南曰窩馬魯又西南曰都內丁世界圖作多奈丁卽雷之都尼丁王達云大地誌言人四萬七千口又西南曰摩里奴克斯又西南爲佛維奧克斯峽又南端曰英佛加基爾其西南有斯特瓦得島世界圖作斯呿軋謝志云牛西蘭大島三北島南島史斗華德島史斗華德郞斯特瓦得也此島西南有坳克蘭島世界圖作勞爾得奧克蘭世界地理作澳克蘭得又東南有堪發布爾島世界圖作客墨耳又西南有馬庫挨里島世界圖作抹闊里又東南世界圖有以未拉得島而澳斯大剌拉西亞之南境盡矣自英佛加基爾轉而西北其西端曰勒索魯又東北有法呢斯勞山又東北有加斯加得嵩又東北有科克山矢志云南島有南挨爾潑山亘其南北其古格山在萬二千尺以上其閒多冰河與歐洲之挨爾潑同樋志云南阿爾比斯山脈之苦克山高萬三千二百尺古格苦克科克一也郞雷之庫克南阿爾比斯郞雷之南阿耳魄士又東北曰荷基的開世界圖作頓幾剔喀又東北曰格勒穆斯又東北有藍克林山又東北爲佛爾文角又東北曰法勒威爾角轉而正北有塔斯曼灣灣口曰內爾桑世界圖作納爾孫又北郞科克海峽矣法人割據之土今未聞

英領達斯馬尼島

達斯馬尼島雷志云英領命一總督治之有上下議院講義云千六百四十二年荷人他斯曼始發見此地名曰荒立們斯蘭千七百七十七年古克至本島東南岸尚不識爲島嶼千七百九十八年至拔斯

始知與大陸相離千八百三年附屬新南威爾士歸英領千八百五十六年始行見今政體謝志云立法權在議會上院十八員下院三十七員今已入奧斯達利亞聯邦王達云大地誌言千六百四十二年塔斯馬奉荷蘭東印度太守班濟米之命發見此島名之曰班濟米島千八百五十六年因發見者之名改爲塔斯馬呢亞先謙案他斯曼矢志作太斯馬謝志作達斯曼一作他斯蠻

面積二萬六千二百十五英方里辻志云十五萬八千三百十方里問荅云二十五萬方里慕志云長七百里闊五百里總計方八萬里謝志云廣約四百五十里南北最長處六百三十里東西最廣處六百里面積約二十六萬方里

其地多山羅門山高五千英尺辻志云山嶽重疊東部平坦矢志云山嶺平均之高度二千尺至三千尺不等間有千尺以上者故或稱曰南洋之瑞士河流亦多水極充滿王志云樹木更盛有高至三十五丈之樹慕志云河之支流甚多其大者日達馬德溫[illegible]二河

氣候溫和樋志云氣候較冷於他洲有時大陸之風至則又甚熱王達云大地誌言氣候甚佳稱世界第一寒暑之差甚少平均溫度冬季十三度夏季十七度雨量不定平地雪稀

人十四萬六千六百六十七口十年增百分之二十七樋志云其民多爲鄰州金礦所誘去進步甚緩王達云千八百七十六年土人全滅爲人種學最著之一事實

學校四百六十七耕種地二十四萬二千二百四十一英畝有馬二萬九千八百九十八牛十五萬

七千四百八十六綿羊百五十八萬六百十一豬四萬三千五百二十礦產金銀錫煤每年出四萬二千噸入口貨值百二十一萬四千七百磅出口貨值百五十三萬三百磅多與英及澳斯大利亞貿易謝志云貿易總額四千三百萬圓出口貨羊毛金銀錫糖木料藿布花爲大宗鐵路四百九十五英里謝志云鐵路千四百里電綫九千里入款九十一萬三千二百七十五磅謝志云歲入九百四十萬圓國債八百三十九萬磅防兵千七百七十九人水雷船一　阿巴會城熱度中數五十六度正月六十三度七月五十六度雨水二十三英寸人二萬四千九百五口　郎塞司敦人萬七千百十八口以上要區　勃司海峽　曼快里島無居民每年有捕海豹人到此以上屬地

徐志東南洋各島云班地曼蘭島一作圖地在澳大利亞之東南隅相隔一港周回約七八百里土脈膏腴百穀薯芋蔬菜皆可種植英人開墾已及大半居民務農之外兼捕鯨魚沿海港口甚多貿易頗盛先謙案即雷志之達斯馬尼也世界圖作他斯滿尼亞謝志作達斯美尼亞周志作得斯巒尼亞矢志作太斯馬尼亞樋志作他斯馬尼亞吳志作塔斯馬呢

阿世界地理作達斯馬尼亞列國學會二圖作塔斯馬呢亞郎班
地曼蘭圓球圖作番氏曼斯蘭云郎斯邁尼阿北與澳大利亞之
維克多利亞省隔拔斯峽郎雷志之勃司海峽矢志云干七百九
十七年英人巴斯始發見此峽遂名曰巴斯峽圓球圖作拜斯外
國地理作伯士中有巴爾蓮島峽西有王島據二圖巴爾蓮作佛
林得斯王島作慶島異名記作慶斯島又有紅潭等島異名記云
荷人達斯美厄初尋得之因名許考云碧山轉東南有二大島總
名新西蘭明崇禎十五年荷人地閩往探之遂名先探之島曰地
閩其說互異　國朝嘉慶間英人往居之設市築城島遂爲英有
許考與徐志合班地曼蘭郎荒立們斯蘭之音變字謝志又作法
提門司地太斯馬蕬地閩之異名也北境瀕海有地曰給俄爾吉
敦又南曰來翁西斯敦郎雷之郎塞司敦世界圖作瑱斯頓漢文
圖作瑱斯敦謝志作蘭斯敦慕志作浪西登矢志作郎賽斯頓講
義平方圖作來翁西敦王達云大地誌言距他馬爾河冂四十英
里位置便利故商業較首府尤盛南境瀕海曰哈巴罷特唐郎雷
之阿巴世界圖作哈罷唐萬國圖作哈八當周志作霍布慕志作
合巴樋志作合巴當外國地理作何伯駝矢志作霍拜爾德吳志
作和拔爾特謝志作賀巴盾云南北二城有鐵路相通多輸出羊
毛果品木料王達云大地誌言距達溫河口四十英里有大學以
氣候甚佳夏季自澳洲來遊者甚多又澳洲艦隊冬季亦集合於
此

五洲地理志略十六　　非洲一

賜進士出身　特賞內閣學士銜前國子監祭酒翰林院編修加三級　臣　王先謙謹撰

阿非利加洲徐志阿非利加一作亞非里加又作利未亞云在亞細亞西南以羅經視之當坤申之位地約亞洲三分之一南北萬八千里東西闊處萬六千里東距印度海西距大西洋海南抵大南海東北距紅海北距地中海中間陸地一綫蘇彝士地名一蘇作蘇彝係麥酢囘部地與亞洲回部相連地雖亘而沙磧居半又當赤道南北炎熇特甚瘴癘尤毒天時地氣人物在四大土中爲最劣辻志云北從北緯三十七度二十一分南訖南緯三十四度五十六分東從東經五十一度十分西訖西經十七度四十分東西萬一千九百二十二里南北萬二千五百三十七里面積七千二百萬方里占全球四分之一又三倍於歐羅巴**雷志**云此洲以蘇彝士地頸在埃及先謙案與亞洲相連以地中海與歐洲相隔北自土尼斯之勃郎角起案即列國學會二圖突尼斯之布蘭可角王達云布蘭可譯言白之義南至亞格爾恩斯角止案即開普蘭之阿姑雅斯角王達云阿姑雅斯角譯言針之義計四千九百八十英方里西自佛狄角起案即法領賽內加之佛得黹角王達云佛得黹譯言綠之義東至介德富寒角止案即意領索謀里蘭之瓜達夫伊角此稱角者講義皆稱岬知角岬一也

計四千八百四十英方里其總面積併馬達葛士加島案卽法領馬達加斯加島及諸島數之千一百五十二萬千五百三十英方里全洲皆高地講義云全大陸以北緯五度幾分南北二部南部平均高度三千五百英尺北部平均不過千三百英尺南較北殆高三倍南部地沿海山脈分爲各部一東非高原起於三比西河下流地方訖阿比西尼亞北境大陸中最高之山如乞力馬尼札羅山怯尼亞山高於海平面萬八千英尺皆在此高原中此高原北部卽阿比西尼亞高地二中央高原占公額河之流域三南部高原起於公額河之分水嶺而及於南大西洋三比西河盂地鄂南吉河盂地皆在其中北高原南部分喀喇哈里沙漠大卡拉斯高原及喜望峰殖民地之低地諸部北低部阿非利加分撒哈拉地方蘇丹地方博爾巴利高地三部於海面之地不過數區面積亦小如短曼耳劣塞華飛洽摩洲內高之中數千九百七十五英尺阿脫蘭斯山案卽摩洛哥之亞特拉斯山自爲一高原內阿雅欣山高萬四千百五十英尺阿比西尼恩高原案卽阿比西亞內蘭斯達三山高萬五千二百英尺最高之山反在東非洲多湖之地坎連曼札羅山案卽英領東部之乞力馬尼札羅山世界圖作克以

利曼甲羅山高萬九千二百七十英尺坎尼亞山案即英領東部之法尼亞山世界圖作給尼亞山高萬七千百八十英尺路溫射力山高萬八千英尺講義云北部有亞特拉斯山脈一作阿得拉斯連亘於蘭岬與崩岬之間摩洛哥阿爾及耳突尼斯在此山內非洲地震僅見此處西部有空格山脈亘於佛得岬與尼日爾河口之間又有喀麥隆山脈沿德領喀麥隆海岸為火山脈公額河及尼羅河之間有烏拉加山脈公額河及三比西河之間有羅京加山脈東南部有得拉肯貝爾格山脈起於大陸之南端而走於東北成納塔爾與鄂蘭吉之境界阿比西尼亞山脈蟠踞於阿比西尼亞之南實山彙也平均高度七八千英尺最高峰過萬四千英尺謝志云本洲帶山俱排立海岸一綫環抱其內地高原形勢齊整山外地平而低斜大山有五一阿德拉斯山在洲北部起大西洋岸東沿地中海以達笨角嵥觚折而南向更東行在摩勒哥與阿勒支利亞二國境山勢或至萬二千五百英尺然無高出冰雪綫之上者二庚山在西海濱沿基尼海灣北岸東西綿亘高不過三千五百英尺向東若斷若續沿北緯五度直達尼羅河源橫障本洲中央分為南北二部三雪山在基尼海灣邊自庚山分出至喀麥隆有高峰萬三千七百英尺直走南方沿大西洋以達好望角轉而東西橫列向東遞高自四千尺至萬尺四月山一名魯巴達山起好望角東距東南岸約百五十里沿海北走直到梭茅利成瓜達斐土角突出印度洋中此山中央近赤道處最高當南緯三四度間距印度洋百里有基利滿作羅峰

高萬八千八百尺爲本洲最高之山其北約六百里有革尼亞峰高萬八千尺二峰雖爲赤道炎熱處然山頂積雪不消五阿比辛伊亞山南接月山北走紅海之濱構成阿比辛伊亞高原直達綏斯土腰最高處萬五千尺王達云本洲火山除喀麥隆山脈中之亞爾伯得火山峰外餘皆在大西洋島嶼中此火山脈北來自綠英蘭下達於提利斯當岡哈爲南北直貫大西洋之火山脈其中最著者爲加那列斯羣島羣島中德內黎非火山峰高萬二千英尺

河之大者曰尼羅周志作奈勒吳志作奈路埃及紀略作尼祿謝志問荅作尼勒課程云一作尼耳一作尼兒樋志云源出赤道下之維多利亞阿耳巴特二湖辻志云行八千六百里爲本洲第一巨流世界第三長流入地中海亞蘇安下流利舟行講義云尼安撒湖再出北流爲白尼羅河合巴耳厄耳加薩耳諸支流至喀士穆與青尼羅河合又北過努比亞沙漠水量漸減遂經埃及入地中海青尼羅河出阿比西尼亞之察納湖流下黑色沃土每歲六月中其水漫溢至十一月末而水退黑土沈澱於埃及之地最爲豐沃課程云西人以爲天下第二河行萬五百餘里一作萬一千里一作萬二千里王達云辻志之亞蘇安郎學會圖之亞酸講義之喀士穆士字以譯音對之自是土字之譌大地志云尼羅河長三千五百英里合中里約萬五百里以長短言之爲世界第三長流以水量之點言之居世界第二十七出維克多利亞尼安撒湖本流稱厄耳吉貝即白尼羅其支流左有厄爾和木爾河右有索波特河藍尼羅河亞克巴拉河亞酸喀士穆之間多急流有名之瀑布凡六亞酸以下航行自如喀土穆以上雖有水利然河身

由浮草而成之島甚多行舟頗困難

曰康哥

案即公額亦作孔果一作庚哥辻志云出丹牙尼加湖行七千百二十九里爲本洲第二長流入大西洋斯丹列伊拉二瀑之間利舟行謝志云河源在南緯十四五度間匯無數細流及邦圭俄羅湖水北過赤道成半圓狀折而南向再過赤道受北來之木幫吉河東來之迦賓河水勢益大西流過史擔利池而入大西洋輪舟可上溯三百三十里有灘阻止造鐵路轉運中央廣六里至十二里不等小輪舟暢行無阻可三千餘里直抵史擔利大瀑布地當赤道以昔日游士史擔利初探此河故名流域九百餘萬方里王達云九百餘萬方里恐誤大地誌言公額河長二千九百英里流域百三十萬方英里上流曰斯恩伯濟河入半規俄洛湖北流過磨厄羅湖橫於赤道爲史坦雷瀑布自此西流合無數支水西南流距河口百四十英里之處爲卡六六瀑布自此以下爲廣三角江幅七英里至十英里案坦雷擔利一音之轉

曰那楂

案即那查一作奈遮一作納伊者一作尼日爾辻志云出剛山行五千六百二十六里爲本洲第三長流入大西洋西古下流利舟行講義云出空格山脈中之羅馬山東北流至丁不各都以下轉而東南入英領尼日爾併比奴伊河注幾內亞灣下流距海口百英里成三角洲面積萬四千英方里由比奴伊河至蘇丹內地有舟航之便王達云大地誌言尼日爾河長二千三百葵里出夫塔查隆高地之洛馬山下流分數支最東之分流曰班尼最西曰伯甯夾三角洲入海此河舟楫可遠通至塞哥六百嘓之船可至拉巴匯河口六百英里支流比奴伊河亦可溯四百五十英里至約拉其水利優於尼羅公額

兩河樋志云以上三大河初發源於數千尺高山流入下數層高原故河水疾急處處作瀑布竟至遮絕船舶不能航行又迂志云薩母比西河出的羅湖行三千九百三十三里爲本洲第四長流入印度洋鐵特下流利舟行王達云鐵特會圖作得得學講義云三比西河出公額河源附近東流入印度洋其中流屈曲處有維多利亞瀑布樋志稱世界第一大瀑布其壯大亞於北美之奈加拉謝志云東流入印度洋之川以散備西河爲巨擘出西海岸山麓至中流爲斐多利亞大瀑布廣七百尺全河如自空倒瀉噴薄聲聞數十里誠奇觀也英教士李溫士敦始探得之河自此再東流入摩散比革海岔王達云即莫三鼻給海峽長約五千里灌域約六百萬方里因多瀑布險灘舟楫不能徑行案郎鄂蘭吉河亦案三比西散備西郎薩母比西也

曰奧淩資

作阿連基河謝志云康哥河之南有哥安撒河挪耳斯河皆短小不足稱數而俄蘭支河譯郎橋河案即奧淩資實爲南部入川出東海岸帶山之西麓西流三百餘里入南太平洋大雨則水充溢久旱則水小多急灘河口又有沙磧橫阻故於輸運無裨益講義云此外大陸中著名之河西部有塞內加爾及岡比亞東部有林坡坡及周巴等謝志云林波坡河在撒備西河南爲德蘭斯法勒之北界不可通舟地多大禽散備西河邁東北有茄巴河亥內斯河皆東南流入印度洋講義云本洲之河多爲內地灌域其山脈沿海岸而走故注於外洋之河其河口多有急湍難用之以通內地非洲不能開通此其一原因也

其不入海之湖曰塞特

案即英領蘇丹之乍得湖亦作遮特亦作乍德亦作雜德許考云長六百餘里廣三百六十里講義云撒哈拉之南有乍德湖入此湖之水以刷里河爲最大樋志云察德湖無瀉

出之口四圍高地流水皆環聚焉謝志云乍德湖在撒哈拉沙
漠內水淡而廣其面積隨時增減遇雨則廣久旱則小大時可
與英革蘭等內多河曰格米案一作軛密講義云喀喇哈里沙
馬犀牛水鳥魚介漢之北有軛密湖庫邦諸河入之
謝志作曰路道爾夫王達云高等地理言路道爾夫湖位於維
納嘎米克多利亞湖東北約三百英里之處在英
領域內以地望準之卽學會圖曰漢瓦虛王達云高等地理言
之薩木布拉湖特譯音異耳德領東非域內坦噶
尼喀湖之東南有理克瓦湖一名阿波得湖卽學會圖之希誇
湖又尼亞西湖之南瑞薩湖之東有什爾瓦湖風光明媚高於
海面約二千英尺此二曰維多利亞尼恩薩案卽德領東部之
湖未知孰是漢瓦虛維克多利亞尼安
撒湖辻志云面積十五萬九千方里爲世界第二淡水湖謝志
云南部中央多大湖統稱其地曰大湖部最大者曰斐多利亞
尼亞撒湖正當赤道長九百里廣六千里千八百五十八年英
武員司貝克始探得之越十七年史擔利周遊其地知爲尼羅
河所自始其水北流二百四十里入阿勒伯湖二湖之間爲烏
敢大國祿鄰烏阿勒伯湖長四百五十里廣百二十里爲第四
大曰呑根尼加案卽公額之坦噶尼喀湖辻志云面積九萬方
湖里謝志云巳干亦嘎湖在斐多利亞湖西南長
千二百餘里廣三百四十里其水南流爲庚哥河源曰尼亞薩
王達云此誤世界圖作丹牙尼加許考作當加尼加
案卽德領東部之尼亞西湖辻志云面積七萬二千方里謝志
云尼亞撒湖在巳干亦嘎湖東南長千里廣百二十里水淡多

魚南流入散備西河此湖與阿勒伯旦干亦嘎皆李溫斯敦所探得其西有邦圭俄羅湖長四百五十里李溫斯敦探地至彼卒於湖畔又埃及有面薩列湖康哥有阿爾百爾湖阿爾歎里亞有米米爾晞爾湖阿比辛伊亞國有田比阿湖王達云大地誌言維多利亞尼安撒湖面之高度三千八百八英尺坦噶尼喀湖之高度二千七百五十六英尺半規俄洛湖之高度四千二百六十五英尺尼亞西湖之高度千五百七十英尺深平均六百英尺乍德湖西之高度千一百五十英尺軋密湖之高度二千八百十英尺又軋密湖面積亦時有差異長平均五十英里幅平均一零及至二零英里

全洲止五分之一居於溫帶在海平面南非洲海岸及未通教化諸國自德本（案郎段本見英領耐脫爾）至兒三米低士（案郎兒三米底士見葡領恩哥喇）諸處熱度中數不能過六十度沿地中海岸及岌科崙尼冬時有雨北之撒哈拉（辻志云東起紅海西訖大西洋岸長七千三百七十五里闊二千九百五十里面積九百六十萬方里爲世界第一沙漠講義云最高處有七千九百英尺然中有山脈有窪地不盡沙漠亦非全不降雨全無河流也有地名俄西斯以有泉著名猶能生長樹木惟一種熱風稱西母摩斯驟（誌作雖）行旅苦之晝夜寒暑變更甚激烈案世界圖區分爲二在東曰黎比亞一作利比亞一作利比硯在西曰撒哈拉謝志云撒哈拉意郎沙海沙漠中有良田泉水上涌產椶櫚橘柚等人畜可以得水就蔭儼

如沙海中島嶼曰沙漠田在東方一帶尤多大者長三百六十里廣自十里至十五里不等西方近大西洋一帶其地最惡寂無行人餘則有南北商隊之路數條通蘇旦及海岸

與南之加拉哈里

辻志云加拉哈利在喜望峰北滿地沙漠尤屬不毛講義云起南非鄂蘭吉河而至南緯二十度比撒哈拉較小謝志作嘎拉哈利王達云大地誌言非洲南部鄂蘭吉河以北有喀剌哈里沙漠以南有喀魯汗斯特沙漠又當撒哈拉東北介於埃及的波里中部蘇丹之間有利比亞沙漠平常皆不算入撒哈拉沙漠之中

及鄰近諸處幾終年無雨

許考云北方地中海濱亞德拉斯山陰尚不甚熱若遇南撒哈拉諸地日中薰灼如火夜則冷氣偪人每年陰雨僅旬日洲中央與東西海濱或霖雨連綿或數月不見雨南境節候與北方相若燥則勝之全洲花卉果蔬極稱繁殖穀麥棉麻香品顏料藥材煙葉皆備東境饒加非相傳加非本出非洲後移種阿剌伯漸及各國樹開白花落則結實先青後黃大如茨實虎豹獅狼無地無之象最大一牙重至二百八十斤麝囊狸狀如狐囊汁類麝長頸如馬身高七八尺首生二角渾身斑駁狀頗俊偉有駝鳥性遲鈍居廣漠間毛羽甚珍歐人購飾女子髻鬟駝身高八九尺卵重七十餘兩行必擇大路見亂石叢樹卸趨避不能避則行緩恐傷其羽髻鵶高約四尺白翼黃冠腹漆黑背紫色聲如笳角鬭甚遠鶩有綠羽紅頸者有身灰尾赤者能教作人言囊鶴翎與腹毛白如雪背毛黑潤頸間垂肉若長袋嘴闊二寸許能啄飛鳥魚鶴大如鶴口下垂囊可儲食物伺立水瀨啄魚納囊中供不時需又有鶖鷺鴿

鷙綠鴿錦雀五色斑斕或紅如火或白如雪其類紛繁魚族尤
多鱷魚長四丈性猛烈人物近水無所不噬鯊魚長二丈皮如
沙尾如帚齒如鋸齧人畜吞魚鼈有海螺狀如卵絳色鮮明獬
豸狀如蓬張而浮海面身發火光有海花者身如草莖觜如蕊
澄霞紛郁多纏綠縷天晴時如百卉向榮撫之則手痛若炙皆
奇物也礦產金爲大宗銀銅鐵錫玉石珊瑚皆有之惟不甚多
樋志云熱帶地最著之樹木巴俄巴不樹多有閱三四千年成
二十尺徑之喬木者又有生阿拉伯樹膠之阿喀西亞斯樹歷
數十年之大棉樹各種椰子樹其乾燥不生樹木之地獨棗生
之人畜多食棗實或榨棗汁以釀酒動物有食品中優等之粉
羊強大之猨二角之犀特產之角馬福爾奧淩貲兩河濱之金
剛石爲世界第一

人一億三千五百六十六萬七千口辻志云尼羅河口三角洲地方人煙最密

全洲幾皆落歐人之手然其中自主之國仍不少徐又云其北境
古多名國今皆回部東境沿印度海迤北回族與黑夷雜居迤
南皆黑夷有葡人埔頭南境銳入大南海地盡處之岌朴俗名
大浪山有英人埔頭西境沿大西洋海迤北大漠橫亘迤南皆
黑夷有英法美葡荷嗹諸國埔頭其中央迤北皆沙漠間有回
族沙南乃見壤土有黑夷部落統計非洲一土迤北多回部皆
由亞洲轉徙而來迤南皆土番其種人或稱尼刻羅或稱合丁
突丁一多作的病或稱星卑巴斯其人黑而蒙諸國多買爲奴辻志云
獨立之國惟阿比西尼亞摩洛哥理伯利亞孔果此外全爲歐
人所征服其疆土物產足跨五洲徒以沙漠炎熱梗塞人文之

發達國民蒙昧漂泊轉移天與無盡之富源舉供他人之蹂躪
現稱獨立國者亦因歐洲諸國勢力平均僅保命脈耳他日勢
力失均風雲勃起忽罹狠虎之爪牙一縷之命恐被滅絶矣李
考李提摩太歐洲開闢非洲考光緒十七年作云非洲數千年前雖爲歐人所知近
數十年始深入盡探其地百年前荷英二國先在非南闢地漸
成小國近十餘年比國於非洲中地闢而立國名曰孔戈近七
年內英法德葡意西諸國闢地甚多至千八百九十年幾將非
洲膏腴闢之殆盡所餘者大半沙漠火山不生草木之地耳今
英法以前據地界爲限後有更孜乃各派員往勘去年又立約
凡教師至其地宣化不相禁止千八百九十年七月始以兩國
所據地界爲限四至勘定甚細中有河道兩國公用前比國立
孔戈時凡立埠口有若干不納稅之地英德亦因此定制兩國
埠口商人前在此者照常爲商毋得禁止亦不禁傳教又一地
爲同王所轄以後其地多半歸德少半歸英至是回王獻地於
德德估値償銀屬英者仍以歸英緣早歲英有海利戈蘭島近
德口岸德欲之而未能至是英遂以此島贈德王達云海利戈蘭島鄔學會圖
之黑爾郭蘭在易北河口外大洋中他國立約亦仿此由是非洲盡爲諸國所據
所產牛羊毛之類輸入歐洲製成精細之物又輸入非洲售於
其人計英轄大小十九處二百四十萬餘英方里每英方里合
華里十方里人約三十九兆法轄大小九處共二百七十八萬
英方里人約二十二兆德轄大小四處共百萬英方里人約五
北葡轄大小六處共九十萬英方里人約五兆餘比轄孔戈國
共八十二萬英方里人約十五兆意轄紅海口西一帶之地共
三十一萬英方里人約五兆餘班轄大小四處共二十四萬餘

英方里人約四十四萬伊古以來闢地如此多而且速者向未曾有荷非非洲內地之人愚魯蠢悍無大知識何至以如此一大洲盡爲他人所闢哉薛記云羅馬兵官有遊歷檀香山而返者言百年前各島土人四十萬自歐美人來者日多今土人僅存十一自古以來地球大勢皆如此矣中國春秋世赤狄白狄長狄等族錯居中原今皆絕無又如日本之蝦夷美洲之紅夷始未嘗不致死力爭繼乃漸入山險終則衰耗不振在若有若無間南北美各國開闢二三百年今其通國士商兵農皆英人種或西班牙諸國人種各屬土番殆已漸消耗即有稍自樹立能列於土商者必與歐人婚姻數世稍變種類非洲經西人墾闢十有六七再閱一二百年歐人日旺土人日耗無疑

埃及國

謝志北非畫志敘述各別兼引謝志以證明今昔疆域不同並左徐志國名地名於下方以存其舊

埃及

徐志云非洲北土在紅海南岸者地形自西北而東南分三國曰麥西曰努北阿曰阿北西尼亞又云麥西厄日多厄晚入多日度埃及多以至此多遍志此多伊揖伊齊不托古名厄日多在紅海地中海之間北臨地中海東臨紅海東北一隅與亞洲之猶太阿剌伯相連西北連的黎波里西南連沙漠南界努北阿縱橫皆千七百餘里地本沙磧有尼羅河從南方發源沿紅海西岸北流入地中海兩岸塗泥淤爲良田河每歲一漲漲且糞且漑漲甚則災中則稔故近河之地阡陌雲連戶口繁密而去河稍遠則平沙浩浩曠無人煙地少陰雨沙漠薰灼炎氣偪人其立國在有夏之初西土制度文物皆其所挪商世希臘諸國興而麥西之權分周末爲波斯所滅後

歸希臘之馬基頓漢爲羅馬屬國數百年唐初歸阿剌伯由是爲
回回部落許考云埃及古國今分爲三曰埃及曰努比亞曰蘇丹
北枕地中海南界努比阿西連撒哈拉沙漠東臨紅海縱約千三
百里橫八百里慕志云緯綫自赤道北二十四度至三十二度經
綫自中國順天偏西八十度至九十度一作緯綫自赤道北二十二度三十分經綫自順天偏西八十度五十分餘同
过志云分上埃及下埃及二部其地勢上埃及則土
地高燥邱陵起伏此外屬沙漠尼兒河沿岸一帶
爲下埃及低平多原野湖之大者有面薩列湖　雷志云土耳其
之藩國每年朝貢政要云千八百六年土派總督墨哈密阿律以兵力據其地土王許以主埃及國依土例擇長
老爲嗣不拘傳子千八百六十六年土王名其主曰濟遠福愛爾
彌塞歲輸土銀三千磅王令增貢許以傳子於是供六萬六千磅
增至七十萬五千磅千八百七十三年六月土王又許其與各國
立約通商及養兵諸務令墨哈密阿律之孫依思梅勒主持埃及
全權千八百八十三年後國事悉聽英命英有防兵駐其國徐又云明初土
耳其取爲別部鎮以大酋嘉慶三年法王拿破侖克之越三年復
以歸土道光中麥西酋叛土自立土不能勝麥西攻土東方諸部
皆下之土求援於鄰邦波斯助土國脅取爲藩部俄以兵入土名
爲救土將隱圖之英法勒兵勸和其酋乃還所侵地復通貢於土
爲外藩紀程云乾隆中法王拿破侖侵埃及土人與戰不利法遂
駐兵埃及嘉慶六年英逐法兵埃及復歸土有墨非麥德阿里劉
哈密阿律土所置埃及督也有大功十六年土王許阿里王埃及道光
十四年阿里舉兵叛北侵西里亞地土人擊之不克歐洲各國援

土始返侵地同治五年土始令埃及歲貢爲藩國十二年許與各國立約通商並增兵額名爲土屬實則自專光緒四年埃及請於英法願得人爲理財賦於是英遣惠爾生法遣畱瑟郎赫賚樸斯往而埃及財賦之權遂爲二國所掌觀土許埃及與各國立約浸至自專則知吾華之許朝鮮與各國立約爲失權觀埃及請英法理財而利權遂爲二國所掌則知吾華之用赫德治稅務爲非計七年蘇丹人作亂埃軍不能平英遣兵助剿定亂因畱戍焉土怨英奪其權嘗遣人辨論促其撤戍英人應之曰俟埃及能保其國英軍即歸土人不能禁也矢志云亞拉比通志作阿辣俳與其國副王率兵叛埃王無力征服乞援於英英卒攻破歷山府平定伊斯馬略一帶叛徒此千八百八十二年事也千八百八十五年又有僞聖之亂蘇丹地方蠻民應之遂下尼羅河圍英兵於卡通案在白尼羅碧尼羅合流處英將戈登死之近有埃國殆魯意脩者一種之僧徒蜂起爲亂英兵至同各拉案即努比亞之東哥蘇並由本國派兵征之講義云藩王號基德烏世襲之譯當千八百七十九年基德烏阿拔斯喜爾美時英法同保護埃及千八百八十二年夏月埃及有馬典之亂英人干涉之法國不與明年馬典亂平英置財政顧問官嗣是權屬英人駐兵四千五百人將校百人供歲費八萬七千磅埃及萬五千五百人受英將西爾得之指揮編制一變樋志云埃及幾地夫之君主之稱爲開蘇彝士運河及布設鐵路負巨債英人收得濬河債券更干預其國財政埃及之滅亡殆無日矣

面積三十二萬九千百七十英方里迂志云二百四十萬方里**包有尼羅河流域至赤道北二十二度止**矢志云東濱紅海一帶有亞比西尼亞山脈相連西接大沙漠地勢漸高其地質雖沙漠然尼羅河蜿蜒曲折貫其中央由西比西

尼亞地方有定期之暴雨自六月起水勢漸高自二十四尺至三十六尺止滿十二月則漸減九月則水仍平以此灌溉田疇有益農作故此河爲全國命脈高等地理云尼羅河亞酸附近有瀑布舟行甚艱水落時下流又苦水量不足乏灌溉之便千八百九十八年英國於亞酸附近建造一大堰千九百二年始竣工費約二千五百萬佛郎此工成後非獨舟楫甚便增加耕地甚大近時之大土與沁納半島王達云沁納半島即學會圖之西奈半島上有西奈山高至八千餘英尺爲摩西受十戒之處工也人九百七十四萬口講義云埃及雖苦苛政人口實年年增加千八百八十二年調查有六百八十一萬三千九百十九人千八百九十七年增至七十三萬四千四百五人外人寄居占十之一希臘人多意英法人次之農爲首業耕種地五百十二萬英畝內棉花八十八萬五千英畝入口貨值九百二十一萬四千磅出口貨辻志云棉花麥甘蔗煙草加非値千二百七十二萬九千磅棉花及棉花子居百分之七十二多與英土俄貿易鐵路千二百八十五英里辻志云二千八百七十六里電綫二萬一千五百五十九里蘇以士運河長八十七英里每年經過此河之船通計三千百九十七隻以噸數計英國居百分之六十七千八百九十八年入款千八十六

萬五千磅國債一億三百八十六萬三千磅貢於土者六十六萬
五千四十一磅兵額萬八千人俱歸英員統帶　坎羅人五十七
萬六十二口　亞歷山特里亞人三十一萬九千七百六十六口
特眉太人三萬千二百八十八口　吞太人五萬七千二百八
十九口以上要區
徐又云地分上中下三土上中兩土臨紅海市
地雙岡綿亘如夾巷下土臨地中海坦闊膏腴
支河交絡爲麥上壤共二十五部曰加義羅其都城也曰給里烏
波曰北爾卑義斯曰師卑曰米加馬爾曰芒蘇辣曰達迷也大曰
給比爾曰當達曰美黎曰美奴曰內曰勒曰福阿曰達馬奴爾曰
亞勒撒得黎亞曰德基塞曰亞得非曰白尼隋弗曰發雍曰迷尼
亞曰蒙發祿曰西干德曰齊爾日曰結內曰埃斯內埔頭最大者
曰亞勒散得馬基頓王亞勒散得之所建也昔爲地中海第一埔
頭今仍爲著名港口兵多餉重賦斂煩苛民不聊生地產穀果麻
靛蜂蜜棉花藥材先謙案徐志麥西郎雷志之埃及也列國學會
二圖世界圖與雷同謝志作伊及據二圖北臨地中海南界努比
阿東臨紅海西抵利比亞沙漠北有城面地中海曰亞勒散得與
徐合郎雷之亞歷山特里亞世界圖作亞歷山大里亞謝志作阿
勒散第亞周志作亞爾克旁特課程作亞立山德里一作阿勒撒
得力阿一作亞力山打自漢至唐國都在是樋志作亞力山大利
亞云爲亞歷山大帝所㭊講義作阿勒撒德云尼羅河分流最西

之海口辻志作亞歷山云在攺羅西北今爲通商埔頭其東南有
達馬奴爾與徐合又東南有但塔郎徐之當達雷之吞太又東北
有芒蘇辣與徐合又東北瀕海有達伊米塔郎徐之達迷也大雷
之眉特太薛記作達每太許考作達迷也得講義云尼羅河之東
分派處又有薩加西格當改羅與達米伊塔之中又東有波特塞
得講義鬮世界圖作蒲特撒以得講義云瘠苦無耕地及活水樹
木以當交通要衝故繁盛前臨地中海左爲面薩列湖湖之南爲
蘇伊士河郎雷之蘇以士運河也問答作綏斯周志作蘇士慕志
作蘇鴨士徐云由西印度西行有亞丁小島非緣驅亞衍丁誤海鳥英人所
據也由此入紅海西北行四千里而港盡至蘇爾士行陸路百七
十里郎地中海之東南隅再舟行七千里出直布羅陀海口郎大
西洋較之回南向繞非洲西境至極南之吸朴始轉枕東北者
計里減二萬計程近一月惟蘇爾士隔旱路百七十里舟不能行
海國聞見錄謂恨不用刀截斷者郎指此也案此地今日已開掘
成河許考作蘇彝士云本土腰一道爲亞非二洲樞紐長三百二
十里咸豐五年法人雷率伯作一詐作什勒勃賽斯伯一一作作魏勒勃賽斯布一建議糾
股集五百兆佛郎興工開掘同治八年成功亞非二洲截然爲二
自地中海賽特港一一作作波波德特些賽德特至紅海蘇彝士河長八十七英
里其中二十一英里因彌薩勒湖巴拉湖的木薩湖伯特湖實際
之運河六十六英里船舶通過約須十四時間千八百八十七年
土京條約定爲永世局外中立地無論戰時平時永遠不得封鎖
其每年通過之船舶約四千餘艘共一千數百萬噸四分之三爲
英國船收稅之數多至三四百萬磅三千五百噸汽車行可省三
日程問答云較前繞大洋近八千餘里講義云千八百九十五年

興工十年工成費用二億圓河北端有波賽特港南端有蘇彝士港中途有伊斯馬拉市河面寬五十八米突或百米突底寬二十二米突深二十八尺半政要云咸豐四年由紅海過地中海擬修火輪車路因尼羅河貫注埃境自南而北每逢水溢車路盡淹通治二年法遺里息（即雷韋伯）詰埃及察地勢欲新開水道使二海相同埃及結約興工日勒埃民數萬人助其工作同治己巳年工竣英法醲酒相慶謂自此西來兵船可以徑至中國無須繞道矣里息又與各國會集議於同治十二年開中美洲巴那馬水道預定通工人役六七萬人籌經費約七百五十兆福蘭以水道所經爲委內瑞拉屬地先饒以六百兆更預籌四百兆以爲興辦之資（孫靈云里息開新河成拿破論封以子爵遂致大富巴拉馬勞費十年卒無成效里息盡喪其前所獲窮困以死近有人得獲其遺器擬仍前開欄亙詳中美洲）蘇以士河之西有開義羅（講義同）即雷之坎羅徐之加義羅辻志云首府在尼羅河下流右岸非洲第一都會王宮官署在焉街市繁華府外有金字塔及人面獅身石像往古遺物爲最有名鐵路通亞歷山口岸及葡特撒以得世界圖作改羅現勢圖問答作該羅伊圖作開羅許考作加義路周志作客羅河之西有給塞即徐之德基塞其南有法雍即徐之發雍世界圖作法約毋又南曰迷尼亞與徐合又東南曰西烏德即徐之西干德世界圖作西烏特平方圖作亞西烏德又東南曰齊爾日其東曰給內兩地隔河相望又東南曰挨斯內以上並與徐合世界圖作歪斯甯又東南曰厄得佛即徐之亞得非紀程云科西爾屬埃及之給內部紅海東岸亦爲埃及之彌的安部蓋其疆域跨埃及北與阿剌伯接故東岸有埃及地也又西北齊爾日部又西北亞西烏德部亞西烏德城在尼羅河西爲埃及名鎮埃及鐵路北自亞歷山德南

達於此又西北入蘇夷士海灣紅海北有西奈山南伸入海分海爲二東爲亞喀巴灣西爲蘇夷士灣俱廣不百里而亞喀巴灣尤短又西北過迷尼亞部之東西奈部之西此處海面既狹東西岸俱在望又西北給塞部又北爲沙克部之蘇夷士埠有鐵路西達加義羅及亞歷山德羅斯大達迷也大等部紅海西岸地多產煤油出口貨煤油爲大宗自蘇夷士至波特塞得計八十七海里合中度二百九十里波特塞得屬沙克部北臨地中海南濱彌薩勒湖東倚新開河市埠頗盛案所紀部分與徐志異同及方位地形並可參證　又徐志努北阿（奴北阿慇　北紐必阿）云在麥西之南東枕紅海南界阿北西尼亞哥爾多番西界尼給里西亞（桼卿令族　屬蘇丹）長三千里廣二千里東南峻嶺重疊川谷相間西北沙漠遼絕尼羅河上游諸水灣環匯注河濱多沃壤餘皆不毛地氣酷熱甚於麥西古麥西南境自回部割據後散爲數小部道光二年歸麥西兼轄居民皆回回別有野番以劫擕爲生行旅時見剽剘又誘略努北子女賣於麥西麥酋不能鈐制之也地分四部各有酋長曰努北阿曰當哥辣日塞那爾曰札日斯物產二麥麻煙草米酒甘蔗棉花檀香烏木象牙金沙駝馬尤艮先謙案雷志無列國學會二圖作努比阿吳志作奴比阿岸圖作努皮亞世界圖作努比亞矢志併合埃及蘇丹慕志云緯綫自赤道北九度至二十四度經綫自中國順天偏西十八度至八十八度許考云部落悉埃及直省其地北界埃及南界埃及所屬蘇丹西界黎比亞沙漠東界紅海據二圖北境有努比什卽徐之努北阿中境曰當哥拿卽徐之當哥辣南境曰塞那爾與徐合今繪入蘇丹境誤又東境有北貝又東至海岸有蘇亞金南境有喀土穆今皆爲英屬見英埃蘇丹下

阿爾多番達爾夫耳

英埃蘇丹國 中非 謝志

英埃蘇丹雷志云千八百八十二年之亂馬蒂爲首土地盡失千八百九十七年幾全收復課程云光緒九年回教中擁馬地爲首英命戈登往平之旋被戕害是役英水師亦不利因不再發兵惟以亂黨未平爲詞不撤埃及戍兵先謙案馬地卽馬蒂譯言聖人又作馬典見埃及下矢志云殆魯意修覿蜂起爲亂埃英合共征服之其都邑曰同各拉在尼羅河畔與蠻人交易之地白尼羅碧尼羅合流處曰卡通爲內地貿易通衢埃及駐兵於此王達云同各拉當卽學會圖之新當哥拿高等地理云此努比亞都會中最繁盛者卡通當卽喀土穆亦卽下雷志之喀塔摩面積百萬千八百英方里至赤道北六度止人五百萬口實爲英之保護國諸地俱英與埃及國旗並立總督非英國允准不立

喀塔摩都城徐志云非洲中土迤北沙漠橫亘稱撒哈拉叙[illegible][illegible]東西九千里南北三千里風起則天地昏暗沙隨處積爲邱陵天氣酷熱無滴水無一枝之蔭行者往往爲風沙噎斃或喘息死行沙中皆用駝渴極則殺駝吸其血或飲其胃中之存水中間偶逢片土如海中之洲島有水泉草木行旅賴以存濟東偏沙中有回部二曰哥爾多番曰達爾夫耳再南行盡沙漠復見土壤有河道溪澗草木暢茂人皆黑番亦從回教部落甚多總名曰尼給里西亞又云阿爾多番在努北阿之西南長約

千五百里廣千二百里北繞沙漠南界山陵火峯吐燄地氣炎蒸有大河貫國中曰巴勒拉比亞兩岸肥沃種宜黍稷居民奉回教國無王鈴以頭人爲麥西所役屬會城曰痆卑德別有城曰巴拉爲商賈萃集之地產棉花鐵器又云達爾夫耳他一離在哥爾多番之西長約千二百五十里廣八百里北多沙漠南有腴壤樹木成林土宜黍稷居民皆回人俗重農工國王歲率其酋長耕以勸農事貿易頗盛邊境多暴客商旅結隊以行每千餘人駝數千行宿如營陣都城曰哥卑國王居爾發捨耳土產黃麻胡椒煙葉象牙木材香料玉紋石硝硇砂先謙案卽雷志之英埃蘇丹也列國學會二圖作埃及所屬蘇丹世界圖作東部蘇丹岸圖作埃及蘇丹謝志作伊及蘇旦皆據英未干涉時稱之謝志云伊及蘇旦包尼勒河上流之地西部爲達富耳哥多凡庚古拉中央爲法壽達等處東抵阿比辛伊亞南抵阿勒伯湖首府曰根多哥羅濱白尼勒河今已圮毀達富耳在西境當北緯十一度至十六度東經二十三度至二十八度面積二百萬方里有酋長居首府哀爾法施哥多凡在達富耳東白尼勒河之西首府曰阿卑德所志疆域與雷之舉英埃蘇丹以包哥爾多番達爾夫耳相合據二圖達爾夫耳北界利比亞沙漠南界公額東界哥爾多番西界蘇丹土部謝志作達富耳矢志作達爾弗爾現勢圖作達爾物課程作達夫阿一作他佛慕志作達夫云緯綫自赤道北十一度至十六度經綫自中國順天偏西八十七度至九十一度北境有法捨耳卽徐之爾發捨耳也謝志作哀爾法施課程作爾法捨云一法作什阿西北有哥卑城與徐合許考云達爾夫耳地雖燥烈尚少疾疫居民二十餘萬行商不用財惟以貨交易土人皆崇回敎風俗陋惡哥爾

多番北界努比阿南界東部亞非利加東界阿比西亞西界達爾夫耳謝志作哥多凡課程作考爾朵番吳志作可爾多樊慕志作哥多番云緯綫自赤道北十一度至十六度經綫自中國順天偏西八十三度至八十九度北境有痾阜德謝志作阿阜德課程云一作阿阜意特一作厄耳痾阜特又北有巴拉城並與徐合南境有法紹達謝志所稱法壽達也世界圖作法斯各陀現勢圖作法鎖大講義記法紹達事云千八百九十八年法紹達事乃英法爾國爭雄之局關阿非利加大勢蓋英國謀自埃及經英領東非保護地通南非喜望峯殖民地以伸其對於印度洋之權力而決國阿非利加領地星散謀自所領尼日爾上流地方以通東非法領索謀里蘭聯爲一氣英由北而南法由西而東皆必假道於尼羅河上流地英以縱貫阿非利加爲政策當用兵埃及時已自阿勒撒德至瓦的哈耳法分兵駐守以鎮撫之嗣復在紅海岸占領蘇亞金又在尼羅河東岸制服北貝將以喀土穆爲駐兵要地籌開由阿勒撒德經北貝至喀土穆之鐵道便從埃及出紅海可不由蘇彝士河也其後英將軍基的拉竟陷喀土穆縱貫阿非利加政策已有成局時英國南非鐵道幹綫自開普墩而達不拉烏行將達三比西河又在南非北非之間得有東非保護國及烏干達南北領地中央不通之處惟坦噶尼喀湖至烏干達之地及尼羅河上流至烏干達之地而已（案二地俱爲德領所隔）不惟此也坦噶尼喀湖之北烏干達以南之地英德會商已得便宜行事之權惟喀土穆以南烏干達以北地歐洲各國尚無人得其保護權英國謀取尼羅河航路權既不果乃於占領喀土穆後更將進兵占領此地然此地西通法領公額東通法領索謀里蘭法人不能坐視也尼羅河

岸有法紹達者適當其衝是以法人必先爭之千八百九十六年秋使太尉崩西母及克羅修得少佐馬爾寫率遠征隊分途逼尼羅河上流師南出適法國多事不遑兼顧然馬爾寫竟於千八百九十八年至法紹達建法國旗報聞本國法政府更向英人爭其權力兩國開議數次不諧法政府準備艦隊英國亦擬辦新海軍決意開戰既而法國從俄國調停召還馬爾寫退出法紹達照會英國千八百九十九年三月二十一日在倫敦訂約法國讓巴耳尼耳加薩耳案即二圖之耳爬耳加薩耳肥及達爾夫耳等地與英其瓦代巴給爾美干內木等地則爲法有互詳英領法領蘇丹下近作得湖之東北地亦爲法領課程云奈逵河西屬法東屬英近作得衡南首之地亦屬法故大權皆歸英法在北緯十五度以北地方法國勢力範圍竟擴充至夏至綫附近而及於努比亞沙漠境

阿比西尼亞國 謝志北非

阿比西尼亞 慕志云緯綫自赤道北七度至十六度經綫自中國順天偏西七十三度至八十一度述略云本國人稱其國曰以第我彼阿阿拉皮國人呼爲哈白司西人謂爲阿比西尼亞也 雷志云全國皆高原四圍高

山環之間有深谷數處 矢志云地在努比亞之東南紅海之南端而亞比西尼亞山脈連亘國中故或稱其國曰非洲之瑞士以其多山故也 **藍尼羅河在差那湖高於海面五千七百六十英尺** 先謙案藍尼羅河一稱碧尼羅河與差那湖俱見下 **氣候分三區一科拉爲低熱之地**

講義云地勢向西傾斜勢頗紆徐東向紅海急落而爲平野一望奄那蒂喀爲種葡萄之地高自五千英尺至七千九百英尺講義云最高峯曰拉斯達新高萬五千英尺一高原杠達案郎達爾公高六千三百英尺熱度中數六十七度雨水三十四英寸全國面積四十八萬英方里辻志云九萬方里矢志云十八萬五千方里問答云百七十六萬方里人四百八十三萬口内有亞各阿比西尼加拉等種講義云居民多南阿刺伯種族今自南方移來之喀拉人亦漸繁殖辻志云三百五十萬口○徐志阿北西尼亞阿八思尼阿哈北斯尼亞毘心域馬八兒阿邁云國在努北阿之南東枕紅海南界亞德爾長二千三百餘里廣二千餘里山嶺盤囘岡陵錯雜有大水曰巴勒那塞各又名藍河下游匯於尼羅土田肥沃地氣溫平惟近紅海一帶頗炎熜多迅雷雨五月至十月陰霖居半行旅艱於跋涉自古爲土番部落沿革無考俗好爭鬭殺掠食牛不宰臠割生啖別有野番穴地而居捕蟲豸爲食得野獸食其肉纏其腸繫其踵於身以爲觀美國分七部各有酋長曰的給勒曰公達爾曰昂哥卑爾曰昂合拉曰昂哥曰那勒亞曰薩馬拉產二麥粟米麻蜜棉花木料山中多獅豹山狗辻志有甘蔗加非馬騾橐駝象牙皮革金銀寶石又云元世祖時馬八爾俱藍二國入貢馬八爾即阿北西尼亞俱藍疑即努比阿此非洲通中國之始先謙案即雷志之阿比西尼亞也列國學會二圖作阿比西亞現勢圖作亞伯細尼謝志作阿比辛伊亞分圖作阿比西尼周志作亞培息

尼吳志作阿比西尼阿矢志作阿比西尼亞云舊名愛叔庇亞許考云舊名厄地阿比亞據學會圖東南西南界雷志之意領索謀里蘭東方一段界法領烏幹達據雷志東北西北界意領歐里脫里亞在意國範圍之內案二圖中境少西曰公達爾[illegible][illegible]世界圖作孔達慕志作公達吳志作根達矢志作剛達云在高原之中央但那湖畔湖爲碧尼羅河所自出樋志作德姆比亞吳志作塔拏云一名亭別周志作玳被即雷之差那湖也東南隅曰昂哥卑爾樋志云第二都市並與徐合昂哥卑爾相距少西曰昂哥拉即徐之昂合拉東北隔曰薩剌郎徐之薩馬拉已歸意領許考云晉成帝五年天主教福羅門爵曾往傳教唐初回族掠其東境明成化末葡王若望第二遣使通好崇禎二年國王被廢並逐教士嗣後部落分析酋長轄治今分三部北曰的額勒慕志作的結勒會城曰阿杜瓦南曰阿馬拉慕志作亞達哈拉會城曰剛達爾東南曰說阿慕志作要會城日安哥卑爾種類紛雜技藝粗陋市廛寥落民性強悍怠於操作工藝多委阿剌伯猶太人幸物價最廉一牛值洋銀二一雞錢五十餘資生尚易遇設盛饌物皆生啖血嘗淋漓陋俗可想近意法英各占其江海諸地意在北法在中英在南辻志云自主國分爲替古勒亞慕哈拉孝亞三部亞慕哈拉案即阿馬拉首府曰孔達兒在塔那湖畔王宮宮署在焉替古勒案即的結勒首府曰亞得亞孝亞案即說阿首府曰亞的斯亞倍巴制度類封建又有國會掌立法諸州有知事常備兵十五萬鐵路百四十七里電綫通哈拉兒及亞的斯亞倍巴樋志云千八百六十八年國王提鐸爾與英戰沒陳[illegible][illegible]云英將[illegible][illegible]古編至今時有亂狀矢志云昔稱愛叔庇亞帝國今則合數邦而爲亞比西尼亞王國其王梅奈立克第二世千八百八十九年郎

位時爲意大利保護國約爲同盟千八百九十五年與意開釁據云阿欲聯俄之故時意軍屢爲所敗近聞意國自甘退讓期歸於好云案二圖孝亞作勺亞亞慕哈拉作亞木哈拉替古勒作地格里又埃及至阿比西尼亞矣志總之曰尼羅諸國以皆在尼羅河流域也蓋皆古埃及舊壤王達云大地誌言國內分三部北曰地格里首府曰亞多奥人口三千中曰亞木哈拉首府曰公達爾人口五千南曰勺亞首府曰昂哥卑爾人口三千案此國自千八百九十五年與意國開釁以來意軍屢敗至千九百年此國再宣言獨立實已脫意國羈絆矣

意領歐里脫里亞謝志北非

歐里脫里亞雷志云意領其地包有紅海部及馬沙華經過北阿比西尼亞與坎倫之高原至哈沙拉止先謙案北字衍面積二萬八千英方里沍志云五十二萬一千方里人二十三萬口沍志云五十四萬馬沙華水陸進口貨值四十一萬三千三百四十磅防兵六千人先謙案雷志歐里脫里亞世界圖作意領伊里特利亞依圖作伊里德勒亞謝志作伊立德利亞講義作攸利茲利亞云在紅海岸界埃及及阿比西尼亞千八百八十一年意占領阿薩巴灣及其附近地翌年宣言以爲殖民地漸擴充其境界馬蘇阿及附近諸島亦屬焉千八百九十年合以上諸

地稱攸利茲利亞殖民地千八百八十九年後阿比西尼亞王米內利亦歸意爲保護國千八百九十五年與意爭界開戰意軍大敗阿比西尼亞頗收回喪失之地千九百○年復爲獨立國攸利茲利亞向無農業而牧產頗富遊牧者多土人謀沙鳥附近產珠甚多又自馬蘇阿至刷的有軍用鐵道十七里案馬蘇阿當卽雷之馬沙華無他地足以當之樋志云麻蘇瓦在紅海商埠陳炳煥云麻蘇瓦本屬阿比西尼亞近爲意國伊立德利亞首府葢與阿戰勝而得之麻蘇瓦卽馬蘇阿也矢志作馬撒哇徐志非洲羣島云馬蘇阿島在紅海中附近阿比西尼亞土耳其所轄煙戶無多泊舟穩便貿易頗盛慕志云馬索瓦島乃埃及總督統攝馬索瓦卽馬蘇阿王達云馬蘇阿有名部者如埃及所屬蘇丹分十二州中有馬蘇阿州是也有爲都邑名者高等地理言州內有名之地爲馬蘇阿港在蘇亞金與英領丕林島之間近海岸島上是也學會圖馬蘇阿港在達拉克羣島之西小島上

意領梭曼利蘭 謝志東非 亞然亞德爾

意領梭曼利蘭雷志云面積甚廣意國於千八百八十九年得之

巴拉華及札勃河北部桑給巴諸商埠於千八百九十二年讓與意人王達云巴拉華卽學會圖之巴拉瓦札勃河卽周巴河高等地理言東索謀里蘭海岸地方在意國勢力區域內其主要之地爲巴拉瓦馬喀馬加多朔等港由桑給巴爾之回教王讓與英國後又由東阿殖民會社轉讓與意人與雷志合 **面積**

十萬七千英方里辻志云六十萬方里**人二十萬口**辻志云四十萬口。徐志非洲東土云係印度海之西岸自紅海口門之外地形由東北而西南長約九千里遙北回族與黑番雜居迺南皆黑番地多金沙藥材土番採之以當錢幣極東北曰亞德爾其南曰亞然再南曰桑給巴再南曰莫三鼻給其西南曰麽諾麽達巴又云亞德爾一名亞占在阿比西尼亞之東當紅海印度海之隅西南重岡疊起東北平原廣闊河流交貫穀宜黍稷地氣炎燥居民皆土番奉回教地分數部各有酋長時與阿比西尼亞兵爭土產金沙乳香胡椒象牙亞然一名然貴巴在亞德爾之南長約千九百里北境多山東多砂磧西南人迹罕到沿海所居皆阿剌伯回族以貿易為業面色差白內地皆黑番以牧獵為生十數部各有酋不相統轄大者曰巴拉瓦城建海濱有深澳泊船貿易頗盛土產香料為多先謙案亞德爾亞然卽雷志之意領梭曼利蘭也列國學會二圖作索謀里蘭世界圖作意領東部叟馬利海岸講義云意領索謀里蘭在英領東非之北為印度洋岸一帶之地又云東岸地勢亦如西岸有一帶低地其後有高地諸河貫流之索謀里蘭為沿岸低地最廣者也河流雖多比西部諸河略短小問答云印度洋之西阿典海股之南阿典卽亞丁轂中亞非利加東北大城曰伯伯拉見英領梭曼利蘭南有亥內斯河茹巴河有角曰瓜達斐角二圖作瓜達夫伊角界圖作瓜躂達肥角世慕志云亞德分數部都城曰西拉又有索謀利伯伯拉黑拉牙蘭等部是索謀利特亞德之一部而後為地方之大名又云亞然緯綫自赤道北四度至十二度經綫起止不知其所東接印度洋西接桑給巴北連海濱長二千八百里今諸圖志有桑給巴莫三鼻而無亞德爾亞然二國據世界圖有如巴巴剌瓦諸地大名作嘎拉士二圖亦有如巴蘭巴拉馬大名作加剌蘭霄志英領棱曼利蘭下云棱曼利之一大分及加拉諸地俱在意國勢力圈內嘎拉加剌郎加拉也講義云英領東非北接加拉國剌䚋（英領）是加拉乃當時土國如巴郎茹巴巴剌瓦郎巴拉瓦與徐云亞然大部巴拉瓦合亦郎雷之巴拉華是亞然已屬意領之明證亞德爾當紅海印度海之隅考案地形正與叟馬利海岸合是亞德爾亦屬意領無疑年代久遠局勢變更二國名迹將歸泯滅矣問答但云棱茅利別名亞然亞德而未明其由來許考云索瑪利東北曰亞德爾國初強盛日就式微索瑪利西曰加爾拉土番別部是亞德爾國在大國範圍之內若存若亡

加爾拉郎加拉也

北非洲

先謙案雷志列尼羅諸國於北非之外故止以下四國

徐志云非洲北土在地中海南岸者東西長約萬里南界撒哈拉大漠綿延如帶迤東多沙磧迤西山嶺錯雜古世總名美的德拉虐周世有非尼西亞國者由希臘遷居於此名其國曰加爾達額（一作迦太基）擅地中海之利權富強無敵又有奔多入占爾達兩部西漢初皆為羅馬所滅唐初阿剌伯回人與既得麥西漸拓而西地中海南岸諸部蠶食無遺及渡海侵西班牙割其國十之八（時葡萄牙尚未爲屬）阿剌伯衰諸部半為土耳其所奪地分四國迤東接麥西者曰的黎波里迤西曰突尼斯皆屬於土再西曰阿爾及耳舊屬土今歸法極西抵地中海口門者曰摩洛哥係紅帽回人不屬土矢志稱巴爾巴利（英志作別爾別爾亞）云巴爾巴利為埃及以西沿地中海一帶諸國之總稱南接大沙漠

其南有亞太臘山脈（問荅作阿德拉斯山）最高峯至萬四千尺臨澤孛兒墨兒津之地中海低平可耕種岡記作巴巴黎問荅作巴巴利樋志稱北海岸諸國云亞德拉斯山脈與地中海岸平行東西橫走至摩洛哥而極雄峻國內大半高地然進向東方山勢轉低至的黎波里乃降爲平原摩洛哥北部地味肥沃然以施政失宜土地半荒阿爾及耳突尼斯地稍瘠薄的黎波里磽确帶沙漠性質又亞德拉斯南麓有一帶狹長沃地植棗多穫有棗地之稱講義作博爾巴剎（列國學會二圖阿）有摩洛哥阿爾及耳突尼斯而不數的黎波里謝志列北亞非利加一伊及阿爾及耳埃及二努比亞郎努比阿三伊及蘇旦郎英埃蘇丹四阿比辛伊亞郎阿比西亞五伊立德利亞郎意領歐里脫利亞六德利波利郎土領的黎波里七度巴斯郎法領土尼斯八阿勒支利亞郎法領阿爾欺里亞九摩勒哥郎摩洛哥十撒哈拉

摩洛哥國 謝志北非

摩洛哥國 慕志云緯綫自赤道北二十八度至三十六度經綫自中國順天偏西西百十四度至百二十七度長千八百里廣二千八百里 **雷志云專制國** 樋志云君長稱蘇爾丹講義云皇帝稱耶米爾阿爾西尼（取義爲眞信者之君）**七世紀末阿剌伯人始占居之** 徐志摩洛哥與雷同（馬羅各馬落可摩樂哥）云在阿爾及耳之西北枕地中海西距大西洋南界撒哈拉大漠地勢由東北而西南長二千五百里廣千五百里有大山曰亞德拉斯橫亙國中沙磧環帀田少而腴駝馬蕃庶夏令

酷熱海風解之沙漠薰風峻嶺蔽之故地氣溫平少疾疫居民六百萬皆紅帽回回本阿剌伯屬國土耳其既興海南諸邦席捲無遺獨摩洛哥以窵遠獲全而阿剌伯衰弱已甚無復羈縻遂獨立爲海西回國俗好擄掠得他國之人强入回教從則釋之否則囚錮爲奴近年英法人遭擄禁者數千兩國以兵船攻之圍其都城其王震恐盡釋被擄者由是稍斂迹 包有沿大西洋之沃壤阿脫蘭斯山高峰積雪終年不消內阿雅欣山高萬四千百五十英尺及撒哈拉之一分無可航之水道 講義云國內分三部一海岸至高地二中央山地三撒哈拉沙漠 千八百九十五年准英國於鳩庇角設製造所面積十五萬四千五百英方里 迂志云百三十一萬四千方里 人六百萬口內歐洲人二千猶太人十五萬黑人二十萬尚有般般種與阿剌伯遺種二百萬 迂志云二千五百萬或云九千四百萬講義云沿岸謨亞人最多內地巴巴人般般卽巴巴也 財富天然尚未發達海道入口貨值百五十一萬磅出口貨值百四十三萬七千磅豆大小麥蛋杏橄欖油珍珠米牛山羊皮羊毛蠟拖鞋絨呢爲大宗 迂志有扁桃象皮問答有棗地毯五色皮紅氊帽山羊皮製成通行天下矢志有玉蜀黍蠶豆及摩洛哥

革[illegible]囊及書籍等[illegible]俱用此革頗有名於當世　多與英德貿易兵額平時萬一千人講義云聽英人指揮戰時五萬人大半騎兵　飛士人十四萬口　摩洛哥人六萬口

呑畿耳熱度中數六十四度雨水三十二英寸人三萬口又摩格篤熱度中數六十七度雨水十英寸以上要區

徐又云國分六部曰摩洛哥曰非斯曰蘇斯曰達拉哈曰達非勒曰西日爾美塞都城舊在摩洛哥後遷非斯部之美幾內斯其俗以布纏身上束帶巾包頭戴紅帽著各色履腰刀劍跨鳥槍好馳馬角勝習射頗精閑婦女甚嚴出門帕蓋全身惟露雙眸禁飲酒食猪肉喜吸煙煙以麻葉爲之土產銅錫白蠟藥材棉花木料通商不廣矢志云北臨海峽扼地中海之咽喉南濱大西洋巴爾巴利諸國中能不受歐洲諸國之牽制者惟此國而已然其政事固陋風俗殘忍蓋無足道者先謙案雷志摩洛哥列國學會二圖世界圖同吳志作謨若科周志作麥落哥謝志作摩勒哥據二圖北臨地中海西濱大西洋東界阿爾及耳南抵義幾德沙漠大亞特拉斯山東北自阿爾吉爾來橫貫西北郎雷之阿脫蘭斯徐之亞德拉斯也講義云大阿特拉斯山脈橫貫摩洛哥國小阿特拉斯山脈自此經過阿爾及耳至突尼斯止山南有德拉河山東南世界圖平方圖有塔斐勒郎徐之達非勒山西濱海二圖有摩加多爾講義郎雷之摩格篤世界圖作摩噶多大西洋岸要港又東內地有摩洛哥與雷徐合过志云在國西部製革頗盛其地居大亞特拉斯山北逾山而南蘇士河出

爲徐之蘇斯部葢因水得名距此水當不遠而二圖不載由摩洛哥而東北有美八內斯王達云八字誤譯音不合葢世界圖作美幾內斯許考作美基內斯近大西洋美八內斯之東曰非斯與徐合慕志講義同郎雷之飛士矢志作誨自周志作夫材問答作斐斯辻志云首府王宮官署在焉講義云信回教者視此如神府如阿剌伯之麥迦麥地那也近直布羅陀海峽處西曰丹吉爾講義同郎雷志之呑幾耳國內第一貿易港也王達云南岸大西洋邊有摩洛哥屬之伯列爾島東距直布羅陀約十三海里光緒二十八年英人以掘石爲名復借而據之碇泊水雷艇以鞏固其制海之權高等地理云美幾內斯爲耕作地方之中心市街廣闊與園圃相交錯非斯名爲首府然摩洛哥及美幾內斯亦均駐蹕

班領潑雷西驕

潑雷西驕雷志云西班牙屬包有修大替土恩及曼里拉面積三十英方里人萬六千口王達云高等地理言直布羅陀對岸之休達森林及其附近之得拉安皆爲西班牙占領學會圖休達及麥里剌倶標西字雷之修大郎休達替土恩郎得拉安曼里拉郎麥里剌葢合之名潑雷西驕先謙案由非斯現極北挺出東曰休達平方圖作修達世界圖作雪烏他現歸班領北臨地中海爲直布羅陀海峽矢志作直勃洛爾太徐志非洲羣島云修達島在地中海直布羅陀口門之內附近摩洛哥建有堅城亦西班牙所屬修達非島此徐誤也休達之東爲麥里剌世

界圖作妹利拉接亞爾及耳西境

法領阿爾欺里亞謝志北非

阿爾欺里亞慕志云緯綫自赤道北三十度至三十七度經綫自中國順天偏西百八度至百十八度長二千五百里廣二千里雷志云千八百三十年法國據之徐志阿爾及耳亞爾日耳阿利額云在突尼斯西土耳其屬國今爲法藩部許考云漢屬羅馬宋文帝六年日耳曼人横達勒奪之梁武帝三十三年希臘取之唐武后七年阿剌伯據爲紀有此後入百餘年屢易其主明正德六年歸土耳其道光十年入於法長二千一百餘里廣千八百里山阜紆蟠東南峯巒插漢常積冰雪沿海尤斗削不易躋攀境內多沙磧而土最膏腴自回族割據農工蔬惰田多荒蕪先是阿剌伯回族據西班牙七百餘年生齒逾數百萬明初西班牙北部起兵恢復回族多逃回阿爾及耳後西班牙復逐降回百餘萬出境亦轉徙入阿爾及耳回民失業流離習爲盜陸則飛騎剽掠水則飛艇截劫數百年爲地中海大患法英美會舟師勦之登岸攻掠者戮其人不取其貨回族斂迹數十年已而復肆道光初法兵攻破都城回族逃遁沙野法鎮以大酋盜蹤稍斂然重兵防守所費甚鉅近年回酋聚衆來攻法破斬之講義云法總督管理行政之事法律爲法國下議院所定陸軍有法國第九軍團駐之爲三府以一總督管轄包有北部沃壤畜脫之高原以阿脫蘭斯山見上與阿爾欺里亞之撒哈拉爲界講義云分海岸地阿特拉斯山地撒哈拉沙漠三部國

內無可航之河許考云舍利弗河出亞德拉斯山陰長四千餘里入地中海餘不著名面積三十萬九千五百八十英方里辻志云百十萬六千六百二十方里人四百十七萬五千口內歐洲人四十八萬其中法人二十六萬八千猶太人四萬七千四百五十九土人則有阿剌伯種般般種又妥萊種居南部皆從回教辻志云四百四十二萬九千講義云巴巴人占十分之五有學堂千二百九十所耕種地約七千七百二十五英方里收耕穫之益者不過千二百五十四英方里且有多處爲樹林常種者大小麥葡萄歲釀酒八千六百萬格倫橄欖煙葉胡椒萆麻子可造紙之黑番草尤多講義云草名阿爾非輸出最多乃阿爾及耳第一財源千八百九十五年有馬三十五萬八千六百五十七槖駝二十五萬五千四百八牛百十二萬千二百四十六綿羊七百八十九萬千九百七十九山羊三百五十四萬五千四十一採珊瑚亦爲要業礦產銀銅錫鐵水銀等入口貨値千六十八

萬四千磅出口貨值千十五萬八十磅多與德英貿易鐵路千八百三十一英里防兵十九隊五萬五千人入款二百十六萬六千磅出款二百九十三萬五千磅兵費在外　阿爾欺爾斯熱度中數六十五度正月五十四度八月七十七度雨水二十七英寸人八萬二千五百八十五口　亞倫人七萬四千五百一口　康士但丁人四萬六千五百一口　波那人三萬八百六口以上要區

徐又云其地戶口三百萬舊分六部六舊七今曰阿爾及耳其都城也建於山坡曰岡士丹的納曰馬斯加拉曰的德利曰薩布曰卑爾北耳氣候温平多地震土產五穀果實金銀錫鐵礬硝珊瑚先謙案徐志阿爾及耳即雷志之阿爾欺里亞也列國學會二圖與徐同世界圖作阿爾吉利亞謝志作阿勒支利亞矢志作亞及周志作亞爾求拉依圖作阿爾及利阿吳志作阿爾色利阿據二圖北臨地中海南抵亞勒格沙漠東界突尼斯的黎波里西界摩洛哥其西北隅有城曰阿蘭[illegible]志世界圖作俄蘭即雷之亞倫許考云此西府自明正德初至國朝康熙末年屬西班牙工藝與西人略同乾隆五十五年地震屋宇傾圮大半至今未復其東南有馬斯加拉與徐合又東有的勒特郎徐之的德利又東北有阿耳及爾郎雷之阿爾欺爾斯周志作亞爾及斯吳志作阿爾噶士樋

志作阿爾及阿斯許考作亞爾日耳云中府阿剌伯人所築又東南有岡士丹爾的納譯義卽雷之康士但丁徐之岡士丹的納世界圖作孔斯坦丁慕志作岡士丹丁許考云東府一名公斯當定納漢時屬羅馬名奴米地亞者卽其地也城在亞德拉斯山上晉時羅馬王公斯當定飭建故名卽雷之三府矣又東北曰波那與雷合矢志云此地鐵道電信學校郵政之制無不美備在巴爾巴利中最有進步樋志云法人又開鑿噴水井於沙地以便灌溉王達云高等地理言阿爾及耳府自海上望之實爲壯觀其建築屋多白色故有銀色都之名歐人多來此避寒鐵道東通阿蘭西通波斯

法領土尼斯國北非謝志

土尼斯徐志突尼斯都土尼斯鷗云在的黎波里之西爲土耳其屬國地形北出東北兩面皆臨地中海長千五百里廣八百里地勢平坦沙磧居多沿河土腴海濱鹹斥乏淡水戶口三百餘萬安居貿易無劫盜之俗稱回部善國王不世及由衆推舉仍請命於土慕志云緯線自赤道北三十二度至三十七度經綫自中國順天偏西百五度至百九度長千里廣四百里講義云其國稱王伊曰配雷志云千八百三十一年後歸法國保護使大臣駐之治其國事矢志云建立礮臺與法國馬爾塞港來往極繁東岸低下不能產物北岸峻峭內部多山南爲原野饑力狄高於海面五十七英尺面積五萬八百四

十英方里辻志云三十萬六千方里人百五十萬口辻志云百七十萬講義云百九十萬耕種地云有六千三百英方里漁業重要出海絨撒丁魚鱈魚墨魚業此者大半意大利人礦產甚微入口貨值百八十一萬一千磅出口貨值百六十四萬千七百磅大小麥櫟皮橄欖油海絨葡萄酒爲大宗多與法英意及馬耳撻島貿易鐵路三百二十五英里講義云八百八十三英里入款九十六萬二千磅國債五百七十萬二千磅法兵外講義云法駐兵萬九千餘有土兵萬六千六百人 土尼斯熱度中數六十七度正月五十二度八月八十一度雨水十五英寸人十三萬五千口 坎爾文人二萬口 格勃司人萬口以上要區徐又云地分兩部曰的里幾亞曰達拉幾斯都城建於波加斯湖濱高阜上與國同名居民十萬以織布爲業地氣溼熱產麥橄欖油銅銀錫水銀蠟硇砂獅猴獐山狗歐人皆與通商先謙案徐志突尼斯即雷志之土尼斯也列國學會二圖與徐同世界圖作邸尼斯謝志作度尼斯周志作吐尼斯吳志作邸尼士據二圖西界阿爾及耳北距地中海東南界的黎波里南境有城曰加卑司世界圖作加倍斯即雷之格

勃司加倍斯之北有開溫世界圖作開爾彎卽雷之坎爾文極北則突尼斯都城卽雷之土尼斯也王達云高等地理言摩洛哥府周回五英里綃及毛織物製造頗盛紀元後六百七十年亞拉比亞人掰建北非洲回教徒今尚以此爲文學都府亦非洲之巴黎也開溫在突尼斯南八十英里有回教寺院甚宏壯古代北非亞拉比亞帝國首府也與東之蘇薩港有鐵道聯絡先謙又案古世亞洲西境有非尼西亞人臨地中海立國善爲商賈其後至非洲北境築二大城曰戲坡曰阬郛周幽王十四年非尼西亞王之妹伊麗紗與王有隙挈其黨數千人浮海至非北就阬郛遺阯改築大城曰加爾達額數百年後遂爲大國漢景帝十年滅於羅馬郎今土尼斯地也徐志云非尼西亞有遷於地中海南岸者定都城於士羅更名加爾達額案土羅非尼西亞都城非加爾達額都城也徐志大謙釃志作加塞其講義同一作迦太基一作加爾達儀矢志作加雖治云其廢墟在西北六里王達云加爾達額當卽學會圖之嘟爾察奇大地誌高等地理俱云在首府東北十三英里邱尼斯之東北有角曰崩角

土領的黎玻里國 謝志北非

的黎玻里樋志云的黎玻里阿拉伯語謂白海卽沙地之義高等地理云的黎坡里者三都會之義蓋往古此地方爲薩布拉他阿埃及里甫的馬給納之三都會也近世之的黎波里當古代阿埃之位置索亞拉當薩布拉他之位置里布塔當里甫的馬給納之位置所釋各異慕志云緯綫自赤道北二十四度至三十四度經綫自中國順天偏西九十一度至百五度長二千餘里廣二千七百里

雷志云土耳其藩國包有的黎玻里本部巴喀飛愼諸地

面積三十三萬八千四百七十英方里辻志云二百三十九萬三千四百方里人百萬口辻志云百三十萬沙漠大半間有草地及肥土入口貨值五十六萬二千磅出口貨值六十八萬八千磅穀油牛羊毛黑番草及蘇丹諸物產

的黎玻里人三萬口　本哈士人七千口　滿石克高於海面千七百六十英尺人六千口　格德摩司人七千口以上要區

徐志的黎波里的黎不里特利破里迪波里云在麥西之西土耳其屬國長四千里廣二千五百里夷坦無山有大河曰的內市岸頗有腴壤餘皆沙漠沙中間有片土生茅草回族游牧其中騎健駝四出剽掠鄰境患之國有王世繼仍請命於土耳其分四部曰的黎波里其都城也建於海濱曰巴爾加曰非三曰亞達美地氣酷熱晝暑夜寒多歉歲土產皮羽蠟棉花硫磺滑石丹參金砂榭云果品甚美為生財大宗阿里俄果出油甚佳珍物也先謙案卽雷志之的黎玻里也列國學會二圖與徐同世界圖作特里庖利周志作得利薄里吳志作特利頗利依圖作的利波利矢志作德利波立據二圖南界沙漠東南接埃及西北界土尼斯阿爾及耳東北臨地中海其北濱海為的黎波里都城與雷徐合西境有加達美斯卽雷之格德摩司徐之亞達美世界圖作噶達密斯南境有非三與徐合卽雷之飛愼世界圖作飛撒矢志作費殘現勢圖作匪盛謝志作斐散周志作弗殘許考作菲桑亦作菲穎云縱橫八九百里全境無川瀦澮

城曰暮爾蘇酋長理事歲時納貢於的黎波里飛撒有地曰模爾索克卽雷之滿石克世界圖作木爾素克謝志作木耳蘇革矢志作墨爾薩克云內地商業之中心東北有大海灣曰格羅西灣講義云非三之首府其東南近黎比亞沙漠地曰給巴勃都城之東日本哉母海至此成大灣曰西得拉灣卽格羅西灣也灣之東北曰班加西卽雷之本哈士世界圖作本噶西其東大名曰巴爾加與徐合世界圖作巴爾喀卽雷之巴喀矢志作敗卡周志作排克謝志作巴加樋志云巴爾加爲一小高原其南撒哈拉有一羣泉地曰飛三亦歸版圖自的黎波里經非三及撒哈拉有通蘇丹之商道講義云的黎波里及非三爲土之一州非三沙漠占其大部到處有俄西斯每歲有阿剌伯隊商數百驅駝數千旅商各處南至瓦代波奴爾丁不各都等地以棉貨及歐洲製造品易駝鳥羽象牙等而歸

清末民初文獻叢刊

五洲地理志略

（第四册）

［清］王先謙 撰

朝華出版社
BLOSSOM PRESS

五洲地理志略二十六　　歐洲三

賜進士出身　特賞内閣學士銜前國子監祭酒翰林院編修加三級臣王先謙謹撰

朔方備乘十三圖

中國與俄羅斯交界圖

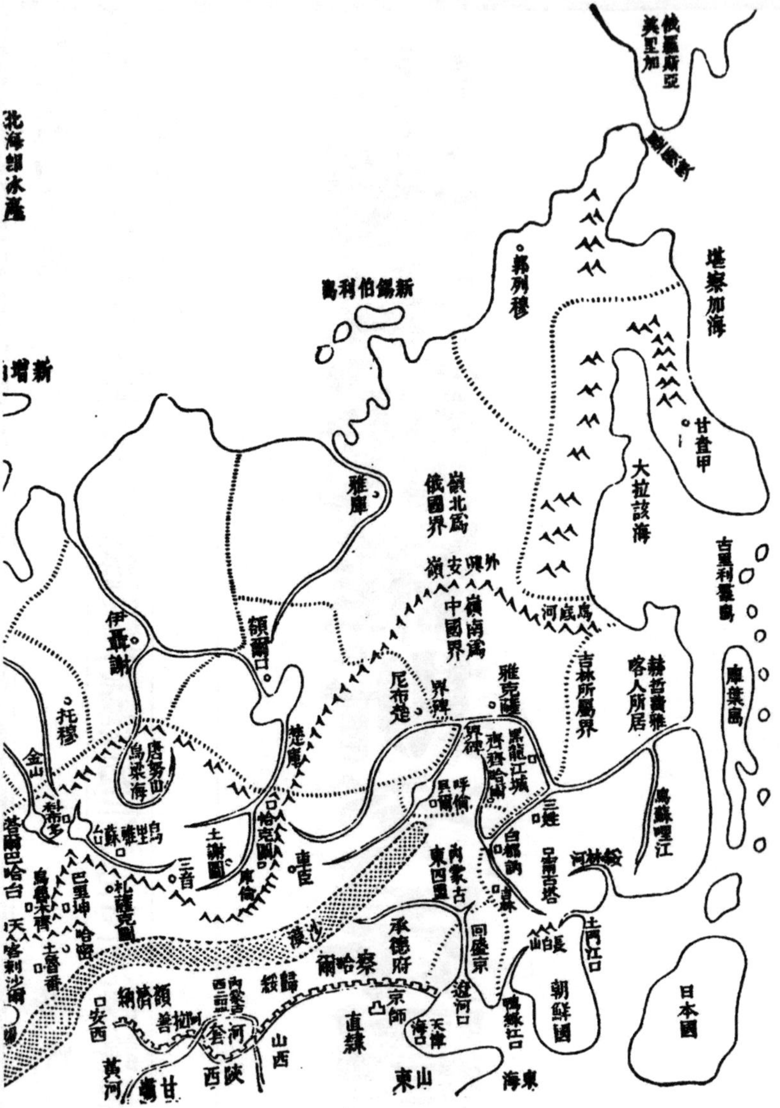
北海部冰產
俄羅斯亞美里加
堪察加海
甘查甲
大拉該海
新錫伯利島
穆列郭
雅庫
嶺北屬俄國界
外興安嶺
嶺南屬中國界
鳥底河
吉林所屬界
赫哲費雅喀人所居
庫葉島
古里利羣島
尼布楚
雅克薩
黑龍江城
齊齊哈爾
呼倫貝爾
烏蘇哩江
松花江
三姓
白都訥
寧古塔
吉林
長白山
土門江口
朝鮮國
日本國
鴨綠江口
盛京
遼河口
承德府
東四盟
內蒙古
京師
天津
直隸
山東
山西
海東
察哈爾
歸綏
河套
陝西
甘肅
黃河
安西
額濟納
車臣
土謝圖
三音
庫倫
恰克圖
楚庫
札薩克圖
烏梁海
唐努山
伊爾庫
托穆
金山
科布多
額爾口
沙漠
新增
烏里雅蘇台
烏魯木齊
巴里坤
哈密
吐魯番
天山

波斯國界
土耳其國界
黑海
裏海
奧地利國界
荷蘭國
日耳曼列國
白海
芬蘭
瑞典國
那威
鹹海
布哈爾
阿母河
浩罕

何秋濤云中國與俄羅斯國接壤之地幾萬餘里最東濱東北海曰吉林所屬地即三姓所屬海以內地也北曰烏底河爲甌脫地又北與俄國雅庫斯科所屬地接其西曰黑龍江省將軍治焉北踰雅克薩城抵大興安嶺爲界嶺之北與俄國雅庫斯科所屬地接又西以格爾必齊河爲界沿河而南界碑在焉河之西與俄國尼布楚城接又南渡黑龍江得額爾古納河口界碑在焉瀰河而西河之南皆中國卡倫河之北與俄國尼布楚所屬地接又西南曰呼倫貝爾城副都統治焉西北與俄國尼布楚城所屬地接又西曰喀爾喀車臣汗部北踰肯特山抵楚庫河之南爲中國卡倫河之北與俄國義爾古德斯科所屬地接又西循卡倫至恰克圖爲互市地其封畛則土謝圖汗所轄庫倫辦事大臣治焉又西北循卡倫至托羅斯嶺塔爾噶克山山之南爲中國所屬烏梁海界三音諾顏及札薩克圖汗部分轄卡倫皆烏里雅蘇臺將軍所治也北與俄國伊聶謝斯科所屬地接又西至阿爾泰諾爾烏梁海界又西南至阿爾泰山烏梁海界皆屬於科布多參贊大臣治之北與俄國托穆斯科所屬地接又西南至和尼邁拉虎卡倫爲塔爾巴哈臺新設互市地參贊大臣治之北與俄國托穆斯科所屬地接又西南曰伊犁將軍治焉北以哈薩克爲屏蔽其北即俄國多木斯科境也今備繪俄羅斯全境而於交界之地詳考形勢繪成全圖庶萬里疆圻瞭如指掌已

前漢北徼圖

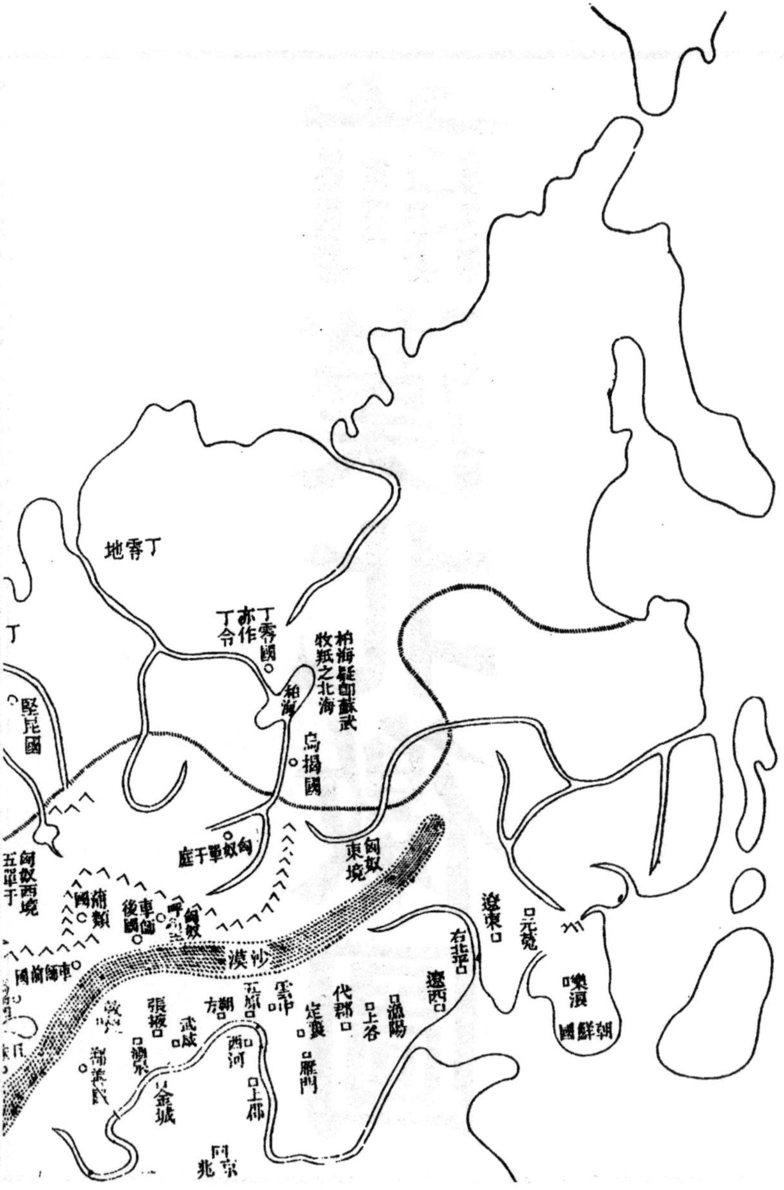

丁零地
丁零國
赤作丁令
柏海
柏海疑即蘇武牧羝之北海
烏揭國
堅昆國
匈奴西境
五單于
匈奴單于庭
匈奴東境
蒲類國
車師後國
匈奴
車師前國
沙漠
遼東
元菟
右北平
遼西
樂浪
朝鮮國
漁陽
上谷
代郡
定襄
雁門
雲中
五原
朔方
西河
上郡
武威
張掖
酒泉
金城
京兆

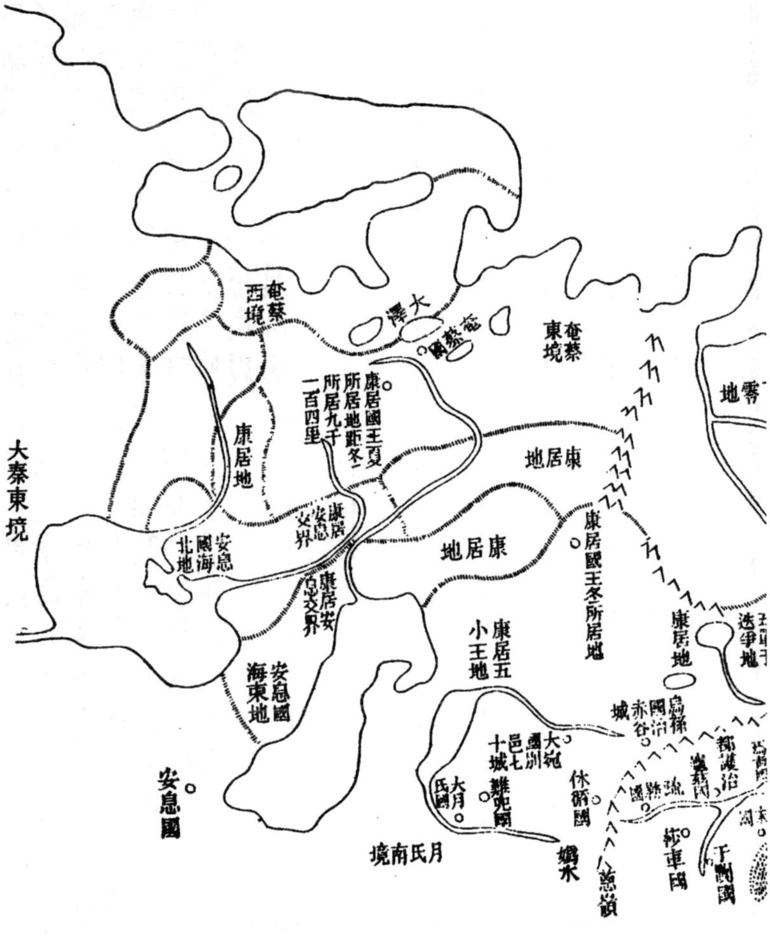
大秦東境
奄蔡西境
大澤
奄蔡國
奄蔡東境
康居國王夏所居地距冬所居九千一百四里
康居地
康居地
安息國北海地
康居安息交界
康居地
康居安息交界
康居國王冬所居地
康居地
康居五小王地
安息國海東地
安息國
大宛國七十邑城
烏孫國赤谷城
休循國
難兜國
大月氏國
月氏南境
嬀水
葱嶺
莎車國
于闐國
都護治
疏勒國
零地

何秋濤云前漢之時以匈奴爲百蠻大國北境直抵北海舉凡烏揭丁零堅昆諸國皆爲所吞併其西北之康居雖地域廣大而兵不如匈奴之强故服屬焉史稱康居東羈事匈奴而奄蔡國又羈屬康居則知前漢北徼惟匈奴獨雄矣康居南與安息接卽今俄國南俄高加索諸部地又與大宛接卽今北哈薩克諸部地自昔論者止知康居爲今北哈薩克地而不知其王夏所居蕃內地距冬〻所居九千餘里以方爲道里計之應兼有今俄國大俄諸部全境今詳繪成圖考校班書無不吻合其丁零附近尙有渾庾屈射薪犁諸國皆在錫伯利部境內以未能確知所在故圖中不具列云

後漢北徼圖

倭國
樂浪
玄菟
遼東
遼西
右北平
漁陽
上谷
代郡
雁門
西河
洛陽
定襄
雲中
五原
朔方
南匈奴國
武威
張掖
酒泉
敦煌
鄯善國
烏桓地
沙漠
鮮卑地
北匈奴國後爲鮮卑所有
匈奴右地
車師後王
伊吾
柳中
交河
金微山
堅昆國
丁零國
本匈奴屬地後爲鮮卑屬地
丁零

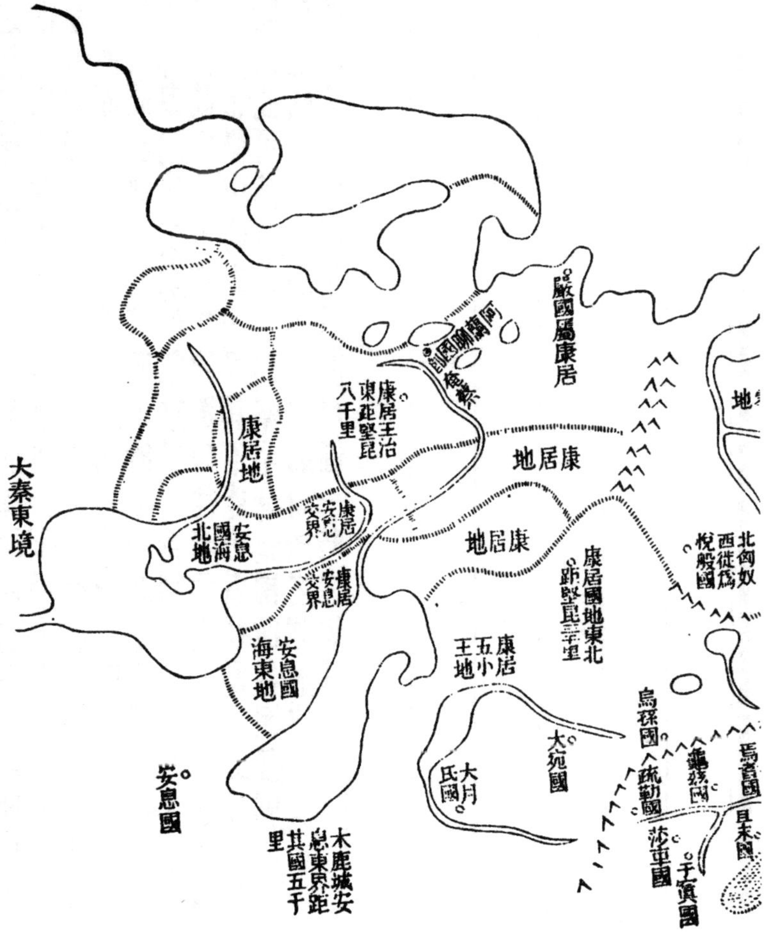
大秦東境
康居地
康居王治東距堅昆八千里
安息國北海地
康居安息交界
康居安息交界
安息國海東地
安息國
木鹿城安息東界距其國五千里
奄蔡
嚴國屬康居
康居地
康居地
康居國地東北距堅昆三千里
康居五小王地
北匈奴西徙為悅般國
大宛國
大月氏國
烏孫國
疏勒國
龜茲國
焉耆國
且末國
莎車國
于闐國

何秋濤云後漢之時匈奴衰弱分爲南北部南匈奴入臣於漢處於西河之地已無預北徼之事惟北匈奴尙居漢北故地其北爲丁零國卽今俄國錫伯利部地也明帝永平十六年丁零攻北匈奴之北是北匈奴已不能服屬丁零矣和帝時竇憲擊破北匈奴其地遂空既而鮮卑烏桓據之屢爲邊患桓帝時鮮卑檀石槐者盡有匈奴盛時故地東西萬四千餘里南北七千餘里是時錫伯利部又爲鮮卑屬地矣錫伯卽鮮卑之音轉至今其名未改也北匈奴之破范蔚宗書不言其餘衆何往考北史云北匈奴爲竇憲所逐單于度金微山西走康居其不能去者住龜茲北地方數千里爲悅般國此可補范書之闕略至奄蔡國改名阿蘭聊國屬康居嚴國在奄蔡北亦屬康居則是時康居之强迥異於前漢時也合考而爲是圖庶可備一時之紀載云

三國北徼圖

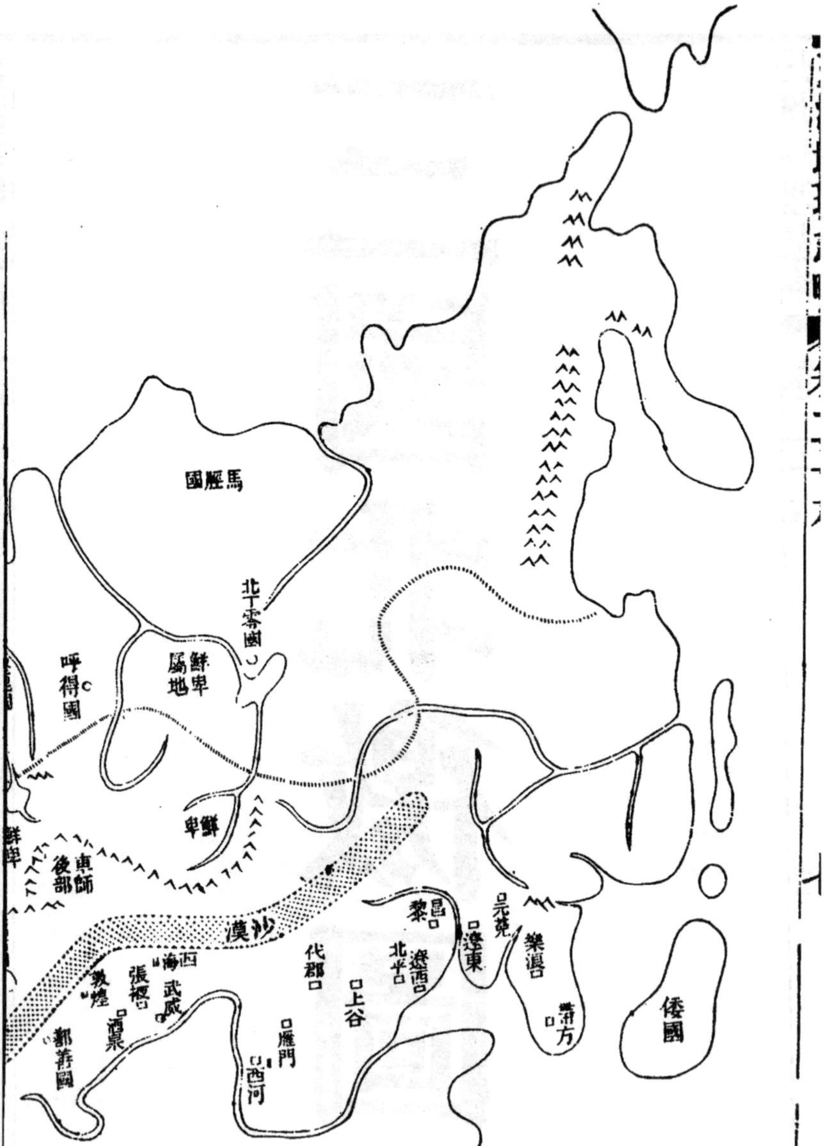
馬韓國
鮮卑屬地
呼得國
鮮卑
車師後部
沙漠
西海
張掖
武威
敦煌
酒泉
鄯善國
代郡
上谷
雁門
西河
北平
遼西
遼東
玄菟
樂浪
帶方
倭國

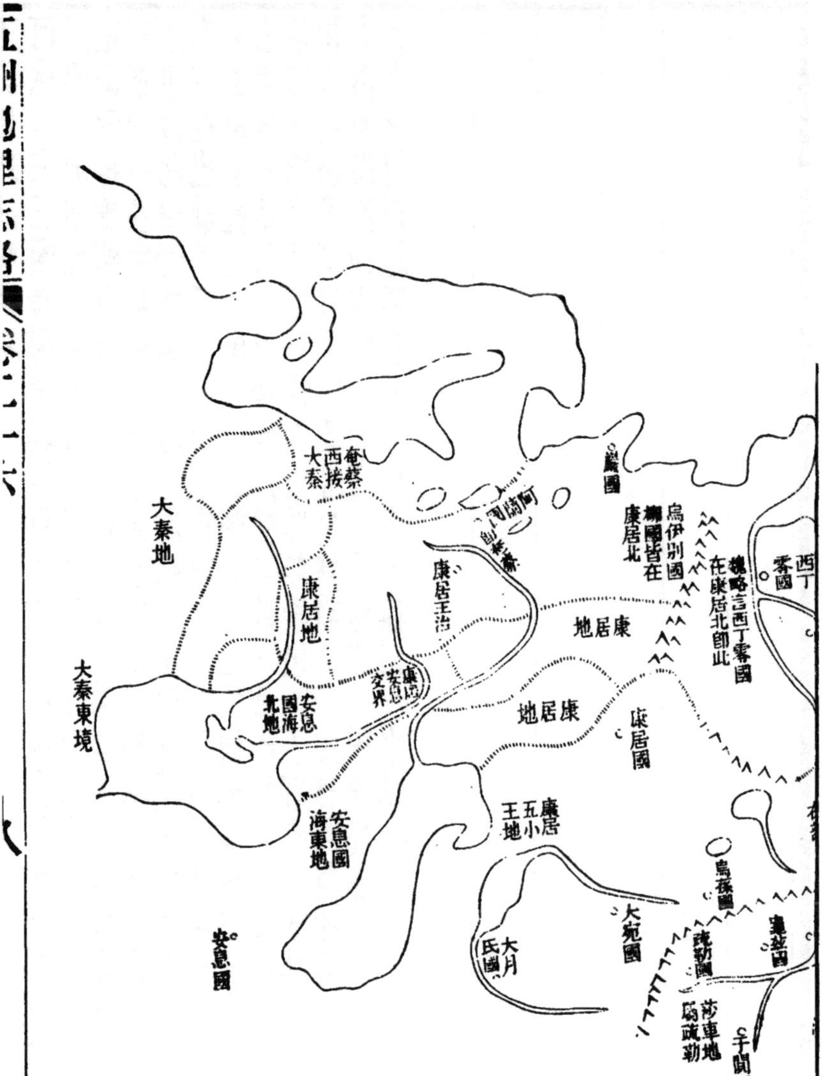
大秦地
大秦東境
奄蔡西接大秦
康居地
安息國北海地
康居安息交界
康居王治
地居康
地居康
康居國
烏伊别國柳國皆在康居北
魏略言西丁零國在康居北即此
西丁零國
安息國海東地
康居五小王地
大宛國
大月氏國
烏孫國
疏勒國
莎車地
于闐國
安息國

何秋濤云三國時蜀漢與吳距北徼絕遠惟曹魏疆域鄰近陳壽三國志於四裔之事所載頗略裴松之注引魚豢魏略較爲詳悉足備參稽魏略有云康居北有北烏伊別國又有柳國巖國又云奄蔡國一名阿蘭西與大秦東南與康居接故時羇屬康居今不屬也據此知奄蔡與康居遞爲强弱是時奄蔡拓地西邊故與大秦密邇也魏略又云呼得國在康居東北丁令國在康居北堅昆東去單于庭七千里南去車師五千里西南去康居界三千里西去康居王治八千里據此知堅昆確在俄國托波爾境而康居王治卽俄國之莫斯科窪亦灼然無疑也至丁零本一種其東西部相去甚遠魚豢疑爲二國非是魏略又云安息國周迴繞海乃到大秦所謂海卽指黑海而言海北地卽俄國南境也

參考諸說以繪斯圖於讀史者不無涓埃之補云

晉北徼地圖

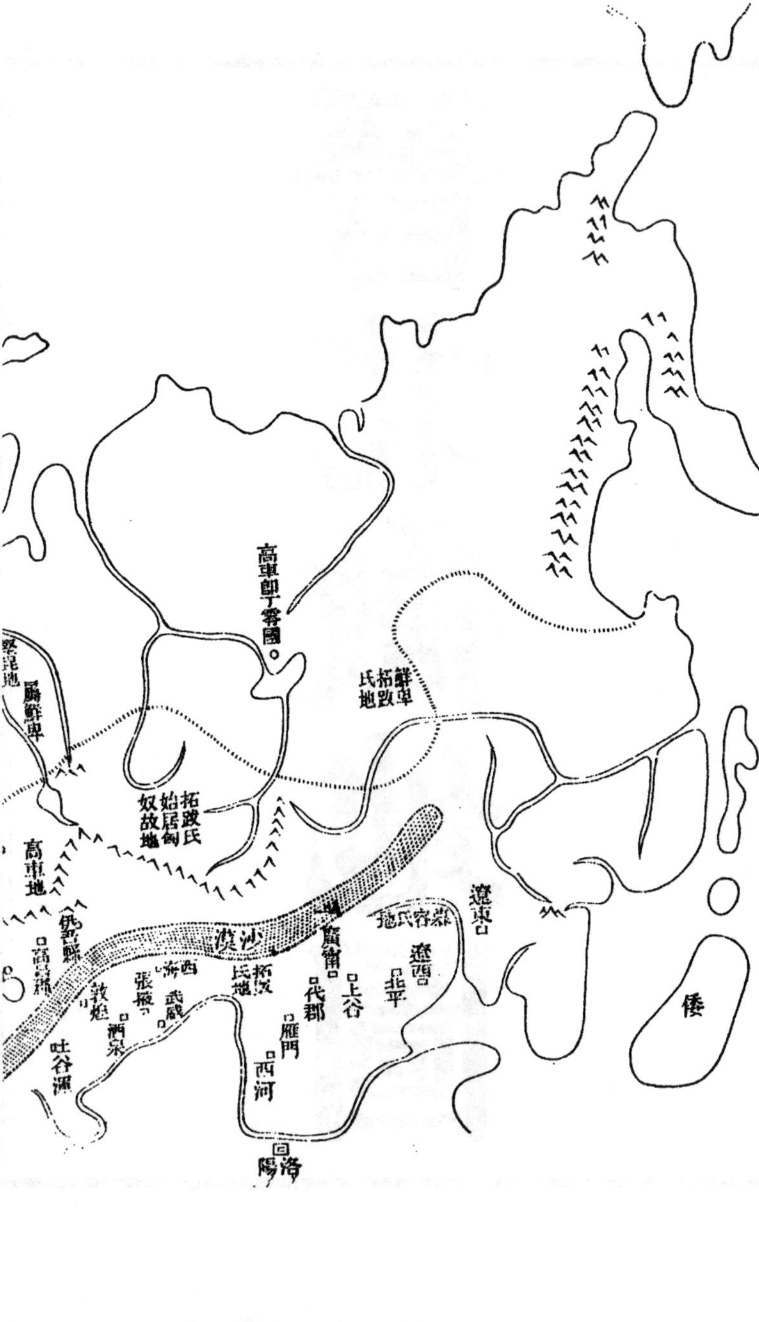
高車卽丁零國
鮮卑拓跋氏地
拓跋氏始居匈奴故地
鮮卑
高車地
慕容氏地
遼東
遼西
北平
上谷
代郡
雁門
西河
洛陽
廣甯
拓跋氏地
沙漠
西海
武威
張掖
酒泉
敦煌
吐谷渾
倭

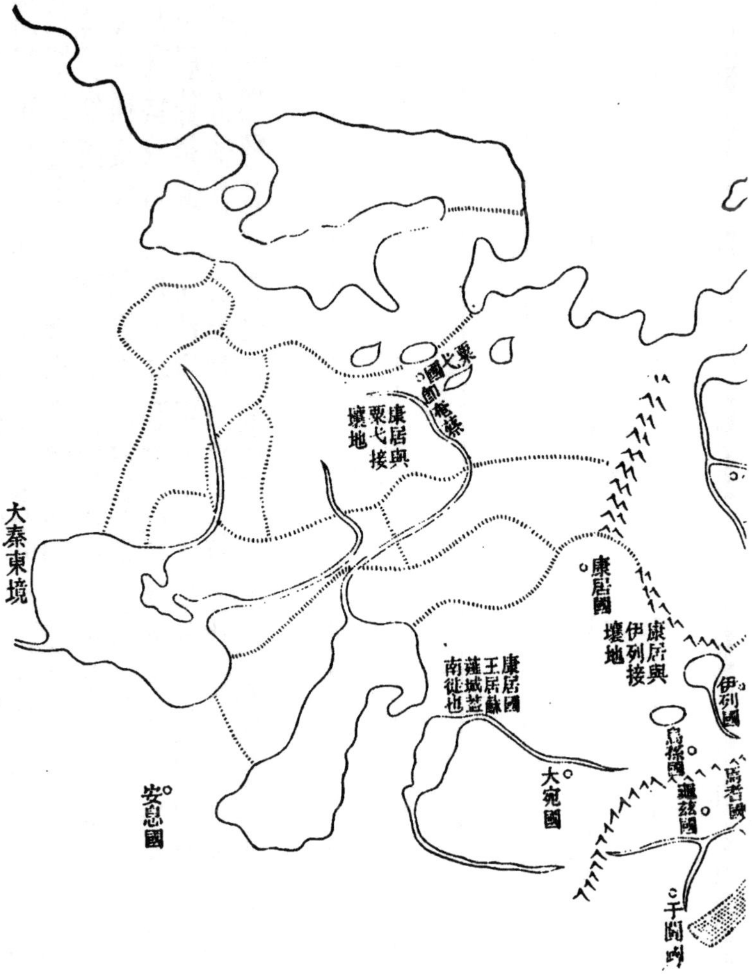
大秦東境
康居與粟弋接壤地
粟弋國
即奄蔡
康居國
康居與伊列接壤地
康居國王居蘇薤城蓋南徙也
伊列國
烏孫國
龜茲國
焉耆國
于闐國
大宛國
安息國

何秋濤云晉室立國未久十六國遞起兵爭中原多故無暇問邊裔之事又晉書修於唐時距典午之初已三百餘年故其所纂四裔傳簡略尤甚蓋代遠年湮事多失考也晉初鮮卑拓䟦氏始居匈奴故地其北有高車國高車之先即丁零亦名敕勒亦名鐵勒即唐時薛延陀回紇諸部所自始至康居國於晉武帝時入貢稱與粟弋伊列接壤伊列國在今伊犁地蓋取伊列水爲名粟弋即粟特乃奄蔡改名也據此知晉時康居國南北疆域與漢時不異惟國王居蘇薤城乃漢時康居五小王地蓋南徙也厥後九姓昭武諸國皆近納林河北岸其沿革之故亦約略可見已至若高昌伊吾之置郡縣晉書失載而北史著之故摭以入圖藉補史闕云爾

元魏北徼圖

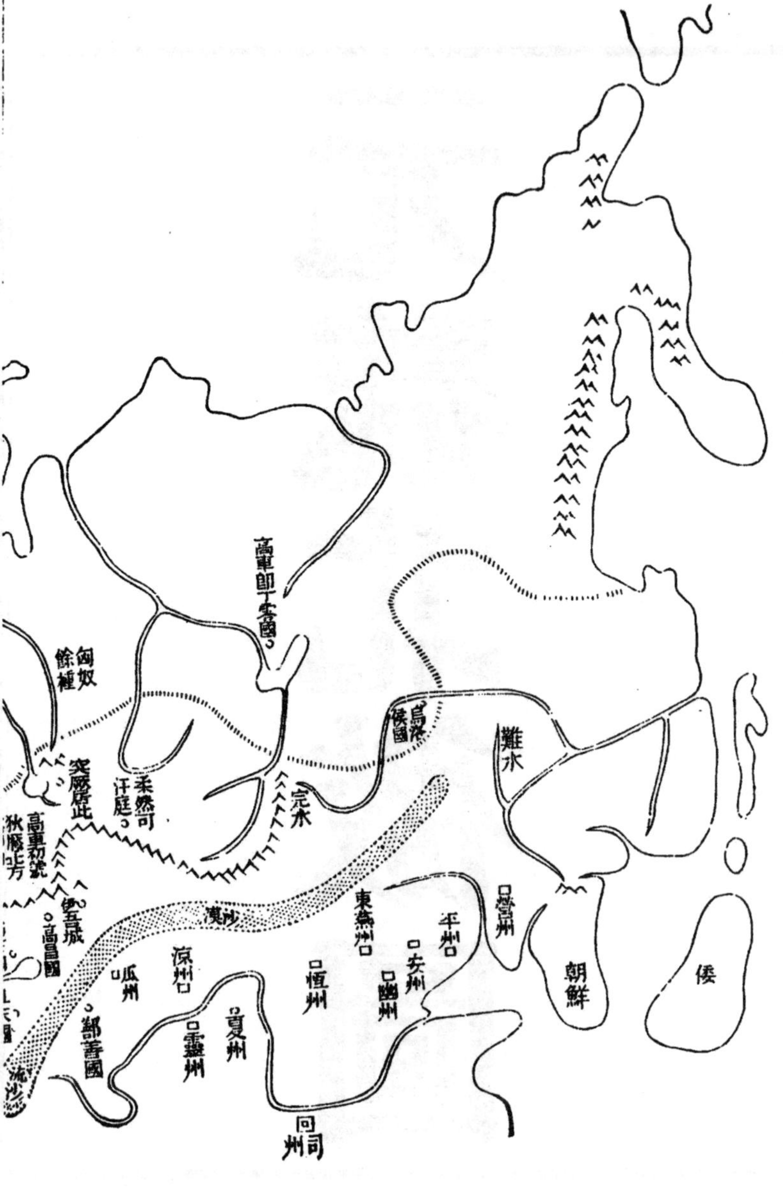
倭
朝鮮
營州
平州
安州
幽州
東燕州
恒州
夏州
靈州
涼州
瓜州
鄯善國
高昌國
伊吾城
沙漠
難水
烏洛侯國
完水
柔然可汗庭
突厥居此
高車初號狄歷北方
匈奴餘種
高車副伏羅國
司州

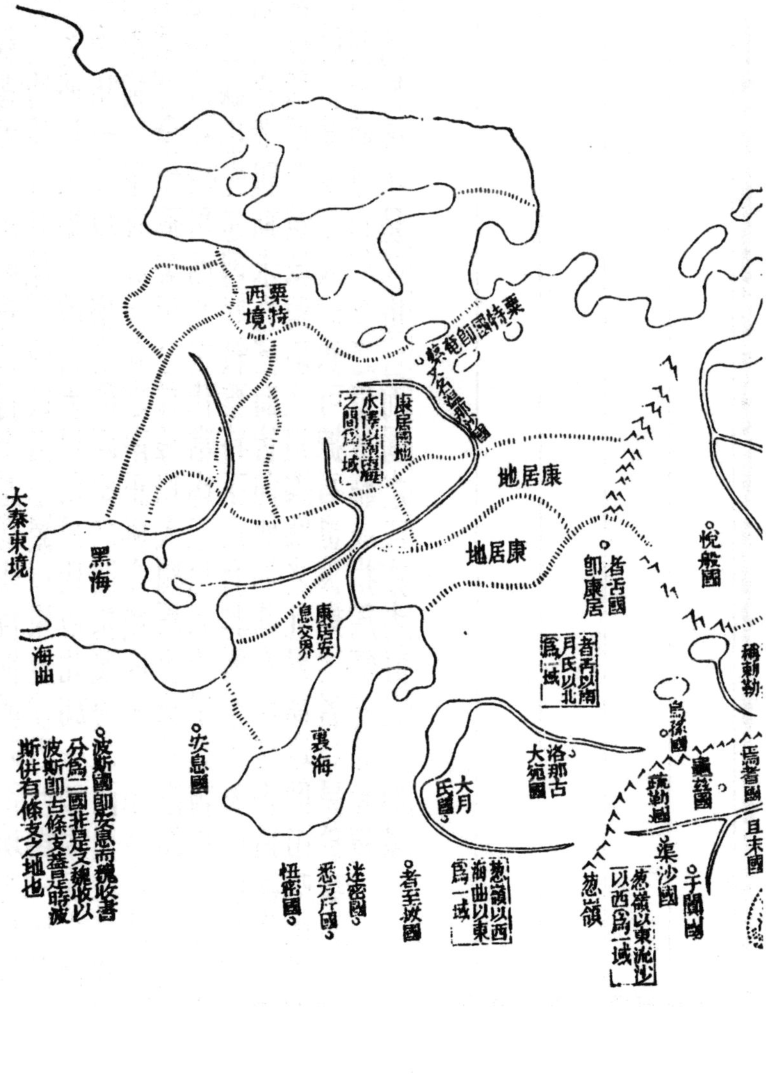
大秦東境
黑海
海曲
粟特西境
粟特國即奄蔡又名温那沙
康居國地
水澤以南海之間爲一域
康居地
康居地
康居安息交界
裏海
安息國
波斯國即安息而魏收書
分爲二國非是又魏收以
波斯即古條支蓋是時波
斯併有條支之地也
者舌國
即康居
者舌以南月氏以北爲一域
悅般國
大月氏國
洛那古大宛國
烏孫國
疏勒國
龜茲國
焉耆國
渠沙國
于闐國
且末國
蔥嶺
蔥嶺以西海曲以東爲一域
蔥嶺以東流沙以西爲一域
者至拔國
迷密國
悉万斤國
忸密國

何秋濤云元魏始都恆代地近北邊又通使西域備知阨塞故魏收書所載邊外山川形勢較各史尤爲明晳世祖時董琬等使西域還具言所見分其地爲四域自葱嶺以東流沙以西爲一域葱嶺以西海曲以東爲一域者舌以南月氏以北爲一域兩海之閒水澤以南爲一域以今稽之則兩海之閒指裏海之西黑海之東水澤以南指阿尼牙等大湖之南正與今俄國大俄小俄南俄東俄喀山諸部全境形勢相合茲據以入圖焉至粟特國卽古奄蔡一名溫那沙在康居西北去代當爲二萬六千里魏書作一萬六千里字之訛也先是匈奴殺粟特王而有其國至王忽倪已經三世泰西人言俄羅斯未立國時皆匈奴別部亦與魏書所記相合若烏洛侯卽尼布楚城南境之地柔然之北侵高車卽由喀爾喀北伐之路皆北徼掌故灼然可據者也波斯之名始見於魏書其地則古安息而兼有條支之境故魏收指爲條支一非參稽諸史詳爲校覈未易明也合而圖之或亦考訂之一助歟

隋北徼地圖

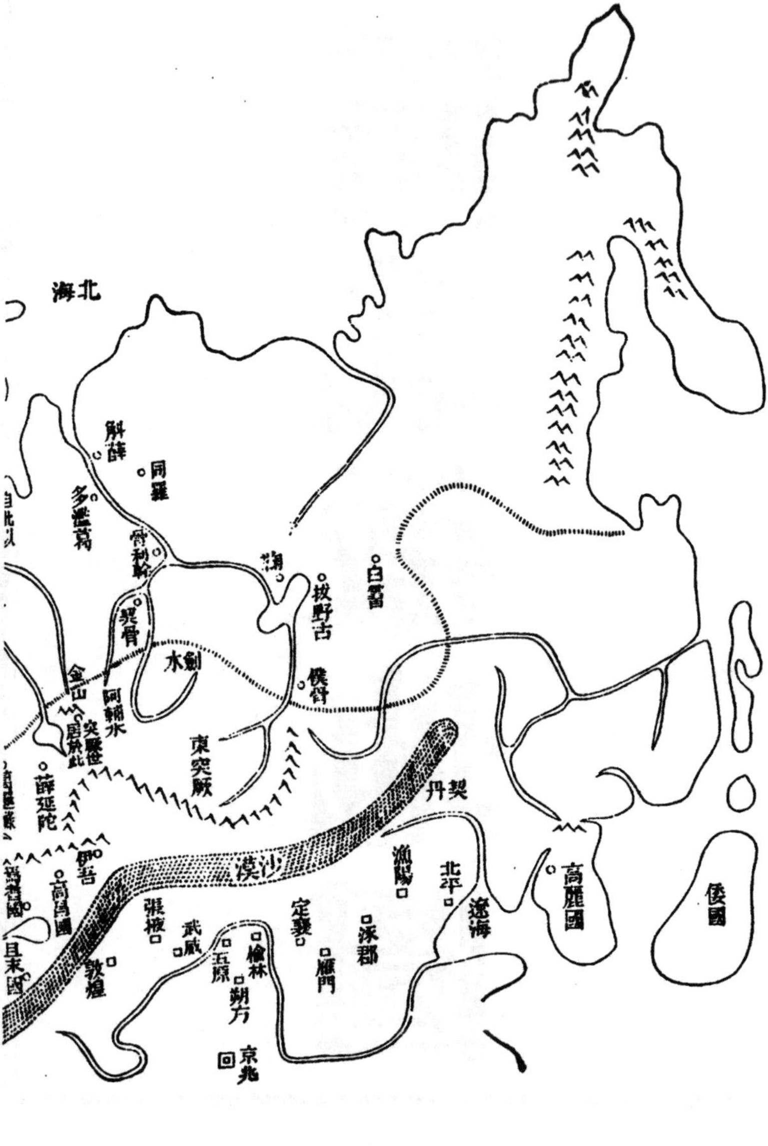
北海
解薛
同羅
多濫葛
骨利幹
契骨
金山
阿輔水
劍水
居於武
突厥徙
東突厥
僕骨
拔野古
白霫
薛延陀
伊吾
高昌國
焉耆國
且末國
沙漠
張掖
武威
五原
榆林
朔方
京兆
定襄
雁門
涿郡
漁陽
北平
契丹
遼海
高麗國
倭國
敦煌

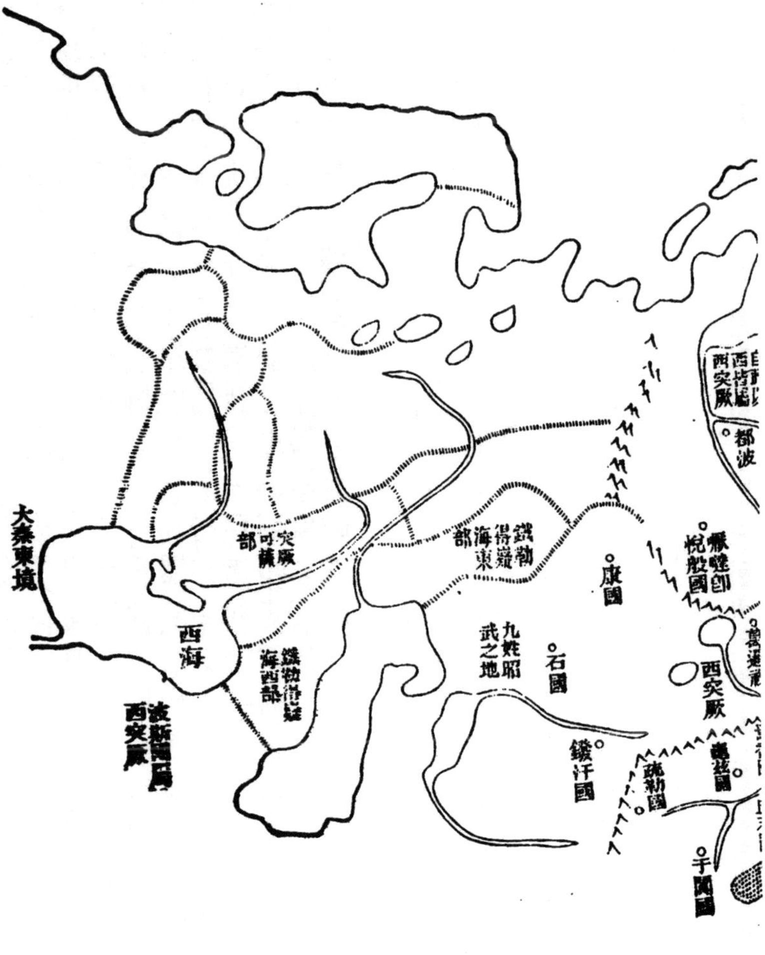

大秦東境
波斯國屬西突厥
西海
突厥可薩部
鐵勒伊吉海西部
鐵勒得嶷海東部
九姓昭武之地
康國
石國
鏺汗國
疏勒國
龜茲國
于闐國
西突厥
厭噠部悅般國
都波
西突厥

何秋濤云隋之北徼突厥最强溯其始盛自木杆可汗北并契骨即古堅昆也嗣後拓境日廣自遼海至西海東西萬里自漠北至北海五六千里全有今俄羅斯地周齊皆畏憚之至隋時分東西兩部今俄羅斯東境錫伯利部地皆屬東突厥其西境各部地皆屬西突厥又有可薩部與波斯接界即今俄國所屬端可薩部鐵落也康國爲康居之後與石國安國諸地皆爲西突厥所役屬又北海勒諸部種類最多有薛延陀韋紇僕骨同羅拔野古等部又北海南有都波等得嶷海東西有蘇路羯等皆在今俄國境內突厥盛時藉其力以戰爭大業元年處羅可汗忌鐵勒諸部恐爲變遂集其魁帥數百人盡殺之由是諸部離心同拒處羅並遣使入貢於隋此北徼諸小國專達中國之始葢隋與突厥皆皆以暴虐失衆心觀於斯圖得失之故較然矣

唐北徼地圖

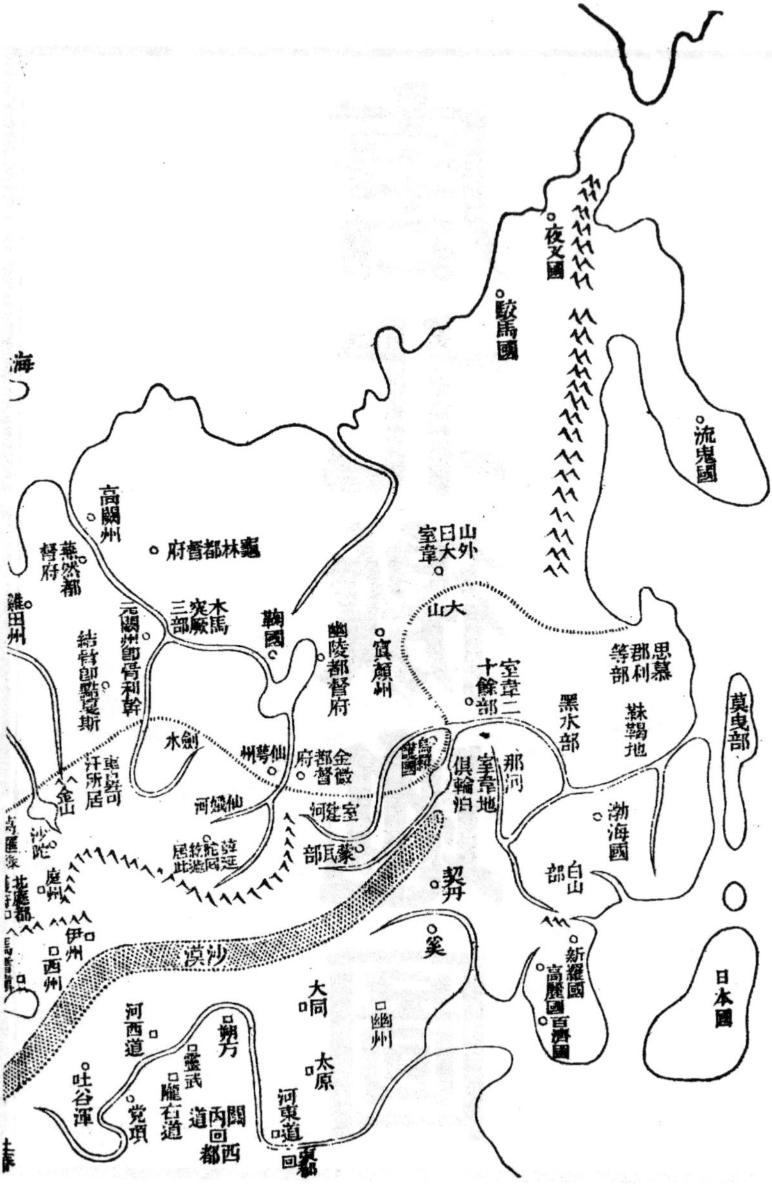

夜叉國
駮馬國
流鬼國
海
高闕州
瀚林都督府
燕然都督府
山外日大室韋
大山
思慕郡利等部
室韋二十餘部
黑水部
靺鞨地
莫曳部
鞠國
幽陵都督府
室顏州
木馬突厥三部
堅昆都督府
結骨部
點戛斯
水劍
仙萼州
金微都督府
烏羅渾國
那河
室韋俱輪泊
渤海國
白山部
金山
沙陀
庭州
仙娥河
室建河
蒙瓦部
契丹
奚
新羅國
高麗國
百濟國
日本國
伊州
西州
沙漠
大同
幽州
太原
河西道
朔方
靈武
吐谷渾
党項
隴右道
西回都
河東道

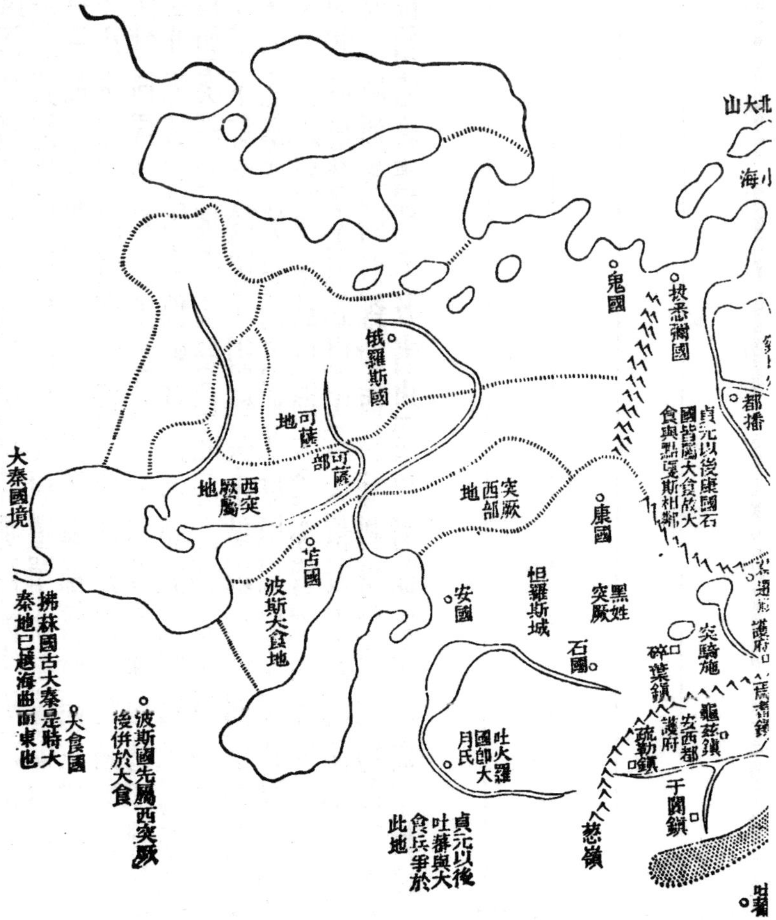
北大山
小海
鬼國
拔悉彌國
都播
俄羅斯國
可薩地
可薩部
大秦國境
西突厥屬地
突厥西部地
康國
貞元以後康國石國皆屬大食故大食與黠戛斯相鄰
𠮷國
波斯大食地
恒羅斯城
黑姓突厥
安國
石國
突騎施
碎葉鎮
龜茲鎮
安西都護府
疏勒鎮
吐火羅國即大月氏
于闐鎮
葱嶺
拂菻國古大秦是時大秦地已越海而東也
大食國
波斯國先屬西突厥後併於大食
貞元以後吐蕃與大食兵爭於此地

何秋濤云唐時北徼有突厥及西突厥二部後西突厥又分爲二皆爲唐所滅鐵勒諸部早通貢於唐及薛延陀據突厥故地唐又滅之回紇繼居其地遂服屬於唐於是唐置單于都護府領狼山雲中桑乾等三都督蘇農等二十四州瀚海都護府領金微等七都督仙萼等八州卽擢領酋爲都督刺史凡錫伯利路諸國如骨利幹都播僕骨同羅拔野古多濫葛斛薛阿跌大漢白霫鞠國諸地自漠北至北海皆爲羈縻郡縣其遠者如流鬼駁馬之屬亦莫不奔走來賓西突厥故地別置安西北庭二都護迨賀魯既平則西居波斯亦莫不統屬於唐可謂盛矣中葉以後回鶻盛於北而單于瀚海淪焉吐蕃盛於西而安西北庭陷焉唐室又通黠戛斯以制回鶻交大食以制吐蕃黠戛斯大食亦皆俄國境內之地合而論之足知北徼形勢未可忽也至若大俄及波羅的諸部地其始無聞迨懿宗咸通年間俄羅斯酋長祿利哥始建國焉此又泰西圖籍可補新舊唐書所未及者也謹參考諸書爲圖而挈其綱要於此

五代北徼圖

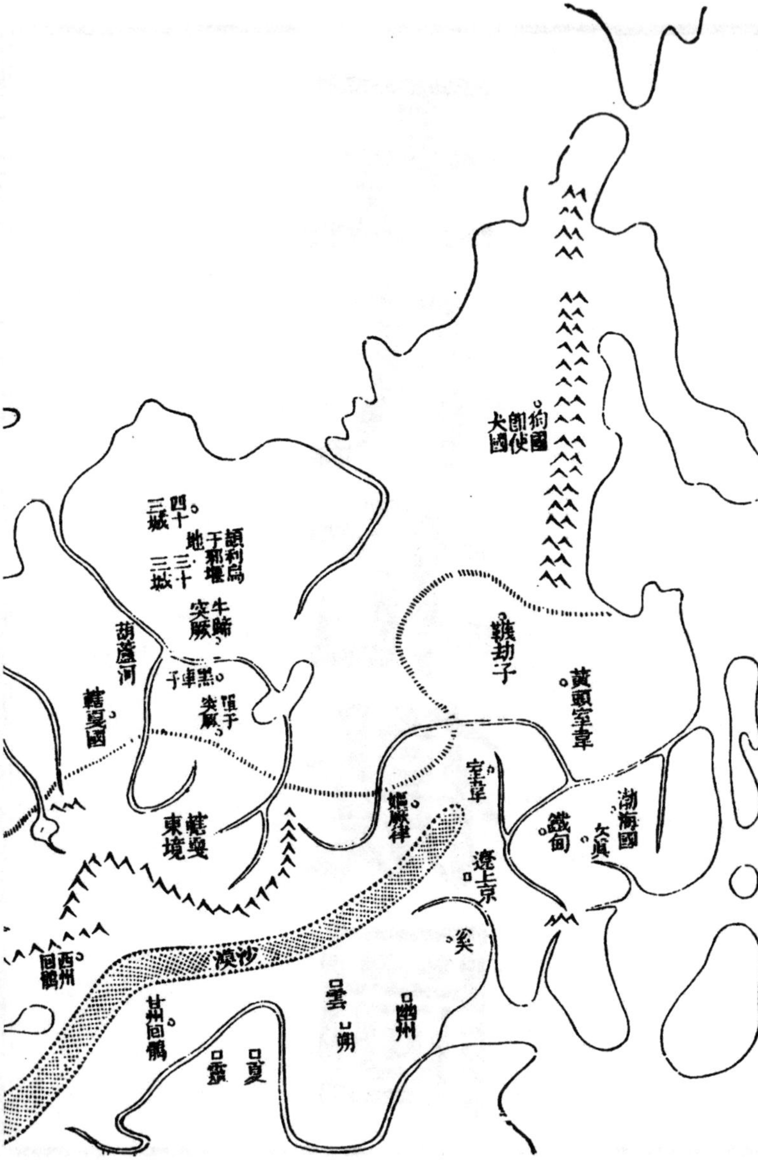

狗國
朗使
犬國
四十
三城
頡利烏
于都壇
地
三十
三城
牛蹄
突厥
黑車子
胡盧河
轄戛國
單于
突厥
韃靼
劫子
黃頭室韋
室韋
嫗厥律
渤海國
女眞
鐵甸
轄戛
東境
遼上京
奚
沙漠
西州
回鶻
甘州
回鶻
幽州
雲
朔
夏
靈

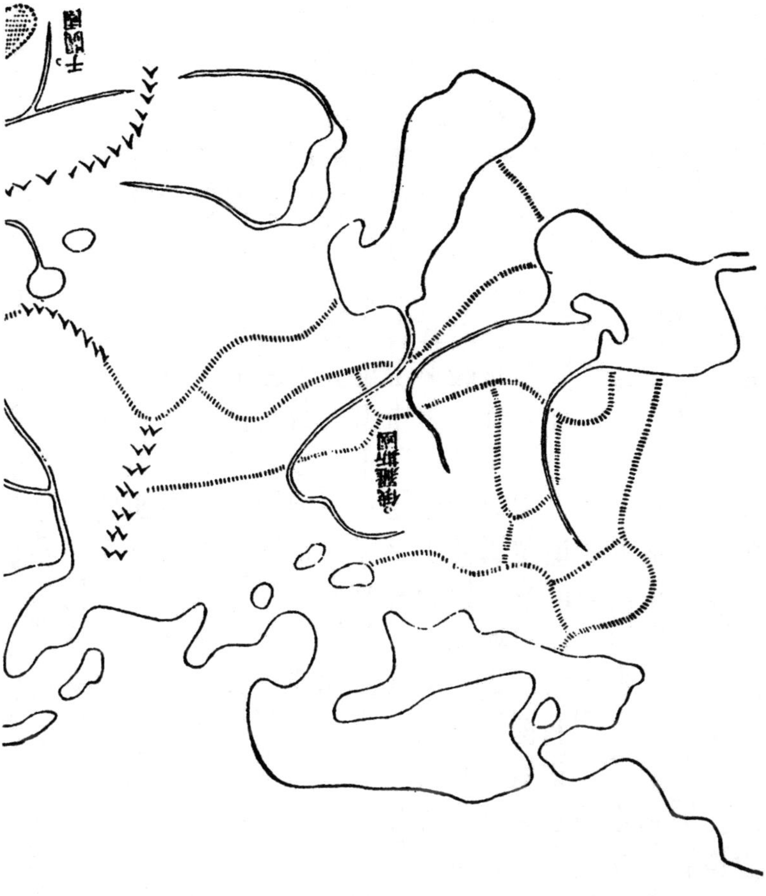
于闐國
俄羅斯國

何秋濤云歐陽修五代史四夷附錄載胡嶠所記北徼事頗詳嶠所至契丹國都即今熱河北境蒙古地其東曰鐵甸曰女眞東南曰渤海皆今東三省地南曰奚在今熱河境西南至儒州故漢地今宣化府屬也西曰突厥曰回紇考突厥久爲唐滅此蓋其部落之僅存者回紇已西徙甘州等處此所云回紇當亦指歸化城以西部落而言也東北至嫗厥律水出大魚契丹仰食又多黑白黃貂鼠皮其人最勇鄰國不敢侵蓋今呼倫貝爾城之地又其西曰轄戛即唐黠戛斯也呼倫湖即唐俱倫水其西即漠北匈奴故地唐初屬薛延陀後爲回紇所據旋改名回鶻及黠戛斯攻回鶻回鶻多西徙者史不言黠戛斯拓地所至據此知回鶻故庭悉入黠戛斯矣又其北曰單于突厥當亦突厥遺種居北方者在今楚庫河以北屬俄羅斯地又北黑車子善作車帳其人知孝義地貧無所產契丹之先常役回紇後背之走黑車子始學作車帳當即今俄國頟爾口地又北牛蹏突厥人身牛足水曰葫蘆河夏秋冰厚二尺春冬冰徹底常燒器銷冰乃得飲按其地當在俄國伊聶謝河一帶其人蓋以牛蹏爲飾鷸傳爲人身牛足也嶠所記又曰東北方有襪劫子者尤善射遇人輒殺而生食其肉契丹等國皆畏之其國三面皆室韋當在今大興安嶺以北俄國雅庫部屬地也又北狗國當在俄國郭列穆部境蓋其人役犬鷸傳爲人身狗首也又曰契丹常遣人北行窮其所見其人自黑車子歷牛蹏國以北行一年經四十三城人多以木皮爲屋人無譯者不知其國地山川部族名號至三十三城得一人語可解云地名頡利烏于邪堰自此以北龍蛇猛獸魑魅羣行不可往矣今依嶠所記爲五代北徼圖以備考證

遼北徼地圖

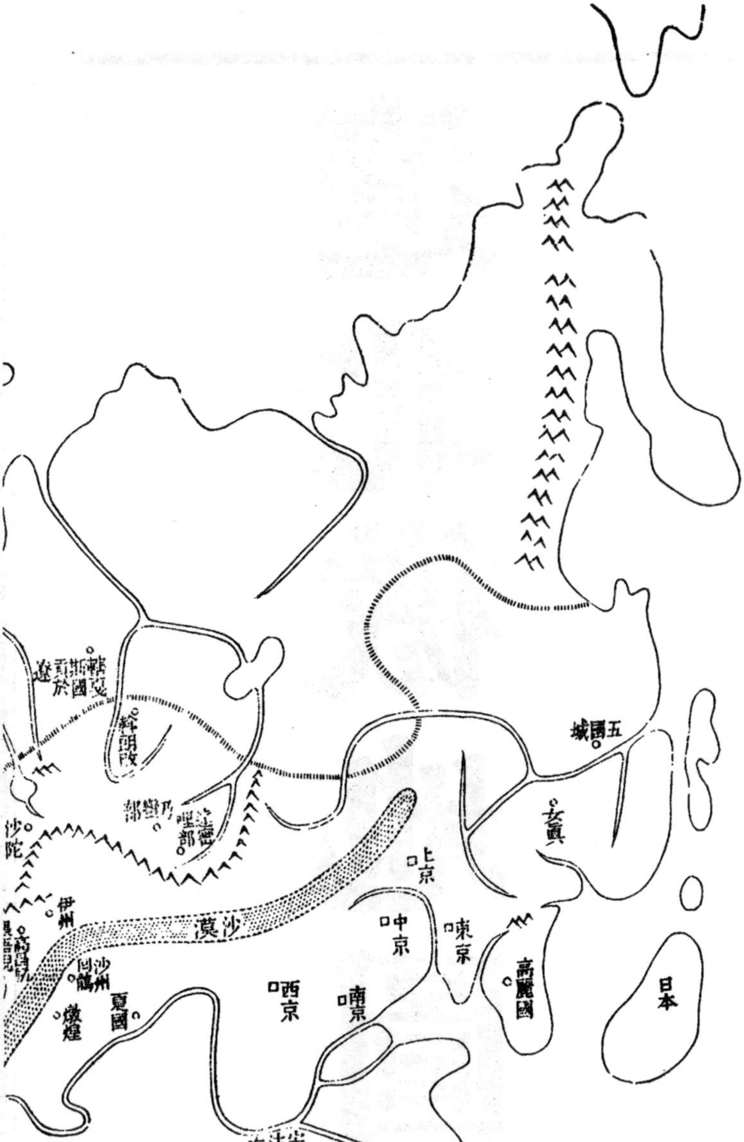

宋汴京
西京
南京
中京
東京
上京
高麗國
日本
女眞
五國城
沙漠
伊州
沙州
回鶻
夏國
燉煌
沙陀
乃蠻部

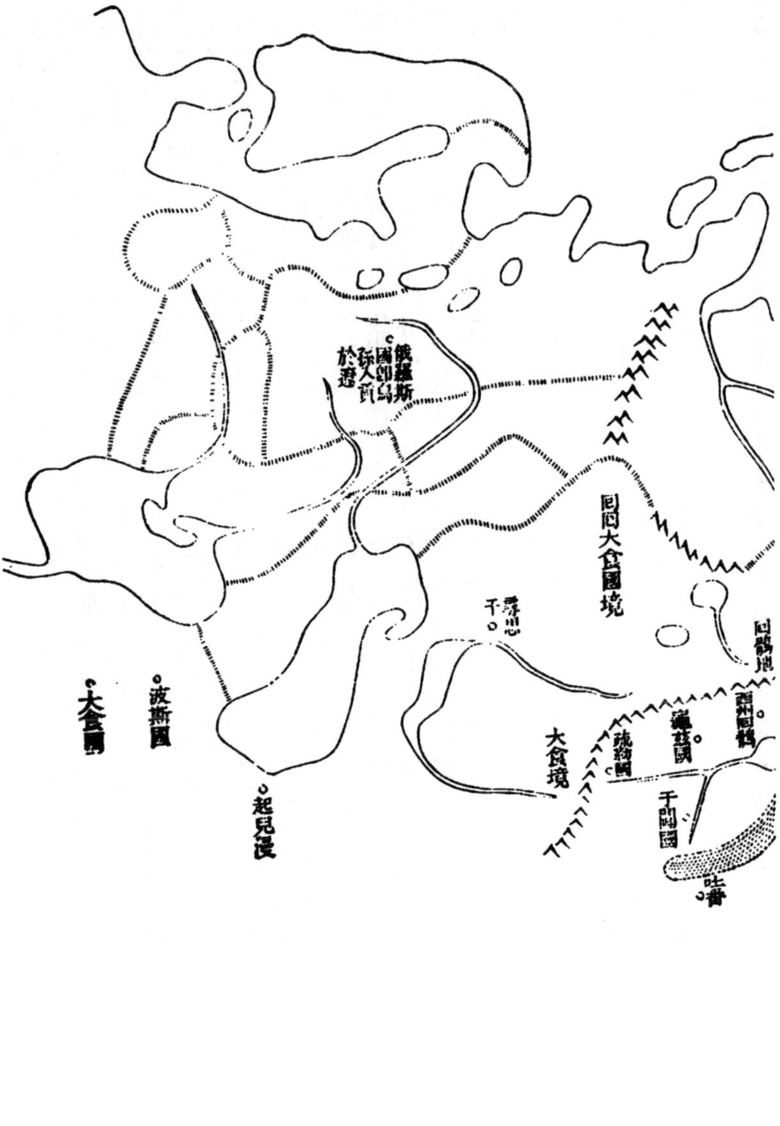
俄羅斯國即烏孫人貢於遼
回回大食國境
尋思干
回鶻地
西州回鶻
龜茲國
疏勒國
大食境
于闐國
吐蕃
起兒漫
波斯國
大食國

何秋濤云遼史外紀惟高麗西夏二國其他朝貢征伐之國皆不立傳僅載其名號事蹟於屬國部族表中至兵衛志載屬國軍地理志載邊防城大略可相印證考其形勢東至於海西至金山暨於流沙北至臚朐河南至白溝幅員萬里臚朐河即今克魯倫河遼之北境極於此即今車臣汗部南境也又有皮被河城地控北邊置兵五百防守皮被河出回紇北東南經羽厥入臚朐河沿河董城北東流合沱漉河入於海南至上京一千五百里按河董城即可敦城沱漉河即他漏河以此推之皮被河當即黑龍江別名羽厥即突厥遺種也史又言靜邊城北鄰羽厥每入為盜鎮州建安軍節度專捍禦室韋羽厥等國則遼北境防戍所重可知矣他如轄戛烏孫波斯大食皆嘗朝貢烏孫即俄羅斯也大食自唐中葉以後并吞諸國直抵葱嶺之西境壤最廣及耶律大石西奔遐達密哩乃蠻等部擊降西域諸國破大食之兵遂取尋思干起兒漫諸地都於河中府是曰西遼建國將及百年後為乃蠻王屈出律襲據其國元太祖進兵滅之蒞蒙古所併西域諸國多西遼屬部惜其事不盡可考謹摭其國土山川之大略具於圖所未詳者則不載亦闕疑之義也

金北徼地圖

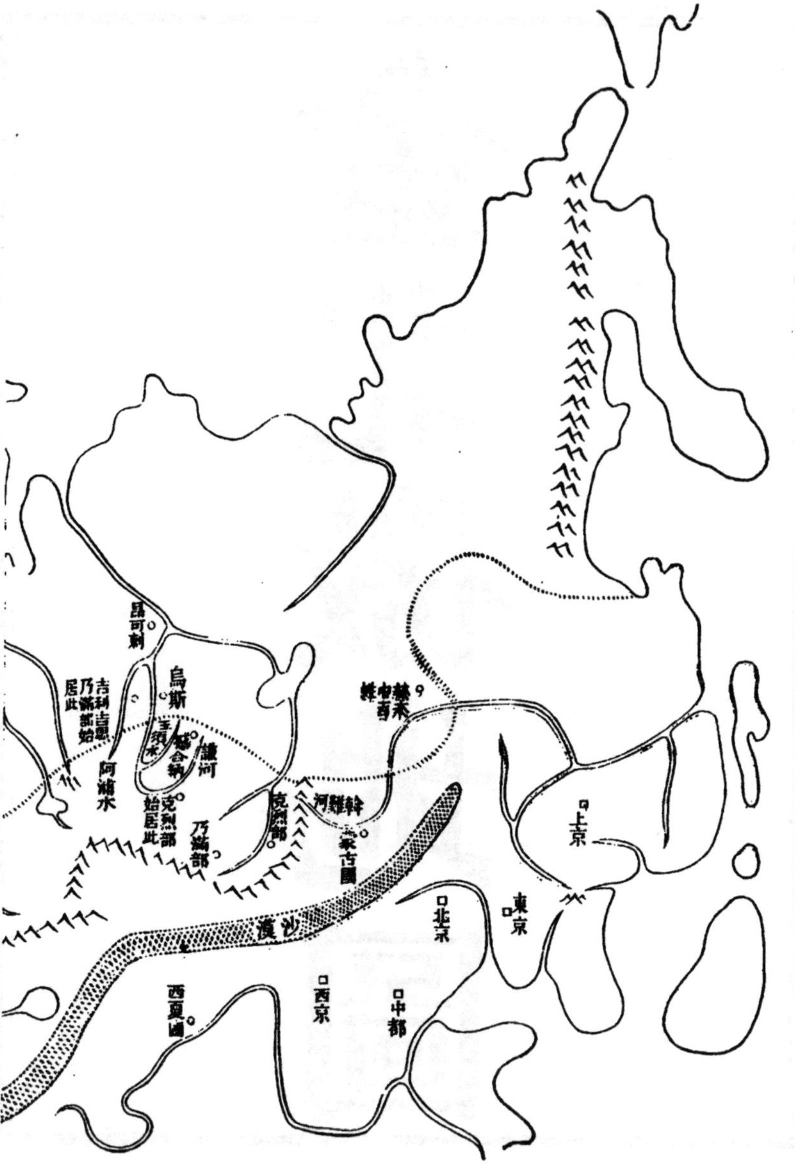
昂可剌
烏斯
吉利吉思乃蠻部始居此
阿浦水
謙河
撼合納
克烈部始居此
乃蠻部
斡難河
蒙古國
沙漠
上京
東京
北京
西京
中都
西夏國

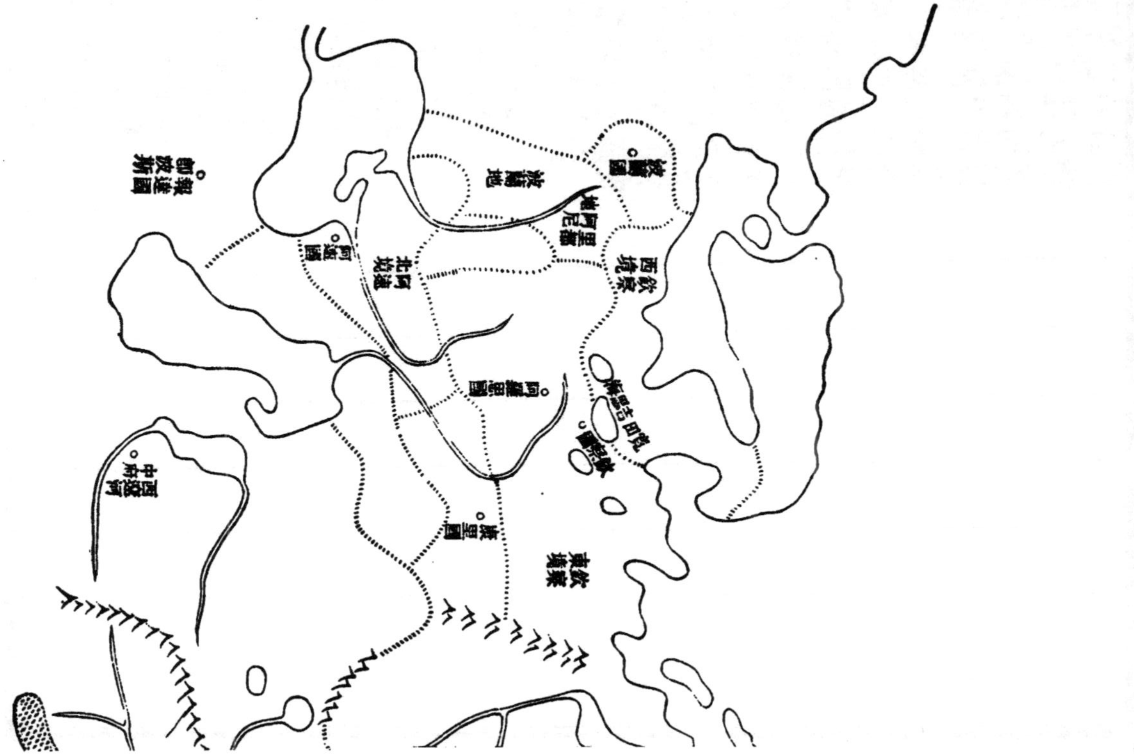
西欽察境
東欽察境
北阿速境
阿速國
康里國

何秋濤云金史於外國亦僅紀高麗西夏其他皆闕不著蓋金史修於元元時其西北國名部族屢經呑併改易不復可考故也今按元太祖蒙古本國在斡難河即今敖嫩河其所滅之克烈乃滿等部皆在漠北今喀爾喀地他如吉利吉思撼合納諸部在今俄國之東偏阿羅思阿速欽察康里諸部在今俄國之西偏是皆自金時建國至奇渥温氏始臣屬之者也諸國在金時盛衰事蹟固難詳考而方隅形勢尚有可稽謹合

而繪之以備金源一代之掌故

元北徼地圖

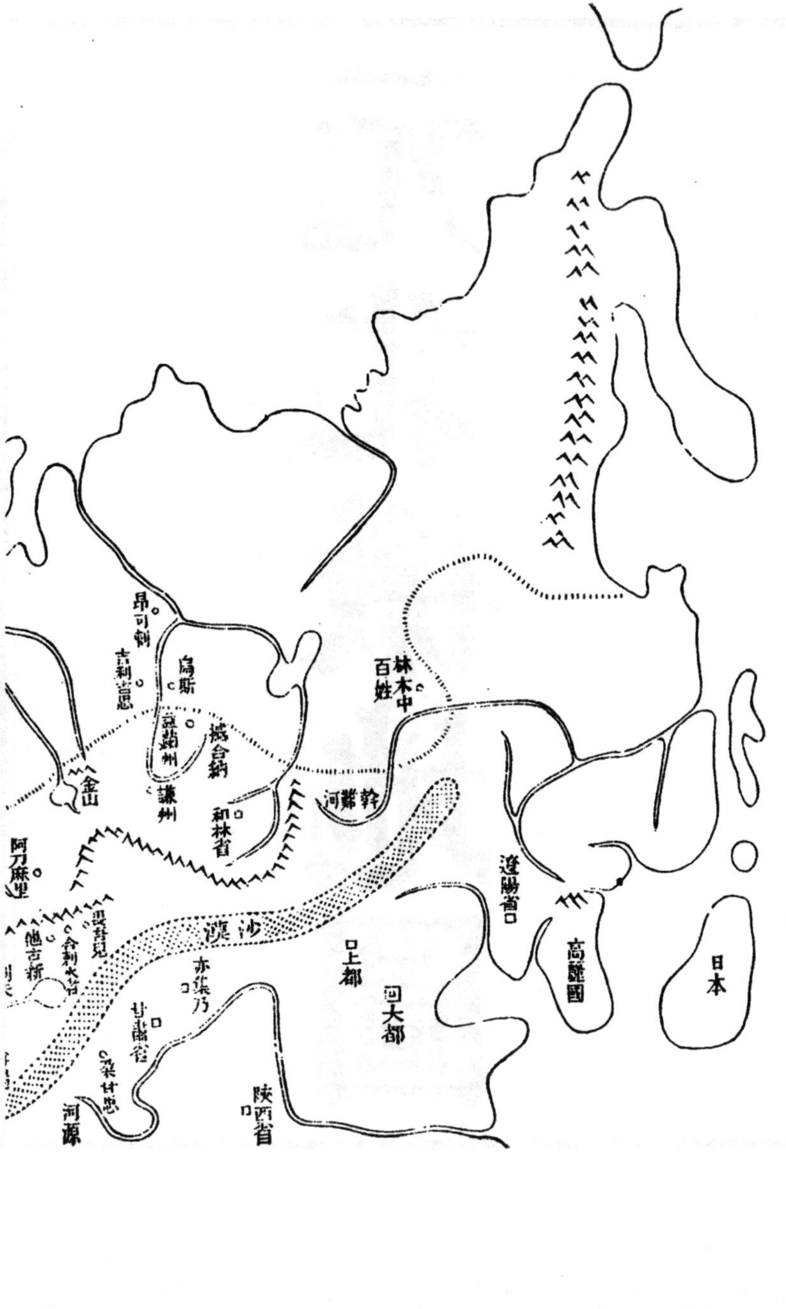
日本
高麗國
遼陽省
上都
大都
陝西省
沙漠
亦集乃
甘肅省
河源
和林省
斡難河
林木中百姓
烏斯
謙州
金山
阿刀麻里
吉利吉思
昂可剌

波蘭國
欽察故地在朮赤封內
竟吉思海
朮赤封內地
俄羅斯國六太子所封
柯散
海都諸王封地
富浪國即拂菻
阿速故地在朮赤封內
的希斯丹
報達地
報達國
阿母河
不花剌
巴達哈傷
合失合兒
別失八里
玉龍哈失
斡端

何秋濤云自古能征北徼者罕矣至胷北徼之地而全有之則更罕胷北徼之地全有之而盡設藩封郡邑焉則尤罕也惟元太祖盡取俄羅斯東西偏之地悉主悉臣厥後太宗憲宗累世經營朮赤海都等之封拓地日廣又設謙州益蘭州隸於嶺北行省駸駸乎欲以中原之治治北徼矣惜乎處置失宜尾大不掉遂未能竟其陶冶漸摩之功蓋亦運會使然耳元史地理志僅附錄西北地名而不載其方隅里至永樂大典中有元代西北地圖僅存國名無山川城邑其沿革何代今為何地皆不可考今採集羣籍詳悉鉤覈亦僅得其十之二三而已當日宋濂輩纂修元史疏舛如是後人訾之有以也僅圖其可知者如右庶便於蒐討云

明北徼地圖

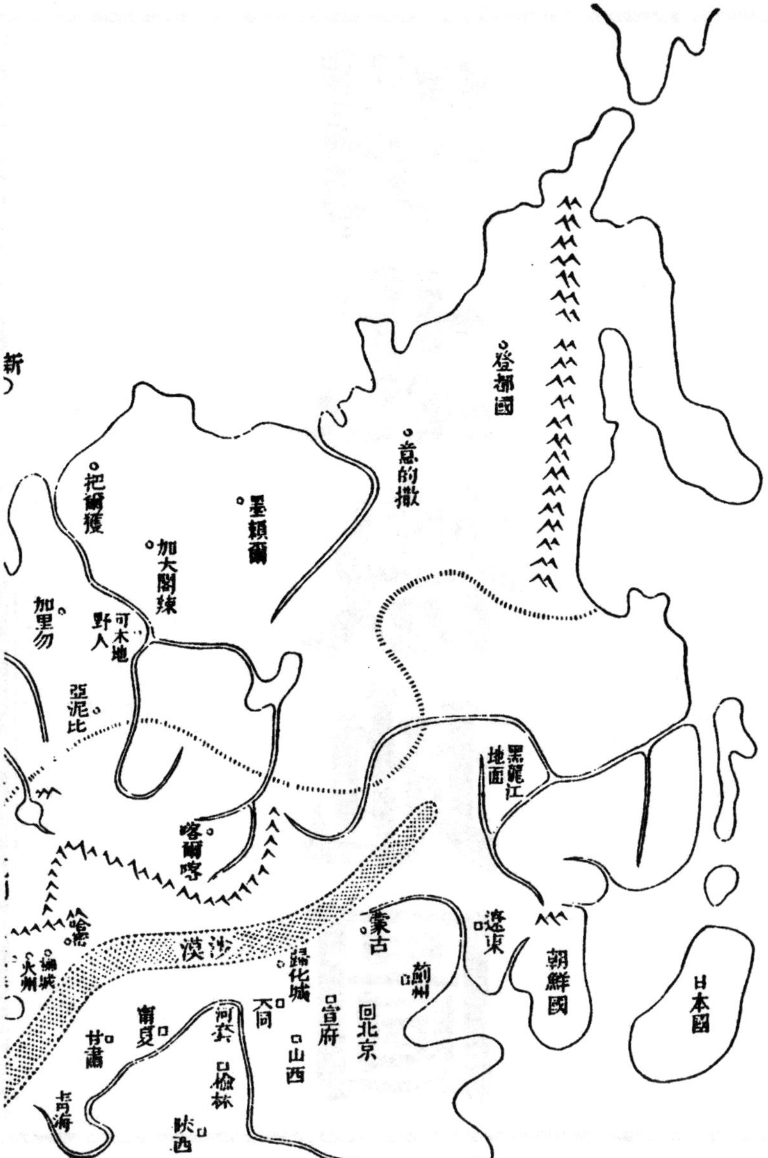
新
登都國
意的撒
把爾獲
墨穎爾
加大閣辣
加里勿
可木地
野人
亞泥比
黑龍江
地面
喀爾喀
論
哈密
火州
漠沙
蒙古
遼東
朝鮮國
日本國
歸化城
薊州
大同
宣府
回北京
河套
寧夏
甘肅
山西
榆林
青海
陝西

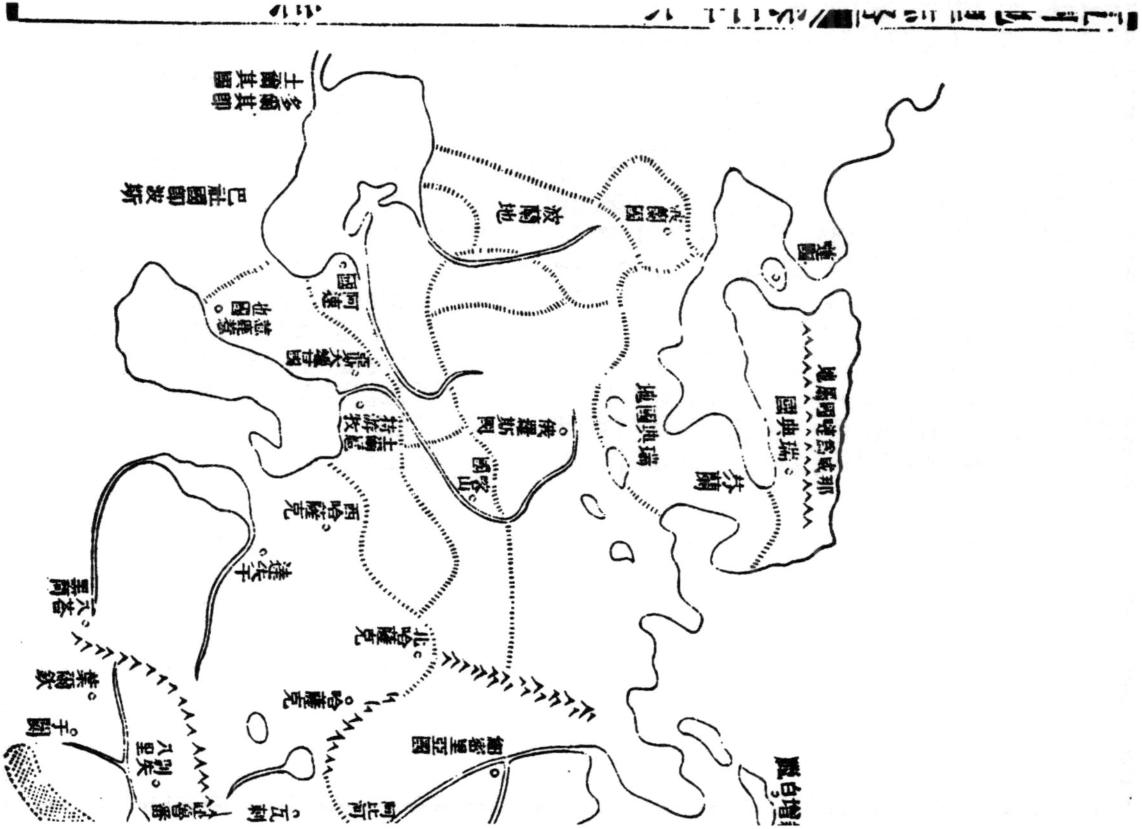

波蘭地
俄羅斯國
西哈薩克
北哈薩克
哈薩克
葉爾欽
于闐

何秋濤云明代蒙古之裔處漠南北猶漢唐時之匈奴突厥也然匈奴之北有丁零堅昆諸國見於班史突厥之北有骨利幹黠戛斯諸國見於唐書而明史紀北方邊塞惟韃靼一傳他無聞焉推原其故蓋有二端一則部族之強弱異也惟匈奴突厥盛時兵威直抵北海故錫伯利境諸小國咸服屬之因得以達於漢唐明時則不然韃靼力弱楚庫河以北弗能有也部族不附於蒙兀何怪乎庭幕不傳於紀載哉一則聲教之流通也呼韓稽顙於漢而康居等國亦遣侍子頡利入臣於唐而僕骨等部咸設州郡明時則不然聲教阻於朔漠惟阿速一國自嘉峪關入貢而波羅的錫伯利諸部中國未能詳焉旁稽典籍繪爲茲圖如把兒獲加里勿亞尼比登都國壘賴爾意的撒加大閣辣等地則取諸坤輿圖黑龍江地面可木野人則取諸明一統志至俄羅斯波蘭喀山亞斯大蠟甘以及瑞典那威諸境則取諸泰西人所紀載合而訂之形勢沿革胥可得其大略已

五洲地理志略二十七　　歐洲四

賜進士出身誥授榮祿大夫賞戴花翎內閣學士銜前國子監祭酒翰林院編修加三級臣王先謙謹撰

朔方備乘七圖

俄游彙編一圖

俄羅斯初起時地圖

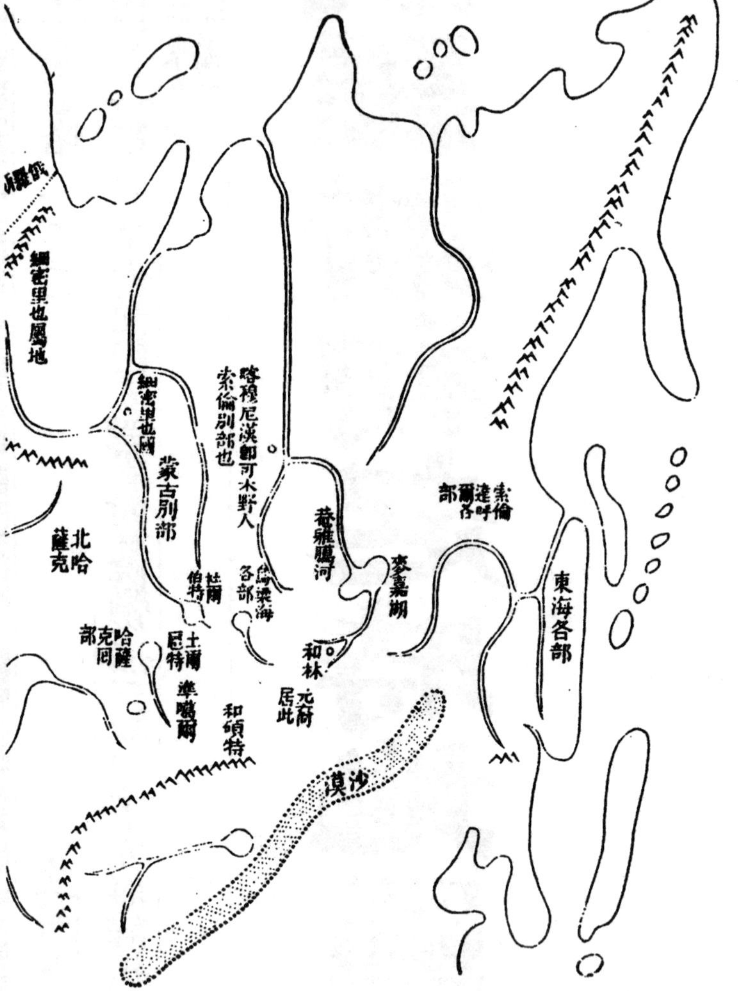

細密里也屬地
細密里也國
蒙古別部
北哈薩克
哈薩克回部
土爾扈特
杜爾伯特
準噶爾
和碩特
元府居此
和林
喀穆尼漢部可木野人
索倫別部也
烏梁海各部
索倫達呼爾各部
東海各部
沙漠

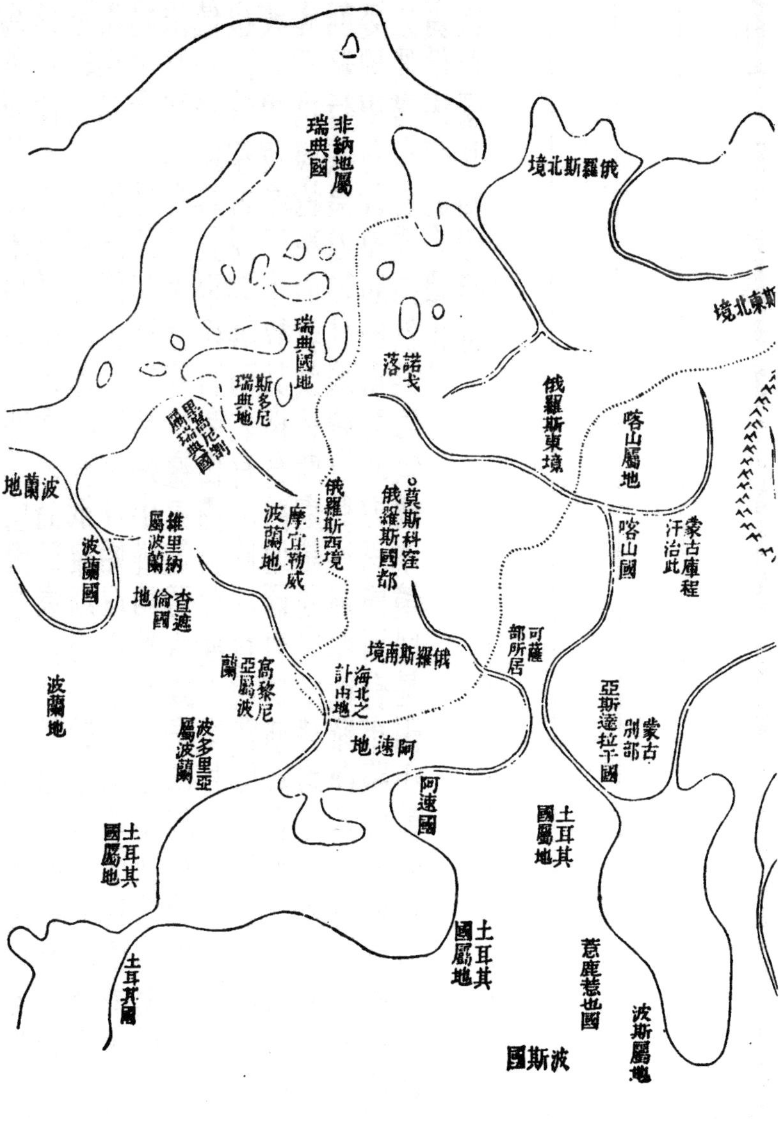
非納地屬瑞典國
俄羅斯北境
俄羅斯東北境
瑞典國地
斯多尼瑞典地
里窩尼亞屬瑞典國
諾戈落
俄羅斯東境
喀山屬地
波蘭地
俄羅斯西境
莫斯科窪俄羅斯國都
摩宜勒威波蘭地
維里納屬波蘭
波蘭國
查遮倫國地
蒙古庫程汗治此
喀山國
可薩部所居
俄羅斯南境
高黎尼亞屬波蘭
海北之計由地
波蘭地
波多里亞屬波蘭
阿速地
蒙古別部
亞斯達拉干國
阿速國
土耳其國屬地
土耳其國屬地
土耳其國屬地
土耳其國
惹鹿惹也國
波斯屬地
波斯國

何秋濤云祿利哥建國於唐時朮赤受封於元代雖皆以俄羅斯爲號而族姓不同地域亦異譬齊之前有爽鳩晉之前有實沈世遠年湮不得其詳迨朮赤之裔旣衰依番始借瑞典兵力征收其族類而自立爲汗此卽現在俄羅斯國之始祖也考異域錄言依番爲第一世汗傳至十三世汗始取得喀山等地則自依番汗初起至十二世汗疆域皆甚狹小謹鈞稽羣籍繪爲斯圖並繫以說依番初起在諾戈落卽倭羅克達乃古欽察國地是時僅有今大俄一路地耳其東南有喀山國有亞斯大蠟甘國其東有細密里也國皆蒙古別部其西北有那威國有西費耶國其西及西南有波蘭國皆奉天主教其南有阿速國有波斯國有土耳其國有蔥鹿蔥也國皆奉回教俄羅斯處諸國之中勢均力敵無所著見康輶紀行載夷酋顛林地圖有羅沙國郎俄羅斯其北有士袜國羅委國東有什卑釐國南有北力思國西有布路沙國所述國名拔之他書多有異同然其言俄國本境則甚褊小蓋顛林所見地圖實俄國初起之圖正可與此圖互相印證也

明俄羅斯分十六道圖

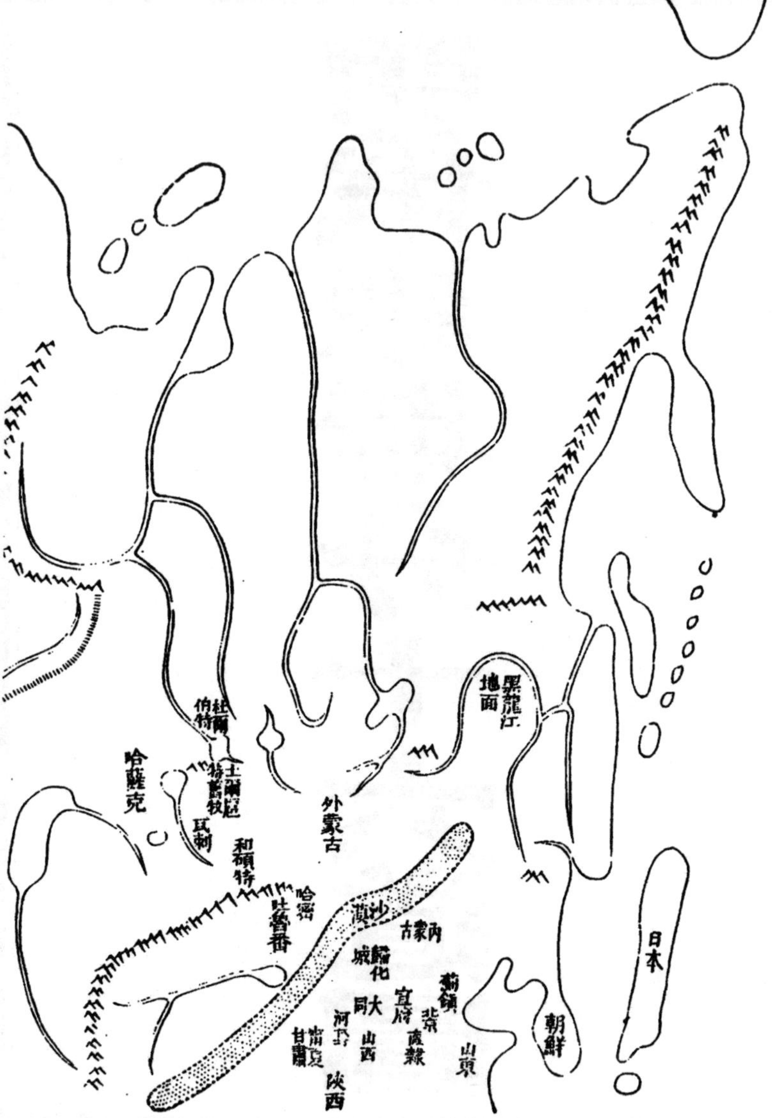
日本
朝鮮
黑龍江地面
外蒙古
杜爾伯特
土爾扈特
哈薩克
瓦剌
和碩特
哈密
吐魯番
沙漠
內蒙古
歸化城
大同
宣府
薊鎮
直隸
山東
山西
河套
寧夏
甘肅
陝西

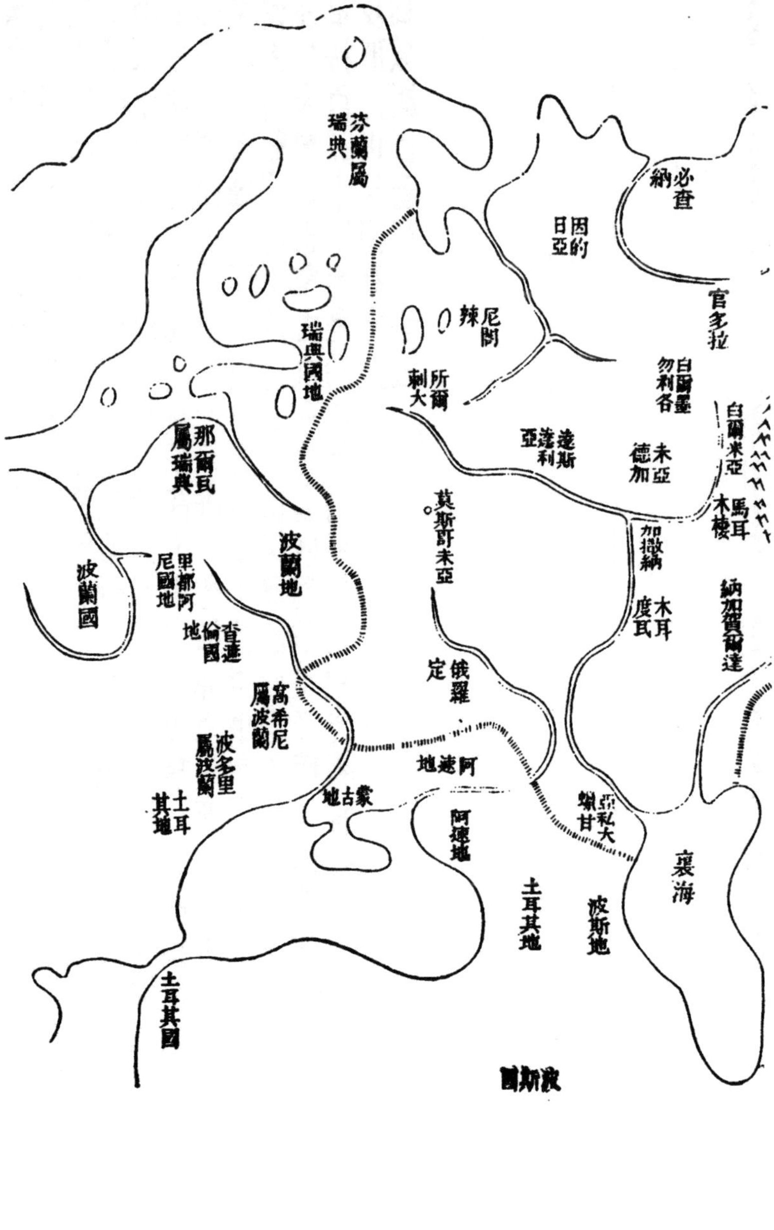
芬蘭屬瑞典
必查納
因的日亞
官多拉
尼附辣
瑞典國地
所爾剌大
白爾墨勿利各
白爾米亞
未亞德加
達斯亞達利
那爾瓦屬瑞典
馬耳木棱
莫斯科未亞
加撒納
納加賀爾達
波蘭地
波蘭國
甲都阿尼國地
查遜倫國地
木耳度瓦
俄羅定
窩希尼屬波蘭
波多里屬波蘭
阿速地
蒙古地
亞私大蝋甘
土耳其地
阿速地
裏海
土耳其地
波斯地
土耳其國

波斯圖

何秋濤云艾儒略職方外紀南懷仁坤輿圖說皆言莫斯哥未亞國中分十六道莫斯哥未亞亦作沒斯箇未亞即莫斯科窪之譯異蓋以都城爲國名也異域錄言俄羅斯十三世汗始攻取喀山托波兒阿斯塔爾汗等處距康熙五十三年已一百六十年溯查當是明世宗嘉靖年間之事艾儒略南懷仁等皆於萬歷以後陸續來中國其紀莫斯哥未亞當是據嘉靖年間圖籍謹就坤輿圖中分別詳考繪爲此圖按俄國大川以佛爾格河爲最鉅環繞國都流入喀山境凡白爾摩部維亞德加部諸川無不咸會東南流至亞私大蠟甘部入裏海源流七千餘里俄羅斯之拓地蓋由佛爾格河順流而下故先取喀山次取阿斯塔爾汗阿斯塔爾汗即亞私大蠟甘也蒙古朮赤之裔既爲依番汗所逐仍據喀山等部相持百數十年至是始爲俄國所併其東走者據托波兒俄國亦攻取之由是國勢漸盛遂爲歐羅巴著名之國云

異域錄俄羅斯圖

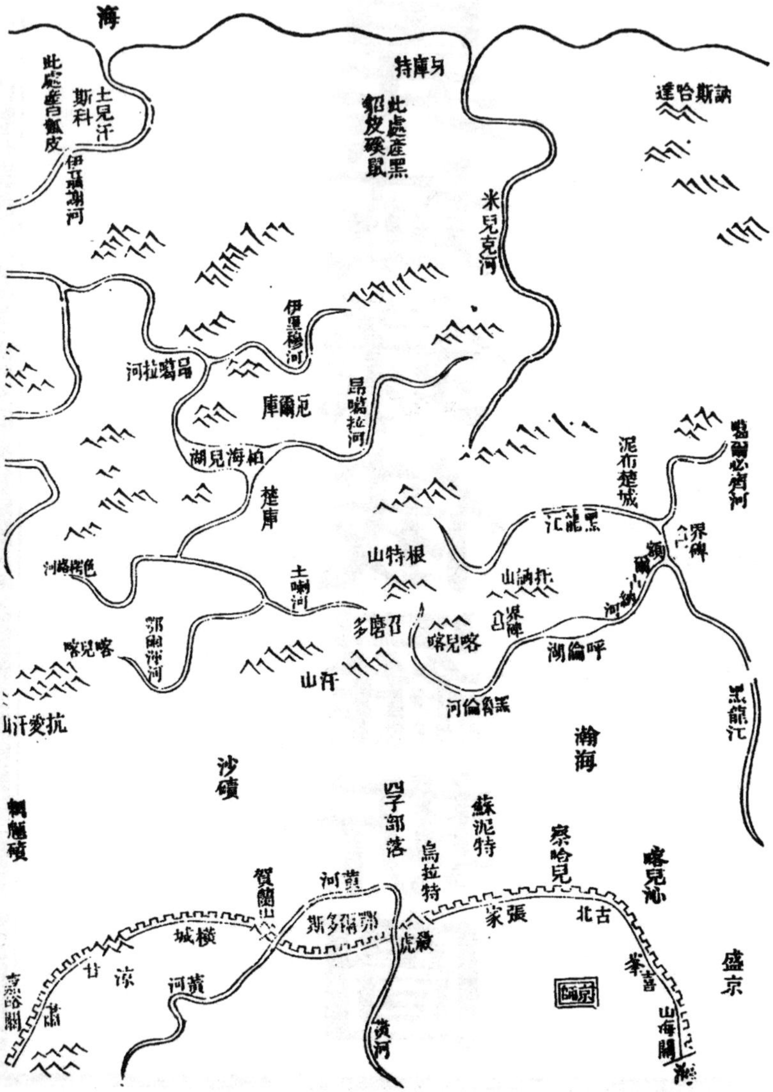
海
此處產白瓤皮
土兒汗
斯科
伊爾諾河
特庫与
此處產黑貂皮磔鼠
米兒克河
訥斯哈達
伊里穆河
昂喝拉河
河拉喝昂
厄爾庫
柏海兒湖
楚庫
泥布楚城
必爾喝河
黑龍江
界碑
額爾古訥河
抗訥山
根特山
土喇河
召磨多
喀兒喀
界碑
呼倫湖
鄂爾渾河
喀兒喀
汗山
克魯倫河
色楞格河
抗愛汗山
瀚海
沙磧
四子部落
蘇泥特
察哈兒
喀兒沁
烏拉特
賀蘭山
黃河
鄂爾多斯
殺虎
張家
古北
喜峰
盛京
京師
山海關
橫城
黃河
涼
甘
肅
嘉峪關

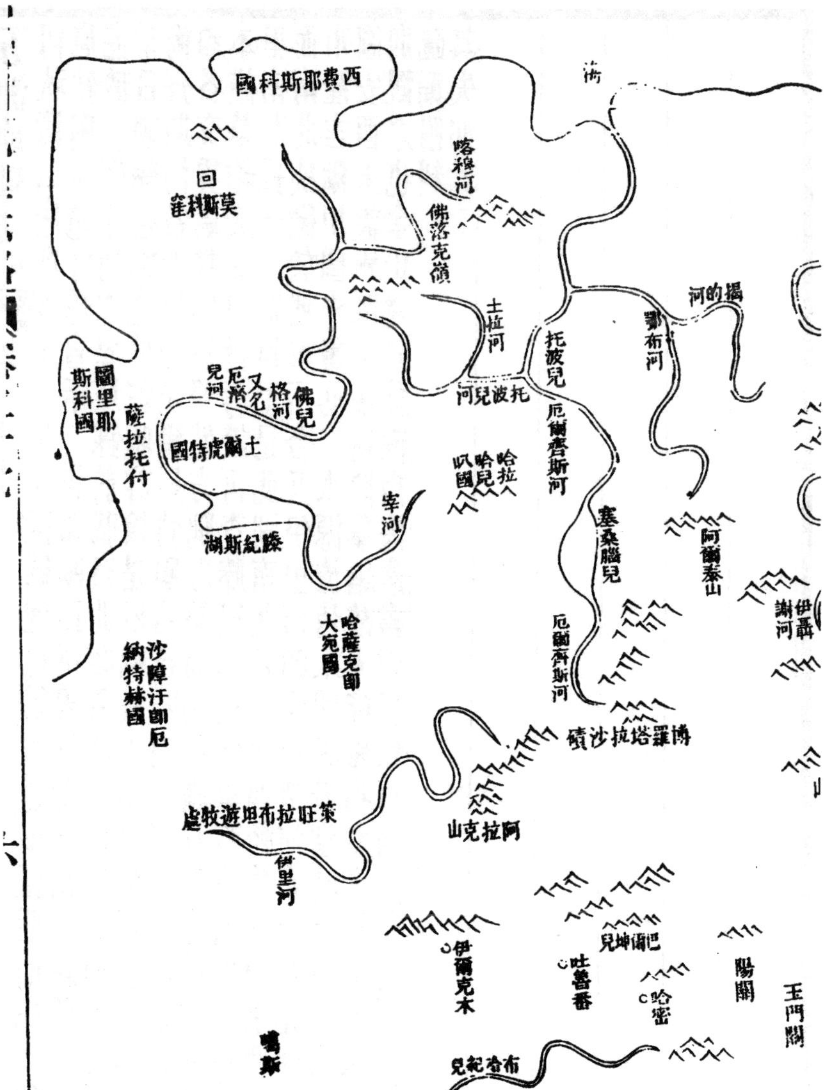

西費耶斯科國
回
莫斯科窪
喀穆河
佛洛克嶺
土拉河
托波兒
托波兒河
鄂布河
揭的河
佛兒格河
又名厄濟兒河
圖里耶斯科國
薩拉托付
土爾虎特國
哈拉哈兒叭國
厄爾齊斯河
宰河
滕紀斯湖
塞桑腦兒
阿爾泰山
哈薩克即大宛國
沙障汙即厄納特赫國
厄爾齊斯河
博羅塔拉沙磧
阿拉克山
策旺拉布坦遊牧處
伊里河
巴爾坤兒
伊爾克木
吐魯番
哈密
陽關
玉門關

何秋濤云康熙五十一年使臣圖理琛等假道俄羅斯前往土爾扈特阿玉奇汗處宣示　詔命歸而撰異域錄並繪俄羅斯地圖進於　朝今刻本異域錄前載有此圖蓋即圖理琛等原進之圖當日馳驅道途之間無暇詳繪是以祇載朱爾克河昂噶拉河額爾齊斯河各大川並土爾扈特國哈拉哈爾叭國策妄阿拉布坦國各交界處其圖甚略然方隅形勢尚屬明晰且係當時經進之本謹摹繪於此以貲考證再查滕紀思湖即裏海東西廣八百餘里南北長一千數百里是此湖南北較長東西較狹圖中東西長而南北狹微於地形不合又伊里河即今伊犁河布冷紀兒即今布隆吉爾川圖中畫此二水源流皆未明晰蓋當時伊犁未入版圖安西未設州縣僅依傳聞摹繪故未能確指水道情形要當分別觀之也金山錢熙祚編指海叢書刻異域錄而失載此圖亦屬疏漏附糾其失如此

康熙年間俄羅斯圖

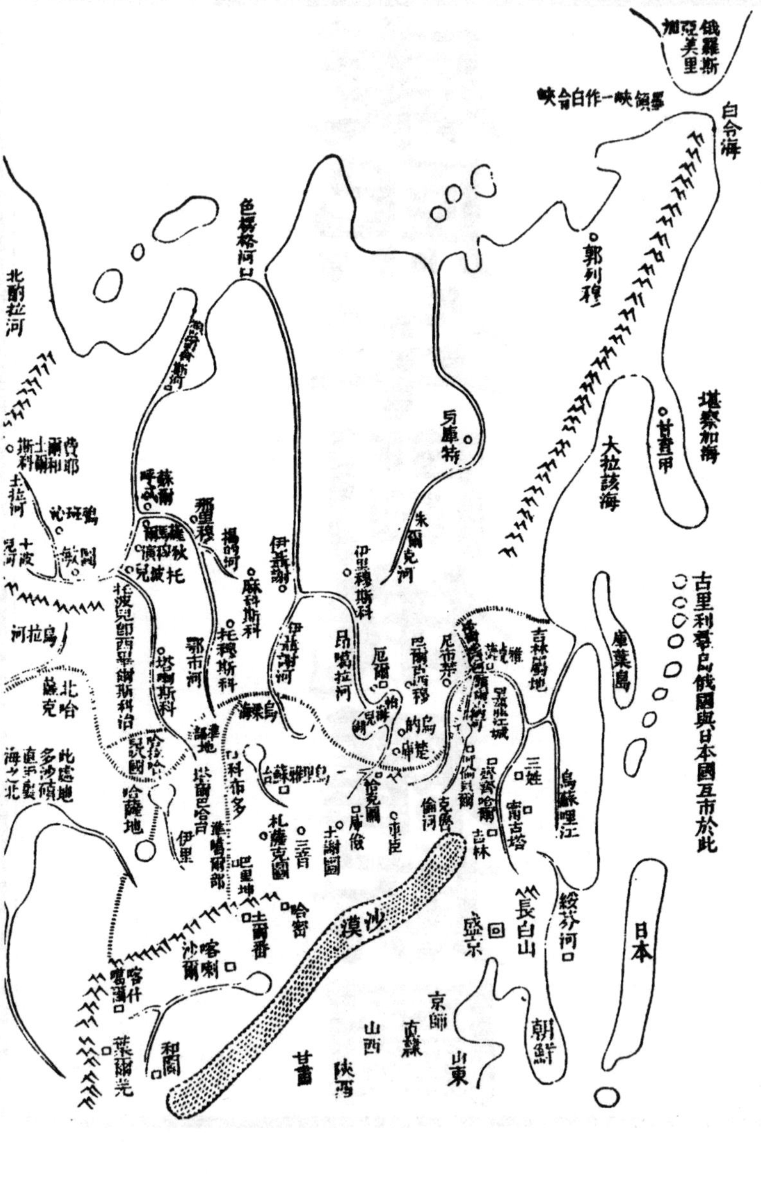
俄羅斯亞美里加
白令海
峽名白令一作白令峽
堪察加海
甘查甲
郭列穆
大拉該海
古里利羣島俄國與日本國互市於此
庫葉島
日本
朝鮮
綏芬河
長白山
盛京
京師
直隸
山東
山西
陝西
甘肅
沙漠
烏蘇哩江
三姓
甯古塔
吉林
吉林屬地
哈密
和闐
葉爾羌
喀什噶爾
喀喇沙爾
吐魯番
巴里坤
札薩克圖
三音
土謝圖
庫倫
恰克圖
車臣
伊爾庫斯科
麻科斯科
托穆斯科
鄂市河
塔喇斯科
托波兒斯科
烏拉河
北哈
蘇克
此處地多沙磧直至鹹海之北
哈薩克地
伊犁
伊黎河
那里穆
揚的河
安加拉河
尼布楚
色楞格河口
北冰海
亞庫特
北的拉河
鄂畢河

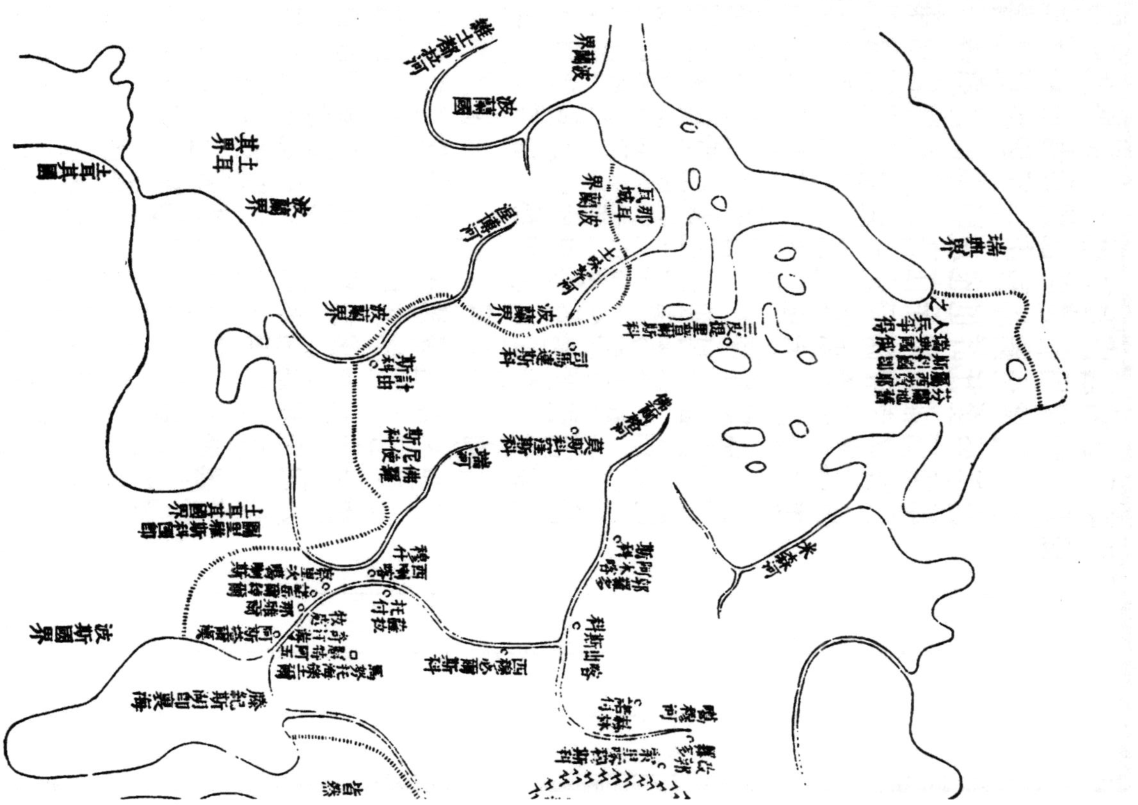
土耳其國
土耳其界
波蘭界
波蘭國
維士都拉河
瑞典界
莫斯科
波斯國界
米蘇河

何秋濤云康熙年間俄國地分八道異域錄具載八斯科之名而圖理琛等所身歷者惟喀山斯科及西畢爾斯科兩部其圖中則止繪莫斯科窪及西畢爾斯科所治之托波兒地他皆闕焉謹案地形考之除以上三斯科外尚有五道在西北境者一曰三皮提里普爾斯科乃攻取西費耶國之地後建為新都者也在西境者一日司馬連斯科在西南境者一曰計由斯科皆與波蘭國接壤之地是時波蘭方強俄人設重成於二斯科所以防波蘭之侵軼也在南境者一曰佛羅尼使斯科與阿速圖里雅等國接壤南面之屏蔽也在北境者一曰郭羅多阿木喀斯科所以控制國之北方諸部也至圖理琛所經歷之各斯科柏與諸家未悉其地謹依內府圖詳細訢求方隅可考形勢瞭然謹繪為圖用資稽覈又俄國自得托波兒之後略地東方據有伊聶謝額爾口尼布楚等城嗣復侵至雅克薩等地經　聖朝　命將出師勦撫兼施始定界立碑於格爾必齊額爾古納二河之地又甘查甲部俄國於康熙三十八年始取得之其東北跨海而得亞美里加一隅之地亦康熙五十四年以後事也謹備列於圖以見俄國之強實始於康熙年間云

乾隆初年俄羅斯圖

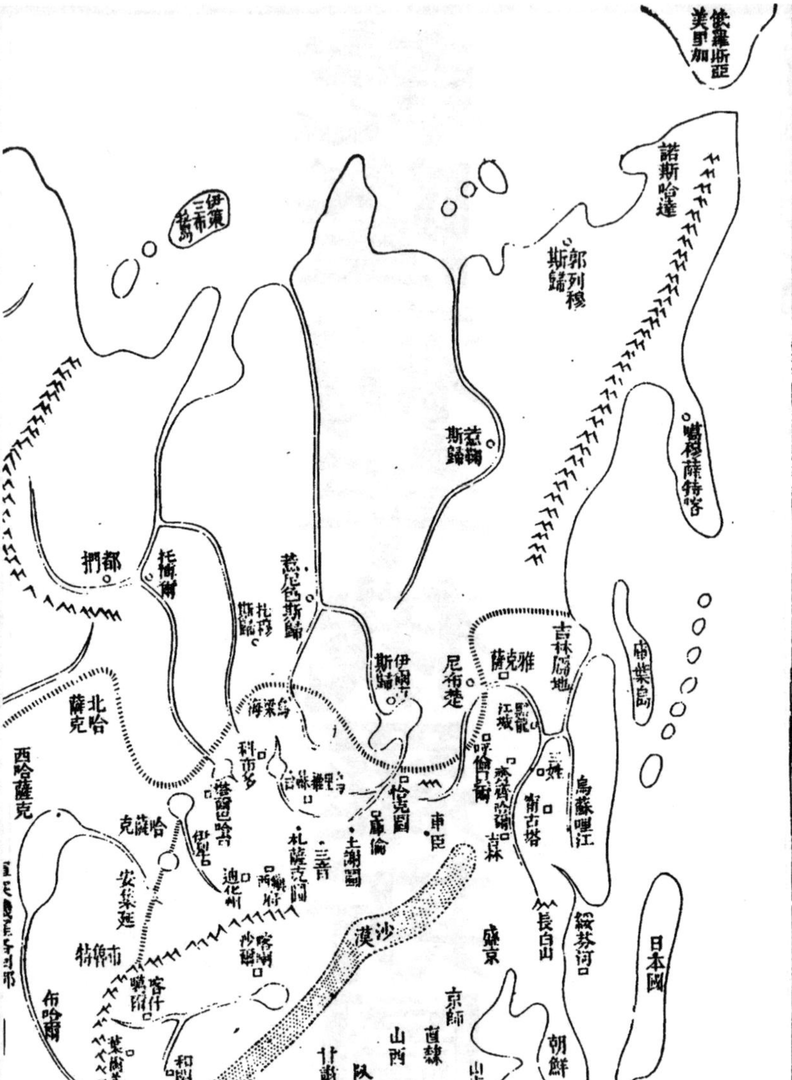
俄羅斯亞美里加
諾斯哈達
郭列穆斯歸
伊爾古斯歸
尼布楚
雅克薩
吉林屬地
庫葉島
黑龍江城
呼倫貝爾
齊齊哈爾
吉林
三姓
寧古塔
烏蘇哩江
長白山
綏芬河
日本國
朝鮮
盛京
京師
直隸
山東
山西
陝西
甘肅
沙漠
恰克圖
庫倫
車臣
土謝圖
三音
札薩克圖
烏梁海
科布多
北哈薩克
西哈薩克
哈薩克
伊犁
迪化州
安集延
喀什噶爾
和闐
葉爾羌
布哈爾

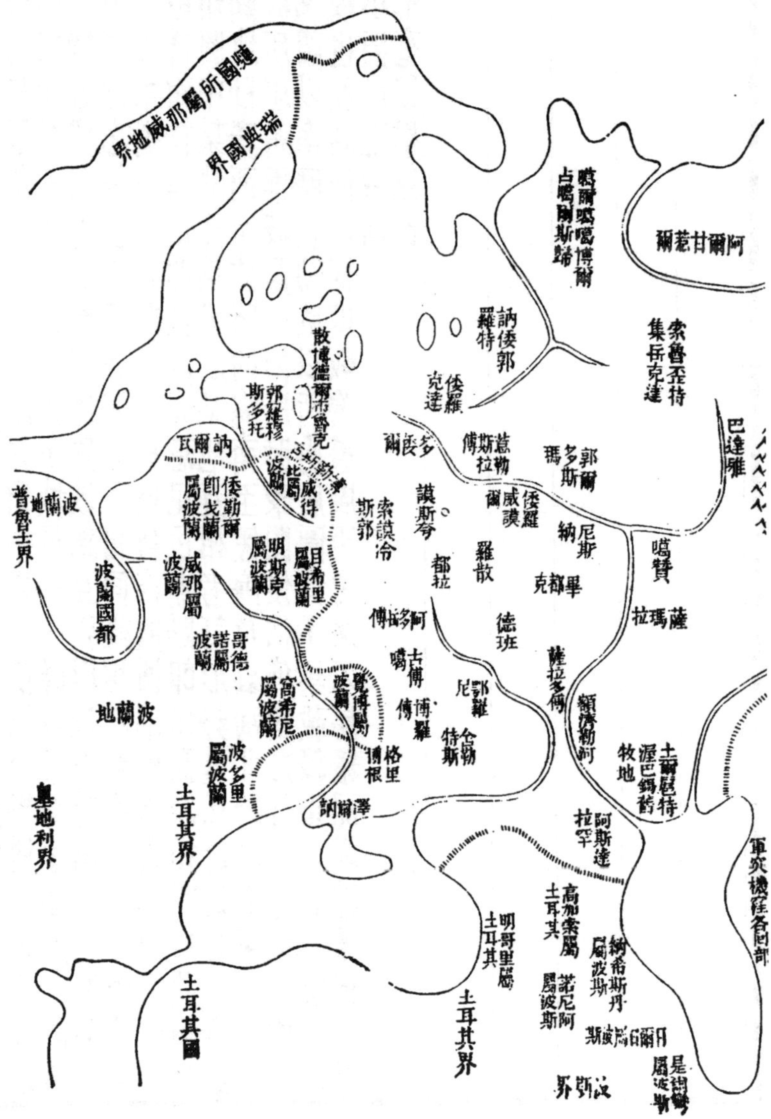
瑞典國所屬那威地界
瑞典國界
波蘭地
奧地利界
土耳其界
土耳其國
波蘭國都
普魯士界
阿爾甘爾蒂爾
薩瑪拉
土耳其界
汶凱界
軍突機荏各回部

何秋濤云原任榆林府知府徐松藏有內府輿圖秋濤嘗借閱摹繪考是圖係乾隆初年所修自中國與俄國交界地起直抵北海中之伊策三布拉烏止山川城邑一一詳載惟譯字多與　欽定一統志四裔考及圖理琛異域錄互異以校近時續出之四洲志海國圖志等書地名亦皆迴不相同謹稽其聲音按其方隅診驗山脈水道乃知謨斯夸郎莫斯科窪散搏德爾布魯克郎三皮提里普爾托搏爾郎托波兒惹尼色斯歸郎伊聶謝柏興以此類推知圖中某地郎某書之某地互相考訂形勢釐然計時是俄羅斯闕地日廣西至波羅的海南至黑海及裏海北跨冰海東跨大洋海所患者惟波蘭一國居肘腋閒侵佔俄國之計由等地以故自戈蘭以南摩宜勒威以西內府圖皆不具載緣是時非俄國所有故也原圖依經緯度數繪畫廣至盈丈不易繙閱謹縮繪爲尺幅小圖庶荒徼情形毫髮畢見已

乾隆末年俄羅斯圖

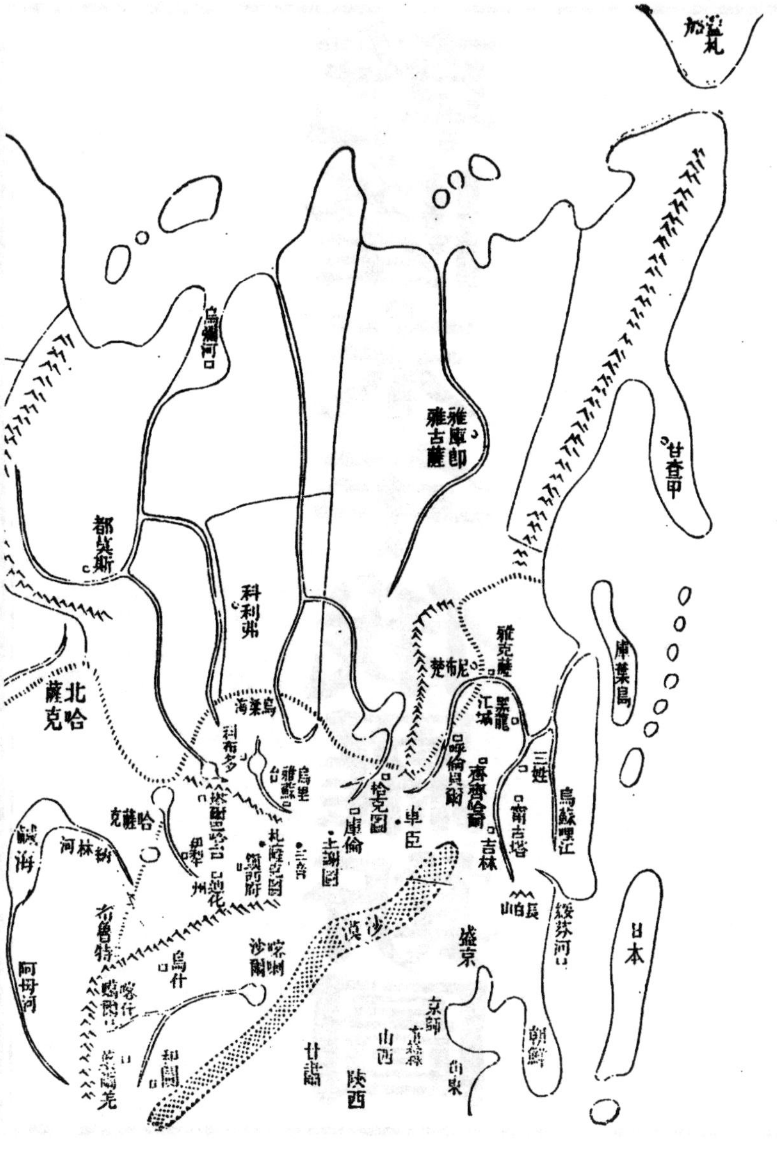
日本
朝鮮
盛京
京師
山西
陝西
甘肅
沙漠
吉林
長白山
綏芬河
烏蘇里江
三姓
庫葉島
黑龍江城
卜奎
庫倫
雅庫郎
雅古薩
甘查甲
都莫斯
科利弗
北哈薩克
鹹海
阿母河
烏什
和闐
喀什噶爾
伊犂
科布多
烏里雅蘇台
烏蘭河

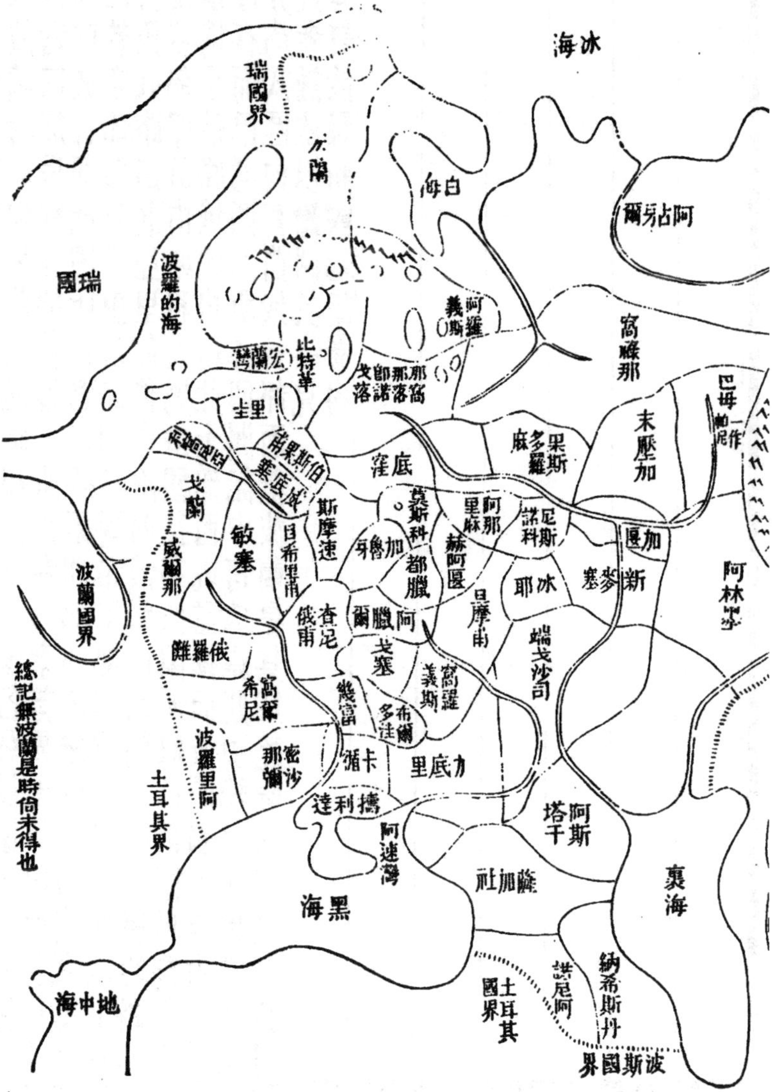
冰海
瑞國界
白海
阿占另爾
瑞國
波羅的海
阿羅義斯
窩蘇那
宏蘭灣
比特革
窩那那諾戈落落
里圭
巴母帕一作尼
末壓加
果斯多羅麻
伯斯果甫
底窪
威底塞
戈蘭
斯摩速
莫斯科
阿那里麻
尼斯諾科
加匽
敏塞
目希里甫
加魯牙
都臘
赫阿匽
冰耶
參塞新
阿林字
威爾那
波蘭國界
查尼
俄甫
阿臘爾
日摩甫
端戈沙司
俄羅雖
戈塞
窩羅義斯
窩蘭希尼
幾富
布爾多洼
波羅里阿
密沙那彌
卡彌
力底里
土耳其界
擣利達
阿速灣
阿斯塔干
薩加社
裏海
黑海
地中海
土耳其國界
諾尼阿
納希斯丹
波斯國界
總記無波蘭是時尚未得也

何秋濤云乾隆五十七年俄羅斯國與墨地利國普魯士國合兵攻波蘭時波蘭衰弱割地講和由是三國各分其壤墨地利國所得者曰加里細亞部普魯士所得者曰東普魯士部曰西普魯士部曰波森部俄國所得者曰威爾那部曰俄羅僻部曰威底塞部曰敏塞部曰目希里甫部曰窩爾希尼部曰波羅里阿部以上統名西俄路曰北亞里部後亦附西俄路曰戈蘭部附波羅的路曰幾富部即計由斯科先屬俄國後爲波蘭所取茲俄國仍割得之是爲小俄路俄國自得此十部西境益擴而波蘭國惟注肯一區僅存而已考西人所作四洲記中有俄羅斯國總記述俄國地士分爲八區內有西俄各部而無波蘭是其爲乾隆末年之制無可疑者謹依以繪圖其詳見考訂俄羅斯國總記卷內

嘉慶年間俄羅斯圖

何秋濤云俄國既割西俄諸部波蘭謹守洼肖蕞爾之地至嘉慶十八年俄國復攻取波蘭滅其國分其地為波蘭八部當是時俄國已破佛郎西拏破侖之兵威振西土乘勢南攻裏海黑海之間凡土耳其波斯兩回部屬境無不望風披靡於是國境分為九區曰波羅的海東五部其新都也曰大俄十九部其舊都及司馬連佛羅尼使各道地也曰小俄三部郎計由斯科國之腴壤也曰南俄五部黑海直北地也曰加匽俄五部郎喀山也曰西伯利八部東與中國接界處也曰西俄七部曰波蘭八部前後取諸波蘭者也曰高加索五部內惟痾倫不爾厄及阿斯達拉干二部為舊壤而諾尼阿薩加社日爾日三部亦以漸蠶食者也西人雅裨理得俄國地圖譯入瀛環志略書中茲詳細考覈知為嘉慶年間之事謹繪為嘉慶年間俄羅斯圖其詳見辨正瀛環志略卷內

道光初年俄羅斯圖

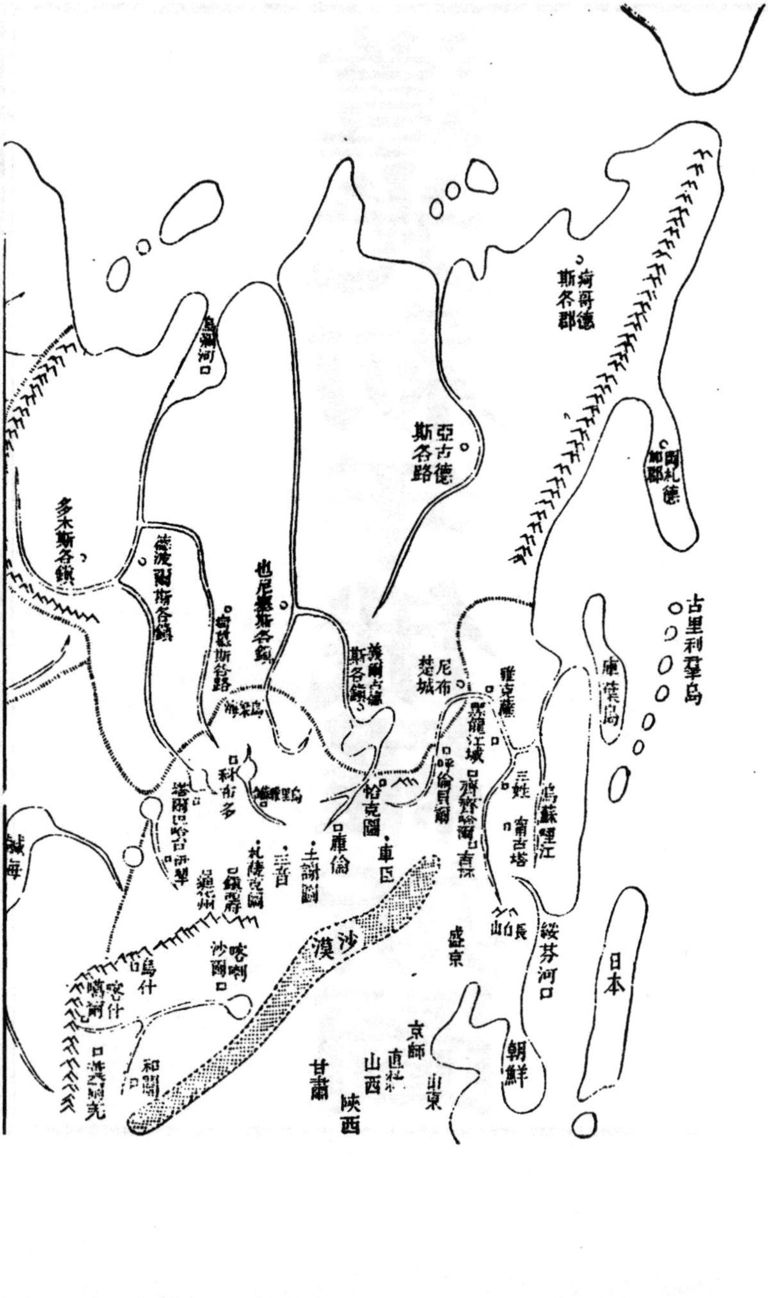
日本
朝鮮
綏芬河口
長白山
盛京
京師
直隸
山東
山西
陝西
甘肅
沙漠
烏蘇哩江
甯古塔
三姓
吉林
齊齊哈爾
黑龍江城
雅克薩
庫葉島
古里利羣島
呼倫貝爾
尼布楚城
恰克圖
車臣
庫倫
土謝圖
三音
扎薩克圖
鎮西府
迪化州
喀喇沙爾
烏什
喀什噶爾
和闐
科布多
亞古德斯各路
堪察德斯各郡
阿札德郡
多木斯各鎮
也尼塞斯各鎮
鄂模斯各路
斯各鎮
烏拉河口
裏海

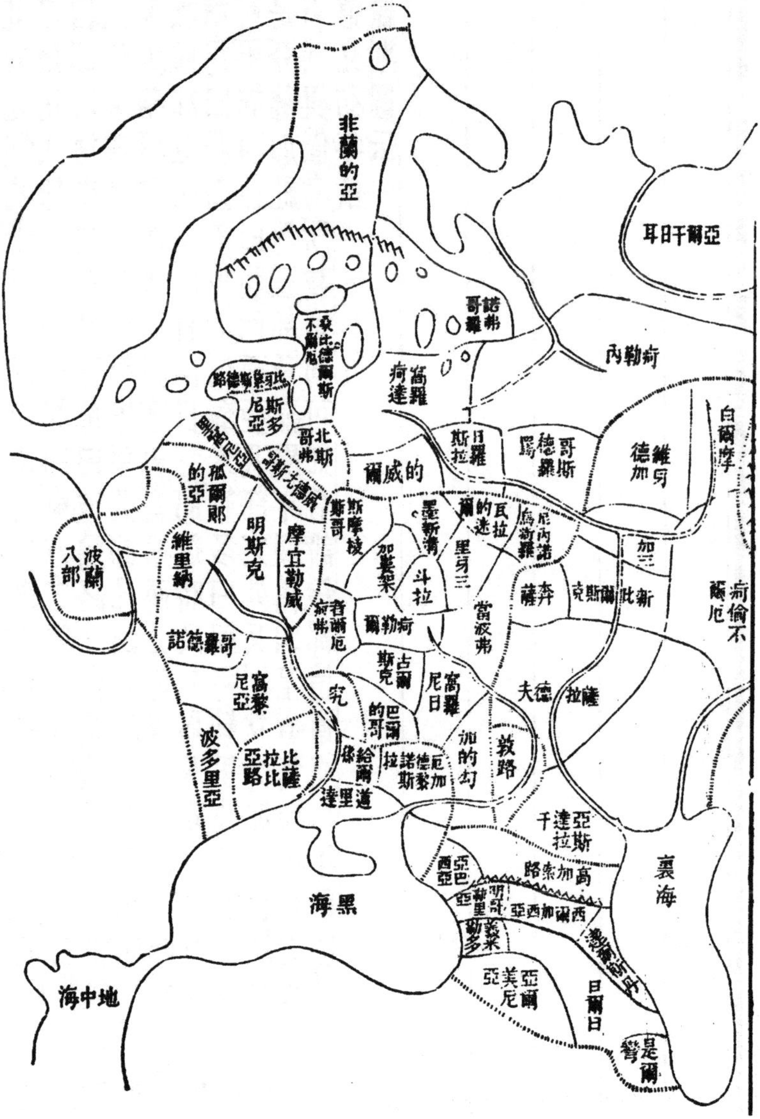
非蘭的亞
亞爾干日耳
諾弗哥羅
疴勒內
疴達高羅
彼斯哥北弗
的威爾
斯拉日羅
哥斯德羅馬
維加德
白爾摩
明斯克
摩宜勒威
維里納
波蘭
孤爾郎的亞
諾哥羅德
斗拉
里牙三
當波弗
新比爾斯克
奔薩
疴倫不爾尼
夫德拉薩
敖路
高加索路
亞斯達拉千
裏海
黑海
地中海
比薩拉比亞
波多里亞
亞爾美尼亞

何秋濤云近刻有地理備考一書乃大西洋人瑪吉士所撰其中述俄羅斯國分部與四洲志及瀛環志略迥異大略分爲九區曰中北方之鎮凡十有二部曰南方之鎮凡四部又會城二部曰西方之鎮凡八部又會城一部曰東方之鎮凡八部曰中央之鎮凡十四部曰海中之鎮凡三部曰波蘭路凡會城八部曰高加索路凡八部又會城一部曰西卑里亞部凡鎮四部會城二部郡二部諸部大略與雅禅理所譯字異音通而分屬改隸大有巡庭考志略載薩加社諾尼阿曰爾日三部近時又分爲八部曰日爾日曰是爾彎曰亞爾美尼亞曰義米勒多曰明哥勒里亞曰達日斯丹曰西爾加西亞曰亞巴西亞八部之外又刖立高加索省嚴其所言是分薩加社等三部乃嘉慶年間舊制至道光初年分設八部一省則與備考所載全同可知分設鎮郡皆道光初年事也謹繪爲道光初年俄羅斯圖云

道光末年俄羅斯圖

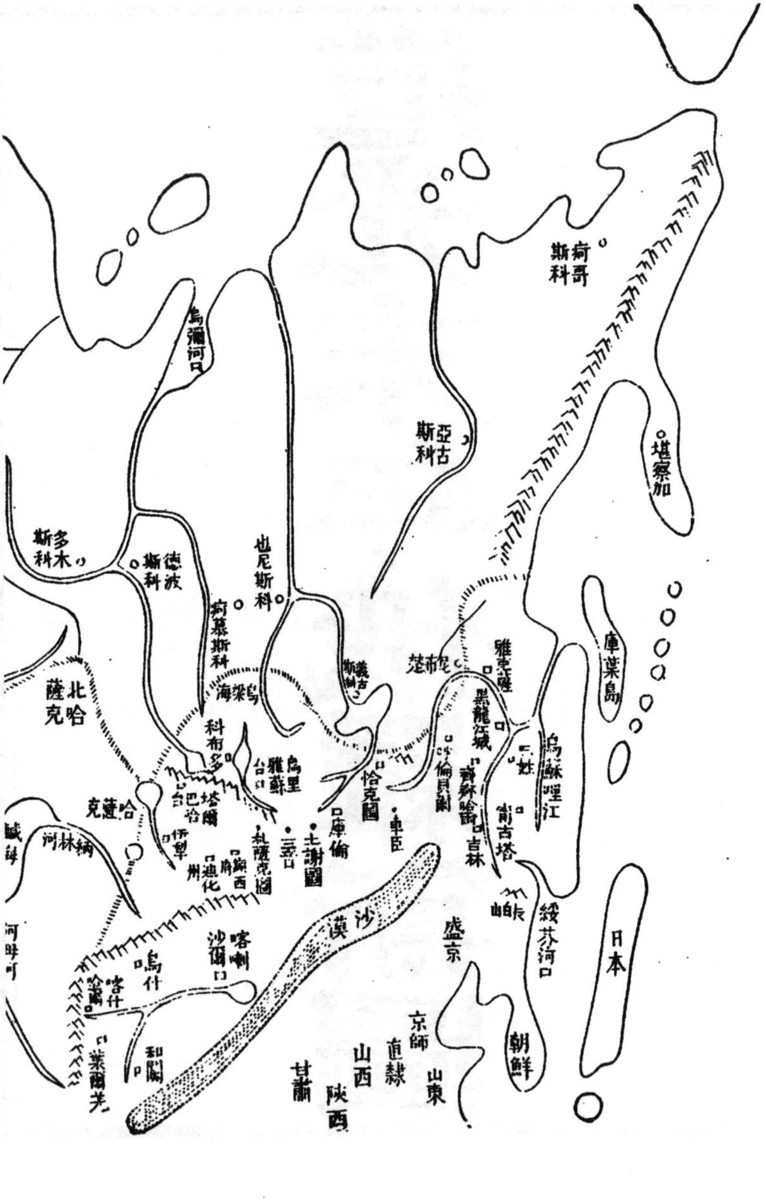
堪察加
斯科哥
斯亞科古
烏彌河口
斯多科木
德斯波科
也尼斯科
狗慕斯科
北哈薩克
海梁烏
科布多
烏里雅蘇台
塔爾巴哈台
克蓬哈
伊犁
納林河
迪化州
鎮西府
札薩克圖
三音
土謝圖
庫倫
恰克圖
車臣
楚布尼
雅克薩
黑龍江城
齊齊哈爾
伯都訥
吉林
寧古塔
烏蘇哩江
庫葉島
日本
綏芬河口
朝鮮
盛京
京師
直隸
山東
山西
陝西
甘肅
漢沙
喀喇沙爾
烏什
喀什噶爾
和闐
葉爾羌

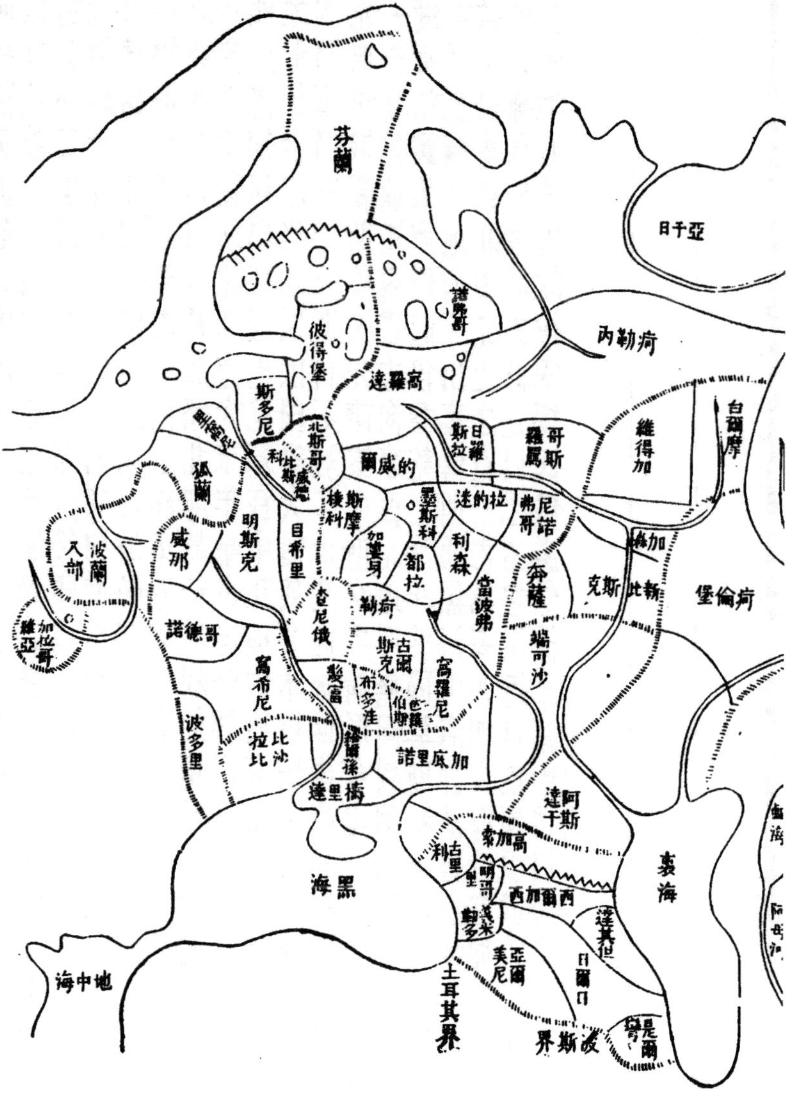
芬蘭
日干亞
內勒病
諾弗哥
彼得堡
達羅高
斯多尼
北斯哥
的威爾
孤蘭
明斯克
目希里
威那
波蘭
入部
諾德哥
窩希尼
波多里
加里底諾
海黑
海中地
裏海
土耳其界
波斯界
維得加
堡倫病

何秋濤云近刻有地理全志一書亦泰西人所著其書刻於上海據其敘蓋嘗見瀛環志略地理備考二書而其所述俄羅斯國地名分部又與各書互異大略分俄國爲十路曰波羅的路五部曰大俄路十九部曰小俄路四部曰南俄路五部曰加森路五部曰東俄路二部曰西俄路八部曰波蘭路八部以上均隸歐羅巴州曰錫伯利路八部內分西三部東五部曰高加索路九部以上均隸亞西亞州曰監札加路九部隸亞墨利加州是書刻於咸豐三年癸丑歲蓋所記即道光末年事也志略誤以也尼塞在痾慕西據此書知痾慕在西也尼塞在東正與內府圖所繪托穆伊聶謝地形相合志略誤以俄國設大酋於多木總理東方據此書知俄國將軍仍駐德波斯科不駐多木凡此數條皆資考訂詳繪爲道光末年俄羅斯圖云先謙案中俄交界情形今與道光末異見卷一吉林黑龍江兩省志向來西北地形無圖列朝沿革者故全采備乘諸圖惟康居起伊犁訖裏海非俄國莫斯科奄蔡自康居西貨利息彌之地西北出裏海西臨黑海黑海即漢書所稱大澤奄蔡不得爲俄北境元史之寬田吉思海亦即裏海皆宜從洪氏元史證補爲備乘訂誤詳見以上諸卷至近日俄國疆域與何氏著備乘時又異故復采繆氏俄游彙編三圖坿後以資參考焉

繆編俄羅斯歐洲圖

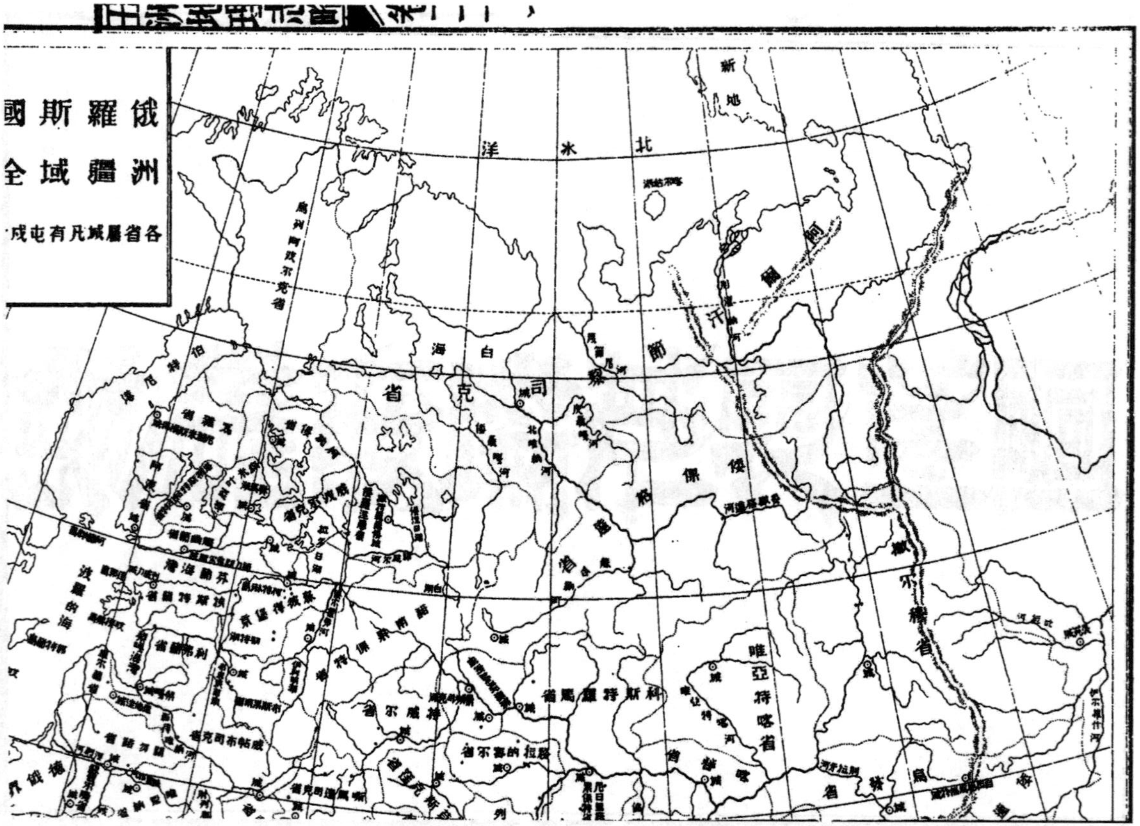
俄羅斯國
洲疆域全
各省屬城凡有屯戍
北冰洋
新地
白海

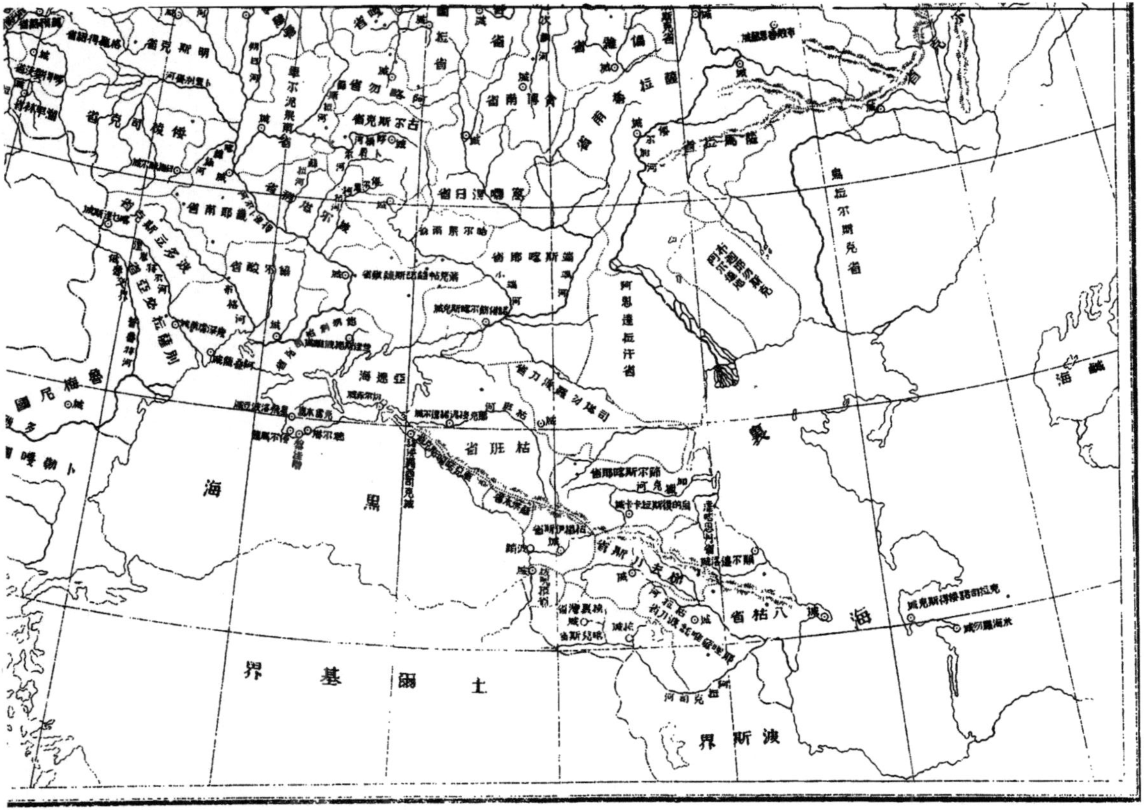
黑海
土爾基界
波斯界
裏海

繆編中亞細亞圖

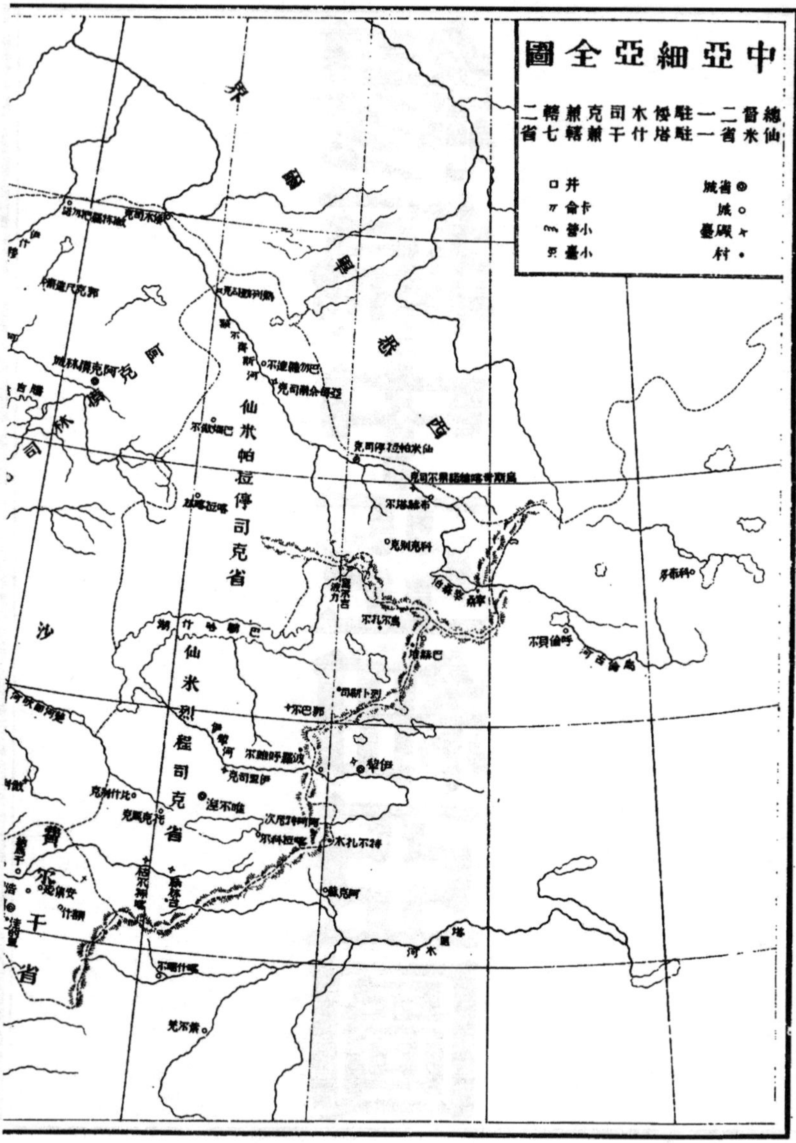
中亞細亞全圖
總督二一駐撥木司克兼轄二
仙米省一駐塔什干兼轄七省
省城
城
礮臺
村
井
卡倫
小營
小臺
仙米帕拉停司克省
仙米烈程司克省
費爾干省
巴爾喀什湖
塔里木河
伊犁
烏倫古河
伊犁河

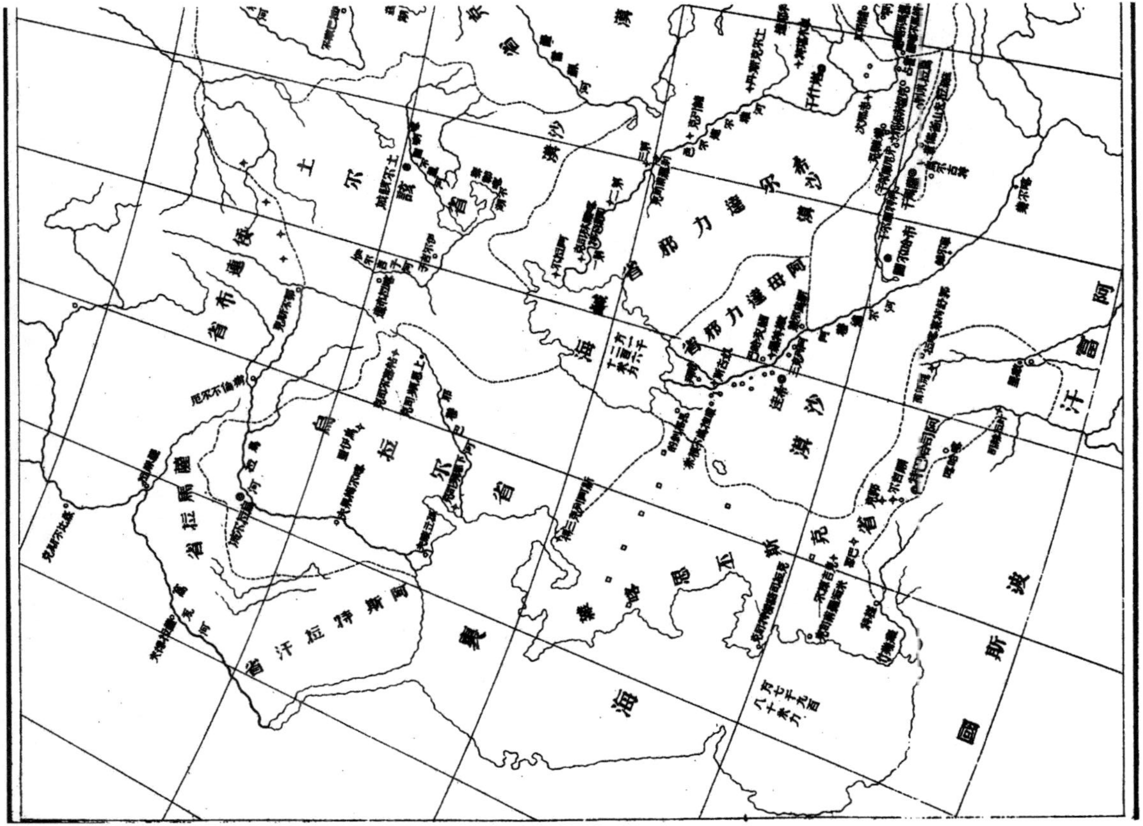
阿富汗
波斯國

繆編悉畢爾圖

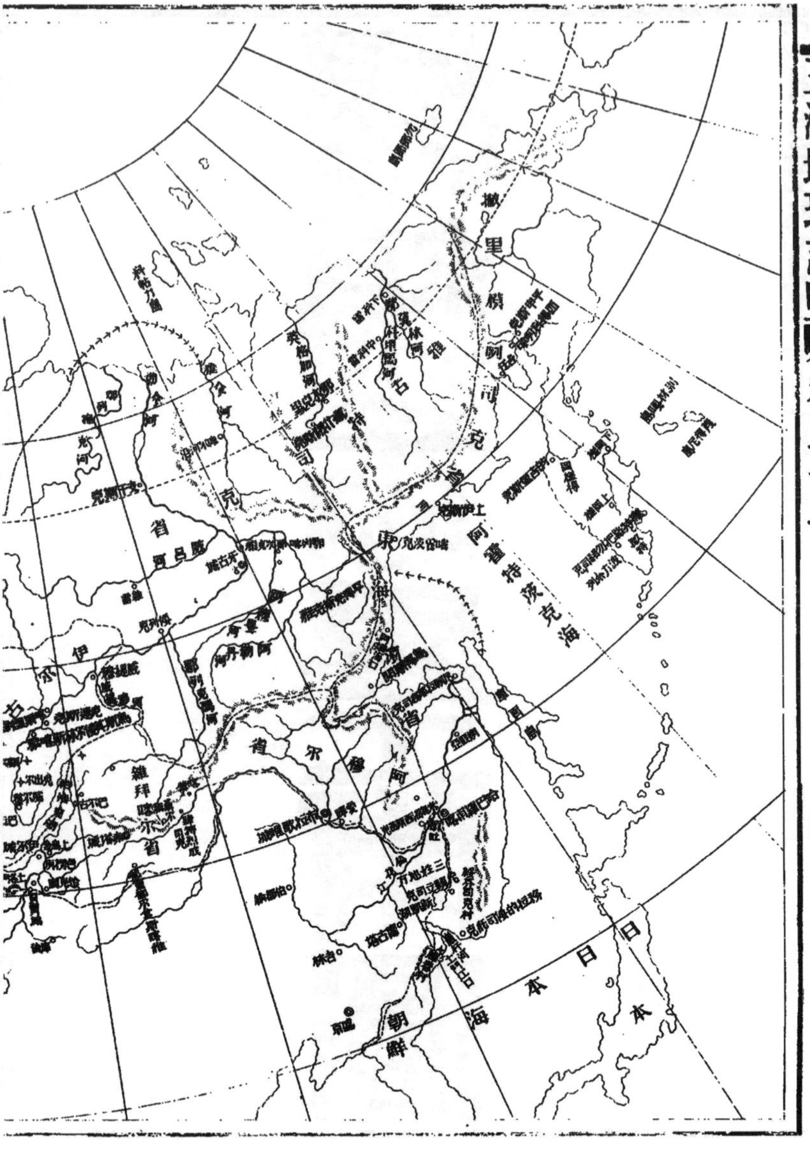
日本海
日本

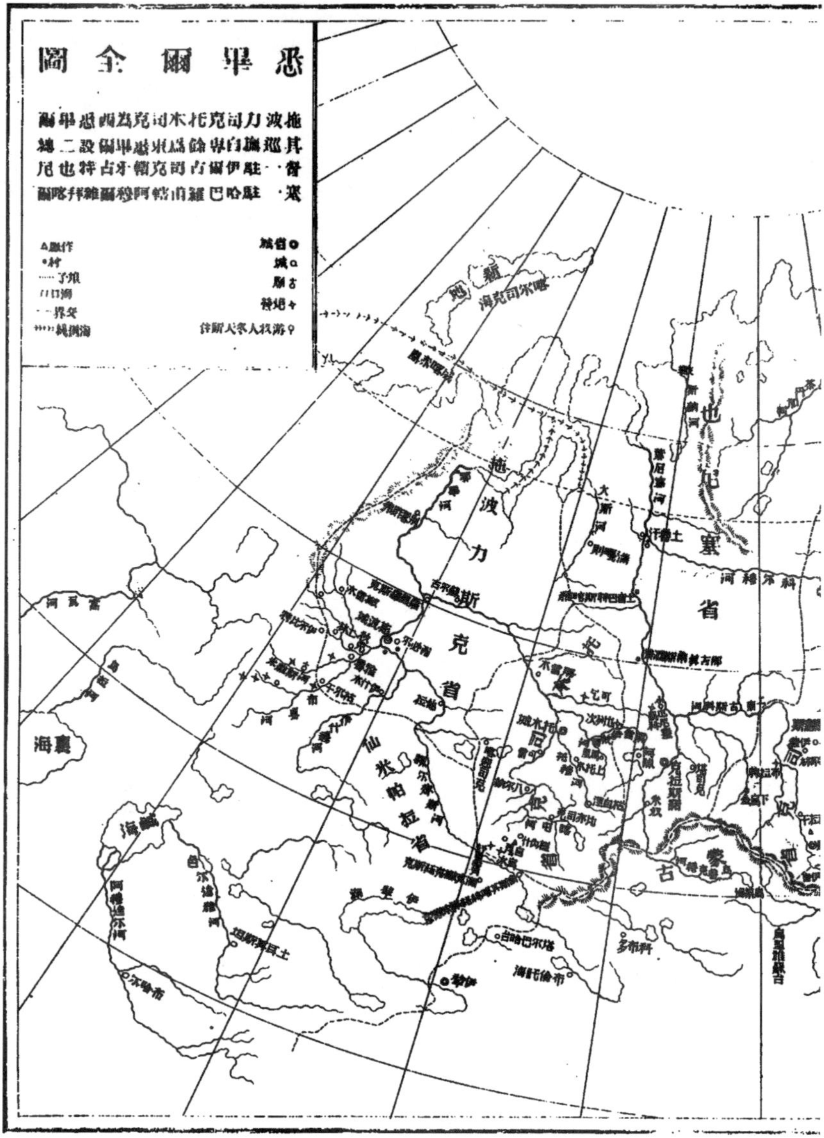
悉畢爾全圖
托波力司克托木司克爲西悉畢爾
其巡撫自專餘爲東悉畢爾設二總
督・駐伊爾古司克爾・牙古特也尼
塞・駐哈巴羅甫喀阿穆爾維拜喀爾
省城
城
游牧人冬天所住

賜進士出身　特賞內閣學士銜前國子監祭酒翰林院編修加三級　臣　王先謙謹撰

巴爾肯半島

雷志云巴爾肯乃地中海最東之一半島因巴爾肯山以名（課程云橫者曰巴爾干一作巴爾坎山勢當蒲加利之南迤東行至黑海而盡縱者曰干大維連脊廣袤不甚高峻巴爾干首峯高六百五十二丈四尺不滿中國四里干大維首峯曰奧靈伯高七百七十九丈巴爾干山麓居民概植玫瑰樹可釀花露遠售域外先謙案又作巴爾幹亦稱巴幹矢志云巴幹半島者由東土耳其至羅司伯拉司及他騰納司兩海峽實歐洲東部諸國之總稱樞志作巴爾堪講義云因橫斷此半島有巴爾堪山脈故郎以此命名也土耳其言樹山地中海內三大半島此半島海岸綫最多屈曲）巴爾肯山間隔意斤海與多惱河之流域其地多山最高峯曰什達在西部高一萬十英尺麥司愛拉山在羅陀不高九千五百七十英尺河之大者曰多惱河（矢志云發源奧境巨浸洋洋東至羅馬尼婆礙料境下流趨北再折而東成三棱洲二所遂入黑海自發源至此行二千一百餘英里）馬利社河（矢志作麥里撒云發源巴幹山經羅曼科由土耳其入多島海講義作馬里作）窩德河（講義云馬

里作之西有瓦苔河發西爾山入塞羅尼加灣窩德河即瓦苔河也其氣候巴爾肯山之北冬時甚寒沿意斤海岸則不常遇雪君士坦丁（見下土耳其）熱度中數六十一度正月四十二度七月七十四度雨水二十九英寸菩楷來司脫（見下羅美尼亞）熱度中數五十一度正月二十七度七月七十三度雨水二十九英寸地土腴沃然農事日見退步小麥珍珠米煙葉亞麻苧麻等爲其所常種南部有棉花五穀橄欖葡萄無花果棗等工藝甚劣

土耳其國

土耳其徐志土耳其云回部大國也地分西中東三土西土在歐羅巴界內中土東土在亞細亞界內三土合計縱橫約四五千里古時皆羅馬東境（即大秦國）後羅馬分東西三土爲東羅馬地唐初阿剌伯回部方強取東中兩土建爲藩部土耳其者本韃靼種舊遊牧葱嶺之東（即今伊犁一帶）奉回回教展轉西徙入買諾（即中土耳其）居於加拉馬尼亞爲亞剌伯回部所驅逃避山穴其後種族漸繁元成宗五年頭人阿多曼（一作阿多馬諾）招集種人攻奪買諾回國即名其國曰阿多曼至孫默拉德（先謙案即土志之摩拉德）日益強盛東土之猶太

敘里諸部(即土耳其東土)以次蠶食疆土愈廣佛郎西日耳曼嘗以兵六萬來攻皆失利去元順帝至元年間土王渡海峽伐東羅馬與敵戰而勝敵有將創甚臥戰場請王親加刃死無憾王就之敵將忽躍起以短刃剸王中心死(案此事土志爲得其實)其子巴牙眉(一作巴耶西得案即貝葉西德)渡海復仇虜一萬人盡殺之會蒙古來侵(即元所封之撒馬爾罕)巴牙眉禦之兵敗被虜後有摩拉多者復奮起侵削東羅馬境土過半子馬何美德嗣尤梟雄明景泰三年滅東羅馬取君士但丁城爲國都(即土耳其西土君士但丁一作康思坦貽諾格爾西域聞見錄稱爲控噶爾案控噶爾莽見後馬何美德即摩哈默德二)土遂全歸統轄紅海地中海南岸諸國舊屬阿剌伯者或納土或稱藩阿剌伯亦納款爲屬國復東取波斯建爲大藩幅員之廣幾比盛於東羅馬全國其用兵屠戮最慘每戰斬首以萬級計治法尚刑威賦斂尤煩苛嘉靖以後嗣王多昏庸醉飽殘殺骨肉以此篡弒頻仍稱爲亂國後宮常五六百人初生子者爲后同回教主持國柄作威福諸大酋守地者朘膏血以自肥槖滿則王賜帛自絞而簿錄其家蓋西國之昏虐無政未有如土耳其之甚者也初土耳其既得三土之地各分部落領以大酋名曰巴札地廣權重漸成尾大東土尤窵遠難制康熙中其王達哈荷麻孱弱不綱諸巴札專制一方名雖爲臣徵調多不應命東偏之亞爾美尼亞古爾的斯丹皆衣租食稅不供王室巴必羅尼亞部(即美索不達迷亞部)巴札阿墨嘗據地以叛土王那達沙征之累年不能取至塞黎慕嗣位始於嘉慶八年戰勝收復甫二載新立之巴札又叛塞黎慕親征中流矢死如德亞(即猶太)之巴札亦跋扈不共命土無如之何也中土買諾諸部爲土興基之地部民多韃靼種尚勉供賦役而西土諸部近接王都弄兵者接踵而起南境之希臘已裂土爲敵國近

年自立爲小國者又有三部此外藩國波斯早易姓天方（即阿剌伯）亦隔絕在阿非利加北境者阿爾及耳已爲佛郎西所滅惟突尼斯的黎波里尚通朝貢麥西爲海南上壤舊設巴札近年其巴札叛土攻取東土諸部勢將內犯英吉利佛郎西勒兵勸和乃分土稱外藩其王自塞黎慕東征不復國人立慕斯德未一載而廢之嘉慶十三年立馬疴美德在位年久勢益奄奄蓋其國中衰已百餘年今則岌岌乎有亡徵焉徒以世臣夾輔又與英佛諸大國合縱故尚得苟延歲月耳北鄰之峩羅斯大國也與土耳其中隔黑海東西壤地相接乾隆中土耳其與之搆兵（西域聞見錄所云與峩羅斯搆兵之控噶爾即土耳其也）前後數十年始猶勝負相當繼則累戰累北乾隆五十四年土王塞黎慕爲峩羅斯所敗割地以講後峩羅斯大舉來伐佛郎西救之乃免自是多惱河一帶烽燧頻警奔命不遑道光六年土人侵峩南境戰而敗績峩以大兵圍其都城國幾亡英佛爲之講和峩兵乃罷近出土耳其國志云當十三世紀初有土耳其人之族被蒙古兵所迫不獲容身於土耳其斯坦乃經波斯而入亞美尼亞其酋曰色斐曼沙卒後子厄爾土國羅耳率其士卒遊於亞美尼亞一日遇兩軍大戰其一將敗乃以所部援之轉獲全勝後知敗者蒙古人勝者小亞細亞索丹（王號）阿拉倭特定也嘉厄爾土國羅耳功封以近東羅馬國地曰色格德曰愛司基希黑爾其最著之二城也有子阿斯曼其幼時攻取東羅馬喀拉希撒爾城及他地索丹重之封以王號賜用馬尾纛旗紀元千三百年色耳淑克帝國爲蒙古所滅蒙古人旋他往於是諸土耳其人同時並起喀拉西王國於密西亞沙羅汗及愛定兩王國於列地亞門德沙王國於加里亞德加王國於立西亞及潘非利亞哈密德王國於

辟西地亞及伊埽利亞喀拉曼王國於立考尼亞克爾密陽王國於弗利其亞後皆爲倭斯曼利人所併（其族以倭斯曼者稱）自是稱爲阿土曼國（倭斯曼之音變歐人稱之）方色耳淑克國滅時東羅馬領土在亞西亞者僅辟西地亞及屈利別宋爾部其亞美尼亞一部爲行蹤無定之韃靼人土耳其人所竊宅越六七十年始有小國皆不久卽滅。千三百一年倭斯曼都於葉尼希黑爾令通國鑄錢幣大敗東羅馬兵於庫雲希剎利又敗其六將得地甚廣蒙古汗噶山與東羅馬修好致書倭斯曼令勿爲其邊患語甚傲慢倭斯曼不答率眾至尼西亞及博斯破魯斯奪其城邑降東羅馬大將馬吉耳後馬吉耳效忠於倭斯曼與奧爾汗合擊侵邊蒙古兵有大功又與其大將合力取白魯撒城時千三百二十六年也馬吉耳子孫世爲倭土曼將領立功倭斯曼卒年七十葬白魯撒子奧爾汗嗣仍與東羅馬戰取尼考米地亞厄西亞二城及東羅馬它城之在亞西亞者時喀拉西國因爭嗣內亂奧爾汗乘機取之其子色斐曼夜渡希拉斯崩德海峽率從兵攻加里波立取數城倭土曼得地歐境自此始色斐曼因獵墮馬死未幾奧爾汗亦死千三百五十九年也子摩拉德第一嗣土耳其諸國合從以喀拉曼王爲長共擊倭土曼摩拉德敗之取安高拉城渡海入歐洲盡取羅馬尼亞句亞得里那浦句菲利玻利諸地歐洲諸國大懼波斯尼亞匈牙利塞爾維亞之國君皆率大兵入亞得里那浦夜爲一小隊土耳其兵所襲大潰而奔摩拉德亦渡海歸國爲子貝葉西德婚於克爾米易國王女克爾米易王割屬土以媵明年摩拉德出巡路遇哈密德于偏令將國土售與己國喀拉曼王聞而嫉之合從犯邊摩拉德逆破其兵割其阿克希黑爾之地波斯尼亞布耳噶利亞合兵來犯駐歐守將敗之遂擊滅布耳噶利亞國軍入波斯尼亞之哥蘇夫平原遇塞爾維亞阿而巴尼亞匈牙利波斯尼亞瓦拉察五國合從之兵擊大勝之戰後摩拉德立馬積屍中忽塞爾維亞一兵受傷未死躍起力刺摩拉德摩拉德中傷死塞爾維亞國遂爲所併千三百八十九年也貝葉西德第一嗣素以勇著軍中號曰霹靂悉下羅馬尼亞城邑併土耳其諸小國拓地至西薩里亞西伐司時匈牙利王親率兵入其境圍尼古普烈城貝葉西德歸又大敗之適韃靼酋鐵木耳侵亞洲入西伐司貝葉西德與戰兵敗被擒明年死千四百三年也鐵木耳兵橫行其國中屠白曾撒尼西亞等城盡復倭土曼前滅之土耳其諸小國而去貝葉西德四子漸復國土越十年其子摩哈默德第一被舉爲索丹土耳其諸小國時見侵陵喀拉曼國尤甚摩哈默德擒其王而釋之其患始已千四百二十一年卒年三十三摩拉德第二嗣時東羅馬帝欲以私人爲倭土曼國嗣摩拉德第二與戰勝擒而經之率兵圍君士但丁其弟倡亂攘位歸定內訌復吞併土耳其諸小邦惟吉西耳阿默特里喀拉曼二國未下匈牙利國王昔極司門之子亨雅迭合波蘭諸國及法蘭西十字軍大舉入歐洲土境大敗倭土曼軍陷蘇菲亞城偪摩拉德第二立約以塞爾維亞瓦拉察二國讓歸匈牙利摩拉德第二讓國於子摩哈默德第二自退隱於馬格尼西亞城十字軍長主教猶里恩慫恿亨雅迭復伐之毀保加利亞部中數城摩拉德聞警自爲索丹率兵禦敵取亨雅迭所立和約懸大纛上戰於伐爾那城下亨雅迭兵大敗波蘭王拉迭斯老司及猶里恩陣歿千四百四十四年也事定摩拉德復退隱因國人有反抗者於是復親國事千四百五十一年卒摩哈默

德第二三次嗣位與東羅馬帝君士但丁派里倭魯格斯搆衅干四百五十三年春率兵圍君士但丁其城三面臨水一面臨陸土兵由陸攻城堅不可下易而水攻敵埋鐵鍊海口以阻兵艦土軍造木壩長五英里使人縴舟渡壩渡竟攻城羅馬移防兵禦之五月二十九日土軍由陸撲城羅馬帝陣歿君士但丁遂陷摩哈默德入城謁蘇菲亞大禮拜寺遂定都焉又戰勝塞爾維亞波斯尼亞取亞洲之達拉布松部及土耳其族拉喀拉曼小國降克來米亞占領希臘羣島之大半及幾奴亞句微皐斯二國之領土後圍塞爾維亞之伯爾格來德城爲亨雅迭句約翰喀必斯武蘭所敗喪師二萬五千身負巨創而逃分兵征羅得島爲十字軍聖約翰軍所敗旋戰勝意大利亞進攻奧德蘭土克之干四百八十一年卒貝葉西德第二嗣土兵戍奧德蘭土者爲意大利亞所圍援師久不至遂降於敵貝葉西德第二之弟日審倡亂討之日密敗亡奔羅德島之聖十字軍十字軍拘之使人說貝葉西德第二歲納四萬五千德加爲償拘十三年教皇亞歷山大第六遣客刺殺日密乃以三十萬德加酬教皇貝葉西德第二不務遠略僅戰取摩利亞數城其水軍大破微皐斯水師於撒冰薩二事而已諸衞士不喜之千五百十二年迫令讓位於幼子色連第一貝葉西德第二憂忿交集退居不三日卒色連才兼文武性復殘忍即位後殺其二兄知波斯容留某小回邦君遷怒波斯提兵入境大肆殺戮死者數萬又戰於卻而迭蘭波斯兵大敗長驅入其塔白立斯都城駐兵八日取古爾迭斯丹句地亞倍格爾二部而歸又大破埃及之馬默路克人取其所轄埃及西里亞黑夾斯三地干五百十七年色羅入埃及之開羅城時阿拉伯阿拔普德朝凱立夫當國

駐開羅色連迫令以所享權利歸土其世傳教主大纛及遺物貢已今尙存君士但丁色連莅國八年版圖幾增其倍千五百二十年卒色斐曼第一嗣未幾與匈牙利戰奪其數地置重戍於伯爾格來得城治水師伐羅德島島衆議款而降十字軍整隊出島不加害島民奉基督教者不加偪迫千五百二十二年羅德島遂爲土有自君士但丁至埃及必經此島道路無梗矣後四年復伐匈牙利戰於摩哈克斯匈王魯意陣歿馬牙軍全覆色斐曼沿但紐白河而上至菩達迫斯德城（即今匈國之布達佩斯都城）城人開門迎之色斐曼休兵而歸有薩普利亞者欲嗣匈王位奧地利王福迭南不允薩普利亞求援於色斐曼色斐曼允爲助復以兵至菩達逐去福迭南之衆尾之行進圍維也納城人力禦敗之遂退兵千五百二十九年九月也移兵伐波斯取亞美尼亞部伊拉克巴格達二城千五百四十二年薩普利亞卒其妻欲擁幼子嗣位因福迭南不允復乞援於色斐曼色斐曼再至匈牙利允俟幼子及歲始令嗣父暫將匈牙利爲己國之一部分其地爲數兵屯且以重兵戍菩達越六年福迭南行成於色斐曼允讓匈牙利及忒蘭昔而法尼亞並歲貢三萬德加土國水師將喀葉爾厄定者歐人稱紅鬍子據非洲北岸之阿爾及耳討爾格德者據的黎波里辟阿拉者求大敗幾奴亞佛老命斯拿破里斯毛而太諸國聯合之水師於日爾巴島海攻俱有名先是聖約翰軍在羅德島旣爲土國所逐西班牙王卻而司第五命以毛而太島爲其駐地色斐曼侵之聖約翰軍力禦大敗其兵死者二萬五千人千五百六十六年色斐曼年七十六復至匈牙利圍其昔極德城守將不降困以長圍色斐曼指揮攻城卒於馬上移時而城亦破色連第二嗣其相

蘇古里欲於東河窩瓦河間濬一運河俾軍艦可達裏海必得阿斯忒拉干城而後工可成千五百六十九年土兵出俄主伊梵救之擊退土兵是爲俄土戰事之始土國移兵取塞普洛司島屬微臬司方與土睦諸國咸不直土敎皇拍乙司第五聯合西班牙微臬司毛而太諸國公舉奧地利東約翰爲聯軍水師司令官千五百七十一年與土國水師戰於利邦土海灣土軍大敗戰艦盡沒千五百七十四年取非洲北岸之突尼斯是年色連第二卒摩拉德第三嗣大權歸數倖臣政事日壞索丹享賣官之利武臣漸懷不臣之心衞士時反側每以巨事要索丹得請乃已時波斯之敗壞更甚於土土人伐之取其阿實爾必姜句喬其亞二部千五百九十三年土奧不和內部忒蘭昔而法尼亞句摩答微亞句瓦拉吉亞皆叛千五百九十六年摩拉德第二卒摩哈默德第三嗣時土與奧戰不利其臣請新主自將強而後允相遇於克勒司德斯馬克昔密蘭將奧軍昔極司門將匈牙利軍大戰三日摩哈默德第三見軍不利欲逃其臣薩持厄德定力止之竟獲全勝摩哈默德第三遽歸國人惜之千六百三年摩哈默德第三卒阿默德第一嗣前此索丹太子未嗣位於分封之邑治事然莅位則殺其兄弟自摩哈默德第三後索丹子皆居密室中防相殺之禍也千六百六年土奧行成名曰昔塔夫魯克之約二國土地無更易然前此立約索丹自高位置而卑他國之君今則平等相待歲貢土金三萬德加至此停止前土國使奧皆賤臣今則大員矣千六百十七年阿默德卒方嗣位時有謀刺者其弟默司塔法救之而免故特以弟嗣然默司塔法性懦弱在位三月廢阿默德長子倭斯曼第二嗣時年十四與波斯議和以色連第二以來所侵得土地

歸之欲去衞士肆橫之弊偽云往阿拉伯麥加親祠教主預約客兵誅衞士事覺被殺千六百二十二年也仍奉默司塔法嗣位十五月復被廢倭斯曼弟摩拉德第四嗣年十三性聰警幼時信任其相哈非時拍沙衞士不悅迫令廢斥不得已而從之一日乘衞士集議掩殺首惡數人餘皆悚息聽命革除弊政擊波斯取伊里梵部千六百三十八年再入波斯取巴格達城大殺居民尋議和土歸伊里梵噩巴格達至今為屬千六百四十年卒弟伊伯拉心嗣深居湛樂齋官濫費八年民不堪命偪令遜位以其子摩哈默德第四嗣年七歲時兵據阿叔夫海本屬可薩克及干地亞島島先屬微臬司圍二十年得之千六百五十六年科百利里為相年已七十要索丹授以大權方受事盡革諸弊職官不善者悉殺之土國不亡實賴此人千六百六十一年科百利里臨歿自請以子阿默德繼相一師其父所行未幾與奧國戰取紐好色而之地千六百六十四年為奧所敗於是復和移兵圍干地亞三年而降千六百六十九年也時烏克侖之可薩克人以波蘭利其土地求土保護土兵取波蘭之喀門乃此句侖不耳格波蘭王馬吉而求和割普度利亞句烏克侖二地歲貢二十二萬德加既而悔約阿默德討之為波蘭將蘇皮斯基所敗再戰至千六百七十六年波蘭割地如前約約定後三日阿默德卒喀拉默司塔法繼相欲滅日耳曼千六百八十三年以兵五十萬至維也納交戰大敗索丹殺之時微臬司俄羅斯來侵土兵連戰皆敗喪失城邑無算匈牙利幾盡為奧所得摩利亞為意大利所得後土兵又大敗於摩哈克斯即前色婁曼驕之地大土軍怒甚以為咎在索丹乃廢摩哈默德第四千六百八十七年也弟色婁曼第二嗣時衞士作亂都中愚民附之劫掠

大員宅第殺宰相某勞倫王卻而司巴登王魯意以奧兵攻土北境取愛爾老㕸伯爾格來得㕸司得而威生堡諸城但紐白河北領土喪失幾盡徵皋司盡得摩利亞之地索丹見事急集議解救之策僉請以相事授故相科百利里之子科百利里㕸司塔法索丹從之㕸司塔法幼從父兄練習政務受事後盡出私藏金銀器鑄貨幣供軍需拔能者爲水陸軍將令國中奉基督教者同教徒不許加惡遇於是願爲兵者衆㕸司塔法自將與奧戰不數月盡逐奧兵之在塞耳維亞㕸伯爾格來得者置土戍焉千六百九十一年色斐曼第二卒弟阿㕸德第二嗣是歲㕸司塔法自伯爾格來得出兵與奧戰奧將爲巴登王魯意兩軍會於司蘭噶門㕸司塔法欲自出陣迎敵左右勸阻勿聽躍馬出中飛彈死土軍戰極力然主將陣亡士卒喪膽遂大敗是役後土地見奪於鄰邦者甚多內亂迭起瘟疫盛行國步之艱莫此時若矣千六百九十五年阿㕸德第二卒摩哈㕸德第四之子㕸司塔法第二嗣初卽位痛國勢岌岌親將與奧戰初得勝克復數城明年歸親理財政訓練士卒又明年出與奧戰敗其將撒克斯取太麥司法爾城千六百九十七年與奧親王尤劲戰於戴斯河畔土軍大敗索丹擇科百利里之姪霍心爲相霍心既任事以爲國敝民勞非休息不可千六百九十九年因英荷兩國介紹與俄奧波蘭徵皋司四國講和名曰卡羅維支之約諸國已得之地永爲諸國領土於是奧有忒蘭昔而法尼亞斯拉夫尼亞及匈牙利大半徵皋司有摩里亞達而馬替亞波蘭有普度里亞俄王彼得有阿叔夫海䏁埠關得霍心力匡內政然積弊已深多仰弊以資生者故霍心變法仇之者衆久之一無所成霍心於是灰心和議後三年卽告退未幾遂歿

千七百三年默司塔法第二讓位於弟阿默德第三時瑞典王部而司第七在波而土瓦為俄彼得敗後居土廷避亂力勸與俄鬭戰阿默德第三不聽千七百十一年包而塔日摩哈默德為將率兵至摩答維亞時彼得方營大隧於迫魯斯河右岸之和什村土兵圍之血戰兩日彼得以全軍降俄土旋即言和彼得允割沿阿叔夫海城寨並允瑞典王假道歸國俄人待以殊禮然土廷以爲彼得全軍已在掌握可置死地不當擅與言和黜包而塔日代以附馬阿黎千七百十五年阿黎伐微皐司一戰而復摩里亞部明年與奧戰彼得瓦爾登土軍大敗阿黎陣歿又明年奧親王尤勁圍伯爾格來德成卒降援兵亦敗千七百十八年土與奧再行成名日巴撒魯威支之約匈牙利領土全屬之奧且益以塞爾維亞瓦拉吉亞二部地時土相爲駙馬伊伯拉心自此至千七百三十年國無內亂然阿默德第三性奢華不理國政民咸怨之是歲羣起偪其退位默司塔法第二之子麻默德第一嗣○千七百三十六年俄將繆皐克攻破披里壳普之壘劫奪克來米亞土兵攻之俄將不支而退喪師甚衆俄將拉守復奪阿叔夫海明年繆皐克攻破倭卻壳夫再奪壳來米亞奧國亦與俄合土既戰黑海又用兵塞爾維亞波斯尼亞諸地惟俄軍屢勝已占摩答維亞中心奧軍屢敗退歸但紐自河彼岸千七百三十九年土大敗奧軍於克魯式斯噶奧人求成九月爲伯爾格來德之約奧以伯爾格來德奧爾蘇法塞爾維亞波斯尼亞瓦拉吉亞歸土紀撒魯威支之轄典奧者俄見奧與土和知土將以戰奧之師來會不得已亦與土和俄仍領阿叔夫海允夷沿海礮臺俄艦不得駛行黑海及阿叔夫海此次無他國調停而土占勢獨優自是土無兵革之禍者三十年千七百

五十四年麻默德第一卒弟倭斯曼第三嗣在位四年卒阿默德第三之子默司塔法第三嗣〇俄女主加德林之世與土挑衅庇土罪人土與波蘭交涉俄强干預且以兵力相要千七百六十八年土與俄宣戰千七百六十九年俄兵入摩答維亞瓦拉吉亞其波羅的海艦隊駛入希臘羣島於摩里亞登陸摩里亞之希臘居民叛土土兵適至鎮服之俄兵亦退土水軍大敗於近吉倭島之海次尋又爲俄水軍困於吉司密海灣縱火焚之時俄水軍主謀者大半英人也俄知阿黎貝在埃及擁兵叛土以兵助之土屬埃克爾酉叛土俄又以兵援之千七百七十一年俄盡奪克來米亞半島奧懼俄勢增思箝制之陰與土聯盟備俄後俄普奧同謀瓜分波蘭二國之隙艦千七百七十三年默司塔法第三卒弟阿白度而哈密德嗣俄兵渡但紐白河南下其攻昔立斯忒利亞句法爾納二城之支兵爲土擊退而正兵頻獲大勝明年俄土再議和克來米亞半島之韃靼種人領土與庫防句及附近地皆許自立不受土廷管東俄以阿叔夫句克爾支句金本爲領土摩答維亞瓦拉吉亞歸土土廷若以不平舉動加其地居民駐土京之俄使有代居民伸愬之權土允俄人建基督教禮拜寺於土京土廷任保護之責寺中教士遇有虐待之事俄使可向土廷詰問土廷須公平代爲申理自是以後俄人屢藉保護教士侵土廷之權且藉口保護者不獨俄特設之禮拜寺卽他土屬之基督教士亦由俄使攬其保護之責前俄土和約俄水師不得入黑海及阿叔夫海一條聲明作廢且俄商船有駛行土國內地河港之權又有土國各港埠設俄領事之權二事關繫至鉅蓋俄國所派領事皆希臘商人而希臘商船又往往升俄旗以行於土國河港自是希臘商務大興〇方俄之要

土廷准克來米亞自立也俄實有利克來米亞之意不過以前言掩飾耳目千七百八十三年加德林遂認克來米亞爲俄領土其意欲盡得歐洲土屬領土而令其孫名君士但丁者爲希臘王幼時即授以希臘文字國土民情時奧主約瑟第二亦有瓜分土國之意故千七百八十八年俄土再戰時奧即與俄聯盟攻土俄兵圍倭邵各夫奧兵入波斯尼亞與土軍戰不利退歸匈牙利明年俄人大敗土軍於摩答維亞奧人亦敗土軍於但紐白河之南時土有朝不保暮之勢幸奧民以約瑟專橫眾心思亂約瑟不能盡力攻土而英普荷三國恐俄奧得利乃互相同盟以維持歐洲諸國平均勢力土廷賴以苟延殘喘是歲阿白度而哈密德卒默司塔法第三之子色連第三嗣千七百九十年約瑟卒子李倭波兒第二嗣遂與土盟明年八月和約成於昔司土法城奧以所得侵地反土獨俄不言和其大將秀瓦羅夫方攻取乙什美而且督兵渡但紐白河南下英相辟德以三國同盟之力勸俄與土和並反土侵地加德林不允英普二國乃備戰而英國輿論不願戰辟德不得行其志已而加德林以波蘭事機急迫自願與土和又明年約守之盟成以倭邵各夫及沿黑海濱至特尼泊河口之地屬俄又認地弗利斯及加塔里尼亞爲俄保護國○俄女主加德林卒子保羅嗣不以伐土爲然土患稍紓時法主拿破侖方伐埃及英水師將乃利孫殲法水師乃約土合從攻法土允之法主銜土攻愛克爾英水師將斯密昔德尼助土守城力卻法軍法主退歸埃及土發大軍自羅德赴埃及爲法所敗全軍盡覆即千七百九十九年阿蒲克爾之役也後法主回國留大將克來伯鎮埃及爲土所困約退兵讓出埃及英水師將凱斯不肯認約克來伯乃再與

土戰千八百年三月大敗土軍於黑利倭波立司後英將阿白康比敗法兵奪埃及乃以歸土先是法於康布福米倭之和得微臬司所領之挨倭甯諸島至是俄土兩水軍取之建一民主國公認保護後保護權盡歸俄而以微臬司港埠之在愛辟勒斯甸阿而巴尼亞者歸土又要土以簡任瓦拉吉亞甸摩答維亞地方官必請命俄廷禁土人非經商者不得入此兩地時法與各國言和法土仍爲友邦○自千七百八十九年至千八百七年國中久困兵革各屬酋長咸懷叛志阿剌伯有瓦哈比新教徒起踞土領之麥加基督教人時思自立希臘尤甚土廷先解散之衛士有居留塞爾維亞之伯爾格來德者作亂千八百四年大掠塞爾維亞村鎮塞爾維亞乃奉喀拉喬治爲首領且與波斯尼亞之土節度不合劋衛士大敗之遂餘衆出境迨衛士之亂平而塞爾維亞思並不奉索丹之命俄人又慫恿之遣使土京要索丹自後塞爾維亞諸城塞郎以塞爾維亞兵戍之○法主拿破侖深得土國信用其使臣勸土黜罷瓦拉吉亞摩答維亞地方官不必請命俄京土廷從之俄遂以背約爲言發兵入土時英俄聯盟英遣水師提督特克渥斯以水師進大達尼里海峽以危君士但丁土懼行成兩國方集議法使潛令土備沿岸礮臺拒敵特克渥斯知之急退出海峽中途爲土軍所擊頗有喪失俄土兩軍之戰於但紐白河者未有勝負以俄主亞歷山大方與法軍相拒於微司秋拉河不暇顧及土戰也色連第三鑒於衛士兵律之腐敗欲使習新式兵法衛士大怒迫令讓位於阿白度而哈密德之子默司塔法第四時千八百七年也默本庸才且爲衛士擁戴所請無不曲從時歐洲兵制悉從新式土國仍守舊法可用以臨陣奮殺或堅守城邑然不能方

圓如意進退中式色連第三頗具英幹欲訓練衛士不料以此喪其位也後月餘俄法盟於鐵耳昔德俄土亦立約停戰其明年土將貝拉克塔爾率兵至君士但丁勒令衛士奉色連第三復辟衛士殺色連時可繼位者惟默司塔法第四及其弟麻默德第二麻默德第二於兵亂時匿浴室鑪中貝拉克塔爾入宮後始出貝拉克塔爾奉以為君己為首相然處事粗疏立將所部遣散衛士攻之貝拉克塔爾據宮中高塔以守衛士傾其塔貝拉克塔爾死之其部餘眾及衛士巷戰默司塔法死於亂軍中已而衛士勝迫敗兵出麻默德第二奉為索丹而號令一歸衛士矣○俄法之盟於鐵而昔德也兩君嘗議瓜分土國奧主偵知乃遣使遊說各國欲合從以阻之越數年合從不成俄法亦似將復戰俄土停兵期滿兩國仍用兵於但紐白河塞爾維亞之民亦揭竿以抗土俄軍深入保加利亞奪據西里司忒利亞時英土已尋盟英欲俄土言和俾俄得悉力攻法俄土允英所請千八百十二年盟於白喀勒斯忒土割倍司阿拉比亞與俄兩國遂以迫魯斯河為界土允塞爾維亞有自主之權歲徵薄稅猶不肯從千八百十七年塞爾維亞始獨立○麻默德第二在位時各屬酋長咸有貳心麻默德第二次第戡定有阿黎者據阿而巴尼亞及希臘之一部千八百二十竿麻默德自將討之希臘各部皆作亂又希伯昔朗替其祖為摩答維亞節度前為土廷所殺亦倡亂於摩答維亞且告所部謂俄國允保護土籍之基督教人於是摩里亞之基督教民殺境內之土耳其民殆盡未幾希伯昔朗替敗麻默德第二亦取境內大城中之希臘人悉殺之君士但丁城中有希臘愛國會之首領格里各雷亦被誅戮俄廷詰問且責背約土廷不復千八百二十一年

七月俄使下旗歸國然英奧堅不令俄與土宣戰希臘竟不得俄庇時國中經制之兵方討阿黎希臘之亂惟以民兵禦之千八百二十二年阿黎誅始以大兵平希臘之亂時分全國之師為東西二軍擬平定考林斯海灣以北諸地然後合力圖摩里亞西軍主將曰倭麥爾白里倭尼斯先敗於秀里倭替斯人後伐密素龍基城亦敗東軍主將曰特拉馬里入摩里亞而敗退軍又為希臘所乘死亡甚眾水師大將坐艦為希臘火攻大將死餘退入大達尼里海峽索丹求援於駐埃及之節度摩哈默德阿黎阿黎自法兵逐出埃及後權力驟增聞索丹召大喜千八百二十四年令其子伊伯拉心渡海取干地亞與薩摩斯島人戰不利乃伐摩里亞所至有功惟腦迫里亞海口不下千八百二十六年圍密素龍基三月下之漸東向拓地明年雅典城亦降初英俄欲干預土事兩國已訂約矣千八百二十七年法國亦與焉一希臘仍認土為上國惟地方官由希臘民自行選舉且得自行商務不受土制一旅居希臘之土民遷出境外一土民產業在希臘者無論大陸或島中令希臘人備價贖歸約定照會土廷停戰土不允於是三國同盟之水師趨那法利奴以伊伯拉心在此預備軍艦欲往哈特拉島也[illegible]同盟軍艦至再申前說不允十月戰於鄉法利奴土埃聯合軍艦敗績時英相坎甯卒繼任者以為何事勞師遂廢約不與土事惟俄堅守前議再宣戰先是麻默德第二盡裁反抗之衞士欲以國中經制兵依歐洲新式訓練苦額兵[illegible]更招衞士充之衞士又作亂久之乃平新式軍四萬人千八百二十八年與俄戰土占勝著自俄據法爾那外昔立斯忒里亞[illegible]蘇木拉兩城固守俄兵死傷甚多至冬解圍退至但細白河岸明年俄兵再出敗

土兵於庫勒徼察句昔立斯忒里亞亦降俄俄將地別斯至保而干土股雅得里亞那浦降地別斯乃虛張聲勢分兵黑海愛琴海而自將至君士但丁索丹不知俄兵實數鬨卡司句死耳實龍兩地已爲俄得衞士餘黨尙思搆亂大懼求成是年九月議定土以黑海東岸安納巴句普的二城界俄但紐白河一帶小國歸俄保護其國內土人奉回敎者不得於其地蓄產業河左岸土國不得建礮臺各屬地節度前以七年爲滿任者今改終身任期其行事土廷不得干預之他大尼里句博斯破普斯二海峽作萬國商船出入自由之地認賠俄兵費削土爲希臘上國之號任希臘獨立

○土以禦俄故召阿黎事敗後阿黎仍求償土割與干地亞島阿黎心未饜使伊伯拉心至巴勒士丁奪取西里亞土廷大怒斥爲叛臣討之兩軍遇於倭龍替斯山谷中土兵敗潰退至昔立西亞伊伯拉心追之再敗之於貝蘭山中及蹜討勒司山三敗之於庫尼千八百三十二年十二月也明年麻默德第二乞援於歐洲諸國俄首應之以水軍至君士但丁法國嫉俄之勢力騾增其公使勸土廷勿納俄助至以歸國相爭土廷不能決尋由法人介紹俾土廷與伊伯拉心盟於庫太埃割西里亞及地中海討勒司山中之亞達那省與阿黎其禍始殺

○和約方成俄土又立密約於土之恩克阿爾宮云兩國如有外患須互爲救援卽內亂之足害國內和平者彼此亦得互爲撲滅俄國於和約中雖經索有賠款然念土國物力艱難俄國願不受現金惟土國於俄國與他國交戰之際則當封鎖他大尼亞海峽不令各國軍艦出入如是他大尼里海峽直爲俄有而黑海之口爲俄藩籬土不啻俄附屬奏此約旣定俄自謂得計不知張皇太甚英法兩國大生嫉忌照會俄國

不認此約且合兵抵制俄在東方之勢力時法以英之水師勢力與强大欲收埃及爲抵制之地百計聯絡阿黎英以助土之故誓與阿黎爲仇故二國拒俄之心同而於東方政策勢成水火也麻默德第二因他國干預强與阿黎言和心實不甘思以重兵討之乃請普魯士將軍毛奇等訓練其兵成旅後適古耳迭斯丹民叛土廷卽以新軍平之然後知新軍可用千八百三十九年以新軍屯聚阿付拉底上游攻伊伯拉心兩軍旣接土將不聽普人忠告之言六月土兵大敗於尼西伯土水師總司令官盡以其艦駛往亞立桑得里亞降於阿黎土國之望遂絕敗耗未達君士但丁麻默德第二先卒子阿白度而麥日德嗣○時土國危在旦夕不料因大此轉獲自保前此俄土之約旣爲英法所不認二國兵艦赴他不洽尼里海峽俄國見機遂認廢棄前約然知英法於東方內情不與西乃乘機離間二國爲報復之計時法國左袒阿黎堅持埃及與能里亞永遠爲阿黎及其後人之國土惟定歲貢額金外土國不處有他事干涉之權俄奥與英公立約章阿黎在巴勒土丁令土節度之位在埃及則土世國傳子孫之權利並不照會法國偏阿黎照英國判斷此約一有經宣布法相地亞時卽預備開戰法王魯意第十八不以爲然解地亞時職格索德繼相知王意不在戰遂認四國公定約章然阿黎仍不肯屈下英奥水師乃趣西里亞海濱與土水師合攻伊伯拉心聯軍旋取愛克城內地山民亦起而與伊伯拉心爲難伊伯拉心知難久踞西里亞遁歸埃及時英水師將卻而司納披亞已領隊駛入亞立桑得里亞海港阿黎懼乃允奉土爲上國而於埃及則爲世傳之主事定俄又會各國公同宣布一令曰土耳其他大尼里海峽自古不准各國兵艦出入

令各國當永遠遵守此令兵艦不得出入此海峽此令爲歐洲諸
國所承認○阿白度而麥日德郎位年幼名爲自主實歐洲列強
之公共保護國其相勸歇德深爲列強所推信又知本國政體不
能不從事改革因頒新令於國諭以後土國百姓之生命財產俱
由國家擔其保護之責稅則亦全國一律又立徵兵之法定其執
役年限奸黨不容設計逐之尋黎巴嫩山回民有殘殺基督敎徒
之事因之又起諸國干預千八百四十八年匈牙利義士噶蘇士
被難匿土國俄奥責令交出土廷不允俄奥恨之干八百四十九
年俄主尼古拉司平匈牙利之亂欲速滅土以爲己利千八百五
十三年俄廷與英公使言曰東方病夫奄奄一息我二國盍瓜分
之議未決時俄法爭耶路撒泠耶穌墓之保護權土以其地禮拜
堂之筦鑰允交法掌俄忩己之落後也乃要土廷凡在土國之基
督敎徒俄有保護之權土拒其請俄郎日發兵至但紐白河諸小
國土與議和不決千八百五十三年十月土與俄宣戰土水師艦
泊西奴伯者俄擊滅之於是英法合從助土明年春二國兵東渡
於法爾那登陸土堅守西立斯忒里亞城俄攻之不下但紐白河
各小邦爲奥所據英法兵變守爲攻入克來米亞圍塞佛斯拖波
爾千八百五十五年九月陷之時俄土相持於亞洲卡司圍久降
俄去塞佛斯拖波爾之陷兩閱月耳尋俄土訂和約於巴黎俄割
近但紐白河口之倍司阿拉比亞與土以黑海爲永遠中立地俄
土皆不得於黑海屯兵艦建軍械廠銷俄爲但紐白河諸小邦保
護國之名任諸小邦獨立塞爾維亞亦爲獨立國土立甘結認自
後永除異視他國他敎之習一律相待不少軒輕回耶二敎永立
平等土廷得入萬國公會遇與諸國交涉時各國允爲依律調處

土廷對於本國民之施爲宅國政府不得以勢力干預之○千八百六十年黎巴嫩山民又有戕殺基督教人之事法國卽發兵於西里亞登陸〔下疑奪文〕時瓦拉吉亞摩答維亞兩小邦併爲一國名曰羅馬尼亞其波斯尼亞〔句〕門的內哥魯〔亦作羅〕之民以土欲干預其內政揭竿拒之塞爾維亞之民已將土國戍兵逐出境外干地亞島民爲爭自由之故與土血戰數年後諸國幾有認爲希臘一部分之意然不久卽無此念干地亞仍爲土屬明年阿白度而麥日德卒阿白度而阿西時嗣至千八百七十年法兵敗績後英國孤掌難鳴俄乘機宣言曰巴黎之盟不令我兵艦屯於黑海非理也今不認此約矣英此時允俄所請則與前約背不允懼勢不足備俄乃曰俄不認巴黎之約當立萬國公會以決准駁及萬國公會立則又允俄所請各國政府默無一語○數年後東歐情形又變亦俄人陰謀各國皆知卽巴而干土股中之基督教各國〔卽歐洲土領之各國〕斷土國民叛土時土國借外債甚多將致傾覆大臣思竭力更張者駐土俄使伊格那替夫輒阻索丹不允土相麻默德俄使之私人聲名狠藉權位甚固土民忿甚千八百七十六年五月逐索丹而殺之摩拉德第五嗣闇弱無能三月被廢阿白度而哈密德第二嗣時波斯尼亞叛兵已蔓延保加利亞恣行殺戮土遂殺其基督教人以報之塞爾維亞門的內格魯民亦叛千八百七十七年俄藉土殺基督教民之名與土再宣戰土恐奧與俄合預與奧約若俄國勢力伸張於巴而干土股者土必以波斯尼亞黑塞哥維那〔句〕波斯尼亞二地賄奧奧遂不出助俄英本忌俄欲助土拒之而國民以爲土殺基督教人斷不可助英相皮根司非而止得勉守局外六月俄師

至保加利亞圖勒司乞克先鋒將哥爾苦長驅越巴而干土股時
土節度倭司曼自其鎮地威定以師來助知俄兵必經迫來扶納
嚴備其地哥爾苦至敗退歇百加山峽得羅馬尼亞人之助進陷
迫來扶納據亞德里亞那浦土軍皆散俄兵至君士但丁外城土
廷震懼于八百七十八年盟於敢司的番奴時俄已得亞洲之卡
司圍攻歐賓龍而和約已成土以倍司阿拉比亞反之俄且益以
度白魯加句卡司巴土密句巴土密鄰邑之地又認塞爾維亞門
的內格魯羅馬尼亞三國獨立且允塞爾維亞門的內格魯二國
之地增大於前許保加利亞自治其版圖南至愛琴海在巴而干
山及賓海間之地亦隸保加利亞惟須認土為其上國意辟勒司
句塞殺里句干地亞將以歐人駐其地施行種種必需之改革約
定英國拒不認可且備戰以拒俄奧又聯英俄始懼允交萬國公
會判斷然英俄二國於和約未交公會之先已訂私約迨交柏靈
公會協議約中諸款略有更改其最要者保加利亞不得加增版
圖且劃分二國巴而干山北為保加利亞小國山南為東羅馬里
亞自治國波斯尼亞黑塞哥維納與奧塞殺里雅尼納二部與希
臘塞爾維亞門的內格魯加增版圖從減割讓俄地亦從減又令
土廷力改國內弊制其後英土復立私約英認保護亞洲土境土
以塞普洛斯島讓英然土雖依公會決判歷久未能如約英以水
師惆喝之土始以都爾西格諾之地增入門的內格魯其割讓希
臘者惟塞殺里而雅尼納弗與千八百八十五年東羅馬里亞保
加利亞兩國民公同挪議併為一國○土國自昔為君與大臣爭
執政柄之局民則常左右袒之哈密德之為索丹也其臣密達德
定憲法立議院開報館凡此改革皆出衆大臣所請既而國民公

舉代表人事事與大臣反對衆大臣失望復請索丹以君權解散
議院向恐不足竄密達德於邊遠哈密德從之索丹遂爲專制之
主信任其參謀塞德先是國政由大臣決定始請索丹畫諾塞德
則悉舉大臣之權以與索丹宰相具文而已兵權亦索丹親掌民
有暴舉則騈執數人戮之餘衆惕息故議院之影響皆絶時土俄
交戰國民無暇議及內政哈密德亦知專制過甚必拂民心懼爲
人刺廣置間諜刺取謗者嚴禁大臣私交又縱間以離之千八百
八十五年塞德罷奇亞米爾繼相小心謹隕重視外交此十年中
安靖無事時亞美尼亞革命黨立會於倫敦巴黎及瑞士之幾尼
瓦其總會曰少年土耳其會亦在幾尼瓦千八百九十年八月亞
美尼亞人偶有抗拒政府之事索丹緣此奪其應享權利奇亞米
爾辭位幾瓦德繼相准德國公司有築小亞西亞鐵路之權先是
自君士但丁至乙斯密德鐵道已由英公司敷築土如約贖歸又
以轉售於德且陸續允其展築至波斯海灣哈密德又務欲翦滅
異教人之權利千八百九十三年希臘教禮拜寺俱閉門停講索
丹恐釀亂央俄使緩頰教堂始重開亞美尼亞人屢請地方官力
爭於土廷干地亞島民亦以壓制異教將備兵相抗千八百九十
四年君士但丁地人震土君民皆恤近禍而忘前事矣〇哈密德
又募古爾迭斯丹人編入土國騎兵爲五十四聯隊號哈密德騎
隊意仿俄編高加索人入伍籍以衛邊界也然其人往往劫掠行
旅其地名撒孫者在亞美尼亞樊湖之西界於摩什及地亞爾倍
格爾之間爲山部高原河流縱橫邱壑深邃其民或耕或牧古爾
迭斯丹及亞美尼亞人分東西而居亞美尼亞人認古爾迭斯丹
人爲地主以所獲餘利貢什一與古爾迭斯丹而不納賦於索丹

土廷知兩地人相善遣敎士往勸古爾迭司丹人凡同種同敎之人當結團體以制異敎勿助亞美尼亞人尋土官令亞美尼亞人納人貢其人以不能重稅爲辭摩什土官遣游牧族引羊羣就牧其地古爾迭斯丹不能爲保護亞美尼亞人牧業大喪於是怨古爾迭斯丹人明年游牧族又至其人乃羣逐去之土官卽以亞美尼亞人作亂聞於朝索丹立遣軍往剿軍中古爾迭斯丹兵甚多其地古爾迭斯丹人亦相與助力於是亞美尼亞羊羣被奪廬燼民居土人於格利兒古瑚深掘土坑驅亞美尼亞人埋之千八百九十四年七八月也歐人咸大震駭六大國致書駐土公使詢問應如何改良法律千八百九十五年使臣會議章程呈其國政府皆以爲然致函土廷請其照辦索丹知不允改良必激怒各國思換相臣以弭亂於是罷幾瓦德而相塞德塞德欲革弊政以對外交而權在索丹久議不決已而英國聲明如再不決者當用强硬手段惟俄國云如各國有礙土索丹主權者吾俄決不與聞英國遂罷前議而改良無日矣倫敦馬塞地之土耳其革命會勸亞美尼亞人往求塞德是年九月亞美尼亞人大集於孔加坡趣君士但丁途次警察拒之致相械鬬見殺者五百餘人餘多逃入敎堂得公使保護後數日達拉布松之亞美尼亞人見戕者又七百餘索丹歸咎塞德罷之奇亞米爾復相首請俯從各國改良待亞美尼亞人政策惟請公使刪各國派人監視舉行新政一條各國政府許之索丹乃降諭通飭全國力事維新奇亞米爾選舉才德並備者七人任以新政請諸索丹遷延不決時別武立斯地方戕亞美尼亞人七百餘馬拉什句貝魯德句厄爾法句厄爾新揚句厄爾實龍皆有戕亞美尼亞人之事有匿名書云將遣人刺索丹偵知近

支宗室所爲竄十數人奇亞米爾知事不可爲屢乞退不允十二月忽罷其職代以喀利而利法德又欲改用塞德力辭不就且避於英公使署索丹嚴旨召之不奉命越五日索丹致書英公使請轉告塞德若肯出爲相者其生命及自由必加保護塞德始出○亞美尼亞宗長乙司密爾林者以蘄直見惡於索丹乞退索丹以巴索羅米倭斯代之方乙司密爾林爲亞美尼亞宗長權力足以制服其民不令作亂既去其民復欲以暴舉要求變法千八百九十六年八月有愛國會黨擲炸彈於倭土曼銀行街市紛亂兵隊聞風而至大殺亞美尼亞人以數千計緹騎四出被獲者至四萬人或流黑海或竄非洲各國公使致書土政府及索丹責其悖理九月中聞少年土耳其會將以兵力要求變法土廷權索丹乃重頒亞美尼亞所居六省變法之諭十一月命亞美尼亞人自選宗長十二月又下大赦之文將被逮者盡行釋放時土大臣阿爾丁具一調和民教之法勸索丹行之以安衆心而索丹未盡行亞美尼亞人大嗥千八百九十七年二月土廷又命逮捕亂黨而依佛利克句土噶德爾處復有殘殺亞美尼亞人之舉各國使臣嚴辭詰責索丹乃取阿爾丁條陳略加更改頒發施行然究未見之實事八月中亞美尼亞人有路闖之事索丹宮中忽有炸彈轟發復於亞美尼亞人家中得炸彈極夥於是逮捕亞美尼亞人之事又大見十二月亞美尼亞議會上書索丹歷訴枉屈及阿爾丁條陳未見實行土廷虛允改良仍不實行千八百九十九年將亞美尼亞人自由權愈加限制其宗長奧爾曼甯上書乞退索丹不許且命立一會細察其被屈實情至今未見效驗自千八百九十五年至千八百九十七年中亞美尼亞人遷居俄境之高加索者四萬

餘人千八百九十八年俄公使請土政府招令歸國土政府以異言辭之千八百九十九年俄使屢請索丹面告俄使招民歸國當從緩辦千九百年俄使再催索丹意不謂然俄使遂不復言○方奇亞米爾為相時各省亂象已萌阿馬西亞、馬爾素梵、恩塔白尤亞安的討勒斯山中寶吞鎮居民萬人向不納稅土廷當千八百七十八年土立稅關於山中後鎮人聞土殘殺亞美尼亞人事大憤恨攻稅關逐戍兵窒山道土兵屢至皆敗各國公使請土廷任山民自治千八百九十六年議結矣土廷遲疑不決公使責其無信又三月而後見明文索丹又欲居西里亞部好蘭之特魯斯人服從納稅西里亞土節度勒令其人繳出軍械延其父老數人至大馬士革督署議事許不加害至則拘而刑之千八百九十六年六月特魯斯人大亂殺土國步兵四隊土廷派重兵彈壓好蘭之亂始平○千八百九十年五月干地亞島民倡亂土派大兵以大將阿白度拉統制之招安島民各國公使請土廷再降明詔干地亞節度必令奉基督教人任之許島民集議自由重訂盟約索丹從之然亂民蔓延已廣閱兩月各領事始令島民承認土廷所允各款迨民已承認索丹並未照行島民卒未安復故業○千八百九十六年民亂益劇土遣大員至島設立警察明年二月希臘游兵至島島中土節度歸國土政府書告各國希臘蔑視我國將與干戈相見遂遣愛特姆督兵至馬基頓三月六國公使致書土政府言我國欲請貴國允干地亞自治希臘之水陸軍當令郎離其地旋又請撤島中戍兵土政府答書允干地亞自治可以遵命撤兵竊以為太驟已而兩國增兵公使又告土政府言兩國果欲戰首創戰之國當任其責無論何國得勝將來必無利益土又命其使臣告各國政府以希臘干預我國內政不能不戰之故四月土廷諭愛特姆進兵塞利里各國咸知希臘非土敵請兩國暫行停戰調停和議議四閱月而後定各國公議不准土國再派新兵戍干地亞島舊戍兵郎日撤歸俄使且欲以希臘親王佐治爲干地亞政府之首土堅不允又明年會議屢次土廷知德皇將來遊於土不能有益不得已撤島中戍兵十一月諸國照會已舉佐治爲干地亞總代理人土廷止能認可島事始定○索丹又有威脅也門全部之意自千八百九十五年以新式槍發其地戍兵上節度阿默德弗西以重法束縛其民千八百九十八年也門部民倡亂六月索丹以阿白度拉代阿默德時亂民首領伊曼實德立中軍於薩特自稱曰眞凱立夫且麥加之教長業已認可索丹大驚命阿白度拉師萬五千人行後土國公文中皆言也門肅清實則阿白度拉與科白勒德厄而愛新族人交戰已受大創利比德收稅之土官被逐出境自貨地大句薩那以北諸地悉奉伊曼實德爲主不復有土官蹤跡矣此消息十月始達君士但丁索丹分也門爲四省各省派一節度然事未見實行也○先是土廷於阿爾巴尼亞之回教徒縱容太過以致目無法紀塞爾維亞保加利亞門的內格魯人之居其地者往往加以虐待各國使臣亦常詰問土廷土廷舍遣兵彈壓外更無他法阿爾巴尼亞人毫不斂迹每言瓦苔河及亞得利亞海中間地乃無主之國也奇亞西木爲司庫塔里師團司令官時阿爾巴尼亞人尚有微權千九百一年奇亞西木告退阿爾巴尼亞民復大肆擾因此而生馬基頓之問題各國對於此問題欲土廷允瓦苔河迤西地爲自治國庶責任有所歸屬駢案此下文事未○千八百九十八年日耳曼帝及后赴耶路

撒冷便謁索丹稽留四日索丹築特殿處之是行也土國以敷設鐵道之權准德國貲本家享之又以德國母財築埠口於海達爾拍沙又許德皇以自庫尼厄至巴格達及巴斯拉之鐵道敷設權千八百九十九年十一月發給准照與德公司俄政府見日耳曼得此優待遂要土廷以在德國路綫北之鐵道敷設權然德商承辦庫尼厄至巴斯拉鐵道至千九百一年向未議妥緣德公司於原准路綫外復加入數支綫且欲土廷擔保其每一基路米德之鐵道每年必有萬三千佛郎以上之入款索丹於德公司擅自增加路綫漠然不以爲意惟不肯任擔保之責耳○千九百年四月索丹議自築鐵路由大馬土革通黑夾斯宣布之後即命臣下籌款自捐土金五萬以爲之倡於八月興工○千九百一年十一月土相加里而卒爲相六年綱紀隳敗商業削弱索丹遂再徵塞德爲相千九百二年爲土與各國和好如故而內部秩序淆亂財政尤亟小亞細亞東方數省及巴爾干土股西方數省皆有無君現象索丹亦自知艱危故有再召塞德之舉辻志云土耳其在歐洲南部占巴爾幹半島之北部北接布爾加利亞及塞爾維亞西北界墺太利匈牙利及黨家的尼東臨黑海東南隔瑪默拉海與亞洲土耳其相對南濱多島海又與希臘接壤西濱阿得賴的克海面積約三十九萬四千五百方里其沿岸北海阿得賴的克海二面平直乏之彎曲多島海沿岸頗多出入大小島嶼散布海中幹的亞島爲最大其地勢巴爾幹山脈綿亘於東北戴那利克亞爾普斯山脈蜿蜒於西南惟沿海一帶平野相望河流湖水無可舉者其氣候温暖往往有寒暑劇變之患

雷志三十一章云專制君主國辻志云其君主據回教經典以治國事有大宰

相大敎長佐理政務內閣分宮內內務外務陸軍海軍司法大藏
文部宗務農商工務諸省各有大臣統率國中回敎最盛僧權最
張其敎育概係回敎僧官所掌握學堂附屬於寺院是以學術不
振人材不出近漸悟其弊故設大學堂及各種學堂以敎育子弟
全國分二十州各有總督掌之總面積百五十萬六千百五十英方里人三千五
百三十五萬四千口皆現今所有者波斯尼亞及居比路島不在內在歐洲者面積百
九萬五千四百七十英方里人二千二百十八萬口又二十七章云千
八百七十八年伯靈約後土耳其在歐洲之地較前大減土志云自柏靈
公議以後土屬之羅馬尼亞塞爾維亞門的內格魯悉改爲獨立
國版圖各有加增保加利亞與東羅馬里亞合爲一國土與希臘
界綫亦有移改奧國取波斯尼亞及黑塞哥維那兩部地又占諾
威巴薩形勝地故土國在歐洲者止餘一狹長之地東起博斯普
魯斯海峽西迄亞得里亞海自英天文臺東經二十九度十分至
十九度二十分止至緯度則東部位於北緯四十度至四十二度
之間西部位於北緯三十九度及四十三度之間此地適爲古來
塞來斯句馬其頓尼亞句凱而雪地司句意辟勒司句及意立呂
亞之一大部至今日政治上之分配則爲斯丹波爾省包君士但丁及在亞多
洲長之一被地愛迭爾尼亞即亞得里亞那堡薩羅尼加講義島海西作塞北羅尼加云在灣
頭人十科索窩郎馬其雅尼納艶塞薩雷州藏鑾司里一部及伊什科的拉什
萬巴尼及阿等省此外尚有在愛琴海之察索斯島撒母塞來斯

五洲地理志略卷二十八

島音不洛斯島干地亞島今面積止六萬七千九百十英方里人五百七十五萬口在亞洲者見前在非洲者的黎波利面積三十三萬八千四百七十英方里人百萬口國內大半爲沙漠及草地六萬八千七百五十英方里爲耕種地三千二百八十一英方里爲樹林土產穀棉花煙葉橄欖加非葡萄銀鉛煤人多養蠶爲業地中海產海絨紅海產貝母波斯灣產珠地氈及銅器爲國中最精美之器鐵路二千五百四十二英里內在歐洲者千四百十六英里过志云貫通君士但丁堡沙羅尼加及茂那斯特兒全長三千五十里與歐洲諸綫聯絡電信局六百六十七土志云千八百八十五年電綫長萬六百二十英里商船千四百三十四入口貨值四千三百三十八萬磅出口貨值二千四百三十二萬磅穀乾葡萄絲鴉片爲大宗多與英法奧貿易政要云通用之銀錢曰賴而拉以金爲之每一賴而拉合十八喜林餘又曰畢阿斯得有二種合一百畢阿斯得爲一賴而拉或有一百零五畢阿斯得爲一賴而拉更有鍋畢阿斯得每一百十換一賴而拉稱物之具曰瓦格合英磅八三零

二六其大者曰進得卽四十四瓦格之數計一百二十五磅卽土國一擔首肥亞三十九瓦格四分四爲一擔再大者曰喫格每喫格爲一百八十瓦格計五百十一磅又三八量物之尺曰杭達實長二十七英尺量地之具曰阿根長三十三英尺其大者曰喫能計四十見方步每步三英尺量麥之具曰格羅較英國量具得九分一二

國債一億五千六百九十九萬四千磅 土志云土耳其當千八百八十年以前咸測其必有財布於衆莫能揣測但千八百八十四年支出款約千六百二十二萬三千磅收入款爲千六百三十一萬三千磅則衆所共悉者也此中支出之款有四百萬磅爲國債之利息千八百八十二年土耳其國債爲一萬零六百四十三萬七千磅聞索丹一家有五千餘口之多每歲家用之費總在一二百萬磅可謂鉅矣

兵額平時十八萬人戰時七十萬人戰艦五十內古式鐵甲十八 过志云陸軍有七軍團水軍三萬以力不振非復昔比土志云千八百八十六年以前土國男丁在十八歲以上者國家以强迫手段令其從軍且每歲必增新兵四萬五千練爲後備是年十一月索丹下通國徵兵之詔凡國中男丁咸得盡軍人義務土國原有兵十六萬至是則備戰及預備之軍共湊足百萬其中備戰之兵爲四十五萬或五十萬預備兵分二種曰前備曰後備馬兵之額亦極推廣定例凡徵兵中能自備馬及一切馬兵所應用之物者皆可爲馬兵全國分爲七鎭君士但丁亞得里那堡一摩納斯的爾一厄耳新金一巴格達一大馬士

革 句薩那為七鎮中軍之地除薩那為永遠戍卒外餘每鎮各分一師團為備戰兵二師團為前備兵水師當千八百八十七年有大鐵甲十五小鐵甲二數艘中有毛尼討數艘毛尼討出水不高房壇礮艦礮艦數艘尚有舊式汽船若干魚雷船十四共有水軍三萬海軍萬人其人或為徵兵或為義勇兵充之入軍年限備戰及預備並計之合十二年

朝貢之國曰勃耳格里亞先謙案見下曰埃及案見非洲曰賽冒司案見亞洲

君士但丁都城迠志云在國東端臨薄斯否拉斯海峽有宮城有大學堂樓閣參差風景頗佳然街衢汙穢地扼黑海咽喉最為形勝內外船艦出入頗多○徐志云土耳其西土古希臘十二國之地詳希臘圖說北界峩羅斯奧地利亞南抵地中海地形入海之處界希臘國東界黑海東南與買諾隔一海峽峽名德大尼里後漢書大秦傳所云有飛橋數百里可度海北諸國郎指此峽卷寬止數里黑海地中海由此相通春秋時波斯王澤耳士伐希臘嘗造浮橋以渡軍相傳古時有石橋址廢久矣西抵亞得亞海隅縱橫各二千餘里南北高嶺橫亙多惱河縈帶其間地多山少平土南界海灣凹凸島嶼紛羅地為歐羅巴初擲之土土耳其以兵力強取之其民本習天主教不樂回教又不堪土之苛斂近年已成四分五裂之勢所產者棉花煙草葡萄南果羊毛之類地分八部○建都之部曰羅美里亞一作默剌路其民多土耳其種族性強悍樂於戰鬪死生曰重然諾不禁鴉片人多羸瘠都城曰君士但丁建於黑海峽口之西岸本羅馬東都土耳其滅東王遷都於此更名曰士但不城極大內有王宮殿宇崇閎城外海港深廣商船輻輳市岸萬厦雲連各國使館在焉多瘟疫火患所轄亞得安城周十五里內有古殿閭閻湫敝加利城在馬海灣居民萬七千商賈互市之地

也先謙案樋志云君士但丁形勢之勝爲歐洲第一人九十萬口王宮臨罷司怕拉司海峽風景美麗首府西北曰埃毒科府爲第二都會列國學會二圖作亞德里雅那堡謝志作河德利挪伯樋志又云嘎利波利人五萬口郎徐之加利二圖作加利波里○西里斯的黎亞一不雅在首部羅美里亞之北其北阻多惱河風俗語音近宬羅斯其民勤苦力作奉希臘教會城曰所非居民五萬陸路通商地也所轄順刺城形扼山險一夫可以當關爲土國北門鎖鑰恃此以禦宬軍多惱河一帶城堡甚多皆爲備宬而設先謙案即土耳其北之其耳格里亞國其首城曰梭非亞郎此會城之所非矣今西里斯的黎亞及順刺城二圖皆繪入保加利亞下○波斯尼亞一作不尼在極西北北距多惱河草場豐廣內有山產鐵甚良居民鑄爲刀劍不堪土之苛政揭竿而起屢矣先謙案據土志千八百八年波斯尼亞與黑塞哥維那併割與奧國○日薩壹爾一作剌萬亞在海濱居民以獵爲生剛猛善戰勇於赴敵稱西土精兵會城曰藥翰尼拿昔有大酋據地以叛土王連年攻之不能克○黑坐義地形入海與希臘隣偏地皆山民居巖谷顧愚而悍猛睚眦必報遠客來則待之甚厚先謙案樋志云歐洲土國直轄州五曰阿得力阿奴蒲爾曰撒羅尼克曰摩那士提阿曰雅尼納曰師壳他利其阿得力阿奴蒲爾州在羅美里亞西部撒羅尼克州爲古之馬基頓又摩那士提阿雅尼納師壳他利三州合稱阿爾巴尼亞五州首府皆與其州同名阿得力阿奴蒲爾人十萬口在瑪利查河上流製造業頗盛撒羅尼克人六萬口在伊直安海岸爲貿易都會郎謝志云撒羅尼迦古曰帖撒羅尼迦者也謝又云阿勒巴尼亞濱阿德利亞海先謙案日薩壹爾黑坐義地名無可考

證而皆濱海樋志所列五州惟撒羅尼克阿爾巴尼亞與海爲近
是否即日薩壹爾黑坐義舊地不可得知附記於此○塞爾維亞
息一咔作在西里斯的黎亞之西波斯尼亞之東北距多惱河會城曰
占盧德師亞剔一雎作極堅固其民強武好圖奉希臘教不樂同教鈐
轄別推酋長起兵拒土土不能征服與之議和近已自立爲國納
貢於土先謙案即下之塞維阿國○禳拉幾亞拉一墨作瓦在西里斯
的黎亞之北北阻大山南距多惱河縱干八百里橫四百五十里
地形平坦河流交貫土沃多麥草場豐茂牧畜蕃孳其民奉耶蘇
教勤苦力作而土政苛虐掊克百端其地有大酋如列國小侯都
城曰不加勒斯多加一拊作布居民八萬袞羅斯時擁護之近已立國
納貢於土先謙案羅美尼亞首邑曰菩楷來司脫郎不加勒斯多
也薛記云羅美尼亞國本土耳其邊省瓦拉蝦禳郎拉徐幾之及穆爾達
費亞之地郎萬國公法中第三卷所稱屬國半王之國瓦喇加馬
喇達二邦舊境案穆爾達費亞郎摩爾達維亞也餘詳羅美尼亞
下○摩爾達維亞大一咔作木在禳拉幾亞之北西有山嶺界隔地極
廣莫居民五十萬產五穀南果葡萄煙蜜蠟硝鹽馬牛猪每崴售
馬隣封可萬匹其地亦有大酋如列侯都城曰聲西牙一酣作藉庇於
袞羅斯逃土政之酷虐近亦立國納貢於土先謙案羅美尼亞之
耶西郎此牙西也亦見下○干地亞洲在海中周圍干五百里中
峻外坦近海多艮田又產橄欖油極佳其民奉希臘教不樂土政
據地以畔土王征之二十餘年不能服也其島山水極秀海口近
爲沙淤舟行多阻先謙案謝志云革哩底島今名希干第亞在希利
尼海之南長四百五十里最廣處百里共三十萬方里居民三十
萬產油酒果實首府曰干地亞在北部屬土國治多虐政郎徐之

干地亞也洪鈞元史西域古地拂菻考云拂菻之名唐時始見舊唐書云拂菻國一名大秦在西海之上元史愛薛西域茀林人是元時猶有此稱漢大秦爲古之羅馬今之義大利劉宋時哥特族人滅羅馬瀛環志略作宬特今德意志合衆國皆哥特種人也東晉時羅馬分王居黑海西今土耳其都城之地轄治東境別之曰東羅馬羅馬國亡而東羅馬獨存明時始爲土耳其所滅其都城名康思灘丁諾潑里斯康思灘丁王名蓋始建城者潑里斯猶言城諾爲連屬字猶華文之字今亦省文稱諾潑爾東羅馬本國之書則稱康思灘丁諾潑凝其地土人省文惟稱潑凝急讀之音如潑菻阿剌比人稱之爲拂菻本屬城名假爲國號唐時阿剌比人滅波斯侵印度環蔥嶺地悉歸役屬方言流播遂入中華此唐書拂菻所由來也（志略以西里亞之耶路撒冷當唐書之拂菻係誤其地爲古猶太國雖曾併於羅馬然未建國於此且撒冷之訛爲拂菻亦出臆度初無徵考）舊唐書云拂菻東南與波斯接新唐書拂菻古大秦也居西海上一曰海西國去京師四萬里在苦西北直突厥可薩部西東南接波斯東羅馬國都在地中海東濱故曰居西海上其屬境之通波斯者在地中海東黑海南南之西濱地中海南之中入西里亞南之中接阿剌比其東南則達波斯故曰與波斯接其地古稱富庶後漢書所謂從安息陸路繞海北行西至大秦人庶連屬十里一亭三十里一置從無盜賊寇讐其地似之宋神宗元豐三年東方之天方教國塞而杜克朝人來據之遂不屬東羅馬而仍羅馬之名稱曰羅姆（羅馬馬字音本不叶姆字不讀作母讀母字爾出以鼻音乃合吳下俗音有此）元兵西伐役爲外藩（見西域補傳下）元史之愛薛或即其産故謂爲茀菻人明初土耳其國肇興地爲所奪屢經兵燹土曠人稀閔市藹絛非復曩日矣又突厥回紇考云匈奴之後突厥最盛突厥

既滅回紇乃興今日者玉關以西天山南北悉爲回部（通鑑御批唐書稱回鶻之先本匈奴則似與今蒙古相類至遼史始有回回之名與回鶻並列而元史則回回回鶻彼此互稱紇轉爲鶻鶻又轉回音有緩急故傳譯不同亦猶畏羅之當爲衞拉特乃鑾之當爲奈曼也特詳辨之以釋諸史之舛互云）無所謂突厥也而突厥之稱乃獨流傳於西土曰突而克亟讀之即突厥曰突克鑾猶言突厥同類法人稱土而其國音如突而克月（二合）諄稱其人類曰突而克英人稱其國曰突而克以（二合）諄皆爲突厥轉音土耳其亦突厥一類人也始聞是說疑其不確徐而思之蓋自有故北史謂突厥爲匈奴之別種唐書謂回紇爲匈奴之後裔回紇在後魏時號鐵勒部落依託高車臣屬突厥自突厥有國東西征討皆資其用隋大業間始叛突厥後稱回紇是回紇亦突厥中一種耳唐開元時回紇始盛然惟十一部落西至葛邏祿而止度其斥境不越金山以視突厥盛時西破嚈噠東走契丹北并契骨威服塞外諸國其地東自遼海以西至西海萬里南自沙漠以北至北海五六千里覷讎大小廣狹迴乎不侔突厥極西之部爲可薩部亦曰曷薩西國古籍載此部名曰哈薩克即曷薩轉音亦曰喀薩克即可薩轉音裏海黑海之北皆其種落屯集中國唐時又有他族東來哈薩克地漸爲所攘引而益西宋時兩海之北奇卜察克號爲大部而哈薩克族類渙散湮沒不可復考又東羅馬古書載與突厥通使東羅馬即唐書之拂菻國也種落繁多幅幀遼闊匈奴而後賓爲突厥而散居西土亦惟突厥舊部爲多開成年回紇爲黠戛斯殘破其相馺職擁外甥龐特勒等一十五部西奔葛邏祿一支投土蕃一支投安西其近可汗牙十三部南來附唐會昌中三萬眾降於幽州三部降於振武而烏介可汗部眾十萬大中年間漂流凍餓祇存三千其後復爲黠戛斯掠歸塞北安西龐特

勒居於甘州無復昔時之盛宋之高昌元之畏吾兒爲回紇衰後分國唐書敘回紇部落起訖分明其盛也威令未行於鹹海裏海之間其衰也播遷未越於葱嶺金山以外而突厥傳則言頡利之敗也其部落或走西域咄陸可汗之敗也西走吐火羅泰西載籍俱言突厥西來而不言回紇西徙稽之華史歷歷可徵今中國人於葱嶺西北西南諸部統稱之曰回部誠不敢謂己是而人非也嘗遇土耳其駐俄使臣詢其來歷彼自謂是突而屈急讀之即突厥史書譯音譙今本國猶藏古書謂有三千人入中國爲兵餘眾展轉西徙後値賽而朱吉特建國見西域傳補授地以居遂入謨罕默德教迨蒙古西來避而之黑海南境亦見西域傳注中其西徙之時在千載前盍唐代也然則土耳其實是突而屈或稱突而克皆西人變音突克鑾之語則出於阿剌比人土耳其使臣復謂本國古語與蒙古相類者甚多因此而考回紇稱謂亦多本於突厥可汗可敦特勒之名固無論矣突厥別部將兵者皆謂之設默啜可汗立其子弟爲左廂察右廂察毗伽可汗本蕃號爲小殺而回紇亦有左殺右殺分管諸部曰設曰察曰殺皆譯音之異今波斯王稱沙猶是突厥遺稱骨咄祿可汗及葉護之稱達干之名回紇竝同突厥以突厥統之誠不爲過度其言語或亦多同至於突厥文字不復可考回紇文字至今猶存所謂托忒字體是也與西里亞文字相仿故泰西人謂唐時天主教人自西里亞東來傳教唐人稱爲景教陝西之景教碑碑旁字兩行郎西里亞字此其確證回紇之有文字實由天主教人授以西里亞文字之故此一說也回紇人自元以後大率盡入天方教而天方文字本於西里亞故信教之回人謂蒙古文出於回紇回紇文出於天方以歸功於謨罕默德此又一說也咸豈

二年長沙府人藍煦著方正學一書卽持此論天各私其教傳會所由皆屬妄說竊疑囘紇文字亦本突厥特無左證以折異議六合之外存而不論惜哉古人此言爲誤不淺也又馬札兒卽控噶爾考云元史速不台傳拔都諸王五道並進馬札兒部元祕史蒙古文康鄰等十一部有馬札兒案馬札兒卽今之馬加其國今併入奧故中國公牘稱奧曰奧斯馬加而泰西諸國仍其舊稱曰鴻噶爾土人自稱仍曰馬加志略作匈牙利乾隆年間椿園氏著新疆外藩紀略今人稱此書曰西域聞見錄鈔有其書係乾隆時舊本但云新疆外藩紀略又但云椿園氏著備乘謂七十一所著乃誤以其年爲其名謂俄羅斯西北鄰控噶爾俄本控噶爾屬國稱臣納貢由來已久又曰控噶爾爲西北方囘子最大之國建都之城名務魯木極廣大南北經過馬行九十餘日東西亦然城門二千四百城內大江三山河藪澤不可勝計宮室綿亙數十百里皆以金玉珠貝爲飾地產金銀多於石子魏源謂此皆誤聽土爾扈特妄誕之談有同西游演義小說備乘亦謂椿園氏所述控噶爾事多係傳聞之譌兪正燮松筠皆嘗辨之然控噶爾之說實不始於椿園氏圖理琛異域錄謂俄羅斯汗與西費耶斯科國王戰勝西費耶王逃往圖里耶斯科國王拱喀爾汗所屬鄂車科付之小城又俄官噶噶林云我觀天下諸國沙障汗空科爾汗空科爾卽控噶爾又云曩時俄國曾與圖里耶斯科國王控噶爾汗搆兵取其阿藻城趙翼簷曝雜記亦謂兆惠西征時聞西北有龔國者其城周五百里皆銅鑄成龔卽控字之音兆惠西征在土爾扈特歸誠之前故知語雖無稽而傳述已久非始於椿園氏也魏氏謂圖里雅卽普里社控噶爾是汗名非國名徐氏謂百年以來歐羅巴諸國與俄羅斯搆兵者惟土耳其與俄連兵前後近百年椿園氏所云交兵事爲土耳其無疑土

耳其都城名君士但丁一作康思坦胎諾格爾噶爾郎格爾上五
字之訛爲控或由於轉音省文舊本羅馬東都後來猶冒羅馬之
名控噶爾都城名務魯木郎羅馬之轉音也或云控噶爾乃圖里
雅國王之名曾與俄羅斯爭地相戰土耳扈特酋烏巴錫傳述此
事誤以汗名爲國名今考泰西人紀載圖里雅郎普魯士國勢遠
遜於俄乾隆年間並無與俄交兵之事姚氏瑩紀俄羅斯方域亦
謂控噶爾郎普魯爲社備乘則謂徐以控噶爾爲土耳其都城之名
說與魏異當以徐爲是然仍以圖里雅爲普魯士則非也圖里雅
郎土耳其譯語偶異爾按諸儒聚訟已久而折衷定論自惟徐氏
何氏其誤以圖里雅爲普里社則椿園氏俄西北鄰一語誤之其
以康思但丁諸格爾爲控噶爾則以意附會未可憑也今內府輿
圖俄羅斯西南黑海通地中海之峽內有紅噶爾國廣東通志作
紅孩兒是皆以土耳其爲鴻噶爾聞諸俄人謂中國呼土耳其爲
鴻噶爾不審何由又聞諸土耳其國使臣謂彼國從無鴻噶爾之
稱惟百數十年前奧國之鴻噶爾屬國曾入彼國版圖嘗考英吉
利國兼弁印度後崇上女主尊號曰英吉利君主兼印度后帝布
魯斯國本日耳曼合衆國中之一自戰勝奧國合衆國推戴稱尊
號曰布魯斯君主兼德意志合衆國皇帝以此例推則異域錄所
云圖里雅國王拱喀爾汗王汗兼稱蓋以其兼轄鴻噶爾之地也
西人紀載土耳其之侵割鴻噶爾始於千五百二十年至千五百
六十六年爲中國明武宗正德十七年至世宗嘉靖四十五年復自
千五百六十七年至千六百九十九年爲康熙三十九年此百三
十三年中亦曾侵割而屢得屢失其後尚用兵於鴻噶爾圖理琛
之奉使在康熙五十一年是時土耳其國勢尚強馬加或歸管屬

先隸案馬札兒即匈牙利隸近土耳其志曾歸土屬不詳也出控噶爾汗之稱沿而未改理當然也魏志引職方外紀所言翁牙里附於土耳其國之後謂翁牙里今並入都魯機蓋亦襲舊聞而不知翁牙里即鴻噶爾亦即控噶爾魏志又於奧地里亞國之下繫以寒牙里匈牙利翁給里亞又曰雲音有異名無異地也俄史載比德王第一奪土耳其之阿索甫城土興兵伐俄比德王輕敵孤軍深入爲土軍所困出賂行成解圍返地乃得還是爲康熙五十年事阿藻城即阿索甫城噶噶林所言諱敗爲勝未足爲據而圖里雅國王控噶爾汗之稱則實出諸其口證以西例渙然無疑奧王之稱曰奧斯大里亞皇帝兼馬加君主是亦圖里雅國王控噶爾汗之一證至土耳其都城本羅馬東都建於地中海濱三面環海一面通陸形勢鞏固金城湯池實不是過松筠綏服紀略詩注謂相傳空喀爾國最大以銅爲城東西門相距若干路程詢諸英國使臣瑪噶爾呢乃知空喀爾本居海島特水似有銅城之固說固是已然謂其居於海島猶爲未盡事實志略又謂奧地利之匈牙利地在國之東界古時匈奴有別部轉徙至此攻獲那盧彌地於趙宋咸平年間立國稱雄一時久而寖衰今案西書當晉簡文帝時匈奴王阿提拉自黑海北轉徙至此立國於其地撫有哥特族人志略作峩特即今日耳曼族類與羅馬戰闊境甚廣今義大利之北境德意志之南境盡入版圖既而事敗哥特人亦叛之復爲羅馬所伐宋武帝永初年後浸就衰滅趙宋初馬加人自東而西循北海之南而至復立爲國鴻噶爾之稱鴻即匈字變音馬加立國匈奴已久滅而仍曰鴻噶爾者沿舊稱也志略之言考之未盡近世西人或疑鴻噶爾即匈奴雖見於東羅馬書未可爲據案俞正燮俄羅斯長編稿跋引佛書言此閻浮[illegible]

內有三大國以崑崙爲中崑崙東及東南東北者中國爲一大國崑崙南及西南者天竺爲一大國崑崙北及西北者洪豁爾爲一大國兪氏所謂佛書不知何名以意揣之當非漢晉以後之書崑崙之北從無洪豁爾之國名蓋即匈奴即鴻噶爾也是可以援釋氏之言以廣西人之意張穆蒙古游牧記乾隆四十年定塔爾巴哈台之東霍博克薩里爲舊土爾扈特部北路以策伯克多爾濟領之授盟長注云初策伯克多爾濟來歸獻金削刀及色爾克斯馬色爾克斯者洪豁爾屬部也是亦以土耳其爲洪豁爾與佛書音合色爾克斯郎元史之撒耳柯思詳西北地附錄釋地鄰近土耳其故爲所屬馬加人髮睛皆黑自言是東方部族其語言頗有與蒙古同者如稱勇士爲把阿禿兒之類薛記云土國所屬歐洲之地原有九千四百六十七德方里自割地以昇各國所存之地僅有二千八百二十七德方里且往往與土京隔絕不相毘連案每德國一方里約中國一百八十方里因德國每一里等於中國十三里有奇也土國餘地僅存三處一爲魯米利亞省一爲薩羅尼啟郡一爲阿耳巴尼亞並巴斯尼亞南北二處又割波森利牙及黑次戈偉納二省歸奧又割徐卜羅斯島一作贊薄歸歸英此島在地中海極東長五百里廣百六十里居民二十餘萬距新開河不遠俄如有事於蘇彝士水陸必經此島故讓英屯兵守之又割土屬特薩耳及矮皮魯斯兩地支利脫一島歸希臘又割巴統一作羅邏及阿達亨卡爾斯其三地歸俄德法非接壞無所割義國亦欲割土屬地羅馬敎主力爲排解乃止始知衰弱之國一啟兵端非特仇敵也郎名爲相助之國亦不得利益不止識者於是歎公法之不足侍也

亞細亞土耳其

亞細亞土耳其 詳亞洲

勃耳格里亞國

勃耳格里亞 謝志云國在巴勒干山脈東偏居北緯四十二度八分至四十五度二十分東經二十度十五分至二十九度三十五分東界黑海西界賽維阿南界土耳其北以多腦河與羅馬尼亞分界巴勒干踞國中央橫亘東西最高峯九千五百尺多腦河自西北來至東北境又折向北國內小河多入之 雷志云侯國服屬於土千八百八十六年勃侯兼管羅美里亞今所稱南勃耳格里亞者是也 世界地理作南部伯爾加利亞 樋志云南布加利亞即東羅美里亞洲 謝志云本土耳其一省千八百七十八年伯林條約定爲自主侯國納貢於土千八百八十五年益以羅美里亞一省定例國主由人民選擧設國民兵有議院二行政權屬內閣 官土志云東羅馬里亞掰議保加利亞東羅馬里亞爲一國歐洲各國咸認可 矢志作東羅曼 料云在巴幹山南 面積六萬八千三百三十一英方里 謝志云連羅美尼亞合計面積約三十七萬方里 辻志云二十三萬六千八百方里 千八百九十三年人三百三十萬九千八百十六口全國百分之三十二

爲耕種地百分之四爲牧場百分之十八爲樹林入口貨值三百三十五萬磅出口貨值二百三十九萬二千磅穀居百分之七十五謝志云物產小麥爲大宗餘則果實煙葉牛及毛皮多與奧英土法貿易鐵路八百七十英里入款三百三十七萬八千磅國債約四百萬磅兵額三萬八千人多惱河有小艦十三　**棱非亞**　**腓立波波里斯**　**窩那**以上要區先謙案勃耳格里亞土志作保加利亞矢志作波礙料世界圖作布爾加利亞世界地理作伯爾加利亞周志作培爾喝利亞云自塞爾維亞之東境亘於地中海岸橫白根山與達牛勃河之間割土耳其地新建此侯國東境有城曰控爾那卽雷志之窩那對法爾那濱黑海口西境曰索斐亞卽雷之棱非亞岸圖作所非阿謝志作棱斐亞矢志作沙弗云卽土昔日首府多腦河畔曰尼夸羅利其南曰潑雷扶納卽俄土古戰場也樋志云侯國首府曰索斐阿人三萬口南布加利亞首府曰斐里波波利斯人口相若案卽雷之腓立波波里斯也陳炳煥云又作腓立比王書作菲利波利云在馬里乍河上游香油製造有名人四萬口瓦那東臨黑海有砲臺人四萬口瓦那卽窩那也薛記云俄立布加利亞爲半主之國境內之事俄皆得與聞

賚維阿國

賽維阿 謝志云國介奧土之間居北緯四十二度四十分至四十五度東經十九度至二十三度東界羅馬尼亞勃耳格里亞二國西北界奧南界土面積約十八萬方里地高下不平而無大山南界山高七千英尺西界亦帶山北界多腦河有摩拉法河過境北流入之當十四世紀時賽維阿已立國後爲土所併千八百十五年復得自治之權然仍納貢於土千八百七十八年伯林之約定爲自主立國王定憲法國會有二院行政權歸王及內閣 雷志云有限君主國面積萬八千七百六十英方里人二百三十一萬二千四百口以農爲業全國百分之五十爲耕種地百分之十二爲樹林礦產稀少 艾略云多山地少平原境內有巨嶺數道山下勢甚狹山上多樹木謝志云物產珠粟小麥大麻煙葉豚牛羊乾李葡萄酒礦產水銀鐵鋅鉛鐵煤開採未合法周志云山林深廣良材惟樫最多礦物有鐵巖鹽委之不顧 入口貨值百五十七萬五千磅出口貨值二百十八萬六千磅多與奧國貿易鐵路三百五十四英里謝志云千五百里 入款二百七十五萬三千磅國債千六百七十八萬一千磅兵額二萬四千四百四十八人戰時三十五萬二千人

板爾格雷奪 **尼虛**以上要區 先謙案賽維阿二圖作塞爾賓矢志作塞爾維謝志作色

斐亞孫志作瑱爾非亞艾略作瑱爾非雅世界圖作塞爾維亞北界奧地利南界土耳其東界羅馬尼亞布爾加利亞西界波斯尼亞北境有城曰必耳格拉得郎雷志之板爾格雷奪樋志作拜爾格拉特依圖作必耳格利特王書作伯爾格來得二圖同周志作培爾喝來特矢志作培而格蘭云與奧境相連河道便利貿易頗盛謝志作比革拉德云當撒弗河多惱河正流處爲自古著名爭戰地土志云柏靈公議土以尼些及勒斯庫伐此兩地增入塞爾維亞版圖尼些郎雷志之尼虛也王書作尼薩云在南境當交通要路二圖同辻志云面積十一萬五千二百方里薛記云塞爾一非亞舊地七百八十三方里新得一百五十四德方里居民二十一萬六千徐志塞爾維亞已見上

蒙尼各羅國

蒙尼各羅謝志云介奧土二國間居北緯四十一度四十分至四十三度二十分東經十八度二十分至二十度十分面積三萬方里地當哀勒伯山之餘支一望皆山然分東西二帶中央爲一大谷山頂高者至八千英尺積雪常數月不消小溪南北分流南界有蘇克他里湖一作蘇谷也穌跨入土界附近略有平地昔爲土屬千八百七十八年伯林條約認爲獨立侯國制定憲法君位世及長男行政之權君主之立法之權在議會兵無定額有事則國民皆兵鐵路三百里電綫千二百里雷志云面積三千五百英方里人二十萬口謝志云地瘠民勤物產珠粟雀麥荷蘭著煙葉葡萄桑葉魚類牛皮

革奶餅貿易歲額約二百萬圓周志云民業畜牧耕漁產玉蜀黍
馬鈴薯煙草輸出品牛羊獸皮乾酪乾炙鰮及蘇馬克樹葉等此
物研細粉宜於柔皮術之染工

青汀義都城

先謙案蒙尼各羅世界圖作蒙的尼
矢志作莽推尼格落樋周志作門的
內哥依圖作門的內格羅東北界土耳其南臨阿得賴的克海西
界波斯尼亞土志作門的內格魯云柏靈公議版圖亦有加增前
此無口岸今爲濱海之國西南沿亞得里亞海有都爾西格諾及
安的法里二海口过志云蒙的尼面積二萬一千六百方里人二
十二萬八千口東境有城曰葡特崁利加西境曰色丁也郎雷之
青汀義青字譯音不合疑文有誤周志作塞替矢志作滋哀鐵尼
樋志作賽補納王書作塞的格內二圖同謝志作色典基云地居
谷內高度二千尺居民僅二千爲世界京城之至小者其餘諸邑
不過若干村市而已王書又云有城得哥利薩在首府之東爲國
內第一大市薛記云門的內哥壞地褊小雖稱自王然不能遣使
各國其舊地七十八德方里新得
九十八德方里居民四萬五千

羅美尼亞國

羅美尼亞

薛記云自西羅馬亡而羅馬之故家遺族相率遷多惱
河上占地而居生齒漸蕃盛屬於東羅馬閱千餘年而
東羅馬又亡常爲土耳其人所陵虐心滋不服三十年前協力起
兵叛土後仍服屬於土爲附庸國號羅馬尼亞然猶未脫土人之
羈軛也光緒初年俄土交兵迨立約議和俄人勒令土人立羅馬
尼亞爲自主國並割數地以附益之今羅馬尼亞遣使分駐各國

儼然自立地較丹馬比利時爲大其土俗則古羅馬之遺風也羅馬之氣脈亦長矣又云羅馬尼亞舊地二千二百德方里新得多布魯卡一省加二百四十德方里割去貝沙拉比亞一百五十四方里止多得八十六方里多布魯卡之地在多惱河南居民十九萬四千係土割與俄者俄轉畀羅馬尼亞咸豐六年英法助土攻俄之約在巴黎立約以俄屬貝沙拉比亞南界濱多惱河之地割歸羅馬尼亞蓋防俄人有事於多惱河上也俄欲廢巴黎之約而此地未復根蔕猶存故以新得之多布魯卡易之謝志云十六世紀時服屬於土後屬俄又屬土千八百六十一年得俄國聲援始有自主之權八十一年爲立憲王國王權有限國會分上下二院議員共三百人由民公舉居多惱河下流在北緯四十度至四十八度三十分東經二十三度至二十九度四十分東界黑海西界賽維亞南界勃耳格里亞東北界俄西北界奧面積約五十萬方里分二省南曰堆拉乞亞北曰馬勒達班亞𢀟志云北隔勃勒斯河與俄爲鄰西據卡批提安連山與奧分界南據多惱河與布加利亞侯國接東臨黑海

雷志云自脫倫西耳窩尼亞之阿耳魄士矢志作挨爾潑司見下山起至多惱河及普拉脫河止

包有獨勃魯雅與多惱河入海之口謝志云西北有嘎巴典山脈中央一帶皆平原西部有阿魯達河東部有色勒德河經其地俱入多惱河面積十三萬千二十英方里人約五百二十五萬口辻志云面積二十八萬方里人五百八十萬口國人業農者居百分之七十全

國百分之二十九爲耕種地百分之二十一爲草地百分之十七爲樹林入口貨值千三百十一萬磅出口貨穀爲大宗值千八十四萬四千磅謝志云煙葉麻胡麻果品木料牛羊蜂蜜礦產火油石鹽煤多與德英奧貿易鐵路千八百英里謝志云鐵路六千里入款九百十三萬五千磅千八百九十八年國債四千八百九十九萬四千磅兵額平時六萬人戰時十四萬九千戰艦二十

菩揩來司脫　耶西　格累支　勃雷拉

以上要區

先謙案矢志作羅馬尼云國於多惱河下流之北岸挨盛首邑曰孛加雷司脫在多惱河平原之中與匈牙利貿易頗盛人二十三萬口孛加雷司脫即雷志之菩揩來司脫也謝志作魯瑪尼亞云都城曰布嘎勒斯爲南北鐵路中心亞西在北省近伯魯德河有大學布嘎勒斯即菩揩來司亞西即雷之耶西也樋志云此國由賽勒斯河邊之摩爾達維亞侯國與多惱河邊之襪拉幾亞侯國合併而成千八百七十八年柏林條約加入多惱河東之德勃羅提亞地土志作但紐白河及黑海間之度白魯削部其名羅馬尼亞者因其居民爲昔時羅馬帝脫剌然所殖民之後裔故云多惱河畔之嘎拉茲及摩爾達維亞之舊都雅西俱爲國內緊要貿易市案雅西亦卽耶西嘎拉茲卽雷之格累支王書云頁西近普魯斯河爲國

內緊要貿易市人八萬口哥拉斯在塞勒斯河入多惱河之口人
六萬口與其西南之布來拉穀物輸出均盛案頁西郎耶西哥拉
斯郎格累支布來拉郎雷之勃雷拉也又云有普洛熱什地在不
加勒斯多之北爲內地商業都會人四萬口二圖菩措來司脫作
不加勒
斯多

希臘國

希臘徐志云希臘古名國也今爲新造土耳其西土之南界地形如臂入地中海其盡處槎牙似人掌是爲希臘國縱約五百里橫約七百五十里疆土褊小海灣繚曲汊港四通洲嶼星列產棉花南果羊毛葡萄乾橄欖油五穀煙草當上古時歐羅巴人草衣木食昏濛未啟有夏中葉東方列國已向化義納孤栺柞從迦灑南抵希臘衞邁楠始教土人以構屋營居耕田播穀有商中葉哥落從厄日多來即䣐麥立國於雅典始織羊毳爲衣釀葡萄爲酒取橄欖爲油鑄金鍛鐵作刀刃耒耜又以文字傳其土人歐羅巴之開滄罔通文學實自希臘始希臘當商周時分十二國結爲同盟周敬王年間波斯以大兵攻希臘希臘各國合縱禦之波斯敗績遁去後希臘有馬基頓王亞勒散得者合列國之兵伐波斯乘勝直抵印度王卒於軍部將分其所得之土各自王由是希臘之語言文字布於西土西漢時意大里亞之羅馬方强征服四方希臘各國亦歸版圖後羅馬分東西希臘故地屬東王爲亞剌伯回部所侵日就衰弱土耳其既興滅羅馬東王以兵力取希臘全土地屬土耳其者四百年近年土政苛虐雅典之民不能堪嘉慶二

十五年逐去土酋土人以兵攻之雅典堅守不下英吉利佛郎西峩羅斯三國壯希民各以兵擁護之土耳其無奈何乃聽其自立爲國即今之希臘國也其地關山迴隔九曲盤繞羣峯競秀望若列屏名勝甲於西土士女儀容多秀美男好華冠麗服女子美髮髻樣巧幻多式藏書之富甲於西土人多博覽各操鉛槧述事立言其宮殿古蹟爲泰西剏造棟宇之初式國王名阿多本日耳曼列侯世子希民推擇立之王賢明勤於政事國雖小蓋方興未艾云过志云在歐洲南端爲巴爾幹半島之南端北接土耳其西南臨地中海東濱多島海樋志云國地占巴爾堪半島三分之二自北緯三十六度半至三十九度東經二十一度至二十四度雷

志云立憲國惟議院止一所过志云國王總攬政要國分內務外務大藏司法海軍陸軍文部宗務諸省各有大臣統率又有國會爲一院掌立法諸州有知事管州務自千八百八十年後始包有今地馬里亞半島形如四指與大地相連者爲科林司地頸樋志云哥林斯灣一名勒須多深入國之中部與伊直安海中間僅隔一哥林斯地峽耳自地峽以南往時稱比羅哀尼蘇列國學會二圖作伯羅那內蘇今呼摩利亞半島先謙案哥林斯郎科林斯摩利亞郎馬利亞也並有羣島多處如歐波亞樋志作憂卑亞司坡雷奪过志作尼古羅庖特賽克雷支腰尼痕过志作憂要年等國內山嶺重疊樋志云全國概爲山地如求肥田沃土僅山脈圍繞中偶現圓形之平地耳北部有貧度斯山脈二圖作攏都斷縱橫連亘地勢殊峻又德摩比

利峽路沿東北隅海岸長五英里其最狹處五十碼自北境入希獵行軍之要路二千餘年前來俄尼達斯以兵三百禦波斯大軍之故地也賓陀司山高八千二百四十英尺謝志作賓德斯云自土耳其南來勢高峻爲土股之脊平原之大者惟淡塞雷一處可行船之河惟愛司朴羅波推摸司辻志云賓達斯山脈縱貫半島邱陵起伏無平野大河多急湍激流不便舟楫面積二萬三千百四十三英方里辻志云十五萬千二百方里樋志云二萬五千英方里人二百四十三萬三千八百口樋志云人三百二十萬口氣候温和宜人間有雪低野甚稀辻志云夏熱甚烈卑溼地有瘴氣國民業農者居百分之二十六爲耕種地百分之三十七爲草場百分之十四爲樹林百分之二十三爲荒地小麥小乾葡萄橄欖煙葉爲植物出產大宗礦產鋅鉛鐵辻志有棉花羊馬養蠶飼蜂織布紙玻璃葡萄酒入口貨值四百五十一萬七千七百二十樋志磅出口貨值二百八十九萬三千二百磅多與英土法奧貿易云山地富於墾材谿間適於牧羊物產贍給故黑海及雷凡脫海即東地中海殆爲希臘人所專有焉鐵路五百九十

一英里辻志云千四百五十三里科林司運河二萬八百十英尺聯科林司灣與意斤灣辻志云近年開鑿哥林斯地峽航通甚便國債三千七百萬磅自千八百九十三年六月後可不給息兵額平時二萬五千三百三十三人戰時八萬二千此外尚有後備軍戰艦四十六內鐵甲五水雷艇二十講義云千九百年時平時戰員有二萬五千餘戰時可出八萬二千人海軍有裝甲艦五隻水雷艇七隻戰艦數隻

雅典熱度中數六十五度正月四十七度七月八十度雨水十六英寸

庇里阿司　配脫拉司　剔里卡拉　歐木波里司　科富

以上要區徐志云希臘新分十部首部曰雅典一作的架亞都城在海灣曰亞德納斯自昔爲聲名文物之地今則市井寥落景象蕭條○亞爾哥黎大一作破非拿城在海口曰腦比里亞通商之大埔頭也○亞加亞城在海口曰巴達辣斯巴一作箚亦通商埔頭街衢汙穢商旅惡之○美塞尼亞一作所龍非羅墨首邑曰亞爾加的亞希之堅城土人屢攻之不能下○亞爾加的亞首邑曰的黎波里薩一作斷得撒破亦希堅城昔爲土耳其攻破屠三千人希人收復之後盡戮土人之居守者○拉哥尼亞海中大嶼也首邑曰迷斯達拉一作希斯居民六萬土磽瘠而農作甚勤兼務工商故恆足以自給○亞加爾拿尼亞一作加地作爾首邑曰瓦拉說黎在西界海灣○羅哥黎大首

邑曰薩羅大（一作座撒羅尼加）居民六萬勤苦力作產棉花煙○憂卑亞西界一洲首邑曰哥羅奔多（一作尼鄂奔多）○昔加拉大首邑曰黑爾摩波利斯（一作摩加亞）中有山嶺牧人所聚素稱盜藪（十部地界原圖未分畫）○屬島曰八摩昔耶穌弟子約翰流徙於此以此著名○海灣甚多東方曰君得撒曰撒羅尼加南方曰益義拿曰拿破里曰可倫西方曰爾加地曰勤須多○希臘之西有羣島曰各府曰散他曰藐剌曰地亞其曰客花羅尼曰息利峩曰散地總名曰以阿尼島居民共計十九萬產橄欖油葡萄乾酒蜜南果島各有渠掌政令屬於英吉利先謙案希臘都城雅典據列國學會二圖在其國之東南多島海濱與雷徐合雅典古爲名國名人挍格拉底句柏拉圖句迭摩斯迭尼斯句梭佛格爾俱生於此地講義云人尚十一萬口有大學校辻志云臨以吉那灣鐵路南通祕類亞斯北至拉利薩府以吉那二圖作挨吉納其西爲比里猶斯講義云入雅典之要港與雅典隔鐵道五英里半人四萬二千餘口案即雷之庇里阿司辻志云庇里阿司在以吉那灣頭爲雅典門戶者也徐之腦比里亞亦即庇里阿司所謂通商大埔頭捨此無以當之惟二圖不載亞爾哥黎大及拿破里之名耳又西爲科林斯灣古之哥林都國自地頭開鑿運河東西直達更西即巴辣斯灣因南境之巴辣斯而名巴辣斯即徐之巴達辣斯雷之配脫拉司也講義云巴辣斯在科林斯灣之南岸人三萬八千口以上兩地據伯羅邦內蘇之北境（伯羅邦內蘇見上）伯羅邦內蘇之西南境曰美塞尼亞其首城曰亞爾加的亞其西有灣曰亞爾加的亞灣美塞尼亞之東曰亞爾加的亞部首邑曰的黎波里薩與徐合即雷之剔里卡拉亞爾加的亞部之南曰拉哥尼亞地形雙挺南出東爲馬剌角西爲馬塔

班角其中凹入謂之拉哥尼亞灣徐以爲海中大嶼誤巴辣斯灣之北曰亞加爾拿尼亞與徐合亞加爾拿尼亞之東曰羅哥黎斯即徐之羅哥黎大也國之東界有優卑亞島即徐之憂卑亞而以爲西界又以爲洲誤也講義云優卑亞大島一名尼苦羅奔得長百英里以與大陸相接甚近故架橋使之連絡憂卑亞之極東南諸島曰昔加拉大與徐合有島曰黑爾摩波利即徐所云首邑之黑爾摩波利斯亦即雷之歐木波里司西有島曰各府與徐合即雷之科富樞志作科爾夫云與散地島同爲地中海貿易要地又喀花羅尼徐喀作客息利莪徐莪作峩統爲伊奧尼亞羣島伊奧奧尼即以阿尼也

克里脫島

克里脫雷志云千八百九十七年爲自治省仍屬於土以希臘之哲而治侯爲其統領先謙案干地亞經歐洲各國議決自治詳土耳其志面積三千三百二十六英方里人二十九萬四千口

坎尼亞都城徐志干地亞洲見土耳其下先謙案克里脫乃干地亞之異名岸圖干地亞島標名克列德講義作克林得學會圖作干地亞或克利地島克列德克林得克利地與雷志之克里脫同也其西有城岸圖作加尼亞學會圖作干尼亞即雷之坎尼亞矣

五洲地理志略二十九　　歐洲六

賜進士出身　特賞內閣學士銜前國子監祭酒翰林院編修加三級　臣　王先謙謹撰

英吉利國　一

英吉利

徐志英吉利（英機黎英圭黎膺吃黎諳厄利英倫的及列的不列顛）云歐羅巴強大之國也地本三島孤懸大西洋海中迤東兩島相連南曰英倫（一作英蘭）北曰蘇格蘭（一作斯哥西亞一作師古泰）兩島南北約二千餘里東西闊處五六百里狹處三四百里迤西別一島曰阿爾蘭（一作耳蘭又作壹爾蘭大）南北約七八百里東西約五六百里英倫東境與荷蘭佛郎西皆相近舟行半日可達距佛尤近海港狹處止六七十里兩岸可以相望也其地古時爲塞爾達土番部落後爲北狄峩特族所據漢宣帝五鳳三年羅馬大將愷撒（一作人略塞薩爾）略定西北諸番渡海平英倫建爲別部屬意大里者數百年至今猶有羅馬城闕遺址前五代時羅馬衰亂峩特族卑勒敦入據英倫後爲據蘇格蘭之斯各多比德斯兩部所攻孤弱不能自立求援於安各羅安各羅者亦峩特種寄居撒遜比利時界內兵素強而偪仄無立國地既爲卑勒敦人所邀則大喜悉衆渡海破走蘇格蘭兩部因脅降卑勒敦人陳後主元年據英倫立國後分爲七部如列國小侯時相攻伐有厄伯德者娶佛郎西王之女女奉天主教招教師來其國爲制禮儀由是其國漸強唐德宗貞元十六年滅六部歸於一是時大尼國（即嗹國）方刦掠海上突以兵船入英倫據都城英人以厚賂緩兵尋以計焚其船自是大尼寇抄不已居民逃竄田

野荒蕪王子有亞朕烈者智略過人幼時嘗兩赴羅馬與文士遊
方嗣王位而大尼以大衆來攻王乃僞爲樂工抱琴造敵營請奏
伎侑酒因得縱觀虛實進兵決戰破其連營是時佛郎西已陷北
地大尼迭侵擾王枕戈寢甲五十餘戰而外患平乃墾田勸農招
徠商旅開學堂以譯異書立保約以弭盜賊境內大治王卒於唐
昭宗年間嗣王孱弱大業遂衰先是英倫以尚天主興久之教師
擅大權王娶后教師禁不令同室王不聽教師刦后以鐵格毀其
容尋斃之王噤不能仇由是王僅守府國勢不振大尼復來侵擾
許以歲賂始給銀壹萬七千斤後增至二萬四千斤而兵不止宋
眞宗十九年大尼大舉來伐破倫敦都城遂兼英其王曰駕奴特
立治粗有條理英人安之其子嗣位苛斂好兵先是英北族英倫北部
有酋曰威廉一作給列爾美常仕佛郎西守西北大郡大尼既滅英威廉
欲圖興復請於羅馬教王教王以英土封之宋英宗治平年閒威
廉率舟師伐英大尼王禦之兵敗被殺威廉進攻據倫敦遂王英
北族凌英民英民多反側王怒驅英民十萬衆於林中皆凍餓僵
死以其田宅賜北族既而悔恨卒王顯理第一嗣宋高宗二十七
年王顯理第二立有智謀時天主教魁參預國事王有所拔擢教
魁輒阻擾之羣臣怒殺教魁王懼教王之加罪也自守齋拜其墓
乃已附近有伊琳大洲郎阿爾蘭王征服之其世子剛猛好戰欲伐諸
猶太之囘囘族先往聘修好歸途爲他國所擄以金贖囘後戰死
其弟約翰嗣位性強狡好田獵百姓疾之又侮天主教師羅馬教
王怒棄絕英民息禮拜閉殿堂廢其婚葬禁飲酒食肉薙鬚民皆
怨恫咎王王不得已納貢教王由是權遂下移民自擇薦紳議政
不復關白王王憒甚欲誅諸紳諸紳欲招佛郎西世子爲王會王殁

華義都第三一作亞爾多義都嗣立有權略平內難與佛郎西搆兵累年互有勝負其子嗣位權復為紳民所侵英有別部之酋忽起兵攻王奪其位明建文帝元年國人立顯理第四募兵恢復滅僭位者國乃定顯理第五立伐佛郎西勝之顯理第六立年尚幼大臣攝政時王宗分二派一曰紅玫瑰派一曰白玫瑰派因初分之第宅插此兩種花因以得名兩宗爭欲據王位自相攻國大亂者數十年藩屬皆叛明憲宗成化年間顯理第七嗣位削平內亂四境乂安王性機敏長於吏治稱為賢主顯理第八立性強傲尚豪華喜怒不常娶西班牙王女為后因助西班牙伐佛郎西后無子出之再娶少艾已而失寵殺之再娶又殺之王有佞臣委以大權偶迕意立賜死忠吉至計如充耳四國皆稱為無道主先是日耳曼人路得者著書譯解耶穌教旨人多信之王不謂然手著一書駁詰之王歿嗣王崇信耶蘇教寬惠愛民教士有法舉國喁喁望治立未幾卒其姊馬利一作馬理嗣位贅西班牙王子為婿禁耶穌教國人不悅明嘉靖三十六年女主以利撒畢卽位賢明知大體勤於政洽英民頌之是時荷蘭不肯從天主教為西班牙所攻英女主以兵助荷蘭西班牙因移兵伐英師船泊英港忽大風激浪船觸礁石半沈壞英人以小舟圍而殲之片帆無返者國勢益振先是斯哥西亞別為一國一作師古秦卽蘇格蘭地元初英人取之明中葉斯哥西亞人布魯斯復自立為國有女曰馬理姿絕世初嫁佛郎西王為后佛王早卒馬理歸母家父卒嗣王位選羣臣美丈夫為夫夫有別寵馬理妬之負夜遣客殺夫焚宮以滅其迹而贅殺夫者為夫時國人已競尚耶穌教而馬理仍執天主教又殺夫有邪行國人圍馬理將囚之越城而逃募兵決戰兵敗降於英英女主謂馬理犯倫肇亂下之獄

二

馬理在獄十八年復與獄吏姦因逃去英人捕得之斬於市萬歷
三十一年英女主卒無子斯哥西亞王熱給斯者（一作惹米士）女主之
姻也英人奉以嗣王位斯哥西亞復與英合爲一國熱給斯辯給
有才好講禮制時天主教之徒結黨謀反窖公會殿下藏火藥候
王至將轟殺之會發覺悉誅死萬歷四十二年查理第一立性拗
癖好戲狎不恤民隱由是士民怨畔公會皆散稅餉無所出王將
與佛郎西戰授甲無應者師船未戰而退順治四年王募兵誅梗
命者國人與王戰虜王弒之時有大紳負才望攝王政以定國自
稱保護主申明法制參以變通英人稱便與西班牙荷蘭戰皆勝
之攝政數年倉庫充實乃致位於先王世子曰查理第二爲人淫
侈多內寵惰於聽政常與荷蘭戰帥師者國之名將入荷蘭內港
縱其戰船王由此愈汰忽倫敦大火焚宮室民居殆盡已而瘟疫
盛行死者相杌藉國勢頓衰其弟嗣位素習天主敎強民相從民
習耶穌教久不肯變慮王之相難也渡海招荷蘭王爲主荷蘭王
率兵至王奔佛郎西康熙二十七年荷蘭王入倫敦卽王位號曰
威廉第三雄武有大略法度嚴明百司任職積粟如邱山蒐討軍
實悉成勁旅由是威聲大振方欲席卷西土會嬰疾歿無子時日
耳曼之漢挪瓦王若耳治第一有賢聲康熙五十二年國人招若
耳治第一來英奉以爲王王初蒞英不諳其俗后爲英故王之女
習於英事相助爲理民大和前王兩宗苗裔尙存起兵欲圖恢復
王夷滅之是時英商船通行四海日益富強與佛郎西交兵屢戰
勝王卒子若耳治第二立修法度別等威定親疎平訟獄國稱大
治伐西班牙獲全勝又伐佛郎西割其藩屬之在亞墨利加者乾
隆二十三年若耳治第三立舉動好循禮法亦稱賢主先是前明

中葉英人泛海覓新地得北亞墨利加腴土徙國人實其地日漸墾闢遂成沃壤英人倚爲外府後英國軍興連年徵稅餉於亞墨利加倍其常額亞墨利加人不能堪有華盛頓者（一作兀興騰又作瓦乘敦）據地起兵英人以大眾攻之八年不克佛郎西與英世仇舉傾國之師助華盛頓英不能支乾隆四十七年與華盛頓和聽其自立爲米利堅國沃土盡爲米利堅所割僅餘北境荒寒之土英國由是虛耗已而五印度貿易日盛英富厚過於昔時五印度者一名溫都斯坦乾隆中年東印度之孟加拉四虐英商英以大兵攻之滅孟加拉乘勝脅降東中南印度諸部設四大部（孟加拉麻打拉薩孟買亞加拉）麻喇甲息力諸番族皆歸統轄英人徧設埔頭帆檣雲集百貨流通富饒遂爲西國之最嘉慶年間佛郎西拿破侖得國侵伐四鄰廢西班牙王而以其弟王西班牙故王求援於英英起兵伐佛郎西血戰累年嘉慶二十一年破佛郎西舟師於海峽以九萬人登陸進攻拿破侖率十萬眾禦之於窩德爾祿約期大戰自味爽至日暮鎗礮之聲振天地數十里烟氣迷漫佛師大潰英人乘勢逐北斬首二萬級禽拿破侖以歸流之荒島西班牙王復其故國由是英國威振西土王晚年得狂疾世子攝政王卒世子嗣立有賢聲早卒道光九年其弟嗣立曰威廉第四初爲水師總統以厚德御下不沽名譽及即位安民和眾不喜兵爭論者謂才能不越眾而德量有餘道光十八年四月卒無子有女不慧遺命立兄女維多里亞爲王立時年十八贅日耳曼撒丁堡侯世子博雅那爲壻又云英吉利三島物產石炭之外兼產銅鐵錫鉛窩宅硇砂馬牛羊最多土宜三麥收穫甚豐然人滿食不足資運糴於他國織布者四十九萬餘人其機以鐵爲之激以火輪關捩自能運動是以工

省而價廉每年用棉花四十餘萬擔皆從五印度米利堅運入織造大呢羽緞嗶嘰最多又能織絲緞亞於佛郎西絲由中國意大里運買鎗礮刀劍鐘表以及日用各項器皿之工約三十萬人每年各項貨價約值一萬萬餘兩街市之中祆帷汗雨晝夜往來如織其商船四海之中無處不到大利歸於商賈而工則貧又云英國之制相二人一專司國內之政一專司外國之務此外大臣一管帑藏一管出納一管貿易一管訟獄一管璽印一管印度事務一管水師事務各有佐屬襄助都城有公會所內分兩所一曰爵房一曰鄉紳房爵房者有爵位貴人及耶穌教員處之鄉紳房者由庶民推擇有才識學術者處之國有大事王諭相相告爵房聚眾公議參以條例決其可否復轉告鄉紳房必鄉紳大眾允諾而後行否則寢其事勿論其民閒有利病欲興除者先陳說於鄉紳房鄉紳酌覈上之爵房爵房酌議可行則上之相而閒於王否則報罷民間有控訴者亦赴鄉紳房具狀鄉紳斟酌擬批上之罰房核定鄉紳有罪令眾鄉紳議治之不與庶民同四禁大約刑賞征伐條例諸事有爵者主議增減課稅籌辦帑餉則全由鄉紳主議此制歐羅巴諸國皆從同不獨英吉利也又英國聽訟之制有諮據則拿解到官將訊先於齊民中選派有聲望者六人又令犯罪者自選六人此十二人會同訊問辦其曲直然後聞之於官官乃審訊而行法焉又云英吉利本國境土止三大島其藩屬埔頭皆在數千萬里之外北亞墨利加一土英人於前明萬歷年間探得之生聚墾闢經營二百餘年後南境爲華盛頓所割據僅餘北境六部乾隆初年復得五印度數千里膏腴之土由印度海之東岸漸拓而南在緬甸之西界有阿喀喇等埔頭迤南爲麻喇甲再東

南爲息力又由緬甸之西北闊阿薩密部南洋之極東南有大島曰澳大利亞別有大島曰搦日倫敦皆英人新開之土此外則阿非利加之西界有獅山諸地南亞墨利加有特墨拉拉諸地其餘所屬小島不可勝數謝志云以大庇採或曰不列大哀爾蘭二大島及小島合成曰大英羣島與印度等屬地合稱曰大英帝國位在北緯四十九度五十八分至五十八度四十分東經一度四十五分至西經十度三十分許考云今王名厄德畢爾第七雷志云英國爲世襲有限君主之國立法之權國君與上下議院共操之講義云行政權屬王然實際在內閣內閣以占多數於眾議院之政黨者組織而成議會分眾議院及貴族院眾議院議員六百七十名七年爲一任貴族院以王族大僧正僧正貴族等充之凡五百八十名內閣大臣中總理大臣中常兼大藏大臣英國三島貼近歐洲大陸之西岸樋志云當北海之西大西洋之海面有大小二島其大者曰大比利敦位於東小者曰愛爾蘭位於西大比利敦島劃分三部曰英倫曰威爾士曰蘇格蘭此三部合愛爾蘭及附屬小島總稱不列梯希羣島其地自北緯五十度至六十度自東經一度出入於西經十度其相隔之窄海最狹處僅二十英里樋志云其瀕英吉利海岔者與法蘭西相對水程最近之多發海峽僅二十一英里案多發列國學會二圖作多維爾謝志作多弗又三島適在最多陸地之半球之中心其地高下不一最高處爲倍耐未斯高四千四百六

英尺氣候甚溫和冬時有暖灣流來調和之在低處熱度中數自四十五度至五十二度正月自三十五度至四十五度七月自五十二度至六十七度雨水中數三十英寸而以西岸爲多自注案正月七月皆西正月七月也下倣此謝志云攷其緯度五十六度之間與西比利亞之南方同位其天氣和暖五穀豐登者因西風自美西哥將溫海灡吹至所受感化較歐西諸國最多耳面積英倫與蘇格蘭八萬三千七百八英方里阿爾蘭三萬二千三百六十五英方里其餘諸小島四千八百三十一英方里共計十二萬九百四英方里王書云合領地計之近千二百萬方英里殆領有世界陸地五分之一世界第一大國也人三千七百七十八萬八千五百三十口自千八百五十三年至千八百九十八年英人遷居外國者有八百五十四萬九千五百五十五人由外遷入之人已足補此缺數講義云現今人口凡四千萬又移住海外者亦年年增加以移住於北美合衆國者爲最多英領加拿他澳洲次之全國之地百分之三十六爲耕種地百分之五十八爲草場百分之

六爲樹林謝志云樹有橡榆樺等果則蘋果梨李櫻桃覆盆子楊梅等英革蘭全部殆不見一樹林常種者爲雀麥蘿蔔小麥謝志云小麥居農產總數之半稻則不能成熟近來種穀之地漸變爲草場矣千八百九十八年有牛千一百十萬九千綿羊三千百三萬猪三百七十萬五千業漁者十二萬人魚歲值約二百萬磅謝志云畜牧最盛以草地多也昔有熊狼今已絕跡惟狐狸大鹿而已各處漁業以靑魚鯉魚爲最斯革蘭之北有鯨魚鱖魚歲產煤及金類約值七千八萬八千磅內有煤一億九千五百七十二萬噸鐵塊八百三十八萬七千噸講義云英國爲工商業國農業不振前世紀來漸次衰退故國人之食料多自外國輸入前年中自英國領地輸入者小麥之額約千萬醋多勒得自外國輸入者約五千八百萬醋多勒得合日本十三貫五百四十七匁林產亦少水產額歲至九百餘萬磅究不及商業工業之盛其產鐵與石炭之地互相接近故爲工業發達之源千八百九十九年採掘鐵鑛之額約千四百五十萬噸石炭約二億二千萬噸餘如銅鉛錫銀金等皆有英國三島製造廠幾如蜂窩各國無能敵者千八百九十年止織布局一項用工八百八萬四千六百三十一人機錠五千

四百萬枚大織機八十二萬二千四百八十九具謝志云製造首推棉花共有工廠二千五百所紡績錘數四千五百萬歲產額十萬萬圓雖用機織仍須工人二百萬名此業以滿遮斯德城爲中心所用棉花自美國印度經利斐布勒海口運入織成布疋又由此埠運銷次爲織毛之業工廠共千八百所工人十五萬產額五萬萬圓又次爲織麻布業哀爾蘭爲盛全國工廠四百所工人十四萬又次爲織絹綢業止在英革蘭一部工廠六百所工人四萬名千八百九十八年鐵路二萬一千四百三十三英里謝志云鐵道共長六萬三千里電綫長六十六萬里運河三千八百十二英里王書云運河全長三千九百英里最大者爲曼徹斯特運河長三十五英里深二十六英尺費一億五千四百餘萬圓鐵道長約二萬二千英里商船二萬六百二艘計載重八百九十五萬三千一百七十一噸王書云世界交通要處必有英國屯煤場現計船舶約二萬艘內汽船九千共九百十六萬四千噸內汽船七百九十二萬噸人員逾二十四萬其中從事外國貿易者汽船近三千七百艘乘載三十四萬餘噸帆船逾千二百艘百七十萬噸全世界商埠無處不見此國船舶入口貨值四億五千五百萬磅內九千四百萬磅由各屬地而來出口貨英國所產者值二億三千六百萬磅內八千三百萬磅消於各屬地他國及各屬地所產

者値五千九百萬磅歲入一億七百萬磅王書云商業最近輸出入總額逾八億萬磅占世界貿易全額五分之一出口多棉布毛布鐵器石炭入口多食料品棉花羊毛貿易國以本國領地及美國爲第一法德次之與中國貿易額光緒三十一年達一億四百五十四萬兩由中國運來者多絹類麻枲織物毛皮運往中國者多棉布棉絲毛織物器械類其値較中國運來者約多五倍謝志云英國工業盛煤鐵饒若無此善於經商之手段則國勢不能振與或且有乏食之慮今英乘交通之便輸出本國物產以交易各邦之物國民日用不匱又獲厚利計莫善焉內有八千九百五十六萬一千磅爲稅餉地方辦事之稅四千五十萬磅通計每人出稅四磅三先令十一便士軍額二十二萬一千人內有十二萬二千人在國外後備軍及輔助軍四十四萬人戰艦四百五十六艘王書云兵備有常備兵二十一萬二千內陸及五千五百諸殖民地四萬印度七萬四千在國內騎者逾十萬不戰時八十五萬八千在國內者四十二萬九千海軍稱世界第一有世界海王之目總計戰鬬艦七十艘防禦及驅逐艦二百七十二艘巡洋艦二百二十六艘水雷艇二百六十七艘分置地中海紅海北美洲西印度東印度中國喜望峰及西非洲太平洲澳洲美洲之東南海岸各處英倫及韋而司爲不列顚之南部居不列顚之大半因地成之異遂生種種之高下彼

盦山案彼盦樋志作偏年王書作偏尼矢志作烹盦爲英倫北部之脊骨內殼勞司翻爾峰高二千八百九十八英尺案殼勞司翻爾樋志作斯苛非耳謝志作克考司勿兒自楷末阿山起至司答覆府之三韋物爾山止此山之西有喀摩彌靈叢山起焉內司堪翻爾派克山高三千二百十六英尺案喀摩彌靈樋志作康布連謝志作根伯連司堪翻爾派克吳志作斯夸翻謝志作司哥非耳喀摩彌靈叢山內司那登山高三千五百七十英尺案司那登樋志作斯拿敦又作斯耨盾充塞於韋而司半島而按格司木耳山大鐵木耳山案在特逢府及他山均叢置於拷尼虛半島今之崇山古之沙石所成也因知英倫東南部及東部諸山皆爲寒水石與白土所成自杜雷脫哈脫至約克木耳一帶皆寒水石所成白土所成者采爾鍛山唐山與約克華爾山其重要之河爲汀河哈勃爾河奧司河及脫倫河皆其支流案哈勃爾樋志作漢姆巴矢志作赫孛王書作恆比爾奧司王書作烏勒樋志作烏士脫倫王書作德林特樋志作德倫得達迷斯河許考作達迷塞樋志作太模斯矢志作推姆斯謝志作典斯美會河塞文河王書作栖孜樋志作巴分蒂河王書作代尼美爾塞河王書作麥

爾西樋志作買爾西矢志作麥散雨水最多者在噶般蘭韋而司特蓬拷華兒之山最少者在東岸勞司滔富脫二十四英寸巴羅對爾百四十四英寸面積英倫五萬八百六十七英方里韋而司七千四百四十二英方里大學校三所矢志云英倫之大學曰哇克斯弗曰康孛立奇名重全球高等學校十四所小學校學生通計四百四十九萬八產煤之所五曰段哈與拿達般蘭曰約克與段比曰蘭克府曰司答覆府曰南韋而司產鐵最多之處四曰南韋而司曰司答覆府曰克米孛蘭曰勿耳耐司其餘重要鑛物爲錫鉛銅鉾石鹽千八百九十年織布用工人八十五萬八千二百五十二英倫及韋而司分爲六十一府六十四自治府九百三十七縣各分治其府之事徐又云英吉利三島以英倫爲主其立國本境也南北約千里東西廣狹不齊西界稍見山嶺而平地爲多河道十餘皆不甚長田土膏腴爲歐羅巴之上壤地分五十二部○東方之部六首曰迷德勒塞斯建都於達迷塞河濱名曰倫敦一作蘭墪東西南北皆七十里無城郭居民百四十餘萬殿闕巍峩規

模闊鉅離宮別苑綿亘相屬文武百官之署各有方位街衢縱橫
穿貫百貨山積景象之繁華八戶之湊密爲西國第一大都會都
中有保羅殿堂弟耶孖孫又有西殿祀耶穌敎名師兩殿營構最奇嶇
有大書院日屋度文儒所萃有大肆日北明翰鐵工聚焉城外內
港通海口埔頭最大每歲別國商船來者千餘本國出入者三千
餘次日諾耳佛爾克日素佛爾克日黑爾德佛爾日厄塞斯日岡
比黎日諾耳克佛爾爲織造呢布之地岡比黎日有大書院○南
方地氣較暖岡阜紆蟠帶以清流蔭以茂樹每春夏林花嫣然風
景極清分十部日根德日薩塞斯日蘇勒日北爾克日蘇當波敦
日烏義爾德日索美爾塞日多爾塞日的彎日哥爾奴瓦里斯根
德爲大敎師所駐殿堂甚鉅別有邑日綠威養軍士水手之受傷
而年邁者又有邑日風素耳有別館極幽雅居王族之隱遂而習
靜者南界有港口甚寬大兵船商船皆於此修造檣立如林○北
方地形漸狹別一區宇分六部其大部日約爾克有屬邑日曼識
特爲洋布總聚之地外通港口日里味池居民二十萬米利堅販
棉花之船皆收此港在英國埔頭爲第二西北列五部日蘭加斯
德爾日威斯德謀爾蘭日岡比爾蘭日達爾威日諾爾東北爾蘭
北境有邑日新堡係石炭之郎楪中國聚集之處○中央之部十八多
平衍膏腴之土日支斯德爾日德爾比日諾定昂日林哥爾內日
拾羅波日斯達佛爾日雷塞斯德爾日魯德蘭日氣耳佛爾日窩
耳塞斯德爾日窩爾維克日諾爾桑波敦日恆丁敦日瞞冒日哥
羅塞斯德爾日痾哥斯佛爾日巴京咸日比德佛爾先謙案迷德
勒塞斯爲英國東方首部卽雷之迷特爾塞克斯括地略作米德
拉塞斯倫敦問荅作倫盾列國學會二圖與徐同謝志云著名之

所凡五曰倫敦塔王書作森多波爾寺圖塔藏古今戰器無算曰偉斯德民斯德堂王書作耶斯註贈斯坦寺建於宋英宗年間內有歷代賢君功臣墓紀功像頌德牌國王登位必於此行加冕禮曰議院王書作國會議事堂占地四十英畝屋千一百間建造費四十兆圓曰聖保羅堂為耶穌教堂四巨擘曰大英博物院動植金石無所不備另有書室一所書不下二兆部每禮拜三日准人入觀不取貲東六里為華耳尼天文臺西七十里有溫特沙離宮濱典斯河英王常居之對岸有極大學校曰伊盾案聖保羅堂與徐所稱合二圖東濱海有洛威斯宅佛德杜宗預云郎徐之諾耳佛爾克大英國志作諾佛素爾克英志作索佛黑爾德佛爾英志作黑德佛厄塞斯英志作厄塞案二圖素佛爾克不載倫敦北有黑爾德佛爾郎雷之黑兒覆也雷有愛塞克斯二圖不載據英文圖在倫敦之東達迷塞河北岸與烏里池相對郎徐之厄塞斯也黑爾德佛爾之北有岡比黎曰英志作堪比日平方圖作岡比黎耳萬國圖作甘勃勒治問荅作根伯利支郎雷之坎辟里治也南方諸部根德為首許考云岡德比利城為根德部省會中有殿堂甚鉅至今七百餘年依然鞏固案殿堂與徐說合初疑郎雷之肯德府然肯德無岡德比利城再考倫敦西南二圖有蘇當波敦郎雷哈摩府之沙散敦西南有海港威地烏當其前北方諸部二圖有約爾克與徐合許考云里味池東北有城名約爾克昔為王者居今英廷設官分職目為通國第二城郎雷之約克府也約爾克之西南曰曼徹斯特郎雷蘭克府之西曼采司德徐之曼識特謝志作滿遮斯德云部內第二大城其西南九十三里曰麗佛普爾郎徐之里味池曹典球云英人傳總為普爾言積水之處也徐作里味池池字乃譯義謝志作利斐布勒云部內第三大城所志情形與徐

合許考云里味池距京師約四百五十里計每年出入之貨較京
師多半兆噸船廠亦較大緣鄰近如曼識特等皆由此埠取材也
曼徹斯德之西北曰蘭加斯德爾與徐西臨阿什爾海與明島
相對卽雷蘭克府之蘭克斯德許考云里味池興盛後蘭加斯德
爾城日漸蕭條殊非昔比約爾克之西北曰達爾威卽雷蘭克府
之達爾文有鐵路直達貝威克中央諸部據二圖西境有支斯德
爾與徐合卽雷之采斯德成與韋而司之摩爾德相近支斯德爾
之東南有德爾伯卽徐之德爾比雷之段比德爾伯之東有諾定
昂與徐合卽雷之腦丁哈萬國圖作諾丁威英志作諾定極德爾
比之西南曰斯達佛爾與徐合英志作斯達弗諾定昂之南曰雷
塞斯德卽徐之雷塞斯德爾雷塞爾德之東南曰諾爾桑波敦與
徐合卽雷之那淡登諾爾桑波敦之東曰極丁敦與徐合卽雷之
亨河敦諾爾桑波敦之西曰窩爾維克與徐合卽雷之懷韋克諾
爾桑波敦之南偏西曰巴京汗卽徐之巴京咸雷之柏金哈窩爾
維克之西南曰窩爾塞斯德卽徐之窩耳塞斯德爾雷之丸塞斯
得窩爾塞斯德之南偏西曰哥羅塞斯德爾與徐合卽雷之格羅
采司德哥羅塞斯德爾之東南曰痾哥斯佛爾與徐合卽雷之惡
克司覆許考作痾克斯佛爾云在京師西北約百三十里有大書
院二十餘所生徒數千人痾哥斯佛爾之東北曰比德佛爾與徐
合卽雷之彼覆哥羅塞斯德爾之西稍南曰瞞冒與徐合卽雷之
蒙摩司其西北曰希爾佛爾卽徐之气爾佛爾餘未詳○徐又云
西方地形入海別一區宇總名曰威爾勒士瓦韃其地山嶺重疊
爲英倫之後戶居民皆古時土番遺種與英倫言語不同多以牧
羊爲業人皆散處城邑甚少地產石炭分十二部曰非林德曰敦

比各曰該拿爾彎曰安哥勒塞曰美略內曰蒙德痾美里曰拉德
諾爾曰加爾的安曰奔不羅各曰該爾馬爾敦曰北勒各諾克曰
加拉摩爾安○又云英國附近海島甚多迯南最大者曰威地風
景極清近佛蘭西海中兩島曰額西曰額耳西在西方者曰萌島
附近蘇格蘭曰撒多島地氣寒甚縠麥不登迤北羣島尤寒冽積
冰雪者歲居其半其民捕魚為食○先謙案徐之威爾勒士郎雷
之韋而司謝志作偉勒斯西洋史要作威爾斯圓球圖作外耳斯
萬國圖作威耳士據二圖本部東北隅有摩爾德郎雷之摩爾奪
其北十餘里河口南岸英文圖有勿林脫與雷合郎徐之非林德
摩爾德之西稍南曰敦比各與徐合郎雷之敦巴英志作敦比敦
比各之西稍南曰該拿爾灣郎徐之該拿爾彎雷之喀那逢英志
作加拿文萬國圖作卡那汪該拿爾灣之西北有安哥勒塞島與
徐合郎雷之恩格耳西全志作昂格西云有二橋連大陸英志作
安勒塞萬國圖作安格耳西摩爾德直南曰蒙德痾美里與徐合
郎雷之蒙過滿里英志作蒙痾麥里蒙德痾美里直南有新剌德
諾爾郎徐之拉德諾爾英志作拉德諾新剌德諾爾之南曰比勒
各諾克郎徐之北諾各勒克雷之勃雷克腦克英志作北勒諾比
勒各諾克直南曰默羣第佛爾郎雷之滿社別非耳王書云產鐵
炭以製鐵業著名人十萬口本部東南隅向東曰加的福郎徐之
加拉摩爾安雷之喀狄夫其西南隅偏西有加爾的安地向北凹
入成大灣曰加爾的安灣郎雷之喀第根萬國圖作卡的幹吳志
作加的干其南角曰奔不羅各與徐合郎雷之配薄羅克萬國圖
作偏祿克英志作本不羅面南處凹入成灣曰該馬爾敦灣乃
徐志該馬爾敦所在郎雷之喀馬倫英志作加馬敦威地島在英

國南海中郎雷之寒懷脫島額西二圖作淅西郎雷之聖哈廉爾額耳西二圖作古爾尼西郎雷之聖彼得士坡萌島二圖作明島郎雷之曼島撒多島郎二圖之設得蘭島迤北諸島則發俄爾羣島也餘未詳

英倫諸府

彼覆府雷又云內地農府面積四百六十六英方里人十七萬七百四口民以編草帽織繡帶爲常業 彼覆府中歲設裁判所二次於此案下同者但注裁判所二字 人二萬八千二十三口曹典球云彼覆學會圖作比德佛爾以英文圖對照方位較定之先謙案列國圖同徐中央十八部之一 盧登人一萬六口案二圖作盧墩在比德佛爾之南 鄧司推不二人四千五百十三口曹云在盧登之西以下云在某地某者皆準英文圖 雷登勒槊人六千七百四口曹云在鄧司推不二西北 畢各爾司韋人四千九百四十三口曹云在比德佛爾之東南

般克府雷又云內地農府面積七百二十一英方里人二十三萬六千百六十三口 里丁裁判所自治府有麪包鋪及鐵廠人六萬五十

四口先謙案二圖同在倫敦之西牛勃雷人萬一千口曹云在里丁之西華靈覆人二千九百八十九口曹云在里丁之北達迷塞河畔亞賓敦人六千五百五十七口曹云在華靈覆之北達迷塞河畔當疴哥斯佛爾之南美敦海特人萬六百七口曹云學會圖作溫則案列國同曹云在里丁之東達迷塞河畔文賽人萬二千三百二十七口在里丁之東丸金哈人三千二百五十四口曹云在里丁之東南

柏金哈府雷又云內地農府產鴨及乳油面積七百四十三英方里人十六萬七百四口多以造木器編草帽爲業柏金哈人三千三百六十四口曹云學會圖作巴京汗案列國同在里丁之北徐十八部之一安里司勃雷裁判所人八千六百八十口曹云學會圖作亞勒司布里案列國同在巴京汗之南少西韋科人萬三千四百三十五口曹云在亞勒司布里之南依敦人二千四百九十四口曹云在溫則之北中隔達迷塞河

坎辟里治府雷又云內地農府面積四百八十五英方里坎辟

里治所裁判有大學校人三萬六千九百八十三口曹云學會圖作岡比黎日在烏西河東岸案列國同徐東六部之一樋志作岡布里治或作根伯利支楷士鍛敦所裁判人七千五百二十六口曹云在岡比黎日對岸烏西河西岸

采府雷又云面積千二十三英方里人七十四萬三千八百六十九口地多平原突出於丸賚爾半島在蒂河與美爾塞河之間人多以農爲業惟東部產煤中部產鹽東北部有造棉絲布絹布廠采司德成裁判所自治府人三萬七千百五口曹云學會圖作支斯德爾案列國同在英國之西與威爾勒士接壤徐十八部之一般肯海特自治府人九萬九千八百五十七口以製船名曹云學會圖作貝肯赫德案列國同在支斯德爾之西北司托克坡自治府人七萬二百六十三口曹云地與曼徹斯特中隔麥爾西河克流人三萬二千七百八十三口曹云在支斯德爾之東南拿威治人七千四百十二口曹云在馬克勒斯菲爾得之西約五十里哈特人三萬七百七十口曹云在司它克波爾特之東北麥爾西河東岸司推

里辟里治人二萬六千七百八十三口曹云在哈特之北麥爾西河西岸曼克麥司飛耳人三萬六千九口以緜名曹云學會圖作馬克勒斯菲爾德案列國同在支斯德爾之東康格耳敦人萬七百四十四口曹云在克流之東北馬克勒斯菲爾德之西南拷華兒府雷又云沿海府面積千三百五十七英方里人三十二萬二千五百七十一口府內多山薄郎韋廉山高千三百六十八英尺產錫銅花岡石與支那陶土極多古時惟植菜捕魚爲業配慎司熱度中數五十二度正月四十三度七月六十二度人萬二千四百三十二口曹云學會圖作扁散西案列國同在英國西南角接斯西雷羣島厄耳斯敦人三千百九十八口曹云在阜爾穆司之西南臨海覆爾摩司人四千七百三十七口曹云學會圖作阜爾穆司案列國同在扁散西之東配靈人三千二百五十六口曹云在阜爾穆司之北數里許托盧羅人萬一千百三十一口曹云學會圖作特魯羅案列國同在阜爾穆司之北少東沙爾太虛人二千七百四十五口曹云在普里穆司之西北

塔茂河口之西岸　聖衣物司人六千九十四口曹云在扁散西之北海口　里獨盧人萬三百二十四口曹云在阜爾穆司之西北　保德明裁判所人五千百五十一口曹云學會圖作玻德璊案列國同在特魯羅之東北　力司克人三千九百八十七口曹云在玻德璊之東　隆塞司敦人四千三百四十三口曹云學會圖作瑱西斯敦案列國同在玻德璊之東北塔茂河東岸

噶般蘭府雷又云面積千四十七英方里人二十六萬六千五百四十九口湖山之景最著名司堪翻爾山高三千二百十英尺地多耕種間有煤鐵礦　卡列塞耳熱度中數四十八度正月三十八度七月五十九度著名之邊鎮內有大教堂裁判所人三萬九千百七十六口曹云學會圖作加利斯勒案列國同在本部西北隅臨索兒歪海股　配里治人八千九百八十一口曹云在加利斯勒之南六七十里　坎司韋克在斷魂水之邊人三千九百六口曹云在昆布梁山畔　華脫漢墳或白埠人萬八千三十八

口曹云學會圖作惠得海芬案列國同在英格蘭西臨海近森俾士角**丸金敦**人二萬三千四百九十口曹云在惠得海芬之北四十餘里斷魂水南岸**馬利坡**人八千七百八十四口曹云在丸金敦之北約四十里以上三處煤礦鐵廠甚多

段比府雷又云內地有景之府面積千二十七英方里人五十二萬九百十四口產鐵煤鉛等甚富人多製棉布與襪為業**段比**裁判所自治府產煤最多以絲著名人九萬四千百四十六口曹云學會圖作德爾伯案列國同在諾定昂之西徐十八部之一**益克司敦**人萬九千七百四十四口曹云在德爾伯之東北**曼勞克**人五千二百八十五口曹云在德爾伯北四十餘里**勃克司敦**人七千五百四十口曹云在斯宅克玻爾得之東南**格勞少撲**人二萬二千四百十六口曹云在斯宅克玻爾得之東南交界處**釆司德飛耳**人二萬二千九口曹云在設佛爾德之東南

特逢府雷又云沿海多樹林之府面積二千六百五英方里人六

十三萬千八百八口大鐵木耳山在府中央高二千七十七英尺果園牧場市園均著名産花岡石陶土石板甚富**朴里摩司**自治府人八萬四千二百四十九口案二圖作普里穆斯樋志作朴特土謀斯云南海岸般盛商市**特逢坡**人五萬四千八百三口曹云在普里穆斯之西數里許**安格司德城**裁判所自治府人三萬七千四百四口曹云學會圖作挨格斯特案列國同南臨挨格斯河入海處**大鐵摩司**人六千二十五口曹云學會圖作達特冒斯案在西南隅左角普里穆斯之東列國圖漏載**托開**人二萬五千五百三十四口曹云在達特冒斯之北濱海**倒耐司**人四千十六口曹云在達特冒斯之西北河口**火尼敦**人三千二百十六口曹云在挨格斯特之東北**安格司明司德**人二千八百九口曹云在火尼敦之東**剔物敦**人萬八百九十二口曹云學會圖作地維爾屯案列國同在挨格斯特之北稍西**痾坎哈敦**人千八百七十九口曹云在塔茂河之中部東岸**南毛爾敦**人三千百二十六口曹云南字譯義在班斯塔普里之東南**大托靈敦**人三千四百三十六口曹云在班

斯塔普里之西南 **擺特覆**人七千八百三十一口曹云在託靈敦之北班斯塔普巴之南海口

彭司推薄爾人萬三千五十八口曹云學會圖作班斯塔普里案列國同在地維爾屯之西北

義勿雷科摩人七千六百九十二口曹云學會圖作日爾佛拉康比案列國同在班斯塔普里之西北臨海

杜塞脫府雷又云沿海府面積九百八十八英方里人十九萬四千五百十七口沿岸隆起皆白土所成芻牧場與白灰石礦最著名

普爾人萬五千四百三十八口曹云學會圖作浦里案列國同在南方臨浦里灣

司黃耐治 半彼島人二千六百七十四口曹云郎抱浦里灣之半島

韋摩司及曼耳枯來基司人萬三千八百六十六口曹云韋摩司學會圖作威毛斯曼耳枯來基司在威毛斯之北相距不過數里案列國同在浦里之西南

坡蘭人九千四百四十三口曹云學會圖作罷特蘭案列國同

辟廉坡人六千六百十一口曹云在利美灣沿岸

拉摩萊基司人二千三百六十三口曹云在利美灣沿岸與特逢州交界

韋爾哈人

二千百四十一口曹云在浦里灣西岸　**獨朶司德**所裁判人七千九百四十六口曹云學會圖作達徹斯特案列國同在威毛坡之北　**勃蘭覆覆拉**人三千九百七十四口曹云在斯土爾河畔東岸　**甫德司勃雷**人二千百二十二口曹云在薩利斯布里之西稍南

段哈府雷又云沿海府面積千十一英方里人百一萬六千五百五十九口其地自汀河與帝士河之間起至被盌山之野止內壳勞司翻爾山高二千八百九十八英尺產煤鐵鉛甚富　**格趣海特**自治府人八萬五千六百九十二口曹云在代尼河南岸與細喀斯特勒對岸　**茄羅**人三萬三千六百七十五口曹云在格趣海特之東近代尼河口　**南希耳司**自治府人七萬八千三百九十一口曹云南字譯義在茄羅之東濱海地方　以上皆為汀河之流域以玻器名　**聖特蘭**為韋爾河之流域自治府人十三萬千十五口曹云學會圖作斯德爾林案列國同在本部東北臨海　**哈脫爾普爾**人二萬千二

百七十一口曹云學會圖作巴特勒普爾此譯作哈是案列國同在斯德爾林之東南臨海西哈脫普爾人四萬二千七百十口曹云在巴特勒普爾之西數里許司托克敦人四萬九千七百八口曹云在第斯河下流北岸以上三地皆帝士河之流域段哈城裁判所產煤最多有大學校人萬四千八百六十三口曹云學會圖作達爾咸案列國同在斯德爾林之西南帶林敦鋼鐵廠製造廠絨氈廠及他工藝局林立人三萬八千六十口曹云學會圖作達林敦案列國同在達爾咸之南

依廉府雷又云內地農府面積三百七十四英方里人六萬三千八百六十一口依廉城人八千十七口曹云學會圖作厄里案列國同在岡比黎日之東北馬韋司培治人九千三百九十五口曹云在甯河下流東岸遙與京斯林相對治人六千九百八十八口曹云在韋司培治之東甯河北岸

愛塞克司府案郎厄塞司徐東六部之一雷又云沿海農府面積千五百四十英方里人七十八萬四千二百五十八口府在達迷斯河之北沿

海商務極盛製造有限公司林立　**西哈**府自治人二十萬四千九百三口曹云在倫敦之東達迷塞河北岸與烏里池相對　**廉敦**人六萬三千五十六口曹云在巴京北數十里　**巴京**人萬四千三百一口曹云在西哈北數十里　**愛賓**人二萬六千百三十七口曹云在徹爾慕斯佛德之西數十里　**少林**人萬二千三百三十三口曹云在達迷塞河口北岸　**朶爾摩司覆**裁判所人萬一千三百八口曹云學會圖作徹爾慕斯佛德案列國同在倫敦東北　**麻爾敦**人五千三百九十七口曹云在達迷塞河口向北之海汊　**勃倫脫離**人五千三百三口曹云在徹爾莫斯佛德東北　**考**

哈威治人八千二百二口曹云學會圖作哈威池案列國同在徹爾慕斯佛德之東北臨海　**考**

爾朶司德人三萬四千五百五十九口曹云學會圖作科徹斯德案列國同在哈威池之西

少南　**賽勿倫華爾敦**人六千百四口曹云在岡比黎日東南三十五里

格羅朶司德府雷又云面積千二百四十五英方里人六十四萬五千五百七十四口內有塞文之沃野在考司華爾山內克里夫克勞山高

千一百三十四英尺與亭林之間煤鐵甚富辟廉司滔爾裁判所自治府及克力夫敦人二十一萬千五百七十八口曹云學會圖作布里斯拖克力夫敦在其西數里許案列國同在本部之西栖汝河上格羅朵司德城裁判所自治府人三萬九千四百四十四口曹云學會圖作哥羅塞斯德案列國同在布里斯德之北徐十八部之一士克士勃雷人五千二百六十九口曹云在哥羅塞斯德之北栖汝河東岸朵耳敦哈人四萬二千九百十四口曹云學會圖作徹爾坦亭案列國同在哥羅塞斯德之東般坎里村人八百九十口曹云在斯特老得之西南栖汝河入海處司托勞奪出闊布有名人九千八百十八口曹云學會圖作斯特老得案列國同在徹爾坦亭之西南賽倫三司德人七千四百七十一口曹云在斯特老得之東數十里

哈摩府雷又云沿海農府面積千四百七十六英方里人六十一萬千四百二十五口地多樹林雲朵司德城裁判所人萬九千七十三口曹云學會圖作溫徹斯特案列國同在蘇當波敦之北少東勞西人四千二百七十

六口曹云在蘇當波敦之北沙散敦府自治人六萬五千三百二十五口曹云學會圖作蘇當波敦案列國同臨本部正南海港徐南十部之一坡治摩司府自治有海軍軍器廠人十五萬九千二百五十一口曹云學會圖作抱斯穆斯案列國同本部正南臨海高士坡人二萬四千四百三十二口曹云在抱斯穆斯之西遙對威地島克拉司脫鳩區人三千九百九十四口曹云在斯土爾河下流河口東岸般摩司人三萬七千七百八十一口曹云在浦里之東十餘里恩獨孚爾人五千八百五十二口曹云在彼沁司托克之西彼沁司托克人八千二百十三口曹云在里丁之南數十里愛爾特紹人二萬五千五百九十五口曹云在彼沁司託克之東

希兒覆府雷又云內地農府面積八百四十英方里人十一萬五千九百四十九口有懷河經其中希兒覆所裁判人二萬二百六十七口曹云學會圖作希耳佛爾案列國同在本部之西瞞冒之北遼明司德人五千六百七十五口曹云在希耳佛爾之北勞司人三千五百七十五口曹云在希耳佛爾之

東南懷河東岸

黑兒覆府雷又云內地農府面積六百三十六英方里人二十二萬四千五百五十口有綫廠紗廠編草帽廠　黑兒覆裁判所人九千二十三口曹云學會圖作黑爾德弗爾案列國同在倫敦之北少東徐東六部之一　韋兒人五千二百四十六口曹云在黑爾德佛爾之北二三里　皮師司托覆人六千五百九十五口曹云在黑爾德佛爾之東北　聖亞爾奔司人萬二千八百九十八口曹云在黑爾德佛爾西南倫敦之北　歇磬人八千八百六十口曹云在黑爾德佛爾之西北數十里　擺耐人五千四百九十六口曹云在倫敦之西北　瓦覆人萬六千八百二十四口曹云在倫敦西北

亭汀敦府雷又云內地農府面積三百六十五英方里人五萬四千九百六十九口　亭汀敦裁判所人四千三百四十六口案二圖作恆丁敦與徐合在比德佛爾之東北　高曼朵司德人二千九十五口曹云在恆丁敦之南烏斯河

岸

聖益物司人二千三十七口曹云在恆丁敦之東十餘里烏西河北岸

肯德府雷又云沿海有景之府面積千五百二十四英方里人八十萬八千七百三十六口槐園果園綿羊魚介甚多案郎根德徐南十部之一

格雷孚生人二萬三千八百七十六口曹云學會圖作格來維森得案列國同在倫敦之東少南

勞采司德城人二萬六千二百九十口曹云學會圖作洛徹斯特案列國同在倫敦東北

采蘭摩人三萬千六百五十七口曹云學會圖作茶坦姆案列國同在洛徹斯特東南

希兒耐司人萬四千四百九十二口曹云在茶坦姆東濱海

坤般羅人千五十口曹云在希兒耐司西南數里

灰處推薄兒產牡蠣人四千八百二十八口曹云在坎特布里西北海岸

馬蓋脫人萬八千四百十七口曹云在北角之西海岸

蘭摩司蓋脫人二萬四千七百三十三口曹云在北角之南海岸

三威治人二千七百九十六口曹云學會圖作三德威池案列國同在茶坦姆之東臨海岸

帝耳人八千八百九十一口曹云在三德威池之南海岸

達物耳人三萬

三千三百口曹云學會圖作多汝案列國同在三德威池之南臨海**覆克司敦**人二萬三千九百五口曹云學會圖作佛克斯墩案列國同在多汝之西南**哈司**人四千三百四十七口曹云在佛克斯墩之西海岸**牛勞尼**人千三百六十六口曹云學會圖作紐羅木涅案列國同在佛克斯墩之西南臨海**力特**人二千五十一口曹云在紐羅木涅之西南數里許以上沿達迷斯河及海岸要區**肯段勃雷城**自治府人二萬三千六十二口曹云學會圖作坎特布里案列國同在三德威池之西許考作剛德比利**阿虛覆**人萬七百二十八口曹云在坎特布里西南**呑鍛頓**人三萬千四百二十九口曹云在阿虛覆之西南**美司敦**裁判所人三萬二千百四十五口曹云學會圖作昧德斯脫尼案列國同在茶坦姆之南**飛復塞**人萬七百四十八口曹云在坎特布里西北**勃羅摩雷**人二萬千六百八十四口曹云在格林威池之東南十餘里**塞文那克司**人七千六百十口曹云在昧德斯德尼之西**敦辟里治韋而司**人二萬七千八百九十五口曹云學會圖作同布里得幾案列國同在佛克斯敦之西以上內地要區

蘭克府雷又云面積千八百七十九英方里人三百九十萬六千七百二十一口地勢自阿爾蘭海至彼蜜山之巔漸進漸高與亨特廉亞覆耐司以麻兒坎灣相隔棉最有名勿耳耐司產煤鐵甚富故全府工廠繁盛甲於全球其中以織布廠爲最餘次之

廉物浦裁判所自治府英國第二商埠人五十一萬七千九百八十口案二圖作麗佛普爾王書云麗佛普爾在麥爾西河口合對岸之貝肯赫德府人口超七十四萬與曼徹斯特有運河鐵道相連距紐約克三千四十七海里與美國之貿易遠過於倫敦海岸多宏大之船渠講義作科佛普爾云屬蘭卡斯坦州蘭卡郎蘭克也樋志作立伐浦矢志作黎佛浦吳志作利窪普爾

補脫耳自治府人四萬九千二百十七口曹云在麗佛普爾之西北數里

曼采司德裁判所自治府通美爾塞河之運河已成人五十萬五千三百六十八口樋志作曼尺斯德王書作曼徹斯特二圖同王書云在麗佛普爾東鐵道三十英里有木棉府之稱矢志作曼棄司塔吳志作曼邱斯塔

沙耳覆自治府人十九萬八千百三十九口曹云在曼徹斯特之西北比鄰也

保爾敦自治府以機器名人十一萬五千

二口曹云學會圖作波爾敦案列國同在曼徹斯特之北偏西　勃雷府自治　以紙名人五萬七
千二百十二口曹云在勞克對爾之南數里　亞爾哈府自治　以機器名人十三
萬千四百六十三口曹云在曼徹斯特之東北　勞克對爾府自治　以呢絨名人
七萬千四百一口曹云在班里之南　聖希倫府自治　以玻璃名人七萬千
二百八十八口曹云在普里西敦之東北　韋根府自治　以鑄鐵名人五萬五千
十三口曹云學會圖作威根案列國同在波爾敦西南　不雷司敦府自治　人十萬七千五
百七十三口曹云學會圖作普里西敦案列國同在波爾敦之西北　勃蘭克般府自治　人十
二萬六十四口曹云在普里西敦之東南　盆里府自治　以呢絨名人八萬七千
十六口曹云學會圖作班里案列國同在普里西敦之東　罷羅因覆耐司府自治　以船艦
名人五萬千七百十二口曹云在巴羅之北數里許　亞克里敦邑自治　人三萬
八千六百三口曹云在勃蘭克般之東十餘里　阿虛敦恩段倫邑自治　人四萬四
百六十三口曹云在曼徹斯特之南數里　培喀邑自治　人二萬三千四百九十

六口曹云在亞爾哈之北數十里勃蘭克浦邑自治人二萬三千八百四十六口曹云在普里西敦之東三十餘里科雷邑自治人二萬三千八十七口曹云在普里西敦東南波爾敦西北克里普羅邑自治人萬八百十五口曹云在普里西敦之東北達爾文邑自治人三萬四千百九十二口曹云在勃蘭克浦之南中隔黑司林旦徐十八部之一安克耳司邑自治人二萬九千六百三十三口曹云爲曼徹斯特之比鄰在其正西黑司林旦邑自治人萬八千二百二十五口曹云爲勃蘭克浦之比鄰在其南漢胡邑自治人二萬三千百八十五口曹云在迷特爾敦之北蘭克司德裁判所自治邑以油布名人三萬千八十八口曹云學會圖作蘭加斯德爾案列國同在普里西敦之北徐十八部之一迷特爾敦邑自治人二萬二千百六十二口曹云爲曼徹斯特之比鄰在其北毛司里邑自治人萬四千百六十二口曹云在曼徹斯特之東亞爾哈之南爾利孫邑自治人二萬二千七百口曹云在班里之東北勞敦司滔爾邑自治人二萬九千五百七口曹云在勞克對爾之北沙坡邑自治人四萬千四百

六口曹云在利布里河口南岸華靈敦邑自治人五萬二千七百四十三口曹云在麥爾西河下流北岸韋耐司邑自治以鎔鍊名人三萬十一口曹云在威根之西南麗佛普爾之東麥爾西河下流

雷西司德府案雷西又作累塞雷又云內地府面積八百二十六英方里人三十七萬五千九百二口工廠林立牧場煤礦靴襪廠俱佳以襪與繡帶名司忝爾敦之乳餅頗著名雷西司德裁判所人十七萬四千六百二十四口案二圖作雷塞司德在諾定昂之南勞般羅人萬八千百九十六口曹云在雷塞司德之北數十里曼爾敦毛勃雷人六千三百九十二口曹云在雷塞司德之東北數十里阿虛比對雷紹治人四千五百三十五口曹云在雷塞司德之西北

林肯府雷又云農府面積二千六百四十八英方里人四十七萬三千九百十二口地勢平衍斜向華虛與哈勃爾河源之低溼窪然

有華爾之白土山高五百四十九尺與寒水石所成之高地經其中此府

包有林特西府之地千五百十二英方里人二十九萬二千四百

八十口內有牧師教堂之林肯城裁判所人四萬千四百九十一口

魚埠曹云學會圖作林哥耳內案列國同在諾定昂東北徐十八部之一格里摩司邊人五萬千九

百三十四口曹云學會圖作格林斯必案列國同在林哥耳內之東北坎斯推文府之地七百

三十七英方里人十萬五千九百十口曹云蔚珊河南之地即坎斯推文府案與波斯敦相

近內有格蘭三摩人萬六千七百四十六口曹云在諾定昂之東司旦霞人

八千三百五十八口曹云在阿喀姆之東荷蘭府之地三百九十九英方里

人七萬五千五百二十二口內有波士敦即千六百三十年人勿惹爾起程之處

萬四千五百九十三口案二圖作波斯敦在林哥耳內東南司頒爾丁人九千十四

口曹云在波斯敦西南

倫敦府許考云一名即特勒雷又云面積百十八英方里人四百二十三萬

二千百十八口為英國都城其商務財富人口推為世界第一以
製船技藝名今包有舊屬迷特爾塞克斯府見下默里府見下與肯特
府人民最多之處治地方之事者為府會一本城公立會一六百七十
一英畝人口於夜靜時計算二萬七千七百五學部一地方衛生局三十三內務府署一
內務府不受都城警察之管轄自千八百八十一年至千八百九十一年人口增
百分之十統計都城警察所轄之地六百九十三英方里人五百
六十三萬三千八百六口講義云倫敦建達迷塞河兩岸府長十五英里寬十英里合其外廓達六百萬
府之面積猶年年擴張於四方併吞其附近村落小市人口約日增三百許內多宏大之建築內有王宮及森多波爾之寺院國會
議事堂那斯託明斯坦寺院最為有名王書云此府附近格林威池為本初子午線通過之處
迷特爾塞克斯府蔡朗徐之迷德勒塞斯曹又云面積二百三十三英方里
人五十六萬十二口其地半附於倫敦之郊如托退哈人七萬千
三百四十三口曹云在倫敦之東北角霍痕西人四萬四千二百五口曹云在倫

敦之正北比鄰也韋宋司敦人六萬千二百六十五口曹云在倫敦之西北角其離倫敦較遠者如勃倫覆人萬三千七百三十八口曹云在倫敦之西阿克斯辟里治人萬四千四百三十九口曹云在勃倫覆西北哈羅人八千七百二十五口曹云在勃倫覆之北恩飛耳人三萬千五百三十六口曹云在黑爾德佛爾之西南

蒙摩司府雷又云沿海府面積五百四十二英方里人二十五萬八千五百十四口其地自海岸至內地高原漸進漸高產煤鐵錫鉛甚富牛坡自治府人五萬四千七百七口曹云學會圖作紐巴特案列國同在本部之西與布里斯拖隔栖汶河相對宋潑司拖人三千三百七十八口曹云在紐巴特之東歪河下流西岸蒙摩司裁判所人五千四百七十口曹云學會圖作瞞冒案列國同在紐巴特之東北徐十八部之一脫蘭帝噶產煤鐵之區人萬七千三百四十一口曹云在威爾勒士獸翠第佛爾之東北三十里愛爾波飛耳人萬七千三十四口曹云在脫蘭帝

噶之東約三十里 勃雷耐文人萬一千四百五十二口曹云在愛爾波飛耳之東

磅德普人五千八百七十二口曹云在紐特之西北

那覆克府雷又云沿海農府面積二千五十五英方里人四十六萬八千二百八十七口民多捕魚爲業工廠稀少 那威治裁判所自治府人十萬九百七十口曹云學會圖作瑙威池案列國同在本部之東哈威池之極北 大野摩司自治府人四萬九千三百三十四口曹云大字譯義學會圖作雅穆斯案列國同在瑙威池之東臨海 金司林人萬八千三百六十口曹云學會同作京斯林案列國同在雅穆斯之西

偉而司人二千五百五十五口曹云在克羅苗爾之西濱海 克勞滿人二千百九十七口曹云學會圖作克羅苗爾案列國同在瑙威池之北臨海 射答覆人四千二百四十七口曹云在不里斯德挨德模子之北小烏西河南岸

拿淡敦府雷又云內地農府面積九百九十九英方里人二十九萬九千五百八口內包彼得邑八十二英方里人三萬五千二百

四十九口府有鐵礦製靴廠　那淡登裁判所自治府人六萬千七十二口曹云學會圖作諾爾桑波敦案列國同在恆丁敦之西少南徐十八部之一　彼得波羅城自治府人二萬五千百七十一口曹云學會圖作佩德波羅案列國同在諾爾桑波敦東北　坎脫林人萬九千四百五十四口曹云在諾爾桑波敦之東北　韋林邑人萬五千六十八口曹云在諾爾桑波敦之東北　旦文脫廉人三千九百三十七口曹云在諾爾桑波敦西北三十里

拿達般蘭府雷又云面積二千十五英方里人五十萬六千三十口爲英倫極北之府地在汀河與土以狄河之間向西漸高揩未阿山高二千六百二十六英尺其東南部產煤甚富鉛則產於山間　牛坎索耳裁判所自治府人十八萬六千三百口機器廠甚多案二圖作紐喀斯特勒王書同樋志作紐卡士耳云在太因河畔爲英倫最大石炭市場以製鐵造船等業顯人口十九萬太因河即代尼河也吳志作紐加士爾　汀摩司及南希耳奪人四萬六千五百八十八口曹云

汀摩司在北什爾特斯之東濱海南希耳奪在北什爾特斯之南代尼河南岸**麻北司**人五千二百十七口曹云在紐喀斯特勒之北約三十餘里爲**韋般克**人萬三千三百七十七口爲有名之邊鎮曹云韋般克當作般韋克刊本誤倒學會圖作貝威克案列國同在本部極北與蘇格蘭接界

腦汀哈府雷又云農府面積八百四十三英方里人四十四萬五千七百五十三口煤繡帶襪均有名**腦汀哈**裁判所自治府人二十一萬三千八百七口曹云學會圖作諾定昂案列國同在本部中央雷塞斯德之北徐十八部之一**牛亞克**人萬四千四百五十七口曹云在諾定昂之東北德林特河東岸**來覆**人萬六百三口曹云在曼斯菲爾德東北**曼司飛耳**人萬五千九百二十五口曹云學會圖作曼斯菲爾德案列國同在諾定昂之北**丸克沙潑**人萬二千七百三十四口曹云在曼斯菲爾德之北來覆之西

惡克司覆府雷又云內地農府面積七百五十八英方里人十九萬千一百九十一口**惡克司覆**裁判所自治府有大學校人四萬五千

七百四十二口曹云學會圖作痾哥斯佛爾案列國同在本部之南里丁西北樋志作屋克斯福特或作俄斯弗德徐十八部之一

胡司托克有手套製造廠人千六百二十八口曹云在痾哥斯佛爾之西北約十餘里

韋脫尼出牀氈人三千百十六口曹云在痾哥斯佛爾之西約三十里

達迷斯之亭廉人五千二百八十八口曹云在里丁之東北十餘里達迷塞河西岸

班勃雷人萬二千七百六十八口曹云學會圖作班不里案列國同在痾哥斯佛爾之北

謙賓拿敦人四千二百二十二口曹云在胡司託克之西北約三十里

拉蘭府雷又云內地府面積百五十二英方里人二萬六百五十九口

亞克哈裁判所人三千五百四十二口曹云學會圖作阿喀姆案列國同在雷塞司德之東北

阿賓哈人三千五百五十九口曹云在阿克姆之南約二十里

什勞府雷又云面積千三百四十三英方里人二十二萬六千三百三十九口地界韋而司有塞文河經其中南部多山產煤鐵鉛

什路士勃雷裁判所人二萬六千九百六十七口曹云學會圖作什留斯布里案

列國同在本部之西與威耳勒士接界
惡司韋司脫雷人八千四百九十六口曹云
在什齧斯布里西北約四十餘里
辟力拿司人五千八百六十五口曹云在什齧斯普里
東南約六十里文勞克之南
文勞克人二千百八十口曹云在什齧斯布里東約四十里
拉羅人四千四百六十口曹云在什齧斯布里之南約七十里
牧師堡人千五百
八十六口曹云在什齧斯布里西南約七十里
沙滿塞脫府雷又云沿海府瀕辟里司托耳峽面積千六百二十
九英方里人四十三萬八千七百十口地面高下不齊有果園牧
場朶帶曹云在威耳斯之西北乳餅著名產煤及他礦陶器擺司自治府人
五萬千八百四十四口曹云學會圖作巴斯案列國同在布里斯拖東稍南
韋司敦蘇拚
梅爾人萬五千八百七十四口曹云在布里斯拖西南海濱棲汶河口與布里斯拖海峽之間
格蘭斯敦勃
勿羅摩人九千六百十三口曹云在得老布里得幾西南約三十餘里
偉而司城裁判所人四千八
雷人四千百十九口曹云在威耳斯之南十餘里

百二十二口曹云學會圖作威耳斯案列國同在布里斯拖南辟廉華透人萬二千四
百三十六口曹云學會圖作布里得幾瓦豆爾案列國同在威耳斯之南湯敦所裁判人萬八
千二十六口曹云學會圖作丹墩案列國同在布里得幾瓦豆爾之南少西曰未耳與湯敦皆
以呢絨皮手套名人九千六百四十八口曹云在威耳斯正南約五十餘里車
奪人二千五百七十五口曹云在丹墩東南四十餘里
司答覆府雷又云內地府面積千百七十一英方里人百八萬七
千百六十一口以陶器名煤鐵甚富司答覆所裁判人二萬二百
七十口曹云學會圖作斯達佛爾案列國同在本部中央偏西什雷斯布里之東北力區飛耳城人
六千八百六十四口曹云學會圖作利池菲爾案列國同在斯達佛爾東南担丸司人六
千六百十四口曹云在利池菲爾東南十餘里般敦阿磅脫倫脫有釀酒所人
四萬六千四十七口曹云即學會圖之布爾墩案列國同在利池菲爾之東北在保短雷之亭
廉府自治人五萬四千九百四十六口曹云亭廉即學會圖之成勒案列國同在斯達佛爾之北

司托克阿磅脫倫脫人二萬七千二十七口曹云在咸勒之南比鄰也般司來摩人三萬九百九十九口曹云在咸勒之北比鄰也牛坎索耳恩段林人萬八千四百五十二口曹云學會圖作紐喀斯特勒遺恩段林音未釋案列國同在咸勒之南偏西鄖敦人三萬四千三百二十七口曹云在司托克阿磅脫倫脫之東南距咸勒甚近

在勃蘭鏗脫雷之華兒復哈敦府自治人八萬二千六十二口曹云學會圖作鄂爾汝亨普敦案列國同在利池菲爾之西南華兒沙爾府自治人七萬千七百八十九口曹云在不朗威池之北威棱剌耳之南韋耐士勃雷人二萬五千三百四十二口曹云在不朗威池之西北比鄰西勃勞威治人五萬九千四百七十四口曹云學會圖作不朗威池案列國同在鄂爾汝亨普敦東南

殺覆克府雷又云沿海農府面積千四百八十一英方里人三十六萬千七百九十口民多製農具捕魚爲業

東殺覆克府面積八百七十二英方里人二十四萬八百三十

八口　益潑司威治裁判所自治府人五萬三千三百六十口　愛爾對般人二千百五十九口曹云在伊浦斯威池之東北濱海　沙司胡爾人二千三百十一口曹云在愛爾對般之北約四十里濱海　勞槐托夫脫人二萬三千三百四十七口曹云學會圖作洛威斯它佛德案列國圖同在瑙威池之東南濱海　板格爾司人六千六百六十九口曹云在洛威斯它佛德之西約三十里小烏西河南岸　挨塞人二千七十四口曹云在板格爾斯之西約六十里小烏西河支流西岸　司多馬開人四千三百三十九口曹云在不里斯德挨特模子之東約六十里

西殺覆克府內地裏府面積六百九英方里人十二萬九百五十二口　勃雷聖愛誌盟治裁判所人萬六千六百三十口曹云學會圖作不里斯特挨德模子案列國同在不里斯威池之西北　殺奪勃雷人七千五十九口曹云在不里斯特挨德模子之南約六十里　牛馬開人六千二百十三口曹云在不里斯特挨德模子之西約五六十里

酸里府雷又云內地有景之府面積七百二十一英方里人五十二萬千五百五十一口雷司山高九百六十五英尺地產蔬果以供倫敦人眾之餘

克勞塞敦府自治人十萬二千六百九十五口曹云學會圖作克羅敦案列國同在倫敦之南

雷盃脫人二萬二千六百四十六口曹云在克羅敦之西南約三十里

金司敦人二萬七千五十九口曹云在倫敦之西南達迷塞河南岸

里區蒙人二萬二千六百四十八口曹云在金司敦之東北倫敦之西南達迷塞河南岸

鳩胡人二千七十六口曹云在里區蒙之北達迷塞河南岸

愛潑沙摩人八千四百十七口曹云在金司敦之南十餘里

朵金人七千百三十二口曹云在克爾的佛德之東三十里

幾爾覆裁判所人萬四千二十口曹云學會圖作克刻的佛德案列國同在克羅敦之西南

高戴爾明人二千七百九十七口曹云在克爾的佛德西南十餘里

殺塞克司府雷又云沿海農府面積千四百五十八英方里人五十四萬八千九百七十九口海水浴場與綿羊甚有名綿羊俱牧

於南山

東殺塞克司面積八百二十九英方里人四十萬八千三百六十口

勃賴敦府自治人十一萬五千八百七十三口曹云學會圖作布來屯案列國同在本部之南偏東臨海

漢司汀司府自治人五萬二千二百二十三口曹云學會圖作海斯頂司案列國同在布來克之東臨海

依司脫盤人三萬四千九百六十九口曹云在布來屯之東約四十里濱海

流司所裁判人三千八百七十一口曹云學會圖作勒威士案列國同在海斯頂司之西少北

牛海支人四千九百五十五口曹云在布來屯之東約十二里濱海

拉塞人三千八百七十一口曹云在海斯頂司之東約三十餘里濱海

西殺塞克司面積六百二十九英方里人十四萬六百十九口

謙采司德城人七千八百三十口曹云學會圖作查徹斯特案列國同在布來屯之西少北臨海

阿倫戴爾人二千六百四十四口曹云在查徹斯特之東二十餘里

丸晴人萬六千六百六口曹云在布來屯之西約三十里濱海

懷韋克府雷又云內地府面積九百四英方里人八十三萬八十三十口出煤及鐵器

般明哈裁判所自治府人四十七萬八千百十三口有極大之玩具店鐵器最有名案二圖作北明翰講義云北明翰在英格蘭之中央屬俄文克州人口殆五十萬製出大小一切金屬器具其盛況爲世界第一俄文克即懷韋克也樋志作伯明罕云人口四十三萬以製造機械及鐵器著謝志作伯明恩

考文脫連府自治人五萬二千七百二十四口絲最有名曹云學會圖作科芬德里案列國同在北明翰之東少南

懷韋克裁判所人萬一千九百二口曹云學會圖作窩爾維克案列國同在科芬德里之南少西徐中央十八部之一

里明敦人二萬六千九百三十口曹云在窩爾維克之東比鄰也

司脫蘭覆翁阿逢人八千三百十八口曹云在窩爾維克之東約三十里

拉卑人萬一千二百六十二口曹云在科芬德里之東三十里

殺敦科爾飛耳人八千六百八十五口曹云在北明翰之東十餘里

韋司麻蘭府雷又云面積七百八十二英方里人六萬六千九十八口府多湖景牧場　愛卜爾比所裁判人千七百七十六口曹云在肯達爾之東北約六十餘里　肯特爾人萬四千四百三十口出呢絨曹云學會圖作吉里必肯達爾案列國同在昆布梁山東南　恩薄爾沙的人二千三百六十口曹云在肯特爾西北約二十餘里有別館在文段迷爾曹云文段迷爾在肯特爾正西約三十里

懷塞脫島府雷又云面積百四十六英方里人七萬八千六百七十二口曹云學會圖作威地案列國同島在本部南英吉利什海峽許云威地風景清平可稱樂土　牛坡人萬二百十六口曹云在科威司之南約十餘里　科司人萬五百六十二口曹云學會圖作科威司案列國同在威地島之北　拉奪人萬九百五十二口曹云在威地島東北海濱遙對抱斯穆斯　文拿人五千八百十七口案二圖作文特那在島東南隅

韋爾得府雷又云面積千三百七十五英方里人二十六萬四千九百九十七口府多白土山牧場及牛乳業最有名　沙力士勃

雷城（裁判所）人萬五千五百三十三口（曹云學會圖作薩利斯布里案列國同在本部南蘇當波敦西北）韋爾敦人二千百二十口出地氈（曹云韋爾敦在薩利斯布里之西數里）

脫羅辟里治人萬一千七百十七口出闊布（曹云脫羅辟里治學會圖作特老布里得幾案列國同在薩利斯布里之西北）阿逢河之勃蘭覆人四千九百四十三口出闊布（曹云勃蘭覆在特老布里得幾之北中隔阿丰河）謙賓哈人四千八百十六口（曹云謙賓哈在特老布里得幾東北三十餘里）加痕人三千四百九十五口（曹云加痕在謙賓哈之東十五里）狄維士（裁判所）人六千四百二十六口（曹云狄維士在特老布里得幾東迤北三十餘里）馬般羅人三千十二口（曹云馬般羅在薩利斯布里之北七十餘里）馬摩士

勃雷人二千九百六十四口（曹云在特老布里得幾之北約六十里）瑞敦人三萬二千八百四十口出火車機器（曹云在得老布里得幾東北約八十餘里）

丸塞司得府雷又云內地多樹林之府面積七百五十一英方里人三十八萬五千三百九口有煤鐵鑛出鐵器及別種製造貨

丸塞司得裁判所自治府人四萬二千九百八口曹云學會圖作窩爾塞司德案列國同在本部中央北明翰之南徐十八部之一

衣夫司哈人五千八百二十六口曹云在窩爾塞斯德東南四十餘里棲汶河支流北岸

馬耳文人六千一百七口曹云在窩爾塞斯德西南二十餘里

獨勞威治人四千二百一口產鹽曹云在窩爾塞斯德東北約十六里棲汶河支流東岸

賴狄治出鍼人萬一千二百九十五口曹云在窩爾塞斯德之東三十餘里

克段明司德出地氈人二萬四千八百三口曹云學會圖作吉得民斯豆爾案列國同在阿爾塞斯德少之北少西

達雷自治府人四萬五千七百四十口曹云學會圖作都德里案列國同在北明翰之西少北

司托辟里治人九千三百八十六口曹云在吉得民斯豆爾東北十餘里都德里西南十餘里

菩特雷出鐵器人二千八百七十六口曹云在吉得民斯豆爾正西十餘里

約克府雷又云面積六千七十六英六里人三百二十一萬三千八百六十四口呢最有名地可分爲三區西爲麻蘭有彼盧山經

其中大奐沙狄山高三千二百十英尺中爲約克之沃野有粤司
河灌溉之東爲米耳士之瘠壤及胡爾士白土山
北部面積六千七十六英方里人四十二萬七千三百七十三
口內有著名古城**約克**裁判所自治府人六萬七千七口曹云學會圖作約爾
克案列國同在本部中央東北敖西河上徐六部之一**迷狄耳司薄羅**自治府人七萬五
千五百三十二口此處之富盛由於諸鄰地之鐵礦曹云學會圖作米特
列斯波羅案列國同在東北隅臨海斯德爾林之東南**如克利孚蘭**利一作來產鐵最
多曹云米特列斯波羅之南四十餘里山中**利區蒙**人四千二百十六口曹云在米特列
斯波羅西南七十里斯注洛河上與酸里府之利區蒙同名**司喀般羅**人三萬三千七百
七十六口曹云學會圖作斯喀波羅案列國同在惠特必之東南臨海**灰的比**人萬三千
七十五口曹云學會圖作惠特必案列國同在米得列斯波羅東南臨海**拿達劣敦**裁判所人
三千八百二口曹云郎學會圖之北亞略爾敦拿達英文訓北義案列國同在斯喀波羅之西少北

西部面積二千七百七十二英方里人二百四十四萬四千九百三十一口產煤甚富世界工藝繁盛之區此其一也**梨司**府自治　人三十六萬七千五百五口以麻布名案郎二圖之里子講義同樞志云利次以出精巧之布著利次郎梨司也謝志云郎利德斯矢志作黎茲**勃蘭覆**府自治　人二十一萬六千三百六十一口出布以絲名曹云學會圖作布剌德佛德案列國同在北部中央偏西普里西敦之東**黑梨泛克司**府自治　人八萬九千八百三十二口出布曹云學會圖作海利法克斯案列國同在布利德佛德之南少西**赫特司飛耳**府自治　人九萬五千四百二十口出布曹云學會圖作呼德斯菲爾德案列國同在海利法克斯之東南**曰飛耳**府自治　人三十二萬四千二百四十三口出利器及鍍金器有名案二圖作設佛爾德講義同云在里子之南人口三十四萬製造刃物之業甚盛樞志作失非爾特云人口三十二萬以製鋼鐵鏤及刃屬著謝志作希斐德矢志作希翻爾吳志作設夫耶德**彭司雷**邑自治　人三萬五千三百二十七口以麻布名曹云在呼德斯菲爾德東南四十餘里**板脫雷**

自治邑人二萬八千七百十九口曹云在海利法克斯之東二十餘里

丟司勃雷自治邑人二萬九千八百四十七口曹云在板脫雷之南爲其比鄰

堂克斯德自治邑人二萬五千九百三十三口曹云學會圖作堂喀斯豆爾案列國同在約爾克之正南

赫羅益脫自治邑人萬三千九百十七口曹云在布剌德佛德之東北四十餘里

開雷自治邑人三萬八百十口曹云在布剌德佛德西北約三十里

麻雷自治邑人二萬千六十八口曹云在布剌德佛德之東約二十里里子之南約十里

亞塞脫自治邑人萬九百八十四口曹云在麻雷之南約二十里

磅脫勿蘭脫自治邑人九千七百二口曹云在里子之東南約四十里

力本自治邑人七千五百十一口曹云學會圖作渠平案列國同在約爾克之西北

勞什哈自治邑人四萬二千六十一口曹云在設佛爾德東北二十餘里

葦克飛耳裁判所自治邑人三萬三千百四十六口以氈名曹云學會圖作瓦克菲爾德案列國同在里子之南少東

而古耳自治邑首要之區人萬五千四百十六口曹云在瓦爾菲爾德之東六十餘里

完

東部面積千一百七十二英方里人三十四萬千五百六十口內有胡爾士山及伙爾段耐司之平原民多以畜牧耕種爲業

赫爾在哈勃爾河濱爲約克府大埠人二十萬四十四口案二圖同王書云赫爾在恆比爾河北岸爲英國第三貿易港與荷比丹德瑞挪俄美及印度之間汽船定期航行

比佛雷諸邑人萬二千五百三十九口曹云在赫爾之北約二十餘里

希敦人九百七十九口曹云在赫爾之東約十八里

韋而司

韋而司雷又云千二百八十三年始與英倫合併國內山嶺重疊司那登山高三千五百七十英尺惟格蘭馬根爲平原瀕辟里司托耳峽蒂河塞文河懷河皆發源於韋而司湖之最大者爲巴拉面積七千四百四十二英方里人百二十九萬四千百三十三口國內多山故宜爲牧場牲畜繁殖全面積耕種之地

不過百分之十八礦產甚富有綿羊三百萬牛七十二萬有煤
鐵錫鉛銅金石板等
恩格耳西府雷又云面積二百七十五英方里人五萬九十八口
曹云學會圖作安哥勒塞案列國同島在韋而
司之西北隅謝志作昂革西徐十二部之一　菩馬利司所裁判
人二千二百九口曹云學會圖作貝馬利
司案列國同在島東　呵雷海特人八千七
百四十五口曹云學會圖作荷里赫
德案列國同在島西
勃里肯府雷又云面積七百四十三英方里人五萬千三百九十
三口曹云學會圖作布康案列國圖作布列
康在本部東與英之希耳佛爾接壤　勃雷克腦克所裁判
人五千六百四十六口曹云學會圖作比勒各勒克案列
國同在布康之南徐十二部之一　勃林
麻兒人六千四百十三口曹云在比勒各諾
克東南約四十里
喀第根府雷又云面積六百九十二英方里人六萬三千四百六
十七口　亞般里司威司人六千七百二十五口曹云學會圖作
亞貝利斯威斯

案列國同在本部之西臨海

喀第根人三千四百四十九口曹云學會圖作加爾的安案列國同在亞貝利斯威斯之西南臨海徐十二部之一

蘭彼得所裁判人千五百六十九口曹云在亞貝利斯威斯之南約六十里提菲河上流北岸

喀馬倫府雷又云面積九百十九英方里人十三萬五百六十六口

喀馬倫所裁判人萬三百口曹云在土圖河下流西岸距河口約十三里案河入海處名該馬爾敦灣該馬爾敦即喀馬倫也徐十二部之一

坆的章里人二千七百三十二口曹云在喀馬倫之南約四十里

倫獨佛雷人千七百二十八口曹云在比勒各諾克之西約五十里土圖河東岸

倫耐雷人二萬三千九百三十七口曹云學會圖作刺內耳里案列國同在本部之南臨海

喀那逢府雷又云面積五百六十三英方里人十一萬七千二百三十三口

板哥人九千八百九十二口曹云學會圖作班哥案列國同在本部西北隅臨海

喀那逢所裁判人九千八百七口曹云學會圖作該拏爾灣案列國同在班哥西南臨梅奈

海峽徐十二部之一　康章人三千四百四十二口曹云在班哥之東北約四十餘里　章而厄里人三千二百三十一口曹云在該拏爾灣之西南五十餘里半島南岸　倫達那人七千三百四十九口曹云在康章之北十餘里濱海

敦巴府雷又云面積六千六十四英方里人十一萬八千八百四十三口　敦巴出煤鐵人六千四百十二口曹云學會圖作敦比各案列國同在本部北距海不遠徐十二部之一　路靈所裁判人二千七百六十口曹云學會圖作魯清案列國同在敦比各之東南　蘭克司哈人萬二千五百五十二口曹云在魯清之東約五十里

勿林脫府雷又云面積二百五十六英方里人七萬七千二百七十七口　勿林脫出煤鐵人五千二百四十七口曹云在摩爾德之北十餘里河口南岸案郎非林德徐十二部之一　摩爾德所裁判人四千四百五十七口曹云學會圖作摩爾德案列國同在魯清之南距海不遠　呵里韋而人三千十八口曹云在勿林脫之西十五里　力爾人六千四百九十一口曹云在敦比各之北迤西海濱相距約三十里

格蘭馬根府雷又云出煤鐵以銅鐵錫鉛之工作爲工藝厰叢集之區人四十六萬七千九百五十四口喀狄夫裁判所自治府英國第三埠頭人十二萬八千九百十三口曹云學會圖作加的福案列國同在本部東南隅與英之紐巴特接壤司黃西裁判所自治府人九萬三百四十九口曹云學會圖作斯溫西案列國同在加的福之西有斯溫西海灣亞般雷文人六千三百口曹云在斯溫西之東二十餘里海濱科辟里治人八千三百七十七口曹云在加的福正西約四十餘里尼司人萬一千百十三口曹云在斯溫西之東北約十餘里滿社別非耳人五萬八千五十口曹云學會圖作默翠第佛爾案列國同在加的福之北少西倫達夫人四千三百七十三口曹云在加的福德之西十餘里

迷昆司府雷又云面積六百六十八英方里人四萬九千三百十二口道爾治雷裁判所人二千四百六十七口曹云學會圖作多爾吉里案列國同在本部之西距海不遠巴摩司人二千四百十五口曹云在多爾吉里之東約二十餘里巴

拉人千六百二十二口曹云在多爾吉里之東北約五十餘里巴拉湖東岸

蒙過滿里府雷又云面積七百九十七英方里人五萬八千三口

蒙過滿里人千九十八口曹云學會圖作蒙德痾美里案列國同在本部之東與英之什爾斯布里接壤徐十二部之一

韋而虛普耳裁判所人六千五百一口曹云在蒙德痾美里之北約二十餘里

倫尼特羅司人二千五百七十四口曹云在蒙德痾美里西南約五十四里

倫非林人千七百五十八口曹云在韋而虛普耳西北約三十里

配薄羅克府雷又云面積六百一十三英方里人八萬八千二百九十六口

配薄羅克人萬四千九百七十八口曹云學會圖作奔不羅各案列國同在本部西南隅臨海徐十二部之一

海浮覆韋司脫裁判所人六千百七十九口曹云在奔不羅各之北約二十餘里

聽比人四千五百四十二口曹云在奔不羅各之東約三十里濱海

迷耳覆人四千七十口曹云學會圖作彌爾福德案列國同在奔不羅各之北隅濱海

蘭拿府雷又云面積四百七十一英方里人三萬千七百九十一

口**潑蘭斯敦**裁判所人八千三百六十口曹云學會圖作普列斯廷案列國同在本部之東蒙德疴美里東南

曼島

曼島曹云學會圖作明島案列國同在阿爾什海中雷又云在阿爾蘭海面積二百二十七英方里人五萬五千六百八口民以耕牧爲業產鉛鋅銅許考云萌島多岡阜中蘊銅錫鉛石之礦司耐翻爾高二千三十三英尺曹云在島之東北**克索爾統**人二千三百口曹云學會圖作喀斯特列敦案列國同在島東南隅臨海**多格拉斯**人萬九千五百十五口曹云學會圖作刀格刺斯案列國同在島東臨海**蘭西**人四千八百六十六口曹云在力格刺斯之北海岸**扁爾**人三千六百三十口曹云在島之西岸中部以上要區

英峽羣島

英峽羣島雷又云沿法國之海岸得勝威廉所有之土地惟此獨

存面積七十五英方里人九萬二千二百三十四口出口貨以市
貨爲大宗其中魚尤多朝政仍依舊制以法語爲官語　聖哈廉
爾在日西西島曹云日西郎學會圖之浙西案列國同許考作日耳西　聖彼得士坡在官西
島曹云官西郎學會圖之古爾尼西案列國同許考作額爾內西以上要區許考云二島在法國西北海中距岸僅一
葦之路初隸法之諾爾滿的省宋徽宗時英人奪而有之日耳西
寬廣得七十里戶口約六萬人地多高巖巖石錯出海濱船隻艱
於近泊額爾內西島偪近日耳
西煙戶較稀僅得日耳西之半

賜進士出身　特賞內閣學士銜前國子監祭酒翰林院編修加三級臣　王先謙謹撰

英吉利國　一

蘇格蘭

蘇格蘭　徐志蘇格蘭（一作斯哥西亞又作師古秦）云在英倫之北南北約八百餘里東西廣狹不齊古時別爲一國明萬歷三十一年合於英爲一國迤南土田肥沃迤北磽瘠多鹵斥其民習勤耐苦善於謀生俗儉嗇不妄費經商徧四海積資多在數萬里外故地雖寒瘠而多素封產石炭最多每歲收炭稅百餘萬地分三十三部樋志云英倫北境傍維澳德連岡以北爲蘇格蘭其地東臨北海北及西北皆瀕大西洋西南隔愛爾蘭海岔與愛爾蘭相對海岸皆奇石峭立絕壁如屏然如佛耳斯（一作佛特）克來特勞恩（在木勒島東北）台（一作頹）摩雷（一作末雷）索勒維（一作拉厄撒）等灣自東西深入內地大禮益於運輸交通爲完備良港雷志云千七百七年與英倫合併（矢志云英蘇戰爭數年至是年始相合併）然法律宗教仍多不同居不列顛之北部山嶺重疊其海岸深長而多海口格倫木耳以界北高原與喀摩弼靈內有耐未司山高四千六百四英尺司脫蘭木耳

以界喀摩弼靈與南高原內滿力克高二千七百六十七英尺其平野自覆司河起至克拉奪河止樋志云全國多突兀山地北半高南半低高地林木衆多耕地極少居民總數僅三十五萬自古別爲乾坤不受敎化從事畜牧低地之內北部爲稍平坦之沃土園圃相連富於鐵炭故製造業盛宛然英倫南部石質山地概爲牧場其地勢最奇者自摩雷灣至勞恩灣一帶山間谿谷幽邃横斷國中人工疏鑿成大運道曰開闢得尼安運河以汽船行此運河可自大西洋至北海岸上諸山有本奈維斯峯爲比利敦島第一峯高於海面四千三百六十八尺下臨運河眺望奇絕其餘運河尚多交通甚便陳炳煥云此運河卽經納斯等河者案本奈維斯卽雷之耐未司也矢志作朋納維斯陳炳煥云卽便尼斐峯其大河爲土以狄河異名記作退德河矢志作特威得河覆司河樋志作佛爾斯河矢志作佛斯河推河樋志作台河一作頳河矢志作塔伊河蒂河異名記作第河配河矢志作斯配河克拉奪河謝志作克來多矢志作克歷特吳志作庫賴得紀程作克來德樋志作克來特周志作克來度除克拉奪河外餘皆流入北海湖極多總計六百三十三英方里矢志云凡高地山間有多數湖水散在各處其最有名者爲羅蒙德及卡脫林等湖謝志云最大者曰婁門風景絕佳婁門卽羅蒙德也周志作露蒙特卡脫林作喝得林氣候在低野每歲熱度中數法氏表四十六度至

四十七度正月三十七度七月五十六度至五十九度雨水耐未
司山百二十八英寸面積二萬九千八百十九英方里內大陸二
萬六千三十三英方里諸島三千八百八十六英方里人四百二
萬五千六百四十六口大學校四所學生六千一百人小學校學
生通計六十萬五千人全面積百分之十八爲耕種地百分之七
爲草場百分之四・八爲小亞灌木可飼牛馬百分之五爲樹林
鹿林所占之地四千二十英方里其牲畜牛百二十萬千五百六
綿羊七百二十七萬二千八百六十四猪十四萬八千五百三十
五業漁者過五萬人每歲通計得魚三十一萬噸値二百萬磅鄧
帝捕鯨之人（案鄧帝屬覆翻爾府）常往南北冰洋等處羅特山產鉛近勞區
推產銅土以狄河兩岸爲呢絨聚集之所克拉奪河機器製造局
及船廠最繁盛千八百九十年織布局用工人十五萬四千五百

九十一鐵路三千四百四十七英里運河百五十三英里區畫三十三府徐又云南方十三部曰壹丁不爾厄丁一作堡以蘇格蘭舊都也今爲會城在內海南岸街衢整潔萬廈雲連爲北方大都會曰林利德厄曰合丁敦曰北爾維克曰棱非律曰哀爾曰烏宜疴敦曰拉拿爾克曰比波勒斯曰塞爾給爾克曰羅哥斯不爾厄曰當非利斯曰給爾加德比里至○中央十四部曰亞爾日勒曰比千德曰內壹爾那曰慕來曰邦弗曰亞北爾顛曰迷牙爾曰安孤斯曰白爾斯曰發壹夫曰見羅斯曰加拉克馬南曰斯德爾零曰當巴爾敦加拉克馬南爲洋布總聚之地出運別國每歲得價千餘萬○北方六部曰爾哥內曰該內斯曰蘇塞爾蘭曰羅斯曰哥羅馬爾的曰音威爾內斯○先謙案蘇格蘭問答作斯格蘭謝志作斯革蘭矢志云舊名加蘭納後蘇格蘭人由愛爾蘭移住其地因改今名又云以棄伏脫連岡爲英倫之界岡由東北橫亘西南最高不過二千七百尺徐之壹丁不爾厄爲南方十三部之首二圖同紀程作埃丁貝萬國圖作衣丁鉢羅壹丁不爾厄之東爲合丁敦二圖與徐合卽雷之黑丁敦皆在佛斯海口內出海口轉南曰貝威克卽徐之北爾維克雷之般韋克英志作北威克壹丁不爾厄之西爲林利德厄與徐合卽雷之林里司哥異名記云依地望林利德厄卽格拉士哥非也據二圖林利德厄尚在格拉斯哥之東北格拉斯哥之西曰棱非律與徐合卽雷之倫勿盧棱非律之西南臨海與阿蘭島相値曰埃爾卽徐之哀爾雷之歐埃爾之南臨海與明島相對曰烏宜疴敦與徐合東有烏宜疴敦灣卽雷之韋統棱非律之東南曰拉拏爾克卽徐之拉拏爾克雷之

蘭那克英志作拉拿格拉拏爾克克之東稍南曰比波勒斯即雷之比薄爾司英志作比八爾斯比波勒斯之東東南曰塞爾給爾克與徐合塞爾給爾克之東北即貝威克矣塞爾給爾克之西南曰當非利斯與徐合即雷之達勿萊司其南出海口曰安南口當非利斯之西西南臨海曰給爾加德比里至與徐合即雷之款喀勃拉脫其西即烏宜痾敦曰灣中央十四部據二圖中央西南隅有內壹爾那與徐合即雷之耐痕其所臨海灣曰摩來灣摩來疑即徐之慕來而圖不著迤東有邦佛北臨海即徐之邦弗雷之板夫轉而東有亞比爾顚臨海即徐之亞北爾嚬雷之亞般丁東南有台伊海灣灣口東向有白爾斯當其口與徐合即雷之般司白爾斯之南曰見羅斯與徐合即雷之金勞司見羅斯之西南曰加拉克馬南與徐合即雷之克蘭克曼難加拉克馬南之西西曰斯德爾林即徐之斯德爾零雷之斯德林斯德爾零之西南曰當巴爾敦與徐合即雷之達擺敦北方六部音威爾內斯在俄爾給海門之內與徐合即雷之因佛耐司哥羅馬爾的在海門角左側與徐合即雷之克羅馬替餘未詳

亞般丁府雷又云沿海府面積千九百五十五英方里人二十八萬四千三十六口有蒂河灌溉之近蒂河之源有曼㦲山高四千二百九十六英尺產石礦民多漁牧爲業有紙廠　亞般丁人十二萬四千九百四十三口曹云學會圖作亞比爾顚先謙案列國圖同在中部東瀕海謝志作阿伯典徐

敦之上爲英國第一美城矢志作愛定堡云臨福斯海峽之上據山而營風景絕佳山北爲英蘇古戰場今稱繁庶樋志云文學甚盛有近世雅典之名王志云印書釀酒之業甚盛大學尤有名北有里嗣港汽船定期航行倫敦紐約及大陸諸港吳志作葉丁巴蘭又作夜琴巴蒲周志作衣通排刺謝志作哀典伯曹云雷司郎學會圖之里嗣案列國同

獨開司人七千三十五口曹云在壹丁不爾厄之東十八里

坡拖板羅人八千六百八十四口曹云在里嗣之東十二里海濱

麥塞耳堡人八千八百八十八口曹云在坡拖板羅之東約十里

愛耳勤府雷又云面積四百七十六英方里人四萬三千四百七十一口民以農漁爲業

愛耳勤人七千八百九十四口曹云學會圖作挨爾京案外國同在中部近北居邦佛之西

法塞府雷又云面積四百九十二英方里人十九萬三百六十五口有煤礦麻布局魚塢

古派人四千九百八十口曹云學會圖作庫巴案列國同在中部東南近海

歀坎耳第人二萬七千百五十五口曹云學會圖作克科爾的

案列國同在庫巴之南瀕佛斯海口鄧覆林人萬九千六百四十七口曹云學會圖作敦芬侖案列國同在克科爾的之西亦瀕佛斯海口聖恩特流司人六千八百五十三口曹云學會圖作森安得雷斯案列國同在庫巴之東右卽法伊甫士角

覆翻爾府雷又云面積八百七十五英方里人二十七萬七千七百三十五口爲粗麻及麻布製造廠之中心點覆翻爾人萬二千五十七口曹云學會圖作阜法案列國同在中部台伊灣之北鄧帝粗麻麻布聚集於此人十五萬三千五百八十七口案二圖作董低在亞布拉特西南王志同云臨台伊灣工業頗盛矢志作吞提云在福斯海峽之北人口十六萬謝志作盾第亞勃羅司人二萬二千八百二十一口曹云學會圖作亞布拉特案列國同在阜法東南臨海蒙脫羅司人萬三千七十九口曹云學會圖作蒙德羅斯案列國同在阜法東北臨海勃里輕人八千九百五十五口曹云學會圖作不列仍案列國同在蒙德羅斯西北勃勞推覆雷人九千二百五十六口曹云在董低之東十二里海濱

黑丁敦府雷又云面積二百七十一英方里人三萬七千三百七十七口民多以耕種採煤爲業　黑丁敦人四千百五十口曹云學會圖作合丁敦案列國同在壹丁不爾厄之東徐十三部之一

因佛耐司府雷又云面積四千八十九英方里人九萬百二十一口有開爾多釀運河經其中民大半以養鹿羊及打獵爲業　因佛耐司爲高地之會城人二萬八百五十五口曹云學會圖作音威爾內斯案列國同在中部西北隅吉俄爾給海門內徐北六部之一

金揩丁府雷又云面積三百八十三英方里人三萬五千四百九十二口民以農漁獵爲業　司敦漢文人三千九百五十二口曹云學會圖作斯多內海芬案列國同在中部之東臨海亞爾比顯之南

金勞司府雷又云面積七十三英方里人六千六百七十三口出麻布產煤　金勞司人千九百七十口曹云學會圖作見羅斯案列國同在中部庫巴之西

偏南徐十四部之一

款喀勒拉脫府雷又云面積八百九十八英方里人三萬九千九百八十五口人以畜羊捕魚製呢爲業

款喀勒拉脫人二千六百口曹云學會圖作給爾加德比里至案列國同在南部之南臨海位安南口右烏宜痾敦灣徐十三部之一

蘭那克府雷又云面積八百八十二英方里人百十萬五千八百九十九口有名製造之府產煤鉛鐵民以製呢棉布造船爲業

蘭那克人四千九百口曹云學會圖作拉拏爾克案列國同在南部中央壹丁不爾厄西南徐十三部之一

韋沙人萬五千二百五十二口曹云在哈墨爾墩之東十五里

黑迷爾敦人二萬四千八百五十九口曹云學會圖作哈墨爾墩案列國同在拉拏爾克西北

馬善韋耳人萬八千七百二十六口曹云在哈墨爾墩之東北六里

科辟里治人三萬三十四口曹云在馬善韋耳之北十五里

歐特雷人萬九千百三十三口曹云在科辟里治之東六里

盧漱格倫人萬三千八十五口曹云在格拉斯哥之南九里

格

拉斯哥雨水四十英寸棉布局聚集之所人六十五萬八千百九十八口案二圖同王書云跨格拉德河爲蘇格蘭工業中心附近多鐵炭造船業之盛爲英國第一設有大學矢志作克拉斯夸府云港口下二十餘英里爲造船所輪船之制至千八百十二年始爲其地所發明謝志云造汽機名人瓦德之故里吳志作格蘭斯科云跨庫賴得河盛工業許考作加辣斯科吳志作固蘭斯科周志作喝來斯戇辻志作哥拉斯搆

林里司哥府雷又云面積百二十英方里人五萬二千八百八口出煤鐵及各種製造

林里司哥人三千九百口曹云學會圖作林利德厄案列國同在南部之北臨佛斯海口壹丁不爾厄之西徐十三部之一

擺司蓋脫人五千三百三十一口曹云林利德厄之西南十八里

巴羅司敦耐司人五千八百六十六口曹云在林利德厄之北七里餘海濱

格倫治摩司人六千三百五十四口曹云英文圖在司德林府此作林里司哥府未知孰是其地在巴羅司敦耐司之西

耐痕府雷又云面積百九十五英方里人九千百五十五口民以農漁爲業

耐痕人四千六百七十口曹云卽學會圖之內壹爾那案列國同在中部西北

臨吉俄爾給海門徐十四部之一

亞克尼島府雷又云面積三百七十六英方里人三萬四百五十三口民以捕魚編羊毛爲業曹云學會圖作俄爾哥內羣島案列國同在北部之北矢志作奧克納樋志作病克尼亦作俄克尼款華爾人三千九百二十六口曹云學會圖作克鄂爾案列國同

比薄爾司府雷又云面積三百五十五英方里人萬四千七百五十口有牧羊場織呢局比薄爾司人三千五百口曹云學會圖作比波勒司案列國同在南部塞爾給爾克西北徐十三部之一

般司府雷又云面積二千五百二十八英方里人十二萬千百八十五口民多以農爲業有牧羊場鹿林織布局般司人二萬九千九百十九口曹云學會圖作白爾斯案列國同在中部庫巴爾西西北徐十四部之一克里夫人四千五百口曹云學會圖作克里甫案列國同在白爾斯之西少南

倫勿盧府雷又云面積二百四十五英方里人二十三萬八百十

三口產煤鐵有棉布局造船廠煉糖廠倫勿盧人六千七百七十七口曹云學會圖作棱非律案列國同在南部當巴爾敦之南少東徐十三部之一格拉斯哥埠人萬四千六百八十四口曹云在當巴爾敦之西中隔一河口與拉拏爾克府地同名格林腦克人六萬三千四百二十三口曹云學會圖作格利那克案列國同在當巴爾敦之西臨海汊保勞克沙司人萬四百五口曹云在拉拏爾克府之格拉斯哥西南數里配斯雷棉布局聚集之所人六萬六千四百二十五口曹云學會圖作巴伊斯里案列國同在棱非律之南仲司敦人九千六百六十八口曹云在巴伊斯里之西約十里巴海特人八千二百十五口曹云在巴伊斯里東南十二里許

勞司府雷又云勞司與克羅馬替包有奧德希勃拉司之一部分面積三千七十八英方里人七萬八千七百二十七口有牧場曹云澳德布勃拉司即二圖之喜布黎特斯羣島島之大者分二部北列威斯屬克羅馬替府南哈里斯克屬因佛耐司府𡸁就英文圖譯之因佛耐司實兼轄斯克夷島巴拉島南北烏義斯德島扁貝庫拉島哈里斯島等地也案喜布黎特斯矢志作海孛立待斯勞

司樋志作魯易士一作魯伊斯許考云蘇格蘭之西有羣島三百餘區八十餘島有居人氣候溫煦養生之物粗具餘則寥廓荒涼寒風殺草有平沙無堠夐不見人之概

登人二千二百五十口曹云學會圖作坦尼案列國同在北部之東臨道羅池海門

丁華爾人千九百五十口曹云學會圖作敦鄂爾案列國同在坦尼之西南

在磊意士之司托拿威人三千三百八十六口曹云磊意士郎學會圖之列威斯島司託拿威郎斯道那隈案列國同在北部之西

克羅馬替人千三百五十口曹云學會圖作哥羅馬爾的案列國同在敦鄂爾之東北臨海徐北六部之一

勞克司般府雷又云面積六百六十五英方里人五萬三千五百口有織呢局

呵章克人萬九千二百四口曹云學會圖作哈威克案列國同在南部中央塞爾給爾克之南偏東

塞爾款府雷又云面積二百五十七英方里人二萬七千七百十一口有草場織呢局

塞爾款人六千三百九十七口曹云學會圖作克耳索案列國同在南部之東格藍羅之南

噶拉希爾司人萬七千三百六十七口曹云

在克耳索之北數里

舌特蘭島府雷又云面積五百五十一英方里人二萬八千七百十一口先謙案圖作設得蘭羣島在北部之東北矢志作歇脫倫樋志作舍德蘭許考作塞忒郎云節氣寒冷雨雪過多穀麥不登民生寥落以捕魚爲食計彼方九十一島惟五十餘島有人寄寓餘則鳥跡獸蹏尚爲僻野 芍章克人五千九百三十口曹云學會圖作略爾威克案列國同

司德林府雷又云面積四百四十七英方里人十一萬八千二十一口產煤鐵有呢局棉布局 司德林人萬六千七百八十一口曹云學會圖作斯德爾林案列國同在南部之東臨佛斯海口徐十四部之一 亞爾乏人五千二百二十五口曹云在斯德爾林之東北十五里 覆爾款人萬九千七百六十九口曹云在斯德爾林東南三十里 坎爾錫司人六千七百七十二口曹云在覆爾款之西三十里

殺善蘭府雷又云面積二千二十八英方里人二萬千八百九十六口有牧羊場鹿林 獨腦人四百九十口曹云學會圖作達挪池案列國圖作道羅

池在北部之東臨道羅池海門

韋統府雷又云面積四百八十六英方里人三萬六千六十二口

民以漁農牧羊為業 **韋統**人千七百九十口曹云學會圖作烏宜痾敦案列國同

在南部之南臨烏宜痾敦灣徐十三部之一其西郎巴特里克 **司脫倫雷爾**人六千百九十三

口曹云在巴特里克之東北十五里

阿爾蘭

阿爾蘭徐志阿爾蘭一作耳蘭又作壹爾蘭又云在英倫蘇格蘭之西海港隔斷別為一島南北約七八百里東西約四五百里古時為土番部落英人於南宋時收服之地多豬澤河源甚短土亦磽瘠產石炭甚富又產鉛錫銅鐵其民粗豪閧爽飲酒歡會無遠圖英人募以為兵臨陣敢於衝突以退縮為恥故英人水陸將領半皆阿爾蘭人俗尚天主教不肯從耶穌教英人惡之而不能使之改革也地分三十二部樋志云愛爾蘭在大比利敦之西其愛爾蘭海岔最接近之處海面徑直僅十二英里其海岸屈曲岬灣頗多如西南端克里阿岬為歐洲至美航客屬目之地其名最著屬島皆小著名者惟西南方海底電綫起首之瓦棱薩島而已中央地幸低原高於海面僅二三百尺處處有窪下之者 雷志云全島平原沼澤至海邊四周之地則峯巒有高二千尺

幾過四分之三上有無數孤立之山其中較高者爲蒙山高二千八百四英尺韋羅山（樋志作威克羅在都勃林之南陳炳煥云即危克婁）高三千四十七英尺款連山內曼克幾廉喀底里克司高三千四百二十二英尺如海水漲高六百英尺則阿爾蘭變爲一叢羣島河之至大者爲塞能河（謝志作珊嫩河云六百七十二里入大西洋中多狗吐魚王志作善農河云長二百五十英里巴老河歐尼河班尼河次之譚志云一作沙嫩周志作新農矢志作歐能樋志云次於此者有搏羅河福以兒河波因河皆長一百英里）湖亦眾多以羅尼爲最大百五十七英方里（樋志云景色秀美者有克倫尼湖即羅尼也）氣候較英倫溫和而溼凡倫西亞每歲熱度中數五十一度正月四十五度七月五十九度雨水約三十六英寸面積三萬二千五百八十三英方里內大陸三萬二千三百六十五英方里人四百七十萬四千七百五十口大學校二一　剔里尼替大學一　舊教教會所立大學又有英后所立學校三而官立大學但爲考試之會所小學

校學生通計五十二萬一千人全面積百分之十九爲耕種地百

分之五十四爲草場百分之一・五爲樹林百分之二十三爲泥

澤及童山千八百九十八年有馬五十一萬三千七百八十八牛

四百四十八萬六千二百四十二綿羊四百二十八萬七千二百

七十四猪百二十五萬三千六百八十二業漁者二萬五千人每

年魚値五十六萬磅礦產有煤鹽銅麻布局與小織布局製繡帶

用工人七萬二千鐵路三千百六十八英里運河六百九英里區

畫四省三十二府也建於但士江濱下接海口水深便於泊船徐又云東方十二部曰都伯林一作北林土其會城

內外居民十萬餘貿易繁盛景象極豪華曰勞斯曰壹斯德迷曰

烏宜哥婁曰威哥斯佛爾曰幾茂爾給尼曰加爾婁曰幾爾德壹耳

曰固音斯高翁的曰京斯高翁的曰威斯德迷曰郎佛爾〇西方

五部曰勒德靈曰斯黎各曰羅斯哥滿曰馬約曰加爾威〇南方

六部曰哥雷宜爾曰里摩黎克曰給黎曰哥爾克曰裔德爾佛耳

曰的卑拉黎〇北方九部曰安德靈曰刀尼曰亞爾罵痾曰的倫

曰倫敦德黎曰德內加爾曰非爾馬那痾曰加彎曰摩那安先謙

案阿爾蘭謝志問荅作哀爾蘭萬國圖作埃爾蘭西洋史要作愛

爾蘭矢志云舊名喜蟠納後用愛意一路之義迺國因改今名又云千百七十三年爲英所征服千八百一年後分而自立終相合併許考云與英倫蘇格蘭中隔窄海縱七百三十里橫四百五十餘里東方諸部據二圖臨海有都伯倫即徐之都伯林雷之都勃林都伯倫之西南有奈斯即徐之勞司奈斯之東南濱海曰烏宜哥婁又南曰威哥斯佛爾即雷之韋克司覆臨海有口門東向曰威哥斯佛爾灣並與徐合威哥斯佛爾之西北有吉爾景尼即徐之幾爾給尼雷之訖爾肯尼萬國圖作其耳肯尼英志作幾耳格尼吉爾景尼之東北曰加爾婁隔河相望與徐合即雷之喀羅加爾婁之北曰幾爾德壹耳與徐合西方諸部有勒德靈異名記云泰西新史作克德林較其地望即萬國圖之恩匿士其連二圖作英尼斯基遼英尼斯基連之西曰斯黎各即雷之司里哥隔河相望與徐合西臨海爲斯黎各灣斯黎各之南曰羅斯哥璃即徐之羅斯哥滿英志作羅斯哥門萬國圖作羅士科門羅斯哥璃之西南曰加爾威臨海有加爾威灣與徐合即雷之加耳韋南方諸部據二圖有里摩黎克與徐合即雷之力滿力克西南海港深入內地直南少東有哥爾克南臨海爲哥爾克灣即雷之加克迤而東爲窩德爾佛即徐之窩德爾佛耳雷之華德覆向南有窩德爾佛港窩德爾佛之西北有的畢拉黎與徐合即雷之鐵不雷廉北方諸部據二圖有貝爾法斯德異名記以爲即安德靈是也貝爾法斯德之西有俄瑪即徐之亞爾罵痾雷之亞馬英志作亞爾馬萬國圖作鄂瑪俄瑪之北曰倫敦德黎與徐合即雷之倫敦段廉俄瑪之東南曰摩那安與徐合餘未詳

倫司德省雷又云面積七千六百二十二英方里人百十八萬七千七百六十口先謙案二圖作林司德

都勃林雨水三十英寸每年熱度中數五十度正月四十二度七月六十度人三十一萬千二百九口案二圖作都伯倫阿爾蘭會城王書云在利非河口爲阿爾蘭事務大臣駐所矢志作特孛林云在島東部臨愛爾士海之特孛林灣爲全島衝要之地周志作陀武林謝志作德伯林吳志作達布林徐東十二部之一

金士統人萬七千三百二十二口曹云學會圖作京斯墩案列國同在都伯倫東南臨海

鄧獨克人萬二千四百四十九口曹云學會圖作董多爾克案列國同在都伯倫之北臨海有董多爾克灣

獨勞希德人萬一千八百七十三口曹云學會圖作德羅赫達案列國同在董多爾克之南

韋克司稷人萬一千五百四十五口曹云學會圖作威哥斯佛爾案列國同在都伯倫之南臨海有威哥斯佛爾灣徐十二部之一

訖爾肯尼人萬一千四十八口曹云學會圖作吉爾景宜案列國同在省中央威哥斯佛爾之西北徐十二部之一

勃蘭克勞克人八千四百一口曹云在都伯倫之南十八里海濱

勃雷人六千八百八十八口曹云學會圖作布來案列國同在京斯墩之南

阿司隆人六千七百四十二口曹云學會圖作亞斯羅內案列國同在省中央都伯倫之臨海西

喀羅人六千六百十九口曹云學會圖作加爾婁案列國同在吉爾景宜之東北徐十二部之一

牛勞司人五千八百四十七口曹云學會圖作紐羅斯案列國同在加爾婁之南

恩尼司加西人五千六百四十八口曹云學會圖作安尼斯科的案列國同在紐羅斯之東北

木林加人五千三百二十三口曹云學會圖作謀爾林加案列國同在都伯倫之西北

克郎太夫人五千百四口曹云在都伯倫之東海濱

脫雷木耳人四千五百二十二口曹云學會圖作叨爾蘭摩里案列國同在都伯倫之西

門司德省雷又云面積九千四百八十一英方里人百十七萬二千四百二口先謙案二圖作蒙司德

加克雨水四十六英寸人七萬五千三百四十五口曹云學會圖作哥爾克案列國同或作哥革在省南臨哥爾克海灣徐南六部之一

力滿力克人三萬七千百五十五口曹云學會圖作里摩黎克案列國同在哥爾克之北西對善農河口徐六部之一

華德覆人二萬八百五十二口曹云學會圖作窩德爾佛案列國同在省偏東

臨窩德爾佛港徐六部之一

脫雷廉人九千三百十八口曹云學會圖作特洛里案列國同在省西臨特洛里灣

坤司統人九千八百十二口曹云學會圖作昆斯墩案列國同在哥爾克之東南海口

克郎曼爾人八千四百八十口曹云學會圖作克琅墨爾案列國同在窩德爾佛西北維爾河左岸

覆毛寒人六千四百六十九口曹云學會圖作非爾莫伊案列國同在哥爾克之北偏東

鐵不雷廉人六千三百九十一口曹云學會圖作的卑拉黎案列國同在非爾莫伊之北少東徐六部之一

酸河岸之喀立克人五千六百八口曹云喀立克郎學會圖之加利克案列國同在克琅墨爾之東

記拉尼人五千五百十口曹云學會圖作基拉尼案列國同在省西近丁格里海灣

恩尼司人五千四百六十口曹云學會圖作英尼司案列國同在里摩黎克之西北

鄧葛文人五千二百六十三口曹云學會圖作董加芬案列國同在省南偏東臨海

學埃人四千三百十七口曹云學會圖作約和爾案列國同在省南臨約和爾海灣

康諾德省雷又云面積六千八百六十七英方里人七十二萬四千七百七十四口先謙案二圖同

加耳韋人萬三千八百口曹云學會圖作加爾

威案列國同在省西南臨加爾威灣徐西五部之一

司里哥人萬二百七十四口曹云學會圖作斯黎各案列國同在省北臨斯黎各灣徐五部之一

巴里那人四千八百四十六口曹云學會圖作波里吶案列國同在省西南對加爾威灣

阿爾司德省作什爾司德先謙案二圖雷又云面積八千六百十三英方里人百六十一萬九千八百十四口

板爾法司脫人二十五萬五千九百五十口案二圖作貝爾法斯德王書同云臨北海峽工業貿易之盛爲本島第一矢志云孛爾法與蘇格蘭相對爲製造麻布之處南有夸五港爲愛爾蘭貿易要地吳志作比爾發特樋志作伯耳法士特謝志作伯勒法斯

倫敦段廉人三萬三千二百口案二圖作倫敦德黎徐北九部之一

牛廉人萬二千九百六十一口曹云學會圖作紐里案列國同在省東南隅近卡倫佛爾德灣

力士般人萬二千二百五十口曹云學會圖作利斯本案列國同地近貝耳法斯德灣

劣根人萬一千四百二十九口曹云拉根在拔大敦東北十五里尼格湖東南拉根河南岸

牛統那司人九千百九十七口曹云在貝耳法斯德之東三十里

喀立克覆葛司人八千九百二十三

口曹云學會圖作喀里克佛沽斯案列國同在貝耳法斯德灣之左巴里迷那人八千六百五十五口曹云學會圖作波里彌那案列國同在省東北隅喀里克佛法斯之西北坡推堂人八千四百三十口曹云學會圖作拔大敦案列國同在貝耳法斯德之西南亞馬人七千四百三十八口曹云學會圖作亞爾馬案列國同在拔大敦之西南徐九部之一科劣倫人六千八百四十五口曹云學會圖作科列拉英案列國同在省北臨海法里灣右岸恩尼司坎倫人五千六百七十口曹云學會圖作英尼斯基連案列國同在省西南歐尼河右岸司脫雷本人五千十三口曹云學會圖作斯特拉巴內案列國同在倫敦德黎之南本辟里治人四千九百一口曹云在拔大敦之東南三十里

五洲地理志略三十一　　歐洲八

賜進士出身　特賞內閣學士銜前國子監祭酒翰林院編修加三級臣　王先謙謹撰

法蘭西國

法蘭西徐志佛郎西（佛蘭西　佛郎機　法蘭西　拂郎察　佛郎機　荷蘭西）云歐羅巴強大之國也東北界比利時西北與英吉利隔海港相對東界日耳曼瑞士東南界意大里亞暨地中海西抵大西洋海西南界西班牙縱約二千二百五十里橫約二千六十里其地古名墨盧又名牙里亞爲塞爾達野番部落漢孝元元初年間羅馬大將愷撒征服之命大臣鎮守墾田播穀漸化其俗由是爲意大里亞西境後羅馬衰亂南境爲北狄維西哥多人（郎蠻特族）所據西境爲北狄不爾給農人所據東北境爲日耳曼之佛郎哥人所據齊高帝建元三年佛郎哥酋長哥羅味有雄略始驅除北狄據其全土改國號日佛郎西是爲佛人立國之始傳三百餘年至給爾北里哥爲國人所廢唐天寶十一年立國相北比諾爲王北比諾聰敏好學奮起修政佛國以康其孫甲利泰甫（一作加爾祿斯馬哥奴）有文武才於唐德宗六年嗣位時東方日耳曼之撒遜部屢犯邊泰甫征之禽其王斬四千五百人因略定日耳曼諸部并兼羅馬羅馬敎王爲加冠（時天主敎王有大權加冠者立爲霸王之意）羅馬東王約爲上交泰甫乃開館第招致文學之士城邑宮室道路掤造宏整規模極一時之盛泰甫傳數世後宗支爭權各部亦擅兵相攻國又衰亂宋太宗雍熙四年國人立大酋武額加頒多爲王傳數世嗣絕更立瓦羅義斯爲王

宋理宗二年王路易（一作盧義斯）嗣位長於吏術尤精名法嘗師師伐麥西戰已勝矣而三軍染疫不能起乃納賂全軍歸而增修國政簡任賢能號爲中興國與英隔一海港世爲婣婭當佛王嗣絕英王義都亞爾多自以故佛王之甥當得分地佛人不與英遂起兵相攻兩國從此搆衅隔數年或數十年輒交鬩稱爲勍敵元順帝年間國爲英所滅有幼女年十六號召餘燼擊退英軍恢復境土明萬歷二十五年王顯理被弒（一作英黎紛）顯理第四由旁支嗣位（一作英黎紛第四）發憤自修廣布仁惠百姓歸之時有天主教之魁欲誅鉏異己王不聽魁恨之謀弒王萬歷三十七年王中刺客死百姓哀哭如喪父嗣子愚孱用小人國政亂傳至路易第十四（一作盧義斯第十四）好武佳兵諸國來朝者偃蹇淩侮之由是皆怨畔乾隆三十八年王路易第十六嗣立（一作盧義斯第十六）時華盛頓據亞墨利加起兵英攻之不克佛人以全軍助華盛頓英不能支而佛亦由是虛耗王好漁色內寵擅權擾民民不能堪乾隆五十四年國大亂尋廢王弒如神征麥西有大功王忌之置散地國人既弒王拿破侖乘勢鼓眾得大權嘉慶八年國人推戴即王位恃其武略欲混合土宇繼羅馬之蹟滅荷蘭廢西班牙取蒲萄牙兼并意大利瑞士日耳曼諸小部割普魯士之半奪墨地利亞屬藩侵嗹國圍其都城戰勝攻取所向無敵諸國畏之如虎嘉慶十六年以大兵伐峩羅斯圍其舊都墨斯科峩人燒之而走佛方旋師而天驟寒軍士凍死者十七八諸國乘其敝也合力攻之佛師大潰故所得土全失嘉慶二十年各國遺公使會議於維也納（墨地利亞都城）凡拿破侖所侵地各歸故主其間有分析有合併立盟約不相吞噬拿破侖既敗喪慚

而避位復立故王之裔路易（作盧義斯）仍握兵柄嘉慶二十一年與
英戰於北境兵敗被擒英人流之荒島道光二年死路易即位數
年卒第查理立（一作加爾蘇斯）愚懿不任事在位九年國人廢之擇立支
屬賢者路易非立（一作盧義斯非里蟬）道光九年嗣性寬仁好納諫有賢聲
又云佛在歐洲諸國中傳世最久自哥羅味開基至今千餘年中
問雖迭遭變故代立者皆其宗黨未滋他族未立女主較他國之
奕棋置君者固有間矣立法駿厲賢君復六七作危而不亡蓋有
由也又云郡國利病書言佛朗機古無可考不通中國正德十二
年駕大船突至廣州灣口銃聲如雷以進貢請封爲名撫按查無
會與舊例不允退泊東莞南頭蓋房樹柵恃火銃以自固有至部
者不行跪禮朝見欲位先諸夷御史邱道隆何鼇言其先年潛遣
火者亞三假充滿刺加國使臣風飄到澳往來窺伺略賣小兒烹
而食之近日滿刺加國王奏其奪國仇殺等情宜即驅逐嚴禁私
通將所造房屋城寨盡行拆毀詔皆從之誅火者亞三海道汪鋐
以兵逐其餘黨反用銃擊敗我兵或獻計使善泗者入水鑿沈其
舟盡擒之餘遁去汪鋐得佛朗機銃式請頒於邊鎮三邊實賴其
用又云佛朗機人好食小兒其國王得食之臣僚皆不能得至是
潛市十餘歲小兒食之每一小兒市金錢百文廣之惡少競掠小
兒往賣居二三年兒被掠益眾遠近患之云云案鑿舟之役事殊
杳茫至烹食小兒非人類所爲我 朝通市二百年佛人每歲來
粵何以不聞有此似當時傳聞未必盡確也鑿舟之說嘗詢寶提
軍振虓云少嘗學之知其梗概人入海必閉目否則爲鹹水所侵
目且盲必閉氣否則流隨吸入轉瞬而腹彭亨其能不浮不沈恃
手足之運動運動少停則隨波湧出水面斷無在水中尚能施力

運斧之理世俗所傳大半得之耳食資談柄則奇夥可喜竟欲施之實事一則愚矣慕志云法國緯綫自赤道北四十三度二十分起至五十一度五分止經綫自順天偏西百有八度起至百三十一度止又云道光二十八年國人廢路易非立遁於英不數年而崩庶民立拿破侖之姪路易拿破侖爲首期以四年咸豐二年已届期不肯避位召兵助之復期以十年事乃定同治元年法與撒丁攻奧大勝奪奧數區歸撒撒以其國二部償法光緒元年普大勝法虜其君和約後釋放歸英迨後而死紀程云同治九年西班牙無王國人議迎普魯士王族拿破侖第三阻之普法交衅於是有師丹之戰師丹在亞爾德內斯部美西也爾東南二十五里普人擒拿破侖第三入巴黎法人爲不虜者七十萬戰歿者十五萬全國三分之一爲普所蹂躪亡財貨不可勝計既而議和法割西北萊尼河西二部歸普復償普兵費五千兆佛郎約計之三佛郎半合中錢一千又法人乃定制爲民主國矣志云法國舊名塞爾塔或稱夸爾或稱加料後爲法蘭克司所專領因改今名

雷志云千八百七十年後爲共和國立法權由國會操之

國會分上下二院大總統七年一任由國民公選紀程云同治九年法爲普敗法乃定制爲民主國公舉首領治事七年一易國之政事經二議院議定首領爲書諾交政府施行其異於常人者以其能受各國書問接各國使者閱營兵察刑政而已歲俸不及妻子退任則與齊民等上議院三百人其七十五人專議國律終身不易二百二十五人舉由國之縉紳九年一易下院議紳五百三十四人舉由齊民四年一易凡民十萬舉一人過十萬不滿十萬亦舉一人應舉

之人必年過二十居籍未犯法者在官者不舉凡國政事政府條其說交下議院曰可復交上議院上議院亦曰可然後行自政革以來國之黨凡三一君黨志復君權一民黨志保民主一中黨中主無成見二院中三黨俱備遇事不無齟齬以可否之多少定之可多則行否多則止議員所議政府不以爲然者例得遣散議員令民再舉然議員之卓異者必爲民望雖遣散而民復舉之政府卒莫如何甚至有相率罷去者故政府即數十易而議員未嘗一動但政府諸臣惟兵部海部官由專門出身他部官多自議員遷擢者若果同黨則政府與議院尚不至相抗首領有罪下院陳其罪上院得執而察之

法國之地自大西洋起至地中海止有比里尼斯山界於其南樋志云平均高八千尺最高點一萬八千一百尺**阿耳魄士山**勃倫山高萬五千七百八十英尺案紀程作亞爾伯吳志作阿爾布辻志作亞爾普斯矢志作埃而潑司云又於孫尼斯山腹開遂道七英里與伊大利相通樋志云阿爾比斯最高峯曰蒙不郎克高萬五千尺而時冠白雪即勃倫山也辻志作孟布蘭周志作勃林**鳩拉河與伏斯資司河界其東德國聯邦界其東北國中高原有坎脫爾山高六千九十英尺**紀程云其疆域南東距地中海南之西倚比里牛斯山山南爲西班牙西盡大西洋北之西臨英倫海海北爲英吉利北之東界比利時及荷蘭所屬之盧森不爾厄東與德意志瑞士意大利爲鄰其鄰意大利者爲亞爾伯山鄰瑞士者爲白山爲周拉山鄰德意志者昔守萊尼河今則退守阜斯

吉士山瓦摩塞勒河東西南三面皆環山海惟東北界爲平壤地勢東南多山而高西北近水而低

河之大者爲沁河案沁河即塞納河講義云塞納河出蘭克爾高原向西北流合馬爾內河約內河及各支流至勒哈佛爾入海長四百八十餘英里其內自河口迄德羅雅有三百四十英里可通舟楫下流過巴黎矢志作遜河口云出東部山地西北流中合濛河經巴黎城下由哈佛（謝志作哈賚耶）港入英吉利海岔行四百七十英里十一國遊記作先河樋志作賽納謝志作色因譚義作賽恩一作賽那吳志作設奴周志作衰諾

勞爾河案勞爾講義云出西溫尼斯山中之米精克山合亞列爾河及各支流西流六百英里至森那晒里入海有四百五十英里適於航行矢志作落埃河云西流貫國之中部灌埃林司及託爾斯繁盛之地又經納推斯港（郎能德）入別司開灣（亦作比斯納）行五百三十英里許考作羅亞爾云出腹地峻嶺行千五百八十里入大西洋惟張沙甚多遷移無定爲行舟患潮汛盛發衝突隄塘迄難防制过志作盧爾云出斯晚奴山謝志作勒瓦耳譚義作羅洼耳一作洛洼吳志作路阿周志作魯挨

格郎河案格郎講義作加羅內云出比利牛斯山脈中西班牙領部合亞列日及各支流流至西北名日倫大河成大河口而入於海長六百餘英里內自河口至都羅塞凡二百七十英里通舟航矢志作加隆河云出比蘭尼斯山灌凡產葡萄地經孛爾特府（案即波爾多过志作薄兒得）至奇隆特灣入海許考作加羅納云過波爾多城名日倫大河吳志作加倫云下流名幾倫周志作噶弄樋志作葛弄謝志作嘎倫

隆河案隆河即羅尼講義云羅尼出瑞士之山果多爾入給尼發湖再自西南隅出至里昂併薩鄂內河

正南流入地中海合薩鄂內河長六百三十七英里以流急水淺著名自里昂與馬塞之間開通鐵道後其關係利害者漸少許考云出亞耳伯山成日尼窪湖爲瑞士南界行千三百十餘里矢志云至里昂府合沙河樋志作弄河合順河謝志作倫河合孫河周志作魯河譚義作龍河一作羅納又作羅那

面積二十萬七千百十二英方里

王韜志略云全地廣袤北自丹噶克（亦譜克海）吃東相對迄其極南之境約長千八百里其極廣處自巴黎京城核之約千七百四十六里其極狹處自吉鑾特河至意大利界寬不過千八十里濱海諸處在英國海峇及比利時峽一帶綿亘千六百八十里在大西洋徑千五百三十里在地中海徑八百五十二里附山諸處比里牛斯山峙其西南徑七百八十里亞爾卑斯山峙其東隅徑千二十里又萊尼山一帶約徑三百九里東北隅境約徑八百七十里統計四境之地截長補短不下七千二百里合哥爾塞牙計之全地之廣約六十三萬三千四百七十方里又云近今分設特拔（如中國之府）八十九亞鑾達士緬（如中國之州）二百七十三甘敦（如中國之縣）二千九百二十八甘門（如中國之鄉）三萬七千五百一十

人三千八百五十一萬七千九百七十五口

十一國遊記云法人口三千八百四十萬當百年前法人口二千七百萬英僅千五百萬（據西曆千八百一年嘉慶六年也）今則英人四千餘萬遠過於法德在道光中亦遠不若法今且六千餘萬過法以倍各國人口皆驟進惟法不進聞法婦女皆尙自由不樂有子故以隳胎爲事政府設法獎勵育子者然卒不能救正此非細故也

文業學校六十四工藝學校甚多

紀程云有大書

院十六總國之學校十六院長歲一巡行通國考察學校之勤惰男女及年均入學習藝業不成者使粗通文字年逾十二始出學聽其自由及年不入學者罰其父母故藝學漸進綜歐洲藝學德爲上法次之英又次之業農者居國人百分之四十八業工與鑛者居百分之二十五全面積百分之五十四爲耕種地百分之十一爲草地百分之十九爲樹林地主約五百六十七萬二千其所掌之地過一百英畝者居全面積百分之四十五所產者爲甜菜可以製糖煙葉橄欖桑實可以飼蠶案矢志云產穀之地居全國生產地之半麥類山芋甜菜平原所在多有煙麻隨處皆是惟供國人日用所需運往他國者少葡萄酒每年六億三百萬格倫案一格倫容二百七十七●二七二英立方寸先謙案矢志云種葡萄之法隨處皆宜以加隆河畔爲最歲產約値四萬七千萬圓釀酒至一億三千萬石或一億八千萬石不等孛爾特府及香烹州爲世界第一香烹酒每歲不下二千一百萬鑁謝志香烹作香賓牲畜牛千三百四十八萬六千五百十九綿羊二千百四十四萬五千百十三山羊百四十九萬五千七百五十六豬六百二十六萬二千七百六十四矢志云畜牧爲平原至要之業然所畜不足供日用所需但仰

給進口之費蓋各地俱爲務它業者所占有矣礦產每年出煤二千九百萬噸鐵塊二百十二萬二千噸鹽八十萬千五十八噸餘如鋅鉛銅等矢志云歲出煤二千六百萬噸然不足供全國所需約不敷三千六百萬噸出鐵三百五十萬鉛銀鹽所產亦盛業漁者十一萬五千百二十五人有漁船二萬七千六十二隻以鰍魚青魚撒丁魚爲大宗矢志云魚多產鮪鯡鰍鯨所產之數亦歲入一大宗製造繁盛可行船之河五千五百十六英里講義云河流宜舟航者有八千八百三十二基羅米突運河二千四百八十八英里千八百九十七年鐵路二萬五千七百七十七英里紀程云鐵路約五萬五千一百里電綫約四十六萬四千里講義云大部皆私設其國有者不過千七百英里商船萬五千五百六十四隻入口貨值一億五千二百九十八萬磅出口貨值一億三千八百三十萬磅紀程云入口貨值約英金錢萬六千九百三十七萬四千五百二十磅出口貨值減於入口貨值三千七百三十六萬五千三百三十磅與英比德美及本國諸屬地貿易政要云通用之銀錢曰福蘭格計洋銀一角九分之數可分爲百勝丁裝載之噸每噸計重二千二二磅量長短之尺曰米特合中國尺三尺一寸加十倍曰特喀米特合中國尺三十

一尺加百倍曰合得米特（合中國尺三百十尺）加千倍曰結羅米特（合中國三千一百尺）減小米特十倍曰特斯米特（合中尺三寸一分）又減十倍曰生得米特（合中尺三分二釐）再減十倍曰謀勒米特（合中尺三釐三毫）量地之度曰阿爾（計三畝零合八分四四）加十倍曰合塔兒（計三百八十四畝四分）減十倍曰生塔爾（計二分八釐四毫四絲）稱物之秤曰喀羅格郎（合英磅二磅二分五毫）大者曰浸篤（合英磅二百二十磅）入款一億四千萬磅千八百九十九年國債十一億九千七百九十三萬三千磅（紀程云國債英金錢八萬五千八百萬磅）每年國用五千二十四萬磅（紀程云自師丹敗後償兵費補傷殘國債因之累增後又用兵於阿非利加之馬達加斯加爾島及越南之東西京國用愈多議院議節經費政府每以不足爭之議院不允政府去位者數矣）軍額平時六十三萬六千人戰時有十九隊共七十五萬四千六百人礮二千八百二尊後備軍七十三萬四千六百人礮六千八十四尊總計四百五十五萬人海軍有戰船三百八十五隻內鐵甲五十二隻水雷艇二百九十二隻船上共四萬四千人（紀程云國制民盡爲兵分四等朝夕入伍操練礮仗隨身者謂之營兵歲僅入營操練一閱月者謂之餘兵居家隨時習武事者謂之團兵居家僅備有事時調遣者謂之備兵職在守禦非警不臨陣男子三十一隸軍籍惟廢疾及寡婦獨子乃免凡民充營兵五年退爲餘兵充餘兵

四年退爲團兵充團兵六年退爲備兵充備兵六年脫軍籍計民隸軍籍二十年入伍之兵共五十萬二千七百八十七人若四等齊集共二百四十二萬三千百二十四人養兵歲費約英金錢二千六百萬磅大鐵甲二十艘馬力四千匹至八千匹中鐵甲十二艘馬力二千匹至四千匹護衞礮船二十七艘快船五十七艘小雷艇及報信運兵之船二百三十五艘共兵船四百五十一艘人水師七萬人養船歲費約英金錢七百萬磅講義云軍艦分地中海及北海（英國海峽以上）兩艦隊又分大西洋太平洋極東交趾支那及印度洋五艦隊最有力者地中海艦隊也法國海岸分爲五海軍區一召爾布格（謝志作舍作耳革）二布拉斯的（謝志作伯勒斯）三羅爾英特四羅捨縛五士倫（謝志作度龍）以上各軍港均有鎮守府管之各港均有造船所極壯大王韶志云自法敗於普議以普兵之強無民非兵在籍者朝調夕至在營者技藝嫺熟法騎半列後隊普則騎爲前驅法軍鎗多虛發普則鎗皆命中遂仿其制籍民爲兵在營訓練較普三年之限更廣二年年及二十考揀練五年在籍備補四年充守兵五年備補守兵六年屆六月考驗一次如技已練熟兼明書算者卽放歸不能者番一年二次考驗後逐年考驗一次至第五次倘技尚未成亦放歸備補之兵每歲調營訓練二月有文職者在營限一年衣具自備考試武法不通曉者再番一年倘學倘未成亦撥入眾兵五年又查普人人出征者國養其家人樂爲用法軍則但有行糧普民四十餘兆入軍者約百之一法民三十五兆抽兵者反欲加多於普丁壯幾何恐妨耕織加以歲餉增至五百十四兆福郎較千八百七十年戰時兵餉多百四十兆較普現在兵餉多百七十四兆且建置礮臺增築營房廣購礮位更需佛郎千

八百兆議院以國用艱難新定捐款除常稅外核國人歲獲之利自千五百至三千佛郎抽百之一三千以上抽百之二法廷預定千八百七十五年軍數步兵二十六萬五千騎兵五萬四千四百四十三人礮兵四萬二千五百五十八人礮二千尊營匠二千二百二十五人營御三千八百七十人駕浮橋兵千八百七十二人掘地道兵九千人司行李兵八千人水師船數出洋者九十二號其七爲鐵甲船備調者七十八號其三十一爲鐵甲船水手共二萬九千四百七十七人兵丁萬六千人礮兵四千五百人冊查寄民亦入軍籍並議通國中分步兵爲百七十二羣騎兵礮兵十八羣工兵十八營御兵十八營步兵每羣分三營每營分六隊每隊約百五十人騎兵每羣分三隊每隊八十人計步兵四羣騎兵一羣礮隊二行工兵半營並隨丁營御數十人爲一分軍新定兵制民二十至四十歲二十年中皆挂名軍籍民多苦之有以石折臂自訴殘廢冀倖免者有司詢其多人按驗之知其情律以詭避論戍非洲雷西冶屬地充守兵二十年文士充兵者先考其所學果優於武略免住營然例繳千五百佛郎貧者多不便之法兵歲行大閱亦仿普制所用民車所過民田給費屝屨糗糧悉償以資執政以各礮兵嫻新法而在籍備調者未知擬調營訓練習成而後遣之國中諸製造廠主及大匠工師獻議云十戰九勝不敵一敗之失爭勝之道不貴用兵準乎理可矣此後各國交涉倘因事齟齬請隣國秉公判斷盍惜無益之費節有用之財或斥之曰此迂腐之談也武備廢弛外侮將至欲憑公議以息爭端雖上帝降言謂必肯從吾不信也於是法軍政遂定

巴黎熱度中數五十一度正月三十六度

七月六十五度雨水二十二英寸人二百五十三萬六千八百三十四口又蒙拜里爾（案見郎給德厄羅爾德下）熱度中數五十八度正月四十二度七月七十六度雨水三十英寸　**連恩**以絲名人四十六萬六千二十八口　**馬塞來**人四十四萬二千二百三十九口　**巴督**人二十五萬六千九百六口　**里累**以棉布麻布名人二十一萬六千二百七十六口　**土勞司**人十四萬九千九百六十三口　**聖安汀**以鐵器名人十三萬六千三十口　**能德**人十二萬三千九百二口　**里漢復**人十一萬九千四百七十口　**路卑**以呢絨名人十二萬四千六百六十一口　**路恩**人十一萬三千二百十九口　**雷摩**人十萬七千九百六十三口　**尼西**人九萬三千七百六十口　**能西**人九萬六千三百六口　**亞眀**人八萬八千七百三十一口　**土龍**人九萬五千二百七十六口　**勒來司脫**

人七萬四千五百三十八口以上要區餘尙有過於五萬居民之處十七區

徐又云佛郞西地形平衍東境與諸國接壤之處有連山斷續南界與西班牙隔比里牛斯大山餘皆平土境內河道縱橫著名者二十有二最大者曰羅尼自北而南入地中海曰塞納曰羅亞爾曰日倫大皆自東而西入大西洋海佛人多開支河爲運道處處可通舟楫又多開溝洫資蓄洩以故壤地之腴甲於西土田畝得六園林得二牧場得一人授田不過數畝而農功最力故戶口多而食常足西北氣候頗寒土卑溼宜稼穡果實東南溫燥多草木宜葡萄物產之最豐者惟葡萄酒南方之民多以釀酒爲業味極醇色淡黃微赤極清味似中國北方黍米所釀斟之起沫一瓶有値洋銀數十圓者西土良醪皆取給於佛歲得價銀六千餘萬圓又造熱酒歲得價銀三百萬圓產橄欖油極多種萊菔造糖味同於蔗所織大呢羽緞皆精緻又能織花文絲緞本國歲產蠶絲十萬餘擔不足供機杼仍由意大里販運益之其人心思精敏工於製器自來火之鎗火輪之車船大半皆其所刱都城有鐘表匠二千人每歲造時辰表四萬件自鳴鐘一萬八千架其法時時變易奇幻出人意表他國亦有倣造者而終遜於佛山產石炭鐵鉛白礬僅供國用其民俗豪俠自喜氣高亢終日歌舞無寂容貴賤皆衣裳都麗不惜費喜交遊善遇遠人每年收各項稅銀約一萬二千九百萬兩國舊分三十三部因其廣狹不均近年改爲八十六府○壹里亞德佛蘭薩部王緒志略第一部一名壹理佛蘭西此下注一名者皆見王志不復出在北境東西適中之地今分五府首曰塞納一名畤英都城在其中曰巴勒一作帕爾勒士作巴黎斯又建於塞納河兩岸城垣方廣居民九十餘萬王居殿

闕巍峩層樓複閣相望文彩精麗西土殆無其比城外離宮別苑歷代陸續修建凡數十處其街衢盤繞環市列肆密如蜂房往來者轂擊肩摩晝夜不絶每歲京都所收稅銀計九百萬兩歐羅巴都會之盛推爲第一城內有大書院藏印本書三十六萬冊鈔本書七萬冊游學之士許住院借讀又設醫院十四所選名醫居之每歲收療病者萬四千人各國學醫者皆裹糧赴巴勒三年或五年學成然後歸又有繁術院居各項藝術之師如學兵法開河道造器物之類學者各就所願羣居講肄焉次曰痾瓦斯（一名荷依時）在塞納之北首邑名波威曰哀斯尼（一名摩擬尼）在痾瓦斯之東首邑名拉安（一名拉華爾）曰塞納痾瓦斯（一名時英抑荷依時）在塞納之南首邑名威爾塞列斯（一名瓦西黎）曰塞納馬爾內（一名時英抑瑪尼）在塞納之東首邑名美倫（一名迷容）先謙案壹爾亞德佛蘭薩部二圖與徐合北加爾的亞南痾爾里亞內斯東賞巴尼亞西諾爾滿的亞所政府首塞納曹典球譯野口保興內外地志云面積四百八十方粁（曹云法國算地積以啟羅邁當一邁當華尺三尺一啟羅邁當即一千邁當拔日人作粁糖吉千米突也邁當又作米突啟羅邁當合中國三千餘尺中國每里計千八百尺啟羅邁當當中國二里餘）次痾瓦斯野誌云五千八百八十七方粁次哀斯尼野志作烏爾云六千三十七方粁次塞納痾瓦斯野志云五千六百五十方粁次塞納馬爾內野志云五千九百三十一方粁二圖府邑並與徐合巴勒一統志作把里斯謝志問答作巴利世界地學作巴里即雷之巴巴黎也講義云巴黎建塞納河下流跨兩岸與河洲之上四方來遊者甚多稱世界遊園其中我斯式之寺塔曰諾託爾達母者在府中央與旁近之俄鐵爾多維爾市廳皆爲建築上奇觀又有羅維爾之宮殿陳列各種美術品千八百九十六年人二百五十三萬六千餘口巴黎自塞納河通勒哈佛港又

自塞納河上流馬爾內河痾瓦斯河通國東方又由羅亞爾河通南方加以運河鐵道互通貿易殷繁製造亦盛附近名蹟甚多威爾塞謝志作瓦色爾有路易十四世所建宮殿山日爾蠻亦曾爲法王居城今有博物館在焉又塞納爾陶器產地甚有名又云理姆斯在痾瓦河上流人十萬八千十二世紀以後歷代法王俱郎位於此王書云在巴黎之東南偏理姆郎雷之雷摩十一國遊記云巴黎博物院之宏偉繁夥鐵塔之高壯雄大實甲天下自埃及華表至鐵塔中數里臨先河皆故賽會地一必地宮一忌連宮最壯麗長橋皆偉觀亞力山大橋尤當孔道鐵塔築於光緒十五年全塔體方鐵枝分三層搆成下層四腳斜撐於地嵌空玲瓏高三百尺四腳相距數百尺立於四隅每隅四柱上矗成四大室方廣十餘丈成一座落由四腳插地處望塔之最下層巍峩雲表蓋已在三百尺上四隅皆有上下機亭可引机漸升每至一層而歇又待人而上下焉下層中戲院酒樓茶館毬房樂室無數上至中層亦四隅各有四柱共十六柱斜插而上又二百尺至中層四周同廊貫於婦女陳設售物中酒樓廣十餘丈四方四大柱中有十字交柱此層去地五百尺俯覛城郭人民如蛭如蟻此層以上柱皆直上四周四大柱合凡十二柱中皆有十字鐵板斜交貫之每十字斜架約二丈直上二十一架凡四十餘丈將至上層漸狹改六柱作六角以至於顛中央一大柱置上下機於柱中有小層置机器有房但不設酒樓雜肆矣大柱外夾以二小柱又一柱作旋梯人可步行至項此中央柱自二層起也登上層高九百尺廣百尺八角式同廊四望頂作平臺有一八角亭再上一大柱上有實相高二三十尺以驗風俛覛雲氣憑虛御風巴黎全城如縮型之泥木室矣

鐵塔前度橋有圓殿萬戶圓周上下左右聳二小塔乃故賽會地正堂今爲博物院據岡營構前斜坡皆植花木下爲學堂上置古物皆各國殿塔柱礎殘石或整室自印度埃及波斯突厥希臘羅馬古物莫不備蓋非拿破侖不能得此歐土各博物院皆有莫如此院之多故法國七博物院以攎華博物院爲最乃故王宮爲之有歆規味博物院千七百年路易十四所開乾那花利博物院千八百七十九年開恪順伯博物院千六百八十五年開又有基遼賦博物院法人古墳拿破侖紀功坊及其陵墓蠟人院奴利故王宮那打攎泵古廟杯倫圜摩蘇園國家戲園威賒利宮徵賒利宮賒華磁廠大學議院滿梯乜地利袄祠煙弗列武庫皆可遊覽

○徐又云法蘭德勒部（第二部一名法郎得）在極北與比利時接壤改一府曰諾爾（一名編又曰那汝）首邑曰列黎（一名立里）先謙案法蘭德勒部二圖與徐合東北比國西英吉利海峽南亞爾多亞所改府諾爾曹譯野志云五千七百七十四方籽二圖此府有老拜克斯呢絨貿易極盛曹云郎雷之路卑講義云列黎爲古代佛蘭迭爾之首府

○今織物業亦盛郎雷之里累辻志作利油二圖首邑與徐合

○徐又云亞爾多亞部（第三部）在諾爾西南改一府曰巴的加雷（一名巴士特黎士）首邑名亞拉斯（一名亞拉土）先謙案亞爾多亞部二圖與徐合北法蘭德勒東諾爾西大西洋南比加爾的亞所改府巴的加雷曹譯野志云六千七百五十二方籽二圖府邑與徐合

○徐又云比加爾的亞部（第四部一名比加的）在巴的加雷府西南西界臨海與英吉利南境相望改一府曰索美（一名梭迷）首邑名亞眠（一名亞棉土）先謙案比加爾的亞部二圖與徐合北亞爾多亞東諾爾西大西洋海南壹里亞德佛蘭薩所改府索美曹譯野志云六千二百七

十七方籽二圖府邑與徐合講義云亞眠臨索美河口拿破侖時代千八百二年英法締和處人八萬餘口郎雷之亞明

○徐又云諾爾滿的亞部（第五部一名諾滿的）在北境臨海與英國南境相對政五府曰下塞納（一名時英恩非里西語下爲恩非里）北面臨海首邑名盧昂（一名羅恩）曰加爾瓦多斯（一名加爾哇多）北面臨海首邑名加英（一名加恩）曰滿砂（一名曼支）西北兩面臨海首邑名森的羅（一名聖羅）曰痾爾內（一名爾尼阿）在加爾瓦多斯之南首邑名亞靈孫（一名零千亞）曰與勒（一名柔黎）在下塞納之南首邑名厄危律（一名物錄依）以上六府與英吉利僅隔內海（內海滿砂名）遠者百餘里近者乃五六十里值晴明兩岸可以相望有海口曰補羅義曰加來又有大口曰東末佛人懸年伐英皆出此港三口據形勝之地磯臺周密防守極嚴敵船不能近也先謙案諾爾滿的亞部二圖與徐合西北大西洋海南賣內東壹里亞德佛蘭薩所改府首下塞納曹譯野志云六千三百四十二方籽次加爾瓦多斯野志云五千六百九十三方籽次滿砂野志云六千四百十二方籽次痾爾內野志云六千一百四十四方籽次與勒野志云七千四百二十八方籽二圖府邑與徐合惟加英不載海口曰加來斯郎加來曰補羅義皆在比加爾的亞境內東末存考王書云加來斯臨多維爾峽與英國多汝相對為渡英第一要津補羅義與英國佛克斯敦相對亦有汽船往來講義云盧昂臨塞納河下流在巴里與勒哈佛爾間製造棉布甚盛又河水甚深巨船得達千四百三十一年日丹克被英人焚殺於此人十一萬餘曹云郎雷之路恩王書云勒哈佛爾在塞納河入海口本國貿易第二港由法通美之海電起點於此人十二萬曹云郎雷之里漢復

○徐又云賞巴尼亞部（第六部）在壹黎亞德佛郎薩東改四府曰亞爾德內斯（一名亞爾德尼土）北界比國首邑名美西也爾（一名迷些亞里）曰馬爾內（一名麻尼）首邑名砂龍（一名查鑾）曰痾卑（一名荷比）首邑名德羅業（一名奪來意）曰高馬爾內（一名麻尼賀特西語高爲賀特）首邑名說蒙（一名曹蒙）先謙案賞巴尼亞部二圖與徐合北比國西壹里亞德佛蘭薩東羅勒內南不爾痾尼亞所改府首亞爾德內斯在極北曹譯野志云五千二百五十三方籽次馬爾內在亞爾德內斯之南野志云八千二百零五方籽次痾卑在馬爾內之南野志云六千零二十六方籽次高馬爾內在痾卑之東南野志高作上云六千二百五十七方籽二圖府邑與徐合砂龍作沙竜

○徐又云羅勒內部（第七部一名羅來內）在賞巴尼亞東改四府曰米干塞（一名牟士又曰謬斯）首邑名巴爾勒都（一名巴黎濱）曰木塞勒（一名摩些黎）北界日耳曼首邑名美的（一名密士）曰木爾德（一名牟亞邈）首邑名囊西（一名難酉）曰窩斯日（一名[illegible]）首邑名厄比納爾（一名伊比那耳）先謙案羅勒內部二圖與徐合北比國西賞巴尼亞東德國南法郎師宮德所改府首米干塞干作干曹譯野志同云六千二百四十一方籽次木塞勒次木爾德總爲木爾德末塞勒野志同云五千二百八十方籽在米干塞之東南據王志法爲德敗以羅勒內半部割與德國（引見德志）郎木塞勒府也故併其名於木爾德府次窩斯日在木爾德末塞勒之南野志云五千九百零三方籽首邑與徐合巴爾勒都作巴勒都囊西作南錫郎雷之能西

○徐又云賣內部（第八部）在諾爾滿的亞部南改二府曰馬也內（一名[illegible]）首邑名拉瓦爾（一名拉温瓦）曰薩爾多（一名沙爾德）首邑名勒忙（一名里滿士）先謙

案賣內部二圖與徐合北諾爾滿的亞南安如西比勒達尼亞東疴爾里亞內斯所改府首買延內郎馬也內之變字曹譯野志同云五千二百十二方秄次薩爾多在買延內之東野志云六千二百四十五方秄勒忙作里曼餘與徐合

○徐又云安如部（第九部）在賣內部南改一府曰賣內羅亞爾（一名萌那羅亞）首邑名安惹爾（一名安格士）先謙案安如部二圖與徐合北賣內西比勒達尼亞南波亞都東都勒大所改府賣內羅亞爾曹譯野志云七千二百十八方秄二圖府與徐合首邑作安給斯與一名安格士合

○徐又云北勒達尼亞部（第一部一名比利達尼）在賣內部西地形如臂伸入大西洋海改五府曰壹列維勒內（一名依里那維零）北半距海首邑名勒內（一名匿士零）曰哥的都諾爾（一名哥特都納）北面距海首邑名森德比勒與各（一名聖黎屋士汥）曰非尼斯德拉（一名非尼士得里）西南距海有海口通大河首邑名固英卑爾（一名歌巴）曰摩爾比罕南面距海首邑名瓦內（一名完陸士）曰羅亞爾（一名羅亞恩非里又作下羅亞爾）南北西三面距海首邑名難得斯（一名難特士）先謙案北勒達尼亞部二圖北作比西南北大西洋東賣內安如所改府首壹里維勒內列作里音變字曹譯野志同云六千九百九十二方秄次哥的都諾爾在壹里維勒內西北野志云七千二百十八方秄次非尼斯德拉在哥的都諾爾西南野志云七千二十九方秄次摩爾比罕在哥的都諾爾南野志云七千九十三方秄次羅亞爾在壹里維勒內南野志云四千七百九十九方秄二圖府邑餘與徐合北面並不距海徐志誤講義云難得斯距羅亞爾河口三十五英里貿易雖盛然水淺巨船難行不及

河口森那哂里繁盛千五百九十八年佛王亨利四世在此發難得之赦許信教自由有名於歷史人十一萬餘口郎雷之能德吳志作南佗又云布拉斯的在比勒達尼亞半島之盡頭法國海軍根據地也人七萬四千餘二圖同曹云郎雷之勃來司脫○徐又云波亞都部（第十一部一作波亞多）在北勒達尼亞東南改三府曰杻德（一名文特又作溫的）西面距大西洋海首邑名不爾奔杻德（一名波爾奔文特）曰二塞威勒（一名塞波黎濆）首邑名虐爾（一名尼邏）曰維也內（一名維延尼）首邑名波亞盤（一名杯特亞）先謙案波亞都部二圖與徐合北安如都勒大東北利西大西洋南昂姑木亞痾尼所改府首杻德曹譯野志云七千零十六方粁次二塞威勒在杻德東野志二作兩云六千零五十四方粁次維也內在二塞威勒東野志云七千零四十四方粁二圖府邑與徐合不爾奔杻德未載○徐又云痾尼部（第十二部一名安痾美）在二塞威勒府南改一府曰下砂蘭德（一名查宴特因非里）南境有海口內通大河首邑名羅捨勒（一名拉羅遮聯）先謙案痾尼部二圖與徐合所改府曰下（[illegible]）砂蘭德曹譯野志云七千二百三十二方粁二圖邑有剌羅捨勒有羅捨縛皆不與徐合存疑○徐又云森當日昂姑木亞部（第十三部一名森當）在下砂蘭德府東改一府曰砂蘭德（一名查零特查零特）首邑名昂姑勒美（一名安哥零遨）先謙案森當日昂姑木亞部二圖無上三字北痾亞都西大西洋東昂姑木亞南圭也納所改府曰砂蘭德曹譯野志云五千九百七十七方粁二圖府邑與徐合

○徐又云耳里亞內斯部（第十四部名痾里安）一在壹里亞德佛郎薩西南改三府曰與勒羅亞爾（一名柔里柳羅亞）首邑名砂爾德勒（一名杳得野）曰羅亞勒首邑名痾爾艮（一名阿零土）曰羅亞爾捨耳（一名羅亞挪砂）首邑名波羅瓦（一名布攏）先謙案耳里亞內斯部二圖耳上有痾字王志亦作痾里安徐蓋奪痾字北壹里亞德佛蘭薩西賣內東不爾痾尼亞南都勒內所改府首與勒羅亞爾在極北曹譯野志云五千九百四十方籽次羅亞勒在與勒羅亞爾東南野志云六千八百十二方籽次羅亞爾捨斯野志斯仍作耳云六千四百二十二方籽首邑痾爾艮作痾爾棱斯波羅瓦作波羅斯餘與徐合

○徐又云都勒內部（第十五部名都來內）一在羅亞爾捨耳府西南改一府曰音德勒羅亞爾（一名恩德里挪羅爾）首邑名都爾（一名叩亞）先謙案都勒內部二圖與徐合南波亞都東北利西安如北痾耳里亞內斯（學會內誤大列）（圖不誤）所改府音德勒羅亞爾曹譯野志云六千一百五十八方籽二圖府邑與徐合

○徐又云北利部（第十六部）在耳里亞內斯部南改二府曰捨耳（一名沙爾）首邑名不爾日（一名波惹土）曰音德勒（一名恩德里）首邑名砂多盧（一名杳都魯）以上三部六府在佛腹地戶口殷繁閭閻富實皆佛國殷肱郡先謙案北利部二圖與徐合北痾爾里亞內斯西都勒內東尼威爾內南馬爾也所改府首捨爾曹譯野志同云七千三百四方籽次音德勒在捨爾之西南野志云六千九百六方籽二圖不爾日作布爾給斯餘與徐合

○徐又云威尼爾內部第十七部在捨耳府東改一府曰聶維勒一名乃蛙乃蛙又名尼威首邑名內維爾一名瓦土尼在先謙案威尼爾內部二圖威尼字倒東北不爾痾尼亞西北利南不爾波內所改府聶維勒曹譯野志云六千八百八十八方籽二圖府邑與徐合

○徐又云不爾波內部第十八部在聶維勒府南改一府曰亞列爾一名威亞利爾亞利爾首邑名木靈一名摩玲先謙案不爾波內部二圖與徐合北威尼爾內南痾威爾內西馬爾也東不爾痾尼亞所改府亞列爾野志云七千三百八十二方籽二圖府邑與徐合

○徐又云馬爾世部第十九部一名馬使在北利部南改一府曰哥醋斯一名哥勒侍哥勒奇首邑名痾勒一名都里先謙案馬爾世部二圖世作也未知孰是西南黎木性北北利東痾威爾內所改府哥醋斯曹譯野志云五千六百零六方籽二圖府邑與徐合痾勒未載

○徐又云黎木性部第十二部在哥醋斯府西南改二府曰高維也內一名維延尼賀特首邑名里摩日一名黎秋摩遮士日哥勒塞一名咕魯曾此二首邑名的與勒一名佛勒先謙案黎木性部二圖與徐合東北馬爾也西昂姑木亞南痾威爾內所改府首高維也納內納曹譯野志高作上云五千五百五十五方籽次哥勒塞在高維也內之南少東野志云五千八百八十八方籽的與勒未載餘與徐合

○徐又云痾威爾內部第二十一部在亞列爾府南改二府曰不壹德多美一名北多美又日賂狄多迷首邑名哥勒爾蒙一名松納昷又法蘭曰敢達爾一名千達爾首邑名痾里拉一名黎谷荷先謙案痾威爾內部二圖與徐合北不爾波內西馬爾也黎木性東里痾內南圭也內所改府首不壹德多美曹譯野志德作得云八千十六方籽次敢達爾野志云五千七百七十九方籽首邑與徐合勒作羅

王洲地理志畔名三十一三

○徐又云亞爾撒斯亞部第二十二部一名亞撒西案亞撒西割與德國德志所謂愛爾賽司在不壹德多美府東改二府曰下勒怒一名零巴些又曰下來尼西語巴此爲下首邑名義斯達拉斯不爾厄一名拉土杜打曰高勒怒一名零賀特又曰來尼西語賀特爲上首邑名哥爾馬耳一名哥爾麻先謙案據二圖在不壹德多美東者爲亞里痾內部非亞爾撒斯亞也徐志誤王韶志亞撒西部下云在萊尼河之西二圖萊尼河西有高勒怒此特存其故迹耳有比爾佛德曹譯野志云比爾佛得九百八方籽紀程云比爾佛德在赤道北四十七度三十九分順天偏西九度三十三分屯藏軍械守禦嚴密是亞撒西歸普後卽以比爾佛德爲守險禦敵之地也

○徐又云法郎師官德部第二十三部一名佛阿德在東界窩斯日府南改三府曰高索內一名索尼賀特首邑名威蘇爾一名梭爾威曰都伯一名明努東界瑞士首邑名北三孫一名嘩山干曰女拉一名乳拉東南隅界瑞士首邑名龍勒索爾聶耳一名鑾黎梭耳尼亞先謙案法郎師官德二圖與徐合北賞尼亞西不爾痾尼亞南撒歪東瑞西國所改府首高索內曹譯野志高作上云五千三百七十五方籽次都伯在高索內東南野志云五千二百六十方籽次汝拉在高索內南野志云五千五十五方籽二圖府邑與徐合三作山龍作竜無爾字

○徐又云不爾痾尼亞部第二十四部一名不干的在法郎師官德之西改四府曰約內一名約尼首邑名痾拾勒一名亞塞黎曰哥德多爾一名哥特的荷首邑名的仍一名特蓴曰索內羅亞爾一名索尼抑羅亞首邑名痾敦一名麻干曰厄英一名恩首邑名不爾厄一名朴先謙案不爾痾尼亞二圖與徐合北賞巴尼亞東法郎師官德西威尼爾內南里痾內所改府首約內曹譯野志云七千四百六十一方籽次哥德多爾在約內東南野志

云八千七百八十七方粁次索內羅亞爾在哥德多爾西南野志云八千六百二十七方粁雷志云克路部以鐵器名曹云郎二圖之列克棱索屬此府野志云列克棱索為產鐵器之地法文字典亦云列克棱索以鐵器工業著名法文列字係冠詞有時可省洋文慣有此例次厄英在索內羅亞爾東南野志云五千八百二十六方粁二圖府邑與徐合捨作色

○徐又云里痾內部（第二十五部）在極東北與日耳曼接壤改二府曰羅內（一名羅尼）首邑名里昂（一名來昂法人多呼日雷昂）曰羅亞爾首邑名蒙比里孫（一名蒙布黎孫）撒先謙案據二圖里痾內部西痾威爾內北不爾痾尼亞東撒歪南郎吉德不與日耳曼接壤徐志誤所改府首羅內曹譯野志云二千八百五十九方粁次羅亞爾在羅內西野志云六千九百八十方粁北勒達尼亞部亦有羅亞爾野志作下羅亞爾此或當為上羅亞爾也存考二圖府邑與徐合王志云森伊坦尼在里昂西南人口十三萬附近多產石炭製鐵業甚盛有槍砲製造廠曹云郎雷之聖安汀

○徐又云德爾非內部（第二十六部一名道非內）在厄英府東南與意大里薩爾的尼亞接壤改三府曰義塞勒（一名依些墅）首邑名哥肋諾伯勒（一名格黎那布爾）曰多羅美（一名羅美奪）首邑名瓦棱薩（一名零土唑）曰高亞爾卑斯（一名亞爾卑斯賀特）首邑名甲（一名恰布）先謙案德爾非內二圖與徐合南不羅温薩東意國西郎吉德北不爾痾尼亞所改府首義塞勒曹譯野志云八千二百三十七方粁次多羅美在義塞勒南野志云六千五百六十一方粁次高亞爾卑斯在義塞勒東南野志作上阿爾卑云五千六百四十三方粁二圖甲作甲朴餘與徐合

〇徐又云不羅溫薩部（第二十七部）東接薩爾的尼亞南距地中海改四府曰窩哥律斯（一名咕魯土）首邑名亞威農（一名亞域南）曰下亞爾卑斯（一名亞爾卑斯巴些）首邑名的聶（一名狄尼）曰不世德羅內（一名坡些都羅尼爾）南境距海首邑名馬耳塞里亞（紀程作馬塞云口外有佛禮優爾爲泊船之處有二島北島名拉多內奧南島名波彌歸斯北島東西長四里南島自東北至西南長四五里二島廣皆不過一里南島之東北頭約里詩與北島中間爲平行勢相距僅十分里之六七法人於平行處之西南礮石爲隄以聯二島於東面接北島山背礄長半里之石隄西南伸人海中對南島之東北頭爲口門隄之西南嶹置燈塔山門廣約半里口內容數十巨艦北島東頭之東南有小島曰查特奧當佛里優爾口門之東與北島間湧夾亦可下椗自佛里優爾東至馬塞南之英都彌背約六里東北至馬塞口內約十里二島無居民但有電報局及醫院島皆白石無林木間生小草綣黃花鏞廸如散金有泉嗹甚甘老姪守之撥錢方可搠飲馬塞地勢爲向西海澳口門西北向廣約三分里之一東岸背有砲臺曰森占入口轉而東向南岸山麓有大砲臺曰森尼科來斯鹽地頗高砲力可以及遠澳內東西長約二里廣約三分里之二口門遮北距岸約里許礮石爲隄南北亘約六七里隄以東皆艦塢澳之南則倚山麓民二十七萬六干餘口駐有部長及兵官土皆白沙不似肥饒者然沿海多叢林濃蔭數十里蓋西人講求樵牧學盡其人力樹藝亦能茂密耳馬塞在赤道北四十八度十七分嚮天儞西百十一度一分不特法船停泊郎各國行艦亦廷道泊此以載中歐之人貨惟德與法伉不泊馬塞則泊於意國之熱那亞）曰瓦爾東南境距海首邑名達拉給娘（一名德拉格難）

先謙案不羅溫薩二圖與徐合北德爾非內南地中海東尼西西郎吉德所改府首痾哥律師郎徐之窩哥律斯曹譯野志同云三千五百七十八方杆次下亞爾卑斯在痾哥律師東北野志作下阿爾卑云六千九百八十八方杆次不世德羅內在痾哥律師南野志云五千二百四十八方杆次瓦爾在不世德羅內東野志云六千二十三方杆餘二圖與徐合

〇徐又云郎給德部（第二十八部）在不羅溫薩部西幅員甚廣改八府曰高羅亞爾（一名羅亞賀特）南境距地中海首邑名不壹（一名黎賂）曰羅塞勒（一名羅惹亞）首邑名漫德（一名閭特）曰亞爾德世（一名亞爾特支）首邑名比里瓦（一名布里哇）曰加爾（一名格羅尼）首邑名尼美斯（一名尼士摩土）曰厄羅爾德（一名希羅爾斯）

首邑名蒙德不列爾（一名比野略蝲）曰痾德（一名荷特）東境距地中海首邑名加爾加索內曰達爾尼首邑名亞爾比曰高加羅內（一名格羅尼賀特）首邑名都羅塞（一名斗羅土）以上二部拖地中海北岸馬爾塞里亞爲南境第一大埔頭又有海口曰土崙修造戰艦之地也先謙案郎給德二圖給作吉北里痾內東德非爾內不羅溫薩西圭也納南地中海及盧西隆所改府首高羅亞爾南境不距地中海徐志誤曹譯野志云五千一方秆次羅塞勒在高羅亞爾南少西野志云五千百八十方秆次亞爾德世在高羅亞爾南少東野志云五千五百五十六方秆次加爾在亞爾德世南野志云五千八百八十一方秆次厄羅爾德在加爾西南野志云六千二百二十四方秆次痾德在加爾西南野志云六千三百四十二方秆次達爾尼在厄爾羅德之西野志云五千七百八十方秆次号特加羅內郎徐之高加羅內野志高作上云六千三百六十七方秆二圖不壹作列不壹蒙德不列爾作曼德迫列爾曹云曼得迫列爾郎雷之蒙拜里爾餘與徐合南境埔頭馬爾塞里亞土崙海口作土倫皆在不羅溫薩之不世德羅內境內徐馬至也二十七字誤文應移彼下講義云馬爾塞里亞在地中海沿岸之東部爲國內最大之港與意大利之布林的西澳大利之的里雅斯德俱爲東洋重要泊船處人四十餘萬郎雷之馬塞來（謝志作瑪色勒）土倫郎雷之土龍紀程云土侖屬瓦爾部砲臺守口甚堅固分三等一爲常練之臺日夜防守者也一爲有砲無兵之臺臨事方置兵者也一爲有基無礮之臺臨事方囊沙爲壘設砲者也臺三十餘座由海口環上山巔遠擊敵船近攻鐵路首尾相接破之甚難講義又云都羅塞臨加羅內河之上流自此通南運河至地中海乃大西洋地中海中間商

業要地人口十五萬郎雷之土勞司

○徐又云佛亞部（第二十九部一名爾的佛亞）在西界下砂蘭德府西臨海改一府曰亞列日（一名亞黎嶺亞黎嶺）首邑名佛亞（一名荷易）先謙案佛亞二圖與徐合東北郎吉德南安道耳國西西班牙國所改府亞列日曹譯野志云四千九百三方粁二圖府邑與徐合

○徐又云盧西隆部（第三十部）在南界東距地中海南負比里牛斯山與西班牙接壤改一府曰東比里牛斯（一名比里牛斯阿黎恩德爾）首邑名北爾比娘（一名必難巴）先謙案盧西隆二圖與徐合北郎吉德東地中海西安道耳南接西班牙所改府東比里牛斯曹譯野志云四千百四十五方粁二圖府邑與徐合

○徐又云馬也納部（第三十一部一名哥也納）在南界郎給德部西幅員尤廣改九府曰日倫大（一名希鑾亦曰及倫特）西距大西洋海首邑名波耳多（一名波爾特荷）海港深通上接內河葡萄酒由此出運爲西境第一大埠曰多爾多尼亞（一名多耳冬亦曰多多尼）首邑名卑里句（一名別勒諾）曰羅加羅內（一名挌脫挪格羅尼又曰羅的加倫）首邑名亞仁（一名亞然）曰羅（一名挌脫又曰羅的）首邑名加爾（一名格賀士）曰亞維倫首邑名羅德斯（一名羅多土）曰達爾尼加羅內（一名旦挪加羅尼又曰達尼加倫）首邑名蒙德邦（一名蒙多班）曰惹爾（王志別爲一部云第二十二部加斯哥尼在哥也納部之西南南界比里牛斯山而西臨大西洋海令改三府首曰格土一名及爾斯又曰惹爾先謙案哥也納鄙土也納令二圖圭也納之西南有加斯可內即加斯哥尼也是王志與二圖同）首邑名痾世（一名勒取）曰蘭德（一名蘭題）西距大西洋海首邑名蒙德馬爾三（一名瞞特瑪瑪）曰高比里牛斯（一名比里牛斯賀特）南界西班牙首邑名達爾卑（一名達列）先謙案馬也納二圖馬作圭北昂姑木亞痾尼東郎吉德南佛亞伯爾內西大西洋所改府首

日倫大曹譯野志云萬七百二十六方秆次多爾多尼亞在日倫大東野志云九千二百二十四方秆次羅加羅內在多爾多尼亞南野志云五千三百八十五方秆次羅在羅加羅內東北野志云五千二百二十六方秆次亞維倫在羅東南野志云八千七百七十一方秆次達爾尼羅加內在羅南野志云五千七百三十一方秆次惹爾在羅加羅內南野志云六千二百九十一方秆次蘭德在日倫大南少東野志云九千三百六十四方秆次高比里牛斯野志高作上云四千五百三十四方秆二圖卑里句作卑爾勾加爾作加和爾餘與徐合講義云波爾多在加羅內河之海口葡萄酒輸出港也製糖陶器各工場頗多人二十五萬餘口曹云郎雷之巴督

○徐又云伯爾內部第三十二部在西南隅西距大海南界西班牙改一府曰下比里牛斯一名凡里牛斯巴些首邑名波一名鮑先謙案伯爾內二圖與徐合北馬也納東佛亞西南西班牙所改府下比里牛斯曹譯野志云七千七百二十一方秆二圖府邑與徐合

○徐又云哥爾塞牙部一作可耳西加又作爾西阿又作郭土喀噶在國東南乃地中海大島在薩爾的尼亞島之北舊本屬意大里佛人取之今改爲一府廢王拿破侖郎此島人首邑亞乙配蔚先謙案哥爾塞牙島二圖與徐合所改府曹譯野志云八千七百二十二方秆紀程云島舊屬意乾隆元年自立爲國附於法三十九年法人以島歸撤丁五十八年法民亂共和黨興改革兵與各國交戰時島人拿破侖人共和黨爲兵謀令島兵與法兵合以防英不果島遂降英嘉慶元年拿破侖爲大將始復其地後法定新制島爲八十七部之一南北

三百三十里東西百三十里計二萬八千三百三十四方里人二十七萬八千餘中有山南北亘最高峯曰羅當多高於海面九千六百英尺科爾索即山之北嶺望山麓屋宇鱗次山上有數華表柱蓋拿破侖故里也自此島至北岸熱那亞約二百七八十里科爾索二圖作科爾西角

○王韜志云法新置三府東接意大利北隣瑞士南臨地中海此三府之地本意大利舊壤前撒丁與墺地里戰法助撒獲勝議和後撒丁王以倫孛多地酬法法人以其在意境中難越地兼攝遂與意易此三府取其境土毗連也在東方者曰沙武亞賀特府一名上沙懷首邑曰亞尼西稍南曰沙武亞府一名沙懷首邑曰匿沙一名尼士在極東南隅盡境者曰亞爾卑斯麻黎點點是墨之誤又紀程云尼西爲法國亞爾卑斯馬利特墨斯部首城舊本撒丁地咸豐九年撒丁王以法師之力取倫巴多乃割撒歪尼西二部與法法人分置三部改尼西部爲亞爾卑斯馬利特墨斯而首城仍舊名法人以尼西爲避暑勝地故游者麕集先謙案據二圖與瑞意相隣者有撒歪部在東方者曰上撒歪郎上沙懷也稍南者曰撒歪郎沙懷也東南隅盡境曰亞爾卑斯馬利特墨斯郎亞爾卑斯麻黎墨亦郎當日之尼西部也野志云上撒歪四千五百九十八方粁撒歪六千百六十八方粁沿海阿爾卑三千七百三十六方粁沿海阿爾卑郎亞爾卑斯馬利特墨斯因在地中海濱故受此名矣

屬地　雷志云連保護之國計算面積四百十二萬三千百四十

一英方里人約五千四百九十三萬四千口在非洲者三百八十萬九千七百七十二英方里人三千三百二十七萬四千口在亞洲者七萬二千三百九十六英方里人二千百十八萬七千口在美洲者三萬一千六百二十二英方里人三十七萬六千口在太平洋及南冰洋者九千三百五十一英方里人九萬三千口

安道耳國 附

安道耳講義云共和國在法蘭西與西班牙之境界上比利牛斯山中面積百七十五英方里人六千口法蘭西與西班牙之烏耳吉爾僧正共保護之曹典球云烏耳吉爾乃西班牙新析之勒黎達州中一都會有議會議員二十四人四年爲一期紀元八百五年法王敬虔路易所擧建也彈丸小記云安道耳不過八十方里縱橫析計之各得二十里有奇

摩納哥國 附

摩納哥講義云獨立侯國在法蘭西與意大利交界處亞爾卑士山脈至此成爲嶂壁而落於海在馬耳塞東方百四十九英里面積八方英里人萬三千餘口工商業無可見者首府摩納哥人三千三百口紀程云摩納哥地長廣不過數里無租賦之人以地居海濱遊人甚多乃廣置園林亭館設博具招遊人集博藉以取

資爲歲入款彈丸小記云面積三十五方里縱橫約六里

瑞士國

瑞士雷志云瑞士者湖山之國也徐志瑞士（瑞子綏沙蘭）東（巴楊蘇益薩）云在日耳曼之南墺地利亞之西佛蘭西之東意大里亞之北東西約五六百里南北約三四百里萬山疊峙中峰高接霄漢常積冰雪歐洲大河多由此發源其地山水清奇甲於西土西境有官斯巴薩大湖圍以密林縈以清澗豐草芳縟麋鹿羣游尤爲幽勝地產五穀藥材所造奶餅極甘香居民大半以牧畜爲生夏月驅牛羊入山秋冬乃返國無苛政風俗儉樸淯良數百年不見兵革稱爲西土樂郊古時地屬羅馬羅馬衰亂北狄不爾給農人據之旋爲佛郎西所有後爲日耳曼所奪其人戇勇日耳曼選爲親軍臨陣皆效死力戰元大德年間日耳曼王亞里伯爾多苛斂無藝濟以酷刑瑞士人不能堪逐日耳曼守土吏各推頭人據險畫疆告絶於日耳曼其地斗絶人健鬬日耳曼不能收復亦遂聽之初分三部後分爲十三部皆推擇鄉官理事不立王侯如是者五百餘年地無鳴吠之擾西土人皆羨之嘉慶三年佛攝王拿破侖（時未即位）以兵力強取入版圖以爲十九小部拿破侖既敗各國公使會議於維也納十九部之外益以亙錯之日內巴拉牛弗砂德爾（本屬魯士普）瓦來斯（本屬墺地利亞）三部共二十二部爲瑞士國復其舊俗自推鄉官理事酌地勢按戶口拔壯丁禦侮諸大國不得鈐制慕志云瑞士在歐羅巴之中緯綫自赤道四十六度至四十八度經綫自順天偏西百十六度至百二十一

度長六百里廣四百二十里薛記云由意大利北境果穆入瑞士境先抵阿爾魄士山之麓積雪皚然一白無際山路由漸而高鐵軌斜上俛視絕壑深杳無底側道褊狹車行亦緩至柳街諾羅一排屬之諾鄉迭嶠山計萬山之中忽開空曠晴湖如鏡倒影澄碧濱湖萬家闤闠相連遊人多儳居於此車行益北路益高雪益深景益奇麗火車出入山洞中忽窅黑忽開朗霎時間明滅百態凡穿數十洞有行五六杪鐘者有行四五分鐘者惟山果得捺爾洞最長行至二十餘鐘此處山高二千百十四邁當洞當山心其南口爲愛羅羅屬瑞士之德散省郎迭山省出北口過盎堆而買特又經小洞數十至果斯雪囊屬瑞士之越利省始穿阿爾魄士山之背矣地勢漸下又經山洞二十餘濱徂揩湖一作蘇克湖及揩脫爾缸東湖而行其行十點鐘時度越勒嶺山中吐納萬景變幻不可名狀湖光飲淥青靄迎人西人羨瑞士爲洞天佛地也至巴勒爲四國交衢過客如織凡赴法赴德赴瑞赴比利時者於此分道焉矢志云瑞士者山國之義舊名蘭嚚奧人以其地多山呼爲瑞士云謝志作稅資云舊名勒嘤辻志作瑞西

其政治爲合衆共和國分二十五邦案講義作二十二部與諸志同說見下於千八百十五年聯合政要云建國之初在於千三百八年僅有三剛登合成小國一日烏理一日瑞士一日恩德華而特千三百五十三年轄境漸拓合有八剛登千五百三年合有十三剛登其近邊屬地亦包在內千七百九十八年合衆剛登改爲民主國日赫皮西亞後四年法王拿破侖又附以六剛登爲合衆民主國千八百十五年復附益三剛登共二十二剛登計地萬五千二百三十八三英方里矢志烏理作烏利瑞士作什威士恩

德華而特作恩達氏爾頓曹典球云野志云瑞士爲二十五邦所成之合衆共和國而剛登則爲二十有二蓋亞奔塞爾亞塞爾羅丁與亞奔塞爾英那羅丁本一剛登而中分二邦巴西爾與巴西耳市亦一剛登而分二邦翁德爾瓦里的亦以一剛登而析爲二邦也又案矢津昌永高等地理云巴西爾亞奔塞爾翁德爾瓦里的三州每州各分二處共和政治共成六處共和政治據此則二十二州有三州析而成六適與二十五邦之數合

解散議會之權由國民公操之 政要云瑞士爲員民主國其先皆小邦分治如日耳曼然有事則舉行國會各小邦皆派人入會議辦而不立邦主千八百四十八年各邦乃合爲一議會有二一邦會各邦自行聚議一國會各邦合成一會邦會四十四人二十二邦每邦派二人入國會共一百三十五人皆由百姓公舉每二萬人例舉一人議員以三年爲期逐歲交替民年二十郎可與選惟教師不與國之全權所在行政派七人亦三年爲期其主議大員與副主議之權無異國王期限一年不能畱辦果孚衆望一年後始得再舉凡出令征戰講和立約皆合衆會主之此外更有十一員循行各邦稽察調處十一員分三班地方訴狀由首班三人核轉次班三人主訊鞫如按察然又次班三人幫同審訊餘二人爲正副主事又武職七人俱由合衆會舉派合衆會聚集之地曰盤呸郎以爲都會官無常祿惟行政七人歲得薪水四百八十磅主事歲得六百磅主議大員歲得六百磅副主議歲得四百八十磅蓋國以民爲主自苛列國分爭獨瑞士得瓦全者以其衆志成城也

牧場廣衍間有積雪不化之荒野 謝志云山巔積雪永存遇暖半融漸流而

下是爲冰川下流平地又爲冰田有時大雪球滚下山坡愈滚愈巨重不可當所過木倒石裂全村居宅竟可傾壓爲病甚烈其地之高自六百六十三英尺如蘭哥曼喬至萬五千二百十七英尺如勞賫山居民最多之處在鳩拉與阿耳魄士之間一高原案鳩拉一作吉拉講義云阿爾魄士山脈蟠踞國之南部吉拉山脈當國之西境而連亘於法蘭西境鳩拉王志作久拉阿耳魄士矢志作埃而潑司從認尼窩湖起至康司旦士湖止案講義云瑞士湖凡十五其十之一在阿爾河之盂地最大者在國之西南隅名給尼發湖一名勒絫在東北隅名君士坦湖兩兩相對次曰紐砂德爾湖曰盧薩爾湖曰蘇黎世湖又有馬基烈湖半屬意大利半屬瑞士樋志云建尼法長五十五英里孔士頓斯長四十五英里奴什阿迭耳長二十五英里建尼發郎給尼發孔士頓斯郎君士坦奴什阿迭耳郎紐砂德爾也矢志作設涅窩昆士坦士紐卡鐵爾謝志作若內弗皆諾尼窩之音變根士旦斯皆康司旦士之音變牛恰代爾皆紐砂德爾之音變通計其高之中數略過千三百英尺與意國所通之路常行爲三大般那高八千百十英尺雪潑郎高六千六百英尺三高達案講義作山果多爾高六千八百九十英尺司撲盧認高六千九百四十六英尺曼羅扎高五千九百四十英尺王書云南與意大利相接處有阿爾卑斯連山峯巒大半

在雪綫以上最高峯曰聖郭沙特高萬四千九百英尺歐洲諸河多發源境內聖郭沙特峯爲分水界東北流者爲萊尼河譯義云發源名來因至瑞士東境黎干駱府以下始名萊尼此源流異名非異譯也入君士坦丁湖又西合阿爾河至巴西爾府北入德境西南流者爲羅尼河入給尼發湖又西南入法境南流者爲梯西諾河經馬給阿烈湖入意境波河之一支流也最東一隅爲音尼河東北入奧境多腦河之一支流也其上流皆由冰河發源長或至二三十英里下流又多激湍可通舟者惟阿爾河而已

氣候與所產植物隨地高下而異常盤樹與橄欖木盛於意大利斜坡每年換葉之樹林及葡萄五穀等罕能植於高二千六百英尺以上之地者王書云土地甚高地面又北向故以緯度論較爲寒冷然各處高低不同溫度亦因而差異雪綫之高凡九千英尺生長穀物之界限則限以四千英尺雨量較歐洲諸國爲多

面積萬五千九百六十四英方里千八百九十七年人三百八萬二千九百八十口每年遷居他國者七千餘人政要云民有三種一日耳曼種十六剛登一法蘭西種四剛登一意大利種二剛登土田悉歸百姓其無田產者不過五十萬人每方百里中二十分游牧十七分樹林十一分耕種二十分青草地一分葡萄樹三十分山川

有大學校七學生三千三百餘人王書云其中千五百人係外國留學者模範取之德意志徵兵壯丁中不能識字者不過百分之一

全國面積百分之十三爲耕種地百分之十三爲果木百分之二十五爲草場百分之二十爲樹林百分之二十八爲荒地牛百三十萬六千六百九十六慕志云土產木料葡萄熊羆撥鼠䶉鷹羚羊鹿謝志有麂云木多橡榆櫸栗等矢吳志云多山羊有羊毛輸出謝志云馬牛羊豕驢俱極繁盛然則牧畜不止牛矣礦產無多有鹽煤鐵鍊石謝志云礦產惟石油類尙多可作塞門汀泥亦微有鐵錫煤則全無以草煤代之有鹵井可製鹽講義云全國多山耕地不過全面積之一分六故麥類等產不足供全國消額之半牧畜甚盛輸出牛酪乾酪甚多葡萄酒產額亦大善保護山林故林產額亦大礦產甚少幾無石灰然工業之原料雖仰給外國而國人善於利用河流及瀑布之水力以供製造西北部工業尤盛絹布棉布時計及寶石細工等產物爲大宗矢志云鐘表名著天下歲成三百萬件約值四千萬圓鐵路二千三百五十一英里內過三高達隧道九英里講義云國有者四千三百八十英里綫條萬三千三百七十八英里餘皆私有謝志云電綫四萬里入口貨值四千二百六萬八千磅出口貨值二千九百二十萬五千五百三十二磅絲棉布表乳餅等製造貨居出口貨百分之七十九居入口貨

百分之二十六食物居出口貨百分之九居入口貨百分之二十六與德法意英美貿易講義云日本於明治二十九年初約貿易政要云錢幣權度與法國同　聯邦公入款三百八十三萬七千磅千八百九十八年國債三百三十五萬五千六百七十磅各邦入款三百十六萬六千磅國債千三十八萬磅政要云借債之時指公地爲質各剛登地方官自治章程出入財用亦有遖債指公地爲質與國債同　戰兵十四萬七千百九十一人國內戍兵八萬三千二百八十三人樋志云此國永久中立局外不置常備兵若一朝有事則舉全國壯丁從事軍旅　鄉團二十七萬千七百八十八人　蘇力克熱度中數四十九度正月三十度七月六十六度雨水四十英寸人十七萬五千九百九十四口有著名多學科學校一所　認尼窩人八萬六千五百三十五口　彼塞爾人八萬九千六百八十七口　伯爾尼爲聯邦都會人四萬九千三十口　勞聖人四萬六百七十一口　聖格棱人三萬四千二十

五口　**拉加克對芬支**人三萬一千百五十七口　**路善痕**人二萬三千六十口　**比愛耳**人萬九千二百三十七口　**牛朵德耳**人萬九千二十二口　**温德達**人萬八千二百口人口照千八百九十四年之數

以上要區徐又云給里孫在東方長三百五十里廣百八十里戶口八萬八千應出壯丁千六百地分三邑曰給里孫曰加德曰森給里至各領以鄉官頭人先謙案給里孫二圖無慕志與徐同云首邑名住爾曹云給里孫二十世紀圖同野志云地積七千一百三十三方粁人口十萬四千五百二十住爾二圖同

○徐又云伯爾瓦耳尼一作北在腹地北境抵北方長三百里廣二百里戶口三十五萬應出壯丁五千六百二十巨室殷戶半居於此鄉官二百九十人先謙案伯爾尼二圖與雷徐同講義云爲首府居國之中央臨阿爾河千九百年人口六萬四千慕志云首邑同爲衆部都會又云遇國之內外大政部使鄉官集議於公處在伯爾尼蘇利克盧撒爾拿每年挨次曹云伯爾尼二十世紀圖作百倫野志云伯爾尼六千八百八十六方粁人口五十八萬九千四百三十三又云二十世紀圖伯爾尼屬地有碧泥郎雷之比愛耳

○徐又云瓦來斯在西南本屬墨地利割附於瑞長三百餘里廣百餘里戶口七萬應出壯丁二百八十鄉官七十六人先謙案二圖無慕志作法累斯首邑名西披曹云瓦來斯二十世紀圖作佛勒斯野志云地積五千二百四十八方粁人口十一萬四千四百

三十八西按二圖作西汪一作西田按之英文圖皆合

○徐又云瓦烏的一作尼瓦熱在極西長百八十里廣百五十里南界臨官斯丹薩湖風景幽絕城建湖濱居民造時辰表每歲得價銀數百萬洋舶販至中國者大半瓦烏的人所造也戶口十七萬應出壯丁千二百八十鄉官百八十人先謙案二圖作給尼發即熱尼瓦音變字講義同云在國西南隅給尼發湖畔人口十萬四千餘當中部德意志及法國南部交通之衝製造懷中時計之業甚盛湖畔風光明媚外人來游者多郎雷之認尼窩也樋志作建尼法亦作若內弗辻志作節尼窪吳志作設涅窩矢志作勒納佛周志作及內維王書云在給尼發湖西南岸有大學文學家盧騷生地又云羅參內人口五萬在給尼亞湖北岸四圍風光最佳郎雷之勞聖慕志云縛的首邑名羅參建於河濱風景極麗羅參郎羅參內河濱郎給尼發縛的又瓦烏的之音變字也亦與二圖合曹云熱尼瓦二十世紀圖作日內瓦野志云日內瓦為英吉利音給尼發為德意志音地積二百七十九方粁人口十三萬二千六百零九又云縛的二十世紀圖作福達別為一邦野志云縛的地積三千二百二十三方粁人口二十八萬二千三百七十九羅參內英文圖在湖北岸小河東畔

○徐又云德西怒在南方長百三十里廣百二十里戶口十三萬二千出壯丁七千八百鄉官七十八人先謙案二圖無慕志作德信云首邑名比鄰梭那曹云德西怒二十世紀圖作體基努野志云地積二千八百十八方粁人口十六萬八千六百三十八

○徐又云桑牙祿在東方長百五十里廣百十里戶口十四萬四千應出壯丁二千六百三十鄉官百五十人先謙案二圖作桑牙棱在亞奔塞爾之北郎雷之聖格棱慕志作桑高錄云首邑同名曹云桑牙祿二十世紀圖作聖加爾野志云桑牙祿地積二千零十九方粁人二十五萬零二百八十五

○徐又云蘇黎世在北方長百二十里廣百十里戶口二十一萬應出壯丁三千七百鄉官二百十二人先謙案二圖同講義云居國北部蘇黎世湖畔人口合郭外共十五萬餘與德奧交通最便都會也與意大利由山果多爾隧道亦可交通有全國中最有名之大學與工業學校據此郎雷之蘇力克慕志作蘇利克云首邑同名明時耶穌之徒傳福音英字聖經先印於此樋志作蘇立克又作租利革曹云蘇黎世二十世紀圖同野志云地積一千七百二十五方粁人口四十三萬一千零三十六又云蘇黎世之北二圖有溫德徒爾郎雷之溫德達十二世紀圖作威儀突耳

○徐又云盧撒爾拿在腹地長百一十里廣百里戶口十一萬六千應出壯丁千七百三十鄉官百人先謙案盧撒爾拿慕志同云附近同名曹云郎雷之路善痕二圖作盧薩爾拿講義同云在盧薩爾拿湖畔王書云附近有冰河公園隔湖有里吉山均稱壯觀東南有英德剌珍𠃬圖風景甚美曹云盧撒爾拿二十世紀圖作盧撒拿野志云盧撒爾拿地積一千五百零一方粁人口十四萬六千五百十九

○徐又云亞爾痾維亞在北方長百二十里廣八十里戶口十五萬應出壯丁二千四百一十大鄉官百五十人小鄉官十三人先謙案二圖無慕志作亞爾高云首邑同名曹云亞爾痾維亞二十世紀圖作亞爾庚野志云地積一千四百零四方粁人口二十萬零六千四百九十八

○徐又云弗里不爾厄在腹地長百二十里廣七十里戶口八萬四千應出壯丁二百五十鄉官百四十四人先謙案弗里不爾厄二圖同在伯爾尼之西南慕志作弗里堡云首邑同名曹云弗里不爾厄二十世紀圖作法里堡野志云地積一千六百六十九方粁人口十二萬七千六百五十一

○徐又云烏黎在腹地長百三十里廣六十里戶口萬三千應出壯丁二百三十鄉官十三人別有副先謙案二圖無慕志同云首邑名亞多弗曹云烏黎二十世紀圖同野志云地積一千零七十六方粁人口萬九千七百亞多弗郎學會圖之亞爾塔佛

○徐又云孰義的斯在腹地長九十里廣六十里戶口萬二千應出壯丁六百鄉官三百三十人先謙案二圖同在蘇黎世之南慕志作瑞的斯曹云孰義的斯二十世紀圖作瑞石野志云地積九百零八方粁人口四萬一千五百十四

○徐又云加拉利斯在西方長九十里廣五十里戶口二萬八千應出壯丁四百八十鄉官八十人先謙案加拉利斯二圖同在東方徐作西方誤慕志作加拉魯云首邑同名曹云加拉利斯二十世紀圖作格蘭魯斯在東方桑牙祿之西南野志云地積六百九

十一方籽人口三萬
二千三百四十九
○徐又云牛弗砂德爾在西方本屬普魯士割附於瑞長九十里
廣五十里戶口五萬一千應出壯丁九百六十普魯士官四十五
員鄉官三十人會同議事先謙案二圖作紐砂德爾與法國法郎
師官德部之都伯相接卽雷之牛采德爾慕志作牛砂德云首邑
同名曹云牛弗砂德爾二圖作牛砂德的野志云牛弗砂
德爾地積八百零八方籽人口十二萬六千二百七十九又云二
圖有查克斯的芳得斯郎雷之加拉克對芬
野志云在牛采德耳西北以製造時計著名
○徐又云獨爾疴維亞在東北長百里廣八十里戶口八萬一千
應出壯丁千五百二十鄉官百人先謙案二圖無慕志作圖爾高
云首邑名弗雷尼曹云獨爾疴維亞二十世紀圖作都耳加野志
云地積九百八十八方籽人口十一萬三千二百二十一弗雷尼
二圖作勿雷
英非爾得
○徐又云亞奔塞爾在東北包桑牙祿界內長八十里廣六十里
戶口五萬五千應出壯丁九百七十分內外兩邑各推鄉官理事
先謙案亞奔塞爾二圖同在加拉利斯之東北慕志作亞奔塞云
首邑同名曹云亞奔塞爾二十世紀圖作亞匹然爾野志云亞奔
塞爾亞塞爾羅丁地積二百四十二方籽人口五萬五千二百八
十一又云亞奔塞爾英那羅丁爲半剛登地積一百七十八方籽
人口一萬三千四百九十九英文圖亞
奔塞爾英那羅丁在亞奔塞爾南部

○徐又云梭律勒在北方地形樣枒半在伯爾尼界內長百二十里廣八十里戶口五萬三千應出壯丁九百自推鄉官理事先謙案梭律勒二圖同在巴勒之西南慕志作梭婁爾云首邑同名曹云梭律勒二十世紀圖作索羅斯堡野志云地積七百九十二方粁人口十萬零零七百六十二

○徐又云巴勒（一作巴悉）在北方長八十里廣五十五里戶口五萬四千應出壯丁九百八十鄉官百五十人有大書院名最著文儒所萃能宣布耶穌教旨先謙案二圖同作巴西爾慕志作巴勒云首邑同名講義作巴西爾云在國之北境來因將入德意志之處人口十一萬二千八百餘有大學又製造絹布等業甚盛郎雷之比塞爾薛記作伯勒亦作排而樋志作伯耳謝志作伯諾吳志作畢淝周志作培爾曹云巴勒二十世紀圖作白塞耳野志云白塞耳爲半剛登地積四百二十二方粁人口六萬八千四百九十七又云白塞耳市爲半剛登地積三十六方粁人口十一萬二千二百二十七

○徐又云翁德爾瓦里的在腹地長八十里廣六十里戶口二萬四千應出壯丁三百八十地分上下二邑各推鄉官理事先謙案二圖無慕志作翁德瓦丁云首邑名斯丹曹云翁德爾瓦里的二十世紀圖作翁德瓦丁野志云翁德爾瓦里的尼德的母瓦里得地積二百九十方粁人口一萬三千零七十翁德爾瓦里的阿普的母瓦德地積四百七十五方粁人口一萬五千二百六十英文圖前在部東北後在部西南蓋一部析爲二剛登也

○徐又云砂佛塞在極北方𠀋錯日耳曼界內長七十里廣四十里戶口三萬應出壯丁四百六十鄉官七十四人先謙案二圖作沙佛塞慕志作砂弗毫先云首邑同名曹云砂佛塞二十世紀圖作作史楷菲哈孫野志云地積二百九十四方粁人口四萬一千五百十四

○徐又云日內巴拉在西方本屬普魯士割附於瑞長七十里廣約三四十里戶口五萬二千五百應出壯丁八百八十鄉官二百七十八人先謙案日內巴拉二圖無慕志作日尼法云首邑同名

○徐又云蘇克在腹地長五十里廣三十里戶口萬四千應出壯丁二百五十自推鄉官理事先謙案蘇克慕志同云首邑同名二圖作蘇格在盧薩爾拿之東北曹云蘇克二十世紀圖同野志云地積二百三十九方粁人口二萬五千零九十三

雷區丁斯敦國

雷區丁斯敦雷志云爲奧國替羅爾與瑞士之間一侯國面積六十一英方里人九千三百口講義作列支敦士敦云在的羅爾西北佛拉爾波格與瑞士之間一侯國也面積六十五英方里人九千四百三十四口一千八百八十九年此國於條約上雖未嘗合併於奧國而實際則爲奧國勢力所左右全國山地沿來因河之流域亦有平地少許有世襲之君主有議會人民奉舊教無納稅充兵之義務王書云首府日瓦都斯先謙案

替羅爾卽
的羅爾

賜進士出身　特賞內閣學士銜前國子監祭酒翰林院編修加三級臣王先謙謹撰

德意志國

德意志　徐志普魯士（普魯社　破魯斯　蒲魯士　破魯西　部魯西亞　圖理雅　不魯西亞　比阿爾彌亞　單鷹國）云亦歐羅巴大國亞於奧地利亞粵東稱為單鷹國亦因其商船所畫之旗而得名也北距波羅的海東界俄羅斯南界奧地利亞西雜日耳曼列國界荷蘭比利時東西約二千一百餘里南北約一千一百餘里其地古時為北狄所據南宋時日耳曼人征服之立為別部後為波蘭所兼并明萬歷間日耳曼之巴郎德不爾厄部復取其地立國奉職忠謹日主悅之屢益以地康熙三十九年乃自王其國其王長於韜略節衣嗇食帑藏豐盈子菲哩特第二嗣雄武有大志屢勝強敵拓地愈廣王卒姪嗣淫泆無度沈湎於酒國勢驟衰時佛郎西拿破侖得國嘉慶十一年以大兵伐普王啡哩特威廉第三初嗣位力不能禦佛人割其境土之半普遂削弱後六年普民不悅佛政思故主王因民之怨佛也與諸國合縱攻之佛師潰而棄地普遂復其故土王乃增修國政勸農工設學館惠商旅由是百姓親附鄰國之民皆喁喁慕義遂為西土顯國其國大勢分東西兩土共八部有在日耳曼界內者有侵割他國得之者其制民及歲者工入肄秀入學否則罰其父母年二十以上男丁皆入伍學藝三年放歸每秋操閱賞罰之故其國兵多而強額兵計十六萬五千內倆衞一萬八千騎兵

一萬九千炮手萬五千七百步兵十萬四千別有民壯三十五萬九千二百講義云北面波羅的海丹麥及北海東接波希米及俄國南界瑞士奧大利及波希米西界荷蘭比利時法蘭西為歐洲第三強國謝志云合三十六邦而成當北緯四十七度八分至五十四度五十二分東經五度五十分至二十二度五十分自交際言之可謂各國之中心自競爭言之又為兵略之衝要吳志作獨逸

雷志云德意志聯邦以普君為世襲其主即德意志皇帝也

謝志云千八百七十一年四月始立聯邦憲法議定各邦永遠聯合以保和平之福樋志云普魯士古為班丁堡大公國開刱後次第兼併擴張國土千七百一年進為普魯士王千七百四十一年斐迭禮王在位奪細勒西亞於奧地利千七百七十二年九十三年九十五年三次與奧俄二國合從瓜分波蘭國地千八百十五年因議和而獲維士德發里亞千八百六十六年與奧戰捷拓領土於南方先是日耳曼帝國肇基於羅馬帝國刱建之時自中世以降奧地利公世世踐其位沿以為例然因國內諸侯權力強盛與自由都市之勃興故帝國舊日專制之威權浸以廢墜名存實去十九世紀初為拿破侖所擊破法蘭西斯二世乃棄日耳曼帝位專稱奧地利皇帝日耳曼帝統中絕千八百十五年柏靈會議欲合為日耳曼聯邦因奧普二國爭競聯合之事不成千八百六十六年普與俄戰四十餘日而敗之收梅固河北之地擯奧國於聯邦外糾合日耳曼北界諸邦而為其主盟其先普國聯合關稅以謀商業一致聯邦強半與之訂盟其餘諸邦亦有協和之意千八百七十年聞拿破侖三世與普開戰之布告向者關稅聯合諸邦及德

諸邦皆合從以禦法軍明年日耳曼軍大捷破法京由是日耳曼諸邦知統一之足禦外患願皆聯合爲一以保版圖其兵馬大權帝國庶政與外交之權統一於普魯士普魯士兼稱德意志皇帝薛記云法人稱爲阿里曼英人稱爲日耳曼土人自稱德意志魏志作耶馬尼蓋日耳曼音轉也咸豐十一年尚未合衆爲一其與中國通商約章云大布路斯國及德意志通商稅務公會各國至同治十一年使臣奉其國命來告德意志變更情形自是改稱德意志合衆國云蓋布路斯者昔爲德意志公會中之一國後以國勢漸強推爲領袖自戰勝法國各國戴爲其主近者各國王侯之權日削月朘而德意志之全勢將歸於布路斯一國徐志作普魯士魏志作普魯社考德意志三字非地名乃種人族類之總稱歐人三種曰羅馬人種曰希臘人種曰德意志人種德意志別羅馬希臘兩種人言之不限以地也歐洲中部北部人皆此一族故奧大利荷蘭比利時瑞士皆在德意志列邦之內奧普兩國最大故先後爲盟主至德意志南北之分因普初強時惟北方諸邦附之是爲北德意志聯邦公會後南方近來因河之四部亦入公會遂去南北之畛域稱德意志合衆國云又云日耳曼各國兵餉用人之權近年已被普君相設法收盡各國兵政皆由德派武員經理關稅則由普設統關始名爲總收分給今則用以支給兵餉吏倖亦由普爲經理用人則由議院議之而普廷核定之各國舊王不過在柏林議院爲議員食王倖而已惟巴華里向稱強大向未盡剏其權許自派公使往駐各國各國亦可派公使往駐其都兵政雖由普代爲經理而統關代征之稅尙給還巴王使自發兵餉吏倖

立法之權聯邦議會與代議院

操之聯邦議會之議員由聯邦共選五十八人各爲其邦之代表代議院之議員則國民公選三百九十七人以充之謝志云行政權在宰相各部省大臣受其指揮上議院亦有參與行政之權其議員分十一部分稽陸軍海軍財政司法商務等但各委員須選四王國以上之議員爲之惟外交一部限用布路斯巴斐利亞倭盾伯撒棱尼四王國之議員耳各邦內政悉自治故另有君主憲法議院內閣辦事大臣大率與諸立憲之國相若各城則有城長面積二十萬八千八百十四英方里慕志云緯綫自赤道北四十五度至五十七度經綫順天偏西九十六度至百十六度長二千里闊千八百里總計七十五萬方英里謝志云東西長二千里南北千一百里面積二百十萬方里千八百九十五年人五千二百二十七萬九千九百一口十年增百分之十二曹典球譯野口保與內外地志云普魯士面積三十四萬八千六百五十八方粁人口三千七百二十九萬三千三百二十四地自北海與波羅的海起至阿爾魄山麓止北部多低野南部多高原謝志云德國在歐洲大平原故其北方大半廣野向北而斜概爲布路斯境平野間巨陵起伏大河數道橫流其間田畝相望皆農產要地雖東北多沙地低溼淺水大澤西南又稍有山無礙其爲平原也國之中部地勢漸高林箐叢密山嶺相錯是爲哈爾士山在哈挪弗城之南自撒棱尼與奧斯爲加

之間山彙益深有哀耳士與利遜嘎必嘎二帶山哀勒伯河卽穿二山以趨北國之南部在五十度以南卽巴斐利亞倭盾伯等高原地山陵相望南界稅資有黑林山爲大河發源之所東界奧國有希米亞山林西界法國有伐呵入山林又云海岸綫爲全國界綫三分之一北海岸約九百里保勒第海岸約三千里共三千九百里北海岸多淺水無泊舟港近岸有東西佛利羣島與荷蘭毗連其北海立哥蘭小石島向歸英屬今德以非洲屬地易之保勒第海岸中央有呂根大島東有旦劑革海股諸大河口多佳港可容巨舶矢志哈爾士作海是哀爾士作哀是蟠奇利遜嘎必嘎作里贈蟠奇

大河有五 徐又云日耳曼界內江河最長者爲來因河由南而北轉西至嗹國界入海河濱土脈腴潤產葡萄最良沿河多名山古蹟風景清美時有遠客來遊多惱河亦大水在日界內橫流如帶北方則易北河其名水也

維士士拉河 講義作維斯杜拉云出匈牙利之北部過波蘭入普魯士謝志作斐斯度拉河云由俄國來穿國之東境入旦劑革海股樋志作維斯圖賴矢志作肥司偸拉吳志作徵士邸拉

亞德河 講義作阿得云亦出於匈牙利入國東南部細勒西亞注波羅的海謝志作俄德云出奧國之摩雷斐亞北入布境行千六百里入保勒第海其支流之大者曰瓦耳達河矢志俄德作屋談亦作畦談樋志作俄豆周志作蛙但

愛爾不河 講義作易北云發於奧國之波希米入薩克索尼亞北流而注於北海謝志作哀勒伯云出奧國之摩雷斐亞山合波希米亞諸水穿山帶而出至布路斯境西北經平原再合支流而入北海行二千二百里便於通航者千五百里兩岸皆通都大邑都城亦在其支流

斯伯雷河側樋志作厄耳白辻志作伊爾碑慕志作易爾北周志作合爾培矢志斯伯雷作司潑里來因河講義云來因河出阿爾卑士山彙附近三哥他爾託北流而入北海謝志云出稅背諸湖灌巴典王國美因河自東來摩色勒自西來會之水勢益大下流緩而多曲以入荷蘭矢志作蘭因美因作曼陰樋志作梅因摩色勒作麽斯耳皆北流多惱河東流講義云出於國內者有達牛勃河原名灡河多東流入奧國出國內而注本國之海者惟威悉河而已謝志云南部黑林山中有多惱河出其間東流入奧偉色河出巴罕利亞北深林中西北流千二百里而入北海所灌溉多繁盛都邑偉色卽威悉也樋志作威薩矢志作會酸慕志作威塞爾周志作會蠶其教育有強迫入學之制募兵不識字者不過百分之一二而已全國大學校二十一國人百分之四十四業農百分之三十七業礦工及他工地百分之四十八爲耕種地謝志云收穫最豐者爲稞麥雀麥大麥小麥荷蘭薯來因河岸多種葡萄餘則煙草豆子大麻蘋果等百分之二十爲草地百分之二十六爲樹林謝志云林木森茂歸政府監督培養者占地三千五百萬英畝止以官林論歲入四千萬圓其利之大可知千八百九十七年有馬四百三萬八千四百八十五牛千八百四十九萬七百七十二綿羊千八十六萬六千七

百七十二豬千四百二十七萬四千五百五十七謝志云野獸惟狐狼鹿兔羚羊等而已鳥各種俱備魚多而種類少惟鮭鯉等數種而已南部多養蜜蜂嘗種桑養蠶竟不能成歲出糖百三十五萬噸礦產歲值四千二百九十萬磅歲出煤八千五百三十萬噸木煤二千七百萬噸鐵千四百萬噸並有鋅鉛銅銀金石鹽等謝志云礦產甚富布路斯境爲最煤產額近年已至一萬萬噸惟亞於英美居世界第三鐵產千八百萬噸鋅十六萬噸鉛十四萬噸銅七十三萬噸石鹽八十六萬噸哀爾士山產銀爲歐洲各國之冠又產金鈷石料國中徧處多含金石之泉保勒第海濱多琥珀製造繁盛謝志云工廠至大者首推製鐵織業絨呢爲主綢緝棉花次之其餘木器紙張機械玻璃陶器皮革細磁首飾等業亦皆興盛製玩物他國無匹者各國新貨出卽仿造之而値特廉釀麥酒之盛爲世界第一每歲產額約三千萬石葡萄酒歲出百四十萬石印字業爲德人哥丁布所刱製時辰表亦始於德國千八百九十七年有鐵路二萬九千四百六十一英里講義云鐵路開通者三萬千六百五十英里電信綫路長七萬六千四百十八英里綫條長二十七萬八千四百十一英里運河八千六百五十四英里講義云諸大河皆以運河相連絡交通甚便梅尼士河與達牛勃河達牛勃河與羅亞爾河來因河與易北河易北河與阿得河阿得河與維斯杜拉河等皆

互相連絡近來乃開鑿奇厄爾運河使波羅的海與北海相連絡千八百九十八年有商船三千五百九十三內河行船二萬二千五百六十四入口貨值二億三萬八百六萬二千磅出口貨值一億八千八百五十萬一千鎊內製造貨居百分之六十五重要者爲布呢等值四千六百八十九萬四千磅金類及金類器具值二千八百七十七萬五千鎊化學鍊製之物值千七百六十三萬八千磅糖值千百六十五萬六千二百磅多與英奧美俄荷蘭法貿易政要云銀以福鹿林計每約四角之數十二福鹿林爲一磅千八百九十八九二年國入款七千六百四萬三百磅國債一億千三百六萬二千磅謝志云財政六萬萬圓公債九萬萬圓兵費二千四百二十三萬七百磅陸軍平時五十八萬五千四百五十三人戰時有三百萬人海軍戰艦百九十七內鐵甲三十二水雷艇一百二十二謝志云國處列强之間分十要區每區建城寨設地底電綫通機關海岸各處亦築砲臺布路斯之陸軍省兼掌全國陸軍事務巴

斐利亞撒校尼倭盾伯三國亦各有陸軍省國民滿十七歲卽應服兵至四十五歲而止二十一至二十七歲編入常備軍二年現役四年備役常備既終則爲預備兵國民兵千九百年全國兵額約六十萬馬十萬匹分十九隊遇戰事可增至三百萬大砲三千餘尊馬四十四萬匹常年兵費約二萬四千萬圓海軍將校士卒共二萬二千人一等戰艦十七一等巡船十合其餘大小兵船共二百二十餘艘分保勒第海北海二大隊又有東洋艦隊兵費二千八百萬圓

普魯士王國面積十三萬四千四百九十七英方里人三千百三十五萬五千百二十三口國之入餉純計六千四十二萬三千鎊千八百九十八年國債三億二千四百十六萬千一百磅　伯靈人百六十七萬七千三百四口　勃來司勞人三十七萬三千百六十九口　考隆人三十二萬千五百六十四口　曼帝堡人二十一萬四千四百二十四口　在枚河之發蘭覆人二十二萬九千二百七十九口　漢諾佛人二十萬九千五百三十五口　苦尼士般人十七萬二千七百九十六口　達塞耳獨甫人十七萬五千九百八十五口

亞耳拖那人十四萬八千九百四十四口　愛爾般翻爾人十三萬九千三百三十七口　鄧席人十二萬五千六百五口　司担汀人十四萬七百二十四口　巴曼人十二萬六千九百九十二口　克里翻爾人十萬七千二百四十五口　愛克司拉朵撲爾人十一萬五百五十一口　漢爾人十一萬六千三百四口以上要區過五萬居民之區尚有十七處　徐又云普魯士之東部首曰巴郎的不爾厄丁一作堡埔境內

阿得河縱橫交流沿河沮洳草場豐茂便於牧畜餘地平坦多沙磧故田不足於耕松橡處處成林材木無缺都城曰百爾靈伯一作靈爾又作林木周三十六里有十五門二十二市居民二十二萬皆奉耶穌教城內有孤子院收養惸獨有醫院居旅客貧民之染疾者有武藝院教孳剌有文學院肄業者千六百餘人有軍器局貯大砲王殿長四十六丈闊二十七丈高十丈規模極宏壯百官之居亦整潔百工諸術各有學院鐵器最精工細若金銀所造磁器尤良堅緻不亞華產而價甚廉大呢羽緞布帛山積遠客咸來貿易故稱西土大都會所屬曰谷丁堅城也曰蘇邑曰稾土老皆屬邑之豐美者先謙案曹譯野志云巴郎的不爾厄州分二縣面積三萬九千八百三十八方粁人口三百五十三萬千九百六首府伯林又伯林州面積三十六方粁人口二百四萬百四十八二圖巴郎

的不爾厄與野徐同東波森北波美拉尼亞梅格林不爾厄西薩克索尼亞南薩克索尼亞國首都柏靈郎野之伯林徐之百爾靈雷之伯靈謝志作柏林云跨中央平原斯伯雷河之兩岸水陸俱便世界第三大城有王宮藏書樓畫院博物院動物植物園大小書院貿易以五穀牛羊酒羊毛爲大宗製造以呢絨機械古銅器麻布啤酒爲最著其克虜伯砲廠地基寬廣內設鐵路輪船工匠萬餘柏靈西南有波的斯坦謝志作波的斯旦云距柏林五十里居民五萬四千爲巴郎丁堡首府陸軍重鎮德皇每駐蹕於此有離宮許考作堡斯丹柏靈東南有法琅佛德謝志作弗郎富德云距柏林百五十里居民五萬六千製造機械藥料紙張按期聚集商賈如雲

○徐又云波美拉尼亞（一作破墨臟）在巴郎的不爾厄之北臨波羅的海其南土田肥沃其北近海窪下多沙阜出琥珀土人得之用以嵌飾寶器產木料麻五穀會城日斯德丁（一作土得丁）在阿得河濱河流深廣海船可以出入以此估帆雲集貿易繁盛郊外長大之海口稱爲瑞隱口所屬曰率他港城在波羅的海濱居民萬五千麥與綿羊毛由此出運城最堅敵慶攻不下其將誓曰懸此城於天堂我亦必取之已而竟不能破曰額林城有書院招進四方之游學者曰吉林城在海濱有通衢廣廈文士所居曰薩与居民七千廈屋雲連稱爲大邑曰北勒居民四千城外有池曰初入耶穌教者往受洗禮以此名著西土地腴甚穀麥有餘出糶遠方曰罕比近海有小河可通城內居民多以琥珀造奇器先謙案曹譯野志云波美拉尼州分三縣面積三萬百二十一方絣人口百六十八萬

四千三百二十六首府斯德丁謝志作坡美拉尼二圖波美拉尼亞與徐同首城斯德丁即雷之司担汀謝志作斯德典云跨俄德河兩岸距河口九十里製造船隻塞門汀泥糖酒等物二圖有倭林疑徐之額林有北勒疑徐之伯勒有罕民疑徐之罕比

○徐又云細勒西亞一作治勒在巴郎的不爾厄東南山嶺橫亘西南阿得河由此發源其土大半膏腴可耕之田六萬九千頃然常患人滿穀不足資接羅於他部產絲最細足供機杼八千綿羊毛甚豐售於英吉利山產鐵每年得十五萬石銀二千六百七十斤會城曰北勒斯勞一作伯老居民八十萬六千百工畢集文儒萃焉河濱列城五曰瑞匿曰勒匿曰額剌曰巖告曰匿士皆有金湯之勢先謙案曹譯野志云細勒西亞州分三縣面積四萬三百十九方粁人口四百九十四萬二千六百十一首府比勒斯勞謝志作細累細亞矢志作希來曉周志作西利瀉二圖細勒西亞與徐同東俄國南奧國北波森西巴郎的不爾厄薩克索厄亞國比勒斯勞與野同即徐之北勒斯勞雷之勃來司勞周志作婆利斯露迂志作布列斯老矢志作勃來司落王書云普國第二都會歐洲大陸第二產羊毛地毛布製造甚盛又為穀物大市場

○徐又云薩克索尼亞一作薩普在巴郎的不爾厄之西與日耳曼各部另錯日耳曼小部有包括於境內者地產五穀羊毛其民溫和好禮會城曰馬得不爾厄一得鄰得堡壘高池深屢捍大敵居民三萬二千所屬哈勒有大書院肄業者千餘人別有廣廈收養孤獨吉令堡昔為天主教女尼所掌今居民奉耶穌教毀其祠宇先謙案曹譯野志云薩克索尼亞州分三縣面積二萬五千二百五十五

方粁人口二百九十七萬九千二百二十一首府馬德不爾厄王書作薩織索尼二圖薩克索尼亞與野徐同北梅格林不爾厄東巴耶的不爾厄南薩克梅凝認國西哈諾威馬德不爾厄與野同講義云當易北河畔三十年戰爭時韃扎大將提別居此市有名於史慕志作瑪提堡即雷之曼帝堡有哈勒與徐合曹云郎雷之漢爾野志云地瀕雜亞勒河產石炭石鹽有大學著名

○徐又云普魯士部在國之極東北境臨波羅的海與峩連界其國以此部之名為國名地分東西二部東坦無山產五穀堪出羅松櫞高大材中舟楫半售英國會城曰哥尼斯北爾玉嵫居民六萬三千城周二十七里空闊難守所屬但澤城在但澤河相連之海口居民六萬貿易甚繁每歲入口之船千餘運糴於他國其城嘗為敵所圍亡失甚多北境有城曰墨麥與西國通商曰得寶城極廣大嘉慶十一年與佛議和於此曰益平城係大海口每歲入口之船千四百先謙案曹譯野志云東普魯士州分三縣面積三萬六千九百九十四方粁人口二百三萬百七十六首府哥尼斯不爾厄西普魯士州分二縣面積二萬五千五百三十五方粁人口百六十四萬千七百四十六首府但澤二圖東西普魯士與野徐同北波羅的海東南俄國西波森哥尼斯不爾厄與野同郎徐之哥尼斯北爾雷之苦尼士般慕志作哥尼甯斯堡謝志作革尼斯伯云濱日劑革海股為往昔京師有大書院德國大儒岡德之故里王書云近普勒愷河口舊例普王於此府行戴冠式但澤與野徐同郎雷之鄧席謝志作日劑革云當斐斯度拉河入日劑革海股處距口十二里為第一大埠上流皆產穀之地載木筏順流而下於此出口德國海軍屯此王書云本自由港近但澤灣為外國

貿易大市場東北隅有默麥郎徐之墨麥王書云在庫里舍湖口重要海港之一謝志作麥末爾云在東北境濱保勒第海居民二萬運出木料甚多

○徐又云波森一作波新在巴郎的不爾厄之東本波蘭地普與奧兩國瓜分得之地出五穀無別產會城曰波森街市寬廣居民二萬四千當普人初據其地民懷故國多怨思普治以惠政民乃胥悅先謙案曹譯野志云波森州分二縣面積二萬八千九百七十一方籽人口百九十八萬六千六百三十七首府波森二圖波森與野徐同北波美拉尼亞及西普魯士東俄國西巴郎的不爾厄南細勒西亞會城同州名王書云人口七萬在瓦聶河左岸當鐵道中心

○徐又云普魯士之西部案此謂屬土之在西者與東部不相通中隔日耳曼數小國地分二部南曰維士德發里亞一作法野西多大澤叢林居民以漂麻織布為業善造火腿銷售徧於西土會城曰閔士得先謙案曹譯野志云威斯德發里亞州分三縣面積二萬二百十一方籽人口三百六十一萬八千九十首府閔斯德慕志作惟斯發利亞二圖威斯特發里亞郎徐之維士德發里亞北哈諾威東不倫瑞克國西南萊尼普魯士西荷國閔斯德與野同郎徐之閔士得王書云近延姆斯河上游

○徐又云北曰勒那納一作如勒又分兩部曰上萊尼曰下萊尼上萊尼沿河傍山會城曰哥羅尼亞一作可倫在萊尼河濱居民五萬善造鐵器織繡緞布疋所製香水最佳河內販運之舟往來如織所屬曰木城有大書院曰益百田戶口繁密百工萃處曰突鄉在萊尼

河濱城內街衢闊朗多廣厦名園又云下萊尼在上萊尼之西南與維士德發里亞毘連（黎此有誤字）山水清麗時有遠客來游出葡萄酒五穀缺乏會城曰谷隣亦在萊尼河濱所屬曰得味居民萬二千其城最古曰亞金居民三萬二千勤於紡績普魯士東西八部除普魯士波森兩部外餘六部皆入日耳曼同盟公會應出兵七萬九千二百先謙案曹譯野志云萊尼普魯士州分五縣面積二萬六千九百九十五方粁人口六百四十三萬六千三百三十七首府哥羅尼亞二圖萊尼普魯士與野同卽徐之上下萊尼北威斯特發里亞東黑森拿騷西荷比二國南萊尼巴威也拉据圖萊尼普魯士在威斯德發里亞之西南不在其北徐志南北疑誤倒哥羅尼亞與野徐同講義作科羅尼亞云爲來因地方最大都會立來因河左岸人三十一萬口有大寺高八十五閒半爲世界二寺塔之最高者謝志作哥倫云來因布路斯之首府爲往來比荷二國之通衢貿易極盛製香水有名與徐云製香水合謝志又云哥倫附近之城有杜奢爾多甫人十四萬巴爾門人十二萬口皆以製造著名波痕城居民四萬有大學校案杜奢爾多甫卽雷之達塞耳獨甫二圖作都西爾德欇志作都悉耳鐸矢志作是散爾毒夫巴爾門卽雷之巴曼二圖作巴門矢志作排門周志作排明廿志作布列門波痕城疑卽徐之木城二圖無王書云厄爾北佛爾在哥羅尼亞東北爲棉布製造地人十四萬口埃森在厄爾北佛爾西北饒煤鐵礦有名之克虜伯砲製造於此案厄爾北佛爾二圖同曹云卽雷之愛爾般都爾埃森二圖同其西南爲克里佛爾德曹云卽雷之克里翻爾坂本健一外國地名人名詞典云克里佛爾德爲普魯士萊尼州之都會工業甚盛谷隣二圖作都棱

矢志作夸隆云通比利時之要道所產葡萄酒爲主與徐合郎雷之考隆樋志作葛弄辻志作克伊龍周志作穀龍亞金二圖作亞森王書云亞森近比利時境爲繁盛製造都會曹云郎雷之愛克司拉采撲爾亦作亞琛野志云亞琛亦稱愛克司拉采撲爾地產石炭矢津昌永高等地理亦以愛克司拉采撲爾爲亞琛之二名講義云亞琛爲德國最古市府之一加爾大帝所刱立也其後三十七代皇帝俱行戴冠式於此

○普魯士疆後來增益有爲徐志所無者先謙案王書分十三州其一曰黑森拿騷曹譯野志云黑森拿騷州分二縣面積萬五千六百九十九方粁人口二百七萬五十二首府佛琅克弗爾二圖並同西北萊尼普魯士東南黑森國案此黑森與拿騷兩地合爲一州也徐志日耳曼列國埃塞加塞爾（一作黑西加塞爾）云與挨塞毘連長四百里廣三百五十里爵如上公戶口五十九萬二千公會應出兵五千六百七十都城曰加塞爾其制幼主不得治事母后或至戚居攝俟年十八乃反政地多山產銀銅鐵鑛今二圖黑森國之西北即黑森拿騷州有黑森又有加塞爾其爲黑西加塞爾無疑第不知何時爲普所兼併耳佛琅克弗爾慕志作佛郎佛式云在美因河邊矢志作夫倫克弗云在曼陰河畔人口十八萬以工商爲世所稱案即雷志在枚河之發蘭覆也萊尼來因字隨音變源出阿魄士山經巴丁入荷蘭而注北海美因河自東來注之枚美曼一聲之轉故一作枚河發蘭覆即夫倫克弗辻志作夫蘭克佛兒特周志作弗倫克否脫王書云在梅尼士河北岸世界大銀行都府之一德國議院在此人二十三萬口

○一日哈諾威曹譯野志云哈諾威州分六縣面積三萬八千五百十一方杆八口二百七十五萬九千五百四十四首府哈諾威二圖並同北痾爾斯德音及北海西荷國東薩克索尼亞南威斯特發里亞王書云哈諾威人口二十一萬西臨雷內河故哈諾國王之首府又北海口有英姆敦云在延姆斯河口爲哈諾威重要之港慕志云哈諾威本自立之國康熙中有王名若耳治維英國臣民招奉爲王子孫承繼及道光十七年嗣位無子英立多利亞爲君主哈諾威自立爲國同治五年普奧啟衅哈諾威辭不助普普勝奧後奪其王位降爲部落隸於普國土產銅鐵綢絲布磁器穀木又慕志普國十四部其一曰查德第士都城維亭沙分曹云北海濱有威黑耳木沙文與維亭沙分譯音相合此地今爲哈諾威州海軍港非查德第士都城蓋後來省併徐志云亞諾威爾一作漢那哥又作漢那華又作漢撇瓦在日耳曼之西北境與嗹國接壤南北七百八十里東西五百四十里爵稱王戶口百五十五萬公會應出兵萬三千五十境內平坦沙磧居半惟沿河有沃田草場兼產蜂蜜康熙五十二年亞諾威爾有王居若耳治稱賢德值英王威廉第三卒無子英臣民招若耳治奉以爲王治亞諾威爾別立支子故亞諾威爾爲英宗國百餘年來依爲脣齒道光十七年亞諾威爾內亂他姓代立都城同國名有大書院曰可宁延收敎幼學聲名最著案亞諾威爾即哈諾威本日耳曼列國之一爲普所滅附著之於此

○一日何痕索勒爾曹譯野志云何痕勒索爾州面積千一百四十二方杆八口六萬八千二百八十二首府侯琛堅二圖同東北

瓦爾敦巴爾西巴敦南瑞士國首府疾琛堅王書云疾琛堅在多惱河上游高地侯疾不同蓋形近致誤慕志普國十四部其一曰和恨所倫都城黑眞恩和恨所倫即何承索勒爾黑眞恩即侯琛堅也侯黑雙聲據此是侯非疾其地得自何國再考

○一曰石勒蘇益格痾爾斯德音曹譯野志云石勒蘇益格痾爾斯德音面積一萬九千四方杵人口百五十萬四千二百四十八首府亞爾多納二圖並同北丹國東波羅的海西北海南勞英不爾厄再南哈諾威薩克索尼亞王書云亞爾多納人口十五萬在易北河上爲昂不爾厄之外郭商業亦與匹敵奇厄爾人口九萬東濱波羅的海當通北海運河之入口二圖同亞爾多納即雷之亞爾拖那慕志普國十四部無此部云一曰勞因堡都城同名一曰斯勒斯維革昊斯敦本屬丹國爲布奧所攻而隸於普都城亞多那海口名幾爾亞多那即亞爾多納幾爾即奇厄爾也石勒蘇益格等三部本丹麥入德蘭半島地膞薾普先得勞英不爾厄立爲一部勞因堡即勞英不爾厄也後得二部地又立爲一部斯勒斯維革即石勒蘇益格昊斯敦即痾爾斯德音也後乃省併爲一

日耳曼列國

徐志日耳曼阿勒曼耶馬尼阿理曼亞里曼占曼尼熱爾麻尼亞勒墨尼亞云歐羅巴古大國也其地縱橫皆數千里北抵波羅的海南踐地中海爲歐羅巴之中原上古時五方之民雜處分數十小部羅馬盛時征服之尚未盡入版圖佛郎西既興其王甲利泰甫一作加爾祿斯馬哥奴攻滅日耳曼諸部地隸佛版百餘年梁乾化元年部人畔佛復推佛郎哥尼亞酋長官拉多爲王王不世及惟衆所推薩克索尼亞佛郎哥尼亞蘇亞維亞三部之酋先後據王位元初墺地利亞酋長羅爾德福爲王能服衆由此繼序不復推至

明初日益強盛聲威西播幾與羅馬代興康熙三十九年各部皆自王其國不相臣屬奧地利既并兼坐大普魯士亦拓地稱雄兩國皆自有名不復稱日耳曼所餘迤西一大片土分三十六部稱王者四餘以次遞降如中國之公侯伯大者千餘里小者乃數十里東界奧地利亞普魯士西界荷蘭普魯士佛郎西北界嗹國暨波羅的海南界瑞士意大里南北約二千四百里東西約二千二百里嘉慶十一年佛郎西拿破侖以兵脅日耳曼列國皆降之部落多所更易後八年拿破侖敗日耳曼列侯各復爵士嘉慶二十年各國公使會議於維也納（奧地利都城）以奧地利普魯士本日耳曼所分而嗹國荷蘭與日耳曼另錯合四國於日耳曼列國稱同盟四十國以奧地利爲盟長各按戶口多寡定兵數每百人應出額兵一名每二百人出援兵一名共三十萬四千餘各國公使皆駐佛郎渡（即佛郎克佛爾）有大事則會議防兵分十二隊畫地立營總帥一人各國公舉然爲帥者多奧地利人他國不敢當此任也各國語音皆同地氣北寒南暖多腴壤五穀百果皆宜花卉亦繁產金銀銅鐵錫鉛寶石玉石花石赭石滑石磁石陽起石黑礬白礬硝磺硇砂磁粉又云其民居北方者多強健性湻良好學術南方民風奢侈日惟醉飽無遠圖西南一帶民多勤苦謀生力作不倦界內列侯壤地雖小而與諸大國婚媾往來用敵體禮其同盟公會條約雖甚堅明然分土既眾不免蠻觸之爭遇大敵則心力不齊難於制勝幸維也納歃盟之後佛郎西止戈保境未發難端或亦慮眾怒之難犯耳

巴窩里亞王國面積二萬九千二百九十二英方里人五百八十

一萬八千五百四十四口國之入餉純計千四十三萬一千磅國債七千七十六萬一千磅　木尼克人四十萬七千三百七口　暖般人十六萬二千三百八十六口　亞士堡人八萬一千八百九十六口　綏士堡人六萬八千七百四十七口以上要區徐志日耳曼列國巴威也拉一作巴華里又作拜馬云在日耳曼東南方南北千一百餘里東西八百餘里在列國中幅員最大爵稱王戶口四百七萬餘公會應出兵三萬五千六百昔嘗與法結盟以攻日主都城曰慕尼克一作門占街市華潔其民善造細皮清玻璃時辰表工力巧捷名播四方各國皆與通市其制於七千人中選明通有識者一人赴京辦事謂之事主有大事則國王會眾事主商決之初造時辰表之城曰尼林山又有二城曰雨山曰澳堡今雖蕭索造器之工尚夥先謙案曹譯野志云巴維也拉面積七萬五千八百七十方籽人口六百五十二萬四千三百七十二即徐之巴威也拉雷之巴窩里亞矢志作巴威里櫃志作巴瓦里阿王紀作巴華蘆亞政要作玻非利亞亦作伯咈利亞二圖與野志同東南奧國西瓦爾敦巴爾黑森北薩索梅凝認首城慕尼克即雷之木尼克辻志作慕遷講義云慕尼克在多腦河支流伊薩河畔富於建築繪畫全市若一大陳列場有大學甚著名亞於伯林有努尼不爾厄即雷之暖般王書云努尼不爾厄臨梅尼士河一小支流為本國第一製造都會人十六萬有奧格斯不爾厄即雷之亞士堡王又云奧

格斯不爾厄瀕列治河商業繁盛又爲大銀行地人八萬講義云近傍有不林敦里摩爲西班牙王位繼承戰事時英將馬爾波羅得大捷之處謝志云巴斐利亞地分大小二部大部在東近奧國小部在來因河西曰來因巴斐利亞地多山林土質肥沃農產既盛尤多製葡萄酒京城曰門很爲德國第二大城製造器械之名區南部學藝之淵藪也藏名畫石像無算中央有奴連伯城爲始造時辰表處居民十四萬案來因巴斐利亞二圖作萊尼巴維也拉東黑森南亞爾薩斯西萊尼普魯士北黑森拿騷許考云列日耳曼盟會中其驛傳電報事務與人民出入國境事宜統權在國王盟主不得干涉日耳曼行軍巴國兵別成營伍國王攝調遣制馭之事盟主惟居元帥之名此二事列盟會約中爲巴國特別章程他國不能援以爲例

撒遜尼王國面積五千七百八十九英方里人三百七十八萬七千六百八十八口國之入餉純計六百八十萬九千磅國債三千七百六十二萬三千三百磅　**來潑席**人三十九萬九千六百六十三口　**德勒斯停**人三十三萬六千四百四十口　**呆尼處**人十六萬一千十七口以上要區徐志曰耳曼列國薩克索尼亞一作撒遜作撒孫敘云在巴威也拉之北爲日耳曼適中之地東西五百里南北三百里爵稱王戶口百四十萬公會應出兵萬二千國之南界有大山綿亙與奧地利巴威也拉

崑連山產銀鑛最王開掘已五百年尚未匱竭昔時西國之銀多出於此地乏五穀居民夏則攻鑛冬挾餘貲遊四方飲食宴樂貲盡而反都城曰德勒斯達德停作王宮與耶穌堂極宏麗民多養綿羊毛毳細輭用織大呢又造磁器甚精不亞華產前明時撒有名人曰路得能解譯耶穌意旨別立耶穌教名以別異於天主教由是耶穌教盛行而天主教之權衰國有大邑曰來責每歲設市二次地出書籍鐫印甚精各國之文字百家眾術之著作無不畢備歲售數萬億冊價值數百萬圓先謙案曹譯野志云薩克索尼亞面積萬四千九百九十三方籽人口四百五十萬八千五百三十三謝志作撒棱尼二圖與野徐同郎雷之撒遜尼亞東細勒西亞西奧國北巴郎的不爾厄西普國之薩克索尼亞都城德勒西登即徐之德勒斯達雷之德勒斯停謝志作德勒斯辻志作得列斯顯吳志作德爾斯丁周志作特來斯滕講義云薩克索尼亞之首府立易北河南岸博物館甚多可供游覽稱德意志之佛羅棱薩意大利都會謝志云製啤酒麻布羊毛等物有勒不士格郎徐之來責薩雷之來潑席謝志作來伯剳革云在北境每年集市三次該城書籍最盛有大學校以格致著名樋志云此王國爲日耳曼最舊之邦勢力頗盛千八百十五年附從拿破侖擾亂千八百六十年又左祖奧國兩次舉動不合公義遂爲普所侵削全國地勢高起如波希米附近地尤坂峻有薩克索瑞士之稱西北隅有立披塞人三十萬口大學校最完具考案方隅即來潑席也辻志作來浦吉格慕志作來比細克講義云勒不士格人四十萬口在國西北隅當南北德意志交通之衝古來屢爲戰場千八百十三年拿破侖戰敗於此市多販賣書籍皮革勒不士格之南黑木尼都製造業

最盛世稱薩克索尼亞之曼徹斯特英國大工業地案黑木尼都二圖作徹姆尼斯即雷之采尼處有徐森附近來責小邑謝志作美參云所製磁器不亞中國有佛賴波格謝志作弗連堡云在國西南為鐵鑛中樞昔路得生於此辻志作弗雷堡

瓦敦堡王國面積七千五百三十英方里人二百八萬千一百五十一口國之入餉純計三百七十四萬四千九百磅國債二千三百五十八萬一千二百磅　**司塔脫加**人十五萬八千三百二十一口　**曷爾摩**人三萬九千三百四口以上要區徐志曰耳曼列國瓦爾敦巴爾一作威丁山又作味耳典白云在巴威也拉西南北五百里東西三百六十里爵稱王戶口百五十二萬公會應出兵萬三千九百五十四境多山出葡萄酒與各果實都城曰斯都德亙爾一作寔雅先謙案曹譯野志云瓦爾敦巴爾面積萬五千九百十四方籽人口三百三十萬三百三十周志作烏爾丁堡矢志作烏墩堡樋志作華添堡許考作味爾敦巴爾王紀作荷殿畢政要作會敦倍克謝志作倭盾伯二圖與野徐同東巴維也拉西北巴敦南何痕索勒爾都城與徐同即雷之司塔脫加謝志作斯士德加德云書籍銷售最盛樋志作士篤嘎吳志作士達脫慕志作斯都德亙周志作斯太脫搿脫王書云近內喀河左岸四面掩以葡萄樹二圖有烏爾穆即雷之曷爾摩疑曷烏二字形近致誤王書云烏爾穆臨多惱河上舊都府設有堅固堡塞

巴丁上公國面積五千八百二十三英方里人百七十二萬五千四百六十四口　**加斯盧**都城人八萬四千三十口　**曼海摩**人九萬七千七百八十口　**勿雷堡**人五萬三千百十八口以上要區徐志日耳曼列國巴敦一作巴丁云在瓦爾敦巴爾之西南北七百里東西三百四十里侯國之最大者山嶺盤迴峯巒秀出風景清華爲日國之最爵如上公戶口百十三萬公會應出兵一萬都城曰加爾斯盧合一作利加甲地產麻豆葡萄酒先謙案曹譯野志云巴敦面積千五百八十方籽人口二百萬九千三百二十謝志作巴典辻志王紀作巴顯二圖與野徐同郎雷之巴丁都城與徐同郎雷之加斯盧謝志作加勒斯路云近來因河爲鐵路中樞城形如扇大街三十二道由大公宮中而外達有曼尼亨姆謨繪人萊尼巴維也拉內郎雷之曼海摩王書云人口九萬在內喀河與萊尼河合流處樋志作曼海姆云梅因河匯來因河處繁盛勝於首府有佛里波格郎雷之勿雷堡近瑞士國

黑西上公國面積二千九百六十六英方里人百三萬九千二十口　**達摩斯達**都城人六萬三千七百四十五口　**梅士**人七萬六千九百四十六口要區徐志日耳曼列國挨塞一作黑酣云在亞諾威爾之西南長三百二十里廣二百里

爵如上公戶口七十萬公會應出兵六千一百九十都城曰達拉摩斯達馿雕崇墉屹立炮門環繞外濬深池敵不能攻產麻煙葡萄酒先謙案曹譯野志云黑森面積七千六百八十一方粁人口百二十一萬一百四政要周志作海斯矢志作海散王紀作塞達煎甯亦作塞西敏領土又作埃塞美塞內英講義作黑森二圖同卽徐之挨塞雷之黑西東巴維也拉西北黑森拿騷南巴敦王云包南北隔離二地方其南依萊尼河以灌溉北則在梅尼士河之北有達拿摩斯達卽徐之達拉摩斯達雷之達摩斯達王書云在萊尼河東十一英里人口四萬有梅尼士卽雷之梅士

梅克棱堡司瓦林上公國面積五千八十三英方里人五十九萬六千八百五十七口　**司瓦林**都城人三萬六千三百八十八口

勞司托克八四萬九千九百十二口要區徐志日耳曼列國梅略棱不爾厄林堡一作墨云有二國在北方一曰斯乖零長四百里廣二百八十里爵如上公戶口四十三萬一千公會應出兵三千五百八十都城與國名同餘見下先謙案曹譯野志云梅格林不爾厄斯乖零面積萬三千百二十七方粁人口六十二萬五千四十五講義作梅格林不爾厄斯乖零謝志作梅格棱堡施微林矢志作梅克倫堡希會林樋志作墨林堡斯維林周志作梅克林堡肖畏倫王紀作麥連畢斯乖零政要作邁格林倍綏林二圖與野志同卽雷之梅克棱堡司瓦林東波美拉尼亞及紐斯德勒利也斯北波羅的海西勞英不

爾厄南巴郎的不爾厄薩克索尼亞都城斯乖零郎雷之司瓦林有羅斯多克郎雷之勞司托克

梅克棱堡司德勒支上公國面積千二百八英方里人十萬千五百四十口　**牛司德勒支**都城人十萬三百四十三口徐又云一曰斯德勒利也斯長百八十里廣百里爵如上公戶口七萬七千公會應出兵七百十七都城曰痾爾敦不爾兩國地平坦饒牲畜先謙案曹譯野志云梅格林不爾厄斯德拉德面積二千九百三十方斜人口十萬三千四百五十一謝志作梅格棱堡斯德勒支講義作梅格林不爾厄斯德勒利斯矢志作曼克倫保司推利是周志作梅克林堡斯得利來才王紀作麥連畢士特勒士政要作謀格楞倍綏而利子二圖作梅格林不爾厄斯德勒利也斯郎徐之梅喀棱不爾厄斯德勒利也斯雷之梅克棱堡司德勒支東北波美拉尼亞西斯乖零南巴郎的不爾厄都城紐斯德勒利也斯郎雷之牛司德勒支痾爾敦不爾蓋異名講義作紐斯德勒利地斯許考云兩梅棱蒲爾同一根宗子孫析分遂有區別政治與列國同惟君主下設一議政院衙門無上下院之分土多沙磧豬澤甚多物產寥寥民多貧乏又地形低下海水泛溢隄防甚難

阿敦堡上公國面積二千四百八十英方里人三十七萬三千七百三十九口　**阿敦堡**都城人二萬五千四百七十二口先謙案徐志無

亞諾威爾下云西境有亞爾敦不爾厄幅員頗廣列國中薩克撒
亞爾敦不爾厄乃合三邑爲國合計袤延僅百餘里與此土廣挾
不伴此土或別有所屬抑即薩克撒地存俟再考案亞爾敦不爾
厄即此阿敦堡地徐獻疑不可曉曹譯野志云鄂爾敦波格面積
六千四百二十七方籵人口四十三萬八千八百五十六謝志作
瓦敦堡矢志作屋騰堡樋志作俄耳登堡周志作阿爾定堡政要
作奧倫倍克一作奧登杯二圖鄂爾敦波格與野同郎雷之阿敦
堡東西南皆哈諾威地北北海會城同許考作痾爾敦蒲爾云有
二屬地在盧卑克城北多寶石土人磨琢最精運
售得善價盧卑克二圖作盧貝克在哈諾威境內

不倫瑞克公國面積千四百十八英方里人四十三萬四千二百
十三口 **不倫瑞克**都城人十一萬五千百三十八口徐志曰耳曼列國不
倫瑞克一作保林卿云地不相連有包於普魯士境內者有括於亞諾
威爾境內者約計袤延二三百里爵如公戶口二十四萬二千公
會應出兵二千九十都城與國同名先謙案曹譯野志云不倫瑞
克面積三千六百七十二方籵人口四十八萬五千六百五十五
矢志作婆倫司會周志作勃倫斯同克王紀作布倫士克政要作
布倫斯威一作布倫帥額二圖與雷對徐同北哈勒威東薩克索
尼亞西德的摩爾南黑森加塞爾
王書云國都同名人口十二萬

娑哈戓公國面積八百八十六英方里人二十九萬三千二百九

十八口

臺沙都城人四萬二千三百七十五口 徐志日耳曼列國安拿爾安一作云分三國一曰德繞播地錯雜列國之中約計百餘里爵如公戶口五萬六千公會應出兵五百二十都城同國名一曰伯爾尼不爾地錯雜普魯士境內分上下二處約計百餘里爵如公戶口三萬八千公會應出兵三百七十都城同國名一曰咯敦地分四處在馬哩巴河之左者二在河右者二約計百餘里爵如公戶口三萬四千公會應出兵三百二十都城同國名三國地雖褊小而民居密市城邑相望山水最佳足供遊賞都城各有園亭極幽雅先謙案曹譯野志云安哈忒面積二千二百九十九方粁人口三十二萬八千二十九講義作安哈爾特矢志作痕海脫周志作恨哈爾得王紀作宴和又作安合又名菴洽爾政要作杭好德亦作安腦得二圖未出國名一德騷郎徐之德播雷之臺沙一伯爾尼不爾厄一安咯敦東北巴郎的不爾厄西南薩索克尼亞王書云易北河貫流國中國都在摩的河上

瓦爾德侯國面積四百三十三英方里人五萬七千七百六十六口

亞羅森都城人二千七百六十八口 徐志日耳曼列國襪爾德咯瓦一作云長百二十里廣八十里爵如侯戶口五萬四千公會應出兵五百十八都城曰哥爾巴士先謙案曹譯野志云襪爾德各面積千一百二十一方粁人口五萬九千百廿七里謝志作瓦爾德克講義作襪爾得各矢志作滑待克周志作會爾特克王紀作寫德政要作華特二

圖作磯爾德各郎雷之瓦爾德徐之磯爾德喀北不倫瑞克西威斯特發里亞東南黑森加塞爾都城講義作亞羅爾森與雷合與徐異據圖亞羅耳森哥爾巴士並列明是二地或國都先在哥爾巴士後移亞羅森也

司草摩堡里卑侯國面積百三十一英方里人四萬千二百二十四口　菩克堡都城人五千六百二十口徐志日耳曼列國里卑一作立撒云分二國在亞諾威爾之南一曰燒問不爾厄長八十里廣三十里爵如侯戶口二萬六千公會應出兵二百四十都城曰不給不爾厄見下條先謙案曹譯野志云司草摩堡里卑面積三百四十方粁人口四萬四千九百九十二首府不給不爾厄燒問不爾厄郎雷之司草摩堡講義作西威馬不爾厄慕志作燒問堡王書作咸堡里卑謝志作部堡里卑矢志作斯姆堡里配周志作肖母堡立拍王紀作梭晤卜勒卑政要作桑坏力魄二圖未出國名都城不給不爾厄與野徐同郎雷之菩克堡東西北哈諾威南里卑國慕志作不給堡

里卑侯國面積四百七十英方里人十三萬四千八百五十四口　德摸爾都城人萬一千二百三十七口徐又云一曰德的摩爾長百二十里廣百里爵如侯戶口七萬六千公會應出兵六百九十都城同國名先謙案曹譯野志云里卑面積千二百十五方粁人口十四萬五千五百七十七矢志作里配周志作立拍二圖未出國名都城德的摩爾與徐同郎雷之德摸爾政要作力魄德模東不倫瑞克北不給不

爾厄西南威斯特發里亞

薩克威密上公國面積千三百八十八英方里人三十三萬九千二百十七口　**威密**都城人二萬六千六百七十口徐志日耳曼列國威馬爾一作威密云薩克索尼亞所分國昔有薩克索王裂國之西界以封五子故五子各守封地不屬於薩克索威馬爾地錯雜於鄰國之中不相聯絡約袤延三四百里爵如上公戶口二十一萬二千公會應出兵二千一百民多穎慧其君好招納文士故學業稱盛都城與國名同先謙案曹譯野志云薩克索威馬爾面積三千六百十七方籵人口三十八萬八千九十五講義作薩克索威馬矢志作殺克司會麥周志作失克斯會瑪爾王紀作塞士威麻一作色西威麻政要作薩薩斯威瑪二圖威馬爾與野徐同郎雷之威密國分三地一在額達之西一在額達之東一在盧德爾斯達之東

薩克梅凝認公國面積九百五十三英方里人二十三萬四千五口　**梅凝認**都城人萬二千八百六十九口徐志又云薩克撒梅凝認一作撒買凝亦薩克索所分長五百里廣百二十里爵如公戶口十三萬公會應出兵千二百六十都城曰梅凝認其地產鹽先謙案曹譯野志云薩克索梅凝認面積二千四百六十八方籵人口二十六萬八千百九十六謝志作薩克斯梅凝根矢志作殺克司梅林勤樋志作薩克撒

麥甯根周志作失克斯罵銀勤政要作撒斯美甯恩二圖梅凝認與野雷徐合都城同東喀勒斯西威馬爾南北各不爾厄額達

薩克亞敦堡公國面積五百十一英方里人十八萬三百十二口

亞敦堡都城人三萬三千四百二十口徐又云薩克撒亞爾敦不爾厄（一作撒墨堡）亦薩克索所分合亞爾敦不爾厄羅內不爾厄挨森比爾各三邑為國約計袤延百餘里爵如公戶口十萬七千公會應出兵千二十都城曰亞爾敦不爾厄先謙案曹譯野志云薩克索亞爾敦不爾厄面積千三百二十四方粁人口二十萬六千五百八講義作薩克索亞爾敦謝志作薩克斯阿敦堡矢志作殺克司挨天堡周志作失爾斯阿爾呑堡王紀作塞士亞北典卜政要作撒斯奧登倍二圖亞爾敦不爾厄與野雷徐合東南北薩克索尼亞國西薩克索尼亞

薩克各堡額達公國面積七百五十六英方里人二十一萬六千六百三口　**各堡**都城人萬八千六百八十九口　**額達**人三萬千六百七十一口徐又云薩克撒各不爾厄額達（一作撒可堡）亦薩克索所分地錯雜於列國之中不相聯絡約計袤延三四百里爵如公戶口十四萬五千公會應出兵千九百三十地有牧場山出金鑛英吉利女主之夫博雅那卽此國之世子也都城曰各不爾厄先謙案曹譯野志云薩克索各不爾厄額達面積千九百七十七方粁人口二十四萬二千四百三十二政要作

撒斯庫白哥塔王紀作塞士哥畢哥周志作失克斯苛堡角德矢
志作撒克司夸堡加殺二圖各不爾厄在南額達在北與徐合中
間梅凝認地也東西南巴維也
拉東西威馬爾北孫得爾砂森

斯瓜斯堡孫德厚森侯國面積三百三十三英方里人七萬八千七十四口　**孫德厚森都城人七千十三口**徐志日耳曼列國斯瓜爾斯不爾云分二國俱包普魯士境內一日孫德耳砂森長百二十里廣六十里爵如侯戶口四萬八千公會應出兵九百六十都城同國名喻見先謙案曹譯野志云斯瓜斯堡孫得爾沙森面積八百六十二方杆人口八萬五千百五十二矢志作希滑是堡桑段司喝生周志作肖畏森悚旦斯海王紀作斯瓜森德砂森政要作實瓦字部生特好勝二圖孫得爾砂森與徐野合郎雷之孫德厚森南威馬爾額達東北薩克索尼亞西黑森加塞爾

斯瓜斯堡盧德斯達侯國面積三百六十三英方里人八萬八千六百八十五口　**盧德斯達都城人萬一千九百七十口**徐又云一日盧德耳斯達長九十里廣七十里爵如侯戶口五萬七千公會應出兵五百三十都城同國名先謙案曹譯野志云斯瓜斯堡盧德爾斯達得面積九百四十一方杆人口九萬六千八百三十五講義作盧德爾斯達得矢志作希滑是堡路毒司他脫周志作肖畏才堡羅

度爾斯得特王紀作斯瓜魯多士達政要作實瓦陸駝斯搭二圖
盧德爾斯達與野徐同卽雷之盧德斯達與孫得爾砂森南北分
離北威馬爾東南
喀勒斯西梅凝認

大雷士侯國面積百二十二英方里人六萬七千四百六十八口

喀勒斯都城人二萬二千二百九十六口徐志日耳曼列國雷斯第一排云分三國一
曰咯勒斯長七十里廣五十里爵如侯戶口二萬五千公會應出
兵二百都城同國名隣見先謙案曹譯野志云雷士兄派面積二
百十七方粁人口七萬六百三首府喀勒斯講義作勒斯那爾達
巴郞的謝志作雷士格勒斯矢志作路司苦里是周志作魯斯兄
統王紀作魯士格釐士政要作羅斯格來斯雷斯郎雷士兄派郎
雷之大雷士二圖喀勒斯與野雷徐同都城同北威馬爾東薩克
索尼亞國西梅凝
認南巴威也拉

小雷士侯國面積三百十九英方里人十三萬二千百三十口

給拉都城人四萬三千五百四十四口徐又云一曰意士給利斯袞延約數十里爵如侯戶
口三萬公會應出兵二百八十都城同國名一曰羅奔斯的音本
與意士給利斯爲一國後析爲二袞延約數十里爵如侯戶口二
萬七千五百公會應出兵二百六十都城同國名先謙案曹譯野
志云雷士弟派面積八百二十七方粁人口十四萬四千五百八

十四講義作勒斯威科巴郎的矢志作路司希來是周志作魯斯
弟統王紀作魯士色力司政要作羅斯庶類斯二圖留斯吉拉郎
雷之給拉徐之意士給利斯弟派郎雷之小留士也北薩克索尼
亞國東亞爾敦不爾厄西南威馬爾羅奔斯的音二圖作羅奔斯
的已併入
喀勒斯

市府附

旱堡面積百六十英方里人六十八萬千六百三十二口居城鎮者六十二萬五千五百十五人徐志曰耳曼列國云此外北境尚有小國五皆商賈萃集之地自推殷戶爲官司理事不隸王侯一曰昂不爾厄一作漢堡地間隔不相聯約計袤延四五十里戶口十四萬八千公會應出兵二百九十會城在易北河口爲各國互市之地其船時至粵東隣見先謙案曹譯野志云哈不爾厄面積四百十五方籵人口八十七萬四千九百七十八矢周志作漢堡王紀作合卜政要作罕倍克北痾爾斯德音東勞英不爾厄西亞爾多納南哈勒威二圖昂不爾哈不爾厄並見蓋其一爲首城卽雷之旱堡也講義云哈不爾厄人六十二萬五千餘口距易北河口六十英里昔爲翻札市之一今爲自由港歐洲第一貿易港也謝志作罕伯云濱哀勒伯河在北海東二百十里有大藏書樓貯書四十萬卷製造以煙捲蒸酒提糖爲盛王書云扼北歐洲貿易咽喉商業極盛亞於柏靈之大都會也河口有喀克斯哈文爲此府附屬港

不利曼面積九十九英方里人二十萬二千四百六十五口居城者十四萬千八百九十四人徐又云一曰不來梅北一作包亞諾威爾境內袤延約三十里戶口五萬公會應出兵四百八十通商在威悉河濱其船亦時至粵東一曰佛郎克佛爾郎一作佛地不相聯袤延約三四十里戶口五萬四千公會應出兵四百七十其城臨河古時所築各國公使防兵皆駐此城每年開大市二次遠方商賈輻輳者數千帆隆見先謙案曹譯野志云不來梅面積二百五十六方粁人口二十六萬三千四百四十謝志作伯勒門又作伯雷門云德國第二商埠距偉色河口百十五里製造織貨煙捲紙張爲盛矢周志作勃來門慕志作不利緬王紀作孛鼇棉二圖不來梅與野徐同郎雷之不利曼東南北哈諾威西鄂爾敦波格佛琅克佛爾今爲黑森拿騷洲之首府王書云在威悉河畔往各洲者多於此發航

路卑克面積百十五萬英方里案萬字誤人八萬三千三百二十四口居城鎭者六萬九千八百十二人徐又云一曰盧卑咯利一作北地不相聯袤延約三四十里戶口四萬六千公會應出兵四百一曰尼發深周回僅數里戶口二千八百九十公會應出兵二十八人先謙案曹譯野志云盧卑格面積二百九十八方粁人口十萬五千八百五十七謝志作魯伯革云在罕伯東北百二十里距保勒第海三十里海上貿易其數頗鉅矢志作路培克慕志作路伯克周志作魯勃克王紀作魯北政要作呂倍克二圖盧卑格與野合郎徐之盧卑咯雷之路卑克也尼

發深
未詳以上三府皆商人自治不屬於王侯

愛爾賽司一名亞撒西**與勞來因德皇派一總督轄之面積五千六百一英方里八百六十四萬九百八十六口　司脫來司堡人十三萬五千六百八口　木耳厚森人八萬二千九百八十六口　曼支人五萬九千七百九十四口以上要區**先謙案徐志無二圖作亞爾薩斯羅測林根首城斯得拉斯不爾厄卽雷之司脫來司堡講義同謝志作亞撒西勞來因云在來因河西千八百七十年得之法國首府斯德拉斯布革形勢險要砲臺鞏固有大禮拜堂置奇巧自鳴鐘能指天象又有王宮大學校製造以麥酒皮革利器首飾爲要居民十三萬末德斯在西界有極堅城堡輸出貨多糖果皮革酒類居民六萬案斯德拉斯布革亦卽司脫來司堡末德斯卽雷之木耳厚森矢志愛爾賽司作挨散勞來因作落倫吳志作阿爾薩士及路林周志作阿爾赦斯羅亞倫世界地理作愛爾薩斯洛倫十一國游記作奧斯鹿林樋志作阿爾賽斯鹿林首城曰士德拉士堡慕志作斯特拉斯堡卽司脫來司堡也王書云斯德拉斯不爾厄在萊尼河西岸爲亞爾薩斯首府寺塔甚高摸爾叔森在南境爲棉布及他製造業中心美的在摩塞爾河上爲羅測林根都會摸爾叔森亦卽木耳厚森美的卽雷之曼支也王韜法志云法敗後以亞魯西土羅連兩部割畀於普後又云割地行成以亞撒西全部羅來

內半部歸於普注云兩省居民約計百五十萬今按二圖亞爾薩
斯有斯德拉斯不爾厄郎法志之下勒怒首邑義斯達拉斯不爾
厄也有哥爾馬耳郎法志之高勒怒首邑也是亞撒西全部入普
爲愛爾薩斯甚明羅來內郎羅勒內云半部者二圖羅測林根有
美的乃法志之木塞勒首邑此府北鄰日耳曼故被割所謂羅來
內半部也今法國以木塞勒之名併入木爾德呼爲木爾德未塞
勒是勞來因實止得木塞勒一府矣曹譯野志云亞爾薩斯羅測
林根面積萬四千五百十八方籵人口百八十一萬四千五百四
十六

屬地在非洲者多哥蘭喀麥隆西南達馬拉東部桑給巴爾等面
積共九十三萬方英里在澳洲者巴布亞東北部畢思馬克羣島
撒羅蒙羣島麻紹耳羣島面積
共九萬九千百五十方英里

摩爾奈 附

彈丸小記云歐洲國極小者計其方里約得一一九之數析縱橫各
得三里東鄰日耳曼西連比利時地產錫鑛一苗旺利厚農人百
餘家茅屋數十椽務農之餘兼事開鑛千八百十五年歐亂方平
普荷比諸國畫疆弭爭各遣人巡邊勘至摩爾奈見土沃鑛佳民
俗醇厚各思占據久不定議時普國度支未足兵力未強聽其自
立各國不得私行侵擾摩爾奈遂爲一國公舉總統一人統理境
內一切事宜迄今七十餘年屢有更舉現任職者爲施密德其副
爲醫生總統下有議事官十員歸總統選擇有要事則召詢之無
則終歲不召也每年公費稅項小民每口捐六佛郎以別款捐項

及錫鑛所出併計之歲得公費例銀萬八千佛郎充俸餼及諸費不憂匱乏昔日茅椽已成大廈其總統心猶有憾一以地方湫隘不出温泉一以未設驛傳公局致其像不能如他國君主刻於驛局憑票之上其設想亦奇矣曹云野志有摩勒奈云即德意志之亞爾敦波格在亞琛西南八粁介比利時普魯士之間爲中立地面積三萬粁住民三千三十八人產亞鉛鑛此即彈丸小記之摩爾奈英文圖亦有此地在亞琛西南與法志摩納哥爲二國

賜進士出身　特賞內閣學士銜前國子監祭酒翰林院編修加三級臣王先謙謹撰

意大利國

意大利徐志意大里亞以他里利羅問以他利羅按伊達那嗎云歐羅巴古一統之國漢書所謂大秦國也東北界墺地利亞北界瑞士西北界佛蘭西其餘全土斜伸於地中海似人股之著屐者中有大山綿亘如脊其地天時和正土脈膏腴穀麥昌茂花木馨芳幽谷名園相屬西土羨爲福地自周以前爲土番散部周幽王時羅馬崛起國勢漸強其後武備日精疆土四闢至西漢時北拓日耳曼諸部至波羅的海南服阿非利加北境各國西闢佛郎西西班牙葡萄牙至大西洋海又跨海建英吉利三島東併希臘諸部括買諾西里亞縱橫十萬里跨歐亞非三土邊外弱小諸部皆修貢職爲臣妾居然大一統之勢建都城於羅馬諸國仰之如周京東晉時又建東都於黑海之峽稱爲君士但丁一作公臘廷又作康思坦脫諾格爾其後傳世既久嗣王多淫辟敗度內亂迭生廢立屢見西北諸部皆擁土自王不復爲臣東晉孝武帝二十二年國分爲二以羅馬爲西王君士但丁爲東王東王至明景泰間始爲土耳其所滅羅馬居意大里故地劉宋時爲北狄義特族所滅義特族立國三百餘年佛郎西取之以羅馬都城奉教王後復分裂有伯棱日爾者嘗并兼諸部爲一旋以苛暴爲國人所廢壘地利亞征服之割北境之米蘭威內薩兩部自是之後諸部時合時分日尋干戈雲擾尤

甚嘉慶十年佛王拿破侖略定其地爲佛藩部拿破侖敗諸國公使會議於維也納分其地爲九大國四曰羅馬曰多斯加納曰薩爾的尼亞曰那不勒斯小國五曰巴爾馬曰摩德拿曰盧加曰摩納哥曰勝馬里虐猶總稱意大里亞其地物產豐饒兼有蠶桑之利每歲所產絲綿價值三千餘萬葡萄酒橄欖油橙柑檬栗諸果亦皆繁碩其民身體織弱外寬柔而內陰賊往往昏夜剌殺仇人好談論游戲喜謳歌有稷下之風各國皆宗天主教而羅馬最盛又云西國自剖判以來惟意大里爲一統之朝據泰西人所紀載其創業之主曰羅慕路一作羅毋洛於周幽王年間始建城於羅馬別五土之宜教民以耕稼造戟弩以習戰予努馬一作又駢嗣位初設律例愛育黎元分等威別貴賤境內大治至七世達爾癸虐蘇比爾伯淫虐無人理民廢王選賢者二人居高爵立公會以治事高爵每年一易由是國無王而勢日强盛意大里諸部皆歸版圖阿非利加北境有大國曰加爾達額一作邇太其舊名非尼西亞立國最早由希臘遷於地中海之南岸其國善於商貰擅地中海之利權又兼并西班歹富强無與埒羅馬初興時加爾達額屢侵軼之又奪其屬島西治里後羅馬㯺强始稱勍敵搆兵數百年迭爲勝負西漢初加爾達額命其大將漢尼巴合西班歹之兵大舉伐羅馬連戰皆克陷南境諸城羅馬大將發比約馬西摩堅壁以老其師而遣別將馬爾塞羅伏奇兵遨其歸路又遣西比揚潸師渡海襲其都城漢尼巴閩誓還救遇伏大潰比渡海將至西比揚叵兵遨擊於海中全軍盡覆漢尼巴乘漁舟奔西里亞求拔時漢高祖六年也是時希臘分數部馬基頓最强諸部爲所淩侮求庇於羅馬羅馬以兵護諸部因脅降爲屬國諸部悔之密約西里亞爲援西里

亞者里亞（一作鐵）亞細亞大部在猶太之北舊本巴庇倫地波斯滅巴庇倫地歸波斯後馬基頓王亞勒散得伐波斯盡取其地亞勒散得卒於軍諸將裂土自王分爲數國後并入西里亞爲一國勢頗強大故希臘諸部欲倚之以拒羅馬而漢尼巴又盛稱羅馬師疲易敗漢惠帝五年西里亞王安的約哥帥兵赴希臘羅馬迎擊之西里亞兵大敗奔回羅馬軍乘勝逐北圍其都城安的約哥納士降漢尼巴自殺因移兵征馬基頓馬基頓亦降希臘諸部皆獻士漢景帝十年羅馬以大兵伐加爾達額圍其都城城將陷加爾達額闔城自焚羅馬毀其城因略定其屬部復征服西班亙置爲別部（時葡萄牙爲西班牙西境尚未立國）是時地中海南岸尚有兩強國一日奔多一日入占爾達奔多有高哥斯大山爲屏蔽其王覓的里達隄強武好戰特天險不肯賓服羅馬命大將西拉盧占祿征之連兵二十六年屢破其軍覓的里達隄扼險不肯降漢景帝後元年羅馬大將奔彪以奇兵大破奔多殺覓的里達隄入占爾達尤險遠漢武帝元封五年羅馬大將馬黎約征服之由是地中海南岸諸部盡入版圖猶太麥西亦納款北境拓地至日耳曼復西闢佛郎西渡海征英吉利土番建爲大部西土數萬里無復抗顏行者初羅馬廢國王立公會高爵由眾推選原議一年一易後因兵事不得易漸有久於位者高爵子孫名日巴的黎西疴推舉高爵半由巴的黎西疴黎庶雖有奇傑多阻遏不得進而高爵子孫席富貴以勢淩人黎庶積不能平時諸將四征不庭各擁強兵兵皆百戰悍不馴至是四方略定諸將各凱旋屯畿甸適有夷族自東北來侵亞細亞諸部多翻城應之大將纚縹（一作潘淅）往勦方戰勝收復境土而內變作先是馬黎約之兵與西拉之兵詬誶交鬪黎庶之黠者乘機

倡亂殺高爵子孫民與紳鬭兵與兵訌既而兵民紳分黨相攻數句之內反者如蜎毛而起屠戮凡數萬人纚縹聞變急回兵大將愷撒（一作人略塞薩爾）方西征亦旋師共平內難盡戮反者前後死者凡十餘萬人國乃定是時大權歸兩帥纚縹爲羅馬病將征服麥西猶太重定亞細亞建功最早貪權位漸驕恣而愷撒負英略學術過人平佛郎西英吉利建爲大部勳業尤著兩人積不相能愷撒素得民心纚縹度不能抗託故東部起兵攻愷撒愷撒率眾禦之戰於希臘之法爾薩里亞纚縹兵潰單舸奔麥西麥西王斬其頭獻羅馬由是愷撒總大綱立法制羅馬大治時高爵有不盧多加西約者忌愷撒之得大權將帝制遣客刺殺之高爵馬爾各安多尼約因擅權專制將自王愷撒猶子唯大屋（一作塞薩爾領達維約）起兵攻之戰於黑細約河馬爾各安多尼約大敗攜其拏而逃不盧多加西約皆自到死漢成帝建始二年唯大屋踐王位是爲羅馬復立國王之始當是時羅馬東境至亞細亞（部土耳其中東爾土）西境至西班牙英吉利北境括日耳曼諸部南境包阿非利加之北境地兼三土（亞細亞阿非利加歐羅巴）周回數萬里盡入版圖波斯遣使乞和天竺亦遣使通好徼外諸夷部皆入貢建始三年唯大屋更名曰奧古士都（一作奧烏士多）銷兵罷戰親閉仍納廟門（仍納兵主之神兵興則啟門兵罷則閉門）性寬大厚待功臣親愛士民爲羅馬極隆平之世其後駕里古喇尼囉相繼立皆苛暴荒淫比於幽厲大將菲士巴山素得名譽眾推戴爲國王時猶太叛亂命其子第度伐之攻破猶太都城屠之已而第度嗣立慈惠愛民稱爲賢主未幾卒其弟嗣立煩刑苛斂國人不堪其虐弒之東漢和帝九年王大喇壞嗣位時匈奴侵北鄙命將擊走之王性寬惠矜庶獄有仁聲晚歲好土木比頑童論者惜其不

終繼立之王好武屢伐匈奴勝之順帝十二年王安敦嗣立博物好古明於治體修律度振綱紀號爲中興時匈奴逐水草屢犯邊王親率大兵渡河深入不解甲者數年窮追至北海犂其庭幕伏尸百萬由是烽燧銷息數十年無鳴吠之警東漢之末昏庸在位骨肉相殘國大亂蜀漢後帝年間稱王者三十人日相攻有奥哩都者削平僭逆光復舊物羅馬再康後因東方多邊患恆屯重兵以備之晉懷帝永嘉元年王君士但丁（或作公騰廷）嗣位性謙柔有遠略建大城於他大尼里海峽之北岸以控制東方卽名曰君士但丁城（一作康思胆胎諾格爾又作官士丹的諾伯拉又稱控噶爾）是爲羅馬東都君士但卒三子爭立國又幾亂嗣立之王好佛仇耶穌敎伐波斯中流矢卒王約菲安嗣位溫恭好禮修好四鄰稱爲太平先是東北有㦲特族者（一作厄都又作哥度）爲匈奴所攻降於羅馬羅馬處之北境恣其遊牧生聚年久日漸強盛羅馬既立東都悉以勁兵防東邊西都守備單弱㦲特突以兵犯羅馬羅馬王禦之殞於陣國大震乃與之和王弟阿多西嗣位潔白自修稱爲令辟東晉孝武帝二十二年分國爲兩以羅馬爲西都稱君士但丁爲東都立二王分治之其後西都屢爲㦲特所侵日就衰弱王和挪流嗣立貪饕喜淫刑㦲特屢來攻肆行殺掠城邑蕭然宋蒼梧王元徽三年㦲特圍羅馬都城王出降㦲特囚之軍中憂懼死羅馬民私葬之由是西都遂爲㦲特所據而東都仍稱羅馬國梁武帝二十五年東王如地尼安嗣位精於吏治因舊例煩苛令羣臣刪訂之歸於寬簡臣民稱便時國人有航海至中國者攜蠶桑之種以歸試植之與士性宜由是蠶絲之利興焉（秦西興蠶桑之利已一千數百年而中國之人不知以爲皆從粵東販往）唐初回敎之摩哈默興於阿剌伯新兼波斯勢張甚欲強羅馬入回敎

羅馬不從由是爲阿剌伯所怒數數被兵是時峩羅斯興於北土以兵侵羅馬羅馬與之和以女嫁之從此峩羅斯崇天主教已而阿剌伯攻羅馬之東境西里亞猶太買諾諸部皆陷峽東地全成敵境僅餘故希臘片土（即土耳其西土）勢益孤弱元末土耳其起於買諾兼并峽東諸部數渡峽（即達大尼里峽已詳土耳其圖說）攻羅馬侵削其邊邑殆盡明景泰三年攻陷君士但丁都城羅馬遂亡又云後漢書大秦國一名犂鞬以在海西（此海指地中海）亦云海西國所居城邑周圍百餘里置三十六將皆會議國事其王無有常人皆簡立賢者其人民皆長大平正有類中國故謂之大秦與安息（即波斯）天竺（即印度）交市於海中其王常欲通使於漢爲安息遮過不得自達至桓帝延熹九年大秦王安敦遣使自日南徼外獻象牙犀角瑇瑁始乃一通焉云云考之秦西人所紀載羅馬都城最大與漢書周圍百餘里之說相合又羅馬自努馬七世後不立國王選賢者居高爵立公會以治事與漢書王無常人簡立賢者之說相合漢成帝二年唯大屋踐王位仍世及漢書所云乃其往事又漢順帝十二年王安敦嗣位號爲中興與漢書延熹九年大秦王安敦遣使入貢之說年代名氏均相合則意大里之爲大秦無可疑矣意大里在兩漢時歐羅巴一土隸幅員者十七八故大秦之外別無海西部落之名見於范書惟安敦之入貢由日南徼外其爲航海東來可想而知然則謂歐羅巴諸國明以前未通中國者殆不其然惟市舶之聚於粵東則自前明始耳（唐宋以來皆以拂菻爲大秦不知拂菻乃大秦東鄙屬部猶之稱諸罕爲安集延也然自宋以後拂菻爲回部所據並不屬大秦中國不知其原委故因仍不改耳）泰西人所刻耶穌之書甚多其敘述謂上古之世有至人摩西者受神天教於西奈山阿（剌伯西北境）垂十誡以教世人其先有哲人曰亞伯拉罕十四世而生

大辟兩人皆西土名賢能敎化人大辟十四世爲巴別倫巴別倫又十四世而生耶穌基督（基督如中國之云神靈）耶穌之父曰約色弗母曰馬利亞馬利亞感神而孕漢哀帝五年生耶穌於猶太國之伯利恒邑有異人從東方來云有星降於猶太爲國王其王希羅得潛使人物色殺之約色弗夢神人告使避難抱兒逃於麥西希羅得死乃囘以色列地又遷於加利利之拿撒勒耶穌既長神異特甚時有先耶穌聞道者曰約翰耶穌就而領洗禮（洗謂澡身領洗禮蓋受業之意）約翰知耶穌爲至人不敢自居先輩偏告人使師耶穌由是耶穌宣傳敎法戒殺戒淫戒盜戒誣證謂天爲父己爲上天之獨子降生以拯濟世人謂人之生也靈魂爲重軀殼爲輕軀殼時至而毀靈魂歷劫不磨修道之人升靈魂於天國與天無極受業者十二弟子最著者爲西門彼得羅爲耶穌哥伯爲馬太耶穌能以神術醫人疾痾者瘧者癱者聵者魔者以手撫摩之立愈所至男女數千人隨之喧傳耶穌爲猶太之王有祭司元魁（主持禮拜之人）該亞法與衆謀欲擒而殺之耶穌預知數不可逃語門人以後事門人有猶大士者受賄賣其師密導人往執之送於大吏彼拉多彼拉多審其無罪欲釋之衆怒譟謂彼拉多縱叛民堅請釘之十字架彼拉多不得已從之耶穌遂被釘死葬之明日失其屍其後門人數數見形云耶穌死後彼得羅與諸弟子往來各國傳布其敎有士提反者聞而篤信以傳道自任猶太人以石擊斃之有保羅者初與耶穌之徒爲仇攻之甚力後悔悟入敎進道最勇所著之書亦最多云云余嘗翻閱其書文義詰曲而俚蕪彼士學漢文者所譯其中有帶機鋒似禪語者而義則粗淺其所謂洗禮七日安息禮拜之類自摩西以來卽有之非始於耶穌也奉耶穌之敎者不祀別神不

供祖先以耶穌爲救世主而以身命倚之謂可獲福祐有得禍者則謂靈魂已升天國勝於生人世揆其大致亦佛氏之支流別派歐羅巴遠在荒裔周孔之敎所不及耶穌生於其間戒淫戒殺忘身救世彼土崇而信之原無所謂非而必欲傳其教於中土則未免多事矣又云按耶穌生於猶太其教之盛行則起於羅馬自教王擅權之後諸國王侯聽其頤指有不從者國輒被兵主輒被弑數百年無敢違異其敎稱爲天主敎天主者以耶穌爲上天之主宰也明初有日耳曼人路得者起而攻其說謂天主教解耶穌之書皆謬誤以刑戮強人入敎乃異端邪說非耶穌本旨於是取耶穌之書重加譯解別立敎規稱耶穌爲救世主名其教爲耶穌教諸國之奉天主教者多翻然從之教王大怒令諸王捕殺耶穌教人然其敎已盛行不可遏止由是君與民因分教相殺國與國因分敎相攻數百年來西土之民肆市朝膏原野者不知幾百萬皆因爭敎而起也今歐羅巴從天主敎者曰意大里亞曰佛郎西曰比利時曰西班牙曰葡萄牙從耶穌教者曰英吉利曰荷蘭曰嗹國曰瑞國曰普魯士曰米利堅此外兩教參雜者曰壓地利曰日耳曼列國天主教規立十字架作銅人肖耶穌被釘受難之刑旁有女人像肖耶穌之母馬利亞耶穌教不設十字架不肖像其餘七日禮拜安息之類皆從同又別有希臘教者亦天主教別派額里士峩羅斯尚之與兩教教規又不同近泰西人稱天主教爲公敎稱路得等教爲修敎樋志云千八百十五年維也納會議意大利分爲王國二公國三爲敎皇及奧大利屬地千八百五十九年薩爾的尼亞國王維克脫愛馬奴爾得拿破侖第三之援擊敗奧兵據倫巴多之地其明年多斯加納摩德拿巴爾馬三公國來屬

其大將加利巴地戰勝兼併兩西西利王國與教皇屬地大半又併意大利各州乃掰立憲國維克脫愛馬奴爾遂踐王位其羅馬府附近教皇領地及奧屬之威內薩未入版圖于八百七十年乘普法戰事取二地意大利始歸統一紀程云自梁承聖三年東羅馬帝遣將入意大里逐峩特於是意大里無主紹泰初國人立攝王陳太建二年北意大里人始立倫巴多國漸南侵攝王地唐天寶中倫巴多逐攝王而羅馬教皇之權始大教皇初僅結盧羅馬郭外東晉建元初各國教士尊爲教皇教士悉聽命焉攝王亡教皇遂理羅馬事至德初法蘭西復以攝王地併歸教皇大麻八年法王沙立曼助教皇擊滅倫巴多以其子爲意大里王意遂併於法宋建隆三年日耳曼伐意大里併其地自是日耳曼世世兼王意大里教皇常與日耳曼爭權數百年不已熙甯中意大里分爲三北部歸日東部教皇據之號羅馬國南部爲西治里國西治里本意大里一島後爲回教人蠶食法人討平之合南部之亞浦里亞拿破里二地立爲國常甯中北部之倫巴多又自立爲民主國然日王仍兼意大里王號如故以政令尙能被於南北二部也咸湻四年教皇嫉日之有意也割南部之西治里國與法法王遣其弟沙爾王西治里日王爭之不勝爲法軍所殺沙爾虐用其民民叛之沙爾走還法元大德中亞拉岡雅轄班人彼得將兵入西西治里王其地遷都於拿破里於是又稱拿破里王明宏治十四年西班牙逐拿破里王併其地法於先屢爭倫巴多之米蘭至是復與西班牙爭地　國朝康熙五十二年法西所得意地盡入於奧乾隆十一年與人盡逐法西二國人之在倫巴多者嘉慶初拿破侖略意地立爲民主國拿破侖敗法人復失意地仍爲列國在北部者

日撒丁日倫巴多日威尼斯日巴馬在中部者日多加納日摩德拿日羅馬在南部者日拿破里（西西里屬焉）道光二十八年奧取威尼斯倫巴多北部諸邦亦受其制咸豐九年北部皆欲叛奧撒丁王維多爾以馬努利有英略諸邦畏服遂西聯法兵與奧戰於低西西那河奧軍大敗撒人復倫巴多方進規威尼斯而奧法議和撒師遂旋時意中部多加納摩德拿皆逐其君羅馬亦逐教皇同應撒丁拿破里不能治其民民多叛撒丁將戛利巴底歸自非洲過西治里助叛民逐守者渡海入拿破里降其王拿破里亦為撒丁有咸豐十一年撒丁王稱意大利王國同治五年奧普交兵意人兵助普攻威尼斯意軍不利而三國講和卒以威尼斯還意當出皇之出奔也令法人將兵守國意王即位遣使告法撒兵法人期以二年迨九年法敗於普召囘駐羅馬兵法王復為普禽意人使告教皇日羅馬國事皆意大里政府措置教皇懼乞援於普不應意人進都羅馬（初立國都佛羅棱薩）教皇轄地悉歸意政府僅予教皇故宮人使守府自西羅馬亡後千四百餘年始復立國統全土王韜戰紀云加釐波地羅馬人素通兵略以英武稱千八百四十九年意人競起以逐君自立為詞羅馬亦乘機逐教皇據城堅守為首者加釐波地（卽戛利巴底十一國遊記作嘉富洱）也時那不勒方強法與合兵進攻羅馬未三旬加釐波地獻城納款得不誅後薩與法合兵勝奧割其郎巴地一部入版圖意民皆願奉薩為君千八百六十年加釐波地復出糾眾先攻西治里後圍那不勒兩城皆降於是意大利兼併諸國成為一統加釐波地固元功也維多爾以馬努利十一國遊記作伊費奴核第二薛記云道光問義地尚為奧轄撒丁王阿爾勃脫（一作甲利亞撒多）修政練兵會諸小國起兵拒奧為奧所敗而懼

傳位其子伊曼奴核第二一作以馬努稱第二用賢相加弗爾除弊修敎阜財惠工又得法助敗奧稍復舊地迨國勢日强進圍羅馬敎王出走又盡併拿破利王之地咸豐十一年始稱義大利王同治九年法敗於普調護敎王兵回國義王進據羅馬盡奪敎王轄地及所有產業僅令主持敎務而已光緒四年伊奴曼核第二卒子漢恩培德第一一作恆孛督郎位已十四年矣慕志作以大利云在歐洲之南緯綫自赤道三十七度至四十七度經綫自順天偏西九十八度至百一度東距亞得利亞海北界奧地利瑞士西南斜跨地中海總海島而計之共四十萬八千里戶口二千八百萬謝志云義大利爲歐南一大土股突出地中海北緯三十六度四十分東經六度四十分至十八度三十分全地形似長靴突出海中約二千里最寬處約三百五十里上端附於大陸內廣二千一百里矣志作伊大利云舊名海路料昔有王曰伊大拉斯因名 雷志云立其國曰伊大利辻志作意大利謝志又作意大利亞

憲國立法之權皇與上下議院共操之講義云立法權在王及議會議會分元老院及代議院元老院以王族及敕選終身之議員理之代議院以五百八名民選之議員理之行政權國王有之責任內閣行之

地形

包有地中海中心之半島北以阿耳魄士山爲界阿配甯山貫其中內格倫三稜山高九千五百八十英尺謝志云阿笨年山南北縱列乃哀勒伯山之支脈中部最高處可一萬尺至南端分二土股中凹爲達蘭多海股其西趨之支沒爲美西那海腰再起海中爲西西利大島中央山

脈之兩旁皆爲平地東窄而西寬土皆肥厚西方平原自北至南沿海多瘴氣北段曰德斯嘎那平原南段曰羅馬平原皆古來繁盛之區北部大陸內總稱倫巴第平原波河灌之案阿配甯即阿笨年二圖作亞平甯矢志作挨烹甯樋志作阿徧年辻志作亞佩那印紀程作亞卑尼奴周志作亞奔嫩呉志作阿比零格倫三棱山紀程作科爾那即謝志所云可一萬尺者也**外附以細細利與薩甸尼亞二島其大河則有波河領地極廣並灌阿耳魄士山麓之諸湖**講義云波河出法境之温索山東流合阿爾魄士山之雪水與亞布魯因山之雨水至威內薩灣而注於海支流最大者爲起西諾河便於灌漑及通行舟船北部意大利之繁盛實因此河也湖之大者曰加達湖馬日湖科摩湖其水皆入波河許考云巨澤數不滿十較廣者馬巢嘉德二湖皆在北境馬巢長九十餘里闊處約十里深二百二十四丈嘉德長七十一里餘闊南北不等北六里有奇南約二十六里嘉德即嘉達馬巢即馬日也講義作嘉達馬日勒周志作茄爾達麥其羅科摩作夸木**挨那河**矢志云經流佛羅棱薩之阿諾河阿諾即挨那也一作阿耳挪**替勃耳河**講義作第表爾河云出中部亞布魯因山中南流入地中海因羅馬建於河畔故歷史頗有名紀程作低白云出亞卑尼奴山西流行三百三十里入海樋志作泰罷矢志作佗伊孛謝志作德斐拉**氣候温和宜於養生**講義云阿爾卑士山限於其北大陸性爲之隔斷又地中海之温水洗其三面故寒暑調和大陸部稍遜半島部爲最佳部分空氣清徹惟夏有馬來利熱流行全

國六十九州中惟六州無之羅此而死者歲及萬四千人面積十一萬六百五十五英方里人三千百六十六萬八千口大學校二十一所全面積百分之三十七爲耕種地百分之六爲種葡萄地百分之三爲種橄欖樹地百分之二十五爲牧場百分之十六爲樹林業漁者六萬五千人捕魚外有取海絨與珊瑚者礦產硫黃每年三十九萬四千四百四十八噸煤二十七萬六千噸並有鋅鉛汞鐵銀等每年總值百八十一萬四千磅製造廠如織布造機器製玻璃日漸繁盛講義云鑛產硫黃爲一大宗出西西利島亞鉛次之又產鐵然其額不大石炭甚少故工業不振辟門倫巴爾多利高里亞等地方紡績生絲者約二十萬人以外紡績羊毛及麻等業亦有可觀又米蘭有製陶業然規模不大鐵路九千五百九十二英里講義云千八百九十八年鐵道延長有九千七百四十七英里其後益長千八百九十七年商船六千三百五十三入口貨連銀計算值四千四百二十萬磅出口貨值三千七百六十一萬一千磅絲橄欖油葡萄酒爲大宗與法英德奧瑞

士貿易講義云以突出地中海之中央故海上交通甚大北方雖限以阿爾魄士山然由蒙塞尼山果多爾西母普倫三隧道可與法德瑞諸國直接交通故都靈米蘭等邑大趨繁盛蘇彝士運河開通地中海商業漸恢復意亦蒙其餘澤熱那亞港至與法國馬耳塞港相敵自一千八百六十年以來修築港灣布設鐵道開通道路商業雖日盛一日然以用費太鉅使國債增多亦可慮也政要云通用之銀錢曰賴兒合一百勝丁為一賴兒合二十五賴兒為英銀一磅計里之名曰結羅米特每米特有一千九十三模每模合英三尺郎英里八分之五入款六千二百八十四萬四千磅千八百九十七年國債四億九千二百萬磅軍額二十五萬二千人戰時可增至百二十九萬五千人戰艦二百四十五內鐵甲二十六水雷艇二百三船人共二萬二千六百講義云海軍頗强大有有力之戰鬪艦十四隻巡洋艦二十二隻水雷礮艦十七隻水雷艇百八十三隻自一千九百一年至千九百十二年擬支出三億八千九百萬里拉一里拉凡日本四十錢分三期支出擴張海軍紀程云光緒六年意造大船名意大里八年又造大船一名雷盤陀皆長四百英尺闊九十四英尺入水深二十八英尺壓水力萬六千六百八十噸實馬力萬八千匹每小時能行十八海里露臺旋砲臺甲厚十九寸各置十七寸口徑後膛砲四尊六寸口徑後膛砲八尊二船之大實為歐洲鐵甲船冠

拿坡耳司人五十三萬六千七十三

口　羅馬國都熱度中數五十九度正月四十四度七月七十六度
雨水三十一英寸人四十八萬七千六十六口　米倫熱度中數
五十四度正月三十三度七月七十四度雨水三十六英寸人四
十七萬五百八十八口　土林人三十五萬千八百五十五口
振劣摩寒熱均匀與力佛拉一帶同熱度中數六十四度正月五
十二度七月七十八度雨水二十四英寸人二十八萬七千九百
七十二口　鐖拿亞人二十二萬八千八百六十二口　勿勞靈
司人二十萬九千五百四十口　維尼司人十五萬五千八百九
十九口　曼西那人十五萬二千六百四十八口　波勞那人十
五萬三千二百六十口　坎推尼亞人十二萬九千六百五十口
雷霍痕人十萬四千五百三十七口徐又云羅馬一稱敎宗國古羅馬舊都也當全盛時文物
聲名爲西洋第一大都會至劉宋時爲北狄峩特族所據故王宮
闕大半殘毀書冊舊典亦埽蕩無遺由是民變夷俗非其舊矣天

主教自東漢時傳播西土羅馬人崇信尤篤故國既爲狄所據天主教之徒乘機招誘黨羽日繁大權歸其掌握佛郎西既滅裔特族遂以其地歸天主教師號曰教王教王沒則大會各教主僉議推老成者一人嗣位略如前後藏喇嘛坐牀之俗其教傳布各國有不遵者輒挑釁搆兵夷滅之或教其民叛主佛郎西之挪霸也教王爲之加冕英吉利北族之起兵也請於教王教王封以英土其權如此至前明時日耳曼人路得別立耶穌教稱爲正教斥天主教爲異端邪說於是諸國半歸耶穌教而教王之權頓衰所據羅馬都城古跡最多天主教堂極崇宏光采射目入教之徒如蟻各食教王俸精別國之祭司遠方之信士焚香禮拜者踵相接也天主之外所崇奉者耶穌之母馬氏稱爲天后籲禱尤虔其民情於農事野多曠土山內多藏兇盜捕急則逃入天主堂無復過問者○多爾加納一作突加拿在羅馬之西東北界羅馬西南臨海土地膏腴物產豐厚都城曰佛羅稜薩街衢整潔萬廈翬飛所屬有古城曰北撒昔稱繁會今已凋敝海口有城曰里窩那市舶所萃貿易甚繁○薩爾的尼亞一作沙劝尼阿又作撒地尼又作撒丁本意大里大島其國由此島而割意大里西北境遂以島名爲國名地在多爾加納之西北與瑞士佛郎西接壤國分四部曰辟門曰熱那亞曰撒歪案此部已割與法國曰撒丁島都城在撒歪曰都靈一作士林殿堂宏麗西人豔之辟門多山田不足畊其民多走別國謀生熱那亞在海隅昔爲地中海公市萬艘鱗集稱大都會意大里戰船皆屯泊於此今衰廢已久僅存各官之衙署而已撒丁島地甚廣莫而林莽居半居民披羊皮挾利刃遊牧林薄中性悍獷難於鈐束○那不勒斯一作拿玻利又作拿破里又作邏不爾士在羅馬之南東西南三面皆海正地形似韡屐之

處意大里之南境也西南有大島曰西治里或作什士力又作西基利又作西西里亞與那不勒斯合爲一國都城同國名屋宇高大殿廟整肅郭外萬峰環繞高插雲表內多幽壑古洞別有火峰峰頂常出煙雲有時火石飛空墜數十里外或飛灰如霜霰積數尺壓田畝廬舍又火漿迸流如水所至草木皆燼近山有二古城灰埋已千餘年忽土人掘出城堞依然傳爲異事地震甚烈居民頻年被災惟土田肥沃物產豐饒故戶口繁密無肯避而去者西治里島縱橫皆四五百里土尤肥沃多五穀艮釀島中亦有火峰鄉邑屢遭焚毀吏多苛政數主擅權故夙稱沃土而民恆貧乏其會城曰巴勒摩埔頭曰墨西拿○巴爾馬一作巴駢在薩爾的尼亞之東摩德拿之西北抵波河縱橫皆二百里戶口四十餘萬昔爲壘地利王女封地佛郎西王拿破侖之后也拿破侖既敗其后別醮仍據此地○摩德拿東連羅馬西連巴爾馬長三百里廣百四十里戶口三十八萬○盧加東連多爾加納西至地中海長九十里廣五十里戶口十四萬餘○摩納哥在薩爾的尼亞境內長三十五里廣二十里戶口六千五百○又徐志壘地利亞下云壘地利之意大里地總名倫巴爾多威尼西亞奴分兩部○米蘭在的羅爾之南東南際亞得亞海幅員較廣其地山水佳勝有天主廟肖像最鉅闊二十七丈高三十三丈西土以爲異觀會城居民十五萬所轄百義城居民三萬額摩拿城居民二萬六千曼土亞堅城也嘗爲他國所攻久圍不能下罷味亞城居民二萬一千羅地城居民一萬八千皆意大里名邑也○威內薩一作[illegible]臨亞得亞海幅員甚狹而戶口極繁古時爲地中海最大之海口萬艘鱗集握全海之利權者千有餘年今已衰廢貿易無多居民尚十萬一千城建水中街衢皆小河

飛橋橫跨不礙舟行所屬巴土亞居民五萬內有書院肄業者三
百八味羅拏居民五萬五千味晉撒居民三萬蕪地拏居民萬八
千先謙案矢津昌永高等地理云意大利古分十六州今分六十
九州其州名皆以本州重要都會之名名之古州名雖不爲官府
所行用然人恆喜稱之紀程云分國爲六十九部部有長皆命於
王所謂十六州者郎下十一部三州二大島伊東祐穀世界年鑑
備載今六十九州之名曹典球有譯本
今錄於下而稽合雷徐附以眾說焉
辟門部先謙案徐志辟門爲薩爾的尼亞舊所分部据列國學會
二圖在國西北隅北瑞士國西法國東倫巴爾多南利高里亞謝
志作別度門薜記作丕厄蒙納慕志作辟們○亞歷山德州曹云
面積千九百六十四方英里人八十一萬千八百三十三口千八百一
年所調查以下同二圖在部東偏南講義云傍近有馬蘭科千八百年拏
破侖大破奧軍於此○庫尼俄州曹云面積二千八百六十八方
英里人六十三萬八千二百三十五口二圖在部西南隅○諾瓦
拉州曹云面積二千五百五十三方英里人七十四萬三千百十
五口二圖在部東亞歷山德之北○都靈州曹云面積三千九百
五十一方英里人百十二萬四千二百十八口二圖在部中央据
徐云都靈先屬撒歪爲薩爾的尼亞都城郎雷之土林紀程云在
赤道北四十五度四分順天偏西百八度四十分產絲最多西史
言梁陳之間有意人航海至中國得蠶桑之種以歸故至今有藺
絲之利講義云在波河上流人三十五萬九千餘口西部歐洲諸
國貿易在此謝志作度利挪地臨波河有大學通法國鐵道穹過
此城距色尼斯山隧道不遠矢志作偷林周志作偷琳薜記作丟

來慕志
作多靈
利高里亞部先謙案二圖西北辟門南高里設斯海東伊彌利亞
多斯加納薛記作里沽力阿○熱那亞州曹云面積千五百八十
二方英里人九十三萬四千六百二十七口二圖在部南濱海有
熱那亞灣紀程云赤道北四十四度二十五分順天偏西百七度
三十二分講義云人二十三萬七千餘二十五分都靈米蘭羅馬及法
之馬耳塞有汽車相聯絡近政築碼頭與都靈以哥侖布生地
著名謝志云人二十三萬七千餘二十五分
者多自此熱那亞作遮挪法云南臨遮趨繁盛有砲臺游歐洲
根據地也登陸製造絲絹絲絨最著斯法海股有砲臺游歐洲
六度三十紀程云斯披薩在赤道北四十四度八分順天偏西百
拿亞許四分二圖斯披薩在部東端四十四度八分順天偏西百
努阿慕考作熱納又作斯尼斯薛記作矢志又作勤拿挨郎雷之纖
方英里人十四萬二千八百四十六口二圖在部西端濱海作毛
里肖無波
爾得三字
倫巴爾多部先謙案二圖北瑞士國西辟門東威尼西亞南伊彌
利亞謝志作倫巴第云一稱歐洲之花園介哀勒伯山與波河之
問面積九萬方里（案面積句誤）謝鑑作蘭巴第薛記作郎拜而底慕志
作倫巴地矢志作洛字隄○貝加摩州曹云面積千六十五方英
里人四十五萬九千五百九十四口二圖在部中央紀程云產絲
最多郎徐志之百義城○布里西亞州曹云面積千八百六方英
里人五十三萬八千四百二十七口二圖在部東偏南○科摩州

曹云面積千一百四方英里人五十八萬二百十四口紀程云產絲最多二圖在貝加摩西○克勒馬州曹云面積六百七十八方英里人三十二萬七千八百三十八口二圖在貝加摩南○曼士亞州曹云面積九百三方英里人三十一萬千九百四十二口二圖在部東南隅與徐合講義云此州與米蘭之間有索爾非里若及馬日他千八百五十九年法軍大破奧軍於此○米蘭州曹云面積千二百二十一方英里人百四十四萬二千百七十九口二圖在部西與徐合紀程云產絲最多出磁器講義云在倫巴多平原中央北經山果他爾隧道通瑞士之鐵道西經蒙塞尼通法國之鐵道南經熱那亞通踰亞布會因山之鐵道畫集此府故商務特盛人四十九萬餘口有白文石寺院著名謝志作米拉挪云近波河風景清幽街市壯麗爲絲業中樞有大天主堂矢志作彌倫云有小巴黎之名人口四十三萬周志作密倫郎雷之米倫薛記作密蘭諾一作迷郎○罷味亞州曹云面積千二百八十八英方里人四十九萬六千九百六十九口二圖在米蘭南與徐合○桑得里俄州曹云面積千二百三十二方英里人十二萬五千五百六十五口二圖在部北

威尼西亞部先謙案二圖在國東北北東奧國南亞得利亞海西南倫巴多伊彌利亞紀程云在赤道北四十五度二十六分順天偏西百四度六分有砲臺船塢部人善織草篤笠西方婦女常冠之其草郎麥苗織爲廣半寸之辮然後編之爲笠有隆起哉哉者殆如詩所謂臺笠此草辦山東人常織之西人購者甚夥歲爲登萊出口貨一大宗聞近日所製多粗惡輒以精美者裹其外西人

厭之又將仰給於意大里矣是在有商務之責者加以整頓謝志
作分伊西亞云南鄰阿德利亞海城建小島上有百島城之名曰
分伊劑又曰費尼斯昔盛今衰然猶為要港矣志作文尼斯○貝
爾盧拿州曹云面積千二百九十三方英里人十九萬二千八百
口二圖在部西北隅○巴土亞州曹云面積八百二十六英方里
人四十四萬三千二百二十七口謝志作巴多阿云在分伊劑西
六十里有大學居民五萬二圖在部南與徐合○羅威哥州曹云
面積六百八十五方英里人二十二萬千九百四口二圖在巴土
亞西南○特里威索州曹云面積九百五十五方英里人四十一
萬二千二百六十七口二圖在巴土亞東北○蕪地拿州曹云面
積二千五百四十一方英里人五十九萬二千五百九十二口二
圖在部東隅近北與徐合○威內薩州曹云面積九百三十四方
英里人四十萬千二百四十一口講義云在阿多里亞海之奧威
內薩灣中人十五萬七千餘口建海中七十二島之上以運河為
市街用船艇名宮多拉相交通故有全市浮於海上之觀與大陸用二
千英尺之長橋聯結之此地嘗掌握地中海商業勢甚隆盛自迴
航非洲之途開漸就衰頹蘇彝士河開通又將恢復矣樋志作維
納斯參證謝志威內薩乃部首城也二圖在部南臨海有威爾薩
灣與徐合郎雷之維尼司○味羅那州曹云面積千一百八十五
方英里人四十二萬二千四百三十七口二圖在部西端郎徐之
味羅拿○味晉薩州曹云面積千五十六方英里人四十四萬
七千九百九十九口二圖在味羅那東偏北郎徐之味晉撒
伊彌利亞部先謙案二圖東臨亞得里亞海灣西利高里亞南多
斯加納慕志作以米利亞謝志作衣米利亞云在倫巴第分伊西

亞二部之南古爲大公國以產乳餅及上品白玉著名○波羅格那州曹云面積千四百四十八方英里人五十二萬七千三百六十七口講義作波羅格羅云有大學已立八百餘年人十五萬八千餘口自米蘭至布林的西自威內薩至勒哥之鐵道交又於此謝志作波倫亞二圖在部中央偏東○佛拉拉州曹云面積千十二方英里人二十七萬千七百七十六口二圖在部北偏東○法利州曹云面積七百二十五方英里人二十七萬千七百七十六口二圖在部東南隅○摩德拿州曹云面積千二方英里人三十一萬五千八百四口二圖在波羅拉那西北徐九部之一○巴爾馬州曹云面積千二百五十方英里人二十九萬四千百五十九口周志作排拉瑪二圖在勒哥之西少北徐九部之一○比森薩州曹云面積九百五十四方英里人二十四萬五千百二十六口二圖在部西北隅○拉溫那州曹云面積七百十五方英里人二十三萬五千四百八十五口二圖在法利東南○勒哥州曹云面積八百八十四方英里人二十七萬四千四百九十五口二圖在摩勒拿之西少北

多斯加納部先謙案圖東北伊彌利亞東瑪徽斯西高里設斯海南猶木布里亞來土穆謝志作德斯嘎那云在哀米利亞南阿爾挪河流域土地肥沃古爲自立小國海濱一帶地溼多瘴氣矢志作脫斯加尼吳志作脫士加尼薛記作土斯街尼又作拖土卞納徐九部之一○亞勒索州曹云面積千二百七十三方英里人二十七萬千六百七十七口二圖在部東○佛羅棱薩州曹云面積二千二百六十五方英里人二十七萬千六百七十六口案徐志舊爲都城紀程云意初立國時都此出磁器講義云在阿若河

畔人二十一萬六千餘嘗爲美術家淵藪今遺跡頗多詩人丹鐵
及別多拉克美術家米開安濟羅天文學者架利勒俄皆出此地
謝志作斐連色或稱日美墩在阿耳挪河畔有禮拜堂大學校著名書
院藏名人遺跡不少居民十四萬矢志作佛洛倫斯周志作弗落
倫斯許考作福羅棱薩云王居宏敞凡九百餘聞郎雷之勿勞靈
司薛記作勿羅郎斯慕志作嘯囉棱斯二圖在部中央近北○格
羅塞托州曹云面積千七百三十八方英里人十四萬四千七百
二十二口二圖在部西近南臨海○里窩那州曹云面積百三十
三方英里人十二萬三千八百七十七口紀程云赤道北四十三
度三十三分順天偏西百六度六分謝志作利弗郎云港口極佳
多製草緶居民八萬二圖在部西近北臨海○盧加州曹云面積
五百五十八方英里人三十一萬九千五百二十三口二圖在比
薩之東北臨海徐九部之一○馬薩喀拉拉州曹云面積六百八
十七方英里人十九萬五千六百三十一口二圖在部西北隅喀
拉拉馬薩蓋兩地合爲一州○比薩州在辟汪北納之北曹云面積千百
七十九方英里人三十二萬八百二十九口謝志作畢撒云名人
嘎利利漚郎架利勒俄生地有奇塔上層較底斜出十五尺登而俯觀
令人驚駭數百年來堅固不圯許考作比撒云離塔不遠有慕道
一相傳爲御葬處有二十四囘廊人物古像四十一精妙絕倫墓
門多至六百以花紋寶石砌成古氣鬱然薛記作波賽又作帔薩
二圖在里窩那東北臨海○西那州曹云面積千四百七十一
方英里人二十三萬三千八百三十口二圖在佛羅棱薩南
瑪撒斯部先謙案二圖北三馬力諾國東亞得里亞海灣南亞布
魯索及摩里西西猶木布里亞○安科吶州曹云面積七百四十

上

八方英里人三十萬二千百七十二口紀程云在赤道北四十二度七分順天偏西百一度五十四分有砲臺船塢講義云在阿多里亞海岸乃威內薩貿易港也人六萬餘口二圖在本部東臨海○亞斯科利州曹云面積七百九十六方英里人二十四萬五千百七十二口二圖在正南接界處○馬塞拉台州曹云面積千八十七方英里人二十五萬九千四百二十九口二圖在亞斯列北○比薩羅州曹云面積千一百十八方英里人二十五萬三千九百八十二口二圖在部東北端臨海

猶木布里亞州(自爲一州不屬前部)先謙案二圖東瑪徽斯西北多斯加納東南亞布魯索及摩里西西南來土穆曹云面積三千七百四十八方英里人六十六萬七千二百一十口

羅馬州(自爲一州不屬前部)先謙案二圖羅馬大名即來土穆也東北猶木布里亞西北多斯加納東南亞布魯索及摩里西千巴尼亞西南第勒尼安海徐九部之一曹云面積四千六百六十三方英里人百十九萬六千九百九口紀程云羅馬城跨低白河上東南距海六十餘里在赤道北四十一度五十四分順天偏西百三度五十六分自教皇據羅馬以來日耳曼恆與教皇爭權法蘭西則助教皇爲虐法恃其兵力雄視歐洲尊奉教皇縱庇教士教士倚其聲勢結黨布天下强與人家國事少不如意輒游說他國以啟爭端西土受教士之害者指不勝屈同治九年法王爲普所禽普相畢斯馬克首下令逐教士普之禮曹復條陳新法以排斥之各國從而效之屏除教士意王割其土地據其城郭教皇雖有法助其勢亦不能振論者謂普之勝法實歐洲大局之幸講義云千八百七

十一年為意國首府今猶仍之人五十一萬餘口千八百九十九年以下同富有繪畫彫刻建築物及各種美術品為世界第一博物館甚多古代羅馬之演武場科利些母之遺址森多辟地寺院及法王所住維的坎等皆最有名之建築亞布魯索及摩里西部先謙案二圖東亞得里亞海灣北瑪徹斯西北猶木布里亞來土穆南千比尼亞亞浦里亞○亞基拉州曹云面積二千四百八十四方英里人三十九萬六千六百二十九口二圖在本部中央西北○甘波巴索州曹云面積千六百九十一方英里人三十六萬六千五百七十一口二圖在本部正南○直的州曹云面積千一百三十八方英里人三十七萬九百七口二圖在部東臨海○特拉摩州曹云面積千六十七方英里人三十萬七千四百四十四口二圖在部東北端近海千巴尼亞部先謙案二圖北亞布魯索及摩里西東南亞浦里亞波西利加大西南第勒尼安海慕志作堪板尼亞○亞維里諾州曹云面積千一百七十二方英里人四十萬二千四百二十五口二圖在本部中央○貝尼溫陀州曹云面積八百十八方英里人二十五萬六千五百四口二圖在亞維里諾西南○加塞大州曹云面積二千三十三方英里人七十八萬千三百五十七口二圖在亞維里諾西北○那不勒斯州曹云面積三百五十一方英里人百十五萬千八百三十四口二圖在部西臨海講義云在羅馬東南那不勒斯灣人五十四萬四千餘口土地豐沃以生活容易故為第一大都會四近風光佳絕有火山日維蘇威聳於其東坡母披遺址在其南失志作綱潑爾吳志作涅布爾周志作納柏爾斯郎雷之拿坡爾司徐九部之一一作拿破里紀程云赤道北四

十度五十二分順天偏西百二度十三分十一國游記作奈波里紀程又云漢建初中維蘇威山噴火灰石灰漿迸出環山麓之黑九恆賴（矢志作海若拉尼十一國游記作哈喬拉念郎在奈波里本城南）邦貝（王書作邦渖矢志作烹海）斯達庇三城（諸書皆二城云三城蓋誤）均為灰石湮沒　國朝嘉慶中土人掘出雉堞儼然城內宮室人物均存其形貌西人爭取以為古玩游記又云邦渖距此二十餘里七十九年為火山所壓死三千人餘僅走免千七百四十八年有窮井者發掘古物甚多後七年奈波里王查爾斯三世時發出大戲園後至全城顯露近匈可利發掘六百年一古城希臘亦發一古城皆不如邦渖之大○索勒那州曹云面積千九百十六方英里人五十六萬四千三百二十八口二圖在部西南臨海

有索勒那灣

亞浦里亞部先謙案二圖東南北臨海西干巴尼亞波西利加大勒西之北有布林的西紀程云赤道北四十度三十九分順天偏西九十八度二十七分謝志作伯林第西爾在東南隅臨阿德利亞灣古為大埠今已就衰居民二萬講義云近半島東端一港今雖不大然當地中海交通要路將來必漸振興○巴里州曹云面積二千六十五方英里人八十二萬七千六百九十八口二圖在部東臨海○佛加州曹云面積二千六百八十八方英里人四十二萬五千四百五十口二圖在部中央○勒西州曹云面積二千六百二十三方英里人七十萬六千五百二十三口二圖在本部南端

玻坦薩州稙（為一州屬前部）先謙案二圖玻坦薩作波坦薩大名郎波西利加大也東北亞浦里亞西北干巴尼亞南加拉布里亞東南伊

斯尼亞海爲大蘭多灣西南第勒尼安海曹云面積
三千八百四十五方英里人四十九萬七百五口
加拉布里亞部先謙案二圖北波西利加大東西南三面臨海其
南端有墨西拿峽與西西里相對○加坦薩羅州曹云面積二千
三十方英里人四十七萬六千二百二十七口二圖在部東南臨
海斯基拉西灣內○科森薩州曹云面積二千五百六十八方英
里人四十六萬五千二百六十七口二圖在部中央偏西○勒格
俄州曹云面積千二百二十一方英里人四十二萬八千七百十
四口二圖在南端
西向對墨西拿
西西里部先謙案矢志作希雪藺周志作西治里謝志作西西利
云地中海最大島地土腴美古稱義大利穀倉與大陸隔美西那
醱卽拿墨臺海腰東西長六百五十里南北廣三百五十里共十一萬
方里分七省東方有哀德那火山二圖西北皆臨第勒尼安海北
有利巴黎舍羣島西有亞加的舍羣島斯大格若內羣島西南與
非洲突尼斯國相對爲西西里峽南爲西西里海東爲伊奧尼安
海卽雷之細細利薛記作昔昔利又作細細來慕志云島北有里
伯利島有火山二吐燄不息里伯利二圖作利巴黎矢志云有利
波里羣島斯湯罷黎島則全島皆係火山案利波里卽利巴黎舍
斯湯罷黎二圖作斯特蘭玻里○加爾大尼塞台州曹云面積千
二百六十三方英里人三十二萬七千九百七十七口二圖在島
部中央○喀大尼亞州曹云面積千九百十七方英里人七十萬
五千四百十二口二圖在島正東臨海有喀大尼亞灣○格根的
州曹云面積千一百七十二方英里人三十七萬千六百三十八

口二圖島部西南臨海○墨西拿州曹云面積千二百四十五方英里人五十四萬三千八百九口二圖在島部東北隅與半島相對為墨西拿峽紀程云在赤道北三十八度十一分順天偏西百度五十四分吳志作米西拿矢志作曼雪納樋志作默美西納謝志作美西那周志作妹西納薛記作梅息那慕志作默細那云有挨德納火山熒毀鄉邑歐土最著矢志挨德納作愛脫納云古稱地中海之燈臺高萬八百七十四英尺○巴勒摩州曹云面積千九百四十八方英里入七十八萬五千三百五十七口二圖在島北偏西臨海紀程云赤道北三十八度三分順天偏西百三度六分有砲臺船鴎講義云為此島首府人三十九萬餘口有大學貿易甚盛櫃志作巴剌摩矢志作蘭瑪○塞拉庫西州曹云面積千四百四十二方英里人四十二萬七千五百七十口二圖在喀大尼亞灣之南臨海○特拉巴尼州曹云面積九百四十八方英里人三十六萬八千九十九口二圖在島西北隅臨海又据二圖西南有三若薩島班特利黎亞島俱屬西西里

薩的尼亞部（即撒丁島）先謙案東第勒尼安海西撒丁海南隔地中海遙對非洲北隔玻尼法西俄峽與法屬哥爾塞牙島相對徐志九部之一郎雷之薩甸尼亞十一國游記作薩諦尼矢志作撒隄尼○加格拉里州曹云面積五千百八十四方英里人四十八萬三千五百四十八口二圖在島東南隅臨海有加格拉里灣○薩撒里州曹云面積四千百二十二方英里人三十萬八千二百六口二圖在島北偏西近海

屬地　雷志云歐里脫里亞與梭曼利蘭面積十三萬五千英方里人四十三萬（先謙案見非洲）

三馬里那國

三馬里那雷志云小共和國面積二十八英方里人八千二百口立國於十一世紀至千八百六十二年歸意皇保護（徐志云勝馬里虐在羅馬境內袤延約五十里戶口四千餘自推酋長理事不屬敎王先謙案郎雷之三馬里那也二圖作三馬力諾東北臨亞得里亞海南界瑪撒斯西界伊彌利亞屬地講義作山馬力諾云面積僅二十三方英里千八百九十六年時人口約九千五百稱歐洲最古之獨立國行政權在元老院有議員六十八人謝志作散瑪利那云紀元後四百年來郎己獨立面積四百方里人九千五百都城亦日散瑪利那人千五百及村落若干散處阿笨年山東坡民業耕牧有司政者二人議員二十人議會十二人將校三十八人兵士九百五十歲入約十一萬圖出口貨酒牲畜石料）

英領馬耳捷島

馬耳捷雷志云英屬地面積百十七英方里千八百九十七年人

十八萬六千八百口內九千五十八人為戍兵

佛劣太會城徐志云意大里西南有馬里他島地多磐石居民積土為田以耕其俗儉嗇勤苦戶口極繁昔耶蘇之徒保羅浮海閣淺泗登此島為人療病著神異之迹故此島名傳西土當回部方強以兵力脅此島島酋率驍卒拒之回部竟不能取嘉慶年間佛郎西誘降其酋旋為英吉利所奪守以重兵為地中海停泊戰艦之處先謙案即雷之馬耳撻也矣志作瑪爾塔薛記作麻爾太云其北一島中有火山恆騰煙霧据二圖在西西里島之南中為馬耳他北海峽北有二島左曰葛索右曰斗米諾會城名瓦列塔即雷之佛劣太也講義云在西西利亞西南五十八英里當地中海之中央千八百十四年以來屬英設強固軍港置守備兵萬餘馬耳他面積九十五英里合近傍葛索島克米諾島案志作克卜作哥知上作斗誤面積百十七方英里人口十八萬餘政治有英國政府派遣之知事兼轄軍政民政有行政會議議員十九名以輔之教育甚盛謝志作米利大一日利大瑪云米利大犖島北緯三十五度五十四分東經十四度三十一分共三島曰米利大面積八百方里曰哥棱三百方里曰哥米拿二十方里居民共十七萬英設大官治之戍兵萬人大學一所小學百十所亦有郵政鐵路電幾王書云鐵道長七英里

賜進士出身　特賞內閣學士銜前國子監祭酒翰林院編修加三級臣　王先謙謹撰

奥大利與匈加利國

奥大利與匈加利

徐志墺地利亞阿士得擡亞阿士氐拉亞歐塞特里阿墺斯的里亞莫
爾國大秣雙鷹亞國東云歐羅巴大國也其商船初抵粵東時旗畫雙鷹遂訛稱爲雙鷹國北界普魯士峩羅斯南界土耳其抵亞得亞海隅意大里亞各國西界瑞士暨日耳曼各國東西三千一百餘里南北千八百餘里其地古時爲勒西亞諾力加巴訥尼亞等國羅馬征服之後爲北狄所據唐貞元間佛郎西取其地立爲別部元初日耳曼酋羅爾德福者號聰敏攻獲墺地日耳曼各部推立爲王稱爲東國然彌土狹無大權傳至阿彌麥配匈牙利女王匈牙利因合於奥屬益疆土數千里遂爲大國明正德十四年國內亂時西班牙王查理第五能得民譽日耳曼諸部招之來墺奉以爲日耳曼王治軍行法聲威大著佛郎西來攻王與戰破之禽佛王從之西班牙佛人以金贖之乃放還嘉靖四年復得伯閔地卽匈牙利亞波希米威疆土愈廣查理第五殁其弟嗣位明於法律簡任賢能國大治時意大里衰亂飭師伐之割其北境萬羅馬城幾陷意大里諸部皆臣服由是日耳曼稱霸西土萬曆歷四十六年王匪耳地難嗣位先是查理第五尚天主教禁耶穌教至是臣民復有從耶穌教者王禁之甚力違者加以刑臣民合黨攻王王誅滅之遂舉國奉天主教無敢異　康熙三十九年日耳

曼各部皆自立爲王從此東國稱奧地利亞不復稱日耳曼時西班牙王歿無子奧王以爲其宗國也欲立其子而佛郎西王欲立其孫兩國搆兵十餘年佛王卒立其孫爲西班牙王康熙四十九年王查理第六嗣位委政臣下尋歿無子傳位於女女聰明能持國柄治軍嚴整鄰不敢侵女主歿王約色弗第二嗣時波蘭衰亂王與峩羅斯普魯士瓜分其國由是幅員之大遂洸洋於西土王好耶穌教廢天主教天主教之黨欲爲亂王悖歿嘉慶年間佛郎西拿破侖得國恃兵力征伐四鄰日耳曼各國皆納款奧屬比利時亦被侵割而不爲之下佛無如之何也拿破侖既敗喪嘉慶二十年歐羅巴諸國各遣公使赴維也納奧都會議凡佛郎西推破諸國皆申畫疆圻重定盟約以日耳曼列國雖各復故土而散弱不能自立乃議立公會聯結爲與國以奧爲會盟之長日耳曼列國之主時來朝議國事奧嘗與土耳其搆兵三十年講和而罷其國大勢分四部曰日耳曼地奧之故土也曰意大里地曰匈牙利地曰波蘭地後來之所割據也慕志作奧地喇云緯綫自赤道北四十三度至五十度經綫自順天偏西九十二度至百八度長三千里闊千五百里總計方八十五萬里戶口三千八百萬譌志作奧斯馬加云奧大利亞與馬加一名亨加稱二國合成之帝國占地之廣爲本洲第三大國北緯四十二度十分至五十一度東經九度三十五分至二十六度三十分面積二百六十萬方里奧大利亞譯言東國講義作墺大利匈牙利云墺斯大利亞德人稱耶斯鐵爾來喜東方王國之義也匈牙利之名九世紀有匈奴人從黑海濱侵入西方故名許考匈牙利作宏噶利一作宏加利亞云道光二十八年奧國內訌宏噶利叛將帥勤力民漸安靜然宏噶利之政治由是更

張王韜志略云亨格利叛奧人征之反為所敗後
得俄助亨勢蹙力窮乃請降遂為奧屬不敢貳
雷志云兩國同
奉一主其商務諸事由兩國議院派人定之講義云千八百六十
七年協定二國各為
獨立國各有憲法立法行政之事機為獨立然二國同君聯合奧
國皇帝即為匈國皇帝外交海陸軍財政二國共同辦理貨幣度
量之制亦為一律立法事務設聯邦議會行之議會分兩院議員
數各六十名兩國上院各選二十名下院各選四十名任期一年
皇帝在兩國首府更番召集各議員以議政事聯邦議會所不轄
屬之事兩國各有議會定之謝志云行政之事內閣任之有內務
部文部農商兵刑各部大臣地方政治各郡邑皆有議會行自治
之制許考云奧匈向以土地兩分治體亦別頒律之權操自國王
各設上下議院以副之其故土上議院得二百四十二中親王十
八巨紳世職六十七天主教中總主教二十一本主教六位等王公
另選終身充職大臣百四十下議院得二百四十五以巨富鄉紳
及商賈等充之匈之上議院素無定額皆王世爵及天主教總主
教及本主教充之約三百餘下議院大員四百五十三人奧部院
衙門八吏部商務部教諭部刑部戶部護國部農務部鐵廠部也
軍機樞密事務部以八部尚書並另選數大員充之匈部院衙
門七鐵政軍務庫務外國務四部另立統轄兩地事務衙門三千

八百七十八年立稅則同盟會波斯尼亞亦與焉全面積連波斯
尼亞計算二十六萬千二百六十七英方里奧十一萬五千九百
二十二英方里匈十

二萬五千六百十一英方里千八百九十五年人九千六百七萬三千口奧二千三百八十九萬五千四百十三口匈千七百四十六萬三千七百九十一口案總分數不合疑有誤奧國內有前日耳曼聯邦之格里西亞與獨耳曼西亞二省多惱河灌其中曹典球云格里西亞即加里西亞獨耳曼西亞即達爾馬提亞二省皆非多惱河流域疑多惱誤文或多惱上有奪文也愛爾不河灌波希米亞省愛蒂治河及他河注阿耳魄士之南坡內亞脫劣山高萬二千八百十英尺曹典球云愛爾不河即易北河由波希米入德國愛蒂治河學會圖作挨節寺河瀰鸃由的羅爾遷意國入海亞脫劣山爲奧國最高之山在的羅爾西與瑞士交界處以英文圖對勘其準望正在毛耳斯之南加達湖之北克勒斯之西匈國包有多惱河之流域卡配艮之內坡脫倫西耳窩尼亞之山系克羅安西亞與斯拉逢尼亞二國有地方會議與飛互摩無稅港曹典球云卡配艮即學會圖之喀耳巴阡山內坡者山南麓也脫倫西耳窩尼亞山系即達郎西里瓦尼亞山脈克羅安西亞即哥羅地亞斯拉逢尼亞即斯拉窩尼亞因有地方議會故以國稱之譯義究屬未當飛互摩無稅港即夫美自由港也奧大學校七匈大學校三謝志云奧大學八中學三百所小學二萬所馬加國大學三中學四百五

十所小學萬六千所奧國人業農者居百分之四十五全面積百分之三十七爲耕種地百分之二十四爲草地百分之三十三爲樹林有馬百五十四萬八千百九十七牛八百六十四萬三千九百三十六綿羊三百十八萬六千七百八十七猪三百五十四萬九千七百礦產煤二千六百萬噸鐵百四十五萬噸有金銀鹽等每年總值千三十六萬磅謝志云奧國鑛產之富在歐洲諸國亦居首列煤歲出千八百萬噸鐵六十萬噸金亞於俄居第二可四千磅馬加產銀波希米產錫銅鉛白鉛銻錳水銀隨處有之產鹽盛於英國革雷哥弗有大石鹽鑛馬加產猫兒眼寶石講義云鑛產石炭第一多在波希米細勒西亞加里細亞諸地鐵鑛亦在其地都蘭西爾威尼亞產金歐洲中此爲最豐銀鉛出厄爾士之波希米方面水銀產於喀尼鄂拉巖鹽出克拉科近傍之維勒茲克有鹽坑最大坑道長過五十英里薩爾斯波格之左近全山皆巖鹽所成製造有織布造玻璃及各種奇色異樣製造品講義云製造奧國最盛匈國近亦發達波希米多產織物又以製鏡子器著名匈多釀麥酒謝志云織業首棉布次麻布絨呢絲紬其餘鋼鐵銅器玻器算學格致器具皮革紙張亦盛釀酒製胡蘿蔔糖日漸興旺種煙製捲爲政府獨擅之利鐵路萬四百三十八

方里講義云鐵道官民各半二國各萬餘英里電信綫路之長奧國三萬二千三百六十三英里綫條九萬六千五百八十英里匈國萬三千六百七十五英里綫條六萬六千六百八十九英里千八百九十八年時運河四千九十英里講義云多腦河貫流國內支流又繁故適於舟航水運甚便能通舟楫之河及運河奧國長四千八十五英里通汽船者八百十八英里匈國三千百八十九英里能通汽船者千九百二十一英里匈國人業農者居百分之六十一全面積百分之四十二爲耕種地百分之二十四爲草場百分之二十八爲樹林謝志云全地十分之九適於耕種民務農者三人而二故農產物最盛穀類多小麥粗麥雀麥珠粟又植麻煙霍布花胡蘿蔔甚盛馬加之麥粉著名於各市南部盛植果類釀葡萄酒歲不下五百萬石第羅勒出蘋果馬加出西瓜達勒美西亞出無花果橄欖石榴國中森林甚廣占地約六十餘萬里嘎巴典山一帶尤甚多松杉橡楡榉等有馬二百三十萬八千四百五十七牛六百七十三萬八千三百六十五綿羊八百十二萬二千六百八十七猪七百三十三萬三百四十三謝志云畜牧業未爲盛大然哀勒伯山中及馬加之牧場皆甚廣大馬驢蠃種良而多牛羊次之養蜂極盛育蠶者惟南方有之推第羅勒省爲最食肉之獸以熊狠爲主要南海岸漁業亦財源之一隰地中多螞蝗昔日醫方中用以吮血故亦運銷外國

礦產有煤鐵銀等每年值百九十八萬六千磅千八百九十九年兩國公入款千三百九十三萬一千磅大半由於賦稅奧居百分之七十匈居百分之三十公國債二億四千五百一萬磅又云奧入款純計六千三百三十九萬六千磅千八百九十八年國債一億二千二百五十六萬六千磅匈入款千八百九十七年純計四千一百九十四萬二千磅國債裲二億六百四十九萬五千磅此外尚須負擔奧大利及公國債八千四百萬磅鐵路資本值二億二千二百八十七萬磅案總計亦未甚合存疑謝志云兩國公同之事務其費用兩國同任由各省均派合兩國歲入共約十一萬萬圓公債七十萬萬圓入口貨值六千三十二萬二千磅出口貨值六千三百三十八萬九千磅重要者糖值五百五十四萬二千磅穀值三百七萬四千磅木料值五百七十九萬五千磅多與德英意貿易政要云銀錢通用有四等最小曰紐扣而哲大者曰福鹿林金錢曰金喀郎一喀郎約值十五喜林可易福鹿林八枚一福鹿林可易一百紐扣而哲此平價也間有時價上下又銀行發行銀票自千福鹿林至一福鹿林皆可開票一出一入約扣利息以爲行用稱物之秤曰勝得南計一百二十三磅半即英秤十六兩合一百福衡得爲一勝得南量酒之具曰愛滿一愛滿爲十四加隆九分四量地之

碼曰約以英碼計一畝四分三量米麥之具曰碼蚩英爲一石七量長闊厚三面之尺曰扣拉夫德郎立方尺照英尺每尺六十七尺計里之名呼曰買耳計長二萬四千奥尺爲英四買汗四分三合英里四里七分半郎中國十四里二分半謝志云買易總額可十五萬萬圓輸出輸入相抵人口貨以棉花鐵羊毛等生料爲大宗輸出以米絲綢磁器漆器爲大宗 **軍額**平時三十五萬八千二百十一人戰時百八十七萬二千百七十人戰艦百十五內鐵甲十八水雷艇七十一謝志云全國海陸軍爲兩國公有軍務大臣及兩國兵部監督之國人皆有服兵之責平時兵額三十六萬馬六萬匹戰時可得兵百八十三萬馬二十八萬匹外更有義勇兵可四百萬餘歲費共約一萬四千萬圓海軍非所重以海岸少也多瑙河約駐有艦隊共兵船五十餘艘水雷船百餘水師八千戰時可增至萬七千人歲費千四百萬圓

維也納熱度中數四十九度正月二十九度七月六十九度雨水三十三英寸人百三十六萬四千五百四十八口

不雷格人三十一萬四百八十三口 **剔利司脫**人十四萬五千七十三口 **雷摩堡**人十二萬七千九百四十三口 **格蘭士**人十一萬二千六十九口 **勃倫**人九萬四千四百六十二口

克雷科人九萬四千六百九十六口　善腦韋支人五萬四千百七十一口　比耳森人五萬二百二十一口以上要區

徐又云奧地利之日耳曼故土在日耳曼列國之東南山嶺重疊產水銀硃砂鐵草場豐廣每歲所產牛馬羊以萬億計有多惱大河可通舟楫地分五部墨地利亞內分兩部南曰上墨地利亞北曰下墨地利亞都城在下墨地利亞曰維也納一作范阿納又作味隱居民三十萬王宮閼麗王自奉甚約不尚體統與百姓往來如家人其民以此親附俗重紡績產布帛最多女子美姿容淫佚無閨敎附近有其耳城居民三萬六千有書院藏書七萬冊先謙案曹典球譯野口保興內外地志云奧地利亞分十八部下奧地利亞面積萬九千八百五十四方粁人口三百十一萬四百九十三王書云大公國據列國學會二圖下奧地利亞北摩拉維亞南士的里亞西上奧地利亞東匈牙利都城曰維也納與徐雷合政要作下奧斯地利亞謝志云維也納或曰偉恩建於多瑙河右岸平原人民約百三十萬歐洲第四都會也高樓傑閣每五六層有大學及書樓地踞歐洲中央距海雖遠然以多瑙河貫注輸運均極便利故商務製造特盛各國大事屢會議於此千八百十五年拿破崙敗後各國使臣於此定界約城西南有離宮據山水之盛講義云臨多腦河之中流人口百三十六萬四千餘千八百九十年未日以下同當與波希米細勒西亞及亞多里亞海岸交通之衝又阿爾魄士山在其近傍亦開有自維也納經其西南塞米林克曹云塞米林克在下奧大利細斯大德特之南與士的里亞交界處至意國之鐵道多腦河在府左近舟航便利府內宮園病院學校等俱甚

著名如僧多斯的溫斯寺之塔高四百五十三英尺實壯觀也此府又爲國內工業之中心又曹譯野志云上奧地利亞面積萬一千九百九十四方籽人八十萬二百四十六口王書云大公國據二圖上奧地利亞北波希米南士的里亞薩爾斯波格東下奧地利亞西德國首城曰林嗣許考作靈斯云爲通國最大關津百貨騈羅庫稅藉以充裕政要作上奧斯地利亞○徐又云的羅爾[一作羅野地]在爾塁地利之西徧地皆山會城曰音斯不羅各[一作隱不]其民以獵爲生或擔負傭趁四方性戇直而多力當佛郎西來侵此土之民奮力擊退稱爲義勇先謙案曹譯野志云的羅爾面積二萬六千六百九十方籽人口八十五萬二千七百十二據二圖的羅爾東克侖地亞西佛拉波爾格東北薩爾斯波格北德國南界海對意國克謝志作第羅勒政要作泰羅爾慕志作地曬里會城曰音斯不曬克二圖作音斯不羅各許考云會城爲文墨薈萃之區氣候寒冽土地瘠薄產銀錢鉛煤等礦居人健捷義勇秉性貞樸土人善養黃鳥清音悅耳售得善價出運甚繁射獵樂歌之技尤爲世重○先謙又案曹譯野志云佛拉爾波格面積二千五百七十方籽人口十二萬九千二百三十七王書云此及的摩爾同爲一伯爵領據二圖佛拉波爾格北德國西南瑞士國東的羅爾政要作玻辣爾倍克○先謙又案曹譯野志云薩爾斯波格面積七千百六十三方籽人口十九萬二千七百六十三王書云公國據二圖薩爾斯波格北上奧地利亞及德國南克侖地亞的羅爾東士的里亞南的羅爾謝志作薩爾斯堡許考作撒爾斯蒲爾

○徐又云義士的里亞一作利亞以在上墨地利之西南會城曰加拉德斯一作來入居民一萬一千餘其山洞穴玲瓏巖岫重複民以造磁器織綢緞爲業先謙案曹譯野志云士的里亞闕志面積二萬二千四百四十九方籵人一百三十五萬六千四百九十四口王書云公國據二圖土的里亞北上下奥地利亞南克侖地亞西薩爾斯波格東匈牙利卽徐之義士的里亞政要作義士得拉許考作斯的里樋志作士德利亞嘉志云士的里亞會城曰加拉德斯與徐合二圖同曹云卽雷之格蘭士講義云在維也納及的里雅斯德中間爲阿爾魄士山間第一都會設有大學人口十一萬三千五百餘許考作加拉斯云岩洞玲瓏一洞最深掘得古獸骨殖饒礦產鐵礦尤富

○先謙又案曹譯野志云克侖地亞面積一萬三百三十三方籵人口三十六萬七千三百二十四王書云公國據二圖克侖地亞北士的里亞南喀尼鄂拉西的羅爾東匈牙利許考作加靈的云會城曰克蘭甫爾以製鋼鐵名山林峻密中有湖澤有洞甚幽難測其底時而廢垣坍屋時而直柱橫楹不知爲何代物亦大觀也

○先謙又案曹譯野志云喀尼鄂拉面積九千九百六十五方籵人口五十萬八千百五十王書云公國據二圖北克侖地亞東南哥羅地亞西南卡斯特謝志作加宜阿拉許考作加爾尼阿爾政要作加里瓦拉慕志作加宜痾拉會城曰來八二圖作來巴克案據此來八與加拉德斯係二城徐志云加拉德斯一作來八非也

○徐又云壹黎里亞在義士的里亞之東南會城曰的里也斯德一作得科益在亞得亞海隅爲地中海大埔頭居民四萬每歲出入之船八千隻先謙案曹譯野志云的里雅斯德及屬地面積九十五萬方粁人口十七萬八千五百九十九據二圖的里雅斯德在亞得里亞海口講義云與意國威內薩相對貿易額遠駕其上人口十五萬八千餘國內第一貿易港政要作得里厄斯特慕志作的里斯德卽雷之剔利司脫謝志作德利斯德云有新舊二城造船製繩等業頗盛地有山洞千餘里幽深邃遠景象奇麗內多鍾乳石懸垂空際有一洞可通行二十里爲潭所阻未能盡採其奇南有波拉埠爲海軍重鎮二圖作皮拉諾案舊屬喀尼鄂拉今自爲一部的里雅斯德卽徐之的里也斯德亦卽徐之壹黎里亞矣講義所稱第一貿易海港與徐所云地中海大埔頭合不得在士的里亞之東南東當爲西之誤樋志作剔力厄士特云有水銀坑矢志作出立哀斯脫吳志作次里耶多周志作得離依斯脫

○先謙又案曹譯野志云哥嗣及格拉的斯加面積二千九百二十七方粁人口二十三萬二千八百九十七王書云伯爵領據二圖哥嗣在的里雅斯德之北格拉的斯加在哥嗣之西臨海又曹譯野志云伊斯的里亞面積四千九百五十一方粁人口三十四萬五千五十案哥嗣以下三處總名卡斯特王志云此及的里雅斯得府同爲一侯領統名曰海岸地方先謙案伊斯的里亞在的里雅斯德東南政要作斯地里亞許考作意斯德里又作意斯德云與克侖地喀尼鄂拉三省爲古意黎里國地卡斯特與二圖合

○徐又云不威迷亞一作伯閎又作波希米在下墨地利之北舊本日耳曼列國爲墨所滅地形如釜其外山嶺界隔其中川谷深邃土田之

沃爲墾上壤會城曰巴拉加產五穀牲畜銅鐵麻居民善造玻璃器運行四方獲利無算地有書院習文藝者八百餘人先謙案曹譯野志云波希米面積五萬千九百六十七方籵人口六百三十一萬八千六百九十七王書云王國矢志作罷海苗周志作薄海米亞政要作薄基靡亞許考作波厄迷亞云四面環山今火山已熄地形凹凸多出沸泉殆其遺迹五金玉石礦產富有氣候凜寒平陸和暖天時中正無疫癘居民節儉廉愼風俗醇厚惜耕稼未精菽麥僅能自給據二圖波希米南上奧地利亞東摩拉維亞西北德國會城曰巴拉加與徐合郎雷之不雷格樋志作勃勒格矢志作玻雷苦吳志作布列固周志作坡來其許考作伯拉加昔爲本國京城煙戶稠密三倍於摩拉維省會伯倫納城中有敵壘甚古半已頹廢全地富有礦苗民輿於藝慕志云奧之上壤有泉水靈異可以療疾民善造玻璃器織麻呢細布巴啦加設書院藏書籍萬冊習文藝者千餘人講義云首府在易北河支流摩耳刀河畔人口十八萬四千餘工業中心商業亦盛謝志云伯拉革府扼哀勒伯河上流城內高塔七十風景絕佳有王宮畫院及大學校生徒四千藏書數萬多與德國貿易製造機械皮革藥料織貨居民三十一萬其西有比爾森郎雷之比耳森講義云本部科尼格刺斯附近之薩芼維千八百六十六年普軍大破奧軍於此

○徐又云摩拉維亞（一作默維）在不威迷亞之東壤地僻小所產麻呢布甚多會城曰阿里木極堅固以上各部皆入日耳曼同盟公會應出兵九萬四千八百（詳日耳曼列國圖說案此公會舊制也日諸國歸普後已不如前）先謙案曹譯野志云摩拉維亞面積二萬一千二百二十一方籵人口二

百四十三萬七千七百六王書云侯領慕志作摩啦維亞謝志作摩雷斐亞許考作摩拉維二圖作摩拉維亞與徐合東北細勒西亞東南匈牙利南下奧地利亞西波希米亞會城曰布隆郎雷之勃倫慕志作布倫樋志作勃崙謝志作布倫多云製絨呢居民十萬講義云製造羊毛甚盛人口九萬五千本部與斯亞爾利子千八百五年拿破侖大破俄奧聯合軍於此

○先謙又案曹譯野志云細勒西亞面積五千百五十三方籽人口六十八萬四百二十二王書云公國據二圖北德國西南摩拉維亞東加里細亞有阿里木與徐合慕志作細累細亞謝志作西累細亞許考作西勒細政要作賽里西亞樋志云細勒西亞州之大半當奧女帝馬利阿梯累沙之世爲普王斐迭禮所掠奪今存者不過古者細勒西亞之一小部許考云古屬波蘭慕志云會城曰特勞堡再考

○徐又云墺地利亞之波蘭地曰加里細亞一作牙里亞地平坦有砂磧多林薄熊狼所宅獵者殺之獻其皮官爲給價其土鹵可以煎鹽民惟務農不解紡績衣食皆粗糲會城曰棱卑爾各一作都岾內有書院先謙案曹譯野志云加里西亞面積七萬八千五百三十三方籽人口七百三十一萬五千九百三十九王書云王國據二圖作東加里細亞西加里細亞東俄國西細勒西亞東南布哥維亞南匈牙利北俄德二國謝志作嘎利西亞矢志作加里嘵許考作加里細東加里細亞會城曰棱卑爾各與徐合慕志作棱卑各曹云郎雷之雷摩堡樋志作廉堡謝志作連伯云轂產薈萃有大學校居民十三萬猶太人四萬許考云加利細古屬波蘭本名紅俄

羅斯為奧所據易今名地頗平坦惟東境山陵重疊南以加爾巴德山為界是山多鹽井深者百丈餘寬者不止千丈商人自黑海運貨至日耳曼必由棱卑爾各貨財與盛境內有加爾巴德山人與鄰民屢起衅端奧國百計措施此風稍戢別有羅德尼人雜處野蠻異俗與他族情誼不通矣志作雷姆蟠云米穀集合之所講義云棱卑爾各為加里細亞第一都會臨維斯杜拉河支流之布格河人口十二萬八千四百餘此市建於得尼斯特爾河與維斯杜拉河之間又位於黑海俄鐵薩港與波羅的海岸但澤港之中間商業繁盛慕志云奧地利之波蘭地舊分二部哥其維一綿布一日加里細樹林叢雜民惟務農西加里細亞會城日克拉科郎雷之克雷科謝志作革拉哥弗云波蘭舊都有前代陵寢居民七萬七千多猶太人附近有大鹽鑛製造布疋皮革講義云千三百二十年至千五百八十七年為波蘭德首府千八百十五年至千八百四十六年為克拉科共和國首府今為奧國加勒西亞之一部置有要塞薛記云嘉慶十九年俄普奧三國分波蘭地晉克喇各末一城為局外之國約鄰國不得攻之道光二十一年奧國以此城為波蘭民之遁逃藪乘法亂攻取此城波蘭遂亡俄普幸波蘭之不復生亂也俱各無辭案克喇各末卽克拉科也

○徐又云布哥維納本土耳其地奧割得之因與加里細亞毗連故附波蘭部境土數百里會城曰達爾奴波羅居民九萬三千城內多廟宇僧尼甚衆其民長於貿易雖隸於奧自有酋長之國政先謙案曹譯野志云布哥維亞面積萬四百五十六方粁人口七十三萬百九十五王書云公國據二圖布哥維亞北東加里細亞東南羅馬尼西匈牙利許考作補哥維納政要作布哥云納慕志

作布哥維納與徐同以爲波蘭地舊分二部之一云本土耳其地奧割得之會城曰撒劉維支以上二部（合加里綸訥之）後歸一國名加里細（國蕯部之誤）土產穀木鹽案野志別爲一部則又由合而分撒劉維支二圖作塞那維嗣曹云郎雷之善腦韋支

○徐又云達爾馬西亞（一作達馬）在亞得亞海濱與壹黎里亞相接地形狹長土磽瘠不足於耕民多捕魚或爲海盜會城曰撒喇戶口甚稀山產藥材巖間出野蜂蜜所屬加他羅城壁池深號爲險固（原在匈牙利哥羅瓦酤亞後今移此）先謙案曹譯野志云達爾馬提亞面積萬二千八百六十二方粁人口五十九萬三千七百八十四王書云王國據二圖達爾馬提亞在國西南亞得里亞海濱北隔維里賓山與哥羅地亞相接東北波斯尼亞黑塞哥維羅西南臨海謝志作達勒美西亞政要作達爾美西亞二圖撒剌作撒拉在本部西北端加他羅在東南端與門的內哥羅相接

菩墜配司德人四十九萬千九百三十八口　**社礆丁**人八萬五千五百六十九口　**馬利亞善肯泡爾**人七萬二千七百三十七口　**蒂勃雷靜**人五萬六千九百四十口　**呵爾曼鋤乏賽里**人五萬四百七十五口　**潑來司堡**人五萬二千四百十一口以上要區（徐又云奧地利之意大里地案今歸意大利詳意大利下）

○徐又云奧地利之匈牙利地（一作翁給野亞又作塞牙里又作傅厄美亞又作班那野阿）國之東界古時有匈奴別部轉徙至此攻獲那盧彌地於趙宋咸平

年間立國稱雄一時久而寖衰明建文年間女主伊利薩麻嗣位配塞王阿爾麥爲夫婦時匈牙利爲波蘭所攻土耳其屢侵南境皆賴塞地利兵力退敵保疆遂挈國合於塞其地幅員倍於塞本國半山半土多惱河横流其間山出金銀銅鑛每歲得金一千餘斤銀四萬餘斤土得穀田五萬頃草場七萬五千頃林九萬頃產五穀牲畜葡萄酒麻丹參蜜俗不剪髮編辮戴小圓帽外加闊邊帽服色尚藍與歐羅巴諸國迴異地分五部○匈牙利內分兩部曰下那盧彌曰上那盧彌會城在下那盧彌曰伯堡匈之舊都也建於多惱河濱居民四萬一千所轄曰伯息居民六萬一千牲畜互市之地也附近有補地城居民三萬四千伸匿居民一萬七千半以攻鑛爲業產銅尤多阿丁堡居民以醸酒養猪爲業每歲售猪八萬刺固城地當衝要土耳其數來攻五廟邑爲自古文儒聚會之區得伯新邑互市之地也士額丁居民三萬勤於耕作產煙草先謙案曹譯野志云匈牙利區分三部匈牙利面積二十八萬二千八百二十四方粁人口一千六百八十三萬八千二百五十五擄二圖匈牙利首城曰布達佩斯卽雷之菩墜配司德樞志作布鐸披什特周志作般特丕斯脫謝志云中央曰馬加大部鄭稃馬加之首府曰布達與備斯德矢志作婆達與配司吳志作扶達與卑士講義云臨多腦河布達在右岸佩斯在左岸此地爲多腦河後路最狹處兩市以鐵索橋聯絡之甚壯麗居民五十萬五千七百餘有大學及博物館等許考云地分四大府各因其方位而名曰多腦河西曰多腦河東曰德意斯河南曰德意斯河北肥田廣漠一望無垠物產富饒寶藏極旺惟氣候潮瀅瘴癘頻仍近多惱河尤甚都會曰補地亦名阿芬在多惱河西河東有城名伯息

雜堞相望通以浮橋兩城合為一城名補地伯息與徐志合據此說乃悟布達佩斯郎補地伯息也布達佩斯之東南曰士額丁郎雷之社織丁講義士誤土云多腦河支流推斯河畔人口八萬七千在推斯河中間商業之中心也布達佩斯之東曰得布勒森郎雷之蒂勃雷靜布達佩斯之西北曰普勒斯波格郎雷之潑來司堡謝志作伯勒司怕云馬加之舊都士額丁之東北曰發薩爾希立即雷之呵爾曼鋤乏賽里士額丁之西南曰馬里亞郎雷之馬利亞善肖泡爾樋志作馬利阿鐵里士丹以上四係曹譯講義云馬里亞匈名薩巴託加人口七萬三千五百餘販賣家畜甚盛

○徐又云達郎西里瓦尼亞又名七山在匈牙利之東南山嶺高際霄漢出金鐵鑛會城曰黑曼居民七萬所屬晃城居民三萬與土耳其互市極緐盛有書院肄業者一千二百人先謙案曹云達郎西里氏尼亞野志不著蓋歸入匈牙利本部計算矢津昌永高等地理言匈牙利本部係合達郎西氐尼亞及夫美市之稱是其明證二十世紀圖謂之七山地方據二圖會城作黑曼與徐合西北匈牙利本部東南羅馬尼以達郎西里瓦尼亞山為二國界據徐志此地一名七山山南當更有七山或達郎西里瓦尼亞地名為合二圖疏漏謝志作德蘭西斐尼亞許考作達爾馬西夫美市二圖在亞得里亞海濱喀尼鄂拉之南哥羅地亞之西南王書云本部內含薩珍温加尼及夫美自南市

○徐又云歌羅氐西亞一作可剌在匈牙利之南七山之西會城曰亞哥郎其民勤於農作悍勇過人塞人募為游兵能破強敵產五穀

煙草○徐又云斯加拉窩尼亞在哥羅瓦西亞之西會城曰挨塞
各土俗與哥羅瓦西亞同以上三部南界皆臨土耳其各練農民
爲鄉勇土人來侵則合力禦之○徐又云日耳曼全國時以壆地
利爲共主諸部如織內之侯當查理第五代興虜佛王服羅馬兼
荷蘭聲靈赫濯幾於霸矣惜乎力崇天主教而仇視耶穌致啟累
代之兵端開殘殺之劫運則貽謀之不善也其後日耳曼列侯皆
自王其國無復臣主之分輿地利疆土之恢闊雖數倍昔時而聲
威則遠遜矣今西土論國勢者英吉利第一佛郎西第二俄羅斯
第三奧地利第四先謙案曹譯野志云哥羅地亞及斯拉窩尼亞
面積共四萬二千五百一方粁人口二百四十一萬六千三百四
此二部行政與匈牙利本部徽有不同英文圖別爲一色不與匈
牙利相蒙學會圖繪與奧同色非是日本人譯美國人域魯威爾
遜政治汎論云匈牙利爲行地方自治分其國爲郡與自治都府
及鄉村三大區域制度大略相同非如奧大利之有州也故惟哥
羅地亞斯拉窩尼亞有地方議會可得以州稱之據此則匈牙利
本國亦分有種種區畫據二圖哥羅地亞北土的里亞西南喀尼
鄂拉東南斯窩尼亞東北匈牙利本部即徐之哥羅瓦西亞會城
亞哥郎與徐志合慕志作哥囉亞西云都城曰布大存考二圖斯
拉窩尼亞東北匈牙利本部南波斯尼亞西哥羅地亞即徐之斯
加拉窩尼亞會城曰挨塞各與徐志合慕志作斯拉縛尼王書云
此二州別置政府執
行本州內之政務
○徐又云波的尼亞一作不尼在極西北北距多惱河草場豐廣內有
山產鐵甚良居民鑄刀劍不堪土之苛政揭竿而起者屢矣世條本在

駐琊先謙案曹譯野志外有波斯尼亞及黑塞哥維那二州名義上屬土耳其實則千八百七十八年伯林條約已約定將統治權委之奧匈君主國矣波斯尼亞面積四萬千九百八方籽人口百三十一萬五千五百三十七黑塞哥維那面積九千八百十九方籽人口二十一萬九千五百十一案波斯尼亞謝志作波斯那周志作簿祉納許考作波斯尼黑塞哥維那謝志作侯斯各維那樋志作赫些哥維納許考作厄爾日各味納周志作海爾起殺維納曹又云赫高等地理言二州面積約二萬方英里人口百五十萬維塞拉熱窩爲波斯尼亞之首府摩斯塔爲黑塞哥維那之首府案二圖皆合近出土耳基志云千八百七十五年波斯尼亞及黑塞哥維那二國之民起兵叛土云又云土恐奧國助俄攻己乃預與奧約若俄國勢力將伸張於巴而干土股者土必以波斯尼亞及黑塞哥維納兩地贈與奧國奧於是不爲俄助又云柏靈公會協議將保加利亞劃爲二國巴而干山北爲保加利亞小國巴而干山南爲東羅馬里亞自治國波斯尼亞及黑塞哥維納則割爲奧國據此則波斯尼亞及黑塞哥維納本係二部王志云山多樹林谿谷肥沃蓋波斯尼亞依騷河及其支流灌漑黑塞哥維那依納棱大河灌漑歲入足供地方用費奧國守備隊約萬二千人其經費歸奧政府擔任都會曰波斯拿塞來一名塞拉熱窩人口一萬又諾威巴薩府及其同名之州人口一萬五千

光石國

光石許考云在奧國西境褊小不及中國下邑其君駐節奧京於奧國亦有食邑數處彈丸小記云日耳曼之光石因奧大利曾爲日耳曼共主故云

賜進士出身　特賞內閣學士銜前國子監祭酒翰林院編修加三級　臣　王先謙謹撰

荷蘭國

荷蘭雷志云荷蘭今名耐達蘭因首省名荷蘭故人遂稱其國爲荷蘭講義云此國正名奈渣蘭得本國名奈鐵爾蘭得均低地之義諸國亦稱荷蘭得訓窪地又曰俄蘭得訓沼池謝志作和蘭云亦稱約薩蘭矢志云荷蘭舊名孛塔維後以低窪改今名或稱納畡倫居日耳曼大野之一部有隄坡等以阻海水之溢入其地高之中數止三十七英尺最高處七百八十七英尺全國面積有百分之二十五在海平面之下徐志

荷蘭和蘭賀蘭法蘭得斯云歐羅巴小國也東界日耳曼南界比利時西北距大西洋海縱約六百五十里橫約三百五十里壤地褊小夷坦無山歐羅巴地形此最低陷海潮衝齧劃爲洲渚港道縱橫交貫其地沮洳卑溼而土脈最腴民習水利善築隄防開溝洫又善於操舟能行遠故歐羅巴海市之通行自荷蘭始其地古時爲土番部落種人名曰巴達卧漢時意大利擴地至佛郎西荷蘭土番悍不聽命意大利兵阻水不能進因置爲荒服不復爭後爲日耳曼之弗郎哥所據蕭齊時佛郎西取之置酋長分領其眾佛有內

亂諸酋擁地自擅分爲十七小國後有不爾狗尼亞酋長復併諸部爲一自立爲侯國北宋時海潮決隄數百里居民皆沒都城幾陷潮退之後積水匯爲巨浸曰亞爾零海經營數十年戶口繁滋商賈通行完富過於曩時明初侯查理侵佛郎西圍其都城耀兵而還時荷蘭富民多恃財犯科律侯以峻法繩之刑戮過當衆怨怒有叛志佛蘭西乘勢伐之侯震恐納賂請盟佛兵乃還荷蘭舊分南北部侯政苛虐南部（即比利時）畫疆不聽命侯與戰敗績墮溝中死正德季年西班牙王查理第五新爲日耳曼所推立（詳奧地利亞圖說）有大權擊佛郎西擄其王西土諸國無敢逆其顏行者遂下令兼王荷蘭荷蘭不敢抗時荷蘭富甚王滅稅以悅其民而悉令入天主教有遵耶穌教者積薪燔之巳而查理第五令其子西班牙王非立第二兼王荷蘭禁耶穌教尤急南部本習天主教無梗令者而北部夙崇耶穌教堅不肯改非立第二以峻法繩之凡戮數千人荷蘭人憤甚有阿蘭治者智勇過人衆推爲主起兵距西班牙西班牙以大衆攻之荷蘭人人死戰屢敗而氣不衰佛英嘗引兵救之巳而退去阿蘭治激其衆曰西人以我供刀俎當塗肝腦決死戰幸而勝國之福也不濟則決海隄挈妻子爲波臣不死者乘舟逃萬里外誓不爲之氓衆皆曰諾遂引軍獨進與西班牙鏖戰數十年屢挫西軍西班牙遣客刺殺之其子繼統其衆雄武過父奮擊西軍大破之西班牙乃斂兵議和由是荷蘭復立爲國安富承平者二百餘年當前明中葉荷蘭航海東來至中國之東南洋據瓜哇海口（即噶囉吧）而遙東遙北各島國皆建設埔頭通東西七萬里之海市故國雖小而富饒甲於西土明季嘗以兵船擾閩浙墾臺灣而據之後爲鄭氏所逐小西洋各埔頭亦頗爲英佛諸國所侵奪

而南洋數大島仍爲荷蘭有康熙二十七年王威廉第三有雄略英人招之渡洋奉以爲王幾霸西土嘉慶初佛王拿破侖侵伐四國兵及荷蘭荷蘭王走死荒野地歸佛國英乘荷蘭之亂奪其瓜哇埔頭拿破侖敗荷蘭復立故王之裔英乃還其埔頭先是荷蘭南部與北部相仇當北部與西班牙搆兵南部附西班牙不相助嘉慶十九年南部與荷蘭合道光十一年南部復絕荷蘭立他族爲王稱比利時國荷蘭地形平衍有水無山東偏僅有邱阜亦甚寥落北境出燕麥（中國稱油麥）又出胡麻（形似蕓薹紫黑色可以爲油山西省北有之非脂麻也）西北境出大麥中土出麻與顏料南境出小麥俗喜吸絲煙種煙草者多草場豐廣便於牧牛所製奶餅極佳又善造火酒二者通行各國所織羽毛緞最良中國所貴之其民俗樸實耐勞節衣嗇食治生最爲勤苦無游民無盜賊利之所在不遠數千萬里性喜潔房屋時時掃滌街衢有汙穢必洗刷淨盡稅餉頗重聽紳士籌辦王不得專地分十一部又云荷蘭爲歐洲澤國受水患最甚享水利亦最優刳木爲舟而通行於數萬里之外則習於水之明效也勝國末年闖浙兩洋時見侵軼嘗踞舟山（定海道頭地方向有紅毛瑪頭之名）燬普陀（普陀巖有萬歷年閒宮塑佛像荷蘭以巨炮摧之收其寶藏而去）鼓棹月港（卽定海縣從前海港深通大船可直抵城下荷蘭船時來遊奕後港漸淤淺移赤艙於海門海門又淤乃移於廈門）乃寄迹澎湖（崇禎三年荷蘭據澎湖閩撫南居益以樓船航海擊之荷蘭遷去）卒乃據臺灣而有之彼時概稱爲紅毛卽荷蘭也鄭成功長江之敗金廈不能守適荷蘭通事何斌負逋稅逃內地獻謀取臺灣成功悉銳渡海奪鹿耳據安平相持一年荷蘭大困成功乃縱之去由此絕意中國不敢復覬片土先是鄭芝龍以小舟焚荷蘭三艘後成功挹之於臺灣幾片帆不返又云歐洲諸國好航海立埔頭遠者或數萬里蓋以商賈爲本計得埔頭則

擅其利權荷蘭東來亞非利加印度麻喇甲蘇門荅臘巳偏設埔頭又以詭謀據噶羅巴海口建設城邑流通百貨由是遂東遂北諸島國如婆羅洲西里百摩鹿加巴布亞之類大小凡數十處有租賃其地者有侵脅得之者大約小西洋諸島國以英吉利爲主東南洋諸島國除呂宋屬西班丏餘皆以荷蘭爲主地本彈丸而圖國計於七萬里之外歷數百年無改亦可謂善於運籌者與又云閩人著臺灣外紀書雖小說事多實錄言荷蘭夾板擾閩浙鄭芝龍巳受撫爲裨將奉令往勦荷蘭船堅炮猛不能勝募死士善泗者以小船堆薪澆油中藏火藥前置引綫船首施短鐵練綴利錐死士一人持斧坐船頭數人從旁乘風潮急棹傍夷船以斧釘錐於船艘然藥綫投水梟囘藥然風猛荷蘭夾板被焚三艘餘悉遁去出奇制勝理或有之講義云全國占歐洲大平原之一部低平向西北傾斜其內多海面以下之地故民多築隄防規模頗大高三十英尺厚三百五十英尺延長千五百五十英里其無隄防之處有天然砂邱以防海水侵入政府水路部常注意修理保全猶時有潰決十三世紀時潰決最甚今須德大灣熕轆訓卽此時所成河出外國至此者來因爲大入國分二派南名威耳有馬斯派河自比利時來合而西流入海北仍名來因近海處出支流數派些耳德河出法國西北貫流比國入國南部河口與馬斯來因連絡口列島嶼甚多土沙隨流堆積使河隆起高於平地故荷蘭又築隄防河謝志云北有大海灣日賽德因海水淹入而成村落被沒者七十二處民遭水劫者十萬人故國民專講水利海岸以大石爲隄寬七十尺時時修理先謙案賽德須德卽徐之亞德零內海也謝志馬斯作末斯樋志云此國大小都府屋瓦咸用赤色亦

一奇觀

立憲國 講義云行政權專屬君主由內閣大臣行使之立法權爲君主與議會所共有上下兩院上院議員五十名在地方議會選出下院議員百名有人民直接選舉今王爲維爾赫爾米拉女王謝志云千八百四十八年以來定爲君民共主立憲政體立法權在國會上院議員由納稅高額之民選舉共三十九人下院議員以投票法選舉共八十六人

面積萬二千七百四十英方里 謝志云在北緯五十度四十六分至六十三度三十四分東經三度二十二分至七度十四分長七百里廣四百三十里面積十二萬七千方里

千八百九十七年有居民五百萬四千二百 講義云普通教育皆普及千八百六十九年徵兵及年者不知文字之人百人中不過二人中學校高等學校各種專門學校甚多有商船學校十一處大學四處學生數三千餘

全國面積百分之二十八爲耕種地百分之三十四爲牧場百分之七爲樹林 講義云農業之重者爲麥類甘蔗等產業雖以農爲主其宜者不過十分有四但國民勤勉排去沼澤之水又壅塞海面以成肥沃此等新地稱波爾達圜以隄防防外水之侵入內水則用風車水車及蒸瀛機械以唧筒排出之名波爾達中以壅塞哈爾麥爾海之功爲最大得新耕地七十萬英方里近時須德海壅塞之策若得成功則國之面積可加十分之一云矢志云牛之運往英國者歲不十五萬頭謝志云全國產大下麥小麥蕎麥荷蘭薯煙麻等然不足供本國日用凡下隰汙地皆設法洩水故草野廣闊牧牛羊甚多產牛酪乳油乳餅爲數甚夥

多售諸英國民精園圃之藝栽培花卉巧奪天工尤以山茨菇及風信花爲最著菜蔬廣植果品有梨蘋果櫻桃等水田多蛙鴉鳥最繁**漁業以青魚牝蠣爲大宗**謝志云漁業甚繁以青魚一項爲最西人稱爲荷蘭之金鑛歲値可六百萬圓講義云從事漁業者凡萬九千人獲鯡鱈等類甚多水產價額凡値五百六十餘萬基爾達一基爾達合日本八十錢**製造漸盛惟產煤鐵甚微**謝志云製棉布麻布頗有名甎紙煙粗蕡燒酒等類亦盛與盛造船業昔日極旺船廠有六百五十所講義云以人口比之則棉布輸入之數亞於英國而爲世界冠**入口貨値一億三千四百萬磅出口貨値一億百二萬五千磅**講義云十七世紀西葡國勢漸低荷蘭起而代之爲世界第一商業國迨後諸國隆興運漕業漸次爲英國等所奪今采自由貿易主義關稅甚低廉千八百九十九年貿易額約値二十五億基爾達**與德英比貿易**謝志云出口貨牛羊乳油乳餅爲大宗入口貨英國之棉花絨貨東方之加非香料爲大宗貿易總額歲可二十一萬萬圓政要云通用之銀錢曰結利特又曰福鹿林每一結利特爲一喜林八本士之數合十二結利特爲英金一磅稱量之制與法國同**全國有鐵路千六百九十九英里**講義云千八百九十九年長千七百二十五英里官設私設各居其半電信綫路之長爲國有者三千六百八十九英里綫條萬三千五百十一英里外有私設綫電若干謝志云全國鐵路五千里電綫官設者四萬里**運河千九百七英里商船六百十三**謝志

云中古商業第一今亦止於英國而已舟楫之數自古已多國內大河二運河無數皆便舟楫冬令處處凝冰或乘冰車或履冰鞋疾行如飛千八百九十七年入款千百六十萬五千七百磅國債九千六百七十七萬九千一百磅謝志云全國歲入約一萬一千萬圓公債約九萬萬圓常備軍二萬九千八百五人講義云陸軍甚微然戰時破壞隄防使汎濫國內以防敵人侵入甚為便利前與西班牙戰即用此法陸軍及徵兵及志願兵編成兵役年限名為五年其實服役一年之後即可歸休後四年每年訓練六周平時之兵員二萬五千餘戰時則出兵六萬八千戰艦百四十一內鐵甲二十九講義云防禦本國沿岸水路與保護東印度領地之海軍三千頓以上之戰艦不過十二隻外有水雷艇及諸小艦海軍雖微弱而其實力頗强

俺斯特坦熱度中數五十度正月三十五度七月六十六度雨水二十八英寸人五十萬三千二百八十五口　勞德坦人二十九萬八千四百三十三口　漢葛人十九萬六千三百二十五口　阿脫來脫人九萬八千四百三十四口　各盧凝認人六萬三千八百六十三口　哈來摩人六萬二千六十六口　恩海人五萬五千

二百四十八口　雷嘰人五萬八千七百三口距大西洋海東河環

徐又云北荷蘭西
亞爾零內海都城曰亞摩斯德爾登一作俺莫士特爾坦又作安特腮建於義河
之濱架木水中上起樓閣以河道爲街衢居民二十萬貿易之盛
爲歐土大都會又有別都曰合其在海濱國王所居殿庭制頗卑
狹而民居極整潔來丁烏特兩城有大書院文儒所萃先謙案曹
典球譯伊東祐穀世界年鑑云北荷蘭州面積千一百六十六方
英里人口百十九萬四千四百六十三列國學會二圖北荷蘭與
伊徐同東須德海西北北海南南荷蘭都城曰亞摩斯德爾登與
徐合即雷之俺斯特坦與徐一作合周志作亞摩斯德滕辻志作
亞母斯特兒達謝志云西方濱海三州之一講義云立來因河
支流阿衣河口九十島嶼之上人口四十九萬國王例於此府舉
行即位式常時住海牙此府與北海之間通以運河凡二時可到
謝志作安斯德旦云建於九十小島之上橋梁三百跨之屋宇之
基以木橋插入地中工藝興盛尤以刮磨金剛石著名稱全國
第一乃都會許考云分作九十渚島建二百八十橋以連續之王書
云有北方威內薩之稱矢志作安特隄英志作安特岱安斯德坦
之南少西曰烏特烏特之西少北臨海曰來丁並與徐合即雷之
雷嘰講義云來丁在古來因河畔距河口六英里千五百七十六
年鄂蘭吉設立大學於此其博物館以富於博物學之標本有名
人口五萬三千慕志作來甸云書院制度瓌瑋凡名儒碩彥薈萃
於此蓋人文之藪也來丁之北少東曰哈連姆講義云在亞摩斯
德爾登之西人口六萬以製麻有名此府亦有宏大之花園供給
飾花曹云哈連姆即雷之哈來摩哈連姆之直北曰赫爾德王書

云人口三萬在北荷蘭運
河之北端有堅固炮臺
○徐又云南荷蘭在北荷蘭之南西面大海南界內港隔斷成兩
洲會城曰海牙所屬鹿特陧城內通舟楫殷商所萃街市華潔先
謙案曹譯年鑑云南荷蘭州面積千七十方英里人口百萬一千
七百九十九二圖與伊徐同北北荷蘭東烏德勒支西北海南北
巴拉班的會城曰海牙與徐合即雷之漢葛講義云海牙在本國
名廷哈佛正名曰斯格拉文海基伯藩之義也前爲荷蘭伯田獵
之地故有此名在南荷蘭州西北部距北海岸四英里王宮及中
央政府在焉雖稱爲首府而工商業無可見者其繁盛遠在亞摩
斯德爾登之下人口十九萬許考作海棘樞志作黑克慕志作海
革謝志作亥革云距北海六里街市廣闊清雅宮室壯麗河道縱
横橋梁密織有大書院藏書樓貯二十萬卷又有古王宮古禮拜
堂所製造者多印書鑄砲銅鉛諸器居民十七萬附近有代爾夫
德城以陶器著名案二圖代爾夫德作德佛特在海牙東南又東
南有鹿特陧即徐之鹿特陧也講義云鹿特陧在來因河下流勞
特河買士河合流處人口二十八萬六千國內第二要都世界各
殖民地之貨物集散於此名耶拉斯母斯生於此地謝志作勒
德旦云第二大城居民三十二萬在安斯德旦西南百三十里酯
鶇城內河渠縱橫貿易特盛有博物院動物園工業以造船蒸酒
提糖製煙爲要樞志作羅德爾登吳志作鹿
特岱周志作魯推特姆迂志作盧特兒達母
○徐又云斯蘭德亞在南荷蘭之南西面大海內港縱橫界隔成
六洲會城曰米德爾不爾厄先謙案曹譯年鑑云斯蘭德州面積

六百九十方英里人口二十一萬九千八百三十二二圖斯蘭德與伊同郎徐之斯蘭德亞東北巴拉班的東南比國北南荷蘭西北北海謝志作西和蘭云西方濱海三州之三慕志作西蘭云有東西些耳德二河入海王書云維里心根人口一萬三千在西些耳德河口爲渡英吉利要津

○徐又云北巴拉班的在斯蘭德亞之東幅員頗廣南與比利時接壤會城曰不亞勒獨各先謙案曹譯年鑑云北巴拉班的州面積千九百八十方英里人口五十六萬六千五百五十一二圖北巴拉班的與伊徐同北烏勒德支南比國西斯蘭德東靈不爾厄謝志作北巴拉班云東方五州之一慕志作北巴啦班

○徐又云烏德勒支在兩荷蘭之東會城同部名先謙案曹譯年鑑云烏德勒支州面積五百三十四方英里人口二十五萬九千八百三十四二圖烏德勒支與伊徐同北須德海南北巴拉班的東給爾德蘭西南荷蘭謝志作烏特立云中央一州講義云會城在來因河支流古來因河畔人口九萬六千十八世紀中葉西班王繼承戰爭告終以此爲訂約要地曹云郎雷之阿脫來脫

○徐又云給爾德勒在烏支德勒與上異蓋誤之東北西界亞爾零內海東界日耳曼會城曰亞爾凝先謙案曹譯年鑑云給爾德蘭州面積千九百六十五方英里人口五十八萬六百九十一二圖給爾德蘭與伊同郎徐之給爾德勒北痾威爾義塞爾南靈不爾厄西烏德勒支東德國謝志作給德蘭云東方五州之二

○徐又云德倫得在給爾德勒之北西界內海東界日耳曼會城日亞森先謙案曹譯年鑑云德倫得州面積千三十英方里人口十五萬三千二百八十一二圖德倫得與伊徐同北哥羅凝加非里薩南痾威爾美塞爾西須德海東德國謝志作德倫云東方五州之三

○徐又云痾威爾義塞耳在德倫得之北東界日耳曼會城曰索爾先謙案曹譯年鑑云痾威爾義塞耳州面積千二百九十一方英里人口三十四萬三千九百二十四二圖痾威爾義塞爾與伊徐同耳作爾北德倫得南給爾德蘭西須德海東德國謝志作阿威立塞云東方五州之四慕志作痾威立塞

○徐又云非里薩在痾威爾義塞耳之西三面距內海會城曰留瓦爾敦先謙案曹譯年鑑云非里薩州面積千二百八十二方英里人口三十四萬五千四二圖非里薩與伊徐同北北海東哥羅凝加南德倫得西須德海謝志作斐里斯蘭云北方二州之一

○徐又云哥羅凝加在痾威爾義塞耳之北爲荷蘭極北境東界日耳曼會城同名先謙案曹譯年鑑云哥羅尼亞州面積七百九十方英里人口三十萬五千七百八十一二圖哥羅尼亞與伊同即徐之哥羅凝加雷之各盧凝認東德國北北海西非里薩南德倫得會城同州名謝志作哥羅凝俺云北方二州之二慕志作哥羅凝俺

○徐又云靈不爾厄在北巴拉班的之東南隅與日耳曼接壤會城曰賣士的里亞先謙案曹譯年鑑云靈不爾厄州面積八百五

王洲地理志略卷三一王

十方英里人口二十九萬二千七十二二圖靈不爾厄與伊徐同東德國西北巴拉班的及比國南比國北給爾德蘭謝志作靈堡云東方五州之五許考作荷屬靈蒲爾西北隔有亞爾凝曹云郎雷之恩海案諸志不載○徐又云十一部之外別一部曰盧森不爾厄在日耳曼界內長二百五十里廣二百里會城同部名戶口二十九萬入日耳曼公會應出兵二千五百五十先謙案盧森不爾厄附比利時後

比利時國

比利時

徐志比利時比勒治爾百喀惟理儀密爾閒北義爾爾尼士北爾日加比利聞比云歐羅巴小國也北界荷蘭西北距大西洋海西南及正南俱界佛郎西東接曾魯士西部縱約五百里橫約三百里古時本荷蘭南部荷蘭多水而比利時多平陸明初荷蘭王查理好用兵徵調煩苛比利時不聽命查理引兵突入其境掩殺八百人比利時結大隊復仇查理敗死後西班牙兵非立第二兼王荷蘭兩部荷蘭人阿蘭治起兵拒戰相持數十年比利時隸西班牙未敢貳康熙五十三年西班牙以比利時歸壘地利亞由是為壘藩屬者七十餘年嘉慶初佛王拿破侖兼併諸國先取比利時次滅荷蘭拿破侖敗荷蘭再立國嘉慶十九年比利時復與荷蘭合先是荷蘭崇耶穌教因此與西班牙構兵數十年卒獲勝復國而比利時毘近佛郎西顧獨從佛俗尚天主教又夙隸西班牙壘地利皆天主教國既與荷蘭合不肯從荷俗兩部之民不相能時時構衅而荷蘭以比利時夙附仇國不與恢復之師素薄其人不令居顯秩

又不肯收教其幼學比利時人積不能平道光十一年逐荷蘭守土吏荷蘭伐之比利時諸部合兵拒戰相持數月伏屍徧野佛舉兵助比荷蘭乃退比利時人遂招日耳曼之薩克撒各不爾厄小侯留波爾多來國奉以爲王自立爲國比利時境內大河有二曰義斯加爾達曰米干塞下游皆在荷蘭境貨船由此出運既絕荷蘭荷蘭過其港口使不得通乃造鐵轆轤路以火輪車由陸轉運以達於海比利時平原坦闊南界僅見岡陵氣候溫平土膏腴潤宜穀果煙葉多草場便牧畜兼產煤鐵地分九部又云比利時於

國初時曾來粵貿易絕迹多年佛蘭西其姻鄰也近復爲之代請通市朝議許之謝志云比利時一曰白耳義當北洋四十九度三十分至五十一度三十分東經三度二十二分至七度十四分長七百里廣三百九十里王韜戰紀云千八百三十一年十一月十五日英俄奧法普五國同立一約共保比國不得爲它國所侵陵此約立於英京約中第二十五款曾言及此矣志作比利土孫志作彌尼亞士

雷志云立憲國

謝志云千八百三十一年始離和蘭而獨立擬定憲法爲君民共主政體王位世及嫡長立法權在王與國會國會上下二院議員俱由人民公舉下院百三十八人上院員額居其半行政權內閣七省主之

北部在日耳曼大野惟沿苗士河之亞丁耐士山高二千二百英尺

謝志云地形三角而多平坦惟東南方邱陵起伏森林廣大河流由此向西北入海其最大者自東來之末斯河西方之司開德河也末斯河出法國經比荷二國而注於來因河口長千六百里司開德河亦出法國北流經安兒伯城入北海長七百四十里

且運河甚多故全國交通便利海岸多沙邱潮汐不停入內地海岸綫長百二十里講義云在國之東南部有亞類斯高原連普國來因河之高地其間有在海面三千尺以上者從此至西北漸次低下故河向北流低部即歐洲大平原之一部處處在海面以下海岸高四五十尺有沙丘可遮海波河無發源國內者以米茲河些耳特河爲大米茲河出法國蘭姑爾高原入比國走東南高地百英里入荷國爲賣士河些耳得河出法國北部入比國流西北平地合各支流入荷國苗士即末斯米茲矢志作彌烏斯辻志作麻斯吳志作馬士周志作眸斯樋志作苗斯阿開德即些耳得矢志作斯開爾辻志作謝爾得吳志作西克爾多周志作裒爾特樋志作士刻耳德又云通國無可稱之山岳東南部稍見岡陵起伏亞丁耐士蓋即亞類斯也面積萬一千三百七十英方里謝志云面積十一萬方里政要云幅員萬一千二百六十七方英里千八百九十七年人六百五十八萬六千五百九十三口講義云千八百九十年有六百七十四萬四千五百三十二人計一方英里人五百九十二口歐洲中人最密之國也每歲增百分之一有大學四又有各專門學校全國面積百分之四十一爲耕種地百分之三十六爲牧場百分之十七爲樹林謝志云土窄人稠農田所入不足供民食故於耕植一事加意講求民四分之一務農耕者男女參半雀麥植地最廣此外薯煙麻胡蘿蔔爲多牧畜稍遜荷蘭而牛馬羊豚爲數尚多馬尤調良國之東南多森林薛記云亞洲北近冰海地有使犬

使鹿之邦比國人常驅三犬拉一車或駕一犬於小車下使挽車
一人在後推之亦使犬意與馬有重至千五百斤者高大倍於常
馬惟比國有之售與各國爲種高者可鬻至一萬數千佛郎各埠
購得與牝馬交所生子皆肥碩而膘色弗如三傳之後則復其常
相矣故各國必來購種
大抵用之耕田者爲多
礦產歲出煤二千一百萬噸鐵塊九十四萬八千噸餘爲鉾銀等
謝志云鑛產爲比國第一財源出煤之鑛
占全國二十分之一歲產額二千萬噸恃
掘煤爲業者十一萬人煤質堅良可製煤氣總數約四分之
一運往法國鐵之產額亦八十萬噸鉛白鉛石料等皆產之
各種製造極盛
謝志云工業以製麻布爲首歲輸出值額可六千萬圓
文則棉布羊毛所織之絨氈亦與英法爭衡計織工總
數不下二十五萬其中伯呂色勒之花邊世無其匹次爲鐵業皆
用汽機製造大砲路軌鋼刀鐵板鐵釘歲額可值一萬六千萬圓
工人五六萬名餘若製造玻璃紙張陶
器皮革糖鹽甎瓦酒絲帶等皆有名
入口貨值七千三十三萬五千磅出口貨值五千八百九十六萬磅與法德英貿易
謝志云
比國海
洋綫雖短而內河交通水利極便道途齊整往來無阻入口貨以
羊毛棉花金類加非爲大宗出口貨以細緞玻璃麻鐵爲大宗政
要云通用之銀錢曰福蘭格匯票銀行定章以二十五福蘭格可
換銀一磅是平時價值也稱物之秤曰結羅格蘭又門黎佛耳照
英秤二磅二十分噸曰吞拏計二千二百磅比英噸少四十磅量
地之碼曰赫得照英地二畝零四十七分量米麥之具曰赫得來

特照英官斛約二斛七分五量酒油之具亦曰赫得來特照英國官加隆有二十二加隆之數量長短之尺曰米特照英尺三尺二
分八量長闊厚三面之尺曰立方米特照英尺三十五尺三分一計里之稱曰結羅米特每一結羅米特爲英步一千九十三步每
步三尺約半英里有奇中國爲一里半有奇　鐵路二千八百五十一英里謝志云鐵路共長八千五
百里電綫共長八萬里　商船六十一　入款千七百四十萬一千五百磅千八
百九十八年國債一億二百六十六萬四千磅謝志云全國歲入一萬四千萬圓公
債八萬八千萬圓商務總額可二十萬萬圓　兵額平時五萬一千人戰時十三萬九千
人戍兵九萬人謝志云軍制國民十九歲以上有從軍之責以八年爲限平時兵額五萬人馬七千匹戰時可至十
七萬人馬萬四千匹歲費二千萬圓　布路塞熱度中數五十度正月三十六度七
月六十五度雨水二十九英寸及其四郊人五十五萬一千一十
口　恩丸潑人二十七萬千二百八十四口　里治人十六萬七
千三百五十五口　根德人十六萬千一百二十五口　梅克靈人五
萬四千八百四十八口　佛惟爾斯人五萬二千七百二十六口

木備洛士爾又作北律悉士建於塞內河濱宮廷高大潔而不華其民工於紡
績所織呢布皆精良城內外多植嘉樹爲園圃供士民遊賞先謙
案曹典球譯伊東祐穀世界年鑑云南巴拉班的州面積千二百
六十八方英里人口百二十六萬三千五百三十五謝志作南巴
達班云在司開德河流域列國學會二圖與伊徐同東北靈不爾
厄西北東發蘭德斯南那慕爾都城不魯捨拉郎徐之不魯捨拉
斯雷之布路塞矢志作孛拉塞爾迖志作伯喇斯吳志作布蘭設
爾周志作布魯色勒樞志作勃勒悉耳斯許考作蒲魯塞勒謝志
作伯呂色勒云在國中央有新舊二城舊城街市窄小多曲折其
市會廳頗宏麗新城夙稱美觀多公圓大場有博物院藏書樓大
學校俗呼爲小巴利製造花邊細麻布絲帶紙張貿易興盛居民
四十八萬距伯呂色勒二十七里有大戰場曰瓦德魯法人主拿破
侖戰敗於此講義云不魯捨拉又名不柳塞爾臨宣尼河人口五
十七萬餘府分平原與巨上分山側與下町二處下町爲舊市有
哥司式之建築甚壯麗府南十英里有古戰場曰俄達羅俄達羅
郎瓦達魯也矢志作華人貝落其北有摩里內斯講義云一名梅
克靈人口五萬五千餘舊教之本山大僧正居此其東有盧汶一
名羅文講義云人口四萬二千餘昔時爲商業中心今已衰矣

布路支斯人五萬九百九十口

徐又云南巴拉班的在八部適
中之地都城曰不魯捨拉斯作

○徐又云安都厄爾比亞在南巴拉班的之北壤接荷蘭會城同
部名向爲水運大埔頭近年港口爲荷蘭所封舟楫不行先謙案
曹譯年鑑云安都厄爾比亞州面積千九十三方英里人口八十
一萬九千百五十九二圖與伊徐同北荷國東南靈不爾厄南東

發蘭德斯會城同州名曹云郎雷之恩九潑許考作安物爾樋志作安都都維爾比周志作痕得畏拍吳志作安比若士辻志作安得臥兒浦謝志作安兒伯云在司開德河流域為比國第一大城在伯呂色勒北七十里十六世紀時富庶冠歐洲距海百五十里四周砲臺鞏固有大禮拜堂其塔頂高四百三尺大畫院內藏名畫無算人民二十四萬講義云又名安徽爾人口二十八萬二千餘近些爾德河海口貿易最盛稱為歐洲大陸之麗佛普爾每年入港之船舶至四百萬噸

○徐又云東發蘭德斯在南巴拉班的之西會城曰干的織工所聚呢布由此出運先謙案曹譯年鑑云東發蘭德州面積千一百五十八方英里人口百二萬九千九百七十一謝志作東弗蘭特司云在司開德河流域二二圖與伊徐同北荷蘭東安都厄爾比亞及南巴拉班的西西發蘭德斯南海腦得會城干的與徐合講義云又名干在州中立士河入些耳德處郎雷之根的為國中第一工業地棉布紡績業甚盛周志作額根得樋志作古特許考作干德慕志作根式

○徐又云西發蘭德斯在東發蘭德斯之西西距大海南界佛蘭西會城曰不魯日係水運海口先謙案曹譯年鑑云西發蘭德州面積千二百四十九方英里人口八十萬五千二百三十六謝志作西弗蘭特司云在司開德河流域二二圖與伊徐同西北界海南法國東東發蘭德斯會城不魯日與徐向郎雷之布路支斯樋志作勃魯治斯慕志作布路遮斯講義云在州北部人口五萬三千十三世紀時為酣札同盟市之一人口二十萬安都厄爾比亞與起以後漸次衰頹其西有俄斯坦德列國圖與講義合學會圖無說惟講義云在

北海岸爲渡
英國之要津
○徐又云海腦德在南巴拉班的之西南與佛蘭西接壤會城曰
蒙肆係內地埔頭先謙案曹譯年鑑云海腦得州面積千四百三
千七方英里人口百十四萬二千九百五十四謝志作海腦云兼
在司開德末斯二河流域二圖與年鑑同卽徐之海腦德西南法
國北東發蘭德斯東南巴拉班的那慕爾
會城蒙肆在部南與徐合慕志作蒙斯
○徐又云那慕爾在海腦德之東南界佛郎西會城同部名曹譯
年鑑云那慕爾州面積千四百四十一方英里人口三十四萬六
千五百十二謝志云那慕爾在末斯河流域二圖與伊徐同北南
巴拉班的東盧森不爾厄西南法國會城同部名在部南與徐合
講義云那慕爾亦要害之地玻
璃及刃物產焉周志作納畔亞
○徐又云列日在那慕爾之東與日耳曼接壤會城同部名先謙
案曹譯年鑑云列日州面積千一百十七英方里人口八十三萬
六千百七十五謝志云列日在末斯河流域二圖與伊徐同東德
國北荷國及靈不爾厄西南巴拉班的南那慕爾盧森不爾厄會
城在部中央與徐合卽雷之里治周志作利基講義云建米茲河
之兩岸人口十七萬餘市傍石炭甚多市中製造鐵器兵器甚盛
有比利時北明翰之稱會城南有色來尼格講義云色來人口二
萬九千餘有大鐵工場其東有隈威爾斯卽雷之佛惟爾斯講義
作威畏爾斯云人口五萬二千餘係近世所興起
以製造羅紗名除供給陸軍被服外且多輸出

○徐又云靈不爾厄在列日之北東界普魯士北界荷蘭會城曰賣士的里至此城與荷蘭之靈不爾厄相連會城名同蓋一城分爲兩地也先謙案曹譯年鑑云靈不爾厄州面積九百三十一方英里人口二十四萬七百九十六許考作比屬靈蒲爾謝志作林堡云兼在司開德末斯二河流域二圖與伊徐同東北荷國西北安都厄爾比亞南列日會城賣爾的里至在部東與徐合慕志作黑失

○徐又云盧森不爾厄在列日之南東界普魯士南界佛郎西會城曰亞爾倫此與荷蘭所轄之盧森不爾厄同名而會城名不同蓋地界亦相近也先謙案曹譯年鑑云盧森不爾厄州面積千七百六方英里人口二十一萬九千二百一十許考作比屬盧森蒲爾云蓋西北部仍服比王而東南一帶今已自立爲國謝志作勒克澤堡云在末斯河流域二圖與伊徐同東盧森不爾厄國西南法國北列日那慕爾會城亞爾倫在部東與徐合慕志作亞靈

拉克塞摩堡國 附 雷云上公國面積九百九十九英方里人二十七萬七千五百八十三口千八百六十六年附入德國聯邦並入德國商務同盟會自注商務同盟會者德國聯邦互相約結各用公定畫一之稅則抽稅也先謙案卽盧森不爾厄也講義云盧森不爾厄介比德法三國間爲獨立大侯國面積九百九十八英方里千八百九十五年人二十一萬七千五百八十三口此

國千八百十五年至千八百六十六年曾入德國聯邦千八百六十七年以倫敦條約宣言爲中立地產業以采礦冶金爲主鐵產尤多首府盧森不爾厄在國南部人口凡三萬鐵道長二百九十四英里電信綫路五百九十六英里綫條千百八十七英里商業上加入德國之關稅同盟政治有代議院議員四十五人輔相大侯吳志作若克孫布哥大公國樋志作盧森堡公國云普國來因普魯州之西南今大半入比國版圖惟盧森堡府與其四周地爲中立自由之都市

瑞典國

瑞典徐志瑞國古瑞典西蘇以天瑞丁瑞西亞綏林爾綏亦波斯亞費耶斯科至都尼亞匪烏訥如又藍旗云歐羅巴極西北境舊分瑞典挪耳瓦作一諾作魯爲威瑯二國今併爲一國東南距波羅的海西北距大西洋海南北約三千餘里東西約一千餘里地形如葵扇下垂中有連山脊起瑞立國在山之東西則挪瓦耳故地也地極廣莫而荒寒特甚土復磽瘠故民食鮮薄戶口稀疏古時爲野番部落爾漢時流入日耳曼界內散處各國趙宋初有大酋厄里哥招集部人建造城邑是爲瑞典立國之始時挪耳瓦亦推大酋合羅爾德爲王數傳後挪耳瓦爲嗹國所兼幷明洪武年間嗹王后馬里加爾達有權略以術招瑞民隸爲一國再傳至后孫殘忍好殺瑞民多怨畔瑞有王孫曰撒瓦一作古斯達臥英果不羣隱圖恢復嗹人繫之獄易服逃回瑞地嗹使吏逐捕撒瓦走北地匿傖舍乃免因涕泣募土人誓以除虐復仇引兵伐嗹累戰皆捷故土全復嘉靖二年撒瓦即王位威惠並行瑞國大治王卒世子嗣位荒淫無政爲國人所囚仰藥死萬

萬歷三十八年王俄世答嗣位時日耳曼王（即奧地利）尚天主教諸國遵耶穌教者咸被攻伐瑞素崇耶穌教王救諸國之同教者帥師伐日耳曼中砲殞於陣其大將卒戰勝乃班師後有女主基利斯的那癖好文學厭苦兵事遜位於外戚加爾祿斯之羅馬游學不復反加爾祿斯以康熙三十八年嗣位（一作查理第十二）年十八血氣方剛銳於戰伐以兵侵波蘭割其境土之半波蘭大尼（即嗹國）巖羅斯連兵來伐王擊敗之威聲震一時後再攻波蘭之烏哥來納部全軍盡覆親赴土耳其求援五年不得請乃歸復引兵攻挪耳瓦之非德黎沙爾戰死城下巖羅斯因以大衆壓之嗣王累戰皆北割東境之芬蘭以講巖兵乃罷當巖兵之方急也諸酋各懷去就或專擅自恣王銜之事定之後王與諸大部聯盟將討諸酋之不軌者諸酋懼謀弒王禮拜日伏客以火槍擊殺之王子嗣位性卞急好用兵師屢撓敗括餉愈急國人噪變逐王嘉慶十四年國戚加爾祿斯攝王位其養子伯爾拿多的佛郎西人曾爲大將智略過人攝王委以政柄修武備結會盟用兵謀定而後戰所向克捷攝王因傳以位亦更名加爾祿斯即今在位之王也西境之挪耳瓦本屬嗹國嘉慶二十年各國公使會議維也納以瑞地之附近於嗹者歸嗹而以挪耳氏歸瑞慕志作瑞顛謝志云與挪威同占司干地那維亞土股在北緯五十五度二十分至七十一度十二分東經五度至三十一度北界北冰洋東界俄國之拉伯蘭兼抱波德尼亞海股與保勒第海隔二海岔與丹國相望

雷志云立憲國

謝志云國會上下二院議員皆由民公舉上院百四十二員下院三百十四員行政權國王司之內閣八部大臣承行之王位世及許考云國制君民參治國王下設議政院參徵

稅須律之權議政大員以貴官及敎師爲之紳士平民亦預選有
宰臣二一理本國事一理外國事部臣八曰外務曹曰吏曹曰水
師曹曰戶曹曰敎務曹曰陸軍曹曰刑曹曰
農務曹外知府二十四分理民事贊助國政
居司堪蒂那維亞半島之東半部
案卽司干地那維亞矢志作司肯笛乃文樋志作斯
干的挪氏吳志作士甘加比阿講義作司根底那毗
亞辻志作斯看的那非亞
周志作斯根騰諾維亞
國內平原爲多惟與腦威交界之處始有邐迤不絕之山內開勃耐開司山高六千八百九十英尺
謝志云中
央自極北之北角至極南那色角有一帶山曰基額倫山爲二國
分界最高峯曰嘎特阿必克高八千五百英尺頂永積雪有冰川
自巔下移山東坡爲瑞典地幅員較廣勢稍斜至波德尼亞海
股及保勒第海間有平地南方愈廣大西坡爲挪威地甚窄
湖河衆多
謝志云江河頗多內皆有灘不便利涉南方二大湖曰偉
納歐洲第三大湖長二百七十里廣五十里高度百四十七尺由
各大運河名運河水入保勒第海曰偉德在偉納湖東南七十里長
三百里廣三十里水由麻塔拉河入保勒第海餘小湖尚多俱有
風景樋志云南端與蘇格蘭同緯度然寒氣加厲北方自九月至
次年六月之交皆爲冰雪所覆湖河凝結如小麥在斯德哥爾摩
以北之地不能生長王志云入波的尼亞灣之水有名者如多爾
尼亞河魯勒河碧的河烏彌亞河達耳厄爾夫河入喀德加特峽
者有歌德河中羅耳哈得瀑
布高百餘丈開運河以避之
其全面積百分之四十四爲樹林所

占面積十七萬三千九百七十英方里（講義云面積十七萬二千八百七十六方英里辻志云面積一百四萬四千方里）千八百九十七年人五百萬九千六百三十二口（謝志云極北拉伯蘭人約二萬爲蒙古利亞族身體短小四肢粗壯恃漁獵爲生畜貁鹿成羣講義拉伯蘭作拉不蘭達）有强迫入學之制（謝志云敎育强迫普及不就學者有刑小學萬二千所大學三）全國百分之八爲耕種地（矢志云平沃之地爲海氣所融氣候温煖故至北緯綫七十度下皆可耕作產有各種麥類煙麻亦盛）百分之四爲草地百分之四十四爲樹林歲出鐵二百萬噸煤二十二萬六千噸（講義云石炭雖不少但采掘未盛）又有鋅銅鉛等民亦從事漁業鐵路六千三百五十英里（許考云鐵路長萬六千里電綫長三萬七千里講義云電信綫路長八千五百九十六英里綫條長二萬六千二十六英里鐵道大抵在國南部北部惟自斯德哥爾摩至基力瓦拉蹃蛯鐵路一綫而已此綫爲世界最北之鐵道）千八百九十七年有商船二千七百六十九入口貨值千九百五十一萬五千磅出口貨值千七百六十萬磅木料居百分之三十三多與英德貿易（講義云出入額合計七億六千六百五十二萬餘庫羅尼一庫羅尼合日本五十六錢輸出品

以材木家畜鐵爲主輸入品以織物石炭爲主入款六百八十五萬五千一百磅國債千五百九十七萬一千磅謝志云瑞典歲入可五千七百萬圓公債一萬六千萬圓常備軍三萬九千百二十一人民兵四十五萬人戰艦七十內鐵甲十八謝志云瑞典軍制用召募法平時兵額三萬八千人馬七千四歲費千八百萬圓海軍艦三十七艘水雷船十七艘水師四千人歲費七百七十萬圓講義云千八百九十年海軍擴張有甲裝海防艦二十三外有新造諸艦未成

司托克呵爾晤斯熱度中數四十五度正月二十五度七月六十二度雨水十六英寸人二十八萬八千六百二口　**古德堡**人十二萬五百五十二口　**麥摩**人五萬五千五百口以上要區徐又云瑞典本國氣候極寒迤北沙磧低窪皆不毛之土南界土稍沃而濱海多淖泥農作甚艱恒苦乏食富者咱餅薯貧者屑樹皮雜醃魚噉之所產者木料銅鐵舉國以此爲生計亦產銀鉛礬磺獸皮境內小河甚多皆自西而東入波羅的海其流湍急而短舊分四大部建都之部曰綏林波羅都城曰斯德哥爾摩案一作謙士建於美拉爾湖濱廟堂華炫樓閣重疊外通海口爲通國之大埔頭南曰曷蘭三面界海北曰那蘭再北曰臘巴蘭必一作蘭勒後又分爲二十四部曰斯德哥爾摩先謙案曹典球譯野口保與內外地誌云斯德哥爾摩面積七千八百十二方杆人

口十九萬二千三百二十九又斯德哥爾摩市面積三十三方杆
人口三十二萬四千四百八十八列國學會二圖斯德哥爾摩與
野徐同東南波羅的海西北烏布薩拉會城同部名即雷之司託
呵爾晤斯講義云國王駐焉又云斯德哥爾摩人口二十九萬五
千七百八十九城濱波羅的海建民蘭爾湖之海口九島嶼之上
建築甚美巨陵起伏海水縈曲此府之風景也有北方威丙薩之
稱謝志作斯德賀倫云都城建美拉湖濱直達保勒第海北跨九
島橋梁高大兼多渡船島上林木陰翳山石巉巖城中心為城島
王宮貴邸焉公議院衙署等多在爵島那曼島上則有格致大
學博物院美術學校公園等城中製造鐵器蔗糖紙煙綢緞麻布
出口貨多鋼鐵粗麥柏油其港口每年有三四月為水所封
周志作斯篤克化姆矢志作斯託夸姆吳志作士多庫痕
○徐又云曰烏布薩拉先謙案曹譯野志云烏布薩拉面積五千
三百十三方杆人口十二萬五千六百一十二圖烏布薩拉與野
雷徐同東南斯德哥爾摩西威斯德瑀蘭北波羅的海南尼哥兵
會城同部名講義云烏布薩拉布人口二萬二千七百有大學搿
建於十五世紀時著名之大植物學家林尼烏斯嘗敎授此處謝
志作烏破撒云在京城西北六十里為古代京都有大書院學生
二千人藏書二十五萬卷城中禮拜堂為全
國之冠城北有大鐵鑛矢志作曷潑散拉
○徐又云曰威士德來斯先謙案曹譯野志云威斯德瑀蘭面積
六千七百四十方杆人口十四萬九千五十案即徐之威士德來
斯二圖威斯德瑀蘭與野同會城與徐同士作斯東
烏布薩拉西痾勒波羅南尼哥兵北日非勒波爾

○徐又云曰尼哥兵先謙案曹譯野志云塞德爾瑞蘭面積六千八百一十方粁人口十六萬九千五百七十六卽徐之尼哥兵二圖尼哥兵與徐同西痾勒波羅東波羅的海北威斯德瑞蘭南靈哥兵會城同部名其南有諾爾哥兵講義云人口二萬九千六百五十四在波羅的海沿岸爲斯根底那毗亞之曼徹斯德有急流走貫其府資水力以營製造棉絲羊毛之業

○徐又云曰痾勒波羅先謙案曹譯野志云痾勒波羅面積九千百二十四方粁人口二十萬八十七二圖痾勒波羅與徐同東威斯德瑞蘭尼哥兵西加爾羅斯達北科巴波格南靈哥兵斯加拉波爾會城同部名

○徐又云曰加爾羅斯達先謙案曹譯野志云維爾木蘭面積萬九千三百二十四方粁人口二十五萬五千百四十二卽徐之加爾羅斯達二圖加爾羅斯達與徐同東痾勒波羅西那威國北科巴波格南哥德波爾會城同徐部名

○徐又云曰斯德拉哥巴爾卑先謙案曹譯野志云科巴波格面積二萬九千八百四十九方粁人口三十二萬三千八百九十三案卽徐之斯德拉哥巴爾卑二圖科巴波格與野同東北日非勒波爾西那威國南加爾羅斯達

○徐又云曰非勒波爾先謙案曹譯野志云日非勒波爾面積萬九千七百二十四方粁人口二十四萬六千百五十三二圖日非勒波爾與野徐同東波羅的海西科巴波格南烏爾薩拉北仍德蘭會城臨海作日非勒岸圖同

○徐又云曰靈哥兵先謙案曹譯野志云痾斯斯德爾哥德蘭面積萬一千四十六方粁人口二十八萬七千四百二十一卽徐之

靈哥兵二圖與徐同北尼哥兵南仍哥兵東
波羅的海西斯加拉波爾會城同徐部名
○徐又云日加爾馬耳先謙案曹譯野志云加爾馬爾面積萬一
千五百四十三方絣人口二十二萬六千八百七十六案即徐之
加爾馬耳二圖與徐同東臨波羅的海與曷南島相對爲加爾馬
耳峽西仍哥兵哥羅諾波格波勒金日北尼哥兵東南波羅的海
會城臨海同部名講義云在波羅的海沿岸有喀爾斯羅那人口
二萬三千五百千六百八十年爲提爾斯十一世所掰立有海軍
武庫又東有痾得蘭島講義作痾得羅云有威斯
貝市爲古酣札同盟市之一當時遺物猶有存者
○徐又云日仍哥兵先謙案曹譯野志云仍哥兵面積萬一千五
百二十方絣人口二十萬六千七十七二圖仍哥兵與野徐同東
加爾馬耳北靈哥兵南哥羅諾波
格西厄爾佛斯波格會城同部名
○徐又云日哥羅諾卑爾先謙案曹譯野志云哥羅諾波格面積
九千九百十方絣人口十五萬五千七百五十五案卽徐之可羅
諾卑爾二圖與野同北仍哥兵南
波勒金日東加爾馬耳西哥爾蘭
○徐又云日波勒金日先謙案曹譯野志云波勒金日面積三千
十五方絣人口十四萬八千七百五十五二圖波勒金日與野徐
同北哥羅諾波格東加爾馬耳南
波羅的海西基利斯的安斯達
○徐又云日斯加拉波爾先謙案曹譯野志云斯加拉波爾面積
八千四百八十方絣人口二十三萬九千三百二十二圖斯拉加

波爾與野徐同東靈哥兵西哥德波爾厄北加爾羅斯達西南厄爾佛斯波格

○徐又云曰厄爾佛斯波耳先謙案曹譯野志云厄爾佛斯波格面積萬二千七百二十五方粁人口二十八萬三百六十案卽徐之厄爾弗斯波耳二圖與野同東斯加拉波爾仍哥兵北哥德波爾西北海南亞爾蘭

○徐又云曰痾德波耳先謙案曹譯野志云哥得波爾面積五千四十七方粁人口三十五萬七千百二十四案卽徐之痾德波耳雷之古德堡二圖作哥德波爾西北北海南厄爾佛斯波格東斯加拉波爾會城同部名講義作哥德波爾云人口十二萬三千百五瑞典大部分住田舍故都會人口甚少人口十萬以上之都會惟此及斯德哥爾摩以外人口二萬以上之都會凡七處哥德波爾城在哥德河口爲有名之克斯地哇斯阿多爾非斯所册建現爲瑞典西南部貿易中心輪出材木漸趨隆盛謝志作嘎吞布章云在國之西南海濱爲全國第二大城居民十一萬港口頗佳有船塢鐵器提淨蔗糖等大廠其植物園爲歐洲巨擘迖志作痾點堡周志作哥德勃擀矢志作哥生堡樋志作哥塔堡許考作痾德波爾

○徐又云曰亞爾慕斯達先謙案曹譯野志云亞爾蘭面積四千九百二十一方粁人口十四萬三千四百四十八案卽徐之亞爾慕斯達二圖部名與野同會城與徐同東哥羅諾波格北厄爾佛斯波格南馬耳摩呼斯西喀德加特海峽與丹麥相對

○徐又云曰基利斯的安斯達先謙案曹譯野志云基利斯的安斯達面積六千四百四十五方粁人口二十二萬一百四十二圖基

利斯的安斯達與野徐同東波勒金日北哥羅諾
波格西馬耳摩呼斯南波羅的海會城同部名
○徐又云曰馬爾摩呼斯先謙案曹譯野志云馬耳摩呼斯面積
四千八百二十九方杆人口四十三萬九百五十五案卽徐之馬
耳摩呼斯雷之麥摩二圖馬耳摩呼斯與野同北亞爾蘭東基利
斯的安斯達西南臨海講義作馬爾摩云人口五萬七千八百三
十六為瑞典最南部之都會臨松德海峽與丹麥之哥平哈經相
對自瑞典渡丹麥及德意志此其要港也又云附近有龍德人口
一萬六千大學在
焉二圖作竜德
○徐又云曰痾德羅先謙案曹譯野志云痾德蘭面積三千百六
十方杆人口五萬三千三百九十九案卽徐之痾德羅二圖作痾
特蘭岸圖作痾德蘭與野合許考云波羅的海中有瑞典屬島數
處較廣者曰厄蘭迫近海岸中隔海峽縱二百四十餘里橫十里
有奇居人四萬牧野無垠曰鄂忒蘭在厄蘭東北縱百八十餘里
橫百餘里為前瑞典王發迹之地土壤膏沃居人五萬六千漁者
居多案厄蘭二圖作曷
蘭鄂忒蘭卽痾德蘭
○徐又云曰諾爾波敦先謙案曹譯野志云諾爾波敦面積十萬
五千八百八十二方杆人口十萬二百二十二圖諾爾波敦與野
徐同東俄國西北挪威國南諾爾蘭此卽徐所云再北曰臘巴蘭
者也許考云瑞典臘巴尼地氣候冰雪非五月不消六月初絲野
青蔥僅七八日所植蘣麥樹木生櫱綻苞又七八日萬樹花開再
七八日果熟未幾垂實纍纍漸將隕落一月之間播種收成亦皆

竣事至七月則雨雪
霏霏萬物萎敗矣
○徐又云曰威斯德爾波敦先謙案曹譯野志云西波敦面積五
萬八千九百九十三方籽人口十五萬二千七百四十六案郎徐
之威斯德爾波敦曹云威斯德爾西語謂西徐譯音野譯義据二
圖西波敦與野同東波的尼亞海灣北諾爾波敦西北諾爾蘭南
西諾
爾蘭
○徐又云曰威斯德爾諾耳蘭先謙案曹譯野志云西諾爾蘭面
積二萬五千五百三十二方籽人口二十四萬八百七十三案郎
徐之威斯德爾諾耳蘭据二圖西諾爾蘭與野同北
西波敦西北諾爾蘭南仍德蘭東波的尼亞海灣
○徐又云曰仍德蘭先謙案曹譯野志云仍德蘭面積五萬九百
七十二方籽人口十一萬三千二百二十九二圖仍德蘭與野徐
同北諾爾蘭東西諾爾蘭
南日非勒波爾西挪威國

腦威國

腦威雷志云立憲國先謙案矢志云瑞典挪威二國久爲丹麥所
統轄千五百二十三年瑞典先起而獨立千
八百十四年丹麥王以挪威之地讓爲瑞典所屬國人不服迎丹
麥之王族爲自立之國後與瑞典相合爲立憲國奉瑞典王名
爲二國君主然所立憲法不同講義云瑞典國王駐斯德哥爾摩
據憲法一年中必有若干日往諾威視其政事謝志云每年駐那

威京城革利斯第亞那半載國會上下二院上院二十八人下院八十六人內閣另遣二員常駐瑞典都城司二國交涉之事此舊制也王達云伊東祜穀世界年鑑言千八百十四年一月十四日基爾條約丹麥王讓那威於瑞典王那威人民不肯承認宣言獨立開立憲議會於佛勒德里克斯大得五月十七日制定憲法選定丹麥之格里士的親王爲那威王復恐瑞典攻之及諸強國不承認新立之王於是那威人民於八月十四日莫斯會議決定那瑞二國聯合且召集臨時議會改正憲法定瑞典王加爾第十三世爲那威國王此千八百十四年十一月四日事也翌年發布憲章二國各有政府憲法及法律永遠維持二國聯合旋於千九百五年十月二十六日分離未及五閱月協議結果終選定丹麥加羅親王爲那威王自成一國國王歲費七十萬啟羅即三萬八千五百四十六磅也講義作諾威謝志作挪威迂志作瑙威慕志作那爾威徐志作挪耳瓦居司堪蒂那維亞半島之西半部國內山嶺重疊高之中數千三百八十英尺最高者爲羅登飛耳高八千六十英尺國內冰河占面積二千七百英方里謝志云無大河水流俱激湍講義云諸湖以茂先湖爲最大冬季約有百日或二百日結冰王書云在基阿連山之西其南部分水綫全在本國境高峯甚多最高者爲意美非爾得山凡八千五百四十一英尺冰河最多如攸斯塔爾山之冰河列歐洲第二長三十五英里幅或至十英里面積七十三萬英方里此國雖貧瘠然山岳之雄溪谷之邃雪崩冰河之奇觀實爲歐洲最懸於馬尼河之瀑布曰利馬加甫

高二千英尺海岸巉澳甚多謝志云海岸峭壁屹立出入如鋸齒西北有羣島曰勒佛盾許考云那威西境諸島甚布星羅或分爲三羣最南曰卑爾仁羣島稍北曰德倫的英羣島最北曰羅福定[illegible]勒羣島總名那威亞爾居伯亞爾居伯者島嶼叢聚之地也沿西海岸氣候較溫和雨水多至七十二英寸謝志云夏令短而暖冬令長而寒近海一帶天氣和適西岸尤佳雖嚴冬海面亦不結冰樋志云那威與瑞典海岸寒氣差異蓋波羅的海至冬冰結大西洋則否如北坤雖在北極圈內亦無海水冰結之憂蓋因墨西哥灣暖流經此海岸與西南方所來之風能驅寒威故也瑞典直接大陸內地氣候常乾那威濱海故氣候常溼王書云全年平均雨量自七十至八十英寸爲歐洲中最溼潤地面積十二萬四千四百四十五英方里辻志云面積七十五萬六千方里人百九十八萬八千六百七十四謝志云挪威小學八十所大學一又云極北拉伯蘭人數約二萬身體矮小四肢粗壯爲蒙古利亞族恃漁獵爲生畜獂鹿成羣王書云習俗質樸有膽多以船爲家頗有君子國民風尚惟嗜酒過甚有患白癡者全國耕種之地止百分之三百分之二十三爲樹林王書云除不毛之地占十分之七外餘皆爲森林地松柏爲多可耕地僅百分之三多馬鈴薯時有旅鼠爲害漁業以青魚鰔魚爲大宗歲值百二十三萬七千磅謝志云西海岸漁業最盛爲世界三大漁場之一所產以鰔鯖爲主鰔魚產勒

佛盾羣島附近海中每春令漁人集此者九萬漁獲之額可四五千萬尾製魚肝油輸出各地捕鯖魚宜於冬令業此者三萬人沿海內河無不多魚國民恃爲食物要品餘運外國　鑛產有銀銅鎳等歲值十六萬一千磅謝志云多產銅鐵不毛之土占十分之七中部南部產小麥粗麥大麥等寒處可植荷蘭薯北方野地多石苔爲糜鹿食料森林占地面五分之一大抵係松柏長成不速而體質堅緻運往奧英法德等國爲數甚夥　鐵路千二百十三英里千八百九十八年有商船七千一百四十七講義云鐵道限於國之南部自首府克里斯地亞尼亞至大西洋岸德倫的英港爲其幹綫千八百九十七年電信綫路八千六百六十五英里綫條長萬九千七百九十三英里　入口貨值千三百四十四萬九千磅出口貨值八百三十八萬四千二百磅以動物木料爲大宗多與英德瑞典貿易入款三百八十三萬六千磅千八百九十八年國債千七萬四千磅謝志云挪威歲入約三千四百萬圓公債約九千萬圓　常備軍萬九千七百人後備軍二萬人戰艦七十內鐵甲六謝志云挪威平時兵額三萬人歲費約五百萬圓軍艦大小共二十一艘專主防海水師將弁約千人歲費約百七十萬　畿司低安牙熱度中數四十一度正月二十三度七

月五十七度雨水二十三英寸人二十萬三千三百三十七口
般根人五萬三千六百八十四口　脫郎皆摩人二萬九千百六
十二口以上要區
徐志挪耳氏一作納爲又作諾魯威吶云在瑞國大山之背
地形狹長如帶北抵冰海西面大西洋海山腳
槎牙入海如蟹爪波濤蕩激礁石嶙峋海舟誤觸立糜南界有山腴
壤稼穡四旬即熟迤北多沙磧且寒凍不毛民多以魚爲穀舊分
六部極南日幾力底斯安山迤北東曰沃牙哈斯西曰麻銀哈斯
再北日特倫林再北曰那蘭斯極東北負北冰海曰肥引墨後又
分爲十七部曰亞日胡斯先謙案曹典球譯野口保與內外地志
云阿吉爾斯非斯面積五千二百二十四方籽人口十一萬六千
二百二十八阿吉爾斯非斯郎格里士特阿拏等地全縣之名案
郎徐之亞日胡斯曹說是也又云格里士特阿拏面積十七方籽
人口二十二萬七千六百二十六列國學會二圖無阿吉爾斯非
斯有格里士特阿拏東瑞國南斯馬勒蘭北希德馬爾克西與仍
爾盧斯非爾東北之德蘭璘隔港相望郎徐之幾力底斯安山雷
之幾司低安牙謝志作革利斯第亞那云都城在國東南濱一海
灣與城同名居民十五萬工商業頗盛港口每年冰封者四月講
義作克里斯地亞尼亞云人口十五萬千二百三十九千八百九十九年二
尌餘在司喀基爾海峽之北隅克里斯地亞尼亞峽灣頭爲諾威
之首府有王宮大學等爲諾威貿易港之主材木由此輸出又云
人口十萬以上之都會惟克里斯地亞尼亞一處此外二萬人以
上之都會凡有四處合觀諸志益明辻志作苦里斯鮮尼周志作

克來斯剔亞尼矢志作克力斯慶樋志作克力士提阿尼阿吳志作庫利恰尼河許考作基利斯的亞納

○徐又云曰斯馬勒難先謙案曹譯野志云斯馬勒蘭面積四千百四十四方粁人口十三萬六千八百八十四案卽徐之斯馬勒難二圖斯馬勒蘭與野同東南瑞國北格里土特阿拏西仍爾盧斯南卑爾

○徐又云曰里德馬爾根先謙案曹譯野志云希德馬爾克面積二萬七千四百五十二方粁人口十二萬六千百八十二案卽徐之里德馬爾根二圖希德馬爾克與野同北南德倫的英東瑞國西幾利斯的安南格里士特阿拏

○徐又云曰基利斯的安先謙案曹譯野志云幾利斯的安面積二萬五千三百四十二方粁人口十一萬六千二百八十案卽徐之基利斯的安二圖幾利斯的安與野同東希德馬耳克西北卑爾仁南不斯給盧北羅幕斯達爾

○徐又云曰不斯給盧先謙案曹譯野志云不斯給盧面積萬四千八百十七方粁人口十一萬二千六百七十六据二圖不斯給盧與野徐同南巴拉德斯仍爾盧斯卑爾西南卑爾仁北幾利斯的安

○徐又云曰巴拉德斯北爾先謙案曹譯野志云巴拉德斯北爾面積萬五千百八十九方粁人口九萬九千五十二案二圖巴拉德斯北爾與野徐同北不斯給盧西南卑爾仁南內德尼斯東仍爾盧斯卑爾

○徐又云曰內德尼斯先謙案曹譯野志云內德尼斯面積九千三百四十八方粁人口七萬九千九百三十五二圖內德尼斯與

野徐同南巴拉德斯北爾西南瑞達爾東北海○徐又云曰滿達爾先謙案曹譯野志云瑞達爾面積七千二百六十四方籽人口八萬千五百六十七案卽徐之滿達爾二圖瑞達爾與野同北內德尼斯西斯達完格東南北海會城同部名

○徐又云斯達完白爾先謙案曹譯野志云斯達完格面積九千百四十七方籽人口十二萬七千五百九十二案卽徐之斯達完白爾二圖斯達完格與野同北南卑爾仁東瑞達爾西南北海會城同部名

○徐又云曰仍爾盧斯卑爾先謙案曹譯野志云仍爾盧斯卑爾及賴爾威格面積二千三百二十方籽人口十萬四千五百五十四二圖仍爾盧斯卑爾與野徐同賴爾威格在其南端東斯馬勒蘭西巴拉德斯北爾西北不斯給盧又仍爾盧斯非爾之東北有德蘭瑞與斯馬勒蘭隔港相望講義云德蘭瑞在東海岸人口二萬六百八十七材木及鑛物由此輸出案卽雷之脫郎皆摩

○徐又云曰南卑爾仁先謙案曹譯野志云南卑爾仁面積萬五千六百六方籽人口十三萬五千七百五十二二圖南卑爾仁與野徐同南斯達完格北北卑爾仁東不斯給盧西北海

○徐又云曰北卑爾仁先謙案曹譯野志云北卑爾仁面積萬八千四百八十一方籽人口八萬九千四十一二圖北卑爾仁與野徐同東北幾利斯的安南南卑爾仁西北海

○徐又云曰羅慕斯達爾先謙案曹譯野志云羅慕斯達爾面積萬四千九百九十方籽人口十三萬六千百三十七二圖羅慕斯達爾與野徐同南幾利斯維的安東南德倫的英西北斯堪的約維安海○徐又云曰南德倫的音先謙案曹譯野志云南德倫的英面積萬八千六百九方籽人口十三萬五千三百八十二案即徐之南德倫的音二圖南德倫的英與野同北北德倫的英南希德馬爾克東瑞國西羅慕斯達爾講義云人口二萬九千百六十二在中部西岸爲宗教中心王書云鐵路二百三十英里爲國舊都今尙爲第三都會許考云雖屋宇削木爲之而精潔可觀○徐又云曰北德倫的音先謙案曹譯野志云北德倫的英面積二萬二千五百二十二方籽人口八萬三千四百三十三案即徐之北德倫的音二圖北德倫的英與野同北諾爾蘭南瑞國及南德倫的英東瑞國西斯堪的納維安海此部南至羅慕斯達爾二圖標曰持倫折穆薈卽徐所稱再北曰特倫林也○徐又云曰諾爾蘭先謙案曹譯野志云諾爾蘭面積三萬八千三百四十方籽人口十五萬二千百四十四二圖諾爾蘭與野徐同東南瑞國南北德倫的英西北北大西洋海○徐又云曰分馬爾根士產五金銀爲多又產花紋石民情樸厚善待商旅瑞典之臘巴蘭挪耳瓦之那蘭斯肥引墨背負冰海非人所居稍南夏日長九時冬夜長九時極北冬有夜無晝不見日者七十五日夏有晝無夜不見月者七十五日五六兩月暴暖蚊

蚋密如塵沙過此雪霰飛集皆寒凍之日矣居民身不逾四尺有野獸形似鹿繫之以當牛馬乘騎馱載皆用之斃則食其肉剔其筋以爲弓先謙案曹譯野志云分馬爾根面積四萬六千四百五方釬人口三萬二千九百五十二二圖分馬爾根與野徐同東北北冰洋南俄國西德瑱索卽徐所云極東北負北冰海曰肥引墨者也部北有亨墨菲斯講義云在北緯七十度二十二分爲世界最北之都會夏有三月半日不沒冬有三月半爲暗夜王書云爲歐北最知名都會人口二萬謝志作哈梅弗司云歐洲最北之城邑已在北圜綫內有魚類木料輸出彼處栽大麥閱六星期卽可收刈矣志作哈滿番斯樋志作威馬菲士特○先謙又案不見徐志者二府曹譯野志云貝爾仁面積十四方釬人口七萬二千二百五十二二圖作卑爾仁在南卑爾仁之西臨海別爲一府其地大名亦作貝爾根卽雷之般根講義云卑爾仁人口五萬三千六百八十四在諾威之西岸輸出魚類甚盛又爲世界中最多雨地之一王書云爲國內第二都會又爲漫遊者曳杖地謝志作貝爾肯云在西岸海口爲輸出魚乾魚肝油要埠居民五萬矢志作柏勤樋志作伯根吳志作別爾根又曹譯野志云德瑱索面積二萬六千二百四十六方釬人口七萬四千三百六十二圖德瑱索與野同東分馬爾根南瑞國西北北大西洋海此部與諾爾蘭薟郎徐所稱再北曰那蘭斯者也

丹馬國

丹馬徐志嗹國嗹馬爾領墨吝因丁抹大尼丹麻爾低納馬爾齊雪際亞蘇厄祭盈黎馬礶加爾加萬擴云歐羅巴小國也其商船嘗挂黃旗故粵東稱爲

黃旗國地形從日耳曼北出如人之握拳伸臂於海中者與瑞典
南境相對作凹凸之形北東西三面皆海南界日耳曼列國南北
約千里東西闊處四五百里古時為土番部落性波羅非內塞各
種居之後為峩特族所據與瑞典挪耳瓦合稱斯干的挪瓦國地
瘠食不足沿海之民皆捕魚為糧因操舟學泛海漸劫掠為海盜
諸國患之趙宋初有大酋哥爾摩者眾推為王突以兵船攻英吉
利英人倉皇避之遂據國都英以厚賂緩兵尋以計殲其眾嗹舉
兵復仇連年侵擾不已英許歲賂與之和時諸國以海寇目之不
齒數於列國也後其王有篤奴特者一奴作廢加能修國政賞罰嚴明
北伐挪耳瓦滅之伐英吉利破倫敦遂兼王英土篤倫特死其子
繼立為英北族威廉所殺嗹國幾危後復有賢主嗣位四境乃安
明洪武十年女主馬里加爾達嗣位號賢明內修政事外聯與國
於是瑞典亦納土為北藩威權大振嗣王能守其法擴疆土栅科
條四鄰咸服其子嗣立性酷虐多內寵戮酋長九十人復欲盡滅
諸酋之家諸酋乃集議廢王立大酋基利斯的亞奴為王時瑞典
已立故王之裔兩國搆兵數十年乃罷嘉慶二年英師船至波羅
的海嗹欲耀威列巨艦陳大炮扼之於港口英人以師船攻之英
師勝而船多損乃講和而退嘉慶九年佛王拿破侖以大兵伐嗹
嗹與之和拿破侖密約嗹以舟師襲英英人偵知先以大隊攻嗹
圍都城燔郭外四百椽城垂陷乃乞盟復搆兵六年國以虛耗不可
支近年貿易頗盛元氣漸復嗹舉國奉耶穌教遆北語音近瑞典
遆南近日耳曼所產惟五穀牲畜每歲賣馬萬餘匹牛七千穀有
餘羈於英吉利矢志作丹麥云位於歐洲之北合半島及羣島為
一國半島曰及脫倫由普西突吡海中西有日耳曼洋東有波羅

的海北隔加惟加海與瑞典相對羣島俱在波羅的海中著名之島凡三錫蘭最大富能講義作佛倫樋志作富尼次之拉倫又次之地勢低平海水浸入湖澤又多沿海俱築隄防全國無山脈內地諸河皆細流土沃產繁首府在錫蘭島中謝志作丹國一稱丁抹亦曰嗹國云嘎德蘭土股與西蘭案即錫蘭內斐恩案即富能諸島合成在北緯五十四度三十分至五十七度四十四分東經八度五分至十二度三十七分

雷志云立憲國講義云千八百六十六年制定憲法行政權國王責任內閣立法權在國王及議會上院議員六十六名有敕授終身議員有人民復選八年一任之議員下院議員百二十名以人民直接選舉三年一任包扎德蘭半島矢志作及脫倫謝志作嘎德蘭过志作架特蘭講義作入德蘭樋志作求德蘭吳志作加多蘭得波羅的海口之羣島巴呵唔斯島與法盧爾國中最高之處高於海面五百六十五英尺講義云空氣溼潤有西風曰斯加夷吹沙塵及於內地又往往有濃霧起曰那維克塞使人覺不爽快然氣候則甚宜人年中平均溫度爲八度西方諸島最溫暖入德蘭之北部最寒雨量均平有六十生的米突矢志云丹麥爲島嶼之國受洋海溫度故地頗和暖冬在零數下一度夏在十一度之間然流緩霧深航海者苦之惟樹木繁殖所產皆堅實之材面積萬五千二百九十五英方里人二百二十九萬四千口謝志云京城有大學一中學六十七所小學二千所共學生二十三萬名國人百分之四十一業農百分之二十

四業他工講義云乏石炭及鐵故製造業不振人多從事農業入德蘭之西部地味瘠磽僅業畜牧其東部及諸島多出麥類樋志云農產物之主要惟稞麥燕麥小麥等入口貨值二千百五十七萬磅出口貨以牛乳油牛穀爲大宗值千六百三十一萬三千磅多與英德貿易講義云重要輸出品爲牛酪豚肉家畜等輸入品爲織物金屬類每年貿易額凡七億庫羅內近年有漸增加之勢謝志云貿易與英德瑞典挪威爲盛入口貨多煤鐵棉花蔗糖出口貨多乳油牛羊毛政要云通國之銀錢曰列斯大拉每一元換九十六吉林合九列斯大拉爲英銀一磅又喜林兩本士合爲一列斯大拉之數稱物之秤曰鎊每鎊合英一兩又十分鎊之百零三分按每英鎊十六兩合中國十二兩裝載之噸位曰雷布來斯得每噸合英二噸量物之桶曰吞特每吞特合英三王斛又十分斛之八並合英煤斛四斛又十分斛之七量長短之尺曰福得每福得一合英一尺又百分尺之三量酒油之具曰否得利每否得利合英一王加隆又十分加隆之七鐵路千五百三十二英里謝志云鐵路共長四千里電線二萬五千里講義云電信綫路之長三千餘英里綫條之長達八千七百餘英里千八百九十七年商船三千六百九十六每歲入款三百八十一萬磅千八百九十八年國債千百五十五萬六千磅謝志云國家歲入約三千五百萬圓公債約一萬一千萬圓兵額平時萬三

千九百三十人戰時六萬三千人講義云陸軍平時士官八百二十四人下士卒八千九百四十五人戰時士官千四百四十八人下士卒六萬百三十八人千八百九針九用徵兵法徵用二十二歲之壯丁全國分東西二陸師營以配之置戰艦五十六內鐵甲九講義云合巡洋艦砲艦水雷艇凡五十餘艘專以防禦海岸哥

本哈根熱度中數四十五度正月三十一度七月六十二度雨水二十二英寸八三十七萬五千七百十九口　挨哈斯人三萬三千三百六十口　亞丁斯八三萬二百六十八口以上要區徐志云嗹國分

五部西四部與日耳曼相連爲波羅的海之門戶橫亘如棖西面沿海窪下築長隄以捍海潮大風起則飛沙覆田壠畝全沒故多種樺以堅其沙極北曰人德蘭先謙案人當爲人字之誤地極廣莫多沙磧有大湖七迤南曰勞英不爾厄再南曰痾爾斯德音再南曰石勒蘇益克後兩部地連日耳曼公會應出防兵三千六百名說詳日耳曼南界有大埔頭曰亞爾多納與日耳曼之昂不爾厄相近時有鮮爭又有大書院曰基里東北有大島曰低納馬爾加又名日倫都城建於此島之東北隅曰哥卑納給一作訶哥哈音爲國之大埔頭城內街衢繩直屋宇軒敞居民十萬諸國貨船出入波羅的海必經由此港峽口名加的牙闊僅數里嗹設關榷稅不則搤之使不得過諸國無如之何亦遂安之其國之富強以此日倫之南有兩島相連八德蘭之東南有大島曰非俄尼亞西界海中多小島民乏生計

以魚爲糧○西北大海中有大島曰義斯蘭地亞（一作西哀爾蘭）嗹所屬也地在英吉利三島之北數千里氣候寒冽同於瑞典之北境有火山曰挨哥辣時迸流火漿焚盧舍地震最烈往往山陵陷爲坎窅其民善捕長鯨取其油獵海犬剝其皮以爲衣王書云國內今分七州三州在島嶼曰日倫州曰佛甯州曰拉蘭州四州在入德蘭半島曰亞爾汲格州曰威波格州曰亞胡斯州曰利伯州先謙案列國學會二圖與瑞典馬爾摩相對者曰日倫島亦曰西倫郎徐之低納馬爾加王之日倫州也講義云日倫島之東岸爲崧德海峽峽中有小島三北曰維尼南曰薩爾坐爾姆曰安馬給日倫謝志作西蘭矢志作錫蘭樋志作塞蘭吳志作特蘭得周志作基倫特島北東岸丹國都城在焉曰哥平哈經郎徐之哥卑納給雷之哥本哈根吳志作哥賓赫根周志作叩本哈僅迂志作哥賁黑堅講義云哥平哈經本義名開平哈溫取義爲商人之港國中第一大都會千八百九十年時人口三十七萬五千大學建於此自英德瑞那至波羅的海之旅客貨物皆經此府故殷盛過於他處矢志作夸烹海勤云海口深廣可容巨船千艘又有堅固砲臺扼波羅的海之咽喉誠用武地也謝志作哥笨哈根云地勢低平爲商旅麕集之區街市中多穿河道製造局有名都城北六十里有港埠曰亞西諾居民萬人其地爲孫德（案即松德）海腰最窄處舟楫過之須納關稅案郎徐之加的牙慕志岸圖與徐同王書云哥卑納給有北方君士坦丁之稱其北約二十英里曰赫爾森痾爲孫德海峽北門要區也二圖同東南隅有摩英島亦本島之屬日倫島之南曰拉蘭島會城曰馬利波郎王之拉蘭州樋志作羅蘭迂志作吉蘭矢志作拉倫拉蘭之東爲法斯得島

拉蘭之西爲蘭給蘭島蘭給蘭之西爲亞羅島蘭給蘭之西北爲塔森基島皆小島也塔森基之西北曰佛甯島即王之佛甯州矢志作富能辻志作富年周志作分能樋志作富尼謝志作內斐恩其北岸有鄂丹斯講義云鄂丹斯爲佛甯島第一都會人口三萬餘案即雷之亞丁斯徐所云日倫之南有兩島相連即拉蘭與福甯也福甯在日倫之西少南徐言南爲非矣二圖佛甯島之西北爲入德蘭半島與徐合徐志四部之名勞英不爾厄痾爾斯德音石勒蘇益格皆入德國慕志云南有荷兒斯丁其城名纖力中有斯勒瑞東南有勞英不城皆同名且附近島嶼羅列此三地有普奧二國與本國攻戰近時皆爲所得歸於普屬先謙案慕志敘遮未晰蓋荷兒斯丁即痾爾斯德音斯勒瑞即石勒蘇益格勞英不厤堡即勞英不爾厄三地皆不爲丹有故就入德蘭別立四州耳又王韜戰紀云丹國向有藩屬兩部在日耳曼邦域之中慕徐云三四此作兩部非丹王欲割其地入版圖輒爲日所敗時墺爲盟長普則强國因以其地歸之普墺千八百六十六年普墺爭地以戰地遂屬普則其情事益明據二圖極北曰亞爾波格東西北臨海南臨威波格此王之入德蘭第一州又南曰威波格北亞爾波格東臨海南亞胡斯此王之入德蘭第二州又南曰亞胡斯北威波格東臨海會城同名講義云亞胡斯人口三萬烏東岸貿易港也即雷之挨哈斯此王之入德蘭第三州又南曰利伯東西臨海南德國會城同名此王之入德蘭第四州其在威波格之西者曰的斯特在亞胡斯之西者曰林克約濱在利伯之北者曰威列皆有會城同名或係後來增置侯續考

○二圖大西洋中有發俄爾羣島郎徐之非俄尼亞也講義云當英國設得蘭羣島與冰洲之間合二十五島內十七島有居民面積合五百十四萬方英里人口萬三千島爲火山所成輸出品惟羽毛一物矢志作方落島云昔丹麥海權盛大海外得屬地頗廣方落島冰洲緣洲皆是也方落島在丹麥正北二百英里爲二十五島總匯之區巖石崚嶒地勢崚惡人以漁業爲生謝志作非羅譯駙在含德蘭島西北約六百里那威殖民地今歸丹國農業不興土人多漁牧輸出貨羊毛鴨絨及魚居民路德會友地方政事自治舉代議士入丹都國會岸圖作發祿矢志作決提周志作富魯

○二圖有冰洲郎挨斯蘭島徐之義斯蘭地亞一作西哀爾蘭者也謝志云伊斯蘭島譯郎冰洲在北大西洋內近北圓綫面積四十萬方里較哀爾蘭爲大過丹國本部二倍餘山積冰雪大山三十座最著者曰亥革拉高五千一百尺又多沸泉天氣最寒冬令畫僅四小時夏夕亦短至四小時五穀不生惟荷蘭薯與椰菜可殖樹稀而矮多石苔可供食品藥材居民七萬二千性情善良毅育普及輸出貨綿羊小馬漁業最要海中有鱖鯨海狗礦產硫磺首府曰來加斐革居民三千餘城最小村矢志云冰洲在方落島西北洲北與北極圈相接島內火山至今出火者凡七所海克拉山在島西南高五千九十五只大噴泉三所皆溫泉有噴至百五十尺者講義云冰洲在大西洋當諾威與格陵蘭之間距丹麥本國西北千六百英里面積三萬九千七百五十六方英里火山最高者爲阿里法約庫爾高六千四百十一英尺赫庫納山灰之六千英尺溫泉甚多又有間歇泉其稱巨人間歇泉者噴騰熱湯高

及六十英尺曹典球云溫泉中定時噴出水蒸氣並沸湯者名間歇泉河多急流無交通之便屬大洋氣候以緯度論頗爲溫暖葢由於灣流之感化也空氣頗涇潤常流動無樹木又不適於耕作多生草故牧畜最要穀產仰他方輸入水產甚豐多輸出者千八百七十四年以來有立法議會首府雷克雅未克[illegible]加在島之西南人口三千案挨斯蘭樋志作愛士蘭周志作愛士倫亥革拉海克拉赫庫拉皆即徐之挨哥辣慕志作黑克拉又二圖有格陵蘭矢志作綠洲云在北美之北洲北在北極內西南海岸少暖有居人講義作格陵蘭得云丹麥殖民地惟在南部沿岸面積四萬六千七百四十方英里居民萬餘又云西印度羣島丹麥屬地山黛格魯斯島山宅馬斯島桑約翰島此三島面積合百三十八方英里人口三萬餘

五洲地理志略三十六　　歐洲十三

賜進士出身　特賞內閣學士銜前國子監祭酒翰林院編修加三級臣　王先謙謹撰

埃比艮半島雷志云以比里尼斯山辻志作僻列尼斯吳志作比列尼士講義作比里牛斯與中歐相隔地勢甚高岡嶺縱橫相接間有無樹之廣野最高者為麥耳漢森樋志作瑪勒哈生在西厄拉尼寓帶高一萬一千四百二十英尺其低野止在葡萄牙之意薄羅恩大露西亞下替竺可行船之河為杜羅河替竺河開蒂亞那河均在葡萄牙開蒂爾圭復河在西班牙西部及西北部溼內地燥燥溼得中宜人者惟地中海岸挨比艮講義矢志作伊比利樋志作伊伯利安周志作挨被倫半島建國即西班牙葡萄牙也謝志云日斯巴尼亞除沿海外概為高平原高度約二千英尺高山數帶東西橫列北近比斯嘎樋志作比斯開周志作皮斯凱海灣者日干達伯連山樋志作坡路勃里阿斯志作坎他布里亞周志作樋得勃林與法界之比勒尼斯山相連向西直抵斐尼斯疊雷角樋志作非匿士提阿剌呷中間日嘎斯第勒山樋志作卡士提羅列圖學會二圖作伽斯德拉為全國之分水界其南有土雷度些拉嗎雷那樋志作塞拉度里約些拉內法達樋志作塞拉奈瓦他三帶山尤

推些拉內法達最高爲全歐第二高山高臺斜坡向西南者廣向東南者窄故大河俱西南流計帶山五夾成西流四大河之灌域度羅河（案粵杜羅鐵志作斗羅辻志作牀愛盧吳志作多爾）出于達伯連山西流入葡萄牙境注大西洋長千五百里達賀河（吳志作達圖士鐵志作太貫許考作德人）出分水界之南坡西入葡萄牙而注大西洋長千六百里瓜第亞那河（案郎岡蒂亞那鐵志作瓜低阿納許考作瓜蒂亞納吳志作瓜今加拏）出土雷度山西南流入葡萄牙再沿二國之界而入嘎第斯海灣長千六百里瓜達勒基斐河（鐵志作瓜達幾維阿許考作瓜達爾幾維爾吳志作兮達克比爾）西班牙南部大川也西流入嘎第斯灣長千一百里東北部大河曰哀伯羅（鐵志作尼）亦出于達伯連山東南流千二百里入地中海諸河大都水淺多礁夏令水小幾不可通巨舟葡萄牙當高平原之西坡斜向大西洋帶山數條穿國境分度羅達賀瓜第亞那諸河之流域下流深廣便於交通達賀河汽船通行無阻航路四百里都城即建於河口餘諸河灌域土地亦皆肥美

西班牙國

徐志西班牙（是班牙實班牙鬮義斯巴尼亞斯編亞土以西巴尼亞）便（大呂宋）

西班牙

云亦歐羅巴大國東北與佛蘭西接壤東南距地中海西界葡萄牙北距大西洋海西南至東北約二千四百五十里東南至西北約二千八十里國有大山數疊皆自東而西橫亘如垣劃分三土北土山嶺錯雜溪澗交流中多腴壤便於農作中土高廣天時炎燥雨水難得民多以牧羊爲業南土山川秀發風景清美產各項果實羊馬驢贏皆良勝於他國之產其地方名意卑里亞五方之人雜處非尼西亞人居多姑（醫商賈）後爲加爾達額人所據

（亦非尼西亞所立國在地中海南岸）漢初意大里大將奔彪帥師征服之遂爲羅馬西境越六百餘年羅馬衰西境爲汪德羅隋窩亞拉奴（北狄種類）三部人所據東晉安帝十三年戕特酋長留維卽的約率大隊自東方來攻羅馬守臣不能禦棄地而逃東地遂爲戕特族所據尋翦滅西境諸部以隋文帝開皇季年立國傳一百餘年至羅德黎哥性苛暴其臣有人艮者爲羅德黎哥所摧辱時亞剌伯回部據非洲北境（卽摩樂哥阿利額諸回部）兵力方强唐睿宗大極元年人艮引回部入寇西班牙望風奔潰王奔北鄙國爲回部所奪僅餘亞斯都里亞斯比斯加亞納瓦拉三部降爲侯國歷七百餘年亞剌伯衰弱守土回酋各裂地自擅日尋干戈亞斯都里亞斯侯伯拉納誓衆興師攻回部大捷衆推立爲王尋攻獲加斯德辣地稱加斯德辣王令戕特人自戰其地得卽封之回部或降或竄故土全復而國已數分然姻婭相聯無衅爭加斯德辣傳至女主依撒伯爾贊亞拉岡侯非爾難多明成化十五年諸部仍合爲一是爲西班牙復建之始依撒伯爾聰敏過人能修國政疑大海之西有廣土宏治初年遣其臣可崙（一作閣龍又作哥隆波）駕巨艦裏糧採之果得亞墨利加之可命比亞驪逐土番從國人實其地漸拓而南北墨西哥秘魯智利拉巴拉他等部皆聽役屬諸部產銀鑛極王每歲得數百萬斤西班牙以此致富西土稱爲金穴嘉靖年間復遣其臣米牙蘭航海東來至亞細亞東南洋之呂宋據其海口建設埔頭帆檣湊集百貨流通由此愈益富饒先是正德十四年日耳曼內亂時西班牙王查理第五有賢聲日耳曼各部迎以爲王西班牙立其世子非立第二（西人所編綱鑑敘述如此近見西人所著地理備考云奧地利公爵非里卑（卽非立第二）娶先王之女若亞納遂立君並二說不同然綱鑑紀各國興亡世緒頻詳核必有依據故仍從彼說）兩國聯爲脣齒傳子加爾羅

斯國益富強西鄰葡萄牙本西班牙西部趙宋時驅逐回部別立爲國萬歷中葡萄牙王禦敵殞無子西班牙遂收復其地越六十載復分裂方西班牙之恢復舊土也回民之未逃者皆降附爲編氓歲久復繁衍逾數十萬戶西班牙以其族類殊異終爲後患勒兵驅逐之回民皆破家攜孥狼狽渡海轉徙入非洲北境卽阿剌頡等回部失業者因剽掠餬口地中海從此多盜而西班牙戶口驟減貿易漸微日益貧寡論者頗議其失計康熙三十九年西班牙王查理歿無子奧地利王卽日耳曼王欲立其子佛蘭西王欲立其孫攜兵累年卒立佛王之孫非立第五爲西班牙王王英果能立政休養生息西國再康乾隆末年佛內亂西班牙始攻佛後與佛約結攻英吉利戰船遭風大半沈失已而拿破侖爲佛王時西班牙加爾羅斯與其世子不睦嘉慶十二年拿破侖約其父子爲好會於馬也納云爲調協至則數其罪而兩囚之自立其弟爲西班牙王西民不服招英合兵攻之交戰五年逐拿破侖之弟復立故王世子非爾難多自是內訌四起日就衰亂王歿無子立幼女依撒伯爾母后擅權王弟擅回部遺民爲亂蓋岌岌乎危亡之勢焉亞墨利加諸藩國皆畔僅存古巴片土詳亞墨利加海灣拏島圖說與呂宋埔頭而已又云西班牙北境負比里牛斯大山地氣頗寒南境臨地中海夏令酷熱賴海風滌暑氣中土距海面百四十四丈爲歐洲極高之地四時多風隆冬不煬火河道之大者十二尤著者曰米虐曰斗羅曰德人曰瓜達爾幾維爾皆入大西洋海曰厄波羅入地中海土多膏腴五穀之種皆備木多椽果多葡萄山產各鑛金銀近已空竭銅錫鉛尚有之惟煤鐵採之不竭又產鑽石寶石五色玉瑪瑙水晶其民俗膽氣粗豪專務報復好逸憚勞惰於農作早餐後

必午寑以此鄉戶多貧瘠半居棚寮俗儉嗇杯酒一果之外無繼求男女並好彈琴跳舞爲樂又好爲鬬牛之戲聚觀者如堵牆縱狂牛於場勇者挾刃搏而刺之獲勝則千萬人歡呼迎賀舉國奉天主敎敎師有大權違異者以火焚之貿易之繁盛在海濱各埔頭稅餉歲入千八百萬兩養兵太多軍興用不足恆貸於富民償其息近年主計者多失信不償富民闔不肯借每敵兵壓境輒因缺餉撓敗國舊分十三部近年改爲四十九部合二島在內分上中下三等謝志作日斯巴尼亞云自法郎西之西南突出大西洋內南方遥對亞非利加隔地中海其窄處曰支伯拉德海屢北緯三十六度至北緯四十三度東經三度二十分至西經九度二十分比斯嘎海與法郎西東南界地中海西包葡萄歹而濱大西洋長二千里廣千六百里昔年於海上貿易冠絕一時近世國運不振商務日衰陸地道路不修盜賊充斥南美洲除巴西國外皆本國屬地計三百年近皆自立爲國千八百九十九年西印度之古巴波多利哥二島脫羈靡而屬美太平洋中斐利賓羣島亦爲美所奪拉德倫島售歸德國除亞非利加外屬地盡矣矢志云西班歹舊名希斯烹尼兎眾之義也昔非尼亞人占有其地之時見產兎甚多因以名之講義云古代羅馬人呼此半島爲伊斯巴尼亞乃自腓尼西語之沙班或西班而出沙班與西班者因其地多黃馳及兎也故今人呼其國曰西班歹孫志作大呂宋國云其國書自稱日斯巴尼亞惟售彩票則稱呂宋國票

雷志云有限君主國

謝志云千八百七十六年始定憲法爲立憲國行政權在王與內閣九省立法權在國會分上下二院上議院三百六十員下議院四百三十一員各省有自治權立省會邑會中

央政府不得越限攬權蔡記云日國之例宰相及各部尚書三年一易亦有一二年即易者相臣遷位引尚書一同解職由議院公舉君主不能獨操其柄也尚書•八部戶部吏部外部兵部刑部工部藩部海部爲尚書及充使臣必曾任議院或爲正副首領者爵紳有三等公侯伯也其中有世爵功爵捐爵之分公爵最貴納資所不能得侯伯皆可捐侯二千五百元伯二千元然亦僅有虛銜國人輕之有大事不得預焉世爵功爵遇朝必至君主升殿坐右君后坐左君姊妹以次坐殿旁爵紳命婦立後此朝儀大概也君主君后出一車兩馬但稍高大二騎前導而已簡略如此面積十九萬千九百九十一英方里謝志云面積百九十二萬方里樋志云面積十九萬七千七百方英里千八百八十七年人千六百九十四萬五千七百八十五口每年遷居國外者七萬餘人謝志云民俗專信天主教中世代有異端裁判所即掰於此國專以苛刻虐待不從天主教者耶穌教徒被害以數千萬計讀史者醜之近年始准民信別教然國人三百萬從耶穌教者不過七千人耳講義云基督新教私許奉之公言則不許也國民文學退步大學校十學生萬六千人謝志云教育向不措意國中老人不識字者十之八近年用强迫獎勵之法然未普及通國大學十所小學合公私三萬所生徒百八十四萬人全國百分之三十四爲耕種地百分之五爲種葡萄及橄欖地百分之二十爲草場百分之二

十一爲樹林業礦者六萬三千人每年值四百三十二萬九千鎊以鉛銅鐵水銀爲大宗（謝志云礦產古多銀今罕見銅鐵水銀頗多些拉瑪雷那山中有大水銀礦一曰阿而買屯爲天下第一產鉛亦盛足供歐洲用數之半沿海一帶土地肥美中央高地間有沙磧農業不甚講求境內多荒蕪爲牧場田產小麥珠粟白米頗多東南部多植橄欖橘橙桑檸檬林檎等西部產葡萄每年製葡萄酒三千餘石葡萄乾無算酷䀏鍼秈名南部栽棉花甘蔗林有輭木栗實輭木爲輪出要貨栗供民日糧馬驢贏皆駿美有棉羊種曰美利拿毛細潔運出者多牧羊者夏在高地冬在平原蠶業頗盛多生絲出售許考云綿羊在墨里諾斯䅿鎂多畜於加斯底地秋中遠求芻牧往往一二牧童領羊千餘頭所經之地青草一空歷冬春至夏初率羣返山別類則毛第其上下一棧之大容五六萬頭生息之多於此爲最）鐵路八千二百英里商船千五百八十一（謝志云鐵路長二萬五千里電綫十三萬里講義云千八百九十九年鐵道有八千六十八英里同年擬設者百十英里電信綫路萬九千八百六十八英里綫條四萬五千七百九十英里鐵道俱私有受政府之補助）入口貨值二千七百六十萬三千磅出口貨葡萄酒鉛鑛苗等爲大宗值三千六百七十八萬五千磅與法英貿易（謝志云出口貨以葡萄酒葡萄乾爲主果品輭木鉛羊毛造紙草水銀花布磁器呢羽緞地氊次之入口貨以棉花布匹煙葉煤鐵）

製造之具爲多政要云通用之銀錢曰愛斯固度曰祕西筲曰而列啊一而列啊卽四開洋銀合一百而列啊爲一鎊祕西筲卽洋錢一元之數合二十五祕西筲爲一磅合十愛斯固度亦爲一磅稱量之具悉照法國制度

千八百九十七年國債四億二千二百八十九萬四千磅謝志云歲入可三萬萬公債二十三萬萬千八百九十七年三千四百六十三萬三千磅兵額平時八萬百四十四人戰時十八萬四千人戰艦百十一鐵甲七謝志云逾十九歲之壯丁皆入軍伍平時陸軍十萬人馬萬五千匹兵費六千萬圓海軍爲美國所殲後新造大小軍艦水雷船共一百二艘內戰艦二艘水師萬四千人兵費一千萬圓講義云壯丁充兵但納千五百披塞打斯杌相顧可得免役千八百九十八年與北美戰爭海軍大爲摧破今有戰鬬艦一海防艦二巡洋艦十三礮艦六十水雷艇二十七而已

馬得里高二千百五十英尺熱度中數五十六度正月四十一度七月七十六度雨水十五英寸人四十七萬二百八十三口

巴西羅那製造廠聚集之所內以機器局織布局爲首要人二十七萬二千四百八十一口

佛倫西亞人十七萬七百六十三口

西維耳人十四萬三千百八

十二口　馬拉甲人十三萬四千十六口　滿西亞人九萬八千五百三十八口　寨拉哥社人九萬二千四百七口　卡推支那人八萬四千二百三十口　格倫那達人七萬三千六口　坎帝士人六萬二千五百三十一口　佛雷道力奪人六萬三千十二口以上要區

徐又云新加斯德辣在中土爲四境適中之地縱約六百里橫約七百五十里地高燥多沙磧草木不繁現改五部曰馬得里地（一作偀騤爾斯　得又作馬特）列上等都城同部名建於滿薩那勒斯河左王廷極宏麗土木之費計千萬金內有學署醫院觀星臺軍功廠古玩庫藥草圃療畜館居民約二十萬人產呢羽綢緞地毯印花洋布磁器日瓜達拉沙辣列下等古時多名人所產呢羽綢緞頗著名曰多勒多列中等昔回人據西班牙以此爲都城宮殿猶有存者夏日苦熱之水泉土人多飲坎中積雨日固盈加列下等產蜜蠟牲畜日虛達里亞耳列下等產水銀先謙案新加斯德辣部列國學會二圖與徐同謝志作新加斯德云濱遶賀河與瓜第亞那河許考作新加斯底政要作新加斯替爲府五曹典球譯伊東祏穀世界年鑑云馬德里地州三千八十四英方里人口七十七萬五千三十四二圖與伊徐同卽雷之馬德里東德魯厄爾東北瓜達拉砂辣東南固盈加西亞維拉北塞額維拉西南多勒多會城與徐同講義云在國中央濱濛沙拉勒斯河人口五十一萬二千餘（轄縣下尉八百九十七）府建海面二千英尺以上

四邊高原廣漠氣候不良有三月在冰屋中九月在竈中之諺府西北有腓立二世所建王宮蒙沙拉勒郎徐之滿薩挪勒謝志作瑪德利德云濱達賀河之支流寒暑俱盛不宜攝生王城公署磁器店闘牛場皆極壯麗有大學畫院各善堂製造所以印書織挂氈製煙爲最盛樋志作馬德力特云有世界第一大美術館慕志作瑪德里案慕志分部頗有岐異惟年鑑最近之書與徐志爾合自屬可據故部分異同不復顧采○曹譯年鑑云瓜達拉沙辣州四千六百七十六方英里人口二十萬百八十六二圖與徐同東德魯厄爾北索里亞西塞額維拉西南馬德里地南固盈加會城同州名○曹譯年鑑云多勒多州五千九百十九方英里人口三十七萬六千八百十四二圖與徐同東北馬德里地北亞維拉南盧達里亞耳西達塞勒斯會城同州名許考云府在馬勒里地西南百里許有古都建於德人河濱今惟存宮殿陳迹數處與徐志同人都城合○曹譯年鑑云固盈加州六千六百三十六方英里人口二十四萬九千六百九十六二圖與徐同東北厄魯格爾東瓦棱薩西北馬德里地西南盧達里亞耳南亞爾巴西特會城同州名○曹譯年鑑云盧達里亞耳州七千六百二十方英里人口三十二萬千五百八十二圖與徐同東亞爾巴西特西巴達熱斯北多勒多南哥爾多巴會城同州名慕志作丸達嘿

○徐又云舊加斯德辣在新加斯德辣之北縱約四百六十里橫約七百七十里山間與平原相間現分六部曰不爾厄斯列下等田土肥沃氣候和平產五穀百果曰羅哥羅虐列下等地顛蕭勝產穀果商賈輻輳曰三當德爾列下等會城建於比斯加亞海口

估帆雲集爲北境大埔頭地產穀果黃麻牲畜煤窯極多曰索里亞列下等城建山谷中產羊毛曰塞額維亞列下等地氣寒產呢羽玻璃紙劄曰亞維拉列下等地有書院產洋布先謙案舊加斯德辣部二圖與徐同政要作舊加斯替謝志作舊加斯德云濱度羅河許考作舊加斯底爲州六○曹譯年鑑云不爾厄斯州五千四百八十方英里人口三十三萬二千百六十四二圖與徐同東羅哥羅虐北三當德爾西巴棱巴西亞東南索里亞西南瓦里亞多黎會城同州名許考作不爾各斯慕志作不哥斯○曹譯年鑑云羅哥羅虐州千九百四十六方英里人口十八萬九千三百七十六二圖與徐同北亞拉禳西不爾厄斯西南索里亞東南納瓦拉會城同州名慕志作羅歌羅挪○曹譯年鑑云三當德爾州二千百八方英里人口二十七萬八千五百六十一二圖與徐同北大西洋海東維斯喀雜南不爾厄斯巴棱西亞西疴維亞多會城臨海灣同州名慕志作三當德○曹譯年鑑云索里亞州三千九百八十三方英里人口十五萬四百六十二二圖與徐同西北不爾厄斯東北羅哥羅虐東薩拉厄撒南瓜達拉砂辣西南塞額維拉會城同州名○曹譯年鑑云塞厄維拉州千六百三十五方英里人口十五萬九千二百四十三案即徐之塞額維亞二圖與年鑑同東北索里亞西北瓦里亞多黎西南亞維拉南馬德里地東瓜達拉砂辣會城同州名慕志作塞額維○曹譯年鑑云亞維拉州州三千四十二方英里人口二十萬四百五十七二圖與徐同北瓦里亞多黎東北塞額維拉東馬德里地西薩拉蒙加南多勒多會城同州名

〇徐又云艮在舊加斯德辣之西縱約七百里橫約四百五十里地氣平善物產豐饒現政五部曰艮列下等會城屋宇高大郊外風景清幽產白玉曰巴棱西亞列下等產穀果甚豐曰瓦里亞多黎列中等土田最腴產穀果數倍他部又產材木極堅船料仰給於此兼產呢羽綿紗磁器曰薩拉蒙加列下等昔為西國大都會代有聞人兵火之後凋儆已甚曰薩摩拉列下等產葡萄黃麻羊毛先謙案艮謝志作雷昂二圖與徐同為州五

〇曹譯年鑑云艮州五千九百二十六方英里人口三十八萬六千八十三二圖與徐同東巴棱西亞北痾維亞多西痾棱塞盧額南薩摩拉會城同州名

〇曹譯年鑑云巴棱西亞州三千二百五十六方英里人口十九萬二千四百七十三二圖與徐同北三當德爾東不爾厄斯西艮南瓦里亞多黎會城同州名慕志作巴棱西

〇曹譯年鑑云瓦里亞多黎州二千九百二十二方英里人口二十七萬八千五百六十一二圖與徐同北巴棱西亞東南塞額維拉南亞維拉西薩摩拉會城同州名慕志作法拉多利曹云郎雷之佛雷道力奪

〇曹譯年鑑云薩拉蒙加州四千八百二十九方英里人口三十二萬七七百六十五二圖與徐同北薩摩拉東亞維拉西葡國南逵塞勒斯會城同州名慕志作薩拉慢加

〇曹譯年鑑云薩摩拉州四千九十七方英里人口二十七萬五千五百四十五二圖與徐同北艮東瓦里亞多黎南薩拉蒙加西葡國會城同州名

〇徐又云加黎薩在艮西北南界葡萄牙西北距大西洋海居米虐河上游縱約五百里橫約四百五十里近海卑溼草塲豐茂宜牧畜現分四部曰哥魯尼亞列上等城建海隅泊船最穩商賈輻輳為西北境大埔頭港口有大礮臺極堅固曰顱額列下等地有

羅馬舊城產麻布日痾棱塞列下等產火腿葡萄酒日奔德威達
拉列下等產翦絨銅器先謙案加黎薩部政要作格利瀉謝志慕
志作加黎西許考作加黎斯云有城名桑的亞谷為耶穌教徒長
雅各佾墓信士雲集歲以萬計因此有名二圖與徐同為州四〇
曹譯年鑑云科爾路那州三千五十一方英里人口六十五萬三
千五百五十六案郎徐之哥魯尼亞二圖與年鑑同西北大西洋
東盧額南奔德威達拉會城臨海同州名慕志作哥魯那〇曹譯
年鑑云盧額州三千八百十四方英里人口四十六萬五千三百
八十案即徐之顱額二圖與年鑑同北大西洋海西科爾路那奔
德威達拉東艮南痾棱塞會城同州名慕志與徐同〇曹譯年鑑
云痾棱塞州二千六百九十四方英里人四十萬四千三百十一
二圖與徐同北盧額西奔德威達拉東艮南葡國會城同州名〇
曹譯年鑑云奔德威達拉州千六百九十五方英里人口四十五
萬七千二百六十二北科爾路那西大西洋海東盧額南葡國慕
志作奔得
菲得啦
〇徐又云加拉拿大在極南境臨地中海縱約二百餘里橫約八
百餘里地近赤道天時炎熱而水土平艮現分三部日加拉拿大
列上等會城舊為同部王都戶口八萬物產甚豐稱南方大都會
日亞爾美里亞列下等有海口極深闊可泊舟山產玉石瑪瑙日
馬拉牙列上等城建海濱泊船最穩貿易極盛為南境大埔頭先
謙案加拉拿大部謝志作加拉那連連蓋達之誤許考作克勒拿
大政要作加臘那特二圖與徐同為州三〇曹譯年鑑云加拉拿
大州四千九百二十八英方里入口四十九萬二千四百六十二

圖與徐同西北熱音東南亞爾美里亞西南馬拉牙會城同州名郎雷之格倫那達慕志作加拉那達講義與徐同云人口七萬五千餘曾爲摩諾亞王國之都在內華達山麓近傍阿爾哈布拉有舊王宮址使人懷往時薩拉孫之文明許考云後五代時得人口四十萬○曹譯年鑑云亞爾美里亞州三千三百六十方英里人口三十五萬九千十三二圖與徐同東北木爾西亞東南地中海西加拉拿大會城臨海同州名慕志作亞美喇亞○曹譯年鑑云馬拉牙州二千八百十二方英里人口五十一萬千九百八十九二圖與徐同東加拉拿大西加的斯南地中海北哥爾多巴會城臨海同州名慕志作馬拉加郎雷之馬拉甲講義云馬拉牙在南海岸人口十二萬五千餘出乾果及葡萄酒甚多爲國內第二貿易港氣候最良

○徐又云瓦棱薩在東南隅臨地中海縱約七百里橫約二百里地氣極暖罕見冰凌現分三部曰瓦棱薩列上等會城建於平原居民六萬萬廈整潔貿易極盛產穀果油酒綢緞大呢埔曰亞利干的列中等城建海濱街衢闊直港道寬穩爲東南境大埔曰頭出口之貨窩宅黝黑鉛白礬銀硃藍靛百果葡萄酒葡萄乾曰加斯德倫得拉不辣納列下等城建海濱物產貿易與亞利干的略同而富盛遠遜之先謙案瓦棱薩部二圖與徐同爲州三○曹譯年鑑云瓦棱薩州四千百五十方英里人口八十萬六千五百五十六二圖與徐同北德魯厄爾東地中海南亞爾巴西特西固盈加會城臨海同州名有瓦棱薩海灣講義云瓦棱薩人口二十萬四千餘爲國內貿易絹之中心又威爾他果物園有名人迂志作窪速西亞謝志作法倫第亞郎雷之佛倫西亞矢志作佛倫曉○曹譯

年鑑云亞利干的州二千百八十五方英里人口四十七萬百四
千十九二圖與徐同北瓦棱薩東南地中海西南木爾西亞西亞
爾巴西特會城臨海同州名慕志作亞利刊謝志作阿利千德○
曹譯年鑑云加斯德倫州二千四百九十五方英里人口三十一
萬八百二十八案卽徐之加斯德倫得拉不辣納二圖與年鑑同
東北達拉哥納東南地中海西德魯厄爾會城臨海同州名慕志
作加斯
得倫
○徐又云木爾西亞在瓦棱薩西南東南境臨地中海縱約二百
餘里橫約三百餘里現分二部曰木爾西亞列中等城建山谷中
戶口三十六萬地氣温厚物產饋盈穀果麻酒皆豐又產銅錫硫
磧白礬有鹽池產鹽極王曰亞爾巴塞爾列下等產布疋牲畜鐵
器先謙案木爾西亞部謝志作木耳西亞許考作木爾西二圖與
徐同爲州二○曹譯年鑑云木爾西亞州四千五百五十三方英
里人口五十七萬七千九百八十七二圖與徐同北亞爾巴西特
東北亞利干的東南地中海西熱音會城臨海同州名卽雷之非
西亞講義作木爾西牙云在塞古拉阿下流人口十萬八千餘二
圖本境東南臨海有喀大吉吶講義云西班牙有喀大赫拉人口
八萬六千餘昔時加塞基人所建之都會也卽雷之卡推支那○
曹譯年鑑云亞爾巴西特州五十七百三十七方英里人口二十
三萬七千八百七十七卽徐之亞爾巴塞爾二圖與年鑑同南木
爾西亞東亞利千的東北瓦棱薩北固盈加西虛達里亞耳會城
近海同州名慕
志作亞巴西的

○徐又云亞拉岡在舊加斯辣之東縱約七百二十里橫約四百
八十里山嶺重疊寒燠懸殊產麥麻百果酒油蜜蠟牲畜兼產銅
鐵錫礬不灰木現分三部曰薩拉厄撒列下等舊本繁盛遭兵燹
而殘毀曰烏厄斯加列下等土膏腴少歉歲曰德魯厄爾列下等
地氣甚寒人乏疾病產烏煤先謙云亞拉岡部謝志作阿拉岡政
要作阿拉剛二圖與徐同爲州三○曹譯年鑑云薩拉厄撒州六
千七百二十六方英里人口四十二萬千八百四十三二圖與徐
同東薩拉哥納東北烏厄斯加南烏魯厄爾西索里亞會城同州
名曹云卽雷之塞拉哥杜慕志作撒拉歌撒講義與徐同云人口
九萬八千餘在厄波羅河畔千八百八十九年以被圍於法國軍
有名○曹譯年鑑云烏厄斯加州五千八百四十八方英里人口
二十四萬四千八百六十七二圖與徐同北法國東勒黎達南薩
拉厄撒西納瓦拉會城同州名慕志作血斯加○曹譯年鑑云德
魯厄爾州五千七百二十方英里人口二十四萬六千一二圖與
徐同北薩拉厄撒東加斯德倫南瓦棱薩
西馬德里地會城同州名慕志作德魯
○徐又云納瓦拉在亞拉岡之西北與佛郎西接壤縱約三百里
橫約二百餘里產黍稷大麥油麥豆粟山產木料及五金之礦現
仍爲一部列下等先謙案納瓦拉部仍爲一州謝志作那法耳曹
譯年鑑云納瓦拉州四千五十五方英里人口三十萬七千六百
六十九二圖與徐同北法國東烏厄斯
加南羅哥羅虐西亞拉穢慕志作納瓦
○徐又云亞斯都里亞斯在舊加斯德辣良兩部之北北境距大
西洋海縱約百五十里橫約四百六十里南境負大山民居巖谷

農作甚勤產栗子佛手山產銅鐵錫鉛白礬水晶又產駿馬現仍
爲一部曰痾維夜多列中等先謙案亞斯都里亞斯部二圖與徐
同慕志作亞斯都里謝志作阿斯貞利亞仍爲一州曰痾維亞多
曹譯年鑑云痾維亞多州四千二百五方英里二圖與徐同東三
當德爾北大西洋海西南良
會城同州名慕志作痾維多
○徐又云加達魯尼亞在亞拉岡之東東南臨地中海北負比里
牛斯大山與佛郎西接壤縱約五百里橫約七百里依山傍海物
產檟盈地氣平善戶口最繁織造呢羽皆精艮貿易之盛甲於通
國山產材木五金水晶白玉藍寶石白黑礬硇砂現分四部曰巴
爾塞羅內列上等城連海濱居民十二萬葡萄酒燒酒橄欖油南
果由此出運爲東境第一大埔頭日達拉瓦納列下等地多烈風
穀果豐碩日勒黎達列下等物產亦豐日日羅納列下等城建山
麓有金湯之勢國變時屢被兵日形凋敝先謙案加達魯尼亞部
慕志作加達羅尼謝志作加達羅尼亞許考作加達魯尼政要作
加到陸爾尼亞二圖與徐同爲州四○曹譯年鑑云巴爾塞羅內
千九百三十五方英里人口百五十萬四千五百四十一二圖與
徐同北法國東吉羅內南地中海西勒黎達會城臨海同州名講
義云人口五十九萬九千餘製造業及外國貿易甚盛居國內第
一稱西班牙之曼徹斯特慕志作巴爾塞羅那矢志作孛塞洛納
辻志作巴塞勒那周志作派衰弄諾謝志作巴色羅那云沿地中
海第一大埠形勢勝於京都製造棉貨極盛有大學運政局修道
院禮拜堂演劇館皆華麗居民二十八萬郎雷之巴西羅那○曹
譯年鑑云達拉哥納州二千五百五方英里人口三十三萬七千

九百六十四郎徐之達拉瓦納二圖與年鑑同北勒黎達東北巴
爾塞羅內西薩拉厄撒南地中海會城臨海同州名慕志作達啦
歌那〇曹譯年鑑云勒黎達州四千六百九十方英里人口二十
七萬四千五百九十二圖與徐同東巴爾塞羅內西烏厄斯加北
法國南達拉哥納會城同州名〇曹譯年鑑云吉羅內州二千二
百六十四方英里人口二十九萬九千二百八十七案郎徐之日
羅納二圖與年鑑同北法國西巴爾塞羅內
東南地中海會城同州名慕志作其羅納
〇徐又云比斯加亞介納瓦拉亞斯都里亞斯之間北距大西洋
海縱橫皆二百餘里產木材甚富船廠皆取給焉現分三部曰比
斯加亞列下等會城頗繁盛為羊毛總聚之地曰給不斯孤列下
等城建山麓為北境鎖鑰嘉慶十八年佛郎西來侵屋宇礮臺俱
戚灰燼事定之後修復如初曰亞拉礮列下等先謙案比斯加亞
部慕志作比斯加謝志作比斯嘎二圖作瓦斯岡加達斯為州三
〇曹譯年鑑云瓦斯岡州八百三十六方英里人口三十一萬千
三百六十一二圖作維斯喀雅北大西洋東給不斯哥南亞拉礮
西三當德爾慕志作比斯加〇曹譯年鑑云給不斯哥州七百二
十八英方里人口十九萬五千八百五十案郎徐之給不斯孤二
圖與年鑑同東南納瓦拉北大西洋海西維斯喀雅慕志與徐同
〇曹譯年鑑云亞拉礮州千百七十五方英里人口九萬六千三
百八十五二圖與徐同北給不斯哥維斯喀雖東
納瓦拉西不爾厄斯南羅哥羅虐慕志作亞拉縛
〇徐又云義斯德勒馬都拉在新加斯德辣之西西境與葡萄牙
接壞縱約六百六十里橫約四百六十里土肥沃而氣候極炎現

分二部日巴達熱斯列下等城建瓜的牙納河右極堅固有石橋
長一千八百步闊二百步橋孔二十有八產穀果菽酒牲畜日達
塞勒斯列下等產牛羊先謙案義斯德勒馬都拉部謝志慕志作
頤斯德瑪多二圖與徐同為州二〇曹譯年鑑云巴達熱斯州八
千四百五十一方英里人口五十二萬二百四十六二圖與徐同
北逵塞勒斯南烏厄爾礮東虛達里亞耳西葡國會城同州名慕
志作巴達若許考云城建瓜的牙納河上造大石橋以渡長百七
十三丈闊約二丈橋門二十八為一方勝迹之最〇曹譯年鑑云
達塞勒斯州七千六百六十七方英里人口三十六萬二千百六
十四案徐達作達末知孰是二圖與年鑑同北薩拉蒙加南巴達
熱斯東多勒多西葡國會城
同州名慕志作加塞勒斯

〇徐又云安達盧西亞在新加斯德辣之西南西界葡萄牙西南
臨海縱約五百里橫約千百五十里山阜與平原相間其山有毛
有童產穀果絲綿蜜酒油鹽甘蔗牲畜又產銅鐵窩宅水銀礦砂
長夏酷熱土人多夜作畫輟現分五部日塞維里亞列上等城建
平原居民九萬豐饒為南土之最日馬厄爾礮列下等民多以網
魚為業日加的斯列上等城建海角大而堅著名西土居民五萬
三千貿易昔稱極盛今漸蕭索日哥爾多瓦列中等城建萬爾幾
維爾河之右傑構雲連樓臺重壘街衢狹而礮居民五萬七千日
熱音列下等土甚沃而農作不勤先謙案安達盧西亞部謝志作
安達魯西亞許考作安德盧西慕志作安達羅西為州五〇曹譯
年鑑云塞維里亞州五千四百二十八方英里人口五十五萬五
千二百五十六二圖與徐同東北哥爾多巴西烏厄爾礮南加約

斯會城同州名慕志作塞菲里講義云近瓜到基維爾河之海口
人口十四萬六千餘輸出果物甚盛又爲西班牙闘牛戲之地國
人稱此府爲安達盧西亞之女王又有王宮摩亞人遺物甚多矢
志作塞維拉云爲輸出葡萄之地樋志作塞維里云有廣大之製
造煙草場謝志作色斐勒亞濱瓜達勒基斐河有木耳王古宮大
博物院大學製造雪茄煙磁器機械等物產水銀鉛酒橄欖油果
品輸出不少○曹譯年鑑云烏厄爾礮州三千九百十三方英里
人口二十六萬八百八十二圖與徐同東塞維里亞北巴達熱斯
南大西洋海西葡國會城近海同州名慕志作烏厄礮○曹譯年
鑑云加的斯州二千八百三十四方英里人口四十五萬六百五
十九二圖與徐同北塞維里亞南直布羅陀海峽相對東地中海
西大西洋海會城西臨海同州名講義云人口七萬餘乃西歐最
古都會之一昔爲西班牙第一要港謝志作嘎第斯云古爲腓尼
其人所立貿易頗盛昔哥崙布探新地於此起行四周礮臺堅固
矢志作加紫曹云卽雷之坎帝士○曹譯年鑑云哥爾多巴州五
千二百九十九方英里人口四十五萬五千八百五十九案卽徐
之哥爾多瓦二圖與年鑑同東北虛達里亞耳西北巴達熱斯東
南熱音西南塞維里亞會城同州名慕志作哥多法○曹譯年鑑
云熱音州五千二百三方英里人口四十七萬四千百九十二圖
與徐同北虛達里亞耳南加拉拿大東木爾西亞西北哥爾多巴
會城同
州名
○徐又云巴里亞利斯在西班牙東南地中海內合五島爲一部
列下等曰馬惹爾架曰米諾爾架兩島較大戶口約二十萬產南

果極多曰壹維薩曰佛爾門德辣曰加卑勒謙案巴里亞利
斯部慕志作巴利亞里謝志作巴利阿那今仍爲一州曹譯年鑑
云巴里亞利斯州千九百三十五方英里人口三十一萬千六百
四十九二圖與徐同五島馬惹爾架壹維薩作壹畢
薩餘同慕志馬惹爾架作瑪惹架米爾架作米諾架
佛爾門德辣作咈爾們德加卑勒拉作加卑勒餘同
○徐又云加拿列斯在阿非利加之西大西洋海中合大小二十
島爲一部以德內黎非島爲首列下等先謙案二圖加那列斯部
今仍爲一州郎徐之加拿列斯曹譯年鑑云加那列斯州阿非利加西大
西洋羣島中二千八百七十方英里人口三十五萬八千五百六十四先
謙案互詳非洲年鑑又云外附一阿非利加西北海
岸即休達麥里剌等地十三方英里人口一萬四百十二

屬地 雷志云面積十五萬三千八百三十四英方里人四十四萬三千口如修太及坎耐廉羣島均在內講義云非洲屬地僅大陸西海岸之利俄迭俄羅及安多拉二地與大西洋中之加那列羣島共二十四萬四千方英里人口約十三萬六千加那列羣島行政直隸本國

直布羅陀 先謙案雷志在葡萄牙後今移置於此

直布羅陀 雷志云在地中海口英國設城堡置戍兵焉面積二英方里人二萬六千二百三十口內有戍兵五千五百零五人徐又云安達盧

西亞南境與阿非利加之北境相對成海峽曰日巴拉爾大一作直佈羅陀長約八十里闊約五十里狹處止十餘里爲地中海之門戶英吉利於北岸磐石之上築堅城日義人答答環以礮臺守以重兵已歷百餘年佛郎西西班牙屢攻之不能取也先謙案講義云直布羅陀爲西班牙最南端一小半島扼地中海之門戶面積不過一方英里十分之九人口二萬四千七百一千八百九十九年時英國直轄殖民地也英置兵五千四百五十人以供守備礮臺甚堅英最重要之海軍根據地目下築港新塡之地二百六十攸加又爲設備船渠新於海岸塡成五十攸加之地千七百四年英艦隊占領迄今謝志作支伯拉德云與非洲之摩勒哥相對扼地中海咽喉峻嵒壁立高十四百三十英尺突出海中約十里誠天險也面積二十方里北方一沙頸與大陸相連南面海腰窄處僅四十五里天氣酷暑無從得水英就山石鑿成礮臺西南爲支伯拉德邑居民二萬五千頗與非洲貿易設官治之吳志作計布蘭塔矢志作奇勃拉貪案郎徐之曰巴拉爾大支伯拉德邑郎徐之義人答答二圖作直布羅陀峽

葡萄牙國

葡萄牙

徐志葡萄牙葡萄焉耳都數葡萄庫耳博爾都噶亞布路亞大西洋波云歐羅巴小國也地形狹長縱約千三百里橫約五百里東北兩面界西西班牙西南兩面距大西洋海其地古名虛西達尼亞本西班牙西境自唐以前沿革與西班牙同當西班牙恢復舊土有臣曰英黎給佛郎西之王孫也善將兵戰功最多加斯德辣王亞豐蘇妻以女以所克盧西達尼亞數城封之爵如伯其子亞豐蘇英

黎給襲位伐同部大破之擴地漸廣宋哲宗紹聖元年國人奉以爲王是爲葡萄牙立國之祖其後嗣征服同部盡有盧西達尼亞之地遂與西班牙並立明嘉靖間有賢王日以馬努以利能立制防國稱極治子約翰第三嗣位聯婚於西班牙四境乂安倉庫充實子英黎吉嗣位亞非利加同部來侵出戰敗沒無子西班牙乘勝併其國由是隸西班牙者六十年西政貪殘葡人患倒懸崇禎十三年起兵逐西班牙守者復立故王支屬約翰第四西班牙屢來侵稱兵二十餘年葡王修好於英吉利英助以兵力時擁護之乃免於亡先是歐羅巴諸國自開闢至元時自相往來鮮通別土蒲人精於算數習天文用儀器測量日出入並星躔度數知水陸之方向遠近明初其國王遺善操舟者駕巨艦南行由非洲西境轉而東歷非洲東境抵五印度之西境復轉而東至麻喇甲又從蘇門答臘噶羅巴之海峽通歷東南洋諸島國所至輒畱國人營立埔頭隆慶初抵粵東香山縣之港鏡卽澳門請隙地建屋歲納租銀五百兩疆臣林富代請許之葡人遂立埔頭於澳門是爲歐洲諸國通市粵東之始其後西班牙荷蘭接踵東來佛英繼之葡人所立小西洋東南洋埔頭咸被侵奪僅餘澳門一屢爲諸國東道之逆旅嘉慶初佛王拿破侖侵葡葡不能禦王棄國航海逃於巴西巴西者南亞墨利加廣土葡人於明中葉探得之建爲藩部者也已而拿破侖爲英所禽王乃歸國尋卒其世子畱王巴西兼王葡巴西民謂王貪王兩地不肯服王不得已自王巴西而遣幼女歸王葡時王弟已自立不肯避位王在巴西不習其俗國人迫王致位王狠狽歸國與女合兵攻弟英助以兵滅王弟王女乃定位尋贅日耳曼世子爲壻夫卒再贅女慈惠愛民國人安之又云葡

葡牙壤地褊小外臨大西洋海境內萬山盤帀平原甚少大河三曰來虐曰斗羅曰德人皆發源西班牙由蒲西境入海西北氣候頗寒東南則夏苦炎熱穀以小麥蕎黍爲主大麥油麥高粱粟米秔稻蠶豆豌豆亦皆有之土田最沃而農功疏惰木多松柏栗橡槐楊楓椵果有梨橘桃梅櫻桃核桃杏仁波羅佛手櫨檬無花果阿利襪（即橄欖其仁可爲油）最多者爲葡萄用以釀酒極甘艶（赤味甜內紳櫻桃者）販行褊於西土亦解種桑養蠶山產紅藍寶石水晶五金各礦黑礬硫磺磁石鹽田則沿海皆是取之不竭舉國崇天生教財貨半歸教師民恆貧乏之國舊分六部後分爲八部各有所領小部謝志云葡萄牙在土股之西當北緯三十六度五十五分至四十二度七分西經六度二十五分至九度三十分東北爲西班牙環抱西南臨大西洋長千二百里廣三百六十里境內昔有二城曰波多曰該爾合之曰波多該爾譯音曰葡萄牙也講義云自十五世紀末至十六世紀嘗掌握海上權開拓新地與西班牙爭雄十七世紀國勢漸傾今爲歐洲之貧弱國矣矢志云葡萄牙舊與西班牙相雷合曰伊比利後以葡萄府及牙府二都會之名合稱爲葡萄牙

志云有限君主國（謝志云千八百二十六年始立憲法定爲君民共主立憲政體王位世襲不論男女行政權在王與內閣七部立法權在國會上下二院上院以王族貴爵主教合成下院百二十員皆民舉）面積三萬五千五百七英方里人四百三十萬千九百八十口連曼對拉與阿斜斯羣島計之面積三萬六千七百四十四英方里（謝志云面積三十四萬方里）人

四百六十九萬二千百二十三口國人大半不識字講義云教育執强迫主義然未能實行近年漸有進步大學惟固英巴拉一處全國百分之二十五爲耕種地百分之二十七爲草地百分之三爲樹林礦產有鐵銅鋅與少許之煤謝志云產葡萄最盛歲製酒二百二三十萬石色紅者曰波打最有名餘則橄欖無花果橘橙檸檬等南方盛產之所出穀米麥珠粟等不過供民食牧畜多山羊綿羊豚江海多魚礦產銅鉛硫磺煤鏻砒金銀錫鐵等石鹽輸出甚多講義云國內荒蕪之地居其大半產業不盛惟養葡萄各國所用波爾多葡萄酒郎此國斗羅河畔所產自波爾多港輸出者鑛物雖富以石炭缺乏然料不足轉運價昂故採掘未盛鐵路千四百六十七英里千八百九十八年有商船二百四十八謝志云鐵路長四千里沿海船舶甚多地勢扼地中海大西洋之要中古貿易極盛今則大衰講義云千八百九十七年末電信綫路四千五百八十四英里綫路條九千四百七十五英里入口貨值八百十五萬磅出口貨值四百九十五萬磅以酒與木塞爲大宗多與英德法貿易謝志云出口貨多葡萄酒水銀牛果品食鹽入口貨棉煤金類食品爲多工藝不精器用多仰他國本地製造貨惟麻布棉布煙陶器而已講義云輸出大宗葡萄酒科爾克棉系銅馬匹次之輸入綿類穀物鐵石炭等过志云出口貨以葡萄酒塞子銅家畜[illegible]

爲宗塞子周志同蓋郎木塞不知何物再考政要云通用之銀錢日密勒合千縷爲一密勒合四密勒半爲英銀一磅稱量之具與法國同入款八百四十五萬二千磅國債一億二千七百二萬六千磅謝志云歲入一萬萬圓公債十五萬萬圓軍額平時三萬五千三百三十七人戰時十六萬人戰艦八十二內鐵甲六謝志云陸軍平時三萬五千馬五千匹兵費千一百萬圓海軍大小兵船三十一艘多小礮船水師五千人歲費八百五十萬圓講義云兵取於徵兵及應募二法陸軍平時兵員約三萬戰時可十五萬人此外殖民地有兵一萬多以土人編成海軍甚微不過甲裝艦一隻而已外有巡洋艦礮艦水雷艇合共八十餘艘力士本熱度中數六十度正月五十一度七月七十一度雨水三十英寸人二十四萬二千二百九十七口　阿巴拖人十萬五千八百三十八口徐文云義斯德勒馬都拉在南北適中之地西距大西洋海縱約六百里橫約二百五十里領十一小部曰里斯玻亞又作勒門一作勒士門葡萄牙之都城也建於德人河右跨山臨水樓臺疊起內有學署書庫觀星臺軍功廠規模極爲鉅麗郊外內港寬深下接海口泊舟平穩貿易極繁河岸礮臺周帀守衞嚴密乾隆二十年遭地震王廷民舍不遺一椽死傷山積歷年修建乃復其故曰德黎威德辣產葡萄有行宮甚麗曰加斯德內辣其海口可泊舟曰亞零給爾有溫泉能療病曰勒黎亞物產

甚豐有玻璃廠足供通國之用曰亞爾哥巴薩產棉布曰多麻爾
產油酒穀果甚多貿易頗盛曰歐靈曰商的勾西兩部地處高陵
土田甚瘠曰三達零在德人河右土腴產豐繁華爲通國之最有
行宮備冬獵曰塞獨巴爾在薩都河右巨舟可泊產鹽極王先謙
案葡萄牙今分六州十七郡又合阿索勒斯諸島三郡及馬得拉
島一郡而爲王國見伊東祜穀世界年鑑較徐志有省併其大部
仍脈絡可尋今依徐志次第之義斯德勒馬都拉部今爲一州領
三郡曹典球譯年鑑云里斯玻亞郡面積二千八百八十二方英
里人口七十萬八千七百五十據列國學會二圖里斯玻亞與徐
同北勒黎亞東三達零西南大西洋海會城里斯玻亞郎雷之力
士本講義云爲國首府在德克斯河口人口三十萬一千餘河口
大開爲自然之艮港其廣可容歐洲諸國軍艦猶有餘地可想見
也矢志云在塔格斯河口昔有白蠟石王宮樋志云國都曰立斯
奔在太賀河口謝志云都城日利斯波阿斯相里在達賀河北岸
距河口二十七里宮室華美多學院善堂有自石水渠古爲繁盛
大埠今海上貿易既不如前加[illegible]千七百五十五年地震大半傾
圯民死四萬元氣大傷迄今猶未全復周志作利司本又徐志加
斯德納辣二圖作加斯但黑辣及德黎威德辣塞獨巴爾皆在境
內有塞獨巴爾灣講義作塞捜巴爾云在里斯玻亞之東南出鹽
甚盛○曹譯年鑑云勒黎亞郡面積干三百四十三方英里人口
二十四萬百六十七據二圖勒黎亞與徐同北固英巴拉東三達
零南里斯玻亞西大西洋海會城同郡名又徐志亞爾哥巴薩多
麻爾歐靈據二圖皆在境內○曹譯年鑑云三達零郡面積二千
六百五十一方英里人口二十八萬三千六百七十六案二圖三

達雰與徐同東玻爾達黎給劣北加斯德羅巴
郎古西勒黎亞里斯玻亞南卑惹會城同郡名
○徐又云卑辣在義斯德勒馬都辣之北東界西班牙西臨大西
洋海縱約六百里橫約三百里近分二部曰卑拉亞爾達曰卑拉
拜砂共領十一小部曰固英巴拉舊為卑拉會城有大書院蒲國
名人皆由此出土產磁器麻布曰拉亞爾加尼耳地幽閭煙戶甚稀
曰亞威羅在窩烏身河口埠頭甚大而水土頗劣產魚鹽磁器紅
橋曰非辣田甚沃其河多魚曰維修卑拉亞爾達之會城也有大
市產棉布善造金銀器皿曰拉美厄產煙葉多畜豚曰比聶爾與
西班牙接壤城極堅曰達郎哥索城有七門十五塧磧臺周密曰
瓜爾達地氣嚴寒產棉布洋絨鮮果曰黎尼亞利斯地荒僻少戶
口曰加斯德羅巴郎古卑拉拜砂之會城也城垣整峻街衢敞潔
物產亦裕先謙案列國圖卑拉部即徐之卑辣學會圖課卑辣慕
志作卑啦今為一州領五郡曹譯年鑑云固英巴拉郡面積千五
百方英里人口三十三萬三千五百五案二圖固英巴拉與徐同
北亞威羅東南加斯德羅巴郎古南三達雰西大西洋海會城同
府名講義云臨蒙鐵科河有大學千二百九十二年所刱立又徐
志亞爾加尼耳據二圖在境內○曹譯年鑑云亞威羅郡面積千
一百二十四方英里人口三十萬百八十一案二圖亞威羅與徐
同北伯爾多東維修南固英加拉西大西洋海會城同府名又徐
志非辣據二圖在境內○曹譯年鑑云維修郡面積千九百二十
方英里人口四十萬二千七百九十九案二圖維修與徐同北威
拉里亞爾伯爾多東瓜爾達南固英巴拉西亞威羅會城同府名
又徐志拉美厄据二圖在境內○曹譯年鑑云瓜爾達郡面積二

千百四十六方英里人口二十六萬三千六百九十二案二圖瓜爾達與徐同北巴拉安薩南加斯德羅巴郎古西維修東班國會城同府名又徐志達郎哥索據二圖作特琅科索黎尼亞利斯作力尼亞力斯及比聶爾皆在境內○曹譯年鑑云加斯德羅巴郎古郡面積二千五百五十八方英里人口二十一萬六千六百二十九案二圖加斯德羅巴郎古與徐同北瓜爾達固英巴拉南玻爾達黎給劣三達零西勒黎亞東班國會城同府名

○徐又云亞零德人在義斯德勒馬都拉之東卑辣之南東界西班牙西南隅臨大西洋海縱約五百里橫約二百九十里富庶甲西於諸部產穀果羊毛奶餅油酒蜜臘領小部八會城曰厄窩拉城市華潔產磁器陶器曰卑蕙土腴氣清民物康阜城外有墻四十又有方砲臺甚高可遠眺數百里曰窩黎給昔亞豐蘇英黎給大破回部於此其後人建坊廟以志武功曰維拉威索薩城有大宅極巨麗高爵居之又有大囿周迴四十里內多嘉樹清泉麑兔充物曰呢里襪斯爲葡第一堅城乙口繁密商賈輻輳曰玻爾達勒給劣物產豐富人多素封曰加拉多戶口寥落曰亞維斯有行宮先謙案亞零德人部今爲一州領三郡曹譯年鑑云厄窩拉郡面積二千七百三十八方英里人口十二萬七千二百三十二案二圖尼窩拉與徐同北坡爾達黎給劣南卑蕙西里斯玻亞東班國列國圖會城同郡名學會圖厄誤瓜○曹譯年鑑云卑蕙郡面積四千二百九方英里人口十六萬千六百二案二圖卑蕙與徐同北厄窩拉南發羅西大西洋海東班國會城同郡名又徐志窩黎給二圖作痾黎給在境內曹譯年鑑云玻爾達黎給劣郡面積二

千四百八十四方英里人口十二萬四千六百九十七案二圖玻爾達黎給劣與徐同西北三達零北加斯德羅巴耶古東班國會城同郡名又徐志亞維斯二圖作亞禾士在境內

○徐又云亞利牙爾威西南臨海北界亞零德人東界西班牙縱約一百里橫約三百四十里其民雄健好武多以捕魚爲業尤善駛船舊本小國葡滅回部并兼其地領小部三會城曰發羅平原饒沃烟戶湊密人多習漁曰達維拉葡萄徧野網罟蔽河山產銀銅曰拉各斯城建海隅港口深闊可泊大船屬邑薩給勒斯有書院故王亞豐蘇英黎給所建也先謙案亞利牙爾威部今爲一州領一郡曹譯鑑云發羅郡面積千八百七十三方英里人口二十五萬四千八百五十一案二圖發羅與徐同北卑惹西南大西洋海東班國會城同郡名又徐志達維拉拉各斯据二圖皆在境內

○徐又云斗羅米虐東北界西班牙南界卑拉西臨大西洋海縱約二百五十里橫約一百五十里其地樹木成林牲畜繁衍近分二部曰斗羅曰米虐共領小部七曰巴拉加米虐之會城也人烟湊密多峻宇產軍器鐵器麻布金銀器皿價甚廉曰伯爾多斗羅之會城也物產之豐貿易之盛亞於里斯玻亞蒲都曰北那非野爾人戶甚稀曰幾馬拉英斯昔開國之王亞豐蘇英黎給誕生於此宮殿遺址猶存產鐵器牛皮曰維牙納城建黎罵河口泊舟甚穩固士產極豐曰巴爾塞羅斯地亦豐富產火腿曰瓦連薩城極堅固先謙案彌諾部郎徐之斗羅米虐今爲一州領三部曹譯鑑年云巴拉加郡面積千五十八方英里人口三十五萬六千八百十

九案二圖巴拉加與徐同北維牙納南伯爾多東威納里亞爾西大西洋海會城同郡名講義云爲國內宗敎上之首府又徐志幾馬拉英斯二圖作幾馬拉馬斯在境內○曹譯年鑑云伯爾多郡面積八百八十二方英里人口六十萬千六百八十八案二圖伯爾多與徐同北巴拉加南亞威羅東威拉里亞爾西大西洋海會城同郡名講義作波爾多云在斗羅河口爲國內第二大都爲葡萄酒輸出之中心製造業亦盛謝志作俄波多云據度羅河口所出以波打酒布匹綢緞陶器皮革烟帽等著名又有牛銅輭木果品城內有畫品禮拜堂藏書室俱古麗樋志云有名之巴德溫酒自此港輸出矢志作哇巴託云在毒洛河畔卽葡萄牙舊都慕志作疴玻多云西洋黑酒大埠吳志作窩坡爾特周志作阿泡拖辻志作歐庖兒透卽雷之阿把拖又徐志北那非野爾二圖作比那非野爾在境內○曹譯年鑑云維牙納部面積八百六十七方英里人口二十一萬四千五百九十九案二圖維牙納與徐同東威拉里亞爾南巴拉加西大西洋海北班國會城

同郡名又徐志巴爾塞羅斯据[illegible]圖在境內

○徐又云達拉斯德斯蒙德世東北界西班牙西界斗羅米虐縱約二百二十里橫約三百三十里巖谷迴環牲畜繁富葡萄桑樹市野彌山領小部四會城曰巴拉安薩建於山陵之上戶口不繁土雖沃而水泉鹹劣產綢緞絲貨曰迷蘭達昔之名城久已隳毀人戶尤稀曰蒙哥爾窩有織造絲貨機房貿易極盛產葡萄美酒曰威拉里亞爾地極豐富戶口最繁屬邑北蘇的勒瓜釀葡萄酒最良商販絡繹每歲得酒價約五六百萬金先謙案達拉索斯蒙德世部今爲一州領二郡曹譯年鑑云巴拉安薩郡面積二千五

百七十五方英里人口十八萬五千五百八十六案二圖巴拉安
薩與徐同北東南班國南瓜爾達西威拉里亞爾會城同郡名又
徐志蒙哥爾窩二圖作蒙加到羅迷蘭達作彌蘭達皆在境內○
曹譯年鑑云威拉里亞爾郡面積千七百十八方英里人口二十
四萬三千五百八十四案二圖威拉里亞爾與徐同東巴拉安薩
西維里納巴拉加伯爾多南瓜爾達維修北班國會城同郡名○
○徐又云葡萄牙之西大西洋海中有羣島距葡境約二千餘里
葡探得之墾爲外部總名曰亞索利亞譯言鷹島也島之大者有
九南方二曰三達馬利亞曰三[illegible]給爾中央五曰德爾塞辣曰三
惹爾日曰加拉西約薩曰發牙爾曰北哥北方二曰佛羅利斯曰
哥爾窩各島天氣晴和水土平善產五穀南果極多中稔之年猶
堪出售五十舟（近刻有地理備考大西洋人馬吉士所譯於西班牙葡萄牙兩國紀載獨詳葡萄牙其本國西班牙
其鄰國也茲節採之）先謙案阿索勒斯諸島郎徐之亞索利亞今領三郡曹
譯年鑑云諸島面積一千五方英里人口二十五萬六千四百七
十四講義云當本國之西九百里凡九島面積九百九十六英里
森米圭爾島最大特爾塞拉次之輸出橙實甚多此島之安格拉
爲羣島首府然商業最盛者惟森米圭爾島之達大得爾加達云
謝志作亞速耳云一名好克羣島九島自成一省大酋治之地多
山徧植樹林火山所成常患地震○先謙又案馬得拉島今爲一
郡曹譯年鑑云馬得拉島面積五百五方英里人口十五萬五百
二十八講義云在非洲西北之衝自英國至南阿此其中途也全
島多山果物亦夥氣候和煦最宜養痾謝志作瑪德拉云去摩勒
哥千二百里產穀類荷蘭薯橘橙
檸檬無花果葡萄慕志作馬德辣

○徐又云粵東居夷自葡萄牙之居澳門始維時尚方珍玩皆取辦於粵或不時給輒爲中涓所羈適葡人有濠鏡之請當事利其居積貨寶便於供辦又所謂歐羅巴者爾時不知爲何地以爲不過南洋諸夷之類一枝暫借無足重輕非必貪其五百金之利也葡萄牙本西洋小國得此粵宅如登天上以其餘貲廣築樓館綿亘萬廈歐羅巴諸國來粵者倚爲東道主人其西粵收逋欠者皆租其房屋久居不去諸夷之侵淫狎孰於粵東則由澳門爲之權輿也林富一代名臣而謀國之疏若此語云涓涓不絕將成江河可不愼哉又云葡萄牙初至澳門其本國商船來者甚多極爲鐃裕迨後印度南洋各埔頭多爲諸大國所侵奪本國估帆遂致絕迹生計日益貧窘僅以屋租爲養命之源其居澳門者長子孫已數百年粵人謂之土生仔生齒既繁愛貧特甚又云澳門之夷俗呼爲大西洋又稱爲意大里亞嘗其初來中土不詳其部落之名彼謂從大西洋來則稱爲大西洋而不知葡萄牙之在大西洋不過滕薛之類也至稱意大里亞則以意大里爲彼土一統之朝猶之稱中國爲漢人唐人耳又利瑪竇南懷仁之屬以歷學名中土皆意大里之羅馬人而其來也皆居澳門訛誤相仍有自來矣

清末民初文獻叢刊

五洲地理志略

（第三册）

［清］王先謙 撰

朝華出版社
BLOSSOM PRESS

賜進士出身　特賞內閣學士銜前國子監祭酒翰林院編修加三級　臣　王先謙謹撰

塞內岡比與幾內亞

先謙案塞內岡比卽列國學會二圖之塞內岡比亞也世界圖作雪尼幹比亞矢志作賽內雁鼻亞云在賽內猂爾（周志作聖綱嗃爾）及雁鼻亞（周志作猂婤皮亞）兩河之流域故合之曰賽內雁鼻亞（周志作聖綱猂塔亞）幾內亞卽列國學會二圖之幾內亞也世界圖作貴尼亞周志作基尼亞徐志云非洲西土由地中海口門外地形折而南下面大西洋海數千里皆沙漠過此地形缺折而東又轉而南漸斜削而趨南土其迤北沙漠之地曠無人煙迤南當赤道南北壤土廣厚瀦澤迴環草木陰翳瘴霧蒸毒曉夜昏濛異國人居之輒病不死亦成痼疾土人面如墨染高顴扁鼻厚脣鬈髮拳縐混沌無知半裸其體不蔽陰陽衣好華彩用金珠象牙徧身懸綴以爲美觀相聚則婆娑跳舞男女隨意雜配種族無別耕作者少掘食草根居草寮或結巢大樹藉草薦器用瓦壺祀樹木禽獸爲神每殺仇人祭之又有能妖術者無銀錢以貨易貨値鐵之族類自相攻擄獲生口賣以爲奴各國之船往來販鬻每船二三百人如貨豕畜諸國所用黑奴皆此土人販往美洲者尤多灌園耕田種加非造白糖如牛馬然終身力作不怨不逃其地物產甚多土人不解蒐采出諸果實有樹油可作番鹼猱猨猓玀玃虎豹獅象甚多蚺大者如巨桶能吞人畜西人心豔此土畏瘴獷不敢深入僅在海濱設立埔頭期於日漸墾拓就其物產爲

地名有穀邊象邊金邊奴邊等名黑番部落甚多約分三域曰塞內岡北亞曰幾內亞曰公額又云塞內岡比亞在撒哈拉大漠南西距大西洋南界幾內亞東界尼給里西亞長約二千七百餘里廣二千里境內大水二皆入大西洋北曰塞內加爾（一作西尼甲案一作先尼葛耳亦作森伊嘎勒亦作雪尼幹亦作賓內猗爾據二圖出加有爾達之南法領基大西北流入大西洋當法領塞內加之北）南曰岡比亞（一作感比亞案一作戞貴亦作幹比亞據二圖出不勒之西拉比土浠北流而西入大西洋當英領岡比之南）合兩水以名其地也平坦無山墳壤與沙磧相間田土膏腴地近赤道酷熱多瘴癘五月至八月陰雨連綿暑氣稍減土番奉回教地分二十小國其酋世傳或公舉不相統攝曰弗達多羅曰弗達日羅曰弗拉都曰加孫曰奔都曰可尼曰弗義尼曰烏黎曰登的里亞曰分達曰加痾爾達（見塞內加下法領）曰邦不各曰薩隆（見岡比下英領）曰加不（見幾內亞下蔔領）曰日約羅弗曰新曰烏阿羅（見塞內加下法領）曰巴爾（同上）曰加約爾（見岡比下英領）曰薩倫土產金銅琥珀紋石象牙鹽塞內加爾河口有法人挪闢之地三曰甚盧義斯島（鳥字誤見下法領塞內加）曰哥勒亞島曰烏阿羅建礮臺設埔頭與黑番交易以布疋易金沙樹膠法船赴亞洲必至哥勒亞收泊岡比亞河口有英人埔頭以兵船巡海口捕略買黑奴者又云幾內亞（案卽世界圖之上貴尼亞）在塞內岡比亞之南西南距大西洋東至黎比亞沙漠東北界尼給里亞長八千里廣三千里海濱地形窪下煙瘴甚毒有大河曰尼日爾發源尼給里西亞至幾內亞南界入海北境有大山綿亘與塞內岡比亞分界又有公山爲尼給里西亞塞內岡比亞分界之地當赤道之北驕陽亭午石鑠金流行人往往暍死賴五月至九月時時陰雨耳土脈肥沃穀果皆宜黑番拜禽獸爲神較塞內岡比亞尤荒陋惟以

擄賣人口為事耕作皆女為之地分數十部較著者曰的馬尼亞曰古郎哥曰蘇黎馬那曰加不蒙德曰桑固音曰加瓦利覗斯拉高曰亞干的亞鋧岸下曰達痾美哯摩下打曰亞爾達拉曰巴達給里哯摩下打曰拉各斯高覗斯下拉餘皆充雜小部土產金珊瑚琥珀紋石甘蔗煙葉香料西北境有英人新闢地在岡比亞河之南曰塞拉勒窩內一作西爾拉蘆阿尼又名獅山歐覗拉下良西林木陰翳有瘴氣產象牙油蠟木料樹膠貿易頗盛開學館以耶穌教化黑番進南有美人新闢地曰奕尼一作危尼一作里卑利亞在門有蘇拉多河濱掠賣之黑奴居之教之耕作北覗里下亞力轉而東南有英人新闢地曰哥斯達斗羅又名金邊鋧岸下金沙極多又產棉花藍靛樹膠白蠟皮革貿易極盛惟地氣酷熱人不能堪此外有荷蘭埔頭曰厄爾迷那鋧岸下嗹國埔頭曰給里斯的巴爾各鋧岸下地皆彈丸各屬數小城又云公額一名下幾內亞哥刖國覗下康西距大西洋南界星卑巴西亞東抵日牙加長約三千八百里廣千四百里東境多山眾水出焉有大河曰公額縣案祁郿孔因以為部落之名水周四境土田藉以肥沃當赤道之南炎蒸與幾內亞同黑番土俗亦相類分二十一小國曰羅昂額曰公額曰奔巴曰薩拉曰莫盧阿斯曰虎美曰加三日曰岡各白拉曰何曰何羅和曰日仍加曰幾蘇阿曰古達多曰古凝加曰當巴曰里波羅曰幾薩罵曰塞拉曰白倫多曰難諾曰比黑土產銅錫甘蔗胡椒薯粉象牙西境有葡萄牙挪闢之地凡二部北曰昂痾拉南曰奔給拉產五金各鑛其商船往來專以販賣黑口為事樋志塞內岡比亞上幾內亞及蘇丹地方云塞內岡比亞郎塞內加爾岡比亞兩河邊之地上幾內亞郎幾內亞灣北海岸一帶之地蘇

丹郎橫於上幾內亞與撒哈拉間地方之總稱別爲三區曰里畀利亞曰諸外國屬地曰獨立諸州又下幾內亞地方云下幾內亞爲自上幾內亞至南方富略岬海岸一帶之總稱土地自海岸近處忽隆起成高地孔果河之下流從此降而爲大瀑布湖河船舶爲瀑布所斷不能航進內地矢志云幾內亞者爲非洲西海岸地方之總稱分上下二部幾內亞灣北岸一帶曰上幾內亞而上幾內亞又分爲賽內雁鼻亞立培里亞亞山的達霍果等下幾內亞又分爲德領金剛及葡領安葛拉剛山脈蜿蜒曲折貫上幾內亞北方之東西爲塞內加爾雁鼻亞尼澤爾等河源所自出橫斷蘇丹而至尼羅河畔又雪山脈遠自南方好望角起北行至下幾爾亞之東其與剛山脈將會合之處勢頗雄峻肯黑龍峰高萬三千尺而橋河金剛奧鶴哀諸大河皆穹彼此山脈流入大西洋人皆異種風俗醜汙性情殘暴部落酋長妄肆威虐甚者以殺人祀神爲極大盛典有時屠千人以祭近歐洲教師勸導其風稍衰課程云塞內剛比亞國一作先尼岡比阿一作森伊干比亞幾內亞一作西爾得一作上堅尼一作上基尼慕志云塞內剛比亞緯綫自赤道北十度至十七度經綫自中國順天偏西百二十三度至百三十四度東至蘇丹西距大西洋南界幾內亞北至撒哈拉長廣各約千八百里幾內亞緯綫自赤道北四度至十度經綫自中國順天偏西百十六度至百二十八度西南距大西洋北連蘇丹塞內岡比亞長五千里廣千五百里

英領岡比 謝志 西非

岡比雷志云英領在下岡比河面積四千百二十英方里辻志云萬六千二百方里王達云大地誌言英領岡比亞面積二千七百方英人里與雷志不合辻志之數係日本方里合之英里亦所差甚大人六萬口五萬辻志云 商埠面積六十九英方里人萬四千二百六十六口入口貨值十六萬九千五百三十磅出口貨值十八萬五千六百五十六磅以落花生爲大宗多與英德貿易入款萬四千九百三十八磅國債無 巴喜斯德會城先謙案雷志岡比卽世界圖幾內亞境東界法領雪尼幹比亞西距大西洋北界法領雪尼幹比亞之聖路斯南界葡領貴尼亞列國學會二圖有巴得斯特標英字卽雷之巴喜斯德會城樋志諸外國屬地云英國有岡比亞河畔之巴沙斯特謝志云干比亞河兩岸爲英國殖民地首府曰巴德斯德皆卽其地慕志作巴黑斯得現勢圖作帕造斯的依圖作拔透斯特講義云西非氣候最不宜於白人惟岡比亞河地方氣候最良產落花生爲此地商品之主占出口額五分之四與雷志以落花生爲大宗合又云有護謨蜂蜜等每年所入不敷出款英人屢欲棄之其保持至今者一以距塞勒拉窩及金岸甚近一以岡比阿便於航行可由海口至二百五十里之內在西非不多見一以陸路至尼日爾河或至塞內加爾河俱甚近不忍棄也又二圖巴得斯特之北有薩隆土國卽徐志塞內岡比亞之薩隆部

薩隆之北有約亞爾即徐志幾內塞內岡比亞之加約爾部也亞

英領西歐拉艮西非謝志

西歐拉艮雷志云英領在法國屬地之中面積四千英方里迂志云十八萬方里人十二萬六千八百八口迂志云二十六萬尚有鄰近保護諸地面積二萬七千七百三十英方里人四十八萬口入口貨值四十二萬五千九十磅出口貨值四十三萬二千二百四十磅櫻櫚仁磨沙科拉硬殼果名爲大宗與英國貿易入款九萬二千七百六十九磅國債五萬磅**弗黎統**會城人三萬三十三口先謙案雷志西歐拉艮即世界圖之英領雪拉艮也尉志周志作裒剌利奧尼吳志作西辣列文依圖作西辣略尼東法領蘇丹西大西洋東南理伯利亞北法領雪尼幹比亞故雷云在法國屬地之中也列國學會二圖海岸外有塞拉勒窩內庫斯特即徐志幾內亞英人新闢之塞拉勒窩內海岸有佛里敦標英字即雷之弗黎統會城樋志諸外國屬地云英國有幾內亞海岸之塞拉勒窩內爲捕放商船所載之奴隸而建首府曰夫里當謝志作些拉雷俄尼云約四千方里百年前英人所立爲釋放黑奴之殖民地今仍屬英首府曰弗利眉周志作福利

墩依圖作扶黎唐皆弗黎統之音變字講義云塞勒拉窩氣候甚惡歐人殖民於此斃者甚多故此地稱爲白人之墳墓農業不進商業甚旺四鄰物產積於此地輸入歐洲出口貨多椰子實護謨等佛里敦在其西北塞勒拉窩河口艮港也當英國與喜望峰中間南北俱三十萬英方里英人貯炭於此佛里敦城砦堅固英國駐西非軍隊本營在此

英領金岸（謝志西非幾內亞）

金岸雷志云英領沿幾內亞灣長三百五十英里面積八萬七百**英方里**（辻志云二十七萬九千九百六十方里）阿三替在內人二百五十萬口（辻志云百五十萬）入口貨值六十六萬四百磅出口貨值六十九萬三百三十磅金（九萬二千八百磅）磨沙棧櫚油棧櫚仁爲大宗多與英貿易入款二十萬千七百八十三磅國債無　亞喀拉會城人萬六千二百六十七口（徐志云西人在海濱立埔頭日漸墾拓就物產爲地名有穀邊象邊金邊奴邊等名（詳塞內圖北幾內亞）先謙案金邊卽雷志之金岸也徐志又謂之哥斯達斗羅象邊卽象牙岸與奴邊穀邊俱見下世界圖作英領黃金岸（辻志）東德領拖果西法領象牙濱北法領蘇丹南大西洋列國學會二圖海岸外有金邊哥爾得庫斯特標英字海岸有亞克拉卽雷之亞喀拉會城慕志作金濱謝）

志作金灘又二圖金邊之西有亞干的郎徐志幾內亞之亞干的
亞部雷之阿三替也矢志云亞山的在黃金海岸之內地幾內亞
中最大之專制王國首府曰古馬西（平方圖見勢圖作康穆西）許考云金濱境
內有君主國曰亞山的頗強四鄰小國為其藩部都會曰古麻西
土地膏沃居民約四百萬咸同間英人侵之屢受小挫尋滅之樞
志獨立諸州云各地獨立君長具國家體裁就中最著者幾內亞
海岸有阿山提等其民皆野蠻性好戰鬪賣奴之風盛行皆奉回
教謝志云阿珊第在金灘內地為基尼最強王國京城曰古瑪西
出棉布磁器及麤織物近海有英人商埠曰哥斯嘎斯講義云亞
干的一稱金海岸無良港上陸困難氣候甚惡森林瀣氣侵人肌
體英人屢遭德法之侵淩及土人之反抗常保持之者以土沃礦
多之故產椰子油椰子實護謨等歲出金八百餘萬鎊今自海岸
至康穆西市設鐵道擬築港於此內地富源將開矣亞山的阿山
提阿珊第亞干的並阿三替之音變字又亞克拉之西二圖有給
里斯丁巴爾各郎徐志幾內亞之嗹國埔頭給里斯的巴爾各又
西有厄爾迷那郎徐志幾內亞荷蘭埔頭之厄爾迷那王達云高
等地理言千四百八十年葡人建厄爾迷那城以來歐洲各國在
金邊建築礮臺商館甚多其內最重要者如亞克拉本殖民地首
府兼為重要之港此府為丹麥人掷建千八百五十〇年英購之
於丹又開普科斯特喀斯特勒本往時首府其礮臺寺院尚峙於
水邊又荷領殖民地之重要都會為亞格森姆及厄爾迷那兩府
厄爾迷那在第十七世紀中輸出黃金歲約三百萬磅亞克拉今
設海底電綫北通
歐洲東達拉各斯

英領拉高斯謝志西非幾內亞

拉高斯雷志云英領面積千三百二十四英方里講義云萬一千英方里人十萬口曰路巴面積二萬千一百英方里人三百萬口入口貨值六十四萬四百二十磅出口貨值七十一萬三百磅椶櫚油椶櫚仁爲大宗間有象牙多與德英貿易入款十一萬五千三百十七磅國債無　拉高斯會城人三萬二千五百口先謙案雷志拉高斯即徐志幾內亞之拉各斯部也世界圖慕过志同作拉痾斯東英領蘇丹西德領拖果北瑣可拖南貴尼亞海灣列國學會二圖作拉各斯標英字講義同其內地曰約魯巴即雷之曰路巴也海岸外標奴邊斯克拉文庫斯特平方圖奴邊標於海岸矢志云學兒罷及培銀二處在奴隷海岸之內地亦小獨立國講義云此西非英屬中最有後望之地宜於農桑自千八百六十一年歸英後乃於拉各斯島之拉各斯港出入傍近物產椰子油爲多占出口貨五分之三謝志云奈遮地在奈遮河左右俱歸英管理包約入巴備年等小國土人每自相爭殺此處海岸舊名奴才灘因多輸出黑奴也大城曰阿表古達案約入巴即學兒罷曰路巴之音變字備年即培銀二圖作伯甯阿表古達作亞伯庫大又拉各斯之東尼日爾河之西二圖有瓦利即徐志幾內亞之加百利部也王達云斯克刺文庫斯特即

奴邊之義高等地理云其地自哥爾得庫斯特至尼日爾河口昔爲輸出奴隸之地包有多哥蘭達痾美拉各斯諸地拉各斯在同名之島上繁盛爲西非各港之冠有西非洲麗佛普爾之稱與英之麗佛普爾德之昂不爾厄美之紐約巴西之里約熱內盧有汽船定期航行

英領蘇丹（謝志中非志云中亞非利加者北包蘇旦南至備朱阿那（先謙案卽皵春那蘭）居非洲中央不通海岸之地一中英屬卽尼給里雷志之英領湄推比里蘭曼雙那蘭及英領中非洲二庚哥卽康哥三蘇旦卽英領蘇丹法領蘇丹西亞）

英領蘇丹雷志云包有那楂河岸保護國（先謙案下文棱科拖諸國皆是）千八百八十六年至千八百九十九年地方事由那楂王家公司管理全面積三十五萬九千英方里（辻志云三百萬方里矢志云地皆平原南方有剛山（謝志作庚山）支派最高者九千八百尺橫截內地而至尼羅河畔）人二千四百萬口（辻志云三十五萬雷志疑誤矢志云蘇丹本黑人國之義耳外亦有與亞剌伯種相混之富拉種）此地交通全恃那楂河及支河彼牛地方兼有開化之區數處商務大半在那楂王家公司及廉物浦之非洲會入口貨約值二百萬磅出口貨值二百五十萬磅棧櫚油棧

椆油磨沙象牙爲大宗矢志有果穀鹽金多與英貿易入款約三十萬磅

亞沙巴會城

徐志云尼給里西亞又名蘇丹在撒哈拉大漠之南南接嶽山非洲中原也長約六千里廣約四千二百里地形坦闊湖河與沙磧相間河濱田多膴腴穀宜稻黍材木果實蔬菜皆備地近赤道炎氣蒸爲瘴癘多毒蟲惡豸他國人到輙病死故自古未通別土英國嘗遣人探之或染瘴死或爲土番所殺迄不得端耗又用火輪從尼日爾河下游駛入水手半死亡無所聞見而歸地分二十二部曰波爾奴曰巴也爾美曰北爾古曰桑加拉曰不勒曰岡千曰窩那曰蘇勒曰上邦巴拉曰下邦巴拉曰馬昔那曰巴難曰的勒南曰丁不各都曰牙烏利曰尼非曰波爾古曰牙黎巴曰北凝曰瓜曰公曰加拉那曰達公巴各有酋長不相統轄時時相攻俘獲則以爲奴土番黑面奉回敎男好逸耕作貿易皆女爲之娶數婦則致富其酋各有婦數百土産麻棉煙蘢象牙金沙皮革先謙案卽雷志之英領蘇丹也世界圖作納伊者特里透里辻志同有納伊者河卽徐志之厄日爾河出尼給里西亞至幾內亞南界入海亦卽雷之那槎河也課程作乃槎云長七千五百里矢志云有吶哥扇利二河吶哥注幾內亞灣扇利注哈特湖謝志云西部奈遮河曲折灌注入基尼海股東部沙利河入乍德湖吶哥奈遮郎那槎沙利郎扇利列國學會二圖作刷里乍德郎哈特二圖作乍得尼日爾與徐同有亞撒巴郎雷之亞沙巴西北界法領蘇丹南界幾內亞東界法領中包蘇丹土部諸國西境有摩西樋志作摩昔爲獨立州之一其東曰農古乃古爾馬黑人國又東曰岡多郎雷之根多槩夥岡多境內有波爾古郎

徐之波爾古部又東曰索科多郎雷之梭科拖（見上科拖梭）索科多境內有奇菲郎徐之尼非部又東北曰波爾奴郎徐之波爾奴部雷之巴奴（見下巴奴）在乍得湖西波爾奴之北有貝尼郎徐之北凝部又北曰科淹樋志作卡念亦獨立州之一其南有亞得馬瓦郎雷之依德馬華也（見下科拖梭）其東與法領巴給爾美相接謝志云蘇旦非洲北部橫列之大地約共二千二百萬方里地勢平坦各方有山河湖澤稱曰蘇旦意謂黑人之地境內小國部落各有酋長近年議定西方數百萬方里歸法保護東方伊及蘇旦一帶歸英治理講義云自來尼日爾保護國與王立尼日爾社會轄地分二部前社會僅領尼日爾河下流域今保護國諸部半屬於社會係千八百十六年七月所許立資本百十萬磅有獨立之海陸軍又有結約宣戰議和征略土地之權經營此地最有名者曰哥爾得社會原爲開拓內地千九百年一月後英政府始直轄之略將此地分南北二州派政務長官統治農業可望興盛產棉花印迭哥等鑛產有錫鐵銀

梭科拖國雷志云已下諸土國已皆與英訂約或全在英人勢力圈內或僅及半（謝志中非）（尼給里西亞）

梭科拖雷志云宗回教富耳勃人之國包有屬國依德馬華總面積二十五萬三千九百七十英方里人千二百九十一萬口內有

面積七萬九千二百七十英方里人百八十五萬口在法德二國勢力圈內　丸摩會城人萬五千口　坎拿人三萬五千口　雅科波人五萬口先謙案雷志梭科拖郎世界圖之瑣可拖也東界法領巴爾給美西界岡多北界法領撒哈拉南界拉痾斯列國學會二圖作索科多有喀那郎雷之坎拿有雅科巴郎雷之雅科波大地志作梭哥多許考作梭各多吳志作梭可特王達云高等地理言索科多在中蘇丹邦土最大人口亦最多產米棉波斯棗蜂蜜有步兵九萬騎兵三萬爲英保護國首府日烏爾諾人口二萬餘舊都日索科多喀那爲商業最盛之都會烏爾諾郎雷之九摩也樋志云獨立諸州蘇丹地方有索可吐之索可吐爲蘇丹最要市場隊商所齎物品於此交市案索可吐市二圖在國之西北境與岡多接壤亦作索科多又有亞得馬瓦國在索科多東南郎雷之依德馬華也樋志云獨立諸州蘇丹地方有阿達麻瓦課程作亞達瑪瓦現勢圖作亞特曼華許考云肥拉他地雄鎮中原蘇丹強國之最乾隆中回人旦福地阿威震一時土人服之東卜爾努西牙里羅南亞達馬瓦皆稱臣納貢立國日肥拉他嘉慶二年築城烏撒省山上名梭各多山麓有小河通尼日爾河尼日爾河上有國日卜爾古部落紛紜推步撒爲長是依德馬華爲梭科多屬國久矣

根多國謝志中非尼給里西亞

根多雷志云宗回教富耳勃人之國面積三萬七千八百十英方里人二百五十萬口大半在法國勢力圈內先謙案雷志根多即列國學會二圖之岡多也東界索科多南界約魯巴北界法領撒哈拉西界馬昔那古爾馬樋志獨立諸州蘇丹地方有干度大地志作千多依圖作競達矢志作話達

巴奴國謝志中非尼給里西亞

巴奴雷志云宗回教黑人之國面積六萬八千五十英方里人二百二十五萬口內有面積萬四千六百五十英方里在德國勢力圈內　**庫喀**會城近塞特湖人六萬口先謙案雷志巴奴即列國圖之波奴爾也學會圖作波爾奴東界巴爾給美西南界索科多南界亞得馬瓦北界法領撒哈拉其庫喀會城在國東境乍得湖之西即雷之塞特湖也世界圖作遞特湖亦有庫喀而未著巴奴之名蓋疏漏樋志獨立諸州蘇丹地方有波努許考作卜爾努云蘇丹強國土產饒裕惜農工不力課程作卜爾勒矢志作旁奴云在蘇丹中最爲開化人口甚多有布帛陶器等製造物首府曰苦卡爲蘇丹最要市場苦卡即庫喀亦作古嘎瓦

奴不國 尼給里西亞

奴不雷志云已由英國直接管轄面積三萬千九百英方里人二百三十萬口 曹典球云野志云王國在波爾古東沿尼日爾河位英領約魯巴與伯甯之北矢津昌永高等地理同先謙案二圖無

西非洲 謝志云本洲西海岸一帶總稱西亞非利加北起北緯十度南盡南緯十八度內包二大部北曰上基尼沿大西洋及基尼海股北岸南曰下基尼爲基尼海股東岸一曰斯巴尼亞屬地先謙案即雷志班領覆能多波諸地二森伊千比亞即法領塞內加及英領岡比三葡屬基尼即葡領幾內亞四法屬基尼即法領幾內亞五些拉雪俄尼即英領西歐拉艮六來比利亞即力比利亞七象牙灘即法領象牙岸八阿珊第即十英領金岸九透勾即德領幾內亞十達賀美即德領打呵摩十一奈遮地即英領拉高斯十二嘎沒龍即德領坎滿倫司十三法屬庚哥即法領康哥十四葡屬西亞非利加即葡領恩哥喇塞內干比亞

法領塞內加 謝志西非

塞內加雷志云法領面積七萬三千二百四十英方里人百二十五萬口 先謙案雷志塞內加即世界圖之法領雪尼幹比亞也有城曰聖路斯東界法領西距大西洋南界英領雪拉艮北

界撒哈拉沙漠列國學會二圖作森特靈義斯標法字謝志云森伊干比亞在非洲北界近斐德角地（案斐德角即佛德角）介森伊嘎勒與干比亞兩河之間共約六十萬方里土人分部落有酋長近均屬法與撒哈拉蘇旦西部連合一氣首府曰散魯伊斯講義云面積八萬英方里東北界法領蘇丹南界英領西歐拉艮西界英領幹比亞西南界葡領幾內亞西北距大西洋有一城曰聖路斯周志作聖魯斯現勢圖作聖路易課程作桑盧伊云一作聖魯易亦作聖魯義亦作魯義斯樋志云法國有塞內加爾地面積十萬英方里人八十五萬口塞內加爾河口有聖魯易斯府許考云塞內加爾河口為法人所闢會城曰桑路義設官司建礮臺立埠岸與黑番相貿易散魯伊斯聖魯易斯聖魯斯聖路斯聖路易桑盧伊桑路義森特靈義一也徐志塞內岡比亞下云法人剏闢地三有甚盧義斯即聖魯易斯也高等地理云森特靈義斯在塞內加爾河口之一低卑島上為法國領地政治之上之首府講義云塞內加爾及上尼日爾地方頗豐沃已墾者三之一產穀米玉蜀黍落花生煙草棉花牧畜亦盛多牛羊惟氣候甚惡千八百八十四年至八十六年塞內加爾白人死者百分居四十五鐵道纔當首府沙爾得至海軍根據地達喀爾間及喀耶（塞內加爾船最遠處通）至巴富剌貝間二處共三百四十六英方里現擬設達喀爾至喀耶之路並巴富剌貝至班馬庫（在尼日爾河畔）沿此鐵道處處有街市勃興若鐵道完成則塞內加爾地方可與象牙岸徑通矣尼日爾河定期漲溢故附近地土肥沃與尼羅相似土人甚平和丁不各都隄當撒哈拉沙漠盡處橐駝隊商運送貨物多集於此貿易額年至二十萬弗以上後有蠻族侵入一時衰落卒歸法領又森特靈義斯東南二圖有烏

阿和克標法字徐志塞內岡比亞有烏阿羅部又云法入闢烏阿
羅設埠頭蓋是一地烏阿和卽烏阿羅也烏阿和克之東二圖有
巴勒爾卽徐志塞內岡比亞之巴勒爾部巴勒爾之東
二圖有加痾爾達卽徐志塞內岡比亞之加痾爾達部

法領幾內亞與富皆太郎 謝志西非 幾內亞

幾內亞與富皆太郎雷志云法領面積三萬九千五百八十英方
里人八十萬口 先謙案講義云法領幾內亞在葡領幾內亞及英
領塞勒拉窩之間面積凡四萬八千英方里列國
學會二圖兩地之間有夫塔查隆喀尼俄丕喀干的諸志皆屬法
領卽幾內亞也無富皆太郎之目樋志云法國有塞內加爾衣弗
利可司突及過爾可司突三地過爾可司突卽指此謝志云法屬
基尼在葡屬基尼之南初與森伊干比亞合後另立一部首府曰
克那格烈
亦卽指此

法領蘇丹及替白土等 謝志中非 尼給里西亞

蘇丹及替白土等雷志云法領面積四十二萬七千五百五十英
方里人三百五十七萬口 先謙案雷志法領蘇丹及替白土等卽
世界圖法領蘇丹丁不克土諸地也列
國學會二圖丁不克土作丁不各都矢志作丁孛都樋志作田十
吐課程作丁巴都云郎上丁波葛多亦作典伯革度亦作田卜土

首邑與部同名地在尼日爾河彎環之北爲往來撒哈拉必經道商賈薈萃之地講義云法領蘇丹北限撒哈拉南界法領象牙岸在英領亞十的德領多哥蘭達痾美英領尼日爾等地之西面積約三十萬英方里案丁不各都爲馬昔那首府據雷志丁不各都已爲法屬講義又云南界法領象牙岸則自馬昔那直下南抵象邊摩西亞干的之西概爲法有是尼給里西亞約得三之一講義又云撒哈拉沙漠一大部及瓦代國據英法條約入法國勢力圖內撒哈拉面積約二百萬英方里瓦代凡十七萬英方里據此法國疆域北轉而東並包瓦代在內尼給里西亞法國又不止得半矣丁不各都郎徐志瓦給里西亞之一部許考云丁波葛多國明時極盛總攝羣屬康熙至乾隆末其國漸衰迭爲摩洛哥多亞來克巴拉他藩屬案不知何時爲馬昔那所滅爲其首府又西南曰馬昔那亦徐志尼給里西亞之一部矢志作邁新那樋志作瑪西那許考作馬西拿云爲下邦巴拉藩屬謝志作馬辛納云首府典伯革度爲商隊起程北渡沙漠之地稱爲沙漠女王又南曰北爾古亦徐志尼給里西亞之一部北爾古東南曰當波樋志作多姆波爲獨立州之一北爾古西北曰邦巴拉郎徐志上下邦巴拉二部也許考云邦巴拉道光中分二國上邦巴拉都塞俄下邦巴拉都仁內慶勝上邦巴拉課程作莽馬臘謝志作班巴拉矢志作彭罷拉云首府曰賽告貿易極盛謝志作色哥與賽俄賽告一也二圖作賽哥此部與塞內罔比亞之加痾爾達相接爲二大部分界處邦巴拉西南日不勒不勒之南曰桑加拉亦徐志尼給里西亞之二部又南則幾內亞境矣慕志云沙漠地分爲二東曰利比亞居民謂之的普野有灌漑尙爲佳壤西曰撒哈拉水土甚惡爲荒

蕪險阻之區極西爲阿剌伯摩洛哥民通商地曰的百斯曰的比爾曰馬亞多安土產無幾樋志云撒哈拉東半比西半泉地較多故行旅多出其途人口亦蕃於西半其炎熱最烈處可於沙土上熇炙生肉食之許考云撒哈拉全地分屬法班土英摩屬法者在摩洛哥與塞內加爾之間多係冒勒斯土番爲阿剌伯苗裔性獷悍習行劫掠間有猶太人善行商聚貨財冒勒斯人輒欺淩之冒勒斯東南有地曰阿特勒爾產穀麥多牲畜野鎮鄉村爲客商東道主中路在阿爾及耳之南曰多阿來克居民軀體俊偉色不甚黑首戴紅帽或藍布一方足著草履繫以皮條出必佩劍持矛秉性兇橫迤西曰阿筎爾土磽劣間種稻麥有連山高六七百丈溪澗清流可供飲濯西北曰多阿忒土亦肥產菜蔬瓜果木棉民多畜牧市廛頗盛惟土產不敷食用多北徙者西南曰外里米登人民寥落物產稀少東南曰阿意爾有邱阜地膏腴種穀果收穫頗多酋長駐亞加特斯城轉東南曰達美爾哥東路曰得葡相傳先世厄地阿比人被擄至此穴地而居孳生至今其人身矮而行捷有人鳥之稱各方偃爲驛使物產多棗栗等果土人藉以餬口畜駝動以百計酋居亞士農麻城其比爾麻城附近產鹽最富西南人來販者甚多屬的黎波里又菲桑之西有筎忒商賈往來絡繹於道案樋志云撒哈拉隊商通行有數道以由的黎波里經非三之木阿蘇克出察德湖以北者爲最要之路東部利比安沙漠穊秕哑（磈亦作）則有雨露之澤頗多水泉如察德湖北之梯倍斯梯部落是也英土摩班四國所據者撒哈拉邊域中央大地悉爲法屬亞加特斯二圖作亞加得斯木阿蘇克作模爾索克比爾麻作俄西比耳馬筎忒作加特得葡作特布第布梯倍斯梯作的貝斯的

其南即瓦代國也矢志作話達云有君主有行政議會皆黑種自爲之常備兵七千餘首府日亞伯失爾許考作瓦臺云都城名瓦拉爲南北互市之區慕志云國王操大權地總計十萬方里人二百五十萬土產煙葉象牙金沙琥珀皮鹽多毒蟲猛獸瓦代之西有干內木近乍得湖東干內木之東南有巴給爾美徐志尼給里西亞之巴給爾美部也以上諸地據英法條約皆爲法有蘇胦陔附載於此而後英法之界域始明巴給爾美樋志作巴嘎米謝志作備嘎米許考作巴舍爾米吳志作巴幾爾密現勢圖作拔茂爾密世界圖作拔卡爾密王達云許考之冒勒斯當即學會圖之毛里設東南之阿特勒爾當即亞得拉爾阿茄爾當即亞哈加爾阿意爾當即愛耳高等地理云法領蘇丹內包加疴爾達王國夫塔查隆及蘇馬里帝國塞哥巴一嗂邦及馬昔那兩保護王國外摩西古爾馬當波等之黑人國則在法國勢力範圍內法之總督官駐開斯醢瀝斸加並於班馬庫醢泥鼩置礟臺於塞哥置礟艦巡邏其市場丁不各都外有三三底克人口三萬至四萬金鹽洋藍奴隸之貿易甚盛中央蘇丹英法權力區域之界綫以厄日爾河旁晒地稍南起東至乍德湖邊之巴魯亞略成一直綫綫北屬法南屬英

法領象牙岸與康 謝志西非幾內亞

象牙岸與康

雷志云法領面積七萬九千五百五十英方里人八十八萬口先謙案雷志象牙岸即徐志之象邊也覩世界圖作象牙濱驟志東界黃金岸西界理伯利亞南臨大西洋北

界法領蘇丹有地名大跋三列國學會二圖海岸象邊標法字海岸外作象邊伊勿里庫斯特樋志作衣弗利可司实二圖有地曰喀法山即大跋三象邊之北有空格山又有地曰空格實即雷志之康空康一音之轉謝志云其地自巴勒瑪角向東至西經三度正居其位因多出象牙故名今屬法與法屬蘇旦連爲一部講義云法領象牙岸在里比利亞及英領亞干的之間面積凡十萬英方里王達云伊勿里譯言象牙庫斯特譯言海岸大地誌云今不產象牙主要之都會爲巴薩姆及亞西偏高等地理云海岸多湖澤與商館相接所產椰子油落花生由此裝載輸於馬爾塞里亞及麗佛普爾

法領打呵摩謝志西非幾內亞

打呵摩雷志云法領面積萬四千百四十英方里人六十萬口總計法領西非洲面積六十三萬四千五十八英方里人八百二十三萬口由海入口貨值百三十一萬四千磅出口貨值百四十九萬十七百磅出款五十二萬三千磅先謙案雷志打呵摩即徐志幾內亞之達痾美部也覲列國學會二圖與徐同樋志獨立諸州幾內亞海岸有達痾美周志作達霍梅吳志作達和幾矢志作達霍墨云王國在亞山的東昔強大今已衰微境土亦小首府曰亞薄墨王居以人之頭顱骸骨爲飾人血塗壁臭不可近亞薄墨吳志作阿玻蔑二圖作亞波美

講義云在德領多哥蘭與英領拉各斯及尼日爾之間面積凡五萬英方里許考作到梅云土腴農惰產木棉蹲鴟珠米販賣人口居民二十萬兵二萬有女兵五千乾嘉以來國勢漸弱光緒十八年法人據之謝志云達賀美京城曰阿波美民俗殘忍王死殺人以殉其墓以人血和土築成今英（案法之誤）國遣員監制不能肆虐國中有著名蛇廟又達疴美與拉各斯之間二圖有巴達給里標法字卽徐志幾內亞之巴達給里部也

葡領幾內亞（謝志西非幾內亞）

幾內亞雷志云葡領面積萬四千三百七十英方里（辻志云二萬六千六百四十方里講義云面積四千四百四十英方里）人二十萬口（辻志云八十萬）人口貨值四萬九千五百磅出口貨值三萬八千六百五十磅（先謙案雷志幾內亞卽世界圖之葡領貴尼亞也）濱海處曰畢薩東南界法領雪尼幹比亞北界英領幹比亞西距大西洋列國學會二圖海岸外比薩哥斯羣島標葡字畢薩作畢埽慕志作比薩現勢圖作畢塞哥謝志云葡屬基尼在革蘭河兩岸及海中比撒古羣島有城曰比撒古畢薩畢埽比薩畢塞比撒一也講義云塞內幾內亞海岸法領幾內亞之北法領土包其三面產護謨象牙等又案畢埽之東北二圖有卡布郎徐志塞內岡比亞之加不部也王達云大地誌言葡領幾內亞富於水利首府曰波拉馬在比薩歌斯羣島中之波拉馬島

葡領佛狄角羣島

佛狄角羣島雷志云葡領面積千四百八十六英方里人十一萬一千口入口貨值二十二萬九千二百五十磅出口貨值六萬七千六百四十磅先謙案雷志佛狄角卽列國學會二圖佛得角開普威得等島也世界圖作葡領開浦威德羣島謝志云斐德角羣島一作威德在斐德角西約千里皆火山所成屬葡其中十島有居民慕志云岌威德共十島火山有燄時吐時熄佛狄角佛得角斐德角岌威德一也此島極北有葡領馬的拉島慕志又云馬的拉島周千里首邑芬查其民二萬五千葡有總督兼攝許考云此數島總名馬得拉以旨酒名明永樂十六年葡人探得之火其榛莽七載始熄墾而植之權利甚豐吳志云葡領阿撮爾在洲北大西洋中氣候溫和產佳橙大西洋航船寄泊之所其南葡領馬梯拉島案馬梯拉卽馬的拉阿撮爾未詳徐志云北農的威勒斯島亞慮塞馬斯島美黎辣是島總名綠山頭羣島在塞內岡比亞之西地多不毛海濱產鹽居民賴以爲生皆西班牙所鬬準其地望正與葡領羣島相合徐云班屬或先後易主耳許考云洲西有綠峯羣島明景泰間意人如達哪斯到仕於葡奉王命遊非洲濱海地據此數島土不腴產鹽出珊瑚居民約十萬尤爲是葡非班之明證王達云大地誌言佛得角諸島居民爲葡人及由幾內亞來之黑人以約哥島之巴脫普拉爲首府又馬得拉島在葡國行政上算入本國之部面積五百五英方里人口十三

萬氣候甚佳首府曰夫喀爾東北有
巴托散多小島包於馬得拉之中

葡領聖道摩與聖潑陵西

聖道摩與聖潑陵西雷志云葡領面積四百十七英方里人二萬一千口入口貨值十八萬四千七百磅出口貨加非椰子值三十九萬九千七百磅徐志云桑多美島周四百里北林西卑島長八十里廣六十里二島在幾內亞海灣之中葡人所關舊多深林密箐葡人焚以烈火墾其地種葡萄釀酒甚佳每歲出運價值三十萬圓先謙案即雷志聖道摩與聖潑陵西也列國學會二圖法領公額西海岸外有北林西卑島桑多美島相距不遠俱標葡字北林西卑平方圖作北林西謝志云散多馬斯島伯林斯島屬葡案桑多美散多瑪即聖道摩北林西伯林斯即潑陵西又樋志云阿蘇阿斯諸島與加拿列馬代拉諸島同爲噴起大西洋中之火山土地肥沃氣候清涼亦歸葡領產甘橙輸出外國其額頗巨英國鬻上等甘橙必稱聖米凡爾聖米凡爾者阿蘇阿斯諸島中大島之名坿志於此

班領覆能多波

覆能多波雷志云西班牙領面積七百七十一英方里人二萬五

千口

先謙案謝志云基尼海股諸島有斐南多波島屬西班牙樋志云當西屬法難多波島對岸有卡美隆山斐南多波法難多波郎雷志之覆能多波也據二志方知是島名諸圖不載其西北世界圖有西領加奈利羣島列國學會二圖作加那列斯現勢圖作加納黎蔡志作加那列云十三島戶口二十二萬丙有火山峯高千餘丈葡人設酋管轄葡乃西之誤謝志有日斯巴尼亞領地與嘎那利羣島（即加奈列）合爲一省共二百四十萬方里徐志云加拿列斯羣島共二十餘在摩洛哥西地氣溼熱產酒果糖蜜黍麥豆薯絲皆西班牙所屬諸島中有大山曰德內黎非高二百二十丈商船往來望爲標準又蘭塞羅德島有火山吐燄不息二圖皆有之矢志云此羣島有七大島其中湼利蘇島高萬二千四百尺爲著名火山又非洛島（樋志作非羅二圖作佛羅）德國以之定子午綫許考云加拿利舊爲非尼西亞與加爾達俄互市之地元順帝時西班牙收之土產黃鳥名天下酒最甘美吳志云西班牙領之加拿利諸島產金絲鳥及葡萄鐵列利夫島有火山樋志云加拿列諸島終歲如春雖泉水不多果物甚美有西班牙蔥及西洋紅之原料可其尼爾案金絲鳥即黃鳥也加拿列加拏利郎加奈利鐵列利夫郎德內黎非王達云大地誌言西領菲琅多面積八百三十萬英里有最高峯稱克拉琅西高至一萬英尺首府與高峯同名菲琅多即覆能多波又加那列斯羣島由十三火山而成德內黎非佛羅格蘭嗒納里亞最有名佛羅島爲舊世界之西端子午綫由此通過今尚分全地爲東西兩半球格蘭嗒納里亞島有拉斯巴爾馬斯府爲加那列斯全島之首府

班領恩腦保

恩腦保雷志云西班牙領面積七英方里人三千口先謙案列國學會二圖法領公額西海岸外有安那邦島標西字安那邦即雷志之恩腦保也謝志作安那笨云屬西

班領高里斯科

高里斯科雷志云西班牙領面積六英方里人二千口王達云高里斯科即學會圖之可力斯哥灣在法領公額之西海岸桑多美島之東大地誌云可力斯哥灣附近爲西班牙領高等地理云此二三小移民地與可力斯哥島皆屬西班牙政治上合併於菲珉多島

班領三仲恩角

三仲恩角雷志云西班牙領面積百英方里人五千口曹典球云三中恩角即學會圖之桑約翰角野志云西班牙領與喀麥隆法領公額相接西瀕幾內亞灣

德領幾內亞謝志西非

幾內亞雷志云德領一名套哥蘭面積萬九千六百六十英方里幾內亞

人八十萬口入口貨値十一萬磅出口貨椶櫚仁椶櫚油値七萬五千磅先謙案雷志套哥蘭卽世界圖之德領拖果也東界拉痾斯西界黃金岸北界法領蘇丹南臨貴尼亞海灣列國學會二圖金邊之東達痾美之西海岸有羅美尤巴吉達標德字卽其地講義云多哥蘭海岸綫不過三十二英里內地較海岸爲廣俄爾達河在其西摩拉河在其東貿易地方俱在海岸附近羅美尤巴吉達多可等地皆是羅美尤爲本部首府氣候不宜於歐人出口貨多椰子油樋志云今製石鹼原料所用臘脂肪狀之椰子油卽此象牙謝志云透勾介金瀨與達賀美之間爲德國屬地案套哥拖果透勾多哥多可皆同音變字

力比里亞國謝志西非幾內亞

力比里亞雷志云黑人共和國千八百二十一年美國仁人爲之建立面積五萬千九百七十英方里辻志云八萬六千百六十方里地平坦無山嶽氣候炎熱講義云在象牙岸塞勒拉窩之間面積約三萬五千英方里人百萬口辻志云二百六萬出口貨加非椶櫚油椶櫚仁約値二十五萬磅辻志云出入口約四百九十萬圓市邑大抵有小學堂常備兵千五百海軍兵艦二

蒙盧非亞徐志里卑利亞云一名危尼作總蘭叚美國人在門蘇拉多河濱購略賣之黑奴居之

教之耕作（詳塞內岡比幾內亞下）先謙案郎雷志之力比里亞也列國學會二圖作里比利亞世界圖作理伯利亞矢志作立培利亞慕志作來比里依圖作賴比里亞周志作利培里亞吳志作利卑利阿云譯言自由鄉許考云利卑利亞國道光二十年美國所釋黑奴至此與土番闘地耕田至二十六年立爲民主國樞志云建國之始因美國殖民會社移置其國解散之黑奴於幾內亞海岸內地黑奴亦雜居焉千八百四十八年建獨立共和國當時版圖甚小今海岸綫有五百英里內地之廣平均得二百里面積萬四千四百方里國民中五分之一爲放還黑人多受善良教育政體全法美國大統領二年交代辻志云有國務大藏司法軍務內務遞信諸大臣辦理政務有國會掌立法蒙盧非亞世界圖同二圖作璘羅非亞課程作木羅未亞周志作夢羅維亞矢志作忙落尾亞吳志作蒙路比阿都樋志作孟祿惟亞云取始殖黑人之美國大統領孟祿氏之名亦作門羅非亞謝志作門羅斐亞許考作孟羅未亞云築於山嶺街道正以繩墨寬十丈許雖不甚富麗而船艦絡繹海洋在前舉目遙瞻瀰漫無際矢志云立培利亞包括穀物海岸一帶地方二圖海岸外標穀邊格來音庫斯特課程穀邊作粒邊許考作椒濱謝志云些拉雷俄尼來比刊亞二處合名顆粒灘因其地出一種胡椒粒也案粒郎謂穀粒非椒粒因此誇說又有椒濱之名今此地不出胡椒足知其誤也王達云高等地理言此國不許白人有一尺土地及就各種官職

赤道下之非洲

樋志云中部地方北起蘇丹之境南至卡哈拉利沙漠連亘三十緯度之間四十年前世人不

知其地爲何狀後有利芬斯多尼及施登萊二人遊歷數年備嘗甘苦得其地理風土布告於世

德領坎滿倫司

公領一名下幾內亞

謝志西非

坎滿倫司雷志云千八百八十四年後歸德國保護因坎滿倫司河或雪梨摩河得名沿海岸長百二十四英里至內地上彼牛河及塞內特湖面積十九萬三千七十英方里講義云喀麥隆凡十九萬八千百三十英方里人約四百五十七萬口入口貨值三十二萬五千磅出口貨煙葉椰子木鼈子椶櫚仁椶櫚油象牙值十九萬七百磅沿海岸氣候暑溼熱度中數七十八度雨水百六十五英寸先謙案雷志坎滿倫司列國學會二圖作德屬喀麥隆世界圖作德領加米隆吳志作加蔑任樋志云日耳曼屬地在卡美隆山地方又云此山高於海面萬三千尺直聳天空卽此坎滿倫喀麥隆卡美隆加米隆一音之變轉東南界法領公領距大西洋東北界英領亞得馬瓦土部西北界英領約魯巴土部喀麥隆山脈貫其境內謝志云嘎沒龍沿海岸長六百里共面積百九十萬方里爲德屬地有嘎沒龍火山高萬四千尺又一河亦同名西入基尼海股一名油河因椰子油多自彼輸出也講義云海岸幾自利俄爾勒灣至喀木波河之間延長百

九十九里歸德後以西北三萬四千英方里之地租
與西北喀麥隆會社委以開鑿道路布設鐵道之權

比領康哥國 謝志中非 下幾內亞

康哥雷志云自主國千八百八十五年伯靈定約奉比利時王遼玻爾爲君包有康哥河流域之一大分面積九十萬五千九十英方里 辻志云五百四十萬方里 人千六百三十萬口 辻志云三千萬口人民黑種全屬蒙昧講義云人三千萬多彭偷族歐人不過二千比人居其半 鐵路二百五十英里 樋志云維維與施登來坡之間布設鐵路千八百八十八年告成辻志云長六百十四里通瑪他的濂康哥河盡處及斯丹列電綫千九百五十四里 連下康哥河與司呑雷池自此處有可航之河數千英里入口貨值六十四萬一千磅出口貨值五十一萬三千磅象牙 值十九萬四千磅 木鼈子樱櫚仁樱櫚油爲大宗多與比荷英貿易兵額萬四千人 辻志云萬一千八百五十人有兵船數艘 國用不敷由其王與比國共償之 **波買都城** 徐志公額公一作拔云在幾內亞之南一名下幾內亞西距大西洋海南界星卑巴西西亞東抵日牙加長約三千八百里廣千四百里東境山岡重疊萬派發源河之大

者曰公額因以爲部落之名公額河縈繞四境土田藉以肥沃地當赤道之南炎蒸與幾內亞同黑番土俗亦相類地分二十一小國曰羅昂額曰公額曰奔巴曰薩拉曰莫盧阿斯曰虎美曰加三日曰岡各白拉曰何曰何羅和曰日仍加曰幾蘇阿曰古達多曰古凝加曰當巴曰里波羅曰幾薩罵曰塞拉曰白倫多曰難諾曰比黑土產銅錫甘蔗胡椒薯象牙先謙案郎雷志之康哥也列國學會二圖與徐同世界圖作孔果樋志作孔戈亦作岡果矢志作金剛周志作康狒謝志作庚哥依圖作公果課程作下基尼周志作下其尼亞河北歸法領河南謂之自主國實歸比領據二圖東界英領東非德領東非西界法領公額葡領西非北界法公額英埃蘇丹南界葡領西非英領北羅對西亞慕志云緯綫自赤道南四十四度四十四分至十六度經綫自中國順天偏西九十六度至百七度謝志云在非洲中心西境惟庚哥河口片地瀕大西洋迂志云地高燥無山嶽康哥河貫流西南境支流縱橫國中有舟楫之利大湖有丹牙尼加湖亞爾哇兒湖講義云千八百八十三年比王勒阿波爾得二世挪設公額國際協會千八百八十四年及八十五年協會與歐美諸國結約得有統治權後據列國柏林會議戴比王爲君主定爲永遠局外中立之地公額河自河口至馬達丁一百里可通汽船上流二百里多急湍至斯坦利普爾船行不便循此而上至史坦雷瀑布內有一千里間略可通船樋志云開通國內及附近獨立地方令貿易自由推薦比王兼王其國設政廳於比國勃勒悉耳斯府以行庶政謝志云比王置總督於巴馬城理地方政事有額兵萬二千歲入二百八十萬圓矢志云千八百八十九年康哥王以統治權讓與比國其明年兩國會議

約定十年後以康哥與比國相合案勒阿波爾得矢志作來潑爾特雷之之遼玻爾也康哥河大半在國境其下流與法英共之故雷謂志下康哥河樋志云孔戈河自河口至四百五十英里之多維汽船得航行自在自此地至上流二百英里施登十坡沿途維懸瀑布不通船舶自此以上至施登來瀑布之間千餘英里又可行船舶頗便轉運維二圖同矢志作肥肥施登萊來郎雷志司呑池也矢志作師坦來池因此地師坦來採檢坡英名之講義史坦雷謝志作史擔利亦作史坦利吳志作斯故以其西境法葡領之間徑出抵大西洋有城曰波波郎雷之丹列也世界圖薄摩播志作巴那那現勢圖作波麥許考作保波買志作旁馬志作爾馬課程作把瑪辻志云有總督駐此麻矢頗盛其東勒俄爾的菲勒世圖作烈俄波耳多微耳又貿易曰作散各界圖作喀那果界曰喀田得世界圖作喀伯東南額世自東繞南而西遲波東南入海東北有模克雅加伯公界喀作呵百爾湖郎辻志之爾哇湖東有坦噶尼喀湖郎辻河丹牙加湖也樋志所載最要易塲九曰巴那那二圖志圖拿拿志作敗那那曰坡峴曰貿他低𪊲騸㙴𬣙曰路孔嘎二圖作坤加曰施登來二圖作斯坦利普爾曰衣瓜多二圖作亞瓜爾曰那嘎拉二圖作班加剌曰施登來布謝志作坦利瀑布多作師坦來瀑布曰路路阿堡王達云郎學會圖盧盧不爾矢等地理云在開賽河支流阿盧盧阿河上留於此驗牧畜及厄米穀學會圖漏載盧盧河名又高等地理言公頟河上流近船終點處有喀薩伊谿谷奴各貝村人口五千身長三尺至四尺王曰奴各貝王身長六尺妻妾三十一人子四十餘人

此族巧於弓術探檢此村者爲夫里布瓦那氏云世界第一小人國

下幾内亞

法領康哥 謝志西非

康哥雷志云法領自大西洋起至康哥河及其支流止又自烏本幾起至尼羅河分水界止面積至赤道北十度四十九萬六千九百二十英方里过志云二百九十八萬千四百方里人八百九十五萬口先謙案雷志法領康哥列國學會二圖作法屬公額世界圖作法領孔果據二圖西南大西洋東公額國西北德德領喀麥隆北作得湖東北達爾夫耳樋志云法國屬地自嘎本河至孔戈河北深入內地幅員頗廣講義云法領公額在德領喀麥隆及比領公額自主國之間面積凡四十二萬五千英方里千八百四十一年始占哥邦河流域千八百四十九年建利普爾維爾市漸次拓其領域現在北至乍得湖東自巴耳厄耳加薩耳河而達尼羅河之上流內地多未探明之處法人所建市邑亦少首府利普爾維爾人口不過三千謝志云法屬庚哥沿庚哥河北岸深入內地北與嘎沒龍以北緯四度爲界其內地連接蘇旦本部共三百萬方里物產象牙烏木樹膠檀香棗實椰油貿易總額可三百萬圓矢志云沿金剛河北岸深入內地至北緯四度再沿北緯二度至加盆海岸止是爲法領金剛其城內宿驛甚多案哥邦瀕海岸可力斯灣其東南境瀕公額河雷所云自大西洋起至康哥河也哥邦東南有鄂林甲郎徐志公額之古凝加哥邦

之東有奔巴開郎徐志公額之奔巴沿海岸而南有羅昂額郎徐
志公額之羅昂額國其東境沿公額河北上而徑苦尤河之西雷
所云及其支流也其西境自喀麥隆之東巴給爾美之西沿剛里
河而北可直至乍得湖與法領干內木瓦代相接自苦尤河轉而
東有地名達爾班達又東至達爾夫耳之巴爾厄耳加薩耳正當
尼羅河之上流雷所云至尼羅河分水界止也又東則法紹達矣
合英埃蘇丹及英領法領蘇丹觀之法領康哥已北合蘇丹土國
而與撒哈拉通為一地而英領東非與英領南非英領蘇丹內地
尚不能相通特以法紹達地關重要又坦噶尼喀湖至烏干達英
德會商已有便宜行事之權仍可聯為一氣其所宰割之地則法
瘠英腴故英人但圖法紹達來歸其他可曲從也王達云高等地
理言利普爾維爾臨喀布河挪郎𣸣學會圖漏載又云喀布河有最
艮之河口但水路甚短俄果威河長六百英
里為廣闊可航之河流河口成大三角洲

韋對國

韋對雷志云土國面積十萬五十英方里人二百六十萬口王達云韋
對當郎學會圖之瓦代大地誌言人口二百六十萬首府曰亞伯
設高等地理言瓦代為回教王國亞拉比亞人及黑人約五百萬
亞拉比亞人業貿易橫斷沙漠派遣隊商北於地中海岸之班加
西西於波爾奴輸送象牙奴隸駝鳥羽銅鹽等國內最占勢力者
為馬巴族性質獷猛日事戰爭有陸軍約七千人徵
收國內各州及屬國貢物奴隸牛馬蜂蜜穀物等

彼日迷國

彼日迷雷志云土國面積三萬三千八百英方里人百萬口王達云彼日迷郎學會圖之巴給爾美高等地理云亦瓦代之貢國橫於乍德湖之東南有刷里河貫其國內民務耕耘穫多量之稷以換煙草等

坎耐國

坎耐雷志云土國面積二萬五千六百五十英方里人十萬口又塞特湖羣島內有輪船一入口貨值十二萬七千磅出口貨值九萬四千磅多與法國貿易王達云坎耐似郎學會圖之干內木爲瓦代屬國高等地理云首府曰尼格米在乍德湖北岸其種族在北非中爲最猛烈之漂泊種族先謙案雷志塞特湖列國學會二圖作乍得湖世界圖作遮特湖湖中有島不著其名許考作雜得湖又云湖北地名加能物富人稠昔爲卜爾努直省今屬德葡轄

葡領恩哥喇謝志西非

恩哥喇雷志云葡屬包有喀賓打在康哥河北阿摩辟里士羅恩大本下幾內亞

格拉兒三米底士在康哥河南　沿海乾燥不能產物稍內多山有沃壤內地多曠野傍河之處間有樹林羅恩大熱度中數八十二度雨水十二英寸喀孔大熱度中數六十度高於海面五千五百英尺雨水六十九英寸全面積五十一萬七千七百英方里講義云四十八萬四千八百英方里人三百六十萬口入口貨值六十萬四千磅出口貨值八十萬七千磅加非磨沙蠟爲大宗與葡萄牙貿易鐵路三百五十英里　羅恩大會城人萬七千口徐志公額云西境有葡萄牙㮰關之地凡二部北曰昂痾拉南曰奔給拉產五金各鑛其商船往來專以販賣黑口爲事先謙案郎雷志之恩哥喇也列國學會二圖作葡屬安哥拉世界圖作葡領西部亞非利加現勢圖作昂拉慕志作昂痾拉周志作恩噶拉吳志作安科蘭矢志作安葛拉據二圖東北界公額國東界英領北羅對西亞南界德屬痾丁多的亞西北隅有城曰喀奔達在公額河北郎雷之喀賓打遶河而南曰安姆布利自郎雷之阿摩辟里士又南曰羅安達郎雷之羅恩大又南曰奔給拉郎雷之本格拉許考作本葵拉又南曰摩薩彌德斯郎雷之兒三米底士世界圖作莫薩美德斯皆西距大西洋又南爲庫內尼河入海處現勢圖作喀奈沕乃河之南郎德屬也課程云法公額在公額河北葡公額在河

南明世葡人所撕闢城曰羅安多一作羅昂哥亦作羅昂戈為葡

駐大弁之所羅安多卽羅安大也一統志云葡屬自孔戈河北之卡

本達案卽喀賓擺至河南富略岬全部二一圖作佛略角其河南別為孔戈案卽公額聖保羅府

在昂痾拉奔給拉摩撒美待斯案卽摩爾德斯薩諸州其首府曰聖保羅府

頗盛今已頹落矢志云安葛拉占下幾內亞之內部南自苦奈奈在昂痾拉市街美麗奔給拉摩撒美待斯兩港往時因輸出奴隸

河起北至金剛河止東接金剛自由國包金剛安葛拉彭闊拉蘇

本格拉諸州以金剛河南岸之山薩爾伐圖為首府其外有穆山墨

特斯案卽兒三米塞土及龍大案卽羅恩大等海港謝志云葡屬西非居下基

尼之極南起挪耳斯河北至庚哥河案卽公蘇澗東方內地與庚哥及

中央屬接壤包安哥拉笨革拉卽本格拉諸地面積四百六十萬方里

歲入三百六十萬圓貿易額一千萬圓首府曰散保羅灘大西洋

南方笨革拉城地勢頗佳亦少時疫講義云亘沿岸千里全殖民

地分公額羅安達奔給拉摩薩爾得斯略達五部首府羅安達鐵

道起此至內地凡二百四十四英里

德屬西南非洲

謝志南非痾丁多的亞

西南非洲雷志云德屬矢志云千八百八十六年歸德領其地大半宜畜牧惟文

呵克四周之山及北部宜於耕種德人漸有遷居此地者山最高

者七千英尺礦產覓得銅金及他種近有英德公司開採面積三

十二萬五百四十英方里人二十萬口內白人三千呵推討德與布虛曼二種十二萬七千哈劣種十二萬二千　華爾維治灣小邑與沿岸諸小島俱屬於英屬炭科侖尼案徐志痾丁多的亞一作合丁云在星卑巴西亞之南西距大西洋海東至加弗勒里亞南接加不長約二千五百里廣約二千二百里南北多山嶺中間沙漠橫亙墳壤無幾海濱窪下土脈膏腴物產頗豐地氣溫平不似迤北之酷熱惟颶風時作猛烈異常羽毛凶戾蟲蛇毒惡異地人未敢托足黑番名痾丁多的多以牧畜爲業怠於農事部落甚多各有酋不相統攝其較著者曰哥拉那曰那馬瓜曰達馬拉曰不書阿那曰波支斯曼先謙案即雷志之德屬西南非洲也世界圖作德領西南亞非利加有地曰達馬拉蘭案即騾拉達曰那馬夸案即騾瓜那曰倭耳斐拖灣即華爾維治灣列國學會二圖不署德屬之名北有達馬拉南有那馬瓜西有倭爾斐斯灣與徐志世界圖合鄂蘭吉河自鄂蘭吉境西流經西格利瓜之南入境經南界入大西洋海曰鄂蘭吉河口課程云合丁突在炭朴西北一作合丁多一作痾丁多的亞一作赫爾德一作霍坦託資案即霍登託之轉音霍登託又即合丁突之音變字緯綫自赤道南十七度起至二十九度北界公額南界俄蘭支河東連加剌哈里沙漠西抵大西洋長二千四百里廣千六百餘里地分三部以游牧劫略爲俗狀貌醜惡風俗卑陋其間稍通禮數者曰達麻拉斯即達馬那近年德人闢地至此强以兵力鈐制之講義云德領西南非洲沿岸自庫內尼河口至鄂蘭吉海口亘九百三十里間惟一倭耳斐斯

灣屬英領人種有霍登託索郎番志呵撒詞德之不修明索郎番志布盧曼彭偷達馬拉諸類歐人二千概爲德種前達馬拉及那馬瓜地方有德國宣教師協會時德國未暇經營南非英人乃由喜望峯殖民地派軍艦至倭耳斐斯灣保護此會千八百八十年以後達馬拉那馬瓜有土人相戰爭英國不及干涉德相俾斯麻克乃毅然占領此地英國進倭耳斐斯灣及沿岸一擲之地而已時千八百八十四年也達馬拉矢志作大麻拉周志作特姆拉吳志作達馬蘭許考作達麻拉斯云精造銅器那馬夸吳志作拏馬夸周志作納姆夸矢志作那麻快樋志云此二國境北自富略岬南至澳淩治河口濆海岸地方案澳淩治郎鄂蘭吉富略岬二圖作佛略角矢志云人口凡二百萬皆霍登託種中之那馬快及大麻種索大麻鄂達馬蘭愚蠢醜惡身不滿五尺不知營生飢則取蝸牛諸蟲類食之性險惡歐人屢爲所害近土匪蜂起爲亂其勢岌岌德國派兵援救其主要都會有二曰殘德非希曰恩葛拉配克那其海中之鄂爾非希索郎倭耳斐斯屬英土壤瘠薄物產甚少北部飼養家畜爲宜海岸近日發見金礦甚富謝志云西南德屬海岸幾長二千七百里中有洼非祉灣索郎華爾維治灣爲英國殖民地北部土瘠物少惟多草地可牧牲畜千八百八十六年歸德管轄華爾維治郎倭耳斐斯現勢圖作華爾非西餘見上王達云高等地理言達馬拉及那馬瓜之一部頗便牧畜海岸魚類充滿發見銅鑛未採英人常笑德人之無謀又那馬瓜之要地如貝坦甯在三千三百尺之高地首府曰鄂延木本圭達馬拉高地及庫內尼河庫邦各河間之北部地味豐饒爲各種鄂芬波族占領遂成鄂芬波之一部倭耳斐斯灣便停泊除由達馬拉而出之牛及漁獲魚類外日用品俱缺附近諸小

島以產鳥糞得名

賜進士出身　特賞內閣學士銜前國子監祭酒翰林院編修加三級　臣　王先謙謹撰

英領桑給巴 謝志東非先謙案雷志別出赤道下之非洲故無東
非洲之目謝志列東亞非利加一摩散比革郎雷志
之葡領東非洲二散西巴郎英領桑給巴及英領東非洲德
領東非洲三梭茅利郎英領梭曼利蘭及意領梭曼利蘭

桑給巴 慕志云緯綫自赤道北二度至南十度經綫未詳沿海五
千里南至莫三鼻北連亞然東接印度洋案此併島與國
言之

雷志云歸英國保護現止桑給巴配巴二島地面積九百六十英方里人二十一萬口入口貨值百三十三萬七千磅出口貨值百十七萬四千磅丁香象牙銅為大宗多與英印度及非洲諸商埠貿易

徐志非洲羣島云幾羅阿島蒙非亞島桑西巴爾島奔巴
島索哥德拉島在紅海之外印度海中廣長二三百里不
等皆阿剌伯所屬產香料象膽硃砂先謙案郎雷志之英領桑給
巴也幾羅阿乃桑給巴爾之一部非島名徐誤蒙非亞島亦近桑
給巴桑巴西爾郎雷之桑給巴島謝志作散西巴一作三西巴吳
志作山幾巴周志作若齊排矢志作殘齊罷世界圖作產吉巴奔
巴郎雷之配巴島慕志作本巴樋志作盆巴謝志作烹巴索哥德
拉郎索可特剌也觀𣊬爾列國學會二圖有桑給巴爾奔巴二島

謝志所云本國歸英保護者以其國主居島內也又徐志桑給巴爾云在亞然之南長約四千里廣約七百里沿海窪下林木叢雜野象成羣多怪獸奇禽內地多山西南尤聳峭江河回繞田維肥磽不一地氣酷熱多瘴癘民皆黑番奉回教分數十部不相統攝大者曰幾羅阿曰蒙巴薩即唐書之老勃薩曰美林德一作墨林他即唐書之磨麟許考云明季葡國有其地行商設埠極盛康熙朝阿剌伯據之曰馬加多朔餘皆小部許考云有澳廣大在維多利亞湖北本黑人舊國光緒十六年英人滅之物產穀果金銀銅鐵糖蠟棉花象牙鳥羽木料藥材貿易頗盛許考云盛出芭蕉先謙案幾羅阿蒙巴薩美林德據二圖皆東瀕海幾羅阿屬德領東非洲蒙巴薩美林德屬英領東非洲樋志云桑給巴以往時德版圖廣大轄及內地今惟海岸一帶狹長地與近海數島內地爲德所宰割桑給巴爾面積六百二十五英方里國王蘇爾丹居島府謝志云散西巴包散西巴島及附近諸島稱之海岸自茹巴河至德嘎哥角沿海三千里之地皆其屬土向有酋長千六百九十八年以來爲阿剌伯之末斯嘎德蘇丹所轄以販奴故市場興盛近禁販奴市已大衰然猶爲東海岸大商埠今王雖自立然南方爲德所占本國歸英保護又云德屬北界基尼滿乍羅峯與斐多利亞湖西界旦下亦嘎湖南界尼亞撒湖面積三百八十萬方里又云英屬北以茹巴河與梭茅利爲界瀕河斜上至北緯六度包尼羅河上流西界康哥南界德屬海中散西巴島烹巴島皆英保護地矢志殘齊罷云北自赤道邊止南至墨才比克及沿海諸島皆屬此國殘齊罷本島名今以名其國境內又分二部曰德領東亞非利加曰英領東亞非利加慕志云近時北邊小半屬英南邊大半屬德殘齊罷府在殘齊罷島上在東海岸爲最要貿易場穆姆敗撒案即忙巴撒則爲政廳所在之地又云殘齊罷本屬葡

蔔牙及土番酋長千六百九十八年爲阿剌伯牧史喀德府所征服謹考云屬阿轉脩阿曼部至邁絕德王今王之兄遂爲獨立國案志云都城散酉巴以阿拉伯人爲王自北緯三度南至特爾葛皮岬附近皆爲屬地千八百八十八年後爲德人所侵略千八百九十年其烹罷殘齊巴二島歸英保護案以上諸條當與英屬東非德屬東非參觀雷志界域爲最明晳

英領東非洲謝志東非講義云自英領納塔耳以北至紅海岸地是名東部阿非利加內分葡領東非英領東非德領東非意領索謀里蘭英領索謀里蘭法領索謀里蘭意領攸利茲利亞阿比西尼亞

桑給巴爾

英領東非洲雷志云沿海岸自阿摩巴河起至札勃河止內地至上尼羅河赤道北六度面積四十萬四千七百四十英方里人五百萬口其膏腴之地爲海岸坎庫猶之高原及維多利亞尼恩薩湖之四周孟哥在烏根德熱度中數七十一度六月六十九度十月七十四度雨水四十八英寸入口貨値二十八萬磅出口貨値七十五萬磅現方修築至維多利亞尼恩薩湖鐵路有輪船一在湖內行駛先謙案雷志英領東非洲即世界圖東部亞非利加之英領烏幹達也烏幹達即雷之烏根德蓋地方大名阿

比西尼亞山繞其東給尼亞山當其南白尼兒碧尼兒河鄉梶上流出其西北烏根德現勢圖作烏歹特列國學會二圖作烏干達維多利亞尼恩薩二湖互詳德領東非洲下謝志云英屬北以茄巴河與梭茅利爲界瀨河斜上至北緯六度包尼羅河上流西界庚哥南界東德屬首府曰忙巴撒英總督駐之講義云地在德領東非之北西接公額自主國北接加拉國及意領索謀里蘭東臨印度洋案加拉國二圖作加利蘭此慕志所云桑給巴北邊小半屬英者也當與英領桑給巴諸條參觀忙巴撒郎二圖東瀕海岸之蒙巴薩講義又云當德國求殖民地於東非之時英亦注目於此占德國殖民地以北之地漸次侵入成今日英領東非之基礎千八百八十六年英德訂約劃定二國勢力範圍千八百九十年英又得德領地遂北與意領土接境德王讓桑給巴保護權與英英併得奈巴各島千八百九十二年維多利亞西北之烏干達又屬英保護英政府擬自海岸蒙巴薩至維多利亞湖布設鐵道與雷所云修築至湖鐵道合王達云大地誌言英領東非分三部一東非保護地首府爲蒙巴薩二烏干達保護地門哥爲國王住所三桑給巴爾保護地首府爲桑給巴爾案門哥在維克多利亞湖西北隅郎雷之孟哥學會圖漏載此地名

英領東非洲謝志東非莫三鼻給

英領東非洲慕志云緯綫自赤道南十一度至十七度經綫自中國順天偏西七十六度至八十三度東枕窄海西界盧巴達山南接加弗勒里北連桑給巴長千四百里廣千六百里雷志云千八百九十一年分爲

莫三鼻羅倫科馬貴士二省名東非洲國設公司採礦開濬各種財源面積二十八萬二千七百五十英方里樋志云三十八萬二千人百五十萬口樋志云二百萬入口貨值百五十萬四千磅出口貨值二十四萬九千磅樋志云小麥糖加非獸皮象牙樹膠玳瑁往時以輸出奴隸獲巨利禁奴後衰微鐵路自德拉哥亞灣至潑里多利亞長三百四十七英里自本韋在般拉河上至邊界長二百二十二英里

莫三鼻會城人七千口

徐志莫三鼻給一作摩散鼻北一作麻索紬云在桑給巴爾之南長約四千四百里廣約千里山深林密象多如牛馬金礦金沙極多土田膏腴惟地多瘴癘民皆黑番奉回教部落有馬古阿蒙加木新卑等名不相統攝內有葡人所闢地七處曰莫三鼻給駐大酋總轄曰給林卑曰幾里馬內曰塞內曰索發拉一作所服刺曰義能巴內曰羅林索馬爾給斯近年葡勢衰弱貿易不多惟以販賣黑口爲事澳門各夷館所用黑奴皆從此土販來先謙案郎雷志之葡領東非洲也世界圖作葡領東部亞非利加列國學會二圖不出葡領之名東對馬達葛士加島爲莫三鼻海峽北界德屬南界英屬當哥蘭西界南北部羅對西亞及格蘭士瓦東瀕海有會城曰莫三鼻給與雷徐合葡人先闢七地後分二省而仍以會城爲其大名世界圖作莫三鼻克矢志作墨才比克周志作馬雜培克自莫三鼻克遡而西南爲給里馬內世界

圖平方圖作幾里馬內許考作幾利瑪內矢志作吉利孟又南爲三比西河口河之南爲塞內又南爲素發拉並與徐合矢志作沙發拉現勢圖作索夫拉又南爲義汗巴內郎徐之義能巴內又南爲林坡坡河世界圖作里母葡葡河河之西南爲洛楞剎馬貴斯郎徐之羅林索馬爾給斯雷之羅倫科馬貴士世界圖作洛楞薩馬克斯平方圖作馬貴斯馬貴斯之東有德刺哥灣世界圖作德拉果阿灣郎雷之德拉哥亞灣潑里多利亞郎德蘭士瓦之比勒陀利亞謝志云北曰摩散比革南曰走仁老瑪盃榛鄲羅塪散備西河蠔酃三橫貫中央面積二百六十萬方里首府曰摩散比革城在海岸小珊瑚島上南有基利瑪內城爲主要商埠講義云在英領納塔爾之北德領東非之南羅對西亞德蘭士瓦及鄂蘭吉河殖民地之東臨印度洋十五世紀末葡人發見此地千五百五年阿爾普奇爾奇始立殖民地今北自羅甫馬河口起南至德刺哥灣止沿岸千二百里面積三萬八千英方里土地肥沃宜棉加非及諸植物內地多良材富獸類礦物石炭然葡人四百年來殆放棄此地今葡國政府予諸會社以大權使各自墾植其管轄區王達云高等地理言莫三鼻給有殖民地軍隊及海軍總督管之然葡國政權所及實際不出二三都會及諸堡寨之外其所得常不相償歲由葡國政府補助巨額沿海要地曰莫三鼻給曰林得曰給里馬內曰伯拉曰索發拉曰義汗巴內曰洛林剎馬貴斯沿三比西河要地曰塞內曰得得曰疏木波千八百九十一年英葡協商開放三比西河以南之水道無論何國船舶均可通行

德領東非洲
（謝志東非）

桑給巴爾

德領東非洲雷志云自印度洋起至維多利亞吞根尼加尼亞薩諸湖止內地皆草地沿海諸山及西南西北諸盡處間有沃壤地種煙葉鐵路不多面積三十五萬千四十英方里人三百萬口入口貨值七十一萬七千磅出口貨值十七萬三千磅象牙木鼊子古波爾樹名其脂可作漆料爲大宗與德國貿易防兵二千二百三十六人

打愛司賽拉摩會城先謙案雷志德領東非洲郎世界圖之德領東部亞非利加也東有城曰薩阿達尼依圖作蘇亞達尼迤南日達爾薩拉摸依圖作達耳薩拉模郎雷之打愛司賽拉摩西北隅有嘁多利亞湖郎雷之維多利亞列國學會二圖作維克多利亞謝志作斐多利亞南有尼亞薩湖與雷合二二圖作尼安撒謝志作尼亞撒西有丹另尼加湖郎雷之吞根尼加二圖作坦噶尼喀謝志作旦干亦嘎北有克以利曼甲羅山二圖作乞力馬尼扎羅現勢圖作基利馬努若羅謝志作基尼滿作羅並見英領桑給巴下講義云南接葡領東非西接公領自主國及中央英領保護國北界英領東非東臨印度洋千八百八十四年德國殖民會社始謀殖民於此部海岸又與各地酋長結約占領各地翌年二月爲德保護國後又派遣軍艦威嚇桑給巴爾之回敎王亦歸保護其後以保護權讓英千八百八十六年與英訂約定南北界千八百九十年定西北界全面積約三十八萬英

方里內地高原多不毛沿岸低地肥沃植物亦繁政府助以鐵道汽船使之開通且設耕作及牧畜試驗場要港曰薩蘭木矢志云北自吉利蠻戛羅案即乞力馬尼札羅之南山麓起至維多利亞湖止西以湯加尼卡湖案即香根尼加與金剛自由國接界南界揑撒湖案即亞薩尼及墨才比克案即桑給巴克其要港曰敗戒穆欲曰幾兒哇案二圖東瀕海有薩蘭木敗戒穆欲現勢圖作巴格摩郁二圖作巴加摩雅幾兒哇二圖作幾羅阿王達云高等地理言德領東非地味豐饒然熱病流行海岸地方尤甚重要港除薩蘭木外曰巴巴加摩雅曰薩達尼曰班加尼達內地之大商路自班加尼經木巴巴及大波拉至坦噶尼喀湖東岸之烏日日亞拉比亞人貿易場也

英領梭曼利蘭 謝志東非亞德爾

梭曼利蘭雷志云英領沿亞丁灣面積六萬四千六百英方里人二十萬口大半游牧入口貨値三十四萬八千磅出口貨獸皮駝鳥羽毛牛羊加非矢志有乳香値三十五萬磅梭曼里之一大分及加拉諸地俱在意國勢力圈內　般般拉人三萬口　遂拉人六千口先謙案雷志英領梭曼利蘭即世界圖之英領叟馬利也其地有歐斯國里二圖作拉斯哥里及白白拉即雷之般般拉列國學會二圖作索謀里庫斯特吳志作梭馬利許考作索馬利周志作砂麥利矢志作沙馬里謝志作梭茅利又作索麻利現勢圖作申理依

圖作索毛利般般拉二圖作貝比拉現勢圖作白毘拉矢志作蒲伯拉問答作伯伯拉謝志作巴巴拉又雷志遂拉二圖作秀拉矢志作隨拉拉云皆亞丁灣內要港講義云英領索謀里蘭在意領索謀里蘭西北當紅海岸謝志云中央有亥內斯河東南流入印度洋西北隅爲法屬北岸迤東爲英屬東南一帶爲意屬沿海爲梭茅利人內地爲嘎拉人皆內革羅族也各分部落酋長治之矢志云沙馬里係一海角自殘齊罷東北起突出亞剌伯海而擁亞丁灣此地雖蠻民所居然自亞丁灣附近繞掰爾大飛岬至拉司蟹風止一帶海岸歸英管領其南至舊拜司口海岸謂之亞珠歸德管領居民皆沙馬里族居內地者曰掰拉司族舖志作嘎辣斯族又案此地西北隅世界圖有法領鄂博克依圖同郎謝志所云西北隅爲法屬是也二圖英領西北有俄布克講義云法領索謀里蘭在英領索謀里蘭之西北僅有俄布克灣頭一掬之地知俄布克即鄂博克矣現勢圖作法領俄布克

英領梭科脫剌

梭科脫剌雷志云傍介德富塞角一島千八百八十六年歸英國保護面積千三百八十英方里八萬口產沈香徐志云索哥德拉島在紅海之濱印度海中阿剌伯所屬產香料象牙硃砂先謙案郎雷志之梭哥脫剌也據徐說本屬回部而英取之列國學會二圖與徐同世界圖作索可特剌謝志作梭哥德拉輸出貨多蘆薈皮革珍珠慕志云土產沈香血竭島西南傍瓜達夫伊角現勢圖作高達發角世界

圖作瓜兒達肥角介德富塞蓋異名也又紅海曼的夫海峽內有
英領喀馬蘭島與意領伊里特利亞相近王達云大地誌言索哥
得拉與阿剌伯東南岸之庫里亞摩里亞島皆歸亞丁轄其地扼
紅海咽喉居軍事重要位置案此島本土人自舉島長北屬阿曼
光緒初年英與阿曼立約言此島當自保之毋令
他國占踞後以阿曼終不能固守遂收爲屬島

法領馬達葛士加島

馬達葛士加雷志云此世界第三大島謝志云世界第五大島講義云世界第四大島疑第
三是講義又云在距非洲東南二百三十英方里海中中隔莫三
鼻海峽自南緯十度至二十五度東經四十三度至五十度半皆
是島由東北而西南長九百八十英方里中央最廣處三百五十
英方里北半成長三角形南半平均寬二百五十英方里慕志云
緯綫自赤道南十二度至二十六度經綫自中國順天偏西六十
六度至七十三度長三千里廣千里總計七十萬方里謝志云當
南緯十一度五十七分至二十五度四十二分東經四十四度至
五十度二十分長三千里廣八百里面積約二百三十萬方里
地分三區一沿海沃壤二樹林三內地高原高三千九百英尺四
周有花岡石之童山繞之講義云高原向西傾斜河亦西注有比
拉哈河舟行約可至百英里內外注東岸諸水以蠻的波加河的利披拉河蠻可洛河俄尼
可洛爲大多急湍瀑布湖之大者有阿蘭阿多蘭湖山最高者九

千六百六十英尺講義云阿加蘭得舊火山爲島內第一峰殆至九千英尺即此全面積二十二萬八千五百六十英方里人三百五十萬口幾盡馬來種間有黑人及撒哈拉窩之雜種呵窩爲島內最貴之種矢志云種族甚多以馬來種之霍伐爲最優且有勢力其他皆係黑人講義云居民四百萬土人稱馬來加西此人種並非黑人種有疑此種自馬來玻里尼西亞族而出者族中支派惟呵窩開化最早人數亦多外有皮的勒窩南部中央巴拉西南地方他拉拏東南森林地方皮的米薩拉加東岸西亞拏加東北中央部薩加拉巴西岸全部言語爲馬來黑蘭尼西亞語混合而成天然財富礦產金銅鐵鉛煤入口貨值五十四萬磅出口貨革磨沙蠟牛值十四萬五千磅千八百八十五年歸法國保護千八百九十六年法以兵脅之闢爲屬地竄其女主於他方徐志馬達加斯加爾大島一作馬大狎甲又作墨勒阿士喀又作聖老佐楞云在印度海東南方與莫三鼻相近長約二千八九百里廣七八百里有高山綿亘如脊瀑布飛流數百仞最高者北曰維加哥拉南曰昂巴的美內山東西平原坦闊溪澗交縈田土肥沃清勝爲非洲一土之最惟地氣炎熱海濱涔澤居半瘴癘觸人異國人不能耐居民皆黑番從回教自古別爲一國無所羈屬法人屢圖之而未得也講義云馬達加斯加千三百年時馬可波羅著之記錄千五百年葡人的亞斯始來此地自後葡荷英法諸

國殖民於此矣志云其先治權皆國王所掌千八百八十四年法起兵伐之苦戰經年卒征服霍伐八千八百九十五年遂確認爲保護國今其島女王拉那伐龍格守舊約許考云明正德元年葡人達爾美達始往游歷泰昌時法王恩守理格第四築礮臺島東南濱今之道芬口也至國朝順治初法人設市於其地康熙七年以爲屬部乾隆三十九年遣柏烏斯幾往守土人叛法法奪其東境達瑪達物丁丁格等與英人忌之道光初媢痾瓦斯部人叛盡復所失城邑其酋拉達馬稱王咸豐末拉達馬第二嗣未三年有內訌死於亂其后辣所利拿臨朝同治中與英法美三國立約光緒十年夏法與島王因事失和自是兵爭無甯歲二十二年滅之泰馬泰夫熱度中數七十五度雨水百二十八英寸千八百九十八年入款三十七萬七千五百磅國用百十八萬五千磅兵額五千七百人　恩泰那那里復會城熱度六十五度雨水五十三英寸徐又云地分數十部不相統攝大者曰痾瓦斯曰塞哥拉瓦斯曰安達瓦爾斯曰卑定薩拉曰卑達尼美內曰安達美西餘不著土產絲麻蜜蠟竹蘇木甘蔗樹膠青黛煙葉白胡椒沙穀米金銀寶石水晶銅鐵錫鉛水銀煤土番不解搜採攻鐵而已先謙案郎雷志之馬達葛士加也列國學會二圖作馬達加斯加世界圖作馬達牙斯加兒謝志瀛寰圖作瑪達嘎斯嘎周志作麥達犛斯加現勢圖作馬達介斯加島之中境有城曰安坦安阿里瓦世界圖作塔那那里窩郎雷之恩泰那那里復謝志作安達那那

利佛矢志作安泰那那里伏吳志作安塔拏利波許考作達拏拏利物斯講義作達拏拏利威慕志作安達安阿里窩周志作恩吞諾利維云首府也在美里納高原臨伊可巴河有宮殿寺院官舍學校等東近海日大馬達威郎雷之泰馬泰夫世界圖作塔馬塔夫謝志作達馬達斐慕志作達米打威許考作達達馬達物現勢圖作德馬荅夫矢志作大馬太巫吳志作他馬脫講義云要港也今鐵道將貫通首府大馬達威之間首府與沿岸地方多通電信外有法吶蘭昨在東南部倫可斯阿勒臨安敦布克灣俱扼要都會

法領哥摩羅羣島

哥摩羅羣島雷志云在莫三鼻海峽本火山所成其大哥摩羅尚有未熄之火山高三千五百二十英尺面積七百六十英方里人六萬二千口　馬約大面積百六十二英方里人八萬七千口入口貨值二萬四千磅出口貨糖華呢拉藥草名值三萬八千磅爲法領地餘島歸法保護先謙案雷志哥摩羅馬約大列國學會二圖同世界圖作可摩洛諸島其南郎馬達加斯加島慕志云哥羅摩四島在莫三鼻窄海中中有一地馬約大爲法人首邑謝志作華摩羅云一作可摩路法國於此設儲煤廠現勢圖作戈模羅

英領毛里削斯島

毛里削斯島雷志云英領在印度洋爲火山所成高二千七百英尺面積七百三十九英方里人三十七萬千六百五十五口全島雨水中數六十英寸入口貨値百三十七萬九千磅出口貨値百九十七萬八千磅糖居百分之七十八糖水酒沈香鐵絲椰子油爲大宗矢志有加非棉多與英及其屬地貿易鐵路百四英里議會二十七人內惟十八公舉入款五十四萬三千磅國債百二十三萬七千磅

聖魯意士會城熱度中數七十七度正月八十二度七月七十二度人五萬八千六百六十九口徐志毛里西亞島又作妙哩士一作冒勒士埃云在馬達加斯加爾之東周環五百里氣候炎熱尚可居棲英人闢之駐以大酋附近小島四十餘產白糖先謙案即雷志之毛里削斯也聯志列國學會二圖與徐同世界圖作毛利削斯謝志作茂利斯云一作毛里士矢志作穆利久斯其西二圖有魯義斯即雷之聖魯意士慕志作三魯義謝志作路伊斯云在西北岸爲英海軍煤廠矢志作路易云穆利久斯旁爾蘭及附近諸島總稱曰邁斯克來內王達云高等地理言千

五百五年葡人初發見此島千五百九十八年荷蘭始移民島內以荷國太子毛里西之名名之千七百十二年法人取之千八百十〇年爲英有大地誌言毛里西亞有中國人三千餘奉婆羅門教及基督舊教其地景色絕佳與太平洋大赫的並稱首府魯義斯艮港也設堅固礮臺案大赫的在大洋洲索晒伊的羣島中

英領塞舌勒羣島雷志云以下所述諸島皆毛里俳斯之屬

塞舌勒羣島雷志云珊瑚島二十九座最大者爲馬哈全面積一百二英方里人萬六千四百四十口入口貨值七萬五千磅出口貨椰子油華呢粒藥草丁香玳瑁值十萬一千磅先謙案雷志塞舌勒列國學會名二圖作塞設勒標英字慕志云三十島世界圖作塞舌耳其西有馬黑島卽馬哈也在毛里俳斯之北桑給巴島之東平方圖亦作馬黑矢志作塞切爾云有世界最大之椰子樹產椰子油鼈甲等

英領羅得給島

羅得給島雷志云面積四十二英方里人二千二百十口入口貨值六千四百二十磅出口貨值八千五百磅先謙案雷志羅得給列國學會二圖作羅

得里吉士島標英字在毛里西亞之東慕志云羅得給島英有總督駐之土產糖香品烏木

英領采哥羣島

采哥羣島雷志云珊瑚島面積四十二英方里人七百口出口貨椰子油　蒂哥格西亞儲煤之所王達云大地誌言蒂哥格西亞橫於南緯七度東經七十二度至七十三度之間爲采哥羣島中之一島高等地理言此極好碇泊場由紅海經航澳洲者以此爲重要之儲煤所

英領喀格多斯島

喀格多斯島雷志云面積六十七英方里人四百二十口王達云高等地理言喀格多斯島在毛里西亞東三百英里爲花鋼石性之島此與上采哥羣島俱歸毛里西亞政府轄

英領亞密蘭羣島

亞密蘭羣島雷志云面積三十二英方里人八百口先謙案雷志亞密蘭列國學會二圖作亞密蘭丁羣島標英字在塞舌勒羣島西慕志云十一島平方圖與雷同依圖作亞美蘭

英領愛耳打巴拉島

愛耳打巴拉島雷志云面積四十二英方里無居民先謙案雷志愛耳打巴拉列國學會二圖作亞耳達布拉島標英字在亞密蘭丁西南

法領路尼恩島

路尼恩島雷志云法領火山所成在印度洋高萬七千英尺面積七百六十英方里人十七萬千七百八十一口入口貨值七十六萬六千磅出口貨糖糖水酒加非值七十七萬六千磅徐志云不爾奔島作補本耳在毛里西亞之東長百八十里廣百三十里居民九萬餘法人所闢田土膏腴地氣平善內有火山吐燄不息土產穀果加非糖棉花煙葉丁香桂皮木材黑金珊瑚沿海無港澳商船停泊往往遭風損壞然法人每歲往來不肯棄也先謙案即雷志之路尼恩島也列國學會二圖作酉尼汪島不爾奔標法字酉尼汪即路尼恩之音變字不爾奔存舊名世界圖毛利削斯之西有法領利愉尼安島利路安恩雙聲字是利尼安即路尼恩愉乃語助徐之不爾奔爲法人所闢無他地可以當之必即此島而誤西爲東也矢志作旁爾崩謝志作波爾奔云一作布阿邦一名壘玉尼恩首府曰聖德尼斯在北岸壘玉尼恩亦利愉尼安之音轉字變慕志云首郡名三德呢斯法總督駐紮

法領聖保爾島雷志云以下路尼恩之屬

聖保爾島雷志云面積三英方里無居民王達云聖保爾當郎學會圖之森抱耳大地誌屬法領學會圖標英字似誤

法領牛阿摩司段德島

牛阿摩司段德島雷志云面積二十五英方里無居民王達云牛阿摩司段德當郎學會圖之亞摩斯德登大地誌亦屬法領學會圖標英字誤

法領叚貴倫孳島

叚貴倫孳島雷志云面積千三百十七英方里無居民王達云段貴倫島似郎恰給郎島大地誌云在南緯五十度東經七十度屬法國

南非洲樋志云南部自西富略岬至東莫三鼻給以南至阿嘎勒哈斯岬成三角形之地方是也案雷志惟德領西南亞非利加列赤道下非洲餘與樋志同課程云脫蘭士甫耳與岌朴哥羅尼一在南土之東一在南土正南此外由岌朴而北若俄蘭支若伯楚阿那由岌朴而西北臨大西洋若合丁突由岌朴脫蘭士甫耳而東而東北臨印度洋若加弗勒里若那達

耳若蘇盧皆非洲南土之國案謝志南亞非利加一西南德屬即雷志之德領西南非洲二革伯哥羅尼即英領岌科命尼三那達勒即英領耐脫爾四蘇魯地即英領若盧蘭五俄蘭支殖民地即奧淩貢河領地六德蘭斯法勒殖民地即英領脫郎斯窩耳七南英屬即彼春那蘭

英領岌科命尼謝志南非加不一名岌朴

岌科命尼慕志云緯綫自赤道南二十九度至三十五度經綫自中國順天偏西八十八度至九十九度西接大西洋東南距印度大西二洋交匯北連合丁多長五千二百里廣千八百里案合丁多即瘊丁多土訥雷志云地形向內漸高最高者喀伯斯堡山八千九百英尺先謙案即馬孝那山雨水苦少惟南海岸及東部雨水充足故殖物繁盛面積二十二萬五千六百九十英方里人百七十二萬七千口矢志云百五十三萬三分之二係黑種餘爲移住歐人十年增百分之二十二千八百九十八年馬三十八萬二千六百十牛百二十萬千五百二十二綿羊千二百六十一萬六千八百八十三矢志云牧羊之業澳洲南美洲外無出其上者山羊亦三百萬頭出駝鳥礦產煤金鋼鑽金銅

每歲葡萄酒約六百萬格倫入口貨值千八百六十二萬一千磅出口貨值千五百五十七萬三千磅金九百七萬三百磅金鋼鑽值四百六十二萬五千磅矢志云最近十九年間輸出價值一億八千萬弗二億二十七萬二元羊毛值百六十八萬九千磅鴕鳥毛值五十五萬一千磅與英國貿易千八百九十八年鐵路二千二百六十一英里英設總督治之有立法二議院議員皆由人民公舉入款七百三十九萬磅國債二千七百二十八萬二千磅騎兵千十五人義勇兵七千七人講義云諸港俱有鐵道聯絡官私共二千二百九十英方里

岌潑統熱度中數六十二度正月六十九度七月五十五度雨水二十六英寸人五萬千二百五十一口

荆伯來人二萬八千七百十八口

依利祉巴埠人二萬三千二百六十六口以上要區徐志云非洲南土由東西漸削如筍至極南乃齊平地形作東西之勢東面距印度海者曰加弗勒里亞剏靦卅西面距大西洋者曰星卑巴西亞曰痾丁多的亞極南地盡處距太南海曰加不又云加不一稱

岌朴〔一作岌科隱曷朴又作好望海角〕在非洲極南地盡處東西齊平東印度海西大西洋南大南海長約二千里廣約千里城建達勒與亘二山之麓俗名大浪山其地温和卉木繁盛牧場寬廣牛羊孳息穀麥堪出糶種葡萄釀酒極甘適北半係沙漠每風起雲合黑氣迷漫產獅象虎兕鹿麂河馬〔角可作刀柄〕長頸鹿〔頸長於身〕駝鳥〔似鬪雞而高大爾又似橐駝漢書云大馬爵波斯印度天方皆有之不獨此地也〕土人短身黑面穴地而居得野獸則生食之前明時葡人始識其地荷人踵立埔頭徙國人耕之捕土人爲奴流寓者半以牧畜爲業內地沿溪傍河亦有聚落而沙磧圍繞往來甚遠駕犢車行沙中往往中道渴死故地界迴環數千里戶口不繁嘉慶十年英人奪取其地別開埔頭又云非洲南土吸朴〔番謂山盡頭處爲岌〕爲歐人東來必由之路其地形銳入南海水勢迴薄風濤極烈舟易損壞必謀修葺之所又長途水米或缺必需接濟歐船東來逕收帆寄椗於此荷人墾闢蓋有所不得已英人奪取特惡荷獨當衝要耳近歐人海道愈熟舟行迅速收泊者十無二三則亦無關輕重矣其土惟極南濱海處稍沃可以耕牧適北則平沙沒骭不足貪也先謙案即雷志之岌科侖尼也列國學會二圖作開普蘭世界圖作開魄哥羅尼平方圖作開普科琅尼依圖作開浦科羅內矢志作岬殖民地吳志作殖民岬周志作哇特角無名氏吸朴考稱爲地蘭士華路云即好望角本名阿輔丹北司峽譯言暴風山斗出海中時有回風舟行極險西人改名兀賀峽言山峽情景可觀也許考云加不譯言海角葡人初名曰大浪角後葡王若望第二改曰好望角一作善望角又曰喜望峰謝志作革伯哥羅尼云一名土角殖民地據二圖北界鄂蘭吉貝專納西南臨海東界巴蘇陀蘭加弗勒里亞西南隅有城濱海曰開普墩

即雷之岌潑統世界圖作克伊葡暟謝志作革伯盾樋志作岌朴當云在推勃爾山下雪山厥畫頭處近推勃爾灣有推勃爾山山頂平圖爲航入岌朴嵩船岸之標的雪山一作考蘭巴山一作夸蘭寧在奧凌貢東境矢志作岬市慕志作岌朴敦課程作開伯盾周志作愷柏墩其南即好望角迤而東向南有角曰阿姑雅斯角東境有格拉含斯唐其南有港曰厄里薩貝斯背講義同云在阿果阿灣即雷之依利社巴埠世界圖作依黎撒伯須港即愛立柴培師港也矢志之云千六百五十年荷人刱建千八百六年英軍占領蠶食其附近地漸次擴張深入內地首府曰岬市有鐵道馬車公家花園煤氣管等愛立柴培師港在亞爾告灣內亦繁富北以橋河爲境即鄂蘭吉河土地乾燥宜畜牧不宜耕種殖民之始有犀象獅甚多及土地日益開墾野獸皆逃入內地自蘇彝士運河開通後巳不如從前繁盛然各國輪船經其地者尚多且電綫直通英國鐵路深入內地實英國殖民重要之處各地設小學校首府有大學校一樋志云居民白種三之一餘黑種又分爲二曰加弗勒族圖志作客夫亞強壯英敏最優曰疴丁多族圖志作霍吞脫無名氏記作和鼎圖矮小汗賤極劣案今之岌朴深入北境非當日加不之舊故加弗勒疴丁多兩族並有遺種在其域內足證開普蘭北境即爲東西二族分界之處而加弗勒里亞西境且越德蘭士瓦鄂蘭吉約得格利瓜蘭之半可推見也王達云高等地理言好望角殖民地北包莫洛玻阿以南之貝專納蓋依最近之區畫合爲一部厄里薩貝斯人口三萬中國人甚多近設有領事署此港爲羊毛大市場格拉含斯唐高於海面千七百餘尺氣候甚佳東部諸州政廳在焉又喀拉佛利內特爲內地最舊最大之都會有沙漠寶石之目奇木貝勒人口三萬爲金剛石產地最新埠先謙案近出開浦殖民地志云

開浦殖民地者通常之稱謂官名則曰好望角殖民地開浦譯即石角以有好望角在西南端也南北位於南緯二十八度及三十四度五十分之間東西位於東經英天文臺十八度三十分及二十九度五十分之間其中爲大西洋南爲印度洋北界鄂蘭吉河河北爲那馬瓜蘭喀拉哈里沙漠及鄂蘭吉國東起替斯河附斯道木波格山遵凱河而至於海河彼岸爲加佛勒里亞國此河岸亦有其國之屬部其氣候皆乾燥康適空氣清而發揚入冬極冷清爽合歐人之居處好望角者葡國巴索羅妙地亞斯於千四百八十六年所發見先在阿耳古亞灣登陸採新西岸經大風吹舟出港命名曰大風角葡王更曰好望角當時以通印度爲事知此路一通則至印度無須起陸因其大有後望命是名也荷人知此地爲海程所必經汲水取糧皆在此蓄謀奪取千六百五十二年值葡國勢衰其東印度公司遣樊呂比克率歐人闢除好望角爲殖民地其土著人曰奇奇荷人易其名曰霍登託德人初所占地不越今之開浦墩後拓地漸廣遂土人於境外或夷爲奴苛暴不堪因之農商工業俱不發達甘木都斯河者界於加佛爾人霍登託德人之間荷人亦視此河爲其東界千七百四十年荷人忽渡河與加佛爾戰千七百八十年荷人殖民地界已及於大魚河自法國大革命後幾於無國不用兵荷屬殖民地中人名爲荷屬中有日爾曼人佛來敏斯人（其地今爲法比尼德蘭所分）波蘭人葡人法人之休格諾德政黨人（不容於國逐來此地）及波亞爾人亦起與荷政府爲難英國遣水師往平之議和時其地遂爲英有派酋長莞理之千八百二年拿破侖與各國盟於阿敏斯議休戰爭斷英返諸荷千八百六年歐洲和局決裂英復占取千八百十五年拿破侖敗各國會於維也

納尼柔蘭王以好望角之地歸英其時約廣十二萬方英里居民六萬餘千八百十一二年英始與加佛爾開戰千八百十九年又戰英屬邊界拓至凱斯卡馬千八百三十五年英督師便雅敏度爾班復推廣英屬邊界至於凱河後英政府調回便雅敏於是界兩河間地仍歸加佛爾人千八百四十六年復戰至千八百四十八年乃已千八百五十年復戰至千八百五十三年乃已所得之地名曰英屬加佛勒里亞其初英人仍令加佛爾人居之後乃改爲英人殖民地初千八百二十年英國有移居南斐殖民地之人六千口舟抵阿耳古阿灣遂爲東邊殖民之根基後成一極繁盛之區其間有格拉含斯唐及伊里沙伯等埠千八百三十四年開浦殖民地舉行釋奴實政舊日爲奴之霍登託德人及他種人一去其奴籍波亞爾人不以釋奴爲然仇英之心甚切千八百三十五六年波亞爾人欲挈妻孥遷居境外者甚衆賤售田產渡鄂蘭吉河北而至加佛爾人所居地與土人接戰雖小勝頗爲所窘中有彼得呂替夫挈領多人越得拉肯斯貝格山西占納塔耳一隅蘇路土人與爭堅持勿去千八百四十二年英取納塔耳爲屬地波亞爾人知力不能抗復伏馴而作僑民仍爲獨立千八百四十八年英人以波亞爾人屢犯國法復有土人愬其罪狀於是英巡撫取其地歸英保護加以干涉名曰鄂蘭吉河英屬地尋波亞爾人藉詞英人在納塔耳行政苛虐謀作亂有迫里討列斯者率衆踰得拉肯斯貝格山復有波亞爾人不滿於英者自東來會樹義旗與英爲難英巡撫斯密司渡鄂蘭吉河擊敗之波亞爾人再移居於瓦耳河之彼岸自立政府千八百五十二年英廷派員至非畫界且允波亞爾人獨立千八百五十三四年英人以鄂蘭吉河

英屬地之荷蘭波亞爾人擾害治安防不勝防擬舍其地令波亞爾人自治英國不再任其行政權英廷亦決計遣治克勒克至非改其地爲鄂蘭吉庶建國其行政長爲一總統另設議會以輔之議員由民公舉先是英國軍犯發配澳洲之新西惠而斯及塔斯馬尼亞島後擬不發舊地適因亞爾蘭亂事軍犯極多以書咨問開浦巡撫將以發配其地未得報書遽以舟載軍犯二百八十九人往南非僑民聞而大譟開抵制軍犯會約凡與聞軍犯登陸或供給糧食及僱爲傭者與之絕交通貿易千八百四十九年九月十九日軍犯舟入西門司灣僑民洶洶將亂巡撫允不令軍犯登陸移舟赴塔斯馬尼亞亂事始定自此僑民堅請政府允其自立一代議政府千八百五十三年英主維多利亞允之予以權利甚多千八百五十七年加佛勒里亞之阿馬克蘇撒種人中有號爲先知者言其地苟有多人能捨其生命財產是爲英雄必將復活於世是年其土人數約五萬同日自盡去種人三之一於是歐人占其遺地中有德國二千人先嘗與英人同戰於開迷亞者人極勤儉亦居於此千八百六十三年自開浦敦至惠靈吞鎮之鐵路工畢千八百六十年卓面灣大隈成千八百六十五年英領加佛勒里亞歸併開浦殖民地其間有英王維廉埠及東倫敦埠千八百六十七年英人在鄂蘭吉河北岸發見金剛石田以後世人往者愈多工藝日以發達西格里瓜蘭又入於英屬巴蘇陀人者貝專納加佛爾人之分支也居鄂蘭吉河上流之谷地中自千八百四十八年至五十四年皆歸英保護千八百五十四年後英人以鄂蘭吉屬地屢作不靖防護爲難乃捨其地令波爾亞人自治之立爲一自由國覲後巴蘇陀人屢與波亞爾人爭戰巴蘇陀酋摩什須薪

請英莞其地千八百七十一年英政府下諭復取巴蘇陀人及其居地爲英屬千八百七十四五年加佛勒里亞南北諸大地及凱河外芬哥及湯部奇人所居地納塔耳以南之東格里瓜蘭土酋自顯均爲英屬千八百七十六年英政府以五百萬鎊母財築南非四大幹路一增長開浦墩通惠靈吞鐵道二三以伊里沙伯埠爲起始地四以東倫敦埠爲起始地自開浦墩至伊里沙伯格拉含斯唐英王維廉東倫敦昆斯墩西比奧法特格拉佛利內特克拉多克科勒斯波格及奇木貝勒等埠皆有電綫通消息千八百七十三年以前殖民地分東西二省千八百七十四年以版圖愈擴區分七省曰西省曰西北部曰中央省曰東南省曰東北省曰東省其土人部落政府遣專員駐其地以莞理之而受節制於開浦墩所立之土務部殖民地中多數之民爲霍登託德人馬留人尼革羅人加佛爾人千八百六十五年西部有霍登託德人八萬二千人馬留人本荷人移至其地以供驅使者尼革羅人皆自非洲東岸移來格里瓜人乃波亞爾人與其霍登託德奴隸所生之雜種十九世紀初多隨波亞爾人遷居鄂蘭吉瓦耳兩河間者其人自有酋長一曰華忒波亞爾一曰考克千八百五十二年考克之衆與其餘分去遷居納塔耳南之奴曼斯蘭其人有萬五千之多後與其土著阿馬烹多人阿馬巴加人戰爭甚久數乃銳減其所居地今名東格里瓜蘭或名新格里瓜蘭霍登託德人加佛爾人所居之地界綫以東經二十六度爲區別今加佛爾人居於殖民地本部者有阿馬克蘇撒人又有芬哥斯人初居納塔耳左近後蘇路加佛爾酋有卻加者逐芬哥斯人居開浦殖民地中又爲白種僑民夷而爲奴千八百三十五年巡撫便雅敏釋出奴籍有

萬六千人移居迫地又遷居今芬哥蘭地在凱河之東已入英國版圖矣統計千八百六十五年加佛爾人居殖民地本部者已十六萬四千五百人至居土部之加佛爾人歸入英屬直接受制於法權者一巴蘇陀人又名山居之貝專納人即酋摩什須所團結者千八百七十一年來附其居地自巴蘇陀蘭外尙占居東格里瓜及得拉肯斯貝格山間之奴曼斯蘭二阿馬巴加人分爲二派一居納塔爾接壤之奴曼斯蘭一另奉一酋曰馬考拉居聖約翰屬地東北部三阿馬克塞西皮人其酋曰育育居東格里瓜蘭之南四亰多米西人有二酋居聖約翰屬地之南部五里哈納西皮及里本雅人皆小山族居聖約翰屬地之西北六湯部奇人爲加佛爾人之多且强者其居本部者在渥德好司之東南昆斯墩之東北餘居楚母河𣴎𣿭流域中別有獨立兩派一阿馬亰多人居本部及納塔耳地人數最多其居聖約翰河下游兩岸者約十六萬人一格納喀里喀斯及北木法納斯人居凱河烏木塔塔河間之海濱先是英沿荷蘭舊法設二部一行政部人由政府選充莞理地方一顧問部由行政官薦舉僑民由巡撫派充後改政設二院一立法院一衆議院院員皆歸民舉七省各舉三員著爲定律立法院員其人之不動產必值二千鎊以上若合計活動產必四千鎊以上年必三十以上允舉必二十五人以上爲合格十年滿任衆議員不論財產共六十八人五年一任操選舉權者其人產業值二十五鎊以上年俸必五十鎊以上爲合格巡撫有解散二議會之權亦可解散衆議院其立法院政府決議之事雖君主有命巡撫謂否亦可不行亦或暫緩待君主再決之商務重要各埠一伊里沙伯埠二開浦墩三東倫敦四摩塞耳灣五阿爾勿列特埠六

西門斯埠出口貨大小麥雀麥蕎粟麥麪粰蠶豆豌豆棉花沈香葡萄鹽酒菓餞白蘭地酒鹽魚駝鳥羽（値八十七萬六千八百一磅）生皮角馬匹象牙安哥拉羊毛（値四十八萬九千九百五磅）羊皮羊絨（値八十三萬七千八百九磅）金岡石（値三百四十三萬三千八百三十二磅）自然銅礦（皆出那馬瓜蘭歲產至萬三千噸千九百年四萬二千六百七十八噸）煤（千九百年十九萬八千四百五十一噸）爲大宗入口貨金（自忒蘭斯瓦耳入口復從殖民地運往他國値三十三萬六千七百九十五磅）製造物呢布鋼鐵器糖煙草爲大宗千八百七十九年忒蘭斯凱芬哥蘭伊度替瓦奴曼斯蘭皆歸英屬於是北界直接恩木塔塔河岸千八百八十年巴蘇陀蘭之西曰西格里瓜蘭來附千八百八十六年塞西皮來附隸於東格里瓜蘭明年羅得谷地來附千八百九十四年烹多蘭全地來附自是加佛勒里亞皆爲英英屬貝專納蘭者界於鄂蘭吉摩洛普兩河間其西界及於英天文臺東經二十度幾其地極大千八百九十五年來附大那馬瓜蘭爲德所得惟倭耳斐斯灣四圍之地於千八百八十四年來附開浦敦在桌面灣中桌面山北麓距好望角北三十英里形如土股支出海外有政府衙署大公堂美術館公家銀行郵政局公家藏書室（有四萬卷以上）博物院議院禮拜寺大學校植物園灣多風潮今築殺潮墻舟楫安穩沿岸置砲壘礮堡有西門斯灣爲水軍根據地別築船塢備陸師以資保衞西亞斐利加亦有水軍根據地分兵艦十三駐之

英領耐脫爾（謝志南非）（加弗勒里亞）

耐脫爾雷志云英領面積萬六千七百四十英方里自印度洋至

特雷肯堡山頂氣候不同人五十四萬三千九百十三口十年增百分之三十五耕種地有八十四萬五千九百五十英畝千八百九十七年有馬四萬八千六百八十九牛二十四萬八百二十一綿羊六十七萬九百六十二山羊三十萬六千九百七十八人口貨值四百六十三萬磅出口貨值百五十七萬五千磅出產煤歲出十三萬噸金六萬一千磅糖值萬七千磅羊毛值五十三萬三千磅鐵路五百五英里英以總督治之有立法二議院入款二百二十一萬三千磅國債八百一萬九千百四十三磅義勇兵千三百九十一人　彼得馬利士堡會城人二萬四千五百九十五口　段本要區熱度中數五十九度雨水百二十六英寸人三萬九千二百四十五口　先謙案雷志耐脫爾列國學會二圖講義作納塔耳世界圖作內特爾課程作那達耳亦作那達勒亦曰緋多里平方圖作坡特那達耳許考作那達爾樋志作那達兒政要作奈搭勒矢志作吶脫爾据二圖北界蘇路蘭西北界德蘭士瓦鄂蘭吉南界巴蘇陀蘭東臨印度洋東境有

比得馬利斯波格郎雷之彼得馬利士堡慕志作彼得馬利堡謝志作彼得瑪利支波革矢志作彼得邁利茲堡樋志作披他瑪力堡矢志云先屬岬殖民地後改直隸英國人皆卡飛爾種族以牧羊爲業地產金謝志云初與革伯多羅尼爲一部今分爲二約二十萬方里物產羊毛羊皮牛皮棉靛青近年南非洲戰事英兵多於此登岸講義云在喜望峯東西限得拉肯斯貝格山脈課程云緯綫自赤道南二十八度至三十一度五分長六百餘里廣五百餘里首城在波羅達爾海口曰度耳班謝志同亦作特辦明代葡人覓得其地至道光時歸英隸岌朴大酋咸豐中英復置兵帥專領之案德班度耳班特辦一也郎雷之段本

英領若盧蘭 謝志南非 加弗勒里亞

若盧蘭雷志云歸英保護由耐脫爾總督兼轄面積九千五百英方里人十六萬四千三百四口礦產煤金　愛梭英有大臣駐之

先謙案雷志若盧蘭列國學會二圖作蘇路蘭世界圖作蘇盧蘭矢志作自羅倫樋志作蘇魯蘭課程作蘇魯一作蘇盧亦作蘇路据二圖北界當哥蘭西界德蘭士氐西南界納塔耳東臨印度洋謝志云蘇魯地面積十二萬方里人民卡嘎弗兒族矢志云歸英保護皆卡飛爾人種案卡嘎弗兒卡飛爾皆郎加弗勒以耕種畜牧爲業樋志云歸英在那達兒與莫三鼻給中間海濱一小國慕志云蘇格蘭光緒五年與英戰而敗英縛其王旋釋之封於故國其土分爲數部亦相爭課程云蘇魯在那達爾之北索拉發之南東臨印度洋西界脫

蘭士甫耳長千三百里廣二百餘里以游牧爲俗有大酋治事而聽命於那達爾英酋王達云高等地理言蘇路蘭人有武士風奮力戰陣今一變而從事於耕作畜牧以牛及玉蜀黍爲重要貿易品與外人交換棉布鐵器

英領湯格蘭

湯格蘭雷志云千八百九十五年歸英保護面積二千四十英方里人五萬口其地北向至葡屬邊境止先謙案雷志湯格蘭列國學會二圖作雷哥蘭東北界葡領亞非利加之洛楞刹馬貴斯雷所云葡屬邊境也西界德蘭士瓦南界蘇路蘭東臨印度洋依圖作冬瓜王達云高等地理言當哥蘭爲蘇路蘭東北海岸有小土人國千八百八十七年歸英國保護千八百九十八年移歸納塔耳政府今爲殖民地之一部長約七十五英里廣四十英里面積約五千方英里地勢平坦賴波各拉河及他河以灌溉又言當哥蘭西北有沙細蘭土人國三面界德蘭士瓦東一面界葡領地及當哥蘭面積八千方英里人口約六萬鑛物尤饒於金波亞人欲併吞此國與附近小海岸一帶以謀出海之便英政府不允依千八百九十年協商承認沙細蘭王獨立國內政治委任代表英荷及沙細蘭三委員又承認沙細蘭對於南非洲共和國許其達海鐵道貫通國內然波亞政府要求不已至千八百九十五年始允移此國於共和國政府特別施政之下首府曰布美爾得甫爲重要貿易中心

英領巴什多蘭

巴什多蘭雷志云英領地在奥淩資河上流面積萬二百九十英方里人二十一萬八千八百十二口地甚膏腴礦產煤銅鐵等

馬什盧會城人六百八十二口先謙案雷志巴什多蘭列國學會二圖作巴蘇陀蘭世界圖作巴斯透蘭慕志作巴蘇託蘭樋志作白蘇土蘭課程作巴蘇拖蘭据二圖東界納塔爾西北界鄂蘭吉東臨印度洋西南界開普蘭奥陵資河郎鄂蘭吉河加弗勒里亞在其南境樋志云岌朴哥羅尼之東有二小州一曰自蘇土蘭一曰加弗勒里亞俱黑人所居白蘇士蘭已全歸英惟加弗勒里亞尚存獨立州之名徐志云加弗勒里亞一作喀士列野在莫三鼻給南東距印度海西連痆丁多的亞西南接加不長約四千里廣約千里迤西多沙漠乏水泉東多山谷壤土腴厚產金銀銅鐵珊瑚琥珀鷹鷲獅象熊豹羚羊水牛鼉鱷海馬黑番長大有力惟務稼穡部落甚多在海濱者有古蘼當不給忙不給等部內地有比里加達爾馬哈巴羅隆馬盧的西馬著馬幾尼等部案据徐志昔之加勒弗里亞東臨印度洋北界莫三鼻給南界開普蘭自索發拉至巴蘇陀蘭皆其地今歸英屬諸部名迹無可考矣課程云加弗勒里亞一作喀之拉里阿亦作嘎弗雷利亞緯綫自赤道南三十度四十分至三十三度五十五分東北界那達爾東及東南環印度洋長六百餘里廣四百餘里土肥瘠不同少川澤礦產金銀銅鐵部落不相連絡首城日巴馬敦一作

帕馬頓同治三年英取之隸於岌朴大酋慕志作加弗勒利 痾丁多的亞

英領彼春那蘭 謝志南非

彼春那蘭雷志云英領包有昔時英國屬地面積五萬千四百二十四英方里人七萬二千七百三十六口千八百九十五年歸併岌科侖尼爲保護國現歸英國南非洲公司管轄惟喀買巴獨恩塞比力諸處依舊地多高原西部入喀拉哈里沙漠樋志云此地以南同歸綫爲中部北至南緯二十度南至奧陵治河岸地屬高原故空氣燥爍雜草競生居民皆蠻族人口寥落東部宜畜牧耕植礦產金鋼鑽鐵路通荆伯來案岌科侖尼要區及佛堡與湄飛京現修築北向布路華雅案湄推比里蘭會城鐵路先謙案雷志彼春那蘭即世界圖之倍邱亞那蘭也南界開魄哥羅尼案即開普蘭北界加拉哈利沙漠東界特蘭斯哇兒案即德蘭士瓦阿連基即鄂蘭吉西界德屬西南亞非利加北境有地曰可羅榜南境曰庫魯曼矢志培邱安那云東南與南非洲共和國相接案即德蘭士瓦南與岬殖民地爲界案即開普蘭其北包有卡拉哈利沙漠案即雷志喀拉哈里至殘比齊亞爲止案即世界圖南北薩母比西亞此地歸英國直轄一切事務由岬殖民地官歸英政府直接管理土壤氣候均佳宜耕牧有礦

產謝志南英屬云南英屬一名備朱阿那地在革伯哥羅尼之北案即普蘭屬南界俄蘭支河案即鄂蘭吉河北界散備西河案即三比西河西界德屬地東界中英屬案謝又云中英屬一名英屬散備西地即南北薩母比西亞也與德蘭斯法勒案即德蘭土瓦包嘎拉哈利沙漠約百七十萬方里全地歸英保護南部且由英政府轄治地爲高原出海四千尺夏令多雨冬有霜雪礦產金金剛石依圖作伯楚阿那蘭課程作伯楚阿那云一作別如阿那斯當非洲南境適中之地北抵三比西河南接格里夸蘭案即格利瓜東界馬塔卑爾蘭案即摩大貝勃脫蘭士甫爾案即德蘭士瓦西連加剌哈里沙漠長約千餘里廣半之民皆土番專事畜牧善游獵案倍邱亞那培邱安那備朱阿那音轉字變實即一地吳志作別邱阿蘭得藪其四至北界三比西河南界開普蘭東界德蘭士瓦鄂蘭吉西入沙漠接德領正與列國學會二圖所載西貝專納方位相符庫魯曼以庫魯曼河得名二圖亦與世界圖證合始悟雷志彼春那即貝專納之音變字也矢津昌永高等地理云貝專納在喜望峯殖民地以北東界德蘭士瓦西界德領西南亞非利加千八百八十四年前土人獨立國也時有波亞人結流賊自德蘭士瓦來侵以干涉其國內二酋長紛爭之事爲名欲剏共和政治英人乃開一貿易道路出兵保護二酋長千八百八十五年擊退流賊占領其莫洛波河以南地方作殖民地稱英領貝專納案二圖作西貝專納並宣言北貝專納案當即北部薩母比西亞亦作英國保護地事定撤兵千八百九十六年後英領貝專納殖民地北及西界莫洛波河案二圖莫洛波河出德蘭士瓦西流又南合諸水入鄂蘭吉河西入大西洋東界德蘭士瓦南界西格利瓜屬喜望峰殖民地知事管理其莫洛波河北至巴曼瓦它族地北境爲貝專納保護地其知事亦殖民地知事兼攝其間有土人領地獨立

一〇七〇

者惟喀買國即巴曼瓦它酋長案二圖作東巴曼瓦它喀買作喀馬斯雷支輿雷志喀買依舊語合維巴獨恩塞此力[illegible]首都曰巴拉排曹典球云西格利瓜蘭得在鄂蘭吉河以北屬喜望峰殖民地東格利瓜蘭得在得拉肯斯貝格山脈之東有地曰科克斯大得亦屬喜望峰殖民地講義別格利瓜爲一部非也先謙案講義但有格利瓜蘭多及貝專納保護國之名而不詳其情實曹說甚晰二圖於貝專納東巴曼瓦宅西格利瓜克蘭斯大得即科克斯大得皆備載之德蘭士瓦南部薩母比西亞西境之界域可得其概而雷志之彼春那二圖之貝專納不至兩無依著亦攷求地理者一快事耳英領貝專納始僅在莫洛波河以南此進至三比西河以南故雷云包有昔時英國屬地立此彼春那之大名其初歸併開普蘭後則版圖日廓也樋志云今又併東加弗勒里亞之一部及北奧淩治河北之格利誇蘭維斯特此尚指未分貝專納諸地而言所謂東加弗勒里亞之一部詳巴什多蘭下特利誇蘭維斯特即西格利瓜也慕志作克利加蘭云屬英在岌朴之北計六萬方里人三萬五千口土產牧牲畜芻草甚多近開礦多金鋼石一作格里夸蘭

英領湄推比里蘭與曼雙那蘭謝志中非疴丁多的亞麼諾麼達巴

湄推比里蘭與曼雙那蘭雷志云迤北向爲者摩比西河千八百八十九年歸英國南非洲公司管轄面積二十五萬二千八百八十英方里人四十萬口　**布路華雅**湄推比里會城千八百九十

三年湄推比里勢力頓衰此城爲羅對西亞商務聚集之區及政府所在之地

沙里士勃雷曼雙那蘭首區建於千八百九十年熱度中數六十六度正月七十度七月五十七度雨水三十四英寸

先謙案湄推比里蘭現勢圖作馬帖比里蘭總名曰羅德西亞卽雷之羅對西亞也雷之者摩比西河卽世界圖之薩母比西河列國學會二圖於者摩比西河南北二部界域不明以地形推之此卽世界圖之英領南部薩母比西亞惜所記地理又畧據雷云遙北爲者摩比西河案世界圖薩母比西河之北卽英領北部薩母比西亞是此部北界北部薩母比西亞其南有林保保河二圖作林坡坡河矢志云德蘭士耳在林保保及哇河兩河間是此部南界德蘭士耳東界葡領亞非利加之索法拉西界英領貝專納圖詳世界圖中境有城曰伯路娃約卽布路華雅矣者摩比西河二圖作三比西河矢志作殘比齊河此河自葡領西部亞非利加東流橫貫境北經葡領東部亞非利加入印度洋爲三比西河口矢志云殘比齊亞一曰英領南亞非利加北自康哥國南至南非洲其和國案卽德蘭士瓦及培邱安那案卽倍邱亞那蘭此地經英政府許可歸南非洲殖民會社管轄設電綫鐵道及一切運輸交通之事惟恐弗及殘比齊河貫國中分爲南北兩大部南方雖沙漠高原不乏耕地產煙草椰子油象牙金銀銅講義云羅對西亞名士色西爾羅的所經營也今歸英領三比西河在其中分南北二部南羅對西亞面積十七萬四千七百二十八英方里分摩大貝勒及馬紹

納二州（案二國摩大貝勒亦作摩加貝納馬紹納蓋因馬紹納山而名）俱產金及諸礦物馬紹納高原宜歐人居住都會有蘇爾斯巴利維多利亞烏木他利不拉烏等謝志云中英屬地為英國南非公會所採獲一名英屬散備西地以散備西河（案即三比西河）經其中央也河北曰尼亞撒河以南曰馬達伯（案即摩大貝）馬壽柰（案即馬紹納）二部總名曰羅特沙（案即羅對西）以公會主政員名名之也開闢此土設鐵路電綫擬自旦干亦嘎湖（案即吞櫛尼加湖）南畔直連革伯盾（案即岌潑統）近因南非多故此地已由英廷直轄矣案講義所云都會有蘇爾斯巴利即雷之沙里士勃雷又徐志云麽諾麽達巴在莫三鼻給之西南長廣約皆千里山嶺盤市江河四繞沿河多腴壤穀果繁碩地氣炎熱不便居棲本黑番大部有番王統攝後散為數小部惟麽加即瓜一部最強物產金鐵象牙甘蔗樹膠案莫三鼻給西南在三比西河南者二圖作摩大貝勒即徐之麽諾麽達巴也麽加即瓜即二圖之摩加拉瓜據講義謝志已入英國轄地內矣慕志云索發拉昔名麽諾麽達巴緯綫自赤道南十六度至二十五度經綫自順天偏西九十九度至八十六度北至莫三鼻長廣均二千里總計百萬方里河之大者曰三比西河薩比亞河國分四部曰索發拉曰西那曰薩比亞為曰音旱板慕以索發拉與麽諾麽達巴為一地與徐異當以徐為是星卑巴西亞

英領中非洲（謝志南非）

英領中非洲雷志云包有者摩比西河之北諸地面積二十八萬五千九百英方里人三百萬口西部歸英南非洲公司管轄東部

如尼亞沙蘭案卽上文謝志之尼亞撒英使大臣管理之最大之區爲勃倫德王達云大地誌北三比里亞主要之都邑爲本壁及布瑱台里案布瑱台在瑞鼇河之東與葡領交界處似卽雷志之勃倫德有輪船六駛行於者摩比西河沙爾河尼亞薩湖案二圖作尼亞西湖吞根尼加湖入口貨值八萬八千一百磅出口貨象牙加非磨沙值二萬八千一百磅先謙案據雷志云包有者摩比西河以北諸地此卽世界圖之英領北部薩母比西亞也東界葡領東部亞非利加之莫三鼻給西界葡領西部亞非利加之安哥拉南界南部薩母比西亞北界公額國曹典球云世界年鑑言北羅對西亞分東北羅對西亞西北羅對西亞二部西北羅對西亞面積十二萬英方里千九百二年調查人口有歐人百八十八土人三十三萬九千東北羅對西亞在南羅對西亞之東北面積不詳徐志星卑巴西亞云在西土公額之南西距大西洋海南界痾丁多的亞長約二千七百里廣未詳地形平闊沙漠中間有片土亦甚磽薄獸多人少黑番轉徙無常不成部落在阿非利加一土中最爲荒瘠地無物產其種人卽名曰星卑巴斯先謙案公額今尚爲國是北界已定痾丁多的亞卽今德領西非達馬拉那馬夸諸地是南界亦定其西距大西洋特有地段橫出葡領安哥拉德領西非之間證以與圖形勢星卑巴西亞南境不能越三比西河之南其爲北羅對西亞疆域無疑其橫出地段不過如比領公額之達於海口非有大地距海也許考於非洲南境云三面瀕海西曰星卑

巴西亞轉南曰痾丁多的亞置德領達馬拉那馬夸於何地未免失之不考矣徐志又云三達尼勒那島在大西洋海中與南土之星卑巴西亞相近長四十五里廣二十五里英人所闢駐以大酋附近各島皆屬焉地氣溫平可居嘉慶間法王拿破侖爲英所禽流於此島道光三年病死慕志作三厄里那吳志作善多赫拏云有寄泊港拿破侖被放之處即此謝志作散赫利那云一作聖赫納連近年德納斯法勒（案即脫郎斯高耳）宿將克郎奇亦因於此以是著稱於世二圖作森赫勒拿徐云與星卑巴西亞相近故附於此

英領脫郎斯高耳（謝志南非加弗勒里亞）

脫郎斯高耳 王志云在非洲南端東接葡領（案東部非利加亞）西北界英領（案北界南部薩母比西亞西界倍邱亞那蘭皆英領）南連阿連基及喜望峯殖民地山脈縱貫南北理母葡葡河環其北（案世界圖亦作理母葡葡河吳志作林保保河講義作林坡坡河）阿連基河上流繞其南課程云緯綫自赤道南二十二度二十分至二十八度經綫自中國順天偏西八十四度五十分至九十一度北界馬搭卑力蘭南界奧淩資東界蘇盧（即蘇魯）西界伯楚阿那長千百餘里廣千二百里

雷志云昔爲南非洲共和國

吳志云在林保保及哇河（講義作瓦爾河）兩河間耕種畜牧皆相宜礦產甚富出金甚多亞於澳美爲世界第三產金國千八百九十四年所出值五百六十萬二磅金剛石亦多與橘自由國同爲荷蘭農夫所建立千八百五十二年爲獨立國後歸英管領千八百八十年二月與英軍抗又爲獨立國設共和政府各地皆設小學校有鐵道電信惟外交等事受英指揮千八百八十四年與英訂約遂稱南非洲共和國英人廢外交事

務官然國內二十萬白人（英人居多）須納重稅其選舉權又不能與土人一律故常懷不滿之志千八百九十五年十二月南非洲特許會社社員英人惹迷生率兵七百侵入國內遂至決裂樋志云英殖民在南非者歆羨其國鑛產之富侵偪之嘗以偪師深入爲特所敗德帝發電賀之英怒遽欲與德戰千八百九十六年事也事雖解散然嗣後歐洲各國無敢復爲特者英人偪之滋甚千八百九十九年特統領克魯耶遂與英戰屢敗英師卒爲英所覆特人以數萬衆與環球最強國戰支拄四年曾不屈撓名震寰宇可謂難矣千九百二年英特締和約不復能自由矣許考云光緒二十八年秋求成於英講義記南非沿革云千四百八十六年葡人的亞斯始至喜望峯千四百九十八年滑斯科達格馬亦經過此地由此而至東印度千六百五十二年荷蘭東印度會社始殖民於今開普墩之地千六百八十五年法蘭西王廢南的告示後新敎徒爭逃之英國荷蘭等地於是法人借荷人移殖於此閱二百年荷法兩國民互相混合成爲波亞人種波亞者百姓之意也自後荷蘭東印度會社務求私利壓抑其人兩國人不堪其苦去喜望峯而徙於北方然千七百九十三年荷蘭猶得保有此土是年法國革命事起波亞人受其煽動畔本國之知事儼爲獨立迨法軍略取荷蘭本國英人乘間領占此地千八百二年英法兩國鴉眠條約成英國以此地及巴塔菲亞共和國歸還荷蘭（巴塔菲亞共和國即瓜哇土人當荷蘭與英人在東印度戰爭時乘間自立者英軍攻破荷人於蘇刺甲遂占領其地至此歸還荷蘭）千八百六年法國再與歐洲聯合軍開釁英八又乘間占領此地至千八百十五年維也納會議成此地遂永爲英有初波亞人新來此地多用奴隸開拓土田已成習慣英人反對之處使役奴隸者以極刑

甚殘酷故波亞人又有棄故土而徙於北方者千八百三十四年二月鄂蘭吉河以北之波亞人竟成一自主國國號曰鄂蘭吉波亞人中別有一隊踰得拉肯斯貝格山脈入今納塔耳地方與兹耳王開戰占領其地復爲英軍所逐於是納塔耳殖民地遂永爲英有而波亞軍將有夫勒多柳斯者保有遺眾更横渡瓦爾河而開波的斯多羅母及庫勒爾枯斯多爾普兩地（兩地皆初建國時之地名）是爲南非共和國之基礎英國追擊之不克普勒多柳斯子創德蘭士瓦共和國（德蘭士瓦者踰瓦耳河而去之意）是爲第一次選立之大統領千八百五十二年英國承認德蘭士瓦其和國獨立翌年承認鄂蘭吉自主國獨立普勒多柳斯死其子普勒多柳斯二世代爲大統領建比勒陀利亞市（曹典球云德蘭士瓦首府名比勒陀利亞即以其君之名名之）謀大擴國勢而財政困難內訌頻起英人乘機派兵入比勒陀利亞而德蘭士瓦竟合併於英國時千八百七十七年也嗣英人與兹耳構難南非多事波亞乘機起獨立軍喜望峯之荷人復暗助之與英兵戰大敗英兵時爲千八百八十一年二月尋英國與德蘭士瓦結和約承認其獨立自是德蘭士瓦全不受英人干涉惟外交受英國監督而已千八百八十四年改條約稱南阿非利加其和國即英人監督其外交之勢亦稍殺矣初波亞人建德蘭士瓦國時於金礦之事不甚爾意千八百六十五年有德人發見其金鑛一處英人接踵而起至千八百八十五年德蘭士瓦西南境有名之大鑛脈亦爲彼所發見維多倭達斯蘭得遂以產金著名約哈爾斯波爾格其都市亦漸勃興人口頓加首府比勒陀利亞人口不過一萬而約哈爾斯波爾格至十萬占多數者英人也於是英人變其兵力併吞之策改爲經濟侵略之計强迫德蘭士瓦讓以自比勒陀利

亞及約哈爾斯波爾格至開普墩之鐵道敷設權其和國大統領古魯架籌一應付之策先使葡國布設自比勒陀利亞至葡領德剌哥灣頭洛林剎馬貴斯港之鐵道並許葡人商品出入此道者有優待利益且洛林剎馬貴斯至比勒陀利亞其間相距不過五百六十起羅米突而自比勒陀利亞至開普墩其間相距則有千三百起羅米突故英人之經濟侵略政策竟爲古魯架聯葡政略所破英人又欲掌握產金地之政權議於約哈爾斯波爾格布市政向比勒陀利亞政府要求參政權古魯架不許先是千八百八十九年英國册立南非會社以色西爾羅提爲喜望峰殖民地大臣兼會社長此社以貝專納爲根據並掌北貝專納行政司法兵馬之權及德蘭士瓦拒英人要求參政權千八百九十五年羅提使查母孫博士綦卿慈逑生課程作㧾美森率兵六百侵入約哈爾斯波爾格爲波亞人所敗英國政府召還查母孫及羅提旋羅提復來非洲變計棄德蘭士瓦迂囘其西略摩大貝勒及馬紹納更進而達於尼西亞湖及坦喀尼喀湖名貝專納以北之地曰羅對西亞意若曰此地爲羅提所得也查母孫敗後英人要求德蘭士瓦參政權益急據德蘭士瓦憲法立法權在第一第二兩議院第一院必居此國十四年以外者始有第一公民選舉權第二院必居本國二年以外者始有第二公民選舉權至大統領副大統領之選舉權皆在第一議院千八百九十八年未英人與波亞人復相齟齬翌年一月約哈爾斯波爾格有英人二萬聯名告英國政府求其干涉必得參政權而後已古魯架謀平和結局擬將第一公民權之年限縮爲九年英國尚以爲不足殖民大臣秋巴林照會其和國要求外國人之參政權以旅居其國五年爲期又責其和國政府

違背英德條約以火藥私售他國德蘭士瓦外人旅居者最多如以五年旅居之外人概與參政權則本國之民將為所壓英人要求斷不能允鄂蘭吉國從中調停古魯架定七年客居之民可與參政權英政府仍不從兩國齟齬益甚卒至開戰鄂蘭吉爾與德蘭士瓦結攻守同盟之約亦與英國開戰激戰四年德蘭士瓦鄂蘭吉力屈至千九百年降於英軍課程云特地勢險固英多不勝最後大發兵破其都城伯士里亞總統克魯耶出奔荷蘭以避之特始以其國暫屬於英今仍為共和國英特議訂和約大畧云一義兵軍隊投降法由英塔協定辦理二安置方法須先確定以便將塔民送還鄉土三塔民送還後人皆得以自由可免查鈔財產四凡有背叛不法事俟軍事停止後另開軍法會公議審理五凡父兄欲送子弟入公立學校學習荷蘭語者毫無限止如有另立學校者亦毫無限止所行法律從茲改　而美善如能見諸施行者公堂並可采用　面積連司華西蘭十二萬七千百四十英方里人九十九萬五千口迂志云土地高燥氣候和平講義云千八百九十六年調查白人二十四萬五千三百九十七土人約六十二萬二千五百白人中之波亞人凡三萬地宜耕種畜牧天然財富之最著者尤在金鑛每年金出口千四百三十七萬三千磅並產煤與銀入口貨值千二百十萬磅迂志云金產額歲約一億五千七百二十三萬千二百元並有金剛石毛皮象牙講義云產金地曰維多倭達斯蘭得在國西南部魯斯波格鐵路八百

十三英里迂志云千九百里通阿連基喜望峯及葡領入款三百九十八萬四千磅國債二百六十六萬磅潑里多利亞會城人萬口仲耐士堡人五萬九百七口先謙案雷志脫郎斯窩耳列國學會二圖作德蘭士瓦世界圖迂志作特蘭斯哇兒謝志作德蘭斯法勒矢志作杜蘭斯哇樋志作特蘭斯福爾周志作得拉斯維爾現勢圖作脫蘭斯窪依圖作特蘭斯寇耳許考作達郎斯禮耳據二圖中境有城曰比勒陀利亞郎雷之潑里多利亞世界圖作布勒杜利亞慕志作比託利亞矢志作潑來託畧其吳志作勃列脫利阿講義作比勒多利亞依圖作不勒多利亞迂志云首府在國中央總督駐之

奧淩貲河領地謝志西非加弗勒里亞

奧淩貲河領地慕志云緯綫自赤道南二十七度至三十度五十分經綫自中國順天偏西八十七度至九十二度北界脫蘭士甫耳南界岌朴東界夸蘭巴山及巴蘇拖蘭西界伯楚阿那長千里廣七百餘里講義云在鄂蘭吉河與支流瓦爾河之間矢志云在橋河與哇河及支流哇河之間樋志云奧淩洽爲南非洲最大之河出雪山西麓隨地勢西向傾流高原近西海岸急落成瀑布故船舟不能行入內地雷志云千八百五十四年至千九百年爲波亞共和國現爲英屬先謙案波亞說見特蘭斯窩耳矢志云橋自由國本荷蘭農夫及土人混合之雜種英國占領

岬殖民地時不服其政令於千八百三十六年率族類移至內地千八百五十四年自為立憲共和國布告各國樋志云千八百九十九年因特郎斯福爾為英所侵不忍坐視遂為英所破而隸屬於英課程云始大勝後大敗總統史戴恩出奔國遂屬英政事由國主國會同理大權歸英總督**面積五萬六百十英方里**辻志云二十八萬九千九百五十六方里山脈擁其東南阿速基河環流其西境氣候溫和而乾燥**人二十萬七千五百三十口耕種地約二十五萬英畝有牛八十九萬五千九十九綿羊六百六十一萬九千九百九十二山羊八十五萬八千百五十五入口貨值百二十一萬二千磅出口貨以羊毛革金鋼鑽駝鳥毛為大宗值百八十五萬九千磅鐵路三百九十英里**辻志云九百里北通特蘭斯哇兒南至英領喜望峯殖民地電綫長四千三百三十七里**入款七十九萬九千八百磅國債三萬磅**

勃羅方汀會城人五千八百十七口先謙案雷志奧淩貢列國學會二圖作鄂蘭吉世界圖作阿連基現勢圖作慕志作痾蘭日周志作奧倫其樋志作奧淩治許考作阿蘭日謝志作俄蘭支課程作鄂蘭齒一作荷蘭枝據二圖北界德蘭士氏東界蘇路蘭納塔耳南界巴蘇陀蘭開普蘭西界西格利瓜今皆英領南境有城曰布羅伊木方丁郎雷之勃羅方汀矣世界圖作

布樓磨芳庭講義平方圖作布多伊木方丁課程作白魯母方定現勢圖作不路母豐腆謝志作玻冷凡太矢志作孛朗姆方登吴志作希拉門夫亭樋志作勃隆芳頂慕志作伯方頂講義云與喜望峯之開普墩德蘭士瓦之魯斯波格有鐵道聯絡

賜進士出身　特賞內閣學士銜前國子監祭酒翰林院編修加三級　臣　王先謙謹撰

亞美利加洲徐志云亞墨利加一土與三土不相連地分南北兩土北土形如飛魚南土似人股之著肥褌中有細腰相連北距北冰海南近南冰海計長二萬八千餘里東距大西洋海與歐羅巴阿非利加兩土相望水程約萬里西距洋海直抵亞細亞之東境無別土極西北之一隅與亞細亞之極東北隅隔一海港以地球大勢言之三土在東亞墨利加在西三土在地球之面亞墨利加在地球之背也又云亞墨利加而別一區宇自剖判以來未通別土其人五官肢體近似中國而面色紫赤如紅銅如檥之色翦髮留數寸許歸於頂而總束之蒙茸如散花北亞墨利加之極北境終年寒凍捕魚而食稍南以獵獸爲生衣其皮略如漠北蒙古之俗再南皆野番散處再南自墨西哥至南亞墨利加之可倫比亞祕魯玻利非亞智利諸部古時卽分國土有城邑前明宏治年間西班牙之臣有可侖者（一作閣龍又作個倫又作哥倫波）駕巨艦西尋新地始抵加勒海灣羣島知有亞美利加廣土先取名可侖比亞正德十四年西班牙人哥爾德斯探聞墨西哥富饒率兵攻之奪其國再拓而南南亞墨利加西偏各國以次蠶食西班牙人漸流布雜居開山掘銀礦以此驟富其時葡萄牙有海船遭風飄至南亞墨利加之巴西見其土地空闊徙國人墾種之佛郎西英吉利聞之亦駕巨艦西尋至北亞墨利加佛據其南北英據其中荷蘭嗹國瑞國之

人亦接踵西來各事墾闢後佛與諸國所得之土多為英所併
阡陌雲連城邑相望尤為富盛自是亞墨利加兩土西班牙葡
萄牙得其南英吉利得其北倚為外府者數百年矣乾隆中米
利堅叛英吉利英人不能收復腴壤盡失僅餘北境荒寒之土
嘉慶年間西班牙王為佛郎西王拿破侖所廢國大亂墨西哥
以南諸部皆畔葡萄牙王為拿破侖所逼逃至巴西酋子王其
地巴西人逐去之此時南北亞墨利加僅英人尚據北地片土
餘皆擁地自擅不受歐羅巴約束矣又云北亞墨利加之西北
境有高山綿亘曰落機自西北而東南東偏有山曰押罷拉既
俺（先謙案一作阿巴拉其安即霤志之亞巴拉轄也肥志作亞抑來慶）由東北而西南餘多平土
有大河曰密士失必發源西北由東南入海浩瀚如中國之黃
河此外有馬更些桑羅棱索德拉瓦勒波多馬哥北河諸水之縈
回穿貫於平壤之中故回環萬餘里土多膏腴南亞墨利加之
西境有大山曰安達斯綿亘如脊由北而南長一萬七千里其
山出銀礦號為金穴多火峰山之東平原廣坦有大河曰亞馬
孫大如中國之長江曰痾勒諾哥曰多干定曰桑方濟各曰馬
達勒那曰銀河皆南土名水其居民分四種曰土人面紫色郎
亞墨利加土著曰白人皆歐羅巴各國流寓曰黑人皆從阿非
利加買來之奴曰雜人內分三種或土母白父或黑母白父或
黑母土父三種人氣色各不同其土人亦種族各別風俗語音
殊異其地舊無牛馬羊豕犬貓西班牙人初到時騎馬登岸岸
上人望見以為馬與人一也皆惶駭奔避今則蹄角徧野五穀
舊惟黍稷今則各種皆備甘蔗葡萄橙柑加非胡椒芋薯之類
皆從歐羅巴移種亦俱繁碩煙葉棉花尤為大利近又興蠶桑

之法木多松柏橡栗榆椴槐楊藥材顏料香料極多五金之外兼產鑽石寶石水銀煤與鹽隨處有之又云北亞墨利加之北境寒凍不毛與亞細亞之北境同迤南漸溫米利堅各部在北黃道之北與中國節候相倣再南至可倫比亞一帶正當赤道之下炎熱殊甚然不似阿非利加之酷烈且無瘴氣故流寓者無天闕迤南漸平再南至巴他拿峩寒洌如北亞墨利加之北境至極南之鐵耳聶離依休勾已近南黑道則冰雪常封無人畜矣乃知南北極之皆爲冰海其說信而有徵也慕志云緯綫自赤道南五十四度至赤道北七十四度經綫自中國順天偏東七十五度至偏西百五十一度洲內至長二萬七千里至闊萬里總計之方北境三百億里南境二十五億里迖志云洲在東半球之中部爲五大洲之一北從北緯八十二度南訖南緯五十六度東從西經三十五度西訖西經百七十度東西約萬六千四十三里南北二萬二千百二十五里面積九千六百萬方里占全球陸地三分之一其交通情形航路除本洲外外洋則由晚古坡至俄領海參歲日本橫濱或由桑港經布哇至澳洲悉德尼或由荷倫岬至非洲斯吉蘭或由蒙垂爾及紐約至英國倫敦及理窩兒布爾或由哈窪那及西印度至英國之叟散布頓鐵路起太平洋岸訖大西洋岸在北美洲四綫一起加拿大之晚古坡經蒙垂爾一起合眾國之庖特蘭終蒙垂爾一起桑港分二綫一綫直至紐約一綫南曲經紐奧連斯至紐約南美洲一綫起布諾士愛勒斯終窪兒巴桑叟各都府鐵路縱橫絡繹計北美綫路全長五十四萬八百里南美六萬八千八百三十里電綫則通都大邑罔不專設由本洲達歐非則有海底綫諸國皆有郵便局許考云洲四周皆海灣汊亦多東北自達末大峽案卽格陵蘭西

南達維斯峽慕志作大北西入哈得孫灣北入巴芬灣案即巴非英灣一作拔芬灣萬歷三十八年有丹人哈得孫航至西灣故名康熙十年美人行商至此交易以皮貨為大宗惟荒漠嚴寒交通不便巴芬灣轉西為波提亞灣案即布剔亞灣冰山高數十丈長可百餘里春夏解拆響振林谷洲西境墨西哥與舊加里福尼間有海灣縱約二千一百里橫二百四十里丹砂映水通紅名日絳海產珧瑁蚌蛤龜珠無算英屬地之東有桑羅棱灣案即聖勞倫可灣饒水族新著大島之左案即紐勞蘭島濱海一方長千六百里廣五百里深八九丈每歲得魚二百兆斤取油萬七千餘桶東南自大西洋入佛羅里達峽繞合眾國與墨西哥諸部是為墨西哥海大洋盡於此轉東南入安地海案即加勒北海西北有闐都拉斯灣多暗沙礁石舟楫難行南亞美利加之東北委內瑞拉與聖三島間有巴利亞灣長二百四十里廣百里痾勒諾哥河分支多入於此以外海灣罕傳其名又云歐人於美洲銳意搜求爭先占據洲東北近北冰洋有克勒蘭德島測其大略南北相距四千餘里東西千六百里宋太宗七年有義斯蘭地人據之以屬於丹康熙季年丹國傳教士愛日德往敷教丹人遷往者日眾今居民約萬人皆處其西濱捕鯨魚海馬以資生計北方產獸名馴鹿牝牡皆生角性馴而耐勞土人畜之以代牛馬有嫠高大如鸁吽而不吠可行車運物有白狐白熊等取皮以售獲重利北有巴利南有火地諸島皆沙磧荒涼洲西北太平洋中羣島境堝瘠薄居民寠落獵獸捕魚藉海牛皮為生計英屬西濱萬古洼案即晚咕城一作蕃往縱八百四十里橫二百里乾隆四十年英人始至其地後三年班人奪之旣而歸英地多煤礦人類野蠻近英人設商埠立輪

船公司往來亞美二洲間行人稱便洲之西南有島在赤道中日瓜拉巴巽（案即加拉巴哥斯羣島）氣候炎熱土沃人少海濱多龜鼊味肥美歐人嗜之地本屬尼瓜多爾咸豐五年讓於美國（王達云案世界）（年鑑厄瓜多爾國有加拉巴哥斯州地誌同則此島似未屬美未知孰是大）智利之西有小島五六十取最大一島名希羅愛統計居民八萬二千皆善浮海明嘉靖三十七年班人得之道光六年改為智利分省產白麻粟麥野猪可作火豚堅木中梁棟販運頗盛洲南大西洋中偏東數島曰法克蘭（案即福爾克蘭）多水鳥海牛明萬歷間英人至其地乾隆二十八年始往開墾置官權稅遂成廛市英屬之東有新著大島明宏治間意人加波得官於英奉英王恩理格第七之命跨海西行至其地嘉靖四年法員威拉散尼往遊收為法屬康熙五十二年於互忒耳德之盟仍歸英轄水多魚族林多狐鹿熊狠有獺紫紅色大於犬羊冬潛水夏穴居獲而售之利市三倍海魚尤為大宗數年前魚行二千戶歲獲利三十五兆佛郎美國之東有小島約三百總稱百爾慕特因班人百爾慕特先至此故名萬歷三十七年英人始遷往地多海灘荒磧英國謫戍罪人於此膏腴之島間有之產加非木棉白糖英人設埠停舟變荒區為要隘矣又云美洲山南北聯亘最高者落機亞里俺尼安達斯三山落機山在北洲自西北而東南起自亞拉斯加跨英屬地絡繹美邦止於墨西哥長萬一千二百里至高之峯得千八十六丈左右溪流為東西諸河之源亞里俺尼山自美邦東北折繞而南盤行東境諸邦至若爾治與亞拉巴麻而止山之東支有碧山綠山等名其形勢不若落機之高遠而礦產特盛有轉鉛紫銅金鋼白玉瑪瑙寶石有深紅淡黃黑白相間

諸色安達斯山在南洲自北而南貫南洲全境長萬二千一百餘里峯之最高者名索拉他在玻利非亞境內得千九百六十三丈合十一里有奇次峯在波利未利案委郎亞墟名依理瑪尼得千九百十三丈三峯在厄瓜多爾名孫卜拉索得千八百二十丈衰延至委內瑞拉則高巖峭壁直聳雲霄約五百餘丈山有分支峽長數百里兩岸回峯插嶂非亭午不見白日峯巔積雪炎夏不融遊人僅至半山惟見青碧無際地多蕉蔗等果品一山之上一日之間每有四時景象間有火峯數處高者千六七百丈流漿噴汁煙霧彌空產金銀寶石與亞里俺尼略同在智利境內多大紅寶石尤多金銀嘉靖開歲獲金七萬五千六百七十兩銀十八萬三千七百八十兩他如聖厄利亞馬德劬巴利末諸山加利福尼墨西哥巴西境內羣山或產金銀或饒玉石墨西哥山中自瑪瑙寶石外歲得金徝洋二十二兆圓國計民生於是乎賴焉又云美洲大河北土有密自失必出美北境依大斯加湖紫回於美之中央南入墨西哥海分支繁多長萬一千六百六十九里廣八百四十丈至四百四十八丈不等爲天下第一大河又密蘇里河出落機山頂噴瀑數百丈北瀉而東水流湍激貫代科塔而南勢漸平紆至伊利奈與密自失必合流長七千九百四十里南洲有亞馬孫河出羅里哥沙湖受烏加牙里諸水東北流會黑河又自加西出里通痾勒諾哥河又自巴利末達於厄斯幾白南受波路馬臺拉大巴召孫哥諸水合多干定河入海長萬餘里發源處約八百四十丈漸流漸廣至入海處約四百六十六里有奇天下江口之廣以此爲最其河面得十八兆三千八萬七千六百方里痾勒諾哥河長五千

里出巴利未西山麓北流迆東貫委內瑞拉全地約分支五十而入海巴拉他河長六千四百八十餘里與巴拉拿烏路圭二河合流入大洋中有沙磧艱於行舟兩岸產金銀採地之人以此致富故名曰巴拉他譯言銀河也餘如北之桑羅棱馬更些哥羅拉道南之馬達肋納厄斯幾白多干定方濟各諸河長或千餘里或數千里皆資利賴其次英屬美國之間有蘇必略湖縱四百里橫九百四十里魚族繁多波濤洶湧渚沙隱伏濟涉者有戒心休侖密執安厄利安大略及英屬維尼伯大熊諸湖平常無異秘魯與波里未亞境有湖曰低低街街（案一作嗱嗱加加）長四百五十三里廣百六十里湖中小島相傳秘魯古代建都於此西班牙人至取都中寶器盡投諸湖論者惜之又云洲北英屬諸地凜寒特甚合眾國全在溫道與中華節候不殊濱海之區涼風清拂惟墨西哥海灣與海濱諸部炎蒸多疫西人畏至其地在赤道者尤甚赤道南正月至五月多雨赤道北四月至八月霖雨尤多墨西哥秘魯諸邦雖地近赤道而氣候如春蓋有高山冰雪與海中惠風解熱也論者謂美洲全境與他洲同緯綫之地寒涼不及歐洲酷熱不及非洲以地形長狹左右皆大洋加以高山貫南北夏月冰雪不融巨澤大川盤紆全地郎平原荒野亦少沙漠故赤標之氣罕入地胎也考其物產墨西哥加利福尼秘魯諸地多金銀秘魯巴西智利諸邦多錫鉛銅鐵水銀金剛寶石南北兩境近寒道處地多不毛禾麻蔴麥黍稷木棉躋鴟香蕉煙葉波羅蜜出洲中央甘蔗葡萄加非胡椒橙柑蘋果之類皆自他洲移植近又栽茶樹興蠶桑堅材美木隨處成林柏橡椿栗楡槐藥材顏料備產於此深山斧斤未入

者松樹高至三十丈圍六七丈有金雞嫲樹取其皮磨爲藥粉白於霜雪苦於黃連治瘧最驗西醫寶之所產獸虎豹狐狼貂麈麞鹿外墨西哥有洗食熊毛灰色身較小顯足而行食物必先滌洗巴西有長鼻熊身輕捷行亦顯足鼻甚長伸縮如意能掘物有捲尾熊身小毛黃尾長而捲有臚聲猨狀如狐頸粗聲厲有白鬚狖似猨偏體黑毛白鬚環面有哀鳴猢身健性驍嘯聲甚慘有黃鬣猴身白鬣黃有銀皮猻身灰白色尾黑黧北洲有黑熊毛黑吻黃肉美可食有銀色狐眉耳半尾外毛皆純白有三色狐上黑中黃下白東北境多產獱獺狗狼獺有紫紅灰紅之異色澤光潤而溫煖有蟠角狖毛色灰紅兩角蟠對有白頷貂身黑頷白皮可禦寒美國有鬣牛麐牛有囊猻身大如兔尾長而捲腹有皮囊生子藏囊中哺養漸長出之秘魯有斑文赤虎深黃色墨西哥巴拉他有斑虎上黃下白中斑其皋皮人以爲珍物及英巴西有東豚聲似印度豕故名分黑白黃狀如家兔歲蕃孳不可勝計有鵝掌猱小如家兔上黧下白善涉水居河濱有獺獸狀如猢行甚遲半時不滿一丈善攀援有甲豕身有數甲如小方甎能摺合以蔽全身禽有鵰鷲冠絳紫首蓬鬆身羽黑白相間長四五尺張兩翼闊可丈許棲安達斯山顛飛可一千八百丈有黑鷹大如雞羽黑白間斑文冠黑有笑鶻鳴聲如笑冠純白身黑黧有羌鷲吻爪猛悍能碎人骨有金鷺吻上有羽數縷尾長而闊雜金色有伊蒲鳥鴟鵂之類大頭圓眼巨鼻面毛特長身黃間淺白深灰色目晝無所見藏空樹儆盧中夜視甚明出攫鳥獸雛噉蚊食之蓋鳥賊也鸚鵡鴿鴝鶻鴷尤多及英諸地有鸝黃羽光焔燿有鷸喙長大如身或蒼或

黑腹下頸間紅黃白不一色有興農鵑子規類食害苗蟲其在田爲農夫慶巴西有錦雀身備五彩有鸚雉毛色如火青喙長尾有鵜鶖毛絳青灰白因時而變有禿鵞禿頭長頸長股如老人杖有駝鳥似橐駝背青灰色腹淡白色高六七尺飛速而遠有鶉雉長喙赤羽有火鶴色如丹火頸足俱長有翠鳥似翡翠而少異上綠下紅間藍綫性嗜魚水族以鯨鯢爲最長十五丈克勒蘭所產不過六七丈皮厚二寸凝脂厚數尺有鯢如鯨頭極大齒甚多上半首多肥油鱷有鈍嘴銳嘴之異背蒼綠間墨綫腹淡黃尾如箕伏水濱人畜近之以尾擊取有鈴蛇尾有聲如鈴長約六尺性毒嚙人即斃有鼓魚長六尺色如銀有聲鼕鼕如鼓昔有博學士奏請巴西國王下令捕魚於亞馬孫河獲而獻者千六百種形色各殊骨骸亦別一河所出已然全洲更難悉數可見造

物之不測也

北亞美利加洲 謝志云當北緯八度至八十三度西經五十三度至百六十八度 雷志云北美洲爲哥倫布所覓得新世界之北半部 先謙案說見前 較南美爲大與歐洲相隔之海極近處九百三十英里與亞洲相隔爲白令海峽六十英里地如三角形外部有半島海灣及河口等各屈曲不同海岸綫二萬八千百三十英里通計每二百七十五英里

有海岸一里洲長四千五百英里闊三千一百英里面積九百二十九萬四千二百三十英方里包有格林蘭北冰洋羣島西印度羣島牛芬蘭諸島總面積百五十六萬四千八百三十英方里地之高者如蒂拉剌斯高原在西部自德昏底北地頸起至北冰洋止中部漸廣包有不通海之大澤面積二十二萬八千英方里辻志云洲北有哈德孫灣北極羣島散在其北古林蘭島橫於東北東端曰拉布拉兜半島其東有紐芳蘭島其西南有澇倫斯灣自是以南低平少屈曲其南端曰夫澇利達半島西印度羣島散布其東南其西有墨西哥大灣其南角曰油加丹半島其東南卽帕那瑪地峽其東北曰加里海洲西岸最北有亞拉斯加半島其西對亞洲之東北端處則白令海峽也自是以南有甲羅特島其南有晚古坡島其間屈曲頗多更南有加里佛尼亞半島加里佛尼亞灣在其東更東南有怕那瑪灣則與南美相接矣洲內高山羅根山高萬九千五百四十英尺在北部哈窩山高萬四千三百七十英尺在落機山系灰尼山高萬四千九百英尺在西歐拉尼佛大山亞里石巴高萬七千八

百八十英尺在墨西哥亞巴拉輕高地在東部爲第二大山系至勞倫替支之聖勞倫司河北有坎拿大旁湖高原及北冰洋高地相接中部平原卽在諸山之間自墨西哥灣至北冰洋洲高之中數二千七百二十英尺辻志云其地勢洲西有落機大山脈綿亘南北太平洋岸有加斯開伊得山尼窪達山二脈與落機山脈聯行洲東大西洋岸有亞巴拉西安山脈矢志云本洲地體如摺疊扇半開形東西二大山如扇骨中央平原如扇體賀特宋墨西其兩灣爲未發育之窪地今分三部一西部高地及低地落機山脈自北冰洋邊隆起爲多數之平行山脈太平洋岸以南幅員約四百里至八百里全長亘四千里南入墨西其其東部幹脈與西部支脈加斯兒特山嘉拉奈巴達山之間爲大高原名日大圜谷此高原以西之沿海一帶皆低地二中央大平原在東西高原之中央自北冰洋至墨西其灣南北亘四千里中央一帶有邱陵横於密士失必河源將此平野南北分之南爲向墨西其之密士失必平原北爲擁於賀特宋灣之大平原三東部高原及低地中央大平原之東皆阿泊拉其安山脈附近地此山脈自拉布拉特起至墨西灣止長千二百英里最高至六千尺平均高度過二千五百尺又自多數之平行山脈而成高原此高原東大西洋沿岸皆低地河之大者爲密士失必河領地百二十四萬三十九

英方里案卽上文之密自失必辻志作米西西皮河云出中央大平原之伊爾克湖王達云大地誌密士失必發源伊大喀湖之南愛爾古湖南流合諸大水入墨西哥灣行萬三百里頗有舟楫之利矢志作密息息畢河云中途與密斯曾利河阿爾岡薩司紅河瓦墨蛙河合密斯曾利河案卽密蘇里出黃石公園波流深廣至上流之大瀑布始通船聖勞倫司河領地五十三萬二千百英方里辻志云聖勞倫斯河出安達賓湖東北流入海行五千里矢志作聖脫洛連斯河許考作桑羅棱河云河上游產梨櫻蘋果葡萄有大麥釀酒清涼止渴暑月歐人飲之河傍兩岸千里一碧風景可人內地產狼熊狐鹿貂鼠薩司喀綺橫河下流爲鼐爾生河矢志作奈爾宋流入黑孫灣案一作哈爾孫一作黑爾孫一作赫孫矢志作賀特宋領地四十四萬九千八百三十英方里辻志云奈爾生河出落機山東北而東流經維尼浦湖入哈德孫灣馬懇西河矢志作馬堅基流入北冰洋領地六十七萬九千四百英方里辻志云馬懇西河出落機山東亞撒巴斯加地方西北流合諸水入北冰洋行六千百四十五里矢志云在北部者又有薩斯加拉瓦河又有古蘭德河矢志作利瓦格蘭德出落機山南東南流過墨西哥界入墨西灣行三千四百四十里哥倫比亞河矢志作葛龍比亞出落機山北西流貫加斯開伊得山過尼亞特蘭入海行三千四百里遊空河矢志作空牛入太平洋坎拿大諸大湖面積九萬五千英方里矢志云北部地

方有大熊湖大奴湖阿薩巴斯加湖維尼比克湖俱在嚴寒之地爲用甚少辻志云密西幹湖（矢志作米希于）爲美洲五大湖之一面積十五萬三千六百方里蘇皮利耳湖（矢志作比利瓦修）面積十九萬二千方里爲世界第一淡水湖面積三十萬四千方里秀倫湖（矢志作修侖）面積十四萬二千八百方里伊利湖（矢志作耶利）面積五萬四千方里安達寮湖（矢志作達理瓦溫）面積三萬二千四百方里皆跨加拿大（矢志云五大湖水路互通運輪甚便皆在中部）亞痾拉（矢志作亞加拉泰）大瀑布在伊利安達寮二湖間急流抵岸白浪掀天忽而瀾落數十丈宇內壯觀也（許考云二湖間有尼亞加拉河爲紐約與上加拿大分界長百里廣二百八十丈中有島分水爲二飛瀑瀉沫高約十四丈北濱加拿大境自上而下懸如匹練廣百六十八丈南濱紐約境廣五十六丈澎湃轟轄聲聞八九里外矢志云本分爲二屬加奈他者曰馬蹄瀑布在美國者曰亞米利加瀑布近有欲用此水發動水力電氣之舉）許考云安大略（案即安達寮）長五百十八里廣百七十八里厄利（案即伊利）長七百二十九里廣百六十二里休侖（案即秀倫）長六百十五里廣三百五十六里密執安（案即密西幹）長八百十里廣二百五十八里蘇必略（案即蘇皮利耳）長九百四十里廣四百五十里魚鮮饒富而風浪甚惡安大略尼利二湖旁多鐵礦水銀銅鉛間有之乾隆二十年法人設鐵廠一製軍械近年增至二十所英人務耕作平險阬設埠行商堅築軍壘地與美鄰一旦有事則禦侮干城於是乎有賴

氣候寒暑由山之高下方向而定可分五區北冰洋熱度中數不上三十二度爲一區大西洋岸溫和與密士失必河相終始雨水充足林木繁盛爲一區內地溫和乾燥有草野爲一區太

平洋岸爲一區熱帶爲一區

英領坎拿大

問答作干阿達过志作加拿大漢文圖作加拿他矢志作加奈他周志作加奈多矢志云加奈他殖民之始因千五百四十二年法人開殖民地於孟脫利爾其後次第移民乃建的克府設新法蘭西部英人亦相繼殖民兩國競爭英人終制其勝而蠶食法之殖民地千七百六十三年訂巴黎條約法人於北美放棄其所有權全歸英領千八百六十九年因賀特宋灣會社購西北諸州全地加之加奈他千八百七十一年英領哥倫比亞加入加奈他同盟遂成今日之廣大岡記云初法人遣漁船於加拿他開拓其地千五百二十五年有模斯甲爾惕者溯聖螺瀾河案即聖勞倫築一砦淩沍寒以闢加拿他法王顯理第四使其臣特拉羅底爲總督當英人闢加拿他以南諸地法人煽野番與相爭闕又與野番通婚結好建首府於貴北格案即貴北克屢出火新英蘭村落擒其居民押送加拿他千六百二十九年比利敦官司取貴北格旋爲法人克復英人終欲得之千七百二十年英王遣大兵築城堡於各地以扼法軍千七百十一年以船載陸兵七千水師提督烏痾爾將之入聖螺瀾河煙霧冥濛颶風起船觸石破壞八九隻人多死英人大沮法勢日張後屢破英兵於北美取伯里敦島扼守路易堡英人憤慨千七百四十五年新英蘭民欲取路易堡推波士頓商估維廉別百勒爾爲將率農工人往攻十四日法將出降千七百五十八年英相比的舉烏爾福爲將攻伯里敦島克之乘勝至貴北格見法人築城大巖上戍兵嚴備烏爾福夜自河滑進疾走攀危巖出城背鼓勇先登法將瞞德鑒狼狽出禦

中飛丸死烏爾福傷不肯退中丸倒部兵輿至後營烏爾福問戰狀聞法軍走大喜曰我目瞑矣城遂陷明年英人逐法軍盡取加拿他

坎拿大 慕志云緯綫自赤道北四十五度至七十八度經綫自中界太平洋俄羅斯屬案即阿拉斯加北至北冰洋南連接合衆部長六千西八百里廣萬里總計千二百六十萬里謝志云當北緯四十二度至八十度西經五十二度四十分至百四十一度南以北緯四十九度綫及諸大湖與美分界東西八千四百里南北六千里面積三千三百萬方里略與歐洲全土相等又有湖沼面積約百四十萬方里許考云英據北美洲之半東西八千一百里南北五千五百餘里廣於英國二十餘倍合計二十兆九十八萬九千九百方里雷志云行法權在總督及佐理者皆英國所命立法權在上下二議院上議院八十一人那佛司科西亞依德華島牛不倫瑞貴北安大利痾馬宜多巴哥侖比亞七省各自有議院與副總督副總督由總督命之講義云加拿他由自治殖民地聯合而成總督代英主行政任期五年元老院掌立法權任期終世下院議員選舉二百十三人任期五年大臣十三人由上下兩院出而司行政外有各洲知事受命總督又有各議會統治州內岡記云議事院分上下二院元老院七十二人下院議員百八十

一人凡法度租稅國債諸事兩議院專決未嘗咨稟英國又不出議員於英國非有大事英國不敢問其政務先置屯兵國人不悅減爲五千人土兵皆取願充者凡三萬七千募年十八以上六十以下者編爲民兵海軍汽船十數以備加拿他大湖及聖螺瀾河

阿達瓦爲坎拿大都城案即奧他窪依天然地形可分爲六區沿海部如貴北爲一區中部自聖勞倫司河至呼侖湖地最膏腴爲一區勞倫欣湖之高原至赫孫灣西爲一區北部之荒地爲一區落機山西大原野至北冰洋爲一區西山部爲一區羅根山高萬九千五百四十英尺爲北美最高山謝志云羅基山循太平洋自西北向東南蜿蜒約九百里最高峰曰散以利在西北境案羅根羅基即落機也河之要者曰聖勞倫司河謝樋志作聖羅連士謝志作散勞連斯許考作桑羅棱索灌注坎拿大諸湖曰薩司喀綺橫河過文尼北湖又名鼐爾生河曰馬懇西河地多樹林北部多低澤中部有沃壤計面積十二萬英方里樋志云凡汽船航聖羅連士河自蒙特利耳須依運河以避急湍出安他利阿湖又須依瓦蘭運河繞越尼亞嘎拉大瀑布至依利湖而後上蘇丕利阿湖謝志云西北瑪根西河出羅基山北入冰洋行六千餘里每年冰封數

月無舟楫之利阿達巴斯嘎河平安河又在荒域不能利用惟東方散勞連斯河水道甚廣舟行可通伊利湖蘇比利耳湖滿伊多巴湖偉尼備革湖西入撒斯嘎乍完湖航路長萬三千里最利交通西北猶根河發源本境西流阿拉斯嘎地面南有弗雷色河入太平洋講義云桑羅棱索河出內地併各大湖水而入桑羅棱索灣流域跨五十萬英方里由伊爾釐湖至安剔釐阿湖其間有奈鴉加拉瀑布高百六十七英尺薩斯喀徹溫河納爾孫河爲哈得孫流域最大之水最便灌溉馬更些河出落機山爲北冰洋流域最大之水大奴湖大熊湖在此流域內夫拉薩河爲注太平洋最要之水育空河在加拿他境有六百四十餘萬英方里案瑪根西馬更些卽馬懇西猶根育空一作遊空一作日肯弗雷色卽落機夫拉薩薩司喀綺横卽薩斯喀徹溫爾生卽納爾孫也

山之東冬嚴寒夏盛暑而期甚促秋時涼爽雨水至內地漸稀少漢里番克司案那佛司科西亞所屬五十三英寸文尼北案馬宜多巴所屬二十三英寸向太平洋之斜坡有海岸氣候雨澤甚多面積三百五十八萬七千七百七十英方里迂志云二千百九十萬方里曹典球云世界年鑑云山林面積凡百二十四萬八千七百九十八英方里包有北冰洋羣島在拔芬及司密峽之西者四十萬二千四百四十英方里而諸湖面積不在其內人五百八十三萬

三千二百三十九口十年增百分之十二土人居百分之八十六印度人約十一萬餘中華人一萬餘黑人二萬二千餘講義云歐人發見此地時美洲印度人勢甚跋扈其子孫今猶散住加拿他雖從歐人風俗猶習慣漁獵之民也人數殆十萬謝志云百分之九爲白種自歐洲來居東南一帶又印第安人十一萬餘北部則哀斯基摩人居之西南方人耕田開礦東南方人大半務農次則漁獵製造伐木爲生有學校萬八千三百三所大學二十四所耕種地三萬千一百英方里草場二萬三千八百八十二英方里歲出木材值千六百六十八萬三千七百五十磅魚值四百二十三萬三千二百磅礦產值四百五萬九千磅內有煤三百三十八萬四千噸值百五十七萬七千磅鎳值五十八萬二千三百磅金十九萬三百磅石腦油值十八萬九千磅此外有銀銅鐵石絨等講義云加拿他之富源在材木最近之入口額年占六千七百萬圓近來農業頓興種小麥者甚盛家畜飼養大增製造乾酪盛行各地魚類甚多產鱘鮭鯡等又富礦產來開採者甚多石炭金銀銅鐵是也白銅爲世界第一惟工業不十分發達耳千八百九十一年製造

廠用工人三十六萬七千八百六十五海岸綫萬一千四百英里惟冬多冰凍終年可行者太平洋岸及聖勞倫司灣而已運河可行載重二千五百噸之輪船者可到都拉司在蘇彼略湖之首鐵路萬六千六百八十七英里內坎拿大太平洋鐵路二千九百六英里过志云鐵路四綫一起坎拿大之晚古坡終於棠垂爾一起合衆國之庖特蘭終棠垂爾一起桑港分爲二綫一綫直至紐約一綫南曲經紐奧連斯至紐約謝志云自東抵西橫貫鐵路九千里數日可達合各島鐵路共四萬五千里電綫二十一萬里電話綫十二萬里 商船六千五百七十九入口貨值二千二百四十三萬七千二百磅出口貨樹料值六百十七萬磅乳餅值二百九十四萬六千磅動物值二百十八萬磅麥值百三十七萬五千磅多與英德美及英屬地貿易講義云商業漸次進步現今貿易額至五億三千萬圓 公入款八百三十四萬五千磅國債六千九百六十二萬五千磅各省自入款共二百四十五萬六千一百磅國債共六百三十七萬千九百磅

常備兵八百六十三案有脫文戰兵三萬六千二百四後備兵二十萬大洋戰艦五內河戰艦二英國戍兵駐防漢里番克司及安司記麻耳脫二處

英領那佛司科西亞省

那佛司科西亞雷志云其地爲一半島以科比乞地頸與牛不倫瑞相連謝志云西北與牛奔遂克以四十里窄土腰相連海岸甚長有極深之河口極美之船港內地多山最高者千一百英尺荒磧先謙案荒磧上有脫文傍芬田灣上流之處稍膏腴人謂之亞坎底亞之園案因法國亞坎底亞人所居樂土故受此名面積二萬五百五十英方里人四十五萬三百九十六口皆法屬亞坎底亞人英倫之皇黨蘇格蘭遊人之遺種業農者居百分之五十四漁業伐木製船亦爲首要產煤金銅鐵鹽　漢里番克司都城有海軍埠熱度中數四十四度正月二十五度八月六十四

度雨水五十三英寸人三萬八千五百五十六口　大鐵摩司要

區人六千二百四十九口徐志新蘇格蘭附考云在新不倫瑞克之南三面懸海僅一隅與新不倫瑞克

相連東西約千里南北三百五十里天氣嚴寒自十月至三月積

雪不消產銅鐵煤海中多魚居民勤苦治生最爲安分會城日哈

勒法係大埔頭海濱大港尙向多因戶口不繁城邑未建故商船少

停泊者先謙案郎雷志之那佛司科西亞也列國學會二圖講義

作那佛斯科的亞矢志作羅巴斯哥的亞萬國圖作諾法士科西

亞世界圖作諾法斯可西亞謝志作挪法叩西亞慕志作佛瓦蘇

格西亞英志作諾法斯哥亞近史作哇士哥沙漢文圖作新斯

科希唵據二圖作東境濱海有哈勒法與徐合世界圖作曷力發克

斯郎雷之漢里番克司也矢志作哈喢阿克司世界地誌作哈黎

法克斯漢文圖作浩婁乏克斯呉志作哈利發格士萬國圖作哈

利發士謝志作哈利法斯云大海口亦海軍要地慕志云英輪船

十日可至設大員駐之另有副官會議講義云產業以漁爲重內

地鑛山不少北有大炭鑛南有金鑛由大陸至歐洲此最近之艮

港冬期不爲冰閉設有礮臺又云那佛斯科的亞在加拿他之最

南端合開普布里敦島成爲一州二圖開普布里敦與那佛斯科

的亞東北隅相距中爲堪索峽許考作加白勒東島世界圖作開

魄比里敦島會城日塞得尼二圖作西賓呢有角東向日布里敦

角故雷云達不里敦角自主島也謝志又云那法叩西亞爲東界

一土股與玻利吞島合成一省玻利吞亦即不里敦也曹典球云

大鐵摩司在哈勒法對岸中隔海汊相距不過數里蓋亦海港

英領依德華島省

依德華島雷志云在聖勞倫司灣之南部面積二千英方里人十萬九千七十八口畜牧農漁爲首要之業耕種地居全島百分之四十四　查羅敦會城人萬一千三百七十四口 徐志散約翰島云在新蘇格蘭之東北長三百里廣約百里老兵移駐之地專務農功穀麥出羅鄰部會城日加爾羅德先謙案卽雷志之依德華島也列國學會二圖作勃林挨得瓦得世界圖作以得瓦圖球圖作變得瓦矢志作普林斯耶特瓦慕志作比林斯義德瓦許考作廹棱塞多謝志作厄德注據二圖北面桑棱羅索灣卽雷之聖勞倫司灣南隔海對那佛斯科西亞西對牛不倫瑞東對開魄比里敦島其南瀕海有加爾羅德與徐合加羅德音變爲查羅敦故雷作查羅敦許考作加爾羅得矢志作霞洛德通講義云勃林挨得瓦得島海岸多屈曲地味豐饒農業甚盛漁業次之爲加拿他人口最稠密之地首府查爾羅得南岸艮港謝志云面積三萬方里居民十一萬省城日沙拉吞爲中央市場沙拉吞亦卽查羅敦也圖球圖作沙老特萬國圖作槎洛氏徐志散約翰卽聖約翰耶穌大弟子當時崇敬故隨地取以名之牛不倫瑞牛芳蘭皆有聖約翰城是也它屬尚多

英領牛不倫瑞省

牛不倫瑞雷志云自聖勞倫司灣起至芬田灣止內地多林木之山及草野耕種地礦產煤鐵　弗德勒敦會城人六千三百二口　聖約翰人三萬九千百七十九口　蒙敦人八千七百六十五口

徐志新不倫瑞克威一作蕣本土許考同云在下加拿他東境之南南北約八百里東西六百里東臨大海南北臨內港港極深海船駛入無沙淺土田最腴居民務農者少皆結隊入林伐木春水生木順流達海港貨之得善價日沽酒盡醉金盡還山理故業大城邑皆在水濱會城日弗勒德里克係大埔頭英商往來販木三島無業貧民每年遷來者近六千人然地仍空闊更數百年亦不患人滿也先謙案卽雷志之牛不倫瑞也列國學會二圖作新布隆斯威克萬國圖作新勃倫士維克漢文圖作紐白嵛斯蔚克世界圖作紐白倫瑞克矢志作紐布倫塞克平方圖作紐布隆斯威克謝志作牛奔遂克據二圖省東南向芳地海灣有佛勒得里克敦卽雷之弗德勒敦徐之弗勒得里克也矢志作弗勒抵利克倫圖作之婁豆力克屯萬國圖作夫力得力頓許考作弗勒德里東聖勞倫司河自貴北克東流入海爲聖勞倫司灣當牛不倫瑞之北其芳地灣當牛不倫瑞之南卽雷之芬田灣二灣中隔地頸爲此省與那佛斯科的亞相連處雷前志所稱科比乞地頸是也講義云芳地灣潮汐乾滿居世界第一產以林業爲主漁業次之桑約翰臨芳地灣商業要港案桑散雙聲變字謝志云面積二十八萬方里居民三十二萬地面高下不平樹木茂盛散約翰河東土

脈肥潤出五穀果品人多伐木造舟漁業亦興煤鐵頗富與挪法叩西亞相間之分迪海灣有大潮高七十尺省城曰非德利克吞濱散約翰河散約翰城製造物甚多非德利克吞亦即弗德勒敦之音變字分迪灣即芳地灣地頸之南有城曰蒙克敦即雷之蒙敦矣許考云節候寒冷與加拿大相埓夏暑炎熱

英領牛芬蘭島省

牛芬蘭島雷志云英以總督轄之在聖勞倫司灣口沿岸崎嶇地多荒磧樹林占地千七百英方里氣候潮溼面積四萬二千七百三十英方里人十九萬七千九百三十四口十年增百分之十產鱵魚海豹礦產煤銅鉛入口貨值百二十三萬二千磅出口貨值百二十一萬五千磅多與英美及坎拿大貿易入款三十三萬二千二百二十五磅國債三百四十三萬千九百八十八磅鐵路六百三十三英里　聖約翰都城熱度中數四十一度正月二十四度七月六十一度雨水五十三英寸人三萬一千百四十二口徐志

新著大島（詳考同）云在新蘇格蘭之極東北長約千三百里廣九百里其海產魚最旺居民皆以捕魚爲業夏時漁舟如蟻網罟蔽於海面土雖肥沃不務農功種荷蘭薯與蔬菜穀麥皆買自鄰封會城曰桑若漢先謙案郎雷志之牛芬蘭島也列國學會二圖作紐芬蘭（又云卽斯著大島誤新爲斯）世界圖樋志同謝志作牛分德蘭慕志作牛芳蘭周志作新分倫據二圖東南端有角曰拉西角世界圖作勒斯角其北端曰桑約翰世界圖作聖約翰其西南臨聖勞倫司灣與開魄比里敦島遙對西北地形挺出成半島形有角曰寶爾得角世界圖作勃特角徐志桑若漢亦聖約翰之字變講義云地在桑羅棱索灣口以貝勒島之海峽與大陸相離以加波多海峽與開普布里敦相接沿岸出入極多南方東北方控有大灣西岸連峰高聳小邱起伏內地宜農業未墾者尚居大半近海周圍爲世界第一漁業場捕鱈魚海豹者尤盛輸出魚類大半皆鱈又產石炭英命知事駐之且備上下二院拉布剌達之沿岸便歸管轄桑約翰港便於碇泊大船謝志云牛芬蘭不與干阿達相連屬地在干阿達之東當北緯四十六度三十七分至五十一度四十分西經五十二度四十分至五十九度三十一分東南北皆濱大西洋西爲散勞連斯灣距美國千六百五十海里有電綫相通面積四十二萬方里內地銅鑛甚佳天氣溫和海濱有北極寒濇南來與暖濇遇故雲霧終年不散海中多鰍魚海獺（案據此知鱈魚卽鰍魚海豹卽海獺也）夏秋之交漁人不下五萬省城曰散暫斯（案卽散約翰）在東南隅

臘不拉多

臘不拉多雷志云牛芬蘭之屬地面積十二萬英方里人四千一百六口先謙案臘不拉多列國學會二圖講義作拉布剌達世界圖作拉布拉兜謝志作拉伯拉多周志作拉勃來獨據二圖在牛芬蘭西北有哈米得河自西來東北流入海世界圖作巴密頓河西北斗出有角曰察得利角謝志云此一土股併合於牛分德蘭天氣寒冷居民二萬五千捕鰍獺者多至其海岸

法領米貴倫與聖庇爾

米貴倫與聖庇爾雷志云法領面積九十二英方里人五千九百三十口北美洲法國屬地止餘此而已在牛芬蘭之西及東北岸有捕魚權利自雷角至聖約翰角先謙案聖庇爾列國學會二圖作桑丕爾里島列國圖標法屬世界圖作聖辟挨爾米貴倫二圖作米圭琅列國圖亦標法屬皆在牛芬蘭之南講義云桑丕爾里及米圭琅二小島在紐芳蘭南岸亦一好漁場也列國圖紐芳蘭之西南有角曰萊角郎雷志之雷角紐芳蘭之東北有聖約翰會城別有桑約翰角在其東北郎雷之聖約翰角法人捕魚者自紐芳蘭之西南界雷角東出而繞其北聖約翰角得有此權利它處不得往也

英領貴北省

貴北雷志云昔名下坎拿大地在聖勞倫司河兩岸南部有亞巴拉輕高地之支派迤入格司不半島內羅根山高三千七百六十六英尺先謙案此又一羅根山非總論西山部之羅根山北部有勞倫替支高地皆平坦膏腴樹林占地九萬七千英方里面積二十二萬七千五百英方里人百四十八萬八千五百三十五口民業農漁伐木礦產金銅鐵燐酸鹽

蒙的里奧志文蒙又作孟熱度中數四十四度正月十七度七月七十二度雨水四十英寸人二十一萬六千六百五十口

貴北熱度中數四十一度正月十二度七月六十八度雨水三十九英寸人六萬三千九十三口

河案河下脫文人八千三百三十四口以上要區徐志云下加拿他在上加拿他之東長約千里居民大半法人尚天主教謀生不勤故恒產無多又不服英官時時揭竿英人以兵力靖之士女面紫色而眉目端好不解沐浴英人惡其不潔故娶之者少會城曰多倫多先謙案即雷志之貴北也惟多倫多誤當與下給卑克互易貴北列國學會二圖作魁北克世界圖作貴北克辻志作克伊倍克講義作魁比克矢

志作貴北格又作的伯克許考作結倍克謝志作圭備革吳志作
揆比克通志作給卑克圖球圖作蒯拜克萬國圖作圭璧據二圖
西北界拉布剌達及東南土西南界安剔伊釐河東南距海迂志
云聖勞倫斯河出安達賚湖東北流入海河之南北皆有貴北地
故雷云聖勞倫斯河兩岸也地形狹長南闊而東北削如一半島
形雷北美洲總論云亞巴拉輕之高地爲東部第二大山系至勞
倫替支之聖勞倫司河北與坎拿大旁湖高原及北冰洋高地相
接是此省兼有亞巴拉輕及勞倫替支兩高地形勢也東北隅列
國圖有蒙特利爾學會圖作蒙特利瓦世界圖作蒙垂爾郎雷之
蒙的里奧也迂志云蒙垂爾府當勞倫斯奧他窪二水合處縈華
爲加拿大第一輪船火車往來如織矢志作孟脫利爾吳志作蒙
多利爾許考作蒙來阿爾樋志作蒙特利耳周志作夢脫里爾新
大陸記作滿地可又東北有魁北克郎雷之貴北謝志云此省跨
散勞連斯兩岸西界恩德略南界美國與牛奔遂克北界拉伯拉
多面積二百三十萬方里居民多法人後裔地面高窪有大森林
出赤松黃松等木料南部土地肥美出油麥山藥豆盛牧牛羊山
產銅鐵江河多魚省城曰圭備革四周礮臺鞏固木料由此運出
商務今已稍衰都邑最大者曰門德利奧人口二十二萬工商並
盛有大橋長約六里講義云魁比克合勞倫替支高原及平原并
桑羅棱索河南地之稱產小麥煙草果實金銅石綿善飼家畜製
乾酪牛酪漁業甚盛蒙德利爾大都會臨桑羅棱索河樋志云蒙
特利耳府最可觀者一大伽藍乃模擬羅馬府聖彼得之大伽藍
一維多利亞橋架二英里長之鐵柱於聖羅連士河以聯接東西
鐵路給卑克府爲加拿大最舊都市昔屬法國河岸絕壁峭立守

備極固許考云結倍克城外長橋道光間英人斯德方松所築

英領安大利痾省

安大利痾雷志云昔名上坎拿大在聖勞倫司河及坎拿大諸湖之北地多膏腴勝於他省南部產葡萄桃及他果西部北部多樹林面積二十一萬四千三百十英方里人二百十一萬四千三百二十一口耕種地萬四千百六英方里草場四千百五十三英方里馬萬三千六百七十牛二百十八萬七千三百二十六綿羊百六十九萬三百五十豬百二十八萬五千礦產銀鎳銅鐵鋅鉛鹽石腦油等　多倫多省會熱度中數四十四度正月二十三度七月六十六度雨水三十四英寸人十八萬千二百二十口　哈迷爾敦一名坎拿大之般明哈人四萬八千九百八十口　阿達瓦都城人四萬四千百五十四口　倫敦人三萬一千九百七十七

口

金司敦人萬九千二百六十四口以上要區徐志云上加拿他在桑羅棱索河之上游伊爾蘿兩湖之北長約千餘里溪湖匯集其流湍急小洲星列瀑布一落九十丈英國無業貧民來墾荒地勤者致富情者餓死其會城日給卑克先謙案卽雷志之安大利痾也伊爾釐湖是一非兩此伊爾蘿秀倫兩湖而奪文也安大利痾乃上加拿大其地在勞倫司河上游伊里秀倫之北地望適合給卑克誤當與上多倫多互易瀑布見北美洲總論安大利痾列國學會二圖作安剔伊蘿阿世界圖作安達賨矢志作溫達利瓦吳志作溫達利窩講義作安剔蘿阿亦作安大略謝志作恩德略許考作翁達略周志作啞得利新大陸記作阿圖和云有會議堂極壯麗堂中有高塔五百餘級有藏書樓據二圖東北界魁北克西北臨哈得孫灣東南界合眾國其東南有鄂大瓦譯繪人魁北克世界圖西作奧他窪卽雷之阿達瓦矢志作俄達瓦吳志作窩達樋志作鄂達瓦周志作啞撻懷辻志云奧他窪府瀕奧他窪河加拿大全州之首府講義云合哈得孫灣斜面勞倫替支及桑羅棱索平原諸地產小麥及俄多麥木材夾之礦業亦盛鄂太瓦加拿他總督駐焉謝志云木商羣萃之地又西南有京斯敦卽雷金司敦又西有多倫多與雷合世界圖作透郎特萬國圖作托倫拖矢志作德命脫吳志作多倫他周志作得羅恩拖辻志云透郎特府瀕安達賨湖西北岸慕志云英人多遷徙於此爲農商辛勤致富產銅最良甲於列邦謝志云恩德略一名上干阿達在諸大湖之北面積約二百二十萬方里居民多英人裔西南地膏腴多耕田牧畜產小麥果品北界產銀銅鐵煤油省城多倫多濱恩德略湖口以大書院著名

居民五萬又南有哈米爾敦卽雷之哈迷爾敦謝志云散勞連斯河由恩德略流出之處有青司吞城與國內多有貿易哈米吞城多製造貨輸運他國案青司吞卽金司敦哈米吞卽哈迷爾敦也慕志云金斯敦城極鞏固又西有倫敦與雷合

坎拿大西部

英領馬宜多巴省

馬宜多巴雷志云坎拿大正中之省傍紅河兩岸並環繞文宜北湖及他湖之地平坦膏腴耕牧爲首業千八百九十六年耕種地二千六百五十一英方里馬八萬八千牛十七萬三千二百五十綿羊三萬五千四百豬五萬七百　文宜北案宜上文作尼熱度中數三十三度二月七度七月六十六度雨水二十三英寸人三萬四千九百五十四口　勃蘭敦人五千六十九口　坡推支因濺雷里人三千三百六十二口以上要區先謙案雷志馬宜多巴列國學會二圖作馬尼多巴萬國圖作滿尼拖八世界圖作馬你拖拔矢志作馬尼脫巴慕志作滿伊多巴許考作瑪尼多巴據二圖東界安剔衣鳌河西界薩司喀特徹

温及亞森尼波伊亞南界合眾國北接哈得孫灣荒地東南有温尼伯世界圖作温你珀格卽雷之支宜北矢志作維尼泊克其西有布蘭敦卽雷之勃蘭敦講義云馬尼多巴當北美之中心爲四角形地味豐沃南部宜小麥北部盛養家畜製造乾酪牛酪湖沼多白魚首府温尼伯太平洋鐵道最要之停車場謝志云滿伊多巴昔名紅河殖民地面積六十四萬方里居民十五萬多自東遷此業耕獵地產小麥輸出皮革爲大宗省城曰偉尼備革亦文宜北之音變字

英領哥倫比亞省

哥倫比亞雷志云英屬沿太平洋岸之省景致美麗推爲第一面積三十八萬二千三百英方里自太平洋岸至落機山包有坤查勞德羣島面積萬英方里文考佛爾島面積萬四千英方里向太平洋之斜坡氣候温和惟多潮溼過喀司坎奪山之高地有弗雷薩阿矢志作弗勒薩與上哥倫比亞河灌溉之氣候乾燥雨水十五英寸郤宜耕種人九萬六千百七十三口天然財富尚未發達歲出海豹鮭值九十三萬磅礦產煤八十萬噸金五十六萬三千二百磅

並有銀銅鐵等入口貨值百八十二萬六千六百磅出口貨值三百四十七萬磅坎拿大太平洋鐵路過落機山鐵路五千三百七十二英里今譯作連東部諸省與太平洋之文考佛爾島

維多利亞會城在文考佛爾島人萬六千八百四十一口

文考佛爾在大地人萬三千六百八十五口

牛韋司明司德要區熱度中數四十八度正月三十五度七月六十二度雨水六十一英寸人六千七百口先謙案雷志英屬哥倫比亞列國學會二圖作不列顛可倫比亞世界圖作英領哥倫比亞異名記作科隆比阿許考作哥倫比阿落機山綿亘省中川流皆於此發源有夫拉薩河世界圖作夫剌薩河郎雷之弗雷薩河又有可倫比亞河與雷合有蕃古洼島世界圖作晚古城島郎雷之文考佛爾島周志作文苛維亞島樋志作萬庫法島其南端日維克多利亞世界圖作維克拖利萬國圖作維拖利阿新大陸記作域多利郎雷之維多利亞也矢志作比克德利亞吳志作比庫多利亞東北對岸有晚古城郎雷之文考佛爾在大地者也新大陸記作溫哥華云華人俗稱咸水埠迁志云晚古坡瀕太平洋東鐵路至蒙垂爾西輪船通各口又東北日紐氏斯彌斯特郎雷之牛韋司明司德萬國圖作新委士民士特慕志作牛渭斯敏斯德云哥倫比亞會城以維多里亞爲汎古洼會城新大陸記作

紐威士綿士打云華人俗稱二埠謝志云地介羅基山案即落機山與太平洋之間幷凡古斐沙羅德等島北界緯綫六十度東界阿勒伯達阿達巴斯嘎二新疆南界美國西界太平洋面積三百八十萬方里居民十萬礦產金銀鐵鉛省城斐多利亞山海環繞夏日清涼游人羣集建立僅十餘年而商務日盛講義云可倫比亞爲落機西山至太平洋之地沿岸多出入島嶼羅列最大曰蕃古注此州自千八百五十七年發見金礦人口頓增金鑛在西南古丁羅地方亦產銀蕃古注島有石炭礦林木多樅海岸鱈鮭南方及內地高原多穀物果實維多利亞三英里許有攸司科馬爾多爲英國北太平洋艦隊所在蕃古注在蕃古注島對岸加拿他太平洋鐵道終此日本新西蘭定期汽船亦終於此案吳志作班哥巴蕃古斐班哥巴皆蕃古注之音變

諸屬地雷志云諸屬地錯列於七省之外面積二百六十四萬八千九百七十英方里人九萬九千口於草場一帶設立三邑坎拿大議院內亦有其代表人

亞西尼波亞雷志云面積八萬九千五百四十英方里　**薩司喀綺橫**面積十萬七千九十英方里　**亞耳般太**在落機山麓稍可耕種面積十萬六千一百英方里三邑以副總督轄之並有立法

院人六萬六千七百九十九口十年增百分之三十八耕種地十九萬四千七百七十三英畝馬六萬六百三十九牛二十三萬千二百二十二綿羊六萬四千九百二十豬萬六千二百二十一煤礦面積六萬五千英方里並產金鐵

雷其那會城先謙案亞西尼波亞列國學會二圖作亞森尼波伊亞講義同世界圖作遏昔尼薄英北界薩斯喀特徹溫南界合眾國東界馬尼多巴西界亞爾伯特中境日魁伯勒南日利給拿西南日美的息尼其東南日瓦爾什世界圖並同謝志作阿辛尼巴衣亞云千八百八十二年千阿達政府於大地內分立四新疆之一薩司喀綺橫列國學會二圖作薩斯喀特徹溫講義同世界圖作薩斯喀察溫東界馬尼多巴東北界哈得孫灣荒地西界亞爾伯特南界亞森尼波伊亞有水西出落機山東流為薩斯喀特徹溫河又東入西達湖中境曰奧爾伯特其西南曰喀勒敦又西曰巴特勒法得世界圖並同謝志作撒斯嘎作完云分立四新疆之二亞爾般大列國學會二圖作亞爾伯特講義同世界圖作亞爾白爾地西界可倫比亞東界薩斯喀特徹溫亞森尼波伊亞北界亞大巴斯喀南界合眾國北境曰遏斯呢薄英其東南曰夫特挨得瑞敦又南曰挨得瑞敦又西南曰鄂得保又東南曰加爾格勒世界圖並同講義云以上三區農業畜牧亦盛有大炭田謝志作阿勒伯逵云分立四新疆之三

此外又有恩加窩訖韋汀阿特巴司

加　馬懇西曰肯及克郎打克金野　弗蘭克令北冰洋羣島大半爲美洲印度種及愛司坎摩種人游牧畋獵之所與昔日赫孫灣公司同且有數處無人迹者徐志北美洲冰疆云北美洲之極北境環北冰海如玦地當黑道之下陰凝特甚夏亦見雪未秋先凍湖海皆冰嵯峨如銀山萬疊至臘兩月日不曜星不隱人畜皆蟄伏五六兩月長晝不夜海冰皆坼浮洋面如邱陵船觸之立卽虀粉其海產鯨魚歐人有釣船百餘隻英吉利荷蘭爲多其船冬月停結冰中至夏冰釋乃往來海面得鯨魚油與骨皆獲重價得海犬海馬則食其肉而取其油鈎鯨魚最險或觸冰碎舟或巨鯨吞餌牽舟沒重淵然利之所在不遑恤也土人甚稀捕魚鼈爲糧衣海馬之皮穴地而居冬時晝夜然魚油爲燭肢體甚短黑醜粗具人形其地分三域曰北德溫曰北曰爾曰亞曰巴非英巴利先謙案初圖三域當郎薩斯喀特徹溫亞爾伯特亞森尼波伊亞三地講義各地方條云加拿他領土在諸州以外者近年分九區受管理於鄂太瓦加拿他政府之下一翁噶法爲拉布剌達之北部二克瓦丁爲哈得孫灣之西斜面以上兩地爲印度人攸斯幾摩人所住不宜於殖民三亞森尼波伊亞四薩斯喀特徹溫五亞爾伯特三區見上地六馬更些七育空八阿大巴斯喀九扶蘭克鄰以上四區地所謂西北地方是也除育空外餘爲印度人所居物產有獸皮魚類謝志西北地條云卽北部大地東起拉伯拉多西至落機山南至美境北盡北冰洋計地二千三百餘萬方里人民不下十萬千八百八十二年于阿達政府於大地內

分立四新疆日阿勒伯達埧阿達巴斯嘎撒斯嘎乍完埧阿辛尼
巴伊亞埧闊十有四年又立四地日恩干法近赫德孫灣日弗蘭
克林包冰洋眾島日瑪肯西日猶根並在西北地寒遜常轂果不
生民以漁獵爲業案列國學會諸圖諸州以外在東北者日東北
土在西北者日西北土謝志總稱西北地者蓋對那佛司科西亞
諸省言之故有此名翁噶法恩千法郎雷志之恩加窩學會圖作
溫加瓦皆恩加窩之音變字又二圖有克瓦丁世界圖作氣娃丁
講義云爲哈得孫灣之西斜面者是郎雷之韋汀又二圖有亞大
巴斯喀世界圖作亞撒巴斯加講義作阿大巴斯喀謝志作阿大
巴斯嘎郎雷之阿達巴斯加又二圖講義有馬更些世界圖作馬
堅些謝志作瑪肯西郎雷之馬懇西又二圖講義有育空世界圖
作遊空矢志作牛空謝志作猶根郎雷之日肯又二圖有扶蘭克
鄰杉虒𡘋硯講義同謝志作弗蘭克林郎雷之弗蘭克令也惟克
郎打克金野諸圖志未載無可考證耳〇據二圖冰疆大勢西界
美屬阿拉斯加英領可倫比亞東對丹麥領格陵蘭海北臨北冰
海南抵英領坎拿大自魁北克西北出成半島形與拉布剌達本
爲一土謂之東北土又日拉布剌達半島世界圖作東北洲學會
圖標名溫加瓦其東北郎拉布剌達靚故講義云翁噶法爲拉布
剌達之北部謝志云西北地東起拉伯拉多又云恩干法近赫德
孫灣是也其東有迷斯塔昔尼湖西流爲留珀特河又西流有地
日留珀特臨惹米斯海灣又北有東馬因河西流逕東馬因入海
灣又北有大鯨河又北有小鯨河又北有清水湖皆亦西流注呈
執木灣二圖作里執木灣又北濱海灣有肯格吉俄爾吉羣島世
界圖作遮爾吉王又北爲犮特蘭角又北缺其西境爲莫斯圭托

灣世界圖作蒙斯啟托其地與克瓦丁東境遙對統名哈得孫大
灣莫斯圭托灣之右爲本洲西北隅與曼斯菲得島相對島之西
北有藪特汗普敦島世界圖作藪探頓洲之極西北隅有角西北
向日薩爾斯和天母角世界圖作蠖耳斯大和母角角東有島曰
察爾列島世界圖作謝咧士迤而東與巴非英蘭相對爲哈得孫
海峽更東南有亞克拔托克島世界圖作亞苦坡德更南爲翁噶
法灣世界圖作窩翁噶法灣之左世界圖有厭勃特克寨灣之右
則拉布剌達之察得利角也灣之南世界圖有七母寨有庫克蘇
克河逕其左入海灣東南抵貴北克其東境皆與拉布剌達相接
以上爲雷志恩加窩地○由安剔伊薩阿馬尼多巴西北出二圖
日哈得孫灣荒地西北土慕志云舊名哈德孫公司土都城巴德
福者即其地也其中央二圖標名曰克瓦丁世界圖作氣娃丁即
韋汀也安剔伊薩阿之北有幕斯寨臨惹米斯海灣又北世界圖
有阿爾波尼寨阿爾波尼河自西而東流入海灣二圖作奧爾八
你河又北二圖有亞大華比斯喀特河又北有以開河並東流入
海灣灣之西有亞各木斯喀島世界圖作阿各木沙島其北有比
阿島又北有角東北向日亨黎塔角又日馬力亞世界圖作扁里
地嗎利呵岬邁而西有蘇香米爾湖又西有韋尼斯克河又西濱
海有寨日西溫西溫河自西溫湖出而東北流合特魯特湖水逕
其右入哈得孫灣又西北有寨日約克納爾孫河東北流逕其左
入哈得孫灣世界圖作奈爾孫辻志云北美洲河流之大者有馬
堅些奈爾孫二河注入北冰洋雷志云薩司喀綺橫河下流爲鼐
爾生河流入赫孫灣鼐爾生即奈爾孫赫孫即喀得孫薩司喀綺
橫河即薩司喀特徹溫河矣奈爾孫河之西北有英的都安湖世

界圖作印句湖下流爲察爾赤河北出布敦海灣又有察赤爾角
灣左有寨凵察赤爾又北有薩爾河東流入海灣又北有斐世河
自北力涅得湖流出東入海灣又北有雅特奇河又北世界圖有
呵土可伊託湖雅特奇河之上源也又北有海灣曰支斯特斐得
灣此與上東北洲短長相比東西相望當爲雷志韋汀地其北與
馬更些境相接○由亞爾伯特而東北出二圖日亞大巴斯喀世
界圖作亞撒巴斯加有亞大巴斯喀河自亞爾伯特北流有史克
拉支湖水東流注之世界圖作小奴湖亞大巴斯喀河水又東北
流爲亞大巴斯喀湖有大平河水注之大平河出落機山東南流
逕東佛根之右又屈而北流逕銀朱寨之右又東流入亞大巴斯
喀湖湖之北有大奴湖水東南出爲斯拉維河逕列索雷甸之右
又東南流逕執辟威安寨之右而南入亞大巴斯喀湖湖水又東
流逕芳得都拉克之右又東合布拉克湖水又東南出合威拉士
敦湖水又東屈而南流合鹿湖水又南有美孫尼辟河水注之又
東合内爾松湖水又東北合英的都安湖水人克瓦丁境爲察赤
爾河入哈得孫灣以上爲雷志亞大巴司喀地亞大巴司喀之西
爲哥倫比亞其東卽克瓦丁又東過哈得孫灣爲溫加瓦故雷云
恩加窩訖韋汀阿特巴斯加也○由亞大巴斯喀而北二圖大名
日馬更些世界圖作馬堅些東北境有邦都特河其西有挨爾麥
湖又西北有波因特湖不相連接又西北有鋼山河一名可貝馬
尼北流入可羅乃身灣世界圖作可羅乃申由灣東出左與窩納
斯敦地相對世界圖作吳剌斯頓又東左與維克多利亞地相對
世界圖作維克拖利蘭中爲氐斯海峽又東右爲拗克敦灣左有
慶維連島越島東出南有大魚河合伯理湖加里湖馬克都加爾

湖水北入海灣循島北出爲維克多亞峽其北爲威爾士太子地
東爲布剔亞布剔亞之北有角曰苗治松角轉而南爲布剔亞灣
其南地形突出爲心魄耳孫半島北向有角曰察音曼角二圖作察
普曼角半島之東有墨耳徵爾亦北出爲半島形中爲康米得灣
墨耳徵爾之東爲非于黎及赫克剌峽墨耳徵爾之南與藪特汗
普敦相對由兩地之開西南入中爲威爾科木峽峽西有威查湖
出峽而西卽支斯特斐得灣矣埧此當爲馬更些東境其西境有
落機山水西流逕賴亞得爲賴亞得河又北流爲氏斯河有那哈
尼河水東流注之又北逕心魄孫有大奴湖水分支出安尼西北
流注之又北流合布拉克瓦得湖水逕傻曼寨有大熊湖水西北
流注之又西北爲馬更些河河東北則扶蘭克鄰界也馬更些河
又西北又好望寨東北又西北逕馬克菲桑寨東又北分數道入
北冰洋以上爲雷志馬線西地○由不列顛可倫比亞而北二圖
日育空世界圖作遊空吳志作牛空南境日扶蘭昔斯湖出而北
流逕伯理班克斯有伯理湖水注之又西北有馬克默蘭河水注
之又西逕塞爾怯克育空河出次林奇欠山北流合列威斯河水
注之又北左合友特河水右合斯特瓦特河水又北逕島宋又北
逕育空自下遂專育空河之名入合眾國阿拉斯加境以上爲雷
志日肯地○哈得孫海峽之北大名曰巴非英蘭其東北曰坑北
蘭坑北蘭蓋卽雷之克郎巴非英卽雷之打克金也巴非英蘭之
東南隅東向者日奴古苗特迺而南日墨格因科格尼塔二圖作
墨塔因科格尼塔灣中爲佛羅必紹灣其東有布連夫爾島羅克
基島列索峇旬島轉而南與拉布剌達半島相對中爲哈得孫峽
入峽而西有察爾列島薩里斯布島勿丁干島威爾島其西南隅

爲盧吉傳克斯地有牽尼地湖又屈而西北與墨耳微爾半島相
對中卽菲于黎及赫克剌峽𡊨更西向突出爲科克布爾尼地與
布剔亞相對又北爲合浦尼爾地西與北索美塞相對中爲普爾
勒根特澳轉而東其北與諾得溫相對中爲蘭喀斯特門合浦尼
爾地之東有米爾尼地爾地之間爲亞得滅拉爾第澳米爾尼地
之東有北洛特島南爲尼喀里普西灣東爲崩灣遙而南曰威利
安斯蘭東向有口曰斯科特斯水口又東南有角東向曰眞利斯
的安角二圖作直利斯的安角又南曰北老加二圖作北加老爲
有角東向曰羅浮角又南有角曰卡頭角又南曰北愛埃其東有
灣曰河母灣東北與格陵蘭遙對其中謂之巴非英大灣北愛埃
之南有地突出東南向大名曰坑北蘭東北有灣曰苗粲灣遙而
南有角東北向曰陡角又遙南有角曰瓦星威角二圖作瓦星感
角轉而西其面南有二灣曰設菲爾灣曰坎爾夸灣又遙西有角
曰戈得司謀爾塞角角之南與奴古苗特相對其門曰坑北蘭門
雷之克郎打克金野唯此足以當之○馬更些大熊湖之西二圖
有扶蘭克鄰世界圖作扶蘭克鄰寨郎雷之弗蘭克令也與馬更
些之便曼寨臨河相望向東北直出冰洋爲扶蘭克鄰灣其左有
角西向曰巴塌斯得角角西有利涇布海灣又西有利查得島其
右有角北向曰巴里角遞而東與窩拉斯敦地相距𡊨中爲度爾
芬灣及由尼斯峽角之北爲班克斯地班克斯地之東有大島一
地而三名南曰窩拉斯敦地北曰亞爾伯特太子地東曰維克多
利亞地班克斯地之東南與亞爾伯特太子地相對中爲瓦列斯
峽其北有厄格鄰頓鳥又北有拔特力克太子地其東南有墨耳
微爾島墨耳微爾島西南爲東達斯半島其中海灣謂之微爾門

其東南有威爾士太子地島島之西南與維克多利亞相對中爲抹克克鄰托克海岔其東南對布剔亞中爲扶蘭克鄰峽扶蘭克鄰之界域即一寨一灣一峽可得其概威爾士太子地東有北索美寨島西北有拜盎麻廷島北有友椇斯特島友椇斯特島之西與罷爾微爾島相對中爲拜盎麻廷海峽北索美塞之東與合浦尼爾地相對中爲普爾勒根特澳北索美塞之北有考奴瓦島又北有格林納爾島又北有北考奴瓦島又總曰巴里羣島考奴瓦島之東有諾得溫島世界圖作北的分中爲章令頓岔諾得溫南與合浦尼爾地相對中爲蘭喀斯特門東北有可堡島其西北世界圖有維克拖利羣島正北與北淩涇相距中爲忠斯門世界圖作冰山海峽二圖云北淩涇一島二名其極北曰尼爾斯迷亞蘭其東與格陵蘭相距中爲斯密特海峽冰疆盡矣此當爲雷弗蘭克令及北冰洋羣島地

賜進士出身　特賞內閣學士衔前國子監祭酒翰林院編修加三級臣　王先謙謹撰

合眾國一上

美利堅合眾國徐志北亞墨利加米利堅合眾國云米利堅一米作彌即亞墨利加之轉音或作美利哥一稱亞墨理駕合眾國又稱兼攝邦國又稱聯邦國西語名奈精土迭慕志作米利吉案亞墨利加大國也因船挂花旗故粵東呼爲花旗國北界英土南界墨西哥得撒東距大西洋西距大洋海東西約萬里南北闊處五六千里狹處三四千里押罷拉既俺大山繞其東落機大山繞其西中間數千里大勢砥平江河以密士失必爲綱領來源甚遠曲折萬餘里會密蘇爾蘆大河南流入海此外名水曰哥隆比亞曰阿巴拉濟哥刺曰歷比勒曰德拉瓦勒北境迆西有大湖分四汊曰衣羅乖一作大羅曰休倫一作曰蘇必力爾曰密執安迆東有兩湖相屬曰伊爾蘆一作以稱曰安剔衣蘆阿諸湖爲分界之地北爲英土南則米地也初英人探得北美之地驅逐土番據其膏腴徙人實地英人趨之如水赴壑法荷嗹瑞諸國無業之人亦航海歸之日漸墾闢遂成沃壤英以大臣居守沿海偏置城邑榷稅以益國用貿易日盛以此驟致富强乾隆中英法構兵連年不解百方括餉稅額倍加舊例茶葉賣者納稅英人下令買者亦納稅人不能堪乾隆四十年紳耆聚公局欲與居守大酋酌議酋逐議者督征愈急眾皆怒投船中茶葉於海謀舉兵拒英華盛頓者米別部人生

於雍正九年十歲喪父母敎成之少有大志兼資文武雄烈過人嘗爲英英武職時方與法搆兵土蠻寇鈔南境頓率兵禦之所向克捷英帥沒其功不錄頓謝病歸杜門不出至是眾既畔英强推頓爲帥時事起倉卒軍械火藥糧草皆無頓以義氣激厲之部署既定薄其大城時英將屯水師於城外忽大風起船悉吹散頓乘勢攻之取其城後英師大集頓於軍敗眾怯欲散頓意氣自如收合成軍再戰而克由是血戰八年屢蹶屢奮頓志氣不衰而英師老矣法與國之師渡海與頓夾攻英軍西班牙荷蘭亦勤兵勸和英不能支乃與頓盟畫界址爲鄰國北境荒寒之土仍屬英人南界膏腴之土悉以歸頓時乾隆四十七年也頓既定國謝兵柄欲歸田眾不肯捨堅推立爲國主頓乃與眾議曰得國而傳子孫是私也牧民之位宜得有德者爲之仍各部之舊分建爲國每國正統領一副統領佐之例有一員者有數員者以四年爲任滿亦有一年年一易者二集部眾議之眾皆曰賢則再留四年八年後不得辭歸否則推其副者爲正副或不協人望則別行推擇鄉邑之長各以所推書其姓名投匭中畢則啟匭視所推獨多者立之或官吏或庶民不拘資格退位之統領依然與齊民齒各國正統領中又推一總統領專主會盟戰伐之事各國皆聽命與其推擇之法與推統領同亦以四年爲任滿再任則八年既與英平銷兵罷戰專務農商下令曰自今以往各統領有貪別國埔頭與兵搆怨朘削民膏者眾共誅之留戰艦二十艘兵萬人而已然疆土恢闊儲偫豐饒各部同心號令齊一諸大國與之輯睦無敢凌侮者頓以嘉慶三年病卒自與英定盟至今六十餘年無兵革之事其商船每歲來粵東數亞於英矢志云

哥侖布發見美洲後千五百六十五年西班牙人始居布洛立達半島千六百六年英國倫敦會社意圖開拓商業亦至此建立部落荷人亦殖民長島附近處建設都邑名曰新安特隠後英人經營紐約日有進步瑞典法蘭西人繼之及西班牙殖民業衰英人海上之權日益擴張千七百六十年舉東部地盡歸其管領然課税甚重民不能堪遂致有千七百八十二年美洲獨立之事黃記云華盛頓雄才大略近代無兩當建國時忽刱民主之局於是有議會之舉度其時必有不得不然之故以弭患於將來其曰得國而傳子孫是私也牧民之任宜擇有德者為之特為此言以自飾耳或擬以唐虞之揖讓過矣議會之立集萬國聰明徹九重壅蔽其初行時塙有可致治平之效不料百餘年來地球各國踵而行之流弊遂至此極也

美利堅合眾國慕志云緯綫自赤道北二十五度至四十九度經綫自中國順天偏東百九度至偏西百七十三度陳記云美國地處北美洲之南北緯自北二十四度二十分至四十九度西經自偏西六十六度四十分至百二十五度三十二分

雷志云四十四部聯盟共和國徐志云華盛頓初建國時止十餘國後附近諸國陸續歸附又有分析者共成二十六國西境未闢之地皆土番凡闢新土先以獵夫殺其熊虎野牛無業之民任其開墾生聚至四萬人則建立城邑稱為一部附於眾國之後今眾國之外已益三部總統領所居華盛頓都城不在諸國諸部數內計國二十六部三道光二十六年計丁千七百十六萬九千餘口孫志云据慕維廉志三十七部其沿太平洋三部及未入聯邦之九

部歸併合計凡四十九部一緬二牛罕什（案即牛罕什爾）三洼望四麻薩朱色五路得馬（案即羅德）六千納底克七牛約克八牛曰西九濱西洼尼十特拉華十一馬里蘭十二個倫備地（案即哥倫比亞）十三東勿吉尼十四西勿吉尼十五北加羅里那十六南加羅里那十七若耳治十八弗落里達十九民尼梭大（案即明耐梭塔）二十威士干心（案即韋司康沁）二十一衣阿華二十二音的阿那二十三伊里內二十四密執安二十五倭海呵二十六甘薩斯（案即干塞斯）二十七尼巴斯加二十八可羅拉多二十九根特基三十典尼西（案即汀耐西）三十一阿拉把馬三十二彌士西比（案即密士失必）三十三彌梭里三十四魯西阿那三十五阿干薩三十六得撒三十七加利福尼三十八阿利根（案即疴里剛）三十九尼法大（案即尼佛大）四十華盛頓四十一依大河（案即大和依）四十二望大那四十三大可大（案即南北達科太）四十四外痾民四十五有大四十六阿利索那四十七新墨西哥四十八阿拉斯加四十九土人居地

行法之權在總統每四年一任立法之權在元老院及下議院別有六區阿拉司喀等及哥倫比亞聯盟邑由總統命一總督治其事在

北美洲之中部自大西洋至太平洋為最佳美之地樞志云西自落機山麓東至阿力汗尼山趾當合眾國中部為一千餘英方里之大平原米細西比河（周志作墨斯西比）及其河領之大小支流皆迴流於此原地勢平坦而腴沃南部多產棉東北部饒小麥西北部青野無涯為最好牧場惟近落機山東麓之地降雨少而土較瘠

可分五區傍大西洋平原爲一區樋志云阿力汗尼山東之大西洋沿岸地亦一帶平原幅員平均三百英里較中部平原僅十之一吳志阿力汗尼作阿列堪尼周志作亞來狎尼亞巴拉輕山系爲一區內黑山高六千七百十英尺。先謙案亞巴拉輕山即阿巴拉其安山徐志之押罷拉既俺也又作阿泊拉其安山矢志云中央大平原之東概稱阿泊拉其安山脈之附近此山脈自拉布拉達起至墨西哥灣止長千二百英里最高至六千尺平均高度過二千五百尺又從數多之平行山脈而成高原又云密士失必河之東有山脈曰亞伯拉慶北自緬邦起南亘密士失必邦成平行山脈數條長千二百英里其山脈到處異名本名之外或稱亞臘根尼或曰碧山或曰白山或曰肯孛蘭樋志云山勢曼衍於國東者有阿力汗尼山米細西比河之東分水界也南自米細西比州北至賁內州長千二百英里最廣處一百英里山脈最高者四千尺至六千尺平均高二千五百尺勿爾吉尼阿地方之阿巴拉其安山新英倫地方之古林山同脫山皆爲此山系之一部此山系中隨處有山峽鐵路東西橫亘有石炭鐵石油等諸礦案勿爾吉尼阿即斐眞伊亞新英倫即大西洋北部中大低野自墨西哥灣上密士失必河北至坎拿大諸湖爲一區謝志云中部大平原北起北冰洋南至墨西哥海灣東界阿利革尼山東西界落機山中央邱陵橫列爲密士失必河源高出海面千五百尺南向墨西哥海灣爲坡斜是爲密士失必谷北向哈德孫海灣亦一大平原也加蒂拉剌包有落機山大澤大鹽湖深四千二百英尺尼佛大山爲一區案加蒂拉剌即瓜地瑪拉矢志云大鹽湖較大洋水有四倍餘之鹹味樋志云落機山西之河皆傾流太平洋惟大鹽湖周邊形如圜谷其水瀦於鹽湖周志云此外大小鹹湖無數盡散在落機山地方尼佛大慕志作塞拉尼法大雷志北美洲總論作西歐拉尼佛大亦即尼窪達又作內法達樋志云落機山系馳走國西爲米細西比河之西分水界最高峰出海面萬一千尺至萬三千尺喀斯開特山案迁志作加斯開以得謝志作嗄司開德周志作喀斯克特及塞拉奈瓦他山案即尼法大也周志作西拉納維特較高於幹脈有萬六千尺之高峰喀斯開特連山較低以六千尺至八千尺爲最高點此二山與落機山相距三百里至八百里其間成廣大高原氣候殊燥觸處有鹹湖沙磧土地瘠薄不適農業然富於金銀及鐵謝志云內法達在加里佛尼亞省長千五百里最高峰萬四千八百尺嘎司開德在美國與干阿達交界處最高峰萬四千尺矢志云西部高原落機山與西拉列巴達山脈間土地磽确氣候寒暑並烈金銀銅鑛甚多傍太平洋全國高之中數二千五百英尺爲一區樋志云塞拉奈瓦他山及喀斯開特山以外面太平洋之斜地全與高原相反雨澤充溉地味肥沃氣候溫和吳志云太平洋岸由西拉列巴達山麓臨太平洋傾斜地農產甚多對東洋南洋諸國筦通商之樞要最爲有望佳地每歲熱度中數在海平面計算自三十八度至七十五度正月自七度至五十

七度七月自六十四度至九十六度同一緯度而東岸較太平洋岸爲寒南部則有熱帶之氣候雨水中數二十四英寸再多者在太平洋岸灣岸太平洋岸之北部費拉地費（案在賓西洼尼）熱度中數五十三度正月三十一度七月七十六度其加哥（案在伊里內）熱度中數四十六度正月二十三度七月七十度牛痾連（案在魯西阿那）熱度中數六十九度正月五十五度七月八十二度桑方西斯哥（案在加利福尼）熱度中數五十五度正月四十九度七月六十度

面積三百二萬四千八百八十英方里（辻志云約二千一百萬方里慕志云東西萬里南北五千里總計千三百萬英方里許考云橫約七千三百里縱約三千五百六十里）人六千二百六十五萬四百四十九口十年增百分之二十七大學校千五百二十五所業農者居成人百分之四十四業礦及他工者居百分之二十二耕種地三十三萬七千七百五十英方里牧場百三

十六萬五千英方里馬驘千六百十五萬千一百九十三牛四千五百十萬五千一百綿羊三千七百六十五萬六千九百六十豬三千九百七十五萬九千九百九十三樹林歲出木料十億立方碼值一億二千萬磅礦產歲值九千八百六十四萬二千磅內煤一億九千四百六十萬四千噸鐵塊九百六十五萬三千噸銅二十二萬三千四百六十噸銀六百六十四萬九千噸金千一百八十萬三千噸及鉛錊水銀石腦油等漁亦要業製造日興有廠三十五萬五千四百十五所用工人四百七十一萬二千六百二十二出貨值一億九千五百二十六萬磅運河四千四十八英里千八百九十七年鐵路十八萬四千六百三英里迣志云鐵路貫通各都府全長四十八萬九千二百里西加口壟路以爲中心車站電信局有二萬二千九百郵便局七萬六千六百八十八洋海商船萬六千五百九十湖河商船三千七

百八十八入口貨值一億五千三百八十八萬二千磅出口貨麪包料棉花食物等值二億二千一百十九萬磅多與英德西

印度英屬北美洲貿易

政要云銀錢用祕瑣值四喜林近有自造金銀錢通用者矢志云合眾國土性濃厚如大平原地方人口稀少尚有餘地有大農攬多地以耕者農產物玉蜀黍歲穫可得八億三四千萬弗小麥可得五億一二千萬弗中央諸州產大麥各處有大葡萄園南部產棉花居世界總額十之六麻芋煙草糖果實甚多畜牧最宜森林甚茂最高樹木至三百尺以上榿松樅楓菩提樹甚茂歲獲利在八億弗以上金鑛爲世界第一自澳洲金礦發見後讓澳洲第一然最近之產額猶至四千萬弗遠出俄國之上此皆產於西部高原及中央各地銀礦以落機山中爲最歲產額至六千三四百萬弗銅鑛出修比立阿河邊及墨西哥境額凡三千入百萬弗占世界四分之一煤鐵二礦在世界中亞於英然觀其歲增產額分數則二礦皆出英上產鐵以東部高原爲第一歲出約六百六十七萬噸煤一億七千萬噸煤油產於亞臘根尼山地每歲約四千五百萬石其他所出鉛鹽硝石等莫不富饒一切礦產歲至六億六七千萬弗其二業雖近時整頓駸駸有淩駕英國之勢皆集大資本設大工廠用機器爲之觀其最近統計工業資本在六十五億弗以上製造場有三十五萬處用工四百七十萬人產出價額不下九十四億弗如棉花製造最盛工人三十萬產額不下二億一千萬元毛布製造額一億六千

萬元歲出新器獲專利文憑者不下二十萬此國製造業數十年後必爲世界第一千八百五十年財力之總計百二十九億元至千八百九十年已至千一百七十億元加至九倍以上千八百九十九年公入款一億二千三百四十七萬八千磅國債三億八千三百八十七萬四千磅各國私入款九千八百五萬二千磅國債二億三千六百五十三萬二千磅兵額常備軍二萬七千百六十人後備軍十二萬五千人戰艦百二十七鐵甲四十一共萬九千人

東部新英倫諸邦先謙案此六國徐志爲東路謝志作大西洋北部凡六部一云指國之東北部又名新英革蘭諸邦內地多山高下不平沿海數百里平坦河水東南流入大西洋北方有山倍印湖長三百里冬季數月有雪夏月溫和樹木茂盛水流湍急故多取水力運用輪機居人稠密大抵爲昔時移民之後伐木及製造工業最盛大城三十二內有製造廠三萬餘所製爲羊毛貨棉花貨皮鞋紙農具軍器工器

緬國

緬雷志云面積三萬三千四十英方里人六十六萬千八十六口

奧古斯大會城人萬五百二十七口　坡蘭人三萬六千四百二十五口

徐志緬一作洛作賣內又云在合衆國極東北隅與英屬部接壤西界紐罕什爾南界海幅員如中國之浙江省山水環帀林木叢茂北境極寒冬月雪深數尺堅冰可勝車馬南境夏令頗熱明天啟六年英人始至基尼河畔刱立一鄉後漸繁衍與麻沙朱色士合嘉慶二十五年歸合衆國道光元年別立爲緬國土產五穀棉花紙熟皮蠟燭鐵材木最多船料皆取辦於此每歲出口貨約值八百餘萬合衆貿易緬居十之三以奧古士大爲會城有大書院二正統領一副七巡察官十二贊議官數十居民五十餘萬所務惟農漁商無巨富無極貧先謙案列國學會二圖與雷徐同世界圖作麻陰謝志作美印周志作梅痕課程作梅因卽麻陰之音變字圓球圖作曼矢志作孟又緬洛之音變字現勢圖作賣內据二圖東北界英領牛不倫瑞克西北界英領貴北克東南臨大西洋西南界牛罕什爾會城在南境曰奧古斯大美利堅皆各圖與雷志合萬國圖作奧加士他圓球圖作無城郭都會聚落卽謂之城其實無垣堞也奧格斯塔陳記作奧格士打西南曰坡特蘭卽雷之坡蘭二圖爲巴特蘭陳記作砵倫云緯北四十二度五十七分至四十七度三十二分順天偏西六十六度五十二分至七十一度六分

牛罕什爾國

牛罕什爾雷志云面積九千三百五十方里人三十七萬六千五六

百三十口　公哥突會城人萬七千四口　曼朵司德人四萬四千百二十六口　那虛亞人萬九千三百十一口

徐志紐罕什爾（一作紐韓詩爾又作紐韓麗又作耨韓賽又作耨韓醯歎）云在緬國之西北界英土西界洼滿的南界麻沙朵色土幅員如緬三之一境內山嶺崇峻最高曰白山積雪不消終歲皓然有尼比西阿尼湖周數十里風景幽絕土氣清和其人多壽明天啟二年英人麻臣俄尼士始墾此土旋與麻沙朵色土合乾隆六年别爲紐罕什爾部後歸合衆國地產大木有高二十丈者又產洋參冰糖銅鐵鉛會城曰公哥突有大書院官制與緬略同員數差少居民二十八萬餘東南隅有波子某城港口深穩合衆國兵船皆泊於此先謙案郎雷志之牛罕什爾也牛紐皆譯言新列國學會二圖作紐罕什爾圓球圖作紐罕受爾米志作牛含布什爾矢志作紐奇賽周志作紐海拍鮮孫志作牛罕什課程作牛罕西耳一作新寒時阿据二圖東北界緬西北界洼望東南臨大西洋南界麻薩朱色白山在西北南境有公哥突與雷徐合東南隅有波子謀城與徐之波子某合異名記云合衆國兵船皆泊此陳記公哥突作庸曷萬國圖作孔科圓球圖作康考得米志作剛哥的世界圖作孔科得而漏載牛罕什爾之名講義云華盛頓山巔布設鐵道可供眺望曼折斯豆乃重要之製造場也曹典球云曼折斯豆據英文元圖在公哥突東南屬紐罕什爾州學會圖誤繪入洼滿的州案洼滿的南部實無可符此譯者先謙案曼折斯豆即雷之曼朵司德曹說是也陳記作文遮士大波子某作林士毛庶云緯北四十二度四十分至四十五度十二分順天偏西

七十度四十分至七十二度八十八
分此大陸會議拒英十三州之一

洼望國

洼望雷志云面積九千五百六十五英方里人三十三萬二千四百二十二口　望比釐會城人三千六百十七口　般靈敦人萬四千五百九十口　徐志洼滿的一作屋滿的一作洼門又作華滿又作法爾滿又作委爾蒙云在紐罕什爾之西北界英土西界紐約爾南界沙麻朱色士幅員與紐罕什爾相埒境內有曼士非爾大山高四百餘丈多杉木冬夏常青故名其地曰洼滿譯言綠山也又有大湖曰占勃連萬歷元年法人由加拿他轉徙至此雍正二年英人由麻沙朱色士漸拓其地乾隆中剏立爲部五十六年歸合衆國土產布棉紗粗呢牲畜銅錫鉛鐵而鐵尤王又阜磬極多會城曰滿比釐阿有書院官制與紐罕什爾同居民二十九萬餘先謙案郎雷志之洼望也列國學會二圖亦作洼滿的世界圖作佛芒脫異名記作非曼特萬國圖作瓦門特圓球圖作浮爾莽特謝志作斐門德矢志作佛孟德周志作尾蒙樋志作瓦門特課程作非曼特据二圖東界牛罕什爾西界紐約爾北界英領南界麻薩朱色課程有滿比釐阿與徐合郎雷之望比釐世界圖作蒙特丕力爾萬國圖作蒙丕利阿圓球圖作莽特丕力歐米志作玼理耳陳記作滿必里阿二圖西北有柏林敦郎雷之般靈敦陳記作巴連頓綠山自南至北縱貫國中陳記作洼滿地云緯北四十二度四十

四分至四十五度順天偏西七十一度三十四分至七十三度二十六分

麻薩朱色國

麻薩朱色雷志云面積八千三百十五英方里人二百二十三萬八千九百四十三口　波士頓人四十四萬八千四百七十七口　丸塞司德人八萬四千六百五十五口　羅活耳人七萬七千六百九十六口　覆里佛人七萬四千三百九十八口　坎闢里治人七萬二十八口　靈人五萬五千七百二十七口　勞倫司人四萬四千六百五十四口　司潑林飛耳人四萬四千百七十九口　新彼覆人四萬七百三十三口　沙滿維耳人四萬百五十二口　呵耳約克人三萬五千六百三十七口　塞雷人三萬八百口徐志麻沙朱色士一作馬薩諸色士又作馬沙朱碩斯又作馬沙諸些又作馬撒主悉又作馬薩諸塞云在紐罕什爾洼滿的之南西界紐約南界干捏底吉洛哀倫東距大西洋幅員與洼滿的相埒近海地勢稍平迤西山巔重疊干捏底吉河由北發源橫貫國中氣候溫和似中國之江

北明正德間英人尚天主教其國人尚耶穌教者航海逃至此名
曰新英吉利開墾生聚戶口漸繁康熙三十一年復歸英轄謝鑑云千
六百十年英國藩清教人有緣事徙居荷蘭乘船往北美之斐眞伊亞者誤行海道偏北差戕四五百里冬時伐樹營屋天氣酷寒
死亡過半存者用力耕耘居止遂定後同志者踵至千六百三十年復求十三船之眾因糊立波斯頓城散處者多置莊院起公會
定律法設學塾有哈法德約翰者相家資之半建大書院一所于六百七十五年土人謀爲害與戰勝之後生齒日繁土人亦相安
無事卽今瑪擺初色邦也與徐異乾隆間歸合眾國土產鉛錫白礬煤布大呢魚
油會城在東曰摩士敦爲合眾國大都會城內萬室雲連市廛盤
巿仍留隙地相間隙地每方百畝圍以闌干外環樹木爲居人遊
憩之地牛馬不容踐踏故地氣疏通人少疾疫有大書院六藏書
樓數處一樓藏二萬五千冊官吏士子皆許就讀城外近臨海港
在合眾國爲第二埔頭其商船輪船無所不到陸地鐵路馬車火
輪車並用正統領一副二居民八十三萬餘先謙案卽雷志之麻
薩朱色也列國學會二圖作麻沙朱色傳士謝志作瑪撒朱色矢
志作邁薩久賽茲周志作麥衰且斯失次孫志作瑪撒初色米志
作瑪洩朱些斯圓球圖作麻賽楚寶資課程作瑪撒出色云一作
馬息舟薛士南境有斯勃林菲得卽雷之司潑林飛耳陳記作士
布林非兒東南隅有普里穆斯卽雷之覆里佛東北有角東向爲
安得角與普里穆斯南北相距其中四入成灣會城波士敦在焉
卽雷之波士頓徐之摩士敦也圓球圖作保斯屯泰西新史作撥
思登矢志作濮斯登陳記作布士頓謝志作波斯盾世界圖作薄
斯頓而不載國名蓋疏漏陳記有紐必里砵卽雷之坎闢里治有
瓦詩士打卽雷之丸塞司德有奴倫士奴亞卽雷之勞倫司講義
云本洲於北美製造業居第三外國貿易居第二貿易悉經波士
頓爲北美文學技藝音樂之中樞彼哈維德謝志作哈佛德大學在市外

五洲地理志略 卷二十七 八

曹云据英文圖郎坎闢里治講義又云其西北十一英里蘭基西得千七百五十五年獨立之爭開戰始於此陳記云緯北四十一度十五分至四十二度五十二分順天偏西六十九度五十四分至七十度三十五分案此拒英十三州之二

羅德島國

羅德島雷志云面積千二百五十英方里人三十四萬五千五百六口　**波羅威頓士會城**人十四萬五百六十八口　**保塔開德**人二萬七千六百三十三口　**亘埽坎德**人二萬八百三十口　**林肯**人二萬三百五十五口

徐志洛哀倫（一作羅德島又作羅鹹 島又作偉愛倫又作羅）羅倫愛云在麻沙朱色士之南西界于捏底吉東南距大西洋幅員如中國之一中縣在合衆國爲最小明崇禎九年麻沙朱色士人羅查威廉諵居於此嶋衆開墾遂成小部（謝礮云千六百三十八年有偉聯耶基耳因講 遒不合遂去瑪徵衍色立羅德哀拉邦與係異）英吉利後歸合衆國土產鐵煤會城曰波羅威士頓城外有海港曰新灣港內有小島其國以此島爲名哀倫譯言島洛哀倫譯言島部也島上建樓高十餘丈樓頂作小屋周以玻璃每夜然燈數十以道海舶避礁石合衆國港內皆效之戶口不多貿易工作與麻沙朱色士相埒棉花尤良地平坦海濱多建樓高六七丈借風激輪爲磨以屑穀麥正副統領各一居民十萬八千餘先謙案郎雷志之羅德島也列國學會二圖作羅得課程作魯地周志作瓏

特威頓士與雷合陳記作布羅非頓士徐作波羅威士頓語助上下矢志作路德孫志作路得馬謝志作羅德哀蘭据二圖有波羅
不定也講義云波羅威頓士市爲木棉毛織之大製造場平方圖
有波羅威頓士而無羅德世界圖於麻沙朱色士之南圍二圈卽
羅德與干納底克也而不著其名俱疏漏陳記云緯北四十一度
十八分至四十二度三分順天偏西七十一度八分至七十一度
五十八分此拒英十三州之三又徐志注云南懷仁宇內七大宏
功記有樂德島銅人高三十餘丈一手持燈兩足踏兩山腳海舶
出其胯下銅人內有旋梯人由旋梯至其右手然燈以引海舶卽
此島也建樓然燈事本尋常乃懷仁造爲銅人之誕說而云三十
餘丈不知此銅人何由而鑄亦何由而立也亦可謂荒唐之極矣
先謙案此亞細亞陸堤島事非此島也南懷仁時美洲尚未檢出
何由得知羅德
島事徐誤矣

干納底克國

干納底克雷志云面積四千九百九十英方里人七十四萬六千二百五十八口　**哈得富**會城人五萬三千二百三十口　**牛海文**人八萬七千二百九十八口　**辟里治坡**人四萬八千八百六十六口　**活德勃雷**人二萬八千六百四十六口　**滿里頓**人二

萬千六百五十二口徐志干捏底吉一作干尼底吉又作哥內的古又作袞特底格又作捏的爾格云在洛哀倫之西北界麻沙朱色士西界
紐約爾南距海港幅員三倍洛哀倫有大河曰干捏底吉發源緬
國由此入海故以水名爲國名土壤中平沿河腴沃近年已興蠶
桑之利明崇禎六年麻沙朱色士人始墾其地曰赤活後有英人
墾出港口之地曰紐倫敦康熙元年合爲干捏底吉部歸英轄謝鑑
云千六百三十五六年有自瑪撒初色遷居堪諾克提河濱因立堪諾克提邦有潔淸教人自英來相與造牛哈分城公會律令凡撕理邦事官長必於數會中選人任之與徐略異牛哈分郎牛海文也嘉慶二十三年歸合衆國土
產牛馬贏羊銅鐵棉麻布大小呢紙鐵器又造木時辰鐘每歲得
三萬件會城二一曰哈得富耳在河濱有大書院一一曰紐倫敦
在海口有大書院四其學館爲二十六國之最又有別院教啞與
聾者以手指代言語諸國皆效之正副統領各一又居民三十萬餘
先志謙案即雷志之干納底克也列國學會二圖作康內克的告得
矢志作康內的克孫志作康諾提克謝志作根內第革課程作堪
訥替克云亦作孔匿低咳周志作康納克剔刻据二圖北境有哈
得富耳即雷之哈得富講義云哈得富耳市有大製造廠尤以銀
行保險業爲重新大陸記作哈佛南境濱海有新哈文即雷之牛
海文又東南濱海有新倫敦即徐志之紐倫敦而雷志無之據謝
志云牛亥分城有著名耶而大學校藏書二十萬卷以徐志大書
院證之是牛亥分即紐倫敦也李記作牛海芬陳記作紐希文云
舊會城今遷於哈富平方圖但書新倫敦而不著國名世界圖漏
繪坵見陳記云緯北四十一度零至四十二度二分順天偏西七
十一度四十六分至七十三度
五十分此拒英十三州之四

中大西洋諸邦

先謙案此四國一都徐志爲東路謝志作大西洋中部多紐折爾西云內地多山沿海窄地平坦山中多產煤鐵因內外交通便利故開鑛製造極爲興盛商務遠勝別部大城四十四合五邦爲一區工廠四萬餘所

牛約克國

牛約克雷志云面積四萬九千百七十英方里人六百萬三千百五十七口　**阿巴尼**會城人九萬四千九百二十三口　**牛約克**人百五十一萬五千三百一口又四郊人二百九十六萬三千七百九十二口　**卜路克令**人八十萬六千三百四十三口　**拔翻羅**人二十五萬五千六百六十四口　**羅勞采司德**人十三萬三千八百九十六口　**酸雷鳩斯**人八萬八千百四十三口　**託勞寨**人六萬九百五十六口　**烏的加**人四萬四千七口　**賓格敦**人三萬五千五口　**陽喀士**人三萬二千三十三口　**愛耳滿拉**人三萬八百九十二口　**長島城**人三萬五百六十六口徐志紐約爾一作紐約克又作紐青又

（作新約又作新約基）云米利堅大國也東界洼滿的麻沙朱色士干揑底吉東南一隅臨海港南界紐折爾西賓夕爾勒尼安西北距安剔衣鼇阿伊爾鼇二湖東北界英土地形三角幅員如中國之福建省東境多山大者曰押罷拉既俺（案即本志阿巴拉輕）之餘多平土有大河曰活得遜由北而南長千餘里闊十三四里洋船溯流而上可數百里迤北甚寒冰堅可任車馬中間有湖曰畜治其地富庶繁華爲二十六國之最前明中葉荷蘭人尋新地初開此土名曰新荷蘭嘉靖中意大利游民屬至爲荷蘭傭萬歷間英人亦至以其地經營開墾日益富盛順治中英王命其昆弟名約者主之以兵力逐荷人盡有其地名曰紐約爾（綱鑑云牛約邦者千六百二十六年荷蘭人立斯城與土人通商亞赤以貲易爲重農務爲輕千六百六十四年荷割此城與英並以全地歸其統理與徐略異）乾隆四十年華盛頓舉兵紐約爾首附之英人借其殷富屢以大兵攻取故被兵最甚會城亦名紐約紐約爾外通海港爲合眾國第一埔頭產銅鐵鉛鹽牛馬羊豕棉布嗶嘰熟皮白紙玻璃每歲貨船入港者千五百艘運入之貨值三千八百萬圓運出之貨值二千三百萬圓內地通衢多用鐵汁冶成以利火輪車之行大[illegible]鎮二曰阿爾巴尼曰推來書院學館甚多有演武館校習槍礮軍械官制略同緬國員數較多居民二百四十二萬八千餘新大陸記云爲全世界中第二大都會（倫敦第一）有唐人埠先謙案即雷志之牛約克也列國學會二圖世界圖作紐約克東有城曰阿爾巴尼尼與徐合即雷之阿巴尼世界圖作阿哈尼陳記作阿而民尼米志作阿而別尼泰西新史作難巴尼圓球圖作輿耳八逆此城之北有推來徐所云二大鎮即雷之記勞寒託勞推來音變字也陳記作弟來阿爾巴尼之南濱海有紐約克謝志云牛約革省之牛約革爾爲北美第一大城世界第

五大城建於大西洋濱在赫德森河口前有長島遮護海浪不啻天然隄岸樓高七八層至十餘層升降用汽機不勞步履製造廠林立煙雲蔽天講義云紐約克臨呼得桑河口與琅島西端布魯克林相對其間架以鐵橋赫德林呼得桑即徐之活得遜也諸志多作哈得孫布魯克林與列國圖合學會圖作卜魯克林即雷之卜路克令新大陸記作布祿侖陳記作布魯曹云長島二圖作琅島琅譯音長譯義西境濱伊爾釐湖有布法羅即雷之拔翻羅陳記作巴法路又東北濱安剔釐阿湖有羅徹斯特即雷之羅勞采司德陳記作羅士邊打又東有塞拉庫西即雷之酸雷鳩斯陳記作沙那多架士世界圖安剔釐阿湖作安達寮伊爾釐湖作伊里講義又云此州農業亦居首位陳記云緯北四十度三十分至四十五度順天偏西七十一度五十四分至七十九度五十七分案此拒英十三州之五

牛曰西國

牛曰西雷志云面積七千八百十五英方里人百四十四萬四千九百三十三口　**彼德孫**會城人七萬八千三百四十七口　**尼華克**人十八萬千八百三十口　**日西城**人十六萬三千三口　**坎登**人五萬八千三百十三口　**特連頓**人五萬七千四百五十

八口　**呵波根**人四萬三千六百四十八口　**依利社巴城**人三

萬七千七百六十四口徐志云紐折爾西一作紐約爾些又作紐若志西又作新遮些又作新日爾塞云北界紐約爾西界賓夕爾勒尼安南界特爾拉華東面大西洋海幅員與麻沙朱色士相倣北境有大山平原多衍沃有巴沙益河受諸水匯爲深潭澄泫涵演怡人游眺明天啟四年嗹國人初寓其地後有瑞典人壑其南隅荷蘭人壑其東北康熙四十一年始歸英講鑑云牛遮耳西邦於千六百六十五年勝關後塊克欽人多居之其東界蘇格蘭會盟數人居之與徐異後歸合眾國產鐵鉛布疋會城曰特連頓設正副統領居民三十八萬餘先謙案即雷志之牛曰西也列國學會二圖與徐同講義同世界圖作紐日爾西矢志作紐亨伯休周志作紐及赦課程作新這塞謝志作牛遮西講義云其地稱爲庭園洲以產果物甚多也都會爲紐亞克局面甚大据二圖地作半島形南向有角曰邁角西爲特拉華灣深入國西特連頓城在西境紐亞克在東北隅曹云据英文圖彼德孫在紐亞克北三十里則是雷志講義雖異實同野口保興內外地志云特連頓爲首都與徐志合不可曉陳記作地林頓有奴注即雷之尼華克云緯北三十八度五十五分至十一度三十一分順天偏西七十三度五十八分至七十五度二十九分案此拒英十三州之六

賓西洼尼國

賓西洼尼雷志云面積四萬五千二百十五英方里人五百二十

五萬八千十四口　哈力士堡會城人三萬九千三百八十五口
費拉地費人百四萬六千九百六十九口　比的波人二十三
萬八千六百十七口　愛里根尼人十萬五千二百八十七口
司克倫頓人七萬五千二百十五口　里丁人五萬八千六百六
十一口　歐犁人四萬六百三十四口　韋爾坎司巴爾人三萬
七千七百十八口　蘭克司德人三萬二千一口　亞耳士那人
三萬三百三十七口

徐志賓夕爾勒尼安一作邊西爾威尼阿又作賓西法尼阿又作邊西耳文又作奔西爾瓦尼又作品林云在紐折爾西之西北界
紐約爾西北隅連伊爾蘆湖西界倭海阿南界勿爾吉尼阿馬里
蘭特爾拉華幅員與紐約爾相埒境內有押罷拉既俺大山瀊布
下蘇貴哈那等河地氣寒暑適均土壤東勝於西瑞典人初開其
地康熙二十一年英將威廉賓據之又買土番曠土拓為大部故
以姓名其地曰賓夕爾勒尼安譯言賓之林野也謝鑑云偏偉聯者傀克教人千六百八十一年英王賜以附近德拉瓦河之地以船三艘載三百人往營建斐拉德斐亞城次年偏偉聯親至其地與土人立約購地通商從無干戈之事圖名曰偉斯偉那邦乾隆間歸合眾國土產煤鐵鹽呢布苧麻
磁器玻璃會城曰非勒特爾非爾一作費拉地費一作兄弟愛在東南隅建於
特爾拉華河口街直如矢萬廈整潔外通海港輪船可直抵城下
為合眾國第三埔頭每歲運入之貨值千一百餘萬圓有鐵路達

鄰封火輪車船之煙櫃多造於此官制與紐約克略同居民百八十二萬餘先謙案郎雷志之賓西洼尼也列國學會二圖作賓夕爾法尼亞購義世界圖作邊西兒巴尼亞周志作噴息維納矢志作賓率梵尼謝志作本西斐尼平方圖作賓夕爾斯尼安孫志作濱西洼尼陳記作賓西溫尼新大陸記作濱士溫尼課程作片司危那云又作噴夕爾費呢阿一作編西耳萬尼阿据二國東南隅有非勒特爾世界圖作費拉底爾非亞郎雷志之費拉地費矢志作費拉的費謝志作斐拉德斐亞陳記作非拉地兒非阿世界圖東有地辣威亞灣郎特拉華灣埧辻志云費拉的爾非亞府濱底拉非亞河口北美大陸會議在焉府中有獨立閣十三州志士宣獨立檄於此底拉威亞河郎特拉華河也李記云城西有志爾乃而橋西北有飛莽帕格大園林氷陸異地萬六千餘畝旁有生物苑講義云北美製造業此州居第二鑛業居第二鐵產有二分之一石炭產有四分之三油幾全出於此有名石油井在州西北涌出之額爲世界第一東部有無煙炭田亦著名非勒得爾非爾有世界最大石炭販賣場自石油地方布鐵管數百英里送油至此製成輪出誠大工業也其西境二圖有丕特斯波格郎雷之比的波世界圖作庇止堡新大陸記作必珠卜辻志云庇止堡人二十三萬八干口丕特波斯格爲北美製鋼鐵及玻璃業最大市場其北二圖有亞勒加尼郎雷之愛理根尼又西北隅瀕伊爾蠶湖有亞什大布拉世界圖曰不哈羅中境二圖有威里安斯拔特郎雷之韋爾坎司巴爾陳記有乞里士北郎雷之哈力士堡云緯北四十九度四十三分至四十二度順天偏西七十四度四十分至四十度三十六分此拒英十三州之七

特拉華國

特拉華雷志云面積二千五十英方里人十六萬八千四百九十三口　達佛會城人三千六十一口　韋爾明敦人六萬千四百三十一口

徐志特爾拉華一作底拉華又作地那洼又作德拉委爾又作列勒威爾云在賓夕爾勒尼安之東南西南界馬理蘭東臨海港爲特爾拉華河下游故以水名爲國名幅員與洛哀倫相倣在二十六國中爲最小地亦瑞典人所開荷蘭奪之康熙三年歸英初附於賓夕爾勒尼安後析爲小部道光十年始歸合眾國土田卑溼貿易無多會城曰多發統領一居民八萬八千餘先謙案郎雷志之特拉華也列國學會二圖同周志作玳拉回亞李記作特爾拉窪課程作德拉洼云一作低刺謂阿矢志作台拉惠据二圖東瀕海有多發郎雷志之達佛陳記作多化其外爲特拉華灣平方圖有多發而不著國名世界圖不載俱疏漏李記有滑明登陳記有威靈頓郎雷之韋爾明敦云緯北三十八度二十八分至三十九度四十七分順天偏西七十四度五十六分至七十五度四十六分此拒英十三州之八課程云洛哀倫德拉洼地最小周回各百餘里視諸大國不及十分之一獨以華盛頓倡議拒英起兵相應功成之後遂各仍其舊以至今

馬理蘭國

馬理蘭雷志云面積萬二千二百十英方里人百四萬二千三百九十口　阿那波利會城人七千六百四口　霸地摩人四十三萬四千四百三十九口　喀勃蘭人萬二千七百二十九口

徐志馬理蘭一作馬里蘭又作馬黎郎又作麥爾釐蘭云東界特爾拉華北界賓夕爾勒尼安西南界勿爾吉尼阿中貫遮士畢海港分境士爲兩畔幅員與紐折爾西相埒西北有峻嶺餘多平土五穀百果皆宜明嘉靖間英國有律官曰麻爾底磨率二百人來墾此土父子相繼至崇禎六年告成其初開時值英女王馬理在位故名曰馬理蘭馬理譯言王后蘭譯言地也謝鑑云千六百三十年英王喀力第一賜公爵巴提摩以依近策色皮克海殿一帶地方巴提摩天主教人故天主教避難之人咸至後潔濤耶蘇兩教人亦來皆盡心耕耘貿易之事遂成此邦其說略異後歸合衆國土產呢布鐵器另器玻璃紙料會城曰阿那波里有書院官制與諸國同居民四十八萬華盛頓都城在國之西南界先謙案徐雷同列國學會二圖作馬里蘭矢志作馬立蘭樋志作馬利蘭周志作墨利倫吳志作美利蘭李記作馬利藍据二圖東境瀕海有亞那波里卽雷志之阿那波利徐之阿那波里陳記作安那布理土其北有巴爾的摩郎雷之霸地摩陳記作布地摩矢志作拔爾的慕云在吹撒比克灣頭講義作巴爾的摩爾云爲煙草及卷煙草之大製造市謝志作保勒第摩云以販棉花煙草著有霍伯金大學校生徒繁盛辻志作薄爾替摩兒云人口四十三萬四千案吹撒比克二圖作折撒比克世界圖作遮士畢克郎徐之遮士畢港也李記云有長橋三此遮次畢港之橋約三里地名帕立費世界

圖有波剔摩即霸地摩平方圖作巴爾的摩爾皆不著國名疏漏陳記云緯北四十八度至三十九度四十三分順天偏西七十五度四分至七十九度三十三分此拒英十三州之九

哥倫比亞都城

哥倫比亞雷志云面積七十英方里人二十三萬三百九十二口

華盛頓合眾國京都人十八萬八千九百三十二口辻志云在國之西端濱厄特麥克河左岸大統領府在焉課程云城在哥倫米阿地當馬利蘭內港西汉之尾直斐眞伊亞東北**喬治統**作云在馬理蘭內港西汉之尾勿爾吉尼阿之西北地**人萬四千四十六口**徐志哥倫米阿加士勒黑勒爾阿一作戰纜爾阿又跨兩國周四十里合眾國都城也初華盛頓既勝英居於哥倫米阿定為總統領治所合眾國之紳耆皆會集於此議國政城為華盛頓所建乃合眾國業之祖故即名其城曰華盛頓有總統領府議事堂文武衙署迤西別一城曰查治當有書院鑄礮局對岸別一城曰阿力山特釐阿有鑄礮局育嬰館三城貿易極盛居民四萬三千先謙案即雷志之哥倫比亞也孫志作個倫備地李記作柯倫比爾矢志作哥崙布戴略作叩倫比亞列國學會二圖並載哥倫比亞華盛頓其東北曰查治當與徐合惟徐作西誤即謝雷之喬治統也對岸一城曰亞勒散特即徐之阿力山特釐阿謝志哥倫比亞地下華盛頓作瓦升盾云濱哀多瑪克河左岸宮殿

宏麗以文石造成有國會議事堂有華盛頓壘名塔高五百五十六尺（新大陸記作華盛頓紀功華表）惟哥倫比亞自成一地不屬於某邦蓋爲合眾國公有地講義哥侖比亞區云華盛頓臨波多麥河波多麥哀多瑪一也世界圖平方圖有華盛頓而不載哥侖比亞之名陳記云地士地力阿夫哥倫米阿緯北三十八度五十一分至三十九度順天偏西七十六度五十八分至七十七度六分

南大西洋諸邦 先謙案此四國一部徐志爲東路謝志作大西洋南部多西勿吉尼云天氣和暖海岸平地廣闊宜種棉花煙葉白米佛落理達產橘甚盛每年可二十萬噸此邦六部產米三百萬鎊煙一萬二千萬鎊田產之豐可以想見

勿吉尼國

勿吉尼雷志云面積四萬二千四百五十英方里人百六十五萬五千九百八十口 **里支門**會城人八萬千三百八十八口 **拿覆克**人三萬四千八百七十一口 **彼得士堡**人二萬二千六百八十口 **靈支堡**人萬九千七百九口 徐志勿爾吉尼阿（一作費爾治尼阿又作委爾濟尼阿又作逵治尼阿又作費治邇亞又作威額爾拿）云在馬理蘭之西南西北界賓夕爾勒尼安倭海阿西界阡的伊西南界田納西南界北喀爾勒那東距海港幅員之廣爲

二十六國之最境內之山最大者曰波威爾土河渠交給最長者
曰波多墨有天生石橋離水二十丈闊數丈又有石洞深里許內
有生成數石人名曰龍洞土壤中平沿河者較腴沃明中葉英王
占士未知是理第幾顯時英人初墾此土因名其地曰占士後於萬歷初
告成値女主以利撒畢在位更名曰勿爾吉尼阿譯言貞女用以
贊揚女主也讚鑑云千六百七年英船有至雅各河者捌建雅各城有斯美特約輸爲首領千六百十九年英國有販
女人賣與雅各城爲妻者英遣罪犯荷賣黑奴滋生遂繁耕作亦力千六百二十二年與士人戰勝之千七百六十一年英人四萬
墨人二千矣斐眞伊亞邦於是立與徐異乾隆四十一年歸合眾國土產五穀果碩貿
易繁盛會城在東界海濱曰里是滿有大書院官制略同諸大國
居民百二十三萬餘合眾國聽明英傑之士多萃於此先謙案郎
雷志之勿吉尼也列國學會二圖與徐同世界圖作勿瑤治尼亞
課程作非眞伊亞云一作徵晉尼阿謝志作斐眞伊亞周志作維
亞及尼矢志作佛勒那孫志作東勿吉尼據二圖東境有里士瑞
平方圖作里上滿即雷之里支門徐之里是滿陳記作利之文謝
志作利支云濱雅各河案徐作濱海徵諜風景淸奇有大船塢製造銅鐵
器煙捲麥粉爲四方鐵路中樞昔年南北交戰州城爲南方之京
都矢志云知蒙德府在佛勒那州爲煙草之輸出所知蒙郎支門
也其南有伯特斯波格即雷之彼得士堡陳記作必打士墨又東
瀨海有那佛爾克即雷之拿覆克講義云產小麥玉蜀黍其煙草
最良輸入日本者出此地陳記云緯北三十六度三十分至三十
九度四十分順天偏西七十五度十分至
七十三度三十三分此拒英十三州之十

北加羅里那國

北加羅里那雷志云面積五萬二千二百五十英方里人百六十二萬八百三十二口　剌里會城人萬二千六百七十八口　韋爾明敦人二萬五十六口

徐志北喀爾勒那一作那弗喀爾勒那又作北格羅來納又作北甲羅里那又作北戈羅里又作北鶩羅連又作北加洛粦云在勿爾吉尼阿之南西界田納西南界南喀爾勒那東距海幅員與勿爾吉尼阿相埒境內西北多山最高者曰墨魯東南皆平土河道紛歧最長者曰羅阿蕃東界有瘴氣迤西平善初英律官格拉領頓與依爾額蘭威爾里等來墾此王因以國王之名名之曰查爾土頓未詳是覽理第幾後又有臘里者亦來墾兩土毘連總名曰喀爾勒那雍正七年分南北兩部北部臘里所墾也謝鑑云千六百六十三年英王將附近斐眞伊亞南界大地畀與公爵喀仁單華尊爵六人先有移居其北境者皆教會中人千六百七十年有英人三船來止即於北境建喀力城因南北相距窵遠遂分南北喀羅來耶邦也其初條例皆英國博士拉克約翰所定民不便之未二十年廢棄淨盡自定規律人數愈增財貨日盛案與徐略異乾隆五十五年歸合眾國地產金開礦淘沙者常二萬餘人本多松以松脂代燭穀以粟米為圭小麥次之產棉花煙葉會城曰喇里正統領一參辦七僚佐數十居民八十萬三千餘耕作買黑奴為之俗侈靡好宴飲先謙案即雷志之北加羅里那也列國學會二圖與徐同世界圖作北加羅禮那課程作北加祿里那云亦作北喀羅林拿周志作北克魯剌納矢志作北加洛林那謝志作北嘎羅來那据二圖中境有城曰剌里與雷合即徐之喇里亦即臘里此以始墾之人名名之世界圖作拉利陳記作羅利其東學會圖有海角曰哈得拉斯角列國圖無世界圖作哈的拉斯角其東南濱海有威爾門敦世界圖作維耳明頓即雷之韋

爾明敦也陳記作威頓云緯北三十三度五十分至三十六度三十分順天偏西七十五度二十五分至八十四度三十分此拒英十三州之十一

南加羅里那國

南加羅里那雷志云面積三萬五百七十英方里人百十五萬千一百四十九口　渣耳敦會城人五萬四千九百九十五口　哥倫比亞人萬五千三百五十三口徐志南喀爾勒那一作嘍士喀爾勒那餘與北國云在北喀爾勒那之南西南界若耳治東南距海幅員如北喀爾勒那三之二境內墨魯山高四百餘丈餘皆培塿有洮底大河由西北而貫東南海濱炎熱有瘴氣迤西適中初與北喀爾勒那爲一部後分爾部與北部同時歸合眾國土宜粟稻木多松橙產棉花苧麻金鐵有鐵路通鄰封會城曰個倫比亞有大書院二官制同北部惟北部無副統領南部有之居民五十五萬三千餘先謙案郎雷志之南加羅里那也列國學會二圖與徐同世界圖作南加羅禮那課程作南加祿里那謝志作南嘎羅來那据二圖中境有個倫比亞與徐合世界圖曰可隆比亞郎雷之哥倫比亞其東南濱海有查勒士敦世界圖曰釵耳斯頓郎雷之渣耳敦平方圖作查勒斯敦矢志作加勒斯盾謝志作勒斯盾云本邦商務殷盛之區講義云最大棉花市場案徐云查爾士頓以國王之名名其城晛陳記以查士頓爲市

鎮哥倫米阿爲會城與徐合疑雷誤陳記云緯北三十二度四分至三十五度十二分順天偏西七十八度二十五分至七十三度十九分此拒英十三州之十二

喬治亞國

喬治亞雷志云面積五萬九千四百七十五英方里人百八十三萬七千三百五十三口　愛倫搭會城人六萬五千五百三十三口　塞文那人四萬三千百八十九口　奧古斯大人三萬三千三百口　美肯人二萬三千七百四十六口　科侖伯司人萬七千三百口

徐志若耳治（一作若爾熱又作若治阿又作熱爾治阿又作熱可加又作磋治阿又作惹爾日亞）云在南喀爾勒那之西北界北喀爾勒那田納西西界阿拉巴麻南界佛勒爾釐幅員如中國之直隸省押罷拉既俺大山在北境東北有卸番亞河又有阿結治亞拉達麻哈等河皆注南洋北界有石洞高數丈小河從此流出駕小舟入洞可十五里過此瀑布飛下不能進矣雍正十年有英人百餘居此立城於卸番亞河畔無業貧民競負耒來耕後荷蘭瑞典人亦來墾荒地漸成聚落時南境之佛勒爾勒釐爲西班牙所據以兵爭此土數年乃定乾隆十八年英人始建爲一部時英人爲若耳治第二遂名曰若耳治（謝鑑云英人有見囚債押監之人心生憐恤睹韓[illegible]英王賜以附近撤几那河之地以安其身名曰卓爾）

裘阿邦與徐略異撒凡那卽卽番亞嘉慶三年歸合眾國地氣土俗物產與南咯爾勒那同以棉花爲大利會城曰靡理治有大書院官制與諸部略同居民六十五萬一千餘先謙案卽雷志之喬治亞也列國學會二圖作吉俄爾給亞世界圖作若日亞課程作佐治阿周志作佐其亞矢志作日耳治亞陳記作若爾治阿講義作吉俄爾吉亞謝志作卓支亞据二圖東濱海有塞芬拿卽雷之塞文那世界圖作珮番拿矢志作撒梵那謝志作撒凡拿云美國輸出棉花第二要港街市整潔多製造廠南近佛落理達界有奧古斯大與雷合世界圖曰聖奧古斯廷塞芬拿之西北有美廉葢卽雷之美肯西境有科隆布斯卽雷之科侖伯司矣惟雷之會城愛倫搭徐之會城靡理治不見圖志据陳記會城曰阿蘭打阿蘭打卽愛倫搭也又云市鎭有米力之威米力之威卽靡理治也是愛倫搭今爲會城靡理治葢昔爲會城而今爲市鎭矣又有沙灣那卽雷之塞文那陳記云緯北三十二度二十二分至三十五度順天偏西八十度四十八分至八十六度四十分此拒英十三州之十三

佛落里達部

佛落里達雷志云面積五萬八千六百八十英方里人三十九萬千四百二十二口　達拉哈西會城人二千九百四十三口　皆徐志克松維耳人萬七千二百一口　坎韋斯德人萬八千八十口

佛勒爾勒釐一作彿羅理得又作彿羅里達又作縛利他又作費羅里大云合眾國之極東南

境地形如拇指斜伸入海北界若耳治阿拉巴麻餘皆距海幅員

與密執安相埒地形平坦壤土與沙石相間卑溼殊甚明正德七

年西班牙人般士底里晏始墾此土嘉靖四十三年為英所奪越

二十年西班牙復奪回嘉慶中西班牙與別國交兵米利堅貨船

為西軍所劫米起兵索償西人知曲在己而米船之貨已散失乃

以此地償之時嘉慶二十五年也班人皆他徙惟畱漁戶農夫近

年招集流徙生聚漸繁海濱土番尚未全服時與居民格鬭土產

玳瑁蜜蠟棗橙櫃無花果甘蔗棉花洋藍以達那哈為會城止設

議事處一所未立統領等官故不列於諸國居民五萬三千餘先

謙案即雷志之佛落里達也列國學會二圖作佛魯里達世界圖

作夫滂利達課程作達作弗羅耳大云亦作輔羅力達周志作福祿利

特矢志作弗洛立達陳記作佛勒釐大講義謝志作弗羅利達据

二圖西北境有達拉哈斯世界圖作塔拉哈西即雷之達拉哈西

陳記作打拉夏西其南有亞拔拉西海灣出墨西哥大灣東境有

皆克桑惟爾即雷之皆克松維耳東面大西洋東南對巴哈麻羣

島中為佛魯里達海峽南對西印度之古巴中多小島為佛魯里

達礁島轉西有角為薩布爾即佛魯里達角世界圖曰色白耳角

陳記云緯北二十四度三十分至三十一度順

天偏西八十度一分至八十七度四十六分

賜進士出身　特賞內閣學士銜前國子監祭酒翰林院編修加三級　臣　王先謙謹撰

合衆國一下

顧厚焜美國地理兵要頗有異同且裨闕畧茲錄爲二卷分埘於諸國之後同治初年南北部連年爭戰因南部多黑奴欲移至新開之地北部禁阻致動兵戈後北部獲勝釋放各處黑奴衆部仍歸一國通國分南北中西四土三十八部外有九屬未成邦南土分六邦曰勿爾吉呢阿西勿而呢阿北喀爾勒那南喀爾勒那若耳治佛勒爾勒釐東北土分六邦曰緬紐罕什爾汼滿的麻沙朱色土洛愛倫于捏底吉中土分五邦曰紐約克紐折爾西賓夕爾勒呢安特爾拉華馬理蘭西土分十八邦曰倭海阿密執安阡的伊田納西密士失必魯西安納英釐安納亦倫諾爾阿甘沙士密蘇爾釐威士干遜衣阿華得撒閩呢疏大哥羅拉度呢不拉士格阿拉巴麻甘色士沿太平洋三部曰呢華大加利福呢亞阿利堅外有八地曰華盛頓新墨西哥衣打賀滿單拏懷阿名烏大亞里孫拏哂哥大新地阿拉斯加在亞墨利加西北本俄地後售於合衆國

美國山分四脈由西岸數起第一爲海岸山脈次爲孫魯辣乃氐太山脈三爲落機山脈四爲挨魯該紐山脈此四山脈之外概成平原廣野　第一海岸山脈擁北方英屬地挨來孔之境而走加利福呢亞之西岸頗多峻嶺險嶂　第二孫魯辣乃氐太山脈走

加利福呢亞之東境亦屬峻險且藏金銀諸鑛樹木亦不乏加利福呢亞相傳多山水名勝實成自兩山脈者也此兩山脈之間廣闊沃野一覽無際越生魯辣乃瓦太山又開平原然皆枯燥野地無生氣殆亞墨利加之沙漠乎

第三落機山脈長亙九千八百英里起自北海之濱達蔓衰魯倫海峽中起萬八千餘尺之高峰然山勢甚寬廣故山上亦有荒野此山脈成美國中脊之地土壤枯燥殆不生草山脈東麓以東威密河谷百萬方英里之平地沃野渺茫全國農產半出此地故生齒亦年年加增

第四挨魯該山脈起自北方緬邦界英屬地及美國境至紐約而中止樹木饒多至賓夕爾勤呢安邦再起盡於阿拉巴麻州境亦多崔巍峰嶂樹木豐饒蓄藏鑛產四山脈之河流甚多著名者密士失必河也此河支流以出落機山東方之密蘇爾釐河挨魯該紐山西方之倭海阿河為首此二流及其餘大小河流自東西匯於密士失必河故密河谷平地皆霑其水利而富殖

北方有大湖五狀如肺葉西曰修丕廖湖南曰密執安湖湖南即詩家古埠也東曰休倫湖其東南相連釐底湖衣羅乖湖此兩湖間之水峽為南央阿拉之瀑布五大湖面積九萬七千八百方英里衣羅乖湖之下流出英屬加拿他地方成聖螺楞斯河注入大西洋此等大湖相連可通艦船北方土壤雖廣亦不乏運輸之利二湖濱多巨市大郡

美國水運無地不便如紐約郡由霍讀松河費拉特爾費郡由淡魯回河新新那器郡由倭海阿河三佛淚謝司戈郡由節可辣門託河總計合眾國內地江湖通航之綫二萬英里天然水利之富超乎世界此外運河

由人工開鑿者姑就所知者略舉之勝路易郡與詩家古郡之交掘隣拿易運河以相達衣蘆湖之水至南央阿拉止不通舟楫因由部予派路在紐約衣蘆湖尾之一郡掘運河以達霍讀松河其他由連其生提亞掘運河遠瀾河上由器衰批幾之首掘運河邇修司開烘啞河總計全國運河之長四千英里

全國道路之修繕未得其詳至鐵道建築步伐歐洲諸國咸豐四年五年時總計長三萬八千餘英里至九年已增至六萬英里二十年前哈馬哈郡至加利福呢亞郡之鐵道落成其工程浩大絕倫遂一變貿易之形勢云

合眾國氣候因版圖廣闊南北不同南方佛勒爾勒釐占北緯二十四度氣候同熱帶諸國北方屬地阿拉士格郡迫於冷帶中央諸州氣候中和然寒暑之變化異常蓋其地勢山脈亙南北而無橫絕東西者北方陸地廣南方隔海灣面熱帶之州土南方空氣少有異動時其炎蒸之氣直感動加拿他地方北方空氣少有異動時由加拿他吹下直至墨西哥灣因風之向背寒暖易變也由落機山西麓至加利福呢亞一帶南蔭墨西哥高地前受太平洋之溫潮流故寒暑皆不酷空氣頗溼東部地方則均乾燥華盛頓至春三月始絕雪四月南風初拂炎氣至八十度北風來則又冷五月炎熱逐增六月至百度自紐約克郡至布士頓府大抵同中土詩家古郡亦然至七月初已覺秋涼

美國之石炭脈富於全歐三倍以光緒七年所出計之全國共有三千八百五十餘萬噸鐵亦有三百四十餘萬噸賓夕爾勒呢安州所產居三分之一此外如密執安紐約克及倭海阿邦掘出鐵數居全額之半餘則十八邦所產也銅之出自密執安邦修丕廖

湖傍者居全國產額五分之四金銀則多於沿太平洋平地之諸郡同治十年售出外國之金銀價九千八百五十餘萬弗其他亦倫諾爾邦密蘇爾釐邦出鉛賓夕爾勒呢安邦石腦油之利頗巨

工藝之興以開製鐵之業爲根本美國巳富炭鐵全國鎔化礦鐵場有三百八十六所從事職八二萬七千五百餘人冶鐵爐五百七十四座約鎔成二百餘萬噸銃礮製造所二千六百五十三所職工五萬一千人其他工匠農具器械等凡百冶鐵場三百十所職工四萬五千人其製鐵之盛以賓夕爾勒呢安邦之費拉特費及輝林爲最著名其他倭海阿邦之新新那器郡密蘇爾釐邦之勝路易郡皆有製鐵地造船則以紐約爲最

鐵材之最利者工匠農具之外不過紡織機械美國富有棉花羊毛乃以機械代紡羊毛紡織場共二千八百九十一所棉花紡織場九百五十六所其使役之織工男四十七萬五千五百人女九萬七千三百七人童男女三萬二千五百八十五人棉花紡織多婦人童幼爲役二者爲全國最有利益之事此外麻亞麻之紡織甘蔗楓糖之精製煙草之製作果穀之釀造爲盛製皮革材木之器具脂蠟曹達之石鹼蠟燭鍍錫鐵白銅之食器縫毛布棉花之衣裳靴帽手套之類上下日需之物亦各邦各郡設製場也

通國之錢鈔以一大辣爲元位一大辣分爲百生司一生司如中國之十錢一大辣如一千錢當南北戰爭之時國家財用空竭始流布鈔票鈔票之額過多一遇兵事價卽下落今則鈔票與現銀同價矣落機山以西之郡歷來不用鈔票今亦流通　其他度量衡之制同英國常量一磅合中國一百二十二錢四分七二十八磅爲可啞託魯四可啞託魯爲○普紐切特杜愛其二十爲一噸合

中國一千七百十四斤十兩弱立方積一俄倫約合中國六升〇六三八俄倫爲一簿蘇平方積一愛可魯約中國三萬六千三百八十二方尺里法曰邁魯合中國二里七四五強也

陸軍馬隊十大隊礮隊五大隊步兵二十五大隊武官二千一百七十員武官兵二萬五千最大武官歲俸一萬三千五百元第二劉德男特一萬一千元第三梅育七千五百元第四勃立蹴及雅五千五百元歲用三千九百九十二萬四千七百七十三元據光緒七年年報譯出

海軍武官二千零四十三人兵七千五百人兵船八十隻大礮一千一百二十五門歲用一千二百九十一萬六千六百三十九元據光緒七年年報譯出

美國鐵路長十五萬零六里　總共造費共九萬萬萬圓　管鐵路官工在一百萬人以上　速力最早者每九十三分走九十二里如費城列鐵田路是也　最好八輪客車每乘值八千五百元綫路最長者亞治送所比克　三打費鐵路約長八千里上等有睡房客車價一萬五千元至一萬七千元不等　美國最長鐵路橋在紐約埠名波基布希橋地名廣治列花全長五百四十八尺　美國最高鐵路橋名金澤維亞脫可脫在夜利羅脫高三百零五尺　美國栅造火車人名拔大可泊　乘客最多而往來運行者紐約滿哈淡夜列背的脫鐵路是也　每日有五十二萬五千旅客　美國鐵道每日利金平均百元　美國最長隧道名傳沙可

長四里四分之三造鐵路一里之費平均三萬元最高鐵路在田花里澳個蘭特麻沙耳泊司透出海面一萬零八百五十二尺東西最長鐵路名加奈治安太平洋濱鐵路自貴別客達太平洋，鋼鐵軌道約十八年之久可不朽壞

陸軍

全國陸路提督一駐紮華盛頓陸路提督一　陸路提督三一駐紐約一駐詩家古一駐舊金山陸路總兵六一駐華盛頓一駐閩呢疏大一駐甘色士一駐呢不拉士佫一駐亞里孫拏一駐得撒士　又有參將游擊都司守備頭等千總二等千總頭等副千總二等副千總外委

海軍

海軍提督一　二等海軍提督一　三等海軍提督六　又有總兵副總兵參將副參將游擊千總把總二副水手

自咸豐十一年美利堅南北邦交惡日尋干戈迄四年而後定甲艦交戰蓋始於此夷考其時船甲厚不過五六寸礟皆光膛生鐵具來復綫者十不過一二撞敵之具未有鋼礟伏雷以外未有魚筒視近今軍實利鈍懸絕然其克捷之道與夫傷敗之由事後推墨輪壘者流每因此而悟新法美既罷兵乃稍置巨艦造速行巡船爲懲毖之備顧其國崇守華盛頓遺約不尚武功不爭屬地又以與歐洲諸大國海疆遠隔如風馬牛之不相及陸軍常制僅二萬六千人二十年來於船工無甚增益海軍著籍悉旋臺舊式殆不免於因陋就簡之譏抑其務財訓農通商惠工謀國之深計蓋有亟於此者固非人官物曲之有不逮也　守護海岸雙旋臺鐵甲船五號單旋臺鐵甲船十四號　旋臺之製端人愛立克生所刱美專用之其船止上下艙二層水綫帶以上即與臺接視英制有甲房者大小迥判西人稱爲瑪呢託耳蓋從其船之初名也批烏力吞五船次第修治甲質易以鋼面礮用新式稍改舊觀索古

司等船皆供當時戰役但歷年已多規制亦隘論者取爲華路之
啓可耳　一等巡海快船五號外尚有三船造於咸豐時者不備
考　二三等巡海快船十五號外尚有十九號造於同治二年前
不備列　按南北之戰南邦在英購快船二曰瑟姆忒爾曰阿
拉八馬游弋諸海口北之商船均被掠毀（美後責英不守公法爲宣戰之國造船同治十
三年英償美耗五百萬磅卽此事也）由是美知快船不足抗甲艦而可奪敵商利乃
謀新製課速率初成一船曰阿搭哈擬行十七海里而不成（後改爲帆
船）繼造曰亟發諾阿克能行十五海里（今亦無存）英法起而競之快船
程式爲之一變泊司頓等三船暨達爾分船下艙鋼面作弧形中
心高出水綫斜降至幾下約四尺蓋卽英之穹甲式也美海部近
議測驗速率例在平水必令駛行外海試以風濤阻力據爲準度
其刻意求精有足多者　新造兵船五礮船五雷艇二　美未有
雷艇所列卽防海新論譯稱爲水雷船者也其雷以造火箭法爲
之船首綴竿以陽氣或空氣射放亦能自行水中但不及魚雷之
精且
遠耳

美初立國時隸屬者止十三邦曰干捏底吉譯言長也境有長河
因河得名曰特爾拉華明萬歷四十六年英人特爾拉華初至此
地後卽以名其邦曰馬理蘭崇禎四年英主馬理蘭遣可里扒姆
至其地故名曰緬古時紐罕什爾紐折爾西二邦皆隸此邦後分
曰麻沙朱色士曰紐罕什爾曰紐折爾西曰紐約曰北喀爾勒那
南喀爾勒那初合爲一邦後分曰洛愛倫版圖最小曰田納西曰
注滿的曰勿爾吉呢阿西勿吉呢阿昔爲一邦後分爲二故西境
名西勿吉呢阿此十三邦大略也嘉慶二十四年又增五邦曰阡

的伊曰倭海阿曰魯西安納曰英釐安納曰密士失必道光二十八年增至二十六邦三部光緒元年增至三十七邦後哥羅拉度亦升爲邦共得三十八邦八屬一野番部一阿拉士格新地地據西半球北土之半東瞰大西洋西濱太平洋美人立國至今百十三年開礦山建鐵道富饒埒於歐洲而土人日漸稀少鵲巢鳩居日盛一日矣

十三邦立國紀事

緬邦　立國與徐志同

紐罕什爾邦　干捏底吉邦　明天啟二年英人遷於紐罕什爾冊道路建屋宇大設商館後英主以其地屬麻沙朱色士別爲一邦荷蘭亦來干捏堅其岸上干捏底吉譯言長江也此地河道數十最大者名干干河荷人築堡於哈富與土人通商貿易日盛麻邦人民聞干河富饒朵頤有日崇禎五年玼理某人玻廉欲移住干河岸民載家具於小船下河荷人得此地以來襲斷其利有年不欲外人移住見玻廉來大怒上堡注丸大礮嚇之曰此地我所管不容他人至汝宜返棹否則必戰玻廉不以爲意會風駛船行如矢乃過鳥連得索爾二三里上岸經營屋宅英人聞玻廉採得干河陸續追至生聚保育建堡河口守之名曰塞福落自玻廉採得干河後二年麻邦民踵至闢林莽開牧塲時既嚴冬河冰堅凝牛豬凍死徙者僅得保命翌年夏布士頓民百人舟載牛犢來徙飲牛乳充糧食建哈富及伊瑟爾西布利多等市邑紐罕什爾於乾隆年間立部後歸合衆國干捏底吉於嘉慶二十三年歸合衆國

洼滿的邦　立國與徐志同

麻沙朱色士邦　密士又航新地覓得緬麻等地名曰新英時英

教有二一羅馬舊教一波羅特士旦新教分爭有年既而舊教盛
行奉新教者不屑受制明泰昌元年其徒攜家航新地間活得遜
河岸地可開闢從流而下暴風漂至葛布剛突此地屬麻邦其徒
上岸採艮地積雪如銀荒凉特甚時見墳冢纍纍相接遺小舟更
下土人挾弓矢來拒英人發礮轟然如雷土人驚潰乃覓得一埠
土性比初所達之土稍肥沃可耕種衆大悅名其埠曰玭理某乃
率船衆同往時方冬月冒風雪觸瘴癘皆得異疾死者相繼強壯
者伐林木建屋宇僅蔽風雨翌春天氣和暖病者始差每晨夕遙
見炊煙起始知近傍有保番部將往採之土人佐無於勢津登來
見日此地本土人所據土聚繁育爲一大部落二年前疫疾流行
死亡略盡土田荒無今貴國鑾此地大爲可喜佐無爨解英語怪
問之佐無日前年有英人航至此者就學其語先是法人亦曾航
來此土人殺之奪其船隻貨物虜一人斬之其人憤激曰汝曹
無道虐殺無辜神人共怒天將罰殛之士人嘲笑曰鬼神雖有靈
安得罰強勇種族平既而疫疾流行死者相繼埋葬野外始知向
所見墳冢者是也乃厚遇佐無遺歸酋長麻沙朱色土來謝英人
加禮遇贈以飲食雜具數十品亦訪色士報之務結和好會色士
臥病土人固不知醫藥有病者歌舞符呪祈神以祓英人教之斥
去此輩投以所齎之藥一服乃差色士大德之情交日厚而土人
不悅贈英人百箭箭笱以嚮尾蛇皮纏之蓋土人啟爭端必先贈
以此箭英人亦以彈藥投之樹柵築壘預爲兵備嚴不可侵土人
大畏不來犯英人之糧饟土人閑羅英人欲捕魚充糧土人不給
舟網會有英人來戮力鑾闢者待之以乾魚白水人人發憤講農
務經三四年五穀大稔來者日衆崇禎三年人口三百蔚作邑里

自是玭理某日愈繁盛是年英人奉新教者共謀開拓玭理某北
方移堅不列擬布士頓等地此地皆統屬麻邦糧儲窖之志不少
撓益務開拓數年後田土墾開貨物匯聚作水車安置河上舊趣
麥織絨氈凡百作業皆以水車代人力以其所得與諸邦貿易商
旅輻湊布士頓遂為大都會乾隆年間歸合眾國
洛愛倫邦　立國與徐志同
紐約邦　昔荷蘭人屢與東印度通商往來而未知美利堅西北
二方直接冰海以為舟自大西洋直航太平洋則道途甚近運輪
甚便乃遣善航海者布的遜向西北檢海路不能得乃反舟更航
新地自緬邦南下探覘賓邦海岸遂出紐折爾西長島之間得一
海峽入之遂至紐約檢諾藐爾灣土人捕魚者見之大驚告鄰落
土人鷹至見遜舟或疑為泛水之屋或疑為一大海族一人曰安
知非神駕舟惠顧我輩乎眾皆曰然設盛饌待之嚴如亨神之禮
遜被緋衣率眾上岸儀觀甚偉土人環覘羅拜遜出酒一鑲手觴
土酋土酋飲之大醉醒而大快土人自是嗜飲名其地曰滿巴但
譯言醉宴也遜得土人心翌日贈日用什器若干品土人大喜而
不知所以用之或挂頭為飾或以伸縮布為煙囊遜泝藐爾灣至
亞爾馬紐與土人結好歸國告以此事翌年再航探覘北部得一
大河名曰活得遜時嚴冬河冰舟不動遂死後荷人繼遜屢航此
地以諸什器易獸皮獲利巨萬商旅續至築營壘防鈔掠與土人
貿易愈至富饒築砦於滿巴但茅舍圖繞名曰紐安特提時明萬
歷四十二年其地即今紐約也荷人性柔和善遇土人不貪奇利
嗜煙葉煙葉漸行買地必償其金此時歷巴但未開荷人唯以二
十四元得其土自是以前來往者概皆烏合其孶妻奴來住此土

者實始於泰昌元年命其土曰新荷蘭英人亦時至其地順治年間英王命其弟約主之以兵力逐荷蘭盡有其地名曰紐約克乾隆四十年華盛頓畔英紐邦首附

紐折爾西邦　立國與徐志同

特爾拉華邦　明崇禎十一年瑞典人航特爾拉華邦灣檢其隄岸芟除荆棘建城寨刪道路瑞人來遷者日多名曰新瑞典先是荷人居新荷蘭者來開特爾拉華遇土人無狀土人怨叛不能成功而去至是見瑞人來徙日致繁殖蕃美不已順治十二年以須占佛產多爲將責瑞人曰此地我邦所闢爾等不告我恣意移民不可不討產多爲人勇敢大小數百戰傷脛爲跛驍名愈著奮戰破瑞人奪其土遂棄新瑞典名復舊名荷王以產多爲特爾拉華總督英王閏特爾拉華士地肥美起大兵伐之軍至紐安特提贈書產多諭降產多大怒手裂其書示無降意裝大小礮曰敵至則甃之產多長攻戰而短綏撫人人有叛心皆曰君欲戰則戰如僕等不欲也產多無奈何遂降於是特邦近傍荷蘭部望風披靡不血刃而降遂併紐安特提及新荷蘭封王弟約名此地曰紐約時康熙三年英人得新地疆土日愈大沿海地方自緬邦至勿邦皆屬英紐折爾西兄弟者王弟故舊也王弟得新荷蘭分一部與紐折爾西兄弟政事一從其所爲遂以名其地由是日㵼富庶物產亦蒸蒸日上云道光十年歸合衆國

馬理蘭邦　明崇禎十一年英人奉新教者來新英開海港名曰新灣至十六年英人所管凡五十部落此時英與法荷爭地而土人亦屢來寇於是玳理某麻沙朱色士干揑底吉新灣新邦連盟約互相出兵救援名曰新英會盟國英人巴里底莫欲開新地南

部恐官吏掣肘不終其功乃說王后瑪理曰發號令開教派各從其所好鐲征稅營生理凡百政令不自中制之預賜之誓書使人人長得有自主之權則開拓之業可奏一大功也功成而後使之臣事英國長守藩服不亦可乎瑪理然之遂名其地曰馬理蘭底莫至新地南部經紀庶務未竣功而卒其子須塞爾代任將大成其業崇禎七年率衆二百餘名泝波多麥河郎馬勿二邦分界一大河也買一地開聚落贈土人以刀斧器具土人大喜教之蒸黍爲餠益報之也英人之徙馬邦也天氣淸和貴糧釀足無復飢寒之憂勿邦土人亦爲之奔走經營故覗諸他邦新徙者得無匱乏國人聞之陸續踵至先是西列慕爾者開商館於馬邦壟斷其利迨塞爾至不奉其法塞爾怒討滅之境內遂安名其首都以其父名曰安那布里土

勿爾吉呢亞邦

英人之徙勿邦者驅逐土人掠奪屋宅凌虐備至土人欲報怨乃饋獸肉務悅英人蓋欲弛其備以襲之也剋期將發土人與英人親善者夜至占士告其謀英人嚴備以族土人所至爲其所追擊近傍土人聞之怖甚所在紛起放火英人所至剽掠田無耘者康熙三年克巴弟某代兄爲酋長爲人桀驁有機智年百餘歲志力不少衰襲勿邦殺英人數百英人大怒率兵伐之遂擒某檻送占士射殺之英王遣英人藐爾克列督勿邦克列始至飾情要譽物論歸之及得志苛暴人不聊生英人欲討土人克列喜得貿易稅金不欲與之闢釁土人愈陸梁時來侵掠而克列不敢較人皆咎之怨讟盈路英人巴剛者爲人勇敢有才略偶來勿邦衆推爲將以抗土人巴剛亦見土人跋扈心甚不平遂募兵伐土人克列以其不告己大怒誣以謀反康熙十五年遣兵攻巴

剛巴剛固得人心每戰克捷克列不能支遂去占士占士之民恐克列再得志自火占士未幾巴剛死克列勢復振殺巴剛黨二十人殘暴益甚既而克列有罪歸英遂死獄中人人快之先是治勿邦者槪無遠略徒貪財賄人受誅求皆不喜英人來營自占士羅勿兵燹以來不復經營屋宅散去田野播雜穀植煙葉僅給衣食勿邦草樹滿野蓬蒿隂翳河無橋梁陸無鐵路以木搆居不堊不勁且文學未開不復知新聞書籍為何物其後生聚教訓漸臻繁庶乾隆四十一年歸合眾國

南北喀爾勒那邦　順治十年勿邦人聞北方天時清和土壤腴沃先至諾格阿利納墾闢甚力康熙九年英人至與格阿利納經紀田里後二年闢查爾士頓其地道路四達貿易日盛法英之民聞之來者如歸英之守南邦者議增稅額皆曰南北二邦宜稅額均同而獨厚歛南邦不可也抗辯不措守官知其不可奪遂寢而新徙人民皆無業之徒開草萊鋤荒蕪備極艱苦英王遣大臣督邦政而前後至者不通下情逼勒人民脧削膏血以富囊橐為事人人不堪連黨爭訟官吏震懾不知所為於是南北之民始有自主之權二邦所產米穀煙葉輸出歐土得利巨萬人民未知其土宜棉花至是始行廣種其利稍次煙葉乾隆五十五年二邦同時歸合眾國

田納西邦　立國與徐志同

美國自乾隆五十四年推華盛頓為大統領後踰年計戶口計四百萬又九年華盛頓卒年六十七國人建華盛頓府嘉慶十六年國人焚華盛頓府兵亂疊乘蹂躪不已蓋連兵三年矣事定後生聚訓練國漸富庶而上下意見齟齬遂成南北黨始僅口角相爭

繼乃干戈相擾同治三年十一月初三日南北花旗大戰於田納西邦南將穆拉吳率南軍陣於路克澳脫山密學那利立知山加他奴我谷北將羅施蘭率北軍在平野壘戰終日南軍勢不能支師遂敗績北軍奪其大礮四十尊被虜者四千人南軍約七萬爲北軍所殺者二千六百七十三人受傷者萬六千二百七十四人被虜並逃遁者二萬三人北軍約五萬五千人死者千六百八十七人受傷者九千三百九十四人遁逃者五千二百五十五人兵連不解四年五月總統阿不拉亨林工爲刺客所殺南北和議遂成今人入其境者皆感華盛頓掤國之功而於南北戰事則又未嘗不歎其將能用兵兵能劾命焉

緬邦

宋宏治十三年歐人初至明萬歷三十五年殖民來經年歸去四十一年法教師蒙多笛若得至明年英船主客四米來至海岸與土人通貿易英主熱姆司第一告薩法第難讀個入司以此地送不令母司公司崇禎八年公司仍以地歸英英主復與薩法第難讀個入司公分其地嘉慶十七年英美交戰戰事旋定二十五年始自立邦領十六郡南北花旗戰時出兵七萬百七人步兵三十一立治門得馬兵三隊

邦在美國東北境接英屬地新不艮司會古省界地面凸凹不一內地山岡起伏綿亙不絕北境尤多客打田山在中央及北境邦中第一高山也高五千尺海岸長二百里港灣甚多近岸羣島碁布大者爲忙奪的沙奪島島內有十三高峰最高者二千尺內地湖河均多皆南流入大西洋地脈宜農然氣候塞冷冬令久長物產以木料致富冬日在山伐木至明春由河上送到海岸故海岸多鋸木廠販運外邦獲利無算造船之業冠於美國美國船之噸數此邦占三分之一製造及漁

業皆旺民多英裔住中央及南境北方麻達窪司可地方民多法
裔北你一作呢夫司古脫一作不拿部詞各得一作丕拿婆詞駱搭河及怕沙麻可的灣
地方有土人居住不多都城奧格士打在給呢北可一作闢內巴古一作克呢
排古河濱距河口五十英里官署軍器局濟貧院監獄房屋皆壯麗
波奪艮埠在可司可灣旁與外國貿易生意頗旺其餘列維司屯
沙司鼻的法突等處皆以工作為業盤谷在北你夫司可脫河濱
距河口六十里為木料薈萃之區每歲出口之數約長二億萬尺
又拔司及羅可艮地方均以造船得名司馬司屯以販賣石料有
名海軍碇泊場在幾濟里師範學堂在法明屯我打比里學堂在
我打比里波田學堂在夫艮司會古比都學堂在列維司屯 境
內腹地山岡聳峻至高之山名哈哈楷他攀高五千三百八十五
尺鑾特迪若得島一作夢蔦笛若得占地六萬也克○島 薄愛司流拜
多 勃令司冬 彭特 彭特可羅 穀羅司 設羅几 大米
司古婆 笛阿 達雅 以個路 個來毒達過 個林 哈力
根 呼得 熟部司 拉煞里 立里 立得而殿而 弄 弄
媽矢而 媽之呢革司 媽之玉 米司得過 夢黑硬 夢
罵笛若得 買司路里其 買四空矮司 南蘇司 比古 比
几多梅難 立治夢 西斬 司歸而 劃司 排 篤黑讀
五鼎薄而 育古 本邦水澤占十五分之一本司烹讀湖一作麻四
烹讀長三十五里不拿部司各得河通舟可至朋古離海岸計程五
十六里開內巴古湖通舟可至拔司屋夾司達計程五十里鉛敗
藍讀屋克司福讀渠長五十里○河 壓拉互司 櫻度羅司古
勒 而羅司託古 皮個媽下司 青卡沙彭突古 潑路固特
部布煞布搭古 達媽里司古搭 突讀 丕拿婆司顧搭

非恕　克呢拔軋　克呢拔失司　克呢排古　立得路馬嚇司
　立得路馬達威司加　馬嚇司　麥另路威　麥達王几　莫
藍恰司　木司　納辣我衙司　派薩單几　配拿個司葛篤
披司恰搭几　潑里常得　潑來司久　煞古　煞讀羅拔古
三迪　恕敗司　西婆司各得　先得重　尤儂　先得搿來
先得弗藍昔司　先得重　配拿個司各得　○湖　壓拉另恕
阿丁　敗司嘉獻昂　別阿　別個　薄挨　勃拉煞　花古礅
我麻古　强排令　接三過過　卻乞霤　固里勃藍得　固里
福特　殼羅福得　以搿羅　恩特累司　非書里排　個拉十
阿　個藍特　個藍特　希弄　熟礅連　熟牛　克呢別古
而里多而麻四腊古　六婆司搭　弄　弄　莫搭阿夢　莫搭
汪皮古　墨其朋布　密里拿克脫　麻四黑度　麻四烹度
麻四託古媽戇氣古　麻里戇開孟古　麻的生讀古　麥度
呢家多是　派密笛過過　派媽治內　潑里常得　蝦的暹
蝦的暹　潑里勃羅　藍入連　立揩度松　六幾　薩而夢
四願奇固　四願奇固　又布排古　希排固　希婆以司　失
婆失司　失度以古　煞路　四本煞　四碑達　四各未　先
得絨　垂反勃來革司　度云　櫻拔古　阿拜　四而寶　云
昔亦甫○列郡　般特六司哥近　嵌敗蘭　弗藍不林　二羅
司託古　喊殼古　開內別古　諾古司　令殼羅　惡占司福
突　不拿婆司各得　披四卻搭幾四　三另達火古　蘇媽
昔得　外而杜　華盛頓　育古　光緒六年民數六十四萬八
千九百四十五人　礦產鐵鉛鋼亞鉛石灰雲母石石版　物產
稻松棉花皮鐵條　工作呢布紙磚石自來火樂器材料銅錫器

陸軍步兵二立治門得礮
兵一隊　鐵路千十二里
紐罕什爾邦紐杭罕賽布什紐下罕布紐什礮啞明天啟三年歐人在圖霸巴子
帽司二處開貇乾隆四十六年豫備行政章程會議政事道光十
年章程定咸豐二年廢光緒二年又立美立國時邦人有戰功乾
隆五十四年立邦領十郡　邦在緬邦西南北境白山邃遡屈曲
處處有湖風景清淑如入畫圖人比之歐州之瑞土華盛頓峰爲
白山中最高之嶺高六千二百八十八尺諸邦中之冠也海岸十
八英里波奪麻司港風景最佳安拔可湖一拔作鶴櫻干揑底吉湖在
北維呢比可湖窪西比湖一夫作吡屋在中央諸湖風景清曠鼓櫂其
間令人有出塵之想干揑底吉河貫注此邦及洼滿的邦勝境皆
在河上物產豐阜牧養蕃息氣候似緬邦塞冽稍過之木料頗多
造船亦夥邦多可拉內奪石或稱爲可拉內奪石邦民多英裔都
城庸曷成在美里麻可河右岸官署整潔波突麻司港在比司可
打可河岸距河口三里爲大船避風泿地與緬邦之幾濟里港相
對滿替司打那沙在美里麻可河濱土拔爲此邦最古之城在可
治可河濱俱以製造繁盛得名打突麻司學堂昌土拉學衞院在
哈諾拔敎書學院在坤可突官學堂之制完備學者稱便　同脫
山譯言白山也千二百七十方里山脈向北走最高處六干二百
八十八尺名華盛頓峰此外層巒聳秀風景絕佳南境有可亘土
莫那土諾可山幾而沙里山亦皆高峻○河　空內固溪恰脫
空多過過　丹陽夢　穢度　披薄迪　希里布司　所以夫得
○湖　定內固溪恰脫　丹陽夢　個司　弄恩　屋失比　昔
公　司觀　煞度　櫻拔鶴　沃而夾　元呢波司里○列郡

必而固捺玻 卻羅羅 乞失雅 果司 古拉夫冬 歇而司
薄羅 梅利麥古 六金亨 司督拉夫 煞里樊 光緒六年
民數三十四萬七千七百八十四人 礦產磁石鐵鉛亞鉛金烌
錫白石腠子石可拉丙奪石 物產棉花稻蘋果桃櫻桃麥印度
米 工作靴鞋器械紙傢具 陸軍○兵一白里蓋得步兵三十
隊○兵四昔克申礦兵○隊馬兵二隊共一千七百二十四名候
補兵四萬三千六百九十
八名 鐵路千千十九里
洼滿的邦佛之綱夢覽讀明萬歷三十七年歐人強不林初至此地雍
正二年殖民集於勃那得路勃路九年強不林湖之南法國殖民
躚至不久郎返乾隆二十五年紐罕什爾邦官署送殖民至本境
時屬紐罕什爾後屬紐約三十六年會議政事於回司得明司達
立邦四十一年邦人欲附入十三邦為十四邦紐約邦不許四十
二年仍自立時屬英時屬美無定五十五年邦人以三萬銀與美
國紐約邦始和是為十三邦外之第一邦明年立邦領十四郡
邦在紐罕什爾邦之西干捏底吉河貫注東境有可個一作林山自
北至南譯言青山也曼司費而奪峰高四千三百八十九尺加美
路司漢布山阿司可突呢山及幾林屯山皆高峰也邦無海岸昌
不連湖不郎林遜在邦西北風景縋佳湖水流為立治劉河入先得路
令司河遂洼大西洋又別以渠及哈突送河下流及紐約地脈兩
面青山林立山腹可資牧畜氣候不甚寒冽較緬紐罕什爾二邦
更覺溫和且清爽鮮潮溼民多英喬間有法喬都城滿必里阿在
維奴幾河之右岸拉奪艮埠在我打河濱為是邦最大市塵拔林
屯在昌不連湖上距維奴幾河口不遠繁盛次於位奪艮而風景

絕佳北恐屯在邦西南乾隆四十二年統兵官司打可與拔絨軍
之屬兵黑想隊靑山隊大戰大捷地因得名奴司費奪及密奪而
拔里俱有大學院拔林屯大學堂規模甚整其餘官學堂甚多
個林山山脈從北向南有峰高四千五百尺至輕各峰始分山脈
爲二中間爲兩河之源一曰排冬河一曰白拉可河流入波里嗎
古湖 強不林湖長百二十六里寬四十里極深處三百尺可通
大舟嘉慶十九年英美交戰戰艦曾至此湖○河 定丙古溪恰
脫 獨個 麻司 礸特 紐哈閭 呼多呢 同得 同吾司
幾○湖 沃司令 彭八人 柏分 卻司低櫻 強不林 可
里司塔羅 堂麻 歐羅麻 梅毒司冬 門夫里 里嗎個
密須司婦 呢而司 煞令 先麻而 徵羅別○列郡 挨其
松 勃迴冬 恰立度呢雉 吃點點 愛昔克司 弗藍百令
勃藍特愛斯 辣麻伊力 屋倫治 呼里恩司 辣篤監
華盛頓 五印得亨 五印得蘇 光緒六年民數三十三萬二
千二百八十六人 礦產雲母石石版腠子石綠鐵錳銅鉛錫
物產柏松檜樅稻麥淡巴蔴蔗馬魚印度米羊毛 工作白糖牛
乳黃油 陸軍步兵十隊礮
兵一隊 鐵路九百九里
麻沙朱色土邦墨貲寺薩楚之色昔蟲子 明萬歷三十年歐洲殖民初至勃
閘讀灣嗣一特作蒲及愛里沙別司島煞一嘛件可擾爾英人擺司落紐個司
諾勒度攜三十二人至是年卽棄之而去四十二年容司密司探
地至此得丕乃婆司果得及可讀嵎崇禎三年立波斯頓後又立
加力司丕城度幾司塔城六葛司拔立城蘇納司城華得當等城
康熙十四年煙顛人內亂境內頗遭蹂躪二十三年英人熟入夫

達盧來督此地二十九年後英法交戰是邦作戰場水師提督回
合非普司本邦人也擄掠矮那波里司地方民人苦之乾隆三十
二年英人虐待邦人關稅煩重邦人不與貿易三十五年英遣將
戳如智到波斯頓殺人無算後屢戰不巳四十年華盛頓在朋家
岡（一作朋格）與英大戰挫之四十五年立行政章程五十三年立邦領
十四郡英美戰時邦人充兵船水手有功南北花旗戰時出兵十
四萬六千七百三十人費軍餉三千萬元　邦在紐罕什爾洼滿
二邦之南中央地低窪西境山高二千尺東南地窪有沙漠東北
多高山海岸繚曲港灣眾多夫沙突呢可河（一作蠍沙他泥古）源出邦之
西境南流干捏底吉河由西境山嶺中發源橫貫邦中美里麻可
河（一作壘利買古）在東北入大西洋諸河之濱製造場借用水力甚多爲
此邦致富之源製造爲業之人數爲美國最人煙稠密民之先人
多英國比里堂教會中人邦都布士頓臨麻沙朱色士彎論人數
爲美國第五論商業爲美國第二文學之盛名達他州官署音樂
房工商會議所圖書館博物院制度皆壯麗盤可岡（即朋家）上立石
碑記乾隆四十年英美戰事高二百二十尺羅維而羅連司兩地
以製造氈布得名紐別奪法奪可羅西司打兩地以漁業及工作
有名沙連以貿易外國有名哈拔大學堂在昌夫里治美國最舊
整之學堂出　個令山分兩脈從北而南一塔古呢古山一霍薩
古山西境薩多羅山高三千六百尺本邦東境與北東有岡東南
地低有沙本邦有隧道長四里四分之三通波斯頓修二十年始
成計費一千六百萬元○島　矮不路　排特勃里特　勃羅司
達達　卻司路　卻敗古非毒入古　福羅昔司　笛阿　愛而
煞別司　軋六浦司　軋乏那司　個來勿里　軋來而司　哈

夫麻姆　霍個　霍司　弄　馬煞司還音雅度　密而古　馬
拿木愛　馬姆　嗎斯閑与脫　南邱客得　拿沙回那　拿松
奴那米昔得　品斯福特　哈司久　匹讀古司　軍五　潑
郎　合　昔乃古　司必古退古盧　司脫累脫　雙柏淞　邱
卡捺古　回司得　五獨別立治別○岡　別壓　別里別烏
朋格　潑羅司得必葛　横那得○河　阿哥哥昔得　而里得
羅　阿加許不得　芒亨　敗昔羅　墨利買古　四司得非而
特　排阿　里排　勃腊葛司冬　米那司　米羅　彭沙脫
密司吉古　加力司　拿要　乞古比　拿司　拿司　可而讀
空古讀　魄芒昔讀　空内古溪恰脫　怕家　空阿非而特
潑郎　華近冬　君業巴　花得　弗林凝　騷司　騷司
弗林　弗林　司多呢藍勃處　所以無得　呼古勃藍處　掩
冬　蝦煞掩泥古　執利　哈排度　回而　一必四外古　回
回司得　而非爾特　入避暑　四司得巴得　熟呢司　回回
執執○灣　阿波那頃昔得　阿沙乃得　蒲閘特　開不古特
讀吉司達　突古司勃留　哈打嫣　累示司　嫣煞貝離之
昔子　磯翁得　呼波　捺漢冬　不利常得　騷司　滑貴篤
回而里弗○列郡　彭司低部路　達古失雅　勃里司得而
受葛司　愛昔克司　弗藍不林　亨不停　亨不要　米杜
而昔克司　難久客脫　拿福古　不利毛司　煞福古　華昔
司達　光緒六年民數百七十八萬三千八十六人　礦產鐵鉛
煤少石多銀雲母石　物產穀稻蘋果印度米麥番薯淡巴菰麻
工作皮靴鞋寶石紙傢具牛黃油牛乳油呢布絨機器　陸軍
步兵六十隊馬兵三隊礮兵三隊大礮四門武官三百十二名兵

三千八百五十四名光緒六年三俸餉十
三萬五千元　鐵路千九百十三里
洛愛倫邦陸特陸讀倫倫明崇禎九年歐人六額爲艮送殖民至境萃
於潑路皮定司乾隆十五年至二十八年英法戰時邦人水戰得
功道光二十一年在潑路皮定司議行政章程未定至二十二年
始定南北花旗戰時出兵二萬三千二百三十六人乾隆五十五
年立邦領五郡邦在麻沙朱色士之南西界干捏底吉東南距
大西洋幅員如中國之一中縣在合衆國爲最小明崇禎九年麻
沙朱色士人羅查威廉讁居於此鳩衆開墾遂成小部康熙二年
歸英吉利後歸合衆國會城曰波羅威士頓城外有海港曰新灣
港內有小島名愛倫譯言島洛愛倫譯言島部也島上建樓高十
餘丈樓頂作小屋圍以棉花尤艮地平坦無水磨海濱多建樓高
六七丈借風激輪爲磨以屑糓麥○島薄六固希拜奴葛昔
得　花四達哈部　空內呢恰多　笛司拜阿　達癡　達乒司
以司得　個特　個司勃立　果特　佛里得　佛林司　福
克司　蝦個　蝦布　笛生司　潑里胡定司　蘭　路司　司
拜路　司塔別固得　入部路達　回波脫○灣　個林回之
司得孟花　捺來戇昔得　捺來戇昔得○列郡　伯里司得而
肯多　牛八多撲羅皮定司　華盛頓　光緒六年民數二
十七萬六千五百二十八人礦產鐵煤錫不石灰雲母石銅
物產稻工作紡織呢布陸軍候補兵四萬二千四百七十七
名武官及兵二千零四十二名步兵二十三隊馬兵三隊礮兵二
隊大礮八名鐵
路一千三百六里

干捏底吉邦（措紐底克定內恰脫）昔荷蘭人初探得此地明崇禎六年在
哈富地方移民耕種後以二百五十萬元建造官房嘉慶二十三
年入美立邦領八郡 邦在麻沙朱色士邦南青山在西北境然
高峯逶迤直至紐哈文西石山東石山均在此邦地面高窪不一
沃壤踵接干捏底吉河貫流邦胸由此入海河濱物產甚多邦之
西北及東境宜牧畜西境產五穀氣候冬天嚴寒然較麻沙朱色
士邦少溫和石料販至外國頗得利息製造繁盛借河水之力居
多民多英裔都城哈富在干捏底吉河右岸距長島灘五十英里
可通輪船官署市廛教堂房屋皆壯麗盲啞學堂在紐哈文灣上
距長島灘四英里四圍岡陵鼎峙西可林方圍旁有也而大學堂
城中榆樹暢茂故紐哈文又名榆城學館極盛諾爲可在西莫司
河濱距河口十六里可通船紐倫敦在西莫司河濱有大書院四
奪里呢的學堂在哈奪法脫維西連大學堂在密脫而唐 不合
山脈最高處一干尺其餘山谷層疊島嶼繽紛風景頗佳○島
法而家那司 勿克特卻不聽 婆司 歙六 立得立卻不聽
 奴窪固 隆我 埋松 密士的固 河多望東北流境內共
有三大河日干捏底吉日呼薩（一作熱）多呢古曰昔姆司入海處日
洛愛倫灘干捏底吉河可通舟上流達哈富離海岸五十里昔姆
司河可達那維之呼薩多呢古河可用小船至達避○河 阿西
八塔固 皮葛羅 空內古溪哈脫 愛多埋羅 法民洞 哈
木那昔脫 命煞多呢古 密羅 木牛言子固 奴阿搭固
牛櫻吃固 奴蛙固 薄美六 君薄 羅合勃羅固 四打其
固 昔波 昔姆司 同司冬 楊吉固○湖 棚打 家杜那
 隆我 撲家搭布 煞羅冬司多 昔呢布希古 素雲 滑

理木　華農　蘇八捺固○列郡　非阿非而育　哈得呼度　立吉非而度　米特而　昔克司　紐哈蓬　掩藍度　雲特亨·牛倫度　光緒六年民數六十二萬人　礦產鐵銅鉛石灰雲母石石板火石灰紅沙石　物產五穀淡巴菰松蘋果櫻桃桃梅葡萄黎魚牛印度米麥番薯　工作鐘錶縫衣器農具機器靴馬車皮鐵塊呢布鐵器木器鞋　陸軍步兵六立治門得礮兵一昔克申武官一百八十三名兵二千七百三十一名　鐵路九百五十六里

紐約克邦明萬歷三十七年英人亨利霍讀松初探得紐約灣天啟六年英人買煙顛人孟赫打島價洋銀二十四元康熙三年邦人與煙顛戰擄掠紐阿馬司的爾欖地方改今名乾隆十九年英法戰時此地爲戰場法人在強不林湖客龍伯音脫納羊壓拉修礮臺英人在愛度窪度烏司回古修礮臺乾隆二十八年戰事定在法都議約以加拿他歸英此地歸美乾隆四十二年立邦領六十郡五十至五十五年以此地爲美都商務漸興繼仍改爲邦都後遭寇亂二次旋平今則市塵繁盛歐洲及本國各貨每歲之進口出口者日益增加誠美國第一大都會也　邦在注滿的麻沙朱色士干捏底吉之西司的天島一作司的丁長島在東南皆屬此邦人口富盛冠美國阿治倫打可山加脫幾而山打古你可山海浪在邦之東境此諸山相連阿為列可呢山之支脈阿治倫打可山中有瑪西峯高五千四百三尺邦中第一高山也邦之西境高而平昌夫連湖一作長不林在此邦及注滿之間湖上小島星羅碁布風景可悅目嘉慶十九年美將瑪可土那與英之水師戰於湖上大勝熱治湖疑郎熱克司亦以風景勝洪塔里湖一作洪達里亞窪衣釐兩湖一作

愛里在北界我你打湖一作窪呢達可可你的而斯河一作四家呢鐵力可加南的
可湖一作恰蘭地牙可由窪湖一作恰尤外西呢可河一作錫林可六給土河一作恰你
四度角土可河一作裁爾度等皆在內地大河霍讀松注大西洋通舟百
五十里北有先得羅令司河又有拿可拉河連給依釐洪塔里窪
二湖河中有南央阿拉瀑布五大洲第一瀑布也高百五十八尺
大湖之水過此入海瀑聲如雷又別有突連屯瀑布風景亦佳夏
日遊人絡繹到此避暑拿可拉鐵線橋長八百尺此邦製鐵之業
次賓夕爾勒呢安邦製造呢布亦盛民多荷蘭國及英國之裔邦
都阿巴呢而在霍讀松河右岸距河口百四十五里紐約城在河
口美國第一大城貿易盛大繁華與巴黎倫敦埒中央園洋語名
干土拉而放可面積八百也克四時有花隔東河有勃而可林論
人口爲美國第三繁盛地依釐湖岸有拔費路府亦大城也以麥
子販買得名羅替司打以製造麥粉有名西打可司以產鹽有名
脫果在霍讀松河上船到此地不能再進紐拔波幾夫西費司幾
而霍讀松新新皆在霍讀松河濱亦以製造得名窪司維瓦在洪
塔里窪河岸湖上貿易要地也由治可在莫厚可河岸阿而拔呢
之西八十里華麗之地也沙拉奪窪及波而司屯俱以礦泉有名
邦之大學堂名可倫比安其外曼哈堂學堂夫里學堂俱在紐約
城中司治呢可打的學堂可林屯學堂日呢拔學堂羅替司打學
堂法突漢學堂師範學堂規模皆整維司突波因脫一作維司奪波因奪有
美國武備學堂堂規第一步兵學六藝學騎馬學射槍學軍監軍律用刀法裝劍術體操第二數學第三英語第四
法語第五西班牙語第六畫學第七化學化的物理礦學地質學第八天然理學及經驗理學第九數術及軍役第十史地理道德
第十一國法萬國公法•法第十二軍技學第十三土木學兵法四年輟業文物粲然人才頗多
境內山脈曰大薩固曰個林曰勃雷離奇曰海藍特曰客篤司几勒

日海兒大部日阿几隆達古司高峯六千尺又有三島日隆愛藍特日
馬蝦到愛藍特日司跌丁鄰可的丁愛藍特在紐約灣〇島 拔晒四篤
卡而夫 殼呢 殼羅衣羅司 發平 非書阿 福克司
軋羅巴 軋笛那 個司乃固 掰藍特 物力那治阿 物林
物司冬 希而 窪固 窪勒 潑泿 落平 昔爾達 司的
丁司多呢 回而司 霍讀松河源出自矮其龍逵古司郎阿幾隆
達司古山南流三百里至紐約灣入海先得里入司河洪塔里河木
蝦古河皆霍讀松河之大支流也從以里湖郎郎蘇廬至霍讀松河
河道於道光五年修竣河渠在紐約共長九百七里六百萬噸重
之貨可挽其中以里渠至光緒元年修竣共費四千九百十六萬
九百八十八元南央阿拉瀑布爲地球第一大瀑布流入南央阿
拉湖湖長三十三里在衣鼇湖洪塔里湖中間有愛熱加瀑布熱呢司瀑布東不
京司鄉五瀑布湖遊共長五百尺末利松鄉七點南岳瀑布高百三十六尺莫蝦古鄉霍霍司瀑布高百三尺哈京媽鄉高
百吞瀑布五箇湘連共長二百尺佛林鄉楷打可幾而爾瀑布一倫高百八十尺一高八十五尺亨櫻呢圍瀑布高二百三尺
〇河 五雖勃盧 琵琶 白辣客 白辣客 恰你四度 希
達恰徐 豈衣立 霍霍古冬 殼爾度 電阿 突而辣華
衣司度白來處 熱呢四衣 掰辣司 霍讀松 英迪京定
司英及櫻 英及櫻 密突羅白藍處 麻司 乃罰姓古
乃額拉 烏四回額處 烏四回箇 波多呢 辣格多 煞公
達 煞而蒙 煞而蒙 拉煞捺古 希內格 先得羅令司
陸貴的 辣五魚讀 辣五魚讀 辣五魚讀 二福度 煞辣
讀外 四姑龍希內家 希外度 希羅敗 四家呢鐵力司
錫林 錫拉司四密司 騷司 司波林 先得里入司 司多
呢 託羅得 託羅得 塔八 塔八司 回特 阿伯卻低呢

阿伯三喇捺古 五英特福而 五度別立○湖 歐羅巴呢
櫻排 五雖勃羅 敝巳可 別個固里雅 別個馬斯 別
個 烏羅夫 別司皮 白腊克 白羅芒丁 薄 克 薄里雅司
白藍處 白藍得 扒那敗的彭得 卻那大 恰蘭地牙
卻多林 恰尤外 西大 吃音 長不林 卻俱呆 卻在
卻基 弗里阿 弗里阿 穀羅皮 坑內煞司 克藍別里
克羅故冬 克羅司 達呢 突而 愛而古 愛隆 愛林 愛
里 霍倫司皮 霍倫司皮 豐大 福克多 夫爐冬 壽惡
治 個令五度 骱羅 亨陸顧 亨特松 呼司收 音田
音田 音我辣禨 仁京司 若錫非而 熟克司 熟騰 里
特 里回 里得而葛藍別里 立平司冬 龍 龍羅姆
羅姆 六阿加帝葛 六阿煞達捺古 禨古華力 禨煞回比
米帳 麻自 禨特 禨特 牛空婆 窪古里 窪呢達
窪夢達外 洪達里亞 屋幾司古 屋毒背古 屋 回司古
必昔古 潑辣司特 不里常得 潑來達 潑益得 潑戳得
倫罷 立執 陸固 陸令司○ 列郡 矮而敗呢 矮里外
呢 白羅姆 恰搭羅軋司 恰永外 抽屋度瓜 抽孟 抽
南古 潑林洞 克隆皮雅 可多蘭 特辣回阿 達幾 愛
利 愛昔克司 弗郎可林 夫爐冬 熱你司個令 哈迷
而冬 哈古馬 愛發松 京司 利未 司 立云司東 買及
松 木隆 蒙得 饔未利 紐約 南洋 矮拉 惡你達 惡農
達阿 饔達里亞 鳥林樹 烏里恩司 烏司回古 烏多歲
古 魄多那 君司令昔拉 立執蒙 鹿古藍生 得羅令
司 煞拉篤額 昔幾奈古塔其 四姑哈利 四姑拉 希內

家　四幾平　煞福古　煞里彭　曲外　通不京司　壓羅司
打　劃林　華盛頓　回恩　回司牽司笪　回屋明　也迪司
光緒六年民數五百八萬三千八百十八人　礦產鐵鉛銅雲母
石石板沙石石灰個力乃度　物產米麥糖淡巴菰羊毛蘋果葡
萄樅松櫸番薯牛黃油牛乳油鹽　工作鐵皮農具機器紙
酒鹽木器靴鞋漿白糖棉花鐵塊　鐵路六千五十六里
紐折爾西邦（紐紐賢若爾西）明泰昌元年荷蘭人率殖民至扒成康熙
七年荷蘭人許英人會議政事英美戰時境內兵戈擾攘民不得
安居乾隆四十二年華盛頓過特爾拉華河襲英兵於脫倫屯擄
千八越九日敗英人於百令司冬定行政章程五十二年立邦領
二十一郡光緒十年定新章程　邦在紐約之南臨大西洋邦之
北境岡多阿列我呢山山脈數條自紐約至賓夕爾勒呢安中間
過此邦高峯名青山司可列山邦之中央及南境平坦海岸頗長
之艮港特爾拉華河流入此邦及賓夕爾勒呢安邦間霍讀松河
怕西可河哈更沙可河拉里當河在北境莫里司湖大魯港河在
南境皆大河也北境及中央適耕作農產皆販至紐約及費城民
多係荷蘭瑞典及英人裔都名地林屯在特爾拉華河左岸乾隆
四十一年華盛頓擄黑人於此地故有名都城房屋壯麗鐵及磁
器製造甚盛呢窪可在怕西可河上以工作有名北打送亦在此
河上有瀑布名怕西可此地製造亦盛給不梅倫不艮治阿奪瑯
治可西治以水利有名紐折爾西大學堂在不林司屯其外拉奪
可學堂拔林屯學堂皆授上等學術地林屯有大學堂義學之制
亦備　勃盧山分支各恧安戇古山在西北境高千七百五十尺
愛蘭讀山脈高千四百尺兩山中間有欺塔執呢谷寬十里東北

霍讀松河旁愛讀蘭山脈紆回盤曲高六百尺○島　克涙　隆
別處○河　阿篤松（鄘霍讀松）　拔司　拔篤司篤　兒得　突拉回
而　個來得愛個哈婆　來捺司江　木利司　梅兒兒工古
密羅司冬　襪司空內多工　拿敗新古　奴司拉里打　蛙司
回古　泊西古　皮桂司得　羅回　拉媽布　拉里打　夏古
　騷司　騷司拉里打　動　塔甲火　回定　華而幾路○湖
　白度　揩羅排司　個令　個林烏特　霍巴多工　個林烏
特　霍巴多工　莫利司　隆恩　煞家　沙得華得　華華央
達○列郡　阿篤藍之古　扒排　扒林冬　強定　開破梅
強排涙　罫羅昔司達　霍讀松　亨塔同　麥煞　米度羅昔
克司　夢毛司　木利司　窪串　泊西古　煞林　沙買昔得
　煞昔古司　尤濃　華合　獅羅昔司達　亨達松　光緒六
年民數百十三蔄八百九十三人　礦產鐵亞鉛玻璃沙磁器土
石灰沙石石板　物產五穀草料稻麻蘋果櫻桃李柏松麥印度
米番薯棉花羊毛　工作絲磁器器械機軸鐵條　陸軍步兵四
十七隊礮兵一隊武官及兵三千五十八名豫備兵二十四萬八
千四百五
十一名

賓夕爾勒呢安邦（奔細浮尼亞宗錫路乏呢亞）明崇禎十一年瑞典人送殖
民至者司達地方後荷人在境者據孟亨達以與瑞人戰康熙三
年屬英十一年屬荷蘭六月棄之二十年英主加力司頓以特爾
拉華西地與回艮冰（一作綿艮彭）時官署初置又向烟顛人買地乾隆
十一年至二十五年英法在本邦勃臘奪古非而突地方及福篤
達格司地方兩次大戰爲著名戰事美立國時在費拉地爾費亞

會議政事戰地在若們當勃蘭地云乏來個時邦人戰功甚偉五十五年定行政章程道光十八年修改同治十三年又改乾隆五十九年西境人反旋平嘉慶四年移會城於蘭甲司笪十七年又移至乞里司北南北花旗戰時助北人出兵甚眾二軍兩次至此交鋒同治三年大戰於葛及司排而大離會城不遠時北軍戰歿二千八百三十四人傷萬三千七百九人南軍戰歿五百人傷二萬一千人四年南軍毀強排司排地形東南平坦中多山岡乾隆五十二年立邦領六十七郡　邦在紐約南紐折爾西西阿列我呢山之山脈數條自東北至西南貫走此邦南山青山阿列我呢本山替司那土山羅列而山皆高峯也替司那土山及羅列而山高三千尺爲此邦最高山諸山山中沃壤綿延或二十里或三十里野里河（一作愛里）沿此邦長四十五里野里爲艮港舟楫通大湖特爾拉華河沙司給哈那河（一作蘇司該瞎捺一作薩司葛哈那）在東方特爾拉華河自紐約邦來經此邦入特爾拉華灣累（一作來）河司治而治而河（一作司戴爾該一作門濩爾該而一作司葛而該）可通舟至費城等處此二河皆入特爾拉華河沙司給哈那河發源紐約邦入賓夕爾勒呢安邦合諸水入馬理蘭邦之治沙比可灣西方有阿列我呢河（一作阿里雕二）莫濃可黑拉河（一作夢農阿希拉）二流俱通船六十里於比土拔相合爲倭海阿河（一作華海青）山間可耕山上可牧氣候處處不一然甚爽快西境冬日比東境少和邦之東北有煤地大而厚稱五洲第一或曰此邦煤無盡藏此邦近來採煤之業大盛西又有石油土人大開油井至數千之多此邦工作爲美國第三美國所製之鐵半出此邦製造棉花羊毛鐵條鐵釘紙亦物產之大者也始移此邦者瑞典英德人多民俗或用德語都名乞里士北在沙司給哈那河東岸風景絕佳鐵

路如蛛網費城爲是邦第一大城人口美國第二在特爾拉華河
右岸及司治而治而河之兩岸距海岸九十六里昔有維良彭者
槨立此地獨立戰爭之時此地有名又於此地爲獨立之徵調重
地街市民房華麗治拉學堂本太古希臘國造房之式外國貿易
甚盛西南爲鐵路中樞比土拔莫濃可黑拉河阿列我呢河相會
處也貿易鍊鐵有名過橋阿列我宜城拔明漢城也司可良屯以
煤有名里由以鍊鐵有名由蘭茶司打昔爲美國內地第一城市
維良司波阿而奪那波奪維而維路可司拔里加彭打里皆以煤
有名北土法有礦泉學堂之最大者名賓夕爾勒呢安大學堂治
拉大學堂波里的可呢可大學堂上等童學院醫學堂此邦各地
方大學堂尚多　境內二山東山曰維塔幾疑西山曰阿里阿二
最高處二千五百尺二山中有數山兀峙　東有特爾拉華河河
隄直立長千六百尺風景絕佳又有回沙希貢河鱗疑郎倫瀏司西有
葛藍提懷姆河蘇疑郵畢紅河四已而該河皆在斷崖絕壁之旁薩司
葛哈那河占本邦水利之半白盧山在其旁風景亦佳此省河分
二種一由突辣回而河拉一雕作醆炎過乞薩比古灣而入大西洋一徐
入華海育河薩司葛哈那河紆回曲折而入大西洋境內渠二百
九十二里後增至七百八十一里運煤甚便並可運送鐵玻璃等
重物於境外司葛而該河水長二十五里舟行甚捷○河阿里
阿二　非乏　卻因路襪　空內模　哈外內司荀　突辣　回而
可辣里紅　可辣里紅　愛而可　哈里司　入呢阿筥　昔
司葛呢米蓮司　辣甲滑葛心來　夢農阿希拉　霍多媽古
華海育　熱呢鴨搭　古幾而該而　恕雞古　煞司該瞎搽
煞司該瞎搽　皆俄　塔爾　必霍根　油叔米利○湖　扒

而司 皮癡 皮個 皮個勃林過 皮個希谷里 皮個今古
空呢得 空呢幾 不路克特 潑里司得而 個辣希 亨
笪 愛蘭 熊 諾婆 來囘司 六個塔溫 隆 隆 隆
隆 隆 隆 孰必士 六阿 六阿烏度 馬希 達古哈婆
以癡 愛而古 愛而古 愛而古 愛里 搿藍特 米拉
莫昔司烏度 禯讀 牛冬 巴拔古 巴癡 巴癡 穀甲
六幾黑而魯子 山讀 山其 涉幾而 竹夫司 昔而
排 昔來 休額 禮求索隱 土愛而呼美路 阿拜烏 囘
司幾倫 囘司脫 囘得華古 來塔○列郡 阿達木斯 阿
里阿宜 阿木司督 隆吾 維排 別得福特 排葛司勃來
阿 勃來特福特 拔葛司 拔督拉 強勃里阿 強乃龍
郤蓬 先搭者司達 弗拉里紅 弗里愛非爾 弗林登
霍龍皮亞 各羅福特 強排藍特 大分 特拉囘 鴨 愛而
可 伊里 非底 福來司脫佛郎格林 夫而登 個林
亨今冬 英几阿捺 入發松 入呢阿笪 入革握捺 藺甲
司笪 盧林司 里排農來 盧闊冷 立 各明 禯令 禯
煞 米夫林 夢路 夢得翁末利 夢篤 奴三得 奴三排
倫 卑利 費拉特而費亞 丕古 福搭 昔几而該而 西
達 松馬昔得 煞里彭 司該哈那 豈蛙牙 尤濃 費
難古 禯林 華盛頓 爲因 爲勢得模倫 爲屋明 育古
光緒六年民數四十六萬二千七百八十六人 礦產煤鐵石
油 物產麥印度米草果子淡巴菰羊毛 工作呢布鐵條鐵釘
紙 陸軍武官八百十一名兵八
千六百四十二名據光緒三年年報譯出

特爾拉華邦（特爾勒華　特拉冏而）（特勒灣　特辣冏而）明萬歷三十八年英人特爾拉華初至此特爾拉華灣因以名名其地崇禎十一年十二年歐人接踵而來乾隆五十二年立邦領三郡乾隆五十七年立行政章程南北花旗戰時出步兵七立治門得馬兵一立治門得礮兵一立治門得通共萬二千二百八十四人　邦在賓夕爾勒呢安之南馬理蘭之東美國第二小邦也海岸艮港多特爾勒華河及特爾勒華灣俱在東輪船往來不絕灣岸並灣北之地豐腴南境沙多澤亦不少北境冬天嚴寒南境面海氣候溫和民多係瑞典及英人裔雜人亦多農業爲民人主業邦都在多化峙熱呢司河濱房屋美麗維明屯在可里司加呢另河及不艮的文河之間以製造火藥呢布機器紙得名造船亦多新城西莫拉要地也里維司在特爾勒華灣上明崇禎三年立是邦最舊之地也特爾拉華學堂在呢窪可先得瑪理學堂在維明屯其外學堂尚多○島

蓬皮夫古　克里司　昔篤　立篤而　蓬皮呼　批餽几　立
離○岬　烹六冰　地波　愛達北　音篤○河　特爾拉華
英笛揚○灣　蘆花薄　吉　煞比古　突辣冋鴨○列郡　昔
篤　紐卻絲路　煞雪克司　光緒六年民數十四萬六千六百
五十四人　礦產鐵　物產稻麥穀桃卭度米野菜果子　工作
火藥機械筆醃魚紙呢布
陸軍兵百二十四名

馬理蘭邦（美立侖　藍麥畢）（麥系　蘭卬）明崇禎四年船主冋艮可里扒姆到此以英王名名此地雍正八年立馬而基木阿鎮乾隆十年立福來臺里古世葛鎮乾隆十六年立熟司塔姆鎮乾隆四十二年定本邦行政章程乾隆四十六年在安那布里士會議政事嘉慶二十

五年立邦領二十三郡咸豐元年立新法十一年南北花旗初次
啟戰在馬而基木阿交兵後章稍稍政變同治六年立今法邦
在賓夕爾勒呢安之南特爾拉華之西南山及阿列我呢山之山
脈數條自賓夕爾勒呢安邦過此邦入勿爾吉呢阿邦治沙比可
灣自南境延綿於北界分邦爲二灣長二百里到處可通船邦都
安那布里土邦邑在灣東名東岸邦內諸河皆入此灣其大者沙
司給哈那河怕打司不可河怕治仁奪河波奪麻可河也東岸地
不沃腴然多用人工亦適耕種淡巴菰物產之大者也內地山間
及北境地膏腴氣候和暖爽快至窪地則氣候不齊矣民人係羅
士彼治母之所移居多安那布里士邦都內有先得繊司學堂及
美國水師學堂彼治母在怕打河司不可河支流之上是邦第一
大城也人口占美國第七有華盛頓紀功石碑高一百八十尺又
有嘉慶十九年於諾司波因奪之戰翦除英兵之紀功碑或名此
城爲石碑城內外貿易甚盛淡巴菰之貿易亦大振此地係西北
南鐵路之要地民房美麗教堂巍然入雲又有花園昌拔艮在波
奪麻可河上以煤之貿易有名野而可屯昌不立治以司屯皆在
東岸夫立的立可黑可司屯在內地彼治母有三大學堂野美土
拔有先得美理學堂替司打堂有華盛頓學堂此外義學尙多○
山 白羅吏治 達呢四 以個羅 愛魯固離奇 恰多克今
犿來目拔古 扒恩 白林吏治 夏司登 夫布巴羅 克
煞里幾 買盡司 迷社 必生阿 呢吾羅 呢吾辣司 奴
司 霍里世 浪讀託布 浪讀託布 個來得煞此樹 三讀
林希羅 通奴奴司 希羅 塔穩希羅 罰立霞 魂近里治
○島 阿塔木司 拔林 弼里司 薄讀今 勃來特福克司

五者山我會英司送勿隊械　民　力扒讀水河　司八新
州名阿呢城後河三爾馬紡物數華不突得○呢特白改百得霍
也治列山乾歸一船吉兵織產九盛失力　列彪　里哈三熟個
里司我山隆美作至呢五呢淡十頓司古卻郡吳藍冬那十治
志麻呢脈五乾鄗此阿隊布巴三　熟　羅　葛福　河五　霍
各而本三十隆嶢境邦武鐵菰萬末治軋林矮生讀衣之里下藍
澤山條三四祠後阜官器麥四各　力　利多　司水受波特
延俱自年十英殖琪及牙印千愛君多殺矮　木丹本霍
二綿高北立六人民戩兵器度九古阿　羅呢生你　邦多四霍
十於山貫邦年穀嘶啞一玻米百　宜哈而　固古衣西買米來
下北也此領定三集亞千璃棉三末　福　矮得　司境古四特
喀青邦一行百與明二紙花十各生度昔呢力牛得有河
羅嶺走百政五土萬百料羊二　得　失矮門巴福水哈騷肯
里之西郡章十人歷五　毛人米易呼而藍多得古日打司得
那東南　程人奪三十陸鐵　古刹挨　突　藍西古馬
邦山在邦乾土地十八軍皮礦　度加而他五特海生司拜
長岡最在隆人天四名兵粉產華送　而　而福蛙多　松
約多東馬四勢啟年　一　鐵昔馬肯司白河讀古人河吉
三東者理十衰三英鐵立工銅司昔多　羅司六　呢派薩破
十南名蘭四天年主路治作雲得得　度治脫讀非亦打比羅
里水青之年啟土熱一門皮母　夢吉木福　身巨布古
寬澤嶺西立四人姆千得家石光退得四矮古辣　流司灣撲
十多西南利年襲司七步具白緒而各笪　藍恩黑也古方不
二最南阿之地熱第里兵粉蕃六薄末　卻固讀林○河二辣
里大打列文歸姆一　六器煤年得利弗羅福　灣薩千

澤之中央有一湖名奪拉費（一作夢突辣夢讀）面積六方里有治沙比可灣於邦之東南開通大西洋北遙連馬理蘭邦大河有波奪麻可河（一作波突麻可一作撲多嫣古一作樸冬嫣古）拉怕哈那可河（一作拉拜倫拿古一作辣八哈那古）約可河（一作育古）日母司河皆入治沙比可灣波奪麻可河可通舟至華盛頓青嶺之東沙多河岸稍有沃地多種淡巴菰西南地方膏腴占邦中第一氣候窪地熱餘皆溫和適養生石橋郡內有天然橋為世界奇觀河名松河橋距河面二百十五尺寬九十尺維身同美治送洞在於阿可司打郡不路文洞在於拔司郡皆為旅人必遊之地方煤礦鐵礦不少銅鉛金大理石多民多係英裔黑人亦多邦都里是滿在日母司河之左岸距河口百里有大圜面積八也克府廳在中央民房華麗日母司瀑布之水勢頗強大故以水利製造麥粉棉花極為得力沿岸製造淡巴菰廠約五十個邦境亦係四方鐵道往來要衝野里沙別司河（一作嫚嗣彌司里）上有諾法有艮港商務大旺海關及市廛俱壯麗比打司拔距里是滿南二十二里以輪出淡巴菰麥粉有名阿列基三士里身波突馬不列的立可斯拔林治拔司堂頓皆要地也距華盛頓府十五里波突麻可河上有夢奪窪濃邑故總統華盛頓之鄉里也今存墳墓鄉人燒香日日不絕此邦礦泉頗多夏時浴客如雲勿爾吉呢阿大學校在茶路的司維里此外學校尚多　希難特矮山阿勒身二山鉛扒藍特山脈由西勿爾呢阿界來本邦形如三角尖地分六部隨地勢為之曰退度華得（譯言潮水也）萬一千方里曰米突羅（譯言中也）平地高處東邊百五十尺西邊五百尺曰比特夢特六千方里曰白羅吏治曰乏力兩地多山最高處四千尺曰壓拜喇薩地窄而長○

島　阿煞幾個　新各低個　各部司　福古司　司米司　單

入 蛙篤 撲多嫣古河通舟百二十里拉拜哈拿古河通舟百
里喇皮當河育古河愛里闐別司河爇姆司河三處皆舟楫往來
不絕河流縈紆都入大西洋○河 阿普嫣脫古司 拔你司達
白喇古屋達 白羅藍 昔革咁米呢 親幾 兵 個里個
路 堂 霍魯司冬 壽姆司 壽姆司 壽姆司 立得羅
微煞福古 禨達八呢 梅育 梅海林 紐古里古 奴四鴨
捺 奴四福古霍魚日司冬 拿篤回 白茫幾 別個 撲冬
嫣古 撲回而 辣必登 辣八哈那古 辣敗那 羅拿古
四米司 騷四福 古昔那度阿 騷四胡古霍而 司冬 司
湯冬 司多呢 育古○湖 突辣 夢讀○列郡 阿固嫣固
阿囧便買里 阿里幾常突里雅 阿里阿二 阿美里雅
混哈司得 阿蜂嫣得固司 和額司笡 拔司 排得福得
跋來特 薄的多多 白藍司衣古 杯腳那 拔金亨 長勃
而 卻魯令 卻路路 卻里司先地 卻六的 七四搭非二
特 克拉古 克來個 恰密百 康日來特 入金松 林月
地 曷力闐別司先的 愛昔割司 非阿法革司 花去阿
一六一度 富辣拔那 弗來革林 弗來笛力古 幾力司
勃羅昔司達 個革湨 個來松 個令 個令回而 哈里法
克司 哈農擺 亨力谷 亨力 海藍 愛司六夫回 入夢
司失的 今愛納窘 今爇入 今達艮 藍客四搭 里 六
堂 羅衣篩 羅近敗 埋其松 埋收司 梅桂林薄 密突
二音克司 夢突工密里 難昔夢 乃而松 牛耕多 拿福
古 拿三布冬 拿三拔來特 拿篤回 屋林治 派治 拔
篤里古 屁多昔而罰呢雅 扒瞎登 潑令司愛度蛙度 潑

令司熟治　潑令昔司阿二　潑令司回艮　潑辣司幾　拉拜
哈那古　產夢讀　六諾古　六古別立治　六竟亨　辣昔而
司可得　希拿讀阿　司呢司　騷三不動　四巴古多失而
拔呢亞、回搭愛度　薩里　薩昔克司　塔譯　回而華令
華未古　華盛頓　回而篤麻　藍　回自　固悉　育古　光緒
六年民數百五十一萬二千二百三人　礦產金銅硫黃鉛亞鉛
煤雲母石鐵　物產五穀淡巴菰稻麥棉花大麻果子
印度米　工作　皮家具鹽靴　鐵路千八百七十九里

五洲地理志略二十一上　　美洲三上

賜進士出身　特賞內閣學士銜前國子監祭酒翰林院編修加三級　臣　王先謙謹撰

合衆國二上

中部東北諸邦先謙案徐志根特機倭海呵密執安爲東路音謝志作中央東北部云在米西西比東岸凡六部譙酾吔勿土地肥美礦產豐盛農業牧畜製造開礦無不興盛產珠粟小麥雀麥皆數萬萬斗馬牛各數百萬煤四千萬噸鐵一百萬噸根德基省產煤二萬萬磅居全國產額之半大城三十七製造廠二百餘

西勿吉尼國

西勿吉尼雷志云面積二萬四千七百八十英方里人七十六萬二千七百九十四口　**灰林**會城人三萬四千五百二十二口

亨汀敦人萬一百八口先謙案雷志西勿吉尼徐志無其勿吉尼下云西北界賓夕爾勒尼安倭海呵倭海呵下云南界阡的伊勿爾吉尼阿證以此地四至知自勿吉尼分出者列國學會二圖作西勿爾吉尼阿矢志作西佛勤那周志作

亞及尼課程作西非眞伊尼阿面積萬七千八百九十英方里人百九十五萬八千九百口灌漑地甚富饒有石炭鐵礦石油井鹽井據二圖東南界勿爾吉尼阿東北界馬里蘭賓夕爾法尼亞西北界倭海阿西南界阡的伊田納西東北隅有城曰威林郎雷之灰林陳記作威靈云緯北三十七度十分至四十度二十分順天偏西七十七度四十七分至八十二度三十二分

根特機國

根特機雷志云面積四萬四百英方里人百八十五萬八千六百三十五口　法蘭富會城人七千八百九十二口　魯意維耳人十六萬千一百二十九口　庫因敦人三萬七千三百七十一口　牛坡人二萬四千九百十八口

徐志阡的伊一作建德基又作建大基又作根特機又作根都機云在勿爾吉尼阿之西北界倭海阿英釐安納西界奕倫諾爾南界田納西幅員如中國之浙江省地居二十六國之中寒暑平均河道縱橫穿貫田土膏腴五穀百果不可勝食東境連押罷拉既俺大山有風穴上半年風從外入下半年風從內出嘗有土人於上半年用窗掩穴口秉炬而入行五十里不能盡懼而返次日出穴竟莫知其淺深舊屬勿爾吉尼阿乾隆三十三年有單耶利蓮者徙居於此至三十八年來者漸眾立一邑曰暇律士四十四年別爲一部四十六年歸合眾國土產禾麻菽麥煙葉麥之多甲於諸國兼產鐵鉛煤水道

不通海貨難出運惟用火輪船貿遷於本國會城曰法蘭富耳有大學堂官制略同諸國員數頗多居民八十七萬九千餘別有大市鎮二曰累士曰歷星頓兵最强推爲諸國勁旅先謙案郎雷志之根特機也列國學會二圖與徐同世界圖作根塔機樞志作根德基陳記作堅德基矢志作肯太幾孫志作根特基課程作肯特基云郎于的基據二圖中境有累士維里郎雷之魯意維耳徐之累士世界圖作那司威耳謝志作魯伊非利矢志作魯意斯佛來云在奧即倭海呵河左岸其東南爲歷星頓徐所云二大鎮也講義云阡的伊以產煙牧馬有名累士頓里世界采辦煙草最大之地累士之東北二圖有法蘭富爾郎雷之法蘭富陳記作附蘭福世界圖作法蘭克旃法拔誤陳記云緯北三十六度三十分至三十九度六分順天偏西八十二度二分至八十九度四十分

倭海呵國

倭海呵雷志云面積四萬千六十英方里人三百六十七萬二千三百十六口　科侖伯司會城人八萬八千百五十口　新新那替人二十九萬六千九百八口　克里孚蘭人二十六萬千三百五十三口　多里多人八萬千四百三十四口　兒頓人六萬千二百二十口　徐志倭海阿一作呵海呵又作呵希呵又作呵嗃呵又作呵宜綱云在賓夕爾勒尼安之西北距伊爾釐湖西北界密執安西界英

鼇安納南界阡的伊勿爾吉尼阿幅員與賓夕爾勒尼安相埒地多岡阜無大山河渠交絡土壤膏腴乾隆三十五年歐人從西北方來密執安謝部開墾荒地嘉慶五年告成英始設官七年卽歸合衆國土產鐵煤鹽粟稻煙葉苧麻棉花玻璃有河道可達港口有鐵路通鄰封會城曰戈攬模士設官如諸國居民百五十六萬餘先謙案卽雷之倭海呵也列國學會二圖樋志與徐同世界圖作淤拜淤又作呵海呵李記作倭海爾新大陸記作阿海和矢志作奧蟹奧謝志作俄亥俄周志作倭啞哈亞課程作呵海爾云歐亥歐亦作痾喜痾據二圖東北隅濱伊爾鼇湖有克勒惟蘭卽雷之克里孚蘭世界圖作克利夫蘭辻志云克利夫蘭人二十六萬一千口謝志作克利非蘭云在伊利湖南鐵業最盛矢志作格利佛蘭陳記作其理夫蘭其西北二伊圖有陀勒多列國圖誤繪入密執安卽雷之作多里多陳記作多里都世界圖作特烈得西境有抱頓卽雷之兒頓西南有星星拿的卽雷之新新那替陳記作新新那地新大陸記作先絲拿打世界圖與雷同辻志云新新那替人二十九萬七千口謝志云辛辛那第居鐵路要衝矢志作新新那的其中境二圖有科隆布士世界圖作可侖波士卽雷之科侖伯司會城陳記作古倫巴士云緯北三十八度二十四分至四十二度順天偏西八十度三十四分至八十四度四十二分

音的阿那國

音的阿那雷志云面積三萬六千三百五十英方里人二百十九

萬二千四百四口　音的阿那波里會城人十萬五千四百三十六口　衣文斯維耳人五萬七百五十六口　覆章痕人三萬五千三百九十三口　鍛霍德人三萬二百十七口

徐志英釐安納一作印底安納又作印地阿那又作音的亞那云北界密執安西北距密執安湖西界奕倫諾爾南界阡的伊東界倭海呵幅員與密執安相埒土壤膏沃山巔亦堪播種樹木尤叢茂康熙三十九年法人始開其地乾隆二十八年爲英所奪後歸合衆國土產煤鹽鐵粟米苧麻煙葉洋參蜜蠟有鐵道通鄰封會城曰英釐安納波里官制同諸國居民六十七萬五千餘先謙案郎雷志之音的阿那也列國學會二圖講義作音的安納世界圖作印底亞那周志作印甸奈矢志作印提安那謝志作印第阿那樋志作印地阿那李記作因的愛納課程作音的愛納云一作印地安拿據二圖會城在中境爲英的安納波里世界圖亦作印底亞那郎雷之音的阿那波里也西南境二圖有宛士惟里郎雷之衣文斯維耳陳記云保里士係衛衛爲十四路火車總匯緯北三十七度五十一分至四十一度四十六分順天偏西八十四度四十九分至八十八度二分

伊里內國

伊里內雷志云面積五萬六千六百五十英方里人三百八十二

萬六千三百五十一口　**司潑林飛耳**會城人二萬四千九百六十三口　**其加哥**人百九萬九千八百五十口　**庇阿里亞**人四萬千二十四口　**坤西**人三萬千四百九十四口　**勞克富**人二萬三千五百八十四口　**約雷脫**人二萬三千二百六十四口

卜路明敦人二萬四百八十四口

徐志奕倫諾爾一作伊里奈士又作依林奈士又作黎乃意云在英釐安納之西北界衣阿華新部西界密蘇爾釐南界田納西幅員與魯西安納相埒地平坦多豐林茂草宜牧畜初與英釐安納爲一部皆法人所墾後爲英奪嘉慶十四年分爲奕倫諾爾部後歸合眾國土產與英釐安納同會城曰灣達里阿居民四十七萬六千餘先謙案即雷志之伊里內也列國學會二圖與徐同世界圖作伊里乃伊斯樋志作伊理奈士陳記作伊鄰奴士李記作伊林奈司伊新大陸記作伊里女士周志作衣里諾斯謝志作伊利挪斯矢志作伊利諾斯課程作衣林奈司云亦作依林奈士據二圖北界威士干遜東南界阡的伊東界英的安納西界密蘇爾釐中境有斯勃林菲爾德世界圖作司仳令非耳得平方圖作斯勃林非爾即雷之司潑林飛耳陳記作士布林非耳又北二圖有波里亞即雷之庇阿里亞又東北隅有支克哥李記作志克哥新大陸記作芝加高世界圖作西加口即雷之其加哥辻志云西加口府在中央平原北部爲外國通商市場講義云支克哥臨密執安湖千八百九十三年

開哥倫布世界大博覽會於此謝志作施嘎哥云在米西干湖西南岸爲全國第二大都會千八百三十二年其地僅一村落以天產富盛交通扼要數十年間勃然振興今占地千八百里長六十里廣三十里街衢整齊有大學堂藏書室天文臺各種善堂商業極盛以穀類家畜木料爲主居民百七十萬多德人哀耳蘭人陳記作詩加古有比阿利阿卽雷之庇阿里亞新大陸記云有新立之西賢雪地市人二萬別一宗教陳記云緯北三十七度至四十二度三十分順天偏西八十七度四十九分至九十一度二十八分

密執安國

密執安雷志云面積五萬八千九百十五英方里人二百九萬三千八百八十九口　蘭新會城人萬三千一百三口　低特律人二十萬五千八百七十八口　格倫蘭匹支人六萬二百七十八口　稅治拿人四萬六千三百二十二口　海灣城人二萬七千八百三十九口　徐志密執安一作米詩干又作彌治顛又作遜詩安云東北距休侖湖東南距伊爾釐湖西距密執安湖南界倭海阿英釐安納幅員略遜於倭海呵三面包湖沙土疏衍隨處可耕康熙三十九年法人始墾其地乾隆二十八年爲英所奪道光十五

年歸合眾國物產未詳有鐵路通鄰封會城曰底特律設官如諸
國居民二十一萬二千餘先謙案列國學會二圖與雷徐同世界
圖作密西幹謝志作米西干矢志作米幾汗樋志作密其千周志
作密且更課程作密世幹據二圖北距休侖湖濱有普達斯圭世
界圖曰抹幾納東南有底特律與徐合郎雷之低特律陳記作低
地來世界圖作底特盧以特辻志云底特盧以特人二十萬五千
口講義云此州低地半島有牧場及稠密之森林高地礦銅最富
底特律與加拿大接壤往來商業極盛西境有格蘭拉律得斯郎
雷之格倫蘭匹支中境有蘭森郎雷之蘭新陳記與雷合世界圖
作爛星陳記云緯北四十一度四十分至四十三度四十六分順
天偏西八十度二十五
分至九十度三十四分

韋司康沁部

韋司康沁雷志云面積五萬六千四十英方里人百六十九萬四千七百九十五口　**馬蒂孫**會城人萬三千四百二十六口　**迷耳華坎**人二十萬四千四百六十八口　**拉壳勞司**人二萬五千九十口　**亞盧考盧**人二萬二千八百三十四口　**雷沁**人二萬千十四口　徐志威士干遜（一作威斯滚申達多野）云威士干遜部衣呵華部在蘇必力湖之南密執安湖之西奕倫諾爾之北跨密

士失必河左右地界遼闊約如諸大國之四倍多岡阜無大山土沃易於犂種本因底阿土番所居道光十年始有密執安白人遷居漸成聚落錯雜於土番之中皆建礮臺以資保衛近年人戶漸多分爲兩部北曰威士干遜居民三萬餘南曰衣呵華居民四萬三千餘經營方始未設統領等官故不成爲國先謙案郎雷志之韋司康沁也列國學會二圖講義與徐同世界圖作威斯棍森孫志作威士干心謝志作偉斯根辛矢志作惠斯康新課程作危司堪辛云郎威士干星亦作維士孔新周志作迴斯康勝據二圖東南隅瀕密執安湖有列息尼郎雷之雷沁迤而東有密爾窪基郎雷之迷耳華坎世界圖作密爾烏奧幾矢志作彌勒握幾平方圖作密爾宜基辻志作密爾烏奧機人二十萬四千口陳記作美洼基講義云密爾窪基爲小麥木材市場號世界第一謝志作米勒瓦基云在米西干湖西岸商業殷盛密爾窪基之西有買的生郎雷之馬蒂孫世界圖作抹底孫陳記作馬里臣又極西濱密士失必河有剌克羅司郎雷之拉壳勞司衣呵華見下陳記云緯北四十二度三十分至四十六度五十八分順天偏西八十七度八分至九十二度五十四分

中部西北諸邦

先謙案徐志密蘇爾釐在西路餘未爲國謝志作中央西北部多印第安地歐喀盾瑪地見二亞地駝下拉呵云凡七部二新疆地在米西西比阿西岸農工業與東北略同

明耐梭塔部

明耐梭塔雷志云面積八萬三千三百六十英方里人百三十萬八千八十九口　**聖保爾**會城人十三萬三千百五十六口　**明尼阿波里**人十六萬四千七百三十八口　**大路司**人三萬三千百十五口先謙案明耐梭塔徐志無列國學會二圖作明尼蘇達世界圖作米泥鎖塔新大陸記作米尼梭達矢志作明內沙太課程作民尼搜他云卽米尼所達亦作民尼蘇塔謝志作珉尼梭達陳記作閩尼疏大孫志作民尼梭大周志作密乃砂得據二圖東界里比阿湖西界南北大哥他北界英屬地南界衣呵華東境有森波爾聖保羅卽雷志之聖保爾世界圖作聖保羅中境有伊大喀湖世界圖作伊爾克湖講義云明尼蘇達產木材及鐵森波爾臨密士失必河將來工業必旺謝志云散保勒城居米西西比河右岸以製造麥粉著名大北鐵路公司亦在此邑故爲十道鐵路之中樞居民在五十年前僅五百人今已十七萬散保勒亦卽聖保爾新大陸記云大北鐵路橫貫南北自聖保羅至太平洋岸之舍路市占士比兒倡議所成陳記云市鎮以閩尼阿保利士爲大鄰雷之明尼阿波里也云緯北四十二度三十分至四十九度順天偏西八十九度三十分至九十七度四分

羅華部

羅華雷志云面積五萬六千二十五英方里人百九十一萬二千

二百九十三口　戴蒙司會城人五萬九十三口　西阿克司墩
人三萬七千八百六口　都勃克人三萬三百十一口　旦文墩
人一萬六千八百七十二口　先謙案羅華徐志作衣呵華一見作上埃仁
擬獻列國學會一圖同世界圖作埃
淅和平方圖孫志作衣阿華矢志作埃奧瓦纏志作埃痾瓦周志
作亞呃懷課程作哀僂渥云卽哀歐注亦作要華謝志作哀我瓦
據一圖東北界威士干遜東南界恋倫諾爾南界密蘇爾釐北界
明尼蘇達西界達科大內布拉斯加拔一圖東境有羅瓦當卽羅
華會城陳記會城曰地土毛煙鳳雷異疑戴蒙司亦異名又東南
有克林敦李記云自勞店起行退密土失必河鐵橋其處曰客連
登克林敦卽客連登也進而東北曰都布主卽霍之都勃克羅瓦
之西有德斯摩伊內斯世界圖作底莫英又西境與都布主相距
有西俄格斯郎雷之西阿克司講義六地產小麥又陳記云市鑌
以地雲砵埠爲大卽雷之旦文拔案緯北四十二度二十分至四
十三度三十分順天偏西九十度
二十分至九十六度五十三分

彌𧹞里國

彌𧹞里雷志云面積六萬九千四百十五英方里人二百六十七
萬九千百八十四口　哲覆孫會城人六千七百四十二口　聖

魯意士人四十五萬千七百七十口　干塞司城人十三萬二千七百十六口　聖約瑟人五萬二千三百二十四口　潑林飛耳人二萬千八百五十口

徐志密蘇爾鼇（一作密蘇理又作彌梭野又作迷蘇利）云在阿甘色之北東與奕倫諾爾隔密士失必河為界西北界土番幅員與阿甘色相埒境內無大山多茂林土宜粟麥稻有大河曰密蘇爾鼇因以為國名康熙三十九年法人初墾此土與阿甘色為一部嘉慶二十四年分兩部道光二年歸合眾國土產白黑鉛硫石煤鐵鹽棉花牛皮會城曰渣法句官制略同諸國居民二十三萬三千餘分兩種一格臘色士即法人後裔一牙模士乃法人與因底阿土番婚配所生介乎紫白之間（土番紫色）先謙案郎雷志之彌梭里也列國學會二圖與徐同世界圖作密蘇利矢志作密沙利課程作密蘇里周志作墨砂利據二圖北界衣呵華南界阿甘色東界奕倫諾爾西界內布拉斯加干薩斯東南有森盧伊斯郎雷之聖魯意斯陳記作聖來迋志作聖路以講義云此邦以鐵鑛著名作森盧伊斯稱密士失必流域之女王鐵道河流交通大便謝志作散路伊斯云在米蘇利河入米西西比江之下游六十里有二大橋跨之為十八道鐵路之中心商業興盛製煙葉為天下冠居民五十八萬其西有渣法句與徐合郎雷之皆覆孫陳記作皆非臣世界圖作遮弗爾遜又西曰干薩斯世界圖作嵌紗絲郎雷之干塞司陳記作干沙士以上三地皆鐵道必經之處又西北曰約色非郎雷之聖約瑟陳記作聖色約其西南有司孛林絡菲爾特郎雷

之潑林飛耳陳記云緯北三十六度三十三分至四十度三十分順天偏西八十八度五十五分至九十五度三十八分

北帶科太部

北帶科太雷志云面積七萬七百九十五英方里人十九萬五百三十一口　畢士麥克會城人二千百八十六口先謙案北帶科太徐志無列國學會二圖總爲達科大不分南北孫志總爲大可大陳記總爲打哥大云緯北四十二度二十分至四十九度順天偏西九十六度二十分至百四度世界圖作北大哥他矢志作北達各搭講義作北達科大謝志作北達哥達課程作北大卯他云郎北代科塔亦作北達戈塔周志作北達哥德據世界圖北抵英屬地南界南大哥他東界米泥鎖塔西界門他奈東北曰貴比那二圖爲偏畢那中境曰比斯麥克二圖爲必斯馬克郎雷志之畢士麥克在米西西皮河右岸

南帶科太部

南帶科太雷志云面積七萬七千六百五十英方里人三十四萬七千八百七十六口　丕爾會城人三千二百三十五口　陽敦人三千六百七十二口　西阿司覆耳司人萬一百七十七口先謙

案南帶科太徐志無列國學會二圖見上世界圖作南大哥他矢志作南達各搭講義作南達科大謝志作南達哥達課程作南大叩他云即南代科搭亦作南達戈塔周志作南達哥德據世界圖北界北大哥他南界尼白剌斯喀東界米泥鎖塔埃淤和西界維淤民具南境曰皮亞耳即雷志之丕爾二圖作蘭達爾東南隅曰揚克頓即雷之揚敦陳記作煙頓二圖作燕克敦

尼勃拉斯加部

尼勃拉斯加雷志云面積七萬七千五百十英方里人百六萬二千六百六十一口　林肯會城人五萬五千百五十四口　痾馬哈人十四萬四百五十二口先謙案尼勃拉斯加徐志無列國學會二圖作內布拉斯加世界圖作尼白剌斯喀矢志作內孛拉斯加講義作內布拉斯加謝志作尼伯拉斯嘎樋志作尼勃剌士喀周志作納勃拉斯克孫志作尼巴斯加陳記作尼不拉士格課程作奈撥拉司加云即尼巴司喀一曰拏布拉斯格據二圖北界達科大南界干薩斯東界衣呵華密蘇爾釐西界窩民西南界科羅拉多內普拉斯克河東西橫貫國中東境河濱有城曰俄馬哈即雷志之痾馬哈世界圖作俄嗎哈平方圖作奧馬哈李記作阿馬哈陳記作阿麻蝦講義云此邦產小麥玉蜀黍俄馬哈臨密蘇爾釐之港也迤南有林哥即雷之林肯世界圖與雷合陳記作林堅云緯北四十度至四十三度順天偏西九十四度三十四分至百四度零

干塞司部

干塞司雷志云面積八萬二千八十英方里人百四十二萬八千百十二口 多比加會城人三萬千七口 韋欠太人二萬三千八百五十三口 里文丸司人萬九千七百六十八口 先謙案干塞司徐志無列國學會二圖講義作干薩斯世界圖作嵌紗絲謝志作干撒斯矢志作剛薩斯課程作堪撒司云郎剛散司亦作坎撒士樋志作甘色周志作墾失斯孫志作甘薩斯陳記作甘色士據二圖北界內布拉斯加南界英的安及公地東界密蘇爾釐西界科羅拉多講義云此邦爲農業及畜牧地東北境有城曰拖丕喀徐亦拁作多郎雷志之多比加世界圖作拖丕喀陳記作都基加又東北隈有里温窩次郎雷志之里文丸司陳記作利分佳士南境有瑞痕世界圖作干尼按陳記云緯北三十七度至四十度順天偏西九十四度四十分至百二度零

中部東南諸邦 先謙案此三國徐志爲西路謝志作中央南部合魯西阿那得撒阿干薩三地云凡六邦地濱美希哥海股天氣和暖土地肥美植甘蔗棉花白米最盛得撒爲全國產棉最盛處產額居總數三分之一阿拉巴瑪邦之本比利爲輸出棉花之第二大埠又運出木料甚多

汀耐西國

汀耐西雷志云面積四萬二千五十英方里人百七十六萬七千五百十八口　那虛維耳會城人七萬六千百六十八口　美飛斯人六萬四千四百九十五口　尕太奴隔人二萬九千百口　腦克司維耳人二萬二千五百三十五口尼西又作德虎內西徐志田納西一作典捏西又作地云在阡的伊之南東北界勿爾吉尼阿東界北喀爾勒那南界若耳治阿拉巴麻密士失必西與阿甘色隔河爲界幅員如中國之浙江省東界有峻嶺自北而南綿亘數百里與押罷拉既俺大山相連節序和平土脈膏腴河渠交貫百果五穀皆宜合阡的伊爲美利堅中原如中華之河雒其地初爲勿爾吉尼阿北喀爾勒那人所墾嘉慶元年立爲國歸合衆國土產鐵器棉布夏布會城曰那實官制同諸國居民八十二萬九千餘工農併力家給人足先謙案卽雷志之汀耐西也列國學會二圖與徐同世界圖作典捏西謝志作田內西課程作田納細云亦作田尼西周志作吞諾衰矢志作登能西孫志作典尼西據二圖中境有那實惟里世界圖曰那司威耳卽雷之那虛維耳徐之那實也陳記作那司威兒西南隅有明菲司卽雷之美飛斯陳記作面非士東南隅有查大拿加卽雷之尕太奴隔陳記作察丹奴化迤而東北有諾格司維里卽雷之腦克司維耳自明菲司以下皆距鐵道最近之地陳記云緯北三十五

度至三十六度三十五分順天偏西八十一度三十七分至九十度二十八分

阿拉巴馬國

阿拉巴馬雷志云面積五萬二千二百五十英方里人百五十一萬三千十七口　**蒙哥滿里**會城人二萬千八百八十三口　**摩比耳**人三萬千七十六口　**般明哈**人二萬六千百二十八口

志徐阿拉巴麻一作阿喇巴麻又作巴里特摩又作阿邪麻馬又作亞喇罷麻云在若耳治之西北界田納西西界密士失必西南隅距海南界佛勒爾勒釐幅員差遜於若耳治押罷拉既俺山在東北境高百餘丈境內之水以阿拉巴麻爲最大因以爲國名南方夏苦熱土人多入山避暑北方稍見霜雪亦不甚寒近山近海之土多腴沃地曠人稀獸蹄鳥跡交於野其地舊半屬若耳治半屬佛勒爾勒釐道光元年別爲一部歸合衆國土產金鐵稻穀果實甘蔗煙葉棉花洋藍棉花尤盛會城日磨庇理灣建於海口爲南方大埔頭出運棉花麥粉貿易最盛有大書院正副統領各一議處官數十居民五十九萬餘經商者多能窮險遠所造快船行駛極速內地鐵路亦四達先謙案郞雷志之阿拉巴馬也列國學會二圖講義樋志與徐同世界圖謝志作亞拉巴瑪課程作阿剌巴馬孫志作阿拉把馬矢志作亞拉罷馬平方圖許考作亞拉巴麻據二圖東境有蒙特哥美里世界圖作蒙特痾麥里郞雷之蒙哥滿里陳記作文甘布里西南隅有

磨庇里世界圖作麻比耳郎雷之摩比耳徐之磨庇理陳記作摩美兒南瀕海有班薩科拉世界圖作邊撒可剌皆近鐵道陳記云緯北三十一度十分至三十五度順天偏西八十四度五十三分至八十八度三十分

密士失必國

密士失必雷志云面積四萬六千八百十英方里人百二十八萬九千六百口　皆克孫會城人五千九百二十口　未克士堡人萬三千三百七十三口　滿里丁人萬六百二十四口　那宋士人萬一百一口

徐志密士失必一作米西細比又作彌斯栖北云又作美士細比又作米西西比在阿拉巴麻之西北界田納西西北隔河界阿甘色西南隔河界魯西安納東南隅距海幅員與阿拉巴麻相埒密士失必者美利堅大河來源甚遠大如中國之黃河其河由此土西界入海故以為國名押羅拉既俺大山至此而盡地氣與阿拉巴麻同有瘴氣夏令人多染疫土田腴沃推南邦上壤惟西界未立隄防頗受水患康熙五十四年法人初至寄居西班牙人續至爭之以為公地乾隆二十七年英取之嘉慶二年歸合衆國二十二年立為一國舊產煙葉洋藍近年以棉花為盛會城日查基遜官制與諸國同居民十三萬六千八百餘密士失必河口外通海港有城日那吉士又名新阿爾蘭一志作亞連洋艘所聚為西南大埔頭先謙案列國學會二圖與雷徐同世界圖作米西西皮謝志作

米西西比矢志作密息息畢課程作密西息比周志作墨西斯配孫志作彌士西比據二圖西南隅有那吉格斯卽徐之那吉士雷之那采士陳記作那則士中境有查基遜世界圖作查克孫卽雷之皆克孫陳記作則臣其西有維克波斯格卽雷之米克士堡陳記作威士巴查基遜之東有墨里的安卽雷之滿里丁陳記作阿巴天此三地皆近鐵道講義云多森林地宜棉花陳記云緯北三十度七分至三十五度順天偏西八十八度十二分至九十一度三十六分

中部西南諸邦先謙案徐志魯西阿那阿干薩在西路餘未爲國謝志併入中央南部無亞克拉阿馬及上人地

魯西阿那國

魯西阿那雷志云面積四萬八千七百二十英方里人百十一萬八千五百八十七口　**牛痾連**會城人二十四萬二千三十九口

什連夫坡人萬一千九百七十九口　**巴敦羅日**人萬七百四十八口

十八口徐志魯西安納一作累西安納又作雷栖阿那又作盧宜酉安又作累斯安云在密士失必之西南隔河爲界北界阿甘色西界得撒南距海幅員如中國之直隷省西北有小山東南平坦地氣炎熱多疫癘土膏腴有水患地爲法人所墾乾隆二十八年西班牙奪之嘉慶五

年法又奪回八年合衆國以番銀千五百萬圓買之二十三年立爲一國土產甘蔗棉花甲於諸國種蔗十五畝得糖五千斤有風櫃彈棉花一櫃可敵數百人之工會城曰紐哈連官制同諸國居民二十一萬五千五百餘貿易之盛在密士失必河口上游諸國之貨皆萃於此內地有鐵路先謙案即雷志之魯西阿那也列國學會二圖講義與徐同世界圖作累西亞那矢志作魯意商那課程作路伊西阿那云一作魯易西安拿周志作魯細納陳記作魯世界安西納新大陸記作路易安拿據二圖東南境有波登魯治世界圖作拔頓洛日即雷之巴敦羅日陳記作巴頓魯治云舊會城後遷紐阿連又東有港口曰紐俄爾連斯即雷之牛痾連徐之紐哈連新大陸記作紐柯連世界圖作紐奧連斯平方圖作新俄爾連斯謝志作牛俄林斯云建於米西西比河口三角洲爲世界第一棉花市場講義云地宜甘蔗陳記云緯北二十七度五十五分至三十三度順天偏西八十八度四十分至九十二度二十三分

得撒國

得撒雷志云面積二十六萬五千七百八十英方里人二百二十三萬五千五百二十三口 奧斯丁會城人萬四千五百七十五口 達拉斯人三萬八千六十七口 恩多尼痾人三萬七千六百七十三口 格爾佛斯敦人二萬九千八十四口 呵斯敦人

二萬七千五百五十七口

徐志得撒（一作德沙又作特極）云又名費勒多尼亞在墨西哥之東米利堅之西南南面距海長廣皆約千里地平如砥田土極腴草木暢茂穀果皆宜巴拉窩河由此入海地氣温和可居惟煙戶尙稀奧草叢林中有瘴氣本墨西哥曠土康熙二十六年法人欲開其地未果三十二年西班牙人據之米利堅游民屢至後墨西哥畔西班牙得撒亦效之附於墨西哥之卓哈同拉部道光九年叛墨西哥墨西哥征之六年不能服乃聽其自立爲國無國王推擇官司理事分爲二十七小部曰阿拉巴麻曰巴剌塞里亞曰哥羅拉多曰古曼治曰哥里牙曰公薩勒曰阿黎斯不里曰厚斯敦曰倭斯卑爾曰日非勒孫曰剌巴加曰黎卑爾的曰麻的痾爾達曰迷郎曰迷蘭曰米那曰那哥多士曰勒黎委爾曰勒夫日約曰薩比那曰三達古斯的音曰三當多尼亞曰桑非里卑曰桑巴的黎西約曰達那哈曰達拉委曰瓦盛敦都城曰奧斯的音建於巴拉索河濱貿易頗盛土產以木料爲主先謙案徐作志時得撒尙未附人北美故列之南境諸國列國學會二圖與雷徐同陳記作得撒士世界圖作的斯謝志作德撒斯矢志二作退克薩斯課程作特克司云亦作提薩士周志作推克舍斯據二圖東界魯西安納東北界阿甘色西界新墨西哥北界[illegible]的安公地西南界墨西哥東南距海東境有三奧古士廷郎徐之三達古斯的音中境有哥羅拉多與徐合其東南有奧斯的英世界圖作奧斯丁與雷志合郎徐之奧斯的音陳記作奧士天又南有三安多尼俄世界圖作撒業頓土郎雷之恩多尼痾又東有厚斯敦與徐合世界圖作喝斯頓郎雷之呵斯敦陳記作厚士頓又東有黎卑爾的與徐合東距海有哥爾惟斯敦郎

雷之格爾佛斯敦陳記作加威士頓其西有布亞磋尼亞郎徐之巴拉塞尼亞餘部無可攷講義云此合衆國最大之州宜於家畜及牧羊業陳記云緯北二十五度四十五分至三十六度三十分順天偏西九十三度三十分至百六度四十五分

亞克拉呵馬部

亞克拉呵馬雷志云面積三萬九千三十英方里人六萬七千五百十七口　**隔日連**會城人二千七百八十八口　**亞克拉呵馬**人四千百五十一口先謙案亞克拉呵馬徐志無世界圖作痾古拉和馬矢志作奧克拉霍邁戴喀作歐克拉后瑪東界阿瑠嵌紗絲西界新墨西哥北界嵌紗絲南界的撒克斯據世界圖東境有城曰塔利瓦其東南曰噶斯里郎雷志之隔日斯連也又東有土人地方硯謝志中央西北部下云印第安地面積六萬千七百四十英方里歐喀盾瑪地面積二千九百五十英方里人六萬三千三百八十三口印第安講義作英的安云郎印甸此為印度人所成歐喀盾瑪講義作亞克拉呵馬云近年由自種人開為殖民地列國學會二圖作英的安及公地而無亞克拉呵馬曹典球云亞克拉呵馬為英的安西方及公地合成之一地方其與英的安西方界綫南自勒得河起循西經九十八度中國東經百四十五度而北至南喀拿的安河處再循此河東走至西經九十六度四十五分處再北至北喀拿的安河處稍東迤又北走至北緯三十六度十五分處又東迤至西經九十六度處北走至干薩斯界

止故此綫以西合從前之公地是曰亞克拉呵馬面積三十八萬八千八百三十方里學會圖併此作英的安乃千八百九十年以前舊本非是先謙案印第安因印度人所居得名印第郎印度之音轉也美洲既闢印度人先至者多故南北美皆有居人印斷不可作英致與英國相混近來圖志家務取音近之字相率變易炫爲新譯而不自知其謬也湖北經心書院課程云因顚土番卽因底又卽因田卽印第安

則其謬更不止千里矣

阿干薩國

阿干薩雷志云面積五萬三千八百五十英方里人百十二萬八千百七十九口　**力特勞**會城人二萬五千八百七十四口　**覆**

司密人萬一千三百十一口　**派勃拉夫**人九千九百五十二口

徐志阿甘色又一作阿爾干薩作阿干薩土云在魯西安納之北東距密士失必大河與密士失必田納西隔河爲界西界因底阿土番北界密蘇爾釐幅員大於魯西安納西界有阿薩麻薩尼大山餘皆平土舊與密蘇爾釐爲一部皆法人所墾嘉慶二十四年始別爲一部道光十六年歸合衆國土俗物產與魯西安納略同會城曰力特爾洛官制同諸國居民九萬七千餘先謙案卽雷志之阿干薩也列國學會二圖與徐同世界圖作阿瑠嵌紗絲乃亞爾干薩斯之音變字陳記作阿干沙士謝志作阿干撒矢志作亞爾剛薩斯課程

作阿堪撒云亦作阿坎撒士周志作亞墾斯據二圖中境有城日力特爾洛克郎雷之力特勞徐之力特爾洛陳記作地低兒落世界圖作栗特爾洛克又東南有丕尼布魯佛郎雷之派勃拉夫矣陳記云緯北三十三度至三十六度三十分順天偏西八十九度四十分至九十六度四十二分

土人地

土人地雷志云面積三萬一千四百英方里人十八萬六千四百九十口　先謙案土人地徐志列國學會二圖等皆無惟孫志數北美四十九部其一爲土人居地世界圖有土人地方東界阿瓈嵌紗絲西北界痾古拉和馬南界的撒斯案自阿甘色密蘇爾鼇西北諸地土番總名因的阿皆土人也獨此聚居一地陳記云野番部緯北三十三度三十五分至三十七度零順天偏西九十四度二十八分至百度東界米蘇里西南界得撒士北界甘色土東西三百二十六邁南北二十二邁合六萬八千九百九十九方邁皆野番所居亦有稍通人性者郎此土人地也又李記云踰落機山而東歷奇恩呢及細呢諸地奇恩尼以上屬威阿明省細呢有野狗小僅如鼠本山所產有紅皮土番散居山內披髮赤皮族類約九十餘萬口洋人呼曰因顚據此似亦指土人惟未言何方何地不敢據證因的因底因顚一聲之轉新大陸記謂之紅印度人

西部落機山諸邦 先謙案諸邦皆在落機山內徐志無謝志與下部西高原諸邦總爲西方高平原云凡六

邦二新疆地居高平原天氣清涼雨水稀少山谷多草宜牧牛羊山多金銀煤礦務日興所產之銀占天下全額三分之一李記云落機山雪盛夏不消火車必經之處搭蓋木架若深巷然有長四五里者車行巷內雪積架上山絕高則鑿洞而過他處炎熱至此無不身衣重棉山最高之地名曰色閎

望大那部

望大那雷志云面積十四萬六千八十英方里人十四萬二千四百九十五口 **厄里那**會城人萬三千八百三十四口 **巴德城**人萬七百二十三口 先謙案望大那徐志無列國學會二圖講義作蒙大拿世界圖作門他奈新大陸記作汶天拿陳記作滿單拏謝志作門達那矢志作蒙太那周志作夢德奈課程作曼他那云亦作蒙坦拿樋志作蒙他那據二圖北抵英屬地南抵窩民東抵達科大西傍落機大山密蘇爾鼇河出山東谷經其國北屈而東南入密士失必河西境有赫勒拿世界圖作黑勒那卽雷志之厄里那也南境世界圖有葉螺斯屯二圖無之而有葉螺斯屯河疑葉螺斯屯因河而得名也講義云產金銀新大陸記有比令士笠榮士頓表雪地三市省會名氣連拿蓋厄里那之異名陳記云緯北四十四度二十四分至四十九度零順天

偏西百四度至百十六度零

外痾明部

外痾明雷志云面積九萬七千八百九十英方里人六萬二千五百六口　采盈會城人萬一千六百九十口　拉雷美人六千三百八十八口　先謙案外痾明徐志無列國學會二圖講義作窩民痾民陳記作懷阿名矢志作堯明周志作會明課程作威阿明云外郎歪幼命亦作未奧明亦作歪痾明據二圖北抵蒙大拿南抵哥羅拉多東界達科大內布拉斯加西界伊達荷西南界烏台東境有剌拉美郎雷志之拉雷美東南隅有徹烏內世界圖作施畑尼陳記作賽煙又西有會曼世界圖作夏滿又西世界圖有綠林利巴二圖無又西北世界圖有黃石園謝志云黃石林公圃徑二百餘里內有淸流溫泉珍禽異獸爲國人公共遊觀之地私行樵采者有禁新大陸記云有噴泉多處定期不差獸皆馴擾禁射獵半歲可遊餘日積雪陳記云緯北四十一度至四十五度零順天偏西百四度至百十一度

可羅拉多部

可羅拉多雷志云面積十六萬三千九百二十五英方里人四十

一萬三千百八十三口　登發會城人十萬六千七百十三口

普勃拉人二萬四千五百五十六口　可羅拉多司潑林司人萬一千百四十口　里奪維耳人萬三百八十四口 先謙案可羅拉多徐志無列國學會二圖講義作科羅拉多世界圖作哥羅拉土矢志作各陸拉度陳記作哥羅拉度謝志作革羅拉多課程作喀羅拉多云郎哥羅拉道樋志作義羅剌杜周志作克來獨據二圖北界窩民南界新墨西哥東界干薩斯西界烏台中境有丹佛即雷志之登發世界圖作典發陳記作顛化又南曰科羅拉多與雷合世界圖作哥羅拉士又南曰朴卜洛郎雷之普勃拉皆太平洋鐵路所經講義云多銀礦陳記云緯北三十七度至四十一度順天偏西百二度至百九度零

新墨西哥屬地

新墨西哥雷志云面積十二萬二千五百八十英方里人十八萬二千三百九十二口　聖太非會城人六千百八十五口　愛耳勃款克人五千五百十八口 先謙案徐志墨西哥下云大部十九曰新墨西哥會城名三達非矢志云新墨西哥及加拉方尼亞案即加里佛尼亞千八百四十五年與墨西哥戰勝割得之列國學會二圖世界圖亦作新墨西哥謝志作牛美

希哥戴略作新默西革據世界圖北界哥羅拉士南界墨西哥東界痾古拉和馬東南界的撒斯西界亞里蘇那北境有地曰生答夫二圖作三達非與徐合卽雷志之聖太非也陳記作仙大非西南境曰鄰棍二圖無三達非西南有亞爾布開圭卽雷之愛耳勃款克陳記云緯北三十一度三十分至三十七度順天偏西百三度二分至百九度二分又徐志云合眾國之西抵大洋海尚有荒地數千里北界英國屬地南界墨西哥中有落機大山諸大河多從此發源其土番總稱因底阿種類甚多長大多力五官停正似中華面色紫赤髮與睛皆黑色不解耕織炊汲茹毛飲血或啖果菜瓜以草木爲棚寮夏月裸上體腰圍獸皮冬寒則上體亦披皮又有面塗五色頭插鳥翎以示武者業惟漁獵不知文字病無方藥惟求持呪者呪解之其人明信知敬老受侮必報湯火不辭無錢幣以樹皮珠石相交易有頭目以約番眾方英米兵爭英欲誘土番擾西邊以分米勢言語不通土番不爲用而米西鄙之民多與土番押熟因募爲一軍授以兵械教成隊伍土番踴躍用命屢破英軍故合眾國之勝英土番與有力焉近年米人日漸西徙與土番雜居教以耕作風氣漸開密執安湖之西已立威土干遜衣呵華兩部兩部之西仍係土番米人約其地形分爲三部曰威斯頓達多里曰威斯頓底特力曰阿里顏達多里其威斯頓達多里在阿甘色密蘇爾釐之西南界得撒墨西哥西抵落機大山北界威斯頓底特力地界遼闊土肥磽不齊肥者可耕牧瘠者多不毛米人以其地與土番爲牧獵之場又立書館給工作器具冀日漸化導之土番種類甚多有土著者有外來者道光十六年米人察其戶口分十九種曰作島斯曰格力士曰支羅機士曰阿些治士

曰瓜包士曰沙洼尼士曰干薩士曰地那洼士曰機加布上曰包尼士曰呵麻哈曰呵多士曰西尼加士曰委士曰比晏機搔士曰比呵里阿呵士曰加士機阿士曰阿烏士曰波達洼彌士以上各種已解耕牧居廬舍學商賈間有通文字者餘種類尚多榛狉如故

先謙案以三圖覈之阿甘色密蘇爾釐之西得撒墨西哥之北落機山之東今爲嵌紗絲（即干薩斯）疴古拉和馬（即英的安及公地）哥羅拉卜啷（羅拉多）新墨西哥四國干薩斯疑即干薩士之故地也又徐志云威斯頓底特力在威斯頓達多里之北東界威士干遜衣呵華爾新部北界英屬地西抵落機大山地界遼闊山路崎嶇美人罕至其地故未得其詳其種人有曼丹士敏尼達里士墨獵弗底頓士然頓士西阿士等名道光十五年嘗與美人戰鬭地產山羊鹿皮先謙案以三圖覈之威士干遜之西英屬地之南落機大山之東今爲米羅鎖塔（即明尼蘇達）南北大哥他（即達科大）尼白拉斯喀（即內布拉斯加）門他奈（即蒙大拿）窩民（即惟民具淤）諸國

西部高原諸邦

先謙案諸邦徐志無辻志云太平洋高原在落機山脈及加斯開伊得尼窪達兩山脈之間徐志云阿里顏達多里又名戈攬彌阿達多里在落機大山之西北界英屬地南界墨西哥西距大洋海地界遼邈里數未詳西界近海有山嶺數疊而東境之落機山爲大產木料皮毛有擺樹高二三十丈圍四五丈亭直無枝至杪始分枝葉遙望如纖又有一種樹其脂如糖秋收其子作餅甚美土番不解耕作非漁即獵鑿木爲舟可載四五十人運獸皮至攬彌阿河口（條即）（哥羅拉多河）易白人壞瓷鐵鍋白珠藍珠煙葉鐵刀等物其俗生男女即以物東頭俾其頂鼻挺直並塗脂臙爲美觀間有佩熊爪

銅鐲藍珠白珠者交易多以女任人調媚不以爲意又一種番生子即以物壓頭欲其扁經年始除去之故亦稱扁頭人戈攬彌阿河之北岸即彎戈洼島土番食海魚衣獸皮歐人彌里士曾至其地見其頭目之屋可容八百人有飲食者有坐臥者儀軀粗莽以人骨爲飾五官亦平正惟以赤土和黑沙塗面合人望而駭惡食惟魚亦有以人爲食者故市上有人手足先謙案以三圖覈之落機山之西英屬地之南墨西哥之北今爲埃太甫（即伊達荷）有塔（即烏台）亞里蘇那（即亞利桑那）甯巴他（即內華達）華盛頓阿勒棍（即俄勒岡）加里佛尼亞諸國（倶詳下）蓋生齒日繁已無不闢之土矣謝志見上

阿利素那部

阿利素那雷志云屬地面積十一萬三千二十英方里人七萬五千三十四口　**非尼克司**會城人三千百五十二口　**塔孫**人五千百五十口先謙案阿利素那徐志無列國學會二圖作亞利桑拿世界圖作亞里蘇那矢志作亞里淑那謝志作阿利梭那陳記作亞里孫挐課程作阿利梭那云即奧里所那亦作阿利松拿樋志作阿利蘇拿周志作亞來叢奈據二圖北界烏台南界墨西哥東界新墨西哥西界加利佛尼亞中境有朴里斯高特世界圖作珀勒斯確特南境有杜克桑世界圖作禿克孫即雷志之塔孫陳記作德臣西南隅有亞利桑拿與杜克桑皆近鐵道世界圖作亞里蘇那格林河自烏台國來過北境會哥羅拉多河

南入海陳記云緯北三十一度三十分至三十
七度零順天偏西百九度至百十七度十五分

有大部

有大雷志云面積八萬四千九百七十英方里人二十萬九千七百五十九口　鹽湖城會城人四萬四千八百四十三口　亞登人萬四千八百八十九口

先謙案有大徐志無列國學會二圖講義作烏台世界圖作有塔謝志作猶達矢志作烏太樋志作由塔周志作又達陳記作烏大課程作由達云即猶他亦作佑塔據世界圖北界維淤民具埃太甫南界亞里蘇那東界哥羅拉士西界甯巴他有大鹹湖在西北境湖東有鹹湖城即雷志之鹽湖城也鹽湖城之北曰亞克典二圖作俄克登即雷之亞登有綠林河二圖作格林出維淤民具之綠林利巴西南流過東境下入阿里蘇那講義云多農牧業謝志云大鹹湖面積萬九千方里深八尺水較大洋爲鹹東南有鹹湖城爲本邦首區產銀又爲冒門教之中樞李記云鹽湖長二百六十四里闊百六十五里湖水煮鹽一四桶得鹽一桶環而居者眾約二三萬來自英瑞二國爲多獨以一夫數妻與耶穌教反美國由東土擯之於此呼其人與教皆曰毛夢毛夢冒門一聲之轉亞登李記作惡敦云居人四千一作屋敦陳記作屋倫云緯北三十七度至四十二度順天偏西百九度三分至百十五度三分

尼佛大部

尼佛大雷志云面積十一萬七百英方里人四萬七千三百十二口 喀孫城會城人三千九百五十口 勿吉尼城人八千五百十一口 先謙案尼佛大徐志無列國學會二圖講義作內華達世界圖作甯巴他謝志作內法達矢志作奈伐達課程作宜發達云亦作尼瓦達孫志作尼法大陳記作尼華大據二圖東界烏台西南界加里佛尼亞北界伊達荷俄勒岡西境有喀桑世界圖作喀爾孫西提郎雷之喀孫城也陳記作加臣其北有維爾吉納郎雷之勿吉尼東境有歐勒加世界圖作歐斯晴辭䟽講義云合眾國產銀額此地占五分之四鉛占三分之一陳記云緯北三十七度至四十二度零順天偏西百十五度至百二十度零

依大和部

依大和雷志云面積八萬四千八百英方里人八萬八千二十五口 巴斯城會城人二千三百十一口 先謙案依大和徐志無列國學會二圖講義作伊達荷世界圖作埃太甫陳記作衣打賀矢志作埃達霍謝志作門達那吳志作袁達賀周志作亞達霍樋志作意達和課程作依大奧孫志作依大河新大陸記作埃的荷有博奇棉拉片利頓碧架雪地貝市雪地諸市據二圖北界英屬地南界烏台內革達東界蒙

大拿寫民西界俄勒岡西境有波伊西世界圖作倍士郎雷之巴斯陳記作杯士西云緯北四十二度至四十九度順天偏西百十一度一分至百十七度四分

西部太平洋諸邦 先謙案諸邦在加斯開伊得尼窪達兩山脈之西徐志無謝志作太平洋部云凡三邦與上部同爲產金類最富之區樹木參天樵薪極盛天氣溫和土地肥美五穀百果莫不繁殖

華盛頓部

華盛頓 雷志云面積六萬九千百八十英方里人三十六萬七千三百二十八口 **痾里庇亞**會城人四千六百九十八口 **西脫爾**人四萬二千八百三十七口 **泰科馬**人三萬六千六口 先謙案華盛頓徐志無列國學會二圖講義謝志矢志與雷志同樋志作瓦升盾課程作洼性呑據二圖北界英屬哥倫比亞有加斯開伊得山脈自哥倫比亞南行直貫國中南界俄勒岡東界伊達荷西臨太平洋西北有西特里世界圖作西亞特耳郎雷志之西脫爾矢志作西得爾又南有大科馬世界圖作他古麽郎雷之泰科馬矢志作太谷邁謝志作塔哥買云爲初發萌之邑居民四萬亦有郵船開往中國日本商務漸興鑛業亦盛講義云州之東半部爲牧場西半部森林密生出口貨木材魚小麥石炭塔哥買在比西多

灣西特里在其北為大北鐵道之極端新大陸記云舍路為太平洋重要港口大北鐵路以此為終點是舍路郎西特里異名也又西隔港有奧林比亞郎雷之痾里庇亞世界圖作痾林庇亞新大陸記作抓李抓鑄陳記作阿林比阿自西特里北行直出為給俄爾申灣或轉西出為敷喀灣此二灣隔斷蕃古洼島世界圖蕃古洼作晚古坡陳記云緯北四十五度四十分至四十九度零順天偏西百十四度四分至百二十四度三十二分

痾里剛部

痾里剛雷志云面積九萬六千三十英方里人三十一萬七千四百七十五口　**塞雷**會城人千八百口　**坡蘭**人四萬六千三百八十七口　**東坡蘭**人萬五百三十二口　先謙案痾里剛徐志無列國學會二圖講義作俄勒岡世界圖作阿勒棍課程作阿利干云亦作痾利刊亦作奧利康孫志作阿利根陳記作阿利堅謝志作俄利干據二圖北界華盛頓南界內華達加利佛尼亞東界伊達荷西臨太平洋西北有撒蘭世界圖作撒冷郎雷志之塞雷陳記作沙孫平方圖作撒倫其北曰俄勒岡世界圖作阿勒棍又西北曰巴爾蘭世界圖作庖特蘭郎雷之坡蘭陳記新大陸記作砵崙講義云巴爾蘭北太平洋鐵道極端之港也謝志作彼德蘭云南距舊金山二千四百里為後起之商埠居民十萬有哥倫比亞河由此入海陳記云緯

北四十二度零至四十六度十八分順天偏西百十六度四十四分至百二十四度二十八分

加利福尼部

加利福尼雷志云面積十五萬八千三百六十英方里人百二十一萬三千百五十口　**桑方西斯哥**會城人二十九萬八千九百九十七口　**勞斯恩支爾斯**人五萬三百九十五口　**痾克蘭**人四萬八千六百八十二口　**薩克滿多**人二萬六千三百八十六口先謙案加利福尼徐志無列國學會二圖講義作加利佛尼亞新大陸記作加鏄寬尼世界圖作加里佛尼亞謝志樋志作嘎利佛尼亞平方圖作加利佛爾尼亞周志作克利支尼亞課程李記作卡釐方利亞云郎喀利佛尼亞亦作加釐福尼阿矢志云千八百四十五年美與墨西哥戰勝割得之據二圖東界內華達亞利桑拿西臨太平洋北界俄勒岡南界下加里佛尼亞半島世界圖南境濱海有聖醍醐二圖作三的哥西北境有闕克蘭郎雷志之痾克蘭也汁志云痾克蘭在桑港對岸有歐克蘭府爲橫斷鐵路之起點橫斷鐵路或曰大中鐵路西岸北端曰桑港日本人通譯如此汁志云或曰金門港在國西端臨太平洋現爲通商口岸貿易甚盛二圖作三佛蘭西斯哥標曰舊金山郎雷志之桑方西斯哥也其東岸學會圖有哥爾丁門標曰金門然則桑港爲此港

之總名而舊金山與金門有東西岸之別耳桑方西斯哥戴略作散凡西斯叩課程作三藩謝司戈陳記作珊瑚蘭昔士哥新大陸記作三藩蘭斯士哥謝志作散凡西斯哥云太平洋岸第一要埠有官織局大鐵道至此而止郵船每十日一次開行遠東諸國東南洋貿易盡萃於此輪出金銀五穀木料甚多居民三十一萬城中有中國村皆華人居之數約十萬咪記云華人居處土人呼為唐人街其實屋皆租賃非華人置造也各國流寓者雖言語嗜好與華人殊尚無不叶惟埃利土工人會黨肆意欺淩其人由英國阿爾蘭島源源而來入美國籍且得與於舉官之列從前諸務草創市肆街衢器具船廠凡百需人又周迥數萬里興造火車鐵路各食其力羣可相安自鑛金潮蝎輪路告成驕寄日多工價日減遂蓄意把持妒工肆虐各國皆有領事保護兵船遊遍不敢逞志故專嫉華人始則戕辱尋依違且優及室廬潛行焚掠始傳華情被虐近且逼勒雇土不進容番而又設誓聯盟斂貲謠據欲使遁國附和盡逐華人其黨魁復聲氣廣通議謀百出現在未結之案不數百起監押者數百人所設新法如寄葬之不得遷運告狀之不准華人作證及割蕭罰保等側皆於華人不便憶甲成控華纏此傳輪數日不料轉瞬變局至於此極也哥爾丁門之東北二圖有薩克蘭纏多世界圖作撒克剌門拖即雷之薩克滿多也陳記作沙格民多矢志作薩克蘭孟都其西北二圖有拉克世界圖作斂克塔陳記作加科尼亞緯北三十二度二十分至四十二度零順天偏西百十四度二十分至百二十四度二十五分○又徐志云北米二十六國內地各國大小不甚懸殊惟東北濱海數國壤地甚褊如紐罕什爾窪滿的麻沙朱色士干捏底吉紐折爾西馬理蘭已不及諸大國三分之一而洛哀倫特爾拉華二國週迴皆不過百餘里乃不及諸大國十分之一此非其分地之不均也當歐人之初闢此土也人戶先棲託於海壖各成聚落後乃漸拓而西日益墾闢其國之三大埠頭摩士登紐約爾非勒特爾非爾又皆萃於東北富商大賈之所聚地雖褊小氣象固殊內地各國皆資耕作幅員易廣而財力不如海濱之盛其勢然也迨華盛頓倡義拒英各部之豪

皆起兵相應功成之後舉事者凡十餘部因郎分爲十餘國其後有續附者有新分者遂成二十六國皆仍其舊而安之非裂地而定封也洛哀倫人戶止十餘萬特爾拉華止八萬餘不能因其彈丸黑子併歸大國齊魯之不兼邾莒亦初制則然耳東方通商諸國紐約爾最富厚麻沙朱色士賓夕爾勒尼安次之緬與勿爾吉尼阿又次之倭海阿土沃人殷阡的伊田納西地處中原沃野千里南方諸國濱海西方諸國傍河地利之產運行較便故國多富統計兩湖之南密士失必大河之東已無不闢之土河西止魯西安納阿甘色密蘇爾釐三國近益以東威士干遜衣呵華二部其遙西數千里密林奧草野番所宅開墾不易然生齒日繁何虞土滿數百年後當亦阡陌雲連直抵西海之濱矣數千萬里稼穡之土剖判歷數千萬年閟而不發地不愛寶固如是乎然至今日而華路啟疆固亦莫能終祕矣又云米利堅各國天時和正適北似燕晉適南似江浙水土平良無沙磧鮮瘴癘（南方微有瘴氣亦不甚毒）其土平衍膏腴五穀皆宜棉花最良亦最多英法諸國咸取給焉蔬菜果實皆備煙葉極佳通行甚遠山內所出者石炭鹽鐵白鉛境內小河甚多米人處處疏鑿以通運道又造火輪車以石鋪路鎔鐵汁灌之以利火輪車之行一日可三百餘里火輪船尤多往來江海如梭織因地產石炭故也（火輪船必須然石炭木炭力弱不能用也英吉利火輪石炭皆自蘇格蘭帶來）又云美利堅政最簡易權稅亦輕戶口十年一編每二年於四萬七千七百人之中選才識出眾者一人居京城參議國政總統領如所居京城眾國設有公會各選賢士二人居於公會參決大政如會盟戰守通商稅餉之類以六年爲秩滿每國設刑官六人主讞獄亦以推選充補有偏私不公者羣議廢之合眾國稅入約四千

萬圓文職俸祿四百七十六萬圓陸路官兵俸餉四百三十萬圓水師官兵俸餉四百五十七萬圓雜費三百八十萬圓開墾土費千三百萬圓統領雖總財賦而額俸萬圓之外不得私用分毫眾國舊亦有欠項道光十七年一概清還不復丐貸於民然緣此公私銀號多歇業而國家或有不虞之費無從取給亦頗受其累云又云米利堅合眾國額兵不過一萬分隸各礮臺關隘其餘除儒士醫士天文生外農工商賈自二十歲以上四十歲以下一概聽官徵選給牌效用為民兵餱糧器械概由自備無事各操本業有事同入行伍又設隊長領軍等官皆有職無俸每歲農隙集聚操演其民丁約一百七十餘萬丁與古人寓兵於農之法蓋暗合焉又云米利堅合眾國白人皆流寓歐洲各國人皆有之而英荷法為多三國之中英又居大半故語言文字與英同其制土番各畫地授田不准遷徙貿遷工作皆白人其人馴美溫厚無鷙悍之氣謀生最篤商船通行四海眾國皆奉耶穌教好講學業處處設書院其士類分三等曰學問研究天文地理暨耶穌教曰醫藥主治病曰刑名主訟獄陳記云美國各邦凡商民匯集至盛之所設總督或巡撫皆有上下議院郎市鎮稍大有咩亞衙署者（咩亞官名秩如知府）亦各有會堂故一切政治律例不能畫一惟征收關稅水陸兵柄外交立約諸大事歸京朝主政其設官一外部箢各國交涉遣接使臣一內部箢國內輿圖戶口糧戶學校發給准照（凡剏設一器藝必給准照不准他人遶行仿造）一兵部箢陸師一水師部箢水師一庫部箢出入帑項鑄造金銀行用鈔票一刑部有正副按察諸官箢詞訟其衙署郎附議院一農部箢製造農具分別耔種別有律政衙門增刪條例歸其議奏有驛務衙門電報文札歸其稽核各設大臣其副大臣

及司員則視部務繁簡故多寡不一而事權統歸議院上議院每邦二人共七十六人下議院多少視其邦大小現計二百九十四員皆各邦民間公舉赴京辦事凡舉措須詢謀僉同間有異議一則用其簽名之多者伯理璽天德總其成而已政要云美之錢糧一關稅二內地各捐其國用一水陸兵餉二國債利銀關稅抵官俸兵餉內地各捐除還債利餘還債本及雜費千八百七十三年入三百三十三兆七十三萬八千二百四元出二百九十兆三十四萬五千二百四十五元是年贏餘四十三兆三十九萬二千九百五十九元合英銀八兆六十七萬八千五百九十一磅向來美國案國用以制賦稅不使過贏議院以歷屆度支贏餘每減捐薄賦千八百七十二年裁銀票捐止存酒捐煙課復有贏餘則以奇羨之數償民債本美國債本少千八百六十二年以南北戰爭始借民債二千七百八十三兆四十二萬五千八百七十九元千八百七十三年償還後尚有二千二百三十四兆四十八萬二千九百九十三元合英銀四百四十六兆八十九萬六千五百九十八磅後事續考

阿拉斯喀

阿拉斯喀雷志云美國屬地在英屬北美洲與白令峽之間千八百六十七年美向俄國購得之面積五十三萬千四百英方里人三萬千七百九十五口沿太平洋山嶺崇峻聖愛里阿司山高萬

八千二十英尺樹林叢密土人畜牧之處往往積雪終歲不消有火山數座氣候溫和潮溼　雪卡熱度中數四十三度正月三十度七月五十四度雨水百三英寸通計每歲有二百三十三日內地平坦乾燥有曰肯河灌溉之礦產煤金銅石腦油捕海豹亦爲其地首要之業　徐志美洲冰疆下云極西北之一隅名監札加一作堪查與亞洲之極東北隅僅隔海港五十餘里俄人從彼地跨而有之獵野獸之皮以供販鬻貂鼠海虎爲多其人皆居地窟中岡記云美洲西北有屬地其民短而肥頭大面闊六地而居每穴至百餘人千八百二十五年俄人略而併之先謙案即雷志之阿拉斯喀也列國學會二圖世界圖講義作亞拉斯加陳記作阿拉士格北臨北冰洋南抵太平洋西直白令海峽東南界英屬地據二圖東北有育空山綿亙北境及英屬西北土有育空河世界圖作遊空即雷之曰肯河也合英屬地諸水自南而北入境有地曰育空坡苦珀因河自英屬地西流注之育空河又西北流逕奴克魯開義特有大那那河西北流注之又西西北流逕亞丹斯又西北流逕奴剌塔世界圖作努剌拖又西流逕喀洛格又西流逕安維克又北流逕湯可格木特又西北流逕安得里拗斯奇世界圖作特咧布斯幾育空河又西北入白令海在諾爾頓門之左門左斗出有角西向曰羅曼索夫角世界圖作勒滿錯夫角角東有地曰波斯多里克在安得里拗斯奇之東北角西南有島

曰奴尼伐克島世界圖作奴呢伐克門右斗出有地西北向曰威爾士太子半島世界圖作魄鄰斯威爾士角與亞洲邱苦氣半島東角相直謂之柏林戛峽即雷之白令峽也威爾士太子半島之北曰確次虒門門右有地曰色蘇亞林英蘭河出育空山北會諸水西流逕其北注之世界圖作奴那塔克河其西北斗出有角北向曰和魄角又有角相並北向曰力斯鉢恩角迤而東北有愛西角迤東有地曰奴納里亞其東有角曰勿蘭克林角又迤東有角曰拔羅角世界圖作拔罛角又東南有坦庚特角又有海爾怯得角又有地曰尼格愛勒克世界圖作呢嘎黎其西北有珀里山有科克河出其西而北流至奴納里亞入海世界圖作確爾徵爾而入海方位不同又迤東南有角曰曼甯角當東境盡處過此即英屬矣其南境有阿拉斯加山脈綿亘達於阿倫比亞庫斯可苦音河出山西北會諸水西南流入海其左有角西北出曰內溫汗角又南有地西出爲亞拉斯加半島半島之北世界圖有不力斯禿灣灣直西有魄力必洛父諸島二圖無由半島直西出二圖有佛智羣島有安得勒惹瑙斯奇羣島有拉登羣島有奈累羣島總爲阿留地安羣島又曰阿留資怯伊世界圖半島西南出有島呢抹克島更西南曰鵠那剌蘢喀島更西南曰島母納克島更西南曰哥路賓火山更西曰厰特哈更西曰過吐總爲亞律森羣島與此不同亞拉斯加半島之東有克賴半島世界圖作給捏爾半島之間曰科克門門之西有可氏亞克島世界圖作阿底阿克島世界圖尚有阿瑪納克島二圖無門西南有可尼亞治羣島世界圖作舒馬斤羣島其克賴半島之左凹入處曰威門威門之外有曼塔圭島威門之右曰亞拉甲尼克世界圖作麽兒克黎布又東南有森厄里亞士山峰世界圖作聖伊利亞斯火山脈也其南爲貝甯灣又南有次林奇欠羣島又南有鈫洛特羣島以接於

蕃古洼世界圖南有委特喀島更南曰新阿利結耳更南有鄰斯威爾士島更南有苦引錄洛特羣島與此不同隨鳧謝志作阿拉斯嘎云地在北美洲西北自干阿達突出海中成一土股隔比令海腰即白令海峽而與西比利亞相對面積五百六十萬方里山多林密獨根河即育空橫流其間東西長六千里入比令海岸綫多曲折南有嘎第阿革島西有河魯申羣島為火山所成與日本千島脈相通有日本暖海潮經由西岸故天氣尚不沍寒西南雨水甚多南方可種菜蔬鑛產金銀鐵輸出品以皮貨魚介著名海中多海狗其皮珍貴居民三萬二千多印第安人及哀斯基摩人美國人於夏秋之交往彼遊獵地本屬俄美人以七百四十萬圓購得之首府曰西德嘎建海島上講義云有羣島二曰阿留地安羣島曰可尼亞治諸島沿岸森林甚多內地多未探見又苦倫大克金田在此地之東境距加拿大不遠人多注目於此案西德嘎郎雷志之雪卡也陳記云緯北四十四度四十分至七十一度二十四分順天偏西百三十度二十一分至百六十六度十三分

賜進士出身　特賞內閣學士銜前國子監祭酒翰林院編修加三級　臣　王先謙謹撰

合衆國二下

顧略云西勿爾呢阿邦（四司芝實呢亞　西芝實呢亞）同治元年立行政章程
二年以威靈為會城立邦領五十四郡九年至光緒元年以加力
司冬為會城元年至十年仍以威靈為會城　邦在賓夕爾勒呢
安之南勿爾吉呢阿之西昔歸勿爾吉呢阿　同治元年分出踰年
自立西北及北境近賓夕爾勒呢安倭海阿邦地如鍋柄因形得
名阿列我呢山在東界東境山岡林立西境多平原倭海阿河大
沙河在西界大沙河可那窪河（一作坑那蛙　一作搭拿蛙）可楊奪的河（一作箇　羊毒的）
各通船五十里北流入倭海阿河地質宜耕種牧畜俱旺氣候和
暖爽快此邦產煤鐵甚多亦有鹽泉石油民多係英裔亦有雜人
邦都威靈在倭海阿河左岸後枕山前拱河地勢頗美河上貿易
及製造均盛且為鐵路要衝此處有鐵濃橋架倭海阿河麻金司
拔怕可司拔加列司頓忙土司維而可拉可司拔皆繁華其外有
羅呢比里怕加列司頓拔可哈濃北怕黑哈怕司擺渡大學堂在
於不而可郡北沙呢鎮各地方大小學堂之規模甚完美　阿利
阿呢山脈綿亘境內本邦東南諸山皆其脊脈也○河　別葛　哥
而　別葛山迪　不里達而巴司　拜非羅　卻卻璋　卻多
獨來福古　愛而哥　愛而哥　非書　箇來　箇來得坑那蛙
物林別里雅　箇羊毒的　立得而坑那蛙　米毒　米突而

愛來特 木能挨希拉 牛潑里古 牛里敗 奴司福古樸多
買古 華海育 孫搭松 轟特花古 屋多買古 三提不收
乏司福古 騷司休入司 騷司白藍 幾屋多買古 四不亩
司福古 回司冬○列郡 瀑布 白格力 蒲恩 白辣克司
冬 勃魯固 卻別而 卻而花恩 弗來 讀讀吏治 非迪
皮魯媽 佛來特 佛林皮里雅 方不失雅 嗜拿古 哈
迪 哈里松 熱克松 入發松 指拿蛙 亩一司 林公
羅懿 礅古突回而 礅里宏 買失而 梅宋 買煞 米呢
而 木農軋里耶 夢六 木硬 熱各拉司 華海育 烹讀
羅冬 不失盛篤 樸各昏笪 不來司登阿 多難 乏重
藍讀勒火 立癡 隆姆 三媽 退羅 搭夾 幾拉 矮不
恧 回恩 回婆司笪 回賊而 華得 五毒 回屋明 光
緒六年民數六十一萬八千四百四十三人 礦產鐵煤雲母石
沙玻璃砂磁器土石油銅鉛亞鉛蜜蓋而白礬硝石灰鹽泉 物
產五穀稻麥羊毛鹽印度米淡巴菰 工作鐵條 陸軍步
軍十五隊礮兵一隊大礮四門馬兵一隊 鐵路七百四里
阡的伊邦堅得基措得訖肯塔幾明嘉靖二十二年前西境屬西班彑
順治十一年英人霍六內而烏讀探地至此後來者多頗爲土人
所厭惡時有爭鬪乾隆四十年以來漸相安無事四十五年城回
司末而四十八年城哈路突司扒五十五年立阡的伊屬入美五
十七年立邦領百十七郡嘉慶五年立行政章程道光三十年定
現行法律後興土人戰旋平 邦在田納西之北昌拔艮阿列我
呢山為邦東南界昌拔艮山之支脈綿延行邦中地形中央及東
方多山西方平坦倭海阿河流北界入密士失必河密士失必河

爲西界諸河連絡紐阿連河上貿易之利多田納西河昌拔艮河
白一作路指可林河一作箇擠合阿阡的伊河比可三的河一作皺臨山三特
西北流而入倭海阿河皆通船此邦曼莫司洞大而奇五大洲所
罕覯昔人入洞深至十里尚不知其止處巖石爲四壁有如房屋
形者洞內有泉流水中之魚皆盲地質頗沃農業大盛氣候溫暖
民多由東邦移住勿爾吉呢阿人居多黑人亦多邦都名附藟福
在阡的伊河上距河口六十里官署壯麗貿易要地也路以司維
里大城也在倭海阿河左岸河於此地爲瀑布地距河面高六十
尺白璧映水甚適觀瞻河附近有數渠通船水陸販運皆甚便可文
通在倭海阿河上利金河立一作令入倭海阿河之處也與新西那治
相對歷治新屯邦中舊城也有大學堂此外小學堂尚多　本邦
地勢奇怪有蔑夢司洞在愛同夢松郡距擀令河不遠天然由石
灰石疊成不由人力寬九里深二百里內有石屋深邃可小憩
崖林立洞內有愛古河長一里寬二百尺最深處三十七里洞內
四季平均五十九度咸豐九年初探得此境　倭海阿河密士失
必河皮箇三特河強敗來特河一作白藍特措立令河阡的伊河擀令沙
脫河皮箇勃合河一作周排訓令田納西河皆通舟四幾克四河立悉湖
皆通擀令河倭海阿河密士失必河中輪舟絡繹運送貨物交易
稱盛強敗來特河通舟至那恕未而阡的河通舟六十五里擀令
河通舟二百里○河　別箇排令　別固山特　揩白郎　揩白
藍特　箇令　肯搭幾　立令　密士失必　奴令　肯塔幾
華海育　琫度　沙得　田納西○列郡　阿笛壓　阿林　櫻
達松　白拉杜　白林　白司　培而　扒吳　扒蓬　扒曷
扒愛而　勃拉令　勃里失得　勃來肯里治　勃里多　白篤

阿美ㄠ伎兵米稻緒盛本六烹乃埋失立路入蘭箇福兌弗拉
之嘉齡作海二羊麥六頓沙果突魯薩而云來克　來羅別里
西慶南阿隊毛麻年　　卻里松　　司路松哈部衣司矢花
地七岸邦礅鹽棉民囘梯司冬　買埋冬　　里司　　眞杜
平年探幗兵　花數恩路　　呢杜令　路入松　弗愛　囘
坦立地鞴一工牧百　　羅匹谷卻　羅倫法　箇藍同弗而
無邦後鶴隊作畜六囘託紈里拉路買戩司松哈來克夢拉
山領在育兵鐵草十勃杜　　司非松　　　多松林松古卻
中八巴　七條料四司　拉丕　　　立里入　　　　　魯
央十黎康百　樹萬得脫昔古華夢穖客　煞亨箇夫愛古囘
岡八立熙二陸木八　里而　海路古　來明達令而育來
形郡約十十軍黑千威箇　巴育　拉末司　松　冬得　強
如　時八一武樹七得　司囘　夢肯其里仲　箇　　弗別
蚓邦以年名官栗百利脫古而蛙得松　　松亨里軋愛林而
高在此法　四核八　令得　而筋穖　來　利那來司冬
一賓地人鐵十桃人五勃　派特密古孟卻肯　布令幾　揩
千夕歸辣路九柏　而而西拉亨里合鶴　冬希　　而可六
尺爾英薩千人萍礦夫　而司　　　非來　古亨軋　里而
北勒乾里六步果產　尤皮幾亨麻米宜會諾孟谷拉非田
有呢隆舟百兵黎煤五濃　　穩戩杜　司古　布度低田揩
衣安四行四十淡鐵特　新六　　　埋　司霍　　　　篤
麓西十至十三巴鉛福滑不扒蛙麥買立林　布哈蔣弗強
湖勿九伊二隊菰　特令松得斯蘭呢洪角拉令勤藍立敗蓋
東吉年里里馬印物　　　松利敗非　龍羅司　多明蘭矢
南呢入湖　　度產光華司　　　　埋　　　　哈

有倭海阿河地勢向南北傾斜湖岸百五十里良港多湖岸小島不多此湖通紐約又達霍北讀松河入大西洋商賈之便利甚大倭海阿河爲南岸麻司金昆河一作纖可今外司西我奪河疑卽薇度密与密河一作米阿米皆大河均入倭洵阿河入衣麓河之太河有莫密河一作馬米三打司基河一作三達司箋費倫河加哈可河地脈豐腴河畔尤勝氣候南方溫和爽快北方冬寒因有衣麓湖也倭海阿河上及衣麓湖岸有造船場湖岸諸城與英屬加拿他貿易繁盛爲此邦之最民多係東邦人移住邦都名古偏巴士在邦之中央司西我奪河上以房屋華麗著名官署尤勝建造極精美新西那治邦中人口最多地也在倭海阿河右岸距河口五百里地勢分二層高而曠北方有小岡高四百尺景色絕佳此地以鐵路及舟楫之便與西方諸邦貿易頗盛就中賣豬之業有名可里拔良在衣麓湖上占邦中第二等之地據岡乞湖景色亦美此地有水師提督比路里之石碑豎方園之中麻里野的以舊城有名係乾隆五十三年所栅立大學校九所專門學校三十三所此外學校尚多學生百萬人以上

○島　拔拉司得　西大　愛必得　箇林ヽ軋而　開而
來司　米特而扒司　麻司　拿司拔司　拔特而司內古　騷
司拔司　林拿　囘司得昔恕達○伊里湖離海面高五百六十
五尺倭海阿河在新西捺幾地高四百三十尺拉勃里河在東南
界長四百三十里○河　沃箇來自　白拉古　卻箇令　空紐
脫　曲霍外　達而皮　箇藍特　箇藍特米阿米　霍古霍今
休弄　而里特霍古霍今　四叔得　先得密而令　先得孰
入夫　脫云　之而密路　骨拔矢　囘得司冬　立得而米阿
米　立得而襪司今亨　襪度　襪哈近　馬米　米阿米　襪

司今外　華海育　巴的如　六幾　三達司幾○列郡　阿蕩
司　阿林　阿矢蘭　阿矢笪袁拉　阿靜司　沃箇來自　培
而夢得　白拉洪　拔多拉　卻路路　强冰　克拉古　可拉
夢得　可林登　克龍皮鴨捺　可叔古冬　殼羅福特　瞿阿
呼額　達古　笛反音司　笛拉囘　愛而衣　非阿非而　非
幾　弗湨葛林　夫而冬　輙而里亞　仇外　箇林　虈而
哈米而冬　亨谷固　哈勒　海里松　亨里　海藍　沃今
霍而密司　休弄　若克松　日法松　諾克司　來革　路林
司　立今　路戱　路林　路軋司　梅其松　埋花迎　埋而
洪　梅其拿　梅箇司　麥薩　米阿米　夢羅　夢得箇密利
麻戱　麻路　禨司今虈　拿白盧　屋笪揠　花定　丕利
拔家囘　丕古　過的時　弗克白盧　法多難　立的蘭
路司　三達司幾　司叔得　西呢甲　希而皮　司笪古　三
米篤　脫湨扒而　他司家而揠司　尤濃　旺扒脫　云冬
滑令　華盛頓　囘音　囘艮司　鳥度　其獨得　光緒六年
民數三百十九萬八千二百三十九人　鑛產鐵石灰火石灰石
膏泥石油鹽　物產稻白糖糖汁蜜羊毛樹木樺栗樅柏核桃蘋
果桃黎梅櫻桃葡蔔　工作葡蔔酒　陸軍武官及兵共八千七
百三十七人分爲十八立治門得步兵九隊礅兵十
隊馬兵三隊歲用五萬元　鐵路六千二十一里
英蘁安納邦（應地[illegible]那　英幾阿）捺　乾隆二十八年前屬法五十三至五
十六年煙顛戰時殖民散亂嘉慶五年倭海阿從本境中分出嘉
慶十年密執安地又從本境中分出十四年亦倫諾爾地又從本
境中分出十六年遭戰事旋定二十一年入美立邦領九十二郡

墨西哥戰時助美國出兵五立治門得南北花旗戰時出兵三萬
人　邦在阡的伊之北倭海阿之西地平無山西南小岡起伏但
邦中大概平坦向倭海阿河作傾斜勢密執安湖在西北湖岸四
十里倭海阿河爲南界窪拔西河一作滑滑恕爲西界入倭海阿河治
北可諾河書可河白河皆入窪拔西河地脈頗腴河岸之地尤佳
東北多樹木氣候溫和此邦多洞窟一名揚土的深三里昔時民
多由法國移住今則漸由東邦諸地移住維里地方之民多由瑞
典移住多以造酒爲業都名英釐安納保里士邦之中境也街衢
寬廣淸潔占白河之西匯野王司維而邦內第二地也在倭海阿
河上以煤礦得名且此邦西南商業要地也的里法奪在窪拔司
河上窪拔司河野里渠之船雲集此地帆檣林立紐阿而拔呢在
倭海阿河上與阡的伊邦之路以司維里相對以造船著名夫路
明屯有大學堂的里法奪有師範學堂公立學堂約九十所　本
邦水向西南入倭海阿北境及西北河左右都有澤密執安河長
四十里四十里中爲指拉密低河入海處外敗梳河通輪船外敗
梳伊利渠長三百七十四里在一彭四未而起至託來讀倭海阿
又有迥脫華得從盧令司扒至黑軋司通長七十五里○河　皮
之　恕達　英力水　入姆水　禨呢達　禨幾申　固幾　密
羅蜂　禨讀　熱必腳拿　他幾　滑滑恕○湖　阿立孟　平
昔　皮之　皮固勃路　皮箇　皮箇　皮箇美拉夢龍　皮固
辣固姆　皮固昔羅　勃臘克　勃羅　勃羅　拔古　拔昔農
　卻冰搭　昔昔羅　闊里阿　可路　笛阿　笛阿　達可
以箇　以司得霍古回脫　以路　以路　愛而骱脫　福路
法司　箇臘方呼浦　哈乃　英笛羊　英笛羊　愛六貴司

坑恰幾　盧令　別古　立可　音得而婆羅　立得而木濃
立得路皮蟲　六司登　路軋　買進田而　木彌　密羅　密
西西呢雅　莫族司　襪讀　襪弟　襪司卡塔塔固　拿司福
古　拿司福古沙得　華海育　派多卡　匹來鳴古　匹入翁
　攀音　攀音　攀古　潑來林　潑來林　六古　六古　煞
拉木呢　沙得　山讀　四米色司　四不林　先得熱入　先
得熱入　先得買利司　靴与　乞必卡拿　他忙司　肥二司
　罰夢呼吉　滑拔司　回司得福古回脫　回脫　回奪華得
　愛路○列郡　阿達木司　阿林　白色祿謀　弄冬　勃腊
克福奪　罷姆　勃老恩　卻六路　恰司　克腊浦　克來
克林冬　克羅福奪　達別司　待鴨扒　待軋笪　突姑部
突辣迴阿　尤排司　卑而夾得　非的　福羅得　方典　弗
藍克林　夫爐冬　竭勃松　佛蘭得　佛林　孩而冬　亨各
古　哈利松　亨特力古　亨利　呼乏特　亨青冬　若克松
　若司拜　壽　入法松　入迎　熊松　諾克司　各守司古
　辣箇藍敎　來古　腊八得　羅倫司　埋其松　麥裏紅
麥失兩　埋今　米阿米　夢六　夢得我末利　麻戇　牛冬
　拿箇　華海育　呼倫治　屋回　巴坜　派利　派古　浦
塔　呼歲　破腊司幾　不多南　藍特羅　立不累　辣世
司可得　昔而皮　司本生　昔搭古　司底明　新得熟入夫
　煞里翢　爐特藍　吃必加拿　乞不冬　有濃　橫達波
佛米里字　末箇　滑拔司　滑令　滑里箇　華盛頓　回音
　回而司　回得　回林　光緒六年民數百九十七萬八千三
百六十二人　礦產煤石鐵石灰沙石磁器土磨石蜜蠟　物產

鹽番薯麥稻大麥蘋果棃蜂蜜羊毛印度米洋蔘麻淡巴菰　工作白糖糖汁靴鞋　鐵路五千四百二十一里

亦倫諾爾邦（衣鄰奴士一希奴斯伊里拿翰一希奴士）

康熙十二年法人祕路馬幾得初至此地二十二年入司得教師立客司客司幾何城時法人欲圖密士失必河以西地五十六年從阿里阿二山至落機山中間拓地名累怨壓那乾隆三十年在巴犂立約後地歸英嘉慶三十三年立行政章程立邦領百二郡道光二十八年修土人曩頗猛悍與歐人交兵道光十二年又戰旋平地三分之一最高峻約五百尺西北境更高千五百五十尺　邦在密執安湖英釐安納邦及阡的伊之西境內無山地面高而平距海面高出三百尺至五百尺不等漸次傾斜至西南及南方西北之地沿密士失必河及亦倫諾爾河小岡甚多密執安湖在東北湖岸六十里貿易甚便比我里亐湖（一作比裴野揶）及比可打司湖（一作刖爵柭司鮨）均在內地商販便利邦之西界密士失必河也倭海阿河在南界窪拔西河爲東界之一隅亦倫諾爾河石河可司可司基亐河（一作喀斯喀斯幾阿）倭海阿河皆經此邦入密士失必河諸水可通舟楫然石河可司可司基亐河不能行遠士地之豐沃冠美國地脈可耕林地不少氣候頗和河岸及南方之窪地次之冬季有西北風故寒夏時有西南風故稍熱此邦產印度米冠美邦始移民於此邦者法國也康熙二十二年拉沙里來此邦建可司可司基亐等地現在之民多由東方移住都名士布林非耳在邦之中央街市美麗民房適覲有大學堂此地係鐵路要衡四通八達便利無窮密執安湖上有西可窪府邦中第一大城也木料及五穀之貿易稱五大洲第一官署壯大商家富盛距今四十年前此地尚未開闢其繁盛之速

可知也道光十七年人數不過四千現在約五十萬三千比我里
与第二繁華地也在亦倫諾爾河上金西在密士失必河上論人
口占本邦第三據岡控河地勢可據以用兵岡高百二十五尺可
列那以鉛礦名布羅明屯有大學堂澳羅拉羅可法可列司拔日
可送維而阿而頓比里維里阿打窪石島林根夫禮波奪皆都會
之小城也此邦學制極備西可窪府士布林非耳日可送維而上
阿而屯里拔濃費莫司可列司拔皆有學堂其他各種學堂頗多
約萬二千所 滑拔恕河倭海阿河密士失必河爲本邦東南界
通舟渠最大道光十六年鬧澮二十八年工竣共費六百四十萬
九千五百九元長九十六里○河 密悉悉比 伊里那伊斯
喀斯喀斯幾阿 窪拔斯 澳海約 羅可 皮可馬的 皮可
印田 阿布路 也奪窪奪 煙拔拉斯 法可斯 可蘭奪比
阿 可林 改奪 美利 美送 呢怕新可 比喀奪呢可
布蘭○湖 別箇 別箇搿拉司 揩辣篾得 待松 法克司
搿拉而司 蝦收 蝦收 沙脫 利馬 三讀 自立處○
列郡 阿堂母斯 阿利幾三打 滂奪 勃安 勃拉安 拔
林 喀路漢 喀路兒 喀斯 昌本 可里斯昌 可拉可
可累 可林屯 喀路斯 可可 可羅法奪 昆拔蘭 的喀
路布 的維奪 土拉斯 土比時 也我 也土窪土 也品
昆 費治 法土 夫蘭可林 夫路奪 我拉金 喀林 喀
蘭的 哈密屯 漢古可 哈田 狼打送 狼里 伊呂幾奪

灣河河而湖一一費納花經法密百杉煙土　幾怕里那夏
此可又入勝諸半倫威旗交人執三白煤法維打拉奪　土路
邦拉西費特峯東湖士戰戰城安十薯石土音希　南比
屬麻流倫可林流之干時後買邦九棉灰　維斯　我麻美
島司而及列立一水遜出平恕 鋊名花雲光懷路克蘭里沙送
頗河入衣與此半分之兵道拿蘇兵印母緒奪　土土押
多先密鼇湖邦西此北三光四襪七度石六　嗹　夫　夢麻
大奪執二及北流二邦萬十十戇　干米　年懷嗹西　背羅沙
者約安湖衣有中島土七六年　百　物民奪恩路里利　可
名西湖者鼇司央南分千年城康九工產數才　皮治　夢
王夫耆有湖比距島爲三立陸熙十作麥三土窪　蘭比奪麻
島河有我故里河之二百行讀七名農五百　米斯　阿喀可
大北麻西此我面地半六政倫年　具穀七維利打羅奪美士
島島呢布邦湖高形島十章乾法鐵鐵麻萬路恩可可　里拿
在內司里之中三平密八程隆閘路條白八　愛背
司之治河貿間百坦執人三二買七　糖千維窪聖蘭可麻麻
比大河沙易有尺中安　十十幾千陸蘋七兩拔奪　昆可
里河麻之甚密有央湖邦年八多九軍果百送斯可沙波　狠
我名司那便執奇特之在又年送百武黎六　利材布莫里
湖美知河南安北高水倭修後施里官櫻十維窪阿　路
上那根費島湖島故麻海訂歸民　五桃九呢連　三怕土麻
又莫河倫大東則此治阿章英來　梅人怕　斯喀拉里可
在呢可河河有起島那英程英閱　核　喀華的夢斯　林
麻入艮列東費伏之峽鼇南法三　桃礦　盛狠　幾我
治靑土新流倫不水及安北曾年　松產吳頓送斯　可密

古如　的古定低里○二平司有利士船亦多地潮色島那
先未　密而　　扒島百原有貧著拉又盛民質汐各司一峽
得得扒特三霍箇輕　五有各院名比與的多稍之異辦作近
維　之而馬古藍沃勃阿十高拉安東土加拿由遜勢高讟傍
達騷低　　特捺拉米九而麻阿沙鎮拿果東氣作或祾者
而司　呢禨休　甲古箇里平學而治在他在邦候此三土名
　薊拉別幾弄箇　六大下者堂勃那可往的移寒晝百拉先
司古五司捺　羅夫古路半林　有以良來奪住沍山尺門奪
瓜　毒　古恰司路　愛島木本大鹽士貿累邦或南或土曰
　騷　拿　低愛開薄　多蔥邦學及河易河都言島二島毋
司司拉司梅矗而讀愛蛙石蘢境堂木上極右名北內百距司
篤買五　松阿先　司古凹地條的料巨盛岸蘭島中尺司島
隆呢毒拿　　得讀勃司凸勢兩奪著鎮康距新之央不比比
逆多　司孟拉麥拉藍軋壘開半果名之熙衣在銅及一里拔
司　陸福呢煞敬夢古里見展島有可一九釐可冠南此我島
　先鴨古多利　讀　子最南一先拉也年湖艮天方邦湖麻
休得魯　　軋　卻　高北在奪麻日法十土下獨天內治
外歇　拿買立而福里皮處二上約司可國八河王豐然地那
　力司司　的　司扒固二百一西以送人英上島沃奇十島
休那家禨責而哈潑　皮千七在夫工亦栅里官內氣觀英波
外　穀幾幾加心來卻扒尺十下學作在造港署亦候也里以
　先羅登　里　司彪　礦七上堂著河此深壯有亦蓋有司
薩得　　密低海幾　勃產里半各名上鎮可麗銅好依釐夫
而買昔魄特　　乞拉極東島拉此以可泊貿鹽北風山艮
發丁司雖而立霍斛而古多西有麻地水艮大易亦島及沙可

亭西盧 扒 甲 別碎司 而 司幾 郎丕幾回拉
薩司大 洪 勃共弗的白收愛昔密 督丕特音 脫牙卻
馬 必搭別里 魯恕盧 別白拉孟 音 多○ 里
回笛入那笛復乞克 蝦司盧可丁沃 郎孟幾列巴扒
搭矢特紅共 得不得愛笛冬 氣 多丕特呢來郡里克
甲幾 別 握 而拉 熟弄矮穢希音 司特 司
米 笛丕回笛勃 可古司哈騰俄 度笛 拉豈 矮皮
農五 藍音得可路克里 排 密 布矢幾他而 豈
讀特 ○藍路拉司法笛杜來弄里馬沃拉 多谷本扒
脫○ 拉湖 古得愛拉 過俄可力笪低司司而捺跱愛
林河休比 別敗 而夫角英會 軍子 革拜 囈
弄度阿笛此弗 得笛利孟司 巴普法 他矮勃
脫矮 回薄 來笛熟 烹 呢 馬巴的 司多里令豈
拉那密沙里對卻阿愛入戲空立司夢疏 入希布而囈 卑
失得皮如波 司的豈捺拉他 而來 勃蛙
之拔觔 古 可笛笛希 而幾司特吉普伐特滑矮藍
司特米三 別西路愛林近英 豈 的 以龍而之弗
特櫻笛大得 司笛立買幾馬別入昔毦 皮 里
脫白密 脫雖 華笛笛 央泊白 司阿 司路回那恰杏
老拉壽司音勃乞得別藍蝦 而盧麻幾馬來古 司 路
脫古里笪 路薄 路特昔英克 司共吉司來道得矮化可
仲比 愛弗 赫塔藍密基 地 得握別特姆林
華揩沃 扒勃囈魯以笛特密 欺督馬 路 司得令 登
握波昔司 拉 克司藍 求立觔 呢丕司阿 矢 恰
司 白彎比可乞得得特蝦脫的米麻司音 木多 巴司殼

羅福特　特而達　以冬　愛妹篤　入呢司　箇腊特云　箇
藍特脫藍之司　箇辣曲脫　歇路司兌羅　呼冬　休龍　英
昂　愛育呢阿　愛蛙司古　一煞別癩　洛約盧　若克松
克拉媽自　恰路恰四家　肯多　乞衣奴　來過　拉皮阿
里林奴　里拉曾　立溫司冬　襪幾捺古　襪工婆　孟呢司
幾　孟呢多　買貴多　梅宋　滅古司笪　梅拿米呢　密讀
藍　密沙幾　夢路　夢得揩麻　夢得麻令司　買司布共
紐會古　蛙古蘭　蛙希拿　蛙入麻　混他那共　混說拉
蛙司谷達　蛙多先谷　蛙打坏　魄來司區　路司香夢　三
呢奴　先得古里雅　先得熟入夫　薩呢拉古　恕古羅古拉
大　夏坏恕　他司古拉　橫拔林　滑恕而錢拿　囘恆　囘
格司福奪　光緒六年民數百六十三萬六千三百三十一人
礦產鐵銅煙煤礪石石灰雲母石玻璃沙鹽　物產麥印度米番
薯草羊毛　工作鐵條牛黃油牛乳油　陸軍武官誅
兵三十隊分三立治門得　鐵路三千九百二十八里
威士干遜邦門威牛士甘阿遜斯康會身斯　道光二十八年入美立邦領六
十三郡邦都馬理臣○島　拔司烏度　培阿　昌敗　卻家米
共　突得來　突別路　里箇路　別拉別而　軋而　軋而
睹董　愛央烏讀　買笛令　孟呢多　密欺戇恩　奴司度云
蛙古　屋塔　奧笪　匹路得　佛浪　六幾　三讀　騷司
潑林　四卑達　先得馬今司　四多克冬司　四多路勃來
華盛頓　由而松　育古○河　阿那比　阿木呢工　阿波路
拔特　拔拉菩　皮箇　勃拉古　囘司白盧　囘司白盧
拔非路　拔乃得　豈比窪　弗浪　殼不　由潑里阿　由潑

司　而拿申矢　矮殺白白身　啞得西音奴拉愛箇誇占里
冬山　司　霍箇　六拉羅　同硬　達　司司披　得司阿
讀沛披穢農林弗布達三烏司溪先　丕丕　立
收　音里讀　特郎　而得古得六音古密羅得立瞎由
外山　鏗　里司倍箇扒培夫比　潑古　士藍而夫多潑
令讀潑　穢里登　茶吳阿　收脫來　丕啞失　立笪　令
郎披司　弗得　烏幾拉勒三音工必買菩亨海
煞叔　卻豈立哈拉　豈皮度箇波　特　得　藍　特　因
米阿撲屋我得排得以塔扒　可　潑　夢同立　喊拔
篤拿笪　而多　箇布　愛同脫司叔路烹得音得牛令拉
二拿敗　福路　皮路司林　古阿別利　而烏　司
酸昔撲作米阿海阿　古扒　路比收冬　你而密沙度愛
布司愛披揩　買霍淚但愛威雷斺　樸別　拿米　央非
可戇曲共弄愛路古　路而　沙的夢南米古立蛙失
託未　俄藍　立殼皮　夫華沙木多　美呢　得里阿
媽得拉披呢　特福阿得箇麻　沙捺　烹恰　立而
呼　篤里拜六　固　惡　司同幾浦騷潑沙共密得潑常弗
古司　抗挨特康司分里皮○脫　路司來幾　特而令波拉
古別　門　阿　司累箇湖　同　屋里　奴而烏　箇
託來執披　眼路入　司三　同思沙工　丕司　而立希
路特司米拿獨　呢非　特阿路得穢多來失因密夫得腳弗
得以　古笪幾伐矢可　篤　恩花　特幾拔特　而布藍
箇拉披同　司　拉排今同拔古失　箇拉而立配　揩
多路溫古別米　佛非菩之司司拉　必來　煞櫻得司來
音　讀來　乃霍林失　康西度里特丕　拔而幾古福

舟來盧一湖　得年河密閩　百羅松拉司而　拿古蔑但　王
至特𢪏作在密扒土西土呢陸八福　古　特孟　拉得○阿
先湖　愛福士羅人地失疏軍十特託伍　立　呢克司　列拜
得河來得失商地向必大兵人　林特屋執入多拉　密郡先
搏中入司必定亦歸河邦三　開披　塔六法蛙古尤而　拜
里輪維業河行入法看　麥十礦奴里拉阿讀松古　古華阿殼
每舟呢林源政美嘉先𪄂二產耍　𦍒米　入立幾達來
年往丕入自章地慶得𠸄隊煤　敗羅　讀屋雲呢矮　慕司
可來古密以程勢八阿蘇歲沙花乃司乏其茶呢寓　胎司　二
行甚湖士達咸開年所達　費石古得　農　幾巴　來路　同
二多先失斯豐拓入呢　萬灰　先　買　古豈申　敗菩
百旁得必甲八日美瀑康元沙光葛得華利披　蛙　克龍司
三多來河湖年漸二布熙　石緒林可盛乃矮葛呢勃藍
十盬司北來立興十乾十鐵　六來來頓低司藍　老皮林同
日泉河來入邦旺四隆九路物年古客　得同洪亞工得
○最自特此領咸年四年三產民　四若沙欺　華　非
河宜東𥫗一省七豐城十法干麥數屋阿克古祕買司箇堂六矢
沐北𠙊流十七福八閘一稻百工叔松　掘歸　林　古
拔浴來　扒八八年得年歇百麻三得㴂　昔　低讀　別　未
布密入河百郡會司入業二薯十　花培拉　阿愛今敗呢
幾士失源里邦議呢美冰十鳥一華但體硬非夢　窪　非白
曾失必自閩都邦林密辣一麥萬披恩時　低路冷摳華而箇
必利愛呢勝政咸士薩里稞五甲　風　葛　克
扒河亞扒疏保於豐失里　麥千　買華特潑排來耍　開皮
笛通湖湖大盧先元必至　四福拉夏求來非特蛙讀流扒

得　別阿　自拉可　卻濃　希而　麻司　丕音　來特　司
冬　疏彎　來司　回路◦湖　別阿　部恩　希達　殺羅司
以箇盧　愛盧扒　龍梧　麻司　礒度　來司　疏彎◦列
郡　愛得今　阿拿甲　佩甲　佩羅得拉米　朋冬　皮箇司
冬　白盧挨司　白老吳　卻羅冬　卻扒卻失　氣秘蛙　昔
三我　可來　古古　各冬五度　殺羅云　達郭達　毒其
毒拉司　法力扒得　非羅麻阿　弗里扒吳　箇特休　箇藍
得　海業冰　蝦司冬　愛三幾　亨達司夾　若克松　措那
別古　坑其育喜　豈多松　拉幾扒羅　來古　立失　林工
來紅　礒古洛特　麥失而　麥丁　米措　密里拉葛司
麻力松　麻阿　買力　蓮古來得　拿勃羅　沃路麻司對特
沃笪的羅　丕音　丕音司冬　怕古　怕布　藍西　來得
烏度　林回里　來司　洛古　先得來司　司古得　夏麗
西部里　息當司　司底而　司底文司　司未夫得　託特
託拉伐司　滑敗要　滑狄那　滑失甲　華盛頓　滑冬彎
回而今　維拿那　來得　愛羅密其申　光緒六年民數七十
八萬八百六人　礦產銅鐵石灰鹽玻璃磁器泥
鹽泉　物產麥稻　鐵路三千三百九十三里
衣呵華邦（挨阿華愛鶴阿愛窪靂）昔屬法爲魯西安納之一部法人壽
羊達扒久於康熙五十七年初送殖民至境嘉慶八年入美咸豐
七年立行政章程咸豐六年立邦領九十九郡入美以來財用日
足戶口日增　邦在亦倫諾爾威士干遜邦之西密蘇爾蘁之北
邦內無山地形平而曠斜傾向東南河多東南流大河爲密士失
必河密蘇爾蘁密士失必河爲東界上衣呵華河麻可知多河窪

布西比呢昆河衣呵華河司庚可河的司莫以呢司河皆入密士
失必河西打河入衣呵華河密蘇爾鼇河及其文流比可司河爲
西界夫羅以土河里土而司河勃另而河諾打維河皆入河蘇爾
釐河邦內急流瀑布不少故水利多土地豐沃北方稍遜冬寒夏
清涼有西風東北有鉛礦地接亦倫諾爾邦及威士干遜邦煤鐵
甚多民多由東部諸邦移住及歐洲轉徙邦都地士毛煙在地士
毛煙河右岸打文波奪在密士失必河上與亦倫諾爾邦之右島
相對風景甚佳此地有忙奪愛打女學堂奪布基在密士失必河
右岸以販鉛著名衣呵華西治在衣呵華岸河之左岸有大學堂拔
林屯舊都也在密士失必河上有拔林屯大學堂 司必里得湖
在境西北高千六百五十尺○湖 拔杜軋 彭各六福得 勃
羅 開羅 可里雅 可里雅 可里司笪而 以笛羅 以司
篤惡固拉實 愛路古 愛路麻 笛司 英田央 愛蛙攎實
溪角古 拉度 六司得愛淚 末其央 米煞啞 惡固扒希
蛙而 拔坐共 皮路得 來恕 老恩讃 拉 三讃
路 希路扒 希路扒 司里必得 司多木 使恕 使横
使横 使横 紫家煞 託郎勃羅 託愛而夫麥横路 橘音
橘音 橘音 滑蓬西 華而 華而 滑哈蓬以○列郡
矮笛啞 阿達木司 阿拉木司 阿不吾司 蛙西蓬 聞冬
勃菈古花古 扒姆 勃立媽 不吉媽 彪拿達司達 扒
脫拉 揩羅蝦姆 揩羅羅 哈恕 西達 卻羅囘得 卻六
幾 吉甲蘇 闊拉古 弗來 闊來冬 可林冬笛穀羅福得
拔拉司 達別司 脫恰笪 突拉囘而 突司妹司 呢根
松 尤扒幾 愛美得 非幾 福羅得 弗藍葛林 弗立夢

讀 佛林 勃藍提 家昔里 哈密而冬 亨六古 哈近
哈里松 亨里 亨薄而得而 愛達 愛蛙攊 若克松 若
司伯 入法松 仲松 若乃司 豈谷古 可煞司 里 林
末綵 羅甲司 立紅 襪其松 襪哈司羊 襪容 襪失
而 密而司 密執而 夢拿那 夢路 夢得骱末利 麥司
羊敬 蛙白林 蛙說拉 剖樹 巴路二多 潑里毛司 樸
哈烘達司 巴古 巴笪沃笪米 巴喜古 林古而度 煞古
司古得 西白利 叔克司 昔多里 他馬 太羅 尤濃
王白林 劃秘六 劃令 華盛頓 回恩 回白司達 維
呢巴古 呢恕古 烏讀勃里 華司 來得 光緒六年民數
百六十二蔄四千六百二十人 礦產有煙煤石灰鐵少 物產
麥子大麥五穀稞麥烏麥白薯麻淡巴菰木果子櫻桃蘋果葡萄
桃邱度米草豬羊毛 工作農具瓦麥粉鋸木器牛黃油牛乳油
陸軍武官三百二十五名步兵六立治門得中隊二立治門得
馬兵九立治門得礦兵五隊兵三千九
百十五名 鐵路五千二百三十五里
密蘇爾鳌邦（米蘇理密蠣偉密僕壆）向歸法國爲魯西安納境內地嘉
慶九年美人買魯西安納地本邦始經美人分出時先得來司有
城道光元年立邦領百十四郡咸豐十年以前戶口漸增貿易繁
盛駸駸有富庶之象 邦在亦倫諸爾阡的伊田納西之西阿甘
色之北密蘇爾鳌河濱地勢平坦其南方及密士失必河岸凹凸
不一或至三百尺之高此邦諸水半入密士失必河地最高處二
千尺東南湖澤多密士失必河爲東界密蘇爾鳌河爲西北界長
約百五十里密蘇爾鳌河自河口通舟約二千里可到石山之下

北有可艮奪河一作連奪客加里頓河一作里乇加南有我息治河一作旆治我
可司可那的河俱入密蘇爾蘆河入密士失必河者有蘇奪河一非
蘄的司母以呢司河密蘇爾蘆河麻拉美可河一作拉難咲此邦二大
河之右岸土地頗沃又林地多夏熱冬寒民係法人移住現在東
邦移住之民亦多者非臣邦都也在密蘇爾蘆河右岸距河口百
二十八里民房壯麗先奪路以司大城也在密士失必河右岸距
密蘇爾蘆河口南二十里官署華美密蘇爾蘆河密士失必河倭
海阿河上之商船集此地帆檣林立水面不餘立錐之地庚沙司
西治在密蘇爾蘆河右岸距康沙司河口甚近先奪約西附在密
蘇爾蘆河右岸亦繁華地也官學堂甚多約七千五百所○河
皮可　皮可　皮可勃劉　勃拉可　勃蘭土法　加斯奪　加
里屯　可羅可奪　可羅可突法可　幾拔　客連奪　以客路
法可　以斯士客蘭土　以司士勃羅可　以司土法可　也列
文波因土　也路可法可　賀新　夫里的里可　客蘭土　客
蘭士　日可士法可　日莫士法可　里奪路　里奪路勃立可
里突路勃劉　立可法可　里奪路法可　里奪路法可士
里突路釀喀　羅打　美拉美可　米奪耳法可　米突耳法可
喀蘭　密士失必　密槎里　你喀羅　釀客　諾打維　諾士
諾士法比士　諾士法可沙奪　諾士法可懷奪　諾士窪打
我施治　我施法可　比你　布羅的○小河　布羅的　波
美的打里　路茶怕司　沙可　所奪　沙士法比士　沙士法
河坐　沙士法可懷奪　士希林　聖士夫蘭西　沙母送　維
斯奪　法可勃拉可　維司突法可幾拔　維司突法可沙奪
懷奪　維懷奪可喀蘭○湖　呢哥　米○列郡　阿的阿　安

奪劉　阿治送　我奪連　拔列　拔屯　背的士便屯　勃林
我　勃安　勃茶滿　拔奪列　哥奪維路　加拉維　昌毌
給布喀拉的　加羅路　茶打　喀斯　詩打　加里屯　可里
士昌　可拉可　可累　可林屯　喀耳　可怕　可羅法　的
奪　打拉士　打比士　的喀布　田奪　士我拉斯　堂可林
扶蘭可林　喀士哥你奪　連奪里　喀林　喀蘭的　哈里
送　狠利　希古里　合耳士　合窪奪　合維耳　愛安　日
可送　日斯怕　日法送　絨送　諾可士　拉可里的　拉費
治　羅連斯　累維士　林昆　林　林文士屯　麻可奪那耳
美昆　麻治送　麻里恩　麻沙　米里　密士失必　莫呢
治　夢羅　夢奪我美里　麻昆　紐馬奪里奪　紐奪　諾打
維　阿里昆　阿施治　阿沙可　背米斯可奪　背里　比治
士　費耳布士　白可　布拉的　波可　帕拉士幾　帕奪南
拉耳士　蘭士耳夫　累　累諾耳士　里布列　沙林　士
幾列　士哥奪蘭　斯古奪　夏濃　西路皮　勝奪茶列士
勝奪夫蘭詩士　勝奪日你比布　勝奪路易奪　勝士路詩的
奪士打奪　奪屯　沙里王　打呢　的幾沙士　窪夢　窪
連　華盛頓　維因　維布奪打　我士　來脫

光緒六年民數二百十六萬八千八百四八　礦產煤鉛亞鉛銅石灰雲母石　物產麥稻核桃櫸蘋果黎桃蒲桃印度米淡巴菰麻羊毛木料　工作鐵條　陸軍兵三十五隊共千九百三十名武官在內　鐵路四千五十二里

唎哥大屬得圖路達郭達　咸豐九年殖民聚於失幾亞司城及羊谷磴十一年立屬領九十三郡會城央古冬　最高山勃辣克七千

尺最高地二千五百尺。鳥　拔羅別里　箇拉亨司　派司卻
羅　潑浪　密蘇爾鏖河自西北注東南通舟愛路司冬河會之
呢沃步拉拉河而一作騈黈得哳哥大河發源於台皮而司皮一作踏貓流
為湖水黑色長四十里寬十二里下流四百里成河來特河入英
屬地為東界長二百五十里十里乏之密里紅河密一作鏘乏之皮箇叔脫司河
收一作古司破箇皆長百五十里東北多湖。河　乏之度　佩里福幾
皮箇豈也呢　皮箇乃夫　皮箇收古司　薄挨司收古司　薄
揞司　卻農扒而　達郭達　笛司拉占　愛路　愛路麻　箇
藍特　箇藍特可里　古司　赫特哈得　以孟福箇入　姆
司　豈挨八哈　立的而豈呢　立的而乃夫　立的而密槎里
立得而馬笛　梅勃盧　密槎里　馬留　馬司　芸的林
回塔司　回司得　乏之密里洪　劃古拔司甲　乏之密絨　他多
通俄　騷司回得　騷司箇藍特　騷司嵌儂扒而　騷司幾你
沙力司　西你　沙脫　來特　掽甲　拜古　凹而　奴而
固藍脫　奴而嵌　儂扒而。湖　而羅扒得　櫻笛生　櫻笛
路布　阿羅五度　皮箇司冬　抽其　笛皮路司　讀來　亨
特里古　入矢　新　仲松　坑必司鶍　六幾司　弄恩　蠻
音華庚　撲音昔得　潑呢矢得　來特　拉矢　沙得昔六
三特白里　四卻塔烏度　司必里多烏度　四多呢　常幾恰
達　通波宋　拖拉乏之司　脫云　輝得　輝得　輝得烏度。
士人部落　箇來得收古司　箇羅司問笪司　孟　但　里　矢
昔燈　未呢巴古。列郡　阿蒙司督龍　蛙羅拉　拔呢司
皮特而　別令司　蓬霍密　拔忙　不溪鈕　白樂令司　勃
浪恩　勃羅而　拔非龍　拔來　強勃而　恰矢　恰拔里

恰力司密克司 堅內 克拉古 可來 殼靳冬 恰司笪
突別松 待 突拉拿 兒司末託 霤回而 達箇拉司 愛
度孟度 愛蒙司 福古 福昔司 福司達 靳箇拉司 箇
藍特福古 箇藍度 箇里而箇里 亨林 亨讀 亨松 花
握讀 休如司 瞎今松 溪達 輕司勃力 來古 拉麻阿
路令司 林工 羅硬 羅人皮羅 來忙 孟但 梅古古
襪克亨利 梅那 襪古法松 襪煞 梅雅 米你哈哈
木遞 木冬 夢篤來利 烹別那 潑迎冬 撲笪 勃腊得
潑里松 藍西 藍松 連別里 立執藍 六里低 六司
古 商農 昔里騰 四賓古 四倘力 四塔古 四的溫司
四塔四孟 煞里 託讀 託里夢 託里浦 他那 尤儂
滑里低 滑而華司 國脫里排 未里恩司 羊各冬 入
拔溪 光緒六年民數十三萬五千百八十人 礦產煤
鐵鉛鹽石油金 物產麥牧畜 鐵路千百二十三里
呢不拉士格邦（綳孛拉靳葛耐皻拉蘇甲奈濾森蘇甲） 咸豐四年本境自密蘇
爾鑪河至落機山共三十五萬方里後十年殖民漸至土人兇惡
時與爭鬭久之始定咸豐十一年以萬六千方里立哥羅拉度屬
同治五年立行政章程六年入美立邦領七十一郡邦都林堅
不腊得河（一作拉得）自據本邦中境從西至東入密蘇爾鑪河河南土
地最沃。河 阿失（小） 拔讀米利身（小） 皮扒（小） 皮扒（小）
皮扒（小） 皮箇白盧（大） 白拉古扒特（小） 白盧（大） 扒笛古司
（小） 薄古司（小） 扒登（小） 卻吉（小） 卻拉麻司（小） 西大（小）
西大（小） 可來（小） 潑里阿（小） 卡特（小） 康失而（小） 特特呼
司（小） 其司買而（大） 愛盧葛花姆（大） 忘姆（小） 福阿梅路（小）

豈阿人赫（大）　而阿（小）　立的而白盧（大）　立的而美麻哈（大）
羅戩（小）　弄拜（小）　羅布（大）　梅布而（小）　梅其身（小）　皮箇
白盧（大）　密特而羅布（大）　密槎里（大）　襪讀（小）　襪地（小）　奈
嫣哈（大）　紐屋白拉拉（大）　奴司白來幾愛路古（大）　皮箇白盧
（小）　白拉得（大）　拿司路布（大）　丕音（小）　潑拉得（大）　潑淚（小）
巴路（小）　潑來里（小）　潘不今（小）　拉比杜（大）　來特維路（小）
六八部里江（大）　留濃（小）　拉迎華得（大）　拉矢（小）　司古而
（小）　昔而　司乃古（大）　司不令（小）　司不令（小）　愛路古花姆
（大）　路布（大）　司精今　得比（小）　精扒（小）　脫淚古留的（小）
他幾（小）　乏其古里司（小）　立古白盧（大）　回冬蠻司（大）　回而
度（小）　烏特（大）○湖　弗里阿　讀得　弗來矢華得　披里坑
來夢讀　薩林　薩路　司低握　阿波的　疏彎○列郡
阿達木司　阿低六布　勃拉古扒特　扒恩　拔非盧　扒得
白篤拉　揩恕　希達　堅司　開音　可來　恩非發古司
恰名　恰司笪　達郭達　讀松　立克松　讀其　讀箇拉
司　談地　愛羅古花恩　非羅麻阿　弗藍葛林　弗弄其雅
哈捺司　戳如　葛四擺　葛里里　花羅　瞎彌羅冬　哈
淚　海司　汲吉閣古　花而冬　花阿杜　入法松　仲松
揩你　該司　諾古司　藍恰司笪　林工　梅其松　梅里古
南司　呢媽哈　捺古而司　沃得　波呢　非而別司　披
雅司　潑拉低　花古　來得未盧　力加讀松　煞林　煞比
騷五達司　收阿度　蝦忙　叔克司　司丹冬　低盧　煞
歹　乏里　華盛頓　回音　回部司笪　或衣拉　古育　無
官地　無官地　光緒六年民數四十五萬二千四百三十三人

礦產煙煤鐵陶器泥磁器泥石灰石沙石鹽　物產麥稞麥大
麥烏麥稻麻大麻淡巴菰白薯蘋果梅葡萄桃　陸軍步兵十二
隊礮兵一隊武官及兵兩共五百九十八名　鐵路二千十一里
甘色士邦（鉛出斯康薩司）　昔為魯西安納地後為野番部地咸豐四
年立屬十一年立邦領百四郡最高處三千八百尺邦都都基加
甘色士河口高七百五十尺平均二千三百七十五尺流入阿甘
色河密蘇爾釐河為東界長百五十里司馬幾希而河（一作司馬幾歇爾）
發源哥羅拉度境內之落機山入甘色士河立八步里庚河（一作里郁）
（步星隊）發源哥羅拉度邦流入甘色士河阿甘色河亦發源於哥羅
拉度之落機山長五百里沃碎治河（一作阿庚煞司）從東來流入境內百
三十里入密蘇爾釐河沙令河（一作煞令）蘇勒夢河（一作路夢蘇）皆長二百
里○河　阿康煞司　別阿　皮扒　皮箇勃羅　皮箇山特
皮特恕軋　勃拉夫　卻盧拔里　卻呢　卻圖路六古　强不
忙　溪家司假　希木弄　殼冬烏　揩烏　殼羅革讀　窦拉
囘而　台路　愛路古　愛路木　福路　復路司　赫固勃來
康煞司　殼　拉皮低　拉達　立的而可恩　立客司　立
的而亞西如　木木搭路　麥里司笛司新和呢司　末其新亦
其　迷路　密槎里　梅路別里　梅媽哈　內媽叔　米乃蘇
甲　奴思開呢　奴思米乃蘇甲　奴思沙路夢　六西如　魄
拉搭以司　波呢　潑衣從　潑來里窦古　潑呢恕讀烏門
白篤六司內固　里柏歲里嵌　煞令　沙得　沙得阿康煞司
煞不　司來得　司馬幾歐而　蘇而其亞　蘇路夢　騷司
蘇路夢　他該　脫云畱的　之禨絨　之其箇里司　華羅捺
得　華羅捺得　囘得華得　烏路○列郡　阿林　櫻達松

阿拉不貨 阿氣松 拔菩 扒登 扒蓬 白拉五 拔篤
拉 者司 捉多怪 氣路幾 氣呢 克拉古 克來 可拉
烏度 殺非 空孟幾 可來 殼羅福特 達避司 兄甲笪
立令松 度呢反 度箇拉司 愛度華得 愛而古 愛利
司 愛羅司華司 福得 弗藍克林 擱菩 彌拉亨 彌藍
得 箇里 箇來里 箇林烏度 哈彌而冬 哈拜 霍其孟
哈排 若克松 日法松 日囘而 仲松 康煞司 指呢
令孟 拉皮低 來恩 來問華司 林工 林 立紅 䙁
古法松 䙁立純 䙁失而 米笛 米阿米 密執而 夢得
歆密利 木利司 呢媽哈 牛蛙失 乃司 拿冬 屋雖如
屋司扒恩 屋刀阿 巴呢 非里布 撲刀阿度米 潑拉
得 羅令司 里拿 里敗古里古 來司 來里 六古 拉
拉昔而 沙林 司古得 矢度未古 矢古鴨 沙得
叔呢 昔里達 沙孟 四米四 四笪福特 四打冬 四低
問司 先得絨 三買 松媽司 託里箇 滑傍西 滑力司
華盛頓 未幾達 囘而松 烏讀松 央讀的 光緒六年
民數九十九萬五千九百六十六人 礦產煤石灰亞鉛石油鹽
物產五穀麥麻大麥稞麥蘋果稻梨洒 工作
農具瓦麥粉鋸木廠 鐵路三千四百六十六里
田納西邦特納西田倻恕乾隆十九年歐洲殖民至田納西河上立
福多羅登鎮距今之奴客司囘里三十里二十五年土人圍呼度
鹿洞歐人勢蹙請降都被殺歐人收囘北喀爾勒那不允後援兵
至又敗乃勒兵立和議後劃搭与霍路司登一作孱路司屯一作霅詞司冬兩河
上殖民踵至歲歲增益至美自立後始止嘉慶元年立邦領十四

郡英美戰時熱客松牵邦兵二千助戰勝英　邦在若耳治阿拉
巳麻密士失必之北西方有昌拔良山二條並行自東北至西南
二條山之開地質甚優昌良山之西地勢傾斜達西界西界即密
士失比河也昌拔良河流入阡的伊邦田納西河自北至南入阿
拉巳麻邦遂北流而入阡的伊邦此諸河水利極大運輸尤便厚
路司屯河可林治河介誹箇俱入田納西河邦之中央並四境物
產多烝山間不適耕作氣候爽快溫和民之生業以農爲最此邦
分爲三境一在昌那良山之東名東田納西一在田納西河之西
名西田納西一在二境之間名中田納西是邦爲西方諸邦中最
舊邦民多由中南諸邦移住都名那士威兒在昌拔良河左岸距
河口二百里人口最多之地也官署壯麗此地爲輪車要衝貿易
工作皆盛緬費司占邦內第二等地在密士失必河上地高三十
尺風景如盡民房櫛比織棉之業大振諾可司維兒舊都地也在
厚路司屯河上人煙今猶不衰　壓那揩司山又花鴨不拉三山
是山之脈爲本邦東界最高處五千尺山西聳秀可觀最高處一
千尺山西九千二百方里險要在強排藍度高處二千尺地寬而
平九千方里○河　別箇哈幾　別箇必入紅　別箇山特　白
非羅　箇令治　坑白浪　達古　挨而古　弗令治白羅　瞎
幾　希蛙司　霍而司冬　別得羅天你恕　密士失必　鈕
奴司福古提阿　屋排特　屋排　屋皮紅　屋古一　濕古幾
　騷司福古　騷司福古提阿　騷司福古皮翁　司冬姆　鐵
里古　天你恕　滑笪額　烏而夫○列郡　櫻達松　別得福
特　彭冬　勃來特蘇　扒羅得　勃藍地　張白羅　恰農
卻六路　卻大　幾三　笛加婆　弗里扒恩　潑來　穀古

殼非　過羅葛得　康排藍特　得皮得風　特夾搭　入克松
　淡壓　非得　分得來司　藍葛林　入勃松　已來司　弗
林歙　弗林　藍特　亨林　瞎米而冬　亨各昔　哈笛去
　哈空　蝦令　黑烏　亨達松　亨里　豈古孟　好司冬
亭不利　入克松　入姆司　入法松　仲松　六克司　來古
　六達笛而　羅林司　來未司　林各龍　倫敦　礤古名
礤古乃力　梅公　麥其松　麥禮翁　麥失而　麻來　梅革
司　夢六　夢得古末利　麻阿　麻戇　蛙皮翁　惡排冬
潑來　巴孤　博得男　禮　六恩　六扒得松　六煞福特
司各得　昔　幾　覆鴨　失而皮　四米司　司底劃杜　煞
立房　煞買歸七不冬　託路司提而　尤你固伊　鈕濃　王
皮人　滑令　華盛頓　回音　回克令　回脫　回艮松　回
而松　光緒六年民數百五十四萬二千四百六十三人　礦產
鐵石油雲母石石灰沙石石板煤銅硝石　物產稻麥棉花麻
大麻花生豬淡巴菰印度米番著鹽　鐵路干七百三十二里
阿拉巴麻邦（阿杉而拔馬）明嘉靖二十年西班与人始來康熙三十
年法人城莫比里乾隆二十八年密士失必河東邊地歸法此邦
亦屬馬後在巴黎立約地歸英轄四十八年將北緯三十一度南
邊地歸西班另嘉慶三年以前本邦隸若耳治是年歸美二十四
年立邦領六十六郡同治七年定行政章程現行章程則光緒元
年所修　邦在若耳治之西佛勒爾勒釐及壘西哥灣之北土語
以阿拉巴麻為平安歐人因以名其地阿列我呢山邏透邦之北
境處而為平岡海岸五十里莫比里灣寬大為墨西哥海灣內第
一大埠田納西河自東北方流入邦境蜿蜒西北行而出邦境入

田納西邦東北可比河阿拉巴麻河合流爲莫比里河（一作別里）莫入
莫比里灣加打夫治河（一作卻笪夫幾一作哈笪華幾）爲東界流注佛勒爾勒蘁
邦諳水寬廣輪船往來不絕邦地膏腴海岸及河濱夏時不爽快
內地及山中氣候溫和南境林木暢茂民多由法國移住雜人亦
不少都城文甘布里在阿拉巴麻河濱爲美國大邦都之一房屋
壯麗河上輪船飛驪莫比里城峙莫比里灣上爲是邦第一大城
美國第二呢布工作之區大學堂在打司加路沙他處學堂亦多
○島　大分　匹幾扒愛司　夢來司　他得而拔古　墨西哥
灣長三百三十里寬百五十四里方五萬千七百二十二里灣內
港汲極好木別里灣通莫比里河入阿拉巴麻河同皮箇皮河卻
笪夫幾河固沙河（一作古煞）田納西河均流注境內同皮箇皮河通火
舟至穀龍排司計程三百里勃拉古壞里河（一作勃腊古之里）通舟可至
他司卻路沙計程二百八十五里阿拉巴麻河通舟至文甘布里
離木別里三百二十里○河　勃臘之里古　白笪哈幾　卻多
𠯈　曲古他華幾　曲古他華幾　曲古他華幾　空呢古　哈
呼排　哈笪華幾　古煞　非恕　愛而古　愛司強別耶　弗
林得　弗林得　立的而　立的而卻多排　立的而塔拉浦煞
　立的而同皮箇皮得扒里　路過鬧八里拉　莫別里　匿入
而𠯈　奴司　非恕　烹格六　派多里𠯈　比　派其讀　昔
不恕　他拉普少　天你恕　天疏　同皮箇皮○列郡　蛙多
𠯈　扒羅英　敗婆　別箇　勃龍得　白六古　拔多辣　開
而烘　強排司　乞路幾　幾而冬　谷多　佛拉古　潑里
潑里排恩　加非　穀羅排得　空內揩　可沙　谷林冬　恰
而忙　兒路　達拉司　突甲路箇　愛羅馬阿　愛司強別耶

　愛多阿　非的　入呢伐　箇林　海而　亨利　入克松
入法松　拉媽　路達笛而　路林司　里　來莫司冬恩　龍
恩笛司　美工　埋其松　　埋令箇　埋而洪　埋失而　莫別
里　夢路　夢得吾末里　莫根　丕里　必根司　丕古　藍
突而呼　腊昔而　失而皮　生得不里雅　三塔　塔拉提与
　塔拉布沙　塔司卻路沙　嫣家　華盛頓　回而薄克司
雲司冬　固林失　弗郎克林　光緒六年民數百二十六萬二
千七百九十四人　礦座煤鐵石灰沙石石板腴子石白雲母石
　物産稻棉花麥果子栗木料印度米番藷馬羊豬　陸
軍兵約千人礮臺一在莫比里　鐵路千八百五十四里
密士失必邦美䨮䨮比密士紕比　明嘉靖二十一年臺蘇得初游此地
閱四十年拉沙里來觀河下流康熙三十八年以後殖民踵至法
人在六幾恕立寨四十一年殖民聚於藥自後來者益眾雍正六
年與土人戰白人盡䃶乾隆二十八年河東地歸英閱二三年河
西地歸西班与後盡入美嘉慶二十二年立行政章程立邦領七
十四郡　邦在阿拉巴麻邦之西河岸地平坦多瀦澤自維可拔
至邦之南境小岡起伏至高二百尺至低二百尺東境高聳可原
南境窪平此邦沿墨西哥灣九十里無頁港距灣岸數里有低島
如屏障松樹林立又有船島内可泊船故有此名密土失必河及
比与而河爲邦西界有揚突一作另斜比可夫拉可一作比勃拉可可二大河
入密士失必河比与而一作儿蹤怕司可我拉二河南入墨西哥灣土
地豐沃蓋密士失必河岸之膏腴五大洲不多得也南北境氣候
溫和民多英裔先至者爲法人都城則臣在比与而河右岸邦之
中土也廛市壯麗係東西鐵路要衝維可拔邦中第一大城在密

士失必河左岸距紐阿連四百里呢布生業頗旺那治土民數占
邦之第二亦在密士失必河左岸據小岡之上地勢險要據此可
以禦敵阿可司法奪在北境有大學堂此外學堂千餘所分布各
郡　境內中南有岡最高處二百尺又有加奪島希布島皆在海
岸○島　加奪　的阿　我蘭奪　我拉希　紅　比治勃以斯
　希布　密士失必河發源於合眾國北方密乃利太境伊太斯
康湖南流過挨伊由挨境至密蘇爾釐邦勝路易郡之南會合密
蘇爾釐河成洪流又百五六十英里會合倭海阿河更增其勢又
南流千二百四十英里過紐阿連郡下注墨西哥海總長三千六
百十英里為天下第二大河南美挨馬孫河為第一合此流之本流支派其
兩岸受水地有百二十四萬方英里其地積之物產皆賴此河而
運輪河之廣狹不一今漕船所通處闊自二千二百尺至五千尺
深自七十尺至千七百尺其極深所有五千尺處　此河貫合眾
國之中腹為國中著名大河其上流倍靈動邑之東界處河幅已
至千八百尺此處架以長鐵橋上設火車路此橋工程浩大高廣
絕倫其鐵路直達詩家古　自加以呂至河口之間分四區第一
區自加以呂至第四十號島之麓約二百二十里此間當修之地
有二一曰紐麻脫里脫里知自第八號島顛至第十四號島下長
約六十里一曰不蘭波因奪里知自第二十六號島顛至第三十
三島下長約四十里紐麻脫里脫里知之顛在加以呂下四十二
里不蘭波因奪里知之顛去同處百四十七里第二區自第四十
島下至回脫河口約百八十里此間有緬比斯里地及黑列拿里
地緬比斯里地自第四十號之下去加以呂二百二十里至斯昌
艮斯島長約二十七里黑列拿河地自昆麻斯加士阿夫去加以

呂二百七十里至夫列另斯波因奪長約五十五里緬比斯里地
之內有緬比斯港修此港數年間歸美國兵部工程局管理然光
緒八年屬密士失必河官管理吳而夫河之隄壁於光緒九年二
月修完同年有洪水此地獨不蒙害第三區自冋脫河口至密士
失必省窪仁屯長約二百二十里有角可脫里治及列可不羅比
田斯乞地二處一自亞昆沙斯省可可斯波因脫去加以呂四百
二十二里至同邦之阿甘色郡長約三十二里一自路士失必邦
加路里奈艮田去加以呂五百三十里至第九十五號島下長約
三十五里此埋維可斯拔港須修也此港至光緒八年八月歸密
士失必河官管理第四區自窪仁屯至河口長約四百八十四里
此區頗緊要奈給斯港列突河冂阿脫茶法拉另河口不拉基明
江口紐阿連港五處皆在此區內上密士失必河先得路以司上
密士失必河之鎮市也去先得安蘇呢瀑布八百四十八里去倭
海阿河口北百八十二里乾隆二十九年拉可里的定此地爲鎮
五十四年此地每年所聚之皮貨値三十萬三千七百五十元人
口千五百餘至道光二十年人口萬六千四百六十九此地之與
旺頗捷蓋美國內地要鎮也密士失必河官員亦設在此地嘉慶
二十三年火輪一艘始來此地名安的羅不此船因看密蘇爾釐
河經此道光十一年也羅司屯火輪亦來看密蘇爾釐河亦流達
秘里寨十三年也阿西呢波因火輪又來此地或看河或經商近
年人皆知密士失必河有大益於美國故修河之功日益研究○
河　阿米的　比可勃拉可　比羅其西　治喀沙窪　哥路我
奪打　也斯加奪拔　法士　哈萊知土　里夫　路可沙怕里
拉　密士希比　麻可喀斯　比路　斯奪論　三大拉窪　打

拉哈治　奪可拉　屯比可比　呉路傳　与拉而布夏　与奪　約那怕打哈○湖　拔羅斯　才布列斯勃列　夜里斯　我斯○列郡　阿打母斯　阿路昆　阿密的　阿打拉　便屯　勃里拔　哥路紅　加羅耳　知喀所　角可多　可累紅　可拉可　可列　哥哈麻　古比阿　古並屹　的所奪　夫蘭可林　喀林　喀利那他　漢哥可　哈利送　希奴奪　合路美斯　以沙幾那　以打王拔　日可送　日斯怕　日法送　約呢斯　狠怕　拉費治　羅打的里　羅連斯　里可　李　里夫羅阿　林昆　羅運的斯　麻治送　麻里恩　麻夏路　夢羅　夢奪喀迷里　你學拔　紐屯　那可斯皮　我可知別哈　怕那拉　比里　背過　本奪奪可　布連治斯　金奪忙　蘭金　斯古奪　夏幾斯布送　斯米斯　三麻　三夫拉窪　打拉哈治　的奪　治怕　治學民我　酒治客　由你金　窪連　華盛頓　維因　維耳金送　文斯屯　押拉不沙　押奪

光緒六年民數百十三萬千五百九十二

物產米糖果子稻麥松樹粟核桃欅無花果葡萄梅桃蘋果橘芭蕉棉花印度米

陸軍步兵十隊礮兵一隊十八歲至四十五歲者任之

鐵路千一百四十里

魯西安納邦（羅衣西阿那　羅衣西阿拃　羅西阿那）

康熙五十七年法人在紐阿連小住經營四年將木別里之官署移至密士失必河西地勢寬大似一小國卽今會城也乾隆二十七年以此地與西班牙嘉慶五年又歸法八年美與法主拿破崙千五百萬元買此地入美十七年立邦領五十八郡

邦在密士失必之西墨西哥灣之北地勢平坦小岡最高者僅二百尺此邦南境四分之一高距海面不

過十尺每歲春日水漲中央及北境地平往時常受河患西岸最
甚近年築隄籌備水得宣洩侵以無患灣岸屈曲無良港密士失
必河爲本邦東境之半入此邦東南流而入墨西哥海灣此邦入
密士失必河之大河名列特河一作來斯紅河之義也窪西打河一作華繇
笸入列特河沙冰河一作雉平在西界入海灣比亐而河一作拔酥在東南
界諸河皆通舟貿易稱便地極膏腴餘地樹木多冬天氣候和暖
而長夏天炎熱水鄉多黃熱病民人向係法國及西班亐國人移
住今則多從北方諸邦來住者多黑人亦不少都名拔堂路在密
士失必河上南距紐阿連百三十里地勢占小岡橋林多市街民
房整潔紐阿連在密士失必河畔南方諸邦中第一大城也距河
口約百里或呼此地曰新月城房屋堂塔皆美麗海闢房屋頗大
除華盛頓議院外已爲美國第一大房棉花貿易甚盛嘉慶二十
年春大將日可送大敗英兵於此故有名土那而土送維里在密
士失必河上布拉治明我比路沙司在彭家奪連湖岸大學堂在
拔堂路日可送華盛頓兩地俱有大學堂近年此邦之學業大振
○島　亞勃來登　啞比特　拔篤里特　扒特　開雷　强特
雷矮　古巴　達呢而司　以司得今扒里雅　箇藍特　箇藍
特脫里　愛司路蛙部里登　愛司路蛙比特　愛路笛呢雅
梅工司　買矢　潑羅非篤　拉皮篤　先勃羅　希而　先得
蟲司　今扒里雅　回特而　回音　密士失必河流貫境內八
百里邐迤入墨西哥海灣支流甚多舟楫運送貨物貿易至盛夏
月水常溢出隄工緊要○河　阿美的　阿加法拉雅　阿加法
拉雅　勃拉古　勃拉古培育　勃拉古來古培育　勃羅培育
　六求培育　裒夫　裒五夫培育　恰路恰恕　開恩　乞反

白　因哈日那　矢　矢拿而　呼拉　脫里冬　及古
布先勝土司法　笛　阿四多去　非拉苦華幾雖　拉麻幾
壓得土古　送弗蘇殺三拜麥司弄而　恕培培密夫捺
藍茶比那　浪得羅必呢司　度卻扒笪育育土幾　讀
天特里　治拉不　回升恕　拿摹　力求○　失培勃失
煞里土拉奪費林以而　拉去利箇司　湖吞來必育藍幾
司　比治治　司　阿退路司伯藍　扒　煞特　特培
先勝的　箇得強薄司利　司特豈吳沃司　逆拉開育
的得土土澳拉藍培密愛　沃　可　蘇培羅司那路
里麥黑　里法特登隆里滑浪司梅箇得恰　育培比古培突
蓬進列烈安治　路　司來恩幾江藍　杜培　育培古育拉
那利司　以　卻　得杜未多特殺　尤脫　育培　溪
尤先　拔　林皮以達平　羅開此拉雖　育箇培
濃得勝　澳混里司夫回滑西比密箇司而而扒平拔　羅育
買土利治　亞得拉利央令而而拉　路　吳　而立昔
乏里日治打里　卻　司笙沃別培雖　的的突
密　母蘭　文以路潑薄回煞比摹　古　司育林必而的司
而先土　布司拔而里失得令呢畱若笛強低　培幾　培阿
客得　西拉屯維　扒　○　雖　得　而牛乞育多梅育里
他勝比幾　里以吳哈列三　穢　畱司　古　開工　夢
乏買絨　米美　司　度郡箇烹度來司呢勃福吞路培拉突
夢呢拔聖你知沙得空　笙加　里矮雖拉　呢培育割培
布土土送可非古揩阿　脫穢　來　苦乏拔育　心育
華坦治拔　送里其羅新沙林度立鑾恰　密化　麥培
盛呢上那波擀　謔雖揩升突　的特達勃濃　法門育達

頓　回勃司得　回司得敗登路　回司得揩羅　回司得非里
矢矮那　雲　光緒六年民數九十四萬百三人　礦產煤鐵石
灰硫黃鹽石　物產棉花白糖白米稻蔗木料果子蘋果桃梨梅
橘無花果白薯　陸軍武官百七十一名兵二
千二百九十七名　鐵路六千六百八十里
得撒士邦（得撒得河熱上瓦瑟斯脫闢司脫闢匹）　康熙二十四年法人拉辣里
初送殖民至此後法與西班与爭此地而戰乾隆二十八年歸西
班与嘉慶二十四年定地界以碎平河（一作沙冰一作昔平）以東歸美碎平
河以西歸西班与後為自主之國九年道光二十五年入美立邦
領二百二十九郡　邦在甘色土魯西安納墨西哥灣之西美國
中第一大邦也無高山可打路比山起伏綿延在里我可艮的河
（一作里簡藍特其廷）比可司河（一作古司拔）之間又別有與此山並走者橫亘比
可司河之東側峯高三千尺諸山皆落基山支脈也西北及北境
高而平自二千尺至三千尺不等向東南則漸次斜傾至海岸海
岸平而低北方有名拉諾野司加拉打之地平而高高二千五百
尺無草無木連接紐墨西哥部無人煙灣岸三百六十里多淺沙
乏艮港列特河（一作來特）為北界沙冰河在東里我可艮的河在西南
此二河皆通輪舶士地不一大都豐沃氣候清和因有墨西哥灣
之涼風也民多墨西哥人法國人他種亦多西方猶有土人部落
名可滿治印度邦都名奧士天在加羅拉度河（一作搭羅拉度）上距河口
二百里可而別司堂在可而別司堂島（一作亨而別土乜）西此島在可而
別司堂灣邦內第一大城也貿易頗緊要散安奪紐在散安奪紐
河（一作三般篤係屋）支流之上舊城也此地有阿拉毋寨此邦獨立戰爭
之時邦人一百五十名據此寨墨西哥兵四千人圍之十一日邦

人盡覺不良司維利在里我可良的河上與墨西哥之麻打母拉
司相對大學堂在印的片田司此外大學堂不少○烏　穆拉沙
斯　我而別士屯　麻打我打　麻土　麻斯堂　怕土利　比
里昆先奪　日費士　西境有里蛙箇藍特河通舟四百里過河
即墨西哥境○河　顏日里那　阿蘭沙士　比可維治那　不
讓過　波士幾　穆拉沙斯　加那治安　可利与福可　刻羅
拉土　昆角　比的而士　土來　我打而夫　拉窪哥　里恩
　里阿那　利土而　利土而維知太　拉諾　美治那　米土
而昆可米聲　那拔士打　那皮達　呢幾司　拿蘭　拿司比
　拿司烘古　拿司來特　呢甲司　拔古司　怕達浪司　措
羅拉杜　而里窪箇拉屋特而　里蛙箇藍特　里蛙箇藍特
昔平　沙得勃拉茶　沙得可路拉杜　沙得來特　三殿篤篤
你屋　三比圖路　騷司福古　騷司而來特　先得媽古司
脫里低　四司得脫里低　來特○湖　加土　西打　西打
古里浸士　也士潘士沙　費里　法吉土　我拉士士美与西
　我林　哈以沙可　米聲　澳以斯打　西文○列郡　櫻達
松　擾特留　擾人里拿　阿郎煞司　阿卻　阿木司叔口龍
　阿笪司谷煞　司敬　倍里　彭笛拉　白司拖羅布　培羅
　皮　培而　培古鬧　勃藍古　扒定　扒司幾　扒未　勃
拉茶里亞　勃拉茶司　丕里司古　勃拉翁　敗里松　敗乃
得　可度囘而　開羅化姆　恰拉亨　强密弄　强布　措松
　恰矢　卻司託六　强排司　郎路梯　催而突來司　潑來
　殼古倫　殼里孟　殼林　殼林司華司　恰羅藍特　殼媽
而　殼蠻處　空菊　殼古　殼益而　殼得而　殼羅羊得

殼羅司皮　踏浿　踏拉司　度松　地夫四密司　笛而遠
騰冬　特未得　立更司　特米得　同笛　尤勃而　以司督
藍　愛度窪　愛而水　愛羅巴沙　英夫那而　以拉司　福
而司　法佞　非低　非失而　福羅　福多彭得　弗浿潑林
　弗里司冬　夫里屋　職因司　軋而別同登　軋閘　其來
司比　箇來特　里閘來西　箇來　箇來松　箇里而　物來
箇　華達得比　海而　化而　吟米而冬　亨欺福特　哈地
孟　哈定　哈皮司　哈里松　哈得利　哈欺該　海司　亨
波希而　亨達松　希外路箇　希而　霍古里　夫特　霍波
今　耗司東　化乏特　亨得　瞎令松　若可　若克松　若
司擺　入法松　仲松　仲司　揹呢司　古福門　肯達而
肯督　該而　輕扒兒　輕　克呢　諾克司　拉嫣　冷菩
冷柏煞司　拉煞里　拉乏家　里　立紅　立扒的　來恩司
東　立不司工菩　立扒古　拉拿　拉扒古　林　磯夾六古
　磯古里拿　磯古慕令　末其松　買立紅　買丁　梅松
買笪箇達　買培里古　美其那　米那度　米藍　密執而
夢塔求　夢得骱密利　麻阿　麻利司　夢多利　捺可多幾
司　捺敗羅　牛動　拿藍　牛昔司　屋凡而脫畢　華而達
　阿令其　怕六賓得　怕如拉　怕家　怕嫣　匹古司　撲
古　八笪　潑里司其啞　潑里司其啞　來因司　藍特而
而來特里敗　而立非胡茶　六培子　六敗得松　藍蓮爾司
　拉矢　昔平　三沃外司令　三若新得　三八多利叔　三
煞排　司加力　薩幾而福特　收勃里　耍忙　四密四　速
嫣未里　司打　司低分司　司冬華而　司未矢雛　塔藍得

　梯羅　梯里　司六固慕動　氣笪司　通箇林　託拉皮司
　託里呢低　退拉　阿波失阿　尤扒而低　望橙得　維克
多利利亞　華康　華拉　華盛頓　囘步　花頓　囘衣拉
維處笪　維羅扒軋　國良松　囘而松　囘如　烏特　霞庚
　央吾　若不塔　若不拉　無官地　物林司　光緒六年民
數百五十九萬二千五百七十四人　礦產有煙煤鐵銅鉛銀錳
信石石膏磁器泥雲母石鹽井鹽泉　物產蔗棉花五穀牧畜稻
麥樹木梨桃蘋果葡萄無花果橘　鐵路三千二百四十四里
野番部印甸央脫理脫理印庚央脫野脫理　昔爲魯西安納地現爲一部管十
八鎮會城塔里挂　阿甘色河一作阿庚煞司自北下注向東南流入阿
甘色邦境河道未濬不常通舟有時轉運可達福得其勃松境之
其箇力司河一作劃其箇力司呢沃叔河亦倫諾爾河均入阿甘色河措
那其央河一作恰那其央源自新墨西哥來司馬弄河源自甘色士河來
○河　阿庚煞司　薄羅　薄入　恰那其央　突來　豈米矢
　立的而　米讀扒如　乃司卡坦大　奴司福古坑那笛央
奴司福古來特　來特　來特福古阿庚煞司　沙得　劃其箇
力司　劃司笪　烏衣華甲○部落鎮　氣路幾　氣路幾　氣
也呢攖特阿拉拜虎　氣家蘇　矗古多　空買處攖讀矮拜幾
　可里古　庚煞司　邱蛙安達空盂幾　逆自屏昔司　啞雖
如　怕呢　怕到攎笪米　煞箇攖突福古司　昔米拿里　阿
擺阿庚煞司　未之達　烘甲　在怕呢　礦產煤鐵有煙煤
物產棉花稻麥大麥白薯果子水牛羆鹿　鐵路二百七十五里
阿甘色邦阿甘沙士阿根儕阿庚薩司康熙十二年埋基督熟里督二人
舟行至密士失必河以達於阿甘色河口乾隆二十八年至嘉慶

五年地歸西班牙後三年歸法旋歸美本邦原屬密蘇爾釐之一部越數年密蘇爾釐立邦定章程道光十六年本邦始自立領七十四郡立新章程同治十三年又修定東地低平西多高岡　邦在田納西密士失必之西魯西安納之北比山布士頓在西北境高二千尺邦之中央起伏不一東方窪而水澤多有時此澤溢出貽害田野密士失必河為東界先奪夫艮西司河一作先得法蘭西司一作先得弗來西司白河囘奪可他一作囘特阿甘色司河窪西打河一作誇幾達一作甌司笛列奪河一作來特皆大河或南流或東南流入密士失必河諸水可通舟有河之地皆沃物產多中央稍荒蕪氣候山上清爽低地熱而不爽快窪西打河畔有溫泉約數八百夏時浴客如雲此邦油石甚好民人向多法人移住此外尚有雜人都名地低兒落昔在阿甘色河右岸距河口三百里民房壯麗貿易極盛學規甚好　屋柴布山在西北高二千尺　境內有數河通舟最寬大者阿甘色河發源落機山過哥羅拉度阿甘色士河又過野番部境至拿波里溫地而入密士失必河阿甘色河經過本邦長五百里來特河先得法蘭西司河囘得河誇幾達河可通火舟阿甘色河先得法蘭西司河地方多澤霍篤司不林河水性至溫熱百四十度從立的而落古河至阿甘色河岸旁多煤礦○

河　拉箇盧　路攖軋而　立
治而　立治而　立治而　立得而密槎里　立的而來特　囘
特　麻密里　煞林　密士失必　莫而別里　可斯笪　來特
沙林　司不林　先得弗來西司　司督路勃里　太龍閘
劃司笪　囘得　阿甘色　自臘古　為得　愛立彭蒙八音脫
非婆　今吾○湖　皮箇　皮箇馬失　婆福特　克利鴨
雖不來司　雖不來司　福辣得　敝松　箇而定　佛拉希

阿郡滿爍民　而土七白四得夏　里　里　特　顚克彭闊
光十單爍數三法人名薯人　布藍波夢排入　福顚　冬來
緒二拏　百米古部戰蘋　烏　突　路而法薄而　可
元年屬物十藕司落時果礦特先而丕　松得葛殼來扒美
年從闥八而　壢七　產拉得呼古夢路　司那路　恩松
移吶薩麥萬　度䫋萬陸硫夫弗　得戇仲不　司霍
至哥路那稻四三拿舳三軍黃　來煞巴共　松林夫　龍勃臺
黑大拿　稞千笪阿蠎千武鐵愛西林音未六　而達皮腊龍
勒分　麥三非捺羅名官亞路司　昔利拿拉呼冬拉雅突闢
拿出昔烏百　䟠　八鉛　司得　古非矮　司　來
二爲麥四四猻　鐵百鉛光司可　乃　低特猻　公　羊
最千倭果人古藍騾路五錳緒冬得巴乏磯　藍笛位揩吾
高方海子　六得棘八名鹽六恩　古達其盧因特失　爾○
山里阿葡礦　齒千兵泉年　夏　宋林笛　阿可烘列
二入邦蒭產刀林块　六萬石民尤西巴紺　司烹斺　來　郡
千本地　金司工○百三　數濃　布冬埋　騰藍度黑卻
尺屬同鐵銅　列九千物八　湮　里里司得西特路矮
初治路銀劃木郡十五產十橫扒不蛙松　路司
愛會三六亞林拉　里十棉萬旁司來幾　令以箇突可　里
路城年百鉛商　排　花二　香里達米各若令罶六溪
司在立五錳　罶那　稻千華　腊而杜　稲各拔
冬勿屬十汞光蛙里　淡五盛西派丕　亨弗特得葛
河爾領八鐵緒阿路　巴百頓皮拉里密立若布藍　司
源吉十里有六里　菰六　雅司　夷得克司葛可克筸
自吼一　煙年拔措　麥十回　幾非必而松低林里拉

阿司立來河分懷産九櫻州得得先誇密里化弗旁得花皮乃
柏魄得菩〇出阿麥千讀　里軋得今槎披姆拉古　羅扒身
愛拉巴而河此名稞百克揩得拉立額拉阿　得　勃　赫那
羅低達　地屬麥十拉司　今司司　立赫箇羅皮特而
司　入培立明懷烏七古笪箇　扒　密磯得特阿　箇　扒
冬巴呢外阿屬鶴麥人　里回及來茶其而　扒克花皮古
巴蛙脫　領岡靈柏　磯讀是司阿特里松勃弗姆拉姆箇來
烏愛白　別七屋　松礦其松里冬〇華　腊拉　克　勃弗
印如拉仲而郡明岡楊産松　培　山得買梅古得讀司皮拉拉
度　拉箇里會崕棉金　田阿愛　昔潑夫赫箇福箇古西
〇新　里氣城　花銀彌阿　羅特薄而羅冬特　古潑夫突
湖今奴司福溪咸羊銅外六來司冬愛失　以　力冬湖
華司　煙豐毛鉛　幾特冬　林而馬立海司克古　長
勃得氣拉別呢七　煤密　六〇山勃　里得而今拉里皮三
里　呢拉箇　年鐵有槎軋合湖松藍派雅而戳軋克披箇十
軋騷　米烘波從路煙臘拉〇　之古司密得拉司阿扒里
司奴　達町八煤　今列阿淡　槎　今福　達寬
古幾司立薄河哥千石光　郡水巴羅怕梅里肉　古密　十
巴呢內得矢北大三灰緒入　力基土達其　谷以霍塔皮里
司　白而　注烏百石六法皮　勃　申立　司龍羅箇〇
碎拉巴箇入大五鹽年松扒脫通突潑　得立得皮特突河
哈得司巴來愛哥十泉民　里來梧　里密而得潑亞　來
多華甲愛恩羅羅里　數雷特　羅外路潑而來　潑　拔
得　如　司拉　物三未　弗回皮司戈來皮里恰里皮達
墨　奴　箇冬度　萬司蜀拉司　古箇　得司箇

其松　歐魯司冬○列郡　而排呢　御蓬　可路古　拉拉米
乃叔那路　巴拉里石別申　比司　司未得華得　因達
光緒六年民數二萬七百八十八人礦產煤鐵銅鉛石油銀金
沙達硫黃沙達物產麥大麥烏麥稞麥鐵路四百七十二里
哥羅拉度邦考（陸拉德捎羅拉度）咸豐九年殖民漸集趨淘金之利光
緒二年入美國爲三十八邦中最新之附屬初爲甘色土呢不拉
士格烏大新墨西哥等邦屬境後於同治元年分出後魯西安納
邦亦稍分其地以益之南北花旗戰時出兵四千九百三人光緒
二年立邦領三十一郡邦都敦佛耳　本邦地分三種一山一山
坡一平原落機山由北至南在本邦境內有三條山脈並走最高
處萬三千尺三條山之中境似園林草木明瑟頗足娛情騷司
勃腊河有瀑布在夢得俄末里田復交界處阿甘色河有洞深二
千五百尺蛙葛蘭得特路拿河發源薩危溪山○湖　搿藍特
山葛里司達勃羅　山里司　山搭末里雅　特辣攏　度雲⊙
列郡　阿拉排呼　片得　扒特　卻非　潑里阿潑里　空內
熟司　翟司幾拉　恰司笪　讀拉司　特法松　來可　腊波
腊達　腊里媽　腊司阿二賈司　蚌來　八古　飛得今　久
勃羅　離蛙勃藍特　陸得　三瓦幾　山上　煞迷多　回而
特　光緒六年民數十九萬四千六百四十九人　礦產銅亞鉛
煤鹽泉礦泉金金沙銀　物產麥米羊豬羊毛　陸軍步兵二隊
馬兵二隊另一隊駐林扒二百二
十三名　鐵路千五百五十五里
新墨西哥屬（蠻墨西哥）明嘉靖十六年西班牙人初至此地後漸從
墨西哥移民至此萬歷二十三年至二十七年殖民日集戍兵亦

至城山達非道光二十八年入美踰年土人叛旋討平之三十年
立屬領十二郡會城三塔非　境內落機山脈二一束行至山達
非而盡一在石拉美讀邏遊入墨西哥境　里沃箇藍特臺路拿
特河源自哥羅拉度來必古司河會焉境東北加拿其央河入阿
甘色河西南伊洛河入加里福呢亞灣○河　阿古阿恰林幾
阿古入突拉披搭　阿羅衣阿拉麻司　阿羅衣殼羅拉特　勃
藍夫啞夫入墨白　阿羅衣畱希羅　阿羅欲撲拉司笪　阿羅
青三明逆路　阿羅育西古　勃藍氣啞夫梯邦白　卡那大攖
甲　卡那大箇路溪路　卡那其央　西扒拉　希古阿拉育
豈里里阿拉育　希馬龍　揩羅拉杜　空蠻幾　以司得福古
入美司　其拉　入美司　入美司　慕拉　南皮　司不林
來特　勃你多　揩嫣　可司幾拉　拉士　阿你嫣司　空甲
司　披拿司　拉農　派若里多　非里克司　夫里執羅司
歆里那司　箇藍特　箇藍特笛而奴的　烘達　烘達　拉披
拉達　拉豈阿　朋敗司　你我拉　披古司　披那司古　剖
阿古　西剖阿古　來特司　煞必羅　山熟司　山然　派羅
嫣司　九拉　九拉羅庫　三的佛涙謝司戈　餞司久　戠得
　阿拜坑那　其央　肉你○湖　勃拉古　扒持　豈古　突
來藍拿　華司　藍拿　藍拿　藍拿可路拉讀　藍拿呢我拉
　來古　兌古司　沙造來古司　秘
路　巴達　新今司瀫林條此下當闕文
亞里孫拿屬阿拉頗那阿立查捺　明嘉靖四十五年西班人初至此地
看出銀礦同治二年立屬領七郡會城塔古松　中央及東北地
平而高八千尺本屬山脈自西北而東南其自北至東之山名夢

硬龍又三佛淚謝司戈山高萬一千尺 勃令河一作臘克勃琊藍河
一作琊拉合流成哥羅拉度河一作恰羅拉度南注在西界入加里福呢亞灣
通舟六百十二里○河 皮扒但 皮箇山特 別路回艮 勃
臘克 薄呢笪 恰羅拉杜 達羊蒙 以司得福古 琊拉
其拉扒你笪 箇藍得劃矢 赫突華得立的而克 羅拉杜
恰捺菩劃矢 立羅克司 立得而恰羅拉杜 奴司福古 派
里亞 立沃恰你士 立沃派古 立沃派特 拉迦華得 煞
葛拉孟得劃矢 三得殼羅司 沙得 沙得 三揩羅 三佛
淚謝司戈 三披度羅 三笪禨里 失里洪司福古 失里洪
司福古 之忍 回革布劃矢 回得孟丁 回得孟丁 入呢
○土人部落 揩羅拉杜 郡拔入 派瓜箇 拔媽 拔媽攖
讀買利古拉 回得孟丁 拉牛那 拉牛那 拉牛那 拉牛
那 拉牛那 拉牛那 拉牛那愛司拔藍古 沃若里彌笪
來特○列郡 阿拜西 買里古巴 水海菩 比媽 比那而
歹排比 尤媽 光緒六年民數四萬四百四十一人 礦產
銀硫黃銀銅硫銅金錫鐵石灰石膏煤 物產
稻五穀白薯蔔菊橘果子 鐵路三百八十里
烏大屬油鯿達 道光二十八年與墨西哥立約入美咸豐八年
定行政章程立屬領二十三郡會城沙得來哥 滑達幾山自東
北望西南高萬三千尺○山 阿但木司赫突 非矢來古 矢
達 薄古亨里 愛央 米呢拉羅 呢羅 三比之 三佛郎
西戈 臺扒而六古 拿排蜀○島 出而處 卻林冬 達勒
分 弗里夢篤 軋呢崧 瞎篤 買特 司當司勃來 司督
隆吾六菩 阿而恰里 別阿○河 阿失來司 培阿 勃拉

古　措羅拉杜　達得笛別盧　立踣來司　尤奧司呢　以司
特別而　以司特昔別而　愛司　卻藍特　夫里夢冬　箇藍
特　箇林　海騰　執騰　來古　來古　六戩　禨拉地　奴
司因達　奴司潑來司　奴司西班与　蛙定　巴里而　潑來
司　泊盧菩　來特福古　豈里　之順　三善　三拉非而
三笪可拉拉　西皮雅　司米司　沙爾求　騷司潑來司　騷
司維敗　西班与　因達　維扒　維扒　回司得別而　回司
得別拉古　回司得潑來司　回脫　回脫○湖　阿而恰里
別阿　山古　箇來特沙脫　霍篤司不林　立的而沙脫　彭
幾之　拉矢　拉矢　西皮而　尤達○土人部落　花姆克里
古因定　地波克里古因定　三比低因定　西班与福古因定
因達因定○列郡　里扒　班割司愛而達　卻幾　達別司
愛末利　愛固　執菩　措宜　米拉度　麻戩　拔尤低
別處　蘇得來古　付善　三比低　西地阿　煞米多　多利
因達　由達　滑薩幾　華盛頓　未排　光緒六年民數百
四十萬三千九百六人　境西北穧藍得蘇得累箇湖長七十五
里寬三十里水淺有數河會入此湖有鹽水河流入此湖其水百
分中二十二分比重一零一七烏大湖水淡長百三十里風景頗
佳　礦產金銀銅鉛鐵煤有煙煤鹽沙石　物產麥稞麥
烏麥白薯棉花蘋果梨桃石榴無花果　鐵路七百五里
呢華大邦乏納達戩阝結達乏之達翻　咸豐十一年從烏大屬分出同治三
年立邦領十五郡行政章程已定邦都加臣　境內平而高最高
處四千五百尺有山脈二條自北至南蜿蜒並走最高處八千尺
失腊呢拔達山在西界高萬三千尺○山　沃來司笪　阿別

麥 古令古吶機格衣陸亞丕林 | | 長薄空笛拔
蒙禗 雄山邦打軍鉛音工愛非皮可拔阿二六呢里沙
煞拉仲以皮 圓脈及賀兵錫 而矢笛來而嫣十讀甲亞得
拉特努司阿源過華屬九煤光來古 拉阿浪谷一源而忙比
蒙 司得 從本盛愛隊鐵緒恩 福 | 薩里自 得古
禗 福培愛境頓鱗武泥六 愛而扒措拔 寬東本
奴來勒古司路別呐戩官石年內司低拉羅閘阿十北邦卻拔
司特未焦 司笪哥雚 及灰民 密奈 拉度恕里來河必得
梅 司拉勃冬羅大 兵雲數蛙拉 卻杜 | 深長不多路
愛米內慕畱扒讀二同六母六夢而佛而○開薄一三通羅忙
司突古 牛古山屬治百石薦司達浪生湖恩而千百舟忙得
羅 弗 來聳地二四沙二波 笛 | 幾五里哥得
奴薄立拉克爲峻至年十石干 尤林先而卻 百流羅 勃
司挨的得拉西皆是立一硼二羅力○多六農別尺入拉卻拉
可司而扒古界在年屬名砂百布家列路恰 叔高亨度路古
里 煞 司通下始領 鹽六 鄲 里卻波六薄河路忙
愛米拉五 舟雪分十鐵泉十昔項 設 松 千六在 得
華突慕穀古二磯出三路鹽五多薄皆羅而 薄尺讀東西
得羅 勤里百以會郡百石入里而吉乏六卻地○湖南大勃
可羅司愛里上城昔二鹽 | 得而 恰四 河太界 拉
奴里羅 華○ 薄爲十冰礦滑 | 達里路薄 和最卻古
司挨 亨得河司愛呢七鹽產矢藍杜古 達安湖長力忙
五華羅利 乃司不里 銀 特㑹 而西 氣在之司得
未得司司悉拔葛 拉 | 鉛囘而拉達拉大薄羅山河冬
希 通內持那河落士 | 銅得 司古幾一達布中亨 強

一二八五

路因孟卻奪訶司拉　兩倫地華產你霍壓　突司司四
幾　司龍入　而里條米屬盛金　達羅阿別內內羅魄
可阿措拉　多隆克治境阿英頓煤華古　姆林阿古古令古
里多何波囘　俄申　內　咸韡　盛的阿
幾阿立托而三　勃拉卻豐　興物頓呢而磯突囘騷騷羅魄
笪　之路奪善六愛藍呢司三　產　久度拉煞司司多羅
勃　來　比而克亞卻年道麥光林拉　希　囘梅呢司
來來但西○司是度里峯笛入光烏緒希司磯　烏煞愛
囘矢徐達河比　高山阿二麥六　容亨讀　司煞派
司　逆　騰拉非強萬從利十大年納培篤里　先　拉低
箇司豈阿　明達媽四英堅五麥民自阿　司尤得騷夢
立林　浪笪塔　而奴千屬邦年稞數巴而烹　排執司　抓
得　讀　難多磯箇　五地後殖麥三昔里讀若　入可煞得
而亨阿可　矢固　雖百入乃民米萬司古啞克奴夫里拉半
司箕米拉別　米福不尺阿自集　二　松司　華夢夫
巴利司克阿文而克果○利立於鐵千啞扒里　司的得福
坑波　司　克　司司烏堅屬笛路六呢愛里仲內冬　而窘
司以　勃勃蛙　境領司二百達司　固古　騷司司
來　呼霍拉而恰葛臺攖從二卻百十　司力○沙司
天哈孟龍古　司拜甲達北十的二一啞恰温司湖磯煞四拉
拉　皮　劃　門笪松望五河十入未矢讀　司拉米夫
麻媽愛亞強申魄得　東郡二里　希阿○恰培　夢四脫
呼　路　梅　多　笛來至會十　礦　列你阿塔　倍
開坏措魯蛙司囘司因此城六　熱愛郡固　里騷阿來
密多　何　而　拜潑勃分哥年　松達　司耍國司　得

後從告阿魚人劃　松愛郡煞蘇拉　派拉司　而耶捺沙
揩又陸波利五　多司　藍　禨　古囘約　幾司蒙拉甲
司墖路士堅榖礦工波魄特其呢弗　得幾豈而乃　波九密
郤道來頓邦粉產　甲失　哈矢里乞煞嗎而怪古煞　司
究數採官　瓜牧金囘呢非入里　藍藍拉　冬米　禨括阿誇
山公地署䃘畜銅得　古法司煞　蒙華　司司呢子里來
從司嘉極𪊨羊鉛孟司　松　米梅讀　叔豈　拿矢　達
北於慶陳䎙　皮煤　的披　夫矢松拉英額那司額　非育那
望內十此　麥有約溫而敬拉　司米蒙而派督路三利司吉
南地六地乾　煙幾司司　藍湯　矢　那闌米扒呢　司
距咸年之隆鐵煤孟　豈　揠華　囘華波者　拉讀撲
海豐在佳五路　煞三多克古瞎以矢往　司司　拉奈
岸九阿後十二物光司善煞拉司波笡家之多　拿煞乞古色
百年司英七百產緒冬　波古　司　入收蝦得拿司而
二立督官年七黎六　司　囘區　維囘司谷米速而
十邦里又英十果年霍家豈霍拿拿海奴捺　米矢波　拔夫
五領雅令船六子民幾買里龍司脫司溪司多司　拉司古
里二立弗主里木數櫻呢豈皮日　多　蘇悳大古煞
分十太拉軋　七肯雅搭亞本煞以約囘而湯甲立煞　幾
此三平可來　萬　里篩幾拿　揠　得　拔
邦郡洋勒初　五劏司來揹劏司皮嗎卻搭谷司　多四奴
東邦獸囘至　千拉拿未何得　癲○邦家司巴司而古司
西都皮司此　百劏蝦司里工沙　湖　農　恰革蒙司
二沙公二地　二拉米　此○脫揹　囘　鐵呢其　屋
山泵司人歸　十　司梅　列　幾勃脫阿古　多煞刮幾

地利不同山最高處萬尺四時戴雪夫讀山高萬一千二百二十
五尺日法送山高萬二百尺三箇姊妹山及達央夢突峯四山皆
高八萬五千七尺海岸有山與海岸並走距岸二十五里最高處
四千尺東部薄盧山自東北至西南最高處七千尺 西境河多
舟楫不多可倫比亞河自落機山來通輪船百十五里小輪船可
行百六十五里各河多入可倫比亞河可倫比亞河長千三百里
流經此邦者三百里○河 二矢 扒恩 希篤古 希蛙抗
豈幾吉 殼龍皮亞 可司 殼吉利 弗里克得 箇司揩的
一司 箇藍特倫特 一啼奴依司 仲提 執但 開而希司
拉今末尤得 來回司恩讀克拉克 林古 隆冬 六司多
孟哈 埋音巴特 馬而哈 礈今入 木拉里亞 拿搵与
美之司 美哈倫 美家司 乃司託額 紐 奴司巴達
奴司央希而 奴司隆特 奴司攖波适 惡未幾 礮達 波
定 六求 三江福古 三江福古 雷羅末司 弗拉司羅
四米四 四內古 騷司福古 騷司福古笛司軋的司 騷司
拉布甲 司波拉求 弗拉克司 豈羅讀古司 尤 媽豈拉
回得 物立阿密得 國艮司 回而松 藥家子○湖 阿
排得 華笛而 潑里司媽司 希而扒 但央夢 桑埋 怪
奴 羅彌得 哈呢 阿扒古拉 媽司 啞得 華丹白 麻
希而○列郡 別家 明冬 可拉指媽司 可拉篤沙布 殺
龍皮雖 可司 指而里 度箇拉司 佛藍特 都克松 內
昔分 來古 藍 令 礈里紅 毛而冬農媽 巴古 執拉
麻姑 阿媽幾拉 尤濃 華司古 華盛頓 央歇而 光緒
六年民數十七萬四千七百六十七人 礦產金煤綠鐵水銀鹽

泉礶砂泉錳硫泉　物產魚麥烏麥白米麥粉蘋果葡萄
麻大麻牧畜羊毛無花果黎櫻桃　鐵路五百二十里
加利福呢亞邦（加利呢亞克勒方呢阿）康熙三十九年前西班牙人可退
自始看出其地後有人名三藩謝司戈（一作三佛郎昔司戈）來至海岸地因
得名道光三十年九月立邦領五十三郡版圖之大爲三十八邦
中之第二大邦　境內有二山一名昔朧奈拔達一名海岸山山
脈均由北西往東南始並走後又走昔朧奈拔達山長四百五十
里寬八十里有峯名輝德呢高萬五千尺又有一峯名三拔捺羅
奇奴高萬二千尺北峯爲火山名卸司打高萬四千四丙尺又有
五峯曰金達路曰達捺曰白里囘而曰拉新曰卻司羅高萬四千
至萬一千尺不等海岸山最高處七千尺寬四十里欽雪梅多乏
力訖訒鱘在昔臘奈拔達山中間買里八薩內距舊金山東百五
十里有一峽深六里寬半里至一里最高處四千尺有一瀑布長
二千六百尺咸豐元年攬勝者始採得其境昔臘奈拔達山下雷
多雪少海岸受太平洋涼風夏爽冬暖邦都沙格民多〇烏　阿
那卻八　箇藍特　羅敗得　三過立門得　三米呆而　三呢
箇辣司　三得拔淚　三得恰達里那　三塔可拉士　三塔六
煞　蝦茫　煞過辣門得　四低令煞過辣門得　尤濃　薩古
拉名多河下流入舊金山灣可行輪船百二十里源出自卻司打
山流入三熟品河三熟品河從九拉湖來可行輪船百五十里入
海之地爲斯山灣及舊金山灣斯山灣與三百部落灣相通哥拉
馬司河由阿利堅邦來至舊金山灣西入海哥羅拉度河亦至舊
金山灣入海可行輪船六百十二里舊金山灣長四十里寬九里
九拉湖長三十三里寬二十里水淺襪拿湖長十四里寬九里水

每八水彌至二六媽昔三三蘭 來羅阿 布 得禰讀捺黑
人隊果砂二十年 司搭佛木買固拿馬壓魯六 里捺四無
月馬楂鹽干八民脫久白郎四四 得度八白阿軋那 司魚
餉兵木石五年數里惡白昔 杜辣 | | 而 以搭人
二三米灰百至八呢 淚司煞 生愛白來酸迷 弗箇 稱
十隊薯 萬同十地蘇 戈固木 羅的得 度哈令羅卻爲
五每麥物不治六 拉三 辣讀六突 的 呢之 司司
元隊 產等十萬九奴搭三門古煞辣開海火迷 鐵搭海
月陸蘋又一四拉 箇熟得 擾度辣藍 度揩箇里古〇
鐵餉軍果產年干 蘇辣令 夢及 刖 狄魯恩而拿 湖
路五步黎銀所六九拿達 三得二弗辣希呢 特 潑
二十兵無鉛掘百淚媽 三彌利司來司魯阿木可 鐵里矮
干元二花亞價八 | 三熟呢 因 白 讀藍箇里阿呢
二大十果鉛值十又四搭呢得捺埋諾霍〇託古木司闢
百礮四橋錫十六氣搭箇司 八令 辣列辣 司 別潑敝
十兵隊葡銅萬人拉呢辣惡三 亨煞郡幾木 箇司里固
一一每萄鐵萬 四士其拔奈脈薄 諾辣司 阿辣
里隊隊檄錮元礦育魯 水捺罰里六空阿九 生 福
月欖硫現產路司下古其達八讀篤拉拉呢 箇而潑薄
餉白黃尚產 司 奴 煞 辣密 那羅達 里辣
五拉安歲金尢煞達三 潑〇音固笪九 恩流福阿克
十那質得最敗打 買三里文欲四 路或 波弄 司
元及母二旺 | 希的地煞度 笪兒 音突 里箇
小各呢干道光錢拉蛙古 四坑 兵九字里箇夫令皮
槍種鉍萬光緒方 | 潑拿 突 路 薩藍 | 五

阿拉士格新地阿拉斯加阿拉斯格乾隆六年俄人未笪司不林初看出此境四十一年英人往看時俄人在西度恰販獸皮四十四年立公司咸豐六年美人以七百二十萬元銀錢與俄人易此地遂歸美司地大如得撒美士加里福呢亞哥羅拉度三邦合而為一海岸四千里迆南港灣舟行甚利會城矢多格　先得以里約司山高萬七千尺　優工河源自英屬地來普恰冰河會焉下流千八百里入那登灘夏日通舟　礦產煤金銀銅鐵　物產木松黃松烏麥稞麥狐海獅皮貨羊皮獺鯨魚鱘鮮麥

美國鐵路長十五萬六百里總共造費九萬萬萬圓管路官工在百萬人以上速力最早者每九十三分走九十二里費城列鐵田路是也

賜進士出身　特賞內閣學士銜前國子監祭酒翰林院編修加三級臣　王先謙謹撰

墨西哥合衆國

墨西哥　徐志墨西哥（一作美詩哥又作墨是可又作墨西科又作墨西果又作麥悉哥又作默西可）云北美之西南境也北界美國荒地東界得撒距大西洋海西距大洋海南界危地馬拉地形漸南漸削由西北而掉於東南長約萬里極北廣約三千里極南不過四五百里煙山自西北來（此山在美利堅西界稱落機大山在墨西哥稱煙山因火峰最多故也自危地馬拉以南至南美之極南境皆稱安達斯大山峰實則一脈相連長約二萬餘里）貫國中如脊火峰甚多大者有四煙燄常灼霄漢地震最烈陵谷時時易形北境平漫有草無木居民牧牛以百萬億計衣食皆取給於牛秋高草枯或投炬曠野中延燒輒數十百里南境在山東者多沙磧山西水土肥沃百卉繁生西國果實皆備河之長者曰巴拉寫曰哥羅拉多曰索諾拉曰薩比那迤北頗寒迤南濱海一帶炎熱異常內地漸高熱漸減高至四五百丈則和適如中原物產無多惟烏木紅木牙蘭米香料而大利則在於銀其山產礦最王攻礦之廠三千餘所各國行用番銀出於墨西哥者葢三分之二云初北美一土自美利堅以北皆野番雜處不成部落惟墨西哥早建爲國有城邑有壇廟有王有官肖物形而作字有律例地有廢城極大云是千餘年前古跡不知何代何名也明宏治初西班牙遣可倫探尋新地知墨西哥爲金穴又稔其國無備正德十四年遣其將哥爾德斯率兵攻之震以礮火墨西哥潰

敗國遂爲西班牙所據西人連艅西來入山掘礦流布雜居戶口日益繁盛每歲得番銀千數百萬圓西班牙以此驟富乾隆末年華盛頓畔英自立爲美利堅國墨西哥羨之嘉慶十五年畔西班牙西班牙征之九年方克復甫一歲又畔立部人義都爾比達爲王道光三年廢國王分爲十五部各推擇官司理事近年又分爲二十三部其制大略倣美利堅而疆界未定法制不立諸部不免內訌與美利堅有治亂之分焉又云墨西哥本西班牙所政建故語言文字與西班牙同其人分三種一曰西人皆西班牙流寓實爲地主戶多殷富俗尚奢靡錦衣駿馬遨遊都市一曰土人面紫色匾鼻大骨以耕田爲業資蔬菜以餬口家多貧乏不飮酒者恆壽考西人徵其口率之賦而不與之往來一曰雜人白黑人嫁娶所生居民共計八百萬丁皆奉天主敎慕志云緯綫自赤道北十六度至三十二度經綫自順天偏東百二十六度至百五十三度東界墨西哥海灣西距太平洋東南界瓜地馬拉西北連合衆部謝志云當北緯十五度四十五分至三十二度四十五分西經八十七度至一百十七度

雷志云二十七邦兩屬地一邑聯盟共和國講義云與合衆國界定於千八百四十八年千八百五十三年之條約南與危地馬拉相接其界定於千八百九十五年之條約岡記云先屬西班牙千八百六年國人美蘭達叛拒戰九年班人征服之千八百十三年諸部又叛公告獨立千八百二十二年推大將奧古斯丁依多毘德爲王明年廢之爲共和政治以威多利亞爲大統領後又廢之歇德拉撒代立未幾廢基爾列羅代之數月國人廢而殺之千八百二十九年皮斯骨門立時有二黨一欲立聯合共和政體一

欲立合一共和政體爭權相軋合一黨魁三達安那得志遂代立千八百三十八年國人亂逐三達安那五年復任北部得撒州叛與美合墨與美戰不勝講和國勢陵夷兇徒橫行沿海諸州擅定海關稅則迫外人奪貨財千八百五十五年國人分爲五黨三達安那出奔自是屢易大統領全國騷亂千八百六十年蘇亞勒士藉兵力執政淩轢外人殊甚政要云其國錢糧出關稅居多國用以兵餉爲鉅入不敷出除內地民債外外地國債銀俱不承認歲利亦未繳是以諸國興師問罪千八百六十二年英法班三國興師問罪蘇亞勒士請和納償金英班退師法欲乘機立威明年五月拔虎不拉進陷都城蘇亞勒士遁法人立奧地亞王族馬西密燐爲王明年五月抵墨卽位後三年共和黨叛攻王王走給勒達羅千八百六十七年法戍兵歸國王勢孤墨將斯哥伯託陷給勒達羅執王銃殺之蘇亞勒士復得志變君主政爲共和政自爲大統領內亂未息千八百七十二年蘇亞勒士卒鐵實耶闞代立國內少康王達云咸豐十一年南北美戰事起法乘間窺墨責償前失墨屢戰敗同治二年法據墨都議爲選君於外邦立之墨人不得已從之法人集歐洲列國議於法京擇日耳曼公爵威利一名馬加士米安同治三年七月至墨時亂黨自號義兵揭旗大書驅法滅王與法戍兵及王御士戰日肆劫掠威利先許割地酬法同治四年春割墨邊境數省餽法王法慮招與國之忌竟不敢受亂黨求援於合衆國許以助逐新王威利而立舊君法以轉餉靡費議改置戍爲屯田威利從之頒諭遠邇招集別國民人往墾法王時在埃及募非洲回部亂民遣赴墨境合衆國聞之懼其遺種於美洲爲宅日禍本固止之法持不可合衆國人日是非爲墨累直欲殘蠶我全洲也請以兵從事法乃寢議同治五年聯邦統領號

於眾曰自今南北二洲之事治亂興衰廢立繼滅我美洲主之歐人不得與聞歐洲之事美人亦不干預惟美洲境內爲歐屬地者一切政事仍由歐人主之不在此例各邦皆曰願如約適威利遣公使至聯邦聯邦人嚴詞絕之又遣書法王請撤其戍兵法王約以六閱月撤師歸時丙寅冬十二月也同治七年六月法戍兵行歸國法王遣書威利促其隨行威利不從亂黨羣起遂殺威利

法之權在總統立法之權在上下二議院政要云千八百六十七年二月議定國例伯理璽與其副由二議院公舉四年爲期上院議員每邦舉二人年三十以上下院議員每八萬人舉一人年及二十五或入籍八年以上者在院二年爲期議院聚議歲以正月一日起至四月十五日止平日副伯理璽與上院議員留半住院千八百七十二年舉行政分義部戶部內部兵海部外部工部

地大半高原與中美洲加蒂拉剌斯相隔爲德昏底北地頸曹云加蒂拉剌斯高原之名先謙案雷云與加蒂拉剌斯相隔爲德昏底北舉其大概言之實則德昏底北東北尚有墨西哥國之濟阿巴達巴斯哥于加敦一帶地方也德昏底北列國學會二圖作特赫安得伯克世界圖作特換特珀克矢志作退橫脫配克謝志作第歡達伯羾覞中

可分爲三區替歐拉坎里恩太沿墨西哥灣及太平洋爲一區替歐拉推摩拉打高三千英尺至六千五百英尺熱度中數六十八度爲一區替歐拉弗里亞或謂之冷

地山之高者曰亞摩石巴峰高萬七千八百八十英尺墨西哥高於海面七千四百英尺爲一區面積七十五萬千五百七十英方里政要云百三十萬四百四十二英方里辻志云約四百六十萬二千方里人千二百六十二萬口文學日見退步謝志云千二百五萬白人十之二印第拉人十之四餘爲混合人種猶太人九千民鮮富厚之家多半不識文字矣志云其教育雖有初等高等之學校然皆有名無實其國內俱不學之徒植物產珍珠米小麥加非椰樹煙葉棉花西塞耳麻糖謝志云高原產珠粟小麥棉花麻豆煙葉果品珠粟尤多居民恃爲日用低地炎熱產椰子甘蔗樹膠靛青加非又有蘆葦取汁製酒土人嗜之又有蘇木文木紅木烏木等販運各處其政府培植農業凡植葡萄橄欖者獎之需種子者官給之且因地廣人稀招中國日本民往耕草地廣闊家畜亦盛多馬贏驢牛羊豕牧場三萬餘所產紅染料曰呀蘭米爲一種小蟲生於仙人掌草上土人採之輸出外國工業素不興盛今力加整頓較前生色製酒棉花貨煙捲最多矣志云玉蜀黍歲穫價額在一億千二百萬弗以上麻歲產額至七百萬弗低地又產有敗那那條卽巴拉拉隨志巴那那卽香蕉橡皮等神仙掌草蟲名谷的尼爾製酒之蘆薈名亞葛巫講義有無花果桃花心木橙鳳梨柘榴獏虎豹猿鱷魚鸚鵡蜂雀有駒鳥眞似鳥礦產三千百六十七處千八百九十六年出金八十七萬四千

磅銀五百十二萬三千磅並有煤鉛鐵銅等謝志云鑛產金銀銅鉛鐵水銀錫鈷銻硫煤煤油等鑛山千七百處銀鑛居四百每歲所產值六千萬圓設鑄幣局三鼓鑄銀圓流通各國中國尤多用之矢志云銀鑛所測定者長千二百英里闊三百五十英里最近產額在四千八百五十萬弗以上造幣局數十處其統計表自殖民以來至今金銀產類已值六十三億六千五百萬圓政要云前開銀礦已停千八百六十四年復設英墨公司開掘至今其極美礦地有二日黎阿特綱日法祖格距都城六十英里千八百七十二年礦銀值二萬六千五百四十三磅入口貨值四百六萬五千五百磅出口貨值千九十六萬三千磅多與美英貿易政要云銀錢用秘瑣中國見用之鷹洋銀值英銀四喜林有奇鐵路七千七百英里迠志云萬二千一百里講義云商業交通據最近調查輸出額歲一億五千萬弗輸入額歲至六千萬弗輸出品重者銀銀貨銀鑛金加非家畜獸皮等輸入品重者織物蘇輸皮鐵道枕木機械鐵等近來鐵道延長九千英里與合眾國都府聯絡電綫四萬二千英里電話綫萬七千六百英里謝志云道途敗壞海賊充斥鐵路約長三萬里電綫九萬里商船二百六十內汽船四十七公入款一千二萬三千磅國債三十七萬七千磅各國私入款二百五十四萬八千磅

墨西哥熱度中數六十度正月五十四度五月六十

七度雨水二十四英寸人三十四萬四千五百七十七口　維拉
克拉士熱度中數七十八度正月二十二度五月八十二度雨水
五十八英寸　加大拉雅拉人八萬三千八百七十口　普勃拉
人九萬千九百七十三口　魯意坡拖西人六萬九千六百七十
六口　加那雅多人三萬九千三百三十七口　艮人四萬九百
七十八口　蒙德里人五萬六千八百五十五口以上要區徐志云大
部十九首曰墨西哥在南境跨大山之東西都城在其中曰達拉
爾般傑構雲連殿堂整肅居民十二萬其地山川秀發花樹繁茂
風景清絕惟地形低窪湖豬漲溢時受水患次曰給勒打羅曰瓜
那叔阿多會城皆同名曰迷刷干會城名瓦拉多黎曰沙黎斯哥
會城名瓜達拉沙喇曰薩加德架會城同名曰索諾拉會城名維
拉德佛爾的曰濟華花曰都郎額會城皆同名曰卓哈同拉會城
名蒙哥羅瓦曰新艮會城名蒙德勒曰達毛黎巴會城名阿瓜約
曰桑盧意斯波多塞曰委拉古盧斯曰布委巴拉曰華沙加會城
皆同名曰濟阿巴會城名盧達勒阿爾曰達巴斯哥案舊作巴達據諸圖志改
正會城名三的阿各曰于加敦一作于各單又作軒輅單會城名美里達小部
四曰加里佛爾尼亞會城名桑加爾蒙德雷曰新墨西哥案二部割入合
國會城名三達非曰達拉斯加拉曰哥黎麻會城皆同名瓜達拉

沙喇城附近銀山礦徒所萃居民七萬英法諸國富商多出貲開
礦然費用浩繁獲利無幾亞加補羅可西地之大海口昔時西
班牙每歲有商船來此貿易取道於南亞美利加鐵耳聶離之南
風濤極險自西班牙棄地之後帆檣絕蹟生意微矣眞十字架東
地之大埔頭建於沙灘敞闊無港澳海船停泊往往遭風擱淺然
貿易極繁盛先謙案列國學會二圖世界圖亦作墨西哥與雷徐
同謝志作美希哥據二圖東抵墨西哥灣西南臨太平洋北界北
美東南界危地馬拉墨西哥省城在國南境謝志云建山谷間高
出海面七千五百尺山河環繞距城不遠有二火山講義云退士
科科湖在其近傍風景絕佳有博物館陳列美洲重要古物世界
圖波波加底比特兒火山在其西辻志同矢志作破破恰退配脫
爾云高萬八千尺噴火口在山頂徑一英里深千尺謝志作波波
嘎達備德哭志作波波堪鐵兵異名記云達拉爾般徐志稱其低
窪受水患案今都城外國地理作咩其西箇在高原上卽美希哥
轉音達拉爾般蓋昔日都城也其東爲布委巴拉部卽雷志之普
勃拉世界圖作浦伊布拉平方圖作普白拉圓球圖作拉漂愛白
拉許考作布尾巴拉云與瓜那寂阿多爲腹地二大埠者也謝志
作伯偉伯拉云其國第二大城由布委巴拉踰山而東北有達拉
斯加拉爲其國二小部之一與布委巴拉夾山而居慕志云與哥
黎麻皆土人居處政由酋出由墨西哥首城迤而西北曰給勒打
羅部圓球圖作開來塔羅慕志作給利羅許考云乾隆二十四年
有火峰名苦羅海突起平原石礫火沙飛颺天際三百里外給勒
達羅城滿蓋灰塵轉瞬間平原爲高山沃區作磽瘠卽此城也又
西北曰瓜那寂阿多諸圖志作寂惟徐作叔蓋徐誤也卽雷之加

那雅多矣許考以爲腹地大埠之二多市鎭首城之西曰迷刷千
部許考作米沙干云多銀鑛圓球圖作米緯利地理志略作俄利
刊會城曰摩勒里亞郞徐之瓦拉多黎圓球圖作摩重力阿平方
圖作瓦牙多里又西曰哥黎麻瀕太平洋爲其國小部之二漢文
圖作科里麻哥黎麻之東北曰瓜達拉沙剌爲沙黎斯哥部會城
卽雷之加大拉雅拉世界圖作瓦達拉甲剌矢志作瓦達拉柴勒
許考作瓜特拉沙拉謝志作瓜達拉哈拉云其國第三大城在都
城西北以鏤刻金銀及羿毛裝飾品著銀鑛最多又北爲薩加得
架部世界圖作撒加特喀斯圓球圖作薩喀臺喀斯許考作散加
德加又西北曰都郞額部圓球圖作杜蘭果又西北曰濟華花部
世界圖作次烏華萬國圖作蛋華花圓球圖作乞瓦瓦慕志作濟
那羅亞有城曰波爾歷世界圖作頗爾羅斯其西爲塞拉馬得山
世界圖作細意剌馬特勒謝志作些拉瑪德雷矢志作西拉邁特
來云落機山脈通入國內高六千尺至八千尺不等其脈沿東南
行成廣闊之高原曰亞那霍克全部人口五分之二皆在此高原
其高原之東西部則峰巒甚密火山甚多徐志所稱安達斯火山
又曰逕山者也山西北爲索諾拉部圓球圖作梭奴拉有索諾拉
河西流入加利佛尼亞灣瀕海有地曰乖馬司爲鐵路所達之處
世界圖作乖馬斯海灣之西則下加里佛尼亞半烏也地與加里
佛尼亞相接島西有角斗出曰歐治尼亞角世界圖作撒考哉呢
歐角島南端有城學會圖曰桑盧喀斯列國圖界三魯喀斯世界
圖作羅拔斯其西南有勒維剌吉基多犨島異名記作來斐拉希
海朵自濟華花部東南爲科亞赫拉部會城曰蒙克羅瓦與徐之
蒙哥羅瓦合是科亞赫拉郞卓哈回拉矣驃作志撒蒙峒哥羅蒙克羅瓦

之東南曰蒙德勒郎雷之蒙德里曹云徐志新艮二圖作諾佛勒
汪野志云諾佛勒江州首府蒙德勒與徐合其雷志之艮坂本健
一辭典云在瓜那寂阿多市西北三十六英里富於穀物乃瓜那
寂阿多州都邑之一也其東南爲達毛黎巴部圓球圖作塔毛里
帕斯許考作達麻里巴瀕墨西哥灣有城曰馬大摩洛斯世界圖
作馬塔歷剌斯古蘭德河徑其界北而東入海達毛黎巴之西南
爲桑盧意斯波多塞部（列國圖誤上衍一字）郎雷之魯意城拖西圓球圖作
聖魯乙斯平方圖作斯波多塞慕志作桑盧波多塞許考作桑泊
意波多西其南則瓜那寂阿多部也自達毛黎巴沿海灣而南爲
委拉古盧斯郎雷之維拉克拉士謝志作斐革魯斯矢志作拉拉
革勒士吳志作耶蘭庫爾士周志作維魯克才漢文圖作緋拉克
魯斯萬國圖作委拉克魯士世界圖作委拉窟盧斯其東與于加
敦遙對中爲干伯撒海灣世界圖依圖作堪批齒慕志作堪比支
許考作干比支現勢圖作堪仳喜講義平方圖分圖作干比徹謝
志作干備支是音字之作干無疑二圖誤作于伯徹今特正之沿
海灣北行本部有地曰坦比哥有港可泊船世界圖作探批可講
義云委拉古盧斯以不能遮斷北風故近日坦比哥日邇繁盛郎
謂此也委拉古盧斯南爲華沙加部漢文圖作瓦察喀有特赫安
得伯克在其境南瀕海雷志所稱德昏底北地頸也度地頸而東
爲濟阿巴部圓球圖作乞阿巴漢文圖作乏阿巴慕志作擠阿北
許考作希阿巴又東北爲達巴斯哥部北直干伯徹灣圓球圖作
塔巴斯科又東北爲于加敦部世界圖辻志作油加丹依圖作郁
加丹問荅作猶嘎旦外國地理作腰加呑漢文圖作堯該屯慕志
云今自立爲主案慕作志有年諸圖志不載于加敦自立國則慕

言不墙以上諸部並與徐合自索諾拉之乖馬司沿海灣東南下有城學會圖曰庫里亞根劉瀾羅世界圖作庫力亞刊又東南曰馬薩代蘭世界圖作馬撒特藍又東南下爲思耳薩止河西入海處河出火山之西下流爲喀浦剌湖世界圖作察吧剌湖自湖出西北流逕瓜達拉沙剌之左又西流入太平洋墨西哥之南瀕海有亞加普爾科郎徐之亞加補羅可世界圖作亞加浦爾口矢志作亞加潑爾科謝志作阿嘎布勒哥吳志作阿加布爾科薛記云比國人錫伯乃麟曾爲墨國海濱領事官僑居彼國三十世九十七年稱墨幅員大於歐洲德奧法意四國之地止以戶口不繁大半未經墾闢而原隰肥衍天氣溫和可稱樂土

中美洲 二慕志云在南北相連之處緯綫自赤道北七度至二十二度經綫自中國順天偏東百五十度至百六十四度長三千里闊或千五十里或三百里總計六十五萬方里河雷之大者曰烏薩馬曰三十加俺騍娜山湖之大者曰尼加拉瓜

志云自德昏底北地頸起至帶令灣止 矢志云中美處退橫脫配克與巴奈馬兩地峽之間謝志云介第歡達伯及巴那馬二土腰之間當北緯八度至十八度三十分西經八十二度至九十度東界嘎利比海西界太平洋長三千里廣百里至千里不等約共百八十萬方里先謙案德昏底北說見墨西哥帶令郎達連之音變字列國學會二圖近哥倫比亞之地名曰達連向北有灣曰達連灣郎帶令灣也 面積約三十一萬英方里

人四百五十萬口巴拿馬地頸極狹處止四十英里 徐志云危地馬拉之

東南爲南北美連界之地名巴拿馬屬可倫比亞以一綫界隔兩海闊僅六十里西人謂能將此土開爲海道則東西南洋混爲一水挂帆而西直抵中國東界便捷甚矣然地梗山脊疏鑿不易西人亦僅存其說未能興此大役也又云歐羅巴至中國阻於非洲紅海地中海之間隔蘇彝士阜路百七十里若疏爲海道則水程減二萬里美利堅至中國阻於巴拿馬片土若疏爲海道則西行而抵中國之東水程當減三萬餘里兩土之人謀疏鑿者非一日矣然此所以界畫東西今欲以人力通之不亦難乎先謙案列國學會二圖亦作巴拿馬與雷同向南有灣日巴拿馬灣灣西地形成半島曰亞疏伊羅半島中開向北地名亞斯奔威爾世界圖作亞斯平窪兒巴拿馬世界圖作伯那瑪或作巴奈馬或作巴那馬峴吳志作拔拏馬問苔云前開綏斯河(案卽蘇彝士)之法人勒塞拍斯於千八百八十四年督工萬五千人醫生七十人開巴拿馬河日用工人八千皆墨人開工三月死者五千人本限八年工竣因山嶺隔斷開山工鉅其地多兩大雨後水挾沙石衝入新河枉費工力又爲人侵用鉅款其工遂停(互詳非洲埃及下)謝志云美人近擬開尼嘎拉瓜運河自大西洋濱之散歡城沿散歡河西三百里循尼嘎拉瓜湖百六十里西向開新河四十八里出太平洋使東西二大洋相通矢志云運河自大西洋岸之格來黨港爲始沿山久安河一帶通入尼加拉瓦湖至出太平洋之孛立德港爲止長百七十里並將已開通之航路短縮里程貨物噸數列爲預算二表可與下尼加拉瓜條下互證散歡河山久安河卽山周安河也樋志作三呼昂河

加蒂拉刺火山甚多最高者

爲富哥高八萬三千九百八十英尺講義云十六世紀時中美洲及稪本郡既爲西班牙之殖民地後稪本郡併於墨西哥于加敦沿岸之殖民地千七百九十八年建設英領開都拉斯以外其諸地於十九世紀之始脫西班牙而獨立成中美洲聯合國千八百五十三年五國分裂成獨立共和國後屢圖聯合卒不能成地介太平洋與加勒比海之間兩岸多灣曲在加勒比沿岸有開都拉斯灣在太平洋沿岸有方西加灣尼科維灣都爾西灣火山最高者多的馬爾哥高萬三千八百十四英尺案雷志加蒂拉剌高原之名富哥蓋卽多的馬爾哥八萬當是一萬之誤

瓜地馬拉國

瓜地馬拉雷志云面積四萬八千三百英方里人百五十三萬五千六百三十二口耕種地三十五萬千七百二十六英畝產珍珠米加非糖礦產金銀鉛錫皆甚微入口貨値百九十八萬五千磅出口貨値百八十五萬一千磅加非居百分之八十四多與德英美貿易鐵路二百五十英里入款九十二萬五千二百磅國債三百二十二萬三千磅　**瓜地馬拉**會城人七萬一千口徐志危地馬拉國云

在墨西哥之東南地形愈狹亘隔於兩海之間自西北而東南長約三千六百里廣處約千里地形中高外坦安達斯山通貫如脊火峰甚多有晝夜不熄者有忽吐忽息者西境炎熱人多患瘧東境温平可居惟地震頻仍時虞覆壓地本屬西班牙及墨西哥叛西班牙危地馬拉附墨西哥後墨西哥廢國王危地馬拉於道光四年自立爲國不屬於墨西哥近年分爲五國各推官司理事不立國王曰危地馬拉國長約千里廣約四百里會城曰新危地馬拉（餘盼見炎下）先謙案即雷志之瓜地馬拉也列國學會二圖與雷同世界圖迖志作瓦底瑪拉政要作告提抹辣矢志作瓦地馬拉吳志作夸帖馬拉謝志作瓜第瑪拉周志作求德瑪拉樋志作瓜地麻剌分圖作瓜的麻拉據二圖西北界墨西哥東北界英領閧都拉斯東南界閧都拉斯薩瓦多西南臨太平洋危地馬拉會城在南境講義云地勢可分爲三一北方小丘地方二中央危地馬拉山脈三南方危地馬拉山彙山彙之南有無數火山其國合二十二區所成世界年鑑云行政權在大統領任期六年有元老院議員十三人國會有代議士五萬人選一任期四年官制分外務司法士木文部軍務內務六省各置長官一政要云千八百五十九年十月自立爲國置議會上下院上院二十四人下院五十二人議員四年爲期下院皆百姓公舉上院即於下院議員中揀選立伯理璽四年爲期置三部官以襄國政舊都民六萬餘千八百七十三年火山迸裂地震塌陷止存二萬餘人新遷之都曰新告提抹辣與英美通商土產靛青喀吃尼拉（蟲名紅色可染物）加非五穀銀錢用祕瑣（值四先令三本士）又大拉（值四喜林）案謝志云立法權在國會止一院矢志同與年鑑政要互異或由聞見不同或係先後改易也

薩瓦多國

薩瓦多雷志云面積八千百四十英方里人七十八萬四百二十六口產加非洋藍糖煙葉礦產未顯入口貨值五十七萬七千磅出口貨值百九十一萬七千磅多與美英貿易鐵路七十二英里入款百五十萬七千磅國債百四十三萬九千磅 三薩瓦多會城人二萬口徐志桑薩爾瓦多耳國云地形曲折難計里數會城與國同名先謙案即雷志之薩瓦多也列國學會二圖與徐同世界圖从志作撒爾窪兒政要作山薩佛道許考作聖撒懷道慕志作三薩瓦多謝志作散散勒法多矢志作山撒爾伐度吳志作散薩巴多周志作生失維度亞據二圖東北界鬨都拉斯北界瓜地馬拉西南濱海桑薩爾瓦多耳會城在西南境講義云爲太平洋沿岸之平原甚狹臨背後大山峭立國合十四區而成世界年鑑云大統領握行政權任期四年國人握立法權議員七十人任期一年有外務司法宗教教育省海陸軍省內務省大藏省凡四長官各一慕志云有城日三迷給爾每年設市各部商賈至此貿易薈萃案三迷給爾列國圖作山彌圭爾在東南境學會圖爾誤小政要云本與杭度辣合爲一國千八百五十三年始分治千八百六十四年定例國常有亂屢修改之議會上院十二人下院倍之立伯理璽六年爲期後改四年千八百七十三年置

部官二一掌內兵部一掌外文教是年與杭度辣搆兵國債增如會城山薩佛道千八百二十八年築多火山常地震千八百五十四年大震城坍地坼改築他處曰新山薩佛道千八百七十三年又因火山震坍銀錢用祕瑣出墨西哥値四先令三本士即鷹洋又大拉出西班牙或美利堅値四喜林即本洋錢色較差於祕瑣故値較少也案一喜林較四開洋銀畧輕以不足二角五分也四先令加銅錢五十二文即可換一祕瑣

閎都拉斯國

閎都拉斯雷志云面積四萬六千二百六十英方里人三十三萬千九百十七口政要云七十五萬礦產金銀煤甚富入口貨値四十七萬二千磅出口貨値五十九萬四千磅多與美國貿易鐵路六十英里入款三十九萬一千磅國債千八百萬磅　德古西格耳巴會城人萬二千口

徐志閎都拉斯國云長約千二百餘里廣約五百里會城名哥麻牙瓜先謙案列國學會二圖與雷徐同世界圖辻志作紅底由拉斯漢文圖作椗杜辣圖球圖作翰督拉樋志作閎都拉斯許考作閎都拉矢志作洪舊拉斯吳志作洪鳩蘭士謝志作很度拉斯周志作泥地拉政要作杭度辣據二圖北臨加勒比海西界瓜地馬拉薩爾多東南界尼加拉瓜中境有哥麻牙瓜世界圖作可麻牙瓜慕志作哥麻牙卦云新會城也曰特古西哥爾波即雷之德古西格耳巴矢志作退孤雪嘎爾拔

講義云南爲岩石之山嶽俯臨谿谷北有山嶺縱橫無火山國合
十五區而成重要港在太平洋岸者曰亞馬巴拉在大西洋岸者
日科伯羅斯日持魯克息洛世界年鑑云立法權在國會議員萬
人選一大統領在期四年分內務省土木農務省軍務省大藏省
教育司法省凡五長官各一政要云千八百三十九年自立爲國
千八百六十五年定國例置議會上院七人歲換三人下院十四
人歲換七人伯理璽四年爲期部官三其二伯理璽派委一上下
院公選又有掌律例大員錢糧無定額千八百七十年約九萬七
千磅內地酒課關稅各居三之一國用鈌則借債補之初借銀英
法建造鐵路自大西洋縞得斯海口至太平洋方息迦灣長二百
二十五里期千八百七十二年竣工至期得六十二里而銀罄遂
停工是年又與山薩佛道構兵續借英債無應者土產曼好格麗
木牛皮煙葉靛青牛羊沙沙配乃拉礫銀錢
用秘瑣櫨[illegible][illegible]喜慕志云海口日痾慕阿

尼加拉瓜國

尼加拉瓜雷志云面積四萬七千八百六十英方里人三十一萬
口產加非甘蔗礦產金銀入口貨值五十二萬八千三百八十磅
出口貨值六十一萬千五百三十磅多與美英德貿易鐵路九十
三英里現方開濬運河入款三十七萬五千磅國債八十九萬磅

馬那瓜會城人萬八千口　艮舊會城人二萬五千口徐志尼加拉瓜

國云長廣皆百八十里會城曰艮先謙案列國學會二圖與雷徐同漢文圖作逆喀拉夸世界圖矢志过志作尼加拉瓦政要作麥尼加拉乖許考作尼加拉圭謝志作尼嘎拉瓜吳志作尼加蘭夸周志作尼克拉求據二圖西北界興都拉斯東臨加勒比海東南界哥斯德里加西南臨太平洋有尼加拉瓦湖有運河會城曰馬拉告在西南隅臨馬拉告灣即雷志之馬那瓜世界圖作馬那嘎政要作麥那乖矢志作馬奈瓦萬國圖作滿拿瓜杜宗預云滿拿瓜湖西北有城萬國圖作利安漢文圖作里昂一作利央音與艮尤近或徐志不以滿拿瓜爲會城所稱之艮即里昂與東境瀨海有莫斯給多慕志作莫斯及多云土酋自立爲王賴英保護曹典球云尼加拉瓜東部莫斯給多地方本印的安人所居前幾成獨立之勢千八百九十四年十一月二十日合併於尼加拉瓜講義云在太平洋沿岸有一帶地勢成波泯之形沙地也內地乃高原其北有方西加灣南有馬來安湖尼加拉瓜湖之低地近合眾國有利用山周安河經尼加拉瓜湖通兩大洋開鑿運河之舉國合十三區而成開達溫郎山周安在山周安河口運河成後此其重要地也案此己龍謙世界年鑑云國會議員四十名任期三年大統領任期四年分外務教育省大藏省內務司法警察省軍事省土木省凡五各置長官政要云千八百五十八年置議院上院十人下院十一人皆百姓公舉四年爲期伯理璽期同千八百七十一年立行政分戶部外部工部兵海部錢糧十二萬八千八百磅公費十二萬九千四百磅兵萬人八百七十年內地債約二十萬磅舊都

距太平洋口十里四圍火山五座烈焰飛灰城民盡沒新都曰麥那乖亦偪近火山慮亦未能久居貿易寥寥錢幣與杭度辣同慕志云亦有加拉那大爲通商地二圖作格列拿達在湖之南

哥斯德里加國

哥斯德里加雷志云面積二萬八百八十英方里人二十四萬六千口入口貨值八十八萬千一百磅出口貨值百十三萬四千磅多與英美貿易鐵路百六十一英里入款六十七萬四千磅國債二百九十八萬磅　三若西會城人萬九千三百二十六口徐志哥斯德爾黎加國云東西約六百里南北約四百里會城名桑若塞五國土皆膏腴穀果豐碩產金銀珍珠琥珀雲母木料顏料香料藥材牛皮先謙案哥斯德爾黎加即雷志之哥斯德里加也列國學會二圖作哥斯德耳黎加萬國圖作科士他有喀世界圖作加斯他里加政要作考斯搭里噶許考作高斯大里克謝志作革斯達利嘎矢志作各司大利加吳志作科士達利加周志作考斯脫里克樋志作哥斯答立嘎據二圖西北界尼加拉瓜東西南臨海東南一隅接巴拿馬峽會城在中境曰桑約塞即雷之三若西世界圖作撒頗塞講義云二弁行山脈貫通之其間有低地國合七區而成世界年鑑云國會議員八千人選一任期四年大統領任期

四年內務外務兼教育司法宗教大藏商業及陸海軍四省長官各一政要云千八百四十二年自立為國千八百四十九年置議會分上下院上院二十人下院二十九人皆百姓公舉立伯理璽正副各一四年為期部官二一掌戶義外等務一掌內兵海工等務伯理璽派委千八百七十二年錢糧三十三萬三千七百七十五磅國用同國債內地借百二十萬磅借英國銀與築輪路瀕太平洋口曰奔打阿里那商船所萃銀錢用祕瑣又四喜林三本士又用大拉⿰先合⿰合四量法近依法國制

英屬闍都拉斯

闍都拉斯雷志云英屬面積八千二百九十二英方里人三萬千四百七十一口入口貨值二十九萬八千磅出口貨桃花心木蘇木等值二十七萬九千磅　百里斯會城人五千七百六十七口徐志云危地馬拉濱海諸山產材木極堅緻價甚昂英人結隊入山搜采業此者四千餘人先謙案徐所云危地馬拉瀕海諸山即雷志之英屬闍都拉斯也英志作亨都拉列國學會二圖作英闍都拉斯世界圖作英領紅底由拉斯問荅謝志作英屬巴利斯據二圖西北界墨西哥之于加敦西南界危地馬拉東臨加勒比海世界圖有百黎士即雷之百里斯會城也許考作白利士講義云原屬牙買加千八百八十四年析置以闍都河與墨西哥接界西南臨危地馬拉沿岸島嶼無數皆珊瑚礁所成航海者不便陸地

南多小邱北多沼澤全面積蔽以森林產桃花心木羅克威德等木材又產鳳梨巴拉拉輸入美洲各市場慕志云花卉鮮豔藍靛極多周志云千八百五十三年英許本國爲自治體

西印度羣島雷志云自日加敦先謙案即墨西哥之于加敦**佛落里達**案屬北美**起至亞林拿哥河口止大半山嶺重疊林木茂盛熱帶物產繁殖氣候暑熱有貿易風及海風來解之**徐志云亞墨利加海灣羣島北米之南南米之北細峽相連自西北而東南作灣環外向之勢其東北有大小數百島星羅碁布西北起北米佛勒爾勒鼇之東南隅東南訖可侖比亞之東北隅作灣環內向之勢兩灣中間之海名曰加勒前明中葉西班牙遣可侖駕船覓新地地無主名風聞海外有五印度國即云欲到五印度西行數月忽覩羣島謂然以爲抵印度矣遂稱之曰西印度而不知印度在東方與羣島無涉也西船初到擇羣島腴壤開設埔頭誘交土番謀墾闢後察知土番昏懦又強不可使遂以兵力剿之無孑遺別買非洲黑奴墾田播穀農務漸興其後復得墨西哥祕魯諸大國歲致金銀數十百萬視羣島如敝屣不屑經營久之爲海盜所據出沒剽掠商旅患之已而歐人接踵西來紛紛爭據羣島遂各有所屬西班牙外曰英曰法曰嗹曰瑞曰荷蘭羣島氣候極溫與亞洲南海諸島相似島之大者多有火峰火漿時時迸流地震頻仍每秋冬暴風驟起沙石俱飛所產者棉花糖酒加非可可子講

義云諸島散布於北緯二十七度與北緯十度之間為加勒比海與墨西哥灣口之天然障蔽自千四百九十二年哥倫布發見西印度後土人喀利普族次第減少今僅森芬遲特有混血喀利普族而已黑人年有增加白人自放奴後除古巴波爾多黎各外大為減少葢西印度諸島宜殖熱帶種族不適於白人也諸島屢起班荷英法爭鬭之原究之將來不過以為栽培甘蔗之地決不重視之矣交通有海底電綫與南北美洲相聯絡有定期航船與歐洲相通慕志云緯綫自赤道北七度至二十二度經綫自中國順天偏東百五十度至百六十四度謝志云南北美洲之間北抵弗羅利達土股南至俄利挪哥河口佚大魁志科利諸當北緯十度至二十七度西經五十五度半至八十五度有大小島千餘連綿如一弧綫北為墨西哥灣南為加勒比海其島形勢分三羣北曰巴哈馬中曰大安第勒東南曰小安第勒許考作安地羣島諸圖謂之大安的列斯羣島問答云西印度四大島曰古巴曰波多黎各曰海地日牙賣加皆有火山因此每年地震

古巴

古巴徐志云西班牙屬島曰古巴在佛勒爾勒釐之南地形狹長東西二千七百里南北約五百里羣島之最大者岡陵重疊土厚物豐班人昔時不甚措意後來藩國皆叛僅餘此島乃珍重培護倚為外府居民七十萬內黑奴二十八萬產加非煙酒糖金銀銅鐵水晶吸鐵石每年運出之貨值二千萬圓譚記云千四百九十二年明弘治四年意人高林卑覓得此地北緯二十三度十分至

南緯十九度五十分東經七十四度七分至西經八十四度五十七分周志古巴作扣勃外國地理作憍巴 雷志云美

領

譚記云東西七百五十英里南北闊者百二十七英里狹者二十八英里合計四萬四千英方里都城爲法國海賊攻破二次一在千五百三十八年一在千五百五十四年至千六百六十五年康熙三年建城千七百六十二年乾隆二十六年爲英奪據賂以乎羅列打之地乃退城毀至今未復講義云古巴最北端距基維司島在佛羅里達海峽西北百英里最南端距牙買加島百英里長七百三十英里廣二十五英里或百英里面積三萬五千九百九十四英方里分東方山脈中央平原西方山脈三部先屬西班牙苦其壓制千八百九十八年島民將謀獨立合衆國干涉西班牙之惡政用兵以保護之是年七月攻略三的牙額得勝明年一月一日屬合衆國保護今有軍務總督駐之曹典球云千九百二年立共和國選舉大統領美國派民政知事駐哈瓦那又法人勃利德著西美戰史云古巴多江流弱而狹最大者曰考脫江江上有曰考脫城其流適達馬斯特拉山脈之北匯南北諸山中溪流注芒撒儞羅灣浮重艦可至考脫城許考云光緒二十一年古巴人叛班歸美光緒二十八年美許自立譚記云班人稅課太重人物事藝皆有徵徵人在行街紙徵物在出口稅徵事在劵單徵藝在領牌新聞紙云每歲物產所值止五十兆圓官稅五十一兆圓稅項浮於物值雖新聞紙不足爲據亦可想徵稅之酷矣古巴之深根班人職是故也

面積四萬五千八百八十英方里人百六十三萬千六百八十七口十年增百分之七產糖煙葉講義云出

桃花心木羅開威得木護謨等有森林千三百萬耶苦爾未曾採伐動物有短耳兔鱷魚鸚鵡產甘蔗（世界第十一歲出糖三百三十萬擔）煙葉加非巴拉拉玉蜀黍等鑛產多鐵最良譚記有金銀錫紅鉛水銀碧玉煤炭陽起石膽礬磁石鹽松香等而銅雲石蜜臘實木爲佳種植粟蔗加非椰入口貨值八百三萬七千九百二磅出口貨值千二百八十萬七千五百二磅鐵路千英里入款三百四十九萬千五百三十八磅國債三千七百二十萬磅　哈瓦那熱度中數七十八度正月七十二度八月八十二度雨水四十六英寸人二十萬四百四十八口（講義云自五月至十月東斜面降雨特多大颶風屢襲島嶼甚爲可懼）　三西阿科人五萬九千六百十五口　馬脫若斯人五萬六千三百七十九口徐又云地分三部曰西部會城曰哈瓦那居民十萬所產之煙最香烈諸國爭講之曰中部會城曰三達馬里亞曰東部會城曰三的牙額先謙案列國學會二圖作古巴與雷徐同其地勢彎環南向西有安多尼俄角對墨西哥之于加敦中爲于加敦海峽東對海地島中爲牙賣加海峽西境北瀕海曰哈瓦那與雷徐合世界圖作哈窪那迤而東其北瀕海有馬坦薩斯即雷之馬脫若斯又東其南瀕海有森佛哥斯即雷之三西阿科又東中境北向有馬里亞島疑即徐之三達馬里亞又東南隅有三的牙額與徐

合世界圖作撒剔亞果許考作桑的雅各一作散地牙峩譚記云古巴分六省自西至東一曰便拿彌窯據光緒三年冊籍人十八萬九千餘口二曰夏灣拿人四十二萬三千餘口三曰馬丹薩人二十五萬餘口四曰山得嘉拉人三十一萬二千餘口五曰波都篇斯皮人五萬五千餘口六曰山地亞的姑巴人二十萬三千餘口內華人共四萬七千餘口省設巡撫一首都增總督一水師提督一案夏灣拿卽哈瓦那馬丹薩卽馬脫若斯山地亞的古巴卽三西阿科也

般拖連科

般拖連科雷志云美領面積三千五百九十六英方里人七十九萬八千五百六十六口十年增百分之九入口貨值百七十一萬六千磅出口貨加非糖煙葉值四百三十三萬磅多與西班牙貿易　**桑若安**會城人二萬六千三百八十七口　**邦司**人四萬二千三百八十八口　徐志云又一島曰波尒多黎各又名貴港口在海地島之東長約五百里廣約百五十里地不廣而物產尤豐力作皆白人黑奴甚少每歲運出之貨值銀二百四十萬兩先謙案卽雷志之般拖連科也列國學會二圖與徐同世界圖作炮特黎扣慕志作波德黎各許考作保爾到里谷周志作泡拖利苛謝志問荅作波多利哥矢志作朴德利哥吳志作波

脫利科據二圖東北境瀕海有森周安卽雷之桑若安南境瀕海有朋西卽雷之邦司講義云長九十五英里此島山脈貫於中央蔽以森林海岸有平地宜灌溉適農業舊爲西班牙流謫罪囚地千八百九十八年割與合衆國今置軍務官治其內地森周安乃商業要地鐵道長百三十七英里電綫四百七十英里許考云明宏治六年哥侖布初置此島十七年班人往居之督土人掘金貢獻疲於奔命今金鑛已虛土仍膏沃

西印度自主國

海地國

海地雷志云黑人共和國王達云大地誌此國人口九分爲黑人餘爲雜種白人甚少白人在此國無土地所有權在海地島之西半部面積萬一千七十英方里人九十六萬口入口貨値百二十七萬九千磅出口貨加非蘇木椰樹棉花等値二百三十八萬七千磅公入款百五十二萬四千磅國債四百七十八萬七千磅　波德比鄰會城人六萬口徐志云海地島在古巴之東東西約千五百里南北約五百里明宏治四年西班牙遣可侖探尋新地初抵此島名曰義斯巴尼約拉講義作希斯巴尼剌云哥倫葬島中以被繫鐵鎖纏墓子孫世襲水

師提督兼知州後西班牙據其東偏法據其西偏多買阿非黑奴力作年久繁衍黑奴四十餘萬口法人僅萬餘法人待黑奴寡恩黑人怨之乾隆五十六年法有內難黑奴黠者約期同發各殺其主法人萬餘殲戮無遺班人居西偏者亦逃竄別土黑人遂推雄者爲酋法以其竄遠亦未暇西討也地分六部曰波爾德比其都城也曰加也斯曰亞爾的波尼的曰加地不挨顛曰三的亞額曰三多明各斯道光二十二年都城地震壓斃數千人其地物產豐厚農作不力每歲運出貨價值二百七十萬兩許考云明宏治八年班人築城島東南曰聖多敏我崇禎末流民自鄰島來占奪民居投誠於法於是法據島之西偏二國買非洲黑奴供驅使視若草芥黑人怨焉乾隆五十六年法國內訌黑奴盡殺其主班人相繼逃竄拿破侖興問罪之師黑人抵死抗拒道光五年賠法人六十兆佛郎以和卒自立爲民主國分東西二國東曰聖多明我西曰海以地都城名波爾多追棱斯國制立總統設上下議院理國事所記法人問罪與徐異政要云千八百六十七年六月自立爲國置議會分上下院下院百姓公舉三年爲期上院議員卽於下院揀選二年爲期立伯理璽主國政四年爲期限年三十五以上期滿不得菑辦越四年可再舉千八百七十年立行政有四部錢糧歲約五十萬磅國用倍之國多莠民常叛亂通商美英爲多土產加非棉花曼好格麗本棫謂卽紅最佳者蘇木千八百六十八年加非出五十五兆九萬磅千八百七十一年止四萬三千三百六十磅蓋經理失宜歲減少也通用之銀錢曰哥而特僅二本土稱量從法國制先謙案列國學會二圖與雷徐同世界圖作海知問荅作亥第政要作海帶吳志作海其周志作哈求依圖作海提據二圖中境西向凹入

成大灣曰哥奈佛斯海灣東境瀕海有城曰波德爾奧普林西世界圖作波妥仳鄰斯郎雷志之波德比鄰徐志之波爾德比也東北隅瀕海曰加不挨登郎徐之加不挨顛西南濱海曰加也斯與徐合講義云此島與古巴隔溫得瓦得海峽與波爾多黎各隔摩拿海峽由兩峽可入加勒比海大與愛爾蘭相伯仲四山脈並走於東西最高峰曰羅馬基拉高萬三百英尺昔爲西班牙殖民地後西部海地併於法千八百二十一年三多明各與海地合爲獨立國繼分爲兩共和國而國勢漸衰慕志云今二部時有戰爭

都民尼加國

都民尼加雷志云黑人共和國在海地島之東半部面積萬八千七百六十英方里人四十一萬七千口入口貨值三十七萬五千磅出口貨加非椰樹糖值五十五萬七千磅先謙案徐志無以分國在作志後也據雷志云在海地島之東半部列國學會二圖作多明各在海地島東偏是多明各即都民尼加也南瀕海曰三宅多明各北境曰三的亞額與徐合世界圖作聖多明答分圖平方圖作三多明各斯許考作聖多明我又作聖多敏我問荅作明多伊加又作散多明哥政要作山度明哥吳志作脫明哥周志作聖拖㟪密喝餘互詳上政要云千八百四十四年十一月議定國例置議院上院五人下院十五人六年爲期議院兼出號施令與兵講和赦罪之權國置五屬五屬有小議會近年立伯理璽主國政四年爲期千八百七

十三年公舉有戶義兵外四部官伯理璽派委由議院核准乃就職錢糧二十四萬磅費用每過之關稅極重每貨百磅納稅四十磅通商甚少因稅重也山度明哥都城築於千四百九十四年距科倫布尋地至美洲時僅二年耳是爲西半球各國築城之始其東北角有薩墨那海灣長三十英里闊十里泊海船之最佳處天下無與比者千八百七十三年讓歸美國筦轄美與立約其口岸四圍六百見方英里皆由美公司管理而山度明哥不置問焉

英屬西印度總計面積萬三千二百八十八英方里人百三十五萬七千百三十四口入口貨值六百四十二萬二百八十八磅出口貨值六百二十八萬三百六十四磅糖加非椰樹糖水酒藕粉波羅蜜菩提樹果之汁爲大宗多與英美貿易入款共計百八十八萬一千磅國債共計三百七十二萬四千磅

巴哈馬國

巴哈馬羣島雷志云珊瑚羣島面積四千四百六十六英方里人四萬七千五百六十五口工藝之要者取海絨種波羅蜜與西塞

徐志云英屬北方有巴哈麻羣島

耳麻　那沙會城人萬一千口

又迤東有百爾慕他羣島大小凡數百島氣候溫晴而物產殊少故英人不甚重之先謙案即雷志之巴哈馬也世界圖與雷志同在海地之北列國學會二圖作巴哈麻矢志作孛哈馬周志作白哈嘛云近海多生海綿民競曬海水以製鹽謂之天火製鹽其氣候炎熱可以推知講義云在西印度羣島最北爲三千平坦珊瑚島之總稱內有二十島有人之地此諸島中瓦特林克島即三薩爾瓦多爾曹典球云瓦特林克即學會圖之瓦特斯學會圖之薩耳瓦多爾說是一島哥倫布發見新世界第一地方昔爲海賊所據自英國開爲殖民地日趨繁榮首府在新普羅維丹西島曰拿騷慕志云最要曰新不路威敦英有大臣駐之首邑曰那埽天氣清和物產稀少案拿騷那埽即那沙新普羅維丹西即新不路威敦也矢志作潑洛維敦斯瓦特林作滑鐵林吳志作瓦多磷慕志云百爾慕大羣島在巴哈馬東北百五十里人民萬四千大小凡數百島中有散若爾島爲英所轄有大臣副員廳官駐紮王達云英領百爾慕他在巴哈麻羣島東北北緯三十二度西經六十五度處共三百六十小島係珊瑚礁所成面積二十方英里人萬六千口因暖氣過其近旁故氣候最佳每年病人來島養痾者絡繹於道產玉蔥馬鈴薯紐約市所售之蔬果花卉產於本島者居多又有良港爲英國海軍在北美洲及西印度之艦隊根據地學會圖北美總圖中有此名惟未注明其中之散若島而分圖無之

阿德克司羣島

阿德克司羣島雷志云面積百六十六英方里人四千七百四十四口多以煮鹽爲業先謙案徐志無列國學會二圖作安得羅斯羣島列國圖標英字世界圖作阿得唎士在巴哈馬之西古巴之北北美國夫勞利達之東南雷志列阿德克司於巴哈馬之後必是相近之島知阿德克司即安德羅斯阿得唎士也

牙賣加島

牙賣加島雷志云面積四千百九十三英方里人六十三萬九千四百九十一口耕種地千三十七英方里入口貨值百七十六萬三千磅出口貨值百四十五萬九千磅以蘇木加非糖爲大宗多與英美貿易鐵路百八十五英里 京斯敦會城人四萬六千五百四十二口徐志云英屬島牙賣加較大在古巴之南島有山山下溪澗縱横足資灌溉土又膏腴故其地農功最盛舊會城遭地震風災而毀新立會城曰京敦先謙案列國學會二圖亦作牙賣加與雷徐同京敦與徐同海地西北古巴東南相對成海峽標云溫得瓦得牙賣加海道謝志問荅牙賣加作乍美嘎矢志作常梅加周志作健昧克世界圖作英領駕眉加京斯敦作

慶斯頓慕志作西班牙敦問答作景斯盾矢志作金斯通云產海龜油可點燈肉可供食甲可製器謝志云全島分三省十四縣英設巡撫治之每縣舉議士一共議政治講義云此英領最大島北岸風景最美內地氣候宜人昔栽甘蔗甚多近日頗減出口貨有糖加非椰子拉母酒等千五百九年西班牙人發見後千六百五十五年歸英王達云大地誌本島各處有堅固之礮臺爲英國在北美及西印度艦隊之一根據地

坎曼司島

坎曼司雷志云牙賣加之屬面積二百二十五英方里人四千三百二十二口出口貨椰子鼈先謙案徐志無列國學會二圖古巴之南牙賣加之西北有布拉克開瑞小開瑞大開瑞諸島開瑞坎曼一聲之轉

里華羣島

里華羣島雷志云面積七百英方里人十二萬七千六百三口入口貨值三十七萬九百磅出口貨值三十三萬五千七百磅　諸島勿勤羣島面積五十七英方里人四千六百三十九口　恩干

拉面積三十五英方里人三千六百九十九口　聖克刀司多弗面積六十五英方里人三萬八百七十六口　尼維司面積五十英方里人一萬三千八十七口　安地卦與巴布帶面積百七十英方里人三萬六千六百九十九口　蒙撒拉面積三十二英方里人萬一千七百六十二口　多米尼加面積二百九十一英方里人二萬六千八百四十一口　聖約翰會城在安地卦人九千七百三十八口

徐志云東方之島總名安的列斯羣島曰安地禺亞曰吉英人舊所據守曰多米尼加曰多巴峩英人新揶先謙案講義有英領利瓦得諸島利瓦得即雷志之里華也利里瓦華一音之轉列國學會二圖波爾多黎各之遠東有安圭拉標英字謝志恩干拉作安吉拉即安圭拉也安圭拉之南有內維斯標英字即尼維司也謝志作尼惟內維斯之南有安的窩亞標英字即安地卦也旁綴散約翰即聖約翰會城內維斯之東北有巴布達標英字即巴布帶也安的窩亞之西南有莽的塞拉特標英字莽塞拉即蒙撒拉也內維斯之東南有多米尼加標英字與雷同謝志作多明尼加內維斯之西南有森吉特斯杜宗預云即聖克刀斯多弗也萬國圖作聖克利士妥法士圖球圖作聖克刀斯透浮勿勤島即維爾京島講義云利瓦得諸島包多米尼

加以北及維爾京諸島總面積四千二百英方里人六十四萬口聯合於千八百七十一年共一知事諸島重要都會在塔多利島之羅達敦雜南雜爾產沙糖加非諸島最要者曰安的窩亞曰巴布達曰多米尼加曰山黛克里斯陀浮爾等斯在酥西維北此西印度諸島中英國最古之殖民地也案此利瓦得在小安的列斯羣島中別有利瓦得羣島在南與委內瑞拉相近慕志云散吉方二百五十里邑名巴斯的多米尼加方九百里邑名綠索安地卦方四百里邑名散約翰蒙撒拉尼歸安地卦大臣轄兼有鄉官治理曰威森小島統歸散吉案蒙撒拉尼卽蒙撒拉散吉威森再考謝志亦有散吉疑卽徐志之吉

文華羣島

文華羣島雷志云面積六百七十英方里人三十一萬九千三百五十口入口貨值百四十七萬七千磅出口貨值百十萬九千磅

諸島聖魯西亞面積二百三十八英方里人四萬二千二百二十口　聖間森面積百三十三英方里人四萬千五十四口　加拉拿大面積百三十三英方里人五萬三千二百九口先謙案列國學會二圖森盧開在法領馬的尼加之南森芬暹特在森盧開之南伯基亞干那安干尼汪喀拉哥格林拿達在森芬暹特之南俱標英字

案森盧開卽聖魯西亞森芬暹卽聖聞森格林拿達卽加拉拿大也講義云文華諸島合聖魯西亞島森芬暹特島格林拿丁斯島格林拿達諸島之總稱聖魯西西亞風光明媚加斯特里港在西印度諸島備極華美諸島由法人經營建置千八百三年歸英黑人甚多產棉花加非曹典球云格林拿丁斯島卽干那安喀拉哥諸島慕志聖魯西亞作盧西亞方八百里加拉拿大方五百里聖聞森作雙聞森方西百五十里謝志聖魯西亞作散魯西亞聖聞森作散文森

巴巴多面積百六十六英方里人十八萬二千八百六十七口辟里治統會城在巴巴多人二萬一千口徐志云牙賣加迤西有巴巴突島白人所居其上磽瘠先謙案卽雷志巴巴多也列國學會二圖亦作巴巴突標英字在多米尼加之東南下綴布里得吉敦翢譌喆卽辟里治統也講義云巴巴突在西印度諸島最東千八百八十五年與文華羣島分離自爲一殖民地住民有一分爲白人案文華羣島相次在西偏獨巴巴突在東偏與諸島分離之故蓋以此徐云牙賣加迤西誤

剔離尼旦

剔離尼旦雷志云面積千七百五十七英方里人二十萬二千八口耕種地三百三英方里產糖椰樹加非椰子漆灰煤等案灰字疑誤

入口貨值二百三十一萬二千磅出口貨值二百六萬磅多與英美貿易熱度中數七十九度二月七十六度五月七十九度雨水六十七英寸　**波德西班牙會城人三萬四千三十七口**徐志云安的列斯羣島中特尼苔島較大附近可侖比亞東北隅此外附近各小島尚多英人擇要戍守各島物產饒裕居民多有餘貲競起樓閣時時宴飲先謙案即雷志之剔離尼旦也列國學會二圖亦作特尼答標英字在拔里亞海灣之東徐云可侖比亞東北隅微誤世界圖作特利尼達得亦剔離尼旦之音變字南美巴西國之東亦有特利呢達島方位懸遠講義云面積百三十三英方里千四百九十八年哥侖布始發見人四萬八千口多黑人產沙糖加非其面積人口與雷志懸遠但英領附近南美者實即此島慕志云特尼苔首邑名波德西班牙則剔離尼旦之即特尼苔無可疑矣謝志云小安的列斯英屬島二十二最大者曰德林伊達德位在極南近南美分額兒拉國隸長百五十里廣九十里面積萬七千方里首城曰西班牙港德伊達即特尼苔樋志南美洲委內瑞辣後附剔林尼達云此島密邇委內瑞辣海岸人多統入西印度諸島中然入南美爲當英國殖民地首府波妥奥夫西班牙周志作脫利尼特

多巴峨

多巴峨雷志云面積百十四英方里人萬八千三百五十三口入口貨值萬二千七百九十磅出口貨值七千七百磅徐志云多巴峨英人新掷劉覲哩華先謙案列國學會二圖亦作多巴峨標英字在特尼答之東北與雷合慕志云方千里戶口二萬五千

法屬西印度

瓜達鹿比

瓜達鹿比雷志云法屬面積六百八十七英方里人十六萬五千八百九十九口入口貨值八十六萬九千磅出口貨糖值七十五萬二千磅徐志云法國屬島在安的列斯羣島之中曰馬耳的尼加日瓜他鹿兩島最大此外尚有八島物產豐饒貿易最盛每年出入貨價約二百餘萬兩其地山靑水澈多名花異鳥風景之佳爲海西羣島之冠先謙案瓜他鹿郎瓜達鹿比也列國學會二圖有瓜他鹿標法字在多米尼加之西北

馬的尼

馬的尼雷志云法屬面積三百八十二英方里人十七萬五千八

百六十三口入口貨值九十一萬五千五百磅出口貨糖值八十五萬七千二百磅鐵路百二十一英里先謙案徐志見上馬耳的尼加卽馬的尼也列國學會二圖有馬耳的尼加在多米尼加之東南講義云法領諸島在小安的列斯諸島中其重者惟此及瓜他鹿產沙糖拉母酒提科勒得鳳梨等人口稠密自千九百二年五月始馬的尼加之火山爆發辟爾里市附近最遭慘害

丹屬西印度

聖古盧斯與聖約翰

聖古盧斯與聖約翰雷志云丹屬面積百二十九英方里人三萬二千七百八十六口徐志云嗹國屬島在安的列斯者有三近年效英美以釋放黑奴爲德政先謙案卽雷志丹屬西印度也嗹國又稱丹麥列國學會二圖有山黛格魯斯標丹字卽聖古盧斯謝志作散古魯斯慕志作三古盧斯在英領維爾京之南又有散約翰標丹字卽聖約翰也在山黛格魯斯之北講義云丹領諸島在小安的列斯諸島中一多馬斯曾以自由港著名近大衰微居民萬五千一散約翰在多馬斯之東一山黛格魯斯有七十四平方英里合衆國屢謀以金購之案多馬斯列國學會二圖標德字謝志云千八百九十六年售諸德國首城曰加落德馬里居歐美航路之要津

荷屬西印度

維尼若倫羣島與聖馬丁等

維尼若倫與聖馬丁等雷志云荷屬面積四百三十六英方里人四萬七千二百七十四口徐志云荷蘭屬島在安的列斯者有七地褊狹無大權每遇諸國兵爭不息不暇權稅各島乘機販鬻恆獲倍蓰之利先謙案即雷志荷屬西印度列國學會二圖有森馬丁標荷字即聖馬丁也在英領安圭拉之南又有薩巴及森優斯大丟斯二島俱標荷字而無維尼若倫謝志有散馬丁撒巴（卽薩巴）及有司特提亦無維尼若倫徐志又云瑞國有小島在安的列斯羣島中曰桑巴爾多羅美地褊狹貿易甚微案二圖有桑巴多羅美在英領內維斯之西北標法字不屬瑞蓋已爲法奪講義云荷領有薩巴島（案在森馬丁之西南）有森馬丁諸島屬又有利瓦得諸島中之庫拉索島森馬丁千六百四十八年後與法國分領合諸島曰庫拉索殖民地面積四百英方里人五萬餘口產玉蜀黍及豆類案利瓦得羣島之庫拉索南近委內瑞拉此外尚有三島俱標荷字

賜進士出身　特賞內閣學士銜前國子監祭酒翰林院編修加三級臣王先謙謹撰

南亞美利加洲

南亞美利加洲雷志云南美爲新世界之南半部地如三角形謝志云本洲與北洲地形其相似者如同爲大三角形同爲尖端向下同爲西方有海灣而不同者其海岸少曲折南北四千五百五十英里東西三千二百英里海岸不如北美之曲折附近之島亦不多海岸綫長萬五千七百英里通計每四百三十一萬里有海岸綫一里謝志云海岸綫共長四萬九千五百里以面積較之每千四百方里中有一里而已其北加利比海有達連與委內瑞拉二海股東南沿海至散羅革角中間諸大河口頗深廣過土角折而西南岸綫率直幾無出入但一二小港皆有商埠過拉巴拉他河口之南乃有散瑪第亞與散卓支二灣東有發克蘭島喬治亞島洲之南端有德斐德拉哥島與大陸夾瑪遮蘭海腰西出太平洋向北沿岸多附陸之島以偉令盾支羅偉最著德勒斯門德小土股横衝海內西方洋內有散斐利斯歡斐南德二羣島自此迤北海岸又爲直綫至伯耶哥角北有捌阿基勒海股再北

郎巴那馬海股而海岸綫盡面積六百八十一萬七千三百九十英方里辻志云四千二百萬方里內包島五萬千三百二十一英方里其高地安的士山先謙案諸圖志或作安第斯或作安達斯或作安的斯貼近太平洋岸自洲之極南起至加鼇賓海止案諸圖志或作加勒比或作安地海或作嘎利比偏支向東入委內瑞拉諸山兩兩平行包有數高原以玻里非亞之高原爲最廣大樋志云安達斯連山北自巴拿馬地峽沿本洲西海岸蜿蜒而南止於合恩岬長四千一百餘英里平均高度萬一千餘尺其山巔成二平行綫中包一帶高原中最高廣處爲玻利非亞國土高於海面千尺至一萬一千尺山之高者愛康喀瓜案在智利或作阿孔喀瓜或作阿公加瓜或作亞坤加瓦高二萬三千八十英尺梭拉他峯案在玻利非亞或作沙拉泰高二萬千五百二十英尺欠摩波拉若案在尼瓜多或作眞波拉梭或作侵波拉索或作孫卜林索高二萬六百英尺其孤山爲尼佛大山在加鼇賓海岸高萬六千七百英尺瓜阿那高地內之羅雷馬案在英領地或作羅拉馬高八千五百英尺巴西高地內之意推西

亞高八千九百英尺其低野居全面積百分之七十卽在於諸山之間向大西洋其勢漸寬亞林拿哥河之野亞馬孫河之樹林巴拉他河之野洲高中數二千四百九十英尺案亞林拿哥或作俄利那哥或作奧利諾哥或作痾勒諾哥巴拉他卽拉巴拉他也北部爲亞林拿哥流域皆草原不生樹木當雨節時青草滿野牛馬千百爲羣至乾節則草悉枯死牛馬皆入山麓蟲蛇之屬亦皆蟄伏地名曰拉諾斯中部爲亞馬孫河流域天氣鬱暑雨水甚多喬木蔽天蔓草沒地藤蘿繚繞陰翳空際數百里間禽獸蟲蛇居之殆無人迹惟河上可行舟楫耳地名曰色雷代斯或作賽爾瓦斯南部爲巴拉他流域亦係草原間有廣大沙磧近南氣候適中乾節青草不死牛馬數百萬生息此土其民多以捕獵爲業地名曰班巴斯鬖謝欸䰧諸志巴洲內諸河幾盡流入大西洋大河三亞林拿哥河領地三十二萬八千英方里亞馬孫河領地二百七十萬英方里巴拉他河領地百二十四萬英方里謝志云俄利那哥河案亞林拿哥出基阿那高地及安達斯山東流分爲二一南入內革羅河一東流過分額兒拉行四千五百里而入大西洋河口有大三角洲支河無算中流多灘不利舟楫阿瑪森河案卽亞馬孫世界第一巨川也流域二千四百萬方里不啻與歐洲相埒出安達斯山距太平洋止百五

十里東流萬二千里北受嘎革達河內革羅河南匯烏該亞雷
河布勒斯河瑪德拉河達巴柔斯河申古河多干典斯河皆入河行
餘三千里入大西洋河口廣五百里深二百尺其流直激海水於四
百里外近口有若安內斯島面積千七百方里分河爲二北曰
亞馬孫南曰巴拉由河口上溯三千里可通巨舟若小輪舟可
直抵安達斯山足潮汐逆入千餘里拉伯拉達河出巴西高地
名巴拉那河合烏魯圭巴拉圭二河南流入大西洋餘互見亞
爾然丁下此外哥倫比亞有瑪革達雷那河北入加勒比海基
阿那有哀色基波河北入大西洋巴西有巴奈巴河散凡西斯
哥河並東入大西洋又云亞馬孫河北支之內革羅河與俄利
那哥之支流通亞馬孫南支之瑪德拉河又與拉巴拉他河之
支流比勒哥邁約河通故遇盛漲時可自俄利那哥河航舟過
中央平原以達拉伯拉達
河口運輪之利莫過於此
安的士山爲分寒暑之一大界山東
雨水充足沿太平洋自緯度赤道南四度至三十度雨水稀少
或終年無雨人三千九百十五萬三千口

巴西國

巴西徐志巴西（一作巴悉又作伯西爾又作巴拉西利又作布拉熱爾）云南墨大國也地居
南墨一洲之半北東兩面距大西洋西北界可侖比亞西界
秘魯玻利非亞西南界巴拉圭烏拉乖縱橫皆約九千里地勢平
曠間有山嶺不高江河多而長最大者曰亞馬孫自西而東口門

似海曰凡悉自南而北曰烏路愚愛自北而南兩河亞於亞馬孫皆入大西洋小河不可勝數明宏治十三年葡萄牙人伯得祿阿爾瓦利斯探得其地徙國人墾闢之後葡萄牙爲西班牙所併巴西亦爲荷蘭所奪五十餘年葡萄牙復國後悉銳渡海逐荷蘭人益買斐洲黑奴助耕作生聚二百餘年遂爲海西大部產棉花糖煙葉加非可可二果名可代茶飲紅木牛皮藥材金沙金剛鑽寶石地力甚厚百穀皆宜已墾者十之二三餘則蓬蒿雜遝林莽陰翳奇形之獸不知名之鳥恢譎之蟲蛇飛走出沒於其間雖有珍異之產掩於穢墟無由自獻西人惜之嘉慶間葡王爲拿破侖所逼逃至巴西後歸國死其子伯德祿留王巴西遣女歸王葡王不諳巴俗巴人迫王歸葡立其世子爲王國之貴人相助爲理由是別爲海西大國不屬於葡道光中戶口約四百萬葡人八十萬雜類四十萬白黑人嫁娶所生黑民十五萬黑奴子孫贖爲民者黑奴百餘萬土人及遠方各國之人七十餘萬葡人多遊宴自娛力作皆黑人爲之養之甚厚故無叛逃慕志云緯綫自赤道北四度至赤道南三十度經綫自順天偏西百五十一度至偏東百七十二度謝志云當南緯三十三度四十五分至北緯四度三十分西經三十四度四十五分至七十二度三十分世界第五大國巴西譯言紅炭以該處產此故名其地葡人郎以

雷志云二十邦一邑聯盟共和國案詳後引王書立法之權在總統及上下二議院講義云千八百二十二年立巴西帝國千八百八十九年效北美合衆爲聯邦共和國迁志云大統領統治分財政司法內務及教育軍務海事外務實業交通及公共事業六省各有長官有國會筦立法分十二州州有

知事治之薛記云巴西向爲君主國其國水陸軍及民人議設立暫兼國政公會國民公舉秉政大臣向前皇啤度路聲言請其偕眷離國前皇亦即允從遂頒詔國中此後巴西改爲合衆民國秉政大臣於千八百八十九年十一月十五日傳諭所有前皇與各國互立和約及各項合同並國債均仍舊辦理現暫秉國政公會首領即將軍馮式嘉至外政事務即歸本大臣管理深願貴國認本巴西國爲合衆民國是爲厚望案君主改爲民主泰西原有此例惟各自主之大國若不明認未爲定局巴西改爲民主係出兵部海部二人之私謀欲擅權以劫脅君民前皇亦並無失德遜位已將一年而未將此事交議院公議惟法美二國已認二國皆民主巴西又許以分界利益也英俄德意皆未認允英於巴西公使雖仍以客禮相待惟不使與朝會亦不受其書今聞英德二國亦有將認之意矣志云千八百八十九年國人逐其君主千八百九十年遂立爲共和國立法權屬國會有二議院行政權屬大統領許考云光緒七年巴西與中國立約通商顧考云行政分七部一閣部兼教部二文部三戶部四外部五兵部六海軍部七農工商部

地分三區高地在東南部沿海山嶺崇峻最高者八千二百英尺顧考云高山有中東西北四嶺中嶺最高由海面測算高二千九百九十四法尺每尺約伸英尺三尺三寸或云三千百四十尺向西斜坡樹林茂盛至中部坎摩拍司爲一區阿馬孫河之樹林在西北部爲一區上巴拉圭河之低原及馬多格勞梭之高地

在西部爲一區辻志云其地勢東南有巴西山脈連亘西北平原廣闊河之大者曰阿馬孫河一作阿瑪森一作亞墨様一作嘎麻森出祕魯之澇利哥加湖東北流合諸大水入大西洋行九千二百十八里水利頗大爲世界第二巨流曰桑港河桑即散凡西斯哥河出巴西山中北流合諸谿水入大西洋行三千六百八十七里水勢迅激不便舟行土地概屬熱帶惟山間溫和講義云其國爲巴西山地及索拏斯二地方所成巴西山地恰如一島東北及東大西洋繞之西北及北有亞馬孫河馬得伊拉河西南及南以巴拉圭河巴拉那河爲界顧考云巴蘭那河左右有瀑布名斯地奇打士高十十尺橫二千二百尺由容港逼寥水勢而成港寬止七十尺聲閭三十三法里許法里三十三伸英里十五里伸中國約五十里巴蘭那郎巴拉那也最高山地接於大西洋沿岸至里約熱內盧港附近極隆起因之分高地爲三一沿岸山脈成大高地東南部沿大西洋而成斜面二由烏拉乖河至森佛蘭西斯科之水源三分水嶺多干定與森佛蘭西斯科之河領地分爲南北由此高地所發諸大河在東北者爲多干定河阿拉怪河在西北者亞馬孫河支流在南方者巴拉圭河烏拉乖河等亞馬孫河出安達斯山中爲烏開亞利河馬拉甯河之上流東流左受尼格羅河巴蘭可河諸水又合馬得依拉及巴西山水入大西洋索拉斯者亞馬孫河流域也面積百九十萬英方里森林茂密面積三百十九萬英方里謝志云面積約三千二百方里占全洲之半人約千六百五十萬口辻志云千四百三十萬口謝志云白人六百餘萬中多葡人且每年遞增餘則黑人爲多印第安人亦之多居於內地有強逼入學之制農爲首業產加非每年四十八萬磅糖椰樹煙葉

棉花磨沙巴西果等謝志有瑪德樹葉可當茶可可橡皮胡桃巴西木及各種木材平地森林不通人跡植物著者二千餘種加非歲八萬萬斤居天下全額之大半南部多業畜牧礦產金鋼鑽金鐵甚富惟尚未發達製造亦不盛矢志有石腦油云棉花足與合衆國相抗甘蔗足與西印度相抗樋志有蘇木馬和嘎尼等謝志有鉛鋅云有金鑛五所歲采金十五萬英兩工業紡織最盛工廠百五十五所工役二十餘萬名絨紗粗布織成者甚多顧考云在迷拏日來斯部巴義亞部別部間亦有之但所出不逮兩部之美入口貨值二千百五十六萬八千磅出口貨值二千六百七十五萬二千磅以加非爲大宗多與美英貿易政要云通用之銀錢曰密勒値英銀二喜林二本土金銀錢近亦不甚所所行者無非庫票名日墨亞平拉民間行用銅錢稱量之具悉照法國制鐵路萬三千六百二十五英里迚志云二萬三千百六十里謝志云已成二萬五千餘里電綫六萬五千里商船五百七十三公入款千百十六萬七千磅國債九千六百八十八萬磅謝志云歲入三千萬圓公債八萬九千萬圓兵額萬八千人戰艦四十二內鐵甲十來約墊內盧熱度中數七十四度正月八十度七月六十九度雨水四十五英寸八四十二萬二千七百五十六

口　巴西亞人二十萬口　潘內布科人十九萬口　沙保盧高
於海面二千四百英尺熱度中數六十四度正月七十一度七月
五十七度雨水五十五英寸人十萬口　巴拉人六萬五千口
波多亞耳支人五萬五千口以上要區　徐又云地分十八部曰里約熱內盧匿羅一作驲都城建
於海濱與部名同廷廟峻麗學館醫院皆備人戶百五十萬商船
蟻集海門廣闊風物清美曰勝寶盧會城同名曰三達加達里納
會城名德斯德羅曰勝伯德祿會城名伯爾達勒給勒曰馬的噶
羅索曰痾阿斯會城皆同名曰迷那日來斯會城名額羅不畱多
曰斯不黎多三多會城名維多里亞曰巴義亞會城同名亦大埔
頭居民好賭成俗盜賊肆行時殺人於昏夜曰塞爾日貝會城名
勝基利斯多望曰阿拉痾瓦斯會城同名曰伯爾能不各會城名
勒西非居民七萬地平坦其民騎馬獵野牛爲生與拉巴拉他同
俗曰巴來罷會城同名曰北里約哥蘭的會城名達那里曰西阿
拉會城同名曰標意會城名痾減辣斯曰馬拉娘會城名勝盧義
斯曰加郎巴拉會城名伯零巴國腹地產金沙鋼鑽寶石其民陟
巘沒河搜尋寶藏不務農功往往絕糧餓死土人悍獷近獸戶口
甚稀先謙案列國學會二圖作巴西與畱徐同黎叢作伯畱齊爾
周志作勃來如爾矢志作白來齊爾謝鑑作巴西勒王書云本國
分二十州一區在東部者曰馬蘭哈俄曰比亞海爾曰西阿拉曰
北里約哥蘭的曰巴來罷曰伯爾能不各曰亞拉哥亞斯曰塞爾

日貝曰巴義亞曰痾阿斯曰迷羅曰來斯曰厄斯丕里多三多曰
里約熱內盧曰聯合地區在南部者曰勝寶羅曰巴拉那曰三達
加達里納曰里約哥蘭的在西部者曰馬的噶羅索曰亞馬索拿
斯曰伯拉與徐不同後所增西据二圖東北臨大西洋南界烏拉
乖西北界歐屬圭亞那委內瑞拉西界可倫比亞厄瓜多爾秘魯
西南界波利非亞巴拉圭其森佛蘭西斯科河北有亞拉哥亞斯
卽徐之阿拉痾瓦斯也瀕海有會城同名顧考云阿拉痾瓦斯部
東南至海西南至塞爾日貝西北至塞爾日貝伯爾能不各其北
伯爾能布各卽雷之潘內布科也世界圖作伯能布各濱海有伯
爾能布各會城一名勒西至顧考云伯爾能不各部東至海南至
阿拉痾瓦斯及巴義亞西非標意北至巴來罷迠志云鐵路通巴
西亞緐華爲國中第三其北有巴來罷會城同名顧考云巴來罷
部東至海南至伯爾能不各西至西阿拉北至北里約哥蘭的其
北有北里約哥蘭的會城曰那達里世界圖作那塔耳顧考云北
里約哥蘭的部東北至海南至巴來罷西至西阿拉又北曰西阿
拉會城瀕海顧考云西阿拉部東至北里約哥蘭的及巴來罷南
至伯爾能不各西至標意北至海以上並與徐合又西有比亞海
爾以顧說推之卽徐之標意也顧考云標意部東至西阿拉伯爾
能不各南至巴義亞西至馬拉釀北至西阿拉及馬拉釀有鄂伊
拉斯卽痾滅辣斯會城也世界圖作俄挨剌斯又西瀕海有巴拉
那呼巴卽巴蘭亞義巴世界圖作巴剌那以巴其西南有亞馬蘭
哈俄以顧說推之卽徐之馬拉娘也世界圖作馬蘭范北瀕海有
勝盧義斯會城顧考作馬拉釀部云北至海東至西阿拉南至標
意及痾阿斯西至加郞巴拉及痾阿斯又西曰伯拉世界圖作怕

拉郎雷之巴拉徐之加郎巴拉有河北入海爲伯拉河口入海處河東有城曰伯靈郎伯零會城也王書云貿易未盛以輪出米椰子抹紙膠著名顧考云加郎巴拉部東至馬拉釀及痾阿斯南至馬的噶羅索西至亞馬孫北至海及歪阿那界又西北爲亞馬孫河口世界圖作阿馬孫又西北與法領圭亞那相接又西西統爲亞馬孫河流域曰亞馬索拿斯雷云阿馬孫河之樹林在西北部爲一區者也亞馬索拿斯郎雷之阿馬孫那司矣雷志阿馬孫那司慶見顧考云亞馬孫部東至加郎巴拉南至馬的噶羅索及玻利非亞界西至厄瓜多及祕魯界北至委內瑞拉界其西南有馬的噶羅索與徐合列國圖噶作楷會城同名與玻利非亞國境相接世界圖作馬底以拉索顧考云馬的噶羅索部東至痾阿斯西南至玻利非亞界北至加郎巴拉亞馬孫遡而東南下有巴拉拿世界圖作巴拉那顧考作巴蘭拿有巴拉那河河東有城曰庫里的巴世界圖作庫里提巴曰巴拉那瓜世界圖作吧剌那瓜顧考云巴蘭拿部東至海南至勝伯德祿西至馬的噶羅索及玻利非亞界北至勝寶盧其南有三達加達里納列國圖嘅三字其會城德斯德羅瀕海與徐合顧考云三達加達里納部東至海南至勝伯德祿西至玻利非亞界北至巴蘭拿案玻利非亞當是巴拉圭又南瀕海有伯爾多亞勒給勒郎雷之波多亞爾支徐之伯爾達勒給勒世界圖作坡拖亞勒格勒乃徐之勝伯得祿會城曹云伯爾達勒給勒今南里約哥蘭的州首府然則勝伯得祿其舊名與顧考云勝伯德祿部東至海南至巴拉圭界西至玻利非亞界北至三達加達里納案玻利非亞當作阿根廷巴拉圭當作烏拉乖又南與烏拉乖國接境由德斯德羅沿海而東北有勝寶羅郎勝寶羅之會城雷之沙保盧徐

之勝寶盧也王書云在首府西南爲采辦加非中心對此府之要港日山多斯世界圖作聖保羅顧考云勝寶盧部東至海南至巴蘭拿西至馬的噶羅索北至迷拿日來斯又東有里約熱內盧郎雷之來約墊內盧諸圖志多作熱雷墊字當是誤文辻志云首府在國東南岸人約五十二萬口見爲通商口岸加非出口最多南美第二都會王書云汽船往來如織惟黃熱流行氣候稍劣顧考云里約熱內盧部東南至海西至勝寶盧北至迷拿日來斯又北有額羅不來多郎徐之迷羅日來斯會城王書云在首府之北高於海面四千英尺爲產金地中心世界圖作歐多布列得其大名作美那斯西來斯顧考作迷拿日來斯云東至斯不黎多三多南至里約熱內盧勝寶盧西至痾阿斯北至巴義亞額羅不來多之東有厄斯丕里多三多郎徐之斯不黎多三多瀕海有維克多利亞斯郎維多利亞會城也顧考云斯不黎多三多部東至海南至里約熱內盧西至迷那日來斯北至巴義亞迷羅日來斯西北有痾斜斯世界圖作吳耶斯顧考云痾阿斯部東至迷拿日來斯巴義亞西南至馬的噶羅索北至馬拉釀加郎巴拉東有多干定河西有阿剌怪河世界圖作地科斯洌阿那怪河廷於部境合而北流會伯拉河北人海痾阿斯之東爲巴義亞郎雷之巳西亞也世界圖作巴希亞樋志作巴衣阿會城瀕海一名薩爾法達辻志云在國東端人約十七萬口海水成灣貿易旺盛有礮臺防禦王書云前殖民地首府在此顧考云巴義亞部東至海南至斯不黎多三多迷拿日來斯西至痾阿斯北至伯爾能不各標意又東北瀕海有塞爾日貝在森佛蘭西斯科河口顧考云塞爾日貝部東至海西南至巴義亞北至阿拉痾氐斯及巴義亞河之北郎阿拉痾氐斯矣顧考軷

徐志增多阿馬孫巴拉那二部以地形歷史推之阿馬孫割自瓜阿那巴拉那取之巴拉圭者也

瓜阿那

瓜阿那雷志云自亞林拿哥河起至亞馬孫那司止沿海低平內地崎嶇樹林茂盛通國分屬委內瑞拉巴西及英法荷三國徐志歪阿那云巴西北境濱海地名歪阿那一作古牙雅三國所闢新地先謙案即雷志之瓜阿那也列國學會二圖作圭亞那讀義平方圖同謝志作雷阿那云一作瓜那當北緯脫文度四十分至九度西經五十一度至六十一度过志世界圖作貴亞那現勢圖作迷亞那世界地理作古阿那吳志作幾阿拏周志作扼亞奈樋志作古亞那矢志作環那許考作及英云一作及央在南美洲東北環同皆水東北界大西洋西北痾勒諾哥河西南加西潤里與黑河一東南亞馬孫大河地分為五一屬委內瑞拉卽痾勒諾哥河南地一屬巴西卽亞馬孫河北境其餘土地入英法荷三國版圖三國屬地之南有巴利末山岡阜盤紆高峯止七百丈境內河港紛歧皆自南而北入大西洋沙礫中間有金片河之長者英屬地中厄斯幾白約千一百三十里地方酷熱林密如織瘴癘流毒歐人濱海而居土人好安逸鮮經營居處無常編箬為蓬削竹為楝有故則棄而他往面繪五色喜歌舞有酒輒聚飲時有醉死者生蚌便相殘殺戶口日稀平原多茱蔬瓜果山林多良材巨木有加蒔樹脂膏為食物中佳品歐人酷嗜之野木棉幹圍數尺甚堅硬宜作舟楫法欄蠶樹

芬芳觸鼻利用甚多西蔑辣樹紅色鮮明哇椅樹葉大無倫作葢
禦風雨數年不敗矢志云海岸一帶低地較水面更低故多築隄
禦水樋志云特著物產有汁樹取汁於幹狀如牛乳可以供飲案疑
卽許考之加哥樹之電鰻魚土人欲捕之以馬投河其魚乃怒而發電觸馬
俟電氣散盡乃捕之沮洳之地有大
螢一螢之光觀書有餘其大可想

英領瓜阿那雷志云包有德米拉拉愛塞坎波般比司諸府面
積九萬五千百七十英方里辻志云六千五萬四千方里人二十七萬八千
三百二十八口產糖金每年四十六萬磅入口貨值百三十五萬六千
磅出口貨值百八十一萬八千磅多與英國貿易　**喬治統會**
城熱度中數八十度正月七十八度十月八十一度雨水九十
六英寸人五萬三千百七十六口徐又云英新地在西與可侖
比亞連界長約千里廣約三
百八十里本荷蘭所闢地英人奪而有之分三部曰特默拉拉
曰義斯給波曰北爾彼塞土雖沃江瘴半屬泥塗英募黑人來此
修田工費太鉅獲利無幾亦產加非糖先謙案列國學會二圖
英屬圭亞那北臨大西洋南界巴西東抵荷屬西抵委內瑞拉
徐云可侖比亞誤也濱海有三城東曰新安斯特丹中曰吉鄂
爾吉敦西曰巴的加格羅佛厄塞基博河自南而北出中西二

部之間入海講義云南美大陸中央英國領土僅此一處橫於荷領圭亞那與委內瑞拉之間有海岸綫二百五十英里內地有厄塞基波河之上流凡六百英里又有標彼西河山最高者曰羅拉馬高八千七百四十英尺氣候酷熱降雨甚多然無暴風地震內地蔽以森林住民多爲印甸人亦有黑人中國人其白人多葡人英人千八百十五年歸英領近派知事一人駐守產業耕作種蔗製糖及造糖蜜首府吉俄爾吉敦在德墨拉拉之右岸新安斯特丹在其東樋志云愛賽幾波河出南方巴西高山（案郎阿嘎朱山一作土俊克呼馬克山）合境內之水入大西洋首府在河口西之東曰佐治當英國殖民分地爲三區而居許考云康熙六年荷人取之迨法王拿破侖侵荷英乘機略取既而復歸於荷嘉慶十三年議以哥侖定河爲界河東屬荷西屬英居民多黑人分東西二部西曰特美拉利會城名曰奧爾是到東曰白爾比斯會城名新安特爾富城俱築河口地多花卉鬪豔爭妍案厄塞基博厄塞基波愛賽幾波河也一作哀色基波亦作厄斯幾白徐之義斯給波部郎雷之愛塞坎波府取此河爲名徐之特默拉拉部郎雷之德米拉拉府許考之特美拉利也徐之北爾比塞部郎雷之般比司府許考之白爾比斯也新安斯特丹郎許考之新安特爾富也吉府鄂爾吉敦吉俄爾吉敦郎許考之日奧爾是到雷之喬治統也樋作佐治當謝志作卓支盾矢志之作日爾治世界圖作若爾日惟樋志言英民分三區而居與雷徐合而許考止有東西二部不可解曹云英文圖馬薩魯尼河口之北有格達羅波南有巴的加本二地二圖誤合爲一作巴的加格羅佛非是

荷領瓜阿那雷志云一名酸里內面積四萬九千八百五十英方里迂志云二十七萬六千三百六十方里許考云西至哥侖定河東至馬羅尼河共三十三萬九千方里人七萬五千口產金每年九萬七千磅糖椰樹入口貨值四十五萬七千二百磅出口貨值四十萬千四百磅　巴拉馬里波會城人二萬九千百三十一口徐又云荷蘭新地在中曰蘇利南長約七百五十里廣約六百五十里會城曰巴拉馬利波地多水澤產加非糖貿易頗盛黑奴多逃入山林誘土番爲盜劫先謙案蘇利南卽雷志之酸里內也列國學會二圖荷屬圭亞那北臨大西洋南界巴西東抵法領西抵英領濱海有城曰巴拉馬利波與徐合卽雷之巴拉馬里波也講義云以科連定河與英領圭亞那爲界以馬羅尼河與法領圭亞那相接地勢氣候與英領同白人多荷人千六百五十年爲英人所發見千六百六十七年以紐約克與英交換今有知事管轄物產之重者甘蔗提科勒得加非

法領瓜阿那雷志云一名開盈爲竄謫罪人之地面積三萬四百六十英方里迂志云二十八萬八百方里人三萬口千八百九十六年出金三十九萬三千磅入口貨值四十三萬六千八百四十磅出

口貨值十八萬九千四百二十磅　開盈會城人萬口徐又云法新地在東日加夜那長約千六百里廣約千一百里產丁香番木其地叢林密市瘴氣最毒到者輒染病死法國免死罪人流徙於此先謙案列國學會二圖法屬圭亞那東北臨大西洋西抵荷領東南抵巴西標日加亞那卽徐志之加夜那也會城在東北隅世界圖曰開廷卽雷志之開盈矣志作該廷樋志作開永並開盈之音變字講義云沿岸有高地及多數島嶼散在海中千六百六十四年取爲殖民地然無繁盛之望首府加亞那在加亞那島上此島以二河之分流與本土分離開盈蓋異名許考云萬歷三十二年始有法人往居順治十一年爲英占據康熙十五年又爲荷人兼併嘉慶十四年葡人奪之後八年復歸於法會城名加言納案卽加亞那也矢志作加行內周志作客因納樋志云地產花椒赤色英國貴之稱曰開胡椒

巴拉圭國

巴拉圭慕志云緯綫自赤道南二十度至七度半經綫自順天偏西百七十一度至百七十五度講義云巴拉圭者查勒斯五世時班領南美洲之號蓋今祕魯巴西玻利非亞巴他峩拿之總稱也今面積不過十五萬七千英方里千八百十一年離西班牙獨立千八百六十五年與巴西亞爾然丁烏拉**雷志云共和國**乖聯軍戰敗千八百七十餘年乃僅保現在領土謝鑑云自巴拉圭自立後千八百十四年國人公舉法蘭西亞爲總領在任三年及任滿又使人舉其永爲總領遂定國制不與鄰

國交往致貿易不通百姓困窮至八十二歲始卒千八百四十四年百姓公舉派配斯安頭泥歐爲國主更改舊制與鄰國往來自桑撒斯失位後怕拉納河怕拉圭河水道安靜各國舟船來往自若國內事業漸興政要云

巴來蒯南美東偏之小部也本西班牙所闢千八百十一年始叛而自立置監國二人千八百十五年有咈蘭西牙草澤特起奪二監國之權而自立國人慴服千八百四十年咈蘭西牙卒國遂亂千八百四十二年始興議會公舉咈蘭西牙之姪二人爲王一名皮阿郎蜀陸貝斯一名唐囑陸貝斯千八百四十四年國例成唐囑獨主國政千八百五十七年仍留辦千八百六十年唐囑卒遺命傳子唐福蘭昔斯哥陸貝斯嗣立千八百六十五年以爭界與巴西搆兵巴西率阿根廷烏拉乖與戰五年之久千八百七十年巴來蒯人大敗唐福蘭昔斯哥戰死疆土剏去幾半本有十萬三千百四十五方英里僅存五萬七千三百三方英里是年立議會改定新例照阿根廷國章程分上下院千八百七十一年立伯理璽六年爲期置副伯理璽主議會行政有內部戶部文敎部兵海部外部錢糧七萬八千磅公費十五萬磅鈌七萬二千磅又以興造鐵路議會議賣國地得値五百十二萬磅巴來蒯初無國償千八百七十年始借民錢千八百七十一年始借外國銀二百萬磅扣付八十磅爲百磅歲息八釐以値十九兆三十八萬磅之公地爲抵押先與巴西戰時有六萬兵內馬兵萬人礮兵五千人礮四百尊餘皆步兵後大加裁汰存兵二千人今國中戶口約百二十萬人住省中三之一餘皆散居國多荒地茂林水草所在多有故遊牧者衆近復令民租種畜養牛馬土產麥堆如中國黃芽葉將葉曬乾磨粉西人用以代茶謂之巴來蒯茶八百七十年麥堆計有四百

八十萬磅值銀二十九萬磅此外煙葉牛羊皮進口棉花布麻布英貨居多次法次德銀錢用祕瑣先謙案孫志不知巴來蒯郎巴拉圭別爲一國大誤沿巴拉圭河及巴拉那馬河並格倫超科之北部皆爲沃壤最高之處二千二百八十英尺面積九萬七千七百二十英方里过志云五十八萬八千方里人四十八萬口入口貨值四十五萬三千磅出口貨煙茶葉革等值四十萬二千五百磅丙巴拉圭茶居百分之四十二入款十七萬三百磅國債三百六十萬磅兵額千四百二十八人

阿孫訓會城人二萬四千八百三十八口徐志巴拉圭或作巴拉乖又作巴拉吾愛云南墨小國也間於巴西拉巴拉他之間長約千七八百里廣約八百里地形斗絕內拓平原湖河淤灌土多腴沃明嘉靖五年意大利人塞巴斯德央加波冊開其地越九年爲西班牙所奪畀天主教師管不設官乾隆三十二年逐天主教師隸於拉巴拉他道拉巴拉他叛西班牙巴拉圭亦自立爲國時有歐羅巴文士弗許云法人法郎賴生於巴拉圭者亞居巴拉圭巴拉圭人推爲酋長其人陰鷙有權略誥暴除奸土人畏服國雖小而張甚鄰不敢侵地分二十小部部名未詳產与蘭米甘蔗棉花藍靛煙葉蜂蜜大黃血竭桂皮又產土茶啜之能醉人先謙案列國學會二圖與雷徐同世界圖作怕拉圭吳志作巴拉乖矢志作巴拉葵周志作怕來求亞政要作

[illegible]
巴來蒯据二圖東界巴西北界巴西玻利非亞西南界阿根廷南
境有城曰亞松森世界圖作阿松箭郎雷之阿孫訓也謝志云國
分七十小部都城曰阿孫西安近比勒哥邁約河入巴拉那河處
世界地理作阿薩雄吳志作阿孫與樋志作阿松荀矢志作亞生
興許考作阿生西翁講義云有巴西山脈貫通南北別有小山脈
與圭之交通西北蔽以森林南部地勢低平高地而外屢被水患巴
拉圭河距海千二百英里可航行謝志云地不濱海北部多山江
河向東南流巴拉圭河自巴西來貫中央與東界巴拉維河西界
比勒哥邁約河合爲巴拉那大河郎拉伯拉達之上流也鑛產西南
部多鐵北部多文石未採者多物產首推瑪德樹葉居民取汁飲
之名巴拉圭茶歲產八百萬斤鐵路五百里電綫千八百里貿易
總額四百二十萬圓歲入九百萬圓公債五千六百萬圓小學四
百中學百所大學一所矢志云所出茶一名佛拜
邁退案法郎濟亞法蘭西亞咈蘭西亙郎一人

南美洲西北部

委內瑞拉國

委內瑞拉慕志云緯綫自赤道北二度至十二度經綫自順天偏東百七十一度至偏西百七十四度長二千三百里廣
二千一百里總計方百一十四萬里人百八十萬口其地迤東南
西北海濱三方山嶺錯雜餘皆曠野低淤潦時泛濫游牧紛繁樹
林罕見有牛乳樹刺之流汁如乳民便於飲旱時一帶荒沙土產
五金藥材木料靛膠糖煙葉棉花牲畜海牛鱷魚大蛇電氣鱔先

謙案牛乳樹電氣鱔蓋與貴亞那所產同類謝志云在北緯一度十分至十二度十分西經六十度至七十二度縱橫二千里面積約四百萬方里雷志云聯盟共和國政要云千八百三十年自立爲合衆國定國例自是諸部落各思分治兵爭數年至六十四年四月內修國例悉循美國章程分十三省各省自有政權置律例官自開銀鑛有伯理璽七十三年四月立例於議會條陳不能批駁阻止有副伯理璽主議席皆民間公舉也四年爲期又公舉部員六人議會各員亦民間公舉貴賤皆得預選七十四年來國常亂有欲伯理璽總攬大權者有欲分國政自主省政者國無一尊故衅易起也講義云大統領二年一任國會則采用兩院制陸軍常備兵三千六百人海軍有汽船三小礮船數隻鐵道五百三十英里電綫三千八百八十英里謝志云初屬西班牙千八百十一年國中豪傑波利乏率衆叛班血戰九年自立爲民主國行政權在總統六部大臣及同盟議會佐之同盟議員由國會合選國會任立法權上院二十四員下院五十二員分二十一邦平時兵額七千戰時可得民兵六萬大學二中學六十小學一千六百所鐵道千五百里電綫萬二千里貿易總額八千萬圓公債五千三百萬圓許考波利乏作波里瓦爾云游學西班牙復至法意美國聞部民叛班歸里治軍逐班人出境嘉慶十六至二十四年事也樋志云國中數十年來爭亂相踵財賦缺乏舉一國歲入不足充國債息金

地分三區北部多山宜耕種內滿里打山高萬五千四百英尺爲一區亞林拿哥河之野宜畜牧爲一區南部拍拉

米佛爾樹林爲一區講義云地勢大別爲三郎圭亞那高地大平原及哥爾列拉山地是也疴勒諾哥河繞圭亞那高地之西成橢圓形徐注於海其河口有大三角洲疴勒諾哥之流域卽利亞諾斯平原生長雜草謝志云俄利那哥河貫其中河口七百里以上尚闊十餘里支流四百里面積三十七萬二千二百八十英方里志云面積三百五十五萬八千方里八二百三十二萬三千五百二十七口十年增百分之十四許考云疴勒諾哥河西南有野番攫獸捕魚挖草掬泥爲食泥出美黎達等河濱性膠膩青黃色土人溲而圜之如饅頭烘以微火裏藏之荒寒時以爲糧平日雖飫魚肉將徹亦必略啖此物若不可一日無者習尚然也農牧爲最要之業牛八百四十七萬六千三百綿羊五百七十二萬七千五百礦產每歲金出二十萬三千磅並有銀銅煤講義云產物沙糖加非家畜鹽硫磺靛膠護謨及可得染料之植物礦產多石油尙未吸取蘭圭瓦蘭產椰子最良許考云多堅木有木蘭樹出油甚佳入口貨值三百二十九萬九千七百二十磅出口貨值四百三十八萬磅講義云以牛爲要政要云銀錢用祕瑣值英銀四喜林加非居百分之七十八公入款百三十四萬二千磅國債九百八十三萬八千磅加拉架會城高

於海面三千四十英尺熱度中數七十一度正月六十九度五月七十四度雨水三十一英寸人七萬二千四百二十九口　佛林西亞人二萬八千六百五十四口　馬拉坎波人三萬四千二百八十四口以上要區徐志委內瑞辣云在新加拉那大厄瓜爾多之東南界巴西長約三千五百里廣約二千五百里大河橫帶國中河北多平原炎熱殊甚河南多山溫和可居土田膴厚物產極豐地分十二部曰加拉拉架都城建山谷中與部同名曰加拉波波會城名瓦棱西亞曰馬拉該波曰哥羅曰都盧詩羅曰美黎達曰瓦黎那會城皆同名曰亞不勒會城名亞沙瓜曰瓜另那會城名昂哥斯都拉曰古麻那曰巴爾塞羅那會城皆同名曰馬爾加黎大會城名亞松桑先謙案郎雷志之委內瑞拉也列國學會二圖與徐同世界圖與雷同謝志全圖作分額兒拉矢志作佛內自拉周志作維尼助拉吳志作別捏茲微拉世界地理作委尼瑞拉据二圖西界哥侖比亞南界巴西北臨大西洋東界英領圭亞那矢志云有巴略灣英領之德律尼達在其灣口近年以界事與英紛爭有痾勒諾哥河自西而東北入海徐志所謂大河橫帶國中也世界圖作奧林耦口河東境河南有城曰昂哥斯都拉世界圖作昂果斯都拉爲瓜另那會城郎所分圭亞那地也河之北有巴爾塞羅那又北濱海有古麻那會城皆在海口古麻之北有馬爾加黎大大島在海中許考作馬爾加里大云譯言珠昔時產珠甚夥故名今珠盡而魚族盛多其西濱海有加拉架

與雷合又曰佛德拉爾廣異名也講義作加拉加斯謝志作嘎拉嘎斯云地近海濱建於山上常患地震城屢崩陷許考作加拉加云都城在國北境土人建於元順帝末年又西濱海有加拉波波會城爲氏棱西亞郎雷之佛林西亞又西北有哥羅哥羅向西有海灣曰哥羅灣其北有角西向與哥倫比亞之加里拉斯角相對中爲委內瑞拉灣灣西爲國境盡處瀕灣西有城曰馬拉該波郎雷之馬拉坎波也兩岸偪狹其南豬爲馬拉該波湖講義云賓小海灣也民植椿水心建屋其上而居焉矢志云班人名此曰佛內自拉因以名國樋志云此湖及埼勒諾哥河岸有印第安人村落於水中立柱以造家室狀似意大利之維納斯府班人見之稱曰小維納斯此委內瑞拉國名所由起委內郎維納之轉音湖東南有都盧詩羅又西南有美黎達又東南有亞不勒會城曰亞沙瓜以上並與徐合

哥倫比亞國 巴拿馬國附

徐志可倫比亞一作可倫巴又作金加西臘云南墨極北境也西北至巴拿馬與危地馬拉接壤北距大西洋海西距大洋海東界英新地東南界巴西西南界祕魯縱橫皆約五千里西境安達斯大山疊峙有高峰二百餘丈又有火峰時吐煙燄東境平原廣坦河道縱橫以阿利諾馬加他爲最大海濱酷熱水土不馴內地漸高溫平可居明宏治十五年西班牙遣其臣可倫尋新地先取此土建三部曰新加拉那大或訛爲金加西臘曰加拉架曰基多各置大酋領之嘉慶十五年部人波里瓦爾率眾逐西班牙三部守

臣搆兵八年西班牙不能克後遂自立爲可侖比亞國道光十一年仍舊三部分爲三國曰新加拉那大曰厄瓜爾多曰委內瑞辣各有酋長不相統攝戶口不繁半皆西班牙流寓俗偷惰好賭博田產蕩盡弗悔男女皆衣素伉儷最篤婦女不許人面或鬬觀挾刃相仇土人別爲種族性悍獷而陰很產加非糖煙葉靛餅銀銅銀有四坑取之不竭河產金沙珍珠寶石慕志云緯綫自赤道南二度至赤道北十二度經綫自中國順天偏東百六十三度至百七十三度東至委內瑞辣西枕太平洋南界厄瓜多北連加里比海長三千三百里廣千八百里總計方百八十萬里民二百九十萬謝志云當南緯三十六分至北緯十二度二十五分西經六十九度十四分至八十三度境多山嶽安達斯山入境分三支中夾二谷東方有草原谷內有瑪革達雷那河北入嘎利比海東有俄利那哥河發源其地東流入委內瑞拉境東南諸川俱入阿馬森河講義云巴拿馬地峽與哥斯德耳黎加爲鄰此及委內瑞拉之界千八百九十一年始議定巴西界綫尙未確定矢志作哥崙布一作紐格蘭那達周志作紐猗拉納特樋志作紐克來乃荅世界地理作科倫波

雷志云共和國

講義云千八百十九年離西班牙獨立千八百二十九年與委內瑞拉分離千八百三十年與尼瓜多分離自成一獨立國所謂新瓜拉蘭達聯邦國是也千八百六十一年改名可侖比亞千八百八十六年大改革爲共和國分九州由大統領派知事國會有二議院上院議員每州選三人下院議員人口五萬選一人由國民選舉數有六十八

人自加薹賓海起至太平洋止包有巴拿馬地頸及其未成之運

河

講義云千八百八十一年由勒塞布監開運河以資金缺乏至千八百八十九年停止千八百九十四年新會社限期竣功自千九百十年起期以十年曹典球云千九百三年十一月四日巴拿馬宣言獨立十一月十三日合衆國公認巴拿馬獨立卽以十八日成巴拿馬運河條約以運河一帶地主權歸合衆國合衆國以償金一千萬弗付巴拿馬政府政府以此項償金之一部付可侖比亞因巴拿馬實擔任可侖比亞之國債也此運河定爲萬國中立地全國面積三萬千五百七十一方英里今稱巴拉馬共和國政要云開辦後期以十五年一律深通既通之後歲收商船利銀科侖比亞得十分之一俟美國收足工本後科侖比亞歲得利銀十分之二分五也平時商船往來由美國保護遇軍事則不任敵船亂行先謙案與前說微異此事互詳中美洲新大陸記云巴美結約美以金三百萬磅爲報酬且每年以金五萬磅給巴新政府約遂定可侖比亞有責言美國大臣復牒云若可侖比亞必欲破此條約則或至破兩國之國交恐我議會不復能附於可侖比亞相爲親友可侖比亞懼而止譚義云巴拿馬者南北美兩洲毘連之地頸也北濱大西洋加勒海南臨太平洋而以亞蔬伊羅半島東與南美大陸成弓狀之巴拿馬灣全地東西徑約四百八十英里南北徑最廣處百十英里最狹處三十七英里面積三萬三千英方里舊爲南美哥侖比亞國之一州北有科侖市（或作可倫或作哥侖一名亞奔威爾新）位梨洪灣內小島上南有巴拿馬市（巴拿馬北與科侖有鐵道相連）位巴拿馬灣岸中央巴拿馬灣北部之水甚淺凡往來巴拿馬市船船皆停泊於市南十一英里之帕里哥島千八百七十九年（光緒五年）陀法人里息勃斯設計自帕里哥島向西北開鑿一河接於內地

之啟格里河（或作吉克雷斯，或作札克列斯）復沿啟格里河左右向西北開濬以達梨洪灣之河科侖開巴拿馬運河萬國會議於巴黎豫計運河長四十六英里（深二十七至二十九英尺底部寬七十二至七十八英尺）工費八億四千三百萬佛郎（每佛郎約合我國銀圓二角）設巴拿馬運河會社於一千八百八十一年（光緒七年辛巳）二月始事以八年爲期所開之河屢爲啟格里河泥沙淤塞（啟格里河當乾季無水一逢雨期則水量陡增漲退滔滔泥沙下流運河因隨淤隨塞）竣成期至而工事僅成三分之一豫算之全額已告罄而完成之費用尚在二倍以上千八百八十九年（光緒十五年己丑）三月解散會社中止其工（此事一敗法國受累最深遂將里息勃斯繫之牢獄）千八百九十四年（光緒二十年甲午）又更立新會社欲承此大事業之志竣成期豫算十年繼而詳加體察並無觀成之望一千九百三年一月（光緒二十九年癸卯）欲以其資產及各種特權悉售諸美國索價二億佛郎美國允之而哥倫比亞政府拒絕不許巴拿馬之人民大憤遂於千九百三年十一月四日離哥倫比亞而宣布獨立越三日而美國首先公認之即於是月十九日成巴拿馬運河條約以運河一帶所有特權讓於美國美國以金二百萬磅爲報酬且每年以金五萬磅給巴拿馬新政府現在此河已興工期於千九百十四年（甲寅）蕆事此工若成則自紐約至舊金山可減水程九千五百英里當巴拿馬未議開鑿時英美兩國曾設計自尼加拉瓜國東南加勒海之馬地拿灣向西開鑿一河接於山周安河以達尼加拉瓜湖復自湖西岸開鑿長十英里之河以達太平洋岸之白里它市全長百七十英里實際須開鑿者止三十英里及巴拿馬之工興此舉遂作罷論此外英有自安傷蘆阿湖通伊爾蘆湖之威蘭得運河美有自伊爾蘆湖通呼得桑河之伊爾蘆運河又有自呼得桑河通占勃連湖（此湖水北流入聖羅稜索河）之占勃

五洲地理志略　卷二十三　十四

連運河西部爲加蒂拉剌及南尼佛大孤山東部爲大野斜向亞林拿哥河及亞馬孫那司講義云其地勢分安達斯地方及東部大平原二部安達斯地方有四山脈一沿岸山脈即哥得列拉迭爾基科二西方哥爾列拉山脈最高峰曰巴蘭米侖萬一千英尺三中部哥爾列拉南有火山曰加母比爾高萬六千英尺布蘭開及多利馬高萬八千英尺四東方哥爾利拉東部大平原分疴勒諾哥亞馬孫二流域疴勒諾哥河畔草野連綿亞馬孫河上流蔽以森林面積四十八萬八千五百英方里謝志云田產棉花甘蔗樹膠加非雞那煙葉山地種珠栗大麥歲穫四次牛乳樹刺之流汁甘白可飲樋志云地勢俱高惟東方一部屬疴勒諾哥河領之草原多沮洳國中多產椰子土人用以充食又有類椰子之樹木取其纖維以製帽世稱巴拿馬帽甚貴重人三百八十七萬八千六百口謝志云白人居五分之一餘爲印第安人及內革羅人講義云千五百三十六年及千五百五十六年間在西班牙戰勝以前此地實印度人跋扈之地後漸衰微今猶住於東西兩部今居民有大半爲西班牙印度黑人混合之種礦產煤金銀銅鉑鐵謝志云采掘不盛有綠寶石最佳入口貨值三百十萬二千磅出口貨加非及貴金類爲大宗值二百六十九萬八千磅多與英美貿易謝志云貿易總額五千六百萬圓出口貨多雞那樹皮幾案那一作棉花銅貿易諸事專恃外邦人經理政要云通

用銀錢即祕瑣合英銀四先令貿易則用法國福蘭格五福蘭格爲一祕瑣其銀錢非本國打造稱量之具悉照法國制量地用英碼國鐵路四百英里謝志云全國鐵路長千里電線二萬五千餘里商船七公入款二百七十四萬二千磅國債五百七十七萬二千磅謝志云海軍小兵艦三艘兵額五萬五千歲入五千萬圓公債三千七百萬圓度支日亟內亂頻聞

波哥大會城高於海面八千七百英尺熱度中數五十七度八月五十六度三月五十九度雨水七十四英尺人十二萬口

迷特林人四萬口要區徐又云新加拉那大國在西北境由巴拿馬一綫與北墨相連長約三千里廣約二千五百里地氣溼熱北方爲甚田土腴沃物產豐饒地分十八部曰波哥大都城建於平原與部名同曰安的育基亞會城名墨德零曰內巴會城同名曰馬黎濟大會城名紅大曰波巴焉曰巴斯多會城皆同名曰哀那溫都拉會城名義斯官德曰說各會城名基波多曰巴拿馬會城同名曰委拉瓜會城名三的亞哥委拉瓜曰加爾達日那曰蒙波士曰三達麻爾大曰里約合拉曰冬日曰邦不羅那曰索各羅會城皆同名曰加薩那勒會城名波勒先謙案千八百六十一年始改國名雷志哥侖比亞據其後名稱之列國學會二圖作可侖比亞與徐同世界圖與雷同據二圖東北界委內瑞拉北臨加勒比海西北接巴拿馬西臨太平洋南界厄瓜多爾東北界巴西東南境大半無名區中境有城曰波哥大與雷徐合世界

圖作薄痾他世界地理作葛柏他謝志作波哥達矢志作薄哥大
辻志云在國中央安達斯山中有鐵道通紅達府講義云人口十
二萬在海面六千六百英尺之高地故氣候温和許考云明嘉靖
十六年班人建都名三他灰在國中央近波哥大河故一名波哥
大其南有內瓦郎徐之內巴內瓦之西南有波巴焉世界圖作玻
吧揚許考作波巴羊云亦班人所築爲行商要埠形勢風景俱佳
兵癸後寥落波巴焉之南有巴斯多在國極南境波巴焉之西有
義斯官德爲不哀那温都拉會城近大西洋海逃而北郎不哀那
温都拉也波哥大之北有冬日許考云多出呢絨布疋冬日之東
北有索各羅以上並與徐合索各羅之東有加薩拿勒郎徐之加
薩那勒索各羅之東北有邦不羅那又西北有蒙波士又極北臨
加勒比海有三達麻爾大其右東北出有角北向爲加里拉斯角
世界圖作嘎里拉斯角其左有海灣灣之左爲巴蘭給拉世界圖
作巴蘭機拉沿海而西南有加爾達日那樋志作卡他基那謝志
作嘎達亥那云適當瑪革達雷那河下游爲大海口講者義云加爾
達日那北海岸之貿易港今盛況爲巴蘭給拉所奪者也波哥大
之西北有紅大世界圖作紅達紅大之西北有墨德零世界圖作
眉底林郎雷之迷特林其大名爲安的育基亞以上皆與徐合由
安的育基亞向西北斜出爲巴拿馬地峽其南有達連灣郎雷志
中美洲所謂帶令灣也巴拿馬世界圖作怕那瑪怕那瑪之北有
亞斯奔威爾世界圖作亞斯平窪兒謝志作阿斯濱瓦勒矢志作
亞斯賓惠爾吳志作阿士賓瓦北與大西洋中西印度羣島相對
中爲加里濱海南爲怕那瑪灣灣西與太平洋中噶刺巴各斯羣
島相對其地一名科俞講義云巴拿馬地峽在太平洋岸有巴拿

馬在加勒比海岸有科倫此兩港以鐵道四五英里相連絡許考
云今分九省曰安地育基亞曰波里瓦爾曰波亞加曰高加曰公
的拿瑪爾加曰馬達肋納曰巴
拿瑪曰桑當特爾曰到里馬

厄瓜多國

厄瓜多 慕志云緯綫自赤道南五度至赤道北一度經綫自順天偏東百六十二度至北七十四度長千里廣二千三百里總計九十萬方里其西岡嶺絡繹大山紛羅餘則高原曠野林稠草茂氣候溫和惟狂風迅烈霜霧迷濛過客經臨口遇之即斃昔有大國名音加斯明時爲西班牙所敗古跡尚多如山谷高原行路可通軍馬磐石鑿臺河上飛橋橫架山岩砍梯以登深壑滿塞堅石皆天下巨工土產五金鹽煤木香藥料等謝志云亰瓜多亚在赤道下蓋西語亰瓜德赤道也當北緯一度十五分至南緯四度五十分西經七十四度至八十一度 講義云千五百三十四年始爲西班牙殖民地後屬班千八百二十二年五月爲可倫比亞大共和國越八年分爲厄瓜多 **雷志云共和國**爾共和國行政權大統領掌之立法權屬上下二院一國會許考云古爲祕魯地班人據之叛班後合可倫比亞道光十年自立爲國政要云千八百四十三年三月議定國例立伯理璽四年爲期置議會上院十八人下院三十人皆公舉歲於九月十五日會議不候伯理璽之諭其人舉伯理璽也先由百姓公舉九百人九百人復相推擇第一伯理璽第二爲副千八百六十九年八月公舉行政置二部官伯理璽不預議院事而於部員則責成之政務不悋

與情議院可詰問伯理璽有不合副伯理璽可以接辦自上下下悉爲平等無尊卑貴賤之分近年國頻叛亂蓋無天澤之分限故也

中部及多居民之部河流衆多間有山嶺高於海面自六千九百英尺至九千五百英尺此數處高地之氣候常若春間許考云安達斯山縱貫全地第三峯曰孫卜拉索矢志作慶婁拉叔極志作佉波拉索周志作且蝌薄來蚾講義作探波拉索鄧志作眞撒拉後高千八百二十丈計十餘里山頂冰雪暑夏不融曰哥到巴西講義作哥拖甌西亞鄧志作哥多巴希矢志作哥多葛事鏈志作哥多巴克西高千六百五十三丈噴火出峰巔二百餘丈聲聞數百里外曰安地撒納講義作安撒沙拉高千六百三十五丈曰比申沙蘇鄖北講作高千三百九十九丈噴火俱烈國內河港紛紜安達斯山右之河曰厄斯美拉道曰瓜亞基爾山左之河曰牙波拉行二千二百里曰多馬育行千六百里內多金沙曰拿波行千八百里曰虎曰馬拉嚷皆注亞馬孫入大西洋講義云太平洋沿岸北部風景秀麗南部荒蕪僅生矮小植物麺志云可分三部曰安達斯山高原曰亞馬河源之斜原曰太平洋岸之平原

面積十一萬八千六百三十英方里过志云七十二萬方里謝志云百十五萬方里政要云二十一萬八千九百八十四英方里

人百四十萬口入口貨值百八十萬磅出口貨椰樹等值二百六十四萬四千磅多與法英貿易講義云安達斯地方種小麥稞麥飼家畜提科勒得加非木棉獸皮巴拿馬帽彈性護謨砂糖皆大宗出口貨謝志有橡皮胡桃草帽綆印花

布云與巴西陸路商務頗盛貿易現額四千萬圓礦產金沙銀銅鐵鉛煤煤油開採未盡合法矣志云有科科幾那皮又植物象牙取自椰子殼中可製紐扣政要云銀錢用大拉值四先令又有彼阿斯得大都用英法美銀錢居多千八百五十八年起稱量之具悉用法國制**鐵路六十三英里**謝志云鐵路百八十里電綫三千六百里**入款九十萬九千磅國債百四十四萬八千磅**謝志云歲入七百二十萬圓公債九百萬圓通國中學四十四小學千餘京都大學一**兵額三千三百四十人戰艦二**兵講義云陸軍合士官現役三千三百餘國民兵三萬餘海軍一水雷艇一運送船而已

基多高於海面九千四百五十英尺熱度中數五十六度正月五十六度七月五十五度雨水四十三英寸人八萬口　貴雅貴爾人五萬一千口以上要區徐志厄瓜爾多云在新加拉那大之南南界秘魯東接巴西縱橫皆約三千里西界有連山餘多平壤地氣溫平土田腴沃貿易繁盛地分八部曰比晋乍都城建山谷中名基多曰井波拉索會城名約里邦巴曰英巴不拉會城名義巴拉曰瓜亞基爾會城同名曰馬那比會城名波爾多維也若曰官加曰羅沙曰倭音會城皆同名先謙案郎雷之厄瓜多也列國學會二圖作厄瓜多爾講義辻志世界圖作伊奎兜謝志作哀瓜多政要作唵薊道周志作伊扣獨亞吳志作葉夸達矢志作愛快度慕志作瓜阿那通鑑作哀誇多耳据二圖地形南北狹東西長

東南北三方無名區惟西南西北爲諸部所聚西南境有羅沙許考云出佳果金雞嬭最富其大名爲羅遮益亦羅沙之音變字其北有官加西近太平洋又西北有瓜亞基爾城在海灣曰瓜亞基爾灣世界圖作卦亞基耳卽雷之貴亞貴爾也謝志作拐阿基勒云民屋多用竹以避地震之害許考云有礮臺二兵廠軍器局貿易以加非紅木煙葉加哥樹爲大宗又北有波爾多維也若大名爲馬那比瓜亞基爾之東有里約邦巴世界圖作里俄邦巴樋志云千七百九十七年地震一市全陷矢志作遼彭蒲大名爲井波拉索其北有基多與雷合許考云築於山麓舊爲祕魯京都出海面八丈風景淑美因多地震屋宇不高然整肅清潔商市饒呢絨布疋多售於秘魯大名爲比晉作以上並與徐合又極北有義巴拉大名爲英巴都拉郎徐之巴不拉列謝劉誤繪入哥倫比亞謝志云全國分六部許考云十七省除比申沙案卽北晉作瓜亞斯案卽瓜亞基爾孫卜拉索案卽井蔌拉索官加徐同馬那比徐同英巴不拉徐同維沙徐同外曰厄斯美拉道曰洛斯里育曰東哥拉瓜曰利央曰亞索哀曰龜島曰波里瓦爾曰甘那爾曰阿里安德曰奧羅

秘魯國

秘魯 徐志秘魯或作庇魯一作孛露又作佰路又作北盧云南墨名國也舊與玻利非亞合爲一國今分北界可倫比亞東界巴西南界玻利非亞西距大洋海長約五千三百里廣約二千六百餘里安達斯大山自西北來環國之西界如帶山以西浮沙浸海斥磧不毛山以東橫嶺錯出拓爲平原或高於平地百餘丈故山下炎蒸而嶺上恆積冰雪其間膏腴之土蔬穀皆宜因地產金銀國人以攻礦爲業

農事全荒恆苦饑饉其地自古爲土番建國風俗與墨西哥可倫比亞同西班牙既得可倫比亞聞秘魯銀礦尤王嘉靖三年命比薩羅亞爾馬哥羅等懸軍深入軍士或顛墜層崖或失路餓死顧以大利所在堅不肯舍已而抵其國都番王不識戰鬪懾於礮火竄伏不敢與爭國遂爲西班牙所據西人羣來攻鑛生聚日繁鎮以大酋歲收金銀益國用所得多於墨西哥嘉慶十三年西班牙爲法人所困屬藩多畔秘魯欲畔而畏西班牙兵多猶豫不決道光元年與智利合兵逐西班牙守者遂自立爲國推擇長官理事不立國王居民皆西人苗裔善待遠客溫藹可親惟好逸好賭與可倫比亞同俗貿易諸事倚他國人爲之土人爲西人所制艱於衣食能釀酒終日沈醉物產金銀外兼產銅鉛水銀胡椒甘蔗棉花藥材樹膠顏料香料慕志云緯綫自赤道南四度至三十二度經綫自順天偏東百六十二度至北七十六度謝志云在南緯三度三十分至十八度三十分西經六十八度至八十三度許考云秘魯古爲南美大國玻里未亞厄瓜多爾可倫比亞委內瑞拉巴西皆其屬境宋高宗初年音加斯統馭諸邦敬太陽神爲鼻祖開國之君有曼高加巴克都於古斯各（先謙案音加即應加也謝志云古斯哥城建於巔頂高萬一千尺爲昔時應加國都城有極大太陽廟王宮故址至今猶存）明嘉靖中西班牙據之分爲三省三百年中開鑛生殖虐待土人道光初其國逐班自立爲國後又分上下秘魯上秘魯卽玻利未亞也

雷志云共和國政要云千八百十年秘魯叛班爭戰幾十餘年至千八百二十一年班國內訌遂棄其地秘魯推桀點者爲雄長千八百六十七年始定國例置議會上下院伯理璽正副二人五年爲期千八百七十二年立行政有外部內部義文部戶商部兵海部皆伯理

壄委派一切依民主國例包有沿海不毛之地普那司草野加蒂拉剌環繞之加蒂拉剌之西坡有金雞納樹林迏志云東部平坦無山岳西部安的斯山脈綿亘南北許考云土壤肥瘠不同分東中西三境南境安達斯山西麓與太平洋岸江沙磧礫煙戶蕭條中境在安達斯重嶺間有曠地一區平沙無垠廣四百里物產豐饒城市碁布人民萃集其間均足自給東境在安達斯山左荒僻少居民其地川澤瀰漫瘴氣流傳易致疾病又云生息以金雞孏爲最案幾那雞孏皆雞納之音變字吳志作桂拏皮最高曰梭拉太峯二萬千五百二十英尺河之大者曰馬拉能在亞馬孫那司面積四十三萬九千英方里迏志云約四百十七萬五千方里人二百九十七萬二千口謝志云約共三百萬大半印第安人餘爲白人黑人及混合種近有華人數萬至彼工作地多種棉花糖等礦產金銀銅鉛煤石腦油矢志云農產有山芋加非小麥玉蜀黍幾那皮等山芋尤著名各國所殖之種皆從此輸出幾那皮亦多至名曰秘魯皮無峰駝產安達斯山中以運輸貨物羊駝其毛甚美鳥糞硝石二種爲海岸無雨地方之特產近年與智利交戰被奪去頗傷元氣且海軍從此大衰迄今未能恢復案無峰駝謝志所謂拉馬羊駝謝所謂阿伯加羊毛可織布者也鳥糞謂之瓜挪土一作瓜諾一作古阿那山芋一作馬鈴薯許考云瓜諾產海濱小島用以糞田易發生英美德比諸國爭購之講義云丁取

諸島鳥糞爲一富源今產北方諸島而已曹典球云丁取諸島在辟斯科灣口政要云秘魯國用多出自古阿那海鳥糞也或謂其灰土肥沃足培各種植物之用其實不盡鳥糞明化學者分辨其質可用以他物質配製故西人有造古阿那者取以滋培田土甚肥澤千八百七十二年錢糧計銀錢五兆二十九萬四千六十元古阿那直四十四兆九十一萬五千四百五十一元雜稅八兆七十七萬三千八百元共銀錢五十八兆九十八萬二千八百五十一元又云古阿那約歲值銀三百萬磅千八百六十四年至千八百七十二年售十數萬至二十餘萬噸不等軋奈江存三百萬噸至千八百七十九年可埽數出售火硝亦出數愈多千八百七十二年硝售至英者百三十六萬五千百九十五擔百十二磅爲一擔入口貨值百七十七萬五千磅出口貨值二百七十七萬五千磅多與英德貿易謝志云貿易總額約五千六百萬圓政要云銀錢曰沙而勒值三先令九本士又曰祕項值四先令秤量之具照法國制商船百三十二鐵路九百三十一英里过志云二千四百六十里海底電綫由東方口岸通海外諸國講義云千九百九十八年有鐵道千三十五英里電綫二千英里電話二千三百英里謝志云鐵路長三千里電綫六千里政要云最要之路都城至話路耶海口百二十二英里挐律記巴至普挐之鐵路中隔雁題詩山開通長百八十七里入款七十五萬千九百十五磅國債三千四百七十三萬二千磅謝志云歲入千五百萬圓公債七千萬圓兵額三

千百六十八人戰艦十講義云陸軍兵士二千皆受訓練海軍軍艦一艘而已 里馬人十萬四千口 坎勞人三萬五千口 亞里基波人三萬口 喀士科人二萬二千口以上要區徐又云地分七部曰利馬都城建於利馬河濱與部名同曰阿勒基巴曰不諾曰古斯各會城皆同名曰阿亐古說會城名瓜忙加曰入凝會城名華奴哥曰利卑爾達會城名都盧詩羅先謙案秘魯列國學會二圖與雷徐同世界圖作秘露謝鑑作皮魯現勢圖作秘達魯孫志作孛露据二圖東界巴西玻利非亞北界厄瓜多爾西南臨太平洋東南界智利東境有烏開利亞河下流爲亞馬孫河即雷志之馬拉能河講義作馬拉甯又以馬拉甯河烏開亞利河爲六大河之二乃自其未合流時言之東南有城曰勃諾即徐志之不諾平方圖作不諾仍不諾之西爲阿勒基巴與徐合即雷之亞里基波世界圖作亞列奎怕講義云南部大都會也其西南濱海有伊斯來世界圖作以斯賴其北爲古斯各即雷之喀士科其西爲阿亐古說並與徐合阿亐古說之西南濱海爲伊加伊加之西北濱海爲辟斯科世界圖作辟斯哥其西世界圖海中有島曰秦氣亞島辻志云此島有鳥窠居累累成堆頗有名案曹說丁取諸島在辟斯科灣口即見二圖不載秦氣即丁取也辻志即指鳥糞而敍述不明必有奪文阿亐古說之西北爲入凝又北爲華奴哥華奴哥之西南曰利馬即雷之里馬世界圖作理媽辻志云首府在國西端有大學堂爲美洲最古之大學對岸即加爾拉阿貿易最盛講義云人口十萬餘有科蘭阿艮港也二圖作科羅亦作考老𢈶志云利

二十一中分九十七府再分百八十一縣

入鹽水湖湖名鐵梯喀卡素郎啼啼加加湖部落

中水道分爲三西入太平洋東入大西洋惟南流之水不入海而

自入凝分出者辻志云十九州政要云十八省無名氏秘魯錄云國

言克曰羅勒多曰意加曰亞馬孫拿曰莫格加曰華奴哥本入綴會城蓋

加洛曰加歹買爾加曰比胡拉曰亞利補馬曰汪加畏利曰郎罷

不諾古斯各阿歹古說入凝入作歎利卑爾達卑作倍外曰安加時曰

徐諾合世界圖作特魯希羅許考云今分十九郡自利馬阿勒基巴

世界圖作珍玻多又西北曰利卑爾達濱海會城爲都盧詩羅與

又有雲橋懸渡深淵爲絕難之工作利馬之西北濱海曰琛波特

一日可通大洲東西此鐵道橫斷安達斯山嶺處鑿隧道貫山腹

至亞馬孫河源鐵路今方起工若於安達亞馬孫河接續汽船則行旅

馬之南曰查利洛斯郎加爾拉阿矣樋志云秘魯鐵道自卡勞港

作嘎勞科蘭科羅考老嘎勞加勞卡勞孛殊音一郎雷之坎勞利

樓者避地震災也其屋瓦用日光曬乾者現勢一圖作加勞瀛寰圖

馬府距海岸七英里經卡勞港爲本國貿易市場街屋低平無造

玻利非亞國

玻里非亞

徐志玻利非亞一作摩里威那又作波里維亞云在秘魯之東南東北

界巴西東南隅界巴拉圭南界拉巴拉他西南隅界智

利西距大洋海縱橫約皆三千里安達斯山大幹走西界別支分

歧入東界在西者火峯不熄在東者峭削參天常積冰雪地西瘠

東腴風俗物產與秘魯同舊本一國俗名高秘魯而呼秘魯爲下

秘魯道光五年別爲玻利非亞國自推擇長官不立國王慕志云

緯綫自赤道南九度至三十六度經綫自順天偏東百七十四度至偏西百七十三度長二千五百里廣千七百里總計方三百萬里謝志云在南緯八度至二十二度西經五十八度至七十二度國名由波利之將軍而得許考云舊與秘魯爲一國道光四年內亂迭起時委內瑞拉將軍波里瓦爾先謙案即波里之力任保護明年四月與郡縣耆老會議於波多西以上秘魯別爲一國名玻里未亞志波里功也以其副將之號名都城曰需克耳謝鑑云駐秘魯之督將退至波利斐亞與班戰數年千八百二十四年戰於京阿庫吅班兵大敗從此波利斐亞亦脫班之羈絆

雷志云共和國政要云波力万案即之波起兵屢勝千八百二十六年自立爲民主國波力万自定國例頒示國中後稍增損之伯理璽四年爲期國會分上下院議員由民公舉伯理璽更置副與內義部戶部兵部文教部相助爲理間有統兵大將篡奪亂例者千八百八十四年近海之地爲智利國所奪講義云千八百八十三年沿岸地方割讓智利限於內陸與秘魯定界而東方巴西之界尚屢起爭端現包有高原低野俱在加蒂拉剌之東半爲樹林半爲草場面積五十一萬五千百五十英方里辻志云約二百四十萬二千方里人二百二十七萬口內有白人十萬謝志云三百萬樋志云國民二分之一爲印第安人餘皆混合種族業耕種採礦礦產銀每歲千四百萬恩司在波多西並有金銅錫等物產貴重者爲哥加

草金雞納霜过志云重要產物幾那加非糖最上橡皮及科甲樹食其樹皮遠行不饑登山不喘案科甲卽哥加也是
草是樹未知其審謝志云有羊如馬可以運物其毛甚澤可織爲
衣肉亦可食問荅云有公佗兒大鳥巢安達斯山爲天下最大之
鳥入口貨值二百十二萬八千磅出口貨值二百一萬一千磅謝志
云貿易總額二千五百萬圓政要云通用銀錢卽祕瑣值三喜林
向來玻國祕瑣十二分中攙一分銅值四喜林二本土今銅攙四
分之一故所值較少稱物之具曰賴孛拉合英國十六兩磅之一
磅又零一四又曰進得合英磅一百零一磅又四四又有阿羅拔
合英磅二十五磅又三六量油酒之具曰軋倫比英亞倫止
及四四七之數量地之度曰法而拉合英瑪上及九二七之數入款
四十五萬二千磅國債四十一萬五千磅謝志云歲入五百萬公債約八百三十萬圓
兵額千二百五十人过志云二千人多半職官　蘇克都城人二萬五千
口　拉巴士人五萬六千口　科采不巴人二萬七千口以上要
區徐又云分六部曰朱基薩加都城建於平原名作爾加斯曰巴斯會城名巴斯達牙古叔曰疴魯羅曰波多西曰科沙邦巴瓶
巴諸靖作據改曰三達古盧斯會城皆同名波多西銀礦最王自西人
初開至今得銀七萬二千萬有奇先謙案徐志玻利非亞卽雷志
之玻里非亞也列國學會二圖與徐同世界圖作玻利委亞矢志
作薄立維亞許考作波里未亞謝志謝鑑作波利斐亞旲志作波

利比亞据二圖其西北全爲安達斯山脈所跨的的喀喀湖在山中世界圖作啼啼加加講義云在海面上萬二千五百餘英尺之高地長八十英里寬四十英里許考作低低街街云音加斯國王建日神廟於湖中島上極富麗湖之南有薩遮馬山世界圖作薩哈馬講義云高二萬一千英尺其東北有伊里馬尼山世界圖作利馬尼又有索拉塔等山皆在湖東東西兩山脈之間爲高原平均高度萬二千英尺許考云安達斯山分支入國中首峯名少拉他案即索拉塔高千九百六十三丈計十一里有奇次峯名林里馬尼案即以利馬尼高千九百十三丈矢志少拉他作沙拉泰云南美第一高峯馬摩里河出伊里馬尼山北下流爲巴西國之馬得伊拉河世界圖作馬底以拉河山南有北里可馬約河世界圖作辟爾哥買約河下流入巴拉主國的的喀喀湖之東有城曰拉巴斯郎雷志之拉巴士徐志之巴斯許考作巴拉斯樋志作利巴士講義云人口四萬爲其國第一大都拉巴斯之南有痾魯羅痾魯羅之南有波多西亦與徐合世界圖作波拖西矢志作朴督西云在極高原上行者數步必少憩世界地理作泊多西又南曰土辟薩世界圖作禿比薩與阿根廷接界波多西之東有朱基薩加與徐合慕志作失基沙加許考作失基散加都城名蘇克里世界圖作蘇克兒需蘇一音之轉蘇克兒郎需克耳許考所謂以副將之號名之郎雷之蘇克也矢志作斯格來謝志作蘇革雷吳志作士庫列世界地理作休克辻志云在國中央有學堂講義云蘇克里雖爲首府不甚見重曹云矢津高等地理云蘇克里一稱的起薩加一稱拉不拉他又稱作爾加斯與徐合朱基薩加之東北曰三達古盧斯與徐合世界圖作撒哈克路斯三達古盧斯之西有哥沙邦巴與

徐合郎雷之科采不巴矣許考云分八部除上六部外曰達里沙曰白泥

南美洲南部

智利國

智利 徐志智利又作治里一作濟利云在玻利非亞西南東阻安達斯大山鄰拉巴拉他西距大洋海東南接巴他峩拿地形狹長如帶南北約四千五百里東西四百餘里東面峻嶺高處常積冰雪有火峯數處多地震海岸高下時時易形產金銀銅礦山歲得銀八十餘萬兩得金値銀五十餘萬兩紅銅尤多山西沿海一帶土田肥沃穀菜果實皆宜其民雖多攻礦而以農功爲重異於秘魯之荒本逐末初西班牙既獲秘魯嘉靖十五年命亞爾馬哥羅攻智利土人拒戰不降越四年復命瓦爾的維亞進攻得地無幾嘉靖三十年瓦爾的維亞爲阿老干人所殺西班牙以其所得地附秘魯阿老干者智利別部之最強者也乾隆三十八年西班牙始滅智利得其全土而阿老干一部始終未附智利地小非秘魯諸國比然土沃礦王西班牙獨珍視之嘉慶十五年西班牙爲法人所困美國諸藩部皆叛智利亦閉境自專後西班牙大舉伐之智利兵敗求援於拉巴拉他拉巴拉他出兵西軍始退其民俗溫和好客女有姿容善音樂慕志云緯幾自赤道南二十五度至四十二度經幾自順天偏東百七十二度至百七十四度長三千五百里闊四百里總計四十五萬方里謝志云南緯十八度三十分至五十六度西經六十八度四十分至七十六度北界秘魯東北接波

利非亞東以安達斯山與阿很第那爲界西臨太平洋地形窄長長七千餘里廣四百里面積三百萬方里許考云初音加斯王來侵智人力拒之西班牙取秘魯明嘉靖十五年進攻智利不克越四年遣瓦爾的未亞攻破之建散地牙峩公塞不西翁瓦爾的未亞三城以智利爲藩服嘉靖二十九年瓦爾的未亞爲智利剮部亞洛哥人所殺班遂以三城地附秘魯智利財豐土沃班人極意經營已有起色及班爲法人所困美洲藩屬皆叛智利亦閉關自守嘉慶十九年班大舉伐之智人敗乞援於銀國銀遣將軍桑馬爾定馳救敗班人於馬伊波河於是智利得自立爲國講義云近來國運日盛千八百七十九年與秘魯玻利非亞戰併有安多法哥斯大及大拉巴加之地今面積二十九萬三千英方里西盡太平洋南至南大洋矢志云極南地方爲亨卜爾德寒流所滌蕩而被其寒風且有冰山寒氣凜冽

雷志云共和國許考云國制以民爲主總統五年滿任設上下二議院上院三十二年人下院無定額三百人中舉一人任三年曰內務部曰外務部曰戶部曰兵部曰刑部與教務部政要云千八百十年自立爲國推擇有名望者爲伯理璽天德八百三十年定國例上院二十員九年爲期無定員二萬人舉一以三年爲期部四內外部戶部義教部兵海部

包有加蒂拉剌向太平洋之斜坡沿太平洋岸長二千七百五十英里最高山曰愛康喀瓜二萬三千八十英尺曰肯勃萬二千八百英尺鐵路經此○講義云千八百九十九年鐵路二千八百四十一英里電綫萬三千七百英里電話綫萬一

千三百英里北部乾燥不毛南部雨水充足林木茂盛面積二十七萬八千六百二十英方里辻志云面積約百七十四萬方里內地山嶽聳峙邱陵起伏又多大山屢有地震河流惟比奧比阿河長四百九十里其氣候北則炎熱如燬中部溫和多雨南則寒威凜冽與中國適相反講義云自秘魯南境至大陸之南端土地狹長全面積自安達斯山脈急向太平洋傾斜由北至南徐徐低下但北部平均高三千英尺沿岸有無數島嶼及海峽南緯四十一度以北之海岸控以淵深之海灣而天然之良港卻少其國受南冰洋之寒流故與北半球同緯度之地相比而溫度較低南緯三十度以南之地降雨極多四十一度邊亦多雨自南緯三十二度至三十六度之沿岸地方並中央溪谷氣候最宜人人三百三十六萬五千口內有白人五十萬辻志云約二百七十一萬矢志云印第安人居大半植物產小麥礦產硝酸鹽煤銀銅講義云智利硝石最有名歲輸出額至百四十七萬五千噸次則銅鐵金硼砂石炭農業穀物煙草蔬菜葡萄等專飼家畜製造業盛行麪粉葡萄酒乾酪又有原料石灰天然硫礦石膏國中到處黏土宜煉瓦製陶器硝石謝志云產銅額居世界第一出大小麥棉花甘蔗珠粟橄欖又荷蘭薯為此地特產今偏行天下樋志云已開銅礦千六百八十八所銀礦二百六十八所入口貨値千四十四萬磅出口貨値千六十萬二千磅多與英國貿易謝志云貿易額約三萬三千萬圓與德法英比美交

易最盛政要云通用銀錢曰祕瑣合英銀四喜林稱量照法國制**商船百六十**講義云船舶之數有百四十二艘於歐洲航行路有二綫經麥哲倫海峽至英德一綫航程須二週日又有至巴拿馬一綫須一週日可達**入款七百三萬九千磅國債千九百七十四萬一千磅**謝志云歲入萬五十萬圓公債二萬五千萬圓大學二中學十小學千千四百所**兵額九千人戰艦四十四內鐵甲五**講義云陸軍有常備軍六千五百海軍有鐵甲艦五巡洋艦四礮艦十一小雷艇十數隻南美第一海軍國也謝志云陸兵九千民兵五萬海軍艦十八水雷艇九水師千三百人

三的圬痾都城高於海面千七百英尺熱度中數五十六度正月七十四度七月四十九度雨水十三英寸人三十萬二千口

佛爾派雷梭人十三萬九千口

康塞訓人四萬九千六百口

脫兒嗒人四萬口徐又云地分八部曰散地亙峩都城建於多波加爾馬河岸深林之中與部名同曰阿公加瓜會城名桑非里臯曰哥固英波會城同名曰哥爾乍瓜會城名古黎各曰卯勒會城名高給尼斯曰公塞桑西瓦爾的維亞會城皆同名曰濟盧哀會城名桑加爾盧斯又云西洋諸國行用番銀成色高者歐羅巴印度所鑄其常行者曰墨西哥曰秘魯曰玻利非亞曰智利成色高下不同廣東人能辨之閩人不能辨也但稱曰呂宋番又稱鷹仔番先謙案智利列國學會

二圖與雷徐同謝志作支利謝鑑作赤利据二圖北界秘魯西距
大西洋東界玻利非亞南盡大南海北境有大拉巴加世界圖作
佗剌巴加其西濱海相距曰伊基圭世界圖作以啟剌講義云北
方硝石之輪出港迤而南濱海曰科比遮世界圖作可比哈又南
濱海曰開爾得拉世界圖作喀耳兒辣又南曰科丕亞波世界圖
作可辟頗自開爾得拉以北爲亞大加馬荒地矢志云亞大加馬
沙漠其中絕無一樹者也又北爲安多法哥斯大其西瀕海城名
亦同講義云與秘魯玻里非亞戰併有大拉巴加及安多法哥斯
大之地卽此是也又南則智利舊部有哥固英波又南有阿公加
瓜並與徐合世界圖作亞根加瓜有火山亦曰亞根加瓜火山卽
雷之愛康喀瓜也許考作阿公加瓜云高千九百二十丈地屢震
民苦之矢志作亞紳加瓦講義作阿空喀瓜謝志作阿很嘎瓜山
西有桑非里卑會城又西濱海有法爾巴來索世界圖作窪兒巴
來叟卽雷之佛爾派雷梭樋志作瓦巴賴素謝志界法巴來梭矢
志作伐爾拜拉沙迖志云在三的牙疴府鐵路通首府輪船貿易
甚盛講義作法爾巴來索云南美西岸第一要港行歐洲及巴拿
馬航路之汽船輻轃於此又東南有散地牙哥卽徐之散地牙峩
也謝志云在安達斯山麓設有大學矢志作山田哥云有地震居
屋甚低迖志云在國中央鐵路起此貫安達斯山脈至亞爾然丁
之面得沙長六千八百八十三里世界圖曰三的牙疴與雷合又
西南有哥爾作瓜會城爲古黎各皆在安達斯山麓又西濱海有
印勒會城爲高給尼斯並與徐合又南濱海爲公塞爾卽徐之公
塞桑雷之康塞訓世界圖作孔燮笥講義云此南方商務之中心
又南濱海有瓦爾的維亞與徐合世界圖作瓦爾地維亞又南有布

多蒙特世界圖作坡拖蒙特又西南濱海有濟盧島郎徐之濟盧
袁會城曰桑加爾盧斯與徐合又南有撒拏斯灣世界圖作匹那
士灣又南有韋令頓島又東南學會圖爲馬茂蘭列國圖作馬借
拉內斯地世界圖爲馬荅蘭海峽世界地理作麥袁辣吳志作麻
善蘭矢志云凡輪船經由南美欲避南洋怒濤者皆由此路案由
峽南入西麥哲倫港而橫出東麥哲倫港也又南有得索來申島
世界圖作德索來申轉而東有火地島曰德爾佛伊戈羣島亦名
鐵爾聶離伊休勾世界圖作替拉底兒非病矢志作退拉爾弗
哥謝志作德拉德斐哥云在南極南隅與大陸夾瑪遮倫鰈鄯
倫海腰大島十一小島二十共二十八萬方里有高山大半積雪
居民萬五千皆印第安人卑陋無禮樋志作鐵剌德爾非哥依圖
作鐵剌德爾府依果吳志作鐵拉的果世界地理作代辣的魯飛
袁葛又東南有合恩角世界圖作病倫岬謝志作赫倫角在極
南之赫德島巉巖突出海中高六百尺風雨頻年衡擊志作
合恩岬迖志云智利二十三州許考云二十三省除阿公加瓜散
地歹峩峩作峩云一名墅雅各哥爾乍瓜泎作印勒瓦爾底維亞維作外曰
亞達加馬曰安到法加斯大曰哥今波曰瓦爾巴來索曰哥里各
曰哥登曰達爾加曰達克那曰達拉巴加曰里那勒斯曰奴白勒
曰瑪勒哥曰公塞不西翁曰與希成曰標曰曰亞洛哥郎徐之阿
老干部曰郎其威曰希羅愛皆壞地彌小僅比中國州縣又有一
部曰麥折倫在巴他俄尼南境去海西約千里更有數島大者曰
斐爾囊特斯屬智利少居民土肥沃多產桃櫻等果智利北境與
希羅愛等島民俗溫艮善待賓客亞洛哥與南方諸省土人桀鶩
難駟嗜酒好闢肆行劫奪鄰境患之王達云斐爾囊特斯郎學會

圖之專匪難得士也大地誌云千七百零四年亞力山德失加克氏獨居此島四年英國文士丹福因著一書曰魯平生苦海漂流記甚有名

亞爾然丁國

亞爾然丁徐志拉巴拉他一作孛臘達又作巴拉大河又作由乃的杯拉文士士云在智利之東隔以安達斯山北界玻利非亞東界巴拉圭烏拉乖東南距大西洋海西南界巴他我拿長約四千五百里廣約三千里境內有大江與國同名北里可馬若佰默若二河匯之東南入大西洋海口闊九十里西西北有山嶺餘皆蕩平如砥舊本野番部落明正德四年西班牙命索利斯攻取之鎮以大酋其地荒草無垠雜以荆棘叢林西人初至以牝牡牛數十縱之於野案十纔千之設歲久孳息不知幾千萬億四境之內皆野牛居民七十萬耕作者少但以捕牛爲業食肉寢皮製骨爲器亦有馬騎馬馳草莽中以逐牛海口通商甚廣出入貨值歲以數千萬圓計皆牛皮所交易也嘉慶十三年部人逐西班牙守者自立爲國效北米推擇統領稱兼攝亞墨利加國然法制不立規模草草亦終於蠻荒而已慕志云緯綫自赤道南二十二度至四十一度經綫自順天偏東百七十四度至偏西百六十九度長四千五百里廣約千七百里總計之四百三十萬方里謝志云當南緯二十二度至五十六度西經五十四度至七十二度北界玻利斐亞東北與巴拉圭巴西烏魯圭接壤東南界大西洋西以安達斯山與智利爲界面積約千七十七萬方里土人數千　雷志云十四省一

邑九屬地爲聯盟共和國許考云嘉慶十五年土人謀自立與班
戰明年大敗班人逐其官後國人大會
於都古曼議以民爲主推一總統領國事然外患內訌無甯日咸
豐三年重加整頓國爲一治謝志云千八百十六年自立爲民主
國憲法與美國相同上院三十八下院八十六人政要云千八百
五十二年頒行國例立伯理璽六年爲期國分十四屬每屬舉九
人合百三十三人以標選政上院議員每屬二人共舉二十八人
下院五十人有副伯理璽居上議院主持衆議行政有部官分內
部外部戶部兵海部文教部每屬置總督專主
民事期限三年有不便於民者可上院控告
西部多山東部有大平原即格倫超科地自熱帶起至南冰洋止故氣候甚不齊謝志
云西北山多林茂安達斯山南北羅列天然屏障東地多平坦向
大西洋而坡斜有數河俱東流內革羅河分國爲南北二部北爲
巴拉那河之流域皆草原宜牧畜無樹木天氣溫和南部大平原
爲巴達哥宜亞土質磽瘠嚴寒多風雨过志云有賴波拉他河出
巴西西南山中南流過烏拉乖又
南至布諾士愛勒斯入大西洋
面積百八萬九千十英方里过志
云約千六十
二英方里
人四百五十萬口有外國人六十萬过志云四百八
十萬政要云戶
口本少近年外國客民入籍者無歲無之意人最多班次之法又
次之皮湖那司愛爾司有意人萬五千樋志云歐人移來者歲約
十萬矢志云歐洲人口日增生計日艱勢必盡驅而外徙如亞爾
然丁近日每年來往者約十九萬人巴西每年約十五六萬故南

美大平原不久將爲人口稠密之地可無疑也耕種地二萬八百六十英方里大半爲麥牛二千二百萬綿羊八千萬馬五百二十萬礦產金銀銅鋅鎳煤謝志云安達斯山產金銀銅煤煤油採掘未盛農產麥麻珠粟葡萄甘蔗地多未墾牧畜最盛歲宰牛羊三四十萬頭價極廉或因欲食牛舌即殺一牛輸出羊毛牛皮牛羊肉甚多講義云動物有猿及查客鹿普馬鸍慕志云亦有茶葉飲之者醉而不醒入口貨值二千四萬磅出口貨值二千三百十萬七千磅多與英法德貿易謝志云貿易總額約四萬萬圓政要云通用銀錢曰伯的工合百伯的工爲洋銀一圓值英銀四喜林又有祕瑣百二十二箇半爲英銀一磅一祕瑣約二本士之數稱物之具曰根得一百一磅又四分爲一根得又有阿羅拔二十五磅又三五爲一阿羅拔量麥之具曰法逆茄一法逆茄爲英一婆式爾一婆式合中國三十二升鐵路九千二百七十英里云过志云二萬五千五百七十里謝志鐵路四萬五千里電綫十六萬里商船二百四十三入款千四百十七萬五千磅國債一億二千六百三十二萬磅兵額萬三千人戰艦六十一內鐵甲九政要云水陸兵萬七百護衛團兵萬九千八百六十七兵輪七夾板船十皆運兵所需謝志云兵額二萬海軍艦十八艘水雷艇二十二艘水師八千人布腦司愛爾司都城熱

度中數六十二度正月七十六度七月五十一度雨水三十七英寸人七十五萬三千口　拉巴拉他人四萬五千口　加多巴人四萬八千口　羅塞邉人九萬四千口　土苦曼元本苦誤若今據譯音正人三萬四千口　徐又云地分十四部曰不宜諾塞利一作攝業愛勒都城建於巴拉大河濱與部名同曰音德勒里約斯會城名巴沙大曰哥連德曰三達非曰哥爾多瓦曰三的身哥尼斯德羅曰都古曼曰薩爾達曰如鋭曰加達馬爾架曰里約倭曰桑若漢曰桑盧意斯曰薩門多薩會城皆同名先謙案徐志拉巴拉他即雷志之亞爾然丁也列國學會二圖作阿根廷世界圖與雷同許考作銀國謝志作阿很第那政要作拉不拉塔樋志作阿貞提尼云阿眞提有銀之意故或謂銀國周志作亞健吞据二圖東北境介巴西巴拉圭二國之間有哥連德與徐合世界圖作可連特斯許之考云地多桃李芭蕉梨橙橘等果其南有音德勒里俄斯即徐之音德勒里約斯在巴拉那河之東渡河而西有三達非世界圖作撒塔非又西有哥爾多瓦並與徐合世界圖作哥耳多瓦即雷之加多巴講義云此高地出海面千四百四十英尺內地農商畜牧之中心許考云哥爾多瓦與班巴斯不諾塞等處青草成茵千里一色牛羊散牧其間天然圖畫即其地也又西有桑約翰即徐之桑若漢世界圖作撒呼安桑約翰之北有利俄約即徐之里約倭又北有加達馬爾架與徐合世界圖作喀塔麻喀許考云地多穀麥棉花又東北有三的身痾厄斯德羅徐厄作尼未知孰是其地

當格林查科平原之西雷所謂東部有大平原卽格倫超科地格倫超科卽格林查科也又北有都古曼與徐合卽雷之土苦曼許考云盛產煙草又北有薩爾達世界圖作薩耳塔又北有如鋭並與徐合又北與玻利委亞接界桑約翰之南有門多薩與徐合世界圖作面得沙許考作門多散云產穀最豐其東有森盧意斯卽徐之桑盧意斯世界圖作撒路易斯又東有羅薩利俄世界圖作盧散寮卽雷之羅塞遼又東南有不宜諾斯艾利斯卽雷之布腦斯愛爾斯徐之不宜諾塞利也世界圖作布諾士愛勒斯樋志作卜諾塞力斯謝志作伯偉那哀勒政要作皮湖那司愛爾斯辻志云首府有大學堂繁華爲南美冠許考云城建銀河濱風景可人居民約八十萬講義云在拉巴拉他河口右岸最宜貿易大港鐵道起此地連結各市其東南有拉巴拉他與雷合有拉巴拉他河口世界圖作賴波拉他講義云拉巴拉他與首府相距不遠農務物出口最盛之港謝志作拉伯拉達云拉伯拉達河出巴西高地名巴拉那河合烏魯圭巴拉圭二河南流入大西洋更合西來之此勒哥邁約河斐美賀河撒勒多河水勢益壯近海六百里間成大港灣寬自八十里至二百四十里內多風濤又南有多羅列斯當是不宜諾斯艾列斯之屬地其南東出有角曰安多尼俄背世界圖作聖安拖呢俄角斜迆而西爲布蘭喀灣又南爲布希亞法爾薩灣其西內地卽班巴也許考十四省外有米西翁班巴斯克蘭沙哥三部樋志云平原北部之大半曰邦怕斯草原而淆以沙地野生牛馬甚多依圖作般吧矢志云北部爲格蘭甲哥平原係草原東北部巴拉那河流域曰攀撥斯亦草原無樹木而間以沙漠邦怕攀撥卽班巴音變字格蘭甲哥亦卽許考之克蘭沙哥其

部與班巴斯相距密邇又南爲可羅拉多河又南爲內格羅河二河皆出安達斯山東流入大西洋謝志云內革羅河入散瑪第亞灣河之南即巴他峩拏矣世界圖作巴他峩尼亞岸圖作巴達哥尼亞樋志云科羅剌杜即可羅拉多河以南即巴他峩尼海岸一帶地與北部同爲草原性質地味稍沃餘皆不毛之沙原因此地西來海風爲安達斯山障蔽奪其水分不能爲雨澤也河之南有桑亞提亞斯灣世界圖作聖馬提亞斯灣灣左瀨海有城曰巴大哥內世界圖作巴他峩內斯灣右有諾爾特角世界圖作諾爾的岬其西南爲奴伊華灣又南爲喀馬羅內斯灣又南爲索辣洛灣又南爲桑若爾日灣世界圖作聖若爾日灣灣右爲白蘭可角講義云南緯三十八度以南之東岸出入極多有巴西亞布蘭加灣桑馬提亞斯灣桑若爾日灣等重要港灣是也徐志巴他峩拏一作[illegible]哥尼阿又作智加作巴羅彌那又云南墨之極南境即世所傳長人國地形如襪北界拉巴拉他智利東距大西洋海南距南海南北約三千餘里東西半之其地草木荒穢人皆野番肢體長大如常人一身有半偏體生毛攫食野獸不成部落亦不與他國往來地氣嚴寒如北米北境又別無物產故歐人括地至此未嘗過問極南臨海之地冰雪常凝對峙一島曰鐵耳聶離依休勾中隔一港曰麥哲論昔時商船往智利祕魯者由麥哲論港西行因港內多礁近年率取道於鐵耳聶離之南狂風迅烈昏霧迷漫濤瀧之猛惡倍於大淚山舟過人人額手喜若更生慕志云巴他峩尼緯幾自赤道南三十九度至四十四度經緯自順天偏西百七十八度至偏東百六十八度長三千五百里廣八百里總計百二十萬方里案二圖白蘭可角之南有低賽爾港又南有司辟林灣又南有森殊里安澳又

南有三太克魯斯港又南有科夷灣又南有麥哲倫港郎徐之麥
哲論港也爲大西太平兩洋相通之道其南郎鐵耳聶離依休勾
島與徐合辻志云此島東半屬亞爾然丁西半屬智利其外則科
倫岬也瓶下詳智樋志云巴他峩尼居民皆印第安人非古所稱巨
人種也皆居草原捕獲野生牛馬其技甚巧慕志云地無城鎮亦
無物產居民無衣褐冠履畋獵爲食居無常處近有英國威里斯
人徙至
務農事

烏拉圭

烏拉圭

徐志烏拉乖云在巴拉圭之南東界巴西南距大西洋海
西北兩面界拉巴拉他長千二百五十里廣千三百里南
方山阜紆蟠北方平原坦闊內哥羅塞波拉的巴拉大烏拉乖諸
河交貫田土肥沃物產極豐舊本拉巴拉他地後爲巴西所奪名
曰昔斯巴拉的那道光十八年部人叛巴西自立爲國推擇官司
理事慕志云緯綫自赤道南三十度至三十五度經綫自順天偏
西百六十九度至百七十四度長約千一百里總計二十五萬
方里謝志云當南緯三十度至三十五度西經五十三度二十分
至五十七度四十二分面積七十萬方里講義云烏拉乖河長一
千英里爲國名所由起辻志云本西班牙領土之一後屬巴西許
考云舊附銀國不諾塞力政要云本巴西之一省
斯省嘉慶末巴西奪據之雷志云共和國後叛而自立爭戰多年
千八百二十八年八月巴西與立和約許其分治千八百三十一
年七月頒國例置上下議院立伯理璽及副俱四年爲期副者主

上院議席有四部員襄理政務謝志云上院十九人下院六十九人沿海低平內部崎嶇面積六萬九千英方里廿志云四十三萬二千百里矢志云地勢皆低夷之平原然內部邱陵透迤有草原宜於牧畜烏魯葵河流其四境交通頗便人約八十四萬口廿志云九十萬口講義云外國人居其大半西班牙人最多意大利巴西人次之矢志云有大學一小學千餘內有歐人十萬耕種畜牧爲首業礦產金鉛煤多未發達耕種地九十一萬英畝多產麥珍珠米千八百九十六年有牛五百八十八萬千四百綿羊千六百三十九萬七千四百八十入口貨值四百八十三萬一千磅出口貨值六百三十萬七千磅羊毛獸皮牛肉脯牛肉汁等居百分之八十六多與英法德貿易講義云農業未發達飼養家畜爲要業乾肉輸出巴西鹹牛肉輸出歐洲謝志云貿易總額一萬二千萬元氣候和暖土脈肥美草原最廣近畜牛最多歲殺數十萬頭輸出牛油毛皮骨等礦產亦有金銀銅鉛政要云錢幣用銀錢值四喜林鐵路千二十六英里謝志云鐵路三千五百里電綫萬二千里商船六十四入款二百九十三萬四千磅國債二千七百十四萬一千磅謝志云歲入三千三百萬元公債二萬五

千萬兵額三千三百四十八（講義云陸軍三千五百海軍有三礮艦）蒙維的都城人二十四萬九千口（徐又云分九部曰蒙德維罷其都城也曰馬爾多那多曰加內羅內斯曰桑若塞曰哥羅尼亞曰索黎亞奴曰自三都曰都拉各奴曰塞盧拉爾痾先謙案徐志烏拉乖即雷志之烏拉圭也列國學會二圖世界圖與徐同矢志作烏魯癸許考作烏路圭謝志作烏魯圭据二圖北界巴西東南臨大西洋海西界阿根廷中境有塞盧拉爾痾其東南有加內羅內斯又東南濱海有馬爾多那多並與徐合世界圖作媽爾得拿特又南濱海有蒙格維得亞世界圖作蒙特維的俄郎雷之蒙維的徐之蒙德維罷也謝志作門德斐丟政要作麥得肥地亞講義作蒙得維得亞云瀕拉巴拉他河若善築隄防將爲南美東岸重要之港又西南有桑若塞又西南瀕海有哥羅尼亞世界圖作可羅呢亞轉而西有索黎亞奴索黎亞奴之東有都拉斯奴索黎亞奴之北有白三都以上並與徐合惟黎作各作斯爲異謝志作十九小部許考云十九郡除蒙德味道（卽蒙德維罷）瑪爾道那多（[illegible]）加內羅內斯桑若塞哥羅尼亞索里亞諾（卽索黎亞奴）拜三都（[illegible]）塞羅拉爾哥（卽塞盧拉爾痾）外曰亞的加斯曰勿羅來斯曰弗羅利他曰里奧奈額路曰利物拉曰羅沙曰撒爾多曰未那斯曰達瓜侖波曰忒倫帶忒來斯較前有增析云）

英領覆克蘭羣島

覆克蘭羣島雷志云英領在南大西洋面積四千八百四十英方

里迂志云三萬九千方里人八千七百八十九口迂志云人二千五十口牧羊為要業入口貨值六萬八千四百磅出口貨值十二萬六千八百磅司旦里會城人六百九十四口先謙案雷志覆克蘭島列國學會二圖作福爾克蘭標英字有東西二島在巴他巖拿尼之東與麥哲倫港相距世界圖迂志作發克蘭周志作佛克倫矢志作福格蘭云在火地島東北面積六萬五千英方里要產羊鵝海豹甚夥謝志作法格蘭云碼遮蘭海腰東九百里有海狗野牛居民二千專事牧畜首府曰史旦利樋志云居民多自阿眞提尼國卜諾塞力斯移來止千八百口冋航合恩岬者多寄船此港資其糧食水炭島內不生樹木多雜草為優等牧場案史旦利即雷之司旦里碼遮蘭即麥哲倫也

英領南喬治亞島

南喬治亞雷志云覆克蘭之屬地面積千五百七十三英方里無居民先謙案雷志南喬治亞島列國學會二圖作南吉俄爾給亞標英字在福爾克蘭島之東南世界圖迂志作南焦兒吉亞矢志作南日爾治亞謝志作南卓支亞

賜進士出身　特賞內閣學士銜前國子監祭酒翰林院編修加三級臣王先謙謹撰

俄羅斯國一

俄羅斯徐志峩羅斯俄羅斯鄂羅斯厄羅斯阿羅斯斡魯思兀魯思羅剎羅車葛勒斯續羅荅魯西亞莫哥斯未亞沒壽啡云據歐亞二洲之北境長約二萬餘里四裔第一大國也其西西土西界瑞典普魯士壆地利亞南界土耳其波斯東界西域回部其東土南界哈薩克回部喀爾喀蒙古黑龍江綜其全土在亞細亞者十之六在歐羅巴者十之四然其新舊兩都城皆在歐羅巴其富盛之部落雄麗之城邑萃於西偏遠東之地雖廣莫乃荒寒不毛之土其會盟戰伐亦皆與歐羅巴諸國爲緣國勢在西而不在東故隸之歐羅巴其國古稱薩爾馬西亞備乘云案地理備考薩爾馬西亞乃斯加拉臥尼所屬地此末詳考自唐以前爲西北散部受役屬於匈奴備乘云案唐時突厥可薩部即今俄國薩拉德夫部此當云唐時受役屬於突厥不得概曰爲匈奴也唐懿宗咸通年閒有酋長祿利哥者備乘云案瑪吉士云祿利哥乃斯下的那威亞國人非本國酋長也招引族類肇造邦土備乘云俄本烏孫部落西徙此未詳考傳至烏拉的米爾詡羅斯詡兩世立國始有規模周世宗顯德年閒有王后理國政始從希臘天主教其嗣位之王有十二子分國爲十二部由是兄弟鬩牆互相攻伐日就衰亂宋理宗年閒備乘云案元太祖親征錄戊寅年大太子領兵涉謙河水招降克兒爲思德哈思帖艮兀克失的遂火因亦兩千諸部此俄東部地時宋寧宗嘉定十一年也己卯征西域爲嘉定十二年庚辰秋至斡[illegible]羅思城即斡羅思也爲嘉定十三年此征俄西部事甲申嘉定十七年旋師次年爲宋理宗寶慶元年是元祖西俄非理宗時也此誤元太祖西伐滅阿羅思阿速欽察三部羅斯地立

長子朮赤爲汗由是爲蒙古別部元衰峩羅斯故王後裔乃稍稍
振起明嘉靖初借瑞典兵力驅逐蒙古復其土宇四洲志云明宏治中有諾戈落
部人起兵後復俄羅斯盡逐蒙古奪國故疆備乘云諾戈諾郎耶高俄落部赤日窩羅斯達亦门倭羅克達總記云諾戈落人名伊
挽瓦爾西後有國王號以萬者一作伊挽又作宜萬有雄略闢地日廣達於東海
之隅備乘云案四洲志云有諾戈落部人伊挽瓦爾西者起兵後復俄羅斯西北闊是以萬乃首先族復之人諸書所稱依番
汗借瑞典兵力者郎其人也此以爲別是一人誤性殘忍好殺戮臣民數萬人由是羣下
離心傳至波利思後國勢寖弱內訌四起時波蘭方強日見侵削
國人悔懼思得賢主以靖國康熙四十年立彼得羅爲國王一作彼得
羅又作彼達土郎別書所云察罕汗備乘云案異域錄康熙五十二年噶噶林日我汗今年四十一歲歷事二十八年以此推之察
罕汗於康熙二十五年坐牀平定羅刹方略亦相符此誤也彼得羅幼時其姊貪權欲據王位
彼得羅避禍隱寺內爲僧既爲眾所推立卑禮招致英賢與圖國
事躬教士卒騎射兼習火器備乘云康熙二十一年羅刹犯雅克薩時已有火器是火器不始於彼得
羅悉爲勁旅由是政令更新國俗爲之一變境內既平乃巡行邊
界開通海口嘗以峩人不善駛船變姓名走荷蘭投舟師爲弟子
盡得其術乃歸治舟師與瑞典戰勝之瑞典割芬蘭以講遂建新
都於海濱曰彼得羅堡一作必特爾土木爾又作比特革又作桑比斯德爾不爾挽備乘云案異域錄載噶
噶林曰三皮提里普兒城恩孫西費耶斯科國地方我汗征取修葺城池隨我汗名字呼爲三皮提堅普兒此城修葺勝於莫斯科
崔城我汗現在此城居住即此事也疏通波羅的海道水陸皆操形勢戰勝攻取疆
土愈闢峩羅斯近世之強大實自彼得羅始也彼得羅殁其后嗣
位備乘云案據四洲志比得額列王已逝其女加特因因嗣位北達額列王即彼得羅以女嗣位非其后也此誤敏慧有
權謀所任大將名震鄰國疆土益廣乾隆二十年王后加他鄰一作
如達刊細即[illegible]云加肯汗備乘云俄凡男王皆稱察罕汗王女嗣位皆稱他書所上妻嗣位皆稱哈屯汗此專指後得羅爲察
辟汗加他鄰抑肯汗加肯汗非也爲嗣位才略過人而精於理事招致他國百工厚給
廩餼教國人以藝事廣延文學兼修武備南鄰之土耳其回部大

國與峩搆兵數十年（西域聞見錄云峩羅斯本控噶爾屬國峩羅斯缺其朝貢又興兵擾其邊控噶爾以大兵臨之峩羅斯恐懼乞降增其歲貢控噶爾乃舍之當峩羅斯與控噶爾連兵屬國土爾扈特不堪以調之苦其汗烏巴錫援峩羅斯率其人戶度戈壁內附正乾隆年間戡定西域之時也今考歐羅巴諸國幷無控噶爾之名百年以來諸大國與峩羅斯搆兵者北有土爾其佛郎西波斯三國佛郎西之伐峩係嘉慶十六年峩人焚舊都以避之其瑪歐烈事在土爾扈特投誠之後波斯之役亦係近年雖土耳其與峩羅斯連兵前後近百年道光初年猶交兵未已聞見錄所云交兵事其爲土耳其無疑土耳其都城名君士但丁一作康思坦貽諾格爾噶爾即格爾上五字之譌爲控或由於轉音省文舊本羅馬東都後來猶冒羅馬之名故聞見錄稱控噶爾部城名務魯木魯木即羅馬之轉音也土耳其本回部大國所據者西土形勝之地恃其驍悍敢於侵擾強鄰峩羅斯與之搆兵至數十年之久徵發及於屬藩蓋非得已烏巴錫素不知兵出輒屢敗多所亡失又爲舍楞所惑欲恢復伊犁舊牧傾國東徙爲哈薩克所掠逼入沙漠種類幾至覆滅乃決計內附賜牧於喀喇沙爾峩羅斯與控噶爾連兵之事即土爾扈特人所傳述然土耳其雖稱強大比權量力究非峩敵疆場之役峩屢勝而土屢北未聞峩之挫於土也烏巴錫恐峩羅斯徵調之煩致己狼狽失國故盛誇敵人之強大以輕蔑之七椿園於大西洋國土形勢懵乎未有聞遽信其夸誕之說杜撰一莫大之控噶爾比諸懸圃瑤池同一荒唐矣或云控噶爾乃圖埋雅國王之名曾與峩羅斯爭逾相戰烏巴錫傳述此事誤以汗名爲國名今考泰西人紀載圖埋雅即普魯士國勢遠遜於峩乾隆年間並無與峩交兵之事）后累挫其鋒割其北境又分割波蘭三分之二后死王即位見弒子亞勒山德黎繼立與佛蘭西連兵數年講和而罷弟尼歌拉士嗣立（一作尼哥勞）伐土耳其大捷波斯來侵擊退之割其日爾日等屬部（備乘云尼歌拉士於道光五年嗣汗位日爾日部於嘉慶十八年割取此所記有誤當云割波斯之亞爾英尼亞部賜薩數矣）威聲甚著即今在位之王也其國大略分四部在歐羅巴境內者曰波羅的海東部曰波蘭部在亞細亞境內者曰高加索新藩部曰西伯利部備乘北徼事蹟表云

國朝天命元年先是俄國自以萬王中興後傳至波利斯王於萬歷三十二年卒其國遂衰波蘭諸國侵奪其地覬備天聰二年時土爾扈特與準噶爾交惡由雅爾西徙居於俄之額濟勒河崇德四年有端戈薩斯之彌特蠻者直至東洋荷葛斯海岸偵探道路復增兵往菴雅臘河（即安哥拉河）以至麥加湖（即白哈兒湖）遠近之地無

不征服（見總記據此知俄人此時方得白哈兒圖述地必未能即至雅克薩築城）崇德六年俄始吞併尼布楚之地（本布拉式烏梁海茂明安諸部地）順治四年羅剎始侵擾雅克薩等處康熙二十五年俄察罕汗阿列克席米汗羅為池卒新汗坐牀時年十四即彼羅也康熙三十八年察罕汗向西費耶斯科國索取那爾瓦一城不與遂相仇敵日尋干戈三十九年俄取甘查甲地又得美洲一小隅地及附近海島報國都比達額列王已逝女加特臘因嗣（見總記彼得至康熙五十四年尚存此終言之取美洲一隅在五十四年後）康熙四十四年借土爾扈特兵一萬與西費耶戰四十五年西費耶戰敗失城數處王逃往鄂車科付居住康熙五十四年與西費耶戰獲船二十一將軍一兵八百人（見異域錄）與土耳其請和乾隆二十年俄王后加他鄰坐牀（一作加達利納即諸書所云扣肯汗亦云哈屯汗）二十六年加他鄰后殺夫自立（見全志與諸書異）三十五年土爾扈特汗渥巴錫聽舍楞言率數萬眾趨伊犁破俄板興數處俄遣將追之不及明年遂內附五十四年與土耳其戰大捷割所屬諸城後大舉伐土法救之乃免五十五年悉畢鼇阿部挪書館儲史書設梨園五十七年俄奧普三國合兵攻波蘭俄取明斯克等八部是為西俄八部又奪回波蘭侵地幾付戈蘭二部六十年又得加底里部是年波爾王始設部落招商賈今為俄國中等埠嘉慶十六年法主拏破侖伐俄大敗十八年俄與波斯戰勝割其日爾日等部（日爾日即惹鹿惹也本自為一國為波斯所併俄又取之）十九年俄始併波蘭地分為八部二十一年是年俄官之奴僕六百三十五萬三千人民之奴僕九百七十五萬七千人（見總記）道光三年希臘與土戰賴俄英法助之復國（見全志）五年俄主亞勒山德黎卒弟尼哥勞坐牀六年土侵俄南境敗績俄圍土都英法為講和乃罷八年俄之烏拉嶺阿爾泰山沙漠三處產金五十三釐銀

三十二萬四千棒又併波斯屬之亞爾美尼亞九年彼得堡海水溢溺幾萬人見總記十二年波蘭遺臣據地起兵戰潰敗逃見總記十九年俄欲攻機窪忽值天寒人畜凍斃乃罷兵歸又謀約波斯攻阿富汗繆編俄俄羅斯源流攷云漢時西域城郭諸國半役屬於匈奴今俄以西域而并漠北古所未有也前人云即漢之北丁零堅昆奄蔡或云即康居大宛大月氏烏孫或云即條支或云即元魏之烏洛侯唐之黠戛斯骨利幹其稱烏洛侯者謂侯爲俟之譌以國名音轉爲據似頗近之茲細審彼音稱其國曰嚕西牙人曰嚕斯格其崛起歐洲之酋名祿利格中國之言俄羅斯自荷蘭英吉利人遞譯詎免譌舛嘉慶十一年吳熊光等奏查明嚕啞國來廣貿易情形嚕啞國即俄羅斯國禮部則例亦有嚕啞之號此皆就其本國語音譯之蓋嚕斯格三字急呼之即成嚕啞也竊攷載籍驗以聞見斷爲吐蕃之遺而實兼有以上諸地徐志於歐洲西北各種皆稱土蕃未免失於考核溯樊尼逾積石以開國蠶食鄰番以恢土宇地方萬里歷周及隋猶隔諸羌未通中夏所謂萬里者實在玉門陽關蔥嶺之外近人謂俄崛起於唐季又云多吐蕃宏土種類又稱爲西底阿土蕃說出西人當必有據蓋其贊普貪嗜貨寶日親華夏全境人民不能相率而至溢出散處部落分析遂蔓延歐洲東北荒僻之土舊唐書吐蕃者禿髮也樊尼乃禿髮利鹿孤之子後改姓爲窣勃野嚕西牙與禿髮嚕斯格祿利格與窣勃野音實相諧又按後漢書西羌氏族無定或以父母姓爲種號今俄制國中人名載時憲書凡人家生子擇吉日所繫之名命之貴爲王子賤爲奴隸胥同此稱先代察爾之名任其蹈襲無所忌諱投人名刺系其父名以識別焉此亦一證也譯其國八百六十二年暨千五十四年之

圖唐懿宗咸通二年逮宋仁宗至和元年時大食最熾亦未能介黑海而接希臘綏
林雖萌尚難奄有窮髮其居波羅的海之東以迄於烏拉山者爲
可列納族唯屑族蔑獵族撫烈靡斯族除緝族撒栗翊族其在波
羅的海之南者黎脫哇族烏拉西族即阿蘭西之音轉古奄蔡也其在黑海裏
海之東北者驪耳基族別掣族聶幾族喀襍勒族郭索稽族雅斯
族包爾嘉勒族俄迫處此七族之西初止思拉完一族邊境沿黑
海之西北包烏拉西人族服之拓境至波羅的海之南收黎脫哇
人招芬蘭人乃始立國泰西人記載謂勃爾噶利人本亞細亞民
族遷歐東境以牧爲業五百五十九年與斯拉完人合兵濟大腦
河略馬幾頓德賴斯進入東羅馬孜其時即唐之中葉東羅馬屬
地實暨黑海而思拉完族與勃爾噶利俱由亞細亞遷往固無疑
矣若夫拓跋者古赤狄初號狄歷北方名爲勅勒諸夏以爲高車
丁零實北方匈奴之別裔唐時党項羌有拓跋氏即元魏之後在
古析支地臣屬吐谷渾吐蕃盛漸偪內徙烏洛侯即烏羅渾又名
烏羅護亦北狄也在今尼布楚南境其自稱有魏氏先代石室是
拓跋出於烏洛之證不得以近代之俄羅斯當之魏太延三年西
域疏勒龜茲烏孫悅般渴槃陀鄯善焉耆車師粟特即奄蔡九國入
貢魏主方目爲絕遠不欲遣使往報令疏勒龜茲鄯善烏孫焉耆
車師悅般皆入我新疆而渴槃陀在縛芻河之左月氏在暗木河
之右暗木一名阿母即水經之嬀水唐之烏滸河其上流即唐之縛芻河入嬀海案元憲宗紀作阿母河又作阿木河郭寶玉
傳作暗木河元祕史作阿梅條支城臨黑海三面環水嘗入安息又爲大秦大
食所幷後又淪於西突厥稱克雷木汗至彼國千七百七十三年
即乾隆三十二年始歸於俄康居本國在今之霍罕初亦跨有歐
洲地厥後漸衰在唐稱康國與石國皆臣屬大食時大食東西萬

里與突厥施相接貞元中與吐蕃爲勍敵蕃軍大半西禦大食故鮮爲邊患其人固不免爲大食所降虜洎大食既衰遺孽崛起已在懿宗之際矣大宛至康居卑闐城千五百十里西南至大月氏六百九十里其地當在今庫爾干薩馬干之東南俄人近十數年始得者也至若吳兆騫謂暹察一名老羌烏孫種也何秋濤引漢時大月氏由燉煌遷嬀水與今之土爾扈特由雅爾遷額濟勒河謂行國轉移無常據元人王惲之說斷其爲烏孫之後不知烏孫至唐已極衰微縱復遷徙豈能逾裏海而西況遼史尚載烏孫入貢時俄已自立國何爲冒烏孫之名以入貢先謙案洪鈞西域補傳云塞爾住克烏古斯之部長也居錫爾河及鹹海裏海間莊云烏古斯亦作烏斯又作古斯西人疑即烏孫案裏海東濱有城曰烏孫哈達哈達謂城譯言烏孫城西人所疑未嘗無見但烏孫烏斯兩音可通又蒙古稱水曰烏蘇亦與烏孫音近遼史會同元年烏孫來貢又屬國軍有烏古有烏孫強合爲一究無確據但可存疑謂俄人自稱老羌訪無此語即有之亦不定爲烏孫若以深目碧瞳黃虬髯爲確證則歐洲之人大半皆然而俄之種類不齊嘗目詳觀其圖繪先代汗像又不皆深目隆準黃虬髯也元史太祖十七年進取阿速斡羅思康里古高車國欽察太宗九年破欽察并拔斡羅思也列贊城列贊即列贊在莫斯克窪之東南斡羅思即俄羅斯然譯音亦殊未塙今蒙古語言與俄異未可據以爲準且唐時西域有怛羅斯與康居俱在今哈薩克右中部案準噶爾姓綽羅斯當即怛羅斯之譌元開莫府阿母河地實相鄰或因音近目其北皆此類而以怛羅斯該之怛斡一聲而兀魯斯阿羅斯鄂羅斯皆其譯音之遞轉也羅剎出佛書非俄羅斯其得此稱者乃嚕西牙之音譌諸書多以悉畢爾之人爲羅剎謂爲俄羅斯屬部已不考矣俞正燮傳會佛書謂羅剎種人素與佛不合自立天主教當佛時羅剎王名阿修羅欺陵佛國佛國深畏之遇惡人惡物以羅剎名之皆假

名而與員羅刹無與羅刹至今俄羅斯而極大其言尤誤佛囉鄭
臺目距臨甚邏前明晚季俄始圖悉畢爾得頭曼冒頓之王庭堅昆丁零
烏洛侯黠戛斯骨利幹靺鞨室韋之故墟再東則渤海靺鞨俄稱
中國人爲契丹蓋東海之夷但知契丹徙中土故謂華人皆契丹
又西遼河中府近鹹海聲氣早通於康里欽察亦如泰西人稱東
土爲亞細亞洲實以古亞西里亞國概之俄之知有中國或由康
里欽察或在得悉畢爾之後故亦稱爲契丹矣自來國名族類曰
久沿譌大率如是當乾隆時俄與土耳其爭得黑海裏海北境又
攻取高加索諸部浸假隸東南漢之條支安息康居大月氏大宛
唐之怛羅斯吐火羅千泉石國石圖今安集延明史稱俺的汗西咸記之塔時在漢爲大宛之北鄙
東曹中曹西曹米國捐毒休循無雷盤陀難兜護密烏耗安國東
安何國今霍占地史國小史諸地俱入其版籍近時布魯特
土爾扈特哈薩克皆甘心帖服受其鞭笞矣蓋蕞爾小邦久淪荒
磧俄人攘奪營搆行國變爲土著縣度化爲坦夷豈天假之以明
盛衰遞嬗之理歟脫竟昧利不顧黷武弄兵抑知華夷有截禍福
相倚不戢自焚有明徵也疆域表云波羅的海部爲省二十九曰
森比得堡曰倭羅涅慈曰諾甫果倮特曰布思果甫曰曬幽蘭曰
威波爾克曰柯批倭曰森米叶烈曰塔襪斯特姑司特曰阿波曰
瓦襪曰烏列阿波爾克曰挨斯特蘭曰麗馥蘭曰庫爾蘭曰威帖
布司克曰唯里納曰闊勿諾曰格囉得諾曰瓦爾沙洼曰喀理士
曰普羅茨克曰羅摸熱曰蘇襪爾嘰曰撇特羅闊甫曰迦勒茨曰
拉多穆曰哆奪列茨曰滔卑林其黑海部爲省十六曰嘶馬連司
克曰摩幾略甫曰明斯克曰車爾泥果甫曰坡爾塔襪曰古爾斯
克曰幾耶甫曰倭棱司克曰波多立司克曰別薩拉必亞曰赫爾

酸曰他勿利治司克曰葉喀帖離諾斯納甫曰哈爾果甫曰窩囉涅曰曰端斯喀鄂其裏海部爲省二十一曰莫斯克窪曰特威爾曰葉洛斯訥甫曰科斯得羅馬曰尼日里諾甫果偎特曰喀簪曰星比爾斯克甫曰薩拉奪斯甫曰薩馬拉曰阿思達拉汗曰阿略勿曰喀嚕嘎曰圖拉曰列簪曰貪博甫曰務拉的密爾曰偏襪曰唯亞特喀曰撇爾穆曰烏發曰倭連布爾克其白海部爲省二曰阿爾寒節黎司克曰窩偎格達其喀復喀斯部爲省十三曰司塔勿羅波力曰枯班曰節爾斯喀耶曰達咭思丹曰梯富麗斯曰耶哩薩唯託波力曰八枯曰挨裏灣曰枯榻伊斯曰拔圖模曰喀兒斯曰蘇烘木曰車兒喏嗼斯克其悉畢爾部爲省八曰掩波爾司克曰託穆司克曰埜尼塞司克曰雅古特慈克曰伊爾古特慈克曰襪拜噶爾司克曰阿穆爾司克曰卜里摸爾司克其中亞細亞部爲省十曰阿爾摸林司克曰烏拉爾斯克曰土爾該司克曰仙米帕拉停司克曰仙米列厘司克曰希爾達利亞曰阿母達利耶曰襪拉夫山曰費爾干曰襪喀思披斯洪鈞元史西北地附錄釋地阿羅思考云今官私文書定稱爲俄羅斯詳審西音似云遏而羅斯遏而二字滾於舌尖一氣噴薄而出幾於有聲無詞自來章奏紀載曰斡羅思鄂羅斯厄羅斯兀魯斯直無定字又曰羅剎邏察羅車羅沙則沒其啟口之音促讀斯字變爲剎察奇異百出有由來也其族類曰可拉弗哀（咈字便須照吳下音讀乃合）既非烏孫亦非羌種佛書羅剎尤爲僞不於倫其國名最晚著而族類之名則早見西書（中國晉末爲西五百年曰耳曼人南侵羅馬本境空虛有司拉弗哀人自東來居其地見羅馬古書烏孫通貢元魏亦在是時其非烏孫可知無徑族人不承卽他國西人亦謂非是）俄史釋司拉弗哀義謂榮耀歐洲他國則釋爲傭奴瀛環志略謂唐以前爲西北散部受役屬於匈奴此說

最為近似元人所謂林木中百姓是也唐季此種人居於俄今都
森彼德普爾之南舊都莫斯科之北其北鄰為瑞典挪威國國人
有柳利哥者兄弟三人夙號雄武侵陵他族收撫此種人立為部
落柳利哥故居地有過而羅斯之名遂以是名部他西國人釋之
日過而羅為搖艣聲古時瑞典挪威國人專事鈔掠駕舟四出柳
利哥亦盜魁故其地有是稱是說也俄人所不樂聞法國東北境有諾爾蠻省
古時郎為瑞典挪威人侵掠據地自立為國英國亦然柳利哥建國在唐咸通三年其部初
無城郭至是建諾物哥羅特諾物謂新哥羅特謂城在俄今都南二百餘華里
微偏東城非古城名則依舊後嗣漸拓而南遷於計掖甫近鄰黑海行封建之
制瓜分豆剖地裂亂生蒙古西來橫挑大敵元師再舉稽首稱臣
明世蒙古衰而俄始強明季西人艾儒略職方外紀謂亞細亞西
北之盡境有大國焉曰莫哥斯未亞魏源曰郎鄂羅斯也俞正燮
議此書不知有俄羅斯豈知外域音殊字別況此時鄂羅斯尚未
兼併西費雅之地乎案魏氏說是也然職方外紀所云非音字之
殊乃名稱之異俄自降藩蒙古遷都於莫斯科泰西列邦風氣阻
陽不以自主之國相待故明時西人多不稱俄羅斯但名之曰莫
斯科未亞而穌音不許叔廳如上之衣合音弗應從對音外紀作莫哥斯為字之倒置
未亞而猶言地方又曰莫斯科未忒味字音不叶說見前則言其國之人至
今泰西猶有是稱詞近輕忽亦俄人所不樂聞瀛環志略有[illegible][illegible][illegible]當是由此傳訛
俄羅斯至今而極大經世大典地圖猶可考見當時俄域僅據一
隅云又欽察考云部族名在烏拉嶺西裏海黑海以北元史作乞
卜察兀今改奇卜察克譯音最叶俄書稱其地曰波羅物次稱其
種人曰波羅物齊他國皆稱奇卜察克古時東羅馬國稱之曰庫
滿亦云庫滿尼元初天主教王使臣潑闌喀批尼法王使人路卜

洛克小阿昧尼亞王海屯皆道出其地皆稱庫滿惟波斯地人稱奇卜察克與蒙古同相傳有二解一謂突厥族派凡五一為奇卜察克與蒙古同屬烏古斯汗之後烏古斯汗與亦脫巴阿部戰敗退至兩河間亻林氵言有陣亡將弁婦懷孕臨蓐軍行倉猝無產所就空樹中生子烏古斯汗收育之名以奇卜察克義謂空樹越十七年烏古斯戰勝亦脫巴阿人遂降其部未久復叛乃令奇卜察克往牙愛克河拉郎河鳥亦脫巴阿居中以鎮撫之因以名部此拉施特哀丁與阿卜而嗄錫之言也一謂荒野平地之民亦云戴世脫奇卜察克義同語出波斯俄之波羅物次同解此近世西人之說也就二者衡之拉施特哀丁生於元代仕宗藩之朝與蒙古老成人討論掌故撰為國史阿卜而嗄錫為朮赤裔孫身當明季去元猶近說當可信然所謂烏古斯汗者不知何時人何國主鋪敘戰功且蹤波斯而至埃及中西古籍咸無可徵故近世西人非不知其說而解為荒野平地之民者無徵故也西人涉獵華史元魏之時烏孫西徙蔥嶺自是厥後沓不知其所之而唐初突厥所屬之可薩部直裏海北郎在奇卜察克之地西書稱曰哈薩兒亦云役於突厥在唐中葉又有部族自東而西哈薩兒部被逼西徙舊時游牧地悉屬別姓謂此部族郎是烏孫俄稱奇卜察克為波羅物次物次當是烏斯轉音今俄南境帖尼駿河古名焉蘇河帖尼駿河入黑海之地曰烏速立姆那猶言烏速海灣當由烏孫居此故有烏斯烏速烏蘇之稱不惟筆之於書且繪為圖以明種族遷變蹤跡俄羅斯考古輿圖亦於蒙古未來之先列烏孫部於奇卜察克北境以實元人王惲之說而明已之並非烏孫蓋嘗徧求西書考尋其說究屬揣摩擬合初無實據烏孫西徙而為奇卜察克於理

有之於傳亦仍無徵焉耳又吉利吉思撼合納謙州益蘭州等處
考云吉剌吉思亦作乞力吉思又作乞兒吉思即今之哈薩克今
俄羅斯稱哈薩克曰乞兒吉思案哈薩克分三部必不止一族吉利吉思孫是哈薩克始起部族
謂乞兒義爲四十吉思爲女語出囘紇古時匈奴以漢地女四十
人嫁夫居此故蒙是稱與元史說合又即唐之黠戛斯唐書曰黠
戛斯古堅昆國也地當伊吾之西焉耆北白山之旁或曰居勿曰
結骨其種雜丁零乃匈奴西鄙也匈奴封李陵爲右賢王衞律爲
丁零王後郅支單于破堅昆郅支畱都之故後世得其地者訛爲
結骨稍號紇骨亦曰紇扢斯直囘紇西北三千里南依貪漫山地
夏沮洳冬積雪人皆長大赤髮皙面綠矑以黑髮爲不祥黑矑者
必曰陵苗裔也以十二物紀年如歲在寅則曰虎年氣多寒雖大
河亦半冰其君曰阿熱遂姓阿熱氏駐牙靑山周柵代垣聯氈爲
帳其文字言語與囘鶻同靑山之東有水曰劍河偶艇以度水悉
東北流經其國合而北入於海堅昆本強國地與突厥等其酋長
三人曰訖悉輩曰居沙波輩曰阿米輩共治其國案輩郎別乞之刖偁克之仡杚
作襌作比長之稱也酋貞觀二十二年聞鐵勒等已入臣即來朝以其地爲
堅昆府高宗世再來朝景龍中獻方物中宗勞之曰而國與我同
宗非他蕃比屬以酒乾元中爲囘紇所破自是不能通中國後狄
語訛爲黠戛斯蓋囘紇謂之若曰黃赤面云又訛爲戛戛斯囘鶻
稍衰阿熱即自稱可汗囘鶻伐之不勝拏鬭二十年不解囘鶻將
句錄莫賀道阿熱破殺囘鶻可汗阿熱遂徙牙牢山之南牢山亦
曰賭滿距囘鶻舊牙馬行十五日會昌中阿熱遣注五合素上書
武宗大悅命太僕卿趙蕃持節臨慰其國使譯官考山川國風又
詔阿熱著宗正屬籍遼史太宗六年穆宗應歷二年景宗保甯八

年皆來貢案點戛斯與乞兒吉斯音合貪漫賭滿音同字異皆當卽今之唐努山元史之唐麓嶺雖異稱而對音囘鶻舊牙在元和林徙居山南十五日行程不相上下案一統志引朔漠圖云自和林北行三千里至昂吉爾海子自此又行五百餘里至謙州及吉利吉思今考昂吉爾當卽拜哈爾湖由昂可剌河先入於湖故以此稱之昂吉爾卽昂可剌也自和林北行當東轉至今庫倫乃直北至今哈克圖爾西北行至拜哈爾湖之西南隔約程途二千餘里若和林直北別有捷徑則不過千餘里卽至拜哈爾之西南矣復西行千數百里乃達謙州朔漠圖之說不能吻合豈昂吉爾海子別有所指與然謙州吉利吉思皆在和林西北非正北也劍河卽元史之謙河在唐努山烏梁海境內俄地圖日烏魯克姆河烏魯譯義爲大姆字當如呉下俗音閉口讀之出以鼻音宋張文潛明道雜志曰經傳無嬸妗二字蓋嬸爲世母之合音妗爲舅母之合音今如字讀之未必合音疑其說不雖及以讀姆字之法讀母字便切合矣克姆合音如肯亦如侃變音爲謙華字無姆音不得已而以穆木等字代之故水道提綱作華克穆河別作克木亦作客木烏魯克姆河西南行將及二百里轉而西北行七百餘里貝克姆河自東北來會提綱作貝克穆河兩河合而西北行四百餘里西南之克姆池克河曲折流東北六百餘里而來會提綱作克穆齊克二河會流處地名克姆克姆池克提綱作克穆克穆齊克上克姆指東之克姆河下爲西河之名克克字爲語尾助詞可不讀合音讀之音似肯肯池元西域史備載其地音似肯肯助卽謙謙州之所由來也俄羅斯既稱哈薩克爲乞兒吉思又稱爲肯助特猶言謙州特一則部名一則水名特爲眾之統詞元史或省文但曰謙州以河爲名史言至當此三大源皆在中國界上自此全河正北行入俄羅斯界不三百里而河流加廣爲俄之葉尼賽河遂無克姆之稱曲折而北先西北繼東北千數百里昂可剌河東來合流西北入北海昂可剌河入於拜哈爾湖

而復出與葉尼賽河東西相並北行後折而東入於葉尼賽元史謂謙河注於昂可剌河未合當云繼合昂可剌河入海唐書言劍河偶艇以度水悉東北流似指克姆池克河或指葉尼賽河元史云吉利吉思境長千四百里廣半之謙河經其中西北流所謂長指南北而言則爲葉尼賽河且知元時但有謙河之稱而無葉尼賽之名又言西南有水曰阿浦東北有水曰玉須皆巨浸案俄圖葉尼賽河旁支甚多核其名稱介在疑似未可強附烏魯克姆起於多特淖爾華言陶托泊泊之正東不及二百里有闊索果勒水泊華言庫蘇古爾西出一支入陶托泊所謂古爾果勒皆湖泊之別稱與淖爾同義玉須或即庫蘇闊索然元史言東北又言會於謙而注於昂可剌河似在葉尼賽下游則亦未可強附案徐松誤以昂可剌河即謙河又誤以尼爾庫爲阿浦伊里穆爲玉須魏源以謙河即昂可剌河上游玉須即伊里穆阿浦即葉尼賽其誤相等何秋濤之考水道爲喀然以貝克穆河當東北之玉須則非蓋何但見西圖與魏全圖水道不備未及見俄之細圖也然則今之唐努山烏梁海正漢之堅昆唐之黠戛斯元之乞兒吉思故地乾隆二十年烏梁海賊郭勒卓輝博博等譌傳準酋阿睦爾撒納煽哈薩克阿布賚汗入寇二十一年三月以阿睦爾撒納煽烏梁海梗哈薩克道 詔札哈沁公札木禪從哈達哈勦烏梁海叛賊有固爾班和卓者奇爾吉斯宰桑也攜千餘戶潛赴烏梁海車布登札布及車登三丕勒等邀擒之因進兵哈薩克界備乘備載其事 國朝西北部族久無奇爾吉斯之稱其即爲哈薩克即元之乞兒吉思無疑俄人之稱因名徵義尤足闡明元史唐書解黠戛斯爲黃赤面自與哲面之說矛盾固知其未是也乞而吉思何時西徙改爲哈薩克於傳無徵元史劉哈剌拔都魯傳世祖諭曰自此而北乃顏故地曰阿八剌忽者素產魚吾今立城而以兀連當即兀良哈今作烏梁海

（史省哈字速不台傳兀良人郎省哈字之鐙是膂恵努山北之烏梁海非蒙古之烏梁海別見部族考備乘謂兀連當是兀速郎地）

（理志附錄之烏斯何氏益未知元蔣乞兒吉思之東周有烏梁海部族不乡敃史文以附會烏斯）憨哈納思（當郎地理）

（志之懋合納元觀史有哈卜哈納思疑同）乞里吉里（下里字當是思字之訛郎吉利吉思也）三部人居之

名其城曰肇州汝往為宣慰使（傳明西齊偶得阿爾楚哈乃元肇州地今阿爾楚哈有廢城郎肇州）

（故城也蓋郎阿勒楚喀近松花江故云素達魚）蓋其時海都叛亂漠北民避兵而南者七

十餘萬乞兒吉思東西分徙或在此時俄圖葉尼賽河上游有烏

斯河東來人之河濱有二村鎮日上烏薩下烏薩皆為烏斯轉音

元史謂烏斯因水為名在謙河之北說合元史賈塔剌海傳謙謙

州郎古烏孫國也烏孫何時居此漢書無徵豈因烏斯而誤會歟

抑烏斯之水因烏孫而得名歟元史又言撼合納在烏斯東謙河

源所從出專言烏斯東則當是貝克姆河之源直多特淖爾正北

三萬餘里若烏魯克姆河之源則當言東南此地名俄圖亦無考

謙州沃衍宜稼闊諸俄羅斯人地利賓然元史言吉利吉思遇雪

則跨木馬逐獵唐書黠戛斯傳結骨東有木馬奕厥三部落俗乘

木馬驪冰上以板藉足屈木支脓蹴輒百步今考元西域史得木

馬之狀刳木如小舟長二三尺寬半尺底平而前後仰人著二足

舟中繫繩舟首如馬有轡削木為篙剌地蹴行冰滑勢疾用逐野

羊野馬鮮得脫者以執轡故謂之木馬若論行狀當曰聊舟徉色

揣稱不越二名昂可剌去大都道里倍於吉利吉思又言炙羊肋

熟東方已曙則已在赤道北六十度左右考俄圖昂可剌河入葉

尼賽河在五十八九度中葉尼賽河西有葉尼賽斯科城圖理琛

巽域錄伊聶謝去北海大洋一月程夏至前後夜不甚暗不數刻

東方日出郎其地矣益蘭州地無考此與謙謙州皆非州邑之州

蒙古巘起沙漠未循漢制而邱長春西遊記已見欠欠州其為譯

音之字而非州郡之稱審矣案海國圖志元代北方疆域上下二考其誤不可勝糾推以乞利吉思卽唐書點戛斯國之音轉確論也又謙河考云多特淖爾在赤道北五十一度二十六七分卽陶托泊西北一支溢出爲烏魯克姆河猶言大謙河此與提綱語異淖爾東二百里有闊索果勒大湖華言庫蘇古爾南北縱三百里東西百里西出一支曰阿喇賽河通於多特淖爾淖爾東北有霍端河札喇河烏累河三河相合而匯淖爾東南有士什奇特河呼克河合入阿喇賽河以匯淖爾南有哈爾瑪河北有罕古爾蓋河皆匯淖爾淖爾東北又有小淖爾相聯綴烏魯克姆河西行烏魯河東南來入又西有三河無名北有騰吉茲河合圖魯克塔哈河來入又西南行哈爾瑪河罕薩林河自北來入布斯河合哈色勒河自東南來入又西南行哈克姆河南出於帖里淖爾北流入之帖里卽特里泊又西行轉北達得齊穆河自北來入疑卽提綱多集瑪河之又西北行哈爾戛河合森戛勒河自西南來入塔爾巴哈台河亦自西南來入又西北行烏魯斯治貝河色金河畢里貝河布連河南來注之河轉北郎折西北霍布托河東匯於淖爾復出淖爾西行轉而南流注之拜斜特河東北來注之北岸有數小河來注皆無名而貝克姆河自東北合諸水來會河謂華克穆河北流四百里而貝克穆河考之彼圖當云西北會貝克姆河起於多特淖爾正北三百里兩源並發合而南行東來一支與合南遥哈喇布魯克淖爾張屬與河不遡行益西斜爾魯克河自東南來會轉西北行巴什河自東北來會東南東北並有小河來會無名轉而北阿薩斯河自東來會伊蘇克東源三支中源出克得穆車泊北出那雅泊南出瑪那泊合而西南流來會庫克克姆河自南來會貝克姆河又西北哈姆薩喇河東出於圖吉淖爾而西流其北一支合克爾雷海河齊什克姆河索羅克河皆西南行

而相合克爾雷海河齊什克姆河皆在正北其地爲托羅斯塔班中俄第十九界牌又合北之鄂爾雷霍爾泊水東北之哈塔爾蘇克水以入貝克姆河貝克姆之分源惟斯爲大貝克姆河又西北斜斯達克姆河合烏古特河自東北來會貝克姆河又西行士畢河自北來會其西一水無名歡果爾河自東南來會貝克姆河西南行音斯提克姆河自北來會又東合達布蘇河西合斜斯帖爾里克河而匯於烏魯克姆河案貝克姆河形曲折凡行七八百里而合於鵠魯克姆河中途所入之水與何案語異同處甚多可以參考至於譯音微異卽爲同矣兩河既合乃西南流北有伊爾別克河與西一水合而注之南有圖而雅河挾數小水又挾善干河葉克列斯河合而注之圖而雅當卽圖蘭河謂益蘭州當在圖蘭旁望文生義不可爲據烏魯克姆河又西行巴彥果勒河帖滅爾蘇克河葉列克姆河北來注之巴喇克河莫霍爾阿喇勒河巴延古勒河佳果勒河東南來注之又西北行不數十里而克姆池克河自西南來會合流處之南是爲克姆克姆池克蓋合東西河名以爲地名也克姆池克河發源唐努山之西麓何云北麓末是乃唐努西峰之盡處始東流有小楚雅河大楚雅河巴爾魯克河等河與合繼北流有阿拉什河自西北挾諸水與合繼東流吉爾蔓庫河自東南與合又東北流阿克河雅雷克姆河先後自西北與合札達克河合昆得爾蓋河自東南與合凡行四百餘里而東北會烏魯克姆河自是全河北行出華界入俄界曰塔爾闊克山界牌在焉緯綫五十一度五十七分罕騰格爾河西來入之罕騰格爾河與雅雷克姆河南北二源相望皆出罕騰格爾山克姆河又東北烏斯河發源華境葉爾吉克塔爾哈克台蔓山鄂河斯云塔爾蘇克西南流至烏斯第二十界牌而入俄境未出境時有索斯費爾河東來注之既出境後有闊雅爾特河沙哈什河東南合而注之烏斯河西南行逕上烏薩

下烏薩又西行入克姆大河凡行二百餘里（何所言方向里數恐誤）克姆河轉向西北庫魯米斯特帖普斜里河喀則爾蘇克河先後自東來入克姆河至是寬廣是為葉尼賽河河南河西並有數河來入轉東北又轉西北而阿巴堪河自東南喀爾雷罕嶺發源中途挾諸水最北一支曰威巴特河行五百里而入葉尼賽又鹹海裏海黑海考云蔥嶺西北三大澤最東者曰鹹海泰西稱阿拉爾志略謂西域人稱達里岡阿泊南北三四百里東西二三百里三水中為最小其西為裏海泰西稱喀斯比安（義謂亞細亞歐羅巴兩地中間之海華言裏海義本乎此）南北縱千數百里北頭廣五六百里南頭廣四五百里裏海西為黑海與地中海鄰廣二千數百里縱千餘里此三海者皆今名志西域者必以三海為綱以納林阿母等河為目而後可以釋地案水經注曰一水逕休循國南又逕難兜國北又西逕罽賓國北又西逕月氏國南又西逕安息國南城臨嬀水最大國也（安息國詳安息考嬀水卽阿母河）河水與蜺羅跂諦水同注雷翥海唐書西突厥傳西界雷翥海志略謂西洋地圖蔥嶺以西惟印度河南流入大海其餘南北諸小河匯為兩大支北為納林南為阿母皆以鹹海為歸循是卽雷翥海無疑世人多以裏海為雷翥海誤矣鈞案徐氏之辨但知西人今圖而不知古圖明季以前阿母河實入裏海嗣後沙磧壅塞乃北入鹹海（河故道見地圖中）近時俄羅斯人挪議疏河故道可以利舟楫溉田野工艱費鉅未舉行也雷翥海之為裏海斷無他惑（魏源亦主裏海備乘辨正其誤何氏誤魏氏不誤）新唐書波斯滅後有陀拔斯單者或曰陀拔薩憚其國三面阻山北瀕小海居婆里城所謂三面阻山蓋卽波斯馬三德蘭部地形勢宛合北瀕小海卽裏海此皆唐書言裏海之證隋書鐵勒傳得嶷海東西有蘇路羯三索咽蔑促隆忽

等諸姓聞波斯駐俄使臣云古時突厥人稱裏海爲荅剌汗海以其容納眾流不通外海有自主一方氣象故蒙是稱裏海北阿斯塔拉干爲互市大埠塔拉干即答剌汗地名由荅剌汗海而來今考元代有荅剌罕封爵譯爲自由自在葢承突厥非始蒙古隋書得嶷爲荅剌轉音當即裏海徐以西域人稱鹹海日達里岡阿今案達里岡即荅剌汗之異譯恐又誤以裏海當鹹海而益徵波斯使臣之言爲不誤也元史郭寶玉傳太祖封大鹽池爲惠濟王西人考驗裏海水味之鹹過於鹹海兩海相形如小巫見大巫則大臨池必是裏海元史速不台傳繞寬田吉思海展轉至太和嶺鄗喀斯寬田吉思當作衮騰吉斯衮謂深騰吉思謂海黑海水深色黑似可當之然遠不台自西域北征欽察實循裏海西濱以往速不台傳又言乙未西征虜八赤鑾妻子於寬田吉思海八赤鑾之役載於西書乃在裏海元史所謂寬田吉思葢皆言裏海也漢書康居西北可二千里有奄蔡國臨大澤無涯葢北海云此誤以黑海爲北海實爲漢時言黑海之始鮮蔡康考居魏書董琬等使西域還具言所見分其地爲四域兩海之間水澤以南爲一域所謂兩海必是裏海黑海是爲元魏時言裏海黑海之始歷考載籍惟鹹海無徵秦西古書亦爲未言及鹹海近時德國人考紀行之書謂前五六百年西人往從者稽其程途方向皆似遷從鹹海中策騎以過而不言繞道海東又鹹海之南有東西流故水道當錫爾阿母兩河之中困疑昔濱阿母河固入裏海郎錫爾河亦合於阿母以入裏海而鹹海巨浸爲近數百年淳蓄而成雖證佐無書其論要非無見耳又西域古地康居奄蔡考云漢書康居國王冬治樂越匿地到卑闐城去長安萬二千三百里不屬都護至越匿地馬行

七日至王夏所居蕃內九千一百四里戶十二萬口六十萬勝兵十二萬人東至都護治所五千五百五十里又云其康居西北可二千里有奄蔡國控弦者十餘萬人與康居同俗臨大澤無涯蓋北海云案史記大宛傳張騫告天子謂康居在大宛西北可二千里國小南羈事月支東羈事匈奴若其冬夏所居相距九千餘里則必提封萬里而止十二萬戶等於烏孫月氏與博望侯國小之言不合且一歲之中驅馳一萬八千餘里以避寒暑不將爲道長耶此必無之事也烏孫傳言西至康居蕃內地五千里烏孫治赤谷城在今伊犁之南康居在烏孫西北二傳相較不能合九千里數疑有訛字或有奪文徐松漢書西域傳補注疑之何氏備乘恢張漢業引近俄疆謂康居蕃內爲俄國之莫斯科舊都地而以奄蔡列俄北境以實班氏北海之說噫過矣案漢書大宛傳北與康居接大宛爲今浩罕安集延等地今之塔什干爲其極北邊界現亦當爲西界魏書康國康居之後也遷徙無常不恆故地自漢以來相承不絕其王本姓溫月支人也舊居祁連山北昭武城因被匈奴所破唐書謂爲突厥所破似誤西踰葱嶺遂有其國枝庶分王並以昭武爲姓示不忘本舊唐書亦謂康國即漢康居新唐書康者一曰薩末鞬亦曰颯秣建元魏謂悉萬斤蓋即今之撒馬爾干唐高宗永徽時以其地爲康居都督府此皆康居故土之可徵者也新唐書石或曰柘支曰柘折曰赭時漢大宛北鄙去京師九千里東北距西突厥西北波臘南二百里所抵俱戰提西南五百里康也圖千餘里右涯素葉河王姓石治柘折城故康居小王窳匿城地所謂柘支柘折赭時即元史西北地之察赤今之塔什干詳察赤釋地西南至撒馬爾干道里適合此康居小王地可徵者一康南距史百五十里史或

日佉沙或日羯霜那居獨莫水南康居小王蘇薤城故地西百五十里距那色波見那黑沙不釋地北二百里屬米南西百里吐火羅也有鐵門山左右巉峭石色如鐵為關以限二國以金錮闔此即西游記之碣石鐵門西域記亦謂羯霜那國東南山行三百餘里入鐵門兩旁石壁其色如鐵既設門扉又以鐵錮多有鐵鈴懸諸門扇因其險固遂以為名明史渴石在撒馬兒罕西南六十里又西三百里大山屹立中有石峽行二三里出峽口有石門色如鐵番人號為鐵門關似非眞門詢之西人昔誠有門今則無矣碣石渴石佉沙羯霜皆一音之轉此康居小王地可徵者二安者一曰布黠又曰捕喝元魏謂慍密西瀕烏滸河治阿濫謐城康居小君長屬王故地案烏滸河郎阿母河布黠捕喝正布哈爾之轉音魏書云慍密在悉萬斤西今布哈爾固在撒馬爾千西惟魏書悉萬斤去代一萬二千七百二十里慍密去代二萬二千八百二十八里不能相合意二萬為一萬之訛魏書阿弗太汗國早伽至國在慍密西諾色波羅國在慍密南皆云去代二萬三千餘里則二萬非誤字然魏書所言諸國道里亦不甚可憑康居五王城道里當以漢書為準詳下此康居小王地可徵者三何或曰屈霜你迦曰貴霜匿即康居小王附墨城故地鄰國四至唐書未言西域記言自屈霜你迦國西二百餘里至喝捍國又西四百里至捕喝國則當在布哈爾之東此康居小王地可徵者四火尋或曰貨利習彌曰過利居烏滸水之陽東南六百里距戊地西南與波斯接西北抵突厥曷薩乃康居之小王輿韃城故地案貨利習彌郎元史西北地之花剌子模本地名亦為國號至今名猶未泯也元初花剌子模之都城曰烏爾韃赤與輿韃音叶火尋亦當即輿韃變音元史訛為玉龍傑赤突厥曷薩郎突厥之可薩部居裏海北烏滸水郎阿母河古時阿母河不入鹹

海自布哈爾之南轉而北行距鹹海數百里折而西南行以入裏海奧鞬城當西流處之南故曰居水之陽詳花剌子模釋地烏爾鞬赤考鹹海裏海黑海考此康居小王地可徵之者徐松漢書西域傳補注亦備引唐書惜未能實徵今地東西南北四境說亦誤多更以漢書道里考之最近者為窳匿王治窳匿城去都護五千二百六十六里去陽關七千五百二十五里塔什干城固最東也次近者附墨王治附墨城去都護五千七百六十七里去陽關八千二十五里其近相等者蘇薤王治蘇薤城去都護五千七百七十六里去陽關八千二十五里以是推之唐之何國史國殆必鄰近其遠者罽王治罽城去都護六千二百九十六里去陽關八千五百五十五里布哈爾在西里數之多誠宜最遠者奧鞬王治奧鞬城去都護六千九百六里去陽關八千三百五十五里去陽關里數不應反少於罽城恐誤此在五王中極西北境以今圖方位考之大段不爽至欲規規里數求其吻合病未能也然則康居全境起今伊犁以西歷大宛月氏安息北界而西訖於裏海其北境不可知大約及於鹹海綜厥土宇橫亘西陲不待附以北荒已非褊小晉書康居在大宛西北可二千里與粟弋伊列鄰接粟弋即粟特見下伊列見陳湯傳在烏孫北蓋即今伊犁其王治蘇薤城地和暖饒桐柳蒲陶多牛羊出好馬秦始中其王那鼻遣使上封事獻善馬曰治蘇薤城當是昭武之分王非康居之統主蘇薤在大宛西不及二千里晉書但引用史記而不知與已說剌謬也通考引漢書康居傳與大月氏同俗下亦引地和暖饒桐柳蒲陶多牛羊出好馬徐松西域傳補注因疑漢書有奪文今案此乃晉書非漢書漢書之紀奄蔡全本史記大宛傳中張騫語騫身所至者大宛月氏大夏康居而傳聞其旁大國五六蓋北海云明是揣度傳言疑而不斷案後漢書奄蔡改名阿蘭聊國居地城屬康居土氣溫和多楨松白草民俗衣服與康居同裴松之

注三國志引魚豢魏略奄蔡國一名阿蘭西與大秦東與康居接故時羈屬康居今不屬也後魏書粟特國在蔥嶺之西古之奄蔡一名温那沙居於大澤杜佑通典奄蔡漢時通焉西接大秦東南二千里與康居接去陽關八千餘里控弦十餘萬土氣温和臨大澤無涯岸多楨松白草及貂畜牧逐水草葢近北海至後漢改名阿蘭聊國後魏時曰粟特周保定四年來貢方物今以地望道里徵之自康居西境貨利習彌之地西北行出裏海北濱再西行二千里乃臨黑海所謂大澤葢黑海也漢時黑海爲羅馬東鄙故云西接大秦若俄莫斯科舊都與羅馬版章溯不相屬何論更北隋書鐵勒傳拂菻東則有恩屈阿蘭北褥九離伏嗢昏等拂菻即東羅馬其都城臨地中海峽在黑海西而黑海南境悉入版圖故云阿蘭在拂菻東更以西書徵之戰國時裏海黑海之北粟特族居之後有耶仈亦族部仈赤合讀自東方來服屬於粟特居裏海西高喀斯山北傳國多歷年所後稱阿蘭亦曰阿蘭尼又稱阿思亦曰阿蘭阿思覵都今考耶仈亦爲奄蔡轉音阿蘭尼爲阿蘭聊轉音阿思爲阿速轉音阿蘭阿思則見元史西北地附錄然則漢奄蔡即元阿速明史阿速城背山面川川南流入海大澤之即黑海復奚疑焉魏書謂粟特去代一萬六千里又云粟特商人多諳涼士販貨則非甚遠可知備乘謂當是二萬六千里改古史以伸己說未爲是也通典謂奄蔡土氣温和又曰粟弋後魏通焉一名粟特出名馬牛羊珍果葡萄酒其土地水美故也大禾高丈餘子如胡豆附庸小國四百餘城魏太武帝時遣使朝貢史記正義引括地志曰奄蔡酒國也黑海之濱氣候暄和故能廣植葡萄多釀美醞若北海之濱雪窖冰天漢魏時窮荒未闢安得有酒國於此哉黑海之境

葡萄味美甲於天下釣在俄都實觀嘗之儌通國之酒皆此處所出海酒國也後漢書嚴國在奄蔡北屬康居出鼠皮以輸之若奄蔡已臨北海則此國將在海外後書無北海一語蓋已知張騫說不可爲憑志略謂此大澤即鹹海一移張之一狹小之楚則失矣齊亦未爲得也耶律鑄雙溪醉隱集行帳八珍詩駝蹄羹注康居南鄙伊麗迤西沙積斥鹵地往往產野駝麆沆注麆沆馬捫也麆沆奄蔡語也國朝因之又注奄蔡兩漢西域傳無音大宛傳宛王昧蔡師古曰蔡千葛切書二百里蔡毛晃韻蔡桑葛切廣韻亦然奄蔡蔡千葛切爲是今有其種率皆從事捫馬據此則康居奄蔡元人猶知其故地奄蔡不見元史蓋郎阿速也又云魏書以粟特郎奄蔡後漢書分粟弋奄蔡爲二曰粟弋國屬康居出名馬牛羊葡萄眾果其水土美故葡萄酒特有名通典以粟弋郎粟特而亦與奄蔡分爲二國且曰粟弋附庸小國四百餘城似非一國元史類編西域傳引十三州志云奄蔡粟特各有君長而魏收以爲一國誤矣漢書陳湯傳郅支單于遣使責闔蘇大宛諸國歲遺師古曰胡廣云康居北可一千里有國名奄蔡一名闔蘇然則闔蘇郎奄蔡也史記正義引漢書解詁曰奄蔡郎闔蘇也名稱互歧諸說不一折衷考異爰采西書當商周時古希臘國人已至黑海古希臘文稱彭特亥斯譯義即爲黑海行舟互市築室建城周定王時黑海北濱有希臘城名奧略威最著稱秦漢之時羅馬繼之故亞細亞洲西境部族播遷於歐羅巴洲者惟希臘羅馬古史具載梗概今譯其書謂裏海以西黑海以北先有辛卑爾族居之距今二千六百餘年蓋東方種類城郭而兼游牧者黑海北境有辛卑爾古城黑海峽口初名辛卑爾嗾今俄人名烏拉嶺一帶曰西悉畢爾始由於此中國漢後鮮卑部名尙係後見厥後有粟特族越裏海北濱自東而西奪辛卑爾地辛卑爾人四散大半竄於今之德法丹日等地有眾入羅馬

爲羅馬擊殺無遺東漢時有郭特族人亦自東來其王曰亥耳曼粟特族人敗潰不復振晉時匈奴西徙（西書音如昏尼爲匈奴之變音）其王曰阿提拉用兵如神所向無敵亥耳曼自殺（據云時正百歲）其子威尼達爾率郭特人西竄召集流亡別立國基業阿提拉復引而西戰勝攻取威震歐洲羅馬亦憚之立國於今馬加之地希臘羅馬郭特之人多爲其所撫用與西國使命往來壇坫稱盛有詩詞歌詠皆古時匈奴文字（羅馬有通匈奴文者匈奴亦有通臘丁文者惜後世無傳焉）羅馬史稱阿提拉仁民愛物信賞必罰在軍中與士卒同甘苦子女玉帛一不自私鄰國貢物分頒其下筵宴使臣以金器皿而自奉儉約樽簋以木將士被服飾金而已則惟衣皮革是以遐邇咸服人樂爲用宋文帝元嘉二十八年（西歷四百五十一年）阿提拉西侵佛郎克部（即今法國時爲羅馬屬地）羅馬大將嵬都思率郭特佛郎克等衆禦之戰於沙隆之野（在今巴黎東四百里）兩軍死者五十萬人阿提拉敗歸南侵羅馬毀數城而去尋卒諸子爭立國內亂遂爲羅馬所滅（志略謂東漢順帝時匈奴犯羅馬羅馬王安敦窮追至北海犁其庭幕伏尸百萬問諸西人羅馬是時並無其事不知志略何由致訛今譯羅馬書乃知必是沙隆之戰阿提拉國之滅特年代不合爾追至北海之說則全無形響也）當郭特之未侵粟特也有部落曰耶亙亦居裏海西高喀斯山北亦東來族類而屬於粟特厥後郭特匈奴相繼擾獨耶亙亦部河山四塞特險久存後稱阿蘭亦曰阿蘭尼又曰阿思亦曰阿蘭阿思皆見東羅馬書今案耶亙亦即漢奄蔡元阿速昔時俄羅斯人稱阿速曰耶細爲耶亙亦變音阿速於明後始爲俄羅斯所併享國之久可謂罕見奄蔡一國粟特一國一國爲大部一爲附庸後漢書通典十三州志說合其曰粟粟弋者僅一粟字嫌切音未足因增弋字當作粟弋特而刪特字也其曰闔蘇者闔字爲啟口時語助之音西方文字往往而有戰國時希臘人海洛櫝

特之書其言粟特音如闔蘇特故知是也郭特之名華書無徵魏書粟特傳匈奴殺其王而有其國傳至王忽倪已三世稽其時序似郎郭特王亥耳曼自戕之事而不合者多難於論定郭特西徙因其故王之名遂有日耳曼之稱臘丁文作日耳馬尼法稱阿耳馬尼俄稱該耳曼於原音爲近羅馬撫用其衆資其勇力既滅匈奴而羅馬亦爲郭特所滅（志略作莪特）今德意志列邦皆郭特之後故亦稱日耳曼泰西諸國青目赤髮之人大率爲其苗裔（西人云郭特西徙分爲二部西部起瑞典曰斯巴尼牙等地東部則羅馬收撫之）志略云西土以日耳曼爲貴種佛郎西英吉利立國之祖皆日耳曼人諸國每遭喪亂輒招致日耳曼列侯或世子爲王大國如英吉利小國如希臘是也今德人固自承郭特之後來自東方法人則不承之郭特豈以兵衅有意見存乎其間歟復聞諸德人德意志爲土語之解得名已久昔時日耳曼人別有方言因郎以爲國號非始自今也然則歐洲種族溯源鼻祖大率震方竊笑近世諸儒強以烏孫加諸俄羅斯而彼堅不承在中土則惟元人王惲一言在西土則諸國載藉皆無可據豈知俄羅斯而外固有自東來者而亦爲彼所自承者耶（嘗遇俄人久居北京識華文者詢以烏孫之說彼曰顏師古謂青眼赤鬚狀類獼猴此或足今之德人爲烏孫一族若我俄人自是司拉弗哀之族並不如是始詢其言疑不於倫迨考西事久之乃悟俄人之語由郭特來也）又阿蘭阿思考云部族名郎元史之阿速備乘以今俄南境近臨黑海之阿索富城當元之阿速見解甚是惜未賅備（或以今哈薩克爲阿速大誤）阿速部西域人稱爲阿蘭又曰阿蘭你又曰阿思則爲阿速之轉音地理志稱阿蘭阿思蓋二名並舉或彼土自有此稱俄羅斯書稱爲耶西亦阿思阿速音轉其部族居高喀斯山北西濱阿索富海阿索富城以阿索富海得名在阿索富海黑海南北分界陸地間城建何時不可考阿索

富海先名速噶忒後改阿索富或云阿思人自以部名名之說與何氏合然謂海非謂城明史阿速傳背山面川川南流入海所背之山即高喀斯山所面之川即端河入阿索富海西域人云阿思都城曰麻斯（案即太宗之阿蘇蔑怯思西或作蔑克思兒拔都補傳注書）立國已多歷年所先從天主教後從天方教元史列傳阿連人甚多今西人考之謂內多天主教人名如口兒吉即角兒尺之轉音（英國古王有角兒尺第一角兒尺第二之名）口兒吉之子曰的迷的兒即狄米忒里之轉音捏古剌傳無氏籍惟云在憲宗朝與也里牙阿速三十人來歸子為左阿速衛千戶則當是阿速人捏古剌即尼古老之轉音（今俄君之祖名尼古老第一俄君太子名尼古老第二狄米忒里俄先代名此者亦多）也里牙阿速即曷里耶斯之轉音案魯申繻曰名有五有信有義有象有假有類以名生為信以德命為義以類命為象取于物為假取于父為類蒙古命名有義有象有假而取物為多泰西尚類其類也不以父以古人故同名最多天方教人亦然但聞其名即知其國元世諸色目人皆得入仕西人之說或不誣也元世祖時費尼斯國人（今為義大利屬地）讀克波羅入仕於元著書云阿速人多入軍籍從天主教伯顏平江南師至常州城將乞降阿速軍入城中蓄良醖甚多酣飲醉臥兵民盡殺之而拒守招降不從乃攻破其城悉屠其眾與元史伯顏傳說異而屠城不異史書紀述有時不及私家著錄之眞採之可以補常州府志元阿速即漢奄蔡詳奄蔡考

雷志云專制君主世襲國

辻志云立法行政司法俄皇掌之分參事院元老院教務院及內閣參事院掌考察法律財政元老院掌發布法律教務院監督國教權力頗大（由君主為教長）內閣專掌行政分宮內外務內務司法陸軍海軍大藏文部農務工務諸省各有大臣統

率地方分五總督府六十八州本部五十州波蘭十州芬蘭八州六百餘郡莫士
科幾富維爾那波蘭芬蘭各駐總督統轄政務此外州有知事郡
有郡司各掌事務王書云近亦從
輿論改行立憲並設立民議院
其面積八百六十萬三千八百
二十英方里人一億三千二百三十三萬三千口在歐洲者連芬蘭高
加索等處計
算與下不同面積二百八萬千一百二十英方里人一億六百十
九萬二千口講義云北臨北冰洋東以烏拉山脈及烏拉河爲界
南隔馬尼的河之流域及裏海與亞細亞爲界又瀕
黑海西接那威瑞典及波羅的海又接德意志奧大利匈牙利羅
馬尼亞面積凡二百九萬五千六百十五英方里據千八百九十七年調查略
占全歐之六分當中國之半日本之十二倍合之亞俄面積凡八
百六十六萬三百九十五英方里占全球陸地七分之一然其人
口不過全球人
類十五分之一在亞洲者六百五十二萬三千七百英方里人二
千六百十四萬一千口入口貨值八千八百十五萬磅出口貨值
一億七百六十二萬九千磅王書云貿易近年輸出入總額
達十三億羅布每羅布約當圓五錢穀米
羊毛木料爲大宗全國商務在歐洲居百分之八十六在亞洲居
百分之十四徐又云峩羅斯雖分四大部而大勢則東西兩土西
伯利其東土也海東波蘭二部其西土也高加索新

藩部地雖在亞細亞而與海東部牙錯亦西土也東土曠邈無垠雪窖冰天自古爲不毛之土境內有勒拿（備乘云即列訥）葉尼賽（備乘云即伊聶謝）阿比（備乘云即額爾齊斯）等大河大半發源漠北流入北冰海湖之大者曰蘇米曰排半土人戶口稀疏雜以流寓亦甚寥落種族難稽土俗亦無可言物產則東皮西礦皆獲無窮之利亦外府之一奇也西土三部周回萬餘里半皆平土立國雖在北境沃壤則多屬南方河流之最長者曰窩瓦（備乘云部異域錄佛爾格內府圖倭爾噶艾圖窩爾加）東南流七千餘里而入裏海地尼伯河南流入黑海頓河西南流入亞速（即阿速）海灣（備乘云阿速海灣即元時阿速國地元翘域之以封其長子者而志云元封長子止及東峩大峩兩部地殊爲失實）土味拿河西北流入波羅的海隅阿尼牙河北流入白海西北多大湖曰剌多牙曰阿尼牙曰西戢其海口之可通舟楫者北方則白海之隅澤加牙之灣西北則芬蘭利牙之灣西南則亞速之灣港汊四通舟行似便惟因地氣嚴寒海水之不冰者歲不過六七月或四五月船不能以時往來其南界之黑海由他大尼里海峽與地中海一綫相連海道不如他國之通利是以遠涉爲難其民各分種族一曰薩剌瓦族居齊民之大半曰力丁族居波羅的沿海曰芬族（即芬蘭土人）居西北方曰韃韃里族游牧於南方奉回教（即西域回部種類）曰甲才族亦游牧奉佛教（蒙古種類）曰日耳曼人墾種新地曰猶太散民務百工（備乘云萬國地理全圖集言俄國薩剌瓦族四千四百萬丁力登英三百萬丁分族三百萬丁韃韃里二百萬丁蛻奉蒙古部族居西域久枚奉回教甲木族六十萬丁日耳曼人四百五十萬丁猶太教民五十八萬三千丁）地之所產者五穀之外麻與皮爲多麻織帆布售於各國皮轉售於中國其木多橡檢松由海道運於各國南方多馬北方多牛牛之油與皮運出無窮東界之山產金銀銅鐵金鋼石其民衣長衫冬著羊皮食物最粗以大麥粉爲湯粉水爲飲人多嗜酒身體不

浴冬月嚴寒臥爐上以取溫其俗重希臘教門亦天主教別派京師有總教主大有權勢其各教師散居各部有廟七十萬間僧十六萬人男寺四百八十所女寺百五十六所又云峩羅斯有宰相莞政事有大事王召貴者百二十人議於公會其部有八略如中國之六部益以宗人理藩每年關稅田賦禡稅共銀七千八百萬兩陸路額兵六十一萬長於馬隊火器亦精木師大兵船四十隻戰船三十五隻兵船二十八隻小船三百隻水手四萬丁軍法嚴每排陣軍士屹立如磐石無敢移步者用刑最酷榜掠之刑慘於死俗尙畜奴僕貴官富商每人所畜以數十百計通國奴僕凡百餘萬浮於兵額又云峩羅斯舊國在秦漢爲渾庾屈射堅昆丁零諸部受役屬於匈奴在唐爲點戛斯骨利幹等國宋末元太祖起北方拓地西域以阿羅思等（即峩羅斯轉音）三部封其長子乃東峩大峩兩部地非今日峩羅斯之全土也（備乘云元祖長子所封包阿羅思欽察阿速三國阿速海灣見上阿尼牙海附近即欽察地蓋已併有今俄國全土徐志非也）元世既衰峩羅斯故王後裔再然餘燼假鄰國西費耶式兵力（今瑞典國）驅逐蒙古恢復疆土迨後日益强盛沿北海漸拓而東繞出西域回部外蒙古諸部之北直達黑龍江東北徼外名曰西伯利部我　朝順治年間築城於雅克薩侵擾索倫諸部稱爲羅刹屢遣兵毀其城輒復據之康熙年間兩致國書復由荷蘭附書諭其國王其王乃遣使上書乞撤雅克薩之圍分定疆界立碑爲志通貿易於車臣汗部之恰克圖（備乘云恰克圖交易始於雍正五年此敘於康熙年間非是）并遣人來京師學習漢文每十年更易沿爲常例其西境自彼得羅崛起日益恢拓西割瑞典之芬蘭南兼高加索迤北諸部西取白峩諸部又割波蘭三分之二土耳其波斯北境亦多被侵割於是峩羅斯境土北環北冰海西據波羅的

海東距大洋海瀛東又跨海據北亞墨利加之一隅長約二萬餘
里其南北之勢則西土較闊約六七千里東土較狹約四五千里
外國疆土之恢闊無過峩羅斯者宜其強大莫與京矣然在歐羅
巴諸國中亦不過比肩英佛而未能定霸於一方者何也嘗以詢
之雖禪理曰彼所有者多北裔窮荒之土其東部層冰積雪草不
繁牲不育不可遊牧故漠北諸部棄而不居峩人得之收其皮鑛
之利所謂人棄我取非力能驅除而據爲己有也迤西入歐羅巴
界戶口稍盛再西至大峩東峩之南不乏名都大邑然較之英佛
諸國總覺土滿人稀舟楫之利火器之精心計之密又遠遜於諸
國逐鹿海隅往往睥乎其後特因其疆土之廣究係海內大國故
諸國亦未敢輕覦之比權量力不過齊秦晉楚相爲匹敵已耳又
云峩羅斯都城臨海亦有巨艦數十然水戰究非所長故不能在
大海中與諸國角勝其貨船亦止往來西洋諸國未嘗涉大洋而
至粵東蓋其國物產之最多者曰銅鐵曰麻布曰木料曰牛馬鄰
境諸國皆仰給焉不必求售遠方最珍貴者皮貨如狐貂海龍橐
駝絨洋灰鼠之類專以供中國之用入海船而載至炎方討無不
朽敗者通市之在陸
而不在海職是故也

多與德英法奧美意中國貿易

政要云通用
之錢曰銀羅
般鉢鈸音每一銀羅般合二喜林七本土合七銀羅般爲英銀一磅
又一百銀夸般當一銀羅般案俄國圜法雖以銀羅般爲本而民
間便於行者率多紙羅般如寶鈔然以百紙羅般止易銀羅般八
十及九十蓋百分中如有十分至二十分矣量木植之尺曰藍納
斯一百零三英尺即爲一百藍納斯此量木植所用也其量他物
皆從英尺千八百三十一年以來即然計里之稱曰皁斯得一皁

斯得合英尺三千五百尺以英里計之約半里餘稱物之具曰波特六十三波特爲一噸一波特爲俄四十磅即英國三十六磅波蘭一部權度今與俄同

千八百九十八年鐵路二萬七千六百十四英里西比里亞鐵路二千五百英里（王書云鐵道今合俄領亞洲長三萬六千五百英里內亞洲四千五百餘英里其最要之綫以彼得羅堡爲中心一西北至烏里波格一西至勒佛爾一西南至瓦薩一東南至墨斯科又以墨斯科爲中心一西南通敖得薩由此綫分岐至克里米亞半島一東南經羅斯多佛達高加索一東北達尼什尼諾甫哥羅得一東經薩麻拉至車里雅賓斯克達西伯利亞鐵路講義云電綫千八百九十八年一月凡九萬三百八十三英里綫條長二十五萬三千六百四十八英里電話綫綫條千百九十七年長二萬五千九百六英里又明年開通聖彼得堡至墨斯哥之電話其間相距甚長）

千八百九十七年入款一億三千九百八十一萬七千磅千八百九十八年國債六億六千六十一萬二千磅兵額平時八十六萬九千人戰時三百五十萬人戰艦二百三十九內鐵甲四十二（辻志云陸軍分二十四軍團更分爲七十二師團平時兵士百一十萬戰時四百六十萬海軍艦隊四日波羅的海艦隊據克倫斯他德口岸日黑海艦隊據西巴斯篤波爾口岸日太平洋艦隊據海參崴日裏海艦隊水軍三萬餘王書云日俄之戰太平洋波羅的兩艦隊殲滅殆盡近方急謀整頓有與

英國訂造最新戰艦之約

歐羅巴俄羅斯

歐羅巴俄羅斯雷志云自波羅的海至烏拉嶺從北冰洋至黑海裏海其間成一大平原

課程云國內山川東有烏拉嶺南有高加索斯山河之大者東曰烏拉曰縛勒嘎南曰第聶珀爾曰多諾北曰士味拿曰北酌拉曰阿尼牙曰美森西曰第菲那曰尼瓦曰維士都啦湖之大者西北有拉多牙湖痾尼牙湖賽瑪湖北不斯湖○烏拉嶺一曰烏拉爾圖阿烏林以界別亞歐二洲北起北冰海南至白爾摩長約四千里郎蔥嶺之西北一支自南斜行至於北海（鹹自南向北係由嗄地達邊境）分三大起伏一至赤道北四十九度再至五十五度再至六十度長二千一百俄里（俄以二千尺爲一里）其在赤道北四十九度又分三大脈左二支由烏拉河東繞出右一支由倭嘎河向北經倭連布境名曰倭連該其廣袤南一百七十五俄里旁出所隈河者四十九里轉北百有五里或曲或直經數名區連山干霄方八千密律（法里名凡一里合中七里統岐山小阜言方二萬密律）最高者萬六千尺漸下千五百尺其北荒涼磽瘠中數百里有曰槎顆弗山曰迭聶曰肯山曰喀赤喀納爾山曰帕付林山（又名布黠大）四山左右多歧高三千四百餘尺山饒鐵兼產玉白金黃金銅石炭等多密林老籌傍烏拉爾山六城俄皆設礦廠○高加索山一曰喀復喀斯山由西北橫截向東南行自枯班河起至裏海濱之阿蒲奈鸞止縱一千俄里橫二百俄里其山積雪封樹有嶺高萬

尺居中三峯曰哎里布兒斯高萬八千六百尺曰得令檮高萬六千九百尺曰喀斯伯克高萬六千五百尺南曰小喀復喀斯山爲古火山累碧點黛叢叢插天其盡處介俄土波斯三國境又喀爾巴特山西與普魯士奧地利爲界其祖山由奧地利入俄西南經波蘭境之森多迷爾及瀦卑林之間高二千五百尺形特秀異又南在布格普魯特二河之間環俄界土白色曰阿勿拉停司克山產鐵鉛○芬蘭山西北與瑞典爲界以石爲山骨瀑布飛梁懸河注鑿下多平潭石沼沿芬蘭之東連環如鎖練曰曼多哩克山由是而南分二支一倭羅涅茨山沿俄涅日淵之東入俄羅涅茨境一曰挨思帖爾波特尼山向西南分數小支散漫趨波羅的海近海者名石克爾山巔如削平望之如砥皆高三千尺產銅鐵多青石○他勿利山在黑海北羣峯奔赴矗立海中水三面環之曰克雷木亦名巖臘橫長百五十里俄里一合中國里二彙稱謂即古係支國城誤也其峻者曰榿推爾達克高五千尺○自烏拉嶺以西之水正北曰北海曰白海西北曰波羅的海西南曰黑海東南曰裏海曰鹹海欲知俄國各大川所在當先明海之所在而後各水始知所入波羅的海在彼得堡西爲西北方之渤海海水由西北環注入大地分兩汊約三四千里此即黃海康熙中大彼得疏通此海水陸乃皆操形勝其海灣三曰波的尼曰芬蘭曰利牙○黑海者地中海分支當俄都正南於境內則南而偏西也水自地中海分小汊溢東北成巨浸泰西呼勒必西海內府圖曰薩哈連壘得此即史所謂秦海南北裒三四百里至千餘里不等東西廣千七百里南則大腹皤然北則兩鰲竦峙亞速海灣當其東北端河一作敦河一作頓河涅博爾河一作涅卜爾河皆地面巨川各入一鰲西面所納之水惟多臘河最大

而遠黑海之東舊屬土耳其自康熙以來俄人侵據其地高加索諸尼阿諸部咸爲所有由是自黑海以東直抵裏海曩爲回教屬城今爲俄國別部○裏海係大地中央巨澤自蔥嶺以西水皆西流最大者北如納林南如阿母皆注鹹海志略備乘謂即畜翁海鹹海西數百里有巨澤曰裏海西人稱曰喀爾士畢安蒙古語謂之騰吉斯鄂模廣大數倍於鹹海南北約三千餘里東西約千里汪洋似海不通大海故以裏海名之所受爲西北各國水近年俄拓境日廣其國之南境已盡裏海之西北兩岸即裏海東南之布哈爾亦脅而降之此皆俄全據北海白海並控黑海裏海各要地情形也○入波羅的海之水芬蘭灣北有集們河東有納瓦河納瓦一作尼瓦一作尼洼亦作內薩也首受拉日多湖分二支西流貫彼得堡以入芬蘭行六十俄里一俄里合中二里西北之波的尼灣有瓦湖木入之東南之利牙灣有土味拿河維士都拉河入之維士都拉白普魯士界木白海所受水以美森灣之美森河爲最餘則爲北士味拿河阿尼加河北海則有丕楚剌河皆不及裏海黑海諸川之巨黑海西北隅所受之水有名者曰涅博爾河正西曰多惱河東北隅曰敦河多惱河爲歐洲第二大河自德國東行經奧地利而來凡長四千數百里涅博爾河亦作聶卑爾河亦作尼瀰河又作尼伯河地出斯摩棱斯科一作士摩連士克之東北窩集中屈曲南行受鄂爾噶河科納河德斯納河諸水德斯納長千一百餘里涅博爾河由此經歷俄初起膏腴之地計由斯科以入黑海是爲歐洲第三大河以俄里計之長千八百五十里華里則三千七百餘里矣敦河出澤爾納城之西凡受鄂羅尼斯西河鄂羅尼斯東河集壘多納特河謨都瓦搽河多納特斯河諸水由亞速灣入黑海長三千四百里裏海所受之川曰烏拉河出烏拉嶺由境南歷阿拉薩

搭干入裏海曰窩瓦河一作佛爾格河亦作倭爾噶河亦作窩爾雅河亦作窩斯加河亦作額濟勒河出倭斯瑪城之西北四百里外窩集中距彼得都城不遠屈曲南流凡受納勒爾河格勒斯瑪河鄂噶河喀穆河諸大川又南至揚噶拉城東後遂分數派以入裏海行七千餘里爲歐洲第一大川他如庫墨河得爾集河古爾河阿拉斯河皆自鄙以下矣○其湖泊曰拉多牙湖一作拉多加亦作拉多日西南隅有洲洲上有城曰色布潘斯博布魯克城納瓦河首受此水繞彼得城以入芬蘭海灣拉多牙爲近彼得堡第一大澤南北袤七百餘里東西廣四百餘里其所納水有肆威爾河導源於倭羅涅慈湖有倭爾霍弗河導源伊利民湖民一作明二湖又在拉多牙湖上游倭羅涅慈湖縱二百二十俄里橫八十俄里水入肆威爾河時有石如門檻旁有白湖亦然風浪奇險俄人別開引水河伊利民湖縱四十俄里橫三十俄里流爲倭爾霍弗河可達彼得城此拉多牙湖先後吞納諸水之情形也賽馬湖一作賽瑪亦作賽美斯在芬蘭界內係聚列小泊二十餘縱四百俄里橫百三十俄里風景絕佳瀑布懸流高五丈其水由倭格薩河亦入拉多日湖布思果甫河一作北不斯亦作卑不斯湖口亦有瀑布舟楫避之水入納羅穢河亦由訥瓦河入芬蘭灣又阿尼牙湖一作綱內加亦作額納勒鄂謨在俄西北境周千餘里中有大山數處郎古寬田吉斯海東西南三面各有小水入之支津東北流由阿尼牙灣入白海

北部皆冰澤中部多大樹林南部爲草野其中部南部膏腴黑土面積三十六萬七千英方里氣候冬寒夏暑面積百九十三萬六千八百七十英方里人一億三百六

十七萬千三百五十八口文學日見退步兵士能書者止百分之二十大學校十所人民多以耕牧爲業全面積百分之二十六爲耕種地百分之十六爲牧場百分之三十九爲樹林有馬二千八十三萬八千牛二千七百六十二萬三千綿羊四千八百二十二萬猪千七十四萬二千麥煙葉葡萄爲農業出産大宗礦産每歲金五百二萬三千二百磅銅五千四百噸鋅四千九百噸鐵塊百四十五萬噸煤九百六萬噸鹽百四十萬噸千八百九十三年製造用工人百三十七萬六千蒸餾處釀酒所製糖廠不在內機錠三百八十枚大織機十九萬千二百九十座謝志云烏拉山金産居世界第三歲采值四千萬圓銀白金次之銅鐵多運出國外烏拉山鐵鑛用工人五萬餘南省近盾河多煤煤油産旺歲可五百萬噸石鹽鑛與鹵泉九多歲産鹽百五十萬噸兼産寶玉全國非穀田即牧場餘皆叢林南部盛産小麥迤北植大麥稞麥等造黑麪包爲居民常食西部多苧蔴又荷蘭薯甜菜煙葉藿布花作嗶番䏶之等産皆著名南方多葡萄采以製酒林木幾占全面積三分之一歲輸出額八千萬

圓牧業最盛家畜亦多北方專恃馴鹿東南方多畜駝以供轉運野獸多熊鹿狐羚羊野豬豺狼北部有白熊海狗其銀鼠黑貂最珍貴　聖彼得堡熱度中數三十八度正月十五度七月六十四度雨水十九英寸人百二十六萬七千二十三口　木斯科熱度中數三十九度正月十二度七月六十六度雨水二十一英寸人六十八萬六千六百十四口　懷沙人六十三萬八千二百九口　亞德沙熱度中數四十九度正月二十六度七月七十三度雨水十四英寸人四十萬五千四十一口　喀考夫人十七萬四千八百四十一口　坎夫人二十四萬七千四百三十二口　立格人二十八萬二千九百四十三口　勞支人三十一萬五千二百九口　坎認人十三萬千五百八口　塞拉滔夫人十三萬七千一百九口　訖興耐夫人十萬八千七百九十六口　維爾那人十五萬九千五百六十八口　沙馬拉人九萬千六百七十二口

般蒂采夫人五萬三千七百二十八口　愛司脫拉肯人十一萬三千口以上要區

徐又云波羅的海東部西抵波羅的海東至烏拉嶺（烏拉嶺北起北冰海南至白爾摩長約四千里歐羅巴亞細亞兩土以此嶺爲界備乘云秦輿圖有烏拉爾阿林在北哈薩克之北即烏拉嶺也以此言之烏拉嶺當起於衲倫木爾厄郎阿林墨部不僅南至白爾摩矣）北距北冰海南盡黑海南北約七千餘里東西約五千餘里峩羅斯本國之全土也地形平坦東方始見山嶺大勢分五域曰東峩曰大峩曰加匽峩曰小峩曰南峩○又云東峩在國之西北東因據波羅的海東岸故稱東峩地分五部首部曰彼得羅堡其故王彼得羅建新都於此因以爲名者也沿海一帶平野蒼茫松榆茂密間有狹田地氣寒甚冬氣居六月之久都城在尼瓦河口（備乘云尼瓦河一作訥瓦河）近偪海港西風起則水湧入城街衢泛溢城內多廣厦傑構王廷長四十五丈闊三十八丈金彩耀目宏麗爲西國之最（秦西人造屋皆層樓壘架統以過廊外無牆垣院落雖王宮亦如此）居民四十二萬五千內水陸兵五萬五千客民二萬五千別有藏軍器之城曰立晃彼得羅堡之西南曰斯多尼亞部再西南曰里窩尼亞部（備乘云案一作諾爾瓦異域錄所言俄羅斯汗割與西費耶斯科國之那爾瓦城即此）兩部內港有大埔頭曰利牙每年出入商艘千餘再南曰孤爾蘭的亞部彼得羅堡之北曰芬蘭部本瑞典東北境峩戰勝割得之地極廣莫而氣候寒冽人口貧乏（芬蘭又講）下○大峩峩之中原毘連北地幅員遼闊故稱大峩地分十九部首曰墨斯科部（一作木吉）在四境適中之地峩之舊都也規制鉅麗百官之居皆飾以金銀嘉慶十六年佛郎西拿破侖新得國勢方張欲混一西土以大兵伐峩圍墨斯科城將陷峩人恐其據之也燒之而走火旬日不息佛師退乃次第修復王殿廣七十七丈長二

百一十丈西方宮闕之高大殆無與比墨斯科之左曰氏拉的迷爾部曰尼內諾烏疴羅部舊為國之大市今已衰廢曰赫阿匽部墨斯科之右曰加婁牙部百工萃集之地曰斯摩棱斯科部墨斯科之南曰都拉部其民治鐵鑄造各器曰當波弗部曰疴勒爾部曰窩羅尼日部曰古爾斯克部墨斯科之北曰哥斯德羅罵部曰日羅斯拉部曰的威爾部曰北斯哥弗部再北曰疴勒內部曰窩羅疴達部曰諾弗哥羅部三部地氣皆寒冽極北臨北冰海曰亞爾干日爾部廣莫倍芬蘭而荒寒不可耕人戶甚稀多以捕魚為業加匽諸部之粟時由內河往羅極北濱海之民皆短小以犬為馬以鹿為牛有天使頭城在白海內港之濱冰消之時商船可以出入○加匽峩在大峩之東本回部地明嘉靖開峩攻得之分為五部地腴坦宜稼產穀甚豐又產木村銅鐵番鹼其民善於硝皮首部曰加匽加匽之南曰新比耳斯克部新比耳斯克之西曰奔薩部加匽之北曰維亞德加部再東北曰白爾摩部○小峩在大峩之西南舊本峩地為波蘭回部所侵割尋復奪還其地氣候溫和川原清曠綠柳垂楊相望葡萄柑橘皆繁生其民耕田熟皮造番鹼各勤本業分三部曰究部曰厄加德黎諾斯拉部曰者爾厄疴弗部○南峩在大峩小峩之南土脈膏腴產穀最多分糴諸國地分五部曰加的勾巴爾的哥部曰給爾孫部曰比薩拉比亞部在黑海中者曰擣里達部小山疊秀地氣溫煦稱樂士加的勾巴爾的哥之東曰薩拉德夫部其種人曰可薩悍勇善戰馳騎如飛峩人每用以破敵稱為勁旅其開拓西伯利廣土皆此部兵力也西伯利部成守兵亦皆此部人之○波蘭部一作玻蘭又作波羅尼亞又作慈鹿慈也在海東諸部之西南先是有查遮爾倫國者與波蘭鄰其王贅於波蘭女主遂與

波蘭合後爲峩羅斯所取稱爲西峩其人白皙又稱白峩迨後波蘭衰亂峩羅斯與奧地利亞普魯士瓜分其國峩得三分之二道光十二年波蘭遺臣據地起兵與峩軍戰潰敗而逃其地卒歸於峩合前所得白峩地統稱波蘭部白峩地廣闊平坦草茂土肥宜耕宜牧其民修潔屋宇整峻分六部曰峩威德比斯科部曰摩勤威部曰明斯克部曰維里納部曰哥羅德諾部曰窩黎尼亞部曰波多里亞部波蘭地蕩平如砥林茂草芳穀果俱豐兼產材木煤炭蠶蜜分八部曰馬索維亞曰加拉哥維亞曰三多迷爾曰加利斯曰魯伯林曰波羅咯曰波達拉給亞曰烏斯多窩入部地界原圖未分畫備乘云艾儒略職方外紀言莫哥斯未亞境內分十六道不言所分何部以南懷仁坤輿圖考之十六道乃今大俄加匽二部地艾南皆以明萬歷中至中國所齎當是嘉靖閒圖籍異域錄載康熙五十三年噶噶林告我使臣圖理琛言俄國十三代汗始攻服喀山托波爾阿斯塔爾汗等處已一百六十年矣溯查正係嘉靖年閒是十六道者明嘉靖閒之制也一統志　皇朝四裔考皆云分爲八道蓋本異域錄之說圖理琛於康熙五十一年奉使是八道者康熙年閒之制也乾隆初年內府輿圖紀俄地甚詳而未及分部之說總記所載分爲八區其中有西俄七部乃乾隆五十七年所取則八區之分乾隆末年之事也雖禪理所譯瀛環志略分爲九區中有波蘭八部係嘉慶十八年所取則九區之分嘉慶年閒之事也至瑪吉士地理備考亦分九區當是道光初年所定而分併不同近刻有地理全志分爲十路則道光末年所置也故具其分合之大綱列以爲表而其瓜剖芋分之細目詳爲之說焉明嘉靖閒十六道　南圖所載之莫斯哥未亞卽俄羅斯圖說中如

里度瓦你亞[illegible]波羅尼亞蘭郎波非納蘭郎寺未機三郎異別爾城馬錄所屬
人種都悶木郎多皆別自為國不屬俄其細密里也一區尚為蒙古頭
目耶爾麻所據雖為俄十三代汗攻服稱藩不入本境十六道之
內其東數千里更不屬俄惟自北海以南至於裏海凡十六道具
列於左一莫斯哥未亞斯郎科墨二俄羅定使郎斯佛科羅尼三達斯
達利亞德郎羅哥馬斯四木耳度瓦圖郎作異薩城錄拉之亦西作穆新必麥爾斯亦科作內新府
隸比耳區斯路克五加撒納郭郎之喀國山俄斯併科之本城瑪六亞私大蠟塞甘斯郎達阿
之拉于加俄本併城之郭七納加賀爾達郭郎之阿國都俄堡併本之城八未亞德加維郎
加亞德國九白爾米亞爾郎摩白十白爾墨勿利各併白人爾白摩爾屬摩壇盎
十一馬耳木樓康在點白以爾後米亞南著納蓋加併賀人爾二達部北十二泥閭辣諾郎
羅弗哥十三所爾剌大克郎窩不羅則十四因的日亞白圖爾在墨泥勿閭利辣各東
爾北于當日郎爾亞十五官多拉圖達在郎白窩爾麻米那亞西十六必查納為以名水
納郎粵必城查郎納此河後入統海於遠亞內爾府圖北有當爾必○康熙間八道一莫斯科窪
斯科二西畢爾斯科里郎細于密日三喀山斯科區郎加四佛羅尼
使斯科五計由斯科部郡究也六司馬連斯科梭郎斯斯科摩七三皮
提里普爾斯科羅郎堅波得八郭羅多阿木喀斯科德郎羅哥馬斯○乾隆
末八區東俄三皮提里普爾斯科統五部曰比特華曰宏蘭曰
里圭尼郎亞多斯曰利窩尼亞尼郎亞里窩曰戈蘭爾郎蘭孤西俄統七部分
屬二大部一里都阿尼部屬五部曰威爾那里郎納維曰俄羅儺羅郎德哥
諾曰威底塞比郎斯威科德曰敏塞斯郎克明曰目希里甫勒郎威摩宜一屋列尼
部屬二部曰窩爾希尼尼郎亞窩黎曰波羅里阿里郎阿波多大俄統十
九部曰莫斯科曰那窩俄落有郎達窩羅曰尼斯諾科烏郎柯尼羅內諾曰阿
那里麻的郎遜瓦爾拉曰底窪威郎爾的曰都臘拉郎都曰加魯牙婁郎牙加曰阿臘
爾勒郎爾府曰窩羅義斯之郎佛窩羅羅尼尼使日斯康科熙間曰旦摩甫波郎弗當曰斯摩

速卽達司尋馬科尋日伯斯果甫哥卽弗北斯日耶羅斯羅騎卽日羅日窩祿那奇卽
嬪日阿羅義斯哥卽諾嘉日阿占牙爾千尋日亞爾爾日拉阿匽孫卽三里日果
斯多羅麻哥尋哥馬騎日戈塞驕克姑爾　小俄統三赫日幾富部卽究日
查尼俄甫騎者爾騎日布爾多洼的卽祀爾　南俄部五部日加　里
鴨卽加卽日卡尼爾卽帶日擣利達到卽達傳日　沙那彌統此亞薩日端底沙
司勾卽薩夫苾循加孫給俄統五部日加匽密加日未拉卽此德卽薩亞戈新
麥德卽耳卽斯新　日匽耶藏卽奔日巴母爾卽三卽　南新壓加五加　日稱
西塞之地克比海冰間水　以南爲一摩白水澤以藩統大部魏書南
俄域部地兩海之間則澤新藩地也域薩加社南卽亞爾俄小俄阿
蕉卽諸爾斯美南兩告亞之亞南爾圖南尼爾亞泥馬亞日爲一俄部取土書西得日諾尼波
年及得亞至將道境尼八案阿薩美亞干達卽土干騎本阿林墨加酉諾尼其北境也
丹券屬達日取光　騎藩統塔部藩
爾斯科也日都札斯爾卽驕科日雅古薩蘑卽驕科古日科利弗騎卽科斯
日甘查甲帶騎　○嘉慶間九區　東俄五日彼得羅堡日墨
多尼亞日里窩尼亞日孤爾蘭的亞日芬蘭　大俄十九部日斯
斯科日瓦拉的迷亞日尼內諾烏痾羅日赫阿匽日加婁牙日克
摩棱斯科日都拉日當波弗日痾勒爾日窩羅尼日日古爾斯日
日哥斯德羅罵日日羅斯拉日的威爾日北斯哥弗日痾勒內日
窩羅痾達日諾弗哥羅日亞爾干日爾加匽俄五日部加匽日
新比耳斯克日奔薩日維亞德加日白爾摩　小俄三部日究痾
厄加德黎諾斯拉此一部部卽卽加巴底醒諾其地原故有謀布爾爾修日者爾厄一
弗　南俄五部日加的勾巴爾的哥部哥誤後南諸俄分所二薑部試此騎六合騎
日給爾孫日比薩拉比亞日擣里達日薩拉德夫　西俄七部日
威德比斯科日摩宜勒威日明斯克日維里納日哥羅德諾日窩

卷二十四

黎尼亞曰波多里亞　波蘭八部曰羅索維亞曰加拉哥維亞曰
三多迷爾曰加利斯曰魯伯林曰波羅喀曰波達拉給亞曰亞烏
斯多窩　高加索五部曰痾倫不爾厄曰阿斯達拉干曰薩加祉
曰諾尼阿曰日爾日　西伯利八部卽東新蕭曰德波爾斯科曰多木
斯科二部蓋都莫斯分置曰也尼塞斯科曰痾慕斯科二部蓋科利弗分置曰義爾古
德斯科曰多木斯科曰亞古德斯科曰痾哥德斯科三部蓋雅古薩分置曰
罔札德加卽甘查甲○道光初九區　北方之鎮十二曰桑比德爾斯
不爾厄卽彼得羅曰非蘭的亞卽芬蘭曰斯多尼亞曰里多尼亞四部自東俄來
屬曰亞爾干日耳曰痾勒內曰北斯哥弗曰諾弗哥羅曰窩羅痾
達曰的威爾曰日羅斯拉曰哥斯德羅罵八部自大俄來屬　南方之鎮
四曰究曰厄加德黎諾斯拉二部自小俄來屬曰給爾孫曰道里達卽擣里達
二部自南俄來屬又會城二曰敦在敦河濱曰比薩拉比亞以南俄之部改設　西方
之鎮八曰孤爾蘭的亞自東俄來屬曰威德比斯哥曰摩宜勒威曰明
斯克曰維里納曰哥羅德諾曰窩黎尼亞曰波多里亞七部自西俄來屬
又會城一曰比牙黎斯德新置　東方之鎮八曰薩拉德夫自南俄來屬
曰痾倫不爾厄曰亞斯達拉干二部自高加索來屬曰加三卽加區曰白爾摩
曰維牙德加曰新比爾斯克曰弁薩五部自加區俄來屬　中央之鎮十四
曰墨斯溝卽莫斯科注曰斯摩稜斯哥曰瓦拉的迷爾曰尼內諾烏痾
羅曰加婁架曰斗拉卽都拉曰里牙三卽赫阿區曰當波弗曰痾勒爾曰
古爾斯克曰窩羅尼曰十一部自俄來屬曰者爾厄痾弗自小俄來屬曰加爾
勾曰巴爾的哥二部自大俄來屬南　海中之鎮三波羅的海中島曰達痾曰厄塞
爾曰亞蘭亦作阿蘭　波蘭部之會城八曰馬索維亞曰加拉哥維亞
曰三多迷爾曰加利斯曰魯伯林曰波羅喀曰波達拉給亞曰亞
烏斯窩　高加索部會城一曰高加索在高加索山北屬部八曰日爾日

亞即日爾日曰是爾彎曰亞爾美尼亞即諾尼阿曰義米勒多曰明哥勒里
亞曰達爾斯丹曰西爾加西亞即薩加社曰亞巴西亞　西卑里亞部
鎮四曰德波爾斯各斯各科異即斯文曰多木斯各曰也尼塞斯各曰義
爾古德斯各又改設會城二曰痾慕斯各曰亞古德斯各又改設
郡二曰痾哥德斯各曰岡札德加○道光末十路　波羅的路五
部曰彼得堡曰斯多尼曰里窩尼曰孤蘭即孤爾蘭的亞曰芬蘭　大俄
路十九部曰墨斯科曰拉的迷曰尼內諾弗哥曰利森即赫阿區曰加
婁牙曰斯摩棱科曰都拉曰當波弗曰痾勒曰窩羅尼曰古爾宜
克即古爾斯克曰哥斯羅罵曰曰羅斯拉曰的威爾曰北斯哥曰痾勒
內曰窩羅達曰諾弗哥曰亞干曰　小俄路四部曰幾富曰查尼
俄曰布多洼曰色羅伯斯新塔　南俄路五部曰加底里諾曰給爾
孫曰擕里達曰比沙拉比即比薩拉比亞曰端可沙即端戈沙司　東俄路二
部曰阿斯達干曰痾倫堡即痾倫不爾尼　加森路五部曰加森即加區曰
新比斯克曰奔薩曰維得加曰白爾摩　西俄路八部曰威那即維
里細曰咸得比斯科曰哥德諾曰明斯克曰目希里即摩勒威宜曰北亞
里新蝦曰窩希尼即窩黎尼亞曰波多里即波多里亞　波蘭路八部曰馬索
維曰三多迷曰加利斯曰魯伯林曰波羅喀曰波達拉給曰亞烏
斯多曰加拉哥　高加索九部曰曰爾曰曰義米勒多曰明哥里
即明哥勒里亞曰是爾彎曰亞爾美尼即諾尼阿白達其但即達爾斯丹曰古里利
即亞巴西亞曰西爾加西即薩加社曰高加索　錫伯利路八部西三部曰
德波斯科曰多木斯科曰痾慕斯科東五部曰也尼斯科曰義古
斯科曰亞古斯科曰痾哥斯科曰堪察加繆編疆域表云俄擘基
於祿利格晚唐始建國諾甫果傈特數傳後迭經篡亂遷纖耶甫
遷務拉的密爾又遷莫斯克窪值有元兵威脅攮據名都封建親

藩垂二百餘載，僅存一小部落。明中葉以還，兵力漸雄，克收舊服，徂伺鄰交。彼德羅徙都森比得堡，擅黃海之利，與英法德奧通商，敬教勸學，舍己從人，日蓁強大。改其措置，時復更革，或一省而離析，或數城而歸併，或雖小城而改省治，或增敵土而竄地名，多歷年所，糾紛錯雜。就今所定，撮其大勢，則跨歐亞二洲（烏拉嶺左歐洲右亞洲），縱四千二百唯爾斯特（俄里名。中國之分寸尺丈皆以十進，一百八十丈爲一里。俄尺即英尺，以八分爲寸，七尺爲丈，五百丈爲一里），橫一萬二千六百唯爾斯特。經度自三十七度起至二百九度止，緯度自赤道北三十六度起至七十八度止，占地球二十五分之一，陸地六分之一焉。全國疆域方四十萬有四千密律（法里名，合俄里七，中國里十四），歐洲方十萬，亞洲方三十萬四千。北盡北海，東盡東海，巨浸如玦環，西南多陸界。在歐洲者與腦威、瑞典、普魯士、奧斯馬加、魯梅宜、布爾噶爲鄰，西則土耳其、波斯、阿富汗、包希洼、布哈爾二國，東南與中國邊界及朝鮮接壤。歐洲凡四部：西波羅的海部，西南黑海部，東南裏海部，西北白海部。亞洲凡三部：西喀復喀斯部，東北悉畢爾部，南中亞細亞部。合之得大省七十七，小省十九，國都而外名城五不隸於省者二。又其女主葉喀帖離第一時，舟人白令尋得北亞美利加地，曰監札加，已易與美國，得五十萬盧布，茲不載。

波羅的海部

繆編云：康熙四十一年，俄取瑞典東瀕海地，建新都桄泥瓦江，爲治。與強鄰偪處，所置諸城皆屹然成重鎮，招集英荷才能之士，講求製造火器，布勒兵法，勤練水陸軍，乘瑞典查爾之亡，脅割海口大郡。嗣值波蘭內閧，與德奧聯兵，乘敝蹈瑕，遂滅其國而有其二，竟以強武讐服，分建十省，數襲瑞典，割其芬蘭，特建八省，以肇西北歐洲諸國歎其形勢莫敢輕忽都城近畿前稱東嵗今準地望芬蘭海灣斜入東南其城近東者三近南者三近西南者四不得以東概之也先謙案波羅的世界圖作波羅的克謝志作保勒第列國學會二圖與徐同波羅的海東部謝志作保勒第沿海省二圖西北境標波羅的三字○繆又云森比得堡（總記云東界挪阿俄落西界里圭南界伯斯波付北界宏蘭）俄新都建於千七百年即康熙三十六年跨尼瓦江爲治（謝志尼瓦作尼法）無城郭有諸宮有博物院萬生院海族院公家花園有內部外部海部兵部戶部刑部管理國家產業管理學院管理水陸道路總司會計管馬廠藏書庫鑄錢局稅關諸官署有大學塾一百五十區有觀象臺礮廠軍械廠火藥廠船廠大礮廠有涅佛寺比得建都時遷其祖瘞於此上造寺有禮拜堂登其樓見全堡西芬蘭灣西南初特湖南布思果甫東諾甫果保特北威波爾在經度四十七度五十八分緯度赤道北五十九度五十七分方八百九密律（一密律合俄里七中國里十四）有柯特琳島葛和南島別略作維島（芬蘭灣內）蒲理包爾提斯克格獵達山芬蘭海灣拉多日湖（屬三分之一）初特湖（屬三分之一）倭爾霍南河泥瓦江（水西流至城中分三大支並入芬蘭灣南爲大尼瓦北爲小尼瓦又北一支分爲涅佛咯小涅佛咯）斜肆河噓嘎河巴沙河納羅礮河（屬東岸）駐馬步隊親兵二營共三千二百人步隊善鎗親兵一營千六百人馬隊親兵二營三千二百人步隊守兵三隊二千六百二十五人巡界稽稅馬兵一營六百人工兵六隊每隊八百七十五人然達爾穆司柯耶巡兵一隊埃斯可得倫巡兵一隊每隊二百四十人提督官稱格聶拉爾兼轄倭羅涅慈諾甫果倮特布思果甫埃斯特蘭阿爾塞五省礮臺四駐步隊戰兵一營步隊守兵一隊屬城八（索灣記云轄小都落六）曰擦爾斯柯耶寫洛在都南二十一里前代俄主有

避暑離宮日撒特兒霍甫在都西八里俄主避暑處日撒得羅把
勿絡甫斯克在都西南二十五里俄主之叔覓思坦丁駐此日噶
敕訥在都西南十三里有俄主離宮歲恆居此駐枯班喀撒克馬
隊一營烏拉爾喀薩克一營各百人專護離宮礮隊戰兵一營日
嚧嘎在都西南百二十九里日央布爾格在都西南百二十九里
駐步隊戰兵一營日阿霍塔倭拉嚴保在都西北三十九里駐步
隊戰兵一營日格拉斯諾耶爲洛郎紅村在都西南二十五里駐
專護紅村礮隊戰兵一營先謙案本波羅的路今隸波羅的海部
兩漢奄蔡國西境北魏西域水澤以南地金欽察國寬田吉思海
以南地元太祖長子朮赤封地明瑞典國地　國朝康熙四十餘
年隸俄　欽定諸書作三皮提里普爾斯科郎彼得羅之名字也
內府圖作散博德爾布魯克異域錄作三柯忒撒忒爾斯科亦作
三皮提里普兒斯科地理備考作桑比德爾斯不爾厄俄羅斯事
輯作散丕特里普爾進呈書籍記作丕葉忒爾布爾噶俄羅國總
記作比特革[illegible][illegible]兒課程作彼得布革謝志作散備德伯漢交圖
作散丕透斯杯克平方圖作彼得羅堡郎徐之比得羅堡雷之聖
彼得堡列國學會二圖作彼得堡謝志云千七百三年彼得自摩
斯瓜遷此地勢窪下貿易甚盛居民夏有八十五萬冬有百二十
七萬其要臨日叩倫司他建尼法河口爲保勒第海軍駐所異名
記作庫倫士坦得外國地理作箍龍士德周志作殼琅斯塔世界
圖作克倫斯他德二圖作喀琅斯塔得其南有薩爾斯科熱塞洛
卽繆之擦爾斯柯耶寫洛其西有倍特爾和夫郎繆之撇特兒霍
甫謝志云海口日司佛堡礮臺建於七烏之上布置周密二圖司
佛堡作勒佛爾过志云都城街頭有彼得帝銅像○繆又云挨斯

特蘭大省北芬蘭灣西波羅的海南利弗蘭初特湖東比得堡在
經度四十二度二十七分緯度赤道北五十九度二十五分方四
百六十七密律距比得堡三百四十七里有烏拉爾波羅的支山
達郭島窩爾穆思島芬蘭灣納羅襪河（屬西岸）初特河（北岸三分之一）法普
諸貨所萃駐步隊守兵一隊巡邊察稅馬兵一營礮臺一會城曰
烈威力在芬蘭海口爲通商行軍之要道有倭來大禮拜堂高四
百三十尺總記作里圭備乘以爲斯多尼亞非也屬城五曰波羅
提司剖爾特在省西四十七里海口曰塔蒲斯在省東南八十一
里曰唯層畢爾克在省東九十七里曰噶普薩里在省西南九十
八里濱海內有圍海水大浴池曰唯森石特茵在省東南百七十
九里先謙案本波羅的路今隸波羅的海部二漢奄蔡西境北魏
栗特國西境元瑞典地日爾曼取之明日爾曼地　國朝康熙間
隸俄內府圖作郭羅穆斯多托北徼考作斯多尼俄羅斯總記作
里圭（紜在宏蘭海港之南練界北特草南縣刑竊尼阿西北界海轄小部落二）地理備考作斯多尼亞
與徐同（貝上備乘見）萬國圖作伊士吐匿阿俄史作犂突阿尼亞又作
額斯安尼亞圓球圖作愛斯佐尼阿列國學會二圖作挨斯特蘭
與繆同卸雷之愛斯脫拉肯考案方位斯多尼亞之爲挨斯特蘭
無疑繆說誤○繆又云麗馥蘭大省北挨斯特蘭西波羅的海南
庫爾蘭東南威帖布斯克東布斯果甫初特湖在經度四十一度
四十六分緯度赤道北五十六度五十七分方八百二十六密律
距比得堡五百六十八里有烏拉爾波羅的支山奴懦島莫勒島
哎接黎島鳩羅島黎嘎灣初特湖（屬西岸三分之一）微爾訾湖恩拔河挨
阿河會城曰黎嘎在維納河上昔布國舊域通商大埠產哈喇絲
綫毛織闕褥各種布匹帆纜各種糖貨皆有作厰俄腹地所產貨

物薈萃於此分運各國駐步隊戰兵二營步隊守兵二隊巡邊察稅馬兵一營礮隊戰兵一營礮臺一在黎嘎海灣維納河入海處屬城九曰吉納冥特在省北五十二里維納河入海處曰迭爾鋪特在省東北二百四十五里潁海有大學塾曰撒爾諾甫在省北二百四十一里黎嘎海灣有哈喇作廠曰阿蓮斯布爾克在省西北四百三里哎接黎島有大浴池駐巡邊察稅馬兵一營日倭里馬日在省東北百十三里挨阿河上曰淵顛在省東北八十三里挨阿河上曰曰爾羅在省東北二百四十四里曰洼爾克在省東北百六十二里日芾林在省東北二百二十二里先謙案本波羅的路今隸波羅的海部二漢奄蔡西境北魏粟特西境元术赤所封阿羅斯屬地明俄羅斯地割屬瑞典　國朝康熙間歸俄　欽定諸書作那耳瓦內府圖作訥爾瓦南圖作里福尼亞總記作利窩尼阿云亦在芬蘭海港之南東界北特韃南界戈蘭西界海北界里圭備考諸書作里窩尼亞與徐合以上見備乘萬國圖作里窩匿阿泰西新史作麗芬芽俄史作黎縛尼亞圓球圖作里佛尼唵近史作利波尼亞列國學會二圖與徐同利牙二圖同課程作利嘎云一作里葛近利嘎海股當杜味納卽土味納河入海處人十七萬口二漢奄蔡西境北魏粟特西境明屬瑞典與那爾瓦同隸俄北徼考作比另黎斯德部備考作比牙黎斯德會城其爲部名及會城時代無可孜矣南圖作利加以上見備乘世界圖作理牙其東北世界圖有特爾帕託二圖無卽繆之迭爾鋪特其西北二圖有亞棱斯波格卽繆之阿蓮斯布爾克○繆叉云庫爾蘭大省北黎嘎灣西北波羅的海南闊勿諾東威帖布司克東北麗馥蘭在經度四十一度二十四分緯度赤道北五十六度三十九分方四百九十密律距比得堡六百一十四里有烏

拉爾波羅的支山黎嘎海灣挨阿河與麗波蘭所屬同名而別一本韞他洼河西維納河嫣麒會城曰迷他洼在挨阿河上駐步隊戰兵一營步隊守兵一隊屬城八曰韞他洼在省西北百八十九里小海口在量他洼河上曰里巴洼在省西百七十六里瀕海商埠冬不封河駐步隊戰兵一營馬隊戰兵一營治地工兵一隊曰葛理金堅在省西北百三十二里曰噶尖波特在省西北百四十一里駐造橋工兵一隊曰弗厲得利施他特在省東南百九十里六百年前屬布國駐造橋工兵一隊曰土昆在省西北五十四里曰包司克在省東南四十三里挨阿河上曰雅可卜司揖得在省東南百七十一里先謙案本波羅的路今隸波羅的海部二漢奄蔡西境元魏粟特西境明爲古爾蘭的亞本瑞典地耶麻尼取之後隸波蘭國朝乾隆五十七年隸俄內府圖作倭勒爾北徼考作戈蘭南圖作古爾蘭的亞總記作戈爾蘭亦作哥爾蘭云赤在宏蘭港南東界稍高尼阿南界威爾那西北界海備考作孤爾郎的亞全志作孤蘭以上備乘見圖球圖作科爾蘭異名記作顧阿蘭列國學會二圖與繆同迷他洼世界圖作米叨二圖作彌坦其西北有杜昂郎繆之士昆又西北有文島郎繆之韞他洼其西有里播郎繆之里巴洼世界圖作利噶其東南有弗黎得里什斯大得郎繆之弗厲得利施他特

芬蘭先謙案芬蘭一部今畫八省本波羅的路今隸波羅的海部

芬蘭雷志云服屬於俄如上公因其地之所宜舊時法律今仍保守勿墜其地亦多湖之高原也各湖之面積幾占全省百分之十

一面積十四萬四千二百五十一英方里人二百五十二萬五百
口國人以農及植樹林爲業者居百分之八十全面積百分之三
爲耕種地百分之十爲草地百分之五十六爲樹林礦產無足道
惟鐵稍多入口貨值七百八萬八千磅出口貨值六百二十七萬
三千磅多與俄德英貿易入款二百六十二萬四千磅千八百九
十八年國債三百二十九萬六百磅軍額六千二百五十六人鐵
路千五百三十五英里　**漢爾沁覆**人七萬五千四百十四口
亞波人三萬四千九百六十四口以上要區　徐志芬蘭見上又瑞典下云波羅的海東
岸有廣土曰芬蘭與臘巴蘭肥引墨相連本瑞典東境康熙年間
割歸峩羅斯瑞典有西費耶之稱費耶合譯爲芬即指芬蘭也○繆編云曬幽蘭大省西
南芬蘭灣東威波爾西北阿波北塔礪斯特姑司特森米叶烈在
經度四十二度三十七分緯度赤道北六十度十分方百九十一
密律距比得堡三百九十五里有芬蘭枝山珂特喀山芬蘭海灣
內港會城曰節力新弗爾斯昔芬蘭酋所駐有芬蘭內務衙門千
八百九年歸俄因風俗殊異俄主阿烈克山德子民以自主之權
爲設此署由境內自舉一長主持大小政令俄官不能侵其權民

得自鑄錢大者名馬爾克小者名撒尼皆仿佛瑞典制有阿烈克山得大學館產鹹鐵水駐步隊戰兵一營步隊善鎗手一隊礮隊戰兵一營提督官兼轄芬蘭全境礮臺三內港屬城四日博爾郭在省東五十五里瀕芬蘭灣日挨喀臯斯在省東百六里日于革在省西百九十四里自威波爾來鐵路止此日倮唯襍在省東九十九里先謙案今隸波羅的海部兩漢奄蔡西北境北魏粟特西北境元欽察國西北境明非非納屬瑞典　國朝隸俄　欽定諸書作西費耶斯科南圖作非納總記作宏蘭（云在宏蘭港之北距縱林國僅隔一港東界隔占亏爾南界比特革丙北界海轄小部落三十三）備考作非的亞書籍記作費陽梁地球說作肥蘭（以上見備乘）列國學會二圖不載曬幽蘭省名有赫爾森法斯（王書阿）南瀕芬蘭灣郎雷之漢爾沁覆繆之節力新弗爾斯世界圖作海爾信弗爾斯謝志作黑帝弗○繆又云威波爾克大省南芬蘭灣西曬幽蘭東南比得堡拉多日湖北柯批倭森米叶烈在經度四十六度二十六分緯度赤道北六十度四十三分米方五百四十七密律距比得堡百二十里有芬蘭支山磯拉阿木島精大苛臯唯荧島芬蘭引水河（由賽馬湖引出）拉多日湖（屬三分之一）賽馬湖（屬其蘭一）角倭克薩河（發賽馬至拉多其河瀑日倚馬得拉）會城同省名近海口駐步隊戰兵一營步兵善鎗手一隊步隊守兵一隊礮臺一屬城六日嚧斯切邪在省東北百七十里產黑玉日畢特喀蘭在省東北百八十里產銅日拂厲得利斯岡模在省西百六里瀕芬蘭灣有武備學堂有擘他拉石塘產大石可作柱礎駐步隊戰兵一營日切思郭黎睦在省東北八十八里拉多日湖上日微爾瞞斯特蘭在省西北五十里日叶爾多波立在省東北百六十五里先謙案今隸波羅的海部世界圖作維波格圓球圖作斐保格俄史作末婆克亦作

未薄克俄船曾聚此海灣攻瑞典列國學會二圖作威波格其西南有弗勒得里克郎繆之拂厲得利斯岡模○繆又云柯批倭大省南森米叶烈威波爾東北倭羅涅慈北烏烈阿波爾西瓦禨在經度四十五度十一分緯度赤道北六十二度五十三分方六百十八密律距比得堡四百三十九里有芬蘭山賽馬湖分迤之北一二會城同省名駐步隊善鎗手一隊屬城五曰幽煙蘇在省東南二百里日攸喀在省東百七十里日伊顛薩理密在省北百二十里曰喀爾圖拉在省西北四十五里曰勞榻拉節在省西南五十五里先謙案今隸波羅的海部柯批倭異名記作過比俄圓球圖作庫俄丕俄列國學會二圖作庫俄比我其東南有約延素郎繆之幽偓蘇其西北有伊典薩美郎繆之伊顛薩理密其北有喀者那郎繆之喀爾圖拉○繆又云森米叶烈大省南暱幽蘭威波爾東北柯批倭西北瓦禨西塔禨斯特姑司特在經度四十四度五十分緯度赤道北六十一度四十二分方二百六十五密律距比得堡二百八十六里有芬蘭山賽馬湖之三一分會城同省名駐步隊善鎗手一隊屬城六日內什果倮特在省東八十五里曰格諾拉在省西南七十五里日丕邪克斜芊喀在省北六十五里曰堪噶司聶在在省西北六十里曰佛爾司在省東北五十五里曰核聶唯希楪省東北二百十里先謙案今隸波羅的海部萬國圖作密處耳平方圖作密撤爾列國學會二圖不著有非爾斯郎繆之佛爾司○繆又云塔禨斯特姑斯特大省南暱幽蘭東森米叶烈北瓦禨西阿波在經度四十一度五十八分緯度赤道北六十一度方三百二十一密律距比得堡三百六十八里有芬蘭山塔禨斯特湖會城同省名產小麥菽麥豐歲一粒五穗歉一穗駐步隊戰兵一

營步隊善鎗手一隊屬城四曰塔蔑爾復而思在省西北百八十里曰離西馬齊在省南三十五里曰拖身拉在省西北四十里曰鴉木斜在省東北百二十里先謙案今隸波羅的海部萬國圖作塔瓦士迪壺斯俄史作好星福司云自此進攻瑞典列國學會圖二圖作特瓦斯特胡司其西北有坦麥爾法斯郎繆之塔蔑爾復而思其南有利支馬克郎繆之離西馬齊○繆又云阿波大省東南曬幽蘭西南芬蘭灣西伯特泥港東塔禳斯特姑斯特北瓦禳在經度三十九度五十七分緯度赤道北六十度二十七分方三百七十六密律距比得堡五百二十里有芬蘭山阿蘭羣島芬蘭灣小泊一小河一會城同省名昔爲芬蘭都會瀨海通商巨埠有船廠駐步隊善鎗手一隊屬城五曰別爾聶鄱爾克在省北二百三十七里濱海曰泥攸斯他特在省西北百二十里瀨海曰諾登達理在省西北十六里濱海曰馬理野航在省西二百里濱海曰拉烏穆在省西北二百八十里瀨海○先謙案今隸波羅的海部郎雷之亞波列國學會二圖與雷同○繆又云瓦禳大省南阿波塔禳斯特姑斯特東柯批倭北烏烈阿波西伯特泥港在經度三十九度十九分緯度赤道北六十三度四分方六百八十二密律距比得堡七百十一里木質薪柴之賈所聚其埠在波特泥海港狹處有芬蘭山洼里葛龍島噶木拉喀爾溯畢河會城曰尼闊賴司揖得瀕海口駐步隊善鎗手一隊屬城六曰雅苛朴斯達特在省東北百七十一里瀕海曰噶木拉喀爾溯畢在省東北二百二十里瀕海曰幽洼斯秋拉在省東南三百十五里曰牛喀爾烈虒在省東北百三十里瀕海曰克黎斯梯聶斯他特在省西南百五十四里瀕海曰喀司迦在省西南百里先謙案今隸波羅的海部列國學

會二圖作尼科來斯大得不著瓦褋之名世界圖作尼口來斯多得其北有者哥不斯大得郎繆之雅苛樸斯達特又東北曰千拉喀里壁郎繆之噶木拉喀爾勑畢其西南曰卡斯科郎繆之喀司迦又西南曰支利斯地內斯大得郎繆之克黎斯梯聶斯他特

○繆又云烏列阿波爾克大省南瓦褋柯披倭倭羅涅慈東阿爾塞北那威西瑞典國伯特泥港在經度四十三度四分緯度赤道北六十五度二分方二千八百三十八密律距比得堡六百二十二里嘉慶十三年俄瑞立約將芬蘭伯特泥亞二省讓於俄當郎以上二省案伯特泥亞列國學會二圖作波的尼亞有芬蘭山滿色烈迦大嶺哎諦獵湖烏慘湖烏慘河茄密約奇河拖爾寫河與瑞典爲界塌諦河與那威爲界會城同省名在伯特泥港有船料埠駐步隊善鎗手一隊屬城五曰小拉赫斯他特在省西八十五里曰拖爾寫在省西二百三十里接瑞典界曰喀亞納在省東南二百五十一里曰泥洼拉在省西南百二十里曰喀拉約喀在省西南百四十八里先謙案今隸波羅的海部世界圖作烏列亞堡列國學會二圖作烏里波格其西有不拉黑斯大得郎繆之卜拉赫斯他得又西曰多爾尼亞郎繆之抡爾寫以上芬蘭全境八省

○繆又云倭羅涅慈大省西北芬蘭西南拉多曰湖比得堡南諾甫果倮特東南倭倮格達北阿爾塞在經度五十二度三分緯度赤道北六十一度四十七分方二千三百二十一密律距比得堡四百五十一里有倭羅涅慈山嶇倭涅曰湖拉多曰湖屬三分之一謝格湖韋格湖拉嘎湖倭涅嘎河威節格拉河肆威爾河麻林引水河梯烏的司克產白玉駐防守兵一隊會城曰撒特羅薩倭在倭涅曰湖上有鐵廠砲廠屬城四曰威接格拉在省東南三百八十六里麻林引水河口威接格拉河上曰喀爾

果波離在省東六百八里產熟鼠兔皮及布曰波曰涅茨在省北百八十五里產布曰鋪多日在省東四百八十六里先謙案本大俄路今隸波羅的海部二漢三國奄蔡東境北魏粟特國東境金欽察國東境元朮赤封地國朝屬俄內府圖北作索魯歪特集岳克達總記作窩祿那云東亞洲俄羅斯南巴母北阿占牙爾西茶戈落亦作阿鹿那備考諸書作痾勒內與徐合以上見備乘萬國圖作俄洛提士圓球圖作俄羅乃資俄史作俄羅納次一作倭羅涅茨世界圖作峩鹿列國之學會二圖與徐同其阿尼牙湖西瀕有佩特羅剎佛德斯克郎繆之撒特羅薩倭阿尼牙郎繆之倭涅日湖也其東南有威特格拉郎繆之威接格拉其東有埔多石郎繆之鋪多日又東有卡各坡耳郎繆之喀爾果波離○繆又云諾甫果倮特大省西北比得堡西南布思果甫南特威爾葉洛思納甫東倭羅格達北倭羅涅慈在經度四十八度五十六分緯度赤道北五十七度三十一分方二千百五十二密律距比得堡百七十九里有磯爾臺山阿爾溫斯分郎烏拉爾波羅的之支伊利明湖白湖倭熱湖余鸞儀河柯勿熱河羅哇吉河余克司謫河穆思他河莫羅嘎河槎郎奪什河倭爾霍甫河替合沄引水河替合沄喀河會城同省名爲祿利格開基之地五百年前與西方各國通商甚富庶後爲莫斯克窪之主所擊破有率非亞天主堂有千年前古碑駐步隊一戰兵一營步隊守兵一隊屬城十一曰斯他亞盧薩在省南九十一里產鹽及鹹鐵水駐步隊戰兵一營曰磯爾台在省東南百三十二里產粗麻布船纜有廠鑄大鐘曰替合沄在省東北二百里有通海小港曰撒烈篏曰茨在省東五百八里產鐵器曰烏思孳日納在省東三百八十五里產鐵器曰別洛接爾司克在省東六百四十一里產鐵器曰敌拉克扯

曰郭魯吉諾俱在省東北九十里各駐步隊戰兵一營曰木拉惟
約南駐礮隊守兵一營曰密得惟齊在省西南三十五里駐工兵
三隊一隊親兵一隊治地一隊造橋曰寫理什誠司克駐礮隊守
兵一營先謙案本大俄路今隸波羅的海部二漢三國奄蔡地北
魏栗特地金欽察地元术赤封地明爲泥閣辣屬俄內府圖作訥
倭郭羅特北徼考諸書作諾弗哥南圖作泥閣辣總記作阿羅義
斯云東北阿占牙爾南諾科落西宏蘭以上見備乘西洋史要作諾維哥洛脫萬國圖作
諾夫戈洛特圖球圖作淖夫果老得俄史作懦味各六近史作那
烏哥洛萬國興亡史作羅孚果羅特云爲俄國祖族列國學會二
圖作諾弗哥羅與徐合其南有斯特拉熱郎繆之斯他亞盧薩其
東南有瓦爾戴郎繆之磯爾台其東有烏斯求什納郎繆之烏思
擎日納又東有別羅肯斯克郎繆之別洛接爾斯司克○繆又云
布思果南大省西北初特湖西利弗蘭南威帖布思克東南嘶馬
連司克東威特爾東北諾甫果倮特北比得堡在經度四十五度
五十九分緯度赤道北五十七度四十九分方七百八十四密律
距比得堡二百五十七里有磯爾臺山阿拉文最高處布思果甫湖唯利
喀邪河洛磯吉河余鸞儀河會城同省名有大禮拜堂駐步隊戰
兵一營步隊守兵一隊屬城七曰倭波赤喀在省南百二十二里
產麻曰倭斯特羅甫在省南五十二里產麻曰峯黎嘍在省東南
百四十五里產麻曰唯利嘰邪盧吉在省東南二百六十五里產
熱皮張曰託羅別茨在省東南三百五十七里產熟皮張曰霍爾
木在省東南二百七十二里產熟皮張曰坡爾霍甫在省東七十
四里先謙案本大俄路今隸波羅的海部二漢三國康居地北魏
西域水澤以南地金阿羅思地元术赤封地 國朝隸俄內府圖

作博勒斯古北徵考諸書作北斯哥總記作伯斯果甫云東底霍西南委底
塞北比特革一作伯斯果付全球說作白斯果甫備考作北斯哥弗與
徐合以上見備乘世界圖作晚斯科列國學會二圖與徐同其南有鄂
披集卡卽繆之倭波赤喀其東南有可耳木郎繆之霍爾木又東
南有宅羅北斯郎繆之託羅別茨○繆又云闊勿諾大省東北庫
爾蘭西普國南蘇礮爾嘰唯里納在經度四十一度三十三分緯
度赤道北五十四度五十四分方七百二十五密律距比得堡六
百九十四里有涅們河屬其北岸挨阿河發源鞮他洼河發源維里邪河小支
瀧會城同省名在涅們河上千八百十二年法主拿破崙攻俄帥
六十五萬兵大戰於此喪十之八九有船埠駐馬隊戰兵一營步
隊戰兵二營步隊守兵一隊礮臺一屬城十二曰韋利科密爾在
省東北六十四里產麻駐礮隊戰兵一營曰桃落根在省西北百
七十三里有稅闢駐巡邊稽稅馬兵一營曰攸耳布爾克在省西
百里有稅闢曰嚱西偃儀在省西北八十四里駐馬隊戰兵一營
曰迭離施在省西北百八十六里曰薩勿離在省北百七十一里
駐步隊戰兵一營曰城涅曰爾日在省北百四十五里駐步隊戰
兵一營曰諾倭阿烈克山德羅甫司克在省東北百七十一里曰
開達來在省東八十二里曰莫惹其阿拉齊惟利賓幾在省西北
二百二十三里曰倭爾黎在省西北百六十五里駐馬隊戰兵一
營曰格伊丹理在省北六十八里駐平原馬礮兵二隊先謙案木
大俄路今隸波羅的海部異名記作科夫諾圓球閤作考夫奴俄
史作哥特懦云瑞兵留守此險亦作科那云拿破崙由此入俄世
界閤作廓弗諾列國學會二圖作科佛那其北有坡紐折什卽繆
之坡涅日爾日又北有沙佛里卽繆之薩勿離○繆又云瓦爾沙

注大省北布羅茨克囉摸熱西普國南茄勒茨撒特羅闊甫拉多穆東哆奪列茨在經度三三十八度四十一分緯度赤道北五十二度十四分方二百六十三密律距比得堡若干里會城同省名在維思納河之左波蘭國之舊都城中蕃庶百貨皆充駐步隊親兵一營馬隊親兵一營步隊戰兵三營枯班喀撒克馬隊一營礮隊戰兵一營礮城備戰兵一隊步隊守兵二隊然達拉馬兵一營工兵四隊安修電綫三隊開造鐵路一隊其提督轄波蘭全境惟蘇磯爾嘰歸維里訥礮臺一屬城十二日枯特諾在省西北百十八里駐步隊善鎗手一隊產糖有作廠日倮威餉在省西七十五里駐步隊戰兵一營礮隊戰兵一營日思切爾涅韋茨在省西六十一里駐步隊善鎗手一隊日阿烈克山德洛倭在省西北二百二十里德俄界上駐步隊善鎗手一隊守臺兵一隊日復諾茨拉弗司克在省西北百六十九里駐馬隊戰兵一營步隊戰兵一營步隊善鎗手一隊巡邊稽稅喀理士馬兵一營日拉底明在省東北二十五里駐平原馬礮兵一隊日民司克在省東南六十五里日拉迭葉拂在省西北三百里日格來嘍在省南七十五里駐步隊戰兵一營日過拉喀黎喀立亞在省南三十五里駐步隊戰兵一隊日果司推凝在省西北百三十九里駐礮隊戰兵一營日娑哈掣甫在省西北五十里先謙案本波蘭路今隸波羅的海部總記作注肯云波蘭郎古之麻底阿其人則斯可臘奐種類語音龐䙖風俗強悍當意大里盛時征討各國惟波蘭未失寸土九百九十年宋太宗淳化元年有摩尼斯老士始立國稱王建都注肯千四百年明建文四年協稔女主郎位與里都阿那西長查遮爾倫婚配合爲一國仍日波蘭後國中土豪聚黨數十萬擅權自恣國王稍不如意動

輒廢立政自下出王不能制千七百七十餘年乾隆三十七年俄普奧三國說其王願助兵誅鈕頑梗約割地酬勞議未決千七百九十二年乾隆五十七年三國合兵來攻俄奪其敏塞幾付波羅里窩爾希尼俄羅僻威爾那哥爾蘭威的塞目希里付北亞里十部普奪東普魯社西普魯社波新三部奧奪雅爾西阿一部波蘭僅存注肖與格那耦二部格那耦又不服統轄惟注肖設有總領小部落遇會議稍不合輒爭鬬王亦置若罔聞惟覦其強弱而左右之嘉慶十九年俄滅波蘭盡併其地於是分注肖一區爲八部道光十二年波蘭遺臣據地起兵與俄戰敗逃地卒歸俄歲派噶噶林一員駐劄節制全部事務今又分爲十省馬索維以下至潘卑林是也北徼考諸書作馬索維南圖作瑪所未亞備考作馬索維亞與徐合以上觀備世界圖作窪梢課程作注撒云一作瓦爾索維亦作瓦沙注亦作瓦梢謝志作瓦沙法西洋史要作哇沙俄史作華沙郎雷之懷沙列國學會二圖作瓦薩其西北有索卡休郎繆之滓哈掣甫又西北有可洛郎繆之枯特諾其西有士吉爾士郎繆之思切爾涅韋茨○繆又云喀理士大省西北西南普國西卜洛士納河東南撒特羅闊甫東北瓦爾沙注在經度三十五度四十六分緯度赤道北五十一度四十六分方二百五密律距比得堡千二百八十一里有注爾達河入卜諾士納河卜諾士納河左岸屬德右岸屬俄會城同省名在卜訥河上與德接界爲通商大埠產毛織各貨哈喇爲大宗駐馬隊戰兵一營巡邊稽稅本省馬兵一營屬城九曰顆羅在省東北六十二里注爾達河上曰蓮𣷹軋在省東百三十五里駐步隊戰兵一營曰寫拉慈在省東南七十五里注爾達河上曰日畱恩在省南九十一里駐端河喀薩克馬隊戰兵一營曰岢甯在省東

北五十里洼爾達河上駐端河喀薩克馬隊戰兵一營曰肆魯溥仄在省北七十七里與普爲界曰都烈克在省東北三十八里曰洼爾達在省東南六十二里洼爾達河上曰自敦斯喀雅倭烈在省東南百十五里駐平原馬礮兵一隊先謙案本波蘭路今隸波羅的海部北徼考諸書作加利斯與徐合全球說作加里西亞以上見備乘萬國圖作喀里什漢文圖作喀耳施列國學會二圖亦作加利斯〇繆又云普羅茨克大省西北普國南瓦爾沙洼東羅模熱在經度三十七度二十一分緯度赤道五十二度三十三分方九十七密律距比得堡千百六十七里有維思納河右岸復可挐河會城同省名在維思納一作河河上駐步隊戰兵三營礮臺一屬城六曰利卜諾在省西北五十五里駐馬隊戰兵一營曰穆拉洼在省東北八十三里駐步隊戰兵一營曰卜拉思理什在省東北百十八里駐步隊戰兵一營曰石蓮司克駐端河喀薩克馬隊一營曰博唯馬斯奪駐造橋工兵二隊曰禠果倮飭木駐看守官物工兵一隊先謙案本波蘭路今隸波羅的海部北徼考諸書作波羅咯與徐合備考作波羅各以上見備乘俄史作波的喇克平方圖作布羅姆波格萬國圖作普羅士克列國學會二圖作埔耳士斯克其北有木剌氏郎繆之穆拉洼〇繆又云羅摸熱大省北普國西普羅茨克南瓦爾沙洼哆得列茨東格倮得倮姿郎哥羅德諾在經度三十九度四十五分緯度赤道北五十三度十一分方二百十九密律距比得堡九百八十六里有拉列甫河博卜爾河入拉列甫河會城同省名在拉列甫河上駐步隊戰兵一營馬隊戰兵一營巡邊稽稅嘁爾日波羅倭馬兵一營屬城七曰倭思得羅連嘎在省西三十三里拉列甫河上千八百三十一年勝波蘭叛黨處駐步隊戰兵一

營平原馬礮兵一隊曰鋪勒堵司克在省南八十五里拉列甫河上駐步隊戰兵一營曰馬勒廷在省南八十五里駐步隊戰兵一營曰倭斯特羅甫在省西南七十二里駐礮隊戰兵一營曰岢里諾在省北二十七里曰石楚成在省東北四十三里駐馬隊戰兵一營曰馬作唯茨在省東南五十里先謙案本波蘭路今隸波羅的海部異名記作羅摩尼列國學會二圖有堪沙蓋其異名○繆又云蘇禨爾嘰大省北闊勿諾南格羅得諾西普國東唯里納在經度四十度三十六分緯度赤道北三十三度四十分方二百二十三密律距比得堡九百十里有涅們河（屬其左岸右屬維里納）阿烏顧思拖倭引水河（通維思納與涅們二水）會城同省名駐馬隊戰兵一營平原馬礮兵二隊屬城七曰嘁爾日波羅倭在省北百七十里與德接界有稅關曰阿烏顧思拖倭在省南二十八里大集鎮每期諸貨並集如中國之趁墟駐端河喀薩克馬隊一營曰阿列克所得在省北七十里有稅關曰馬利牙穆波黎在省東北五十六里曰喀理瓦里耶在省東北四十里駐礮隊戰兵一營曰褰伊內在省東三十里曰烏拉的思拉倭在省北九十六里先謙案本波蘭路今隸波羅的海部全志作亞烏斯多備考作亞烏斯多窩與徐合云係會城其所屬首部名蘇瓦爾給是蘇瓦爾給郎蘇禨爾嘰也萬國圖作蘇瓦耳其平方圖作蘇瓦爾溪列國學會二圖同○繆又云撒特羅闊甫大省西北喀理士西德奧二國東茄勒茨拉多穆東北瓦爾沙洼在經度三十七度二十二分緯度赤道北五十一度十九分方二百二十二密律距比得堡千百八十五里有潘卑林嶺（由奧國分支）森多密爾嶺（由奧國分支）洼爾達河（潑）陂裏軋河（轄其左岸）會城同省名此與比得堡所屬撒特兒霍甫名同蓋未得波蘭時故

其名僑置之以志必取如薩馬干在回部而泥瓦江上亦有村名薩馬干至土爾其之君士但丁或以名人或以名地葢尤不能忘者也駐步隊戰兵一營巡邊稽稅喀里士馬兵一營屬城十一曰羅吉在省北六十二里産吉貝花各種棉綫有作廠駐步隊戰兵一營礮隊戰兵一營平原馬礮兵一隊曰卜列金在省東北七十五里曰可畨什幾在省東北六十里曰脫馬灼甫（一作甫）在省東北五十里駐步隊善鎗手一隊曰阿拉奪穆司克在省西南七十五里駐步隊善鎗手一隊曰成思奪霍甫在省西南四十二里大集鎮有大廟一區駐馬隊戰兵一營步隊善鎗手一隊曰編金在省西南百四十六里近奧國界曰瑣斯諾唯茨在省西南百五十八里曰格拉尼擦在省西南百五十二里與奧爲界曰拉司克在省西北四十九里曰拉洼在省東北九十九里駐步隊戰兵一營先謙案本波蘭路今隸波羅的海部異名記作丕特羅爾科甫列國學會二圖作比俄特爾哥佛○繆又云迦勒茨大省西撒特羅闊甫南奧國東北拉多穆在經度三十六度十六分緯度赤道北五十度五十二分方百八十三密律距比得堡千二百十八里有濔卑林嶺森多密爾嶺比利䙫河（其西撒特羅闊甫界）維思納河（在南奧界）會城同省名駐步隊戰兵一營平原馬礮兵一隊屬城七曰庵德列葉甫在省西南三十三里曰蔑霍甫在省西南七十四里駐端河喀撒克馬隊戰兵一營曰哦理古什在省西南百十二里曰品擢甫在省西南五十里駐馬隊戰兵一營曰斯拖布擬札在省南六十三里曰吳諾升擢甫在省西北五十里駐礮隊戰兵一營曰比里擦在省西南二百六十七里先謙案本波蘭路今隸波羅的海部北徼考諸書作加拉哥總記作格那耦亦作格臘耦備考作加拉哥

維亞與徐合以上備乘見列國學會二圖作若威馬斯它蓋異名也徐又云波蘭故地尚有加拉哥維亞國衰延百餘里乃波蘭遺民所立自推鄉長理事不立君長地在峩屬波蘭部之西南備乘北徼事蹟表嘉慶十二年下云先是波蘭屬地有加拉哥維亞一區俄奧二國交爭各欲為己屬是年各國會議於維也納以加拉哥維亞別為一國備考云密爾侯加拉哥維亞之首部備乘云密爾侯即格那耦之音轉又於疆域考加拉哥部外附載加拉哥維亞國仍志略備考之舊總記云波蘭末滅時加拉哥維亞部已自為國會城在維世都拉河岸貿易甚盛其加拉辣多慕拉哥爾塞索維斯二處溫泉甚多赴浴如市據此即奧之加里細亞二圖所稱克拉哥者也加拉哥加拉哥維亞不得分而為二今已歸入奧國參之繆編南奧國東北拉多穆遡爾二多之地惟若威馬斯它足以當之因與克拉哥切近以致錯誤今特正之餘詳奧國加里細亞下

〇繆又云拉多穆大省北瓦爾沙洼西撒特羅闊甫西南奧國東潘卑林東北哆奪列茨在經度三十八度十六分緯度赤道北五十一度二十四分方二百二十四密律距比得堡千百四十六里有森多密爾嶺潘卑林嶺維思納河由西包至北比利襍河由南包至東北會城同省名駐步隊戰兵一營礮隊戰兵一營屬城八日倭波餉納在省西北百十五里曰寬司克在省西八十里駐步隊戰兵一營日卜勒在省西南五十里曰伊里熱在省南二十九里曰倭巴奪甫在省南七十九里曰森多密爾在省南百八里駐巡邊稽稅阿拉幾威傈甫馬兵一營曰顆多泥呰在省東北三十六里駐步隊戰兵一營曰士達脫灼弗在省西南百十四里駐馬隊戰兵一營先謙案本波蘭路今隸波羅的海部北徼考作三多迷備考作三

多迷爾與徐合南圖作羅桑加（以上備乘）見備考又云所屬首部名拉冬萬國圖作拉耽圓球圖作拉道母世界圖作羅都列國學會二圖作拉當皆拉冬音轉也○繆又云哆奪列茨大省北囉摸熱西瓦爾沙注西南拉多穆南濡卑林東格羅得諾在經度三十九度五十七分緯度赤道北五十二度十分方二百六十密律距比得堡千二十八里有維思納河（屬其東岸）西布嘎河二（屬其東岸）會城同省名駐步隊守兵一隊屬城十曰璐顆甫在省南二十六里曰淵革羅甫在省西北四十四里曰瑣顆絡甫在省北二十八里駐步隊守兵一隊曰別拉爾（一作別拉）在省東南六十六里駐礮隊戰兵一營駐礮隊戰兵一隊曰拉金在省南百三十四里曰喀爾倭琳在省西南百二十五里曰熱列霍甫在省西南九十五里駐步隊守兵一隊曰勿洛撻注在省西南百五十四里駐馬隊戰兵一營曰囉西爪在省東二十九里駐平原馬礮兵一隊曰鴉諾甫在省東八十五里先謙案本波蘭路今隸波羅的海部異名記作西得勒斯列國學會二圖作西德爾細其東南有汗洛打瓦郎繆之勿洛撻注○繆又云濡卑林大省北哆奪列茨西拉多穆南奧國東倭棱斯克在經度四十四度十四分緯度赤道北五十一度十五分方三百五密律距比得堡千百四十四里有濡卑林嶺森多密爾嶺維思納河（屬其東岸）唯卜爾曰河（發源）西布嘎河（屬其西岸）會城同省名駐步隊戰兵一營礮隊戰兵一營礮臺三屬城十一曰諾威阿列克山德耶在省西北六十五里曰濡巴爾脫甫在省東北百七十二里唯卜爾曰河上曰霍爾木在省東南九十六里駐端河喀薩克馬兵一營曰刻拉斯諾斯達甫在省東南四十九里唯卜爾曰河上駐步隊戰兵一營曰牙諾甫在省西南八十三里駐端河喀薩克馬隊

戰兵一營曰礫莫思期邪在省東南八十五里駐步隊戰兵一營
端河喀撒克礮隊馬隊戰兵各一隊礮城備戰兵一隊曰別爾勒
果乃在省南百三十三里駐端河喀薩克馬兵一營曰革嚕別灼
甫（一作數）在省東南百八里駐馬隊戰兵一營曰倭波烈在省西七
十里駐步隊戰兵一營曰駝馬說弗（一作駛馬灼勇）在省南百十四里駐
端河喀薩克馬隊戰兵一營曰什車卜蕙深在省南百三十五里
駐端河喀薩克礮兵一隊先謙案本波蘭路今隸波羅的海部北
徵考諸書作魯伯林與徐合南圖作各北林全球說作魯白林（以上）
（見乘備）萬國圖作魯布林圓球圖作魯白淩俄史作魯白連亦作魯
林晒列國學會二圖作魯柏林其東南有格魯貝埽郎繆之革嚕
別灼甫其南有比爾各來郎繆之別爾勒果乃許考云析波蘭地
為十省悉渺小如縣邑多置官守以窑鈴東波蘭之困於俄政莫
如今日之甚○繆又云威帖布斯克大省其民白俄稱曰別羅嘘
斯格西北麗蘇蘭西南庫爾蘭唯里納南明司克摩識略甫東嘶
馬連司克北布思果甫在經度四十七度五十二分緯度赤道北
五十五度十分方七百九十八密律距比得堡五百八十一里有
阿拉文斯克山西維納河喀斯卜獵河烏臘河（出阿拉文）哆別日湖（小泊
獵撒離湖聶曰利湖（其餘小泊凡九百區）會城同省名在西維納河上大商
埠產麻及麻子淡巴菰湖泊饒魚駐步隊戰兵二營步隊守兵一
隊礮臺一屬城十曰的拏布爾克在省西北二百四十四里西維
納河上有鐵路五條駐步隊戰兵三營步隊守兵二隊礮隊戰兵
一營曰波羅慈克在省西北百四里西維納河上古城也曾與法
主拿破崙第一戰於此其地為泊船埠曰曰利日在省東北八十
一里西維納河上曰烈日礫在省西北二百八十二里曰畱青在

省西北二百七十里曰聶曰立在省北九十七里曰特裏薩在省西北百五十八里西維納河上曰哆多曰在省西北百九十七里哆別日湖上曰獵撒離在省西北百十三里烏獵河上曰郭羅多克在省北三十七里先謙案本西俄路今隸波羅的海部元蒙古諸王封地明波蘭里都阿尼五大部之一里都阿尼本查遮爾倫國合於波蘭為屬地 國朝乾隆五十七年隸俄北徼考諸書作威得比斯科總記作威底塞亦作委底塞又作威尼塞云東界斯摩速西界威爾那南界敏塞北界伯斯界甫全球說作威底色備考作威德比斯哥以上見備乘列國學會二圖作威德比斯科與徐合其西北有波羅茲克與繆合又西北有塞貝什郎繆之哆多日又西北世界圖有丟那堡圖二無郎繆之的挈布爾克其東北有威里什郎繆之日利日○繆又云唯里納大省其民白俄北闊勿諾西蘇禨爾嘰涅捫河南格囉得諾明斯克東北威帖布思克維納河在經度四十二度五十七分緯度赤道北五十四度四十一分方七百六十一密律距比得堡六百六十三里有唯里邪河西維納河支流涅們河屬其右岸會城同省名在唯里邪河上俄西重鎮駐步隊戰兵四營步隊善鎗手三隊步隊守兵二隊然達拉馬兵一營礮隊戰兵一營開造鐵路工兵一隊提督官兼轄庫爾蘭麗馥蘭闊勿諾格囉得諾蘇禨爾嘰威帖布司克明斯克摩畿略甫屬城六曰的思納在省東北二百九十六里西維納河上曰式韞淺在省東北八十四里駐步隊善鎗手一隊曰唯烈莪喀在省東南百三十里曰倭賓勉在省東南七十四里曰李達在省南八十九里駐端河喀撒克馬隊戰兵一營曰特倮奇在省西二十六里先謙案本西俄路今隸波羅的海部金里都阿尼地元蒙古諸王封地明波蘭里都阿尼五大部之

二　國朝乾隆五十七年隸俄北徼考諸書作威那南圖作未爾
納總記作威爾那（云東界敏塞南界俄羅備 西界普魯社北界戈爾蘭）備考作維里納與徐
繆合（以上見 備乘）圓球圖作斐耳那俄史作代理喇云瑞俄曾於此議
和罷兵列國學會二圖與徐繆同其東南有俄什馬納即繆之僂
實勉又東南有威利卡即繆之唯烈黃喀其南有里達即繆之李
達○繆又云格囉得諾大省（總記云 民黠俄其）北蘇禨爾嘰唯里納西囉
模熱哆得列茨南倭棱司克東明司克在經度四十一度三十分
緯度赤道北五十三度四十一分方七百密律距比得堡八百十
一里有涅們河沙拉河西布嘎河（屬其 東岸）波布爾河得涅卜爾布嘎
二河之引水河皆經此境內多泊淖地窪下蓄潦難洩會城同省
名在涅們河上昔駐重兵千七百九十三年俄與德奧分波蘭地
兵始漸撒駐步隊戰兵三營步隊守兵一隊礮隊戰兵一營礮臺
二屬城九曰卜烈司特里挓勿司克在省西南二百三里西布嘎
河上駐步隊戰兵二營步隊守兵二隊礮隊戰兵一營平原馬礮
兵二隊曰別絡司克在省南八十里產哈喇毛罽及猞猁猻
熊獐野豕狼距城不遠有密林名別洛唯爾斯喀雅普施槎方二
百五十俄里中有獸首類獅身似牛歐洲諸國所未有也其主甚
重之因將此林封禁民不得往芻牧及傷此獸駐馬隊戰兵一營
曰別李司克在省西南百二十五里駐步隊戰兵一營曰蒲魯惹
泥在省南百八十三里曰倭爾柯唯司克在省南九十三里駐步
隊戰兵一營礮隊戰兵一隊曰思羅尼木在省東南百六十七里
沙拉河上駐馬隊戰兵一營建修鐵路工兵一隊曰珂璞林在省
南二百三十五里駐步隊戰兵一營曰挲柯爾噶在省西南四十
三里曰惹頻喀在省南百五里先謙案本大俄路今隸波羅的海

部元蒙古諸王封地明為波蘭里都阿尼五大部之三其二隸黑海部

國朝乾隆五十七年隸俄北徼考作哥德諾總記作俄羅斯二云界東徼

塞南界窩爾尼阿西界崔省北界威爾寨本查進爾倫故都今屋宇僅存基址備考作哥羅德諾與徐合

備以乘上見圓球圖作格老得奴泰西新史作波羅的諾云俄主與拿

破崙戰處世界圖作格落得諾列國學會二圖作哥羅德諾其西

南有索可爾卡郎繆之拏柯爾噶又西南有比亞利斯多克郎繆

之別絡斯多克又西南有別耳斯克郎繆之別李司克其南有痾

可威斯克郎繆之倭爾柯唯司克又南有埔魯沙尼郎繆之蒲魯

慧尼其東南有斯洛窪

木郎繆之思羅尼木

五洲地理志略二十五　　歐洲二

賜進士出身　特賞內閣學士銜前國子監祭酒翰林院編修加三級臣王先謙謹撰

俄羅斯國二

黑海部

繆編云俄之浧志東南實因女主葉咯帖林第二時與土耳其稱兵獲勝收黑海之般富又劃諸小國弱肉强食括其糧粟鹽鐵以佐軍儲長驅遠騖開地萬里顧近海商埠其民錯集天方猶太暨英法德奧巨商五方輻輳風氣浮動南隣土之東部西接魯奧疆埸之事馭防匪易赫爾酸他勿利二省所轄諸城其最繁要者也可汗離宮左賢別業暇資游豫亦用填撫其民春秋佳日憑眺其間欲訪驢分苦國澤散之存亡而遺聞邈焉新唐書云在苦西北直突厥可薩部西瀕海有遲散城東南拔波斯地臣役小國數十以名通者日澤散日驢分今診其地勢當在阿速以東而古遊淪誡無從訪求矣洪鈞云西人考苦國部名不可得案新唐書大食傳大食西有苦者赤自國北距突厥可薩部地數千里有五節度勝兵萬人土多禾有大川通流人亞俱羅商賈往來相望今譯多桑書實係苦字音是知宋末元初部名尚在稽西書無考元祖起漠北征蔑里擣阿速兵勢之强摧枯拉朽惜無豐碑紀述徒想像熊虎軍容而已綜大省十五小省一大城三兼白峩小峩新峩卽峩南大峩地○繆又云嘶馬連司克大省北特威爾西布思果甫威帖布司克西南摩畿略甫南車爾泥果甫阿略勿東莫斯克注在經度四十九度四十三分緯度赤道北五十四度四十七分方千十七密律距比得堡六百九十九里有阿拉文山涅卜爾河發源倭步薩河由蔑熱河流入再入西維納河喀斯卜斂河發源入西維納河葛惹齊河發源入薩阻札再入倭爾

（鄂河）烏格拉河（發源）節斯拉河（發源南入鐵耶甫境再入倭爾鄂河）會城同省名據山極雄峻千六百十二年分波蘭時曾為戰場千八百十二年與法主拏破崙大戰於此有大浮圖高六十丈駐步隊戰兵二營步隊守兵一隊砲隊守兵一營屬城十一曰唯爾吉麻在省東北六十五里劇邑也產餅餌名卜斂宜克俄人嗜之各省取給駐砲隊戰兵一營曰葛惹次克在省東北二百二十三里葛惹齊河上大商埠產鐵器多鐵作廠駐馬隊戰兵一營步隊守兵一隊曰別撬在省東北百四十六里倭步薩河上曰薄列飭耶在省西北七十四里喀斯朴斂河上曰克拉斯累在省南四十六里涅卜爾河上曰託羅步日在省東九十二里涅卜爾河上曰葉儀訥在省東南百十里曰由和諾甫在省東南二百七十八里烏格拉河上曰囉思拉甫在省南百十里曰都霍佛掣拉在省東北五十三里曰西掣弗喀在省東北二百三十四里先謙案本大俄路今隸黑海部北魏西域水澤以南地 國朝康熙閒隸俄 欽定諸書作司馬連斯科內府圖作索謨泠斯郭總記作斯摩連（云東莫斯科南阿臘[illegible]西委的塞北的窪）備考作斯摩棱斯哥全志作斯摩棱科全球說作斯摩事輯作思瑪廉斯科（以上見備乘）俄史作斯摩倫斯克萬國圖作士摩連士克圖球圖作斯毛凌斯克世界圖作斯摩棱斯克列國學會二圖作斯摩棱斯科與徐同其東北有薄惹斯馬卽繆之葛惹次克其南有羅斯蘭卽繆之囉斯拉甫○繆又云摩纖略甫大省其民白峩北威帖布斯克東南車爾泥果南東嘶馬連司克在經度四十八度緯度赤道北五十三度五十四分方八百七十密律距比得堡七百二十九里有阿拉文山涅卜爾河朔日河巴西河（二河同入涅卜爾）會城同省名在涅卜爾河上貿遷多猶太人其西境之俗每禮拜六停

市駐步隊守兵一隊步隊戰兵二營屬城十一曰石顆洛甫在省
北三十五里涅卜爾河上曰倭爾沙在省北七十里涅卜爾河上
泊舟埠一曰郭莪黎耶一豸多在省南百七十一里朔日河上劇邑駐砲
隊戰兵一營曰囉格擢甫在省南百八里涅卜爾河上泊舟埠曰
卑霍甫在省南六十一里涅卜爾河上曰穆思梯斯他勿立在省
東百四十里朔日河上曰撒立果爾在省東南八十七里朔日河
上曰客里莫維池在省東南百三十三里曰果耳期在省東北八
十一里曰察勿斯在省東南四十八里巴西河上曰哆羅在省西
北百四十八里先謙案本西俄路今隸黑海部遼金波蘭地元蒙
古諸王封地明波蘭里都阿尼五大部之四　國朝乾隆五十七
年隸俄北徼考諸書作目希里總記作目希里甫亦作目希里付
云東界斯摩速西界敏韃甫界查尼俄甫北界威尼塞備考作摩宜勒威與徐合以上見備乘圖
球圖作摩棲來夫世界圖作歷希勒夫列國學會二圖作摩宜勒
威其北有什克老郎繆之石顆洛甫又北有俄爾沙郎繆之倭爾
沙其南有比科弗郎繆之卑霍甫又南有羅加就郎繆之囉格擢
甫又南有哥默爾郎繆之郭蔑黎其東有末斯地索老耳郎繆之
穆思梯斯他勿立其東南有車里科弗郎繆之撒立果爾○繆又
云明斯克大省其民白俄北唯里納西格囉得諾南倭林斯克纖
耶甫東摩纖略甫東北威帖布斯克在經度四十五度十三分緯
度赤道北五十三度五十四分方干六百五十六密律距比得堡
八百四十八里有肆維斯羅飭河別列齊拉河又引木河通涅卜爾至西維納卜
里別齊河郭林河涅捫河發源茨訥河伺魯斥河鄙納河亞些爾達
河唯里亞河發源沙拉河發源入涅捫倭金引水河引沙拉至亞些爾達會城同省
名在肆唯斯羅飭河上地卑濕其半多水駐步隊戰兵三隊每隊

八百人馬隊戰兵二營每營九百四十人步隊守兵一隊砲隊戰兵一隊屬城十曰薄里索甫在省東北七十五里別列齊拉河上曰司徒顯喀在省東六十八里別烈齊拉河上曰波布魯彝司克在省東南一百三十九里駐步隊戰兵二隊步隊守兵一隊有砲臺一曰頻司克在省西南二百五十四里產熟皮張有作廠十區駐步隊守兵一隊曰額烈暹擦在省東南百七十八里曰斯魯茨克在省南百八十五里曰未慈兒在省東南三百六里卜里別齊河上曰諾倭格魯朵克在省西百五十三里涅捫河上駐建修鐵路工兵一隊曰伊古綿格在省東南九十八里曰聶士唯日在省西南百五里駐馬隊戰兵一營先謙案本西俄路今隸黑海部遼金波蘭地元蒙古諸王封地明波蘭里都阿尼五大部之一　國朝乾隆三十七年隸俄北徼考諸書作明斯克與徐繆合總記作敏塞（云東界日希里甫西界普魯社南界窩爾希尼北界威底塞以上見備乘）世界圖作敏斯克圓球圖作明齒列國學會二圖作明斯克其東北有波里索弗卽繆之薄里索甫其東南有波不律世卽繆之波布魯彝司克其南有斯魯士克卽繆之斯魯茨克其西南有內斯威什卽繆之聶士唯日又備乘云北亞里亦西俄八部之一全志載此部他書多遣之本屬波蘭乾隆五十七年俄取之幅員戶口全境八到未詳

○繆又云倭棱司克大省其民大莪北格羅得諾明斯克南波多立司克西濡卑林哆奪列茨西南奧國東幾耶甫在經度四十六度二十分緯度赤道北五十度十五分方千三百二密律距比得堡千二百三十二里有喀綿納耶格獵達牲（南境）駟奴赤河（發源）郭林河（發源）肆推爾河（發源）帖帖烈甫河（發源）西布格河（右岸）會城曰日拖迷爾臨帖帖烈甫河駐步隊戰兵一營步隊守兵一隊屬城十四曰克烈勉涅

茨在省西二百七十三里地極蕃庶駐步隊戰兵一營馬隊戰兵一營端河喀撒克砲隊馬兵一隊曰拉極威羅甫在省西北二百三十五里與奧國接界有稅關駐步隊戰兵一營巡邊稽稅本城馬兵一營曰倭斯特羅郭在省西北二百十三里產哈喇駐步隊守兵一隊曰務拉的密爾倭棱司克在省西北三百十六里駐端河喀薩克馬隊一營曰囉勿諾在省西北七十三里駐砲隊戰兵一營曰崗威黎在省西北二百九十九里駐步隊守兵一隊曰都卜諾在省西北二百三十一里駐步隊戰兵一營馬隊戰兵一營曰穢司拉甫（勇一作）在省西百八十二里駐步隊戰兵一營曰魯慈克在省西北二百五十里駐步隊戰兵一營馬隊戰兵一營曰喏倭格拉特倭棱司克在省西北八十二里曰倭勿嚕斥在省東北二百二十六里曰斯他囉寬思坦汀在省西南百二十九里驅鶩赤河上曰士拉烏達在省西百二十五里駐平原馬砲兵一隊曰克黎沄在省西北百五十五里先謙棻本西俄路今隸黑海部遼金波蘭地元蒙古諸王封地明波蘭屋列尼二大部之一屋列尼部東布爾多瓦查尼俄甫南卡湄西另里西阿查肖北窩爾希尼域內有柰已河河東屬俄河西屬波棻二部包窩爾希尼在內北界似誤　國朝乾隆五十七年隸俄北徼考諸書作窩希尼總記作窩爾希尼亦作阿爾希尼阿（云東界綫轄西界甄省南界羅里北界欽基）備考作窩黎尼亞與徐合（默上鬲壬見）萬國圖作窩林士克列國學會二圖作窩黎尼亞會城曰什陀彌爾即繆之日拖迷爾其西北有堖格拉得疴林斯克即繆之嗐倭格拉特倭棱司克又西北有老若即繆之囉勿諾又西北有都不若即繆之都卜諾又西北有盧斯克即繆之魯慈克又西北有可威耳即繆之崗威黎其東北有拗弗魯

斯郎繆之倭勿嚕斥其西南有斯塔羅肯斯坦狄瑙卽繆之斯他囉寬思坦汀○繆又云波多立斯克大省其民小莪北倭林司克西奧國西南別薩拉南協爾酸東畿耶甫在經度四十四度十四分緯度赤道北四十八度四十分方八百六密律距比得堡千四百九十里有喀爾巴特支山（匈山奧境）在涅斯特爾河南布格河祛思末得里赤河會城曰喀乜涅茨在思末得里赤河上依山爲城駐馬隊戰兵二營步隊守兵一隊屬城十五曰莫躋烈甫在省東南百三十二里涅思特河上產桑釀桑落酒又產糖食蜜漬曰包爾槅在省東南三百三十九里有買賣城駐步隊守兵一隊曰布拉次納甫在省東南二百三十九里曰卜羅斯庫羅佛在省北八十八里曰唯尼䃀在省東北二百六里以上三城在南布格河上駐步隊戰兵二營步隊守兵一隊曰改星在省東二百七十二里曰獵蹟赤甫在省東北百三十九里駐步隊戰兵一營曰理經在省東北百七十六里駐砲隊戰兵一營曰司他勿尼札在省東北百二十里駐平原馬砲兵一隊曰羅倭烏什擦在省東六十六里曰倭里柯駿利在省東南二百八十六里曰楊蒲黎在省東南百八十六里涅思特河上曰圖理戍在省東二百里駐步隊善鎗手四千人曰果倮司可倭在省東南二百二十里駐端河喀撒克砲隊馬兵一隊曰拉堆任（仍一作）在省西南二百十五里駐步隊善鎗手八百人先謙案本西俄路今隸黑海部二漢三國安息國海北地元蒙古諸王封地明爲波多里亞後隸波蘭爲屋列尼二大部之二國朝乾隆五十七年隸俄北徼考諸書作波多里備考諸書作波多里亞與徐合總記作波羅里亞（云東界畿付北界窩爾希尼西上界弓里西阿南界沙臘彌阿以備）覲圓球圖作波亞里唵俄史作波陀利亞列國學會二圖作波

多里亞會城曰干彌內斯郎繆之喀乜涅茨其東南有巴爾塔郎
繆之色爾塌其東有不拉士老郎繆之布拉次納甫其東北有溫
尼剎郎繆之唯尼雜又東北有貝的徹甫郎繆之獵蹟赤甫（學會圖誤
繪入基輔徹誤徹）○繆又云畿耶甫大省即徐之究部雷之坎夫其民小
峩北明斯克南赫爾酸西倭棱斯克坡多立斯克東北坡爾塔禨
東車爾泥果甫在經度四十八度十一分緯度赤道北五十度二
十七分方九百二十九密徃距比得堡千百四十一里有喀綿納
耶格獵達涅卜爾河（屬其右岸有大橋樓火車道）帖帖烈甫河（入涅卜爾）囉西河（入涅）
卜爾會城同省名在涅卜爾河上九百八十八年至千二百四十年
舊都有禮拜堂古城郭基址有故宮室今為俄主離宮齊葉倭別
撒爾廟內有窟室深廣昔之奉教者沒後咸送入有率非邪教堂
八百年前所造葉洛斯訥甫酋在此定制度有大學館大集場歲
出入五百萬盧布產糖大歲諸省皆賴之每歲約出五百萬一鋪特
駐步隊戰兵一營步隊守兵二隊倭連布喀薩克馬隊戰兵一營
砲隊戰兵二營山內散隊砲步兵三隊每隊砲八尊然達拉馬兵
一營工兵十二隊治地三隊看管官物一隊造橋二隊安修電綫發
電報三隊開造鐵路一隊屬城十五曰別爾蹄幾（一作）遲甫在省西
百五十里多猶太人有阿盧復里大集場出入千萬盧布合每歲
各業所入約五千萬盧布駐步隊戰兵一營砲隊戰兵一營曰別
拉邪且爾顆甫（一作削拉耶且黎果甫）在省西南八十一里囉西河上劇邑
駐馬隊戰兵一營曰車爾喀斯在省東南二百九十三里涅卜爾
河上昔多雜頗倮日測游牧之民襍處其間往往生事駐步隊戰
兵一營砲隊戰兵一營曰齒機陵在省東南三百五十里曰瓦西
理果甫在省西南三十七里曰自曰宜果倮特喀在省南百八十

八里曰喀涅弗在省東南二百十四里曰喀綿喀在省東南百九十五里曰麗摶唯茨在省西南百九十五里曰拉奪美斯在省西九十八里曰帖帖烈甫河上曰肆克威拉在省西南百二十五里曰拉什槎在省南百二十里囉西河上曰烏鑾在省西南二百六十一里駐步隊守兵一隊提督兼轄倭林司克波多立思克曰髮思奪甫在省西南六十五里曰喀撒經在省西南百五十五里曰先謙案本小俄路今隸黑海部二漢三國康居地西北魏西域水澤以南地金阿羅思地元朮赤封地明隸俄地在黑海之北濱濕摶爾河昔俄人被元太祖攻伐避居於此猶齊人之保即墨也嗣仍為元定宗等所取後數百年俄種人復盛建為部落因所統地狹故稱小俄異域錄言俄向無汗號僻處於西北近海之計由地方而地界甚狹即指此也所云近海指黑海或作海北即指黑海之北諸家援引誤為北海非也　國朝波蘭取之乾隆五十七年復歸俄欽定諸書作計由斯科內府圖作覺傳總記諸書作幾富云東布爾多赫西牙爾西阿南卡德北阿爾希尼阿普部舊城蕪宇荒燕新城壯麗俗尚潔勤工作造居皆飾以自人多好勝又作幾付備考作究與徐合以上見備乘異名記作刻衣夫全志作結弗俄史作器弗列國學會二圖作基輔其西南有瓦夕口即繆之瓦西理果甫又西南有里坡威士即繆之麗摶唯茨又南有烏璃即繆之烏蠻其南有斯微尼哥羅得喀即繆之自曰宜果倮特喀其西有拉多米斯耳即繆之拉奪美斯○繆又云車爾泥果甫大省即徐志之者爾厄痾弗其民小俄稱曰馬絡嚕西歹北嘶馬連司克西北摩識略甫西民斯克讖耶甫南坡爾塔禨東南古爾司克東阿略勿在經度四十九度緯度赤道北五十一度二十九分方九百五十一密律距此得堡千八里有阿拉文山節斯拉河水由此木河入伊卜

奇河爾之左會城同省名在節斯拉河上駐步隊戰兵三營步隊
守兵一隊馬隊戰兵一營屬城十五曰諾甫果倮哆唯立斯克在
省東北二百二十三里駐步隊戰兵一隊由本城分出曰斯他羅
堵卜在省東北百七十六里產麻及椴木皮曰格盧霍甫在省東
二百七十里其土可作藝產藝器有火藥局駐步隊戰兵一隊由
本城分出曰克囉列唯茨在省東二百四十里大集場曰拔圖陵
在省東南百九十六里昔小峩建都之地駐步隊戰兵一隊由本
城分出曰聶祁在省東南七十五里產淡巴菰昔多希臘人有大
學塾駐步隊守兵一隊砲隊戰兵一營曰睦格陵在省東北二百
三十五里曰郭羅得拈在省東北五十六里曰課節列茨在省南
六十三里駐步隊戰兵一隊由本城分出曰薄爾茨拏在省東南
百三十四里駐步隊戰兵一隊由本城分出曰可諾脫卜在省南
百六十九里曰諾倭吉卜果甫在省東北百五十四里曰倭斯帖
兒在省南八十一里節斯拉河上曰鎖司泥擦在省東南百三十
五里曰蘇拉日在省東北二百七十里先謙案本小俄路今隸黑
海部二漢三國康居地北魏西域水澤以南地金阿羅思地元尤
赤封地明隸俄北徽考諸書作查尼俄總記作查尼俄甫墊蘭棭
鬭哆雕𪊲鹼亦作查尼俄付備考作者爾厄痾弗與徐合列國學
會二圖作查爾尼俄弗其東北有哥羅得拉郎繆之郭羅得拈其
東有可羅埔郎繆之可諾脫卜其南有俄斯豆郎繆之倭斯帖兒
○繆又云波爾塔穠大省其民小俄北車爾泥果甫西南畿耶甫
南協爾酸葉克接離思納甫東哈爾果甫在經度五十二度十四
分緯度赤道北四十九度三十五分方九百六密律距比得堡千
三百六里有蘇拉河卜屑爾河倭爾思柯拉河涅朴爾涅卜爾河

鞲東荷羅里河葛魯涅河別烈思脫甫河烏台河倮合唯擦河會城同省名在倭爾斯克拉河上其地曠野平衍無山千七百九年大比德敗瑞典兵於此依里迎大集歲一次期十四日約出入二千五百萬盧布駐步隊戰兵三營砲隊戰兵一營步隊守兵一隊屬城十七曰克列（一作烈）明初在省西南百十二里與克雷果甫鄰涅卜爾河上水陸大埠由北來者皆麥由南來者皆鹽駐步隊戰兵一營本城所分曰倮牟尼在省西北百六十八里蘇拉河上有集場二當期出入五百萬盧布駐馬隊戰兵一營曰魯卜尼在省西北百三十四里蘇拉河上有大園圖昔比德羅所建皆種藥材至今官藥俱取給於此其餘私家園圍極多駐馬隊戰兵一營曰別烈（一作列）歹斯訥甫在省西北二百六十四里昔小俄主博葛丹霍蒦離泥淬格於千六百五十四年在此立約降俄主阿烈克西米海諾威飭駐馬隊守兵二隊曰噶嘉飭在省北百十一里葛魯涅河上曰堅穎甫在省北七十五里曰作洛脫諾薩（一作絲）在省西二百四十四里駐馬隊守兵一隊曰穎別獵齊在省西南七十一里倭爾斯克拉河上曰寬斯坦汀（一作幾）諾隔拉特在省東南七十四里別列思脫甫河上駐步隊戰兵一營本城所分曰倮合唯茨在省西北百八十九里倮合唯擦河上駐烏拉爾馬隊一營曰密爾果倮特在省西北百三十七里霍羅里河上曰皮獵汀在省西北百七十七里曰樸（一作卅）理盧幾在省西北二百十八里烏台河上駐馬隊戰兵一營曰荷羅里在省西北百里霍羅里河上曰波果睹霍甫（一作卅）在省西北百六十五里駐馬隊守兵一隊曰扯爾奴哈在省西北百五十里駐馬隊守兵一隊曰雅果勤在省西北二百五十里駐馬隊守兵一隊先謙案本小俄路今隸黑海部二

漢三國康居地北魏西域水澤以南地金阿羅思地元朮赤封地
明隸俄內府圖作博羅傳北徼考諸書作布多注總記作布爾多
注厄云里東加阿那羅南路北斯查西尼幾俄付付南斯亦作布爾多瓦備考作巴爾的哥
與加爾勻分為二部總記同是也徐志非以封上見世界圖作波耳
塔列國學會二圖作布多窪其西南有可貝剌奇卽繆之顆列獵
齊又西南有克里明秋卽繆之克列明初其西北有可羅耳卽繆
之倮牟尼又西北有洛克威薩卽繆之倮合唯茨又西北有普里
六奇卽繆之朴理盧幾其北有仙口卽繆之堅顆甫其東南有康
思坦的若格拉卽繆之寬斯坦汀諸隔拉特又備乘云色羅伯斯
小俄所屬四部之一全志所載同此名內府圖有舍勒特斯城卽
其地也幅員戶口未詳道光末年自爲一部隸小俄路○繆又云
古爾斯克大省其民大嵗北阿略勿東倭倮涅日南哈爾果甫西
車爾泥果甫在經度五十三度五十一分緯度赤道北五十一度
四十四分方八百四十三密律距比得堡干百六里有烏拉爾西
綿訥耶格獵達也在益南山境勒格凸鑑起達之卽形雌哆模河澱發蒲屑洛河澱發端涅
茨河支一小倭思顆爾河倭爾斯格拉河澱發會城同省名在些模河
上距城二十七里有岢連拉耶大集場貿易出入歲約千萬盧布
產畫眉烏駐步隊戰兵一營步隊守兵二隊砲隊守兵一營屬城
十二日累爾司克在省西百三十七里些模河上駐平原馬砲兵
一隊端河喀撒克砲隊馬兵一隊曰朴梯勿利在省西南二百十
四里古城在哆模河上曰別勒杲倮特在省南百三十三里端涅
茨河上劇邑民多嫺藝事駐步隊守兵一隊砲隊戰兵一營曰蘇
札在省西北百四十七里民多善製銅鐵刀斧鎖鑰等器曰格來
倭倮勒在省西南二百八里倭爾思格拉河上曰得米得利耶甫

在省西北百三十六里曰顆羅擦在省西八十一里些模河上曰懦威倭思柯立在省東南二百四十三里倭思顆爾河上曰斯他立倭思柯立在省東南百六十一里倭思顆爾河上曰倭波優宜在省南百二十一里蒲屑洛河上駐步隊戰兵一營曰機模在省東九十里曰法切曰在省西北四十四里曰什期葛纍在省東五十七里先謙案本大俄路今隸黑海部北魏西域水澤以南地金阿羅思地元朮赤封地　國朝隸俄內府圖作古傳噶總記作戈塞云東南阿羅匿斯西達尼付北阿臘爾以上見備乘俄異名俄記作庫阿士克圓球圖作庫耳斯克列國學會二圖作古爾斯克與徐繆同其南有不勒爾哥羅得卽繆之別勒果倮特其西南有俄斯科爾卽繆之懦威倭思柯立及斯他立倭思柯立其西北有法特什卽繆之法切日○繆又云哈爾果甫大省其民大俄北古爾斯克倭羅涅日南葉克接離斯納甫西南坡爾塔禨東端斯喀耶在經度五十三度五十四分緯度赤道北五十度方九百六密律距比得堡千三百三十五里有端涅茨山角哈爾果甫河北端涅茨河倭爾思克拉河倭斯果爾河卜學爾河蘇拉河會城同省名在哈爾果甫河上有大學塹一區其城商務甚大大集場四曰克列一作烈士成斯克歲開一月曰烏斯騈思克耶歲開二十日曰頗可羅甫司克耶歲開一日儗臘曰圖類益司克耶歲開一月計一歲出入四千葛盧布克烈最大歲約二千萬産毛織各物淡巴菰大小麥油麥駐步隊戰兵一營步隊守兵二隊倭連布喀薩克馬隊戰兵一營提督官兼轄阿略勿車爾泥果甫坡爾塔禨窩羅涅日古爾斯克端斯喀郛屬城十三曰蘇梅在省西北百八十七里卜學兒河上産馬有大集場市馬者最多開十四日駐步隊戰兵一營馬隊戰兵一營曰亦

挲穆在省東南百二十三里北端涅茨河上產牛羊麥石多運往塔干洛出口駐平原馬砲兵一隊端河喀撒克砲隊馬兵一隊曰司拉完在省東南百六十里曰阿赫堆爾喀在省西北百八里倭爾司克拉河上駐馬隊戰兵一營曰播郭獨霍敷在省西北六十一里曰洼爾嘰在省西南五十二里曰倭倮昌司克在省東北六十四里駐步隊戰兵一營曰宇彌邪甫在省南三十七里曰枯偏司克在省東南百七十七里倭思果爾河上曰躐別玎司克在省西北百七十五里卜學兒河上曰思他羅別栗司克在省東南二百十四里曰楮古葉甫在省東南三十六里駐馬隊戰兵一營曰阿合的爾克先謙案本大俄路令隸黑海部萬國圖作卡科夫圓球圖作喀考夫與雷合列國學會二圖作哈科佛其西北有亞克的爾卡郎繆之阿赫堆爾喀其東南有庫偏斯克郎繆之枯偏司克又東南有史大羅貝爾斯克郎繆之思他羅別栗司克○繆又云窩羅涅日大省其民大莪北阿略勿貪博甫南哈爾果甫西古爾斯克東南端斯喀邪東薩拉奪甫在經度五十六度五十二分緯度赤道北五十一度三十九分有端涅茨山窩囉涅日河碧秋格河霍撒爾河入三地流冰河北端河地或甚日鷹戲其河輔有端三孜者流皆所是經之倭思果爾河會城珂省名在窩囉涅曰河上穀麥牛羊油所聚駐步隊守兵一隊屬城十九曰波布羅甫在省東南百二十九里碧秋格河上產馬壯健能貨重赫連諾勿官馬厰其馬善走專備騎布圖理諾甫加村其民多精於藝事產羊皮熟牛皮靴曰碧琉赤在省西南百六十八里城中有阿烈克些耶甫噶村產向日葵油駐馬隊守兵二隊每隊百五十人曰波姑槎爾在省東南二百七十二里駐馬隊守兵一隊曰瓦雷在省西南二百二十九里曰薩端勒在

省北八十曰里端河上駐馬隊守兵一隊曰節末連司克在省西
北四十四里曰岢囉臺雅克在省南八十八里曰尼日里鬘尾茨
克在省西六十七里曰諾倭霍撒爾在省東南二百七十六里霍
撒爾河上曰倭思得倮郭日司克在省東南百八十五里駐馬隊
守兵一隊曰把勿羅弗司克曰喀拉朵雅克俱在省東南二百二
十里各駐馬隊守兵一隊曰倭闕左扶喀一作克在省西南二百二
里駐馬隊守兵一隊曰別羅果爾邪在省西南百五十一里駐馬
隊守兵一隊曰別特羅甫克曰尼稽奪甫克曰理淵司克俱在省
西南百九十里各駐馬隊守兵一隊曰烏接若倭喀喇池曰蔑洛
瓦耶播打博甫俱在省東南二百里各駐馬隊守兵一隊先謙案
本大俄路今隸黑海部二漢三國康居地北魏西域水澤以南地
唐突厥可羅部地金阿速地元朮赤封地　國朝康熙間隸俄
欽定諸書作佛羅尼使斯科內府圖作鄂羅尼南圖作俄羅定總
記作窩羅義斯云東南端戈沙斯西戈基北且摩甫亦作阿羅匿斯備考作窩羅尼
日與徐合全志作窩羅尼以上見備乘萬國圖作窩羅尼士圖球圖作
佛羅乃止列國學會二圖作窩羅尼斯其東南有波不老郎繆之
波布羅甫其西南有表朱集郎繆之碧琉赤又西南有瓦盧亦奇
卽繆之瓦雷○繆又云別薩拉必亞大省其民新峩卽南峩千八百
十年俄土立約土將多聯河西北一省讓俄卽此地也東北倭林
司克東協爾酸東南黑海南魯梅尼案卽羅馬尼多腦河西魯梅尼普
魯士國在經度四十六度三十分緯度赤道北四十七度二分方
二百八密律距比得堡千七百二十九里有喀爾巴特支山涅斯
特爾河西岸普魯特河入多瑙河口東屬俄西屬魯海宜多腦河卑克河入涅斯特爾河會
城曰嘰深虐甫在卑格河上大集塲產酒麻各歷果末勒達李最

多駐步隊戰兵二營步隊守兵一隊平原馬砲兵一隊屬城十一日阿克爾瞞在省東南百六十三里涅斯特爾河上劇邑產鹽酒淡巴拡其民半業此三者駐步隊戰兵一營曰霍屢在省西北二百六十九里涅斯特爾河上與奧接界曰邊迭爾在省東南五十四里涅斯得兒河上駐步隊戰兵一營曰諾倭蔦利幾在省西北二百七十三里有稅關駐巡邊稽稅本地馬兵一營端河喀撒克砲隊馬兵一隊曰士顆斂宜在省西北百七十五里與魯梅宜接界有稅關駐巡邊稽稅本地馬兵一營曰伊自馬以勒在省西南三百五里駐馬隊戰兵一營曰齊里亞在省南三百六十五里多腦河上曰別理嘍在省西北百二十一里曰倭爾接耶弗在省北四十一里曰鎖羅幾在省北百七十六里涅斯得兒河上駐馬隊戰兵一營曰雅思在省西北百十里與魯梅宜接界今其城屬魯俄以易多腦河者先謙案本南俄路今屬黑海部二漢三國安息國海北地北魏西域水澤以南地唐西突厥地金阿速地元朮赤封地明阿速地後隸土耳其

國朝隸俄北徽考作比沙拉比總記作密沙那彌云東卡獨西普魯耐為轉蔣北澂那野亦作密沙那米備考作比薩拉比亞與徐合以上備乘見俄史作白薩拉避亞萬國圖作伯士阿拉比阿圖球圖作拜薩來比阿列國學會二圖作比薩拉比亞其會城曰基什經郎繆之嘰深虐南其東南有本德里郎繆之邊迭爾又東南有亞克爾曼郎繆之阿克爾瞞世界圖作阿給爾滿其西北有貝西郎繆之雅思又西北有別爾西郎繆之別理嘍又西北有科丁郎繆之霍屢○繆又云赫爾酸者蒋玉其詳審其音塔特蘭敖三字爲韃大省其民新裟北轍耶甫坡多立斯克南黑海西別薩拉必亞涅斯特爾河東葉克接離司納甫東南他勿利制司克涅卜爾河在經度

五十度十七分緯度赤道北四十六度三十八分方千二百八十
五密律距比得堡千七百三十三里有布格河（入黑海）鷗姑爾河涅
卜爾河（轄西岸水入黑海）鷗姑別茨河以醍涅斯特爾河（東岸）會城同省名
在涅卜爾河上有大船廠俄西南所產木料聚集於此再發往各
埠駐砲隊戰兵一營步隊守兵二隊屬城十一曰倭疊薩大城在
省西百八十三里黑海大埠爲比得堡之亞產荔瞞湖鹽歲出五
百萬鋪特多高門大厦富室巨商萃焉商舟停泊約千餘艘英法
德意之人皆至其人多操法語有管理地方衙門有大學館稅關
每歲出入貨直九千萬盧布有查驗人口關防瘟疫也通海馬頭
有長梯寬三十馬如大橋有平砲台海口水雷極多有鐵閘阻敵
舟駐步隊戰兵二營端河喀薩克馬隊一營然達拉馬兵一營巡
界稽稅馬兵一營步隊善鎗手一隊治地工兵三隊安修電綫工
兵三隊曰尼可來耶復南圖作尼闊辣在省西北六十二里布格
河鷗姑爾河合流處海口船埠黑海水師提督駐此兼轄葉克接
離司納甫別薩拉必亞他勿利制司克有船廠有觀星臺駐步隊
戰兵一營步隊守兵一隊端河喀薩克馬隊一營看守官物工兵
一隊曰倭茲涅旋司克在省西北百四十五里布格河上有大集
場駐砲隊戰兵一營曰野黎薩唯特格拉特在省北三百三十三
里鷗姑爾河上有大集場以上二城爲牛羊羣所萃生理以戴角
獸爲大宗駐馬隊戰兵一營曰阿烈克三得理亞在省東北三百
二十六里鷗姑列茨河上駐平原馬砲兵二隊曰阿拉擬耶甫曰
諾倭密爾果倮特在省北三百九十四里各駐馬隊戰兵一營曰
擠拉斯波立在省西北二百九十一里曰自拉綿嘎在省北二百
二十五里曰克留顆甫在省北二百六十五里曰畢爾鋤挲在省

西北二百七十五里先謙案本南俄路今隸黑海部二漢三國安息國海北地魏西域水澤以南地唐西突厥地金阿速地元术赤封地明阿速地後隸土耳其 國朝乾隆間隸俄內府圖作格里博根北徼考諸書作給爾孫與徐合總記作卡循(云東加底里那斯拉付爾)(禱利達西密沙拉米北幾付以上見備乘)萬國圖作卡孫圓球圖作叙耳孫俄史作格而生稱其地通土耳其俄曾立王鎮之列國學會二圖作給爾孫其西有敖得薩郎繆之倭疊薩雷之亞德沙異名記作俄德撒漢文圖作奧代薩世界圖作歐鐵殺其西北有尼科來葉佛郎繆之尼可來耶復又西北有痾斯內森斯克郎繆之倭茲涅旋司克又西北有地拉斯波爾郎繆之擠拉斯波爾其北有熱里薩威格拉郎繆之野黎薩唯特格拉特之○繆又云他勿利治(一制作)司克大省其民新戕北葉克接離斯納甫西北赫爾酸西南黑海東亞速海在經度五十一度四十六分緯度赤道北四十四度五十七分方千九十六密律距比得堡千九百五十五里有克雷木半島(駐瑪隊守)(兵一營遜全驛)槎特爾達格山(稿伍貼)亞依拉崖他勿利山薩勒嘰爾河涅卜爾河(東)西洼瀝海會城日星飛洛波立在克雷木半島薩勒嘰爾河上酒料木料所聚克雷木產果木葡萄梨李櫻桃蘋婆果取油撒欖為最多駐步隊戰兵一營步隊守兵一隊馬隊散兵二隊三百人屬城十五日些注斯拖坡離在省西南七十二里海口昔與英法土意大戰於此有船廠駐步隊戰兵二營步隊守兵一隊巡邊稽稅馬兵一營砲隊戰兵一營李光廷漢西域圖考云條支國今俄國南俄五部高加薩新藩五部地今案後漢書條支國城在山上周回四十餘里臨西海海水曲環其南及東北三面路絕惟西北隅通陸自當在克雷木島之些洼斯拕波立屬地或至

高加薩未必盡有今南嵗五部也先謙案條支國不在此課程已科其誤曰巴拉赫
拉洼在省西南八十二里海口曲港敵舟不能深入居多猶太人
日巴赫赤薩來在省西南三十里昔克雷木汗之都故宮園亭猶
存壓間多就地列市一切仍其舊俗婦女出外多以自布冪面極
避男女之嫌孩童多赤體走市間其民皆奉天方敎曰初敷特喀
列在省西南七十里多猶太人皆上等耆性頗慧黠曰鴉爾塔在
省東南八十九里黑海埠有浴池能除疾在亞伊拉崖畔曰黎洼
皆在省東南七十八里近鴉爾塔有俄主離宮曰倭爾焉達在省
東南八十里近鴉爾塔有俄主弟寬思坦丁之別業曰阿陸卜叟
在省西南七十六里近些洼斯拖坡離有花園曰匪倭朵西亞大
城在省東百里海口蘇達克斯山谷駐步隊戰兵一營曰切爾赤
大城在省東百九十里亞速海黑海之口爲行軍通商之劇要駐
步隊戰兵一營步隊守兵一隊巡邊稽稅馬兵一營曰挨尼喀獵
在省東二百三里二城屬一城長曰別爾顯司克在省東三百五
十八里阿速海口舟埠出黑海口者五穀入阿速海口者魚鱻駐
喀薩克馬兵一營日芊黎拕波立在省東南二百二十五里產羊
多布國人居此講稽事甚勤曰耶勿拔多立亞在省西北六十三
里地多沙灘以沙泥浴可除疾曰撒烈顯甫在省北百三十三里
黑海亞速海之間先謙案本南俄路今隸黑海部二漢三國安息
國海北地北魏西域水澤以南地唐西突厥地金阿速地元朮赤
封地明前隸耶麻尼後隸蒙古　國朝乾隆間隸俄內府圖作澤
爾訥北徵考諸書作擣里達與徐合總記作擣利達亦作格里彌
阿云北卞循東西南至襄海備考作道里達以上見觀乘圓球圖作叨里達萬國圖
作道力達列國學會二圖作鑄里達克雷木半島二圖作克里米

世界圖作苦李祕其會城曰森佛羅波爾郎繆之星飛洛波立其西南有塞佛斯拕波立郎繆之些洼斯拕波離世界圖作西巴斯篤波爾其東有奇爾則郎繆之別爾顯司克世界圖作怯爾士其西北有歐巴托里亞郎繆之耶勿拔多立亞其北有倍勒科埔郎繆之撖烈顆甫○繆又云葉喀帖離諾斯納甫大省其民新義北城爾搭襪哈爾果甫南他勿利山西協爾酸東端斯喀耶在經度五十二度四十四分緯度赤道北四十八度二十八分方千二百二十九密律距比得堡二千四十四里有端涅茨山山內有石炭鑛端涅茨河涅卜爾河有石灘喀爾密無思河會城同省名在涅卜爾河上大集場產各牲畜脂民販毛角爲生俱運往阿疊薩產淡巴菰駐步隊戰兵二營步隊守兵一隊屬城八曰巴赫模特在省東二百五十一里有大石炭鑛駐砲隊守兵一營曰斯納唯諾屑兒卜司克在省東三百三十三里端涅茨河上有盧干作廠曰馬理伍駮離在省東南三百六十三里亞速海口多希臘人出貨以二麥爲大宗曰阿烈克三德奪囉甫在省南八十里涅卜爾河上曰唯爾克聶波卜爾司克在省西北六十六里曰羅作洼耶在省東北百二十五里曰諾倭莫斯果甫司克在省東北二百九十里駐步隊戰兵一營一步隊守兵一隊曰拔無諾格拉特在省東八十三里駐步隊戰兵一營先謙案本南俄路今隸黑海部二漢三國安息國海北地北魏西域水澤以南地唐西突厥地金阿速地元朮赤封地明阿速地後隸土耳其 國朝乾隆間隸俄北徼考諸書作加底里諾總記作加底里𥿻東韃科薩斯西卡備南濤利蓮北布爾涅即徐之加衛勾與巴爾的哥分爲二部合徐爲一說亦作斯底里加那甫備考作厄加德黎諾斯拉與徐合以上見乘備萬國圖作厄卡塔林諾士賴夫圓球圖作愛喀臺里奴斯辣

夫列國學會二圖作厄加德黎諾斯拉其東有倮羅格拉得郎繆
之拔無諾格拉特又東有巴克摸特郎繆之巴赫模特又東有史
大羅貝爾斯克郎繆之斯納唯諾屑兒卜司克其南有亞歷克山
得老斯克郎繆阿烈克三德奪羅甫其東北有諾倭莫斯口斯
克郎繆之諾倭莫斯果甫司克○繆又云端斯克邪小省有喀薩
克提督駐此其民三年充兵三年耕作北窩羅涅日薩拉奪甫南
枯班司塔勿羅波立西哈爾果甫葉克接離斯納甫東阿思達勒
汗在經度五十七度四十六分緯度赤道北四十七度二十五分
方二千九百九密律距比得堡千七百十六里有端涅茨山產石炭
大端河阿克賽河入大端霍撇爾河入大端蔑曼唯吉襍河伊洛無斂
河薩爾河馬泥赤河端涅茨河挨歹河入亞速海會城曰諾倭飭爾喀
斯克在阿克賽河上駐端河喀撒克馬隊一營屬城十一曰羅思
奪甫在省西南三十八里端河上有大集場二百貨所萃駐步隊
守兵一營曰阿克賽一作薩在省西南二十五里端河上有魚鮮市
日拉思多爾在省東百六十一里端河上葡萄園二千區方二十
俄里產葡萄白酒曰次穆一作木蓮在省東北二百十五里產紅酒
黃酒黃者似香冰曰烏瑠屏在省東北六百三十四里產牛馬有
大集場市諸牲畜曰喀槎舲在省北三百十五里端河上泊舟埠
曰喀拉尺在省東北三百二十里端河上倭爾噶河來貨由此入
車機曰塔干洛在省西百五里阿速海口麥石生理最盛曰葛盧
設弗喀在省北三十七里產石油石炭其奄特拉棲特廠石炭不
引火他國廠不敢帶引火物此廠不忌曰阿速古城在省西南八
十五里阿速海口比得羅以舟師勝土耳其得之曰那西遲彎有
阿爾綿人又云總記稱端戈沙斯地理全志同喀薩克郎突厥可

薩部之遺在端河近阿速諸地徐志謂在薩拉德夫案薩拉德夫
瀕倭爾噶河與端河相距遠至千餘里備乘又謂羅剎即可薩當
年爲患於黑龍江雅克薩諸城即此種人蓋因總記稱崇德四年
端戈薩司之獼特釐者至東洋荷葛斯海岸偵探道路之說不知
羅剎乃譯音之誤而是時俄人亦未收服喀薩克也先謙案今隸
黑海部列國學會二圖不著端斯克邪之名其會城諾倭餇爾喀
斯克二圖作諾倭支爾喀斯克其西南有亞埽即繆之阿克賽又
西北有羅斯多佛即繆之囉思奪甫其北有拉斯多爾斯喀邪即
繆之拉思多爾云棘疑誤其東北有卡拉斯即繆之喀拉尺其西有納
質車溫即繆之那西遲彎又西有大干洛格即繆之塔干洛

裏海部

繆編云此部包大峩舊基其近倭爾噶河之五省俄人稱曰泥作
威即志略所謂加屢俄總記以爲韃韃里之地明世宗嘉靖三十
九年始歸俄原云千五百五十年今考其國沿革圖實千四百五
十年乃明代宗景泰元年皆翦滅蒙回之境也其東至烏拉山所
建撤爾穆省倭連布省烏發省又行國衰替之餘所侵敓也其開
國初在西北鄰邦陵侮漸移之東又漸移之南既乃兼山澤之富
駸駸昌熾如倭爾噶河喀麻河凡歐東亞西之貨由是轉輸烏拉
大嶺產金銀度支所賴故至今以爲根本重地居民雜匈奴突厥
種類或產未改游牧之習然久施銜勒悉就馴服其性情亦大半樸
儇育六畜勤百工殖二麥菽粟紅麻白苧業魚鹽蜃蛤五金玉石
取不盡而用不竭今復有增設省治於葉喀帖林布爾克之議府
海官山其風泱泱矣顧海道不通於大洋山產亦挽運維艱民食
頗豐商利較薄惟以鐵軌濟其窮而已凡二十一省○繆又云莫

斯克窪一作莫斯孤大省其民大俄北特威爾南喀嚕嘎圖拉列簪西嘶馬連司克東烏拉的密爾方六百四密律距比得堡六百四里有倭羅畢約山近傍城阿拉文山邀闊河莫斯克窪河發源克斂吉麻河倭嘎河北岸小汊當部元蜡阿甲古河寫斯得拉河譯日姊妹河涅克陵河會城同省名俄之南京在邀闊河涅克陵河莫斯克洼河合流處二百七十五年前其主都此城方六十四俄里內城曰克烈門中為宮室凡其主坐牀加冕必至此有行宮有博物院內有古鎗械及比得手製器皿宜萬大鐘樓王鐘大十餘圍高丈餘重三萬鋪特總記云覽六十七忽八十爲忽重一萬二千噸約値銀十萬棒五員爲棒謝志作重二百噸以搖不以撞國王卽位及誕日以三十人搖而鳴之有大砲曰王砲長丈六尺一發藥二石可容一人入內埽除艾儒略言三丈七尺可容二人誇也總記云砲內寬容一人從未施放以上俱在內城其東曰中國城元時所建皆廛市有客館售各服物用物有瓦西里大天主堂宜萬第四收復喀簪紀功碑千六百十二年波蘭襲米凝破札爾司克禦敵大捷紀功碑餘日自城其街四出而街旋迴旁通有肆拔西帖爾禮拜堂大浮圖內貯自來水於其顛分注全城有鐵路六作廠千六百區工人十二萬出貨値一萬二千萬盧布外來貨經稅關者値三千二百萬盧布產哈喇及毛織各貨麻綫棉綫繡貨片金錦段駐步隊戰兵二營步隊守兵二隊喀薩克馬兵三營馬隊戰兵一營端河喀薩克一營提督官兼轄特威爾斯馬連司克喀嚕嘎圖拉列簪貪博甫務拉的密爾尼日里諾甫果倮特葉洛斯納甫科思得羅馬倭羅格達磯臺一屬城十四曰穎倮木諭在省東南百七里莫斯克窪河上與倭嘎河相近埠頭販絲綫棉花紬段綿紗之類駐馬隊戰兵一營曰烏或作廓爾布和甫在省西北六十六里產棉花駐

砲隊守兵一營日薄葛倮慈克在省東北七十九里克斂吉麻河
上其民織絲綫貨日的米敛奪作羅甫在省北六十五里駐平原
馬砲兵二隊曰寫利畿耶甫在省北六十五里有託羅益自科大
廟民善製小戲具曰囓惹里司克在省東九十一里民善製粗漆
器惟爾必力茨村民善製細漆器擦烈倭村民多業印花布廠日
莫惹伊斯克在省西南八十里莫斯克窪河上干八百十二年與
法圭拿破侖大戰於薄羅郎諾之地蒞此城所屬有大碑日卜羅
尼紫在省東南五十三里莫斯克窪河上曰唯獵邪司克在省西
南百七里曰倭羅郭拏木司克在省西北百二十八里曰自唯尼
果倮特在省西五十五里莫斯克窪河上曰克林在省西北八十
二里寫斯得拉河上曰坡多爾斯克在省南四十里曰盧牟在省
西百二里謝志云人口百萬邑中央日克勒母陵有禮拜堂四百
所其金色尖塔林立空際爲天下奇觀先謙案本大俄路今隸裏
海部漢康居國王夏所居地三國康居地北魏西域朮澤以南地
唐阿羅思酋祿利哥始立國元阿羅思國朮赤封地明依番汗國
都　欽定諸書作莫斯科窪斯科內府圖作謨斯夸北徼考作莫
斯科窪職方外紀作莫哥斯末亞南圖作沒箇斯未亞備考作墨
斯溝進呈記作莫斯廓瓦南都綏服紀略作莫斯克瓦總記作莫
斯科云東界阿那里麻南界都鹽西界斯摩邊北界底瓦賭上見備乘漢文圖作毛斯科萬國圖
作麽士科泰西新史作木司寇世界圖作莫士科謝志作摩斯瓜
亦作瑪斯扣郎徐之墨斯科雷之木斯科列國學會二圖與徐同
其東南有可藍拿郎繆之顆倮木訥其南有坡多耳斯克郎繆之
坡多爾斯克其西南有摩舍斯克郎繆之莫惹伊斯克其北有得
米特老郎繆之的米奪羅甫据西史法兵將至俄預空其城法兵

無所得食俄人夜燒而走之遂獲大勝徐志殆失實○繆又云特威爾大省其民大俄北諾甫果倮特南莫斯克窪嘶馬連斯克西布思果甫東葉洛斯訥甫務拉的密爾在經度五十三度三十五分緯度赤道北五十六度二十二分方千二百九密律距北得堡四百四十七里有阿拉文山（最高處）倭爾噶河（發源）特威爾褋河抹洛噶河茨拉河維什擬倭那擢克引水河寫利幾爾湖會城同省名特威爾褋河倭爾噶河合流處產麻綫棉綫布匹駐馬隊戰兵一營喀撒克馬兵一隊步隊守兵一隊平原馬砲兵二隊屬城十三日倭斯泡什果甫在省西北二百三十八里寫利幾湖上有買賣城棉布[illegible]熟皮廠治鐵作廠產熟皮張棉布刀斧鐮鑿之屬駐馬隊守兵一營六百人曰熱甫在省西南百六十八里曰足布窄南在省西南百八十六里倭爾噶河上泊舟埠穀石所聚曰維識擬倭羅擢克在省北百十一里茨拉河上有舟廠造蓬船小舠民工藝事產洋琴牛角刀其製極巧曰挖爾若克在省西北七十二里特威爾褋河上有皮廠產香牛皮熟牛皮駐馬隊守兵一營曰幾木拉在省東百里市多造皮韝鞢者曰別熱茨克在省東北二百三十三里抹洛噶河上駐馬隊守兵一營曰唯西邪觀在省西三十一里抹洛噶河上曰喀斂金在省東北百七十五里曰喀審在省東北百五十五里曰斯他離札在省西南百三十九里倭爾噶河上駐平原馬砲兵一隊曰克拉斯涅霍爾木在省東北二百七十四里先謙案本大俄路今隸裏海部二漢三國康居地北魏西域水澤以南地金阿羅思地元朮赤封地　國朝屬俄內府圖作多倭爾噶珊總記諸書作底窪亦作底瓦（云東耶羅斯羅南莫斯科西伯斯果甫北諾科）亞羅斯拉夫列國學會（落以上見備乘）萬國圖作雅羅士頼夫圓球圖作亞羅斯拉夫列國學會

二圖作的威爾與徐合其西北有俄斯大石口即繆之倭斯他什果甫其北有威什奴俄洛昨克即繆之維識擬倭羅擢克其西南有斯大里士即繆之斯他離札○繆又云葉洛斯訥甫大省其民大俄北諾甫果倮特窩羅格達南烏拉的密爾西特威爾東科思得羅馬在經度五十七度三十四分緯度赤道北五十八度三十七分方六百四十五密律距比得堡六百五十六里有阿拉文山高處倭爾噶河岢脫落斯立河入倭爾噶河色克斯那河蘇霍訥河發源那斯奪甫湖索郭日河入林洛噶河產棉布麻布爲俄境最佳者駐步隊戰兵二營步隊守兵一隊會城同省名在倭爾噶河岢脫洛斯立河合流處有大買賣城織機廠大學塾地密人稠極慧善經商多石工屬城十一曰唯利磕邪村民以績麻織布爲生曰布獵什車耶倭村民以印書造紙爲生以上二村皆負郭曰鼎頓司克在省西北八十一里倭爾噶河上有薄羅郭耶火車棧又爲倭爾噶河弟二大船埠沿河約四五俄里分九段每年貨物來往約七千萬鋪特舟楫萬餘夏日約聚工商十萬人其出入盧布一萬萬駐步隊戰兵一營曰那斯奪甫在省西南五十二里那斯奪甫湖上大集場民嫻藝事善治製小鐵器最精曰烏格里斥在省西百五十里倭爾噶河上曰莫洛嘎在省西北百二十里倭爾噶河上民俗與那斯奪甫同曰達宜洛甫在省北六十里曰留賓未在省東北九十二里曰麥什金在省西百二十四里倭爾噶河上曰薄什渾在省西北二百六十五里索郭日河上曰囉馬諾薄黎索格烈卜在省北三十六里倭爾克河上先謙案本大俄路今隸裏海部二

漢三國康居地北魏西域水澤以南地金阿羅思地元术赤封地國朝隸俄內府圖作惹勒斯拉薄總記作耶羅斯羅云東果蘇多羅麻西

五洲地理志略 卷二十五　十三

底崔南窩拉里蘇北窩鹿邪北徼考諸書作日羅斯拉與徐合以上見列國學
會二圖同其西北有利斧斯克卽繆之鼉弁斯克又西北有摩洛
加卽繆之莫洛嘎其北有達尼套卽繆之達尼洛甫〇繆又云科
斯一作思得羅馬大省其民大俄北倭倮格達南烏拉的密爾義日
里諾甫果倮特西葉羅斯納甫東唯亞特喀在經度五十八度三
十[?]分緯度赤道北五十七度四十六分方千三十密律距比得
北七百五十二里有阿拉文山烏拉爾波羅的山倭爾噶河科斯
得羅馬河唯特嚧嘎河聶牙河入溫惹河再入倭爾噶河喀里尺河會城同省
名在科斯得羅馬河入倭爾噶河處有機器廠水龍吸筒廠化學
館其遺[?]齊廟千六百十三年其主米海伊爾貴多洛唯特阿羅
馬諾天在此稱汗俗春夏耕耘冬習藝事屬一城皆然多石工產麻
布生鐵器金銀首飾工緻絕倫駐步隊戰兵一營步隊守兵一隊
屬城十三曰齊業石馬在省東南八十六里倭爾噶河上產粗布
粗哈喇曰喀里尺在省東北二百二十里喀里尺河上產羊皮香牛
皮曰索里喀里尺在省東北二百二十三里科斯得羅馬河上多
鹽泉曰卜烈斯在省東南百三十九里倭爾噶河上產粗布鐵斧
木工所用各器曰唯脫盧嘎在省東三百二十九里唯脫盧嘎河
上多深林老箐產木器椵樹皮藤草及草鞋涼席筐篋漆器樺皮
松脂曰唯杵嘎在省東南百十一里產細麻布曰布依在省北百
七十二里科斯得羅馬河上產刀剪鎖鑰曰襪爾納沄在省東南
三百八十四里曰顆倮隔埋弗在省東北百六十二里溫惹河上
曰麻喀裏邪甫在省東百八十五里曰聶烈合達在省西南四十
二里曰出和絡嗎在省北七十五里曰游黎耶曰苂在省東南百
四十四里先謙案本大俄路今隸裏海部二漢三國康居地北魏

西域水澤以南地金阿羅思地元朮赤封地　國朝屬俄　欽定
諸書作郭羅多阿木喀斯科南圖作達斯達利亞異域錄作郭羅
多阿爾哈連總記作果斯多羅麻云東木壓加西耶羅斯麻南尼斯諾科北高咯邪亦作
果士多羅麻以上見諸書萬國圖作科士特洛馬圓球圖作考斯特羅
麻世界圖作廓斯特落瑪列國學會二圖作哥斯德羅馬其東南
有奇內什馬郎繆之齊業石馬其東北有加里集郎繆之喀里尺
又東北有索里加里集郎繆之索里喀里尺又東北有可羅格流
汗郎繆之顆倮隔理弗。繆又云尼日里諾甫果倮特夥一作義一作戈
大省其民大俄北科斯得羅馬南偏雜貟傅甫西務拉的密爾東
喀簪星比爾斯克在經度六十一度四十分緯度赤道北五十六
度二十分方九百三十密律距比得堡千十四里異域錄作黑林
諾甫元史曷思麥里傳由阿速烈克斡羅斯先招下黑林城疑郎
其地也有倭爾噶河倭嘎河蘇拉河唯特盧嘎河會城同省名在
倭爾噶河倭嘎河合流處城據山頂有古雉堞砲壘產細麻布駐
砲隊戰兵二營步隊守兵二隊砲隊戰兵一營馬隊戰兵二營倭
連布喀薩克馬隊一營有砲城舊基麻噶里耶甫大集場為歐俄
境各城之冠出入貨物約值三萬萬盧布每歲七月中開市期五
十日約聚二十萬人肆或仿中國式曰中國街有六十家巨室貿
易者二千五百戶圍集場有引水河一河外有四千戶其室木質
百工百貨悉華以哈喇大呢回絨花絨鐵皮張吉貝茶為大宗蘇
草紙張珠寶木器糧石酒罎罽皆以數百萬計有機器造船廠屬
城十一曰巴納黑一作林拿在省西北三十三里倭爾噶河上造瓜
皮艇蓬船曰瓦西理蘇魯司克在省東百七十二里蘇拉河上有
糧石埔曰麻噶理耶甫在省東百八里古集場千八百十六年被

火遷省城對岸曰播司可倭在省東百五里倭爾噶河上所有子粒皆運至此磨粉磨房三百家有水磨風磨曰阿爾札麻思在省南百十二里有大皮廠產麻油細花氊其倭伊洛磕工極良曰郭爾巴奪甫在省西七十四里產刀翦鎖匙凡製器工皆分類一曰器必經數手而成有三大村一曰壹字碑里有船纜作廠一曰倭爾司馬曰爬勿羅倭曰阿爾達奪甫在省西南百六十二里有韋克松鐵廠曰克斂嵇凝在省東北百二十九里曰盧課奄在省南百六十八里曰哆芊諾甫在省北六十八里曰寫爾噶飭在省東南百七十八里先謙案本大俄路今隸裏海部二漢三國康居地北魏西域水澤以南地金阿羅思地元朮赤封地明屬俄內府圖作尼斯納北徼考作諾弗哥總記作尼斯諾科[illegible][illegible]全志作尼內諾弗哥[illegible]見漢文圖作逆止尼綽夫果老得世界圖作耦夫痾羅達郎徐之尼內諾烏痾羅列國圖作尼社哥羅得學會圖作尼社哥羅得奔會城曰尼什尼諾甫哥羅得郎繆之尼日爾諾甫果倮特其西北有巴拉支那郎繆之巴納黑拿其西有哥爾巴套郎繆之郭爾巴奪甫其西南有阿達套郎繆之阿爾達奪甫○繆又云阿略勿大省其民大俄北嘶馬連司克喀嚕嘎圖拉南車爾尼果南南古爾司克東南窩羅涅日東貪傅甫在經度五十三度四十四分緯度赤道北五十二度五十八分方八百四十密律距比得堡九百六十二里有阿拉文山[illegible][illegible]土帖斯納河倭嘎河發源足薩河所思納河[illegible]入會城同省名在倭嘎河上大埠出口貨穀粒油質麻約值百萬盧布產麥民勤農而地磽瘠半之四方逐末謀食阿非尼人設作廠造用物運往他境撲拉索維人專販牛羊往西北各城出售駐步隊戰兵一營步

隊守兵一隊屬城十一曰布連司克在省西北百二十五里帖斯納河上大埠出貨糧石麻牲畜油爲大宗有官礮廠軍器局戛擊果甫司克有金銀銅鐵作廠水晶玻璃作廠駐步隊戰兵一營曰穆層司克在省東北四十八里足薩河上糧石麻埠駐礮隊戰兵一營曰薄爾霍甫在省北五十四里有船纜廠皮廠曰野烈茨在省東南百八十二里所思納河上麥石埠來貨每日約一萬小車磨房最多駐步隊戰兵一營曰吉米奪羅南在省西南八十八里曰哈拉扯甫在省西北八十四里駐步隊守兵一隊曰克倮牟在省西南三十八里曰黎無餓在省東南百四十三里所思納河上曰馬絡阿爾汗在省南七十九里曰寫勿思克在省西南百五十里曰圖嚕布扯勿司克在省西二百十五里帖思納河上先謙案本大俄路今隸裏海部二漢三國康居地北魏西域水澤以南地金阿羅思地元爲阿蘭阿思朮赤封地明隸俄內府圖作阿多岳傳北徼考諸書作痾勒總記作阿臘里亦作阿里爾一作阿葛爾又作阿臘爾（云東窩羅義斯南戈塞西查尼俄甫北都臘以上兒備乘）萬國圖作鄂里耳圓球圖作奧老夫列國學會二圖作痾勒爾與徐同其西北有喀拉就郎繆之哈拉扯甫又西北有不爾然斯克郎繆之布司克其東北有不森斯克郎繆之穆層司克其東有熱列士郎繆之野烈茨其東南有番汚尼創繆之黎無餓○繆又云圖拉大省其民大俄北莫斯克窪南阿喀勿西喀嚕嘎東列讐在經度五十五度十七分緯度赤道北五十四度十一分方五百六十二密律距比得堡九百六十二里有阿拉文山烏拔河（發源倭嘎）入端河（發源）足薩河（發源倭嘎）入倭嘎河（南岸小支）一會城同省名在烏拔河上有軍械廠皮毛作廠麻作廠鎖作廠大生業在冶五金製器皿民勤農事產鎗械銅茶爐

古

各種銅器駐喀薩克馬兵一營步隊守兵二隊屬城十二曰別烈弗在省西南百二十五里倭嘎河上曰葉畢泛在省東南百三里曰古里可倭在省南九十二里千三百八十年的米特栗王曾在此敗韃靶兵的米特栗像至今印於五盧布鈔上其十盧布鈔上乃米海洛匪倭德羅維池之像一百盧布乃葉喀帖離納之像郎千六百七百年之主在今主前十二三代案古里可倭當郎元史速不台傳之禿里思歌城史稱討兀魯思部圍禿里思歌城不克遣速不台往一戰獲其王俄書言曾敗韃靶兵蓋耀其前之小勝而隱其後之被擒也備乘云禿里郎拉思歌郎斯科都曰阿列克新在省北五十里倭嘎河上曰駭郭羅吉紫克在省東南八十里倭嘎河上曰唯涅拂在省東北四十八里曰葉弗列沫甫在省南百五十四里駐步隊守兵一隊曰喀隰拉在省東北百六里倭嘎河上曰刻拉比吳納在省西南五十里曰諾倭西黎在省南百四十八里足薩河上曰倭多葉弗在省西南八十五里烏拔河上曰掣林在省西南八十九里先謙案本大俄路今隸裏海部二漢三國康居地北魏西域水澤以南地金阿羅思地元朮赤封地明隸俄總記作都臘云東阿區南阿里爾西加魯另北莫斯科備考作斗拉以上見備乘萬國圖作吐剌列國學會二圖作都拉與徐同其南有折弗勒毛郎繆之葉弗列沫甫其東北有喀什拉郎繆之喀隰拉

○繆又云喀嚕嘎大省其民大俄北莫斯克窪西北斯馬連司克南阿略勿東圖拉在經度五十三度五十五分緯度赤道北五十四度三十一分方五百六十一密律距比得堡七百八十二里有阿拉文山倭嘎河熱思得納河不陵河烏可納河會城同省名在倭嘎河上產麻製各物哈喇紙張麥粉和發麪最佳俄之發麪皆稱喀嚕嘎駐喀薩克馬兵一營步

隊守兵一隊礮隊步兵一營屬城十一曰熱斯得納在省西南百五十八里熱斯得納河上卜諾希羅村曰科窖里司克在省西南六十六里熱斯得納河上有船蓬廠其製佳通國尚之曰蘇嬉凝癡在省西南九十一里不陵河上牲畜油麻油聚處日約到一萬小車其各棧可儲三千萬盧布之貨其貨運至西維納河再分運西北各城曰馬日耶囉斯納唯芺在省北五十八里千八百十二年與法戰於此絡薄羅甫斯克耶在省西九十四里曰黎合沄在省南四十一里倭嘎河上曰蔑玎在省西北七十四里曰蔑思濯甫司克在省西南七十八里曰摸撒爾斯克在省西百六里曰別烈牟什在省南二十七里倭嘎河上曰達盧司克在省東北七十一里先謙案本大俄路今隸裏海部二漢三國康居地北魏西域水澤以南地金阿羅思地元朮赤封地明隸俄北徼考諸書作加婁歹與徐同總記作加魯歹云東都拉西斯摩速甫阿里爾北莫斯科備考作加婁架以上見備乘萬國圖作喀魯葛世界圖作喀魯噶俄史作喀酌葛又作介路葛云土曾至此龔俄列國學會二圖赤作加婁歹其西南有素赤尼節郎繆之蘇嬉凝癡又西南有什斯得拉郎繆之熱斯得拉其西有美丁郎繆之蔑玎又西有莫剎耳司克郎繆之摸撒爾斯克○繆又云列鬱大省其民大俄北烏拉的密爾西莫斯克窪圖拉東南貪博甫在經度五十七度二十六分緯度赤道北五十四度三十八分方七百六十一密律距比得堡七百八十九里有阿拉文山倭嘎河土魯別日河卜傈涅河二水皆入倭嘎端河駐喀薩克礮馬兵一隊倭羅涅日河瀫會城魯同省名在土魯列日河倭嘎河會流處產牛羊哈喇布紙民販牲畜糧石爲生駐喀薩克馬兵一營步隊守兵一隊格爾拏覺礮隊步兵一隊屬城十一曰襍來司克在省八

十四里民以宰割牲畜爲業販其肉於四方出售駐平原馬磯兵
一隊曰肆拔司克在省東南五十二里肆拔司克湖上近倭嘎河
有哈喇廠紙作廠印花布廠駐馬隊守兵一隊曰喀犀莫甫在省
東北百三十二里倭嘎河上有熟皮廠曰丹顆甫在省西南二百
三十二里端河上曰葉過理郛甫司克在省西北百三十里駐馬
隊守兵一隊曰米海洛夫司克在省西南六十二里端河上駐馬
隊守兵一隊曰蒲輪司克在省西南九十三里卜倮涅河上曰拉
嚴布爾克在省南百六十五里曰喇日司克在省南百二里駐馬
隊守兵一隊曰撒波若克在省東南百五十六里曰肆果賓在省
南百九十八里駐馬隊守兵一隊先謙案本大俄路今隸裏海部
二漢三國康居地北魏西域水澤以南地金阿羅思地元朮赤屬
地明隸俄內府圖作羅散北徼考諸書作利森備考作里亏三總
記作赫阿匽與徐同（以上見備乘）列國學會二圖亦作利森其西有薩
來斯克郎繆之雜來司克其南有利佚斯克剀繆之喇日司克又
南有斯科平郎繆之肆果賓○繆又云貪博甫大省其民大俄北
務拉的密爾尼日里諾甫果倮特南倭羅涅日西列簪圖拉阿略
勿東偏襍薩拉奪甫在經度五十九度七分緯度赤道北五十二
度四十四分方千二百九密律距比得堡千五十四里有次訥河
（發源入磨克薩再入倭嘎）霍撒爾河倭羅涅日河端河碧秋河倭羅那河（譯曰老鴉）
河會城同省名在次訥河上民講求農事產駿馬類亞刺伯鹹腊
醃骰盛行於比得堡駐喀薩克馬兵一營步隊守兵一隊屬城十
一曰科自羅甫在省西六十七里倭羅涅日河上貿易甚大曰磨
爾山司克在省北二百七十八里茨訥河上埔頭駐喀薩克馬兵
一營曰列別兼在省西百七十五里端河上馬集場凡快馬皆聚

於此曰利別茨克在省西百六十一里倭羅涅日河上曰薄利索
格烈布司克在省東南三百二十三里倭那拏河上各村落土產
聚此曰肆拔司克與列誓所屬名同在省東北三百九十九里產
羕皮歲出百萬張曰葉拉集嗎在省北四百二十三里倭嘎河上
曰幾爾三鄂甫在省東八十九里駐馬隊守兵一營曰切牟尼果
甫在省東北五百二十七里磨克薩河上曰烏私蠻在省西百七
十六里曰薩慈克在省北三百四十九里先謙案本大俄路今隸
裏海部二漢三國康居地北魏西域水澤以南地金阿羅思地元
朮赤封地明隸俄內府圖作德班北徼考諸書作當波弗與徐同
總記作旦摩甫亦作單摩甫鹹黏見世界圖作採博夫列國學會
二圖作當波佛緜作其北有摩爾禪斯克卽繆之磨爾山司克又
北有山斯克卽繆之薩慈克又北有折拉特馬卽繆之葉拉集嗎
其西有烏斯曼卽繆之烏私蠻○繆又云務拉的密爾大省其民
大俄半農半工多適他省謀生者北葉洛斯納甫科斯得羅馬南
列管貪博甫西特威爾西南莫斯克窪東尼日里諾甫果倮特在
經度五十八度五分緯度赤道北五十五度八分方八百八十五
密律距比得堡七百八十一里有阿拉文山倭嘎河克斂齊麻河
數倭帖雜河歎倭特魯別日河會城同省名在克斂齊麻河上俄
于年以前之舊京市多作毆與莫克斯窪相傚而繁華遜之產吉
貝櫻桃其布疋賤於他省販運者多倭匪尼族數萬歲出貨値五
千萬盧布駐步隊戰兵一營步隊守兵一隊屬城十八曰書歹在
省東北百三里帖札一作河上有棉花作毆俄境各城半由此運
販駐步隊戰兵一隊曰阿烈克三德羅甫在省西北百四十六里
有印花布毆大紅布毆回回絨厰染坊凡喀復喀斯運來布疋皆

於此下染以大紅為最有退可倭村得尼羅倭村宜萬羅倭村以
上三地多棉花作廠曰倭自涅旋司克在省東北百六十四里曰
自泥基在省東百二十二里多繪神像者曰列賓可倭村有棉花
作廠銅鐵工曰蘇自達理在省北三十四里古城也有皮作廠棉
花廠曰加臥黎羅倭村民善工藝曰芈蓮嘰在省東南百六十五
里有馬利撮水晶廠及棉花廠曰穆樂磨在省東南百二十七里
倭嘎河上埠頭有香牛皮廠織布機廠船蓬機布廠駐馬隊戰兵
一營曰郭洛霍唯慈在省東百六十九里克斂齊麻河上曰顆勿
略窩在省東北七十五里曰列烈邪思訥夫在省西六十二里特
嚕列日河上曰波可羅夫在省西北六十里曰蘇朵嗄在省東南
三十七里曰攸理耶甫在省西北八十九里先謙案本大俄路今
隸裏海部二漢三國康居地北魏西域水澤以南地金阿羅思地
元朮赤封地明隸俄內府圖作倭羅威讀爾北徼考諸書作拉的
迷總記作阿那里麻云東尼斯諸村西莫斯科南阿長北那羅斯羅亦作窩拉里麻備考
作瓦拉的迷爾以上備乘見世界圖作之刺底迷爾列國學會二圖作
瓦拉的米爾郎徐之瓦拉的迷爾其東北曰伊瓦若俄郎繆之顆
勿略窩又東北有守加郎繆之書与其西北有亞歷克山得老郎
繆之阿烈克三德羅甫其北有蘇斯達耳郎繆之蘇自達理○繆
又云喀朁大省其民泥作威郎加匽俄又曰加森善藝事藹良馬
北唯亞特喀南星比爾司克薩馬拉西尼日里諾甫果倮特東烏
發在經度六十六度四十七分緯度赤道北五十五度四十七分
方千百五十六密律距比得堡千四百三十里有倭爾噶河喀馬
河蘇拉河唯亞特喀河駄陸合河門肆威亞嘎河扯獵木山河潑會城同
省名在喀朁河上其水入倭爾噶昔為喀朁酉都城干五百五十

十七

二年俄取其地商務通中亞細亞烏拉爾恭畢爾多回教禮拜堂所祀竿上作月牙形產馬及大紅布臙脂駐步隊戰兵二營步隊戰兵三隊礮隊戰兵一營計三隊提督官兼轄唯亞特喀撒爾木烏發倭連布星比爾斯克薩馬拉薩拉奪甫阿思達勒汗烏拉爾斯克土爾該屬城十一曰飭思挖波立在省東南百三十六里喀馬河上其傅郭羅艿克村有大皮廠曰科自的米顏司克在省西北二百二十里倭爾噶河上曰拉驛奈甫在省南五十九里喀馬河上曰嗎嗎兜什在省東北九十五里唯亞特喀河上曰肆威亞在省西六十三里肆威亞嘎河入倭爾噶河處曰駟拔斯嘰雜端在省南百二十三里倭爾噶河上有河汊爲冬日船塢曰摭就付在省南百六十八里倭爾噶河上曰札烈倭郭克篩斯克在省西北百三十三里曰次威立斯克在省西百三十五里曰撒博克薩爾在省西北百四十六里曰鴉得林在省西二百四十七里蘇拉河上先謙案本喀山路今隸裏海部二漢三國康居地北魏西域水澤以南地金之康里（亦作康鄰）元爲柯散朮赤封地明爲蒙古之喀山國俄取之　欽定諸書作喀山斯科內府圖作噶贊元史作阿散南圖作加撒蚋總記作加屢（云東河臨戰南秣壓加西尼斯諾加北新多塞何秋壽云當作北木壓加南經多垂）與徐合備考作加三全志作加森（以上見備乘）萬國圖作喀散世界圖作可然列國學會二圖亦作喀山其東南有側斯託波爾卽繆之飭思挖波立其東有馬爾密什卽繆之嗎嗎兜什其西北有車波克索里卽繆之撒博克薩爾○繆又云星比爾斯克大省其民泥作威北喀簪南薩拉奪甫西尼日里諾甫戈傈特偏褲東薩馬那在經度六十六度四分緯度赤道北五十四度十九分方八百九十八密律距比得堡千四百七十三里有熱古略席山骺

鼉滌倭爾倭爾噶河蘇拉河肆威亞嘎河發會城同省名在倭爾噶
河上糧石埠產二麥駐步隊戰兵一營步隊守兵半隊曰悉宇蘭
在省南百五十三里倭爾噶河上糧石埠駐馬隊守兵半隊曰顆
爾孫在省西九十五里有尼嘰齊諾村柯別獵嘰村產璮可作帽
韃禨曰阿拉堆爾在省西北百九十一里有蒲羅木齊諾村在蘇
拉河上埠頭曰阿爾撻奪甫在省西北百六十九里曰步瑩斯克
在省北七十五里曰古爾彌什在省北三百十九里曰顯基烈在
省東南六十五里倭爾噶河上先謙案本喀山路今隸裏海部二
漢三國康居地北魏西域水澤以南地元朮赤封地明喀山屬地
俄取之北徼考諸書作新比斯克南圖作木耳度瓦異域錄作西
穆必爾斯科總記作新麥塞北伝楝騎赫羅戈酒淋驟一作新麻塞備
考作新比爾斯克鄂以乾上見郎徐之新比耳斯克世界圖與繆同例
國學會二圖作森比爾斯克其南有賽斯蘭郎繆之悉宇蘭其西
北有阿達套郎繆之阿爾撻奪甫○繆又云薩馬拉大省其民泥
作威北喀簪烏發南阿思達勒汗西星比爾司克薩拉奪甫東倭
連布爾克東南烏拉爾在經度六十七度四十五分緯度赤道北
五十三度十一分方二千七百四十三密律距比得堡千七百二
十四里有烏連該山古別琳山倭爾噶河薩馬拉河山出入烏倭拉爾爾噶文
河積乃立河拉入河薩馬伊爾幾子河入出鶻爾漣噶鼓河山大烏靜河小烏靜
河爾發屬滌入滌鳥拉步谷爾明嘎河葉嚕司蘭河爾入噶倭撫烈木山河喀出
爾礴噶入倭會城同省名在薩馬拉河入倭爾噶河處產麥歲出五百
萬拉帖唯爾積田疇沃美惜民不講溝洫一遇旱潦便成荒歉產
馬牛羊牲畜油駐步隊戰兵一營步隊守兵二隊屬城七曰布穀
魯思蘭在省東北二百六十九里稽乃立河上曰寫利稽在布穀

魯思蘭境內產硫磺水鐵水曰尼可來耶復司克在省西南百六
十五里伊爾幾子河上曰把納哻倭曰葉克接林什他得產大麥
淡巴菰二村在尼可來境內曰步谷爾在省東北三百七十七里
步谷爾明嘎河上曰布足魯克在省東百六十六里薩馬拉河上
曰諾倭烏靜在省西南三百六十八里大烏靜河上曰思塔勿羅
波立在省西北百四十五里倭爾噶河上先謙案本喀山路今隸
裏海部內府圖作薩瑪拉與星比爾司克接壤備乘以爲郎新比
爾斯克非也漢文圖作撒摩羅平方圖作薩麻剌列國學會二圖
作薩麻拉其西南有尼科剌柔斯克郎繆之尼可來耶復司克其
東北有不古爾馬郎繆之步谷爾其東有不蘇盧克郎穆之布足
魯克其西北有史套洛破郎繆之思他勿羅波立○繆又云偏襪
大省其民大俄北尼日里諾甫果倮特南薩拉奪甫貪博甫東星
比爾司克在經度六十八度四十二分緯度赤道北五十三度十
一分方七百五密律距比得堡千二百七十八里有偏襪河發源入蘇
拉蘇拉河慕克薩河發源殷薩兒河發源霍撒爾河發源倭倮那河發源會
城同省名在偏襪河蘇拉河合流處蘇拉河之大埠產果實大銅
鐘有官果園官果木學塾專究種植駐步隊守兵一隊屬城十曰
慕克山在省西北四十里慕克薩河上運麥石埠曰果倮底石在
省東四十八里曰殷薩兒在省西北九十六里殷薩河上曰茄連
諾克在省西南百四十八里刻拉司諾斯羅波辭克在省西北
百八十五里慕克薩河上曰拏羅甫槎特在省西北百三十八里
曰尼日里倮抹甫在省西北百一里曰悅爾赫宜倮抹甫在省北
百五里曰薩南司克在省北百三十里殷薩兒河止曰成巴爾在
省西南百三十八里先謙案本喀山路今隸裏海部二漢三國康

居國地北魏西域水澤以南地元朮赤封地明喀山國屬地俄取之總記作冰耶（云東新麥塞西嘽摩南南紫戈沙斯北加憂）內府圖作畢都克（以上見備乘）世界圖作賓撒列國學會二圖作奔薩與徐合其西北有摩爾禪斯克郎繆之慕克山其東有哥羅的車郎繆之果倮底石其北有薩蘭克郎繆之薩南司克又繆云大地全球之說以奔薩音近欽察疑即元之欽察是也備乘謂欽察在斡羅思之北奔薩在莫斯科之南方隅不合今案元史速不台傳討欽察引兵繞寬田吉思海轉至太和嶺鑿石開道至則遇其部長玉里吉及塔塔哈兒方聚於不租河縱兵奮擊衆潰走又至阿里吉河與斡羅思部大小密赤思老遇一戰降之大掠阿速部而還所謂寬田吉思海即裏海不租河即貪博甫之碧秋河其時亦屬欽察元人由金山和林進兵必先至裏海太和嶺當是烏拉山之支蓋由南而轉至北適當其地是時俄尚都烏拉的密爾所謂阿里吉河即阿嘎河也由此南循端河而下遂至阿速偏襍之爲欽察固無疑矣先謙案欽察元祕史又作乞卜察元史太宗紀云乙未太宗命諸王拔都及皇子貴由皇姪蒙哥征西域討兀魯思部圍禿里思哥城不克遣速不台往一戰獲其主也烈班諸城皆下盡取所部而還憲宗紀云與諸王拔都征斡羅思部至也贊城躬自搏戰破之地理志云歲丁酉師至寬田吉思海旁欽察酋長八赤蠻逃避海島中適大風吹海水去而乾生禽八赤蠻又憲宗紀云嘗攻欽察部其酋八赤蠻逃於海島帝聞亟進師適大風刮海水去其淺可渡帝喜曰天開我也遂擒八赤蠻李文田元祕史注引俄國志略云宋嘉定時蒙古拖雷率兵至俄國西鹹海旁地後又帶兵至裹海繼又至尼泊河俄國率衆小邦戰於卡爾戛河之上（此河入阿隆伕海）亦爲所敗迨

十三年後有蒙古王名拔都成吉思之孫將兵伐俄大勝所有人民盡殺之老幼婦女被掠殆盡其時無人主國由蒙古封敕該處人爲王遷於馬司孤作都其人勇謀兼備鄰邦小國皆附馬蒙古王馬賣知其情形課設法以制之諭將應交課稅加倍輸納該王不允屯兵敦河以守之固壯兵心果得大勝自是蒙古不敢輕視數年蒙古復起大隊兵來戰圍馬司孤城該王請盟於城下至明洪武年間王卒據俄人自言則寬田吉思海即今裏海而鹹海裏海並有有騰吉斯湖之目騰吉斯三字即田吉思之對音又裏海較大故有大騰吉斯海子之稱吉斯寬田吉思海所由名也尼泊河即烏拉河卡爾戛河即佛兒格河此兩河皆注裏海是裏海之爲寬田吉思海援古證今確乎不拔備乘欲以額納嶺泊當寬田吉思海殊非事實又奪阿速之名而專畀之阿索富不許其兼有哈薩克而不知其偏也元人所撰庚申外史云元朝廷聞紅軍起命樞密院同知赫斯禿赤領阿速軍六千並各支漢軍討潁上紅軍阿速者綠睛回回也云云既曰阿速又曰綠睛非歐洲無此種類然則哈薩克以西彼得羅以東皆阿速也（徐松西域水道記云元史每言阿剌與欽察爲鄰疑阿速即哈薩克阿速在欽察之南與哈薩克音亦相近）不然安有綠睛回回乎太和嶺當即烏拉嶺此欽察之地額爾齊斯西岸是康里從此漸西爲阿速而阿速自西抱南直襟裏海此又疆域之大略可指者以之貫穿元史祕史庶平有條不紊耳

○此繆又云唯亞特喀大省其民大俄北窩羅格達南喀彎烏發西科斯得羅馬東撒爾木在經度六十七度二十一分緯度赤道北五十八度三十六分方二千七百八十密律距比得堡千三百八十八里有烏拉爾支山唯亞特喀河喀馬河（發源北流）東末洛馬河會城同省名在唯亞特喀河上大埠頭境內

四分之三皆茂林深箐產健馬小而有力色乾革黃名倭布拡格

所屬格拉作甫多產油麥莜麥苧麻牛羊哈喇紙狐皮灰鼠埽雪

鼠木器樂器箱筒其木器樂器箱筒發中亞細亞皮張麻牲畜油

等發比得堡阿爾寒莫斯孤駐步隊守兵一隊屬城十曰格拉作

甫在省東二百十里曰驅絡博奪斯科耶在省北三十一里唯亞

特喀河上埠頭有鑄鐘廠曰薩拉布在省東南五百八十五里喀

馬河上有軍械廠距泊舟埠郭里堰三十里有機器鐵廠曰葉納

布嘎在省東南四百二十里喀馬河上曰邊切黎尼慈在省西南

九十六里唯亞特喀河上曰馬勒罘日在省東南二百八十里唯

亞特喀河上曰諾陵司克在省南百三十三里曰倭兒洛敷在省

西五十一里唯亞特喀河上曰烏爾辱木在省南百九十八里曰

雅蘭司克在省西南二百二十一里先謙案本喀山路今隸裏海

部二漢三國康居地元朮赤封地明喀山國地俄取之北徼考作

維得加南圖作未壓得加總記作未壓加云東巴母西果斯多麻南加屢北窩鹿那羅

備考作維亐得加以上見備乘世界圖作維亞特喀與繆合列國學會

二圖作維亞得加郎徐之維亞德加其北有索羅博達斯克郎繆

之驅絡博奪斯科耶○繆又云撒爾穆一作木大省其名昔稱烏拉

爾部北窩羅格達南烏發倭連布爾克西唯亞特喀東拕波爾司

克在經度七十三度五十六分緯度赤道北五十八度一分方五

千九百九十七密律距比得堡千八百七十二里有烏拉爾山喀

馬河出所限耶河思羅洼河出烏拉爾入出所隈再入喀馬烏發河出烏拉河顆爾洼

河出烏拉支山入喀馬撒擢拉河出烏拉爾入北海以上烏拉爾山西土拉河出烏拉爾入拕披爾河益

設提河出撒爾穆入拕波爾米亞斯河出倭連布經撒爾穆入益設提河羅吉洼河出烏拉爾入塔

勿達河再入伊爾推什河伊爾比切河出烏拉爾入泥市河再入土拉河卑日馬河入土拉以上烏拉爾

輸產五金金鋼石子母綠孔雀石青水晶墨晶紅藍寶石采石歲出黃金四百餘鋪特白金一百鋪特生鐵二千萬鋪特熟鐵千四百萬鋪特銅二十萬鋪特石灰一千萬鋪特統烏拉山計之會城同省名在出所隈耶河喀馬河合流處大埠由烏拉山來貨集此再由倭爾噶運出有哈喇廠皮廠生鋼生鐵作廠專造大砲炸彈船艎鐵板機輪駐鐵路工兵一隊屬城十一曰葉喀帖離布爾克大比得所建之邑其長轄烏拉嶺經理礦產民業冶多五金礦廠近年該國政府議欲將此城分建省治以民富庶而礦甚旺也在省東南三百六十五里烏拉嶺脊有金廠銅錢局琢廠有金礦有治作二曰伊爾比切在省東南六百六里伊爾比切河上有大集廠歐亞二洲互萃分運期一月聚七萬餘人每次出入三千六百萬盧布曰唯爾合都利耶在省東六百六十三里土拉河上郎異域錄之費耶爾和斯科也有諸鐵廠專造鐵路火車各器曰峯黎喀穆司克在省北二百六里喀麻河上產井鹽石鹽民以煮鹽爲業有秸厽歆村達洼村烏蓑笠葉村曰喀梅石羅甫在省東南四百九十五里卑日馬河上曰克拉司諾烏飛木司克在省南二百四里烏發河上曰琨姑爾在省東南六十一里思羅洼河上曰窩薩在省南百三十九里近喀馬河曰倭罕司克在省西南六十八里喀馬河上日車爾玎在省東北二百九十六里曰沙得琳司克在省東南五百七十八里益設提河上先謙案本喀山路今隸裏海部二漢康居地元朮赤封地明喀山國地俄取之內府圖作巴達雅噶珊南圖作白爾米亞又作白爾墨勿利各北徽考諸書作白爾摩與徐合總記作巴母云東亞洲俄羅斯西木壓加南衎林墨北阿鹿那以上見紅乘世界圖作珀爾穆列國學會二圖亦作白爾摩其東南有控噶爾郎繆之琨姑

爾又東南有熱喀特林不爾尼郎繆之葉喀帖離布爾克又東南有郭拉林斯克郎繆之沙得林司克又東南有伊爾畢特郎繆之伊爾比切其東有費爾和土爾郎繆之唯爾合都利耶其北有索里喀木斯克郎繆之拏黎喀穆司克其南有俄薩郎繆之窩薩又南有克拉斯瑙分斯克郎繆之克拉司諾烏飛木司克世界圖作克拉斯諾賓斯克其西南有俄占斯克郎繆之倭罕斯克○繆又云烏發大省其民昔稱倭連布部北撤爾穆東南倭倭連布西南薩馬拉西喀瞽在經度六十八度三十六分緯度赤道北五十四度四十三分方二千二百十五密律距比得堡千九百六十一里有烏拉爾山烏發河出烏拉山入別拉牙河嚶河出烏拉山入烏發游獵瞽河出烏拉山入烏發隱節兒河出烏拉山入別拉牙河喀馬河東岸小汊一會城同省名在烏發河別拉邪河會流處其土黑壤宜麥產沙金牲畜禽鳥屬城五曰自拉拖烏絲克在省東北四百六里有軍械廠鋼鐵廠眯亞斯河上產金沙郎名眯亞斯曰別獵俾在省西南百六十八里曰比爾斯克在省西北別拉牙河上曰珉茄玲司克在省西北二百七十一里曰斯得爾里達馬克在省南百二十三里刑拉牙河上先謙案今隸裏海部世界圖作烏華圓球圖作奥法俄史作窩瓦列國學會二圖與繆合其西南有貝列比郎繆之獵俾其西北有比爾斯克與繆合又西北有面水林斯克郎繆之珉茄玲司克其南有斯特爾里塔馬克郎繆之斯得爾里達馬克○繆又云薩拉奪甫大省其民泥作威北偏褸星比爾司克南端斯喀邪阿斯達勒汗西貪博甫倭羅涅曰東薩馬拉在經度六十三度四十四分緯度赤道北五十一度三十二分方千五百三十四密律距比得堡千四百七里有日古略甫山沿倭爾噶河右岸倭爾噶河蘇拉河出略甫山古霍

撒爾河薐的唯積穠河發源伊洛勿斂河出略舶古會城同省名在倭爾噶河上糧石埠產麻向日葵肥牛大尾羊良馬其地尋常收穫八成熟則收至十五成歲除本省民食外餘五穀六百萬扯帖唯爾積每一扯帖唯爾積約中國一石園圍千五百區每區約方二十五三十疊斜畦一疊斜畦合中國方二千丈每園歲收約值七千盧布駐馬隊戰兵七千步隊守兵二隊砲隊戰兵一營屬城十曰赫佳陵司克在省東北二百十七里倭爾噶河上曰倭爾司克在省東北百九十七里倭爾噶河上曰喀梅深在省南百七十九里倭爾噶河上挨爾敦湖所產鹽聚處曰擦利勤在省南三百六十二里倭爾噶河上曰薩列卜達在擦利勤之南產芥末淡巴菰及婦女所用巾網手套多德國人在此耕種製芥末為業曰阿特喀爾在省西八十四里曰巴拉灼弗在省西二百五十里霍撒爾河上曰枯宇聶慈克在省北四百二十二里曰撒特羅甫司克在省西北百四十五里薐的唯積穠河上曰袁爾多布司克在省西北二百十七里先謙案本南俄路今隸裏海部二漢三國安息國海北地北魏西域兩海之間地唐突厥可薩部地金阿速北境元朮赤封地明可薩部　國朝隸俄內府圖作薩拉多傳北徼考作端可薩何秋濤云端可薩與薩拉多傳聲不相近然以地形考之賓卽一地端以水名可薩以部族名薩拉卽可薩多卽端也斯字傳字語助可有可無盆地有二名故記載各異耳異域錄作薩拉托付備乘又云錄言薩拉托付賓佛爾格河端可薩嶺端河是端可薩在西薩拉托付在東本爲二地道光祖以端可薩統至部屬南俄九年以後移治於薩拉托付也又以敦爲南方一會城之一道光未仍名端可薩總記作端戈沙司又作端科薩又作端苛薩斯云東南歐色特里西寄羅匿斯北水耶新麥塞全志作端可沙備考作敦會城以見備乘何云端河又名敦河則知敦餽端也可薩部蔌之名故可省耳萬國圖作薩剌託夫圓球圖作薩拉叨夫世界圖作撒拉頭列國學會二圖作薩拉德夫與徐

合即雷之塞拉瀦夫其東北有窩耳斯克即繆之倭爾司克又東北有喀氐林司克即繆之赫佳陵司克其南有克木勝即繆之喀梅深又南有察里勝即繆之擦利勤又南有薩勒普夫即繆之薩烈卜達其西有亞特卡斯克即繆之阿特喀爾其北有庫茲捏斯克即繆之枯字聶慈克其西北有倍特老斯克即繆之撒特羅甫斯克○繆又云阿思達拉汗大省其民泥作威克北薩馬拉司塔勿羅波立東南裏海東烏拉爾西薩拉奪甫端斯克耶在經度六十五度四十二分緯度赤道北四十六度二十一分方四千二百又十二密律距比得堡二千十八里案蒙古回部王公表傳云準噶爾稱北厄魯特系出厄墨特達爾汗諾顏始謂此也喀爾梅幾即北厄魯特又查列甫當即馬努託海土爾扈特卓帳處昔所譯音皆由蒙古出故與俄語不能脗合有倭爾噶河阿赫圖巴河薩爾巴河挨爾敦湖巴斯堤察克湖有鐵路至黑鴉兒會城同省名在倭爾噶河上距裏海九十俄里多布茄耶勿斯克游牧哈薩克善服馬畜牛羊肥腯即以爲生喀爾梅幾類十一萬九千五百餘人布茄耶勿類十三萬四千人凡襍喀復喀斯襍喀斯丕思波斯諸貨皆聚於此產魚鱉所出紅魚每夏季可百二十五萬鋪特蘇達克魚四十萬條一年魚價可七百萬盧布產各種果實蘋婆棃柹桃李葡萄西瓜木瓜大白瓜山藥豆春茶駐步隊守兵一營喀薩克馬兵一隊屬城五曰查烈甫在省西北四百八十一里昔羅塔耶酋建都處俗稱金回回其城曰薩來境內有二大湖產鹽歲銷一千萬鋪特一名挨爾敦一名巴斯堤察克曰汗斯喀耶斯撻夫喀在省西北百四十二里即舊日汗營也曰葉諾塔咽弗司克在省東北三十五里曰克拉司壘鴉兒即紅鴉兒在省西北二百五

十七里阿赫圖巴河上曰車爾尼鴉兒郎黑鴉兒在倭爾噶河上
先謙案本東俄路今隸裏海部二漢三國康居地北魏西域兩海
之問地隋鐵勒得疑海西部唐突厥西部地明為亞斯大蠟甘國
後隸俄內府圖作阿斯達拉罕北徼考諸書作阿斯達拉于與徐
合利瑪竇圖作亞斯大蠟甘南圖作亞私大蠟甘職方外紀作亞
斯德辣罕異域錄作阿斯塔爾漢一作阿斯塔兒汗亦作歐色特
里總記作阿薩塔干云東界海西薩加紀南端苛薩斯北阿林墨地多蘋野崇山領小部四十一首部瀨
裏海土番赤富善貿易貧者補魚爲生東南閣有阿喇湖可者鹽格廉敏爲舊晴首部今雖顛廢居民尙七蔥亦作阿斯
特臘贊海國圖作亞沙塔干備考作亞斯達拉干亦作迺大罕
全志作阿斯達干事輯作阿斯坦拉汗以上見備乘俄史作阿思式拉
堪世界圖作阿士特拉刊異名記作阿思他干列國學會二圖作
阿斯拉干其西北有熱諾大柔斯克郎繆之葉諾塔咽弗司克作東
北設疑又西北有俾爾尼伊雅郎繆之車爾尼鴉兒又西北有撒柳
郎繆之薩來其東有克拉斯若雅爾鄓繆之尭拉司壘鴉兒作西北疑
叢○繆又云倭連布爾克大省其民昔稱倭連布部北撒爾穆南
烏拉爾斯克西烏發薩馬拏東拖波爾司克土爾該司克在經度
七十二度四十六分緯度赤道北五十一度四十五分方三千四
百四十五里距比得堡二千一百四里有烏拉爾山倭連該山伊
纖緜宜山烏拉爾河烏伊河出倭連該托波克河入薩克馬拉河入烏拉爾河別
拉丏河出倭連該也丏思河出倭連該益設提河入隱節爾河發源薩馬拉河發源伊
烈克河入烏拉爾河產吉貝河內產草名克拉披禨類麻其民有拔什
噢爾族取以織布甚密如番布會城同省名在烏拉爾河上有稅
闊駐步隊戰兵一營本省喀薩克砲隊馬兵一隊砲臺八屬城五
日特羅緊慈克在省東北七百五十一里烏伊河上有稅闊其地

用橐駝負貨往布哈爾等處曰唯爾赫黏烏拉爾斯司克在省東北五百七十五里烏拉爾河上曰倭爾司克在省東二百六十五里倭爾河烏拉爾河合流處曰扯斂平司克在省東北八百三十二里乜歹斯河上曰米雅斯齊在省東北七百二十四里駐本省喀薩克砲隊馬兵一隊先謙案本東俄路今隸裏海部二漢三國康居地北魏西域水澤以南地隋鐵勒得嶷海東地唐突厥西部地明納加賀爾達地後隸俄北徼考作阿鄰堡南圖作納加賀爾達總記作阿林墨（云東界亞洲俄羅斯西加區南阿薩塔千北輸尼地多草喃東喇有河出烏鹽嶺曰烏拉領河由境內南歷阿薩塔千而注裏海韃小部落三十三河林墨本有部落遊緣近邊界改移總領官於烏鹽故近以烏鹽爲者部上番頭樓今衛入化韃難里八歲販馬至者萬計羊約六萬）亦作荷林墨又作阿臨默又作阿林墨薩備考作痾倫不爾厄與徐合（以上見備乘）萬國圖作俄連堡圖球圖作奧倫杯克俄史作倭倫堡全志作阿仁布勒列國學會二圖作痾倫不爾厄其東北有威爾折烏拉斯克郎繆之唯爾嚇黏烏拉爾斯司克又東北有米雅斯科郎繆之米雅斯齊又東北有別特洛爾熱斯克郎繆之特羅繫慈克又東北有車里唯賓斯克郎繆之扯斂平司克其東有鄂爾斯克郎繆之倭爾司克

白海部

繆編云白海乃北冰海之一角俄人於其港汊輒以臂名之郎古所謂海濱也極目寒慮村墟寥落叢木灌莽獸蹤鳥跡徧於四郊自緯度六十五以南地始宜麥其實甘白水程則繞出大西洋與北亞美利加通能逕達於瑞典英法三百三十年前其主伊萬弟四時英人成斯徵爾探路至此始立埠市出入諸貨無征但許英通商泊比得羅時乃釐定稅則並聽歐洲諸國賈船入口由是風氣稍開甌閩頻化生民有賴林總日滋然帆檣往來歲僅數旬載

出者惟木惟魚是爲巨產値嚴冬民多驅鹿車南徙謀食故地方二萬餘里止建二省焉其曠弃不足墾治者葢十之六七矣○繆又云阿爾寒節黎司克大省北白海北海南倭羅湼慈窩羅格達西芬蘭東悉畢爾之拕波爾司克在經度五十六度三十三分緯度赤道北六十四度五十七分方萬五干三百一密律距比得堡千百五里即徐志之亞爾千日爾部北（千是干之誤）其東兼烏拉爾支山西兼芬蘭支山東北拜恢山有白海北唯納河（入海處）倭聶嘎河（入海處）剛達納克海汊也鯖河（入海處）扯司喀海汊烏薩河（出烏拉爾山入別擺爾河）夷日馬河（出烏拉爾波羅的山入別擺爾河）皮聶嘎河（入北唯納）哇嘎河（入北唯納）且穆河（入北海）可納河（入北冰海）帕臥節拉湖拕波接洛湖枯特諾湖會城同省名在北唯納河上即徐志天使頭城也距北海五十二里爲國境北方重鎮海口衝要產鹿皮鼠皮海狗長鯨魚黃花魚寫利嘰魚野鷲駐本省喀薩克馬兵一營巡邊稽稅馬兵一營各國來船歲約五百艘英法美最多食用皆仰給他境入口貨歲値六十六萬盧布本國貨至此運出者木料牲畜油紅麻二麥歲値七百萬盧布往瑞美英法諸境街衢純鋪木質有船纜廠木廠皮廠民熟皮爲業兼多獵戶其林莽寬廣斫伐不護惜有濯濯者近頒禁令有限制民養鹿多以挽車用其皮角食其肉乳屬城七曰索倫班離與省隔河有船廠曰倭聶嘎在省西南二百三十一里曰倭爾嘎河上船埠產畫眉鳥娑羅唯慈鳥上有廟其神靈異如中國南海補陀多往朝之曰霍洛木各雷在省東南七十一里北唯納河上昔有人名洛末諾索甫負壯志至莫斯孤學諸藝歸以授人榛狉蔪啟產長角大牛名霍洛末各耶又水畜曰摸爾日形如海犬口有二長可彎如鉤一名海馬而與南洋之海馬小大懸殊形亦不類

曰且穆在省西四百八十六里且穆河上曰乜鯖在省東北五百七十里曰皮聶嘎在省東二百十一里皮聶嘎河上曰深姑爾司克在省南三百七十四里哇嘎河上先謙案本大俄路今隸白海部二漢三國奄蔡地北魏栗特地金欽察地元朮赤封地明隸俄內府圖作阿爾甘惹爾北徹考諸書作亞干日備考作亞爾干日耳以上備乘見俄史作阿爾懇隔埒世界圖作阿刊結耳斯克列國學會二圖作亞爾干日耳與徐合其西南有阿尼歹郎繆之倭聶嘎世界圖作歐內歹總記作阿占歹一作阿占歹爾云東亞洲俄羅斯西發摩南爾爾那北氷海內府圖作噶爾噶噶博爾占噶爾斯歸備乘云此地在亞干日之西蓋當日移治也案疑郎阿尼歹矣其西有克木郎繆之且穆其東北有密森郎繆之乜鯖世界圖作黑森其東有皮捏戛郎繆之皮聶嘎其南有善薩爾斯克即繆之深姑爾斯克○繆又云窩倮格達大省北阿爾寒節黎司克南葉洛斯納甫科斯得羅馬唯亞特喀撒爾木西諾甫果倮特東抡波爾斯克在經度五十七度三十三分緯度赤道北五十八度十三分方七千三百二密律距比得堡七百八里有烏拉爾波羅的山在南烏拉山在東蘇合拉河出古頓斯克爾會委徼格達名北維納窩倮格達河入蘇合拉盧襪河入幽嘎委撤格達河驷所拉河入委徼格達威呆河入委徼格達別擢納河皮聶河發源哇嘎河發源溫惹河發源入倭爾噶產熊狐獺銀鼠埽雪鼠野梟鷓鶉白鋪馬尾松會城同省名在窩倮格達河上民善績細麻織巾布網絡務耕作駐步隊守兵一隊屬城八曰唯利克烏斯鳩格在省東北四百五十四里蘇合拉河幽嘎河合流處洛舒理埠在盧襪河上百貨萃此曰朵吉麻在省東北二百三里蘇合拉河上民煮鹽爲業曰雅連司克在省東北七百二十里曰烏私奇驷索力司克在省東北

八百七十七里民以吉斂尼族最多有生鐵廠曰索里委撒果慈克在省東北五百四十二里委撒格達河上產鏤花銀器兼鐵器民多鐵工製鎖鑰鐵螺絲其俗稱物每百四十作洛特尼克合俄一斤曰尼顆立司克在省東六百十六里幽嘎河上曰喀得尼科甫在省北四十二里曰唯立司克在省北二百六十七里先謙案本大俄路今隸白海部二漢三國奄蔡國北魏粟特國金欽察國元朮赤封地明俄羅斯種人依番瓦什里魚赤自此起兵驅逐蒙古據大俄地稱汗郎所稱以萬王也　欽定諸書及通鑑輯覽作奇卜察克內府圖作倭羅克達南圖作所爾剌大總記作那窩俄落（云東窩鹿那南宾瓦西北律華北河羅羲斯地處北隅並韃麻爾底瀨海各地為最蠻得之寫不受約束後為蒙古韃靼王王）（所奪俄伊俺王始征服之其地戶九十一萬五千五百口）一作諾戈落亦作諾科落備考作窩羅痾達與徐合耶律楚材西遊錄作可弗又（以上見備鞣）漢文圖作俄老格達萬國圖作倭洛達世界圖作倭洛格答列國學會二圖作倭羅格達其東北有宅特馬郎繆之朵吉麻又東北有威里奇烏斯求吉郎繆之唯利克烏斯鳩格又東北有索耳徵車格斯克郎繆之索里委撒果慈克又東北有者林斯克郎繆之雅連司克又東北有烏斯特塞索里斯克郎繆之烏私奇駟索力司克其東有尼科里斯克郎繆之尼顆立司克其北有乞里洛弗郎繆之喀得尼科甫又北有威耳斯克郎繆之唯立司克

俄領高加索斯

高加索斯辻志云介在裏海黑海之間現亦爲俄所領北因瑪尼氣河以接歐洲俄羅斯南界波斯及亞細亞土耳其東

臨裏海西濱黑海北部曰北高加索南部曰後高加索先謙案謝志作高嘎西亞云一名卓支亞在嘎斯卡與黑海之間高嘎色斯山東西橫列分南北二部曰北高嘎西亞南高嘎西亞雷志云高加索斯山兩邊皆是也志辻云大高加索山橫亘中央小高加索山綿亘南境最高峯曰亞剌特山萬六千九百十六尺中間及北方則土地不甚高峻案繆編高加索山作喀復喀斯山小高加索山作小喀復喀斯山講義云俄國東南境雖不甚明然以頓河支流馬尼的之谷爲境可謂切當常例以高加索山脈之分水綫爲東南境然俄領高加索州既跨山嶺南北以政治區畫言之究不應以爲歐亞之境且以地勢論高加索山脈卽屬亞細亞亦無不可至於馬尼的河之低地在地質學時代合阿拉爾海裏海等同爲海底之一部以之作歐亞之境實合於地勢也內愛耳勃拉士謝志作愛爾盤辻志作以爾伯爾士高萬八千五百三十英尺面積十八萬二千四百六十英里辻志云千八十萬方里人九百二十四萬八千六百九十七口辻志云八百三十六萬其地大川甚少惟南部二水流入裏海湖水惟苟克細亞湖最大其氣候因山野形勢各地不一北方乾燥而寒冷南部帶溼而溫和東境寒暑皆烈山中樹木暢茂平地穀果尤多謝志云大河曰庫爾河曰阿拉斯河皆入嘎斯卡海地多火山遺跡常有震動礦產有揮發油石腦油年產六百萬噸○辻志云巴庫有洋油坑尤有名一日約產萬一千噸爲世界二大油坑之一合衆國美煤銀銅千八百九

十一年製造廠用工人四萬二百八十四近志云鐵路北接歐洲俄境支綫達黑海及裏海南起黑海沿岸經替夫利斯府至巴庫　替勿里斯人十六萬六百四十五口　巴沽人十一萬二千二百五十二口　意喀德林那大人六萬五千六百九十七口　弗蘭狄喀夫喀士人四萬三千八百四十三口

以上要區　徐志云高加索新藩部一作告甲倂在海東諸部之東南亞洲極西之土也南有高加索山西壓黑海東抵裏海綿亘蜿蜒千峰矗起其北境環抱裏海地勢平闊達於加屋部之白爾摩舊本游牧回部俄以兵力取之遂南在高加索山南北者皆土番種類獷悍異常舊屬土耳其波斯者近年俱爲俄所轄置新藩五大部極北者曰痾倫不爾厄部一作阿都堡地接西域回部崇回各部互市於此以馬牛羊易布匹痾倫不爾厄之西西南曰阿斯達拉干部一作迓大罕爲五藩部之一都會窩瓦河從西北來由此入裏海備乘云窩瓦河即佛爾格河一統志異域錄俱以爲入滕紀斯湖是滕紀斯湖即裏海而志言滕紀斯周圍僅七八百里非也兩岸草場豐美牧畜蕃庶即土爾扈特寄居遊牧之地西域聞見錄謂烏巴錫圖河亦未合幸河南戶口內附而遺其河北今考窩瓦河自西北西東南烏巴錫之東逋蓋騰異河東戶川而遺其河西祂備乘云案異域錄言土爾扈特阿王奇汗游牧地方西北爾面有佛爾格即厄濟爾河環流是覓河本其在上爾扈特之北又折而繞其西言河南戶口亦未爲不可也地通衢四達西域游牧各部互市者絡繹於途故富饒爲五部之最女子絕美各部爭買爲婢妾價極貴有才能者或爲后妃裏海產鱣魚龍土人長於釣捕販行甚遠阿斯達之南曰薩加社一作西爾加西亞一作色爾設汉作類勒阿西各在高加索山之陰種人居巖谷不事耕作貧

甚而性特悍猛習於剽劍鄉皆土堡自練丁壯爲兵俄人伐之往往挫衄僅羈縻之不能使馴擾也薩加社之南曰諾尼阿部（一作額野）在高加索山之陽本屬土耳其後稱兵叛土俄征服之收爲藩部其地山嶺崎嶇戶口多而貧販男女爲奴婢民俗獷悍甚於薩加社諾尼阿之東曰日爾日部（一作熱阿義備乘云一作日爾日卽海國聞見錄所稱若鹿惹也地亞）東距裏海跨高加索山之南北本屬波斯嘉慶十八年俄戰勝攻取之民俗與諾尼阿同男女多美姿容會城曰得勒甚陋俄人修飾之漸改觀矣（薩加社諾尼阿日爾日三部近年又分爲八部曰日爾日曰是爾彎曰亞爾美尼亞曰義米勒多曰多曰明哥勒里亞曰達日斯丹曰西爾加西亞曰亞巴酉亞八部之外又設立高加索省原圖皆未分畫）總記云俄國南新藩五部曰薩加社曰納希斯丹曰諾尼阿曰阿沙塔干曰阿鄰默同屬一區內有高加薩斯大山外臨黑海裏海壤地崎嶇不與各國往來人皆化外恃其險僻謂無人敢侵其境未幾諾尼阿爲巴社（卽波斯）所奪尙有濱海數小部亦爲都魯機（卽土耳其）所奪薩加社等部又爲俄有嗣諾尼阿叛巴社俄征服之並得都魯機屬數小部土番皆習馬哈墨回教不諳文學技藝劫掠爲生俄設兵設官極力撫導惟阿林墨部已歸化同於內地次則薩加社亦皆馴服阿薩塔干平地多韃韃里流寓之人設勸館管東稅其牛羊尙遵法度若諾尼阿納希斯丹則蠻如舊因其地與巴社附近欲藉其力以捍拒雖有官彈壓羈縻而已又云薩加社部東納希斯丹南諾尼阿西黑海北阿薩塔干境內多山嶺最高曰高加薩斯山千三百三十丈終年積雪土不饒而宜麥首部曰摩斯諾設有礮臺地極崎嶇俄闢山路造橋梁五年始藏設總領一人及玉士領千五百名玉士領武官也所蓄奴僕分二等一備戰陣一司耕作備戰之奴僕多至萬人其女多姸麗出以布蒙面躧木屐童女

以皮束下體釘以銀扣俟嫁時夫親釋之生兒女三四歲親朋即抱去撫育教習無異親生男至堪臨陣女至可婚配始還其父母謂親自鞠養恐其溺愛也機士臘小部落瀕氏力河市埠萬家而鄂魯機之阿敏尼阿人十居七八產絲髮及酒先謙案二漢三國安息地北魏西域兩海之間地唐波斯地後併於大食五代遼金波斯地元北報達國地後爲蒙古諸王封地明波斯地　國朝嘉慶間俄取之北徼考諸書作薩加社備考作西爾加西亞皆與徐合全志作西爾加西亂社見又云諾尼阿部東納希斯丹南都魯機西黑海北薩加社巖鬱盤互萬木參天山深多礦本巴社之地因巴社與俄交兵徼兵中年不及壯之兵盡入營伍憤怒背叛不意復爲俄得領小部落土番壯勇而女多美戶三十餘萬口其俗權貴之家御僕殘刻無論田之磽沃倍額收租不計耕奴凍餒故赤貧甚眾劫掠四出雖良農負耒而耕亦必手械自衞特付里斯首部落也俗舊湝樸今漸華靡有習武館軍裝庫互市蕃盛先謙案二漢三國安息地北魏西域兩海之間地唐波斯地後併於大食五代遼金波斯地元報達地後爲蒙古諸王封地明波斯地後屬土耳其旋復爲波斯地　國朝道光八年俄取之內府圖作額里旺北徼考諸書作諾里阿與徐合南圖作亞兒墨泥亞備考作亞爾美尼亞全志作亞爾美尼亂社見

喀復喀斯部

繆編云有大山介黑海裏海間由西北斜下迄於東南約三千里郎魏書西域傳所謂兩海之間水澤以南爲一域也俄人稱爲喀復喀斯舊譯高加索高架所高加薩又曰喀卜喀山即唐書西域

傳之波悉山番族澆鄙獷悍諸小渠長薔數十歐洲諸國自古視爲域外考西人記載謂亞細亞北方有匈奴三百七十年間徙西方與亞蘭人爭其居亞蘭人住寫爾噶河敦河之間料匈奴難敵遂合爲一診其地當卽此部亞蘭卽阿爾綿宜也俄人經營數十年局勢大定千八百四十年於都城設喀復喀斯科爾階特署專理其事俄主阿烈克三德第二之弟海米勒分藩於喀境今因民俗漸化其署已裁凡分十六省山南自拔圖穆以次又別曰雜喀復喀斯雜者後也自其國視之在山後也總記志略備乘於此部多未詳核所謂高加索九部曰日爾日曰諾尼阿曰義米勒多门明哥里曰是爾灣曰納希斯丹曰亞巴西亞门薩加社皆其地也而譯音訛轉不可究詰其族曰喀撒克者卽隋唐時突厥之可薩部所謂近西海與波斯大食鄰者賓此境也勇敢善鬭七八歲使馳馬如飛用爲驕卒每戰克捷遂衣以紅甲裳俾殊其式而威鄰敵他族之欲爲騎卒者得入其籍而端河之喀薩克亦頒著焉俄王歲或一幸以撫咻之使王子遙領提瞀以衿寵而鼓舞之凡有大事俄主長子尼闊來鱳耩黖文鄙尼必服喀撒克之衣凡國之邊要皆駐喀薩克隊亦如中國之用錫伯索倫也先謙案據下文賓止十三省十六當爲十三考案地形並無遺漏徐志總記併疴倫不爾厄阿斯達拉干亦列爲高加索新藩部乃舊時疆域如此○繆又云司塔勿羅波力大省北端斯喀耶阿斯達勒汗東南烏拉的喀復喀斯西枯班在經度五十九度三十九分緯度赤道北四十五度三分方千二百三十八密律距比得堡二千五十四里有麻熟嘎山鮑靳枯馬河出喀僾落斯山入裏海馬耒飭河屬南岸卽以爲界其水入崙河會城同省名有大山極雄峙產牛羊其民喀薩克族諾該族喀爾梅

幾族家有一萬牲畜爲巨富凡游牧共八萬三千七百四十二人
駐步隊守兵一隊提督管轄喀復喀斯全境兼轄雜喀斯不思屬
城二曰諾倭格利郭里耶復司克在省東南百八十四里駐步隊
守兵一隊白別諾恪林斯克耶在省東百三里駐本境馬隊守兵
一營隸喀復喀斯部先謙案司塔勿羅波力講義作斯達佛羅波
爾云人三萬七千口自俄國至外高加索此其舊道列國學會二
圖同世界圖作斯塔夫羅朴北阿斯達拉千西庫班東南倭拉的
喀復喀斯會城同省名○繆又云枯班小省北端斯喀耶南蘇烘
木東司塔勿羅波力節爾斯喀耶西亞速海西南車爾諾莫耶司
克在經度五十六度三十八分緯度赤道北四十五度一分方千
六百八十密律距比得堡二千四十四里即備乘所稱亞巴西亞
全志作古里利有喀復喀斯山亞速海枯班河出麥復喀山一支入黑海一支入亞
速中則楠懺鳥也烏魯卜河拉巴河別拉耶河二水出喀復喀斯山入枯班會城日葉
喀接離諾達爾在枯班河上有官果園案種植之法設官經理以
爲民法其民別一類充馬兵者曰枯班馬兵與喀撒克均別編一
籍著紅甲裳統計約二十七萬人其健者揀至比得堡日加練習
以成勁旅產葡萄石炭每年二十萬鏞特駐本城喀撒克馬隊一
營砲隊一營砲臺一屬城十曰唉斯克在省北二百五十八里亞
速東岸海口大埠所出之貨以二麥牲畜油皮張爲大宗曰榻們
在省西百七十三里黑海亞速之間案備乘云元阿速國即今黑海以北之地其海至今猶名
亞速海又有敦河出俄之都拉部南曲折流至阿索富城之西北入亞速海阿索富當即古阿索富都城迤敦河即端河曰且
抹留克留一作留在省西北百三十五里業瞞湖上近亞速產鹽曰邁
果樸在省東百三十九里傍黑海在喀復喀斯山極西產石油駐
喀復喀斯馬隊守兵一營步隊戰兵一營喀撒克砲隊馬兵一營

日涅沄諾梅司喀邪在省東南二百七十四里駐步隊戰兵一營
日烏私奇拉頻司喀邪在省東北六十四里駐步隊戰兵一營曰
諾倭博格傈甫斯喀邪在省東北百五十里駐喀復喀馬隊守兵
一營曰烏自扁斯喀耶駐喀復喀斯馬隊守兵一營曰伊利迎司
喀耶駐喀復喀斯馬隊守兵一營曰阿勒馬尾爾駐砲隊戰兵一
營隸喀復喀斯部先謙秦列國學會二圖作庫班西北同南蘇克
亨東斯達佛羅波爾倭拉的喀甫喀斯會城曰貝喀特里那苔郎
雷之意喀德林那大繆之葉喀接離諾達爾其西北曰田留克郎
繆之且抹留克其西曰他曼郎繆之榻們其東南曰買料埔郎繆
之邁果樸○繆又云節爾斯喀耶小省北司塔勿羅波立南枯塔
伊思梯富麗斯達咭思丹西枯班東裏海在經度六十二度二十
一分緯度赤道北四十三度二分方千百五密律距比得堡二干
三百五十七里此下凡濱裏海者皆前人書中所稱薩加社部有喀復喀斯山唉裏布盧
斯山得合檮山喀思伯克山安造斯克嶺秋連宜烏在裏海茄獵茨
克河出喀復喀斯山入裏海松熱河入茄獵茨會城曰務拉的喀復喀斯在茄獵
克河上產葡萄西瓜山桑絲駐步隊戰兵一營本省喀撒克馬隊
戰兵一營砲隊戰兵一營砲臺九屬城十三曰抹自奪克在省北
八十七里駐步隊戰兵一營曰嘰自獵爾在省東北二百四十里
茄獵克河上民嫻種果種桑養蠶繅絲其絲名灼爾克販往各城
造葡萄酒極甘美郎名嘰自獵爾曰撒黍果爾斯克在省西北二
百三十九里駐步隊守兵一隊曰格傈茨納耶在省東百里駐步
隊戰兵一營本省喀撒克馬隊一營步隊守兵一營曰隔倭爾幾
耶甫斯克在省西北百六十五里駐步隊守兵一隊曰惟玎在省
東南百五十七里曰阿爾肱在省東百七十九里曰哈薩夫幽爾

特在省東百八十九里駐步隊戰兵一營曰阿爾敦斯喀耶駐本
省喀撒克馬隊一營曰米海洛夫斯喀耶駐本省喀撒克砲隊馬
兵一隊曰布傈池拉耶駐本省喀撒克馬隊一營曰葉喀圖幾在
省西北二百十四里駐本省喀撒克砲隊馬兵一隊曰倭自在省
東百二十四里駐步隊戰兵一營隸喀復喀斯部先謙案節爾斯
喀耶列國學會二圖作德勒克其務拉的喀復喀斯二圖作倭拉
的喀甫喀斯講義云路高加索山脈北麓當轉運鐵道之交錯點卽雷之弗蘭狄喀夫喀士
北斯達佛波爾南庫台伊斯第佛利斯達格斯敦西庫班東裏海
其北有摩斯多克卽繆之抹自奪克東北有奇斯里雅爾卽繆之
幾自獵爾西北有吉痾爾久斯克卽繆之隔倭爾幾耶甫斯克又
西北有貢西亞土奇卽繆之葉喀圖幾世界圖有彼得魯夫斯克
卽繆之米海洛夫斯喀耶○繆又云達咭思丹小省北節爾斯喀
南耶哩薩唯託波力八枯西梯富麗斯東裏海在經度六十四度
四十七分緯度赤道北四十二度五十分方五百三十八密律帖
密爾距比得堡二千六百十五里顛爾邊距比得堡二千七百五
十八里有喀復喀斯山崙安迭斯克嶺蘇拉克河南岸薩木耳河出喀
復喀斯山入裏海省城曰帖密爾塞暑拉大城在裏海西岸駐步隊戰兵
一營砲隊戰兵一營砲臺九屬城八曰顛爾邊大城在省東南百
四十二里別立城長不屬於達吉思丹之固必爾臘托海口商埠
駐步隊戰兵一營曰奴哈曰別特洛府司克在省東北四十三里
海口商埠南北築堅石壩捍波濤阻敵船曰古尼布在省南百二
十一里曰古薩尼曰日軋喀他立疊什拉噶爾在省東南六十九里
駐步隊戰兵一營曰赤金悠爾特在省西北四十七里駐步隊戰
兵一營先謙案二漢三國安息地北魏西域兩海之間地唐波斯

五洲地理志略　卷二十五　三七

地後併於大食五代遼金波斯地元爲的希斯丹明波斯地後隸土耳其旋復爲波斯地明隸俄北徼考諸書作納希斯丹總記二六東裏海南巴社西蒂尼阿北薩加社元史作的希斯丹備考作達爾斯丹全志作達其但以上見備乘列國學會二圖作達格斯敦即徐之達日斯丹繆之達咕斯丹會城同省名東北同西第佛利斯南熱利薩貝特波爾其東北有迫得老斯蓋即繆之奴哈別特洛府司克東南有德奔特世界圖作的爾辨託即繆喀之顛爾邊以下羅喀復喀斯部見亞洲